속뜻풀이 초등국어사전

The Multi-functional Korean Dictionary for Elementary Schoolers: focusing on Morphological Motivation

문학박사 | 성균관대학교 교수 **전광진** 편저

|주|속뜻사전교육출판사

속뜻풀이 초등국어사전

The Multi-functional Korean Dictionary
for Elementary Schoolers:
focusing on Morphological Motivation

2010년 11월 11일 제1판 제 1 쇄
2013년 3월 3일 제2판 연 6 쇄
2014년 8월 8일 제3판 연 8 쇄
2019년 1월 11일 제4판 연12쇄
2020년 6월 6일 제4판 연17쇄
2020년 10월 10일 제4판 연18쇄
2020년 11월 11일 제4판 연19쇄
2021년 2월 2일 제4판 연20쇄
2021년 5월 5일 제4판 연21쇄
2021년 9월 9일 제5판 연22쇄
2022년 2월 22일 제5판 연23쇄
2022년 5월 5일 제5판 연24쇄
2022년 8월 8일 제5판 연25쇄
2022년 10월 10일 제5판 연26쇄
2023년 8월 8일 제5판 연27쇄
2024년 1월 11일 제5판 연28쇄
2024년 7월 7일 제5판 연29쇄

편 저 자 | 전광진
발 행 인 | 이숙자
편집·교정 | 권민서, 조민주, 전혁진, 최수안, 오유경, 정소나
디 자 인 | 조의환
만 화 | 이주한, 김정희
인 쇄 | 신도인쇄사
제 책 | 가원문화사

발 행 | (주)속뜻사전교육출판사
등 록 | 263-86-02753
주 소 | 경기도 하남시 덕풍북로 110, 103-101
Tel (031)794-2096 Fax (031)793-2096
www.LBHedu.com lbheduco@naver.com

ISBN 978-89-93858-39-6

값 53,000원

차 례

♣ "한 권의 훌륭한 사전이 우리나라 교육 발전의 초석이 된다."

\- 이돈희(前 서울대 교수, 교육부장관, 민사고 교장)

추 천 사

서울대학교에서의 교수 생활, 한국교육개발원 원장과 교육부 장관으로서의 행정 경험, 민사고 교장으로서의 현장 체험을 통하여 우리나라 교육 문제의 핵심을 조금이나마 이해하게 되었습니다. 이를 통하여 체득한 것을 바탕으로 그동안 기회가 있을 때마다 '대한민국의 희망은 교육임'을 누차에 걸쳐 제창한 바 있습니다.

사실, 한 가정 한 가족의 희망도 자녀 교육에 달려있습니다. 이러한 점을 모든 국민들이 익히 잘 알고 있다는 것은 정녕 우리나라의 크나큰 정신적 자산이자 경제 성장의 원동력이기도 하였습니다. 반면에, 사교육비 과잉지출이라는 문제점을 낳기도 하였습니다. 그런데 안타깝게도, 매 가정마다 교육비 지출이 출혈에 가까울 정도로 많고, 정부 당국도 막대한 투자를 하고 있음에도 불구하고, 우리나라 학생들의 기초학력과 수업의 이해도는 다른 OECD 회원국에 비하여 매우 낮다고 합니다.

교육이나 학습에 있어서 성과는 거기에 투입되는 경비에만 달린 것이 아닙니다. 효과적인 방법이 동원되어야 하며, 그에 앞서서 정확한 진단이 선행되어야 합니다. 우리나라 최우수 고등학교 학생들을 대상으로 조사해 본 결과 그들은 모두 초등학교 때부터 두각을 나타낸 학생들이었습니다. 이러한 사실은 초등 교육이 얼마나 중요한지에 대한 방증이기도 합니다. 그런데 초등학교 학생들의 우등생 비율은 학년이 높아 갈수록 낮아진다고 합니다. 이 통계는 저학년 때는 누구나 공부를 잘하다가 4학년 이후부터 낙오자가 생기기 시작함을 말해 줍니다. 고학년에 접어들면서 낙오자가 많이 생기게 되는 까닭은, 새로운 어휘의 수가 급격하게 증가되기 때문입니다. 급증하는 낱말을 잘 소화하는 학생은 상위권을 유지하는 반면, 그렇지 못하면 하위권으로 밀려나게 됩니다. 이런 점에서 보자면 3~4학년에 걸쳐 '국어사전 찾기' 공부가 매우 큰 의미를 지닙니다. 이때가 바로 초등 교육 성패의 분수령이라고 해도 과언이 아닙니다.

국어사전 찾기를 생활화하여 어휘력을 증강하면 초등 교육의 성공은 물론 중등 및 고등 교육에서의 큰 성취를 보장받게 됩니다. 그런데 우리나라 학생들은 미국 학생들에 비하여 어휘력을 높이기 위한 노력이 부족한 것 같습니다. 그 요인 가운데 하나는 국어사전을 찾아봐도 풀이가 어려워 이해하기 힘든 것이 한 요인이라고 합니다. 국어사전을 읽기만 해도 현기증을 느낀다는 하소연을 자주 들었습니다.

이상과 같은 진단을 통하여 보자면, 성균관대학교 全廣鎭 교수가 약 15년 전부터 심혈을 기울이고 있는 어휘력 향상 프로젝트와 국어사전 개선 작업은 참으로 큰 의의를 지니고 있다고 생각됩니다. 이해력, 사고력, 기억력을 바탕으로 창의력 향상에 주목적을 두고 있는 LBH교수학습법(일명 '속뜻학습법')을 개발하고 이를 교육 현장에 활용하기 위한 목적으로 새로운 개념의 국어사전을 편찬한 것은 우리나라 교육사에 있어서 획기적인 공헌을 할 것으로 생각합니다.

어휘 습득에 있어서 무작정 암기(暗記)가 아니라 속뜻에 대한 이해(理解)를 중요시하고 있는 全 교수의 속뜻학습법은 미국 스탠포드대학의 로저 콘버그 교수의 증언을 떠올리게 합니다. 노벨 화학상 수상자이기도 한 그가 우리나라를 방문하였을 때, 한 언론과의 인터뷰에서 "무작정 암기하기가 아니라 완벽한 이해를 위한 공부가 오늘의 나를 만들었습니다."라고 말한 기사(동아일보 2009년 4월 11일자 A8면)를 본 적이 있습니다. 종합해서 말하자면, 속뜻학습법으로 완벽한 이해 위주의 공부를 초등학교 때부터 체득하여 학력 기초를 굳게 다진다면 우리나라에서도 노벨 학술상 수상자가 배출될 수 있을 것이라 생각됩니다. 全 교수는 실제로 그러한 취지에서 '노벨프로젝트'를 세워서 차근차근 실행에 옮기고 있는 그런 실천적 지식인입니다. 이 사전을 편찬한 것도 그 원대한 포부를 실행에 옮기는 과정과 수단의 일환이라고 들었습니다.

속뜻학습법을 초중학교 교육 현장에 활용하기 위한 목적에서 편찬된 《초중교과 속뜻학습 국어사전》 (약칭 '초중속뜻사전')은 다(多)기능-다(多) 효과를 기약하는 '종합국어사전'이라는 특색을 지니고 있습니다. 어휘력 향상을 통한 학력 신장을 목적으로 편찬된 이 사전이 우리나라 어문 교육의 획기적인 발전에 이바지할 수 있다고 확신하기에 전국 학부모님들과 선생님들께 적극적으로 추천하는 바입니다. 이 사전의 부록 가운데 하나인 '한 어머니와 전 교수가 나눈 이야기'를 읽어 보기만 해도 누구나 자녀 교육의 성공 예감을 확신할 수 있을 것입니다. 큰마음이 큰 인물을 만듭니다. 이 땅의 모든 초등학생이 이 사전의 사용자이자 수혜자가 되기를 바랍니다. 그리하여 우리나라 학부모님들의 '자녀 교육 성공'이라는 꿈과 희망이 실현되기를 기원합니다. 감사합니다.

2010년 10월 27일 이돈희(李敦熙)

(前) 서울대 교수, 교육부 장관, 민사고 교장

(現) 단국대 석좌교수, 대한민국학술원 회원

머 리 말

학부모라면 누구나 귀여운 자녀의 공부 문제가 가장 큰 걱정일 것입니다. 저도 그랬습니다. 연년생인 아들딸이 초등학교에 재학 중이던 1995년 어느 날이었습니다. "아빠! '='를 왜 '등호'라고 해!"란 질문을 받고 어안이 벙벙하였습니다. 그 후로도 질문 공세가 하루도 빠짐없이 연이어졌습니다. '형광등'(螢光燈), '예각'(銳角), '용수철'(龍鬚鐵), '용매'(溶媒) 등등에 대한. 그래서 알게 되었습니다. 교과서에 석류 알처럼 송송 박혀 있는 한자어를 읽을 줄은 알지만 무슨 뜻인지? 왜 그런 뜻인지? 그 영문을 모르는 아이들이 그저 애만 태우고 있다는 사실을! 그리고 한자어 어휘력이 전 과목 성적을 좌우한다는 사실을!

그것이 발단이 되어 중국 한자와 한자어에 관한 그동안의 연구를 바탕으로, 우리나라 한자어 어휘력과 학력의 상관성 문제를 연구하기 시작하였습니다. 겉으로 보기에는 공부의 걸림돌이 되는 것 같은 한자어, 그러나 그 속을 파헤쳐 보면 공부의 받침돌이 될 수 있음을 발견하여 새로운 학습법을 개발하고 교육 현장에 활용하려는 노력, 그 첫 열매가 2007년 10월 3일에 발간된 《우리말 한자어 속뜻사전》 이었습니다. 이로써 중·고등학교 학생들의 전 과목 공부를 혁명적으로 개선할 수 있게 되었습니다. 곧이어, 초등학생들에게도 그 학습법의 혜택을 베풀어 주기 위하여 초등교과서에 등장되는 한자어만을 수록한 《어린이 속뜻사전(우리말 한자어)》 을 편찬하여 2008년 2월 22일 세상에 선을 보였습니다.

이상 두 권의 사전은 우리나라 최초의 한자어 전문사전이라는 성격을 지닙니다. 한자어에 쓰인 낱글자(형태소)에 담긴 의미 정보(속뜻)를 힌트로 삼아 공부를 쉽고 재미있게 할 수 있는 '속뜻학습'(LBH, Learning by hint)을 교육 현장에 응용하기에 안성맞춤의 것이었으므로, 발간되자마자 많은 사람들의 호응이 있었습니다. 학원생 전원에게 속뜻학습을 시키는 예는 말할 나위도 없고, 초등학교 고학년 전원에게 속뜻사전 활용학습(S-DIE)을 실시하는 학교도 속속 생겨나는 것을 보면서 감격의 눈물을 삼키기도 하였습니다. 그러나 전국에 걸쳐 오직 두 명에게 만은 미안하기 짝이 없었습니다. 바로 저희 집 아들딸이었습니다. 그 아이들의 공부를 걱정하다가 개발하게 된 사전이 세상에 나왔을 때에는 이미 대학 공부까지 다 마쳤기 때문입니다. 결과적으로 너무나 무심하고 게으른 아빠가 되고 말았습니다. 안타깝게도.

그런데 저희 집 아들딸이 귀하다면, 남의 집 자녀도 귀하기는 마찬가지라는 생각이 들었습니다. 그러다 보니 자연스럽게 이 땅의 모든 초등학생들의 공부 문제에 대하여도 자녀사랑 만큼이나 깊은 애정과 관심을 가지게 되었습니다. 그래서 시중에 나와 있는 초등학생용 국어사전들을 샅샅이 훑어보게 되었습니다. 종류도 많을 뿐만 아니라 내용도 예전에 비하여 크게 좋아진 것은 사실입니다. 굳이 문제점을 꼽으라면 '사전을 위한 사전'이라는 점이 아쉬웠습니다. '사전을 위한 사전'이라는 점에서는 손색이 없을지 모르지만, '학생을 위한 사전'이 못되는 점이 너무나 안타까웠습니다. 특히 사전의 생명인, '의미 풀이'가 그러하였습니다. 무슨 뜻인지는 알 수 있지만, 왜 그런 뜻이 되는지는 알 수 없으니 활용가치가 50% 밖에 안 되는 사실을 알게 되었지요. 학생들이 국어사전을 늘 옆에 두지 않고, 책장에 꽂아 두기만 하는 이유를 알 것만 같았습니다. 그래서 '사전을 위한 사전'이 아니라, '학생을 위한 사전'을 만들고 싶었습니다. 그리고 책꽂이에 늘 꽂아 놓기만 하는 그런 '책꽂이용 사전'이 아니라, 책상 위에 늘 펼쳐져 있는 그런 '책상용 사전', 즉 '공부의 단짝'을 만들어 주고 싶었습니다.

그러한 배경과 취지에서 만들어진 이 사전을 이름하여 《초중교과 속뜻학습 국어사전》(약칭, 《초중속뜻사전》)이라고 하였습니다. 교과서의 내용을 속속들이 이해시키는 '속뜻학습'에 필수적인 국어사전이기 때문입니다. '속뜻학습'은 교과서에 나오는 단어에 대하여 그 의미를 알게(know)하는 데 그치지 않고, 왜 그런 뜻이 되는지 그 이유를 이해(understand)하는 것이 주목적입니다. 이것은 'understand'라는 영어 단어와 일맥상통한 점이 있습니다. '겉'만 훑는 것이 아니라 '속'을 파헤쳐 보아야한다는 것은, 곧 '위'(upper)가 아니라 '아래'(under)에 서서(stand) 봐야 이해가 잘 된다는 것과 같은 맥락이기 때문입니다. 그런 취지에서, 기존의 국어사전에서 뺄 것은 과감하게 빼고 넣어야 할 것은 대폭 추가함으로써, 다(多)기능-다(多) 효과의 이른바 '종합국어사전'이 되도록 하였습니다. 국어와 영어를 동시 익힐 수 있는 등, 다양한 어문 기초를 튼튼히 하는 데 필요한 여러 가지 기능을 확충함으로써 초등학생 때만 쓰고 버릴 것 아니라 중학교 때까지 쓰더라도 충분할 정도로 옹골차게 엮었습니다. 이토록 알찬 결실이 있게 된 것은 너무나 많은 분의 도움 덕분입니다. 그분들에 대한 감사의 뜻을 이 자리에 꼭꼭 적어 둠으로써 자손만대에 길이길이 알리고 싶습니다.

먼저, 백망 중에 추천사를 써 주신 霞田 李敦熙 前교육부장관님, 속뜻학습의 활용과 현장 교육의 실태에 관한 자문에 응해주신 成明濟, 秋聲範, 尹起正, 梁民鍾, 金允淑, 元政還 외 많은 초중고 교장 선생님들, 사전 샘플에 대한 모니터링을 해주신 閔琦植 선생님(서울先史초등)께 감사한 마음을 표합니다. 영어 관련 내용의 자문에 응해주신 성균관대 영문과 姜龍珣 교수님, 한문학과 국어학 관련 내용을 자문해주신 고려대학교 한문학과 金彦鍾 교수님과 경희대학교 국문과 朴在陽 교수님, 명품 사전답도록 디자인을 잘 해준 前 조선일보 디자인 부장 曺義煥 선배님, 만화와 삽화를 잘 그려준 李柱翰군, 처음부터 끝까지 어려운 일을 도맡아 해준 權𣝕敍 연구편집팀장, 기초 작업을 도와준 趙珉珠(영등포 여고 교사)와 대학원생 呂林炅·李和映, 어려운 교정 작업을 도와준 조교 崔秀安·田赫眞, 끝으로 편집 및 교정팀원들을 물심양면으로 지원해준 LBH교육출판사 明玄 李淑子 사장, 이상 여러분들의 産苦 덕분에 이토록 '귀엽고 똑똑한 막내둥이 속뜻사전'이 태어났습니다.

끝으로, '귀한 자녀를 위한 귀한 사전'이 되도록 심혈을 기울인 결과가, 학생들에게는 '공부하는 재미', 학부모님들에게는 '사교육비 절감', 선생님들에게는 '맹자의 제3락'이라는 세 가지 기쁨을 안겨 주게 되기를 빌어 봅니다. 아울러, 우리 학생들이 속뜻학습을 통하여 암기가 아니라 이해를 바탕으로 기초 학력을 굳게 다지게 됨으로써 우리나라에서도 노벨 학술상 수상자가 줄줄이 배출되는 머릿돌이 되기를 진심으로 기원합니다. 감사합니다.

2010. 10. 24

편저자 全廣鎭 올림

편저자 전광진(全廣鎭) 교수는?

성균관대학교 중어중문학과를 졸업하고 국립대만사범대학(NTNU)에서 문학석사를, 국립대만대학(NTU)에서 문학박사를 취득하였습니다. 경희대 중어중문학과 조교수 및 부교수(1992-1996), 성균관대학교 중어중문학과 교수(1997-2020), 성균관대 문과대학 학장(2013-2014)을 역임하였으며 현재는 동 대학 명예교수로 있습니다. 전문 저술(역서 포함) 20종과 학술 논문 50여 편이 있으며, 특히 중국(Taiwan)에서 출판된 중국 언어문자학 분야의 전문 저서 2종은 전 세계 유명 대학 도서관에 소장되어 대학원생 필독서로 활용될 정도로 국제적인 지명도가 높아 북경대학(Peking University) 대학원 초빙교수로 초청되어 특강을 하기도 하였습니다. 조선일보의 〈생활한자〉 칼럼을 12년간에 걸쳐 3,300회나 연재한 공전절후의 기록을 세운 바도 있습니다.

그리고 중국의 로바족·어웡키족·부눈족·세딕족 등 문자가 없는 소수민족의 언어에 대한 한글 서사체계를 선구적으로 연구하여 '한글 서사학'이라는 새로운 학문 영역을 개척하였습니다. 이 분야에서 가장 많은 논문을 쓴 학자로도 널리 알려져 있으며, 세종대왕의 애민 정신을 세계만방에 선양하여 한글을 통한 문맹 퇴치 운동에 앞장서고 있습니다. 아울러, 우리나라 학생들의 학업 능력 신장을 위하여, 'LBH속뜻학습법'을 창안하였으며(2005), 동 학습법 활용을 위한 《속뜻사전》(전3종, 2007)을 편찬하는 데 전력을 기울였습니다. 《선생님 한자책》(2013), 《우리말 속뜻 논어》(2020), 《우리말 속뜻 금강경》(2020), 《고품격 한국어: 사자성어, 상용속담》(2024)을 저술하였습니다. 정년(2020) 후에도, 우리나라 학생들이 '생각이 깊은 사람'이 되도록 하기 위한 일로 동분서주 노력하고 있습니다. 2024. 6. 10. 편집자

증보판에 부치는 글

제2판(2013년)

책꽂이에 꽂아 둔 사전은 아무런 소용이 없습니다. 책상 위에 늘 펼쳐져 있는 책상용 사전, 즉 '공부의 단짝'이 되도록 하기 위하여 이 사전을 편찬한 지 벌써 2년이 되었습니다. 많은 학부모님께서 사용 후기를 써 주었습니다. 리뷰에는 으레 자기 자녀가 사전을 펴 보며 공부하는 모습의 사진이 곁들여 있었습니다. 포털 및 인터넷서점 웹사이트에 올라온 서평을 다 합치면 수 미터나 될 정도 입니다. 저는 참으로 진한 행복감에 젖곤 합니다. 그 글들을 볼 때마다!

그런데 국어사전은 어휘 학습을 위한 것입니다. 각종 교과서에 쓰인 핵심 어휘는 거의 모두 한자어입니다. 초등학교 학생이라면 약 1만 5천 개의 한자어를 알고 있어야 합니다. 중등 교육과 고등 교육단계에서는 약 6만 개의 한자어를 알아야 합니다. 이토록 많은 한자어를 모두 다 머릿속에 넣기는 불가능에 가깝습니다. 하지만 약 2,000개의 한자를 미리 익혀 두면 그 일이 매우 수월해집니다. 그래서 천자(千字)의 한자를 풀이한 《초등한자 창인교육》, 2,355자를 상세히 풀이한 《선생님 한자책》 을 집필하였습니다. 한자의 의존 형태소(bound morpheme) 의미를 최초로 정리하고, 전순(前順) 및 역순(逆順) 어휘를 한곳에 모아놓고 검토하는 과정에서 새로운 사실을 많이 알게 되었습니다.

그러한 성과를 국어사전에도 반영하고자 증보판을 엮었습니다. 한자어에 쓰인 한자의 속뜻을 제시함에 있어 통일성과 투명성이 이로써 크게 개선되었습니다. 아울러 초등학생의 고품격(高品格) 어휘력 증진을 위하여 사자성어 179개를 이해하기 쉽도록 속뜻을 풀이하여 부록에 추가하였습니다. 그리고 표지를 가죽에 가까운 재질로 바꿈으로써 위편삼절(韋編三絶)에 잘 대비할 수 있도록 하였습니다.

이 국어사전이 세상에 선을 뵌 후, '교육 혁명'에 가까운 미증유(未曾有)의 일들이 우리나라 교육 현장에 새로 생겨나기 시작했습니다. 초등학교 3학년 이상 전교생이 매일 매시간 사전을 옆에 펴 놓고 수업하는 학교가 경향각지에서 속속 생겨났습니다. 한 교육지원청에서는 산하 모든 초등학교의 학생들에게 국어사전을 무상으로 보급하여, 모든 과목 수업에 활용하는 한국식 "Dictionary Project"를 최초로 실시하였는데, 그 프로젝트에 우리 사전이 채택되는 쾌거도 있었습니다. 미국에서는 해마다 초등학교 3학년생에게 영어사전을 선사하는 "Dictionary Project"가 1992년에 시작되었습니다. 2010년에는 전국 416만 명 가운데 250만 명의 초등 3학년생들이 그 혜택을 받았을 정도로 큰 발전을 이룩하였습니다.(참고, www.dictionaryproject.org). 모든 과목 공부를 잘하자면 미국 학생은 좋은 '영어사전'이 있어야 하고, 우리나라 학생은 좋은 '국어사전'이 있어야 합니다. 우리나라에서도 그런 21세기 선진대국형 기부 운동과 장학 활동이 큰 꽃을 피울 날이 머지않은 것 같습니다.

다(多)기능-다(多)효과의 멀티 국어사전을 출간한 후에도 저의 고민은 끝나지 않았습니다. 어떻게 하면 학생들로 하여금 공부에 재미를 느끼게 할 수 있을지, 노심초사(勞心焦思)하였습니다. 그러던 중, 2011년 6월 저의 학부모 특강을 들은 박미진 작곡가(당시 4학년생 학부모)의 자원 협조로 〈속뜻학습송〉이 그해 연말에 탄생하였습니다. 기부 강의에 대하여 기부 작곡으로 화답한 온정, 그리고 따사로운 자녀 사랑이 그 곡에 진하게 배어 있습니다. 2012년 12월에는 더욱 쉽고 친숙한 멜로디의 〈국어사전송〉을 지을 수 있는 아이디어를 저에게 제공해 주기도 하였습니다. '유튜브'에서 이 두 노래의 여러 버전을 누구나 쉽게 감상할 수 있습니다. 이 두 곡의 동요가 우리나라 초등학생들의 마음속에 자리 잡고있는 거문고[心琴]의 줄을 당김으로써 모든 과목 공부를 알차고 재미있게 하게 되는 계기가 될 것을 믿어 의심치 않습니다.

이처럼 우리 사전을 사랑해주고 성원해준 분들이 수없이 많습니다. 지면 관계로 일일이 기명할 수 없음이 안타까울 뿐입니다. 하지만 저의 가슴속에는 고이고이 깊이깊이 아로새겨 있습니다. 우리 사전이 우리나라 모든 초등학생들의 공부 단짝이 되는 날까지 저의 모든 정성을 다 바치겠습니다. 감사합니다.

2013년 1월 8일 편저자

제3판(2014년)

국립국어원의 연구 보고는 국어사전 편찬에 매우 유용하게 쓰입니다. 그 일례로 2002년에 실시된 ≪현대 국어 사용 빈도 조사≫(조남호 등)는 이 사전의 초판본 발행에 초석이 되었습니다. 특히 부록 3 〈고빈도 한자어 1000〉은 100% 이 자료를 근거로 한 것입니다. 2009년에 실시된 ≪초등학교 교과서 어휘 조사 연구≫(국립국어원 2009-01-65, 김한샘 등)는 "7차 교육 과정 초등학교 교과서 13개 과목, 18종 교과서, 총 127권의 전체 텍스트를 분석"한 것으로, 현행 초등교과서 어휘 실태의 전모를 밝혀내는 데 있어서 더없이 소중한 자료입니다. 안타깝게도 이토록 귀중한 자료를 입수한 것은 비교적 최근의 일이었습니다.

이 보고서를 아무리 샅샅이 훑어보아도 총 수록 어휘의 수가 밝혀져 있지 않았습니다. 일일이 집계해 보았더니, 총 23,276개였습니다. 총 28,243개 어휘를 수록한 우리 국어사전이 이에 비하여 총량으로는 약 5천 개가 많은 편이었으나, 혹시 수록되지 아니한 어휘가 있을까 걱정이 되어 입수 즉시 낱낱이 대조해 보았더니 상당수가 있었습니다. 그 가운데 학업 능력에 영향을 많이 미치는 한자어 672개를 엄선하여 증보하였습니다.

그 결과 우리 사전의 총 수록어휘는 28,915개에 달하게 되었습니다. 종류별로는 고유어 9,045개, 한자어 18,698개, 외래어 등 1,172개가 되었습니다. 2차 증보에 귀한 자료를 제공한 국립국어원의 조사 보고에 감사드리며, 완벽에 완벽을 기하기 위한 우리의 부단한 노력이 전국 독자분의 기쁨으로 승화되기를 기원합니다.

2014년 8월 8일 편저자

제4판(2019년)

2018년도부터 실시되는 개정 초등 교육 과정에 '국어사전 활용수업'이 대폭 확대되었습니다. 3학년 1학기에 8단원 〈국어사전과 함께〉(9차시), 4학년 1학기에 7단원 〈사전은 내 친구〉(9차시), 5학년 1학기 3단원 〈상황에 알맞은 낱말〉(8차시), 5학년 1학기 7단원 〈낱말의 뜻〉(10차시), 5학년 2학기 6단원 〈소중한 우리말〉(7차시), 6학년 1학기 6단원 〈낱말의 분류〉(7차시), 이상이 그 상세 내역입니다. 이러한 수업에 우리 사전이 가장 적합하고 효과적인 사전이 되도록 내용을 많이 보완하였습니다. 관련 낱말을 추가시켰으며, 부록#8 〈학부모 상담록〉을 〈빨리 찾고 많이 아는 방법〉으로 바꾸었으며, 부록#9 〈꽃잎달기 놀이학습〉 프로그램을 추가하였습니다. 증보3판의 총 수록어휘는 28,925개로 늘어났으며, 사전 명칭도 ≪속뜻풀이 초등국어사전≫으로 바뀌었습니다. 초등학생들이 손에 쥐고 사용하기 편하도록 종이를 50g으로 교체하였으며, 표지와 케이스도 새롭게 단장하였습니다. 이로써 개정 초등 교육 과정을 구현할 수 있는 최적의 '초등국어사전'이 되도록 하였습니다. 여러 가지 자문에 응해주시고 고견을 피력해 주신 초등교육 전문가들께 고마운 뜻을 이에 표합니다.

2019년 1월 1일 편저자

※ 추신: 2020년 11월 11일자 연 19쇄에는 초등교사 민기식 선생님, 초등학부모 오유경, 정소나 님이 각각 완독 후 제시한 수정안, 그리고 경남 거제도에 거주하는 속뜻사전 애독자 옥수진 님이 편지로 보내준(2020.9.24.) 수정안을 반영하였습니다. 대단히 감사합니다. - 2020. 10. 24. 편저자

제5판(2021년)

사전 편찬의 '편찬'이란 동사는 완료형이 없다. 출판 후에도 계속 수정 보완해야 하니 영원히 진행형이다. 전국 초등학생 기초학력 증진의 가장 확실한 도우미로 자리매김한 이 사전이 제5판이라는 새 옷으로 단장하게 된 것은 한 교장님의 남다른 사랑과 심혈 덕분이었다. 무려 41년 6개월 동안(1969-2010) 초등 교육에 헌신하신 학산(鶴山) 성명제(成明濟) 선생의 공적을 제5판 서문에 아로새겨 둔다. 서울 목동초 교장으로 재임(2006-2010)할 때 속뜻사전의 속뜻풀이 방식에 크게 매료되어 전교생에게 속뜻학습을 시켜 학력 향상에 크게 이바지하셨다. 2010년 8월 말에 정년 퇴임한 후로도 속뜻사전 사랑은 변함이 없었다. 특히 최근에는 한 달 동안 불철주야 이 사전을 처음부터 끝까지 한 글자도 빠트리지 않고 샅샅이 읽어 보면서 현장 교육 경험을 토대로 개선 보완 사항 찾아내어 빼곡히 적은 노트를 건네주셨다. 이 노트가 제5판 수정 보완의 주요 바탕이었다. 초등생 눈높이에 맞도록 전체 내용을 다시 한번 점검한 기쁨! 이루 형언할 수 없다. 이런 대업이 가능하도록 도와주신 학산 선생께 감사한 마음을 이에 적어 오래오래 간직하고 싶다. 2021. 6. 8 편저자

일러두기

1. 편찬 목적

지금까지 우리나라 교육은 어휘 학습에 관한 한, '빙산의 일각'에 대한 '수박 겉핥기'에 급급할 따름이었다. 무슨 뜻인지를 읽기(50%)만 할 뿐, 왜 그런 뜻이 되는지에 대한 이해하기(50%)가 결여됨에 따라 어휘 이해도가 50%를 넘을 수 없었다. 따라서 이 사전은 교과서 내용을 100% 이해하기 위한 속뜻학습을 교육 현장에서 쉽게 활용하기 위하여 특별히 편찬한 것이다.

> ※ 속뜻학습이란?
>
> 어휘 습득에 있어서, 어떤 단어가 무슨 뜻인지를 아는(knowing) 데 그치지 아니하고, 왜 그런 뜻이 되는지 이유를 이해(understanding)하기 위하여 그 속(under)에 담긴 뜻을 찾아보는 학습을 말한다. '속뜻'은 2종이 있다. 1차적으로는 '글자의 속뜻'을 말한다. 이를테면, [열심]이란 낱말을 구성하는 {열}은 '뜨겁다', {심}은 '마음'을 말한다. '더울 열'(熱), '마음 심'(心)이라는 자훈으로 대체해도 된다. 2차적으로는 '낱말의 속뜻'을 말한다. [열심]이란 낱말의 속뜻은 '뜨거운[熱] 마음[心]'이다. 이것은 '온갖 정성을 다하여 골똘하게 힘씀'이라는 문맥적 의미에 대한 힌트(hint) 역할을 한다. 속뜻을 알면 이해력, 사고력, 기억력, 창의력을 올려주고 한자 지식이 저절로 늘어나는 효과가 있다. 모든 과목 공부를 잘하게 되는 가장 튼튼한 바탕이 된다.

2. 기능 특징: "다(多)기능-다(多)효과"의 종합 사전

(1) 국어(國語)사전 기능

수록 어휘의 종류는 기존의 국어사전과 동일하다. 즉 고유어(순우리말), 한자어, 외래어 및 혼종어(混種語)를 모두 포괄하고 있다. 다만 어휘를 풀이함에 있어서는 기존의 다른 사전과 크게 다르기 때문에 이를 알기 쉽게 설명하자면 다음과 같다.

① 고유어(순우리말)

의미 풀이에 앞서 상응한 영어 어휘를 제시하고 동일 의미의 한자가 있는 경우에는 이를 부기함으로써 국어, 영어 및 한자에 대한 삼위일체(三位一體) 학습이 되도록 하였다. 의미 풀이는 간단하면서도 알기 쉽도록 하였으며, 의미 이해와 어휘력 신장 효과가 큰 비슷한 말과 반대말은 가급적 많이 열거하였다. 발음과 어법 지식은 예문 읽기를 통하여 저절로 터득될 수 있는 점을 고려하여 학생들에게 난해한 설명은 생략하였다.

다른 사전	우리 사전
밭[받] 농작물을 심고 가꾸는 땅. 〈발음〉밭이[바치], 밭을[바틀], 밭만[반만]	**밭** (田, 밭 전) [(dry) field; farm] 물을 대지 아니하거나 필요한 때에만 물을 대어서 야채나 곡류를 심어 농사를 짓는 땅. ¶밭에 씨를 뿌리다.
가루 아주 잘게 부스러진 것. [예]분필 가루.	**가루** (粉, 가루 분) [powder; dust] 썩 잘게 부스러진 마른 물건. ¶가루를 빻다 / 설탕 가루를 묻히다. [비]분말(粉末). [반]덩어리, 결정(結晶).

② 한자어

교과서 어휘에서 가장 중요하고 학습의 관건이 되는 낱말이 한자어이다. 한자어에 대한 의미 풀이가 독특한 것이 이 사전의 가장 큰 특색이다. 형태소 분석법을 활용하여 속뜻을 풀이하고 있기 때문에 무슨 뜻인지에 아울러 왜 그런 뜻이 되는지 그 이유를 알 수 있어서 학생들의 사고력(思考力) 증진에 큰 도움이 된다. 속뜻 풀이에 관한 구체적인 사항에 대하여는 본【일러두기】의 제4항에서 자세히 소개한다.

다른 사전	우리 사전
배낭(背囊)[배:낭] 물건을 넣어 등에 질 수 있도록 멜빵이 있고 천이나 가죽으로 만든 주머니.	**배:낭** 背囊 | 등 배, 주머니 낭 [knapsack] 물건을 넣어 등[背]에 질 수 있도록 천이나 가죽으로 주머니[囊]처럼 만든 것. ¶배낭을 어깨에 둘러매다.
용수철(龍鬚鐵) 강철을 나사와 홈 모양으로 둥글게 감아서 만든, 탄력이 강한 쇠줄. 스프링	**용수-철** 龍鬚鐵 | 용 룡, 수염 수, 쇠 철 ① [속뜻]용(龍)의 수염[鬚]처럼 생긴 쇠[鐵]줄. ②늘고 주는 탄력이 있는 나선형으로 된 쇠줄. ¶용수철이 튕겨 나가다.

③ 외래어

외국어에서 유입되어 우리말로 굳어진 외래어에 대하여는 어느 나라말에서 유래되었는지를 밝혀 놓았다. 합성어인 경우, 무슨 뜻인지에 대한 설명에만 그치지 않고 왜 그런 뜻이 되는지에 대한 형태론적 유연성(morphological motivation)을 일일이 밝혀 놓음으로써 이해와 기억이 쉽도록 하였다. 외래어와 한자어의 혼종어인 경우, 해당 한자 형태소의 속뜻을 밝혀 놓음으로써 이 경우에도 속뜻학습이 가능하도록 하였다.

다른 사전	우리 사전
드라이클리닝 (영 dry cleaning) 물이 아닌 화학 약품으로 옷의 때를 빼는 것. 예이 옷은 반드시 드라이클리닝을 하십시오. ㊟드라이.	▸**드라이-클리닝** {영 dry cleaning} 물 대신 벤젠 같이 휘발성이[dry] 강한 세척액을 사용하는 세탁[cleaning].
리듬 악기 (rhythm樂器) (캐스터네츠·트라이앵글·북 따위와 같이) 가락은 없지만, 셈여림과 길이를 표현할 수 있는 악기.	▸**리듬 악기** (rhythm**樂器**, 음악 악, 그릇 기) 음악 캐스터네츠, 탬버린, 작은북, 트라이앵글처럼, 리듬(rhythm)이 주가 되어 표현하는 악기(樂器).

(2) 한영(韓英)사전 기능

'한국어-영어', 즉 한영사전의 기능도 할 수 있도록 하기 위하여 모든 표제 어휘에 대응되는 영어 단어를 제시해 놓았다.

①영어 단어 제시 원칙

첫째, 표제 어휘만을 대상으로 대응 영어 단어를 제시하였다. 부속 어휘의 경우에는 대응 영어 단어의 수준이 너무 높은 경우가 많기 때문에 일률적으로 제외시켰다.

둘째, 표제 어휘의 경우에도 대응되는 쉬운 영어 단어가 없거나 학습 효과가 낮은 경우는 생략하였다.

셋째, 영어 단어는 기본형과 동사형을 중심으로 제시함으로써 영어 학습이 쉬우면서도 효과적이 되도록 하였다.

②영어 단어 제시 효과 : 국어 어휘력과 영어 어휘력을 동시에 올릴 수 있는 주요 효과 외에, 다음 세 가지의 부수 효과도 올릴 수 있다.

첫째, 영어를 통하여 국어의 의미를 확실하게 알 수 있는 효과가 있다. 이를테면 '솥을 가시다'의 '가시다'가 영어 어휘 'wash'를 통하여 그것이 '씻다'는 뜻이라는 사실을 더욱 효과적으로 이해할 수 있다.

둘째, 고유어(순우리말) 어휘 가운데 음이 같고 뜻이 다른 동음이의어(同音異義語)에 대하여 영어 단어를 대비시키면 그 의미 차이를 쉽게 익힐 수 있는 예들도 이 사전을 통하여 쉽게 배울 수 있다. 이를테면, '하늘이 개다'/'반죽을 개다'/'옷을 개다', 이상 세 가지의 '개다'에 대하여 각각 영어의 'clear'/'soften with water'/'fold up'을 대입시키면 그 의미가 어떻게 다른지를 더욱 쉽게 익힐 수 있다.

셋째, 학술용어의 대부분이 한자어인데, 이러한 어휘에 대하여도 영어 단어와 대비하여 익히면 학습 효과가 매우 크다. 이를 테면, '대분수'란 수학 용어에 대하여 'mixed number'란 영어를 부기하면 '대'(帶, 지닐 대)자가 쓰인 까닭('지니다'='섞이다')을 더욱 쉽게 이해 할 수 있는 효과를 누릴 수 있다.

다른 사전	우리 사전
가시다[입을] 입 속을 물로 깨끗이 씻어 내다. 예 김 선생은 식사 후에 숭늉으로 입을 가셨다.	▸**가시다** [wash] 깨끗이 씻다. ¶솥을 가시다. <비>부시다.
개다[날씨가] [개:다] (흐리거나 눈비가 오던 날씨가) 맑아지다. 예흐리던 날씨가 활짝 갰다.	▸**개:다**[1] (晴, 갤 청) [clear] 구름·안개가 걷히고 날이 맑아지다. ¶비가 그치자 하늘이 활짝 개었다. <반>흐리다.
개다[반죽을] [개:다] (가루나 덩어리를 물이나 기름 따위에) 으깨서 풀어지든가 반죽이 되게 하다. 예엄마는 가루약을 물에 개어 주셨다.	▸**개:다**[2] [soften with water] 가루나 덩이진 것을 저어 으깨어 풀다. ¶가루 반죽을 개다.
개다[이불을] [개:다] (옷이나 이부자리를) 반듯하게 포개어 접다. 예나는 얼른 일어나 이불을 개고 청소를 했다. (본) 개키다.	▸ **개:다**[3] [fold up] 이부자리 따위를 개켜서 포개어 쌓다. ¶옷을 차곡차곡 개다.
대분수(帶分數) [대:분쑤] 2⅕, 5⅔와 같이 정수와 진분수의 합으로 이루어진 수.	▸ **대:-분수** 帶分數 | 지닐 대, 나눌 분, 셀 수 [mixed number] <수학>정수가 진분수(眞分數)를 지니고 [帶] 있는 것. 2⅓따위.

(3) 한한(韓漢)사전 기능

고유어(순우리말) 어휘에 대하여 의미상 이와 대응되는 한자를 찾아서 부기해 놓음으로써, '한한(韓漢)사전'으로서의 기능을 수행할 수 있도록 하였다. 예를 들어, '구르다'는 순우리말에 대하여 '轉'(구를 전)자를 덧붙여 써놓음으로써, 국어공부와 한자 공부를 동시에 할 수 있고, '구르다'와 비슷한 말인 '회전하다'의 {전}의 속뜻에 대한 의미정보를 동시에 알 수 있는 장점이 있다. 물론, 대응하는 한자가 없는 경우는 제외시켰고, 의미상 대응 한자가 1개 이상인 경우 가급적 많이 열거하였다. 아래 표에서 보는 바와 같이 '마치다'의 경우 5개의 한자와 대응되는 예도 있다. 이러한 용도로 제시된 한자는 가급적 교육용 기초한자의 범위 내의 것으로 국한시킴으로써 한자 교육의 기초로 활용될 수 있도록 하였다.

다른 사전	우리 사전
구르다[공이] (공·돌·사람 따위가) 바닥 위에서 데굴데굴 돌면서 다른 곳으로 옮겨가다. [예] 흙이 무너져 내리고 큰 바위가 구르는 산사태가 났습니다.	**구르다**[1] (轉, 구를 전) [roll (over); tumble] 데굴데굴 돌며 이동하다. ¶비탈에서 굴러 떨어지다. <비>회전(回轉)하다.
마치다 (하던 일이나 과정을) 끝내다. [예] 이것으로 오늘 아침 방송을 마칩니다.	**마치다** (卒, 마칠 졸; 終, 마칠 종; 畢, 마칠 필; 了, 마칠 료; 罷, 마칠 파) [end; finish] 어떤 일이나 과정·절차 따위가 끝나다. 또는 그렇게 하다. ¶숙제를 마치다. [비]끝내다, 끝맺다. [반]시작(始作)하다.

(4) 한자(漢字)자전 기능

한자 자전(字典)을 찾는 주요 목적은 해당 한자의 뜻을 알기 위한 것이다. 이러한 목적과 용도에서 보면, 이 사전의 한자 자전 기능은 첫째, 한자어에 쓰인 해당 한자에 대하여 자전(옥편)을 찾아보지 않아도 그 훈(訓)을 알 수 있도록 했다. 둘째, 단음절어로 쓰인 한자에 대하여 간단한 자전식 풀이를 부록#1로 실어 놓았다. 이를테면 "알맞은 수를 적어 넣어라"의 '수'같은 단음절 한자어에 해당하는 한자를 어떻게 쓰는 것인지를 알려면 먼저 국어사전을 찾아보아야 한다. 그 다음에 '數'라는 한자에 대하여 더 자세하게 알고 싶으면 한자자전을 찾아야 한다. 이러한 요구에 부응하여 이 사전은 초중 교과서에 자주 등장하는 단음절 한자어를 한자로 바꾸어 풀이하여 부록으로 실어 놓아 한자자전 기능을 동시에 수행하도록 하였다. 각종 교재에서 사용되는 단음절 한자어 어휘를 대상으로 빈도순 상위 100개를 선정하여 실었다. 빈도는 ≪초등학교 교과서 한자어 및 한자 분석 연구≫(민현식 외, 국립국어연구원, 2004)를 근거로 하였다.

한자 자전 기능 예시

數 셀 수, 攵-15 세다, 셈, 수량. ▸ 알맞은 수를 적어 넣어라. ▸ 數學(수학), 正數(정수).	個 낱 개, 亻-10 낱, 개. ▸ 바구니에 공이 2개 있다. ▸ 個數(개수), 各個(각개).	對 대할 대, 寸-14 대하다, 짝, 상대. ▸ 문제에 대한 풀이. ▸ 對答(대답), 反對(반대).

(5) 기타 특수 사전 기능

앞에서 본 네 가지 종류의 일반 사전(자전 포함) 기능 외에도 다음과 같은 특수어 사전으로서의 기능을 발휘 할 수 있도록 배려하였다.

① 유의어 및 반의어 사전 기능

어느 나라말이나 뜻이 비슷한 유의어(類義語)와 뜻이 서로 반대되는 반의어(反義語)가 있기 마련이다. 어휘력을 효과적으로 높이자면 유의어와 반의어를 동시에 익히는 것이 매우 효과적이다. 따라서 이 사전은 그런 두 종류의 어휘를 최대한 많이 실어 놓음으로써 유의어/반의어 사전 기능을 동시에 할 수 있도록 하였다.

다른 사전	우리 사전
모국(母國) [모:국] (주로 외국에 나가 있는 사람이 이르는 말로) 자기가 태어난 나라. 자기 나라. [비]고국· 본국·조국.	**모:국** 母國 | 어미 모, 나라 국 [mother country; homeland] 외국에 있는 사람이 자기가 태어난 나라를, 어머니[母] 같은 나라[國]라는 뜻에서 부르는 이름. [비]고국(故國), 본국(本國), 조국(祖國). [반]이국(異國), 타국(他國).
물려받다 [물려받따] (가족이나 사회 관계에서 앞의 사람이나 세대에게서) 뒤를 이어 전해 받다. 넘겨받다. 예) 내가 입고 다니는 옷은 대부분 형에게 물려받은 것이다.	**물려-받다** [take over; succeed to] 재물이나 지위 또는 기예나 학술 따위를 전하여 받다. ¶사업을 물려받다. [비]이어받다. [반]물려주다.

② 속담 및 관용어 사전 기능

표제 어휘가 상용 속담에 등장되는 경우, 해당 속담을 예문으로 열거함으로써 우리말 속담을 효과적으로 익힐 수 있도록 하였고, 해당 속담(관용어 포함)에 대한 의미 풀이는 부록에서 다시 상세히 설명함으로써 속담 사전의 기능을 수행할 수 있도록 하였다. 특히 속담 설명에 있어서도 〈속뜻〉과 실제 사용 방식을 분리하여 설명함으로써 속뜻학습의 효율을 극대화 하도록 하였다.

다른 사전	우리 사전
방앗간 (-間) [방아깐/방앋깐] 방아를 놓고 곡식을 찧거나 빻는 가게. [비] 정미소.	**방앗-간** (—間, 사이 간) [rice mill] 방아를 놓고 곡식을 찧거나 빻는 곳[間]. [비]정미소(精米所). [속담] 참새가 방앗간을 그저 지나랴. ➲

속담 풀이 예시

구관이 명관이다. ➲구관(舊官) ❶[속뜻] 알고 보니 구관이 이름난[名] 관리(官吏)라는 뜻. (※舊官: 옛 구, 벼슬 관; 名官: 이름 명, 벼슬 관). ❷경험이 많거나 익숙한 이가 더 잘하는 법임을 비유적으로 이르는 말. ❸나중 사람을 겪어 봄으로써 먼저 사람이 좋은 줄을 알게 된다는 말.	**언 발에 오줌 누기.** ➲얼다 ❶[속뜻] 언 발을 녹이려고 오줌을 누어 봤자 효력이 별로 없다는 뜻. ❷임시변통은 효력이 오래가지 못할 뿐만 아니라 결국에는 사태가 더 나빠짐을 비유적으로 이르는 말.

③ 비슷한 듯 다른 말 사전 기능

'가꾸다'와 '꾸미다' 같이 의미가 비슷하여 서로 바꾸어 쓸 수 있으면서도 경우에 따라서는 바꾸어 쓸 수 없을 때도 있다. 이러한 단어에 대하여 혼용할 수 있는 예와 그렇게 하면 안 되는 예를 대비함으로써 우리말 글짓기 능력을 높일 수 있도록 하였다. 총 167개 어휘쌍에 대하여, 먼저 출현되는 단어 아래에 예시하였고, 두 번째 단어에 대하여는 별도의 표시를 해 놓았다. 유의어 분석에 대하여는 서울대 임홍빈 교수의 《한국어사전》(랭기지플러스 2010)를 참고 하였으며, 연어 현상에 대하여는 연세대 김하수 교수 등의 《한국어연어사전》(커뮤니케이션북스 2009)을 참고하였다. 다만 문장 예시는 학생들이 쉽게 이해할 수 있는 것으로 바꾸었다.

비슷한 듯 다른 말 예시

♣ **바르다 / 옳다** ◎ 바른 = 옳은 말을 하다. ○ 앉은 자세가 바르다. × 앉은 자세가 옳다.	♣ **처음 / 시작**(始作) ◎ 모든 일은 처음 = 시작이 중요하다. ○ 그를 만난 것은 이번이 처음이다. × 그를 만난 것은 이번이 시작이다.

○ 그의 추측이 옳다. × 그의 추측이 바르다.	○ 시작이 반(半)이다. × 처음이 반(半)이다.

③ 성어사전 기능.

성어를 많이 알아두고 있다가 제때에 잘 활용하면 훌륭한 글을 지을 수 있을 뿐만 아니라, 매우 유식하고 품격이 높은 사람으로 대접받게 된다. 성어 가운데 초등학생용 고품격 사자(四字) 성어 179개를 엄선하여 8급에서 4급까지 급수별로 배열하고 가나다순 색인도 만들어 놓음으로써 성어사전으로서의 기능도 할 수 있게 하였다.

030 **이심전심** 以$_{52}$心$_{70}$傳$_{52}$心$_{70}$ 어조사 이, 마음 심, 전할 전, 마음 심 ❶[속뜻] 마음[心]으로부터[以] 마음[心]을 전(傳)함. ❷서로 마음이 잘 통함. [비]心心相印(심심상인).	095 **일석이조** 一$_{80}$石$_{60}$二$_{80}$鳥$_{42}$ 한 일, 돌 석, 두 이, 새 조 ❶[속뜻] 하나[一]의 돌[石]로 두[二] 마리의 새[鳥]를 잡음. ❷한 번의 노력으로 여러 효과를 봄. [비]一擧兩得(일거양득).

3. 표제 어휘의 선정, 총수 및 배열

(1) 어휘 선정

수록 어휘에 대한 선정은 학력 신장 효과를 극대화하는 원칙에 입각하였다. 따라서 학력 신장 효과가 적은 일부 인명이나 지명은 인터넷 검색이 더 편리하다는 점을 고려하여 이 사전에서는 제외했다. 그리고 한자어는 속뜻학습 효과를 극대화하기 위하여 어근(실질형태소)을 중심으로 하였다. 예를 들어, '가열 / 가열하다 / 가열되다' 가운데, '가열'(加熱)만 표제어로 선정하였다. '가열하다 / 가열되다'는 교과서 예문을 통하여 저절로 익힐 수 있기 때문이다. 그리고 '분명히' 같은 부사어는 별도의 표제어로 삼지 않고, 그 명사형 표제어인 '분명'(分明)의 예문을 통하여 자연스럽게 익힐 수 있도록 하였다. 이러한 수록 어휘의 정제(精製) 작업을 통하여 이 사전이 '작지만 큰 힘'을 발휘할 수 있도록 하였다.

(2) 어휘 총수

이 사전이 수록된 어휘의 총수는 28,915개이다. 그 가운데 고유어 9,045개(31%), 한자어는 18,698개(65%), 외래어는 1,172개(4%)이다. 이는 일차적으로 초등학교 학생들의 국어사전 찾기 수업과 전 과목 한자어 속뜻학습에 부응하기 위한 어휘를 총망라한 것이다. 이 사전에 수록된 한자어(총 18,698개)가 초등학교 전학년, 전 과목의 교과서에 쓰인 한자어의 총수(12,787개: 국립국어원 연구보고서 2004-1-28)을 크게 초과(5,239개, 41%)하므로 중학생에게도 유용하다.

※ 2014년 8월 8일 2차 증보를 통하여 한자어 672개를 추가 수록함으로써 총 수록어휘가 28,915개로 늘어났음. 참고 〈증보2판에 부치는 글〉. (2018년 12월 22일 10 개 어휘 추가.)

(3) 별표(*)표시

교과서 문장에 쓰인 어휘 가운데 의미 파악의 관건이 되는 개념어는 거의 대부분 한자어이다. 한자어 어휘력이 학력을 좌우하기 때문에 한자어 습득의 우선 순위를 알기 쉽도록 하기 위해서 빈도순 상위 500번 이내의 어휘 앞에는 별표 두 개를, 501번에서 1000번까지는 한 개를 붙여 놓았다. 사용 빈도의 산출은 《현대 국어 사용 빈도 조사》 (조남호, 국립국어연구원, 2002)를 근거로 하였다.

(4) 배열 방법

표제어는 가나다순으로 배열하였으며, 자모의 순서는 국어사전의 일반 관행에 의거 하였다. 동음이의어(同音異義語)는 고유어-한자어-외래어순으로 하였다. 각각 부속 어휘의 유무에 의거하여 없는 것을 앞에 두고, 있는 것을 뒤에 둠으로써 찾아보기가 편하도록 하였다. 부속 어휘가 없는 경우, 고유어는 사용빈도나 중요도 순으로, 한자어의 경우 한자 획수순으로 하였다. 특히, 100% 가나다순에 따른 일반 국어사전과는 달리 합성어의 경우 의미 연관성에 따라 부속 어휘를 설정하고 있는 점이 이 사전만의 특색이다. 아래의 비교표를 통하여 알 수 있듯이, '버들잎', '버들피리', '버들강아지'의 '버들'은 동일한 의미이지만, '버들개', '버들붕어', '버들치'의 '버들'은 서로 연관이 없음을 배열법을 통하여도 쉽게 알 수 있도록 한 것이다. 다른 사전에서는 의미에 상관없이 가나다 음순으로만 배열되어 있어 자세히 읽어보기 전에는 그 차이를 알 수 없다.

다른 사전	우리 사전
버드나무 **버들** **버들강아지** **버들개** **버들붕어** **버들잎** **버들치** **버들피리**	**버드-나무** **버들** **▶버들-잎** **▶버들-피리** **▶버들-강아지** **버들개** **버들-붕어** **버들-치**

※ 부속 어휘의 배열은 음순이 아니라 글자 수 순으로 배열(참고, '버들잎', '버들피리', '버들 강아지')함으로써 눈으로 식별하기 쉽게 하였다.

4. 표제 어휘의 의미 풀이

순우리말(고유어) 의미 풀이에 대한 설명은 '특징'에서 말한 것으로 충분하므로, 한자어, 외래어 및 혼종어에 대해서만 상세히 설명해 보기로 한다.

(1) 한자어 의미 풀이

가. 속뜻 항목

1단계 : 글자 속뜻 달기

▶ 표제어의 한자 표기 뒤에 속뜻을 훈음(訓音) 동시 표기 방식으로 달아 둠으로써 자전(옥편)을 찾아보지 않아도 되도록 하였고, 한자를 잘 모르는 사람이라도 그 의미 정보를 쉽게 파악할 수 있도록 하였다. 다만, 부속어의 경우에는 추가된 글자에 대하여만 속뜻을 제시하였다.

예 시

사고³ 思考 | 생각할 사, 밝힐 고 [think] ...
▸**사고-력** 思考力 | 힘 력 ...
▸**사고-방식** 思考方式 | 모 방, 법 식 ...

※ '생각하다'는 뜻만 써도 될 것을, 굳이 '생각할 사'라고 훈음을 동시에 표기하는 방식을 취한 것은, 한자를 외울 때 훈과 음을 한꺼번에 읽어보면서 학습하던 전통 관례와 우리 조상님들의 예지를 존중한 것이다. 그렇게 하는 것이 학습자의 기억 효과가 높기 때문이기도 하다.

▶ 하나의 한자가 여러 가지 속뜻[字訓]을 지니고 있을 경우, 의미 이해에 도움이 될 수 있도록 어휘 의미와 연관성이 높은 것을 선택하여 제시하였다.

예 시

발포 發砲 | 쏠 발, 대포 포 : 총포(銃砲)를 쏨[發].
발아 發芽 | 필 발, 싹 아 : 풀이나 나무에서 싹[芽]이 피어[發] 돋아남.
발차 發車 | 떠날 발, 수레 차 : 기차자동차[車] 따위가 떠남[發].
발언 發言 | 밝힐 발, 말씀 언 : 뜻을 말[言]로 밝힘[發]. 의견을 말함.
발신 發信 | 보낼 발, 서신 신 : 서신(書信)을 보냄[發].
발전 發電 | 일으킬 발, 번개 전 : 전기(電氣)를 일으킴[發].
발악 發惡 | 드러낼 발, 악할 악 : 나쁜[惡] 행위나 마음을 드러냄[發].
발암 發癌 | 나타날 발, 암 암 : 암(癌)이 생김[發]. 암을 생기게 함.

▶ 일부 한자에 대하여는 달라진 언어 환경이나 교육적 효과, 어법 기능에 대한 이해 등을 고려하여 적절히 바꾸어 놓았다.

예 시

女 : '계집 녀' → '여자 녀'
者 : '놈 자' → '사람 자' 또는 '것 자'
子 : '아들 자' → '접미사 자' (실질 형태소로 쓰인 경우는 제외)
的 : '과녁 적' → '것 적' (실질 형태소로 쓰인 경우는 제외)

2단계 : 글자 속뜻과 단어 의미의 연계

▶ 글자 속뜻(형태소 의미)과 단어 의미의 연계성에 대한 이해를 돕기 위하여 해당 내용 뒤쪽에 '[ ]' 표시를 하고, 그 안에 관련 한자를 넣어 두고 동일한 색을 부여해 놓음으로써, 시각적 인식 효과를 도모하였다. 의미적 연관성이 제2의 한자 어휘와 관련될 때에는 해당 한자에만 동일한 색으로 표시함으로써 속뜻(형태소) 대응 관계를 쉽게 알 수 있도록 하였다.

예 시

사관[1] 史官 | 역사 사, 벼슬 관 [historiographer; chronicler]
역사 왕조 때 역사(歷史)를 기록하던 관원(官員).

사령[2] 司令 | 맡을 사, 우두머리 령 [(position of) command]
군사 우두머리[令] 일을 맡음[司]. 또는 그런 사람.

▶ 위의 두 가지 방식으로 표시될 수 없는 예외는 다음의 세 가지 부류가 있다.

예 시

(가) 합성법(compounding) 중에서 병렬 구조 대등 관계의 어휘
가옥 家屋 | 집 가, 집 옥 [house]
사람이 사는 집[家=屋].

(나) 파생법(derivation)에 속하는 어휘
입자 粒子 | 알 립, 접미사 자 [particle]
물질을 이루는 매우 작은 낱낱의 알갱이[粒+子]. ¶이 가루는 입자가 곱다.

(다) 중첩법(reduplication)에 속하는 어휘
왕:왕[2] 往往 | 이따금 왕, 이따금 왕 [often]
시간의 간격을 두고 이따금[往+往]. ¶이런 일은 왕왕 생긴다.

▶ 속뜻과 단어 의미의 연계가 어려운 경우, 다음과 같이 풀이하였다.

예 외

(가) 음역어(音譯語)의 경우에는 본래 어휘를 밝혀 두어 그 기원에 대한 이해에 도움이 되도록 하였다.

불타 佛陀 | 부처 불, 비탈질 타 [Buddha]

[불교] '바른 진리를 깨달은 사람'이라는 뜻의 산스크리트어 'Buddha'의 한자 음역어. [비] 부처.

(나) 극소수의 고유명사에 대하여 그 확실한 뜻(근거)을 알 수 없는 경우, 억측이나 견강부회를 지양하고 의문에 회부하였다.

신라 新羅 | 새 신, 새그물 라

[역사] 우리나라 삼국 시대의 삼국 가운데 기원전 57년 박혁거세가 지금의 영남 지방을 중심으로 세운 나라. 무슨 뜻에서 '新羅'라고 하였는지에 대해서는 정설이 없다. ¶신라의 선덕여왕은 한민족 최초의 여왕이다.

3단계 : 낱말 속뜻 달기 (속뜻 의미항의 설정)

▶ 의미 항목이 2개 이상이 있을 경우, 제1항에 대해서만 의미 연계 표시를 하였고, 그 앞에 [속뜻] 표시를 해놓았다.

▶ 정의항의 풀이가 형태소 의미와 무관하여 상호 연관성을 이해하기 힘들 경우에는 해당 한자의 훈을 최대한 활용한 [속뜻]을 ❶항에 설정하고, 학술적 정의는 ❷항으로 돌림으로써 [속뜻]의 '징검다리' 효과를 거둘 수 있도록 하였다.

예 시

아:-열대 亞熱帶 | 버금 아, 더울 열, 띠 대 [subtropical zones]
❶[속뜻] 열대(熱帶)에 버금가는[亞] 지대. ❷[지리] 열대(熱帶)와 온대(溫帶)의 중간 지대. 대체로 남북 위도 각각 20~30도 사이의 지대로 건조 지역이 많다. ¶사하라 사막은 아열대이다.

양약고구 良藥苦口 | 좋을 량, 약 약, 쓸 고, 입 구
❶[속뜻] 몸에 좋은[良] 약(藥)은 입[口]에는 씀[苦]. ❷충성스런 말은 귀에 거슬리나 이로움이 있음. ¶양약고구란 말이 있듯이 그 말이 당장은 귀에 거슬리지만 앞으로 큰 도움이 될 것이네!

※1) 위의 예에서 보는 바와 같이, [속뜻]으로 제시된 의미는 제2항의 학술적 정의에 대한 열쇠(key) 구실을 한다. 달리 말하자면, 학술적 정의로 쉽게 건너 갈 수 있는 징검다리 역할을 한다. 이것이 이 사전에서 처음 활용된 속뜻의 '징검다리 이론'(stepping stones theory)이다. 학술 용어 학습에 있어서 이 이론을 잘 활용하면 이해력·사고력·기억력을

높이는 데 큰 도움이 될 것이다.

2) 속뜻 이란 표시가 있는 의미 항목은 학습자의 이해·사고·기억을 돕기 위하여 인위적으로 설정한 것이다. 따라서 실제로는 그러한 뜻으로 쓰이지 않을 수도 있다.

나. 정의 항목

① 정의 항목의 의미 풀이는 학술적 정의에 해당되는 것이기 때문에 다른 국어사전과 큰 차이가 없다. 다만, 학생들이 이해하기 쉽도록 쉬운 말로 바꾸고, 쉬운 예문으로 어떻게 쓰이는지를 잘 알 수 있도록 하였다.

② 한글 전용 원칙을 따르되, 의미 파악에 크게 도움이 되는 경우에는 힌트 효과를 위하여 괄호 안에 한자를 병기하였다.

(2) 외래어 의미 풀이

외래어가 단순어가 아니라 합성어 또는 축약어인 경우 그 형태론적 유연성과 유래를 밝혀 놓음으로써 속뜻학습 효과를 누릴 수 있도록 하였다.

예 시

콘택트렌즈 {영 contact lens}

눈의 각막에 밀착시켜[contact], 안경처럼 쓰는 소형 렌즈(lens). ¶콘택트렌즈를 오랫동안 사용하면 각막이 손상될 수 있다.

케이에스 {영 KS}

한국 산업 규격에 합격된 제품에 붙는 표시. 'Korean Standards'의 준말. ¶이 제품은 케이에스를 받은 제품이다.

(3) 혼종어 의미 풀이

① 고유어+한자어

고유어나 외래어에 한자가 섞인 혼종어도 한자어의 경우처럼 속뜻을 풀이하여 어휘 이해도를 높일 수 있도록 하였다.

예 시

자장-가 (—歌, 노래 가) [lullaby]

아기를 재울 때 부르는 노래[歌]. ¶아기에게 자장가를 불러주었다.

전셋-집 (專貰—, 오로지 전, 세낼 세)

전세(專貰)로 쓰는 집. ¶전셋집을 찾느라 하루 종일 다녔다.

② 한자어+외래어

외래어에 한자어가 섞인 혼종어도 한자어의 경우처럼 속뜻을 풀이하여 어휘 이해도를 높일 수 있도록 하였다.

예 시

▸**금-메달** (金medal) [gold medal]
금(金)으로 만들거나 도금하여 만든 메달(medal). 각종 경기에서 우승한 사람에게 준다. ¶동계올림픽에서 금메달을 따다.

▸**접안-렌즈** (接眼lens, 닿을 접, 눈 안) [eyepiece]
현미경·망원경 따위의 눈에 대는[接眼] 쪽의 렌즈(lens).

5. 학술 용어의 분류와 약칭

어휘 학습의 학력 신장 효과를 극대화하기 위하여 학술 용어는 대형 사전 못지않게 많이 수록하였다. 학술 범주에 대한 분류(총 50개)는 다음과 같다(오락은 운동 범주에 넣었고, 연극과 영화는 '연영'이라 약칭하였으며, 인명·고유명사는 따로 표기하지 않았음).

가톨릭, 건설, 경제, 고적, 공업, 광업, 교육, 교통, 군사, 기계, 기독교, 논리, 농업, 동물, 문학, 물리, 미술, 민속, 법률, 불교, 사회, 생물, 수공, 수산, 수학, 식물, 심리, 약학, 언론, 언어, 역사, 연영, 예술, 운동, 음악, 의학, 전기, 정치, 종교, 지리, 지명, 책명, 천문, 철학, 출판, 통신, 한의, 항공, 해양, 화학.

6. 기호와 약물

¶ : 표제 어휘에 대한 예문을 제시하는 말 앞에 넣었다.
[비] : 표제어의 의미와 비슷한 개념의 낱말 앞에 넣었다.
[반] : 표제어의 의미와 반대 개념의 낱말 앞에 넣었다.
[준] : 표제어를 줄여서 쓸 수 있는 경우 그 앞에 넣었다.
[속] : 표제어가 들어간 속담의 앞에 넣었다.
[관] : 표제어가 들어간 관용어의 앞에 넣었다.

7. 기타 참고 사항

모든 한글 표기는 ≪한글맞춤법≫(문교부 고시 제 88-1호, 1988.1.19)을 따랐고, 외래어 표기는 ≪외래어표기법≫(문화체육부 고시 제1995-8호, 1995.3.16.)을 준거하였다.

ㄱ

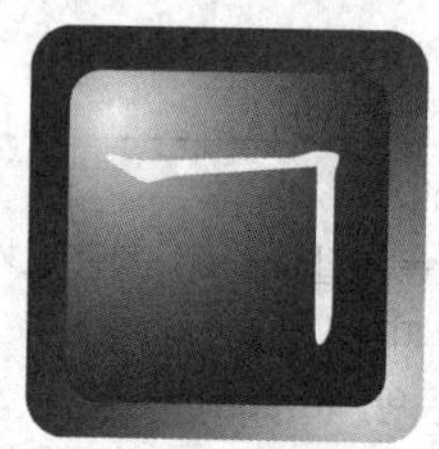

ㄱ
[언어] 한글 자모의 첫째 글자. '기역'이라 이른다.

가[1](邊, 가 변) [edge; margin]
바깥쪽이나 둘레 부분. ¶창가 / 냇가 / 우물가 / 바닷가. [비] 가장자리.

가:[2]**可** | 옳을 가 [fairly good]
❶옳거나 좋음. ¶그렇게 해도 가하다. ❷찬성하는 뜻을 표시. ¶가인지 부(否)인지를 결정하였다. ❸수(秀)·우(優)·미(美)·양(良)·가(可)로 성적을 매길 때, 가장 낮은 등급. ¶사회과목만 가를 받았다. [반] 부(否), 불가(不可).

가가호호 家家戶戶 | 집 가, 집 가, 집 호, 집 호 [every house]
집[家家] 집[戶戶] 마다. ¶가가호호에 태극기가 휘날리고 있다.

가감 加減 | 더할 가, 덜 감 [add and subtract]
❶[속뜻] 더하기[加]와 빼기[減]. ❷적당히 조절함. ¶수요에 따라 공급량을 가감하다. [비] 첨감(添減).

▶가감승제 加減乘除 | 곱할 승, 나눌 제
[수학] 더하기[加], 빼기[減], 곱하기[乘], 나누기[除]. [비] 사칙(四則), 사칙계산(四則計算).

가:-건물 假建物 | 임시 가, 세울 건, 만물 물 [temporary building]
임시로[假] 세운[建] 건물(建物). ¶새 집을 지을 때까지 가건물에서 지내야 한다.

가:-검물 可檢物 | 가히 가, 검사할 검, 만물 물 [clinical material]
❶[속뜻] 검사(檢査)를 가능(可能)하게 하는 물질(物質). ❷[생물] 병균 따위의 유무를 알아보기 위하여 거두는 물질. ¶보건소에서 설사 환자들의 가검물을 채취하였다.

가:게 (店, 가게 점) [store; shop]
조그마한 규모로 물건을 파는 집. [비] 상점(商店), 점포(店鋪).

⁂**가격 價格** | 값 가, 이를 격 [price]
❶[속뜻] 값[價]이 얼마에 이름[格]. ❷물건의 가치를 돈으로 나타낸 것. ¶휘발유 가격이 급등하다. [비] 값어치.

▶가격-표[1]價格表 | 겉 표
물품의 가격(價格)을 적어 놓은 도표(圖表). ¶가격표를 작성하였다.

▶가격-표[2]價格票 | 쪽지 표
가격(價格)을 알 수 있게 붙여놓은 쪽지[票]. ¶옷에 붙은 가격표를 떼다.

가:결 可決 | 옳을 가, 결정할 결 [approve]
제출된 의안을 옳다고[可] 결정(決定)함. ¶국회는 안건을 가결했다. [비] 의결(議決).

[반] 부결(否決).

가계[1]家系 | 집 가, 이어 맬 계

[family line]

한 집안[家]의 계통(系統)이나 혈통(血統). ¶그의 가계는 대대로 내려오는 선비의 집안이다. [비] 가통(家統).

가계[2]家計 | 집 가, 셀 계

[family finances]

한 집안[家] 살림의 수입과 지출의 계산(計算) 상태. ¶물가가 올라 가계 부담이 늘었다. [비] 살림살이, 생계(生計).

▸가계-부 家計簿 | 장부 부

한 집안 살림의 수입과 지출 상태[家計]를 적어 놓은 장부(帳簿). ¶엄마는 매일 가계부를 적는다.

가곡 歌曲 | 노래 가, 노래 곡 [song]

[음악] ❶시가(詩歌)에 곡(曲)을 붙인 성악곡. ¶이탈리아 가곡을 부르다. ❷시조를 관현악 반주에 맞추어 부르는 우리나라 전통 성악곡의 하나. ¶전통 가곡은 중요 무형문화재이다.

가:공[1]可恐 | 가히 가, 두려울 공

[fearful; fearsome]

두렵게[恐] 느껴질 만하다[可]. ¶가공할 사건이 일어났다.

가공[2]加工 | 더할 가, 장인 공 [process]

❶[속뜻] 인공(人工)을 더함[加]. ❷[법률] 남의 소유물에 노력을 더하여 새로운 물건을 만들어 내는 일. ¶꽁치를 가공해서 통조림으로 만들었다. [비] 인공(人工), 수공(手工). [반] 천연(天然).

▸가공-업 加工業 | 일 업

[공업] 가공(加工)을 전문으로 하는 산업(産業) 분야. ¶목포는 가공업이 발달했다.

가:관 可觀 | 가히 가, 볼 관

[sight; spectacle]

❶[속뜻] 가히[可] 볼[觀] 만함. ❷남의 언행이나 어떤 상태를 비웃는 말. 꼴불견. ¶그의 모습은 참으로 가관이었다.

가구[1]家口 | 집 가, 입 구 [household]

❶[속뜻] 집안[家] 식구(食口). 또는 그 수효. ❷함께 사는 사람들의 집단. ¶이 마을에는 모두 20가구가 산다. [비] 식구(食口).

가구[2]家具 | 집 가, 갖출 구

[furniture; household goods]

집안[家] 살림에 쓰이는 각종 기구(器具). ¶가구를 들여놓다. [비] 살림살이, 세간.

▸가구-점 家具店 | 가게 점

가구(家具)를 파는 가게[店]. ¶시장에 가구점이 들어섰다.

가급-적 可及的 | 가히 가, 미칠 급, 것 적

[as…as possible]

❶[속뜻] 가히[可] 미칠[及] 수 있는 것[的]. ❷될 수 있는 대로. 형편이 닿는 대로. ¶가급적이면 빨리 돌아오세요.

가까스로 (僅, 겨우 근)

[barely; narrowly]

❶애를 써서 간신히. ¶가까스로 웃음을 참았다. ❷겨우 빠듯하게. ¶가까스로 통과했다. [비] 간신히, 겨우.

가까이 [shortly; nearly]

❶가까운 곳으로. ¶이쪽으로 가까이 오너라. ❷일정 기준에 약간 못 미치는 정도로. ¶방학이 보름 가까이 남았다. ❸사이가 친밀한 상태로. ¶그와 나는 가까이 지내는 사이다. [비] 가깝게. [반] 멀리, 멀찍이.

가까이-하다 [associate with]

❶사람과 사람의 사이가 친밀한 상태로. ¶그는 나쁜 친구를 가까이하지 않는다. ❷좋아하거나 즐기다. ¶자연을 늘 가까이하다. [반] 멀리하다, 꺼리다.

가깝다 (近, 가까울 근) [near; close]

거리가 멀지 않다. ¶학교는 우리 집에서 가깝다. [반] 멀다.

가꾸다 [grow; adorn]

❶생물이 잘 자라도록 하다. ¶난초를 가꾸다. ❷얼굴이나 모양을 꾸미다. 치장하다. ¶모양을 예쁘게 가꾸다. [비] 재배(栽培)하다, 다듬다.

♣ 가꾸다 / 꾸미다 

◎ 얼굴을 곱게 가꾸다 = 꾸미다.
○ 정원의 잔디를 잘 가꾸었다.
× 정원의 잔디를 잘 꾸몄다.
○ 아이들 공부방을 예쁘게 꾸몄다.
× 아이들 공부방을 예쁘게 가꾸었다.

가끔 [at times; sometimes; often]
시간적으로 사이가 조금 뜨게. ¶가끔 외갓집에 간다. ㊐ 때때로, 이따금. ㊥ 늘.

가나다-순 (一順, 차례 순)
[Korean alphabetical order]
한글의 '가, 나, 다……'를 기준으로 매기는 순서(順序). ¶낱말을 가나다순으로 배열해 놓았다.

가난 (貧, 가난할 빈) [poor; bad off]
집안 살림이 넉넉하지 못하고 쪼들림. ¶가난에 쪼들리다. ㊐ 빈곤(貧困), 빈한(貧寒). ㊥ 부(富), 풍요(豐饒). 속담 가난한 집 제사 돌아오듯.

▸ 가난-뱅이
가난한 사람을 낮잡아 이르는 말. ¶가난뱅이 신세를 면하다. ㊐ 날피, 빈자(貧者). ㊥ 부자(富者).

가내 家內 | 집 가, 안 내
[family; household]
집[家] 안[內]. ¶가내 평안하신지요?

가냘프다 [slender; slim; thin]
❶몹시 가늘고 연약하다. ¶가냘픈 소녀의 손. ❷소리 따위가 가늘고 약하다. ¶어디선가 신음 소리가 가냘프게 들려왔다. ㊥ 억세다, 튼튼하다.

가녀리다 [thin and frail]
가늘고 약하다. ¶가녀린 꽃 / 가녀린 팔 / 가녀린 목소리. ㊐ 가냘프다.

가누다 [control; handle]
❶몸 따위를 바르게 하다. ¶아이가 목을 가누기 시작했다. ❷기운이나 정신을 차리다. ¶정신을 가누다. ❸일을 잘 처리하다. ¶집안일을 잘 가누다.

가는-귀 [poor hearing]
작은 소리를 듣지 못하는 귀. ¶할머니는 가는귀가 먹었다.

가늘다 (細, 가늘 세)
[thin; slim; narrow]
❶굵기가 얇거나 좁다. ¶허리가 개미처럼 가늘다 / 가느다란 실. ❷소리의 울림이 약하다. ¶가는 목소리가 들렸다. ㊐ 가느스름하다, 실낱같다. ㊥ 굵다, 굵다랗다.

가늠 [aim; sight]
목표나 기준, 형편 따위를 견주어 잘 헤아려 짐작함. ¶가늠을 잡을 수 없다 / 결과를 도무지 가늠할 수가 없다. ㊐ 대중, 겨냥, 조준(照準).

가:능 可能 | 가히 가, 능할 능 [possible]
해도 되거나[可] 할 수 있음[能]. ¶불가능을 가능하게 하다. ㊥ 불가능(不可能), 불능(不能).

▸ 가:능-성 可能性 | 성질 성
앞으로 실현될 수 있는[可能] 성질(性質). ㊐ 실현성(實現性), 현실성(現實性).

가다 (去, 갈 거; 往, 갈 왕)
[go; come; proceed]
❶어떤 곳으로 옮기다. ¶학교에 가다. ❷관심이나 눈길이 쏠리다. ¶그 여자의 옷차림으로 자꾸 눈길이 간다. ㊥ 오다, 서다, 멈추다.

가다듬다 [order; arrange]
옷이나 정신 따위를 다잡아 바르게 하다. ¶정신을 가다듬다 / 옷매무새를 가다듬었다. ㊐ 추스르다.

가닥 [piece; strip]
가늘고 긴 낱낱의 줄. ¶한 가닥의 실로는 밧줄을 꼴 수 없다. ㊐ 갈래, 줄기.

가담 加擔 | 더할 가, 멜 담 [participate]
무리에 가입(加入)해 일을 함께 해 나가다[擔]. 일을 거들어 도와줌. ¶시위에 가담하다.

가:당 可當 | 가히 가, 당할 당 [proper]
❶ 속뜻 감당(勘當)할 수 있다[可]. ❷알맞다. ¶가당찮은 요구를 늘어놓다. ❸비슷하게 맞다. ⓑ 가당(可當)찮다.

가댁질 [(game of) tag]
서로 피하고 잡는 아이들의 장난. ¶가댁질하느라 시간 가는 줄 몰랐다.

가동 稼動 | 심을 가, 움직일 동 [operate]
기계를 움직여[動] 일하게[稼] 하다. ¶공장을 본격적으로 가동하기 시작하다.

가두다 (囚, 가둘 수)
[shut in up; coop up]
한 곳에 두어 나오지 못하게 하다. ¶죄인을 옥에 가두다 / 논에 물을 가두다. ⓑ 잡아넣다, 감금(監禁)하다, 구속(拘束)하다. ⓑ 풀다.

가두리 어장 (-漁場, 고기 잡을 어, 마당 장)
그물을 쳐서 고기가 빠져 나갈 수 없도록 하여 고기를 기르는[漁] 곳[場]. ¶진도 앞바다에 가두리 어장을 만들어 광어를 양식하고 있다.

가드레일 {영 guardrail}
❶기차 바퀴의 탈선 따위를 막기 위해 본선(本線) 레일과 평행되게 설치한 보조[guard] 레일(rail). ❷인도와 차도의 경계 등에 설치한 띠 모양의 쇠 울타리. ¶차가 가드레일을 들이받고 뒤집혔다.

가득 [full]
꽉 메움. 가득히. ¶교실을 가득 메운 학생들 / 방안에 장난감이 가득하다. ⓑ 충만(充滿)하다. ⓑ 부족.

♣ 가득하다 / 그득하다

◎ 눈에 눈물이 가득하다 = 그득하다.
o 교실 안에 땀 냄새가 가득하다.
× 교실 안에 땀 냄새가 그득하다.
o 쌀독에 햅쌀이 그득하다.
× 쌀독에 햅쌀이 가득하다.

가뜩 [full]
아주 꽉 차게. 가득의 센말. ¶쌀밥을 가뜩 담아 놓은 밥그릇.

가뜩이나 [moreover; furthermore; in addition to]
그러지 않아도 매우. ¶몸도 약한데 가뜩이나 날까지 추워 감기가 더 심해졌다.

가라-앉다 [sink; go down]
❶뜬 것이 밑바닥에 이르다. ❷마음이나 기운이 고요해지다. ¶흥분이 가라앉다 / 들뜬 마음을 가라앉히다. ❸부기가 내리다. ¶부기(浮氣)가 가라앉다. ⓑ 내려앉다, 침몰(沈沒)하다, 차분해지다, 사그라지다.

가라오케 {일 からオケ}
❶ 속뜻 노래 없는[から] 오케스트라[オケ]. ❷녹음된 반주를 틀어주는 기계.

가락[1] [tune; melody]
❶ 음악 소리의 길이와 높낮이의 어울림. ¶가야금의 아름다운 가락. ❷일의 능률이나 기분. ¶옛날 가락이 되살아났다. ⓑ 선율(旋律), 곡조(曲調).

가락[2] [stick; bar]
가늘고 긴 물건의 낱개. ¶굵은 엿 가락 / 국수 가락.

▶ 가락-엿
길고 가늘게 뽑은 엿. ⓑ 가래엿.

▶ 가락-국수
발을 굵게 뽑은 국수. 또는 그것을 삶아서 맑은 장국에 만 음식. ⓑ 우동.

가락지 [set of twin rings]
손가락에 치장으로 끼는 두 짝의 고리. ¶가락지를 낀 손.

가랑-비 [drizzle; fine rain]
가늘게 내리는 비. ¶온종일 가랑비가 왔다. ⓑ 이슬비, 보슬비, 세우(細雨). ⓑ 폭우(暴雨), 호우(豪雨).

가랑이 [fork; crotch]
두 다리가 갈라져 벌어진 부분. ¶가랑이를 벌리고 앉다.

가랑-잎 [dead leaf]
나무에서 떨어져 마른 잎. ¶가랑잎을 긁어모아 불을 피우다. ⓑ갈잎, 마른 잎. 속담 가랑잎에 불붙듯.

가래[1][shovel; spade]
흙을 떠서 던지는 기구.

가래[2](痰, 가래 담) [phlegm; sputum]
의학 목구멍에서 나오는 끈적끈적한 분비물. ¶가래를 뱉다 / 가래가 끓다. ⓑ가래침.

▸ **가래-침** [spit]
가래가 섞인 침. ¶가래침을 뱉지 마시오.

가래-떡 [bar rice cake]
둥글고 길게 뽑아 만든 흰 떡. ¶가래떡을 썰어 떡국을 끓였다.

가:량 假量 | 임시 가, 헤아릴 량
[guess; conjecture]
❶속뜻 임시로[假] 대충 헤아려[量] 봄. ¶오늘 몇 명이나 참석할지 가량해 보았다. ❷정도. 쯤. ¶10%가량 / 한 시간가량.

가려-내다 [sort out; assort]
분간하여 추려 내다. ¶모래에서 금을 가려내다.

가:련 可憐 | 가히 가, 가엾을 련
[poor; pitiful]
가(可)히 가엽게[憐] 여길 만하다. ¶늙고 병든 가련한 노인. ⓑ딱하다, 가엾다, 불쌍하다.

가렵다 [be itchy; itching]
피부에 긁고 싶은 느낌이 있다. ⓑ간지럽다, 근지럽다. ¶가려운 곳을 긁어주다.

가:령 假令 | 임시 가, 명령 령
[if; suppose]
가정(假定)하여 말하면[令]. ¶가령 한 권에 2천 원이라면 / 가령 이렇게 한다면 어떻게 될까? ⓑ예를 들면, 예컨대.

가로 (橫, 가로 횡) [width; breadth]
왼쪽에서 오른쪽으로 건너지른 상태. ¶책장의 가로 너비를 재다 / 고개를 가로젓다. ⓑ세로.

▸ **가로-막** (一膜, 꺼풀 막)
의학 배와 가슴 사이를 가로지르는 막(膜)처럼 생긴 근육. ¶갈매기살은 돼지의 가로막에 붙어 있는 살을 말한다. ⓑ횡격막(橫隔膜).

▸ **가로-줄**
가로로 그은 줄. ¶가로줄 무늬의 옷을 입다. ⓑ횡선(橫線). ⓑ세로줄.

▸ **가로-축** (一軸, 굴대 축)
가로로 그어 놓은 직선[軸]. 또는 좌표에서 가로 방향의 선. ¶모눈종이의 가로축에 숫자를 적어 넣다. ⓑ세로축.

▸ **가로-획** (一劃, 그을 획)
글자에서 가로로 긋는 획(劃). ⓑ세로획.

▸ **가로-막다**
앞을 가로질러 막거나 방해하다. ¶길을 가로막다 / 말을 가로막다 / 시야를 가로막다. ⓑ방해(妨害)하다, 저지(沮止)하다.

▸ **가로-세로**
❶가로와 세로. ¶바둑판의 가로세로의 줄. ❷가로로 또는 세로로. 이리저리 여러 방향으로. ¶가로세로 길게 뻗은 도시의 도로.

▸ **가로-쓰기**
글씨를 가로로 써 나가는 방식. ¶요즘은 가로쓰기로 된 책이 대부분이다. ⓑ횡서(橫書). ⓑ세로쓰기.

▸ **가로 열쇠**
낱말 풀이 문제에서 가로줄에 들어갈 말에 대한 실마리. ⓑ세로 열쇠.

▸ **가로-젓다**
❶가로 방향으로 젓다. ¶머리를 가로젓다. ❷거절하거나 부정하는 뜻으로 고개나 손을 가로 방향으로 젓다. ¶형은 대답 대신 손을 가로저었다. ⓑ끄덕이다.

▸ **가로-놓이다**
❶가로로 길게 놓이다. ¶마을 뒤에 철로가 가로놓여 있다. ❷앞에 버티고 있어 방해가 되다. ¶어려운 일이 가로놓여 있다.

▸ **가로-지르다**
❶가로로 건너지르다. ¶빗장을 가로지르

다. ❷어떤 곳을 가로로 지나가다. ¶큰길을 가로질러 가다.

***가로 街路** | 거리 가, 길 로
[street; road]
시가지(市街地)의 도로(道路).

▸가로-등 街路燈 | 등불 등
길거리[街路]에 달아 놓은 등(燈). ¶아침이 되자 가로등이 꺼졌다. ㊥ 가등(街燈).

▸가로-수 街路樹 | 나무 수
길[街路]을 따라 줄지어 심은 나무[樹]. ¶가로수를 따라 하염없이 걸었다.

가로-맡다 [take over]
일을 맡아 처리하다. ¶청소를 가로맡다.

가로-채다
❶갑자기 중간에서 쳐서 잡다. ¶보따리를 가로채다. ❷남의 것을 옳지 못한 방법으로 빼앗다. ¶남의 몫을 가로채다. ❸말하는 중간에 끼어들어 가로막고 못하게 하다. ¶사회자의 말을 가로채고 자기 말만 한다. ㊥ 차지하다, 횡령(橫領)하다, 갈취(喝取)하다.

가루 (粉, 가루 분) [powder; dust]
썩 잘게 부스러진 마른 물건. ¶가루를 빻다 / 설탕 가루를 묻히다. ㊥ 분말(粉末). ㊤ 덩어리, 결정(結晶).

▸가루-약 (一藥, 약 약)
가루로 된 약(藥). ¶가루약은 물에 잘 녹는다. ㊥ 분말약(粉末藥). ㊤ 물약, 알약.

▸가루-비누
❶가루로 된 비누. ❷합성 세제(合成洗劑)를 달리 이르는 말. ¶물에 가루비누를 풀고 빨래를 시작했다.

가르다 [split; cut up]
❶무엇을 쪼개거나 나누다. ¶수박을 가르다 / 이익을 반씩 가르다. ❷따로따로 구별되게 하다. ¶크기에 따라 가르다 / 편을 가르다. ㊤ 합하다, 합치다, 모으다.

가르마 [part in ones hair]
이마로부터 정수리까지의 머리털을 양쪽으로 가른 금. ¶가르마를 타다.

가르치다 (教, 가르칠 교)
[teach; instruct]
알도록 일러 주다. ¶영어를 가르치다 / 비밀을 가르쳐 주다. ㊥ 지도(指導)하다, 교육(教育)하다, 타이르다. ㊤ 배우다.

가르침 [teaching; instruction]
❶가르쳐서 알게 하는 일. ¶가르침을 청하다 / 가르침을 받다. ❷가르치는 사항·내용. ¶공자의 가르침. ㊥ 교육(教育), 교시(教示), 교훈(教訓).

가름-하다 [discriminate]
좋고 나쁨, 옳고 그름 따위를 분명하게 가리다. ¶선악을 가름하는 중요한 잣대.

가리다[1](選, 가릴 선) [choose; select]
❶골라내거나 뽑다. ¶불량품을 가려내다. ❷똥이나 오줌을 분간하여 잘 누다. ¶세 살이 되면 똥오줌을 가리게 된다. ㊥ 고르다, 선발(選拔)하다.

비슷한 듯 다른 말 ➲ **따지다**

가리다[2](遮, 가릴 차) [hide; conceal]
보이지 않게 막거나 가로막다. ¶사람이 가려서 안 보인다 / 수건으로 눈을 가리다. ㊥ 가로막다, 엄폐(掩蔽)하다.

▸가리-개
무엇을 가리는 데 사용하는 기구나 물건. ¶등나무로 만든 가리개.

가리비 [scallop]
동물 부채 모양으로 둥글넓적한 모양의 바닷조개. 조개관자와 살은 식용한다. ¶가리비를 구워 손님을 대접했다.

가리키다 (指, 가리킬 지)
[point at; point out]
❶손가락 따위로 지시하거나 알리다. ¶시계 바늘은 정각 여섯 시를 가리키고 있다. ❷말·동작으로 무엇이 있는 곳을 알려 주다. ¶길을 가리켜 주다.

가마[1][oven; a kiln]
숯·질그릇·기와·벽돌 등을 굽는 시설. ¶벽돌을 굽는 가마.

가마²[hair whirl]
사람 머리의 정수리나 짐승의 대가리에 소용돌이 모양으로 난 자리. ㊥ 선모(旋毛).

가:마³[palanquin; sedan chair]
사람을 태우기 위하여 만든 조그만 집 모양의 물체. ¶새색시를 태운 가마. ㊥ 교자(轎子), 덩, 가여(駕輿).

가마⁴[bag; sack]
❶갈모·쌈지 따위의 100개. ¶쌈지 한 가마. ❷'가마니'의 준말. ¶쌀 두 가마.

가마⁵ (錡, 가마솥 기) [iron pot]
'가마솥'의 준말.

▸ 가마-솥 (錡, 가마솥 기)
쇠로 만든 크고 우묵한 솥. ㊟ 가마. 속담 콩 볶아 먹다가 가마솥 깨뜨린다.

가마니
곡식·소금 따위를 담기 위하여 짚으로 만든 섬. ¶가마니를 치다. ㊟ 가마. ㊥ 섬.

가마우지 [cormorant]
동물 물고기를 잘 잡아, 길들여서 물고기를 잡는 데 이용하는 큰 바다 물새.

가만 [just as it is; just a minute]
❶그대로 놔 둠. ¶그냥 가만 보고만 있다. ❷잠깐만. ¶가만, 조용히 하시오.

▸ 가만-두다
손을 대지 않고 그대로 두다. ¶이번에 또 지면 널 가만두지 않겠다.

▸ 가만-있다
그냥 조용히 있다. ¶떠들지 말고 가만있어.

▸ 가만-있자
잠시 생각해 보자. 어디 보자. ¶가만있자, 내가 무엇을 찾고 있었지?

가만-가만 [softly; quietly]
조용히. 몰래. ¶가만가만 뒤를 밟다.

가만-히 [still; quietly]
❶움직임이 없이 조용히. ¶꼼짝 않고 가만히 앉아 있다 / 가만히 속삭이다. ❷마음속으로 곰곰이. ¶지난 일을 가만히 생각해 보다.

가:망 可望 | 가히 가, 바랄 망 [hope]
❶ 속뜻 가(可)히 바랄[望] 만함. ❷이루어질 가능성이 있는 희망. ¶그 꿈은 실현될 가망이 있다.

▸ 가:망-성 可望性 | 성질 성
가망(可望)이 있는 성질(性質)이나 정도. ¶가망성이 매우 높다.

가맹 加盟 | 더할 가, 맹세할 맹 [join]
연맹(聯盟)에 가입(加入)함. ¶유엔 가맹국가.

가:면 假面 | 거짓 가, 낯 면 [mask]
나무나 종이 등으로 꾸며[假] 만든 얼굴[面] 형상. ¶연극이 끝나자 그는 가면을 벗었다. ㊥ 탈.

▸ 가:면-극 假面劇 | 연극 극
가면(假面)을 쓰고 하는 연극(演劇). ¶탈춤은 우리나라 전통 가면극이다.

가:명 假名 | 거짓 가, 이름 명 [false name]
거짓[假]으로 일컫는 이름[名]. ¶가명 계좌 / 가명을 사용하다. ㊥ 본명(本名), 실명(實名).

가무 歌舞 | 노래 가, 춤출 무 [singing and dancing]
❶ 속뜻 노래[歌]와 춤[舞]. ❷노래하고 춤을 춤. ¶연회에서 가무를 즐기다.

가무잡잡-하다 [be darkish]
얼굴이 칙칙하고 빛깔이 조금 검은 듯 하다. ¶가무잡잡한 얼굴.

가문 家門 | 집 가, 대문 문 [one's family]
❶ 속뜻 집안[家]과 문중(門中). ❷집안 문벌(門閥). ¶가문을 빛내다 / 가문의 영광.

가문비-나무 [spruce; silver fir]
식물 짧은 바늘 모양의 잎이 있는 소나뭇과의 늘푸른 나무. 종이 원료나 건축 재료로 쓴다.

가물가물-하다 [blurredly]
생각이 날듯 말듯 하다. ¶기억이 가물가

물하다 / 가물가물 생각이 나지 않는다. ⓑ 뚜렷하다.

가물-거리다 [flicker; glimmer]
❶불빛 같은 것이 아주 약해서 희미하게 사라질 듯 말 듯하다. ¶가물거리는 촛불. ❷멀리 있어 보일 듯 말 듯하다. ¶바다가 안개 속에 가물거리다.

가물다 (旱, 가물 한) [be dry]
오랫동안 비가 내리지 않다. ¶가물에 단비가 내렸다 / 날씨가 가물다. 속담 가물에 콩 나듯.

가물치 [snakehead]
동물 길이 60cm가량, 짙은 청갈색의 물고기. 식용 또는 산모의 보혈약으로 쓴다.

가뭄 (旱, 가물 한) [drought; dry spell]
오래 비가 안 오는 날씨. ¶오랜 가뭄 끝에 단비가 촉촉이 내렸다. ⓑ 가물, 천한(天旱), 한발(旱魃). ⓑ 장마.

가미 加味 | 더할 가, 맛 미
[season to; add]
❶ 속뜻 음식에 다른 재료를 더하여[加] 맛[味]을 좋게 하다. ¶바닐라 맛을 가미하다. ❷다른 요소를 보태어 넣다.

가:발 假髮 | 거짓 가, 머리털 발
[false hair]
머리에 쓰는 가짜[假] 머리털[髮]. ¶할아버지는 가발을 쓰신다.

가방 [bag]
책이나 옷 따위를 넣어 들거나 메고 다니는 물건. ⓑ 배낭(背囊).

가:변 可變 | 가히 가, 바뀔 변
[variable; changeable]
가(可)히 달라질[變] 수 있음. ¶가변차로(車路). ⓑ 불변(不變).

가볍다 (輕, 가벼울 경) [light]
❶무게가 무겁지 않다. ¶나무는 돌보다 가볍다. ❷생각이나 행동이 침착하지 못하다. ¶입이 가볍다. ❸기분이 홀가분하다. ¶사실을 말하고 나니 마음이 가벼워졌다. ❹상태나 정도가 심하지 않다. ¶가벼운 상처 / 가벼운 바람. ⓑ 경솔(輕率)하다, 경쾌(輕快)하다, 홀가분하다. ⓑ 무겁다, 묵직하다.

가보 家寶 | 집 가, 보배 보
[family treasure]
한 집안[家]에 전해오는 보배[寶]로운 물건. ¶이 그림은 우리집 가보이다.

가:봉 假縫 | 임시 가, 꿰맬 봉 [fit; baste]
양복을 임시로[假] 듬성듬성 시쳐 놓는 바느질[縫]. 또는 그런 옷. ¶그녀는 웨딩드레스를 가봉했다.

가:부[1] 可否 | 옳을 가, 아닐 부
[right or wrong]
❶ 속뜻 옳고[可] 그름[否]. ❷찬성과 반대. ¶가부를 결정하다. ⓑ 찬반(贊反), 여부(與否), 진위(眞僞), 시비(是非), 흑백(黑白).

가부[2] 家父 | 집 가, 아버지 부
[my father]
❶ 속뜻 한 집안[家]의 아버지[父]. ❷자기 아버지를 이르는 말. ⓑ 가친(家親). ⓑ 가모(家母).

▶가부장-제 家父長制 | 어른 장, 정할 제
사회 한 집[家]의 아버지[父]가 우두머리[長]가 되어 가족을 부양하는 책임을 지는 가족 제도(制度). ¶전통적인 가부장제가 사라지고 있다.

가부-좌 跏趺坐 | 꼴 가, 꼴 부, 앉을 좌
불교 다리를 꼬아[跏趺] 앉음[坐]. '결가부좌'(結跏趺坐)의 준말. ¶스님은 가부좌를 틀고 참선을 시작했다.

가:-분수 假分數 | 거짓 가, 나눌 분, 셀 수
[improper fraction]
❶ 속뜻 거짓[假]의 분수(分數). ❷ 수학 진분수 형태와는 다르게 분모보다 분자가 큰 분수 형태. 환산하면 1보다 크거나 같은 분수. 2분의3, 3분의5 따위. ⓑ 진분수(眞分數).

가:불 假拂 | 임시 가, 치불 불
[receive in advance]

❶속뜻 임시로[假] 지불(支拂)함. ❷기일 전에 미리 받은 돈이나 월급. ¶월급에서 30만 원을 가불했다.

가뿐-하다 [be light]
물건이나 말, 행동 따위가 가볍다. ¶책 가방이 가뿐하다 / 몸이 가뿐해졌다. ㊥ 가볍다.

가쁘다 [pant for breath]
힘에 겨워 어렵고 괴롭다. ¶숨이 가쁘다.

가사[1]**家事** | 집 가, 일 사
[household affairs]
❶속뜻 집안[家] 살림에 관한 일[事]. ❷집안 내부의 일. ¶가사를 돕다. ㊥ 가중사(家中事), 가간사(家間事).

가사[2]**歌詞** | 노래 가, 말씀 사
[words of a song; lyrics]
노래[歌]로 부르기 위해 지은 글[詞]. ¶곡에 가사를 붙이다.

가산 加算 | 더할 가, 셀 산
[add; include]
❶속뜻 더하여[加] 계산(計算)하다. 또는 그러한 셈법. ❷수학 덧셈. ¶원금에 이자를 가산하다. ㊞ 감산(減算).

가상[1]**嘉尚** | 아름다울 가, 높일 상
[deserve admiration]
착하고 귀여워[嘉] 높이[尚] 칭찬할 만하다. ¶어린 나이에 그 뜻이 참으로 가상하구나!

가:상[2]**假像** | 거짓 가, 모양 상
[pseudomorph]
❶속뜻 실물처럼 보이는 거짓[假] 형상[像]. ¶가상 현실. ❷광업 한 광물이 내부의 불완전성이나 풍화 작용으로 인하여 다른 광물의 결정 모양을 띠고 있는 모습. '변질(變質) 가상'의 준말. ㊟ 가정(假晶).

가:상[3]**假想** | 임시 가, 생각 상
[suppose; assume]
임시로[假] 생각함[想]. ¶가상의 인물 / 가상 현실. ㊥ 가공(架空), 가정(假定).

▶ 가:상-도 假想圖 | 그림 도
일의 상황을 머릿속으로 상상하며[假想] 그린 그림[圖]. ¶노량해전 가상도.

가:-석방 假釋放 | 임시 가, 풀 석, 놓을 방
[parole]
법률 형기(刑期)가 다 끝나기 전에 임시로[假] 석방(釋放)하는 일. ¶그는 가석방으로 풀려났다.

가설[1]**架設** | 건너지를 가, 세울 설
[construct temporarily]
공중에 건너질러[架] 설치(設置)함. ¶골목에 전깃줄을 가설했다.

가:설[2]**假設** | 임시 가, 세울 설
[put up temporarily]
❶속뜻 임시로[假] 설치(設置)함. ¶가설 계단이 와르르 무너졌다. ❷실제에 없는 것을 있는 것으로 가정함.

가:설[3]**假說** | 임시 가, 말씀 설 [hypothesis]
논리 가정(假定)을 바탕으로 설정한 명제[說]. ¶가설을 검증하다. ㊞ 진리(眞理).

가:성 假聲 | 거짓 가, 소리 성
[feigned voice]
❶속뜻 일부러 꾸며내는[假] 목소리[聲]. ¶가성을 써서 그녀의 말씨를 흉내냈다. ❷음악 가장 높고 여린 목소리.

가세[1]**加勢** | 더할 가, 힘 세
[aid; assistance]
힘[勢]을 보태다[加]. 어떤 세력에 끼어들다. ¶일반 시민들까지 가세하여 범인을 잡았다.

가세[2]**家勢** | 집 가, 형세 세
[family's financial condition]
집안[家] 살림살이의 형세(形勢). 살림살이의 형세. ¶가세가 기울다.

가:소 可笑 | 가히 가, 웃을 소
[be laughable]
가(可)히 웃을[笑] 만하다. 우습다. ¶너 같이 약해빠진 녀석이 덤비다니, 가소롭다!

가속 加速 | 더할 가, 빠를 속
[increase speed; speed up]
❶속뜻 속도(速度)를 더함[加]. ❷속도가

더해짐. ¶열차에 가속이 붙었다. ⓑ 감속(減速).

가-속도 加速度 | 더할 가, 빠를 속, 정도 도 [acceleration]
❶ 속뜻 속도(速度)가 차차 더해지는[加] 일. ❷ 물리 단위 시간 내에 속도가 점차 증가하는 정도. ¶내리막에서는 차에 가속도가 붙는다.

가솔린 {영 gasoline}
화학 자동차나 비행기를 움직이는 데 쓰는 기름. 휘발유(揮發油). ⓒ 가스(gas).

가수 歌手 | 노래 가, 사람 수 [singer]
노래[歌] 부르는 것을 생업으로 삼는 사람[手]. ¶그는 작곡가 겸 가수다.

가스 {영 gas}
❶기체의 총칭. ❷연료로 사용되는 기체. 특히 도시가스를 일컬음. ¶이번 달은 가스 요금이 많이 나왔다.

▸가스-총 (gas銃, 총 총)
최루 가스 따위의 독 있는 가스(gas)를 내뿜는 총(銃). ¶가스총을 쏘아 범인을 잡았다.

▸가스 중독 (gas中毒, 맞을 중, 독할 독)
독 있는 가스(gas)를 마심으로써 일어나는 중독(中毒). ¶연탄 가스 중독.

▸가스-레인지 {영 gas range}
연료용 가스를 사용하는, 조리용 가스대(臺). ¶가스레인지를 켜서 물을 끓였다.

가슴 (胸, 가슴 흉) [breast; chest]
❶배와 목 사이에 있는 몸의 한 부분. ¶아이가 어머니의 가슴에 안겼다. ❷젖가슴. ¶가슴이 풍만한 여인. ❸마음이나 생각. ¶가슴이 뭉클하다. ❹옷의 가슴에 해당되는 부분. ¶가슴을 풀어헤치다. ⓑ 흉부(胸部), 유방(乳房), 마음, 감정(感情), 옷가슴, 가슴팍. 관용 가슴을 태우다.

비슷한 듯 다른 말	➲ 품[1]

▸가슴-둘레
몸의 가슴과 등을 잰 몸통의 둘레. ¶가슴둘레를 재다. ⓑ 흉위(胸圍).

▸가슴-앓이
가슴 속이 쓰리며 아픈 증세.

▸가슴-지느러미
동물 물고기의 가슴에 붙은 지느러미.

가시[1] [thorn]
❶식물에 바늘처럼 뾰족하게 돋아 난 부분. ¶장미의 가시. ❷물고기의 잔뼈. ¶목에 가시가 걸리다.

▸가시-고기
동물 등지느러미의 앞부분에 톱날 같은 가시가 있는 바닷물고기.

▸가시-나무
가시가 많이 있는 나무. ¶가시나무 울타리가 있는 집.

▸가시-덤불
가시가 많은 덤불. ¶가시덤불에 긁혀 상처를 입다.

▸가시밭-길
❶가시밭 속의 험한 길. ❷어려움이 많은 사업이나 인생 행로(行路)의 비유. ¶험난한 가시밭길을 헤쳐 나왔다. ⓑ 험로(險路), 고난(苦難), 고행(苦行).

가ː시[2] 可視 | 가히 가, 볼 시 [visibility]
가히[可] 볼[視] 수 있음. ¶가시 상태 / 가시적 성과.

▸가ː시-광선 可視光線 | 빛 광, 줄 선
물리 눈으로 볼[視] 수 있는[可] 빛[光]의 줄[線]모양. ⓑ 불가시(不可視) 광선.

가시다 [wash]
깨끗이 씻다. ¶솥을 가시다. ⓑ 부시다.

가ː식 假飾 | 거짓 가, 꾸밀 식 [hypocrisy]
❶ 속뜻 거짓으로[假] 꾸밈[飾]. ¶가식적인 미소를 짓다. ❷임시로 장식해 놓음. ⓑ 꾸밈.

가신[1] 家臣 | 집 가, 섬길 신 [retainer; vassal]
역사 정승의 집안[家]일을 대신 맡아보던 사람[臣]. ⓑ 배신(陪臣), 가사(家士).

가신[2] 家神 | 집 가, 귀신 신 [deity of one's family]
민속 집[家]을 지키며 집안의 운수를 좌우

하는 신(神). 성주신, 조왕신(竈王神) 따위. '가택신'(家宅神)의 준말.

가야 伽倻 | 절 가, 나라이름 야
역사 42년부터 562년까지 낙동강 하류지역에 있던 여러 국가의 총칭 또는 그 지역에 위치한 각 국가의 명칭. 고유어를 한자로 음역한 것으로 추정된다.

▸가야-금 伽倻琴 | 거문고 금
음악 대가야국(大伽倻國)의 우륵(于勒)이 만들었다고 전하는 고유 현악기[琴]. ¶학생들이 가야금을 연주하다.

가업 家業 | 집 가, 일 업 [family business]
❶속뜻 대대로 물려받은 집안[家]의 생업(生業). ¶가업을 잇다. ❷집 안에서 하는 직업. ❸한 집안에서 이룩한 재산이나 업적. ㊐ 세업(世業), 가직(家職).

가열 加熱 | 더할 가, 더울 열 [heat]
❶속뜻 어떤 물질에 열(熱)을 더함[加]. ❷열을 더 세게 함. ¶먼저 솥을 가열한 뒤 재료를 넣는다.

가ː엾다 [be pitiful; pitiable]
불쌍하고 딱하다. ¶졸지에 고아가 된 그 애가 너무나 가엾어 보인다. ㊐ 애처롭다, 측은(惻隱)하다, 가련(可憐)하다.

가오리 [stingray; stingaree]
동물 몸은 가로로 넓적하고 꼬리가 긴 바닷물고기. ¶가오리 꼬리에는 독이 있다. ㊐ 홍어(洪魚).

가옥 家屋 | 집 가, 집 옥 [house]
사람이 사는 집[家=屋].

가외 加外 | 더할 가, 밖 외 [extra]
일정한 기준이나 정도 이외(以外)에 더함[加]. ¶품삯과 더불어 가외로 물건을 더 받았다.

가요 歌謠 | 노래 가, 노래 요 [song]
음악 ❶노래[歌=謠]. ❷민요, 동요, 유행가 따위의 노래를 통틀어 이르는 말. ¶대중가요. ❸악가(樂歌)와 속요(俗謠)를 아울러 이르는 말.

▸가요-계 歌謠界 | 지경 계
음악 대중가요(歌謠)에 관한 것을 업으로 삼는 사람들의 사회[界].

▸가요-제 歌謠祭 | 제사 제
여러 사람이 대중적인 노래[歌謠]를 불러 실력을 겨루는 대회[祭]. ¶방송국에서 주최하는 가요제.

가운 {영 gown}
특별한 행사 따위에 입는 옷. ¶졸업 가운 / 수술 가운

가운데 (中, 가운데 중) [middle; center]
❶한복판. 한가운데, 중앙(中央). ¶가운데 토막 / 연못 가운데. ❷여럿 중의 일부분. ¶많은 가운데서 고르다. ㊥ 가장자리, 변두리.

♣ 가운데 / 중간(中間)

◎ 밧줄 가운데를 = 중간을 싹둑 잘랐다.
○ 둘 가운데 어느 것이 좋습니까?
× 둘 중간에 어느 것이 좋습니까?
○ 학기 중간에 여행을 갔다.
× 학기 가운데 여행을 갔다.

비슷한 듯 다른 말 ➲ 안¹

가운뎃-소리 [medial of a Korean orthographic syllable]
언어 한 음절의 가운데에 오는 홀소리(모음). '말'의 'ㅏ', '불'의 'ㅜ' 따위. 중성(中聲).

가운뎃-손가락 [middle finger]
다섯 가운데 가장 긴 셋째 손가락. ㊐ 장지(長指), 중지(中指).

가위¹ [nightmare]
잠을 잘 때 나타나는 무서운 것. 또는 무서운 내용의 꿈. ¶가위에 눌려 잠을 못 잤다.

가위² [scissors; shears]
❶옷감·종이 따위를 자르는 기구. ¶색종이를 가위로 오리다. ❷가위바위보에서,

집게손가락과 가운뎃손가락 또는 엄지손가락을 벌려 내민 것. ¶가위는 바위에 집니다.

▸ 가위바위보
순서나 승부를 정할 때 손을 내밀어 하는 방법.

▸ 가위-질
가위로 자르거나 오리다. ¶천을 가위질하여 옷을 만들다.

▸ 가위-표 (一標, 나타낼 표)
틀린 것을 표하는 데 쓰는 '×' 표(標)의 딴 이름. ¶가위표를 긋다. ⓑ 동그라미표(標), 영표(零標). ⓑ 가새표.

가을 (秋, 가을 추) [autumn; fall]
4계절 중의 셋째. ¶단풍이 가을을 알린다. ⓑ 추일(秋日), 추계(秋季), 추기(秋期).

▸ 가을-밤
가을철의 밤. ⓑ 추소(秋宵), 추야(秋夜).

▸ 가을-비
가을철에 오는 비. ¶가을비가 내린 후 날씨가 추워졌다. ⓑ 추우(秋雨).

▸ 가을-철
가을의 계절. ¶가을철이 되자 논에는 벼가 누렇게 익어 갔다. ⓑ 추절(秋節).

▸ 가을-걷이
가을에 곡식을 거두는 일. ¶가을걷이가 한창이다. ⓑ 추수(秋收), 추가(秋稼).

▸ 가을-보리
가을에 씨를 뿌려 이듬해 첫여름에 거두는 보리. ⓒ 갈보리. ⓑ 추맥(秋麥). ⓑ 봄보리.

가이드 {영 guide}
❶안내. 지도. ❷안내자. 관광 안내원. ¶가이드가 친절하게 안내해주었다. ❸'가이드북'의 준말. ¶인터넷 사용 가이드.

가입 加入 | 더할 가, 들 입
[join; enter]
❶ 속뜻 이미 있는 것에 새로 더[加] 넣음[入]. ❷단체에 들어감. ¶유엔에 가입하다.

▸ 가입-자 加入者 | 사람 자
단체나 조직 따위에 가입(加入)한 사람[者]. ¶휴대 전화 가입자.

가자미 [flatfish; sole]
동물 몸이 위아래로 납작하여 타원형에 가깝고, 두 눈은 오른편에 몰려 붙었으며, 몸이 넓치보다 작은 바닷물고기.

가:작 佳作 | 좋을 가, 지을 작
❶ 속뜻 아주 좋은[佳] 편에 속하는 작품(作品). ❷예술 작품 따위의 대회에서 당선 작품에 버금가는 작품. ¶가작에 당선되다.

가장[1] (最, 가장 최) [most; extremely]
여럿 가운데 어느 것보다 더. ¶나는 사과를 가장 좋아한다. ⓑ 제일(第一), 최고(最高)로, 첫째로.

가장[2] **家長** | 집 가, 어른 장
[head of a family]
❶ 속뜻 집안[家]을 이끌어가는 사람[長]. ¶소년소녀 가장. ❷남편(男便)이나 아버지를 달리 이르는 말. ⓑ 집안어른, 호주(戶主), 가구주(家口主).

가:장[3] **假裝** | 거짓 가, 꾸밀 장 [disguise oneself]
거짓으로[假] 꾸밈[裝]. ¶그는 우연을 가장하여 내게 다가왔다. ⓑ 꾸밈, 거짓, 변장(變裝), 위장(僞裝).

가:장-자리 (邊, 가 변) [edge]
물건의 끝을 이룬 선. 물건의 주위. ¶책상 가장자리에 걸터앉아 책을 읽는다.

가:재 [crawfish; crayfish]
동물 개울 상류의 돌 밑에 살며 새우와 게의 중간형으로, 맨 앞 큰 발에 집게발이 있고, 뒷걸음질을 하는 동물. 속담 가재는 게 편.

가재-도구 家財道具 | 집 가, 재물 재, 방법 도, 갖출 구 [household effects]
집[家]안 재물(財物)에 상당하는 여러 가지 도구(道具). ¶수해로 가재도구가 물에 젖었다. ⓑ 세간.

가전 家電 | 집 가, 전기 전
[electric home appliances]

가정용(家庭用) 전기(電氣) 용품. ¶10년 만에 가전 제품을 바꾸었다.

가:정[1] 假定 | 임시 가, 정할 정 [suppose; assume]
❶ 속뜻 임시로[假] 정(定)함. ❷어떤 조건을 임시로 내세움. ¶그 말은 가정에 불과하다.

⁑**가정**[2] 家庭 | 집 가, 뜰 정 [home; family]
❶ 속뜻 한 가족(家族)이 생활하는 공간[庭]. ❷가까운 혈연관계에 있는 사람들의 생활 공동체. ¶화목한 가정 / 가정을 이루다.

♣ 가정(家庭)² / 집안

◎ 화목한 가정 = 집안에서 태어나다.
○ 그 학생들은 가정으로 돌아갔다.
× 그 학생들은 집안으로 돌아갔다.
○ 그는 우리 집안 사람이다.
× 그는 우리 가정 사람이다.

▸가정-적 家庭的 | 것 적
❶ 속뜻 가정(家庭) 생활에 적합한 것[的]. ❷가정과 같이 아늑한 분위기가 감도는 모양. ¶아버지는 매우 가정적이다.

▸가정-집 (家庭-)
개인 가정(家庭)의 살림집. ¶내가 살던 하숙집은 평범한 가정집이었다.

▸가정-교사 家庭敎師 | 가르칠 교, 스승 사
남의 집에서 그 집[家庭] 자녀를 가르치는[敎] 사람[師]. ¶가정교사를 두고 공부하다.

▸가정-교육 家庭敎育 | 가르칠 교, 기를 육
가정(家庭) 생활을 통해서 배우는 교육(敎育). ¶가정교육으로 바른 인격(人格)을 갖추다.

▸가정 통신 家庭通信 | 통할 통, 소식 신
아동의 교육 지도상 필요한 사항을 교사와 가정(家庭) 상호간에 주고받는 소식[通信].

▸가정 의례 준칙 家庭儀禮準則 | 의식 의, 예도 례, 고를 준, 법 칙
결혼·장례 따위의 가정(家庭)에서 치르는 예식[儀禮]의 절차와 기준(基準)을 정한 규칙(規則). ¶'가정 의례 준칙'이 공포된 후 허례허식이 많이 줄었다.

가정-부 家政婦 | 집 가, 다스릴 정, 여자 부 [housekeeper]
돈을 받고 남의 집[家] 살림을 관리하는[政] 여인[婦]. ¶어머니가 편찮으셔서 가정부를 고용했다.

가제 {독 Gaze}
부드럽고 성긴 외올 무명베. 소독하여 의료용으로 쓴다. ¶가제로 상처를 싸매다. ㊐ 붕대지(繃帶地), 거즈(gauze).

가져-가다 [take along]
❶다른 곳으로 옮겨 가다. ¶조심해서 가져가라. ❷어떤 상태로 끌어가다. ¶일을 바람직한 방향으로 가져가다.

⁑**가족** 家族 | 집 가, 겨레 족 [family]
❶ 속뜻 부부를 기초로 한 가정(家庭)을 이루는 사람들[族]. ❷가족제도에서 한 집의 친족. ¶동생이 태어나 가족이 늘었다. ㊐ 식구, 가속(家屬), 가솔(家率), 식솔(食率), 처자식(妻子息).

♣ 가족(家族) / 식구(食口)

◎ 가족이 = 식구가 많다.
○ 가족 단위로 참가하였다.
× 식구 단위로 참가하였다.
○ 우리 집은 다섯 식구이다.
× 우리 집은 다섯 가족이다.

▸가족-원 家族員 | 인원 원
가족(家族)을 구성하는 인원(人員).

▸가족-놀이 (家族-)
어린 아이들이 엄마·아빠 등 가족(家族)의 역할을 맡아 하면서 노는 놀이.

가죽 (皮, 가죽 피; 革, 가죽 혁) [skin; leather]
동물의 몸을 싸고 있는 껍질을 이룬 물질. 또는 그것을 가공해 만든 물건. ¶가죽 지갑이 물에 젖었다 / 가을에는 가죽옷이 유행이다. 속담 호랑이는 죽어서 가죽을 남기고 사람은 죽어서 이름을 남긴다.

가중 加重 | 더할 가, 무거울 중 [weight; increase]
❶속뜻 더[加] 무거워짐[重]. ¶국민 부담이 가중되다. ❷법률 죄가 더 무거워짐. 형벌을 더 무겁게 함. ¶형을 가중하다. ⓑ감경(減輕).

가:증 可憎 | 가히 가, 미워할 증 [hateful; wretched]
가히[可] 미워할[憎] 만큼 얄밉다. ¶범인은 가증스러운 얼굴로 웃고 있었다.

가지[1] [eggplant]
식물 인도가 원산으로 높이는 1m가량, 잎은 달걀꼴이고, 담자색·남색·백색 등의 꽃이 피고 기다란 열매를 맺는 한해살이 풀.

가지[2] (支 가지 지) [branch]
원줄기에서 갈라져 뻗은 줄기. ¶가지를 꺾지 마시오.

▶ **가지-치기**
농업 나뭇가지의 일부를 자르고 다듬음. ⓑ전지(剪枝).

가지[3] [kind; sort]
종류별로 구별하여 헤아리는 말. ¶여러 가지 방법 / 실례를 몇 가지 들다. ⓑ종류(種類).

▶ **가지-가지**
여러 종류. 여러 가지. ¶취미도 가지가지다. ⓑ가지각색, 갖가지, 각양각색(各樣各色).

▶ **가지-각색** (–各色, 각각 각, 빛 색)
여러 가지 온갖 형태[各色]. ⓑ가지가지, 각색각양(各色各樣), 형형색색(形形色色).

가지다 (持, 가질 지) [have]
❶무엇을 손에 쥐거나 몸에 지니다. ¶손에 책을 가지고 있다 / 지갑을 안 가져 왔다. ❷소유하다. ¶많은 재산을 가지고 있다. ❸마음에 지니다. 품다. ¶소년이여, 꿈을 가져라 / 나는 자신을 갖고 대답했다. ❹아이를 배다. ¶6년 만에 아이를 가졌다.

가지런-하다 (整, 가지런할 정; 齊, 가지런할 제) [be arrange neatly]
여러 개가 고르게 되어 있다. ¶나무를 벤 자리가 가지런하다 / 구두를 가지런히 정돈하다. ⓑ들쑥날쑥하다, 들쭉날쭉하다.

가:짜 (假–, 거짓 가) [imitation]
진짜처럼 꾸민 거짓된[假] 것. 진짜가 아닌 것. ¶가짜 물건. ⓑ위조(僞造). ⓑ진짜.

가:차 假借 | 빌릴 가, 빌릴 차 [hire; rent]
❶속뜻 빌려[假] 쓰거나 빌려[借] 받음. ❷사정을 보아줌. ¶재산을 탕진한 아들을 가차 없이 쫓아냈다. ❸언어 한자 육서(六書)의 하나. 음이 똑같은 다른 글자를 빌려서 뜻을 나타내는 방법. 원래 '태우다'의 뜻으로 만들어진 然(연)자를 가차하여 '그러하다'의 뜻을 나타낸 것을 말한다.

가:책 呵責 | 꾸짖을 가, 꾸짖을 책 [rebuke; blame]
꾸짖어[呵] 책망(責望)함. 꾸짖고 나무람. ¶양심의 가책을 느끼다.

*__가축__ 家畜 | 집 가, 기를 축 [domestic animal]
집[家]에서 기르는[畜] 짐승. ¶전염병으로 가축이 집단 폐사했다. ⓑ집짐승. ⓑ들짐승.

가출 家出 | 집 가, 날 출 [leave home]
집[家]에서 뛰쳐나옴[出]. ¶가출한 청소년을 집으로 돌려보냈다.

**__가치__ 價値 | 값 가, 값 치 [value; worth]
❶속뜻 값[價=値]. 쓸모. ❷경제 욕망을 충족시키는 재화의 중요 정도. ¶현금의 가

치가 하락하다. (비) 값어치, 가격(價格).

▸**가치-관 價値觀** | 볼 관
[심리] 가치(價値)에 대한 관점(觀點). 인간이 자기를 포함한 세계에 내리는 평가의 근본적인 태도나 보는 방법. ¶전통적인 가치관.

가:칭 假稱 | 임시 가, 일컬을 칭 [designate tentatively]
임시로[假] 일컬음[稱].

가:타-부타 (可－否－, 옳을 가, 아닐 부) [say neither yes nor no]
옳다느니[可] 그렇지 않다느니[否]. ¶가타부타 말이 없으니 그 속을 알 수 없다.

가택 家宅 | 집 가, 집 택 [private house]
살림하는 집[家=宅]. ¶가택을 수사하다.

가톨릭 {영 Catholic}
[가톨릭] 그리스도의 정통 교의(敎義)를 믿는 종교나 가톨릭교를 믿는 사람을 이르는 말.

가파르다 [steep]
몹시 비탈지다. ¶가파른 산비탈 / 가파른 계단. (비) 경사지다, 비탈지다.

가풍 家風 | 집 가, 풍속 풍 [family custom]
한 집안[家]의 기율과 풍습(風習). ¶가풍을 익히다. (비) 가품(家品), 문품(門品), 가행(家行).

가-하다 (加－, 더할 가) [add; give]
❶더하다[加]. ¶원금에 이자를 가해서 갚다. ❷무엇에 영향을 미치다. ¶타격을 가하다 / 일침(一針)을 가하다. (비) 가산(加算)하다. (반) 감(減)하다, 제(除)하다, 빼다.

가해 加害 | 더할 가, 해칠 해 [do harm]
해(害)를 끼침[加]. ¶동물을 가해하는 행위를 법으로 금지하고 있다. (반) 피해(被害).

▸**가해-자 加害者** | 사람 자
다른 사람에게 해(害)를 끼친[加] 사람[者]. ¶경찰은 도망간 가해자를 찾아냈다. (반) 피해자(被害者).

가호 加護 | 더할 가, 돌볼 호 [protect]
보호(保護)해 줌[加]. ¶신의 가호를 빈다. (비) 보살핌.

가:혹 苛酷 | 매울 가, 독할 혹 [severe; merciless]
매우 모질고[苛] 독함[酷]. ¶가혹한 운명.

가화-만사성 家和萬事成 | 집 가, 화할 화, 일만 만, 일 사, 이룰 성
집안[家]이 화목(和睦)하면 모든 일[萬事]이 다 잘 이루어짐[成].

가훈 家訓 | 집 가, 가르칠 훈 [family precepts]
❶[속뜻] 집안[家] 어른이 자녀들에게 주는 교훈(敎訓). ❷선대부터 그 집안의 도덕적 실천 기준으로 삼은 가르침. ¶우리 집 가훈은 믿음과 사랑이다. (비) 가정교훈(家庭敎訓), 가법(家法).

가:-히 (可－, 옳을 가) [well; rightly]
할 수 있을[可] 만큼. 넉넉히, 크게 틀림없이. ¶가히 짐작하고도 남을 만하다.

각[1] 各 | 각각 각 [each; every]
낱낱의. 따로따로의. ¶각 학교 / 각 가정.

각[2] 角 | 뿔 각 [horn; angle]
❶뿔. ¶사슴의 각을 자르다. ❷모난 귀퉁이. ¶각이 져 있다. ❸[수학] 두 직선의 한 끝이 서로 만나는 곳. ❹'각도'(角度)의 준말. ¶각을 재다.

⁑**각각 各各** | 따로 각, 따로 각 [each; respectively]
따로[各]따로[各]. 제각기. ¶악기는 종류마다 각각의 특성을 가지고 있다. (비) 제각기, 따로따로, 각기.

각계 各界 | 각각 각, 지경 계 [each field]
사회 각각(各各)의 여러 분야[界]. ¶각계의 저명인사들이 회의에 참석하다.

▸**각계-각층 各界各層** | 각각 각, 층 층
사회의 여러 분야[各界]와 여러 계층[各層]. ¶각계각층의 사람들과 두루 친하다.

각고 刻苦 | 새길 각, 괴로울 고

[work hard]
뼈를 깎아낼[刻] 정도의 괴로움[苦]을 견디며 몹시 애씀. ¶각고의 노력 끝에 작품을 완성했다.

각광 脚光 | 다리 각, 빛 광 [footlight]
❶속뜻 무대의 앞면 아래쪽 다리[脚] 부분에서 배우를 비추는 빛[光]. 영어 'foot light'를 풀이해 만든 한자어이다. ❷사회적 관심이나 인기. ¶친환경 제품이 각광을 받다. ⓑ 주목(注目), 주시(注視).

***각국 各國** | 각각 각, 나라 국
[every country]
각(各) 나라[國]. ¶각국 대표가 회의에 참석하다.

***각기¹ 各其** | 각각 각, 그 기
[each one; every one]
그[其] 각각(各各). 저마다. ¶각기 의견을 말하다. ⓑ 각각(各各).

각기² 脚氣 | 다리 각, 기운 기 [beriberi]
의학 다리[脚]가 붓고 마비되고 기운(氣運)이 없어 제대로 걷지 못하는 증세. ⓑ 각질(脚疾).

▶ 각기-병 脚氣病 | 병 병
의학 다리[脚]가 붓고 마비되고 기운(氣運)이 없어 제대로 걷지 못하는 증세가 나타나는 병[病]. ¶각기병에 걸리다.

각-기둥 (角―, 뿔 각) [prism]
❶속뜻 각(角)이 진 모양의 기둥. ❷수학 한 직선에 평행하는 셋 이상의 평면과, 이 직선과 만나는 두 평행 평면을 면으로 하는 기둥 모양의 다면체(多面體). ⓑ 각주(角柱).

***각도 角度** | 뿔 각, 정도 도 [angle]
수학 각(角)이 진 정도(程度). 각의 크기. ¶도형의 각도를 재다.

▶ 각도-기 角度器 | 그릇 기
각도(角度)를 재는 도구[器].

각막 角膜 | 뿔 각, 꺼풀 막 [cornea]
의학 눈알의 앞쪽에 나지막한 뿔[角]처럼 약간 볼록하게 나와 있는 투명한 꺼풀[膜]. ¶각막이 손상되다. ⓑ 안막(眼膜).

각목 角木 | 뿔 각, 나무 목
[square wooden club]
각(角)이 지게 켠 나무토막[木]. ¶각목을 잘라 의자를 만들다.

각박 刻薄 | 새길 각, 엷을 박
[severe; harsh]
❶속뜻 마음에 새김[刻]이 매우 엷음[薄]. ❷인정이 없고 야박하다. ¶인심이 각박해지다. ⓑ 매정하다.

각별 恪別 | 삼갈 각, 나눌 별
[especial; special]
삼가[恪]고 정성스러움이 유달리 특별(特別)함. ¶각별한 대우를 받았다. ⓑ 유다르다.

각본 脚本 | 다리 각, 책 본
[play script; scenario]
❶속뜻 배우들이 무대에서 연습할 때 다리[脚] 밑에 두고 보는 책[本]. ❷연영 영화나 연극 등의 대사, 동작, 무대 장치 등에 대하여 자세히 적은 글. ¶연극 각본을 쓰다. ⓑ 극본(劇本), 대본(臺本).

각뿔 (角―, 뿔 각) [pyramid]
수학 다각형의 각(角) 변을 밑변으로 하고, 다각형의 평면 밖에 있는 한 점을 공통의 꼭짓점으로 삼는 여러 삼각형으로 에워싸인 뿔[角] 모양의 입체. ⓑ 모뿔, 각추(角錐).

각색 脚色 | 발자취 각, 빛 색 [dramatize; adapt]
❶속뜻 어떤 사람의 과거 발자취[脚]와 본색(本色). ❷역사 중국에서 벼슬을 처음 받을 때, 과거에 무슨 일을 해 왔는지 그 발자취를 적어 내던 이력서. ❸소설 따위의 문학 작품을 희곡이나 시나리오로 고쳐 쓰는 일. ¶원작자가 직접 각색을 맡았다. ⓑ 각본화(脚本化), 극화(劇化).

각서 覺書 | 깨달을 각, 글 서
[memorandum; memo]
❶속뜻 깨달은[覺] 내용을 적은 글[書]. 또

는 그 문서. ❷정치 조약에 덧붙여 해석하거나 보충할 것을 정하고, 예외 조건을 붙이거나 자기 나라의 의견, 희망 따위를 진술하는 외교 문서. ¶각서를 쓰다 / 기유각서(己酉覺書).

각선-미 脚線美 | 다리 각, 줄 선, 아름다울 미 [beautiful shape of legs]
여자 다리[脚]의 곡선(曲線)에서 느끼는 아름다움[美]. ¶각선미를 자랑하다.

각설 却說 | 물리칠 각, 말씀 설
[change the subject in narration]
말[說]을 다른 데로 돌리거나 물리침[却]. 말을 끊음. ¶각설하고, 네 속마음을 말해!

▸각설-이 (却說-)
민속 예전에, 장이나 길거리로 돌아다니면서 장타령을 부르던 동냥아치. '장타령꾼'을 낮게 이르는 말. ¶작년에 왔던 각설이 죽지도 않고 또 왔네. ㊐ 거지.

각-설탕 角雪糖 | 본음 [각설당], 뿔 각, 눈 설, 사탕 당/탕 [sugar cubes]
네모반듯하게[角] 굳혀 만든 흰 설탕(雪糖). ㊐ 각사탕(角沙糖).

각성 覺醒 | 잠깰 각, 술깰 성
[awake to; wake up]
❶속뜻 잠에서 깸[覺]과 술에서 깸[醒]. ❷깨어 정신을 차림. ❸깨달아 앎. ¶각성을 촉구하다.

▸각성-제 覺醒劑 | 약제 제
약학 중추 신경계를 흥분시켜 잠이 오는 것을 억제하는[覺醒] 약물[劑].

각시 [bride]
❶갓 결혼한 여자. ❷조그맣게 만든 여자 인형. ¶풀각시를 만들었다. ❸'아내'를 달리 이르는 말. ¶각시를 얻었다. ㊐ 새색시, 신부(新婦). ㊉ 신랑(新郎).

각양 各樣 | 여러 각, 모양 양
[various ways; all manners]
여러[各] 가지 모양(模樣). 갖가지.

▸각양-각색 各樣各色 | 각각 각, 빛 색
여러 모양[各樣]과 여러 빛깔[各色]. ¶사람의 취미는 각양각색이다. ㊐ 가지각색, 가지가지, 각종(各種).

각오 覺悟 | 잠깰 각, 깨달을 오
[awake; be determined]
❶속뜻 잠에서 깨어나[覺] 정신을 차려 할 일이 무엇인지 깨달음[悟]. ❷마음의 준비를 함. ¶첫날이라 그런지 각오가 대단하다.

⁑**각자 各自** | 각각 각, 스스로 자
[each one]
❶속뜻 각각(各各)의 자기(自己). ❷저마다 따로따로. ¶밥값은 각자 계산했다. ㊐ 제각각, 제각기, 각각(各各).

각재 角材 | 뿔 각, 재목 재
[rectangle lumber]
긴 원목의 통을 뿔[角]처럼 네모지게 쪼개 놓은 재목(材木). ¶소반은 각재의 모를 깎은 부드러운 재목으로 만든다.

각저-총 角觝塚 | =角抵塚, 뿔 각, 맞닥뜨릴 저, 무덤 총
고구려 시대에 행하던, 씨름 비슷한 운동 경기인 각저(角觝) 그림이 그려져 있는 무덤[塚].

⁑**각종 各種** | 여러 각, 갈래 종
[all kinds; various kinds]
여러[各] 가지 종류(種類). ¶각종 직업을 체험하다. ㊐ 각색(各色), 각양각색(各樣各色).

각지 各地 | 여러 각, 땅 지 [every place]
여러[各] 지방(地方). ¶전국 각지에서 많은 사람이 몰려왔다. ㊐ 각처(各處), 방방곡곡(坊坊曲曲).

각질 角質 | 뿔 각, 바탕 질
[horny substance]
동물 뿔[角]처럼 딱딱한 껍질[質]. 동물의 몸을 보호하는 비늘, 털, 뿔, 부리, 손톱 등에 많이 포함되어 있다.

각처 各處 | 여러 각, 곳 처 [every place]
여러[各] 곳[處]. 모든 곳. ¶전국 각처에서 대회가 열렸다. ㊐ 각지(各地), 방방곡곡(坊坊曲曲).

각축 角逐 | 뿔 각, 쫓을 축 [compete]
❶속뜻 사슴이 서로 뿔[角]을 받으며 쫓고 쫓김[逐]. ❷맞서서 다툼. ¶각축을 벌이다. ㊥ 싸움, 경쟁(競爭).

각하 閣下 | 대궐 각, 아래 하 [Your Excellency]
❶속뜻 대궐[閣] 아래[下]. ❷특정한 고급 관료에 대한 경칭. ¶대통령 각하 / 의장 각하. ㊥ 전하(殿下), 성하(聖下).

간[1] [saltiness; salty taste]
❶소금 따위의 짠 조미료. ¶소금으로 간을 하다. ❷짠맛의 정도. ¶간이 싱겁다.

간:[2]肝 | 간 간 [liver]
의학 쓸개즙의 분비, 양분의 저장, 요소(尿素)의 생성, 해독 작용 등의 기능을 하는 신체 부위. ㊥ 간장(肝臟). 속담 간에 붙었다 쓸개에 붙었다 한다.

간[3]間 | 사이 간 [between]
❶어느 대상에서 다른 대상의 사이[間]. 또는 그 관계. ¶서울과 부산 간의 고속도로 / 부모와 자식 간의 정. ❷어느 쪽이든지 관계없이. ¶있고 없고 간에 / 누구든지 간에.

간:간 間間 | 사이 간, 사이 간 [at times; occasionally]
❶속뜻 사이[間] 사이[間]에. ¶학교 담을 끼고 경찰들이 간간 서 있다. ❷이따금. ¶감기 탓인지 간간 기침을 한다.

간간-하다 [nicely salted]
입맛이 당기게 약간 짠 듯하다. ¶찌개 맛이 좀 간간하다.

간:격 間隔 | 사이 간, 사이 뜰 격 [space]
❶속뜻 공간적으로 사이[間]가 벌어짐[隔]. ¶앞 차와의 간격을 유지하세요. ❷시간적으로 벌어진 사이. ¶버스는 20분 간격으로 온다. ❸사람들의 관계가 벌어진 정도. ¶한동안 연락을 안 했더니 친구와 간격이 느껴진다.

간결 簡潔 | 간단할 간, 깨끗할 결 [concise; brief]
간단(簡單)하고 깔끔하다[潔]. ¶자신의 느낌을 간결한 문장으로 적었다.

간계 奸計 | 간사할 간, 꾀 계 [trick]
간사(奸邪)한 꾀[計]. ¶간계에 넘어가다 / 간계를 부리다.

간:곡 懇曲 | 정성 간, 굽을 곡 [be cordial; earnest]
정성스럽고[懇] 곡진하다[曲]. 매우 정성스럽다. ¶간곡한 부탁을 거절할 수 없었다.

간과 看過 | 볼 간, 지날 과 [overlook]
❶속뜻 대강 보아[看] 넘김[過]. ❷관심 없이 예사로이 보아 내버려 둠. ¶이 문제는 간과할 일이 아니다.

간교 奸巧 | 간사할 간, 약을 교 [be crafty; cunning]
간사(奸邪)하고 약삭빠름[巧]. ¶간교한 꾀에 그만 속고 말았다. ㊥ 간사(奸邪), 교활(狡猾).

⁑**간단** 簡單 | 간략할 간, 홑 단 [simple]
❶속뜻 간략(簡略)하고 단순(單純)하다. ❷번거롭지 않고 손쉽다. 단출하다. ¶간단한 문제. ㊦ 복잡(複雜)하다.
▸간단명료 簡單明瞭 | 밝을 명, 밝을 료
간단(簡單)하고 뚜렷함[明=瞭]. ¶질문에 간단명료하게 답했다. ㊟ 간명(簡明).

간:담[1]肝膽 | 간 간, 쓸개 담 [one's innermost heart]
❶속뜻 간(肝)과 쓸개[膽]. ¶간담이 떨어질 뻔 했다. ❷속마음. ¶간담을 비추다.

간:담[2]懇談 | 정성 간, 이야기 담 [familiar talk]
정성스럽게[懇] 주고받는 이야기[談].
▸간:담-회 懇談會 | 모일 회
서로 터놓고 정답게 이야기를 나누는[懇談] 모임[會]. ¶투자 간담회를 열다.

간:-덩이 (肝—, 간 간) [be plucky; have grit]
배짱이 생겨나는 곳이라는 뜻으로 간(肝)을 일컫는 말. ¶그런 말을 하다니, 정말

간덩이가 부었구나!

간도 間島 | 사이 간, 섬 도

❶ 속뜻 사이[間]에 있는 섬[島]. ❷두만강과 마주한 간도 지방의 동부.

간드러-지다 [coquettish]

예쁘고 맵시 있게 가늘고 부드럽다. ¶간드러진 웃음소리 / 사랑가를 간드러지게 부르다.

간들-거리다 [blow gently]

물체가 이리저리 자꾸 흔들리다. ¶나뭇잎이 바람에 간들거리다.

간략 簡略 | 간단할 간, 줄일 략 [simple]

❶ 속뜻 간단(簡單)하게 간추리다[略]. ¶책의 내용을 간략하게 소개했다. ❷간단하고 짤막하다. ⓑ 간단(簡單).

***간만 干滿** | 막을 간, 찰 만 [ebb and flow; tide]

지리 썰물인 간조(干潮)와 밀물인 만조(滿潮)를 아울러 이르는 말. ¶서해안은 간만의 차가 심하다.

간-밤 [last night]

지난밤. ¶간밤에 비가 많이 왔다.

간병 看病 | 볼 간, 병 병 [nurse; look after]

병(病)이 든 사람을 보살핌[看]. ¶시아버지를 간병하다. ⓑ 간호(看護).

간부 幹部 | 줄기 간, 거느릴 부 [leading member]

기관이나 조직체 따위에서 줄기[幹] 같은 중심이 되는 자리에서 책임을 맡거나 지도하는[部] 사람. ¶간부 회의 / 학급 간부를 뽑다.

간사 奸邪 | 간교할 간, 그를 사 [wicked]

성질이 간교(奸巧)하고 행실이 그르다[邪]. ¶간사한 사람은 크게 성공하기 어렵다.

간ː-석기 (-石器, 돌 석, 그릇 기) [polished stone tool]

고적 돌을 갈아서 만든 신석기 시대의 석기(石器). ⓑ 마제(磨製) 석기.

***간석-지 干潟地** | 범할 간, 개펄 석, 땅 지 [dry beach; tideland]

바닷물이 드나드는[干] 개펄[潟] 지역(地域). ¶간석지를 경작지로 바꾸다. ⓑ 간석(干潟), 해택(海澤).

간선[1] 幹線 | 줄기 간, 줄 선 [main line]

도로, 철로 따위의 중심 줄기[幹]가 되는 선(線). ¶간선 도로. ⓑ 본선(本線). ⓑ 지선(支線).

간ː선[2] 間選 | 사이 간, 가릴 선 [indirect election]

'간접선거'(間接選擧)의 준말. ⓑ 직선(直選).

▶간ː선-제 間選制 | 정할 제

정치 일반 선거인이 중간(中間) 선거인단을 뽑아 그들이 최종 선거(選擧)를 하도록 하는 제도(制度). '간접선거제도'(間接選擧制度)의 준말. ⓑ 직선제(直選制).

간섭 干涉 | 막을 간, 관여할 섭 [interfere]

❶ 속뜻 남의 일을 가로막고[干] 참견하거나 관여함[涉]. ¶남의 일에 간섭하다. ❷ 물리 두 개 이상의 파(波)가 한 점에서 서로 만날 때 합쳐진 파의 진폭이 변하는 현상. ⓑ 참견(參見), 개입(介入), 관여(關與). ⓑ 방관(傍觀), 방임(放任).

간소 簡素 | 간단할 간, 수수할 소 [simple]

생활이나 차림새 등이 간략(簡略)하고 수수함[素]. ¶간소한 살림살이. ⓑ 꾸밈없다, 수수하다.

▶간소-화 簡素化 | 될 화

복잡한 것을 간소(簡素)하게 변화(變化)시킴. ¶생산 절차를 간소화하여 시간을 아끼다.

간수[1] [keep; store]

잘 거두어 보호하거나 보관함. ¶돈을 잘 간수해라. ⓑ 보관(保管), 보호(保護).

간수[2] (-水, 물 수) [salt water; brine]

소금이 습기를 만나 저절로 녹아 흐르는 물[水]. ¶콩물에 간수를 넣어 두부를 만들다.

간수[3]**看守** | 볼 간, 지킬 수 [guard]
❶ 속뜻 보살피고[看] 지킴[守]. ❷철도의 건널목을 지키는 사람.

간:식 間食 | 사이 간, 먹을 식 [eating between meals; snack]
아침·점심·저녁의 사이[間]에 먹음[食]. 또는 그런 음식. ¶간식으로 떡을 먹다. ㊐ 군것질, 주전부리.

간신[1]**奸臣** | =姦臣, 간사할 간, 신하 신 [villainous retainer]
간사(奸邪)한 신하(臣下). 간사한 사람. ¶간신들의 모함을 받아 유배되었다. ㊞ 충신(忠臣).

간신[2]**艱辛** | 어려울 간, 매울 신 [barely; hardly]
일하기가 어렵고[艱] 고생스럽다[辛]. ¶간신히 시험을 통과했다.

간악 奸惡 | 간사할 간, 악할 악 [wicked]
간사(奸邪)하고 악독(惡毒)함. ¶간악한 무리들을 소탕하다. ㊐ 사악(邪惡). ㊞ 선량(善良).

간:암 肝癌 | 간 간, 암 암 [liver cancer]
의학 간장(肝臟)에 생기는 암(癌).

간여 干與 | 범할 간, 도울 여 [participate]
관계하여[干] 참여(參與)함. ¶네가 간여할 일이 아니다. ㊐ 참견(參見). ㊞ 방관(傍觀).

간:염 肝炎 | 간 간, 염증 염 [inflammation of the liver; hepatitis]
의학 간(肝)에 생기는 염증(炎症)을 통틀어 이르는 말.

간웅 奸雄 | 간사할 간, 뛰어날 웅 [villainous hero; great villain]
간사(奸邪)한 영웅(英雄). 간사한 남자. ¶난세의 간웅.

***간:이 簡易** | 간단할 간, 쉬울 이 [simple; plain]
간단(簡單)하고 쉬움[易]. ¶고속도로 간이 휴게소(休憩所)에 들렀다.

간장[1](一醬, 젓갈 장) [soy sauce]
음식의 간을 맞추는 짜고 특유한 맛이 있는 흑갈색의 액체. ¶간장으로 간을 맞추다.

간:장[2]**肝腸** | 간 간, 창자 장 [liver and bowels; heart]
❶ 속뜻 간(肝)과 창자[腸]. ❷속. 애. 마음. ¶어찌나 걱정했는지 간장이 다 녹았다.

간:절 懇切 | 정성 간, 절실할 절 [be eager; sincere]
정성스럽고[懇] 절실(切實)하다. ¶간절한 눈빛.

간:접 間接 | 사이 간, 맞이할 접 [indirect; mediate]
중간(中間)에서 관계 따위를 맺어줌[接]. ¶간접흡연 / 간접사회자본. ㊞ 직접(直接).

▸**간:접-적 間接的** | 것 적
직접이 아니라 간접(間接) 수단을 통하는 것[的]. ¶난 그 일과 간접적으로 관계되어 있다. ㊞ 직접적(直接的).

간조 干潮 | 막을 간, 바닷물 조 [ebb tide; low water]
지리 막혔던[干] 것 같이 가득하던 바닷물이 빠져나가 해수면이 가장 낮아진 조수(潮水) 상태. ¶간조가 되면 섬까지 걸어서 갈 수 있다. ㊐ 썰물, 저조(低潮). ㊞ 만조(滿潮).

간주[1]**看做** | 볼 간, 지을 주 [regard]
상태, 모양, 성질 따위가 그와 같다고 보거나[看] 여김[做]. ¶그의 말을 농담으로 간주하다.

간:주[2]**間奏** | 사이 간, 연주할 주 [interlude; intermezzo]
음악 극이나 악곡의 사이[間]에 하는 연주(演奏). ㊞ 전주(前奏), 후주(後奏).

간지 干支 | 천간 간, 지지 지
천간(天干)과 지지(地支). 십간(十干)과 십이지(十二支)를 조합한 것. ¶올해는 간지로 신묘년이다.

간지럼 [be ticklish]

간지러운 느낌. ¶그는 간지럼을 잘 탄다.

간지럽다 [feel a tickle]
피부나 살이 자리자리하게 느껴지다. ¶머리카락이 살에 닿아 간지럽다 / 친구의 옆구리를 간지럽히다. ㊥ 간질간질하다.

간직-하다 [keep; hold]
잊거나 잃지 않도록 잘 보관하다. ¶가슴 속 깊이 간직하다 / 그의 말은 내 기억 속에 간직되어 있다. ㊥ 가지다, 지니다, 간수(看守)하다.

간:질 癎疾 | 지랄 간, 병 질 [epilepsy]
의학 의식 장애로 발작하여 지랄[癎]을 하는 병[疾]. ㊥ 간질병.

간질-이다 [tickle]
간지럽게 하다. ¶옆 사람의 겨드랑이를 간질이며 장난을 치다 / 등이 간질간질하여 참기 어려웠다. ㊥ 간지럽히다.

***간척** 干拓 | 막을 간, 넓힐 척
[reclaim by drainage]
바다나 호수의 일부를 둑으로 막고[干], 그 안의 물을 빼내어 육지로 만들어 땅을 넓히는[拓] 일. ¶해안을 간척하다.

▶ **간척-지** 干拓地 | 땅 지
간척(干拓) 공사를 통하여 넓힌 땅[地].

간:첩 間諜 | 사이 간, 염탐할 첩
[spy; secret agent]
❶ 속뜻 사이[間]에 들어가 염탐함[諜]. ❷ 비밀을 몰래 알아내어 제공하는 사람. ¶간첩으로 의심되면 바로 신고하세요. ㊥ 첩자(諜者), 공작원(工作員), 첩보원(諜報員).

간:청 懇請 | 정성 간, 부탁할 청 [entreat]
간곡(懇曲)히 부탁함[請]. 또는 그러한 청원. ¶임금은 아이의 간청을 들어주었다. ㊥ 청탁(請託), 부탁(付託).

간-추리다 [sum up; summarize]
흐트러진 것을 가지런히 정돈하다. ¶흩어진 종이들을 간추리다. ㊥ 추리다, 추려내다.

간:택 揀擇 | 가릴 간, 고를 택
[choose a suitable match]
❶ 속뜻 옳고 그름, 좋고 나쁨을 가려[揀] 고름[擇]. ❷배우자를 고름. ¶후궁으로 간택되었다.

간파 看破 | 볼 간, 깨뜨릴 파
[see through]
보아서[看] 속사정을 꿰뚫어[破] 알아차림. ¶상대의 의도를 간파했다.

간판 看板 | 볼 간, 널빤지 판
[signboard; sign]
사람들의 눈에 잘 띄게[看] 내건 표지용 널빤지[板]. ¶옥상에 상점 간판을 달다.

간편 簡便 | 간단할 간, 편할 편
[handy; convenient]
간단(簡單)하고 편리(便利)하다. ¶물만 부으면 되니 참 간편하다. ㊥ 간략(簡略), 간소(簡素). ㊦ 복잡(複雜).

간-하다[1] [apply salt]
너무 짜거나 너무 싱겁지 않도록 음식에 간을 넣다. ¶간장으로 미역국을 간하다.

간:-하다[2] (諫—, 간할 간) [remonstrate; advise]
어른이나 임금께 잘못을 고치도록 말하다[諫]. ¶그에게 벌을 주라고 임금에게 간하였다.

간행 刊行 | 책 펴낼 간, 행할 행 [publish; issue]
책을 찍어[刊] 발행함[行]. ¶3개월에 한 번씩 간행하는 출판물을 계간(季刊)이라고 한다. ㊥ 발행(發行), 출판(出版), 발간(發刊), 출간(出刊).

▶ **간행-물** 刊行物 | 만물 물
간행(刊行)된 책, 신문, 그림 따위의 물품(物品)을 이르는 말.

간호 看護 | 볼 간, 돌볼 호
[nurse; tend; care]
환자나 노약자를 돌보고[看] 보살펴[護] 줌. ¶병든 아버지를 간호하다. ㊥ 간병(看病).

▶ **간호-사** 看護師 | 스승 사
의사의 진료를 돕고 환자를 돌보는[看護]

사람[師]. ¶간호사가 붕대를 감아주었다.

간:혹 間或 | 사이 간, 혹시 혹 [sometimes]
❶ 속뜻 간간(間間)이 또는 혹시(或是). ❷ 어쩌다가 띄엄띄엄. ¶원숭이도 간혹 나무에서 떨어질 때가 있다. ⓑ 때로.

갇히다 (囚, 가둘 수) [be shut up]
어디에 넣어져 스스로 나가지 못하다. ¶감옥에 갇히다. ⓑ 감금(監禁)되다.

갈:-가리 [to pieces]
여러 가닥으로 길게 찢어진 모양. '가리가리'의 준말. ¶옷이 갈가리 찢겨버렸다. ⓑ 갈기갈기.

갈겨니 [Zacco temmincki]
동물 피라미 비슷하며 옆구리에 희미한 띠가 있는 민물고기.

갈겨-쓰다 [scribble; scrawl]
서둘러서 급하게 쓰다. ¶시간이 없어 편지를 갈겨썼다.

갈:고-닦다 [practice; train]
학문이나 재주 따위를 힘써 배우고 익히다. ¶그동안 갈고닦은 실력을 유감없이 발휘하다.

갈고리 [hook; gaff]
끝이 꼬부라져 무엇을 잡아당길 때 쓰는 도구. '갈고랑이'의 준말.

갈구 渴求 | 목마를 갈, 구할 구 [desire eagerly]
갈망(渴望)하여 애타게 구(求)함.

갈:기 [mane]
말·사자 따위의 목덜미에 난 긴 털. ¶말의 갈기를 쓰다듬어 주었다.

갈기-갈기 [to pieces; to shreds]
여러 가닥으로 찢어진 모양. ¶강아지가 신문을 갈기갈기 찢어 놓았다. ⓑ 갈가리.

갈기다 [beat; strike]
❶세차게 후려치다. ¶따귀를 서너 대 갈기다. ❷똥·오줌 따위를 함부로 싸다. ¶마당에다 오줌을 갈기다. ❸총·대포 따위를 마구 쏘다. ¶기관총을 드르륵 갈기다.

갈다[1] [change; replace]
원래의 것을 다른 것으로 바꾸다. ¶어항의 물을 갈다 / 체육복을 갈아입었다 / 시청역에서 2호선으로 갈아타다. ⓑ 교환(交換)하다, 교체(交替)하다.

갈:다[2] [grind; rub]
❶단단한 것에 문지르다. ¶숫돌에 칼을 갈다 / 벼루에 먹을 갈다 / 그 일만 생각하면 이가 갈린다. ❷재료를 가루가 되도록 부수다. ¶콩을 갈아 두부를 만든다.

갈:다[3] (耕, 밭갈 경) [cultivate]
농사를 짓기 위하여 흙을 파 뒤집다. ¶밭을 쟁기로 갈다.

갈-대 (蘆, 갈대 로) [reed]
식물 습지나 물가에 나는 풀. 높이 1-3m, 줄기가 곧고 가을에 흰 꽃 같은 솜털로 덮인 씨앗을 맺는다.

***갈등 葛藤** | 칡 갈, 등나무 등 [trouble; conflict]
❶ 속뜻 칡[葛] 덩굴과 등(藤)나무 덩굴이 서로 뒤얽힘. ❷'견해·주장·이해 등이 뒤엉킨 반목·불화·대립·충돌'을 비유하여 이르는 말.

갈라지다
❶금이 가거나 틈이 생겨 벌어지다. ¶벽이 갈라졌다. ❷하나였던 것이 여럿으로 나누어지다. ¶세 갈래로 갈라지는 길이 나왔다.

비슷한 듯 다른 말 ➲ 트다²

갈래 [division; section]
❶갈라져 나간 부분이나 가닥. ¶한 조상에서 나온 갈래. ❷갈라져 나간 부분이나 가닥을 세는 말. ¶세 갈래로 갈린 길. ⓑ 줄기.

갈리다 [be divided; be parted]
원래 하나였던 것이 몇으로 나뉘다. ¶여론이 두 갈래로 갈리다 / 지진으로 땅이 갈라지다. ⓑ 단결(團結)하다, 결합(結合)하다.

갈림-길 (岐, 갈림길 기) [side road]

몇 갈래로 갈려 있는 길. 또는 어느 한쪽을 선택해야 하는 상황을 비유하는 말. ¶갈림길에서 친구와 헤어지다 / 선택의 갈림길에 서다. ㊥ 기로(岐路), 분기점(分岐點).

갈망 渴望 | 목마를 갈, 바랄 망 [desire eagerly]
목말라[渴] 물을 찾듯이 간절히 바람[望]. ¶남북 통일을 갈망하다. ㊥ 열망(熱望).

갈매기 (鷗, 갈매기 구) [sea gull]
동물 머리와 몸은 대체로 희며 등은 담회색이며, 물갈퀴로 헤엄을 잘 치는 바다새. ㊥ 백구(白鷗).

갈맷-빛 [dark green]
짙은 초록빛. ㊥ 심록(深綠), 심청(深靑).

갈모 (—帽, 모자 모) [rain cover for a hat]
갓 위에 덮어쓰는, 고깔[帽]과 비슷하게 생긴 우비(雨備). ㊥ 입모(笠帽).

갈무리 [putting away in order]
물건 따위를 잘 저장해 둠. ¶갈무리를 잘 해야 오래 두고 먹을 수 있다.

갈ː-바람 [autumn wind]
'가을바람'의 준말. ¶갈바람에 흩어지는 낙엽.

갈비 [ribs]
❶흉곽을 구성하는 활 모양의 긴 뼈. 갈비뼈. ❷소나 돼지, 닭 따위의 가슴통을 이루는 굵은 뼈와 살. ¶돼지 갈비 / 닭 갈비. ㊥ 늑골(肋骨).
▸갈비-찜
쇠갈비를 양념하여 만든 찜.
▸갈비-탕 (—湯, 끓을 탕)
쇠갈비를 넣어 끓인 국[湯].

갈색 褐色 | 털옷 갈, 빛 색 [brown]
털옷[褐] 같은 주황빛[色]. ㊥ 밤색.

갈ː-잎 [fallen leaves]
❶'가랑잎'의 준말. ❷'떡갈잎'의 준말. 떡갈나무의 잎.

갈증 渴症 | 목마를 갈, 증세 증 [thirst]
목이 마른[渴] 증세(症勢). ¶갈증이 나다. ㊥ 조갈(燥渴).

갈채 喝采 | 큰소리 갈, 주사위 채 [applaud; cheer]
❶ 속뜻 주사위[采]를 던지며 큰소리[喝]로 고함을 지름. ❷외침이나 박수 따위로 찬양이나 환영의 뜻을 나타냄. ¶갈채를 받다 / 관중석에서 우레와 같은 갈채가 쏟아졌다.

갈치 [hairtail; scabbard fish]
동물 길고 얄팍한 띠 모양의 바닷물고기. 비늘은 없고 은백색의 가루 같은 것이 덮여 있다. ㊥ 도어(刀魚).

갈퀴 [rake]
마른 풀·나뭇잎 따위를 긁어모으는 데 쓰는 기구.

갈-파래 [sea lettuce]
식물 물결이 잔잔한 바닷가에 많이 나는 해조(海藻). 김과 비슷하다. ㊥ 청태(靑苔).

갈팡질팡-하다 [be confused]
방향을 못 정하고 이리저리 헤매다. ¶깊은 산속에서 길을 잃고 갈팡질팡하다. ㊥ 쩔쩔매다, 오락가락하다.

갈피 [fold; point]
❶사이 또는 사이에 끼우는 것. ¶책 갈피에 끼우다. ❷일의 요점. ¶갈피를 못 잡고 헤매다.

갉다 [gnaw; bite]
❶이 따위로 물어 뜯다. ¶쥐가 장롱을 갉아 구멍이 생겼다 / 누에가 뽕잎을 갉아먹다. ❷갈퀴 따위로 좀스럽게 긁어모으다. ¶낙엽을 갈퀴로 갉아 모았다.

감ː[1] [persimmon]
감나무의 열매. ¶붉은 감이 주렁주렁 열렸다.

감ː[2] [stuff; material]
옷을 만들 때 사용하는 천. '옷감'의 준말. ¶이 옷은 감이 질기다 / 구김이 잘 가는 감.

감ː[3]**感** | 느낄 감 [feeling; sensitivity]
❶느낌. 생각. ¶때늦은 감이 든다. ❷자극에 대하여 느끼는 정도. '감도'(感度)의 준말. ¶감이 좋은 전화기 / 감이 멀다.

***감ː각 感覺** | 느낄 감, 깨달을 각 [sense; feeling]
❶속뜻 눈, 귀, 코, 혀, 살갗 등을 통하여 느껴[感] 앎[覺]. ¶감각 마비 / 감각이 예민하다. ❷사물에서 받는 인상이나 느낌. ¶그녀는 패션 감각이 뛰어나다. ㊐ 느낌, 감촉(感觸), 감정(感情), 정서(情緖).

▸감ː각-적 感覺的 | 것 적
감각(感覺)을 자극하는 것[的]. 또는 감각에 예민한. ¶감각적인 소설. ㊐ 감성적(感性的), 감관적(感觀的), 관능적(官能的). ㊔ 관념적(觀念的), 개념적(概念的).

▸감ː각 기관 感覺器官 | 그릇 기, 벼슬 관
동물 자극을 통하여 어떤 감각(感覺)을 일으키게 하는 신체 기관(器官). 촉각 기관, 후각 기관, 미각 기관 등이 있다. ㊟ 감각기. ㊐ 감촉(感觸) 기관.

감감-하다 [have no news]
아무런 소식이 없다. ¶그런 일이 있은 뒤로 소식이 감감하다.

감ː개 感慨 | 느낄 감, 슬퍼할 개 [be deeply moved]
❶속뜻 깊이 느끼어[感] 슬퍼함[慨]. ❷마음속 깊이 사무치는 느낌. ¶무사히 돌아와 감개가 무량하였다.

▸감ː개-무량 感慨無量 | 없을 무, 헤아릴 량
마음에 사무치는 느낌[感慨]을 헤아릴[量] 수 없음[無]. ¶10년 만에 고향에 돌아오니 감개무량하다.

감ː격 感激 | 느낄 감, 격할 격 [be deeply impressed]
❶속뜻 고마움을 깊이[激] 느낌[感]. ❷마음속에 깊이 느껴 격동됨. ¶감격의 눈물 / 감격적인 장면. ㊐ 감동(感動).

감귤 柑橘 | 감자나무 감, 귤나무 귤 [tangerine]
밀감(蜜柑)과 귤(橘)을 아울러 이르는 말. ¶제주 감귤은 세계적으로 유명하다.

감금 監禁 | 볼 감, 금할 금 [imprison; confine]
감시(監視)하기 위하여 일정한 곳에 가두어 둠[禁]. 가두어서 신체의 자유를 속박함. ¶구치소에 감금하다.

감ː기 感氣 | 느낄 감, 기운 기 [cold; influenza]
❶속뜻 자연의 기(氣)를 느낌[感]. ❷한의 풍(風)·한(寒)·서(暑)·습(濕)·조(燥)·화(火)를 몸으로 느낄 만큼 기운이 없는 상태를 이르는 말. ❸의학 몸이 오슬오슬 춥게 느껴지며 기운이 없고 열이 나며 기침, 콧물이 나는 질환을 통틀어 이르는 말. ¶감기에 걸리다. ㊐ 고뿔, 한질(寒疾).

▸감ː기-약 感氣藥 | 약 약
감기(感氣)를 치료하는 데 쓰는 약(藥). ¶감기약을 먹어도 낫지 않았다.

감ː-나무 [persimmon]
식물 초여름에 담황색 꽃이 펴 감이 달리는 나무.

감ː다[1] [shut; close]
아래위 눈시울을 한데 붙이다. ¶눈을 감다 / 졸리면 눈이 저절로 감긴다. ㊔ 뜨다.

감ː다[2] [wash; bathe]
머리·몸을 물에 담가 씻다. ¶샴푸로 머리를 감다.

감ː다[3] [wind]
❶실 따위를 무엇에 말다. ¶붕대를 팔목에 감다 / 실패에 감긴 실. ❷시계 태엽 따위를 작동하도록 돌리다. ¶태엽을 감다. ㊔ 풀다.

감당 堪當 | 견딜 감, 당할 당 [charge]
능히 맡아서[堪] 당해 냄[當]. ¶내 힘으로는 감당할 수 없는 일이다.

감독 監督 | 볼 감, 살필 독 [supervise; control]
보살피고[監] 잘 살펴봄[督]. 또는 그런

사람. ¶시험을 감독하다 / 축구 감독.

▸감독-관 監督官 | 벼슬 관
감독(監督)의 직무를 맡은 관리(官吏).

감ː-돌다 [hang low]
❶기운이나 기분 따위가 널리 퍼지다. ¶팽팽한 긴장감이 감돌았다. ❷둘레를 여러 번 빙빙 돌다. ¶강물이 산기슭을 굽이굽이 감돌아 내려간다.

****감ː동 感動** | 느낄 감, 움직일 동 [moved]
깊이 느끼어[感] 마음이 움직임[動]. ¶심청의 이야기를 들은 용왕은 크게 감동했다. ㊐ 느낌, 감격(感激), 감복(感服), 감명(感銘).

▸감ː동-적 感動的 | 것 적
감동(感動)할 만한 것[的]. ¶감동적인 장면을 연출하다.

감ː량 減量 | 덜 감, 분량 량
[reduce the quantity]
양(量)을 덜어냄[減]. ¶경기를 위해 체중을 감량했다. ㊎ 증량(增量).

감ː면 減免 | 덜 감, 면할 면
[exempt; remit]
부담 따위를 감(減)해 주거나 면제(免除)해 줌. ¶흉년이 들어 세금을 감면했다.

감ː명 感銘 | 느낄 감, 새길 명 [impress]
깊이 느끼어[感] 마음에 새겨[銘] 둠. ¶이순신 장군의 전기를 감명 깊게 읽었다. ㊐ 감격(感激), 감동(感動).

감미 甘味 | 달 감, 맛 미 [sweet taste]
달콤한[甘] 맛[味]. ¶감미로운 목소리.

▸감미-료 甘味料 | 거리 료
단맛[甘味]을 내는 데 쓰이는 재료(材料). 포도당, 과당, 맥아당 따위.

감ː발 [wear leggings]
발에 감는 무명천. ¶짚신 감발을 풀다. ㊐ 발감개, 발싸개.

감방 監房 | 볼 감, 방 방 [cell]
교도소에서 죄수를 감시(監視)하기 위하여 가두어 두는 방(房). ¶사형수를 감방에 가두다.

감별 鑑別 | 볼 감, 나눌 별
[discern; determine; distinguish]
❶ 속뜻 잘 살펴보고[鑑] 식별(識別)함. ¶병아리 감별 / 위조지폐를 감별하다. ❷예술 작품이나 골동품 따위의 가치와 진위를 판단함. ¶박물관에 걸린 피카소의 작품이 위작으로 감별되었다.

감사[1] 監司 | 볼 감, 벼슬 사 [governor]
❶ 속뜻 감시(監視)하는 직책을 맡은 벼슬[司]. ❷ 역사 관찰사(觀察使). 속담 평안 감사도 저 싫으면 그만.

감사[2] 監査 | 볼 감, 살필 사 [audit]
감독(監督)하고 검사(檢査)함. ¶국정 감사 / 회계감사. ㊐ 감독(監督), 검사(檢査), 감찰(監察).

감ː사[3] 感謝 | 느낄 감, 고마워할 사
[thanks; gratitude]
❶ 속뜻 고마움[謝]을 느낌[感]. ❷고마움을 표함. ¶성원에 감사드립니다. ㊐ 사의(謝意), 은혜(恩惠).

비슷한 듯 다른 말	➲ 고맙다

▸감ː사-장 感謝狀 | 문서 장
감사(感謝)의 뜻을 적어 인사로 주는 글[狀].

감ː상[1] 感想 | 느낄 감, 생각 상
[thoughts; impressions]
마음에 느끼어[感] 일어나는 생각[想]. ¶한국에 대한 감상을 말하다. ㊐ 소감(所感), 의견(意見).

▸감ː상-문 感想文 | 글월 문
감상(感想)을 적은 글[文]. ¶책을 읽고 감상문을 썼다.

감ː상[2] 感傷 | 느낄 감, 상할 상 [sentiment]
❶ 속뜻 좋게 느껴[感]지지 않아 마음이 상(傷)함. ❷하찮은 사물에도 쉽게 슬픔을 느끼는 마음. ¶떨어지는 낙엽을 보고 감상에 빠졌다.

▸감ː상-벽 感傷癖 | 버릇 벽
사소한 일에도 감동(感動)하고 슬퍼하는

[傷] 버릇[癖].

▸감ː상-적 感傷的 | 것 적
사소한 일에도 감동(感動)하고 슬퍼하는[傷] 것[的]. ¶감상적으로 일을 처리하지 마라. ⓑ 애상적(哀傷的). ⓟ 이성적(理性的), 논리적(論理的).

감상³鑑賞 | 볼 감, 즐길 상 [appreciate]
예술 작품을 보고[鑑] 즐김[賞]. ¶미술 작품을 감상하다.

▸감상-곡 鑑賞曲 | 노래 곡
감상(鑑賞)을 하기 위한 악곡(樂曲).

▸감상-실 鑑賞室 | 방 실
감상(鑑賞)을 하는 시설이 마련되어 있는 방[室].

감색 紺色 | 감색 감, 빛 색 [navy blue]
검푸른[紺] 남색[色]. ¶감색 양복을 입으니 점잖아 보인다.

감ː성 感性 | 느낄 감, 성질 성 [sensitivity; sensibility]
❶ 속뜻 자극에 대해 변화를 느끼는[感] 성질(性質). ¶그녀는 감성이 풍부하다. ❷ 철학 대상을 오관(五官)으로 느끼고 깨달아 그 상(像)을 형성하는 인식 능력. ⓟ 지성(知性), 이성(理性).

▸감ː성-적 感性的 | 것 적
감성(感性)이 작용하는 것[的]. 감성이 예민한 것. ¶피아노 선율이 매우 감성적이다.

감ː소 減少 | 덜 감, 적을 소 [lessen; drop]
❶ 속뜻 줄어서[減] 적어짐[少]. ❷덜어서 적게 함. ¶출생률이 감소하다. ⓑ 감량(減量). ⓟ 증가(增加).

감ː속 減速 | 덜 감, 빠를 속 [reduce speed]
속도(速度)를 줄임[減]. ¶이곳은 길이 좁으니 감속하십시오. ⓟ 가속(加速).

감수¹甘受 | 달 감, 받을 수 [ready to suffer]
질책, 고통, 모욕 따위를 군말 없이 달게[甘] 받음[受]. ¶고통을 감수하다.

감수²監修 | 볼 감, 닦을 수 [supervise the compilation]
책을 편찬하고 수정(修正)하는 일을 감독(監督)하는 일. ¶이 책은 국문학자가 감수했다.

감ː수³感受 | 느낄 감, 받을 수 [be impressed]
심리 외부의 자극을 감각(感覺) 신경을 통해 받아들임[受].

▸감ː수-성 感受性 | 성질 성
외부의 자극을 받아[受] 느낌[感]을 일으키는 성질(性質)이나 능력. ¶사춘기에는 감수성이 예민하다. ⓒ 감성. ⓑ 수용성(受容性).

감시 監視 | 볼 감, 볼 시 [observe]
단속하기 위하여 주의 깊게 살펴[監]봄[視]. ¶죄수를 감시하다.

▸감시-자 監視者 | 사람 자
단속하기 위하여 주의하여 지켜보는[監視] 사람[者]. ¶감시자의 눈을 피하여 도망쳤다.

감식 鑑識 | 볼 감, 알 식 [judge]
감정(鑑定)하여 식별(識別)함. ¶지문 감식 / 미술품을 감식하다.

감ː-싸다 [wrap; cover up]
❶붕대 따위를 감아 싸다. ¶상처를 붕대로 감싸다. ❷흉이나 약점을 덮어 주다. ¶남의 약점을 감싸 주다. ⓑ 덮다, 편들다, 두둔하다.

감안 勘案 | 헤아릴 감, 생각 안 [consider]
헤아려[勘] 생각해봄[案]. 참작함. ¶형편을 감안하여 수업료를 면제해 주었다.

감언 甘言 | 달 감, 말씀 언 [sweet-talk]
듣기 좋게 하는 달콤한[甘] 말[言]. ¶감언으로 물건을 빼앗다. ⓟ 고언(苦言).

▸감언-이설 甘言利說 | 이로울 리, 말씀 설
남의 비위를 맞추는 달콤한[甘] 말[言]과 이로운[利] 조건만 들어 그럴듯하게 꾸미는 말[說]. ¶감언이설로 여자를 꾀다.

감ː염 感染 | 느낄 감, 물들일 염
[get influenced]
❶ 의학 병원체가 몸에 옮아[感] 물듦[染]. ❷남의 나쁜 버릇이나 다른 풍습 따위가 옮아서 그대로 따라하게 됨. ¶바이러스에 감염되었다. ㊐ 영향(影響), 전염(傳染).

감영 監營 | 살필 감, 꾀할 영 [government office]
❶ 속뜻 잘 살펴서[監] 일을 꾀함[營]. ❷ 역사 조선 시대, 관찰사가 직무를 보던 관청.

감옥 監獄 | 볼 감, 가둘 옥 [prison; jail]
죄인을 감시(監視)하기 위하여 가둠[獄]. 또는 그런 곳. ¶경찰은 범인을 감옥에 가두었다. ㊐ 감방(監房), 형무소(刑務所), 교도소(矯導所).

▶ 감옥-살이 (監獄－)
감옥(監獄)에 갇혀 지내는 생활. ¶그는 3년간 감옥살이를 하였다.

감ː원 減員 | 덜 감, 인원 원
[lay off; reduce the staff]
인원(人員)을 줄임[減]. ¶직원을 대폭 감원하다. ㊀ 증원(增員).

감ː은 感恩 | 느낄 감, 은혜 은
[feel gratitude]
은혜(恩惠)에 감사(感謝)함.

▶ 감ː은-사 感恩寺 | 절 사
❶ 속뜻 은혜(恩惠)에 감사(感謝)하기 위하여 지은 절[寺]. ❷ 불교 경상북도 경주시 양북면 용당리에 있던 절. 신라 30대 문무왕 때부터 짓기 시작하여 31대 신문왕 때 완공하였다.

감ː응 感應 | 느낄 감, 응할 응
[respond; sympathize]
❶ 속뜻 마음에 느끼어[感] 반응(反應)함. ❷신심(信心)이 부처나 신령에게 통함. ¶그의 정성에 신도 감응했나보다.

▶ 감ː응-초 感應草 | 풀 초
❶ 속뜻 감응(感應)하는 기능을 가진 풀[草]. ❷ 식물 미모사.

감자 [potato]
식물 칠레 원산으로 세계 각지의 온대 및 한대에서 널리 재배되는데, 땅속의 덩이줄기를 '감자'라 한다. '감저'(甘藷)에서 온 말. ¶감자전 / 감자튀김.

감ː전 感電 | 느낄 감, 전기 전
[receive an electric shock]
전기 전기(電氣)가 통하여 있는 도체에 몸의 일부가 닿아 그 충격을 느낌[感]. ¶물에 젖은 손으로 콘센트를 만지면 감전될 수 있다.

감ː점 減點 | 덜 감, 점 점
[deduct points]
점수(點數)를 줄임[減]. 또는 그 점수. ¶맞춤법이 틀려 감점되었다. ㊀ 가산점(加算點).

감ː정¹ 憾情 | 섭섭할 감, 마음 정
[ill feeling; grudge]
섭섭하게[憾] 여기는 마음[情]. 원망하거나 성내는 마음. ¶내게 무슨 감정이 있니?

감정² 鑑定 | 볼 감, 정할 정
[judge; appraise]
진짜와 가짜 따위를 살펴보면서[鑑] 판정(判定)함. ¶그림을 감정했다. ㊐ 감식(鑑識), 감별(鑑別), 판별(判別), 식별(識別).

***감ː정³ 感情** | 느낄 감, 마음 정 [feeling; emotion]
❶ 속뜻 느끼어[感] 일어나는 마음[情]. 심정(心情). ❷어떠한 대상이나 상태에 따라 일어나는 마음. 기쁨·노여움·슬픔·두려움·쾌감·불쾌감 따위. ¶그는 감정이 메말랐다. ㊐ 느낌, 기분(氣分), 정서(情緖).

▶ 감ː정-적 感情的 | 것 적
쉽게 감정(感情)에 좌우되는 것[的]. ¶감정적으로 받아들일 문제가 아니다. ㊀ 이성적(理性的).

▶ 감ː정 이입 感情移入 | 옮길 이, 들 입
❶ 속뜻 감정(感情)을 옮겨[移] 받아들임[入]. ❷자신의 감정을 예술작품 따위에 불어넣거나 대상으로부터 느낌을 직접 받

아들이는 일. ¶감정 이입하여 시를 낭송했다.

감주 甘酒 | 달 감, 술 주 [sweet rice drink]
❶ 속뜻 단[甘] 술[酒]. 맛이 좋은 술. ❷엿기름을 우린 물에 밥알을 넣어 식혜처럼 삭혀서 끓인 음식. ⓑ 단술, 감례(甘醴), 식혜(食醯).

감:지 感知 | 느낄 감, 알 지 [perceive; sense]
직감적으로 느끼어[感] 앎[知]. ¶물고기의 움직임이 레이더에 감지되었다.
▸감:지-기 感知器 | 그릇 기
물리 소리·빛·온도·압력 따위를 감지(感知)하는 기계 장치[器]. ¶도난 방지를 위한 감지기.

감:지덕지 感之德之 | 느낄 감, 어조사 지, 덕 덕, 어조사 지
❶ 속뜻 감사(感謝)하고 은덕(恩德)으로 여김. ❷분에 넘치는 듯싶어 매우 고맙게 여기는 모양. ¶뜻밖의 환대에 감지덕지하다.

감쪽-같다 [perfect]
꾸민 일이나 고친 물건이 조금도 알아차리지 못할 정도로 그런 흔적이 없다. ¶터진 곳을 실로 꿰매니 감쪽같았다.

감찰 監察 | 볼 감, 살필 찰 [inspect]
❶ 속뜻 감시(監視)하여 살핌[察]. 또는 그 직무. ❷단체의 규율과 단원의 행동을 살피고 감독하는 일. 또는 그 직무. ¶비리사건에 연루된 기관을 모두 감찰했다. ⓑ 감시(監視), 감사(監査), 감독(監督), 단속(團束).

감초 甘草 | 달 감, 풀 초 [licorice root]
❶ 속뜻 단맛[甘]을 내는 풀[草]. ❷ 식물 높이는 1미터 가량이며, 붉은 갈색의 뿌리는 단맛이 나는데 먹거나 약으로 쓰는 풀. 속담 약방에 감초.

감:촉 感觸 | 느낄 감, 닿을 촉 [touch]
어떤 자극이 피부에 닿아[觸] 일어나는 느낌[感]. ¶감촉이 부드럽다 / 곤충은 더듬이로 적의 움직임을 감촉한다. ⓑ 감응(感應), 촉감(觸感).

감추다 (藏, 감출 장) [hide; conceal]
남이 보거나 찾아내지 못하도록 물건이나 감정 따위를 숨기다. ¶장롱에 돈을 감추다 / 좋아하지만 마음을 감췄다. ⓑ 가리다. ⓑ 밝히다, 나타내다.

감:축 減縮 | 덜 감, 줄일 축 [reduce]
덜고[減] 줄임[縮]. 또는 줄여 적게 함. ¶예산 감축 / 쌀 소비량이 줄자 생산량을 감축했다.

감:-치다 [put a hem (in); sew up]
옷감 따위를 감아 꿰매다. ¶찢어진 저고리를 감치다.

감:칠-맛 [avory taste; good flavor]
음식이 입에 달게 당기는 맛. ¶할머니가 만든 요리는 감칠맛이 난다.

감:탄 感歎 | =感嘆, 느낄 감, 한숨지을 탄 [admire]
❶ 속뜻 느끼어[感] 한숨지음[歎]. ❷크게 감동하여 찬탄함. ¶귀신도 놀랄 솜씨에 감탄했다. ⓑ 감동(感動), 감격(感激).
▸감:탄-사 感歎詞 | 말씀 사
언어 말하는 이가 감탄(感歎)이나 부름, 응답을 나타낼 때 쓰는 말[詞].

감:퇴 減退 | 덜 감, 물러날 퇴 [decline; decrease]
❶ 속뜻 줄어들고[減] 뒤로 물러남[退]. ❷체력이나 의욕 따위가 줄어져 약해짐. ¶병 때문에 식욕도 감퇴했다. ⓑ 증진(增進).

감투 [horsehair cap]
❶예전에 벼슬아치가 머리에 쓰던 모자의 일종. ❷벼슬이나 지위를 속되게 이르는 말. ¶그는 감투 쓰기를 좋아한다.

감:-하다 (減-, 덜 감) [reduce]
무엇을 빼거나 덜어내다[減]. ¶10에서 6을 감하면 4가 남는다. ⓑ 가(加)하다.

감:행 敢行 | 감히 감, 행할 행

[take decisive action]
어려움을 무릅쓰고 과감(果敢)하게 실행(實行)함. ¶내분이 일어났지만 공격을 감행했다.

감:화 感化 | 느낄 감, 될 화 [influence]
감동(感動)을 받아 마음이나 행동이 변화(變化)함. ¶그의 인품에 감화되었다. ㊥ 교도(教導), 교화(教化).

감:회 感懷 | 느낄 감, 품을 회
[deep emotion; impressions]
느낌[感]을 마음에 품음[懷]. ¶10년 만에 돌아와 보니 감회가 새롭다. ㊥ 느낌, 생각, 감정(感情), 감상(感想), 회포(懷抱), 심회(心懷), 소회(所懷).

감:흥 感興 | 느낄 감, 일어날 흥
[fun; interest]
느낌[感]이 생겨남[興]. ¶그의 음악은 나에게 큰 감흥을 주었다. ㊥ 흥취(興趣), 흥미(興味).

감:히 (敢—, 감히 감) [daringly; boldly]
❶두려움이나 송구함을 무릅쓰고. ¶제가 감히 말씀드리겠습니다. ❷말이나 행동이 주제넘게. ¶누구 앞이라고 감히 그런 말을 하느냐.

갑 匣 | 상자 갑 [case; box]
❶작은 상자. ¶반지를 빈 갑에다 넣어 두다. ❷작은 상자 모양의 물건을 세는 단위. ¶담배 열 갑.

갑각 甲殼 | 갑옷 갑, 껍질 각
[shell; crust]
동물 갑옷[甲]같이 단단한 껍데기[殼]. ¶게나 새우 따위가 갑각을 지니고 있다.

▸갑각-류 甲殼類 | 무리 류
동물 절지(節肢) 동물의 일종[類]. 대체로 물에서 생활하며 아가미로 숨쉰다. 자라면서 단단한[甲] 껍데기[殼]를 여러 번 벗어서 바꾼다. ¶게는 갑각류이다. ㊥ 개갑류(介甲類).

갑갑-하다 [boring; stuffy]
훤히 트이거나 넓게 펴지지 않아 옹색하고 답답하다. ¶방이 매우 갑갑하다. ㉡ 시원하다.

갑론을박 甲論乙駁 | 천간 갑, 말할 론, 천간 을, 칠 박 [argue pro and con]
❶속뜻 갑(甲)이 말하자[論] 을(乙)이 반박(反駁)함. ❷서로 자기 의견을 내세우며 서로 반박함. ¶여러 사람이 갑론을박하였지만 문제를 해결하지 못했다.

갑부 甲富 | 첫째 갑, 부자 부
[wealthiest; millionaire]
첫째[甲]가는 큰 부자(富者). ¶그는 세계적인 갑부이다. ㊥ 일부(一富), 수부(首富).

갑상 甲狀 | 갑옷 갑, 형상 상
[shape of armor]
갑옷[甲] 모양[狀].

▸갑상-선 甲狀腺 | 샘 선
의학 갑옷[甲] 모양[狀]의 내분비선(內分泌腺). ㊥ 목밑샘.

갑석 (—石, 돌 석)
[flat stone laid on another stone]
돌 위에 다시 포개어 얹는 납작한 돌[石].

갑신 甲申 | 천간 갑, 원숭이 신
민속 천간의 '甲'과 지지의 '申'이 만난 간지(干支). ¶갑신년에 태어난 사람은 원숭이 띠이다.

▸갑신-정변 甲申政變 | 정치 정, 바뀔 변
역사 조선 1884년, 갑신(甲申)년에 김옥균, 박영효 등이 일으킨 정변(政變).

***갑오 甲午** | 천간 갑, 말 오
민속 천간의 '甲'과 지지의 '午'가 만난 간지(干支). ¶갑오년에 태어난 사람은 말 띠이다.

▸갑오-개:혁 甲午改革 | 고칠 개, 바꿀 혁
역사 1894년, 갑오(甲午)년에 김홍집 등의 개화파(開化派) 정권이 민씨(閔氏) 일파의 사대 정권을 물리치고 정치 제도를 근대적으로 개혁(改革)한 일. ㊥ 갑오경장(甲午更張), 갑오혁신(甲午革新).

갑옷 (甲—, 갑옷 갑) [(suit of) armor]

옛날 싸울 때, 화살·창검을 막기 위해 입던 옷. ¶갑옷을 입고 전장으로 향하다. [비] 갑의(甲衣), 개갑(介甲), 혁갑(革甲).

갑인 甲寅 | 천간 갑, 범 인
[민속] 천간의 '甲'과 지지의 '寅'이 만난 간지(干支). ¶갑인년생은 범띠이다.

▸갑인-자 甲寅字 | 글자 자
[출판] 조선 1434년, 갑인(甲寅)년에 만든 구리 활자(活字).

갑자 甲子 | 천간 갑, 쥐 자
[민속] 천간의 '甲'과 지지의 '子'가 만난 간지(干支). 육십갑자의 첫째.

갑자기 (突, 갑자기 돌; 忽, 갑자기 홀) [suddenly; unexpectedly]
별안간. 급작스레. 급히. [비] 돌연, 홀연. ¶날씨가 갑자기 추워졌다.

갑작-스럽다 [sudden; unexpected]
생각할 사이도 없이 급하다. ¶갑작스러운 질문을 받자 선생님이 몹시 당황했다. [비] 돌연(突然).

갑절 (倍, 곱 배) [double]
어떤 수량을 두 번 합침. ¶갑절이나 더 비싸다. [비] 곱절.

갑판 甲板 | 갑옷 갑, 널빤지 판 [deck]
큰 배 위의 바닥에 갑옷[甲] 같이 딱딱하게 깔아 놓은 목판(木板)이나 철판(鐵板). ¶선원은 갑판으로 올라갔다.

값 (價, 값 가; 値, 값 치) [price; value]
❶사고파는 물건에 대한 금액. ¶물건 값이 오르다. ❷노력한 보람이나 대가. ¶노력한 값으로 시험에 합격하다. ❸[수학] 셈을 하여 얻은 수. ¶그 비율의 값을 분수로 나타내어라. [비] 가격(價格), 대가(代價).

값-비싸다 [expensive]
❶값이 비싸다. 금액이 높다. ¶값비싼 옷은 사기 어렵다. ❷들이는 공이나 노력이 많다. ¶값비싼 대가를 치르다. [반] 값싸다.

값-싸다 [cheap]
❶값이 적다. ¶값싼 물건을 좋아하다. ❷값어치가 적다. ¶값싼 동정을 받기 좋아할 사람은 아무도 없다. [반] 값비싸다.

값-어치 [worth; value]
값에 해당한 분량이나 정도. ¶그 소설책은 한번 읽어 볼 값어치가 있다.

값-지다 [valuable]
값이 많이 나갈 만하다. ¶그 일로 값진 교훈을 얻었다. [반] 값싸다.

갓[1] (冠, 갓 관)
❶옛날에, 말총으로 만들어 머리에 쓰던 모자의 일종. ¶요즘은 갓을 쓴 사람이 드물다. ❷갓 모양의 물건. ¶둥근 갓을 단 전등. [속담] 갓 쓰고 자전거 타는 격.

갓[2] [leaf mustard]
[식물] 겨자의 한 변종으로, 줄기와 잎은 먹을 수 있으며, 씨는 겨자씨와 같이 쓰나 매운 맛이 적고 향기가 있는 풀.

갓[3] [just now]
금방. 이제 막. ¶갓 태어난 아기.

갓:-길 [shoulder of a road]
고속도로나 자동차 전용 도로의 가장자리 길. ¶갓길에 차를 주차시키다. [비] 노견(路肩).

갓-김치 [mustard leaf kimchi]
갓으로 담근 김치. ¶아버지는 갓김치를 좋아한다.

갓-끈 [Korean traditional hat string]
갓에 다는 끈. ¶자두나무 아래에서는 갓끈을 매면 오해를 받기 쉽다.

갓난-아이 [newborn baby]
낳은 지 얼마 안 되는 아이. ¶갓난아이에게 젖을 빨리다. [준] 갓난애. [비] 신생아(新生兒), 유아(乳兒).

강[1] 江 | 강 강 [river]
넓고 길게 흐르는 내. ¶강을 헤엄쳐 건너가다.

강[2] 綱 | 벼리 강 [class]
[생물] 문(門)의 아래, 목(目)의 위인 생물학 분류의 단위. 포유강(哺乳綱)·갑각강(甲殼綱) 따위.

강-가 (江−, 강 강) [riverside; riverbank]
강(江)의 가장자리에 닿은 땅. ¶강가를 거닐며 이야기하다. ⓑ 강기슭, 강변(江邊).

강강-술래 [Korean circle dance]
민속 여자들이 손을 잡고 원을 그리며 빙빙 돌면서 추는 민속춤. 또는 그 춤에 맞추어 부르는 노래.

강건 強健 | 굳셀 강, 튼튼할 건 [strong]
몸이 굳세고[強] 튼튼하다[健]. ¶강건한 신체. ⓑ 병약(病弱)하다.

강경 強硬 | =強勁, 강할 강, 단단할 경 [firm; tough]
❶ 속뜻 마음가짐이나 태도가 강(強)하고 단단함[硬]. ❷강하게 버티어 굽히지 아니함. ¶회담에서 정부는 강경한 태도로 일관했다. ⓑ 유화(宥和), 온건(穩健).

강:구 講究 | 익힐 강, 생각할 구 [study; considerate]
❶ 속뜻 사물을 깊이 조사하여[講] 연구(硏究)함. ❷알맞은 방법이나 방책을 연구함. ¶대책을 강구하다.

강국 強國 | 강할 강, 나라 국 [strong nation]
세력이 강(強)한 나라[國]. ¶군사 강국 / 강국의 대열에 오르다. ⓑ 강대국(強大國). ⓑ 약국(弱國).

강권 強權 | 강할 강, 권력 권 [power of authority]
❶ 속뜻 강(強)한 힘을 가진 권력(權力). ❷국가가 사법적, 행정적으로 행사하는 강력한 권력 작용. ¶경찰은 강권을 발동하였다.

강낭-콩 [kidney bean]
식물 여름에 백색·황갈색·흑색의 씨가 여무는 한해살이 덩굴풀. ⓑ 강남두(江南豆).

강냉이 [corn]
식물 옥수수. ¶강냉이를 튀겨 먹다.

강녕-전 康寧殿 | 편안할 강, 편안할 녕, 대궐 전
고적 경복궁 안에 있던 왕의 침전(寢殿). 오복(五福) 가운데 하나인 강녕(康寧)을 집이름으로 삼은 궁전(宮殿). 1395년(태조 4년)에 세워졌다.

강:단 講壇 | 익힐 강, 단 단 [lecture platform]
강의(講義)할 때 올라서도록 약간 높게 만든 자리[壇]. ¶강단에 서다.

강:당 講堂 | 익힐 강, 집 당 [lecture hall; auditorium]
학교 등에서 강연(講演)이나 의식 등을 하기 위하여 특별히 마련한 큰방이나 집[堂]. ¶학교 강당 / 강당에서 특별강연이 열렸다.

강대 強大 | 강할 강, 큰 대 [be big and strong]
강(強)하고 크다[大]. ¶강대한 군사력으로 주변국을 침략했다. ⓑ 약소(弱少).

▸ **강대-국 強大國** | 나라 국
경제력 · 군사력 등의 세력이 강대(強大)한 나라[國]. ¶미국과 중국은 강대국이다. ⓒ 강국. ⓑ 약소국(弱小國).

강도[1] 強度 | 굳셀 강, 정도 도 [strength]
❶ 속뜻 굳센[強] 정도(程度). ¶강도 높은 훈련. ❷ 물리 전류(電流)·방사능 따위의 양(量)의 세기.

강:도[2] 強盜 | 억지 강, 훔칠 도 [robber]
폭행이나 협박을 하여 억지로[強] 남의 금품을 빼앗는[盜] 일. 또는 그러한 도둑. ¶강도가 금고를 털었다.

▸ **강:도-질** (強盜−)
폭행이나 협박으로 남의 재물을 빼앗는[強盜] 짓. ¶강도질을 하다가 경찰에 붙잡히다.

강-둑 (江−, 강 강) [river bank]
강(江)물이 넘치지 않게 쌓아 놓은 둑. ¶그들은 강둑을 따라 거닐었다. ⓑ 제방(堤防).

***강력 強力** | 강할 강, 힘 력 [strong]
❶ 속뜻 강(強)한 힘[力]. ❷약 따위의 효과

나 작용이 강함. ¶이 약은 살충력이 강력하다 / 그는 혐의를 강력히 부인했다. ❸가능성이 큼. ¶강력한 우승 후보. ㊔ 강대(強大), 막강(莫強).

강렬 強烈 | 강할 강, 세찰 렬 [be strong; intense]
강(強)하고 세차다[烈]. ¶이 그림은 색채가 강렬하다.

강령 綱領 | 벼리 강, 요점 령 [general principles]
❶ 속뜻 벼리[綱] 같이 매우 중요한 요점[領]. ❷정당·단체 등에서 그 기본 목표·정책·운동 규범 등을 정한 것. ¶행동 강령 / 정치적 강령을 따르다. ㊔ 목적(目的), 목표(目標), 방침(方針).

강:론 講論 | 익힐 강, 말할 론 [discuss; teach]
어떤 문제에 대하여 강설(講說)하고 토론(討論)함. ¶스님이 교리를 강론했다.

강:매 強賣 | 억지 강, 팔 매 [force to buy]
남에게 물건을 억지로[強] 팖[賣]. ¶행사장에서 물건을 강매했다. ㊥ 강매(強買).

강-물 (江-, 강 강) [river water]
강(江)에 흐르는 물. ¶강물이 흐르다 / 강물이 넘치다. ㊔ 강수(江水), 하수(河水).

강-바닥 (江-, 강 강) [river bottom]
강(江)의 밑바닥. ¶배가 강바닥에 가라앉다.

강-바람 (江-, 강 강) [river breeze]
강(江)에서 부는 바람. ¶강바람이 차다. ㊔ 강풍(江風).

강:박 強迫 | 억지 강, 다그칠 박 [compel; coerce]
억지로[強] 다그침[迫]. 억지로 따르게 함. ㊔ 강압(強壓), 억압(抑壓).

▸강:박 관념 強迫觀念 | 볼 관, 생각 념
심리 아무리 떨쳐 버리려고 해도 자꾸 마음에 떠오르는[強迫] 불쾌하거나 불안한 생각[觀念]. ¶그는 남이 자기를 무시한다는 강박 관념에 시달렸다.

강변 江邊 | 강 강, 가 변 [riverside]
강(江) 주변(周邊) 일대. ¶강변을 산책하다. ㊔ 강가.

강보 襁褓 | 포대기 강, 보자기 보 [swaddling clothes; a baby's quilt]
포대기[襁=褓]. ¶강보에 싸인 아기.

강:사 講士 | 익힐 강, 선비 사 [speaker]
강연(講演)하는 유명 인사(人士). ¶강사를 초청하다. ㊔ 강연자(講演者).

강:사[2] 講師 | 익힐 강, 스승 사 [lecturer; instructor]
강의(講義)를 하는 교원[師]. ¶그는 우리 대학의 강사이다.

강산 江山 | 강 강, 메 산 [rivers and mountains]
❶ 속뜻 강(江)과 산(山). ❷자연의 경치. ¶아름다운 강산. ❸강토(疆土). ¶삼천리 금수강산.

강:설 降雪 | 내릴 강, 눈 설 [snowing; snowfall]
내린[降] 눈[雪].

▸강:설-량 降雪量 | 분량 량
일정한 곳에, 일정한 기간 동안 내린[降] 눈[雪]의 양(量). ¶이번 겨울은 강설량이 적었다.

강성 強盛 | 굳셀 강, 가득할 성 [powerful; thriving]
굳센[強] 투지로 가득 참[盛]. ¶강성한 국력.

강세 強勢 | 강할 강, 세력 세 [stress; accent]
❶ 속뜻 강(強)한 세력(勢力). 세력이 강함. ❷ 언어 한 낱말에서, 어떤 음절의 발음에 특히 힘을 주는 일. ¶'supper'는 첫 음절에 강세가 있다. ㊥ 약세(弱勢).

강-속구 強速球 | 굳셀 강, 빠를 속, 공 구 [fast ball]
운동 야구에서, 투수가 던지는 강(強)하고 빠른[速] 공[球]. ¶저 투수는 강속구를 잘 던진다.

⁑강ː수 降水 | 내릴 강, 물 수
[rainfall; precipitation]
비, 눈, 우박 따위가 땅에 내린[降] 물[水]. ¶강수 예보.

▸강ː수-량 降水量 | 분량 량
비, 눈, 우박 따위가 땅에 내린[降] 것을 모두 물[水]로 환산한 분량(分量). ¶사막은 연평균 강수량이 250㎜ 이하이다.

강ː습 講習 | 익힐 강, 익힐 습
[take lessons in]
강의(講義)를 들으며 학습(學習)함. ¶요리 강습 / 이번 학기에 전자공학 과목을 강습했다.

▸강ː습-회 講習會 | 모일 회
강습(講習)을 하기 위한 모임[會].

강아지 [puppy; doggie]
개의 새끼. ¶우리 집 개가 강아지 세 마리를 낳았다.

▸강아지-풀
식물 여름에 강아지 꼬리 모양의 초록색 꽃이 피는 풀. 들·밭·길가에 난다. ㊥ 구미초(狗尾草).

강ː압 強壓 | 억지 강, 누를 압
[put pressure]
❶ 속뜻 강제(強制)로 누름[壓]. 강하게 누름. ❷함부로 억누름. ¶민중을 강압하여 복종시키다 / 그의 태도는 강압적이다. ㊥ 강제(強制), 강박(強迫), 억압(抑壓), 압박(壓迫).

강약 強弱 | 강할 강, 약할 약
[strength and weakness]
❶ 속뜻 강(強)함과 약(弱)함. ¶강약을 조절하여 연주하다. ❷강자와 약자.

강-어귀 (江—, 강 강) [river mouth]
강(江)물이 바다로 흘러 들어가는 어귀. ¶강어귀에서는 유속이 느리다.

강ː연 講演 | 익힐 강, 펼칠 연
[give a lecture; address]
청중에게 강의(講義) 내용을 말로 펼쳐[演] 보임. ¶환경문제에 대해 강연했다. ㊥ 연설(演說).

▸강ː연-회 講演會 | 모일 회
강연(講演)을 하기 위한 모임[會].

강ː요 強要 | 억지 강, 구할 요
[force; compel]
무리하게 억지로[強] 요구(要求)함. ¶회의 참석을 강요했다. ㊥ 강구(強求).

강ː우 降雨 | 내릴 강, 비 우 [rainfall]
내린[降] 비[雨].

▸강ː우-량 降雨量 | 분량 량
일정한 곳에, 일정한 기간 동안 내린[降] 비[雨]의 양(量). ¶측우기는 강우량을 측정하는 기계이다.

강ː의 講義 | 익힐 강, 뜻 의 [lecture]
❶ 속뜻 학술·기술 등에 관한 어떤 뜻[義]을 익히도록[講] 함. 풀이하여 설명해 줌. ❷대학 수업. ¶한국 문학을 강의하다. ㊥ 강설(講說), 강론(講論).

▸강ː의-실 講義室 | 방 실
강의(講義)하는 데 쓰는 방[室]. ¶대형 강의실. ㊥ 교실(教室).

강인 強靭 | 굳셀 강, 질길 인
[strong and tough]
굳세고[強] 질기다[靭]. ¶가난은 그를 강인하게 만들었다. ㊦ 연약(軟弱)하다.

강자 強者 | 강할 강, 사람 자
[strong man]
힘이나 세력이 강(強)한 사람[者]. ¶그는 강자에게 약하고 약자에게 강하다. ㊥ 강호(強豪). ㊦ 약자(弱者).

강적 強敵 | 강할 강, 원수 적
[powerful enemy]
강(強)한 적(敵). ¶강적을 만나다. ㊥ 맞수.

강점ˈ強點 | 강할 강, 점 점
[strong point; advantage]
남보다 우세하거나 강(強)한 점(點). ¶강점을 살리다. ㊥ 장점(長點). ㊦ 약점(弱點).

강ː점² 強占 | 억지 강, 차지할 점 [occupy by force]
억지로[強] 빼앗아 차지함[占]. ¶일본은 대한제국을 강점했다.
▸강ː점-기 強占期 | 때 기
다른 나라의 영토, 권리 따위를 강제로 차지한[強占] 시기(時期). ¶일제 강점기.

강정
깨·콩·잣 등을 물엿으로 굳힌 한과.

강ː제 強制 | 억지 강, 누를 제 [force; coerce]
억지로[強] 억누름[制]. 억지로 따르게 함. ¶강제로 그를 끌고 갔다. ⓑ 강압(強壓). ⓟ 임의(任意), 자의(自意), 자의(恣意).
▸강ː제-성 強制性 | 성질 성
강제(強制)하거나 강요하는 성질(性質). ¶이 법률은 강제성이 있다.
▸강ː제-적 強制的 | 것 적
억지로 시키는[強制] 것[的]. ¶강제적으로 이루어진 합의. ⓟ 자발적(自發的).

***강조** 強調 | 강할 강, 고를 조 [emphasis; stress]
❶ 속뜻 특별히 강(強)하게 조절(調節)함. ¶독서의 중요성을 강조하다. ❷어떤 부분을 특별히 강하게 주장하거나 두드러지게 함. ¶명암을 강조한 그림. ⓑ 역설(力說), 주장(主張).

강ː좌 講座 | 익힐 강, 자리 좌 [lecture; course]
❶ 속뜻 강의(講義)하는 자리[座]. ❷일정한 주제에 따른 강의 형식을 취하여 체계적으로 편성한 강습회. ¶교양 강좌를 개설하다.

강-줄기 (江—, 강 강) [river course]
강(江)물이 뻗어 나간 줄기. ¶강줄기를 따라 침엽수가 늘어서 있다.

강직 剛直 | 굳셀 강, 곧을 직 [be upright; incorruptible]
굳세고[剛] 올곧다[直]. ¶그는 어려서부터 강직했다. ⓟ 교활(狡猾)하다.

강진 強震 | 강할 강, 떨 진 [violent earthquake]
❶ 속뜻 강(強)한 지진(地震). ❷ 지리 진도(震度) 계급 5의 지진. 벽이 갈라지고 비석 등이 넘어지며 돌담이 무너질 정도의 지진. ¶세계 각국에서 강진이 발생했다. ⓟ 약진(弱震), 미진(微震).

강철 鋼鐵 | 강철 강, 쇠 철 [steel]
❶ 속뜻 굳고 질기게[鋼] 만든 쇠[鐵]. ❷ 공업 탄소의 함유량이 0.035~1.7%인 철. ❸아주 단단하고 굳센 것을 비유하여 이르는 말. ¶그 사람은 강철이다. ⓟ 연철(軟鐵).
▸강철-봉 鋼鐵棒 | 몽둥이 봉
강철(鋼鐵)로 만든 막대기[棒].
▸강철-판 鋼鐵板 | 널빤지 판
강철(鋼鐵)로 만든 철판(鐵板).

강-추위 (強—, 강할 강) [spell of cold dry weather]
눈이 오고 매운바람이 부는 심한[強] 추위. ¶강추위가 기승을 부리다. ⓑ 혹한(酷寒). ⓟ 무더위, 폭염(暴炎).

강타 強打 | 굳셀 강, 칠 타 [heavy blow]
❶ 속뜻 세게[強] 침[打]. ❷큰 타격을 끼침. ¶유가 급등은 세계 경제를 강타했다. ❸ 운동 야구·배구 등에서 타자나 공격수가 공을 세게 침. ⓑ 맹타(猛打).

강ː탈 強奪 | 억지 강, 빼앗을 탈 [seize; rob]
남의 것을 억지로[強] 빼앗음[奪]. ¶강도는 돈을 강탈했다. ⓑ 강취(強取).

강-태공 姜太公 | 성씨 강, 클 태, 귀인 공
❶ 속뜻 중국 주나라 때 '태공망'(太公望)을 그의 성(姓)인 강(姜)과 함께 이르는 말. ❷'낚시꾼'을 비유적으로 이르는 말. 강태공이 위수에서 낚시질을 하며 때가 오기를 기다렸다는 고사에서 유래.

강토 疆土 | 지경 강, 흙 토 [territory; domain]
국경[疆] 안에 있는 땅[土]. 나라의 영토.

¶아름다운 강토를 훌륭히 가꾸다. ⓑ 강산(江山).

강판¹鋼板 | 강철 강, 널빤지 판 [steel sheet]
강철(鋼鐵)로 만든 널빤지[板]. ¶배의 갑판에 강판을 깔다. '강철판'의 준말.

강판²薑板 | 생강 강, 널빤지 판 [grater]
생강(生薑), 과일 따위를 가는 널빤지[板] 모양의 도구. ¶무우를 강판에 갈아 즙을 내다.

강풍 強風 | 굳셀 강, 바람 풍 [strong wind; gale]
세차게[強] 부는 바람[風]. ¶강풍이 불다 / 강풍 주의보. ⓑ 센 바람, 경풍(勁風). ⓑ 약풍(弱風), 미풍(微風).

강:하 降下 | 내릴 강, 아래 하 [fall; drop]
❶ 속뜻 위에서 아래[下]로 내림[降]. 높은 데서 낮은 데로 내려감. ¶기온이 크게 강하했다. ❷공중에서 아래로 뛰어내림. ¶낙하산 강하 훈련. ❸기온 따위가 내려감. ¶기온이 갑작스레 영하로 강하했다. ⓑ 하강(下降).

강-하다¹(剛—, 굳셀 강) [hard]
굳고[剛] 단단하다. ¶쇠도 너무 강하면 부러지기 쉽다. ⓑ 단단하다. ⓑ 부드럽다, 연(軟)하다.

강-하다²(強—, 강할 강) [strong; powerful]
❶힘이 세다. ¶강한 어조로 말하다. ❷무엇에 견디거나 대처하는 능력이 뛰어나다. ¶추위에 강한 품종을 개발했다. ⓑ 굳세다. ⓑ 약(弱)하다.

비슷한 듯 다른 말 ➲ 세다³

강:행 強行 | 억지 강, 행할 행 [enforce; force]
❶ 속뜻 힘들거나 어려움을 무릅쓰고[強] 실행함[行]. ❷강제로 시행함. ¶법안 의결을 강행했다.

강:-행군 強行軍 | 굳셀 강, 다닐 행, 군사 군 [forced march]
❶ 속뜻 힘찬[強] 행군(行軍). ❷'어떤 일을 기일 안에 기어이 끝내려고 무리하게 함'을 비유하여 이르는 말. ¶시일 내에 공사를 마치기 위해 강행군을 했다.

강호 強豪 | 굳셀 강, 호걸 호 [veteran]
실력이나 힘이 센[強] 호걸(豪傑) 같은 사람. 또는 그러함. ¶축구의 강호 영국.

강화¹ 強化 | 강할 강, 될 화 [strengthen; reinforce]
모자라는 점을 보완하여 더 강(強)하게 함[化]. ¶음주 단속을 강화하다. ⓑ 약화(弱化).

강:화² 講和 | 강구할 강, 어울릴 화 [make peace with]
싸움을 그치고 화해(和解)할 것을 강구(講究)함. ¶강화 조약 / 양국은 강화에 동의했다. ⓑ 화해(和解).

강화도 조약 江華島條約 | 강 강, 꽃 화, 섬 도, 조목 조, 묶을 약
역사 운요호 사건을 계기로 1876년에 강화도(江華島)에서 조선과 일본 사이에 맺어진 12개 항목의 조약(條約). 이 조약으로 조선은 일본에 문호를 개방하였다.

강화-성 江華城 | 강 강, 꽃 화, 성곽 성
고적 조선 시대에, 강화도(江華島)에 쌓았던 성(城). 돌로 쌓은 내성(內城)과 흙으로 쌓은 외성(外城)이 있으며, 병인양요, 신미양요 때에 외적 방어에 큰 구실을 하였다.

갖가지 [all kinds]
여러 종류. 여러 가지. '가지가지'의 준말. ¶갖가지 생각이 떠오르다. ⓑ 각종(各種).

갖-바치 [maker of leather shoes]
예전에, 가죽신 만드는 것을 업으로 삼던 사람.

갖은 [all sorts of]
골고루 갖춘. 가지가지의. ¶갖은 일을 다 해보다. ⓑ 온갖.

갖-저고리 [fur coat]

모피로 안을 댄 저고리.

갖추다 (具, 갖출 구; 備, 갖출 비)
[get ready; prepare; stock]
앞으로 쓰일 것을 위하여 미리 준비해두다. ¶그는 풍부한 지식을 갖추고 있다. [비] 마련하다, 구비(具備)하다.

[비슷한 듯 다른 말] ➲ 차리다

갖춘-꽃 [complete flower]
[식물] 꽃받침·꽃잎·암술·수술을 완전히 갖춘 꽃. 무궁화·벚꽃 따위. [비] 완전화(完全花).

같다 (同, 같을 동) [same; equal]
❶서로 다르지 않다. ¶수입과 지출이 같다. ❷비슷하다. ¶샛별 같은 눈 / 눈 같이 하얗다. [비] 동일(同一)하다, 유사(類似)하다. [반] 다르다, 상이(相異)하다.

같이 [together; with]
❶함께. 더불어. ¶그와 같이 갔다 / 다른 사람과 행동을 같이하다. ❷바로 그대로. ¶예상한 바와 같이 사건이 심각해졌다. [반] 따로, 달리.

같-잖다 [worthless; useless]
격에 맞지 않아 눈꼴사납다. ¶같잖은 말을 하다. [비] 아니꼽다, 못마땅하다.

갚다 (報, 갚을 보; 償, 갚을 상)
[pay; reward]
❶빌린 것을 도로 돌려주다. ¶빚을 갚다. ❷은혜·원한 등을 그에 상당하게 보답하다. ¶신세를 갚다 / 원수를 갚다.

[비슷한 듯 다른 말] ➲ 치르다

개:[1](犬, 개 견; 狗, 개 구) [dog]
[동물] 사람을 잘 따르고 영리한 가축이 하나. 냄새를 잘 맡는다. ¶개가 도둑을 보고 짖는다.

개[2]
[민속] 윷짝이 두 짝은 엎어지고 두 짝은 잦혀진 때의 이름.

개[3] **個** | 낱 개 [piece; unit]
낱으로 된 물건의 수효를 세는 말. ¶사과 한 개 / 지우개 세 개.

개:각 改閣 | 고칠 개, 관청 각
[reshuffle the cabinet]
내각(內閣)을 개편(改編)함. ¶개각으로 분위기가 뒤숭숭하다.

개간 開墾 | 열 개, 밭갈 간
[reclaim; clear]
버려 둔 거친 땅을 갈아[墾] 새로운 논밭을 만듦[開]. ¶황무지를 개간하다. [비] 개척(開拓).

개:개 個個 | =箇箇, 낱 개, 낱 개
[one by one; individually]
낱[個]낱[個]. 하나하나. ¶개개의 나라에는 수도가 있다.

▸개:개-인 個個人 | 사람 인
하나 하나[個個]의 사람[人]. 한 사람 한 사람. ¶소비자 개개인에게 맞는 제품을 개발하다.

개골-산 皆骨山 | 모두 개, 뼈 골, 메 산
❶[속뜻] 모든[皆] 뼈[骨]가 앙상하게 드러나는 산(山). ❷겨울철의 금강산(金剛山)을 이르는 이름.

개:관[1] **概觀** | 대강 개, 볼 관 [survey]
❶[속뜻] 대강[概] 살펴봄[觀]. ¶이 책은 먼저 한국사를 개관했다. ❷그림에서 색채, 윤곽, 명암, 구도 등의 대체적인 모양. [비] 개괄(概括).

개관[2] **開館** | 열 개, 집 관 [open]
'관'(館)자가 붙는 기관이나 시설을 신설하여 그 업무를 시작함[開]. ¶도서관은 9시에 개관한다. [반] 폐관(閉館), 휴관(休館).

▸개관-식 開館式 | 의식 식
도서관, 박물관[館] 따위의 기관이 처음으로 문을 열[開] 때 거행하는 의식(儀式). ¶도서관 개관식에 참석하다.

개교 開校 | 열 개, 학교 교
[open a school]
새로 학교(學校)를 세워 교육 업무를 시작함[開]. ¶그 학교는 3월에 개교한다. [반] 폐

교(廢校), 폐교(閉校).

개구리 (蛙, 개구리 와) [frog]
[동물] 올챙이가 자란 것으로, 네 발에 물갈퀴가 있고 소리 주머니를 부풀려 소리를 낸다. ¶개구리 알에서 올챙이가 나왔다.

개구리-밥 [great duckweed]
[식물] 논·연못에 나는 수초(水草). 엽상체가 수면에 뜨며, 여름에 담녹색의 잔꽃이 핀다. [비] 부평초(浮萍草).

개구리-참외 [spotted cantaloup]
[식물] 껍질 거죽이 푸른 바탕에 개구리 등처럼 얼룩얼룩하고, 살은 감참외처럼 붉고 맛이 좋은 풀.

개구리-헤엄 [breast stroke]
머리를 물속에 넣고 개구리처럼 치는 헤엄. [비] 와영(蛙泳), 평영(平泳).

개구쟁이 [naughty boy]
지나치게 짓궂은 장난을 하는 아이를 가리키는 말. ¶남동생은 우리 집 개구쟁이다.

개국[1] 個國 | 낱 개, 나라 국
[country; nation]
❶[속뜻] 낱낱[個]의 나라[國]. ❷나라를 세는 단위. ¶10개국 선수들이 참가하였다.

개국[2] 開國 | 열 개, 나라 국
[found a country]
나라[國]를 처음으로 세움[開]. ¶10월 3일은 단군이 고조선을 개국한 날이다. [비] 건국(建國).

개권유익 開卷有益 | 열 개, 책 권, 있을 유, 이로울 익
❶[속뜻] 책[卷]을 열면[開] 이로움[益]이 있음[有]. ❷책이나 사전을 열어 보기만 해도 이로움. 독서를 하면 할수록 좋음. ¶속뜻사전의 장점은 한 마디로 개권유익이라 할 수 있다.

개그 {영 gag}
관객을 웃기기 위하여 하는 대사나 몸짓. ¶그의 개그에 웃음을 터뜨렸다.

개근 皆勤 | 모두 개, 부지런할 근
[attend regularly]
하루도 빠짐없이 모두[皆] 출석하거나 출근(出勤)함. ¶나는 3년 동안 개근했다.

개기 皆既 | 모두 개, 이미 기
[total eclipse]
모두[皆] 이미[既] 그러함.

▶ **개기 월식** 皆既月蝕 | 달 월, 갉아먹을 식
❶[속뜻] 모두[皆] 이미[既] 달[月]이 좀먹음[蝕]. ❷[천문] 지구가 해를 완전히 가려서 달이 햇빛을 받지 못하게 됨에 따라 달이 보이지 않는 현상. [반] 부분 월식(部分月蝕).

▶ **개기 일식** 皆既日蝕 | 해 일, 갉아먹을 식
❶[속뜻] 모두[皆] 이미[既] 해[日]가 좀먹음[蝕]. ❷[천문] 해가 달에 완전히 가리어져 보이지 않게 되는 현상. [반] 부분 일식(部分日蝕).

개:나리 [forsythia; golden bell tree]
[식물] 이른 봄에 잎보다 먼저 노란 꽃을 피우는 나무. ¶길가에 개나리가 꽃을 활짝 피웠다.

개년 個年 | 낱 개, 해 년 [year]
❶[속뜻] 낱낱[個]의 해[年]. ❷해를 세는 단위. ¶경제 개발 5개년 계획.

개:념 概念 | 대강 개, 생각 념
[general idea; conception]
❶[속뜻] 대강[概]의 생각[念]. 또는 대강의 내용. ❷[철학] 여러 관념 속에서 공통적 요소를 뽑아 종합하여 얻은 하나의 보편적인 관념.

개:다[1] (晴, 갤 청) [clear]
구름·안개가 걷히고 날이 맑아지다. ¶비가 그치자 하늘이 활짝 개었다. [반] 흐리다.

개:다[2] [soften with water]
가루나 덩이진 것을 저어 으깨어 풀다. ¶가루 반죽을 개다.

개:다[3] [fold up]
이부자리 따위를 개켜서 포개어 쌓다. ¶옷을 차곡차곡 개다.

개도-국 開途國 | 열 개, 길 도, 나라 국

[developing country]
'개발 도상국'(開發途上國)의 준말.

개:-떡 [cake made of some rough flour; bran cake]
메밀의 속나깨 또는 거친 보리 싸라기 등을 반죽하여 납작납작한 반대기를 지어 밥 위에 얹어 찐 떡.

개:똥-벌레 [firefly]
동물 배 끝에 빛을 내는 것이 있어 여름밤에 반짝거리며 날아다니는 곤충. ㊥ 반딧불이.

개:똥-참외 [wild melon]
길가나 들에 저절로 자라서 열린 참외.

개:량 改良 | 고칠 개, 좋을 량
[improve; reform]
주로 구체적인 것을 고쳐[改] 좋게[良] 함. ¶품종을 개량하다. ㊥ 개선(改善). ㊤ 재래(在來).

▸ 개:량-종 改良種 | 갈래 종
개량(改良)한 품종(品種). ㊥ 육성종(育成種). ㊤ 재래종(在來種), 토종(土種).

개막 開幕 | 열 개, 막 막
[open; begin the performance]
❶ 속뜻 연극 따위를 시작할 때 막(幕)을 엶[開]. ❷회의나 행사 따위를 시작함. ¶영화제는 오후 8시에 개막한다. ㊤ 폐막(閉幕).

▸ 개막-식 開幕式 | 의식 식
행사를 처음 시작할[開幕] 때 행하는 의식(儀式). ¶개막식에 참석하다. ㊤ 폐막식(閉幕式).

개:명 改名 | 고칠 개, 이름 명
[change one's name]
이름[名]을 고침[改]. 고친 이름. ¶그는 '지덕'으로 개명했다.

개:미 [ant]
동물 땅속이나 썩은 나무속에 집을 짓고 집단적 사회생활을 하는 곤충.

▸ **개:미-집**
개미가 사는 굴. ㊥ 개미구멍, 개미굴.

▸ **개:미-귀신** (一鬼神, 귀신 귀, 귀신 신)
동물 명주잠자리의 유충. 개미지옥을 파고 그 밑에 숨어 있다가 미끄러져 떨어지는 개미를 잡아먹는다.

⁂**개발 開發** | 열 개, 드러날 발 [develop]
❶ 속뜻 열어서[開] 드러나게[發] 함. ❷개척하여 유용하게 함. ¶수자원 개발. ❸지식이나 재능 따위를 발달하게 함. ¶기술 개발. ❹새로운 물건이나 생각 따위를 만듦. ¶프로그램을 개발하다.

▸ 개발 도상국 開發途上國 | 길 도, 위 상, 나라 국
경제 발전이 선진 공업국보다 뒤떨어진 상태이지만 개발(開發)되는 과정에 있는 [途上] 나라[國]. ㊟ 개도국. ㊤ 선진국(先進國), 후진국(後進國).

개방 開放 | 열 개, 놓을 방 [open]
❶ 속뜻 문을 열어[開] 놓음[放]. ❷기밀·비밀 따위를 숨김없이 공개함. ❸금하던 것을 풀고 열어 놓음. ¶이 공원은 일반인에게 개방되어 있다. ㊥ 공개(公開). ㊤ 폐쇄(閉鎖).

▸ 개방-적 開放的 | 것 적
있는 그대로를 남에게 개방(開放)해 놓은 것[的]. 숨기지 않는 것. ¶개방적이고 민주적인 운영 방침. ㊤ 폐쇄적(閉鎖的).

개벽 開闢 | 열 개, 열 벽
[beginning of the world]
❶ 속뜻 천지가 처음 열림[開=闢]. ❷'새로운 시대나 상황이 시작됨'을 비유하여 이르는 말. ¶천지가 개벽할 일이 일어났다. ㊥ 태초(太初), 태고(太古).

개:별 個別 | 낱 개, 나눌 별 [individual]
하나하나[個] 나뉜[別] 것. ¶학생을 개별 지도하다. ㊥ 낱개, 별개(別個). ㊤ 종합(綜合), 전체(全體).

개봉 開封 | 열 개, 봉할 봉
[open a seal]
❶ 속뜻 봉(封)한 것을 떼어 엶[開]. ¶편지를 개봉했다. ❷새로 만들거나 새로 수입

한 영화를 처음으로 상영함. ¶영화는 어제 개봉했다. [반] 폐쇄(閉鎖), 밀폐(密閉).

개비 [piece of split wood]
①가늘게 쪼갠 나무토막의 조각. ¶개비가 굵다. ②가늘고 길게 만든 토막을 세는 단위. ¶성냥 한 개비 / 담배 두 개비.

개:-살구 [wild apricot]
개살구나무의 열매. 시고 떫다. [속담] 빛 좋은 개살구.

개:-새끼 [son of a bitch]
성질이나 행실이 못된 사람을 욕하는 말.

*__개:선[1] 改善__ | 고칠 개, 좋을 선 [improve]
① [속뜻] 고쳐서[改] 좋게[善] 함. ②잘못된 점을 고치어 잘 되게 함. ¶근무환경을 개선했다. [비] 개량(改良). [반] 개악(改惡).

개:선[2] 凱旋 | 즐길 개, 돌 선
[return in triumph]
승리의 기쁨[凱]을 안고 돌아[旋] 옴. ¶개선 장군(將軍).

개설 開設 | 열 개, 세울 설 [establish]
① [속뜻] 어떤 시설을 새로 설치(設置)하여 업무를 시작함[開]. ¶수업을 개설하다. ② 은행 등에서 새로운 계좌를 설정함. ¶저금하려고 통장을 개설했다.

**__개:성 個性__ | 낱 개, 성질 성
[individuality; personality]
① [속뜻] 사람마다[個] 지닌 남과 다른 특성(特性). ②개체가 지닌 고유의 특성. ¶타인의 개성을 존중하다. [비] 개인성(個人性).

개성-상인 開城商人 | 열 개, 성곽 성, 장사 상, 사람 인
[역사] 고려·조선 시대에, 개성(開城)을 중심으로 활동을 하던 상인(商人). 상혼(商魂)이 투철하고 재산 증식에 뛰어난 것으로 유명하다.

개:소 個所 | 낱 개, 곳 소 [place; section]
① [속뜻] 낱낱[個]의 장소(場所)를 세는 단위. ¶이 부근에 경찰서는 두 개소가 있다. ②여러 곳 가운데 한 곳. ¶그는 여관 중 어느 개소를 골라 안으로 들어갔다. [비] 군데.

개:수 個數 | 낱 개, 셀 수
[number of article]
한 개씩 낱[個]으로 셀 수 있는 물건의 수효(數爻). ¶상자의 개수를 헤아리다.

개수-대 (—臺, 돈대 대) [kitchen sink]
부엌에서 설거지를 하도록 된 대(臺) 모양의 장치. ¶개수대에서 물이 샌다. [비] 싱크대.

개숫-물 [dishwater; slops]
음식 그릇을 씻는 물. [비] 개수, 설거지물.

개시 開始 | 열 개, 처음 시 [begin]
열어서[開] 시작(始作)함. 행동이나 일 따위를 시작함. ¶공격 개시. [반] 마감, 종결(終結), 종료(終了).

개:신 改新 | 고칠 개, 새 신 [renew]
고치어[改] 새롭게[新] 함. ¶제도가 개신되었다.

▶개:신-교 改新敎 | 종교 교
[기독교] 16세기에, 종교 개혁의 결과로 가톨릭에서 새로[改新] 갈라져 나온 기독교(基督敎)의 여러 파를 통틀어 이르는 말. [준] 신교. [비] 프로테스탄트(Protestant).

개암 [hazelnut; filbert]
개암나무의 열매. 도토리 비슷하며 맛이 밤과 비슷하다.

개업 開業 | 열 개, 일 업
[open a business]
영업(營業)을 처음 시작함[開]. ¶상점은 내일 개업한다. [반] 폐업(閉業).

개:요 槪要 | 대강 개, 요할 요
[outline; summary]
대강[槪]의 요점(要點). 또는 대강의 줄거리. ¶사건의 개요. [비] 줄거리, 개략(槪略), 요약(要約). [반] 전문(全文).

개운-하다 [feel well; feel all right]
산뜻하고 시원하다. ¶목욕을 하고 나니 몸이 개운하다. [비] 상쾌하다. [반] 텁텁하다.

개울 [brook; (small) stream]

골짜기에서 흘러내리는 작은 물줄기. ¶그들은 개울에서 가재를 잡았다. ㊐ 개천, 도랑.

▸개울-가
개울의 언저리. ¶개울가에 앉아 놀았다.

개월 個月 | 낱 개, 달 월 [months]
낱낱[個]의 달[月]. 달의 수를 나타내는 말. ¶그들은 결혼한 지 2개월이 되었다.

개:의 介意 | 끼일 개, 뜻 의 [care; worry]
언짢은 일 따위를 마음에 두어[介] 생각함[意]. ¶조금도 개의치 않다. ㊐ 괘의(掛意).

⁂개:인 個人 | 낱 개, 사람 인 [individual; private person]
❶ 속뜻 단체 구성원인 낱낱[個]의 사람[人]. ❷단체의 제약에서 벗어난 한 인간. ¶개인의 권리를 보호하다. ㊐ 개체(個體). ㊥ 단체(團體), 전체(全體).

▸개:인-기 個人技 | 재주 기
개인(個人)이 가진 기량(技倆)이나 기술(技術). ¶개인기를 뽐내다.

▸개인-용 個人用 | 쓸 용
개인(個人)이 사용(使用)하는 물건. ¶개인용 컴퓨터.

▸개:인-적 個人的 | 것 적
개인(個人)을 중심으로 한 것[的]. ¶개인적인 문제 / 이것은 개인적 의견일 뿐이다.

▸개:인-전[1] 個人展 | 펼 전
한 개인(個人)의 작품만을 모아서 하는 전시(展示). ¶서양화 개인전을 열다.

▸개:인-전[2] 個人戰 | 싸울 전
운동 운동 경기에서, 개인(個人)끼리 승부를 겨루는 시합[戰]. ¶탁구 개인전에서 우승하다. ㊥ 단체전(團體戰).

개:입 介入 | 끼일 개, 들 입 [intervene]
어떤 일에 끼어[介] 들어가[入] 관계함. ¶기업 간 분쟁에 정부가 개입했다 / 개인적인 감정을 개입시키지 마시오. ㊐ 관여(關與), 간섭(干涉), 참견(參見).

개:작 改作 | 고칠 개, 지을 작 [adapt]
고치어[改] 새로 지음[作]. 또는 그 작품. ¶그 희곡은 소설을 개작한 것이다.

개장 開場 | 열 개, 마당 장 [open]
'장'(場)자가 붙는 사업을 열어[開] 업무를 처음 시작함. ¶증시가 개장했다. ㊥ 폐장(閉場).

개점 開店 | 열 개, 가게 점 [open a store]
❶ 속뜻 가게[店]를 내어[開] 영업을 처음 시작함. ❷그 날의 영업을 하려고 가게의 문을 엶. ¶아침 6시에 개점합니다. ㊐ 개업(開業), 개시(開市). ㊥ 폐점(閉店).

개:정[1] 改正 | 고칠 개, 바를 정 [reform]
고치어[改] 바르게[正]함. ¶헌법을 개정하다.

개:정[2] 改定 | 고칠 개, 정할 정 [revise]
한번 정했던 것을 고치어[改] 다시 정(定)함. ¶개정 요금에 따라 돈을 내십시오.

개:정[3] 改訂 | 고칠 개, 바로잡을 정 [revise]
잘못된 내용을 고치고[改] 부족한 부분을 바로잡아[訂] 채움. ¶그 책은 지금 개정 중이다.

개정[4] 開廷 | 열 개, 법정 정 [open a court]
법률 법정(法廷)을 열어[開] 재판을 시작함. ¶개정 시간이 다 됐다. ㊥ 폐정(閉廷).

개:조[1] 改造 | 고칠 개, 만들 조 [remodel]
고치어[改] 다시 만듦[造]. ¶창고를 공장으로 개조하다.

개:조[2] 個條 | 낱 개, 조목 조 [an item; an article; a clause]
낱낱[個]의 조목(條目). ¶12개조로 이루어진 회칙.

개:종 改宗 | 바꿀 개, 마루 종 [convert to]
종교 믿던 종교(宗教)를 바꾸어[改] 다른 종교를 믿음. ¶그는 불교로 개종했다.

개:중 個中 | 낱 개, 가운데 중 [among them]

여러 개(個) 가운데[中]. ¶귤을 한 상자 샀는데, 개중에는 상한 것도 있었다.

개:-집 [doghouse; kennel]
개가 들어가 사는 작은 집.

개:찰 改札 | 고칠 개, 쪽지 찰 [check tickets]
승차권이나 입장권 쪽지[札] 따위에 구멍을 뚫어[改] 탑승이나 입장을 허락함. ¶9시 부산행 열차의 개찰을 시작합니다. ㊥ 개표(改票).

▸개:찰-구 改札口 | 구멍 구
개찰(改札)하는 어떤 장소의 입구(入口). ¶개찰구는 승객들로 붐볐다. ㊥ 개표소(改票所).

개창 開創 | 열 개, 처음 창 [establish]
처음[創] 새로 엶[開]. ¶새로운 왕조를 개창하였다.

개척 開拓 | 열 개, 넓힐 척 [cultivate; open up]
❶속뜻 거친 땅을 일구어[開] 경작지를 넓힘[拓]. ❷아무도 손대지 않은 새로운 분야를 열어 그 부문의 길을 닦음. ¶새로운 시장을 개척하다. ❸어려움을 이기고 나아갈 길을 헤쳐 엶. ¶자신의 삶을 개척하다. ㊥ 개간(開墾).

▸개척-자 開拓者 | 사람 자
❶속뜻 거친 땅을 일구어 쓸모 있는 땅으로 만드는[開拓] 사람[者]. ❷새로운 영역, 운명, 진로 따위를 처음으로 열어 나가는 사람. ¶국어학 이론의 개척자.

개천 (-川, 내 천) [streamlet; rivulet]
시내보다 크고 강보다 작은 물줄기. 주로 골짜기나 들에 흐른다. ㊥ 시내, 개울. 속담 개천에서 용 난다.

개천-절 開天節 | 열 개, 하늘 천, 철 절
❶속뜻 하늘[天]을 연[開] 것을 기념하는 날[節]. ❷단군의 고조선 건국을 기념하는 국경일. 10월 3일이다.

개:체 個體 | 낱 개, 몸 체 [individual]
❶속뜻 낱낱[個]의 몸체[體]. ❷생물 하나의 독립된 생물체. 살아가는 데에 필요한 독립적인 기능을 갖고 있다. ¶생물은 생식과정을 거쳐 새로운 개체가 발생한다. ❸철학 단일하고 독립적인 통일적 존재. ¶개체 개념. ㊥ 개물(個物). ㊟ 전체(全體).

***개최 開催** | 열 개, 열 최 [hold]
어떤 모임이나 행사 따위를 엶[開=催]. ¶호텔에서 모임을 개최했다.

▸개최-국 開催國 | 나라 국
어떤 대회를 개최(開催)하는 나라[國]. ¶다음 대회 개최국은 우리나라이다.

개:칭 改稱 | 고칠 개, 일컬을 칭 [rename; change a name]
칭호(稱號)를 고침[改]. 또는 그 고친 칭호. ¶한성(漢城)을 '서울'로 개칭하다.

개키다 [fold (up) carefully]
이부자리·옷 등을 잘 포개어 접다. ¶이부자리를 개키다. ㊐ 개다. ㊥ 펴다, 깔다.

개:탄 慨歎 | =慨嘆, 슬퍼할 개, 한숨지을 탄 [deplore; regret]
분하거나 슬퍼하여[慨] 한숨지음[歎]. ¶개탄의 소리 / 정치권의 부패를 개탄하다.

개통 開通 | 열 개, 통할 통 [open to traffic]
도로, 교량 따위를 개설(開設)하여 통(通)하게 함. ¶터널은 내일 개통된다.

개:-판 [mess; utter confusion]
무질서하고 난잡한 상태를 이르는 속된 말. ¶방 안이 온통 개판이 되었다.

개펄 [silt; mud flats]
갯가의 개흙 땅. ¶개펄에서 조개를 캐다. ㊐ 펄. ㊥ 갯벌.

개:편 改編 | 고칠 개, 엮을 편 [reorganize; revise]
❶속뜻 책 따위를 다시 고쳐[改] 엮어서[編] 냄. ❷인적(人的)기구나 조직 따위를 고치어 다시 짬. ¶인사(人事)개편 / 조직을 개편하다.

개폐 開閉 | 열 개, 닫을 폐 [open and shut]

열거나[開] 닫음[閉]. ¶자동개폐장치. ⓑ 개합(開闔).

개ː표[1] 改票 | 고칠 개, 쪽지 표
[check tickets]
차표나 입장권[票] 따위를 입구에서 개찰(改札)하는 일. ⓑ 개찰(改札).

개표[2] 開票 | 열 개, 쪽지 표
[count the votes]
투표함을 열어[開] 투표(投票)의 결과를 점검하는 일. ¶모두가 보는 가운데 개표하다.

▸**개표-소** 開票所 | 곳 소
개표(開票) 하는 장소(場所).

개피-떡
흰떡이나 쑥떡을 얇게 밀어 팥·콩 따위 소를 넣고 반달같이 만든 떡.

개학 開學 | 열 개, 배울 학
[begin school]
학교에서 방학, 휴교 따위로 한동안 쉬었다가 배움[學]을 다시 시작함[開]. ¶2월 3일에 개학한다. ⓑ 방학(放學).

개항 開港 | 열 개, 항구 항
[open a port]
❶ 속뜻 항구(港口)를 외국에 개방(開放)함. ❷항구나 공항의 구실을 처음으로 시작함. ¶2001년 인천국제공항이 개항했다.

개ː헌 改憲 | 고칠 개, 법 헌
[amend a constitution]
법률 헌법(憲法)을 고침[改]. ¶내각제를 대통령제로 개헌하다. ⓑ 호헌(護憲).

▸개ː헌-안 改憲案 | 안건 안
법률 고치려[改] 하는 헌법(憲法)의 조안(草案).

개ː-헤엄 [dog paddle]
개가 헤엄치듯이 머리를 물 위에 내밀고 물을 끌어당기면서 치는 헤엄.

***개ː혁** 改革 | 고칠 개, 바꿀 혁
[reform; innovate]
❶ 속뜻 다른 것으로 고치거나[改] 완전히 바꾸어버림[革]. ❷제도나 기구 따위를 완전히 새롭게 뜯어고침. ¶교육개혁 / 개혁적 관료 / 제도를 개혁하다. ⓑ 혁신(革新). ⓑ 보수(保守).

개화[1] 開化 | 열 개, 될 화
[become civilized]
사람들의 지식이 깨어[開]나게 됨[化]. ¶문명의 개화 / 사상이 개화되다. ⓑ 개명(開明), 문명화(文明化).

▸개화-기 開化期 | 때 기
역사 1876년의 강화도 조약 이후부터, 서양 문물의 영향을 받아 근대적 사회로 개혁되어 가던[開化] 시기(時期).

▸개화-파 開化派 | 갈래 파
개화(開化)를 주장하는 사람들의 집단이나 갈래[派]. ¶개화파 인사(人士)를 등용하다. ⓑ 수구파(守舊派).

▸개화-사상 開化思想 | 생각 사, 생각 상
역사 낡은 제도나 풍습 등을 물리치고, 개화(開化)를 통하여 새롭고 진보된 서구 문물을 받아들이려는 사상(思想).

▸개화 운ː동 開化運動 | 돌 운, 움직일 동
역사 조선 왕조 말에 봉건사상·풍속 따위를 타파하고 새로운 문화를 일으키고자[開化] 벌인 운동(運動).

개화[2] 開花 | 열 개, 꽃 화
[bloom; be enlightened]
❶ 속뜻 꽃[花]을 피움[開]. ¶봄이 되자 식물이 개화를 시작했다. ❷'문화의 발달'을 비유하여 이르는 말. ¶그 나라도 이제는 많이 개화되었다. ⓑ 낙화(落花).

▸개화-기 開花期 | 때 기
❶ 속뜻 꽃[花]이 피는[開] 시기(時期). ¶복숭아의 개화기는 4월이다. ❷'학문이나 예술 등 문화가 한창 발달한 시기'를 비유하여 이르는 말. ¶민족 문화의 개화기를 맞다.

개회 開會 | 열 개, 모일 회
[open a meeting]
회의(會義) 따위를 시작함[開]. ¶내일부터 국회는 개회한다. ⓑ 폐회(閉會).

▸개회-사 開會辭 | 말씀 사
개회(開會)할 때에 하는 인사말[辭]. ⓑ 폐회사(閉會辭).

▸개회-식 開會式 | 의식 식
개회(開會)할 때에 거행하는 의식(儀式). ⓑ 폐회식(閉會式).

객 客 | 손 객 [guest; visitor]
찾아온 사람. ¶어느 날 낯선 객이 찾아왔다. ⓑ 손님.

객관 客觀 | 손 객, 볼 관 [objectivity]
자기 생각에서 벗어나 제삼자나 객체(客體)의 처지에서 사물을 보거나[觀] 생각하는 일. ¶이번 시험은 모두 객관식이다. ⓑ 주관(主觀).

▸객관-적 客觀的 | 것 적
객관(客觀)으로 존재하는 것[的]. ¶사물을 객관적으로 관찰하다. ⓑ 주관적(主觀的).

객기 客氣 | 손 객, 기운 기
[bravado; empty boast]
객쩍게[客] 부리는 혈기(血氣). 분수를 모르고 부리는 쓸데없는 용기. ¶객기 부리지 말아라.

객사 客死 | 손 객, 죽을 사
[die away from home]
객지(客地)에서 죽음[死]. ¶평생을 장돌뱅이로 떠돌다 결국 객사하고 말았다.

객석 客席 | 손 객, 자리 석
[seat for a guest]
극장, 경기장 따위에서 관객(觀客)들이 앉는 자리[席]. ¶관중들이 객석을 가득 메웠다. ⓑ 관람석(觀覽席), 관중석(觀衆席).

객실 客室 | 손 객, 방 실 [guest room]
❶ 속뜻 손님[客]을 위하여 마련한 방[室]. ❷여관, 선박, 열차 따위에서 손님이 드는 방. ¶객실을 예약하다. ⓑ 응접실(應接室).

객주 客主 | 손 객, 주인 주
[commission agent]
역사 조선 시대에 객지(客地)에 장사하러 온 사람들의 거처를 제공하며 물건을 맡아 팔거나 흥정을 붙여 주는 일을 하던 집의 주인(主人). 속담 객주가 망하려니 짚단만 들어온다.

객지 客地 | 손 객, 땅 지 [strange land]
나그네[客]가 임시로 머무르는 곳[地]. ¶객지에서 고향 사람을 만나다. ⓑ 타지(他地), 타향(他鄕). ⓑ 고향(故鄕).

객차 客車 | 손 객, 수레 차
[passenger car]
교통 여행객(旅行客)을 실어 나르는 철도 차량(車輛). '여객열차'(旅客列車)의 준말. ⓑ 화차(貨車).

갯-마을 [seaside (fishing) village]
갯가에 자리 잡고 있는 마을. ⓑ 어촌(漁村).

갯-바람 [sea breeze]
바다에서 육지로 부는 바람. ¶소금기를 먹은 갯바람이 불어왔다.

갯-벌 [sandbar; sandbank]
바닷물이 드나드는 모래톱. ¶갯벌에서 조개를 줍다. ⓑ 개펄.

갱 坑 | 구덩이 갱 [(mining) pit; shaft]
광업 ❶광물을 파내기 위하여 땅속을 파들어간 굴[坑]. ¶광부들이 갱 안으로 들어갔다. ❷갱 안에 뚫어 놓은 길. '갱도'(坑道)의 준말.

갱목 坑木 | 구덩이 갱, 나무 목
[pit prop]
갱이 무너지지 않도록 갱내(坑內)나 갱도에 버티어 대는 통나무[木]. ¶갱목이 부러져 갱도(坑道)가 무너졌다.

갱:신 更新 | 다시 갱, 새 신
[renew; renovate]
❶ 속뜻 다시[更] 새롭게[新] 함. ❷ 법률 법률관계의 존속 기간이 끝났을 때 그 기간을 연장하는 일. ¶여권을 갱신하다 / 자동차 보험을 갱신하다.

갱:지 更紙 | 다시 갱, 종이 지
[coarse paper]

❶ 속뜻 다시[更] 만들어 쓴 종이[紙]. ❷거칠고 누른 종이. ¶갱지라서 그런지 잘 찢어진다.

갸ː륵-하다 [admirable; praiseworthy]
하는 일이 착하고 장하다. ¶갸륵한 마음씨 / 정성이 갸륵하다.

갸름-하다 [small and longish]
좀 가늘고 긴 듯하다. ¶갸름한 얼굴의 미인.

갸우뚱-하다 [moving slantwise]
물체가 한쪽으로 약간 기울어져 있다. 혹은 반복해서 기울어지는 모습. ¶아이는 연신 고개를 갸우뚱했다.

갸웃-거리다 [peek; snoop around]
고개나 몸 따위를 이쪽저쪽으로 자꾸 조금씩 기우리다. ¶석연찮은 듯 고개를 갸웃거렸다.

걔 [that child]
그 아이. ¶걔한테 한번 물어보자.

거
❶'것'의 준말. ¶그 연필은 내 거다. ❷'그것'의 준말. ¶거 뭐니? / 거 참 신기하구나!

거ː구 巨軀 | 클 거, 몸 구 [big figure]
큰[巨] 몸뚱이[軀]. ¶할아버지는 육 척 장신의 거구였다.

거ː국 擧國 | 모두 거, 나라 국 [whole country]
온[擧] 나라[國]. 또는 국민(國民) 전체.
▸거ː국-적 擧國的 | 것 적
온[擧] 국민(國民)이 함께 참여하는 것[的]. ¶거국적인 활동.

거ː금 巨金 | 클 거, 돈 금 [big money]
거액(巨額)의 돈[金]. 큰돈. ¶불우 이웃을 위해 거액을 선뜻 내놓다. ㊐ 거액(巨額). ㊊ 푼돈.

거기 [that place; there]
❶그곳. ¶거기서 뭘 합니까? ❷그곳에. ¶거기 서 있거라!

거꾸러-지다 [fall]
거꾸로 엎어지다. ¶나는 돌부리에 걸려 거꾸러졌다. ㊐ 고꾸라지다.

거꾸로 [upside down]
차례나 방향이 반대로 바뀌게. ¶우표를 거꾸로 붙이다. ㊊ 바로. 관용 피가 거꾸로 솟다.

거나-하다 [partly drunk]
술에 어지간히 취해 있다. ¶그때는 이미 거나하게 취해 있었다.

거느리다 [lead; take care of]
❶돌봐야 할 손아랫사람들을 데리고 있다. ¶식솔을 거느리다. ❷부하나 군대 따위를 통솔하여 이끌다. ¶10만 대군을 거느리다.

거ː닐다 [take a walk; stroll]
이리저리 한가로이 걷다. ¶강가를 거닐다.

***거ː대 巨大** | 클 거, 큰 대 [huge; enormous]
엄청나게[巨] 큼[大]. ¶몸집이 거대하다. ㊐ 막대(莫大). ㊊ 왜소(矮小).

거덜 [be ruined]
집안이나 회사가 망하거나 없어지는 것. ¶사업에 실패해 집안이 거덜 났다.

거ː동 擧動 | 들 거, 움직일 동 [conduct; behavior; manner]
몸을 들어[擧] 움직이는[動] 짓이나 태도. ¶거동이 불편하다. ㊐ 행동(行動).

거ː두 巨頭 | 클 거, 머리 두 [leader]
❶ 속뜻 큰[巨] 머리[頭] 같은 존재. ❷어떤 분야에서 큰 힘을 가진 지도급 인물. 유력한 우두머리. ¶그는 정계(政界)의 거두이다.

거두다 (收, 거둘 수) [harvest; reap]
❶흩어진 것을 한데 모아들이다. ¶벼를 거두다 / 한번 내뱉은 말은 거두어들일 수가 없다. ❷어떤 결과·성과를 올리거나 얻다. ¶큰 성과를 거두었다.

♣ 거두다 / 모으다 — 비슷한 듯 다른 말

◎ 기부금을 거두다 = 모으다.

○ 불우 이웃 돕기 성금을 거두다.
× 불우 이웃 돕기 성금을 모으다.
○ 우표를 모으다.
× 우표를 거두다.

거드럭-거리다 [strut; show off]
잘난 체하며 버릇없이 굴다. ¶거드럭거리면서 말하다.

거:드름 [haughty attitude]
거만한 태도. ¶거드름을 피우다.

거들 {영 girdle}
배에서 허리에 걸친 선을 예쁘게 보이게 하려고 입는 여자의 속옷.

거:들다 [help; assist]
❶남을 도와주다. ¶이삿짐 나르는 일을 거들다. ❷남의 말에 끼어들어 참견하다. ¶곁에서 한 마디 거들다. ㊥ 협력(協力)하다, 협조(協助)하다.

비슷한 듯 다른 말 ➲ 돕다

거들떠-보다 [glance up (at); notice]
아는 체하거나 관심 있게 건너다보다. ¶옆 사람을 거들떠보지도 않는다.

거들먹-거리다 [assume airs]
신이 나서 도도하게 굴다. ¶그는 거들먹거리며 집에 들어왔다.

거듭 [repeat; do again]
다시 한 번 되풀이 하는 일이나 모양. ¶거듭 경고를 했다 / 회의를 거듭하다. ㊥ 연달아, 재차(再次).

▸거듭-나다
지금까지의 방식이나 태도를 버리고 다시 새롭게 시작하다. ¶그녀를 만나고 새 사람으로 거듭났다.

▸거듭-제곱
수학 같은 수·식을 거듭 곱함. 또는 그 값. 두제곱·세제곱 따위. ㊥ 누승(累乘), 멱(冪), 승멱(乘冪).

거뜬-하다 [light; easy]
❶가볍고 단출한 느낌이 있다. ¶운동을 하고 나면 몸이 거뜬하게 느껴진다. ❷후련하고 개운하다. ¶무거운 짐을 벗어 버린 듯 거뜬하고 통쾌하다.

거뜬-히 [lightly; easily]
❶어렵지 않고 쉽게 ¶거뜬히 감당해 내다. ❷부족함 없이. 넉넉히. ¶어린아이가 쌀 한 가마니를 거뜬히 들었다 / 이 쌀이면 한 달은 거뜬하다.

거란 [Kitan]
역사 5세기 중엽 이래 내몽골 지방에서 유목 생활을 하던 부족. ¶발해의 서쪽에서 거란이 일어났다 / 강감찬 장군은 거란군을 물리쳤다.

거:래 去來 | 갈 거, 올 래
[have dealings]
❶속뜻 가고[去] 옴[來]. ❷상품을 팔고 사들이는 일. 돈을 주고받는 일. ¶상인들의 거래가 활발하다. ❸영리 목적의 경제 행위. ❹서로의 이해득실에 관련되는 교섭. ¶거래해 주셔서 감사합니다. ㊥ 왕래(往來).

▸거:래-일 去來日 | 날 일
경제 공휴일을 제외하고 상거래(商去來)가 이루어지는 날[日].

▸거:래-처 去來處 | 곳 처
계속적으로 거래(去來)하는 상대쪽[處].

거:론 擧論 | 들 거, 말할 론
[make a subject of discussion]
어떤 일을 들어서[擧] 말함[論]. ¶그건 이 자리에서 거론할 문제가 아니다.

거:룩-하다 [grand; glorious]
성스럽고 위대하다. ¶거룩한 뜻을 높이 받들다. ㊥ 미천(微賤)하다, 비천(卑賤)하다.

거룻-배 [lighter; barge]
돛이 없는 작은 배. ¶거룻배에서 짐을 내리다. ㊥ 소선(小船).

거류 居留 | 살 거, 머무를 류 [live in]
❶속뜻 어떤 곳에 살며[居] 머무름[留]. ❷외국의 거류지에 삶. ¶외국에 거류하고

있는 한국인을 대피시켰다.

▶ 거류-민 居留民 | 백성 민
❶ 속뜻 임시로 살고 있는[居留] 외국인[民]. ❷거류지에 사는 외국인.

거르다[1][put (a thing) through; filter]
국물을 짜내고 찌꺼기나 건더기를 밭쳐 내다. ¶막걸리를 체로 거르다.

거르다[2][skip]
차례를 건너뛰다. ¶저녁 식사를 걸렀더니 배가 고프다.

거름 [fertilizer]
비료(肥料). ¶밭에 거름을 주다. ㊊ 두엄, 퇴비(堆肥).

▶ 거름-더미 [heap of manure]
거름을 쌓아 놓은 더미. ¶거름더미에서 냄새가 난다.

거름-종이 [filter paper]
찌꺼기나 건더기가 있는 액체를 거르는 종이. ㊊ 여과지(濾過紙).

거리[1][road; street]
'길거리'의 준말. ¶거리를 헤매고 다니다. ㊊ 가두(街頭).

거리[2][material; excuse]
❶감이 되는 재료. ¶일할 거리를 찾아내다. ❷일정 시간 동안에 해낼 만한 일. ¶한 나절 거리도 안 되는 일.

거:리[3]距離 | 떨어질 거, 떨어질 리 [distance; range]
❶ 속뜻 서로 떨어져[距=離] 있는 두 곳 사이의 길이. ❷ 수학 두 점을 잇는 직선의 길이. ¶집에서 학교까지 거리가 가깝다. ❸인간관계에서 친밀하지 못한 사이. ¶그와 거리를 두는 것이 좋겠다.

거리끼다 [hesitate to do]
❶일이나 행동에 방해가 되다. ¶일하는데 거리끼는 것들을 없애다. ❷마음에 걸려 꺼림칙하다. ¶양심에 거리끼지 않다. ㊊ 방해(防害)되다.

거:만 倨慢 | 뽐낼 거, 건방질 만 [proud]
잘난 체 뽐내며[倨] 건방지게[慢] 굴다. ¶거만한 태도. ㊊ 교만(驕慢), 오만(傲慢). ㊇ 겸손(謙遜).

거:머리 [leech]
동물 논이나 못에 살고, 몸이 길고 납작하며, 주둥이와 배 끝에 빨판이 있어 다른 동물의 피를 빨아먹는 동물.

거머-쥐다 [grab greedily]
휘감아 움켜쥐다. ¶올림픽에서 금메달을 거머쥐다.

거:목 巨木 | 클 거, 나무 목 [great tree; great man]
❶ 속뜻 매우 큰[巨] 나무[木]. ¶마을회관 앞에는 10미터 높이의 거목이 서 있다. ❷'큰 인물'을 비유하여 이르는 말. ¶그는 한국 경제계의 거목이다. ㊊ 위인(偉人).

거무스름-하다 [blackish; darkish]
조금 검다. ¶얼굴이 거무스름하다.

거무죽죽-하다 [blackish; dark]
빛깔이 고르지 못하여 우중충하게 거무스름하다.

거문-고 [Korean harp with six strings]
음악 오동나무의 긴 널을 속이 비게 짜고 그 위에 여섯 줄을 친 현악기. 줄을 튀겨 소리를 낸다. ¶거문고를 뜯다. ㊊ 현학금(玄鶴琴), 현금(玄琴).

거:물 巨物 | 클 거, 만물 물 [big figure]
❶ 속뜻 거창(巨創)한 물건(物件). ❷사회적으로 큰 영향력을 가진 뛰어난 인물. ¶이 작가는 문단의 거물이다.

거뭇-거뭇 [blackish]
군데군데 검은 모양. ¶할머니 얼굴에 거뭇거뭇 검버섯이 있다.

거미 [spider]
동물 4쌍의 다리가 있고, 똥구멍 앞에 있는 방적돌기에서 거미줄을 내어 그물 같은 집을 쳐 벌레를 잡아먹고 사는 동물.

▶ 거미-줄
거미가 뽑아내는 가는 줄. 또는 그 줄로 친 그물. ¶나비가 거미줄에 걸렸다.

거:부 拒否 | 막을 거, 아닐 부
[refuse; reject]
남의 제의나 요구 따위를 물리치고[拒] 동의하지 않음[否]. ¶감독의 제의를 거부했다. ㊥ 거절(拒絶), 사절(謝絶). ㉲ 수락(受諾), 승인(承認).

▸거:부-감 拒否感 | 느낄 감
거부(拒否)하는 태도나 느낌[感]. ¶거부감이 들다.

▸거:부-권 拒否權 | 권리 권
❶ 속뜻 거부(拒否)할 수 있는 권리(權利).
❷ 법률 국회에서 가결된 법률안에 대하여 대통령이 동의를 거부할 수 있는 권리. ㊥ 비토(veto).

거북 (龜, 거북 귀) [turtle; tortoise]
동물 바다나 민물에 사는 파충류 동물. 몸이 거의 타원형으로 납작하고, 등과 배에 단단한 딱지가 있다.

▸거북-선 (一船, 배 선)
역사 조선 선조 때 이순신이 만들어 왜적을 무찌른 세계 최초의 철갑선(鐵甲船). 모양이 거북과 비슷하기에 붙여진 이름이다. ㊥ 귀선(龜船).

거:북-하다
[uncomfortable; embarrassed]
몸이나 마음이 편하지 않다. ¶몸이 거북해서 가지 못했다 / 돈을 꾸어 달라고 하기가 거북하다. ㉲ 편하다.

거:사 擧事 | 들 거, 일 사
[take an action]
큰 일[事]을 일으킴[擧]. ¶거사를 모의하다 / 의병들은 내일 밤 거사하기로 약속했다.

▸거:사-일 擧事日 | 날 일
거사(擧事)하기로 한 날[日]. ¶드디어 내일이 거사일이다.

거세다 [be strong; tough]
거칠고 세다. ¶파도가 거세게 치다. ㉲ 부드럽다.

거센-소리 [aspirated sound]
언어 ㅊ·ㅋ·ㅌ·ㅍ 등과 같은 파열음. 곧, 거센 숨을 따라서 나는 소리. ㊥ 격음(激音).

거:수 擧手 | 들 거, 손 수
[raise one's hand]
손[手]을 위로 듦[擧]. ¶찬성하는 분들은 거수해 주십시오.

▸거:수-경례 擧手敬禮 | 공경할 경, 예도 례
오른손[手]을 모자챙의 끝, 눈썹 높이까지 올려서[擧] 하는 경례(敬禮).

거스르다[1] [give change]
남은 것을 잔돈으로 내주다. ¶잔돈을 거슬러 주었다.

거스르다[2]
[go against; oppose]
따르지 않고 거역(拒逆)하다. ¶지시를 거스르다 / 비위를 거스르다. ㊥ 어기다.

♣ 거스르다[2] / 어기다 (비슷한 듯 다른 말)

◎ 부모님의 뜻을 거스르다 = 어기다.
○ 바람을 거슬러 나아가다.
× 바람을 어겨 나아가다.
○ 친구와의 약속 시간을 어기다.
× 친구와의 약속 시간을 거스르다.

거스름-돈 [change]
거슬러 주는 돈. ¶연필을 사고 거스름돈을 받다. ㊟ 거스름.

거슬리다
[offend; be unpleasant]
언짢게 느껴지다. ¶그의 말이 귀에 거슬리다.

거실 居室 | 살 거, 방 실
[living room]
온 가족이 살며[居] 공동으로 사용하는 방[室].

거:액 巨額 | 클 거, 액수 액
[huge amount]
많은[巨] 액수(額數)의 돈. ¶할머니는 거

액을 기부했다. [반] 소액(少額).

거:역 拒逆 | 막을 거, 거스를 역
[protest; disobey]
윗사람의 뜻이나 명령을 어기어[拒] 거스름[逆]. ¶부모를 거역하고 집을 나갔다. [반] 순종(順從), 복종(服從).

거울 (鏡, 거울 경) [mirror]
❶물체의 모양을 비추어 보는 물건. ❷비추어 보아 모범(模範)이나 경계가 될 만한 사실. ¶눈은 마음의 거울이다. [비] 명경(明鏡), 본보기. [관용] 거울로 삼다.

거위 [goose]
[동물] 기러기의 변종으로 몸빛이 희고 목이 길며, 헤엄을 잘 치는데 날지 못하는 새.

거의 [almost; nearly]
어느 한도에 매우 가까운 정도로. ¶사람들은 거의가 한복 차림이다. [비] 거반(居半), 거지반(居之半).

비슷한 듯 다른 말	➲ 대부분

거:인 巨人 | 클 거, 사람 인
[giant; Titan]
❶[속뜻] 몸집이 유난히 큰[巨] 사람[人]. ¶그는 키가 2미터나 되는 거인이다. ❷신화, 전설, 동화 등에 나오는 초인간적인 힘을 가진 인물. ❸품성·재능 등이 뛰어난 인물. [비] 위인(偉人).

거:장 巨匠 | 클 거, 장인 장
[great artist; maestro]
어떤 전문 분야에서 그 기능이 크게[巨] 뛰어난 사람[匠]. ¶모차르트는 고전음악의 거장이다. [비] 대가(大家), 거물(巨物), 명인(名人).

거저 [arbitrarily; as a gift]
돈이나 노력과 같은 대가 없이 공짜로. ¶거저 주었다 / 돈은 거저 얻어지는 것이 아니다.

거적 [straw mat]
새끼로 날을 하여 짚으로 쳐서 자리처럼 만든 물건. ¶마당에 거적을 깔고 앉다.

거:절 拒絕 | 막을 거, 끊을 절
[refuse; reject]
받아들이지 않고[拒] 물리침[絕]. ¶제의를 거절했다. [비] 거부(拒否). [반] 응낙(應諾).

거:점 據點 | 근거할 거, 점 점 [position]
활동의 근거(根據)가 되는 중요 지점(地點). ¶군사 거점을 공격하다. [비] 근거지(根據地), 본거지(本據地).

거주 居住 | 살 거, 살 주
[live; reside]
일정한 곳에 자리를 잡고 머물러 삶[居=住]. ¶그는 독도에서 30년째 거주하고 있다. [비] 주거(住居).

▸**거주-자 居住者** | 사람 자
일정한 곳에 거주(居住)하는 사람[者]. ¶지역 거주자들은 찬성했다.

▸**거주-지 居住地** | 땅 지
현재 거주(居住)하고 있는 땅[地]. ¶거주지를 옮기다.

거죽 [surface; face]
물체의 겉 부분. ¶이 천의 거죽은 어느 쪽입니까? [비] 표면(表面). [반] 내부(內部).

거:중-기 擧重器 | 들 거, 무거울 중, 그릇 기
[기계] 무거운[重] 물건을 들어[擧] 올리는 데에 쓰던 기계나 장치[器]. ¶정약용은 화성을 쌓을 때 거중기를 사용했다.

거즈 {영 gauze}
부드럽고 성긴 외올 무명베. 소독하여 의료용으로 쓴다.

거:지 [beggar]
남에게 구걸하여 얻어먹는 사람. ¶거지가 집집마다 밥을 얻으러 다닌다. [비] 비렁뱅이, 걸인(乞人).

▸**거:지-꼴**
거지와 같은 초라한 차림새나 꼴. ¶사업이 망해 거지꼴이 되었다.

거지-반 居之半 | 살 거, 어조사 지, 반 반
[almost; nearly]

절반(折半) 이상을 차지함[居]. ¶참석자는 거지반이 대학생이다. ㊥ 거의.

거진 [nearly]
어떤 한도에 거의 가깝게. ¶학교까지 거진 한 시간이 걸렸다. ㊥ 거의.

거:짓 (假, 거짓 가) [lie; untruth]
사실과 어긋남. 사실 아닌 것을 사실같이 꾸밈. ¶거짓으로 말하다. ㊥ 허위(虛僞). ㊦ 참, 진실(眞實).

♣ 거짓 / 허위(虛僞)

◎ 그녀의 자백은 거짓이었다 = 허위였다.
o 그는 거짓 눈물을 흘렸다.
× 그는 허위 눈물을 흘렸다.
o 허위 사실을 퍼트렸다.
× 거짓 사실을 퍼트렸다.

▸거:짓-말
사실과 다르게 꾸며 대어 하는 말. ¶새빨간 거짓말을 하다. ㊦ 정말, 참말.

▸거:짓말-쟁이
거짓말을 잘하는 사람.

거:창 巨創 | 클 거, 처음 창 [large-scale; tremendous]
❶ 속뜻 처음으로[創] 크게[巨] 함. ❷규모나 크기가 엄청나게 크다. ¶거창한 계획 / 거창하게 떠벌리다.

거처 居處 | 살 거, 곳 처 [dwell in]
사는[居] 곳[處]. ¶그는 우리집에서 거처하고 있다. ㊥ 처소(處所), 거주지(居住地).

거:추장-스럽다 [burdensome; cubrous]
주체하기가 어렵도록 다루기가 거북하다. ¶이 옷은 소매가 넓어 거추장스럽다. ㊦ 단출하다.

거치다 [pass through]
어떤 곳이나 지점을 지나다. ¶예선 심사를 거치다. ㊥ 경유(經由)하다.

거치적-거리다 [obstruct; be an encumbrance]
방해되게 자꾸 여기저기 걸리거나 닿다. ¶아무것도 거치적거릴 것이 없어 좋다.

거칠다 [rough; harsh]
❶가루 따위가 곱지 않고 굵다. ❷피부의 결 따위가 곱지 않다. ¶나뭇결이 거칠다 / 겨울이 되니 살결이 거칠거칠하다.

거침 [unobstructed]
말 따위가 머뭇거리거나 막히는 것. ¶묻는 말에 거침없이 대답하다.

거푸 [again and again; time after time]
잇달아 거듭. ¶아버지는 거푸 한숨을 내쉬었다. ㊥ 거듭.

거푸-집 [matrix; mold]
주물을 부어서 만드는 물건의 바탕으로 쓰이는 모형. ㊥ 주형(鑄型).

거품 [bubble]
액체가 기체를 머금어서 속이 비어 둥글게 부푼 방울. ¶휘저어 거품을 만들다. ㊥ 포말(泡沫).

거:행 擧行 | 들 거, 행할 행 [carry out]
❶ 속뜻 명령을 받들어[擧] 그대로 시행(施行)함. ¶분부대로 곧 거행하겠습니다. ❷ 행사나 의식을 치름. ¶시상식을 거행하다.

걱정 [care; reproof]
❶근심으로 속을 태움. ¶앞날을 걱정하다. ❷잘못을 나무라는 말. ¶걱정을 듣다. ㊥ 염려(念慮), 꾸중, 질책(叱責). ㊦ 안심(安心).

건¹ 件 | 사건 건 [item; case]
어떤 특정한 일이나 사건을 세는 말. ¶그 건에 대하여 말하자면.

건² 乾 | 하늘 건
팔괘의 하나. 하늘을 상징하며 '☰'으로 표시한다. ㊥ 건괘(乾卦).

⁑**건:강** 健康 | 튼튼할 건, 편안할 강 [health; fit]
❶ 속뜻 육체가 튼튼하고[健] 마음이 편안

함[康]. ¶담배는 건강에 해롭다. ❷의식이 나 사상이 바르고 건실함. [반] 허약(虛弱).

▸ 건ː강-미 健康美 | 아름다울 미
건강(健康)한 육체에서 나타나는 아름다움[美].

▸ 건ː강-식 健康食 | 밥 식
건강(健康)을 위하여 특별히 만든 식사(食事). ¶야채류로만 만든 건강식을 매일 먹었다.

건괘 乾卦 | 하늘 건, 걸 괘
[symbol of the sky]
[민속] 하늘[乾]을 상징하는 팔괘(八卦)의 하나. ¶'☰'을 일러 건괘라고 한다.

건구 乾球 | 마를 건, 공 구 [dry bulb]
건습계에서 공[球] 모양의 수은 단지 부분을 젖은 헝겊으로 싸지 않은[乾] 온도계. '건구 온도계'의 준말. ¶건구와 습구의 온도를 따로 재어서 그 온도 차로 습도를 잰다.

건ː국 建國 | 세울 건, 나라 국
[found a country]
새로 나라[國]를 세움[建]. ¶건국 기념일. [비] 개국(開國). [반] 망국(亡國).

건기 乾期 | 마를 건, 때 기 [dry season]
건조(乾燥)한 시기(時期). '건조기'의 준말. ¶건기에는 동물들이 먹이를 찾으러 이동한다. [반] 우기(雨期).

건ː너 [other side of]
공간 너머의 맞은편 또는 방향. ¶길 건너에 우체국이 있다. [속담] 강 건너 불구경하듯 한다.

▸ 건ː너-편 (一便, 쪽 편)
마주 대하고 있는 저편(便). ¶꽃집 건너편이 우리 집이다. [비] 맞은편.

▸ 건ː너-지르다
긴 물건의 양쪽 끝을 두 곳에 가로 대어 놓다. ¶계곡에 구름다리를 건너지르다.

건ː너다 (渡, 건널 도) [cross; go over]
어떤 것을 사이에 두고 있는 맞은편으로 가다. ¶도로를 건너다 / 배를 타고 강을 건너가다 / 도랑을 건너뛰다. [비] 넘어가다, 횡단(橫斷)하다.

▸ **건ː너다-보다**
이쪽에서 저쪽을 바라보다. ¶맞은편에 서 있는 사람을 건너다보다.

건ː넌-방 (一房, 방 방)
[room on the opposite side]
대청을 건너 안방의 맞은편에 있는 방(房). ¶삼촌은 건넌방에서 지낸다.

건ː널-목 [road crossing]
철로와 도로가 만나는 곳. ¶건널목에는 차단기가 설치되어 있다.

건ː네다 [address; give]
❶남에게 말을 붙이다. ¶옆 사람에게 말을 건네지 마라. ❷물건이나 일을 남에게 옮기어 주다. ¶중도금을 건네다 / 손수건을 건네주다.

건달 乾達 | 하늘 건, 통달할 달 [penniless rake]
❶[속뜻] 산스크리트어 'gandharva'를 음역(音譯)한 '乾達婆'의 준말. ❷빈둥빈둥 놀거나 게으름을 부리는 사람. ¶백수 건달. ❸난봉을 부리고 돌아다니는 사람. ¶건달들의 행패가 심하다.

건더기
[pieces of meat and vegetables]
국물을 뺀 나머지 음식. ¶국물만 먹고 건더기는 남겼다. [반] 국물.

건ː드리다 [touch; stimulate]
❶손으로 만져 조금 움직이게 하다. ¶기계를 함부로 건드리지 마라. ❷남의 마음을 상하게 하다. ¶그의 비위를 건드리지 마라.

건들-거리다 [blow gently]
바람이 부드럽게 살랑살랑 불다. ¶가을바람이 시원스레 건들거린다.

건들-건들 [gently; idly]
❶바람이 부드럽게 살랑살랑 부는 모양. ¶시원한 바람이 건들건들 불어온다. ❷다소 건방지게 행동하는 모양. ¶그는 건들

건들 놀려대듯 말했다. ❸빈둥거리는 모양. ¶걸핏하면 술이나 마시며 건들건들 놀기만 하다.

건들-장마
초가을에 비가 쏟아지다가 금세 개고 또 비가 오다가 다시 개는 장마.

건:립 建立 | 세울 건, 설 립
[erect; build]
❶속뜻 건물, 기념비, 동상, 탑 따위를 만들어 세움[建=立]. ¶동상을 건립하다. ❷기관, 조직체 따위를 새로 조직함. ¶학교를 건립하다.

건:망 健忘 | 튼튼할 건, 잊을 망 [oblivion]
❶속뜻 몸은 튼튼한데[健] 정신이 허약하여 잘 잊어버림[忘]. ❷의학 건망증(健忘症).

▶건:망-증 健忘症 | 증세 증
의학 잘 잊어버리는[健忘] 병증(病症). ¶엄마는 건망증이 심하다.

⁑건:물 建物 | 세울 건, 만물 물
[building; structure]
건축(建築) 구조물(構造物). ¶현대적 건물 / 이 건물은 지진에도 끄떡없다. ㊥구조물(構造物).

건:반 鍵盤 | 열쇠 건, 소반 반 [keyboard]
피아노 따위의 앞부분에 건(鍵)을 늘어놓은 소반[盤]같은 면. ㊥키보드.

▶건:반 악기 鍵盤樂器 | 음악 악, 그릇 기
음악 건반(鍵盤)으로 연주하는 악기(樂器). ¶피아노는 건반악기이다.

건방-지다 [impertinent]
젠체하며 지나치게 주제넘다. ¶건방지게 나서지 마라.

건배 乾杯 | 마를 건, 술잔 배
[toast; drink to]
술잔[杯]을 말리듯[乾] 잔에 있는 술을 몽땅 다 마심. ¶성공을 위해 건배하자.

건-빵 (乾—, 마를 건)
[cracker; (hard) biscuit]
딱딱하게 구운 마른[乾]과자의 하나. ¶물도 없이 건빵을 먹으려니 목이 멘다.

건사 [take care of; look after]
제게 딸린 것을 잘 보살피고 돌봄. ¶자기 몸도 건사할 줄 모른다.

⁑건:설 建設 | 세울 건, 세울 설 [construct; build]
❶속뜻 건물 따위를 만들어 세움[建=設]. ¶건설 현장 / 댐을 건설하다. ❷어떤 조직체를 이룩하여 꾸려나감. ¶복지사회를 건설하다. ㊥건조(建造), 건축(建築). ㊤파괴(破壞).

▶건:설-업 建設業 | 일 업
건설(建設)에 따르는 업무를 맡아 하는 사업(事業).

▶건:설-적 建設的 | 것 적
어떤 일이 보다 잘 되어 가도록[建設] 하려고 하는 것[的]. ¶건설적 비판이 필요하다.

건성[1] [absent-mindedness]
성의 없이 겉으로만 함을 이르는 말. ¶책을 건성으로 읽다.

건성[2] **乾性** | 마를 건, 성질 성 [dryness]
건조(乾燥)한 성질(性質). 건조하기 쉬운 성질. ¶건성 피부. ㊤습성(濕性).

건수 件數 | 사건 건, 셀 수
[number of items]
사물이나 사건(事件)의 가지 수(數). ¶상담 건수.

건습 乾濕 | 마를 건, 젖을 습
[dryness and moisture]
마름[乾]과 젖음[濕]. 건조와 습기.

건:실 健實 | 굳셀 건, 열매 실
[steady; reliable]
❶속뜻 건전(健全)하고 착실(着實)하다. ¶건실한 생활. ❷몸이 건강하다.

건:아 健兒 | 튼튼할 건, 아이 아 [vigorous youth]
❶속뜻 튼튼한[健] 아이[兒]. ❷씩씩하고 굳센 사나이. ¶대한의 건아.

건어 乾魚 | 마를 건, 물고기 어

[dried fish]
말린[乾] 물고기[魚]. ¶읍내에 가서 건어를 사왔다.

건-어물 乾魚物 | 마를 건, 물고기 어, 만물 물
말린[乾] 물고기[魚]나 이를 이용한 제품[物]. ¶건어물 가게.

건:의 建議 | 세울 건, 의논할 의
[propose; suggest]
의논(議論) 거리를 냄[建]. 자신의 의견을 내놓음. ¶노동조건 개선을 건의했다.

▸건:의-서 建議書 | 글 서
건의(建議)의 내용을 적은 글[書]. 또는 그 문서.

건:장 健壯 | 튼튼할 건, 씩씩할 장
[strong; healthy]
몸이 튼튼하고[健] 씩씩하다[壯]. ¶건장한 남자 셋이 집으로 들어왔다.

건재¹乾材 | 마를 건, 재료 재
[dried medicinal herbs]
[한의] 조제하지 않은 말린[乾] 상태의 약재(藥材). ¶작두로 건재를 썰다.

건:재²健在 | 튼튼할 건, 있을 재 [being well]
아무 탈 없이 튼튼하게[健] 잘 있음[在]. ¶그의 사업은 건재하다.

***건:전 健全** | 굳셀 건, 온전할 전
[healthy; wholesome]
❶[속뜻] 굳세고[健] 온전(穩全)함. ¶건전한 신체에 건전한 정신이 깃든다. ❷조직 따위의 활동이나 상태가 건실하고 정상임. ¶그 기업은 건전하게 잘 운영되고 있다.

건-전지 乾電池 | 마를 건, 전기 전, 못 지
[dry cell]
[화학] 휴대하거나 다루기에 편리하도록 만든 일차 전지. 'dry[乾] cell[電池]'의 한자 의역어.

건:조¹建造 | 세울 건, 만들 조 [construct; build]
건물이나 배 따위를 짓거나[建] 만듦[造]. ¶유조선을 건조하다. [비] 건축(建築). [반] 파괴(破壞).

건조²乾燥 | 마를 건, 마를 조
[dry; arid]
❶[속뜻] 습기나 물기가 없는 마른[乾=燥] 상태. ¶이 식물은 건조한 곳에서도 잘 자란다. ❷분위기, 정신, 환경 등이 여유나 윤기가 없이 메마름. ¶글이 무미(無味)건조하다.

▸건조-기¹乾燥期 | 때 기
기후가 건조(乾燥)한 시기(時期). [반] 강우기(降雨期).

▸건조-기²乾燥機 | 틀 기
[기계] 물기 있는 물건을 말리는[乾燥] 장치[機]. ¶식기 건조기.

▸건조-제 乾燥劑 | 약제 제
[화학] ❶수분을 제거하여 건조(乾燥)시키는 물질[劑]. ❷건성유나 반건성유의 산화를 촉진하여 건조성을 증가시키는 데 사용하는 물질.

건지다 [pick up]
물속에서 집어내거나 끌어내다. ¶물에 빠진 사람을 건져내다. [비] 꺼내다, 구제(救濟)하다, 구해내다. [반] 빠뜨리다.

건초 乾草 | 마를 건, 풀 초
[hay; dried grass]
베어 말린[乾] 풀[草]. ¶말에게 건초를 먹이다. [비] 말린 풀, 마른풀. [반] 생초(生草).

***건:축 建築** | 세울 건, 쌓을 축 [construct; build]
집, 성, 다리 따위를 짓거나[建] 쌓음[築]. ¶지진에 견딜 수 있는 집을 건축하다. [비] 건조(建造), 축조(築造). [반] 파괴(破壞).

▸건:축-가 建築家 | 사람 가
건축(建築)과 관련되어 지휘·감독 따위를 전문으로 하는 사람[家].

▸건:축-물 建築物 | 만물 물
건축(建築)한 구조물(構造物). ¶고딕 양식의 건축물. [준] 건물.

▸건:축-미 建築美 | 아름다울 미
건축물(建築物)이 지닌 아름다움[美]. ¶남대문의 건축미를 연구하다.

▸ 건:축-사 建築士 | 선비 사
건설 교통부로부터 자격증을 받아 건축물(建築物)의 설계, 공사 감리 따위의 업무를 행하는 사람[士].

▸ 건:축-업 建築業 | 일 업
건축(建築) 공사를 전문으로 하는 사업(事業)이나 직업(職業).

건:투 健鬪 | 굳셀 건, 싸울 투 [good fight]
굳세게[健] 잘 싸움[鬪]. 씩씩하게 잘해 나감. ¶건투를 빈다.

건:평 建坪 | 세울 건, 평수 평 [floor space]
건설 건물(建物)이 자리 잡은 터의 평수(坪數). ¶우리 집은 건평 30평이다. ㊐ 건축면적(建築面積).

건-포도 乾葡萄 | 마를 건, 포도 포, 포도 도 [raisins; currants]
말린[乾] 포도(葡萄).

걷:다[1] [go on foot; walk]
두 다리를 번갈아 옮겨 앞으로 가다. ¶눈길을 사뿐사뿐 걷다. 속담 걷기도 전에 뛰려고 한다.

걷다[2] [remove]
❶덮거나 가린 것 또는 널려 있는 것을 치우다. ¶상보(床褓)를 걷다 / 하던 일을 걷어치우다. ❷'거두다'의 준말. ¶회비를 걷다.

걷어-붙이다 [roll up]
소매나 바짓가랑이 같은 것을 말아 올리다. ¶바지를 무릎까지 걷어붙이고 일하다.

걷어-차다 [kick hard]
발로 몹시 세게 차다. ¶대문을 걷어차서 열다.

걷-잡다 [hold; stay]
흘러가는 형세 따위를 바로잡거나 진정시키다. ¶불길이 걷잡을 수 없게 타올랐다.

걷-히다 [be lifted; be gathered]
구름·안개 등이 없어지다. ¶안개가 걷히다. ㊥ 서리다, 끼다.

걸걸-하다 [candid; cheerful]
목소리가 좀 쉰 듯하면서 우렁차고 힘차다. ¶그의 목소리는 걸걸하다.

걸:다[1](掛, 걸 괘) [hang]
❶물건을 달아 매어 두다. ¶옷걸이에 모자를 걸다. ❷말이나 전화 따위를 전하다. ¶집에 전화를 걸었다.

걸:다[2] [fertile; abusive]
❶땅이 기름지다. ¶그곳은 땅이 걸어 곡식이 잘 자란다. ❷하는 말에 거리낌이 없다. ¶그는 입이 매우 걸다. ㊥ 얌전하다.

걸레 [dust cloth; rag]
더러운 곳이나 물기 등을 훔치는 데 쓰는 헝겊 따위. ¶걸레로 책상을 닦다.

▸ 걸레-질
걸레로 더러운 것을 훔치는 일. ¶나는 엎지른 물을 걸레질했다.

걸-리다[1] [get stuck; be caught]
❶어떤 것이 멈추어 있다. ¶생선 가시가 목에 걸리다. ❷꾸며 놓은 구렁에 빠지다. ¶덫에 걸리다. ❸병이 들다. ¶폐병에 걸리다.

걸-리다[2] [take]
날짜나 시간이 소요되다. ¶집에서 공원까지 보통 20분 걸린다. ㊐ 소요(所要)되다.

걸리버 여행기 Gulliver旅行記 | 나그네 려, 다닐 행, 기록할 기
문학 여행가 걸리버(Gulliver)가 항해 도중 폭풍우를 만나 정처 없이 떠돌아다니면서[旅行] 진기한 경험을 한다는 내용을 기록(記錄)한 풍자 소설.

걸림-돌 [stumbling block]
❶걸어갈 때 방해가 되는 돌. ❷일의 장애가 되는 요소를 비유하는 말. ¶자금 부족은 연구 발전의 큰 걸림돌이다. ㊐ 장애물(障礙物).

걸:-맞다 [well-mated; suitable]

격에 맞다. ¶행동이 나이에 걸맞다. ㊐ 어울리다, 적당(適當)하다.

걸머-지다 [shoulder]
짐, 책임 따위를 떠맡다. ¶짐을 걸머지다 / 겨레의 앞날을 걸머질 청년들.

걸물 傑物 | 뛰어날 걸, 만물 물
[great man]
뛰어난[傑] 사람[物].

걸:-상 (─床, 평상 상) [bench]
걸터앉도록 만든 기구[床]. ¶걸상 뒷다리가 삐걱거린다. ㊐ 의자(椅子).

걸:-쇠 [latch; door fastener]
빗장으로 쓰는 'ㄱ'자 모양의 쇠.

걸 스카우트 {영 Girl Scouts}
사회 사회봉사 등을 목적으로 조직된 소녀들을[Girl] 뽑아[Scouts] 만든 단체. 1912년 미국에서 처음 창설되었다. ㊉ 보이스카우트(boy scouts).

걸신 乞神 | 빌 걸, 귀신 신
[hungry demon]
❶ 속뜻 빌어먹는[乞] 귀신(鬼神). ❷염치없이 지나치게 탐하는 마음을 비유하여 이르는 말. ¶걸신이 들린 것처럼 음식을 먹어치웠다.

걸음 (步, 걸음 보) [walking; step]
두 발을 번갈아 앞으로 옮겨 놓는 동작. ¶동생은 걸음이 느리다. ㊐ 보행(步行). 속담 천릿길도 한 걸음부터.

▶ 걸음-마
어린아이가 걸음을 배울 때의 걸음걸이. ¶걸음마를 시작하다.

▶ 걸음-걸이
걸음을 걷는 모양새. 걸음발. ¶그는 걸음걸이가 활기차다. ㊐ 보법(步法).

걸인 乞人 | 빌 걸, 사람 인
[beggar; mendicant]
빌어[乞] 먹는 사람[人]. ¶걸인에게 빵을 주다. ㊐ 거지.

걸작 傑作 | 뛰어날 걸, 지을 작 [masterpiece]
❶ 속뜻 매우 뛰어난[傑] 작품(作品). ¶피카소의 걸작만을 골라 전시하다. ❷'익살스러운 사람'을 비꼬아 이르는 말. ¶사실이 탄로나자 그의 표정은 정말 걸작이었다. ㊐ 명작(名作). ㊉ 졸작(拙作).

걸쭉-하다 [be thick; heavy]
액체가 묽거나 맑지 않고 꽤 걸다. ¶콩국이 걸쭉하다.

걸:치다
[extend; range; slip on]
❶걸터앉다. ¶엉덩이를 걸치다. ❷입거나 뒤집어쓰다. ¶누더기를 걸치다.

♣ 걸치다 / 입다

◎ 잠옷을 걸치다 = 입다.
o 어깨에 수건을 걸치다.
× 어깨에 수건을 입다.
o 엄마가 정장을 곱게 차려 입었다.
× 엄마가 정장을 곱게 차려 걸쳤다.

걸:터-앉다 [sit astride]
의자 따위에 앉다. ¶책상 위에 걸터앉다.

걸핏-하면 [too often]
조금이라도 일만 있으면 곧. ¶그녀는 걸핏하면 눈물을 질금거린다.

검: 劍 | 칼 검 [sword]
무기로 쓰는 크고 긴 칼. ¶긴 검을 들고 나타났다.

검:객 劍客 | 칼 검, 손 객
[(master) swordsman; fencer]
검술(劍術)에 능한 사람[客]. ㊐ 칼잡이.

검:거 檢擧 | 검사할 검, 들 거
[arrest; apprehend]
법률 수사기관에서 범법 용의자를 찾아내어[檢] 잡아들이는[擧] 일. ¶마침내 범인을 검거했다.

검:다 (黑, 검을 흑) [black]
먹빛 같이 어둡고 짙다. ¶검게 탄 얼굴. ㊉ 희다.

검댕 [soot]

그을음이나 연기가 엉겨서 생긴 검은 물질. ¶옷에 검댕이 묻다.

검:도 劍道 | 칼 검, 길 도 [swordsmanship]
❶[속뜻]칼[劍]을 잘 휘두르는 도술(道術). ❷[운동] 죽도(竹刀)로 상대편을 치거나 찔러서 얻은 점수로 승패를 겨루는 운동 경기. [비] 검술(劍術).

검둥-개 [black dog]
털빛이 검은 개. 검정개.

검-둥이 [black dog; Negro]
❶검둥개를 귀엽게 일컫는 말. ❷살빛이 검은 사람. [반] 흰둥이.

검:문 檢問 | 검사할 검, 물을 문 [inspect; examine]
범법자 여부를 검사(檢査)하고 심문(審問)함. ¶경찰이 행인들을 검문했다 / 불심(不審)검문.

검:-버섯 [dark spots]
늙은 사람의 피부에 나는 거무스름한 얼룩점. ¶할아버지 얼굴에 검버섯이 피다.

검불 [dry grass]
마른 풀이나 낙엽·지푸라기. [비] 검부러기.

검:-붉다 [be blackish red]
검은빛을 띠면서 붉다. ¶검붉은 피가 흐르다.

검:사[1] 檢事 | 봉함 검, 일 사 [prosecutor]
❶[속뜻]봉함[檢]을 해두는 일[事]. ❷[법률] 형사사건의 공소를 제기하고 형벌의 집행을 감독하는 사법관. ¶검사가 증인에게 질문을 했다.

***검:사[2] 檢査** | 봉함 검, 살필 사 [inspect; examine]
❶[속뜻]봉함[檢]을 하여 조사(調査)에 대비함. ❷적합 여부와 이상 유무를 조사함. ¶정밀검사 / 숙제를 검사하다. [비] 조사(調査), 검열(檢閱), 점검(點檢).

▶검:사-기 檢査器 | 그릇 기
검사(檢査)에 필요한 설비나 도구[器].

검:산 檢算 | 검사할 검, 셀 산 [check accounts]
계산(計算)의 맞고 안 맞음을 검사(檢査)함. ¶검산해 보니 계산이 틀렸다.

검:색 檢索 | 검사할 검, 찾을 색 [reference]
❶[속뜻]증거 따위를 검사(檢査)하여 찾아봄[索]. ¶검색을 당하다. ❷목적에 따라 필요한 자료들을 찾아내는 일. ¶인터넷으로 신문 기사를 검색하다.

▶검:색-어 檢索語 | 말씀 어
검색(檢索)에 필요한 단어(單語).

검:소 儉素 | 수수할 검, 수수할 소 [frugal; simple]
치레하지 않고 수수함[儉=素]. 꾸밈없이 무던함. ¶옷차림이 검소하다.

검:술 劍術 | 칼 검, 꾀 술 [art of fencing; swordsmanship]
칼[劍]을 쓰는 기술(技術). ¶그는 검술이 뛰어나다. [비] 검법(劍法).

검:시 檢屍 | 검사할 검, 시체 시 [autopsy]
[법률]시체(屍體)를 검사(檢査)함. ¶검시 결과 타살인 것으로 드러났다.

검:약 儉約 | 검소할 검, 아낄 약 [economize in; thrifty]
검소(儉素)하고 절약(節約)함. ¶생활비를 검약하다. [비] 절약(節約). [반] 사치(奢侈).

검:역 檢疫 | 검사할 검, 돌림병 역 [quarantine; inspect]
돌림병[疫]의 유무를 검사(檢査)하고 소독하는 일. ¶수입 농산물을 검역하다.

▶검:역-소 檢疫所 | 곳 소
[법률]검역(檢疫)을 하기 위하여 항구나 공항에 마련된 기관[所].

검:열 檢閱 | 검사할 검, 훑어볼 열 [inspect]
검사(檢査)하여 훑어봄[閱]. ¶검열을 강화하다 / 기사를 검열하다. [비] 점검(點檢), 검사(檢査).

검은-깨 [black sesame]
검은 참깨. [비] 흑임자(黑荏子).

검은-빛 [black color]
검은 빛깔. [비] 흑색(黑色).

검:인 檢印 | 검사할 검, 도장 인

[seal of approval]
서류나 물건을 검사(檢査)한 표시로 찍는 도장[印]. ¶검인된 상품만 판매할 수 있다.

검:-인정 檢認定 | 검사할 검, 알 인, 정할 정 [official approval]
❶ 속뜻 검토(檢討)하여 인정(認定)함. ❷ 검정(檢定)과 인정(認定). ¶검인정 교재.

검정[1] (黑, 검을 흑) [black]
검은 색의 빛깔이나 물감.
▶ 검정-콩 [black soybean]
빛이 검은 콩. ⑪ 흑태(黑太).

검:정[2] **檢定** | 검사할 검, 정할 정 [official approval]
검사(檢査)하여 그 자격을 정(定)하는 일.
▶ 검:정-고시 檢定考試 | 살필 고, 시험할 시
어떤 자격을 얻는데 필요한 지식이나 기술의 유무를 검정(檢定)하기 위하여 실시하는 시험[考試]. ¶어머니는 검정고시를 보고 대학에 들어갔다. ⑪ 검정시험(試驗).

검:증 檢證 | 검사할 검, 증명할 증 [verify; inspect]
검사(檢査)하여 증명(證明)함. ¶가설을 검증하다.

검:지 (-指, 손가락 지) [index finger]
집게손가락[指]. ¶검지로 방향을 가리키다. ⑪ 인지(人指), 식지(食指).

검:진 檢診 | 검사할 검, 살펴볼 진 [check up]
의학 병의 유무를 검사(檢査)하기 위한 진찰(診察). ¶건강 검진.

검:찰 檢察 | 검사할 검, 살필 찰 [investigate and examine]
❶ 속뜻 검사(檢査)하고 사정을 잘 살펴[察] 밝힘. ❷ 법률 형사사건에서 범죄의 형적(形跡)을 수사하여 증거를 모으는 일.
▶ 검:찰-청 檢察廳 | 관청 청
법률 검사의 검찰(檢察) 사무를 맡아보는 관청(官廳).

검:출 檢出 | 검사할 검, 날 출 [detect]
검사(檢査)하여 찾아냄[出]. ¶그 지역에서 방사능이 검출되었다. ⑪ 검색(檢索), 색출(索出).

검:침 檢針 | 검사할 검, 바늘 침 [check a meter]
전기 계량기 따위의 바늘[針]이 가리키는 눈금을 검사(檢査)함. ¶전기계량기를 검침하다.

검:토 檢討 | 검사할 검, 따질 토 [examine; discuss]
내용을 자세히 검사(檢査)하며 잘 따져 봄[討]. ¶제안서를 검토하다.

검:-푸르다 [dark blue; blue black]
검은빛이 나면서 푸르다. ¶검푸르게 멍이 들다.

겁 怯 | 겁낼 겁 [fear; fright]
무서워하거나 두려워하는 마음. ¶겁에 질려서 얼굴이 하얘지다 / 개가 겁나서 들어가지 못하다. ⑪ 공포(恐怖). ⑫ 용기(勇氣).

겁-나다 (怯-, 무서울 겁) [be frightened]
무서워하는[怯] 마음. 또는 그런 심리적 경향. ¶겁이 많다 / 시험을 보기가 겁난다.

겁-먹다 (怯-, 겁낼 겁) [feel panic at]
무섭거나 두려워하는[怯] 마음을 가지다. ¶해치지 않을 테니 겁먹지 마라. ⑪ 식겁(食怯)하다, 질겁하다.

겁-쟁이 (怯-, 겁낼 겁) [coward]
겁(怯)이 많은 사람. ¶나는 겁쟁이가 아니다. ⑪ 겁보.

겅중-겅중 [jump about]
긴 다리를 모으고 힘 있게 계속 솟구쳐 뛰는 모양. ¶노루가 풀밭에서 겅중겅중 뛰고 논다.

겉 (表, 겉 표) [surface; outside]
밖으로 드러난 쪽. 바깥 부분. ⑪ 표면(表面). ¶겉으로는 웃고 속으로는 울다. ⑫ 속.

겉-넓이 [surface area]
수학 물체의 겉면의 넓이. ⑪ 표면적(表面

積).

겉-늙다 [look old(er) for one's age]
나이에 비해 겉으로 더 늙어 뵈다. ¶그는 십 년이나 겉늙어 보인다.

겉-돌다 [do not mix]
❶한데 섞이지 않고 따로따로 되다. ¶물 위에 겉도는 기름 / 같은 축에 끼지 못하고 늘 겉돌았다. ❷바퀴·나사 따위가 헛돌다. ¶나사가 겉돌아서 뺄 수가 없다.

겉-뜨기 [knit stitch]
수학 코를 겉으로만 나오게 뜨는 대바늘 뜨기의 기법.

겉-면 (—面, 낯 면) [face]
겉으로 드러난 면(面). ⓑ 표면(表面), 외면(外面).

겉-모습 [outward appearance]
겉으로 드러나 보이는 모습. ¶사람을 겉모습만으로 판단해서는 안 된다. ⓑ 외관(外觀), 외모(外貌).

겉-모양 (—模樣, 본보기 모, 모습 양) [front; look]
겉으로 보이는 모양(模樣). ¶겉모양만 보면 속기 쉽다. ⓑ 외모(外貌).

겉-보기 [outer appearance]
겉으로 보이는 모양새. ¶겉보기와 다르다. ⓑ 외관(外觀).

겉-봉 (—封, 봉할 봉) [envelope]
❶속뜻 편지를 봉투에 넣고 다시 싸서 봉(封)한 종이. ¶겉봉에 주소를 적다. ❷봉투의 거죽.

겉-옷 [outer garment]
겉에 입는 옷. ¶추워서 두툼한 겉옷을 입었다. ⓑ 속옷.

겉-음 (—音, 소리 음)[sound notating]
낱말의 음만을 겉으로 표기함. 또는 그러한 표기. 한자어의 음을 한글로만 표기한 것을 말한다. ¶겉음은 알아도 속뜻은 모르니 공부가 어렵다. ⓑ 속뜻.

겉-장 (—張, 벌릴 장) [cover]
❶속뜻 여러 장 가운데 맨 겉에 있는 종이[張]. ❷책의 표지. ⓑ 속장.

겉-치레 [dressing up; sham]
겉만 보기 좋게 꾸민 모양. ¶겉치레뿐이고 실속은 전혀 없다. ⓑ 내실(內實).

겉-표지 (—表紙, 겉 표, 종이 지) [outer cover]
책의 겉을 싼 표지(表紙). ⓑ 속표지.

게:[1] (蟹, 게 해) [crab]
동물 바다 또는 민물에 사는 갑각류의 동물. 몸이 납작하고 등과 배는 딱지로 싸였으며, 한 쌍의 집게발과 네 쌍의 발로 옆으로 기어 다닌다.

게[2] [there]
'거기'의 준말. ¶게 누구냐.

게걸-스럽다 [ravenous; voracious]
먹고 싶거나 하고 싶은 욕심이 강한 듯하다. ¶밥을 게걸스럽게 먹다.

게:-걸음 [side craw]
게 모양으로 옆으로 걷는 걸음. ¶게걸음 치다.

게다가 [in addition]
그런데다가 또 그 위에. ¶추운 날씨에 게다가 비까지 내리기 시작했다. ⓑ 거기다가.

게:-딱지 [shell of a crab]
게의 등딱지.

게릴라 {에 guerrilla}
군사 정규군이 아니고 유격전에 종사하는 소부대. 또는 그들이 벌이는 소규모 전투. ⓑ 유격대(遊擊隊).

게스트 {영 guest}
❶손님. ❷텔레비전 방송 등에 특별히 초대된 출연자. ¶게스트로 특별 출연하다.

게:시 揭示 | 내걸 게, 보일 시 [notice; bulletin]
내붙이거나 내걸어[揭] 두루 보게[示] 함. ¶게시를 벽에 붙이다.

▸**게:시-판 揭示板** | 널빤지 판
게시(揭示)하는 글, 그림, 사진 따위를 붙이는 판(板). ¶게시판에 공고문을 붙이다.

[비] 알림판.

게:알-젓 [pickled spawn of crabs]
게의 알로 담근 젓.

게:양 揭揚 | 내걸 게, 오를 양
[hoist; raise]
국기 따위를 높이 내걸어[揭] 올림[揚]. ¶집집마다 국기를 게양하다.

▸게:양-대 揭揚臺 | 돈대 대
깃발을 게양(揭揚)하기 위하여 높이 만들어 놓은 대(臺). ¶국기 게양대.

게우다 [vomit; bring up]
먹었던 것을 도로 토하다.

게으르다 (怠, 게으를 태) [lazy; idle]
행동이 느리고 움직이기 싫어하다. ¶그는 성품이 게으르다. [비] 나태(懶怠)하다, 태만(怠慢)하다. [반] 부지런하다.

게으름 [laziness; idleness]
게으른 습성이나 태도. ¶게으름을 부리다. [반] 근면(勤勉).

▸게으름-뱅이 [idler]
습성과 태도가 게으른 사람. [준] 게름뱅이.

게이트 볼 {영 gateball}
[운동] 3인 또는 5인 편성의 2팀이 공[ball]을 T 자 모양의 나무망치로 때려 문[gate]을 차례로 통과시켜 골대에 맞히는 경기.

게임 {영 game}
❶경기(競技). 시합. ❷한 시합 중의 한 판의 승부. ¶볼링 한 게임 어때?

게:-장 (-醬, 젓갈 장)
[crab preserved in soy sauce]
게를 간장[醬]에 넣어 숙성시킨 음식.

게:재 揭載 | 내걸 게, 실을 재
[publish; insert]
그림을 내걸거나[揭] 글을 실음[載]. ¶신문에 광고를 게재하다. [비] 등재(登載).

겨 [chaff; hulls of grain]
볏과에 속한 곡식에서 벗겨 낸 껍질의 총칭. [속담] 똥 묻은 개가 겨 묻은 개 나무란다.

겨:냥 [aim]
목표물을 겨눔. ¶그의 겨냥이 빗나갔다. [비] 조준(照準).

▸겨:냥-도 (-圖, 그림 도)
건물 따위의 모양·배치를 알기 쉽게 그린 그림[圖].

겨누다 [aim; take aim]
목표물이 있는 곳의 방향과 거리를 똑바로 잡다. ¶사냥꾼이 곰에게 총을 겨누었다.

겨드랑-이 [armpit]
양편 팔 밑의 오목한 곳. ¶겨드랑이를 간질이다. [준] 겨드랑.

겨레 (族, 겨레 족) [race; nation]
한 조상의 핏줄을 이어받은 자손들. ¶우리 겨레 고유의 문화를 보존하다. [비] 민족(民族).

▸겨레-말 [language of a people]
한 겨레가 공통으로 쓰는 말.

겨루기 [competition]
[운동] 태권도에서, 두 사람이 서로 기량을 겨루어 보는 일. [비] 대련(對鍊), 시합(試合).

겨루다 [compete; match]
서로 버티고 승부를 다투다. ¶두 팀이 힘을 겨루다. [비] 대결(對決)하다, 맞붙다.

겨를 (暇, 겨를 가) [leisure; free time]
일을 하다가 쉬게 되는 틈. ¶생각할 겨를이 없다. [비] 여가(餘暇).

겨우 (僅, 겨우 근) [barely; narrowly]
❶어렵게 힘들여. ¶이제야 겨우 졸업 작품을 완성했다. ❷기껏해야 고작. ¶가진 것이 겨우 이것뿐이란 말이냐. [비] 가까스로, 간신히.

겨우-내 [throughout the winter]
한겨울 동안 죽. ¶겨우내 꽁꽁 얼었던 땅이 녹았다.

겨우-살이[1] [winter clothes]
❶겨울철에 입고 먹고 지낼 옷이나 양식 따위. ¶겨우살이를 장만하다. ❷겨울을 남. [비] 월동(越冬), 과동(過冬).

겨우-살이² [mistletoe; parasite plant]
식물 잎은 긴 타원형이고 초봄에 한두 개의 담황색 꽃이 줄기 끝에 나며, 녹황색 과실이 가을에 익는 식물. 참나무 등에 기생하며 잎은 약재로 쓴다.

겨울 (冬, 겨울 동) [winter]
일 년 네 철의 끝 철. ¶우리나라에서는 겨울에 눈이 내린다. ㊉ 동계(冬季). ㊥ 여름, 하계(夏季).

▸ **겨울-날**
겨울철의 날이나 날씨. ㊥ 여름날.

▸ **겨울-비**
겨울철에 오는 비.

▸ **겨울-새**
동물 가을이나 겨울에 날아와서 겨울을 지내고, 이듬해 봄에 다시 북쪽으로 가는 철새. ㊥ 여름새.

▸ **겨울-옷**
겨울철에 입는 옷. ㊉ 동복(冬服). ㊥ 여름옷.

▸ **겨울-잠**
동물 겨울이 되면 동물이 활동을 중단하고 땅속 따위에서 겨울을 보내는 일. 박쥐, 고슴도치, 다람쥐 따위의 포유류에서 볼 수 있다. ㊉ 동면(冬眠). ㊥ 여름잠.

▸ **겨울-철**
겨울의 절기. ¶겨울철에는 감기에 걸리기 쉽다. ㊉ 동계(冬季), 동절(冬節). ㊥ 여름철.

▸ **겨울-나기**
겨울을 지냄. ¶미리 겨울나기 준비를 하다. ㊉ 월동(越冬).

▸ **겨울 방학** (一放學, 놓을 방, 배울 학)
학교에서, 추운 겨울에 수업을[學] 일정 기간 쉬는[放] 일. ㊥ 여름 방학.

겨자 [mustard]
❶ 식물 밭에서 재배하며, 높이 1m가량 되고 잎은 무 잎과 비슷하나 쭈글쭈글한 식물. 씨는 몹시 작으면서 황갈색으로 맵고 향기로워 양념과 약재로 쓴다. ❷겨자씨로 만든 양념. ㊉ 갓, 개자(芥子), 개채(芥菜). 속담 울며 겨자 먹기.

▸ **겨자-씨**
겨자의 씨. 양념·약재로 쓰고 기름을 짠다.

격 格 | 격식 격 [style]
❶환경과 사정에 잘 어울리는 분수나 품위. ¶격에 맞다 / 격이 높다. ❷'셈·식'의 뜻을 나타내는 말. ¶쇠귀에 경 읽는 격.

격납 格納 | 바를 격, 바칠 납 [house]
제자리에 바르게[格] 잘 수납(收納)해 둠. ¶비행기의 격납이 편리하다.

▸ **격납-고 格納庫** | 곳집 고
비행기 따위를 넣어 두거나[格納] 정비하는 창고(倉庫) 모양의 건물. ¶훈련이 끝나자 전투기가 격납고로 들어갔다.

격노 激怒 | 거셀 격, 성낼 노
[violent anger; rage]
격렬(激烈)하게 성냄[怒]. ¶격노하여 말이 나오지 않다. ㊉ 격분(激忿).

격돌 激突 | 거셀 격, 부딪힐 돌
[crash; clash]
격렬(激烈)하게 부딪침[突]. ¶두 팀은 결승에서 격돌하게 됐다.

격동 激動 | 거셀 격, 움직일 동
[shake violently]
❶ 속뜻 급격(急激)하게 변동(變動)함. ❷몹시 흥분하고 감동함. ¶민심이 격동하다.

격려 激勵 | 격할 격, 힘쓸 려 [encourage]
남의 용기나 의욕을 북돋워 격(激)하게 힘쓰도록[勵] 함. ¶선수를 격려하다. ㊉ 고무(鼓舞), 고취(鼓吹).

격렬 激烈 | 거셀 격, 세찰 렬
[violent; severe]
몹시 거세고[激] 세차다[烈]. ¶격렬한 몸싸움을 하다.

격리 隔離 | 사이 뜰 격, 떨어질 리
[isolate; segregate]
사이를 떼어[隔] 떨어뜨려[離] 놓음. ¶전염병 환자를 격리하여 치료하다.

격몽 擊蒙 | 칠 격, 어두울 몽
[understand; realize]
어리석고 사리에 어두운[蒙] 어린이들을 일깨움[擊].
▸격몽-요결 擊蒙要訣 | 요할 요, 비결 결
[책명]조선 때 이이가 어린이들을 일깨우기[擊蒙] 위하여 한문 학습의 요점(要點)과 비결(祕訣)을 적은 책.

격문 檄文 | 격문 격, 글월 문
[written appeal]
널리 세상 사람들을 선동하거나 의분을 고취시키려고[檄] 쓴 글[文]. ¶전국에 격문을 띄우다.

격변 激變 | 격할 격, 바뀔 변
[change rapidly]
급격(急激)하게 바뀜[變]. ¶물가의 격변.

격분 激忿 | 격할 격, 성낼 분
[rage; be enraged]
격렬(激烈)한 분노(忿怒). 몹시 성을 냄. ¶그의 몰염치한 태도에 격분했다. [비] 격노(激怒).

격식 格式 | 품격 격, 꼴 식
[formality; social rules]
품격(品格)에 맞는 법식(法式). ¶격식을 따지다/격식을 차리다.

격심 激甚 | 거셀 격, 심할 심 [extreme]
거셀[激] 정도로 매우 심함[甚]. ¶격심한 피해를 보다.

격앙 激昻 | 격할 격, 오를 앙
[be excited; be indignant]
감정이 격하게[激] 북받침[昻]. 몹시 흥분함.

격언 格言 | 바를 격, 말씀 언
[proverb; maxim]
인생에 대한 교훈이나 경계가 되는 바른[格] 말[言]. ¶이 격언을 나의 좌우명으로 삼았다.

격자 格子 | 격식 격, 접미사 자
[lattice; grille]
일정한 간격으로 직각이 되도록[格] 성기게 짠 물건[子]. 또는 그러한 형식. ¶창에는 쇠창살로 격자가 되어 있다.

격전 激戰 | 거셀 격, 싸울 전
[hot fight; fierce battle]
격렬(激烈)하게 싸움[戰]. 또는 그런 전투. ¶각지에서 격전이 벌어지고 있다. [비] 열전(熱戰), 격투(激鬪).
▸격전-지 激戰地 | 땅 지
격전(激戰)이 벌어진 곳[地]. ¶독립전쟁의 격전지. [비] 격전장(激戰場).

격정 激情 | 거셀 격, 마음 정
[strong violent emotion; passion]
격렬(激烈)한 마음[情]. ¶격정을 억누르다.

격증 激增 | 격할 격, 더할 증
[increase rapidly]
급격(急激)하게 불어남[增]. ¶인구가 격증하다. [반] 격감(激減).

격차 隔差 | 사이 뜰 격, 다를 차
[difference; differential]
❶[속뜻]서로 사이가 뜨거나[隔] 다름[差]. ❷품질, 수량 따위가 서로 다른 정도. ¶빈부 격차가 줄었다.

격찬 激讚 | 격할 격, 기릴 찬
[high praise; extol]
매우 격렬(激烈)하게 칭찬(稱讚)함. ¶그가 만든 제품은 격찬을 받았다. [비] 극찬(極讚).

격추 擊墜 | 칠 격, 떨어질 추
[shoot down]
비행기 따위를 쏘아[擊] 떨어뜨림[墜]. ¶적의 전투기를 격추시키다.

격침 擊沈 | 칠 격, 가라앉을 침
[sink; send to the bottom]
적의 배를 공격(攻擊)하여 침몰(沈沒)시킴. ¶아군이 적함을 격침하였다.

격퇴 擊退 | 칠 격, 물러날 퇴
[repulse; drive back]
적을 쳐서[擊] 물리침[退]. ¶적의 공격을 격퇴하다.

격투[1]**激鬪** | 거셀 격, 싸울 투 [scuffle]
격렬(激烈)하게 싸움[鬪]. ¶적군과 격투를 벌이다.

격투[2]**格鬪** | 겨룰 격, 싸울 투
[fight hard; hand to hand fight]
몸으로 맞붙어 치고받으며[格] 싸움[鬪]. ¶경찰은 격투 끝에 도둑을 잡았다.

▶ 격투-기 格鬪技 | 재주 기
운동 격투(格鬪)의 우열을 거루는 경기(競技). 권투, 유도, 레슬링, 태권도 따위.

격파 擊破 | 칠 격, 깨뜨릴 파
[defeat; destruct]
주먹 따위로 쳐서[擊] 부숨[破]. ¶맨손으로 벽돌을 격파하다.

격하 格下 | 품격 격, 아래 하
[demote; downgrade]
자격이나 등급, 지위[格] 따위를 낮춤[下]. ¶1위에서 3위로 격하되다. ⊕격상(格上).

격-하다 (激—, 거셀 격)
[strong; violent]
기세나 감정 등이 급하고 거세다[激]. ¶사소한 일에 말이 격해졌다.

겪다 [undergo; suffer]
어려운 일이나 경험될 만한 일을 치르다. ¶고난을 겪다.

♣ 겪다 / 당하다[1]

◎ 갖은 고통을 겪다 = 당하다.

○ 극심한 가뭄을 겪었다.
× 극심한 가뭄을 당하였다.

○ 그 공장은 화재를 당하였다.
× 그 공장은 화재를 겪었다.

견고 堅固 | 굳을 견, 굳을 고
[strong; solid]
매우 튼튼하고[固] 단단하다[堅]. ¶견고한 성문을 부수다. ⊞굳건하다.

견과 堅果 | 굳을 견, 열매 과 [nut]
식물 단단한[堅] 껍데기에 싸여 있는 나무 열매[果]. 밤, 은행, 호두, 도토리 따위. ¶견과로 케이크를 장식하다. ⊞각과(殼果).

견디다 (耐, 견딜 내) [subsist; suffer]
❶큰 어려움 없이 지내다. ¶그럭저럭 견뎌 가다. ❷해어지거나 닳지 않고 오래 오래 부지하다. ¶고물차가 얼마나 견딜까. ⊞배기다, 버티다.

비슷한 듯 다른 말 ➲ 버티다

견:문 見聞 | 볼 견, 들을 문
[information; knowledge]
❶속뜻 보고[見] 들음[聞]. ❷보고 들어서 얻은 지식. ¶여행을 통하여 견문을 넓혔다.

견:물-생심 見物生心 | 볼 견, 만물 물, 날 생, 마음 심
물건(物件)을 보면[見] 그것을 가지고 싶은 욕심(慾心)이 생김[生]. 어떠한 실물을 보게 되면 그것을 가지고 싶은 욕심이 생김.

견:본 見本 | 볼 견, 본보기 본 [sample]
본보기[本]를 보임[見]. 또는 그러한 제품. ¶견본을 보고 옷감을 골랐다. ⊞견품(見品), 표본(標本).

견:습 見習 | 볼 견, 익힐 습 [apprenticeship]
숙련공의 시범을 보고[見] 따라 익힘[習]. ¶2개월간의 견습을 마치다. ⊞수습(修習).

견우 牽牛 | 끌 견, 소 우
❶문학 견우직녀(牽牛織女) 설화에 나오는 소[牛]를 치는[牽] 남자 주인공. ❷식물 나팔꽃. ❸천문 견우성(牽牛星).

▶ 견우-별 (牽牛—)
독수리자리에서 견우(牽牛)를 상징하는 별. 가장 밝으며 직녀별과 마주하고 있다.

견인 牽引 | 끌 견, 당길 인 [pull; haul]
끌어[牽] 당김[引]. ¶주차위반 차량을 견인하다.

▶ 견인-차 牽引車 | 수레 차

❶ 속뜻 다른 차량을 뒤에 달고 끄는[牽引] 차(車). ¶사고 난 차를 견인차가 와서 끌고 갔다. ❷선두에 서서 여러 사람을 이끌어 가는 사람을 비유하여 이르는 말. ¶그가 견인차 역할을 했다.

견ː적 見積 | 볼 견, 쌓을 적
[estimate at; estimate at]
필요한 비용 따위를 모두 모은[積] 금액을 미리 어림잡아 계산해 봄[見]. ¶차를 수리하기 전에 견적을 내다. ㊥ 추산(推算).

견제 牽制 | 끌 견, 누를 제
[keep in check]
❶ 속뜻 아군에게 유리한 곳으로 적을 끌어들여[牽] 억누름[制]. ❷일정한 작용을 가함으로써 상대편이 지나치게 세력을 펴거나 자유롭게 행동하지 못하게 억누름. ¶투수가 주자를 견제하다.

견주다 (比, 견줄 비; 較, 견줄 교) [compare; rival]
둘 이상의 사물을 맞대어 보거나 비교(比較)하다. ¶두 사람의 실력을 견주다. ㊥ 겨루다, 비교하다.

⁑**견ː학** 見學 | 볼 견, 배울 학
[study and observe]
실제로 보고[見] 배움[學]. ¶공장을 견학하다.

견ː해 見解 | 볼 견, 풀 해
[opinion; view]
❶ 속뜻 무엇을 보고[見] 그 의미 따위를 풀이함[解]. ❷어떤 사물이나 현상에 대한 의견(意見)이나 생각. ¶견해를 밝히다.

결[1] [grain]
나무·비단 따위의 굳고 무른 조직의 부분이 모여 이룬 바탕의 모양. ¶결이 고운 피부.

결[2] [when; while]
'때·김·사이·짬' 등의 뜻. ¶어느 결에 한 달이 지나갔다.

⁑**결과** 結果 | 맺을 결, 열매 과
[result; consequence]
❶ 속뜻 열매[果]를 맺음[結]. ❷어떤 까닭으로 말미암아 이루어지는 결말의 상태. 또는 그 결말. ¶결과보다 과정이 중요하다. ㊥ 결실(結實), 성과(成果). ㊦ 원인(原因), 동기(動機).

▶ 결과-적 結果的 | 것 적
어떤 원인으로 생긴 결과(結果) 같은 것[的]. ¶결과적으로는 우리 측이 불리했다.

⁑**결국** 結局 | 맺을 결, 판 국
[after all; finally]
❶ 속뜻 일의 마무리[結] 단계[局]. ¶결국에는 모든 것이 좋아질 것이다. ❷형국을 완전히 갖춤. ㊥ 결말(結末).

결근 缺勤 | 빠질 결, 부지런할 근
[be absent]
근무(勤務)해야 할 날에 나오지 않고 빠짐[缺]. ¶그는 독감 때문에 결근하였다. ㊦ 출근(出勤).

결단 決斷 | 결정할 결, 끊을 단
[decide; determine]
무엇에 대한 생각을 결정(決定)하여 판단(判斷)함. ¶신속한 결단 / 결단을 내리다.

▶ 결단-력 決斷力 | 힘 력
생각을 결정(決定)하여 판단(判斷)할 수 있는 능력(能力). ¶그는 결단력이 부족하다.

▶ 결단-코 (決斷-)
확신을 가지고 단언[決斷]하는 모양. ¶결단코 가지 않겠다. ㊥ 반드시, 꼭, 절대로.

결렬 決裂 | 터질 결, 찢어질 렬
[break down]
❶ 속뜻 제방이 터지고[決] 이불이 찢어짐[裂]. ❷교섭이나 회의 따위에서 의견이 합쳐지지 않아 각각 갈라서게 됨. ¶회담이 결렬됐다.

결례 缺禮 | 모자랄 결, 예도 례
[lack of courtesy]
예의(禮儀) 범절에 벗어나거나 모자람[缺]. ¶수업 중에 휴대전화를 켜 놓는 것은 결례다. ㊥ 실례(失禮).

결론 結論 | 맺을 결, 말할 론 [conclusion]
❶ 속뜻 끝맺는[結] 부분의 말[論]. ❷최후로 내려진 의견. ¶결론을 내리다. ㊥ 맺음말, 결어(結語). ㊥ 서론(序論), 머리말.

결리다 [have a pain]
몸의 한 부분이 당겨서 딱딱 마치는 것처럼 아프다. ¶옆구리가 결리다.

결막 結膜 | 맺을 결, 꺼풀 막 [conjunctiva]
의학 눈꺼풀 안과 눈알의 겉을 싸서 연결(連結)하는 무색 투명한 얇은 꺼풀[膜].

▸결막-염 結膜炎 | 염증 염
의학 결막(結膜)에 생기는 염증(炎症).

결말 結末 | 맺을 결, 끝 말 [end; close]
어떤 일이 마무리되는[結] 끝[末]. ¶결말을 짓다. ㊥ 결미(結尾). ㊥ 시작(始作), 발단(發端), 서두(序頭).

결명-자 決明子 | 터질 결, 밝을 명, 열매 자
❶ 속뜻 눈을 밝게[明] 틔어주는[決] 열매[子]. ❷ 한의 결명차의 씨. 간열(肝熱)을 내리고 눈을 밝게 하며 두통, 변비에 약재로 쓴다.

결박 結縛 | 맺을 결, 묶을 박 [bind; tie]
움직이지 못하게 단단히 매듭을 지어[結] 묶음[縛]. ¶형사는 범인을 결박하였다. ㊥ 포박(捕縛).

결백 潔白 | 깨끗할 결, 흰 백
[pure; innocent]
❶ 속뜻 깨끗하고[潔] 흼[白]. ❷행동이나 마음 따위가 조촐하여 얼룩이나 허물이 없음. ¶범인이 결백을 주장하다. ㊥ 무죄(無罪). ㊥ 부정(不正).

결벽 潔癖 | 깨끗할 결, 버릇 벽
[fastidiousness; love of cleanliness]
❶ 속뜻 남달리 깨끗함[潔]을 좋아하는 성벽(性癖). ❷부정이나 악 따위를 극단적으로 미워하는 성질.

▸결벽-증 潔癖症 | 증세 증
병적으로 깨끗한[潔] 것에 집착하는[癖] 증상(症狀). ¶그녀는 결벽증이 심하다.

결별 訣別 | 이별할 결, 나눌 별
[separate; break up]
❶ 속뜻 기약 없는[訣] 이별(離別). ❷관계나 교제를 영원히 끊음. ¶그는 친구와 결별했다. ㊥ 작별(作別).

결부 結付 | 맺을 결, 줄 부
[link; tie together]
서로 맺어[結] 줌[付]. 또는 서로 연관시킴. ¶이 문제를 나와 결부시키지 마라.

결빙 結氷 | 맺을 결, 얼음 빙
[freeze over]
물이 얼어서 얼음[氷]이 됨[結]. ¶오슬로 항은 겨울에도 결빙하지 않는 항구이다. ㊥ 해빙(解氷).

결사[1] 結社 | 맺을 결, 모일 사
[association; society]
모임[社]을 결성(結成)함. 또는 그 단체. ¶비밀 결사 / 결사의 자유.

결사[2] 決死 | 결정할 결, 죽을 사
[desperate; death-defying]
어떤 일을 위하여 죽음[死]을 각오함[決]. ¶결사 반대하다. ㊥ 필사(必死).

▸결사-대 決死隊 | 무리 대
죽기[死]를 결심(決心)한 사람으로 이루어진 부대(部隊)나 무리. ¶결사대를 조직하다.

▸결사-적 決死的 | 것 적
일을 행함에 있어 죽음[死]을 각오하는[決] 것[的]. ¶결사적으로 덤볐다.

⁑결산 決算 | 결정할 결, 셀 산
[settle an account]
❶ 속뜻 계산(計算)을 마감함[決]. ❷공공기관이나 기업체 등에서 일정 기간의 수입과 지출을 계산하는 일. ¶월말에 매출을 결산하다. ㊥ 예산(豫算).

▸결산-서 決算書 | 글 서
경제 일정한 기간 동안의 영업 개황과 재정 상태를 결산(決算)하여 기록한 글[書]. 또는 그 문서. ¶결산서를 검토해 보다.

결석 缺席 | 빠질 결, 자리 석
[be absent; miss a class]
출석해야 할 자리[席]에 빠짐[缺]. ¶감기

로 결석하다. [비] 궐석(闕席). [반] 출석(出席).

결선 決選 | 결정할 결, 가릴 선
[final election; runoff]
❶[속뜻] 결선 투표로 당선자(當選者)를 결정(決定)함. 또는 그 선거. ❷일등 또는 우승자를 가리는 마지막 겨룸. ¶우리 팀은 결선에 진출했다. [반] 예선(豫選).

결성 結成 | 맺을 결, 이룰 성
[form; organize]
단체 따위를 맺어[結] 이룸[成]. ¶밴드를 결성하다.

결속 結束 | 맺을 결, 묶을 속
[bind together]
뜻이 같은 사람끼리 모임을 맺어[結] 하나로 뭉침[束]. ¶국민을 결속시키다 / 결속을 강화하다. [비] 단결(團結), 결집(結集). [반] 분산(分散).

결손 缺損 | 빠질 결, 덜 손 [loss]
❶[속뜻] 빠지거나[缺] 모자람[損]. ❷수입보다 지출이 많아서 생기는 금전상의 손실. ¶결손을 메우다. [비] 손해(損害). [반] 이득(利得), 이익(利益).

결승 決勝 | 결정할 결, 이길 승
[decision of a contest]
❶[속뜻] 마지막으로 승부(勝負)를 결정(決定)함. ❷운동 경기 따위에서 마지막으로 승부를 가리는 시합. '결승전'(決勝戰)의 준말. ¶우리 반이 배구대회의 결승에 올랐다. [반] 예선(豫選).

▶결승-선 決勝線 | 줄 선
[운동] 달리기 따위에서, 결승(決勝)을 판가름하는 장소에 가로 치거나 그은 선(線). [비] 골라인(goal line).

▶결승-전 決勝戰 | 싸울 전
운동 경기 따위에서, 마지막으로 승부(勝負)를 가리는[決] 시합[戰]. ¶결승전에서 우승을 놓고 겨루다.

▶결승-점 決勝點 | 점 점
❶[속뜻] 승부(勝負)가 결정(決定)되는 지점(地點). ❷승부를 결정짓는 점수. ¶결승점을 내주다 / 결승점을 뽑다.

결식 缺食 | 빠질 결, 밥 식 [skip a meal]
끼니[食]를 거름[缺]. ¶결식 아동에게 도시락을 배급하다. [비] 궐식(闕食).

결실 結實 | 맺을 결, 열매 실
[bear fruit; fructify]
❶[속뜻] 열매[實]를 맺음[結]. ¶가을은 결실의 계절이다. ❷일의 결과가 잘 맺어짐. ¶오랜 연구 끝에 드디어 결실을 거두었다.

결심 決心 | 결정할 결, 마음 심
[decide; determine]
마음[心]을 굳게 작정함[決]. ¶결심하면 못 해낼 일이 없다. [비] 결의(決意).

결여 缺如 | 빠질 결, 같을 여 [deficiency; lack]
마땅히 있어야 할 것이 빠져서[缺] 없거나 모자라는 것 같음[如]. ¶그 아이는 자신감이 결여되어 있다. [비] 부족(不足), 결핍(缺乏). [반] 충분(充分), 완전(完全).

결연[1] 決然 | 결정할 결, 그러할 연
[determined; firm]
태도나 결심(決心)이 매우 굳세고 꿋꿋하다[然]. ¶결연한 태도.

결연[2] 結緣 | 맺을 결, 인연 연
[make a connection]
인연(因緣)을 맺음[結]. ¶자매 결연을 맺다.

결원 缺員 | 모자랄 결, 사람 원 [vacancy]
정원(定員)에서 사람이 빠져 모자람[缺]. ¶결원을 보충하다. [비] 공석(空席). [반] 전원(全員).

결의[1] 決意 | 결정할 결, 뜻 의 [resolve]
뜻[意]을 굳게 정함[決]. ¶필승의 결의를 다지다. [비] 결심(決心).

결의[2] 決議 | 결정할 결, 의논할 의 [resolve]
회의에서 의안(議案)이나 제의 등의 가부를 결정(決定)함. ¶법안을 폐지하기로 결의했다. [비] 의결(議決), 결정(決定).

▶결의-문 決議文 | 글월 문

결의(決議)한 내용을 적은 글[文]. ¶결의문을 작성하다.

▸ 결의-안 決議案 | 안건 안
결의(決議)에 부칠 의안(議案). ¶결의안을 채택하다.

결재 決裁 | 결정할 결, 처리할 재 [approve; sign]
❶ 속뜻 결정(決定)하거나 처리함[裁]. ❷ 상관이 부하가 제출한 안건을 검토하여 허가하거나 승인함. ¶결재 서류에 사인을 하다. ⓑ 재결(裁決), 재가(裁可).

결전 決戰 | 결정할 결, 싸울 전 [decisive battle]
승부를 결판(決判)내는 싸움[戰]. ¶결전의 날이 다가오다.

결점 缺點 | 모자랄 결, 점 점 [fault; defect]
잘못되거나 모자라는[缺] 점(點). ¶결점을 보완하다. ⓑ 단점(短點), 약점(弱點), 흠(欠). ⓟ 장점(長點).

⁑**결정[1] 決定** | 결단할 결, 정할 정 [decide]
❶ 속뜻 결단(決斷)을 내려 확정(確定)함. ¶참전(參戰)을 결정하다. ❷ 법률 법원이 행하는 판결 및 명령 이외의 재판. ⓑ 결단(決斷). ⓟ 미결(未決), 보류(保留).

▸ 결정-적 決定的 | 것 적
❶ 속뜻 곧 결정(決定)될 것 같이 확실한 것[的]. ¶결정적인 증거. ❷최후의 판가름이 나기 직전의 것. ¶결정적 실수.

▸ 결정-타 決定打 | 칠 타
❶ 속뜻 결정(決定)적인 타격(打擊). ❷ 운동 야구나 권투 따위에서, 승패를 판가름 낸 타구나 타격. ¶결정타를 가하다.

결정[2] 結晶 | 맺을 결, 맑을 정 [crystallize]
❶ 속뜻 수정(水晶)처럼 맑은 형체를 이룸[結]. ❷'노력의 결과로 얻어진 훌륭한 보람'을 비유하여 이르는 말. ¶노력의 결정.

▸ 결정-체 結晶體 | 몸 체
❶ 화학 결정(結晶)하여 일정한 형체를 이룬 물체(物體). ¶바닷물이 증발하면 소금 결정체가 생긴다. ❷'노력의 결과로 얻어진 훌륭한 보람'을 비유하여 이르는 말.

결제 決濟 | 결정할 결, 끝낼 제 [pay; settle]
❶ 속뜻 지불 금액, 조건 따위를 결정하고[決] 대금을 지불하여 거래 관계를 끝냄[濟]. ❷증권 또는 현금을 주고받아 매매 당사자 간의 거래 관계를 마무리함. ¶현금으로 결제하다.

결초보은 結草報恩 | 맺을 결, 풀 초, 갚을 보, 은혜 은
❶ 속뜻 풀[草]을 엮어서[結]라도 은혜[恩]를 갚음[報]. ❷죽어 혼령이 되어도 은혜를 잊지 않고 갚음. 남의 은혜에 깊이 감사할 때 하는 말이다. ¶까마귀는 죽으면서도 결초보은했다.

결코 (決-, 터질 결) [never]
어떤 경우에도 절대로. ¶결코 우연한 일이 아니다. ⓑ 결단코.

결탁 結託 | 맺을 결, 맡길 탁 [be in collusion with]
❶ 속뜻 서로 마음을 맺고[結] 맡김[託]. ❷ 주로 부정적인 어떤 일을 꾸미려고 서로 한통속이 됨. ¶권력 있는 사람들과 결탁했다.

결투 決鬪 | 결정할 결, 싸울 투 [fight a duel; duel]
서로의 원한이나 갈등을 풀기 어려울 때, 미리 합의한 방법으로 승부[鬪]를 결판(決判)내는 일. ¶결투를 벌이다.

결판 決判 | 결정할 결, 판가름할 판 [judgement; settlement]
승부나 시비를 결정(決定)짓는 판정(判定). ¶결판이 날 때까지 싸우다.

결핍 缺乏 | 빠질 결, 모자랄 핍 [want; lack]
❶ 속뜻 빠지거나[缺] 모자람[乏]. ❷있어야 할 것이 없거나 모자라거나 함. ¶철분이 결핍되면 빈혈이 생긴다. ⓑ 부족(不足), 궁핍(窮乏). ⓟ 충분(充分), 충족(充

足).

▸결핍-증 缺乏症 | 증세 증
무엇이 모자라[缺乏] 나타나는 증세(症勢). ¶비타민 결핍증.

결함 缺陷 | 모자랄 결, 빠질 함
[defect; fault]
일정한 수에 모자라거나[缺] 빠짐[陷]. ¶결함 제품 / 결함을 드러내다. [비] 결점(缺點).

결합 結合 | 맺을 결, 합할 합
[combine; unite]
둘 이상의 것이 서로 관계를 맺고[結] 합쳐져[合] 하나로 됨. ¶산소는 수소와 결합하여 물을 만든다. [비] 결속(結束), 연합(聯合). [반] 분리(分離), 분해(分解).

결항 缺航 | 빠질 결, 건널 항
[be canceled]
비행기나 선박이 정기적인 운항(運航)을 거름[缺]. ¶폭풍 때문에 연락선이 결행됐다.

결핵 結核 | 맺을 결, 씨 핵 [tuberculosis]
❶ [속뜻] 씨(核)를 맺음[結]. ❷ [의학] 결핵균의 기생으로 국부에 맺히는 작은 결절 모양의 망울이나 핵. '결핵병'(結核病)의 준말. ¶그녀는 결핵에 걸렸다. ❸ [지리] 수성암이나 응회암의 용액이 핵 주위에 침전하여 생긴 혹 모양의 불규칙한 덩이.

결행 決行 | 결정할 결, 행할 행
[carry out]
마음을 정하여[決] 실행(實行)함. ¶파업을 결행하다. [비] 단행(斷行).

결혼 結婚 | 맺을 결, 혼인할 혼 [marry]
남녀가 정식으로 부부관계[婚]를 맺음[結]. ¶결혼 기념일. [비] 혼인(婚姻). [반] 이혼(離婚).

▸결혼-식 結婚式 | 의식 식
부부 관계[婚]를 맺는[結] 서약을 하는 의식(儀式). ¶결혼식을 올리다.

겸 兼 | 겸할 겸 [in addition; as well]
한 가지 일 외에 또 다른 일을 아울러 함을 나타내는 말. ¶이곳은 서재 겸 객실이다.

겸비 兼備 | 겸할 겸, 갖출 비
[have both]
두 가지 이상의 좋은 점을 겸(兼)하여 갖춤[備]. ¶문무(文武)를 겸비한 인재.

겸사 兼事 | 아우를 겸, 일 사
[serve both as]
한 가지 일을 하면서 동시에 다른 일도 아울러[兼] 함[事]. ¶그곳에 가는 길에 겸사로 심부름을 했다 / 볼일도 보고 너도 만나러 겸사겸사 왔다.

겸상 兼床 | 아우를 겸, 평상 상
[table for two]
둘 또는 그 이상의 사람이 아울러[兼] 함께 먹을 수 있도록 차린 밥상[床]. 또는 그렇게 차려 먹음. ¶그는 부인과 겸상을 차려 식사했다. [반] 각상(各床), 독상(獨床).

겸손 謙遜 | 남올릴 겸, 몸낮출 손
[modest; diffident]
남은 올리고[謙] 자기는 낮춤[遜]. 또는 그런 태도나 마음가짐. ¶겸손한 태도 / 겸손하게 대답하다. [비] 겸양(謙讓), 겸허(謙虛). [반] 교만(驕慢), 거만(倨慢), 오만(傲慢).

겸양 謙讓 | 겸손할 겸, 사양할 양[modest; humble]
겸손(謙遜)하게 사양(辭讓)함. ¶그는 겸양한 태도로 말했다. [비] 겸손(謙遜). [반] 교만(驕慢), 거만(倨慢), 오만(傲慢).

겸연 慊然 | 언짢을 겸, 그러할 연
[be embarrassed]
❶ [속뜻] 미안하여 언짢고[慊] 면목이 없고 그러하다[然]. ❷쑥스럽고 어색하다. ¶그는 겸연한지 머리를 긁적였다 / 그는 겸연쩍은 얼굴로 나를 쳐다보았다.

겸용 兼用 | 아우를 겸, 쓸 용
[combined use]
하나로 두 가지 이상의 목적에 아울러[兼] 사용(使用)함. ¶침대 겸용 소파.

겸-하다 (兼—, 겸할 겸)
[combine; possess both]
❶본무 외에 다른 직무를 더 맡아 함께 하다[兼]. ¶부총리와 장관을 겸하다. ❷두 개 이상을 아울러 가지다. ¶이 방은 서재와 거실을 겸하고 있다.

겸허 謙虛 | 겸손할 겸, 빌 허
[humble; be modest]
❶ 속뜻 겸손(謙遜)하게 마음을 비움[虛]. ❷아는 체하거나 잘난 체하지 않음. ¶겸허하게 남의 말에 귀를 기울이다.

겹 [fold]
넓고 얇은 물건이 포개진 것. 또는 그 켜. ¶겹으로 꼰 실. ⓑ 홑.

겹겹-이 [in many folds; fold on fold]
여러 겹으로 거듭된 모양. ¶겹겹이 쌓아 올리다. ⓑ 첩첩(疊疊)이.

겹-꽃 [double flower]
식물 여러 겹의 꽃잎으로 된 꽃. ⓑ 천엽화(千葉花), 중판화(重瓣花). ⓑ 홑꽃.

겹-눈 [compound eyes]
동물 여러 개의 작은 눈이 한 묶음으로 된 눈. ⓑ 홑눈.

겹:다 [be too much for one]
정도가 벅차거나 지나치다. ¶흥에 겨워 야단들이다 / 힘에 겨운 일.

겹-도르래 [compound pulley]
물리 고정 도르래와 움직도르래를 결합시킨 도르래. ⓑ 복활차(複滑車).

겹-잎 [compound leaf]
식물 한 잎자루에 여러 개의 잎이 붙어 겹을 이룬 잎. ⓑ 복엽(複葉).

겹-치다 [pile up]
❶여럿이 포개어지거나 덧놓이다. ¶두꺼운 종이 뒤에 얇은 종이가 겹쳐있다. ❷일이 한꺼번에 일어나다. ¶공휴일이 일요일과 겹쳤다.

경[1]更 | 시각 경
밤을 나누어 부르는 시간[更]의 이름. 밤 7시부터 시작하여 두 시간씩 나누어 각각 초경, 이경, 삼경, 사경, 오경이라고 이른다.

경[2]卿 | 벼슬 경 [Sir]
영국에서 작위[卿]를 받은 이에 대한 경칭. ¶처칠(Churchill) 경.

경[3]經 | 책 경
[Chinese classics; a sutra]
❶'경서'(經書)의 준말. ❷'불경'(佛經)의 준말.

경:각 警覺 | 타이를 경, 깨달을 각
[warn; awaken; remonstrate]
정신을 바짝 차리도록 타이르고[警] 일깨워 줌[覺]. ¶그 조치가 공무원들에게는 큰 경각이 되었다.

▶**경:각-심 警覺心** | 마음 심
경계(警戒)하며 정신을 가다듬는[覺] 마음[心]. ¶경각심을 불러일으키다.

경감 輕減 | 가벼울 경, 덜 감
[reduce; lighten; lessen]
가볍게[輕] 덜어[減] 줌. ¶농민의 부담을 경감시킬 방안을 내놓다. ⓑ 감경(減輕).

경거 輕擧 | 가벼울 경, 들 거
[rash action; ill]
경솔(輕率)하게 거동(擧動)함. 가벼이 행동함.

▶**경거-망동 輕擧妄動** | 망령될 망, 움직일 동
경솔(輕率)하게 함부로[妄] 행동함[擧動]. ¶그렇게 경거망동하지 마라. ⓑ 오두방정.

경:건 敬虔 | 공경할 경, 정성 건 [devout; pious]
공경(恭敬)하는 마음으로 삼가며[虔] 조심성이 있다. ¶경건한 마음으로 기도를 드리다.

경계[1]經界 | 날실 경, 지경 계
❶ 속뜻 옳고 그른 경위(經緯)가 분간되는 한계(限界). ❷옳고 그름, 선과 악이 나누어지는 한계. ¶이상과 현실의 경계. ⓑ 경계(境界), 계경(蹊徑).

경:계[2]警戒 | 타이를 경, 주의할 계
[be on alert]
❶ 속뜻 타일러[警] 주의하도록[戒] 함. ❷ 잘못을 저지르지 않도록 미리 타일러 조심하게 함. ¶경계경보 / 낯선 사람을 경계하다. (비) 주의(注意).

*__경계[3]境界__ | 지경 경, 지경 계 [boundary; border]
❶ 속뜻 지역이 갈라지는[境] 한계(限界). ¶경계 분쟁. ❷두 분야의 갈라지는 한계. ¶학문 간의 경계가 허물어지고 있다. (비) 임계(臨界).

▸경계-선 境界線 | 줄 선
경계(境界)가 되거나 이를 나타내는 선(線). ¶군사 경계선 밖으로 나가면 위험하다.

경:고 警告 | 타이를 경, 알릴 고
[warn against]
❶ 속뜻 타이르고[警] 알려[告]줌. ¶엄중히 경고하다. ❷운동 경기에서 반칙을 범했을 때 심판이 일깨우는 주의. (비) 주의(注意).

경-공업 輕工業 | 가벼울 경, 장인 공, 일 업
[light industries]
공업 섬유·식품·제지·잡화 등 주로 가벼운[輕] 소비재를 생산하는 공업(工業). (반) 중공업(重工業).

경과 經過 | 지날 경, 지날 과
[pass; elapse]
❶ 속뜻 어떤 곳이나 단계를 거쳐[經] 지나감[過]. ❷시간이 지남에 따라 진행하고 변화하는 상태. ¶수술 경과가 좋다. (비) 과정(過程), 변천(變遷), 변화(變化).

경관[1]景觀 | 볕 경, 볼 관
[view; scene]
밝고[景] 볼만한[觀] 곳. ¶경관이 빼어나다. (비) 경치(景致), 풍경(風景).

경:관[2]警官 | 지킬 경, 벼슬 관
[police officer; policeman]
국민의 안전과 재산을 지키는[警] 일을 하는 관직(官職). '경찰관'(警察官)의 준말.

경국 經國 | 다스릴 경, 나라 국
[govern a nation]
나라[國]를 다스림[經].

▸경국-대전 經國大典 | 큰 대, 책 전
❶ 속뜻 나라[國]를 다스리는[經] 데 필요한 큰[大] 법전(法典). ❷ 책명 조선 성종 때 반포된 것으로 100년간의 법령, 교지, 조례 따위가 실려 있음.

경기[1]景氣 | 볕 경, 기운 기
[times; things]
❶ 속뜻 햇볕[景] 같이 밝은 기운(氣運). ❷ 경제 매매나 거래 따위에 나타나는 경제 활동의 상황. ¶경기가 회복되어 수출이 활기를 띠고 있다. (반) 불경기(不景氣).

경기[2]驚氣 | 놀랄 경, 기운 기 [convulsion]
놀란[驚] 기색(氣色). ¶놀라서 경기를 일으키다.

*__경:기[3]競技__ | 겨룰 경, 재주 기 [game; match]
일정한 규칙 아래 기량(技倆)과 기술(技術)을 겨룸[競]. 또는 그런 일. ¶운동 경기. (비) 겨루기.

▸경:기-장 競技場 | 마당 장
여러 가지 운동 경기(競技)를 하기 위한 시설을 갖춘 곳[場]. ¶축구 경기장.

경내 境內 | 지경 경, 안 내
[precincts; grounds]
일정한 지경(地境)의 안[內]. 구역의 안. ¶사찰 경내에서는 금연하십시오. (반) 경외(境外).

경:단 瓊團 | 옥 경, 둥글 단
[rice ball cake]
찹쌀, 수수 따위의 가루를 반죽하여 밤톨만한[瓊] 크기로 동글게[團] 빚어 익힌 뒤 고물을 묻힌 떡. ¶경단을 빚다.

경:대 鏡臺 | 거울 경, 돈대 대
[mirror stand]
거울[鏡]을 달아 세운 화장대(化粧臺). ¶

경대 앞에 앉아 치장하다.

경도[1]**硬度** | 단단할 경, 정도 도 [hardness] ❶ 속뜻 굳고 단단한[硬] 정도(程度). ❷ 물리 엑스선의 종류에 따라 물체에 투과하는 정도. ⓑ 굳기.

경도[2]**經度** | 날실 경, 정도 도 [longitude] ❶ 속뜻 날실[經] 같이 세로로 표시한 도수(度數). ❷ 지리 지구 위의 위치를 세로로 표시한 것. ¶서울의 경도는 동경(東經) 126도 59분이다. ⓑ 위도(緯度).

경력 經歷 | 지날 경, 지낼 력 [one's career] 어제까지 거쳐 온[經] 학업, 직업, 지위 따위의 이력(履歷). ¶경력을 쌓다. ⓑ 이력(履歷), 관록(貫祿).

경련 痙攣 | 떨 경, 쥐날 련 [convulsions; spasm] 의학 근육이 별다른 이유 없이 갑자기 떨거나[痙] 쥐가 나는[攣] 현상. ¶갑자기 온몸에 심한 경련이 일었다.

경:례 敬禮 | 공경할 경, 예도 례 [salute; bow] 공경(恭敬)의 예도(禮度)를 나타내는 일. 또는 그 동작. ¶국기에 대한 경례. ⓑ 절, 인사(人事).

경로[1]**經路** | 지날 경, 길 로 [course; channel] ❶ 속뜻 지나는[經] 길[路]. ❷사람이나 사물이 거쳐 온 길. ¶태풍의 경로를 살펴보다.

경:로[2]**敬老** | 공경할 경, 늙을 로 [respect for the old] 노인(老人)을 공경(恭敬)함. ¶경로사상.

▶ **경:로-당 敬老堂** | 집 당 노인(老人)을 공경(恭敬)하는 뜻에서 노인들을 위해 지어 놓은 집[堂]. ⓑ 노인정(老人亭).

▶ **경:로-석 敬老席** | 자리 석 대중교통에서 노인(老人)을 공경(恭敬)하는 뜻으로 노인들만 앉도록 마련한 좌석(座席).

경륜 經綸 | 날실 경, 실 륜 [govern; administer] ❶ 속뜻 베틀의 날실[經]로 쓰인 실[綸]. ❷ 일정한 포부를 가지고 일을 조직적으로 계획함. 또는 그 계획이나 포부. ¶경륜을 쌓다.

경리 經理 | 다스릴 경, 다스릴 리 [account] ❶ 속뜻 일을 경영(經營)하고 관리(管理)함. ❷어떤 기관이나 단체에서 물자의 관리나 금전의 출납 따위를 맡아보는 사무. ⓑ 회계(會計).

경:마 競馬 | 겨룰 경, 말 마 [horse racing] 운동 말[馬]을 타고 달려 빠르기를 겨루는 경기(競技).

▶ **경:마-장 競馬場** | 마당 장 경마(競馬)를 하는 경기장(競技場).

경망 輕妄 | 가벼울 경, 망령될 망 [rash; imprudent] 언행이 가볍고[輕] 망령됨[妄]. ¶경망한 행동을 삼가시오. ⓑ 경박(輕薄), 경솔(輕率). ⓑ 신중(愼重).

경:매 競賣 | 겨룰 경, 팔 매 [auction] 사려는 사람이 많을 경우, 서로 경쟁(競爭)시켜 가장 비싸게 사겠다는 사람에게 물건을 파는[賣] 일. ¶집을 경매에 부치다.

경멸 輕蔑 | 가벼울 경, 업신여길 멸 [contempt; scorn] 남을 가벼이[輕]보고 업신여김[蔑]. ¶남을 경멸해서는 안 된다. ⓑ 멸시(蔑視). ⓑ 존경(尊敬).

경:무-국 警務局 | 경계할 경, 일 무, 관청 국 역사 예전에 경찰(警察) 업무(業務)를 맡아보던 관청[局].

경박 輕薄 | 가벼울 경, 엷을 박 [frivolity] 말과 행실이 가볍고[輕] 신중하지 못함[薄]. ¶경박한 언행. ⓑ 경솔(輕率), 경망(輕妄). ⓑ 신중(愼重).

경:배 敬拜 | 공경할 경, 절 배
[bow respectfully]
공경(恭敬)하여 공손히 절함[拜]. ¶아기 예수에게 경배하다.

경-범죄 輕犯罪 | 가벼울 경, 범할 범, 허물 죄 [misdemeanor]
법률 가벼운[輕] 범죄(犯罪). 경범죄 처벌법에 규정된 범죄. ㊟경범.

경:보[1] 競步 | 겨룰 경, 걸음 보 [walking race]
운동 일정한 거리를 어느 한쪽 발이 반드시 땅에 닿은 상태로 하여 걸어서[步] 빠르기를 겨루는 경기(競技).

경:보[2] 警報 | 타이를 경, 알릴 보 [alarm; warning]
위험 또는 재해가 닥쳐 올 때, 사람들에게 경계(警戒)하도록 알리는[報] 일. 또는 그 보도. ¶지진경보 / 태풍경보.

▸경:보-기 警報器 | 그릇 기
갑작스러운 사고나 위험을 알리는[警報] 장치[器]. ¶화재를 대비하여 경보기를 설치했다.

▸경:보-음 警報音 | 소리 음
갑작스러운 사고나 위험을 알리는[警報] 소리[音]. ¶도난 경보음이 울렸다.

경:복 景福 | 볕 경, 복 복
햇볕[景]같이 비치는 크나큰 복(福).

▸경:복-궁 景福宮 | 집 궁
고적 '왕조에 햇볕[景]같이 밝은 복(福)이 깃들기를 빈다'는 뜻을 담은 조선 시대의 궁전(宮殿). 서울특별시 종로구에 위치.

경부-선 京釜線 | 서울 경, 부산 부, 줄 선
교통 서울[京]과 부산(釜山)을 잇는 철도선(鐵道線).

경비[1] 經費 | 지날 경, 쓸 비
[expense; cost]
❶속뜻 어떠한 일을 하는 데 드는[經] 비용(費用). ¶여행 경비 / 경비를 줄이다. ❷일정하게 정해진 평소의 비용.

경:비[2] 警備 | 타이를 경, 갖출 비
[defense; guard]
경계(警戒)하고 대비(對備)함. 경계하여 지킴. ¶경비 초소.

▸경:비-대 警備隊 | 무리 대
군사 경비(警備) 임무를 맡은 부대(部隊).

▸경:비-원 警備員 | 사람 원
경비(警備)의 임무를 맡은 사람[員]. ¶경비원으로 일하다.

▸경:비-정 警備艇 | 거룻배 정
바다나 강을 경비(警備)하는 데 쓰는 작은 함정(艦艇). ¶경찰 경비정.

경-비행기 輕飛行機 | 가벼울 경, 날 비, 갈 행, 틀 기
[light aircraft; light plane]
❶속뜻 몸체가 작아 가벼운[輕] 비행기(飛行機). ❷항공 단발 또는 쌍발을 가진 프로펠러 비행기.

경:사[1] 慶事 | 기쁠 경, 일 사
[happy occasion]
매우 즐겁고 기쁜[慶] 일[事]. ¶그 집에 경사가 났다. ㊥흉사(凶事).

***경사**[2] 傾斜 | 기울 경, 비낄 사
[slant; slope]
❶속뜻 기울어지고[傾] 비스듬한[斜] 정도나 상태. ❷지층면과 수평면이 어떤 각도를 이룸. 또는 그 각도. ¶바닥이 약간 경사가 졌다. ㊥기울기.

▸경사-로 傾斜路 | 길 로
경사(傾斜)진 통로(通路). 주로 병원, 전시장, 차고 따위에서 이용한다.

▸경사-면 傾斜面 | 낯 면
비스듬히 기울어진[傾斜] 면(面). ¶산의 경사면을 깎아 도로를 냈다. ㊥비탈면.

경상 輕傷 | 가벼울 경, 다칠 상
[slight wound]
가벼운[輕] 상처(傷處). ¶경상을 입다. ㊥중상(重傷).

경서 經書 | 다스릴 경, 책 서
[the Confucian classics]
유교의 큰 가르침[經]을 적은 서적(書籍). 사서오경(四書五經) 따위. ¶이 생원은 평

생 경서를 공부하였다. ㊥ 경적(經籍), 경전(經典).

경선¹ 經線 | 날실 경, 줄 선
[meridian; line of longitude]
지리 지구를 세로의 날실[經]로 연결한 가상의 선(線). ㊥ 자오선(子午線). ㊥ 위선(緯線).

경:선² 競選 | 겨룰 경, 가릴 선 [election]
둘 이상의 후보가 경쟁(競爭)하는 선거(選擧). ¶경선으로 반장을 뽑았다.

경세 經世 | 다스릴 경, 세상 세
[govern; administer]
세상(世上)을 다스림[經]. ¶경세치용(致用).

▶ 경세-유표 經世遺表 | 남길 유, 밝힐 표
책명 세상(世上)을 다스리는[經] 방법을 훗날에 남겨[遺] 밝힌[表] 책. 조선 때, 정약용이 주로 관제 개혁과 부국강병 방안을 임금님께 알리기 위해 지은 것이다.

경솔 輕率 | 가벼울 경, 거칠 솔
[frivolity; flippancy]
언행이 가볍고[輕] 거칢[率]. ¶경솔하게 행동하다. ㊥ 경망(輕妄), 경박(輕薄). ㊥ 신중(愼重).

경수 輕水 | 가벼울 경, 물 수
[light water]
중수(重水)에 상대하여 '가벼운[輕] 물[水]'의 뜻으로 보통의 물을 이르는 말.

▶ 경수-로 輕水爐 | 화로 로
물리 경수(輕水)를 감속재와 냉각재로 사용하는 원자로(原子爐). ¶경수로를 건설하다.

경시 輕視 | 가벼울 경, 볼 시
[make light of; belittle]
가볍게[輕] 봄[視]. 대수롭지 않게 여김. ¶인명을 경시하는 풍조가 만연하다. ㊥ 멸시(蔑視), 무시(無視). ㊥ 중시(重視).

경신 更新 | 고칠 경, 새 신 [renew]
❶ 속뜻 고쳐[更] 새롭게[新] 함. ❷종전의 기록을 깨뜨려 새로운 기록을 세움. ¶기록을 경신하였다.

경악 驚愕 | 놀랄 경, 놀랄 악
[be astonished]
깜짝 놀람[驚=愕]. ¶그 소식을 듣고 경악을 금치 못했다.

경:애 敬愛 | 공경할 경, 사랑 애
[love and respect]
존경(尊敬)하고 사랑함[愛]. ¶경애하는 신사 숙녀 여러분. ㊥ 애경(愛敬).

경-양식 輕洋食 | 가벼울 경, 서양 양, 밥 식
[brief Western food]
간단한[輕] 서양(西洋)식 요리[食].

경:어 敬語 | 공경할 경, 말씀 어
[term of respect]
존경(尊敬)의 뜻을 나타내기 위하여 사용하는 말[語]. ¶어른에게 경어를 쓰다. ㊥ 높임말, 존댓말. ㊥ 비어(卑語).

경:연 競演 | 겨룰 경, 펼칠 연
[contest; match]
개인이나 단체가 모여서 연기(演技)나 기능 따위를 겨룸[競]. ¶요리 경연 대회.

경영 經營 | 다스릴 경, 꾀할 영
[manage; conduct]
❶ 속뜻 일이나 사람을 다스리어[經] 이익을 꾀함[營]. ❷기업체나 사업체 따위를 관리하여 운영함. ¶기업 경영으로 큰돈을 벌다.

▶ 경영-자 經營者 | 사람 자
경제 기업이나 사업을 관리하고 운영하는[經營] 기관이나 사람[者]. ¶최고 경영자.

경:외 敬畏 | 공경할 경, 두려워할 외 [awe; dread]
공경(恭敬)하고 두려워함[畏]. ㊥ 외경(畏敬).

⁂경우 境遇 | 상태 경, 만날 우
[circumstance; situation]
❶ 속뜻 어떤 조건이나 상태[境]에 놓이게 됨[遇]. ❷놓여 있는 사정이나 형편. ¶만일의 경우를 대비하다.

경운 耕耘 | 밭갈 경, 김맬 운 [farm]

농업 논밭을 갈고[耕] 김을 맴[耘].

▸경운-기 耕耘機 | 틀 기
땅을 갈아 일구는[耕耘] 데 쓰이는 농업용 기계(機械). ¶경운기로 밭을 갈다.

경:운-궁 慶運宮 | 경사 경, 운수 운, 집 궁
고적 '덕수궁'(德壽宮)의 예전 이름. '경사(慶事)스러운 기운(氣運)이 감도는 궁전(宮殿)'이라는 뜻으로 지은 이름이다.

경위 經緯 | 날실 경, 씨실 위 [warp and woof; details; longitude and latitude]
❶ 속뜻 직물(織物)의 날실[經]과 씨실[緯]. ❷일이 진행되어 온 과정. ¶사건의 경위를 밝히다. ❸ 지리 경도(經度)와 위도(緯度).

경유¹ 經由 | 지날 경, 말미암을 유 [passage through]
❶ 속뜻 지나거나[經] 말미암음[由]. ❷거쳐 지나감. ¶일본을 경유하여 귀국하다.

경유² 輕油 | 가벼울 경, 기름 유 [light oil; diesel fuel]
화학 ❶콜타르를 증류할 때, 맨 처음 얻는 가장 가벼운[輕] 기름[油]. ❷석유의 원유를 증류할 때, 등유 다음으로 얻는 기름. 내연 기관의 연료로 쓰인다. ⊕ 중유(重油).

경음 硬音 | 단단할 경, 소리 음 [strong sound; fortis]
언어 후두 근육을 긴장하거나 성문(聲門)을 폐쇄했다가 내는 딱딱한[硬] 느낌의 소리[音]. 'ㄲ', 'ㄸ', 'ㅃ', 'ㅆ', 'ㅉ' 따위. ⊕ 된소리.

경-음악 輕音樂 | 가벼울 경, 소리 음, 풍류 악 [light music]
음악 악단의 연주에 의한, 가벼운[輕] 기분으로 즐길 수 있는 음악(音樂).

경:의 敬意 | 공경할 경, 뜻 의 [respect; regard]
존경(尊敬)의 뜻[意]. ¶경의를 표하다. ⊕ 예의(禮意).

경의-선 京義線 | 서울 경, 옳을 의, 줄 선
교통 서울[京]에서 신의주(新義州)를 잇는 철도선(鐵道線).

경이 驚異 | 놀랄 경, 다를 이 [wonder; miracle]
놀랍고[驚] 이상(異常)함. ¶자연의 경이 / 경이로운 사건.

경인¹ 庚寅 | 천간 경, 범 인
민속 천간의 '庚'과 지지의 '寅'이 만난 간지(干支). ¶경인년생은 범띠이다.

경인² 京仁 | 서울 경, 인천 인 [Seoul and Incheon]
서울[京]과 인천(仁川)을 아울러 이르는 말. ¶경인 지역.

▸경인-선 京仁線 | 줄 선
교통 서울[京]과 인천(仁川)을 잇는 철도선(鐵道線).

경자 庚子 | 천간 경, 쥐 자
민속 천간의 '庚'과 지지의 '子'가 만난 간지(干支). ¶경자년생은 쥐띠다.

▸경자-자 庚子字 | 글자 자
출판 세종대왕 2년(1420)인 경자(庚子)년에 만든 구리 활자(活字).

경작 耕作 | 밭갈 경, 지을 작 [cultivate; farm; till]
논밭을 갈아[耕] 농사를 지음[作]. ¶유기농법으로 벼를 경작하다. ⊕ 농경(農耕).

▸경작-지 耕作地 | 땅 지
경작(耕作)하는 토지(土地). ¶경작지를 잘 가꾸다. ⊕ 농경지(農耕地).

경:쟁 競爭 | 겨룰 경, 다툴 쟁 [compete]
서로 앞서거나 이기려고 겨루고[競] 다툼[爭]. ¶치열한 경쟁을 벌이다. ⊕ 경합(競合). ⊕ 독점(獨占).

▸경:쟁-력 競爭力 | 힘 력
경쟁(競爭)할 만한 힘[力]. 또는 그런 능력. ¶경쟁력을 높이다.

▸경:쟁-률 競爭率 | 비율 률
경쟁(競爭)의 비율(比率). ¶경쟁률이 높다.

▸경:쟁-심 競爭心 | 마음 심
경쟁(競爭)에서 이기려는 마음[心].

▸경:쟁-자 競爭者 | 사람 자
서로 다투는[競爭] 상대자(相對者). ¶경쟁자를 물리치다. ㊥ 맞수, 라이벌(rival).

▸경:쟁-적 競爭的 | 것 적
서로 앞서거나 이기려고 다투는[競爭] 것[的]. ¶경쟁적으로 물건을 사들이다.

경:적 警笛 | 타이를 경, 피리 적
[alarm whistle; horn]
위험을 알리거나 경계(警戒)를 위하여 울리는 고동[笛]. 또는 그 소리. ¶자동차 경적. ㊥ 호각(號角), 사이렌(siren).

경전 經典 | 책 경, 법 전 [scripture]
❶ 속뜻 경서(經書)나 법전(法典)같이 중요한 책. ❷성현이 짓거나 성현의 말이나 행실을 적은 책. ❸종교의 교리를 적은 책. ¶유교(儒教) 경전.

경-전철 輕電鐵 | 가벼울 경, 전기 전, 쇠 철
[light railroad]
교통 수송량과 운행 거리가 기존 지하철의 절반 정도 수준인 경량(輕量) 전철(電鐵).

＊경제 經濟 | 다스릴 경, 건질 제 [economy]
❶ 속뜻 세상을 다스리고[經] 백성을 구제(救濟)함. '경세제민'(經世濟民)의 준말. ❷ 경제 인간이 공동생활을 하는 데에 필요한 재화를 획득·이용하는 활동 및 이를 통하여 이루어지는 사회관계. ¶자본주의 경제 / 경제가 회복되다.

▸경제-력 經濟力 | 힘 력
경제 개인이나 국가가 지닌 경제적(經濟的)인 힘[力].

▸경제-적 經濟的 | 것 적
❶ 속뜻 경제(經濟)에 관한 것[的]. ❷금전상의 융통에 관계되는 것. ❸비용이나 노력 따위가 더 적게 드는 것. ¶대중교통을 이용하면 경제적이다.

경:조 慶弔 | 기쁠 경, 조상할 조
[occasion for celebration or sorrow]
경축(慶祝)할 일과 조문(弔問)할 일.

경:-조사 慶弔事 | 기쁠 경, 조상할 조, 일 사
경사(慶事)스러운 일과 불행한[弔] 일[事]. ¶집안의 경조사를 챙기다.

경:종 警鐘 | 타이를 경, 쇠북 종
[alarm bell]
❶ 속뜻 경계(警戒)의 뜻으로 치는 종(鐘). ❷'주의나 충고'를 비유하여 이르는 말. ¶그 사건은 우리 사회에 경종을 울렸다.

경주[1] 傾注 | 기울 경, 부을 주
[pour into]
❶ 속뜻 액체가 들어 있는 그릇 따위를 기울여[傾] 부음[注]. ❷정신이나 힘을 한곳에만 기울임. ¶국가 발전에 온 힘을 경주하다.

경:주[2] 競走 | 겨룰 경, 달릴 주
[race; run]
일정한 거리를 달려[走] 그 빠르기를 겨루는[競] 운동. ¶100미터 경주.

경중 輕重 | 가벼울 경, 무거울 중 [weight]
❶ 속뜻 가벼움[輕]과 무거움[重]. 또는 그 정도. ❷중요한 것과 중요하지 않은 것. ¶사건의 경중을 따지다.

＊경지[1] 耕地 | 밭갈 경, 땅 지
[cultivated land]
경작(耕作)하는 토지(土地). '경작지'(耕作地)의 준말.

경지[2] 境地 | 지경 경, 땅 지 [stage]
❶ 속뜻 경계(境界) 안의 땅[地]. ❷자신의 특성과 연구로 이룩한 독자적 방식이나 세계. ¶수필문학의 새로운 경지를 열다. ❸어떠한 단계에 이른 상태. ¶해탈의 경지에 도달하다.

경직 硬直 | 단단할 경, 곧을 직 [stiffen]
❶ 속뜻 몸 따위가 굳어서[硬] 꼿꼿해짐[直]. ¶근육 경직. ❷생각이나 태도 등이 매우 딱딱함. ¶경직된 분위기. ㊥ 강직(強直). ㊦ 유연(柔軟).

경질 更迭 | =更佚, 고칠 경, 갈마들 질
[change; replace]
어떤 직위에 있는 사람을 갈아내고[迭]

다른 사람으로 바꿈[更]. ¶장관을 경질하다.

*경:찰 警察 | 타이를 경, 살필 찰 [police]
❶ 속뜻 경계(警戒)하여 살핌[察]. ❷ 법률 국가 사회의 공공질서와 안녕을 보장하고 국민의 안전과 재산을 보호하는 일. 또는 그 일을 하는 조직.

▶경:찰-관 警察官 | 벼슬 관
법률 경찰(警察) 업무에 종사하는 관직(官職). ¶우리 할아버지는 대한민국 초기의 경찰관이셨다. ㉨ 경관. ㉥ 경찰 공무원(公務員), 순경(巡警).

▶경:찰-서 警察署 | 관청 서
법률 경찰(警察) 사무를 맡아보는 관청[署].

경청 傾聽 | 기울 경, 들을 청
[hear; listen]
귀를 기울여[傾] 주의해 들음[聽]. 귀담아 들음. ¶그의 연설을 경청하다.

경:축 慶祝 | 기쁠 경, 빌 축 [congratulate]
경사(慶事)로운 일을 축하(祝賀)함. ¶광복절 경축 행사 / 개교 50주년을 경축하다.

⁑경치 景致 | 볕 경, 이를 치
[scenery; scene]
❶ 속뜻 별[景]이 듦[致]. ❷자연의 아름다운 모습. ¶경치가 좋다. ㉥ 경광(景光), 풍경(風景).

경-치다 (黥-, 묵형할 경)
[go through an ordeal]
혹독한 형벌[黥]을 받다. 호된 고통을 받다. ¶너 그런 짓하면 호되게 경칠 줄 알아라.

경칩 驚蟄 | 놀랄 경, 숨을 칩
겨울잠을 자던[蟄] 벌레, 개구리 따위가 깨어 놀라[驚] 꿈틀거리기 시작한다는 절기(節氣). 양력 3월 5일 경이다.

경쾌 輕快 | 가벼울 경, 기쁠 쾌
❶ 속뜻 마음이 가뜬하고[輕] 기쁨[快]. ❷ 몸놀림이 가볍고 날래다. ¶경쾌한 걸음.

경탄 驚歎 | 놀랄 경, 감탄할 탄
[admire; wonder]
몹시 놀라[驚] 감탄(感歎)함. ¶나는 자연의 아름다움에 경탄했다.

경:통 鏡筒 | 거울 경, 대롱 통
현미경이나 망원경 따위에서 접안렌즈와 대물렌즈의 두 개의 거울[鏡]을 연결하는 통(筒).

경판 經板 | 책 경, 널빤지 판
책으로 만들기 위하여 불경(佛經)을 새긴 판(板). ¶팔만대장경 경판.

경:포-대 鏡浦臺 | 거울 경, 개 포, 돈대 대
고적 강원도 강릉시 경포(鏡浦) 호수의 북쪽에 있는 조선시대 누대(樓臺). 관동 팔경의 하나.

경:품 景品 | 볕 경, 물건 품 [giveaway]
❶ 속뜻 햇볕[景]의 그림자같이 곁들여 주는 물건[品]. ❷상품에 곁들여 고객에게 거저 주는 물건. ¶경품을 나누어 주다.

경학 經學 | 책 경, 배울 학
[(the study of) Chinese classics]
❶ 속뜻 경서(經書)를 연구하는 학문(學問). ❷유교(儒敎)의 정통 학문.

경:합 競合 | 겨룰 경, 싸울 합
[compete with]
❶ 속뜻 겨루어[競] 맞서 싸움[合]. ❷ 법률 동일한 대상에 대하여 같은 효력을 가지는 권리 따위가 중복되는 일. ¶올림픽을 유치하기 위해 두 도시가 경합했다. ㉥ 경쟁(競爭).

경향 傾向 | 기울 경, 향할 향
[tendency; trend]
어떤 방향(方向)으로 기울어[傾] 쏠림. 또는 그런 방향. ¶그는 통계수치를 과신하는 경향이 있다.

⁑경험 經驗 | 지날 경, 겪을 험 [experience]
자신이 실제로 해 보거나[經] 겪어봄[驗]. 또는 거기서 얻은 지식이나 기능. ¶경험을 쌓다 / 다양한 경험을 하다. ㉥ 체험(體驗). ㉤ 관념(觀念), 사변(思辨).

▶경험-담 經驗談 | 이야기 담

몸소 겪어 본[經驗] 이야기[談].

경:호 警護 | 지킬 경, 돌볼 호 [guard; escort]
지켜주어[警] 보호(保護)함. ¶경찰이 증인을 경호했다.

▶경:호-원 警護員 | 사람 원
다른 사람의 신변의 안전을 돌보는[警護] 일을 임무로 하는 사람[員]. ¶대통령 경호원.

경화 硬化 | 단단할 경, 될 화 [harden]
단단하게[硬] 됨[化]. ¶근육이 경화되었다. [반] 연화(軟化).

▶경화-증 硬化症 | 증세 증
[의학] 몸의 조직이나 기관이 비정상적으로 단단하게[硬] 변화(變化)하는 병증(病症). ¶동맥 경화증.

경황 景況 | 볕 경, 상황 황 [interesting situation]
❶[속뜻] 햇볕[景]을 쏘일 여유나 형편[況]. ❷정신적·시간적 여유 또는 형편. ¶너무 바빠서 인사할 경황도 없었다.

경:회-루 慶會樓 | 경사 경, 모일 회, 다락 루
[고적] 경복궁 서쪽 연못 안에 있는 누각. 임금과 신하가 경사(慶事)스런 날에 모여[會] 잔치하던 누각(樓閣)이다.

곁 (側, 곁 측; 傍, 곁 방) [side; neighborhood]
가까운 데. ¶내 곁에 앉아라. [비] 근방(近傍), 근처(近處).

곁눈-질 [look sideways]
곁눈으로 보는 일. ¶옆 사람이 곁눈질로 나를 힐끔 쳐다보았다.

곁-들이다 [garnish with; accompany]
주된 것에 다른 것을 함께 내어 놓다. ¶요리에 야채를 곁들여 내어 놓다.

계:[1]戒 | 경계할 계
죄악을 저지르지 못하게[戒] 하는 규정. ¶계를 지키다.

계:[2]契 | 맺을 계 [mutual loan club]
계원(契員)이 일정한 곗돈을 내고, 예정한 순서나 제비를 뽑아 그 금액을 모두 가져가는 자금 융통 조직. ¶어머니는 2년짜리 계를 들었다.

계:[3]計 | 셀 계 [sum total]
전체를 합하여 셈한[計] 것. ¶계가 얼마인지를 셈해보다. [비] 합계(合計), 총계(總計).

계:[4]界 | 지경 계 [circles]
[생물] 생물 분류상의 가장 큰 단위[界]. 동물계(動物界)·식물계(植物界) 따위.

계곡 溪谷 | 시내 계, 골짜기 곡 [valley]
시냇물[溪]이 흐르는 골짜기[谷]. ¶계곡에서 여름 휴가를 보냈다.

계구우후 鷄口牛後 | 닭 계, 입 구, 소 우, 뒤 후
❶[속뜻] 닭[鷄]의 부리[口]가 될지언정 소[牛]의 꼬리[後]는 되지 않겠음. ❷'큰 집단의 말석보다는 작은 집단의 우두머리가 나음'을 비유하여 이르는 말.

***계급 階級** | 섬돌 계, 등급 급 [class; rank]
❶[속뜻] 지위나 관직 등의 품계(品階)나 등급(等級). ¶한 계급 승진하다. ❷신분이나 직업, 재산 등이 비슷한 사람들로 이루어지는 사회적 집단. 또는 그것을 기준으로 구분되는 계층. ¶계급 간의 갈등이 심하다. ❸'계급장'(階級章)의 준말.

▶계급-장 階級章 | 글 장
조직에서 계급(階級)을 나타내기 위하여 다는 표장(標章). ¶소위 계급장을 달았다.

***계:기[1]契機** | 맺을 계, 실마리 기 [opportunity; chance]
어떤 결과를 맺게[契] 된 실마리[機]. ¶불의 발견은 인류 진화의 계기가 되었다. [비] 원인(原因), 동기(動機).

계:기[2]計器 | 셀 계, 그릇 기 [meter; gauge]
길이, 면적, 무게, 양, 온도, 속도, 시간 따위를 재는[計] 기계나 기구(器具). ¶고

도의 계기를 장치한 비행기. ㊥ 계측기(計測器).

***계단 階段** | 섬돌 계, 층계 단 [staircase; stage]
❶ 속뜻 오르내리기 편하도록 건물이나 비탈에[階] 만든 층계[段]. ¶계단을 내려가다. ❷일을 하는 데 밟아야 할 순서. ㊥ 층계(層階), 단계(段階).

계란 鷄卵 | 닭 계, 알 란 [egg]
닭[鷄]이 낳은 알[卵]. ㊥ 달걀.

▶ 계란유골 鷄卵有骨 | 있을 유, 뼈 골
❶ 속뜻 계란(鷄卵)에 뼈[骨]가 있음[有]. ❷계란이 다 곯았음. 운수가 나쁜 사람은 모처럼 좋은 기회를 만나도 역시 일이 잘 안될 때 쓰는 말이다. ¶계란유골이라더니, 나는 왜 이렇게 재수가 없지.

계:략 計略 | 꾀 계, 꾀할 략 [plan; trick]
계획(計劃)과 책략(策略). ¶계략을 꾸미다. ㊥ 계책(計策).

계:량 計量 | 셀 계, 분량 량 [measure; weigh]
분량(分量)이나 무게 따위를 잼[計]. ¶밀가루를 계량하여 담다. ㊥ 계측(計測).

▶ 계:량-기 計量器 | 그릇 기
분량(分量)이나 무게 따위를 재는[計] 데 쓰는 기구(器具). ¶수도 계량기.

▶ 계:량-컵 (計量cup)
조리할 때에 재료의 분량(分量)을 재는[計] 데 쓰는 컵(cup).

▶ 계:량-스푼 (計量spoon)
재료의 분량(分量)을 재는[計] 데 사용하는 숟가락[spoon] 모양의 기구.

계면-쩍다 [be embarrassed]
'겸연(慊然)쩍다'가 변하여 된 말.

계명[1] 階名 | 섬돌 계, 이름 명 [syllable names]
❶ 속뜻 계급(階級)이나 품계(品階)의 이름[名]. ❷ 음악 음계(音階)의 이름. ¶계명을 부르다. ㊥ 계이름.

계:명[2] 誡命 | 경계할 계, 명할 명 [commandments]
도덕상 또는 종교상 지켜야 하는[誡] 규정[命]. 기독교의 십계명 따위. ¶그는 평생 계명을 잘 지켰다.

계명-구도 鷄鳴狗盜 | 닭 계, 울 명, 개 구, 훔칠 도
❶ 속뜻 닭[鷄] 울음소리[鳴]를 잘 내는 사람과 개[狗] 흉내로 남의 물건을 잘 훔치는[盜] 사람. ❷비굴하게 남을 속이는 하찮은 재주. 또는 그런 재주를 가진 사람을 이르는 말.

계:모 繼母 | 이을 계, 어머니 모 [stepmother]
친어머니의 뒤를 이은[繼] 새어머니[母]. 아버지의 후처. ¶콩쥐는 계모에게 구박을 받았다. ㊥ 의붓어머니, 새어머니. ㊤ 친모(親母).

계:몽 啓蒙 | 일깨울 계, 어릴 몽 [enlighten]
❶ 속뜻 무식한 사람이나 어린아이[蒙]를 일깨워[啓] 줌. ❷인습에 젖거나 바른 지식을 가지지 못한 사람을 일깨워, 새롭고 바른 지식을 가지도록 함. ¶국민을 계몽하다 / 계몽문학. ㊥ 계발(啓發).

계:발 啓發 | 일깨울 계, 밝힐 발 [enlighten]
❶ 속뜻 일깨워주고[啓] 밝혀줌[發]. ❷재능이나 사상 따위를 일깨워 줌. ¶창의력을 계발하다.

계:보 系譜 | 이어 맬 계, 적어놓을 보 [pedigree; genealogy]
❶ 속뜻 조상 때부터 이어온[系] 혈통이나 집안의 역사를 적어 놓음[譜]. ❷사람의 혈연관계나 학문, 사상 등의 계통 또는 순서의 내용을 나타낸 기록. ¶전통문학의 계보를 잇다. ㊥ 가계(家系).

계사 鷄舍 | 닭 계, 집 사 [henhouse]
닭[鷄]을 사육하는 우리[舍]. ¶아버지는 새 계사를 지어주셨다. ㊥ 닭장.

계:산 計算 | 셀 계, 셀 산 [calculate; reckon]

❶[속뜻] 수량을 셈[計=算]. ❷[수학] 식을 연산(演算)하여 수치를 구하는 것. ¶남은 돈을 잘 계산해 보았다.

▸ 계:산-기 計算機 | =計算器, 틀 기
계산(計算)을 빠르게 하기 위하여 사용하는 기기(機器). ¶계산기를 사용하면 편리하다.

▸ 계:산-서 計算書 | 글 서
❶[속뜻] 계산(計算)한 것을 적은 글[書]. 또는 그 문서. ❷물건 값의 청구서.

계:속 繼續 | 이을 계, 이을 속 [continue; maintain]
끊이지 않고[繼] 이어 나감[續]. ¶여행을 계속하다. [비] 지속(持續). [반] 중단(中斷).

▸ 계:속-적 繼續的 | 것 적
끊이지 않고 이어 나가는[繼續] 것[的]. ¶계속적인 성장세를 보이다.

계:수-나무 (桂樹-, 계수나무 계, 나무 수) [cinnamon tree]
[식물] 중국 남부, 동인도에서 나는 나무. 특이한 향기를 내고, 가지와 껍질은 약재·요리·향료의 원료로 쓴다.

계:승 繼承 | 이을 계, 받들 승 [succeed; inherit]
조상이나 선임자의 뒤를 이어[繼] 받들음[承]. ¶아버지의 유업을 계승하다. [비] 승계(承繼). [반] 단절(斷絶).

계:시 啓示 | 열 계, 보일 시 [reveal]
❶[속뜻] 열어[啓] 보여 줌[示]. ❷사람의 지혜로는 알 수 없는 진리를 신이 영감(靈感)으로 알려 줌. ¶신의 계시를 받다. [비] 현시(現示).

계:시다 [there be]
'윗사람이 있다'는 뜻을 높여서 하는 말. ¶어머니는 방에 계신다.

계:약 契約 | 맺을 계, 묶을 약 [contract; promise]
❶[속뜻] 약속(約束)을 맺음[契]. ❷관련되는 사람이나 조직체 사이에서 서로 지켜야 할 의무에 대하여 글이나 말로 정하여 둠. 또는 그런 약속. ¶계약을 체결하다. [비] 약정(約定), 약속(約束).

▸ 계:약-금 契約金 | 돈 금
[법률] 계약(契約) 보증금(保證金). ¶계약금을 치르다.

▸ 계:약-서 契約書 | 글 서
계약(契約)의 조항들을 적은 글[書]. 또는 그 문서. ¶매매 계약서. [비] 계권(契券), 계문(契文).

계:엄 戒嚴 | 경계할 계, 엄할 엄 [martial law]
❶[속뜻] 일정한 곳을 병력으로 엄하게[嚴] 경계(警戒)함. ❷[법률] 군사적 필요나 사회의 안녕과 질서 유지를 위하여 일정한 지역의 행정권과 사법권의 전부 또는 일부를 군이 맡아 다스리는 일. ¶계엄을 해제하다.

계:열 系列 | 이어 맬 계, 벌일 렬 [system; series]
서로 관련이 있는 것을 이어지게[系] 벌여[列] 놓음. 또는 그런 조직. ¶언니는 인문계열 고등학교에 입학했다. [비] 계통(系統).

계:율 戒律 | 경계할 계, 법칙 률 [commandments]
경계(警戒)하여 지켜야 할 규율(規律). ¶불교의 계율을 따르다.

계-이름 (階-, 섬돌 계) [syllable names]
[음악] 음계(音階)를 이루는 자리의 이름. 양악의 '도레미파솔라시', 아악(雅樂)의 '궁상각치우'(宮商角徵羽). [비] 계명(階名).

계:장 係長 | 단위 계, 어른 장 [section chief]
계(係) 단위 조직의 우두머리[長]. ¶서무계 계장.

*__계:절 季節__ | 철 계, 마디 절 [season]
❶[속뜻] 일년 가운데 철[季]로 구분되는 마디[節]. ❷한 해를 날씨에 따라 나눈 그

한 철. 온대(溫帶)에는 봄, 여름, 가을, 겨울의 네 철이 있고 열대(熱帶)에는 건계(乾季)와 우계(雨季)가 있다. ❸어떤 일을 하는 데 가장 알맞은 시절. ¶가을은 독서의 계절이다.

▸ 계:절-병 季節病 | 병 병
의학 어떤 특정한 계절(季節)에 특히 많이 발생하는 병(病).

▸ 계:절-풍 季節風 | 바람 풍
지리 계절(季節)에 따라 일정한 지역에 일정한 방향으로 불어오는 바람[風]. 여름에는 해양에서 대륙으로, 겨울에는 대륙에서 해양으로 방향을 바꾸어 분다. ¶여름에는 주로 남동 계절풍이 분다. ⓑ 기후풍(氣候風), 몬순(monsoon).

계제 階梯 | 섬돌 계, 사다리 제
[steps; stages; chance]
❶ 속뜻 층계(層階)와 사닥다리[梯]. ❷일이 되어 가는 순서나 절차. ❸어떤 일을 할 수 있게 된 형편. ¶아직은 그럴 계제가 못된다. ⓑ 단계(段階), 기회(機會).

계:좌 計座 | 셀 계, 자리 좌 [account]
❶ 속뜻 금액의 증감을 나누어 계산(計算)·기록하는 자리[座]. ❷'예금계좌'(預金計座)의 준말. ¶계좌 번호가 어떻게 됩니까?

계:주 繼走 | 이을 계, 달릴 주
[relay race]
운동 일정한 거리를 몇 사람이 나누어 이어[繼] 달리는[走] 경기. ¶400미터 계주 경기.

계:집 [woman; female]
여자를 낮잡아 이르는 말. ⓑ 사내.

▸ 계:집-애
'계집아이'의 준말. ⓑ 사내애.

▸ 계:집-아이
어린 여자 아이를 낮잡아 일컫는 말. ⓑ 여아(女兒).

계:책 計策 | 꾀 계, 꾀 책
[scheme; artifice]
계교(計巧)와 방책(方策). ¶교묘한 계책을 쓰다. ⓑ 계략(計略).

계:측 計測 | 셀 계, 잴 측 [measure]
부피·무게·길이 따위를 기계나 기구로 헤아려[計] 재어 봄[測]. ¶치수를 계측하다. ⓑ 계량(計量).

계층 階層 | 섬돌 계, 층 층
[class; social stratum]
사회적 지위에 따른[階] 여러 층(層). ¶계층 간의 차이. ⓑ 계급(階級).

계:통 系統 | 이어 맬 계, 큰 줄기 통
[system; party]
❶ 속뜻 일정한 차례에 따라 이어져[系] 있는 큰 줄기[統]. ❷같은 방면이나 같은 종류 등에 딸려 있는 것. ¶소화기 계통 / 계통에 따라 동물을 나누다.

계:피 桂皮 | 계수나무 계, 껍질 피
[cinnamon]
계수나무[桂]의 껍질[皮]. 한약재로 쓴다.

⁂**계:획** 計劃 | 셀 계, 나눌 획
[plan; project]
❶ 속뜻 미리 잘 세어보고[計] 잘 나누어봄[劃]. ❷앞으로 할 일의 절차, 방법, 규모 따위를 미리 헤아려 작정함. ¶우주여행을 계획하다. ⓑ 기획(企劃), 심산(心算).

▸ 계:획-도 計劃圖 | 그림 도
설계나 계획(計劃)에 쓰는 기초적인 도면(圖面). ¶계획도를 보고 작성하다.

▸ 계:획-서 計劃書 | 글 서
계획(計劃)한 내용을 담은 글[書]. 또는 그 문서. ¶학교 운영 계획서를 작성하다.

▸ 계:획-성 計劃性 | 성질 성
모든 일을 계획(計劃)을 짜서 처리하려고 하는 성질(性質). ¶계획성이 있다.

▸ 계:획-적 計劃的 | 것 적
어떤 일을 미리 계획(計劃)을 세워서 하는 것[的]. ¶계획적인 범죄.

▸ 계:획-표 計劃表 | 겉 표
계획(計劃)을 세워 자세히 적은 표(表). ¶계획표를 짜다.

곗:돈 (契-, 맺을 계)

[money for the mutual aid society]
계원(契員)이 내거나 받는 돈. ¶다음 달에 내가 곗돈을 받는다.

고ː 故 | 옛 고 [late; deceased]
이미 세상을 떠난 옛[故] 사람이 된. '고인'(故人)의 준말. ¶고 방정환 선생 80주기 추모식.

고가¹ 高價 | 높을 고, 값 가 [high price]
높은[高] 가격(價格). ¶고가의 물건을 사다. ⓑ 저가(低價), 염가(廉價).

고가² 高架 | 높을 고, 건너지를 가 [elevated; overhead]
땅 위에 높다랗게[高] 건너지름[架].

▸고가 도ː로 高架道路 | 길 도, 길 로
교통 땅 위에 지대(支臺)를 높게[高] 세우고 그 위로 가설(架設)한 도로(道路).

고갈 枯渴 | 마를 고, 목마를 갈 [be dried up; be exhausted]
❶ 속뜻 목마를[渴] 정도로 물기가 없음[枯]. ❷물자나 자금이 달림. ¶자원을 고갈시키다. ❸인정이나 정서 따위가 없어짐. 메마름. ¶상상력이 고갈되다. ⓑ 해갈(解渴).

고개¹ [back of the neck]
목의 뒷등이나 머리. ¶아이는 고개를 갸우뚱거리며 할아버지를 보았다. 관용 고개를 들다.

고개² [pass; hill]
산·언덕을 넘어 다니게 된 비탈진 곳. ¶고개를 넘어가다. ⓗ 재, 영(嶺)마루.

고ː객 顧客 | 돌아볼 고, 손 객 [customer; buyer]
❶ 속뜻 자주 들러 보는[顧] 손님[客]. ❷상점 따위에 물건을 사러 자주 오는 손님. ¶고객에게 친절하게 대하라. ❸단골로 오는 손님.

고갯-길 [uphill pass]
고개를 넘는 길. ¶솔밭 사이의 고갯길을 오르다.

고갯-마루 [top of the pass]
고개에서 가장 높은 자리.

고갱이 [heart of a plant; pith]
식물 풀이나 나무의 줄기 한가운데에 있는 연한 심. ¶배추 고갱이.

고견 高見 | 높을 고, 볼 견 [excellent idea]
❶ 속뜻 높은[高] 식견(識見). ❷상대편의 '의견'을 높여 이르는 말. ¶선생님의 고견을 듣고 싶습니다. ⓗ 탁견(卓見).

고결 高潔 | 높을 고, 깨끗할 결 [lofty; noble; pure]
고상(高尙)하고 깨끗함[潔]. ¶성품이 강직하고 고결하다.

고고¹ 孤高 | 홀로 고, 높을 고 [stand in lofty solitude]
홀로[孤] 세속에 초연(超然)하여 고상(高尙)하다. ¶고고한 생활을 하다.

고ː고² 考古 | 고찰할 고, 옛 고 [study of antiquities]
유물이나 유적으로 옛[古] 일을 고찰(考察)함. ¶고고인류학.

▸고ː고-학 考古學 | 배울 학
유물·유적에 의하여 고대(古代) 인류에 관한 일을 연구하는[考] 학문(學問).

고관 高官 | 높을 고, 벼슬 관 [high official]
높은[高] 벼슬자리[官]. 또는 그런 지위에 있는 관리. ¶회의에는 정부 고관들이 참석했다.

▸고관 대ː작 高官大爵 | 큰 대, 벼슬 작
지위가 높고[高] 권세가 큰[大] 벼슬[官=爵]. 또는 그 벼슬아치. ⓑ 미관말직(微官末職).

고교 高校 | 높을 고, 학교 교 [high school]
'고등학교'(高等學校)의 준말.

▸고교-생 高校生 | 사람 생
고등학교(高等學校)에 다니는 학생(學生). ¶고교생을 위한 참고서.

고구려 高句麗 | 높을 고, 글귀 구, 고울 려

역사 우리나라 고대 왕국 중의 하나. 북부여 사람 주몽이 한반도 북쪽과 중국 동북 지방 일대에 자리 잡아 세웠다는 나라. '高句麗'의 유래에 대해서는 정설이 없다.

고:구마 [sweet potato]
식물 중앙아메리카 원산으로 난대(暖帶)에서 재배하는 식물. 줄기는 길게 뻗으며, 타원형의 덩이뿌리는 식용하거나 공업용으로 쓴다.

고:국 故國 | 옛 고, 나라 국
[one's homeland]
❶ 속뜻 예전[故]에 살던 나라[國]. ❷남의 나라에 가 있는 사람의 처지에서 '자기 나라'를 이르는 말. ¶고국을 그리다. ⓑ 모국(母國), 본국(本國), 조국(祖國). ⓑ 타국(他國).

고군 孤軍 | 외로울 고, 군사 군
[isolated force; forlorn garrison]
후방의 지원을 받을 수 없는 고립(孤立)된 군사(軍士).

▶ 고군-분투 孤軍奮鬪 | 떨칠 분, 싸울 투
❶ 속뜻 수가 적고 후원이 없는 외로운[孤] 군대(軍隊)가 힘에 겨운 적과 용감하게 [奮] 싸움[鬪]. ❷적은 인원의 힘으로, 도움도 받지 않고 힘겨운 일을 그악스럽게 해냄. ¶그들은 악천후 속에서도 매몰자를 구하려고 고군분투했다. ⓑ 악전고투(惡戰苦鬪).

고:궁 故宮 | 옛 고, 집 궁 [old palace]
옛[故] 궁궐(宮闕). ¶고궁으로 소풍을 가다.

고귀 高貴 | 높을 고, 귀할 귀
[be expensive; valuable]
❶ 속뜻 인품이나 지위가 높고[高] 귀(貴)함. ¶고귀한 정신. ❷값이 비쌈.

고:금 古今 | 옛 고, 이제 금
[ancient and modern times]
옛날[古]과 지금(只今). ¶그는 고금을 통하여 가장 훌륭한 학자이다.

▶ 고:금-상정예문 古今詳定禮文 | 자세할 상, 정할 정, 예도 례, 글월 문
책명 고려 의종 때, 최윤의(崔允儀)가 고금(古今)의 예문(禮文)을 상세히 소개한 [詳定] 책. ⓒ 상정예문.

고급 高級 | 높을 고, 등급 급
[high class]
높은[高] 등급(等級)이나 계급(階級). ¶고급 승용차. ⓑ 상급(上級).

고기[1](肉, 고기 육; 魚, 물고기 어) [meat; fish]
❶먹을거리로 쓰는 동물의 살. ¶고기 굽는 냄새가 난다. ❷'물고기'의 준말. ¶고기를 잡으러 바다로 갈까요. ⓑ 육류(肉類). ⓑ 푸성귀, 채소(菜蔬).

▶ 고기-밥
물고기에게 주는 밥.

▶ 고기-잡이 (漁, 고기 잡을 어)
낚시나 그물 따위로 물고기를 잡음. ¶고기잡이를 생업으로 삼다. ⓑ 어렵(漁獵), 어로(漁撈), 천렵(川獵).

▶ 고기잡이-배
고기잡이를 하는 배. ⓑ 어선(漁船).

고-기압 高氣壓 | 높을 고, 공기 기, 누를 압
[high atmospheric pressure]
지리 주위보다 높은[高] 기압(氣壓). ¶고기압의 영향으로 하늘이 맑다. ⓑ 저기압(低氣壓).

고깃-국 [meat soup]
고기를 넣어 끓인 국. ⓑ 육탕(肉湯).

고깃-배 [fishing boat]
고기잡이를 하는 배. ¶고깃배가 돌아오다. ⓑ 어선(漁船).

고깔 [peaked hat]
무당·농악대들이 머리에 쓰는, 세모 모양으로 접은 수건.

고깝다 [unpleasant; disagreeable]
야속하고 섭섭한 느낌이 있다. ¶내 말 너무 고깝게 듣지 말기를 바라네.

고꾸라-지다 [all; drop]
고부라져 쓰러지다. ¶앞으로 푹 고꾸라졌다.

고ː난 苦難 | 괴로울 고, 어려울 난
[suffering; hardship]
괴로움[苦]과 어려움[難]을 아울러 이르는 말. ¶고난 속에 인생의 기쁨이 있다. ㊐ 고초(苦楚).

고뇌 苦惱 | 쓸 고, 괴로울 뇌 [suffer]
쓰라림[苦]과 괴로움[惱]. 괴로운 번뇌. ¶고뇌에 찬 얼굴을 하다. ㊐ 고민(苦悶).

고니 [swan]
동물 오릿과의 물새. 털은 흰색이며 가을에 한국에 날아와 겨울을 보낸다.

고ː다 [boil; brew]
❶고기나 뼈 따위를 뭉그러지도록 삶다. ¶고기를 고다. ❷진액만 남도록 끓이다. ¶엿을 고다.

고-단백 高蛋白 | 높을 고, 새알 단, 흰 백
[hyper protein]
단백질(蛋白質)의 함유량이 높음[高]. ¶고단백 음식을 삼가다.

고단-하다 [tired]
몸이 지쳐서 느른하다. ¶그는 몸이 고단해서 일찍 집으로 갔다. ㊐ 피곤(疲困)하다.

고달프다 [very tired]
대단히 고단하다. ¶고달픈 나날을 보내다. ㊐ 고단하다.

고대¹ 苦待 | 쓸 고, 기다릴 대
[wait impatiently]
애타게[苦] 기다림[待]. ¶다시 만날 날을 고대했다.

⁂**고ː대²** 古代 | 옛 고, 시대 대
[ancient times]
옛[古] 시대(時代). ¶고대 사회 / 고대 문학. ㊉ 근대(近代), 현대(現代).

▸고ː대 국가 古代國家 | 나라 국, 집 가
❶속뜻 예전에[古代] 존재했던 국가(國家). ❷역사 역사상 처음으로 출현한 중앙 집권적인 통일 국가. ¶우리나라에서는 삼국시대에 고대 국가가 형성되었다.

고대³ 高臺 | 높을 고, 돈대 대
❶속뜻 높이[高] 쌓아 올린 터[臺]. ❷높이 쌓은 대(臺).

▸고대-광실 高臺廣室 | 넓을 광, 집 실
높은[高] 터[臺]와 넓은[廣] 집[室]. 매우 크고 좋은 집.

고ː도¹ 古都 | 옛 고, 도읍 도
[ancient city; former capital]
옛[古] 도읍(都邑). ¶경주는 신라의 고도이다.

고도² 高度 | 높을 고, 정도 도
[height; high degree]
❶속뜻 높은[高] 정도(程度). ¶고도로 발달한 문명 / 비행기가 고도를 유지하며 난다. ❷천문 지평면에서 천체까지의 각거리. 천체에 대한 올려본 각 또는 내려본 각.

고독 孤獨 | 외로울 고, 홀로 독
[lonely; solitary]
❶속뜻 짝 없이 외로운[孤] 홀[獨]몸. ❷외로움. ¶고독한 생활. ❸어려서 부모를 여읜 아이와 자식 없는 늙은이.

고동¹ [switch; (steam) whistle]
틀어서 나는 기적 등의 소리. ¶배의 고동 소리. ㊐ 기적(汽笛).

고동² 鼓動 | 북 고, 움직일 동
[beat; palpitate]
❶속뜻 북[鼓]소리같이 울리거나 뜀[動]. ❷혈액 순환에 따라 심장이 뛰는 일. ¶심장 고동 소리. ㊐ 고무(鼓舞).

고ː동³ 古銅 | 옛 고, 구리 동
[old copper]
❶속뜻 고대(古代)의 구리[銅]. ❷헌 구리쇠. ❸오래된 동전.

▸고ː동-색 古銅色 | 빛 색
❶속뜻 오래된[古] 구리[銅]같이 검누른 색(色). ❷적갈색.

고-되다 [hard; trying]
하는 일이 힘에 겨워 고단하다. ¶하루 종일 고된 일을 하였다.

고두-밥 [hard-steamed rice]

아주 된 밥.

고둥 [conch; snail]
[동물] 소라·우렁이 등 연체동물(軟體動物) 복족류(腹足類)에 속하는 조개의 총칭.

고드름 [icicle]
낙숫물 따위가 흘러내리다가 길게 얼어붙어 공중에 매달린 얼음. ¶처마에 고드름이 달리다.

고들-빼기 [Korean wild lettuce]
[식물] 들이나 논밭에 나는 풀. 긴 타원형의 잎이 나며, 잎과 뿌리는 식용한다.

고등 高等 | 높을 고, 무리 등
[high grade; high class]
정도나 수준이 높은[高] 무리[等]. ¶고등 동물. [반] 하등(下等), 초등(初等).

▶ **고등-학교** 高等學校 | 배울 학, 가르칠 교
[교육] 중학교 교육을 기초로 하여 고등(高等) 교육 및 실업 교육을 베푸는 학교(學校). [준] 고교.

고등어 [mackerel]
[동물] 방추형의 몸에 등은 녹색, 배는 은백색인 바닷물고기.

고딕-체 (Gothic體, 모양 체)
[Gothic type]
[출판] 고딕(Gothic) 양식의 건축물처럼, 획이 굵은 활자체(活字體).

고라니 [elk; moose]
[동물] 사슴과 비슷하며, 암수 모두 뿔이 없는 동물. 등은 적갈색이고, 배와 턱밑이 희다.

고랑 [furrow]
두둑의 사이. 두두룩한 두 땅의 사이. ¶밭 사이로 고랑을 파고 거름을 주다. [반] 이랑.

고래 [whale]
[동물] 바다에 사는 포유동물. 뒷다리는 퇴화하였고 앞다리는 지느러미 모양으로 변하였다. [비] 경어(鯨魚).

고래-고래 [at shouting pitch]
목소리를 높여 지르는 모양. ¶화가 나서 고래고래 소리 지르다.

고랭-지 高冷地 | 높을 고, 찰 랭, 땅 지
[highland agriculture]
[지리] 해발(海拔) 600m 이상의, 높고[高] 한랭(寒冷)한 지방(地方). ¶고랭지 배추.

***고려**[1] 考慮 | 살필 고, 생각할 려 [consider]
잘 살피고[考] 깊이 생각함[慮]. ¶신중히 고려하였다.

고려[2] 高麗 | 높을 고, 고울 려
[역사] 우리나라 중세 왕조의 하나. 태봉의 장수 왕건(王建)이 세운 나라. 후백제를 멸하고 신라를 항복시켜 후삼국을 통일하였다. 산(山)이 높고[高] 강물[水]이 아름답다[麗]는 '산고수려'(山高水麗)의 준말에서 유래됐다는 설이 있다.

▶ **고려-사** 高麗史 | 역사 사
[책명] 조선 세종 때, 고려(高麗)의 역사(歷史)를 기록한 책. 정인지 등이 편찬.

▶ **고려-장** 高麗葬 | 장사지낼 장
❶ [속뜻] 고구려(高句麗) 때에 늙어서 쇠약한 이를 산 채로 묘실(墓室)에 옮겨 두었다가 죽은 뒤에 그곳에서 장사(葬事)지내던 풍습. ❷ 지난날, '규모가 큰 토분'(土墳)을 흔히 이르던 말.

▶ **고려-자기** 高麗瓷器 | =高麗磁器, 오지그릇 자, 그릇 기
[수공] 고려(高麗) 시대에 유행하던 공법으로 만든 자기(瓷器).

▶ **고려-청자** 高麗青瓷 | =高麗青磁, 푸를 청, 오지그릇 자
[수공] 고려(高麗) 시대에 만든 푸른빛[靑]의 자기(瓷器)를 통틀어 이르는 말. 상감 청자가 유명하다.

고령 高齡 | 높을 고, 나이 령
[advanced age]
높은[高] 나이[齡]. 많은 나이. ¶할아버지는 고령에도 불구하고 대회에 참가했다. [반] 유년(幼年), 소년(少年).

고령-토 高嶺土 | 높을 고, 재 령, 흙 토
[kaoline]
[광업] 바위 속의 장석(長石)이 풍화 작용을 받아 이루어진 진흙[土]. 중국 고령(高嶺)

지방에서 많이 산출된 데서 유래된 이름.

고로케 {일 コロッケ}
'크로켓'으로 순화.

고루 [evenly; uniformly]
❶엇비슷하거나 같게. ¶모든 학생들에게 고루 나누어 주었다. ❷빼놓지 않고 두루. ¶그 아이는 여러 가지 재능을 고루 갖추었다.

고르다[1][choose; select]
쓸 것이나 좋은 것을 가려내다. ¶둘 중 하나를 고르다. ㊐선택(選擇)하다.

♣ 고르다[1] /뽑다

◎ 가장 좋은 것을 고르다 = 뽑다.

ㅇ 쌀에서 돌을 고르다.
× 쌀에서 돌을 뽑다.

ㅇ 학급 회장을 뽑다.
× 학급 회장을 고르다.

고르다[2][even]
❶모양, 크기 따위가 거의 똑같다. ¶이가 고르다. ❷정상적이고 순조롭다. ¶고르지 못한 날씨.

고름[1][pus]
종기가 덧나서 생기는 희고 누런 액체. ㊐농(膿), 농액(膿液).

고름[2][coat string]
'옷고름'의 준말. ¶한복의 고름을 단정히 매다.

고리[1][ring; link]
무엇에 끼우기 위하여 만든 둥근 물건. ¶열쇠 고리 / 고리로 연결하다.

고리[2]**高利** | 높을 고, 이로울 리
[high interest (rate)]
법정 이자나 보통의 이자보다 높은[高] 이자(利子). ¶고리로 돈을 빌렸다.

▸고리-대금 高利貸金 | 빌릴 대, 돈 금
보통의 이자보다 높은[高] 이자(利子)를 받고 돈[金]을 빌려주는[貸] 것. 또는 그 돈. ¶고리대금을 놓아 막대한 돈을 벌었다. ㊟고리대.

고리-버들 [osier; red osier]
식물 냇가나 들에 나는 나무로, 가지는 껍질을 벗겨 버들고리·키 등을 만드는 데 쓴다.

고리타분-하다 [stinking; hackneyed]
❶냄새가 신선하지 못하고 역겹다. ¶멸치젓 냄새가 고리타분하다. ❷사람의 성미나 하는 짓이 답답하다. ¶젊은이의 생각치고 너무 고리타분하다.

고린-내 [stinking smell]
신선하지 못하고 역겨운 냄새. 썩은 달걀 따위에서 나는 냄새와 비슷하다. ¶그의 발에서 고린내가 심하게 난다.

고릴라 {영 gorilla}
동물 유인원과의 동물. 뒷다리로 서면 키가 약 2m나 되며 팔이 길고 다리는 짧다. ㊐대성성(大猩猩), 큰성성이.

고립 孤立 | 외로울 고, 설 립
[be isolated]
❶속뜻 홀로 외따로[孤] 떨어져 있음[立]. ❷남과 어울리지 못하고 외톨이가 됨. ¶외부와 완전히 고립되다. ㊐사면초가(四面楚歌).

고ː마움 [gratitude; value]
고마운 마음. 고마운 일 ¶이제야 건강의 고마움을 알았다.

고막 鼓膜 | 북 고, 꺼풀 막 [tympanum]
의학 귓구멍 안쪽에 있는 북[鼓] 모양의 둥글고 얇은 꺼풀[膜]. 공기의 진동에 따라 이 막이 울려 소리를 듣게 한다. ¶폭탄 소리에 고막이 터지다.

고만 [that much and no more]
❶고 정도까지만. ¶이제 고만해라. ❷그만 바로. ¶바쁘니 고만 가야겠소. ㊤계속(繼續).

고만고만-하다 [be much the same]
여럿이 다 비슷비슷하다. ¶나이가 고만고만하다.

고ː맙다 [thankful]
은혜나 신세를 입어 마음이 흐뭇하고 즐겁다. ¶친구에게 고맙다고 인사했다.

♣ 고맙다 / 감사하다³

◎ 도와 주셔서 고맙습니다 = 감사합니다.

○ 고마운 분이 오셨다.
× 감사한 분이 오셨다.

○ 선생님 은혜에 감사하는 마음을 갖다.
× 선생님 은혜에 고마운 마음을 갖다.

고명 [relish]
양념이 되거나, 겉모양을 꾸미기 위하여 음식 위에 뿌리는 것. ¶고명을 얹다.

고명-딸
아들 많은 사람의 외딸.

⁑**고모 姑母** | 고모 고, 어머니 모
[aunt; paternal aunt]
아버지의 누이[姑]로서 어머니[母] 같은 분. (반) 이모(姨母).

▸고모-부 姑母夫 | 지아비 부
고모(姑母)의 남편[夫]. ¶고모부께서 오셨다.

고ː목¹古木 | 옛 고, 나무 목 [old tree]
오래[古] 묵은 나무[木]. ¶몇 백 년 된 고목에서 새싹이 돋다.

고목²枯木 | 마를 고, 나무 목
[withered tree]
말라[枯] 죽은 나무[木]. ¶고목을 땔감으로 사용하다.

고무 {프 gomme} [rubber]
고무나무 껍질에서 분비하는 액체로 만든 물질. 탄력성이 강하다.

▸고무-공
고무로 만든 공.

▸고무-관 (一管, 대롱 관)
고무로 만든 대롱모양의 관(管).

▸고무-신
고무로 만든 신.

▸고무-줄
고무로 만든 줄.

▸고무-판 (一板, 널빤지 판)
고무를 넓고 얇게 펴서 만든 판(板).

▸고무-나무
식물 고무를 채취하는 열대성 나무.

▸고무-밴드 (一band)
실 모양 또는 띠 모양의 동그란 고무줄.

▸고무-장갑 (一掌匣, 손바닥 장, 상자 갑)
고무로 만든 장갑(掌匣). ¶고무장갑을 끼고 설거지를 하다.

▸고무-풍선 (一風船, 바람 풍, 배 선)
얇은 고무주머니 속에 공기나 수소 가스를 넣은 풍선(風船). ¶고무풍선이 하늘로 날아오르다.

고무래 (丁, 고무래 정)
[solid wooden rake]
농업 곡식을 그러모으거나 펴거나, 밭의 흙을 고르는 데 쓰는 'T'자 모양의 물건.

고문¹拷問 | 칠 고, 물을 문 [torture]
피의자에게 여러 가지 신체적 고통을 주며[拷] 신문(訊問)함. ¶고문을 당하다.

고문²顧問 | 돌아볼 고, 물을 문 [adviser]
❶ 속뜻 자문(諮問)에 응함[顧]. ❷어떤 분야에 대하여 전문적인 지식과 풍부한 경험을 가지고 자문에 응하여 의견을 제시하고 조언을 하는 직책. 또는 그런 직책에 있는 사람. ¶고문 변호사.

고물¹[stern]
배의 뒤쪽. (비) 선미(船尾). (반) 이물, 선수(船首).

고물²[soybean flour]
인절미 따위의 겉에 묻히거나, 시루떡 켜 사이에 뿌리는, 팥·콩 등의 가루.

고ː물³古物 | 옛 고, 만물 물
[old article]
❶ 속뜻 옛날[古] 물건(物件). ❷낡고 헌 물건. ¶이 라디오는 고물이 되었다. (비) 폐물(廢物).

▸고ː물-상 古物商 | 장사 상

고물(古物)을 팔고 사는 장사[商]. 또는 그 장수. ¶고장 난 라디오를 고물상에게 주었다.

▸고물 장수 (古物–)
낡은[古] 물건(物件)을 고쳐서 되파는 사람.

***고민 苦悶** | 괴로울 고, 번민할 민
[agony; anguish]
괴로워하고[苦] 속을 태움[悶]. ¶머리카락이 많이 빠져서 고민이다. [비] 고뇌(苦惱), 고심(苦心).

▸고민-거리 (苦悶–)
고민(苦悶)의 내용이나 대상. ¶고민거리를 털어놓다.

고:발 告發 | 알릴 고, 드러낼 발 [complain]
❶[속뜻] 잘못이나 비리 따위를 알려[告] 드러냄[發]. ❷피해자나 고소권자가 아닌 제삼자가 수사 기관에 범죄 사실을 신고하여 수사 및 범인의 기소를 요구하는 일. ¶경찰에 사기꾼을 고발하다.

고배 苦杯 | 쓸 고, 잔 배
[bitter cup; defeat]
❶[속뜻] 쓴[苦] 맛의 음료나 술이 든 잔[杯]. ❷'쓰라린 경험'을 비유하여 이르는 말. ¶인생의 고배를 마시다.

고:백 告白 | 알릴 고, 말할 백 [confess]
마음속에 숨기고 있던 것을 알려[告] 털어놓음[白]. ¶그녀에게 사랑을 고백하다. [비] 자백(自白). [반] 은폐(隱蔽).

고:별 告別 | 알릴 고, 나눌 별 [farewell]
서로 헤어지게[別] 됨을 알림[告]. ¶동료들과 고별하다.

고봉 高捧 | 높을 고, 받들 봉
[heaping measure]
그릇 위로 수북하게[高] 담는[捧] 일. ¶밥을 고봉으로 담다.

고부 姑婦 | 시어머니 고, 며느리 부
시어머니[姑]와 며느리[婦]. [비] 고식(姑息).

▸고부-간 姑婦間 | 사이 간
시어머니[姑]와 며느리[婦] 사이[間]. ¶고부간의 갈등.

***고:분 古墳** | 옛 고, 무덤 분
[old tomb]
옛[古] 무덤[墳]. ¶백제시대 고분을 발굴하다.

▸고:분-군 古墳群 | 무리 군
아주 오래된[古] 무덤[墳]들이 무리[群]를 지어 많이 있는 곳. ¶고분군을 조사하다.

고분고분-하다 [obedient]
말이나 행동이 공손하고 부드럽다. ¶부모님의 말을 고분고분 잘 듣다.

고비 [climax; peak]
가장 긴요한 기회나 막다른 때의 상황. ¶위험한 고비를 넘겼다. [비] 절정(絶頂), 고조(高潮).

고뿔 [cold]
감기(感氣).

고삐 [reins]
소의 코뚜레나 말의 재갈에 잡아매어 몰거나 부릴 때 끄는 줄. [관용] 고삐 풀린 망아지.

고:사¹ 告祀 | 알릴 고, 제사 사
[민속] 액운은 없어지고 행운이 오도록 집 안에서 섬기는 신에게 음식을 차려 놓고 그런 뜻을 알려[告] 비는 제사(祭祀). ¶산신령에게 고사를 드리다.

고:사² 故事 | 옛 고, 일 사
[ancient happening]
❶[속뜻] 옛날[故]에 있었던 일[事]. ❷옛날 이야기. ¶고사를 이야기해주었다.

고:사³ 考査 | 생각할 고, 살필 사
[consider; examine]
❶[속뜻] 자세히 생각하여[考] 알뜰히 살펴 봄[査]. ❷학교에서 학생의 학업 성적을 시험함. 또는 그 시험. ¶월말 고사.

▸고:사-장 考査場 | 마당 장
시험[考査]을 보는 곳[場].

고사리 [bracken]

[식물] 양치식물의 하나로, 초봄에 꼬불꼬불하게 말린 어린잎이 난다.

고사-하고 (姑捨—, 잠시 고, 버릴 사) [apart from; let alone]
더 말할 나위도 없이. ¶일등은 고사하고 꼴찌나 면해라. ㊐ 그만두고.

고산 高山 | 높을 고, 메 산 [high mountain]
높은[高] 산(山). ¶이 꽃은 고산 지대에서 자생(自生)한다. ㊐ 태산(泰山).

고상 高尙 | 높을 고, 받들 상 [be noble]
인품이나 학문 따위가 높아[高] 숭상(崇尙)할 만함. ¶그는 고상한 취미를 가지고 있다. ㊏ 저속(低俗)하다.

***고생 苦生** | 괴로울 고, 살 생 [suffer; hardship]
❶[속뜻] 괴롭게[苦] 살아감[生]. ❷어렵고 힘든 생활을 함. 또는 그런 생활. ㊐ 고난(苦難), 곤란(困難), 고초(苦楚). [속담] 고생 끝에 낙이 온다.

고:생-대 古生代 | 옛 고, 살 생, 시대 대 [Paleozoic era]
[지리] 지질 시대의 구분의 한 가지. 중생대(中生代) 이전[古生]의 시대(時代).

고:-생물 古生物 | 옛 고, 살 생, 만물 물 [fossils]
[생물] 고생대(古生代)에 살았던 생물(生物). 매머드 따위.

고:서 古書 | 옛 고, 책 서 [old book]
❶[속뜻] 옛[古] 책[書]. ❷헌 책. ㊏ 신간(新刊).

고성 高聲 | 높을 고, 소리 성 [loud voice]
높고[高] 큰 목소리[聲]. ¶회의에서 고성이 오갔다. ㊏ 저성(低聲).

▸고성-방가 高聲放歌 | 놓을 방, 노래 가
큰[高] 소리[聲]를 지르거나 노래[歌]를 부름[放]. ¶한 남자가 고성방가로 골목을 시끄럽게 하고 있다.

고-성능 高性能 | 높을 고, 성질 성, 능할 능
성능(性能)의 수준이 높음[高]. 높은 성능. ¶그 자동차는 고성능 엔진을 갖추고 있다.

고:소[1] 告訴 | 알릴 고, 하소연할 소 [accuse; complaint]
❶[속뜻] 알려서[告] 하소연함[訴]. ❷[법률] 범죄의 피해자나 그 법정 대리인이 수사 기관에 범죄 사실을 신고하여 수사 및 범인의 소추를 요구함. ¶명예훼손으로 고소하다 / 고소를 취하하다. ㊐ 고발(告發).

▸고:소-장 告訴狀 | 문서 장
[법률] 고소(告訴)의 내용을 적어서 수사 기관에 제출하는 서류[狀].

고소[2] 高所 | 높을 고, 곳 소 [high place]
높은[高] 곳[所]. ㊐ 고처(高處).

▸고소 공:포증 高所恐怖症 | 두려울 공, 두려워할 포, 증세 증
[의학] 높은 곳[高所]에 오르면 몹시 무서움[恐怖]을 느끼는 신경증(神經症)의 한 가지.

고소-하다 [tasty]
❶볶은 참깨나 참기름에서 나는 맛이나 냄새 같은 것. ¶참깨를 볶는 고소한 냄새. ❷미운 사람이 잘못되는 것을 볼 때 재미있다. ¶녀석이 혼나는 꼴을 보니 고소하다.

고속 高速 | 높을 고, 빠를 속 [high speed]
아주 빠른[高] 속도(速度). ¶고속 성장. ㊏ 저속(低俗).

▸고속-화 高速化 | 될 화
속도가 매우 빨라지게[高速] 됨[化]. 또는 그렇게 함. ¶작업공정이 고속화되다.

▸고속-버스 (高速bus)
고속도로를 이용하여 빠른[高] 속도(速度)로 운행하는 버스(bus).

고수[1] 固守 | 굳을 고, 지킬 수 [stick to; adhere to]
굳게[固] 지킴[守]. 단단히 지킴. ¶자신의 의견을 고수하다. ㊐ 묵수(墨守).

고수[2] 高手 | 높을 고, 솜씨 수 [excellent skill]

뛰어난[高] 재주나 솜씨[手]. 어떤 분야에서 능력이나 기술이 뛰어난 사람. ¶드디어 고수의 경지에 오르다. [비] 상수(上手). [반] 하수(下手).

고수³鼓手 | 북 고, 사람 수 [drummer]
[음악] 북[鼓]을 치는 사람[手].

고수레
[민속] 무당이 굿을 하거나 들에서 음식을 먹을 때, 귀신에게 먼저 바친다는 뜻으로 음식을 조금씩 떼어 던지는 일.

고수-머리 [curly hair]
머리카락이 곱슬곱슬한. 또는 그런 사람. [비] 곱슬머리.

고수-부지 高水敷地 | 높을 고, 물 수, 펼 부, 땅 지
강물[水] 보다 높은[高] 둔치[敷地].

고스란히 [just as it was]
그대로 온전히. ¶고스란히 돌려주었다. [비] 모두, 몽땅, 전부(全部).

고슴도치 [hedgehog]
[동물] 몸빛은 암갈색이고, 머리와 등에 가시가 빽빽이 나 있는 동물. 적을 만나면 가시를 세우고 밤송이같이 몸을 웅크린다.

고승 高僧 | 높을 고, 스님 승
[high priest]
[불교] 학덕이 높은[高] 승려(僧侶). [비] 성승(聖僧), 대덕(大德). [반] 소승(小僧).

고:시 考試 | 살필 고, 시험할 시
[examination]
❶ [역사] 과거(科擧) 시험(試驗) 성적을 살펴서[考] 등수를 매기던 일. ❷공무원의 임용 자격을 결정하는 시험. ¶삼촌은 사법고시에 합격했다.

고:-시조 古時調 | 옛 고, 때 시, 가락 조
[문학] 갑오개혁 이전에 창작된 옛[古] 시조(時調).

고심 苦心 | 괴로울 고, 마음 심
[work hard; take pains]
몹시 괴로운[苦] 마음[心]. 몹시 애씀. ¶이 문제를 두고 오랫동안 고심했다.

고아 孤兒 | 홀로 고, 아이 아 [orphan]
❶ [속뜻] 부모가 돌아가시어 홀로[孤]된 아이[兒]. ❷부모를 여읜 사람. ¶할머니는 고아를 맡아 길렀다.

▶고아-원 孤兒院 | 집 원
고아(孤兒)를 기르는 사회사업 기관[院]. ¶그는 고아원에서 자랐다. [비] 보육원(保育院).

고안 考案 | 생각할 고, 안건 안
[device; contrivance]
새로운 방안(方案)을 생각해[考] 냄. 또는 그 안. ¶새로운 방법을 고안하다.

고압 高壓 | 높을 고, 누를 압
[high tension]
❶ [속뜻] 높은[高] 압력(壓力). 강한 압력. ❷ [전기] 높은 전압(電壓). ¶고압주의. [반] 저압(低壓).

고약 膏藥 | 기름질 고, 약 약
[plaster; patch]
헐거나 곪은 데에 붙이는 기름지고[膏] 끈끈한 약(藥). ¶상처에 고약을 바르다.

고:약-하다 [wicked; foul]
❶맛·냄새 따위가 비위에 거슬리고 역하다. ¶고약한 냄새가 나다. ❷성미·언행 따위가 사납다. ¶버릇이 고약하다. [비] 괴팍(乖愎)하다.

고양 高揚 | 높을 고, 오를 양 [uplift]
높이[高] 올림[揚]. 정신이나 기분 따위를 드높임. ¶애국심을 고양하다.

고양이 [cat]
[동물] 살쾡이를 길들인 동물. 송곳니가 특히 발달하였고, 발바닥에 살이 많아 다닐 때 소리가 나지 않는다.

고:어 古語 | 옛 고, 말씀 어
[archaic word]
옛[古] 말[語]. [비] 옛말. [반] 현대어(現代語).

고역 苦役 | 쓸 고, 부릴 역 [labor; toil]
쓴[苦] 맛이 감돌도록 몹시 힘들게 부림

[役]. 고된 일. ¶매일 약 먹는 것은 정말 고역이다.

고열 高熱 | 높을 고, 더울 열 [intense heat]
❶ 속뜻 높은[高] 열(熱). ❷높은 신열(身熱). ¶밤새 고열에 시달리다. ⓑ 미열(微熱).

고온 高溫 | 높을 고, 따뜻할 온 [high temperature]
높은[高] 온도(溫度). ¶고온 다습한 지역. ⓑ 저온(低溫).

고요-하다 (靜, 고요할 정; 寂, 고요할 적) [be quiet; still]
❶잠잠하고 조용하다. ¶고요한 밤. ❷움직임이 없이 잔잔하다. ¶고요하게 흐르고 있는 강물.

고용 雇用 | 품팔 고, 쓸 용 [employ]
보수를 주고[雇] 사람을 부림[用]. ¶고용 보험 / 직원을 고용하다.

고원 高原 | 높을 고, 들판 원 [plateau; tableland]
지리 높은[高] 산지에 펼쳐진 넓은 들판[原]. ¶고원 지대에서는 양과 염소를 기르기도 한다.

고위 高位 | 높을 고, 자리 위 [high rank]
❶ 속뜻 높은[高] 지위(地位). ❷높은 위치. ⓑ 하위(下位).

▸고위-급 高位級 | 등급 급
높은[高] 지위[位]에 있는 계급(階級). 또는 그 급에 해당하는 사람. ¶고위급 인사 / 고위급 회담.

고-위도 高緯度 | 높을 고, 씨실 위, 정도 도 [high latitude]
지리 위도(緯度)가 높은[高] 지역. 남극과 북극에 가까운 지역. ¶이 나무는 고위도 지방에서 서식한다.

***고유 固有** | 굳을 고, 있을 유 [proper; native]
❶ 속뜻 본디부터 굳어져[固] 있음[有]. ❷본래부터 있음. ¶이 음식은 우리나라 고유의 것이다. ⓗ 특유(特有).

▸고유-어 固有語 | 말씀 어
❶ 언어 고유(固有)의 낱말[語]. ❷그 고장 고유의 독특한 말. ¶고유어 사용을 장려하다. ⓗ 토박이말. ⓑ 외래어(外來語).

▸고유 명사 固有名詞 | 이름 명, 말씀 사
언어 어떤 특정한[固有] 사람이나 사물의 이름[名]을 나타내는 낱말[詞]. ¶대한민국의 수도 '서울'은 고유명사이다. ⓑ 보통명사(普通名詞).

고육지계 苦肉之計 | 괴로울 고, 고기 육, 어조사 지, 꾀할 계
❶ 속뜻 자신의 살[肉]을 도려내는 괴로움[苦]을 무릅쓰는 계책(計策). ❷자신의 희생까지 무릅씀. ¶고육지계까지도 동원하였다.

고을 [district; county]
❶ 역사 조선 때, 주(州)·부(府)·군(郡)·현(縣)의 총칭. ❷군아(郡衙)가 있던 곳. ¶고을의 원님.

고음 高音 | 높을 고, 소리 음 [high tone]
높은[高] 소리[音]. ¶그 가수는 고음을 잘 낸다. ⓑ 저음(低音).

고의[1] [summer shorts]
남자가 입는 여름 한복 홑바지.

고:의[2] **故意** | 옛 고, 뜻 의 [deliberation; intention]
❶ 속뜻 본래[故] 가지고 있던 생각이나 뜻[意]. ❷일부러 하는 생각이나 태도. ¶이 사고는 고의가 아니었다. ⓑ 과실(過失).

▸고:의-적 故意的 | 것 적
일부러 하는[故意] 것[的]. ¶고의적으로 하는 행동. ⓑ 우발적(偶發的).

고:이 [nicely; carefully]
❶곱고 귀엽게. ¶고이 키운 딸. ❷조심조심 소중하게. ¶고이고이 간직하다.

고이다[1] [collect; gather]
우묵한 곳에 물 따위가 모이다. ¶웅덩이에 빗물이 고이다.

고이다[2] [prop; support]

밑을 받쳐 안정하게 하다. ¶책상 다리에 종이를 접어 고이다.

고:인 故人 | 옛 고, 사람 인
[dead; deceased]
옛[故] 사람[人]. 죽은 사람. ¶고인의 무덤.

고인-돌 [dolmen]
고적 선사 시대의 거석(巨石) 기념물로, 납작하고 널찍한 돌을 양편에 세우고 평평한 돌 한 장을 얹은 분묘. ⓑ 지석(支石). ⓐ 선돌, 입석(立石).

고:-인쇄 古印刷 | 옛 고, 찍을 인, 박을 쇄
옛날[古]에 인쇄(印刷)된 책. 또는 그런 방법.

고:자¹告者 | 알릴 고, 사람 자
[informer; talebearer]
고자질하는[告] 사람[者].

▸고:자-질 (告者—)
남의 잘못·비밀을 몰래 일러바치는[告者] 일. ¶이 일은 비밀이니까 선생님한테 고자질하지 마라.

고자²鼓子 | 북 고, 아들 자
[eunuch; impotent man]
❶속뜻 북[鼓]같이 속이 빈 남자(男子). ❷생식기의 기능이 완전하지 못한 남자. ⓐ 고녀(鼓女).

고작 [at (the) most]
기껏 따져 보거나 헤아려 보아야. ¶판매량이 고작 1% 증가했다. ⓑ 겨우.

고장¹[locality; district]
일정한 지방이나 지역. ¶단풍이 아름다운 고장 / 포도의 고장 김천.

고:장²故障 | 사고 고, 막을 장
[breakdown; hindrance]
❶속뜻 사고(事故)와 장애(障礙). ❷기계 따위의 기능에 이상이 생기는 일. ¶고물이라 고장이 잦다. ❸몸에 탈이 생기는 일. ¶머리가 고장이 났는지…. ⓑ 탈.

고쟁이 [women's underpants]
한복에 입는 여자 속옷의 하나.

고저 高低 | 높을 고, 낮을 저
[rise and fall; pitch]
높음[高]과 낮음[低]. ⓑ 높낮이.

고:적 古跡 | =古蹟, 옛 고, 발자취 적
[historic spot]
❶속뜻 옛날[古] 사람들의 발자취[跡]. ❷옛적 건물이나 시설물 따위가 남아 있음. 또는 그런 유물이나 유적(遺跡). ¶이 절은 고려 시대의 고적이다. ⓑ 사적(史跡).

고전¹苦戰 | 괴로울 고, 싸울 전
[hard fight]
몹시 괴롭고[苦] 힘든 싸움[戰]. ¶고전을 면치 못하다. ⓑ 악전(惡戰).

***고:전²古典** | 옛 고, 책 전 [classic]
❶속뜻 고대(古代)의 전적(典籍). ❷옛날의 법식이나 의식. ❸시대를 대표할 만한 가치를 지닌 작품. 특히 문예 작품을 이른다. ¶동양 고전을 섭렵하다.

▸고:전-적 古典的 | 것 적
❶속뜻 고전(古典)을 중히 여기는 것[的]. ❷고전으로서 가치가 있는 것. ¶『햄릿』은 셰익스피어가 남긴 고전적인 명작이다. ❸전통적이며 형식적인 것. ¶고전적인 건축양식.

▸고:전 문학 古典文學 | 글월 문, 배울 학
문학 ❶고전(古典)으로서 전하여 오는 문학(文學) 작품. ❷고전주의(古典主義)의 문학.

고정 固定 | 굳을 고, 정할 정
[fix; fasten]
❶속뜻 굳게[固] 정해져[定] 있음. ❷일정한 곳이나 상태에서 변하지 아니함. ¶임금이 3년째 고정되었다. ❸흥분이나 노기를 가라앉힘. ¶고정하고 제 말 좀 들어보세요. ⓑ 불변(不變), 응고(凝固), 동결(凍結). ⓐ 유동(流動), 변동(變動).

▸고정-관념 固定觀念 | 볼 관, 생각 념
심리 그 사람의 마음속에 늘 자리하여 흔들리지 않는[固定] 관념(觀念). ¶고정관념에서 벗어나다.

고조¹高調 | 높을 고, 가락 조
[high tone]

❶속뜻 높은[高] 가락[調]. ❷어떤 분위기나 감정 같은 것이 한창 무르익거나 높아짐. ¶분위기가 고조되었다.

고조²高祖 | 높을 고, 조상 조
[one's great-great-grandfather]
증조(曾祖) 바로 윗대[高]의 조상[祖]. '고조부'(高祖父)의 준말. ¶그의 고조는 자손에게 많은 유산을 남겼다.

▸고조-할머니 (高祖-)
증조(曾祖) 바로 윗대[高祖] 할머니. 할아버지의 할머니. ⓑ 고조모(高祖母).

▸고조-할아버지 (高祖-)
증조(曾祖) 윗대[高祖]의 할아버지. 할아버지의 할아버지. ⓑ 고조부(高祖父).

고:-조선 古朝鮮 | 옛 고, 아침 조, 고울 선
❶속뜻 옛[古] 적의 조선(朝鮮). ❷역사 우리나라 최초의 국가. 기원전 2333년 무렵에 단군 왕검이 세운 나라로, 중국의 요동과 한반도 서북부 지역에 자리 잡았으며, 기원전 108년에 중국 한(漢)나라에 멸망하였다.

고:졸 高卒 | 높을 고, 마칠 졸
[graduate high school]
고등학교(高等學校)를 졸업(卒業)함. ¶그의 최종 학력은 고졸이다.

고종 姑從 | 고모 고, 사촌 종
고모(姑母)의 아들이나 딸[從]. ⓑ 내종(內從).

▸고종 사:촌 姑從四寸 | 넉 사, 관계 촌
고종(姑從)으로 자신과 관계가 4촌[四寸]인 사람.

고주-망태 [dead drunkenness]
술을 많이 마시어 정신을 차릴 수 없는 상태. 또는 그런 사람.

고-주파 高周波 | 높을 고, 둘레 주, 물결 파
[high frequency]
물리 주파수(周波數)가 큰[高] 전파나 전류. ⓑ 단파(短波). ⓑ 저주파(低周派).

고즈넉-하다 [quiet and still]
고요하고 아늑하다. ¶고즈넉한 밤.

고증 考證 | 생각할 고, 증명할 증
[study historical evidence]
옛 문헌이나 유물 등에 대하여 고찰(考察)하여 사실을 증명(證明)함. ¶역사학자들의 고증으로 궁궐을 복원했다.

고지¹高地 | 높을 고, 땅 지
[high ground; highlands]
❶속뜻 평지보다 높은[高] 땅[地]. ¶고지를 사수하다. ❷이루고자 하는 목표. 또는 그 수준에 이른 단계. ¶유리한 고지를 점령하다. ⓑ 평지(平地).

고:지²告知 | 알릴 고, 알 지
[notify; announce]
어떤 사실을 관계자에게 알려서[告] 알게[知] 함. ¶세금 납부를 고지하다.

▸고:지-서 告知書 | 글 서
국가 기관이 일정한 일을 민간에 알리는[告知] 법적인 글[書]. 또는 그 문서. ¶납세 고지서를 받았다.

고-지대 高地帶 | 높을 고, 땅 지, 띠 대
[hilly areas]
높은[高] 지대(地帶). ¶고지대에는 벌써 서리가 내렸다. ⓑ 저지대(低地帶).

고지식-하다 [simple and honest]
성질이 융통성이 없이 곧기만 하다. ¶고지식한 사람. ⓑ 우직(愚直)하다.

고진-감래 苦盡甘來 | 쓸 고, 다할 진, 달 감, 올 래
❶속뜻 쓴[苦] 것이 다하면[盡] 단[甘] 것이 옴[來]. ❷'고생 끝에 낙이 옴'을 비유하여 이르는 말. ⓑ 흥진비래(興盡悲來).

고질 痼疾 | 고질 고, 병 질
[inveterate disease]
❶속뜻 오래되어 고치기 어려운[痼] 병[疾]. ¶그는 고질로 결국 병원에 입원했다. ❷오래되어 바로잡기 어려운 나쁜 버릇. ¶고질이 된 도벽. ⓑ 숙병(宿病).

▸고질-병 痼疾病 | 병 병
고치기 어려운[痼疾] 병(病). ¶한국 사회의 고질병 / 고질병이 생겼다.

고집 固執 | 굳을 고, 잡을 집
[insist; persist]
자신의 생각이나 의견만을 굳게[固] 잡고 [執] 굽히지 아니함. 또는 그러한 성질. ¶그는 따라가겠다고 고집을 부렸다. ⓑ 억지, 아집(我執).

▸고집불통 固執不通 | 아닐 불, 통할 통
성질이 고집(固執)스럽고 융통성(融通性)이 없음[不]. 또는 그러한 사람. ⓑ 옹고집(甕固執).

▸고집-쟁이 (固執-)
고집(固執)이 센 사람.

고찰 考察 | 생각할 고, 살필 찰
[consider; contemplate]
깊이 생각하여[考] 살핌[察]. ¶문제를 여러 각도에서 고찰하다.

고:참 古參 | 옛 고, 참여할 참
[seniority; old-timer]
오래[古] 전부터 참여(參與)한 사람. 오래 전부터 그 일에 종사하여 온 사람. ¶그녀는 이 회사에서 나보다 훨씬 고참이다.

고:철 古鐵 | 옛 고, 쇠 철
[scrap iron; steel scraps]
낡은[古] 쇠[鐵]. ¶고철을 모아 팔다.

고체 固體 | 굳을 고, 몸 체 [solid]
물리 쉽게 변형되지 않는 굳은[固] 물체[體]. ¶고체 연료.

고쳐-먹다 [turn over a new leaf]
다른 마음을 가지거나 달리 생각하다. ¶갑자기 마음을 고쳐먹었다.

고초 苦楚 | 괴로울 고, 가시나무 초
[hardship; privation]
❶속뜻 괴롭고[苦] 힘든 가시나무[楚] 길. ❷어려움. ¶갖은 고초를 다 겪다. ⓑ 고난(苦難), 고통(苦痛).

고추 [red pepper]
식물 긴 달걀꼴에 끝이 뾰족한 잎이 나는 풀. 긴 타원형 열매는 녹색인데 익어 가면서 빨갛게 되며, 매운맛을 내는 양념으로 많이 쓴다.

▸고추-장 (-醬, 젓갈 장)
메줏가루에 쌀·보리 따위로 질게 지은 밥이나 떡가루를 버무리고 고춧가루·소금을 넣어 담근 매운 장(醬).

▸고춧-가루
붉게 익은 고추를 말려 빻은 가루.

▸고추-잠자리
동물 몸이 고추처럼 붉고 날개는 누르스름하게 투명한 잠자리.

고추-냉이 [wasabi; horseradish]
식물 땅속줄기는 살이 많은 원주형으로 몹시 매운맛이 있어 향신료로 쓰는 풀.

고충 苦衷 | 괴로울 고, 속마음 충
[difficulties; predicament]
❶속뜻 괴로운[苦] 속마음[衷]. ❷어려운 사정. ¶다른 사람의 고충을 헤아리다.

고취 鼓吹 | 북 고, 불 취
[inspire with; stir up]
❶속뜻 북[鼓]을 치고 피리를 붊[吹]. ❷사상 따위를 열렬히 주장하여 널리 알림. ¶애국심을 고취하다. ❸용기를 북돋아 줌. ¶아이들은 선생님의 칭찬에 고취됐다.

고층 高層 | 높을 고, 층 층
[higher stories]
❶속뜻 높은[高] 층(層). ❷상공의 높은 곳. ❸층이 여러 겹으로 되어 있는 것. ¶고층 건물이 들어서다.

고치 [cocoon]
누에가 실을 토하여 제 몸을 둘러싸서 긴 타원형으로 얽어 만든 집.

고치다 (改, 고칠 개) [repair; correct]
❶고장이 난 물건을 손질하여 다시 쓸 수 있도록 하다. ¶기계를 고치다. ❷잘못된 일이나 마음을 바로잡다. ¶버릇을 고치다. ❸틀린 것을 바로잡다. ⓑ 수정(修正)하다, 정정(訂正)하다.

⁑고통 苦痛 | 괴로울 고, 아플 통
[pain; agony]
몸이나 마음이 괴롭고[苦] 아픔[痛]. ¶고통을 견디다. ⓑ 쾌락(快樂).

고패 [pulley]
깃발이나 두레박 따위 물건을 높은 곳에 달아 올렸다 내렸다 할 때 줄을 걸치는 작은 바퀴나 고리.

고-품질 高品質 | 높을 고, 물건 품, 바탕 질 [high quality]
우수하고 높은[高] 품질(品質). ¶고품질의 도서.

고프다 (餓, 굶주릴 아) [be hungry; famished]
배 속이 비어 음식을 먹고 싶다. ¶하루를 굶었더니 배가 몹시 고프다. ⓑ 부르다.

고하 高下 | 높을 고, 아래 하 [up and down]
❶ 속뜻 높음[高]과 낮음[下]. ❷지위나 등급, 신분 등의 높고 낮음이나 귀하고 천함. ¶지위의 고하에 상관없이 의견을 말하다. ❸값의 많고 적음. ¶값의 고하를 막론하고 사들이다. ⓑ 고저(高低), 귀천(貴賤).

고:-하다 (告—, 알릴 고) [announce]
알리다[告]. ¶웃어른께 모든 일을 다 고하였다.

고학 苦學 | 괴로울 고, 배울 학 [study under adversity]
괴롭게[苦] 학비를 스스로 벌어서 배움[學]. ¶그는 고학으로 대학을 졸업했다.
▶고학-생 苦學生 | 사람 생
학비를 스스로 벌어서 고생(苦生)하며 공부하는[學] 학생(學生). ¶야간 학교에 다니는 고학생.

고-학년 高學年 | 높을 고, 배울 학, 해 년
높은[高] 학년(學年). ⓑ 저학년(低學年).

고함 高喊 | 높을 고, 소리 함 [shout; yell]
크게[高] 외치는 목소리[喊]. ¶오라고 고함치다. ⓑ 큰소리, 함성(喊聲).

고행 苦行 | 괴로울 고, 행할 행 [penance; asceticism]
불교 괴로움[苦]을 감수하며 수행(修行)함.

⁑**고향** 故鄕 | 옛 고, 시골 향 [one's old home]
예전[故]에 살던 시골[鄕]. 태어나서 자란 곳. 조상 때부터 대대로 살아온 곳. ¶고향을 떠나다. ⓑ 타향(他鄕), 객지(客地).

고-혈압 高血壓 | 높을 고, 피 혈, 누를 압 [high blood pressure]
❶ 속뜻 혈압(血壓)이 정상보다 높은[高] 현상. ❷ 의학 고혈압증. ⓑ 저혈압(低血壓).

고형 固形 | 굳을 고, 모양 형 [solidity]
질이 단단하고[固] 일정한 모양과 부피를 가진 형체(形體). ¶고형 연료.

고환 睾丸 | 불알 고, 알 환 [testicles]
불알[睾=丸]. ¶고환이 퉁퉁 부었다.

고:희 古稀 | 옛 고, 드물 희 [seventy years of age]
❶ 속뜻 옛[古]부터 보기 드문[稀] 나이. ❷ '일흔 살'의 나이를 이르는 말. 두보의 시 '곡강'(曲江)에 나오는 '人生七十古來稀'에서 유래.

곡¹ 曲 | 노래 곡 [music; tune]
❶ 음악 '악곡'(樂曲)의 준말. ❷'곡조'(曲調)의 준말.

곡² 哭 | 울 곡 [wail]
❶크게 소리 내며 울다[哭]. ¶귀신이 곡할 노릇이다. ❷제사나 장례를 지낼 때에 일정한 소리를 내며 울다. ¶구슬프게 곡하는 소리.

곡-괭이 [hoe; pick]
농업 단단한 땅을 파는, 황새 주둥이 모양의 쇠 연장.

곡류 穀類 | 곡식 곡, 무리 류 [cereal; corn; grain]
쌀, 보리, 밀과 같은 곡식(穀食) 종류(種類)를 통틀어 이르는 말. ¶곡류 가격이 급등하다.

곡마 曲馬 | 굽을 곡, 말 마 [circus; equestrian feats]
말[馬]을 타고 부리는 여러 가지 곡예(曲

藝).

▸곡마-단 曲馬團 | 모일 단
곡마(曲馬)를 중심으로 여러 가지 곡예를 보여 주는 단체(團體). ㊐곡예단(曲藝團)

곡면 曲面 | 굽을 곡, 낯 면
[curved surface]
수학 평평하지 않고 굽은[曲] 면(面). 원기둥이나 공의 표면 따위. ㊎평면(平面).

곡명 曲名 | 노래 곡, 이름 명
[title of a musical composition]
음악 악곡(樂曲)의 이름[名]. ¶연주할 곡명은 무엇입니까? ㊐곡목(曲目).

곡목 曲目 | 노래 곡, 눈 목
[(musical) number]
음악 연주할 악곡(樂曲)이나 곡명(曲名)을 적어 놓은 목록(目錄). ㊐곡명(曲名).

*__곡물 穀物__ | 곡식 곡, 만물 물
[cereal; corn]
사람의 식량[穀]이 되는 먹을거리[物]. ¶곡물을 재배하다. ㊐곡식(穀食).

곡사 曲射 | 굽을 곡, 쏠 사
[high angle fire]
군사 탄환이 굽은[曲] 탄도로 높이 올라갔다가 목표물에 떨어지게 하는 사격(射擊).

▸곡사-포 曲射砲 | 대포 포
군사 곡사(曲射)를 하는 데 쓰이는 화포(火砲). ㊎직사포(直射砲).

*__곡선 曲線__ | 굽을 곡, 줄 선
[curved line; curve]
굽은[曲] 선(線). ¶원반이 곡선을 그리며 날다. ㊎직선(直線).

▸곡선-미 曲線美 | 아름다울 미
❶속뜻 곡선(曲線)으로 표현된 아름다움[美]. ❷육체의 곡선에서 나타나는 아름다움. ¶그 조각상은 곡선미가 뛰어나다.

곡성 哭聲 | 울 곡, 소리 성
[sound of keening; a wail]
우는[哭] 소리[聲]. ㊐곡소리.

곡-소리 (哭—, 울 곡) [wail]
곡(哭)하는 소리. ㊐곡성(哭聲).

**__곡식 穀食__ | 곡물 곡, 밥 식 [grain]
곡물[穀]로 만든 먹을거리[食]. 또는 그 곡물. ¶곡식이 잘 익었다.

곡예 曲藝 | 굽을 곡, 재주 예 [circus]
곡마(曲馬), 요술 따위 신기한 재주[藝]. 또는 그 활동. ¶곡예를 펼치다. ㊐기예(技藝).

곡절 曲折 | 굽을 곡, 꺾을 절
[reason; complications]
❶속뜻 굽음[曲]과 꺾임[折]. ❷복잡하게 뒤얽힌 사연이나 내용. ¶분명 무슨 곡절이 있을 것이다. ❸문맥 따위가 단조롭지 않고 변화가 많은 것. ㊐사정(事情), 내막(內幕).

곡조 曲調 | 노래 곡, 고를 조 [tune; air]
가락이 고르고 통일성을 이루는[調] 악곡(樂曲). ¶가사에 곡조를 붙이다.

곡창 穀倉 | 곡식 곡, 곳집 창
[granary; grain elevator]
❶속뜻 곡식(穀食)을 쌓아 두는 창고(倉庫). ❷곡식이 많이 나는 곳. ¶곡창 지대. ㊐곡향(穀鄕).

곡해 曲解 | 굽을 곡, 풀 해
[interpret wrongly; misconstrue]
사실과 어긋나게[曲] 잘못 생각함[解]. ¶나는 그의 말을 곡해했다. ㊐오해(誤解).

곤 坤 | 땅 곤
팔괘(八卦)의 하나. 땅[坤]을 상징하며, '☷'로 표시한다. ㊐곤괘(坤卦).

곤:경 困境 | 괴로울 곤, 처지 경
[trouble; difficulty]
곤란한[困] 처지[境]. 딱한 사정. ¶곤경에 빠지다. ㊐난관(難關).

곤:궁 困窮 | 괴로울 곤, 궁할 궁
[destitute; hard pressed]
곤란하고[困] 가난함[窮]. ¶곤궁한 생활을 하다. ㊎부유(富裕).

곤돌라 {이 gondola}
고층 건물의 옥상에 설치하여 아래로 늘어뜨려 짐을 오르내리는 시설.

곤두박-질 [falling headlong]
몸을 번드쳐 급히 거꾸로 박히는 일. ¶자동차가 논두렁에 곤두박질하다.

곤두-서다 [stand on end]
거꾸로 꼿꼿이 서다. ¶무서워서 머리털이 곤두서는 것 같다.

곤:란 困難 | 본음 [곤난], 괴로울 곤, 어려울 난 [difficult; suffer]
❶[속뜻]괴롭고[困] 어려움[難]. ❷처리하기 어려움. ¶지금은 통화하기가 곤란하다. ❸생활이 쪼들림. ❹괴로움.

⁑**곤봉 棍棒** | 몽둥이 곤, 몽둥이 봉 [club; cudgel]
❶[속뜻]짤막한 몽둥이[棍=棒]. ❷[운동]곤봉 체조에 쓰이는 운동 기구. 단단한 나무로 둥근 병 모양으로 만든다.

곤여만국전도 坤輿萬國全圖 | 땅 곤, 많을 여, 일만 만, 나라 국, 모두 전, 그림 도
❶[속뜻]땅[坤]위의 온갖[輿] 여러[萬] 나라[國] 전체(全體)를 그린 지도(地圖). ❷[지리]1602년에, 이탈리아의 선교사 마테오리치가 만든 세계 지도. 세계 지명이 한자로 적혀 있다.

곤:욕 困辱 | 괴로울 곤, 욕될 욕 [bitter insult; contempt]
괴롭고[困] 심한 모욕(侮辱). 또는 참기 힘든 일. ¶곤욕을 치르다 / 곤욕을 겪다.

곤장 棍杖 | 몽둥이 곤, 지팡이 장 [club]
지팡이[杖] 같이 긴 몽둥이[棍]. 옛날에 죄인의 볼기를 칠 때 사용했다.

곤죽 (-粥, 죽 죽) [quagmire; mess]
몹시 질어서 죽(粥)처럼 질퍽질퍽한 것. ¶밥이 곤죽이 되었다 / 비가 와서 길이 곤죽이다.

곤지 [red spot on a bride's brow]
전통 혼례식에서, 새색시의 이마에 찍는 붉은 점. ¶곤지를 찍다.

곤충 昆蟲 | 여러 곤, 벌레 충 [insect; bug]
❶[속뜻]여러[昆] 벌레[蟲]. ❷곤충류에 딸린 동물.

곤:-하다 (困-, 곤할 곤) [be tired; weary]
기운이 없고 나른하다[困]. ¶피로가 쌓여 몹시 곤하다.

곤:혹 困惑 | 괴로울 곤, 홀릴 혹
곤란(困難)한 일에 홀리어[惑] 어찌할 바를 모름. ¶곤혹스러운 질문을 받다.

곧 [at once; straightway]
그 때를 놓치지 않고 바로. ¶곧 떠나라.
[비] 즉시(即時).

곧다 (直, 곧을 직) [straight]
비뚤어지지 않고 똑바르다. ¶쪽 곧은 선.
[반] 굽다, 휘다.

♣ **곧다 / 바르다**[3] [비슷한 듯 다른 말]

◎ 앉아 있는 자세가 매우 곧다 = 바르다.
○ 그는 성품이 매우 곧다.
× 그는 성품이 매우 바르다.
○ 그 학생은 인사성이 바르다.
× 그 학생은 인사성이 곧다.

곧-바로 [straight; straightway]
❶머뭇거리지 않고 즉시. ¶밥을 먹고 곧바로 양치를 했다. ❷사실대로. ¶곧바로 말하지 못할까.

곧-바르다 [be straight and right]
굽지 않고 곧고 바르다. ¶등을 곧바르게 펴고 앉다.

곧은-길 [straight road]
바로 곧게 뻗어 나간 길. [반] 굽은길.

곧이-곧대로 [honestly; straightforwardly]
꾸밈이나 거짓이 없이 사실대로. ¶곧이곧대로 믿다.

곧이-듣다 [take seriously]
남의 말을 참말로 믿다. ¶그녀는 우스갯소리도 곧이듣는다.

곧-이어 [directly]

바로 뒤따라. ¶곧이어 9시 뉴스가 방송됩니다.

곧-잘 [well; well enough]
제법 잘. 꽤 잘. ¶그는 노래를 곧잘 한다.

곧장 [without delay; straight off]
❶똑바로 곧게. ¶이 길로 곧장 가오. ❷쉬지 않고 줄곧. ¶소식을 듣고 곧장 달려왔다.

곧추-서다 [stand upright]
꼿꼿이 서다.

골[1](腦, 골 뇌) [marrow; brain]
❶ 의학 머리뼈 속에 들어 있는 기관. ❷머릿속. ¶골이 아프다.

골[2][anger; temper]
벌컥 내는 화. ¶그는 골이 잔뜩 나 있다. ⓑ 성, 화(火).

골ː[3](谷, 골 곡) [valley]
골짜기. ¶골 깊어 물이 맑다.

골[4]{영 goal}
운동 축구·농구 따위에서 공을 넣어 득점하는 일. 또는 그 득점. ¶한 골 넣다.

골격 骨格 | 뼈 골, 격식 격
[frame; skeleton]
몸을 지탱하는 여러 가지 뼈[骨]의 조직이나 격식(格式). ¶골격이 좋다. ⓑ 뼈대, 골간(骨干).

골고루 [evenly; uniformly]
모두 고르게. '고루고루'의 준말. ¶음식을 골고루 먹다.

골ː다 [snore]
잠을 잘 때 콧구멍으로 드르렁 소리를 내다. ¶드렁드렁 코를 골다.

골다공-증 骨多孔症 | 뼈 골, 많을 다, 구멍 공, 증세 증
의학 무기질과 단백질이 줄어들어 뼈[骨]에 많은[多] 구멍[孔]이 생기는 것같이 골 조직이 엉성해지는 병증(病症).

골-대 (goal—) [goalpost]
축구·핸드볼 따위의 경기에 쓰는, 골(goal)의 문을 이루는 기둥.

골동 骨董 | 뼈 골, 견고할 동 [curio]
❶ 속뜻 뼈[骨]같이 견고한[董] 물건. ❷오래되었거나 희귀한 옛날의 기구나 예술품. ⓑ 고동(古董).

▸**골동-품 骨董品** | 물건 품
가치가 있는 오래된[骨董] 세간이나 미술품(美術品).

골똘-히 [intently; absorbedly]
모든 정신을 한 가지 일에만 쏟는. ¶골똘히 생각하다.

골ː라-내다 [pick out; choose]
여럿 중에서 골라 따로 집어내다. ⓑ 가려내다, 발라내다, 추려내다.

골리다 [offend a person]
남을 놀리어 약을 올리거나 골이 나게 하다.

골ː목 [side street; alley]
동네 가운데의 좁은 길. 큰길로 통하는 작은 길. ¶도둑은 막다른 골목에 다다랐다.

▸**골ː목-길**
동네 골목을 따라 난 길.

▸**골ː목-대장** (—大將, 큰 대, 장수 장)
한 골목 안에서 어린아이들의 대장(大將) 노릇을 하는 아이.

골몰 汨沒 | 빠질 골, 빠질 몰
[be immersed in]
오로지 한 가지 생각에만 빠짐[汨=沒]. ¶자신의 이익에만 골몰하다.

골무 [thimble]
바늘을 눌러 밀기 위하여 바늘 쥔 손가락 끝에 끼는 물건. ¶어머니는 골무를 끼고 수를 놓으셨다.

골-문 (goal門, 문 문) [goalmouth]
축구 따위에서, 공을 넣어 득점하게[goal] 되어 있는 문(門).

골미-떡
색떡의 밑에 받침으로 만든 흰 떡. ⓑ 골무떡.

골반 骨盤 | 뼈 골, 쟁반 반 [pelvis]

[의학] 고등 척추동물의 허리부분을 이루는 깔때기 모양의 크고 납작한 쟁반[盤]같은 뼈[骨].

골:-방 (—房, 방 방)
[back room; closet]
큰방 뒤쪽의 작은 방(房). ¶그는 며칠째 골방에 들어박혀 두문불출하였다.

골-백번 (—百番, 일백 백, 차례 번) [many times; many a time]
'여러 번'을 강조하여 이르는 말. ¶골백번 넘게 말해도 귀담아 듣지 않는다.

골-병 (—病, 병 병) [internal injury]
겉으로 나타나지 않고 속으로 깊이 든 병(病).

골:-뿌림법 (—法, 방법 법)
밭 고랑에 따라 줄이 지게 씨를 뿌리는 방법(方法).

골수 骨髓 | 뼈 골, 골수 수
[bone marrow]
❶[의학] 뼈[骨]의 내강(內腔)에 차 있는 누른빛 또는 붉은빛의 연한 조직[髓]. ¶골수 이식. ❷마음속. ¶원한이 골수에 맺히다.

골인 {영 goal in}
❶골(goal)에 들어감[in]. ❷목표에 도달함. ¶결혼에 골인하다.

골자 骨子 | 뼈 골, 접미사 자
일정한 내용에서 가장 요긴한[骨] 부분[子]. 가장 중요한 곳. ¶논쟁의 골자를 추려내다. [비] 요점(要點), 핵심(核心).

골재 骨材 | 뼈 골, 재료 재 [aggregate]
[건설] 콘크리트를 만들 때 뼈[骨]같이 기본이 되는 모래나 자갈 따위의 재료(材料).

골절 骨折 | 뼈 골, 꺾을 절 [fracture]
[의학] 뼈[骨]가 부러짐[折]. ¶다리가 골절되다. [반] 접골(接骨).

골조 骨組 | 뼈 골, 짤 조 [frame]
건물에 있어서 뼈대[骨]에 해당되는 주요 구조의 짜임[組]. ¶건물의 골조가 완성되었다.

골짜기 (峽, 골짜기 협)
[gully; dale; valley]
두 산 사이에 움푹 패어 들어간 곳. ¶강물이 골짜기를 굽이쳐 흐르고 있다. [준] 골짝. [비] 곡지(谷地). [반] 등성이, 능선(稜線).

골치 [brain]
'머릿골'의 낮춤말. ¶그 일로 골치가 아프다. [비] 골머리.

골칫-거리 [headache; nuisance]
성가시거나 처리하기 어려운 일이나 그러한 사람, 사물. ¶쓰레기 문제는 동네의 골칫거리다 / 길동이는 우리 반의 골칫거리다.

골-키퍼 {영 goal keeper}
[운동] 축구·하키·핸드볼 등에서, 골(goal)을 수비하는 선수[keeper]. ¶골키퍼는 손을 사용해서 공을 막을 수 있다.

골탕 [great injury]
한꺼번에 되게 입는 손해. ¶그는 친구를 믿었다가 골탕 먹었다.

골:-판지 (—板紙, 널빤지 판, 종이 지)
[corrugated cardboard]
판지의 한 면 또는 두 장의 판지 사이에 골이 진 얇은 종이를 덧붙인 판지(板紙).

골프 {영 golf}
[운동] 열여덟 군데의 홀(hole)에 공을 클럽으로 쳐서 들여보내는 운동 경기.
▸ 골프-장 (golf場, 마당 장)
골프(golf)를 하는 경기장(競技場).

곪:다 [form pus; ripen]
탈난 살에 염증이 생겨 고름이 들게 되다.

곯다[1] [rot; suffer internal injury]
속이 물크러져 상하다. ¶달걀이 곯았다.

곯다[2] [be underfed]
음식을 양(量)에 모자라게 먹거나 굶다. ¶열흘 동안 배를 곯았다. [비] 주리다.

곯아-떨어지다 [fall fast asleep]
잠이나 술에 몹시 취하여 정신을 잃고 자다. ¶아버지는 침대에 눕자마자 곯아떨어졌다.

곰: (熊, 곰 웅) [bear]

동물 깊은 산에 사는 포유동물. 몸이 비대하며 겨울에는 겨울잠을 잔다.

곰:곰-이 [musing over; deliberating]
여러모로 깊이 생각하는 모양. ¶네 행동을 곰곰이 되짚어 보아라.

곰:-국 [thickbeef soup]
쇠고기나 소의 뼈 등의 국거리를 흠씬 고아서 끓인 국.

곰:돌이 [bear]
'곰'을 귀엽게 이르는 말. ¶아빠가 곰돌이 인형을 사왔다.

곰방-대 [smoking pipe; pipe]
짧은 담뱃대. ㉥ 장죽(長竹).

곰:보 [pockmarked person]
얼굴이 얽은 사람.

곰:-삭다 [get well pickled]
젓갈 따위가 푹 삭다.

곰:-살궂다 [kind]
성질이 부드럽고 다정하다. ¶곰살궂게 굴다. ㉥ 자상하다.

곰:-탕 (一湯, 끓을 탕)
[thick beef soup served with rice]
소의 뼈나 곱창 따위의 국거리를 넣고 진하게 푹 고아서 끓인 국[湯].

곰:팡-이 [mold]
식물 습할 때 음식물·의복·기구 등에 나는 하등 균류의 총칭. ¶빵에 곰팡이가 피었다.

곱 [double]
수학 둘 이상의 수 또는 식을 곱하여 얻은 수치. ¶3과 5의 곱은 15이다. ㉥ 몫.

곱다[1] [go numb with cold]
손가락·발가락이 차서 감각이 없고 놀리기 어렵다. ¶너무 추워서 손가락이 곱았다.

곱:다[2] [pretty; beautiful]
보기에 산뜻하고 아름답다. ¶곱게 단장한 새색시. ㉥ 밉다, 추(醜)하다. 속담 가는 말이 고와야 오는 말이 곱다.

곱-빼기 [double measure]
음식의 두 몫을 한 그릇에 담은 분량. ¶자장면을 곱빼기로 시키다.

곱사-등이 [hunchback]
척추에 장애가 있어 등이 굽고 큰 혹 같은 것이 불룩 튀어나온 사람 등이 굽은 사람을 낮잡아 이르는 말. ㉥ 꼽추.

곱-셈 [multiply]
수학 어떤 수를 곱하여 셈함. 또는 그 셈. ㉥ 승산(乘算).

▸**곱셈-식** (一式, 법 식)
곱셈을 나타내는 식(式). '2×3=6' 따위. ㉥ 나눗셈식, 제산(除算).

▸**곱셈-표** (一表, 겉 표)
[multiplication table]
곱셈을 나타낸 표(表).

▸**곱셈-구구** (一九九, 아홉 구, 아홉 구)
[multiplication table]
1에서 9[九]로 이루어진 아홉[九] 개의 단을 서로 곱한 값을 나타내는 것. ㉥ 구구단(九九段).

곱슬곱슬-하다 [curly; frizzled]
털이나 실 따위가 고불고불하게 말려 있다. ¶머리가 곱슬곱슬하다.

곱슬-머리 [curly hair]
곱슬곱슬한 머리카락. 또는 머리카락이 그런 사람. ㉥ 고수머리.

곱-씹다 [rechew; repeat]
생각 따위를 곰곰이 되풀이하다. ¶그녀의 말을 곱씹어 보았다. ㉥ 되씹다.

곱-자 [carpenter's square]
'ㄱ'자 모양으로 90도 각도로 만든 자. ㉥ 곡척(曲尺), 기역자.

곱-절 [double it]
같은 수량을 몇 번이나 되짚어 합침. 또는 그런 셈. ㉥ 갑절, 배(倍), 두 배.

곱-창 [small intestine of a cow]
소의 소장(小腸). ¶곱창 구이.

곱-하기 [multiplication]
수학 곱셈을 하는 일. ㉥ 곱셈, 승산(乘算). ㉥ 나누기, 제산(除算).

곱-하다 [multiply]
둘 이상의 수를 몇 번 되짚어 합치다. ¶6에 4를 곱하면 24가 된다. (반) 나누다.

곳 (處, 곳 처) [place]
일정한 자리나 지역. ¶어느 곳으로 갈까? (비) 처소(處所), 장소(場所).

♣ 곳 / 장소(場所)

◎ 사고가 일어난 곳 = 장소
o 아픈 곳이 어디인가요?
× 아픈 장소가 어디인가요?
o 여기는 장소가 좁다.
× 여기는 곳이 좁다.

비슷한 듯 다른 말 ➲ 자리

곳간 庫間 | 곳집 고, 사이 간 [storage; warehouse]
❶ 속뜻 창고(倉庫)의 칸[間]. ❷물건을 간직해 두는 곳. ¶쌀가마를 곳간에 쟁이다. (비) 곳집, 창고(倉庫).

곳-곳 [everywhere; here and there]
여러 곳. 또는 이곳저곳. ¶제방 곳곳에 금이 생겼다. (비) 여러 곳, 여러 군데.

공:[1] (球, 공 구) [ball]
둥글게 만들어 그 속에 바람을 넣어 만든 운동 기구. ¶공을 차다.

공[2] 公 | 여럿 공 [public matters; public affairs]
여러 사람에게 관계되는 국가나 사회의 일. ¶공과 사의 구별이 분명하다. (반) 사(私).

공[3] 功 | 공로 공 [merits]
무엇을 하는데 들인 힘이나 노력. '공로'(功勞)의 준말. ¶이번 일이 성사된 데는 사장님의 공이 컸다 / 옆집 부부는 자식을 공을 들여 키운다. (반) 과실(過失). 속담 흘러가는 물도 떠 주면 공이다.

공[4] 空 | 빌 공 [empty; zero; circle]
❶속이 텅 빈 것. 또는 사실이 아닌 것. ❷값이 없는 수. '0'으로 표기한다. ¶공을 하나 붙이다. ❸부호 '○'의 이름. (비) 영(零).

⁑**공간** 空間 | 빌 공, 사이 간 [space]
❶ 속뜻 아무것도 없이 비어[空] 있는 곳[間]. ¶좁은 공간에 사람들이 빽빽이 들어섰다. ❷모든 방향으로 끝없이 펼쳐져 있는 빈 곳. ¶생활 공간 / 휴식 공간.

공:갈 恐喝 | 두려울 공, 꾸짖을 갈 [threat]
❶ 속뜻 두려움[恐]을 느끼도록 겁을 주고 꾸짖음[喝]. ❷'거짓말'을 속되게 이르는 말. ¶공갈로 돈을 갈취하다. (비) 협박(脅迫), 위협(威脅).

공:감 共感 | 함께 공, 느낄 감 [sympathize]
남들과 함께[共] 똑같이 느낌[感]. 또는 그런 감정. ¶그들의 고통을 공감하다.

▸**공감-대** 共感帶 | 띠 대
서로 공감(共感)하는 부분[帶]. ¶공감대를 이루다.

공개 公開 | 드러낼 공, 열 개 [open to the public]
일반에게 드러내어[公] 개방(開放)함. ¶공개 토론 / 정보를 공개하다. (반) 비공개(非公開).

▸**공개-적** 公開的 | 것 적
비밀로 하지 않고 공개(公開)하는 것[的]. ¶공개적으로 발표하다.

⁑**공:격** 攻擊 | 칠 공, 칠 격 [attack; assault]
❶ 속뜻 나아가 적을 침[攻=擊]. ¶적을 공격하다. ❷말로 상대편을 논박하거나 비난함. ❸운동 경기 따위에서 상대편을 수세에 몰아넣고 강하게 밀어붙임. (비) 공박(攻駁), 논란(論難). (반) 방어(防禦), 수비(守備).

▸**공:격-권** 攻擊權 | 권리 권
공격(攻擊)할 수 있는 권리(權利). 주로 농구나 배구 경기에서 많이 쓴다. ¶우리 팀이 공격권을 가지고 있다.

▸공:격-수 攻擊手 | 사람 수
순동 공격(攻擊)을 주로 맡고 있는 선수(選手). ⓑ 수비수(守備手).

▸공:격-적 攻擊的 | 것 적
공격(攻擊)하려는 태도를 취하려는 것[的]. ¶공격적인 태도를 보였다.

공경 恭敬 | 공손할 공, 존경할 경 [respect]
공손(恭遜)한 마음가짐으로 남을 존경(尊敬)함. ⓑ 구박(驅迫).

공고[1] 工高 | 장인 공, 높을 고
[technical high school]
교육 '공업고등학교'(工業高等學校)의 준말.

공고[2] 鞏固 | 묶을 공, 굳을 고
[make solid; solidify]
❶속뜻 묶어서[鞏] 굳게[固]함. ❷견고하고 튼튼하다. ¶기초를 공고히 다지다.

공고[3] 公告 | 드러낼 공, 알릴 고
[announce; give a public notice]
법률 국가기관이나 공공단체가 일반인에게 드러내어[公] 널리 알림[告]. ¶전투 경찰 모집 공고 / 헌법 개정안 공고.

▸공고-문 公告文 | 글월 문
널리 알리려는[公告] 의도로 쓴 글[文]. ¶게시판에 붙어있는 공고문.

공공 公共 | 여럿 공, 함께 공 [public]
여러 사람[公]들이 함께[共] 하거나 가짐. ¶공공의 복지를 위해 노력하다.

▸공공-요금 公共料金 | 삯 료, 돈 금
철도, 우편, 전신, 전화, 수도, 전기 따위 공익 사업[公共]에 대한 요금(料金).

공공연 公公然 | 드러낼 공, 드러낼 공, 그러할 연 [open; public]
❶속뜻 숨김이나 거리낌이 없이 그대로 드러나[公+公] 있다[然]. ❷지극히 공변되고 떳떳하다.

공과 公課 | 관공서 공, 매길 과
[public imposts; taxes]
국가나 지방자치단체[公]에서 국민에게 매기는[課] 세금이나 그 밖의 공법상의 부담.

▸공과-금 公課金 | 돈 금
관청[公]에서 매긴[課] 세금(稅金).

공교 工巧 | 장인 공, 솜씨 교 [elaborate]
❶속뜻 장인[工]같이 빼어난 솜씨[巧]. ¶공교한 조각 작품. ❷우연하고 교묘함. ¶공교롭게도 나는 아버지와 생일이 같다.

공-교육 公敎育 | 관공서 공, 가르칠 교, 기를 육 [public education]
교육 국가나 공공 단체 등이[公] 베푸는 교육(敎育). ⓑ 학교 교육. ⓑ 사교육(私敎育).

⁂공구 工具 | 장인 공, 갖출 구
[tool; instrument]
기계 따위를 만들거나 조작하는데[工] 쓰이는 기구(機具). ¶공구 상자.

공군 空軍 | 하늘 공, 군사 군
[air force; flying corps]
군사 하늘[空]을 지키는 군대(軍隊). 주로 항공기를 사용하여 적을 공격하거나 방어한다. ¶우리 오빠는 공군이다. ⓑ 육군(陸軍), 해군(海軍).

공권 公權 | 관공서 공, 권리 권
[civil rights; citizenship]
법률 공법(公法)상으로 인정된 권리(權利). ⓑ 사권(私權).

▸공권-력 公權力 | 힘 력
법률 국가나 공공단체가 법적으로 부여된 권리[公權]로 국민에 대하여 명령·강제하는 힘[力]. 또는 그 권력을 행사하는 국가.

공금 公金 | 관공서 공, 돈 금
[public money]
❶속뜻 국가나 공공단체[公]의 소유로 되어 있는 돈[金]. ❷단체나 회사의 돈. ¶공금을 제멋대로 써버리다. ⓑ 사비(私費).

***공:급 供給** | 이바지할 공, 줄 급 [supply; provide]
❶속뜻 물품 따위를 제공(提供)하여 줌[給]. ❷경제 교환하거나 판매하기 위하여 시장에 재화나 용역을 제공하는 일. ¶이

재민들에게 물을 공급하다. ㊥제공(提供), 조달(調達). ㊦수요(需要).

▸공:급-량 供給量 | 분량 량
경제 공급(供給)의 수량(數量). ¶원유 공급량을 줄이다.

▸공:급-원 供給源 | 근원 원
공급(供給)하는 원천(源泉)이 되는 곳. ¶산림은 산소의 공급원이다.

공:기[1] [jackstone; marbles]
다섯 개의 작은 돌을 땅바닥에 놓고 집고 받는 아이들의 놀이. 또는 그 돌. ¶공기를 가지고 놀다.

공기[2] **空器** | 빌 공, 그릇 기 [bowl]
❶ 속뜻 아무것도 담겨 있지 않은 빈[空] 그릇[器]. ❷위가 넓게 벌어지고 밑이 좁은 작은 그릇. ❸밥 따위를 담아 그 분량을 세는 단위. ¶밥 세 공기 주세요.

⁑**공기**[3] **空氣** | 하늘 공, 기운 기
[air; atmosphere]
❶ 속뜻 하늘[空]에 가득한 대기(大氣). ❷지구를 둘러싼 대기의 하층부를 구성하는 기체. ¶신선한 공기. ❸그 자리에 감도는 기분이나 분위기. ¶공기가 심상찮다. ㊥상황(狀況).

▸공기-총 空氣銃 | 총 총
압축 공기(空氣)의 힘을 이용하여 탄알이 나가도록 만든 총(銃). ¶꿩을 겨누어 공기총을 쏘았다.

▸공기-뿌리 (空氣-)
식물 땅속에 있지 않고 공기(空氣) 중에 노출되어 공기·양분을 섭취하는 뿌리. 풍란(風蘭) 등에서 보인다. ㊥기근(氣根).

공-기업 公企業 | 관공서 공, 꾀할 기, 일 업
[public enterprise]
경제 국가 또는 공공단체[公] 등이 경영하는 기업(企業). ㊦사기업(私企業).

공:깃-돌 [jackstone; pebble]
공기놀이에 쓰는 밤톨만한 돌.

공납 公納 | 관공서 공, 바칠 납
[public imposts; taxes]
관공서(官公署)에 의무적으로 조세를 내는[納] 일.

▸공납-금 公納金 | 돈 금
❶ 속뜻 관공서(官公署)에 의무적으로 납부(納付)하는 돈[金]. ❷학생이 학교에 정기적으로 내는 돈.

공:-놀이 [play ball]
공을 가지고 노는 놀이.

공단[1] **工團** | 장인 공, 모일 단
[industrial complex]
공업 국가나 지방단체가 미리 공장용 부지를 조성하여 공업(工業)과 관련된 공장을 유치한 단지(團地). '공업단지'의 준말. ¶개성공단.

공단[2] **公團** | 관공서 공, 모일 단
[public corporation]
법률 국가적[公] 사업을 수행하기 위하여 설립한 단체(團體)의 특수 법인. ¶의료보험공단.

공:단[3] **貢緞** | 바칠 공, 비단 단
[woven silk without patterns; satin]
❶ 속뜻 조공(朝貢)으로 바치던 비단[緞]. ❷두껍고, 무늬는 없지만 윤기가 도는 비단. ¶붉은색 공단으로 만든 한복.

공덕 功德 | 공로 공, 베풀 덕
[merit and virtue]
❶ 속뜻 공적(功績)과 덕행(德行). ❷ 불교 현재 또는 미래에 행복을 가져올 선행을 이르는 말. ¶공덕을 쌓다.

공동[1] **公同** | 여럿 공, 한가지 동 [together]
여럿이[公] 함께 하거나[同] 서로 관계됨.

⁑**공:동**[2] **共同** | 함께 공, 같을 동 [cooperate with]
❶ 속뜻 두 사람 이상이 함께[共] 같이함[同]. ❷두 사람 이상이 동등한 자격으로 결합함. ¶공동으로 운영하다. ㊥합동(合同). ㊦단독(單獨).

▸공:동-체 共同體 | 몸 체
같은 이념을 가지고 함께[共同] 행동하는 단체(團體). ¶가족은 운명 공동체이다.

공-들다 (功—, 공로 공 [take much labor; cost strenuous effort]
어떤 일을 이루는 데 정성과 노력이 많이 들다. ¶공들여서 만든 작품. 속담 공든 탑이 무너지랴.

공란 空欄 | 빌 공, 칸 란 [blank]
지면의 빈[空] 칸[欄]. ¶맞는 답을 공란에 적어 넣으시오.

공:략 攻略 | 칠 공, 빼앗을 략 [attack]
군사 군대의 힘으로 적의 영토 따위를 공격(攻擊)하여 빼앗음[略]. ¶적진을 공략하다.

공로 功勞 | 공로 공, 일할 로
[meritorious deed; merits]
어떤 일[勞]에 이바지한 공적(功績). ¶공로를 치하하다. ㊐ 공훈(功勳).

공론 公論 | 여럿 공, 말할 론
[public opinion; consensus]
사회 전체 여러 사람[公]의 여론(輿論). ¶공론이 분분하다. ㊐ 세론(世論). ㊥ 사론(私論).

공:룡 恐龍 | 두려울 공, 용 룡 [dinosaur]
❶ 속뜻 두렵게[恐] 보이는 용(龍). ❷ 동물 중생대의 쥐라기에서 백악기에 걸쳐 살았던 거대한 파충류의 화석동물을 통틀어 이름.

공리 公利 | 여럿 공, 이로울 리
[public interest]
여러 사람[公]의 이익(利益). ¶공리 단체. ㊥ 사리(私利).

공립 公立 | 관공서 공, 설 립
[public institution]
지방공공단체[公]가 설립(設立)하여 운영하는 일. 또는 그 시설. ¶공립 도서관. ㊥ 사립(私立).

공명[1] 功名 | 공로 공, 이름 명
[glorious deed]
공(功)을 세워 이름[名]을 널리 알림.

공:명[2] 共鳴 | 함께 공, 울 명
[echo; resound; sympathize]
❶ 속뜻 한 물체가 외부의 음파에 자극되어 함께[共] 울림[鳴]. ❷남의 사상이나 의견 따위에 동감(同感)함. ㊐ 공진(共振), 공감(共感).

공명[3] 公明 | 공정할 공, 밝을 명
[fair; open; square]
사사로움이 없이 공정(公正)하고 숨김없이 명백(明白)하다. ¶공명한 판결.

▶ **공명정대** 公明正大 | 바를 정, 큰 대
마음이 공명(公明)하며 조금도 사사로움이 없이 바름[正大]. ¶공명정대하게 일을 처리하다.

공모 公募 | 드러낼 공, 뽑을 모
[invite public participation]
일반에게 드러내어[公] 널리 모집(募集)함. ¶새 이름을 공모하다.

▶ **공모-전** 公募展 | 펼 전
공개(公開)하여 모집(募集)한 작품의 전시회(展示會).

공무[1] 工務 | 장인 공, 일 무 [engineering works]
❶ 속뜻 공장[工]의 사무[務]. ❷토목·건축에 관한 일.

▶ **공무-국** 工務局 | 관청 국
신문사나 출판사에서 주로 문선, 식자, 인쇄, 제본 따위의 일[工務]을 맡아보는 부서[局].

공무[2] 公務 | 관공서 공, 일 무
[public duties]
국가나 공공단체[公]의 사무(事務). 공무원의 직무. ¶공무 집행 방해죄 / 그는 공무로 바쁘다. ㊐ 공사(公事). ㊥ 사무(私務).

▶ **공무-원** 公務員 | 사람 원
국가나 지방 공공 단체의 공무(公務)를 맡아보는 사람[員]. ¶교육 공무원. ㊐ 공직자(公職者).

공문 公文 | 관공서 공, 글월 문
[official document]
관공서[公]의 문서(文書). '공문서'의 준말.

공-문서 公文書 | 관공서 공, 글월 문, 글 서
[official document]
❶[속뜻]공적(公的)인 문서(文書). ❷공무원이 직무상 작성한 문서. 공무에 관한 모든 서류. [준]공문. [반]사문서(私文書).

공:물 貢物 | 바칠 공, 만물 물 [tribute]
[역사]나라에 세금으로 바치던[貢] 지방의 특산물(特産物). [비]폐공(幣貢), 조공(租貢).

공방[1] 工房 | 장인 공, 방 방
[workshop; studio]
❶[속뜻]장인[工]의 작업실[房]. ¶도예 공방. ❷[역사]조선 시대에 공전(工典)에 관한 일을 맡아보던 공방의 하나. ❸[역사]지방 관아에 있는 공방의 아전.

공:방[2] 攻防 | 칠 공, 막을 방
[offense and defense]
적을 공격(攻擊)하는 것과 적의 공격을 방어(防禦)하는 일. ¶양측의 공방이 치열하다.

▸**공:방-전** 攻防戰 | 싸울 전
공격(攻擊)과 방어(防禦)를 번갈아 하며 싸우는[戰] 것.

공-배수 公倍數 | 여럿 공, 곱 배, 셀 수
[common multiple]
[수학]두 개 이상의 정수에 공통[公]이 되는 배수(倍數). [반]공약수(公約數).

공백 空白 | 빌 공, 흰 백
[blank space; marginal space]
❶[속뜻]텅 비어[空] 아무것도 없음[白]. ❷종이 따위에 글씨를 쓰거나 그림을 그리고 남은 자리. ¶궁금한 점을 공백에 적었다. [비]여백(餘白).

공:범 共犯 | 함께 공, 범할 범
[accomplice; confederate]
[법률]몇 사람이 함께[共] 저지른 범죄(犯罪). 또는 그 사람. ¶공범을 체포하다 / 이 사건은 세 사람이 공범했다. [반]단독범(單獨犯).

공보 公報 | 공공 공, 알릴 보
[official report]
관공서(官公署) 등이 일반에게 각종 활동 사항을 알리는[報] 일. [반]사보(私報).

공복 空腹 | 빌 공, 배 복
[hunger; empty stomach]
아무것도 먹지 않아 비어[空] 있는 배[腹]. 빈 속. ¶이 약은 공복에 먹어야 한다.

⁑**공부** 工夫 | 장인 공, 사나이 부
[study; learn]
❶[속뜻]공사(工事)나 작업에 동원된 인부(人夫). ❷학문이나 기술을 배우고 익힘. ¶공부는 늙어 죽을 때까지 해도 다 못한다. [비]학습(學習).

♣ **공부하다 / 익히다**[2] — 비슷한 듯 다른 말

◎ 한자를 공부하다 = 익히다.
o 나는 종종 도서관에서 공부한다.
× 나는 종종 도서관에서 익힌다.
o 기술을 익히다.
× 기술을 공부하다.

▸**공부-방** 工夫房 | 방 방
공부(工夫)하기 위하여 따로 마련한 방(房). ¶공부방이 있으면 좋겠다.

공:비 共匪 | 함께 공, 도둑 비
[red guerrillas]
❶[속뜻]공산당(共産黨)을 도둑[匪]에 비유한 말. ❷중국에서 공산당의 지도 아래 활동하던 게릴라를 이르는 말. ¶공비를 소탕하다.

공사[1] 公私 | 여럿 공, 사사로울 사
[public and private affairs]
❶[속뜻]여러 사람[公]의 것과 한 사람[私]의 것. ❷공적(公的)인 일과 사적(私的)인 일. ¶공사를 명확히 구별하다.

공사[2] 公社 | 여럿 공, 회사 사
[public corporation]
[법률]국가가 공공(公共)의 이익을 위하여 설립된 기업체[社]. 한국방송공사, 한국전력공사 따위.

공사³空士 | 하늘 공, 선비 사 [Air Force Academy]
군사 공군(空軍) 장교[士]를 양성하는 4년제 정규 군사 학교. '공군사관학교'(空軍士官學校)의 준말.

⁑공사⁴工事 | 장인 공, 일 사 [construct; build]
토목이나 건축[工] 등에 관한 일[事]. ¶이 공사는 완성에 3년이 걸렸다.
▸공사-비 工事費 | 쓸 비
공사(工事)에 드는 비용(費用).
▸공사-장 工事場 | 마당 장
공사(工事)를 하고 있는 곳[場]. 공사 현장(現場).

공사⁵ 公使 | 관공서 공, 부릴 사 [(diplomatic) minister]
법률 국가[公]를 대표하여 파견되는 외교 사절(使節).
▸공사-관 公使館 | 집 관
법률 공사(公使)가 주재지에서 사무를 맡아보는 공관(公館). 국제법상 본국의 영토로 인정되어 있다.

공산¹公算 | 여럿 공, 셀 산 [probability; likelihood]
❶ 속뜻 여러 사람[公]들이 확실하다고 생각하는 셈[算]. ❷확실성의 정도. ¶이길 공산이 크다.

공산²工產 | 장인 공, 낳을 산
공업(工業)으로 생산(生產)함.
▸공산-품 工產品 | 물건 품
공업(工業)으로 생산(生產)한 물건[品]. ¶공산품 가격이 상승하다. 반 농산품(農產品), 수산품(水產品).

***공:산³共產** | 함께 공, 낳을 산 [common property]
❶ 속뜻 공동(共同)으로 생산(生產)하고 관리함. ❷ 사회 '공산주의'(共產主義)의 준말.
▸공:산-당 共產黨 | 무리 당
정치 공산주의(共產主義)의 실현을 목표로 하는 정당(政黨).
▸공:산 국가 共產國家 | 나라 국, 집 가
정치 공산주의(共產主義)를 신봉하고 그 주의에 따라 정치를 하는 나라[國家].
▸공:산-주의 共產主義 | 주될 주, 뜻 의
개인의 사유를 부인하고 공동생산[共產]·소유를 주장하는 정치이념[主義].

공상 空想 | 빌 공, 생각 상 [fancy]
실행할 수 없거나 실현될 수 없는 헛된[空] 생각[想]. ¶공상에 빠지다. 비 몽상(夢想). 반 현실(現實).

공:생 共生 | 함께 공, 살 생 [live together]
❶ 속뜻 서로 도움을 주며 함께[共] 생활(生活)함. ❷ 생물 다른 종류의 생물이 서로 이익을 주고받으며 한 곳에서 사는 일. ¶말미잘과 흰동가리는 공생 관계에 있다.

공석 公席 | 여럿 공, 자리 석 [presence of the public]
❶ 속뜻 여러 사람[公]이 모인 자리[席]. ¶공석에서는 사담을 하지 맙시다. ❷공적인 업무를 맡아보는 직위. ¶공석에 앉은 몸으로 함부로 처신할 수 없다. 반 사석(私席).

공설 公設 | 관공서 공, 세울 설 [public installation]
국가나 공공단체[公]에서 설립(設立)함. ¶공설 운동장. 비 공립(公立). 반 사설(私設).

공:세 攻勢 | 칠 공, 세력 세 [offensive]
공격(攻擊)하는 세력(勢力)이나 태세. ¶질문 공세를 퍼붓다. 반 수세(守勢).

공소 公訴 | 관공서 공, 하소연할 소 [arraign; prosecute]
법률 검사[公]가 형사사건에 관하여 법원에 재판을 청구하는[訴] 일. ¶공소를 제기하다.

***공손 恭遜** | 공손할 공, 겸손할 손 [polite]
예의 바르고[恭] 겸손(謙遜)하다. ¶공손한 태도. 비 겸손(謙遜)하다. 반 오만(傲

慢)하다.

공:수[1] 攻守 | 칠 공, 지킬 수
[offense and defense]
공격(攻擊)과 수비(守備). ¶그 팀은 공수가 다 약하다.

공수[2] 空輸 | 하늘 공, 나를 수
[air transport]
교통 '항공수송'(航空輸送)의 준말. ¶공수부대.

공습 空襲 | 하늘 공, 습격할 습 [air raid]
군사 비행기로 공중(空中)에서 습격(襲擊)하는 일. ¶공습훈련.

▸공습-경보 空襲警報 | 타이를 경, 알릴 보
적의 공습(空襲)이 있을 때 알리는 경보(警報). ¶공습 경보를 해제하다.

공시 公示 | 드러낼 공, 보일 시
[announce officially]
법률 어떤 사실을 일반에게 드러내어[公] 널리 보여줌[示]. ¶공시 가격 / 회의 결과를 공시하다.

공식 公式 | 여럿 공, 법 식
[formality; formula]
❶속뜻 여러 사람[公]에게 널리 알려진 방식(方式). ¶공식 회담. ❷수학 계산의 법칙 따위를 문자와 기호로 나타낸 식. ¶공식에 대입해 문제를 풀다. ⓑ비공식(非公式).

▸공식-적 公式的 | 것 적
공적(公的)인 방식(方式)을 취하는 것[的]. ¶공식적인 권한. ⓑ사적(私的).

공신[1] 功臣 | 공로 공, 신하 신
[meritorious retainer; vassal of merit]
나라에 공로(功勞)가 있는 신하(臣下). ¶건국 공신.

공신[2] 公信 | 여럿 공, 믿을 신
[public confidence]
❶속뜻 여러 사람[公]들이 믿음 [信]. ❷경제 국가의 신용(信用).

▸공신-력 公信力 | 힘 력
법적·사회적으로[公] 믿을[信] 수 있다고 인정할만한 효력(效力). ¶이 기사는 공신력이 있다.

공약 公約 | 공공 공, 묶을 약
[public promise]
❶속뜻 일반인을 대상으로 공식적(公式的)으로 한 약속(約束). ¶선거공약을 내걸다. ❷법률 법적 효력을 지닌 계약.

공-약수 公約數 | 여럿 공, 묶을 약, 셀 수
[common measure]
수학 두 개 이상[公]의 정수에 공통이 되는 약수(約數). ⓑ공배수(公倍數).

공:양 供養 | 드릴 공, 기를 양
[take care of; offer]
❶속뜻 양생(養生)에 필요한 음식을 드림[供]. 음식을 드림. ❷불교 부처에게 음식물을 바치는 일. ⓑ봉양(奉養), 불공(佛供).

▸공:양-미 供養米 | 쌀 미
불교 부처에게 공양(供養)으로 드리는 쌀[米].

공언 公言 | 여럿 공, 말씀 언
[declare; profess]
❶속뜻 여러 사람[公]에게 한 말[言]. ¶그는 사퇴를 공언했다. ❷공평한 말. ⓑ공담(公談).

⁑공업 工業 | 장인 공, 일 업 [industry]
인공(人工)을 가하여 물품을 만드는 산업(産業). ¶공업을 진흥시키다.

▸공업-국 工業國 | 나라 국
공업(工業)이 산업의 대부분을 차지하는 나라[國].

▸공업-용 工業用 | 쓸 용
공업(工業)에 쓰임[用].

▸공업-화 工業化 | 될 화
❶속뜻 공업(工業)이 일어나게 하는[化] 일. ❷산업의 중점이 농업이나 광업에서 제조 공업으로 발달하여 가는 현상. ¶농촌이 급속히 공업화되었다.

공연[1] 空然 | 빌 공, 그러할 연
[vain; fruitless]

까닭 없이[空] 그렇게[然]. 이유나 필요 없이. ¶공연한 짓을 하다 / 공연히 트집을 잡다. ⓑ 부질없다.

공연² 公演 | 여럿 공, 펼칠 연 [perform]
연극이나 음악, 무용 등을 여러 사람[公]이 모인 자리에서 펼쳐[演]보임.

▶**공연-장** 公演場 | 마당 장
극장, 콘서트홀 따위의 공연(公演)을 하는 장소(場所). ¶공연장을 가득 메운 관객.

공영 公營 | 여럿 공, 꾀할 영
[public management]
여러 사람[公]들의 이익을 꾀함[營]. ¶공영 기업 / 공영방송. ⓑ 사영(私營), 민영(民營).

공예 工藝 | 장인 공, 재주 예
[industrial arts]
❶속뜻 물건을 만드는[工] 기술에 관한 재주[藝]. ❷직물, 칠기, 도자기 따위의 실용적이면서도 아름다운 물건을 만드는 기술. ¶도자기 공예.

▶**공예-품** 工藝品 | 물건 품
예술적인 조형미를 조화시켜서 만든[工藝] 작품(作品).

공:용¹ 共用 | 함께 공, 쓸 용
[common use]
공동(共同)으로 씀[用]. ¶남녀 공용 / 이곳은 영어와 프랑스어를 공용한다. ⓑ 전용(專用).

공용² 公用 | 여럿 공, 쓸 용
[official business; official duty]
❶속뜻 여러 사람[公]들이 함께 씀[用]. ¶공용 물품. ❷공적인 용무. ❸관청이나 공공단체의 비용. ¶공용을 아껴 썼다. ⓑ 공무(公務), 공비(公費).

▶**공용-어** 公用語 | 말씀 어
❶속뜻 국가나 공공 단체에서 공식적(公式的)으로 쓰는[用] 말[語]. ❷한 나라에 여러 언어가 있을 때 정식 국어로 인정되어 있는 공통어.

*__공원__ 公園 | 여럿 공, 동산 원
[park; public garden]
여러 사람[公]들이 이용하는 놀이 동산[園]. 공공의 휴식 공간을 말한다. ¶공원으로 산책을 가다.

공유¹ 公有 | 관공서 공, 있을 유
[public ownership]
국가 또는 공공 단체[公]의 소유(所有). ⓑ 사유(私有).

공:유² 共有 | 함께 공, 있을 유
[joint ownership]
공동(共同)으로 소유(所有)함. ¶정보를 공유하다. ⓑ 독점(獨占).

공이 [pounder; pestle]
❶절구나 돌확에 든 물건을 찧거나 빻는 기구. ❷군사 탄환의 뇌관을 쳐 폭발하게 하는 송곳 모양의 총포의 한 부분. ⓑ 격침(擊針).

공익 公益 | 여럿 공, 더할 익
[public good]
개인이 아닌 여러 사람[公]의 이익(利益). ¶공익광고 / 공익을 도모하다. ⓑ 사익(私益).

공인¹ 公人 | 여럿 공, 사람 인
[public person]
❶속뜻 국가 또는 사회[公]를 위하여 일하는 사람[人]. ❷공직(公職)에 있는 사람. ¶공무원은 공인으로서 져야할 책임이 있다. ⓑ 사인(私人).

공인² 公認 | 여럿 공, 알 인
[recognize officially]
❶속뜻 여러 사람[公]이 다 같이 인정(認定)함. ❷국가나 공공 단체가 인정함.

공자 公子 | 귀인 공, 아들 자
[young nobleman]
지체가 높은 귀인[公]의 아들[子].

공:작¹ 孔雀 | 구멍 공, 참새 작 [peacock]
동물 꿩과의 새[雀]. 머리 위에 10cm 정도의 깃털이 삐죽하게 있으며[孔], 수컷이 꽁지를 펴면 큰 부채와 같으며 오색찬란하다. 암컷은 수컷보다 작고 꼬리가 짧으

며 무늬가 없다.

공작²公爵 | 귀인 공, 벼슬 작 [duke]
오등작(五等爵) 중에 첫째인 공(公)에 해당되는 작위(爵位). 또는 그 작위를 가진 사람. ¶켄트 공작. 참후작(侯爵), 백작(伯爵), 자작(子爵), 남작(男爵).

공작³工作 | 장인 공, 지을 작
[construct; maneuver]
❶속뜻물건을 만드는[工=作] 일. ¶공작 시간에 연필꽂이를 만들었다. ❷어떤 목적을 위하여 미리 일을 꾸밈. ¶방해 공작을 벌이다. 비작업(作業), 작전(作戰).

▶공작-물 工作物 | 만물 물
❶속뜻재료를 기계적으로 가공하고 조립하여 만든[工作] 물건(物件). ❷법률땅 위나 땅속에 인공을 가하여 제작한 물건.

▶공작-실 工作室 | 방 실
간단한 기구나 물품을 만들[工作] 수 있는 시설을 갖추어 놓은 방[室].

⁑**공장 工場** | 장인 공, 마당 장 [factory]
근로자가 기계 등을 사용하여 물건을 가공·제조하거나 수리·정비하는[工] 시설이나 장소(場所).

▶공장-장 工場長 | 어른 장
공장(工場)의 우두머리[長].

공적¹公的 | 여럿 공, 것 적
[be public; official]
❶속뜻여러 사람[公]들을 위한 것[的]. ❷여러 사람들에게 공개됨. ¶공적인 장소에서는 말과 행동을 조심해야 한다. 반사적(私的).

공적²功績 | 공로 공, 실적 적 [achievement]
공로(功勞)의 실적(實績). 쌓은 공로(功勞). ¶그는 학계 발전에 큰 공적을 세웠다. 비공훈(功勳).

공전¹公轉 | 섬길 공, 구를 전 [revolve]
천문한 천체가 다른 천체를 섬기듯이[公] 그 둘레를 주기적으로 도는[轉] 일. ¶달은 지구를 공전한다. 반자전(自轉).

공전²空轉 | 빌 공, 구를 전
[skid; run idle]
❶속뜻바퀴가 헛[空]도는[轉] 일. ❷일이나 행동이 헛되이 진행됨.

공정¹工程 | 장인 공, 과정 정 [progress of work]
기술적 작업[工]이 진행되어 가는 과정(過程).

*__공정²公正__ | 공평할 공, 바를 정
[just; fair]
공평(公平)하고 올바름[正]. ¶일을 공정히 처리하다 / 공정한 재판. 비공명정대(公明正大). 반불공정(不公正).

공:제 控除 | 당길 공, 덜 제 [deduct]
❶속뜻당겨서[控] 빼냄[除]. ❷받을 몫에서 일정한 금액이나 수량을 빼냄. ¶월급에서 세금을 공제하다.

공:존 共存 | 함께 공, 있을 존
[coexist with]
함께[共] 존재(存在)함. 함께 살아감. 비공생(共生).

*__공주 公主__ | 귀인 공, 주될 주
[(royal) princess]
정실 왕비가 낳은 임금의 딸. 옛날 중국에서, 왕이 그 딸을 제후에게 시집보낼 때 삼공(三公)이 그 일을 주관(主管)하도록 한 데서 유래되었다. 반왕자(王子).

▶공주-병 公主病 | 병 병
여성이 마치 자기 자신이 공주(公主)처럼 예쁘다고 착각하는 일이나 병증(病症).

공중¹公衆 | 여럿 공, 무리 중
[general public]
여러 사람[公]의 무리[衆]. 일반 사람들. ¶공중 도덕(道德)/공중 전화(電話).

▶공중-도덕 公衆道德 | 길 도, 베풀 덕
공중(公衆)의 복리를 위하여 모두가 지켜야 할 도덕(道德).

⁑**공중²空中** | 하늘 공, 가운데 중
[air; sky]
하늘[空]의 한가운데[中]. 하늘과 땅 사이의 빈 곳. ¶새가 공중으로 날아올랐다. 비

허공(虛空). [반] 육상(陸上), 해상(海上).

▶공중-제비 (空中―)
두 손을 땅에 짚고 두 다리를 공중(空中)으로 쳐들어서 반대 방향으로 넘는 재주. [비] 텀블링(tumbling).

공지 公知 | 여럿 공, 알 지
[announce; notify]
여러 사람[公]에게 널리 알림[知]. ¶학생들에게 변경된 시험 날짜를 공지하다.

공직 公職 | 관공서 공, 일 직
[official position]
국가나 지방 공공단체[公]에서 맡은 직무(職務).

▶공직-자 公職者 | 사람 자
공무원, 국회의원 따위의 공직(公職)에 종사하는 사람[者]. ¶고위 공직자.

공짜 (空―, 빌 공) [free charge]
대가를 들이지 않고 거저[空] 얻음. ¶나는 그것을 공짜로 준다고 해도 싫다. [비] 무료(無料). [반] 유료(有料).

공ː-차기 [kick a ball]
공을 차며 하는 운동이나 놀이.

***공책 空冊** | 빌 공, 책 책 [notebook]
글씨를 쓸 수 있게 아무것도 쓰여지지 않은[空] 종이를 매어 놓은 책(冊).

공ː처 恐妻 | 두려울 공, 아내 처
[afraid of his wife]
❶[속뜻] 아내[妻]를 두려워함[恐]. ❷남편을 눌러 쥐여 살게 하는 아내.

▶공ː처-가 恐妻家 | 사람 가
아내[妻]를 두려워하는[恐] 사람[家].

공청-회 公聽會 | 여럿 공, 들을 청, 모일 회
[public hearing]
[정치] 국가나 공공 단체가 중요 안건을 결정하기 전에 여러[公] 사람의 의견을 듣기[聽] 위해 여는 모임[會]. 또는 그런 제도.

공ː출 供出 | 이바지할 공, 날 출
[offer to the government]
나라에 내어[供] 놓음[出]. 또는 나라에 바침. ¶강제 공출 / 관청에서는 백성들의 숟가락까지도 공출해 갔다.

공-치사¹ 功致辭 | 공로 공, 보낼 치, 말씀 사
[praise oneself]
자기가 수고한 것을[功] 빛내려고 스스로 자랑하여 말함[致辭]. ¶자기 공치사를 늘어놓다.

공-치사² 空致辭 | 빌 공, 보낼 치, 말씀 사
[empty compliments]
빈[空] 말[辭]로 치하(致賀)함. 빈말로 칭찬함. ¶뻔한 공치사는 필요 없다.

공-터 (空―, 빌 공) [vacant lot]
빈[空] 터. ¶집 앞 공터에서 고무줄놀이를 하다.

***공ː통 共通** | 함께 공, 통할 통
[be common]
여럿 사이에 두루[共] 통용(通用)되거나 관계됨.

▶공ː통-적 共通的 | 것 적
여럿 사이에 두루[共] 통(通)하거나 관계하는 것[的]. ¶공통적인 현상.

▶공ː통-점 共通點 | 점 점
여럿 사이에 두루[共] 통(通)하는 점(點). ¶버스와 지하철은 공통점이 있다. [비] 유사점(類似點). [반] 차이점(差異點).

▶공ː통-분모 共通分母 | 나눌 분, 어머니 모
[수학] 분모가 다른 분수들을 함께[共] 통분(通分)한 분모(分母). [준] 공분모.

공ː판 共販 | 함께 공, 팔 판
[join to marketing]
[경제] 판매 조합 따위를 통하여 공동(共同)으로 하는 판매(販買). '공동판매'의 준말.

▶공ː판-장 共販場 | 마당 장
[경제] 공동(共同)으로 판매(販賣)하는 장소(場所). ¶공판장에서 인삼을 샀다.

공평 公平 | 공정할 공, 평평할 평
[fair; impartial]
공정(公正)하여 어느 한쪽으로 치우치지 아니함[平]. ¶공평한 판단을 내리다. [비] 공정(公正). [반] 불공평(不公平).

공포[1]公布 | 드러낼 공, 펼 포 [proclaim]
❶속뜻 공개적(公開的)으로 퍼트려[布] 널리 알게 함. ❷법률 새로 제정된 법령이나 조약 등을 국민에게 두루 알림. 또는 그 절차. ¶앙리 4세는 낭트칙령을 공포했다.

공:포[2]恐怖 | 두려울 공, 두려워할 포 [fear; terror]
무서워[恐] 두려워함[怖]. ¶죽음의 공포 / 공포에 떨다.

▶공:포-감 恐怖感 | 느낄 감
무섭고[恐] 두려운[怖] 느낌[感].

▶공:포-심 恐怖心 | 마음 심
무섭고[恐] 두려운[怖] 마음[心].

공표 公表 | 드러낼 공, 밝힐 표 [announce officially; publish]
드러내어[公] 널리 밝힘[表]. ¶새 학설을 공표하다.

공학 工學 | 장인 공, 배울 학 [engineering]
공업 공업(工業) 생산 기술을 연구하는 학문(學問).

공항 空港 | 하늘 공, 항구 항 [airport]
❶속뜻 하늘[空]을 나는 비행기를 위한 항구(港口) 같은 곳. ❷항공 수송을 위해 여러 가지 시설을 갖춘 곳. ⓑ비행장(飛行場).

공해 公害 | 여럿 공, 해칠 해 [environmental pollution]
여러 사람[公]에게 미치는 피해(被害). 주로 각종 산업 활동에 의하여 발생되는 것을 말한다. ¶서울은 각종 공해로 시달리고 있다.

공허 空虛 | 빌 공, 빌 허 [be empty; hollow]
❶속뜻 속이 텅 빔[空=虛]. ❷헛됨. ¶공허한 글. ⓑ충실(充實).

비슷한 듯 다른 말	➲ 비다

***공:헌** 貢獻 | 바칠 공, 바칠 헌 [contribute to]
❶역사 예전에 공물(貢物)을 나라에 바치던[獻] 일. ❷크게 이바지함. ¶아인슈타인은 과학의 발전에 크게 공헌했다. ⓑ기여(寄與).

공:화 共和 | 함께 공, 어울릴 화 [republicanism; republican]
❶속뜻 여러 사람이 함께[共] 어울려[和] 일함. ❷정치 두 사람 이상이 화합하여 공동으로 정무(政務)를 펴 나감. 또는 그것을 기반으로 한 정치 제도. '공화제'(共和制)의 준말.

▶공:화-국 共和國 | 나라 국
정치 공화제(共和制)를 정치 기본으로 하는 나라[國]. 주권이 다수의 국민에게 있는 나라. ⓑ전제국(專制國), 군주국(君主國).

공활 空豁 | 빌 공, 넓을 활 [spacious; wide; extensive]
텅 비고[空] 매우 넓다[豁]. ¶공활한 가을 하늘.

공:황 恐慌 | 두려울 공, 절박할 황 [panic; scare]
❶속뜻 상황이 두렵고[恐] 절박함[慌]. ¶공황 장애 / 테러가 일어나자 시민들은 공황 상태에 빠졌다. ❷경제 생산과 공급의 과잉과 부족으로 인해 경제가 혼란되는 현상. '경제공황'(經濟恐慌)의 준말.

공회 公會 | 여럿 공, 모일 회 [public meeting]
❶속뜻 여러 사람[公]들의 모임[會]. ❷공적인 문제를 의논하기 위한 모임. ¶공회를 소집하다.

▶공회-당 公會堂 | 집 당
일반 대중[公]이 모임[會] 따위를 하기 위하여 지은 집[堂]. ¶의원들이 공회당에 모였다.

공휴 公休 | 관공서 공, 쉴 휴 [holiday]
관공서[公]가 쉬는 휴일[休日].

▶공휴-일 公休日 | 날 일
공식적(公式的)으로 쉬기로[休] 정한 날

[日]. ¶삼일절은 공휴일이다. ⓑ 평일(平日).

곶 串 | 곶 곶 [cape]
바다 쪽으로 좁고 길게 뻗어 있는 육지의 끝 부분. ¶장산곶. ⓑ 만(灣).

곶-감 [dried persimmon]
껍질을 벗기고 꼬챙이에 꿰어 말린 감. ¶할머니는 호랑이에게 곶감을 주었다. ⓑ 건시(乾柹).

과[1]科 | 과목 과 [course; family]
❶학과나 연구 분야를 구분하는 단위. ¶철학과를 전공하다. ❷ 생물 생물학상의 분류 단위 목(目)의 아래, 속(屬)의 위이다. ¶소나뭇과.

과[2]課 | 매길 과 [department; lesson]
❶사무 조직의 한 작은 구분. ¶총무과. ❷ 교과서 등에서 내용상의 한 구분. ¶제3과 환경보호.

과:감 果敢 | 날랠 과, 용감할 감 [resolute]
날래고[果] 용감(勇敢)함. ¶과감한 조치를 취하다.

▸과:감-성 果敢性 | 성질 성
과감(果敢)한 성질(性質). ¶과감성이 있어야 한다.

과:객 過客 | 지날 과, 손 객 [passer-by]
지나가는[過] 나그네[客]. ⓑ 길손.

*__과거[1]__科擧 | 과목 과, 들 거
역사 각 과목[科]별로 관리를 뽑기[擧] 위하여 보던 시험. ¶과거에 급제하다.

*__과:거[2]__過去 | 지날 과, 갈 거 [past]
지나[過] 감[去]. 또는 그때. 지난번. ¶과거는 돌이킬 수 없다. ⓑ 미래(未來), 현재(現在).

과:격 過激 | 지나칠 과, 격할 격 [violent; extreme]
말이나 행동이 지나치게[過] 격렬(激烈)함. ¶과격한 운동 / 행동이 과격하다. ⓑ 온건(穩健).

과:-꽃 [China aster]
식물 산에 나며 가을에 청색·홍색 등의 꽃이 피는 풀.

과:녁 (的, 과녁 적) [target; mark]
활이나 총을 쏘는 연습을 할 때 목표로 세워 놓은 물건. ¶화살은 과녁 한가운데에 적중(的中)했다.

▸과:녁-판 (-板, 널빤지 판) [target board]
총이나 활을 쏘는 연습이나 시합을 할 때 표적으로 만들어 놓는 판(板).

과:다 過多 | 지나칠 과, 많을 다 [excess; superabundant]
지나치게[過] 많음[多]. ¶인구 과다 / 영양 과다. ⓑ 과소(過少).

과:단 果斷 | 날랠 과, 끊을 단 [make prompt decisions]
날래게[果] 딱 잘라서[斷] 결정함. ¶사장은 회사의 미래를 위해 과단을 내렸다.

▸과:단-성 果斷性 | 성질 성
일을 딱 잘라서 결정하는[果斷] 성질(性質). ¶과단성 있는 행동. ⓑ 결단성(決斷性).

과:대[1]過大 | 지나칠 과, 큰 대 [too big; be excessive]
지나치게[過] 큼[大]. ¶그는 회사에 과대한 요구를 했다. ⓑ 과소(過少).

▸과:대-평가 過大評價 | 평할 평, 값 가
실제보다 지나치게[過] 높이[大] 평가(評價)함. ¶자신의 실력을 과대평가하다. ⓑ 과소평가(過小評價).

과:대[2]誇大 | 자랑할 과, 큰 대 [exaggerate]
작은 것을 큰[大] 것처럼 과장(誇張)함. ¶과대광고.

▸과:대-망상 誇大妄想 | 허망할 망, 생각 상
의학 자기의 능력, 용모, 지위 등을 과대(誇大) 평가한 망령(妄靈)된 생각[想]. 또는 그런 일. ¶과대망상에 빠지다.

과:도[1]果刀 | 열매 과, 칼 도 [fruit knife]
과일[果]을 깎을 때 쓰는 작은 칼[刀]. ¶과

도로 사과 껍질을 깎다.

과:도²過度 | 지나칠 과, 정도 도 [excessive]
정도(程度)가 지나침[過]. ¶과도한 음주는 몸에 해롭다.

과:도³過渡 | 지날 과, 건널 도 [transition period]
다른 것으로 옮아가거나[過] 바뀌어 가는[渡] 도중.

▶과:도-기 過渡期 | 때 기
❶속뜻 어떤 단계에서 다른 단계로 옮아가는[過渡] 시기(時期). ❷사회의 사상이나 제도, 질서 등이 확립되지 않고 인심이 안정되지 못한 시기.

과:로 過勞 | 지나칠 과, 일할 로 [overwork]
지나치게[過] 일하여[勞] 지침. ¶과로로 쓰러지다.

과망간산-칼륨 (過Mangan酸Kalium, 지나칠 과, 신맛 산)
❶속뜻 망간산(酸)이 지나치게[過] 많이 들어간 칼륨. ❷화학 자주색의 기둥 모양 결정. 열분해하거나 강염기성 용액을 첨가하면 산소를 낸다. 물에 잘 녹고 산화력이 세므로, 산화제·살균제·표백제 따위에 쓰인다. 화학식은 $KMnO_4$.

과목 科目 | 분과 과, 눈 목 [subject]
❶속뜻 사물을 분류한[科] 조목(條目). ❷교육 분야별로 나눈 학문의 구분. 또는 교과를 구성하는 단위. ¶내가 가장 좋아하는 과목은 국어이다. ❸역사 과거(科擧).

과:묵 寡默 | 적을 과, 입 다물 묵 [reserved]
말수가 적거나[寡] 입을 다물어[默] 말을 하지 아니함. 침착함. ¶그는 과묵한 편이다.

과:민 過敏 | 지나칠 과, 재빠를 민 [nervous; oversensitive]
지나치게[過] 예민(銳敏)함. ¶과민반응 / 그녀는 꽃가루에 과민하다.

과:밀 過密 | 지나칠 과, 빽빽할 밀 [overcrowded]
한곳에 지나치게[過] 빽빽하게[密] 모여 있음. ¶서울은 과밀 도시이다. ㊀과소(過疏).

과:반 過半 | 지날 과, 반 반 [greater part]
반(半)을 넘음[過]. 반이 더 됨. ¶목표의 과반을 달성하다.

▶과:반-수 過半數 | 셀 수
반이 넘는[過半] 수(數). ¶과반수의 지지를 얻었다.

과:-보호 過保護 | 지나칠 과, 지킬 보, 돌볼 호 [overprotect]
부모가 어린아이를 지나치게[過] 보호(保護)함. ¶그녀는 아들을 과보호한다.

과:부 寡婦 | 적을 과, 여자 부 [widow]
남편이 죽어 혼자 사는[寡] 여자[婦]. ㊁미망인(未亡人). ㊀홀아비.

과:분 過分 | 지나칠 과, 나눌 분 [excessive; undue; undeserved]
분수(分數)에 넘침[過]. ¶과분한 대접을 받다.

과:-산화 過酸化 | 지나칠 과, 산소 산, 될 화
화학 보통 것보다 산화(酸化)가 지나치게[過] 진행됨.

▶과:산화-수소 過酸化水素 | 물 수, 바탕 소
화학 수소(水素)에 두 개의[過] 산소(酸素) 원자가 결합된 화합물(化合物). 화학식은 H_2O_2. ㊁이산화수소(二酸化水素).

과세 課稅 | 매길 과, 세금 세 [tax]
세금(稅金)을 매김[課]. 또는 그 세금. ¶개인 소득의 1%를 과세하다.

과:소 過小 | 지나칠 과, 작을 소 [too small]
지나치게[過] 작음[小]. ㊀과대(過大).

▶과:소-평가 過小評價 | 평할 평, 값 가
실제보다 지나치게 낮게[過小] 평가(評價)함. ㊀과대평가(過大評價).

과:-소비 過消費 | 지나칠 과, 사라질 소, 쓸 비 [overspend]

분에 넘치게[過] 소비(消費)함. 씀씀이가 지나치게 헤픔. ¶과소비를 부추기다.

과:속 過速 | 지나칠 과, 빠를 속 [overspeed]
제한을 넘는[過] 속도(速度). ¶과속운행 / 과속차량.

*__과:수__ 果樹 | 열매 과, 나무 수 [fruit tree]
과일[果]이 열리는 나무[樹]. ㊥ 과목(果木).

▶과:수-원 果樹園 | 동산 원
과일나무[果樹]를 재배하는 농원(農園). ¶과수원에서 포도를 땄다.

과:시 誇示 | 자랑할 과, 보일 시 [display; show off]
❶ 속뜻 자랑하여[誇] 보임[示]. ❷실제보다 과장하여 보임. ¶권력을 과시하다.

과:식 過食 | 지나칠 과, 먹을 식 [overeat; eat too much]
지나치게[過] 많이 먹음[食]. ¶과식하여 배탈이 났다. ㊥ 포식(飽食). ㊦ 소식(小食).

과:실[1] 果實 | 열매 과, 열매 실 [fruit]
❶ 속뜻 열매[果=實]. ❷ 법률 이익을 얻을 수 있는 물건에서 생기는 수익물. ㊥ 이익(利益).

과:실[2] 過失 | 지나칠 과, 그르칠 실 [fault; mistake]
지나침[過]과 잘못[失]. ¶의료 과실 / 그는 자신의 과실을 인정했다. ㊦ 고의(故意).

▶과:실 치:사 過失致死 | 이를 치, 죽을 사
법률 과실(過失) 행위로 사람을 죽음[死]에 이르게[致] 함.

과:언 過言 | 지나칠 과, 말씀 언 [exaggeration]
정도에 지나친[過] 말[言]. ¶최고의 선수라고 해도 과언이 아니다.

과업 課業 | 매길 과, 일 업 [task; duty]
매겨 놓은[課] 일[業]. 또는 학업. ¶통일은 우리의 역사적 과업이다.

*__과:연__ 果然 | 정말로 과, 그러할 연 [really; truly; indeed]
정말로[果] 그러함[然]. ¶그것은 과연 거짓이었다.

과:열 過熱 | 지나칠 과, 뜨거울 열 [overheat]
지나치게[過] 뜨겁게 하거나 뜨거워짐[熱]. 또는 그 열. ¶자동차 엔진이 과열되었다 / 과열된 입시교육.

과:오 過誤 | 지나칠 과, 그르칠 오 [mistake; error]
지나침[過]과 그르침[誤]. ¶놀부는 과오를 뉘우쳤다. ㊥ 과실(過失).

과외 課外 | 매길 과, 밖 외 [extracurricular work]
❶ 속뜻 정해진 교육 과정(課程)의 이외(以外). ❷'과외수업'(課外授業)의 준말.

과:욕 過慾 | 지나칠 과, 욕심 욕 [avarice; greed]
지나친[過] 욕심(慾心). 또는 욕심이 지나침. ¶과욕을 부리다.

과유불급 過猶不及 | 지날 과, 같을 유, 아닐 불, 미칠 급
❶ 속뜻 지나침[過]은 미치지[及] 못함[不]과 같음[猶]. ❷적당한 중용(中庸)이 중요함을 이르는 말. ¶과유불급이라 했으니, 이쯤해서 그만 둡시다.

과:음 過飮 | 지나칠 과, 마실 음 [drink too much; overdrink]
술을 지나치게[過] 마심[飮]. ¶과음하여 속병이 나다.

과:일 [fruit]
사람이 먹을 수 있는 열매. ¶과일 가게.

▶과:일-칼
과일을 깎는 작은 칼. ㊥ 과도(果刀).

과:잉 過剩 | 지나칠 과, 남을 잉 [excess; surplus]
지나치게[過] 많아 남음[剩]. ¶과잉 보호. ㊦ 부족(不足).

과자 菓子 | 과일 과, 접미사 자 [sweets; confectionery]
과일[菓]같은 간식용 식품[子]. ¶유밀과

는 한국 전통의 과자이다.

과:장[1]誇張 | 자랑할 과, 벌릴 장 [exaggerate; magnify]
사실보다 부풀려[張] 떠벌림[誇]. ¶그는 과장이 심하다. ⊞ 과대(誇大).

과장[2]課長 | 매길 과, 어른 장 [head of a section]
과(課)의 책임자[長]. ¶승격하여 총무과 과장이 되었다.

과:적 過積 | 지나칠 과, 쌓을 적 [overload; overcharge]
지나치게[過] 많이 쌓음[積]. ¶과적차량 진입 금지.

과:-전압 過電壓 | 지나칠 과, 전기 전, 누를 압 [overvoltage]
물리 적정한 전압보다 지나치게[過] 높은 전압(電壓).

⁑과:정[1]過程 | 지날 과, 거리 정 [process; course]
지나온[過] 거리[程]. 또는 일이 되어가는 경로. ¶생산 과정.

과정[2]課程 | 매길 과, 분량 정 [curriculum]
정해진[課] 일이나 학업의 분량[程]. ¶대학 과정을 마치다.

***과제 課題** | 매길 과, 표제 제 [task; homework]
주어진[課] 문제(問題)나 임무. ¶수업 과제.

▶과제-물 課題物 | 만물 물
숙제나 과제(課題)로 제출해야 할 물건(物件)이나 일. ¶방학 과제물.

과:중 過重 | 지나칠 과, 무거울 중 [too heavy]
❶ 속뜻 지나치게[過] 무거움[重]. ❷힘에 벅차다. ¶과중한 책임을 지다.

과:즙 果汁 | 열매 과, 즙 즙 [fruit juice]
과일[果]로 만든 즙(汁). ¶과즙 음료.

과:찬 過讚 | 지나칠 과, 기릴 찬 [overpraise]
정도에 지나치게[過] 칭찬함[讚]. ¶과찬의 말씀이십니다.

과:채-류 果菜類 | 열매 과, 나물 채, 무리 류 [vegetables; greens]
열매[果]를 식용으로 하는 채소(菜蔬) 종류(種類). 수박, 오이, 토마토 따위.

과:-체중 過體重 | 지나칠 과, 몸 체, 무거울 중 [overweight]
기준이나 표준에 비하여 지나치게[過] 무거운 몸[體]무게[重]. ¶과체중이면 다이어트를 하는 게 좋다.

과:태 過怠 | 지나칠 과, 게으를 태 [neglectful of]
지나치게[過] 게으름[怠]. ⊞ 태만(怠慢).

▶과:태-료 過怠料 | 삯 료
법률 공법상의 의무를 이행하지 않을[過怠] 때 매기는 벌금[料]. ¶주차 위반으로 과태료를 물다.

과:-포화 過飽和 | 지나칠 과, 배부를 포, 고를 화 [supersaturation]
물리 용액이 일정 정도 이상의[過] 물질을 함유하고 있는[飽和] 상태.

과:-하다 (過―, 지나칠 과) [be beyond all bounds]
정도에 지나치다[過]. 분에 넘치다. ¶욕심이 과하다.

⁑과학 科學 | 조목 과, 배울 학 [science]
보편적인 진리나 법칙의 발견을 목적으로 조목조목[科] 체계적으로 연구하는 학문(學問). 넓게는 학문 전체를 이르고, 좁게는 자연과학만을 가리킨다.

▶과학-계 科學界 | 지경 계
과학(科學)에 관계되는 조직체나 개인의 활동 영역[界]. ¶과학계에 큰 영향을 미쳤다.

▶과학-관 科學館 | 집 관
과학(科學)에 관한 자료와 물품을 갖추어 일반인이 관람하도록 꾸며 놓은 장소나 집[館]. ¶국립 과학관을 견학하다.

▶과학-실 科學室 | 방 실
과학(科學)에 관한 자료와 물품을 갖추어 놓은 집이나 방[室].

▸과학-자 科學者 | 사람 자
과학(科學)을 전문으로 연구하는 사람[者]. ¶우주의 신비를 밝힌 과학자.

▸과학-적 科學的 | 것 적
❶속뜻 과학(科學)의 면에서 본 정확성이나 타당성이 있는 것[的]. ❷과학의 본질에 근거한 것. ¶이 현상은 과학적으로 설명하기 어렵다.

▸과학-책 科學冊 | 책 책
과학(科學)에 관하여 상세히 다루고 있는 책(冊).

▸과학-화 科學化 | 될 화
과학적(科學的)으로 체계화하는[化] 일. ¶고도로 과학화된 사회.

과:-히 (過—, 지나칠 과)
[verly; extremely]
❶속뜻 너무 지나치게[過]. ¶술을 과히 마시다. ❷그다지. ¶과히 크지 않다.

관[1] 冠 | 갓 관 [crown; coronet]
역사 관복·예복을 입을 때 망건 위에 쓰던 물건.

관[2] 貫 | 꿸 관 [unit of weight]
도량형의 무게의 기본 단위. 한 관은 약 3.75kg. ¶감자 세 관.

관[3] 棺 | 널 관 [coffin; casket]
시체를 담는 널. ¶관을 짜다. ⓑ 관구(棺柩).

관[4] 管 | 대롱 관 [tube; pipe]
몸피가 둥글고 길며 속이 빈 물건.

관가 官家 | 벼슬 관, 집 가
[district office]
관리(官吏)가 업무를 보던 집[家]. ⓑ 관공서(官公署). ⓑ 민가(民家).

*__관:개__ 灌漑 | 물댈 관, 물댈 개
[irrigate; water]
농사에 필요한 물을 논밭에 끌어대는[灌=漑] 일. ¶관개 저수지. ⓑ 관수(灌水).

관객 觀客 | 볼 관, 손 객
[spectator; audience]
구경하는[觀] 사람[客]. ¶많은 관객이 공연을 보러 왔다. ⓑ 관중(觀衆), 구경꾼.

관건 關鍵 | 빗장 관, 열쇠 건
[key point]
❶속뜻 문빗장[關]과 열쇠[鍵]. ❷'어떤 사물이나 문제 해결의 가장 중요한 부분'을 비유하여 이르는 말. ¶이 문제를 어떻게 푸느냐가 관건이다.

**관계 關係 | 빗장 관, 맬 계
[relate; connect with]
❶속뜻 둘 이상이 서로 관련(關聯)을 맺음[係]. ¶관계를 끊다. ❷어떤 방면이나 영역에 관련이 있거나 영향을 미치다. ¶교육 관계 서적 / 네가 있든 없든 관계 없다. ⓑ 관련(關聯), 상관(相關).

▸관계-식 關係式 | 법 식
수학 양이나 문자 사이의 관계(關係)를 나타내는 식(式). 공식, 등식, 부등식, 방정식 따위.

▸관계-자 關係者 | 사람 자
어떤 일과 관계(關係) 되어 있는 사람[者]. ¶관계자 외 출입금지.

관-공서 官公署 | 벼슬 관, 여럿 공, 관청 서
[public office]
국가 사무를 집행하는 관서(官署)와 공공단체의 사무를 담당하는 공서(公署)를 아울러 이르는 말.

**관광 觀光 | 볼 관, 빛 광
[sightsee; tour]
다른 지방이나 다른 나라에 가서 그곳의 풍광(風光), 풍습, 문물 따위를 구경함[觀]. ⓑ 유람(遊覽).

▸관광-객 觀光客 | 손 객
관광(觀光)을 하러 다니는 사람[客]. ¶관광객을 유치(誘致)하다.

▸관광-업 觀光業 | 일 업
경제 관광(觀光)에 관한 사업(事業). ¶제주도는 관광업이 발달했다.

▸관광-지 觀光地 | 땅 지
명승지나 유적지가 많아 관광(觀光)할만한 곳[地]. ¶왕릉을 관광지로 개발하다.

관군 官軍 | 벼슬 관, 군사 군 [government forces]
군사 예전에, 국가[官]에 소속되어 있던 정규 군대(軍隊). ¶관군과 동학군이 백병전을 벌였다. ⓑ 관병(官兵).

관권 官權 | 벼슬 관, 권리 권 [government authority]
관청(官廳) 또는 관리의 권한이나 권리(權利). ¶관권을 남용하다. ⓑ 민권(民權).

관기 官妓 | 벼슬 관, 기생 기
궁중 또는 관청(官廳)에 속하여 노래하고 춤을 추던 기생(妓生). ¶관기를 데리고 술판을 벌였다.

관내 管內 | 맡을 관, 안 내 [within the jurisdiction]
관할(管轄) 구역의 안[內]. ¶경찰이 관내를 순찰하고 있다. ⓑ 관외(管外).

관념 觀念 | 볼 관, 생각 념 [idea; concept]
어떤 일이나 사실을 바라보는[觀] 생각이나 견해[念]. ¶고정 관념 / 그는 시간 관념이 없다. ⓑ 감각(感覺).

관노 官奴 | 벼슬 관, 종 노 [man slave in government employ]
역사 봉건시대에, 관청(官廳)에 소속된 노비(奴婢). ¶원님은 관노를 풀어주었다. ⓑ 사노(私奴).

관대 寬大 | 너그러울 관, 큰 대 [generous]
마음이 너그럽고[寬] 도량이 크다[大]. ¶그는 아이들에게 관대하다.

⁑관동 關東 | 빗장 관, 동녘 동
❶ 속뜻 대관령(大關嶺) 동(東)쪽 지역. ❷ 금강산과 동해 일대. 강원도 일대. ⓑ 영동(嶺東).

▸ **관동-팔경** 關東八景 | 여덟 팔, 볕 경
지명 강원도 동해안[關東]에 있는 여덟[八] 군데의 명승지[景]. 간성의 청간정(淸澗亭), 강릉의 경포대(鏡浦臺), 고성의 삼일포(三日浦), 삼척의 죽서루(竹西樓), 양양의 낙산사(洛山寺), 통천의 총석정(叢石亭), 울진의 망양정(望洋亭), 평해의 월송정(越松亭). ⓑ 영동팔경(嶺東八景).

관:-두다 [quit; stop]
하던 일을 그 정도에서 그치다. '고만두다'의 준말. ¶직장을 관두다.

관등 觀燈 | 볼 관, 등불 등 [Festival of Lanterns]
불교 초파일이나 절의 주요 행사 때에 온갖 등(燈)을 달아 불을 밝히고 구경하는[觀] 일.

▸ **관등-회** 觀燈會 | 모일 회
관등절(觀燈節) 행사를 위한 모임[會]. ¶어머니와 함께 관등회에 참가했다.

▸ **관등-놀이** (觀燈―)
민속 초파일이나 절의 주요 행사 때에 온갖 등(燈)을 달아 불을 밝히고 구경하는[觀] 민속놀이.

관람 觀覽 | 볼 관, 볼 람 [view; inspect]
연극, 영화, 운동 경기 따위를 구경함[觀=覽]. ¶미성년자 관람불가 / 야구 경기를 관람하다.

▸ **관람-객** 觀覽客 | 손 객
관람(觀覽)하는 손님[客]. ⓑ 관중(觀衆).

▸ **관람-료** 觀覽料 | 삯 료
관람(觀覽)하기 위하여 내는 요금(料金).

▸ **관람-석** 觀覽席 | 자리 석
관람(觀覽)하기 위해 마련한 좌석(座席). ⓑ 객석(客席).

⁑관련 關聯 | 관계할 관, 잇달 련 [be connected with; be related to]
어떤 사물과 다른 사물이 서로 관계(關係)되어 잇달려[聯] 있음. 서로 어떠한 관계가 있음. ¶흡연은 폐암과 밀접한 관련이 있다. ⓑ 연관(聯關).

▸ **관련-성** 關聯性 | 성질 성
서로 관련(關聯)되는 성질(性質)이나 경향. ¶운동량과 비만의 관련성.

▸ **관련-자** 關聯者 | 사람 자
관련(關聯)이 있는 사람[者]. ¶사건의 관련자들이 다 모였다.

관례 慣例 | 버릇 관, 본보기 례
[precedent; convention]
이전부터 지켜 내려와 관습(慣習)이 되어 버린 사례(事例). ¶악수는 오른손으로 하는 것이 관례다.

관:록 貫祿 | 꿸 관, 녹봉 록
[dignity; presence]
❶ 속뜻 예전에 녹봉(祿俸)으로 받은 동전을 꿰어[貫] 놓음. 또는 그 금액이나 경력. ❷어떤 일을 오랫동안 하여 쌓은 경력이나 권위. ¶관록을 자랑하다.

관료 官僚 | 벼슬 관, 벼슬아치 료
[government official; bureaucrat]
❶ 속뜻 같은 관직(官職)에 있는 벼슬아치[僚]. ❷정부의 관리. 특히 정치적인 영향력을 지닌 고급 관리. ㊥ 관리(官吏), 관원(官員).

▶관료 정치 官僚政治 | 정사 정, 다스릴 치
정치 어떤 특권층에 있는 소수의 관료(官僚)가 권력을 쥐고 행하는 정치(政治).

***관리¹ 官吏** | 벼슬 관, 벼슬아치 리
[government official]
관직(官職)에 있는 사람[吏]. ¶그 관리는 원님만 믿고 위세를 부렸다.

⁑관리² 管理 | 맡을 관, 다스릴 리
[administer; manage]
어떤 일을 맡아서[管] 처리(處理)함. ¶그 공원은 시에서 관리한다.

▶관리-비 管理費 | 쓸 비
시설이나 물건을 관리(管理)하는 데 드는 비용(費用). ¶아파트 관리비.

▶관리-소 管理所 | 곳 소
관리(管理) 업무를 처리하는 곳[所]. ¶공원 관리소.

▶관리-실 管理室 | 방 실
관리(管理) 업무를 보는 방[室]. ¶관리실에서 출입증을 받으세요.

▶관리-인 管理人 | 사람 인
법률 ❶남의 재산을 관리(管理)하는 사람[人]. ❷소유자로부터 위임을 받아 시설 따위를 관리하는 사람. ¶별장 관리인.

▶관리-자 管理者 | 사람 자
어떤 사람에게서 위탁을 받아 시설 등을 관리(管理)하는 사람[者]. ¶기업 관리자.

관립 官立 | 벼슬 관, 설 립
[government institution]
국가기관[官]에서 세움[立]. ¶관립 학교.

관망 觀望 | 볼 관, 바라볼 망
[observe; watch]
❶ 속뜻 높은 곳에서 멀리 내다봄[觀=望]. ❷풍경 따위를 멀리서 바라봄. ¶이 정자는 휴식과 관망을 위한 곳이다. ❸한 발 물러나서 어떤 일이 되어 가는 형편을 바라봄. ¶사태를 관망하다.

***관모 冠帽** | 갓 관, 모자 모
[official hat]
예전에 벼슬아치들이 쓰던 갓[冠] 모양의 모자(帽子). ¶말총으로 만든 관모를 샀다.

관:목 灌木 | 덥수룩할 관, 나무 목 [shrubs; bush]
식물 나무의 키가 작고 덥수룩하게[灌] 밑동에서 가지를 많이 치는 나무[木]. ㊥ 떨기나무. ㊥ 교목(喬木).

관문 關門 | 빗장 관, 대문 문
[gateway; boundary gate; barrier]
❶ 속뜻 지난날, 국경이나 교통의 요새 같은 데 설치한 관(關)의 문(門). ❷그곳을 지나야만 드나들 수 있는 중요한 길목. ¶부산은 동아시아의 관문이다. ❸어떤 일을 하자면 반드시 거쳐야 하는 중요한 대목. ¶입학시험이라는 관문을 통과하다.

관민 官民 | 벼슬 관, 백성 민
[government and the people]
공무원[官]과 민간인[民]을 아울러 이르는 말. ¶관민 협동으로 추진하다. ㊥ 민관(民官).

관복 官服 | 벼슬 관, 옷 복
[official outfit]
❶ 속뜻 관리(官吏)의 제복(制服). ❷공복(公服).

*관북 關北 | 빗장 관, 북녘 북
❶[속뜻] 마천령을 관문(關門)으로 한 북(北)쪽 지방. ❷[지리] 함경북도 지방.

관비 官婢 | 벼슬 관, 여자종 비
봉건시대에, 관가(官家)에 속하여 있던 여자종[婢]. ¶그는 관비를 데리고 도망쳤다. [반] 관노(官奴).

관사 官舍 | 벼슬 관, 집 사
[official residence]
관리가 살도록 국가나 공공단체[官]에서 지은 집[舍]. ¶선생님은 관사에서 머물고 계신다. [비] 관저(官邸), 공사(公舍).

관상¹ 觀相 | 볼 관, 모양 상
[read fortune by the face]
[민속] 얼굴 등의 모양[相]을 보고[觀] 그 사람의 재수나 운명 등을 판단하는 일. ¶관상이 좋다.

관상² 觀象 | 볼 관, 모양 상
[observe the weather]
천문(天文)이나 기상(氣象)을 관측(觀測)하는 일. ¶관상을 위하여 누대를 세웠다.

▸관상-대 觀象臺 | 돈대 대
[지리] 기상(氣象) 상태를 관측(觀測)·조사·연구하는 곳[臺].

관상³ 觀賞 | 볼 관, 즐길 상
[view with admiration]
동식물이나 자연 따위를 보고[觀] 감상(感賞)함. ¶관상을 위한 식물을 심었다.

▸관상-수 觀賞樹 | 나무 수
두고 보면서[觀] 즐기기[賞] 위해 키우는 나무[樹]. ¶소철은 관상수로 인기가 많다. [비] 관상목(觀賞木).

▸관상-용 觀賞用 | 쓸 용
두고 보면서[觀] 즐기는[賞] 데 씀[用]. 또는 그런 물건. ¶관상용 어류.

*관서 關西 | 빗장 관, 서녘 서
❶[속뜻] 마천령을 관문(關門)으로 한 그 서(西)쪽 지방. ❷[지리] 평안도와 황해도 북부 지역.

관성 慣性 | 버릇 관, 성질 성 [inertia]
❶[속뜻] 버릇[慣]이 된 행동이나 성질(性質). ❷[물리] 물체가 밖의 힘을 받지 않는 한 정지 또는 등속도 운동의 상태를 지속하려는 성질. ¶관성의 법칙. [비] 타성(惰性).

관세 關稅 | 빗장 관, 세금 세
[tariff; customs duties]
[법률] 세관(稅關)을 통과(通過)하는 화물에 대하여 부과되는 조세(租稅). ¶수입 자동차에 높은 관세를 물리다. [비] 통관세(通關稅).

▸관세-청 關稅廳 | 관청 청
[법률] 수출입 물품을 관리하고 관세(關稅)에 관한 사무를 맡아보는 관청(官廳).

관세음보살 觀世音菩薩 | 볼 관, 세상 세, 소리 음, 보살 보, 보살 살
[불교] 세상(世上)의 소리[音]를 들어 알 수 있는[觀] 보살(菩薩).

관:솔 [pine knot]
송진이 많이 엉긴 소나무 가지나 옹이.

▸관:솔-불
관솔에 붙인 불.

관습 慣習 | 버릇 관, 버릇 습 [custom]
어떤 사회에서 오랫동안 지켜 내려와[慣] 그 사회구성원들이 널리 인정하는 질서나 풍습(風習). ¶오랜 관습을 깨다. [비] 관례(慣例), 관행(慣行).

▸관습-법 慣習法 | 법 법
[법률] 사회생활에서 관행(慣行)이나 습관(習慣)이 굳어져서 법(法)의 효력을 갖게 된 것. ¶관습법을 바탕으로 법률을 제정하다.

관식 冠飾 | 갓 관, 꾸밀 식
[diadem ornament]
[고적] 관(冠)을 꾸미는[飾] 데 쓰던 물건. '관장식'(冠裝飾)의 준말. ¶천마총에서 신라시대의 관식이 출토되었다.

*관심 關心 | 관계할 관, 마음 심
[concern; interest]
❶[속뜻] 관계(關係)하고 싶은 마음[心]. ❷

마음이 끌려 주의를 기울임. ¶관심을 모으다.

▸관심-사 關心事 | 일 사
관심(關心)을 끄는 일[事]. ¶언니의 요즘 관심사는 결혼이다.

관아 官衙 | 벼슬 관, 관청 아 [government office]
예전에, 벼슬아치들[官]이 모여 나랏일을 처리하던 곳[衙].

관악 管樂 | 피리 관, 음악 악
[pipe music]
[음악] 관악기(管樂器)로 연주하는 음악(音樂). (참) 취주악(吹奏樂), 현악(絃樂), 타악(打樂).

관-악기 管樂器 | 피리 관, 음악 악, 그릇 기
[wind instrument]
[음악] 입으로 불어서 관(管) 안의 공기를 진동시켜 소리를 내는 악기(樂器). ¶리코더는 관악기의 하나다.

관여 關與 | 관계할 관, 도울 여
[take part in; be concerned in]
어떤 일에 관계(關係)하여 참여(參與)함. ¶넌 관여하지 마. (비) 간여(干與).

관엽 식물 觀葉植物 | 볼 관, 잎 엽, 심을 식, 만물 물 [foliage plant]
[식물] 잎사귀[葉]의 모양이나 빛깔의 아름다움을 보고[觀] 즐기기 위하여 재배하는 식물(植物). 단풍나무, 고무나무 따위.

관용1 寬容 | 너그러울 관, 담을 용
[toleration; tolerance]
남의 잘못을 너그럽게[寬] 받아들이거나[容] 용서함. 또는 그런 용서. ¶관용을 베풀다. (비) 관면(寬免).

관용2 官用 | 벼슬 관, 쓸 용
[official use]
정부기관이나 국립 공공기관[官]에서 사용(使用)함. ¶관용 차량.

▸관용-차 官用車 | 수레 차
공공 기관에서 사용하는[官用] 자동차(自動車). ¶대형 관용차.

관용3 慣用 | 버릇 관, 쓸 용
[common use]
습관적(習慣的)으로 늘 씀[用]. 또는 그렇게 쓰는 것. ¶관용적인 표현.

▸관용-어 慣用語 | 말씀 어
습관적(習慣的)으로 쓰는[用] 말[語]. 원래의 뜻과는 다른 특별한 의미를 갖는다.

관원 官員 | 벼슬 관, 사람 원
[government official]
벼슬[官]에 있는 사람[員].

관음-상 觀音像 | 볼 관, 소리 음, 모양 상
[불교] 관세음(觀世音) 보살의 상(像). ¶석굴암의 관음상이 유명하다.

관자-놀이 (貫子-, 꿸 관, 접미사 자)
[temples of one's head]
귀와 눈 사이의 맥박이 뛰는 곳. 그곳에서 맥박이 뛸 때 관자(貫子)가 움직인다는 데서 나온 말이다.

관장1 管掌 | 관리 관, 손바닥 장
[take charge of]
손바닥[掌]으로 쥔 듯이 맡아 관리(管理)함. ¶그는 업무를 관장하느라 바쁘다. (비) 관할(管轄).

관장2 灌腸 | 물댈 관, 창자 장 [enema]
[의학] 약물을 항문으로 넣어서 직장이나 큰창자[腸]에 들어가게[灌] 하는 일.

관저 官邸 | 벼슬 관, 집 저
[official residence]
정부에서 장관급 이상의 고관(高官)들이 살도록 마련한 집[邸]. ¶국무총리 관저. (반) 사저(私邸).

***관절 關節** | 빗장 관, 마디 절
[joint; articulation]
[의학] 뼈와 뼈가 서로 연결되어 있는[關] 부분[節]. ¶지나친 운동은 관절에 무리를 준다.

▸관절-염 關節炎 | 염증 염
[의학] 관절(關節)에 생기는 염증(炎症). ¶관절염으로 절뚝거리며 걷다.

관점 觀點 | 볼 관, 점 점 [point of view]

사물이나 현상을 관찰할 때에 그 사람이 보고[觀] 생각하는 태도나 방향[點]. ¶다른 관점에서 생각해보자. ⓑ 시각(視角).

관정 管井 | 대롱 관, 우물 정 [tube well]
둘레가 대롱[管] 모양으로 된 우물[井]. 둥글게 판 우물. ¶가뭄이 잦은 지역에 관정을 팠다.

관제[1] 官制 | 벼슬 관, 정할 제 [government organization]
법률 국가의 행정 조직[官] 및 권한에 관한 제도(制度).

관제[2] 管制 | 관리할 관, 누를 제 [control]
관리(管理)하여 통제(統制)함. ¶중앙 관제 시스템.

관제[3] 官製 | 벼슬 관, 만들 제 [government manufacture]
정부가 경영하는 기업체나 관청(官廳)에서 물건을 만듦[製]. 또는 그렇게 만든 물품.

▸관제-엽서 官製葉書 | 잎 엽, 쓸 서
정부에서 발행한[官製] 일정한 규격의 우편엽서(郵便葉書).

관중 觀衆 | 볼 관, 무리 중 [spectators; onlookers]
연극이나 운동 경기 따위를 구경하는[觀] 무리[衆]. ¶관중들의 환호를 받다. ⓑ 관객(觀客).

▸관중-석 觀衆席 | 자리 석
구경하는 사람들[觀衆]이 앉는 자리[席]. ¶관중석이 꽉 찼다.

관직 官職 | 벼슬 관, 일 직 [government office]
❶ 속뜻 벼슬[官]을 하면서 맡은 일[職]. ❷ 공무원 또는 관리가 국가로부터 위임받은 일정한 직무. 또는 그런 지위.

⁑**관찰** 觀察 | 볼 관, 살필 찰 [observe; watch]
사물이나 현상을 주의하여 자세히 보고[觀] 살핌[察]. ¶현미경으로 미생물을 관찰하다.

▸관찰-력 觀察力 | 힘 력
사물이나 현상을 주의하여 자세히 살펴보는[觀察] 능력(能力). ¶관찰력을 기르다.

▸관찰-부 觀察府 | 관청 부
역사 조선 시대에, 관찰사(觀察使)가 직무를 보던 관아[府].

▸관찰-사 觀察使 | 부릴 사
역사 고려·조선 때, 지방의 경찰·사법·징세 따위를 통합하여 관리하고, 주민의 생활을 관찰(觀察)하던 각 도의 으뜸 관리[使].

▸관찰-자 觀察者 | 사람 자
관찰(觀察)하는 사람[者]. ¶관찰자 시점의 소설.

관:철 貫徹 | 꿸 관, 통할 철 [push on; carry through]
어려움을 꿰뚫고[貫] 나아가[徹] 끝내 목적을 이룸. ¶끝까지 목적을 관철하다.

관청 官廳 | 벼슬 관, 관아 청 [government office]
국가[官]의 사무를 집행하는 국가기관[廳]. 또는 그런 곳.

관촉-사 灌燭寺 | 물댈 관, 촛불 촉, 절 사
불교 고려 광종 19년(968)에 혜명(慧明)이 창건한 절[寺]. 우리나라에서 제일 큰 미륵보살 입상인 은진 미륵의 미간에 있는 옥호에서 발생한 빛이 마치 '촛불[燭]을 부워놓은[灌] 것 같다'고 붙여진 이름이다.

관측 觀測 | 볼 관, 헤아릴 측 [observe]
❶ 속뜻 어떤 사정이나 형편 따위를 잘 살펴보고[觀] 그 장래를 헤아림[測]. ❷ 관찰하여 측정함. ¶천문을 관측하다.

▸관측-대 觀測臺 | 돈대 대
천문 천체나 기상을 관측(觀測)하는 시설[臺].

▸관측-소 觀測所 | 곳 소
적의 동태나 기상(氣象) 상태를 살피는[觀測] 곳[所]. ¶항공 관측소 / 기상 관측소.

▸관측-자 觀測者 | 사람 자
현상의 상태, 추이, 변화 따위를 관찰(觀察)하여 측정(測定)하는 사람[者]. ¶기상 관측자.

관:통 貫通 | 꿸 관, 통할 통
[penetrate; pierce]
❶ 속뜻 꿰뚫어서[貫] 통(通)하게 함. ¶탄알이 가슴을 관통하다. ❷처음부터 끝까지 일관함.

관-하다 (關-, 관계할 관)
[be connected with; be about]
무엇에 관계되어[關] 있다. 무엇을 대상으로 하다. ¶민속놀이에 관한 연구.

관할 管轄 | 관리할 관, 다스릴 할
[have jurisdiction over]
일정한 권한에 의하여 관리(管理)하고 다스림[轄]. 또는 그런 지배가 미치는 범위. ¶관할 지역.

관행 慣行 | 버릇 관, 행할 행
[habitual practice]
오랜 관례(慣例)에 따라서 행함[行]. ¶관행에 따르다.

관헌 官憲 | 벼슬 관, 법 헌
[government authorities]
❶ 속뜻 정부나 관청(官廳)에서 정한 법규[憲]. ¶관헌에 따르자면. ❷예전에, '관청'을 달리 이르던 말. ¶중국 관헌에 붙잡혀 갔다. ❸예전에, 관직에 있는 사람을 달리 이르던 말. ¶지방 관헌.

관현 管絃 | 대롱 관, 줄 현
[wind and stringed instruments]
음악 대롱[管]이 달린 관악기와 줄[絃]로 엮은 현악기.

▸관현-악 管絃樂 | 음악 악
음악 ❶관악기(管樂器), 현악기(絃樂器) 따위로 함께 연주하는 음악(音樂). ❷국악에서 관악기, 현악기와 편종, 편경 따위의 타악기가 반드시 들어가는 큰 규모의 합주.

▸관현악-단 管絃樂團 | 음악 악, 모일 단
음악 관현악(管絃樂)을 연주하는 단체(團體).

관형-사 冠形詞 | 갓 관, 모양 형, 말씀 사
[determiner]
언어 체언 앞[冠]에 놓인 형태(形態)로, 그 내용을 자세히 꾸며주는 역할을 하는 말[詞]. 저 어린이의 '저', 순우리말의 '순'을 말한다.

관혼 冠婚 | 갓 관, 혼인할 혼
관례(冠禮)와 혼례(婚禮).

▸관혼상제 冠婚喪祭 | 죽을 상, 제사 제
관례(冠禮), 혼례(婚禮), 상례(喪禮), 제례(祭禮). ¶우리 조상들은 관혼상제를 중요하게 여겼다.

괄괄-하다 [fiery; impetuous]
❶성질이 급하고 과격하다. ¶괄괄한 성미. ❷목소리가 굵고 거세다.

괄목 刮目 | 비빌 괄, 눈 목
눈[目]을 비비고[刮] 다시 볼 만큼 발전 속도가 매우 빠름. ¶괄목할 만한 성장.

▸괄목상대 刮目相對 | 서로 상, 대할 대
❶ 속뜻 눈[目]을 비비고[刮] 서로[相] 마주함[對]. ❷발전 속도가 매우 빠름.

괄시 恝視 | 소홀히 할 괄, 볼 시 [treat coldly; receive with indifference]
업신여겨 하찮게[恝] 대함[視]. ¶가진 것이 없다고 괄시하지 마라. 비 푸대접, 홀대(忽待). 반 후대(厚待), 환대(歡待).

괄호 括弧 | 묶을 괄, 활 호 [parenthesis]
언어 묶은[括] 활[弧] 모양의 부호. 비 묶음표.

광: [storeroom; storehouse]
세간이나 그 밖의 여러 가지 물건을 넣어 두는 곳간. 비 창고(倉庫). 속담 광에서 인심 난다.

광경 光景 | 빛 광, 볕 경 [scene; sight]
❶ 속뜻 아름답게 빛나는[光] 풍경(風景). ❷벌어진 일의 형편과 모양. ¶참혹한 광경이 벌어지다. 비 상황(狀況).

광:고 廣告 | 넓을 광, 알릴 고 [advertise]
세상에 널리[廣] 알림[告]. 또는 그런 일.

¶신문에 광고를 내다 / 신제품을 광고하다.

▸광:고-란 廣告欄 | 칸 란
신문이나 잡지 따위에서 광고(廣告)를 싣는 난(欄). ¶일간 신문의 광고란.

▸광:고-문 廣告文 | 글월 문
광고(廣告)하기 위하여 쓴 글[文]. ¶광고문의 내용을 참조하시오.

▸광:고-물 廣告物 | 만물 물
광고(廣告)에 관한 문서나 물건(物件). ¶광고물이 쌓여 있다.

▸광:고-지 廣告紙 | 종이 지
광고(廣告)하는 글이나 그림 따위가 실린 종이[紙]. ¶집집마다 광고지를 돌리다.

▸광:고-판 廣告板 | 널빤지 판
광고(廣告)하는 글이나 그림을 붙이기 위하여 만든 판(板).

광:-공업 鑛工業 | 쇳돌 광, 장인 공, 일 업
❶광업(鑛業)과 공업(工業). ¶이 도시는 광공업이 모두 발달했다. ❷광업에 딸린 공업. ¶광공업 제품.

광:구 鑛區 | 쇳돌 광, 나눌 구
[mining area(lot)]
[법률] 관청에서 어떤 광물(鑛物)의 채굴이나 시굴을 허가한 구역(區域).

광기 狂氣 | 미칠 광, 기운 기
[madness; craziness]
❶[속뜻] 미친[狂] 듯한 기미(氣味). ❷미친 듯이 날뛰는 기질을 속되게 이르는 말. ¶눈에 광기가 서려 있다.

광:-나다 (光—, 빛 광) [be glossy]
빛[光]이 나다. ¶구두를 광나게 닦다.

광년 光年 | 빛 광, 해 년 [light-year]
[천문] 빛[光]이 초속 30만km의 속도로 1년(年) 동안 나아가는 거리를 단위로 한 것. 1광년은 9조 4670억 7782만km이다.

광:대 [performer; clown]
[민속] 가면극·인형극·줄타기·땅재주·판소리 따위를 하던 직업적 예능인을 통틀어 이르던 말.

광:대-뼈 [cheekbone]
[의학] 얼굴 가운데 뺨 위 눈초리 아래로 내민 뼈. ¶그는 광대뼈가 튀어나왔다.

광란 狂亂 | 미칠 광, 어지러울 란
[go mad; become frantic]
미친[狂] 듯이 어지럽게[亂] 날뜀. ¶광란 같은 축제가 벌어졌다.

광:막 廣漠 | 넓을 광, 아득할 막
[vast; wide]
넓은[廣] 사막처럼 아득하다[漠]. ¶광막한 초원.

광명 光明 | 빛 광, 밝을 명
[light; sunbeam]
❶[속뜻] 빛[光]이 환함[明]. 또는 밝은 미래나 희망을 상징하는 밝고 환한 빛. ❷[불교] 부처와 보살 등의 몸에서 나는 빛.

광:목 廣木 | 넓을 광, 나무 목
[white cotton (broad) cloth]
목화(木花)씨에 붙은 솜을 자아 만든 무명실로 서양목처럼 너비가 넓게[廣] 짠 베.

광:물 鑛物 | 쇳돌 광, 만물 물 [mineral]
[광업] 암석[鑛]이나 토양 중에 함유된 천연 무기물(無機物). ¶지하에는 많은 광물이 매장되어 있다.

▸광:물-성 鑛物性 | 성질 성
[광업] 광물(鑛物)의 성질(性質). 또는 광물로 이루어진 것. ¶광물성 섬유. [반] 동물성(動物性), 식물성(植物性).

▸광:물-질 鑛物質 | 바탕 질
❶[광업] 광물(鑛物)로 된 물질(物質). 또는 광물성의 물질. ¶광천수에는 광물질이 다량 함유되어 있다. ❷[생물] 생체의 생리 기능에 필요한 광물성 영양소.

광:-범위 廣範圍 | 넓을 광, 틀 범, 둘레 위
[extensive]
넓은[廣] 범위(範圍). 범위가 넓음. ¶에디슨은 과학 분야에 광범위한 영향을 주었다.

***광복** 光復 | 빛 광, 돌아올 복
[regain independence]

❶ 속뜻 빛[光]이 회복(回復)됨. ❷ 빼앗긴 주권을 도로 찾음. ¶조국의 광복을 위해 투쟁하다.

▸ **광복-군 光復軍** | 군사 군
역사 일제 강점기에, 중국에서 우리나라의 독립을 위하여 일본에 대항하여 조국 광복(光復)을 위해 싸우던 군대(軍隊). ¶상하이는 광복군의 거점이었다.

▸ **광복-절 光復節** | 철 절
법률 1945년 8월15일, 우리나라의 광복(光復)을 기념하기 위하여 제정한 국경일[節].

광ː부 鑛夫 | 쇳돌 광, 사나이 부
[miner; mine worker]
광물(鑛物)을 캐는 인부(人夫). ¶석탄 광부.

광ː산 鑛山 | 쇳돌 광, 메 산 [mine field]
광물(鑛物)을 캐내는 산(山). ¶광산에서 석탄을 캐다.

▸ **광ː산-촌 鑛山村** | 마을 촌
광산(鑛山)을 끼고 이루어진 마을[村]. ¶광산촌에는 먼지가 많다.

광ː산-물 鑛産物 | 쇳돌 광, 낳을 산, 만물 물 [mineral product]
광업 광산(鑛山)에서 생산(生産)되는 모든 물건(物件). ¶광산물의 생산량이 크게 감소하였다.

광ː석 鑛石 | 쇳돌 광, 돌 석 [ore; mineral]
광업 경제적 가치가 있는 광물(鑛物)을 포함하고 있는 암석(巖石). 또는 그런 광물. ¶광석에서 금을 추출하다.

광선 光線 | 빛 광, 줄 선 [ray of light]
발광체에서 나오는 빛[光]의 줄기[線]. ¶태양 광선.

광-섬유 光纖維 | 빛 광, 가늘 섬, 밧줄 유
[optical fiber]
물리 빛[光]을 전파하는 가는 유리 섬유(纖維). ¶통신망에 광섬유를 이용하다.

광성-보 廣城堡 | 넓을 광, 성곽 성, 작은성 보
고적 광성(廣城)나루에 있던 성보(城堡). 고려가 몽고에 대항하기 위하여 강화로 천도하였을 때 쌓았다.

광신 狂信 | 미칠 광, 믿을 신
[religious fanaticism]
신앙이나 사상 따위에 대하여 이성을 잃고 미친[狂] 듯이 믿음[信]. ¶종교를 광신하다.

광ː야 曠野 | =廣野, 넓을 광, 들 야
[wilderness; vast plain]
광활(曠闊)한 벌판[野]. 텅 비고 아득히 넓은 들.

광ː어 廣魚 | 넓을 광, 물고기 어
[flatfish; flounder]
❶ 속뜻 넓게[廣] 펼쳐 말린 물고기[魚]. ❷ 동물 넙치.

광ː업 鑛業 | 쇳돌 광, 일 업
[mining industry]
광물(鑛物)의 채굴, 선광, 제련 따위와 관련된 산업(産業). ¶영월은 광업이 발달했다.

광ː역 廣域 | 넓을 광, 지경 역
[wide (large) area]
넓은[廣] 지경[域]. 또는 그 구역이나 범위. ¶광역단체장 선거.

▸ **광ː역-시 廣域市** | 도시 시
❶ 속뜻 매우 넓은[廣] 지역(地域)을 관할하는 시(市). ❷ 법률 상급 지방 자치 단체의 하나. 현재의 광주, 대구, 대전, 부산, 울산, 인천이 이에 해당한다.

광열 光熱 | 빛 광, 더울 열
[light and heat]
빛[光]과 열(熱).

▸ **광열-비 光熱費** | 쓸 비
경제 전등[光]을 켜고 난방[熱]을 하는 데 드는 비용(費用).

광ː의 廣義 | 넓을 광, 뜻 의
[broad sense]
어떤 말의 개념을 정의할 때에 넓은[廣] 의미(義味). ¶광의로 해석하다. ㉯ 협의

(狹義).

광인 狂人 | 미칠 광, 사람 인 [madman]
미친[狂] 사람[人]. ¶고흐는 천재 아니면 광인일 것이다.

광:장 廣場 | 넓을 광, 마당 장 [open space]
많은 사람이 모일 수 있게 거리에 만들어 놓은 넓은[廣] 빈 터[場]. ¶광장에서 음악회가 열렸다.

광주리 [round basket]
대·싸리·버들 등으로 엮어 만든 둥근 그릇. ¶광주리에 채소를 담았다.

광채 光彩 | 빛 광, 빛깔 채 [luminous body]
❶속뜻 찬란하게 빛[光]나는 빛깔[彩]. ❷정기 있는 밝은 빛. ¶광채가 나다.

광택 光澤 | 빛 광, 윤날 택 [glaze; shine]
빛[光]의 반사로 반짝반짝 윤이 남[澤]. 또는 그 빛. ¶천으로 문질러 광택을 내다. ⓑ 윤기.

광-통신 光通信 | 빛 광, 통할 통, 소식 신 [optical communication]
통신 영상, 음성, 데이터 따위의 전기 신호를 빛[光]의 신호로 바꾸어 보내는 통신(通信).

광학 光學 | 빛 광, 학문 학 [optical science]
물리 빛[光]의 성질과 현상을 연구하는 학문(學問). ¶광학 렌즈.

광한-루 廣寒樓 | 넓을 광, 찰 한, 다락 루
고적 전라북도 남원시 천거동에 있는 누각. 조선 태조 때 황희가 세웠으며 인조 16년(1638)에 재건하였다. <춘향전>의 배경으로 유명하다. 달 속의 선녀가 사는 월궁의 이름인 광한전(廣寒殿)의 '광한청허루'(廣寒清虛樓)에서 따온 이름이다.

광-합성 光合成 | 빛 광, 합할 합, 이룰 성 [photosynthesis]
식물 유기물이 빛[光] 에너지로 물질을 합성(合成)하여 새로운 화합물을 만드는 일. ¶녹색식물은 광합성을 한다.

광:혜-원 廣惠院 | 넓을 광, 은혜 혜, 집 원
❶속뜻 널리[廣] 은혜(恩惠)를 베푸는 곳[院]. ❷역사 조선 말기, 일반 백성을 위해 세운 한국 최초의 근대식 병원(病院).

광화-문 光化門 | 빛 광, 될 화, 문 문
❶속뜻 햇빛[光] 같은 임금의 덕화(德化)를 상징하는 문(門). ❷경복궁의 정문.

광:활 廣闊 | 넓을 광, 트일 활 [wide; spacious]
넓고[廣] 탁 트이다[闊]. 훤하게 넓다. ¶광활한 평야.

괘 卦 | 걸 괘 [divination sign]
'점괘'(占卦)의 준말. ¶점을 보니 좋은 괘가 나왔다.

괘념 掛念 | 걸 괘, 생각 념 [mind; care; be concerned]
마음에 두고[掛] 걱정하거나 생각함[念]. ¶너무 괘념치 마세요.

괘도 掛圖 | 걸 괘, 그림 도 [wall map; hanging scroll]
벽에 걸어 놓고[掛] 보는 학습용 그림[圖]이나 지도. ⓑ 걸그림.

괘씸-하다 [hateful; execrable]
사람이 지켜야 할 예절·신의를 안 지켜 못마땅하고 밉살스럽다. ¶괘씸한 녀석.

괘종 掛鐘 | 걸 괘, 쇠북 종 [wall clock]
종(鐘)이 달려 있는[掛] 시계.

▶괘종-시계 掛鐘時計 | 때 시, 셀 계
시간 마다 울리는 종(鐘)이 달려 있는[掛] 시계(時計). ¶12시가 되자 괘종시계가 뎅뎅 울렸다.

괜찮다 [not bad; may do]
❶별로 나쁘지 않다. ¶작품은 대체로 괜찮다. ❷탈이 없다. 문제가 되지 않다. ¶몸이 괜찮니? / 질문을 해도 괜찮다. ⓑ 무방(無妨)하다.

괜:-한 [useless; pointless]
아무런 이익이나 까닭이 없는. 쓸데없는.

¶괜한 얘기를 하다.

괜:-히 [in vain; uselessly]
이유 없이. 쓸데없이. ¶괜히 시비를 걸다. ㊊ 공연(空然)히.

괭이 [hoe; pick]
땅을 파거나 흙을 고르는 데 쓰는 농기구. ¶괭이로 밭을 갈다.

괭:이-갈매기 [black-tailed gull]
동물 갈매깃과의 물새. 날개 길이 36cm가량에 몸빛은 백색이며 고양이처럼 운다.

괭:이-밥 [wood sorrel; oxalis]
식물 뿌리줄기에 신맛이 있고, 잎은 심장형이며 늦여름에 노란 꽃이 피는 풀.

괴나리-봇짐 (─褓─, 포대기 보)
길을 갈 적에 보자기[褓]로 싸서 어깨에 메는 조그마한 짐.

괴:다¹ [collect; gather]
우묵한 곳에 액체가 모이다. ¶땅에 빗물이 괴다.

괴:다² [prop; arrange]
❶밑을 받쳐 안정하게 하다. ¶턱을 괴다. ❷음식 따위를 차곡차곡 쌓아 올리다. ¶쟁반에 떡을 괴다.

괴:동 怪童 | 이상할 괴, 아이 동 [wonder child]
괴상(怪狀)한 재주를 가진 아이[童]. ¶그 마을에 괴동이 태어났다고 야단이었다.

괴로움 [troubles; hardships]
❶몸이나 마음이 아프거나 불편함. ¶괴로움을 달래다. ❷힘들고 어려움. ㊊ 곤란(困難). ㊎ 즐거움.

괴롭다 [hard; difficult]
몸이나 마음이 편하지 않고 고통(苦痛)스럽다. ¶마음이 몹시 괴롭다 / 항암치료로 괴로워하다 / 오빠는 강아지를 괴롭혔다. ㊎ 즐겁다, 기쁘다.

♣ 괴롭다 / 아프다

◎ 마음이 괴롭다 = 아프다.
○ 숨쉬기가 괴롭다.
× 숨쉬기가 아프다.
○ 떠드는 소리를 들으니 골치가 아프다.
× 떠드는 소리를 들으니 골치가 괴롭다.

괴:뢰 傀儡 | 꼭두각시 괴, 꼭두각시 뢰 [puppet; marionette]
❶속뜻 꼭두각시[傀=儡]. 나무로 만들어 줄을 매달아 노는 인형. ❷남의 지시대로 움직이는 사람을 비유하는 말.

▶괴:뢰-군 傀儡軍 | 군사 군
꼭두각시[傀儡]처럼 다른 나라가 조종하는 대로 움직이는 군대(軍隊). 특히 북한 인민군을 소련의 꼭두각시로 비난하여 이르던 말이다. ¶북한 괴뢰군.

괴목 槐木 | 회화나무 괴, 나무 목 [Sophora japonica]
❶속뜻 회화[槐] 나무[木]. ❷식물 콩과의 낙엽 활엽 교목. 높이는 25~30미터이며, 목재는 가구재, 땔감으로 쓴다.

▶괴목-장 槐木欌 | 장롱 장
회화[槐] 나무[木]로 만든 장(欌).

괴:물 怪物 | 이상할 괴, 만물 물 [monster]
❶속뜻 괴상(怪狀)하게 생긴 물체(物體). ¶영화에 나온 괴물은 정말 실감났다. ❷'괴상한 사람'을 비유하여 이르는 말. ¶100미터를 8초에 뛰다니, 그는 정말 괴물이다. ㊊ 괴짜.

괴:변 怪變 | 이상할 괴, 바뀔 변 [strange accident]
괴상(怪狀)한 변고(變故)나 재난. ¶괴변이 일어나다.

괴상 怪常 | 이상할 괴, 보통 상 [strange; queer]
보통[常]과 달리 괴이(怪異)하고 이상함. ¶괴상한 물건. ㊊ 기괴(奇怪), 기이(奇異).

▶괴상망측 怪常罔測 | 없을 망, 헤아릴 측
측량(測量)할 수 없을[罔] 정도로 괴상(怪常)하다. 말할 수 없을 정도로 괴상하고 이상함. ¶도마뱀은 괴상망측해 보이지만,

실제로 매우 온순하다.

괴:성 怪聲 | 이상할 괴, 소리 성 [horrible shriek; eerie shriek]
괴상(怪狀)한 소리[聲]. ¶괴성을 지르다.

괴수 魁首 | 으뜸 괴, 머리 수 [ringleader; boss]
못된 짓을 하는 무리의 우두[魁]머리[首].

괴:이 怪異 | 이상할 괴, 다를 이 [strange; mysterious]
❶ 속뜻 괴상(怪狀)하고 이상(異狀)함. ❷ 이상야릇하다. ¶괴이한 소리가 들리다.

괴:질 怪疾 | 이상할 괴, 병 질 [disease of unknown cause; cholera]
❶ 속뜻 원인을 알 수 없는 이상한[怪] 질병(疾病). ❷ '콜레라'를 속되게 이르는 말.

괴:짜 (怪—, 이상할 괴) [eccentric person; strange fellow]
기이한[怪] 짓을 잘하는 사람을 속되게 이르는 말. ¶그는 겨울에도 반팔 옷을 입는 괴짜이다.

괴:팍 乖愎 | 본음 [괴퍅], 이상할 괴, 어긋날 퍅 [fastidious]
성미가 이상하고[乖] 별나게 까다롭다[愎]. ¶그는 성미가 남달리 괴팍하다.

괴:한 怪漢 | 이상할 괴, 사나이 한 [suspicious fellow]
거동이나 차림새가 수상한[怪] 사내[漢]. ¶괴한의 습격을 받다.

괴:혈-병 壞血病 | 무너질 괴, 피 혈, 병 병 [scurvy; scorbutus]
의학 기운이 없고 잇몸, 점막과 피부가 헐어서[壞] 피[血]가 나는 병(病).

굉음 轟音 | 울릴 굉, 소리 음 [roaring sound]
몹시 요란하게 울리는[轟] 소리[音]. ¶귀를 찢는 듯한 굉음.

굉장 宏壯 | 클 굉, 씩씩할 장 [magnificent; wonderful]
❶ 속뜻 아주 크고[宏] 씩씩하다[壯]. ❷ 보통 이상으로 대단하다. ¶굉장한 인파 / 굉장한 미인.

교: 教 | 종교 교 [religion]
'종교'(宗教)의 준말. ¶이슬람 교.

교:가 校歌 | 학교 교, 노래 가 [school song]
학교(學校)를 상징하는 노래[歌].

교각 橋脚 | 다리 교, 다리 각 [(bridge) pier; bent]
건설 다리[橋]를 받치는 기둥[脚].

교:감 校監 | 학교 교, 볼 감 [vice-principal]
교육 학교장을 도와서 학교(學校)를 관리하거나 감독(監督)하는 일을 수행하는 직책. 또는 그런 사람.

교:과 教科 | 가르칠 교, 과목 과 [school subject]
교육 학교에서 교육의 목적에 맞게 가르쳐야[教] 할 내용을 계통적으로 짜놓은 일정한 과목[科目].

▶**교:과-목** 教科目 | 눈 목
교육 학교에서 가르쳐야 할 지식이나 경험의 체계를 세분하여 계통[教科]을 세운 영역[目].

▶**교:과-서** 教科書 | 책 서
❶ 교육 교육 과정에 따라 주된 교재[教科]로 사용하기 위하여 편찬한 책[書]. ¶수학 교과서. ❷해당 분야에서 모범과 표본이 될 만한 것을 비유하여 이르는 말. ¶그 영화는 영화 학도들의 교과서가 되는 작품이다. ⓑ 교본(教本).

교:관 教官 | 가르칠 교, 벼슬 관 [drillmaster; instructor]
군사 군사 교육이나 훈련을 맡아 가르치는[教] 교사나 장교[官].

교:구 教區 | 종교 교, 나눌 구 [parish]
종교 종교(宗教)의 전파, 신자의 지도 따위를 위하여 편의상 나누어 놓은 구역(區域).

교군 轎軍 | 가마 교, 군사 군 [palanquin bearer]

❶ 속뜻 가마[轎]를 메는 사람들[軍]. ¶교군이 당도하였다. ❷가마를 메는 일.

교:권 教權 | 가르칠 교, 권리 권
[educational authority]
교사(教師)로서 지니는 권위나 권리(權利).

교:내 校內 | 학교 교, 안 내
[school grounds; campus]
학교(學校)의 안[內]. ¶교내 방송 / 교내 체육 대회. 반 교외(校外).

교:단[1] 校壇 | 학교 교, 단 단
학교(學校)의 운동장에 무대처럼 만들어 놓은 단(壇). ¶교장선생님께서 교단에 올라 훈화를 시작하셨다.

교:단[2] 教壇 | 가르칠 교, 단 단
[teacher's platform]
❶ 속뜻 교사(教師)가 강의할 때 올라서는 단(壇). ¶교단에 서서 학생들을 바라보았다. ❷ 교육 교육에 관한 일을 하는 곳. ¶그는 교단을 떠났다.

교대[1] 交代 | 서로 교, 바꿀 대
[take turns; rotate]
❶ 속뜻 차례에 따라 서로[交] 바꾸어[代] 일을 함. ❷차례에 따라 일을 맡음. ¶나는 매일 동생과 교대로 방 청소를 한다. 비 겨끔내기.

교:대[2] 教大 | 가르칠 교, 큰 대
[teachers' college]
교육 초등학교 교사(教師)를 양성하기 위한 대학(大學). '교육대학'(教育大學)의 준말.

교:도[1] 教徒 | 종교 교, 무리 도 [believer]
종교(宗教)를 믿는 사람이나 그 무리[徒].

교:도[2] 教導 | 가르칠 교, 이끌 도
[teach; instruct]
가르치고[教] 이끌어줌[導]. 비 교화(教化).

교:도[3] 矯導 | 바로잡을 교, 이끌 도
[reform; correct]
❶ 속뜻 바로잡아[矯] 이끌어 줌[導]. ❷ 법률 교정직 9급 공무원의 직급.

▸**교:도-관 矯導官** | 벼슬 관
법률 교도소(矯導所)에서 행형(行刑)에 관한 사무에 종사하는 공무원[官].

▸**교:도-소 矯導所** | 곳 소
법률 징역형이나 금고형, 노역장 유치나 구류 처분을 받은 사람에 대한 교도(矯導) 업무를 맡아보는 기관[所]. 비 감옥(監獄).

교두-보 橋頭堡 | 다리 교, 머리 두, 작은 성 보 [bridgehead]
❶ 군사 다리를 엄호하기 위하여 다리[橋] 입구[頭]에 쌓은 보루(堡壘). ❷'침략하기 위한 발판'을 비유하여 이르는 말. ¶교두보를 확보하다.

교란 攪亂 | 어지러울 교, 어지러울 란
[disturb; throw into confusion]
마음이나 상황 따위를 뒤흔들어서 어지럽고[攪] 혼란(混亂)하게 함. ¶교란작전을 펼치다.

교량 橋梁 | 다리 교, 들보 량 [bridge]
❶ 속뜻 다리[橋]의 들보[梁]. ❷강을 건널 수 있게 만든 다리. ¶교량을 놓다.

교:련 教鍊 | 가르칠 교, 익힐 련
[train; drill]
❶ 속뜻 가르쳐[教] 익힘[鍊]. ❷군인이나 학생에게 가르치는 군사 훈련.

⁑**교류 交流** | 서로 교, 흐를 류
[interchange; exchange]
❶ 속뜻 근원이 다른 물줄기가 서로[交] 섞이어 흐름[流]. 또는 그런 줄기. ❷문화나 사상 따위가 서로 통함. ¶문화적 교류. ❸ 전기 시간에 따라 크기와 방향이 주기적으로 바뀌어 흐름. 또는 그런 전류. 비 소통(疏通). 반 직류(直流).

교:리 教理 | 종교 교, 이치 리 [dogma]
종교 한 종교(宗教)의 참된 이치(理致)나 진리. 또는 그렇게 규정한 신앙의 체계.

교만 驕慢 | 버릇없을 교, 건방질 만
[haughty; arrogant]
버릇없고[驕] 건방짐[慢]. ¶그는 교만해

서 사과를 하지 않았다. ⓑ 오만(傲慢), 방자(放恣). ⓑ 겸손(謙遜).

교목 喬木 | 높을 교, 나무 목 [tall tree]
식물 키가 큰[喬] 나무[木]. 소나무, 향나무, 감나무처럼 줄기가 곧고 굵으며 키가 크다. ⓑ 관목(灌木).

교묘 巧妙 | 솜씨 교, 묘할 묘 [skillful; clever]
솜씨[巧]가 뛰어나고 묘하다[妙]. 매우 잘 되고 묘하다. ¶교묘히 속이다.

교ː무 敎務 | 가르칠 교, 일 무
❶ 교육 학생을 가르치는[敎] 일에 대한 사무(事務). ❷ 종교 종교적인 사무.

▸교ː무-실 敎務室 | 방 실 [academic affairs]
교육 교사가 교재를 준비하는 등 여러 가지 교무(敎務)를 맡아보는 곳[室]. ¶교무실로 선생님을 찾아가다.

교ː문 校門 | 학교 교, 대문 문 [school gate]
학교(學校)의 문(門). ¶교문을 꽃으로 장식하다.

교미 交尾 | 꼴 교, 꼬리 미 [copulate]
❶ 속뜻 꼬리[尾]를 서로 꼼[交]. ❷ 동물 동물의 암컷과 수컷이 성적(性的)인 관계를 맺는 일. ⓑ 짝짓기.

교민 僑民 | 더부살이 교, 백성 민
외국에 나가 살고 있는[僑] 자기 나라의 백성[民]. ¶교민들은 선수들을 응원했다.

교배 交配 | 서로 교, 짝 배 [interbreed]
생물의 암수를 서로[交] 짝[配]짓기 시키는 일.

교ː복 校服 | 학교 교, 옷 복 [school uniform]
학교(學校)에서 학생들이 입도록 정한 제복(制服). ¶토요일은 교복을 입지 않는다.

교ː본 敎本 | 가르칠 교, 책 본 [textbook]
가르치는[敎] 데 쓰는 책[本]. ⓑ 교과서(敎科書).

교부 交付 | =交附, 서로 교, 줄 부 [delivery; grant]
문서나 물건을 서로[交] 주고[付]받음. ¶원서는 17일까지 교부합니다.

교ː사[1] 校舍 | 학교 교, 집 사 [school building]
학교(學校)의 건물[舍]. ¶신축 교사.

교ː사[2] 敎師 | 가르칠 교, 스승 사 [teacher]
일정한 자격을 가지고 초등학교·중학교·고등학교 등에서 학생을 가르치는[敎] 스승[師]. ¶체육 교사. ⓑ 교원(敎員), 선생(先生).

교ː생 敎生 | 가르칠 교, 사람 생 [student teacher]
교육 교육 과정을 이수하기 위해 학교에 나가 교육(敎育) 실습을 하는 학생(學生).

교섭 交涉 | 서로 교, 관여할 섭 [negotiate; bargain]
어떤 일을 이루기 위하여 서로[交] 관여하여[涉] 의논함. ¶근무 조건을 놓고 교섭하다. ⓑ 타협(妥協), 협의(協議).

교ː세 敎勢 | 종교 교, 세력 세 [religious influence]
종교(宗敎)의 세력(勢力).

교ː수[1] 敎授 | 가르칠 교, 줄 수 [professor]
대학 등에서 전문 학술을 가르쳐[敎] 주는[授] 사람. ⓑ 학생(學生).

교수[2] 絞首 | 목맬 교, 머리 수 [strangle]
사형수의 목[首]을 매어[絞] 죽임. ⓑ 교살(絞殺).

▸교수-형 絞首刑 | 형벌 형
법률 목[首]을 옭아매어[絞] 죽이는 형벌(刑罰).

교ː습 敎習 | 가르칠 교, 익힐 습 [train; teach]
학문이나 기예 따위를 가르쳐[敎] 익히게[習] 함.

교ː시 校時 | 학교 교, 때 시 [class; lesson]
학교(學校)의 수업 시간(時間)을 세는 단위. ¶1교시는 수학수업이다.

교신 交信 | 서로 교, 소식 신 [communicate with]
우편, 전신, 전화 따위로 정보나 소식[信] 또는 의견을 서로[交] 주고받음.

⁑**교:실** 教室 | 가르칠 교, 방 실 [classroom]
교육(教育)이 이루어지는 방[室]. ¶웃음소리가 교실에서 흘러나오다. ⓑ 강의실(講義室).

교:안 教案 | 가르칠 교, 문서 안 [teaching plan]
교육 가르치기[教] 위하여 작성한 문서[案].

교:양 教養 | 가르칠 교, 기를 양 [culture; education]
❶ 속뜻 가르치어[教] 상식을 기름[養]. ❷ 학문, 지식, 사회생활을 바탕으로 이루어지는 품위. 또는 문화에 대한 폭넓은 지식. ¶그녀는 교양이 있다. ⓑ 소양(素養), 식견(識見).

▶ 교:양-인 教養人 | 사람 인
교양(教養)이 있는 사람[人].

*__교역__ 交易 | 서로 교, 바꿀 역 [trade (with); commerce]
물건을 사고팔고 하여 서로[交] 바꿈[易]. ¶아라비아 상인들은 인도항로를 오가며 교역했다. ⓑ 무역(貿易).

▶ 교역-로 交易路 | 길 로
교역(交易)에 사용되던 길[路]. ¶실크로드는 고대 동서양의 교역로였다.

교:열 校閱 | 고칠 교, 훑어볼 열 [revise]
원고의 내용 가운데 잘못된 것을 바로잡아 고치며[校] 훑어봄[閱].

교외[1] 郊外 | 성 밖 교, 밖 외 [(in) the suburbs]
도시에서 떨어진[郊] 주변[外] 지역. ¶교외로 소풍을 갔다. ⓑ 시내(市內).

교:외[2] 校外 | 학교 교, 밖 외 [outside (the) school; out of school]
학교(學校)의 밖[外]. ¶교외에서도 교복을 입어야 한다. ⓑ 교내(校內).

교우 交友 | 사귈 교, 벗 우 [make friends]
벗[友]을 사귐[交]. 또는 그 벗. ¶교우 관계가 좋다.

교:원 教員 | 가르칠 교, 사람 원 [teacher]
교육 각급 학교에서 학생을 가르치는[教] 사람[員]. ⓑ 교사(教師), 선생(先生).

⁑**교:육** 教育 | 가르칠 교, 기를 육 [educate; instruct]
지식과 기술 따위를 가르치며[教] 인격을 길러[育] 줌. ¶아이를 교육하다 / 교육적 효과가 뛰어나다.

▶ 교:육-비 教育費 | 쓸 비
교육(教育)에 드는 경비(經費).

▶ 교:육-열 教育熱 | 뜨거울 열
교육(教育)에 대한 열의(熱意). ¶우리나라 사람들은 교육열이 대단히 높다.

▶ 교:육-자 教育者 | 사람 자
교원으로서 교육(教育)에 종사하는 사람[者]. ¶교육자로서 일생을 마쳤다.

▶ 교:육-장 教育場 | 마당 장
군사 주로 군사 교육(教育)에 활용되는 곳[場].

▶ 교:육-청 教育廳 | 관청 청
교육 시나 군을 단위로 하여 학교 교육(教育)에 관한 사무를 맡아보는 관청(官廳).

교:인 教人 | 종교 교, 사람 인 [believer; follower]
종교(宗教)를 가지고 있는 사람[人]. ¶기독교 교인.

교자 交子 | 꼴 교, 접미사 자 [food set on a large table]
❶ 속뜻 다리가 교차(交叉)되어 있는 것[子]. ❷교자상에 차려 놓은 음식.

▶ 교자-상 交子床 | 평상 상
교자(交子) 형태의 밥상(床). 네모꼴이 많으며 음식을 차려 놓는데 쓴다.

교:장 校長 | 학교 교, 어른 장 [principal]
교육 대학이나 학원을 제외한 각 급 학교(學校)의 으뜸 직위[長]. 또는 그 직위에

있는 사람. ¶초등학교 교장.

교ː재 教材 | 가르칠 교, 재료 재 [teaching materials]
교육 학문이나 기예 따위를 가르치거나[教] 배우는 데 필요한 여러 가지 재료(材料).

▸교ː재-원 教材園 | 동산 원
교육 교육에 필요한 동식물을 사육하고 재배하여 학생들이 관찰할 수 있게 하여 교재(教材) 같은 역할을 하는 동산[園].

교ː정[1]校正 | 고칠 교, 바를 정 [proofread]
출판 교정쇄와 원고를 대조하여 잘못된 곳을 고쳐[校] 바르게[正] 함. 또는 그런 일. ¶원고를 교정하다.

교ː정[2]校定 | 고칠 교, 정할 정 [proof reading]
출판 출판물의 글을 검토하고 고쳐[校] 바르게 정하는[定] 일. ¶교정한 오자를 다음날 신문에 게재했다.

교ː정[3]校庭 | 학교 교, 뜰 정 [schoolyard]
학교(學校)의 마당[庭]이나 운동장. ¶학생들이 교정에서 뛰어놀고 있다.

교ː정[4]矯正 | 바로잡을 교, 바를 정 [correct; reform]
❶속뜻 틀어지거나 삐뚤어진 것을 바르게[正] 바로잡음[矯]. ¶치아 교정 / 척추 교정. ❷법률 교도소나 소년원 따위에서 재소자의 잘못된 품성이나 행동을 바로잡음. ¶교정시설에서 보호를 받다.

교제 交際 | 사귈 교, 사이 제 [associate with]
❶속뜻 서로 사귀어[交] 가까운 사이[際]가 됨. ¶교제를 넓히다. ❷어떤 목적을 달성하기 위한 수단으로 남과 가까이 사귐. ㊥사교(社交). ㊤절교(絶交).

교ː주 教主 | 종교 교, 주인 주 [founder of a religion]
❶종교 한 종교(宗教) 단체의 우두머리[主]. ❷종교의 개조를 높여 이르는 말. 불교의 석가모니 등.

교ː지 校誌 | 학교 교, 기록할 지 [school paper]
한 학교(學校)의 학생들이 편집·발행하는 잡지(雜誌).

교ː직 教職 | 가르칠 교, 일 직 [teaching profession]
❶교육 학생을 가르치는[教] 직무(職務). ❷기독교 교회에서 신도의 지도와 교회의 관리를 맡은 직책.

▸교ː직-원 教職員 | 사람 원
학교의 교원(教員) 및 사무직원(職員). ¶교직원 회의.

교-집합 交集合 | 서로 교, 모일 집, 합할 합 [intersection]
수학 두 집합이 교차(交叉)되는 부분에 속한 원소들로 이루어진 집합(集合). 'A∩B'로 나타낸다.

교차 交叉 | 서로 교, 엇갈릴 차 [cross; intersect]
❶속뜻 서로[交] 엇갈리거나[叉] 마주침. ❷생물 생식 세포가 감수 분열 할 때에 상동 염색체 사이에 일어나는 부분적인 교환 현상. ㊤평행(平行).

▸교차-로 交叉路 | 길 로
서로[交] 엇갈려[叉] 난 길[路]. 두 길이 엇갈린 곳. ¶교차로에서 왼쪽으로 돌면 은행이 있다. ㊥갈림길.

교착 膠着 | 아교 교, 붙을 착 [glue to; adhere to]
❶속뜻 아교(阿膠)처럼 아주 단단히 달라붙음[着]. ❷어떤 상태가 굳어 조금도 변동이나 진전이 없이 머묾. ¶교착 상태에 빠지다.

교체 交替 | 서로 교, 바꿀 체 [shift; change]
서로[交] 바꿈[替]. 교대로 바꿈. ¶선수 교체. ㊥교환(交換).

교ː칙 校則 | 학교 교, 법 칙 [school regulations]
학교(學校)의 규칙(規則). ¶교칙을 준수

하다. ㊊ 학칙(學則).

교:탁 教卓 | 가르칠 교, 높을 탁 [teacher's desk]
글을 가르칠[教] 때 책 따위를 올려놓는 탁자(卓子).

⁑교통 交通 | 서로 교, 통할 통 [traffic; transportation]
❶ 속뜻 오고가며 서로[交] 통(通)함. ❷자동차, 기차, 배, 비행기 따위의 탈것을 이용하여 사람이 오고 가는 일이나 짐을 실어 나르는 일. ¶이곳은 교통이 매우 편리하다.

▸ 교통-난 交通難 | 어려울 난
교통(交通) 혼잡 따위로 발생되는 각종 어려움[難]. ¶교통난이 심하다.

▸ 교통-량 交通量 | 분량 량
일정한 곳을 일정한 시간에 왕래하는 사람이나 차량 따위[交通]의 수량(數量). ¶고속도로의 교통량이 크게 늘어났다.

▸ 교통-로 交通路 | 길 로
교통(交通)에 이용되는 길[路]. ¶일찍이 그 길이 교통로로 이용되었다.

▸ 교통-망 交通網 | 그물 망
교통(交通) 도로가 이리저리 분포되어 있는 상태를 그물[網]에 비유하여 이르는 말. ¶대도시는 교통망이 발달하였다.

▸ 교통-비 交通費 | 쓸 비
❶ 속뜻 탈것을 타고 다니는 데[交通] 드는 비용(費用). ❷자동차를 운행하거나 유지하는 데 드는 비용. ¶교통비가 많이 든다.

▸ 교통-편 交通便 | 쪽 편
교통(交通)에 편리(便利)한 수단. 자동차, 기차, 비행기 따위. ¶이 마을은 교통편이 좋다

교:편 教鞭 | 가르칠 교, 채찍 편 [birch rod]
❶ 속뜻 가르칠[教] 때 사용하는 채찍[鞭]. 또는 가느다란 막대기. ❷학생을 가르치는 생활. 또는 직업. ¶그는 10년 동안 교편을 잡고 있다.

교포 僑胞 | 더부살이 교, 태보 포
다른 나라에 살고 있는[僑] 동포(同胞). ㊊ 교민(僑民).

교향 交響 | 서로 교, 울림 향 [symphony]
서로[交] 어우러져 울림[響].

▸ 교향-곡 交響曲 | 노래 곡
음악 교향악.

▸ 교향-악 交響樂 | 음악 악
❶ 속뜻 관악과 현악이 서로 어우러진[交響] 악곡(樂曲). ❷ 음악 관현악을 위하여 만든 음악을 통틀어서 이르는 말.

교:화¹ 校花 | 학교 교, 꽃 화 [school flower]
학교(學校)를 상징하는 꽃[花]. ¶우리 학교 교화는 목련이다.

교:화² 教化 | 가르칠 교, 될 화 [educate; enlighten]
❶ 속뜻 가르치고[教] 이끌어서 훌륭한 인물이 되도록 함[化]. ¶교도소는 범죄자를 교화하는 곳이다. ❷ 불교 부처의 진리로 사람을 가르쳐 착한 마음을 가지게 함. ㊊ 교도(教導).

교환 交換 | 서로 교, 바꿀 환 [exchange; interchange]
물건 따위를 서로[交] 주고받아 바꿈[換]. ¶정보를 교환하다.

교활 狡猾 | 교활할 교, 교활할 활 [cunning; sly]
간사하고 음흉함[狡=猾]. ¶교활한 녀석. ㊊ 간사(奸邪).

교:황 教皇 | 종교 교, 임금 황 [Pope]
가톨릭 가톨릭교회(教會)의 우두머리[皇]인 로마 대주교.

교:회 教會 | 종교 교, 모일 회 [Church]
기독교 그리스도교(教)를 믿고 따르는 신자들의 모임[會]이나 공동체. 또는 그 장소. ¶그녀는 일요일마다 교회에 간다. ㊊ 성당(聖堂).

교:훈¹ 校訓 | 학교 교, 가르칠 훈 [school precepts]

교육 학교(學校)에서 가르치고자[訓] 하는 이념이나 목표를 간명하게 나타낸 표어. ¶우리 학교의 교훈은 성실이다.

교:훈²教訓 | 가르칠 교, 가르칠 훈 [teaching; instruction]
앞으로의 행동이나 생활에 지침이 될 만한 가르침[教=訓]. ¶실패는 그에게 교훈이 되었다.

▸교:훈-가 教訓歌 | 노래 가
문학 교훈(教訓)을 주목적으로 지은 시가(詩歌).

구¹九 | 아홉 구 [nine]
팔에 일을 더한 수. 아라비아 숫자로는 '9', 로마 숫자로는 'Ⅸ'로 쓴다. ¶9분의 2. ⓑ아홉.

구²區 | 나눌 구 [section; area]
❶넓은 지역 따위를 몇으로 나눈 것. ¶그 지방을 아홉 개 구로 나누었다. ❷서울특별시 및 인구 50만 이상의 시(市)에 둔 행정 구획 단위. ¶서울특별시 종로구.

구³球 | 공 구 [sphere; ball]
공[球]같이 둥글게 생긴 물체.

구간 區間 | 나눌 구, 사이 간 [block; serviced area]
❶속뜻 구역(區域)과 구역 사이[間]. ¶정체 구간은 빨간 색으로 표시된다. ❷수학 수직선 위에서 두 실수 사이에 있는 모든 실수의 집합.

구:강 口腔 | 입 구, 빈 속 강 [mouth; oral cavity]
의학 입[口]에서 목구멍에 이르는 입안[腔].

구걸 求乞 | 구할 구, 빌 걸 [beg]
거저 달라고[求] 빎[乞]. ¶구걸하여 목숨을 이었다. ⓑ동냥.

구겨-지다 [be crumpled; get rumpled]
구김살이 잡히다. ¶옷이 구겨지다.

구:경 [seeing]
경치·경기·흥행물 등을 흥미를 가지고 봄. ¶단풍 구경을 가다. ⓑ관람(觀覽), 관광(觀光).

▸구:경-꾼
구경하는 사람. ¶시합에 구경꾼이 모여들다. ⓑ관람객(觀覽客).

▸구:경-거리
구경할 만한 것. ¶제주도에는 볼 만한 구경거리가 많다. ⓑ경관(京觀).

구공-탄 九孔炭 | 아홉 구, 구멍 공, 숯 탄 [nine-holed briquet]
❶속뜻 '십구공탄'(十九孔炭)의 준말. ❷구멍이 많이 뚫려 있는 연탄.

구:관 舊官 | 옛 구, 벼슬 관 [former magistrate]
예전[舊]의 관리(官吏). 먼저 재임했던 벼슬아치. 속담 구관이 명관이다.

구관-조 九官鳥 | 아홉 구, 벼슬 관, 새 조 [myna bird]
동물 찌르레깃과의 새[鳥]. 크기는 비둘기만 한데 온몸이 검고 날개에는 커다란 흰 무늬가 있다. 사람의 말을 잘 흉내낸다. 일본어 한자이름 '九官'을 그대로 들여온 것으로 추정된다.

구:교 舊教 | 옛 구, 종교 교 [(Roman) Catholicism]
종교 종교개혁으로 출현한 신교(新教)에 상대하여[舊] 로마 가톨릭교(教)와 동방 정교회를 이르는 말. ⓑ신교(新教).

구구¹ [cluck! cluck!]
닭이나 비둘기 따위가 우는 소리. 또는 그것을 흉내낸 소리.

구구²九九 | 아홉 구, 아홉 구 [rules of multiplication]
수학 1에서 9[九]까지의 숫자를 1에서 9[九]까지 곱하는 셈 방법. '구구법'(九九法)의 준말.

▸구구-단 九九段 | 구분 단
구구법(九九法)에 구분된 각 단(段). ¶구구단을 외우다.

▸구구-표 九九表 | 겉 표
구구법(九九法)의 공식을 차례대로 적은

표(表).

구ː국 救國 | 구원할 구, 나라 국 [save one's country]
위태로운 나라[國]를 구원(救援)함. ¶구국 운동을 벌이다.

구근 球根 | 공 구, 뿌리 근 [tuber; bulb]
[식물] 공[球] 모양의 뿌리[根]. [비] 알뿌리.

구금 拘禁 | 잡을 구, 금할 금 [detain; confine]
[법률] 피고인 또는 피의자를 구치소나 교도소 따위에 가두어[拘] 신체의 자유를 금(禁)하는 것. ¶경찰서에 구금되다. [비] 구류(拘留).

***구ː급 救急** | 구할 구, 급할 급 [first aid]
❶ [속뜻] 위급(危急)한 상황에서 구(救)하여 냄. ❷병이 위급할 때 우선 목숨을 구하기 위한 처치를 함.

▶구ː급-법 救急法 | 법 법
[의학] 병이 위급(危急)한 사람을 구(救)하기 위한 간단한 치료법(治療法).

▶구ː급-차 救急車 | 수레 차
위급한 환자나 부상자를 신속하게 병원으로 실어 나르는[救急] 자동차(自動車). ¶부상자는 구급차에 실어 병원으로 보낸다.

***구기 球技** | 공 구, 재주 기 [ball game]
[운동] 공[球]을 사용하는 운동 경기(競技). 야구, 축구, 배구, 탁구 따위.

구기다 [wrinkle; crumple]
비비거나 접어서 잔금을 생기게 하다. ¶종이를 구기다 / 인상을 구기다. [반] 펴다.

구기-자 枸杞子 | 구기자 구, 구기자 기, 열매 자
[한의] 구기자(枸杞子)나무의 열매[子]. 해열제와 강장제로 쓴다.

구김-살 [wrinkles; rumples]
❶구겨져서 생긴 잔금. ¶옷의 구김살을 펴다. ❷표정이나 마음속에 서린 어두운 그늘. ¶구김살 없이 자랐다. [준] 구김.

구내 構內 | 얽을 구, 안 내 [within the section]
❶ [속뜻] 나무로 얽은[構] 집의 안쪽[內]. ❷큰 건물이나 시설의 내부.

구ː닥-다리 (舊–, 옛 구) [outdated; old-fashioned]
시대에 뒤떨어진[舊] 사람·사물·생각 따위를 낮잡아 이르는 말. ¶구닥다리가 된 구두.

구ː-대륙 舊大陸 | 옛 구, 큰 대, 뭍 륙 [Old World]
[지리] 콜럼버스가 아메리카 대륙을 발견하기 이전[舊]에 알려져 있던 대륙(大陸). [반] 신대륙(新大陸).

구더기 [grub; maggot]
[동물] 파리의 애벌레. ¶날이 더워 장독에 구더기가 끓는다. [속담] 구더기 무서워 장 못 담글까.

구덩이 (坑, 구덩이 갱) [hole in the ground]
땅이 움푹하게 팬 곳. 땅을 우묵하게 파낸 곳. ¶구덩이를 파서 김장독을 묻다.

구도¹ 構圖 | 얽을 구, 그림 도 [composition; plot]
❶ [속뜻] 얽거나[構] 짜놓은 그림[圖]. ❷ [미술] 그림에서 모양, 색깔, 위치 따위의 짜임새. ¶구도를 잡다.

구도² 求道 | 구할 구, 길 도 [seek after truth]
❶ [불교] 불법의 정도(正道)를 구(求)함. ❷진리나 종교적인 깨달음의 경지를 구함.

▶구도-자 求道者 | 사람 자
진리나 종교적인 깨달음의 경지를 구하는[求道] 사람[者]. ¶구도자의 길을 걷다.

구독 購讀 | 살 구, 읽을 독 [subscribe to]
책이나 신문, 잡지 따위를 구입(購入)하여 읽음[讀]. ¶경제 신문을 구독하다.

구두¹ [shoes]
주로 가죽으로 발등을 덮게 만든 서양식

신. ¶구두를 닦다.

▸구두-창
구두의 밑바닥에 대는 창.

▸구두-닦이
구두를 닦는 일을 직업으로 하는 사람.

구:두[2]**口頭** | 입 구, 접미사 두 [word of mouth]
입[口]으로 하는 말. ¶구두 약속. [반] 서면(書面).

구두[3]**句讀** | 글귀 구, 구절 두 [punctuation]
글[句]을 읽거나 쓸 때 단락[讀]을 짓는 방법.

▸구두-점 句讀點 | 점 점
[언어] 글을 읽거나 쓸 때 구절[句讀]을 분리하는 마침표와 쉼표[點]. ¶구두점을 찍어야 읽기 편하다.

구두-쇠 [miser; stingy person]
몹시 인색한 사람. ¶그는 소문난 구두쇠이다. [비] 수전노(守錢奴).

구들 [Korean hypocaust]
[건설] 난방을 위해 아래로 불기운을 통하게 한 구조물. '방구들'의 준말. ¶구들을 놓다.

▸구들-장
구들을 만들기 위해 바닥에 얹는 넓고 얇은 돌.

구렁 [hollow; cavity]
❶움푹하게 파인 땅. ❷빠지면 헤어나기 어려운 환경을 비유적으로 이르는 말. ¶불행의 구렁.

▸구렁-텅이
❶몹시 깊숙하거나 험악한 구렁의 모퉁이. ❷한번 발을 들여놓으면 헤어나기 어려운 환경 따위를 일컫는 말. ¶악(惡)의 구렁텅이에 빠지다.

구렁이 [serpent; large snake]
[동물] 큰 뱀의 하나. 길이 150cm정도에 빛은 황적색, 동작이 느리다. [준] 구리.

구레-나룻 [whiskers]
귀밑에서 턱까지 잇달아 난 수염. [비] 귀밑 수염.

구:령 口令 | 입 구, 명령 령 [command; order]
여러 사람이 일정한 동작을 일제히 취하도록 하기 위하여 지휘자가 입[口]으로 내리는 간단한 명령(命令). ¶구령에 따라 움직였다. [비] 호령(號令).

구루마 {일 くるま} [cart]
'손수레'의 일본식 말.

구류 拘留 | 잡을 구, 머무를 류 [detain; hold into custody]
❶[속뜻] 붙잡아[拘] 일정한 곳에 머무르게[留] 함. ❷[법률] 죄인을 1일 이상 30일 미만 동안 교도소나 경찰서 유치장에 가두어 자유를 속박하는 일. 또는 그런 형벌. [비] 구금(拘禁), 유치(留置).

구르다[1](轉, 구를 전) [roll over; tumble]
데굴데굴 돌며 이동하다. ¶비탈에서 굴러 떨어지다. [비] 회전(回轉)하다.

구:르다[2][stamp one's feet]
밑바닥이 울리도록 발을 내리 디디다. ¶발을 구르며 노래하다. [관용] 발을 동동 구르다.

구름 (雲, 구름 운) [cloud; clouds]
공기 중의 수분이 팽창한 결과 물방울이나 얼음 결정이 되어 떠 있는 것. ¶구름 한 점 없는 가을 하늘.

▸구름-다리
[건설] 길·계곡 등의 위로 공중 높이 놓은 다리. [비] 운교(雲橋).

▸구름-사다리
높은 사다리. [비] 운잔(雲棧).

구름-판 (一板, 널빤지 판) [spring board]
멀리뛰기·뜀틀 운동 따위에서, 뛰기 직전에 발을 구르는 판(板). [비] 도약판(跳躍板).

구릉 丘陵 | 언덕 구, 큰 언덕 릉 [hill]
작은 언덕[丘]과 큰 언덕[陵].

구리 (銅, 구리 동) [copper]

화학 붉고 윤이 나는 금속 원소. 자연동으로나 화합물로 나며 은(銀) 다음으로 전기 및 열을 잘 전달하는 물체이다. 원자 기호는 'Cu'.

▸구리-박 (一箔, 얇을 박)
구리를 종이처럼 얇고[箔] 넓게 만든 것.

▸구리-선 (一線, 줄 선)
구리로 만든 선(線).

▸구리-줄
구리철사로 만든 길고 가는 줄. ㊥ 동선(銅線).

▸구리-판 (一版, 널빤지 판)
출판 구리를 넓게 펴서 그 위에 그림이나 글자를 새겨 인쇄하도록 만든 판(版). ㊥ 동판(銅版).

구리다 [smell; suspicious]
❶똥이나 방귀 냄새와 같다. ¶구린 냄새가 나다. ❷하는 짓이 떳떳하지 못하고 의심스럽다. ¶구린 데가 있는지 꽁무니를 뺀다.

구린-내 [foul smell; stink]
구리게 나는 냄새. ¶구린내가 나다.

구릿-빛 [copper color]
구리와 비슷한 적갈색. ¶구릿빛 피부. ㊥ 동색(銅色).

구매 購買 | 살 구, 살 매
[purchase; buy]
물건 따위를 사들임[購=買]. ¶상품을 구매하신 고객은 사은품을 받아가세요.

구멍 (孔, 구멍 공) [hole; opening]
파냈거나 뚫어진 자리. ¶양말에 구멍이 나다.

▸구멍-가게
조그맣게 차린 가게.

구ː면 舊面 | 오래 구, 낯 면
[old acquaintance; familiar face]
오래[舊] 전부터 알고 있는 얼굴[面]이나 처지. ㊥ 면식(面識). ㊤ 초면(初面).

구명[1]究明 | 생각할 구, 밝힐 명
[study; inquiry]
물의 본질, 원인 따위를 깊이 연구(研究)하여 밝힘[明]. ¶사고 원인을 구명하다.

구ː명[2]救命 | 구원할 구, 목숨 명
[save one's life]
사람의 목숨[命]을 구원(救援)함.

▸구ː명-대 救命帶 | 띠 대
물에 빠져도 목숨[命]을 구할[救] 수 있게 허리에 두르는 띠[帶].

▸구ː명-정 救命艇 | 거룻배 정
인명(人命)을 구조(救助)하기 위하여 본선(本船)에 싣고 다니는 작은 배[艇]. ㊥ 구명보트.

▸구ː명-조끼 (救命一)
목숨[命]을 구할[救] 수 있게 물에 빠져도 몸이 뜰 수 있도록 만든 조끼.

구ː미[1]口味 | 입 구, 맛 미
[appetite; taste]
입[口]으로 느끼는 맛[味]. ¶구미가 당기다.

구미[2]歐美 | 유럽 구, 미국 미
[Europe and America; West]
유럽[歐羅巴]과 아메리카주[美洲]. 또는 유럽과 미국. ¶아프리카는 구미 열강의 통치를 받았다.

구미-호 九尾狐 | 아홉 구, 꼬리 미, 여우 호
[old fox]
❶속뜻 꼬리[尾]가 아홉[九] 개 달린 여우[狐]. ❷'몹시 교활한 사람'을 비유하여 이르는 말.

구민 區民 | 나눌 구, 백성 민
[inhabitants of a ward]
해당 구역(區域)에 사는 사람[民].

구박 驅迫 | 몰 구, 다그칠 박
[treat badly; abuse]
몰아붙이고[驅] 다그침[迫]. 못 견디게 괴롭힘. ¶며느리를 구박하다. ㊥ 타박(打撲), 학대(虐待). ㊤ 공경(恭敬).

***구별** 區別 | 나눌 구, 나눌 별 [distinguish]
❶속뜻 구역(區域)에 따라 나누어[別] 경계를 지음. ❷성질이나 종류에 따라 나타

나는 차이. 또는 그것을 갈라놓음. ¶쌀과 보리를 구별하다. [반] 혼동(混同).

구보 驅步 | 달릴 구, 걸을 보 [run]
달리듯[驅] 빨리 걸어감[步]. 또는 그런 걸음걸이. ¶단체구보.

구부 球部 | 공 구, 나눌 부
물건에서 공[球]처럼 둥글게 생긴 부분(部分).

구부리다 [bend forward; curve]
한쪽으로 굽히다. ¶철사를 구부려 고리를 만들다 / 할아버지의 허리가 약간 구부러졌다. [반] 펴지다.

[비슷한 듯 다른 말] ➲ 굽히다

구부정-하다 [slightly bent]
휘움하게 굽다. ¶구부정한 자세로 앉아 있다.

****구분 區分** | 나눌 구, 나눌 분
[divide; separate]
❶[속뜻] 구역(區域)으로 나눔[分]. ❷전체를 몇 개의 갈래로 나눔. ¶옳은 일과 그른 일을 구분하다. [비] 구별(區別).

구불-구불 [meandering; winding]
이리저리 구부러지는 모양. ¶구불구불한 산길.

구비 具備 | 갖출 구, 갖출 비 [have all]
갖추어야[備] 할 것을 빠짐없이 다 갖춤[具]. ¶구비 서류. [비] 완비(完備).

구사-일생 九死一生 | 아홉 구, 죽을 사, 한 일, 살 생
❶[속뜻] 아홉[九] 번 죽을[死] 뻔 하다 한[一] 번 살아남[生]. ❷'죽을 고비를 여러 차례 넘기고 겨우 살아남'을 이르는 말. ¶그는 전투에서 구사일생으로 살아 돌아왔다.

구상 構想 | 얽을 구, 생각 상
[plan; map out]
❶[속뜻] 생각을[想] 얽어냄[構]. ❷앞으로 하려는 일의 내용이나 규모, 실현 방법 따위를 어떻게 정할 것인지 이리저리 생각함. 또는 그 생각. ¶조직 개편을 구상하다. ❸예술 작품을 창작할 때, 작품의 주요 내용이나 표현 형식 따위에 대하여 생각함. 또는 그 생각. ¶작품을 구상하다. [비] 구사(構思), 구안(構案).

▸**구상-도 構想圖** | 그림 도
계획한 생각[構想]을 표현하는 바탕이 될 그림이나 도면(圖面).

구색 具色 | 갖출 구, 빛 색
[assort; provide an assortment of]
❶[속뜻] 여러 빛깔[色]을 고루 갖춤[具]. ❷여러 가지 물건을 고루 갖춤. ¶구색을 갖추다.

구석 [inside corner]
❶모퉁이의 안쪽. ¶한쪽 구석에 화장대를 놓다. ❷드러나지 않은 작은 부분. ¶믿는 구석이 있는 것 같다.

▸**구석-구석**
이 구석 저 구석. 구석마다. ¶그는 학교의 구석구석을 다 잘 안다.

구:-석기 舊石器 | 옛 구, 돌 석, 그릇 기
[Old Stone Age]
[고적] 신석기 시대 보다 오래[舊] 전에 만든, 돌[石]을 깨서 만든 도구[器]. 인류가 만들어 쓴 타제(打製) 석기로, 주먹 도끼 따위가 있다.

▸**구:석기 시대 舊石器時代** | 때 시, 연대 대
[역사] 신석기 시대 보다 오래[舊] 전에, 석기(石器)를 만들어 쓰던 때[時代]. 타제(打製) 석기, 즉 뗀석기를 사용하던 시대를 말한다. 도구 제작 기술에 의해 구분된 인류 발달과정 중 가장 이른 시기이다. ¶공주에서 구석기 시대 유적이 발굴되었다.

구:설 口舌 | 입 구, 혀 설
[malicious gossip; heated words]
❶[속뜻] 입[口]과 혀[舌]. ❷남에게 시비하거나 헐뜯는 말.

▸**구:설-수 口舌數** | 셀 수

남에게 시비하거나 헐뜯는 말[口舌]을 듣게 될 신수(身數). ¶구설수에 오르다.

구성[1] **九城** | 아홉 구, 성곽 성
역사 고려 예종 2년(1107)에 윤관이 별무반을 편성하여 함흥평야의 여진족을 정벌하고 쌓은 아홉[九] 개의 성(城).

⁑**구성**[2] **構成** | 얽을 구, 이룰 성
[organize; constitute]
❶ 속뜻 몇 가지 부분이나 요소들을 모아서 일정한 전체를 짜서[構] 이룸[成]. ❷ 문학 문학 작품에서 형상화를 위한 여러 요소들을 유기적으로 배열하거나 서술하는 일. ❸ 미술 색채와 형태 따위의 요소를 조화롭게 조합하는 일. ㊐ 얼개, 구조(構造).

▸**구성-원** 構成員 | 사람 원
어떤 조직이나 단체를 이루고 있는[構成] 사람들[員]. ¶사회 구성원 / 가족 구성원.

구성-지다 [tasteful]
천연덕스럽고 멋지다. ¶구성지게 들려오는 노랫소리.

구:세 **救世** | 구원할 구, 세상 세
[save the world]
❶ 속뜻 세상(世上) 사람들을 불행과 고통에서 구원(救援)함. ❷ 기독교 신앙으로 인류를 마귀의 굴레와 죄악에서 구원함. 또는 그런 사람. ❸ 불교 중생을 괴로움에서 벗어나게 함. 또는 그런 사람.

▸**구:세-군** 救世軍 | 군사 군
기독교 1865년에 영국에서 창시된 기독교파의 하나. 구세(救世)를 위하여 군대(軍隊)처럼 조직된 종교 단체.

▸**구:세-주** 救世主 | 주인 주
❶ 속뜻 세상을 구제하는[救世] 군주(君主). ❷ '어려움이나 고통에서 구해 주는 사람'을 비유하여 이르는 말. 기독교에서 예수나 불교에서 석가모니를 말한다.

구:-세:대 **舊世代** | 옛 구, 세상 세, 시대 대 [old generation]
이전[舊]의 세대(世代). 또는 나이 든 낡은 세대. ㊉ 신세대(新世代).

구:-소련 **舊蘇聯** | 옛 구, 되살아날 소, 잇달 련
옛날[舊]의 소비에트[蘇] 연방(聯邦). 소비에트 사회주의공화국 연방이 해체된 후 이전의 연방 체제를 이르는 이름.

구속 **拘束** | 잡을 구, 묶을 속
[bind; restrict]
❶ 속뜻 붙잡아[拘] 묶어둠[束]. ❷ 법률 법원이나 판사가 피의자나 피고인을 강제로 일정한 장소에 잡아 가두는 일. ㊐ 억류(抑留), 구금(拘禁). ㊉ 석방(釋放).

▸**구속-력** 拘束力 | 힘 력
법률 자유행동을 구속(拘束)하는 효력(效力).

구수-하다 [be pleasant; tasty]
❶맛·냄새가 비위에 좋다. ¶구수한 보리차 냄새. ❷말이 듣기에 그럴듯하다. ¶구수한 언변.

구:술 **口述** | 입 구, 지을 술
[state orally; dictate]
입[口]으로 진술(陳述)함. ¶할머니의 구술을 받아 적었다.

구슬 (珠, 구슬 주) [glass beads]
보석으로 둥글게 만든 물건.

▸**구슬-땀**
구슬처럼 방울방울 맺힌 땀방울. ¶구슬땀을 흘리며 일하다.

▸**구슬-비**
풀잎 따위에 구슬처럼 맺히는 '이슬비'를 아름답게 나타내는 말.

▸**구슬-치기**
구슬을 가지고 노는 놀이.

구슬리다 [wheedle; cajole; coax]
그럴듯하게 꾀어 마음을 움직이다. ¶아이를 구슬리다.

구슬프다 [sad; sorrowful]
처량(凄凉)하고 슬프다. ¶구슬픈 울음소리가 들려오다.

구:-시대 **舊時代** | 옛 구, 때 시, 연대 대
[old era]

예전의 낡은[舊] 시대(時代). ㉯ 신시대(新時代).

구:식 舊式 | 옛 구, 법 식 [old style]
❶ 속뜻 예전[舊]의 방식(方式)이나 형식. ¶구식 군사훈련. ❷케케묵어 시대에 뒤떨어짐. 또는 그런 것. ¶이 옷은 이제 구식이다. ㉯ 신식(新式).

구실[1] [one's function; one's duty]
자기가 해야 할 일. ¶사람 구실을 못하다. ㊗ 역할(役割).

구:실[2] **口實** | 입 구, 열매 실
[excuse; pretext]
❶ 속뜻 입[口]안에 든 열매[實]. ❷핑계를 삼을 만한 재료를 비유하여 이르는 말. ¶구실을 내세우다. ㊗ 핑계, 변명(辯明).

구심 求心 | 구할 구, 마음 심
[seek the center]
❶ 불교 참된 마음[心]을 찾아[求] 참선함. ❷ 물리 중심으로 가까워져 옴.
▸구심-력 求心力 | 힘 력
물리 원운동을 하는 물체나 물체 위의 질점(質點)에 작용하는, 원의 중심(中心)으로 나아가려는[求] 힘[力]. ㉯ 원심력(遠心力).

구십 九十 | 아홉 구, 열 십 [ninety]
십(十)의 아홉[九] 배가 되는 수. 90. ㊗ 아흔.

구애[1] **求愛** | 구할 구, 사랑 애
[make love to; court]
이성에게 사랑[愛]을 구(求)함. ¶그가 적극적으로 구애하자 그녀가 결혼을 허락했다.

구애[2] **拘礙** | 잡을 구, 거리낄 애
[hitch; trouble]
붙잡혀[拘] 얽매이거나 거리낌[礙]. ¶비용에 구애받다.

구:약 舊約 | 오래 구, 묶을 약
[Old Testament]
❶ 속뜻 오래[舊] 전의 약속(約束). ❷ 기독교 예수가 나기 전에 하나님이 이스라엘 민족에게 준 구원의 약속. ㉯ 신약(新約).

구:어 口語 | 입 구, 말씀 어
[spoken language]
언어 주로 입[口]에서 나오는 일상적인 대화에서 사용하는 말[語]. ㊗ 입말. ㉯ 문어(文語).
▸구:어-체 口語體 | 몸 체
언어 일상적인 대화[口語]에서 쓰는 말로 된 문체(文體). ㉯ 문어체(文語體).

⁑**구역**[1] **區域** | 나눌 구, 지경 역
[area; zone]
❶ 속뜻 갈라놓은[區] 지역(地域). ❷ 기독교 한 교회의 신자들을 지역에 따라 일정 수로 나누어 놓은 단위.

구역[2] **嘔逆** | 토할 구, 거스를 역 [nausea]
음식물 따위가 거꾸로 솟아[逆] 토할[嘔] 듯 메스꺼운 느낌. ㊗ 구토(嘔吐).
▸구역-질 (嘔逆-)
속이 메스꺼워 자꾸 토하려고[嘔逆] 하는 일. ¶그 냄새에 구역질이 날 지경이다. ㊗ 욕지기질.

구:연 口演 | 입 구, 펼칠 연
[oral narration]
❶ 속뜻 동화, 야담 따위를 여러 사람 앞에서 입[口]으로 실감나게 펼쳐[演] 보임. ¶동화를 재미있게 구연하다. ❷문서에 의하지 않고 입으로 사연을 말함. ㊗ 구술(口述).

구연-산 枸櫞酸 | 구기자 구, 구연 연, 신맛 산 [citric acid]
화학 레몬이나 밀감 등의 과실 속에 있는 염기성(鹽基性)의 산(酸). 청량음료·의약·염색 등에 쓰인다. '枸櫞'은 'citric'의 일본어 음역어로 추정된다.

구우일모 九牛一毛 | 아홉 구, 소 우, 한 일, 털 모
❶ 속뜻 여러 마리 소[九牛]의 털 중에서 한[一] 가닥의 털[毛]. ❷대단히 많은 것 가운데 없어져도 아무 표시가 나지 않는 극

히 적은 부분. ¶그런 일은 구우일모에 불과할 만큼 드물다.

구운몽 九雲夢 | 아홉 구, 구름 운, 꿈 몽
문학 조선 숙종 때에, 문인 김만중이 지은 장편 소설. 육관대사(六觀大師)의 제자인 성진이 양소유로 환생하여 여덟 선녀의 환신(幻身)인 여덟 여인과 여러[九] 차례 인연을 맺고 입신양명하여 부귀영화를 누리다 깨어 보니 뜬 구름[雲] 같은 꿈[夢]이었다는 내용이다.

구:원 救援 | 건질 구, 당길 원
[rescue; relieve]
❶ 속뜻 물에 빠진 사람을 건져주기[救] 위해 잡아당김[援]. ❷ 기독교 인류를 죽음과 고통과 죄악에서 건져내는 일. ㉥ 구제(救濟).

구월 九月 | 아홉 구, 달 월 [September]
한 해 열두 달 가운데 아홉째[九] 달[月].

구유 [trough; manger]
마소의 먹이를 담아 주는 그릇.

구:음 口音 | 입 구, 소리 음
[oral sound]
❶ 언어 구강(口腔)으로만 기류를 통하게 하여 내는 소리[音]. ❷ 음악 거문고, 가야금, 피리, 대금 따위의 악기에서 울려 나오는 특징적인 음들을 계명창처럼 입으로 흉내 내어 읽는 소리.

구이 [meat roasted with seasonings]
고기나 생선에 양념을 하여 구운 음식. ¶생선 구이.

구인 求人 | 구할 구, 사람 인 [job offer]
일할 사람[人]을 구(求)함. ㉤ 구직(求職).

구입 購入 | 살 구, 들 입
[purchase; buy]
물건을 사[購] 들임[入]. ¶매표소에서 입장권을 구입하다. ㉥ 매입(買入), 구매(購買). ㉤ 판매(販賣).

구장 球場 | 공 구, 마당 장 [ball ground]
축구, 야구 따위의 구기(球技) 경기를 하는 운동장(運動場). 특히 야구장을 가리키는 경우가 많다. ¶잠실 구장에서 경기가 열린다.

구:전 口傳 | 입 구, 전할 전
[hand down orally]
입에서 입[口]으로 전(傳)함. 말로 전함. ㉥ 구비전승(口碑傳承).

구절 句節 | 글귀 구, 마디 절
[phrase; passage]
❶ 언어 구(句)와 절(節)을 아울러 이르는 말. ❷한 토막의 말이나 글. ¶유명한 구절.

구절-초 九節草 | 아홉 구, 절기 절, 풀 초
[Siberian chrysan themum]
식물 9~11월에 국화와 비슷한 모양의 꽃이 피는 풀[草]. 전체를 말려서 약으로 쓰는데, 음력 9월 9일에[九節] 캔 것이 가장 약효가 좋다는 데서 이름이 유래되었다.

구:정 舊正 | 옛 구, 정월 정
예전[舊]부터 음력 1월 1일 설[正朔]로 정해 지냈던 것. '신정'(新正)에 상대하여 이른다.

구정-물 [dirty water]
무엇을 빨거나 씻어 더러워진 물. ㉥ 오수(汚水).

구:제 救濟 | 건질 구, 건질 제
[help; aid]
❶ 속뜻 강물에 빠진 사람을 구하여[救] 건져[濟] 줌. ❷어려운 처지에 있는 사람을 도와줌. ¶빈민 구제.

구:제-역 口蹄疫 | 입 구, 발굽 제, 돌림병 역 [foot-and-mouth disease]
농업 소나 돼지 따위의 입[口]이나 발톱[蹄] 사이의 피부에 물집이 생기는 전염병[疫].

구:조[1] 救助 | 도울 구, 도울 조 [rescue; relief]
재난 따위를 당하여 어려운 처지에 빠진 사람을 도와줌[救=助]. ¶인명을 구조하다. ㉥ 구명(救命).

▶ 구:조-대 救助袋 | 자루 대
고층 건물 따위에서 불이 났을 때, 그 건물

안의 사람이나 물건을 구해 내는 데[救助]에 쓰는 긴 부대[袋].

⁑구조²構造 | 얽을 구, 만들 조
[organize; construct]
❶ 속뜻 얽어서[構] 만듦[造]. ❷부분이나 요소가 어떤 전체를 짜 이룸. ¶가옥 구조 / 컴퓨터의 구조.

▸구조-물 構造物 | 만물 물
일정한 설계에 따라 여러 가지 재료를 얽어서 만든[構造] 물건(物件). 다리, 건물 등.

구:좌 口座 | 입 구, 자리 좌 [account]
경제 예금을 한 사람[口]을 위하여 개설한 계좌(計座). '계좌'(計座)로 순화.

구:주 救主 | 구할 구, 주인 주
[Savior; Redeemer; Messiah]
기독교 '구세주'(救世主)의 준말.

구직 求職 | 구할 구, 일자리 직
[seek a job]
직업(職業)을 찾음[求]. ⓑ 구인(求人).

구질구질-하다 [dirty; untidy]
❶상태나 하는 짓 등이 더럽고 지저분하다. ¶구질구질한 변명. ❷날씨가 맑지 못하고 비나 눈이 내려 더럽고 지저분하다. ¶날씨가 구질구질하다.

구:차 苟且 | 진실로 구, 또 차
[poor; indigent]
❶ 속뜻 실로[苟] 말이나 행동이 떳떳하고 또[且] 버젓하지 못함. ¶구차한 변명. ❷살림이 매우 가난함.

구청 區廳 | 나눌 구, 관청 청
[district office]
법률 구(區)의 행정 사무를 맡은 관청(官廳).

▸구청-장 區廳長 | 어른 장
구청(區廳)의 행정 사무를 총괄하는 최고 책임자[長]. ¶구청장을 선출하다.

***구체 具體** | 갖출 구, 모양 체
[be concrete]
❶ 속뜻 눈으로 볼 수 있는 모양[體]을 갖춤[具]. ❷사물이 직접 경험하거나 지각할 수 있도록 일정한 형태와 성질을 갖춤. ⓑ 구비(具備). ⓑ 추상(抽象).

▸구체-적 具體的 | 것 적
어떤 사물이 뚜렷한 실체를 갖추고[具體] 있는 것[的]. ¶구체적인 계획을 세우다. ⓑ 추상적(抽象的).

구축 構築 | 얽을 구, 쌓을 축
[build; construct]
❶ 속뜻 얽어서[構] 만들어 쌓음[築]. ❷체제나 체계 따위의 기초를 닦아 세움. ¶신뢰를 구축하다.

구:출 救出 | 구원할 구, 날 출
[rescue; help out]
구원(救援)하여 위험한 상태에서 벗어나오게 함[出].

구충 驅蟲 | 몰 구, 벌레 충
[exterminate insects]
약품 따위로 해충이나 기생충[蟲] 따위를 몰아[驅] 없앰. ⓑ 살충(殺蟲).

▸구충-제 驅蟲劑 | 약제 제
약학 ❶몸 안의 기생충[蟲]을 없애는[驅] 데 쓰는 약제(藥劑). ❷살충제(殺蟲劑).

구치 拘置 | 잡을 구, 둘 치
[detain; confine]
법률 피의자나 범죄자 따위를 잡아서[拘] 일정한 곳에 가둠[置].

▸구치-소 拘置所 | 곳 소
법률 형사 피의자 또는 형사 피고인으로서 구속 영장에 의하여 구속된 사람을 판결이 내려질 때까지 수용하는[拘置] 시설이나 장소(場所).

구타 毆打 | 때릴 구, 칠 타 [beat]
사람이나 짐승을 함부로 때리고[毆] 침[打].

구:태 舊態 | 옛 구, 모양 태
[old state of affairs]
뒤떨어진 예전[舊] 그대로의 모습[態].

▸구:태의연 舊態依然 | 의지할 의, 그러할 연
변하거나 진보·발전한 데가 없이 옛[舊]

모습[態] 그대로[依然]이다. ¶구태의연한 태도.

구태-여 [deliberately; intentionally]
애써 굳이. 일부러. ¶구태여 너까지 나설 필요는 없다.

구토 嘔吐 | 토할 구, 토할 토 [vomit]
먹은 음식물을 토함[嘔=吐]. ¶식중독에 걸려 구토하다.

구-하다[1](求―, 구할 구)
[look for; search for]
❶무엇을 손에 넣으려고 찾다[求]. 또는 그렇게 하여 얻다. ¶해답을 구하다 / 직업을 구하다. ❷바라다. ¶양해를 구하다. ❸물건을 사다. ¶그런 물건은 구하기 어렵다.

구:-하다[2](救―, 구원할 구)
[save; rescue]
❶어려움을 벗어나게 하다[救]. ¶죽음에서 구하다. ❷물건을 주어 돕다. ¶극빈자를 구하다. ㊇ 구제(救濟)하다, 구호(救護)하다.

구:-한말 舊韓末 | 옛 구, 나라이름 한, 끝 말
역사 옛[舊] 대한 제국(大韓帝國) 말기(末期). ¶구한말 때의 대표적인 인물.

구현 具現 | 갖출 구, 나타날 현
[realize; materialize]
어떤 내용이 구체적(具體的)인 사실로 나타나게[現] 함. ¶민주주의의 구현 / 정의 구현.

구형[1]**求刑** | 구할 구, 형벌 형
[demand a penalty]
법률 형사재판에서 피고인에게 어떤 형벌(刑罰)을 줄 것을 검사가 판사에게 요구(要求)하는 일. ¶징역 10년을 구형하다.

구형[2]**球形** | 공 구, 모양 형
[globular shape]
공[球]같이 둥근 형태(形態). ¶지구는 구형이다.

구:형[3]**舊型** | 옛 구, 모형 형
[old model]
예전[舊]에 사용됐던 모형(模型). ¶구형 세탁기 / 구형 자동차. ㊊ 신형(新型).

구:호[1]**口號** | 입 구, 부를 호
[slogan; motto]
❶ 속뜻 입[口]으로 부르짖음[號]. ❷집회나 시위 따위에서 어떤 요구나 주장 따위를 간결한 형식으로 표현한 문구. ¶다 같이 구호를 외쳤다.

구:호[2]**救護** | 도울 구, 돌볼 호
[relief; aid]
❶ 속뜻 어려움에 처한 사람을 구(救)하여 돌봄[護]. ¶난민을 구호하다. ❷병자나 부상자를 간호하거나 치료함. ㊇ 구제(救濟), 구휼(救恤).

▶구:호-품 救護品 | 물건 품
구호(救護) 대상자에게 지급되는 각종 물품(物品). ¶구호품이 도착하였다.

구혼 求婚 | 구할 구, 혼인할 혼 [propose]
❶ 속뜻 결혼(結婚)할 상대자를 구(求)함. ❷결혼을 청함. ¶그녀는 구혼을 거절했다. ㊇ 청혼(請婚).

구:황 救荒 | 도울 구, 거칠 황
[famine relief]
황폐(荒廢)한 빈민들을 도와줌[救]. ¶구황식품.

▶구:황 작물 救荒作物 | 지을 작, 만물 물
❶ 속뜻 굶주림[荒]에서 벗어나도록 도와주는[救] 농작물(農作物). ❷ 농업 흉년 따위로 기근이 심할 때 주식물 대신 먹을 수 있는 농작물. 토질이나 기후에 영향을 받지 않고 잘 자라는 작물. 감자나 메밀 따위가 이에 속한다.

구획 區劃 | 나눌 구, 나눌 획
[divide; partition]
토지 따위를 구분(區分)하여 나눔[劃]. 또는 그런 구역. ¶도시를 세 부분으로 구획하여 개발하다.

국 [soup; broth]
채소·생선·고기 등을 넣고 물을 많이 부어

끓인 음식. ㊥ 탕(湯).

국가¹國歌 | 나라 국, 노래 가
[national anthem]
나라[國]를 상징하는 노래[歌]. 그 나라의 이상이나 영예를 나타내며, 주로 식전(式典)에서 연주·제창한다.

＊국가²國家 | 나라 국, 집 가
[country; nation]
일정한 영토[國]와 거기에 사는 사람들로 구성되고 주권에 의한 하나의 통치 조직을 가지고 있는 사회 집단[家]. 국민·영토·주권의 3요소를 필요로 한다.

▶국가-적 國家的 | 것 적
❶ 속뜻 국가(國家)에 관련되는 것[的]. ❷ 국가 전체의 범위나 규모에서 하는 것. ¶올림픽은 국가적인 차원에서 개최하는 행사이다.

국-거리 [soup makings]
국을 끓일 재료.

＊국경¹國境 | 나라 국, 지경 경
[boundary; border of a country]
나라[國]와 나라의 영역을 가르는 경계(境界).

▶국경-선 國境線 | 줄 선
국경(國境)을 이은 선(線). ¶군대를 국경선에 배치하다.

▶국경 없는 의사회 國境―醫師會 | 치료할 의, 스승 사, 모일 회
인종이나 정치와는[國境] 차별 없이 어려운 사람들을 도와주는 의사(醫師)들의 단체[會].

국경²國慶 | 나라 국, 기쁠 경
나라[國]의 경사(慶事).

▶국경-일 國慶日 | 날 일
나라[國]의 경사(慶事)를 기념하기 위하여, 법률로 정한 날[日]. 삼일절, 제헌절, 광복절, 개천절이 있다. ¶국경일에는 집집마다 태극기를 단다.

국고 國庫 | 나라 국, 곳집 고
[National Treasury]
❶ 역사 나라[國]의 재산인 곡식이나 돈 따위를 넣어 보관하던 창고(倉庫). ❷ 경제 국가의 재정적 활동에 따른 현금의 수입과 지출을 담당하기 위하여 한국은행에 설치한 예금 계정. 또는 그 예금.

국교¹國交 | 나라 국, 사귈 교
[national friendship]
나라[國]와 나라 사이에 맺는 외교(外交) 관계. ㊥ 수교(修交).

국교²國教 | 나라 국, 종교 교
[state religion]
국가(國家)에서 법으로 정하여 온 국민이 믿도록 하는 종교(宗教).

국군 國軍 | 나라 국, 군사 군
[nation's armed forces]
나라 안팎의 적으로부터 나라[國]를 보존하기 위하여 조직한 군대(軍隊).

국궁 國弓 | 나라 국, 활 궁
[Korean archery]
우리나라[國] 고유의 활[弓]. 또는 그 활을 쏘는 기술. ¶할아버지는 국궁의 명수이시다. ㊥ 양궁(洋弓).

국권 國權 | 나라 국, 권력 권
[national rights; state power]
정치 국가(國家)가 행사하는 권력(權力). ¶국권을 회복하다.

국기¹國技 | 나라 국, 재주 기
[national sport]
나라[國]에서 전통적으로 즐겨 내려오는 대표적인 운동이나 기예(技藝). 우리나라의 태권도, 영국의 축구 따위.

＊국기²國旗 | 나라 국, 깃발 기
[national flag]
일정한 형식을 통하여 한 나라[國]의 역사, 국민성, 이상 따위를 상징하도록 정한 깃발[旗]. 우리나라의 태극기, 미국의 성조기, 일본의 일장기 따위이다.

국난 國難 | 나라 국, 어려울 난
[national crisis]
나라[國]가 당면한 어려움[難]. ¶힘을 모

아 국난을 극복하다.

국내 國內 | 나라 국, 안 내
[interior of a country]
나라[國]의 안[內]. ¶국내 최초로 발명하다. ⓑ 국외(國外).

▸국내-외 國內外 | 밖 외
나라[國]의 안[內]과 밖[外]을 아울러 이르는 말. ¶국내외에서 큰 활약을 하다.

국도 國道 | 나라 국, 길 도
[national highway]
교통 나라[國]에서 직접 관리하는 도로(道路). ⓑ 지방도로(地方道路).

국력 國力 | 나라 국, 힘 력
[national strength]
한 나라[國]가 지닌 정치, 경제, 문화, 군사 따위의 모든 방면의 힘[力]. ¶국력이 막강하다.

국론 國論 | 나라 국, 말할 론
[national opinion]
국민(國民) 또는 사회 일반의 공통된 의견[論]. ¶국론을 모으다.

국립 國立 | 나라 국, 설 립
[national; state]
❶ 속뜻 나라[國]에서 세움[立]. ❷국가(國家)의 돈으로 설립(設立)하여 운영함. ¶국립 도서관. ⓑ 공립(公立). ⓑ 사립(私立).

국면 局面 | 판 국, 낯 면
[situation; aspect of affairs]
❶ 속뜻 어떤 판[局]이 벌어진 장면(場面)이나 형편. ¶새로운 국면으로 접어들다. ❷ 운동 바둑이나 장기에서, 반면(盤面)의 형세를 이르는 말.

국명 國命 | 나라 국, 명할 명
[national command]
❶ 속뜻 나라[國]의 명령(命令). ¶국명을 받들다. ❷나라의 운명. ⓑ 국운(國運).

국모 國母 | 나라 국, 어머니 모
[Mother of the State; Empress]
임금의 아내를 나라[國]의 어머니[母]라는 뜻으로 높여 부르는 말.

국무 國務 | 나라 국, 일 무
[state affairs]
❶ 속뜻 나라[國]의 정무(政務). ❷나라를 맡아 다스리고 이끌어 가는 일. ⓑ 국정(國政).

국문 國文 | 나라 국, 글자 문
[Korean alphabet; written Korean]
❶ 속뜻 우리나라[國]에서 쓰는 글자[文]. 한글과 한자 그리고 일부 아라비아문자(1, 2, 3…) 등을 말한다. ❷우리나라 말로 쓴 글. ¶영문 소설을 국문으로 번역하다.

국-물 [soup; broth]
국·찌개·김치 등의 물. ⓑ 건더기.

***국민** 國民 | 나라 국, 백성 민
[people; nation]
국가(國家)를 구성하는 사람[民]. 또는 그 나라의 국적을 가진 사람. ⓑ 백성(百姓).

▸국민-복 國民服 | 옷 복
온 국민(國民)이 입도록 간편하고 검소하게 만든 옷[服]. ¶국민복으로 갈아입다.

▸국민-성 國民性 | 성질 성
어떤 국민(國民)에게 공통적으로 나타나는 가치관, 행동 양식, 사고방식, 기질 따위의 특성(特性). ⓑ 민족성(民族性).

▸국민-학교 國民學校 | 배울 학, 가르칠 교
❶ 속뜻 '국민(國民) 의무'의 하나로서 다니는 학교(學校). ❷'초등학교'의 예전 용어.

국-밥 [cooked rice served in soup]
국에 만 밥. ¶식당에서 국밥 한 그릇을 먹다.

***국방** 國防 | 나라 국, 막을 방 [national defense; defense of a country]
외국의 침략에 대비 태세를 갖추고 국토(國土)를 방위(防衛)하는 일. ¶국방의 의무를 다하다.

▸국방-부 國防部 | 나눌 부
법률 국가 방위[國防]에 관련된 군정을 맡아보는 중앙 행정 부서(部署).

▸국방-비 國防費 | 쓸 비

경제 국가가 외국의 침략에 대비 태세를 갖추고 국토를 방위하는[國防] 데에 쓰는 비용(費用). ¶국방비를 삭감하다.

국번 局番 | 판 국, 차례 번
[telephone exchange number]
전화의 국명(局名)을 나타내는 번호(番號). ¶화재 신고는 국번 없이 119로 한다.

국법 國法 | 나라 국, 법 법
[national laws]
법률 나라[國]의 법률(法律)이나 법규. ㊐ 헌법(憲法).

***국보** 國寶 | 나라 국, 보배 보 [national treasure; asset to the nation]
❶ 속뜻 나라[國]의 보배[寶]. ❷나라에서 지정하여 법률로 보호하는 문화재. ¶남대문은 우리나라 국보 1호이다.

▸ **국보-급** 國寶級 | 등급 급
국보(國寶)에 상당할 만한 매우 귀한 등급(等級). ¶국보급 보물이 발견되었다.

국부 國父 | 나라 국, 아버지 부
[father of one's country]
❶ 속뜻 나라[國]의 아버지[父]. 임금. ❷나라를 세우는 데 공로가 많아 국민에게 존경받는 위대한 지도자를 이르는 말. ㊉ 국모(國母).

국비 國費 | 나라 국, 쓸 비
[national expenditure]
나라[國]의 재정으로 부담하는 비용(費用). ¶국비 유학생. ㊐ 국고(國庫). ㊉ 사비(私費).

국빈 國賓 | 나라 국, 손님 빈
[guest of the state]
나라[國]에서 정식으로 초대한 외국 손님[賓]. ¶중국을 국빈 자격으로 방문하다.

국사[1]**國史** | 나라 국, 역사 사
[national history]
나라[國]의 역사(歷史).

국사[2]**國事** | 나라 국, 일 사
[national affairs; public matters]
나라[國]에 관한 일[事]. 또는 나라의 정치에 관한 일. ¶국사를 논하다.

국사[3]**國師** | 나라 국, 스승 사
[Most Reverend Priest]
역사 ❶나라[國]를 통치하던 임금의 스승[師]. ❷통일 신라·고려·조선 전기의 법계(法階) 가운데 가장 높은 등급. ㊐ 국승(國乘).

국산 國産 | 나라 국, 낳을 산
[home production]
자기 나라[國]에서 생산(生産)함. 또는 그 물건. ¶국산 자동차가 세계 판매량 1위를 차지했다. ㊉ 외국산(外國産).

▸ **국산-품** 國産品 | 물건 품
자기 나라에서 생산한[國産] 물품(物品). ¶국산품을 애용합시다. ㊈ 국산. ㊉ 외제(外製).

국세 國稅 | 나라 국, 세금 세
[national tax]
법률 국가(國家)의 재정을 충당하기 위하여 국민에게 부과하여 거두어들이는 세금(稅金). ¶국세를 징수하다. ㊉ 지방세(地方稅).

▸ **국세-청** 國稅廳 | 관청 청
법률 국세(國稅)에 관한 사무를 맡아보는 관청(官廳).

국수[1] [noodles; vermicelli]
메밀가루나 밀가루 등을 반죽하여 손으로 얇게 밀어 가늘게 썰거나 국수틀로 눌러 만든 식품. ㊐ 면(麵/麪).

국수[2]**國粹** | 나라 국, 순수할 수
[national characteristics]
한 나라[國]나 민족이 지닌 순수(純粹)함. 주로 고유한 정신적·물질적 우수성을 말한다. ¶국수를 보존하다.

▸ **국수-주의** 國粹主義 | 주될 주, 뜻 의
사회 자기 나라의 고유한[國粹] 역사·전통·정치·문화만이 가장 뛰어나다고 믿고, 다른 나라나 민족을 배척하는 극단적인 태도나 경향[主義].

국시 國是 | 나라 국, 옳을 시

[national policy]
❶[속뜻]나라[國]를 위하여 옳다[是]고 여기는 주의나 방침. ❷국가 이념이나 정책의 기본 방침. ¶국시를 정하다.

국악 國樂 | 나라 국, 음악 악
[national classical music]
❶[속뜻]나라[國]의 고유한 음악(音樂). ❷[음악]서양 음악에 상대하여 우리의 전통 음악을 이르는 말. ¶국악 연주회.

▸국악-기 國樂器 | 그릇 기
[음악]국악(國樂)에 쓰는 기구(器具)를 통틀어 이르는 말. 장구, 가야금 따위.

***국어** 國語 | 나라 국, 말씀 어
[National language; Korean]
❶[속뜻]한 나라[國]에서 정한 표준말[語]. ❷우리나라 공용어로서의 한국어. [반]외국어(外國語).

▸국어-학 國語學 | 배울 학
[언어]국어(國語)를 과학적으로 연구하는 학문(學問).

▸국어-사전 國語辭典 | 말씀 사, 책 전
국어(國語)에 쓰이는 어휘[辭]를 모아서 의미를 자세히 풀이한 책[典]. 낱말의 속뜻까지 자상하게 풀이한 국어사전을 특별히 '속뜻사전'이라고 한다. [비]속뜻사전.

국영 國營 | 나라 국, 꾀할 영
[state operation]
나라[國]에서 직접 관리하여 이익을 꾀함[營]. 또는 그런 방식. ¶국영 기업. [비]관영(官營). [반]사영(私營), 민영(民營).

국왕 國王 | 나라 국, 임금 왕
[king; monarch]
나라[國]의 임금[王].

국외 國外 | 나라 국, 밖 외 [outside the country; abroad; overseas]
한 나라[國]의 영토 밖[外]. ¶불법 체류자를 국외로 추방하다. [반]국내(國內).

국위 國威 | 나라 국, 위엄 위
[national prestige]
나라[國]의 권위(權威)나 위력(威力). ¶국위를 선양하다.

국유 國有 | 나라 국, 있을 유
[state ownership]
나라[國]의 소유(所有). 또는 그에 속한 것. [반]사유(私有), 민유(民有).

국익 國益 | 나라 국, 더할 익
[national interest]
나라[國]의 이익(利益). ¶국익을 증진하다. [비]국리(國利).

국자 [(soup) ladle; scoop; dipper]
자루가 달린, 국을 뜨는 도구.

국장[1] 局長 | 관청 국, 어른 장
[director of a bureau]
기관이나 조직에서 한 국(局)을 맡은 수장(首長).

국장[2] 國葬 | 나라 국, 장사 지낼 장
[national funeral]
나라[國]에 큰 공이 있는 사람이 죽었을 때 국비로 장례(葬禮)를 치르는 일. 또는 그 장례.

국적 國籍 | 나라 국, 문서 적
[(one's) nationality; citizenship]
❶[법률]한 나라[國]의 구성원이 되는 자격[籍]. ¶미국 국적을 취득하다. ❷배나 비행기 따위가 소속되어 있는 나라. ¶중국 국적의 비행기가 추락했다.

국정[1] 國定 | 나라 국, 정할 정
[government-designated]
나라[國]에서 정(定)함. 또는 그런 것. ¶국정 교과서.

국정[2] 國政 | 나라 국, 정치 정
[government administration]
나라[國]의 정치(政治). 국가의 행정. ¶국정에 참여하다. [비]국무(國務), 국사(國事).

***국제** 國際 | 나라 국, 사이 제 [international]
❶[속뜻]나라[國] 사이[際]에 관계됨. ❷여러 나라에 공통됨. ¶국제무역. ❸여러 나라가 모여서 이루거나 함. ¶국제 학술대회.

▸국제-법 國際法 | 법 법

법률 공존공영의 생활을 도모하기 위하여 국가 간의 협의에 따라 국가 간의 권리·의무에 대하여 규정한 국제(國際) 사회의 법률(法律). ⓑ 국내법(國內法).

▸국제-선 國際線 | 줄 선
국가 사이[國際]의 통신 교환이나 항공, 선박, 철도 따위의 교통편에 이용하는 항로[線]. ⓑ 국내선(國內線).

▸국제-적 國際的 | 것 적
❶ 속뜻 여러 나라 사이[國際]에 관계가 있는 것[的]. ❷세계적인 규모인 것.

▸국제-화 國際化 | 될 화
국제적(國際的)인 것으로 됨[化]. ¶국제화 시대가 열리다.

국조 國祖 | 나라 국, 조상 조 [progenitor]
나라[國]의 시조(始祖). ¶국조 단군.

국채 國債 | 나라 국, 빚 채
[national debt]
❶ 속뜻 나라[國]의 빚[債]. ❷ 경제 국가가 재정상의 필요에 따라 국가의 신용으로 설정하는 금전상의 채무. 또는 그것을 표시하는 채권. ¶국채를 상환하다.

국책 國策 | 나라 국, 꾀 책
[national policy]
나라[國]의 정책(政策)이나 시책. ¶국책을 수립하다.

***국토 國土** | 나라 국, 땅 토
[territory; realm]
나라[國]의 땅[土]. 한 나라의 통치권이 미치는 지역을 이른다. ¶국토 개발 계획.

국학 國學 | 나라 국, 배울 학
[study (of) the national literature]
❶ 속뜻 나라[國]의 전통 학문(學問). ❷ 역사 신라, 고려, 조선 때에 국가 최고의 교육기관. ⓑ 양학(洋學).

국한 局限 | 판 국, 한할 한
[localize; limit]
범위를 일정한 부분[局]에 한정(限定)함. ¶환경오염 문제는 우리나라에만 국한된 것이 아니다.

국-한문 國漢文 | 나라 국, 한나라 한, 글월 문
[Korean and Chinese characters]
❶ 속뜻 국문(國文)에 한자(漢字)가 섞인 글[文]. ❷한글과 한자를 아울러 이르는 말.

국호 國號 | 나라 국, 이름 호
[name of a country]
나라[國]의 이름[號]. ¶우리나라의 국호는 대한민국이다. ⓗ 국명(國名).

국화[1] 國花 | 나라 국, 꽃 화
[national flower]
한 나라[國]를 상징하는 꽃[花]. 우리나라는 무궁화, 영국은 장미, 프랑스는 백합이다.

국화[2] 菊花 | 국화 국, 꽃 화 [chrysanthemum (flower); mum]
식물 국화과[菊]의 여러해살이풀. 또는 그 꽃[花].

▸국화-빵 (菊花-)
밀가루를 풀어 국화(菊花) 모양의 판에 붓고 팥소를 넣어서 구운 풀빵.

▸국화-전 菊花煎 | 지질 전
깨끗이 씻은 국화(菊花)에 찹쌀가루를 묻혀서 기름에 지진[煎] 음식.

국회 國會 | 나라 국, 모일 회
[National Assembly; Congress]
❶ 속뜻 국민(國民)을 대표하는 사람들의 모임[會]. ❷ 법률 국민의 대표로 구성한 입법기관.

군[1] 君 | 임금 군 [Mr.; Sir]
상대방을 부를 때 쓰는 말. 친구나 손아랫사람의 성이나 이름 뒤에 쓴다. ¶장현규 군 / 최 군.

군[2] 軍 | 군사 군 [military; army]
'군대'(軍隊)의 준말.

군[3] 郡 | 고을 군 [county; district]
도(道)의 관할 아래 지방 행정의 하나. 행정 구획으로 읍(邑)·면(面)을 둔다.

군가 軍歌 | 군사 군, 노래 가

[military song]
군대(軍隊)의 사기를 북돋우기 위하여 부르는 노래[歌].

군:것-질 [snack]
끼니 외에 먹는 군음식. 또는 그것을 먹는 일. ¶군것질을 하니 밥맛이 없다. ⓑ주전부리.

군경 軍警 | 군사 군, 지킬 경
[military and the police]
군대(軍隊)와 경찰(警察).

군계-일학 群鷄一鶴 | 무리 군, 닭 계, 한 일, 학 학
❶ 속뜻 닭[鷄]의 무리[群] 가운데 있는 한[一] 마리의 학(鶴). ❷'많은 사람 가운데서 뛰어난 인물'을 비유하여 이르는 말.

군:-고구마 [roast sweet potatoes]
날것을 불에 구워서 익힌 고구마.

군관 軍官 | 군사 군, 벼슬 관
역사 조선 시대에, 각 군영과 지방 관아의 군무(軍務)에 종사하던 낮은 벼슬아치[官]. ⓑ장교(將校).

군국 軍國 | 군사 군, 나라 국
[militant nation]
❶ 속뜻 군대(軍隊)와 나라[國]. 혹은 군무(軍務)와 국정(國政)을 아울러 이르는 말. ❷군사를 정치의 핵심으로 삼고 있는 나라. ¶군국주의 국가.

▶군국기무-처 軍國機務處 | 실마리 기, 일 무, 곳 처
역사 조선 후기에 군사(軍事)와 국정(國政)같이 중요한[機] 일[務]을 담당하던 관청[處].

군기 軍紀 | 군사 군, 벼리 기
[military discipline; troop morals]
군대(軍隊)의 기강(紀綱). ⓑ군율(軍律).

군:-내[1] [unwanted smell]
본래의 제 맛이 아닌 다른 냄새. ¶김치에서 군내가 난다.

군:내[2] 郡內 | 고을 군, 안 내
고을[郡]의 안[內]. ¶군내 주민이 참여하였다.

군단 軍團 | 군사 군, 모일 단
[army corps]
군사 육군에서 사단(師團) 이상의 병력[軍]으로 편성되는 전술 단위 부대[團].

⁑군대 軍隊 | 군사 군, 무리 대
[army; troops]
일정한 규율과 질서를 가지고 조직된 군인(軍人)의 집단[隊].

군:-더더기
[excrescence; superfluous thing]
쓸데없이 덧붙은 것. ¶군더더기를 붙이다.

군데 [place; spot; point; part]
낱낱의 곳. 어떤 지점(地點). ¶몇 군데 구멍이 났다.

▶군데-군데
여러 군데. 이곳저곳. ¶군데군데 곰팡이가 슬었다. ⓑ이곳저곳, 여기저기.

군량 軍糧 | 군사 군, 양식 량
[military supplies; rations]
군대(軍隊)의 양식(糧食).

▶군량-미 軍糧米 | 쌀 미
군대의 양식[軍糧]으로 쓰는 쌀[米].

군령 軍令 | 군사 군, 명령 령
[military command]
❶ 속뜻 군사(軍事) 상의 명령(命令). ¶군령을 따르다. ❷국가 원수가 통수권에 의하여 군대에 내리는 명령. ⓑ군명(軍命).

군:-말 [say unnecessary things]
하지 않아도 좋을 때에 쓸데없이 하는 말. ¶그는 군말 없이 부탁을 들어주었다.

군무 群舞 | 무리 군, 춤출 무
[group dancing]
여러 사람이 무리[群]를 지어 추는 춤[舞]. ¶군무를 추다. ⓑ독무(獨舞).

군민[1] 軍民 | 군사 군, 백성 민
[military and civilian]
군인(軍人)과 민간인(民間人)을 아울러 이르는 말. ¶군민이 함께 구조하다.

군ː민[2]郡民 | 고을 군, 백성 민
[inhabitants of a county]
그 군(郡)에 사는 사람[民]. ¶금릉군 군민 체육대회.

군ː-밤 [roast(ed) chestnut]
날것을 불에 구워서 익힌 밤.

군법 軍法 | 군사 군, 법 법 [military law]
법률 군(軍) 내부에 적용하는 형법(刑法). ¶이 사건은 군법 회의에 회부되었다.

군복 軍服 | 군사 군, 옷 복
[military uniform]
군인(軍人)의 제복(制服).

군-복무 軍服務 | 군사 군, 입할 복, 힘쓸 무
[military service]
군대에서 일정 기간 군인(軍人)이 되어 복무(服務)하는 일. ¶2년간의 군복무를 마치다.

군부 軍部 | 군사 군, 나눌 부
[military authorities]
❶ 군사 군사(軍事)를 총괄하여 맡아보는 군의 수뇌부(首腦部). 또는 그것을 중심으로 한 세력. ¶군부가 정치에 개입하기 시작했다. ❷ 역사 고려 때, 치안을 맡아보던 관아. ❸ 역사 조선 때, 군정에 관한 일을 맡아보던 관아.

군-부대 軍部隊 | 군사 군, 나눌 부, 무리 대
[army unit]
군인(軍人)들의 부대(部隊). ¶군부대 위문 공연.

군ː-불 [fire for the purpose of heating the floors]
방을 덥게 하려고 때는 불. ¶군불을 지피다.

군비[1]軍備 | 군사 군, 갖출 비
[armaments; military preparedness]
전쟁을 수행하기 위하여 갖춘 군사력, 군사(軍事) 시설이나 장비(裝備). ¶군비를 증강하다.

군비[2]軍費 | 군사 군, 쓸 비
[war expenditure]
군사(軍事)에 드는 비용(費用). '군사비'의 준말. ¶군비를 감축하다.

군사[1]軍士 | 군사 군, 선비 사 [soldiers]
❶ 속뜻 예전에, 군대(軍隊)에 소속된 사람[士]을 이르던 말. ❷부사관 이하의 군인. ㊥ 군인(軍人), 병사(兵士).

⁂군사[2]軍事 | 군사 군, 일 사
[military affairs]
군대, 군비, 전쟁 따위와 같은 군(軍)에 관한 일[事]. ㊥ 군무(軍務).

▶**군사-력** 軍事力 | 힘 력
병력·군비 따위를 종합한[軍事], 전쟁을 수행할 수 있는 능력(能力). ¶군사력을 강화하다.

▶**군사-비** 軍事費 | 쓸 비
군사(軍事)상의 목적에 사용되는 모든 경비(經費). ¶막대한 군사비를 부담하다. ㊟ 군비.

▶**군사-적** 軍事的 | 것 적
군대·군비·전쟁 등 군사(軍事)에 관한 것[的]. ¶군사적 대응.

군ː-살 [superfluous flesh; flab]
쓸데없이 찐 군더더기 살. ¶군살을 빼다.

군ː-소리 [empty talk; nonsense]
쓸데없이 중얼거리는 소리. ㊥ 군말.

군ː수[1]郡守 | 고을 군, 지킬 수
[governor of a country]
법률 군(郡)의 치안[守]과 행정을 맡아보는 으뜸 직위에 있는 사람. 또는 그 직위.

군수[2]軍需 | 군사 군, 쓰일 수
[military demands]
군사(軍事)적인 일에 쓰이는[需] 것. ¶군수 물자를 조달하다.

▶**군수-품** 軍需品 | 물건 품
군사 군수(軍需)에 충당할 물품(物品). ㊥ 군비(軍備).

군신 君臣 | 임금 군, 신하 신
[sovereign and subject]
임금[君]과 신하(臣下)를 아울러 이르는 말.

▸군신-유의 君臣有義 | 있을 유, 옳을 의
임금[君]과 신하(臣下) 간의 도리는 의리(義理)에 있음[有]. 오륜(五倫)의 하나.

군악 軍樂 | 군사 군, 음악 악
[military music]
음악 군대(軍隊)에서 군대 의식이나 사기를 높이기 위해 쓰는 음악(音樂).

▸군악-대 軍樂隊 | 무리 대
군악(軍樂)을 연주하기 위하여 조직된 부대(部隊).

군용 軍用 | 군사 군, 쓸 용 [military use]
군사(軍事)를 위해 씀[用]. 또는 그 돈이나 물건.

군위신강 君爲臣綱 | 임금 군, 될 위, 신하 신, 벼리 강
삼강(三綱)의 하나. 임금[君]은 신하(臣下)의 벼리[綱]가 됨[爲].

군의-관 軍醫官 | 군사 군, 치료할 의, 벼슬 관 [army surgeon]
군사 군대(軍隊)에서 의사(醫師)의 임무를 맡고 있는 장교[官]. ¶군의관을 불러왔다.

군 의원 郡議員 | 고을 군, 의논할 의, 사람 원
법률 군(郡) 의회(議會)의 구성원(構成員). 임기는 4년이다.

군인 軍人 | 군사 군, 사람 인 [soldier]
군대(軍隊)에서 복무하는 사람[人]. ㊉ 군사(軍士), 병사(兵士).

군자 君子 | 임금 군, 접미사 자
[(true) gentleman]
❶ 속뜻 임금[君]같이 학식과 덕행이 높은 사람[子]. ¶참으로 군자답도다. ❷예전에 높은 벼슬에 있던 사람을 이르던 말. ㊀ 소인(小人).

군정 軍政 | 군사 군, 정치 정
[military administration]
❶ 정치 군부(軍部)가 국가의 실권을 장악하고 행하는 정치(政治). ❷ 역사 조선 시대의 삼정(三政) 가운데 정남(丁男)으로부터 군포를 받아들이던 일.

군졸 軍卒 | 군사 군, 군사 졸
[(common) soldier; private]
군대(軍隊)의 하급 병사[卒]. ㊉ 병졸(兵卒).

군주 君主 | 임금 군, 주인 주
[king; ruler]
임금[君]을 나라의 주인(主人)으로 이르던 말.

▸군주-제 君主制 | 정할 제
정치 군주(君主)가 세습적으로 나라를 다스리는 정치 체제(體制). ㊀ 공화제(共和制).

군중 群衆 | 무리 군, 무리 중
[crowd (of people); multitude]
❶ 속뜻 한곳에 모인[群] 많은 사람[衆]. ❷ 수많은 사람. ㊉ 대중(大衆). ㊀ 개인(個人).

*__군ː청 郡廳__ | 고을 군, 관청 청
[country office]
군(郡)의 행정 사무를 맡아보는 기관[廳]. 또는 그 청사.

군축 軍縮 | 군사 군, 줄일 축
[reduce armaments]
군사 군사력이나 군비(軍備)를 줄임[縮]. '군비축소'(軍備縮小)의 준말.

군ː-침
[excessive flow of saliva; slaver]
입맛이 당겨 입 안에 도는 침. ¶입에 군침이 돌다.

군함 軍艦 | 군사 군, 싸움배 함
[warship; battleship]
군사 해군(海軍)에 소속되어 있는 배[艦]. 흔히 전투에 참여하는 모든 배를 이른다.

군화 軍靴 | 군사 군, 구두 화
[military boots; combat boots]
군인(軍人)들이 신는 구두[靴]. ¶군화 끈을 조여 맸다.

굳건-하다 [strong and steady; solid]
뜻이 굳세고 하는 일이 건실하다. ¶굳건

한 의지. ㊥ 강건(剛健)하다.

굳다 (固, 굳을 고; 硬, 굳을 경)
[hard; firm; stiff]
❶무르지 않고 단단해지다. ¶콘크리트를 부어 굳히다. ❷뜻이나 상황이 흔들리지 않다. ¶그는 의지가 굳다 / 승리를 굳히다. ❸습관이 되다. ¶버릇이 굳었다.

비슷한 듯 다른 말	➲ 얼다

굳-세다 (健, 굳셀 건; 剛, 굳셀 강)
[strong-minded; stouthearted]
❶의지가 굳고 힘이 세다. ¶굳센 몸. ❷뜻한 바를 굽히지 않고 나아가다. ¶굳세게 살아가다. ㊥ 강인(強靭)하다. ㊤ 연약(軟弱)하다.

굳은-살 [hardened skin]
여린 살이 굳어져 두껍고 단단하게 변한 살. ¶굳은살이 박이다.

굳이
[strongly; firmly; persistently]
❶단단한 마음으로 굳게. ¶굳이 거절하다. ❷고집을 부려 구태여. ¶굳이 원한다면.

굴[1] [oyster]
동물 굴과의 조개. 근해 연안에 사는데 껍질 안쪽에 붙은 살은 식용한다. ㊥ 석화(石花).

굴ː[2] **窟** | 굴 굴 [tunnel; hole]
❶땅이나 바위가 깊숙이 팬 곳. ¶굴속에 살다. ❷산이나 땅속을 뚫어 만든 길.

굴곡 屈曲 | 굽힐 굴, 굽을 곡
[winding; curved]
❶ 속뜻 이리저리 꺾이거나 굽음[屈=曲]. ¶굴곡이 심한 해안선. ❷사람이 살아가면서 잘 되거나 잘 안 되거나 하는 일이 번갈아 나타나는 변동. ¶굴곡진 인생. ❸ 언어 굴절(屈折).

굴ː다 [act; behave]
그러하게 행동하거나 대하다. ¶동생을 못살게 굴다.

굴ː-다리 (窟―, 굴 굴) [overpass]
굴(窟)로 된 길 위로 가로 건너지른 다리.

굴ː뚝 [chimney; smokestack]
불을 땔 때에, 연기가 밖으로 빠져나가도록 만든 장치. ¶굴뚝에서 피어오르는 저녁 연기.

굴ː뚝-같다 [be quite anxious to do; strongly wish to do]
무엇을 하고 싶은 생각이 간절하다. ¶집에 돌아가고 싶은 생각이 굴뚝같다.

굴ː러-가다 [roll]
어떤 곳을 굴러서 가다. ¶공이 길가로 굴러가다.

굴ː러-다니다
❶데굴데굴 구르며 왔다 갔다 하다. ¶방바닥에 굴러다니는 구슬. ❷정처 없이 방랑하다. ¶어디서 굴러다니던 놈이냐.

굴렁-쇠 [hoop]
둥근 테를 굴렁대로 굴리는 장난감.

굴레 [bridle]
마소의 목에서 고삐에 걸쳐 얽어매는 줄. ¶굴레를 씌우다.

굴ː리다 [roll; run]
❶굴러가게 하다. ¶구슬을 굴리다. ❷차를 운행하다. ¶택시를 굴려 생활한다. ❸아무렇게나 내버려 두다. ¶물건을 아무 데나 굴리다.

굴복 屈服 | 굽힐 굴, 따를 복 [submit to]
힘이 모자라서 몸을 굽히어[屈] 남을 따름[服]. ㊤ 저항(抵抗).

굴비 [dried croaker]
소금에 약간 절여 통째로 말린 조기.

굴욕 屈辱 | 굽힐 굴, 욕될 욕
[humiliation; disgrace]
남에게 굴복(屈服)되어 업신여김을 받음[辱]. ㊥ 모욕(侮辱).

굴절 屈折 | 굽힐 굴, 꺾을 절
[bend; be refracted]
❶ 속뜻 휘어져 굽히거나[屈] 꺾임[折]. ❷생각이나 말 따위가 어떤 것에 영향을 받아 본래의 모습과 달라짐. ❸ 물리 빛, 소리, 물결 따위가 진행 방향이 바뀌는 현상.

¶빛의 굴절.

굴지 屈指 | 굽힐 굴, 손가락 지
[count on one's fingers]
❶ 속뜻 무엇을 셀 때, 손가락[指]을 꼽음[屈]. ❷수많은 가운데서 손가락을 꼽아 셀 만큼 아주 뛰어남. ¶국내 굴지의 기업.

굴-참나무 [oriental oak]
식물 참나무와 비슷한 나무. 나무껍질은 코르크의 원료로 쓴다.

굴-하다 (屈-, 굽힐 굴)
[yield (to); submit]
❶의지나 뜻을 굽히다[屈]. ¶권력에 굴하고 말았다. ❷힘이 부쳐 쓰러지다. ¶실패에도 굴하지 않다.

굵:기 [thickness; depth]
부피·둘레의 굵은 정도. ¶대나무의 굵기 / 몸의 굵기.

굵:다 [coarse; large]
❶몸이나 모양의 둘레가 크다. ¶팔뚝이 굵다. ❷목소리가 낮고 크다. ❸선이나 글씨 획이 뚜렷하고 크다. ¶굵은 활자체. ⓑ 가늘다. 속담 남의 밥에 든 콩이 굵어 보인다.

굶:다 (餓, 굶주릴 아)
[starve; go hungry]
끼니를 먹지 않거나 먹지 못하다. 주리다. ¶어젯밤부터 내내 굶어 기운이 없다 / 처자식을 굶기다. ⓑ 주리다. 속담 굶어 보아야 세상을 안다.

굶:-주리다 (餓, 굶주릴 아)
[starve; hunger]
❶먹을 것이 없어 주리다. ¶헐벗고 굶주리다 / 빵 한 조각으로 굶주림을 달랬다. ❷어떤 정신적인 것에 매우 모자람을 느끼다. ¶사랑에 굶주리다.

굼:-뜨다 [slow]
동작이 답답할 만큼 느리다. ¶행동이 굼뜨다. ⓑ 재빠르다.

굼:벵이 [(white) grub; maggot]
동물 매미, 풍뎅이, 하늘소와 같은 딱정벌레목의 애벌레. 누에와 비슷하게 생겼다.

굼실-굼실 [creeping; crawing]
작은 벌레 따위가 한데 어우러져 굼뜨게 자꾸 움직이는 모양.

굽 [hoof; heel]
❶말·소·양 등 짐승의 발톱. ¶말은 굽으로 땅을 차며 달렸다. ❷나막신의 발이나, 구두 바닥의 뒤쪽. ¶굽이 높은 구두. ⓑ 발굽, 뒤축.

굽:다[1] [roast; burn; bake]
❶불에 익히거나 타게 하다. ¶고기를 구워 먹다. ❷나무를 태워 숯을 만들다. ¶참나무로 숯을 굽다. ❸가마에 넣고 불을 때어 벽돌·도자기 등을 만들다. ¶옹기를 굽다.

굽다[2] (曲, 굽을 곡) [bent; stooped]
똑바르지 않고 한쪽으로 휘어져 있다. ¶허리가 굽다. 속담 팔은 안으로 굽는다.

굽실-거리다 [truckle; cringe]
남의 비위를 맞추느라고 비굴하게 행동하다. 또는 남에게 아첨하느라고 자꾸 몸을 구푸리다. ¶그녀는 사장님에게 항상 굽실거린다.

굽어-보다 [look down; overlook]
고개나 허리를 굽혀 아래를 내려다보다. ¶뒷동산에 올라 마을을 굽어보다.

굽은-길
[curved road; winding path]
한쪽으로 휘어진 길. ⓑ 곧은길.

굽이 [bend; turn; curve]
휘어서 굽은 곳.

▸굽이-굽이
❶여러 개의 굽이. 휘어서 굽은 곳곳. ¶굽이굽이마다 꽃이 핀 산길. ❷물이 굽이쳐 흐르는 모양. ¶강물이 굽이굽이 흐르다.

▸굽이-치다
물이 힘차게 흘러 굽이가 나게 되다. ¶파도가 굽이치다.

굽-히다
[bend (over); yield (to)]
❶몸을 약간 숙여 앞으로 구부리다. ¶허리를 굽혀 인사하다. ❷뜻·주장 따위를 꺾고

남을 따르다. ¶끝까지 고집을 굽히지 않다. (반) 젖히다.

♣ 굽히다 / 구부리다 

◎ 그는 무릎을 <u>굽히고</u> = <u>구부리고</u> 앉았다.
○ 머리를 <u>굽혀</u> 인사하다.
× 머리를 <u>구부려</u> 인사하다.
○ 철사를 손으로 <u>구부리다</u>.
× 철사를 손으로 <u>굽히다</u>.

굿 [exorcise; perform an exorcism]
무당이 노래나 춤을 추며 귀신에게 치성을 드리는 의식. ¶무당이 굿판을 벌이다. (비) 푸닥거리.

굿-거리
[민속] 무당이 굿할 때에 치는 장단.

궁 宮 | 집 궁 [palace]
임금이 사는 큰 집[宮]. (비) 대궐(大闕).

*__궁궐__ 宮闕 | 집 궁, 대궐 궐
[royal palace]
임금이 거처하는 집[宮=闕]. (비) 왕궁(王宮).

궁극 窮極 | 다할 궁, 끝 극
[extremity; eventuality]
어떤 과정의 마지막[窮]이나 끝[極].
▸궁극-적 窮極的 | 것 적
더할 나위 없는 지경[窮極]에 도달하는 것[的]. ¶궁극적 목표.

궁금-증 (一症, 증세 증)
[curiosity; anxiety]
궁금해서 답답한 마음이나 모양[症]. ¶궁금증을 참지 못하다.

궁금-하다
[be eager to know; be curious]
내막을 몰라 마음이 답답하다. ¶시험 결과가 궁금하다.

궁녀 宮女 | 집 궁, 여자 녀
[court lady; lady of the court]
[역사] 궁궐(宮闕) 안에서 왕과 왕비를 가까이 모시는 여자[女]. ¶삼천 명의 궁녀.

궁도 弓道 | 활 궁, 방법 도 [archery]
❶[속뜻] 활[弓]을 쏘는 방법[道]을 익히는 일. ❷활 쏘는 데 지켜야 할 도리. ❸활을 쏘는 무술. ¶궁도 대회.

궁둥이 [buttocks; hip]
주저앉아서 바닥에 닿는 엉덩이의 아랫부분. (비) 볼기.

궁리 窮理 | 다할 궁, 이치 리
[deliberate; consider]
❶[속뜻] 사물의 이치(理致)를 깊이 연구함[窮究]. ❷마음속으로 이리저리 따져 깊이 생각함. 또는 그런 생각. ¶궁리 끝에 답을 찾았다.

궁상 窮狀 | 궁할 궁, 형상 상
[sad plight; distressed state]
어렵고 곤궁(困窮)한 상태(狀態). ¶궁상을 떨다 / 궁상맞아 보이다.

궁색 窮塞 | 궁할 궁, 막힐 색
[poverty; distress]
❶[속뜻] 생활이 곤궁(困窮)하고 앞길이 막힘[塞]. ¶살림이 궁색하다. ❷말의 이유나 근거 따위가 부족하다. ¶궁색한 변명.

궁성 宮城 | 집 궁, 성곽 성
[royal palace]
❶[속뜻] 궁궐(宮闕)을 둘러싼 성곽(城郭). ❷궁궐(宮闕). ¶왕은 궁성을 빠져나가 피신하였다.

궁수 弓手 | 활 궁, 사람 수
[archer; bowman]
[역사] 활[弓] 쏘는 일을 맡아 하는 군사[手]. (비) 사수(射手).

궁여지책 窮餘之策 | 궁할 궁, 남을 여, 어조사 지, 꾀 책
궁(窮)한 나머지[餘] 생각다 못하여 짜낸 계책(計策). ¶궁여지책으로 거짓말을 하다.

궁전 宮殿 | 궁궐 궁, 대궐 전 [palace]
궁궐(宮闕)의 대전(大殿).

궁정 宮庭 | 궁궐 궁, 뜰 정 [Royal Court]

궁궐(宮闕) 안의 마당[庭].

*궁중 宮中 | 궁궐 궁, 가운데 중
[(within) the (Royal) Court]
궁궐(宮闕)의 한가운데[中]. 대궐 안.

궁지 窮地 | 궁할 궁, 땅 지
[predicament; awkward position]
상황이 매우 곤궁(困窮)한 일을 당한 처지(處地). ¶궁지로 몰다. [비] 진퇴양난(進退兩難).

궁체 宮體 | 궁궐 궁, 모양 체
조선 시대, 궁녀(宮女)들이 쓰던 한글 서체(書體). ¶그는 특히 궁체를 잘 썼다.

궁-터 (宮–, 집 궁)
[site of an old palace]
궁전(宮殿)이 있던 자리. [비] 궁지(宮趾).

궁핍 窮乏 | 궁할 궁, 가난할 핍
[poverty; want]
생활이 몹시 곤궁(困窮)하고 가난함[乏]. ¶궁핍한 생활. [비] 삼순구식(三旬九食). [반] 풍요(豐饒), 풍족(豐足).

궁-하다 (窮–, 궁할 궁)
[get poor; be at a loss]
❶가난하다[窮]. ¶살림이 궁하다. ❷어떤 일을 처리할 도리가 없다. ¶대답할 말이 궁하다.

궁합 宮合 | 자궁 궁, 맞을 합 [marital harmony as predicted by a fortuneteller]
❶ [속뜻] 자궁(子宮)에 잘 맞음[合]. ❷ [민속] 혼인에 앞서 신랑 신부의 사주(四柱)를 오행에 맞추어 보아 부부 생활의 좋고 나쁨을 미리 알아보는 점.

궂다 [bad]
❶날씨가 나쁘다. ¶궂은 날씨. ❷언짢고 거칠다. ¶좋은 일 궂은 일.

궂은-비 [long and nasty rain]
날씨가 흐려지면서 오래 오는 비.

권 卷 | 책 권 [volume; book]
❶여러 책으로 된 책의 차례를 나타내는 말. ¶『토지』 제3권을 읽다. ❷책을 세는 단위. ¶책 두 권을 샀다.

권:고 勸告 | 타이를 권, 알릴 고
[advise; counsel]
타이르고[勸] 알려 줌[告]. 또는 그런 말. ¶금연을 권고하다. [비] 충고(忠告). [반] 만류(挽留).

권력 權力 | 권리 권, 힘 력
[power; authority]
남을 복종시키거나 지배할 수 있는 공인된 권리(權利)와 힘[力]. 특히 국가나 정부가 국민에 대하여 가지고 있는 강제력을 이른다. ¶군대가 권력을 장악하다. [비] 권세(權勢), 강제력(強制力).

▶권력-자 權力者 | 사람 자
권력(權力)을 가진 사람[者]. ¶최고 권력자. [비] 세도가(勢道家).

⁑권리 權利 | 권세 권, 이로울 리
[right; claim]
❶ [속뜻] 권세(權勢)와 이익(利益). ❷ [법률] 어떤 일을 행하거나 타인에 대하여 당연히 요구할 수 있는 힘이나 자격. ¶투표는 국민의 권리이다. [반] 의무(義務).

권모 權謀 | 저울질할 권, 꾀할 모
[trick; intrigue]
때와 형편에 따라 이리저리 저울질하여[權] 꾀를 부림[謀].

▶권모-술수 權謀術數 | 꾀 술, 셀 수
목적 달성을 위하여 수단과 방법을 가리지 않는 온갖 모략[權謀]이나 술책[術數]. [비] 권모술책(權謀術策).

권:선 勸善 | 권할 권, 착할 선
[encourage to do good]
❶ [속뜻] 착한[善] 일을 하도록 권장(勸奬)함. ❷ [불교] 불사를 위하여 신자들에게 보시(布施)를 청함.

▶권:선-징악 勸善懲惡 | 혼날 징, 악할 악
착한[善] 일을 권장(勸奬)하고 악(惡)한 일을 징계(懲戒)함.

권세 權勢 | 권력 권, 세력 세
[power; influence]
권력(權力)과 세력(勢力)을 아울러 이르

는 말. ¶권세를 부리다.

권수 卷數 | 책 권, 셀 수
[number of volumes]
책[卷]의 수효(數爻).

권위 權威 | 권세 권, 위엄 위
[authority; power]
❶속뜻 권세(權勢)와 위엄(威嚴). ¶권위를 잃다. ❷남을 지휘하거나 통솔하여 따르게 하는 힘. ¶그는 권위를 잃었다. ❸일정한 분야에서 뛰어난 실력을 가진 데서 오는 위신. ¶권위 있는 학자의 연구에 따르면….

▶권위-자 權威者 | 사람 자
일정한 분야에 정통하여 권위(權威)가 있는 탁월한 전문가[者]. ¶게임에 관한한 권위자이다. ⓑ 전문가(專門家).

▶권위-주의 權威主義 | 주될 주, 뜻 의
어떤 일에 있어 권위(權威)를 내세우거나 권위에 순종하는 태도나 생각[主義].

권:유 勸誘 | 권할 권, 꾈 유
[advise; suggest]
어떤 일 따위를 하도록 권(勸)하고 꾀함[誘]. ¶가입을 권유하다. ⓑ 권고(勸告), 권장(勸奬).

권익 權益 | 권리 권, 더할 익
[rights (and) interests]
권리(權利)와 그에 따르는 이익(利益). ¶국민의 권익을 보호하다.

권:장 勸奬 | 권할 권, 장려할 장
[encourage; recommend; promote]
권(勸)하여 장려(奬勵)함. ¶저축을 권장하다. ⓑ 장려(奬勵), 권유(勸誘).

▶권:장-량 勸奬量 | 분량 량
권장(勸奬)하는 적정량(適正量). ¶하루 영양 권장량.

권:주 勸酒 | 권할 권, 술 주 [offer wine]
술[酒]을 권(勸)함. ¶그는 잔을 들며 권주하였다.

▶권:주-가 勸酒歌 | 노래 가
❶속뜻 술[酒]을 권(勸)하는 노래[歌]. ¶권주가를 부르다. ❷문학 조선 시대 십이 가사의 하나로 허무한 인생을 탄식하고 부귀와 장수를 빌며 술을 권하는 내용.

권:총 拳銃 | 주먹 권, 총 총
[pistol; gun]
한 손[拳]으로 다룰 수 있는 짧고 작은 총(銃). ⓑ 장총(長銃).

권:태 倦怠 | 게으를 권, 게으를 태
[fatigue; languor]
어떤 일이나 상태에 시들해져서 생기는 게으름[倦]이나 싫증[怠].

▶권:태-기 倦怠期 | 때 기
부부가 결혼한 뒤 어느 정도 시간이 지나 권태(倦怠)를 느끼는 시기(時期).

권:토-중래 捲土重來 | 말 권, 흙 토, 거듭 중, 올 래
❶속뜻 흙먼지[土]를 날리며[捲] 다시[重] 옴[來]. ❷'한 번 실패하였으나 힘을 회복하여 다시 쳐들어옴'을 비유하여 이르는 말.

권:투 拳鬪 | 주먹 권, 싸울 투 [boxing]
운동 두 사람이 양손에 글러브를 끼고 주먹[拳]을 쥐고 상대편 허리 벨트 위의 상체를 쳐서 승부를 겨루는[鬪] 경기.

권:-하다 (勸-, 권할 권) [ask; offer]
❶무엇을 하도록[勸] 말하다. ¶입원하도록 권하다. ❷음식을 먹도록 하다. ¶술을 권하다.

권한 權限 | 권리 권, 끝 한
[competence; competency]
어떤 사람이나 기관의 권리(權利)나 권력(權力)이 미치는 범위[限]. ¶국회는 법률을 제정할 수 있는 권한이 있다. ⓑ 권리(權利).

궐 闕 | 대궐 궐 [royal palace]
임금이 생활하던 큰 집[闕]. ⓑ 궁(宮), 궁궐(宮闕), 대궐(大闕).

궐기 蹶起 | 넘어질 궐, 일어날 기
[rise up; stand up]
❶속뜻 넘어져[蹶] 가만히 있지 않고 벌떡

일어남[起]. ❷힘차게 일어나 항거함. 또는 그런 행위. ¶반공 궐기 대회에 참가하다.

궐내 闕內 | 대궐 궐, 안 내
[royal palace]
대궐(大闕)의 안[內]. ⓑ 궁중(宮中).

궐문 闕門 | 대궐 궐, 문 문
[palace gate]
대궐(大闕)의 문(門). ¶궐문 밖으로 나섰다. ⓑ 궁문(宮門), 금문(禁門).

궤:도 軌道 | 바퀴자국 궤, 길 도
[track; railroad; orbit]
❶ 속뜻 수레가 지나간 바퀴자국[軌]이 난 길[道]. ❷ 교통 기차 등이 다니도록 깔아놓은 철길. ¶기차가 궤도를 이탈했다. ❸사물이 움직이도록 정해진 길. ¶인공위성이 무사히 궤도에 진입했다. ⓑ 차도(車道), 선로(線路), 경로(經路).

궤:변 詭辯 | 속일 궤, 말 잘할 변
[sophistry; sophism; quibble]
❶ 속뜻 속이는[詭] 말을 잘함[辯]. ❷겉으로는 그럴듯하지만 실제로는 이치에 맞지 않는 말. ¶궤변을 늘어놓다.

궤:-짝 (櫃—, 함 궤) [box]
물건을 넣도록 나무로 네모나게 만든 그릇[櫃].

귀 (耳, 귀 이) [ear]
오관의 하나로 얼굴 좌우에 있어 청각을 맡은 기관.

귀:가 歸家 | 돌아갈 귀, 집 가
[return home]
집[家]으로 돌아감[歸]. ¶일찍 귀가하다.

귀감 龜鑑 | 거북 귀, 거울 감
[paragon; pattern; model]
❶ 속뜻 점치는 데 쓰이는 거북[龜]과 얼굴을 비춰보는 데 쓰이는 거울[鑑]. ❷본보기가 될 만한 언행이나 거울삼아 본받을 만한 모범(模範). ¶귀감으로 삼다.

귀-걸이 [earring; eardrop]
귓불에 다는 장식품. 속담 귀에 걸면 귀걸이 코에 걸면 코걸이.

귀:결 歸結 | 돌아갈 귀, 맺을 결
[bring to a conclusion]
어떤 결말(結末)이나 결과로 돌아감[歸]. 또는 그 결말이나 결과(結果). ¶결국은 공부 문제로 귀결된다.

귀:경 歸京 | 돌아갈 귀, 서울 경
[return to Seoul]
서울[京]로 돌아가거나 돌아옴[歸]. ¶고속도로에는 귀경 차량이 몰려 혼잡했다.

귀-고리 [earring; eardrop]
귓불에 다는 고리 모양의 작은 장식. ⓑ 귀걸이.

귀:-공자 貴公子 | 귀할 귀, 귀인 공, 아들 자 [young nobleman]
신분이 높은[貴] 귀인[公]의 아들[子]. 또는 귀한 집 젊은 남자를 이르는 말. ¶양반집 귀공자.

귀:국 歸國 | 돌아갈 귀, 나라 국
[return to one's country]
외국에 나가 있던 사람이 자기 나라[國]로 돌아오거나 돌아감[歸]. ¶귀국 연주회. ⓑ 출국(出國).

귀:-금속 貴金屬 | 귀할 귀, 쇠 금, 속할 속
[precious metals]
산출량이 적어 값이 비싼[貴] 금속(金屬). 금, 은, 백금 따위를 이른다. ¶귀금속으로 만든 장신구. ⓑ 비금속(卑金屬).

귀:농 歸農 | 돌아갈 귀, 농사 농
[return to farming]
사회 농사를 지으려고 농촌(農村)으로 돌아가는[歸] 현상. ⓑ 이농(離農).

▸귀:농-자 歸農者 | 사람 자
도시의 일을 그만두고 농사를 지으려고 농촌(農村)으로 돌아간[歸] 사람[者]. ¶귀농자가 차츰 늘어난다.

귀담아-듣다 [listen attentively]
주의하여 잘 듣다. ¶선생님의 말씀을 귀담아듣다.

귀-동냥 [pick up knowledge by listening to

others]
남의 말을 귀로 얻어들음. ¶귀동냥으로 한글을 깨쳤다.

귀뚜라미 [cricket]
동물 귀뚜라밋과의 곤충. 몸길이는 약 2cm로 촉각이 몸보다 길다. 8-10월에 수컷이 운다.

귀뚤-귀뚤 [chirring; chirping]
귀뚜라미의 우는 소리.

귀-띔 [intimate; hint]
눈치로 알아차릴 만큼 요점만 알려 줌. ¶그는 나에게 먼저 가라고 귀띔해 주었다.

귀ː로 歸路 | 돌아갈 귀, 길 로
[one's way home; road back]
돌아오는[歸] 길[路]. ¶귀로에 오르다.

귀ː리 [oats]
식물 높이 약 90cm로 열매는 식용 및 사료용으로 쓰는 식물.

귀-마개 [earplug]
❶시끄러운 소리나 물이 들어가는 걸 차단하기 위해 귀를 막는 물건. ❷귀가 시리지 않도록 귀에 거는 물건. 보통 털가죽 따위로 만든다.

귀-머거리 [deaf (person)]
귀가 먹어 소리를 듣지 못하는 사람.

귀ː물 鬼物 | 귀신 귀, 만물 물
귀신(鬼神)같이 괴상한 물건(物件).

귀ː-부인 貴婦人 | 귀할 귀, 부인 부, 사람 인 [lady; noble woman]
신분이 높고[貴] 결혼한 여인[婦人].

귀ː비 貴妃 | 귀할 귀, 왕비 비
❶속뜻 지체가 높은[貴] 왕비(王妃). ❷역사 고려 시대에 비빈(妃嬪)에게 내린 정일품 내명부의 품계. ❷조선 초기에 후궁에게 내리던 가장 높은 지위. ❸중국 당나라 때에 후궁에게 주던 칭호.

귀ː빈 貴賓 | 귀할 귀, 손님 빈
[very important person]
귀(貴)한 손님[賓]. ¶존경하는 내외 귀빈 여러분! ⊕ 상빈(上賓).

귀ː성 歸省 | 돌아갈 귀, 살필 성
[go home]
고향으로 돌아가[歸] 부모님을 보살펴 드림[省]. ¶기차역은 귀성하려는 사람들로 붐볐다. ⊕ 귀향(歸鄕).

귀ː속 歸屬 | 돌아갈 귀, 속할 속
[revert; be restored]
❶속뜻 재산이나 영토, 권리 따위가 특정 주체에 돌아가[歸] 딸리거나 속함[屬]. ¶이 땅은 국가에 귀속된다. ❷어떤 개인이 특정 단체의 소속이 됨.

귀ː순 歸順 | 돌아갈 귀, 따를 순
[defect to; submit to]
적이었던 사람이 반항심을 버리고 돌아서서[歸] 순종(順從)함. ¶무기를 버리고 귀순하다. ⊕ 투항(投降).

▸ 귀ː순-자 歸順者 | 사람 자
적으로 맞서다가 반항심을 버리고 순종해 온[歸順] 사람[者]. ¶귀순자들을 잘 대해 주었다.

귀ː신 鬼神 | 귀신 귀, 귀신 신 [ghost]
❶속뜻 인신(人神)인 '鬼'와 천신(天神)인 '神'을 아울러 이르는 말. ❷사람에게 화(禍)와 복(福)을 내려 준다는 신령(神靈). ❸어떤 일에 남보다 뛰어난 재주가 있는 사람을 비유하여 이르는 말. ¶귀신같은 솜씨. 속담 말 안 하면 귀신도 모른다.

귀얄 [paste brush]
풀칠이나 옻칠하는 데 쓰는 솔.

귀양 [exile; banishment]
역사 고려·조선 때, 형벌의 하나. 죄인을 타향의 먼 시골이나 외딴섬으로 보내어, 일정한 기간 동안 그 지역에서만 지내게 하던 형벌. ⊕ 유배(流配).

▸ 귀양-살이
역사 귀양 가서 부자유스럽게 지내던 생활. ¶귀양살이를 하다 유배지에서 죽었다.

귀엣-말 [whisper]
남의 귀에 대고 소곤소곤하는 말. ⊕ 귓속

말.

귀ː염 [love; affection; attachment]
사랑스러워 귀엽게 여기는 마음. ¶그녀는 모두에게 귀염을 받는다.
▶ 귀ː염-둥이
아주 귀여운 아이. 귀염을 받는 아이.

귀ː엽다 [cute; charming; attractive]
귀염성이 있어 사랑할 만하다. ¶강아지도 귀엽지만 언니는 동생을 더 귀여워한다. [비] 예쁘다, 사랑스럽다.

귀-울림 [ringing in the ears]
[의학] 몸 밖에 음원(音源)이 없는데도 잡음이 들리는 병적인 상태. [비] 이명(耳鳴).

귀ː의 歸依 | 돌아갈 귀, 의지할 의 [be converted (to Buddhism)]
❶ [속뜻] 돌아가거나 돌아와[歸] 몸을 의지(依支)함. ❷ [종교] 불교 등에서 절대자에게 돌아가 의지하여 구원을 청함.

귀-이개 [earpick]
귀지를 파내는 기구.

귀ː인 貴人 | 귀할 귀, 사람 인 [noble man]
❶ [속뜻] 사회적 지위가 높은[貴] 사람[人]. ¶귀인을 만나다. ❷ [역사] 조선 시대에, 왕의 후궁에게 내리던 종일품 내명부의 봉작. [반] 천인(賤人).

귀ː재 鬼才 | 귀신 귀, 재주 재 [(singular) genius]
❶ [속뜻] 귀신(鬼神) 같은 재주[才]. ❷세상에서 보기 드물게 뛰어난 재능. 또는 그런 재능을 가진 사람. ¶그는 변장술의 귀재이다.

⁑귀ː족 貴族 | 귀할 귀, 무리 족 [nobility; aristocracy]
가문이나 신분 따위가 높아[貴] 정치적·사회적 특권을 가진 계층이나 무리[族]. [반] 평민(平民), 서민(庶民), 노예(奴隸).

귀주 대ː첩 龜州大捷 | 거북 귀, 고을 주, 큰 대, 이길 첩
[역사] 1019년 고려에 침입한 거란군을 강감찬(姜邯贊)이 귀주(龜州)에서 크게[大] 무찔러 이긴[捷] 전쟁.

귀-주머니
한복을 입을 때 허리에 차는 주머니. 주머니의 양 귀가 나온 모양이다.

***귀ː중 貴重** | 귀할 귀, 무거울 중 [precious; valuable]
매우 귀(貴)하고 소중(所重)하다. [비] 진귀(珍貴), 중요(重要).
▶ 귀ː중-품 貴重品 | 물건 품
귀중(貴重)한 물품(物品). ¶귀중품은 금고에 보관하십시오.

귀ː-지 [earwax; cerumen]
귓구멍 속에 낀 때.

귀찮다 [troublesome; annoying]
마음에 들지 않고 성가시다. ¶졸릴 때는 밥 먹는 것조차 귀찮다.

귀ː천 貴賤 | 귀할 귀, 천할 천 [high and the low; noble and the base]
신분이 귀(貴)하거나 천(賤)한 일. 또는 신분이 높은 사람과 낮은 사람. ¶직업에는 귀천이 없다.

귀-청 [eardrum]
[의학] 귓구멍 안쪽에 있는 막. 타원형의 반투명한 막으로, 공기의 진동을 속귀 쪽으로 전달하여 들을 수 있게 하여 준다. ¶귀청이 떨어질 뻔 했다. [비] 고막(鼓膜).

귀퉁이 [corner; edge]
❶물건의 삐죽 내민 부분. 또는 모퉁이. ¶책상의 네 귀퉁이. ❷사물이나 마음의 한구석. ¶마음 한 귀퉁이가 저렸다 / 마루 귀퉁이에 쭈그려 앉다. [비] 모서리.

귀틀-집 [log cabin]
큰 통나무를 '井'자 모양으로 틀을 짜고 틈을 흙으로 메워 지은 집. ¶귀틀집에 사는 화전민.

귀ː하 貴下 | 귀할 귀, 아래 하 [you; Mr]
❶ [속뜻] 상대편을 높여[貴] 그의 이름 뒤[下]에 쓰는 말. ¶담당자 귀하. ❷상대편을 높여 그의 이름 대신 부르는 말. ¶귀하의

편지는 잘 받았습니다. ⓑ 당신(當身).

귀:-하다 (貴―, 귀할 귀) [noble; rare]
❶신분·지위가 높다[貴]. ¶귀하신 몸. ❷흔하지 않다. ¶아주 귀한 물건. ⓑ 높다, 희귀(稀貴)하다. ⓑ 천(賤)하다.

비슷한 듯 다른 말	➲ 드물다

귀:항 歸港 | 돌아갈 귀, 항구 항
[return to port]
배가 출발하였던 항구(港口)로 다시 돌아가거나 돌아옴[歸]. ¶만선의 배가 포구로 귀항하다. ⓑ 출항(出港).

귀:향 歸鄕 | 돌아갈 귀, 시골 향
[return to one's hometown]
고향(故鄕)으로 돌아가거나 돌아옴[歸]. ⓑ 낙향(落鄕).

귀:화 歸化 | 돌아갈 귀, 될 화
[be naturalized]
❶속뜻 왕의 어진 정치에 감화되어 돌아가[歸] 그 백성이 됨[化]. ❷법률 다른 나라의 국적을 얻어 그 나라의 국민이 되는 일. ¶그는 한국인으로 귀화했다.

귀:환 歸還 | 돌아갈 귀, 돌아올 환
[return (home)]
본래 있던 곳으로 돌아가거나[歸] 돌아옴[還].

귓-가 [rim of the ear]
귀의 가장자리. ¶그의 말이 아직도 귓가에 맴돈다. ⓑ 귓전.

귓-구멍 [auditory canal; earhole]
귀의 밖에서 귀청까지 통한 구멍. ¶귓구멍이 막히다.

귓-바퀴 [auricle; pinna]
의학 겉귀의 드러난 부분 전체.

귓-밥 [(the thickness of) an earlobe]
귓바퀴의 아래쪽에 붙어 있는 살. ⓑ 귓불.

귓-병 (―病, 병 병)
[ear ailment; ear trouble]
귀에 생기는 병(病).

귓-불 [earlobe]
귓바퀴의 아래쪽으로 늘어진 살. ⓑ 이수(耳垂), 귓밥.

귓-살
연의 가로 뼈대가 되는 부분.

귓-속 [inside of the ear; inner ear]
귀의 안쪽.
▸귓속-말
남의 귀에 대고 소곤소곤하는 말. ¶귓속말을 하다. ⓑ 귀엣말.

귓-전 [(around) the ear rims]
귓바퀴의 가. ¶귓전에 대고 소리 지르다. ⓑ 귓가.

규격 規格 | 법 규, 격식 격 [standard]
❶속뜻 규정(規定)에 맞는 격식(格式). ❷공업 제품 등의 품질이나 치수, 모양 등에 대한 일정한 표준(標準). ¶규격 봉투.

규명 糾明 | 따질 규, 밝을 명
[investigate and reveal]
어떤 사실을 자세히 따져서[糾] 바로 밝힘[明]. ¶사건의 진상을 규명하다.

⁑**규모** 規模 | 법 규, 본보기 모
[rule; scale; budget limit]
❶속뜻 법[規]이 될 만한 본보기[模]. ❷사물의 구조나 구상(構想)의 크기. ¶이 사업은 규모가 크다. ❸씀씀이의 계획성이나 일정한 한도(限度). ¶그녀는 규모 있게 살림을 한다.

규범 規範 | 법 규, 틀 범
[model; pattern]
❶속뜻 법규(法規)와 모범(模範). ❷인간이 마땅히 따르고 지켜야 할 가치 판단의 기준. ¶규범에 어긋나다.

규수 閨秀 | 안방 규, 빼어날 수
[maiden; girl from a good family]
❶속뜻 안방[閨] 일에 빼어난[秀] 솜씨. 또는 그런 솜씨를 가진 여자. ❷혼기에 이른 남의 집 처녀를 점잖게 이르는 말. ⓑ 아가씨.

규암 硅巖 | 규소 규, 바위 암 [quartzite]
❶속뜻 규소(硅素) 성분의 바위[巖]. ❷

지리 주로 석영의 입자만으로 된 매우 단단한 입상(粒狀) 암석.

규약 規約 | 법 규, 묶을 약
[rules; regulations]
서로 협의하여 정한[約] 규칙(規則). ¶향약은 향촌에서 전해 내려오는 규약의 하나이다. ㊐ 협약(協約).

규율 規律 | 법 규, 법칙 률
[rules; discipline]
❶ 속뜻 따라야 할 법규(法規)와 기율(紀律). ❷질서 유지를 위한 행동 준칙이나 본보기. ¶규율을 지키다. ㊐ 규정(規定), 규약(規約).

규장 奎章 | 문장 규, 글 장
❶ 속뜻 중요한 문장[奎]이나 글[章]. ❷ 역사 임금이 쓴 글이나 글씨. ㊐ 규한(奎翰).

▸**규장-각** 奎章閣 | 관청 각
역사 조선 정조 때 설치한 역대 임금의 글[奎章]이나 글씨·고명·유교·선보·보감 따위와 어진을 보관하는 역할을 하던 왕실 도서관[閣].

규정[1] 規定 | 법 규, 정할 정
[rules; regulations]
❶ 속뜻 규칙(規則)으로 정(定)함. 또는 정하여 놓은 것. ¶대회 규정. ❷어떤 것의 내용, 성격, 의미 등을 밝히어 정함. 또는 밝히어 정한 것. ¶사건에 대하여 명확히 규정하다.

규정[2] 規程 | 법 규, 분량 정
[provision; regulation]
❶ 속뜻 조목별로 정하여 놓은 규칙[規]이나 표준[程]. ❷관공서 따위에서, 내부 조직이나 사무 취급 등에 대하여 정해 놓은 규칙. ¶인사 규정 / 출장 규정.

규제 規制 | 법 규, 누를 제
[regulate; control]
규칙(規則)이나 규정에 의하여 일정한 한도를 넘지 못하게 억누름[制]. ¶수입 규제 정책. ㊐ 통제(統制).

⁑규칙 規則 | 법 규, 법 칙
[rule; regulation]
국가나 어떤 단체에 속해 있는 사람의 행위. 또는 사무 절차 따위의 기준[規]으로 정해 놓은 준칙(準則). ¶경기 규칙 / 규칙을 어기다. ㊐ 법칙(法則).

▸**규칙-성** 規則性 | 성질 성
규칙(規則)에 잘 맞는 성질(性質). 또는 규칙이 있는 성질.

▸**규칙-적** 規則的 | 것 적
일정한 규칙(規則)에 따른 것[的]. 규칙이 바른 것. ㊥ 불규칙적.

규탄 糾彈 | 따질 규, 퉁길 탄
[censure; condemn]
❶ 속뜻 잘못을 따지어[糾] 탄핵[彈劾]함. ❷잘못을 공식적으로 엄하게 따지고 나무람. ¶적국의 만행(蠻行)을 규탄하는 모임이 열렸다.

규표 圭表 | 홀 규, 겉 표
예전에 쓰던, 천문 관측 기계의 하나. 가운데 세운 수직막대를 '표'(表)라 하고, 표 아래 끝에 붙여서 수평으로 북쪽을 향하여 누인 자를 '규'(圭)라 한다. 그림자의 길이로 태양의 시차를 관측하였다.

균 菌 | 세균 균 [fungus; bacterium]
생물 동식물에 기생하여 발효나 부패, 병 따위를 일으키는 단세포의 미생물.

균등 均等 | 고를 균, 가지런할 등
[equal; uniform]
수량이나 상태 등이 고르고[均] 가지런함[等]. ㊐ 균일(均一). ㊥ 차등(差等).

균사 菌絲 | 버섯 균, 실 사
[spawn; hypha]
식물 버섯[菌]의 몸을 이루고 있는 가는 실[絲]오라기 모양의 구조체. ㊐ 곰팡이실.

균열 龜裂 | 갈라질 균, 찢어질 렬 [crack; failure]
❶ 속뜻 거북의 등에 있는 무늬처럼 갈라지고[龜] 찢어짐[裂]. ¶벽에 균열이 생기다.

❷친하게 지내는 사이에 틈이 남. ¶둘 사이에 균열이 생겼다. [비] 균탁(龜坼), 분열(分裂).

균일 均一 | 고를 균, 같을 일 [equality]
금액이나 수량 따위가 골고루[均] 똑같음[一]. 차이가 없음. ¶요금은 어른이나 아이나 균일하다. [비] 균등(均等).

균형 均衡 | 고를 균, 저울대 형 [balance; equilibrium]
균등(均等)하고 평형(平衡)을 이룸. 어느 한쪽으로 기울거나 치우치지 않고 고름. ¶균형 있는 발전 / 입법부와 행정부가 균형을 유지하다. [반] 불균형(不均衡).

▶균형-미 均衡美 | 아름다울 미
균형(均衡)이 알맞게 잘 잡힌 데서 우러나오는 아름다움[美].

귤 橘 | 귤나무 귤 [mandarin orange]
귤나무의 열매. 맛이 시고 달콤함. 껍질은 말려서 약재로 쓴다. [비] 감귤(柑橘), 밀감(蜜柑).

그[1] [he; his; the; that]
앞에서 말한 사람이나 물건을 가리키는 말. '그이' 혹은 '그것'의 준말. ¶그는 훌륭한 의사이다 / 그와 같은 물건.

그[2] (其, 그 기) [the; that]
❶자기로부터 조금 떨어져 있는 사물을 가리키는 말. ¶그 책. ❷이미 말한 것 또는 서로 이미 아는 것을 가리킬 때 쓰는 말. ¶그 이야기는 나중에 하자.

그-간 (一間, 사이 간) [while; meanwhile]
그 사이[間]. 앞의 어느 때부터 다른 때까지의 비교적 짧은 동안. ¶그간 잘 지냈느냐?

그-거 [that (thing); it]
'그것'의 준말. ¶그거 참 이상하다 / 그게 뭐니?

그-것 [that (thing); it]
자기로부터 조금 떨어져 있는 물건이나 앞에서 말한 물건을 가리키는 말. ¶그것을 치워라 / 그것은 거짓말이다.

그것도
더구나, 게다가. ¶난 지난주에 다리를 다쳤어. 그것도 내 생일에 말이야.

그-까짓 [so trifling]
겨우 그만한 정도의. ¶그까짓 일로 걱정 마라.

그-끄저께 [three days ago; two days before yesterday]
그저께의 전날. [준] 그끄제. [비] 삼작일(三昨日).

그-나마 [even so; at that; and that]
그것마저도. ¶그나마 네가 다치지 않아 다행이다.

그나-저나 [anyway; anyhow; at any rate]
그것은 그렇다 치고. '그러나저러나'의 준말. ¶그나저나 어떻게 지내요?

그날-그날 [every day; daily; from day to day]
하루하루. 매일. ¶그날그날 있었던 일을 일기장에 적었다.

그냥 [as it is; all the time]
❶그 모양 그대로. ¶그냥 두지는 않겠다. ❷그대로 줄곧. ¶그냥 잠만 자고 있다.

그:네 [swing]
가로 뻗은 나뭇가지 따위에 두 가닥의 줄을 매고, 줄 맨 아래에 엉덩이 받침대를 걸쳐 놓고 올라서서 몸을 앞뒤로 움직여 나는 기구. 또는 그 놀이. [비] 추천(鞦韆).

▶그:네-뛰기
그네에 올라타고 몸을 앞뒤로 움직이며 하는 놀이.

그-녀 (一女, 여자 녀) [she]
그 여자(女子).

그늘 (陰, 그늘 음) [shade]
❶볕이나 불빛이 가려진 곳. ¶나무 그늘. ❷불안이나 불행한 상태. 또는 그 때문에 나타나는 어두운 표정. ¶얼굴에 어두운 그늘이 있다. ❸부모나 어느 사람이 보살

펴 주는 아래. ¶부모의 그늘을 벗어나다. [비] 응달. [반] 양지(陽地), 양달.

▶그늘-지다
❶빛이 직접 비치지 않다. ¶그늘진 곳에서 쉬다. ❷속에 숨어 드러나지 않다. ¶인생의 그늘진 곳. ❸불행이나 근심으로 마음·표정이 흐려지다. ¶얼굴에는 그늘진 곳이 없었다.

그-다지 [(not) much; (not) so]
❶그렇게까지. 그러한 정도로. ¶내 심정을 그다지도 모르느냐. ❷별로. 그리. ¶그다지 나쁘지 않다.

그대 [thou; you]
❶친구나 아랫사람을 높여 이르는 말. ¶진실은 그대를 자유롭게 한다. ❷주로 글에서, 상대방을 친근하게 이르는 말. ¶내 사랑하는 그대여.

그-대로 [like that; as it is; as it stands]
❶변하거나 더하거나 고치지 않고 전에 있던 대로. ¶아직 그대로 남아 있다. ❷그냥. ¶나를 보고도 그대로 지나가더라.

그득-하다 [full; to capacity]
분량·수효 등이 넘칠 만큼 많거나 한도에 차 있다. ¶장난감이 그득하다 / 상자에 귤이 그득 담겨져 있다.

[비슷한 듯 다른 말]	➲ 가득하다

그때-그때 [case by case]
그때마다. ¶그때그때 물어보다.

그라운드 {영 ground}
운동장(運動場). 경기장(競技場).

그래 [all right; What?!]
❶아랫사람에게 긍정의 뜻으로 대답하는 말. ¶그래, 내 곧 갈게. ❷감탄이나 가벼운 놀라움을 나타내는 말. ¶그래, 정말 잘 했구나. ❸대관절, 도대체. ¶그래, 그것도 못한단 말이냐.

그래도 [but (still); and yet]
그렇다 하더라도. ¶놀고 싶지만 그래도 시험공부를 위해 참아야지.

그래서 [and; (and) then]
❶그렇게 해서. ¶길이 많이 막혔어요. 그래서 늦었어요. ❷그렇기 때문에. ¶그래서 화가 났니?

그래프 {영 graph}
통계의 결과를 한눈에 볼 수 있도록 나타낸 표. [비] 표(表), 도표(圖表).

그래픽 {영 graphic}
영상이나 인쇄물 따위에 쓰는 사진이나 그림, 또는 컴퓨터로 그리는 그림이나 그 기술.

그램 {영 gram}
[수학] 미터법에 의한 무게의 단위. 1그램은 4℃의 물 1㎤의 질량이다. 기호는 'g'.

그러그러-하다 [middling]
내용이나 사정이 서로 비슷하다. 만족스럽지 않다. ¶모두 그러그러한 사람들이다.

그러나 [but; however]
❶다만. ¶마음에는 든다. 그러나 값이 비싸다. ❷어느 하나와는 달리, 반대로. ¶성질은 고약하다. 그러나 일은 잘한다.

그러나-저러나 [this (way) or that]
그것은 그렇다 치고. ¶그러나저러나 난 할 수 없어. [준] 그나저나.

그러니 [so; such; like that]
상황이 그와 같으니. ¶그러니 이 일을 어쩐담.

그러니까 [so; therefore]
❶그런 까닭에. ¶그러니까 내 말대로 해라. ❷그렇게 하니까. ¶꼴이 그러니까 남들이 웃지.

그러다 [then]
그렇게 하다. ¶그러다 다치지.

그러다가 [then]
앞에서 말한 일이나 상황이 계속되는 가운데. ¶줄곧 흐렸다. 그러다가 폭우가 쏟아졌다.

그러면 [if so; in that case]
❶그렇게 하면. ¶구하라, 그러면 얻을 것이다. ❷그렇다고 하면. ¶여럿이 다 그러

면 나도 따라야지. [준] 그럼.

그러므로 [since it is so; since one does or says]
그러한 까닭으로. ¶인간은 사회를 이룬다. 그러므로 동물과 구별된다.

그러-안다 [embrace; hug]
두 팔로 싸잡아 안다. ¶아이를 그러안았다.

그러자 [(just) then; and (just then)]
그렇게 하자. ¶그러자 너도나도 소리쳤다.

그러-쥐다 [hold; take hold of]
그러당기어 손 안에 잡다. ¶그가 내 팔을 그러쥐었다.

그러-하다 (然, 그러할 연) [so; such]
그와 같다. ¶나는 장난감을 좋아한다. 동생 역시 그러하다. [준] 그렇다.

그럭-저럭 [somehow (or other); by hook or crook]
❶어떻게 하다 보니. 어느덧. ¶그럭저럭 시간이 다 되었다. ❷되어 가는 대로. ¶그럭저럭 살아가고 있다.

그런 [such; like that]
'그러한'의 준말. ¶나는 그런 사람을 싫어한다.

그런-대로 [(such) as it is]
만족스럽지는 않지만 어느 정도는. ¶아프긴 하지만 그런대로 괜찮다.

그런데 [but; however]
❶앞의 내용을 인정하면서도 대립되는 상황을 이끌 때 쓰는 말. ¶그는 몸이 튼튼하다. 그런데 운동을 잘 못한다. ❷그러한데. ¶그런데 왜 불렀니?

그럴-듯하다 [plausible; specious]
제법 훌륭하다. ¶말을 그럴듯하게 잘한다.

그럴싸-하다 [plausible; specious]
그럴듯하다. ¶그럴싸한 핑계를 대다.

그럼 [if so; in that case]
그러면.

그렁-그렁 [almost full; tearful]
눈에 눈물이 그득 괸 모양. ¶두 눈에 눈물이 그렁그렁하다. [비] 글썽글썽.

그렇다 [so; true]
그와 같다. ¶나 또한 그렇다 / 왜 그렇게 화를 내니?

그렇지 [so it is]
그렇고 말고. 그러면 그렇지. ¶그렇지, 아주 잘하는구나!

그렇지-만 [but; however]
사실이 그러하지만. 그것이 사실이지만. ¶이길 가망은 없다. 그렇지만 나는 포기하지 않을 것이다. [비] 그러나.

그루 (株, 그루터기 주) [stump; stock]
식물 특히 나무를 세는 말. ¶대추나무 두 그루.

▸그루-터기
초목을 베어 내고 남은 뿌리와 그 부분. [비] 뿌리그루, 옹이.

그룹 {영 group}
❶같은 뜻을 가지고 모인 무리. ¶그룹 별로 모이다. ❷계열을 이룬 기업체의 무리. ¶그룹 총수. [비] 동아리, 집단(集團).

그르다 [wrong; no good]
❶옳지 못하다. ¶옳고 그른 일. ❷될 가망이 없다. ¶일이 제대로 되기는 글렀다. [반] 옳다.

그르치다 [mistake; spoil]
잘못하여 일을 그릇되게 하다. ¶서두르면 일을 그르친다. [반] 성공(成功)하다, 이룩하다.

그릇 (器, 그릇 기) [container; caliber]
물건을 담는 도구의 총칭. [비] 용기(容器).

그릇-되다 [go wrong; fail]
그르게 되다. ¶그릇된 판단.

그리[1] [so; in that way]
❶그러하게. ¶그리 알고 기다려라. ❷그다지. ¶그리 바쁘지 않다. [비] 그렇게.

그리[2] [that way; there]
그곳으로. 그쪽으로. ¶우선 그리 가거라.

그리고 [and; and then]
또한. 그렇게 한 다음에. ¶사과, 포도, 그리고 수박을 먹었다.

그리다[1] [draw; imagine]
❶물건의 모양을 선이나 색을 칠해 나타내다. ¶고양이를 그리다. ❷사물의 형용이나 생각을 말이나 글로 나타내다. ¶환경문제를 그린 작품. ㊥ 묘사(描寫)하다.

그리다[2] [be homesick for]
사랑하는 마음으로 간절히 생각하다. ¶고향을 애타게 그리다.

그리마 [house centipede]
동물 지네와 비슷한 절지동물. 바퀴벌레 등 작은 벌레를 잡아먹으며, 돈벌레라고도 부른다.

그리스도 [Christ]
기독교 '구세주'(救世主)라는 뜻. 예수.

그리움 [yearning; longing]
보고 싶어 애타는 마음.

그리워-하다 (戀, 그리워할 련)
[be homesick for]
보고 싶어 하다. ¶친구들을 그리워하다.

그리-하다 [so; like that]
그렇게 하다. ¶꼭 그리해야 했니?

그리하여 [and; then]
그렇게 하여. 그렇게 된 결과로. 그러한 방법으로. ¶그리하여 유비, 관우, 장비는 의형제가 되었다.

그린-벨트 {영 greenbelt}
❶법률 녹지[green]를 그대로 두고자 개발을 제한한[belt] 구역. ¶그린벨트 해제 예정 지역. ❷녹지(綠地) 지역.

그린피스 {영 Green Peace}
핵무기 반대와 환경 보호 등을 목표로 활동하는 국제단체. 본부는 암스테르담에 있다.

그ː림 (圖, 그림 도; 畵, 그림 화) [picture; painting]
물건의 형상을 평면 위에 선 또는 색채를 써서 나타낸 것. ㊥ 회화(繪畵). 관용 그림의 떡.

▶그ː림-책 (一冊, 책 책)
❶속뜻 그림을 모아 엮은 책(冊). ❷그림을 많이 넣어 꾸민 어린이용 책.

▶그ː림 문자 (一文字, 글자 문, 글자 자)
문자 발생 초기에 자기 의사를 표현하기 위한 수단으로 쓰인 그림. 상형 문자보다 더 초보적인 문자단계이다.

▶그ː림-물감
그림을 그리는 데 사용하는 물감. ㊥ 채료(彩料).

▶그ː림-연표 (一年表, 해 년, 나타낼 표)
그림을 이용해 역사적 사실들을 연대(年代)의 차례대로 나타낸 표(表).

▶그ː림-엽서 (一葉書, 잎 엽, 쓸 서)
뒷면에 사진·그림 등이 있는 엽서(葉書).

▶그ː림-일기 (一日記, 날 일, 기록할 기)
그림을 주로 이용해 쓴 일기(日記).

▶그ː림-지도 (一地圖, 땅 지, 그림 도)
지형지물을 한눈에 알아보기 쉽게 기호와 그림으로 간단하게 그린 지도(地圖).

▶그ː림-그래프 (一graph)
통계 수치 따위를 그림으로 그린 그래프(graph).

그ː림자 (影, 그림자 영)
[shadow; reflection]
❶햇빛이나 불빛을 가려서 나타나는 그늘. ❷거울이나 물 등에 비치어 나타나는 물체의 모습. ¶산 그림자가 호수에 비쳤다. ❸근심·걱정 따위로 얼굴에 나타나는 어두운 표정. ¶얼굴에 수심(愁心)의 그림자를 드리우다. ㊥ 그늘.

▶그ː림자-놀이
사람이나 동물 모양으로 만든 것을 불빛에 비추어 벽 같은 곳에 그 그림자가 나타나게 하는 놀이.

그립다 [dear; beloved]
그리는 마음이 간절하다. ¶고향이 그립다.

그만 [no more than that]
❶그 정도까지만. ¶그만 해라. ❷그대로

곧장. ¶그 말에 그만 화를 내다. ❸ 자신도 모르는 사이에. ¶급히 먹다가 그만 사레가 들렸다. [반] 계속(繼續).

그만그만-하다 [about the same]
여럿이 다 그저 비슷비슷하다. ¶노래 실력이 다 그만그만하다.

그만-두다 [quit; end]
❶하던 일을 그치고 안 하다. ¶직장을 그만두다. ❷할 예정이던 것을 안 하다. ¶비가 와서 등산을 그만두었다. [비] 중단(中斷)하다, 포기(抛棄)하다. [반] 계속(繼續)하다.

그만-이다
[be no more than that; best]
❶그것뿐이다. 그것으로 끝이다. ¶가면 그만이다. ❷그것으로 족하다. ¶나는 책과 노트만 사 주시면 그만이에요.

그만-하다[1] [stop]
하던 일을 멈추다.

그만-하다[2] [be not more (than)]
❶웬만하다. ¶사업은 그저 그만합니다. ❷정도나 수준, 수량이 그것만 하다. ¶그만한 돈은 내게도 있다.

그물 (網, 그물 망) [net]
물고기·날짐승 등을 잡기 위해 노끈·실 따위로 여러 코의 구멍이 나게 얽은 물건. ¶그물로 물고기를 잡았다. [속담] 그물에 든 고기.

▸그물-망 (–網, 그물 망)
그물코 같은 구멍이 있는 망(網). ¶야구장 관중석에 그물망을 치다.

그믐 [end of the month]
'그믐날'의 준말. [반] 초승, 초하루.

▸그믐-날
음력으로 그달의 마지막 날.

▸그믐-달
음력으로 매월 그믐께 뜨는 달. [반] 초승달.

그-분 [that gentleman(lady)]
'그이, 그 사람'의 높임말.

그-새 [while]
'그사이'의 준말. ¶그새 키가 많이 컸다.

그슬리다 [make broil; make toast]
불에 겉만 약간 타다. 혹은 그렇게 하다. ¶벽이 불에 그슬려서 새까매졌다 / 헝겊의 끝을 그슬려 마무리했다.

그야 [that; it]
그것은 물론. ¶그야 당연하지!

그야-말로 [really; certainly]
정말로. 참으로. ¶그야말로 어려운 일을 해냈다.

그윽-하다 [peacefully retired; tasteful]
❶깊숙하고 고요하다. ¶그윽한 정취. ❷뜻과 생각, 혹은 느낌이 깊고 은근하다. ¶그윽한 애정 / 그윽한 매화 향기. [비] 심오(深奧).

그을다
[be black with smoke; get a tan]
햇볕·연기 등을 오랫동안 쐬어 빛이 검게 되다. ¶햇볕에 피부가 그을었다 / 햇볕에 그을린 얼굴.

그을음 [soot]
불에 탈 때 불꽃과 함께 연기에 섞여 나오는 검은 먼지 같은 가루. ¶천장에 그을음이 꼈다. [비] 매연(煤煙).

그-이 [that person]
❶앞에서 말한 사람을 가리켜 그 사람. ¶그이는 어디서 왔나요? ❷여자가 자기 남편을 남이나 남편 동기의 배우자에게 이르는 말. ¶그이가 결혼 기념으로 반지를 사주었어.

그저 [still; just]
❶그대로 그냥. ¶그저 앉아 기다리고만 있었다. ❷조건 없이 다만. ¶그저 살려만 주십시오. ❸어떤 이유·목적 없이. 아무 생각 없이. ¶그저 농담으로 한 말이다.

그저께 [day before yesterday]
어제의 어제. 어제의 전날. [준] 그제.

그-전 (–前, 앞 전)
[before that; sometime before]
얼마 아니 된 지나간 앞[前]의 시기.

그제 [day before yesterday]
'그저께'의 준말.

그-중 (—中, 가운데 중)
[among them (all); most]
여럿 가운데[中]. ¶그가 그중에 제일 낫다.

그지-없다 [endless; inexpressible]
끝이 없다. 한(限)이 없다. ¶부모의 사랑은 그지없다. ㊥ 무한(無限)하다.

그치다 (止, 그칠 지) [stop; end]
❶계속되던 일이나 움직임이 멈추거나 끝나다. 혹은 하던 일을 멈추다. ¶바람이 그치다 / 울음을 그치다. ❷어떤 상태에 머무르다. ¶18위에 그쳤다. ㊥ 중지(中止)하다, 중단(中斷)하다. ㊦ 계속(繼續)하다.

♣ 그치다 / 멎다

◎ 밤새 내리던 눈이 그쳤다 = 멎었다.
○ 그칠 새 없는 걱정.
× 멎을 새 없는 걱정.
○ 나는 그의 집 앞에서 발걸음이 멎었다.
× 나는 그의 집 앞에서 발걸음이 그쳤다.

그토록 [so; so much]
그렇게까지. ¶그토록 말을 해도 그는 듣지 않는다.

극[1]極 | 끝 극 [extreme; climax]
❶어떤 정도가 그 이상 갈 수 없는 지경. ¶화가 극에 달하다. ❷ 지리 지축의 양쪽 끝. 남극과 북극. ¶지구의 양극. ❸ 물리 양극과 음극. ❹ 물리 자석(磁石)에서 자기력이 가장 센 두 끝. ¶N극은 S극을 끌어당긴다.

극[2]劇 | 연극 극 [drama; play]
연영 연극(演劇). ¶이 극은 호평을 받았다.

극구 極口 | 다할 극, 입 구 [exceedingly; very]
❶ 속뜻 입[口]으로 온갖 말을 다함[極]. ❷온갖 말을 다하여. ¶극구 사양하다.

극기 克己 | 이길 극, 자기 기
[self-restraint; self-control]
자기(自己)의 욕망이나 충동, 감정 따위를 의지로 눌러 이김[克]. ¶극기 훈련. ㊥ 자제(自制). ㊦ 이기(利己).

극단[1]劇團 | 연극 극, 모일 단 [theatrical company]
연영 연극(演劇)의 상연을 목적으로 결성된 단체(團體).

극단[2]極端 | 다할 극, 끝 단
[extreme; extremity]
❶ 속뜻 맨[極] 끄트머리[端]. ❷중용을 벗어나 한쪽으로 치우치는 일. ¶극단에 치우치다. ❸극도에 이르러 더 나아갈 수 없는 상태. ¶사태가 극단으로 치닫다.

극대 極大 | 다할 극, 큰 대
[greatest; largest]
❶ 속뜻 더 없이[極] 큼[大]. ❷극댓값. ㊦ 극소(極小).

▸극대-화 極大化 | 될 화
매우[極] 크게[大] 됨[化]. 또는 그렇게 함. ¶이윤의 극대화.

극도 極度 | 다할 극, 정도 도
[extreme; utmost]
더할 수 없이 극심(極甚)한 정도(程度). ¶극도로 긴장하다. ㊥ 극한(極限).

극동 極東 | 끝 극, 동녘 동 [Far East]
❶ 속뜻 동(東)쪽의 맨 끝[極]. ❷ 지리 아시아 대륙의 동쪽에 위치한 지역. ¶극동 아시아. ㊥ 원동(遠東). ㊦ 극서(極西).

극락 極樂 | 다할 극, 즐길 락 [paradise]
❶ 속뜻 더없이[極] 안락(安樂)하고 깨끗한 땅. ❷ 불교 아미타불이 살고 있는 괴로움이 없으며 지극히 안락하고 자유로운 세상. '극락정토'(極樂淨土)의 준말. ㊦ 지옥(地獄).

극렬 極烈 | 다할 극, 세찰 렬
[severe; violent]
더할 수 없이[極] 매우 세참[烈]. 지독히 심함. ¶유림(儒林)들은 극렬하게 반대했

다.

극명 克明 | 능히 극, 밝을 명 [make clear]
❶ 속뜻 능히[克] 할 수 있을 만큼 자세하고 분명(分明)함. ¶극명한 사실 / 극명한 대조를 보이다. ❷속속들이 똑똑히 밝힘. ¶교황은 세계평화의 대의를 극명했다.

극-미세 極微細 | 다할 극, 작을 미, 가늘 세 [ultrafine]
극도(極度)로 작고[微] 가늘음[細]. ¶극미세 섬유.

***극복 克服** | 이길 극, 따를 복 [conquer]
이기어[克] 따르도록[服]하다. ¶어려움을 극복하다.

극본 劇本 | 연극 극, 책 본 [script of a play]
연영 연극(演劇)이나 방송극 등의 대본(臺本).

극비 極祕 | 다할 극, 숨길 비 [top secret]
절대 알려져서는 안 되는 몹시[極] 중요한 비밀(祕密). '극비밀'의 준말.

극빈 極貧 | 다할 극, 가난할 빈 [extreme poverty]
더할 수 없이[極] 몹시 가난함[貧].
▸극빈-자 極貧者 | 사람 자
몹시[極] 가난한[貧] 사람[者]. ¶극빈자를 돕다.

극성 極盛 | 다할 극, 가득할 성 [very prosperous]
❶ 속뜻 더 이상 빈곳이 없을 정도로[極] 가득함[盛]. ❷성질이나 행동이 매우 드세거나 적극적임. ¶아이가 장난감을 사달라고 극성이다.

극-소수 極少數 | 다할 극, 적을 소, 셀 수 [minimum number]
극히[極] 적은[少] 수(數). ¶극소수의 사람들만 대회에 참가했다.

극심 極甚 | =劇甚, 다할 극, 심할 심 [extreme; terrible]
지극(至極)히 심(甚)하다. ¶피해가 극심했다. 비 지독(至毒)하다.

극악 極惡 | 다할 극, 악할 악 [atrocity; villainy]
더없이[極] 악(惡)함. 지독히 나쁨. 반 극선(極善).
▸극악-무도 極惡無道 | 없을 무, 길 도
더없이[極] 악(惡)하고 도의심(道義心)이 없음[無].

극약 劇藥 | 심할 극, 약 약 [poison]
❶ 약학 성분이 매우 심하게[劇] 독한 약(藥). 적은 분량으로 사람이나 동물에게 위험을 줄 수 있다. ❷'극단적인 해결 방법'을 비유하여 이르는 말.

극-음악 劇音樂 | 연극 극, 소리 음, 풍류 악 [drama music]
음악 가극(歌劇)과 같이 연극적인 대사나 줄거리, 무대 장치 따위를 곁들이는 음악(音樂).

극작 劇作 | 연극 극, 지을 작 [write a play]
연극(演劇)의 각본을 씀[作]. ¶극작 활동.
▸극작-가 劇作家 | 사람 가
연극(演劇)의 각본을 쓰는[作] 일을 업으로 하는 사람[家].

극장 劇場 | 연극 극, 마당 장 [theater]
연극(演劇), 영화, 무용 등을 감상할 수 있도록 무대와 관람석 등 여러 가지 시설을 갖춘 곳[場].

극적 劇的 | 연극 극, 것 적 [dramatic]
❶ 속뜻 연극(演劇)과 같은 요소가 있는 것[的]. ❷연극을 보는 것처럼 감격적이고 인상적인 것. ¶양측의 협상은 극적으로 타결되었다.

극중 劇中 | 연극 극, 가운데 중
연극(演劇) 가운데[中]. ¶극중 인물의 이름을 다 외웠다.

극지 極地 | 끝 극, 땅 지 [the ends of the earth; polar regions]
❶ 속뜻 맨 끝[極]에 있는 땅[地]. 아주 먼

땅. ¶그는 한양에서 극지로 쫓겨났다. ❷남극과 북극 지방. '극지방'(極地方)의 준말. ¶극지를 탐험하다.

극-지방 極地方 | 끝 극, 땅 지, 모 방 [polar regions]
지리 지구 양 극(極)의 주변 지역[地方]. ¶극지방을 관측하다. ㊟극지.

극진 極盡 | 다할 극, 다할 진 [kind; devoted]
❶속뜻 다하여[極] 남음이 없음[盡]. ❷마음과 힘을 들이는 정성이 그 이상 더 할 수 없다. ¶심청은 효성이 극진했다.

극찬 極讚 | 다할 극, 기릴 찬 [high praise]
지극(至極)히 칭찬(稱讚)함. 또는 그 칭찬. ¶그는 뛰어난 연주로 극찬을 받았다.

극치 極致 | 다할 극, 이를 치 [attain the highest perfection]
극도(極度)에 다다름[致]. 또는 그런 경지. 그보다 더 할 수 없을 만한 최고의 경지나 상태. ¶아름다움의 극치.

극침 棘針 | 가시 극, 바늘 침 [thorn]
가시[棘]나 바늘[針]처럼 뾰족하게 돋친 것. ¶찬바람이 극침처럼 살을 파고들었다.

극한 極限 | 다할 극, 한할 한 [limit; bounds]
❶속뜻 사물의 끝이 다하여[極] 닿은 곳이나 한계(限界). ❷사물이 더 이상은 나아갈 수 없는 한계. ¶양측의 대립이 극한에 이르다. ㊥극치(極致).

극형 極刑 | 다할 극, 형벌 형 [capital punishment]
❶속뜻 가장[極] 무거운 형벌(刑罰). ❷사형(死刑)을 달리 이르는 말. ¶극형을 받다.

극화 劇化 | 연극 극, 될 화 [dramatize]
사건이나 소설 따위를 극(劇)의 형식이 되도록 함[化]. ¶이 드라마는 임진왜란을 극화한 것이다. ㊥각색(脚色).

극-히 (極-, 다할 극) [extremely]
한계에 다할[極] 정도로. 대단히. 매우.

근[1] 斤 | 근 근
저울로 다는 무게의 단위. 고기는 600g, 채소나 과일은 375g이다. ¶돼지고기 한 근 / 사과 한 근.

근:[2] 近 | 가까울 근 [near(ly); almost]
어느 수량에 가까운. 거의. ¶20kg이나 되는 쌀가마를 들었다.

근:간 近間 | 가까울 근, 사이 간 [these days; nowadays]
가까운[近] 시일의 장래[間]. 요사이. 요즈음.

근거 根據 | 뿌리 근, 의지할 거 [basis; ground]
❶속뜻 뿌리[根]에 의지함[據]. ❷어떤 의견의 이유. ¶근거를 대다.

▶근거-지 根據地 | 땅 지
활동의 터전[根據]으로 삼는 곳[地]. ㊥본거지(本據地), 거점(據點).

근:-거리 近距離 | 가까울 근, 떨어질 거, 떨어질 리 [short distance]
가까운[近] 거리(距離). ㊥원거리(遠距離).

근:검 勤儉 | 부지런할 근, 검소할 검 [diligence and frugality]
부지런하고[勤] 검소(儉素)함. ¶근검 절약 / 근검하는 생활 태도.

근:교 近郊 | 가까울 근, 성 밖 교 [suburbs; outskirts]
도심에서 가까운[近] 지역[郊]. ¶대도시 근교의 인구가 늘고 있다. ㊥교외(郊外).

근:근 僅僅 | 겨우 근, 겨우 근 [narrowly; barely]
겨우[僅+僅]. ¶얼마 안 되는 돈으로 근근이 살아가다. ㊥가까스로.

근:년 近年 | 가까울 근, 해 년 [in recent years]
❶속뜻 가까운[近] 해[年]. ❷요 몇 해 사이. 지나간 지 얼마 안 되는 해.

근대[1] [chard]

식물 줄기와 잎을 식용하는 명아줏과의 두해살이 채소.

⁑근:대² 近代 | 가까울 근, 시대 대 [modern age]
❶ 속뜻 지나간 지 얼마 안 되는 가까운[近] 시대(時代). ❷중세와 현대의 중간 시대. ⓑ 고대(古代), 현대(現代).

▸근:대-식 近代式 | 법 식
근대(近代)의 발전 수준에 맞는 방식(方式). ¶근대식 공장.

▸근:대-적 近代的 | 것 적
근대(近代)의 특징이 될 만한 성질이나 경향을 띤 것[的]. ⓑ 봉건적(封建的).

▸근:대-화 近代化 | 될 화
전(前)근대적인 상태에서 근대적(近代的)인 상태로, 또는 후진적인 상태에서 선진적인 상태로 되거나 되게 함[化].

근데 [by the way]
'그런데'의 준말.

*근:래 近來 | 가까울 근, 올 래 [these days; recently]
요즈음[近]에 와서[來]. ¶근래에 드문 큰 비가 왔다.

⁑근력 筋力 | 힘줄 근, 힘 력 [muscular strength]
❶ 속뜻 근육(筋肉)의 힘[力]. 또는 그 지속성. ❷기력(氣力). ⓑ 체력(體力).

근:로 勤勞 | 부지런할 근, 일할 로
❶ 속뜻 힘써 부지런히[勤] 일함[勞]. ❷일정한 시간에 일정한 일을 함. ⓑ 노동(勞動), 근무(勤務). ⓑ 휴식(休息).

▸근:로-자 勤勞者 | 사람 자
근로(勤勞)에 의한 소득으로 생활하는 사람[者]. ⓑ 노동자(勞動者).

▸근로자의 날 (勤勞者-)
근로자(勤勞者)의 노고를 위로하고 사기를 북돋워 주기 위하여 정한 날. 5월 1일이다.

근:린 近鄰 | 가까울 근, 이웃 린 [neighborhood]
❶ 속뜻 가까운[近] 이웃[鄰]. ❷가까운 곳. ¶근린공원 / 근린상가. ⓑ 근처(近處).

근:면 勤勉 | 부지런할 근, 힘쓸 면 [hard work; diligence]
부지런히[勤] 일에 힘씀[勉]. ¶그는 매사에 성실하고 근면하다. ⓑ 나태(懶怠).

▸근:면-성 勤勉性 | 성질 성
부지런한[勤勉] 품성(稟性). ¶강한 정신력과 근면성.

근:무 勤務 | 부지런할 근, 일 무 [service; duty]
직장 등에서 부지런히[勤] 맡은 일[務]을 함. ¶충실히 근무하다. ⓑ 근로(勤勞).

근:방 近方 | 가까울 근, 모 방 [neighborhood]
가까운[近] 곳[方]. ¶이 근방에 살다. ⓑ 근처(近處), 인근(鄰近).

근본 根本 | 뿌리 근, 뿌리 본 [root; basis]
❶ 속뜻 초목의 뿌리[根=本]. ❷사물의 본질이나 본바탕. ¶근본 원칙 / 근본 원인. ⓑ 근원(根源).

▸근본-적 根本的 | 것 적
본질이나 본바탕[根本]의 것[的]. ¶근본적으로 나쁜 사람은 없다.

근:사 近似 | 가까울 근, 닮을 사 [fine; nice]
❶ 속뜻 가깝거나[近] 닮다[似]. ❷썩 그럴 듯하다. 꽤 좋다. ¶참 근사한 생각이구나!

근:삿-값 (近似-) [approximation]
수학 참값에 가까운[近似] 값.

근성 根性 | 뿌리 근, 성질 성 [nature; spirit]
❶ 속뜻 뿌리[根] 깊이 박힌 나쁜 성질(性質). ❷사람이 원래부터 가진 성질. ❸어떤 일을 끝까지 해내려고 하는 끈질긴 성질. ¶저 아이는 승부 근성이 강하다. ⓑ 본성(本性).

근:소 僅少 | 겨우 근, 적을 소 [little; few]

얼마 되지 않을 만큼 아주[僅] 적다[少]. ¶근소한 차로 졌다.

근:속 勤續 | 부지런할 근, 이을 속 [continuous service]
근무(勤務)를 계속(繼續)함. 한 일자리에서 오래 근무함. ¶아버지는 30년을 이곳에서 근속하셨다.

근:시 近視 | 가까울 근, 볼 시 [shortsightedness]
먼 곳은 잘 못 보지만, 가까운[近] 곳은 잘 봄[視]. '근시안'(近視眼)의 준말. ⓑ 원시(遠視).

▸근:시-안 近視眼 | 눈 안
❶ 의학 시력이 약해 짧은[近] 거리의 물체만을 볼[視] 수 있는 눈[眼]. ❷'소견이 짧고 좁아 앞일을 내다보지 못함', '시야가 좁아 사물의 전모를 관찰하지 못함'을 비유하여 이르는 말.

근심 (患, 근심 환; 愁, 근심 수; 憂, 근심 우) [anxiety; worry]
괴롭게 애를 태우거나 불안해하는 마음. ¶그녀는 근심이 있다. ⓑ 걱정.

근:엄 謹嚴 | 삼갈 근, 엄할 엄 [dignified and serious; sober]
매우 점잖고[謹] 엄(嚴)하다. ¶근엄하게 꾸짖다.

근원 根源 | 뿌리 근, 수원 원 [root; source]
❶ 속뜻 나무의 뿌리[根]나 물의 수원(水源). 또는 그 같은 곳. ❷어떤 일이 생겨나는 본바탕. ¶소문의 근원. ⓑ 남상(濫觴), 원본(原本).

근:위 近衛 | 가까울 근, 지킬 위 [royal guard]
임금을 가까이[近]에서 호위(護衛)함.

▸근:위-대 近衛隊 | 무리 대
역사 지난날, 임금을 가까이서 호위하던 [近衛] 군대(軍隊).

▸근:위-병 近衛兵 | 군사 병
역사 지난날, 임금을 가까이에서 호위하던[近衛] 병사(兵士).

＊근육 筋肉 | 힘줄 근, 살 육 [muscle; sinew]
힘줄[筋]과 살[肉]. ¶꾸준하게 운동하면 근육이 발달한다.

▸근육-질 筋肉質 | 바탕 질
❶ 속뜻 근육(筋肉)처럼 연하고 질긴 성질(性質). ❷'근육이 잘 발달한 체격'을 이르는 말. ¶근육질의 사나이.

근절 根絶 | 뿌리 근, 끊을 절 [eradicate]
다시 살아날 수 없게 뿌리째[根] 없애 버림[絶]. ¶부정부패를 근절하다.

근:접 近接 | 가까울 근, 닿을 접 [proximity; approach]
가까이[近] 닿음[接]. 또는 가까이 다가감. ¶공장은 항구와 근접해 있다. ⓑ 접근(接近).

근:정-전 勤政殿 | 부지런할 근, 정사 정, 대궐 전
고적 경복궁(景福宮) 안에 있는 정전(正殿). 조선 때, 임금이 조회(朝會)를 행하던 곳이다. '정무(政務)에 힘쓰는[勤] 곳'이라는 뜻이 담겨 있다.

근:조 謹弔 | 삼갈 근, 조상할 조 [offer one's condolence]
삼가[謹] 조상(弔喪)함.

근-지구력 筋持久力 | 힘줄 근, 잡을 지, 오랠 구, 힘 력 [muscular endurance]
근육(筋肉)이 지속적(持續的)으로 오랫동안[久] 발휘할 수 있는 힘[力]. ¶근지구력을 향상시키기 위해서 운동을 계속하다.

근지럽다 [feel a tickle]
조금 가렵다. 조금 가려운 느낌이 있다. ¶머리가 근지럽다.

근질-거리다 [itch; feel itchy]
자꾸 근지러운 느낌이 나다. ¶코가 근질거리다.

근질근질-하다 [itch; feel itchy]
❶자꾸 또는 매우 근지럽다. ❷어떤 일을 몹시 하고 싶어 참기가 매우 어렵다. ¶사

실을 말하고 싶어서 입이 근질근질하다.

근:처 近處 | 가까울 근, 곳 처 [neighborhood]
가까운[近] 곳[處]. ¶근처에 서점이 있나요? ⓑ 부근(附近).

근:친 近親 | 가까울 근, 친할 친 [close relative]
가까운[近] 친족(親族). 특히 팔촌 이내의 일가붙이. ⓑ 원친(遠親).

근:하 謹賀 | 삼갈 근, 축하할 하 [congratulate cordially]
삼가[謹] 축하(祝賀)함.

▶근:하-신년 謹賀新年 | 새 신, 해 년
'삼가[謹] 새해[新年]를 축하(祝賀)합니다'의 뜻으로 연하장 따위에 쓰는 말.

근:해 近海 | 가까울 근, 바다 해 [neighboring waters]
육지에 가까운[近] 바다[海]. ¶근해에 크고 작은 섬들이 있다. ⓑ 연해(沿海). ⓑ 원양(遠洋).

근:황 近況 | 가까울 근, 형편 황 [recent situation]
요즈음[近]의 형편[況]. ¶친구의 근황이 궁금하다.

글 (章, 글 장) [learning; sentence]
❶어떤 생각이나 말 따위의 내용을 글자로 나타낸 것. ¶글을 짓다. ❷'글자'의 준말. ¶글을 깨치다. ⓑ 말.

글-감
글로 쓸 만한 소재. ⓑ 소재(素材).

글-공부 (-工夫, 장인 공, 사나이 부) [work to read and write]
❶글을 익히거나 배우는[工夫] 일. ❷글의 내용은 익히지 않고 형식적으로 하는 공부.

글-귀 (-句, 글귀 귀) [phrase; clause]
글의 구[句]나 절. ¶글귀를 외다.

글-꼴 [font type]
글자의 형태.

글라스 {영 glass}
유리로 만든 잔.

글라이더 {영 glider}
항공 발동기가 없이, 활공하거나 바람을 타고 날기 위한 항공기.

글러브 {영 glove}
운동 권투·야구 등을 할 때 손에 끼는 가죽 장갑 같은 운동구.

글리세롤 {영 glycerol}
화학 동물성, 식물성 기름을 가수분해 할 때 생성되는 액체. 무색투명하고 단맛과 끈기가 있다.

글리코겐 {영 glycogen}
화학 동물의 간장·근육 등에 함유되어 있는 탄수화물.

글-말 [written language]
글에서만 쓰는 말. ⓑ 문어(文語). ⓑ 입말.

글-방 (-房, 방 방) [schoolroom]
예전에, 사사로이 한문을 가르치던 곳[房]. ⓑ 서당(書堂).

글썽-이다 [be filled with tears]
눈에 눈물이 그득하게 고이다. ¶눈물을 글썽이며 나를 껴안았다 / 눈물이 글썽거렸다.

글쎄 [well; now]
❶남의 물음이나 요구에 분명치 않은 태도를 나타낼 때 쓰는 말. ¶글쎄, 과연 그럴까? ❷자기의 뜻을 다시 강조할 때 쓰는 말. ¶글쎄, 내 말이 맞다니까.

글쓴-이 [writer; author]
글을 쓴 사람. ¶글쓴이의 경험이 담긴 글. ⓑ 저자(著者). ⓑ 독자(讀者).

글씨 [letter; character]
❶쓴 글자의 모양. ¶글씨를 예쁘게 써라. ❷글자를 쓰는 법·일. ¶글씨 연습.

▶글씨-본 (-本, 책 본)
글씨 연습을 할 때에 보고 쓰도록 만든 책[本].

▶글씨-체 (-體, 몸 체)
❶ 속뜻 글자를 써 놓은 모양새[體]. ¶그의 글씨체는 퍽 힘이 있다. ❷글씨를 쓰는

일정한 격식. 한글의 궁서, 한자의 해서 따위. ㊥ 서체(書體).

글-월 [writing]
❶글. 문장(文章). ❷편지.

글자 (—字, 글자 자) [letter; character]
말을 눈으로 볼 수 있도록 나타낸 부호[字]. ¶글자를 크게 쓰다. ㊥ 문자(文字).

▸글자-판 (—字板, 널빤지 판)
타자기·컴퓨터·계량기 등의 글자[字]나 숫자·기호 등을 배열해 놓은 판(板). ㊥ 자판(字板).

글-재주 [literary talent]
글을 잘 터득하거나 짓는 재주. ㊥ 글재간.

글-짓기 [composition]
글을 짓는 일. ㊥ 작문(作文).

글피 [three days hence]
모레의 다음 날.

긁다 [scratch]
❶손톱이나 칼날처럼 날카롭고 긴 끝으로 표면을 문지르다. ¶누룽지를 긁다 / 등을 긁다. ❷갈퀴 따위로 거두어 모으다. ¶낙엽을 긁다.

긁적-이다 [scrape and scrape]
이리저리 긁다. ¶머리를 긁적이다 / 뒤통수를 긁적거리다.

금[1][line; crack]
❶긋거나 접었거나 한 자국. ¶금을 긋다. ❷갈라지지 않고 터지기만 한 흔적. ¶그릇에 금이 갔다. ㊥ 선(線). 관용 금이 가다.

비슷한 듯 다른 말 ➲ 줄[1]

금[2]金 | 쇠 금 [gold; metals; Friday]
❶ 광업 황색의 광택이 있는 금속 원소. 금속 가운데 퍼지는 성질과 늘어나는 성질이 가장 크다. ❷금메달. ¶마라톤에서 또 금을 땄다. ❸'금요일'(金曜日)의 준말.

금강 金剛 | 쇠 금, 굳셀 강 [diamond]
❶ 속뜻 '금강석'(金剛石)을 일상적으로 이르는 말. ❷'매우 단단하여 결코 부서지지 않는 것'을 비유하여 이르는 말.

▸금강-산 金剛山 | 메 산
❶ 속뜻 금강(金剛)같이 아름다운 산(山). ❷ 지명 강원도 고성군·회양군·통천군에 걸쳐 있는 명산. 속담 금강산도 식후경.

▸금강-석 金剛石 | 돌 석
광업 탄소의 결정(結晶)으로 광물[金] 중에서 가장 단단한[剛] 보석(寶石). 다이아몬드.

금고 金庫 | 돈 금, 곳집 고 [safe; strongbox]
❶ 속뜻 돈[金]이나 귀중품 따위를 안전하게 보관하는 데 쓰이는 상자[庫]. ¶보석을 금고에 넣어 두다. ❷국가나 공공 단체의 현금 출납 기관. ¶상호신용 금고.

금관 金冠 | 황금 금, 갓 관 [gold crown]
황금(黃金)으로 만든 관(冠). ¶백제시대의 금관이 발굴됐다.

금관 악기 金管樂器 | 쇠 금, 피리 관, 음악 악, 그릇 기 [brass]
음악 쇠붙이[金]로 피리[管] 모양의 악기(樂器). 트럼펫, 호른 따위.

금광 金鑛 | 황금 금, 쇳돌 광 [gold mine]
금(金)이 들어 있는 광석(鑛石). 또는 그 광산.

금괴 金塊 | 황금 금, 덩어리 괴 [nugget of gold]
덩어리[塊]로 뭉쳐놓은 금(金). ¶집에 두었던 금괴를 도난당했다. ㊥ 금덩어리.

금:기 禁忌 | 금할 금, 꺼릴 기 [taboo]
❶ 속뜻 신앙이나 관습 등으로 금(禁)하거나 꺼림[忌]. ❷어떤 약이나 치료법이 좋지 않은 것으로 여겨 쓰지 않는 일.

금-나라 (金—, 쇠 금)
역사 1115년에 여진족이 지금의 만주, 몽고, 화북(華北) 땅에 세운 나라.

금:낭-화 錦囊花 | 비단 금, 주머니 낭, 꽃 화 [bleeding heart]
식물 여인네의 비단[錦] 치마 속에 넣고 다니던 주머니[囊]를 닮은 꽃[花]이 피는

풀.

금년 今年 | 이제 금, 해 년 [this year]
지금(只今)이 속해 있는 해[年]. ㊐ 올해.

금-니 (金—, 황금 금) [gold tooth]
금(金)으로 만들거나 씌운 이. ¶금니를 해 넣다.

금당 金堂 | 황금 금, 집 당
[main build a temple]
불교 금불상(金佛像)을 모신 절의 본당(本堂). ㊐ 대웅전(大雄殿).

금-덩이 (金—, 황금 금) [gold nugget]
황금(黃金)의 덩이. ㊐ 금괴(金塊).

금-도금 金鍍金 | 황금 금, 도금할 도, 쇠 금
[gold-plating]
화학 다른 금속의 표면에 얇은 금박(金箔)을 입히는[鍍金] 일. ¶불상을 금도금하다.

금-도끼 (金—, 황금 금)
금(金)으로 만든 도끼.

금-돈 (金—, 황금 금) [gold coin]
금(金)으로 만든 돈. ㊐ 금화(金貨).

금동 金銅 | 황금 금, 구리 동
[gilt bronze]
금(金)으로 도금한 구리[銅].

금-메달 (金medal, 황금 금)
[gold medal]
금(金)으로 만들거나 도금하여 만든 메달(medal). 각종 경기에서 우승한 사람에게 준다. ¶동계올림픽에서 금메달을 따다.

금명-간 今明間 | 이제 금, 밝을 명, 사이 간
[today or tomorrow]
오늘[今]에서 내일[明] 사이[間]. ¶금명간에 소식이 올 것이다. ㊐ 곧.

금:물 禁物 | 금할 금, 만물 물
[prohibited thing]
❶ 속뜻 매매나 사용이 금지(禁止)된 물건(物件). ❷해서는 안 되는 일. ¶방심은 금물이다.

금-물결 (金—, 황금 금)
햇빛을 받아서 금(金)빛으로 반짝거리는 물결.

금박 金箔 | 황금 금, 얇을 박
[(a piece of) gold leaf]
금(金)을 두드려 종이처럼 아주 얇게[箔] 늘인 물건.

금-반지 金半指 | 황금 금, 반 반, 손가락 지
[gold ring]
금(金)으로 만든 반지(半指). ¶할머니는 금반지를 끼고 있다. ㊐ 금가락지.

금발 金髮 | 황금 금, 머리털 발
[golden hair]
황금(黃金)빛이 나는 머리털[髮]. ¶금발 머리 / 금발의 서양인.

***금방** 今方 | 이제 금, 바로 방
[just now]
❶ 속뜻 지금(只今) 바로[方]. ¶금방 비가 올 것처럼 하늘이 어둡다. ❷방금(方今). ¶금방 구워 낸 빵.

▸금방-금방 今方今方
일이나 행동 따위를 지체하지 않고 바로[今方] 바로[今方] 하는 모양.

금-붕어 (金—, 황금 금) [goldfish]
동물 잉엇과의 민물고기. 황금(黃金)빛이 나는 붕어 등이 있으며 관상용(觀賞用)으로 기른다.

금-붙이 (金—, 황금 금)
[things made of gold]
금(金)으로 만든 온갖 물건.

금-빛 (金—, 황금 금) [golden color]
황금(黃金)의 빛깔. ㊐ 금색(金色).

금상 金賞 | 황금 금, 상줄 상
[gold prize]
상(賞)의 등급을 금(金), 은(銀), 동(銅)으로 구분하였을 때의 일등상.

금:상첨화 錦上添花 | 비단 금, 위 상, 더할 첨, 꽃 화
❶ 속뜻 비단[錦] 위[上]에 꽃[花]을 더함[添]. ❷'좋은 일 위에 또 좋은 일이 더하여 짐'을 비유하여 이르는 말.

금색 金色 | 황금 금, 빛 색
[golden color]

황금(黃金)과 같이 광택이 나는 누런 색(色). ¶금색 단추.

금성 金星 | 쇠 금, 별 성
[Venus; Hesperus; daystar]
❶ 속뜻 금(金)을 상징하는 별[星]. ❷ 천문 태양에서 두 번째로 가깝고 지구에 가장 가까이 있는 행성. 크기는 지구와 비슷하다. ⓑ 샛별, 태백성(太白星).

금세 [in a moment]
지금 바로. '금시(今時)에'가 줄어든 말. ¶나는 그와 금세 친해졌다.

금-세기 今世紀 | 이제 금, 세대 세, 연대 기
[this century]
지금(只今)의 세기(世紀). 이 세기. ¶전기는 금세기 최고의 발명품이다.

***금속** 金屬 | 쇠 금, 속할 속 [metal]
❶ 속뜻 쇠[金]에 속(屬)하는 물질. ❷열이나 전기를 잘 전도하고 펴지고 늘어나는 성질이 풍부하며 특수한 광택을 가진 물질을 이르는 말. ⓑ 비금속(非金屬).

▸금속 활자 金屬活字 | 살 활, 글자 자
출판 금속(金屬)으로 만든 활자(活字). ¶고려시대에 이미 금속 활자를 사용해서 책을 만들었다.

금수[1] 禽獸 | 날짐승 금, 짐승 수
[birds and beasts]
날아다니는 날짐승[禽]과 기어다니는 길짐승[獸]. ¶금수만도 못한 사람이라고!

금:수[2] 錦繡 | 비단 금, 수놓을 수
[embroidered brocade]
비단[錦]에 수놓은[繡] 것. 수놓은 비단. ¶금수 같은 우리 강산.

▸금:수-강산 錦繡江山 | 강 강, 메 산
❶ 속뜻 비단[錦]에 수(繡)놓은 것처럼 아름다운 강산(江山). ❷'우리나라의 산천'을 비유하는 말. ¶삼천리 금수강산.

금시 今時 | 이제 금, 때 시
[nowadays; these days]
❶ 속뜻 지금(只今) 이 때[時]. 금방. ❷곧. 바로.

금시-초문 今始初聞 | 이제 금, 비로소 시, 처음 초, 들을 문
지금(只今)에야 비로소[始] 처음[初] 들음[聞]. ¶그 소식은 금시초문이다.

금:식 禁食 | 금할 금, 먹을 식 [fast]
치료나 종교, 또는 그 밖의 이유로 얼마 동안 음식물을 먹지[食] 않는 일[禁]. ¶이 환자는 금식해야 합니다.

금실 琴瑟 | 본음 [금슬], 거문고 금, 비파 슬
[conjugal harmony]
❶ 속뜻 거문고[琴]와 비파[瑟]를 아울러 이르는 말. ❷'부부간의 사랑'을 비유적으로 이르는 말. ¶그 부부는 금실이 좋다.

금-싸라기 (金—, 황금 금)
[thing of great value]
황금(黃金)의 부스러기. 귀중한 것을 가리키는 말.

금액 金額 | 돈 금, 액수 액
[amount of money]
돈[金]의 액수(額數). ¶가격표에 적힌 금액을 확인하다. ⓑ 값, 가격(價格).

금언 金言 | 황금 금, 말씀 언
[golden saying]
생활의 지침이 될 만한 금쪽[金]같이 귀중하고 짤막한 말[言]. ⓑ 격언(格言).

금:연 禁煙 | 금할 금, 담배 연
[prohibit smoking]
❶ 속뜻 담배[煙] 피우는 것을 금(禁)함. ¶금연 구역. ❷담배를 끊음. ¶아빠는 금연하기로 약속하셨다.

금와 金蛙 | 황금 금, 개구리 와
문학 동부여의 왕으로, 부여 왕 해부루에게 발견될 때 온 몸이 금빛[金]으로 된 개구리[蛙]를 닮았었다고 한다.

금-요일 金曜日 | 쇠 금, 빛날 요, 해 일
[Friday]
칠요일 중 쇠[金]에 해당하는 요일(曜日). ¶금요일에 소풍을 간다.

금:욕 禁慾 | 금할 금, 욕심 욕
[asceticism; abstinence]

성적(性的) 욕구(慾求)나 욕망을 억제함[禁]. ¶수도사는 금욕 생활을 한다.

금융 金融 | 돈 금, 융통할 융 [finance; circulation of money]
❶ 속뜻 돈[金]을 융통(融通)함. ❷ 경제 자금의 수요와 공급의 관계. 필요한 자금을 빌리거나, 빌려주는 것을 말한다.

금은 金銀 | 황금 금, 은 은 [gold and silver]
금(金)과 은(銀).

▶ 금은-방 金銀房 | 방 방
금은(金銀) 따위의 보석을 가공·매매하는 가게[房].

▶ 금은-보화 金銀寶貨 | 보배 보, 재물 화
금(金), 은(銀) 따위의 보배[寶]와 재화(財貨).

금:의 錦衣 | 비단 금, 옷 의 [clothes of silk brocade]
비단[錦] 옷[衣]. ¶금의를 입고 고향에 나타났다.

▶ 금:의-환향 錦衣還鄕 | 돌아올 환, 시골 향
❶ 속뜻 비단옷[錦衣]을 입고 고향(故鄕)에 돌아옴[還]. ❷ '성공하여 고향으로 돌아옴'을 비유하여 이르는 말.

금일 今日 | 이제 금, 날 일 [today]
오늘[今] 날[日]. ¶금일 휴업.

금-일봉 金一封 | 돈 금, 한 일, 봉할 봉 [gift of money]
❶ 속뜻 종이에 싸서[封] 주는 한[一] 뭉치의 돈[金]. ❷ 금액을 밝히지 않고 주는 상금, 격려금, 기부금 따위를 이르는 말.

금자 金字 | 황금 금, 글자 자 [gold letter]
금박을 올리거나 금빛 수실로 수를 놓거나 이금(泥金)으로 써서 금(金)빛이 나는 글자[字]. 비 금문자(金文字).

▶ 금자-탑 金字塔 | 탑 탑
❶ 속뜻 '金'자(字) 모양의 탑(塔). ❷ '후세에까지 빛날 훌륭한 업적'을 비유하여 이르는 말. ¶한글은 찬란한 우리 문화의 금자탑이다. 비 피라미드(pyramid).

금자-동 金子童 | 황금 금, 접미사 자, 아이 동 [precious child]
❶ 속뜻 금[金子]과 같이 귀한 아이[童]. ❷ '어린아이'를 이르는 말.

금잔 金盞 | 황금 금, 잔 잔 [gold cup]
금(金)으로 만든 술잔(盞).

▶ 금잔-화 金盞花 | 꽃 화
식물 여름부터 가을까지 황금[金] 술잔[盞] 모양의 노란색 꽃[花]이 피는 풀. 비 금송화(金松花).

금-잔디 (金-, 황금 금) [golden turf]
❶ 식물 가을부터 이듬해 봄까지 황금색[金]의 잎이 나는 잔디. ❷ 잡풀이 없이 잘 가꾼 잔디.

금전 金錢 | 쇠 금, 돈 전 [money; cash]
❶ 속뜻 쇠붙이[金]로 만든 돈[錢]. ❷ 돈. 비 금화(金貨), 화폐(貨幣).

▶ 금전 출납부 金錢出納簿 | 날 출, 들일 납, 장부 부
경제 돈[金錢]이 나가고[出] 들어오는[納] 것을 적는 장부(帳簿).

금제 金製 | 황금 금, 만들 제 [gold made product]
금(金)으로 만든 제품(製品).

금주[1] 今週 | 이제 금, 주일 주 [this week]
이번[今] 주일(週日).

금:주[2] 禁酒 | 금할 금, 술 주 [stop drinking]
❶ 속뜻 술[酒]을 못 마시게 함[禁]. ❷ 술을 끊음. ¶금주를 결심하다.

금:-줄 (禁-, 금할 금)
민속 부정한 것의 침범이나 접근을 막기[禁] 위하여 문이나 길 어귀에 건너질러 매거나 신성한 대상물에 매는 새끼줄. ¶아이가 태어나면 금줄을 친다.

금:지 禁止 | 금할 금, 멈출 지 [prohibit; ban]

❶ 속뜻 금(禁)하여 멈추게[止] 함. ❷말리어 못하게 함. ¶총기류의 수입을 금지하다. ㉥ 저지(沮止). ㉤ 허가(許可).

▸금:지-령 禁止令 | 명령 령
금지(禁止)하는 명령(命令).

금지-옥엽 金枝玉葉 | 황금 금, 가지 지, 구슬 옥, 잎 엽 [person of royal birth]
❶ 속뜻 금(金)으로 된 가지[枝]와 옥(玉)으로 된 잎[葉]. ❷'임금의 가족'을 높여 이르는 말. ❸'귀한 자손'을 이르는 말. ¶그는 금지옥엽으로 귀하게 자랐다.

금-테 (金—, 황금 금)
[gold frame; gold rims]
금(金) 또는 금빛 나는 것으로 만든 테. ¶금테 안경을 쓰다.

금품 金品 | 돈 금, 물품 품
[money and other valuables]
돈[金]과 물품(物品)을 아울러 이르는 말. ¶금품을 요구하다 / 금품을 수수하다.

금:-하다 (禁—, 금할 금)
[prohibit; suppress]
❶못하게[禁] 말리다. ¶미성년자에게 주류 판매를 금하다. ❷웃음·눈물 따위를 참다. ¶분한 마음을 금할 길이 없다. ㉥ 금지(禁止)하다, 억제(抑制)하다.

금화 金貨 | 황금 금, 돈 화
[gold coin; gold currency]
금(金)으로 만든 돈[貨].

급 級 | 등급 급 [class; grade]
'계급·등급' 등의 일컬음. ¶7급 공무원. ㉥ 급수(級數), 계급(階級), 등급(等級).

***급격** 急激 | 급할 급, 격할 격
[sudden; abrupt]
급(急)하고 격렬(激烈)하다. ¶사춘기에는 몸이 급격히 발달한다.

급급 汲汲 | 힘쓸 급, 힘쓸 급 [urgent]
어떤 일에 정신을 쏟아[汲+汲] 마음의 여유가 없다. ¶변명에 급급하다.

급기야 及其也 | 미칠 급, 그 기, 어조사 야
[at last; finally]
❶ 속뜻 거기[其]까지에 미치는[及] 것이다[也]. ❷마지막에 가서는. ¶급기야 어려운 지경에 이르렀다.

급등 急騰 | 급할 급, 오를 등 [jump]
물가나 시세 따위가 갑자기[急] 오름[騰]. ¶쌀값이 급등하다. ㉥ 폭등(暴騰). ㉤ 급락(急落).

급락 急落 | 급할 급, 떨어질 락
[plunge; crash]
물가나 시세 따위가 갑자기[急] 떨어짐[落]. ¶주가(株價)가 급락하다. ㉥ 폭락(暴落). ㉤ 급등(急騰).

급료 給料 | 줄 급, 삯 료 [pay; salary]
일한 대가로 주는[給] 품삯[料]. 일한 데에 대한 보수(報酬). ¶한 달 치 급료를 받았다. ㉥ 급여(給與).

급류 急流 | 급할 급, 흐를 류
[swift current; torrent]
물이 급(急)하게 흐름[流]. ¶급류를 타다. ㉤ 완류(緩流).

급박 急迫 | 급할 급, 닥칠 박
[urgent; imminent]
사태가 급(急)히 닥쳐[迫] 여유가 없음. ¶그는 급박한 사정이 생겨 참석하지 못했다. ㉥ 긴박(緊迫).

급변 急變 | 급할 급, 바뀔 변
[emergency; accident]
❶ 속뜻 급격(急激)하게 바뀜[變]. 갑자기 달라짐. ¶날씨가 급변하다. ❷갑자기 일어난 변고. ¶그는 봉화를 피워 급변을 알렸다. ㉥ 극변(劇變), 급변사(急變事).

급사 急死 | 급할 급, 죽을 사
[die suddenly]
갑자기[急] 죽음[死]. ¶심장마비로 급사하다.

급-상승 急上昇 | 급할 급, 위 상, 오를 승
[sudden rise (in prices)]
❶ 속뜻 급(急)하게 위[上]로 올라감[昇]. ❷비행기나 새 따위가 거의 수직으로 급히 치솟는 일. ㉤ 급강하(急降下).

급-선무 急先務 | 급할 급, 먼저 선, 일 무
[most urgent business]
긴급(緊急)하여 가장 먼저[先] 서둘러 해야 할 일[務]. ¶부상자를 병원으로 옮기는 것이 급선무다.

급성 急性 | 급할 급, 성질 성
[acute form of a disease]
병 따위가 갑작스럽게 일어나거나 급(急)히 악화되는 성질(性質). ¶급성 맹장염. [반] 만성(慢性).

급-성장 急成長 | 급할 급, 이룰 성, 어른 장
[rapid growth]
사물의 규모가 급격(急擊)하게 성장(成長)함. ¶경제가 눈부시게 급성장하였다.

급소 急所 | 급할 급, 곳 소 [vital part]
❶[속뜻] 사물의 가장 긴급(緊急)하거나 가장 중요한 곳[所]. ❷조금만 다쳐도 생명에 지장을 주는 몸의 중요한 부분. ¶급소를 찌르다. [비] 핵심(核心).

*__급속__ 急速 | 급할 급, 빠를 속
[rapid; swift]
몹시 급(急)하고 빠름[速]. ¶급속 냉각.

급-속도 急速度 | 급할 급, 빠를 속, 정도 도
[high speed]
매우 빠른[急] 속도(速度).

급수[1] 級數 | 등급 급, 셀 수
[class; grade; rank]
❶[속뜻] 기술의 우열을 급(級)으로 나누어 매긴 수(數). ¶바둑 급수. ❷[수학] 일정한 법칙에 따라 증감하는 수를 일정한 순서로 배열한 수열의 합.

급수[2] 給水 | 공급할 급, 물 수
[water supply; feed water]
물[水]을 공급(供給)함. 또는 그 물. [반] 배수(排水).

▸급수-차 給水車 | 수레 차
급수(給水)에 쓰이는 차(車).

급습 急襲 | 급할 급, 습격할 습
[make surprise attack; raid]
상대편의 방심을 틈타서 급히[急] 습격(襲擊)함.

급식 給食 | 줄 급, 밥 식
[provide meals]
학교나 공장 등에서 아동이나 종업원에게 음식(飮食)을 주는[給] 일. 또는 그 끼니 음식.

▸급식-비 給食費 | 쓸 비
식사(食事)를 공급(供給)하는 데 드는 비용(費用). ¶급식비가 부족했다.

▸급식-실 給食室 | 방 실
식사를 제공하는[給食] 곳[室]. ¶급식실로 달려갔다.

급여 給與 | 줄 급, 줄 여
[allowance; pay]
일한 대가로 돈이나 물품 따위를 공급(供給)하여 줌[與]. 또는 그 돈이나 물품. [비] 급료(給料).

급우 級友 | 등급 급, 벗 우 [classmate]
같은 학급(學級)의 친구[友].

급작-스럽다 [sudden; abrupt]
생각할 사이도 없이 매우 급하다. ¶급작스러운 사고를 당하다.

급-정거 急停車 | 급할 급, 멈출 정, 수레 거
[stop suddenly]
급(急)히 차(車)를 세움[停]. 달리던 차가 급히 섬. ¶버스가 급정거해서 넘어질 뻔했다.

급제 及第 | 이를 급, 집 제
[success in an examination]
[역사] 옛날 과거시험에 합격하면 벼슬을 하게 되어 큰 집[第]에 들어가[及] 살 수 있게 되므로 '과거시험에 합격함'을 일러 '及第'라 했다는 설이 있다. [반] 낙제(落第).

급증 急增 | 급할 급, 더할 증
[increase rapidly]
급작스럽게[急] 늘어남[增]. ¶이 지역 인구가 급증했다. [반] 급감(急減).

급파 急派 | 급할 급, 보낼 파
[speedy dispatch]

급(急)히 파견(派遣)함. ¶사고 현장에 구조대를 급파하다.

급-하다 (急—, 급할 급)
[urgent; impatient]
❶바빠서[急] 우물쭈물할 틈이 없다. ¶급한 일로 상경하다. ❷성미가 팔팔해 잘 참지 못하다. ¶급한 성미. ❸몹시 서두르거나 다그치는 경향이 있다. ¶일을 급하게 하다. ㊍ 느긋하다.

♣ 급하다 / 빠르다

◎ 급하게 = 빠르게 걸어가다.
ㅇ 급하다고 서두르지 마라.
× 빠르다고 서두르지 마라.
ㅇ 집에 갈 때는 버스를 타는 것이 빠르다.
× 집에 갈 때는 버스를 타는 것이 급하다.

급행 急行 | 급할 급, 갈 행
[hasten; hurry; rush]
❶ 속뜻 급(急)히 감[行]. ❷'급행열차'의 준말.

▸**급행-열차 急行列車** | 벌일 렬, 수레 차
고속으로 운행하며[急行] 주요한 역에서만 정거하는 열차(列車). ㊍ 완행열차(緩行列車).

급훈 級訓 | 등급 급, 가르칠 훈
[class precepts]
학급(學級)의 교육 목표로 내세운 교훈(教訓).

긋:다[1](劃, 그을 획) [draw; mark]
❶줄을 치거나 금을 그리다. ¶붉은 볼펜으로 밑줄을 그었다. ❷성냥 알을 황에 대고 문지르다. ¶성냥을 긋다.

긋:다[2][hold up; stop falling]
❶비가 잠깐 그치다. ¶비가 긋다. ❷비를 잠시 피해 그치기를 기다리다. ¶처마 밑에서 비를 긋다.

긍:정 肯定 | 기꺼이 긍, 정할 정
[affirm; acknowledge]
어떤 사실이나 생각 따위를 기꺼이[肯] 인정(認定)함. ¶그는 내 말에 긍정했다. ㊍ 부정(否定).

▸**긍:정-적 肯定的** | 것 적
어떤 사실이나 생각 따위를 그러하다고[肯] 인정(認定)하는 것[的]. ¶긍정적인 입장. ㊍ 부정적(否定的).

긍:지 矜持 | 아낄 긍, 가질 지
[pride; dignity self-respect]
❶ 속뜻 자신을 아끼는[矜] 마음을 가짐[持]. ❷자신의 능력을 믿음으로써 가지는 당당함. ¶긍지가 높다 / 긍지로 삼다. ㊐ 자부심(自負心).

기[1]**氣** | 기운 기 [energy; spirit]
❶활동하기 위한 힘. ¶1등이 되고 싶어 철수는 기를 쓰고 달렸다. ❷살아있다는 느낌. ¶아이는 기가 죽어서 고개를 떨구었다. 관용 기를 쓰다 / 기가 차다.

기[2]**基** | 터 기
❶무덤, 비석, 탑 따위를 세는 단위. ¶고려시대 무덤 세 기를 발굴했다. ❷원자로, 유도탄 따위를 세는 단위.

기[3]**旗** | 깃발 기 [flag]
헝겊·종이 따위에 글자·그림·빛깔 등을 잘 보이도록 그리거나 써서 어떤 뜻을 나타내는 데 쓰는 물건. ㊐ 깃발.

기가 {영 giga}
10억을 단위로 하는 수. '거인'을 뜻하는 그리스어 'gigas'에서 온 말. 기호는 'G'.

기각 棄却 | 버릴 기, 물리칠 각
[reject; turn down]
❶ 속뜻 내다 버리거나[棄] 물리침[却]. ❷ 법률 소송을 수리한 법원이 소송이 이유가 없거나 적법하지 않다고 판단하여 무효를 선고하는 일. ¶그 안건은 기각되었다. ㊐ 각하(却下).

기간[1]**期間** | 때 기, 사이 간
[term; period (of time)]
어느 일정한 시기에서 다른 일정한 시기(時期)까지의 사이[間]. ㊐ 시기(時期).

기간[2]**基幹** | 터 기, 줄기 간 [mainstay]
❶ 속뜻 터[基]가 되고 중심[幹]이 되는 것. ¶조선은 유교이념을 기간으로 삼았다. ❷ 어떤 조직이나 체계를 이룬 것 가운데 중심이 되는 것.

▶ 기간-산:업 基幹産業 | 낳을 산, 일 업
경제 한 나라의 산업의 바탕[基幹]이 되는 산업(産業). 전력·철강·가스 산업 따위.

기강 紀綱 | 벼리 기, 벼리 강 [fundamental principles]
❶ 속뜻 그물코를 꿴 벼리[紀=綱]. ❷ 으뜸이 되는 중요한 규율과 질서. ¶사회 기강을 바로잡다.

기개 氣槪 | 기운 기, 절개 개 [spirit; backbone]
❶ 속뜻 기운(氣運)과 절개(節槪). ❷ 어떤 어려움에도 굽히지 않는 강한 의지. 또는 그러한 기상. ¶그는 세계무대에서 한국인의 기개를 떨쳤다. ⓑ 기상(氣象).

기거 起居 | 일어날 기, 살 거 [one's daily life]
❶ 속뜻 몸을 일으켜[起] 살아감[居]. ❷ 일정한 곳에서 먹고 자고 하는 따위의 일상적인 생활을 함. 또는 그 생활. ¶잠시 친척 집에서 기거하다.

기겁 氣怯 | 기운 기, 겁낼 겁 [be startled; be frightened]
기운(氣運)을 잃고 겁(怯)에 질림. ¶기겁을 하고 도망쳤다. ⓑ 질겁.

***기계**[1]**器械** | 그릇 기, 기구 계 [machine]
그릇[器]이나 연장, 기구[械] 따위를 통틀어 이르는 말. 구조가 간단하며 제조나 생산을 목적으로 하지 않고 사용하는 도구를 이른다. ¶의료 기계 / 실험용 기계.

⁑**기계**[2]**機械** | 베틀 기, 형틀 계 [machine]
❶ 속뜻 베틀[機]과 형틀[械]. ❷ 동력으로 움직여서 일정한 일을 하게 만든 장치.

▶ 기계-화 機械化 | 될 화
❶ 속뜻 사람이나 동물이 하는 노동을 기계(機械)가 대신하게 함[化]. ¶기계화 시대. ❷ 사람의 언행이 자주성, 창조성을 잃고 기계적으로 됨.

기고 寄稿 | 부칠 기, 원고 고 [contribute articles]
원고(原稿)를 써서 보냄[寄]. ¶환경에 대한 글을 기고하다. ⓑ 투고(投稿).

기고-만장 氣高萬丈 | 기운 기, 높을 고, 일만 만, 길이 장 [elation; high spirits]
❶ 속뜻 기세(氣勢)의 높은[高] 정도가 만장(萬丈) 정도나 됨. ❷ 일이 뜻대로 잘될 때 우쭐하여 뽐내는 기세가 대단함.

기골 氣骨 | 기운 기, 뼈 골 [body and spirit; mettle]
❶ 속뜻 기혈(氣血)과 뼈대[骨]. 기백과 골격. ❷ 건장하고 튼튼한 체격.

기공[1]**氣孔** | 숨 기, 구멍 공 [pore; stigma]
❶ 동물 곤충류의 몸 옆에 있는 숨[氣]구멍[孔]. ❷ 식물 호흡, 증산(蒸散)을 위하여 식물의 잎이나 줄기의 표피에 무수히 나 있는 구멍. ⓑ 기문(氣門).

기공[2]**起工** | 일어날 기, 일 공 [start work]
공사(工事)를 시작함[起]. ⓑ 착공(着工). ⓡ 준공(竣工), 완공(完工).

▶ 기공-식 起工式 | 의식 식
토목이나 건축 따위의 공사(工事)를 시작할[起] 때에 하는 의식(儀式). ¶기공식을 거행하다. ⓡ 낙성식(落成式).

⁑**기관**[1]**器官** | 그릇 기, 벼슬 관 [organ]
❶ 속뜻 그릇[器]같이 일정한 기능을 하는 감관(感官). ❷ 생물 일정한 모양과 생리 기능을 가진 생물체의 부분.

기관[2]**氣管** | 공기 기, 대롱 관 [windpipe]
❶ 의학 척추동물이 숨쉴 때 공기(空氣)가 흐르는 관(管)모양의 기관. ❷ 동물 절지동물의 호흡 기관.

▶ 기관-지 氣管支 | 가를 지
의학 기관(氣管)의 아래쪽에서 두 갈래로 갈라져[支] 폐에 이어지는 부분.

⁑기관³機關 | 틀 기, 빗장 관
[engine; machine; system; organ]
❶ [속뜻] 화력·수력 따위를 유용한 에너지로 바꾸는 기계(機械) 장치[關]. ¶증기기관. ❷사회생활의 영역에서 일정한 역할과 목적을 위하여 만든 기구나 조직.

▶**기관-사** 機關士 | 선비 사
[교통] 선박, 기차, 항공기 등의 기관(機關)을 맡아보는 사람[士].

▶**기관-실** 機關室 | 방 실
발전, 냉난방, 환기, 급수, 배수 따위의 기관(機關)을 설치하여 놓은 방[室].

▶**기관-장** 機關長 | 어른 장
❶ [속뜻] 일정한 역할과 목적을 위해서 설치한 기관(機關)의 우두머리[長]. ¶기관장 회의. ❷기관을 운영하고 수리하는 사람들의 최고 책임자. ¶기관장의 명령에 따라 선원들이 다 모였다.

▶**기관-차** 機關車 | 수레 차
❶ [속뜻] 기관(機關)이 달려 있는 객차나 화차를 끌고 다니는 철도 차량(車輛). ❷'어떤 일을 이끌어가는 힘을 가진 존재'를 비유하여 이르는 말.

▶**기관-총** 機關銃 | 총 총
[군사] 방아쇠를 당기고 있으면 탄환이 자동으로 장전되면서 연속으로 발사되는 기관(機關)이 달려 있는 소구경의 총(銃).

기괴 奇怪 | 기이할 기, 이상할 괴
[strange; outlandish]
기이하고[奇] 이상함[怪]. ¶기괴한 사건이 일어났다.

기교 技巧 | 재주 기, 솜씨 교 [technique]
빼어난 기술(技術)이나 솜씨[巧]. ¶표현 기교가 늘었다.

기구¹氣球 | 공기 기, 공 구
[balloon; aerostat]
밀폐된 커다란 주머니에 수소나 헬륨 따위의 공기보다 가벼운 기체(氣體)를 넣어 그 부양력으로 공중에 높이 올라가도록 만든 공[球] 모양의 물건. [비] 풍선(風船).

기구²崎嶇 | 험할 기, 험할 구
[steep; unlucky]
❶ [속뜻] 험한[岐=嶇] 산길. ❷사람의 세상살이가 순탄하지 못하고 가탈이 많다. ¶신세가 기구하다.

기구³器具 | 그릇 기, 갖출 구
[utensil; tool]
그릇[器] 따위의 도구(道具)를 통틀어 이르는 말.

⁑기구⁴機構 | 틀 기, 얽을 구
[structure; organization]
❶ [속뜻] 기계(機械)의 내부 구조(構造). ❷하나의 조직을 이루고 있는 구조적인 체계. [비] 구조(構造), 조직(組織).

기권 棄權 | 버릴 기, 권리 권 [renounce; give up]
부여받은 권리(權利)를 스스로 포기(抛棄)하고 행사하지 아니함. ¶그는 이번 경기에 기권했다.

기근 飢饉 | =饑饉, 주릴 기, 흉년들 근
[famine; shortage]
❶ [속뜻] 먹을 양식이 모자라 굶주릴[飢] 정도로 흉년이 듦[饉]. ❷'최소한의 수요도 채우지 못할 만큼 심히 모자라는 상태'를 비유하여 이르는 말. ¶생필품 기근 현상. [비] 기아(饑餓), 고갈(枯渴).

기금 基金 | 터 기, 돈 금 [fund]
어떤 목적을 위하여 쓰는 기본(基本) 자금(資金). ¶행사에 쓸 기금을 모으다.

기기 機器 | =器機, 틀 기, 그릇 기
[machinery; equipment]
기계(機械)와 기구(器具)의 통칭. ¶음향기기.

기기묘묘 奇奇妙妙 | 기이할 기, 기이할 기, 묘할 묘, 묘할 묘 [extremely strange]
매우 기이(奇異)하고 야릇함[妙]. ¶기기묘묘한 재주.

기꺼이 [willingly; with pleasure]
기껍게. 기쁘게. ¶너의 부탁이라면 기꺼이 도와줄게. [비] 흔쾌(欣快)히.

기ː-껏
[to the utmost (of one's energy)]
힘이나 정도가 미치는 한껏. ¶기껏 도와줬더니 한다는 말이 그거니?

▸ 기ː껏-해야
아무리 한다고 하여도. ¶하루살이는 기껏해야 하루밖에 살지 못한다.

기ː나-길다 [long]
몹시 길다. ¶기나긴 전쟁이 시작됐다.

기념 紀念 | =記念, 벼리 기, 생각 념
[commemorate]
벼리[紀]가 되는 중요한 일이나 인물을 오래오래 마음에 두고 생각함[念]. ¶순국선열들의 희생을 기념하다.

▸ 기념-관 紀念館 | 집 관
어떤 뜻 깊은 일을 기념(紀念)하기 위해 지은 집[館].

▸ 기념-물 紀念物 | 만물 물
❶ 속뜻 공적으로 특히 보존하여 기념(紀念)할 가치가 있는 물건(物件). ❷기념품.

▸ 기념-비 紀念碑 | 비석 비
어떤 일을 기념(紀念)하기 위하여 세운 비석(碑石).

▸ 기념-식 紀念式 | 의식 식
어떤 일을 기념(紀念)하기 위하여 베푸는 의식(儀式).

▸ 기념-일 紀念日 | 날 일
어떤 일을 기념(紀念)하기 위하여 정한 날[日].

▸ 기념-탑 紀念塔 | 탑 탑
어떤 일을 길이 기념(紀念)하기 위하여 세운 탑(塔).

▸ 기념-품 紀念品 | 물건 품
기념(紀念)으로 주고받는 물품(物品).

⁑**기능**[1] 機能 | 틀 기, 능할 능
[function; faculty]
기계(機械)의 능력(能力)이나 역할. ¶이 장치는 오래 되어 기능이 약화되었다.

⁑**기능**[2] 技能 | 재주 기, 능할 능
[(technical) skill; ability]
기술적(技術的)인 능력(能力)이나 재능. ¶기능을 갈고 닦아 다시 도전하겠다. ㊊ 기량(技倆).

▸ 기능-공 技能工 | 장인 공
생산 분야에서 기술적(技術的)인 능력(能力)이 있는 노동자[工]. ¶일급 기능공.

기다 [crawl; creep]
❶가슴과 배를 아래로 향하고 팔과 다리를 움직여 앞으로 나아가다. ¶아기가 기다. ❷몹시 느리게 가다. ¶차들이 엉금엉금 기어간다. ❸남에게 눌리어 꼼짝 못하고 비굴하게 굴다. ¶사장 앞에서는 설설 긴다.

기다리다 (待, 기다릴 대) [wait; expect]
어떠한 사람이나 때가 오기를 바라다. ¶기차를 기다리다.

기ː-다랗다 [rather long; lengthy]
매우 길다. 생각보다 퍽 길다.

기단 基壇 | 터 기, 단 단
[stylobate; stereobate]
건설 건축물의 터[基]를 반듯하게 다듬은 다음에 그 보다 한 층 높게 쌓은 단[壇].

*__기대__ 期待 | =企待, 기약할 기, 기다릴 대
[expect; anticipate]
어느 때로 기약(期約)하여 성취되기를 기다림[待], 또는 그런 바람. ¶기대에 어긋나다 / 원조를 기대하다.

▸ 기대-감 期待感 | 느낄 감
어떤 일이 이루어지기를 바라고 기다리는[期待] 심정[感]. ¶기대감에 부풀다.

기ː대다 [rest against; rely on]
❶몸을 무엇에 의지하면서 비스듬히 대다. ¶난간에 몸을 기대다. ❷남을 의지하여 희망을 붙이다. ¶부모에게 기대다.

기도[1] 企圖 | 꾀할 기, 꾀할 도
[attempt; try]
일을 꾀하여[企] 도모(圖謀)함. ¶그들은 항공기 납치를 기도했다.

기도[2] 祈禱 | 빌 기, 빌 도 [prayer]
절대적 존재에게 바라는 것을 빎[祈=禱]. 또는 그런 의식. ¶비를 내려달라고 신에

게 기도하다.

기도[3]氣道 | 공기 기, 길 도 [respiratory tract]
의학 호흡할 때 공기(空氣)가 지나가는 길[道]. ¶기도가 막혀서 숨을 쉴 수 없다.

기독 基督 | 터 기, 살필 독 [Christ]
기독교 '제사장', '예언자'를 뜻하는 포르투갈어 'Christo'를 일본 한자음으로 음역한 '基利斯督'(일본음, Kirisuto)의 줄임말.

▸ 기독-교 基督教 | 종교 교
기독교 세계 3대 종교의 하나. 서기 1세기에 예수 그리스도[基督]가 창시한 종교(宗教). 그리스도를 이 세상의 구세주로 믿으며 그의 신앙과 사랑을 따름으로써 영혼의 구원을 얻음을 목적으로 한다. ㊥ 그리스도교.

기동[1]起動 | 일어날 기, 움직일 동 [move; stir]
몸을 일으켜[起] 움직임[動]. ¶허리를 다쳐 기동이 불편하다.

기동[2]機動 | 때 기, 움직일 동 [maneuver]
❶ 속뜻 그때그때[機] 재빠르게 움직임[動]. ❷ 군사 부대나 병기(兵器) 등을 상황에 따라 재빠르게 전개(展開)·운용(運用)하는 일. ¶기동 훈련/기동 부대.

▸ 기동-대 機動隊 | 무리 대
상황에 따라 재빠르게 움직이는[機動] 부대(部隊). ¶경찰 기동대.

▸ 기동-력 機動力 | 힘 력
상황에 따라 재빠르게 행동[機動] 할 수 있는 조직의 능력(能力).

기둥 (柱, 기둥 주) [pillar; support]
❶건축물에서, 주춧돌 위에 세워 보·도리 등을 받치는 나무. ❷의지가 될 만한 가장 중요한 사람의 비유. ¶한 집안의 기둥. ㊥ 동량(棟樑).

기량[1]技倆 | =伎倆, 기술 기, 재주 량 [skill; ability]
기술적(技術的)인 재주[倆]. ¶기량을 연마하다.

기량[2]器量 | 그릇 기, 분량 량
사람의 마음에 있는 그릇[器]에 담긴 재능과 도량[量]을 이르는 말.

기러기 (雁, 기러기 안; 鴻, 기러기 홍) [wild goose]
동물 오릿과(科) 철새의 총칭. 오리보다 목이 길고 다리가 짧으며, 가을에 와서 봄에 가는 철새이다.

기력 氣力 | 기운 기, 힘 력 [energy; spirit]
❶ 물리 압착한 공기(空氣)의 힘[力]. ❷일을 감당할 수 있는 정신과 육체의 힘. ¶기력이 왕성하다. ㊥ 근력(筋力).

기로 岐路 | 갈림길 기, 길 로 [forked road; crossroad]
갈려져[岐] 나뉜 길[路]. ¶성공과 실패의 기로에 서 있다. ㊥ 갈림길.

***기록 記錄** | 적을 기, 베낄 록 [record]
❶ 속뜻 적어두고[記] 베껴둠[錄]. ❷주로 후일에 남길 목적으로 어떤 사실을 적음. 또는 그런 글. ❸운동 경기 따위에서 세운 성적이나 결과를 수치로 나타낸 것. ¶그는 세계 최고 기록을 경신했다.

▸ 기록-문 記錄文 | 글월 문
어떤 사실을 기록(記錄)한 글[文]. ¶견학 기록문.

▸ 기록-표 記錄表 | 겉 표
어떤 사실을 기록(記錄)한 표(表). ¶근무시간 기록표.

▸ 기록-화 記錄畫 | 그림 화
미술 기록(記錄)하여 오래 남기기 위한 목적으로 그린 그림[畫]. ¶전쟁 기록화.

기뢰 機雷 | 틀 기, 천둥 뢰 [underwater mine]
군사 적의 함선을 파괴하기 위하여 물속이나 물 위에 설치한 기계(機械)폭탄[雷].

기류 氣流 | 공기 기, 흐를 류 [air current; stream of air]
❶ 속뜻 대기 중에서 일어나는 공기(空氣)

의 흐름[流]. ¶온난 기류. ❷항공기 등이 공중에서 일으킨 바람. ¶기류를 타다.

기르다 (育, 기를 육; 養, 기를 양)
[bring up; raise]
❶동식물에 양분을 섭취시켜 자라게 하다. ¶금붕어를 기르다. ❷육체나 정신이 쇠하지 않게 하다. ¶체력을 기르다. ❸사람을 보살피면서 가르쳐 키우다. ¶인재를 길러 내다. ❹머리나 수염 같은 것을 자라게 내버려 두다. ¶코밑에 수염을 기르다. ㊊ 양육(養育)하다, 양성(養成)하다. 속담 기르던 개에게 다리가 물렸다.

♣ 기르다 / 키우다

◎ 그녀는 강아지를 기른다 = 키운다.

○ 콧수염을 기르다.
× 콧수염을 키우다.

○ 집을 키워서 이사를 가다.
× 집을 길러서 이사를 가다.

기름 (油, 기름 유) [oil; fat; grease]
❶물보다 가볍고 불을 붙이면 잘 타는 액체. 식물성과 동물성이 있다. ¶기름을 바르다. ❷'석유'(石油)를 달리 이르는 말. ¶차에 기름을 넣다.

▸기름-기 (-氣, 기운 기)
어떤 것에 기름이 흐르는 기운(氣運). 약간의 기름이 섞인 것. ¶밥에 기름기가 돈다.

▸기름-때
기름이 묻고 그 위에 먼지가 앉아서 된 때. ¶기름때가 묻은 작업복.

▸기름-띠
기름이 유출된 강이나 바닷물 위에 떠 있는 기름의 줄 무더기.

▸기름-나물
식물 미나리와 비슷한 풀. 높이는 90cm가량이며 어린 잎은 식용한다.

▸기름-종이
기름을 먹인 종이. ㊊ 유지(油紙).

▸기름-지다
❶(음식에) 기름기가 많다. ¶기름진 음식과 따뜻한 잠자리. ❷땅이 비옥(肥沃)하다. ¶기름진 농토. ❸살에 지방질이 많다. ¶기름진 얼굴.

기리다 [praise; extol]
뛰어난 업적이나 인물을 칭송(稱頌)하다. ¶스승의 은혜를 기리다.

기린 麒麟 | 기린 기, 기린 린 [giraffe]
❶민속 성인(聖人)이 세상에 나올 징조로 나타난다고 하는 상상 속의 짐승[麒=麟]. 몸은 사슴 같고 꼬리는 소 같고 발굽과 갈기는 말과 같으며 빛깔은 오색이라고 한다. ❷동물 기린과의 포유동물. 키는 6미터 정도로 포유류 가운데 가장 크며 목이 길다. ¶기린이 나뭇가지의 잎을 뜯어 먹고 있다.

기립 起立 | 일어날 기, 설 립
[stand up; rise]
일어나서[起] 섬[立]. ¶기립박수. ㊇ 착석(着席).

기마 騎馬 | 말 탈 기, 말 마 [ride horse]
말[馬]을 탐[騎]. ¶기마자세.

▸기마-병 騎馬兵 | 군사 병
말을 타고[騎馬] 싸우는 군사[兵]. ¶기마병을 훈련시키다.

▸기마-전 騎馬戰 | 싸울 전
말을 타고[騎馬] 하는 싸움[戰].

기-막히다 (氣-, 기운 기)
[stifle; amazed]
❶기(氣)가 막히다. ❷어떠한 일이 하도 엄청나서 어이없다. ¶기막힌 사정을 들었다. ❸어떻다고 말할 수 없을 만큼 좋거나 정도가 높다. ¶맛이 기막히게 좋다 / 기막힌 작품.

기만 欺瞞 | 속일 기, 속일 만
[deceive; impose on]
거짓으로 남의 눈을 속임[欺=瞞]. ¶자신을 기만하다.

기면 旗面 | 깃발 기, 낯 면

[flag; banner]
깃발[旗]을 펼쳐놓았을 때의 겉면(面).

기묘[1]**奇妙** | 기이할 기, 묘할 묘 [strange; curious]
기이(奇異)하고 묘(妙)하다. ¶기묘한 일이 벌어졌다.

기묘[2]**己卯** | 천간 기, 토끼 묘
민속 천간의 '己'와 지지의 '卯'가 만난 간지(干支). 육십갑자의 열여섯째.

▶기묘-사화 己卯士禍 | 선비 사, 재화 화
❶속뜻 기묘(己卯)년에 선비[士]들이 겪은 화(禍). ❷역사 조선 중종 14년(1519)인 기묘년에 훈구파(勳舊派)에 의해 조광조 등 신진사대부들이 숙청된 사건.

기물 器物 | 그릇 기, 만물 물
[vessel; utensil]
그릇[器] 따위의 물건(物件). ¶기물 파손죄. ㊥ 기명(器皿).

기미[1][freckles; liver spot]
병이나 심한 괴로움으로 인해 얼굴에 끼는 거뭇한 점.

기미[2]**幾微** | =機微, 낌새 기, 작을 미
[smack; shade]
❶속뜻 낌새[幾]가 희미(稀微)하게 보임. ❷어떤 일을 알아차릴 수 있는 눈치. 또는 일이 되어 가는 분위기. ¶경제가 좋아질 기미가 보이다.

기민 機敏 | 때 기, 재빠를 민
[agile; nimble]
동작 따위가 때[機]에 맞게 재빠름[敏]. ¶기민한 동작. ㊥ 민첩(敏捷).

기밀 機密 | 실마리 기, 숨길 밀 [secrecy]
어떤 일의 실마리[機]나 단서가 되는 중요 비밀(祕密). ¶국가기밀을 누설하다.

기반 基盤 | 터 기, 소반 반
[base; basis]
기초(基礎)가 되는 지반(地盤). 기본이 되는 자리.

기발 奇拔 | 기이할 기, 빼어날 발
[novel; clever; smart]
유달리[奇] 재치 있고 빼어나다[拔]. ¶생각이 기발하다.

기백 氣魄 | 기운 기, 넋 백 [spirit; soul]
씩씩하고 굳센 기상(氣像)과 진취적인 정신[魄].

⁑**기법 技法** | 재주 기, 법 법 [technique]
기술(技術)을 부리는 방법(方法). 기교를 부리는 방법. ¶상감기법을 이용하여 무늬를 넣은 도자기.

기별 奇別 | 기이할 기, 나눌 별
[news; notice]
❶속뜻 기이한[奇] 소식 따위를 나누어[別] 줌. ❷소식을 전함. 또는 소식을 전하는 종이. ¶기별을 보내다. 속담 간에 기별도 안 간다.

기병 騎兵 | 말 탈 기, 군사 병
[cavalry soldier; horseman]
군사 말을 타고[騎] 싸우는 군사[兵].

▶기병-대 騎兵隊 | 무리 대
군사 기병(騎兵)으로 편성한 군대(軍隊). ㊥ 기마대(騎馬隊).

기복 起伏 | 일어날 기, 엎드릴 복
[rise and fall; ups and downs]
❶속뜻 일어났다[起] 엎드렸다[伏] 함. ❷지세(地勢)가 높아졌다 낮아졌다 함. 또는 그런 상태. ❸세력이 강해졌다 약해졌다 함. ¶감정의 기복이 심하다. ㊥ 굴곡(屈曲).

⁑**기본 基本** | 터 기, 뿌리 본
[basis; foundation]
❶속뜻 토대[基]나 뿌리[本]. ❷일이나 사물의 가장 중요한 밑바탕이 되는 것. ¶기본이 충실해야 발전할 수 있다. ㊥ 근본(根本), 기근(基根).

▶기본-권 基本權 | 권리 권
법률 기본적(基本的)인 권리(權利). ¶국민의 기본권을 보장하다.

▶기본-적 基本的 | 것 적
기본(基本)이 되는 성질을 가진 것[的]. ¶기본적인 개념.

▸기본-형 基本形 | 모양 형
❶속뜻 변화하는 것의 본디[基本] 모양[形]. ❷언어 활용어의 기본 형태. ¶'빠르게'의 기본형은 '빠르다'이다. 반 활용형(活用形).

기부 寄附 | 부칠 기, 붙을 부
[donate to; contribute to]
돈 따위를 대가없이 보내주거나[寄] 덧붙여[附] 내놓음. ¶적십자에 돈을 기부하다. 비 기증(寄贈), 기탁(寄託).

▸기부-금 寄附金 | 돈 금
대가 없이 내놓는[寄附] 돈[金]. ¶기부금을 거두다. 비 출연금(出捐金).

**기분 氣分 | 기운 기, 나눌 분
[feeling; sentiment]
❶속뜻 기운(氣運)이 상황에 따라 나뉨[分]. ❷대상과 환경 따위에 따라 마음에 절로 생기며 한동안 지속되는 유쾌함이나 불쾌함 따위의 감정. ¶기분이 좋다.

▸기분-파 氣分派 | 갈래 파
그때그때의 기분(氣分)에 따라 행동하는 사람들[派].

기뻐-하다 [be pleased with]
기쁘게 여기다. ¶뛸 듯이 기뻐하다. 반 슬퍼하다.

기쁘다 [glad; happy]
마음에 즐거운 느낌이 있다. ¶기쁨의 눈물을 흘리다 / 할머니가 회복되어 기쁘다. 반 슬프다.

기사¹ 技士 | 재주 기, 선비 사 [driver]
❶속뜻 어떤 분야의 기술(技術)이 뛰어난 사람[士]. ❷전문적으로 차를 운전하는 사람. ¶택시 기사.

기사² 技師 | 재주 기, 스승 사
[engineer; technician]
전문적인 기술(技術)을 가진 사람을 스승[師]으로 높여 부르는 말. ¶촬영 기사.

기사³ 棋士 | =碁士, 바둑 기, 선비 사
직업적으로 바둑[棋]이나 장기를 두는 사람[士].

기사⁴ 騎士 | 말 탈 기, 병사 사
[rider; knight]
말을 탄[騎] 병사(兵士). 비 기병(騎兵).

***기사⁵** 記事 | 기록할 기, 일 사 [account; news]
❶속뜻 사실(事實)을 적음[記]. 또는 그 글. ❷신문이나 잡지 등에 어떤 사실을 실어 알리는 글. 또는 기록된 사실. ¶학교문제에 관한 기사가 실렸다.

▸기사-문 記事文 | 글월 문
보고들은 사실(事實)을 객관적으로 그대로 적은[記] 글[文].

기삿-거리 (記事-, 기록할 기, 일 사) [news item]
신문이나 잡지 따위에 기사(記事)로 실릴 만한 소재.

기상¹ 起牀 | 일어날 기, 평상 상
[get up from bed; rise]
잠자리[牀]에서 일어남[起]. ¶아침 7시에 기상하다. 비 기침(起寢/起枕). 반 취침(就寢).

***기상²** 氣像 | 기운 기, 모양 상
[spirit; temperament]
기개(氣槪)나 마음씨가 겉으로 드러난 모양[像]. ¶진취적인 기상. 비 기백(氣魄).

기상³ 氣象 | 공기 기, 모양 상
[atmospheric phenomena; weather]
천문 바람, 구름, 비, 더위처럼 대기(大氣) 중에서 일어나는 현상(現象). 비 날씨, 일기(日氣).

▸기상-대 氣象臺 | 돈대 대
지리 기상(氣象) 상태를 관측·조사·연구하는 기관[臺].

▸기상-청 氣象廳 | 관청 청
법률 기상(氣象) 상태를 관측·조사·연구하는 관청(官廳).

기색 氣色 | 기운 기, 빛 색
[looks; mood]
❶속뜻 기운(氣運)이나 얼굴빛[色]. ❷마음의 생각이나 감정이 얼굴에 드러나는

것. ¶놀란 기색. [비] 안색(顔色).

기ː생[1]妓生 | 기생 기, 살 생
잔치나 술자리에서 흥을 돋우는 일[妓]로 살아가는[生] 여자. [비] 화류(花柳).

기생[2]寄生 | 맡길 기, 살 생
[be parasitic]
[생물] 다른 생물에 붙어서[寄] 사는[生] 것. ¶오리는 벼에 기생하는 해충을 잡아먹는다.

▸기생-충 寄生蟲 | 벌레 충
다른 동물체에 붙어서 양분을 빨아먹고 사는[寄生] 벌레[蟲].

기선[1]汽船 | 수증기 기, 배 선 [steamship]
증기[汽]기관을 동력으로 하여 항해하는 배[船].

기선[2]機先 | 때 기, 먼저 선
[forestall; take a initiative]
❶[속뜻] 이길 수 있는 기회(機會)를 먼저[先] 잡음. ❷운동 경기나 싸움 따위에서 상대편의 세력이나 기세를 억누르기 위하여 먼저 행동하는 것. ¶기선을 잡다.

기성 既成 | 이미 기, 이룰 성
[be already established]
어떤 사물이나 상황이 이미[既] 만들어져[成] 있음. ¶기성 제품.

▸기성-복 既成服 | 옷 복
맞춤에 의한 것이 아니고, 일정한 기준 치수에 따라 미리[既] 만들어[成] 놓고 파는 옷[服].

▸기성-세ː대 既成世代 | 세상 세, 시대 대
이미[既] 다 자란[成] 세대(世代). 현재 사회를 이끌어 가는 나이가 든 세대.

기세 氣勢 | 기운 기, 형세 세
[spirit; enthusiasm]
기운(氣運)차게 내뻗는 형세(形勢). ¶기세를 떨치다.

기소 起訴 | 일어날 기, 하소연할 소
[prosecute; indict]
❶[속뜻] 소송(訴訟)을 일으킴[起]. ❷[법률] 형사사건에서 검사가 법원에 공소를 제기함. ¶그는 살인죄로 기소됐다.

기수[1]奇數 | 홀수 기, 셀 수
[odd number]
[수학] 홀[奇] 수(數). 2로 나누어서 나머지 1이 남는 수. [반] 우수(偶數), 짝수.

기수[2]旗手 | 깃발 기, 사람 수
[standard-bearer]
❶[속뜻] 군대나 단체 따위의 행렬 또는 행진에서 앞에서 깃발[旗]을 드는 사람[手]. ❷'어떤 단체적인 활동의 대표로 앞장서는 사람'을 비유하여 이르는 말. ¶80년대 문학계의 기수.

기수[3]機首 | 틀 기, 머리 수
[nose of an airplane]
항공기(航空機)의 앞머리[首]. ¶기수를 돌리다.

기수[4]騎手 | 말 탈 기, 사람 수
[rider; horseman]
경마 따위에서 말을 타는[騎] 사람[手].

기숙 寄宿 | 맡길 기, 잠잘 숙 [board]
남의 집에 위탁하여[寄] 먹고 자고[宿] 함.

▸기숙-사 寄宿舍 | 집 사
학생이나 사원들이 기숙(寄宿)하는 집[舍]. ¶기숙사에서 생활하다.

⁑기술 技術 | 재주 기, 꾀 술
[skill; technique]
❶[속뜻] 사물을 잘 다룰 수 있는 재주[技]나 방법[術]. ❷과학 이론을 실제로 적용하여 자연의 사물을 인간 생활에 유용하도록 가공하는 수단. ¶기술을 개발하다.

▸기술-자 技術者 | 사람 자
어떤 분야에 전문적 기술(技術)을 가진 사람[者]. ¶소프트웨어 기술자. [비] 기능공(技能工).

▸기술-적 技術的 | 것 적
❶[속뜻] 기술(技術)에 관계되는 것[的]. ❷사물의 본질이나 이론보다는 그 실제의 응용이나 운영에 관한 것.

▸기술-직 技術職 | 일 직
기술(技術) 분야의 직책(職責). [반] 사무직

(事務職).

기슭 [foot; brink]
❶비탈진 곳의 끝자리. ¶뒷산 기슭에 있는 집. ❷바다·강 따위의 물과 닿는 곳. ¶배가 기슭에 닿다.

기습 奇襲 | 갑자기 기, 습격할 습 [raid; surprise attack]
몰래 움직여 갑자기[奇] 습격(襲擊)함. ¶기습을 당하다. [비] 급습(急襲).

기승 氣勝 | 기운 기, 이길 승 [unyielding]
❶[속뜻] 기운(氣運)이나 힘 따위가 누그러들지 않음[勝]. ¶더위가 기승을 부리다. ❷성미가 억척스럽고 굳세어 좀처럼 굽히지 않음. 또는 그 성미.

기아 飢餓 | =饑餓, 주릴 기, 굶주릴 아 [starve; go hungry]
굶주림[飢=餓]. ¶기아에 허덕이다. [비] 기근(饑饉).

기악 器樂 | 그릇 기, 음악 악 [instrumental music]
[음악] 악기(樂器)로 연주하는 음악(音樂). [반] 성악(聲樂).
▶기악-곡 器樂曲 | 노래 곡
[음악] 기악(器樂) 연주를 위한 악곡(樂曲).

기암 奇巖 | 기이할 기, 바위 암 [strangely shaped rock]
기이(奇異)하게 생긴 바위[巖].
▶기암-괴석 奇巖怪石 | 이상할 괴, 돌 석
기이(奇異)하게 생긴 바위[巖]와 괴상(怪狀)하게 생긴 돌[石].
▶기암-절벽 奇巖絶壁 | 끊을 절, 담 벽
기이(奇異)하게 생긴 바위[巖]와 깎아지른[絶] 듯한 낭떠러지[壁].

기압 氣壓 | 공기 기, 누를 압 [air pressure]
[물리] 대기(大氣)의 압력(壓力). ¶산 정상은 기압이 낮아 귀가 멍멍해진다.

기약[1] 期約 | 때 기, 묶을 약 [pledge; promise]
때[期]를 정하여 약속(約束)함. ¶다시 만날 것을 기약하다.

기약[2] 既約 | 이미 기, 묶을 약
❶[속뜻] 이미[既] 다 묶어놓음[約]. ❷[수학] 이미 다 된 약분. 더 이상 약분이 안 됨.
▶기약 분수 既約分數 | 나눌 분, 셀 수
[수학] 더 이상 약분이 되지 않는[既約] 분수(分數).

기어 {영 gear}
회전 속도나 방향을 바꾸는 톱니바퀴 장치. [비] 변동기(變動期).

기어-가다 [crawl on; go on all fours]
❶기어서 앞으로 나아가다. ¶갓난애가 기어가다. ❷자동차 따위가 매우 천천히 가다. ¶차가 눈 위를 기어가고 있다.

기어-들다 [crawl in]
❶기어서 또는 기듯 몰래 들어오다. ¶구멍으로 기어드는 벌레. ❷남이 모르게 들어오거나 들어가다. ¶의자 밑으로 기어들어 숨다. ❸움츠리며 들어가다. ¶기어들어 가는 목소리.

기어-오르다 [crawl up; climb up]
❶기어서 높은 곳으로 가다. ¶나무에 잘 기어오르다. ❷윗사람에게 예의에 벗어난 짓을 하다. ¶어른에게 기어오르다.

기어-이 (期於-, 기약할 기, 어조사 어) [without fail; at last]
❶어떤 어려움이 있더라도 틀림없이. ❷결국에 가서는 마침내. ¶그는 기어이 성공하고야 말 것이다. [비] 반드시, 드디어.

기어-코 (期於-, 기약할 기, 어조사 어) [without fail; at last]
❶꼭. 틀림없이. 반드시. ¶기어코 이기겠다. ❷마침내. ¶그 일을 기어코 끝냈군.

기억 記憶 | 기록할 기, 생각할 억 [remember]
지난 일을 적어두어[記] 잊지 않고 생각해 냄[憶]. ¶내 기억이 틀림없다. [반] 망각(忘却).
▶기억-력 記憶力 | 힘 력
기억(記憶)하는 능력(能力).

*기업 企業 | 꾀할 기, 일 업
[enterprise; company]
❶ 속뜻 이익을 꾀하기[企] 위하여 일[業]을 함. ❷영리를 목적으로 운영하는 사업체.
▸기업-가 企業家 | 사람 가
기업(企業)에 자본을 대고 그 기업을 경영하는 사람[家].
▸기업-체 企業體 | 몸 체
영리를 목적으로 일하는[企業] 단체(團體). ¶그는 여러 기업체를 거느리고 있다.

*기여 寄與 | 부칠 기, 줄 여
[contribute to]
❶ 속뜻 물건을 부쳐[寄] 줌[與]. ❷도움이 되도록 이바지함. ¶승리에 결정적으로 기여하다. 비 증여(贈與).

기역
언어 한글 자모 'ㄱ'의 이름.

기염 氣焰 | 기운 기, 불꽃 염
[high spirits; enthusiasm]
불꽃[焰]처럼 대단한 기세(氣勢). ¶기염을 내뿜다.

기예 技藝 | 재주 기, 재주 예
[arts; handicrafts]
훌륭한 기술(技術)이나 재주[藝].

**기온 氣溫 | 공기 기, 따뜻할 온
[air temperature]
대기(大氣)의 온도(溫度).
▸기온-계 氣溫計 | 셀 계
기온(氣溫)을 재는 계기(計器).

기와 (瓦, 기와 와) [tile]
흙이나 시멘트 따위로 만든, 지붕을 덮는 물건. ¶기와를 얹다.
▸기와-집
지붕을 기와로 덮은 집. 비 와가(瓦家).

기왓-장 (一張, 단위 장)
기와의 낱장(張).

기왕 既往 | 이미 기, 갈 왕
[past; bygones]
❶ 속뜻 이미[既] 지나감[往]. 과거. ❷이미. 벌써. ¶기왕 늦었으니 자고 가자. 비 이왕(以往), 이전(以前).

기용 起用 | 일어날 기, 쓸 용
[appoint; promote]
인재를 높은 자리에 올려[起] 씀[用]. 비 등용(登用).

기우[1] 杞憂 | 나라 기, 근심할 우
[baseless anxiety; imaginary fears]
❶ 속뜻 중국 기(杞)나라에 살던 사람의 근심[憂]. 하늘이 무너지고 땅이 꺼지면 어쩌나 쓸데없이 근심하다가 큰 병이 들었다고 한다. ❷앞일에 대해 쓸데없이 지나치게 근심함. 또는 그런 근심.

기우[2] 祈雨 | 빌 기, 비 우
[prayer for rain]
가뭄 때에 비[雨]가 오기를 빎[祈].
▸기우-제 祈雨祭 | 제사 제
비가 오지 않을 때에 비 오기를 비는[祈雨] 제사(祭祀). 반 기청제(祈晴祭).

기우뚱-거리다 [rock]
물체가 자꾸 이쪽저쪽으로 기울어지게 흔들리다. ¶세찬 파도에 배가 기우뚱거린다.

기우뚱-하다 [totter; shake]
한쪽으로 조금 기울어지다.

기운 氣運 | 기운 기, 돌 운
[tendency; trend]
어떤 일이 벌어지려고 도는[運] 분위기(雰圍氣). ¶봄의 따스한 기운.

비슷한 듯 다른 말	➲ 힘

기운-차다
힘이 넘치는 듯하다. ¶그는 걸음걸이가 기운차다. 비 힘차다.

기울-기 [inclination; slope]
수학 수평면에 대한 경사면의 기울어진 정도. 비 경사도(傾斜度).

기울다 (傾, 기울 경)
[lean (to); decline; sink]
❶한편으로 쏠리다. ¶배가 기울었다. ❷해나 달이 저물어 가다. ¶새벽이 되자 달이

기울었다. ❸형세가 불리해지다. ¶국운이 기울다 / 판세는 이미 기울어졌다.

기울-이다 [tip; tilt]
❶일정한 기준에서 한편으로 쏠리게 하다. ¶몸을 앞으로 기울이다. ❷정성이나 노력을 한 곳으로 모으다. ¶심혈을 기울이다.

기웃 [aslant; peeping]
무엇을 보려고 고개를 기울이는 모양. 또는 기운 모양. ¶고개를 기웃하다 / 가게를 기웃거리다.

기원¹起源 | =起原, 일어날 기, 근원 원 [origin; source]
사물이 생기기 시작한[起] 근원(根源). ¶인류의 기원. ㊊ 발원(發源), 남상(濫觴), 발상(發祥).

기원²祈願 | 빌 기, 원할 원 [pray; supplicate]
소원(所願)이 이루어지기를 빎[祈]. ¶행복을 기원합니다.

⁑**기원³紀元** | 연대 기, 으뜸 원 [era; epoch]
❶속뜻 새로운 연대[紀]가 시작되는 그 으뜸[元]. ❷연대를 계산하는 데에 기준이 되는 해. ❸나라를 세우거나 종교가 만들어진 첫 해.

▶ **기원-전** 紀元前 | 앞 전
기원(紀元)의 이전(以前). 'Before Christ' (B.C.)로 표기한다. ¶그는 기원전 128년에 태어났다. ㊍ 기원후(紀元後).

기이 奇異 | 이상할 기, 다를 이 [strange; curious]
이상야릇할[奇] 정도로 보통과는 크게 다름[異]. ¶그곳에 갔다가 기이한 광경을 보았다.

기인 奇人 | 기이할 기, 사람 인 [eccentric; strange person]
성질이나 언행이 기이(奇異)한 사람[人]. ㊍ 범인(凡人).

기일¹忌日 | 꺼릴 기, 날 일 [anniversary of (a person's) death]
❶속뜻 꺼려야[忌] 할 일이 많은 날[日]. ❷해마다 돌아오는 제삿날.

기일²期日 | 기약할 기, 날 일 [(fixed) date; appointed day]
기약(期約)한 날짜[日]. 정해진 날짜. ¶기일 내에 일을 마치다. ㊊ 약정일(約定日).

⁑**기입 記入** | 기록할 기, 들 입 [write]
적어[記] 넣음[入]. ¶서류에 기입하다. ㊊ 기재(記載).

▶ **기입-장** 記入帳 | 장부 장
적어[記] 넣는[入] 공책이나 장부(帳簿). ¶용돈 기입장 / 기입장에 잘 적어 놓다.

기자 記者 | 기록할 기, 사람 자 [journalist; newspaperman]
신문, 잡지, 방송 따위에 실을 기사(記事)를 취재하여 쓰거나 편집하는 사람[者].

기-자재 機資材 | =器資材, 틀 기, 재물 자, 재료 재
기계(機械)나 기구(器具), 자재(資材)를 통틀어 이르는 말. ¶건축 기자재.

기장¹ [(Chinese) milet]
식물 수수와 비슷한 곡류의 풀. 이삭은 가을에 익으며, 떡·술·빵·과자 등의 원료 및 가축의 사료로 쓴다.

기장²機長 | 틀 기, 어른 장 [(senior) pilot]
항공기(航空機) 승무원들의 책임자[長].

기재 記載 | 기록할 기, 실을 재 [record]
글로 기록(記錄)하여 문서, 신문 따위에 실음[載]. ¶신청서에 이름을 기재하다. ㊊ 기입(記入).

기저귀 [diaper; nappy]
어린아이의 대소변을 받아 내기 위하여 다리 사이에 채우는 헝겊이나 종이.

기적¹汽笛 | 수증기 기, 피리 적 [whistle; siren]
기차나 배 따위에서 증기[汽]를 내뿜는 힘으로 경적(警笛) 소리를 내는 장치. 또는 그 소리. ¶열차가 기적을 울리며 달린

다. ⓑ 고동.

기적²奇跡 | =奇迹, 기이할 기, 발자취 적 [miracle]
상식으로는 생각할 수 없는 기이(奇異)한 일이나 업적[跡]. ¶한강의 기적. ⓑ 이적(異跡).

기절 氣絶 | 숨 기, 끊을 절 [faint]
잠깐 동안 정신을 잃고 숨[氣息]이 끊어짐[絶]. ⓑ 실신(失神), 혼절(昏絶).

기점 起點 | 일어날 기, 점 점 [starting point; railhead]
무엇이 시작되는[起] 지점(地點)이나 시점(時點). ¶이 노선의 기점은 청량리이다. ⓑ 출발점(出發點). ⓑ 종점(終點).

기정 旣定 | 이미 기, 정할 정 [established; fixed]
이미 정(定)해져 있음. ⓑ 미정(未定).

▸ 기정-사실 旣定事實 | 일 사, 실제 실
이미[旣] 정(定)해진 사실(事實).

기존 旣存 | 이미 기, 있을 존 [exist; establish]
이미[旣] 존재(存在)함. ¶『속뜻사전』은 기존의 사전보다 훨씬 유익하다.

기-죽다 (氣—, 기운 기)
기세(氣勢)가 꺾이어 약해지다. ¶성적이 떨어졌다고 해서 기죽을 필요는 없다.

⁑기준 基準 | 터 기, 고를 준 [standard; basis]
기본(基本)이 되는 표준(標準). ¶평가 기준.

▸ 기준-량 基準量 | 분량 량
기준(基準)으로 삼는 양(量). ¶기준량을 초과하였다.

▸ 기준-점 基準點 | 점 점
계산하거나 측정할 때 기준(基準)이 되는 점(點).

기중-기 起重機 | 일어날 기, 무거울 중, 틀 기 [crane; derrick]
기계 써 무거운[重] 물건을 들어 올리거나[起] 옮기는 기계(機械). ⓑ 거중기(擧重器).

기증 寄贈 | 부칠 기, 보낼 증 [donate; contribute]
돈이 될 만한 물건을 대가 없이 부쳐주거나[寄] 보내 줌[贈]. ¶장기를 기증하다.

기지¹基地 | 터 기, 땅 지 [base; site]
군대나 탐험대 따위의 활동의 기점(基點)이 되는 근거지(根據地). ¶군사 기지.

기지²機智 | 때 기, 슬기 지 [wit; ready wits]
그때그때[機]에 맞게 재빨리 생각해내는 재치나 슬기[智]. ¶기지를 발휘하다.

기:지개 [stretch]
피곤을 덜기 위해 몸을 쭉 펴고 팔다리를 뻗는 일. ¶기지개를 켜다.

기진 氣盡 | 기운 기, 다될 진 [exhausted]
기운(氣運)이 다하여[盡] 없어짐. ¶과로로 기진해서 병원에 실려 가다.

▸ 기진-맥진 氣盡脈盡 | 맥 맥, 다될 진
기력(氣力)이 다하고[盡] 맥(脈)이 풀림[盡]. ¶달리기를 하고 나서 기진맥진했다. ⓑ 기진역진(氣盡力盡).

기질 氣質 | 기운 기, 바탕 질 [disposition; temper]
❶ 속뜻 기력(氣力)과 체질(體質). ❷한 개인이나 어떤 집단 특유의 성질. ¶그는 예술가 기질이 있다. ⓑ 기성(氣性), 기풍(氣風).

***기차 汽車** | 수증기 기, 수레 차 [(railroad) train]
증기[汽]나 디젤의 힘으로 움직이는 철도 차량(車輛). ⓑ 열차(列車).

▸ 기차-역 汽車驛 | 정거장 역
기차(汽車)가 도착하거나 떠나는 역(驛). ¶기차역에서 기다리고 있다.

▸ 기차-표 汽車票 | 쪽지 표
기차(汽車)를 탈 수 있음을 증명하는 쪽지[票]. ¶기차표를 예매하다.

▸ 기차-놀이 (汽車—)
여러 명의 아이들이 앞뒤로 한 줄로 서서

앞 사람의 어깨나 허리를 잡거나 또는 끝을 이은 줄 속에 들어가서 기차(汽車) 소리를 흉내 내며 다니는 놀이.

기-차다 (氣—, 기운 기) [be wonderful]
말할 수 없을 만큼 좋거나 훌륭하다. ¶기차게 달콤한 수박.

기찻-길 (汽車—, 수증기 기, 수레 차)
기차(汽車)가 달리는 길. ㊥ 철길, 철로(鐵路).

기척 [sign; indication]
누가 있는 줄을 알 만한 소리나 기색. ¶기척도 없이 들어오다.

*__기체__[1]**氣體** | 공기 기, 모양 체 [gas]
❶ 속뜻 공기(空氣)같은 형체(形體). ❷ 물리 공기, 수증기처럼 일정한 모양이나 부피가 없이 유동하는 물질. ㊥ 액체(液體), 고체(固體).

기체[2]**機體** | 틀 기, 몸 체 [airframe]
❶ 속뜻 기계(機械)의 몸체[體]. ❷비행기의 몸체. ¶바람이 세서 기체가 심하게 흔들렸다.

⁑**기초 基礎** | 터 기, 주춧돌 초
[basis; base]
❶ 속뜻 기둥의 밑[基]을 받치는 주춧돌[礎]같은 토대. 또는 그 역할을 하는 것. ¶기초를 다지다 / 역사적 사실에 기초하다. ❷건물, 다리 따위와 같은 구조물의 무게를 받치기 위하여 만든 밑받침.

▶ 기초-적 基礎的 | 것 적
사물의 밑바탕[基礎]이 되는 것[的]. ¶기초적인 지식과 전문적인 기술.

기치 旗幟 | 깃발 기, 깃발 치
[flag; emblem; attitude]
❶ 속뜻 군대에서 쓰던 깃발[旗=幟]. ❷일정한 목적을 위해 내세우는 태도나 주장. ¶시민들은 자유·평등의 기치 아래 혁명을 일으켰다. ❸기에 나타난 표지(標識).

기침 [cough; coughing]
❶기도 점막(氣道粘膜)에 자극을 받아 반사적으로 일어나는 강한 호흡. ❷목구멍 가래를 떼려고 하거나 인기척을 낼 때 일부러 터져 나오게 하는 숨소리. ¶기침을 하고 들어오다.

기타[1]{영 guitar}
음악 '8' 자 모양의 나무 공명(共鳴) 상자와, 여섯 가닥의 줄로 된 서양 현악기.

*__기타__[2]**其他** | 그 기, 다를 타 [others]
그[其] 밖의 또 다른[他] 것. 그 밖. ㊥ 여타(餘他).

기탁 寄託 | 부칠 기, 맡길 탁
[deposit; entrust]
물건이나 돈을 부쳐[寄] 주어 그 관리를 맡김[託]. ¶장학금을 기탁하다.

기탄 忌憚 | 꺼릴 기, 꺼릴 탄
[scruple; reserve]
꺼림[忌=憚]. 어려워함. ¶기탄없이 의견을 말하다.

기특 奇特 | 기이할 기, 특별할 특
[admirable; laudable]
❶ 속뜻 기이(奇異)하고 특별(特別)하다. ❷말씨나 행동이 신통하여 귀염성이 있다. ¶아이는 기특하게도 혼자서 옷을 입는다.

기틀 [he key point; base]
어떤 일의 가장 중요한 고비. ¶기틀을 마련하다. ㊥ 터전, 기반(基盤).

기판 基板 | 터 기, 널빤지 판 [board]
전기 배선(配線)을 변경할 수 있는 기본(基本)이 되는 판(板). 전기 회로가 편성되어 있다.

기포 氣泡 | 공기 기, 거품 포 [bubble]
액체나 고체 속에 기체(氣體)가 들어가 거품[泡]처럼 둥그렇게 부풀어 있는 것. ¶빵을 발효시키면 기포가 생긴다.

기폭[1]**起爆** | 일어날 기, 터질 폭 [detonation]
화약이 압력이나 열 따위의 충동을 받아서 폭발(爆發)을 일으키는[起] 현상.

기폭[2]**旗幅** | 깃발 기, 너비 폭
❶ 속뜻 깃발[旗]의 너비[幅]. ❷깃발. ¶기폭이 휘날리다.

기표 記票 | 기록할 기, 쪽지 표
[fill in a ballot]
투표(投票) 용지에 써넣음[記].
▸ 기표-소 記票所 | 곳 소
투표장에서, 기표(記票)하도록 특별히 마련한 곳[所].

기품 氣品 | 기운 기, 품격 품
[nobility; grace]
❶ 속뜻 기골(氣骨)의 품격(品格). ❷인격이나 작품 따위에서 드러나는 고상한 품격. ㊐ 품위(品位).

기풍 氣風 | 기운 기, 모습 풍
[character; tone]
❶ 속뜻 기상(氣象)과 풍채(風采)를 아울러 이르는 말. ❷어떤 집단이나 지역 사람들의 공통적인 기질. ¶진취적인 기풍.

기피 忌避 | 꺼릴 기, 피할 피
[avoid; evade; shirk]
❶ 속뜻 싫어하거나 꺼리어[忌] 피함[避]. ❷공공의 책임이나 의무를 거부하는 일. ¶병역을 기피하다. ㊐ 위피(違避).

기필 期必 | 기약할 기, 반드시 필
[assurance of fulfillment]
틀림없이[必] 이루어지기를 기약(期約)함.
▸ 기필-코 (期必―)
틀림없이. 꼭. 반드시. ¶기필코 계약을 성사시키겠다.

기하 幾何 | 몇 기, 어찌 하 [geometry]
❶ 속뜻 몇[幾] 또는 어찌[何]. ❷'기하학'(幾何學)의 준말.
▸ 기하-학 幾何學 | 배울 학
수학 도형 및 공간의 성질[幾何]에 대하여 연구하는 학문(學問).

기-하다 (期―, 기약할 기)
[fix the date; promise]
❶시간을 정하다[期]. ¶24시를 기하여 휘발유 가격을 인상한다. ❷어떤 일을 반드시 이루도록 기약하다. ¶완벽을 기하다.

기한 期限 | 때 기, 한할 한
[term; period (of time)]
미리 한계(限界)로 정해 놓은 일정한 시기(時期). ㊐ 시한(時限).

기합 氣合 | 기운 기, 합할 합 [give a shout of concentration; punish]
❶ 속뜻 어떤 특별한 힘을 내기 위하여 기운(氣運)을 모음[合]. 또는 그 때 내는 소리. ❷단체 생활을 하는 곳에서 잘못한 사람을 단련하기 위하여 몸을 힘들게 하는 벌.

기행[1] 奇行 | 기이할 기, 행할 행
[eccentric conduct; eccentricity]
기이(奇異)한 행동(行動).

기행[2] 紀行 | =記行, 벼리 기, 다닐 행
[account of a trip]
여행(旅行) 중의 견문이나 체험, 감상 따위를 적음[紀]. ¶경주 기행을 기록했다.
▸ 기행-문 紀行文 | 글월 문
문학 여행(旅行) 중의 견문이나 체험, 감상 따위를 적은[紀] 글[文].

기형 畸形 | 기이할 기, 모양 형
[malformation; deformity]
❶ 속뜻 기이하게[畸] 생긴 모양[形]. ❷ 생물 동식물에서, 정상의 형태와는 다른 것. ¶기형 물고기.
▸ 기형-아 畸形兒 | 아이 아
몸의 모양이 정상이 아닌[畸形] 아이[兒].

‡기호[1] 記號 | 기록할 기, 표지 호
[sign; mark; symbol]
어떠한 뜻을 기록(記錄)하기 위하여 쓰이는 표지[號].

기호[2] 嗜好 | 즐길 기, 좋을 호
[taste; liking]
어떤 사물을 즐기고[嗜] 좋아함[好].
▸ 기호-품 嗜好品 | 물건 품
취미로 즐기거나 좋아하는[嗜好] 물품(物品). 술, 담배, 커피 따위.

기혼 既婚 | 이미 기, 혼인할 혼 [married]
이미[既] 결혼(結婚)함. ㊥ 미혼(未婚).

기화 氣化 | 공기 기, 될 화

[evaporate; vaporize]
고체 또는 액체가 기체(氣體)로 변함[化]. ¶물이 기화하다. ㊞ 증발(蒸發), 승화(昇華).

*기회 機會 | 때 기, 모일 회 [opportunity; chance]
❶ 속뜻 적절한 때[機]를 만남[會]. ❷무슨 일을 하기에 알맞은 시기. ¶좋은 기회를 놓치다. ㊞ 적기(適期).

▸기회-균등 機會均等 | 고를 균, 가지런할 등
누구에게나 기회(機會)를 고루[均等] 주는 일.

기획 企劃 | 꾀할 기, 나눌 획
[make a plan]
일을 미리 잘 꾀하고[企] 잘 나누어[劃] 꾸밈. ¶전시회를 기획하다.

▸기획-전 企劃展 | 펼 전
특별히 기획(企劃)한 전람회(展覽會). ¶기획전을 개최할 예정이다.

**기후 氣候 | 기후 기, 기후 후
[climate; weather]
❶ 속뜻 일 년의 이십사절기(二十四節氣)와 칠십이후(七十二候)를 통틀어 이르는 말. '氣'는 15일, '候'는 5일을 뜻한다. ❷ 일정한 지역에서 여러 해에 걸쳐 나타난 기온, 비, 눈, 바람 따위의 평균 상태. ¶제주도는 기후가 온화하다.

▸기후-도 氣候圖 | 그림 도
지리 기후(氣候)의 지리적 분포를 나타낸 지도(地圖).

긴급 緊急 | 긴요할 긴, 급할 급
[urgency; emergency]
❶ 속뜻 긴요(緊要)하고 급(急)함. ¶긴급히 대처하다. ❷현악기의 줄이 팽팽함.

긴밀 緊密 | 팽팽할 긴, 빽빽할 밀
[close; intimate]
❶ 속뜻 팽팽하고[緊] 빽빽하다[密]. ❷관계가 서로 밀접하다. ¶긴밀한 협력.

긴박 緊迫 | 긴요할 긴, 닥칠 박
[tense; acute; imminent]
매우 긴요(緊要)하고 절박(切迫)함. ¶긴박한 상태를 완화하다. ㊞ 급박(急迫).

▸긴박-감 緊迫感 | 느낄 감
긴박(緊迫)한 느낌[感].

긴ː-소리 [long-drawn sound]
길게 내는 소리. ㊞ 장음(長音). ㊥ 짧은소리.

긴요 緊要 | 긴급할 긴, 구할 요
[vital; important]
❶ 속뜻 긴급(緊急)하게 구하다[要]. ❷매우 중요하다. ¶긴요한 문제.

긴장 緊張 | 팽팽할 긴, 당길 장
[nervous; tense up]
❶ 속뜻 팽팽하게[緊] 당김[張]. ❷마음을 조이고 정신을 바짝 차림. ❸정세나 분위기가 평온하지 않은 상태. ¶시험을 앞두고 긴장하다. ㊥ 이완(弛緩).

▸긴장-감 緊張感 | 느낄 감
긴장(緊張)한 느낌[感]. ¶팽팽한 긴장감이 감돌다.

긴축 緊縮 | 팽팽할 긴, 줄일 축
[reduce; retrench]
❶ 속뜻 팽팽하게[緊] 조이거나 줄임[縮]. ❷재정의 기초를 다지기 위하여 지출을 줄임. ¶긴축정책 / 재정을 긴축하다.

긴-하다 (緊—, 긴요할 긴)
[vital; useful]
❶ 속뜻 꼭 필요하다[緊]. ¶긴한 물건. ❷매우 간절하다. ¶긴한 볼일이 있다.

긷ː다 [draw; pump]
우물이나 내 같은 데서 물을 퍼서 그릇에 담다. ¶물을 긷다. ㊞ 급수(汲水)하다.

길[1](道; 길 도; 路, 길 로) [way; road]
❶사람·짐승·배·차·비행기 등이 오고 가는 공간. ¶길을 내다 / 길이 막히다. ❷사람으로서 지켜야 할 도리나 임무. ¶나라 사랑의 길 / 군인의 길을 가다. ❸어느 곳으로 가는 노정(路程). ¶천 리나 되는 길 / 가까운 길과 먼 길. ㊞ 도로(道路).

길[2] [train; skill]

❶짐승 따위를 잘 가르쳐서 부리기 좋게 된 버릇. ¶길이 잘 든 말. ❷어떤 일에 익숙하게 된 솜씨. ¶길이 난 솜씨.

길[3][height of a man]
길이의 단위. 한 길은 사람의 키 정도의 길이이다. 속담 열 길 물속은 알아도 한 길 사람의 속은 모른다.

길-가 [roadside]
길의 곁. 길의 양쪽 옆. ¶길가에 민들레가 피었다. 비 노변(路邊).

길-거리 [street]
사람이나 차가 많이 다니는 번화한 길.

길괘 吉卦 | 길할 길, 걸 괘 [good sign]
좋은[吉] 점괘(占卦). ¶다행히 길괘가 나왔다.

길:길-이 [to a great height]
❶성이 나서 높이 뛰는 모양. ¶길길이 날뛰다. ❷여러 길이 될 만큼 높이로. ¶길길이 쌓이다.

길-놀이
민속 탈춤놀이나 민속놀이 또는 마을 굿에 앞서 마을을 돌아 공연 장소까지 가면서 벌이는 놀이. 비 거리굿.

길-눈 [one's sense of direction]
길을 찾아가는 눈썰미. 관용 길눈이 어둡다.

길:다 (長, 길 장) [long]
❶두 물체 사이가 멀다. ¶긴 머리 / 기다란 장대. ❷시간이 오래다. ¶역사가 길다. ❸글이나 말 따위가 분량이 많다. ¶긴 이야기. ❹소리·한숨 따위가 오래 계속되다. ¶할머니는 아이를 안고 긴 한숨을 내쉬었다. 속담 길고 짧은 것은 대어 보아야 안다.

길-들다 [train; break in]
어떤 일에 익숙하게 되다. ¶그는 벌써 새로 맡은 일에 길들었다.

길라-잡이 [guide]
길잡이.

길마 [packsaddle]
짐을 실으려고 소나 말의 등에 얹는 안장. 속담 새끼 많이 둔 소 길마 벗을 날 없다.

길-마중
올 사람을 기다리기 위하여 길에 나가 있는 일.

길-모퉁이 [street corner]
길이 구부러지거나 꺾어져 돌아간 자리. ¶길모퉁이를 돌면 공원이 보인다.

길-목 [street corner; turn in a road]
❶큰길에서 좁은 길로 드는 목. ¶길목을 돌면 우리 집이다. ❷길의 중요한 통로가 되는 어귀. ¶길목마다 경찰이 지키고 있다.

길몽 吉夢 | 길할 길, 꿈 몽 [lucky dream]
좋은 징조[吉]의 꿈[夢]. ¶길몽을 꾸다. 반 악몽(惡夢).

길-섶 [roadside]
길의 가장자리. 비 노변(路邊).

길-손 [traveler]
먼 길을 가는 나그네.

길쌈 [weaving]
집에서 여자들이 천을 짜는 일.

▶ **길쌈-놀이**
베틀로 천을 짜는 모양을 바탕으로 하는 춤.

길이[1][length]
❶한 끝에서 다른 한 끝까지의 거리. ¶길이가 너무 길다. ❷어떤 때로부터 다른 때까지의 동안. ¶낮과 밤의 길이가 같은 날.

길이[2][long; forever]
오랜 세월이 지나도록. ¶이름을 길이 남기다.

▶ **길이-길이**
영원히. ¶길이길이 빛나다.

길일 吉日 | 길할 길, 날 일 [lucky]
❶ 속뜻 운이 좋은[吉] 날[日]. ¶길일을 택하여 혼례를 치르다. ❷매달 음력 초하룻날을 달리 이르는 말.

길-잡이 [guide]

❶길을 인도해 주는 사람이나 사물. ¶소나무를 길라잡이로 삼고 찾아가다. ❷나아갈 방향이나 목적을 이끌어 주는 지침. ¶성서는 내 인생의 영원한 길잡이다. ㊐ 길라잡이, 이정표(里程標).

길조 吉兆 | 길할 길, 조짐 조
[good omen]
좋은[吉] 일이 있을 조짐(兆朕). ¶설날에 눈이 오는 것을 길조로 여기다. ㉷ 흉조(凶兆).

길-짐승 [creeping animal]
기어 다니는 짐승의 총칭. ㉷ 날짐승.

길쭉-하다 [longish; somewhat long]
길이가 좀 길다.

길-하다 (吉—, 길할 길)
[lucky; fortunate]
인연이 썩 좋다[吉]. 일이 상서롭다. ¶길한 날짜.

길흉 吉凶 | 길할 길, 흉할 흉
[good and bad luck]
운이 좋고[吉] 나쁨[凶]. ¶길흉을 점치다.

김ː[1](汽, 수증기 기) [steam; taste]
❶액체가 높은 열을 만나서 기체로 변한 것. ¶김이 무럭무럭 나다. ❷수증기가 차가운 물체에 닿아 생긴, 작은 물방울의 덩이. ¶유리창에 김이 서리다. ❸입에서 나오는 더운 기운. ㊐ 증기(蒸氣), 기체(氣體), 입김.

김ː[2][laver; seaweed]
식물 검거나 자주색을 띤 바다풀. 널어 말려 식용한다. ㊐ 해태(海苔).

김ː[3][weeding]
논밭에 난 잡풀. ¶김을 매다.

김ː[4][occasion; chance]
어떤 일의 기회나 그 바람. ¶말 나온 김에 가보자.

김ː-매기
논밭의 잡초를 뽑는 일. ㊐ 제초(除草).

김ː-발
❶김을 부착시키기 위해 바다 속에 세워 두는 발. ❷김밥을 말 때 쓰는 발.

김ː-밥 [rice rolled in dried laver]
김으로 밥을 말아 싸서 만든 음식.

김ː-빠지다
❶탄산음료에서 탄산이 빠져 본래의 맛이나 향기가 없어지다. ¶김빠진 콜라. ❷의욕이나 흥미가 없어지다. ¶김빠진 대화.

김장
겨우내 먹기 위해 김치·깍두기·동치미 등을 한꺼번에 담가 두는 일. 또는 그 담근 것. ¶김장한 김치.

▸ **김장-독**
김장을 해서 담아 두는 독.

▸ **김장-철**
김장을 담그는 철. 곧, 늦가을과 초겨울 사이.

김치
무·배추·오이 같은 야채를 소금에 절인 다음 양념을 하여 같이 버무려 넣고 발효시킨 반찬.

김칫-국 [kimchi soup]
김치의 국물. 속담 떡 줄 사람은 생각도 않는데 김칫국부터 마신다.

깁ː다 [patch; mend]
해진 데에 조각을 대고 꿰매다. ㊐ 누비다.

깁스 {독 Gips}
의학 석고 가루를 굳혀서 단단하게 만든 붕대. 뼈가 부러지거나 금이 갔을 때 고정을 위하여 감는다. '깁스붕대'의 준말.

깃[1][coat lapels]
'옷깃'의 준말.

깃[2][feathers; plumes]
깃털.

깃-대 (旗—, 깃발 기) [flagstaff]
기(旗)를 달아매는 장대. ¶깃대를 세우다.

깃대-종 (旗—種, 깃발 기, 갈래 종)
한 지역의 생태계를 대표하는 특징적인 동식물의 종류(種類). 생태계 회복의 개척자적의 이미지를 깃발[旗]로 형상화 하였다.

깃-들다 [close in]
❶짐승이 보금자리를 만들어 그 속에 들어 살다. ❷감정·생각·노력 따위가 스며있다. ¶행복한 미소가 깃든 얼굴.

깃-발 (旗—, 깃발 기)
깃대[旗]에 달린, 천이나 종이로 된 부분. ¶깃발이 펄럭이다. ㊐ 기면(旗面), 기폭(旗幅).

깃-봉 (旗—, 깃발 기)
깃대[旗] 끝에 만든 연(蓮)꽃 모양의 꾸밈새.

깃-털
깃에 붙어 있는 새의 털. ㊐ 우모(羽毛).

깊다 (深, 깊을 심) [deep]
❶표면에서 바닥까지의 거리가 멀다. ¶깊은 바다 / 깊은 상처를 입다. ❷(겉이나 밖에서 안까지의) 거리가 멀다. ¶땅을 깊이 파다. ❸심지(心志)가 굳다. ¶생각이 깊다. ❹수준이 높거나 정도가 심하다. ¶그림에 조예가 깊은 사람 / 내용은 깊이 모른다. ❺사귄 정분이 두텁다. ¶깊은 정. ㊥ 얕다.

깊숙-하다 [deep]
깊고 으슥하다. ¶깊숙한 산골짜기.

깊이 [depth]
❶겉에서 속까지의 길이. ¶바다의 깊이. ❷생각이나 심지(心志)가 굳고 신중함. ¶사람이 그렇게 깊이 없이 굴면 안 되오.

ㄲ
언어 'ㄱ'을 어울러 쓴 'ㄱ'의 된소리. '쌍기역'이라 이른다.

까까-머리 [head shaved bald]
머리를 빡빡 깎은 모양. 또는 그런 사람.

까나리-젓
황해에서 나는 납작한 작은 물고기인 까나리를 소금에 절여 삭힌 음식.

까-놓다 [open one's heart (to)]
마음속의 생각을 드러내놓다. ¶까놓고 이야기하다.

까다 [peel; sit on (eggs)]
❶껍질을 벗기다. ¶콩깍지를 까다. ❷알을 부화하다. ¶병아리를 까다.

까:다-롭다 [difficult; troublesome]
❶조건이 복잡하거나 엄격하여 맞추기가 힘들다. ¶까다로운 문제. ❷성미가 너그럽지 못하다. ¶사사건건 까다롭게 굴다. ㊥ 수더분하다.

까닭 [reason; excuse]
일이 생기게 된 원인이나 조건. ¶무슨 까닭인지 몰라 어리둥절하다. ㊐ 이유(理由).

까딱 [(by) budging; nodding]
❶고개를 앞으로 가벼이 꺾어 움직이는 모양. ¶고개를 까딱하다. ❷잘못 변동할지도 모르는 모양. 자칫. ¶까딱 실수하면 야단 난다 / 까딱하면 큰일 날 뻔 했다.

▸ **까딱-없다**
조그마한 변동도 없다. 잘못 변동될 염려가 조금도 없다. ¶그녀는 며칠 밤을 새워도 까딱없다.

까르르 [burst out laughing]
여자나 아이들이 한꺼번에 자지러지게 웃는 소리.

까마귀 (烏, 까마귀 오) [crow; raven]
동물 몸 전체가 검은 텃새. 어미 새에게 먹이를 물어다 주는 습관이 있어 효조(孝鳥)라고도 부른다. 속담 까마귀가 검기로 마음도 검겠나.

까마득-하다
[be far off; be in the distance]
❶아주 멀거나 오래되어서 아득하다. ¶까마득한 어린 시절. ❷어찌해야 할지 막막하다. ¶실직당하고 보니 살길이 까마득하다.

까막-눈 [eye of an ignoramus]
글을 볼 줄 모르는 사람의 눈. 또는 그런 사람. ㊐ 문맹(文盲).

까:맣다 (黑, 검을 흑)
[jet-black; completely forgotten]
❶아주 검다. 매우 검다. ❷도무지 기억이

없다. ¶숙제를 까맣게 잊어버리다. [반] 하얗다.

까-먹다 [eat up; squander; forget]
❶껍데기를 벗기고 먹다. ¶귤을 까먹다 / 도시락을 까먹다. ❷밑천을 다 없애다. ¶본전까지 다 까먹었다. ❸어떤 일을 잊어버리다. ¶약속을 까먹다.

까무러-치다 [faint; swoon]
한때 숨이 끊어지고 정신을 잃다. ¶놀라서 까무러치다. [비] 기절(氣絶)하다.

까무잡잡-하다 [darkish; swarthy]
피부가 까만 편이다.

까-발리다 [expose; disclose]
비밀을 속속들이 들추어내다. ¶남의 비밀을 까발리다. [비] 폭로(暴露)하다.

까부르다 [winnow (chaff from grain)]
키를 위아래로 흔들어 잡물을 날려 보내다. ¶콩을 까부르다.

까불다 [act rashly]
경망하게 행동하다. ¶까불지 말고 조용히 있어라.

까슬까슬-하다 [rough; rugged]
살결이나 물건의 거죽이 매끄럽지 않고 까칠하거나 뻣뻣하다. ¶아빠의 턱이 까슬까슬하다.

까지 [until; moreover]
❶시·공간의 한계를 나타내는 말. ¶점심 때까지 기다려라 / 부산까지 갔었다. ❷'다시 그 위에 더하여'의 뜻을 나타내는 말. ¶바쁜데 차까지 고장 났다.

까-지다 [be grazed; peel (off)]
껍질이나 피부가 벗겨지다. ¶무릎이 까지다.

까 : 치 [magpie]
[동물] 꼬리가 길고 머리에서 등까지 흑색, 가슴·배는 흰 까마귓과의 새. 우리나라에서 길조로 여긴다.

▸까 : 치-발
발뒤꿈치를 든 발.

까칠까칠-하다
겉면이 매끄럽지 않고 거칠다. 큰말은 '꺼칠꺼칠하다'. ¶면도를 하지 않아 턱이 까칠까칠하다.

까칠-하다 [haggard; emaciated]
몸이 야위어 살갗이 매우 거칠고 기름기가 없다. 큰말은 '꺼칠하다'.

까탈 [disturbance; false charge]
이러니저러니 트집을 잡아 까다롭게 구는 일. ¶까탈을 부리다.

까투리 [hen pheasant]
꿩의 암컷. [반] 장끼.

깍-깍 [Caw Caw]
까마귀나 까치 따위가 자꾸 우는 소리.

깍두기 [cubed radish kimchi]
무를 모나게 썰어서, 고춧가루와 함께 양념을 하여 버무려 담근 김치.

깍듯-하다 [polite; civil]
예의범절의 태도가 극진하다. ¶손님을 깍듯하게 대접하다.

깍-쟁이
[stingy person; closefisted fellow]
인색하고 이기적인 사람.

깍지[1] [clasping one's hands]
열 손가락을 서로 엇갈리게 바짝 맞추어 잡은 상태. ¶머리 뒤로 깍지를 끼고 누웠다.

깍지[2] [pod; hull]
콩 따위의 알맹이를 까낸 꼬투리.

깎다 [cut; mow; pare]
❶칼 따위로 물건을 얇게 벗겨 내다. ¶연필을 깎다. ❷털·머리 따위를 잘라 내다. ¶머리를 깎다. ❸값을 덜다. ¶예산을 깎다. ❹체면이나 명예를 상하게 하다. ¶남의 위신을 깎다 / 체면이 깎이다.

깎아-지르다 [rise steeply]
반듯하게 깎아 세운 듯 가파르다. ¶깎아지른 절벽.

깐깐-하다 [be a stickler; cautious]
성격 따위가 까다로운 만큼 빈틈이 없다.

깔-개 [cushion]

눕거나 앉을 곳에 까는 물건. [비] 깔찌.

깔깔 [laughing loudly]
큰 목소리로 못 참을 듯이 웃는 소리.

깔깔-하다 [rough; sandy]
❶감촉이 보드랍지 못하고 까칠까칠하다. ¶깔깔한 모시 옷. ❷혓바닥이 깔끄럽고 입맛이 없다. ¶혀가 깔깔하다.

깔끔-하다 [smart; cleanly]
❶모양이나 상태가 깨끗하다. ¶깔끔하게 청소를 하다. ❷행동이나 성격이 깐깐하고 단정하다. ¶깔끔한 성격.

깔다 [spread; lay; look downward]
❶밑에 펴 놓다. ¶자리를 깔다. ❷눈을 아래로 내리뜨다. ¶겸연쩍은지 시선을 아래로 깔고 앉았다. ❸무엇을 널리 펼쳐놓다. ¶구름이 낮게 깔려 있다. [반] 개다.

♣ 깔다 / 펴다 [비슷한 듯 다른 말]

◎ 바닥에 이불을 깔다 = 펴다.

○ 아스팔트를 깔다.
× 아스팔트를 펴다.

○ 교과서 7페이지를 펴다.
× 교과서 7페이지를 깔다.

깔때기 [funnel]
액체를 입구가 좁은 그릇에 부을 때 쓰는, 나팔꽃 모양을 하고 밑에 구멍이 뚫린 도구.

깔-보다 [underrate; despise]
얕잡아 보다. ¶어리다고 깔보지 마라. [비] 업신여기다.

깔아-뭉개다 [press down]
❶깔고 눌러 뭉개다. ¶이불을 깔아뭉개며 뒹굴다. ❷아주 억눌러 버리거나 무시하다. ¶상대의 자존심을 깔아뭉개다.

깜깜-하다 [very dark; ignorant]
❶몹시 어둡다. 큰말은 '껌껌하다'. ¶깜깜한 어둠 속을 응시하다. ❷아주 모르고 있다. ¶음악에 대해서는 아주 깜깜하다.

[반] 환하다, 밝다.

깜박 [with a flash; with a blink]
❶등불이나 별, 정신 등이 잠깐 흐려졌다가 밝아지는 모양. 센말은 '깜빡', 큰말은 '껌벅'. ¶약속을 깜박 잊었네. ❷눈을 잠깐 감았다가 뜨는 모양. ¶눈도 깜박하지 않는다.

깜부기 [smutted ear of barely]
깜부깃병에 걸려 까맣게 된 이삭.

▸ 깜부기-불
깜부기숯 따위에서, 불꽃 없이 거의 꺼져 들어가는 불.

깜짝[1] [with surprise]
갑자기 놀라는 모양. ¶아이는 작은 소리에도 깜짝깜짝 놀랬다.

깜짝[2] [keep blinking]
눈을 잠깐 감았다가 뜨는 모양.

깜찍-하다 [precocious; crafty]
❶몸집·생김새가 작고 귀엽다. ¶깜찍한 강아지. ❷생각보다 태도·행동 따위가 영악하다. ¶어린애가 아주 깜찍하다.

깝죽-거리다
[behave flippantly; act lightly]
자기 분수에 맞지 않게 자꾸 까불거나 잘난 체하다.

깡그리 [all; entirely]
하나도 남김없이 온통. [비] 몽땅.

깡다구
악착같이 버티는 힘. 억지스럽게 버티어 밀고 나가는 오기(傲氣). [준] 깡.

깡동-깡동
조금 짧은 다리로 계속해서 가볍게 뛰는 모양.

깡-마르다 [lean; haggard]
몸이 몹시 야위다. ¶깡마른 몸으로 쌀가마를 번쩍 들었다.

깡충-깡충
짧은 다리를 모으고 힘 있게 자꾸 솟구쳐 뛰는 모양. 큰말은 '껑충껑충'.

깡통 (—筒, 대롱 통) [empty can]

양철로 대롱[筒] 모양으로 만든 것. 통조림통 따위의 통.

깡패 (─牌, 패 패) [hoodlum; gangster]
폭력으로 행패를 일삼는 무리[牌]. [비] 폭력배(暴力輩).

깨 [sesame; green perilla]
참깨·들깨의 통칭.

깨갱 [yelp; yap]
강아지가 아파서 지르는 소리.

깨끗-하다 (潔, 깨끗할 결; 淨, 깨끗할 정) [clean; tidy; fair]
❶더럽지 않다. ¶깨끗한 옷. ❷정돈되어 단정하다. ¶옷매무새가 깨끗하다. ❸마음씨나 행동 따위가 떳떳하고 올바르다. ¶결과에 깨끗이 승복하다.

♣ 깨끗하다 / 말끔하다 [비슷한 듯 다른 말]

◎ 청소했더니 방이 깨끗하다 = 말끔하다.
○ 그녀는 마음이 깨끗하다.
× 그녀는 마음이 말끔하다.
○ 그 남자의 머리 모양은 말끔하다.
× 그 남자의 머리 모양은 깨끗하다.

깨:다[1] [wake (up); (come) awake]
❶잠·꿈·술기운이 사라져 정신이 맑아지다. ¶술이 깨다 / 잠에서 깨어나다 / 7시에 깨워 주세요. ❷배워 지혜가 열리다. ¶머리가 깬 사람. [반] 자다.

깨:다[2] [hatch]
알에서 새끼가 생겨나다. ¶알에서 병아리가 깨었다.

깨다[3] [break; spoil]
❶단단한 것을 조각나게 하다. ¶접시를 떨어뜨려 깰 뻔했다 / 그릇이 깨지다. ❷일이나 상태 따위를 중간에서 어그러뜨리다. ¶분위기를 깨다. ❸어려운 벽을 뚫다. ¶세계 기록을 깨다.

[비슷한 듯 다른 말] ➲ 부수다

깨닫다 (悟, 깨달을 오) [see; realize]
❶사물의 본질이나 이치 따위를 깨치어 알게 되다. ❷몰랐던 사정 따위를 느끼어 알아채다. ¶잘못을 깨닫다.

깨달음
진리나 이치 따위를 생각하고 궁리하여 알게 되는 것. ¶깨달음을 얻다. [비] 각성(覺醒).

깨-뜨리다 [break; spoil]
'깨다[3]'를 강조하여 이르는 말. ¶그릇을 깨뜨리다.

♣ 깨뜨리다 / 부수다 [비슷한 듯 다른 말]

◎ 창문을 깨뜨리다 = 부수다.
○ 친구와의 약속을 깨뜨리다.
× 친구와의 약속을 부수다.
○ 낡은 건물을 부수다.
× 낡은 건물을 깨뜨리다.

깨-물다 [crunch; bite]
위아래 이가 맞닿도록 세게 물다. ¶호두를 깨물다. [속담] 열 손가락 깨물어 안 아픈 손가락이 없다.

♣ 깨물다 / 물다[1] [비슷한 듯 다른 말]

◎ 혀를 깨물어 = 물어 피가 났다.
○ 사탕을 깨물어 먹다.
× 사탕을 물어 먹다.
○ 모기가 다리를 물었다.
× 모기가 다리를 깨물었다.

[비슷한 듯 다른 말] ➲ 씹다

깨-소금
[powdered sesame mixed with salt]
참깨를 볶아 소금을 치고 빻아 만든 양념.

깨-알 [grain of sesame]
깨 씨의 낱알. 아주 작은 것을 비유하여 이르는 말. ¶깨알 같은 글씨.

깨치다 [understand; realize]
깨달아 사물의 이치를 알게 되다. ¶진리를 깨우치다.

깻-묵 [sesame dregs]
기름을 짜낸 깨의 찌꺼기.

깻-잎 [sesame leaf]
깨의 잎사귀.

깽 [with a yap]
강아지가 놀라거나 아파서 내는 소리.

꺼ː-내다 [take out; put forward]
❶속이나 안에 있는 것을 밖으로 내다. ¶돈을 꺼내다. ❷이야기나 생각 따위를 드러내기 시작하다. ¶천천히 말을 꺼내기 시작했다. ⓑ 넣다.

꺼-뜨리다 [put out a fire by mistake]
불이나 동력 장치를 잘못하여 꺼지게 하다. ¶연탄불을 꺼뜨려서 추위에 떨다.

꺼ː-리다
[be shy (of doing); hesitate (to do)]
사물이나 일 따위가 자신에게 해가 될까 하여 피하고 싫어하다. ¶양심에 꺼릴 만한 짓은 하지 않았다. 그는 나와 만나는 것을 꺼려한다. ⓑ 기피(忌避)하다.

꺼림칙-하다 [feel leery; feel uneasy]
매우 꺼림하다.

꺼ː멓다 [coal-black]
빛깔이 조금 지나치게 검다.

꺼지다[1] [go out; go off]
❶불·거품 등이 사라져 없어지다. ¶전등불이 꺼지다. ❷걸렸던 시동 따위가 멈추다. ¶시동이 꺼져 버렸다. ❸눈앞에서 사라지다. ¶꺼져! 이놈아.

꺼지다[2] [sink; subside]
속이 곯아서 또는 내려앉아서 겉이 우묵하게 들어가다. ⓑ 돋다.

꺼풀 [outer layer of the skin; film]
여러 겹으로 된 껍질이나 껍데기의 켜. ¶양파 껍질을 한 꺼풀 벗기다. ⓑ 층(層).

꺽지
동물 농엇과의 민물고기. 길이는 25cm가량, 빛은 회갈색이다.

꺾-꽂이 [planting a cutting]
식물 식물의 줄기나 가지를 꺾어 흙에 꽂아서 살게 하는 일. ⓑ 삽지(插枝).

꺾다 [break off; fold over]
❶나뭇가지 따위의 길고 단단한 물체를 휘어 부러뜨리다. ¶꽃가지를 꺾다. ❷얇은 물체를 접어 겹치다. ¶책장을 꺾어 넣어라. ❸생각이나 기운 따위를 못 펴게 하다. ¶고집을 꺾다 / 기가 꺾이다. ❹경기나 싸움 따위에서 상대를 이기다. ¶축구 결승에서 상대 팀을 2대 0으로 꺾고 우승했다.

꺾-쇠 [clamp]
'ㄷ' 자 모양으로 꺾어 만든 쇠토막.

꺾은선 그래프 (一線graph, 줄 선)
수학 막대그래프의 끝을 꺾은선(線)으로 연결한 그래프(graph).

껄껄 [laugh loudly; burst into laughter]
우렁찬 목소리로 시원스럽게 웃는 소리.

껄끄럽다 [rough; itchy; coarse]
❶꺼끄러기 따위가 몸에 붙어서 거친 느낌이 있다. ❷무난하거나 원만하지 못하고 거북한 데가 있다. ¶물어 보기가 껄끄럽다. ⓑ 매끄럽다.

껌 {영 gum}
치클(chicle)에 설탕·박하·향료 등을 넣어 만든 과자.

껍데기 [shell; skin]
❶달걀·조개 등의 겉을 싼 단단한 물질. ¶조개 껍데기. ❷속에 무엇을 채우고 그 겉을 싼 것. ¶이불 껍데기.

♣ 껍데기 / 껍질 — 비슷한 듯 다른 말

◎ 달걀 껍데기 = 껍질을 벗기다.
○ 베개 껍데기를 갈다.
× 베개 껍질을 갈다.
○ 햇볕에 타서 피부 껍질이 벗겨진다.
× 햇볕에 타서 피부 껍데기가 벗겨진다.

껍질 [skin; peel]
딱딱하지 않은 무른 물체의 거죽을 싸고 있는 물질.

껑충 [with a jump; lightly]
❶긴 다리로 솟구쳐 뛰는 모양. '깡충'의 큰말. ❷일정한 순서나 단계를 한번에 많이 건너뛰는 모양. ¶가격이 껑충 뛰어올랐다.

껴-안다 [hug; embrace]
두 팔로 감싸서 품에 안다. ¶엄마가 아이를 와락 껴안았다. ㊥ 포옹(抱擁)하다.

껴-입다 [wear extra clothing]
옷을 입은 위에 겹쳐서 또 입다. ¶추워서 옷을 껴입었다.

꼬깃-꼬깃 [crumpled; wrinkled]
꼬기어서 금이 많이 난 모양.

꼬:까-신
어린아이의 말로, 알록달록하게 곱게 만든 아이의 신발을 이르는 말.

꼬꼬 [cock-a-doodle-doo]
암탉 우는 소리.

꼬꼬댁 [cackling]
암탉이 놀랐거나 알을 낳은 뒤에 우는 소리.

꼬끼오 [cock-a-doodle-doo]
수탉의 우는 소리.

꼬:다 [twine; twist oneself]
❶여러 가닥을 비비어 한 줄이 되게 하다. ¶새끼를 꼬다. ❷몸·다리·팔 따위를 바로 가지지 못하고 뒤틀다. ¶다리를 꼬고 앉다. ❸'비꼬다'의 준말.

♣ 꼬다 / 비틀다 (비슷한 듯 다른 말)

◎ 몸을 꼬다 = 비틀다.

o 새끼를 꼬다.
× 새끼를 비틀다.

o 가지에서 열매를 비틀어 따다.
× 가지에서 열매를 꼬아 따다.

꼬:드기다 [stir up; incite]
남의 마음을 부추겨 움직이게 하다. ¶친구를 꼬드겨 물건을 훔치다.

꼬락서니 [shape; condition]
(얕잡아 하는 말로) 보기 싫거나 부끄러운 꼴.

꼬르륵 [rumbling]
배 속이 끓어오르는 소리.

꼬리 [tail]
동물의 꽁무니에 가늘고 길게 나와 있는 부분. 속담 꼬리가 길면 밟힌다.

▸ **꼬리-표** (一票, 쪽지 표)
철도·배·비행기로 화물을 부칠 때, 목적지나 보내는 사람의 주소 성명을 적어 그 화물에 달아매는 쪽지[票].

▸ **꼬리-지느러미**
동물 물고기의 꼬리 끝에 있는 지느러미.

꼬마 [tiny person; (little) kid]
❶어린아이를 귀엽게 이르는 말. ¶꼬마야, 네 이름은 뭐니. ❷키가 작거나 나이가 어린 사람을 놀림조로 하는 말.

꼬맹이 [tiny person; (little) kid]
(얕잡아 하는 말로) 꼬마.

꼬물-꼬물
조그만 것이 활발하지 못하고 답답하게 자꾸 움직이는 모양. 큰말은 '꾸물꾸물'.

꼬박 [straight through; full]
어떤 상태를 고스란히 그대로. ¶꼬박 사흘을 걸어간 끝에 인가(人家)를 찾았다. ㊥ 꼴딱.

▸ **꼬박-꼬박** [continuously]
조금도 어김없이 그대로 계속하는 모양. ¶꼬박꼬박 집세를 내다.

꼬부랑 [bent; crooked]
심하게 굽은 모양. ¶꼬부랑길을 따라갔다.

꼬불-꼬불 [winding; zigzag]
이리저리 고부라지는 모양.

꼬이다 [be twisted; go wrong]
❶일이 제대로 순순히 되지 않고 뒤틀리

다. ¶일이 자꾸 꼬여 드는 것만 같다. ❷비위에 거슬려 마음이 뒤틀리다. ¶심사가 꼬여 빚을 갚지 않았다.

꼬장-꼬장 [stern]
사람됨이 곧고 결백한 모양. ¶그녀는 성미가 꼬장꼬장하다.

꼬질꼬질-하다
[straight and strong; hale and hearty]
옷이나 몸에 때가 많아 매우 지저분하다.

꼬집다 [pinch]
❶손가락이나 손톱으로 살을 집어 비틀다. ¶엄마는 눈짓을 하며 내 팔을 꼬집었다. ❷분명하게 드러내어 말하다. ¶딱 꼬집어 물어볼 수가 없었다.

꼬챙이 [skewer; spit]
가늘고 길쭉한 나무·대·쇠 등의 끝을 뾰족하게 한 물건.

꼬치 [skewer; spi]
❶어묵·유부 등 꼬챙이에 꿴 음식물. ❷꼬챙이에 꿴 음식물을 세는 단위. ¶곶감 한 꼬치.

꼬치-꼬치 [nosily]
끝까지 샅샅이 따지고 캐묻는 모양. ¶꼬치꼬치 이유를 캐묻다.

꼬투리 [pod; cause]
❶ 식물 콩과(科) 식물의 열매를 싸고 있는 껍질. ❷어떤 이야기나 사건의 실마리. ¶사건의 꼬투리를 잡다. ❸남을 해코지하거나 헐뜯을 만한 거리. ¶너는 사사건건 꼬투리를 잡니?

꼭[1] [certainly; surely]
❶어떤 일이 있어도 반드시. ¶꼭 참석해라. ❷조금도 어김없이. ¶몸에 꼭 맞는 옷.

꼭[2] [firmly; securely]
❶지그시 힘을 주어 누르거나 죄는 모양. ¶꼭 붙잡다. ❷힘을 들여 고통을 참거나 견디는 모양. 큰말은 '꾹'. ¶모욕을 꼭 참다. ❸단단히 숨거나 틀어박히는 모양. ¶꼭꼭 숨어라.

꼭대기 [top]
제일 위쪽. ¶건물 꼭대기.

꼭두-각시 [puppet; marionette]
❶여러 가지 탈을 씌운 인형. ❷남의 조종에 따라 행동하는 사람을 이르는 말.

▸ 꼭두각시-춤
꼭두각시의 춤. 또는 그것을 흉내 낸 춤.

꼭두-새벽 [daybreak; dawn]
아주 이른 새벽.

꼭지[1] [stem; knob]
❶ 식물 잎사귀나 열매를 지탱하는 줄기. ❷그릇 뚜껑이나 기구 따위에 붙은 손잡이. ¶주전자 꼭지.

꼭지[2] [bunch; bundle]
다발을 지어 잡아맨, 긴 물건을 세는 말. ¶미역 세 꼭지.

꼭지-각 (—角, 뿔 각) [vertical angle]
수학 삼각형의 밑변에 대하는 각(角).

꼭짓-점 (—點, 점 점) [apex]
수학 각(角)을 이루고 있는 두 직선이 만나는 점이나 다면체(多面體)의 세 개 이상의 면(面)이 만나는 꼭지 모양의 점(點).

꼴[1] [shape; form]
❶사물의 모양이나 생김새. ❷사물의 생김새나 됨됨이를 낮잡아 이르는 말. ¶꼴이 말이 아니다.

꼴[2] [fodder; forage]
마소에게 먹이는 풀. ㊥목초(牧草).

꼴[3] [per unit]
그 물건의 낱개로 따진 값을 나타내는 말. ¶한 다발에 5천원 꼴이다.

꼴깍 [gulping down]
❶적은 물이나 침이 목이나 좁은 구멍 같은 데를 지날 때, 한꺼번에 넘어가는 소리. ❷잠깐 사이에 없어지거나 죽는 모양. ¶숨이 꼴깍 넘어가다.

꼴딱 [gulping down]
❶꼴깍. 큰말은 '꿀떡'. ❷해가 서쪽으로 완전히 지는 모양. ¶해가 꼴딱 넘어가다. ❸일정한 시간을 완전히 넘긴 모양. ¶밤을 꼴딱 새다.

꼴뚜기 [small kind of octopus]
동물 오징어와 비슷하나 몸이 작은 바다 동물.

꼴-불견 (一不見, 아닐 불, 볼 견) [be ugly]
꼴이나 짓이 같잖거나 우스워 차마 볼[見] 수 없음[不]. ㊐ 가관(可觀).

꼴-사납다 [ugly]
모양이나 하는 짓이 보기에 흉하다.

꼴찌 [bottom; last]
순서로 쳐서 맨 끝. ㊥ 첫째, 일등(一等).

꼼꼼-하다 [very careful; meticulous]
빈틈이 없이 자세하고 찬찬하다. ¶꼼꼼하게 살펴보다.

꼼지락-거리다 [move sluggishly; stir leisurely]
몸을 천천히 답답하게 움직이다. 큰말은 '꿈지럭거리다'. ¶발가락을 꼼지락거리다.

꼼지락-꼼지락
조금씩 천천히 자꾸 움직이는 모양.

꼼짝 [budging; stirring]
몸을 둔하고 느리게 조금 움직이는 모양. ¶그녀는 한 동안 꼼짝 않고 서있었다 / 아이를 보느라 꼼짝할 수 없었다.
▸꼼짝-없다
조금도 움직이지 않다. ¶꼼짝없이 갇히다.

꼽다 [count; spot]
❶수를 세려고 손가락을 하나씩 꼬부리다. ¶날짜를 꼽아보다. ❷골라서 지목하다. ¶최우선으로 꼽다 / 그는 우승후보로 꼽혔다.

꼽추 [hunchback; humpback]
등뼈가 몹시 굽어서 등이 불룩하게 나와 있는 사람. ㊐ 곱사등이.

꼿꼿-하다 [straight; honest]
❶길쭉한 것이 굽은 데가 없이 바르다. ¶고개를 꼿꼿하게 세우다 / 허리를 꼿꼿이 세우다. ❷배반하거나 뜻을 포기하는 일이 없이 굳세다. ¶꼿꼿한 선비 기질.

꽁꽁 [frozen hard]
❶물체가 단단히 언 모양. ¶물이 꽁꽁 얼었다. ❷힘주어 단단히 죄어 묶는 모양. ¶짐을 꽁꽁 묶다.

꽁무니 [lower end of the backbone; buttocks; tail]
❶동물 짐승이나 새의 등마루뼈의 끝진 곳. ❷엉덩이를 중심으로 몸의 뒷부분. ¶꽁무니에 권총을 차다. ❸사물의 맨 뒤나 맨 끝. ¶여자 꽁무니만 좇아다닌다.

꽁-보리밥 [boiled barley]
온통 보리쌀로만 지은 밥.

꽁지 [tail; train]
새의 꽁무니에 달린 기다란 깃. ㊐ 꽁지깃.

꽁초 [cigarette butt]
피우다 남은 담배 꼬투리. ¶담배 꽁초를 버리지 마시오.

꽁:치 [saury; mackerel pike]
동물 길이는 30cm 정도의 바닷물고기. 몸통은 납작한 원통형이며, 등은 검은 청색, 배는 은빛 백색이다.

꽁:-하다 [reticent and unadaptable; moody and silent]
❶무슨 일을 잊지 않고 속으로만 언짢게 여기다. ¶조그마한 일에도 꽁하는 성미. ❷마음이 좁아 너그럽지 못하고 말이 없다. ¶네가 이렇게 꽁한 사람인 줄 몰랐다.

꽂다 (揷, 꽂을 삽) [insert; put in]
❶날카로운 것의 끝을 찔러 넣어 고정시키다. ¶비녀를 머리에 꽂다. ❷쓰러지지 않게 끼우다. ¶책을 책꽂이에 꽂다. ㊐ 삽입(揷入)하다.

> 비슷한 듯 다른 말 ➲ 넣다

꽃 (花, 꽃 화) [flower]
식물 종자식물의 번식 기관. 모양과 색이 다양하며, 꽃받침과 꽃잎, 암술과 수술로 이루어져 있다.

꽃-가루 [pollen; anther dust]
식물 꽃식물의 수술의 꽃밥 속에 들어 있

는 난알 모양의 생식 세포. ㊐ 화분(花粉).

▶꽃가루-받이

식물 식물에서 수술의 꽃가루가 암술 끝에 옮겨 붙는 것. 바람·곤충·새 또는 사람이 건드려서 일어난다.

꽃-게 [blue crab]

동물 모래땅에 떼 지어 사는 게. 등은 검은 자주색에 푸른 무늬가 있다.

꽃-구름 [glowing clouds]

여러 가지 빛깔로 아롱진 아름다운 구름.

꽃-꽂이 [flower arrangement]

화초나 나무의 가지를 꽃병 따위에 꽂는 방법.

꽃-나무 [flowering plant]

꽃이 피는 나무.

꽃-눈 [flower bud]

식물 자라서 꽃이 필 눈.

꽃-다발 [bouquet]

생화 또는 조화(造花)를 모아 만든 다발. ¶한 아름의 꽃다발.

꽃-다지 [whitlow grass]

식물 온몸에 짧은 털이 빽빽하게 나는 꽃. 봄에 노란 십자화(十字花)가 피며, 어린잎은 식용한다.

꽃-동산 [flowery hill]

아름다운 꽃으로 덮인 동산. ㊐ 화원(花園).

꽃-등 (一燈, 등불 등)

꽃무늬를 넣어 만든 등(燈).

꽃-등에 [flower fly]

동물 벌과 비슷한 곤충. 영문명 'flower fly'은 꽃 언저리를 돌아다니는 행동에서 온 것이다.

꽃-말 [language of flowers]

꽃의 특징에 따라 상징적 의미를 내포시킨 말. ¶장미의 꽃말은 '사랑'이다.

꽃-망울 [(flower) bud]

어린 꽃봉오리.

꽃-무늬 [floral pattern]

꽃 모양의 무늬. ㊐ 화문(花紋).

꽃-바구니 [flower basket]

화초를 따서 넣거나 꽃가지를 담는 바구니.

꽃-반지 (一半指, 반 반, 손가락 지)

꽃으로 반지(半指) 모양을 만들어 끼는 것.

꽃-받침 [calyx]

식물 꽃잎을 받쳐 보호하는 역할을 하는 기관.

꽃-밭 [flower garden]

꽃을 많이 심어 가꾼 곳. 또는 꽃이 많이 피어 있는 곳. ㊐ 화원(花園).

꽃-뱀

동물 알록달록한 고운 무늬가 있는 뱀.

꽃-병 (一瓶, 병 병) [(flower) vase]

꽃을 꽂기 위하여 만든 병(瓶). ㊐ 화병(花瓶).

꽃-봉오리 [(flower) bud]

망울만 맺히고 아직 피지 않은 꽃.

꽃-사슴 [beautiful spotted deer]

누런색의 털에 흰 점이 고루 나 있는 작은 사슴.

꽃-삽

꽃 따위를 옮겨 심거나 매만져 가꾸는 데 쓰이는 작은 삽.

꽃샘-바람

[chill breeze in the flowering season]

이른 봄, 꽃이 필 무렵에 부는 쌀쌀한 바람.

꽃샘-추위

[cold snap in the flowering season]

이른 봄, 꽃이 필 무렵의 추위.

꽃-송이 [open flower]

꽃자루 위로 붙은 꽃 전부의 일컬음.

꽃-술 [pistils and stamens]

식물 꽃의 수술과 암술.

꽃-식물 (一植物, 심을 식, 만물 물)

[flowering plant]

식물 꽃을 피운 뒤 열매를 맺는 식물(植物). ㊐ 종자(種子)식물.

꽃-신
여러 가지 빛깔로 예쁘게 꾸민 신발.

꽃-씨 [flower seed]
화초(花草)의 씨앗.

꽃-잎 [petal]
식물 꽃의 송이를 이루고 있는 낱낱의 조각.

꽃-줄기 [flower stalk]
식물 꽃이 달리는 줄기.

꽃-집 [flower shop]
꽃을 파는 집.

꽃-피다 [flourish]
꽃이 피어나듯, 어떤 일이 발전하거나 번영하다. ¶고장의 독특한 문화가 꽃피다 / 찬란한 문화를 꽃피우다.

꽃-향기 (一香氣, 향기 향, 기운 기) [scent of a flower]
꽃에서 나는 향기(香氣).

꽈 : 리 [ground cherry]
식물 여름에 빨간 주머니 안에 둥근 모양의 붉은 열매를 맺는 풀.

꽈 : 배기 [cruller]
밀가루 따위를 반죽해 두 가닥으로 꽈서 기름에 튀겨 낸 과자.

꽉 [tight; hard]
❶힘을 들여 누르거나 묶는 모양. ¶꽉 묶다 / 꽉꽉 눌러 담다. ❷가득 차거나 막힌 모양. ¶구멍이 꽉 막히다.

꽝[1] [blank]
제비뽑기 등에서 맞히지 못하여 상이 없는 것.

꽝[2] [bang; thump]
❶대포나 큰 총을 쏘거나 폭발물이 터질 때 울리는 소리. ¶수류탄이 꽝 소리를 내며 터졌다. ❷좀 무겁고 딱딱한 물건이 떨어지거나 부딪쳐서 울리는 소리. ¶대문을 꽝 닫다.

꽝-꽝
매우 단단하게 굳어지는 모양. ¶호수가 꽝꽝 얼다.

꽤 [quite; fairly]
생각보다 더한 정도로. 상당히. ¶꽤 길다 / 꽤 재미있다.

꽥 [with a shout]
갑자기 목청을 높여 자꾸 지르는 소리. 또는 그 모양. ¶꽥 고함을 지르다.

꽹과리 [(small) gong]
음악 놋쇠로 만든 타악기.

꾀 [wise counsel; trick]
일을 잘 꾸며 내는 묘한 생각이나 수단. ¶그가 꾀를 냈다. ㊥ 계책(計策).

꾀꼬리 [bush warbler]
동물 몸빛은 황색이며, 꼬리와 날개 끝은 검은 새. 우는 소리가 아름답다.

꾀꼴 [warbling and warbling]
꾀꼬리가 우는 소리.

꾀 : 다[1](誘, 꾈 유) [tempt; allure]
달콤한 말이나 그럴듯한 짓으로 남을 속여 자신에게 이롭게 끌다. ¶그는 그녀를 꾀어 함께 도망쳤다. ㊥ 유혹(誘惑)하다.

꾀 : 다[2] [swarm; gather]
벌레 같은 것이 수없이 모여들어 뒤끓다. ¶설탕에 개미가 꾀다.

꾀-돌이
꾀가 많은 귀염성 있는 어린아이.

꾀-병 (一病, 병 병) [pretended illness]
거짓으로 앓는 체하는 병(病). ¶꾀병을 부리고 학교에 안 갔다.

꾀-보 [man of ideas]
잔꾀가 많은 사람.

꾀죄죄-하다 [shabby; dirty]
옷차림이나 모양새가 매우 지저분하고 궁상스럽다.

꾀-하다 (企, 꾀할 기) [attempt]
어떤 일을 이루려고 뜻을 두거나 힘을 쓰다. ¶협동을 꾀하다. ㊥ 기도(企圖)하다.

꾐 : [temptation; allurement]
어떤 일을 할 마음이 생기도록 꾀거나 부추기는 일. ¶꾐에 빠지다.

꾸기다 [wrinkle; crumple]

비비거나 우그러뜨리어 구김살을 생기게 하다. ¶종이를 꾸기다.

꾸다[1] [dream]
꿈을 보다. ¶어젯밤 나는 놀이동산에 가는 꿈을 꾸었다.

꾸다[2] [borrow; make a loan]
남의 것을 잠시 빌려 쓰다. ¶고맙게도 그가 돈을 꾸어 주었다. 속담 꾸어다 놓은 보릿자루.

비슷한 듯 다른 말 ➲ 빌리다

-꾸러기 [overindulger]
'그 사물이나 그런 버릇이 많은 사람'의 뜻. ¶잠꾸러기 / 장난꾸러기.

꾸러미 [bunch; bundle (in a wrapper)]
❶꾸리어 뭉치어서 싼 물건. ¶열쇠 꾸러미. ❷물건의 꾸러미를 세는 단위. ¶달걀 세 꾸러미.

꾸리다 [wrap up; manage]
❶짐이나 물건 등을 싸서 묶다. ¶이삿짐을 꾸려 매다. ❷일이나 생활을 알뜰하게 처리하다. ¶가정을 꾸리다.

♣ 꾸리다 / 묶다

◎ 이삿짐을 꾸리다 = 묶다.

○ 신혼살림을 꾸리다.
× 신혼살림을 묶다.

○ 범인의 손을 묶다.
× 범인의 손을 꾸리다.

꾸물-거리다 [wriggle; wiggle]
❶몸을 느리게 비틀면서 이리저리 자꾸 움직이다. 작은말은 '꼬물거리다'. ¶구더기가 꾸물거리다. ❷굼뜨고 게으르게 행동하다. ¶그렇게 꾸물거리다 늦겠다.

꾸물-대다 [dawdle; drag one's feet]
꾸물거리다. ¶꾸물대지 말고 어서 떠나라.

꾸미다 (裝, 꾸밀 장)
[decorate; invent; plot]
❶물건을 매만지거나 손질하여 잘 만들다. ¶겉모양을 꾸미다. ❷사실에 없는 것을 거짓으로 둘러대거나 만들다. ¶꾸며 낸 이야기. ❸꾀하다. ¶음모를 꾸미다.

비슷한 듯 다른 말 ➲ 가꾸다

꾸밈 [decoration; ornament]
꾸미는 일. 또는 꾸민 상태나 모양. ¶솔직하고 꾸밈이 없는 태도. ㊥ 가식(假飾).

꾸벅 [doze; nod]
졸거나 절할 때에 머리와 몸을 앞으로 숙였다가 드는 모양. ¶인사를 꾸벅하다.

▸ **꾸벅-꾸벅**
자기도 모르게 졸 때 머리나 몸을 자꾸 숙였다 들었다 하는 모양을 나타낸다. 작은말은 '꼬박꼬박'.

꾸부리다 [stoop (down); curve]
한쪽으로 구붓하게 굽히다. 작은말은 '꼬부리다'. ¶몸을 꾸부려 종이를 줍다.

꾸부정-하다 [slightly bent]
매우 꾸부러져 있다. ¶자세가 꾸부정하다.

꾸불꾸불-하다
이리저리 여러 번 구부러져 있다. 작은말은 '꼬불꼬불하다'. ¶꾸불꾸불한 산길.

꾸어-주다 [borrow; make a loan]
나중에 다시 돌려받기로 하고 돈이나 물건을 남에게 주다. ㊥ 꾸다, 빌리다.

꾸역-꾸역 [crowding; swarming]
❶한군데로 많은 물건이나 사람이 몰려들거나 나가는 모양. ¶검은 연기가 꾸역꾸역 나오다. ❷음식 따위를 한꺼번에 많이 입에 넣고 잇달아 씹는 모양. ¶밥을 꾸역꾸역 먹고 있다. ❸어떤 마음이 자꾸 생기는 모양. ¶욕심이 꾸역꾸역 생긴다.

꾸준-하다 [steady; constant]
한결같이 부지런하고 끈기가 있다. ¶꾸준히 공부하면 성적이 오른다.

꾸중 [scolding; reprimand]
'꾸지람'의 높임말. ㊥ 훈계(訓計). ㊥ 칭찬(稱讚).

꾸지람 [scolding; reprimand]
아랫사람의 잘못을 꾸짖는 말.

꾸짖다 [scold; rebuke]
잘못을 나무라고 훈계하다. ¶아이를 꾸짖다. [반] 칭찬(稱讚)하다.

꾹 [firmly; close(ly)]
❶물건을 굳게 누르거나 조르는 모양. ¶부은 데를 꾹 눌러 보다 / 밥을 꾹꾹 눌러 담다. ❷괴로움을 참고 견디는 모양. ¶모욕을 꾹 참고 견디다.

-꾼 [man occupied with; doer of.]
❶어떤 일을 전문적·습관적으로 하는 사람의 뜻. ¶장사꾼. ❷어떤 일에 모이는 사람의 뜻. ¶구경꾼.

꿀 (蜜, 꿀 밀) [honey]
벌이 먹이로 꽃에서 따다가 저장한 끈끈하고 단 액체. [비] 봉밀(蜂蜜). [속담] 꿀 먹은 벙어리.

꿀꺽 [gulping down]
물 같은 액체가 한꺼번에 목구멍이나 좁은 구멍으로 넘어갈 때 나는 소리. ¶물을 꿀꺽꿀꺽 마시다.

꿀꿀 [Oink-oink]
돼지 우는 소리.

꿀-단지 [honey jar]
꿀을 넣어 두는 단지.

꿀-돼지
욕심이 많은 돼지. ¶꿀돼지처럼 혼자 다 먹니?

꿀떡 [swallowing eagerly; gulping hungrily]
음식·약 따위를 한꺼번에 삼키는 모양.

꿀리다 [be overwhelmed]
기세나 능력이 남에게 눌리다. ¶세력이 꿀리다.

꿀-맛
꿀의 단 맛. 또는 꿀처럼 단 맛. ¶참외 맛이 꿀맛이다.

꿀-물 [honeyed water]
꿀을 타서 달게 한 물.

꿀-밤 [Dutch rub]
주먹 끝으로 가볍게 머리를 때리는 일.

꿀-벌 [honeybee]
[동물] 꿀벌과의 곤충. 한 마리의 여왕벌을 중심으로 집단생활을 하며 여왕벌과 수벌은 새끼를 치는 일만 하고 일벌이 꿀을 따다 나른다.

꿀-샘 [nectary]
[식물] 단맛이 있는 액즙(液汁)을 분비하는 꽃이나 잎의 조직 또는 기관(器官).

꿀-통 (─桶, 통 통)
벌통에서 떠낸 꿀을 모아 담는 큰 통(桶). 꿀을 담는 통.

꿇다 [kneel down; fall on one's knees]
무릎을 구부려 바닥에 대다. ¶무릎을 꿇고 잘못을 빌다.

꿇어-앉다 [kneel (down)]
무릎을 꿇고 앉다.

꿈 (夢, 꿈 몽) [dream]
❶잠자는 동안에 실제처럼 여러 가지를 경험하는 일. ¶밤마다 꿈을 꾼다. ❷실현시키고 싶은 바람이나 이상. ¶꿈이 크다. [반] 현실(現實). [속담] 꿈보다 해몽이 좋다.

꿈-같다 [be like a dream]
하도 기이하여 현실이 아닌 것 같다. ¶꿈 같은 이야기.

꿈-결 [(the midst of) a dream]
꿈을 꾸는 동안.

꿈-길
꿈속에서 이루어져 나가는 일의 경과.

꿈-꾸다 [dream of; fancy]
은근히 바라거나 뜻을 세우다. ¶행복한 미래를 꿈꾸다.

꿈-나라 [dreamland]
❶꿈속의 세계. ¶꿈나라로 가다. ❷실현될 수 없는 환상의 세계. ¶꿈나라에서나 있을 수 있는 일이 벌어졌다.

꿈-나무
학문이나 체육에 뛰어난 사람이 될 만한 재주가 있는 아이.

꿈-자리 [dream]

꿈에 나타난 사실이나 징조.

꿈쩍 [moving; stirring]
몸을 둔하고 느리게 움직이는 모양.

꿈틀-거리다 [wriggle; squirm]
몸을 이리저리 꾸부리어 자꾸 움직이다.

꿈틀-하다
몸을 이리저리 꾸부리거나 비틀며 조금씩 움직이다. ¶뱃속에서 아기가 꿈틀한다. 속담 지렁이도 밟으면 꿈틀한다.

꿈-풀이 [interpretation of a dream]
꿈의 뜻을 풀이하는 것. 비 해몽(解夢).

꿋꿋-하다 [strong; hard]
기개·의지·태도·마음가짐 따위가 매우 굳세다. ¶시련을 꿋꿋하게 이겨내다.

꿍꿍이 [secret scheme of one's own; secret design]
속으로만 어떤 일을 꾸미며 우물쭈물하는 속셈. ¶무슨 꿍꿍이인지 모르겠다.
▸꿍꿍이-속
아주 모를 수작.

꿩 [pheasant]
동물 닭과 비슷한 크기인데, 알락달락한 검은 점이 많고 꼬리가 길다. 수컷은 장끼, 암컷은 까투리라 한다. 속담 산에 가야 꿩을 잡고 바다에 가야 고기를 잡는다.

꿰:다 (貫, 꿸 관) [pass through; pierce; put on; be familiar with]
❶구멍으로 실 따위를 이쪽에서 저쪽으로 나가게 하다. ¶바늘에 실을 꿰다. ❷어떤 물건을 꼬챙이 따위에 맞뚫리게 꽂다. ¶꿰미에 꿰다. ❸옷을 입거나 신을 신다. ¶소매에 팔을 꿰다. ❹어떤 사정·내용 등을 자세히 알고 있다. ¶동네 사정을 환히 꿰고 있다 / 상대방 마음속을 꿰뚫고 있다. 비 관통(貫通)하다.

꿰:-매다 [sew; stitch]
해지거나 뚫어진 데를 깁거나 얽다. ¶해진 옷을 꿰매다.

뀌:다 [break wind; pass gas]
방귀를 내보내다. ¶그는 툭하면 방귀를 뀐다.

끄나풀 [piece of string; (bit of) cord]
길지 않은 끈의 나부랭이.

끄다 [put out; turn off]
❶타는 불을 못 타게 하다. ¶겨우 산불을 껐다. ❷전기나 기계가 작동하지 않게 스위치를 돌리다. ¶라디오를 끄다. 반 켜다.

끄떡 [nodding; stir]
❶고개를 앞으로 가벼이 꺾어 움직이는 모양. ¶나는 찬성한다고 고개를 끄덕였다. ❷조금 움직이는 모양. 미동하는 모양. ¶끄떡도 않는 바위.

끄르다 [unloose; unfasten]
❶맺은 것이나 맨 것을 풀다. ¶짐을 끄르다. ❷잠근 것을 열다. ¶단추를 끄르다. 반 묶다, 잠그다.

끄:-집다 [take; hold and pull]
집어서 끌어 옮기다. ¶그가 내 팔을 끄집었다.

끄:집어-내다 [take (a thing) out; bring (a topic) into the conversation]
❶속에 든 것을 끄집어서 밖으로 내다. ¶호주머니에서 돈을 끄집어내다. ❷이야기를 시작하다. ¶그는 옛날 이야기를 끄집어냈다.

끄트머리 [end; tip; tail end]
맨 끝 부분.

끈 [string; cord]
물건을 묶거나 꿰거나 매거나 하는 데 쓰는 줄.

끈-기 (一氣, 기운 기)
[perseverance; patience]
❶물건의 끈끈한 기운(氣運). ¶찰밥은 끈기가 있다. ❷참을성이 있어 꾸준히 견디어 나가는 기질. ¶끈기 있게 잘 버티어 나가다. 비 점성(粘性), 인내력.

끈끈-막 (一膜, 꺼풀 막)
[mucous membrane; mucosa]
의학 생체 기관의 속을 덮고 있는 부드럽고 끈끈한 막(膜). 비 점막(粘膜).

끈끈-액 (—液, 진 액)
[mucus; mucilage; viscous liquid]
생물 생물체의 점액샘 따위에서 분비되는 끈끈한 액체(液體). ⓑ 점액(粘液).

끈끈-하다 [sticky; gluey]
❶끈기가 있어 잘 떨어지지 않다. ¶끈끈한 거미줄. ❷관계가 매우 친밀하다. ¶끈끈한 우정.

끈덕-지다 [persistent; tenacious]
끈기가 있고 꾸준하다. ¶끈덕지게 물고 늘어지다.

끈적끈적-하다 [sticky; gummy]
자꾸 척척 들러붙을 만큼 끈끈하다.

끈-질기다 [tenacious; persevering]
잘 끊어지지 않고 질기다. ¶끈질긴 노력.

끊다 (切, 끊을 절; 斷 끊을 단; 絶, 끊을 절)
[cut; buy; take life]
❶길게 이어진 것을 잘라 따로 떨어지게 하다. ¶테이프를 끊다. ❷행동이나 관계가 중간에 끝나다. ¶지원을 끊다 / 소식이 끊기다 / 논란이 끊이지 않는다. ❸옷감·기차표·배표 등을 사다. ¶차표를 끊다. ❹목숨을 이어지지 않게 하다. ¶스스로 목숨을 끊다 / 숨이 끊어지다. ⓑ 잇다.

♣ 끊다 / 자르다 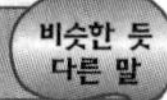

◎ 테이프를 끊다 = 자르다.
○ 술을 끊다.
× 술을 자르다.
○ 단감을 네 조각으로 자르다.
× 단감을 네 조각으로 끊다.

끊임-없다 [ceaseless; incessant]
늘 잇대어 떨어지지 않다. 꾸준하다. ¶끊임없는 노력 / 비가 끊임없이 내렸다.

끌 [chisel]
나무에 구멍을 파거나 다듬는 연장.

끌:-그물
물속에 넣고 끌어당기어 물고기를 잡는 그물의 총칭.

끌:다
[drag; pull; attract; prolong; lay on]
❶바닥에 댄 채 잡아당기다. ¶치맛자락을 질질 끌고 다닌다. ❷짐승을 부리다. ¶소를 끌고 가다. ❸인기·관심·주의를 쏠리게 하다. ¶인기를 끌다. ❹시간이나 일을 미루다. ¶시간을 끌다.

끌:려-가다 [be drawn along; trail]
남이 시키는 대로 억지로 딸려 가다. ¶그는 경찰서로 끌려갔다 / 소가 도살장으로 끌려갔다.

끌:어-내다 [take (a thing) out]
❶끌어서 밖으로 내다. ¶사무실에서 책상을 복도로 끌어내다. ❷사람·짐승을 강제로 나오게 하다. ¶교실에서 학생을 복도로 끌어내다.

끌:어-당기다 [pull (a thing) near one]
끌어서 앞으로 당기다. ¶나는 동생의 소매를 끌어당겼다.

끌:어-들이다 [draw in(to)]
꾀어서 자기 쪽으로 오게 하다. ¶그는 친구를 싸움에 끌어들였다.

끌:어-안다 [snuggle to one's arms]
두 팔로 가슴에 당기어 껴안다. ¶어머니는 나를 꼭 끌어안았다.

끌:어-올리다 [pull up; promote (a person) to a higher position]
❶끌어서 위로 올리다. ¶수입을 끌어올리다. ❷좋은 지위로 잡아당겨 주다. ¶상무로 끌어올리다.

끓다[1]
[boil; grow hot; rumble; accumulate]
❶물이 뜨거워져서 부글부글 솟아오르다. ¶국물이 끓다 / 물을 끓이다. ❷지나치게 뜨거워지다. ¶이마가 펄펄 끓다.

끓다[2] [swarm; crowd; gather]
많이 모여 우글우글하다. ¶나무에 개미가 끓고 있다.

끓어-오르다 [boil up]
❶그릇에 물이 끓어서 넘으려고 올라오

다. ❷열정·격정 따위가 솟아나다. ¶정열이 끓어오르다.

끔벅-거리다 [blink; wink]
큰 눈을 자꾸 끔벅이다. ¶눈을 끔벅거리다.

끔벅-이다 [blink; wink]
큰 눈을 잠깐 감았다가 뜨다.

끔찍-하다 [awful; terribly kind]
❶지독하게 크거나, 많거나, 참혹하여 놀랄 만하다. ¶살인 수법이 끔찍하다. ❷매우 극진하다. ¶끔찍한 대접을 받다 / 동생은 강아지를 끔찍이 아낀다.

끙 [groan; moan]
힘든 일을 겪거나, 앓을 때 내는 소리. ¶감기로 끙끙 앓다.

끝 (末, 끝 말) [end (of a stick); end]
❶물건의 가운데에서 가장 먼 곳. 또는 보다 가느다란 쪽이나 내민 쪽의 마지막 부분. ¶마루 끝에 걸터앉다. ❷시간적·공간적으로 이어져 있는 사물·행동·상태 따위의 맨 마지막. 또는 그 다음이나 결과. ¶오랜 교제 끝에 결혼하다. (반) 처음, 시초(始初).

♣ 끝 / 마지막 

◎ 영화를 끝까지 = 마지막까지 보다.
o 칼 끝이 휘다.
× 칼 마지막이 휘다.
o 그 방법이 마지막 수단이다.
× 그 방법이 끝 수단이다.

끝-나다 [come to an end; finish]
❶일이 다 이루어지다. ¶시험이 끝났다 / 숙제를 끝내다. ❷시간적·공간적으로 이어져 있던 것이 없어지다. ¶방송이 끝나다. (비) 종료(終了)되다. (반) 시작(始作)하다.

끝-내 [at last; after all; finally]
❶끝까지 내내. ¶끝내 말이 없었다 / 그는 끝끝내 오지 않았다. ❷끝에 가서 드디어. ¶감정에 북받쳐 끝내 울고 말았다.

끝내-주다 [wonerful; great]
아주 좋고 굉장하게 하다. ¶맛이 끝내준다.

끝-마치다 [finish up]
일을 끝내어 마치다. ¶겨우 작업을 끝마쳤다.

끝-맺다 [finish; bring to a conclusion]
일을 마무리하여 끝내다. ¶이야기를 끝맺었다.

끝-소리
[언어] 한 단어의 끝에 나는 소리. (비) 말음(末音). (반) 첫소리.

끝-없다 [endless; limitless]
끝나는 데가 없다. 한(限)이 없다. ¶끝없는 논쟁.

끝-장 [finish; close; conclusion]
일의 맨 마지막. ¶그녀도 이젠 정말 끝장이다.

끝-점 (—點, 점 점) [end point]
[언어] 문장을 끝내는 문장부호[點]의 하나. '.'로 표기한다.

끼[1] [talent]
연예에 대한 재능이나 소질. ¶예술가의 끼가 다분하다.

끼[2] [meal]
끼니를 세는 말. ¶하루에 세 끼를 먹는다.

끼니 [meal; daily meals]
아침·점심·저녁과 같이 일정한 시간에 먹는 밥. 또는 먹는 일. ¶빵으로 끼니를 때우다. (비) 식사(食事). (반) 새참.

끼다[1] [insert; wear; skirt]
❶'끼우다'의 준말. ¶전구를 끼다 / 이 사이에 고춧가루가 끼다. ❷장갑·가락지 따위를 착용(着用)하다. ❸무엇을 옆에 두고 그를 따라서 가다. ¶강을 끼고 가다 / 구경꾼들 틈에 꼈다. (반) 빼다, 벗다.

끼:다[2]
[hang over; get dirty]

❶안개나 연기 같은 것이 가리다. ¶구름이 끼다. ❷때나 먼지 같은 것이 덮이어 묻다. ¶눈곱이 끼다.

비슷한 듯 다른 말 ➲ 묻다[3]

끼:다[3]
옷이나 신발이 몸에 꽉 달라붙다. ¶몸에 끼는 청바지를 입다.

끼리-끼리 [group by group]
여럿이 무리를 지어 따로따로.

끼어-들다 [intrude oneself into]
자기와 관계없는 일에 참견하다. ¶그 일에 끼어들지 말거라. ㊐ 간섭하다.

끼-얹다 [put on; shower on]
어떤 것의 위로 흩어지게 뿌리다. ¶물을 끼얹다.

끼우다 [put between; insert]
❶좁은 사이에 빠지지 않게 밀어 넣다. ¶자물쇠에 열쇠를 끼웠다. ❷한 무리에 섞거나 덧붙여 들게 하다. ¶잡지에 만화를 끼워 팔다. ㊥ 빼다.

♣ 끼우다 / 넣다

◎ 앨범에 사진을 끼우다 = 넣다.
○ 나는 그녀에게 반지를 끼워 주었다.
× 나는 그녀에게 반지를 넣어 주었다.
○ 커피에 설탕을 넣다.
× 커피에 설탕을 끼우다.

끼익
차량 따위가 갑자기 멈출 때 나는 소리.

끼인-각 (—角, 뿔 각) [included angle]
수학 두 직선 사이에 끼어 있는 각(角).

끼치다[1] [cause; exert (influence on)]
❶남에게 폐나 괴로움 따위를 주다. ¶누를 끼치다 / 걱정을 끼치다. ❷어떠한 일을 뒷세상에 전하다. ¶영향을 끼치다.

비슷한 듯 다른 말 ➲ 미치다[2]

끼치다[2] [feel one's hair stand on end]
살가죽에 소름이 돋다. ¶소름이 끼치다.

끽 [give a scream; shout]
몹시 놀라거나 충격을 받았을 때 힘을 잔뜩 들여 지르는 외마디 소리.

끽-소리
[squawk of complaint]
겨우 반항하는 소리. ¶끽소리도 못하고 앉아있었다.

낄낄-대다 [giggle; titter]
낄낄 소리를 내어 웃다. ㊐ 낄낄거리다.

낌새 [development; inner workings]
일이 되어 가는 분위기나 눈치. ¶낌새를 채다. ㊐ 기미(機微).

낑낑 [groan away; moan]
안간힘을 쓸 때 자꾸 내는 소리. ¶무거운 짐을 나르느라 낑낑거린다.

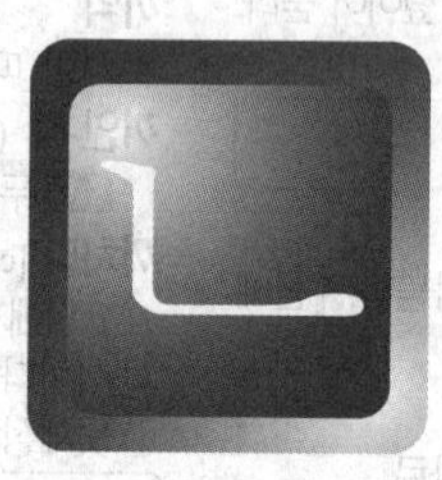

ㄴ

언어 한글 자모의 둘째. '니은'이라 이른다.

나[1][B]

음악 서양 음계의 7음 체계에서 일곱 번째 음이름. '도레미파솔라시도'의 '시'.

나[2](我, 나 아; 吾, 나 오) [I; myself]

❶자기 스스로를 가리키는 말. ¶나와 가까운 친구. ❷남이 아닌 자신. ¶나를 버리고 대의에 살다. ㊥ 본인(本人). ㊦ 너, 타인(他人).

나-가다 (出, 날 출)

[go out; work in; join; be abstracted]

❶안이나 속에서 밖이나 겉으로 가다. ¶밖에 나가 놀아라. ❷일하러 다니다. 또는 일을 하러 가다. ¶그는 일요일에도 회사에 나간다. ❸경기나 모임에 참가하다. ¶경기 대회에 나가다. ❹의식이나 정신 따위가 없어지다. ¶정신 나간 사람처럼 소리를 지르다. ❺정전(停電)으로 전기·불 따위가 꺼지다. ❻값 또는 무게 따위가 어느 정도에 이르다. ¶값이 나가는 물건.

나가-떨어지다

[be knocked down; get tired out]

❶뒤로 물러가면서 세게 넘어지다. ¶얼음판에서 나가떨어지다. ❷너무 피로하거나 술 따위에 취하여 힘없이 쓰러지다. ¶줄다리기를 마친 아이들이 나가떨어졌다.

나각 螺角 | 소라 라, 뿔 각

[trumpet shell; conch horn]

음악 소라[螺]의 껍데기로 만든 옛 뿔[角] 모양의 군악기. ¶나각을 불다.

나귀 [donkey; ass]

동물 '당나귀'의 준말.

나그네 (旅, 나그네 려) [traveler]

집을 떠나 여행하는 사람. ㊦ 주인(主人).

나긋나긋-하다 [mild; gentle]

대하는 태도가 상냥하고 친절하다. ¶그녀의 말씨는 매우 나긋나긋하다.

나날 [daily]

하루하루. 매일. ¶행복한 나날을 보내다 / 솜씨가 나날이 좋아지다.

나누-기 [divide]

수학 나눗셈을 하는 일. ¶8 나누기 4는 2이다. ㊥ 나눗셈, 제법(除法). ㊦ 곱하기

나누다 (分, 나눌 분) [divide; share]

❶하나였던 것을 가르거나 구분하여 분류하다. ¶사과를 둘로 나누다 / 생물을 동물과 식물로 나누다. ❷수학 나눗셈을 하다.

❸말이나 이야기를 주고받다. ¶인사를 나누다 / 의견을 나누다. ⓑ 합치다, 곱하다.

나누어-떨어지다
[can be divided; be divisible]
수학 나눗셈에서, 몫이 정수로만 되고 나머지가 없게 되다. ¶8은 2로 나누어떨어진다.

나눗-셈 [divide]
수학 어떤 수로 다른 수를 나누기하는 셈. ⓑ 제법(除法). ⓑ 곱셈.

▸ 나눗셈-식 (一式, 법 식)
수학 나눗셈으로 이루어진 식(式). '6 나누기 3은 2이다'를 '6÷3=2'로 표현하는 것.

나뉘다 [get divided; be separated]
여럿으로 갈라지다. ¶두 조로 나뉘어 수색했다.

나다[1] [go through; pass (a season)]
철이나 일정한 기간을 지내다. ¶겨울을 나다.

나다[2] (生, 날 생)
[happen; born; occur]
❶어떤 것이 발생(發生)하거나 일어나다. ¶병이 나다 / 수염이 나다. ❷태어나다. 출생(出生)하다. ¶산골에서 나서 자라다. ❸(기억·생각 따위가) 떠오르다. ¶화가 나다. ❹웃음·울음·기침·하품 따위가 나오다. ¶눈물이 난다.

♣ 나다² / 생기다

◎ 생각지도 못했던 사고가 났다 = 생겼다.

o 홍수가 나다.
× 홍수가 생기다.

o 종종 작은 실수 때문에 문제가 생긴다.
× 종종 작은 실수 때문에 문제가 난다.

나-다니다 [go out]
밖으로 나가 여기저기 돌아다니다. ¶밤늦게까지 어딜 그렇게 나다니냐?

나-돌다 [wander about; be rumored]
❶밖으로 나가 돌아다니다. ¶밤중에 나돌아 다니지 마라. ❷소문이나 어떤 물건 따위가 여기저기 나타나거나 퍼지다. ¶많은 가짜가 나돌다 / 유언비어가 나돌다.

나-동그라지다
[fall over; tumble down]
멀리로 던져져 떨어지거나 넘어지다. ¶그는 맨바닥에 나동그라졌다.

나-뒹굴다 [tumble all about]
❶이리저리 마구 뒹굴며 어지럽게 널려있다. ¶낙엽이 나뒹굴다.

나들이 [go out; go on a visit]
집을 떠나 다른 곳에 잠시 다녀오는 일. ⓑ 외출(外出).

나라 (國, 나라 국) [country]
일정한 영토와 거기에 사는 사람들로 구성되고, 주권(主權)에 의한 하나의 통치 조직을 가지고 있는 사회 집단. 국민·영토·주권의 삼 요소를 필요로 한다. ⓑ 국가(國家).

▸ 나라-꽃
한 나라를 상징하는 꽃. ⓑ 국화(國花).

▸ 나라-님
한 나라를 통치하는 사람을 높여 부르는 말. 임금.

▸ 나라-말
나라에서 정한 표준말. ⓑ 국어(國語).

나란-하다 [be lined up; parallel]
여럿이 줄지어 있는 모양이 가지런하다. ¶나란히 서 있다.

나루 (津, 나루 진) [ferry point]
강이나 내나 좁은 바닷목에서 배가 건너다니는 곳.

▸ 나루-터
나룻배로 건너다니는 곳.

나룻-배 [ferryboat; ferry]
나루와 나루 사이를 건너다니는 배.

나르다 [carry]
사람이나 물건을 다른 데로 옮기다. ¶물을 나르다. ⓑ 운반(運搬)하다, 수송(輸送)하다.

나른-하다 [tired]
몸이 고단하여 힘이 없다.

나름 [depending on]
명사나 동사 뒤에 쓰여, 그 됨됨이나 하기에 달림을 나타내는 말. ¶모두 생각하기 나름이다.

나:리[1][your honor; sir]
저보다 지체 높은 사람을 높여 이르던 말. ¶주인 나리께서 오라 신다.

나리[2][lily]
식물 백합(百合).

나막-신 [(wooden) clogs]
나무를 파서 만든 굽이 높은 신. ㊐ 목혜(木鞋).

나머지 [rest]
❶어느 한도에 차고 남은 부분. ¶나머지는 창고에 넣다. ❷마치지 못한 부분. ¶나머지 공부를 하다. ❸수학 나눗셈에서, 나누어 똑 떨어지지 않고 남은 수.

나무 (木, 나무 목; 樹, 나무 수)
[tree; wood]
❶식물 줄기나 가지가 목질(木質)로 된 식물. ¶나무를 베다 / 나무를 심다. ❷집을 짓거나 물건을 만드는 데 재료로 쓰는 재목(材木). ¶나무로 만든 침대. ❸'땔나무'의 준말. ¶나무를 해 오다.

▸ 나무-꾼
나무를 해서 사는 사람.

▸ 나무-숲
나무가 우거진 숲.

▸ 나무-판 (一板, 널빤지 판)
나무를 반듯하고 넓게 잘라서 만든 판(板).

▸ 나무-패 (一牌, 패 패)
나무를 깎아 만든 패(牌).

▸ 나무-토막
나무의 토막.

▸ 나무-젓가락
나무로 만든 젓가락. ㊐ 목저(木箸).

나무라다 [scold]
❶잘못함을 가볍게 꾸짖어 알아듣도록 말하다. ¶잘못을 나무라다. ❷흠을 지적하여 말하다. ¶나무랄 데 없는 문장. ㊥ 칭찬(稱讚)하다.

나무쇠-싸움
민속 경상도·함경도의 전통 민속 놀이. 편을 나눠 나무로 만든 소를 가지고 승부를 가리는 놀이.

나무-아미타불 南無阿彌陀佛 | 나무 나, 없을 무, 언덕 아, 두루 미, 비탈질 타, 부처 불
불교 '아미타불에 귀의한다'는 뜻으로, 염불하는 소리.

나물 (菜, 나물 채) [herb salad]
❶먹을 수 있는 풀이나 나뭇잎의 총칭. ¶나물을 캐다. ❷채소 따위를 여러 가지 양념으로 무친 반찬. ¶나물을 무치다.

▸ 나물-국
나물을 넣고 끓인 국.

▸ 나물-밭
나물을 심고 가꾸는 밭.

▸ 나물-죽 (一粥, 죽 죽)
사람이 먹을 수 있는 풀이나 나뭇잎 따위를 넣고 쑨 죽(粥).

나뭇-가지 [branches of a tree]
나무의 가지.

나뭇-결 [grain (of wood)]
세로로 켠 나무의 면에 나타난 무늬. 나뭇결무늬.

나뭇-더미 [woodpile]
나무를 많이 쌓아서 가려 놓은 더미.

나뭇-등걸 [stump of a tree]
줄기를 베어 낸 나무의 밑동.

나뭇-잎 [leaf]
나무의 잎.

▸ 나뭇잎-배
배처럼 물 위에 띄워 가지고 노는 나뭇잎.

나뭇-짐
땔나무를 묶은 것.

나박-김치
무를 얇고 네모지게 썰어 절인 다음, 고추·

파·마늘 따위를 넣고 국물을 부어 담근 김치.

나발 [trumpet]
입이 좁고 끝이 퍼진 금관악기. 본음은 '나팔'(喇叭).

나방 [moth]
동물 나비와 비슷하나 밤에 활동하는 곤충. 식물의 잎과 줄기를 갉아먹는다.

나부끼다 [flutter; flap; wave]
얇고 가벼운 것이 흔들려 날리다. ¶태극기가 바람에 나부끼다.

나부랭이 [pieces; fag end]
❶실·종이·헝겊 따위의 작은 조각. ¶종이 나부랭이. ❷하찮은 존재를 일컫는 말. ¶세간 나부랭이.

나불-거리다 [chatter]
경솔하게 말하다. ¶쓸데없이 나불거린다.

나-붙다 [be stuck (on)]
어떠한 데의 밖에 붙여지다. ¶벽보가 나붙다.

나비[1] [width]
피륙 따위의 너비. ㉥ 광(廣), 폭(幅).

나비[2] (蝶, 나비 접) [butterfly]
동물 나비목의 곤충 가운데 낮에 활동하는 무리를 통틀어 이르는 말. 몸은 가늘고 가슴에 두 쌍의 날개가 있다. 긴 대롱으로 꽃의 꿀을 빨아 먹는다. ¶나비가 이 꽃 저 꽃 날아다닌다.

▸ 나비-넥타이(—necktie)
나비 모양으로 묶는 넥타이(necktie).

나빠-지다 [get worse; go bad]
나쁘게 되다. ¶눈이 나빠졌다. ㉤ 좋아지다.

나쁘다 [bad; wrong; immoral]
❶좋지 않다. ¶그는 머리가 나쁘다 / 기분이 나쁘다 / 안색이 나쁘다 / 날씨가 나쁘다. ❷해롭다. ¶담배는 건강에 나쁘다. ❸옳지 않다. ¶거짓말은 나쁘다. ㉤ 좋다.

***나사** 螺絲 | 소라 라, 실 사 [screw]
소라[螺]의 껍데기에 실[絲]을 감은 것처럼 고랑이 진 물건.

▸ 나사-못 (螺絲—)
나선 모양으로[螺絲] 되어 돌려서 박게 만든 못.

나-서다 [come out; appear]
❶앞으로 나와서 서다. 어떤 곳으로 나오다. ¶선두로 나섰다 / 조사에 나서다. ❷구하던 사람이나 사물이 나타나다. ¶구매자가 나서다. ㉤ 들어서다. 관용 발 벗고 나서다.

나선[1] 螺線 | 소라 라, 줄 선
[spiral; helix]
소라[螺]처럼 굽이진 모양의 선(線).

나선[2] 螺旋 | 소라 라, 돌 선
소라[螺] 껍데기처럼 빙빙 소용돌이치는[旋] 것.

▸ 나선-균 螺旋菌 | 세균 균
생물 나선(螺旋) 모양의 세균(細菌).

▸ 나선-형 螺旋形 | 모양 형
나선(螺旋)으로 생긴 형태(形態). ㉥ 나선상(螺旋狀).

나성 羅城 | 늘어설 라, 성곽 성
❶ 속뜻 도읍지를 둘러 죽 늘어선[羅] 성(城). ¶서울 외곽에 나성을 쌓다. ❷'로스앤젤레스'(Los Angeles)의 음역어. ㉥ 외성(外城).

나아-가다 (進, 나아갈 진)
[go forward; make one's way]
❶앞으로 향해 가다. ¶한걸음 더 나아가다. ❷정한 목표를 향해 일을 하다. ¶계획대로 나아가다.

나아-지다 [become better; improve]
어떤 일이나 상태가 좋아지다. ¶그의 건강이 점점 나아지고 있다. ㉥ 호전(好轉)되다. ㉤ 악화(惡化)되다.

나-앉다
안에서 밖으로, 뒤쪽에서 앞쪽으로 나와 앉다. ¶사업이 망해 그들은 거리로 나앉았다. ㉤ 들어앉다.

나:약 懦弱 | 무기력할 나, 약할 약

[feebleness]
무기력하고[懦] 의지가 약함[弱]. ¶나약한 태도.

나열 羅列 | 늘어설 라, 줄 렬 [enumeration]
나란히 줄[列]을 지어 늘어놓음[羅]. ¶숫자를 순서대로 나열하다.

나-오다 [come out; appear; produce]
❶안에서 밖으로 오다. ¶방에서 나오다. ❷어떠한 데에 모습을 나타내다. ¶시장에 물건이 쏟아져 나오다. ❸생산되다. 산출되다. ¶새로 나온 제품이 인기가 좋다.

나왕 羅王 | 새그물 라, 임금 왕 [lauan]
식물 높이는 40미터 정도의 나무. 가구재, 건축재로 쓴다. 'lauan'의 한자 음역어.

나위 [(hardly) worth (doing)]
더할 수 있는 여유나 해야 할 필요. ¶우리는 더할 나위 없이 즐거웠다.

나이 [age; years]
사람이나 생물이 세상에 나서 지낸 햇수. ¶나이는 어리지만 생각은 깊다. ⓑ 연령(年齡).

▸ 나이-테
식물 나무의 줄기를 가로로 자른 면에 나타나는 둥근 테. 해마다 하나씩 늘어가므로 그 나무의 나이를 알 수 있다. ⓑ 연륜(年輪).

나이프 {영 knife}
양식(洋食)을 먹을 때 쓰는 작은 칼.

나일론 {영 nylon}
화학 석탄·물·공기로 만든 인조 섬유. 비단처럼 부드러우면서 가볍고 질기다.

나전 螺鈿 | 소라 라, 장식 전
[mother of pearl; nacre]
수공 광채가 나는 소라[螺]나 자개 조각을 박아 넣어 장식하는[鈿] 공예 기법. ¶나전 세공 / 나전 칠기.

나절 [quarter of a day]
하루 낮의 대략 절반쯤 되는 동안. ¶저녁 나절이 되서 돌아왔다.

나졸 邏卒 | 돌 라, 군사 졸 [patrol(man)]
역사 조선 시대에 관할 구역을 돌며[邏] 죄인을 잡아들이는 일을 맡아 하던 포도청의 병졸(兵卒).

나:중 [next time]
얼마 지난 뒤. 먼저 할 일을 한 다음. ¶나중에 다시 보자. ⓑ 후(後). ⓟ 먼저.

♣ 나중 / 다음

◎ 나중에 = 다음에 또 보자.
○ 나는 나중을 위하여 저축을 한다.
× 나는 다음을 위하여 저축을 한다.
○ 다음 역에서 내립시다.
× 나중 역에서 내립시다.

나지막-하다 [low; low-pitched]
매우 나직하다. ¶나지막한 목소리.

나직-하다 [low; soft]
소리나 위치 등이 조금 낮다. ¶나직한 목소리.

나:체 裸體 | 벌거벗을 라, 몸 체 [nude]
벌거벗은[裸] 몸[體]. ⓑ 알몸.

나침-반 羅針盤 | 비단 라, 바늘 침, 소반 반
[compass]
물리 명주실에[羅] 자침(磁針)을 매달아 남북을 가리키도록 만든 편평한[盤] 모양의 기계. 항공, 항해 따위에 쓰인다. ⓑ 지남침(指南針).

나타-나다 [appear; show oneself]
❶일이나 감정이 겉으로 드러나다. ¶본성이 나타나다 / 경기 회복의 조짐이 나타나기 시작했다. ❷새로운 것이 생겨나다. ¶상점에 새로운 상품이 나타났다. ⓟ 사라지다.

나타-내다 [appear; show up]
나타나게 하다. ¶어떤 말로도 나타낼 수 없다. ⓟ 감추다.

♣ 나타내다 / 드러내다

◎ 그녀는 자기감정을 나타내지 = 드러내지 않는다.
○ 이 사실은 그가 결백함을 나타낸다.
× 이 사실은 그가 결백함을 드러낸다.
○ 하얀 이를 드러내고 웃다.
× 하얀 이를 나타내고 웃다.

나:태 懶怠 | 게으를 라, 게으를 태 [lazy; sloth]
행동, 성격 따위가 느리고 게으름[懶=怠]. ¶나태한 행동. ⓑ 근면(勤勉).

나토 {영 NATO}
정치 북대서양 조약에 따라 조직된 집단 방위 체제. 'North Atlantic Treaty Organization'(북대서양 조약 기구)의 약자.

나트륨 {독 Natrium} [sodium]
화학 금속 원소의 하나. 은백색의 연한 금속으로, 식염 또는 수산화나트륨을 용해하여 전기 분해로 얻어진다. 원자 기호는 'Na'.

▸ 나트륨-등 (Natrium燈, 등불 등)
전기 유리관 속에 나트륨(Natrium) 증기를 넣은 램프[燈]. 도로나 터널 따위의 조명에 쓴다.

나팔 喇叭 | 나팔 라, 입벌릴 팔 [trumpet]
음악 산스크리트어 'rappa'의 한자 음역어. 끝이 벌려진[叭] 모양으로 된 금관 악기[喇]를 통틀어 이르는 말. ⓑ 나발.

▸ 나팔-관 喇叭管 | 대롱 관
의학 ❶가운뎃귀의 고실(鼓室)과 인두(咽頭)를 연결하는 나팔(喇叭) 모양의 관(管). ❷자궁 아래 좌우 양쪽에 있는 나팔 모양의 관. 난소에서 생긴 난자를 자궁으로 보내는 구실을 한다. ⓑ 난관(卵管). 수란관(輸卵管).

▸ 나팔-꽃 (喇叭-)
식물 여름에 나팔(喇叭) 모양의 꽃이 피는 풀. 꽃은 아침 일찍 피었다가 낮에는 오므라든다.

▸ 나팔-수 喇叭手 | 사람 수
나팔(喇叭)을 부는 사람[手].

나풀-거리다 [flutter roughly]
바람에 날려 가볍게 자꾸 흔들리다. 또는 그렇게 하다. ¶태극기가 바람에 나풀거린다. ⓑ 나풀대다.

나풀-나풀
얇은 물체가 바람에 날리어 가볍게 자꾸 움직이는 모양. ¶나비가 나풀나풀 날다.

나프탈렌 {영 naphthalene}
화학 콜타르를 높은 온도에서 증류해서 분리시킨 비늘 모양의 백색 결정체. 방부·방충·방취제로 쓴다.

나:-환자 癩患者 | 문둥병 라, 병 환, 사람 자 [leper]
나병(癩病)을 앓고 있는[患] 사람[者]. ⓑ 문둥이.

나흘 [four days]
네 날. 사일. ¶대회는 나흘 동안 열렸다.

낙 樂 | 즐길 낙(락) [pleasure; joy]
즐거움[樂]. ¶그는 무슨 낙으로 살까? ⓑ 기쁨. ⓑ 고(苦).

낙관[1] 落款 | 떨어질 락, 도장 관 [writer's signature and seal]
글씨나 그림을 다 완성한[落] 뒤에 연월일, 장소, 이름 따위를 적어 넣고 도장[款]을 찍는 일.

낙관[2] 樂觀 | 즐길 락, 볼 관 [optimism; optimistic view]
❶ 속뜻 인생이나 사물을 밝고 희망적인[樂] 것으로 봄[觀]. ❷앞으로의 일 따위가 잘 되어 갈 것으로 여김. ¶결과를 낙관하긴 이르다 / 낙관적인 성격. ⓑ 비관(悲觀).

낙농 酪農 | 우유 락, 농사 농 [dairy farming]
농업 젖소나 염소 따위를 기르고 그 젖[酪]을 이용하는 농업(農業). '낙농업'의 준말.

▸ 낙농-업 酪農業 | 일 업
농업 젖소나 염소 따위를 기르고 그 젖을 이용하는[酪農] 산업(産業). ¶목초지가 많아서 낙농업이 발달하다.

▶낙농-품 酪農品 | 물건 품
우유로부터 생산되는[酪農] 모든 식료품(食料品). 버터, 치즈, 연유, 분유 따위.

낙담 落膽 | 떨어질 락, 쓸개 담
[be discouraged; be disappointed]
❶ 속뜻 너무 놀라서 간담(肝膽)이 떨어지는[落] 듯함. ❷바라던 일이 뜻대로 되지 않아 마음이 몹시 상함. ¶그렇게 낙담하지 마라. ㊥ 낙심(落心), 실망(失望).

낙도 落島 | 떨어질 락, 섬 도
[isolated island]
육지에서 멀리 떨어진[落] 외딴섬[島]. ¶낙도의 초등학교 학생들이 서울 구경에 나섰다.

낙망 落望 | 떨어질 락, 바랄 망
[be disappoint]
희망(希望)을 잃음[落]. ㊥ 낙담(落膽), 낙심(落心).

낙방 落榜 | 떨어질 락, 명단 방
[fail in an examination]
❶ 역사 과거시험에 응하였으나 급제 명단[榜]에 떨어짐[落]. ❷시험, 모집, 선거 따위에 응했다가 떨어짐. ㊥ 낙과(落科), 낙제(落第), 하제(下第). ㊥ 급제(及第).

낙산-사 洛山寺 | 물이름 락, 메 산, 절 사
불교 강원도 양양군 강현면 전진리 오봉산에 있는 절. 보타락가(補陀洛伽)가 내려온 산[山]에 있는 절[寺]이라는 뜻으로, 관동 팔경의 하나.

낙서 落書 | 떨어질 락, 글 서
[write graffiti]
❶ 속뜻 함부로 떨어뜨려[落] 놓은 글[書]. ❷글자, 그림 따위를 장난으로 아무 데나 함부로 씀. 또는 그 글자나 그림. ¶동생이 책에 낙서를 해 놓았다.

낙석 落石 | 떨어질 락, 돌 석
[rock slide; falling rock]
산이나 벼랑에서 돌[石]이 굴러 떨어짐[落]. 또는 그 돌. ¶낙석이 많으니 주의하십시오.

낙선 落選 | 떨어질 락, 가릴 선
[lose an election]
선거(選擧)나 선발에서 떨어짐[落]. ¶종선에서 낙선하다. ㊥ 당선(當選), 입선(入選).

낙숫-물 (落水-, 떨어질 락, 물 수)
[raindrops from the eaves;]
처마 끝에서 떨어지는[落] 물[水].

낙심 落心 | 떨어질 락, 마음 심
[be discouraged]
마음[心]이 떨어지듯[落] 아픔. ¶성적이 떨어져 크게 낙심했다. ㊥ 상심(傷心).

***낙엽** 落葉 | 떨어질 락, 잎 엽
[fallen leaves]
❶ 속뜻 나뭇잎[葉]이 떨어짐[落]. ❷말라서 떨어진 나뭇잎. ¶가을이 되면 낙엽이 떨어진다. ㊥ 갈잎, 고엽(枯葉).

▶낙엽-송 落葉松 | 소나무 송
식물 소나뭇[松]과의 낙엽(落葉) 교목(喬木). 잎은 20~30개씩 무더기로 나고 바늘 모양인데 부드럽다.

▶낙엽-수 落葉樹 | 나무 수
식물 가을에 잎이 떨어졌다가[落葉] 봄에 새잎이 나는 나무[樹]를 통틀어 이르는 말. ㊥ 상록수(常綠樹).

낙오 落伍 | 떨어질 락, 대오 오
[fall behind]
❶ 속뜻 대오(隊伍)에서 처져 뒤떨어짐[落]. ❷사회나 시대의 진보에 뒤떨어짐. ¶경쟁에서 낙오되다.

▶낙오-자 落伍者 | 사람 자
낙오(落伍)된 사람[者].

낙원 樂園 | 즐길 락, 동산 원
[paradise; utopia]
❶ 속뜻 즐겁게[樂] 놀 수 있는 동산[園]. ❷아무런 괴로움이나 고통이 없이 안락하게 살 수 있는 즐거운 곳. ¶이 섬은 새들의 낙원이다. ㊥ 낙토(樂土).

낙인 烙印 | 지질 락, 도장 인

[brand; stigma]
❶속뜻 쇠붙이로 만들어 불에 달구어 찍는 [烙] 도장[印]. ❷'다시 씻기 어려운 불명예스럽고 욕된 판정이나 평판'을 비유하여 이르는 말. ¶그는 사고뭉치로 낙인이 찍혔다. ⓑ 화인(火印).

낙정하석 落穽下石 | 떨어질 락, 함정 정, 내릴 하, 돌 석
❶속뜻 우물[穽]에 빠진[落] 사람에게 밧줄이 아니라 돌[石]을 떨어뜨림[下]. ❷어려운 처지에 놓인 사람을 도와주기는커녕 도리어 괴롭힘. ¶그것은 낙정하석하는 것만큼 안 좋은 일이다.

낙제 落第 | 떨어질 락, 등급 제
[fail in an examination]
❶속뜻 시험에서 일정한 등급[第]에 미치지 못하여 떨어짐[落]. ❷진학 또는 진급을 못함. ¶60점 미만은 낙제이다. ⓑ 급제(及第).

낙조 落照 | 떨어질 락, 빛 조 [sunset]
저녁에 떨어지듯[落] 지는 햇빛[照]. ⓑ 석양(夕陽).

낙지 [octopus]
동물 여덟 개의 발이 있고 거기에 많은 빨판이 붙어 있는 연체(軟體) 동물.

낙차 落差 | 떨어질 락, 다를 차
[head; difference in elevation]
높은 곳에서 낮은 곳으로 떨어질[落] 때의 높낮이 차이(差異). ¶물의 낙차를 이용해 전기를 일으키다.

낙천 樂天 | 즐길 락, 하늘 천 [optimism]
자기의 운명이나 처지를 천명(天命)으로 알고 즐겁게[樂] 사는 일. 세상이나 인생을 즐겁고 좋게 생각하는 일. ⓑ 염세(厭世).

▸ 낙천-적 樂天的 | 것 적
인생이나 어떤 사태에 대하여 걱정하지 않는[樂天] 것[的]. ¶낙천적인 성격. ⓑ 염세적.

낙타 駱駝 | 낙타 락, 낙타 타 [camel]
동물 낙타[駱=駝]과의 포유동물. 키 2m 가량. 등에 지방을 저장해 두는 큰 혹이 있어 사막 생활에 알맞게 되어 있다.

낙태 落胎 | 떨어질 락, 태아 태 [abort]
❶의학 인위적으로 태아(胎兒)를 모체로부터 떼어냄[落]. 또는 그 태아. ¶낙태를 반대하다. ❷태아가 달이 차기 전에 죽어서 나옴. ⓑ 유산(流産).

낙하 落下 | 떨어질 락, 아래 하 [fall]
높은 곳에서 아래[下]로 떨어짐[落]. ¶자유 낙하하다. ⓑ 상승(上昇).

▸ 낙하-산 落下傘 | 우산 산
비행 중인 항공기 따위에서 사람이나 물건을 안전하게 지상으로 내리는 데[落下] 쓰이는 양산(洋傘) 모양의 용구.

낙화 落花 | 떨어질 락, 꽃 화
[falling of blossoms]
떨어진[落] 꽃[花]. 또는 꽃이 떨어짐. ¶낙화유수(落花流水). ⓑ 개화(開花).

▸ 낙화-암 落花巖 | 바위 암
❶속뜻 꽃[花] 같은 궁녀들이 떨어져[落] 죽은 바위[巖]. ❷지리 충청남도 부여군 부여읍 부소산에 있는 큰 바위. 백제가 망할 때 삼천 궁녀가 이 바위에서 백마강에 몸을 던져 죽었다는 전설이 있다.

낙후 落後 | 떨어질 락, 뒤 후
[falling behind]
어떤 기준에 이르지 못하고 뒤[後]떨어짐[落]. ¶낙후된 농촌을 발전시키다. ⓑ 선진(先進).

낚다 (釣, 낚시 조) [fish; catch]
낚시로 물고기를 잡다. ¶큰 물고기를 낚다.

낚시 [fishing; angling]
❶미끼를 꿰어 물고기를 낚는 작은 바늘로 된 갈고랑이. ¶낚시에 미끼를 갈아 끼우다. ❷'낚시질'의 준말. ¶낚시를 가다 / 섬으로 낚시하러 가다. ⓑ 조구(釣鉤).

▸ 낚시-꾼
❶낚시질하는 사람. ❷낚시질을 업으로

삼는 사람.

▶낚시-질
낚시로 물고기를 잡는 일. [비] 조어(釣魚).

▶낚시-터
낚시질하는 곳.

▶낚시-놀이
종이로 만든 물고기 입에 작은 쇠 조각을 붙이고, 막대기에 낚싯줄을 늘인 뒤 자석 낚시로 물고기를 붙여 올리는 놀이.

낚싯-대 [fishing rod]
낚싯줄을 매는 가늘고 긴 대.

낚싯-바늘 [fishhook]
미끼를 꿰어 물고기를 잡는 데 쓰는 작은 쇠갈고리.

낚싯-줄 [(fishing) line; fishline]
낚시를 매어 단 가는 줄.

낚아-채다 [snatch (away)]
❶무엇을 갑자기 세차게 잡아당기다. ¶머리채를 낚아채다. ❷남의 물건을 재빨리 빼앗거나 가로채다. ¶그는 돈을 낚아채고 쏜살같이 뛰었다.

난:¹亂 | 어지러울 난(란) [war; revolt]
전쟁이나 분쟁으로 세상이 어지러워진 사태. '난리'(亂離)의 준말. ¶난을 평정하다.

난²蘭 | 난초 난(란) [orchid; orchis]
[식물] '난초'(蘭草)의 준말. ¶우리 아버지는 난 기르기를 좋아하신다.

난³欄 | 칸 란 [section]
❶ [속뜻] 구분하여 놓은 칸[欄]. ❷책, 신문, 잡지 따위의 지면에 글이나 그림 따위를 싣기 위하여 마련한 자리. ¶빈 난을 채우다.

난간 欄干 | 칸 란, 막을 간
[railing; balustrade]
[건설] 계단, 다리 따위의 가장자리를 칸막이[欄]로 막음[干]. 또는 그 구조물. ¶난간에 기대면 위험하다.

난감 難堪 | 어려울 난, 견딜 감
[unbearable; be hard to stand]
❶ [속뜻] 견디어[堪] 내기 어려움[難]. ❷이러기도 어렵고 저러기도 어려워 처지가 매우 딱하다. ¶입장이 난감하다.

난:**관**¹卵管 | 알 란, 대롱 관
[oviduct; fallopian tube]
[의학] 난소에서 생긴 난자(卵子)를 자궁(子宮)으로 보내는 구실을 하는 나팔 모양의 관(管).

난관²難關 | 어려울 난, 빗장 관
[obstacle; difficulty]
❶ [속뜻] 통과하기 어려운[難] 관문(關門). ❷뚫고 나가기 어려운 사태나 상황. ¶난관을 이겨내다. [비] 곤경(困境).

난:**국** 亂局 | 어지러울 란, 판 국
[difficult situation]
어지러운[亂] 판국[局]. ¶난국을 헤쳐 나가다.

난:**대** 暖帶 | =煖帶, 따뜻할 난, 띠 대 [warm temperate zone]
[지리] 온대 지방 가운데서 열대에 가까운 비교적 온난(溫暖)한 지대(地帶). ¶난대성 식물. [비] 아열대(亞熱帶).

난:**데-없다** [unexpected; sudden]
별안간에 나와 나온 데를 알 수 없다. ¶난데없이 그가 찾아왔다.

난:**동** 亂動 | 어지러울 란, 움직일 동
[make a disturbance]
질서를 어지럽히며[亂] 함부로 행동(行動)함. ¶취객이 난동을 부리다. [비] 소동(騷動).

난:**로** 暖爐 | =煖爐, 따뜻할 난, 화로 로
[stove; heater]
방안을 따뜻하게[暖] 해주는 화로(火爐) 따위의 기구. ¶난로에 손을 데다.

난:**롯-불** (暖爐-, =煖爐, 따뜻할 난, 화로 로)
난로(暖爐)에 피워 놓은 불. ¶난롯불에 몸을 녹이다.

***난**:**류** 暖流 | =煖流, 따뜻할 난, 흐를 류
[warm current]
[지리] 따뜻한[暖] 해류(海流). ¶고등어는

난류성 물고기이다. ⓑ 한류(寒流).

난:리 亂離 | 어지러울 란, 떠날 리 [panic; fuss]
❶ 속뜻 난(亂)을 피하여 떠남[離]. ❷전쟁이나 재변(災變) 따위로 세상이 어지러워진 사태. 또는 그와 비슷하게 복잡하고 소란스러움. ¶난리가 나다 / 별것도 아닌 일로 난리다. ⓑ 전란(戰亂).

난:립 亂立 | 어지러울 란, 설 립 [be all running for election at once]
❶ 속뜻 무질서하고 어지럽게[亂] 늘어섬[立]. ¶무허가 건물이 난립하다. ❷선거 따위에서 많은 후보가 무턱대고 마구 나섬.

난:무 亂舞 | 어지러울 란, 춤출 무 [rampant; be rife]
❶ 속뜻 한데 뒤섞여 어지럽게[亂] 춤을 춤[舞]. ❷함부로 나서서 마구 날뜀. ¶폭력이 난무하다.

난민 難民 | 어려울 난, 백성 민 [sufferers]
전쟁이나 재난으로 집을 잃고 떠돌아다니며 고생하는[難] 사람[民].
▶ 난민-촌 難民村 | 마을 촌
내전이나 기아 등으로 인하여 생긴 난민(難民)들이 모여 사는 마을[村]. ¶난민촌 구호 사업.

난:방 暖房 | =煖房, 따뜻할 난, 방 방 [heating]
건물 전체 또는 방(房)을 따뜻하게[暖] 하는 일. ⓑ 냉방(冷房).

난:사 亂射 | 어지러울 란, 쏠 사 [random firing]
어지럽게[亂] 마구 쏨[射]. ¶총을 난사하다. ⓑ 난발(亂發).

난:상 爛商 | 무르익을 란, 헤아릴 상
무르익을[爛] 정도로 충분히 상의(商議)함. ¶난상을 거듭하다 / 난상토론을 벌이다.

난색 難色 | 어려울 난, 빛 색 [disapproval]
승낙이나 찬성을 하지 않고 난처(難處)해하는 기색(氣色). ¶그의 제의에 난색을 표하다.

난:생 卵生 | 알 란, 날 생 [oviparity; oviparousness]
동물 동물의 새끼가 알[卵]의 형태로 태어남[生]. ¶거북은 난생 동물이다. ⓑ 태생(胎生).

난:생-처음 (一生一, 날 생) [the first time in one's life]
세상에 태어난[生] 후 처음. ¶난생 처음 바다를 보았다.

난:소 卵巢 | 알 란, 집 소 [ovary; ovarium]
의학 동물의 암컷 난자(卵子) 생식 기관의 한 부분[巢]. 난자를 만들어 내며 여성 호르몬을 분비한다. ⓑ 정소(精巢).

난:시 亂視 | 어지러울 란, 볼 시 [astigmatism; distorted vision]
의학 각막(角膜)이나 수정체의 굴절면이 고르지 않아 물체가 어지럽게[亂] 보이는[視] 현상.

난:용-종 卵用種 | 알 란, 쓸 용, 갈래 종
알[卵]을 얻어 쓰기[用] 위하여 기르는 가축의 품종(品種). ¶닭과 오리는 난용종이다. ⓑ 육용종(肉用種).

난이 難易 | 어려울 난, 쉬울 이 [difficulty; hardness or ease]
어려움[難]과 쉬움[易].
▶ 난이-도 難易度 | 정도 도
어렵고[難] 쉬운[易] 정도(程度). ¶난이도를 조정하다.

난:입 亂入 | 어지러울 란, 들 입 [intrude; break into]
함부로 어지럽게[亂] 우르르 몰려 들어감[入]. ¶궁에 난입하여 황후를 시해하다.

난:자 卵子 | 알 란, 씨 자 [ovum; egg cell]
생물 조류, 파충류, 어류, 곤충 따위의 암컷이 낳는 알[卵] 모양의 물질[子]. ⓑ 난세포(卵細胞). ⓑ 정자(精子).

난:장 亂場 | 어지러울 란, 마당 장
[scene of confusion and disorder]
❶ [속뜻] 어지러운[亂] 곳[場]. ❷난장판. ¶남의 일이라고 그렇게 함부로 난장을 치고 다니면 안 된다. ❸ [역사] 과거를 보는 마당에서 선비들이 질서 없이 들끓어 뒤죽박죽이 된 곳.
▸난:장-판 (亂場―)
여러 사람이 마구 떠들어 뒤죽박죽이[亂場] 된 판. ¶회의가 난장판이 되었다.

난쟁이 [midget; pigmy]
키가 작은 사람을 놓으로 이르는 말. [반] 키다리.

난:전 亂廛 | 어지러울 란, 가게 전
어지럽게[亂] 널려 있는 가게[廛]. ¶난전에 좌판을 벌여 놓다. [비] 노점(露店).

난점 難點 | 어려울 난, 점 점
[difficult point]
처리하거나 해결하기가 곤란(困難)한 점(點). [비] 난제(難題).

난제 難題 | 어려울 난, 문제 제
[difficult problem]
❶ [속뜻] 풀기 어려운[難] 문제(問題). ❷처리하기 어려운 일. ¶환경 오염은 피할 수 없는 난제이다.

난:중 亂中 | 어지러울 란, 가운데 중
[midst of turmoil; time of war]
전란(戰亂)이 일어난 와중(渦中). ¶난중에 아버지가 돌아가셨다.
▸난:중-일기 亂中日記 | 날 일, 기록할 기
[책명] 임진왜란 때, 이순신이 전쟁 중[亂中]에 적은 일기(日記).

난처 難處 | 어려울 난, 처리할 처
[puzzled; embarrassed]
처리(處理)하기 어렵다[難]. ¶아주 난처한 표정을 지었다.

난청 難聽 | 어려울 난, 들을 청
[hard of hearing]
❶ [속뜻] 듣기[聽] 어려움[難]. 라디오 방송 따위가 잘 들리지 않는 일. ¶난청 지역. ❷청력이 약하여 소리를 잘 들을 수 없는 상태. ¶난청을 치료하다.
▸난청-자 難聽者 | 사람 자
[의학] 청력의 저하, 손실로 인해 소리를 듣기[聽] 어려운[難] 사람[者]. [비] 난청인(難聽人).

난초 蘭草 | 난초 란, 풀 초
[orchid; orchis]
❶ [식물] 난초과(蘭草科)의 다년초(多年草)를 통틀어 이름. 대체로 꽃이 아름답고 향기가 좋다. ❷화투짝의 한 가지. 난초를 그린 5월을 상징하는 딱지. [준] 난.
▸난초-과 蘭草科 | 분과 과
[식물] 난초(蘭草)에 속하는 종류[科]의 식물. 우리나라에는 보춘화, 풍란, 따위의 60여 종이 분포한다.

난치 難治 | 어려울 난, 다스릴 치
[almost incurable; inveteracy]
병을 치료(治療)하기 어려움[難].
▸난치-병 難治病 | 병 병
치료하기 힘든[難治] 병(病). ¶결핵은 더 이상 난치병이 아니다.

난:투 亂鬪 | 어지러울 란, 싸울 투
[confused fight]
양편이 서로 뒤섞여 어지럽게[亂] 싸움[鬪]. ¶난투가 벌어지다.
▸난:투-극 亂鬪劇 | 연극 극
난투(亂鬪)가 벌어진 장면[劇].

난파 難破 | 어려울 난, 깨뜨릴 파
[be shipwrecked]
배가 항해 중에 폭풍우 따위의 어려움[難]을 만나 부서지거나[破] 뒤집힘.
▸난파-선 難破船 | 배 선
난파(難破)된 배[船]. [비] 조난선(遭難船).

난:폭 亂暴 | 어지러울 란, 사나울 폭
[violent]
행동이 몹시 거칠고[亂] 사나움[暴]. ¶그는 술에 취하면 난폭해진다.

난해 難解 | 어려울 난, 풀 해
[be hard to understand]

이해(理解)하기 어렵다[難]. ¶이 영화는 난해하다.

난형난제 難兄難弟 | 어려울 난, 맏 형, 어려울 난, 아우 제
❶ 속뜻 형[兄]이 낫다고 하기도 어렵고[難], 동생[弟]이 낫다고 하기도 어려움[難]. ❷우열을 가리기 힘듦. ¶난형난제라 우열을 가리기 힘들다. ⓑ 막상막하(莫上莫下).

낟:-가리 [stack of grain stalks]
낟알이 붙은 채로 있는 곡식을 쌓은 더미. ¶벼 낟가리.

낟:-알 [grain]
껍질을 벗기지 않은 곡식의 알맹이. ⓑ 알곡.

날[1](日, 날 일) [day; weather]
❶하루 동안. 곧 자정으로부터 다음 자정까지의 사이. ¶마지막 날 / 눈물 마를 날이 없다. ❷하루의 낮 동안. ¶날이 밝다 / 날이 저물다. ❸'날씨'의 준말.

날[2][blade; edge]
칼이나 그 밖의 연장의 가장 날카로운 부분. 물건을 베고 찍고 깎게 된 부분. 관용 날이 서다.

날-강도 (一強盜, 억지 강, 훔칠 도) [barefaced robber]
아주 뻔뻔스러운 강도(強盜).

날개 (翼, 날개 익) [wing; fan]
❶새나 곤충이 날 때에 펴는 부분. ¶날개를 퍼덕이다. ❷비행기의 양쪽에 뻗쳐 공중에 뜨도록 된 넓은 조각. ❸어떤 물건에 붙어 바람을 일으키는 데 쓰이는 것. ¶선풍기의 날개. 속담 옷이 날개라.

▸날개-옷
날개가 달린 상상의 옷. 신선, 선녀가 입는다고 한다.

▸날개-돋이
번데기가 날개 있는 성충이 됨.

날갯-죽지 [wing joint]
❶날개가 몸에 붙어 있는 뿌리 부분. ❷날개를 속되게 이르는 말.

날갯-짓 [flap of wings]
새가 날개를 벌려서 세게 아래위로 움직이는 일.

날-것 [raw food]
익히거나 말리거나 가공하지 않은 물건.

날-고기 [raw meat; raw fish]
익히거나 가공하지 않은 고기. ⓑ 생육(生肉).

날다 (飛, 날 비) [fly]
날개를 흔들거나 다른 힘으로 몸체가 공중에 떠서 움직이다. ¶새가 떼 지어 날다. ⓑ 비상(飛翔)하다.

날-도래 [caddisfly]
동물 몸길이 2-6cm의 모기와 비슷한 곤충.

날-뛰다 [act violently]
매우 거칠고 세차게 행동하다. ¶미친 듯이 날뛰다.

날래다 [quick; fast]
움직임이 나는 듯이 기운차고 빠르다. ¶동작이 날래다. ⓑ 민첩(敏捷)하다. ⓑ반 느리다, 둔하다.

날:렵-하다 [quick; nimble]
재빠르고 날래다. ¶그는 날렵하게 몸을 움직였다.

날로[1][daily; every day]
날이 갈수록. ¶그녀의 건강은 날로 좋아졌다. ⓑ 나날이.

날로[2][raw; uncooked]
날것 그대로. ¶생선을 날로 먹다.

날름 [put one's tongue out]
❶혀가 입 밖으로 빨리 나왔다 들어가는 모양. ¶뱀이 혀를 날름거리다. ❷손을 빨리 내밀어 날쌔게 가지는 모양. ¶고기를 날름 집어먹다.

날-리다 [let fly; blow off]
❶바람에 불리어 이리저리 움직이게 하다. ¶외투 자락을 날리다 / 부연 먼지를 날리다. ❷공중으로 날게 하다. ¶연을 날리다. ❸명성을 떨치다. ¶한때 날리던 배

우. ❹지녔던 것을 헛되게 잃어버리다. ¶재산을 날리다.

날림 [slipshod job]
아무렇게나 대강대강 하는 일. 또는 그 물건.

날-마다
[everyday; daily; day after day]
그날그날. 매일매일.

날-밤[1] [raw chestnut]
익히거나 말리지 않은 날것 그대로의 밤. ㊥ 생률(生栗).

날-밤[2] [night one stays up all night]
부질없이 새우는 밤. ¶날밤을 지새우며 이야기를 했다.

날-벼락 [undeserved misfortune]
❶맑은 날씨에 치는 벼락. ❷뜻밖에 당하는 불행이나 재난. ¶마음을 탁 놓고 있다가 날벼락을 맞았군. 속담 마른 하늘에 날벼락.

날-수 (一數, 셀 수)
[(the number of) days]
날의 수효(數爻). ¶날수를 채우다.

날-숨 [exhalation]
내쉬는 숨. ㊥ 호기(呼氣). ㊦ 들숨, 흡기(吸氣).

날-실 [warp threads]
피륙을 짤 때 세로 방향으로 놓인 실. ㊦ 씨실.

날쌔다 [quick; prompt]
동작이 날래고 재빠르다. ㊦ 느리다, 둔하다.

날씨 [(weather) conditions]
그날의 기상(氣常) 상태. ㊥ 일기(日氣).

날씬-하다 [slender; slim]
허리가 가늘고 키가 호리호리하여 맵시가 있다. ㊦ 뚱뚱하다.

날아-가다 [fly away; be gone]
❶공중을 날면서 가다. ¶철새가 날아가다. ❷있던 것이 사라지거나 없어지다. ¶희망이 날아가 버렸다.

날아-다니다 [fly about; flutter about]
날면서 이리저리 다니다. ¶하늘에는 벌이 붕붕거리며 날아다닌다.

날아-들다 [fly into; come in]
❶공중에 떠서 안으로 들다. ¶집 안에 날아든 제비. ❷빠르게 움직여 닥쳐오다. ¶경고장이 날아들다.

날아-오다 [fly over; come in all haste]
❶날아서 움직여 오다. ¶공이 날아오다. ❷소식 따위가 전하여 오다. ¶입영 통지서가 집으로 날아왔다.

날아-오르다 [fly high; take off]
날아서 위로 높이 오르다. ¶독수리가 하늘로 날아올랐다.

날-음ː식 (一飮食, 마실 음, 먹을 식)
[uncooked food]
익히거나 말리거나 간을 하지 않은 음식(飮食).

날-줄 [line of longitude; meridian]
❶피륙이나 그물을 짤 때, 세로 방향으로 놓인 실. ❷지리 지구를 남극과 북극을 지나는 평면으로 잘랐을 때, 그 평면과 지구 표면이 만나는 가상적인 선. ㊥ 날실, 경선(經線). ㊦ 씨줄, 위선(緯線).

날-짐승 [feathered tribe; bird life]
날아다니는 짐승. ㊥ 조류(鳥類). ㊦ 길짐승.

날짜 [date; number of days]
❶어떤 일을 하는데 걸리는 날의 수. ¶날짜가 많이 걸리다. ❷날의 차례. ¶날짜 가는 줄도 모르고 지냈다. ㊟ 날. ㊥ 시일(時日), 일자(日字).

날치 [flying fish]
동물 날칫과의 온해성 바닷물고기. 몸길이는 30-40cm 정도이며 날개 모양의 가슴지느러미로 물 위를 날아오른다.

날-치기 [snatch; rip off]
남의 물건을 날쌔게 가로채는 일. 또는 그런 도둑. ㊥ 소매치기.

날카롭다 [sharp; bitter; keen]

❶끝이 뾰족하거나 날이 서 있다. ¶칼날이 날카롭다. ❷모양이나 기세가 매섭다. ¶의견이 날카롭게 맞서다. ❸성질이 예민하고 신경질적인 데가 있다. ¶신경이 날카롭다. [반] 무디다.

날품-팔이 [day laborer; day man]
날품을 파는 일. 또는 그런 일을 하는 사람. [비] 일용(日傭).

낡다 [old; old fashioned]
❶물건 따위가 오래되어 헐고 너절하다. ¶낡은 옷. ❷생각·제도·문물 따위가 뒤떨어져 새롭지 못하다. ¶낡은 사고방식.

남[1] [unrelated person; stranger]
❶자신 외의 다른 사람. ¶남의 일에 간섭하다. ❷일가가 아닌 사람. ¶먼 친척은 이웃의 남만 못하다. ❸관계를 끊은 사람. ¶이제 그는 남이다. [비] 타인(他人). [반] 나.

남[2] 男 | 사내 남 [man]
남자. 사내. [반] 여(女).

남[3] 南 | 남녘 남 [south]
'남쪽'의 준말. [반] 북(北).

남국 南國 | 남녘 남, 나라 국 [South]
남(南)쪽에 있는 나라[國]. ¶남국의 정취 / 남국의 정열.

남극 南極 | 남녘 남, 끝 극
[the South Pole]
[지리] 지구의 남(南)쪽 끝[極]. [반] 북극(北極).

▶ 남극-해 南極海 | 바다 해
[지리] 남극(南極) 대륙의 주변, 남위 50°의 위선으로 둘러싸인 바다[海].

남-기다 [leave; hand down; gain]
❶나머지가 있게 하다. ¶음식을 남기다. ❷어떤 장소에 남아 있게 하다. ¶고향에 처자를 남기다. ❸시간이 흐른 뒤에까지 전하다. ¶이름을 남기다 / 유산을 남기다. ❹이익을 보게 하다. ¶이익을 남기다.

남김-없이 [all]
하나도 남기지 않고 모두. ¶그는 밥을 남김없이 다 먹었다.

남-남
[persons unrelated to each other]
서로 아무런 관계가 없는 사람들끼리. ¶그들 형제는 남남처럼 지낸다.

⁑**남녀** 男女 | 사내 남, 여자 녀
[male and female; both sexes]
남자(男子)와 여자(女子).

▶ 남녀-별 男女別 | 나눌 별
남자(男子)와 여자(女子)를 구별(區別)하여 각각으로 함. ¶남녀별로 따로 앉다.

▶ 남녀 공:학 男女共學 | 함께 공, 배울 학
[교육] 남(男)학생과 여(女)학생이 함께[共] 교육받는 학교(學校).

남-녘 (南-, 남녘 남) [south]
남(南)쪽. [반] 북(北)녘.

남:다 (餘, 남을 여) [be left over; yield a profit; remain; be handed down]
❶나머지가 있게 되다. ¶먹다 남은 밥 / 통장에 돈이 얼마 안 남았다. ❷이익을 보다. ¶많이 남는 장사. ❸따로 처져 있다. ¶학교에 남다. ❹뒤에까지 전하다. ¶역사에 길이 남다. [반] 모자라다, 밑지다.

남-다르다 [uncommon; unusual]
남과 유별히 다르다. ¶그는 남다른 능력을 가지고 있다. [비] 특별(特別)하다.

남단 南端 | 남녘 남, 끝 단
[southern extremity]
남(南)쪽의 끝[端]. ¶한반도 남단에 위치한 부산.

남-대문 南大門 | 남녘 남, 큰 대, 문 문
[고적] 남(南)쪽에 있는 큰[大] 문(門). 서울에 위치한 '숭례문'(崇禮門)의 딴이름.

남도 南道 | 남녘 남, 길 도
[southern provinces of]
❶[속뜻] 남과 북으로 되어 있는 도에서 남(南)쪽에 있는 도(道)를 이르는 말. ❷경기도 이남의 충청도와 전라도, 경상도, 제주도를 통틀어 이르는 말. ¶남도 가락을 좋아하다. [반] 북도(北道).

***남동** 南東 | 남녘 남, 동녘 동 [southeast]

남(南)쪽과 동(東)쪽 사이인 방향. ㊐ 동남.

▸ 남동-쪽 (南東—)
남쪽을 기준으로 남(南)쪽과 동(東)쪽 사이의 방위.

▸ 남동-풍 南東風 | 바람 풍
남동(南東)쪽에서 북서쪽으로 부는 바람[風]. ¶여름에 남동풍이 분다.

남-동생 (男—, 사내 남) [(one's) younger brother; one's little brother]
남자(男子) 동생. ㊎ 여동생(女同生).

남:루 襤褸 | 누더기 람, 누더기 루 [shabby; ragged]
옷 따위가 때 묻고 해어져[襤] 너절함[褸]. ¶옷차림이 남루하다. ㊐ 누더기.

⁑**남매** 男妹 | 사내 남, 누이 매 [brother and sister]
오빠[男]와 누이[妹]. 누나와 남동생. ㊐ 오누이.

남-모르다 [unknown to other people]
남이 알지 못하다. ¶그녀는 남모르는 고민이 있는 듯하다.

남문 南門 | 남녘 남, 문 문 [south gate]
❶ 속뜻 남(南)쪽으로 난 문(門). ❷성곽의 남쪽에 있는 문. ㊎ 북문(北門).

남-반구 南半球 | 남녘 남, 반 반, 공 구 [Southern Hemisphere]
지리 지구(地球)를 반(半)으로 나누었을 때 적도 이남(以南)의 부분. ¶남반구는 북반구에 비해 바다 면적이 훨씬 넓다. ㊎ 북반구(北半球).

남:발 濫發 | 함부로 람, 쏠 발 [overissue]
❶ 속뜻 화폐나 증명서 따위를 함부로[濫] 발행(發行)함. ❷어떤 말이나 행동을 함부로 함. ¶지키지도 못할 약속을 남발하다.

남방 南方 | 남녘 남, 모 방 [south]
남(南)쪽 지방(地方). ¶따뜻한 남방의 겨울 날씨. ㊎ 북방(北方).

⁑**남부** 南部 | 남녘 남, 나눌 부 [southern part]
어느 지역의 남(南)쪽 부분(部分). ¶남부 지방에 호우가 쏟아졌다. ㊎ 북부(北部).

남-부끄럽다 [shameful; disgraceful]
창피하여 남을 대하기가 부끄럽다. ¶남부끄럽지 않은 살림.

남-부럽다 [be envious of others]
남의 훌륭한 점을 보고 그와 같이 되고 싶다. ¶남부럽지 않게 살다.

남북 南北 | 남녘 남, 북녘 북 [north and south]
❶ 속뜻 남(南)쪽과 북(北)쪽. ❷남한(南韓)과 북한(北韓)을 아울러 이르는 말. ¶남북 교류.

남-북한 南北韓 | 남녘 남, 북녘 북, 나라 한
남한(南漢)과 북한(北韓)을 통틀어 이르는 말.

남빙-양 南氷洋 | 남녘 남, 얼음 빙, 큰바다 양 [Antarctic Ocean]
지리 남극(南極) 지역에 얼음[氷]으로 덮여있는 큰 바다[洋].

남-빛 (藍—, 쪽 남{람}) [deep blue]
쪽[藍]과 같이 짙은 푸른빛. ㊐ 남색(藍色).

남-사당 (男—, 사내 남) [wayfaring male entertainer]
민속 떠돌아다니면서 소리나 춤을 팔던 사내들의[男] 무리.

▸ 남사당-패 (男—牌, 사내 남, 패 패)
민속 남(男)사당의 무리[牌].

▸ 남사당-놀이 (男—, 사내 남)
민속 남(男)사당패가 벌이는 노래, 춤, 재주, 연극 따위의 놀음.

남산 南山 | 남녘 남, 메 산
❶ 속뜻 남(南)쪽에 있는 산(山). ❷ 지리 서울특별시 중구와 용산구 사이에 있는 산. 예전에 한양의 궁성에서 남쪽에 있는 산이라는 데서 유래하였다.

남색 藍色 | 쪽 람, 빛 색 [deep blue]
쪽[藍]과 같은 짙은 푸른빛[色].

남서 南西 | 남녘 남, 서녘 서 [southwest]

남(南)쪽과 서(西)쪽을 아울러 이르는 말.

▸남서-쪽 (南西—)
남쪽을 기준으로 남(南)쪽과 서(西)쪽 사이의 방위.

▸남서-풍 南西風 | 바람 풍
남서(南西)쪽에서 불어오는 바람[風]. ¶남서풍이 강하게 불었다. [비] 곤신풍(坤申風).

남성 男性 | 사내 남, 성별 성 [male]
❶[속뜻] 성(性)의 측면에서 남자(男子)를 이르는 말. ❷[언어] 인도-유럽어 문법에서 단어를 성(性)에 따라 구별한 종류의 한 가지. 남성 명사, 남성 대명사 따위. [반] 여성(女性).

▸남성-복 男性服 | 옷 복
남성(男性)들이 입는 옷[服]. ¶남성복만을 파는 가게.

남아 男兒 | 사내 남, 아이 아 [boy; manly man]
❶[속뜻] 사내[男] 아이[兒]. ¶남아를 선호하다. ❷남자다운 남자. ¶씩씩한 대한의 남아. [반] 여아(女兒).

남아-돌다 [be more than enough]
사람이나 물건이 아주 넉넉하여, 여분이 많이 있다. ¶그녀는 돈이 남아돌 정도로 많다.

남-아메리카 (南America, 남녘 남) [South America]
[지리] 아메리카(America) 대륙의 남(南)쪽 지역. [비] 남미(南美).

남:용 濫用 | 함부로 람, 쓸 용 [abuse]
함부로[濫] 씀[用]. 마구 씀. ¶약물을 남용하다. [반] 절용(節用).

남위 南緯 | 남녘 남, 가로 위 [south latitude]
[지리] 적도(赤道) 이남(以南)의 위도(緯度). 적도가 0도이고 남극이 90도이다. ¶아르헨티나는 남위 22도와 55도 사이에 위치해 있다. [반] 북위(北緯).

남-유럽 (南Europe, 남녘 남) [Southern Europe]
[지리] 남부(南部) 유럽(Europe). 이탈리아·프랑스 남부·에스파냐 등지. ¶포도주는 남유럽이 유명하다.

***남자** 男子 | 사내 남, 접미사 자 [man]
❶[속뜻] 남성(男性)인 사람[子]. ¶남자 친구. ❷남성다운 사내. ¶그는 남자 중에 남자이다. [반] 여자(女子), 여인(女人), 부녀자(婦女子), 아녀자(兒女子), 여성(女性).

▸남자-답다 (男子—)
보기에 남자(男子)가 씩씩하고 듬직하다. ¶남자답지 못한 행동.

남작 男爵 | 사내 남, 벼슬 작 [baron]
오등작(五等爵) 중에 마지막 남(男)에 해당되는 작위(爵位). 또는 그 작위를 가진 사람. [참] 공작(公爵), 후작(侯爵), 백작(伯爵), 자작(子爵).

남장 男裝 | 사내 남, 꾸밀 장 [male attire; men's clothes]
여자가 남자(男子)처럼 꾸며 차림[裝]. ¶그녀는 남장을 하고 아버지를 대신해 전쟁터에 나갔다. [반] 여장(女裝).

남존-여비 男尊女卑 | 사내 남, 높을 존, 여자 녀, 낮을 비
남성(男性)을 존중(尊重)하고 여성(女性)을 비천(卑賤)하게 여기는 일. ¶남존여비 사상이 강하다. [반] 여존남비(女尊男卑).

남중 南中 | 남녘 남, 가운데 중 [southing; culmination]
[지리] 태양이 남(南)쪽 하늘의 한가운데[中] 이르는 일.

▸남중 고도 南中高度 | 높을 고, 정도 도
[지리] 태양이 남(南)쪽 하늘의 한 가운데[中] 이르렀을 때의 고도(高度).

남짓 [little above]
수량이 한도에 차고 조금 남는 정도. ¶2년 남짓.

남-쪽 (南—, 남녘 남) [south]
남극(南極)을 가리키는 쪽. [비] 남방(南方). [반] 북쪽(北-).

남촌 南村 | 남녘 남, 마을 촌
남(南)쪽에 있는 마을[村]. ⓑ 북촌(北村).

남침 南侵 | 남녘 남, 쳐들어갈 침
[invade the south]
북쪽에 있는 나라가 남(南)쪽에 있는 나라를 쳐들어 옴[侵]. ¶1950년 6월 25일 북한이 남침했다. ⓑ 북침(北侵).

남탕 男湯 | 사내 남, 욕탕 탕
[men's bathroom (of a public bath)]
남자(男子)들이 목욕하는 탕(湯). ⓑ 여탕(女湯).

남파 南派 | 남녘 남, 보낼 파
[send (a spy) into the south]
남(南)쪽으로 파견(派遣)함. ¶북한은 간첩을 남파했다.

***남편** 男便 | 사내 남, 쪽 편 [husband]
혼인한 부부의 남자(男子) 쪽[便]을 일컫는 말. ⓗ 부군(夫君). ⓑ 아내.

남포 [lamp]
영어 'lamp'의 음역어. 석유를 넣어 심지에 불을 켜는, 유리 바람막이가 있는 등잔. '남포등'의 준말.

남풍 南風 | 남녘 남, 바람 풍
[south wind]
남(南)쪽에서 불어오는 바람[風]. ⓗ 마파람. ⓑ 북풍(北風).

남하 南下 | 남녘 남, 아래 하
[advance southward]
남(南)쪽으로 내려감[下]. 또는 내려옴. ⓑ 북상(北上).

남-학생 男學生 | 사내 남, 배울 학, 사람 생
[male pupil; school boy]
남자(男子) 학생(學生). ⓑ 여학생(女學生).

남한 南韓 | 남녘 남, 한국 한
[South Korea]
국토가 분단된 후 한반도 38선 이남(以南)의 한국(韓國). ⓑ 북한(北韓).

남-한강 南漢江 | 남녘 남, 한양 한, 강 강
지리 남(南)쪽 지역을 흘러 들어오는 한강(漢江). 한강의 2대 지류 가운데 하나이다.

남한산-성 南漢山城 | 남녘 남, 한수 한, 메 산, 성곽 성
고적 경기도 광주시 중부면 산성리 남한산(南漢山)에 있는 산성(山城).

남해 南海 | 남녘 남, 바다 해
[South Sea]
❶ 속뜻 남(南)쪽 바다[海]. ❷ 지리 한반도 남쪽 연안의 바다 이름.

남-해ː안 南海岸 | 남녘 남, 바다 해, 언덕 안 [south coast]
남(南)쪽에 있는 해안(海岸). ¶남해안으로 피서를 가다.

남향 南向 | 남녘 남, 향할 향
[facing south]
남(南)쪽을 향(向)함. ¶이 집은 남향이다. ⓑ 북향(北向).

납 (鉛, 납 연) [lead]
화학 푸르스름한 잿빛의 금속 원소. 잘 펴지는 성질이 있어 땜납·연판·활자 합금 등으로 쓴다. 원자 기호는 'Pb'.

납골 納骨 | 바칠 납, 뼈 골
[laying (a person's) ashes to rest]
유골(遺骨)을 일정한 그릇에 담아[納] 모심.

▶**납골-당** 納骨堂 | 집 당
유골을 안치하는[納骨] 건물[堂]. ¶할아버지의 유골을 납골당에 안치했다.

납득 納得 | 들일 납, 얻을 득 [understand]
남의 말이나 행동을 받아들여[納] 이해함[得]. ¶네 말은 납득할 수 없다.

납-땜 [solder]
땜납으로 쇠붙이를 때우는 일.

납량 納涼 | 들일 납, 서늘할 량
[enjoy the cool air; cool oneself]
여름에 시원한[涼] 곳에 나가서 바람을 쐼[納]. ¶납량 특집 프로그램.

납부 納付 | 바칠 납, 줄 부 [pay]
세금이나 공과금 따위를 관계기관에 바치거나[納] 건네 줌[付]. ¶가까운 은행에 납

부하시오. ㊈ 납입(納入).

납세 納稅 | 바칠 납, 세금 세 [payment of taxes]
세금(稅金)을 바침[納]. ¶납세의 의무. ㊈ 세납(稅納).

▸**납세-자** 納稅者 | 사람 자
세금(稅金)을 내는[納] 사람[者]. ¶재산세는 납세자가 직접 부담하는 직접세이다.

납입 納入 | 바칠 납, 들 입 [payment]
세금이나 공과금 따위를 내는 것[納=入]. ㊈ 납부(納付).

납작 [flat; low]
몸을 냉큼 바닥에 바짝 대고 엎드리는 모양. ¶바닥에 납작 엎드리다.

▸**납작-칼**
칼날의 모양이 납작한 칼.

▸**납작-코**
콧등이 낮고 가로 퍼진 코.

납작-하다 [flat; low]
판판하고 얇으면서 약간 넓다. 큰말은 '넙적하다'. ¶납작한 접시에 떡을 담았다.

납치 拉致 | 끌어갈 랍, 보낼 치 [kidnap]
강제 수단을 써서 억지로 끌어서[拉] 데리고 감[致]. ¶항공기를 납치하다. ㊈ 유괴(誘拐).

납품 納品 | 바칠 납, 물건 품 [delivered goods]
물품(物品)을 가져다 줌[納].

낫 [sickle; scythe]
풀·곡식 등을 베는 'ㄱ'자 모양의 연장.

낫:다[1] [get well]
병이나 상처 따위 몸의 이상이 없어지다. ¶병이 말끔히 나았다. ㊈ 치유(治癒)되다.

낫:다[2] [be better than]
서로 견주어 보다 더 좋거나 앞서 있다. ¶그것보다 이것이 좀 낫다. ㊈ 우월(優越)하다. ㊉ 못하다.

낭군 郎君 | 남편 랑, 임금 군 [(my) dear husband]
젊은 아내가 남편[郎]을 임금[君]에 빗대어 정답게 일컫던 말. ㊈ 남편(男便).

*****낭:독** 朗讀 | 밝을 랑, 읽을 독 [read aloud]
또랑또랑하게[朗] 소리내어 읽음[讀]. ¶시를 낭독하다. ㊈ 낭송(朗誦).

낭-떠러지 [cliff; precipice]
깎아지른 듯한 언덕. ㊈ 벼랑, 절벽(絶壁).

낭:랑 朗朗 | 밝을 랑, 밝을 랑 [ringing; clear]
❶ 속뜻 소리 따위가 매우 밝음[朗=朗]. ❷ 소리가 매우 맑고 또랑또랑하다. ¶낭랑한 목소리.

낭:만 浪漫 | 물결 랑, 흩어질 만 [romantic]
❶ 속뜻 'romantic'의 한자 음역어 '浪漫蒂克'의 준말. ❷매우 정서적이며 이상적으로 사물을 파악하는 심리 상태나 그러한 분위기. ¶낭만을 즐기다 / 낭만적인 밤.

낭:비 浪費 | 함부로 랑, 쓸 비 [waste; squander]
함부로[浪] 씀[費]. ¶시간을 낭비하다. ㊉ 절약(節約).

낭:송 朗誦 | 밝을 랑, 욀 송 [recite]
또랑또랑하게[朗] 소리내어 외움[誦]. ¶시를 낭송하다 / 낭송회. ㊈ 낭독(朗讀), 독송(讀誦).

낭자 娘子 | 소녀 낭, 접미사 자 [maiden; virgin]
예전에 '처녀'[娘]를 높여 이르던 말. ㊈ 처녀(處女), 규수(閨秀). ㊉ 도령.

낭:패 狼狽 | 이리 랑, 이리 패 [trouble; fail]
❶ 속뜻 전설상의 동물 '狼'과 '狽'는 항상 둘이 함께 있어야 걸을 수 있었는데, 이 둘이 서로 떨어져 허둥지둥하던 것을 이름. ❷실패 따위를 당하여 허둥지둥함. 또는 매우 딱하게 됨. ¶낭패를 당하다.

낮 (午, 낮 오; 晝, 낮 주) [daytime; noon]
해가 떠 있는 동안. ¶낮에 밭을 갈고 밤에 공부를 하다. ㊈ 주간(晝間). ㊉ 밤, 야간

(夜間).

낮다 (低, 낮을 저) [low]
❶높이가 작다. ¶의자가 낮다 / 먹구름이 낮게 깔려 있다. ❷음성이 높지 않다. ¶낮은 목소리. ❸정도·지위 또는 능력·수준 따위가 아래로 되어 있다. ¶문화 수준이 낮다. [반] 높다.

♣ 낮다 / 얕다 (비슷한 듯 다른 말)

◎ 이 집은 천장이 매우 낮다 = 얕다.
○ 이 구두는 굽이 낮다.
× 이 구두는 굽이 얕다.
○ 물이 얕은 곳.
× 물이 낮은 곳.

낮은음자리-표 (—音—標, 소리 음, 나타낼 표) [bass clef]
[음악] 악보에서 낮은 음(音)을 표현하는 데 쓰는 기호[標]. [반] 높은음자리표.

낮-잠 [nap; afternoon nap]
낮에 자는 잠. ¶아기가 낮잠을 잔다. [비] 오수(午睡).

낮추다 [lower]
❶낮게 하다. ¶목소리를 낮추다 / 값을 낮추다 / 온도를 낮추다. ❷하대의 말을 쓰다. ¶말씀 낮추십시오. [반] 높이다.

비슷한 듯 다른 말 ➲ 내리다

낮춤-말 [intimate speech]
[언어] 상대를 낮추어 하는 말. [반] 높임말.

낯 (面, 낯 면) [face; honor]
❶얼굴의 바닥. ¶낯을 붉히다 / 좋은 낯으로 대하다. ❷드러내서 남을 대할 만한 체면. ¶무슨 낯으로 그를 대하나 / 부모님 대할 낯이 없다. [비] 안면(顔面), 면목(面目). [속담] 웃는 낯에 침 뱉으랴.

낯-가림 [being afraid of strangers]
어린아이가 낯선 사람을 대하기 싫어하는 일. ¶낯가림이 심하다.

낯-뜨겁다 [shameful; disgraceful]
얼굴이 뜨거워질 만큼 남 보기에 몹시 부끄럽다. [비] 창피(猖披)하다.

낯-모르다
상대방을 모르다. 상대방과 안면이 없다. ¶낯모르는 여자가 나를 찾아왔다.

낯-빛 [complexion; face color]
얼굴에 드러나는 빛깔. [비] 안색(顔色).

낯-설다 [unfamiliar; strange]
❶상대와 친하지 않아 어색하다. ¶낯선 사람을 따라가면 안 된다. ❷어떤 사물이 눈에 익지 않다. ¶낯선 타향에서 추석을 보내다. [반] 낯익다.

낯-익다 [familiar; be well known]
얼굴이나 사물이 여러 번 보아 눈에 익숙하다. ¶낯익은 얼굴. [반] 낯설다.

낯-짝 [face]
낯. 얼굴의 속된 말. ¶무슨 낯짝으로 여기를 왔느냐.

낱ː (個, 낱 개) [piece; item]
셀 수 있게 된 물건의 하나하나.

낱ː-개 (—個, 낱 개) [each piece]
따로따로의 한 개(個) 한 개. ¶색연필을 낱개로 샀다. [준] 낱.

낱ː-권 (—卷, 책 권) [volume]
따로따로의 한 권(卷) 한 권.

낱ː낱-이 [one by one; individually]
하나하나 빠짐없이 모두. ¶그 일에 관하여 낱낱이 보고하다.

낱ː-눈
[동물] 곤충의 겹눈을 이루는 하나하나의 단위가 되는 눈.

낱ː-말 [word; vocabulary]
[언어] 일정한 뜻과 기능을 하며, 홀로 쓰일 수 있는 낱개의 말. [비] 단어(單語).

▸낱ː말-밭
뜻이 서로 관계가 깊은 낱말들의 집합.

▸낱ː말 카드 (—card)
낱말을 적은 종이 딱지[card].

낱ː-알 [grain]

하나하나 따로따로의 알. ¶논에 낟은 벼 낟알을 줍다.

낱:-자 (一字, 글자 자) [alphabet]
[언어] 한 개의 음절을 자음과 모음으로 갈라서 적을 수 있는 낱낱의 글자[字]. 자음 자모와 모음 자모, 쌍자모와 복자모 따위. [비] 자모(字母).

낱:-장 (一張, 단위 장) [sheet]
따로따로의 한 장(張).

낳:다 (産, 낳을 산) [bear; produce]
❶밴 아이나 새끼·알을 몸 밖으로 내놓다. ¶쌍둥이를 낳다 / 닭이 알을 낳다. ❷어떤 결과를 이루거나 가져오다. ¶분단의 비극을 낳다 / 좋은 결과를 낳았다. [비] 출산(出産)하다, 생산(生産)하다.

내:[1](川, 내 천) [stream]
시내보다 크고 강보다는 작은 물줄기. [비] 개천.

내[2] [smell; odor]
'냄새'의 준말. ¶뭔가 쾨쾨한 내가 나다.

내[3] (我, 나 아; 吾, 나 오) [I]
나. 주격 조사 '가' 앞에 쓰이는 제1인칭 대명사. ¶내가 가겠다.

내[4] [my]
'나의'의 뜻. ¶그 시계는 내 것이다.

내:[5] 內 | 안 내 [within]
어떤 범위의 안[內]. ¶기한 내에 일을 마치다. [비] 외(外).

내:-가다 [take out; remove]
안에서 밖으로 가져가다. ¶밥상을 부엌으로 내가다.

내:각[1] 內角 | 안 내, 뿔 각
[interior angle]
[수학] 서로 만나는 두 직선의 안[內]쪽 각(角). 또는 다각형의 안쪽 각. [반] 외각(外角).

내:각[2] 內閣 | 안 내, 관청 각
[cabinet; Ministry]
❶[속뜻] 행정부 안[內]의 각료(閣僚). ❷[정치] 국가의 행정권을 담당하는 최고 합의기관.

▶**내:각-제** 內閣制 | 정할 제
국회의 신임에 따라 정부[內閣]가 성립, 존속하는 정치 제도(制度).

내:-걸다 [hang out; hold up; stake]
❶밖에 내어 걸다. ¶기를 내걸다. ❷앞세우거나 내세우다. ¶요구 조건을 내걸다 / 허울 좋은 명분을 내걸다. ❸희생을 무릅쓰다. ¶목숨을 내걸고 싸우다.

내:걸-리다
간판·현수막·깃발 같은 것이 밖이나 앞쪽에 나와 걸리다.

내:과 內科 | 안 내, 분과 과
[internal department]
[의학] 내장(內臟)의 병을 수술하지 않고 치료하는 임상 의학의 한 분과(分科). [반] 외과(外科).

내:구 耐久 | 견딜 내, 오랠 구
[endurance; durability]
오래[久] 견딤[耐]. 오래 지속함. [비] 내용(耐用).

▶**내:구-성** 耐久性 | 성질 성
변질되거나 변형되지 않고 오래 견디는[耐久] 성질(性質). ¶이 제품은 내구성이 좋다.

내:국 內國 | 안 내, 나라 국
[home country]
❶[속뜻] 나라[國] 안[內]. ❷자기 나라를 다른 나라에 상대하여 이르는 말. ¶내국 기업. [비] 국내(國內). [반] 외국(外國).

▶**내:국-인** 內國人 | 사람 인
자기 나라[內國]의 국적을 가진 사람[人]. ¶내국인 투자가 늘다. [반] 외국인(外國人).

내:기 [bet]
돈이나 물건을 걸어 놓고 이기는 사람이 가지기를 다투는 일. ¶축구 경기를 두고 내기하다.

내:내 [all the time]
처음부터 끝까지. 줄곧. ¶이틀 내내 비가 왔다.

내년 來年 | 올 래, 해 년
[next year; coming year]
올해의 다음[來] 해[年]. [비] 이듬해, 명년(明年). [반] 작년(昨年), 금년(今年).

▸ 내년-도 來年度 | 정도 도
올해의 다음[來] 해[年]의 연도(年度). 내년의 한 해. ¶내년도 입시 경향을 파악하다.

내:-놓다 [put out; present]
❶어떤 범위 밖으로 옮겨 놓거나 꺼내 놓다. ¶울타리 밖으로 내놓다. ❷가진 것 또는 차지하고 있던 것을 내주다. ¶기부금으로 거액을 내놓다. ❸생각이나 의견을 제시하다. ¶타협안을 내놓다.

내:다 [take out; set up; produce]
❶안에 것을 밖으로 나오게 하다. ¶책상을 밖으로 내다 / 땀을 내다. ❷밖으로 드러나게 하다. ¶이름을 내다. ❸틈을 만들다. ¶시간을 내서 만나다. ❹어떤 상태로 만들거나 그렇게 되게 하다. ¶박살을 내다. ❺제출·출품·지급하거나 바치다. ¶세금을 내다. ❻음식 따위를 제공하다. ¶저녁을 내다. [반] 들이다.

내:다-버리다
밖으로 가져다가 버리다. ¶헌옷을 모두 내다버렸다.

내:다-보다 [look out; forecast]
❶안에서 밖을 보거나, 멀리 앞을 바라보다. ¶창밖을 내다보다. ❷앞일을 미리 헤아리다. ¶한 치 앞도 내다볼 수 없다. [반] 들여다보다.

내:-닫다 [start running; run out]
갑자기 힘차게 앞으로 뛰어나가다. ¶집까지 한달음에 내달았다.

내:-달 (來―, 올 래) [coming month]
이달의 다음[來] 달.

내:-달리다 [dart off]
힘차게 앞으로 달리다. ¶결승선까지 내달렸다.

내:-던지다 [throw away; abandon]
❶힘차게 던지다. ¶시계를 내던지다. ❷관계를 끊고 돌아보지 않다. ¶직장을 내던지다.

내:-동댕이치다 [throw away]
아무렇게나 뿌리쳐 버리다. 힘껏 마구 내던지다. ¶책을 내동댕이쳤다.

내:-두르다 [swing about]
이리저리 휘두르다. ¶팔을 내두르다.

내:-디디다 [step forward; advance]
❶발을 바깥쪽 또는 앞으로 밟다. ¶천천히 발을 내디뎠다. ❷어떤 일을 시작하다. ¶인생의 첫 걸음을 내디디다. [준] 내딛다.

내:-딛다 [step forward; advance]
'내디디다'의 준말.

내:란 內亂 | 안 내, 어지러울 란
[civil war; rebellion]
정부를 뒤엎을 목적으로 나라 안[內]에서 일으킨 난리(亂離). ¶장군은 내란을 평정했다. [비] 내전(內戰).

내려-가다 [go down]
❶높은 곳에서 낮은 곳으로 향해 가다. ¶아래층에 내려가다 / 기온이 내려가다. ❷서울에서 시골로 떠나가다. ¶고향으로 내려가다. [반] 올라가다.

내려-놓다 [take down; unload]
위에 있는 것을 아래로 내려서 놓다. ¶짐을 바닥에 내려놓다.

내려다-보다 [look down]
❶위에서 아래를 보다. ¶언덕에서 바다를 내려다보다. ❷자기보다 한층 낮추어 보다. ¶배웠다고 사람을 내려다보면 안 된다. [반] 올려다보다.

내려-보내다
위에서 밑으로 내려가도록 보내다. ¶일손이 부족하여 그를 아래층으로 내려보냈다.

내려본-각 (―角, 뿔 각)
[dip; angle of depression]
[수학] 높은 곳에서 낮은 곳에 있는 지점을 내려다볼 때, 그 시선과 수평면이 이루는

각(角). ㊥ 부각(俯角). ㊥ 올려본각.

내려-서다
[come down on one's feet]
높은 데서 낮은 곳으로 내려와 서다. ¶선생님은 단상을 내려섰다. ㊥ 올라서다.

내려-쓰다
글씨를 아래쪽에 쓰다. ¶제목을 쓰고 이름을 내려쓴다.

내려-앉다 [fall down; sink]
❶건물·다리·산 같은 것이 무너지다. ¶천장이 내려앉다. ❷아래로 내려와 앉다. ¶먼지가 뽀얗게 내려앉다.

내려-오다
[come down; be handed down]
❶높은 곳에서 낮은 곳으로 향해 오다. ¶산에서 내려오다. ❷서울에서 시골로 떠나오다. ¶서울에서 내려오신 큰아버지. ❸긴 세월을 지나 오늘날까지 전해 오다. ¶조상 대대로 내려온 가보(家寶). ㊥ 올라오다.

내려-찍다
[cut with a downward blow]
날붙이로 위에서 아래로 향하여 찍다. ¶나무를 내려찍어 두 쪽을 냈다.

내려-치다
[bring down; hit hard]
아래로 향하여 힘껏 때리거나 치다. ¶주먹으로 탁자를 내려쳤다.

***내력** 來歷 | 올 래, 지낼 력
[one's personal history; origin]
❶ 속뜻 지금까지 지내온[來] 경력(經歷). ¶살아온 내력을 소설로 쓰다. ❷어떤 과정을 거쳐서 온 까닭. ¶일이 그렇게 된 내력을 알아보라.

내로라-하다
[fancy oneself]
어떤 분야의 대표는 바로 나다 하고 자신을 가지다. ¶그는 내로라하는 집안의 자식이다.

****내:륙** 內陸 | 안 내, 뭍 륙
[inland; interior of a country]
지리 바다에서 안[內]쪽으로 멀리 떨어져 있는 육지(陸地). ¶내륙 지방.

내리 [down; straight through]
❶위에서 아래로 향하여 똑바로. ¶언덕에서 돌이 내리 굴렀다. ❷처음부터 끝까지. 잇달아 계속. ¶내리 세 시간을 서 있었다.

내리-깔다 [lower one's eyes]
시선을 아래로 하여 보다. ¶눈을 내리깔고 말하다.

내리-꽂다
위에서 아래로 힘차게 꽂거나 박다. ¶삽을 땅에 내리꽂다.

내리-누르다 [press down]
위에서 아래로 힘주어 누르다. ¶밤새 내린 눈이 지붕을 내리눌렀다.

내리다
[get off; come down; be decided]
❶높은 데서 낮은 데로 옮기다. ¶막을 내리다 / 값을 내리다. ❷상이나 벌 따위를 윗사람이 아랫사람에게 주다. ¶벌을 내리다 / 명령을 내리다. ❸결말을 짓다. ¶결론을 내리다. ㊥ 올리다.

♣ 내리다 / 낮추다 (비슷한 듯 다른 말)

◎ 값을 내리다 = 낮추다.

○ 선반에서 짐을 내리다.
× 선반에서 짐을 낮추다.

○ 목소리를 낮추어 말하다.
× 목소리를 내려 말하다.

비슷한 듯 다른 말 ➲ 떨어지다

내리-뜨다 [lower one's eyes]
눈을 아래로 향해 뜨다. ¶그녀는 눈을 내리뜨고 앉아 있었다. ㊥ 치뜨다.

내리막 [downward slope; downhill]
내려가는 길이나 땅의 바닥. ㊥ 오르막.
▸내리막-길
내리막으로 된 길. ㊥ 오르막길.

내리-사랑

손윗사람이 손아랫사람에게 내려주는 사랑. ⓑ치사랑. 속담 내리사랑은 있어도 치사랑은 없다.

내리-쬐다 [shine down]
별이 세차게 비치다. ¶햇볕이 내리쬐다.

내리-치다 [strike down]
아래로 향하여 함부로 때리다. ¶책상을 힘껏 내리쳤다.

내림-세 (一勢, 기세 세) [downward tendency]
시세·물가가 내리는 기세(氣勢). ⓑ하락세(下落勢). ⓑ오름세.

내림-표 (一標, 나타낼 표) [flat]
음악 본래 음보다 반음(半音) 내리는 기호[標]. 기호는 '♭'. ⓑ올림표(標).

내:막 內幕 | 안 내, 막 막 [inside facts]
❶속뜻 장막(帳幕)으로 둘러싸인 그 안[內] 쪽. ❷내부의 사정. 일의 속내. ¶사건의 내막이 궁금하다.

내:-맡기다 [entrust to; let take its own course]
❶아주 맡기어 버리다. ¶운영권 일체를 내맡기다. ❷되는대로 내버려 두다. ¶운명에 내맡기다. ⓑ일임(一任)하다.

내:면 內面 | 안 내, 낯 면 [inside; interior]
❶속뜻 안[內] 쪽을 향한 면(面). ❷사람의 정신이나 심리에 관한 면. ¶이 작품은 인간의 내면세계를 그렸다. ⓑ외면(外面).

내:-몰다 [turn out; fire]
❶밖으로 몰아 내쫓다. ¶길거리로 내몰다. ❷직장이나 단체에서 쫓아내다. ¶독재자를 권좌에서 내몰다.

내:무 內務 | 안 내, 일 무 [internal affairs]
나라 안[內]의 정무(政務). ⓑ외무(外務).

▶내:무-반 內務班 | 나눌 반
군사 병영에서 군인들이 일상생활을 하는 [內務] 방[班].

▶내:무-부 內務部 | 나눌 부
법률 주로 국내(國內)의 정무(政務)를 맡아보던 중앙 행정 부서(部署).

내:-밀다 [stretch out]
안에서 밖으로 내보내다. ¶창밖으로 손을 내밀었다. ⓑ들이밀다.

내:-뱉다 [spit (out)]
❶입 밖으로 힘껏 뱉다. ¶가래를 내뱉다. ❷말을 툭 해 버리다. ¶불만을 내뱉다.

내:버려-두다 [let take its own course; let alone]
❶건드리지 않고 그대로 두다. ❷상관하거나 돌보거나 하지 않다. ¶제 마음대로 하게 내버려두다.

내:-버리다 [throw away]
필요 없게 된 것을 아주 버리다. ¶쓰레기를 내버리다.

내:-보내다 [let go out]
안에서 밖으로 나가게 하다. ¶아이를 내보내고 둘은 이야기를 나누었다.

내보-이다 [produce]
속의 것을 꺼내어 보이다. ¶불안한 기색을 내보이다.

내:복[1] 內服 | 안 내, 옷 복 [underwear]
안[內]에 입는 옷[服]. ¶내복을 입으면 난방비를 절약할 수 있다. ⓑ속옷, 내의(內衣). ⓑ겉옷.

내:복[2] 內服 | 안 내, 먹을 복 [internal use]
약을 입 안[內]에 넣어 먹음[服]. 약을 먹음.

▶내:복-약 內服藥 | 약 약
약학 먹는[內服] 약(藥). ⓑ외용약(外用藥).

*__내:부__ 內部 | 안 내, 나눌 부 [inside; interior]
❶속뜻 사물의 안쪽[內] 부분(部分). ¶내부 수리 / 건물 내부. ❷어떤 조직에 속하는 범위. ¶회사 내부 사정에 밝다. ⓑ외부(外部).

내:분 內紛 | 안 내, 어지러워질 분

[internal trouble]
내부(內部)에서 일어난 분쟁(紛爭). ¶내분이 끊이지 않다.

내:-비치다 [be transparent]
모습이나 행동, 감정을 드러내 보이다. ¶속살이 내비치다 / 사퇴의 뜻을 내비치다.

내빈 來賓 | 올 래, 손님 빈
[guest; visitor]
초대를 받아 찾아온[來] 손님[賓]. ¶참석하신 내빈 여러분께 감사드립니다.

내:-빼다 [flee; run away]
'달아나다'의 속된말. ¶경찰을 보자 도둑은 그대로 내뺐다.

내:-뿜다 [spout (out)]
밖으로 세게 뿜다. ¶분수가 물을 내뿜고 있다.

내:색 (一色, 빛 색)
[show on one's face]
마음속에 느낀 것을 얼굴에 드러냄. 또는 그 안색(顔色). ¶전혀 싫은 내색을 하지 않다.

내:생 來生 | 올 래, 날 생
[afterlife; life after death]
죽은 뒤에 올[來] 생애(生涯). ㊎ 후생(後生). ㊗ 전생(前生), 금생(今生).

내:성1 內城 | 안 내, 성곽 성
이중으로 쌓은 성에서 안[內]쪽의 성(城). ¶내성과 외성 사이에 못을 파놓았다. ㊗ 외성(外城).

내:성2 耐性 | 견딜 내, 성질 성 [tolerance]
❶ 속뜻 견딜[耐] 수 있는 성질(性質). ❷약물을 반복해서 복용할 때 약효가 저하하는 현상. ¶두통약은 내성이 있다.

내:성3 內省 | 안 내, 살필 성 [introspection]
자신의 내면(內面)을 돌이켜 살펴봄[省].
▸내:성-적 內省的 | 것 적
겉으로 드러내지 않고 속으로만 생각하는[內省] 것[的]. ¶그는 내성적이어서 친해지기 힘들다. ㊗ 외향적(外向的).

내세 來世 | 올 래, 세상 세
[afterlife; future life]
불교 죽은 뒤에 영혼이 다시 태어나 산다는 미래(未來)의 세상(世上). ¶내세의 명복을 빌다. ㊎ 후세(後世). ㊗ 현세(現世), 전세(前世).

내:-세우다 [make stand for]
❶나와서 서게 하다. ¶반장을 맨 앞줄에 내세우다. ❷나서게 하다. ¶목격자를 증인으로 내세우다. ❸자기의 주장이나 견해를 주장하다. ¶자기 입장만 내세우다.

내:숭 [wickedness; trickiness]
속마음과는 다르게 말이나 행동을 꾸며 보이는 것. ¶내숭을 떨다.

내:시 內侍 | 안 내, 모실 시 [eunuch]
역사 궁궐 안[內]에서 임금의 시중을 들던[侍] 관리. ㊎ 환관(宦官). ㊗ 궁녀.

내:시-경 內視鏡 | 안 내, 볼 시, 거울 경
[endoscope]
의학 신체의 내부(內部)를 들여다볼[視] 수 있도록 렌즈[鏡]를 단 의료 장비. ¶내시경 검사를 받았다.

내:신 內申 | 안 내, 아뢸 신 [confidential report]
❶ 속뜻 내적(內的)으로 남몰래 아룀[申]. ❷ 교육 상급 학교 진학이나 취직과 관련하여 선발의 자료가 될 수 있도록 지원자의 출신 학교에서 학업 성적, 품행 등을 적어 보냄. 또는 그 성적. ¶이 학교는 내신 1등급만 지원할 수 있다.

내:실 內實 | 안 내, 채울 실
[substance; substantiality]
속[內]이 알참[實]. ㊗ 허례(虛禮), 허식(虛飾).

내:심 內心 | 안 내, 마음 심
[one's real intention; one's mind]
❶ 속뜻 속[內] 마음[心]. ❷은근히. 마음속으로. ¶내심 그를 무척 그리워했다. ❸ 수학 삼각형에 내접(內接)하는 원의 중심(中心). ㊗ 외심(外心).

내:-쏘다

총, 화살 따위를 안에서 밖으로 향하여 쏘다. ¶화살을 내쏘다.

내:야 內野 | 안 내, 들 야 [infield; diamond]
운동 야구장에서, 네 개의 루를 이은 사각형 안[內]의 들판[野]. 반 외야(外野).

▶ 내:야-수 內野手 | 사람 수
운동 야구장에서, 내야(內野)를 수비하는 선수(選手). 반 외야수(外野手).

내:역 內譯 | 안 내, 풀이할 역 [breakdown; items; details]
❶ 속뜻 내용(內容)을 자세히 풀이함[譯]. ❷물품이나 금액 따위의 자세한 내용이나 명세. 또는 그런 명세. ¶공사비 내역 / 물품 내역.

내:열 耐熱 | 견딜 내, 더울 열 [heat resisting]
공업 높은 열(熱)에도 잘 견딤[耐]. ¶내열 장치를 해놓다.

▶ 내:열-성 耐熱性 | 성질 성
공업 높은 온도에서도 변하지 않고 잘 견디어 내는[耐熱] 성질(性質). ¶내열성이 강하다.

내:-오다 [take out]
안에서 밖으로 가져오다. ¶음식을 내오다.

내왕 來往 | 올 래, 갈 왕 [come and go]
오고[來] 감[往]. ¶내왕이 잦았다. 비 왕래(往來).

내:외 內外 | 안 내, 밖 외 [inside and outside]
❶ 속뜻 안[內]과 밖[外]. 안팎. ¶경기장 내외를 가득 메운 관중들. ❷부부(夫婦). ¶장관 내외가 함께 참석하였다. ❸국내와 국외. ❹수량, 시간 따위를 나타내는 말에 이어 쓰여 '그에 가까움'을 뜻하는 말. ¶500자 내외의 글.

▶ 내:외-분 (內外-)
'부부'[內外]의 높임말.

▶ 내:외-하다 (內外-)
남의 남녀[內外] 사이에 서로 얼굴을 마주 대하지 않고 피하다. ¶얼마 전까지만 해도 남녀 간에 내외하는 것이 예의였다.

****내:용** 內容 | 안 내, 담을 용 [contents]
❶ 속뜻 그릇이나 포장 따위의 속[內]에 들어있는[容] 것. ❷글이나 말 따위에 담겨져 있는 사항. ¶글의 내용을 잘 알아야 한다. 반 형식(形式).

▶ 내:용-물 內容物 | 만물 물
속[內]에 들어있는[容] 물건이나 물질(物質). ¶소포의 내용물을 확인하다.

내:우 內憂 | 안 내, 근심할 우 [internal trouble]
나라 안이나 조직 내부(內部)의 걱정스러운[憂] 사태. ¶나라가 내우로 혼란스럽다.

▶ 내:우-외환 內憂外患 | 밖 외, 근심 환
국내(國內)의 정세가 어지러운[憂] 때 외국(外國)과도 어려운 상태[患]. ¶내우외환이 겹쳤다.

내음 [smell]
'냄새'의 경상 방언. ¶향긋한 꽃내음.

내:의 內衣 | 안 내, 옷 의 [underwear; underclothes]
안[內]에 입는 옷[衣]. ¶겨울에는 내의를 입는다. 반 겉옷.

내:-의원 內醫院 | 안 내, 치료할 의, 집 원
역사 조선시대 왕실 내부(內部)의 의약(醫藥)을 맡아보던 관아[院].

***내일** 來日 | 올 래, 날 일 [tomorrow]
오늘의 바로 다음[來] 날[日]. ¶내일은 금요일이다. 비 명일(明日). 반 오늘, 어제.

▶ 내일-모레 (來日-)
❶내일(來日)의 그 다음 날. ❷가까운 때. ¶내일모레면 서른이다.

내:장[1] 內藏 | 안 내, 감출 장 [have built in]
안[內]에 가지고[藏] 있음. ¶자동 제어장치가 내장되어 있다.

내:장[2] 內臟 | 안 내, 오장 장 [internal organs]

의학 동물의 몸 속[內]에 있는 장기(臟器). 위(胃), 장(腸), 간(肝) 따위. ¶그는 오랫동안 병을 앓아 내장이 성한 데가 없었다.

내:전 內戰 | 안 내, 싸울 전
[internal war]
국내(國內)에서 벌어진 전쟁(戰爭). ⓑ 내란(內亂).

내:-젓다 [wag; wave; swing]
❶손이나 손에 든 물건 따위를 내어 휘두르다. ¶팔을 내젓다. ❷고개를 좌우로 흔들다. ¶설레설레 고개를 내젓다.

내:정[1] 內定 | 안 내, 정할 정
[decide unofficial]
비공식적으로 내부(內部)에서 정(定)함. ¶그는 이사로 내정되었다.

내:정[2] 內政 | 안 내, 정치 정
[internal affairs]
국내(國內)의 정치(政治). ¶청나라는 조선의 내정을 간섭했다.

내:조 內助 | 안 내, 도울 조
[one's wife's help]
안[內] 사람의 도움[助]. ¶내가 성공한 것은 아내의 내조 덕분이다.

내주 來週 | 올 래, 주일 주
[next week; coming week]
다음에 오는[來] 주(週). ⓑ 전주(前週).

내:-주다 [hand over; give (away)]
가졌던 것을 남에게 건네주다. ¶거스름돈을 내주다.

내:지 乃至 | 이에 내, 이를 지
[from … to …; or]
❶ 속뜻 이에[乃] 얼마에 이름[至]. ❷수량을 나타내는 말 사이에서 '얼마에서 얼마까지'의 정도를 말한다. ¶열 명 내지 스무 명 정도가 올 것 같다. ❸사물의 이름 사이에서 '또는', '혹은'의 뜻을 나타냄. ¶미국 내지는 캐나다로 갈 계획이다.

내:-지르다 [shout]
소리나 고함 따위를 힘껏 지르다.

내:-쫓기다 [be forced out]
내쫓음을 당하다. ¶그는 집 밖으로 내쫓겼다.

내:-쫓다 [drive out; fire]
❶밖으로 나가도록 쫓아내다. ¶강아지를 내쫓다. ❷있는 자리에서 억지로 떠나게 하다. ¶직장에서 내쫓다.

내:처 [throughout; continuously]
내친 바람에. 하는 김에 끝까지. ¶올라가는 김에 내처 꼭대기까지 올랐다.

내:-치다 [drive away; send away]
마음에 들지 않아 내쫓다. ¶임금은 간신의 말에 속아 어진 신하들을 성 밖으로 내쳤다.

내친 김에
이왕 일을 시작한 기회를 이용하여. ¶내친 김에 집까지 바래다주다.

내:키다 [feel like; have a mind]
하고 싶은 마음이 생기다. ¶마음이 내키지 않다.

내:통 內通 | 안 내, 통할 통
[communicate secretly]
❶ 속뜻 안[內]에 있으면서 외부 사람과 몰래 연락함[通]. ¶그는 적과 내통하였다. ❷남녀가 몰래 정을 통함. ⓑ 내응(內應), 사통(私通).

내:-팽개치다 [throw out; toss away]
❶냅다 던져 버리다. ¶가방을 내팽개치듯 던지다. ❷돌보지 않고 버려두다. ¶처자식을 내팽개치고 떠나다. ❸일 따위에서 손을 놓다. ¶농사일은 내팽개치고 낮잠만 잔다.

내:포 內包 | 안 내, 쌀 포
[connote; involve]
어떤 성질이나 뜻 따위를 속[內]에 품음[包]. ¶이 글은 중요한 뜻을 내포하고 있다. ⓑ 외연(外延).

내:한 來韓 | 올 래, 한국 한
[visit Korea]
외국인이 한국(韓國)에 옴[來]. ¶내한 공연을 열다.

내:항 內項 | 안 내, 목 항
[internal terms]
수학 비례식의 안[內]쪽에 있는 두 항(項). a:b=c:d에서 b와 c를 이른다. ⓑ 외항(外項).

내:향 內向 | 안 내, 향할 향 [introversion]
❶ 속뜻 안쪽[內]으로 향(向)함. ❷ 의학 병이 내장의 기관을 침범함. ⓑ 외향(外向).

▶ 내:향-적 內向的 | 것 적
❶ 속뜻 안[內]쪽으로 향(向)하는 것[的]. ❷성격이 내성적이고 사교적이지 않은. ¶내향적인 성격. ⓑ 내성적(內省的). ⓑ 외향적(外向的).

내-후년 來後年 | 올 래, 뒤 후, 해 년 [year after next]
내년(來年)의 다음[後] 해[年].

냄비 [pots and pans]
음식을 끓이거나 삶는 데 쓰는 용구의 하나. 보통 솥보다는 얇고 뚜껑과 손잡이가 있다. ¶냄비에 라면을 끓였다.

냄:새 (臭, 냄새 취) [smell; odor]
코로 맡을 수 있는 온갖 기운. ¶고소한 냄새.

냅다 [with force; violently]
몹시 세차게 빨리 하는 모양. ¶냅다 도망치다.

냅킨 {영 napkin}
식탁에서 음식 먹을 때에 흘린 것이 옷에 묻지 않도록 가슴을 가리거나 또는 입을 닦기 위하여 쓰는 수건이나 종이.

냇:-가 [streamside]
냇물의 옆 언저리. ¶모두들 냇가로 고기를 잡으러 갔다. ⓑ 천변(川邊).

냇:-물 [(water of) a stream]
내에 흐르는 물. ¶냇물에 옷을 빨다.

냉:-가슴 (冷—, 찰 랭) [hidden worry]
혼자 몰래 하는 걱정. 속담 벙어리 냉가슴 앓듯.

냉:각 冷却 | 찰 랭, 물리칠 각
[cool; refrigerate]
차게 하여[冷] 따뜻한 기운을 물리침[却]. 차게 함. ¶물을 냉각시키다.

냉:-국 (冷—, 찰 랭)
[soup prepared cold]
국물을 차게[冷] 하여 만든 국. 오이나 미역을 썰어넣는다.

냉:기 冷氣 | 찰 랭, 공기 기 [cool air]
찬[冷] 공기(空氣). 찬 기운. ¶집에 냉기가 돌다. ⓑ 한기(寒氣). ⓑ 온기(溫氣).

냉:담 冷淡 | 찰 랭, 맑을 담
[cold hearted; indifferent]
마음이 차갑고[冷] 담담(淡淡)함. 무슨 일에도 쌀쌀맞고 무관심함. ¶냉담한 태도. ⓑ 냉정(冷情).

냉:대[1] 冷待 | 찰 랭, 대접할 대
[treat coldly]
냉담(冷淡)하게 대접(待接)함. 푸대접함. ¶손님을 냉대하다. ⓑ 환대(歡待).

냉:대[2] 冷帶 | 찰 랭, 띠 대
[subarctic regions]
지리 날씨나 기후가 차가운[冷] 지대(地帶). 온대(溫帶)와 한대(寒帶)의 사이이다. ¶러시아는 냉대에 속한다.

냉:동 冷凍 | 찰 랭, 얼 동 [freeze]
냉각(冷却)시켜서 얼림[凍]. ¶생선을 냉동시키다. ⓑ 해동(解凍).

▶ 냉:동-고 冷凍庫 | 곳집 고
식품 따위를 얼려서[冷凍] 보관하는 창고(倉庫)나 상자 같은 것.

▶ 냉:동-실 冷凍室 | 방 실
식품 따위를 얼려서[冷凍] 보관하는 곳[室]. ¶아이스크림을 냉동실에 넣어 놓았다.

냉:랭 冷冷 | 찰 랭, 찰 랭
[icy; cold hearted]
❶ 속뜻 쌀쌀하게 차다[冷+冷]. ¶냉랭한 밤공기. ❷태도가 몹시 쌀쌀하다. ¶양국의 관계가 냉랭하다.

냉:매 冷媒 | 찰 랭, 맺어줄 매 [refrigerant]
물리 냉각(冷却)이 되도록 맺어주는[媒]

물체.

냉:면 冷麵 | 찰 랭, 국수 면

찬국이나 동치밋국 같은 것에 말아서 차게[冷] 먹는 국수[麵]. ㉥ 온면(溫麵).

냉:방 冷房 | 찰 랭, 방 방 [air-condition a room]

❶ 속뜻 불을 피우지 않아 차게[冷] 된 방(房). ❷더위를 막기 위해 실내의 온도를 낮추는 일. ¶날이 더우니 냉방해 주십시오. ㉥ 난방(煖房).

▸냉:방-기 冷房機 | 틀 기

실내[房]의 온도를 차게 하는[冷] 장치[機]. ¶밤새 냉방기를 틀어 놓았다.

▸냉:방-병 冷房病 | 병 병

의학 냉방(冷房) 때문에 일어나는 병(病).

냉:소 冷笑 | 찰 랭, 웃을 소 [cold smile]

쌀쌀한[冷] 태도로 비웃음[笑]. ¶얼굴에 냉소를 띠고 있다.

냉:수 冷水 | 찰 랭, 물 수 [cold water]

찬[冷] 물[水]. ¶냉수를 한 잔 마시다. ㉥ 온수(溫水).

냉:엄 冷嚴 | 찰 랭, 엄할 엄 [grim; stern; strict]

❶ 속뜻 태도가 냉정(冷情)하고 엄숙(嚴肅)하다. ❷상황이 적당히 할 수 없게 분명하고 확실하다. ¶냉엄한 현실과 맞닥뜨리다.

냉이 [shepherd's purse]

식물 들·밭에 나는 겨잣과의 풀. 어린잎은 국을 끓여 먹는다.

냉:장 冷藏 | 찰 랭, 감출 장 [refrigerate]

차게[冷] 하기 위하여 저온에서 저장(貯藏)하는 일. ㉥ 온장(溫藏).

▸냉:장-고 冷藏庫 | 곳집 고

식품 따위를 저온[冷]에서 저장(貯藏)하는 상자 모양의 장치[庫].

▸냉:장-실 冷藏室 | 방 실

식품 따위를 낮은 온도[冷]에서 저장(貯藏)하는 곳[室]. ¶채소는 냉장실에 넣어 두어야 한다.

냉:전 冷戰 | 찰 랭, 싸울 전 [cold war]

정치 군사 행동까지는 이르지 않지만 냉담(冷淡)하게 서로 적대시하고 있는 국가 간의 대립[戰] 상태. ¶1980년대 동서 냉전 체제가 막을 내렸다. ㉥ 열전(熱戰).

냉:정[1] 冷情 | 찰 랭, 마음 정 [cold; cold hearted]

❶ 속뜻 차가운[冷] 마음[情]. ❷인정이 없이 쌀쌀하다. ¶냉정한 표정.

냉:정[2] 冷靜 | 찰 랭, 고요할 정 [calm; cool]

❶ 속뜻 마음을 식히고[冷] 차분히[靜]하다. ❷감정에 따라 움직이지 않고 침착하다. ¶상황을 냉정하게 판단하다.

냉:채 冷菜 | 찰 랭, 나물 채

익히지 않고 차게[冷] 조리하여 먹는 나물[菜].

냉:철 冷徹 | 찰 랭, 통할 철 [cool-headed; realistic]

냉정(冷靜)하고 철저(徹底)함. ¶문제를 냉철하게 분석하다.

냉큼 [at once; immediately]

앞뒤를 헤아리지 않고 곧. 빨리. ¶냉큼 이리 나와! ㉥ 즉시(即時).

냉:탕 冷湯 | 찰 랭, 욕탕 탕 [cold bath]

차가운[冷] 물을 채운 목욕탕(沐浴湯). ㉥ 온탕(溫湯).

냉:해 冷害 | 찰 랭, 해칠 해 [cold weather damage]

찬[冷] 기온으로 생기는 농작물 피해(被害). ¶비닐을 덮어두면 냉해를 막을 수 있다.

냉:혈 冷血 | 찰 랭, 피 혈 [cold bloodedness]

❶ 속뜻 차가운[冷] 피[血]. ❷ 동물 체온이 바깥 기온보다 낮은 상태. ❸'인간다운 정이 없이 냉정함'을 비유적으로 이르는 말. ¶그는 냉혈한(冷血漢)이다. ㉥ 온혈(溫血).

냉:혹 冷酷 | 찰 랭, 독할 혹 [cruel; heartless]
사람을 대하는 태도가 차갑고[冷] 독하다[酷]. ¶냉혹한 현실 / 그는 냉혹하기 짝이 없다. ㊥ 가혹(苛酷)하다.

냠냠 [Yum-yum]
맛있는 음식을 먹으면서 내는 소리.

냥 兩 | 두 량
❶예전에, 엽전을 세던 단위. 한 냥은 한 돈의 열 배이다. ¶돈 천 냥 / 돈 만 냥을 꾸다. ❷귀금속이나 한약재 따위의 무게를 재는 단위. ¶금 넉 냥 / 감초 석 냥.

너[1](汝, 너 여) [you]
친구나 손아랫사람에게 쓰는 이인칭 대명사. ¶나는 너를 사랑한다. ㊥ 당신, 그대, 자네.

너:[2](四, 넉 사) [four]
돈, 말, 발, 푼 따위의 단위 앞에 쓰여, '넷'의 뜻을 나타내는 말. ¶쌀 너 말.

너구리 [raccoon (dog)]
동물 갯과의 포유류. 여우보다 작고 주둥이가 뾰족하며 꼬리가 뭉툭하며 야행성이다.

너그러이 [generously; liberally]
마음이 넓고 아량이 있게. ¶잘못을 너그러이 용서하다. ㊥ 관대(寬大)히.

너그럽다 (寬, 너그러울 관) [broad-minded; generous]
마음이 넓고 크다. ¶너그러운 성품. ㊥ 관대(寬大)하다. ㊦ 옹졸(壅拙)하다.

너끈-히 [have the enough ability to]
힘이나 양이 넉넉하고 여유 있게. 충분히. ¶나는 그 일을 너끈히 해낼 수 있다.

너나-들이 [a close fellowship]
너나 나나 가리지 않고 사이좋게 잘 지냄. ¶우리는 너나들이 하는 사이이다.

너나-없이 [everybody; all]
너나 나나 가릴 것 없이 모두. ¶너나없이 소리치다.

너덜-거리다 [flutter; flap]
여러 가닥이 늘어져서 자꾸 흔들리다. ¶옷이 해져서 너덜거리다.

너덜너덜-하다 [flutter; flap]
여러 가닥이 자꾸 흔들리며 어지럽게 늘어져 있다. ¶이 책은 너덜너덜하게 닳았다.

너도-나도 [both you and I; we]
서로 뒤지거나 빠지지 않으려고 모두. ¶너도나도 불조심.

너도-밤나무 [beech]
식물 참나무와 비슷한 나무. 높이는 20미터 정도이며, 견과(堅果)가 달린다.

너럭-바위 [broad and flat rock]
넓고 평평한 바위.

너르다 [wide; spacious; roomy]
이리저리 다 넓고 크다. ¶서희네 집의 마당은 꽤 너르다. ㊥ 광활(廣闊)하다. ㊦ 좁다.

너머 [beyond; across; over]
집이나 산 따위의 높은 것의 저쪽. ¶창 너머로 보이는 별.

너무 [too (much); ever so much]
한계가 정도에 지나게. 분에 넘게. ¶날씨가 너무 추워서 밖에 나갈 수 없다.

▸**너무-나**
'너무'의 강조형. ¶일이 너무나 힘들어서 주저앉고 말았다.

▸**너무-너무**
'너무'를 강조하는 말.

▸**너무-하다**
도에 지나치게 심하다. ¶그가 나를 속이다니 너무하군.

너비 [width; breadth]
물건 옆의 한 끝에서 다른 한 끝까지의 거리. ¶도로의 너비를 재다. ㊥ 폭(幅).

너스레 [idle talk; nonsense]
수다스럽게 떠벌려 늘어놓는 말이나 일. ¶너스레를 떨다 / 너스레를 부리다.

너와 (-瓦, 기와 와) [shingle]
건설 지붕을 이는 데 쓰는, 나무토막을 쪼

개 만든 기와[瓦].

▸ 너와-집 (一瓦一, 기와 와)

너와(瓦)로 지붕을 올린 집.

너울-거리다 [swing; flutter; sway]

물결이나 잎이 부드럽고 느리게 흔들거리며 움직이다. ¶파도가 너울거린다.

너울-너울 [wavingly; waveringly]

물결이나 잎이 부드럽고 느리게 흔들거리며 움직이는 모양.

너저분-하다

[shabby and untidy; disorderly]

여기저기 널려 있고 지저분하다. ¶그의 책상은 늘 너저분하다.

너절-하다 [shabby; valueless]

❶허름하고 지저분하다. ¶너절한 옷차림. ❷하찮고 시시하다. ¶너절한 변명을 늘어놓다.

너털-웃음 [loud laughter]

소리를 크게 내어 자신 있게 웃는 웃음.

너트 {영 nut}

[공업] 볼트(bolt)에 끼워 돌려서 물건을 움직이지 않도록 죄는, 쇠로 만든 공구(工具). [반] 수나사.

너풀-거리다 [flutter; flap; wave]

얇은 물체가 바람에 날리어 가볍게 자꾸 움직이다. ¶그녀의 스카프가 바람에 너풀거린다.

너희 [you (all); you people]

말을 듣고 있는 여러 사람을 가리키는 말. ¶너희 숙제하고 있구나. [반] 우리.

넉: (四, 넉 사) [four]

냥·되·섬·자 따위의 단위 앞에 쓰여 '넷'의 뜻을 나타내는 말. ¶넉 달.

넉넉-하다 (裕, 넉넉할 유)

[enough; rich]

❶크기·수효·부피 따위가 모자라지 않고 남음이 있다. 작은말은 '낙낙하다'. ¶음식이 넉넉하다 / 시간이 넉넉하다 / 품이 넉넉한 옷. ❷살림살이가 여유가 있다. ¶집안이 넉넉하다 / 형편이 넉넉하다.

넋 (魂, 넋 혼) [soul]

❶사람의 육체 속에 있으면서 마음의 작용을 다스린다고 생각되는 것. ¶넋을 위로하다 / 넋을 달래다. ❷정신(精神)이나 마음. ¶서커스 구경에 넋이 빠져 있다. [비] 혼백(魂魄), 영혼(靈魂). [반] 육체(肉體).

넋-두리 [silly talk; gibberish]

불평이 있을 때 투덜거리는 말. ¶그는 한숨을 쉬며 넋두리를 늘어놓았다. [비] 푸념, 하소연.

넌더리 [aversion; dislike; disgust]

몹시 싫은 생각. ¶그의 잔소리에 넌더리가 난다.

넌지시 [indirectly; casually]

드러나지 않게 가만히. ¶나는 그 문제에 대해서 넌지시 물어보았다.

널: (板, 널빤지 판) [board]

❶반듯하고 넓게 켠 나뭇조각. '널빤지'의 준말. ❷널뛰기에 쓰는 널빤지. ¶널을 뛰다.

널: **다** [spread out; hang out]

볕을 쬐거나 바람을 쐬려고 펼쳐 놓다. ¶마당에 고추를 널다.

널-따랗다 [rather wide; spacious]

꽤 넓다. ¶널따란 집. [반] 좁다랗다.

널: **-뛰기** [seesawing; teeter totter]

[민속] 긴 널을 중간에 괴고 양쪽에서 번갈아 뛰는 놀이.

널: **-뛰다** [seesaw; teeter totter]

널뛰기를 하다.

널리 [widely; generously]

❶넓은 범위에 걸쳐서. ¶세상에 널리 알려지다 / 소문이 널리 퍼지다. ❷너그럽게. ¶널리 용서하여 주시기 바랍니다.

널-리다 [be spread; be scattered]

❶넓게 펼쳐 놓다. ❷여기저기 많이 흩어져 놓이다. ¶책들이 어지럽게 널려 있다.

널: **-빤지** (板, 널빤지 판) [board]

반듯하고 넓게 켠 나뭇조각. [준] 널. [비] 널판자.

널찍-하다 [rather wide; spacious]
훤할 정도로 넓다. ¶널찍한 마당.

널:-판자 (一板子, 널빤지 판, 접미사 자) [big piece of board]
널빤지.

넓다 (廣, 넓을 광; 弘, 넓을 홍) [wide; generous]
❶면적이나 넓이가 크다. ¶마당이 넓다 / 넓은 들. ❷마음이 너그럽다. ¶도량이 넓다. ⓑ 좁다. 관용 발이 넓다.

♣ 넓다 / 넓적하다 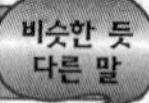

◎ 오빠는 얼굴이 넓다 = 넓적하다.
○ 이 집은 세 식구가 살기에는 너무 넓다.
× 이 집은 세 식구가 살기에는 너무 넓적하다.
○ 그의 손은 두툼하고 넓적하다.
× 그의 손은 두툼하고 넓다.

넓이 [area; dimensions]
어떤 장소나 물건의 넓은 정도. ¶넓이가 백 평방미터이다. ⓑ 면적(面積).

넓적-다리 [thigh]
다리의 무릎 위쪽 부분. ⓑ 대퇴(大腿).
▸ 넓적다리-뼈
의학 넓적다리의 중심을 이루는 뼈.

넓적-사슴벌레
동물 사슴벌렛과의 곤충. 몸의 길이는 2.5~5.3cm이며, 광택이 나는 검은색이다.

넓적-하다 [broad and flat]
평평하게 넓다. ¶넓적하고 각진 얼굴.

비슷한 듯 다른 말 ➲ 넓다

넓-히다 (擴, 넓힐 확) [widen; extend]
공간이나 시야를 넓게 만들다. ¶집을 넓히다 / 길을 넓히다 / 견문을 넓히다.

넘겨다-보다 [look over; covet]
❶중간에 있는 것 너머를 슬쩍 바라보다. ¶담장을 넘겨다보다. ❷남의 것을 욕심내어 마음을 그리로 돌리다. ¶재산을 넘겨다보다.

넘겨-주다 [pass over]
물건이나 권리·책임·일 따위를 남에게 건네주거나 맡기다. ¶뒷사람에게 시험지를 넘겨주다.

넘-기다 [pass]
❶넘어가게 하다. ¶밥을 목구멍으로 넘기다. ❷일정한 기한이나 시간을 지나치다. ¶신청 기한을 넘기다. ❸바로 세워진 것을 쓰러뜨리다. ¶나무를 베어 넘기다. ❹재앙을 모면하다. ¶죽을 고비를 넘기다.

넘:나-들다 [visit often; frequent]
❶경계를 넘어갔다 넘어왔다 하다. ¶국경을 넘나들다 / 사선을 넘나들다. ❷이리저리 들락날락하다. ¶안방과 건넌방을 넘나들다.

넘:다 (越, 넘을 월; 超, 넘을 초) [exceed; pass]
❶일정 범위·수량·정도나 시기를 초월하다. ¶한 되가 넘다 / 모은 돈이 백만 원을 넘었다 / 나이 40이 넘다. ❷경계나 높은 부분의 위를 지나가다. ¶산을 넘다 / 삼팔선을 넘다.

비슷한 듯 다른 말 ➲ 지나다

넘버 {영 number}
번호(番號)나 차례. 또는 그 숫자.

넘:-보다 [look down on; underestimate]
❶남을 얕잡아 낮추보다. 깔보다. ¶상대를 넘보다. ❷어떤 것에 욕심을 내어 마음에 두다. ¶남의 돈을 넘보다.

넘실-거리다 [swell; undulate]
물결 따위가 무엇을 삼킬 듯이 너울거리다. ¶파도가 넘실거리다.

넘실-넘실 [wavingly]
❶자꾸 부드럽고 가볍게 움직이는 모양. ❷해 따위가 떠오르는 모양.

넘어-가다 [fall down; change hands]
❶바로 선 것이 저쪽으로 쓰러지다. ¶열 번 찍어 넘어가지 않는 나무 없다. ❷이쪽

에서 저쪽으로 높은 곳이나 장벽을 지나서 가다. ¶국경선을 넘어가다 / 고개를 넘어가다. ❸차례나 책임 관심 등이 다른 곳으로 옮아가다. ¶본론으로 넘어가다 / 소유권이 넘어가다.

넘어-뜨리다 [knock down]
넘어지게 만들다. ¶책상을 넘어뜨리다.

넘어-서다 [pass over]
❶어떤 물건이나 공중을 넘어서 지나다. ¶산을 넘어서면 마을이 있다. ❷일정한 기준이나 한계를 넘어서 지나다. ¶예상을 넘어섰다.

넘어-오다 [come over; vomit]
❶저쪽에서 이쪽으로 넘어서 오다. ¶국경선을 넘어오다 / 산을 넘어오다. ❷선 것이 쓰러져 이쪽으로 오다. ¶짚더미가 넘어오다. ❸책임·권리·관심 따위가 이쪽으로 옮겨 오다. ¶토지의 소유권이 나에게 넘어오다.

넘어-지다 (倒, 넘어질 도)
[fall down; tumble down]
한쪽으로 쓰러지다. ¶문턱에 걸려 쿵 넘어지다.

넘쳐-나다 [overflow with]
❶느낌·힘 따위가 매우 세차게 일다. ¶기운이 넘쳐나다. ❷액체나 기체 따위가 가득 차서 밖으로 흘러나오다. ¶욕조의 물이 넘쳐났다. ❸너무 많은 사람이 몰리다. ¶운동장은 구경꾼들이 넘쳐났다.

넘:치다 (濫, 넘칠 람)
[overflow; exceed]
❶가득 차서 밖으로 흘러나오다. ¶강물이 넘치다. ❷정도가 넘도록 많다. ¶분수에 넘치다 / 박진감 넘치는 경기 / 자신감이 넘치다. ㊎ 모자라다.

넙죽 [without; hesitation]
❶사양하지 않고 바로. ¶술을 주는 대로 넙죽 받아 마시다. ❷몸을 얼른 엎드리는 모양. ¶넙죽 엎드려 절을 하다.

넙치 [flatfish; (left eyed) flounder]
동물 위아래로 넓적한 긴 타원형의 바닷물고기. 몸의 길이는 60cm 정도인데, 눈이 있는 왼쪽은 어두운 갈색이고 눈이 없는 쪽은 흰색이다. ㊐ 광어(廣魚).

넝쿨 [vine]
길게 뻗어 나가면서 다른 물건을 감기도 하고 땅바닥에 퍼지기도 하는 식물의 줄기. 덩굴.

넣:다 [put in; include; deposit]
❶속으로 들여보내다. ¶호주머니에 손을 넣다 / 커피에 설탕을 넣다. ❷어떤 범위 안에 포함하다. ¶태권도를 올림픽 종목에 넣다. ❸돈을 납부하거나 은행에 입금하다. ¶통장에 돈을 넣다. ㊎ 빼다.

♣ 넣다 / 꽂다 (비슷한 듯 다른 말)

◎ 손을 주머니 넣고 = 꽂고 걷다.
○ 국에 소금을 넣다.
× 국에 소금을 꽂다.
○ 머리에 핀을 꽂다.
× 머리에 핀을 넣다.

비슷한 듯 다른 말 ➲ 끼우다

네[1](汝, 너 여) [you; your]
❶조사 '가' 앞에서만 쓰이는 '너'의 형태. ¶네가 했느냐. ❷너의. ¶네 이름은 무엇이냐.

네:[2](四, 넉 사) [four]
그 수량이 넷임을 나타내는 말. '넷'의 뜻. ¶사과 네 개 / 네 시간.

네[3] [yes]
존대할 자리에서 대답·반문하는 말. ¶네, 그렇습니다 / 네, 무슨 말씀이신지요.

네:-거리 [crossroads]
한 지점에서 네 방향으로 갈라져 나간 거리. ㊐ 사거리, 십자로(十字路).

네:-댓 [about four or five]
넷이나 다섯.

네ː-모 [a square]
네 개의 모서리가 있는 도형. ㊥ 네모꼴, 사각형(四角形).
▸ 네ː모-나다
모양이 네모꼴로 되어 있다. ¶네모난 안경을 끼다. ㊥ 네모지다.

네ː발-짐승 [four footed animals]
네 개의 발을 가진 짐승.

네온 {영 neon}
화학 대기 중에 소량으로 존재하는 가스 상태의 원소. 방전관에 넣으면 아름다운 색을 내므로, 전구에 사용한다.
▸ 네온-사인 {영 neon sign}
네온(neon)등을 이용하여 만든 간판[sign]. ¶네온사인이 휘황찬란하다.

네ː-제곱 [fourth power]
수학 같은 수를 네 번 곱함. 또는 그렇게 하여 얻은 수. ¶3의 네제곱[3^4]은 81이다. ㊥ 사승(四乘).

네트 {영 net}
운동 테니스·배구·탁구·배드민턴 등 구기(球技)에서 쓰이는 그물.

네트워크 {영 network}
❶ 언론 라디오·텔레비전의 방송망. ❷랜(LAN)·모뎀 등을 이용한 컴퓨터 통신망.

넥타이 {영 necktie}
와이셔츠의 목[neck]부분을 둘러 매듭을 지어[tie] 앞으로 내리는 가늘고 긴 천이나 나비 모양으로 매듭을 만드는 천. ㊟ 타이.

넷ː (四, 넉 사) [four]
다섯보다 하나 적은 수. ¶옆집은 아들만 넷이다.

넷ː-째 [fourth; No. 4]
순서의 네 번째가 되는 차례.

녀석 [guy; chap]
❶남자를 낮추어 일컫는 말. ¶나쁜 녀석. ❷사내아이를 귀엽게 일컫는 말. ¶고 녀석 참 영리하구나.

년[1] [woman; girl; wench]
여자를 멸시하거나 낮잡아 일컫는 말. ㊥ 놈.

년[2] **年** | 해 년 [year]
숫자와 함께 쓰여 '해'[年]를 세는 단위.

년간 年間 | 해 년, 사이 간 [for a year]
몇 해[年] 동안[間]. ¶3년간 취업률이 상승했다.

년대 年代 | 해 년, 시대 대 [age; period; era]
그 단위의 첫 해[年]로부터 다음 단위로 넘어가기 전까지의 기간[代]. ¶80년대 한국 경제는 크게 발전했다.

년도 年度 | 해 년, 정도 도 [year; period]
일정한 기간 단위[度]로서의 그해[年]. ¶국회에서 2014년도 예산안을 심의했다.

녘 [toward; around]
어떤 때의 무렵이나 또는 어떤 방향·지역을 가리키는 말. ¶해 질 녘이 돼서야 집에 도착했다.

노 櫓 | 방패 로 [oar; paddle]
아래를 넓적하게 켠 나무막대로, 물을 헤쳐 배를 나아가게 하는 기구.

노고 勞苦 | 일할 로, 괴로울 고 [labor]
힘들게 일하느라[勞] 고생(苦生)을 함. ¶장병들의 노고를 치하하다.

노고지리 [skylark]
'종다리'의 옛말.

노곤 勞困 | 일할 로, 괴로울 곤 [languid; heavy; weary]
일을 많이 하여[勞] 피곤(疲困)하다. 고달프고 고단하다. ¶온몸이 노곤하다.

노골 露骨 | 드러낼 로, 뼈 골 [nakedness; frankness]
❶ 속뜻 몸속에 있는 뼈[骨]까지 드러남[露]. ❷속에 담은 감정이나 욕망 따위를 숨김없이 드러냄. ㊥ 시부골로(尸腐骨露).
▸ 노골-적 露骨的 | 것 적
숨기지 않고 있는 그대로 드러낸[露骨] 것[的]. ¶노골적인 표현 / 노골적으로 불만을 드러냈다.

노ː기 怒氣 | 성낼 노, 기운 기 [anger; indignation; angry mood]
성난[怒] 얼굴빛이나 기색(氣色). ¶노기를 띠다 / 얼굴에 노기를 드러내다. ㊥ 화기(和氣).

노-끈 [string; small cord]
실·삼·종이 따위의 섬유로 가늘게 비비거나 꼰 줄.

노ː년 老年 | 늙을 로, 나이 년 [old age]
늙은[老] 나이[年]. ㊥ 만년(晩年), 모년(暮年). ㊥ 소년(少年), 유년(幼年).

▸노ː년-기 老年期 | 때 기
나이 든 늙은[老年] 시기(時期). ¶치매나 중풍은 노년기에 나타나는 질병이다. ㊥ 황혼기(黃昏期).

노ː-닐다 [stroll; wander]
한가히 이리저리 다니며 놀다. ¶호수에서 노니는 오리 떼.

노다지 [bonanza; rich vein]
광업 광물이 막 쏟아져 나오는 광맥(鑛脈).

노닥-거리다 [keep talking playfully]
조금 수다스럽게 재미있는 말을 자꾸 늘어놓다. ¶시간 가는 줄 모르고 노닥거리다.

***노동** 勞動 | 일할 로, 움직일 동 [labor; work]
❶ 속뜻 힘들게 일하느라[勞] 몸을 많이 움직임[動]. ❷사람이 생활에 필요한 것을 얻기 위하여 체력이나 정신을 씀. 또는 그런 행위. ¶그는 노동으로 생계를 꾸린다. ㊥ 노무(勞務). ㊥ 휴식(休息).

▸노동-력 勞動力 | 힘 력
❶ 속뜻 노동(勞動)을 할 수 있는 인력(人力). ❷인간이 노동할 때 쓰이는 육체적 정신적인 모든 능력. ¶일감은 많은데 노동력이 부족하다.

▸노동-부 勞動部 | 나눌 부
법률 노동(勞動)과 관련된 사무를 맡아보는 중앙 행정 부서(部署).

▸노동-자 勞動者 | 사람 자
노동(勞動)을 하여 그 대가를 받고 살아가는 사람[者]. ㊥ 근로자(勤勞者).

노란-불
노란빛이 나는 신호 불빛. 빨간불이나 파란불로 바뀌기 전의 예비 신호.

노란-색 (一色, 빛 색) [yellow]
노란 빛[色]. ㊥ 황색(黃色)

노랑 [yellow]
노란빛이나 그 빛이 나는 물감.

▸노랑-나비 [yellow butterfly]
동물 흰나빗과의 곤충. 날개의 빛깔은 수컷은 노랗고 암컷은 흰색과 노란색의 두 가지가 있다.

노ː랗다 [quite yellow]
병아리나 개나리꽃과 같이 밝고 선명하게 노르다. ¶은행잎이 노랗게 물들었다.

노래 (歌, 노래 가; 謠, 노래 요) [song]
가사에 곡조를 붙인 것. 또는 그것을 소리 내어 부름. ¶즐겁게 노래를 부르다. ㊥ 가요(歌謠).

▸노래-방 (一房, 방 방)
노래를 부를 수 있게 음악설비가 갖추어진 곳[房].

노랫-가락 [popular song]
높고 낮은, 길고 짧은 노래가 이어지는 것. ㊥ 곡조(曲調).

노랫-말 [words of a song; lyrics]
노래의 내용이 되는 글귀. ㊥ 가사(歌詞).

노랫-소리 [singing; singing voice]
노래를 부르는 소리.

노략 擄掠 | 사로잡을 로, 빼앗을 략 [plunder; loot; pillage]
사람을 사로잡고[擄] 재물을 빼앗음[掠]. ¶바이킹은 노략을 일삼던 무리이다. ㊥ 약탈(掠奪).

▸노략-질 (擄掠一)
사람이나 재물을 빼앗아가는[擄掠]하는 일. ¶해적들이 마을을 노략질했다.

노려-보다 [glare at; look sharply at]

매서운 눈초리로 쏘아보다. ¶그는 나를 기분 나쁘게 노려보았다.

※노력 努力 | 힘쓸 노, 힘 력
[make an effort]
힘[力]을 다하여 애씀[努]. 또는 그 힘. ¶꿈을 이루기 위하여는 노력해야 한다.

노ː련 老鍊 | 늙을 로, 익힐 련
[experienced; skilled]
오래도록[老] 능란하게 익히다[鍊]. ¶그는 노련하게 환자를 치료했다. ⓑ 미숙(未熟).

노ː령 老齡 | 늙을 로, 나이 령
[old age; advanced years]
늙은[老] 나이[齡]. ¶그는 노령에도 불구하고 마라톤을 완주했다.

▶노ː령-화 老齡化 | 될 화
사람들의 나이가 많아지게[老齡] 됨[化]. ¶인구의 노령화 문제.

노루 (獐, 노루 장) [roe deer]
동물 사슴과의 포유류. 여름에는 누런 갈색이고 겨울에는 누런색이며, 꼬리는 흔적만 남아있고 꽁무니에 흰 반점이 있다.

▶노루-발
❶노루의 발 모양처럼 생긴 재봉틀의 부품. 바느질감을 눌러준다. ❷박힌 못을 뺄 수 있도록 끝이 갈라진 장도리.

노르스름-하다 [yellowish]
산뜻하고 엷게 노르다. ¶빵이 노르스름하게 구워졌다.

노른-자 [yolk (of an egg)]
'노른자위'의 준말. ⓑ 흰자.

노른-자위 [yolk (of an egg)]
알의 흰자위에 둘러싸인 동글고 노란 부분. ⓒ 노른자. ⓗ 난황(卵黃). ⓑ 흰자위.

노름 [gamble; game]
돈·재물을 걸고 서로 따먹기를 내기하는 일. ¶노름으로 재산을 탕진하다. ⓗ 도박(賭博).

▶노름-판
노름을 하는 곳. ⓗ 도박판.

노릇 [job; part]
❶구실이 되거나, 직업으로 삼는 일. ¶선생 노릇 / 형 노릇도 못 하겠다. ❷어떤 일의 딱한 처지나 형편. ¶귀신이 곡할 노릇이다 / 기가 찰 노릇이다.

노릇노릇-하다 [yellowish]
군데군데 노르스름하다. ¶빵을 노릇노릇하게 굽다.

노리개
❶여자들이 몸치장으로 차는 금·은·주옥 등으로 만든 패물. ❷심심풀이로 갖고 노는 물건. ⓗ 패물(佩物), 장난감.

노리다 [aim (at); watch for (a chance)]
어떤 목적을 이루려고 기회를 엿보다. ¶재산을 노리다 / 우승을 노리다.

노린-내 [smell of burning fat]
노래기·양·여우 등에서 나는 노린 냄새.

노ː망 老妄 | 늙을 로, 망령될 망
[dotage; second childhood]
늙어서[老] 망령(妄靈)을 부림. 또는 그 망령. ¶노망을 떨다.

노ː면 路面 | 길 로, 낯 면
[road surface]
도로(道路)의 겉면[面].

노ː모 老母 | 늙을 로, 어머니 모
[one's old mother]
늙은[老] 어머니[母]. ¶그는 노모를 정성껏 모셨다.

노ː발-대발 怒發大發 | 성낼 노, 드러낼 발, 큰 대, 드러낼 발 [be enraged]
성[怒] 내기를[發] 크게[大] 함[發]. 큰 성을 냄.

노벨 {Alfred Bernhard Nobel}
스웨덴의 화학자이자 공업 기술자의 이름.(1833~1896). 다이너마이트, 무연 화약 따위를 발명하였고 노벨상을 창설하였다.

▶노벨-상 (Nobel賞, 상줄 상)
1896년 스웨덴 사람 노벨(Nobel)의 유언에 따라 '인류 복지에 가장 구체적으로 공헌한 사람'에게 수여하도록 설정된 상(賞). 물리학·화학·생리학 및 의학·문학·경제학·평화상의 6부문이 있다.

노:병 老兵 | 늙을 로, 군사 병 [old soldier; (war) veteran]
❶ 속뜻 나이 많은[老] 병사(兵士). ❷군사(軍事)에 경험이 많은 병사. ¶노병은 죽지 않는다, 다만 사라질 뿐이다.

노:-부모 老父母 | 늙을 로, 아버지 부, 어머니 모 [one's aged parents]
나이든[老] 부모(父母). ¶노부모를 봉양하다.

노:-부부 老夫婦 | 늙을 로, 남편 부, 부인 부 [elderly couple]
나이든[老] 부부(夫婦).

노비 奴婢 | 종 노, 여자종 비 [male and female servants]
사내종[奴]과 여자종[婢]. ¶광종은 노비들을 해방시켰다 / 노비안검법(奴婢按檢法). ㊥ 노예(奴隸).

노사 勞使 | 일할 로, 부릴 사 [labor and capital]
노동자(勞動者)와 사용자(使用者=경영자)를 아울러 이르는 말. ¶노사 협약 / 노사 교섭.

노상[1] [always; all the time; usually]
언제나. 늘. 변함없이. ¶그는 노상 불평만 한다.

노:상[2] 路上 | 길 로, 위 상 [on the street]
❶ 속뜻 길[路] 위[上]. ❷길가는 도중. ¶노상 방뇨. ㊥ 가상(街上), 도상(途上). 관용 노상에 오르다.

노새 [mule]
동물 말과의 포유류. 암말과 수나귀 사이에서 난 잡종으로 몸이 튼튼하고 힘이 세어 무거운 짐을 나를 수 있으나 생식 능력이 없다.

노:선 路線 | 길 로, 줄 선 [route]
❶ 속뜻 버스, 기차 따위가 운행하는 길[路]을 표시해 놓은 줄[線]. ¶버스 노선. ❷개인이나 조직 단체 따위의 일정한 활동 방침. ¶그는 독자적인 노선을 걸었다.

▸**노:선-도** 路線圖 | 그림 도
지리 지질 조사 때 노선(路線)에 따라 관찰한 사항을 그려 놓은 지도(地圖).

노:소 老少 | 늙은 로, 젊을 소 [old and the young; age and youth]
늙은이[老]와 젊은이[少]. ¶남녀 노소 모두 좋아한다. ㊥ 소장(少長).

노:송 老松 | 늙을 로, 소나무 송 [old pine tree]
늙은[老] 소나무[松]. ¶마을 어귀에 노송한 그루가 서 있다.

노:쇠 老衰 | 늙을 로, 쇠할 쇠 [infirmity of old age; senility]
늙어서[老] 몸과 마음이 쇠약(衰弱)함. ¶나이가 들면 노쇠해진다. ㊥ 쇠로(衰老).

노:숙[1] 老熟 | 늙을 로, 익을 숙 [experienced; expert]
오랫동안[老] 경험을 쌓아 아주 숙련(熟鍊)되어 있다. ¶노숙한 기술자.

노숙[2] 露宿 | 이슬 로, 잠잘 숙 [sleeping outdoors]
❶ 속뜻 이슬[露]이 내리는 밖에서 잠을 잠[宿]. ❷집이 없어 밖에서 잠. ¶일자리를 잃고 노숙하는 사람이 많다.

▸**노숙-자** 露宿者 | 사람 자
길이나 공원 등지에서 한뎃잠을 자는[露宿] 사람[者].

노:승 老僧 | 늙을 로, 스님 승 [old (Buddhist) priest]
늙은[老] 승려(僧侶).

노심 勞心 | 일할 로, 마음 심 [anxiety; care]
힘써 일하며[勞] 마음[心]을 씀.

▸**노심-초사** 勞心焦思 | 태울 초, 생각 사
❶ 속뜻 애[心]를 쓰고[勞] 속을 태우며[焦] 골똘히 생각함[思]. ❷몹시 애를 태움. ¶집 나간 아들 때문에 노심초사하다.

노아의 홍수 (Noah—洪水, 클 홍, 물 수) [Noa's flood; Deluge]
기독교 구약 성경 창세기에 나오는 대홍수(大洪水). 하나님이 인간의 죄악이 세상에 가득함을 보고 인류를 멸망시키기 위해 40일 밤낮 동안 세계를 물로 가득 차게 하였으나, 노아(Noah)와 그의 가족과 지상의 동물 한 쌍씩만이 이를 피하였다고 한다.

노:약 老弱 | 늙을 로, 약할 약 [old and the weak]
❶속뜻 늙어서[老] 기운이 쇠약(衰弱)함. ❷늙은이와 연약한 어린이. ⓑ 노소(老少).

▸노:약-자 老弱者 | 사람 자
❶속뜻 노약(老弱)한 사람[者]. ❷늙은 사람과 약한 사람. ¶노약자를 위한 좌석.

노:여움 [anger; indignation]
분하고 섭섭하여 화가 치미는 감정. ⓒ 노염. ⓑ 노혐(怒嫌).

노역 勞役 | 일할 로, 부릴 역 [hard labor]
힘든[勞] 부역(賦役). 몹시 괴롭고 힘든 노동. ¶그는 노역에 시달리다 죽고 말았다.

노:엽다 [be displeased at; feel hurt]
마음에 분하고 섭섭하다. ¶당신을 노엽게 할 생각은 없었어요.

노예 奴隸 | 종 노, 따를 례 [slave]
❶속뜻 남의 소유물이 되어 종[奴]으로 부림[隸]을 당하는 사람. ¶노예를 사고파는 시장. ❷인격의 존엄성마저 저버리면서까지 어떤 목적에 얽매인 사람. ¶재물의 노예가 되다. ⓑ 노비(奴婢). ⓟ 주인(主人).

노이무공 勞而無功 | 일할 로, 어조사 이, 없을 무, 공로 공
❶속뜻 애[勞]는 많이 썼는데[而] 공(功)은 하나도 없음[無]. ❷애는 썼으나 고생한 보람이 없음. 수고만 하고 아무런 공이 없음. ¶그렇게 하면 노이무공이니 다른 방법을 생각하자.

노을 [glow in the sky; red sky]
해가 뜰 무렵이나 질 무렵에 공중의 수증기가 햇빛을 받아 하늘이 벌겋게 보이는 현상. ¶서쪽 하늘이 노을로 붉게 물들었다.

노이로제 {독 Neurose}
의학 불안·과로·갈등·억압 등의 감정 체험이 원인이 되어 일어나는, 신체적 병증의 총칭. ⓑ 신경증(神經症).

⁑노:인 老人 | 늙을 로, 사람 인 [old person]
늙은[老] 사람[人]. ¶노인을 공경하다. ⓑ 늙은이. ⓟ 젊은이.

▸노:인-장 老人丈 | 어른 장
'노인'(老人)을 높여서[丈] 일컫는 말.

▸노:인-정 老人亭 | 정자 정
노인(老人)들이 모여 쉴 수 있도록 마련해 놓은 정자(亭子)나 집. ¶팔각정으로 꾸민 노인정. ⓑ 경로당(敬老堂).

노임 勞賃 | 일할 로, 품삯 임 [pay; wages]
힘들게 일을 한[勞] 대가로 받는 품삯[賃]. ⓑ 임금(賃金).

노:자 路資 | 길 로, 재물 자 [traveling expenses]
먼 길[路]을 떠나 오가는 데 드는 비용[資]. ¶노자가 떨어지다. ⓑ 여비(旅費), 거마비(車馬費).

노:장 老將 | 늙을 로, 장수 장 [veteran general; old general]
❶속뜻 늙은[老] 장군(將軍). 경험이 많은 노련한 장군. ❷'어떤 분야에서 많은 경험을 쌓은 노련한 사람'을 비유하여 이르는 말. ¶노장 선수들은 경기 운영이 노련하다. ⓑ 백전노장(百戰老將).

노:적 露積 | 드러낼 로, 쌓을 적 [stacked grain]
창고가 없어 밖에 드러내어[露] 쌓아[積] 둠. ¶물건을 길가에 노적해 두면 위험하

다. [비] 야적(野積).

▶노ː적-가리 (露積–)
한데에[露] 쌓아[積] 둔 곡식 더미.

노점 露店 | 드러낼 로, 가게 점
[street stall; roadside stand]
집이 없어 밖에 드러내어[露] 벌여 놓고 물건을 파는 가게[店]. '노천상점'(露天商店)의 준말. [비] 난전(亂廛).

▶**노점-상** 露店商 | **장사 상**
길가의 한데에 물건을 벌여 놓고 하는[露店] 장사[商]. 또는 그런 장사를 하는 사람. ¶노점상이 하나 둘 늘어났다.

노조 勞組 | 일할 로, 짤 조 [labor union]
[사회] 노동조건의 개선 및 노동자의 사회·경제적인 지위 향상을 목적으로 노동자(勞動者)들이 조직(組織)한 단체. '노동조합'(勞動組合)의 준말.

▶**노조-원** 勞組員 | **사람 원**
[사회] 노동조합(勞動組合)에 가입한 사람[員]. ¶노조원의 90%가 파업에 동참했다.

노ː-처녀 老處女 | 늙을 로, 살 처, 여자 녀
[old maid]
결혼하지 않은 나이 많은[老] 처녀(處女). [반] 노총각(老總角).

노천 露天 | 드러낼 로, 하늘 천
[open air]
지붕이 없어 하늘[天]이 드러난[露] 곳. ¶노천극장 / 노천 카페. [반] 실내(室內).

노ː-총각 老總角 | 늙을 로, 묶을 총, 뿔 각
[old bachelor]
결혼하지 않은 나이 많은[老] 남자[總角]. [반] 노처녀(老處女).

노출 露出 | 드러낼 로, 날 출 [exposure]
❶[속뜻] 속을 드러내거나[露] 나옴[出]. ¶속살이 노출되다. ❷[연영] 사진을 찍을 때 셔터를 열어 필름에 빛을 비춤. ¶밝은 곳에서 사진을 찍을 때는 노출을 줄여야 한다. [비] 노광(露光).

노크 {영 knock}
방문할 때 가볍게 문 따위를 두드림.

노트[1] {영 knot}
배의 속도를 나타내는 단위. 한 시간에 1해리(海里), 곧 1,852m를 달리는 속도를 1노트라 한다.

노트[2] {영 note}
❶글자를 쓸 수 있도록 여백이 많은 종이를 묶어 만든 책. ¶강의 노트. ❷어떤 내용을 잊지 않으려고 적음. ¶강의 내용을 매 시간마다 노트하다. [비] 공책, 필기(筆記).

▶**노트-북** {영 notebook}
❶노트. ❷노트 크기 만한 휴대용 컴퓨터. '노트북 컴퓨터'(computer)의 준말.

노ː파 老婆 | 늙을 로, 할미 파
[old woman]
늙은[老] 여자[婆]. [반] 노옹(老翁).

▶노ː파-심 老婆心 | **마음 심**
어떤 일에 대해 지나치게 염려하는 할머니[老婆]같은 마음[心]. ¶노파심 때문에 잔소리를 하다. [비] 기우(杞憂).

노ː폐 老廢 | 늙을 로, 그만둘 폐
[superannuated]
오래되거나 낡아서[老] 쓰지 않음[廢].

▶노ː폐-물 老廢物 | **만물 물**
❶[속뜻] 낡아서 쓸모없이 된[老廢] 물건(物件). ❷[생물] 신진대사의 결과로 생물의 몸 안에 생긴 불필요한 찌꺼기. ¶노폐물이 땀을 통해 배출되다.

노ː-하다 (怒–, 성낼 노)
[become angry]
'성내다'[怒]의 높임말. ¶할아버지께서 불같이 노하셨다.

노-하우 {영 know-how}
어떤 일을 하면서 알게 된[know] 특별한 지식이나 기술[how]. ¶너에게만 노하우를 알려주는 거야.

노ː화 老化 | 늙을 로, 될 화
[aging; senility]
[생물] 나이가 많아짐[老]에 따라 신체적·정신적 기능이 쇠퇴하는[化] 일. ¶마늘은 노화를 억제하는 효과가 있다.

노ː환 老患 | 늙을 로, 근심 환
[infirmities of old age]
늙고[老] 쇠약해지면서 생기는 병[患]. '노병'(老病)의 높임말. ¶노환으로 별세하시다.

노ː후[1] 老朽 | 늙을 로, 썩을 후 [decrepitude]
오래되거나[老] 낡아서[朽] 쓸모가 없음. ¶노후 시설을 보수하다. ㊐ 노폐(老廢).

노ː후[2] 老後 | 늙을 로, 뒤 후
[one's declining years]
늙은[老] 뒤[後]. ¶보험으로 노후를 대비하다.

녹[1] 祿 | 녹봉 록 [stipend; salary]
역사 벼슬아치에게 봉급으로 나누어 주던 곡식, 옷감, 돈 따위. '녹봉'(祿俸)의 준말. ¶나라의 녹을 먹다. ㊐ 급료(給料).

녹[2] 綠 | 초록빛 록 [rust]
산화 작용으로 쇠붙이의 표면에 생기는 초록색 물질. ¶녹이 슬다.

녹는-점 (—點, 점 점)
[melting point; point of fusion]
화학 고체가 녹아 액체 상태로 바뀌는 온도[點].

녹다 (溶, 녹을 용)
[melt; dissolve; warm up]
❶굳은 물건이 물러지거나 물처럼 되다. ¶얼음이 녹다 / 쇠가 녹다. ❷결정체가 액체 속에서 풀리다. ¶물감이 물에 녹다 / 설탕이 물에 녹다. ❸추워서 굳어진 몸이 풀리다. ¶몸이 녹다. ㊐ 해동(解凍)되다, 용해(溶解)되다. ㊀ 얼다.

녹두 綠豆 | 초록빛 록, 콩 두
[mung beans; green gram]
식물 초록빛이[綠] 나는 콩[豆]이 달리는 풀. 열매 모양이 팥과 비슷하다.

▶ **녹두-꽃** (綠豆—)
녹두(綠豆) 풀에 피는 노란 꽃.

▶ **녹두-새** (綠豆—)
몸빛이 녹두(綠豆)처럼 파랗고 작은 새.

녹말 綠末 | 초록빛 록, 가루 말
[starch; dextrin]
감자, 고구마, 녹두(綠豆) 따위를 갈아서 가라앉힌 앙금을 말린 가루[粉末]. ㊐ 전분(澱粉).

▶ **녹말-풀** (綠末—)
녹말(綠末)에 물을 붓고 가열하여 만든 반투명의 끈끈한 풀.

녹-물 (綠—, 초록빛 록)
[rust stain; reddish brown]
금속의 녹(綠)이 우러난 물. ¶옷에 녹물이 들다.

*__녹색__ 綠色 | 초록빛 록, 빛 색 [green]
초록[綠] 빛깔[色]. 파랑과 노랑의 중간색.

▶ **녹색-등** 綠色燈 | 등불 등
녹색(綠色)빛이 나는 신호등(信號燈). 주행을 나타낸다. ¶녹색등이 켜졌을 때 건너가야 한다.

▶ **녹색-말** (綠色—)
식물 잎이 실처럼 가늘고 한데 뭉쳐서 물속에서 자라는 녹색(綠色) 풀.

녹-슬다 (綠—, 초록빛 록)
[get rusty; weaken]
❶쇠붙이가 산화(酸化)하여 초록색[綠]으로 변하다. ¶못이 녹슬다. ❷기운이나 기능이 약해지거나 무디어지다. ¶머리가 녹슬다 / 녹슨 생각은 이제 버려라.

녹-십자 綠十字 | 초록빛 록, 열 십, 글자 자
녹색(綠色)으로 십자(十字) 모양을 나타낸 표지. 재해로부터의 안전을 상징한다.

녹아-내리다
녹아서 밑으로 흐르거나 떨어지다. ¶햇볕이 나자 고드름이 녹아내렸다.

녹용 鹿茸 | 사슴 록, 녹용 용
[young antlers of the deer]
한의 사슴[鹿]의 새로 돋은 연한 뿔[茸]. ㊐ 녹각(鹿角).

녹음[1] 綠陰 | 초록빛 록, 응달 음
[shade of trees; shady nook]
초록빛[綠] 잎이 우거진 나무의 그늘[陰].

¶녹음이 우거진 숲길을 걷다.

녹음² 錄音 | 기록할 록, 소리 음 [record]
소리[音]를 재생할 수 있도록 기계로 기록(記錄)하는 일. ¶테이프에 음악을 녹음하다.

▸녹음-기 錄音器 | 그릇 기
녹음(錄音)하는 기계[器].

녹-이다 [melt; warm]
❶딱딱한 것을 무르게 하거나 액체로 만들다. ¶얼음은 녹여 먹어야 이가 덜 상한다. ❷결정체가 액체 따위에 풀어지게 하다. ¶물에 설탕을 녹이다. ❸추위로 굳어진 몸을 풀리게 하다. ¶시린 손을 녹이다. [반] 얼리다.

녹조 綠藻 | 초록빛 록, 바닷말 조 [green algae]
[식물] 초록빛[綠]을 띤 바닷풀[藻]. '녹조류'의 준말.

▸녹조-류 綠藻類 | 무리 류
[식물] 엽록소(葉綠素)를 가지고 있어 녹색(綠色)을 띤 해조류(海藻類). 광합성에 의하여 녹말을 만든다.

녹즙 綠汁 | 초록빛 록, 즙 즙 [green vegetable juice]
녹색(綠色) 채소의 잎 따위를 갈아 만든 즙(汁). ¶매일 아침 녹즙을 마신다.

녹지 綠地 | 초록빛 록, 땅 지 [green tract of land]
초록빛[綠]의 풀이나 나무가 무성한 땅[地].

▸녹지-대 綠地帶 | 띠 대
[사회] 도시나 그 주변에 만든 녹지(綠地) 지대(地帶). [비] 그린벨트(green belt).

녹차 綠茶 | 초록빛 록, 차 차 [green tea]
초록빛[綠]이 그대로 나도록 말린 부드러운 찻잎[茶]. 또는 그것을 끓인 차.

녹초 [utter exhaustion]
아주 힘이 풀어져 맥을 못 쓰는 상태. ¶나는 오래 걸어서 녹초가 되었다.

녹화¹ 綠化 | 초록빛 록, 될 화 [plant trees]
나무를 심어 산이나 들을 초록빛[綠]으로 물들게 함[化].

녹화² 錄畵 | 기록할 록, 그림 화 [record]
재생을 목적으로 텔레비전 카메라로 찍은 화상(畵像)을 필름 따위에 기록(紀錄)함.

▸녹화 방:송 錄畵放送 | 놓을 방, 보낼 송
[언론] 녹화(錄畵)해 두었다가 하는 방송(放送). [반] 생방송(生放送).

녹-황색 綠黃色 | 초록빛 록, 누를 황, 빛 색 [greenish yellow]
녹색(綠色)을 띤 황색(黃色). ¶녹황색 채소에는 비타민A가 많이 들어 있다.

논 (畓, 논 답) [rice field]
물을 대고 벼를 심기 위하여 만든 땅. [비] 수전(水田). [반] 밭.

논거 論據 | 논할 론, 근거할 거 [basis of an argument]
의론(議論)이나 논설(論說)이 성립하는 근거(根據)가 되는 것. ¶논거가 확실하다.

논고 論告 | 논할 론, 알릴 고 [prosecutor's final address]
❶[속뜻] 자기의 주장이나 믿는 바를 논술(論述)하여 알림[告]. ❷[법률] 검사가 피고의 범죄 사실과 그에 대한 법률 적용에 관한 의견을 진술하는 일. ¶논고를 펼치다.

논-길 [paddy path]
논 사이에 난 좁은 길.

논-농사 (-農事, 농사 농, 일 사) [rice farming; rice cultivation]
논에 짓는 농사(農事).

논-두렁 [ridge]
물이 괴도록 논가에 흙으로 둘러서 막은 두둑.

논-둑 [bank around a rice field]
논의 가장자리에 높고 길게 쌓아 올린 방죽. [비] 논두렁.

논란 論難 | 본음 [논난], 논할 론, 꾸짖을 난 [criticize; denounce]

잘못된 점 따위를 논(論)하여 비난(非難)함. ㊕ 논쟁(論爭).

논리 論理 | 논할 론, 이치 리 [logic]
의론(議論)이나 사고 · 추리 따위를 끌고 나가는 조리(條理). ¶그의 주장은 논리에 맞지 않다. ㊕ 이치(理致).

▸**논리-적** 論理的 | 것 적
논리(論理)의 법칙에 들어맞는 것[的]. ¶논리적 근거가 있어야 한다.

논문 論文 | 논할 론, 글월 문
[essay; thesis]
❶ 속뜻 어떤 일에 대하여 자기 의견을 논술(論述)한 글[文]. ❷학술 연구의 업적이나 결과를 발표한 글.

논-바닥
논의 바닥.

논박 論駁 | 말할 론, 칠 박
[argue against]
상대의 의견이나 주장에 대하여 그 잘못된 점을 말하여[論] 공격함[駁]. ¶그의 주장을 논박했다. ㊕ 반박(反駁).

논-밭 [fields; farm]
논과 밭. ㊕ 전답(田畓).

논설 論說 | 말할 론, 말씀 설
[essay; discourse]
❶ 속뜻 자기의 의견이나 주장[論]을 조리 있게 설명(說明)함. 또는 그러한 글. ❷신문이나 잡지 따위의 사설(社說). ㊕ 논평(論評).

▸**논설-문** 論說文 | 글월 문
자기의 의견이나 주장[論]을 조리 있게 설명(說明)한 글[文].

논술 論述 | 논할 론, 지을 술
[state; discuss]
의견이나 주장을 논(論)하는 글을 지음[述]. 또는 그 글. ¶이 문제에 대하여 논술하시오.

논어 論語 | 말할 론, 말씀 어
[Analects of Confucius]
책명 공자(孔子)의 논설(論說)과 어록(語錄)을 모아 엮은 책.

논의[1] 論意 | 논할 논, 뜻 의
논(論)하는 말이나 글의 뜻[意]이나 의도. ¶이 글의 논의를 말해보시오.

논의[2] 論議 | 말할 론, 따질 의
[discuss; debate]
어떤 문제에 대하여 서로 의견을 말하며[論] 토의(討議)함. ¶대책을 논의하다. ㊕ 담론(談論), 토론(討論).

논쟁 論爭 | 말할 론, 다툴 쟁
[dispute; argue]
여럿이 자신의 의견을 주장하며[論] 다툼[爭]. ¶열띤 논쟁을 벌이다.

논점 論點 | 논할 론, 점 점
[point at issue]
논의(論議)의 요점(要點). 논의의 중심이 되는 문제. ¶논점을 벗어나다.

논제 論題 | 논할 론, 주제 제
[topic for discussion]
토의나 논의(論議)의 주제(主題).

논증 論證 | 논할 론, 증명할 증
[demonstrate; prove]
옳고 그름을 따져서[論] 증명(證明)함. 또는 그 근거나 이유. ¶주장을 논증하다 / 직접 논증. ㊕ 증명(證明).

논지 論旨 | 논할 론, 뜻 지
[point of an argument]
의론(議論)의 요지(要旨)나 취지(趣旨). ¶논지를 요약하면 다음과 같다.

논평 論評 | 말할 론, 평할 평
[review; comment on]
어떤 사건이나 작품 등의 내용에 대하여 설명하면서[論] 비평(批評)함. ¶정부는 이 사건에 대해 공식적으로 논평했다. ㊕ 평론(評論).

논-하다 (論—, 말할 론)
[argue; discuss]
자기 의견이나 사물을 조리를 세워 말하다[論]. ¶문학을 논하다 / 시비를 논하다.

놀: (霞, 노을 하)

[red sky; glow in the sky]
'노을'의 준말.

놀:고-먹다 [live idle]
하는 일 없이 놀면서 지내다.

놀:다[1](遊, 놀 유) [play]
❶재미있는 일을 하며 즐기다. ¶아이들이 공을 차면서 놀다. ❷일을 하지 않고 세월을 보내다. ¶부모의 유산(遺産)으로 놀고 지내다. ❸어떤 일을 하다가 일정한 동안을 쉬다. ¶이 가게는 일요일에 논다. [반] 일하다.

놀:다[2][throw; cast; play]
윷이나 주사위 등을 던지거나 굴리다.

놀:라다 (驚, 놀랄 경) [be surprised]
❶뜻밖의 일을 당하여 가슴이 두근거리다. ¶경적 소리에 화들짝 놀라다. ❷갑자기 무서움을 느끼다. ¶총소리에 놀라다. ❸신기하거나 훌륭한 것을 보고 매우 감동하다. ¶그의 글 솜씨에 놀랐다.

놀:랍다
[amazing; surprising; wonderful]
굉장하거나 훌륭하다. ¶놀라운 발전을 이루다. [비] 경이(驚異)롭다.

놀:래다 [surprise; astonish; amaze]
남을 놀라게 하다. ¶나는 동생을 놀래 주려고 문 뒤에서 튀어나왔다.

놀-리다[1][have idle; move]
❶사람이나 땅, 기계 등을 사용하지 않고 쉬게 하다. 놀게 하다. ¶직원들을 놀리다 / 올해는 이 땅을 놀린다. ❷몸을 이리저리 움직이게 하다. ¶손발을 놀리다.

놀리다[2][make fun of; play a joke on]
누구를 웃음거리로 만들다. ¶언니가 나를 못난이라고 놀린다. [비] 조롱(嘲弄)하다.

놀림 [teasing; kidding]
조롱하는 일.

▸**놀림-감**
놀림의 대상이 될 만한 것. 또는 그런 사람.

놀부
『흥부전』(興夫傳)에 나오는 주인공. 마음씨가 나쁘고 심술궂다.

▸**놀부-전** (一傳, 전할 전)
[문학] 조선 후기에 나온 전기(傳記) 형식의 소설. 흥부와 놀부라는 두 인물을 통하여 형제간의 우애와 선악의 문제를 다루었다. 판소리로 애창되기도 한다.

놀이 [play; holiday-making]
❶즐겁게 노는 일. ¶주사위 놀이 / 놀이 상대. ❷굿, 풍물, 인형극 따위의 우리나라 전통적인 연희를 통틀어 이르는 말. '놀음놀이'의 준말. ¶민속 놀이.

▸**놀이-방** (一房, 방 방)
유료로 보호자가 맡긴 아이를 돌보아주는 곳[房].

▸**놀이-터**
아이들이 놀 수 있도록 놀이 시설을 마련해 놓은 곳.

▸**놀이-판**
굿, 풍물, 인형극 따위의 놀이를 하고 있는 자리.

▸**놀이-패** (一牌, 패 패)
우리나라 전통 연희를 하는 패거리[牌].

▸**놀이-기구** (一器具, 그릇 기, 갖출 구)
그네나 미끄럼틀처럼 주로 아이들이 놀이에 쓰는 물건이나 시설[器具].

▸**놀이-동산**
구경하거나 놀기 위하여 여러 가지 시설을 갖추어 놓은 곳.

▸**놀이-마당**
판소리·춤·탈놀음 등을 하는 일. 또는 그런 자리.

▸**놀이 시설** (一施設, 베풀 시, 세울 설)
아이들이 놀 수 있도록 만들어놓은[施設] 장치.

놈 [fellow; guy]
❶남자를 낮추어 이르는 말. ¶나쁜 놈. ❷'사내아이'를 귀엽게 이르는 말. ¶그 놈 참 귀엽게 생겼구나. [반] 년.

놋 [brass]
구리와 아연으로 만든 합금. 그릇이나 장

식물을 만든다. '놋쇠'의 준말.

놋-그릇 [brass tableware; brassware]
놋쇠로 만든 그릇. ⓑ 유기(鍮器), 놋기명(器皿).

놋다리-밟기
민속 경상북도 안동·의성 등지에서 음력 정월 보름 밤에 부녀자들이 하는 민속놀이의 하나. 부녀자들이 한 줄로 서서 허리를 굽히고 앞사람의 허리를 안아 다리를 만들면 공주로 뽑힌 여자가 노래에 맞추어 등을 밟고 지나간다.

놋-쇠 [brass]
구리와 아연으로 만든 합금. 그릇이나 장식물을 만든다. ㊟ 놋.

농:¹弄 | 놀릴 롱 [sport; fun]
장난으로 하는 말. '농담'(弄談)의 준말.

농²膿 | 고름 농 [pus; purulent matter]
종기가 덧나서 생기는 희고 누런 액체의 고름[膿].

농³籠 | 대그릇 롱
[wicker basket; (wicker) trunk]
여러 개의 서랍과 문이 달린, 옷이나 이불 따위를 넣어 두는 큰 가구[籠].

*__농가__ 農家 | 농사 농, 집 가 [farmhouse]
농업(農業)을 생업으로 삼는 사람의 집[家]. ¶쌀 농가 / 축산 농가.

*__농경__ 農耕 | 농사 농, 밭갈 경
[agriculture; farming]
논밭을 갈아[耕] 농사(農事)를 지음. ¶철제 농기구의 사용으로 농경이 발달했다.

▶ **농경-지** 農耕地 | 땅 지
농사짓는[農耕] 땅[地]. ¶홍수로 농경지가 침수되었다. ⓑ 경작지(耕作地).

농고 農高 | 농사 농, 높을 고
[agricultural highschool]
교육 농업(農業)에 관한 실업 교육을 하는 고등학교(高等學校). '농업고등학교'의 준말. ¶농고를 졸업하고도 장관이 되었다.

농과 農科 | 농사 농, 분과 과
[agricultural department]
교육 대학에서, 농업(農業)에 관한 학문을 전공하는 한 분과(分科).

농구 籠球 | 대그릇 롱, 공 구 [basketball]
❶ 속뜻 대바구니[籠] 같은 바스켓에 공[球]을 던져 넣는 운동 경기. ❷ 운동 다섯 사람씩 두 편으로 나뉘어, 상대편의 바스켓에 공을 던져 넣어 얻은 점수의 많음을 겨루는 구기 운동. ¶일요일에 친구들과 농구를 했다.

▶ **농구-대** 籠球臺 | 돈대 대
농구(籠球)를 할 때에, 공을 던져 넣을 수 있도록 만든 대(臺).

▶ **농구-장** 籠球場 | 마당 장
농구(籠球) 경기를 하는 경기장(競技場). ¶농구 경기를 보러 농구장에 가다.

농군 農軍 | 농사 농, 군사 군
[farm laborer]
❶ 역사 농사(農事)짓는 일에 종사하던 군사(軍士). ❷ 농민(農民). ¶그는 농군의 아들답게 농사일에 능숙했다.

농기 農旗 | 농사 농, 깃발 기
[farming flag]
민속 농촌(農村)에서 한 마을을 대표하고 상징하는 깃발[旗]. '신농유업'(神農遺業), '농자천하지대본'(農者天下之大本) 따위의 글자를 쓰고, 두렛일을 할 때 풍물을 치며 이 기를 앞세우고 나온다.

농-기계 農機械 | 농사 농, 베틀 기, 형틀 계
[farming machines]
농사(農事)를 짓는 데 쓰이는 기계(機械). ¶그는 농기계를 능숙하게 다룬다.

농-기구 農器具 | 농사 농, 그릇 기, 갖출 구
[farming tools]
농사(農事)에 쓰이는 기계나 기구(器具). ¶농기구를 개량하다. ⓑ 농구(農具).

농:담¹ 弄談 | 놀릴 롱, 말씀 담 [joke]
장난삼아 놀리는[弄] 말[談]. ¶실없이 농담을 주고받다. ⓑ 진담(眞談).

농담² 濃淡 | 짙을 농, 맑을 담

[light and shade]
빛깔이나 맛 따위의 짙고[濃] 맑은[淡] 정도.

*농도 濃度 | 짙을 농, 정도 도
[density; thickness]
액체 따위의 짙은[濃] 정도(程度).

농락 籠絡 | 대그릇 롱, 묶을 락
[cajole; toy with]
❶ 속뜻 대그릇[籠]에 묶어[絡] 넣음. ❷남을 교묘한 꾀로 휘잡아서 제 마음대로 놀리거나 이용함. ¶농락에 놀아나다 / 농락을 부리다. 비 희롱(戲弄).

농림 農林 | 농사 농, 수풀 림
[agriculture and forestry]
농업(農業)과 임업(林業).

▶농림-부 農林部 | 나눌 부
법률 주로 농업(農業)과 임업(林業)에 관한 사무를 맡아보던 중앙 행정 부서(部署).

**농민 農民 | 농사 농, 백성 민 [farmer]
농업(農業)에 종사하는 사람[民]. 비 농부(農夫).

▶농민-군 農民軍 | 군사 군
농민(農民)들로 조직된 군사(軍事). ¶농민군이 가담하였다.

농법 農法 | 농사 농, 법 법
[agricultural techniques]
농사(農事)짓는 방법(方法). '농사법'(農事法)의 준말. ¶무공해 농법.

농번 農繁 | 농사 농, 많을 번
농사(農事)일이 많아짐[繁]. 반 농한(農閑).

▶농번-기 農繁期 | 때 기
농사일이 한창 바쁜[農繁] 철[期]. ¶농번기라 시골은 일손이 바쁘다. 반 농한기(農閑期).

**농부 農夫 | 농사 농, 사나이 부 [farmer]
농사(農事)에 종사하는 사람[夫]. 비 농민(農民).

**농사 農事 | 농사 농, 일 사
[farming; agricultural affairs]
논이나 밭에 곡류, 채소, 과일 등을 심어 가꾸는[農] 일[事]. 비 농업(農業).

▶농사-꾼 (農事—)
농사(農事)짓는 일을 하는 사람. 비 농민(農民), 농부(農夫).

▶농사-일 (農事—)
농사(農事)를 짓는 일. ¶집에서 농사일을 거들다.

▶농사-철 (農事—)
농사(農事)를 짓는 시기. 비 농기(農期).

▶농사-직설 農事直說 | 곧을 직, 말할 설
책명 조선 전기에 세종의 명으로 각 도의 경험 많은 농부들이 농사(農事)에 관해 직접(直接) 경험한 내용을 말하고[說] 그것을 모아 엮은 책.

*농산-물 農產物 | 농사 농, 낳을 산, 만물 물
[agricultural products]
곡식이나 채소 등 농업(農業)에 의하여 생산(生産)된 것[物].

농서 農書 | 농사 농, 책 서
[agricultural books]
농사(農事)에 관한 책[書]. ¶『해동농서』(海東農書) / 『농서집요』(農書輯要).

농-수산 農水産 | 농사 농, 물 수, 낳을 산
[agriculture and fisheries]
농업(農業)과 수산업(水産業).

농아 聾啞 | 귀머거리 롱, 벙어리 아
[deafness and dumbness]
귀머거리[聾]와 벙어리[啞]. ¶농아 학교.

농악 農樂 | 농사 농, 음악 악
[farm music]
음악 농촌(農村)에서 명절이나 공동 작업을 할 때 연주되는 민속음악(民俗音樂).

▶농악-대 農樂隊 | 무리 대
농악(農樂)을 연주하는 사람들의 집단[隊].

▶농악 놀이 (農樂—)
농악(農樂)을 연주하며 춤·노래를 곁들이는 놀이.

****농약** 農藥 | 농사 농, 약 약 [agricultural chemicals]
농사(農事)에서 소독이나 병충해의 구제 따위에 쓰이는 약품(藥品). ¶농약을 치다.

농어 [sea bass; perch]
동물 농엇과의 바닷물고기. 몸의 길이는 50~90cm이고, 등은 검푸르고 배는 희다. 어릴 때에는 민물에서 살다가 바다로 나갔다가 겨울철 강어귀로 돌아와 알을 낳는다.

농-어민 農漁民 | 농사 농, 고기 잡을 어, 백성 민 [farmers and fishermen]
농민(農民)과 어민(漁民)을 아울러 이르는 말. ¶그는 농어민 후계자다.

농-어업 農漁業 | 농사 농, 고기 잡을 어, 일 업
농업(農業)과 어업(漁業)을 아울러 이르는 말.

농-어촌 農漁村 | 농사 농, 고기 잡을 어, 마을 촌
농촌(農村)과 어촌(漁村).

****농업** 農業 | 농사 농, 일 업 [agriculture; farming]
땅을 이용하여 인간 생활에 필요한 식물을 가꾸는[農] 산업(産業). ⓑ 농사(農事).

▸ 농업-용수 農業用水 | 쓸 용, 물 수
농사짓는데[農業] 필요한[用] 물[水]. ¶농업용수를 마련하기 위해 저수지를 구축하다.

▸ 농업 고등학교 農業高等學校 | 높을 고, 무리 등, 배울 학, 가르칠 교
교육 농업(農業)에 관한 실업 교육을 하는 고등학교(高等學校). ⓒ 농고.

▸ 농업 협동조합 農業協同組合 | 합칠 협, 한가지 동, 짤 조, 합할 합
농업 생산성 증진과 소득 증대를 위해 전국적으로 조직된 농업(農業) 생산업자의 협동(協同) 조직체[組合]. ⓒ 농협.

농요 農謠 | 농사 농, 노래 요
농부(農夫)들 사이에 전해져 불리는 속요(俗謠). ¶농요를 부르며 김매기를 하다.

농원 農園 | 농사 농, 동산 원 [farm; plantation]
채소, 화초, 과수 따위[農]를 가꾸는 동산[園] 같은 농장.

농-익다 (濃—, 짙을 농) [get overripe]
짙게[濃] 익다. 무르익다. ¶농익은 사과. ⓑ 설익다.

농자 農資 | 농사 농, 재물 자
농사(農事)일에 드는 비용[資]. ¶농자 마련을 위해 대출을 받다 / 농자금 대출.

***농작** 農作 | 농사 농, 지을 작 [farming; husbandry]
논밭을 갈아 농사(農事)를 지음[作].

▸ 농작-물 農作物 | 만물 물
농사를 지어[農作] 재배한 식물(植物).

농장[1] 農莊 | 농사 농, 별장 장
❶ 속뜻 농사(農事)짓는 데 편리하게 하려고 논밭 근처에 지은 집[莊]. ❷ 역사 고려 말기·조선 초기에, 세력가들 소유의 대토지. ⓑ 농사(農舍), 농소(農所).

농장[2] 農場 | 농사 농, 마당 장 [farm]
농사(農事)를 짓는 장소(場所).

농지 農地 | 농사 농, 땅 지 [farmland]
농사(農事)를 짓는 데 쓰이는 땅[地]. ⓑ 농토(農土).

****농촌** 農村 | 농사 농, 마을 촌 [farm village]
농업(農業)으로 생업을 삼는 주민이 대부분인 마을[村]. ⓑ 도시(都市), 도회지(都會地).

농축 濃縮 | 짙을 농, 줄일 축 [enrichment; concentration]
액체를 진하게[濃] 졸임[縮]. 용액 따위의 농도를 높임.

▸ 농축-액 濃縮液 | 진 액
액체를 졸여서[濃縮] 진하게 만든 액체(液體).

농-축산물 農畜産物 | 농사 농, 가축 축, 낳을 산, 만물 물

농산물(農産物)과 축산물(畜産物)을 아울러 이르는 말. ¶농축산물 도매 시장.

***농토** 農土 | 농사 농, 흙 토 [farmland]
농사(農事)를 짓는 데 쓰이는 땅[土]. [비] 농지(農地).

농한 農閑 | 농사 농, 한가할 한
농사(農事)일이 한가(閑暇)함. [반] 농번(農繁).

▶농한-기 農閑期 | 때 기
농사일이 그다지 바쁘지 않은[農閑] 시기(時期). ¶농한기에는 베를 짠다. [반] 농번기(農繁期).

농협 農協 | 농사 농, 합칠 협
[agricultural association]
'농업협동조합'(農業協同組合)의 준말.

농후 濃厚 | 짙을 농, 두터울 후
[thick; heavy]
❶[속뜻] 빛깔이 짙고[濃] 두께가 두꺼움[厚]. ❷그럴 가능성이나 요소 따위가 다분히 있다. ¶그가 범인일 가능성이 농후하다. [반] 희박(稀薄)하다.

높-낮이 [high and low; pitch]
높고 낮음. [비] 고저(高低).

높다 (高, 높을 고) [high]
❶위로 향하여 길게 솟아 있다. ¶산이 높다 / 굽이 높은 구두 / 천장이 높다. ❷지위·정도 따위가 보통을 넘어 있다. ¶높은 자리에 오르다 / 물의 온도가 높다. ❸소리가 가늘고 날카롭다. ¶이 노래는 음이 너무 높다. [반] 낮다.

높-다랗다 [rather high; lofty]
썩 높다. ¶이웃집 담이 높다랗다.

높새-바람 [northeasterly wind]
주로 봄부터 초여름에 걸쳐 태백산맥을 넘어 영서 지방으로 부는 고온 건조한 바람으로 농작물에 피해를 준다. [비] 북동풍(北東風).

높아-지다 [be raised; be elevated]
높게 되다. ¶기온이 점점 높아지고 있다.

높은음자리-표 (-音-標, 소리 음, 나타낼 표) [G clef; treble clef]
[음악] 5선의 제2선이 사(G)의 음계(音階)가 됨을 나타내는 기호[標]. [비] 고음부기호(高音部記號), 사음자리표. [반] 낮은음자리표(-音-標).

높이[1] [high]
❶아래에서 위까지의 길이가 길게. ¶높이 솟은 빌딩 / 나무가 높이 자라다. ❷수치로 나타낼 수 있는 온도, 습도, 압력 따위가 기준치보다 위에 있게. ¶기온이 높이 상승하다.

높이[2] [height; altitude]
높은 정도. ¶건물의 높이를 측량하다. [비] 고도(高度).

▶높이-뛰기
[운동] 달려와서 공중에 가로질러 놓은 막대를 뛰어넘어 그 높이를 겨루는 육상 경기의 하나.

높-이다 [raise; make high]
높게 하다. ¶목소리를 높이다 / 사물을 보는 안목을 높이다 / 방의 온도를 높이다. [반] 낮추다.

높임-말 [honorific]
'아버님·진지·따님·드리다'처럼 높이어 일컫는 말. [비] 경어(敬語), 존댓말. [반] 반말, 낮춤말.

높임-법 (-法, 법 법)
[언어] 말할 때 높임말을 사용하는 방법(方法). [비] 존대법(尊待法).

높직-하다 [rather high]
위치가 꽤 높은 듯하다. ¶건물이 높직하다.

높-푸르다
높고 푸르다. ¶가을하늘이 높푸르다.

놓다 (放, 놓을 방)
[put down; leave; set]
❶물건 따위를 일정한 자리에 두다. ¶제자리에 놓아라. ❷건축물이나 기계 따위를 가설하다. ¶다리를 놓다 / 덫을 놓다. ❸하던 일을 그치다. ¶일손을 놓다. ❹말을 낮

추어 하거나 거절하다. ¶말씀 놓으세요. [반] 잡다. [속담] 남의 잔치에 감 놔라 배 놔라 한다.

[비슷한 듯 다른 말] ➲ 얹다

놓아-두다 [lay; put]
들었던 것을 내려 바닥에 두다. ¶가방을 책상 위에 놓아두다.

놓아-주다 [free; set free]
잡히거나 얽매이거나 갇힌 것을 풀어주다. ¶잡은 물고기를 다시 놓아주다.

놓-이다 [be put; be relaxed]
❶얹히어 있다. ¶식탁 위에 놓인 꽃병. ❷건물이나 기계를 가설하다. ¶철도가 놓이다. ❸안심이 되다. ¶문제가 해결되어 마음이 놓인다.

놓-치다 [miss; lose; fail to catch]
손에 쥔 것이나, 기회 등을 잃어버리다. ¶어렵게 얻은 기회를 놓치다.

뇌 腦 | 골 뇌 [brain]
[의학] 동물의 머리속에 있으면서 생각이나 감정, 행동을 다스리는 기관. ¶뇌 세포 / 뇌 구조. [비] 두뇌(頭腦).

뇌관 雷管 | 천둥 뢰, 대롱 관
[percussion cap; detonator]
포탄이나 탄환 따위의 화약을 점화(點火)하는 데[雷] 쓰는 금속으로 만든 대롱[管]. ¶뇌관이 터지다.

뇌까리다
아무렇게나 되는대로 반복해서 말하다. ¶뚱딴지같은 말을 뇌까리다.

뇌리 腦裏 | 골 뇌, 속 리
[one's memory]
❶[속뜻] 골[腦]이 있는 머리의 속[裏]. ❷머릿속. ¶뇌리에 떠오르다.

뇌물 賂物 | 뇌물 줄 뇌, 만물 물
[bribe; grease]
직권을 이용하여 특별한 편의를 보아 달라는 뜻으로 주는[賂] 부정한 금품[物]. ¶뇌물을 받다.

뇌사 腦死 | 골 뇌, 죽을 사
[brain death; cerebral death]
[의학] 뇌(腦)의 기능이 완전히 멈추어져[死] 본디 상태로 되돌아가지 않는 상태. ¶교통사고로 뇌사 상태에 빠지다.

뇌성 雷聲 | 천둥 뢰, 소리 성
[peal of thunder]
천둥[雷] 소리[聲]. ¶먼 데서 뇌성이 들린다. [비] 우레소리. [관용] 뇌성에 벽력(霹靂).

뇌-신경 腦神經 | 골 뇌, 정신 신, 날실 경
[cranial nerve]
[의학] 뇌(腦)의 신경(神經). ¶뇌신경 세포.

뇌염 腦炎 | 골 뇌, 염증 염
[brain inflammation]
[의학] 뇌(腦)에 염증(炎症)을 일으키는 전염병. ¶뇌염 예방 주사를 맞다.

뇌우 雷雨 | 천둥 뢰, 비 우 [thunderstorm; thundershower]
천둥[雷] 소리와 함께 내리는 비[雨]. ¶뇌우가 퍼붓다.

뇌-졸중 腦卒中 | 골 뇌, 마칠 졸, 맞을 중
[stroke; cerebral apoplexy]
[의학] 뇌(腦)에 혈액 공급이 제대로 되지 않아[卒] 손발의 마비, 언어 장애, 호흡 곤란 따위를 일으키는[中] 증상. ¶뇌졸중으로 쓰러지다.

뇌-종양 腦腫瘍 | 골 뇌, 부스럼 종, 종기 양
[brain tumor]
[의학] 뇌(腦)에 생기는 종양(腫瘍).

뇌-진탕 腦震蕩 | 골 뇌, 떨 진, 흐릴 탕
[concussion of the brain]
[의학] 머리를 부딪치거나 얻어맞거나 뇌(腦)가 흔들리면서[震] 의식이 흐려지는[蕩] 일.

뇌-출혈 腦出血 | 골 뇌, 날 출, 피 혈
[cerebral haemorrhage]
[의학] 고혈압이나 동맥경화 등으로 뇌(腦) 속에 출혈(出血)을 일으키는 병. [비] 뇌일혈(腦溢血).

누[1] [who]

'누구'가 '가'와 함께 쓰일 때 누구. ¶누가 서희 동생이니?

누:²累 | 엮일 루
[trouble; evil influence]
정신적으로나 물질적으로 부담이나 걱정이 되는 일. ¶누를 끼쳐 죄송합니다. ㊀ 폐(弊).

누³壘 | 진 루 [base]
운동 야구에서 내야의 모서리. 또는 거기에 놓은 흰 방석 모양의 물건.

누각 樓閣 | 다락 루, 집 각
[many-storied building]
다락[樓] 같이 높게 지은 집[閣].

누구 (誰, 누구 수; 孰, 누구 숙)
[who; somebody]
❶잘 모르는 사람을 물어볼 때 쓰는 말. ¶저 사람이 누구입니까? ❷특정한 사람이 아닌 모든 사람. ¶누구든지 와도 된다. ❸가리키는 대상을 굳이 밝히지 않을 때 쓰는 말. ¶누구를 만나느라고 좀 늦었어.

▶ 누구-누구
❶잘 모르는 여러 사람의 이름을 물을 때 쓰는 말. ¶집에 누구누구 있지? ❷특정한 사람이 아닌 모든 사람. ¶나는 누구누구가 왔었는지 궁금하지 않다.

누그러-뜨리다 [soften]
마음을 누그러지게 하다.

누그러-지다 [get milder]
성질·추위·값·병세 따위가 낮아지거나 약해지다. ¶더위가 누그러지다 / 마음이 누그러지다.

누:나 (姊, 손윗누이 자) [older sister]
사내아이가 손위 누이를 부르는 말.

누:누-이 (累累-, 여러 루)
[often; frequently]
여러[累+累] 번. 자꾸. ㊀ 누차(累次). ¶누누이 타이르다.

누:님 (姊, 손윗누이 자) [older sister]
'누나'의 높임말.

누다 [discharge; evacuate]
똥이나 오줌을 속에서 몸 밖으로 내어 보내다. ㊀ 배설(排泄)하다.

누더기 [tattered clothes; rags]
누덕누덕 기운 헌 옷.

누드 {영 nude}
그림·조각·사진 등에서 벌거벗은 몸. ¶누드 사진. ㊀ 나체(裸體).

누:락 漏落 | 샐 루, 떨어질 락
[omit; leave out]
새거나[漏] 떨어짐[落]. 빠짐. ㊀ 궐루(闕漏).

누런-색 (-色, 빛 색)
익은 벼의 빛깔과 같이 다소 어두운 노란색(色).

누렁-소
털의 빛깔이 누런 소.

누렁-이
털의 빛깔이 누런 개. ㊀ 황구(黃狗).

누:렇다 (黃, 누를 황) [quite yellow]
❶익은 벼와 같이 다소 어둡게 노랗다. ❷얼굴에 핏기가 없고 누르께하다. ¶얼굴이 누렇게 떴다.

누:레-지다
누렇게 되다.

누룩 [yeast; leaven]
밀을 굵게 갈아 반죽하여서 띄운 술의 원료.

▶ 누룩-곰팡이
식물 누룩에 생기는 곰팡이. 녹말을 포도당으로 변화시키는 구실을 하기 때문에 술을 빚을 때 쓴다.

누룽-지
솥 바닥에 눌어붙은 밥. ㊀ 눌은밥.

누:르다 (壓, 누를 압; 抑, 누를 억) [press; put down]
❶어떤 물체에 힘을 주어 밀다. ¶초인종을 누르다. ❷남에게 힘이나 규제를 가해 억압하다. ¶권력으로 백성을 누르다. ❸어떤 기분이나 느낌을 참다. ¶복받치는 화를 누르다. ❹계속 머물다. ¶여기에 눌러

살 작정이다.

누르스름-하다 [yellowish]
조금 누르다. ¶얼굴빛이 누르스름하다.

누름-단추 [push button]
눌러서 신호를 울리게 하는 장치.

누리 [world]
'세상'(世上)을 예스럽게 이르는 말. ¶온 누리에 평화를.

누리다 [enjoy; be blessed with]
생활 속에서 마음껏 즐기거나 맛보다. ¶부귀영화를 한껏 누리다. ㊥ 향유(享有)하다.

누린-내 [smell of fat; burnt smell]
❶짐승의 고기에서 나는 기름기의 냄새. ❷동물의 고기나 털 따위의 단백질이 타는 냄새.

누:명 陋名 | 추할 루, 이름 명
[false charge; groundless suspicion]
사실이 아닌 일로 이름[名]을 더럽히는[陋] 억울한 평판. ¶누명을 벗다 / 누명을 쓰다.

누비 [quilting; quilted work]
두 겹의 천 사이에 솜을 넣고 줄이 죽죽 지게 박은 바느질. 또는 그렇게 만든 물건.

▸누비-이불
누벼서 만든 이불.

누비다[1] [thread; weave]
이리저리 거리낌 없이 다니며 활동하다. ¶그는 온 마을을 누비고 다녔다. ㊥ 활개 치다.

누비다[2] [quilt]
겉감의 속에 솜을 펴 넣고 간격을 두어 바느질 하다. ¶이불을 누비다.

누:설 漏泄 | 샐 루, 샐 설 [leak; reveal]
❶ 속뜻 기체나 액체 따위가 밖으로 새어[漏=泄] 나감. ❷비밀이 새어 나감. ¶군사 기밀을 누설하다.

누:수 漏水 | 샐 루, 물 수 [water leak]
새어[漏] 나오는 물[水]. 물이 샘. ¶수도관이 누수하다.

누에 (蠶, 누에 잠) [silkworm]
동물 누에나방의 애벌레. 뽕잎을 먹고 자라며, 실을 토하여 고치를 지은 뒤 고치 안에서 번데기가 되었다가 다시 나방이 되어 나온다. ¶누에를 치다.

▸누에-고치
누에가 몸에서 뽑은 실로 둥그렇게 만든 집. 그 속에서 번데기가 되며 명주실의 원료로 쓴다.

▸누에-나방
동물 누에나방과의 곤충. 몸빛은 하얗고 입이 퇴화하여 먹이를 먹을 수 없으므로 교접하여 알을 낳은 뒤에 곧 죽는다. 애벌레는 '누에'라고 하며, 명주실을 얻기 위하여 기른다.

▸누에-치기
농업 명주실을 얻기 위해 누에를 기르는 일. ㊥ 양잠(養蠶).

누이 (妹, 누이 매) [boy's sister]
남자의 여자 형제. 속담 누이 좋고 매부 좋다.

▸누이-동생
나이 어린 누이. ㊥ 여동생.

누-이다[1] [make defecate]
오줌이나 똥을 누게 하다.

누이다[2] [lie down; lay oneself down]
눕게 하다. 본말은 '눕히다'. ¶환자를 침대에 누이다.

누:적 累積 | 포갤 루, 쌓을 적
[accumulate; cumulate]
포개져[累] 쌓임[積]. ¶피로가 누적되다. ㊥ 축적(蓄積).

누:전 漏電 | 샐 루, 번개 전
[leakage of electricity; electric leak]
전기 전류(電流)가 전선 밖으로 새어[漏] 나가는 일. ¶누전으로 불이 나다.

누:진 累進 | 여러 루, 나아갈 진
[successive promotion]
등급, 가격 따위가 올라가는 비율이 여러[累]번 거듭 올라감[進].

▸누:진-세 累進稅 | 세금 세
법률 누진(累進)하여 매기는 세금(稅金). ⓑ 비례세(比例稅).

누:차 屢次 | 여러 루, 차례 차
[many times; repeatedly]
여러[屢] 차례(次例). ¶누차 당부하다.

누:추 陋醜 | 좁을 루, 추할 추
[filthy; dirty]
좁고[陋] 지저분하다[醜]. 주로 '자기가 사는 집'을 형용할 때 쓰인다. ¶누추하지만 들어오세요.

누:출 漏出 | 샐 루, 날 출
[leak; escape]
❶속뜻 기체나 액체 따위가 새어[漏] 나옴[出]. ¶가스 누출. ❷비밀이나 정보가 밖으로 새어나감. ¶개인 정보를 누출하다. ⓑ 누설(漏泄).

누치 [cornet fish]
동물 길이는 50cm 정도의 잉어 비슷한 물고기. 빛은 은빛 바탕에 등은 어두운 잿빛을 띠며, 옆줄 위에는 6~9개의 점이 있다.

눅눅-하다 [humid; damp]
물기가 있어서 축축한 기운이 있다. ¶방이 눅눅하다. ⓑ 보송보송하다.

눅진-눅진
물기가 있어 매우 눅눅하면서 끈끈한 모양. ¶눅진눅진한 조청.

눈[1](目, 눈 목; 眼, 눈 안) [eyes]
❶사람이나 동물의 보는 기능을 맡은 감각기관. 또는 그 기관의 능력. ¶눈을 감다 / 눈이 나쁘다. ❷무엇을 판단하는 힘. 안목. ¶눈이 높아서 싼 물건은 거들떠도 안 본다. ❸눈으로 보는 방향. 시선. 눈길. ¶사람들의 눈을 끌다 / 눈을 돌리다. 속담 눈 가리고 아옹.

눈:[2](雪, 눈 설) [snow]
공중에 떠다니는 수증기가 찬 기운을 만나 얼어서 땅 위로 떨어지는 흰 결정체. ¶흰 눈이 내린다.

눈[3][bud; sprout]
식물 꽃눈·잎눈처럼 나무에 새로 막 터져 돋아나려는 싹. ¶봄이 되자 나무에 눈이 돋았다.

눈[4][gradation; pip]
'눈금'의 준말.

눈-가 [eye rims]
눈의 가장자리.

눈-가리개 [eye bandage; eye patch]
잠잘 때나 눈병이 났을 때에 눈을 가리는 물건.

눈-가림 [hoodwinking; deception]
눈만 가리듯 겉만 꾸며 속이는 일. ¶눈가림으로 어물어물 넘어가려고 하지 마라.

눈-곱 [discharge from the eyes; eye mucus]
눈에서 나오는 진득한 액. 또는 그것이 말라붙은 것.

눈-구멍 [eye socket; orbit of the eye]
눈알이 박힌 구멍. ⓑ 안공(眼孔).

눈-금 [scale; divisions]
자·저울 따위에 수나 양을 헤아리기 위하여 새긴 금. ¶온도계의 눈금을 읽다.

눈-길 [one's eyes; glance]
눈이 가는 곳. 또는 눈으로 보는 방향. ¶눈길을 피하다. ⓑ 시선(視線).

눈-깔 [eye]
'눈'의 속된말.

눈-꺼풀 [eyelid]
눈알을 덮는 꺼풀. ¶어제 잠을 못자 눈꺼풀이 무겁다.

눈-꼴
눈의 생김새나 눈의 움직이는 모양. ¶눈꼴이 사납다 / 눈꼴이 시다.

눈:-꽃 [snow on the branches]
나뭇가지에 얹혀 꽃이 핀 것처럼 보이는 눈.

눈-높이 [eye level]
바닥에서 관측하는 사람의 눈까지의 높이.

눈-대중 [eye measurement]
눈으로 보아 어림잡아 헤아림. ¶눈대중으

로도 족히 20개는 되어 보인다.

눈ː-덩이 [snowball]
눈을 뭉쳐 둥글게 만든 덩어리.

눈-독 (一毒, 독할 독)
[eyeing; having one's eyes (on)]
욕심을 내어서 눈여겨보는 기운. ¶언니의 옷에 눈독을 들이다.

눈-동자 (一瞳子, 눈동자 동, 접미사 자)
[pupil of the eye]
눈알 한가운데에 있어서[瞳] 빛이 들어가는 구멍.

눈-두덩 [the upper eyelid]
눈언저리의 두두룩한 곳. ¶울어서 눈두덩이 부었다.

눈-망울 [eyeball]
눈동자가 있는 눈알의 앞쪽.

눈매 [look; eyes]
눈의 생김새. ¶그는 나를 매서운 눈매로 바라보았다.

눈-멀다 (盲; 눈멀 맹) [be blind]
❶시력(視力)을 잃어 눈이 보이지 않게 되다. ¶눈먼 사람을 안내하다. ❷어떤 일에 몹시 마음이 쏠리어 이성을 잃다. ¶눈먼 사랑 / 노름에 눈멀다.

눈-물 (淚, 눈물 루) [tear]
눈알 위쪽에 있는 눈물샘에서 나오는 물.
관용 피도 눈물도 없다.

▶눈물-샘
의학 눈구멍 윗벽 바깥쪽에 있어 눈물을 분비하는 샘.

▶눈물-겹다
눈물이 날 만큼 몹시 가엾거나 애처롭다. ¶그 이야기는 정말 눈물겹다.

▶눈물-짓다
눈물을 흘리다. ㊥ 울다.

눈-병 (一病, 병 병)
[eye trouble; eye disease]
눈에 생긴 병(病). ㊥ 안질(眼疾).

눈ː-보라 [snowstorm; snowdrift]
바람에 불려 몰아치는 눈.

눈-부시다 [glaring; blinding]
❶눈을 뜰 수 없을 정도로 매우 환하다. ¶눈부신 옷차림 / 눈부신 아침 햇살. ❷활동이나 업적 따위가 매우 뛰어나다. ¶눈부신 활약 / 눈부신 과학 기술의 발전. ㊥ 찬란(燦爛)하다.

눈ː-비
눈과 비. 눈과 비가 섞인 것.

눈-빛 [look in one's eyes]
눈에 나타나는 기색. ¶차가운 눈빛.

눈ː-사람 [snowman]
눈을 뭉쳐 만든 사람의 형상.

눈ː-사태 (一沙汰, 모래 사, 미끄러질 태)
[snowslide; avalanche]
쌓인 눈이 비탈을 아주 빨리 한꺼번에 미끄러져[沙汰] 내리는 일. ㊥ 설붕(雪崩).

눈-살
두 눈 사이에 있는 주름. ¶눈살을 찌푸리다.

눈-속임 [cheating; deceiving]
남의 눈을 속이는 일.

눈ː-송이 [snowflake]
꽃송이처럼 되어 내려오는 눈.

눈-시울 [edge of the eyelid]
눈언저리의 속눈썹이 난 곳. ¶눈시울이 뜨겁다 / 눈시울을 적시다.

눈-싸움[1] [staring-out game]
서로 눈을 마주하여 깜박이지 않고 오래 견디기를 겨루는 일.

눈ː-싸움[2] [snowballing]
눈을 뭉쳐 서로 상대방을 때리는 장난.

눈ː-썰매 [sleigh; sledge]
눈 위에서 타거나 끄는 썰매.

▶눈ː-썰매장 (一場, 마당 장)
눈 위에서 썰매를 타며 놀 수 있도록 만들어 놓은 곳[場].

눈-썰미 [quick eye for learning things]
한 번 본 것이라도 곧 그대로 흉내를 잘 내는 재주. ¶아이는 눈썰미가 좋아 바느질을 곧잘 따라했다.

눈썹 [eyebrows; brows]
두 눈두덩 위에 가로 나가며 모여 난 짧은 털. 관용 눈썹도 까딱하지 않다.

눈-알 [eyeball]
눈구멍 안에 박힌 공 모양의 시각 기관. ㊥ 안구(眼球).

눈-앞 [before one's face; just ahead]
❶눈에 보이는 바로 가까운 곳. ¶눈앞에 펼쳐진 푸른 바다 / 금강산이 눈앞에 보인다. ❷가까운 장래. ¶위험이 눈앞에 닥치다 / 눈앞의 이익만 추구하다. ㊥ 안전(眼前), 목전(目前). 관용 눈앞이 깜깜하다.

눈-약 (—藥, 약 약) [eyewash]
눈병의 치료에 쓰는 약(藥). ㊥ 안약(眼藥).

눈엣-가시 [thorn in one's side]
몹시 미워 항상 눈에 거슬리는 사람.

눈여겨-보다 [watch carefully]
주의를 기울여 자세히 보다. ¶나는 동생의 행동을 눈여겨보았다. ㊥ 주목(注目)하다.

눈-웃음 [smile with one's eyes]
눈으로만 가만히 웃는 웃음.

눈-인사 (—人事, 사람 인, 일 사) [greeting with one's eyes]
눈짓으로 가볍게 하는 인사(人事).

눈-자루
동물 갑각류의 머리 부분에 돌출된 막대 모양의 시각 기관.

눈-자위 [rim of the eye]
눈알의 언저리.

눈-짐작 [eye measure]
물건의 수량· 모양· 상태 따위를 눈으로 보고 어림잡는 것. ¶눈짐작으로 거리를 재다.

눈-짓 [wink; winking]
눈을 움직여 어떤 뜻을 나타내는 일. ¶조용히 하라고 눈짓하다.

눈-초리 [corner of one's eyes]
❶귀 쪽으로 째진 눈의 구석. ❷사물을 볼 때의 눈 모양. ¶매서운 눈초리.

눈-총 [glare; sharp look]
눈에 독기를 올려 쏘아보는 기운.

눈-치 [tact; expression]
❶남의 마음의 기미를 알아챌 수 있는 재주. ¶눈치가 없다 / 비밀을 눈치 채다. ❷속으로 생각하는 바가 겉으로 드러나는 어떤 태도. ¶잠을 못 잔 눈치였다 / 눈치를 주다. 관용 눈치가 빠르다.

▶**눈치-코치**
'눈치'를 강조하여 이르는 말. ¶너는 왜 눈치코치 없이 나서니?

눈-코 [eyes and the nose]
눈과 코. 관용 눈코 뜰 새 없다.

눈-표 (—標, 나타낼 표)
눈에 잘 띄도록 한 표(標).

눋:다 [scorch; burn]
누른빛이 나도록 조금 타다. ¶밥이 눌었다.

눌:러-앉다 [continue to stay]
그 자리에 그대로 계속 머무르다. ¶유학 갔다가 눌러앉았다.

눌:리다
[be pressed down; be suppressed]
❶눌러지다. ¶머리카락이 눌리다. ❷남에게 억압당하여 꼼짝을 못하다. ¶기가 눌리다.

눌변 訥辯 | 말더듬을 눌, 말잘할 변
더듬거리는[訥] 말솜씨[辯]. ㊥ 눌언(訥言). ㊦ 달변(達辯).

눌은-밥
솥 바닥에 눌어붙은 누룽지에 물을 부어 긁어낸 밥. ㊥ 누룽지.

눕:다 (臥, 누울 와)
[lie down; lay oneself down]
❶등이나 옆구리를 바닥에 대고 몸을 가로놓다. ¶침대에 누워 자다. ❷병을 앓게 되다. ¶과로로 자리에 눕다. ㊦ 일어나다, 서다. 속담 누워서 떡 먹기.

눕-히다 [lay down; make lie down]

❶눕게 하다. ¶때려눕히다. ❷가로로 놓다. ¶좌석을 눕히다.

뉘[1] [unhulled rice; rice in the husk]
쓿은 쌀 속에 섞인 벼 알갱이.

뉘[2] [who; whose]
'누구'의 준말. ¶당신은 뉘시오?

뉘앙스 {프 nuance}
어떤 말에서 느껴지는 느낌이나 인상.

뉘엿-뉘엿 [ready to set; nauseating]
해가 곧 지려고 산이나 지평선 너머로 조금씩 넘어가는 모양. ¶해가 뉘엿뉘엿 넘어간다.

뉘우치다 [regret]
제 잘못을 스스로 깨닫고 가책을 느끼다. ¶잘못을 뉘우치다. [비] 반성(反省)하다.

뉴런 {영 neuron}
[의학] 신경계를 구성하는 기본 단위. 신경세포와 신경 돌기로 되어 있으며, 감각 세포와 근육 세포 사이에 있다.

뉴스 {영 news}
신문·방송 등의 보도. ¶텔레비전 뉴스. [비] 소식(消息).

▸ **뉴스 캐스터** {영 news caster}
뉴스(news)를 전하면서 해설도 하는 방송 진행자[caster].

느글느글-하다 [feel sick / nausea]
속이 매우 메스껍고 느끼하다. ¶하루 종일 빵만 먹었더니 속이 느글느글하다.

느긋-하다 [be greatly pleased with]
마음에 여유가 있다. 조급하지 않다. ¶바쁠수록 느긋하게 마음을 먹어라. [반] 조급하다.

느끼다 (感, 느낄 감) [feel]
❶자극을 깨닫거나 감정을 맛보다. ¶추위를 느끼다 / 슬픔을 느끼다. ❷마음속으로 무엇을 깨닫거나 알게 되다. ¶책임감을 느끼다 / 능력의 한계를 느끼다.

♣ 느끼다 / 생각하다[1] [비슷한 듯 다른 말]

◎ 나는 그가 착하다고 느낀다 = 생각한다.

○ 필요를 절실히 느끼다.
× 필요를 절실히 생각하다.

○ 나는 10년 후의 모습을 생각해 보았다.
× 나는 10년 후의 모습을 느껴 보았다.

느끼-하다 [greasy]
음식에 기름기가 많아 속이 메스껍다. ¶중국 음식은 대개 느끼하다.

느낌 [feeling; sense]
몸의 감각이나 마음으로 느끼는 기운이나 감정. ¶이상한 느낌이 들다.

느낌-표 (一標, 나타낼 표)
[언어] 감탄의 느낌을 나타내는 문장 부호[標]. 기호는 '!'.

느닷없-이 [abruptly; suddenly]
아주 뜻밖이고 갑작스럽게. ¶그가 느닷없이 찾아왔다. [비] 불현듯.

느리게 [slow]
[음악] 보통 빠르기보다 느리게 연주하라는 뜻. 대개 1분에 사분음표를 58번 정도 연주하는 빠르기를 말한다.

느리다 (緩, 느릴 완) [slow; tardy]
❶행동이 빠르지 못하거나, 성질이 급하지 않다. ¶동작이 느리다 / 그는 성미가 느리다. ❷어떤 일이 이루어지는 과정이나 기간이 길다. ¶진도가 느리다. [반] 빠르다, 급(急)하다.

♣ 느리다 / 늦다 [비슷한 듯 다른 말]

◎ 이 시계는 5분 느리다 = 늦다.

○ 그는 동작이 느리다.
× 그는 동작이 늦다.

○ 약소 장소에 10분 늦게 도착하였다.
× 약소 장소에 10분 느리게 도착하였다.

느림-보 [laggard]
움직임이 느린 사람이나 동물을 놀리듯 하는 말.

느릿-느릿 [slowly]

행동이 매우 더딘 모양.

느슨-하다 [loose; slack; lax]
❶늘어져 헐겁다. ¶허리띠를 느슨하게 매다. ❷태도나 분위기가 풀어져 있다. ¶성격이 느슨한 사람/ 기강이 느슨하다. ㊥빡빡하다.

느타리-버섯 [agaric]
식물 모양이 조개껍데기와 비슷하며 줄기는 짧은 버섯.

느티-나무 [zelkova tree]
식물 느릅나뭇과의 낙엽 활엽 교목. 높이는 20~30미터이며, 타원형의 잎이 나며, 회갈색의 나무껍질이 비늘처럼 갈라진다.

늑골 肋骨 | 갈비 륵, 뼈 골 [ribs]
의학 가슴을 둘러싸고 있는 갈비[肋] 뼈[骨]. ㊥갈비뼈.

늑대 [wolf]
동물 몸집이나 외형이 개와 비슷한 포유류. 육식성으로 10여 마리가 떼 지어 생활한다.

늑막 肋膜 | 갈비 륵, 꺼풀 막 [pleura]
의학 폐의 표면과 흉곽의 내면을 싸고 있는[肋] 막(膜). ㊥흉막(胸膜).

▸늑막-염 肋膜炎 | 염증 염
의학 늑막(肋膜)에 생기는 염증(炎症).

늑장 [dawdle; promptly]
당장 볼일이 있는데도 딴 일을 하거나 느릿느릿 행동하는 일. ¶늑장을 부리다 약속시간에 늦었다. ㊥늦장.

는개 [(fine) misty rain; drizzle]
안개보다 조금 굵고 이슬비보다 좀 가는 비. ㊥가랑비, 세우(細雨).

늘 (常, 늘 상) [always; usually]
언제나. ¶그녀는 늘 바쁘다. ㊥항상(恒常). ㊥가끔.

늘그막 [one's old age]
늙어 가고 있을 때. 늙은 나이. ¶늘그막에 아이를 얻다. ㊥노년(老年).

늘다 [increase; rise]
❶본디보다 수량이나 분량, 부피, 길이 따위가 더 크게, 또는 더 많게, 또는 더 길게 되다. ¶몸무게가 늘다 / 평균 수명이 늘다 / 학생 수가 늘다 / 재산이 늘다. ❷재주·솜씨 따위가 더하여지다. ¶실력이 늘다 / 솜씨가 많이 늘었군. ㊥줄다.

늘-리다 [increase]
수효나 분량 따위를 더 많거나 크거나 세거나 길어지게 하다. '늘다'의 사동. ¶나는 조금씩 운동량을 늘렸다. ㊥줄이다.

비슷한 듯 다른 말	➲ 불리다[2]

늘씬-하다 [tall and slender; slim]
몸이 가늘고 키가 커서 맵시가 있다. ¶몸매가 늘씬하다.

늘어-나다 [lengthen; grow longer]
길이·부피·수량 따위가 많아지다. ¶몸무게가 5kg이나 늘어났다. ㊥증가(增加)하다. ㊥줄어들다.

늘어-놓다 [arrange; display]
❶줄을 대어 벌여 놓다. ¶한 줄로 늘어놓다. ❷말이나 글을 이것저것 수다스럽게 꺼내어 벌여 놓다. ¶잔소리를 늘어놓다 / 부질없는 넋두리를 늘어놓다. ㊥나열(羅列)하다, 열거(列擧)하다.

늘어-뜨리다 [hang (down)]
물건의 한쪽 끝을 아래로 처지게 하다. ¶밧줄을 옥상에서 늘어뜨리다.

늘어-서다 [stand in a row; form a line]
줄을 지어 서다. ¶사람들이 영화표를 사려고 늘어서 있다.

늘어-세우다
비슷한 여럿을 길게 줄지어 서게 하다. '늘어서다'의 사동. ¶아이들을 한 줄로 길게 늘어세우다.

늘어-지다
[get longer; be tired out; stretch]
❶켕기는 힘으로 물체가 길어지다. ¶고무줄이 늘어지다. ❷기운이 풀려 몸을 가누지 못하다. ¶몸이 늘어지다. ❸기분이 좋을 만큼 마음껏 몸을 죽 펴다. ¶하품을 늘어지게 하다.

늘-이다 [lengthen; droop]
본디보다 길게 하다. ¶바지 기장을 조금 늘이다. ⓑ 줄이다.

늘임-봉 (一棒, 몽둥이 봉)
타고 올라갈 수 있게 만든 틀에다 철봉(鐵棒) 따위를 세운 운동 기구.

늘임-표 (一標, 나타낼 표) [fermata]
음악 악보에서, 음표나 쉼표의 위나 아래에 붙어서 본래 박자보다 두세 배 길게 늘여 연주하라는 기호[標]. 기호는 '⌒'.

늘푸른-나무 [evergreen]
식물 소나무, 대나무처럼 사철 내내 잎이 푸른 나무를 통틀어 이르는 말. ⓑ 상록수(常綠樹).

늙다 (老, 늙을 로) [age; grow old]
❶나이가 많아지다. ¶늙어 갈수록 잔소리가 많아진다. ❷한창때를 지나 늙은이가 되다. ¶이젠 늙어서 체력이 예전 같지 않다. ⓑ 연로(年老)하다, 노쇠(老衰)하다. ⓑ 젊다.

늙은-이 [old person]
늙은 사람. ⓑ 노인(老人). ⓑ 젊은이.

늠:름 凜凜 | 의젓할 름, 의젓할 름 [gallant; valiant]
의젓하고[凜+凜] 당당하다. ¶늠름한 청년.

능 陵 | 무덤 릉 [royal tomb; mausoleum]
임금·왕후의 무덤[陵]. 규모가 크다.

능가 凌駕 | 앞설 릉, 오를 가
[surpass; exceed]
남을 앞서[凌] 오름[駕]. ¶그녀의 피아노 실력은 이제 스승을 능가한다.

능-구렁이
❶동물 길이 120cm 정도의 동작이 느리고 독이 없는 뱀. 등은 붉은 갈색, 배는 누런 갈색이고 온몸에 검은 세로띠가 있다. ❷'음흉하고 능청스러운 사람'을 비유하는 말. ¶저 녀석은 능구렁이 같아서 속을 알 수가 없다.

능글능글-하다 [deceitful; sneaky]
음흉하고 능청스러운 모양.

능글-맞다 [sly; sneaky; cunning]
태도가 음흉하고 능청스러운 데가 있다. ¶그가 능글맞게 웃으며 나를 쳐다보았다.

능금 [crab apple]
능금나무의 열매. 사과와 비슷한 모양이지만 훨씬 작다.

능동 能動 | 능할 능, 움직일 동
[spontaneousness; voluntarily]
❶속뜻 능(能)히 스스로 움직임[動]. ❷언어 다른 것에 동작을 미치게 하는 동사의 성질. ⓑ 수동(受動), 피동(被動).

▶**능동-적** 能動的 | 것 적
스스로 움직이려는[能動] 태도나 성질 따위의 것[的]. ¶능동적인 사고방식. ⓑ 수동적(受動的).

능란 能爛 | 능할 능, 무르익을 란 [skillful; expert]
어떤 일을 잘하고[能] 익숙하다[爛]. ¶그는 일본어를 매우 능란하게 말한다 / 능수능란(能手能爛)하다.

⁂**능력** 能力 | 능할 능, 힘 력
[ability; capacity]
어떤 일을 해낼 수 있는[能] 힘[力]. ¶능력을 기르다 / 능력을 발휘하다. ⓑ 깜냥, 역량(力量).

능률 能率 | 능할 능, 비율 률 [efficiency]
일정한 시간에 해낼 수 있는[能] 일의 분량, 또는 비율(比率). ¶작업 능률 / 능률을 올리다.

▶**능률-적** 能率的 | 것 적
능률(能率)이 많이 오르는 성질의 것[的]. ¶이런 일은 기계로 하면 능률적이다.

능멸 凌蔑 | 깔볼 릉, 업신여길 멸 [despise; scorn]
깔보며[凌] 업신여김[蔑]. ¶감히 나를 능멸하다니!

능사 能事 | 능할 능, 일 사
[proper and suitable work]
❶속뜻 자기에게 알맞아 잘 해낼 수[能]

있는 일[事]. ❷잘하는 일. ¶빨리 출발하는 것만이 능사가 아니다.

능선 稜線 | 모 릉, 줄 선 [ridge line]
산의 봉우리에서 봉우리로 이어지는 산등성이[稜]의 선(線). ¶능선을 따라 내려오다.

능수 能手 | 능할 능, 솜씨 수 [ability; expert]
어떤 일에 능란(能爛)한 솜씨[手]. 또는 그런 사람. ¶실무에 있어서는 그가 능수다 / 능수능란(能手能爛).

능수-버들 [weeping willow]
식물 가지가 길게 늘어지며, 잎은 피침 모양인 버드나무. 우리나라 특산종이다. ⓑ 수양(垂楊)버들.

능숙 能熟 | 능할 능, 익을 숙 [skilled]
기술이 있어 일을 잘하고[能] 그 일에 익숙[熟]하다. ¶능숙한 솜씨로 기저귀를 갈았다 / 젓가락을 능숙하게 사용하다.

능지 凌遲 | 깔볼 릉, 더딜 지
오래오래[遲] 깔보게 함[凌].
▸능지-처참 凌遲處斬 | 처할 처, 벨 참
역사 죄인의 머리를 베어[斬] 처형(處刑)한 뒤에 시신의 몸, 팔, 다리를 토막 쳐서 각지에 돌려보내어 만백성이 오래오래[遲] 깔보게 하는[凌] 형벌.

능청 [dissimulate]
마음속으로는 다른 생각을 하면서 겉으로는 천연스럽게 행동하는 태도. ¶나는 모르는 척 능청떨었다.
▸능청-스럽다
속으로는 엉큼한 마음을 숨기고 겉으로는 천연스럽게 행동하는 데가 있다. ⓑ 능청맞다.

능통 能通 | 능할 능, 온통 통 [proficient; skillful]
능(能)히 모든[通] 것을 다 잘 함. ¶그는 4개 국어에 능통하다.

능-하다 (能—, 능할 능) [able; capable]
서투르지 않고 기술이 뛰어나 잘한다[能]. ¶그녀는 바이올린보다 피아노에 능하다 / 그 일은 나 혼자서도 능히 해낼 수 있다. ⓑ 서투르다. 속담 날면 기는 것이 능하지 못하다.

늦-가을 [late autumn; late fall]
가을의 마지막 무렵. ⓑ 만추(晩秋), 계추(季秋).

늦-겨울 [late winter]
겨울의 마지막 무렵. ⓑ 만동(晩冬), 계동(季冬).

늦-깎이
나이가 많이 들어서 어떤 일을 시작한 사람. ¶늦깎이 대학생.

늦다 (遲, 늦을 지) [late; slow]
❶일정한 때에 뒤져 있다. ¶예정보다 늦게 도착하다 / 꽃이 늦게 핀다. ❷곡조, 동작 따위의 속도가 느리다. ¶박자가 늦다 / 일 처리가 늦다. ❸어떤 시간이나 기간의 마지막 무렵에 속해 있다. ¶늦은 가을 / 매일 밤 늦게 귀가하다. ⓑ 이르다, 빠르다.

비슷한 듯 다른 말	➲ 느리다

늦-더위 [late (summer) heat]
여름이 다 가도록 가시지 않는 더위.

늦-되다 [grow late]
나이보다 늦게 철이 들다. ¶지은이는 또래 아이들 보다 늦되다.

늦-둥이 [child one had late in one's life]
나이가 많아 늦게 낳은 자식.

늦-봄 [late spring]
봄의 마지막 무렵. ⓑ 만춘(晩春), 계춘(季春).

늦-여름 [late summer]
여름의 마지막 무렵. ⓑ 만하(晩夏), 계하(季夏).

늦-잠 [oversleeping]
아침 늦게까지 자는 잠.
▸늦잠-꾸러기

늘 아침에 늦게까지 자는 사람.

늦-장마 [late rainy spell]
제철이 지난 뒤에 오는 장마.

늦-추다
[loosen; postpone; slow down]
❶졸라맨 것을 느슨하게 하다. ¶허리띠를 늦추다 / 경계심을 늦추지 않고 있다. ❷시간이나 기일을 뒤로 미루다. ¶개학 날짜를 늦추다. ❸속도 따위를 느리게 하다. ¶속력을 늦추다 / 박자를 늦추다 / 걸음을 늦추다. [반] 당기다.

늦-추위 [lingering cold]
겨울철이 다 지나갈 무렵에 드는 추위.

늪 [swamp; marsh]
호수보다 작고 못보다 크며, 땅이 우묵하고 늘 물이 괸 곳. ¶우포늪은 생태계 특별보호구역으로 지정되었다. [비] 습지(濕地).

늪-지 (—地, 땅 지) [swampy ground]
늪이 많은 지역(地域). '늪지대'의 준말.

늪-지대 (—地帶, 땅 지, 띠 대) [swampy ground]
늪이 많은 지대(地帶). ¶늪지대가 나타나면 악어 떼가 나올라.

늴리리
퉁소나 나발, 피리 같은 것을 운치 있게 부는 소리.

니나노
민요에서 아무 뜻 없이 흥을 돋우는 소리. ¶늴리리야 늴리리야 니나노 난실로 내가 돌아간다.

니스 {일 nisu} [varnish]
[화학] 광택이 있는 투명한 피막을 형성하는 도료. 가구나 선박, 차, 나무 따위에 발라 습기를 막는다. ¶가구에 니스를 칠하다.

니은
[언어] 한글 자모 'ㄴ'의 이름.

니켈 {영 nickel}
[화학] 은백색으로 잘 늘어나는 금속. 철과 비슷하며, 원자 기호는 'Ni'.

니코틴 {영 nicotine}
[화학] 담배 중에 2-8% 포함되어 있는 맹독의 액체. ¶니코틴 중독.

니크롬-선 (nichrome線, 줄 선) [Nichrome wire]
[전기] 전기 저항선·전열선에 사용하는 니크롬(Nichrome)으로 만든 도선(導線).

니트 {영 knit}
뜨개질하여 만든 옷이나 옷감. [비] 뜨게옷.

니퍼 {영 nipper}
전선을 자를 때 쓰는 공구(工具).

님1 [sweetheart]
'임1'의 옛말.

-님2 [Mr.; Miss]
이름 뒤에 써서 그러한 이름을 가지신 분. ¶김연아 님.

-님3 [dear; sir]
어떤 말 뒤에 붙여 써서 높이는 뜻을 나타낸다. ¶부모님 / 선생님.

닢
동전, 멍석같이 납작한 물건을 낱낱의 뜻으로 세는 말. ¶동전 두 닢 / 가마니 한 닢.

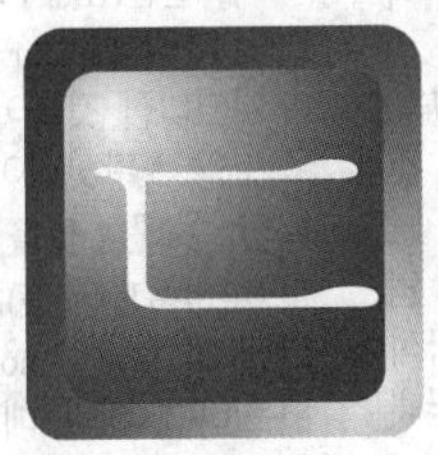

ㄷ
언어 한글 자모의 셋째 글자. '디귿'이라 이른다.

다¹ {영 do}
음악 음계의 제1음인 도(do)의 이름.

다:²(全, 온전할 전) [all; almost]
❶남김없이 모두. 모조리. 전부. ¶다 가져라. ❷어떠한 것이든지. ¶둘 다 좋다. ❸거의. ¶다 죽게 되었다. ❹가벼운 놀람, 새삼스런 감탄, 은근한 비꼼을 나타내는 말. ¶별사람 다 보겠다. ❺미래의 일을 부정하는 뜻을 나타내는 말. ¶비가 오니 야유회는 다 갔다. 비 전부(全部), 거반(居半).

♣ 다² / 모두

◎ 다 = 모두 같이 노래를 부르자.

○ 시간이 다 되었으니 시험지를 제출하라.
× 시간이 모두 되었으니 시험지를 제출하라.

○ 누가 회장이 되느냐가 모두의 관심이었다.
× 누가 회장이 되느냐가 다의 관심이었다.

다가-가다 [go near; approach]
❶어떤 대상 쪽으로 가깝게 옮겨 가다. ¶부엌 쪽으로 다가갔다. ❷어떤 사람과 친해지고자 함을 나타냄. ¶다가가려니 가시가 있어 그럴 수 없었다.

다각 多角 | 많을 다, 뿔 각
[many sidedness]
❶ 속뜻 여러[多] 각도(角度). ❷여러 방면이나 부문. ¶제품을 다각화하다 / 다각적인 취미.

▸ **다각-형** 多角形 | 모양 형
수학 셋 이상의 선분으로 에워싸인 여러 평면[多角]의 도형(圖形). 비 여러모꼴, 다변형(多邊形).

다감 多感 | 많을 다, 느낄 감
[sensitive; susceptible]
느낌이 많고[多] 감동(感動)하기 쉽다. 감정이나 감수성이 풍부하다. ¶그는 다감하고 정이 많다.

다과 茶菓 | 차 다, 과자 과
[tea and cookies]
'차'[茶]와 '과자'(菓子). ¶다과를 내오다.

▸ **다과-상** 茶菓床 | 평상 상
손님을 접대하려고 차[茶], 과일[菓] 따위를 차린 상(床). ¶다과상을 차리다.

▸ **다과-회** 茶菓會 | 모일 회
차[茶]와 과자[菓] 따위를 베푸는 간단한 모임[會]. ¶행사가 끝난 후 다과회를 베풀었다.

다-국적 多國籍 | 많을 다, 나라 국, 문서 적 [multinational]
여러[多] 나라에 국적(國籍)을 두고 있음. 여러 나라가 참여하거나 여러 나라의 것이 섞여 있음. ¶다국적 문화 산업.

▸다국적 기업 多國籍企業 | 꾀할 기, 일 업
경제 여러[多] 나라에 진출해 현지 국적(國籍)을 취득한 기업(企業) 조직. ¶국내에 다국적 기업이 진출했다.

다그-치다 (促, 재촉할 촉) [impel; spur on]
상대방에게 여유를 주지 않고 자꾸 몰아쳐서 행동하도록 하다. ¶다그쳐 묻다. ㊥ 재촉하다, 독촉(督促)하다.

다급 多急 | 많을 다, 급할 급 [extremely urgent]
많이[多] 급(急)하다. ¶다급한 목소리 / 일이 다급하게 되었다. ㊥ 급(急)하다, 촉박(促迫)하다.

다년 多年 | 많을 다, 해 년 [many years]
여러[多] 해[年]. 오랜 세월.

▸다년-간 多年間 | 사이 간
여러[多] 해[年] 동안[間]. 오랜 세월 동안. ¶다년간의 노고에 보답하였다. ㊥ 수년간(數年間).

▸다년-생 多年生 | 살 생
식물 식물체의 전부 또는 일부가 여러[多] 해[年] 동안 자라는[生] 것. ㊥ 여러해살이.

다니다 (行, 다닐 행) [come and go; go about]
❶직장·학교 등에 소속되어 있다. ¶회사에 다니다. ❷어떤 곳을 왔다 갔다 하다. ¶서울과 인천 간을 다니는 버스. ❸어떤 곳에 들르다. ¶오는 길에 큰댁에 다녀왔다. ㊥ 오가다, 드나들다, 출입(出入)하다.

다다르다 (到, 이를 도; 達, 이를 달) [come; arrive]
목적한 장소나 수준에 이르러 닿다. ¶산 정상에 다다르다 / 평균에 다다르다. ㊥ 도착(到着)하다, 도달(到達)하다. ㊦ 떠나다, 출발(出發)하다.

다닥-다닥 [in clusters]
자그마한 것들이 한곳에 많이 붙어 있는 모양. ¶판잣집이 다닥다닥 붙어 있다.

다단 多段 | 많을 다, 구분 단
여러[多] 단(段). ¶다단 편집.

다달-이 [every month; monthly]
달마다. 매월. 매달. ¶다달이 생활비를 보내주다. ㊥ 매월(每月).

다도 茶道 | 차 다, 방법 도 [tea ceremony]
차[茶]를 손님에게 대접하거나 마실 때의 방법[道] 및 예의범절. ¶학생들은 다도에 따라 차를 마셨다.

다독 多讀 | 많을 다, 읽을 독 [read widely]
책을 많이[多] 읽음[讀]. ㊦ 과독(寡讀).

▸다독-상 多讀賞 | 상줄 상
책을 많이 읽는[多讀] 사람에게 주는 상(賞). ¶다독상을 받았다.

다독-거리다 [caress]
❶어린아이를 달래거나 귀여워할 때 가만가만 두드리다. ¶아기를 다독거려 재우다. ❷위로하여 진정시키다. ❸흩어진 물건을 그러모아 지근지근 누르다. ¶화롯불을 다독거리다.

다듬다 (琢, 다듬을 탁) [put in order; finish up]
❶매만져서 맵시를 내다. ¶머리를 다듬다. ❷못쓸 부분을 뜯어 버리다. ❸거친 바닥이나 거죽을 고르게 하다. ¶시멘트 바닥을 다듬다. ❹글 따위를 짜임새 있게 손질하다. ¶원고를 다듬다. ㊥ 정돈(整頓)하다, 정리(整理)하다. ㊦ 어지르다.

다듬이-질 [fulling cloth by pounding]
옷감 따위를 반드럽게 하기 위하여 방망이로 두드리는 일. ㊟ 다듬질. ㊥ 다듬이.

다락 (樓, 다락 루) [upper story; loft over a kitchen]

건축 ❶부엌 천장 위에 이층처럼 만들어서 물건을 두게 된 곳. ❷다락집. ㊥ 누각(樓閣), 문루(門樓), 초루(譙樓).

▸다락-방 (-房, 방 방)
다락처럼 만들어 꾸민 방(房). ¶다락방에서 아버지의 앨범을 꺼내보았다.

▸다락-집
건축 사방을 볼 수 있도록 높은 기둥 위에 벽이 없이 마루를 놓아 지은 집. ㊥ 누각(樓閣).

다람-쥐 [squirrel; chipmunk]
동물 등에 다섯 개의 검은 선이 있는 쥐 비슷한 동물. 길이는 13cm정도이며 날다람쥐·하늘다람쥐도 이에 속한다. 속담 다람쥐 쳇바퀴 돌듯.

다랑-어 (-魚, 물고기 어)
[tuna; tunny]
동물 온대성 해역에 사는 바닷물고기[魚]. 길이 3m 정도이며 등은 청흑색, 배는 회백색이다. ㊥ 참치.

다래 [cotton boll]
식물 ❶다래나무의 열매. ❷목화의 덜 익은 열매.

다래끼 [stye in the eye]
의학 눈시울에 나는 작은 부스럼. ㊥ 안검염(眼瞼炎).

다량 多量 | 많을 다, 분량 량
[large quantity]
분량(分量)이 매우 많음[多]. ¶물건을 다량으로 구입하다. ㊥ 대량(大量). ㊦ 소량(少量), 미량(微量).

다루다 [handle; treat]
❶일을 처리하다. ❷기계나 물건 따위를 움직이거나 부리다. 취급하다. ¶악기를 다루다. ❸사람이나 짐승을 거느려 부리다. ¶부하를 잘 다루다. ❹소재나 대상으로 삼다. ¶사건을 다룬 기사가 신문에 났다. ㊥ 처리(處理)하다, 취급(取扱)하다, 이용(利用)하다.

다르다 (別, 다를 별; 異, 다를 이) [different from; another]
❶같지 않다. ¶취미가 다른 사람. ❷특별한 곳이 있다. ¶역시 엄마라 다르군. ㊥ 틀리다, 상이(相異)하다, 특별(特別)하다. ㊦ 같다.

다리[1](橋, 다리 교) [bridge]
강·개천 또는 언덕과 언덕 사이에 통행할 수 있게 걸쳐 놓은 시설. ㊥ 교량(橋梁), 가교(架橋).

▸다리-밟기
민속 정월 대보름날 밤에 다리를 밟던 풍속. 열두 다리를 밟으면 그 해의 액을 면한다고 한다. ㊥ 답교(踏橋).

다리[2](脚, 다리 각)
[leg; walking limb]
❶동물의 몸통 아래에 붙어서 딛고 서거나, 걸어다니는 일을 맡은 부분. ¶다리를 다쳤다. ❷물건 아래 붙어 물건이 직접 땅에 닿지 않게 하거나 높게 하기 위하여 버티어 놓은 부분. ¶책상 다리. ㊥ 하지(下肢).

▸다리-품
길을 걷는 데 드는 노력. ¶다리품을 들여 좋은 물건을 골랐다.

다리다 [iron out; press]
다리미로 구겨진 주름살을 문질러 펴다. ¶옷을 다리다.

다리미 [iron; flatiron]
다리미질하는 데 사용하는, 쇠붙이로 바닥을 매끄럽게 만든 기구. ㊥ 화두(火斗).

▸다리미-질
다리미로 옷이나 피륙 따위를 다리는 일. ㊣ 다림질.

다릿-목
[approach to a bridge]
다리가 놓여 있는 길목.

다릿-발 [(bridge) pier]
건설 길에서 다리가 놓여 있는 곳. ㊥ 교각(橋脚).

다:만 (但, 다만 단) [only; just]
오직 그뿐. ¶다만 죽음이 있을 뿐. ㊥ 오직,

오로지, 단지(但只).

♣ 다만 / 오직 [비슷한 듯 다른 말]

◎ 나는 다만 = 오직 내 책임을 다했을 뿐이다.

o 이것은 좋은 옷이나 다만 색깔이 좀 어둡다.
× 이것은 좋은 옷이나 오직 색깔이 좀 어둡다.

o 우리의 소원은 오직 통일이다.
× 우리의 소원은 다만 통일이다.

다면 多面 | 많을 다, 낯 면
[many sides; many faces]
여러[多] 면(面). 여러 방면.

▸ **다면-체** 多面體 | 모양 체
[수학] 넷 이상의[多] 평면(平面)으로 둘러싸인 입체(立體) 도형. 사면체, 오면체 따위.

다-목적 多目的 | 많을 다, 눈 목, 과녁 적
[multipurpose]
여러 가지[多] 목적(目的). ¶다목적 댐을 건설하다.

다물다 [shut; close]
윗입술과 아랫입술 또는 그와 같이 된 두 쪽의 물건을 마주 대다. ¶입을 다물고 눈물만 흘렸다. [비] 닫다, 함구(緘口)하다. [반] 벌리다.

다반 茶飯 | 차 다, 밥 반 [common]
❶ [속뜻] 항상 먹는 차[茶]와 밥[飯]. ❷ '늘 있어 이상할 것이 없는 예사로운 일'을 비유하여 이르는 말. '항다반'(恒茶飯)의 준말.

▸ **다반-사** 茶飯事 | 일 사
늘 있는[茶飯] 일[事]. 예사로운 일. '항다반사'(恒茶飯事)의 준말.

다발 [bundle; bunch]
꽃이나 푸성귀 따위의 묶음이나 그것을 세는 말. ¶장미꽃 한 다발을 선물했다. [비] 묶음, 단.

다방 茶房 | 차 다, 방 방
[tea house; coffee shop]
채[茶] 종류를 조리하여 팔거나 청량 음료 및 우유 따위 음료수를 파는 영업소[房]. [비] 찻집.

다-방면 多方面 | 많을 다, 모 방, 낯 면
[many quarters; many directions]
여러[多] 방면(方面). 여러 분야. ¶그는 다방면에 취미를 가진 사람이다. [비] 다각(多角).

다변 多變 | 많을 다, 바뀔 변 [diversify]
변화(變化)가 많음[多].

다변-적 多邊的 | 많을 다, 가 변, 것 적
[multilateral]
여러 방면[多邊]에 관련되는. 또는 그런 것[的]. ¶다변적 관계 / 다변적 외교.

다보 多寶 | 많을 다, 보배 보
❶ [속뜻] 많은[多] 보물(寶物). ❷ [불교] '다보여래'(多寶如來)의 준말.

▸ **다보-탑** 多寶塔 | 많을 다, 보배 보, 탑 탑
[고적] 다보여래(多寶如來)의 사리를 모신 탑(塔). 다보여래가 열반할 때의 원(願)을 따라 다보여래의 전신이 탑 속에 봉안되어 있다고 전해진다.

다복 多福 | 많을 다, 복 복
[blessed; lucky]
많은[多] 복(福). 복이 많음. ¶다복한 생활을 하다. [비] 유복(裕福)하다.

다부지다 [staunch; sturdy]
❶벅찬 것을 능히 이겨 낼 힘과 과단성이 있다. ¶다부지게 일하다. ❷생김새가 옹골차다. ¶그는 몸이 다부지다. [비] 야무지다, 늠름(凜凜)하다.

다북-쑥 [wormwood; mugwort]
[식물] 맛이 쓰고 짙은 푸른색을 띠는 쑥.

다분 多分 | 많을 다, 나눌 분
[much; largely]
많은[多] 분량(分量)이나 비율. ¶그는 예술가적 소질이 다분하다.

다사 多事 | 많을 다, 일 사 [eventful]
❶속뜻 많은[多] 일[事]. ❷일이 많아 매우 바쁨.
▸ 다사-다난 多事多難 | 많을 다, 어려울 난
여러 가지 일[事]도 많고[多] 어려움[難]도 많음[多]. ¶다사다난했던 한 해가 저물고 있다.

다산 多産 | 많을 다, 낳을 산 [fecundate]
❶속뜻 아이 또는 새끼를 많이[多] 낳음[産]. ❷물품을 많이 생산함. ㊐ 다생(多生). ㊥ 과산(寡産).

다색 多色 | 많을 다, 빛 색
[several colors]
여러[多] 가지 빛깔[色]. ㊥ 단색(單色).

다섯 (五, 다섯 오) [five]
넷보다 하나 많은 수.
▸ 다섯-째
순서의 다섯 번째가 되는 차례. ¶그는 다섯째이다.

다-세대 多世帶 | 많을 다, 대 세, 띠 대
[multiplex]
많은[多] 세대(世帶). 세대가 많음. ¶다세대 주택.

다-세포 多細胞 | 많을 다, 작을 세, 태보 포
[multicellular]
생물 생물체 안에 세포(細胞)가 여럿[多]임. ㊥ 단세포(單細胞).

다소 多少 | 많을 다, 적을 소
[number; quantity; few]
❶속뜻 분량이나 정도의 많음[多]과 적음[少]. ❷조금. 약간. ¶배가 아파서 다소 불편하다.
▸ 다소-간 多少間 | 사이 간
❶속뜻 많고 적음[多少]의 정도[間]. ❷얼마쯤. ¶양측 간에 다소간의 마찰이 있다. ㊐ 얼마간, 약간(若干).

다소곳-하다
[modest; quiet; gentle; obedient]
❶고개를 좀 숙이고 말이 없다. ¶다소곳한 자세로 앉아 있다. ❷온순한 태도가 있다. ¶엄마의 말씀을 다소곳하게 따르다. ㊐ 되바라지다.

다수 多數 | 많을 다, 셀 수
[greater part; majority (of)]
수효(數爻)가 많음[多]. ¶다수의 의견을 따르다. ㊐ 다대수(多大數). ㊥ 소수(少數).
▸ 다수-결 多數決 | 결정할 결
회의의 구성원 중 다수(多數)의 찬성으로 가부(可否)를 결정(決定)하는 일. ¶그 의안은 다수결로 통과되었다.

다-수확 多收穫 | 많을 다, 거둘 수, 거둘 확
[high yield; abundant yield]
많은[多] 수확(收穫). ¶다수확 품종을 개발하다.

다스 {일 dasu} [dozen]
물건 열두 개를 한 묶음으로 세는 단위. ㊐ 타(打).

다스리다 (治, 다스릴 치)
[rule; control; put down]
❶나라·사회·집안일을 보살피거나 주재하다. ¶나라를 다스리다. ❷잘못하지 않도록 단속하고 바로잡다. ¶학생들을 사랑으로 다스리다. ❸감정 등 마음을 가다듬고 조절하다. ¶화를 다스리다. ㊐ 통치(統治)하다, 지배(支配)하다, 바로잡다, 다루다. ㊥ 지배(支配)받다.

다슬기 [marsh snail; black snail]
동물 다슬깃과의 고둥. 길이 약 3cm로 황갈색이며, 하천·연못에 산다. ㊐ 와라(蝸螺).

다시 (更, 다시 갱; 復, 다시 부)
[again; repeatedly]
❶하던 것을 되풀이하여 또. 거듭 또. ¶다시 시작하다. ❷고쳐서 또. 새로이 또. ¶지우고 다시 그려라. ❸하다가 그만두었던 것을 또. ㊐ 거듭, 재차(再次), 다시금.

♣ 다시 / 또 — 비슷한 듯 다른 말

◎ 일을 다시 = 또 시작하다.

ㅇ 다시 말하면, 그녀는 내 동생이다.
× 또 말하면, 그녀는 내 동생이다.

ㅇ 금방 밥을 먹었는데, 또 배가 고프다.
× 금방 밥을 먹었는데, 다시 배가 고프다.

▶다시-보다
원래의 생각을 바꾸어 어떤 사람을 전과 다르게 생각하다. ¶축구를 이렇게 잘 하다니 다시 봐야겠다.

다시다 [smack one's lips at]
❶무엇을 먹거나 또는 먹는 것처럼 입을 놀리다. ¶입맛을 다시다. ❷음식을 조금 먹다. ¶다실 게 하나도 없다.

다시마 [sea tangle; kelp]
식물 황갈색 띠 모양의 갈조류 바닷말. 표면은 미끄러우며 약간 쭈글쭈글한 무늬가 있다. 식용하며 공업용 요오드의 원료로 쓴다. ㊥ 곤포(昆布), 해대(海帶).

다식 茶食 | 차 다, 밥 식
[kind of pattern-pressed candy]
우리나라 고유 과자의 하나. 삼국시대에, 찻잎[茶] 가루에 찻물을 부어 뭉쳐 만든 떡 따위의 먹거리[食]에서 유래.

▶다식-판 茶食板 | 널빤지 판
다식(茶食)을 박아내는 틀[板].

다양 多樣 | 많을 다, 모양 양
[various; diverse]
종류[樣]가 여러[多] 가지인 것. ¶다양한 의견 / 서비스가 다양하다. ㊤ 획일(劃一).

▶다양-성 多樣性 | 성질 성
다양(多樣)한 특성(特性). ¶문화의 다양성.

▶다양-화 多樣化 | 될 화
모양(模樣), 빛깔, 형태, 양식 따위가 여러[多] 가지로 된[化]. 또는 그렇게 많게 한. ¶디자인의 다양화 / 제품의 다양화.

다용 多用 | 많을 다, 쓸 용
[spending much; using much]
많이[多] 씀[用].

다-용도 多用途 | 많을 다, 쓸 용, 길 도
[multipurpose]
여러[多] 가지 쓰임새[用途]. ¶컴퓨터를 다용도로 사용한다.

다운 {영 down}
❶기준이나 출력 따위를 내림. ¶가격을 다운시키다. ❷운동 권투에서, 상대 선수의 주먹을 맞고 쓰러짐. ¶훅을 맞고 다운되다. ❸컴퓨터 시스템에 문제가 생겨서 작동이 일시적으로 중단됨.

다육 多肉 | 많을 다, 살 육
[fleshy; pulpy]
과일의 살[肉]이 많음[多].

▶다육 식물 多肉植物 | 심을 식, 만물 물
식물 선인장처럼, 줄기나 잎의 일부 또는 전체가 수분을 많이 간직한 다육질(多肉質)의 식물(植物). ㊥ 다장(多漿) 식물.

다음 (次, 다음 차) [next; second]
❶어떤 것, 어떤 시간의 바로 뒤. ¶다음 토요일이 내 생일이다. ❷어떤 일이 끝난 뒤. ¶합격한 다음에 만나자. ㊟ 담. ㊥ 이다음, 버금, ㊤ 먼저.

비슷한 듯 다른 말 ➲ 나중

다이너마이트 {영 dynamite}
화학 니트로글리세린을 규조토·목탄·면화약 등에 흡수시켜 만든 폭약. ¶다이너마이트로 폭파하다.

다이빙 {영 diving}
운동 높은 곳에서 물속으로 뛰어드는 일. 또는 그렇게 하는 수상(水上) 경기. ¶선수는 다이빙 종목에서 금메달을 거머쥐었다.

다이아몬드 {영 diamond}
금강석(金剛石). ¶다이아몬드 반지를 끼다.

다이어트 {영 diet}
건강을 위해 음식의 양과 종류를 제한하는 일. ¶그녀는 다이어트 중이다.

다이얼 {영 dial}
전화기나 시계·나침반 등에 달린 동그란 숫자판. ¶전화기의 다이얼을 돌리다.

다이옥신 {영 dioxin}
[화학] 플라스틱이나 쓰레기를 소각할 때 발생하는, 독성이 강한 유기 염소 화합물. 암을 유발하거나 기형아 출산의 원인이 된다.

다잡다
[urge; press; reform (one's) attitude]
❶단단히 잡아 쥐다. ❷헛된 마음이나 들뜬 마음을 버리다. ¶마음을 다잡고 공부에 열중하다.

다재 多才 | 많을 다, 재주 재
[versatile talents; versatility]
재주[才]가 많음[多].
▸다재-다능 多才多能 | 많을 다, 능할 능
재주[才]가 많고[多] 능력(能力)이 풍부하다[多]. ¶다재다능한 아이.

***다정** 多情 | 많을 다, 마음 정
[humane; kind]
다감(多感)한 마음[情]. 다정다감(多情多感). ¶다정한 미소 / 다정하게 지내다. [비] 살갑다. [반] 박정(薄情).
▸다정다감 多情多感 | 많을 다, 느낄 감
정이 많고[多情] 감성(感性)이 많음[多].

다중 多重 | 많을 다, 겹칠 중 [multiplex]
여러[多] 겹[重]. 겹겹. ¶다중 인격 / 다중 방송.

다지다[1] [make hard; emphasize]
❶무르거나 떠들썩한 것을 눌러 단단하게 하다. ¶땅을 다지다. ❷관계나 마음을 튼튼히 하여 굳게 하다. ¶세 친구는 결의를 다졌다.

다지다[2] [mince; hash]
고기나 야채 따위를 난도질하여서 잘게 만들다. ¶생강을 다져 넣었다. [비] 짓이기다, 빻다.

다짐 [firm promise; assurance]
❶이미 한 일이나 앞으로 할 일이 틀림없음을 조건 붙여 말함. ¶약속을 지키겠다는 다짐을 받다. ❷마음이나 뜻을 굳게 가다듬고 정함. ¶성공하겠노라고 마음속으로 다짐했다.

다채 多彩 | 많을 다, 빛깔 채
[colorful; multicolored]
❶[속뜻] 다양(多樣)한 빛깔[彩]. ❷여러 색채가 어울려 호화로움. ¶옷감이 다채롭다 / 다채로운 축하 행사.

다층 多層 | 많을 다, 층 층 [multistory]
여러[多] 층(層).

다치다 (傷, 다칠 상) [be injured]
❶부딪치거나 맞거나 하여 상하다. ¶머리를 다치다. ❷기분이 상하다.

다큐멘터리 {영 documentary}
[연영] 허구(虛構)를 사용하지 않고, 실제로 일어난 사건의 전개에 따라 구성된, 기사(記事)·소설·영화·방송 프로 따위. ¶지구 온난화에 대한 다큐멘터리 프로그램이 방영되었다. [비] 실록(實錄).

다투다 (競, 겨룰 경; 爭, 다툴 쟁) [quarrel; compete]
❶서로 옳고 그름을 주장하여 싸우다. ❷무엇을 얻기 위해 겨루다. ¶선두를 다투다. [비] 싸우다, 분쟁(紛爭)하다, 경쟁(競爭)하다. [관용] 앞을 다투다.

[비슷한 듯 다른 말] ➲ 싸우다

다:-하다 (盡, 다할 진)
[run out; end; come to an end]
❶마음이나 힘 또는 필요한 물자를 있는 대로 다 들이다. ¶음식에 정성을 다하다. ❷계속하던 일을 끝내어 마치다. ¶책임을 다하다. [비] 완수(完遂)하다.

다행 多幸 | 많을 다, 행운 행
[lucky; fortunate]
❶[속뜻] 많은[多] 행운(幸運). ❷일이 잘되어 좋음. ¶상처가 크지 않아 다행이다. [반] 불행(不幸).

다혈 多血 | 많을 다, 피 혈
[sanguineness; full-bloodedness]
❶[속뜻] 몸에 피[血]가 많음[多]. ❷쉽게 감정에 치우치거나 쉽게 감격함. [반] 빈혈(貧血).

▸ 다혈-질 多血質 | 바탕 질
쾌활하고 활동적이나 성급하고[多血] 인내력이 부족한 기질(氣質). ¶다혈질의 성격.

다홍 (一紅, 붉을 홍)
[deep red; crimson]
짙은 붉은[紅] 빛. ¶다홍 실.

▸ 다홍-치마 (一紅一)
다홍빛 치마. ⓑ 홍상(紅裳). 속담 같은 값이면 다홍치마.

닥-나무 [paper mulberry tree]
식물 뽕나뭇과의 낙엽 활엽 관목. 껍질은 제지용, 열매는 약재, 어린잎은 식용한다. ㊟ 닥.

닥지-닥지 [layer after layer]
때나 먼지 등이 많이 끼거나 오른 모양.

닥치다[1](到, 이를 도)
[draw near; impend]
일이나 물건이 가까이 다다르다. ¶그에게 재난이 닥쳤다. ⓑ 도래(到來)하다.

닥치다[2][shut; close]
입을 다물다. 말을 그치다. ¶어서 입 닥치지 못해!

닥터 {영 doctor}
❶박사. ¶닥터 코스를 밟다. ❷의사(醫師).

닦다 (修, 닦을 수)
[polish; prepare the ground]
❶씻거나 문질러 깨끗이 하다. ¶구두를 닦다. ❷기초나 토대를 다져 만들다. ¶터를 닦다. ❸힘써 배우다. ¶학문을 닦다. ⓑ 청소(淸掃)하다, 강화(强化)하다.

닦달-하다 [scold; rebuke]
몰아대서 닦아세우다. ¶아이를 닦달하다. ⓑ 으르다.

단[1](束, 다발 속) [bundle; bunch]
채소나 짚 따위의 묶음이나 그것을 세는 단위. ¶나무 두 단 / 시금치 세 단.

단[2][tuck; hem]
옷의 끝 가장자리를 안으로 접어 붙이거나 감친 부분. '옷단'의 준말. ¶단을 접어 올리다.

단[3]但 | 다만 단 [only; just]
예외나 조건이 되는 말을 인도할 때 쓰는 접속 부사. ⓑ 오직, 다만, 단지(但只).

단[4]段 | 층계 단 [step; stair; rank]
❶계단의 턱을 이룬 부분. ❷계단의 낱개를 세는 단위. ❸바둑·유도·검도·태권도 등의 등급의 단위. ❹구구단에 1에서 9까지의 구구의 각 단계를 나타내는 말.

단[5] 單 | 홑 단 [only; single; merely]
더 많지도 않고 더 적지도 않은 오직 그것뿐인. ¶기회는 단 한 번 뿐이다. ⓑ 복(複), 쌍(雙).

단[6] 壇 | 단 단 [platform]
❶제사를 지내기 위하여 흙이나 돌로 쌓아 올린 터. ❷강의, 행사, 의식 따위를 행하거나 관람하기 위하여 주변보다 높게 만들어 놓은 자리. ¶졸업생 대표가 단에 올라 연설했다.

단가 單價 | 홑 단, 값 가 [unit cost]
낱개[單]의 값[價]. 각 단위의 값. ¶생산 단가를 절감하다.

단-감 [sweet persimmon]
식물 단감나무의 열매. ⓑ 감시(甘柹).

단:-거리 短距離 | 짧을 단, 떨어질 거, 떨어질 리 [short distance]
짧은[短] 거리(距離). ¶그는 단거리 육상 선수다. ⓑ 장거리(長距離).

단:검 短劍 | 짧을 단, 칼 검
[short sword]
길이가 짤막한[短] 칼[劍]. ⓑ 단도(短刀). ⓑ 장검(長劍).

단결 團結 | 모일 단, 맺을 결
[unite; combine]
단체(團體)로 잘 뭉침[結]. ⓑ 단합(團合), 협동(協同). ⓑ 분열(分裂).

▸ 단결-력 團結力 | 힘 력
많은 사람이 한데[團] 뭉치는[結] 힘[力]. ¶단결력이 강한 팀.

*__단계__ 段階 | 층계 단, 섬돌 계

[stage; step; rank]
❶ 속뜻 층계[段]에 놓은 섬돌[階]. ❷일을 해 나갈 때 밟아야 할 일정한 과정. ¶다음 단계는 무엇입니까?

▸ **단계-적** 段階的 | 것 적
차례를 따라 구분하는[段階] 것[的]. ¶일을 단계적으로 하다. ㊥ 과정(過程), 순서(順序), 차례(次例).

단골 [favorite store]
늘 정해 놓고 거래하는 관계나 그런 대상. ¶단골 가게. ㊥ 뜨내기.

▸ **단골-손님**
늘 정해 놓고 거래하는 손님. ¶단골손님이 많다. ㊥ 고객(顧客).

단군 檀君 | 박달나무 단, 임금 군
❶ 속뜻 박달나무[檀] 같이 굳센 임금[君]. ❷우리 겨레의 시조.

▸ **단군-왕검** 檀君王儉 | 임금 왕, 검소할 검
우리 민족의 시조로 받드는 태초의 임금. 단군(檀君) 신화에 따르면, 환웅과 웅녀 사이에 태어나 고조선[王儉]을 세워 약 2천 년 동안 나라를 다스렸다고 한다. ㊟ 단군.

단기[1] 檀紀 | 박달나무 단, 연대 기
'단군기원'(檀君紀元)의 준말. ¶서기 2000년은 단기 4333년이다. ㊥ 서기(西紀).

단:기[2] 短期 | 짧을 단, 때 기
[short term]
짧은[短] 기간(期間). ¶단기 유학을 가다. ㊥ 장기(長期).

단:-기간 短期間 | 짧을 단, 때 기, 사이 간
[short period of time]
짧은[短] 기간(期間). ¶그 동안의 부진을 단기간에 만회했다. ㊟ 단기. ㊥ 장기간(長期間).

단-꿈 [sweet dream]
달콤한 꿈. '달콤한 희망'을 비유하는 말. ¶단꿈에 부풀어 있었다.

단:-내 [scorched smell; stuffy smell from one's nostril]
❶물건이 불에 눌을 때 나는 냄새. ¶냄비에서 단내가 난다. ❷몸의 열이 몹시 높을 때 입이나 코에서 나는 냄새. ¶코에서 단내가 난다.

단:념 斷念 | 끊을 단, 생각 념
[abandon; relinquish]
품었던 생각[念]을 끊어[斷] 버림. ¶그는 가정 형편 때문에 진학을 단념했다. ㊥ 체념(諦念), 포기(抛棄).

단단-하다 (鞕, 단단할 경)
[hard; strong]
❶속이 무르지 않고 매우 굳다. ¶땅이 단단하다. ❷약하지 않고 굳세다. ¶몸이 단단하다. ❸보통 정도보다 심하다. ¶마음이 단단히 상했다. ㊥ 굳다, 견고(堅固)하다, 강건(康健)하다. ㊥ 무르다, 약(弱)하다.

♣ 단단하다 / 세다[3]

◎ 끈을 단단하게 = 세게 매다.

○ 아빠는 알통이 단단하다.
× 아빠는 알통이 세다.

○ 형은 기운이 무척 세다.
× 형은 기운이 무척 단단하다.

단답-형 單答型 | 홑 단, 답할 답, 모형 형
[short-answer questions]
문제에 대해 간단(簡單)하게 답(答)하는 문제 형식[型]. ¶단답형 문제를 잘 푼다.

단:도 短刀 | 짧을 단, 칼 도
[short sword]
길이가 짧은[短] 칼[刀].

단독 單獨 | 홑 단, 홀로 독
[single; solitary]
❶ 속뜻 혼자[單=獨]. ¶단독으로 결정하다. ❷단 하나. ㊥ 공동(共同), 단체(團體).

▸ **단독 주:택** 單獨住宅 | 살 주, 집 택
한[單] 채씩 따로[獨] 지은 주택(住宅). ㊥ 공동주택(共同住宅), 연립주택(聯立住宅).

단-돈 [small amount of money]
'약간의 돈·극히 적은 돈'의 뜻. ¶주머니에 단돈 백 원도 없다.

단:두 斷頭 | 끊을 단, 머리 두
[cut off head; behead]
죄인의 목[頭]을 자름[斷].

▸단:두-대 斷頭臺 | 돈대 대
죄인의 목을 자르는[斷頭] 대(臺) 모양의 형구. ¶단두대의 이슬로 사라지다.

단락 段落 | 구분 단, 떨어질 락 [paragraph]
❶[속뜻] 구분[段]하여 떼어낸[落] 부분. 한 부분. ❷[언어] 긴 문장에서 내용상으로 일단 끊어지는 곳. ¶이 단락은 너무 길어서 이해하기 어렵다. [비] 단원(單元), 문단(文段).

단란 團欒 | 둥글 단, 둥글 란
[harmonious; happy]
❶[속뜻] 한 가족이 둥글게[團=欒] 모여 정답게 즐김. ❷관계 등이 매우 원만하고 가족적임. ¶단란한 가정 / 단란한 분위기. [비] 단원(團圓).

단련 鍛鍊 | 쇠 두드릴 단, 불릴 련 [temper; train]
❶[속뜻] 쇠붙이를 두드리고[鍊] 불에 달구고[鍛]를 반복하여 단단하게 함. ❷시련이나 수련 따위를 통해서 몸과 마음을 굳세게 닦음. ¶신체를 단련하다. ❸배운 것을 익숙하게 익힘. ¶새로 배운 동작을 단련하다. ❹귀찮거나 괴로운 일로 시달림. ¶역경에 단련되다. [비] 수련(修練/修鍊), 연마(鍊磨).

단말 端末 | 끝 단, 끝 말 [terminal]
❶[속뜻] 끄트머리[端=末]. 끝. ❷전기 회로의 전류의 출입구. ❸'단말기'의 준말.

▸단말-기 端末機 | 틀 기
단말(端末)에서 중앙 처리 장치에 연결되어 자료를 입력하기도 하고 출력하기도 하는 기기(機器). ¶휴대전화 단말기. [비] 단말 장치(端末裝置).

단-맛 [sweet taste; sweetness]
달콤한 맛. ¶단맛이 나다. [비] 감미(甘味). [반] 쓴맛, 고미(苦味).

단:면 斷面 | 끊을 단, 낯 면 [section]
❶[속뜻] 물체의 잘린[斷] 면(面). ¶나무의 단면에는 나이테가 있다. ❷사물 현상의 부분적인 상태. ¶이 사건은 현대 사회의 어두운 단면을 나타내고 있다. [비] 단절면(斷截面), 단구(斷口), 절단면(切斷面).

▸단:면-도 斷面圖 | 그림 도
제도(製圖)에서 물체를 평면으로 자른 것[斷面]처럼 가정하여 그 내부 구조를 그린 도면(圖面).

단목 檀木 | 박달나무 단, 나무 목 [Betula schmidtii]
❶[속뜻] 박달[檀]나무[木]. ❷[식물] 자작나뭇과의 낙엽 활엽 교목. 나무질이 단단하여 건축재나 가구재로 쓴다. 한국 전역과 일본, 만주, 우수리 강 등지에 분포한다. [비] 박달나무.

단-무지 [pickled radish]
무로 담근 일본식 짠지. 달고 짭짤하다.

단-물 [fresh water; soft water]
❶단맛이 있는 것에서 우러나오는 물. 민물. ❷실속 있는 부분. ¶단물만 빨아 먹다. [비] 담수(淡水), 연수(軟水). [반] 짠물, 센물.

단박 [at once; immediately]
단번에 곧바로. 대번에. ¶군대가 단박에 출동했다. [비] 금방(今方).

단:발 斷髮 | 끊을 단, 머리털 발
[bobbed hair; bob]
머리털[髮]을 짧게 깎거나 자름[斷]. 또는 그 머리털. [반] 장발(長髮).

▸단:발-령 斷髮令 | 명령 령
[역사] 조선 말기, 을미개혁에 의해 상투를 틀었던 머리[髮]를 자르도록[斷] 한 명령(命令).

▸단:발 머리 (斷髮-)
단발(斷髮)한 머리. 또는 그렇게 차린 사람.

단방 單放 | 홑 단, 놓을 방

[single shot; at once]
❶ 속뜻 한번[單] 놓음[放]. 단 한 방의 발사. ¶단방에 맞히다. ❷일방(一放)에, 단참(單站)에. ¶그는 내 제의를 단방에 거절했다.

***단ː백 蛋白** | 새알 단, 흰 백
[protein; albumin]
❶ 속뜻 달걀, 새알 등 날짐승 알[蛋]의 흰[白]자위. ❷ 생물 단백질로 이루어진 것. ❸ 생물 '단백질'(蛋白質)의 준말. ¶콩은 단백질이 풍부하다. ⓑ 난백(卵白).

▶단ː백-질 蛋白質 | 바탕 질
❶ 속뜻 알 따위의 흰자위[蛋白] 물질(物質). ❷ 생물 생물체를 구성하는 주요 물질. '최초의 중심이 되는 물질'이라는 뜻에서 유래한 그리스어 'protein'을 의역한 말. ⓑ 달걀흰자.

단번 單番 | 홑 단, 차례 번
[at once; immediately]
단 한[單] 번(番). 한차례. ¶단번에 시험에 합격하다. ⓑ 단방(單放).

단복 團服 | 모일 단, 옷 복 [uniform]
어떤 단체(團體)의 제복(制服). ¶우리 팀은 단복을 맞추었다.

단-비 [welcome rain]
꼭 필요할 때 알맞게 오는 비. ¶가뭄 끝에 단비가 내렸다. ⓑ 감우(甘雨).

단상 壇上 | 단 단, 위 상 [platform]
연단(演壇)이나 교단(敎壇) 등의 위[上]. ¶단상에 올라 연설하다. ⓑ 단하(壇下).

단색 單色 | 홑 단, 빛 색
[single color; monochrome]
한[單] 가지 빛깔[色]. ¶단색으로 그리다. ⓑ 다색(多色).

단서¹ 但書 | 다만 단, 글 서
[proviso; provisory clause]
본문 다음에 덧붙여 본문의 내용에 대한 조건이나 예외 등을 밝혀 적은 글[書]. 대개 '단'(但) 또는 '다만'이라는 말을 먼저 씀. ¶조문에 단서를 붙였다.

단서² 端緖 | 끝 단, 실마리 서
[beginning; clue; key]
❶ 속뜻 끄트머리[端]나 실마리[緖]. ❷어떤 문제를 해결하는 실마리. ¶그녀는 문제 해결의 단서를 찾아냈다. ⓑ 단초(端初).

단선 單線 | 홑 단, 줄 선
[single line; single track]
❶ 속뜻 외[單] 줄[線]. ❷ 교통 '단선궤도'(單線軌道)의 준말. ¶이 노선은 현재 단선 운행 중이다. ⓑ 복선(複線).

단-세포 單細胞 | 홑 단, 작을 세, 태보 포
[single cell; one cell]
생물 한 생물체가 단 하나(單)의 세포(細胞)로만 이루어진 것. ⓑ 홑세포. ⓑ 다세포(多細胞).

단ː소 短簫 | 짧을 단, 퉁소 소
[short bamboo flute]
음악 오래된 대나무로 만든 관악기로 퉁소[簫]보다 좀 짧고[短] 가늘며 구멍은 앞에 넷, 뒤에 하나임.

단속 團束 | 둥글 단, 묶을 속
[control; regulate]
❶ 속뜻 둥글게[團] 묶음[束]. ❷주의를 기울여 단단히 다잡거나 보살핌. ¶아이를 단속하다. ❸법률, 규칙, 명령 따위를 어기지 않게 통제함. ¶속도위반을 단속하다. ⓑ 통제(統制).

단수¹ 段數 | 구분 단, 셀 수 [level]
❶ 속뜻 바둑이나 태권도 등, 단으로 등급을 매기는 기능이나 운동 따위의 단(段)의 수(數). ❷술수를 쓰는 재간의 정도. ¶그는 고단수이다.

단수² 單數 | 홑 단, 셀 수
[singular number; unit]
단일(單一)한 수(數). 한번. ⓑ 홑수. ⓑ 복수(複數), 겹수.

단ː수³ 斷水 | 끊을 단, 물 수
[cut off the water]
❶ 속뜻 물[水]길이 막힘[斷]. 또는 물길을

막음. ❷수도(水道)의 급수가 끊어짐. 또는 급수를 끊음. ¶수도관 공사로 단수되었다.

단순 單純 | 홑 단, 순수할 순 [simple]
❶속뜻 간단(簡單)하고 순수(純粹)함. ❷잡것이 섞이지 않고 홑짐. ¶사태를 단순하게 생각하지 마라 / 그는 단순한 사람이다. ⓑ 단일(單一), 간단(簡單). ⓑ 복잡(複雜).

단-술 (醴, 단술 례) [sweet rice drink]
엿기름과 밥을 식혜처럼 삭혀서 끓인 음식. ⓑ 감주(甘酒), 식혜(食醯).

단숨-에 (單—, 홑 단)
[at a breath; in one breath]
❶속뜻 한[單] 숨을 쉴 동안에. ❷쉬지 않고 곧장. ¶물 한 컵을 단숨에 다 마셨다. ⓑ 단번에, 한번에.

단:-시간 短時間 | 짧을 단, 때 시, 사이 간
[short time]
짧은[短] 시간(時間). ¶단시간에 끝내다.

단:-시일 短時日 | 짧을 단, 때 시, 날 일
[short period of time]
짧은[短] 시일(時日). ¶사회 개혁은 단시일에 이루어지는 것이 아니다.

단식[1] 單式 | 홑 단, 법 식
[simple system; singles]
❶속뜻 단순(單純)한 방식(方式)이나 형식(形式). ❷운동 '단식경기'(單式競技)의 준말. ¶그는 여자 단식에서 우승하였다. ⓑ 복식(複式).

단:식[2] 斷食 | 끊을 단, 먹을 식 [fast]
식사(食事)를 끊음[斷]. 일정 기간 음식물을 먹지 않음. ⓑ 금식(禁食).

단신 單身 | 홑 단, 몸 신
[single person; alone]
혼자[單]의 몸[身].

단아 端雅 | 바를 단, 고울 아
[graceful; elegant]
자세가 바르고[端] 모습이 곱다[雅]. ¶단아한 모습.

단양 팔경 丹陽八景 | 붉을 단, 볕 양, 여덟 팔, 볕 경
지리 충청북도 단양(丹陽)군에 있는 여덟[八] 곳의 명승지[景]. 상선암(上仙巖), 중선암(中仙巖), 하선암(下仙巖), 구담봉(龜潭峯), 옥순봉(玉筍峯), 도담삼봉(島潭三峯), 석문(石門), 사인암(舍人巖)을 이른다.

단어 單語 | 홑 단, 말씀 어
[word; vocabulary]
❶속뜻 말뜻을 간단(簡單)하게 하는 말[語]. ❷언어 문법상의 일정한 뜻과 기능을 지닌 최소 단위의 말. ¶단어 실력을 늘리다 / 영어 단어를 많이 알고 있다. ⓑ 낱말.

단:언 斷言 | 끊을 단, 말씀 언
[declare; affirm]
딱 잘라서[斷] 말함[言]. ¶쉬운 문제라고 단언할 수 없다. ⓑ 확언(確言).

단역 端役 | 끝 단, 부릴 역
[minor part; extra]
연영 영화나 연극의 배역 중에서 중요하지 않고 간단한 말단(末端) 배역(配役). 또는 그러한 역을 맡은 배우. ¶단역 배우 생활을 10년이나 했다. ⓑ 주역(主役).

단:연 斷然 | 끊을 단, 그러할 연
[decisive; resolute]
❶속뜻 확실히 단정(斷定)할 만하게 그러함[然]. ¶단연 반대한다. ❷두드러지게. 뚜렷하게. ¶단연 앞서다.

단:열 斷熱 | 끊을 단, 더울 열 [insulation]
물리 열(熱)이 옮아가는 것을 막아 끊음[斷]. ¶벽에 단열 장치를 했다.

▶단:열-재 斷熱材 | 재료 재
건설 열의 전도를 막는데[斷熱] 쓰이는 건축 재료(材料). 석면, 유리 섬유 따위.

단엽 單葉 | 홑 단, 잎 엽 [simple leaf]
❶식물 잎사귀의 몸이 작은 잎으로 갈라져 있지 않고 한[單] 장으로 된 잎[葉]. ❷식물 홑으로 된 꽃잎. 단판(單瓣). ❸항공 하나로 된 비행기의 주익(主翼). ⓑ 홑잎.

ⓑ 복엽(複葉).

단오 端午 | 처음 단, 낮 오

민속 음력 5월에서 맨 첫[端] 5[五]일에 해당되는 명절을 '端五'라 했는데, 당나라 현종(玄宗)의 생일이 8월 5일이었으므로 '五'를 피하여 '端午'라 불렀다고 한다. ⓑ 수리.

▸ 단오-절 端午節 | 철 절

민속 단오(端午)를 명절(名節)로 기념한 날. ⓑ 중오절(重午節)

▸ 단오-제 端午祭 | 제사 제

음력 5월 5일 단오(端午)를 전후해서 벌어지는 축제(祝祭).

단원[1] 單元 | 홑 단, 으뜸 원

[monad; unit]

❶ 철학 단일(單一)한 근원[元]. ❷어떤 주제를 중심으로 전개되는 학습 활동의 한 단위(單位). ¶이 책은 10단원으로 되어 있다.

단원[2] 團員 | 모일 단, 사람 원

[member of a party]

단체(團體)를 구성하고 있는 사람[員]. 단체에 딸린 사람. ¶합창단 단원.

***단위** 單位 | 홑 단, 자리 위

[unit; denomination]

❶ 속뜻 하나의 조직 따위를 구성하는 기본적인 한[單] 덩어리[位]. ¶가족은 사회의 기본 구성 단위이다. ❷길이, 무게, 수효, 시간 등의 수량을 수치로 나타낼 때 기초가 되는 일정한 기준. ¶미터는 길이의 단위이다.

▸ 단위-명 單位名 | 이름 명

길이, 무게, 수량 따위의 단위(單位)를 나타내는 데 쓰는 이름[名]이나 말.

▸ 단위 분수 單位分數 | 나눌 분, 셀 수

수학 분수의 기본 단위(單位)인, 분자가 1인 분수(分數).

단:음 短音 | 짧을 단, 소리 음

[short sound]

언어 짧게[短] 소리내는 발음(發音). ⓑ 장음(長音).

단:-음계 短音階 | 짧을 단, 소리 음, 섬돌 계 [minor scale]

음악 음정 사이의 거리가 온음보다 짧은[短] 음계(音階). 대체로 슬픔이나 감상적인 느낌을 나타낸다. ⓑ 장음계(長音階).

단일 單一 | 홑 단, 한 일

[single; simple]

❶ 속뜻 오직[單] 하나[一]. 혼자. ❷다른 것이 섞이지 않고 순수함. ¶단일 민족. ❸구성이나 구조가 복잡하지 않음. ¶남북한 단일팀. ⓑ 복합(複合).

▸ 단일-어 單一語 | 말씀 어

언어 하나 [單一]의 형태소로 이루어진 단어(單語). 집, 꽃, 바다, 하늘 따위. ⓑ 단순어(單純語). ⓑ 복합어(複合語).

▸ 단일 민족 單一民族 | 백성 민, 무리 족

정치 단일(單一)한 인종으로써 나라를 이룬 민족(民族).

단자 端子 | 끝 단, 접미사 자 [terminal]

전기 전기 기계나 기구 따위에서 쓰는 회로의 끝[端] 부분[子].

단-잠 [sweet sleep]

달게 자는 잠. ¶단잠을 깨우다.

단장[1] 丹粧 | 붉을 단, 화장할 장

[make up]

❶ 속뜻 곱게[丹] 화장(化粧)함. 머리나 옷차림 따위를 매만져서 맵시 있게 꾸밈. ❷손을 대어 산뜻하게 꾸밈. ¶곱게 단장하고 나서다. ⓑ 장식(裝飾).

단:장[2] 短杖 | 짧을 단, 지팡이 장 [cane; stick]

❶ 속뜻 길이가 짧은[短] 지팡이[杖]. ❷손잡이가 꼬부라진 짧은 지팡이. ¶단장을 짚은 할아버지. ⓑ 개화장(開化杖).

단장[3] 團長 | 모일 단, 어른 장 [leader]

일정한 조직체를 이룬 단체(團體)의 우두머리[長]. ¶각국 대표단 단장.

단-적 端的 | 바를 단, 것 적

[direct; flat]

바르고[端] 명백한 것[的]. ¶단적인 예를

들어보겠다.

단:전[1]**斷電** | 끊을 단, 전기 전 [shut off electricity]
전기(電氣)의 공급이 중단(中斷)되거나 공급을 중단함. ¶예고 없이 단전되었다.

단전[2]**丹田** | 붉을 단, 밭 전 [hypogastric center]
❶ 속뜻 붉은[丹] 밭[田] 같은 곳. ❷배꼽 아래 한 치 다섯 푼(4.53cm) 되는 곳. 도가(道家)에서는 이곳을 힘의 원천이라고 여겼다. ¶단전에 힘을 주다.
▸단전 호흡 丹田呼吸 | 내쉴 호, 마실 흡
운동 단전(丹田)으로 하는 숨쉬기[呼吸].

단:절 斷絶 | 끊을 단, 끊을 절 [sever; cut off]
어떤 관계나 교류를 끊음[斷=絶]. ¶양국의 국교가 단절되었다. ㊐ 절단(絶斷).

*__단:점 短點__ | 짧을 단, 점 점 [fault; shortcoming]
짧아서[短] 모자라거나 흠이 되는 점(點). ¶그는 성격이 급한 게 단점이다. ㊐ 결점(缺點). ㊥ 장점(長點).

단정[1]**端正** | 바를 단, 바를 정 [neat; tidy]
자세가 바르고[端] 마음이 올바름[正]. 품행이 단정함. ¶단정하게 앉다. ㊐ 얌전하다.

단:정[2]**斷定** | 끊을 단, 정할 정 [conclude; decide]
❶ 속뜻 자르듯이[斷] 분명한 태도로 결정(決定)함. ❷명확하게 판단을 내림. 또는 그 판단. ¶결과를 성급히 단정해서는 안 된다.

단정-학 丹頂鶴 | 붉을 단, 정수리 정, 학 학
동물 붉은[丹] 색의 정수리[頂]가 있는 학(鶴). '두루미'의 한자 이름.

*__단조__[1]**單調** | 홑 단, 가락 조 [monotonous; dull]
변화 없이 단일(單一)한 가락[調]. ¶이 음악은 가락이 단조롭다. ㊐ 단순(單純), 평이(平易).

단:조[2]**短調** | 짧을 단, 가락 조 [minor]
음악 단음계(短音階)로 된 곡조(曲調). ㊥ 장조(長調).

단지[1] [jar; pot; crock]
목이 짧고 배가 부른 자그마한 항아리. ㊐ 항아리, 독.

*__단:지__[2]**但只** | 다만 단, 다만 지 [only; merely; simply]
다만(但=只). ¶단지 그 혼자만 있었다. ㊐ 다만, 오직.

⁑**단지**[3]**團地** | 모일 단, 땅 지 [housing development]
❶ 속뜻 일정한 산업시설이 모여[團] 있는 지역(地域). ❷주택이나 공장 등 같은 종류의 현대적 건물이나 시설들을 한데 모아 조성한 일정 지역. ¶아파트 단지.

단짝 [close friend]
친해서 떨어지지 않고 지내는 친구. 단짝패. ㊐ 짝꿍.

단청 丹靑 | 붉을 단, 푸를 청
❶ 속뜻 붉은[丹] 색과 푸른[靑] 색. ❷궁궐, 사찰, 정자 등 옛날식 집의 벽, 기둥, 천장 따위에 여러 가지 빛깔로 그림이나 무늬를 그림. 또는 그 그림이나 무늬. ❸채색(彩色).

⁑**단체 團體** | 모일 단, 몸 체 [party; organization]
같은 목적으로 모인[團] 두 사람 이상의 모임[體]. ¶단체로 신청하면 요금이 싸다. ㊐ 집단(集團). ㊥ 개인(個人), 단독(單獨).
▸단체-장 團體長 | 어른 장
지방자치단체(團體)의 우두머리[長]. ¶단체장 선거.
▸단체-전 團體戰 | 싸울 전
운동 단체(團體) 간에 펼치는 경기 [戰]. ㊥ 개인전(個人戰).
▸단체 경:기 團體競技 | 겨룰 경, 재주 기
운동 단체(團體)끼리 대항하여 승부를 겨

루는 경기(競技). ⓑ 개인 경기(個人競技).

단추 [button; stud]

❶옷고름이나 맞대고 매는 끈 대신 쓰는 물건. ¶단추가 떨어졌다. ❷'누름단추'의 준말. ¶단추를 누르면 문이 자동으로 열린다.

단ː축 短縮 | 짧을 단, 줄일 축

[shorten; cut]

일정 기준보다 짧게[短] 줄임[縮]. ¶기상 악화로 행사 시간을 단축했다. ⓑ 연장(延長).

단출-하다 [neat-sized; simple]

식구가 적어 홀가분하다. ¶단출한 살림살이. ⓑ 간단(簡單)하다. ⓑ 복잡(複雜)하다.

단층[1] 單層 | 홑 단, 층 층

[single story; one-story]

단 하나[單]의 층(層). 또는 단 하나의 층으로 된 사물. ¶단층집.

단ː층[2] 斷層 | 끊을 단, 층 층

[fault; dislocation]

지리 지각 변동으로 생긴 지각의 틈을 따라 지층이 아래위로 어그러져[斷] 층(層)을 이룬 현상. 또는 그러한 현상으로 나타난 서로 어그러진 지층.

단-칸 (單—, 홑 단) [single room]

단 한[單] 칸.

▸단칸-방 (單—房, 방 방)

단 한[單] 칸 넓이의 방(房). 방 개수가 하나 밖에 없는 집.

단-칼 (單—, 홑 단)

[with a stretch of the sword]

❶속뜻 꼭 한[單] 번 쓰는 칼. ¶나뭇가지를 단칼에 잘랐다. ❷단 한번을 비유적으로 이르는 말. ¶부탁을 단칼에 거절하다.

단-판 (單—, 홑 단) [single round]

단 한[單] 번에 승부를 정하는 판. ⓑ 한판 승부(勝負).

단-팥죽 (—粥, 죽 죽)

팥을 삶아 으깨어 만든 죽(粥).

단ː편 短篇 | 짧을 단, 책 편

[short piece; sketch]

문학 ❶길이가 짧은[短] 글이나 책[篇]. ❷'단편소설'(小說)의 준말. ⓑ 장편(長篇).

▸단ː편 소ː설 短篇小說 | 작을 소, 말씀 설

문학 길이가 짧은[短篇] 형태의 소설(小說). 보통 200자 원고지 70매 내외. ⓑ 장편(長篇) 소설.

단풍 丹楓 | 붉을 단, 단풍나무 풍

[maple tree; red leaves]

❶속뜻 가을에 잎이 붉게[丹] 물든 나무[楓]. 또는 그 잎. ¶단풍이 들다. ❷식물 '단풍(丹楓)나무'의 준말. ¶설악산은 가을 단풍으로 유명하다. ⓑ 단풍나무, 단풍잎.

단합 團合 | 모일 단, 합할 합

[unite; join forces]

많은 사람이 모여[團] 마음과 힘을 합침[合]. ¶우리 반은 단합이 잘 된다. ⓑ 단결(團結).

단ː행[1] 斷行 | 끊을 단, 행할 행

[carry out]

반대나 위험 등을 무릅쓰고 결단(決斷)하여 실행(實行)함. ¶반대를 무릅쓰고 개혁안을 단행했다. ⓑ 감행(敢行), 결행(結行).

단행[2] 單行 | 홑 단, 갈 행

❶속뜻 동행이 없이 혼자서[單] 감[行]. ❷단 한 번만 하는 행동. ❸혼자서 하는 행동.

▸단행-본 單行本 | 책 본

출판 총서나 전집 잡지 등에 대하여 한[單] 권으로 간행(刊行)된 책[本]. ⓑ 총서(叢書), 전집(全集).

단ː호 斷乎 | 끊을 단, 어조사 호

[firm; determined]

결심한 것을 처리함에 과단성(果斷性)이 있음[乎]. ¶전에 없이 단호한 태도를 보였다.

닫다 (閉, 닫을 폐) [shut; close]

❶열려 있는 것을 도로 제자리로 가게 하

다. ¶문을 닫다. ❷입을 다물다. ㊥ 폐쇄(閉鎖)하다, 잠그다. ㊤ 열다.

달 (月, 달 월) [moon; month]
❶ 천문 태양으로부터 빛을 받아서 밤에 밝게 빛나는 지구의 위성. ¶달 밝은 밤. ❷한 해를 열둘로 나눈 것의 하나. 또는 그것을 세는 단위. ¶한 달 만에 만나다.

달갑다 [satisfactory; desirable]
❶마음에 들어 좋다. ¶달갑지 않은 손님이 찾아왔다. ❷불만이 없다. ¶그 벌을 달갑게 받겠다. ㊥ 흡족(洽足)하다, 만족(滿足)하다.

달개비 [spiderwort]
식물 여름에 보라색 꽃이 피고 타원형의 열매를 맺는 풀.

달걀 [egg]
닭이 낳은 알. ㊥ 계란, 계단(鷄蛋).

달구다 (煉, 달굴 련) [make hot; heat]
불로 뜨겁게 하다. ¶쇠를 달구다. ㊤ 식히다.

달구지 (車, 수레 거) [cart; wagon]
소 한 필이 끄는 짐수레. ¶달구지를 타고 집으로 갔다. ㊥ 구루마, 리어카(rear car).

달그락-거리다 [rattle; clatter]
자꾸 달그락하다. 또는 자꾸 달그락 소리를 내다. ㊥ 달그락대다.

달-나라 [lunar world; moon]
달을 지구처럼 하나의 세계로 여기어 일컫는 말. ¶달나라로 로켓을 발사하다.

달-님 [Moon]
달을 사람에 비유하여 이르는 말. ㊤ 해님.

달다[1](懸, 매달 현) [hang up; put on]
❶물건을 높이 매어 걸어두다. ¶처마에 풍경을 달다. ❷글이나 말에 주석이나 의견을 덧붙이다. ¶알기 쉽게 주석을 달다.

비슷한 듯 다른 말 ➲ **차다**[4]

달다[2](稱, 가늠할 칭)
[weigh; measure]
저울에 얹어 무게를 재다.

달:다[3][boil down; heat]
❶물건이나 몸이 몹시 뜨거워지다. ¶열이 나 몸이 달았다. ❷안타깝거나 조마조마하여 마음이 타다. ¶애가 달다. ㊥ 조급하다. ㊤ 식다.

달다[4](甘, 달 감) [sweet; sugary]
❶꿀이나 설탕과 같은 맛이 나다. ¶사과가 달다. ❷맛이 좋다. ¶갈증이 나던 참이라 물을 달게 먹었다. ❸기꺼이 받아들이다. ¶충고를 달게 받아들이다. ㊥ 감미(甘味)롭다, 달콤하다. ㊤ 쓰다.

♣ 달다[4] / 달콤하다 비슷한 듯 다른 말

◎ 포도는 시면서도 달다 = 달콤하다.

○ 나는 음식을 달게 먹었다.
× 나는 음식을 달콤하게 먹었다.

○ 달콤한 말에 속아 넘어가다.
× 단 말에 속아 넘어가다.

달달 [trembling; shaking]
무섭거나 추워서 몸을 떠는 모양. ¶추워서 달달 떨다.

달-동네 (—洞—, 마을 동)
[hillside slums]
달이 보일만한 산등성이나 산비탈 등에 생긴 동네. ㊥ 산동네.

달라-붙다 (接, 이을 접)
[stick; hold on]
❶무엇이 바짝 붙다. ¶먼지가 옷에 달라붙었다. ❷어떤 일에 열심히 매달려 힘쓰다. ¶며칠 밤을 달라붙어 일을 마쳤다. ㊥ 접착(接着)하다, 밀착(密着)하다. ㊤ 떨어지다.

달라-지다 (化, 될 화)
[become different; change]
변하여 이전과는 다르게 되다. ¶몇 년 만에 서울은 많이 달라졌다. ㊥ 변하다, 변천(變遷)하다. ㊤ 같아지다, 동화(同化)하다.

달랑 [alone; lonely]
❶작은 방울이 한 번 흔들려 나는 소리. ¶방울이 바람에 달랑거린다. ❷침착하지 못하고 까불거나 경솔하게 행동하는 모양. ❸가진 것이 적거나 모양이 단순한 것을 나타내는 말. ¶달랑 가방 하나만 들고 왔다.

달랑-게 [ghost crab]
동물 달랑겟과의 게. 해안의 얕은 모래땅 속에 살며 한쪽 집게발에서 소리를 낸다.

달래 [wild rocambole]
식물 땅속에 둥글고 흰 비늘줄기가 있고, 잎은 가늘고 긴 대롱 모양의 풀. 식용한다.

달래다 (說, 달랠 세) [soothe; fondle]
❶격앙된 마음을 가라앉히다. ¶향수를 달래다. ❷좋은 말로 구슬리거나 타이르다. ¶사탕을 주어 아이를 달랬다. ㊥ 위로(慰勞)하다, 회유(懷柔)하다.

달러 {영 dollar}
미국, 캐나다, 오스트레일리아 등에서 통용하는 화폐.

달려-들다
갑자기 덤벼들다. ¶곰이 사냥꾼에게 달려들었다. ㊥ 대들다.

달력 (-曆, 책력 력) [calendar]
1년을 월(月)·일(日)·요일(曜日)로 나누어 적어놓은 것. ㊥ 월력(月曆).

달리 [differently; especially]
다르게. ¶달리 방법이 없다. ㊥ 똑같이.

달리기 [running]
일정한 거리를 뛰어 겨루는 경기. ㊥ 뜀박질, 경주(競走).

달리다[1](走, 달릴 주) [run; rush]
빨리 가다. 또는 그렇게 하도록 하다. ¶전속력으로 달리다.

달리다[2][suspend; depend]
❶무엇에 붙어있거나 딸리다. ¶달린 식구가 많다 / 사과가 조롱조롱 달렸다. ❷어떤 관계에 좌우되다. ¶합격 여부는 노력에 달렸다.

♣ 달리다[2] / 딸리다[1]

◎ 이 방에는 욕실이 달려 = 딸려 있다.
○ 처마에 고드름이 달려 있다.
× 처마에 고드름이 딸려 있다.
○ 사자는 고양잇과에 딸린 동물이다.
× 사자는 고양잇과에 달린 동물이다.

달리다[3]
[be insufficient; be not enough]
❶힘에 부치다. ¶힘이 달려 지고 말았다. ❷뒤를 잇대지 못하게 모자라다. ¶사업 자금이 달리다.

비슷한 듯 다른 말 ➲ **부치다**[1]

달리아 {영 dahlia}
식물 여름에 흰색, 붉은색의 큰 꽃이 피는 국화과의 화초.

달-맞이 [view the moon]
민속 음력 정월 보름날 저녁때 횃불을 들고 달이 뜨기를 기다림. ㊥ 영월(迎月).

▸달맞이-꽃
식물 여름에 꽃이 저녁때 피었다가 이튿날 아침에 시들어 오므라지는 꽃.

달-무리 [halo]
달 언저리에 둥글게 둘린 구름 같은 테. ㊥ 월훈(月暈).

달-밤 [moonlit night]
달이 떠서 밝은 밤. ㊥ 월야(月夜).

달변 達辯 | 통달할 달, 말 잘할 변
[fluency; eloquence]
통달할[達] 정도로 말을 잘함[辯]. ¶그는 달변이지만 곧잘 실언을 한다. ㊥ 능변(能辯). ㊥ 눌변(訥辯).

달-빛 [moonlight; moonbeam]
달에서 비쳐 오는 빛. ㊥ 월광(月光), 월색(月色).

달성 達成 | 이를 달, 이룰 성
[achieve; accomplish]
목적지에 이르러[達] 뜻한 바를 이룸[成].

¶상반기 영업 목표를 달성했다. [비] 성취(成就), 성공(成功). [반] 실패(失敗).

달싹-이다
[move up and down; shake]
❶가벼운 물건이 들렸다 가라앉았다 하다. ¶물이 끓어 주전자 뚜껑이 달싹이다. ❷몸이나 마음이 가벼이 흔들리다.

달아-나다 [run away; vanish]
❶빨리 뛰어가다. 빨리 내닫다. ¶도둑은 경찰이 오자 달아나다. ❷없어지거나 떨어지다. ¶큰 소리에 잠이 달아났다. [비] 도망(逃亡)하다, 도주(逃走)하다. [반] 덤비다.

달아-오르다 [get very hot; feel hot]
❶쇠붙이 등이 몹시 뜨거워지다. ¶주전자가 달아오르다. ❷얼굴이 화끈해지다. ¶그녀는 당황해서 볼이 달아올랐다.

달음박-질 [running]
급히 뛰어 달려가는 걸음. [준] 달음질. [비] 구보(驅步).

달이다 [boil down; decoct]
음식이나 약제 등에 물을 넣어 끓여 진하게 만들다. ¶장을 달이다 / 보약을 달이다. [비] 졸이다.

달인 達人 | 통달할 달, 사람 인
[expert; master]
❶ [속뜻] 사물의 이치에 통달(通達)한 사람[人]. ❷학문이나 기예 따위에 뛰어난 사람. ¶달인의 경지. [비] 달자(達者).

달-집
[민속] 달맞이할 때 불을 질러 밝게 하기 위해 집채처럼 쌓은 나무 무더기.

달짝지근-하다 [rather sweet]
조금 달콤한 맛이 있다.

달콤-하다 [sweetish; honeyed]
❶맛이 알맞게 달다. ❷아기자기하고 흥미가 있다. ¶달콤한 이야기에 푹 빠졌다. [비] 감미(甘味)롭다. [반] 씁쓸하다.

[비슷한 듯 다른 말] ➲ 달다⁴

달팽이 [snail]
[동물] 나선형의 껍데기를 지고 다니는 연체동물. [비] 와우(蝸牛).

달-포 [about a month; month odd]
한 달 이상이 되는 동안. ¶이 일을 시작한 지도 벌써 달포가 되었다. [비] 월경(月頃).

달-하다 (達—, 이를 달) [reach; gain]
일정한 정도, 수준이나 상태에 이르다[達]. ¶10만 명에 달하는 인파가 해수욕장에 몰렸다 / 극이 절정에 달했다. [비] 달성(達成)하다, 이르다. [반] 미달(未達)하다.

닭 (鷄, 닭 계) [hen; cock; chick]
[동물] 날개는 퇴화하여 잘 날지 못하며, 암컷이 낳는 알은 식용하는 큰 새. [속담] 닭 잡아먹고 오리발 내놓기.

닭-고기 [chicken]
닭의 살코기. [비] 계육(鷄肉).

닭-싸움
[cockfight; knee-wrestling match]
❶닭끼리 싸우게 하여 승부를 정하는 구경거리. ❷팔짱을 끼거나 한쪽 발을 손으로 잡고, 외다리로 뛰면서 상대방에 부딪쳐서 밀어 넘어뜨리는 놀이. [비] 투계(鬪鷄).

닭-장 (—欌, 장롱 장)
[henhouse; hencoop]
닭을 가두어 두는 장(欌). [비] 계사(鷄舍).

닭-튀김
닭을 큼직하게 토막 내어 밀가루를 묻힌 다음 끓는 기름에 튀긴 음식.

닮:다 (似, 닮을 사; 肖, 닮을 초)
[be alike; resemble]
어떤 것과 모습이나 행동, 성질이 비슷하다. ¶조카는 언니를 닮았다 / 부모를 닮아서 예의바르다.

닮은-꼴 [similar figures]
❶ [수학] 대응하는 변(邊)의 비(比)와 각(角)의 크기가 같은 둘 이상의 도형. ❷아주 흡사한 모양. ¶부녀는 닮은꼴이다. [비] 상사형(相似形).

닮음

[수학] 두 개의 기하학 도형이 서로 대응하는 각(角)이나 변의 길이의 비가 같음. [비] 상사(相似).

▶ 닮음-비 (一比, 견줄 비)
[수학] 닮은꼴 관계에 있는 두 도형에서 대응하는 부분의 비(比). [비] 상사비(相似比).

닳다 [wear out; be boiled dry]
❶오래 써서 낡아지거나 줄어들다. ¶신발이 닳다. ❷액체 등이 졸아들다. ¶국이 너무 닳았구나. ❸세파에 시달리거나 약아지다. [비] 낡다, 해어지다, 졸다.

담:[1]痰 | 가래 담 [phlegm; sputum]
❶[의학] 허파에서 후두에 이르는 사이에서 생기는 끈끈한 분비물[痰]. ❷[한의학] 몸의 분비액이 순환하다가 큰 열(熱)을 받아서 생기는 병. ¶담이 들다. [비] 가래.

담:[2]膽 | 쓸개 담 [gall; spirit]
❶[의학] 간에 붙어서 간에서 분비되는 쓸개즙을 일시적으로 저장·농축하는 주머니. ❷'담력'(膽力)의 준말. ¶담이 크다. [비] 쓸개.

담[3](墻/牆, 담 장) [wall; fence]
흙·돌 등으로 집 둘레로 쌓아 놓은 것. [비] 담장. [관용] 담을 쌓다.

담그다 [soak; immerse]
❶액체 속에 넣다. ¶계곡물에 발을 담갔다. ❷술·김치·장·젓갈 등을 만들 때 그 원료에 물을 부어 익도록 그릇에 넣다. ¶김치를 담그다. [비] 넣다.

♣ 담그다 / 잠그다 (비슷한 듯 다른 말)

◎ 물속에 손을 담그다 = 잠그다.

○ 배추김치를 담그다.
× 배추김치를 잠그다.

○ 부동산에 큰돈을 잠가 두다.
× 부동산에 큰돈을 담가 두다.

담:다 (容, 담을 용) [fill; put into]
❶어떤 물건을 그릇에 넣다. ¶휴지를 쓰레기통에 담다. ❷그림이나 글 따위에 나타내다. ¶그의 사상을 담은 작품. [비] 수용(受容)하다, 표현(表現)하다. [반] 덜다.

담:담 淡淡 | 맑을 담, 맑을 담
[clear; unconcerned]
❶[속뜻] 빛깔이 엷고 맑음[淡+淡]. ¶담담한 달빛 아래 거닐다. ❷마음이 편안하고 차분한. ¶심경이 담담하다. ❸음식이 느끼하지 않다. ¶나물 맛이 담담하다. ❹말없이 잠자코 있다. ¶그저 담담하게 앉아만 있다.

***담당** 擔當 | 멜 담, 맡을 당
[take charge]
책임을 지고[擔] 일을 맡아 처리함[當]. 일을 맡음. [비] 담임(擔任).

▶ 담당-관 擔當官 | 벼슬 관
정책의 기획 및 연구 조사를 맡아서[擔當] 하는 관리(官吏)나 공무원.

▶ 담당-자 擔當者 | 사람 자
일을 맡은[擔當] 사람[者].

담대 膽大 | 쓸개 담, 클 대
[bold; intrepid]
❶[속뜻] 담력(膽力)이 큼[大]. ❷겁이 전혀 없고 배짱이 두둑함. ¶그의 담대함에 놀랐다. [비] 대담(大膽)하다.

담:력 膽力 | 쓸개 담, 힘 력
[pluck; courage]
❶[속뜻] 대담(大膽)한 정도나 힘[力]. ❷겁이 없고 용감한 기운. ¶담력을 기르다. [비] 배짱.

담:배 (煙, 담배 연)
[tobacco; cigarette]
❶[식물] 가짓과의 한해살이풀. 잎은 '담배'의 재료로 쓴다. ❷담뱃잎을 말려서 만든 기호품. ¶담배는 건강의 적이다. [비] 연초(煙草).

▶ 담:배-꽁초
담배를 피우다 남은 작은 도막.

담:백 淡白 | 맑을 담, 흰 백
[light; plain]
진하지 않고[淡] 산뜻함[白]. ¶음식이 매

우 담백하다. [비] 담박(淡泊)하다, 산뜻하다. [반] 텁텁하다.

담:뱃-대
담배를 넣어서 피우는 데 쓰는 도구. [비] 연대(煙臺).

담:뱃-불
담배에 붙이거나 붙일 불. ¶담뱃불 좀 빌립시다.

담-벼락 [surface of a wall]
❶담이나 벽의 겉으로 드러난 부분. ¶담벼락에 부딪히다. ❷둔해서 이해를 잘 못하는 사람을 비유하는 말. ¶담벼락하고 말하는 셈이다.

담보 擔保 | 멜 담, 지킬 보
[give as security]
❶[속뜻] 맡아서[擔] 지킴[保]. ❷[법률] 민법에서 채무 불이행 때 채무의 변제를 확보하는 수단으로 채권자에게 제공하는 것. ¶집을 담보로 돈을 빌리다. [비] 보장(保障).

담뿍 [much; in plenty]
무엇에 가득 담겨있는 모양. ¶종지에 고추장이 담뿍 담겨있다.

담:색 淡色 | 맑을 담, 빛 색 [light color]
엷은[淡] 빛깔[色]. [반] 농색(濃色).

담소 談笑 | 말씀 담, 웃을 소
[chat pleasantly]
말[談]을 주고받으며 웃음[笑]. ¶담소를 나누다. [비] 언소(言笑).

담:수 淡水 | 맑을 담, 물 수
[fresh water]
강이나 호수 따위와 같이 염분이 없는[淡] 물[水]. [반] 함수(鹹水).

▶**담:수-호** 淡水湖 | 호수 호
[지리] 담수(淡水)가 모여서 된 호수(湖水). [반] 함수호(鹹水湖).

담:-요 (毯–, 담요 담) [blanket; rug]
털 따위로 만들어[毯] 깔거나 덮게 된 요. [비] 모포(毛布).

담임 擔任 | 멜 담, 맡길 임
[take charge of]
주로 학교에서 학급을 맡아서[擔] 책임(責任)짐. 또는 그런 사람. ¶담임 선생님. [비] 담당(擔當).

담-장 (–牆, 담 장)
흙·돌 등으로 집 둘레로 쌓아 놓은 것. [준] 담.

담쟁이 [ivy]
[식물] '담쟁이덩굴'의 준말.

▶**담쟁이-덩굴**
[식물] 포도과의 낙엽 활엽 만목. 바위 밑이나 숲 속에 나는데 다른 식물이나 바위에 기어오른다. [준] 담쟁이.

담:채 淡彩 | 맑을 담, 빛깔 채
[thin coloring]
❶[속뜻] 맑고[淡] 엷은 빛깔[彩]. ❷[미술] 물감을 엷게 써서 그린 그림. '담채화'(淡彩畵)의 준말.

담판 談判 | 말씀 담, 판가름할 판
[negotiate; have talks]
말[談]을 주고받아 옳고 그름을 판단(判斷)함. ¶담판을 짓다.

담합 談合 | 말씀 담, 합할 합 [fix; rig]
❶[속뜻] 서로 의논하여[談] 합의(合意)함. ❷[법률] 공사 입찰 등에서 입찰자들이 미리 상의하여 입찰 가격을 협정함.

담화 談話 | 이야기 담, 말할 화 [talk]
❶[속뜻] 서로 주고받는 이야기[談]나 말[話]. ❷어떤 일에 관한 견해나 취할 태도 따위를 공적으로 밝히는 말. ¶대통령의 담화가 발표되었다.

담:-황색 淡黃色 | 맑을 담, 누를 황, 빛 색
[light yellow; citrine]
엷은[淡] 노랑[黃色]. [비] 천황색(淺黃色).

답 答 | 답할 답 [solve]
❶궁금한 부분을 풀어줄 수 있는 말이나 글. ¶이 문제에 답해보아라. ❷문제를 풀어서 얻은 결과. [비] 대답(對答), 해답(解答). [반] 문(問), 질문(質問).

답답-하다 [feel heavy; stifling]

❶숨이 막히거나 근심으로 가슴이 꽉 막히다. ¶날이 더워 답답하다. ❷행동이나 모습이 시원스럽지 못하다. ¶하는 짓이 답답하다. ㊥ 갑갑하다. ㊤ 후련하다.

답례 答禮 | 답할 답, 예도 례 [give in return]
남의 호의(好意)에 보답(報答)하는 뜻으로 표하는 예(禮). ¶찾아온 손님에게 웃으며 답례하다. ㊥ 사례(謝禮), 사은(謝恩).

답변 答辯 | 답할 답, 말 잘할 변 [answer; reply]
물음에 대하여 답(答)하여 말함[辯]. ¶증인은 검사의 질문에 답변하였다. ㊥ 대답(對答).

답사[1] 答辭 | 답할 답, 말씀 사 [give thanks]
회답(回答)하여 하는 말[辭]. ㊥ 답언(答言). ㊤ 송사(頌辭).

답사[2] 踏査 | 밟을 답, 살필 사 [explore; survey]
실지로 현장에 가서[踏] 보고 조사(調査)함. ¶소풍갈 장소를 답사하다.

답습 踏襲 | 밟을 답, 물려받을 습 [follow; imitate]
❶ 속뜻 앞선 사람이 밟은[踏] 방식을 그대로 물려받음[襲]. ❷예부터 해 오던 방식이나 수법을 좇아 그대로 행함. ¶옛 작품을 답습하는 풍조가 만연하다. ㊥ 모방(模倣), 인습(因襲). ㊤ 창조(創造).

답신 答信 | 답할 답, 소식 신 [reply the letter]
회답(回答)으로 서신(書信)이나 통신(通信)을 보냄. 또는 그 서신이나 통신.

답안 答案 | 답할 답, 생각 안 [answer paper]
❶ 속뜻 답[答]으로 내놓은 생각[案]. ❷문제에 대한 해답(解答). 또는 그 해답을 쓴 종이. ¶시험 답안을 채점하다. ㊥ 해답(解答). ㊤ 문제(問題).

▶ 답안-지 答案紙 | 종이 지
답안(答案)을 쓸 종이[紙]. ㊤ 문제지(問題紙).

답장 答狀 | 답할 답, 문서 장 [answer a letter]
회답(回答)으로 보내는 편지나 문서[狀]. ¶친구는 답장이 없었다. ㊥ 회신(回信), 답신(答信).

답지 答紙 | 답할 답, 종이 지 [answer paper]
답(答)을 쓴 종이[紙]. '답안지'(答案紙)의 준말. ㊤ 문제지(問題紙).

닷새 [five days]
다섯 날. ¶벌써 닷새가 지났다. ㊥ 다섯 날, 오일(五日).

당[1] 當 | 당할 당 [this; at the time; that]
❶그·바로 그·이·지금의. ¶당 회사의 제품입니다. ❷그 수량을 단위로 하여 전체를 나눌 때 평균 수량. ¶한 사람 당 하나씩 먹었다.

당[2] 糖 | 사탕 당 [sugar]
물에 녹아 단맛을 내는 탄수화물.

당[3] 黨 | 무리 당 [political party; group]
정치 정치적 주의나 주장이 같은 사람들이 정권을 잡고 정치적 이상을 실현하기 위하여 조직한 무리. '정당'(政黨)의 준말.

당구 撞球 | 칠 당, 공 구 [billiards; pills]
운동 일정한 대 위에 붉은 공[球]과 흰 공을 놓고 큐로 쳐서 맞혀[撞] 그 득점으로 승부를 겨루는 실내 오락.

당국 當局 | 맡을 당, 관청 국 [authorities]
어떤 일을 담당(擔當)하여 처리하는 기관이나 부서[局]. ¶당국의 허가를 얻다.

당굿 (堂-, 집 당)
민속 동네의 신을 모신 집에서[堂] 벌이는 굿.

당귀 當歸 | 당할 당, 돌아갈 귀 [Angelica gigas]
한의 신감채의 뿌리를 한방에서 이르는 말. 보혈 작용이 뛰어나 부인병에 쓴다. 뜻과 무관한 음역한자어로 추정된다.

당근 [carrot]

식물 미나릿과의 한해 또는 두해살이풀. 긴 원추형의 뿌리를 식용한다. ㊥ 홍당무.

당기다 (控, 당길 공) [pull; draw]
❶무엇을 끌어 가까이 오게 하다. ¶낚싯줄을 당기자 고기가 달려 올라왔다. ❷시일을 앞으로 옮기다. ¶운동회 날짜를 당기다. ❸입맛을 자극하다. ¶고소한 냄새가 입맛이 당겼다. ㊥ 끌다, 견인(牽引)하다. ㊥ 밀다, 미루다.

당김-음 (一音, 소리 음) [syncopation]
음악 같은 높이의 센박-여린박을 뒤바꾸어 여린박-센박으로 소리내는 일. ㊥ 절분음(切分音).

당-나귀 (唐一, 당나라 당) [donkey; ass]
동물 말과의 짐승. 말과 비슷하나 작고 귀가 길다. ㊟ 나귀. ㊥ 여마(驢馬).

당년 當年 | 당할 당, 해 년 [this year; that year]
❶ 속뜻 해당(該當)되는 그 해[年]. ❷그 해의 나이. ❸그 연대(年代).

당뇨 糖尿 | 엿 당, 오줌 뇨 [glycosuria]
의학 포도당(葡萄糖)이 많이 섞여 나오는 병적인 오줌[尿].

▶ 당뇨-병 糖尿病 | 병 병
의학 혈액 속에 포도당이 많아져서 당뇨(糖尿)가 오랫동안 계속되는 병(病). 오줌의 분량이 많고 목이 마르며 쉬이 피로해지나 식욕은 도리어 왕성해진다.

당당 堂堂 | 집 당, 집 당 [grand; stately]
❶ 속뜻 집[堂]처럼 번듯하고, 집[堂]처럼 버젓하다. ❷남 앞에서 내세울 만큼 떳떳한 모습이나 태도. ¶당당히 1위에 입상하였다. ㊥ 의젓하다, 어엿하다.

당대 當代 | 당할 당, 시대 대 [one's lifetime; present age]
❶ 속뜻 해당(該當)되는 그 시대(時代). ¶최치원은 신라 당대 최고의 문장가였다. ❷이 시대. 지금 세상. ¶그는 당대 최고의 시인이다. ❸사람의 일대(一代). ㊥ 당세(當世), 당조(當朝), 일생(一生), 일세(一世).

당도[1] 當到 | 당할 당, 이를 도 [arrive; reach]
어느 곳에 닿아서[當] 이름[到].

당도[2] 糖度 | 엿 당, 정도 도 [sugar content]
❶ 속뜻 엿[糖]같이 단맛이 나는 정도(程度). ❷음식물에 들어 있는 단맛의 탄수화물 양을 그 음식물에 대하여 백분율로 나타낸 것. ¶그 과일은 당도가 높다.

당:돌 唐突 | 황당할 당, 부딪칠 돌 [plucky; forward]
❶ 속뜻 황당(荒唐)하고 저돌(猪突)적임. ❷부딪힘. ❸갑자기. 느닷없이. ㊥ 당차다, 야무지다.

당류 糖類 | 엿 당, 무리 류 [sugars]
화학 액체에 녹으며 엿[糖] 같이 단맛이 있는 탄수화물 종류(種類). 과당, 포도당 따위.

당면[1] 唐麵 | 당나라 당, 국수 면 [Chinese noodles]
❶ 속뜻 당(唐)에서 들어온 국수[麵]. ❷녹말가루로 만든 마른 국수. 잡채를 만들 때 쓴다. ㊥ 호면(胡麵).

당면[2] 當面 | 당할 당, 낯 면 [face; confront]
일이 바로 눈앞[面]에 닥침[當]. ¶당면한 문제를 해결하다. ㊥ 직면(直面), 봉착(逢着), 대면(對面).

당백-전 當百錢 | 당할 당, 일백 백, 돈 전
역사 일반 엽전 백(百) 푼과 맞먹던[當] 엽전(葉錢). 조선 고종 때 주조하여 경복궁 재건에 사용하였다.

***당번 當番** | 맡을 당, 차례 번 [be on duty]
어떤 일을 책임지고 돌보는[當] 차례[番]가 됨. 또는 그 차례가 된 사람. ¶이번 주는 미영이가 청소 당번이다. ㊥ 당직(當直). ㊥ 비번(非番).

당부 當付 | 마땅 당, 청할 부
[ask to do; make a request]
마땅히[當] 어찌해야 한다고 단단히 청함[付]. ㊥ 부탁(付託). ¶아들에게 당부하였다.

당분 糖分 | 엿 당, 나눌 분
[sugar content]
엿[糖] 같은 단맛의 성분(性分).

당분-간 當分間 | 당할 당, 나눌 분, 사이 간
[for the present; for a while]
지금[當]으로부터 얼마의 시간[分] 동안[間]. 잠시 동안. ¶당분간 휴식을 취해야 한다. ㊥ 잠시(暫時).

당사 當事 | 맡을 당, 일 사
어떤 일[事]을 직접 맡음[當].
▸당사-자 當事者 | 사람 자
❶속뜻 어떤 일에 직접 관계가 있거나 관계한[當事] 그 사람[者]. ❷법률 어떤 법률 행위에 직접 관계하는 사람. ¶이 문제는 당사자가 풀어야 한다. ㊟ 당자. ㊥ 장본인(張本人). ㊦ 제삼자(第三者).

당산 堂山 | 집 당, 메 산
민속 토지나 마을의 수호신이 있다는 집[堂]이나 산(山). 대개 마을 근처에 있다.

당선 當選 | 당할 당, 가릴 선
[be elected]
❶속뜻 선거(選擧)에서 뽑힘[當]. ¶대통령에 당선되다. ❷출품작 따위가 심사에서 뽑힘. ¶단편소설 당선작. ㊥ 입선(入選). ㊦ 낙선(落選).
▸당선-자 當選者 | 사람 자
선거나 심사에서 뽑힌[當選] 사람[者]. ¶국회의원 당선자 / 현상 공모 당선자.

당수 黨首 | 무리 당, 머리 수
[leader of a political party]
당(黨)의 우두머리[首].

당숙 堂叔 | 집 당, 아저씨 숙
[male cousin of one's father; uncle]
'종숙'(從叔)을 친근하게[堂] 일컫는 말. 아버지의 사촌 형제.

당-숙모 堂叔母 | 집 당, 아저씨 숙, 어머니 모
'종숙모'(從叔母)를 친근하게[堂] 일컫는 말.

⁂**당시** 當時 | 당할 당, 때 시
[at that time; then]
어떤 일을 당한[當] 바로 그때[時]. 또는 이야기하고 있는 그 시기. ¶그 당시를 생각해 보다 / 사고 당시의 충격.

당신 當身 | 당할 당, 몸 신
[you; my darling]
❶속뜻 해당(該當)되는 그 몸[身]. ❷상대방을 높여 부르는 말. ❸부부간에 상대편을 높여 부르는 말. ¶당신이 아이를 데려다주세요. ❹싸울 때 상대편을 낮잡아 이르는 이인칭 대명사. ¶당신이 뭔데 참견이야? ㊥ 너, 여보.

당연 當然 | 마땅 당, 그러할 연
[of course]
마땅히[當] 그러함[然]. ¶봄에 꽃이 피는 것은 당연하다.
▸당연지사 當然之事 | 어조사 지, 일 사
마땅히 그렇게 하여야 하거나 되리라고[當然] 여겨지는 일[事]. ¶사람이 나고 죽는 것은 당연지사이다.

당원 黨員 | 무리 당, 사람 원
[member of a party]
정당(政黨)에 든 사람[員]. 당적을 가진 사람. '정당원'(政黨員)의 준말.

당의 唐衣 | 당나라 당, 옷 의
❶속뜻 중국 당(唐)나라 풍의 옷[衣]. ❷여자들이 저고리 위에 덧입는 한복의 하나.

당일 當日 | 당할 당, 날 일
[on the day; on the appointed day]
바로 그[當] 날[日]. 그 날 하루. ¶서울에서 부산까지는 당일에 다녀올 수 있다. ㊥ 즉일(卽日).
▸당일-치기 (當日-)
일이 있는 바로 그날[當日] 하루에 해 버리는 일.

당장 當場 | 당할 당, 마당 장
[on the spot; promptly]
❶ 속뜻 무슨 일이 일어난 바로 그[當] 자리[場]. ❷바로 그 자리에서 곧. 지체 없이 곧. ¶당장 치료해야 합니다. ⓑ 곧, 즉시(卽時).

당쟁 黨爭 | 무리 당, 다툴 쟁
[party strife]
역사 당파(黨派)를 이루어 서로 싸움[爭]. 또는 그 싸움. ¶당쟁을 일삼다 / 국회는 당쟁으로 얼룩졌다. ⓑ 당파(黨派) 싸움.

당좌 當座 | 마땅 당, 자리 좌
[current deposit]
경제 예금자가 수표를 발행하면 은행이 어느 때나 예금액으로 그 수표에 대한 지급을 마땅히[當] 하도록 되어 있는 예금계좌(計座). '당좌예금'(預金)의 준말.

당직 當直 | 맡을 당, 당번 직
[being on duty]
❶ 속뜻 숙직(宿直), 일직(日直) 같은 당번[直]을 맡음[當]. 또는 그런 사람. ¶어젯밤에 당직을 섰다. ❷조선 시대, 의금부의 도사(都事)가 한 사람씩 번을 들어 소송 사무를 처결하던 곳. ⓑ 당번(當番).

당질 糖質 | 엿 당, 바탕 질 [saccharinity]
❶ 속뜻 당분(糖分)이 들어 있는 물질(物質). ❷ 화학 탄수화물과 그 유도 물질을 통틀어 이르는 말.

당차다 [be small but sturdy built]
나이나 몸집 등에 비하여 행동이나 마음이 야무지다. ¶아이는 당차게 대답했다. ⓑ 당돌(唐突)하다.

당첨 當籤 | 당할 당, 제비 첨
[win a prize]
제비[籤] 뽑기에 뽑힘[當]. ¶복권에 당첨되었다. ⓑ 당선(當選). ⓑ 낙첨(落籤).

당초 當初 | 당할 당, 처음 초
[initially; originally]
그[當] 처음[初]. ⓑ 처음, 애초.

당파 黨派 | 무리 당, 갈래 파
[party; school; league]
주장과 이해를 같이하는 사람끼리 무리지어[黨] 나뉜 갈래[派]. ¶당파를 결성하다. ⓑ 파당(派黨), 파벌(派閥).

당치않다 (當―, 마땅 당) [unreasonable]
마땅하지[當] 않다. ¶제 덕이라뇨, 당치않은 말씀입니다. ㊎ 당찮다. ⓑ 합당(合當)하다.

당-하다[1] (當―, 당할 당)
[have undesirable; go through done]
원치 않는 상황에 처하다[當]. ¶피해를 당한 사람들이 탄원서를 냈다.

비슷한 듯 다른 말	➲ 받다¹ / 겪다

당-하다[2] (當―, 맡을 당)
[match; be equal to]
❶어떤 일을 맡다[當]. ¶이 일은 나 혼자 당할 수 없다. ❷맞서 겨루다. ¶걔 고집은 당할 재간이 없다. ⓑ 감당(堪當)하다, 이기다. ⓑ 면(免)하다.

당혹 當惑 | 당할 당, 홀릴 혹
[be perplexed; be embarrassed]
갑자기 일을 당(當)하여 어찌할 바를 모르고 쩔쩔맴[惑]. ¶그의 태도에 당혹했다 / 당혹감을 감추지 못했다. ⓑ 당황(唐慌).

당황 唐慌 | =唐惶, 황당할 당, 절박할 황
[be confused; be perplexed]
황당(荒唐)하여 어찌할 바를 모름[慌]. 놀라서 어리둥절해 함. ¶뜻밖의 질문에 선생님은 당황스러운 표정이었다. ⓑ 당혹(當惑), 어리둥절하다.

닻 [anchor; grapnel]
배를 고정시키기 위하여 줄에 매어 물에 던지는 기구. ¶항구에 다다르자 배는 닻을 내렸다.

닿:다 (觸, 닿을 촉) [touch; reach]
❶어느 것이 다른 것에 가까이 가서 붙다. ¶유아의 손이 닿지 않는 곳에 보관하십시오. ❷목적지에 이르다. ¶배는 목포항에 닿았다. ❸어떤 정도나 범위에 힘이나 영향이 미치다. ¶힘 닿는 데까지 도와 드리

겠습니다. [비] 접촉(接觸)하다, 다다르다. [반] 떨어지다.

♣ 닿다 / 스치다 [비슷한 듯 다른 말]

◎ 어깨와 어깨가 닿았다 = 스쳤다.

○ 어린이 손이 닿지 않는 곳에 보관하세요.
× 어린이 손이 스치지 않는 곳에 보관하세요.

○ 총알이 그의 다리를 스쳤다.
× 총알이 그의 다리를 닿았다.

닿-소리 [consonant]
[언어] 소리를 낼 때 공기가 나오면서 목이나 입에 닿아서 나는 소리. 또는 그것을 나타내는 글자. [비] 자음(子音). [반] 홀소리, 모음(母音).

대[1] [strength of character]
주장이나 마음가짐. ¶아이는 어려서부터 대가 셌다.

대[2](幹, 줄기 간) [stalk; stem]
식물의 줄기. ¶이 꽃은 대가 굵다.

대[3](竹, 대나무 죽) [bamboo]
[식물] 볏과의 여러해살이 상록 교목. 줄기는 꼿꼿한데 속이 비고 마디가 있다. [비] 대나무.

대[4] [blow]
단단하고 길고 가는 물건의 수를 세는 말. ¶주사 한 대를 맞고 금방 나았다.

대:[5] 代 | 세대 대 [generation]
조상으로부터 내려오는 차례를 세는 말. ¶충선공 62대 손이다.

대:[6] 對 | 대할 대
[counterpart; against]
❶서로 짝을 이루는 것. ¶주련(柱聯) 한 대. ❷두 사물을 마주 놓고 비교할 때 쓰는 말. ¶두 팀은 2대 2로 동점을 이루었다.

대[7] 臺 | 돈대 대
탈것이나 기계 따위를 셀 때 쓰는 말. ¶차 한 대가 멈췄다.

대:가[1] 大家 | 큰 대, 사람 가
[great master; authority]
❶[속뜻] 학문이나 기예 등 전문 분야에 조예가 크게[大] 깊은 사람[家]. ❷대대로 번창한 집안. [비] 달인(達人), 명인(名人), 거장(巨匠).

대:가[2] 代價 | 대신할 대, 값 가
[price; cost]
❶[속뜻] 물건을 대신(代身)하는 값[價]으로 치르는 돈. ¶노동의 대가로 임금을 받다. ❷어떤 일을 함으로써 생기는 희생이나 손해. 또는 그것으로 하여 얻어진 결과. ¶어떤 대가를 치르더라도 반드시 해낼 것이다. [비] 대금(代金), 삯.

대:가[3] 對價 | 대할 대, 값 가 [remuneration; consideration]
❶[속뜻] 자기의 재산이나 노무 따위를 남에게 제공한 것에 대(對)한 값어치[價]. ¶수고의 대가. ❷[법률] 보수로서 얻는 재산상의 이익. 물건의 매도, 대금, 가옥의 임대, 노임 따위로 얻는 이익을 이른다.

대가리 [top; point; head]
❶사람의 머리를 속되게 이르는 말. ❷동물이나 사물의 머리에 해당하는 앞쪽. ¶삶은 돼지 대가리 / 못 대가리.

[비슷한 듯 다른 말] ➲ 머리

대:-가족 大家族 | 큰 대, 집 가, 겨레 족
[big family]
❶[속뜻] 식구가 많은[大] 가족(家族). ❷직계와 방계를 포함하는 가족. ¶우리 집은 대가족이다. [반] 소가족(小家族).

▶**대:가족-제** 大家族制 | 정할 제
[사회] 조부모, 부모, 형제 및 그 배우자와 자녀들 등 많은 가족[大家族]이 한 집에 모여 사는 가족 제도(制度). '대가족제도'의 준말. ¶전통적인 대가족제가 해체되고 있다.

대:각 對角 | 대할 대, 뿔 각
[opposite angle]
[수학] 다각형에서 어떤 각에 대해 마주보는

[對] 각(角).

▶대ː각-선 對角線 | 줄 선

[수학] 다각형에서 서로 마주보는[對] 두 꼭지점[角]을 잇는 직선(直線). 또는 다면체에서 같은 면에 있지 않은 두 꼭지점을 잇는 직선. ¶사각형은 두 개의 대각선을 가진다.

⁑**대ː감** 大監 | 큰 대, 볼 감

[His your Excellency]

❶[속뜻] 큰[大] 일을 맡아보던[監] 벼슬아치. ❷[역사] 조선 시대, 정이품 이상의 벼슬아치의 존칭. ❸대신이나 장관 등의 지위에 있는 관리의 존칭.

대ː갓-집 (大家—, 큰 대, 집 가)

[distinguished family; wealthy house]

대대로 세력이 있고 재물이 많아[大家] 번창한 집안.

대ː강 大綱 | 큰 대, 줄거리 강

[outline; in general]

❶[속뜻] 큰[大] 줄거리[綱]. '대강령'(大綱領)의 준말. ¶대강을 파악하다. ❷일의 중요한 부분만 간단하게. ¶그 일은 대강 끝났다. [비] 대충, 대략(大略), 대개(大概). [반] 일일이.

대ː개[1] 大蓋 | 큰 대, 덮을 개

[as a (general) rule; in principle]

❶[속뜻] 큰[大] 덮개[蓋]. ❷일의 큰 원칙으로 보아서 말하건대. ¶대개 사내대장부란 그릇이 커야 한다.

대ː개[2] 大概 | 큰 대, 대강 개

[outline; generally]

❶[속뜻] 대체(大體)의 줄거리[概]. ❷그저 웬만한 정도로. 대체로. ¶씨앗은 대개 이른 봄에 뿌린다. [비] 대략(大略), 대부분(大部分).

대-걸레 [mop]

긴 막대 자루가 달린 걸레. [비] 자루걸레.

대ː-검찰청 大檢察廳 | 큰 대, 검사할 검, 살필 찰, 관청 청

[법률] 대법원에 대응하여 설치된 최고[大] 검찰(檢察) 기관[廳]. [준] 대검.

대견-스럽다 [sufficient; enough]

마음에 들고 자랑스럽다. ¶마라톤을 완주한 아이가 대견스럽다.

대ː결 對決 | 대할 대, 결정할 결

[fight; contest]

둘이 맞서서[對] 승부를 결정(決定)함. ¶세기의 대결을 벌이다. [비] 투쟁(鬪爭).

대ː경-실색 大驚失色 | 큰 대, 놀랄 경, 잃을 실, 빛 색

크게[大] 놀라[驚] 얼굴빛[色]이 제 모습을 잃어[失] 하얗게 변함.

대ː공[1] 對共 | 대할 대, 함께 공

[anticommunism]

공산주의(共産主義) 또는 공산주의자를 상대(相對)로 함. ¶대공 수사.

대ː공[2] 對空 | 대할 대, 하늘 공 [anti-aircraft]

지상에서 공중(空中)의 목표물을 상대(相對)함. ¶군은 대공 미사일을 개발했다.

대공무사 大公無私 | 큰 대, 공평할 공, 없을 무, 사사로울 사

❶[속뜻] 매우[大] 공평[公]하고 사사로움[私]이 없음[無]. ❷일 처리가 매우 공정하고 공평함. 사리사욕을 취하지 아니함. ¶대공무사한 일처리로 남들의 추앙을 받았다.

대ː-공원 大公園 | 큰 대, 여럿 공, 동산 원

[large public park]

규모가 매우 큰[大] 공원(公園).

대ː관 大官 | 큰 대, 벼슬 관

[dignitary; high official]

❶[속뜻] 높은[大] 벼슬[官]. 또는 그 벼슬에 있는 사람. ❷[역사] 정승(政丞). ❸[역사] 지역이 넓고 인구가 많으며 물산이 풍부한 큰 고을.

대ː-관절 大關節 | 큰 대, 빗장 관, 마디 절

[in brief; in a word]

❶[속뜻] 큰[大] 고비[關]가 되는 마디[節]. ❷여러 말 할 것 없이 요점만 말하건대. ¶대관절 어떻게 된 일입니까? [비] 도대체.

대ː-괄호 大括弧 | 큰 대, 묶을 괄, 활 호 [brackets]
언어 크게[大] 묶을[括] 때 사용하는 활[弧] 모양의 문장부호. '[ ]'로 표기한다.

대ː교 大橋 | 큰 대, 다리 교 [grand bridge]
규모가 큰[大] 다리[橋].

대구 大口 | 큰 대, 입 구 [codfish]
동물 큰[大] 입[口]이 특징인 대구과(大口科)의 바닷물고기. 몸의 길이는 70~75cm이고 넓적하며 엷은 회갈색이다.

대ː국[1] 大國 | 큰 대, 나라 국 [big nation]
큰[大] 나라[國]. ¶중국은 경제대국이다. ⓑ소국(小國).

대ː국[2] 對局 | 대할 대, 판 국 [facing a situation; confront]
❶속뜻 마주보고[對] 앉아서 바둑이나 장기 판[局]을 둠. ¶이창호와 대국하다. ❷어떤 형편이나 국면에 당면함. ¶대국을 판단하다.

대ː군[1] 大君 | 큰 대, 임금 군 [(Royal) prince]
❶속뜻 큰[大] 군주(君主). 군주를 높여 이르는 말. ❷역사 예전에 왕의 종친(宗親)에게 주던 정일품 벼슬. ¶효령대군.

대ː군[2] 大軍 | 큰 대, 군사 군 [large army]
병사의 수효가 많고 규모가 큰[大] 군대(軍隊). ⓑ대병(大兵). ¶백만 대군.

대굴-대굴 [rolling continuously]
작은 물건이 계속 굴러 가는 모양. ¶병이 대굴대굴 굴러 냇물로 빠졌다.

대ː권[1] 大圈 | 큰 대, 범위 권 [great circle]
❶속뜻 큰[大] 범위[圈]. ❷수학 구(球)를 그 중심을 지나는 평면으로 자를 때 생기는 원. ❸지리 지구 표면에 그린 대원. ¶대권 항로. ⓑ대원(大圓).

대ː권[2] 大權 | 큰 대, 권리 권 [supreme power; prerogative]
대통령(大統領)의 권한이나 권리(權利). ¶그는 차기 대권에 도전했다.

대ː궐 大闕 | 큰 대, 대궐 궐 [royal palace]
임금이 거처하며 정사(政事)를 보던 큰[大] 집[闕]. ⓑ궁궐(宮闕), 궁전(宮殿).

대ː-규모 大規模 | 큰 대, 법 규, 본보기 모 [large scale]
일의 범위가 넓고 큰[大] 규모(規模). ¶대규모 집회를 열다. ⓑ소규모(小規模).

대ː금[1] 大笒 | 큰 대, 첨대 금
음악 대에 13개의 구멍이 뚫린, 크기가 큰[大] 전통피리[笒].

대ː금[2] 代金 | 대신할 대, 돈 금 [price; cost]
물건의 값 대신(代身)으로 치르는 돈[金]. ¶대금을 치르다. ⓑ값, 대가(代價).

⁑**대ː기[1]** 大氣 | 큰 대, 공기 기 [air; atmosphere]
지리 지구 중력에 의해 지구 둘레를 크게[大] 싸고 있는 기체(氣體).

▶대ː기-권 大氣圈 | 우리 권
지리 지구 둘레를 싸고 있는 대기(大氣)의 범위[圈]. ¶대기권 밖으로 로켓을 발사하다 / 대기권 밖으로 나가다. ⓒ기권.

▶대ː기 오ː염 大氣汚染 | 더러울 오, 물들일 염
지리 산업 활동이나 인간생활에서 생기는 유독 물질이 대기(大氣) 속에 섞여 생물이나 기물(器物)에 해를 끼칠 만큼 더러워진[汚染] 현상. ¶자동차 배기가스에 의한 대기 오염이 심각하다.

대ː기[2] 待機 | 기다릴 대, 때 기 [watch and wait; stand ready]
❶속뜻 때나 기회(機會)를 기다림[待]. ❷군사 군대 등에서 출동 준비를 끝내고 명령을 기다림. ❸공무원의 대명(待命) 처분. ¶대기 발령

▶대ː기-실 待機室 | 방 실
대기(待機)하는 사람이 기다리도록 마련

된 방[室]. ¶환자 대기실 / 분만 대기실.

대:-기업 大企業 | 큰 대, 꾀할 기, 일 업 [large enterprise]
경제 자본금이나 종업원 수 따위의 규모가 큰[大] 기업(企業). ㊥중소 기업.

대:길 大吉 | 큰 대, 길할 길 [very lucky; have good luck]
크게[大] 길(吉)함. 아주 좋음.

대-꼬챙이 [bamboo stickt]
대나무를 잘라 만든 꼬챙이.

대:꾸 [retort; back talk]
남의 말에 아랑곳없이 제 의견을 나타냄. '말대꾸'의 준말. ¶상냥하게 어르자 아이는 더이상 대꾸하지 않았다.

대-나무 (竹, 대나무 죽) [bamboo]
식물 대를 목본으로 일컫는 말. ¶대나무는 절개를 상징한다.

대:남 對南 | 대할 대, 남녘 남 [against the South]
남(南)쪽 또는 남방(南方)을 상대(相對)로 함. ¶북한은 대남 방송을 했다.

대:-낮
[broad daylight; middle of the day]
환히 밝은 낮. ¶대낮처럼 환하다 / 백주 대낮에 도둑이 들었다 ㊞정오(正午), 백주(白晝). ㊥한밤중.

대:뇌 大腦 | 큰 대, 골 뇌 [cerebrum]
의학 척추동물 뇌(腦)의 대부분(大部分)을 차지하여 좌우 한 쌍을 이룬 기관. 정신 작용, 지각, 운동, 기억력 등을 맡은 중추가 분포한다. ㊥소뇌(小腦).

대님 [pants-leg ties]
한복 바지를 입은 뒤에 그 바짓가랑이 끝을 다리에 졸라매는 끈.

대:다 (泊, 배댈 박) [put; place]
❶서로 닿게 하다. 또는 닿아 잇다. ¶주차장에 차를 댔다. ❷장소나 방향으로 이르게 하다. ¶하늘에 대고 엄마의 얼굴을 그렸다. ❸내어놓다. 또는 뒤에서 봐주다. ¶학비를 대느라 부모님이 고생이시다. ㊞접촉(接觸)하다, 제공(提共)하다. ㊥떼다.

대:-다수 大多數 | 큰 대, 많을 다, 셀 수 [greater part of]
❶속뜻 대단히[大] 많은[多] 수(數). ❷거의 다. 거의 대부분. 다대수. ¶대다수 사람의 동의를 얻었다. ㊞대부분(大部分), 거의.

대:-단결 大團結 | 큰 대, 모일 단, 맺을 결 [unity]
여럿이[大] 모여[團] 뭉침[結]. ¶민족의 대단결을 도모하다.

대:-단원 大團圓 | 큰 대, 둥글 단, 둥글 원 [denouement; end]
❶속뜻 큰[大] 단원(團圓). ❷일의 맨 끝. ❸문학 영화나 연극 등에서 사건의 얽힌 실마리를 풀어 결말을 짓는 마지막 장면. ¶영화는 대단원의 막을 내렸다. ㊞대미(大尾).

대:-단위 大單位 | 큰 대, 홑 단, 자리 위 [large-scale]
아주 큰[大] 규모나 단위(單位). ¶대단위 공장이 들어설 예정이다. ㊥소단위(小單位).

대:단-하다 [huge; serious]
❶정도나 양, 크기, 실력 따위가 보통보다 심하다. ¶그의 야구실력은 대단하다. ❷매우 중요(重要)하다. ¶대단하지 않은 병이라 안심했다. ㊞심하다, 위중(危重)하다, 뛰어나다.

대:담[1] 大膽 | 큰 대, 쓸개 담 [bold; daring]
❶속뜻 매우 큰[大] 쓸개[膽]. ❷담력이 크고 용감함. ¶대담하게 행동하다.

대:담[2] 對談 | 대할 대, 이야기 담 [talk]
어떤 일에 대(對)하여 서로 이야기[談]를 주고받음. 또는 그 이야기. ¶사업에 대해 대표자와 대담했다.

***대:답** 對答 | 대할 대, 답할 답 [answer; reply]

❶ 속뜻 묻는 말에 대(對)하여 답(答)함. ¶선생님의 질문에 대답했다. ❷어떤 문제를 푸는 실마리. 또는 그 해답. ¶잘 생각해 보면 대답을 찾을 수 있다. ⓑ 응답(應答), 답변(答辯), 해답(解答). ⓑ 질문(質問).

대ː대¹ 大隊 | 큰 대, 무리 대 [battalion]
❶ 속뜻 대규모(大規模)의 사람으로 조직된 한 무리[隊]. ❷ 군사 군대 편제상의 단위. 연대(聯隊)의 아래, 중대(中隊)의 위.

대ː대² 代代 | 세대 대, 세대 대 [generation after generation]
거듭된 세대(世代). 여러 대를 계속하여. ¶우리 집은 대대로 학자 집안이다. ⓑ 세세(世世).

대ː대-적 大大的 | 큰 대, 큰 대, 것 적 [extensive; large-scale]
범위나 규모가 썩 큰[大] 것[的]. ¶대대적 검문을 실시했다.

대ː-도시 大都市 | 큰 대, 도읍 도, 저자 시 [big city]
지역이 넓고 인구가 많으며, 정치적·경제적·문화적 활동의 중심이 되는 큰[大] 도시(都市). ⓑ 대도회(大都會). ⓑ 소도시(小都市).

대ː도호-부 大都護府 | 큰 대, 도읍 도, 보호할 보, 관청 부
역사 고려·조선 때, 지방 행정 기관. 고려 때는 경주·해주·전주·안주의 네 곳에, 조선 때는 안동·창원·강릉·영변·영흥의 다섯 곳에 설치하였다.

대ː동¹ 大同 | 큰 대, 한가지 동
❶ 속뜻 크게[大] 하나로[同] 화합함. ¶대동 화합의 정신. ❷요순 같은 성군의 세상과 똑같이 번영하여 화평하게 됨. ¶대동 세상. ❸조금 차이는 있어도 대체로 같음.

▸대ː동-법 大同法 | 법 법
역사 조선 중기 후기에 여러 가지 공물을 쌀로 통일하여[大同] 바치게 한 납세 제도[法].

▸대ː동-소ː이 大同小異 | 작을 소, 다를 이
대체(大體)로 같고[同] 조금[小]만 다름[異]. 비슷비슷함. ¶두 제품의 기능은 대동소이하다.

대ː동² 大東 | 큰 대, 동녘 동
❶ 속뜻 동방(東方)의 큰[大] 나라. ❷'우리나라'를 달리 이르던 말.

▸대ː동-여지도 大東輿地圖 | 많을 여, 땅 지, 그림 도
지리 1861년에 김정호가 우리나라[大東]의 모든[輿] 지역(地域)을 답사하여 그린 지도(地圖).

대ː-동맥 大動脈 | 큰 대, 움직일 동, 줄기 맥 [aorta; main artery]
❶ 의학 대순환(大循環)의 본줄기를 이루는 굵은[大] 동맥(動脈). 심장의 좌심실에서부터 시작된다. ❷'한 나라 교통의 가장 중요한 간선(幹線)'을 비유하여 이르는 말. ¶경부선은 우리나라 교통의 대동맥이다.

대ː두¹ 大豆 | 큰 대, 콩 두 [soybean]
식물 콩[豆]과의 한해살이풀. 콩. '팥'을 이르는 '소두'(小豆)와 구분을 위하여 '大'자를 붙여 부른다.

대두² 擡頭 | 들 대, 머리 두 [raise one's head; rise]
❶ 속뜻 고개[頭]를 듦[擡]. ❷어떤 현상이 일어남. ¶르네상스가 새롭게 대두되다. ❸여러 줄로 써 나가는 글 속에서 경의(敬意)를 나타내는 글귀는 다른 줄을 잡아 쓰되 다른 줄보다 몇 자 올려 쓰는 일.

대ː-들다 [defy; go at]
요구하거나 반항하느라고 세차게 달려들다. ¶화가 난 아이는 엄마한테 대들었다. ⓑ 맞서다, 대항(對抗)하다. ⓑ 굴복(屈服)하다, 항복(降服)하다.

대-들보 (大-, 큰 대) [girder; mainstay]
❶ 건설 큰[大] 들보. 한옥에서 지붕 아래 놓는 두 기둥 위를 건너질러 놓은 큰 나무대. ¶대들보를 잘 놓아야 집이 안전하다.

❷중심이 되는 중요한 물건이나 사람. ¶그는 한국 축구의 대들보이다. ㊥ 대량(大樑). 속담 대들보 썩는 줄 모르고 기왓장 아끼는 격.

대:등 對等 | 대할 대, 같을 등 [equal]
서로에 대(對)하여 걸맞음[等]. 양쪽이 비슷함. ¶양 팀은 대등한 시합을 펼쳤다.

대뜸 [at once; immediately]
이것저것 생각할 것 없이 그 자리에서 얼른. ¶그는 나를 보자마자 대뜸 고함을 쳤다.

대:란 大亂 | 큰 대, 어지러울 란
[serious disturbance]
❶속뜻 큰[大] 난리(亂離). 큰 변란. ❷몹시 어지러움. ¶귀향 인파가 몰려 교통대란이 예상된다.

대:략 大略 | 큰 대, 다스릴 략
[outline; generally]
❶속뜻 큰[大] 계략(計略). 뛰어난 지략. ❷대체의 개략(槪略). ¶대략의 내용을 소개했다. ㊥ 대강(大綱), 개요(槪要).

▶ 대:략-적 大略的 | 것 적
전체를 요약한[大略] 것[的]. ¶대략적인 지식만으로는 부족하다.

***대:량** 大量 | 큰 대, 분량 량
[large quantity]
크게[大] 많은 분량(分量). ¶대량으로 사면 값이 싸다. ㊥ 다량(多量). ㊦ 소량(小量).

대:련 對鍊 | 대할 대, 익힐 련
[spar; emulate; rival]
운동 태권도나 유도 따위에서 두 사람이 상대(相對)하여 기술을 익힘[鍊]. ㊥ 겨루기.

대:령[1] 大領 | 큰 대, 거느릴 령 [colonel; captain]
군사 영관(領官) 계급 중 가장 윗[大]계급. 중령의 위, 준장의 아래.

대:령[2] 待令 | 기다릴 대, 명령 령
[wait for an order]
명령(命令)을 기다림[待]. ㊥ 대기(待機).

대:례 大禮 | 큰 대, 예도 례
[state ceremony; grand ceremony]
❶속뜻 규모가 중대(重大)한 예식(禮式). ¶대례를 지내다. ❷혼인을 치르는 큰 예식. ¶대례를 치르다.

▶ 대:례-복 大禮服 | 옷 복
역사 나라의 중대한 의식[大禮]이 있을 때에 벼슬아치가 입던 예복(禮服).

대:로 大路 | 큰 대, 길 로
[broad way; main road]
폭이 넓고 큰[大] 길[路]. ¶대로를 활보하고 다니다. ㊥ 대도(大道). ㊦ 소로(小路).

대롱 (管, 대롱 관)
[slender bamboo tube]
❶가느스름하고 속이 빈 통(筒)으로 된 토막. ❷물레의 가락에 끼우고 실을 감는 가는 통대 토막. ㊥ 빨대.

대롱-거리다 [dangle; swing; sway]
작은 물건이 매달려 늘어진 채로 가볍게 흔들리다. ¶연이 나뭇가지에 대롱대롱 매달려 있다.

대:류 對流 | 대할 대, 흐를 류
[convection current]
❶속뜻 서로 맞은[對] 편으로 흐름[流]. ❷물리 밀도차로 인하여 온도가 높은 기체나 액체가 위로 올라가고, 온도가 낮은 것은 아래로 내려오는 현상.

***대:륙** 大陸 | 큰 대, 뭍 륙 [continent]
❶속뜻 크고[大] 넓은 땅[陸]. ❷지리 바다로 둘러싸인 지구상의 커다란 육지. ㊥ 대주(大洲).

▶ 대:륙-붕 大陸棚 | 선반 붕
지리 대륙(大陸)이나 큰 섬 주변을 둘러싸고 있는 경사가 완만한 선반[棚] 모양의 해저(海底). ㊥ 육붕(陸棚).

대:리 代理 | 대신할 대, 다스릴 리
[represent]
남의 일을 대신(代身) 처리(處理)함. 또는 그런 사람. ¶대리 출석하다 / 대리 만족.

▶ 대ː리-점 代理店 | 가게 점
대리상(代理商)의 영업소[店].

대ː리-석 大理石 | 큰 대, 다스릴 리, 돌 석 [marble]
❶속뜻 중국 대리(大理)에서 생산되는 암석(巖石). ❷광업 석회암이 높은 열과 강한 압력을 받아 재결정한 암석. ⓑ 대리암(大理巖).

대ː리-암 大理巖 | 큰 대, 다스릴 리, 바위 암 [marble]
❶속뜻 중국 대리(大理)에서 생산되는 암석(巖石). ❷광업 대리석(大理石).

***대ː립** 對立 | 대할 대, 설 립 [be opposed to]
❶속뜻 서로 마주하여[對] 섬[立]. 서로 맞서거나 버팀. ❷서로 반대되거나 모순됨. 또는 그런 관계. ¶양당이 대립하고 있다. ⓑ 대치(對峙), 대항(對抗).

대ː마 大麻 | 큰 대, 삼 마 [hemp]
식물 뽕나뭇과에 속하는 긴[大] 섬유[麻]가 채취되는 식물을 통틀어 이르는 말. ⓑ 삼.

▶ 대ː마-초 大麻草 | 풀 초
삼[大麻]의 이삭이나 잎[草].

대ː-만원 大滿員 | 큰 대, 찰 만, 인원 원 [full house]
정원(定員)이 꽉[大] 참[滿]. ¶극장은 연일 대만원이다.

대ː-만족 大滿足 | 큰 대, 가득할 만, 넉넉할 족 [very well]
매우 크게[大] 만족(滿足)스러워함. ¶그 일이 나로서는 대만족이다.

대ː망 待望 | 기다릴 대, 바랄 망 [expect; anticipate]
기다리고[待] 바람[望]. ¶대망의 1위는 홍길동 선수입니다.

대ː-머리 [baldhead]
머리털이 많이 빠져 벗어진 머리. 또는 그런 사람. ⓑ 독두(禿頭).

대ː면 對面 | 대할 대, 낯 면 [interview; meet]
얼굴[面]을 마주보고 대(對)함. ¶첫 대면에서 실례를 하고 말았다. ⓑ 면접(面接), 면대(面對).

대ː-명사 代名詞 | 대신할 대, 이름 명, 말씀 사 [pronoun]
❶언어 사람이나 장소, 사물의 이름[名]을 대신(代身)하여 쓰는 말[詞]. ¶자기를 가리키는 일인칭 대명사는 '나'이다. ❷어떤 사람이나 사물의 대표적인 특색을 대신하여 나타내는 말. ¶신사임당은 현모(賢母)의 대명사이다. ⓑ 대이름씨.

대ː명-천지 大明天地 | 큰 대, 밝을 명, 하늘 천, 땅 지
아주[大] 밝은[明] 세상[天地]. ¶대명천지에 감히 그런 짓을 저지르다니.

대ː모 代母 | 대신할 대, 어머니 모 [godmother]
가톨릭 성세(聖洗) 성사나 견진(堅振) 성사를 받는 여자의 신상 생활을 도와 대신(代身)하는 여자[母] 후견인을 이르는 말.

대목[1] [best season]
상품이 한꺼번에 많이 팔리는 가장 중요한 때. ¶설 대목을 맞아 눈코 뜰 새 없이 바쁘다.

대목[2] [part; passage]
이야기·글·노래 따위의 한 특정한 부분. ¶아이와 헤어지는 대목에서 눈물이 흘렀다. ⓑ 문단(文段).

대못 (大-, 큰 대) [large nail]
굵고[大] 긴 못. ⓑ 대정(大釘).

대ː문 大門 | 큰 대, 문 문 [great gate; main entrance]
❶속뜻 큰[大] 문(門). ❷집의 정문. ¶대문에 초인종을 달았다. ⓑ 정문(正門). ⓟ 소문(小門).

대ː-문자 大文字 | 큰 대, 글자 문, 글자 자 [capital]
큰[大] 서체의 글자[文字]. ¶'a'의 대문자는 'A'이다. ⓟ 소문자(小文字).

대ː미[1]大尾 | 큰 대, 꼬리 미 [finale]
❶ 속뜻 큰[大] 꼬리[尾]. ❷행사 따위의 맨 마지막 부분. ¶마술공연은 파티의 대미를 장식했다. ㊥ 대단원(大團圓).

대ː미[2]對美 | 대할 대, 미국 미 [towards America]
미국(美國)에 대(對)한. ¶대미 무역 / 대미 의존도 / 대미 무역 적자.

대-바구니 [bamboo basket]
대로 엮어 만든 바구니. ¶대바구니에 냉이를 캐 담았다. ㊥ 죽람(竹籃).

대바늘-뜨기
수공 뜨개질에서, 대바늘로 털옷 따위를 뜨는 일.

대-발 [woven bamboo blind]
대를 엮어서 만든 발. ¶대발이 드리워진 방.

대-밭 [bamboo grove]
대나무를 심은 밭. 대나무가가 많이 서 있는 땅. ¶바람이 불자 대밭 전체가 흔들리는 듯하다.

대번 [at a breath; at a stroke]
서슴지 않고 단숨에. 또는 그 자리에서 당장. '대번에'의 준말. ¶인사를 하자 대번 내 목소리를 알아차렸다. ㊥ 쉽사리, 금방, 곧.

대범 大汎 | 큰 대, 넘칠 범 [large-hearted]
❶ 속뜻 물이 크게[大] 철철 넘침[汎]. ❷사물 따위가 잘지 않고 까다롭지 않음. ¶대범한 성격. ㊥ 대담(大膽), 낙락(落落).

대ː-법관 大法官 | 큰 대, 법 법, 벼슬 관 [justice of the Supreme Court]
법률 대법원(大法院)을 구성하는 법관(法官).

대ː-법원 大法院 | 큰 대, 법 법, 집 원 [Supreme Court]
법률 우리나라의 최고[大] 법원(法院). ¶대법원은 사법부의 최고 기관이다.

대ː변[1]大便 | 큰 대, 똥오줌 변 [excrements; feces]
사람의 똥[便]. '오줌'을 '소변'(小便)이라고 하는 것에 대한 상대적인[大] 명칭. ㊟ 변. ㊦ 소변(小便).

대ː변[2]代辯 | 대신할 대, 말 잘할 변 [represent; indicate]
❶ 속뜻 어떤 기관이나 개인을 대신(代身)하여 말함[辯]. ¶어머니를 위하여 딸이 대변했다 / 노동자의 권익을 대변하다. ❷사실이나 상황을 나타내다. ¶증시는 경제를 대변한다.

▸ **대ː변-인** 代辯人 | 사람 인
대변(代辯)하는 일을 맡은 사람[人]. ¶정부 대변인은 개각을 발표했다. ㊥ 대변자(代辯者).

대ː-보다 [compare]
서로 견주어 보다. ㊥ 비교(比較)하다.
속담 길고 짧은 것은 대어 보아야 안다.

대ː-보름 (大-, 큰 대)
민속 음력 1월 15일을 명절로 이르는 말. 새벽에 귀밝이술을 마시고 부럼을 깨문다. '대보름날'의 준말. ㊥ 상원(上元).

대본 臺本 | 무대 대, 책 본 [script; scenario]
❶ 속뜻 배우가 연극을 연습할 때 무대[臺]에서 보는 책[本]. ❷ 문학 연극의 상연이나 영화 제작 등에 기본이 되는 각본(脚本). ¶소설을 바탕으로 대본을 썼다. ㊥ 각본(脚本).

대ː부 代父 | 대신할 대, 아버지 부 [godfather]
❶ 속뜻 아버지[父] 역할을 대신[代]함. 또는 그런 사람. ❷ 가톨릭 영세나 견진성사(堅振聖事)를 받는 남자의 신앙생활을 돕는 남자 후견인을 이르는 말. ㊥ 교부(教父). ㊦ 대모(代母).

대ː-부분 大部分 | 큰 대, 나눌 부, 나눌 분 [greater part of; most of]
반이 훨씬 넘어 전체에 가까운[大] 수효나 분량[部分]. 거의 다. ¶장례식에 참석한 사람들은 대부분 검은 색 옷을 입었다.

[비] 거의, 대개(大槪).

♣ 대부분 / 거의 [비슷한 듯 다른 말]

◎ 손님은 대부분 = 거의 학생들이었다.
○ 대부분의 어린이는 동물을 사랑한다.
× 거의의 어린이는 동물을 사랑한다.
○ 그를 믿는 사람은 거의 없다.
× 그를 믿는 사람은 대부분 없다.

대:북 對北 | 대할 대, 북녘 북 [with North Korea]
북(北)쪽 또는 북방(北方)을 상대(相對)로 함. ¶한국 정부는 대북 지원을 아끼지 않다.

대:-분수 帶分數 | 지닐 대, 나눌 분, 셀 수 [mixed number]
[수학] 정수가 진분수(眞分數)를 지니고[帶] 있는 것. 3과 2분의1 따위.

대:비[1] 大妃 | 큰 대, 왕비 비 [Queen Mother]
❶ [속뜻] 큰[大] 왕비(王妃). ❷선왕의 후비. ¶대비께서 나오신다.

***대:비**[2] 對比 | 대할 대, 견줄 비 [contrast; compare]
❶ [속뜻] 서로 맞대어[對] 비교(比較)함. ¶성적이 전년과 대비해 20점이 올랐다. ❷서로 대립되는 감정이 접근해 있을 때 그 차이가 두드러지는 현상. ¶붉은 색과 검은 색의 대비가 인상적이다.

***대:비**[3] 對備 | 대할 대, 갖출 비 [prepare]
앞으로 있을 어떤 일에 대응(對應)하여 미리 준비(準備)함. 또는 그런 준비. ¶노후를 대비해 저축하다.

대:사[1] 大事 | 큰 대, 일 사 [great thing; important matter]
❶ [속뜻] 큰[大] 일[事]. ❷'대례'(大禮)를 속되게 이르는 말. ¶교육은 국가의 대사다. [반] 소사(小事).

대:사[2] 大師 | 큰 대, 스승 사 [saint; great Buddhist priest]
[불교] ❶'고승'(高僧)을 스승[師]으로 높여[大] 일컫는 말. ❷고려·조선 때, 덕이 높은 선사(禪師)에게 내리던 승려 법계(法階)의 한 가지.

대사[3] 臺詞 | 무대 대, 말씀 사 [speech; words]
배우가 무대(舞臺) 위에서 하는 말[詞]. 대화(對話)·독백(獨白)·방백(傍白) 따위. ¶대사를 다 못 외웠으니 큰일이다.

대:사[4] 大使 | 큰 대, 부릴 사 [ambassador]
[법률] 나라를 대표하여 다른 나라에 파견되어 외교를 맡아보는 최고[大] 직급의 사신(使臣). ¶주미 한국 대사로 발령을 받아 곧 미국으로 떠난다.

▸ **대:사-관** 大使館 | 집 관
[법률] 대사(大使)를 장(長)으로 하는 외교 사절단이 주재하며 공무를 집행하는 공관(公館).

대:-사헌 大司憲 | 큰 대, 맡을 사, 상관 헌
[역사] 예전에, 사헌부(司憲府)의 으뜸[大] 벼슬. 관리들을 감찰하는 업무를 맡았다.

대:상[1] 大賞 | 큰 대, 상줄 상 [grand prize; grand prix]
경연 대회 등에서 가장 우수한[大] 사람이나 단체에 주는 상(賞). ¶전국노래자랑에서 대상을 받았다.

대상[2] 隊商 | 무리 대, 장사 상 [caravan]
사막 지방에서 낙타나 말에 상품을 싣고 떼[隊]를 지어 먼 곳을 다니면서 장사하는 상인(商人). [비] 상대(商隊).

***대:상**[3] 對象 | 대할 대, 모양 상 [subject; target]
❶ [속뜻] 대면(對面)하고 있는 형상(形象). ❷행위의 상대(相對) 또는 목표가 되는 것. ¶먼저 연구 대상을 선정해야 한다. [비] 목표(目標).

▸ **대:상-자** 對象者 | 사람 자
대상(對象)이 되는 집단이나 사람[者]. ¶경쟁 대상자 / 상금 수여 대상자.

대ː서-양 大西洋 | 큰 대, 서녘 서, 큰바다 양 [Atlantic Ocean]
지리 유럽 대륙(大陸)의 서(西)쪽에 있는 바다[洋]. 오대양의 하나로 유럽 대륙과 아메리카 대륙의 사이에 있다.

대ː서-특필 大書特筆 | 큰 대, 쓸 서, 특별할 특, 글씨 필 [headline]
❶속뜻 크게[大] 써서[書] 특별(特別)히 두드러져 보이도록 한 글씨[筆]. ❷신문 따위의 출판물에서 어떤 기사에 큰 비중을 두어 다룸을 이르는 말. ¶미국 대통령의 러시아 방문을 대서특필하다.

대석 臺石 | 돈대 대, 돌 석 [footstone]
밑받침[臺] 돌[石]. ¶묘의 대석을 놓다.

대ː선 大選 | 큰 대, 가릴 선 [election]
정치 '대통령선거'(大統領選擧)의 준말.

대ː설 大雪 | 큰 대, 눈 설 [heavy snow]
❶속뜻 많이[大] 내린 눈[雪]. ¶대설로 비행기 운행이 중단됐다. ❷소설(小雪)과 동지(冬至) 사이에 있는 절기. 12월 7일경. ¶올해 대설에는 눈이 오지 않았다. ㊥폭설(暴雪).

대ː성[1] 大成 | 큰 대, 이룰 성 [attain greatness]
❶속뜻 큰[大] 성공(成功). 크게 성공함. ¶자식의 대성을 바라는 부모. ❷학문을 크게 이룸. ¶주자학(朱子學)을 대성하다.

대ː성[2] 大聖 | 큰 대, 거룩할 성 [great sage; mahatma Sans.]
❶속뜻 지극히 크게[大] 거룩한[聖] 분. ❷공자(孔子)를 높여 이르는 말. ❸불교 석가처럼 정각(正覺)을 얻은 사람을 이르는 말.

▶ 대ː성-전 大聖殿 | =大成殿, 대궐 전
문묘(文廟) 안에 공자[大聖]의 위패를 모셔 놓은 전각(殿閣).

대ː-성공 大成功 | 큰 대, 이룰 성, 공로 공 [great success]
만족할 만큼 크게[大] 성공(成功)함. ¶전국체전은 대성공이었다.

대ː-성당 大聖堂 | 큰 대, 거룩할 성, 집 당 [cathedral]
가톨릭 교구의 중심이 되는 큰[大] 성당(聖堂). ㊥주교좌성당(主教座聖堂).

대ː성-통곡 大聲痛哭 | 큰 대, 소리 성, 아플 통, 울 곡 [wail loudly]
큰[大] 소리[聲]로 마음이 아파[痛] 슬피 욺[哭]. ㊥방성대곡(放聲大哭).

대ː세 大勢 | 큰 대, 형세 세 [general tendency; trend]
❶속뜻 대체(大體)의 형세(形勢). ❷큰 세력. ¶대세가 우리 쪽으로 기울었다. ㊥형세(形勢), 사세(事勢).

대ː소 大小 | 큰 대, 작을 소 [size]
크고[大] 작음[小]. ¶대소의 일을 가리지 않고 해결해 주었다.

대ː-소변 大小便 | 큰 대, 작을 소, 똥 오줌 변 [feces and urine]
똥[大便]과 오줌[小便]. ¶아이가 대소변을 가릴 나이는 지났다.

대ː-소사 大小事 | 큰 대, 작을 소, 일 사 [matters great and small]
크고[大] 작은[小] 모든 일[事]. ¶집사는 그동안 우리 집안 대소사를 맡아왔다.

대ː-소수 帶小數 | 지닐 대, 작을 소, 셀 수 [mixed decimal]
수학 정수(整數)가 소수(小數)를 지니고[帶] 있는 것. 4.13, 5.041 따위.

대ː수[1]
중요한 일. 대단한 일. '대사'(大事)에서 온 말. ¶텔레비전 좀 못 본다고 그게 무슨 대수냐 / 대수롭지 않은 일로 호들갑이냐.

대수[2] 臺數 | 돈대 대, 셀 수
대(臺)를 단위로 헤아리는 물건의 수(數). ¶택시 대수가 크게 늘었다.

대ː승[1] 大乘 | 큰 대, 수레 승 [Mahayana Sans.; Great Vehicle]
❶속뜻 깨달음의 세계인 피안으로 타고 가는 큰[大] 수레[乘]. ❷불교 이타주의(利他主義)에 의하여 널리 인간 전체의 구제를

주장하는 적극적인 불법. [반] 소승(小乘).

대:승²大勝 | 큰 대, 이길 승
[gain a great victory]
크게[大] 이김[勝]. ¶강감찬은 귀주에서 대승을 거두었다. [비] 대승리(大勝利), 대첩(大捷), 대파(大破). [반] 대패(大敗).

대:-식구 大食口 | 큰 대, 먹을 식, 입 구
[large household]
많은[大] 식구(食口). 식구가 많음. ¶아버지는 대식구를 먹여 살리느라 고생이 많았다.

***대:신¹大臣** | 큰 대, 신하 신
[minister; cabinet member]
크고[大] 무거운 책무를 맡은 신하(臣下).

⁑대:신²代身 | 바꿀 대, 몸 신
[be substituted; take the place of]
❶[속뜻] 몸[身]을 바꿈[代]. ❷어떤 대상과 자리를 바꾸어서 있게 되거나 어떤 대상이 하게 될 구실을 바꾸어서 하게 됨. ¶사장을 대신해 부사장이 왔다. [반] 직접(直接).

대-신기전 大神機箭 | 큰 대, 귀신 신, 틀 기, 화살 전
❶[속뜻] 대형(大型)의 신기전(神機箭). ❷총길이 558cm정도에, 약통을 달아 만든 로켓 다연발 화살무기.

대:안¹代案 | 바꿀 대, 생각 안 [alternative idea]
기존의 방안을 바꾸어[代] 내놓은 생각[案]. ¶획기적인 대안을 내놓았다.

대:안²對案 | 대할 대, 생각 안
[counterproposal]
❶[속뜻] 어떤 문제에 대한[對] 이편의 해결 방안(方案). ❸상대편에 맞선 이편의 생각이나 방안. ¶피고인의 변호에 맞서 검사 측에서도 대안을 마련했다.

대야 [washbasin; washbowl]
물을 담아 얼굴이나 그릇 따위를 씻을 때 쓰는 둥글넓적한 그릇. [비] 세면기(洗面器).

대:양 大洋 | 큰 대, 큰바다 양 [ocean]
[지리] 크고[大] 넓은 바다[洋]. 특히 태평양, 대서양, 인도양, 북극해, 남극해를 가리킨다.

대:어 大魚 | 큰 대, 물고기 어 [big fish]
큰[大] 물고기[魚]. ¶대어를 낚다.

대:업 大業 | 큰 대, 일 업
[great work; great deed]
❶[속뜻] 큰[大] 사업(事業). ¶민족 중흥의 역사적 대업을 이루다. ❷나라를 세우는 일.

대:여 貸與 | 빌릴 대, 줄 여
[lend; loan]
빌려[貸] 주거나 꾸어 줌[與]. [비] 대급(貸給), 임대(賃貸). [반] 차용(借用).

▸대:여-금 貸與金 | 돈 금
빌려주는[貸與] 돈[金]. ¶대여금을 갚다.

▸대:여-료 貸與料 | 삯 료
빌려주는[貸與] 물건에 대하여 물리는 요금(料金). ¶대여료를 연체하다.

▸대:여-점 貸與店 | 가게 점
돈을 받고 일정 기간 동안 특정한 물품을 빌려 주는[貸與] 가게[店]. ¶ 스키 대여점.

대:-여섯 [about five or six]
다섯이나 여섯 가량. [비] 오륙.

대:역 代役 | 바꿀 대, 부릴 역
[important duty; heavy role]
❶[속뜻] 역할(役割)을 바꿈[代]. ❷[연영] 연극·영화 따위에서 어떤 배우의 배역을 대신하여 일부 연기를 다른 사람이 하는 일. 또는 그런 사람. ¶비록 작은 대역이었지만 열심히 연기했다.

대:-연회 大宴會 | 큰 대, 잔치 연, 모일 회
크게[大] 차리는 연회(宴會).

대열 隊列 | 무리 대, 줄 렬
[column; file; rank]
❶[속뜻] 질서 있게 늘어선[隊] 행렬(行列). ❷어떤 활동을 목적으로 이루어진 한 떼. ¶휴식이 끝나고 대열을 정돈했다. [비] 대오(隊伍).

⁑대ː왕 大王 | 큰 대, 임금 왕
[great king]
❶ 속뜻 훌륭하고 업적이 뛰어나게 큰[大] 임금[王]을 높여 일컫는 말. ❷'선왕'(先王)의 높임말.

대ː외 對外 | 대할 대, 밖 외
[outside; foreign]
외부 또는 외국(外國)에 대(對)함. ¶대외 무역수지가 크게 악화되었다. ⓑ 대내(對內).

대ː용 代用 | 대신할 대, 쓸 용 [substitute]
다른 것의 대신(代身)으로 씀[用]. 또는 그 물건. ¶밥을 대용할 새로운 식품을 개발 중이다.

대ː우 待遇 | 기다릴 대, 만날 우 [treat]
❶ 속뜻 기다려[待] 만남[遇]. ❷신분에 맞게 대접함. ¶국빈 대우를 하다. ❸직장 따위에서 받는 보수의 수준이나 직위. ¶그 회사는 대우가 좋다.

대ː웅 大雄 | 큰 대, 뛰어날 웅
❶ 속뜻 위대(偉大)한 영웅(英雄). ❷ 불교 '부처'에 대한 덕호(德號).

▸ 대ː웅-전 大雄殿 | 대궐 전
불교 부처[大雄]를 모신 법당[殿].

대원 隊員 | 무리 대, 사람 원 [member]
부대(部隊)나 집단을 이루고 있는 사람[員]. ¶행동대원 / 탐험대 대원.

대ː위 大尉 | 큰 대, 벼슬 위
[captain; lieutenant]
군사 국군의 위관(尉官)중 가장 높은[大] 계급. 소령(少領)의 아래, 중위(中尉)의 위.

대ː-음순 大陰脣 | 큰 대, 응달 음, 입술 순
[labia majora]
의학 여성의 음부(陰部)에 입술[脣]처럼 크게[大] 도드라져 털이 돋아나 있는 부분.

대ː응 對應 | 대할 대, 응할 응
[deal with; correspond to]
❶ 속뜻 맞서서[對] 서로 응(應)함. ❷어떤 일이나 사태에 알맞은 조치를 취함. ¶폭력사태에 대해 강력하게 대응하다. ❸ 수학 합동이나 닮은꼴인 두 도형의 같은 자리에서 짝을 이루는 요소끼리의 관계. ⓑ 상대(相對), 대등(對等).

▸ 대ː응-각 對應角 | 뿔 각
수학 두 도형이 합동이거나 닮은꼴일 때 서로 대응(對應)하는 자리에 있는 각(角). ⓑ 짝진각.

▸ 대ː응-변 對應邊 | 가 변
수학 두 도형이 합동이거나 닮은꼴일 때 서로 대응(對應)하는 자리에 있는 변(邊). ⓑ 짝진변.

▸ 대ː응-점 對應點 | 점 점
수학 두 도형이 합동이거나 닮은꼴일 때 서로 대응(對應)하는 자리에 있는 점(點). ⓑ 짝진점.

▸ 대ː응-표 對應表 | 겉 표
수학 두 사실이 서로 규칙적으로 일정한 관계를 맺고 있는[對應] 여러 경우들을 나타낸 표(表).

대ː의[1] 大義 | 큰 대, 옳을 의
[great duty; loyalty]
사람, 특히 국민으로서 마땅히 행하거나 지켜야 할 큰[大] 도리[義]. ¶대의를 따르다.

▸ 대ː의-명분 大義名分 | 이름 명, 나눌 분
사람으로서 응당 지켜야 할 도리[大義], 떳떳한 명분(名分).

대ː의[2] 代議 | 대신할 대, 따질 의
[representation]
❶ 속뜻 많은 사람을 대표(代表)하여 나온 사람끼리의 논의(論議). ❷ 정치 선거로 뽑힌 의원이 국민의 의사를 대표하여 정치를 논의하는 일. ¶대의 정치 / 대의 민주주의.

▸ 대ː의-원 代議員 | 사람 원
지역이나 직장 따위에서 대표(代表)로 선출되어 정당이나 노동조합 등의 대회에서 의결(議決)에 참가하는 사람[員]. ¶안건은 대의원 회의를 통해 가결되었다.

대:-이동 大移動 | 큰 대, 옮길 이, 움직일 동 [wholesale change]
여럿이[大] 한꺼번에 자리를 옮겨[移] 움직이는[動] 일. ¶설과 추석만 되면 민족 대이동이 일어난다.

대:인[1]大人 | 큰 대, 사람 인
[adult; great man]
❶ 속뜻 다 큰[大] 사람[人]. ¶소인은 3천원, 대인은 5천원이다. ❷마음이 넓고 점잖은 사람. '대인군자'(大人君子)의 준말. ㊥ 성인(成人). ㊥ 소인(小人).

대:인[2]對人 | 대할 대, 남 인
[toward (with) personnel]
남[人]을 대(對)함.

▶ **대인 관계** 對人關係 | 빗장 관, 맬 계
남과 만나[對人] 이루어진 관계(關係). ¶그는 대인 관계가 좋다.

대:일 對日 | 대할 대, 일본 일
[toward Japan]
일본(日本)에 대(對)한. ¶대일 청구권.

대입[1]大入 | 큰 대, 들 입
[enroll at college]
'대학교입학'(大學校入學)의 준말. ¶대입 시험 / 대입 준비.

대:입[2]代入 | 바꿀 대, 들 입 [substitute]
❶ 속뜻 다른 것으로 바꾸어[代] 넣음[入]. ❷ 수학 대수식에서 문자 대신 일정한 수치를 바꿔 넣는 일. ¶수를 대입해 문제를 풀다.

대:자 大字 | 큰 대, 글자 자
[large character]
큰[大] 글자[字]. '대문자'(大文字)의 준말. ㊥ 소자(小字).

▶ **대:자-보** 大字報 | 알릴 보
큰[大] 글씨[字]로 쓴 벽보(壁報). ¶대자보를 붙여 집회를 알렸다.

대:-자연 大自然 | 큰 대, 스스로 자, 그러할 연 [nature; great outdoors]
넓고 큰[大] 자연(自然). 위대한 자연.

대:작 大作 | 큰 대, 지을 작
[great work; masterpiece]
❶ 속뜻 내용이 방대하고 규모가 큰[大] 작품(作品). ❷뛰어난 작품. ¶이 영화는 20세기 최고의 대작이다. ㊥ 거작(巨作), 걸작(傑作). ㊥ 졸작(拙作).

대:장[1]大將 | 큰 대, 장수 장
[general; admiral]
❶ 군사 국군의 장성(將星) 중 가장 위[大] 계급. ❷그 방면에 능하거나 몹시 즐기는 사람. ¶지각대장. ㊥ 수장(首長).

대장[2]隊長 | 무리 대, 어른 장
[captain; commander; leader]
한 부대(部隊)를 지휘하는 우두머리[長].

대장[3]臺帳 | 돈대 대, 장부 장
[ledger; register]
❶ 속뜻 근거나 밑받침[臺]이 되도록 어떤 사항을 기록한 장부(帳簿). ¶토지대장. ❷상업상의 모든 계산을 기록한 원부(原簿). ¶출납대장.

대:장[4]大腸 | 큰 대, 창자 장
[large intestine; colon]
의학 큰[大] 창자[腸].

▶ **대:장-균** 大腸菌 | 세균 균
생물 사람 및 포유류의 창자[大腸] 속에 늘 있는 세균(細菌)의 한 가지.

▶ **대:장-암** 大腸癌 | 암 암
의학 대장(大腸)에 생기는 암(癌). 변비와 설사를 되풀이하고 대변에 혈액이나 점액이 섞여 나오는 것이 특징이다.

대:장-간 (一間, 사이 간) [smithy]
쇠를 달구어 연장이나 무기를 만드는 곳[間]. ㊥ 야장간(冶匠間).

대:-장경 大藏經 | 큰 대, 감출 장, 책 경
불교 경장(經藏)·율장(律藏)·논장(論藏) 등을 모두 집대성(集大成)한 불경(佛經). ㊥ 일체경(一切經).

대:-장군 大將軍 | 큰 대, 장수 장, 군사 군
[imperator]
❶ 속뜻 으뜸가는[大] 장군(將軍). ❷ 역사 신라 시대에 둔 무관의 으뜸 벼슬. ❸ 역사

고려 때, 무관의 종삼품 벼슬. 지위는 상장군(上將軍)의 아래, 장군의 위이다.

대:-장부 大丈夫 | 큰 대, 어른 장, 사나이 부 [manly man; heroic man]
기골이 장대(壯大)한 사나이[丈夫]. ¶대장부가 이까짓 추위에 떨어서야 되겠니? ⊕ 졸장부(拙丈夫).

대:장-장이 (-匠-, 장인 장) [blacksmith; smith]
대장간에서 연장이나 무기를 만드는 일을 업으로 삼는 사람[匠]. ⊕ 야장(冶匠).

대:적 對敵 | 대할 대, 원수 적 [match]
❶ 속뜻 적(敵)을 마주 대(對)함. 적과 맞섬. ❷서로 맞서 겨룸. ¶저 선수를 대적할 사람은 없다.

대:전[1] 大殿 | 큰 대, 대궐 전
[royal palace]
임금이 사는 제일 큰[大] 대궐[殿].

대:전[2] 大戰 | 큰 대, 싸울 전
[great war]
여러 나라가 넓은 지역에 걸쳐 벌이는 큰[大] 싸움[戰]. ¶세계 대전.

대:절 貸切 | 빌릴 대, 끊을 절
[reserve; book; engage]
계약에 의해 일정 기간 그 사람에게만 빌려[貸] 주어 다른 사람의 사용을 금하는[切] 일. ⊕ 전세(專貰).

대:접[1] [bowl]
위가 넓적하고 높이가 낮은 그릇. ¶대접에 국을 담았다.

대:접[2] 待接 | 기다릴 대, 맞이할 접 [treat]
❶ 속뜻 남을 기다려[待] 맞이함[接]. ❷음식을 차려 손님을 맞이함. ¶대접할 것이 마땅찮다. ❸어떤 인격적 수준으로 사람을 대우하거나 대함. ¶자녀를 동등한 인격체로 대접하다. ⊕ 영접(迎接), 응접(應接). ⊕ 푸대접.

대:제 大祭 | 큰 대, 제사 제
[grand festival]
❶ 속뜻 크게[大] 지내는 제사(祭祀). ❷ 역사 조선 시대에, 종묘 · 사직 · 영녕전에서 지내던 큰 제사. '대제사'(大祭祀)의 준말.

대:-제국 大帝國 | 큰 대, 임금 제, 나라 국
황제(皇帝)가 다스리는 큰[大] 나라[國].

대:-제전 大祭典 | 큰 대, 제사 제, 의식 전
[magnificent ceremony]
크게[大] 지내는 제사(祭祀)와 의식[典]. ¶올림픽은 인류 화합의 대제전이다.

대:조 對照 | 대할 대, 비칠 조
[contrast; compare]
❶ 속뜻 둘 이상의 대상을 맞대어[對] 견주어 봄[照]. ❷서로 반대되거나 상대적으로 대비됨. 또는 그러한 대비. ¶대조해보니 차이점이 크게 드러난다. ⊕ 비교(比交), 대비(對比).

대졸 大卒 | 큰 대, 마칠 졸
[graduation from a university]
대학(大學)을 졸업(卒業)함.

대:종-교 大倧教 | 큰 대, 상고신인 종, 종교 교
종교 조화신(造化神)인 환인(桓因), 교화신(教化神)인 환웅(桓雄)과 치화신(治化神)인 환검(桓儉)의 3위(位)의 일체, 곧 '한얼님'을 신앙적 대상으로 존중하는 한국 고유의 교. ⊕ 단군교(檀君教), 삼성교(三聖教), 환검교(桓儉教).

대:-주교 大主教 | 큰 대, 주될 주, 종교 교
[archbishop]
가톨릭 관구(管區)를 주관(主管)하는 최고[大] 교직(教職). 또는 그 직에 있는 사람.

대중[1] [estimate roughly]
❶대강 어림잡은 수나 양. ¶대중 잡아 1킬로그램은 된다. ❷어떠한 표준이나 기준. ⊕ 어림, 가량(假量), 기준(基準).

▶ **대중-없다**
미리 헤아려 짐작할 수가 없다. 일정한 기준이 정해지지 않았다. ¶버스가 오는 시간이 대중없다. ⊕ 불규칙(不規則)하다, 들쑥날쑥하다.

대ː중²大衆 | 큰 대, 무리 중
[general public]
❶ 속뜻 신분의 구별이 없이 한 사회의 대다수(大多數)를 이루는 무리[衆]. ❷ 불교 불가의 모든 승려. ⑪ 뭇사람, 민중(民衆), 군중(群衆).

▶ 대ː중-화 大衆化 | 될 화
어떤 사물이 일반 대중(大衆) 사이에 널리 퍼져 친근하게 됨[化]. 또는 그렇게 되게 함.

▶ 대ː중-교통 大衆交通 | 서로 교, 통할 통
일반 대중(大衆)이 주로 이용하는 교통(交通) 수단. ¶대중교통을 이용하면 돈을 절약할 수 있다.

▶ 대ː중 매체 大衆媒體 | 맺어줄 매, 몸 체
일반 대중(大衆)에게 동시에 정보를 전달하는[媒] 도구[體]. 신문, 잡지 텔레비전 따위. ¶대중 매체의 영향력이 크다.

대ː지¹大地 | 큰 대, 땅 지
[earth; ground]
대자연의 넓고 큰[大] 땅[地]. ¶봄비에 대지가 촉촉이 젖었다. ⑪ 땅.

대ː지²大指 | 큰 대, 손가락 지 [thumb]
큰[大] 손가락[指]. ¶그는 대지를 치켜세웠다. ⑪ 엄지손가락.

대지³垈地 | 터 대, 땅 지
[site; plot of land]
집터[垈]로 쓰이는 땅[地]. ¶대지 면적이 300평방미터이다. ⑪ 가대(家垈).

대ː질 對質 | 대할 대, 바탕 질 [confront]
법률 서로 엇갈린 말을 하는 두 사람을 마주해놓고[對] 질문(質問)함. ¶대질 심문으로 진짜 범인을 찾았다. ⑪ 무릎맞춤, 면질(面質).

대-쪽 [split bamboo]
❶대를 쪼갠 조각. ❷성품이나 절개 따위가 곧은 것을 비유하여 이르는 말. ¶그 어른은 대쪽 같은 일생을 살아오셨다. ⑪ 강직(剛直).

대-차다
성격이나 태도가 거세고 힘차다. ¶그녀는 몸은 여리지만 성격만큼은 대차다.

***대ː책 對策** | 대할 대, 꾀 책
[consider a counterplan]
어떤 일에 대응(對應)하는 방책(方策). ¶노령화 사회에 대책을 강구하다. ⑪ 대비책(對備策).

대ː처 對處 | 대할 대, 처리할 처
[coup with; deal with]
어떤 일에 대(對)하여 알맞게 처리(處理)함. 또는 그런 처리. ⑪ 조치(措置), 대비(對備).

대ː척 對蹠 | 대할 대, 도달할 척
❶ 속뜻 마주보는[對] 자리에 있음[蹠]. ❷ 어떤 사물이나 현상을 비교해 볼 때, 서로 정반대가 됨.

▶ 대ː척-점 對蹠點 | 점 점
❶ 속뜻 마주보는[對] 자리에 있는[蹠] 지점(地點). ❷ 지리 지구 위의 한 지점에 대하여, 지구의 반대쪽에 있는 지점. 이 두 지점은 기후가 정반대이고 12시간의 시차가 난다.

***대ː첩 大捷** | 큰 대, 이길 첩
[great victory]
싸워서 크게[大] 이김[捷]. ¶한산 대첩. ⑪ 대승(大勝). ⑫ 대패(大敗).

대청¹大青 | 큰 대, 푸를 청
❶ 속뜻 매우[大] 푸른[青] 풀. ❷ 식물 십자화과의 풀. 열매는 해독제나 해열제로 쓰고 피침 모양의 잎은 쪽빛 물감의 재료로 쓴다.

대ː청²大廳 | 큰 대, 마루 청
[main floored room; hall]
한옥에서, 몸채의 방과 방 사이에 있는 큰[大] 마루[廳].

대ː-청소 大清掃 | 큰 대, 맑을 청, 쓸 소
[general (house) cleaning]
구석구석 빠진 데 없이 하는 대규모(大規模)의 청소(清掃). ¶설을 앞두고 대청소를 하다.

⁑대ː체[1]大體 | 큰 대, 몸 체
[outline; summary; on earth]
❶[속뜻] 일이나 내용의 기본적인 큰[大] 줄거리[體]. ¶그 일의 대체를 알고 있다 / 대체로 잘된 편이다. ❷도대체. ¶너는 대체 누구냐?

대ː체[2]代替 | 바꿀 대, 바꿀 체
[substitute; replace with; change]
다른 것으로 바꿈(代=替). [비] 대신(代身), 대치(代置).

▶대ː체-자원 代替資源 | 재물 자, 근원 원
제한된 자원을 대신하여[代替] 쓸 수 있는 자원(資源). ¶대체자원을 개발하다.

대ː추 (棗, 대추나무 조)
[jujube; Chinese date]
대추나무의 열매. 말려서 한약재로 쓰거나 차로 우려 먹는다.

▶대ː추-나무
[식물] 갈매나뭇과의 낙엽 활엽 교목. 6월에 황록색 꽃이 피고 가을에 열매가 익는다. [비] 조목(棗木).

대ː-추장 大酋長 | 큰 대, 두목 추, 어른 장
[chief; headman]
미개 부족의 제일 높은[大] 두목[酋]이 되는 어른[長].

대ː-축제 大祝祭 | 큰 대, 빌 축, 제사 제
[grand festival]
크게[大] 벌이는 축하(祝賀) 행사[祭]. ¶봄의 대축제.

대ː출 貸出 | 빌릴 대, 날 출 [lend out]
돈이나 물건 따위를 빚으로 꾸어 주거나 빌려[貸] 줌[出]. ¶도서관에서 책을 대출해준다.

▶대ː출-부 貸出簿 | 장부 부
대출(貸出) 내용을 적어 두는 장부(帳簿). ¶대출부를 정리하다. [반] 차입(借入).

▶대ː출-일 貸出日 | 날 일
돈이나 도서관의 책 따위를 빌린[貸出] 날[日]. ¶대출일로부터 3일이 지났다.

대충 [roughly; loosely]
❶어림잡아. 정확하지 않은 정도로. ¶대충 세어보니 여남은 개가 남았다. ❷건성으로. ¶일이 대충 끝났다. [비] 대강(大綱).

대ː-취타 大吹打 | 큰 대, 불 취, 칠 타
[음악] 부는[吹] 악기와 치는[打] 악기를 합친 취타와 세악(細樂)을 통합 편성한 대규모(大規模)의 옛 군악. 나발, 날라리, 나각, 대각, 관, 적, 징, 자바라, 북, 장구, 해금 따위를 망라하여 연주한다. [반] 소취타(小吹打).

대ː치 代置 | 바꿀 대, 둘 치 [replace]
다른 것으로 바꾸어[代] 놓음[置]. 다른 것으로 갈아 놓음. ¶노동력을 기계로 대치하다. [비] 개치(改置), 대체(代替), 환치(換置).

대ː칭 對稱 | 대할 대, 맞을 칭 [symmetry]
❶[속뜻] 서로 마주 대하여[對] 있으면서 잘 맞음[稱]. ❷[수학] 도형 따위가 어떤 기준이 되는 점·선·면을 중심으로 서로 꼭 맞서는 자리에 놓이는 것.

▶대ː칭-축 對稱軸 | 굴대 축
[수학] 두 도형이 한 직선을 사이에 두고 대칭(對稱)을 이룰 때 축(軸)이 되는 그 직선. [비] 맞선대.

대ː타 代打 | 바꿀 대, 칠 타 [pinch hit]
[운동] 야구에서 타자를 바꾸어[代] 치게[打] 하는 일. 또는 그러한 사람.

대ː통령 大統領 | 큰 대, 큰 줄기 통, 다스릴 령 [President]
❶[속뜻] 대통(大統)을 이어 다스림[領]. ❷외국에 대하여 국가를 대표하는 국가의 원수. ¶새로운 대통령에 취임했다.

대ː-파[1](大-, 큰 대)
[leek; Welsh onion]
줄기가 굵고[大] 길이가 긴 파.

대ː파[2]大破 | 큰 대, 깨뜨릴 파
[be greatly destroyed]
크게[大] 부서지거나 깨뜨림[破]. 또는 크게 쳐부숨. ¶적군을 대파하다.

대ː판 (大-, 큰 대)

[large scale; generosity]
싸움이 크게[大] 벌어진 모양. ¶옆집 부부는 어젯밤 대판 싸운 모양이다. ⓑ 대장(大場).

대ː패[1][plane]
공업 목재의 겉을 매끈하게 만들기 위해 깎는 도구.

대ː패[2]**大敗** | 큰 대, 패할 패
[be beaten hollow]
❶ 속뜻 크게[大] 패(敗)함. 큰 실패. ❷싸움이나 경기에서 큰 차이로 짐. ¶연합군은 게릴라전에서 대패하고 말았다. ⓑ 대승(大勝), 대첩(大捷).

대ː-평원 大平原 | 큰 대, 평평할 평, 들판 원 [plains; prairie]
❶ 속뜻 넓고 큰[大] 평원(平原). ❷대초원(大草原). ¶대평원을 달리는 서부의 사나이.

대ː포 大砲 | 큰 대, 탄알 포
[gun; cannon]
❶ 속뜻 화약의 힘으로 큰[大] 탄알[砲]을 멀리 내쏘는 무기. ¶대포 소리에 깜짝 놀랐다. ❷'허풍'이나 '거짓말'을 비유하여 이르는 말. ¶대포도 어지간히 놓아라. ⓒ 포.

▶ 대ː포-알 (大砲―)
대포(大砲)의 탄알. ⓑ 포탄(砲彈).

대ː폭 大幅 | 큰 대, 너비 폭
[full width; greatly]
❶ 속뜻 넓은[大] 너비[幅]. 큰 정도. ❷매우 많이. ¶가뭄으로 올해 곡물 가격이 대폭 상승했다. ⓑ 소폭(小幅).

대ː-폭발 大爆發 | 큰 대, 터질 폭, 일으킬 발 [large explosion]
화산 따위가 갑자기 아주 크게[大] 터지는[爆發] 일. ¶이 섬은 화산의 대폭발로 생겨난 것이다.

⁑**대ː표 代表** | 바꿀 대, 나타낼 표 [represent]
❶ 속뜻 바꾸어[代] 나타냄[表]. ❷전체의 상태나 성질을 어느 하나로 잘 나타냄. 또는 그런 것. ¶김치는 한국을 대표하는 음식이다. ❸전체를 대신하여 나선 사람. ¶대한민국 국가 대표 선수.

▶ 대ː표-자 代表者 | 사람 자
전체를 대표(代表)하는 사람[者]. ⓑ 대표인(代表人).

▶ 대ː표-작 代表作 | 지을 작
일정한 집단 또는 시기의 여러 작품을 대표(代表)할만한 전형적인 작품(作品).

▶ 대ː표-적 代表的 | 것 적
어떤 범주 내에 있는 요소들을 대표(代表)할 만큼 전형적이거나 특징적인 것[的].

▶ 대ː표-팀 (代表team)
어떤 단체나 국가를 대표(代表)하기 위해 만든 무리[team].

대ː풍 大豊 | 큰 대, 풍년 풍
[bumper crop; heavy crop]
곡식이 매우[大] 잘 되어 풍년(豐年)이 듦. 또는 그런 해. '대풍년'의 준말. ¶올해는 벼농사가 대풍이다. ⓑ 어거리풍년(豐年). ⓑ 대흉(大凶).

대ː피 待避 | 기다릴 대, 피할 피
[shunt; take shelter]
위험이나 피해가 지나가기를 기다리며[待] 잠시 피(避)함. ¶공습 경보가 울리면 즉시 대피하십시오.

▶ 대ː피-소 待避所 | 곳 소
비상시에 대피(待避)할 수 있도록 만들어 놓은 곳[所].

대ː하 大河 | 큰 대, 물 하 [large river]
❶ 속뜻 큰[大] 강[河]. ❷ 지리 황하(黃河)를 달리 이르는 말.

대ː-하다[1](對―, 대할 대) [toward to]
❶무엇을 대상(對象)으로 하다. ¶오늘은 자원에 대해 공부했다. ❷무엇을 기준으로 삼다. ⓑ 관하다.

대ː-하다[2](對―, 마주할 대)
[receive; confront]
❶마주하다. ¶나는 이런 작품을 처음 대한다. ❷어떤 태도로 상대하다. ¶나에게 상

냥하게 대해 주었다. ㊎ 상대(相對)하다.

대:학 大學 | 큰 대, 배울 학
[university; college]
❶ 속뜻 큰[大] 학문(學問). 고차원의 학문. ❷ 교육 고등 교육의 중심을 이루는 기관으로 학문의 이론이나 응용을 연구하고 가르치는 학교. ¶나는 내년에 대학 입시에 응시한다.

▶대:학-가 大學街 | 거리 가
❶ 속뜻 대학(大學) 주변의 거리[街]. ❷대학을 중심으로 형성된 사회.

▶대:학-생 大學生 | 사람 생
대학(大學)에 다니는 학생(學生).

▶대:학-원 大學院 | 집 원
교육 대학(大學)을 졸업한 사람이 보다 전문적인 학술을 연구하는 과정[院].

대:-학교 大學校 | 큰 대, 배울 학, 가르칠 교
❶ 속뜻 큰[大] 학교(學校). ❷ 교육 단과 대학과 구별하여 종합 대학을 이르던 말.

대:-학자 大學者 | 큰 대, 배울 학, 사람 자
[great scholar]
학식이 아주 뛰어나고 학문적 업적이 큰[大] 학자(學者).

대:한¹ 大寒 | 큰 대, 찰 한
❶ 속뜻 크게[大] 추움[寒]. ❷24절기의 하나로 한 해중 가장 추운 날의 절기. 소한(小寒)과 입춘(立春) 사이로 1월 20일경. ㊎ 엄한(嚴寒).

대:한² 大韓 | 큰 대, 나라 이름 한 [Korea]
❶ 지리 대한민국(大韓民國). ❷ 역사 대한제국(大韓帝國).

▶대:한-민국 大韓民國 | 백성 민, 나라 국
❶ 속뜻 위대(偉大)한 한민족(韓民族)이 세운 민주주의(民主主義) 국가(國家). ❷ 지리 아시아 대륙 동쪽에 있는 한반도와 그 부속 도서로 이루어진 공화국. ㊟ 한국.

▶대:한-신문 大韓新聞 | 새 신, 들을 문
역사 1907년 7월에 이인직이 창간한 대한제국(大韓帝國)의 신문(新聞). 이완용 내각의 친일 정책을 옹호하는 기관지 구실을 하다가 1910년에 폐간되었다.

▶대:한 제:국 大韓帝國 | 임금 제, 나라 국
❶ 속뜻 위대(偉大)한 한민족(韓民族)의 제국(帝國). ❷ 역사 조선 고종이 1897에 새로 정한 우리나라의 국호(國號).

▶대:한 해협 大韓海峽 | 바다 해, 골짜기 협
지리 우리나라[大韓]와 일본의 규슈(九州) 사이에 있는 해협(海峽).

대:합 大蛤 | 큰 대, 대합조개 합
[large clam]
동물 큰[大] 바닷물 조개[蛤]. ㊎ 백합(白蛤).

대:합-실 待合室 | 기다릴 대, 만날 합, 방 실 [waiting room; lounge; lobby]
기다리거나[待] 만날[合] 수 있도록 마련한 집[室]이나 방. ¶기차역 대합실.

대:항 對抗 | 대할 대, 막을 항
[resist; defy]
굽히거나 지지 않으려고 맞서서[對] 버티거나 항거(抗拒)함. ¶적의 공격에 비폭력으로 대항했다. ㊥ 항복(降服), 굴복(屈服), 투항(投降), 귀순(歸順).

▶대:항-로 對抗路 | 길 로
군사 요새전(要塞戰)에서 상대의 공격에 대항(對抗)하여 뚫은 길[路].

대:해 大海 | 큰 대, 바다 해
[ocean; great sea]
넓고 큰[大] 바다[海]. ㊎ 대영(大瀛), 거해(巨海).

대:행 代行 | 바꿀 대, 행할 행
[act as a proxy]
남을 대신(代身)하여 어떤 권한이나 직무를 행(行)함. 또는 그러한 사람. ¶은행에서 보험 업무를 대행하다. ㊎ 대리(代理).

대:-행진 大行進 | 큰 대, 다닐 행, 나아갈 진 [great march]
큰[大] 규모의 행진(行進). ¶어린이날 대행진.

대:-헌장 大憲章 | 큰 대, 법 헌, 글 장

[Great Charter]
❶ 속뜻 위대(偉大)한 헌법(憲法) 문서[章]. ❷ 역사 1215년, 영국의 귀족들이 영국의 국왕 존(John)에게 받아낸 문서. 왕권의 제한과 제후의 권리를 확인하는 내용이 들어있다. ⓑ마그나 카르타(Magna Carta).

대:-혁명 大革命 | 큰 대, 바꿀 혁, 운명 명 [French Revolution]
❶ 속뜻 큰[大] 규모의 혁명(革命). ❷ 역사 1789년부터 1799년까지 프랑스에서 일어난 시민 혁명. ⓑ프랑스 혁명.

대:형[1] 大型 | 큰 대, 모형 형 [large size]
같은 종류의 사물 가운데 큰[大] 규격의 모형(模型). ¶대형 버스 / 기업이 대형화되고 있다. ⓑ소형(小型).

대형[2] 隊形 | 무리 대, 모양 형 [formation; order]
여러 사람이 줄지은[隊] 형태(形態). ¶전투 대형을 갖추다.

***대:화 對話** | 대할 대, 말할 화 [converse; talk]
마주 보며[對] 이야기[話]를 주고받음. 또는 그 이야기. ¶대화를 나누다 / 대화로 문제를 해결하다. ⓑ대담(對談). ⓑ독백(獨白).
▸ 대:화-글 (對話一)
대화(對話)의 형식으로 된 글.
▸ 대:화-자 對話者 | 사람 자
이야기를 서로 주고받는[對話] 사람[者].

⁑대:회 大會 | 큰 대, 모일 회 [meeting; rally; tournament]
❶ 속뜻 큰[大] 모임이나 회의(會議). ¶궐기대회를 열다. ❷기술이나 재주를 겨루는 큰 모임. ¶전국 육상 대회.

댁 宅 | 집 댁 [your esteemed house]
❶남의 집을 높여 이르는 말. ¶할머니 댁에 다녀왔다. ❷어떤 사람의 아내를 표현하는 말. 보통 남편의 성과 직함 뒤에 '댁'을 붙인다. ¶김 선생님 댁 맞습니까?

댄스 {영 dance}
춤을 추는 것. 또는 그 춤. ⓑ무용(舞踊), 무도(舞蹈).

댐 {영 dam}
건설 전기를 일으키거나 용수를 사용하기 위해서 강이나 바닷물을 막아 두려고 쌓은 둑. ¶댐이 생기면서 자주 안개가 낀다. ⓑ제방(堤防).

댑-싸리 [belvedere]
식물 잎은 가늘고 길며 끝이 뾰족한 풀. 비를 만든다.

댓: [about five]
다섯 가량의. ¶사과를 댓 개쯤 담은 것 같다.

댓돌 (臺一, 돈대 대) [terrace stones]
❶ 건축 집채의 낙숫물이 떨어지는 곳 안쪽으로 돌려 가며 놓은 돌. ❷집채에 오르내릴 수 있게 놓은 돌층계. ⓑ첨계(檐階), 섬돌. 속담 낙숫물이 댓돌을 뚫는다.

댓-바람 [at a stroke; at once]
머뭇거리지 않고 곧장. ¶그가 돌아왔다는 소식에 댓바람에 달려왔다.

댕강 [tinkle; jingle]
조그마한 것이 한 번에 잘려 가볍게 떨어지는 모양. '댕그랑'의 준말. ¶단두대에서 목이 댕강 떨어졌다.

댕기 [pigtail ribbon]
길게 땋은 머리 끝에 매는 장식용 헝겊이나 끈. ⓑ당지(唐只).

댕기다 [catch fire; spread to]
불을 붙이다. 또는 이를 비유하여 이르는 말. ¶장작에 불을 댕기다 / 거꾸로 단 간판이 호기심을 댕겼다.

더 [(some) more; longer]
더욱. 보다 많거나, 오래, 심하게. ¶조금만 더 주세요 / 날씨가 더 추워졌다. ⓑ덜.

더군다나 [besides; moreover]
이미 있는 사실이나 상황에 덧붙여. 그뿐만 아니라. ¶바람이 부는데 더군다나 비까지 내려 산을 오를 수 없었다 / 그 음식은 좋아하지도 않을 뿐더러 더군다나 이런 곳에서는 먹고 싶지 않았다. [준] 더구나. [비] 게다가.

더덕 [Codonopsis lanceolata]
[식물] 초롱꽃과의 여러해살이 덩굴풀. 줄기는 감아 오르며 자라고, 덩이뿌리는 식용한다.

더덕-더덕 [in clusters]
자그마한 것들이 곳곳에 많이 붙어 지저분한 모양.

더듬다 [stammer; stutter; falter]
❶말을 하거나 글을 읽을 때 막히다. ¶마취가 풀리면서 그는 더듬더듬 말했다. ❷잘 보이지 않는 것을 손으로 만져 보며 찾다. ¶정전이 되자 그는 바닥을 더듬어 초를 찾았다. [비] 어눌(語訥)하다.

더듬이 [tentacle; feeler]
[동물] 곤충 따위의 머리 부분에 달린 감각 기관. [비] 촉각(觸角), 촉모(觸毛).

더디다 [be slowed down; late]
움직이는 시간이 오래다. 느리다. ¶합격 발표 날까지 시간은 더디게 흘렀다.

더러 [some; somewhat]
❶전체 가운데 몇이. ❷이따금 드물게. ¶더러 까다롭게 구는 아이도 있다.

더럭 [all at once; at a stroke]
감정이 한꺼번에 갑자기 솟는 모양. ¶날이 어두워지자 아이는 더럭 겁이 났다.

더 : 럽다
❶때나 찌꺼기 따위가 있어 지저분하다. ❷말이나 행실이 천하다. ¶횡령 사건은 그의 명예를 더럽혔다. [반] 깨끗하다.

더미 (塊, 덩어리 괴) [heap; pile]
많은 물건이 한데 모여 쌓인 덩어리. ¶새는 쓰레기 더미 위에 둥지를 틀었다.

더벅-머리 [bushy hair]
더부룩한 머리. 또는 그런 사람. ¶더벅머리 총각.

더부룩-하다
[bushy; remain undigested]
❶자라는 것이 우거져 수북하다. ¶마당을 더부룩하게 덮고 있는 풀을 베어냈다. ❷먹은 것이 배에 쌓여 속이 불편하다.

더불다 [together with]
둘 이상의 사람이 함께하다. ¶이웃과 더불어 나누는 기쁨.

더블 {영 double}
겹으로 된, 이중의, 두 갑절의.

더블 베이스 {영 double bass}
[음악] 서양 현악기 가운데 가장 낮은 소리를 내는 악기. [비] 콘트라베이스 (contrabass).

더-없다 [most of all; best]
더 이상 좋을 수 없다. ¶아이는 부모에게 더없는 기쁨이다 / 지금 더없이 행복하다.

더욱 (尤, 더욱 우) [more and more]
정도나 양이 더 심하거나 많이. ¶앞으로 더욱 잘 하겠노라고 다짐했다.

더욱-이 [moreover; in addition]
거기다 더하여. 게다가. ¶그는 잘 알아듣는데다가 더욱이 한번 배운 것은 잊어버리지 않는다.

더운-물 [hot water]
따뜻하게 데운 물. [비] 온수(溫水). [반] 찬물.

더위 (暑, 더울 서) [hot weather]
더운 날씨, 더운 기운. ¶더위가 기승을 부린다. [반] 추위.

▶ 더위-팔기
[민속] 정월 보름날 아침에 아는 사람을 만나면 그의 이름을 불러 대답하면, '내 더위' 또는 '내 더위 사 가게'라고 말하는 일. 그러면 그 해는 더위를 타지 않는다고 한다. [비] 매서(賣暑).

더-하기 [addition]
[수학] 어떤 수나 식을 더하는 것. 또는 그 방법. [비] 덧셈, 가법(加法). [반] 빼기.

더-하다 (加, 더할 가)
[add; grow wiloent; increase]
❶수나 양을 더 많게 하다. ¶2에 3을 더하면 5이다. ❷늘어나다. ¶그 정당은 세력을

더해 가고 있다. ❸다른 것과 비교하여 더 많거나 심하다. ¶작년에 비해 올해 더위가 더하다. ㊕ 심화(深化)하다, 추가(追加)하다. ㊥ 덜다. 관용 더할 나위 없다.

♣ 더하다 / 합하다

◎ 하나에 셋을 더하다 = 합하다.
○ 찌개에 물을 더하여 끓이다.
× 찌개에 물을 합하여 끓이다.
○ 모두가 힘을 합하다.
× 모두가 힘을 더하다.

비슷한 듯 다른 말 ➲ 심하다

덕 德 | 베풀 덕 [virtue; goodness]
❶마음이 바르고 너그러워 좋은 영향을 주는 것. 또는 그 힘. ¶이 일은 부모님의 덕으로 된 것이다. ❷베풀어 준 은혜(恩惠)나 도움. ¶덕을 톡톡히 보았다. ㊥ 악(惡).

덕담 德談 | 베풀 덕, 말씀 담
[well wishing remarks]
남이 잘되기를 비는 덕행(德行)으로 하는 말[談]. ¶새해 첫날 덕담을 나누는 미풍양속이 있다. ㊥ 악담(惡談).

덕망 德望 | 베풀 덕, 바랄 망
[moral influence]
남에게 많이 베풂[德]으로써 얻은 명망(名望). ¶덕망이 있는 스승에게 가르침을 받았다. ㊕ 인망(仁望).

덕목 德目 | 베풀 덕, 눈 목 [virtue]
남에게 베풀어야[德] 할 항목(項目). 충(忠), 효(孝), 인(仁), 의(義) 따위. ¶효를 최고의 덕목으로 삼는다.

덕분 德分 | 베풀 덕, 나눌 분
[favor; assistance]
❶ 속뜻 베풀어[德]주고 나누어[分] 줌. ❷ 베풀어 준 은혜나 도움. ¶선생님 덕분에 대학 생활을 마칠 수 있었습니다. ㊕ 덕(德), 덕택(德澤).

덕성 德性 | 베풀 덕, 성품 성
[kindly nature; good heart]
어질고 착한[德] 성품(性品). ¶덕성을 기르다.

덕수-궁 德壽宮 | 베풀 덕, 목숨 수, 집 궁
❶ 속뜻 덕행(德行)을 베풀어 장수(長壽)하는 궁궐(宮闕). ❷ 고적 서울특별시 중구 정동에 있는 조선 시대의 궁궐(宮闕). 본래는 행궁(行宮)이었으나 선조 26년(1593)에 의주에서 환도한 후 보수하여 궁궐로 삼았다.

덕지-덕지 [layer after layer]
때나 먼지가 많이 껴서 지저분한 모양. ¶때가 덕지덕지 끼다.

덕택 德澤 | 베풀 덕, 은덕 택
[indebtedness; favor]
❶ 속뜻 은덕[澤]을 베풂[德]. ❷남에게 끼친 혜택. ¶어머니가 도와주신 덕택으로 성공했다. ㊕ 덕분(德分).

덕행 德行 | 베풀 덕, 행할 행
[virtue; virtuous conduct]
어질게 베풂[德]과 너그러운 행실(行實). ¶덕행을 갖추다 / 덕행을 쌓다.

던지-기 [throw]
운동 필드 경기 중에서 포환던지기·원반던지기·창던지기·철퇴던지기 따위를 통틀어 이르는 말. ㊕ 투척 경기(投擲競技).

던지다 (投, 던질 투) [throw; vote for]
❶물건을 손으로 날려 보내어 다른 곳에 다다르게 하다. ¶돌을 던지다. ❷투표하다. ¶깨끗한 한 표를 던지다. ❸어떤 환경에 자기 몸을 뛰어들게 하다. ¶정계에 몸을 던지다. ㊕ 내던지다.

덜ː [less; little]
어떤 기준이나 정도가 약하게. 또는 그 아래로. ¶내일은 오늘보다 덜 춥다. ㊥ 더, 많이.

덜거덕-거리다 [rattle; clatter]
단단한 물건이 서로 부딪치는 소리가 자꾸 나다. 또는 그런 소리를 자꾸 내다. ¶비

바람에 창문이 덜거덕거린다. ㊅ 덜걱거리다. ㊈ 덜거덕대다, 달가닥거리다.

덜:다 (減, 덜 감) [lessen; lighten]
❶일정한 수량이나 정도에서 얼마를 떼어 적게 하거나 줄게 하다. ¶음식을 그릇에 덜어서 먹었다. ❷어떤 상태나 행동의 정도를 적게 하다. ¶고통을 덜다 / 어머니의 일손을 덜어드리다. ㊈ 줄이다, 덜어내다. ㊥ 더하다.

♣ 덜다 / 빼다

◎ 열에서 다섯을 덜다 = 빼다.
○ 마음의 짐을 덜다.
× 마음의 짐을 빼다.
○ 그는 오늘 사랑니를 뺐다.
× 그는 오늘 사랑니를 덜었다.

덜덜 [trembling; rattleing]
❶무섭거나 추워서 몸을 몹시 떠는 모양. ¶추워서 덜덜 떨다. ❷큰 바퀴 따위가 단단한 바닥 위를 구르며 내는 무거운 소리. ¶수레가 덜덜 굴러가다.

덜렁
❶여럿 가운데 단 하나만 남아 있는 모양. ¶책상 위에 책 한 권이 덜렁 놓여 있다. ❷침착하지 못하고 가볍게 행동하는 모양. ¶풀밭에 덜렁 눕다. ❸갑자기 놀라거나 충격을 받아서 가슴이 뜨끔하게 울리는 모양. ¶가슴이 덜렁 내려앉다.

덜렁-거리다 [ring; be restless]
❶매달린 물체 따위가 흔들리는 소리가 자꾸 나다. ¶문짝이 덜렁거리다. ❷침착하지 못하고 자꾸 덤벙거리다. ¶그녀는 보기보다 덜렁거린다. ㊈ 덜렁이다, 덜렁대다, 덤벙대다.

덜렁-이 [careless person]
침착하지 못하고 몹시 덤벙거리는 사람.

덜미 [back of the neck]
'뒷덜미'와 '목덜미'를 아울러 이르는 말. ¶그는 물건을 훔치다가 현장에서 덜미를 잡혔다.

덜커덩 [crash; clatter; rattle]
단단하고 속이 빈 큰 물건이 부딪쳐 울리는 소리. ¶철문이 덜커덩하고 열렸다.

덜컥 [suddenly; unexpectedly]
❶갑자기 놀라거나 겁에 질려 가슴이 내려앉는 모양. ¶덜컥 겁이 나다. ❷어떤 일이 매우 갑작스럽게 진행되는 모양. ¶그는 덜컥 회사를 그만두었다. ❸문 등이 갑자기 열리는 소리나 모양. ¶문이 덜컥 열리다.

덜컹 [rattling]
❶놀라거나 겁에 질려서 가슴이 몹시 울렁거리는 모양. ¶가슴이 덜컹 내려앉다. ❷단단하고 속이 빈 큰 물건이 부딪쳐 울리는 소리. ¶열차가 덜컹거리며 움직이기 시작했다.

덜:-하다 [lessen; decrease]
전보다 심하지 않거나 적다. ¶약을 먹자 아픔이 덜해졌다. ㊥ 더하다.

덤: [extra; an addition]
물건을 사고팔 때, 제 값어치 외에 조금 더 얹어 주거나 받는 물건. ¶덤으로 몇 개 더 주세요.

덤덤-하다 [keep silent]
특별한 감정의 동요 없이 그저 예사롭다. ¶그는 오랜만에 만난 가족을 보고도 덤덤한 표정이었다.

덤벙-거리다 [act frivolously]
침착하지 못하고 어쩔 줄 몰라 허둥거리다. ¶덤벙거리다가 실수를 하다. ㊈ 덤벙이다, 덤벙대다.

덤벼-들다 [pounce on; go to work]
❶함부로 대들거나 달려들다. ¶고양이가 사납게 덤벼들다. ❷어떤 일을 이루려고 적극적으로 뛰어들다. ¶여럿이 덤벼들어 순식간에 일을 끝냈다.

덤불 [bush]
어수선하게 엉클어진 얕은 수풀.

덤비다 [turn on; hurry]
❶함부로 대들거나 달려들다. ¶세 사람이 한꺼번에 나에게 덤볐다. ❷침착하지 못하고 서두르다. ¶덤비다가 실수하다.

덤프-트럭 {영 dump truck}
짐받이의 한쪽을 들어 올려 짐을 한꺼번에 쏟아[dump] 내릴 수 있게 만든 화물 자동차[truck].

덤핑 {영 dumping}
경제 이윤을 무시한 싼 가격으로 상품을 파는 일. ¶재고품을 덤핑 판매하다.

덥:다 (熱, 더울 열; 暑, 더울 서) [hot; warm]
❶기온이 높거나 기타의 이유로 몸에 느끼는 기운이 뜨겁다. ¶날씨가 덥다. ❷사물의 온도가 높다. ¶더운 물이 잘 나온다. ⓑ 춥다, 차다.

덥석 [quickly; suddenly]
왈칵 달려들어 움켜쥐거나 입에 무는 모양. ¶손을 덥석 잡다.

덥수룩-하다 [bushy; shaggy]
더부룩하게 많이 난 수염이나 머리털이 어수선하게 덮여 있다.

덥-히다 [heat up; warm up]
덥게 하다. 따뜻하게 하다. ¶물을 덥히다. ⓑ 데우다.

덧-나다 [take a bad turn]
병이나 상처 따위를 잘못 다루어 상태가 더 나빠지다. ¶상처가 덧나다.

덧-니 [snaggle tooth]
이가 난 줄의 곁에 겹으로 난 이.

덧-대다 [add on a board]
댄 위에 다시 겹쳐 대다. ¶해진 옷에 헝겊을 덧대고 깁다.

덧-문 (-門, 문 문) [outer door]
문짝 바깥쪽에 덧다는 문(門).

덧-버선 [outer socks]
버선이나 양말 위에 덧신는 버선.

덧-보태다
보탠 것 위에 겹쳐 보태다. ¶그는 저금한 돈에 용돈까지 덧보태어 성금으로 냈다.

덧-붙이다 [attach; stick]
있는 위에 더 붙게 하다. 더 보태다. ¶상품에 설명서를 덧붙이다.

덧-셈 [addition]
수학 몇 개의 수나 식 따위를 합하여 계산함. 또는 그런 셈. ⓑ 더하기, 가산(加算). ⓑ 뺄셈.

▸ 덧셈-식 (-式, 법 식)
수학 덧셈을 나타내는 식(式). ⓑ 뺄셈식.

덧-소매
일을 할 때 옷소매가 더러워지지 않도록 소매 위에 끼는 것.

덧-신 [overshoes]
신 위에 덧신는 신.

덧-없다 [short lived; vain]
세월이 속절없이 빠르다. 허무하다. ¶덧없는 인생 / 세월이 덧없이 지나간다. ⓑ 무상(無常)하다.

덧-입다 [wear over a garment]
입은 위에 더 겹쳐 입다. ¶마고자를 덧입다.

덧-저고리 [overwear; overalls]
저고리 위에 겹쳐 입는 저고리.

덧-칠 (-漆, 옻 칠) [paint over]
칠한 데에 겹쳐 칠하는 칠(漆).

덩
쇠붙이로 된 그릇이나 북·장구 따위를 가볍게 쳤을 때 낮게 울리어 나는 소리.

덩굴 [vine; creeper]
식물 땅바닥으로 번거나 다른 것에 감겨 오르는 식물의 줄기. ⓑ 넝쿨.

▸ 덩굴-장미 (-薔薇, 장미 장, 장미 미)
식물 덩굴로 자라는 장미(薔薇). 6~7월에 주로 붉은 꽃이 핀다.

덩그러니
혼자서 쓸쓸하게. ¶허허벌판에 나무가 덩그러니 서 있다.

덩-달아 [follow blindly]
실속도 모르고 남을 좇아서. 아무 생각

없이 따라서. ¶내가 울자 동생도 덩달아 울었다.

덩더-꿍
북이나 장구를 두드릴 때 나는 흥겨운 소리.

덩실-덩실 [lively; joyfully]
신이 나서 팔다리를 계속 흥겹게 놀리며 춤을 추는 모양. ¶기뻐서 덩실덩실 춤추다.

덩어리 [block; chunk]
뭉쳐서 크게 이루어진 덩이. ¶흙덩어리 / 고기 한 덩어리. ㊥ 덩이.

덩이 [mass; piece]
작게 뭉쳐서 이루어진 것. 또는 그것을 세는 단위. ¶눈이 모여 덩이가 되다 / 빵 한 덩이. ㊥ 덩어리.

덩치 [size; volume]
몸의 부피. 몸집. ¶곰은 덩치가 크다. ㊥ 체구(體軀), 체격(體格).

덩크 슛 {영 dunk shoot}
운동 농구에서, 높이 뛰어올라 바스켓 위에서 공을 내리꽂듯이[dunk] 던져 넣는[shoot] 일.

덫 [trap]
짐승을 꾀어 잡는 기구의 한 가지. ¶뱀이 덫에 걸리다.

덮개 [cover]
덮어 가리는 물건. ㊥ 뚜껑.

덮다 [cover; hide]
❶물건 따위가 드러나거나 보이지 않도록 넓은 천 따위를 얹어서 씌우다. ¶이불을 덮다 / 밥상을 보자기로 덮다. ❷어떤 사실이나 내용 따위를 가리어 감추다. ¶잘못을 덮어 주다. ㊤ 벗기다.

♣ 덮다 / 씌우다

◎ 식탁에 하얀 천을 덮다 = 씌우다.
○ 동생이 이불을 덮다.
× 동생이 이불을 씌우다.
○ 친구에게 모자를 씌우다.
× 친구에게 모자를 덮다.

덮-밥 [bowl of rice topped with]
더운밥에 고기·생선·채소 따위로 만든 반찬을 얹은 밥.

덮어-놓고
[without any reason]
사정이나 형편을 따지지 않고. ¶덮어놓고 화를 내다. ㊥ 무작정, 무턱대고.

덮어-두다 [overlook]
무엇을 남이 알게 드러내지 않고 숨기거나 문제 삼지 않다. ¶이 일은 그냥 덮어둘 수 없다.

덮어-쓰다 [be wrongly accused]
❶이불 따위를 머리 위까지 덮다. ¶이불을 덮어쓰다 / 모자를 덮어쓰다. ❷억울한 누명을 쓰다. ¶남의 죄를 덮어쓰다. ❸먼지·가루·물 따위를 온몸에 뒤집어쓰다. ¶흙먼지를 덮어쓰다.

덮-이다 [be put on]
드러난 것에 다른 것이 얹히어 보이지 않게 되다. 또는 가려서 숨겨지다. ¶지붕이 눈에 덮이다 / 덮여 있는 사건의 진상.

덮-치다 [hold down]
겹쳐 누르다. 또는 갑자기 들이닥치다. ¶폭풍우가 배를 덮치다. ㊥ 엄습(掩襲)하다.

데 [place; case]
❶곳. 처소(處所). ¶올 데 갈 데 없다. ❷경우. 처지. ¶머리 아픈 데에 먹는 약.

데구루루 [rolling; rumbling]
단단한 물건이 단단한 바닥에서 구르는 모양. 또는 그 소리.

데굴-데굴 [rolling]
크고 단단한 물건이 계속하여 구르는 모양. ¶공이 데굴데굴 굴러갔다.

데:다 [get burned]
뜨거운 기운이나 물질에 닿아 살이 상하다. ¶다리미에 손을 데다. ㊥ 화상(火傷)

입다.

데려-가다 [take along]
함께 거느리고 가다. ¶파티에 동생을 데려갔다. ⓑ 데려오다.

데려-오다 [bring along]
함께 거느리고 오다. ¶친구를 집에 데려오다. ⓑ 데려가다.

데리다 [take with]
아랫사람이나 동물 따위를 자기 몸 가까이 있게 하거나 또는 따라다니게 하다. ¶그는 딸을 데리고 공원에 갔다.

데릴-사위
[son-in-law taken into the family]
처가에서 데리고 사는 사위. ⓑ 민며느리.

데면데면-하다 [stiff]
사람을 대하는 태도가 친밀감이 없이 예사롭다. ¶그는 데면데면하게 인사를 했다. ⓑ 무뚝뚝하다, 붙임성 없다.

데모 {영 demo}
많은 사람이 공공연하게 의사를 표시하여 집회나 행진을 하며 위력을 나타내는 일. '시위'를 뜻하는 'demonstration'의 준말. ¶데모를 해산시키다. ⓑ 시위(示威).

데뷔 {프 début}
일정한 활동 분야에 처음 나타나는 일. 첫 등장. ¶그는 가수로 화려하게 데뷔했다.

데시-리터 {영 deciliter}
부피의 단위. 1리터의 10분의 1. 기호는 'dl'.

데시-벨 {영 decibel}
물리 소리의 세기를 나타내는 단위. 기호는 'dB'.

데우다 [make warm]
찬 것에 열을 가하여 따뜻하게 하다. ¶밥을 데우다. ⓑ 식히다.

데이터 {영 data}
❶이론을 세우는 데 바탕이 되는 자료. ¶데이터를 수집하다. ❷컴퓨터가 처리할 수 있는 문자, 숫자, 소리, 그림 따위의 형태로 된 정보. ¶웹으로 데이터를 전송하다.
▶ 데이터-베이스 {영 database}
업무에 필요한 기초적인[base] 자료[data]를 결합하여 저장해놓은 것.

데이트 {영 date}
이성과의 만남[date]. 또는 그 약속. ¶데이트를 신청하다.

데:치다 [boil slightly; parboil]
끓는 물에 넣어 살짝 익히다. ¶시금치를 데치다.

뎅
큰 종이나 쇠붙이로 된 큰 그릇 따위를 칠 때 무겁게 울리어 나는 소리.

도[1]
민속 윷놀이에서의 한 끗. 윷가락을 던져서 네 짝 중에서 한 짝만이 잦혀진 것을 이르는 말.

도:[2]**度** | 정도 도 [degree; limit]
어떠한 정도나 한도. ¶농담이 도를 지나치다. ⓑ 정도(程度).

도:[3]**度** | 정도 도 [degree]
❶수학 각도의 단위. 1도는 직각의 90분의 1이다. ¶40도의 각. ❷물리 온도의 단위. ¶영하 5도. ❸지리 지구의 경도나 위도를 나타내는 단위. ¶북위 37도. ❹음악 음정(音程)을 나타내는 단위. ¶3도 화음.

도:[4]**道** | 길 도 [morality]
마땅히 지켜야 할 도리(道理)나 종교적으로 깊이 깨달은 이치. ¶도를 깨닫다.

도:[5] **道** | 길 도 [province; district]
우리나라 지방 행정 구역. 또는 그 기관. ¶경기도 / 도에 일보러 가다.

도[6] {이 do}
음악 서양 음악의 7음 체계에서, 첫 번째 계이름. 음이름 '다'와 같다.

도:가 道家 | 길 도, 사람 가 [Taoism]
우주 본체는 도(道)와 덕(德)으로 이루어져 있다고 주장하는 학파[家].

도가니 [melting pot; crucible]

❶ 공업 쇠붙이를 녹이는 그릇. 단단한 흙이나 흑연 같은 것으로 고아서 우묵하게 만든다. ¶도가니에 쇳조각을 넣다. ❷여러 사람의 감정이 아주 흥분하거나 긴장된 상태를 비유적으로 이르는 말. ¶흥분의 도가니.

도감[1] 都監 | 모두 도, 살필 감
❶ 속뜻 모든[都] 일을 살펴봄[監]. ❷ 역사 나라의 일이 있을 때 임시로 설치하던 관아.

도감[2] 圖鑑 | 그림 도, 볼 감
[illustrated book]
실물 대신 그림[圖]이나 사진을 모아 알아보기[鑑] 쉽게 한 책. ㊊ 도보(圖譜).

도강 渡江 | 건널 도, 강 강
[cross a river]
강(江)을 건넘[渡].

도:계 道界 | 길 도, 지경 계
[boundary line between provinces]
도(道)와 도 사이의 경계(境界). ¶다른 도와 도계를 이루고 있다.

도공 陶工 | 질그릇 도, 장인 공 [ceramist; potter]
옹기[陶] 만드는 일을 하는 사람[工]. ㊊ 옹기장이, 도예가(陶藝家).

도:교 道教 | 길 도, 종교 교 [Taoism]
종교 우주 본체는 도(道)와 덕(德)으로 이루어져 있다고 주장하는 종교(宗教).

****도:구 道具** | 방법 도, 갖출 구 [tool]
❶ 속뜻 어떤 목적을 이루기 위한 방법[道]이나 수단[具]. ¶언어는 중요한 의사소통 도구이다. ❷일을 할 때 쓰는 연장. ¶인간은 도구를 사용할 수 있다. ㊊ 연장, 공구(工具).

▸ **도:구-함 道具函** | 상자 함
도구(道具)를 넣어 두는 상자[函]. ¶도구함을 가져 왔다.

도굴 盜掘 | 훔칠 도, 팔 굴 [rob a grave]
광물이나 유물을 훔치기[盜] 위해 광산이나 고분을 몰래 파는[掘] 것. ¶도굴로 많은 문화재가 사라졌다.

▸ **도굴-꾼** (盜掘―)
도굴(盜掘)을 전문적으로 하는 사람. ㊊ 도굴범(盜掘犯).

도:금 鍍金 | 도금할 도, 황금 금
[plate; gild]
공업 금속이나 비금속의 겉에 금(金)이나 은 따위를 얇게 입히는[鍍] 일.

도기 陶器 | 질그릇 도, 그릇 기 [pottery]
진흙을 원료로 빚어서[陶] 비교적 낮은 온도로 구운 그릇[器]. ㊊ 오지그릇.

도깨비 [goblin]
동물이나 사람의 형상을 하고서 비상한 힘과 괴상한 재주를 가져 짓궂은 장난이나 험상궂은 짓을 많이 한다는 잡된 귀신.

▸ **도깨비-불**
어두운 밤에 묘지나 습지 또는 고목(古木) 등에서 인(燐)의 작용으로 번쩍거리는 푸른빛의 불빛.

도:끼 (斤, 도끼 근) [ax]
나무를 찍거나 패는 연장의 하나. 쐐기 모양의 큰 쇠 날의 머리 부분에 구멍을 뚫어 단단한 나무 자루를 박아 만든다.

▸ **도:끼-눈**
분하거나 미워서 매섭게 쏘아보는 눈. ¶도끼눈을 하고 보다.

도난 盜難 | 도둑 도, 어려울 난 [robbery]
도둑[盜]을 맞은 재난(災難). 도둑맞음.

도:내 道内 | 길 도, 안 내
[inside of a province]
어떤 도(道)의 구역 안[内]. ¶도내 체육대회.

도넛 {영 doughnut}
밀가루를 반죽하여 고리 모양으로 만들어 기름에 튀긴 서양과자.

도닥-거리다
잘 울리지 않는 물체를 가볍게 두드리는 소리를 잇달아 내다. ¶할아버지께서 귀엽다고 내 등을 도닥거려 주셨다. ㊊ 도닥대다.

도:달 到達 | 이를 도, 이를 달 [arrive]
목적한 곳에 이르거나[到] 목표한 수준에 다다름[達]. ¶합의를 통해 결론에 도달하다. ㊀ 출발(出發).

도-대체 都大體 | 모두 도, 큰 대, 몸 체 [in the world; at all]
❶ 속뜻 모두[都] 또는 대체(大體)로. ❷요점만 말하자면. ¶도대체 그녀는 어디를 갔을까? ❸유감스럽게도 전혀. ¶그는 도대체 이해할 수가 없다. ㊁ 대관절, 도무지.

***도:덕 道德** | 길 도, 베풀 덕
[morality; morals]
❶ 속뜻 가야 할 바른 길[道]과 베풀어야 할 일[德]. ❷사회의 구성원들이 양심, 사회적 여론, 관습 따위에 비추어 스스로 마땅히 지켜야 할 행동 준칙이나 규범. ¶공중도덕을 지키다. ㊀ 부도덕(不道德).

▸도:덕-적 道德的 | 것 적
❶ 속뜻 도덕(道德)에 관한 것[的]. ¶도덕적 책임을 지다. ❷도덕에 합당한 것. ㊀ 비도덕적(非道德的).

▸도:덕-군자 道德君子 | 임금 군, 접미사 자
수행으로 도(道)와 덕(德)을 높이 쌓은 사람[君子].

도:도-하다 [proud; arrogant]
잘난 체하여 주제넘게 거만하다. ¶도도하게 굴다. ㊁ 거만하다, 건방지다.

도돌이-표 (一標, 나타낼 표)
[repeat mark]
음악 악보에서, 악곡의 어느 부분을 되풀이하여 연주하거나 노래하도록 지시하는 기호[標]. '‖:', ':‖', 'D.C.', 'D.S.' 따위로 표시한다. ㊁ 반복기호(反復記號).

도둑 (盜, 도둑 도; 賊, 도둑 적)
[thief; a robber]
남의 것을 훔치거나 빼앗는 나쁜 일. 또는 그런 사람. ¶집에 도둑이 들었다 / 지갑을 도둑맞다. ㊁ 도적(盜賊). 속담 바늘 도둑이 소 도둑 된다.

▸도둑-놈
'도둑'의 낮춤말.

▸도둑-질
남의 것을 훔치거나 빼앗는 일. ¶남의 물건을 도둑질하다. ㊁ 도적질.

▸도둑-고양이
임자 없이 아무 데나 돌아다니며 남의 집 등에서 음식을 훔쳐 먹는 고양이.

도드라-지다
[embossed; out standing]
❶조금 볼록하게 나와 있다. ¶도드라진 눈. ❷겉으로 드러나서 또렷하다. ¶새까만 눈동자가 도드라져 보인다.

도떼기-시장 (一市場, 저자 시, 마당 장)
[open air market; flea market]
정상적 시장이 아닌 일정한 곳에서, 여러 종류의 물건을 사고파는 시끌벅적한 시장(市場). ¶도떼기시장처럼 혼잡하다.

도라지 [broad bellflower]
식물 여름에 자줏빛 또는 하얀 꽃이 피는 여러해살이풀. 뿌리는 먹기도 하고 한약 재료로 쓴다.

도란-거리다 [murmur together]
나직한 목소리로 서로 정답게 이야기하다. 큰말은 '두런거리다'.

도란-도란 [murmuring together]
여럿이 나직한 목소리로 정답게 서로 이야기하는 소리. 또는 그 모양. ¶모여서 도란도란 이야기를 나누다.

도랑 [ditch; dike]
폭이 좁은 작은 개울. ¶도랑을 파다.

▸도랑-물
도랑에 흐르는 물.

도:래[1] 到來 | 이를 도, 올 래 [arrive]
어떤 시기나 기회가 닥쳐[到] 옴[來]. ¶인공지능 시대가 도래하다.

도래[2] 渡來 | 건널 도, 올 래
[come across the sea]
❶ 속뜻 물을 건너[渡] 옴[來]. ❷외부에서 전해져 들어옴.

▸도래-지 渡來地 | 땅 지

철새가 바다나 대륙을 건너[渡] 와서[來] 일정한 기간 동안 머무는 곳[地]. ¶철새 도래지.

도:량 度量 | 정도 도, 헤아릴 량
[generosity; broad-mindedness]
❶ 속뜻 길이를 재는[度] 자와 양을 재는 [量] 되. ❷넓은 마음과 깊은 생각. ¶그는 넓은 도량으로 친구를 용서했다. ⓑ 아량(雅量).

▶ 도:량-형 度量衡 | 저울대 형
길이[度], 부피[量], 무게[衡] 따위의 단위를 재는 법. 또는 그 도구. ¶도량형을 통일하다.

도려-내다 [cut out]
사물의 한 부분을 동글게 베거나 잘라내다. ¶사과의 썩은 부분을 도려내다.

도련-님 [young gentleman; young brother-in-law]
❶'도령'의 높임말. ❷'결혼하지 않은 시동생'의 존칭.

도:령 [young man]
총각을 대접하여 일컫는 말. ⓑ 도련님. ⓑ 아가씨, 낭자(娘子).

도로[1] [as before]
본래와 같이 다시. 먼저와 다름없이. ¶가방을 도로 제자리에 놓다. ⓑ 먼저대로, 그대로.

⁂**도:로**[2] **道路** | 길 도, 길 로
[road; street]
사람, 차 따위가 잘 다니도록 만들어 놓은 비교적 넓은 길[道=路]. ¶도로에 차가 많다. ⓑ 길거리, 가로(街路).

▶ 도:로-망 道路網 | 그물 망
그물[網]처럼 이리저리 얽힌 도로(道路) 체계. ¶서울의 도로망을 정비하다.

▶ 도:로-변 道路邊 | 가 변
도로(道路)의 언저리[邊]. ¶도로변에 주차하면 위험하다.

도록 圖錄 | 그림 도, 기록할 록 [catalogue (raisonne)]
그림[圖]이나 사진으로 엮어 만든 기록(記錄). 또는 그러한 책. ¶작품 도록.

도롱뇽 [salamander]
동물 갈색 바탕에 둥근 무늬가 있고, 머리는 납작한 양서류. 물이 깨끗하고 수온이 낮은 개울, 못, 습지에서 서식한다.

도롱이
짚이나 띠 따위를 엮어 어깨에 두르는 비옷.

도료 塗料 | 칠할 도, 거리 료
[paint; varnish]
물건의 겉에 칠하여[塗] 그것을 썩지 않게 하거나 외관상 아름답게 하는 재료(材料). 바니시, 페인트, 옻칠 따위. ¶야광 도료.

도루 盜壘 | 훔칠 도, 진 루
[base stealing; stolen base]
운동 주자(走者)가 수비의 허술한 틈을 타서 다음 베이스[壘]를 빼앗음[盜].

도르래 [pulley]
물리 홈을 판 바퀴 둘레에 줄을 걸어, 이것을 돌려서 물건을 움직이는 장치. ⓑ 활차(滑車).

도:리 道理 | 길 도, 이치 리
[reason; way]
❶ 속뜻 사람이 마땅히 행하여야 할 도덕적(道德的)인 이치(理致). ¶도리에 어긋나다. ❷어떤 일을 해 나갈 방법. ¶알 도리가 없다.

도리깨 [flail]
농업 곡식의 낟알을 떠는 농구의 하나. 장대 끝에 서너 개의 휘추리를 꿰어 달아 휘둘러 가며 친다.

도리-도리 [Shake shake]
어린아이가 머리를 좌우로 흔드는 동작.

도리어 [on the contrary; instead]
예상이나 기대 또는 일반적인 생각과는 반대되거나 다르게. ¶낫기는커녕 도리어 병세가 악화되었다. ⓑ 오히려, 되려.

도리질-하다 [shake its head for fun from side to side]

❶어린 아이가 재롱으로 머리를 좌우로 흔들다. ❷머리를 좌우로 흔들어 싫다거나 아니라는 뜻을 표시하다.

도:립 道立 | 길 도, 설 립 [provincial]
시설 따위를 도(道)에서 세워[立] 운영함. ¶도립 도서관 / 도립 병원.

도마 [kitchen board]
칼로 음식의 재료를 썰 때에 밑에 받치는, 나무나 플라스틱 따위로 만든 넓은 판. 관용 도마에 오르다.

도마-뱀 [lizard]
동물 머리는 뱀과 비슷하며, 네발은 짧고 다섯 발가락이 있는 동물. 꼬리가 긴데 위험을 당하면 저절로 끊어졌다 재생한다.

도막 [piece; block]
짧고 작은 동강. 또는 그것을 세는 단위. ¶나무 도막 / 생선 세 도막. ㊥ 토막.

도망 逃亡 | 달아날 도, 달아날 망 [escape; runaway]
피하거나 쫓기어 달아남[逃=亡]. ¶도망 중인 용의자 / 슬그머니 도망가다 / 간신히 도망치다. ㊥ 도주(逃走).

도-맡다 [take over]
모든 책임을 혼자서 떼어 맡다. ¶큰누나가 생계를 도맡다.

도매[1] 都買 | 모두 도, 살 매 [buying wholesale]
물건을 낱개로 사지 않고 하나로 묶어서[都] 삼[買]. ¶도매로 사면 물건 값이 훨씬 싸다.

도매[2] 都賣 | 모두 도, 팔 매 [wholesale]
낱개로 팔지 않고 모아서[都] 대량으로 판매(販賣)함. ㊤ 소매(小賣).

▶ **도매-상** 都賣商 | 장사 상
물건을 모개로 파는[都賣] 장사[商]. 또는 그런 가게나 장수. ¶농수산물 도매상. ㊤ 소매상(小賣商).

도메인 {영 domain}
인터넷상에서 개인이 소유하고 있는 인터넷 주소.

도면 圖面 | 그림 도, 낯 면 [drawing; floor plan]
토목, 건축, 기계 따위의 구조나 설계 또는 토지, 임야 따위를 기하학적으로 그린[圖] 면(面). ¶집의 도면을 그리다. ㊥ 도본(圖本).

도모 圖謀 | 꾀할 도, 꾀할 모 [plan; design]
어떤 일을 이루기 위하여 대책과 방법을 세움[圖=謀]. ¶친목을 도모하다.

도무지 [not at all; entirely]
❶이러니저러니 할 것 없이 아주. ¶타일러도 도무지 듣지 않는다. ❷아무리 하여도. ¶무슨 영문인지 도무지 알 수 없다. ㊥ 도통.

도:미[1] [sea bream]
동물 몸은 타원형으로 납작하고 붉은빛을 띠는 바닷물고기. ㊦ 돔.

도미[2] 渡美 | 건널 도, 미국 미 [go to America]
미국(美國)으로 건너[渡] 감. ¶도미 유학생.

도민[1] 島民 | 섬 도, 백성 민 [islanders]
섬[島]에 사는 그곳 출신의 사람[民]. ¶울릉도 도민.

도:민[2] 道民 | 길 도, 백성 민 [inhabitant of a province]
그 도(道)에 사는, 그곳에서 태어난 사람[民]. ¶강원도 도민.

도박 賭博 | 걸 도, 쌍륙 박 [gambling; gaming]
❶ 속뜻 쌍륙[博]으로 돈을 걸고[賭] 하는 놀음놀이. ¶도박으로 재산을 탕진하다. ❷요행수를 바라고 불가능하거나 위험한 일에 손을 댐. ㊥ 노름.

도발 挑發 | 돋울 도, 나타날 발 [provoke; arouse]
감정 따위를 돋워[挑] 일이 생겨나게[發] 함. ¶전쟁을 도발하다.

도배 塗褙 | 칠할 도, 속적삼 배 [paper]
종이로 벽이나 반자, 장지 따위[褙]를 바르는[塗] 일. ¶도배를 새로 하다.
▸ 도배-지 塗褙紙 | 종이 지
도배(塗褙)하는 데 쓰는 종이[紙]. 도배종이. ¶벽에 도배지를 바르다.

도벽 盜癖 | 훔칠 도, 버릇 벽
[thievish habits; proclivity to steal]
습관적으로 물건을 훔치는[盜] 버릇[癖]. ¶그는 도벽이 있다.

도:별 道別 | 길 도, 나눌 별
[classification by province]
도(道)마다 따로 나눔[別].

도보 徒步 | 걸을 도, 걸음 보 [walking]
탈것을 타지 않고 걸어서[步=徒] 감. ¶우리 집은 역에서 도보로 10분 거리에 있다. ⓑ 보행(步行).

도:복 道服 | 길 도, 옷 복 [garment of a Taoist; suit for practice]
❶ 속뜻 도사(道士)가 입는 겉옷[服]. ❷유도나 태권도 따위를 할 때 입는 운동복.

도:부 到付 | 이를 도, 줄 부
[itinerant hawking; peddling]
❶ 속뜻 어느 곳에 가서[到] 줌[付]. ❷장사치가 물건을 가지고 이리저리 돌아다니며 팖. ¶도부를 치다.
▸ 도:부-꾼 (到付-)
물건을 가지고 이곳저곳 돌아다니며[到] 장사하는[付] 사람. ⓑ 행상인(行商人).

도:사 道士 | 길 도, 선비 사
[ascetic; expert]
❶ 속뜻 도(道)를 갈고 닦는 사람[士]. ❷도교를 믿고 수행하는 사람. ❸'어떤 일에 도가 트여서 능숙하게 해내는 사람'을 비유하여 이르는 말.

도사리다 [sit cross-legged; calm]
❶팔다리를 함께 모으고 몸을 웅크리다. ¶몸을 잔뜩 도사리고 앉다. ❷마음을 죄어 다잡다. ¶마음을 도사리고 침착을 되찾다.

도:산 倒産 | 거꾸로 도, 낳을 산
[become bankrupt]
❶ 의학 아이를 거꾸로[倒] 발부터 먼저 낳음[産]. ❷재산을 모두 잃고 무너짐. ¶경제 불황으로 기업들이 도산했다. ⓑ 파산(破産).

도산 서원 陶山書院 | 질그릇 도, 메 산, 글 서, 집 원
역사 경상북도 안동시 도산(陶山)면에 있는 서원(書院). 조선 선조 7년(1574)에 퇴계 이황의 학덕을 기리기 위하여 문인과 유림이 중심이 되어 창건하였다.

도살 屠殺 | 잡을 도, 죽일 살
[slaughter; butcher]
❶ 속뜻 마구[屠] 죽임[殺]. ❷짐승을 잡아 죽임. ¶감염된 동물을 도살하다. ⓑ 도륙(屠戮).
▸ 도살-장 屠殺場 | 마당 장
고기를 얻기 위하여 소나 돼지 따위의 가축을 잡아 죽이는[屠殺] 곳[場]. ⓑ 도축장(屠畜場).

도상 途上 | =道上, 길 도, 위 상
[on the way; halfway]
❶ 속뜻 길[途] 위[上]. ❷어떤 일이 진행되는 과정이나 도중. ¶발전 도상에 있는 나라들.

도서[1] 島嶼 | 섬 도, 섬 서 [islands]
크고 작은 온갖 섬[島=嶼]. ⓑ 육지(陸地), 대륙(大陸).

도서[2] 圖書 | 그림 도, 글 서 [books]
❶ 속뜻 그림[圖], 글[書], 글씨 따위를 통틀어 이르는 말. ❷일정한 목적, 내용, 체제에 맞추어 사상, 감정, 지식 따위를 글이나 그림으로 표현하여 적거나 인쇄하여 묶어 놓은 것. ¶도서를 구입하다. ⓑ 책(冊), 서적(書籍).
▸ 도서-관 圖書館 | 집 관
온갖 종류의 도서(圖書), 문서, 기록, 출판물 따위를 모아 보관하고 공중에게 열람하도록 개방한 시설[館].

▸도서-실 圖書室 | 방 실
온갖 종류의 도서(圖書)를 모아 두고 일반이 볼 수 있도록 만든 방[室].

도:선 導線 | 이끌 도, 줄 선
[leading wire]
전기의 양극을 이어 전류를 이끌어[導] 통하게 하는 쇠붙이 줄[線].

도성 都城 | 도읍 도, 성곽 성
[capital city]
도읍(都邑)을 둘러싼 성곽(城郭). 성 안의 도읍.

도:수 度數 | 정도 도, 셀 수
[degree; times]
❶ 속뜻 각도, 온도, 광도 따위의 정도(程度)를 나타내는 수(數). ¶그는 도수가 높은 안경을 낀다. ❷거듭하는 횟수. ¶도수가 드물다. ❸ 수학 통계 자료의 각 계급에 해당하는 변량의 수량.

▸도수 분포표 度數分布表 | 나눌 분, 펼 포, 겉 표
수학 도수(度數)의 분포(分布) 상태를 나타내는 도표(圖表).

도:술 道術 | 길 도, 꾀 술
[magical arts]
도(道)를 닦아 여러 가지 조화를 부리는 기술(技術).

도스 {영 DOS}
컴퓨터에서 사용자와 하드웨어·소프트웨어 사이의 명령과 처리를 전달하는 컴퓨터 체제. 'Disk Operating System'의 준말.

⁑**도시 都市** | 도읍 도, 저자 시
[city; town]
❶ 속뜻 도읍(都邑)의 시장(市場). ❷일정한 지역에서 사람들이 많이 모여 사는 지역. ¶도시를 건설하다. ⓑ 도회지(都會地). ⓑ 시골.

▸도시-화 都市化 | 될 화
도시가 아닌 곳이 도시(都市)로 변화(變化)함. ¶농촌의 도시화에 따른 문제.

▸도시 계:획 都市計劃 | 셀 계, 그을 획
사회 도시(都市) 주민이 편리하고 효율적으로 생활할 수 있도록 시설과 환경을 만드는 계획(計劃).

▸도시 국가 都市國家 | 나라 국, 집 가
역사 고대와 중세에 도시(都市)가 정치적으로 독립하여 하나의 국가(國家)인 형태.

도시락 [lunch box]
플라스틱이나 간편하게 휴대하여 다닐 수 있도록 만든 음식 그릇. 또는 그 음식. ¶소풍을 가기위해 도시락을 쌌다.

도심 都心 | 도읍 도, 가운데 심 [downtown]
도시(都市)의 가운데[心]. 시내 중심. ¶도심에는 고층 빌딩이 즐비하다.

▸도심-지 都心地 | 땅 지
도시(都市)의 중심(中心)이 되는 구역[地].

도안 圖案 | 그림 도, 생각 안
[design; plan]
그림[圖] 형식으로 표현한 생각[案]. 또는 생각을 구체화한 그림. ¶화폐 도안을 바꾸다.

***도야 陶冶** | 질그릇 도, 불릴 야 [cultivate; train]
❶ 속뜻 도기(陶器)를 만드는 일과 쇠를 불리어[冶] 주조하는 일. ❷'훌륭한 사람이 되도록 몸과 마음을 닦아 기름'을 비유하여 이르는 말. ¶인격을 도야하다. ⓑ 수양(修養), 수련(修鍊).

도약 跳躍 | 뛸 도, 뛰어오를 약
[spring; jump]
❶ 속뜻 몸을 위로 솟구쳐 뛰어[跳] 오름[躍]. ¶높이뛰기를 하기 전에 도약하다. ❷'더 높은 단계로 발전하는 것'을 비유하여 이르는 말. ¶세계 일류 기업으로 도약하다.

도엽-명 圖葉名 | 그림 도, 잎 엽, 이름 명
지도(地圖) 상단부에 잎[葉] 모양의 여백 가운데 한자로 표기된 지도 명칭(名稱). 주로 시청, 군청 소재지 등 유명 지명을 표기해 둔다.

도예 陶藝 | 질그릇 도, 재주 예 [ceramic art]
수공 도자기(陶瓷器)를 만들어내는 공예(工藝). 또는 그 기술. ¶현대 도예 작품 / 그는 세계적인 도예가이다.

도ː외 度外 | 정도 도, 밖 외
일정한 정도(程度)나 범위의 밖[外]. ¶그의 잘못은 도외로 치고 이야기하자.

▸ 도ː외-시 度外視 | 볼 시
상관하지 않거나[度外] 무시(無視)함. ¶현실을 도외시하다.

도용 盜用 | 훔칠 도, 쓸 용 [peculate]
남의 물건이나 명의를 몰래 훔쳐[盜] 씀[用]. ¶명의 도용 / 아이디어를 도용하다. ㊥ 도답(盜踏).

도우미 [guide]
행사를 안내하거나 남을 돕는 사람. 본딧말은 '도움이'.

도움 [aid; help; assistance]
남을 돕는 일. 도와줌. ¶도움을 요청하다. ㊥ 조력(助力).

▸ 도움-말
도움이 되도록 일러주는 말. ㊥ 조언(助言).

▸ 도움-닫기
운동 높이뛰기, 멀리뛰기 등에서 탄력을 위하여 일정 거리를 달림. ㊥ 조주(助走).

⁑**도읍 都邑** | 도읍 도, 고을 읍 [capital]
수도(首都)에 상당하는 큰 고을[邑]. 또는 수도를 정함. ¶한양은 조선의 도읍이다 / 평양성에 도읍하다. ㊥ 서울.

▸ 도읍-지 都邑地 | 땅 지
한 나라의 서울[都邑]로 삼은 곳[地].

도ː의 道義 | 길 도, 뜻 의 [moral justice; moral principles]
사람이 마땅히 지키고 행해야 할 도덕적(道德的) 의리(義理). ¶그는 도의를 모르는 사람이다.

도ː-의원 道議員 | 길 도, 의논할 의, 인원 원 [member of a provincial assembly]
도의회(道議會)를 구성하는 의원(議員). '도의회 의원'의 준말.

도ː-의회 道議會 | 길 도, 의논할 의, 모일 회 [provincial assembly]
법률 도(道)의 의결(議決) 기관[會]. ㊟ 도의.

도ː인 道人 | 길 도, 사람 인 [ascetic]
❶ 속뜻 도(道)를 닦는 사람[人]. ❷ 종교 천도교를 믿는 사람.

도ː입 導入 | 이끌 도, 들 입 [introduce; induce]
❶ 속뜻 기술, 방법, 물자 따위를 끌어[導] 들임[入]. ¶최신 기술을 도입하다. ❷ 수업에서 본격적인 내용을 다루기 전의 첫 단계.

▸ 도ː입-부 導入部 | 나눌 부
음악 노래의 주요 부분을 이끌어주는[導入] 역할을 하는 부분(部分).

⁑**도자 陶瓷** | =陶磁, 질그릇 도, 사기그릇 자
질그릇[陶器]과 사기그릇[瓷器]. ¶한국의 섬세한 도자 기술은 세계 최고이다.

▸ 도자-기 陶瓷器 | =陶磁器, 그릇 기
질그릇[陶器]과 사기그릇[瓷器] 따위의 그릇[器] 종류를 통틀어 이르는 말. ¶도자기를 굽다.

도ː장[1] 道場 | 방법 도, 마당 장 [gymnasium; exercise hall]
무예를 잘하는 방법[道]을 배우는 곳[場]. ¶태권도 도장에 다닌다.

도장[2] 塗裝 | 칠할 도, 꾸밀 장 [painting]
건설 부식을 막기 위해 도료를 칠하고[塗] 장식(裝飾)함. ¶도장 공사를 시작했다.

도장[3] 圖章 | 그림 도, 글 장 [seal; stamp]
❶ 속뜻 그림[圖]이나 글[章]을 새긴 것. ❷ 이름을 새겨 서류에 찍어 증거로 삼는 물건. ¶도장을 찍다. ㊥ 인장(印章).

도저 到底 | 이를 도, 밑 저 [very good; perfect]
❶ 속뜻 밑바닥[底]에 이를[到] 정도로 깊

음. ❷학식 따위가 매우 깊다. ¶그는 서양 의술에 도저한 사람이다. ❸몸가짐이 바르고 훌륭하다. ¶그녀의 도저한 행동은 가히 본받을 만하다.

▸ 도:저-히 (到底–)
끝끝내[到底]. 아무리 하여도. 끝끝내. ¶이번 일은 도저히 용서할 수 없다.

도적 盜賊 | 훔칠 도, 도둑 적
[thief; robber]
남의 물건 따위를 훔친[盜] 도둑[賊]. ¶산속에서 도적을 만났다. ㊊ 도둑.

도전 挑戰 | 돋울 도, 싸울 전 [challenge]
❶ 속뜻 감정 따위를 돋워[挑] 싸움[戰]을 겲. ¶도전에 응하다 / 챔피언에게 도전하다. ❷'어려운 사업이나 기록 경신 따위에 맞섬'을 비유하여 이르는 말. ¶정상 도전 / 세계 기록에 도전하다. ㊊ 도발(挑發). ㊉ 응전(應戰).

▸ 도전-자 挑戰者 | 사람 자
정면으로 맞서 싸움을 거는[挑戰] 사람[者]. ¶도전자가 아무도 없었다.

도정 搗精 | 찧을 도, 쓿을 정
[polish by pounding]
곡식을 찧거나[搗] 쓿음[精]. ¶쌀을 도정하다.

도주 逃走 | 달아날 도, 달릴 주
[escape; run away]
달아나[逃] 달림[走]. ¶범인들이 도주했다. ㊊ 도망(逃亡), 도피(逃避).

도:중 途中 | 길 도, 가운데 중
[on the way]
❶ 속뜻 길[途]을 오가는 중간(中間). ¶집에 오는 도중에 그를 만났다. ❷일이 계속되고 있는 과정이나 일의 중간. ¶통화하는 도중에 전화가 끊어졌다. ㊊ 노중(路中), 동안.

▸ 도:중-하차 途中下車 | 아래 하, 수레 차
❶ 속뜻 목적지에 닿기 전에[途中] 차(車)에서 내림[下]. ❷일을 다 마치기 전에 중간에서 그만둠. ¶그는 이 사업에서 도중하차하고 말았다.

도:지다 [become serious again]
나아가거나 나았던 병이 덧나거나 심해지다. ¶감기가 도지다.

도:-지사 道知事 | 길 도, 알 지, 일 사
[provincial governor]
한 도(道)의 행정 사무를 총괄하는 자치단체장[知事]. ¶강원도 도지사로 당선되다.

***도:착 到着** | 이를 도, 붙을 착
[arrive at; reach]
목적한 곳에 이르러[到] 닿음[着]. ¶비가 와서 물건이 늦게 도착했다. ㊊ 당도(當到), 도달(到達), 도래(到來). ㊉ 출발(出發).

도:처 到處 | 이를 도, 곳 처 [everywhere]
발길이 닿거나 이르는[到] 곳[處]마다. ¶도처에 위험이 도사리고 있다. ㊊ 각처(各處).

도청[1] 盜聽 | 훔칠 도, 들을 청
[tab listen]
남의 이야기, 회의의 내용, 전화 통화 따위를 몰래 훔쳐[盜] 듣거나[聽] 녹음하는 일.

***도:청[2] 道廳** | 길 도, 관청 청 [provincial office]
도(道)의 행정을 맡아 처리하는 지방 관청(官廳). ¶도청 소재지.

도:체 導體 | 이끌 도, 몸 체 [conductor]
물리 열 또는 전기 따위를 잘 전도(傳導)하는 물체(物體). '도전체'(導電體)의 준말. ㊉ 부도체(不導體).

도:출 導出 | 이끌 도, 날 출
[deduce; draw]
판단이나 결론 따위를 이끌어[導] 냄[出]. ¶합의 도출 / 결론을 도출하다.

도취 陶醉 | 기뻐할 도, 취할 취 [intoxicate]
❶ 속뜻 기쁜[陶] 마음에 흠뻑 취함[醉]. ❷어떠한 것에 마음이 쏠려 취하다시피 됨. ¶자아 도취 / 아름다운 경치에 도취되다.

도:치 倒置 | 거꾸로 도, 둘 치
[reverse; invert]
❶ 속뜻 차례나 위치(位置)가 거꾸로[倒]

뒤바뀜. ❷ 언어 문장에서 어순이 뒤바뀌는 일.

도탄 塗炭 | 진흙 도, 숯 탄
[dire distress; great misery]
❶ 속뜻 진흙탕[塗]에 빠지고 숯불[炭]에 탐. ❷'몹시 곤궁하여 고통스러운 지경'을 비유하여 이르는 말. ¶도탄에 빠지다.

도태 淘汰 | 일 도, 일 태
[select; comb out]
❶ 속뜻 물건을 물에 넣고 일어서[淘=汰] 좋은 것만을 가려냄. ❷여럿 중에서 불필요하거나 부적당한 것을 줄여 없앰. ¶부실 기업은 도태되기 마련이다. ❸ 생물 생물 집단에서 환경이나 조건에 적응하지 못하는 개체군이 사라져 없어짐. 또는 그런 일. ¶자연 도태.

도토리 [acorn]
떡갈나무·갈참나무·상수리나무 등의 참나뭇과의 나무에 열리는 열매. 묵을 쑤어 먹기도 한다.

도톰-하다 [rather thick]
조금 두껍다. ¶도톰한 입술.

도통 都統 | 모두 도, 묶을 통
[in all; (not) at all]
❶ 속뜻 모두[都] 묶어[統] 합한 셈. ¶도통 10개였다. ❷이러니저러니 할 것 없이 아주. 전혀. ¶무슨 말씀인지 도통 모르겠습니다. ㊐ 도합(都合), 도무지.

도:포 道袍 | 길 도, 두루마기 포
예전에 남자들이 도의(道義)상 예복으로 입던 겉옷[袍]. 소매가 넓고 등 뒤에는 딴 폭을 댄다.

도표 圖表 | 그림 도, 겉 표
[chart; graph]
여러 가지 자료를 분석하여 그 관계를 일정한 양식의 그림[圖]으로 나타낸 표(表).

도피 逃避 | 달아날 도, 피할 피 [escape; flee]
❶ 속뜻 달아나[逃] 위험이나 어려움을 피(避)함. ¶테러범은 스위스로 도피했다. ❷ 적극적으로 나서지 않고 몸을 사려 빠져나감. ¶현실을 도피하다. ㊐ 피신(避身), 도망(逃亡), 회피(回避).

도형 圖形 | 그림 도, 모양 형
[figure; diagram]
❶ 속뜻 그림[圖]의 모양이나 형태(形態). ❷ 수학 점, 선, 면, 체 또는 그것들로 이루어진 형태를 가진 것을 통틀어 이르는 말. 사각형, 원, 구 따위.

▸**도형-판 圖形板** | 널빤지 판
여러 가지 도형(圖形)을 만들 수 있는 종이·나무·아크릴 따위의 조각[板].

도화[1] 圖畵 | 그림 도, 그림 화 [drawing]
❶ 속뜻 도안(圖案)과 그림[畵]을 아울러 이르는 말. ❷그림을 그리는 일. 또는 그려 놓은 그림.

▸**도화-지 圖畵紙** | 종이 지
그림을 그리는[圖畵] 데 쓰는 종이[紙]. ¶도화지를 펼쳐 그림을 그렸다.

도:화[2] 導火 | 이끌 도, 불 화
[fuze; direct cause]
❶ 속뜻 폭약이 터지도록 이끄는[導] 불[火]. ❷사건의 원인이나 동기를 비유하여 이르는 말.

▸**도:화-선 導火線** | 줄 선
❶ 속뜻 폭약을 터트리기 위해 불을 붙이는[導火] 심지나 줄[線]. ❷사건이 일어나게 된 직접적인 원인. ¶그 사건은 민란의 도화선이 되었다.

도회 都會 | 모두 도, 모일 회 [city]
❶ 속뜻 사람들이 모두[都] 모임[會]. ❷'도회지'(都會地)의 준말.

▸**도회-지 都會地** | 땅 지
사람들이 많이 모여[都會] 살아 번화한 지역(地域). ㊐ 도시(都市). ㊀ 시골.

독[1] [earthenware pot; jar]
깊이가 깊고 배가 나와 있으며 손잡이가 달린 질그릇. ㊐ 항아리. 속담 밑 빠진 독에 물 붓기.

독[2] 毒 | 독할 독 [poison]
건강이나 생명을 해치는 위험한 성분[毒].

반 약(藥).

독감 毒感 | 독할 독, 느낄 감 [influenza]

❶ 속뜻 지독(至毒)한 감기(感氣). 병세가 심한 감기. ❷ 의학 인플루엔자 바이러스에 의해 일어나는 감기. 고열과 함께 폐렴, 중이염, 뇌염 따위의 합병증을 일으킨다. 비 유행성 감기.

독-극물 毒劇物 | 독할 독, 심할 극, 만물 물 [poison; toxic substance]

법률 법에서 정한 독약(毒藥) 물질과 극약(劇藥) 물질(物質)을 통틀어 이르는 말. ¶독극물에 중독되다.

독기 毒氣 | 독할 독, 기운 기 [poisonous character; malice]

❶ 속뜻 독(毒)의 기운(氣運)이나 성분. ❷ 사납고 모진 기운이나 기색. ¶독기를 품다. 비 독성(毒性), 독소(毒素), 살기(殺氣), 악의(惡意).

독도 獨島 | 홀로 독, 섬 도

❶ 속뜻 홀로[獨] 우뚝 솟아 있는 섬[島]. ❷ 지리 경상북도 울릉군에 속하는 화산섬으로, 동도(東島)와 서도(西島) 및 작은 섬들로 이루어져 있음.

독립 獨立 | 홀로 독, 설 립 [become independent]

❶ 속뜻 독자적(獨自的)으로 존립(存立)함. ❷다른 것에 예속하거나 의존하지 않는 상태로 있음. ❸ 정치 한 나라가 정치적으로 완전한 주권을 행사함.

▸독립-국 獨立國 | 나라 국

정치 독립(獨立)된 주권을 가진 나라[國]. '독립국가'(獨立國家)의 준말. ¶우크라이나는 신생 독립국이다. 반 속국(屬國).

▸독립-군 獨立軍 | 군사 군

나라의 독립(獨立)을 이루기 위하여 싸우는 군대(軍隊).

▸독립-문 獨立門 | 문 문

고적 1898년 서재필을 중심으로 한 독립협회가 우리나라의 영구 독립(獨立)을 선언하기 위하여 영은문이 있던 자리에 돌을 이용해 세운 문(門). 사적 제32호.

▸독립-심 獨立心 | 마음 심

남에게 의지하지 않고 살아가려는[獨立] 마음[心]. ¶독립심이 강해야 성공할 수 있다.

▸독립-적 獨立的 | 것 적

남의 도움을 받지 않고 자기 힘으로 어떤 일을 해내는[獨立] 것[的]. ¶부모로부터 독립적인 생활을 하다.

▸독립-신문 獨立新聞 | 새 신, 들을 문

역사 ❶독립협회(獨立協會)의 서재필, 윤치호가 1896년에 창간한 우리나라 최초의 민간 신문(新聞). ❷대한민국 임시 정부에서 발행하던 기관 신문.

▸독립 운:동 獨立運動 | 돌 운, 움직일 동

❶ 속뜻 나라의 독립(獨立)을 위해 벌이는 갖가지 운동(運動). ❷ 역사 1924년 11월경 중국 상해(上海)에서 순 한글로 편집하여 창간한 독립 운동지.

▸독립 협회 獨立協會 | 합칠 협, 모일 회

역사 1896년에 서재필, 이상재, 윤치호 등이 조선의 독립(獨立)과 내정 개혁을 위하여 조직한 단체[協會].

▸독립 기념관 獨立紀念館 | 벼리 기, 생각 념, 집 관

고적 우리나라의 독립(自主獨立) 운동의 역사를 기리기 위하여 세운 기념관(紀念館). 1987년 8월 15일에 개관하였고, 충청남도 천안시 동남구 목천읍에 있다.

▸독립 선언서 獨立宣言書 | 알릴 선, 말씀 언, 글 서

역사 ❶1919년 3·1운동 때 한국의 독립(獨立)을 세계만방에 선포한 선언서(宣言書). ❷1776년 7월 4일 북미 합중국의 독립을 내외에 선언한 문서.

독-무대 獨舞臺 | 홀로 독, 춤출 무, 돈대 대 [being without a rival]

❶ 속뜻 홀로[獨] 나와서 연기하는 무대(舞臺). ❷독차지하는 판. ¶재주 많은 그의 독무대였다.

독방 獨房 | 홀로 독, 방 방

[single room; cell]
❶속뜻 혼자서[獨] 쓰는 방(房). ❷법률 죄수 한 사람만을 가두어 놓는 감방. '독거감방'(獨居監房)의 준말. ⓑ 독실(獨室).

독백 獨白 | 홀로 독, 말할 백 [monologue]
연영 극에서 배우가 상대자 없이 혼자[獨] 대사를 말함[白]. 또는 그 대사(臺詞).

독-뱀 (毒-, 독할 독)
[poisonous snake]
동물 독(毒)이 있는 뱀. ⓑ 독사(毒蛇).

독-버섯 (毒-, 독할 독)
[poisonous mushroom]
식물 독(毒)이 있는 버섯. ⓑ 독이(毒栮).

독보 獨步 | 홀로 독, 걸음 보
[going on alone]
남이 감히 따를 수 없을 만큼 혼자[獨] 앞서 걸어 감[步]. 매우 뛰어남.

▸**독보-적 獨步的** | 것 적
어떤 분야에서 남이 따를 수 없을 만큼 홀로 뛰어난[獨步] 것[的]. ¶그는 그 분야에서 독보적인 존재가 되었다.

독불-장군 獨不將軍 | 홀로 독, 아닐 불, 장수 장, 군사 군
❶속뜻 혼자서는[獨] 장군(將軍)이 되지 못함[不]. ❷'무슨 일이든 자기 생각대로 혼자서 처리하는 사람'을 비유하여 이르는 말. ¶그는 독불장군이라서 말해도 소용없다.

독사 毒蛇 | 독할 독, 뱀 사
[poisonous snake]
독(毒)을 내뿜는 뱀[蛇]. 이빨에 독액을 뿜는 구멍이 있다. ¶독사에게 물리다.

독-사진 獨寫眞 | 홀로 독, 베낄 사, 참 진
혼자[毒] 찍은 사진(寫眞).

독살 毒殺 | 독할 독, 죽일 살 [poison]
독약이나 독침과 같은 독(毒)으로 사람을 죽임[殺]. ¶왕을 독살하였다.

독상 獨床 | 홀로 독, 평상 상
[table for one]
혼자서[獨] 먹도록 차린 음식상(飮食床). ¶손님을 위해 독상을 차리다. ⓑ 외상. ⓑ 겸상(兼床).

독서 讀書 | 읽을 독, 글 서 [read]
글[書]을 읽음[讀]. ¶가을은 독서하기에 가장 좋은 계절이다.

▸**독서-량 讀書量** | 분량 량
책을 읽는[讀書] 분량(分量). ¶독서량이 가장 많은 학생.

▸**독서-실 讀書室** | 방 실
책을 읽거나[讀書] 공부를 할 수 있도록 따로 차려 놓은 방[室]. ¶밤늦게까지 독서실에서 책을 봤다.

▸**독서-삼매 讀書三昧** | 석 삼, 새벽 매
다른 생각은 전혀 않고 오직 책 읽기에만[讀書] 집중하는[三昧] 것. ¶독서삼매에 빠지다.

독선 獨善 | 홀로 독, 착할 선
[self-righteousness]
자기 한 몸[獨]의 선(善)만을 꾀함. ¶독선에 빠지다 / 매우 독선적이다.

독설 毒舌 | 독할 독, 말 설
[malicious tongue]
남을 해치거나 비방하는 모질고 악독(惡毒)한 말[舌]. ¶그는 연설 중 독설을 퍼부었다. ⓑ 독변(毒辯), 독언(毒言).

독성 毒性 | 독할 독, 성질 성 [toxicity]
❶속뜻 독(毒)이 있는 성분(性分). ¶정화시설로 독성을 제거하다. ❷독한 성질. ⓑ 독력(毒力).

독소 毒素 | 독할 독, 바탕 소 [toxin]
❶속뜻 해로운[毒] 요소(要素). ❷생물 생명체에 유독한 모든 물질. ¶패스트푸드를 많이 먹으면 몸 안에 독소가 쌓인다.

독-수리 (禿-, 대머리 독) [eagle]
동물 수릿과의 크고 사나운 새. 어두운 갈색이며 정수리와 목덜미까지 살이 벗겨져 있다[禿].

독신 獨身 | 홀로 독, 몸 신
[unmarried person]
배우자가 없어 혼자[獨] 사는 몸[身]. 또는

그런 사람. ¶그는 독신 생활을 즐기고 있다. [비] 홀몸.

▸독신-자 獨身者 | 사람 자
배우자가 없이 혼자[獨身] 사는 사람[者]. ¶이곳은 독신자들을 위한 아파트이다.

독실 篤實 | 도타울 독, 참될 실
[sincere; earnest]
믿음이 두텁고[篤] 성실(誠實)하다. ¶그는 독실한 신자이다.

독약 毒藥 | 독할 독, 약 약 [poison]
독성(毒性)을 가진 약제(藥劑). ¶술은 마시기에 따라서 보약이 될 수도 있고 독약이 될 수도 있다. [비] 극약(劇藥). [반] 보약(補藥).

독어 獨語 | 독일 독, 말씀 어 [German]
[언어] 독일(獨逸)·오스트리아·스위스 등지에서 쓰는 말[語].

독일 獨逸 | 홀로 독, 잃을 일 [Germany]
[지리] '도이칠란트'(Deutschland)의 한자 음역어. ¶독일은 자동차 산업이 발달했다.

▸독일-어 獨逸語 | 말씀 어
[언어] 독일(獨逸)에서 사용하는 언어(言語).

독자[1] 獨子 | 홀로 독, 아들 자
[only son]
단 하나뿐인[獨] 아들[子]. ¶그는 삼대 독자이다. [반] 독녀(獨女).

독자[2] 讀者 | 읽을 독, 사람 자 [reader]
책, 신문, 잡지 따위의 글을 읽는[讀] 사람[者]. ¶이 책은 독자의 사랑을 받고 있다. [반] 저자(著者).

독자[3] 獨自 | 홀로 독, 스스로 자
[one's self]
❶[속뜻] 남에게 기대지 않고 혼자[獨] 스스로[自]. ¶독자 노선. ❷다른 것과 구별되는 그 자체만의 특유함. ¶독자모델.

▸독자-적 獨自的 | 것 적
❶[속뜻] 자기 혼자서[獨自] 하는 것[的]. ❷자신에게만 독특한 것. ¶독자적인 기술을 개발하다.

독재 獨裁 | 홀로 독, 처리할 재
[have under one's despotic rule]
❶[속뜻] 독단(獨斷)적으로 처리함[裁]. ¶독재 정권을 타도하다. ❷[정치] 민주적인 절차를 부정하고 통치자의 독단으로 행하는 정치. '독재정치'(獨裁政治)의 준말. ¶독재 군주국. [반] 민주(民主).

▸독재-자 獨裁者 | 사람 자
❶[속뜻] 모든 일을 독단적으로 판단하여 처리하는[獨裁] 사람[者]. ¶독재자에 항거하다. ❷절대 권력을 가지고 독재 정치를 하는 사람. ¶독재자 히틀러.

독점 獨占 | 홀로 독, 차지할 점 [monopoly]
❶[속뜻] 혼자서[獨] 모두 차지함[占]. ¶그는 우리와 독점 계약을 맺었다. ❷[경제] 한 기업(개인)이 생산과 시장을 지배하여 이익을 독차지함. ¶석유 판매를 독점하다. [비] 독차지. [반] 공유(共有).

독종 毒種 | 독할 독, 갈래 종
[malicious person]
성질이 매우 독(毒)한 인종(人種). ¶그는 담배를 끊은 독종이다.

독주[1] 獨走 | 홀로 독, 달릴 주
[run alone]
❶[속뜻] 혼자서[獨] 뜀[走]. ❷승부를 다투는 일에서 다른 경쟁 상대를 뒤로 떼어 놓고 혼자서 앞서 나감. ¶자동차시장에서 그 기업의 독주를 막을 수 없다. ❸남을 아랑곳하지 않고 혼자서 행동함. ¶국회는 행정부의 독주를 견제하는 기구이다.

독주[2] 獨奏 | 홀로 독, 연주할 주
[play a solo]
[음악] 홀로[獨] 하는 연주(演奏). ¶피아노 독주. [반] 합주(合奏).

▸독주-곡 獨奏曲 | 노래 곡
[음악] 독주(獨奏)를 위하여 지은 곡(曲). [반] 합주곡.

독지 篤志 | 도타울 독, 마음 지
[benevolence]

도탑고[篤] 친절한 마음[志]. ¶그는 독지 사업에 온 재산을 쏟아 부었다.

▶독지-가 篤志家 | 사람 가
❶속뜻 도탑고 친절한 마음[篤志]을 가진 사람[家]. ❷남을 위한 자선 사업이나 사회사업에 물심양면으로 참여하여 지원하는 사람. ¶익명의 독지가가 20억 원을 기부했다.

독-차지 (獨-, 홀로 독) [monopolize]
혼자서[獨] 모두 차지함. ¶그는 모든 재산을 독차지했다. ㊐ 독점(獨占). ㊉ 공유(共有).

독창[1]**獨唱** | 홀로 독, 부를 창
[sing solo]
성악에서 혼자서[獨] 노래를 부름[唱]. 또는 그 노래. ㊉ 합창(合唱).

▶독창-곡 獨唱曲 | 노래 곡
음악 혼자서 부르기[獨唱]에 알맞은 노래의 곡(曲). ㊉ 합창곡.

▶독창-회 獨唱會 | 모일 회
음악 한 사람이 노래하는[獨唱] 음악회(音樂會). ¶그의 독창회가 열린다.

독창[2]**獨創** | 홀로 독, 처음 창 [originality]
혼자서[獨] 처음[創] 생각해 냄. 또는 처음 만들어 냄. ¶독창적인 발상.

▶독창-성 獨創性 | 성질 성
독창적(獨創的)인 성향(性向)이나 성질(性質). ¶이 작품은 독창성이 뛰어나다.

▶독창-적 獨創的 | 것 적
독자적으로 고안해 내거나 만들어 내는[獨創] 것[的]. ¶독창적인 방법으로 문을 열었다. ㊉ 모방성.

독촉 督促 | 살필 독, 재촉할 촉
[press; demand]
일이나 행동을 잘 살펴보아[督] 재촉함[促]. ¶그렇게 독촉하지 마. ㊐ 재촉, 독책(督責).

독충 毒蟲 | 독할 독, 벌레 충 [poisonous insect]
독(毒)을 가진 벌레[蟲]. 모기, 벼룩, 빈대 따위. ¶독충들이 달라붙다.

독침 毒針 | 독할 독, 바늘 침
[poison stinger]
독(毒)을 묻힌 바늘 따위의 침(針). ¶벌은 독침이 있다.

⁑**독특 獨特** | 홀로 독, 특별할 특 [unique]
❶속뜻 홀로[獨] 특별(特別)함. 홀로 유별남. ¶냄새가 독특하다. ❷다른 것과 견줄 수 없을 정도로 매우 뛰어남. 특별히 독창적임. ¶독특한 기술.

독파 讀破 | 읽을 독, 깨뜨릴 파
[reading through]
많은 분량의 책이나 글을 처음부터 끝까지 모두 다 읽어[讀] 버림[破]. ㊐ 독료(讀了).

독-하다 (毒-, 독할 독)
[poisonous; strong; firm]
❶속뜻 해를 줄만큼[毒] 심한 기운이 있다. ¶독한 가스. ❷맛·냄새가 지나치게 진하다. ¶독한 술. ❸의지가 강하다. ¶독하게 마음을 먹고 공부하다. ㊐ 독성(毒性) 있다, 지독(至毒)하다, 굳세다. ㊉ 순(順)하다.

독학 獨學 | 홀로 독, 배울 학
[study by oneself]
스승이 없거나 학교에 다니지 않고 혼자서[獨] 공부함[學]. ¶그는 일본어를 독학했다.

독해 讀解 | 읽을 독, 풀 해
[read and comprehend]
글을 읽어서[讀] 뜻을 이해(理解)함.

독후-감 讀後感 | 읽을 독, 뒤 후, 느낄 감
[one's impressions of a book]
책이나 글 따위를 읽고[讀] 난 뒤[後]의 느낌[感]. 또는 그런 느낌을 적은 글. ¶『돈키호테』를 읽고 독후감을 썼다.

돈:[1] (錢, 돈 전) [money; wealth]
❶상품의 교환 가치를 나타내며 상품 교환을 매개하고 가치 저장의 수단이 되는 물건. ¶돈을 주고 구두를 사다. ❷재산을

달리 이르는 말. ¶그는 많은 돈을 물려받았다. ㊥ 화폐(貨幣).

돈ː²
무게의 단위. 귀금속이나 한약재 따위의 무게를 잴 때 쓴다. ¶두 돈짜리 금반지.

돈-가스 (豚kasu, 돼지 돈)
[pork cutlet]
빵가루를 묻힌 돼지고기를[豚] 기름에 튀긴 음식. 일본식 말.

돈독 敦篤 | 도타울 돈, 도타울 독
[sincere; friendly]
인정이 두텁다[敦=篤]. ¶형제간의 우애가 돈독하다.

돈ː-방석 (—方席, 모 방, 자리 석)
돈을 썩 많이 가지고 있음을, 앉아 있기에 편한 방석(方席)에 비유한 말.

돈ː-벌이 [moneymaking]
돈을 버는 일. ¶돈벌이가 신통치 않다.

돈의-문 敦義門 | 도타울 돈, 옳을 의, 문 문
❶ 속뜻 나라에 충성하는 뜻[義]을 도탑게[敦] 하기 위하여 세운 문(門). ❷ 고적 '서대문'(西大門)의 본이름. 조선시대에 건립한 한양 도성의 서쪽 정문. ㊟ 사대문(四大門).

돋-구다 [raise]
더 높게 하다. ¶안경의 도수(度數)를 돋구다.

돋다 [grow; come up; come out]
❶해나 달이 하늘에 솟아오르다 ¶해가 돋다. ❷속에서 겉으로 생겨 나오다. ¶새싹이 돋다 / 풀이 파릇파릇 돋아나다. ㊥ 솟다, 뜨다, 나오다, 생기다.

돋-보기 [reading glasses]
❶작은 글자나 물건이 크게 도드라져 보이는 안경. ¶할아버지는 돋보기를 쓰고 신문을 보신다. ❷물체를 크게 보이게 하는 렌즈. ¶돋보기로 개미를 관찰하다. ㊥ 노안경(老眼鏡), 확대경(擴大鏡).

돋-보이다 [look better]
무리 중에서 훌륭하거나 뛰어나 도드라져 보이다. ¶그는 모임에서 단연 돋보였다.

돋-우다 [raise; excite]
❶위로 끌어 올리거나 높아지게 하거나 도드라지게 하다. ¶램프의 심지를 돋우다. ❷감정을 자극하여 일어나게 하다. ¶호기심을 돋우다. ㊥ 올리다, 북돋우다.

돋을-새김 [carved relief]
미술 조각에서, 평평한 면에 글자나 그림 따위를 도드라지게 새기는 일. ㊥ 부조(浮彫), 부각(浮刻).

돋-치다 [grow; come out]
돋아서 내밀다. ¶날개가 돋치다 / 가시 돋친 말.

돌¹ [first birthday]
❶어린아이가 태어난 날로부터 한 해가 되는 날. ¶돌잔치. ❷특정한 날이 해마다 돌아올 때, 그 횟수를 세는 단위. ¶광복 60돌.

돌ː²(石, 돌 석) [stone]
흙 따위가 굳어서 된 단단한 덩어리. 바위보다는 작고 모래보다는 큰 것을 이른다.

돌ː개-바람 [twister; cyclone]
지리 나무가 쓰러지고 돌이 날 만큼의 세찬 회오리바람. ㊥ 회오리바람.

돌격 突擊 | 갑자기 돌, 칠 격
[rush at; dash at]
❶ 속뜻 갑자기[突] 냅다 침[擊]. ¶그는 느닷없이 나에게 돌격했다. ❷ 군사 공격 전투의 마지막 단계에 적진으로 돌진하여 공격함. 또는 그런 일. ¶돌격 앞으로! ㊥ 습격(襲擊), 돌진(突進).

돌ː-계단 (—階段, 섬돌 계, 층계 단) [stone stairway]
돌로 쌓아 만든 계단(階段). ¶돌계단을 올라가면 도서관이 있다.

돌-고래 [dolphin]
동물 몸길이 1-5m 정도로 이가 있는 작은 고래의 속칭.

돌기 突起 | 갑자기 돌, 일어날 기
[project; protrude]

❶[속뜻] 어떤 일이 갑자기[突] 일어남[起]. ❷뾰족하게 내밀거나 도드라짐. 또는 그런 부분. ¶해삼은 겉에 많은 돌기가 있다.

돌:-기둥 [stone column]
돌로 된 기둥.

돌:다 (廻, 돌 회) [turn]
❶축을 중심으로 원을 그리면서 움직이다. ¶팽이가 돌다. ❷소문·전염병 따위가 퍼지다. ¶유행성 감기가 돌다. ❸차례로 거쳐 가며 전하여지다. ¶술잔이 돌다 / 번이 돌다. ❹정신이 이상해지다. ¶머리가 돌다. ❺제 기능을 내어 움직이다. ¶기계가 돌다. ❻어떤 기운이나 빛이 겉으로 나타나다. ¶얼굴에 생기가 돌다. [비] 회전(回轉)하다.

돌:-다리 [stone bridge]
돌로 놓은 다리. [속담] 돌다리도 두들겨 보고 건너라.

돌:-담 [stone wall]
돌로 쌓은 담. ¶집에 돌담을 둘러치다.

돌:-덩이 [piece of stone]
돌멩이보다 크고, 바위보다 작은 돌.

돌:-도끼 [stone ax]
[고적] 돌로 만든 도끼. [비] 석부(石斧).

돌돌 [rolling]
여러 겹으로 둥글게 말리는 모양. ¶종이를 돌돌 말다.

돌려-놓다 [change direction; turn]
❶방향을 바꾸어 놓다. ¶시곗바늘을 돌려놓다. ❷생각이나 일의 상태를 바꾸어 놓다. ¶마음을 돌려놓다.

돌려-받다 [get back]
주었거나 빌려 준 것을 다시 받다. ¶빌려 준 책을 돌려받다.

돌려-보내다 [send back]
물건이나 사람을 본래 있던 곳으로 도로 보내다. ¶선물을 돌려보내다 / 손님을 돌려보내다.

돌려-주다 [return (a thing)]
도로 보내 주다. ¶빌린 펜을 돌려주다. [비] 되돌려주다. [반] 돌려받다.

돌려-차기 [roundhouse kick]
태권도 발기술의 한 가지. 대각선상의 상대편을 공격하는 기술이다.

돌-리다 [turn]
❶돌게 하다. ¶팽이를 돌리다. ❷방향을 다른 쪽으로 바꾸게 하다. ¶화제를 돌리다. ❸여기저기로 보내다. 여러 곳으로 배달하다. ¶신문을 돌리다 / 떡을 돌리다.

돌림 [something done by turns]
❶차례대로 돌아가는 일. ¶돌림으로 당번을 하다. ❷이름자 속에 가족 관계를 나타내는 글자를 쓰는 일. ¶우리 형제의 이름은 '석'자 돌림입니다.

▶**돌림-병** (-病, 병 병)
어떤 지역에 널리 퍼져 여러 사람이 잇달아 돌아가며 옮아 앓는 병(病). ¶돌림병에 걸린 사람을 격리 수용하다. [비] 유행병(流行病).

▶**돌림 노래**
[음악] 같은 노래를 일정한 마디의 사이를 두고 뒤따르며 부르는 합창.

돌:-머리 [stupid person]
몹시 어리석은 사람의 머리를 낮잡아 이르는 말.

돌:-멩이 [stone; cobble]
돌덩이보다 작고 자갈보다 큰 돌. [비] 괴석(塊石).

돌:-무덤 [stone grave; cairn]
[고적] 돌을 쌓아 올려 이룩한 높은 무덤. [비] 석총(石塚).

돌:-무지
돌이 많이 쌓여 깔려 있는 땅.

▶**돌:무지-무덤**
[고적] 시신 위나 시신을 넣은 석곽(石槨) 위에 돌을 쌓아 올린 무덤. 선사 시대부터 고구려·백제 초기에 나타난다.

돌발 突發 | 갑자기 돌, 나타날 발
[burst out; occur suddenly]
뜻밖의 일이 갑자기[突] 생겨남[發]. ¶돌

발사고 / 돌발 상황. ⓑ 우발(偶發).

▸돌발-적 突發的 | 것 적
뜻밖에 일어나는[突發] 것[的]. ¶돌발적인 상황에 대처하다.

돌-배 [wild pear]
돌배나무의 열매. 배보다 딱딱하다.

돌변 突變 | 갑자기 돌, 바뀔 변
[change suddenly]
뜻밖에 갑자기[突] 달라짐[變]. 또는 그런 변화. ¶돌변에 대비하다 / 태도가 돌변하다.

돌ː-보다 [take care of]
관심을 가지고 보살피다. ¶환자를 돌보다 / 집안일을 돌보다. ⓑ 돌보아주다, 보살펴주다.

돌ː-부리 [jagged edge of a stone]
땅 위로 내민 돌멩이의 뾰족뾰족한 부분. ¶돌부리에 걸려 넘어지다.

돌ː-부처 [stone (image of) Buddha]
돌로 만든 불상. ⓑ 석불(石佛).

돌ː-산 (一山, 메 산) [rocky mountain]
바위나 돌이 많은 산(山). ⓑ 석산(石山).

돌ː-소금 [rock salt]
광업 바닷물이 증발하여 소금이 돌의 형태로 남아 있는 것. 바다에서 채취한 소금보다 순도가 높다. ⓑ 암염(巖鹽).

돌아-가다 (歸, 돌아갈 귀) [return]
❶물체가 축을 중심으로 하여 둥글게 움직이다. ¶바퀴가 천천히 돌아가다. ❷사물이 본디 있던 자리로 다시 가다. ¶동심으로 돌아가다. ❸가까운 길을 두고 먼 길로 가다. ¶시위 행렬을 피해 샛길로 돌아갔다. ❹차례로 옮기어 가다. ¶돌아가며 노래를 부르다. ❺일이나 세상 형편이 어떤 상태로 되어 가다. ¶세상 돌아가는 꼴. ⓑ 회전(回轉)하다.

돌아-가시다 [return; pass away]
❶'돌아가다'의 높임말. ❷'죽다'의 높임말. ¶할아버지가 돌아가시다.

돌아-눕다 [toss about in bed]
방향을 바꾸어 눕다. ¶오른쪽으로 돌아눕다.

돌아-다니다 [go around]
여기저기 쏘다니다. ¶전국을 돌아다니다.

돌아-보다 (顧, 돌아볼 고)
[look back; reflect]
❶고개를 뒤로 돌려 보다. ❷지난 일을 살피다. 반성하다. ¶학창 시절을 돌아보다. ❸돌아다니며 두루 살피다. ¶마을 전체를 돌아보다. ⓑ 회고(回顧)하다.

돌아-서다 [turn round; turn against]
❶뒤로 향하고 서다. ¶가던 길을 멈추고 갑자기 돌아서다. ❷남과 등지다. ¶돌아선 마음을 돌리려 애쓰다. ❸생각이나 태도가 바뀌다. ¶보수파로 돌아서다.

돌아-앉다
[sit down with one's back toward]
방향을 반대로 바꾸어 앉다. ¶오빠는 나를 보자마자 획 돌아앉았다.

돌아-오다 (回, 돌아올 회; 還, 돌아올 환)
[return; come around; fall on]
❶원래 있던 곳으로 다시 오거나 다시 그 상태가 되다. ¶집으로 돌아오다. ❷무엇을 할 차례나 순서가 닥치다. ¶내가 청소할 차례가 돌아왔다. ❸몫, 비난, 칭찬 따위를 받다. ¶모든 일에 대한 비난이 나에게 돌아왔다.

돌연 突然 | 갑자기 돌, 그러할 연 [suddenly]
갑작스러운[突] 모양[然]. 갑자기 일어난. ¶돌연 그만두다 / 돌연한 죽음. ⓑ 별안간, 갑자기.

▸돌연-변ː이 突然變異 | 바뀔 변, 다를 이
생물 갑자기[突然] 변(變)하여 달라진[異] 형질이 나타나는 유전 현상. ⓑ 우연변이(偶然變異).

돌이키다
[turn round; look back on; get back]
❶방향을 반대쪽으로 돌리다. ¶발길을 돌이키다. ❷지난 일을 다시 생각하다. ¶어린 시절의 내 행동을 돌이켜 생각하다. ❸원래의 상태로 돌아가게 하다. ¶한번

내뱉은 말은 결코 돌이킬 수 없다.

돌입 突入 | 갑자기 돌, 들 입 [rush into]
세찬 기세로 갑자기[突] 뛰어듦[入]. ¶파업에 돌입하다.

돌ː-절구 [stone mortar]
돌을 파서 만든 절구.

돌진 突進 | 갑자기 돌, 나아갈 진
[rush; make a dash]
세찬 기세로 거침없이[突] 곧장 나아감[進]. ⓑ 돌입(突入), 돌격(突擊).

돌ː-쩌귀 [hinge]
건설 문짝을 문설주에 달아 여닫는 데 쓰는 두 개의 쇠붙이.

돌출 突出 | 갑자기 돌, 날 출
[project; jut out]
❶속뜻 예기치 못하게 갑자기[突] 쑥 나오거나[出] 불거짐. ¶돌출 행동 / 돌출된 발언. ❷바깥쪽으로 쑥 내밀거나 불거져 있음. ¶광대뼈의 돌출 / 돌출된 바위.

돌ː-층계 (-層階, 다락 층, 섬돌 계) [stone step; flight of stone steps]
돌로 쌓아 만든 층계(層階). ⓑ 돌계단(階段).

돌ː-칼 [stone blade]
고적 석기 시대에 쓰던, 돌로 만든 칼. ⓑ 석도(石刀), 석검(石劍).

돌ː-탑 (-塔, 탑 탑) [stone tower]
돌을 쌓아 만든 탑(塔). ⓑ 석탑(石塔).

돌파 突破 | 부딪칠 돌, 깨뜨릴 파
[break through]
❶속뜻 부딪쳐서[突] 깨뜨려[破] 뚫고 나아감. ¶범인은 경찰 저지선을 돌파하고 도망쳤다. ❷일정한 기준이나 기록 따위를 지나서 넘어섬. ¶세계 인구가 65억을 돌파했다. ❸장애나 어려움 따위를 이겨 냄. ¶난관을 돌파하다.

▶ 돌파-구 突破口 | 어귀 구
❶속뜻 가로막은 것을 쳐서 깨뜨려 통과할[突破] 수 있도록 뚫은 통로나 입구(入口). ❷부닥친 장애나 어려움 따위를 해결하는 실마리. ¶돌파구를 마련하다.

돌ː-팔매 [throwing stone]
무엇을 맞히려고 멀리 던지는 돌멩이.

▶ 돌ː팔매-질
돌멩이를 멀리 던지는 일.

돌ː-팔이 [unqualified specialist]
제대로 자격을 갖추지 못한 엉터리 실력으로 전문직에 종사하는 사람의 속칭.

돌풍 突風 | 갑자기 돌, 바람 풍
[gust of wind]
❶속뜻 갑자기[突] 세게 부는 바람[風]. ¶돌풍이 일다 / 돌풍이 불다. ❷갑작스럽게 큰 영향을 끼치는 현상을 이르는 말. ¶돌풍을 일으키다. ⓑ 급풍(急風).

돌ː-하르방
민속 돌로 만든 할아버지라는 뜻으로, 제주도 도민들이 수호신으로 믿는 석상.

돔ː [sea bream; gold bream]
동물 '도미'의 준말.

돕ː다 (助, 도울 조)
[help; relieve; promote]
❶남이 하는 일이 잘되도록 거들거나 힘을 보태다. ¶어머니의 일을 돕다. ❷위험한 처지나 어려운 상황에서 벗어나게 하다. ¶불우 이웃을 돕다. ❸어떤 상태를 촉진·증진시키다. ¶이 운동은 소화를 돕는다.

♣ 돕다 / 거들다 (비슷한 듯 다른 말)

○ 어머니의 일을 돕다 = 거들다.
○ 불우 이웃을 돕다.
× 불우 이웃을 거들다.
○ 남의 말을 거들다.
× 남의 말을 돕다.

돗-바늘 [matting needle]
돗자리 등을 꿰매는 데 쓰이는 크고 굵은 바늘.

돗-자리 [rush mat]

왕골이나 골풀의 줄기를 잘게 쪼개서 짠 자리.

동[1]
[순동] 윷놀이에서 말이 첫 밭으로부터 끝 밭을 거쳐 나가는 한 차례를 세는 단위. ¶한 동 나다.

동[2]**東** | 동녘 동 [east]
네 개의 기본 방위 중 해가 뜨는 쪽[東]. [비] 동쪽. [반] 서(西). [속담] 동에 번쩍 서에 번쩍. [관용] 동이 트다.

동ː[3]**洞** | 마을 동 [village]
시(市)·구(區)·읍을 구성하는 작은 행정 구역[洞].

동[4]**棟** | 마룻대 동
집채[棟]를 세거나 차례를 나타내는 말. ¶다섯 동짜리 아파트 단지 / 4동 102호.

동[5]**銅** | 구리 동 [copper]
[화학] 붉고 윤이 나는 금속 원소. 자연동으로나 화합물로 나며 은(銀) 다음으로 전기 및 열을 잘 전달하는 물체이다. [비] 구리.

동감 同感 | 같을 동, 느낄 감
[sympathy; agreement]
어떤 견해나 의견에 대해 똑같이[同] 생각함[感]. ¶나는 그의 말에 동감했다. [비] 공감(共感). [반] 반감(反感).

동갑 同甲 | 같을 동, 천간 갑
[same age]
❶ [속뜻] 육십갑자(六十甲子)가 같음[同]. ❷같은 나이의 사람. ¶그는 나와 동갑이다.

동강 [piece; part]
긴 물건을 작고 짤막하게 자른 토막이나 쓰고 남아 짤막하게 된 부분. [비] 동강이.

동거 同居 | 같을 동, 살 거
[live together]
한집이나 한방에서 같이[同] 삶[居]. ¶동거하고 있는 가족은 모두 다섯이다. [반] 별거(別居).

동검 銅劍 | 구리 동, 칼 검
[bronze sword]
구리[銅]나 청동(靑銅)으로 만든 칼[劍]. 청동기 시대의 대표적 유물로 비파형 동검과 세형동검 등이 있다.

동격 同格 | 같을 동, 자격 격
[same rank]
같은[同] 지위나 자격(資格). ¶고대에서 왕은 신과 동격으로 여겨졌다.

동ː결 凍結 | 얼 동, 맺을 결 [freeze]
❶ [속뜻] 추위나 냉각으로 얼어[凍] 붙음[結]. ¶동결 건조한 채소. ❷ [경제] 자산이나 자금 따위의 사용이나 이동을 완전히 묶음. ¶금리를 동결하다.

동경[1]**東經** | 동녘 동, 날실 경
[east longitude]
[지리] 지구 동반구(東半球)의 경도(經度). 본초 자오선을 0도로 하여 동쪽으로 180도까지의 경선이다. ¶서울은 동경 127도에 위치해 있다. [반] 서경(西經).

동ː경[2]**憧憬** | 그리워할 동, 그리워할 경
[yearn for; long for]
어떤 것을 간절히 그리워하여[憧=憬] 그것만을 생각함. ¶동경의 대상.

동ː계 冬季 | 겨울 동, 철 계
[winter season]
겨울[冬] 철[季]. ¶동계 올림픽 / 동계 훈련. [비] 동절(冬節). [반] 하계(夏季).

동고동락 同苦同樂 | 한가지 동, 괴로울 고, 한가지 동, 즐길 락
괴로움[苦]도 즐거움[樂]도 함께[同] 함.

동ː공 瞳孔 | 눈동자 동, 구멍 공
[pupil of the eye]
눈동자[瞳]의 한가운데에 있는 구멍[孔] 같은 부분. 빛이 이곳을 통하여 들어간다. ¶놀라면 동공이 확대된다. [비] 눈동자.

동ː구 洞口 | 마을 동, 어귀 구
[village entrance]
❶ [속뜻] 동네[洞] 어귀[口]. ¶동구 밖 과수원 길. ❷절로 들어가는 산문(山門)의 어귀.

동국 東國 | 동녘 동, 나라 국

[eastern country]
중국의 동(東)쪽에 있는 나라[國]. 예전에 '우리나라'를 달리 이르던 말.

▶ **동국-정:운** 東國正韻 | 바를 정, 운 운
책명 조선 세종 때, 우리나라[東國]에서 사용되던 한자의 바른 음[正韻]을 정리한 책.

▶ **동국-지도** 東國地圖 | 땅 지, 그림 도
지리 조선 때 간행된 우리나라[東國] 최초의 실측 지도(地圖).

▶ **동국-통보** 東國通寶 | 통할 통, 보배 보
역사 우리나라[東國]에서 통용(通用)하는 보배[寶] 같은 돈. 고려 숙종 때 만든 엽전의 하나.

▶ **동국-여지승람** 東國輿地勝覽 | 많을 여, 땅 지, 뛰어날 승, 볼 람
책명 조선 성종 때, 우리나라[東國] 전국 모든[輿] 지역(地域)의 명승(名勝)을 직접 보고[覽] 다니며 기록한 책.

***동:굴** 洞窟 | 구멍 동, 굴 굴
[cave; cavern]
깊고 넓은 구멍[洞] 같은 골짜기나 굴(窟). ¶박쥐는 동굴에서 생활한다.

동궁 東宮 | 동녘 동, 집 궁
[Crown Prince]
❶ 속뜻 동(東)쪽에 있는 궁궐(宮闕). ❷ 역사 동쪽 궁궐에 살던 '황태자'나 '왕세자'를 달리 이르던 말. ㊥ 춘궁(春宮).

동그라미 [circle; ring]
원 모양의 둥근 형상. ㊥ 원(圓).

동그랗다 [round; circular]
아주 동글다. ¶눈을 동그랗게 뜨다. ㊥ 동글다, 둥글다.

동그래-지다 [curl up in]
동그랗게 되다. ¶공 모양으로 동그래지다.

동그스름-하다 [roundish]
모나지 않고 좀 동글다. ¶얼굴이 동그스름하다.

동글-동글 [round and round]
여럿이 모두 동근 모양. ¶눈알을 동글동글 굴리다 / 포도 알이 동글동글하다.

동급 同級 | 같을 동, 등급 급
[same rank]
❶ 속뜻 같은[同] 등급(等級). ¶이 제품은 동급 중 가장 저렴하다. ❷같은 학급이나 학년.

▶ **동급-생** 同級生 | 사람 생
같은 학급이나 같은 학년처럼 같은 동급(同級)의 학생(學生).

동기[1] 同期 | 같을 동, 때 기
[same period; same class]
❶ 속뜻 같은[同] 시기(時期). 또는 같은 기간. ❷학교나 훈련소 따위에서의 같은 기(期). ¶우리는 학교 동기이다.

동:기[2] 動機 | 움직일 동, 실마리 기 [motive]
어떤 일이나 행동(行動)을 일으키게 된 실마리[機]. ¶동기를 부여하다 / 학습동기.

동기[3] 同氣 | 같을 동, 기운 기
[brothers and sisters]
❶ 속뜻 같은[同] 기운(氣運)을 타고 난 사람들. ❷형제와 자매, 남매를 통틀어 이르는 말. ㊥ 형제(兄弟).

▶ **동기-간** 同氣間 | 사이 간
형제자매[同氣] 사이[間]. ¶동기간에 정이 돈독하다.

동-나다 [run out; be exhausted]
물건 따위가 다 떨어져서 남아 있는 것이 없게 되다. ¶식량이 동나다. ㊥ 다 떨어지다, 남지 않다, 바닥나다.

동남 東南 | 동녘 동, 남녘 남 [southeast]
❶ 속뜻 동(東)쪽과 남(南)쪽을 아울러 이르는 말. ❷동쪽을 기준으로 동쪽과 남쪽을 아울러 이르는 말. ¶동남풍이 불다. ㊤ 서북(西北).

▶ **동남-아** 東南亞 | 버금 아
지리 아시아[亞]의 동남(東南)쪽 지역. 베트남·인도네시아·필리핀 따위의 나라가 포함된다. '동남아시아'(東南Asisa)의 준말.

동:냥 [beg]
거지나 동냥아치가 돌아다니며 구걸함. 또는 그렇게 얻은 금품. ¶그는 동냥을 해서 먹고 산다. ⓑ 구걸(求乞).

동:네 (洞—, 마을 동) [village]
여러 가호(家戶)가 지역적으로 한 동아리를 이루어 모여 사는 곳[洞]. ⓑ 마을.

▸동:네-방네 (洞—坊—, 동네 방)
이 동네[洞] 저 동네[坊]. 온 동네. ¶동네방네 소문을 내고 다니다.

동-녘 (東—, 동녘 동) [east]
동(東)쪽 방향. ¶동녘이 밝았다. ⓑ 서녘.

동-대문 東大門 | 동녘 동, 큰 대, 문 문
❶속뜻 서울 도성의 동(東)쪽에 있는 큰[大] 문(門). ❷고적 '흥인지문'(興仁之門)의 속칭.

동독 東獨 | 동녘 동, 독일 독
[Eastern Germany]
역사 제2차 세계대전 후 동부(東部) 독일(獨逸)에 수립된 공산주의 국가. 1990년 서독과 통일해 독일 연방 공화국이 되었다.

동동[1] [jumping up and down]
매우 안타깝거나 추워서 발을 자꾸 구르는 모양. ¶발을 동동 구르며 그를 응원했다.

동동[2] [floating]
작은 물체가 떠서 움직이는 모양. ¶물 위에 기름이 동동 떠 있다.

동동[3] [boom, boom]
작은 북을 잇달아 칠 때 나는 소리.

동등 同等 | 같을 동, 무리 등 [equality]
같은[同] 등급(等級). 정도 따위가 같음. ¶고교 졸업 또는 동등의 학력 / 조건이 동등하다.

동-떨어지다 [be far apart]
서로 거리나 관계가 멀게 떨어지다. ¶시내에서 동떨어진 집 / 그의 의견은 현실과 동떨어져 있다.

동란 動亂 | 움직일 동, 어지러울 란
[disturbance]
폭동(暴動), 반란, 전쟁 따위가 일어나 사회가 질서를 잃고 소란(騷亂)해지는 일. ¶동란이 일어나다 / 동란을 겪다.

***동:력** 動力 | 움직일 동, 힘 력
[motive power]
❶물리 전력, 수력, 풍력 따위로 기계를 움직이게[動] 하는 힘[力]. ❷어떤 일을 발전시키고 밀고 나가는 힘.

▸동:력-선 動力船 | 배 선
내연 기관의 동력(動力)을 추진기로 사용하는 배[船]. 모터보트.

동료 同僚 | 같을 동, 벼슬아치 료
[colleague; associate]
❶속뜻 같은[同] 일을 하고 있는 벼슬아치[僚]. ❷같은 직장이나 같은 부문에서 함께 일하는 사람. ¶회사 동료 / 동료 의식을 발휘하다.

동률 同率 | 같을 동, 비율 률
[same ratio]
같은[同] 비율(比率). 또는 같은 비례. ¶동률 1위를 달리고 있다.

동:맥 動脈 | 옮길 동, 줄기 맥 [artery]
의학 심장에서 피를 신체 각 부분에 보내는[動] 혈관 줄기[脈]. 일반적으로 혈관의 벽이 두꺼우며 탄력성과 수축성이 많다. '동맥관'(動脈管)의 준말. ⓑ 정맥(靜脈).

동맹[1] 東盟 | 동녘 동, 맹세할 맹
❶속뜻 동쪽[東] 하늘을 바라보며 맹세(盟誓)함. ❷역사 고구려 때, 매년 10월에 온 나라 백성이 추수에 대한 감사로 하늘에 제사를 지낸 의식. ⓑ 동명(東明).

동맹[2] 同盟 | 한가지 동, 맹세할 맹
[ally with; league with]
서로의 이익이나 목적을 위하여 하나로[同] 행동하기로 맹세[盟誓]하여 맺는 약속이나 조직체. ¶동맹을 맺다. ⓑ 연맹(聯盟).

▸동맹-국 同盟國 | 나라 국
서로 동맹(同盟) 조약을 체결한 당사국

(當事國). ¶중국은 북한의 동맹국이다. ㊗ 맹방(盟邦), 맹약국(盟約國).

동-메달 (銅medal, 구리 동)
[bronze medal]
구리[銅]로 만든 메달(medal). 흔히, 삼등 입상자에게 수여한다.

동:면 冬眠 | 겨울 동, 잠잘 면
[winter sleep]
❶ 동물 동물이 겨울[冬] 동안 활동을 멈추고 잠자는[眠] 상태에 있는 현상. ¶곰은 동면을 한다. ❷'어떤 활동이 일시적으로 휴지 상태에 이름'을 비유하여 이르는 말. ¶1년의 동면을 끝내고 남북 협상이 재개됐다. ㊗ 겨울잠. ㊤ 하면(夏眠).

동명 同名 | 같을 동, 이름 명
[same name]
같은[同] 이름[名]. 또는 이름이 서로 같음.

▸동명-이인 同名異人 | 다를 이, 사람 인
같은[同] 이름[名]을 가진 서로 다른[異] 사람[人]. ¶장군 이순신과 나는 동명이인이다.

동몽 童蒙 | 아이 동, 어릴 몽 [child]
아직 장가를 들지 않은 어린[蒙] 아이[童].

▸동몽-선습 童蒙先習 | 먼저 선, 익힐 습
책명 『천자문』을 익히고 난 후의 아이들이[童蒙] 다른 공부를 하기 전에 먼저[先] 배워야[習] 할 내용을 담고 있는 초급 교재. 조선 중종 때 박세무(朴世茂)가 저술하였다.

동무 [friend; mate]
❶친하게 어울리거나 어떤 일에 짝이 되어 함께 일하는 사람. ❷북한에서 일반적으로 남을 친근하게 부르는 말. ㊗ 벗, 친구.

동문[1] 同門 | 같을 동, 문 문 [classmate]
❶ 속뜻 같은[同] 문(門). ❷같은 학교에서 수학하였거나 같은 스승에게서 배운 사람. ¶그와 나는 동문이다 / 동문회를 열었다. ㊗ 동학(同學), 동창(同窓).

동문[2] 東門 | 동녘 동, 문 문
동(東)쪽에 있는 문(門). ¶동문에서 기다리고 있겠다.

동문서답 東問西答 | 동녘 동, 물을 문, 서녘 서, 답할 답
❶ 속뜻 동(東)쪽이 어디냐고 묻는데[問] 서(西)쪽을 가리키며 대답(對答)함. ❷묻는 말에 대하여 아주 엉뚱하게 대답함. ¶동문서답하며 딴청을 피우다.

⁑동:물 動物 | 움직일 동, 만물 물 [animal]
❶ 속뜻 살아 움직이며[動] 생활하는 물체(物體). ❷ 생물 생물을 식물과 함께 둘로 대별할 때의 하나로, 새·짐승·물고기 등의 총칭. ❸사람을 제외한 짐승을 통틀어 이르는 말. ㊤ 식물(植物).

비슷한 듯 다른 말	➲ 짐승

▸동:물-성 動物性 | 성질 성
❶ 속뜻 동물(動物)의 본바탕이 되는 성질(性質)이나 체질. ❷동물로부터 얻어지는 것. ¶동물성 지방. ㊤ 식물성(植物性).

▸동:물-원 動物園 | 동산 원
온갖 동물(動物)을 먹여 기르면서 동물을 연구하고 일반에게 구경시키는 공원(公園). ¶우리나라 동물원에는 코알라가 없다.

동반 同伴 | 같을 동, 짝 반 [company]
❶ 속뜻 함께[同] 짝[伴]을 이룸. ❷함께 살아감. ¶이번 여행은 부부 동반으로 간다.

▸동반-자 同伴者 | 사람 자
❶ 속뜻 함께[同] 짝하여[伴] 살아가는 사람[者]. ❷어떤 행동을 함께하는 사람. ¶부부는 인생의 동반자이다.

동방 東方 | 동녘 동, 모 방
[east; Orient]
❶ 속뜻 동부(東部) 지방(地方). 동쪽. ❷유럽과 아메리카 대륙의 동쪽에 있는 지역. 인도의 인더스강 서쪽에서 지중해 연안까지를 이른다. ㊤ 서방(西方).

▸동방-견문록 東方見聞錄 | 볼 견, 들을 문, 기록할 록

[책명] 이탈리아의 여행가 마르코 폴로가 중국과 동방(東方)의 여러 나라를 여행하면서 보고[見] 들은[聞] 것을 기록(記錄)한 여행기. 이후 콜럼버스의 신항로 개척에 많은 영향을 주었다.

▶ 동방예의지국 東方禮儀之國 | 예도 례, 거동 의, 어조사 지, 나라 국
동쪽[東方]에 있는 예의(禮儀)가 바른 나라[國]. 예전에 중국에서 우리나라를 이르던 말.

동백 冬柏 | =冬栢, 겨울 동, 잣나무 백 [camellia seeds]
❶ [속뜻] 겨울[冬]에 꽃이 피는 나무. 왜 '柏'자가 쓰였는지 이유는 확실하지 않다. ❷ [식물] 긴 타원형의 잎이 나고, 이른 봄에 붉은색 또는 흰색의 큰 꽃이 피는 교목. 열매는 기름을 짜서 머릿기름, 등잔 기름 따위로 쓴다. ㊐ 동백나무.

동부 東部 | 동녘 동, 나눌 부 [eastern part]
❶ [속뜻] 어떤 지역의 동(東)쪽 부분(部分). ¶동부 유럽. ❷ [역사] 조선 시대, 한성을 5부로 나눈 구역 중의 동쪽 지역. 또는 그 지역을 관할하던 관아를 이르던 말.

동북 東北 | 동녘 동, 북녘 북 [northeast]
❶ [속뜻] 동(東)쪽과 북(北)쪽을 아울러 이르는 말. ❷동쪽을 기준으로 동쪽과 북쪽 사이의 범위. ¶동북 무역풍 / 동북아시아. ㊥ 서남(西南).

동분서주 東奔西走 | 동녘 동, 달릴 분, 서녘 서, 달릴 주
❶ [속뜻] 동(東)쪽으로 달리다가[奔] 서(西)쪽으로도 달림[走]. ❷여기저기 분주(奔走)하게 다님. ¶돈을 구하기 위해 동분서주하다.

동:사 動詞 | 움직일 동, 말씀 사 [verb]
[언어] 문장의 주체가 되는 사람이나 사물의 움직임[動]을 나타내는 말[詞]. ¶'빨리 달리다'의 '달리다'는 동사다.

동:-사무소 洞事務所 | 마을 동, 일 사, 힘쓸 무, 곳 소
동(洞)의 행정 사무(事務)를 맡아보는 곳[所].

동산[1] (園, 동산 원) [garden; hill]
집이나 마을 부근에 있는 작은 산이나 언덕. ¶동산 위로 달이 떠올랐다.

동:산[2] 動産 | 움직일 동, 재물 산 [movable property]
[법률] 옮길[動] 수 있는 재산(財産). ¶돈은 대표적인 동산이다. ㊥ 부동산(不動産).

동:상[1] 凍傷 | 얼 동, 상할 상 [frostbite; chilblains]
[의학] 추위 때문에 살갗이 얼어서[凍] 조직이 상(傷)함. ¶동상에 걸리다.

동상[2] 銅像 | 구리 동, 모양 상 [bronze statue]
구리[銅]로 만든 사람이나 동물 모양[像]. 또는 그 기념물. ¶광장에 이순신 동상을 세웠다.

동상[3] 銅賞 | 구리 동, 상줄 상 [third prize]
상(賞)의 등급을 매길 때 금, 은, 동(銅) 중 3등상.

동생 同生 | 같을 동, 날 생 [younger brother(sister)]
❶ [속뜻] 같은[同] 어머니에게서 태어난[生] 아우와 손아랫 누이를 통틀어 일컫는 말. ¶내 동생은 곱슬머리다. ❷같은 항렬에서 자기보다 나이가 적은 사람. ¶사촌 동생. ㊐ 아우. ㊥ 형, 언니.

비슷한 듯 다른 말	➲ 아우

동서[1] 同壻 | 같을 동, 사위 서 [brother-in-law; sister-in-law]
❶ [속뜻] 같은[同] 사람의 사위[壻]끼리 호칭. ❷같은 자매의 남편끼리 또는 형제의 아내끼리의 호칭.

***동서**[2] 東西 | 동녘 동, 서녘 서 [east and west]
❶ [속뜻] 동(東)쪽과 서(西)쪽. ❷동양과 서양. ¶실크로드는 아시아의 동서를 가로지

르는 중요한 교역로였다.

▸동서-고금 東西古今 | 옛 고, 이제 금
동양(東洋)과 서양(西洋), 옛날[古]과 지금[今]을 합쳐 인간 사회의 모든 시대 모든 곳. ¶동서고금을 막론하고 최고의 가치는 사랑이다.

▸동서남북 東西南北 | 남녘 남, 북녘 북
동(東)쪽과 서(西)쪽과 남(南)쪽과 북(北)쪽. ㊐ 사방(四方).

동-서양 東西洋 | 동녘 동, 서녘 서, 큰바다 양 [east and west]
❶속뜻 동양(東洋)과 서양(西洋). ¶동서양의 교류. ❷온 세계. ¶동서양의 사람들은 모두 다를 바 없다.

동석 同席 | 한가지 동, 자리 석
[sit together]
❶속뜻 자리[席]를 함께[同]함. 또는 같은 자리. ¶회의에 그와 동석했다. ❷같은 석차나 지위.

동:선 動線 | 움직일 동, 줄 선
[line of flow]
건설 움직이는[動] 자취나 방향을 나타내는 줄[線]. ¶사람의 동선을 고려하여 가구를 배치하다.

동성[1] 同姓 | 같을 동, 성씨 성
[same surname]
같은[同] 성씨(姓氏).

▸동성-동본 同姓同本 | 같을 동, 뿌리 본
성(姓)과 본관(本貫)이 모두 같음[同]. ¶예전에 동성동본은 결혼할 수 없었다.

동성[2] 同性 | 같을 동, 성별 성
[same sex]
남녀, 혹은 암수의 같은[同] 성(性). ¶동성연애자. ㊥ 이성(異性).

▸동성-애 同性愛 | 사랑 애
동성(同性)끼리 나누는 사랑[愛].

동:세 動勢 | 움직일 동, 기세 세
미술 그림이나 조각에서 나타나는 살아 움직이는[動] 듯한 기세(氣勢). ¶드가(Degas)의 그림에서는 동세가 느껴진다.

동승 同乘 | 한가지 동, 탈 승
[ride together]
차, 배, 비행기 따위를 함께[同] 탐[乘]. ¶승용차 동승. ㊐ 합승(合乘).

***동시**[1] 同時 | 같을 동, 때 시
[same time]
❶속뜻 같은[同] 때[時]. 같은 시간. ¶동시통역 / 그 영화는 동시에 개봉했다. ❷아울러. 곧바로 잇달아. ¶종소리와 동시에 출발했다.

동:시[2] 童詩 | 아이 동, 시 시 [children's verse]
❶문학 주로 어린이를 독자로 예상하고 어린이[童]의 정서를 읊은 시(詩). ❷어린이가 지은 시.

동:-식물 動植物 | 움직일 동, 심을 식, 만물 물 [animals and plants]
동물(動物)과 식물(植物).

동:심 童心 | 아이 동, 마음 심
[child's mind]
어린이[童]의 마음[心]. 어린이의 마음처럼 순진한 마음. ¶동심으로 돌아가 아이와 공놀이를 했다.

동심동덕 同心同德 | 한가지 동, 마음 심, 한가지 동, 덕 덕
❶속뜻 마음[心]을 같이[同] 하고 덕(德)을 같이 함[同]. ❷한 마음으로 일치단결함. ¶그들의 동심동덕이 그런 좋은 결과를 낳았다.

동심-원 同心圓 | 같을 동, 마음 심, 둥글 원
[concentric circle]
수학 같은[同] 중심점(中心點)을 갖고 있는 원(圓). 중심은 같지만 반지름이 다른 여러 개의 원. ¶물결이 동심원을 그리며 퍼져나갔다.

동아리 [society; club]
목적이 같은 사람이 한 패를 이룬 무리. ¶연극 동아리.

동-아시아 (東Asia, 동녘 동)
[East Asia]

[지리] 한국·중국·일본 지역을 포함하는, 아시아(Asia)의 동부(東部).

동아-줄 [rope; line]
굵고 튼튼하게 꼰 줄.

동안[1][space; period]
어느 때부터 어느 때까지의 사이. ¶겨울 방학 동안.

동:안[2]**童顔** | 아이 동, 얼굴 안 [baby face]
❶ [속뜻] 어린이[童]의 얼굴[顔]. ❷나이가 들었는데도 어린아이 같은 얼굴.

동양 東洋 | 동녘 동, 큰바다 양 [East]
유럽 대륙을 중심으로 한 동부(東部) 지역. 명나라 때 중국에 들어온 유럽 선교사가 만든 세계 지도에서 북태평양 서쪽을 대동양(大東洋), 동쪽을 소동양(小東洋)이라고 한 데서 비롯되었다. 지금은 유럽 지역을 가리키는 서양에 대응하여 아시아의 동부 및 남부의 한국, 중국, 일본, 인도, 미얀마, 태국, 인도네시아 등을 일컫는다. [반] 서양(西洋).

▸**동양-계 東洋系** | 이어 맬 계
동양(東洋) 계통(系統). 또는 그런 사람. ¶동양계 미국인.

▸**동양-란 東洋蘭** | 난초 란
[식물] 예로부터 한국, 중국, 일본 등 동양(東洋)에서 재배되어 온 난초(蘭草). ¶춘란(春蘭)·한란(寒蘭)이 대표적인 동양란이다.

▸**동양-인 東洋人** | 사람 인
동양(東洋) 사람[人]. ¶동양인의 의식 세계. [반] 서양인(西洋人).

▸**동양-화 東洋畵** | 그림 화
[미술] 서양화에 대응되는 개념으로 중국에서 비롯하여 한국, 일본 등 동양(東洋) 여러 나라에서 발달해 온 회화(繪畵). [반] 서양화(西洋畵).

동업 同業 | 같을 동, 일 업 [same trade; same line of business]
❶ [속뜻] 같은[同] 종류의 직업이나 영업(營業). ¶나와 동업에 종사하는 사람들. ❷같이 사업을 함. 또는 그 사업. ¶친구와의 동업은 피하는 게 좋다.

동여-매다 [tie up; bind]
끈·실 따위로 두르거나 감거나 하여 묶다. ¶상처를 붕대로 동여매다.

동:-영상 動映像 | 움직일 동, 비칠 영, 모양 상 [video; moving picture]
컴퓨터로 움직이는[動] 물체의 영상(映像)을 텔레비전(TV)의 화면처럼 만든 것. 'moving picture'를 의역한 것으로 '동화상'(動畵像)이라고도 하며, MPEG, MOV, Real Video, Avi 등의 형식이 있다.

동:요[1]**動搖** | 움직일 동, 흔들 요 [tremble; unrest]
❶ [속뜻] 흔들어[搖] 움직임[動]. ❷생각이나 의지가 확고하지 못하고 흔들림. ¶부모님의 사고 소식에 그녀는 동요했다. ❸어떤 체제나 상황 따위가 혼란스럽고 술렁임. ¶민심이 동요하다.

동:요[2]**童謠** | 아이 동, 노래 요 [nursery song; children's song]
어린이들의[童] 감정을 반영하여 만든 노래[謠].

동:원 動員 | 움직일 동, 사람 원 [mobilize]
❶ [속뜻] 어떤 목적을 달성하기 위하여 사람[員]이나 물건을 옮겨[動] 한데 모음. ¶어떤 방법을 동원해서라도 아이를 찾아야 한다. ❷ [군사] 전쟁 따위에 대비하여 병력, 군수 물자를 모으는 것. ¶테러 진압을 위해 군대를 동원했다.

동의 同意 | 같을 동, 뜻 의 [agree with; approve of]
❶ [속뜻] 같은[同] 의미(意味). ❷의사(意思)나 의견을 같이함. ¶그는 국민의 동의를 얻었다. [비] 동의(同義), 찬성(贊成), 찬동(讚同). [반] 이의(異意), 반대(反對).

동의-보감 東醫寶鑑 | 동녘 동, 치료할 의, 보배 보, 거울 감

책명 조선 선조 때, 허준(許浚)이 편찬한 의학서. 중국 한의학을 바탕으로 우리나라[東國] 의학(醫學)을 총망라하여 후대까지 귀감이 되고 있는 귀중한 책[寶鑑].

동이[1][jar]
몸이 둥글고 아가리가 넓으며 양옆에 손잡이가 있는 질그릇의 하나.

동이[2]**東夷** | 동녘 동, 오랑캐 이
❶ 속뜻 동(東)쪽의 오랑캐[夷]. ❷중국 사람이 그들의 동쪽에 사는 한국·일본·만주 등의 민족을 낮잡아 이르던 말. ⓑ 서융(西戎).

동이다 [tie up; bind]
끈·실 등으로 감거나 둘러서 묶다. ¶끈으로 짐을 동이다.

동일 同一 | 같을 동, 모두 일 [same; identical]
❶ 속뜻 어떤 것과 비교하여 모두[一] 꼭 같음[同]. ¶조건이 동일하다. ❷각각 다른 것이 아니라 하나임. ¶영과 혼은 동일하다. ⓑ 상이(相異).

▶동일-인 同一人 | 사람 인
같은[同一] 사람[人]. ¶그 두 사건은 동일인의 소행으로 보인다.

동:자 童子 | 아이 동, 아들 자 [little boy]
❶ 속뜻 나이 어린 사내[子] 아이[童]. ❷ 불교 중이 되려고 절에서 공부하면서 아직 출가하지 않은 사내아이.

▶동:자-승 童子僧 | 승려 승
불교 어린아이[童子]인 승려(僧侶).

⁑**동:작 動作** | 움직일 동, 지을 작 [action; movement]
❶ 속뜻 움직여[動] 만듦[作]. ❷몸을 움직임. ¶그는 동작이 느리다. ⓗ 행위(行爲), 행동(行動).

동:장 洞長 | 마을 동, 어른 장 [dong headman]
❶ 속뜻 한 동네[洞]의 우두머리[長]. ❷ 법률 행정 구역 단위인 '동'(洞)을 대표하여 일을 맡아보는 사람.

***동:적 動的** | 움직일 동, 것 적 [dynamic]
움직이고[動] 있는 것[的]. ¶동적인 이미지. ⓑ 정적(靜的).

***동전 銅錢** | 구리 동, 돈 전 [copper coin]
구리[銅]와 주석의 합금으로 만든 돈[錢]. ⓗ 동화(銅貨). ⓑ 지폐(紙幣).

동:절 冬節 | 겨울 동, 철 절 [winter season]
겨울[冬] 철[節].

▶동:절-기 冬節期 | 때 기
겨울철[冬節]에 해당되는 시기(時期). 보통 12월에서 2월까지를 말한다. ¶동절기에 잡은 생선이 맛있다. ⓑ 하절기(夏節期).

동점 同點 | 같을 동, 점 점 [same score]
❶ 속뜻 같은[同] 점수(點數). 또는 점수가 같음. ¶그 경기는 동점으로 끝났다. ❷같은 결론.

동정[1]
한복 웃깃 위에 조붓하게 덧 꾸미는 흰 헝겊 오리.

동:정[2]**動靜** | 움직일 동, 고요할 정 [movements]
❶ 속뜻 물질의 운동(運動)과 정지(靜止). ❷사람이 일상적으로 하는 일체의 행위. ❸일이나 현상이 벌어지고 있는 낌새. ¶적의 동정을 살피다.

동정[3]**同情** | 같을 동, 마음 정 [sympathize with]
❶ 속뜻 남에 대하여 같은[同] 마음[情]을 가짐. ❷남의 어려운 처지를 자기 일처럼 딱하고 가엾게 여겨 온정을 베풂. ¶동정하는 거라면 필요 없어요.

▶동정-심 同情心 | 마음 심
남의 어려운 처지를 안타깝게 여기는[同情] 마음[心]. ¶동정심을 불러일으키다. ⓗ 연민(憐憫).

동조 同調 | 같을 동, 가락 조
[agree with; sympathize with]
❶ 속뜻 같은[同] 가락[調]. ❷남의 주장에 자기 의견을 일치시키거나 보조를 맞춤. ¶무력 침공에는 동조할 수 없다. ㊐ 동의(同意), 찬성(贊成), 찬동(讚同). ㊊ 반대(反對).

동족 同族 | 같을 동, 겨레 족
[brethren; same blood]
같은[同] 겨레[族]. ㊊ 이민족(異民族).

▸ **동족-상잔** 同族相殘 | 서로 상, 해칠 잔
같은[同] 겨레[族]끼리 서로[相] 싸우고 해침[殘]. ¶동족상잔의 비극. ㊐ 민족상잔(民族相殘), 동족상쟁(同族相爭).

동종 銅鐘 | 구리 동, 쇠북 종
[bronze bell]
구리[銅]로 만든 종(鐘). ¶동종 소리.

동지[1]冬至 | 겨울 동, 이를 지
[winter solstice]
겨울[冬]이 절정에 이른[至] 때. 태양이 동지점(冬至點)을 통과하는 12월 22일이나 23일경. ㊊ 하지(夏至).

동지[2]同志 | 같을 동, 뜻 지
[same mind; fellow member]
목적이나 뜻[志]이 서로 같음[同]. 또는 그런 사람. ¶동지를 규합하다 / 동지 의식. ㊐ 사우(社友).

동질 同質 | 같을 동, 바탕 질
[the same quality; homogeneity]
본바탕[質]이 같음[同]. 성질이 같음. ¶동질 이상(異像)의 광물. ㊊ 이질(異質).

▸ **동질-성** 同質性 | 성질 성
본바탕[質]이 같은[同] 성질이나 특성(特性). ¶민족 문화의 동질성을 회복하다.

동짓-날 (冬至-, 겨울 동, 이를 지)
동지(冬至)가 되는 날.

동짓-달 (冬至-, 겨울 동, 이를 지)
동지(冬至)가 드는 달인, 음력 11월.

동-쪽 (東-, 동녘 동)
[eastern side; eastward]
해가 뜨는 쪽. ¶동쪽 하늘이 밝아왔다. ㊊ 서쪽.

동참 同參 | 한가지 동, 참여할 참
[participation]
어떤 모임이나 일에 하나로[同] 참가(參加)함. ¶봉사활동에 동참하다.

동창[1]東窓 | 동녘 동, 창문 창
[window facing east]
동(東)쪽으로 난 창문(窓). ¶동창이 밝아온다.

동창[2]同窓 | 같을 동, 창문 창 [schoolmate]
❶ 속뜻 같은[同] 창문(窓門). ❷같은 학교에서 함께 공부한 친구 사이. '동창생'(同窓生)의 준말. ¶우리는 동창이다. ㊐ 동학(同學), 동문(同門).

▸ **동창-생** 同窓生 | 사람 생
❶ 속뜻 같은 학교[同窓]를 다니거나, 다녔던 학생(學生). ❷한 학교를 같은 해에 나온 사람. ㊟ 동창.

▸ **동창-회** 同窓會 | 모일 회
같은 학교를 졸업한 사람들[同窓]이 모여[會] 서로 친목을 도모하고 모교와의 연락을 하기 위하여 조직한 모임. ¶연말에 동창회를 열다. ㊐ 동문회(同門會).

동체 胴體 | 몸통 동, 몸 체 [body]
❶ 속뜻 사람이나 물체(物體)의 몸통[胴]을 이루는 부분[體]. ❷ 항공 항공기의 날개와 꼬리를 제외한 중심 부분. ¶동체 착륙.

동충하초 冬蟲夏草 | 겨울 동, 벌레 충, 여름 하, 풀 초
식물 겨울[冬]에는 벌레[蟲]이던 것이 여름[夏]에는 풀[草]로 변하는 버섯을 통틀어 이르는 말. 거미, 매미, 나비, 벌 따위의 곤충의 시체에 기생한다.

동:치미
흔히 겨울에, 통무나 크게 썬 무에 국물을 많이 부어 심심하게 담근 무김치.

동:태[1]凍太 | 얼 동, 클 태
[frozen pollack]
얼린[凍] 명태(明太). ¶동태로 끓인 국.

동:태²動態 | 움직일 동, 모양 태
[movement]
움직이는[動] 상태(狀態). 변하여 가는 상태. ¶인구동태 / 적의 동태를 살피다. ㊥ 동정(動靜), 동향(動向). ㊤ 정태(靜態).

동:파 凍破 | 얼 동, 깨뜨릴 파
[be frozen to burst]
얼어서[凍] 터짐[破]. ¶추운 날씨에 수도관이 동파했다.

동판 銅版 | 구리 동, 널빤지 판
[copper plate]
구리[銅]로 만든 판(版).

▶동판-화 銅版畵 | 그림 화
미술 동판(銅版)에 새긴 그림[畵]. 또는 동판으로 찍은 그림.

동편 東便 | 동녘 동, 쪽 편 [east side]
동(東) 쪽[便]. 동쪽 방향. ㊥ 동변(東邊). ㊤ 서편.

동포 同胞 | 같을 동, 태보 포
[brethren; fellow countrymen]
❶ 속뜻 같은[同] 태보[胞]에서 태어난 형제자매. 같은 부모의 형제자매. ❷같은 나라 또는 같은 민족의 사람. ¶해외 동포 / 재일동포 2세. ㊥ 동기(同氣), 동족(同族), 겨레.

▶동포-애 同胞愛 | 사랑 애
동포(同胞)로서 서로 아끼고 사랑하는[愛] 마음.

동풍 東風 | 동녘 동, 바람 풍
[east wind]
❶ 속뜻 동(東)쪽에서 부는 바람[風]. ❷봄철에 불어오는 바람. 봄바람. ㊤ 서풍(西風).

동:-하다 (動—, 움직일 동)
[be moved]
마음·사물이 움직이거나[動], 욕구 같은 것이 일어나다. ¶호기심이 동하다 / 식욕이 동하다.

동학 東學 | 동녘 동, 배울 학
역사 서양에서 들어온 종교에 대항해 19세기 중엽에 최제우(崔濟愚)가 세운 우리나라[大東] 우리 민족의 순수 종교[學]. ㊥ 제우교(濟愚敎).

▶동학 농민 운:동 東學農民運動 | 농사 농, 백성 민, 돌 운, 움직일 동
역사 조선 고종 31년(1894)에 전라도 고부에서 전봉준 등을 지도자로 동학도(東學徒)와 농민(農民)들이 합세하여 일으킨 농민 운동(農民運動).

동해 東海 | 동녘 동, 바다 해 [East Sea]
❶ 속뜻 동(東)쪽에 있는 바다[海]. ¶동해에 솟아오르는 해. ❷ 지리 우리나라 동쪽의 바다. ㊤ 서해(西海).

▶동해-안 東海岸 | 언덕 안
❶ 속뜻 동(東)쪽의 바다[海]에 접해있는 언덕[岸]. ❷ 지리 우리나라의 동쪽 해안. ¶동해안 지방에는 대설이 내렸다.

동행 同行 | 같을 동, 갈 행
[going together]
❶ 속뜻 같이[同] 길을 감[行]. ¶어린이는 어른과 동행해야 합니다. ❷같이 길을 가는 사람.

동향¹同鄕 | 같을 동, 시골 향
[same native place]
같은[同] 고향(故鄕). 또는 고향이 같음. '동고향'의 준말. ¶객지에서 동향 사람을 만나다.

동향²東向 | 동녘 동, 향할 향
[eastern exposure]
동(東)쪽을 향(向)함. 또는 그 방향. ㊤ 서향(西向).

동:향³動向 | 움직일 동, 향할 향
[tendency; trend]
❶ 속뜻 움직임[動]과 방향(方向). ❷사람들의 사고, 사상, 활동이나 일의 형세 따위가 바뀌는 방향. ¶여론의 동향을 살피다. ㊥ 동태(動態), 동정(動靜).

동헌 東軒 | 동녘 동, 집 헌
❶ 속뜻 여러 채의 관사(官舍) 가운데 동(東)쪽에 있는 집[軒]. ❷ 역사 지방 관아에

서 고을 원님이나 수령(守令)들이 공사(公事)를 처리하던 중심 건물.

동호 同好 | 한가지 동, 좋을 호 [share the same taste]
어떤 일이나 물건을 함께[同] 좋아함[好].
▸동호-인 同好人 | 사람 인
같은[同] 기호(嗜好)를 갖고 있는 사람[人]. 취미를 가지고 함께 즐기는 사람.
▸동호-회 同好會 | 모일 회
같은[同] 기호(嗜好)를 갖고 있는 사람들의 모임[會]. ¶마라톤 동호회.

동화[1] 同化 | 같을 동, 될 화 [assimilate; absorb]
❶속뜻 다르던 것이 서로 똑같이[同] 됨[化]. ¶자연에 동화되다. ❷생물 생물이 몸 밖에서 얻은 물질을 자기에게 맞게 변화하는 것. ⓑ이화(異化).

***동:화[2] 童話** | 아이 동, 이야기 화 [fairy tale; children's story]
문학 어린이를 위하여 동심(童心)을 바탕으로 지은 이야기[話]. 대체로 공상적·서정적·교훈적인 내용이다.
▸동:화-책 童話冊 | 책 책
동화(童話)를 쓴 책(冊). ¶동화책 속에 나오는 왕자나 공주를 꿈꾸다.

돛 [sail; canvas]
돛대에 달아 바람을 받게 하는 천으로 만든 기구. ¶돛을 올리고 항해를 시작했다.

돛단-배 [sailer; sailing ship]
돛을 단 배. ⓑ돛배, 범선(帆船).

돛-대 [mast; stick]
돛을 달기 위해 뱃바닥에 세운 기둥.

돼:-먹다
❶'되다[1]'의 속된 말. 어떤 상태로 되다. ❷올바른 상태로 되다. ¶정신 상태가 돼먹지 않다.

돼:지 (豚, 돼지 돈) [pig]
동물 멧돼짓과의 포유류. 몸무게는 200~250kg이며, 다리와 꼬리가 짧고 주둥이가 삐죽하다. 잡식성으로 온순하며 건강하다.
▸돼:지-죽 (-粥, 죽 죽)
돼지에게 주는, 죽(粥)같이 걸쭉하게 만든 먹이.

되 [measure; measuring cup]
❶곡식·액체 등의 분량을 되는 데 쓰는 그릇. ❷되에 담는 양. ¶쌀 석 되.

되-가지다
도로 가지다. ¶선물을 되가지고 오다.

되-감다 [roll back up]
도로 감거나 다시 감다. ¶붕대를 되감다.

되:게 [very; extraordinarily]
몹시. 아주. ¶되게 춥다.

되-뇌다 [say over again]
같은 말을 되풀이하여 말하다. ¶같은 소리를 되뇌다.

되다[1](化, 될 화) [become; begin to]
❶물건이 다 만들어지다. ¶맞춘 옷이 다 되다. ❷어떤 신분이나 위치·상태에 놓이다. ¶부자가 되다 / 그는 후에 의사가 되었다. ❸일이 성취되다. ¶일이 제대로 되다. ❹어떤 수량에 미치다. ¶합계가 만원이 되다. ❺어떠한 때가 돌아오다. ¶봄이 되다. ❻변하다. ¶노랗게 되다. ❼합당하거나 괜찮다. ¶될 소리 안 될 소리 / 너는 이제 가도 된다.

되다[2][thick; hard]
❶물기가 적어 빡빡하다. ¶반죽이 되다. ❷힘에 벅차다. ¶일이 너무 되다.

되도록 [as… as possible]
될 수 있는 대로. ¶되도록 일찍 자거라.

되-돌리다 [return]
❶되돌게 하다. ¶시계 바늘을 되돌리다. ❷원래의 상태로 되게 하다. ¶마음을 되돌리다.

되-돌아가다 [go back; return]
❶도로 돌아가다. ¶집으로 되돌아가다. ❷다시 본디의 상태로 되다. ¶학창 시절로 되돌아가고 싶다.

되-돌아보다 [look around]

❶앞서 보던 것을 다시 돌아보다. ¶힐끗 되돌아보다. ❷지난 과정을 돌아보다. ¶어린 시절을 되돌아보다.

되-돌아서다
먼젓번에 섰던 방향으로 다시 돌아서다. ¶되돌아서서 다시 살펴보다.

되-돌아오다 [come back; return]
❶원래 있던 곳으로 다시 돌아오다. ¶출발지로 되돌아오다. ❷본디의 상태로 되다. ¶제정신으로 되돌아오다.

되ː레 [on the contrary; instead]
'도리어'의 준말.

되-묻다 [ask again]
❶같은 내용을 다시 질문하다. ¶나는 의심쩍은 얼굴로 되물었다. ❷물음에 대답하지 않고 도리어 묻다. ¶되묻지 말고 먼저 내 물음에 답해주게.

되-받다
[receive; stand up to a scolding]
❶도로 받다. ¶빌려 준 것을 되받다. ❷꾸짖음에 말대답을 하며 반항하다. ¶그는 "네가 무슨 상관이니?"라며 되받았다.

되-살리다 [revive]
되살게 하다. ¶집안을 되살리다 / 추억을 되살리다.

되-살아나다 [revive; be brought back]
❶다시 살아나다. ¶시든 꽃이 되살아나다. ❷잊혔던 기억·감정 따위가 다시 생각나거나 느껴지다. ¶지난날의 악몽이 되살아나다.

되-새기다 [ruminate]
❶소나 양 따위의 동물이 먹은 것을 되내어 씹다. ❷골똘하게 자꾸 생각하다. ¶할아버지의 말씀을 되새기다.

되새김-질 [rumination]
한 번 삼킨 먹이를 다시 게워 내어 씹는 일. ¶소는 되새김질을 한다.

되-씹다 [repeat; ruminate]
❶한 말을 자꾸 되풀이하다. ¶그녀는 같은 이야기를 되씹고 있다. ❷지난 일을 다시 떠올려 곰곰이 생각하다. ¶어린 시절의 추억을 되씹다.

되지-못하다 [be no good]
사람답지 못하다. ¶되지못한 녀석.

되-짚다
❶다시 짚다. ¶지팡이를 되짚고 가다. ❷다시 살피거나 반성하다. ¶지나온 삶을 되짚어 보다. ❸'곧 되돌아서', '곧 되돌려'의 뜻을 나타내는 말. ¶왔던 길을 되짚어 돌아가다.

되-찾다 [take back]
다시 찾다. 도로 찾다. ¶건강을 되찾다 / 영토를 되찾다.

되-풀이 [doing over again; repetition]
같은 말이나 동작을 자꾸 함. 또는 같은 사태가 자꾸 일어남. ¶같은 잘못을 되풀이하다. ㊐ 반복(反復), 중복(重複).

된ː-밥 [hard boiled rice]
되게 지은 밥. ㊐ 고두밥. ㊀ 진밥.

된ː-서리 [heavy frost]
늦가을에 아주 되게 내린 서리. ㊀ 무서리.

된ː-소리 [fortis]
언어 'ㄲ, ㄸ, ㅃ, ㅆ, ㅉ' 등과 같이 되게 발음되는 단(單)자음. ㊐ 경음(硬音).

된ː-장 (—醬, 젓갈 장) [soybean paste]
메주로 간장을 담근 뒤에 장물을 떠내고 남은 건더기[醬].
▸ 된ː장-국 (—醬—, 젓갈 장)
된장(醬)을 거른 물에 채소·육류(肉類) 등을 넣고 끓인 국.
▸ 된ː장-찌개 (—醬—, 젓갈 장)
찌갯거리를 된장(醬)에다 섞어 끓인 찌개.

된ː통 [hard; severely; heavily]
몹시. 매우 심하게. 되게. ¶된통 혼나다.

됨됨-이 [character; personality]
사람이나 물건의 생긴 모양이나 성격. ¶말투를 보면 그 사람의 됨됨이를 알 수 있다. ㊐ 인품(人品), 인격(人格).

됫-박
되 대신으로 쓰는 바가지. ¶쌀을 됫박으

로 사다.

두[1] [two; couple (of)]
'둘'의 뜻. ¶귤 두 개 / 두 사람.

두[2]**頭** | 머리 두 [head]
소나 말 따위 네 발 가진 큰 짐승의 수효를 세는 단위. ¶젖소 50두.

두각 頭角 | 머리 두, 뿔 각 [prominence]
❶[속뜻]짐승의 머리[頭]에 있는 뿔[角]. ❷'뛰어난 학식이나 재능'을 비유하여 이르는 말. ¶체조계에서 두각을 드러내다.

두개 頭蓋 | 머리 두, 덮을 개 [cranium; brainpan]
[의학]척추동물의 두뇌(頭腦)를 덮고[蓋] 있는 달걀 모양의 골격.

▶두개-골 頭蓋骨 | 뼈 골
[의학]척추동물의 뇌에 덮인[頭蓋] 뼈[骨]를 통틀어 이르는 말.

두건 頭巾 | 머리 두, 수건 건 [hempen hood for a mourner]
상중(喪中)에 남자 상제 등이 머리[頭]에 쓰는 베로 된 쓰개[巾]. [준]건.

두견 杜鵑 | 팥배나무 두, 접동새 견 [cuckoo]
❶[속뜻]팥배나무[杜]를 좋아하는 접동새[鵑]. ❷[동물]등은 갈색이고 배에 검은 가로줄 무늬가 있는 여름 철새.

두고-두고 [long; many times]
오래도록. 여러 번에 걸쳐 오랫동안. ¶두고두고 쓰다 / 두고두고 괴롭히다.

두근-거리다 [palpitate; beat fast]
몹시 놀라거나 겁이 나서 가슴 속이 자꾸 뛰다. ¶나는 그 이야기를 듣고 가슴이 두근거렸다.

두근-두근 [pit a pat]
몹시 놀라거나 불안하여 가슴이 자꾸 뛰는 모양.

두꺼비 (蟾, 두꺼비 섬) [toad]
[동물]두꺼빗과의 양서류. 돌이나 풀 밑에 숨어 사는데, 개구리같이 생겼으나 그보다 크며, 피부가 두껍고, 흑갈색의 등은 우툴두툴하다.

▶두꺼비-집
[전기]일정 크기 이상의 전류가 흐르면 자동적으로 녹아서 전류를 차단하는 퓨즈가 내장된 안전장치. 주로 가정이나 적은 용량의 전류를 사용하는 곳에 설치한다.

두껍다 [thick; heavy]
두께가 크다. ¶책이 두껍다. [비]두툼하다. [반]얇다.

두께 [thickness]
넓적한 물건의 높이. 두꺼운 정도. ¶두부를 일정한 두께로 썰다.

두뇌 頭腦 | 머리 두, 골 뇌 [brains; head]
❶[의학]머리[頭] 속의 골[腦]. ❷사물을 판단하는 슬기. ¶그는 두뇌 회전이 빠르다. ❸'지식수준이 높은 사람'을 비유하여 이르는 말. ¶그는 한국 최고의 두뇌이다.

두다 [put; keep; leave]
❶일정한 곳에 놓다. ¶쌀가마를 창고에 두다. ❷일정한 시간이 미치는 동안을 있게 하다. ¶사흘을 두고 싸웠다 / 평생을 두고 잊을 수 없다. ❸바둑이나 장기 등의 놀이를 하다. ¶고누는 잘 두나 바둑은 못 둔다 / 장기를 잘 둔다.

두더지 [mole]
[동물]땅속에 사는 쥐와 비슷한 동물. 다리가 짧으며 발바닥이 넓고 커서 땅을 파는 데 알맞다.

두둑 [ridge]
논·밭을 갈아 골을 타서 만든 두두룩한 바닥.

두둑-하다 [heavy; ample]
❶매우 두껍다. ¶옷을 두둑하게 입다. ❷넉넉하다. 풍부하다. ¶배짱이 두둑하다 / 용돈을 두둑이 받다. [반]얄팍하다.

두둔 斗頓 | 본음 [두돈], 말 두, 조아릴 돈 [screen; shelter]
편들어 감싸주거나 역성을 들어줌. ¶두둔을 받다 / 죄인을 두둔하다.

두-둥실 [floating gently]

물 위나 공중으로 번듯이 떠오르거나 떠 있는 모양. ¶하늘에 흰 구름이 두둥실 떠 있다.

두드러기 [hives; nettle rash]
약이나 음식의 중독으로 피부가 불룩 나오고 몹시 가려운 증상. ¶온몸에 두드러기가 났다.

두드러-지다 [swell; prominent]
❶드러나서 뚜렷하다. ¶두드러진 발전. ❷가운데가 쑥 나와 불룩하다. ¶종기가 두드러지다.

두드리다 [strike; beat]
자꾸 톡톡 치다. ¶문을 두드리다. (속담) 돌다리도 두드려 보고 건너라.

♣ 두드리다 / 두들기다

◎ 빗방울이 창문을 두드린다 = 두들긴다.

○ 그의 어깨를 가볍게 두드리다.
× 그의 어깨를 가볍게 두들기다.

○ 오빠는 그를 두들겨 쫓아냈다.
× 오빠는 그를 두드려 쫓아냈다.

두들기다 [strike repeatedly; beat]
마구 때리거나 큰 타격을 주다. ¶북을 두들기다 / 두들겨 맞다.

비슷한 듯 다른 말 ➲ 두드리다

두락 斗落 | 말 두, 떨어질 락
논밭 넓이의 단위. (비) 마지기.

두런-거리다 [murmur together]
여럿이 모여 낮은 목소리로 수선스럽게 혹은 정답게 이야기하다. (비) 두런대다, 도란대다, 두런두런하다.

두런-두런
[murmuring together; in whispers]
여럿이 나지막한 목소리로 조용히 서로 이야기하는 소리. 또는 그 모양. ¶두런두런 이야기를 나누다.

두레 [farmers cooperative group]
농사꾼들이 농번기에 협력하기 위하여 이룬 모임.

두레-박 [well bucket]
줄을 길게 달아 우물물을 긷는 기구.

두려움 [fear; terror]
두려운 느낌. ¶두려움에 떨다. (비) 공포(恐怖).

두려워-하다 [be afraid of]
꺼려하거나 무서워하는 마음을 갖다. ¶그녀는 밤에 밖에 나가는 것을 두려워한다. (비) 겁내다, 무서워하다.

두렵다 [fearful; horrible]
마음에 꺼려 무섭거나 염려스럽다. ¶나는 실수를 할까 봐 두렵다.

두렷-두렷
여럿이 엉클어지거나 흐리지 않고 분명한 모양.

두령 頭領 | 머리 두, 거느릴 령
[boss; leader]
여러 사람을 거느리는[領] 우두머리[頭]. 또는 그를 부르는 칭호. ¶청석골 임 두령 / 두령! 분부만 내리십시오. (비) 두목(頭目).

두루 (周, 두루 주; 遍, 두루 편) [round]
빠짐없이 골고루. ¶두루 돌아다니다. (비) 골고루, 모두.

두루-마기
외투처럼 생긴, 겉옷 위에 입는 한국 고유의 웃옷. (비) 주의(周衣).

두루-마리 [roll of paper; scroll]
종이를 가로로 길게 이어 둥글게 만 물건. ¶두루마리 화장지.

두루뭉술-하다
[roundish; ambiguous]
❶모나지도 둥글지도 않고 그저 둥그스름하다. ¶얼굴이 두루뭉술하다. ❷언행·성격 따위가 뚜렷하지 않다. ¶두루뭉술하게 말해서 무슨 말인지 모르겠다.

두루미 [crane]
(동물) 목과 다리·부리가 길며, 몸이 흰 새. 부리와 다리는 검으며, 천연기념물 제202

호이다. [비] 학(鶴), 백학(白鶴).

두르다 [put around]
❶싸서 가리다. ¶철조망을 두르다 / 치마를 두르다. ❷겉에 기름을 고르게 바르다. ¶프라이팬에 기름을 골고루 두르다.

두름 [bunches of vegetables]
조기·비웃 따위 물고기를 한 줄에 열 마리씩 두 줄로 묶은 것. 또는 그것을 세는 단위. ¶손에 청어 두름을 들고 있다 / 굴비 한 두름.

두릅 [fatsia shoots]
두릅나무의 순. 살짝 데쳐서 무쳐 먹거나 초고추장에 찍어 먹는다.

두리-둥실
물 위나 공중에 가볍게 떠서 움직이는 모양.

두리번-거리다 [stare about]
어리둥절하여 눈을 크게 뜨고 이쪽저쪽을 휘둘러보다. ¶그녀는 신기한 듯 방 안을 이리저리 두리번거렸다.

두리번-두리번
[looking around time and again]
눈을 크게 뜨고 여기저기를 자꾸 휘둘러 살펴보는 모양. ¶아이가 두리번두리번 엄마를 찾는다.

두ː-말 [duplicity]
❶이랬다저랬다 하는 말. ¶책임진다고 하더니 이제 와서 두말을 하면 어떻게 해? / 한 입으로 두말하지 마라. ❷이러니저러니 불평을 하거나 덧붙이는 말. ¶다시는 두말 말게 / 두말할 필요 없다.

두메 [out of the way village]
도회에서 멀리 떨어져 사람이 많이 살지 않는 산골. [비] 두메산골, 벽지(僻地).

▸ 두메-산골 (—山—, 메 산)
도시에서 멀리 떨어진 궁벽한 산(山)골. [비] 산간벽지(山間僻地).

두목 頭目 | 머리 두, 눈 목
[leader; boss]
❶[속뜻] 머리[頭]에서 눈[目]처럼 중요한 것. ❷패거리의 우두머리. ¶깡패 두목을 잡았다. [비] 두령(頭領).

두발 頭髮 | 머리 두, 머리털 발 [hair]
머리[頭]에 난 털[髮]. ¶두발 모양을 자유롭게 하다.

두ː발-자전거 (—自轉車, 스스로 자, 구를 전, 수레 거) [bicycle]
바퀴가 두 개 달린 자전거(自轉車). 일반적인 자전거를 세발자전거 따위에 상대하여 이르는 말이다.

두부 豆腐 | 콩 두, 썩을 부
[soybean curd]
❶[속뜻] 콩[豆]을 썩혀[腐] 만든 것. ❷콩으로 만든 식품의 하나. 물에 불린 콩을 갈아서 짜낸 콩물을 끓인 다음 간수를 넣어 엉기게 하여 만든다. [비] 두포(豆泡).

두상 頭相 | 머리 두, 모양 상
머리[頭] 생김새나 모양[相]. ¶두상이 장군감이다.

두서 頭緖 | 머리 두, 실마리 서
[clue; the first step]
❶[속뜻] 일의 첫머리[頭]나 실마리[緖]. ❷일의 차례나 순서. ¶두서없이 말을 늘어놓다.

두서너 [two or three or four; few]
둘이나 셋 또는 넷의. ¶두서너 마디의 말.

두-세 [two or three]
둘이나 셋의. ¶두세 권의 책.

두-셋 [two or three]
둘 혹은 셋. ¶두셋씩 무리를 지어 다니다.

두어 [about two; couple of]
'둘 가량의'의 뜻. ¶두어 달.

두엄 [compost; barnyard manure]
[농업] 구덩이를 파고 잡초·낙엽 따위를 넣어 썩힌 거름. [비] 거름, 퇴비(堆肥).

두엇 [about two]
둘 가량 되는 수. ¶일꾼 두엇이 필요하다.

두유 豆乳 | 콩 두, 젖 유 [soybean milk]
물에 불린 콩[豆]을 간 다음, 물을 붓고 끓여 걸러서 만든 우유(牛乳) 같은 액체.

두절 杜絶 | 막힐 두, 끊을 절 [stop; interrupt]
교통이나 통신 따위가 막히거나[杜] 끊어짐[絶]. ¶연락이 두절되었다.

두텁다 [warm; affectionate]
정의(情誼)나 인정이 많다. 사랑이 깊다. ¶우애가 두텁다. ㊐ 돈독(敦篤)하다, 돈후(敦厚)하다.

두통 頭痛 | 머리 두, 아플 통 [headache]
머리[頭]가 아픈[痛] 증세.

두툼-하다 [be rather thick]
꽤 두껍다. ¶입술이 두툼하다 / 옷을 두툼하게 껴입다.

두ː해-살이
식물 두 해에 걸쳐 싹이 터서 자라다가 열매를 맺고 죽는 일. 또는 그러한 식물. ㊐ 이년생(二年生).

둑 (堤, 둑 제) [bank; ridge]
❶홍수의 예방이나 저수(貯水)를 목적으로 둘레를 돌·흙 따위로 높이 쌓은 언덕. ❷높은 길을 내려고 쌓은 언덕. ¶철로 둑. ㊐ 제방(堤防).

둑-길 [causeway; bank path]
둑 위로 난 길.

둔ː각 鈍角 | 무딜 둔, 뿔 각 [obtuse angle]
수학 두 변이 이루는 꼭지가 무딘[鈍] 각(角). 90°보다는 크고 180°보다는 작은 각. ㊙ 예각(銳角).

▶둔ː각 삼각형 鈍角三角形 | 석 삼, 뿔 각, 모양 형
수학 세 각 가운데 한 각이 둔각(鈍角)인 삼각형(三角形). ㊙ 예각삼각형(銳角三角形).

둔ː감 鈍感 | 무딜 둔, 느낄 감 [dull; insensible]
무딘[鈍] 감정(感情)이나 감각. ¶그는 유행에 둔감하다. ㊙ 민감(敏感).

둔ː갑 遁甲 | 숨을 둔, 껍질 갑 [change oneself into]
❶속뜻 술법을 써서 껍질[甲]의 겉모습을 바꾸거나 감춤[遁]. ¶여우가 여자로 둔갑하다. ❷본디 형체나 성질이 바뀌거나 가리어짐. ¶국산품으로 둔갑하다.

둔ː재 鈍才 | 둔할 둔, 재주 재 [dullness]
둔한[鈍] 재주[才]. 또는 재주가 둔한 사람. ㊙ 영재(英材), 천재(天才).

둔치 [levelupped riverside]
강, 호수 따위의 물이 있는 곳의 가장자리.

둔ː-하다 (鈍—, 둔할 둔) [slow]
❶동작이 느리고 굼뜨다[鈍]. ¶몸이 둔하다 / 행동이 둔하다. ❷감각이나 느낌이 예리하지 못하다. ¶운동신경이 둔하다. ㊙ 민첩(敏捷)하다, 날래다, 날쌔다, 날카롭다, 예리(銳利)하다.

둔ː화 鈍化 | 무딜 둔, 될 화 [slowdown]
느리고 무디어[鈍] 짐[化]. ¶감각의 둔화 / 수출이 둔화되다 / 경제 성장을 둔화시키다.

둘ː (二, 두 이; 兩, 두 량) [two]
하나보다 하나 많은 수.

둘둘 [round and round]
물건을 여러 겹으로 마는 모양. ¶신문지를 둘둘 말다.

둘러-대다 [make up]
그럴듯하게 꾸며 대다. ¶나는 바쁘다고 둘러댔다.

둘러-메다 [bear on one's shoulder]
들어 올려서 어깨에 메다. ¶가방을 어깨에 둘러메고 걷다.

둘러-보다 [look around]
주위를 두루 살피다. ¶그는 사방을 둘러보았다.

둘러-서다 [stand in a circle]
여러 사람이 둥글게 늘어서다. ¶우리는 선생님을 중심으로 빙 둘러섰다.

둘러-싸다 [surround]
❶빙 둘러서 에워싸다. ¶경찰들이 범인을 둘러쌌다. ❷둘러서 감싸다. ¶포대기로 아기를 둘러싸다. ❸행동이나 관심의 중

심으로 삼다. ¶그 사건을 둘러싸고 의견 이 분분하다.

둘러-싸이다 [be surrounded]
빙 둘러서 에워싸이다. ¶삼면이 바다로 둘러싸이다.

둘러-쓰다 [put on; pour on oneself]
둘러서 뒤집어쓰다. ¶이불을 둘러쓰다.

둘러-앉다 [sit around]
여러 사람이 둥글게 앉다. ¶난롯가에 빙 둘러앉다.

둘러-치다 [throw hard; thrash]
휘둘러서 세차게 내던지다. ¶사람을 바닥에 둘러치다.

둘레 [girth; circumference]
❶사물의 테두리나 바깥 언저리. ¶연못 둘레를 걷다. ❷사물의 가를 한 바퀴 돈 길이. ¶머리 둘레 / 가슴 둘레.

▸ 둘레-길 circumference trekking way
산 둘레를 둥근 모양으로 연결하는 장거리 산책길. ¶제주도 둘레길을 다녀왔다.

둘리다 [be surrounded]
둘러서 막히다. 둘러막히다. ¶사방이 산으로 둘려 있다.

둘ː-째 [second]
순서의 두 번째가 되는 차례. ¶그는 둘째로 왔다 / 그녀는 둘째 딸이다.

둥 [may or may not be]
무슨 일을 하는 듯도 하고 아니하는 듯도 함을 나타내는 말. ¶먹는 둥 마는 둥.

둥그렇다 [round; circular]
뚜렷하게 둥글다. ¶쟁반이 둥그렇다.

둥그레-지다 [become round]
둥그렇게 되다. ¶놀라서 눈이 둥그레지다.

둥그스름-하다 [roundish]
약간 둥글다. ¶둥그스름한 얼굴.

둥근-달 [full moon]
음력 보름을 전후하여 둥그렇게 된 달. ㊐ 만월(滿月), 보름달.

둥글넓적-하다
둥글고 넓적하다. ¶둥글넓적한 빈대떡.

둥글다 (圓, 둥글 원; 丸, 둥글 환) [round; circular]
모양이 동그라미와 같거나 비슷하다. ¶지구는 둥글다 / 둥근 해가 떴다.

둥글-둥글 [be all circular]
여럿이 모두 둥근 모양.

둥둥[1] [floating]
물체가 떠서 움직이는 모양. ¶종이배가 물에 둥둥 떠다니다.

둥둥[2] [boom boom]
큰 북을 계속해 치는 소리. ¶둥둥 북을 울려라.

둥실
물건이 공중이나 물 위에 가볍게 떠 있는 모양. ¶하늘에 구름이 둥실 떠 있다.

▸ 둥실-둥실
물건이 떠서 움직이는 모양. ¶둥실둥실 뜬 배.

둥우리 [basket made of straw]
❶기둥과 칸살 등을 나무로 하고 새끼로 얽어 만들어 병아리 같은 것을 기르는 데 쓰는 도구. ❷새 따위가 알을 낳거나 깃들이기 위해 둥글게 만든 집. 새도 저녁이 되면 둥우리로 찾아든다.

둥지 [nest]
'둥우리'의 잘못.

둥치 [base of a tree trunk]
큰 나무의 밑동.

뒤ː (後, 뒤 후)
[back; behind; afterwards]
❶등이 있는 쪽. ¶내 뒤에 숨어라. ❷그늘. 배후(背後). ¶뒤를 밀어주다 / 뒤에서 조종하다. ❸이 다음의 때. ¶뒤에 다시 보자. ❹일에 있어서 나중. 또는 그 다음. ¶일을 뒤로 미루다. ❺사람의 '똥'을 점잖게 이르는 말. ¶뒤를 보다. ㊥ 앞, 전(前). 관용 뒤가 켕기다.

뒤ː곁 [backyard]
뒤뜰이나 뒷마당의 통칭.

뒤ː-꽁무니 [rear end]
사물의 맨 뒤나 맨 끝.

뒤ː-꿈치 [heel]
발의 뒤쪽 발바닥과 발목 사이의 불룩한 부분 또는 신이나 양말 따위의 발뒤꿈치가 닿는 부분. ¶양말 뒤꿈치가 닳았다. ⓑ 앞꿈치.

뒤ː-늦다 [be too late; be delayed]
제때가 지난 뒤에도 퍽 늦다. ¶뒤늦은 사과를 하다.

뒤-덮다 [cover with; overspread]
가려 덮다. 죄다 덮다. ¶흰 눈이 온 거리를 뒤덮었다.

뒤-덮이다 [be covered]
뒤덮음을 당하다. ¶하늘은 먹구름으로 뒤덮였다.

뒤ː-돌다
뒤로 돌다. ¶보지 말고, 잠깐 뒤돌아 있을래?

뒤ː-돌아보다
[turn one's head; reflect]
❶뒤쪽을 돌아보다. ❷앞서 생긴 일을 살펴보다. ¶지난 인생을 뒤돌아보다.

뒤ː-돌아서다 [turn on one's heels]
뒤를 향하여 돌아서다.

뒤ː-따라가다 [catch up]
뒤를 따라가다. ¶곧 뒤따라갈 테니 먼저 가세요. ⓑ 뒤따라오다.

뒤ː-따라오다 [follow]
뒤를 따라오다. ¶낯선 사람이 뒤따라오고 있음을 알아차렸다. ⓑ 뒤따라가다.

뒤ː-따르다 [follow]
❶뒤를 따르다. ¶내가 앞장서고 동생이 나를 뒤따랐다. ❷먼저 사람의 뜻이나 사업 같은 것을 이어받아 계속하다. ¶아버지의 뜻을 뒤따르다. ⓑ 계승(繼承)하다.

뒤ː-떨어지다 [fall behind]
❶뒤에 처지다. ¶선두 그룹에서 뒤떨어져서 달리다. ❷남만 못하다. ¶영어가 좀 뒤떨어진다.

뒤뚱-거리다 [be shaky; totter]
물건이나 몸이 중심을 잃고 이리저리 흔들리다. ¶뒤뚱거리며 걷다.

뒤뚱-뒤뚱 [staggeringly]
크고 묵직한 물체나 몸이 중심을 잃고 이리저리 가볍게 기울어지며 자꾸 흔들리는 모양.

뒤ː-뜰 [backyard]
집채 뒤에 있는 뜰. 뒷마당. ⓑ 앞뜰.

뒤룩-뒤룩
군살이 처지도록 살이 몹시 쪄서 뚱뚱한 모양.

뒤-바꾸다 [reverse; switch; invert]
뒤집어 바꾸다. ¶순서를 뒤바꾸다.

뒤-바뀌다 [be reversed]
반대로 바꾸어지다. ¶상황이 뒤바뀌다.

뒤-범벅 [mess; hotchpotch]
함부로 뒤섞여서 분명치 못한 상태. ⓑ 뒤죽박죽.

뒤ː-서다 [accompany; go with]
남의 뒤를 따르다. ¶두 선수가 뒤서거니 앞서거니 하며 달린다.

뒤-섞다 [mix up; add in]
물건을 한데 모아 섞다. ¶책상 위에 있던 책을 뒤섞어 놓다.

뒤-섞이다 [be mixed]
물건이 한데 모여서 섞여지다. ¶몇 가지 야채가 뒤섞이다.

뒤숭숭-하다 [nervous; distracted]
느낌이나 마음이 어수선하고 불안한 모양. ¶그 뉴스를 보고 하루 종일 마음이 뒤숭숭하다. ⓑ 심란(心亂)하다.

뒤-얽히다 [be in a tangle]
마구 얽히다. ¶사건들이 복잡하게 뒤얽히다.

뒤-엉키다 [get entangled]
마구 엉키다. ¶여러 가닥이 실이 뒤엉켜 있다.

뒤-엎다 [upset]
뒤집어서 엎다. ¶밥상을 뒤엎다 / 판결을

뒤엎다 / 예상을 뒤엎다.

뒤웅-박
쪼개지 않고 꼭지 근처에 구멍만 뚫고 속을 파낸 바가지.

뒤ː-잇다
[follow; come one after another]
앞의 것의 끝과 다른 것이 끊어지지 않고 이어지다. 또는 그렇게 이어지도록 하다. ¶축사에 뒤이어 축배를 들었다.

뒤적-거리다 [ransack; browse]
자꾸 뒤적이다. ¶주머니를 뒤적거리다.

뒤적-이다 [ransack; browse]
무엇을 찾느라고 물건을 이리저리 뒤지다. ¶가방을 뒤적여 지갑을 꺼냈다.

뒤주 [wooden rice chest]
쌀 같은 곡식을 담아 두는 세간. 나무로 궤짝같이 만든다.

뒤죽-박죽 [all mixed up]
이것저것이 함께 섞여 엉망인 모양. 또는 그 상태. ¶책상 위에 책이 뒤죽박죽 쌓여 있다. [비] 뒤범벅, 엉망진창.

뒤지다[1] [search; rummage]
샅샅이 들추어 찾다. ¶핸드백을 샅샅이 뒤지다. [비] 뒤적대다, 뒤적이다.

뒤ː-지다[2] [be behind (others)]
❶걸음이 남에게 뒤떨어지다. ❷능력, 수준 따위가 남보다 뒤떨어지거나 못하다. ¶수학실력은 누구에게도 뒤지지 않는다. [반] 앞서다.

뒤집-기
[순동] 씨름에서, 상체를 상대편의 배 밑에 두고 샅바를 쥔 손과 허리의 힘으로 상대편을 어깨 뒤로 뒤집어 넘기는 기술.

뒤-집다 [turn over; upset; reverse]
❶안과 겉을 뒤바꾸다. ¶양말을 뒤집어 신다. ❷위가 밑으로, 밑이 위가 되게 하다. ¶빈대떡을 뒤집다 / 아기가 몸을 뒤집었다. ❸일의 차례나 승부를 바꾸다. ¶순서를 뒤집다 / 대세가 기울어 승부를 뒤집기는 힘들다. ❹일을 아주 틀어지게 하다. ¶지난 번의 결정을 뒤집기로 했다.

[비슷한 듯 다른 말] ➲ 엎다

뒤집어-쓰다 [get covered with]
❶머리에 얹어 쓰다. ¶이불을 푹 뒤집어쓰다. ❷온몸을 내리 덮다. ¶물을 뒤집어쓰다. ❸남의 허물을 넘겨 맡다. ¶죄를 뒤집어쓰다.

뒤ː-쪽 [backside]
어떠한 사물의 뒷 방면. [비] 후방(後方). [반] 앞쪽.

뒤ː-쫓다 [follow up; chase]
뒤를 따라 쫓다. ¶형사가 달아나는 도둑을 뒤쫓다.

뒤ː-처리 (—處理, 처방할 처, 다스릴 리)
[after measures; settle]
일이 벌어진 뒤나 끝난 뒤끝의 처리(處理). ¶사고 뒤처리를 확실히 하다. [비] 뒷수습.

뒤척-이다 [toss about on]
❶몸의 누운 방향을 자꾸 바꾸다. ¶밤새 한숨도 못자고 뒤척였다. ❷무엇을 찾느라고 물건을 이리저리 들추며 뒤지다. ¶잡지를 뒤척이다. [비] 전전(輾轉)하다, 전전반측(輾轉反側)하다, 뒤지다, 뒤적거리다.

뒤ː-축 [heel of shoes]
신이나 양말의 발뒤축이 닿는 부분. ¶뒤축이 닳은 구두. [비] 뒤창.

뒤ː-치다꺼리
[helping; taking care of]
❶뒤에서 일을 보살펴서 도와주는 일. ¶하루 종일 아이들 뒤치다꺼리에 바쁘다. ❷일이 끝난 뒤에 뒤끝을 정리하는 일. ¶손님이 돌아간 뒤 뒤치다꺼리하다.

뒤ː-탈 (—頉, 탈날 탈)
[later trouble; future difficulty]
어떤 일 뒤에 생기는 탈(頉). ¶문제가 잘 해결되어 뒤탈은 없었다.

뒤ː-통수 [back of the head]
머리의 뒤쪽. ¶뒤통수가 납작하다. [비] 뒷

골, 뒷머리.

뒤ː-트임

옷자락의 뒤를 트는 것. 또는 그 튼 부분.

뒤-틀다 [twist; baffle]

❶꼬아서 비틀다. ¶팔을 뒤틀다. ❷일이 올곧게 나가지 못하도록 하다. ¶일을 뒤틀어 놓다.

뒤-틀리다

[be twisted; be baffled]

❶꼬이고 비틀어지다. ¶너무 지루해서 온몸이 뒤틀린다. ❷일이 올곧게 나가지 못하게 되다. ¶계획이 뒤틀리다.

뒤ː-편 (-便, 쪽 편) [back side]

뒤로 있는 쪽[便]. ㊥ 뒤쪽, 후편(後便).

뒤ː-풀이 [entertainment]

어떤 일이나 모임을 끝낸 뒤에 모여 여흥을 즐김. 또는 그런 일.

뒤-흔들다 [shake hard; disturb]

❶함부로 흔들다. ¶나무를 뒤흔들다. ❷큰 파문을 일으키다. ¶그녀의 죽음은 세상을 뒤흔들어 놓았다.

뒷ː-간 (-間, 사이 간) [toilet]

사람이 똥이나 오줌을 누도록 만든 작은 방[間]. ㊥ 변소(便所), 화장실(化粧室).

뒷ː-걸음 [backward step]

❶발을 뒤로 떼어 놓으며 걷는 걸음. ¶뒷걸음으로 걷다 / 깜짝 놀라 뒷걸음치다. ❷본디보다 못하거나 뒤떨어짐. ¶경제 성장이 뒷걸음하다 / 주문량이 계속 뒷걸음치다.

▶ 뒷ː걸음-질

❶발을 뒤로 떼어 놓으며 걸음을 걷는 일. ¶뒷걸음질로 물러나다. ❷본디보다 못하거나 뒤떨어짐. ¶성적이 뒷걸음질을 치다.

뒷ː-골 [back of the head]

머리의 뒤쪽. ㊥ 뒷머리.

뒷ː-골목 [back street]

큰길 뒤의 좁은 골목.

뒷ː-굽 [heel of a shoe]

신발 바닥 뒤쪽에 있는 부분.

뒷ː-길 [back street]

집채의 뒤쪽이나 마을의 뒤에 있는 길.

뒷ː-날 [future; later day]

❶다음 날. ❷앞으로 닥쳐올 세월. ¶뒷날을 기약하다. ㊥ 후일(後日), 훗날.

뒷ː-다리 [hind leg]

❶네발짐승의 몸 뒤쪽에 있는 다리. ❷두 다리를 앞뒤로 벌렸을 때의 뒤쪽에 놓인 다리. ㊤ 앞다리.

뒷ː-덜미

[nape; the back of one's neck]

목덜미 아래 어깻죽지 사이. ¶범인은 경찰에게 뒷덜미를 잡혔다.

뒷ː-돈 [capital; bribe]

❶장사판이나 노름판에서 뒤를 대어 주는 밑천. ❷은밀히 주고받는 돈.

뒷ː-동산 [hill at the back]

집이나 마을 뒤에 있는 동산.

뒷ː-마당 [backyard]

집의 뒤쪽에 있는 마당. ㊥ 뒤뜰, 후정(後庭). ㊤ 앞마당.

뒷ː-마무리 [finish]

일의 뒤끝을 맺음. ¶무슨 일이든 뒷마무리를 잘해야 한다.

뒷ː-말 [backbiting]

❶계속되는 이야기의 뒤를 이음. 또는 그런 말. ¶뒷말을 잇지 못하다. ❷뒷공론으로 하는 말. ¶회의 뒤에 뒷말이 많이 들린다.

뒷ː-맛 [aftertaste]

❶음식을 먹은 뒤에 입속에 남은 맛. 뒷입맛. ¶뒷맛이 깔끔하다. ❷일이 끝난 다음의 느낌. ¶일은 끝났으나 어쩐지 뒷맛이 개운치 않다.

뒷ː-머리

[back of the head; back hair]

❶뒤통수. ❷머리의 뒤쪽에 난 머리털. ¶뒷머리를 많이 치다.

뒷ː-면 (-面, 낯 면) [reverse side]

뒤쪽의 면(面). ¶수표 뒷면에 이름을 적다. ㊥ 후면(後面). ㊦ 앞면.

뒷:-모습 [appearance from behind]
뒤에서 본 모습. ¶뒷모습만 봐도 엄마인지 안다. ㊦ 앞모습.

뒷:-모양 (—模樣, 본보기 모, 모습 양) [appearance from behind]
뒤로 드러나는 모양(模樣). ㊦ 앞모양.

뒷:-무릎
무릎의 구부러지는 오목한 안쪽 부분. ㊥ 오금.

▶뒷:무릎-치기
운동 씨름에서, 상대편의 뒤로 내디딘 다리의 무릎을 손으로 끌어당기면서 어깨로 상대를 밀어 넘어뜨리는 기술. ㊦ 앞무릎치기.

뒷:-문 (—門, 문 문) [back gate]
집의 뒤쪽이나 옆으로 난 문(門). ㊥ 후문(後門). ㊦ 앞문.

뒷:-바라지 [looking after; taking care of]
뒤에서 물건이나 수고를 아끼지 않고 도와주는 일. ¶가족들 뒷바라지에 바쁘다.

뒷:-받침 [backing; support]
뒤에서 받쳐 주는 일. 또는 그 사람이나 물건. ¶부모의 뒷받침이 없었다면 그는 성공하지 못했을 것이다. ㊥ 지원(支援).

뒷:-발 [hind leg]
❶네발짐승의 뒤에 달린 두 발. ❷두 발을 앞뒤로 벌렸을 때 뒤쪽에 놓인 발. ㊦ 앞발.

뒷:-부분 (—部分, 나눌 부, 나눌 분) [back; latter part]
❶ 속뜻 물체의 뒤쪽 부분(部分). ❷어떤 일이나 형식·상황 따위의 뒤를 이루는 부분. ¶이야기의 뒷부분. ㊦ 앞부분.

뒷:-사람 [person behind; generations to come]
❶뒤에 있거나 나중에 온 사람. ¶뒷사람을 위해 깨끗이 사용하십시오. ❷뒤에 오는 세대(世代)의 사람.

뒷:-산 (—山, 메 산) [hill at the back]
집이나 마을 뒤에 있는 산(山). ㊦ 앞산.

뒷:-소리
❶일이 끝난 뒤에 뒷공론으로 하는 말. ¶큰일에는 뒷소리가 많다. ❷ 음악 민요에서, 한 사람이 앞소리를 메기면 뒤따라 여럿이 함께 받아 부르는 소리. ㊥ 받는 소리.

뒷:-소문 (—所聞, 것 소, 들을 문) [after talk]
어떤 사건이 지난 뒤, 그 사건에 관한 여러 가지 소문(所聞). ㊥ 후문(後聞).

뒷:-이야기 [sequel]
❶계속되는 이야기의 뒷부분. ❷어떤 일이 있은 뒤에 나오는 이야기.

뒷:-자리 [back seat]
뒤에 있는 자리. ¶뒷자리에 앉으니 칠판이 잘 안 보인다. ㊥ 뒷좌석(座席). ㊦ 앞자리.

뒷:-장 (—張, 벌릴 장)
종이의 뒷면. 또는 그 다음 장(張). ¶뒷장에 이름을 쓰세요. ㊦ 앞장.

뒷:-전 [back; negligence]
❶뒤쪽이 되는 부분. ¶뒷전에 물러앉다. ❷나중의 차례. ¶그는 노는 데 정신이 팔려 먹는 것도 뒷전이다.

뒷:-정리 (—整理, 가지런할 정, 다듬을 리)
일의 뒤끝을 바로잡는[整理] 일. ¶장난감을 가지고 논 후에는 뒷정리를 해야 한다.

뒷:-조사 (—調査, 헤아릴 조, 살필 사) [secret investigation]
은밀히 조사(調査)하는 일. ㊥ 내사(內査).

뒷:-좌석 (—座席, 자리 좌, 자리 석) [backseat]
자동차 따위에서 뒷자리에 있는 좌석(座席). ㊥ 뒷자리. ㊦ 앞좌석.

뒷:-줄 [row behind]
앞줄의 뒤에 있는 줄. ¶뒷줄에 서다.

뒷ː-지느러미 [anal fin]
동물 물고기 지느러미의 하나. 항문과 꼬리지느러미 사이의 배 가운데를 지나는 선에 있는 지느러미로 물고기가 곧게 나아가는 것을 돕는다.

뒷ː-짐 [folding one's hands behind one's back]
두 손을 등 뒤로 젖혀 마주 잡는 일. ¶할아버지는 뒷짐을 지고 다니신다.

뒷ː-집 [house adjoining in the back]
집 뒤쪽으로 이웃한 집. ㊥ 앞집.

뒹굴다 [roll over; loaf around]
❶누워서 이리저리 구르다. ¶잔디밭에 뒹굴다. ❷하는 일 없이 빈둥빈둥 놀다. ¶그는 할 일은 않고 침대에서 뒹굴고 있다.

뒹굴-뒹굴
❶누워서 자꾸 이리저리 구르는 모양. ❷하는 일 없이 빈둥빈둥 노는 모양. ¶하루 종일 뒹굴뒹굴하다.

듀엣 {프 duet}
음악 이중창 또는 이중주를 이르는 말. ¶듀엣으로 노래를 부르다.

드나-들다
[come in and go out; go in and out]
일정한 곳이나 여러 곳에 자주 왔다 갔다 하다. ¶한동안 병원에 드나들다.

드-날리다 [hold up and make fly; make oneself famous]
❶손으로 들어서 날리다. ¶연을 드날리다. ❷세력이나 명성을 널리 떨치다. ¶이름을 드날리다.

드-넓다 [spacious; wide]
활짝 트이어서 매우 넓다. ¶드넓은 들판. ㊥ 비좁다, 좁다.

드-높다 [high; tall]
매우 높다. ¶드높은 파란 하늘.

드-높이다
몹시 높게 하다. ¶사기를 드높이다.

드디어 [at last; finally]
무엇으로 말미암아 그 결과로. ¶드디어 산 정상에 도착했다. ㊐ 마침내, 결국(結局).

드라마 {영 drama}
텔레비전 등에서 방송되는 극.

드라이 {영 dry}
❶'드라이클리닝'(dry cleaning)의 준말. ❷젖은 머리 따위를 말리거나 다듬는 일.

▸ 드라이-아이스 {영 dry ice}
화학 공기 중에서 승화하여[dry] 기체가 되는 흰색의 고체[ice]. 순도가 높은 이산화탄소를 압축·냉각하여 만드는데, 에탄올 따위의 유기 액체와 섞으면 영하 80℃의 저온을 얻을 수 있어 식료품 따위를 냉각하는 데 쓴다.

▸ 드라이-클리닝 {영 dry cleaning}
물 대신 벤젠 같이 휘발성이[dry] 강한 세척액을 사용하는 세탁[cleaning].

드라이버 {영 driver}
나사못을 돌려서 박거나 빼는 기구.

드라이브 {영 drive}
❶기분 전환을 위해 자동차 따위를 타고 돌아다님. ¶교외로 드라이브를 가다. ❷운동 테니스·탁구 등에서, 공을 위쪽으로 깎아서 세게 침. ❸컴퓨터에서 디스크의 종류에 따라 나누어 놓은 공간.

드라큘라 {영 Dracula}
문학 영국의 작가 스토커(Stoker, B.)가 지은 괴기 소설. 또는 그 속에 나오는 흡혈귀의 이름.

드러-나다 (彰, 드러날 창) [come out]
❶가려 있거나 보이지 않던 것이 보이게 되다. ¶어깨가 드러나는 옷. ❷알려지지 않은 사실이 널리 밝혀지다. ¶진실이 드러나다. ㊥ 사라지다.

드러-내다 [show; expose]
❶가려 있거나 보이지 않던 것을 보이게 하다. ¶이를 드러내고 활짝 웃다. ❷알려지지 않은 사실을 널리 밝히다. ¶허점을 드러내다. ㊥ 감추다, 숨기다.

비슷한 듯 다른 말 ➲ 나타내다

드러-눕다 [lie down]
자기 마음대로 편히 눕다. ¶풀밭 위에 드러눕다.

드럼¹{영 drum}
[음악] 서양 타악기의 하나. 짧은 원통형의 금속 동체(胴體)의 양쪽에 가죽을 팽팽하게 대고, 그 주변에는 가죽을 죄는 나사못의 장치가 있으며, 두 개 또는 한 개의 채로 친다.

드럼²{영 drum}
❶'드럼통'의 준말. ❷기름 따위를 드럼통에 담아 그 분량을 세는 단위. ¶석유 네 드럼.

▸드럼-통 (drum桶, 통 통)
두꺼운 철판으로 만든 큰 북[drum] 모양의 통(桶). 주로 기름 등의 액체를 넣는다. ¶기름이 가득 찬 드럼통에 불이 붙었다.

드레스 {영 dress}
여성용 겉옷으로, 허리를 잘록하게 보이도록 디자인한 원피스.

드르렁-드르렁 [snoring]
매우 요란하게 코를 자꾸 고는 소리. ¶드르렁드르렁 코를 골며 낮잠을 자다.

드르르 [smoothly]
❶큼직한 물건이 미끄럽게 구르는 소리. ¶문이 드르르 열리다. ❷재봉틀로 조금 두꺼운 천을 박는 소리.

드르륵
❶방문 따위를 거침없이 열 때 나는 소리. ¶방문을 드르륵 열다. ❷총 따위를 잇달아 쏘는 소리. 또는 그 모양.

드리다¹(呈, 드릴 정) [give; offer]
❶'주다'의 높임말. ¶선생님께 선물을 드리다. ❷윗사람에게 말씀을 여쭙거나 인사를 하다. ¶아버지께 말씀을 드리다 / 부탁을 드리다. ❸신·부처에게 정성을 바치다. ¶기도를 드리다 / 불공을 드리다. [반] 받다.

드리다²[braid; plait; twist]
❶여러 가닥의 실이나 끈을 하나로 꼬거나 땋다. ¶밧줄을 드리다. ❷땋은 머리끝에 댕기를 물리다. ¶댕기를 드리다.

드리우다 [hang (down)]
❶아래로 늘이다. ¶커튼을 드리우다 / 낚싯대를 드리우다. ❷그늘이나 빛·그림자 따위가 깃들거나 뒤덮이다. 또는 그렇게 되게 하다. ¶그림자를 드리우다.

드릴 {영 drill}
나무나 금속에 구멍을 뚫는 공구.

드문-드문
[sometimes; here and there]
❶시간적으로 잦지 않게. 이따금. ¶손님이 드문드문 찾아온다. ❷공간적으로 배지 않게. 띄엄띄엄. ¶길가에 나무를 드문드문 심다. [비] 가끔, 어쩌다, 듬성듬성.

드물다 (稀, 드물 희)
[rare; uncommon]
흔하지 않다. ¶형이 화를 내는 일은 드물다. [반] 허다(許多)하다.

♣ 드물다 / 귀하다 — 비슷한 듯 다른 말

○ 산삼은 드물다 = 귀하다.
○ 새벽이 되자 거리에는 행인이 드물다.
× 새벽이 되자 거리에는 행인이 귀하다.
○ 인간의 생명은 귀하다.
× 인간의 생명은 드물다.

드세다 [very strong; powerful]
힘이나 기세가 몹시 강하고 사납다. ¶성질이 드세다 / 바람이 드세게 불다.

득 得 | 얻을 득 [benefit; advantage]
얻는[得] 것. 이로운 것. ¶득을 보다 / 득이 되다. [비] 이익(利益). [반] 실(失).

득남 得男 | 얻을 득, 사내 남
[birth of a son]
사내[男] 아이를 낳음[得]. [비] 생남(生男), 생자(生子). [반] 득녀(得女).

득실-거리다 [crawl with]
사람이나 동물이 한 떼로 모여 자꾸 어수

선하게 들끓다. '득시글거리다'의 준말. ¶땅바닥에 개미가 득실거린다.

득음 得音 | 얻을 득, 소리 음
❶속뜻 참된 소리[音]가 무엇인지를 체득(體得)함. ❷노래나 연주 솜씨가 매우 뛰어난 경지에 이름.

득의양양 得意揚揚 | 얻을 득, 뜻 의, 오를 양, 오를 양
❶속뜻 뜻[意]한 바를 이루어[得] 우쭐거리며[揚揚] 뽐냄. ❷만족스런 듯 매우 기뻐함. ¶대학에 합격하여 득의양양해 하는 모습.

득점 得點 | 얻을 득, 점 점
[make a score]
시험이나 경기 따위에서 점수(點數)를 얻음[得]. 또는 그 점수. ¶그는 한 경기에서 30점을 득점했다. ⓑ 실점(失點).

득표 得票 | 얻을 득, 쪽지 표
[poll votes]
투표(投票)에서 자신을 지지하는 표(票)를 얻음[得]. 또는 그 얻은 표. ¶그는 과반수 득표로 당선되었다.

든든-하다 [strong; full]
❶약하지 않고 굳세다. ¶기초가 든든하다. ❷먹은 것이나 입은 것이 충분해서 허전하지 않다. ¶든든하게 입다 / 속이 든든하다. ⓑ 허전하다.

듣기 [hearing]
교육 국어 학습의 한 부분으로, 남의 말을 정확하게 알아듣고 이해하는 일. ⓑ 말하기.

듣는-이
남의 말을 듣고 있는 사람. ⓑ 청자(聽者). ⓑ 말하는이.

듣다[1](聞, 들을 문; 聽, 들을 청)
[hear; listen; receive; obey]
❶귀로 소리를 느끼다. ¶라디오를 듣다. ❷칭찬이나 꾸지람을 받다. ¶꾸중을 듣다. ❸이르는 말대로 따라 하다. ¶부모님의 말씀을 잘 듣다. ⓑ 말하다, 이야기하다.
속담 낮말은 새가 듣고 밤말은 쥐가 듣는다.

듣다[2][drop; drip]
눈물·빗물 따위가 방울방울 떨어지다. ¶빗방울이 듣다.

듣다[3][have an effect; be effective]
약 따위가 효험을 나타내다. ¶이 약은 두통에 잘 듣는다. ⓑ 효험(效驗) 있다.

들ː[1](野, 들 야) [plain; field]
❶편평하고 넓게 트인 땅. ¶들에 핀 꽃. ❷논밭으로 되어 있는 넓은 땅. ¶들에 나가 일하다. ⓑ 벌판, 평야(平野).

들[2][and so on; etc]
두 개 이상의 사물을 벌여 말할 때 맨 끝에 쓰이어, 그 여러 사물을 모두 가리키거나 또 그 밖에 같은 종류의 사물이 더 있음을 뜻하는 말. ¶동물원에 가서 기린, 코끼리, 호랑이들을 보았다. ⓑ 등(等).

들-것 [stretcher; litter]
흙이나 환자 따위를 실어서 나르는 기구.

들고-나다
[carry out for sale to raise money]
궁하거나 꾼 돈을 갚기 어려워서, 집안의 물건을 팔려고 가지고 나가다. ¶쓸 만한 물건을 챙겨 장에 들고나다.

들고-일어나다 [protest]
어떤 일에 반대하거나 항의하여 나서다. ¶공장이 들어설 것이라는 소문에 온 주민이 들고일어났다.

들ː-국화 (-菊花, 국화 국, 꽃 화)
[wild chrysanthemum]
식물 산이나 들에 나는 야생종의 국화(菊花).

들-기름 [perilla oil]
들깨로 짠 기름.

들ː-길 [path across a field; field path]
들에 난 길.

들-깨 [green perilla; perilla seeds]
식물 꿀풀과의 한해살이풀 또는 그 씨. 잎은 크고 잔털이 있으며, 여름에 흰 꽃이

핀다. 씨는 기름을 짜서 식용하는데 고소한 냄새가 난다. ㊎ 임자(荏子).

들ː-꽃 [wild flowers]
들에 피는 꽃. ㊎ 야화(野花).

들-끓다 [crowd; swarm with]
여럿이 한곳에 모여들어서 우글우글 물 끓듯이 움직이다. ¶해수욕장은 피서객들로 들끓고 있다. ㊎ 득실거리다, 득실대다.

비슷한 듯 다른 말	➲ 붐비다

들ː-나물
들에서 나는 나물.

들ː-녘 [flat country; plain]
산에서 조금 떨어져 평야가 많이 있는 곳.

들ː-놀이 [picnic; outing]
들에서 노는 놀이. ㊎ 야유(野遊).

들다[1](入, 들 입)
[enter; be satisfied; fall ill; contain]
❶안으로 향해 가거나 오다. ¶잠자리에 들다 / 방 안에 들다. ❷물빛이 물건에 스며 오르다. ¶빨간 물이 곱게 들다. ❸소용되다. ¶경비가 많이 들다. ❹사람·물건이 좋게 받아들여지다. ¶마음에 드는 사람 / 눈에 드는 물건. ❺병이 생기다. ¶감기가 들다. ❻안에 들어 있다. ¶주머니에 든 돈. ❼해나 광선이 어느 테두리 안에 미치다. ¶햇볕이 잘 드는 남향집. 속담 드는 줄은 몰라도 나는 줄은 안다.

들다[2](擧, 들 거) [hold; raise; give]
❶손에 가지다. ¶우산을 들다. ❷아래에 있는 것을 위로 올리다. ¶상자를 들다 / 고개를 들다. ❸어떠한 사실이나 예(例)를 가져다 대다. ¶쉬운 예를 들다.

들다[3][eat; drink]
'먹다'의 높임말. ¶아침을 들다 / 술 한 잔 드세요.

들다[4][cut well; be sharp]
쇠붙이 연장의 날이 날카로워 물건을 잘 먹다. ¶칼이 잘 들다.

들-뜨다 [get loose; grow restless]
❶단단한 데 붙은 얇은 것이 떨어져 안쪽으로 틈이 벌다. ¶장판이 들뜨다. ❷마음이나 분위기가 가라앉지 않고 조금 흥분되다. ¶들뜬 기분.

들락-거리다 [in and out]
자꾸 들어왔다 나갔다 하다. ¶쓸데없이 들락거리지 마라. ㊎ 들랑거리다, 들락날락하다.

들락-날락 [come and go incessantly]
자꾸 드나드는 모양. ¶쥐가 들락날락하다.

들러리 [bridesmaid; foil]
❶결혼식에서 신랑이나 신부를 식장으로 인도하고 거들어 주는 사람. ❷주체가 아닌 곁따르는 노릇을 하는 사람의 비유. ¶그 사람 들러리 노릇 좀 그만해라.

들러-붙다 [stick to; stand close to]
❶끈기 있게 철썩 붙다. ¶바닥에 껌이 들러붙다. ❷사람이나 동물이 끈기 있게 붙어 따르다. ¶강아지가 나에게만 들러붙어 떨어지지 않으려 한다.

들려-주다 [let hear of; tell]
듣도록 해 주다. ¶노래를 들려주다.

들르다 [drop into; stop by]
지나는 길에 잠깐 거치다. ¶지나가는 길에 한번 들르세요.

들리다[1][(can) hear; be said]
❶소리가 귀청을 울려 감각이 일어나다. ¶소리가 잘 들리다. ❷소문이 퍼져 남들이 듣게 되다. ¶그가 떠났다는 소문이 들린다.

들-리다[2][make hold]
❶물건이 손에 잡히거나 집히다. ¶손에 짐이 들려 우산을 쓸 수 없다. ❷남을 시켜서 들게 하다. ¶가방을 들려 보내다.

들리다[3][suffer from]
병이 걸리다. ¶감기가 들리다.

들릴락-말락-하다
소리가 아주 작아서 들릴 듯 말듯하다.

들먹-거리다 [move up and down]
자꾸 들먹이다. ¶엉덩이가 들먹거리다 /

마음이 들먹거리다.

들먹-이다 [move up and down; become restless; mention]
❶무거운 물체 따위가 들렸다 내려앉았다 하다. 또는 그렇게 되게 하다. ❷어깨나 엉덩이 따위가 자꾸 들렸다 놓였다 하다. 또는 그렇게 되게 하다. ¶아이는 어깨를 들먹이며 울고 있다. ❸남에 대하여 들추어 말하다. ¶지난 일은 그만 들먹여라.

들ː-바람 [prairie wind]
들에서 부는 바람.

들-배지기 [body twist throw]
운동 상대편의 배를 껴안고 자기 몸을 돌리면서 넘기는 씨름 재주.

들-볶다 [annoy; harass]
까다롭게 굴거나 잔소리로 아랫사람에게 못되게 굴다. ¶며느리를 들볶다. ㊥ 달달 볶다, 들들 볶다, 괴롭히다, 못살게 굴다.

들ː-새 [wild bird; wild fowl]
야생의 새.

들ː-소 [wild ox; a bison]
동물 미국·인도 등지에 있는 야생(野生)의 소의 총칭.

들-숨 [air one breathes in; inhalation]
들이쉬는 숨. ㊥ 흡기(吸氣). ㊞ 날숨, 호기(呼氣).

들썩-거리다 [move up and down; become restless]
❶묵직한 물건이 자꾸 들렸다 가라앉았다 하다. 또는 그렇게 되게 하다. ¶이불을 들썩거리다. ❷어깨나 엉덩이 따위가 자꾸 들렸다 놓였다 하다. 또는 그렇게 되게 하다. ❸마음이 자꾸 들떠서 움직이다. 또는 그렇게 하다. ¶기분이 들썩거리다. ㊥ 들썩들썩하다.

들썩-하다 [be lifted slightly; move up and down; become restless]
❶붙어 있던 물건이 쉽게 떠들리다. 또는 그렇게 되게 하다. ❷어깨나 엉덩이 따위가 한 번 들리다. 또는 그렇게 되게 하다. ❸시끄럽고 부산하게 움직이다. 또는 그렇게 하다. ¶그 소식에 온 마을이 들썩하다.

들-쑤시다
[instigate; incite; rummage]
❶남을 가만히 있지 못하게 마구 들썩이다. ¶아이는 놀아 달라고 일하는 엄마를 들쑤셨다. ❷무엇을 찾으려고 샅샅이 헤치다. ¶이곳저곳을 들쑤시고 다니다.

들쑥-날쑥 [uneven; jagged]
들어가고 나오고 하여 고르지 않은 모양. ㊥ 들쭉날쭉.

들어-가다 (入, 들 입)
[enter; go through; go into]
❶밖에서 안으로 향해 가다. ¶교실에 들어가다. ❷구멍이나 사이에 끼이다. ¶사진이 많이 들어간 책 / 손가락 하나가 들어갈 만큼 틈이 벌어졌다. ❸취직·입학을 하다. 단체의 구성원이 되다. ¶학교에 들어가다 / 군대에 들어가다. ❹경비나 재료가 어떤 용도에 쓰이다. ¶양념이 골고루 들어간 김치 / 사교육비로 들어간 돈. ❺글이나 말의 내용이 잘 이해되다. ¶새벽 공부는 머리에 잘 들어간다. ❻새로운 시기나 상태 따위가 비롯되다. ¶겨울 방학에 들어가다 / 소강 상태에 들어가다. ㊞ 나가다.

들어-내다 [take out; drive out]
❶물건을 들어서 밖으로 내놓다. ¶탁자를 마당으로 들어내다. ❷사람을 있는 곳에서 쫓아내다. ¶세 든 사람을 들어내다.

들어-맞다 [fit perfectly]
틀리지 않고 꼭 맞다. ¶예상이 들어맞다 / 옷이 꼭 들어맞다.

들어-붓다 [pour into]
담긴 물건을 들어서 붓다. ¶냄비의 물을 들어붓다.

들어-서다
[enter; go into; come into being]
❶안쪽으로 다가서다. ¶마을 어귀에 들어서다 / 집 안에 들어서다. ❷건물이 어떤 곳에 자리 잡고 서다. ¶백화점이 들어서다. ❸어느 시기에 접어들다. ¶장마철에

들어서다.

들어-앉다 [come in and sit]
밖에서 안으로 또는 뒤쪽에서 앞쪽으로 자리를 옮겨 앉다 ¶아랫목으로 들어앉다. ㊈ 들앉다. ㊥ 나앉다.

들어-오다 [come in; enter; join]
❶밖에서 안으로 향해 오다. ¶방 안으로 들어오다. ❷어떤 단체의 구성원이 되다. ¶동아리에 새로 들어온 학생. ❸전기·수도 등의 시설이 설치되다. ¶전기가 다시 들어왔다.

들어-올리다 [lift up; raise]
무엇을 밑에서 위로 들어서 올리다. ¶그는 무거운 상자를 번쩍 들어올렸다.

들어-주다 [comply with]
청이나 원하는 것을 허락하다. 받아들이다. ¶부탁을 들어주다.

들어-차다 [be filled; be full of]
많이 들어서 꽉 차다. ¶체육관은 학생들로 꽉 들어차 있었다. ㊂ 가득 차다.

들여-놓다 [take in; put in]
밖에서 안으로 갖다 놓다. ¶방 안에 책장을 들여놓다. ㊥ 내놓다.

들여다-보다
[look in; look into; scrutinize]
❶밖에서 안을 보다. ¶문틈으로 집 안을 들여다보다. ❷가까이 대고 자세히 보다. ¶계획서를 꼼꼼히 들여다보다. ❸속 내용을 알다. ¶속을 훤히 들여다보다. ㊥ 내다보다.

들여다-보이다 [be transparent; be easily seen through]
❶속에 있는 것이 눈에 뜨이다. ¶방 안이 들여다보이다. ❷속마음이 다 드러나다. ¶네 속셈이 다 들여다보인다.

들여-보내다 [send in]
안이나 속으로 들어가게 하다. ¶상담실로 들여보내게.

들여-오다 [bring in; carry in]
밖에 있는 물건을 안쪽으로 가져오다. ¶상을 방 안으로 들여오다.

들이다 [let in; put in]
❶안으로 들어오게 하거나 들어가게 하다. ¶친구를 방에 들이다. ❷일에 대하여 비용을 내거나 힘을 쓰다. ¶백만 원 들여서 수리하다 / 공을 들이다. ❸맛을 붙이다. ¶고기 맛을 들이다. ❹색을 입히다. ¶빨간 물을 들이다. ㊥ 내다.

들이-닥치다 [rush in]
바싹 가까이 다다르다. ¶손님이 한꺼번에 들이닥치다. ㊂ 밀려들다, 몰려들다.

들이-대다 [thrust before]
바싹 가져다 대다. ¶총을 들이대다 / 증거물을 들이대다.

들이-마시다 [breathe in]
액체나 기체를 빨아들여 목구멍으로 넘기다. ¶담배 연기를 들이마시다 / 시원한 물을 들이마시다.

들이-밀다 [push in]
안으로 또는 한쪽으로 밀거나 들여보내다. ¶편지를 문틈으로 들이밀다. ㊥ 내밀다.

들이-받다 [hit against]
함부로 몹시 받다. ¶가로등을 들이받다.

들이-쉬다 [inhale; breathe in]
숨을 들이켜 쉬다. ¶신선한 공기를 깊이 들이쉬다. ㊥ 내쉬다.

들이-치다 [drive into]
비·눈 등이 안을 향해 세차게 뿌리다. ¶바람 때문에 비가 방 안으로 들이쳤다.

들이-켜다 [drink down]
세게 들이마시다. ¶물 한 컵을 쭉 들이켰다.

들ː-일 [farm work]
밭이나 논에서 하는 일.

들입다 [hard; rashly; forcibly]
막 무리하게 힘을 들이다. ¶들입다 도망치다. ㊂ 냅다, 마구.

들ː-쥐 [field mouse]
들에 사는 쥐의 총칭.

들ː-짐승 [wild animal]
들에서 사는 짐승.

들쭉날쭉-하다 [uneven]
들어가기도 하고 나오기도 하여 가지런하지 않다. ¶이가 들쭉날쭉하다 / 들쭉날쭉한 모양.

들쭉
모양과 맛이 포도와 비슷한 진홍색의 열매.

들창-문 (—窓門, 창문 창, 문 문)
들어서 여는 창문(窓門).

들창-코 (—窓—, 창문 창)
[upturned nose]
콧구멍이 위로 드러나 뵈는 코. 또는 그런 사람.

들추다 [reveal; expose; rummage]
❶지난 일이나 숨은 일 등을 끄집어내어 드러나게 하다. ¶비밀을 들추다 / 과거를 들추다. ❷무엇을 찾으려고 자꾸 뒤지다. ¶온 방을 샅샅이 들추다. [반] 감추다, 숨기다.

들치다 [raise; lift; hold up]
물건의 한쪽 머리를 쳐들다. ¶이불을 들치다.

들키다 [be found; be discovered]
숨기려던 것이 남에게 알려지다. ¶그는 빵을 훔치다가 들켰다. [비] 들통나다, 발각(發覺)되다.

들통[1] [be detected, be revealed]
비밀·잘못이 드러난 판국. ¶그 비밀은 끝까지 들통이 나지 않았다.

들-통[2] (—桶, 통 통) [pail; bucket]
손잡이가 달려 들 수 있게 만든 통(桶).

들ː-판 [plain; field]
들을 이룬 벌판. ¶들판에 벼가 누렇게 익어 가고 있다.

들ː-풀
들에 절로 나는 풀. [비] 야초(野草).

듬뿍 [generously; liberally]
넘칠 정도로 가득한 모양. ¶사랑을 듬뿍 받다 / 밥을 듬뿍 담다.

듬성-듬성 [sparsely; thinly]
드물고 성긴 모양. ¶흰머리가 듬성듬성 나다.

듬직-하다
[dignified; imposing]
사람됨이 무게가 있고 믿음직스럽다. ¶듬직한 사람.

듯-싶다 [look like]
'것 같다'의 뜻으로 짐작하거나 추측함을 나타내는 말. ¶그럴 필요가 없는 듯싶다.

듯-하다 [seem]
'것 같다'의 뜻으로 짐작하거나 추측함을 나타내는 말. ¶저 사람은 중국인인 듯하다.

등[1] [back]
사람이나 동물의 가슴과 배의 반대쪽 부분. ¶등에 종기가 나다.

등ː[2] **等** | 무리 등 [class; grade]
높고 낮음의 차례[等]. 등급이나 석차를 나타내는 말. ¶2등 / 삼 등.

등ː[3] **等** | 같을 등
[and so on; et cetera]
그 밖에도 같은[等] 종류의 것이 더 있음을 나타내는 말. ¶그녀는 나에게 이름, 나이, 취미 등을 물었다. [비] 따위.

등[4] **燈** | 등불 등 [lamp; lantern; light]
불을 켜서 밝게 하는 기구. ¶등을 달다.

등ː-거리 等距離 | 같을 등, 떨어질 거, 떨어질 리 [equal distance]
같은[等] 거리(距離). ¶등거리 사격.

등걸 [stump; stub]
줄기를 잘라 낸 나무의 밑동. 나뭇등걸.

***등ː고 等高** | 같을 등, 높을 고
높이[高]가 같음[等].

▸등ː고-선 等高線 | 줄 선
[지리] 지도에서 해발 고도(高度)가 같은[等] 지점을 연결한 곡선(曲線). ¶등고선 모양으로 밭을 만들다. [비] 수평 곡선(水平曲線).

등-골[1][spinal cord]
의학 척주관 속에 있는 중추 신경 계통의 부분. 위쪽은 머리뼈안의 숨뇌로 이어지고 아래쪽 끝은 대개 둘째 허리뼈 높이에서 끝난다. ㊥ 척수(脊髓). 관용 등골이 빠지다.

등-골[2][hollow along the spine]
등 뒤 한가운데로 고랑이 진 곳. ¶등골에 땀이 나다.

등교 登校 | 오를 등, 학교 교
[go to school]
학생이 수업을 받으러 학교(學校)에 감[登]. ¶나는 걸어서 등교한다. ㊥ 하교(下校).

등굣-길 (登校—, 오를 등, 학교 교)
학생이 학교로 가는[登校] 길. ¶등굣길에 교통사고를 당했다. ㊥ 하굣길.

등극 登極 | 오를 등, 끝 극
[ascend the throne]
❶ 속뜻 가장 높은[極] 임금의 자리에 오름[登]. ¶드디어 선덕여왕이 등극했다. ❷어떤 분야에서 가장 높은 자리나 지위에 오름. ¶챔피언 등극. ㊥ 등조(登祚), 즉위(即位).

등:급 等級 | 같을 등, 등급 급
[class; grade]
❶ 속뜻 같은[等] 급(級). 급이 같음. ❷같은 급별로 나눈 층차나 단계. ¶내 성적은 3등급이다.

등기 登記 | 오를 등, 기록할 기 [registry]
법률 ❶장부 따위에 올려[登] 기록(記錄)함. ¶건물을 본인 명의로 등기하다. ❷우체국에서 우편물의 인수·배달 과정을 기록하는 우편. ¶등기로 편지를 보내다.

등-나무 (藤—, 등나무 등) [wistaria]
식물 콩과의 낙엽 활엽 덩굴나무. 줄기는 오른쪽으로 감아 붙고, 한봄에 나비 모양의 자색 또는 흰 꽃이 핀다. ㊟ 등.

등대 燈臺 | 등불 등, 돈대 대
[lighthouse; beacon]
섬이나 바닷가에 세운 등불[燈]을 밝히는 탑[臺] 모양의 시설. 밤에 다니는 배에 목표, 뱃길, 위험한 곳 따위를 알려 주려고 불을 켜 비춘다. ¶등대의 불빛 덕분에 항로를 찾았다.

▶ **등대-지기** (燈臺—)
등대(燈臺)를 지키는 사람. ㊥ 등대수(登臺手), 등대원(登臺員).

등댓-불 (燈臺—, 등불 등, 돈대 대) [beacon lamp]
등대(燈臺)에 설치한 등불. 또는 그 불빛.

등-덜미 [upper part of the back]
뒷등의 윗부분.

등:등[1] **等等** | 같을 등, 같을 등
[et cetera; and so on]
이 외에도 그와 같은[等+等] 여러 가지. 많은 사물 중에서 몇 가지만 줄여 열거한 다음 이를 써서 비슷한 것이 많이 있음을 표현한다. ¶동생의 책가방 속에는 교과서, 공책, 필통 등등이 들어 있다.

등등[2] **騰騰** | 오를 등, 오를 등 [triumphant]
기세를 뽐내는 꼴이 아주 높다[騰+騰]. ¶기세가 등등하다. ㊥ 자신만만(自信滿滿)하다, 의기양양(意氣揚揚)하다.

등록 登錄 | 오를 등, 기록할 록 [register; enter]
❶ 속뜻 문서에 올려[登] 기록함[錄]. ❷일정한 자격 조건을 갖추기 위하여 단체나 학교 따위에 문서를 올림. ¶신입생 등록을 마치다.

▶ **등록-금 登錄金** | 돈 금
학교나 학원 따위에 등록(登錄)할 때 내는 돈[金]. ㊥ 납입금(納入金).

▶ **등록-증 登錄證** | 증거 증
등록(登錄)하였음을 증명(證明)하는 문서. ¶자동차 등록증 / 등록증 발급.

등반 登攀 | 오를 등, 매달릴 반 [climb]
험한 산의 정상에 이르기 위하여 힘들게 기어[攀] 오름[登].

▶ **등반-대 登攀隊** | 무리 대

험한 산이나 높은 곳에 오르기[登攀] 위하여 조직한 무리[隊].

등-받이 [back of a chair]
의자에 앉을 때 등이 닿는 부분.

등배 운동 (一運動, 돌 운, 움직일 동)
운동 등과 배를 단련하기 위하여 하는 체조[運動]. 다리를 벌리고 서서 허리를 앞뒤로 구부렸다 젖혔다 한다.

등본 謄本 | 베낄 등, 책 본
[copy; duplicate]
법률 원본(原本)을 똑같이 베낌[謄]. 또는 그런 서류. ¶등본을 뜨다 / 주민등록등본.

등:분 等分 | 같을 등, 나눌 분
[devide equally; share equally]
❶속뜻 똑같이[等] 나눔[分]. ❷수나 양을 똑같은 부분이 되도록 둘 또는 그 이상으로 갈라 나눔. ❸똑같은 분량으로 나누어진 몫을 세는 단위. ¶반죽을 네 등분으로 나누다.

등-불 (燈一, 등불 등)
[light; lamp light]
등(燈)에 켠 불. ¶등불로 캄캄한 길을 밝히다. ⓑ 등화(燈火). 속담 바람 앞의 등불.

등-뼈 [backbone; chine]
의학 '척추뼈'의 예전 용어.

등산 登山 | 오를 등, 메 산
[climb a mountain]
운동, 놀이, 탐험 따위의 목적으로 산(山)에 오름[登]. ⓑ 하산(下山).

▸등산-가 登山家 | 사람 가
등산(登山)을 잘하거나 즐기는 사람[家]. ¶커서 등산가가 되고 싶다.

▸등산-객 登山客 | 손 객
운동이나 놀이를 목적으로 산에 오르는[登山] 사람[客]. ¶서울 근교의 산들은 휴일이면 등산객으로 무척 붐빈다.

▸등산-로 登山路 | 길 로
등산(登山)하는 길[路]. ¶눈이 와서 등산로가 미끄럽다.

▸등산-복 登山服 | 옷 복
등산(登山)할 때에 입는 옷[服]. ¶등산복 차림의 젊은이들.

▸등산-화 登山靴 | 구두 화
등산(登山)할 때 신는 신[靴]. 보통 창이 두껍고 바닥이 울퉁불퉁하며 벗겨지지 않도록 만들어졌다.

등성이 [back; ridge]
산의 등줄기. '산등성이'의 준말. ¶해가 등성이를 넘어갔다.

등:수 等數 | 무리 등, 셀 수
[grade; rank]
등급(等級)에 따라 붙인 번호[數]. ¶등수를 매기다. ⓑ 등급(等級), 순위(順位).

등:식 等式 | 같을 등, 법 식 [equality]
수학 수나 문자, 식을 등호(等號)인 '='를 써서 나타내는 관계식(關係式). ¶양변에 같은 수를 더하거나 곱해도 등식은 성립한다. ⓑ 부등식(不等式).

등:신 等神 | 같을 등, 귀신 신
[fool; stupid person]
❶속뜻 사람 같이[等] 만들어 놓은 신상(神像). ❷몹시 어리석은 사람을 낮잡아 이르는 말. ¶등신 같은 녀석 / 사람을 등신 취급하다.

등심 (一心, 가운데 심) [fillet; sirloin]
소나 돼지의 등골뼈에 붙은 고기. 연하고 기름기가 많다. ⓑ 등심살.

등쌀 [annoying; pestering]
몹시 귀찮게 구는 일. ¶부모님 등쌀에 못 견디겠다.

등:압 等壓 | 같을 등, 누를 압
[isobaric line; isobar]
물리 압력(壓力)이나 기압이 같음[等].

▸등:압-선 等壓線 | 줄 선
지리 일기도에서 기압(氣壓)이 같은[等] 지점을 연결하여 이은 선(線). 고기압이나 저기압의 분포를 나타낸다. ¶일기도(日氣圖)에 등압선을 표시하다.

등용 登用 | 오를 등, 쓸 용
[appoint; assign]

인재를 뽑아[登] 씀[用]. ¶인재를 등용하다. ⓑ 거용(擧用).

등-용문 登龍門 | 오를 등, 용 룡, 문 문
[gateway to success]
❶ 속뜻 용문(龍門)에 오름[登]. ❷어려운 관문을 통과하여 크게 출세하게 됨. 또는 그 관문. 잉어가 중국 황하(黃河) 상류의 급류를 이룬 곳인 용문을 오르면 용이 된다는 전설에서 유래한 말이다.

등유 燈油 | 등불 등, 기름 유
[lamp oil; kerosene]
등(燈)불을 켤 때 쓰는 기름[油]. 원유(原油)를 증류할 때 150℃에서 280℃ 사이에서 얻어지는 기름으로 가정용이나 공업용으로 쓰인다.

등잔 燈盞 | 등불 등, 잔 잔
[oil cup for a lamp]
기름을 담아 등(燈)불을 켜는 데에 쓰는 그릇[盞]. ¶등잔에 불을 붙이다. 속담 등잔 밑이 어둡다.

▶등잔-불 (燈盞-)
등잔(燈盞)에 켠 불. ⓑ 등불, 등화(燈火).

*__등장__ 登場 | 오를 등, 마당 장
[appear; show up; enter the stage]
❶ 속뜻 무대[場]나 연단 따위에 나옴[登]. ¶남자 주인공이 무대에 등장했다. ❷어떤 사건이나 분야에서 새로운 제품이나 현상, 인물 등이 세상에 처음으로 나옴. ¶신제품의 등장. ❸연극, 영화, 소설 따위에 어떤 인물이 나타남. ¶이 소설에는 노인이 주인공으로 등장한다. ⓑ 출현(出現). ⓑ 퇴장(退場).

▶등장-인물 登場人物 | 사람 인, 만물 물
❶ 속뜻 연극, 영화, 소설 따위에 나오는[登場] 인물(人物). ❷어떠한 사건에 관련되는 인물. ¶이 사건의 등장인물은 누구인가?

등정 登頂 | 오를 등, 꼭대기 정
[reach the top of a mountain]
산 따위의 꼭대기[頂]에 오름[登]. ¶장애우들이 히말라야 등정에 나섰다.

등-줄기 [line of the backbone]
등마루의 두두룩하게 줄기진 부분. ¶등줄기에서 식은땀이 흘러내렸다.

등:지 等地 | 같을 등, 땅 지
[like places]
지명 뒤에 쓰여 그와 비슷한[等] 여러 지역(地域)을 줄임을 나타내는 말. ¶일본, 홍콩, 태국 등지로 여행을 다니다.

등-지다 [fall out (with); leave]
❶등 뒤에 두다. ¶담을 등지고 서다. ❷관계를 끊고 멀리하거나 떠나다. ¶가족을 등지고 떠나다.

등-짐 [pack carried on one's back]
등에 진 짐.

등-토시 (藤-, 등나무 등)
등(藤)나무의 줄기를 가늘게 쪼개어 엮어 만든 토시. 땀이 옷에 배지 않게 한다.

등판 登板 | 오를 등, 널빤지 판
[take the plate; go to the mound]
운동 야구에서 투수가 널빤지[板] 같은 마운드에 올라서는[登] 일. ¶선발투수로 등판하다. ⓑ 강판(降板).

등피 燈皮 | 등불 등, 껍질 피
[lamp chimney]
등불이 꺼지지 않도록 등(燈)에 씌우는 껍데기[皮].

등-하:교 登下校 | 오를 등, 아래 하, 학교 교 [to and from school]
학교에 수업하러 가는 것[登校]과 수업을 마치고 학교에서 돌아오는 것[下校]을 아울러 이르는 말. ¶등하교 시간에는 학교 앞이 무척 북적댄다.

등:한 等閑 | =等閒, 같을 등, 한가할 한
[negligent; careless]
❶ 속뜻 한가한[閑] 것 같다[等]. ❷마음에 두지 않거나 소홀하다. 대수롭지 않게 여기다. ¶자녀 교육에 등한한 부모.

▶등:한-시 等閑視 | 볼 시
대수롭지 않게[等閑] 보아[視] 넘김. ¶건강을 등한시 여기다 / 국어 공부를 등한시하다.

등-허리 [back and the waist]
❶등과 허리. ❷허리의 등 쪽 부분.

등ː호 等號 | 같을 등, 표지 호
[sign of equality]
수학 서로 같음[等]을 나타내는 표지[號]. ㊥ 등표(等標). ㊤ 부등호(不等號).

디귿
언어 한글 자모 'ㄷ'의 이름.

디디다 [step on; tread on]
발을 올려놓고 서다. 발을 대고 누르다. ¶땅을 디디다 / 발 디딜 틈도 없다. ㊟ 딛다.

디딜-방아
발로 디디어 곡식을 찧게 된 방아. ㊥ 답구(踏臼).

디딤-돌 [stepping stone]
❶마루 아래 같은 데에 놓아 디디고 오르내릴 수 있게 한 돌. ❷어떤 문제를 해결하는 데 바탕이 되는 것을 비유적으로 이르는 말. ¶실패를 성공의 디딤돌로 삼다.

디-밀다 [push into; thrust hard]
'들이밀다'의 준말. ¶그는 나에게 이 문제를 불쑥 디밀었다. ㊤ 내밀다.

디스켓 {영 diskette}
컴퓨터에서 데이터 입력이나 파일 저장에 사용하는 레코드판 모양의 자기(磁氣) 기억 매체. 개인용 컴퓨터에 많이 사용하는 것으로 딱딱하지 않은 플라스틱으로 만들어지며, 정사각형의 종이나 플라스틱 케이스에 들어 있다.

디스코 {영 disco}
경쾌한 레코드음악에 맞추어 자유롭게 추는 춤. ¶디스코를 추다 / 디스코 음악.

디스크[1] {영 disk}
소리가 저장되어 있어서 다시 재생하여 들을 수 있게 만든 둥글고 납작한 판. ¶하드 디스크 / 이 디스크는 용량이 512메가바이트이다. ㊥ 음반(音盤).

디스크[2] {영 disk}
'척추 원반 탈출증'을 일상적으로 이르는 말. ¶목 디스크 / 디스크가 생기다.

디자이너 {영 designer}
디자인을 전문으로 하는 사람. ¶건축 디자이너 / 유명 디자이너가 만든 바지.

디자인 {영 design}
의상, 공업 제품, 건축 따위 실용적인 목적을 가진 조형 작품의 설계나 도안. ¶의상 디자인.

디저트 {영 dessert}
양식(洋食)에서, 식사 끝에 나오는 과자·과실 등. ¶케이크가 디저트로 나왔다. ㊥ 후식(後食).

디젤 기관차 (Diesel機關車, 틀 기, 빗장 관, 수레 차)
기계 독일 기술자 디젤(Diesel)이 발명한 기관차(機關車). 발전기를 돌려서 발생한 전류로 움직인다.

디즈니랜드 {영 Disneyland}
미국의 만화 영화 제작자 디즈니(Disney)가 1955년에 로스앤젤레스 교외에 설립한 어린이 놀이터[land]. 세계 최고 수준의 유원지로 각광받고 있다.

디지털 {영 digital}
여러 자료를 유한한 자릿수의 숫자로 나타내는 방식. ¶아날로그 방식을 디지털 방식으로 전환하다 / 디지털 카메라. ㊤ 아날로그(analogue).

디프테리아 {영 diphtheria}
의학 디프테리아균으로 인한 급성 전염병. 2-7살쯤까지 잘 걸리며 후두가 협착해지고 심장 마비를 일으킨다.

딛다 [step on; tread on]
'디디다'의 준말. ¶맨발로 땅을 딛다.

딜레마 {영 dilemma}
선택해야 할 길은 두 가지 중 하나로 정해져 있는데, 그 어느 쪽을 선택해도 바람직하지 못한 결과가 나오게 되는 곤란한 상황. ¶딜레마에 빠지다.

딩동

초인종이 울리는 소리.

딩동댕
종이나 실로폰 따위가 맑게 울리는 소리를 나타낸다.

ㄸ
언어 한글 자모 'ㄷ'을 어울러 쓴 글자. '쌍디귿'이라 이른다.

따갑다 [stinging; tingling]
❶몹시 더운 느낌이 있다. ¶햇볕이 따갑다. ❷바늘같이 뾰족한 끝으로 찌르는 듯이 아픈 느낌이 있다. ¶상처가 따갑다. ❸눈길이나 충고 따위가 매섭고 날카롭다. ¶따가운 시선 / 따가운 질책.

따개비 [barnacle]
동물 따개빗과에 속하는 절지(節肢)동물의 하나. 껍질 표면은 회색인데 백색 융기가 있으며, 입은 크고 마름모꼴이다.

따:귀 [cheeks]
'뺨따귀'의 준말. ¶따귀를 때리다.

따끈따끈-하다 [hot; warm]
기분 좋게 따끈하다. ¶방이 따끈따끈하다.

따끈-하다 [hot; heated]
조금 따뜻한 느낌이 있다. ¶따끈한 녹차.

따끔-따끔 [stinging; pricking]
❶찔리거나 꼬집히는 것처럼 자꾸 아픈 느낌. ¶상처가 아직도 따끔따끔 아프다. ❷따가울 정도로 몹시 더운 느낌. ¶햇살이 머리 위에 따끔따끔 내리쬐다.

따끔-하다
[piercingly painful; stinging]
찔리거나 꼬집히는 것처럼 아프다. ¶주사가 따끔하다 / 모기 물린 곳이 따끔거린다.

따-내다
무언가를 얻어 내다. ¶한국은 금메달 15개를 따냈다 / 계약을 따내다.

따님 [your daughter]
남의 딸의 존칭. ㊐ 영애(令愛). ㊊ 아드님.

따다 (摘, 딸 적) [pick; open]
❶붙은 것을 잡아떼다. ¶꽃을 따다 / 감을 따다. ❷글이나 말 따위에서 필요한 부분을 뽑아 취하다. ¶남의 글귀를 따다 쓰다. ❸노름·내기 등에서 이겨 돈이나 상품을 얻다. ¶은메달을 따다. ❹점수·자격 따위를 얻다. ¶학위를 따다 / 운전면허를 따다. ❺꽉 봉한 것을 뜯다. ¶뚜껑을 따다. 속담 하늘의 별 따기.

비슷한 듯 다른 말 ➲ 뜯다

따-돌리다 [exclude; shun]
❶밉거나 싫은 사람을 따로 떼어 멀리하다. ¶친구를 따돌리다. ❷뒤쫓는 사람이 따라잡지 못하게 간격을 벌려 앞서 나가다. ¶추격자를 따돌리다.

따듯-하다 [warm; hot]
'따뜻하다'를 부드럽게 이르는 말.

따뜻-하다 [warm; hot]
❶덥지 않을 정도로 온도가 알맞게 높다. ¶교실이 따뜻하다 / 옷을 따뜻이 입다. ❷감정이나 분위기가 정답고 포근하다. ¶마음씨가 따뜻하다 / 손님을 따뜻이 맞이하다. ㊐ 따사롭다, 따스하다. ㊊ 차다.

따라-가다 (隨, 따를 수; 從, 따를 종)
[follow; accompany]
❶남의 뒤를 좇아가다. ¶앞 차의 뒤를 바짝 따라가다. ❷남의 행동이나 또는 시키는 대로 좇아 하다. ¶유행을 따라가다 / 다수의 의견을 따라가다. ❸남에게 뒤지지 않고 그가 하는 만큼 하다. ¶수학에서는 아무도 그를 따라갈 수 없다. ㊊ 이끌다, 인도(引導)하다, 선도(先導)하다.

따라-나서다
남이 가는 대로 같이 나서다. ¶나는 어머니와 누나를 따라나섰다.

따라-다니다
[follow; chase; haunt]
❶남의 뒤를 좇아서 다니다. ¶아이는 엄마를 졸졸 따라다닌다. ❷어떤 현상이 붙어 다니다. ¶이상한 소문이 그녀를 평생 따라다녔다.

따라-붙다 [catch up]

앞지른 것을 따라가서 바싹 붙다. ¶순찰차가 과속 차량을 따라붙었다.

따라서
[accordingly; therefore]
앞에서 말한 일이 뒤에서 말할 일의 원인, 이유, 근거가 됨을 나타내는 접속 부사. ¶차량은 더 늘어나고 따라서 환경오염은 더 심각해질 것이다. [비] 그러므로, 그렇기 때문에.

따라-오다 [follow]
❶남의 뒤를 좇아오다. ¶그가 내 뒤를 따라오고 있다. ❷남이 하는 대로 좇아오다. ¶부모가 모범을 보이면 아이들은 자연히 따라온다.

따라-잡다 [catch up with]
앞지른 것을 따라가서 잡다. ¶그녀는 앞서 달리던 선수를 따라잡았다.

따로 [separately; apart]
❶한데 뒤섞이지 않고 떨어져서. ¶부모님과 따로 살다. ❷서로 다르게. 별도로. ¶제게 따로 하실 말씀이 있으세요? [반] 같이, 함께.

▸ 따로-따로
한데 섞이거나 함께 있지 않고 여럿이 다 각각 떨어져서. ¶따로따로 계산하다 / 언니와 나는 방을 따로따로 쓴다.

따르다[1](隨, 따를 수; 從, 따를 종) [follow; go after]
❶남의 뒤를 좇다. ¶그를 따라 방에 들어가다. ❷남을 좋아하여 붙좇다. ¶개가 나를 몹시 따른다. ❸다른 일과 더불어 일어나다. 수반하다. ¶경제 개발에 따른 소득 격차 / 성공에는 흔히 고생이 따른다. ❹무엇을 끼고 나아가다. ¶강을 따라서 길이 났다. ❺관례나 법규 따위를 좇다. 본떠서 하다. ¶전례에 따르다 / 법에 따라 처벌한다. ❻복종하다. 준수하다. ¶결정에 따르다 / 지시대로 따르다.

♣ 따르다[1] /좇다 — 비슷한 듯 다른 말

◎ 아빠의 뒤를 따르다 = 좇다.

○ 길을 따라 산책하다.
× 길을 좇아 산책하다.

○ 아이가 무지개를 좇다.
× 아이가 무지개를 따르다.

따르다[2][pour into; fill]
액체를 기울여서 붓다. 또는 쏟다. ¶컵에 물을 가득 따르다.

따르릉 [tinkle-tinkle]
전화·자명종 따위가 한동안 울리는 소리.

따름 [just; only]
'그뿐'의 뜻을 나타내는 말. ¶제 의무를 다했을 따름입니다.

따-먹다 [pick and eat; take]
❶과일을 따서 먹다. ❷장기·바둑·돈치기 등에서, 남의 말·돌을 따내거나 돈 따위를 얻다. ¶그가 내기 장기를 두어 내 돈을 다 따먹었다.

따발-총 (一銃, 총 총)
[Russian submachine gun]
탄창이 똬리 모양으로 둥글납작한 소련제 총(銃).

따분-하다 [listless; boring]
재미가 없어 지루하다. 지겹다. ¶따분한 사람 / 이 책은 정말 따분하다.

따사-롭다 [pretty warm; warmish]
따뜻한 기운이 조금 있다. ¶봄볕이 따사롭다 / 따사로운 인정.

따스-하다 [warm; mild]
좀 따습다. ¶물이 따스하다.

따오기 [crested ibis]
[동물] 몸은 희고 부리는 검고, '따옥따옥' 하고 우는 겨울철새. 천연기념물 제198호이다.

따옴-표 (一標, 나타낼 표)
[quotation marks]
[언어] 딴 글에서 인용하는 글이나 말 또는 강조하는 말과 글의 앞뒤에 찍는 문장 부호[標]. 큰따옴표(" ")·작은따옴표(' ')가

있다. [비] 인용부(引用符), 인용점(引用點).

따위 [and so on; and such like]
❶사람이나 사물을 얕잡거나 부정적으로 일컫는 말. ¶네 따위가 뭘 알아? ❷그것과 같은 종류·부류임을 나타내는 말. ¶토마토, 시금치, 오이 따위의 채소. [비] 등(等), 등등(等等).

따지다 [query; question closely]
❶문제가 되는 일을 상대에게 캐묻고 분명한 답을 요구하다. ¶동생에게 잘잘못을 따지다. ❷계산, 득실, 관계 따위를 낱낱이 헤아리다. ¶비용을 따지다. ❸어떤 것을 기준으로 순위, 수량 따위를 헤아리다.

♣ 따지다 / 가리다[1] 비슷한 듯 다른 말

◎ 공과 사를 따지다 = 가리다.
○ 비용을 따지다.
× 비용을 가리다.
○ 그는 내 일이라면 물불을 가리지 않는다.
× 그는 내 일이라면 물불을 따지지 않는다.

딱[1] [with a bang]
단단한 것이 마주치거나 부러질 때 나는 소리.

딱[2] [decisively; resolutely]
❶완전히 그치거나 멎는 모양. ¶눈이 딱 그쳤다 / 울음소리가 딱 멎었다. ❷아주 단호하게 끊거나 과단성 있게 행동하는 모양. ¶딱 잘라 말하다 / 담배를 딱 끊다. ❸몹시 싫거나 언짢아하는 모양. ¶그런 사람은 딱 질색이다.

딱[3] [with an outward thrust]
❶활짝 벌어진 모양. ¶눈을 딱 부릅뜨다 / 딱 바라진 가슴. ❷빈틈없이 맞닿거나 들어맞는 모양. ¶양복이 딱 맞는다 / 나들이하기에 딱 좋은 날 / 네 말이 딱 맞았다. ❸굳세게 버티는 모양. ¶딱 버티고 서다. ❹갑자기 마주치는 모양. ¶우연히도 시선이 딱 마주쳤다. ❺오직, 단지. ¶딱 한 잔씩만 더 하고 가자 / 빈자리는 딱 두 개밖에 없었다.

딱따구리 [woodpecker]
[동물] 딱따구릿과의 새를 통틀어 이르는 말. 숲에 살며 날카롭고 단단한 부리로 나무에 구멍을 내어 그 속의 벌레를 잡아먹는다.

딱-딱[1] [with repeated bangs]
단단한 물건이 자꾸 부러지거나 서로 부딪치는 소리. 또는 그 모양. ¶이가 딱딱 맞부딪치다 / 나뭇가지를 딱딱 부러뜨리다.

딱-딱[2]
❶계속되던 것이 여럿이 다 또는 잇달아 그치거나 멎는 모양. ¶딱딱 멈추다. ❷잇달아 단호하게 끊으며 행동하는 모양. ¶딱딱 잘라 말하다.

딱딱-거리다
[speak harshly; be strict with]
딱딱한 말씨로 소리를 크게 내어 언짢아하다. ¶그녀는 딱딱거리며 불친절하게 말했다.

딱딱-하다 [hard; stiff]
❶굳어서 단단하다. ¶딱딱한 의자. ❷태도, 말씨, 분위기 따위가 부드러운 맛이 없고 엄격하다. ¶딱딱한 말투 / 딱딱한 문장 / 딱딱한 표정. [반] 부드럽다.

딱-새 [flycatcher; pewee]
[동물] 몸은 암컷은 연한 갈색이고, 수컷은 정수리에서 뒷목까지 은빛을 띤 새. 검은 날개 중앙에 흰 얼룩무늬 점이 있고 배는 붉은색이다.

딱정-벌레 [ground beetle]
[동물] 온몸이 단단한 껍데기로 싸여 있고 앞날개가 단단한 곤충. 풍뎅이, 하늘소, 딱정벌레 따위가 있다.

딱지[1] [scab; slough]
❶상처나 헌데에서 난 피나 진물이 말라붙어 생긴 껍질. ¶딱지가 앉다. ❷게·소라 따위의 몸을 싸고 있는 뼈처럼 단단한 껍

데기.

딱지²(—紙, 종이 지) [stamp; ticket]
❶[속뜻] 우표나 어떤 마크를 그린 종잇조각의[紙] 속칭. ❷아이들이 가지고 노는 장난감의 하나. 종이를 네모나게 접어 만들거나, 두꺼운 종이쪽에 그림을 그리거나 글을 쓴 장난감. ❸좋지 않은 평가나 인정. ¶전과자라는 딱지가 붙은 사람. ❹'퇴짜'를 속되게 일컫는 말. ¶딱지를 맞다.
▶딱지-놀이 (—紙—, 종이 지)
놀이딱지(紙)를 가지고 노는 일.

딱-총 (—銃, 총 총) [popgun]
❶[속뜻] 화약을 종이나 대롱 같은 것의 속에 싸서 심지에 불을 붙여 터지게 만든 총(銃)모양의 장난감. ❷화약을 종이에 싸서 세게 치면 터지도록 만든 아이들의 장난감 총. [비] 지총(紙銃), 지포(紙砲).

딱-하다 [pitiful; awkward]
사정이나 처지가 애처롭다. 가엾다. ¶딱한 처지 / 사정을 딱히 여기다.

딱-히
정확하게 꼭 집어서 ¶딱히 할 말이 없다.

딴¹[as; as for (oneself)]
자기 나름대로의 생각이나 기준. ¶내 딴에는 농담을 한다고 한 것이다. [비] 깐.

딴²[another; other]
아무런 관계가 없이 다른. ¶딴 방법 / 딴 이야기.

딴딴-하다 [hard; solid]
몹시 굳다. ¶몸이 돌처럼 딴딴하다.

딴-말
[irrelevant remark; absurd remark]
아무 관계도 없는 말. 본뜻에 어긋나는 말. ¶대답은 안하고 딴말만 늘어놓다.

딴-전 [irrelevant remark]
그 일과는 아주 딴 짓으로 하는 일. ¶아이는 내 말은 안 듣고 딴전만 피웠다. [비] 딴청.

딴-청 [irrelevant remark]
딴전. ¶딴청을 피우다.

딴-판
[completely different state of affairs]
아주 다른 모양이나 형세.

딸 [daughter]
여자로 태어난 자식. [비] 여식(女息). [반] 아들.

딸:기 [berry; strawberries]
[식물] 장미과의 여러해살이풀. 줄기는 땅위로 뻗으며, 빨간색의 열매는 식용한다.
▶딸:기-코 [bulbous]
코끝이 딸기처럼 빨갛게 된 코. ¶술에 취해 딸기코가 되었다.

딸꾹-질 [hiccupping]
횡격막의 경련으로 호흡근과 성대가 동시에 경련을 일으켜 들이쉬는 숨이 방해돼 소리 나는 증세.

딸딸-이 [tapper]
❶자명종 등에서 종을 때리는 작은 쇠방울. ❷'삼륜차'나 '경운기'를 속되게 이르는 말.

딸랑 [jingle]
작은 방울 따위가 흔들리어 세게 울리는 소리.
▶딸랑-이
흔들면 딸랑딸랑 소리가 나게 만든 어린 아이의 장난감.
▶딸랑-딸랑
작은 종이나 방울이 자꾸 흔들리는 소리나 모양을 나타낸다.

딸리다¹[belong to; depend on]
❶어떤 것에 매이거나 붙어 있다. ¶욕실이 딸린 방. ❷어떤 부서나 종류에 속하다. ¶관리과는 총무부에 딸려 있다.

[비슷한 듯 다른 말] ➲ 달리다²

딸리다²[take along]
누구를 따라가게 하다. ¶할머니에게 동생을 딸려 보냈다.

딸림-화음 (—和音, 화할 화, 소리 음)
[음악] 각 음계에서 딸림음을 으뜸음으로 한 삼화음(三和音). 장조에서는 '솔·시·

레', 단조에서는 '미·솔·시'의 화음을 말한다.

딸-아이 [daughter]
❶남에게 자기 딸을 이르는 말. ❷딸로 태어난 아이.

땀[1][sweat; perspiration]
사람이나 동물의 피부에서 분비(分泌)되는 진액. ¶땀을 닦다.

땀[2][stitch]
바느질할 때에 바늘을 한 번 뜬 그 눈. 비늘땀. ¶한 땀 한 땀 정성 들여 수를 놓다.

땀-내 [smell of sweat]
땀이 묻은 옷이나 몸에서 나는 냄새.

땀-띠 [prickly heat; heat rash]
의학 땀을 많이 흘려 피부가 자극되어 생긴 발진(發疹).

땀-방울 [beads of sweat]
물방울처럼 맺힌 땀의 덩이. ¶이마에 땀방울이 맺히다.

땀-샘 [sweat gland]
의학 몸의 진피 또는 결합 조직 안에 있어, 땀을 분비하고 체온을 조절하는 분비선. ㊥ 한선(汗腺).

땀-자국
땀이 흘러 생긴 흔적.

땀-투성이 [full of sweat]
땀이 많이 흘러 온몸이나 옷이 흠뻑 젖은 상태. ¶찌는 듯한 날씨에 모두들 땀투성이가 되었다.

땅[1](地, 땅 지) [earth; ground]
❶강이나 바다와 같이 물이 있는 곳을 제외한 지구의 겉면. ¶땅 속에 사는 동물. ❷토지나 택지. ¶그는 강원도 일대에 큰 땅을 많이 가졌다. ❸흙이나 토양. ¶기름진 땅 / 땅이 부드럽다. ㊥ 뭍, 육지. 속담 땅 짚고 헤엄치기.

땅[2][bang; with a bang]
❶총을 쏘는 소리. ❷작은 쇠붙이나 단단한 물건이 세게 부딪쳐 울리는 소리.

땅-거미[1][twilight; dusk]
해가 진 뒤 컴컴하기까지의 어스레한 동안. ¶땅거미가 지기 시작하다.

땅-거미[2][ground spider]
동물 갈색의 머리가 크고 턱이 발달한 거미. 담이나 나무줄기 밑에 긴 주머니 모양의 집을 짓고 산다.

땅-굴 (一窟, 굴 굴)
[tunnel; underground way]
땅속으로 뚫린 굴(窟). ¶땅굴을 파다. ㊥ 토굴.

땅-꾼 [snake-catcher]
뱀을 잡아서 파는 사람.

땅-덩이 [land; earth]
땅의 큰 덩이. 대륙·국토·지구 등을 가리킨다.

땅-문서 (一文書, 글월 문, 쓸 서)
땅의 소유권을 등기 증명한 문서(文書).

땅-바닥 [bare ground]
❶땅의 거죽. 지면(地面). ¶땅바닥을 파다. ❷땅의 맨바닥. ¶땅바닥에 엎드리다.

땅-벌 [digger wasp; sphex]
동물 땅속에 집을 짓고 사는 벌. ㊥ 토봉(土蜂).

땅-볼 (一ball) [ground ball]
운동 야구·축구에서, 땅 위로 굴러가도록 치거나 찬 공[ball].

땅-뺏기 [Tom Tiddler's ground]
어린이 놀이의 하나. 정한 땅에 각자의 말을 퉁긴 대로 금을 그어서 땅을 빼앗아 간다. ㊥ 땅따먹기.

땅-재먹기 [Tom Tiddler's ground]
땅뺏기.

땅-콩 [peanut; groundnut]
식물 콩과의 한해살이풀. 모래땅에서 자라며 열매는 씨방이 땅속에서 자라 고치 모양으로 달리는데, 맛이 좋고 기름도 많다. ㊥ 낙화생(落花生).

땋:다 [braid (one's hair); plait]
머리털이나 실 등을 둘 이상의 가닥으로 갈라서 엇결어 짜 엮어서 한 가닥으로 하

다. ¶머리를 두 갈래로 땋다.

때[1][time; hour]
❶시간의 어떤 순간이나 부분. ¶아무 때나 좋다 / 때를 알리다. ❷일정한 시기 동안. ¶나는 방학 때 봉사 활동을 했다.

때[2][dirt; filth]
몸이나 옷에 먼지 따위가 묻어 더러운 것. ¶때를 밀다 / 때가 끼다.

때-까치 [butcherbird; shrike]
[동물] 까치와 비슷하나 몸집이 작고 머리는 붉은 갈색의 새. 날카로운 부리로 개구리, 곤충 따위를 잡아먹는다.

때-늦다 [too late; belated]
❶정한 시간보다 늦다. ¶모임에 때늦게 가다. ❷마땅한 시기가 지나다. ¶때늦은 후회를 하다 / 때늦은 사과.

때:다 [kindle; burn coal]
아궁이 속에 불을 지펴 타게 하다. ¶방에 불을 때다. [비] 지피다.

때때-로 [sometimes; at times]
가끔. 시시로. ¶그에게서 때때로 연락이 온다. [비] 이따금, 종종(種種). [반] 흔히, 자주.

때때-옷
[colorful festive dress for children]
알록달록한 색을 넣어 곱게 지은 어린아이의 옷. [비] 꼬까옷.

때려-치우다 [give up; quit]
하던 일을 아주 그만두다. ¶회사를 때려 치우다.

때-로
[on occasion; sometimes]
잦지 않게 이따금. ¶사람은 때로 실수도 한다.

때리다 [hit; beat]
❶사람이나 짐승·물건 등을 손으로나 손에 쥔 것으로 세게 치다. ¶종아리를 심하게 때리다. ❷세차게 부딪치다. ¶빗방울이 창문을 때린다. [반] 맞다.

♣ 때리다 / 패다[4] [비슷한 듯 다른 말]

◎ 멍이 들도록 때리다 = 패다.
○ 뺨을 때리다.
× 뺨을 패다.
○ 장작을 패다.
× 장작을 때리다.

때-마침 [at the right moment]
그때에 마침. ¶때마침 그가 왔다.

때-맞추다
때를 맞추다. 시기에 알맞도록 하다. ¶때 맞추어 씨를 뿌렸다.

때문 [reason; because of]
어떤 까닭이나 원인. ¶감기 때문에 결석하다.

때-밀이 [body-scrubber]
목욕탕에서 손님의 때를 밀어 주는 사람.

때우다 [solder; tinker]
❶뚫어졌거나 깨진 자리에 딴 조각을 대어 깁다. ¶냄비를 때우다. ❷다른 수단을 써서 어떤 일을 보충하거나 대충 해결하다. ¶몸으로 때우다.

땔:-감 [fuel; firewood]
불을 때는 데 쓰는 재료. ¶통나무를 잘라 땔감으로 쓰다. [비] 땔거리, 연료(燃料).

땔:-나무
[firewood; wood for fuel]
불 때는 데 쓰는 나무 가지.

땜:-납 (—鑞, 땜납 랍)
[solder; pewter]
땜질에 쓰는 납(鑞)과 주석의 합금.

땜:-장이 [tinker]
물건을 땜질하는 것을 직업으로 하는 사람.

땜:-질 [tinkering; soldering]
깨어지거나 뚫어진 것을 때워 고치는 일.

땟-국물
때가 섞여 있는 더러운 물. 또는 때로 범벅

이 된 땀이나 물기. ¶얼굴에 땟국물이 흐르다.

땡 [with a clang]
작은 종이나 그릇 따위의 쇠붙이를 두드리는 소리.

땡-감 [unripe persimmon]
덜 익어 떫은 감.

땡-볕
따갑게 내리쬐는 뙤약볕. ¶하루 종일 땡볕에서 일하다.

떠-가다 [float away]
하늘이나 물 위를 떠서 가다. ¶하늘에 조각구름이 떠간다.

떠꺼-머리
장가나 시집갈 나이가 넘은 총각·처녀가 땋아 늘인 긴 머리. 또는 그런 머리를 한 사람.

떠나-가다 [leave]
❶본디 자리를 떠서 옮겨 가다. ¶집을 떠나가다. ❷주위가 떠서 나갈 듯이 소리가 요란하다. ¶교실은 박수 소리로 떠나갈 듯 했다.

떠나다 (離, 떠날 리) [start; leave]
❶다른 곳으로 옮겨 가다. ¶기차가 떠나다. ❷어떤 일이나 사람들과 관계를 끊다. ¶그녀에게서 마음이 떠나다. ❸일을 하러 나서다. ¶출장을 떠나다.

떠-내다 [scoop up; dip out]
❶액체의 얼마를 퍼내다. ¶컵으로 물을 떠내다. ❷물 위에 떠 있는 것을 건져 내다. ¶거품을 떠내다.

떠-내려가다 [be carried away]
물 위에 둥둥 떠서 내려가다. ¶돼지가 홍수로 떠내려갔다.

떠-넘기다 [shirk]
할 일이나 책임을 남에게 미루다. ¶그에게 책임을 떠넘기지 마라.

떠-다니다 (漂, 떠다닐 표)
[fly about; float (about)]
공중이나 물 위를 떠서 오고 가고 하다. ¶연못 위에 꽃잎이 떠다니고 있다.

떠다-밀다 [push away; thrust away]
손으로 세게 내밀다. ¶사람을 떠다밀고 지나가다.

떠-돌다 [wander; circulate; go around]
❶정한 곳 없이 이곳저곳을 옮겨 다니다. ¶정처 없이 떠돌다 / 전국 곳곳을 떠돌아다니다. ❷공중이나 물 위에 떠서 이리저리 움직이다. ¶공기 중에 떠도는 먼지. ❸소문이 널리 퍼지다. ¶그녀가 병에 걸렸다는 소문이 떠돌고 있다.

떠돌-이 [wanderer; vagabond]
정처 없이 떠돌아다니는 사람. ¶떠돌이 생활을 하다. [비] 부랑자(浮浪者), 방랑자(放浪者).

떠ː들다 [make a noise; make a racket]
시끄럽게 큰 소리로 지껄이다. ¶밖에서 떠들어서 책을 읽을 수가 없다.

떠들썩-하다 [noisy]
여러 사람이 큰 소리로 떠들어서 시끄럽다. ¶웃음소리와 이야기 소리로 방 안이 떠들썩하다. [비] 왁자하다, 소란(騷亂)하다. [반] 조용하다.

떠듬-거리다 [be groping for]
말을 하거나 글을 읽을 때 순조롭게 하지 못하고 자꾸 막히다. ¶한 절을 떠듬거리며 읽다.

떠듬-떠듬 [stammering; stuttering]
말을 하거나 글을 읽을 때 순조롭게 하지 못하고 자꾸 막히는 모양.

떠-맡기다
[leave to others; saddle upon]
떠맡게 하다. ¶집안일을 모두 남편에게 떠맡기다.

떠-맡다 [undertake; assume]
할 일 따위를 모두 맡다. ¶막중한 책임을 떠맡다.

떠-메다 [lift up on one's shoulder]
땅에 닿지 않도록 들어서 메다. ¶그는 쌀 부대를 떠멨다.

떠-밀다 [push; shove]
힘껏 힘을 주어 앞으로 나아가게 하다. ¶그가 나를 세게 떠밀어 뒤로 넘어졌다.

떠밀-리다
누구에게 힘껏 밀림을 당하다. ¶해변에 떠밀려 온 괴물체.

떠-받들다 [lift up; raise up]
❶번쩍 쳐들어 위로 올리다. ❷공경하여 섬기다. ¶스승으로 떠받들다.

떠-받치다 [support; prop (up)]
떨어지거나 쓰러지지 않도록 밑에서 위로 받쳐서 버티다. ¶기둥이 지붕을 떠받치고 있다.

떠-벌리다 [talk big; brag]
이야기를 과장하여 늘어놓다. ¶소문을 떠벌리다.

떠-보다 [measure; weigh]
남의 속뜻을 슬며시 알아보다. ¶넌지시 마음을 떠보다.

떠-오르다 [surface; break the surface]
❶솟아서 위로 오르다. ¶해가 떠오르다 / 나무토막이 물 위로 떠올랐다. ❷생각이 나다. ¶좋은 생각이 떠오르다. ❸얼굴에 어떤 표정이 나타나다. ¶입가에 미소가 떠오르다.

떠-올리다 [recall; recollect]
❶기억이나 생각을 되살리다. ¶어린 시절을 떠올리다. ❷어떤 표정을 나타내다. ¶얼굴에 미소를 떠올리다.

떡[1][rice cake]
곡식 가루를 찌거나 삶아 익힌 음식의 총칭. 속담 떡 본 김에 제사 지낸다.

떡[2][firmly; wide open]
❶크게 벌어진 꼴. ¶어깨가 떡 벌어지다 / 잔칫상을 떡 벌어지게 차리다. ❷굳세게 버티는 꼴. ¶떡 버티고 서다.

떡갈-나무 [oak tree]
식물 가을에 도토리가 열리는 활엽수. 단단하여 가구나 그릇을 만들 때 쓴다. ⓑ도토리나무.

떡-고물
떡 거죽에 묻히거나 떡의 켜 사이에 까는 고물.

떡-국 [rice-cake soup]
가래떡을 어슷하고 얇게 썰어 맑은 장국에 넣어 끓인 음식.

떡-만둣국 (—饅頭—, 만두 만, 접미사 두)
얇게 썬 가래떡과 만두(饅頭)를 맑은 장국에 넣고 끓인 음식.

떡-메
떡을 치는 큰 방망이.

떡-방아
떡쌀을 찧는 방아.

떡-볶이
가래떡을 토막 내서 고기와 양념을 섞어 볶은 음식.

떡-살
흰떡 등을 눌러 모양과 무늬를 찍어내는 나무판.

떡-시루
떡을 찌는 데 쓰는 시루.

떡-쌀 [rice for making rice cake]
떡 만드는 데 쓰는 쌀.

떡-잎 [seed leaf; cotyledon]
식물 씨앗에서 움이 트면서 최초로 나오는 잎. 보통의 잎과 형태가 다르고 양분을 저장하고 있는 것이 있다. 속담 될성부른 나무는 떡잎부터 알아본다.

떡-집
떡을 만들어 파는 집.

떡-하니
보란 듯이 의젓하거나 여유가 있게. ¶오빠가 내 앞에 떡하니 길을 막고 서있다.

떨구다 [drop; throw down]
고개나 어깨를 힘없이 아래를 향하여 숙이다. ¶그는 절망감에 고개를 떨구었다.

떨기 [bunch; cluster]
식물의 한 뿌리에서 여러 개의 줄기가 나와 더부룩하게 된 무더기. ¶국화 떨기.
▸떨기-나무

식물 무궁화, 진달래처럼 키가 작고 밑동에서 가지를 많이 치는 나무. ㊐ 관목(灌木).

떨 : 다[1] [tremble; waver]
❶몸이나 몸의 일부를 빠르고 잦게 자꾸 흔들다. ¶다리를 떨다. ❷목청 따위가 순조롭지 않게 울림을 심하게 일으키다. ¶목소리를 떨면서 말하다. ❸몹시 추워하거나 두려워하다. ¶무서워서 벌벌 떨다.

떨 : 다[2] [display; show]
어떤 성질·행동을 겉으로 나타내어 부리다. ¶애교를 떨다 / 부지런을 떨다.

떨떠름-하다 [astringent; indisposed]
❶조금 떫은맛이 있다. ¶이 감은 약간 덜 익어서 맛이 떨떠름하다. ❷마음이 내키지 않다. ¶떨떠름한 표정. ㊐ 떫다.

떨-리다 [shake; tremble]
몹시 춥거나 무섭거나 분하여 몸이 재게 흔들리다. ¶추워서 입술이 떨리다.

떨림-판 (一板, 널빤지 판)
물리 음성 전류를 소리로 바꾸어 주는 얇은 철판(鐵板). 전화기의 송화기, 수화기에 있다. ㊐ 진동판(振動板).

떨어-뜨리다
[drop; make worse]
❶위에 있던 것을 아래로 내려지게 하다. ¶그릇을 떨어뜨릴 뻔했다. ❷정도·수준을 낮아지게 하거나 줄어들게 하다. ¶상품의 질을 떨어뜨리다. ❸어떤 사람들을 사이가 멀어지게 하다. ¶아이에게서 엄마를 떨어뜨리다.

떨어-지다 (落, 떨어질 락)
[fall; drop]
❶위에 있던 것이 아래로 내려가다. ¶이층에서 떨어지다 / 지옥에 떨어지다. ❷서로 붙었던 것이 각각으로 갈라지다. ¶단추가 떨어지다 / 딱지가 아물어 떨어졌다. ❸옷·신 같은 것이 해어지다. ¶다 떨어진 옷 / 구두가 떨어지다. ❹어느 한 곳에서 거리가 있다. ¶집에서 100m 떨어진 곳에 공원이 있다. ㊉ 오르다. 관용 발등에 불이 떨어지다.

♣ 떨어지다 / 내리다

◎ 온도가 갑자기 떨어지다 = 내리다.

○ 가방에서 동전이 떨어졌다.
× 가방에서 동전이 내렸다.

○ 사람들이 버스에서 내리다.
× 사람들이 버스에서 떨어지다.

떨이 [bargain]
팔다가 조금 남은 것을 다 떨어 싸게 파는 일. 또는 그 물건. ¶저녁이 되면 과일을 떨이로 판다. ㊉ 개시(開市).

떨치다[1] [resound; be widely felt]
위세나 명성 따위를 널리 드날리다. ¶그는 대학 시절 배구 선수로 이름을 떨쳤다. ㊐ 날리다, 드날리다.

떨치다[2] [shake oneself away]
❶세게 흔들어 떨어지게 하다. ¶붙잡는 손을 떨치고 밖으로 나갔다. ❷어떤 생각이나 명예 등을 버리다. ¶잡념을 떨치고 일에 몰두하다.

떫 : 다 [astringent; rough]
❶맛이 거세어 입 안이 떨떠름하다. 날감 맛과 같다. ¶녹차 맛이 떫다. ❷하는 짓이나 말이 덜되고 못마땅하다. ¶떫은 표정. ㊐ 떨떠름하다.

떳떳-하다
[honorable; have a clear conscience]
반듯하고 굽힘이 없다. 언행이 바르고 어그러짐이 없다. ¶떳떳하게 행동하다. ㊐ 당당(當當)하다.

떵떵-거리다 [live in grand style]
큰소리치며 호화롭게 살다. ¶떵떵거리며 살다.

떼[1] [group; crowd]
목적과 행동을 같이하는 무리. ㊐ 무리, 패.

떼[2] [impossible demand]

당한 일을 억지로 요구하거나 고집하는 일. ¶아이가 과자를 사 달라고 떼를 썼다. ㊥ 억지.

떼-거리 [form groups]
어떤 일 때문에 한 장소에 여러 사람이 무리를 지은 것.

떼구루루 [rolling]
좀 크고 딴딴한 물건이 딴딴한 바닥에 떨어져서 구르는 소리.

떼굴-떼굴 [rolling continuously]
잇달아 떼구루루 굴러 가는 모양.

떼 : 다 [remove; leave a space]
❶붙었던 것을 떨어지게 하다. ¶간판을 떼어 놓다 / 벽에서 벽보를 떼었다. ❷눈여겨 지켜보던 것을 그만두다. ¶잠시도 아이에게서 눈을 떼지 않고 돌보았다. ❸전체에서 일부를 덜다. ¶용돈에서 천원을 떼어 성금으로 냈다. ❹배우던 것을 끝내다. ¶한글을 떼다. ㊦ 붙이다. 속담 떼어 놓은 당상.

♣ 떼다 / 뜯다

ㅇ 축제가 끝나자 포스터를 떼었다
= 뜯었다.
ㅇ 눈곱을 떼다.
× 눈곱을 뜯다.
ㅇ 소가 풀을 뜯다.
× 소가 풀을 떼다.

떼-돈 [lot of money]
졸지에 한꺼번에 많이 생긴 돈. ¶떼돈을 벌다.

떼-이다 [be cheated; be bilked]
남에게 빌려 준 돈 따위를 받을 수 없게 되다. ¶사기를 당해 돈을 떼이다.

떼-쟁이 [insistent person]
떼를 잘 쓰는 사람.

떼-죽음 [massive death]
한꺼번에 모조리 죽음. ¶물고기들이 떼죽음을 당했다.

뗀 : -석기 (—石器, 돌 석, 그릇 기) [Chipped stone]
고적 구석기 시대에, 돌을[石] 깨서 만든 기구(器具). ㊥ 타제석기(打製石器).

뗏-목 (—木, 나무 목) [raft]
여럿의 통나무를[木] 이어 물에 띄워, 사람이나 물건을 운반하도록 만든 것.

또 (又, 또 우; 且, 또 차) [and; also]
❶같은 짓을 거듭하여서. ¶그곳에 또 가다. ❷그뿐만 아니라 다시 더. ¶그는 용기도 있고 또 지혜도 있다. ❸그래도 혹시. ¶누가 또 알아? 우리 팀이 승리할지! ㊥ 다시, 거듭해서, 또다시, 그 뿐 아니라, 또한, 그래도.

비슷한 듯 다른 말 ➲ 다시

또는 [or (else)]
그렇지 않으면. ¶화요일 또는 목요일에 만나다. ㊥ 혹은.

또-다시 [again; once more]
'다시'를 강조하여 일컫는 말. 한 번 더. 거듭하여 다시. ¶같은 잘못을 또다시 저지르다.

또랑또랑-하다 [very clear; bright]
소리나 정신이 매우 또렷하고 똑똑하다. ¶또랑또랑한 목소리 / 또랑또랑한 눈.

또래 [of the age; of the size]
나이나 정도가 서로 비슷비슷한 무리. ¶철수는 또래보다 키가 크다.

▸또래 집단 (—集團, 모일 집, 모임 단)
나이 또는 취미가 비슷한 사람들끼리 어울리는 모임[集團].

또렷-하다 [clear; vivid]
엉클어지거나 흐리지 않고 분명하다. ¶또렷한 얼굴 / 또렷이 기억나다. ㊦ 흐릿하다, 어렴풋하다.

또르르 [round and round]
❶작고 둥그스름한 것이 가볍게 구르는 모양. 또는 그 소리. ¶구슬이 또르르 구르

다. ❷말렸던 종이 같은 것이 풀렸다가 튀기는 힘으로 다시 저절로 세게 말리는 모양. ¶종이가 또르르 감기다.

또박-또박[1]
일정한 속도로 발자국 소리를 내며 걷는 모양이나 소리를 나타낸다. ¶또박또박 걷다.

또박-또박[2] [neatly; exactly]
❶흐리터분하지 않고 똑똑히. ¶글씨를 또박또박 쓰다. ❷차례를 거르지 않고 일일이. ¶매달 또박또박 저축하다.

또한 [besides; moreover]
그 위에 더. 또는 거기에다 더. ¶그녀는 총명한데다 또한 착하기까지 하다.

똑 [with a snap]
❶작은 물체나 물방울 따위가 가볍게 아래로 떨어지는 소리. 또는 그 모양. ¶단추 하나가 똑 떨어지다. ❷작고 단단한 물체가 부러지거나 끊어지는 소리. 또는 그 모양. ¶연필이 똑 부러지다. ❸단단한 물체를 가볍게 한 번 치는 소리. ¶똑, 똑, 똑 문을 두드리다.

똑-같다 [just alike]
조금도 틀림이 없이 같다. ¶두 사람은 키가 똑같다. [비] 동일(同一)하다. [반] 다르다.

똑딱-똑딱 [ticktock; ticktack]
시계나 작은 발동기, 똑딱선의 기관 따위가 잇달아 돌아가는 소리.

똑-똑 [dropping one by one]
❶작은 물건이 잇달아 떨어지며 나는 소리. ¶물이 똑똑 떨어지다. ❷작은 물건이 잇달아 부러지며 나는 소리. ¶나뭇가지가 똑똑 부러지다. ❸조금 단단한 물건을 잇달아 두드릴 때 나는 소리. ¶문을 똑똑 두드리다.

똑똑-하다 [clear; smart]
❶분명하다. ¶똑똑한 발음. ❷머리가 좋고 매우 영리하다. ¶그 소녀는 매우 똑똑하다.

똑-바로 [straight; correctly]
❶한쪽으로 기울거나 숙지 않고 바르게. ¶자세를 똑바로 하고 앉다. ❷틀림없이 바른 대로. ¶정신을 똑바로 차리다.

똑-바르다 [(dead) straight]
어느 쪽에도 기울지 않고 아주 바르다. ¶똑바른 길 / 똑바른 자세.

똘똘 [rolling up; curling up]
물건을 여러 겹으로 마는 모양. 또는 여러 겹으로 뭉쳐진 모양. ¶실을 똘똘 말다.

똘똘-하다 [clever; bright; smart]
똑똑하고 영리하다. ¶그 아이는 참 똘똘하다. [비] 똑똑하다.

똥 [excrements; feces]
사람이나 동물이 먹은 것이 삭아 똥구멍으로 나오는 찌꺼기. [비] 대변(大便). [속담] 똥 누러 갈 적 마음 다르고 올 적 마음 다르다.

똥-개 [mongrel; stray dog]
잡종의 개.

똥-구멍 [anus; rectum]
'항문'(肛門)을 속되게 이르는 말.

똥똥-하다 [fat; stout; plump]
작은 키에 살이 쪄서 몸집이 옆으로 퍼지고 불룩하다. ¶체구가 똥똥하다. [반] 홀쭉하다.

똥-배 [big paunch; potbelly]
똥똥하게 불러 나온 배.

똥-오줌 [feces and urins; excretions]
똥과 오줌. [비] 대소변(大小便).

똥-차 (—車, 수레 차)
[night soil wagon (cart)]
❶똥을 실어 나르는 차(車). ❷헌 차나 고물차를 낮잡아 이르는 말.

똥-파리 [bottle-green fly; dung fly]
[동물] 똥파릿과의 곤충. 몸은 황갈색에 황색 털이 빽빽이 나고 날개는 황색을 띤다. 똥오줌에 모여드는 성질이 있다.

똬:리 [head-pad; ring-shaped]
❶짐을 일 때 머리에 받치는 고리 모양의 물건. 짚이나 천으로 틀어서 만든다. ❷둥

글게 빙빙 틀어 놓은 것. 또는 그런 모양. ¶구렁이가 똬리를 튼다.

뙤약-볕 [scorching sun]
되게 내리쬐는 여름날의 뜨거운 볕. ¶뙤약볕에서 일하다 얼굴이 그을렸다. ㊥ 땡볕.

뚜껑 [lid; cover]
물건이나 그릇의 아가리를 덮는 물건. ㊥ 덮개.

뚜렷-하다 [clear; vivid]
엉클어지거나 흐리지 않고 똑똑하고 분명하다. ¶사계절이 뚜렷하다 / 아직도 그 사건을 뚜렷이 기억하고 있다. ㊥ 선명(鮮明)하다.

뚜벅-뚜벅 [struttingly]
일정한 속도로 힘 있게 똑바로 걷는 모양이나 소리를 나타낸다.

뚝[1] [with a thump]
❶큰 물체나 물방울 따위가 아래로 떨어지는 소리. 또는 그 모양. ¶물방울이 뚝 떨어지다. ❷크고 단단한 물체가 부러지거나 끊어지는 소리. 또는 그 모양. ¶뼈가 뚝 부러지다. ❸아주 거침없이 따거나 떼는 모양. ¶배를 뚝 따다.

뚝[2] [suddenly]
❶계속되던 것이 아주 갑자기 그치는 모양. ¶소식이 뚝 끊기다. ❷성적이나 순위 따위가 두드러지게 떨어지는 모양. ¶성적이 뚝 떨어지다.

뚝-딱
❶단단한 물건을 조금 가볍게 두드리는 소리. ❷무엇을 거침없이 시원스럽게 해치우는 모양. ¶밥 한 그릇을 뚝딱 해치우다.

뚝-뚝 [with snap; in drops]
❶크고 단단한 물체가 잇달아 부러지거나 끊어지는 소리. 또는 그 모양. ¶나무가 뚝뚝 부러지다. ❷큰 물체나 물방울 따위가 잇달아 아래로 떨어지는 소리. 또는 그 모양. ¶빗방울이 뚝뚝 떨어지다. ❸아주 거침없이 잇달아 따거나 떼는 모양. ¶호박잎을 뚝뚝 따다.

뚝배기
찌개나 지짐이 등을 끓이거나 국밥·설렁탕 따위를 담는 질그릇. [속담] 뚝배기보다 장맛이 좋다.

뚝-심 [great physical strength]
굳세게 버티는 힘.

뚫다 (鑽, 뚫을 찬) [bore; dig]
❶구멍을 내다. ¶액자에 구멍을 뚫다. ❷막힌 곳을 통하게 하다. ¶하수구를 뚫다. ❸시련이나 난관 따위의 어려움을 극복하다. ¶높은 경쟁률을 뚫고 합격하다. ㊤ 막다.

뚫-리다 [be pierced]
구멍이 나다. ¶벽에 구멍이 뚫리다. ㊤ 막히다.

뚫어-지다 [bore; drill]
구멍이나 틈이 생기다. ¶뚫어진 운동화.

뚱-딴지 [log; blockhead]
행동이나 사고방식 따위가 너무 엉뚱한 사람을 놀림조로 이르는 말. ¶아이는 가끔 뚱딴지같은 질문을 한다.

뚱뚱-보 [fat person]
몸이 뚱뚱한 사람. ㊥ 뚱뚱이.

뚱뚱-하다 [fat; stout]
살이 쪄서 몸집이 옆으로 퍼지고 굵다. ㊥ 비대(肥大)하다, 비만(肥滿)하다. ㊤ 홀쭉하다, 날씬하다.

뚱-보 [fat person]
'뚱뚱보'의 준말. ㊤ 홀쭉이.

뚱ː-하다 [taciturn; reserved]
못마땅해서 시무룩하다. ¶온종일 뚱한 표정으로 앉아 있다.

뛰-놀다 [jump about; skip about]
이리저리 뛰어다니며 놀다. ¶공원에는 아이들이 뛰놀고 있다.

뛰다 [run; rush; jump]
❶발을 몹시 재게 움직여 빨리 나아가다. ¶나는 100m를 11초에 뛴다. ❷있던 자리

로부터 몸을 높이 솟구쳐 오르다. ¶침대 위에서 뛰다. ❸값이나 가치 따위가 갑자기 오르다. ¶작년에 비해 휘발유 가격이 많이 뛰었다. [속담] 뛰는 놈 위에 나는 놈 있다.

뛰어-가다 [run; rush]
달음박질로 빨리 가다. ¶나는 학교까지 뛰어갔다. [반] 뛰어오다.

뛰어-나가다 [run out]
몸을 솟치면서 빨리 달려서 밖으로 나가다. ¶문 밖으로 뛰어나가다.

뛰어-나다 [be better than; surpass]
여럿 중에서 훨씬 낫다. ¶그녀는 음악에 뛰어났다. [비] 빼어나다, 특출(特出)나다, 출중(出衆)하다.

뛰어-나오다 [spring forth]
몸을 솟치면서 빨리 달려 밖으로 나오다. ¶집 안에서 뛰어나오다.

뛰어-내리다 [jump down]
몸을 솟구쳐 높은 데서 아래로 내리다. ¶달리는 차에서 뛰어내리다.

뛰어-넘다 [jump over]
❶몸을 솟구쳐서 높은 것의 위를 넘다. ¶담을 뛰어넘다. ❷어떤 수준을 벗어나다. ¶한계를 뛰어넘다.

뛰어-놀다 [skip about; romp]
마음대로 뛰면서 놀다. [비] 뛰놀다.

뛰어-다니다 [jump about]
경중경중 뛰면서 이리저리 바삐 돌아다니다. ¶아이들이 운동장을 뛰어다녔다 / 일자리를 구하느라 종일 뛰어다녔다.

뛰어-들다 [jump in(to)]
❶높은 데서 물속으로 몸을 던지다. ❷몸을 던져 위험한 속으로 들어가다. ¶불길 속에 뛰어들다. ❸어떤 일이나 사건에 적극적으로 관련을 맺다. ¶정치판에 뛰어들다.

뛰어-오다 [run along this way]
달음박질로 빨리 달려오다. ¶나는 학교에서 쭉 뛰어왔다. [반] 뛰어가다.

뛰어-오르다 [jump up]
❶몸을 날리어 높은 데에 오르다. ¶그는 소파 위로 뛰어올랐다. ❷값이나 지위 따위가 갑자기 많이 오르다. ¶물가가 뛰어오르다.

뛰쳐-나가다 [run out]
세게 뛰어나가다. ¶마당으로 뛰쳐나가다.

뛰쳐-나오다 [spring forth]
세게 뛰어나오다. ¶거리로 뛰쳐나오다.

뜀뛰-기 [jumping]
[운동] 서 있는 자리에서 몸을 위로 솟구쳐 뛰는 것.

뜀박-질 [running]
뛰어 달리는 것.

뜀-틀 [vaulting horse]
[운동] 여러 층으로 포개 놓을 수 있는 상자 모양으로 만들어 기계 체조에 쓰는 나무 틀.

뜨개-질 [knitting; knitwork]
털실 따위로 떠서 옷이나 장갑 등을 만드는 일.

뜨겁다 [hot; burning]
몹시 더운 느낌이 있다. ¶국이 뜨겁다 / 뜨거운 박수를 받다. [반] 차갑다.

뜨끈뜨끈-하다 [piping hot]
뜨거울 만큼 덥다. ¶뜨끈뜨끈한 감자.

뜨끔-거리다 [sting; prick]
마음에 큰 자극을 받아 뜨거운 느낌이 들다. ¶그 말을 듣고 가슴이 뜨끔거렸다.

뜨끔-하다 [cruel; harsh]
❶찔리거나 맞은 것처럼 아프다. ¶바늘에 찔려 뜨끔했다. ❷양심에 자극을 받아 뜨거운 느낌이 들다. ¶그 말이 꼭 나에게 하는 말인 것만 같아 가슴이 뜨끔했다.

뜨내기 [wanderer; vagrant]
일정한 처소가 없이 떠돌아다니는 사람. [반] 토박이.

뜨다[1](浮, 뜰 부) [float; rise; come up]
❶솟아 가라앉지 않고 물 표면에 솟아오르다. ¶물 위에 뜬 종이배. ❷달이나 해가

솟아오르다. ¶해가 뜨다. ❸공중에서 움직이거나 머물러 있어 땅으로 떨어지지 않고 걸려 있다. ¶하늘에 풍선이 떠 있다. [반] 가라앉다, 지다. [속담] 서쪽에서 해가 뜨다.

뜨다²[scoop (up); dip (up)]
담긴 물건을 퍼내거나 덜어 내다. ¶국을 떠서 마시다.

[비슷한 듯 다른 말] ➲ 푸다

뜨다³[slice (meat); cut into slices]
고기를 얇게 저미다. ¶생선회를 뜨다.

뜨다⁴[leave; go away]
❶있던 곳에서 자리를 옮기거나 떠나다 ¶고향을 뜨다. ❷세상을 죽어서 나가다. 죽다. ¶그는 3년 전에 세상을 떴다.

뜨다⁵ [open (one's eyes)]
감았던 눈을 벌리다. ¶눈을 크게 뜨고 봐라. [반] 감다.

뜨다⁶ [undergo fermentation; became sallow]
❶누룩·메주 따위가 발효하다. ❷병이나 굶주림 또는 볕을 오래 못 보아 얼굴빛이 누르고 부은 것같이 되다. ¶누렇게 뜬 얼굴.

뜨다⁷ [knit]
한 땀 한 땀 바느질하다. ¶목도리를 뜨다. [비] 짜다.

뜨다⁸ [copy a pattern]
무엇을 본떠서 그와 똑같게 하다. ¶탁본을 뜨다 / 드레스의 본을 뜨다.

뜨다⁹ [burn on]
[한의] 병난 자리나 거기 관련되는 혈(穴)에 약쑥으로 불을 붙여 태우다. ¶손가락에 뜸을 뜨다.

뜨뜻-하다 [warm; hot]
알맞을 정도로 덥다. ¶방바닥이 뜨뜻하다.

뜨-이다 [be opened]
❶감았던 눈이 열리다. ¶자다가 눈이 번쩍 뜨였다. ❷눈에 들어오다. 또는 발견되다. ¶피서 용품이 눈에 뜨이다. ❸두드러지게 드러나다. ¶눈에 뜨이게 건강이 좋아지다. [준] 띄다. [반] 감기다.

뜬-구름 [drifting cloud]
하늘에 떠다니는 구름. [관용] 뜬구름을 잡다.

뜬금-없다 [extraordinary]
갑작스럽고 엉뚱하다. ¶뜬금없는 소리.

뜬-눈 [pass a sleepless night]
밤에 내내 잠을 자지 못하고 뜬 채로 있는 눈. ¶뜬눈으로 밤을 새우다.

뜬-소:문 (-所聞, 것 소, 들을 문) [groundless rumor]
확실한 근거가 없이 떠돌아다니는 소문(所聞). [비] 헛소문, 낭설(浪說), 유언비어(流言蜚語).

뜯-기다 [be pulled out; be bitten; be mugged]
❶붙어 있는 것이 뜯어지거나 떼어지다. ¶머리털을 뜯기다. ❷빈대·모기 등에 물리다. ¶밤새 모기한테 뜯기느라고 한숨도 못 잤다. ❸남에게 무엇을 빼앗기다. ¶깡패들에게 돈을 뜯겼다.

뜯다 [pick; bite; play]
❶붙은 것을 떼다. ¶산에서 나물을 뜯다. ❷입에 물고 떼어서 먹다. ¶갈비를 뜯다. ❸현악기의 줄을 튕겨서 소리를 내다. ¶가야금을 뜯다.

♣ 뜯다 / 따다 [비슷한 듯 다른 말]

◎ 복숭아 통조림통을 뜯다 = 따다.
○ 고장 난 시계를 뜯다.
× 고장 난 시계를 따다.
○ 와인 병을 따다.
× 와인 병을 뜯다.

[비슷한 듯 다른 말] ➲ 떼다

뜯어-고치다 [reconstruct; rebuild]
근본적으로 새롭게 고치다. ¶낡은 집을 뜯어고치다.

뜯어-말리다 [stop (a fight)]

어울려 싸우는 것을 떼어 못하게 말리다. ¶두 아이가 싸우는 것을 뜯어말리다.

뜰 (庭, 뜰 정) [garden; yard]
집 안의 앞뒤, 혹은 좌우로 가까이 있는 평평한 땅. ㊐마당, 정원(庭園).

뜸[1][steam boiled rice]
무엇을 찌거나 삶아 익힐 때, 불을 흠씬 땐 뒤에도 얼마 동안 그대로 두어서 푹 익게 하는 일. ¶밥에 뜸을 들이다. 관용 뜸을 들이다.

뜸[2][moxa cautery]
한의 병을 고치기 위해 약쑥으로 살 위의 혈(穴)에 놓고 불을 붙이는 일.

뜸부기 [mud hen; water rail]
동물 뜸부깃과의 새의 하나. 부리와 다리가 길며, 잿빛 또는 갈색이다. 잘 날지 못하고 아침저녁으로 '뜸북뜸북'하고 운다.

뜸:-하다 [infrequent]
자주 있던 왕래나 소식 따위가 한동안 없다. ¶소식이 뜸하다. ㊥잦다.

뜻 [meaning; mind]
❶글이나 말의 속내. ¶이 낱말의 뜻은 전혀 모르겠다. ❷무엇을 하려고 속으로 먹은 마음. ¶고인의 뜻을 받들다.

뜻-밖 [surprise]
생각하지 못했던 것. ¶뜻밖에 찾아온 손님. ㊐의외(意外).

뜻-있다 [be significant; be useful]
가치나 보람이 있다. ¶뜻있는 일에 동참하다.

뜻-풀이
언어 글의 뜻을 풀이함.

뜻-하다 [intend to do]
❶의미하다. ¶무엇을 뜻하는지 모르겠다. ❷무엇을 할 생각을 품다. ¶뜻하는 바 있어 고향을 떠났다. ❸미리 생각하거나 헤아리다. ¶뜻하지 않은 사고.

띄:다[1][be seen]
'뜨이다'의 준말. ¶서류를 눈에 띄는 곳에 놓다.

띄:다[2][fly (a thing)]
'띄우다'의 준말. ¶낱말 사이를 띄다.

띄어-쓰기 [spacing words]
언어 글을 쓸 때 조사·어미 등 이외의 각 단어를 띄어 쓰는 일.

띄엄-띄엄 [sparsely; thinly]
❶드물게 있는 모양. ¶음식점이 띄엄띄엄 있다. ❷자주 끊어지고 느릿느릿한 모양. ¶띄엄띄엄 말하다.

띄우다[1][send; dispatch]
편지를 부치거나 전해 줄 사람을 보내다. ¶감사의 편지를 띄우다. ㊐부치다.

띄우다[2][fly (a thing)]
물에나 공중에 뜨게 하다. ¶하늘에 연을 띄우다.

띄우다[3][leave space (between)]
물건과 물건 사이를 뜨게 하다. ¶한 뼘씩 띄워 꽃을 심다.

띠[1][band]
몸의 한 부분이나 물건을 두를 때 쓰는 너비 좁고 기다랗게 생긴 것. ¶머리에 띠를 두르다.

띠[2][zodiacal sign one was born under]
민속 사람이 난 해의 지지(地支)를 상징하는 동물의 이름으로 일컫는 말. ¶나는 개띠이다.

띠-그래프 (—graph) [band graph]
수학 띠 모양으로 그린 그래프(graph)의 하나. 좁고 긴 직사각형의 가로 길이를 100으로 하고 각 퍼센트의 길이와 면적으로 크기를 표시한다.

띠:다
[wear a belt; be tinged with]
❶띠를 두르다. ¶허리띠를 띠다. ❷용무·직책·사명을 가지다. ¶중요한 사명을 띠다. ❸빛깔을 조금 가지다. ¶푸른빛을 띠다. ❹감정이나 기운 따위를 나타내다. ¶얼굴에 환한 미소를 띠다.

띠-벽지 (—壁紙, 담 벽, 종이 지)
벽의 가장 자리나 장식에 쓰는 폭이 좁은

벽지(壁紙).

띠-씨름 [belt-hold wrestling]

운동 허리에 띠를 매어 그것을 잡고 하는 씨름.

띵-하다 [muddled; numbing]

머리가 속으로 울리듯 아프고 정신이 흐릿하다. ¶어제 잠을 못 잤더니 머리가 띵하다.

ㄹ
언어 한글 자모의 넷째 글자. '리을'이라 이른다.

라[1]
주로 순서를 나타내는 기호로 써서 '네 번째'를 나타낸다.

라[2] [re; D]
음악 '레'(re)음의 우리나라 이름.

라[3] {이 la}
음악 서양 음악의 칠음 체계에서, 여섯 번째 계이름. 음이름 '가'와 같다.

라듐 {영 radium}
화학 방사성 동위 원소의 하나. 알파·베타·감마의 세 가지 방사선을 방사하며, 본래는 은백색이나 공기 중에 산화하여 검은색으로 변한다. 원자 기호는 'Ra'.

라디오 {영 radio}
기계 방송국에서 보낸 전파를 수신하여 음성으로 바꿔 주는 기계 장치. ¶라디오로 음악을 듣다.

라마-교 (Lama教, 종교 교) [Lamaism]
불교 8세기 중엽 인도에서 전래한 대승 불교가 티베트 전통신앙과 결합하여 생성된 종교(宗教). 티베트·중국의 동북부·몽고·네팔 등지에 퍼져있다.

라면 [instant noodle]
간단히 조리할 수 있도록 만든 국수. 기름에 튀겨 말린 것으로 물만 넣고 끓이면 된다.

라운드 {영 round}
운동 ❶권투 경기의 한 회. ¶2라운드에서 KO승을 거두다. ❷골프에서, 18홀을 한 바퀴 도는 일.

라운지 {영 lounge}
호텔·극장·공항 등의 휴게실.

라이벌 {영 rival}
경쟁에서 서로 겨루는 상대. ¶두 회사는 라이벌 관계에 있다. ㊥맞수, 경쟁자(競爭者), 적수(敵手).

라이브 {영 live}
녹음·녹화된 것이 아닌, 실제로 무대에서 하는 연주. ¶라이브로 연주하다.

라이터 {영 lighter}
주로 담배 피울 때, 가스나 석유를 이용해 불을 붙이는 기구.

라이트 {영 light}
시설에 달려 있는 조명등.

라이트-급 (light級, 등급 급) [lightweight]
운동 권투·레슬링·역도 따위 체급 경기에서, 선수의 체중이 비교적 가벼운[light]

등급(等級). 권투에서는 아마추어의 경우 57~60kg, 프로의 경우는 58.98~61.23kg 이다.

라인 {영 line}
[운동] 운동 경기장의 경계를 나타내기 위해 그은 선. [비] 줄.

라일락 {영 lilac}
[식물] 물푸레나뭇과의 작은 낙엽 활엽 교목. 늦봄에 보라색·백색의 향기로운 꽃이 핀다. [비] 자정향(紫丁香).

라켓 {영 racket}
[운동] 테니스·탁구·배드민턴 따위에서, 공을 치는 채. ¶라켓을 휘두르다.

랄라라
흥이 나서 즐거운 기분을 나타내는 말.

랑데부 {프 rendezvous}
어떤 시간에, 어떤 장소에서 몰래 만나는 일. 특히 남녀 간의 만남을 이른다.

랜 {영 LAN}
[통신] 사무실이나 공장처럼 제한된[Local] 지역[Area] 내에서, 컴퓨터나 통신 장치를 회선으로 연결한 통신망[Network].

램 {영 RAM}
데이터가 저장되어 있는 위치에 관계없이 언제든지[Random] 접근하여[Access] 기억 내용을 읽거나 쓸 수 있는 기억[Memory] 장치.

램프 {영 lamp}
❶석유를 넣은 그릇의 심지에 불을 붙이고 유리로 만든 등피를 끼운 등. ❷알코올 램프 같은 가열용(加熱用) 장치. ¶램프에 기름을 넣다. [비] 등잔(燈盞).

랩[1] {영 wrap}
식품 포장에 쓰는 폴리에틸렌제의 얇은 막. ¶랩을 씌우다.

랩[2] {영 rap}
[음악] 강렬하고 반복적인 리듬에 맞춰서 말하듯이 읊조리는 음악.

랩-송 {영 rap song}
가락은 거의 없이, 강한 리듬에 맞추어 어떤 말을 해나가는[rap] 음악[song].

랩-실험 (lab實驗, 실제 실, 증험할 험)
장비가 갖추어진 실험실[laboratory]에서 하는 실험(實驗).

랭킹 {영 ranking}
성적에 따른 순위. ¶세계 랭킹 1위를 차지하다. [비] 등급(等級).

량 輛 | 수레 량
전철이나 열차의 차량[輛]을 세는 단위. ¶기관차가 객차 12량을 끌다.

러닝-셔츠 {영 running shirts}
흔히 경기할[running] 때 입는 소매 없는 셔츠(shirts). [준] 러닝.

러시-아워 {영 rush hour}
출퇴근이나 통학 등으로, 교통이 혼잡한 [rush] 시간[hour].

러일 전:쟁 (一日戰爭, 일본 일, 싸울 전, 다툴 쟁) [Russia-Japanese War]
[역사] 1904년 2월부터 1905년 10월까지 러시아와 일본(日本) 사이에 일어난 전쟁(戰爭). 한국과 만주에 대한 지배권을 둘러싼 다툼이다.

럭비 {영 Rugby}
[운동] 15명을 한 팀으로, 타원형의 공을 상대편의 골에 찍거나 그것을 차서 크로스바를 넘겨 득점을 겨루는 경기. '럭비풋볼'의 준말.

럭스 {영 lux}
[물리] 일정한 시간에 일정한 면에 비치는 빛의 양. 또는 그 단위. 라틴어로 '빛'이라는 뜻에서 유래했으며 'lx'로 나타낸다.

레 {이 re}
[음악] 서양 음악의 7음 체계에서, 두 번째 계이름. 음이름 '라'와 같다.

레게 {영 reggae}
1960년대 자메이카에서 발생한 라틴계 음악의 일종. ¶레게를 들으며 블루스 춤을 췄다.

레몬 {영 lemon}
[식물] 귤과 비슷한 모양의 열매가 열리는

나무. 과즙은 비타민 C를 함유하여 신맛이 난다.

레미콘 {영 remicon}
건설 콘크리트를 섞어 만들어서 나르도록 장치한 트럭. 영어 'ready mixed concrete'를 줄여 만든 일본식 말이다.

레스토랑 {프 restaurant}
서양 음식을 만들어 파는 요리점. ㊊ 양식당(洋食堂), 양식점(洋食店).

레슨 {영 lesson}
음악·발레·미술 따위를 개인적으로 배우는 일. ¶바이올린 레슨을 받다. ㊊ 개인 지도(個人指導).

레슬링 {영 wrestling}
운동 씨름 비슷한 서양식 경기. 상대자의 양 어깨를 동시에 바닥에 닿게 한 사람이 이긴다.

레이더 {영 radar}
물리 목표 물체를 향하여 마이크로파를 발사하고 그 반사 파동을 받아서 물체의 상태나 위치를 화면에 비춤으로써 목표 물체를 찾아내는 장치. ¶레이더에 비행기의 위치가 잡히다.

레이스[1] {영 lace}
무명실·명주실·베실 등을 바늘로 떠서 그 짜임새나 크기에 의하여 여러 가지 구멍 뚫린 무늬를 나타낸 서양식의 수예 제품. ¶레이스를 달아 장식하다.

레이스[2] {영 race}
운동 사람, 동물, 자동차 따위가 달려 속도를 겨루는 경기.

레이저 {영 laser}
물리 어떤 물질의 원자를 세게 운동시켜 빛을 내게 하고 그 빛의 파동을 뭉쳐 강력하게 내쏘는 장치나 그 빛. ¶레이저로 조준하다 / 레이저 프린트 / 레이저 치료.

레인 {영 lane}
운동 수영이나 달리기에서 선수가 달리도록 정해진 길. ¶3번 레인에서 달리다.

레인지 {영 range}
전기, 가스 따위를 이용한 취사용 기구.

레일 {영 rail}
철도 차량이나 전차 등을 달리게 하기 위하여 땅 위에 까는 가늘고 긴 길. ¶레일을 깔다.

레저 {영 leisure}
일이나 공부 따위를 하지 않아도 되는 자유로운 시간. 또는 그 시간을 이용하여 쉬거나 노는 일. ¶레저 활동을 즐기다.

레지던트 {영 resident}
의학 전문의의 자격을 얻기 위하여 인턴 과정을 마친 후에 밟는 수련의(修鍊醫)의 한 과정. 수련 기간은 4년이다.

레코드 {영 record}
전축에 걸어 소리를 들을 수 있게 만든 동그란 판. ¶레코드를 틀다. ㊊ 음반(音盤).

레크리에이션 {영 recreation}
운동이나 오락 등을 하여 심신(心身)의 피로를 푸는 일. 또는 그 운동이나 오락.

레퍼토리 {영 repertory}
극단(劇團) 또는 연주가가 어느 때라도 상연하거나 연주하기로 준비된 작품의 목록. ¶다양한 레퍼토리를 연주하다.

렌즈 {영 lens}
물리 빛을 모으거나 분산하기 위하여 수정이나 유리를 갈아서 만든 투명한 물체. 오목 렌즈와 볼록 렌즈가 있고, 안경이나 현미경·망원경·가정용 손전등 따위에 사용된다.

렌터카 {영 rent-a-car}
세를 받고 빌려[rent] 주는 자동차[car].

로고 {영 logo}
회사나 단체, 상품 이름 따위를 나타내기 위하여 독특한 글자체를 이용하여 디자인한 표시.

로마-자 (Roma字, 글자 자)
언어 라틴 어를 표기하는 표음 문자(文字). 로마(Roma) 시대에 발달했으며 현재 유럽과 미국 등지에서 쓰이고 있다. ¶로마자로 표기하다.

로마 제ː국 (Roma帝國, 임금 제, 나라 국)
[역사] 라틴민족이 이탈리아 반도에 만든 서양의 고대 최대의 제국(帝國). 왕정에서 공화정, 제정(帝政) 시대로 발전했다가 395년에 동서로 분열되었다.

로봇 {영 robot}
[기계] 복잡하고 정교한 기계 장치에 의하여 손발 및 신체 각부가 규칙적으로 활동하는 자동 인형.

로비 {영 lobby}
호텔이나 극장·회사 등 사람이 많이 드나드는 건물에서, 현관으로 통하는 통로를 겸한 공간.

로빈슨 크루소 {영 Robinson Crusoe}
[문학] 1719년, 영국의 작가 디포가 지은 장편 소설. 로빈슨 크루소라는 평범한 뱃사람이 배가 난파된 뒤 홀로 무인도에 표류하여 갖가지 모험을 겪고 28년 만에 고국에 돌아온다는 이야기이다.

로션 {영 lotion}
피부를 부드럽게 하기 위해 바르는 액상 화장품. ¶로션을 바르다.

로열티 {영 royalty}
특허권·상표권 등 남의 산업 재산권이나 저작권을 사용하는 대가로 지급하는 사용료. ¶로열티를 지불하다.

로켓 {영 rocket}
고온 고압의 가스를 발생·분출시켜 그 반동으로 추진하는 장치. 또는 그런 힘을 이용한 비행물. ¶로켓을 발사하다.

로터리 {영 rotary}
[교통] 교통이 복잡한 시가의 네거리 같은 데에 교통정리를 목적으로 둥글게 만들어 놓은 교차로(交叉路).

로프 {영 rope}
섬유나 강철을 꼬아 만든 굵은 밧줄. ¶로프를 잡아당기다.

롤러 {영 roller}
표면을 고르게 누르며 회전시켜서 쓰는 원통형의 물건. ¶롤러로 벽을 칠하다.
▶**롤러-스케이트** {영 roller skate}
[운동] 바닥에 작은 바퀴[roller] 네 개가 달린 스케이트(skate).

루머 {영 rumor}
터무니없는 헛소문. ¶루머를 퍼트리다. [비] 유언(流言), 풍문(風聞).

루비 {영 ruby}
[광업] 붉은빛을 띤 보석. [비] 홍보석

루주 {프 rouge}
여자들이 화장할 때 입술에 색을 바르는 화장품. [비] 립스틱(lipstick).

류머티즘 {영 rheumatism}
[의학] 관절이나 근육이 붓고 쑤시는 병.

르네상스 {프 Renaissance}
[역사] 그리스·로마의 사상을 본받아 인간성의 존중, 개성의 해방을 목표로 하는 학문·예술상의 혁신 운동. 14세기 말엽에서 16세기 초에 걸쳐 이탈리아를 중심으로 전 유럽에 파급되었다. [비] 문예부흥(文藝復興).

리¹里 | 마을 리
❶[속뜻] 면 바로 아래에 있는 한국의 행정 단위. 도시 지역의 '동'(洞)과 비슷하다. ❷우리나라 거리의 단위. 1리는 약 0.4km 이다. ¶여기서 안동까지 30리쯤 된다.

리²理 | 이치 리 [cannot be]
까닭이나 이유의 뜻으로 쓰이는 말. ¶그럴 리가 있겠습니까?

리³釐 | 단위 리
1000분의 1을 나타내는 단위. 푼의 10분의 1. ¶3할 3푼 5리.

리그 {영 league}
[운동] 경기에 참가한 모든 팀이 서로 겨루어 가장 많이 이긴 팀이 우승하게 되는 대전(對戰) 방식. 야구·축구·농구 따위에서 쓰인다. ¶메이저 리그.

리더 {영 leader}
무리나 조직을 이끄는 사람. ¶그룹의 리더가 되다. [비] 지도자(指導者).

▸리더-십 {영 leadership}
지도자[leader]로서 무리를 이끄는 능력이나 특질[ship]. ¶리더십을 발휘하다. [비] 지도력(指導力), 통솔력(統率力).

리드 {영 lead}
❶앞장서서 남을 이끎. ❷운동 경기 따위에서, 상대보다 우세한 상황이 됨. ¶우리 팀이 상대팀을 5대 3으로 리드하고 있다.

리듬 {영 rhythm}
[음악] 음의 센박과 여린박을 배치하여 질서감을 나타낸 것. 음악의 3요소 중의 하나이다. ¶리듬에 맞춰 춤을 추다.

▸리듬 악기 (rhythm樂器, 음악 악, 그릇 기)
[음악] 캐스터네츠, 탬버린, 작은북, 트라이앵글처럼, 리듬(rhythm)이 주가 되어 표현하는 악기(樂器).

리모컨 {영 remote control}
멀리 떨어져 있는[remote] 기기를 제어하는[control] 장치. ¶리모컨으로 채널을 바꾸다.

리바운드 {영 rebound}
[운동] 농구에서, 슛한 공이 골인하지 않고 다시 튀어 나오는 일.

리본 {영 ribbon}
끈이나 띠 모양의 장식용 헝겊. 모자나 옷의 목 닿는 부분에 매어 예식용이나 장식용으로 쓰인다.

리스트 {영 list}
물품이나 사람의 이름 따위를 일정한 순서로 적어 놓은 것. [비] 목록(目錄).

리어-카 {영 rear-car}
자전거 뒤에[rear] 달거나, 사람이 직접 끄는 작은 수레[car]. ¶리어카를 끌다. [비] 손수레.

리을
[언어] 한글 자모의 자음 'ㄹ'의 이름.

리코더 {영 recorder}
[음악] 세로로 불어 높고 낮은 소리를 내는 목관 악기. ¶리코더로 '고향의 봄'을 연주하였다.

리터 {영 liter}
기체나 액체의 양을 재는 단위. 기호는 'L, ℓ' 또는 'lit'. ¶물 3리터를 붓다.

리트머스 {영 litmus}
[화학] 리트머스이끼 따위의 이끼 종류의 식물에서 짜낸 자줏빛 색소. 염기를 만나면 푸른색이 되고, 산을 만나면 붉은색이 되므로, 수용액의 산성 또는 염기성을 검사할 때 쓴다.

▸리트머스-이끼 (litmus—)
[식물] 몸 안에 있는 색소에서 리트머스(litmus)액을 채취할 수 있는 이끼. 몸이 나뭇가지 모양으로 생겼다.

리프트 {영 lift}
스키장(場)이나 관광지에서, 낮은 곳으로부터 높은 곳으로 사람을 실어 나르는 의자식의 탈것.

리허설 {영 rehearsal}
연극·음악·방송 등에서, 공개를 앞두고 실제처럼 하는 연습. [비] 시연(試演).

린스 {영 rinse}
머리나 빨래를 헹굴 때, 세제의 알칼리 성분을 중화(中和)시키고 윤기를 내기 위하여 쓰는 세제. 또는 그것으로 헹구는 일.

릴레이 {영 relay}
[운동] 육상이나 수영 따위에서, 조를 이룬 여러 명의 선수들이 서로 교대하며 이어 달리거나 헤엄치는 일.

림프 {영 lymph}
[의학] 고등 동물의 조직(組織) 사이를 채우는 무색(無色)의 액체. 혈관과 조직을 연결하며, 세균의 침입을 막고 체표(體表)를 보호한다. [비] 임파(淋巴), 림프액(-液).

립스틱 {영 lipstick}
여자들이 입술[lip]에 색을 칠할 때 쓰는 막대[stick] 모양의 화장품. ¶분홍색 립스틱을 바르다. [비] 루주.

링 {영 ring}
❶고리. 또는 고리 모양의 물건. ¶링 귀고

리 한 쌍. ❷ 운동 권투나 프로 레슬링 경기의 경기장. ¶사각의 링에서 맞붙다.

링거 {영 Ringer}

의학 체액을 대신해, 주사하여 사용하는 식염수. 영국의 의학자 링거(Ringer, S.)가 만들었다. ¶링거 주사를 맞다.

링크 {영 rink}

운동 아이스 스케이트나 롤러스케이트를 타는 장소.

ㅁ

[언어] 한글 자모의 다섯째 글자. '미음'이라 이른다.

마:[1] [yam]

[식물] 밭에 재배하며 실눈은 식용하고, 덩이뿌리는 약용하는 덩굴풀. [비] 삼.

마[2] [mi]

[음악] 서양 음악의 칠음 체계에서, 세 번째 음이름. 계이름 '미'(mi)와 같다.

마[3] 碼 | 단위 마 [yard]

옷감이나 종이의 길이를 세는 말. [비] 야드.

마[4] 魔 | 마귀 마 [demon; evil spirit]

❶일이 잘되지 않게 방해하는 요사스러운 장애물. ¶마가 끼다. ❷자주 궂은일이 일어나는 장소나 때를 일컫는 말. ¶마의 금요일.

마가린 {영 margarine}

천연 버터의 대용품으로 쓰는 식품의 하나. 우유에 여러 가지 동·식물성 유지를 넣어 식힌 후 식염, 색소, 비타민류를 넣고 반죽하여 굳혀서 만든다.

마감 [close; deadline]

❶하던 일을 끝맺는 것. ¶원서 접수 마감. ❷정해진 기한의 끝. ¶마감 시간에 맞추다. [반] 개시(開始).

마개 [stopper; stopple]

병이나 그릇의 아가리나 구멍 따위에 끼워 막는 물건. ¶마개로 병을 막다. [비] 뚜껑, 덮개.

마고자

저고리 위에 덧입는 옷. 저고리와 비슷하나 앞을 여미지 않고 두 자락을 맞대기만 한다.

마구 [violently; recklessly]

❶아주 심하게. 몹시 세차게. ¶잠이 마구 쏟아지다. ❷아무렇게나 함부로. ¶쓰레기를 마구 버리다. [준] 막.

▸**마구-잡이**

옳고 그른 것이나, 좋고 나쁜 것을 따지지 않고 하는 행동. ¶옷을 마구잡이로 사다.

마:구-간 馬廐間 | 말 마, 모일 구, 사이 간 [stable; horse barn]

말[馬]을 모아[廐] 기르는 곳[間].

마구리

[end pieces; caps on both ends]

❶길쭉한 토막·상자 따위의 양쪽 머리 면. ¶연필 마구리. ❷길쭉한 물건의 양 끝에 대는 것. ¶베개 마구리.

마귀 魔鬼 | 마귀 마, 귀신 귀

[evil spirit; devil; demon]
요사스럽고 못된 귀신[魔=鬼]. ⓑ 악마(惡魔).

마그네슘 {독 magnesium}
화학 은백색의 가벼운 금속 원소. 산에 잘 녹고, 수소를 발생하며, 전성(展性)이 좋다. 사진 촬영시의 플래시·불꽃놀이·환원제 등에 쓰인다.

마그네시아 {영 magnesia}
화학 마그네슘과 산소의 화합물로 소화제를 만드는 데 쓰는 하얀 물질. 화학식은 MgO. ⓑ 산화(酸化)마그네슘.

마그마 {영 magma}
지리 땅속 깊은 곳에서 암석이 지열로 녹아 반액체로 된 물질. 이것이 식어서 굳으면 화성암이 된다. ¶화산에서 마그마가 분출하다. ⓑ 암장(巖漿).

마:나-님 [elderly lady; old woman]
'나이 많은 부인'의 존칭.

마냥 [solely; only]
❶언제까지나 줄곧. ¶우리는 그가 올 때까지 마냥 기다렸다. ❷보통의 정도를 넘어 몹시. ¶마냥 행복한 요즈음.

마네킹 {프 mannequin}
상점에서 옷·장신구 등을 입혀 놓은 인체 모형.

마녀 魔女 | 마귀 마, 여자 녀
[witch; sorceress]
❶ 속뜻 마귀(魔鬼)처럼 요사스러운 여자(女子). ❷악마처럼 성질이 사악한 여자. 유럽의 민간 전설에 자주 등장된다.

마:누라 [wife; darling]
중년이 넘은 아내를 허물없이 이르는 말. ¶우리 마누라. ⓑ 남편(男便).

마늘 [garlic]
식물 백합과의 여러해살이풀. 밭에 재배하는데, 땅속에서 자라는 비늘줄기는 독특한 냄새를 내며 향신료·강장제·양념으로 쓴다.

마:님 [madam; My Lady]
높은 집안의 부인을 높여서 이르는 말.

마:다-하다 [hate; dislike]
거절하거나 싫다고 말하다. ¶그는 친구의 부탁이라면 어떤 일도 마다하지 않고 열심히 도왔다.

마당 [yard; court]
❶집의 앞뒤나 어떤 곳에 닦아 놓은 단단하고 평평한 땅. ¶마당에 나무를 심다. ❷어떤 일이 이루어지는 상황이나 처지. ¶이렇게 급한 마당에 무엇을 하고 있는 거니?

▶ **마당-극** (一劇, 연극 극)
연영 1970년대 이후 탈춤·판소리·풍물 따위 전통 민속놀이 등을 창조적으로 발전시킨 야외 연극(演劇).

▶ **마당-발**
❶볼이 넓은 발. ❷인간관계가 넓어서 폭넓게 활동하는 사람. ¶그는 마당발이어서 모르는 사람이 없다.

▶ **마당-놀이**
민속 옥내의 무대가 아닌 탁 트인 마당에서 벌이는 민속적인 놀이.

마디 [joint; word]
❶대·갈대·나무 따위의 줄기에 가지나 잎이 붙은 곳. 또는 불룩하게 두드러진 곳. ❷뼈와 뼈가 맞닿은 곳. ¶마디가 굵은 손가락. ❸말이나 노래 따위의 한 도막. ¶한두 마디 말을 하다.

▶ **마디-마디**
낱낱의 마디. 모든 마디. ¶온몸의 마디마디가 다 아프다.

마땅찮다 [displease]
흡족하게 마음에 들지 않다. ¶나는 그가 늘 마땅찮다. ⓑ 못마땅하다. ⓑ 마땅하다.

마땅-하다 (當, 마땅 당; 宜, 마땅할 의)
[become; befit]
❶사물이 어떤 조건에 잘 어울리게 알맞다. ¶마땅한 일자리가 없다. ❷그렇게 하거나 되는 것이 옳다. ¶비난받아 마땅하다 / 마땅히 지켜야할 도리. ⓑ 적합(適合)

하다, 상당(相當)하다, 당연(當然)하다. [반] 못마땅하다, 마땅찮다.

마라톤 {영 marathon}
[운동] 육상 경기에서 길이가 가장 긴 장거리 경주 종목. 일반 도로로 42.195km를 달리는 경기로, 기원전 490년 아테네의 용사가 전쟁터인 마라톤에서 아테네까지 달려와 전승의 소식을 전하고는 죽었다는 데서 유래한다. '마라톤 경주'(競走)의 준말.

마:력[1] **馬力** | 말 마, 힘 력
[horse power]
❶ [속뜻] 말[馬] 한 마리가 끄는 힘[力]. ❷ [물리] 동력이나 일의 양을 나타내는 실용 단위. 기호는 'HP'. ¶200마력의 엔진.

마력[2] **魔力** | 마귀 마, 힘 력
[magical powers]
사람을 현혹하는 마귀(魔鬼)와 같은 이상한 힘[力]. ¶그 여자에게는 사람을 사로잡는 이상한 마력이 있다.

마련[1] [prepare; provide]
사물을 이리저리 마름질하여 계획을 세움. 또는 그 준비. ¶등록금 마련이 가장 큰 문제다 / 새집을 마련하다. [비] 장만, 준비(準備).

마련[2] [be certain to]
'당연히 그리하게 되어 있음'을 나타냄. ¶사람은 죽게 마련이다.

마렵다 [feel an urge to urinate]
대소변이 나오려는 느낌이 있다. ¶오줌이 마려워도 조금만 참아.

마루 [wooden floor]
집채 안의 널빤지로 바닥을 깔아 놓은 곳. [비] 대청(大廳).

마룻-바닥
마루의 바닥.

마르다[1] (枯, 마를 고; 燥, 마를 조)
[dry up; be parched up]
❶물기가 날아가다. ¶빨래가 잘 말랐다. ❷입이나 목에 물기가 없다. ¶목이 마르다. ❸내 같은 곳에 물이 없어지다. ¶우물이 마르다. [비] 건조(乾燥)하다.

마르다[2] [grow gaunt]
야위어서 살이 없다. ¶그는 근심으로 전보다 훨씬 말랐다. [반] 찌다, 살찌다.

마르크 {독 Mark}
독일의 화폐 단위.

마른-침
음식물을 대했을 때나, 몹시 긴장했을 때에 무의식중에 힘들여 삼키는, 적은 양의 물기 적은 침. ¶마른침을 삼키며 결과를 기다렸다.

마름 [supervisor of the tenant farms]
지주(地主)를 대리하여 소작권을 관리하는 사람.

마름-모 [lozenge; rhombus]
[수학] 네 변의 길이가 모두 같은 사각형. ¶정사각형도 마름모의 일종이다.

마름-질 [cutting (out)]
옷감이나 재목 등을 치수에 맞추어 마르는 일. [비] 재단(裁斷).

마리 [number (of animals)]
짐승이나 물고기의 수효를 셀 때에 쓰는 말. ¶곰 세 마리.

마:마 媽媽 | 어머니 마, 어머니 마
[smallpox; Your Majesty]
❶'천연두'(天然痘)를 일상적으로 이르는 말. ❷임금 또는 그 가족(家族)들의 칭호(稱號)에 붙이어 존대(尊待)하는 뜻을 나타내던 말. ¶중전 마마.

마모 磨耗 | 갈 마, 줄 모
[wear; be worn away]
마찰 부분이 닳아서[磨] 작아지거나 없어짐[耗]. ¶타이어가 마모됐다.

마무리 [finish; complete]
일의 끝맺음. ¶모든 일은 마무리가 중요하다. [비] 마감. [반] 시작(始作).

마법 魔法 | 마귀 마, 법 법 [magic]
마력(魔力)으로 불가사의한 일을 행하는 술법(術法).

▸마법-사 魔法師 | 스승 사
마법(魔法)을 부리는 사람[師].

마:부 馬夫 | 말 마, 사나이 부 [footman; groom]
말[馬]을 부려 마차나 수레를 모는 사람[夫]. ㊐ 마정(馬丁).

마:분 馬糞 | 말 마, 똥 분 [horse-manure; horse-droppings]
말[馬]의 똥[糞].

▸마:분-지 馬糞紙 | 종이 지
주로 짚을 원료로 하여 만드는 종이의 하나. 빛이 누렇고 거친 느낌이 꼭 말[馬]의 똥[糞] 같은 종이[紙]라 하여 붙여진 이름이다.

마비 痲痺 | 저릴 마, 저릴 비 [be paralyzed]
❶ 속뜻 손발이 저림[痲=痺]. ❷ 의학 신경이나 근육이 형태의 변화 없이 기능을 잃어버리는 상태. 감각이 없어지고 힘을 제대로 쓰지 못하게 된다. ¶근육 마비를 일으키다. ❸본래의 기능이 둔해 정지되는 일을 비유하여 이르는 말. ¶업무가 마비 상태다.

마사지 {프 massage}
피부를 문질러 곱고 건강하게 하는 미용법의 한 가지. ㊐ 안마(按摩).

마-소 [horses and cattle]
말과 소. ¶마소처럼 부리다.

마수 魔手 | 마귀 마, 손 수 [evil hand]
❶ 속뜻 악마(惡魔)의 손길[手]. ❷'남을 나쁜 길로 꾀거나 불행에 빠뜨리거나 하는 음험한 수단'을 비유하여 이르는 말. ¶침략의 마수를 뻗치다.

마술 魔術 | 마귀 마, 꾀 술 [magic arts]
❶ 속뜻 마력(魔力)으로써 하는 불가사의 한 술법(術法). ❷재빠른 손놀림이나 여러 가지 장치, 속임수 따위를 써서 불가사의한 일을 해 보이는 술법. 또는 그런 구경거리. ㊐ 요술(妖術), 마법(魔法).

▸마술-사 魔術師 | 스승 사
마술(魔術)을 부리는 것을 전문으로 하는 사람[師]. ㊐ 요술쟁이(妖術-), 마법사(魔法師).

마스코트 {프 mascotte}
행운을 가져온다고 믿어 고이 간직하거나 위하는 물건 또는 사람. ¶'호돌이'는 서울 올림픽의 마스코트이다.

마스크 {영 mask}
❶병균·먼지 같은 것을 막기 위하여 코·입을 가리는 물건. ❷탈. ❸ 운동 야구 따위에서, 얼굴을 가리기 위하여 쓰는 기구.

마스터-하다 (master—)
완전히 다 배우다.

마시다 (飮, 마실 음) [drink; take]
❶물이나 술 따위 액체를 목구멍으로 넘기다. ¶우유를 단숨에 마시다. ❷공기 등을 빨아들이다. ¶신선한 공기를 마시다. ㊇ 뱉다.

비슷한 듯 다른 말 ➲ 먹다[1]

마애 磨崖 | 갈 마, 벼랑 애
암벽 벼랑[崖]을 갈아[磨] 글자나 그림, 불상 따위를 새김.

▸마애-불 磨崖佛 | 부처 불
불교 자연 암벽에 새긴[磨崖] 불상(佛像).

마약 痲藥 | 저릴 마, 약 약 [drug]
약학 사람의 신경을 마비(痲痺)시키는 약(藥). ¶마약에 중독되다.

마요네즈 {프 mayonnaise}
달걀 노른자, 식용유, 식초 등으로 만든 샐러드용 소스.

마우스 {영 mouse}
손으로 잡고 커서(cursor)를 움직이는 컴퓨터 입력 장치. 모양이 쥐와 비슷한데서 이른다.

마운드 {영 mound}
운동 야구에서, 투수가 공을 던지기 위하여 서는 곳. ¶투수가 마운드에 오르다.

마을 (里, 마을 리; 村, 마을 촌; 府, 마을 부) [village; hamlet]

주로 시골에서, 여러 집이 모여 사는 곳. ¶그는 작은 시골 마을에서 자랐다. [비] 동리(洞里), 촌락(村落).

▸ **마을-문고** (—文庫, 글월 문, 곳집 고)
농어촌 주민의 자질 향상을 도모할 목적으로 1961년 이후 각 마을에 설치한 문고(文庫).

▸ **마을-버스** (—bus)
정기 노선버스가 운행되지 않는, 대도시의 고지대나 아파트 단지 또는 농촌 벽지 마을 등의 교통 편의를 위하여 운행하는 버스(bus).

▸ **마을-회관** (—會館, 모일 회, 집 관)
마을 사람들이 모여서[會] 회의 따위를 하기 위해 마련한 집[館].

마음 (心, 마음 심) [mind]
❶사람이 본래부터 지닌 성격이나 품성. ¶착한 마음. ❷스스로 지니고 있는 기분(氣分)이나 느낌. ¶쓸쓸한 마음 / 마음이 편하다. ❸사람이 어떤 일에 대하여 가지는 관심. ¶이번엔 꼭 성공하겠다고 마음을 먹는다. [준] 맘.

♣ 마음 / 정신² (精神) [비슷한 듯 다른 말]

◎ 마음을 = 정신을 가다듬고 그 일을 생각했다.

○ 그녀는 마음이 넓다.
× 그녀는 정신이 넓다.

○ 그는 물에 빠져 정신을 잃었다.
× 그는 물에 빠져 마음을 잃었다.

▸ **마음-껏**
마음에 흡족하도록. ¶여름휴가를 마음껏 즐겼다.

▸ **마음-보**
마음을 쓰는 본새를 나쁜 편으로 이르는 말. [준] 맘보. [비] 심보.

▸ **마음-씨**
마음을 쓰는 태도. ¶마음씨가 곱다.

▸ **마음-가짐**
마음을 쓰는 태도. 마음의 자세.

▸ **마음-대로**
하고 싶은 대로. ¶마음대로 골라 쓰세요. [비] 생각대로, 멋대로.

▸ **마음-먹다**
무엇을 하겠다고 마음속으로 작정하다. ¶이제부터 운동하기로 마음먹다 / 모든 일은 마음먹기에 달렸다.

[비슷한 듯 다른 말] ➲ 벼르다

마이너스 {영 minus}
❶[수학] 빼기. ❷[물리] 두 개의 전극 사이에 전류가 흐를 때에, 전위가 낮은 쪽의 극. ❸부족함이나 손실, 적자, 불이익 따위를 이르는 말. ¶이것은 너에게 마이너스로 작용할 것이다. [반] 플러스(plus).

마：이동풍 馬耳東風 | 말 마, 귀 이, 동녘 동, 바람 풍
❶[속뜻] 말[馬]의 귀[耳]에 동풍(東風)이 불어도 아랑곳하지 아니함. ❷'남의 말을 귀담아듣지 않고 지나쳐 흘려버림'을 비유하여 이르는 말. ¶아무리 말해도 그에게는 마이동풍이다.

마이신 {영 mycin}
스트렙토마이신과 같은 '항생제'를 일상적으로 이르는 말.

마이크 {영 mike} [microphone]
전기의 힘으로 소리가 크게 들리게 하는 장치. ¶마이크를 잡고 노래를 불렀다.

마이크로-파 (micro波, 물결 파) [microwave]
[물리] 파장이 매우 짧은[micro] 전자기파(電磁氣波). 레이더, 통신, 전자레인지, 텔레비전 따위에 폭넓게 쓴다.

마인드-맵 {영 mind map}
[교육] 마음[mind] 속에 지도[map]를 그리듯이 줄거리를 이해하며 정리하는 방법.

마일 {영 mile}
영미권에서 쓰는 거리 단위. 1마일은 약 1.6km에 해당하며, 기호는 'mil'.

마저 [even]
남김없이 모두. ¶그것도 마저 드세요.

마ː적 馬賊 | 말 마, 도둑 적 [mounted thieves]
말[馬]을 타고 떼를 지어 다니는 도둑[賊]. ¶마적에게 몽땅 털렸다.

마제 磨製 | 갈 마, 만들 제 [polished]
돌 따위를 갈아서[磨] 연장이나 기구를 만드는[製] 일. 또는 그렇게 만든 것.

▶마제 석기 磨製石器 | 돌 석, 그릇 기
[고적] 신석기시대에 주로 사용한, 돌을 갈아서[磨] 만든[製] 석기(石器). [비] 간석기.

마주 [opposite; face to face]
서로 똑바로 향하여. ¶서로 마주 서다 / 마주 앉다 / 마주 보다 / 손을 마주 잡다 / 거울을 마주하다 / 밥상을 마주하고 앉다.

▶마주-치다
❶서로 부딪치다. ¶손바닥을 마주치다. ❷우연히 서로 만나다. ¶두 사람은 복도에서 우연히 마주쳤다. ❸눈길이 서로 닿다. ¶그는 나와 눈이 마주치자 고개를 숙였다.

마중 [meeting; reception]
자기한테 오는 사람을 맞으러 나감. 나가서 맞이함. ¶많은 친구들이 공항에 마중 나왔다. [비] 영접(迎接). [반] 배웅.

마-지기
논밭의 넓이의 단위. 논은 495~990평방미터, 밭은 330평방미터 내외이다.

마지막 [last; end]
일의 순서나 시간에서 맨 끝. [비] 최후(最後). [반] 처음, 시초(始初).

[비슷한 듯 다른 말] ➲ 끝

마ː지-못하다 [be forced to do]
마음이 내키지는 않으나 사정에 따라서 아니 하려야 아니 할 수가 없다. ¶마지못해 허락하다. [비] 부득이(不得已)하다.

마ː지-않다 [can never enough]
앞말이 뜻하는 행동을 진심으로 함을 강조하여 나타내는 말. '마지아니하다'의 준말. ¶감사하여 마지않습니다.

마진 {영 margin}
[경제] 원가와 판매가의 차액(差額). [비] 중간 이윤(利潤).

마ː차 馬車 | 말 마, 수레 차 [carriage; coach]
말[馬]이 끄는 수레[車]. ¶마차를 타다 / 마차를 몰다 / 마차에 오르다.

마찬가지 [selfsame]
서로 똑같음. 매한가지. ¶그 신발은 새것이나 마찬가지다. [비] 피차일반(彼此一般), 동일(同一).

***마찰 摩擦** | 문지를 마, 비빌 찰 [rub]
❶[속뜻] 두 물체가 서로 닿아 문지르듯이[摩] 비벼짐[擦]. ❷이해나 의견이 서로 다른 사람이나 집단이 충돌함. ¶두 사람 사이에는 마찰이 끊이지 않는다.

마천-루 摩天樓 | 문지를 마, 하늘 천, 다락 루 [skyscraper]
하늘[天]을 문지를[摩] 듯이 높이 솟은 건물[樓]. ¶뉴욕에는 마천루가 즐비하다. [비] 마천각(摩天閣).

마취 痲醉 | 저릴 마, 취할 취 [anesthetize]
❶[속뜻] 몸이 저리는[痲] 것과 술에 취(醉)하는 것. ❷수술 등을 할 때 약물 따위를 이용하여 생물체의 육체적·정신적 감각을 일시적으로 마비시키는 일. ¶마취에서 깨어났다.

▶마취-제 痲醉劑 | 약제 제
[약학] 마취(痲醉)하기 위하여 쓰는 약제(藥劑). [비] 마취약.

마치 [as; just like]
거의 비슷하게. 흡사. ¶그것은 마치 솜털처럼 부드럽다.

마치다 (卒, 마칠 졸; 終, 마칠 종; 畢, 마칠 필; 了, 마칠 료) [end; finish]
어떤 일이나 과정·절차 따위가 끝나다. 또는 그렇게 하다. ¶숙제를 마치다. [비] 끝내다, 끝맺다. [반] 시작(始作)하다.

마침 [just in time]
어떤 경우나 기회에 알맞게. 또는 공교롭게. ¶마중 나가려던 참인데 마침 그가 들어왔다 / 마침 설탕이 다 떨어졌다.

마침-꼴 [cadenza]
음악 악곡의 끝을 나타내는 선율.

마침-내 [at last; at length]
드디어. 기어이. 결국. 종내. ¶마침내 방학 숙제를 끝냈다.

마침-표 (一標, 나타낼 표) [period; full stop]
❶언어 문장의 끝맺음을 나타내는 문장 부호. 온점(.), 물음표(?), 느낌표(!) 따위. ❷음악 악곡의 끝을 나타내는 표.

마케팅 {영 marketing}
경제 제품을 생산자로부터 소비자에게 합리적으로 이전하기 위한 기획 활동.

마크 {영 mark}
❶어떠한 뜻을 나타내기 위해 쓰는 부호나 문자. ¶적십자 마크. ❷운동 운동 경기에서, 공격하는 상대에 접근해서 막아 냄.

마-파람 [south wind]
남쪽에서 불어오는 바람. ⓑ앞바람, 마풍(麻風). 속담 마파람에 게 눈 감추듯.

마:패 馬牌 | 말 마, 명찰 패
역사 벼슬아치가 공무로 지방에 나갈 때 역마(驛馬)를 징발하는 증표로 쓰던 둥근 구리 패(牌).

마하 {독 Mach}
물리 비행기, 로켓, 고속 기류 따위의 속도를 재는 단위. 음속에 대한 운동 물체의 속도의 비로 나타낸다.

마흔 [forty]
열의 네 배가 되는 수. 40. ¶그는 곧 마흔이 된다. ⓑ사십(四十).

막[1] [carelessly; recklessly]
'마구'의 준말. ¶돈을 막 쓰다.

막[2] [just; just at the moment]
바로 지금. 바로 그때. ¶기차가 막 떠났다. ⓑ곧, 갓, 방금(方今), 금방(今方).

막[3] 幕 | 막 막 [tent; curtain]
칸을 막기도 하고 위를 덮기도 하고 옆으로 둘러치기도 하는 천으로 된 물건. ¶막이 오르자 배우가 무대로 나왔다 / 막을 내리다.

막[4] 膜 | 꺼풀 막 [film; membrane]
생물 생물체의 내부에서 모든 기관을 싸고 있거나 경계를 이루는 얇은 꺼풀. ¶우유 표면에 얇은 막이 생겼다.

막간 幕間 | 막 막, 사이 간 [interval]
❶연영 연극에서 한 막(幕)이 끝나고 다음 막이 시작되기까지의 사이[間]. ❷어떤 일의 한 단락이 끝나고 다음 단락이 시작되기까지의 동안. ¶막간을 이용해 안내 말씀 드리겠습니다.

막강 莫強 | 없을 막, 강할 강 [be mighty]
더할 수 없이[莫] 강(強)함. ¶막강의 군사 / 막강한 경쟁 상대.

막-걸리
청주를 떠내지 않고 그대로 걸러 짠 술. 빛깔은 탁하며 맛은 텁텁하고 알코올 성분이 적다. ⓑ탁주(濁酒).

막-국수
메밀로 가락을 굵게 뽑아, 육수에 만 국수. 강원도의 향토 음식이다.

막내 [youngest]
여러 형제 중에 맨 마지막으로 난 아이. ¶얘는 막내라 어리광이 심하다. ⓑ만이.

▸ **막내-둥이**
'막내'를 귀엽게 일컫는 말.

▸ **막내-며느리**
막내아들의 아내. ⓑ맏며느리.

막-노동 (一勞動, 일할 로, 움직일 동) [rough work; physical labor]
일정한 기술이 없이 아무 일이나 닥치는 대로 하는 육체노동(勞動).

막다 (防, 막을 방; 沮, 막을 저) [prevent; enclose]
❶통하지 못하게 하다. ¶길을 막다 / 입을 막다. ❷어떤 일이나 행동을 못하게 하다. ¶싸움을 막다. ⓑ봉하다, 메우다, 방해(妨害)하다, 훼방(毁謗)하다, 저지(沮止)하

다, 제지(制止)하다.

막-다르다 [be closed at one end]
가다가 앞이 막혀 더 나아갈 길이 없다. ¶막다른 골목에 들어섰다.

막대[1]
'막대기'의 준말. ¶막대 사탕을 먹다.

▸ 막대-자석 (—磁石, 자석 자, 돌 석)
막대 모양의 자석(磁石).

▸ 막대-그래프 (—graph)
[수학] 수량의 분포를 막대 모양의 길이로 나타낸 그래프(graph).

막대[2] **莫大** | 없을 막, 큰 대 [huge; enormous]
더할 수 없이[莫] 크다[大]. ¶막대한 손해를 입다 / 막대한 재산.

막대기 [stick]
가늘고 기름한 나무나 대의 토막. ¶막대기로 손바닥을 때리다. [준] 막대.

막-되다 [ill-bred; ill-mannered]
말이나 행동이 버릇없고 거칠다. ¶막되게 굴다. [비] 버릇없다, 못되다.

막-둥이 [youngest]
'막내'을 귀엽게 이르는 말.

막론 莫論 | 없을 막, 말할 론 [be a matter of course; be needless to say]
❶ [속뜻] 말할[論] 것조차 없음[莫]. ❷이것저것 따지고 가려 말하지 않다. ¶오늘은 누구를 막론하고 먼저 갈 수 없다.

막막[1] **寞寞** | 쓸쓸할 막, 쓸쓸할 막 [dreary; lonely]
❶ [속뜻] 고요하고 쓸쓸하다[寞+寞]. ¶산중의 밤은 막막하다. ❷의지할 데 없이 외롭다. ¶막막한 앞날.

막막[2] **漠漠** | 아득할 막, 아득할 막 [vast; boundless]
끝이 보이지 않을 정도로 멀고 아득함[漠+漠]. ¶막막한 바다 / 막막한 벌판.

막-말 [blunt remark]
되는대로 함부로 하는 말.

막무가내 莫無可奈 | 없을 막, 없을 무, 가히 가, 어찌 내 [obstinately]
도무지 융통성이 없고 고집이 세어 어찌[奈] 할 수[可] 없음[莫=無]. ¶아무리 뭐라고 해도 그는 막무가내였다. [준] 무가내. [비] 무가내하(無可奈何).

막-바로 [straight; at once]
곧바로. 즉시. ¶일을 끝내자 막바로 집으로 돌아갔다.

막-바지 [end]
어떤 일이나 현상의 마지막 단계. [반] 초입(初入).

막부 幕府 | 휘장 막, 관청 부 [shogun]
[역사] 1192년에서 1868년까지 일본을 통치한 무인들의 정부(政府). 근위대장의 처소[幕]를 지칭하다가 이후 장군 자체를 지칭한데서 유래하였다.

막사 幕舍 | 막 막, 집 사 [barracks; camp]
❶ [속뜻] 판자나 천막(天幕) 따위로 임시로 간단하게 지은 집[舍]. ¶피난민을 막사에 수용하다. ❷ [군사] 군인들이 주둔할 수 있도록 만든 건물 또는 가건물. ¶사병 막사 / 야전군 지휘 막사.

막상 [ultimately; really]
마침내 실제에 이르러. ¶막상 당해보니 막막하다.

막상-막하 莫上莫下 | 없을 막, 위 상, 없을 막, 아래 하
❶ [속뜻] 위[上] 인지 아래[下] 인지 구분할 수 없음[莫]. ❷더 낫고 못함의 차이가 거의 없음. ¶세 후보의 지지율이 막상막하다. [비] 난형난제(難兄難弟).

막새-기와
[건설] 처마 끝에 놓는 수막새와 암막새를 통틀어 이르는 말.

막심 莫甚 | 없을 막, 심할 심 [be immense; extreme]
더 이상 이를 수 없을[莫] 정도로 심(甚)함. ¶후회가 막심하다.

막아-서다 [block; hold back]

앞을 가로막고 서다.

막연 漠然 | =邈然, 아득할 막, 그러할 연 [vague; obscure]
❶ 속뜻 잘 보이지 않을 정도로 아득한[漠] 모양[然]. ❷갈피를 잡을 수 없게 아득하다. ¶먹고 살 길이 막연하다. ❸똑똑하지 못하고 어렴풋함. ¶막연한 대답 / 막연히 기다리다.

막-일 [physical labor; rough work]
가리지 않고 닥치는 대로 하는 육체적 노동. ㊥ 막노동.

막자 [medicine pestle]
덩어리 약을 갈아서 가루약으로 만드는 데 쓰이는 작은 방망이. 사기·유리 등으로 만든다.

▶ 막자-사발 (-沙鉢, 모래 사, 밥그릇 발)
알약을 갈아서 가루로 만드는 그릇[沙鉢]. 사기·유리 등으로 만든다.

막중 莫重 | 없을 막, 무거울 중 [grave; very important]
임무 따위가 더할 수 없이[莫] 무겁다[重]. ¶막중한 임무를 짊어지다.

막-차 (-車, 수레 차) [last train(bus)]
그날의 마지막 차(車). ㊤ 첫차.

막-판 [last round]
어떤 일의 끝이 되는 판. ¶막판에 고비를 잘 넘겼다. ㊥ 막바지. ㊤ 첫판.

막-히다 (滯, 막힐 체; 塞, 막힐 색) [get stopped up]
❶막음을 당하다. 통할 수 없게 되다. ¶하수구가 막히다 / 코가 막히다. ❷할 말이 생각나지 않다. ¶나는 기가 막혀서 말문이 막혔다. ㊤ 트이다.

만[1] [after the lapse of; interval]
동안이 얼마 계속되었음을 뜻하는 말. ¶그는 떠난 지 한 달 만에 돌아왔다.

만:[2] 萬 | 일만 만 [ten thousand]
천의 열 배.

만[3] 滿 | 가득할 만 [just; full; fully]
시기나 햇수가 꽉 참을 나타내는 말. ¶만으로 아홉 살.

만[4] 灣 | 물굽이 만 [bay; gulf]
지리 바다가 육지 속으로 쑥 들어온 곳. 바닷가의 큰 물굽이. ¶멕시코 만.

만:개 滿開 | 찰 만, 열 개 [be in full bloom]
❶ 속뜻 활짝[滿] 열어[開] 놓음. ❷꽃이 활짝 다 핌. 활짝 핌. ¶벚꽃이 만개하다. ㊥ 만발(滿發).

만:경 萬頃 | 일만 만, 넓을 경 [vast]
지면이나 수면 따위가 한없이[萬] 넓음[頃].

▶ 만:경-창파 萬頃蒼波 | 푸를 창, 물결 파
한없이 넓은[萬頃] 바다나 호수의 푸른[蒼] 물결[波]. ¶만경창파에 배 밑 뚫기.

만:고 萬古 | 일만 만, 옛 고 [all antiquity]
❶ 속뜻 아주 많이[萬] 오랜 옛날[古]. ¶만고로부터 내려오는 풍습. ❷한없이 오랜 세월. ¶만고에 없는 난리.

만:국 萬國 | 일만 만, 나라 국 [all nations]
많은[萬] 나라[國]. 세계의 모든 나라. 여러 나라. ㊥ 만방(萬邦).

▶ 만:국-기 萬國旗 | 기 기
세계 여러 나라[萬國]의 국기(國旗). ¶박람회장에 만국기가 펄럭인다.

만기 滿期 | 찰 만, 때 기 [expiration (of term)]
정해진 기한(期限)이 다 참[滿]. ¶이 보험은 십 년 만기이다.

만끽 滿喫 | 넘칠 만, 마실 끽 [eat to one's fill; have enough]
❶ 속뜻 양이 다 차도록[滿] 많이 마심[喫]. ¶그 식당에서는 진짜 중국 요리를 만끽했다. ❷충분히 만족(滿足)할 만큼 즐김. ¶아름다운 경치를 만끽하다. ㊥ 포식(飽食)하다, 누리다.

만나다 (遇, 만날 우; 逢, 만날 봉) [meet; see]
❶서로 마주 대하다. ¶친구를 만나다. ❷

인연으로 관계를 맺게 되다. ¶그는 까다로운 상사를 만나 고생하고 있다. ❸비, 눈, 바람 따위를 맞게 되다. ¶소나기를 만나다. ㊥ 헤어지다, 이별(離別)하다.

만:날 (萬-, 일만 만) [always; every day]
매일같이 계속하여. ¶두 사람은 만날 싸운다. ㊥ 늘, 항상, 매일.

만남 [meeting]
만나는 일. ㊥ 이별.

만:년 萬年 | 일만 만, 해 년 [ten thousand years; eternity]
❶속뜻 일만(一萬) 년(年). ❷오랜 세월. ❸언제나 변함없이 한결같은 상태. ¶만년 후보 선수.

▸**만:년-필 萬年筆** | 붓 필
잉크만 넣으면 오랫동안[萬年] 글씨를 쓸 수 있도록 만든 펜[筆].

만:능 萬能 | 일만 만, 능할 능 [omnipotent; almighty]
❶속뜻 만사(萬事)에 두루 능통(能通)함. ❷온갖 것을 다 할 수 있음. ¶물질만능의 시대. ㊥ 전능(全能). ㊥ 무능(無能).

만:담 漫談 | 멋대로 만, 이야기 담 [comic chat]
재미있고 익살스럽게 멋대로[漫] 세상과 인정을 풍자하는 이야기[談].

만:대 萬代 | 일만 만, 세대 대 [all generations; all ages]
여러 대에 걸친 오랜[萬] 세대(世代). 영원한 세월. ㊥ 만세(萬歲), 만년(萬年).

만두 饅頭 | 만두 만, 접미사 두
밀가루 따위를 반죽하여 소를 넣어 빚은 음식[饅] 같은 것[頭]. ㊥ 교자(餃子).

만들다 [make; produce]
❶기술과 힘을 들여 목적하는 사물을 이루다. ¶옷을 만들다. ❷지금까지 없었던 것을 새로 장만하여 내다. ¶규칙을 만들다. ❸글이나 노래, 책, 영화 따위를 새로 짓다. ¶영화를 만들다. ㊥ 없애다.

♣ **만들다 / 빚다** (비슷한 듯 다른 말)

◎ 만두를 만들다 = 빚다.
○ 이 공장에서는 냉장고를 만든다.
× 이 공장에서는 냉장고를 빚는다.
○ 나의 착오로 진행에 차질을 빚었다.
× 나의 착오로 진행에 차질을 만들었다.

비슷한 듯 다른 말 ➲ **짓다 / 만들다**

만:료 滿了 | 찰 만, 마칠 료 [expire; come to an end]
정해진 기간이 차서[滿] 일이 끝남[了]. ¶임기가 만료되다.

만류 挽留 | 당길 만, 머무를 류 [hold back; detain]
붙잡아[挽] 머무르게[留] 함. 못하게 말림. ¶그는 만류를 뿌리치고 집으로 돌아갔다. ㊥ 만지(挽止), 만집(挽執).

만:리 萬里 | 일만 만, 거리 리 [long distance]
아주 먼[萬] 거리[里].

▸**만:리-장성 萬里長城** | 길 장, 성곽 성
고적 총 길이가 만리(萬里)나 되는 긴[長] 성벽(城壁). 중국의 북쪽에 있는 성이다. ㊟ 장성.

만:-만세 萬萬歲 | 일만 만, 일만 만, 해 세 [hurrah; cheers]
만세(萬歲)를 강조하여[萬] 이르는 말. ¶ "만세! 만만세!"하고 외쳤다.

만만-찮다 [considerable]
❶손쉽게 다룰 수 없다. ¶만만찮은 상대. ❷수나 양이 적지 않다. ¶학생들이 만만찮게 모였다.

만만-하다 [be easy]
마음대로 대할 만하다. ¶그녀는 절대 만만하지 않다 / 약한 팀일지라도 만만히 여기지 마라. ㊥ 하찮다, 우습다.

만:면 滿面 | 가득할 만, 낯 면 [whole face]

얼굴[面]에 가득함[滿]. 온 얼굴.

만:무 萬無 | 일만 만, 없을 무
[cannot be]
절대로[萬] 없음[無]. 전혀 없음. ¶그것은 사실일 리가 만무하다.

만:물 萬物 | 일만 만, 만물 물
[all things; all creation]
❶속뜻 온갖[萬] 물건(物件). ❷우주에 존재하는 모든 것. ¶인간은 만물의 영장(靈長)이다. ⓑ만유(萬有).

▶만:물-상 萬物商 | 장사 상
일상생활에 필요한 온갖[萬] 물건(物件)을 파는 장사치나 가게[商].

만:민 萬民 | 일만 만, 백성 민
[all the people]
모든[萬] 백성[民]. 또는 사람들. ⓑ만성(萬姓), 만인(萬人), 조서(兆庶).

▶만:민 공:동-회 萬民共同會 | 함께 공, 같을 동, 모일 회
역사 1898년에 독립 협회 주최로 많은 사람[萬民]이 함께[共同] 모여 연 민중 대회(大會).

만:반 萬般 | 일만 만, 모두 반
[all kinds; every sort]
❶속뜻 일만[一萬] 가지 모두[般]. ❷모든 것. ¶만반의 준비를 하다. ⓑ제반(諸般).

만:발 滿發 | 가득할 만, 필 발
[be in full bloom]
많은 꽃이 한꺼번에 활짝[滿] 핌[發]. ¶길가에 코스모스가 만발하다. ⓑ만개(滿開).

만:방 萬邦 | 일만 만, 나라 방
[all nations of the world]
세계 여러[萬] 나라[邦]. ¶명성(名聲)을 만방에 떨치다. ⓑ만국(萬國), 만역(萬域).

만:-백성 萬百姓 | 일만 만, 여러 백, 성씨 성 [all the people]
여러[萬] 백성(百姓). 모든 백성.

만:병 萬病 | 일만 만, 병 병
[all diseases]
갖가지[萬] 병(病). ¶비만은 만병의 근원이다. ⓑ백병(百病).

▶만:병-통치 萬病通治 | 온통 통, 다스릴 치
어떤 한 가지 약이 여러[萬] 가지 병(病)을 두루[通] 고칠[治] 수 있음. ¶수술은 병에 대한 만병통치는 아니다. ⓑ백병통치(百病通治).

만:복 萬福 | 일만 만, 복 복
[great fortune]
많은[萬] 복(福). 모든 복. ¶만복을 빌다. ⓑ백복(百福).

만:사 萬事 | 일만 만, 일 사
[everything; all things]
온갖[萬] 일[事]. ¶만사가 귀찮다. ⓑ백사(百事), 범사(凡事).

▶만:사-형통 萬事亨通 | 풀릴 형, 통할 통
모든[萬] 일[事]이 뜻한 바대로 잘 이루어짐[亨通]. ⓑ만사여의(萬事如意).

만삭 滿朔 | 찰 만, 초하루 삭
[completion of time for childbirth]
아이를 낳을 시기[朔]가 참[滿]. ⓑ산(産)달, 만월(滿月).

만:석 萬石 | 일만 만, 섬 석
[10,000 pack of rice]
❶속뜻 벼 일만(一萬) 섬[石]. ❷썩 많은 곡식(穀食). ¶만석 살림.

만성 慢性 | 느릴 만, 성질 성 [chronic]
병 따위가 느리게[慢] 악화되는 성질(性質). ⓑ급성(急性). ¶만성위염으로 시달리다.

만:세 萬歲 | 일만 만, 해 세
[ten thousand years; hurrah]
❶속뜻 오랜[萬] 세월(歲月). ❷오래도록 삶. 영원히 살아 번영함. ❸'영원하라!'는 뜻으로 크게 외치는 소리. ¶대한민국 만세! / 우리나라 만세! ⓑ만년(萬年).

만:수 萬壽 | 일만 만, 목숨 수
[long life; longevity]
오래도록[萬] 삶[壽]. ¶만수를 누리다

▸만ː수-무강 萬壽無疆 | 없을 무, 지경 강
오래도록 살아[萬壽] 수명이 끝[疆]이 없기[無]를 비는 말. ¶만수무강 하십시오. ⓑ 만세무강(萬世無疆).

만ː신 滿身 | 찰 만, 몸 신 [whole body]
온[滿] 몸[身]. ¶만신의 힘을 기울여 노력하겠습니다. ⓑ 전신(全身).

▸만ː신-창이 滿身瘡痍 | 부스럼 창, 상처 이
❶ 속뜻 온[滿] 몸[身]이 성한 데가 없이 상처투성이[瘡痍] 임. ¶만신창이가 되도록 얻어맞았다. ❷성한 데가 없을 만큼 '결함이 많음'을 비유하여 이르는 말.

***만ː약** 萬若 | 일만 만, 같을 약
[if; in case of]
만일(萬一) 그와 같다면[若]. ¶만약의 경우 / 만약을 생각하다. ⓑ 만일.

만용 蠻勇 | 오랑캐 만, 날쌜 용
[foolhardiness]
오랑캐[蠻]같이 분별없이 함부로 날뛰는 용기(勇氣). ¶슬기로운 사람은 만용을 부리지 않는다.

만ː우절 萬愚節 | 일만 만, 어리석을 우, 철 절 [April Fools'Day]
서양 풍습 중 하나로, 악의 없는 거짓말을 하여 여러[萬] 사람을 바보처럼 만들어 속이는[愚] 날[節]. 4월 1일이다.

만원 滿員 | 찰 만, 인원 원
[no vacancy; sold out]
❶ 속뜻 정원(定員)이 다 참[滿]. ❷어떤 곳에 사람이 가득 들어참. ¶만원버스 / 극장은 만원이었다.

만ː월 滿月 | 찰 만, 달 월 [full moon]
원이 꽉 차도록[滿] 이지러진 데가 없이 생긴 달[月]. ⓑ 보름달, 망월(望月), 영월(盈月). ⓑ 휴월(虧月).

만ː유 萬有 | 일만 만, 있을 유
[all things in the universe]
우주에 존재[有] 하는 모든[萬] 것. ⓑ 만물(萬物), 만상(萬象).

▸만ː유-인력 萬有引力 | 끌 인, 힘 력
❶ 속뜻 모든[萬] 물체에 존재하는[有] 당기는[引] 힘[力]. ❷ 물리 질량을 가지고 있는 모든 물체가 서로 잡아당기는 힘. 1687년에 뉴턴이 발견하였다.

만ː인 萬人 | 일만 만, 사람 인
[every man; all people]
아주 많은[萬] 사람[人]. 모든 사람. ¶그는 만인의 연인이다. ⓑ 만민(萬民).

만ː일 萬一 | 일만 만, 한 일
[if; in case of]
만(萬) 가운데 하나[一]. 거의 없는 것이나 매우 드물게 있는 일. ¶만일의 경우에 대비하다. ⓑ 만약(萬若), 만혹(萬或).

만ː장 滿場 | 찰 만, 마당 장
[whole house]
회장(會場)에 가득 참[滿]. 혹은 그곳에 모인 사람들.

▸만ː장-일치 滿場一致 | 한 일, 이를 치
회장(會場)에 가득 찬[滿] 사람의 의견이 일치(一致)됨. ¶안건이 만장일치로 통과되었다.

만ː전 萬全 | 일만 만, 완전할 전
[absolute security]
모든[萬] 것이 완전(完全)함. 조금도 허술한 데가 없음. ¶대회 준비에 만전을 기하다.

만점 滿點 | 찰 만, 점 점
[full marks; perfection]
❶ 속뜻 규정된 점수를 다 채운[滿] 점수(點數). ¶국어 시험에서 만점을 맞았다. ❷결점이나 부족한 데가 없이 아주 만족할 만한 정도. ¶서비스가 만점이다.

만ː조 滿潮 | 찰 만, 바닷물 조
[high water]
❶ 속뜻 바닷물[潮]이 밀려들어서 가득참[滿]. 지리 ❷밀물로 해면이 가장 높아진 상태. ⓑ 고조(高潮). ⓑ 간조(干潮).

만족 滿足 | 가득할 만, 넉넉할 족
[be satisfied; be pleased]

가득하고[滿] 넉넉함[足]. 부족함이 없다고 여김. 충분함. ¶만족스러운 결과가 나왔다. ㊐ 흡족(洽足). ㊀ 불만(不滿), 불만족(不滿足).

▸만족-감 滿足感 | 느낄 감
흡족한[滿足] 느낌[感]. ㊀ 불만감(不滿感).

만주-족 滿洲族 | 찰 만, 섬 주, 겨레 족
만주(滿洲) 일대에 분포하고 있는 남방 퉁구스계 민족(民族). 역사상 청나라를 세우기도 하였다.

만지다 [finger; touch]
❶여기저기 자꾸 손을 대어 주무르거나 문지르다. ¶팔뚝을 만져 보다. ❷다루거나 손질하다. ¶컴퓨터를 만지다.

만지작-거리다
주무르듯이 자꾸 만져 보다. ¶아기는 장난감 인형을 만지작거리고 있다.

만:찬 晩餐 | 저녁 만, 밥 찬 [dinner]
저녁[晩] 식사[餐]. 특별히 잘 차려 낸 저녁 식사. ¶성대한 만찬을 베풀다. ㊐ 석찬(夕餐). ㊀ 조찬(朝餐).

만:추 晩秋 | 늦을 만, 가을 추 [late autumn]
❶ 속뜻 늦은[晩] 가을[秋]. ❷늦가을 무렵. ㊐ 늦가을, 계추(季秋).

만큼 [extent; degree]
앞의 내용에 상당하는 수량이나 정도임을 나타내는 말. ¶교실 안은 숨소리가 들릴 만큼 조용했다.

만:파 萬波 | 일만 만, 물결 파 [roller; breaker]
수많은[萬] 파도(波濤). 겹겹이 밀려오는 파도. ¶먼 바다에서 만파가 밀려왔다.

▸만:파식-적 萬波息笛 | 쉴 식, 피리 적
이 피리를 불면 모든[萬] 풍파(風波)가 사라졌다[息]는 신라 때 전설상의 피리[笛].

만:평 漫評 | 멋대로 만, 평할 평 [desultory criticism]
일정한 형식이나 체계 없이 멋대로[漫] 하는 비평(批評). ¶시사 만평.

만-하다 [be to the extent of]
❶어떤 대상이 앞말이 뜻하는 행동을 할 타당한 이유를 가질 정도로 가치가 있음을 나타내는 말. ¶가 볼 만한 곳. ❷앞말이 뜻하는 행동을 하는 것이 가능함을 나타내는 말. ¶나는 집을 살 만한 형편이 못 된다.

만행 蠻行 | 오랑캐 만, 행할 행 [barbarity; savagery]
야만(野蠻)스러운 행위(行爲). ¶천인공노할 만행을 저지르다.

만:호 萬戶 | 일만 만, 집 호 [ten thousand houses; numerous houses]
썩 많은[萬] 집[戶]. ¶도성 만호에 흰 기가 내걸렸다.

만:화 漫畵 | 멋대로 만, 그림 화 [cartoon]
일정한 형식 없이 사물의 특징만을 살려 멋대로[漫] 그린 그림[畵]. ㊐ 만필화(漫筆畵).

▸만:화-가 漫畵家 | 사람 가
만화(漫畵)를 그리는 것을 직업으로 하는 사람[家].

▸만:화-책 漫畵冊 | 책 책
만화(漫畵)를 주제로 한 그림책(冊).

▸만:화 영화 漫畵映畵 | 비칠 영, 그림 화
연영 장면을 만화(漫畵)로 그려서 만든 영화(映畵).

만:화-경 萬華鏡 | 일만 만, 빛날 화, 거울 경 [kaleidoscope]
원통 안에 색색의 종이 조각을 넣어 돌려 보면 여러[萬] 가지로 변하는 아름다운[華] 무늬가 보이는 거울[鏡]로 된 장난감.

만회 挽回 | 당길 만, 돌아올 회 [recover; retrieve]
뒤쳐진 것을 바로잡아[挽] 회복(回復)함. 처음 상태로 돌이킴. ¶실수를 만회하다.

많:다 (多, 많을 다) [many; numerous]
사물의 수효나 분량이 일정한 기준을 넘다. 적지 않다. ¶친구가 많다 / 할 말이

많다 / 책을 많이 읽다. ㊥ 숱하다, 수두룩하다, 허다하다, 파다(頗多)하다. ㊥ 적다.

비슷한 듯 다른 말 ➲ 흔하다

맏-딸 [eldest daughter]
맨 먼저 낳은 딸. ㊥ 큰딸, 장녀(長女).

맏-며느리 [wife of the eldest son]
맏아들의 아내. ㊥ 큰며느리.

맏-아들 [firstborn son]
맨 먼저 낳은 아들. ㊥ 큰아들, 장남(長男), 장자(長子).

맏-이 [firstborn (son)]
형제자매 중에서 제일 먼저 태어난 사람. ㊥ 막내.

맏-형 (–兄, 맏 형) [eldest brother]
맏이가 되는 형(兄). ㊥ 큰형, 백형(伯兄).

말:[1] [language; speech]
❶사람의 생각이나 느낌 따위를 표현하고 전달하는 데 쓰는 목소리. ¶아이가 말을 배우다. ❷이야기나 대화. ¶말을 주고받다 / 말을 돌리다. ㊥ 글. 속담 말 한마디에 천 냥 빚도 갚는다.

말[2](馬, 말 마) [horse; pony]
동물 말과(科)에 속하는 동물의 총칭. 네 다리와 목·얼굴이 길고 목덜미에는 갈기가 있으며, 꼬리는 긴 털로 덮여 있다. 성질이 온순하고 잘 달리며 힘이 세어 농경, 운반, 승용, 경마 따위에 사용한다. ¶말을 타고 달리다. 속담 말 타면 경마 잡히고 싶다.

말[3]
곡식·액체·가루 따위의 분량을 헤아리는 데 쓰는 그릇이나 그 단위. 되의 열 배. ¶쌀 다섯 말. 속담 구슬이 서 말이라도 꿰어야 보배.

말[4] [marker in chess; checkers]
❶ 민속 고누나 윷놀이 따위를 할 때 말판에서 정해진 규칙에 따라 옮기는 패. ❷ '마'(馬)자가 새겨진 장기짝의 하나.

말[5] 末 | 끝 말 [end; close]
어떤 기간의 끝[末]이나 끝 무렵. ¶다음 달 말에 다시 오겠다. ㊥ 초(初).

말갈 靺鞨 | 버선 말, 가죽신 갈
역사 퉁구스족의 일족. 시베리아·중국 동북 지방·우리나라의 함경도에 걸쳐 살았던 족속으로, 여진족·만주족이 모두 이 종족의 후예이다. 가죽신을 즐겨 신었기에 가죽 혁(革)이 들어간 글자를 썼을 것으로 추정된다.

말:갛다 [clear; transparent]
흐리지 않고 맑다. ¶하늘이 말갛다 / 물이 바닥까지 말갛다.

말괄량이 [romping girl]
말이나 행동이 얌전하지 못하고 덜렁거리는 여자.

말-굽 [horseshoe]
말의 발톱. ㊥ 마제(馬蹄).

말:-귀 [meaning of what one says]
❶말의 뜻. ¶말귀를 못 알아듣다. ❷남이 하는 말의 뜻을 알아듣는 슬기. ¶말귀가 어둡다.

말기 末期 | 끝 말, 때 기 [end; close]
어떤 시대나 기간이 끝나는[末] 시기(時期). ㊥ 말엽(末葉). ㊥ 초기(初期).

말:-꼬리 [end of one's words]
말의 끝 부분. 관용 말꼬리를 잡다.

말:-꼬투리 [what prompts words]
남을 해코지하거나 헐뜯을 만한 말거리.

말끔-하다 [clean; tidy]
티 하나 없이 깨끗하다. ¶옷차림이 말끔하다 / 집을 말끔히 치우다.

비슷한 듯 다른 말 ➲ 깨끗하다

말:-끝 [end of one's words]
말하는 끝. ¶말끝을 흐리다 / 그녀는 말끝마다 아들 자랑이다. ㊥ 말꼬리. ㊥ 말머리.

말냉이
식물 잎은 뿌리에서 뭉쳐나고 넓은 주걱 모양의 풀. 낮은 지대의 밭이나 들에서 자라는데, 어린 순은 나물로 먹는다.

말년 末年 | 끝 말, 해 년
[one's later years]
인생과 같은 일정한 시기의 마지막[末] 무렵[年]. ¶말년을 편안히 보내다. ㊐ 늘그막, 노년(老年). ㊤ 초년(初年).

말ː-놀이
말을 주고받으며 즐기는 놀이. 새말 짓기, 끝말잇기, 소리 내기 힘든 말 외우기 따위.

말다[1](卷, 말 권) [roll (up)]
❶넓적한 물건을 돌돌 감다. ¶돗자리를 말다. ❷종이나 김 따위의 얇고 넓적한 물건에 내용물을 넣고 돌돌 감아 싸다. ¶김밥을 말다.

말다[2][put into soup]
밥·국수 등을 물이나 국물 같은 데에 넣어서 풀다. ¶국수를 말아 먹다.

말ː다[3][stop; quit]
❶하던 일이나 할 일을 그만두다. ¶먹다 만 빵 / 일을 하다가 말다. ❷'하지 말다'의 뜻을 나타내는 말. ¶걱정 마라. ❹'말고'의 형태로 쓰여 '아님'을 나타내는 말. ¶너 말고 네 언니에게 한 말이다.

말ː-다툼 [dispute; argument]
말로 옳고 그름을 가리는 다툼. ㊐ 말싸움, 입씨름, 언쟁(言爭).

말ː-대꾸 [reply; response]
남의 말을 받아 자기 의사를 나타냄. 또는 그 말.

말ː-대답 (-對答, 대할 대, 답할 답) [back talk; retort]
손윗사람의 말에 이유를 붙여 반대하는 뜻으로 대답(對答)함. 또는 그런 대답.

말ː더듬-이 [stammerer; stutterer]
말을 더듬는 사람. ㊟ 더듬이.

말ː-동무 [companion]
서로 이야기를 주고받는 상대. ㊐ 말벗.

말똥-말똥 [with fixed eyes]
❶정신이나 눈알이 맑고 생기 있게 또랑또랑한 모양. ¶밤새 한숨도 못자고도 정신이 말똥말똥하다. ❷눈만 동글게 뜨고, 다른 생각 없이 말끄러미 쳐다보는 모양. ¶허공을 말똥말똥 쳐다보다.

말뚝 [stake; post]
땅에 두드려 박는 기둥이나 몽둥이. ¶말뚝에 매인 소.

말뚝-이
민속 탈춤에 등장하는 하인. 자기가 모시고 다니는 양반들을 신랄하게 풍자한다.

말ː-뜻 [meaning of a word]
낱말이나 글의 뜻. ¶속뜻사전을 보면 말뜻을 더욱 깊이 있게 알 수 있다. ㊐ 어의(語義).

말라-깽이 [lean person]
몸이 바싹 마른 사람.

말라리아 [malaria]
의학 갑자기 고열이 나며 설사와 구토·발작을 일으키는 전염병. 주로 모기가 옮긴다.

말라-붙다 [caked in]
액체가 바싹 졸거나 말라서 붙다. ¶가뭄으로 논이 말라붙다.

말랑말랑-하다 [be all soft]
물건이나 피부가 무르거나 연하다. ㊤ 딱딱하다.

말려-들다 [be dragged; be involved]
❶무엇에 감기어 안으로 들어가다. ¶손가락이 기계에 말려들어 크게 다쳤다. ❷본인이 원하지 않는 관계 또는 위치에 끌리어 들어가다. ¶싸움에 말려들고 싶지 않아서 못 본 척 했다.

말리다[1][dry up]
젖은 것을 마르게 하다. ¶젖은 수건을 말리다. ㊐ 건조(乾燥)시키다.

말리다[2][stop; break up]
남이 하고자 하는 짓을 못하게 하다. ¶싸움을 말리다.

말리다[3][be rolled up]
펴졌던 물건이 돌돌 감기다. ¶신문지가 돌돌 말려 있다.

말ː-머리 [beginning of one's speech]
❶말의 첫머리. ¶그는 자신의 이야기로 말머리를 꺼냈다. ❷말을 이끌어가는 방향. ¶말머리를 돌리다. [비] 화두(話頭), 화제(話題).

말ː문 (―門, 문 문)
[one's mouth when speaking]
말의 시작[門]. ¶마침내 말문을 열었다. [관용] 말문이 막히다.

말미 [time to spare; leave of absence]
직업에 매인 사람이 다른 일로 말미암아 얻는 겨를. ¶그는 이틀의 말미를 얻어 고향에 돌아갔다. [비] 휴가(休暇).

말미암다 (由, 말미암을 유)
[come from]
어떤 현상이나 사물이 원인이나 이유가 되다. ¶할머니는 폭우로 말미암아 오시지 못했다. [비] 인(因)하다, 연유(緣由)하다.

말미잘 [sea anemone]
[동물] 원통 모양의 강장(腔腸)동물. 얕은 바다의 바위 사이나 모래땅에 묻혀 산다.

말ː-발 [have influence]
듣는 사람이 긍정할 수 있게 하는 말의 힘. ¶그녀는 말발이 세다.

말-발굽 [horse's hood]
말의 발굽. [비] 말굽.

말ː-버릇 [one's manner of speaking]
늘 써서 버릇이 된 말의 투. ¶말버릇이 고약하다. [비] 입버릇, 어투(語套).

말ː-벗 [companion to chat with]
서로 같이 이야기할 만한 친구. ¶둘은 좋은 말벗이 되었다. [비] 말동무.

말복 末伏 | 끝 말, 엎드릴 복
삼복(三伏)의 마지막[末] 복날[伏]. 입추(立秋)부터 첫째 경일(庚日).

말살 抹殺 | 문지를 말, 죽일 살
[annihilate; obliterate]
❶[속뜻] 문질러서[抹] 죽임[殺]. ❷뭉개어 아주 없애 버림. ¶기록을 말살해 버렸다.

말세 末世 | 끝 말, 세상 세
[degenerate age]
정치나 도의 따위가 어지러워지고 쇠퇴하여 끝[末]이 다 된 듯한 세상(世上). [비] 계세(季世), 말대(末代), 말류(末流).

말소 抹消 | 문지를 말, 사라질 소
[erase; cancel]
기록된 사실을 지워서[抹] 없앰[消]. ¶등기를 말소하다 / 소송을 말소하다. [비] 말거(抹去).

말ː-소리 [voice]
말하는 소리. ¶말소리를 낮추다. [비] 어성(語聲).

말ː-솜씨 [one's ability to speak]
말하는 솜씨. ¶말솜씨가 좋다. [비] 말재주, 말재간(才幹), 언변(言辯).

말수 (―數, 셀 수) [words]
사람이 입으로 하는 말의 수효(數爻). ¶말수가 적다.

말ː썽 [trouble; difficulties]
트집이나 문젯거리를 일으키는 말이나 행동. ¶애들이 툭하면 말썽을 부린다.

▶말ː썽-꾸러기
자주 트집이나 시비를 일으키는 사람. [비] 말썽꾼, 말썽거리.

말쑥-하다 [clean; neat]
모양이 지저분함이 없어 깨끗하다. ¶그는 항상 말쑥하게 차려입는다. [비] 말끔하다, 단정(端正)하다.

말ː씀 (語, 말씀 어; 話, 말씀 화; 言, 말씀 언; 談, 말씀 담; 說, 말씀 설; 辭, 말씀 사; 詞,말씀 사) [words; speech]
❶웃어른이나 남의 말의 높임말. ¶선생님 말씀을 따르겠습니다. ❷웃어른에게 하는 자기 말의 낮춤말. ¶잠시 드릴 말씀이 있습니다.

말ː씨 [one's choice of words]
❶말하는 태도나 버릇. ¶투박한 말씨. ❷말에서 느껴지는 어조. ¶경상도 말씨.

말ː-없이 [in silence; silently]
아무런 말도 않고. ¶오늘 철수는 말없이

결석했다.

말엽 末葉 | 끝 말, 무렵 엽 [close (of an age)]
어떤 시대의 끝[末] 무렵[葉]. 초기, 중기, 말기로 구분했을 때의 마지막 무렵. ¶고려 말엽 / 18세기 말엽. ㊐ 말기(末期). ㊙ 초엽(初葉).

말일 末日 | 끝 말, 날 일 [last day]
어느 기간의 마지막[末] 날[日]. ¶이달 말일까지 납부하십시오.

말ː-잇기
여럿이 차례로 낱말의 글자 중 하나를 따서 말을 이어가는 놀이.

말ː-장난 [play upon words]
실속 없는 말이나 쓸데없는 말재주를 일삼는 것.

말ː-재주 [talent for speaking]
말을 잘하는 재주. 말재간. ¶그는 말재주가 좋다. ㊐ 말솜씨, 입담, 말주변, 말재간, 화술(話術).

말ː-조심 (一操心, 잡을 조, 마음 심) [care in speaking]
말이 잘못되지 않게 하려는 조심(操心). ¶아무도 없더라도 말조심해야 한다. ㊐ 입조심.

말ː-주변 [talking ability]
말을 이리저리 척척 둘러대는 재주. ¶말주변이 없다.

말짱-하다 [whole; intact]
❶흠이 없고 온전하다. ¶신발이 말짱하다 / 정신이 말짱하다. ❷지저분하지 않고 깨끗하다. ¶방을 말짱하게 치우다.

말ː-참견 (一參見, 참여할 참, 볼 견) [interference]
남의 말에 끼어들어[參見] 말하는 것.

말초 末梢 | 끝 말, 나무 끝 초 [tip of a twig; tip]
❶ 속뜻 끝[末] 부분의 나뭇가지[梢]. ❷사물의 끝 부분. ¶말초를 자극하다 / 말초적 문제.

▶**말초 신경** 末梢神經 | 정신 신, 날실 경
의학 뇌와 척수에서 온몸의 끝부분으로[末梢] 갈려 나온 신경(神經). 몸의 각 부분과 중추 신경계를 연락하는 신경.

말-총 [horsehair]
말의 갈기나 꼬리의 털. ㊐ 마미(馬尾).

말-타기
아이들이 둘로 편을 갈라, 한 편의 아이들이 허리를 구부려 말의 등 모양으로 이으면, 다른 편 아이들이 그 위에 올라타며 노는 놀이.

말ː-투 (一套, 버릇 투) [way one talks]
말하는 버릇[套]이나 본새. ¶빈정거리는 말투. ㊐ 어투(語套), 어조(語調).

말-판 [game board]
민속 윷·고누·쌍륙 따위의 말 가는 길을 그린 판.

말ː-하기 [speech]
❶말로 생각이나 느낌을 나타내는 행위. ❷ 교육 초등학교 등에서 가르치는, 국어 교과의 한 부문. 자기 의사를 상대방이 알아들을 수 있도록 말로 표현하는 일.

말ː하는 이 [speecher]
말을 하는 사람. ㊐ 화자(話者).

말ː-하다 [talk; speak]
❶생각이나 느낌 따위를 말로 나타내다. ¶책을 읽고 느낀 점을 말하다. ❷어떤 사실을 말로 알려 주다. ¶약속 시간을 그에게 말해 주었다. ❸어떤 사정이나 사실, 현상 따위를 나타내 보이다. ¶이번 성과는 그의 노력을 말해 준다.

말ː하자면 [if you ask me]
알기 쉽게 다른 말로 설명하면.

맑다 (淸, 맑을 청; 淑, 맑을 숙) [clear; clean]
❶잡스럽거나 더러운 것이 섞이지 않아 깨끗하다. ¶시냇물이 맑다. ❷구름이나 안개가 끼지 않아 날씨가 좋다. ¶맑은 하늘. ❸정신이 초롱초롱하고 또렷하다. ¶맑은 정신으로 공부하다. ㊐ 청정(淸淨)하

다, 청아(淸雅)하다, 화창(和暢)하다, 청명(淸明)하다. [반] 흐리다.

맑음 [clear]
구름이나 안개가 끼지 않아 맑은 것.

맘: [mind; heart]
'마음'의 준말.

맘:-껏 [to one's satisfaction]
'마음껏'의 준말.

맘:-대로 [freely; as one wishes]
'마음대로'의 준말.

맘마 [rice]
어린아이의 말로, '밥'을 이르는 말.

맘:-먹다 [intend to; be determine]
'마음먹다'의 준말. ¶맘먹은 대로 실천하다. [비] 결심(決心)하다, 작심(作心)하다.

맘:-씨 [nature; temper]
'마음씨'의 준말.

맙-소사 [Good God!]
어처구니없는 일을 보거나 당할 때 탄식조로 내는 소리.

맛 (味, 맛 미) [taste]
❶음식 따위에 혀를 댈 적에 느끼는 감각. ¶맛이 달콤하다. ❷어떤 사물에 대한 재미나 만족감. ¶요즘은 공부할 맛이 난다.

맛깔-스럽다 [tasty; agreeable]
입에 당길 만큼 맛이 있다. ¶맛깔스러운 김치. [비] 맛있다, 입에 맞다, 맛좋다.

맛-나다 [tasty; delicious]
맛이 좋다. [비] 맛있다. [반] 맛없다.

맛-보다 (嘗, 맛볼 상)
[taste; try a taste of]
❶음식의 맛을 알기 위하여 먼저 조금 먹어 보다. ¶국을 맛보고 간을 맞추다. ❷몸소 겪어 보다. ¶승리의 기쁨을 맛보다 / 인생의 쓴맛을 맛보다.

맛-없다 [untasty]
음식 맛이 없거나 나쁘다. [반] 맛있다.

맛-있다 [tasty; delicious]
맛이 좋다. [비] 맛나다. [반] 맛없다.

망:¹ 望 | 바라볼 망 [watch; lookout]
상대편의 동태를 알기 위해 멀리서 바라보아 동정을 살피는 일. ¶망을 보다.

망² 網 | 그물 망 [net]
그물 모양으로 만들어 가리거나 치거나 하는 물건의 통칭. ¶참새가 망에 걸렸다.

망가-뜨리다 [break]
부수거나 찌그러지게 하여 못 쓰게 만들다. ¶아이가 시계를 망가뜨리다.

망가-지다 [break; smash]
부서지거나 찌그러져 못 쓰게 되다. ¶사고로 차가 망가졌다. [비] 망그러지다.

망각 忘却 | 잊을 망, 물리칠 각
[forget; consign to oblivion]
잊어[忘] 버림[却]. ¶인간은 망각의 동물이다 / 학생의 본분을 망각하다. [비] 망실(忘失), 망치(忘置).

망간 {독 Mangan}
[화학] 붉은빛을 띤 회색의 금속 원소. 철과 비슷하나 철보다 단단하고 부서지기 쉬우며 화학성도 강하다. 원자 기호는 'Mn'.

망건 網巾 | 그물 망, 수건 건
상투를 튼 사람이 두르는 그물[網] 모양의 두건(頭巾). [속담] 망건 쓰고 세수한다.

망고 {영 mango}
[식물] 2-3월에 붉은색을 띤 흰 꽃이 가지 끝에 피는 교목. 과실 '망고'는 맛이 좋아 열대 지방에서 재배한다.

망국 亡國 | 망할 망, 나라 국
[national ruin]
망(亡)한 나라[國]. ¶망국의 한(恨)을 노래하다. [반] 건국(建國).

망극 罔極 | 없을 망, 끝 극 [immeasurable]
끝[極]이 없음[罔]. 주로 임금이나 어버이의 은혜가 매우 큼을 나타낼 때 쓴다. ¶성은(聖恩)이 망극하옵니다.

망나니 [executioner; head cutter]
❶예전에, 죄인의 목을 베던 사람. ❷성질이 아주 못된 사람의 별명. ¶그는 동네에서 소문난 망나니였다.

망년 忘年 | 잊을 망, 나이 년 [indifference

to age]
❶ 속뜻 나이[年]를 잊음[忘]. ❷그해의 온갖 괴로운 일을 잊음. ¶망년의 모임을 갖다.
▸망년-회 忘年會 | 모일 회
연말에 그해[年]의 온갖 수고로웠던 일들을 잊어버리자[忘]는 뜻에서 베푸는 연회(宴會). ⓑ 송년회(送年會).

망:두-석 **望頭石** | 바라볼 망, 머리 두, 돌 석
❶ 속뜻 무덤을 바라보며[望] 그 앞에[頭] 세우는 돌[石]기둥. ❷ 민속 무덤 앞의 양쪽에 세우는 한 쌍의 돌기둥. ⓑ 망주석(望柱石).

망:둥-이 [goby]
동물 몸 길이 20cm 정도의 바닷물고기. 배지느러미가 빨판처럼 되어 있고, 바닷가의 모래땅에 산다. 속담 숭어가 뛰니까 망둥이도 뛴다.

망라 **網羅** | 그물 망, 벌릴 라
[include everything]
❶ 속뜻 그물[網]을 벌여 놓음[羅]. ❷촘촘한 그물로 건지듯이 빠짐없이 모음. ¶이번 회의에는 사회의 각계각층을 망라한 인사들이 참석했다.

망:령 **妄靈** | 헛될 망, 혼령 령
[dotage; senility]
늙거나 충격으로 정신[靈]이 흐려[妄] 이상한 상태. ¶늙어서 망령이 들면 어쩌나!

망막[1] **茫漠** | 아득할 망, 사막 막
[vast; vague]
아득한[茫] 사막[漠] 처럼 끝이 보이지 않다. ¶망막한 평원 / 앞날이 망막하다.

망막[2] **網膜** | 그물 망, 꺼풀 막 [retina]
의학 안구의 가장 안쪽에 시신경(視神經)이 그물[網]처럼 분포되어 있는 꺼풀[膜].

망망 **茫茫** | 아득할 망, 아득할 망 [vast]
❶ 속뜻 너무 넓고 멀어 아득하다[茫+茫]. ❷흐릿하다. 막연하다.
▸망망-대해 茫茫大海 | 큰 대, 바다 해
아득히[茫茫] 넓고 끝없이 펼쳐진 바다[大海]. ⓑ 망망대양(茫茫大洋).

망명 **亡命** | 달아날 망, 목숨 명
[exile oneself; seek refuge]
❶ 속뜻 달아나[亡] 목숨[命]을 유지함. ❷ 혁명 또는 그 밖의 정치적인 이유로 자기 나라에서 박해를 받고 있거나 박해를 받을 위험이 있는 사람이 이를 피하기 위하여 외국으로 몸을 옮김. ¶망명을 가다 / 망명길에 오르다.

망:발 **妄發** | 망령될 망, 쏠 발
[make reckless]
실수로 그릇된[妄] 말을 함부로 쏟아냄[發]. 또는 그 말이나 행동. ¶망발을 지껄이다. ⓑ 망언(妄言), 망설(妄說).

망사 **網紗** | 그물 망, 비단 사 [gauze]
그물[網]같이 성기게 짠 비단[紗]같은 천. ¶망사 모기장.

망:상 **妄想** | 헛될 망, 생각 상
[wild fancy]
있지도 않은 사실을 마치 사실인 양 믿는 허망(虛妄)한 생각[想]. ¶과대망상 / 그는 자신이 최고라는 망상에 빠져 있다. ⓑ 망념(妄念).

망설-이다 [hesitate; waver]
머뭇거리고 뜻을 결정하지 못하다. ¶그는 모임에 갈까 말까 망설였다. ⓑ 주저하다.

망신 **亡身** | 망할 망, 몸 신
[loss of reputation]
❶ 속뜻 몸[身]을 망(亡)침. ❷말이나 행동을 잘못하여 자기 명예, 체면 따위가 구겨짐. ¶망신을 당하다 / 망신을 주다.

망아지 [pony; foal]
말의 새끼.

망:언 **妄言** | 헛될 망, 말씀 언
[absurd remark]
헛된[妄] 말[言]. ⓑ 망발(妄發), 망설(妄說).

망연 **茫然** | 아득할 망, 그러할 연
[vast; vacant]

❶ 속뜻 매우 아득한[茫] 모양[然]. ¶망연하게 펼쳐진 바다. ❷충격으로 어이가 없어서 멍하다. ¶그 광경을 보고 어찌할 바를 몰라 망연하다.

▶망연-자실 茫然自失 | 스스로 자, 잃을 실
자신(自身)의 넋을 잃어버린[失] 듯이 멍함[茫然].

망울 [lump; ball]
❶우유나 풀 같은 데에 작고 둥글게 엉겨 굳은 물건. ❷'꽃망울'의 준말.

▶망울-망울
우유나 풀 같은 데에 망울이 잘고 둥글게 엉기어 뭉쳐진 모양.

망:원 望遠 | 바라볼 망, 멀 원 [telescope]
멀리[遠] 바라봄[望].

▶망:원-경 望遠鏡 | 거울 경
멀리[遠]까지 볼[望] 수 있는 렌즈[鏡]로 만든 기계. ¶망원경으로 달을 관찰하다. ㊐ 만리경(萬里鏡).

▶망:원 렌즈 (望遠lens)
먼 곳의 물체를 볼 수 있도록[望遠] 확대하여 찍기 위한 렌즈(lens).

망정 [fortunately; otherwise]
다행히 그러함의 뜻을 나타내는 말. ¶일찍 출발했기에 망정이지 하마터면 지각할 뻔했다.

망:주-석 望柱石 | 바라볼 망, 기둥 주, 돌 석
민속 앞에서 무덤을 바라보도록[望] 세워 놓은 여덟모로 깎은 한 쌍의 돌[石] 기둥[柱]. ㊐ 망두석(望頭石), 화표주(華表柱).

망측 罔測 | 없을 망, 헤아릴 측 [inordinate]
❶ 속뜻 헤아릴[測] 수 없다[罔]. ❷상식에서 벗어나거나 어이가 없어서 차마 보기가 어렵다. ¶여자에게 그런 망측한 소리를 하다니!

망치 [hammer]
단단한 물건이나 달군 쇠를 두드리는 데에 쓰는, 쇠로 만든 연장.

▶망치-질
망치로 두들기는 행동.

망치다 [ruin; mar; spoil]
일을 그르치어 못 되게 만들다. ¶시험을 망치다.

망태 (網-, 그물 망) [net bag]
'망(網)태기'의 준말.

망태기 (網-, 그물 망) [net bag]
가는 새끼나 노로 엮어[網] 만든 그릇. 물건을 담아 들고 다니는 데 쓴다.

망토 {프 manteau}
소매가 없이 어깨로부터 내리 걸치는 외투의 한 가지.

망-하다 (亡-, 망할 망) [perish; fail]
개인이나 집안 또는 조직체 따위가 없어지다[亡]. ¶사업이 망하다. ㊥ 흥(興)하다.

망:향 望鄕 | 바라볼 망, 시골 향 [homesickness; nostalgia]
❶ 속뜻 고향(故鄕)을 바라봄[望]. ❷고향을 그리워함.

▶망:향-제 望鄕祭 | 제사 제
타향에서 고향을 그리워하며[望鄕] 지내는 제사(祭祀). ¶망향제를 공동으로 올리다.

맞다[1](適, 맞을 적) [fit; suit]
❶틀리지 않다. ¶내 말이 맞다 / (1)번이 맞는 답이다. ❷어울리다. 조화하다. ¶옷이 나에게 꼭 맞다.

맞다[2][be struck; be beaten]
❶외부로부터 어떤 힘이 가해져 몸에 해를 입다. ¶매를 맞다. ❷비나 눈 등을 몸으로 받다. ¶소나기를 맞다. ❸점수를 받다. ¶80점을 맞다. ❹침, 주사 따위로 치료를 받다. ¶엉덩이에 주사를 맞다.

맞다[3](迎, 맞을 영) [meet; greet]
❶오는 사람을 기다려 받아들이다. ¶손님을 맞다. ❷시간이 흐름에 따라 오는 어떤 때를 대하다. ¶추석을 맞다. ❸가족의 일원으로서 데려오다. ¶그는 친구의 아들을 사위로 맞았다.

맞-닿다 [touch each other]

마주 닿다. ¶하늘과 바다가 맞닿다.

맞-대결 (—對決, 대할 대, 결정할 결) [confrontation]
서로 맞서서 대결(對決)함.

맞-대다 [face]
❶서로 마주 닿게 하다. ¶등을 맞대고 앉다. ❷가깝게 마주 대하다. 또는 정면으로 대하다. ¶이마를 맞대고 상의하다.

맞-대항 (—對抗, 대할 대, 막을 항) [opposition]
양편이 지지 않으려고 맞서서 서로 겨루는[對抗] 것.

맞-들다 [lift (up) together]
두 사람이 마주 물건을 들다. ¶무거운 가방을 맞들고 갔다.

맞-먹다 [be a match for]
❶힘·거리·시간·분량 등의 소요되는 정도가 비슷비슷하다. ¶가방 하나 값이 내 월급과 맞먹는다. ❷상대방과 대등하다. ¶수학실력이 그와 맞먹는 자가 없다. ㊥ 비등(比等)하다.

맞-물다 [bite each other]
양쪽에서 마주 물다. ¶톱니바퀴가 맞물고 돌아간다.

맞물-리다 [mesh, interlock]
서로 마주 대어지거나 끊이지 않고 연결되다. ¶기어가 잘 맞물려 돌아간다.

맞-바꾸다 [exchange]
더 보태거나 빼지 않고 서로 바꾸다. ¶인형을 책과 맞바꾸다. ㊥ 교환(交換)하다.

맞-바람 [contrary wind]
마주 불어오는 바람. ㊤ 순풍(順風).

맞-받다 [receive directly]
❶정면으로 부딪치다. ¶택시와 오토바이가 맞받는 사고가 났다. ❷남의 말이나 행동 따위에 정면으로 상대하다. ¶맞받아 화를 내다.

맞-벌이 [working together]
부부가 모두 일하여 돈을 버는 일.

맞-부딪치다 [hit against]
마주 부딪치다. ¶두 대의 차가 맞부딪쳤다.

맞-붙다 [stick together]
❶서로 마주 닿다. ¶두 가게가 맞붙어 있다. ❷싸움이나 내기 등에서, 서로 상대하여 겨루다. ¶결승전에서 한국과 미국이 맞붙어 싸웠다.

맞-서다 [face; confront]
어떤 상황에 부닥치거나 직면하다. ¶어려움과 맞서 싸우다. ㊤ 피하다.

맞-선 [marriage meeting]
남녀가 결혼을 위하여 당사자끼리 직접 만나 보는 일.

맞-수 (—手, 사람 수) [match]
힘, 재주, 기량 따위가 서로 비슷하여 우열을 가리기 어려운 상대[手]. ㊥ 맞적수(敵手).

맞아-들이다 [show into]
❶찾아온 사람을 맞이하여 안으로 인도하다. ❷가족의 일원으로 받아들이다. ¶친구의 딸을 며느리로 맞아들이다. ㊥ 맞이하다.

맞아-떨어지다 [tally; be correct]
어떤 기준에 꼭 맞아 남거나 모자라는 것이 없게 되다. ¶계산이 딱 맞아떨어지다 / 불길한 예감이 맞아떨어지다.

맞은-편 (—便, 쪽 편) [opposite side]
마주 상대되는 편(便). ¶우체국 맞은편에 은행이 있다. ㊥ 건너편.

맞이 [meeting; reception]
'오는 사람이나 일·날·때를 맞는 일' 따위를 뜻함. ¶손님맞이 / 새해를 맞이하다 / 삼촌을 맞이하러 달려 나가다. ㊥ 마중, 영접(迎接).

맞-잡다 [take together]
손이나 물건을 마주 잡다. ¶두 손을 맞잡고 이야기하다.

맞-장구 [chime in with others]
남의 말에 그렇다고 덩달아 같은 말을 하는 일. ¶재미있는 이야기에 맞장구를 놓다 / 그는 내 이야기에 계속 맞장구쳤다.

맞-절 [mutual bow]
서로 마주 하는 절. ¶신랑, 신부가 맞절을 하다.

맞추다 [fit into; assemble]
❶서로 떨어져 있는 부분을 제자리에 맞게 대어 붙이다. ¶분해했던 시계를 다시 맞추다. ❷어떤 기준이나 정도에 어긋나지 않게 하다. ¶시간에 맞추어 도착했다 / 심사 기준에 맞추다. ❸둘 이상의 일정한 대상들을 나란히 놓고 비교하여 살피다. ¶서로 답을 맞추어 보다.

맞춤 [article ordered]
맞추어 만듦. 또는 그렇게 만든 물건. ¶맞춤 구두.

▸맞춤-법 (-法, 법 법)
언어 글자를 일정한 규칙에 맞도록 쓰는 방법(方法). ¶맞춤법에 맞게 쓰다. ㊥ 철자법(綴字法).

맞-히다[1] [guess right]
옳은 답을 대다. ¶10문제 중 8개를 맞혔다.

맞-히다[2] [hit the mark; expose to]
❶목표에 맞게 하다. ¶표적을 맞히다. ❷눈·비나 매·침·도둑 같은 것을 맞게 하다.

맡-기다 (委, 맡길 위; 任, 맡길 임) [leave in care]
❶제가 할 일을 남에게 부탁하거나 위임하다. ¶그는 모든 일을 내게 맡겼다. ❷물건의 보관을 남에게 부탁하다. ¶옆집에 열쇠를 맡기다. ㊥ 맡다.

맡다[1] [smell; scent]
냄새를 코로 들이마셔 감각하다. ¶꽃 냄새를 맡아 보다.

맡다[2] (司, 맡을 사) [keep; undertake]
❶일이나 책임을 넘겨받아 자기가 담당하다. ¶5학년 담임을 맡다 / 회사에서 중책을 맡다. ❷면허나 증명·허가 같은 것을 얻어 받다. ¶허가를 맡다.

♣ 맡다[2] / 보관하다

◎ 이 짐 좀 맡아 = 보관해 주시오.
○ 이모가 아이들을 맡다.
× 이모가 아이들을 보관하다.
○ 금반지를 서랍에 보관하다.
× 금반지를 서랍에 맡다.

맡아-보다
어떤 일을 맡아서 하다. ¶돈 관리 하는 일을 맡아보다.

매[1] [whip; rod]
사람이나 짐승을 때리는 곧장·막대기·몽둥이·회초리 따위의 총칭. 또는 그것으로 때리는 일. ㊥ 회초리.

매:[2] (鷹, 매 응) [hawk; falcon]
동물 부리와 발톱이 갈고리 모양의 사나운 새. 작은 새를 잡아먹는다.

매:[3] **每** | 마다 매 [each; every]
'마다', '각각'의 뜻. ¶매 끼니 후에 약을 드세요.

매[4] **枚** | 낱 매 [sheets (of paper)]
종이나 사진 따위를 세는 말. ¶우표 4매.

매:각 賣却 | 팔 매, 물리칠 각 [sell; dispose]
팔아[賣] 버림[却]. ㊥ 매도(賣渡). ㊥ 매입(買入).

매개 媒介 | 맺어줄 매, 끼일 개 [mediate; intermediate]
관계를 맺어주기[媒] 위하여 둘 사이에 끼어[介] 듦. 또는 그런 물체. ¶말라리아는 모기를 매개로 하여 전염된다.

매:국 賣國 | 팔 매, 나라 국 [betrayal of one's country]
이익을 위해 다른 나라에 자기 나라[國]를 파는[賣] 일. 또는 나라를 파는 것처럼 해를 끼치는 일.

▸매:국-노 賣國奴 | 종 노
나라[國]를 파는[賣] 종[奴] 같은 놈.

매기다 [put a price]
차례·값·등수 따위를 따져서 정하다. ¶점수를 매기다 / 값을 매기다.

매끄럽다 [smooth]
❶거칠지 않고 반들반들하다. ¶머릿결이 매끄럽다. ❷글에 조리가 있고 거침이 없다. ¶문장을 매끄럽게 다듬다. [반] 꺼칠하다, 껄끄럽다.

[비슷한 듯 다른 말] ➲ 부드럽다

매끈-매끈
매끄럽고 반질반질한 모양을 나타낸다.

매끈-하다 [smooth]
흠이나 거친 데가 없이 부드럽고 반드럽다. ¶매끈한 피부.

매끌-매끌
매우 매끄러운 모양.

매너 {영 manners}
행동 방식이나 자세. 태도. 몸가짐. ¶경기 매너 / 공공장소에서 매너를 지키다.

*__매:년 每年__ | 마다 매, 해 년
[every year; annually]
해[年] 마다[每]. ¶나는 매년 설악산에 간다. [비] 매해.

매니저 {영 manager}
연예인·운동선수 등에 딸리어, 섭외나 교섭, 그 밖의 시중을 드는 사람. [비] 관리인(管理人).

매니큐어 {영 manicure}
손톱을 아름답게 하는 화장술. 또는 그 화장품.

매:다[1](系, 맬 계; 繫, 맬 계)
[bind; chain]
❶끈 따위의 두 끝을 풀리지 않게 잡아 동여 묶다. ¶옷고름을 매다 / 신발 끈을 매다. ❷끈 따위로 꿰매거나 동여 무엇을 만들다. ¶책을 매다. ❸가축을 달아나지 못하도록 말뚝 같은 데에 붙잡아 묶어 두다. ¶말을 말뚝에 매다. [비] 묶다. [반] 풀다.

[비슷한 듯 다른 말] ➲ 묶다

매:다[2] [weed]
논이나 밭 같은 데에 난 잡풀을 뽑다. ¶논의 김을 매다.

매:-달 (每—, 마다 매) [every month]
달마다[每]. 한 달 한 달. ¶매달 25일은 반상회가 열린다. [비] 매월(每月).

매:-달다 [hang]
묶어서 드리우거나 걸다. ¶천장에 풍선을 매달다.

매:달-리다
[cling to; hang on]
❶어떤 것이 위에서 아래로 늘어지다. ¶모빌이 천장에 매달려 있다. ❷꽃이나 열매가 달려 있다. ¶주렁주렁 매달린 감. ❸간곡하게 부탁하거나 애원하다. ¶나는 언니에게 가지 말라고 울며 매달렸다.

매듭 [knot; tie]
노·실·끈 같은 것을 잡아매어 마디를 이룬 것. ¶매듭을 풀다. [관용] 매듭을 짓다.

매력 魅力 | 홀릴 매, 힘 력
[attraction; charm]
남의 마음을 홀리어[魅] 사로잡는 야릇한 힘[力]. ¶소설에 매력을 느끼다.

▸**매력-적 魅力的** | 것 적
매력(魅力)이 있는 것[的]. ¶그녀의 미소는 정말 매력적이다.

매립 埋立 | 묻을 매, 설 립
[fill up; reclaim]
우묵한 땅을 메워[埋] 올림[立]. ¶바다를 매립해 농지를 만들다. [비] 매축(埋築).

▸**매립-장 埋立場** | 마당 장
돌이나 흙, 쓰레기 따위로 메워 놓은[埋立] 땅[場]. ¶쓰레기 매립장.

▸**매립-지 埋立地** | 땅 지
낮은 땅을 돌이나 흙 따위로 메워[埋立] 돋운 땅[地]. ¶매립지를 공장지대로 활용하다.

매-만지다 [trim; primp up]
잘 가다듬어 손질하다. ¶머리를 매만지다.

매매 賣買 | 팔 매, 살 매
[buy and sell]
팔고[賣] 삼[買]. ¶토지 매매 / 자동차를

매매하다.

매몰 埋沒 | 묻을 매, 빠질 몰 [bury]
땅속에 묻거나[埋] 물속에 빠짐[沒]. ¶그는 눈 속에 매몰됐다. ⓑ 발굴(發掘).

매몰-차다 [very unkind]
인정이나 싹싹한 맛이 없고 아주 쌀쌀맞다. ¶그는 어머니의 부탁을 매몰차게 거절했다.

매무새
[appearance of one's dress]
옷을 입은 맵시. ¶매무새를 가다듬다.

매ː미 [cicada]
동물 투명한 날개가 있으며, 수컷은 여름에 '맴맴' 소리를 내는 곤충.
▶매ː미-채
매미 따위를 잡는 데 쓰는, 막대 끝에 그물을 매단 도구.

매ː번 每番 | 매양 매, 차례 번
[every time]
언제나[每] 번번(番番)이. 언제나. ¶그는 매번 약속에 늦는다. ⓑ 매매(每每), 매양.

매병 梅甁 | 매화 매, 병 병
❶ 속뜻 매화(梅花)무늬가 새겨진 병(甁). ❷입구가 좁고 어깨는 넓으며 몸이 서서히 좁아지는 형태의 병. ¶고려청자는 매병의 미를 잘 보여준다.

매복 埋伏 | 묻을 매, 숨길 복
[ambush; lie in]
❶ 속뜻 으슥한 곳에 몸을 묻어[埋] 숨어 있음[伏]. ❷적군을 기습하기 위하여 적당한 곳에 숨어서 기다리는 일. ¶많은 병사가 적에게 매복공격을 당했다.

매부 妹夫 | 누이 매, 지아비 부
[one's sister's husband]
❶ 속뜻 누이[妹]의 남편[夫]. ❷손위 누이의 남편인 자형(姊兄), 손아래 누이의 남편인 매제(妹弟)를 통틀어 이르는 말.

매ː부리-코 [hooknose]
매의 부리같이 끝이 뾰족하게 내리 숙은 코. 또는 그런 코를 가진 사람.

매ː사 每事 | 마다 매, 일 사
[every business]
하는 일[事] 마다[每]. 모든 일. ¶그는 매사에 긍정적이다. ⓑ 일마다.

매ː-사냥
[hawking; falconry]
길들인 매로 꿩이나 그 밖의 새를 잡는 사냥.

매사마골 買死馬骨 | 살 매, 죽을 사, 말 마, 뼈 골
❶ 속뜻 죽은[死] 말[馬]의 뼈[骨]를 삼[買]. ❷귀중한 것을 손에 넣기 위해 먼저 공을 들이는 것을 비유하여 이르는 말. ¶매사마골의 옛 이야기가 생각난다.

매ː상 賣上 | 팔 매, 위 상
[sales; selling]
❶ 속뜻 물건을 팔아서[賣] 수입을 올림[上]. ❷상품을 파는 일. ❸물건을 판 수량이나 금액의 총계. ¶어제는 100만 원의 매상을 올렸다.

매섭다 [severe; strict]
❶남이 겁을 낼 만큼 성질이나 됨됨이 따위가 모질고 독하다. ¶매서운 눈초리로 쳐다보다. ❷정도가 매우 심하다. ¶매섭게 부는 겨울바람. ⓑ 부드럽다.

매ː수 買收 | 살 매, 거둘 수
[purchase; buy]
❶ 속뜻 물건을 사[買]들임[收]. ¶주식을 매수하다. ❷금품 따위를 주어가며 남을 제 편으로 끌어들임. ¶그는 돈으로 정치인들을 매수했다.

매스 게임 {영 mass game}
운동 많은 사람이 단체[mass]로 하는 체조[game]나 춤.

매스-컴 [mass communications]
'대중 전달' 또는 '대량 통보'(大量通報)의 뜻. 신문·잡지·텔레비전 등의 매스 미디어로 널리 일반 대중[mass]에게 정보를 전달하는[communications] 일.

매ː시 每時 | 마다 매, 때 시

[every hour; hour after hour]
시간(時間) 마다[每]. '매시간'의 준말.

매:-시간 每時間 | 마다 매, 때 시, 사이 간
[hour after hour]
시간(時間) 마다[每]. ¶라디오에서 매시간 교통상황을 방송한다.

매실 梅實 | 매화나무 매, 열매 실 [apricot]
매화(梅花)나무의 열매[實].

매양 [always; every time]
번번이. 언제든지. 늘. ¶그는 매양 같은 노래만 불렀다. ㊥ 매번(每番), 번번이.

매연 煤煙 | 그을음 매, 연기 연
[sooty smoke]
그을음[煤]이 섞인 연기(煙氣). ¶매연이 적게 나오는 자동차를 개발했다.

매우 [very; exceedingly]
표준 정도보다 더 많이. ¶그녀를 만나 매우 즐거웠다. ㊥ 무척, 굉장히, 상당히, 꽤, 더없이. ㊦ 그다지, 별로.

매운-탕 (一湯, 끓을 탕)
생선을 주로 하고 고기·채소·두부 따위와 갖은 양념에 고추장을 많이 풀어 얼큰하게 끓인 찌개[湯].

매:월 每月 | 마다 매, 달 월
[every month]
달[月] 마다[每]. ㊥ 다달이, 매달.

매-이다 [be tied; be fastened]
❶떨어지지 않도록 매어지다. ¶개가 전봇대에 매여 있다. ❷남에게 딸려, 부림을 당하거나 구속을 받게 되다. ¶집안일에 매여 꼼짝도 못한다.

***매:일 每日** | 마다 매, 날 일
[every day; daily]
날[日] 마다[每]. 나날이. ¶엄마는 매일 가계부를 쓰신다. ㊥ 만날, 연일(連日).

매-일반 (一一般, 한 일, 모두 반)
[all the same]
❶ 속뜻 결국 어떤 공통되는 한[一] 요소가 전반(全般)에 두루 미침. ❷마찬가지. 매한가지. ¶버스타고 가나 택시타고 가나 매일반이다.

매:입 買入 | 살 매, 들 입
[purchase; buy]
물건을 사[買]들이는[入] 것. ¶금을 매입하다. ㊥ 구매(購買). ㊦ 매각(賣却), 매출(賣出).

매장¹ 埋葬 | 묻을 매, 장사 지낼 장 [bury]
❶ 속뜻 시체나 유골을 땅에 묻어[埋] 장사 지냄[葬]. ¶시신을 매장하다. ❷못된 짓을 한 사람을 집단에 들어오지 못하도록 따돌림.

매:장² 賣場 | 팔 매, 마당 장
[shop; store]
물건을 파는[賣] 곳[場]. ¶할인매장 / 매장을 관리하다. ㊥ 판매소(販賣所).

매장³ 埋藏 | 묻을 매, 감출 장
[bury in the ground]
❶ 속뜻 묻어서[埋] 감춤[藏]. ❷광물이나 인재 따위가 속에 묻혀 감춰져 있음. ¶풍부한 광물이 매장되어 있다.

▶**매장-량 埋藏量** | 분량 량
광물 따위가 땅속에 묻혀[埋藏] 있는 양(量). ¶사우디아라비아의 석유 매장량은 약 3천억 배럴이다.

매:점¹ 賣店 | 팔 매, 가게 점
[stand; booth]
일상용품을 파는[賣] 작은 가게[店]. ¶매점에서 우유를 샀다.

매:점² 買占 | 살 매, 차지할 점 [corner; buy up]
경제 가격이 오르거나 물건이 부족할 것을 예상하고 미리 사서[買] 재두는[占] 것.

▶**매:점-매석 買占賣惜** | 팔 매, 아낄 석
값이 오르거나 양이 부족할 것을 예상하여 상품을 사서[買] 재두고[占] 판매[賣]를 꺼리는[惜] 것. ¶매점매석을 단속하다.

매정-하다 [unkind; cold]
얄미울 정도로 인정머리가 없다. ¶그는 내 부탁을 매정하게 거절했다. ㊥ 냉정(冷情)하다, 매몰차다. ㊦ 다정(多情)하다.

매:주 每週 | 마다 매, 주일 주
[every week; weekly]
주(週) 마다[每]. 각각의 주. ¶이 프로그램은 매주 금요일 방송한다.

매직 {영 magic}
필기도구의 하나. 펜대 속에 펠트 따위의 심을 넣어 매직잉크가 심 끝으로 스며 나오게 하여 쓴다.

매:진[1] 賣盡 | 팔 매, 다할 진 [sell out]
모두 팔려[賣] 남은 것이 없음[盡]. ¶좌석이 매진되었다. ㊥ 절품(切品), 품절(品切).

매:진[2] 邁進 | 힘쓸 매, 나아갈 진
[push on]
힘차게[邁] 나아감[進]. ¶일에 매진하다 / 나는 오로지 학업에만 매진했다.

매-질 [whipping; beating]
매로 때리는 행동.

매체 媒體 | 맺어줄 매, 몸 체
[medium; vehicle]
❶ 속뜻 한쪽과 다른 쪽을 맺어주는[媒] 물체(物體). 또는 그런 수단. ¶광고 매체. ❷ 물리 물질과 물질 사이에서 매질(媒質)이 되는 물체. ¶공기는 소리를 전달하는 매체이다.

매:출 賣出 | 팔 매, 날 출 [sale]
팔아서[賣] 내보냄[出]. 판매함. ¶여름에 에어컨 매출이 늘었다 / 매출액이 급감하다. ㊥ 매입(買入).

매캐-하다 [smoky; musty]
연기나 곰팡이 따위의 냄새가 나다. ¶방에서 매캐한 곰팡내가 난다.

매콤-하다 [somewhat hot; peppery]
조금 매운 맛이 있다. ¶매콤한 떡볶이.

매트 {영 mat}
운동 체조·유도·레슬링 같은 운동을 할 때 위험을 방지하기 위해 바닥에 까는 푹신한 깔개.

매트리스 {영 mattress}
침대용 요.

매:표 賣票 | 팔 매, 쪽지 표
[sell tickets]
쪽지(티켓)[票]를 팖[賣].
▸매:표-구 賣票口 | 구멍 구
표(票)를 파는[賣] 창구(窓口).
▸매:표-소 賣票所 | 곳 소
표(票)를 파는[賣] 곳[所].

매-한가지 [sameness]
마찬가지. 매일반. ¶오늘 출발하나 내일 출발하나 매한가지다.

매형 妹兄 | 누이 매, 맏 형
[one's elder sister's husband]
누이[妹]의 남편[兄]을 이르는 말. ㊥ 매제(妹弟).

매혹 魅惑 | 홀릴 매, 꾀일 혹
[fascinate; charm]
사람의 마음을 홀리고[魅] 꾀임[惑]. ¶그녀의 미소에 매혹을 느끼다 / 아름다운 풍경에 매혹되다. ㊥ 현혹(眩惑), 미혹(迷惑).

매화 梅花 | 매화나무 매, 꽃 화
[Japanese apricot tree]
매화나무[梅]의 꽃[花]. 또는 매화나무.

맥 脈 | 맥 맥 [pulse; spirit]
❶ 의학 '맥박'(脈搏)의 준말. ¶맥을 짚다 / 맥이 약하다. ❷기운이나 힘. ¶맥이 빠지다. ❸'맥락'(脈絡)의 준말. ¶맥을 같이하는 이야기.

맥락 脈絡 | 맥 맥, 이을 락
[veins; line of connection; context]
❶ 속뜻 혈맥(血脈) 같이 이어져[絡] 있음. ❷사물의 줄기가 서로 얽혀 있는 것. ¶그 사건들은 같은 맥락에서 이해할 수 있다. ㊟ 맥.

맥박 脈搏 | 맥 맥, 뛸 박
[beat of the pulse]
의학 맥(脈)이 뜀[搏]. 심장이 오그렸다 펴졌다 하면서 피가 흘러 혈관 벽을 주기적으로 두드리는 것. ¶맥박이 빠르다 / 맥박이 약하다.

맥-없이 (脈—, 맥 맥)
[weakly; tiredly; spiritlessly]
기운[脈] 없이. ¶그녀는 침대 위에 맥없이 앉아있다. ⓑ 힘없이.

맥주 麥酒 | 보리 맥, 술 주 [beer]
엿기름을 짠 물에 보리[麥] 등과 섞어 발효시켜 만든 술[酒].

맨[1] [exclusively; nothing but; just]
다른 것은 섞이지 않고 온통. ¶이곳에는 맨 사람뿐이다.

맨:[2] [most; very; extreme]
'더 할 수 없이 가장'의 뜻을 나타내는 말. ¶맨 끝 / 맨 처음.

맨-눈 [naked eye]
안경이나 현미경 등을 이용하지 않고 직접 보는 눈. ⓑ 육안(肉眼).

맨드라미 [cockscomb]
식물 7~8월에 닭 벼슬 모양의 꽃이 피는 화초. 꽃은 지사제로 쓰고 관상용으로 재배한다.

맨-땅 [bare ground]
아무것도 깔지 않은 땅.

맨-몸 [naked body; being penniless]
❶옷을 입지 않고 벌거벗은 몸. 알몸. ❷아무것도 지니지 않은 상태나 형편. ¶아무런 준비도 없이 맨몸으로 집을 나오다. ⓑ 나체(裸體), 빈손.

맨-바닥 [bare ground]
아무것도 깔지 않은 바닥.

맨-발 [bare feet]
아무것도 신지 않은 발.

맨-밥 [rice without any side dishes]
반찬이 없는 밥.

맨-살 [bare skin]
아무것도 입거나 걸치지 않아 드러나 있는 살.

맨션 {영 mansion}
'대저택·대지주의 저택'이란 뜻으로, 고층화된 고급 아파트.

맨-손 [bare hand]
❶아무것도 끼거나 감지 않은 손. ¶맨손으로 물고기를 잡다. ❷아무것도 갖지 않은 손. 빈손. ¶맨손으로 사업을 시작하다.
▶ 맨손 체조 (—體操, 몸 체, 부릴 조)
운동 기계나 기구를 쓰지 않고 손·발·목·몸통 등을 움직이며 하는 체조(體操). ⓟ 기계체조(器械體操).

맨송맨송-하다 [hairless; sober]
❶몸에 털이 있어야 할 곳에 털이 없어 반반하다. ¶맨송맨송한 아래턱. ❷술을 마시고도 취하지 않아 정신이 말짱하다. ¶술을 많이 마셨는데도 정신이 맨송맨송하다.

맨-입 [empty mouth]
❶아무것도 먹지 않은 입. ¶맨입에 술을 마시다. ❷아무 대가도 없는 상태. ¶맨입으로 부탁하다 / 맨입으로는 안 된다.

맨-주먹 [naked fist; empty fist]
❶어떤 무기나 도구도 가지지 않은 상태. ¶맨주먹으로 싸우다. ❷아무것도 가진 것이 없는 형편. ¶맨주먹으로 장사를 시작하다. ⓑ 맨손, 빈손.

맴:
제자리에서 뺑뺑 도는 장난.

맴:-돌다 [whirl; spin round]
❶제자리에서 뱅뱅 돌다. ¶독수리가 먹이를 찾아 하늘을 맴돌고 있다. ❷같은 범위나 장소 안에서 되풀이하여 움직이다. ¶집안에는 무거운 분위기가 맴돌았다.

맴매 [whipping; lashing]
어린아이의 말로, 때리는 매. 또는 때리는 일을 이르는 말.

맴-맴 [chirping of a cicada]
매미가 우는 소리.

맵다 (烈, 매울 렬; 辛, 매울 신)
[spicy; strict]
❶고추의 맛과 같이 혀가 알알하다. ¶국이 매워서 못 먹겠다. ❷성질이 몹시 독하다. ¶매운 시집살이. ❸몹시 춥다. ¶겨울바람이 몹시 맵다.

맵시 [stylishness; shapeliness; form]
곱게 매만진 모양새. ¶맵시 있는 옷차림.

맷-돌 [(hand) mill; millstone]
곡식을 가는 데 쓰는 기구.

맷-집 [suffering]
매를 잘 견디어 버티는 몸집. ¶맷집이 좋다.

맹:견 猛犬 | 사나울 맹, 개 견
[fierce dog]
매우 사나운[猛] 개[犬]. ¶맹견이 있으니 주의하십시오.

맹:꽁이 [kind of small round frog]
[동물] 누런 바탕에 푸른색 또는 검은색의 무늬가 있는 개구리 비슷한 동물. 날이 흐리거나 비가 올 때 특히 맹꽁맹꽁 요란스레 운다.

맹:랑 孟浪 | 매우 맹, 함부로 랑 [false]
❶[속뜻] 매우[孟] 함부로[浪] 함. ❷만만히 볼 수 없을 만큼 똘똘하고 깜찍하다. ¶그 꼬마는 아이답지 않게 정말 당차고 맹랑하다 / 맹랑한 질문을 하다.

맹:렬 猛烈 | 사나울 맹, 세찰 렬 [violent]
기세가 몹시 사납고[猛] 세차다[烈]. ¶맹렬한 공격.

맹목 盲目 | 눈멀 맹, 눈 목 [blindness]
❶[속뜻] 앞을 볼 수 없는, 먼[盲] 눈[目]. ❷사리 분별에 어두움. 또는 그런 안목.

▶맹목-적 盲目的 | 것 적
어떤 대상에 대하여 올바른 판단을 내릴 수 없게[盲目] 된 것[的]. ¶맹목적으로 사랑하다. [비] 무조건적(無條件的), 무비판적(無批判的).

맹-물 [plain water; dull person]
아무것도 타지 않은 물.

맹세 [swear; pledge]
굳게 약속하거나 다짐함. 또는 그 약속이나 다짐. '맹서'(盟誓)에서 유래된 말. ¶비밀을 지킬 것을 맹세하다. [비] 서약(誓約), 맹약(盟約).

▶맹세-코
맹세한 대로 꼭. ¶맹세코 그 약속을 지키겠다.

맹:수 猛獸 | 사나울 맹, 짐승 수
[fierce animal; wild beast]
사나운[猛] 짐승[獸]. ¶맹수 사냥을 하다.

맹신 盲信 | 눈멀 맹, 믿을 신
[trust blindly]
❶[속뜻] 눈이 멀어[盲] 남의 말만 듣고 그대로 믿음[信]. ❷옳고 그름을 가리지 않고 무턱대고 믿음. ¶종교를 맹신해서는 안 된다.

맹아 盲啞 | 눈멀 맹, 벙어리 아
[blind and dumb]
눈먼[盲] 장님과 귀먹은 벙어리[啞]. ¶헬렌 켈러는 맹아였다.

맹:위 猛威 | 사나울 맹, 위엄 위
[fierceness; ferocity; fury]
사납고[猛] 위엄(威嚴)있는 기세(氣勢). ¶한파가 맹위를 떨치다.

맹인 盲人 | 눈멀 맹, 사람 인 [blind]
눈이 먼[盲] 사람[人]. ¶맹인을 위한 점자책을 만들다. [비] 봉사, 소경, 장님, 맹자(盲者).

맹장 盲腸 | 눈멀 맹, 창자 장
[cecum; blind gut]
❶[속뜻] 통하는 데가 없이 끝이 막혀 있는[盲] 창자[腸]. ❷[의학] 척추동물의 작은창자에서 큰창자로 넘어가는 부분에 있는 주머니 모양의 부분.

▶맹장-염 盲腸炎 | 염증 염
[의학] 맹장(盲腸)에 생긴 염증(炎症). [비] 충수염(蟲垂炎).

맹종 盲從 | 눈멀 맹, 따를 종
[follow blindly]
❶[속뜻] 눈이 멀어[盲] 남의 말을 그대로 따름[從]. ❷옳고 그름을 가리지 않고 남이 시키는 대로 무턱대고[盲] 따름[從]. ¶그는 부모님의 말에 맹종한다.

맹추 [stupid person; blockhead]
무엇이든지 곧잘 잊어버리는 흐리멍덩한

사람을 얕잡아 이르는 말.

맹-탕 (一湯, 끓을 탕) [watery soup]
맹물처럼 아주 싱거운 국물[湯].

맹:호 猛虎 | 사나울 맹, 호랑이 호 [fierce tiger]
사나운[猛] 호랑이[虎]. ¶맹호가 마을에 나타났다.

맹:-활약 猛活躍 | 사나울 맹, 살 활, 뛸 약 [in full blast]
눈부실 정도로 뛰어난[猛] 활약(活躍). ¶맹활약을 펼치다.

맺다 (結, 맺을 결; 約, 맺을 약; 契, 맺을 계) [tie up; bear; make a contract]
❶끄나풀 등의 두 끝을 이어 연결하여 매듭을 만들다. ¶매듭을 맺다. ❷나무나 풀이 열매나 꽃망울 따위를 이루다. ¶열매를 맺다. ❸인연이나 관계를 이루거나 짓다. ¶협정을 맺다 / 사랑을 맺다.

맺음-말 [closing remarks; conclusion]
말이나 글의 끝을 맺는 부분. ㊇ 머리말.

맺-히다 [form; be pent up; be rooted]
❶물방울이나 꽃망울 따위가 달리다. ¶눈물이 맺히다. ❷마음속에 잊혀지지 않고 뭉쳐 있다. ¶가슴에 맺힌 원한을 풀다.

머금다
[keep in one's mouth; form; express]
❶입속에 넣고 삼키지 않고 있다. ¶입 안에 머금었던 물을 내뱉었다. ❷눈물을 흘리지 않고 지니다. ¶눈물을 머금고 고향을 떠나다. ❸감정이나 생각 따위를 표정이나 태도로 조금 나타내다. ¶환한 미소를 머금고 있다.

머:나-멀다 [far away; in the distance]
멀고도 멀다. ¶머나먼 길을 떠나다.

머루 [wild grapes; wild grapevines]
식물 포도와 비슷한 낙엽 덩굴나무. 잎 뒷면에 적갈색 털이 있고, 흑자색 열매가 달리며 식용한다.

머리 (頭, 머리 두; 首, 머리 수) [head; hair; brains]
❶사람이나 동물의 목 위 부분. ¶머리가 아프다. ❷'머리털'의 준말. ¶머리를 묶다. ❸생각하고 판단하는 능력. ¶머리가 좋다 / 내 머리로는 이해가 안 된다. ㊐ 두부(頭部), 머리카락, 두뇌(頭腦). 관용 머리를 모으다.

♣ 머리 / 대가리 (비슷한 듯 다른 말)

○ 돼지 머리 = 대가리를 놓고 제사를 지내다.

○ 아버지가 소의 머릿고기를 사 오셨다.
× 아버지가 소의 대가리고기를 사 오셨다.

○ 콩나물 대가리를 떼어 내다.
× 콩나물 머리를 떼어 내다.

▸ **머리-끝**
머리의 끝. ¶이불을 머리끝까지 덮다 / 화가 머리끝까지 치밀다.

▸ **머리-띠**
머리에 매는 띠.

▸ **머리-말**
책이나 논문의 첫머리에 그 내용의 대강이나 그에 관계된 사항을 간단히 적은 글. ㊐ 서문(序文). ㊇ 맺음말, 결론(結論).

▸ **머리-맡**
누웠을 때의 머리의 옆이나 윗자리.

▸ **머리-뼈**
의학 사람이나 동물의 머리를 이루고 있는 뼈. ㊐ 두개골(頭蓋骨).

▸ **머리-숱**
머리털의 수량.

▸ **머리-채**
길게 늘어뜨린 머리털. ¶머리채를 그러당기다.

▸ **머리-칼**
'머리카락'의 준말.

▸ **머리-털**
머리에 난 털. ¶머리털이 더부룩이 자랐다. ㊅ 머리. ㊐ 두발(頭髮), 모발(毛髮).

▸ **머리-통**

❶머리의 둘레. ¶머리통이 크다. ❷'머리'의 낮춤말.

▸머리-핀 (—pin)
여자의 머리치장에 쓰는, 곱쳐 만든 핀(pin).

▸머리-기사 (—記事, 기록할 기, 일 사)
신문·잡지 따위에서, 첫머리에 싣는 중요한 기사(記事).

▸머리-꼭지
머리의 맨 위의 가운데. 정수리.

▸머리-카락
머리털의 낱개. ¶머리카락을 짧게 잘랐다. [준] 머리칼.

머릿-돌 [cornerstone; quoin]
건물을 지을 때, 관계자·연월일 따위를 새겨서 건물의 기초 부분에 놓는 돌. [비] 귓돌, 초석(礎石), 정초(定礎).

머릿-속 [one's head; my mind]
상상·생각을 하거나 지식이 쌓인다고 믿는 머리 안의 추상적인 공간. ¶여러 가지 생각이 머릿속을 스쳐갔다 / 머릿속이 복잡하다.

머릿-수건 (—手巾, 손 수, 수건 건) [kerchief]
위생 등을 목적으로 머리카락이 떨어지는 것을 막기 위해 쓰는 수건(手巾).

머무르다 (留, 머무를 류; 駐, 머무를 주) [stop; stay]
❶도중에 멈추거나 일시적으로 어떤 곳에 묵다. ¶친구 집에 며칠 머무르다 / 기차가 서울역에 잠시 머무르다. ❷더 나아가지 못하고 일정한 수준이나 범위에 그치다. ¶공동 3위에 머물렀다. [준] 머물다.

머무적-거리다 [hesitate; think twice]
말이나 행동 따위를 결단성 있게 딱 잘라서 하지 못하고 주저하다. ¶선뜻 대답을 못하고 머무적거리다. [준] 머뭇거리다.

머물다 [stop; stay]
'머무르다'의 준말.

머뭇-거리다 [hesitate; think twice]
'머무적거리다'의 준말.

머뭇-머뭇
말이나 행동 따위를 선뜻 결정하여 행하지 못하고 자꾸 망설이는 모양. ¶어떻게 해야 좋을지 모르고 머뭇머뭇 망설이고 서 있다 / 그는 집 앞에서 들어가지 못하고 머뭇머뭇했다. [비] 주뼛주뼛, 우물쭈물.

머슴 [farm hand; farm servant]
주로 농가에서 고용살이하는 남자.

머쓱-하다 [lanky; be discouraged]
❶어울리지 않게 키가 크다. ¶키가 머쓱하니 크다. ❷기가 죽어 있다. 기를 펴지 못하고 있다. ¶아이는 면박을 받고는 머쓱했던지 머리만 긁어 댔다.

머지-않아 [soon]
오래 걸리지 않아. ¶머지않아 그들은 결혼할 것이다. [비] 조만간.

머플러 {영 muffler}
추위를 막거나 멋을 내기 위하여 목에 두르는 천. [비] 목도리.

먹 (墨, 먹 묵) [Indian ink; ink stick]
❶벼루에 물을 붓고 갈아서 글씨를 쓰거나 그림을 그리는 데 쓰는 검은 물감. ¶먹을 갈다. ❷'먹물'의 준말. ¶붓에 먹을 묻혀 그림을 그리다.

먹고-살다 [subsist]
생활하다. 생계를 유지하다. ¶그녀는 하루 벌어 하루 먹고산다.

먹-구름 [dark clouds]
빛이 몹시 검은 구름.

먹다[1] (食, 먹을 식) [eat; grow old; swallow up]
❶음식 등을 입을 거쳐 배 속으로 들여보내다. ¶밥을 먹다. ❷일정한 나이에 이르거나 나이를 더하다. ¶나이를 먹다. ❸남의 재물을 부당하게 제 것으로 만들다. ¶뇌물을 먹다.

♣ 먹다[1] / 마시다 — 비슷한 듯 다른 말

○ 찬물을 먹다 = 마시다.

ㅇ 밥을 맛있게 먹다.
× 밥을 맛있게 마신다.

ㅇ 신선한 공기를 마시다.
× 신선한 공기를 먹다.

먹다²
[lose one's hearing; become deaf]
귀나 코가 막혀 제 기능을 하지 못하게 되다. ¶그는 왼쪽 귀가 먹었다.

먹먹-하다 [deaf; silent]
귀가 갑자기 막힌 듯이 소리가 잘 들리지 않다. ¶시끄러운 소리에 귀가 먹먹해졌다.

먹-물 [Indian ink]
벼루에 먹을 갈아 까맣게 만든 물. ¶옷에 먹물이 튀었다. ㊟ 먹.

먹-보 [glutton]
밥을 많이 먹는 사람을 놀림조로 이르는 말.

먹-성 (一性, 성품 성)
[capacity for eating; appetite]
음식을 좋아하거나 싫어하는 성미(性味). ¶그는 먹성이 좋다.

먹을-거리 [food]
사람이 먹는 물건의 총칭. ㊥ 식료품(食料品).

먹음직-스럽다 [delicious looking]
보기에 먹음직한 데가 있다. ¶이 수박은 먹음직스럽다.

먹음직-하다 [look delicious]
음식이 보기에 맛이 있을 듯하다. ¶먹음직하게 보이는 케이크.

먹이 [food; feed]
동물들의 먹을거리. ¶다람쥐에게 먹이를 주다.

▸먹이 사슬
생물 생태계에서 먹이를 중심으로 이루어진 생물 간의 관계가 사슬과 같이 이어져 있는 것. ㊥ 먹이 연쇄.

▸먹이 연쇄 (一連鎖, 이을 련, 쇠사슬 쇄)
생물 생물들이 먹는 쪽과 먹히는 쪽을 연결해 놓은 관계[連鎖]. ㊥ 먹이 사슬.

먹-이다 [let eat]
❶음식을 먹게 하다. ¶아이에게 밥을 먹이다. ❷가축 등을 기르다. ¶돼지를 먹이다. ❸물·기름·풀 등을 묻히거나 배어들게 하다. ¶장판에 기름을 먹이다.

먹잇-감 [food; feed]
짐승이나 물고기 따위의 먹이가 되는 것. ¶어린 사슴은 호랑이의 먹잇감이 되었다.

먹장-구름 [black clouds; inky clouds]
먹빛같이 시꺼먼 구름.

먹-지 (一紙, 종이 지)
[carbon paper; copying paper]
복사할 때 끼워 쓰는, 한쪽 또는 양쪽 면을 검게 칠한 얇은 종이[紙].

먹-칠 (一漆, 칠할 칠)
[smearing with Chinese ink]
❶ 속뜻 먹을 칠(漆)함. 또는 검은 칠. ❷명예·체면 따위를 더럽힘. ¶가문(家門)에 먹칠을 하다.

먹-히다 [get eaten; be put in]
❶먹음을 당하다. ¶개구리가 뱀에게 먹혔다. ❷돈이나 재물 따위가 들다. ¶재료비가 예상보다 싸게 먹혔다. ❸어떤 말이나 행위가 상대편에게 잘 받아들여지다. ¶그런 변명은 안 먹힌다.

먼:-길 [long way]
멀리 가거나 멀리서 오는 길. ¶먼길을 떠나다.

먼:-동 [dawning sky]
날이 새어서 밝아 올 무렵의 동쪽. ¶먼동이 트다.

먼:-바다 [high seas; open sea]
지리 기상 예보에서, 동해는 20km, 서해 및 남해는 40km 밖의 바다.

먼:-발치 [spot far off]
조금 멀찍이 떨어져 있는 곳. ¶먼발치에서 보다.

먼:-산 (一山, 메 산) [distant mountain]

멀리 바라보이는 산(山).

먼저 (先, 먼저 선) [first]
시간적으로 앞서서. ¶먼저 가보겠습니다. [반] 나중.

먼지 [dust; mote]
가늘고 보드라운 티끌. ¶먼지가 쌓이다.

▸ 먼지-잼
비가 겨우 먼지나 일지 않을 정도로 조금 옴.

▸ 먼지-떨이
먼지를 떠는 기구. [비] 총채.

▸ 먼지-투성이
온몸에 먼지가 묻어 더럽게 된 상태.

멀거니 [absent mindedly; blankly]
정신없이 보고 있는 모양. ¶멀거니 서 있다. [비] 멍하니, 우두커니.

멀ː겋다 [hazy; dull]
❶흐릿하게 맑다. ¶물이 멀겋다. ❷눈이 생기가 없이 거슴츠레하다. ¶눈을 멀겋게 뜨고 앉아 있다.

멀ː다[1](盲, 눈멀 맹) [become blind]
시력이나 청력 따위를 잃다. ¶눈이 멀다 / 귀가 멀다.

멀ː다[2](遠, 멀 원; 悠, 멀 유; 遙, 멀 요) [far; remote; distant]
❶서로 거리가 길게 떨어져 있다. ¶집에서 학교까지는 그리 멀지 않다. ❷시간적으로 동안이 오래다. ¶방학하려면 아직 멀었다. ❸사이가 친하지 않다. ¶사이가 먼 두 사람. [반] 가깝다.

멀뚱-멀뚱 [vacantly; blankly]
눈만 멀거니 뜨고 정신없이 있는 모양. ¶멀뚱멀뚱 천장만 쳐다보다.

멀ː리 [far]
한 지점에서 거리가 몹시 떨어져 있는 상태로. ¶나는 학교에서 멀리 떨어진 곳에 산다. [반] 가까이.

▸ 멀ː리-뛰기
[운동] 달려오다가 어느 지점에서 멀리 건너뛰기를 다투는 육상 경기.

▸ 멀ː리-멀리
아주 멀리. ¶멀리멀리 보이는 새들.

▸ 멀ː리-하다
❶친근하게 사귀지 않고 피하거나 간격을 두다. ¶반 친구들은 나를 멀리했다. ❷어떤 사물을 삼가거나 기피하다. ¶기름진 음식을 멀리하다. [반] 가까이하다.

▸ 멀ː리-던지기
[운동] 공을 멀리 던지는 운동.

멀미 [(motion) sickness; nausea]
배·비행기·차 등의 흔들림을 받아서 일어나는 어질증. ¶파도가 심해서 멀미가 난다.

멀쑥-하다 [lean and tall]
❶멋없이 키가 크고 마르다. ¶키가 멀쑥하다. ❷지저분함이 없고 멀끔하다. ¶멀쑥하게 차려 입다.

멀쩡-하다 [complete; sane, sound]
❶흠이 없이 깨끗하고도 온전하다. ¶그녀는 툭하면 멀쩡한 옷을 버린다. ❷정신이 아주 맑고 또렷하다. ¶술을 많이 마셨는데도 정신은 멀쩡하다.

멀찍-이
[pretty far; rather distant; far apart]
약간 멀게. ¶멀찍이 떨어져 구경하다. [비] 멀찌감치.

멀티-미디어 {영 multimedia}
컴퓨터를 매개로 하여 영상, 음성, 문자 따위와 같은 다양한 정보 매체[media]를 복합적[multi]으로 만든 장치나 소프트웨어의 형태.

멈추다 [stop]
❶내리던 비나 눈이 그치다. 멎다. ¶멈추었던 눈이 다시 내리기 시작했다. ❷사물의 움직임이나 동작이 그치다. ¶차가 멈추다. ❸하던 일·동작·움직임 등을 잠시 그치다. ¶걸음을 멈추다.

♣ 멈추다 / 쉬다[1] — 비슷한 듯 다른 말

◎ 비가 <u>멈추지</u> = <u>쉬지</u> 않고 내린다.

○ 눈물이 멈추다.
× 눈물이 쉬다.
○ 그 가게는 일요일에 쉰다.
× 그 가게는 일요일에 멈춘다.

[비슷한 듯 다른 말] ➲ 멎다

멈칫 [hesitantly]
하던 일이나 동작을 갑자기 멈추는 모양. ¶그는 나를 보자 멈칫했다. [비] 주춤.

멈칫-거리다 [hesitate; waver]
어떻게 할지 정하지 못해 망설이다. ¶집 안에 들어오지 않고 멈칫거리다.

멋 [dandyism]
❶차림새·행동·생김새 등이 세련되고 아름다움. 맵시가 있음. ¶한껏 멋을 부리다. ❷격에 어울리게 운치 있는 맛. ¶도자기는 우리 고유의 멋을 보여 준다.

멋-대로 [selfishly; willfully; by choice]
마음대로. 하고 싶은 대로. ¶네 멋대로 생각하지 마라. [비] 마음대로.

멋-들어지다
[be full of grace; fascinating]
아주 멋이 있다. ¶노래를 멋들어지게 부르다.

멋-모르다 [do not know]
까닭·영문·내막 따위를 알지 못하다. ¶멋모르고 시작하다.

멋-스럽다 [elegant]
멋진 데가 있다.

멋-있다 [stylish; fashionable; tasty]
보기에 썩 좋거나 훌륭하다. ¶오늘은 아주 멋있어 보이네요 / 멋있는 차. [반] 멋없다.

멋-쟁이 [dandy]
멋있는 사람. 멋을 잘 부리는 사람. ¶우리 할머니는 멋쟁이다.

멋-지다 [be fairly good; stylish]
보기에 좋고 아주 멋이 있다. ¶옷을 멋지게 차려입다.

멋-쩍다 [awkward]
쑥스럽고 어색하다. ¶멋쩍게 웃다 / 또 부탁하기가 멋쩍다.

멍 [bruise; contusion]
맞거나 부딪혀서 피부 속에 퍼렇게 맺힌 피. ¶다리에 멍이 들다.

멍게 [sea squirt; ascidian]
[동물] 껍질이 울퉁불퉁하고, 주먹만 하며 속살이 노란 바다 동물.

멍-들다 [have a bruise; be damaged]
❶맞거나 부딪혀서 피부 속에 퍼렇게 피가 맺히다. ❷마음속에 쓰라린 고통의 흔적이 남다. ¶멍든 내 가슴.

멍-멍 [bowwow]
개가 짖는 소리.

멍멍-하다 [keep being deafened]
아득히 정신이 빠진 것 같다. ¶정신이 멍멍하다.

멍석 [straw mat]
날실은 새끼로 하고 씨실은 짚으로 하여 엮은 큰 자리. 흔히 곡식을 너는 데 쓴다.

멍에 [yoke (bar)]
❶소나 말의 목에 얹어 수레나 쟁기를 끌게 하는 'ㅅ' 모양의 막대. ❷쉽게 벗어날 수 없는 구속이나 억압을 비유적으로 이르는 말. ¶멍에를 짊어지다.

멍울 [lump]
작고 둥글게 엉기어 굳어진 덩이.

멍청-이 [stupid person; fool]
어리석고 정신이 흐릿한 사람. [비] 멍텅구리.

멍청-하다 [stupid; foolish; silly]
❶어리석고 정신이 흐릿하여 사물을 제대로 처리하는 능력이 없다. ¶멍청한 질문을 하다. ❷자극에 대한 반응이 무디고 어리벙벙하다. ¶그렇게 멍청한 얼굴로 서 있지 말고 좀 거들어라 / 멍청히 바라보다. [반] 똑똑하다.

멍텅구리 [stupid person; fool]

아둔하고 어리석은 사람을 놀림조로 이르는 말. ㊥ 멍청이.

멍:-하니 [vacantly; blankly]
정신이 나간 것처럼 얼떨떨하게. ¶그는 멍하니 밖을 내다보고 앉아 있다. ㊥ 멀거니, 우두커니.

멍:-하다 [absent-minded; vacant]
정신이 빠진 듯 자극에 반응이 없다. ¶그 소식을 듣고 그는 잠시 멍해 있었다.

멎다 [stop]
❶내리던 비·눈 따위가 그치다. ¶바람이 멎었다. ❷움직이던 상태·행동 따위가 그치다. 멈추다. ¶통증이 멎다. ㊥ 멈추다.

♣ 멎다 / 멈추다

○ 피가 멎을 = 멈출 때까지 거즈로 누르세요.
○ 인적이 멎었다.
× 인적이 멈추었다.
○ 그는 가던 발걸음을 멈추었다.
× 그는 가던 발걸음을 멎었다.

비슷한 듯 다른 말 ➲ 그치다

메
제사 때 신위(神位) 앞에 올리는 밥.

메가폰 {영 megaphone}
음성이 멀리 들리게 입에 대고 소리를 내는 도구. ㊥ 확성기(擴聲器).

메:기 [catfish; bullhead]
동물 머리는 편평하며 입이 크고 네 개의 긴 수염이 있는 민물고기. 몸에 비늘이 없고 미끈미끈한 액이 있다.

메기다 [lead (a song)]
두 편이 노래를 주고받고 할 때, 한편이 먼저 부르다.

메-꽃 [convolvulus]
식물 나팔꽃과 비슷하며 낮에 피었다가 저녁에 시드는 꽃.

메뉴 {영 menu}
❶식당이나 음식점 따위에서 파는 음식의 종류와 가격을 적은 판. ❷식사의 요리 종류. ¶오늘의 메뉴. ㊥ 차림표.

메:다[1](擔, 멜 담)
[shoulder; carry on one's shoulder]
물건을 어깨에 지다. ¶가방을 어깨에 메다. ㊥ 짊어지다.

메:다[2][be filled; choke]
❶구멍이 막히다. ¶하수도가 메다. ❷어떤 감정이 복받쳐 목소리가 잘 나지 않다. ¶감격에 목이 메어 말이 안 나오다.

메달 {영 medal}
공적·성적 또는 기능이 우수함을 표창하거나 무슨 일을 기념하기 위하여, 금·은·동·철 등에 초상·문자·회화 등을 새겨서 개인이나 단체에게 주는 패.

메뚜기 [grasshopper]
동물 주로 풀밭에 살며 뒷다리가 발달하여 잘 뛰는 곤충.

메-마르다 [dried up; severe]
❶땅이 물기가 없고 기름지지 않다. ¶메마른 논바닥. ❷인정이 없어 따뜻하거나 부드럽지 못하다. ¶인정이 메마르다.

메모 {영 memo}
말을 전하거나 잊지 않기 위하여 간략하게 적어 둠. 또는 그 글. ¶메모를 남기다.

▸ 메모-지 (memo紙, 종이 지)
메모(memo)를 하기 위한 종이[紙]. 또는 메모를 한 종이.

메모리 {영 memory}
데이터나 명령을 비롯하여 컴퓨터 내부에서 계산 처리 한 결과를 기억하는 장치. ㊥ 기억장치(記憶裝置)

메밀 [buckwheat]
식물 초가을에 흰 꽃이 피며, 세모진 열매는 가루를 내어 먹는 농작물.

▸ 메밀-꽃
메밀의 꽃.

▸ 메밀-가루
메밀 열매의 가루.

▸ 메밀-국수

메밀가루로 만든 국수.

메스 {네 mes} [surgeon's knife]
[의학] 수술이나 해부할 적에 쓰는 작은 칼. ㊥ 해부도(解剖刀).

메스껍다
[be sick at the stomach; sickening]
❶속이 언짢아 헛구역질이 나고 토할 듯하다. ¶뱃멀미 때문에 속이 메스껍다. ❷태도나 행동 따위가 못마땅하고 아니꼽다. ¶돈 좀 있다고 잘난체하는 꼴이 정말 메스껍다. ㊥ 욕지기나다, 구역질나다, 아니꼽다, 불쾌(不快)하다.

메스-실린더 [measuring cylinder]
[화학] 부피 눈금이 새겨진, 유리로 된 원통형 시험관.

메슥-거리다
[feel sick; feel like throwing up]
메스꺼운 느낌이 자꾸 나다.

메시아 {영 Messiah}
[기독교] ❶구약 성서에서, 초인간적 예지(叡智)와 능력을 가지고 이스라엘을 통치하는 왕. ❷신약 성서에서, 이 세상에 태어난 예수 그리스도. ❸[음악] 헨델이 1741년에 작곡한 오라토리오. 예수의 탄생, 수난, 부활의 생애를 3부 53장으로 구성하였다.

메시지 {영 message}
어떤 사실을 알리기 위해 특별히 하는 말이나 글. ¶문자 메시지를 보내다.

메아리 [echo]
골짜기나 산에서 소리를 지르면 잠시 후에 되울려 나는 소리. ㊥ 반향(反響).

메-우다 [fill up; supply]
❶구멍이나 빈 곳을 채워 메게 하다. ¶구덩이를 흙으로 메우다. ❷부족한 것을 보태어 넣다. ¶공석을 메우다 / 손실을 메우다. [속담] 바다는 메워도 사람의 욕심은 못 채운다.

메일 {영 mail}
컴퓨터의 단말기 이용자끼리 통신 회선을 이용하여 주고받는 글. ¶메일을 보내다. ㊥ 이메일, 전자 메일.

메주
무르게 삶은 콩을 찧어, 뭉쳐서 띄워 말린 것. 간장·된장·고추장을 담그는 원료이다. [속담] 팥으로 메주를 쑨대도 곧이듣는다.
▸메주-콩
메주를 쑤는 콩.

메탄 {영 methane}
[화학] 못이나 늪에서 침전된 식물질이 썩어 발생된 무색무취의 가스. 기체 화합물 중에서 가장 가볍다. 화학식은 CH.

메트로놈 {영 metronome}
[음악] 추를 이용해 가락의 박자를 측정하거나 템포를 지시하는 기계.

멘스 {영 menses}
월경(月經).

멜로디 {영 melody}
[음악] 음의 높낮이와 박자를 가진 음의 흐름. ㊥ 가락, 선율(旋律).

멜로디언 {영 melodion}
[음악] 입으로 바람을 불어 넣으며 건반을 눌러 소리를 내는 악기.

멜:빵 [shoulder strap]
바지 따위가 흘러내리지 않도록 어깨에 걸치는 끈.

멤버 {영 member}
단체를 구성하는 일원. ㊥ 일원(一員), 회원(會員).

멥쌀
메벼에서 나온, 끈기가 적은 쌀. ㊥ 경미(粳米). ㊤ 찹쌀.

멧-돼지 [wild boar]
[동물] 돼지와 비슷하나, 주둥이가 길고 날카로운 엄니가 있는 산짐승. 몸빛은 검은 갈색이며 목에서 등에 걸쳐 빳빳한 털이 나 있다. ㊥ 산돼지.

멧-새
[meadow bunting; mountain bird]
[동물] ❶참새와 비슷하나, 등이 불그스름

한 새. ❷산에 사는 새. [비] 산새.

며느리 [daughter in law]
아들의 아내. [반] 사위.

며칠 [date; how many days]
❶그달의 몇째 되는 날. ¶졸업식이 며칠이지? ❷몇 날. ¶며칠 동안 만나지 못했다.

멱:[1] [bathing; cold bath]
냇물이나 강물 같은 데에 들어가 몸을 씻는 일. '미역'의 준말. ¶냇가에서 멱을 감다.

멱[2] [throat; gullet]
목의 앞쪽. ¶멱을 따다.

멱-살 [collar]
목 아래에 여민 옷깃. ¶서로 멱살을 잡고 싸우다.

면:[1] 面 | 낯 면 [surface; side; page]
❶[속뜻] 겉으로 드러난 쪽의 평평한 바닥[面]. ¶면이 고르다. ❷어떤 측면이나 방면. ¶긍정적인 면 / 정치적인 면. ❸책이나 신문 따위의 지면을 세는 단위. ¶그 기사가 신문 1면에 났다.

면:[2] 面 | 면 면 [township]
지방 자치 단체인 군(郡)을 몇으로 나눈 지방 행정 구획의 하나. 하부 조직으로 이(里)를 둠.

면[3] 綿 | 솜 면 [cotton]
무명이나 목화솜[綿] 따위를 원료로 한 실. 또는 그 실로 짠 천.

면:담 面談 | 낯 면, 이야기 담
[have an interview]
서로 만나 얼굴[面]을 마주하고 이야기함[談]. [비] 면어(面語), 면화(面話).

면:도 面刀 | 낯 면, 칼 도 [shaving]
얼굴[面]의 잔털이나 수염을 깎는 칼[刀]. 또는 그런 일.

면:류-관 冕旒冠 | 면류관 면, 깃발 류, 갓 관 [royal crown; diadem]
[역사] 네모난 판[冕]에 보석을 꿰어 늘어뜨려[旒] 장식한 관(冠). 임금이 의식 때 입던 정식(正式) 의복(衣服)에 갖추어 머리에 쓰던 모자.

면면 綿綿 | 이어질 면, 이어질 면
[continuous]
끊임없이 이어지다[綿+綿]. ¶면면하게 이어져 내려온 전통 / 면면히 이어져 오는 풍속.

면:모 面貌 | 낯 면, 모양 모
[looks; appearance]
❶[속뜻] 얼굴[面] 모양[貌]. ¶수려한 면모. ❷상태나 됨됨이. ¶새로운 면모를 갖추다. [비] 면목(面目).

면:목 面目 | 낯 면, 눈 목
[appearance; honor]
❶[속뜻] 얼굴[面]과 눈[目]. ❷얼굴의 생김새. ❸체면(體面). ¶그를 볼 면목이 없다. [비] 면모(面貌).

면밀 綿密 | 이어질 면, 촘촘할 밀
[detailed; thorough]
❶[속뜻] 촘촘하게[密] 이어짐[綿]. ❷자세하고 빈틈이 없다. ¶면밀한 계획. [비] 빈틈없다. [반] 엉성하다.

면:박 面駁 | 낯 면, 논박할 박
[refute face]
얼굴[面]을 서로 마주 대하고 꾸짖거나 논박(論駁)함. ¶면박을 주다 / 공개적으로 면박을 당했다.

면-방직 綿紡織 | 솜 면, 실뽑을 방, 짤 직
[수공] 목화[綿]에서 뽑은 실을 원료로 하여 천을 짜는[紡織] 일.

면봉 綿棒 | 솜 면, 몽둥이 봉 [swab]
끝에 솜[綿]을 말아 붙인 가느다란 막대[棒]. 흔히 귀나 코, 입 따위의 속에 약을 바를 때 사용한다.

면:-사무소 面事務所 | 면 면, 일 사, 일 무, 곳 소 [township office]
면(面)의 행정 사무(事務)를 맡아보는 곳[所].

면:사-포 面紗布 | 낯 면, 비단 사, 베 포
[wedding veil]
결혼식 때 신부의 얼굴[面]을 가리던 가는

망사(網紗)로 된 천[布].

면:상 面上 | 낯 면, 위 상 [one's face]
얼굴[面]의 위[上]. 또는 얼굴. ¶상대편의 면상을 쳤다.

면:색 面色 | 낯 면, 빛 색
[complexion; expression]
얼굴[面]에 나타나는 표정이나 빛깔[色]. ¶불호령에 돌쇠의 면색은 흙빛이 되었다. ⓑ안색(顔色).

면:-서기 面書記 | 면 면, 쓸 서, 기록할 기
[official of township office]
면(面)의 사무를 맡아보는 서기(書記).

면:세 免稅 | 면할 면, 세금 세
[exempt from taxation]
법률 세금(稅金)을 면제(免除)함. ¶면세제품.

면:수 面數 | 쪽 면, 셀 수
[number of pages]
물체나 책 따위의 면(面)의 개수(個數). ¶신문의 면수가 많다.

면:역 免疫 | 면할 면, 돌림병 역
[immunity (from a disease)]
❶ 속뜻 돌림병[疫]의 감염을 면(免)하게 됨. ❷ 의학 몸속에 들어온 균에 대항하는 항체를 생산하여 다음에는 그 병에 걸리지 않도록 하는 기능. ¶예방 주사를 맞으면 그 병에 면역이 된다. ❸반복되는 자극 따위에 무감각해지는 상태를 비유하여 이름. ¶그는 어머니의 꾸지람에 이미 면역이 됐다.

▶면:역-력 免疫力 | 힘 력
생물 외부에서 들어온 병균에 저항하는[免疫] 힘[力]. ¶몸이 허약하면 면역력도 떨어지게 마련이다.

면:장 面長 | 면 면, 어른 장
[chief of township]
법률 면(面)의 행정을 주관하는 책임자[長].

면-장갑 綿掌匣 | 솜 면, 손바닥 장, 상자 갑
솜[綿]실로 짠 장갑(掌匣). ¶손에 면장갑을 끼다.

면:적 面積 | 낯 면, 쌓을 적
[area; square measure]
일정한 평면(平面)의 넓이[積]. ¶면적을 측정하다.

면:전 面前 | 낯 면, 앞 전
[person's presence]
❶ 속뜻 얼굴[面] 앞[前]. ❷보고 있는 앞. 눈앞. ¶사람들 면전에서 망신을 당했다.

면:접 面接 | 낯 면, 맞이할 접 [interview]
❶ 속뜻 얼굴[面]을 맞이함[接]. ❷직접 만나보고 됨됨이를 시험하는 일. '면접시험'(面接試驗)의 준말. ⓑ면대(面對).

면:제 免除 | 면할 면, 덜 제
[exempt from]
책임이나 의무를 면(免)하거나 덜어줌[除]. ¶병역을 면제받다.

면직 綿織 | 솜 면, 짤 직
[cotton fabrics]
수공 면(綿)으로 짠[織] 것. '면직물'(綿織物)의 준말.

▶면직-물 綿織物 | 만물 물
수공 면(綿)으로 짠[織] 천[物].

면:-하다 (免—, 면할 면)
[escape; be saved from; avoid]
❶책임이나 의무에서 벗어나다[免]. ¶책임을 면하다. ❷어떤 일을 당하지 않게 되다. ¶손해를 면하다. ❸어떤 상태나 처지에서 벗어나다. ¶낙제를 겨우 면하다.

비슷한 듯 다른 말 ➲ 벗다

면:허 免許 | 면할 면, 들어줄 허 [license; permit]
❶ 속뜻 면제(免除)해 주는 일과 허가(許可)해 주는 일. ❷ 법률 일반에게는 허가되지 않는 특수한 행위를 특정한 사람에게만 허가하는 행정 처분. ¶총기 소지면허 / 수출 면허. ❸ 법률 특정한 일을 할 수 있는 공식적인 자격을 관청이 허가하는 일. ¶운전 면허.

▶면:허-증 免許證 | 증거 증

법률 면허(免許)의 내용이나 사실을 적어서 내주는 증서(證書). ㊐ 면허장(免許狀), 허가증(許可證).

면화 綿花 | 솜 면, 꽃 화 [cotton]
식물 솜[綿]을 채취하는 목화(木花).

면:회 面會 | 낯 면, 모일 회
[see; meet; interview]
❶속뜻 얼굴[面]을 보러 모임[會]. ❷찾아가 만나 봄. ¶면회 사절.

▶ 면:회-실 面會室 | 방 실
면회(面會)하는 사람을 위하여 따로 마련한 방[室].

멸균 滅菌 | 없앨 멸, 세균 균
[sterilize; pasteurize]
세균(細菌)을 죽여 없앰[滅]. ㊐ 살균(殺菌).

멸망 滅亡 | 없앨 멸, 망할 망
[fall; collapse]
망(亡)하여 없어짐[滅]. ¶파괴된 환경은 인류를 멸망시킬 것이다.

멸시 蔑視 | 업신여길 멸, 볼 시 [despise; scorn]
남을 업신여겨[蔑] 봄[視]. 깔봄. ¶가난하다고 멸시하면 안 된다. ㊐ 무시(無視), 백안시(白眼視). ㊙ 존경(尊敬).

멸종 滅種 | 없앨 멸, 씨 종
[exterminate a stock]
씨[種]까지 없앰[滅]. 또는 씨까지 없어짐. ¶반달곰은 멸종 위기에 처해 있다.

멸치 [anchovy]
동물 등은 검푸르고 배는 은빛을 띤 작은 바닷물고기. 젓·조림 등을 만들어 먹는다.

▶ 멸치-젓
멸치로 담근 젓.

명[1] 名 | 이름 명 [persons]
사람의 수효를 나타내는 말. ¶어린이 다섯 명.

명:[2] 命 | 목숨 명 [one's life]
목숨. ¶명이 다하다.

명:[3] 命 | 명할 명 [order; command]
'명령'(命令)의 준말. ¶목숨을 다해 명을 받들겠습니다.

명경 明鏡 | 밝을 명, 거울 경
[clear mirror]
밝게[明] 잘 보이는 거울[鏡]. ㊐ 명감(明鑑).

▶ 명경-지수 明鏡止水 | 멈출 지, 물 수
❶속뜻 맑은[明] 거울[鏡]과 고요하게 멈추어[止] 있는 물[水]. ❷맑고 고요한 심경(心境).

명곡 名曲 | 이름 명, 노래 곡
[excellent piece of music]
이름[名] 난 노래[曲]. ¶명곡을 감상하다.

명-나라 (明-, 밝을 명) [Ming dynasty]
역사 1368년에 주원장이 강남(江南)에서 일어나 원(元)을 북쪽으로 몰아내고 세운 중국의 통일 왕조.

명년 明年 | 밝을 명, 해 년
[next year; coming year]
밝아 올[明] 해[年]. 다음 해. ㊐ 내년(來年).

명단 名單 | 이름 명, 홑 단
[list of names]
관계자의 이름[名]을 적은 표[單]. ¶참석자 명단. ㊐ 명부(名簿).

명도 明度 | 밝을 명, 정도 도 [brightness]
미술 색의 밝고[明] 어두운 정도(程度).

명란 明卵 | 명태 명, 알 란
[spawn of a pollack]
명태(明太)의 알[卵].

▶ 명란-젓 (明卵-)
명태(明太)의 알[卵]로 담근 젓.

명랑 明朗 | 밝을 명, 밝을 랑
[brightness; clearness]
표정이 밝고[明] 마음이 밝음[朗]. 밝고 활달함. ¶명랑한 목소리. ㊐ 쾌활하다, 발랄하다.

명량 대:첩 鳴梁大捷 | 울 명, 들보 량, 큰 대, 이길 첩
역사 조선 선조 30년(1597)에 이순신이

이끄는 수군이 명량(鳴梁)에서 적군의 배를 쳐부수고 크게[大] 이긴[捷] 싸움. 12척의 배로 133척을 거느린 적군을 맞아 싸워 31척의 배를 격파하여 크게 이겼다.

명:령 命令 | 명할 명, 시킬 령
[order; command]
❶ [속뜻] 명(命)을 내려 시킴[令]. ❷윗사람이 아랫사람에게 시킴. ❸컴퓨터에 동작을 지시하는 것.

▸명:령-어 命令語 | 말씀 어
컴퓨터에 명령(命令)을 전달하는 기계적인 말[語].

명료 明瞭 | 밝을 명, 밝을 료
[clear; plain; obvious]
분명(分明)하고 똑똑하다[瞭]. ¶명료하게 대답하다.

명망 名望 | 이름 명, 바랄 망
[reputation; repute; renown]
세상 사람들이 우러러보는 명성(名聲)과 덕망(德望).

명:맥 命脈 | 목숨 명, 맥 맥
[life; thread of life]
살아가는데 필요한 목숨[命]과 맥박(脈搏). ¶간신히 명맥을 이어가다. [비] 생명(生命).

명:명 命名 | 명할 명, 이름 명
[give a name to]
사람이나 물건 등에 이름[名]을 지어 붙임[命].

명목 名目 | 이름 명, 눈 목
[name; pretext]
❶ [속뜻] 이름[名]이나 제목(題目). ❷겉으로 내세우는 이름. ¶명목뿐인 사장. ❸구실이나 이유. ¶무슨 명목으로 그를 부를까.

명문1 名文 | 이름 명, 글월 문
[excellent composition]
이름난[名] 글[文]. 매우 잘 지은 글.

명문2 名門 | 이름 명, 집안 문
[distinguished family; noble family]
❶ [속뜻] 이름[名] 난 가문(家門). ❷문벌(門閥)이 좋은 집안. ¶그는 명문가 출신이다. ❸이름 난 학교. ¶명문 대학을 졸업하다. [비] 명가(名家), 명벌(名閥).

명물 名物 | 이름 명, 만물 물
[well-known product; institution]
❶ [속뜻] 그 지방에서 나는 유명(有名)한 물품(物品). '명산물'(名産物)의 준말. ¶안성의 명물은 유기(鍮器)다. ❷독특한 것으로 이름이 난 사람이나 사물. ¶그는 이 동네 명물이다.

명백 明白 | 밝을 명, 흰 백 [plain; clear]
분명(分明)하고 결백(潔白)하다. 의심할 바 없이 뚜렷하다. ¶명백한 사실.

명복 冥福 | 저승 명, 복 복
[heavenly bliss]
죽은 뒤 저승[冥]에서 받는 복(福). ¶고인의 명복을 빕니다.

명분 名分 | 이름 명, 나눌 분
[one's moral obligations]
❶ [속뜻] 각각의 명의(名義)나 신분(身分)에 따라 마땅히 지켜야 할 도리. ❷일을 꾀하는 데에 있어 내세우는 구실이나 이유 따위. ¶명분 없는 전쟁.

명사1 名士 | 이름 명, 선비 사 [prominent person]
명성(名聲)이 널리 알려진 인사(人士). ¶당대의 명사들이 한 자리에 모였다.

명사2 名詞 | 이름 명, 말씀 사 [noun]
[언어] 사물의 이름[名]을 나타내는 말[詞]. 대명사, 수사와 함께 문장에서 체언(體言)의 구실을 한다. ¶'나무가 푸르다'의 '나무'는 명사이다. [비] 이름씨.

명산 名山 | 이름 명, 메 산
[well known mountain]
이름[名] 난 산(山).

▸명산 대:천 名山大川 | 큰 대, 내 천
이름[名] 난 산(山)과 큰[大] 냇물[川].

명상 瞑想 | =冥想, 눈 감을 명, 생각 상
[meditate]
고요히 눈을 감고[瞑] 깊이 생각함[想].

또는 그 생각. ¶그는 명상에 잠겼다.

▸ 명상-곡 瞑想曲 | 노래 곡
음악 명상(瞑想)을 하는 듯 고요한 노래[曲]. 명상에 도움을 주는 노래.

명색 名色 | 이름 명, 빛 색
[name; pretext]
❶ 불교 이름만 있고 형상이 없는 마음과 형체가 있는 물질. 정신적인 것을 '名', 물질적인 것을 '色'이라고 한다. ❷어떤 이름이나 부류에 속함. ¶명색이 대학 교수인데 그런 일은 할 수 없다.

명석 明晳 | 밝을 명, 밝을 석
[lucid; clear; distinct]
생각이나 판단이 분명(分明)하고 똑똑하다[晳]. ¶두뇌가 명석하다.

명성 名聲 | 이름 명, 소리 성
[fame; renown; popularity]
❶ 속뜻 널리 알려진 이름[名]과 목소리[聲]. ❷세상에 널리 떨친 이름이나 평판. ㊥ 성명(聲名), 성문(聲聞).

명세 明細 | 밝을 명, 가늘 세
[particulars (on, about)]
분명(分明)하고 자세(仔細)함. 또는 그러한 내용.

▸ 명세-서 明細書 | 글 서
하나하나의 내용을 자세히[明細] 적은 글[書]. 또는 그 문서. ¶지출 명세서.

명소 名所 | 이름 명, 곳 소
[famous place]
아름다운 경치나 고적 따위로 이름[名]난 곳[所]. ¶관광 명소 / 경주의 명소를 구경하다.

명수 名手 | 이름 명, 사람 수
[expert; master]
기능이나 기술이 뛰어나기로 유명한[名] 사람[手]. ¶그녀는 양궁의 명수다.

명승[1] 名僧 | 이름 명, 스님 승
[celebrated Buddhist monk]
학덕이 높아 이름난[名] 승려(僧侶).

명승[2] 名勝 | 이름 명, 뛰어날 승 [famous sight]
이름[名] 날 정도로 뛰어난[勝] 경치. '명승지'(名勝地)의 준말.

▸ 명승-지 名勝地 | 땅 지
경관(景觀)이 뛰어나[勝] 이름[名] 난 곳[地]. ¶명승지를 찾아 전국을 유람하다. ㊟ 명승.

명시[1] 名詩 | 이름 명, 시 시
[famous poetry]
유명(有名)한 시(詩). 썩 잘 지은 시.

명시[2] 明示 | 밝을 명, 보일 시
[express clearly]
분명(分明)하게 나타냄[示]. ¶설명서에 약의 복용법이 명시되어 있다.

명실 名實 | 이름 명, 실제 실
[name and reality]
명분(名分)과 실질(實質). 소문과 실제.

▸ 명실-공히 (名實共-, 함께 공)
겉으로나[名] 실제(實際)에서나 다 같이[共]. ¶그 교수는 명실공히 세계 최고의 천문학자로 인정받게 되었다.

▸ 명실-상부 名實相符 | 서로 상, 맞을 부
이름[名]과 실상(實相)이 서로[相] 잘 부합(符合)함. ¶그는 명실상부한 한국 최고의 가수이다.

명심 銘心 | 새길 명, 마음 심
[inscribe in one's memory]
❶ 속뜻 마음[心]에 새기어[銘] 둠. ❷꼭꼭 기억함. ¶그 일을 항상 명심해야 한다. ㊥ 명간(銘肝), 명기(銘記), 명념(銘念).

명심보감 明心寶鑑 | 밝을 명, 마음 심, 보배 보, 거울 감
❶ 속뜻 마음[心]을 밝혀주는[明] 보배로운[寶] 거울[鑑] 같은 책. ❷ 책명 고려 말기 때 어린이들의 바른 생활을 가르치기 위해서 만든 책. 중국의 옛 책에서 좋은 말씀을 가려 뽑아서 주제별로 나누어 엮어 놓았다.

명아주 [wild spinach]
식물 잎은 마름모꼴이며, 어린잎과 씨는 식용하는 풀.

명암 明暗 | 밝을 명, 어두울 암 [light and darkness]
밝음[明]과 어두움[暗]. ¶그림에 명암을 넣다.

명언 名言 | 이름 명, 말씀 언 [wise golden saying]
❶ 속뜻 유명(有名)한 말[言]. ❷사리에 들어맞는 훌륭한 말. ¶괴테는 많은 명언을 남겼다.

명예 名譽 | 이름 명, 기릴 예 [honor; glory]
❶ 속뜻 세상 사람들이 훌륭하다고 인정하여 이름[名]을 기림[譽]. 또는 그런 품위. ¶명예롭게 죽다. ❷사람 또는 단체의 사회적인 평가나 가치. 반 불명예(不明譽).

▶ 명예-퇴직 名譽退職 | 물러날 퇴, 일자리 직
❶ 속뜻 명예(名譽)롭게 현직(現職)에서 물러남[退]. ❷정년이나 징계에 의하지 않고, 근로자가 스스로 신청하여 직장을 그만둠. 또는 그런 일.

명왕-성 冥王星 | 어두울 명, 임금 왕, 별 성 [Pluto]
천문 태양계의 왜소(矮小) 행성(行星). 영문명 'pluto'가 '명부(冥府)의 왕(王)'이란 뜻에서 유래.

명월 明月 | 밝을 명, 달 월 [bright moon]
❶ 속뜻 밝은[明] 달[月]. ❷보름달. 특히 음력 8월 보름달. ¶청풍(淸風) 명월.

명의 名醫 | 이름 명, 치료할 의 [skilled physician; great doctor]
병을 잘 고치는 이름난[名] 의사(醫師). ¶허준은 조선시대 명의였다. 비 대의(大醫).

명인 名人 | 이름 명, 사람 인 [master hand; expert]
어떤 기예(技藝) 등이 뛰어나 유명(有名)한 사람[人]. ¶이번 공연에 판소리의 명인들이 참가한다. 비 달인(達人), 대가(大家), 명가(名家).

명일 明日 | 밝을 명, 날 일 [tomorrow]
밝아올[明] 다음 날[日]. ¶명일 오전 10시에 만나자. 비 내일(來日).

명작 名作 | 이름 명, 지을 작 [masterpiece]
이름난[名] 작품(作品). 뛰어난 작품. ¶렘브란트의 명작을 감상하다. 비 걸작(傑作), 대작(大作). 반 졸작(拙作).

명장[1] 名匠 | 이름 명, 장인 장 [master hand; master craftsman]
이름난[名] 장인(匠人). 비 명공(名工).

명장[2] 名將 | 이름 명, 장수 장 [distinguished general]
이름난[名] 장수(將帥). 뛰어난 장수. ¶이순신 장군은 지용(智勇)을 겸비한 명장이었다.

명절 名節 | 이름 명, 철 절 [holiday]
❶ 속뜻 유명(有名)한 철[節]이나 날. ❷해마다 일정하게 지키어 즐기거나 기념하는 날. ¶고향으로 돌아가 명절을 쇠다.

명:제 命題 | 명할 명, 제목 제 [proposition; thesis]
❶ 속뜻 제목(題目)을 지음[命]. 또는 그 제목. ❷ 논리 논리적인 판단을 언어나 기호로 나타낸 것. 비 제목(題目).

명주 明紬 | 밝을 명, 명주 주 [silk]
❶ 속뜻 밝은[明] 빛깔의 비단[紬]. ❷명주실로 무늬 없이 짠 천. 비 비단(緋緞), 면주(綿紬).

명:중 命中 | 명할 명, 맞을 중 [hit the mark]
❶ 속뜻 맞추라고 명령(命令)한 곳에 적중(的中)시킴. ❷겨냥한 곳을 쏘아 정확히 맞힘. ¶화살이 과녁 한복판에 명중했다. 비 적중(的中).

명찰 名札 | 이름 명, 쪽지 찰 [nameplate]
이름[名]을 써 놓은 쪽지[札]. ¶옷에 명찰을 달다. 비 이름표.

명창 名唱 | 이름 명, 부를 창 [master singer; great singer]
뛰어나고 이름나게[名] 노래를 잘 부르는

[唱] 사람. 또는 그 노래. ¶판소리 명창.

명:치 [pit of stomach]
【의학】사람 몸의 급소(急所)의 하나로, 가슴뼈 아래 한가운데 우묵하게 들어간 곳.

명칭 名稱 | 이름 명, 일컬을 칭 [name; title]
사물을 일컫는[稱] 이름[名]. (비) 명호(名號), 명목(名目), 호칭(呼稱).

명쾌 明快 | 밝을 명, 기쁠 쾌 [lucid; explicit]
❶【속뜻】마음이 밝아지고[明] 기쁘게[快] 됨. ❷말이나 글의 조리가 분명하여 시원스럽다. ¶그의 해설은 정말 명쾌하다.

명-탐정 名探偵 | 이름 명, 찾을 탐, 염탐할 정
사건 해결에 능숙한 솜씨를 발휘하는 유명(有名)한 탐정(探偵). ¶명탐정 셜록 홈스.

명태 明太 | 밝을 명, 클 태 [Alaska pollack]
【동물】등은 푸른 갈색, 배는 은빛을 띤 밝은[明] 백색이고, 몸길이는 40~60cm로 대구과 물고기에 비해 몸이 큰[太] 바닷물고기.

명-판사 名判事 | 이름 명, 판가름할 판, 일 사 [able judge]
이름[名]이 널리 알려진 판사(判事). ¶포청천은 명판사이다.

명패 名牌 | 이름 명, 패 패 [nameplate]
이름[名]이나 직위 등을 적어 놓은 패찰(牌札). ¶명패에 이름을 새기다.

명필 名筆 | 이름 명, 글씨 필 [excellent hand writing; noted calligrapher]
❶【속뜻】유명(有名)한 글씨[筆]. ❷매우 잘 쓴 글씨. 또는 글씨를 매우 잘 쓰는 사람. ¶한석봉은 조선시대 명필이다. (반) 악필(惡筆).

명:-하다 (命—, 명할 명) [order; appoint]
❶무엇을 하라고 시키다[命]. ¶소대장은 전 소대에 해산을 명하였다. ❷직위에 임명하다. ¶부장에 명하다. (비) 명령(命令)하다.

명함 名銜 | 이름 명, 머금을 함 [business card]
이름[名] 등을 새겨 담고 있는[銜] 종이쪽. ¶그와 명함을 주고받았다.

명화 名畵 | 이름 명, 그림 화 [famous painting]
유명(有名)한 그림[畵]이나 영화(映畵). ¶피카소의 명화 50점을 전시하다.

명확 明確 | 밝을 명, 굳을 확 [definite; clear]
분명(分明)하고 확실(確實)함. ¶명확한 증거가 있다.

몇 [how many; some; several]
❶그리 많지 않은 얼마만큼의 수를 막연하게 이르는 말. ¶아이들 몇이 더 있다. ❷주로 의문문에 쓰여 잘 모르는 수를 물을 때 쓰는 말. ¶손님은 모두 몇 분이십니까?

몇-몇 [some; several]
그리 많지 않은 얼마만큼의 수를 막연하게 이르는 말. ¶그들 중 몇몇은 걸어갔다.

모[1] [edge; angle]
❶물건이 거죽으로 쑥 나온 끝. ¶모가 나다. ❷사물의 어떤 측면이나 각도. ¶여러 모로 고민 끝에 정했다.

모[2] [young rice plant]
옮겨심기 위하여 가꾸어 기른 어린 벼. ¶모를 심다.

모[3]
【민속】윷놀이에서, 윷짝의 네 개가 다 엎어진 경우를 이르는 말. 끗수는 다섯 끗으로 친다.

모[4] [cake; block; square]
두부나 묵의 수효를 세는 말. ¶두부 세 모 / 도토리묵 한 모.

모[5] **毛** | 털 모 [hair; wool; fur]
동물의 몸에서 깎아 낸 섬유. 특히, 양모

(羊毛)를 일컫는다. ¶이 옷은 모로 만들었다.

모:⁶ 某 | 아무 모 [certain; one]
❶성(姓) 뒤에 쓰여 '아무개'의 뜻을 나타냄. ¶김(金) 모 씨. ❷아무. 어떤. ¶모 학교 / 모 회사.

모가지 [neck]
'목'을 속되게 이르는 말. ¶닭의 모가지를 비틀다.

모:계 母系 | 어머니 모, 이어 맬 계
[maternal line; mother's side]
혈연관계에서 어머니[母] 쪽의 계통(系統). ¶모계 유전 / 원시농경사회는 대부분 모계사회였다. ⓑ 부계(父系).

모골 毛骨 | 털 모, 뼈 골
[hair and bone]
털[毛]과 뼈[骨]. ¶모골이 오싹해졌다.

모:과 [fruit of a Chinese quince]
식물 모과나무의 열매. 처음에는 푸르스름하다가 익으면서 누렇게 되며 맛은 몹시 시고 향기가 있다.

모:교 母校 | 어머니 모, 학교 교
[one's old school]
❶ 속뜻 자기를 낳아 길러준 어머니[母] 같은 학교(學校). ❷자기가 다니거나 졸업한 학교.

모:국 母國 | 어머니 모, 나라 국
[mother country; homeland]
외국에 있는 사람이 자기가 태어난 나라를, 어머니[母] 같은 나라[國]라는 뜻으로 부르는 말. ⓑ 고국(故國), 본국(本國), 조국(祖國). ⓑ 이국(異國), 타국(他國).

▸모:국-어 母國語 | 말씀 어
자기 나라[母國]의 말[語]. ㊌ 모어. ⓑ 본국어(本國語). ⓑ 외국어(外國語).

모금¹ [gulp; sip]
물·술 따위가 입 안에 머금는 분량. ¶술 한 모금을 마시다.

모금² 募金 | 모을 모, 돈 금
[raise; collect]
특별한 목적을 위하여 돈[金]을 모음[募]. ¶불우 이웃을 돕기 위해 모금하다.

▸모금-함 募金函 | 상자 함
남을 위해 쓸 돈[金]을 모을[募] 때, 그 돈을 넣는 상자[函].

모:기 [mosquito]
동물 여름철에 사람과 가축의 피를 빨아 먹고 사는 곤충.

▸모:기-장 (-帳, 휘장 장)
모기를 막으려고 치는 장막(帳幕).

▸모:기-향 (-香, 향기 향)
독한 연기로 모기를 쫓기 위해 피우는 향(香).

모:깃-불 [smudge; mosquito smoker]
모기를 쫓기 위해 연기를 내는 불.

모꼬지 [a meeting, a gathering]
잔치나 놀이 따위로 여러 사람이 함께하는 일. ¶우리 동네 모꼬지에 많은 사람들이 모였다.

모-나다 [be angular; be severe]
❶물건의 거죽에 모가 생기다. ❷말이나 짓이 둥글지 못하고 까다롭다. 성질이 원만치 못하다. ¶모난 성격. ⓑ 둥글다. 속담 모난 돌이 정 맞는다.

모-내기 [rice planting]
농업 모를 못자리에서 논으로 옮겨 심는 일. ⓑ 모심기, 이앙(移秧).

모:녀 母女 | 어머니 모, 딸 녀
[mother and daughter]
어머니[母]와 딸[女]. ⓑ 부자(父子).

모노-레일 {영 monorail}
교통 한 줄[mono]의 선로[rail]를 이용하여 차량이 달리는 철도.

모눈 [squared]
수학 일정한 간격을 두고 세로 줄과 가로 줄이 직각으로 교차하여 생기는 사각형.

▸모눈-종이
모눈을 그린 종이. ⓑ 방안지(方眼紙).

모니터 {영 monitor}
컴퓨터나 텔레비전 따위의 화면이 나타나

는 장치.

모닥-불 [campfire]
잎나무나 검불 따위를 모아 놓고 피우는 불. 또는 그 불의 더미.

모델 {영 model}
❶작품을 완성하기 전에 만든 보기. 또는 완성된 작품의 대표적인 보기. ¶이 차는 우리 회사에서 가장 인기 있는 모델입니다. ❷그림·조각·인물 사진의 소재가 되는 특정한 물건이나 사람. ❸새로운 양식의 옷이나 최신 유행의 옷을 발표할 때에, 그것을 입고 관객들에게 그 옷의 맵시를 보이는 것을 직업으로 하는 사람. ¶그녀는 패션 모델이다.

모뎀 {영 modem}
통신 시설을 통하여 데이터를 전송할 때 전송되는 신호를 바꾸는 장치. 온라인 시스템에 필수적인 장치이다.

모:독 冒瀆 | 시기할 모, 더러워질 독 [insult; blaspheme]
남을 시기하고[冒] 더럽힘[瀆]. ¶모독 행위 / 인격을 모독하는 말은 하면 안 된다. ㊥ 모욕(侮辱).

모두 (諸, 모두 제) [all; everything]
❶일정한 수효나 양을 한데 합하여. ¶모두 20명이 모였다. ❷빼거나 남기지 않고. ¶아이는 자기가 본 것을 모두 다 말했다. ㊥ 전부(全部).

비슷한 듯 다른 말 ➲ 다²

모둠 [small party; gathering]
교육 초·중등학교에서, 효율적인 학습을 위하여 학생들을 작은 규모로 묶은 모임.

▸ **모둠-발**
가지런히 같은 자리에 모아 붙인 두 발.

▸ **모둠-원** (一員, 인원 원)
학급에서 어떤 모둠을 이루고 있는 구성원(構成員). ㊥ 조원(組員).

▸ **모둠-장** (一長, 어른 장)
모둠의 책임자[長]가 되는 사람.

모:든 [all; whole; every]
빠짐이나 남김없이 전부의. 여럿을 다 합친. ¶모든 사람이 찬성했다.

모락-모락 [densely]
연기·냄새·김 따위가 피어오르는 모양. ¶김이 모락모락 나다.

모란 [peony]
식물 잎은 크며 늦봄에 여러 겹의 붉고 큰 꽃이 피는 관상용 나무나 그 꽃. '목단'(牧丹)에서 온 말이다.

▸ **모란-꽃**
모란의 꽃.

모래 (沙, 모래 사) [sand]
자연히 잘게 부스러진 돌의 부스러기.

▸ **모래-밭**
모래가 넓게 덮여 있는 곳.

▸ **모래-성** (一城, 성곽 성)
모래로 성(城)처럼 쌓은 것.

▸ **모래-알**
모래의 낱 알갱이.

▸ **모래-톱**
강가나 바닷가에 있는 넓은 모래벌판. ㊥ 모래사장.

▸ **모래-판**
모래가 깔려 있는 곳.

▸ **모래-바람**
모래와 함께 휘몰아치는 바람.

▸ **모래-사장** (一沙場, 모래 사, 마당 장)
강가나 바닷가에 있는 넓고 큰 모래[沙] 벌판[場]. ㊥ 모래밭, 모래톱.

▸ **모래-시계** (一時計, 때 시, 셀 계)
가운데가 잘록한 유리그릇 한 쪽에 모래를 넣고 작은 구멍을 통해서 모래를 떨어뜨려 시간(時間)을 측정하는[計] 장치.

▸ **모래-주머니**
❶모래를 넣은 주머니. ❷동물 조류(鳥類)가 삼킨 모래나 잔돌을 채워 먹은 것을 으깨어주는 소화기관.

모랫-길 [sandy road]
모래가 깔린 길.

모략 謀略 | 꾀할 모, 꾀할 략 [stratagem; trick]

남을 해치려고 꾸미는[謀] 계략(計略). ¶모략을 꾸미다 / 동료를 모략하다.

모ː레 [day after tomorrow]
내일의 다음 날. ㊇ 명후일(明後日).

모ː로 [sideways]
옆쪽으로. ¶모로 누워서 자다. (속담) 모로 가도 서울만 가면 된다.

모ː르다 [do not know; fail to realize]
❶알지 못하다. ¶나는 그녀가 누군지 모른다. ❷이해하지 못하다. 깨치지 못하다. ¶진리를 모르다. ❸어떤 것 외에 다른 것을 소중히 여기지 않는다. ¶그는 돈밖에 모른다. ❹말로 표현할 수 없을 만큼 대단하다. ¶시험에 합격했다니 얼마나 기쁜지 모르겠다. ㊅ 알다.

모르핀 {영 morphine}
약학 양귀비꽃의 씨방에서 나온 진으로 만든 것. 마취제와 진통제로 쓴다.

모름지기 [should; necessarily]
사리를 따져 보건대 마땅히. 또는 반드시. ¶학생은 모름지기 공부를 열심히 해야 한다. ㊇ 마땅히, 당연히.

모면 謀免 | 꾀할 모, 면할 면
[evade; shirk]
죄를 쓰거나[謀] 운이 좋아 어려운 상황이나 죄 따위를 면(免)하게 됨. ¶큰 고비를 모면하다.

모ː멸 侮蔑 | 깔볼 모, 업신여길 멸
[despise; scorn]
깔보고[侮] 업신여김[蔑]. 모욕(侮辱)하고 멸시(蔑視)함. ¶모멸에 찬 눈초리로 바라보다 / 그를 거지라고 모멸하다.

▸ 모ː멸-감 侮蔑感 | 느낄 감
모멸(侮蔑)을 당하는 느낌[感]. ¶모멸감을 느끼다.

모반 謀叛 | =謀反, 꾀할 모, 배반할 반
[revolt; rebel]
❶ 속뜻 배반(背叛)을 꾀함[謀]. ❷국가나 군주의 전복을 꾀함. ¶모반에 가담하다 / 모반을 일으키다.

모발 毛髮 | 털 모, 머리털 발 [hair]
❶ 속뜻 몸에 난 털[毛]과 머리에 난 털[髮]. ❷사람의 몸에 난 터럭을 통틀어 이르는 말.

모방 模倣 | 본보기 모, 본뜰 방
[imitate; copy]
어떤 것을 본보기[模] 삼아 본뜸[倣]. 흉내 냄. ¶아이들은 모방을 통해 배운다. ㊇ 모습(模襲), 모본(模本). ㊅ 창조(創造).

*__모범__ 模範 | 본보기 모, 틀 범
[model; example]
❶ 속뜻 본보기[模]가 될 만한 틀[範]. ❷본받아 배울 만한 본보기. ¶모범 답안 / 부모는 자식에게 모범이 되어야 한다. ㊇ 귀감(龜鑑), 모본(模本).

▸ 모범-생 模範生 | 사람 생
학업과 품행이 뛰어나서 남의 모범(模範)이 되는 학생(學生).

▸ 모범-적 模範的 | 것 적
본받아[模] 배울만한 본보기[範]가 되는 것[的]. ¶모범적인 태도.

모빌 {영 mobile}
미술 '움직이는 조각'의 뜻으로, 가느다란 철사·실 등으로 여러 가지 형태의 금속 조각·나뭇조각을 매달아 미묘한 균형을 이루게 한 조형품(造形品).

모사 模寫 | 본뜰 모, 그릴 사 [copy]
❶ 미술 어떤 그림의 본을 떠서[模] 똑같이 그림[寫]. ¶피카소의 작품을 모사하다. ❷똑같이 따라하거나 흉내 냄. ¶성대모사.

모색 摸索 | 더듬을 모, 찾을 색 [grope]
더듬어[摸] 찾음[索]. 일이나 사건 따위를 해결할 수 있는 방법이나 실마리를 더듬어 찾음. ¶해결책을 모색하다.

모서리 [corner; edge]
❶물체의 모가 진 가장자리. ¶탁자 모서리. ❷ 수학 다면체(多面體)에서 각 면의 경계를 이루고 있는 선분(線分)들.

모ː선 母線 | 어머니 모, 줄 선
[parent line]

❶ 공업 개폐기를 거쳐 각 외선(外線)에 전류를 분배하는 모체(母體)가 되는 단면적이 큰 간선(幹線). ❷ 수학 뿔면에서 곡면을 만드는 직선.

모ː성 母性 | 어머니 모, 성질 성 [motherhood; maternity]
여성이 어머니[母]로서 지니는 본능적인 성질(性質). ¶고래는 모성 본능이 강하다. ⓑ 부성(父性).

▸ 모ː성-애 母性愛 | 사랑 애
자식에 대한 어머니의 본능적인[母性] 사랑[愛]. ⓑ 부성애(父性愛).

모순 矛盾 | 창 모, 방패 순 [contradict]
❶ 속뜻 창[矛]과 방패[盾]. ❷'두 사실이 이치상 어긋나서 서로 맞지 않음'을 이르는 말. ¶구조적 모순 / 이 사항은 기본 원칙에 모순된다.

모습 (態, 모습 태) [figure; form]
사람의 생긴 모양. 또는 사물의 드러난 모양. ¶아버지의 모습 / 뛰는 모습. ⓑ 모양(模樣).

모시 [ramie cloth]
모시풀 껍질의 섬유로 짠 옷감. ⓑ 저포(紵布).

모ː시다 [attend on; take over]
❶웃어른이나 존경하는 사람을 가까이에서 받들다. ¶부모님을 모시다. ❷웃어른이나 존경하는 사람들을 받들어 안내해 드리다. ¶손님을 방으로 모시다. ❸웃어른의 제사·장사·환갑 등을 지내다. ¶제사를 모시다.

비슷한 듯 다른 말 ➲ 섬기다

모-심기 [rice planting]
모내기. ⓑ 이앙(移秧).

모양 模樣 | 본보기 모, 모습 양 [style; shape; appearance; situation]
❶ 속뜻 본보기[模]가 되는 모습[樣]. ❷겉으로 나타나는 생김새. ¶여학생들의 머리 모양. ❸외모에 부리는 멋. ¶거울을 보며 모양을 부리다. ❹어떠한 형편이나 되어 나가는 꼴. ¶사람들이 살아가는 모양은 가지각색이다. ❺남들 앞에서 세워야 하는 위신이나 체면. ¶너 때문에 내 모양이 엉망이다.

▸ 모양-새 (模樣-)
겉으로 드러난 모양(模樣). ¶모양새만 보고 사람을 판단하면 안 된다.

▸ 모양-자 (模樣-)
별·삼각형·원 따위의 모양(模樣)을 새긴 자.

모여-들다 [come together; crowd in]
여럿이 어떤 범위 안으로 향하여 오다. ¶구경꾼이 떼를 지어 모여들다.

모ː욕 侮辱 | 업신여길 모, 욕될 욕 [insult]
업신여기고[侮] 욕(辱)함. ¶모욕을 당하다. ⓑ 멸시(蔑視), 모멸(侮蔑).

▸ 모ː욕-감 侮辱感 | 느낄 감
모욕(侮辱)을 당한 느낌[感]. ¶그의 무례함에 심한 모욕감을 느꼈다.

모ː월 某月 | 아무 모, 달 월 [certain month]
아무[某] 달[月]. ¶모월 모일 모시에 이곳에서 보자.

모ː유 母乳 | 어머니 모, 젖 유 [mother's milk; breast milk]
어머니[母]의 젖[乳]. ⓑ 어미젖.

모으다 (集, 모을 집; 募, 모을 모; 輯, 모을 집) [gather; collect]
❶흩어져 있는 것을 한데 합치다. ¶다리를 모으고 앉다. ❷여러 사람을 한곳에 오게 하거나 한 단체에 들게 하다. ¶나는 동네 아이들을 모아 농구를 했다. ❸특별한 것을 구하여 갖추어 가지다. ¶우표를 모으다.

비슷한 듯 다른 말 ➲ 거두다

모ː음 母音 | 어머니 모, 소리 음 [vowel (sound)]
❶ 속뜻 자음(子音)을 어미[母]처럼 도와주어 음절이 되도록 하는 소리[音]. ❷ 언어 성대의 진동을 받은 소리가 목, 입,

코를 막힘이 없이 거쳐 나오는 소리. ㅏ, ㅑ, ㅓ, ㅕ 따위. [반] 자음(子音).

모음-곡 (一曲, 노래 곡) [suite]
[음악] 여러 곡을 모아서 하나로 만든 악곡(樂曲). [비] 조곡(組曲).

모음-집 (一集, 모을 집)
여러 글·그림 따위를 한데 모아서[集] 묶어 낸 책.

모의[1] **模擬** | 본뜰 모, 흉내낼 의 [imitation]
실제의 것을 본뜨고[模] 흉내냄[擬]. 또는 그런 일. ¶모의고사 / 모의로 재판을 열다.

모의[2] **謀議** | 꾀할 모, 의논할 의 [plot]
어떤 일을 꾸미고[謀] 의논(議論)함. ¶암살을 모의하다.

모이 [feed; food]
닭이나 날짐승의 먹이. ¶모이를 주다. [비] 사료(飼料).

모이다 (會, 모일 회) [gather; flock]
여럿이 한데 합쳐지거나 합치다. ¶전교생이 운동장에 모였다 / 시냇물이 모여 강을 이룬다.

모:일 某日 | 아무 모, 날 일
[certain day; one day]
아무[某] 날[日]. ¶모월 모일까지.

모임 [meeting; party]
❶어떤 목적 아래 때와 곳을 정하여 모이는 일. ¶조별로 모임이 있다. ❷여러 사람이 어떤 목적으로 조직한 단체.

모자[1] **帽子** | 쓰개 모, 접미사 자
[hat; cap]
머리에 쓰는 쓰개[帽]를 통틀어 이르는 말.

모:자[2] **母子** | 어머니 모, 아이 자
[mother and child]
어머니[母]와 아이[子]. ¶그 집은 모자간의 정이 깊다 / 모자 보건법. [반] 부녀(父女).

▸ **모:자-원 母子院** | 집 원
[사회] 급히 도움을 필요로 하는 어머니[母]와 그 자녀(子女)들을 돌보아주는 복지 시설[院].

모:자라다 [be short of; be dull]
❶기준이 되는 양이나 정도에 미치지 못하다. ¶일손이 모자라다 / 천 원이 모자라다. ❷머리의 기능이 보통 이하다. 저능(低能)하다. ¶그녀는 좀 모자라 보인다. [비] 부족(不足)하다. [반] 남다.

모자이크 {영 mosaic}
[미술] 여러 가지 빛깔의 돌·색유리·조가비·타일·나무 등의 조각을 맞추어 도안·회화(繪畵) 등으로 나타낸 것. 또는 그런 미술 형식.

모:정 母情 | 어머니 모, 마음 정
[maternal affection; mother's love]
자식에 대한 어머니[母]의 마음[情]. ¶모정보다 강한 것은 없다.

모조 模造 | 본보기 모, 만들 조 [imitate]
❶ [속뜻] 모방(模倣)하여 만듦[造]. 또는 그 물품. ¶명화를 모조하다. ❷'모조지'(模造紙)의 준말.

▸ **모조-지 模造紙** | 종이 지
'송아지의 피지(皮紙)를 본떠[模] 만든[造] 종이[紙]'라는 뜻의 영문명 'imitation vellum'을 한자어로 풀어쓴 말. 질기며 윤택이 나는 인쇄용 종이. [비] 백상지(白上紙).

▸ **모조-품 模造品** | 물건 품
원래의 작품과 비슷하게 흉내 내어[模] 만든[造] 물품(物品). [반] 진품(眞品), 정품(正品).

모조리 [all; thoroughly]
하나도 빼지 않고 모두. ¶나는 지갑 속에 있는 것을 모조리 꺼냈다. [비] 죄다, 남김없이, 전부(全部).

모종 (一種, 씨 종) [seedling]
옮기어 심기 위해 씨[種]를 뿌려 가꾼, 벼 이외의 온갖 어린 식물. 또는 그것을 옮겨 심음. ¶사과 모종을 밭으로 옮겨 심었다.

▸ **모종-삽** (一種一, 씨 종)
모종(種)을 옮길 때 쓰는 작은 삽.

모직 毛織 | 털 모, 짤 직
[woolen fabric]
수공 털[毛]로 짠[織] 천. ¶모직 바지.

모:질다 (虐, 모질 학) [cruel; hard]
❶마음씨가 몹시 매섭고 독하다. ¶마음을 모질게 먹다. ❷참고 견디지 못할 일을 잘 배겨 낼 만큼 억세다. ¶고생을 모질게 이겨내다.

모집 募集 | 뽑을 모, 모을 집
[recruit; enroll]
조건에 맞는 사람이나 뽑거나[募] 모음[集]. ¶직원을 모집하다.

모쪼록 [as much as one can]
될 수 있는 대로. 아무쪼록. ¶모쪼록 몸조심하세요.

모처럼 [at great pains; at long last]
❶벼르고 별러서 처음. 벼른 끝에. ¶모처럼 시작한 일이니 최선을 다할 작정이다. ❷일껏 오래간만에. ¶우리 가족은 모처럼 여행을 갔다.

모:체 母體 | 어머니 모, 몸 체
[mother's body; base]
❶속뜻 아이나 새끼를 밴 어미[母]의 몸[體]. ¶태아의 건강은 모체의 건강에 달려 있다. ❷현재 형태의 기반이 되었던 것. ¶라틴어는 프랑스어의 모체이다.

모:친 母親 | 어머니 모, 어버이 친 [one's mother]
❶속뜻 모계(母系) 친족(親族). ❷'어머니'의 높임 말. 반 부친(父親).

모:태 母胎 | 어머니 모, 아이 밸 태
[mother's womb; matrix]
❶속뜻 어미[母]의 태(胎) 안. ❷사물이 발생하거나 발전하는 데 바탕이 된 토대. ¶로마는 서양 문명의 모태가 되었다.

모터 {영 motor}
기계 내연 기관, 증기 기관, 수력 원동기 따위의 동력 발생기를 통틀어 이르는 말. 비 동력기(動力機), 발동기(發動機).

▸ 모터-보트 {영 motorboat}
해양 모터(motor)를 추진기로 사용하는 보트(boat). 비 발동기선(發動機船).

모텔 {영 motel}
자동차[motor car] 여행자가 숙박하기에 편리한 여관[hotel].

모토 {영 motto}
살아 나가거나 일을 하는 데 있어서 표어나 신조 따위로 삼는 말.

모퉁이 [corner; turn; turning place]
❶구부러지거나 꺾어져 돌아간 자리. ¶모퉁이에서 오른쪽으로 돌아라. ❷모서리 부분의 구석진 곳. ¶교실 한쪽 모퉁이에 쭈그려 앉다.

모-판 (-板, 널빤지 판) [seedbed]
농업 모를 기르는 밭[板]

모피 毛皮 | 털 모, 가죽 피 [fur]
털[毛]이 그대로 붙어 있는 짐승의 가죽[皮]. ¶모피로 만든 외투.

모함 謀陷 | 꾀할 모, 빠질 함 [entrap]
꾀를 써서[謀] 남을 어려운 처지에 빠뜨림[陷]. ¶이순신 장군은 모함을 받아 유배를 당했다.

모:험 冒險 | 무릅쓸 모, 험할 험
[have an adventure]
위험(危險)을 무릅쓰고[冒] 어떠한 일을 함. 또는 그 일. ¶목숨을 걸고 모험을 하다.

▸ 모:험-담 冒險談 | 이야기 담
위험(危險)을 무릅쓰고[冒] 얻은 경험이나 사실에 대한 이야기[談]. ¶모험담을 늘어놓다.

▸ 모:험-심 冒險心 | 마음 심
모험(冒險)을 즐기는 마음[心]. ¶그는 어릴 때부터 모험심이 강했다.

***모형** 模型 | =模形, 본뜰 모, 거푸집 형
[model]
❶속뜻 똑같은 모양(模樣)의 물건을 만들기 위한 거푸집[型]. ❷실물을 모방하여 만든 물건.

▸ 모형-관 模型館 | 집 관
실물과 똑같이 만든 모형(模型)을 전시해

놓은 집[館].

▸모형-도 模型圖 | 그림 도
모형(模型)을 그린 그림[圖].

모호 模糊 | 본보기 모, 풀 호
[faint; indistinct; ambiguous]
❶ 속뜻 모양(模樣)이 풀[糊]칠로 잘 안보임. ❷말이나 태도가 흐릿하여 분명하지 않음. ¶그는 내 질문에 모호하게 대답을 얼버무렸다. ㊥ 애매(曖昧)하다, 애매모호하다.

목[1] [neck; throat]
❶머리와 몸의 사이를 잇는 잘록한 부분. ¶목에 목도리를 두르다. ❷'목구멍'의 준말. ¶목이 타다 / 목이 붓다. ❸모든 물건의 목에 해당하는 부분. ¶목이 긴 양말.

목[2]**木** | 나무 목 [Thursday]
'목요일'(木曜日)의 준말.

목[3]**目** | 눈 목 [order]
생물 동물 분류 단계의 하나. 과(科)의 위이고 강(綱)의 아래이다.

목-가구 木家具 | 나무 목, 집 가, 갖출 구
[wooden furniture]
나무[木]로 만든 가구(家具).

목각 木刻 | 나무 목, 새길 각
[wood carving]
그림이나 글씨 따위를 나무[木]에 새김[刻]. ¶목각 활자.

목-거리
한의학 목이 붓고 아픈 병.

목-걸이 [necklace]
귀금속이나 보석 따위로 된 목에 거는 장식품.

목격 目擊 | 눈 목, 부딪칠 격
[witness; see with one's own eyes]
❶ 속뜻 눈[目]길이 부딪침[擊]. ❷우연히 보게 됨. ¶사고를 목격하다. ㊥ 목견(目見), 목도(目睹).

▸목격-자 目擊者 | 사람 자
어떤 일을 눈[目]으로 직접 본[擊] 사람[者]. ¶교통사고 목격자를 찾아 나섰다.

***목공 木工** | 나무 목, 장인 공
[carpenter; wood worker]
나무[木]로 물건을 만드는[工] 일. 혹은 그런 일을 하는 사람. ㊥ 목수(木手).

▸목공-구 木工具 | 갖출 구
나무[木]를 깎고 다듬는[工] 데 쓰는 도구(道具). 톱, 대패, 끌 따위.

목-공예 木工藝 | 나무 목, 장인 공, 재주 예
[woodcraft]
수공 나무[木]로 물건을 만드는[工] 재주[藝]. 또는 그런 공예품. ¶그는 취미로 목공예를 한다.

목관 木管 | 나무 목, 피리 관
[wooden pipe]
나무[木]로 만든 피리[管].

▸목관 악기 木管樂器 | 음악 악, 그릇 기
음악 나무[木]로 만든 피리[管] 모양의 악기(樂器). ¶클라리넷은 목관 악기이다.

목-구멍 [throat]
입 안의 깊숙한 안쪽. 곧, 기관(氣管)이나 식도(食道)로 통하는 곳. ㊟ 목. ㊥ 인후(咽喉).

목기 木器 | 나무 목, 그릇 기
[wooden ware]
나무[木]로 만든 그릇[器].

목대 木臺 | 나무 목, 돈대 대 [board]
출판 인쇄할 때에 목판을 올려놓는[臺] 나무[木]쪽. ㊥ 판대(版臺).

목-덜미 [nape; back (of the neck)]
목의 뒤쪽. ¶도둑놈의 목덜미를 잡았다.

목-도리 [muffler]
추위를 막거나 모양으로 목에 두르는 물건.

목-돈 [sizable sum of money; good round sum]
한몫으로 된 비교적 많은 돈. ¶목돈을 마련하다. ㊙ 푼돈.

목동 牧童 | 칠 목, 아이 동
[shepherd boy; herdboy]
소나 양을 치는[牧] 아이[童]. ¶목동이 피

리를 분다.

목련 木蓮 | 나무 목, 연꽃 련 [magnolia]
식물 봄에 잎보다 먼저 흰빛 또는 자줏빛 꽃이 피는 나무. 또는 그 꽃. '나무[木]에서 피는 연꽃[蓮]'이라는 뜻에서 붙여진 이름이다.

▶ 목련-꽃 (木蓮-)
목련(木蓮)의 꽃. ⓑ 목련화(木蓮花).

목례 目禮 | 눈 목, 예도 례
[nod of greeting; nodding]
눈[目]짓으로 가볍게 예(禮)를 갖추어 하는 인사. ¶목례를 나누다. ⓑ 눈인사.

목록 目錄 | 눈 목, 기록할 록
[list; catalog]
목차(目次)를 기록(記錄)해 놓은 것. ¶도서목록.

목마 木馬 | 나무 목, 말 마
[wooden horse]
❶ 속뜻 나무[木]로 말[馬] 모양을 깎아 만든 물건. ¶목마를 타고 놀다. ❷ 운동 기계 체조에 쓰는 말의 모양처럼 만든 기구의 하나.

목-마르다 (渴, 목마를 갈)
[thirsty; have a thirst for]
❶물이 마시고 싶다. ¶그는 목이 말라 물을 마셨다. ❷몹시 간절하다. ¶아이는 어머니의 사랑을 목마르게 원했다. ⓑ 갈증(渴症)나다, 갈망(渴望)하다, 갈구(渴求)하다. 속담 목마른 놈이 우물 판다.

목-말 [ride the shoulders]
남의 어깨 위에 두 다리를 벌리고 앉거나 올려놓고 서는 놀이. ¶아빠, 목말을 태워 주세요.

목-물 [bust bath]
몸의 허리 위에서부터 목까지를 물로 씻는 일. 또는 그 물. ¶목물로 더위를 식히다.

목민 牧民 | 다스릴 목, 백성 민
[govern the people]
백성[民]을 다스리는[牧] 일.

▶ 목민-심서 牧民心書 | 마음 심, 글 서
책명 백성을 다스리는[牧民] 사람들이 가져야 할 올바른 마음[心] 자세에 관하여 써 놓은 글[書]. 조선 순조 때 정약용(丁若鏞)이 지었다.

목-발 (木-, 나무 목) [pair of crutches]
다리가 불편한 사람이 겨드랑이에 끼고 걷는 나무[木]로 만든 지팡이. ¶목발을 짚고 다니다.

목-비
모낼 무렵에 한목 오는 비.

목사 牧師 | 다스릴 목, 스승 사
[minister; clergyman]
기독교 교회를 맡아 다스리고[牧] 신자를 인도하는 스승[師] 같은 교역자(敎役者).

목석 木石 | 나무 목, 돌 석
[trees and stones; insensibility]
❶ 속뜻 나무[木]와 돌[石]을 아우르는 말. ❷나무나 돌처럼 '감정이 무디고 무뚝뚝한 사람'을 비유하여 이르는 말. ¶그는 목석같은 사람이다.

목성 木星 | 나무 목, 별 성 [Jupiter]
천문 태양으로부터 다섯 번째로 가깝고 음양오행설에서 목(木)에 해당되는 행성(行星). 태양계의 행성 가운데 가장 크다. ⓑ 덕성(德星), 세성(歲星).

목-소리 [voice; tone]
목구멍에서 나는 소리. ⓑ 음성(音聲), 육성(肉聲).

목수 木手 | 나무 목, 사람 수 [carpenter]
나무[木]로 집을 짓거나 기구를 만드는 일을 업으로 하는 사람[手]. ⓑ 목공(木工), 대목(大木).

목숨 (命, 목숨 명; 壽, 목숨 수)
[life; breath of life]
숨을 쉬며 살아 있는 힘. 살아가는 원동력. ¶아이의 목숨을 구하다. ⓑ 명(命), 생명(生命).

목-요일 木曜日 | 나무 목, 빛날 요, 해 일
[Thursday]
칠요일 중 나무[木]에 해당하는 요일(曜

日). ¶목요일까지 과제를 제출하세요.

*목욕 沐浴 | 머리감을 목, 몸씻을 욕 [bath]
❶[속뜻] 머리를 감고[沐] 몸을 씻음[浴]. ❷ 온몸을 씻음. ¶하루에 한 번은 목욕을 해야 한다.

▶목욕-물 (沐浴-)
목욕(沐浴)할 물.

▶목욕-탕 沐浴湯 | 욕탕 탕
목욕(沐浴)할 수 있도록 준비해둔 탕(湯). 또는 그러한 시설을 갖추어 놓고 영업을 하는 곳. [준] 욕탕.

목 운동 (-運動, 돌 운, 움직일 동) [neck exercise]
[운동] 머리와 목을 단련하기 위한 운동(運動).

목자 牧者 | 칠 목, 사람 자 [shepherd]
양을 치는[牧] 사람[者]. [비] 양치기.

목장 牧場 | 칠 목, 마당 장 [ranch]
마소나 양 따위를 치는[牧] 넓은 땅[場].

**목재 木材 | 나무 목, 재료 재
[wood; lumber]
건물이나 가구를 만드는 데 쓰이는 나무[木]로 된 재료(材料). [비] 재목(材木).

**목적 目的 | 눈 목, 과녁 적
[purpose; aim]
❶[속뜻] 목표(目標)로 정한 과녁[的]. ❷이룩하거나 도달하려고 하는 목표나 방향. ¶인생의 목적이 무엇입니까?

▶목적-어 目的語 | 말씀 어
[언어] 타동사(他動詞)에 의하여 표현된 동작이나 작용이 미치는 대상[目的]이 되는 말[語]. ¶'나는 밥을 먹는다'에서 목적어는 '밥을'이다. [비] 객어(客語).

▶목적-지 目的地 | 땅 지
목표(目標)로 삼거나 지목하는[的] 곳[地]. ¶목적지에 도착하다.

목전 目前 | 눈 목, 앞 전
[imminent; impending; forthcoming]
❶[속뜻] 눈[目] 앞[前]쪽. 아주 가까운 곳. ¶끔찍한 일이 목전에서 벌어지다. ❷아주 가까운 장래. ¶목전의 이익만을 생각하다 / 결전의 날이 목전에 다가왔다.

목-젖 [uvula]
[의학] 목구멍의 안쪽 뒤 끝에 위에서 아래로 내민 둥그스름한 살.

*목제 木製 | 나무 목, 만들 제
[wooden; made of wood]
나무[木]를 재료로 하여 만듦[製]. 또는 그 물건.

▶목제-품 木製品 | 물건 품
나무[木]로 만든[製] 물품(物品). ¶목제품을 특히 좋아한다.

목조 木造 | 나무 목, 만들 조
[wooden manger]
나무[木]로 지음[造]. 또는 그 건축물. ¶목조 주택.

목-줄기 [nape; back (of the neck)]
목의 뒤쪽 부분과 그 아래 근처.

목차 目次 | 눈 목, 차례 차
[(a table of) contents]
내용의 항목(項目)이나 제목(題目)을 차례(次例)대로 배열한 것. ¶책의 목차. [비] 차례(次例), 목록(目錄).

목책 木柵 | 나무 목, 울타리 책
[wooden fence]
나무[木]로 만든 울타리[柵]. ¶임시로 목책을 둘러쳤다.

목청 [vocal cords]
[의학] 후두의 중앙부에 위치한 소리를 내는 부분. ¶목청을 가다듬고 노래를 부르다. [비] 성대(聲帶).

▶목청-껏
있는 힘을 다하여 소리를 질러. ¶목청껏 소리치다.

목초 牧草 | 칠 목, 풀 초
[grass; pasture]
가축을 치기[牧] 위한 풀[草]. [비] 꼴.

▶목초-지 牧草地 | 땅 지
가축의 사료가 되는 풀[牧草]이 자라고 있는 땅[地]. ¶넓은 목초지에 젖소들이 풀을 뜯고 있다.

*목축 牧畜 | 칠 목, 가축 축 [raise cattle; engage in stock farming]
소·말·양 따위의 가축(家畜)을 기르는[牧] 일. [비] 목양(牧養).

▶목축-업 牧畜業 | 일 업
가축(家畜) 치는[牧] 것을 경영하는 기업(企業). ¶뉴질랜드는 목축업이 발달했다.

목침 木枕 | 나무 목, 베개 침 [wooden pillow]
나무[木] 토막으로 만든 베개[枕]. ¶목침을 베고 자다.

목탁 木鐸 | 나무 목, 방울 탁 [wooden gong]
[불교] 나무[木]를 둥글게 깎아 속을 파서 방울[鐸]처럼 만든 기구. 불공을 할 때나 사람들을 모이게 할 때 쓴다. ¶목탁 소리 / 목탁을 두드리다.

목탄 木炭 | 나무 목, 숯 탄 [charcoal]
나무[木]를 태워 만든 숯[炭].

목탑 木塔 | 나무 목, 탑 탑
나무[木]로 만든 탑(塔). ¶황룡사 9층 목탑 / 목탑은 돌로 쌓는 석탑보다 쉽게 세울 수 있다.

목-털
날짐승 따위의 목에 난 털이나 깃.

목판 木版 | 나무 목, 널빤지 판 [wood (printing) block]
[출판] 나무[木]에 글이나 그림을 새긴 인쇄용의 널빤지[版].

**목표 目標 | 눈 목, 우듬지 표 [goal; target; aim]
❶[속뜻] 눈[目]에 잘 띄는 우듬지[標]. 또는 그런 표적. ❷행동을 통하여 이루거나 도달하려는 대상이 되는 것. ¶목표를 세우다 / 목표를 달성하다.

▶목표-물 目標物 | 만물 물
목표(目標)로 하는 물건(物件).

목하 目下 | 눈 목, 아래 하 [at the (present) moment]
❶[속뜻] 눈[目] 아래[下]. 눈앞에. ❷바로 이때. 지금. ¶그 회의는 목하 부산에서 열리고 있다. [비] 목금(目今), 현금(現今).

목화 木花 | 나무 목, 꽃 화 [cotton]
❶[속뜻] 솜이 나무[木]의 꽃[花]처럼 달리는 식물. ❷[식물] 아욱과의 한해살이풀. 솜털을 모아서 솜을 만들고 씨는 기름을 짠다. ¶목화를 틀어 솜을 만들다. [비] 면화(綿花).

▶목화-씨 (木花—)
목화(木花)의 씨. [비] 면화(棉花)씨.

목회 牧會 | 다스릴 목, 모일 회 [shepherd a flock of souls]
[기독교] 목사가 교회(教會)를 맡아 다스림[牧]. 설교하거나 신자의 신앙생활을 지도하는 일을 말한다.

몫 [share; portion; quotient]
❶여럿으로 분배하여 가지는 각 부분. ¶각자 자기 몫을 챙기다. ❷[수학] 나눗셈에서, 피제수(被除數)를 제수(除數)로 나누어 얻는 수. ¶10 나누기 5면 몫은 2이다.

몰골 [unshapeliness]
볼품없는 모양새. ¶그런 몰골로 어딜 가니?

몰:다 (驅, 몰 구) [drive; reproach]
❶뒤나 옆에서 바라는 방향으로 움직여 가게 하다. ¶염소를 몰다 / 공을 몰다. ❷탈 것 등을 부리거나 운전하다. ¶버스를 몰다. ❸한곳으로 모으거나 합치다. ¶남은 것을 다 몰아서 팔다. ❹남을 좋지 않은 사람으로 여기고 그렇게 다루다. ¶도둑으로 몰다.

*몰두 沒頭 | 빠질 몰, 머리 두 [absorption]
머리[頭] 속의 생각이 어떤 한 가지 일에만 빠지게[沒] 함. ¶일에만 몰두하다. [비] 열중(熱中), 집중(集中).

몰:라-보다 [cannot recognize]
❶사물을 보고도 알아차리지 못하다. ¶그 아이는 정말 몰라보게 컸다. ❷예의를 갖추어야 할 대상에 대해 무례하게 굴다.

¶어른을 몰라보는 녀석. ❸진정한 가치를 제대로 평가하지 못하다. ¶인재를 몰라보다. ⓑ 알아보다.

몰:라-주다 [not recognize]
알아주지 않다. ¶그녀는 내 마음을 몰라주었다. ⓑ 알아주다.

몰락 沒落 | 빠질 몰, 떨어질 락
[fall; collapse]
❶ 속뜻 물속으로 가라앉거나[沒] 바닥으로 떨어짐[落]. ❷잘 되던 것이 보잘것없이 됨. ¶그 집안은 몰락했다. ❸멸망하여 없어짐. ¶로마제국의 몰락. ⓑ 번영(繁榮), 번창(繁昌), 번성(繁盛).

몰:래 [secretly; privately]
남이 모르게 살짝. 또는 가만히. ¶그들은 몰래 도망갔다. ⓑ 암암리(暗暗裡). ⓑ 떳떳이.

몰려-가다 [flock toward]
여럿이 떼를 지어 한쪽으로 가다. ¶체육관으로 우르르 몰려가다. ⓑ 무리지어 가다.

몰려-나오다 [rush out]
여럿이 떼를 지어 나오다. ¶사람들이 거리로 몰려나오다.

몰려-다니다 [move about in crowds]
여럿이 뭉치어 다니다. ¶새 떼가 몰려다니다. ⓑ 무리지어 다니다.

몰려-들다 [come in crowds; gather]
여럿이 떼를 지어 모여들다. ¶손님들이 갑자기 몰려들다.

몰려-오다 [crowd; be overcome]
❶여럿이 뭉쳐 한쪽으로 밀려오다. ¶사람들이 놀이동산으로 몰려왔다 / 벌이 몰려온다. ❷잠이나 피로 따위가 한꺼번에 밀려오다. ¶배불리 먹고 나니 잠이 몰려왔다.

몰-리다 [be pursued; come together; be driven (to)]
❶무엇이 어디로 쫓기다. ¶막다른 골목에 몰리다. ❷여럿이 한곳으로 모여들다. ¶우르르 운동장으로 몰리다 / 해변에 많은 사람이 몰렸다. ❸난처한 처지에 놓이다. ¶궁지에 몰리다.

몰-매 [whipping; lashing]
여러 사람이 한꺼번에 덤비어 때리는 매. ¶그의 발언은 여론의 몰매를 맞았다. ⓑ 뭇매.

몰살 沒殺 | 빠질 몰, 죽일 살
[massacre; annihilate]
❶ 속뜻 물에 빠트려[沒] 죽임[殺]. ❷모조리 죽임. ¶강감찬 장군이 적을 몰살시켰다. ⓑ 몰사(沒死), 전멸(全滅).

몰-상식 沒常識 | 없을 몰, 늘 상, 알 식
[have no common sense]
일반적인[常] 지식(智識)이 없음[沒]. 사리에 어두움. ¶새치기를 하는 몰상식한 행동.

몰수 沒收 | 없어질 몰, 거둘 수 [confiscate]
남은 재산이 하나도 없도록[沒] 모두 거두어[收] 들임. ¶법원은 그의 재산을 몰수했다.

몰아-내다 [push out]
몰아서 나가게 하다. ¶그들은 그를 회장 자리에서 몰아냈다. ⓑ 쫓아내다, 내몰다.

몰아-넣다 [drive into]
❶몰아서 안으로 들어가게 하다. ¶닭을 우리 안에 몰아넣다. ❷어떤 처지나 상태에 빠지게 하다. ¶궁지에 몰아넣다.

몰아-붙이다 [put all to one side]
❶한쪽으로 몰려가게 하다. ¶상대 선수를 한쪽 구석으로 몰아붙이다. ❷남을 좋지 못한 상태나 상황으로 몰려가게 하다 ¶죄 없는 사람을 도둑으로 몰아붙이다.

몰아-세우다
[blame heavily; put hard to it]
❶마구 다그치거나 나무라다. ¶아이들을 몰아세우기만 했지 다정하게 대해 준 적이 없다. ❷근거도 밝히지 않고 나쁜 처지로 몰아가다. ¶엉뚱한 사람을 도둑으로 몰아세우다.

몰아-쉬다 [be out of breath]
숨 따위를 한꺼번에 모아 세게 또는 길게 쉬다. ¶숨을 가쁘게 몰아쉬다.

몰아-치다 [do all at once]
한꺼번에 몰려 닥치다. ¶폭풍이 몰아치다.

몰이-꾼 [chaser; beater]
사냥하는 데 짐승 몰이를 하는 사람.

몰-인정 沒人情 | 없을 몰, 남 인, 마음 정 [inhuman]
인정(人情)이 전혀 없음[沒]. ¶그는 참 몰인정하다.

몰입 沒入 | 빠질 몰, 들 입
[be absorbed in]
❶[속뜻] 어떤 일에 빠져[沒] 들어감[入]. ¶일에 몰입하다. ❷[역사] 죄인의 재산이나 가족을 몰수(沒收)하여 관가로 들여오던 일. [비] 몰두(沒頭).

몰-지각 沒知覺 | 없을 몰, 알 지, 깨달을 각
[indiscreet; senseless]
지각(知覺) 능력이 없음[沒]. ¶예상치 못한 몰지각한 행동. [비] 무지각(無知覺).

몸 (身, 몸 신; 體, 몸 체)
[body; one's status]
❶사람이나 동물의 형상을 이루는 전체. 또는 그것의 활동 기능이나 상태. ¶몸이 크다 / 몸에 좋은 음식. ❷그러한 신분이나 사람임. ¶학생의 몸 / 귀한 몸. [반] 정신(精神).

몸-가짐 [behavior; conduct]
몸의 움직임. 또는 몸을 거두는 일. ¶몸가짐을 바르게 하다. [비] 거동(擧動), 태도(態度), 행동(行動), 행실(行實), 품행(品行).

몸-값 [ransom]
❶볼모로 잡은 사람을 담보로 요구하는 돈. ❷사람의 가치를 돈으로 빗대어 하는 말. ¶야구 선수들의 몸값이 올라가고 있다.

몸-놀림 [moving (around)]
몸을 움직이는 일. ¶몸놀림이 빠르다.

몸-담다
[participate in; be concerned in]
어떤 조직이나 분야에 종사하거나 그 일을 하다. ¶나는 교직에 몸담고 있다.

몸-동작 (—動作, 움직일 동, 지을 작)
몸을 움직이는 동작(動作).

몸-뚱아리 [body; frame]
'몸뚱이'의 방언. 큰말은 '몸뚱어리'.

몸-뚱이 [body; frame]
사람이나 짐승의 몸의 덩치. ¶몸뚱이가 작다. [비] 몸집, 체구(體軀).

몸-매 [one's figure]
몸의 맵시. ¶수영으로 몸매를 가꾸다.

몸-무게 [weight]
몸의 무게. ¶몸무게가 줄다. [비] 체중(體重).

몸-부림 [struggle; wriggle]
있는 힘을 다하거나 감정이 격할 때, 온몸을 흔들고 부딪는 행동. ¶빠져나오려고 몸부림을 치다. [비] 발버둥.

몸-빛
몸의 표면에 나타나는 빛깔.

몸살 [illness from exhaustion]
몹시 피로하여 일어나는 병. ¶엄마는 김장을 하고 난 뒤 몸살이 났다.

몸서리-치다 [shudder at; shiver]
지긋지긋하도록 싫증이 나거나 무서워 몸을 떨다. ¶그녀는 그 모습을 보고 몸서리쳤다. [비] 몸서리나다.

몸소 [personally; (by) oneself]
직접 제 몸으로. ¶그는 학생들에게 몸소 시범을 보였다. [비] 손수, 친히, 직접(直接). [반] 대신(代身).

몸-싸움 [fight]
서로 몸을 부딪치며 싸우는 일.

몸져-눕다 [be ill in bed]
병이 중하여 누워 있다. ¶몸져누운 아버지를 위해 산딸기를 구해왔다.

몸-조리 (—調理, 고를 조, 다스릴 리) [care of of one's health; recuperate]

허약해진 몸의 기력을 회복하도록 보살피는[調理] 일. ¶몸조리를 잘하다.

몸-조심 (—操心, 잡을 조, 마음 심) [take care of oneself]
❶[속뜻] 건강을 유지하기 위하여 몸을 조심(操心)하여 돌봄. ¶요즘 독감이 유행이니 몸조심하세요. ❷말이나 행동을 삼감. ¶그 사건 이후 형은 무척 몸조심하고 있다.

몸-집 [body; frame]
몸의 부피. ¶몸집이 왜소하다. [비] 덩치.

몸-짓 [gesture]
몸을 놀리는 행동. ¶과장된 몸짓.

몸-체 (—體, 몸 체)
물체나 구조물의 몸[體]이 되는 부분. ¶비행기의 몸체는 강철로 되어있다.

몸-치장 (—治粧, 다스릴 치, 단장할 장) [trim oneself up]
장신구 따위로 몸을 잘 매만져서 맵시 있게 꾸밈[治粧]. [비] 몸차림, 몸단장.

몸-통 [trunk; bulk of one's body]
사람이나 동물의 몸에서, 머리·팔·다리·날개·꼬리 등 딸린 것들을 제외한 가운데 부분.
▸몸통-막기
[운동] 태권도에서, 주먹을 쥐고 바깥 팔목으로 밖에서 안으로 막는 방어 기술.
▸몸통-지르기
[운동] 태권도에서, 주먹으로 상대의 몸통과 명치를 공격하는 기술.

몹:시 [awfully; terribly; very]
더할 수 없이 심하게. ¶몹시 가난하다. [비] 매우, 대단히, 상당히, 무척, 굉장히, 아주.

[비슷한 듯 다른 말] ➲ 아주

몹:쓸 [bad; evil; immoral]
악독하고 고약한. ¶그는 몹쓸 병에 걸렸다.

못[1] [nail]
재목 따위를 이어 붙이거나 고정시키는 데 쓰는 물건. ¶벽에 못을 박다.

못[2] (池, 못 지; 澤, 못 택; 潭, 못 담; 塘, 못 당) [pond; pool]
천연으로나 인공으로 넓고 깊게 판 땅에 늘 물이 괴어 있는 곳. [비] 연못, 지당(池塘), 수택(水澤).

못[3] [callosity; callus]
손바닥이나 발바닥에 생기는 굳은 살. ¶열흘 내내 걸었더니 발바닥에 못이 박혔다. [관용] 귀에 못이 박히다.

못:[4] [not (possibly); never; cannot]
어떤 행동을 나타내는 말 앞에 써서 '무엇을 할 수 없다' 또는 '해서는 안 된다'는 뜻을 나타내는 말. ¶나는 더 이상 못 가겠다. [속담] 못 먹는 감 찔러나 본다.

못:-나다 [ugly; dull]
❶얼굴 따위가 남보다 많이 떨어지다. ¶못난 얼굴. ❷능력이 모자라거나 어리석다. ¶못난 소리하지 말고 최선을 다해라. [반] 잘나다.

못:난-이 [stupid person]
못나고 어리석은 사람.

못:내 [forever; unforgettably; always]
잊지 못하고 계속. ¶이별을 못내 아쉬워하다.

못:다
행동을 나타내는 말 앞에 쓰여 '다하지 못함'을 나타내는 말. ¶못다 읽다 / 못다 한 이야기.

못:-되다 [bad; get worse]
❶성질이나 하는 짓이 악하거나 고약하다. ¶못된 습관. ❷일이 뜻대로 되지 않은 상태에 있다. ¶농사가 잘되고 못되고는 농부의 정성에 달려 있다. [반] 잘되다. [속담] 못된 송아지 엉덩이에 뿔이 난다.

못:마땅-하다
[unsatisfactory; distasteful]
마음에 들지 않아 좋지 않다. ¶그의 행동이 못마땅하다.

못-박다 [call attention; remind of]
변할 수 없게 다짐하여 말하다. ¶나는 그곳에 갈 수 없다고 못박아 말했다.

못:-살다 [live in poverty]
❶가난하게 살다. ❷더 견디지 못하다. ¶내가 너 때문에 못살겠다. [반] 잘살다.

못:-생기다 [ugly]
잘나지 못하다. 생김새가 남보다 못하다. ¶못생긴 얼굴. [비] 못나다. [반] 잘생기다, 잘나다.

못:-쓰다 [bad]
❶옳지 않다. 좋지 않다. 안되다. ¶그런 소리 하면 못써. ❷얼굴이나 몸이 축나다. ¶며칠 심하게 앓고 나더니 얼굴이 못쓰게 됐다.

못-자리 [rice seedbed]
[농업] 볍씨를 뿌려 모를 기르는 논. 또는 그 논바닥. [비] 묘판(苗板).

못-줄
[농업] 모를 심을 때 줄을 맞추기 위하여 대고 심는 줄.

못:지-않다 [be not inferior]
일정한 수준이나 정도에 미치다. ¶동생은 화가 못지않게 그림을 잘 그린다.

못:-하다 (劣, 못할 렬) [cannot; be lower]
❶어떤 일을 일정한 수준에 못 미치게 하거나, 그 일을 할 능력이 없다. ¶공부를 못하다 / 술을 못하다. ❷비교 대상에 미치지 않다. ¶나는 영어에 있어서 현규만 못하다. ❸아무리 적게 잡아도. ¶파티에 올 친구들은 못해도 10명은 될 것이다. [반] 잘하다.

몽고 蒙古 | 입을 몽, 옛 고 [Mongol Empire]
[지리] '몽골'(Mongol)의 한자 음역어. 13세기 칭기즈 칸의 통솔 아래 세력이 커지기 시작하여, 중국 대륙과 주위 여러 지역을 평정하여 원(元) 제국을 이루었다.

▶몽고-반 蒙古斑 | 얼룩 반
[의학] 몽고(蒙古) 인종에게서 흔히 발견된다는, 어린아이의 엉덩이에서 등에 걸쳐 나타나는 푸른 반점(斑點). [비] 소아반(小兒斑), 아반(兒斑).

몽당-연필 (-鉛筆, 납 연, 붓 필) [stubby pencil; stump of pencil]
짧게 닳아서 거의 쓰지 못하게 된 연필(鉛筆).

몽둥이 [club]
조금 굵직하고 긴 막대기. 주로 사람이나 가축을 때릴 때 쓴다. ¶몽둥이를 휘두르다.

몽땅[1] [all; entirely; completely]
있는 대로 죄다. ¶재산을 몽땅 날리다. [비] 모두, 전부(全部).

몽땅[2] [all]
상당한 부분을 대번에 자르는 모양. ¶긴 머리카락을 몽땅 잘랐다.

몽롱 朦朧 | 흐릴 몽, 흐릿할 롱 [unclear; indistinct; dizzy]
❶[속뜻] 매우 흐릿하다[朦-朧]. ¶몽롱한 달빛. ❷의식이 분명하지 않고 흐리멍덩하다. ¶기억이 몽롱하다. [반] 뚜렷하다.

몽:유-병 夢遊病 | 꿈 몽, 놀 유, 병 병 [sleepwalking]
[의학] 잠을 자다가 자신도 모르게 일어나서 꿈[夢]과 같이 노닐다[遊]가 다시 잠을 자는 병(病). [비] 이혼병(離魂病), 몽중방황(夢中彷徨).

몽:정 夢精 | 꿈 몽, 정액 정 [wet dream]
꿈[夢]속에서 실제로 정액(精液)을 내쏘는 일. [비] 몽설(夢泄).

몽타주 {프 montage}
❶따로따로 촬영된 화면을 효과적으로 떼어 붙여서, 하나의 새로운 장면이나 내용으로 만드는, 영화나 사진의 편집 구성 방법. ❷여러 사람의 사진에서 얼굴의 각 부분을 따서 따로 합쳐 만들어 어떤 사람의 형상을 이루게 한 사진. 흔히 범죄 수사에서 목격자의 증언을 모아 용의자의 수배 전단을 만드는 데에 이용한다. ¶경찰이 범인의 몽타주를 공개했다.

몽탕 [in a lot; all; entirely]
꽤 많은 부분을 대번에 자르는 모양. ¶긴 머리카락을 몽탕 자르다.

몽:혼 朦昏 | 흐릴 몽, 어두울 혼 [anesthesia]
❶[속뜻] 매우[朦] 혼미(昏迷)해짐. ❷독물이나 약물에 의하여 감각을 잃고 자극에 반응할 수 없게 됨.

뫼:[1] [grave; tomb]
사람의 무덤. [비] 무덤, 묘(墓).

뫼[2] [hill; mountain]
'산'(山)의 옛말.

묏:-자리 [grave site]
뫼를 쓸 자리.

묘: 墓 | 무덤 묘 [grave]
사람의 무덤[墓]. ¶양지바른 곳에 묘를 쓰다. [비] 뫼, 무덤.

묘:기 妙技 | 묘할 묘, 재주 기
[skill; wonderful performance]
절묘(絶妙)한 기술(技術). 매우 뛰어난 기술. ¶곡예사가 묘기를 부리다.

⁑묘:목 苗木 | 어릴 묘, 나무 목
[seedling; young plant]
옮겨심기 위해 가꾼 어린[苗] 나무[木]. ¶묘목을 이식하다.

묘:미 妙味 | 묘할 묘, 맛 미
[(exquisite) beauty; charm]
❶[속뜻] 야릇한[妙] 맛[味]. ❷미묘한 재미나 흥취. ¶등산의 묘미. [비] 묘취(妙趣).

묘:비 墓碑 | 무덤 묘, 비석 비
[tombstone; gravestone]
무덤[墓] 앞에 세우는 비석(碑石). ¶묘비에 이름을 새기다. [비] 묘석(墓石).

⁑묘:사 描寫 | 그릴 묘, 베낄 사 [describe; portray]
❶[속뜻] 그림을 그리듯[描] 글을 씀[寫]. ❷사물을 있는 그대로 그림. ¶장면을 생생하게 묘사하다.

묘:소 墓所 | 무덤 묘, 곳 소 [graveyard]
묘지(墓地)가 있는 곳[所]. '산소'(山所)의 높임말. [비] 무덤, 산소(山所).

묘:수 妙手 | 묘할 묘, 솜씨 수 [excellent skill]
[운동] 바둑이나 장기 따위에서, 절묘(絶妙)한 솜씨[手]. 또는 그런 사람.

묘:안 妙案 | 묘할 묘, 생각 안 [wonderful idea]
아주 교묘(巧妙)한 생각[案]. 뛰어난 생각. 절묘(絶妙)한 방법. ¶묘안이 떠올랐다. [비] 묘책(妙策).

묘연 杳然 | 멀 묘, 그러할 연
[far away; dim]
❶[속뜻] 아득하고 멀어서[杳] 눈에 아물아물하게 그러한[然]. ❷오래되어서 기억이 알쏭달쏭하다. ¶기억이 묘연하다. ❸소식이 없어 행방을 알 수 없다. ¶행방이 묘연해졌다.

묘:지 墓地 | 무덤 묘, 땅 지 [graveyard]
무덤[墓]이 있는 땅[地]. 또는 그 구역. ¶공동묘지 / 국립묘지. [비] 택조(宅兆).

묘:-지기 (墓-, 무덤 묘)
[grave keeper]
남의 산소[墓]를 지켜 보살피는 사람.

묘:책 妙策 | 묘할 묘, 꾀 책
[excellent plan]
매우 절묘(絶妙)한 꾀[策]. ¶묘책을 생각해 내다. [비] 묘계(妙計), 묘산(妙算), 묘안(妙案).

묘:판 苗板 | 모종 묘, 널빤지 판
[rice seedbed]
모종[苗]을 심어놓은 널빤지[板]. [비] 못자리.

묘:-하다 (妙-, 묘할 묘)
[exquisite; strange; remarkable]
❶모양이나 동작이 색다르다[妙]. ¶묘하게 생기다. ❷이상야릇하다. ¶묘한 꿈을 꾸다. ❸수완이나 재주 따위가 남달리 뛰어나거나 약빠르다. ¶묘한 재주를 부리다.

무:[1] [radish; icicle radish]
[식물] 잎은 깃 모양으로 뿌리에서 뭉쳐나

고 뿌리는 둥글고 길다. 뿌리는 잎과 함께 식용한다.

무[2]無 | 없을 무 [tie]
운동 경기에서, 승패를 가릴 수 없는[無] 횟수를 세는 단위. ¶2승 1무 1패.

무-감각 無感覺 | 없을 무, 느낄 감, 깨달을 각 [insensible]
❶ 속뜻 감각이 마비되어 느낌[感覺]이 없음[無]. ¶무감각 상태 / 추위 때문에 손이 무감각해졌다. ❷주위 사정이나 분위기 따위에 전혀 관심이 없음. ¶다른 사람의 고통에 무감각하다.

무겁다 (重, 무거울 중)
[heavy; important; serious]
❶무게가 크다. ¶무거운 체중. ❷부담·책임·비중 따위가 많거나 중대하다. ¶책임이 무겁다. ❸병이나 죄가 심하거나 크다. ¶무거운 죄. ⓑ 가볍다.

♣ 무겁다 / 묵직하다

◎ 가방이 꽤 무겁다 = 묵직하다.
○ 중요한 일을 맡고 나니 책임이 무겁다.
× 중요한 일을 맡고 나니 책임이 묵직하다.
○ 그는 묵직하고 너그러운 인상을 지녔다.
× 그는 무겁고 너그러운 인상을 지녔다.

무게 [weight]
❶물건의 무거운 정도. ❷가치나 중대성의 정도. ¶무게 있는 말. ⓑ 중량(重量).

무-계획 無計劃 | 없을 무, 셀 계, 나눌 획 [planless; unplanned]
계획(計劃)이 없음[無]. ¶무계획한 행동.

무고 無辜 | 없을 무, 허물 고
[no wrong]
아무 잘못이나 허물[辜]이 없음[無]. ¶무고한 백성을 괴롭히다.

무:공 武功 | 굳셀 무, 공로 공
[military exploits]
굳센[武] 군인으로 쌓은 공(功). ¶전투에서 혁혁한 무공을 세우다.

무-공해 無公害 | 없을 무, 여럿 공, 해칠 해 [eco friendly; pollution-free]
여러[公] 사람이나 자연에게 주는 피해(被害)가 없음[無]. ¶무공해 농산물 / 무공해 전기 자동차.

무:과 武科 | 굳셀 무, 과목 과
[military service examination]
역사 무관(武官)을 뽑던 과거(科擧). ⓑ 문과(文科).

무:관[1] 武官 | 굳셀 무, 벼슬 관 [military officer]
❶ 역사 무과(武科) 출신의 벼슬아치[官]. ❷군무(軍務)를 맡아보는 관리. ⓑ 문관(文官).

무관[2] 無關 | 없을 무, 관계할 관 [unrelated]
관계(關係)가 없다[無]. ¶이 일은 나와 무관하다.

무-관심 無關心 | 없을 무, 관계할 관, 마음 심 [indifferent]
관심(關心)이 없음[無]. ¶남의 일에 대해서는 일체 무관심하다.

무교 無敎 | 없을 무, 종교 교
믿는 종교(宗敎)가 없음[無]. ¶무교였던 그가 갑자기 종교에 미쳐버렸다.

무구정광대다라니경 無垢淨光大陀羅尼經 | 없을 무, 티끌 구, 깨끗할 정, 빛 광, 큰 대, 비탈질 다, 새그물 라, 여승 니, 책 경
❶ 속뜻 티끌[垢] 없이[無] 깨끗하고[淨] 밝고[光] 큰[大] 다라니(陀羅尼) 경전(經典). ❷ 불교 1966년 10월에 경주 불국사 석가탑에서 발견된 다라니경. 신라 경덕왕 10년(751)에 불국사를 중창하면서 석가탑을 세울 때 봉안된 것으로, 세계에서 가장 오래된 목판 인쇄물이다. 국보 제126-6호.

무-국적 無國籍 | 없을 무, 나라 국, 문서 적
[statelessness]
법률 어느 나라의 국적(國籍)도 가지지 아니함[無].

▸무국적-인 無國籍人 | 사람 인
어느 나라의 국적(國籍)도 가지지 않은 [無] 사람[人]. ¶국내의 무국적인을 추방하다.

⁑**무궁 無窮** | 없을 무, 다할 궁
[eternal; infinite]
다함[窮]이 없음[無]. 한(限)이 없음. ¶잠재력이 무궁하다.

▸무궁-화 無窮花 | 꽃 화
❶[속뜻] 무궁(無窮)하게 피는 꽃[花]. ❷[식물] 여름부터 가을까지 붉거나 흰 종 모양의 꽃이 피는 관목. 우리나라의 국화(國花)이다.

▸무궁-무진 無窮無盡 | 없을 무, 다할 진
다함이 없고[無窮] 다됨[盡]이 없음[無]. ¶생각이 무궁무진으로 많다 / 가능성이 무궁무진하다. [비] 무진무궁(無盡無窮).

*__무:기¹ 武器__ | 굳셀 무, 그릇 기 [weapon]
❶[속뜻] 무력(武力)에 사용하는 각종 병기(兵器). ❷'어떤 일을 하거나 이루기 위한 중요한 수단이나 도구'를 비유하여 이르는 말. ¶눈물을 무기로 삼는다.

무기² 無期 | 없을 무, 때 기
[no time limit]
정해놓은 기한(期限)이 없음[無]. '무기한'의 준말.

▸무기 징역 無期懲役 | 혼낼 징, 부릴 역
[법률] 기한(期限)을 정하지 않고[無] 수형자를 교도소에 가두어 두는 징역(懲役). [비] 종신(終身) 징역. [반] 유기(有期) 징역.

무기³ 無機 | 없을 무, 틀 기
[inorganic chemistry]
❶[속뜻] 스스로 살아갈 수 있는 기능(機能)이 없음[無]. ❷물, 공기, 광물처럼 생명 활동을 하지 않음. [반] 유기(有機).

▸무기-물 無機物 | 만물 물
생명 활동을 하지 않는[無機] 물질(物質). 물, 흙, 공기, 돌, 광물 따위. [반] 유기물(有機物).

▸무기-질 無機質 | 바탕 질
[화학] 칼슘·인·물·철·요오드처럼 무기(無機) 화합물의 성질(性質)을 가진 것. 생체 유지에 없어서는 안 되는 영양소이다. [반] 유기질(有機質).

▸무기 염류 無機鹽類 | 소금 염, 무리 류
[화학] 무기산(無機酸)과 염기(鹽氣)가 반응하여 생긴 물질[類].

무-기력 無氣力 | 없을 무, 기운 기, 힘 력
[lethargic; languid]
어떠한 일을 감당할 수 있는 기운(氣運)과 힘[力]이 없음[無]. ¶무기력 상태에 빠지다 / 무기력한 얼굴로 앉아 있다.

무-기명 無記名 | 없을 무, 기록할 기, 이름 명 [unregistered; unsigned]
이름[名]을 적지[記] 않음[無]. ¶무기명 투표. [반] 기명(記名).

무-기한 無期限 | 없을 무, 때 기, 한할 한
[limitless]
정해놓은 기한(期限)이 없음[無]. ¶재판을 무기한 연기하였다. [준] 무기(無期). [반] 유기한(有期限).

무난 無難 | 없을 무, 어려울 난
[easy; simple]
❶[속뜻] 어려움[難]이 없다[無]. 어렵지 않다. ¶무난하게 목표를 달성하다. ❷무던하다. ¶무난한 사람.

무너-뜨리다 [break down; destroy]
❶쌓여 있거나 서 있는 것을 허물어 내려앉게 하다. ¶담장을 무너뜨리다. ❷권력을 빼앗거나 나라를 멸망하게 하다. ¶독재 정권을 무너뜨리다. ❸질서, 제도, 체제 따위를 파괴하다. ¶공공질서를 무너뜨리다. [반] 세우다.

무너-지다 (壞, 무너질 괴; 崩, 무너질 붕)
[collapse; fall down]
❶포개어 있거나 쌓인 물건이 허물어져 내려앉다. ¶폭우로 둑이 무너졌다. ❷권력이 소멸하거나 나라가 망하다. ¶왕조가 무너지다. ❸질서나 체계 따위가 파괴되다. ¶질서가 무너지다.

♣ 무너지다 / 쓰러지다 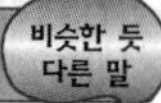

◎ 적의 침입으로 나라가 무너지다 = 쓰러지다.
○ 나의 모든 희망이 무너졌다.
× 나의 모든 희망이 쓰러졌다.
○ 태풍으로 나무가 쓰러졌다.
× 태풍으로 나무가 무너졌다.

무-논 [rice field; wet field]
물이 늘 있거나 물을 쉽게 댈 수 있는 논. ㊥ 수답(水畓), 수전(水田).

무능 無能 | 없을 무, 능할 능 [incompetent]
무엇을 할 수 있는[能] 힘이나 재주가 없음[無]. ¶이 사건으로 자신의 무능을 알게 되었다 / 그는 변호사로서 무능하다. ㉯ 유능(有能).

무-능력 無能力 | 없을 무, 능할 능, 힘 력 [incompetent]
능력(能力)이나 재주가 없음[無]. ¶그녀의 무능력을 비난하다 / 그는 경제적으로 무능력하다.

무늬 (紋, 무늬 문) [pattern; design]
❶물건의 거죽에 어룽진 형상이 나타난 모양. ¶얼룩덜룩한 무늬가 생기다. ❷옷감이나 조각품 따위를 장식하기 위한 여러 가지 모양. ¶고양이 무늬를 넣다.

무:단[1] 武斷 | 굳셀 무, 끊을 단 [militarism]
❶ 속뜻 무력(武力)으로 억압하여 못하게 함[斷]. ❷무력으로 일을 처리함. ¶해적이 경비선을 무단으로 점거했다.

무단[2] 無斷 | 없을 무, 끊을 단 [without permission]
❶ 속뜻 엄단(嚴斷)한 것을 지키지 아니함[無]. ❷미리 승낙을 얻지 않음. ¶무단 외박을 하다.

무:당 [(female) shaman]
민속 귀신을 섬겨 길흉을 점치고 굿을 하는 사람.

무:당-벌레 [ladybug; lady beetle]
동물 무당벌렛과의 갑충. 겉날개는 붉은 바탕에 검은 점무늬가 있다. 몸은 달걀꼴로 둥글게 불쑥 나와 있고 아래쪽은 편평하다. 진딧물을 잡아먹는다.

***무:대 舞臺** | 춤출 무, 돈대 대 [stage]
❶ 속뜻 연극이나 무용[舞], 음악 따위를 공연하기 위하여 특별히 좀 높게 마련한 자리[臺]. ¶배우가 무대에 오르다. ❷재능이나 역량 따위를 시험해 보거나 발휘할 수 있는 활동 분야. ¶세계를 무대로 활동하다.

무더기 [pile]
많은 물건을 한데 모아 수북이 쌓은 더미.

무-더위 [sultriness; (high) humidity]
찌는 듯한 더위. ㊥ 폭염(暴炎), 혹염(酷炎).

무던-하다 [quite satisfactory]
❶정도가 어지간하다. ¶그의 수학은 무던하다. ❷덕량이 있어 너그럽다. ¶무던한 사람.

무덤 (墓, 무덤 묘; 墳, 무덤 분) [grave; tomb]
송장·유골을 땅에 묻어 놓은 곳. ㊥ 묘(墓), 산소(山所), 묘지(墓地), 묘소(墓所).

무덤덤-하다 [emotionless]
마음에 아무 느낌이 없이 예사스럽다. ¶무덤덤한 표정으로 말하다.

무-덥다 [sultry]
찌는 듯이 덥다. ¶무더운 날씨.

무:도 舞蹈 | 춤출 무, 춤출 도 [dance; dancing]
춤을 춤[舞=蹈]. 또는 그 춤. ㊥ 무용(舞踊).

▶**무:도-회 舞蹈會** | 모일 회
여러 사람이 춤을 추면서[舞蹈] 친분을 쌓는 모임[會]. ¶가면 무도회.

무독 無毒 | 없을 무, 독할 독 [nonpoisonous; innoxious]
❶ 속뜻 독성(毒性)이 없음[無]. ❷성질이

착하고 순함. ⓑ유독(有毒).

무:동 舞童 | 춤출 무, 아이 동 [boy dancer]
민속 ❶나라 잔치 때 노래를 부르며 춤[舞]을 추던 소년[童]. ❷남사당놀이 따위에서 남의 어깨 위에 올라가서 춤을 추거나 재주를 부리는 소년.

무디다 [blunt; dull]
❶끝이나 날이 날카롭지 않다. ¶면도날이 무디다. ❷느끼어 깨닫는 힘이 모자라다. ¶감정이 무디다. ⓑ날카롭다, 예리(銳利)하다, 예민(銳敏)하다.

무뚝뚝-하다 [blunt; brusque]
말이나 행동, 표정 따위가 부드럽고 상냥스러운 면이 없어 정답지가 않다. ¶무뚝뚝하게 대하다. ⓑ상냥하다.

무량 無量 | 없을 무, 헤아릴 량 [immeasurable]
헤아릴[量] 수 없이[無] 많음. ⓑ무한량(無限量).

▸무량수-전 無量壽殿 | 목숨 수, 대궐 전
불교 '수명이 한없다는 부처'인 무량수불(無量壽佛)을 모신 법당[殿].

무럭-무럭 [rapidly; thickly]
❶힘차게 자라는 모양. ¶아이는 하루가 다르게 무럭무럭 자란다. ❷연기·냄새 따위가 치밀어 일어나는 모양. ¶김이 무럭무럭 나다.

무려 無慮 | 없을 무, 생각할 려 [as many as; no less than]
❶ 속뜻 생각할[慮] 수가 없음[無]. ❷그 수가 예상보다 상당히 많음을 나타내는 말. 상상을 초월함. ¶사상자가 무려 백만 명이 넘었다.

무력[1] 無力 | 없을 무, 힘 력 [powerless]
힘[力]이 없거나[無] 부침. ¶그녀는 힘들고 지쳐서 무력해 보인다. ⓑ유력(有力).

무:력[2] 武力 | 굳셀 무, 힘 력 [military power]
굳센[武] 군사상의 위력(威力). ¶무력 시위 / 무력으로 빼앗다.

▸무:력-적 武力的 | 것 적
군대의 힘[武力]을 사용하는 것[的]. ¶무력적 강요로 조약을 맺다.

무렵 [about the time when]
바로 그때쯤. 일이 벌어질 그 즈음. ¶그 무렵 저는 초등학생이었습니다. ⓑ즈음, 나절.

무:령왕-릉 武寧王陵 | 굳셀 무, 편안할 령, 임금 왕, 무덤 릉
고적 충청남도 공주시 금성동에 있는 백제 무령왕(武寧王)의 무덤[陵].

무례 無禮 | 없을 무, 예도 례 [impolite; rude]
예의(禮義)가 없거나[無] 그에 맞지 않음. 버릇없음. ¶무례한 태도 / 무례하게 굴다.

무뢰 無賴 | 없을 무, 맡길 뢰 [ruffian; rowdy]
❶ 속뜻 일을 맡길[賴]만한 사람이 못됨[無]. ❷예의와 염치를 모르며 함부로 행동하는 사람. ¶저런 무뢰를 보았나.

▸무뢰-한 無賴漢 | 사나이 한
성품이 막되어 예의와 염치를 모르며[無賴] 함부로 행동하는 사내[漢].

무료[1] 無料 | 없을 무, 삯 료 [free of charge]
❶ 속뜻 삯[料]이나 값을 받지 않음[無]. ¶학교 운동장을 무료로 개방하다. ❷보수를 받지 않음. ¶무료 봉사자. ⓑ무급(無給). ⓑ유료(有料).

무료[2] 無聊 | 없을 무, 즐길 료 [boresome; tedious]
❶ 속뜻 즐거움[聊]이 없음[無]. ❷흥미가 없어 지루하고 심심함. ¶무료를 달래다 / 무료한 오후를 보내다.

무르다[1] [get soft; become tender]
굳은 물건이 푹 익거나 하여 녹실녹실하게 되다. ¶단감이 무르다.

무르다[2] [take back money]
샀거나 바꾼 물건을 도로 주고 돈이나 물

건을 되찾다. ¶새로 산 가방을 물렀다.

무르다[3][soft; weak]
❶단단하지 않다. ¶아이는 아직 뼈가 무르다. ❷마음이나 힘이 약하다. ¶그는 사람이 좀 무른 것이 탈이다.

무르-익다 [get ripe; become ripe]
❶과일이나 곡식 따위가 흐무러지도록 푹 익다. ¶무르익은 사과. ❷일이나 시기가 충분히 좋은 상태에 이르다. ¶파티의 분위기가 한창 무르익고 있다. ㊙ 설익다.

무릅-쓰다 [venture; dare]
어려운 일을 그대로 참고 견디어 해내다. ¶위험을 무릅쓰고 공주를 구했다.

무릇 (凡, 무릇 범) [generally speaking]
종합하여 살펴보건대. 대체로 보아. ㊔ 대범(大凡), 대저(大抵).

무릎 [knee]
의학 넓다리와 정강이의 사이에 앞쪽으로 둥글게 튀어나온 부분.

▸ **무릎-뼈**
의학 무릎 앞 한가운데 있는 작은 종지 모양의 오목한 뼈. 무릎 인대로 둘러싸여 있으며, 무릎 관절을 보호하는 역할을 한다.

▸ **무릎-치기**
운동 상대편의 무릎을 손으로 쳐서 넘기는 씨름 재간의 하나.

무리[1](類, 무리 류; 黨, 무리 당; 衆, 무리 중; 群, 무리 군; 徒, 무리 도; 輩, 무리 배) [group; crowd; flock]
사람이나 짐승 따위가 함께 모여 있는 것. ㊔ 떼.

***무리**[2]**無理** | 없을 무, 이치 리 [unreasonable]
이치(理致)에 맞지 않거나[無] 정도에서 지나치게 벗어남. ¶그가 그렇게 화를 내는 것도 무리가 아니다 / 몸도 안 좋은데 무리하지 말고 쉬세요. ㊙ 유리(有理).

무ː-말랭이 [dried strips of radish]
무를 썰어 말린 것. 또는 그것으로 만든 반찬.

무명[1][cotton cloth]
무명실로 짠 피륙. 무명베. ㊔ 목면(木綿), 면포(綿布).

무명[2]**無名** | 없을 무, 이름 명 [being nameless; obscurity]
❶ 속뜻 이름[名]이 없음[無]. ¶이 시는 무명씨의 작품이다. ❷이름이 널리 알려져 있지 않음. ¶그는 아직 무명 가수이다. ㊙ 유명(有名).

▸ **무명-지** 無名指 | 손가락 지
❶ 속뜻 이름 없는[無名] 손가락[指]. ❷가운뎃손가락과 새끼손가락 사이에 있는 손가락. ㊔ 약손가락.

무모 無謀 | 없을 무, 꾀할 모 [rash; reckless]
❶ 속뜻 깊이 생각하여 잘 꾀하지[謀] 아니함[無]. ❷생각이 깊지 못함. ¶무모한 계획.

무미 無味 | 없을 무, 맛 미 [tasteless; flat]
맛이나 재미[味]가 없음[無].

▸ **무미-건조** 無味乾燥 | 마를 건, 마를 조
글이나 그림 따위가 운치나 맛[味]이 없고[無] 깔깔하거나 딱딱함[乾燥]. ¶무미건조한 줄거리.

무방 無妨 | 없을 무, 방해할 방 [do no harm; do not matter]
방해(妨害)가 되지 않다[無]. 지장이 없다. ¶숙제는 내일까지 내도 무방하다. ㊔ 상관(相關)없다, 관계(關係)없다.

무-방비 無防備 | 없을 무, 막을 방, 갖출 비 [defenseless]
적을 막을[防] 준비(準備)가 되어 있지 않음[無]. 적에 대한 방어 시설과 경비가 없음. ¶이 건물은 화재에 무방비 상태에 있다.

무법 無法 | 없을 무, 법 법 [unjust; unlawful]
❶ 속뜻 법(法)이 없음[無]. ❷도리나 도덕에 어긋나고 난폭함. ¶폭동이 일어나자

도시는 무법천지가 되었다.

▸무법-자 無法者 | 사람 자

법(法)을 무시(無視)하고 함부로 거칠고 험한 행동을 하는 사람[者]. ¶도로의 무법자.

무병 無病 | 없을 무, 병 병

[good health]

병(病)이 없음[無]. ¶무병을 기원합니다.

▸무병-장수 無病長壽 | 길 장, 목숨 수

병(病) 없이[無] 오래[長] 삶[壽]. ¶상을 차려 놓고 아기의 무병장수를 빌었다.

무-분별 無分別 | 없을 무, 나눌 분, 나눌 별

[indiscreet; injudicious]

분별(分別)이 없음[無]. 앞 뒤 생각이 없음. ¶무분별한 행위.

무:사[1] 武士 | 굳셀 무, 선비 사 [warrior; knight]

❶속뜻 굳센[武] 기예를 닦은 사람[士]. ❷역사 무예를 익혀 전쟁에 종사하던 사람. ㊐ 무인(武人). ㊥ 문사(文士).

무사[2] 無事 | 없을 무, 일 사

[be without mishap]

❶속뜻 아무 일[事]이 없음[無]. ❷아무 탈이 없음. ¶무사 귀환 / 대형 화재였는데도 사람들은 무사하다. ㊐ 무고(無故). ㊥ 유사(有事).

▸무사-태평 無事泰平 | 편안할 태, 화평할 평

❶속뜻 어떤 일[事]에도 개의하지 않고[無] 마음이 태평(泰平)함. ❷아무 탈 없이 평안함. ¶동생은 방학숙제를 안 해놓고도 무사태평이다.

무:산 霧散 | 안개 무, 흩을 산 [dissipate; vanish]

안개[霧]가 걷히듯 흩어져[散] 사라짐. 또는 그렇게 흐지부지 취소됨. ¶계획이 무산되다.

무상[1] 無常 | 없을 무, 늘 상

[uncertain; mutable]

❶속뜻 늘[常] 그대로인 것이 없음[無]. ❷덧없음. ¶인생의 무상과 허무를 느끼다 / 인생은 무상한 것이다.

무상[2] 無償 | 없을 무, 갚을 상

[gratis; free of charge]

❶속뜻 물건 값 따위를 갚지[償] 않아도[無] 됨. ❷값이나 삯을 받지 않음. ¶무상으로 수리하다. ㊥ 유상(有償).

무색 無色 | 없을 무, 빛 색

[colorless; achromatic]

❶속뜻 아무 빛깔[色]이 없음[無]. ¶물은 무색 무취의 액체다. ❷부끄러워 볼 낯이 없음. ¶무색해서 고개를 숙였다. ㊐ 무안(無顔). ㊥ 유색(有色).

무생-물 無生物 | 없을 무, 살 생, 만물 물

[lifeless thing]

생물 생활 기능이나 생명(生命)이 없는[無] 물체(物體). 세포로 이루어지지 않은 돌, 물, 흙 따위를 이른다. ㊥ 생물(生物), 유생물(有生物).

무-서리 [first frost]

그해 가을 처음 오는 묽은 서리. ㊥ 된서리.

무서움 [fear; fright]

무서워하는 느낌. ㊐ 두려움, 공포(恐怖).

무서워-하다 [be afraid]

무섭게 여기다. ¶개를 무서워하다. ㊐ 겁내다.

무선 無線 | 없을 무, 줄 선 [wireless]

❶속뜻 줄[線]이 없거나[無] 쓰이지 않음. ❷통신이나 방송을 전선(電線) 없이 전파로 함. ¶무선 전화기. ㊥ 유선(有線).

무섭다 [be afraid; fierce; awful]

❶어떤 대상에 대하여 두려운 느낌이 있고 마음이 불안하다. ¶무서운 선생님. ❷두려움이나 놀라움을 느낄 만큼 성질이나 기세 따위가 몹시 사납다. ¶무서운 속력. ❸심하다. 지독하다. ¶무서운 추위.

비슷한 듯 다른 말	➲ 사납다

무:성[1] 茂盛 | 우거질 무, 가득할 성 [thick]

초목 따위가 우거져[茂] 가득함[盛]. ¶풀

이 무성하다.

무성² 無聲 | 없을 무, 소리 성
[silent; unvoiced]
소리[聲]가 없음[無]. 아무 소리도 나지 않음. [반] 유성(有聲).

무-성의 無誠意 | 없을 무, 진심 성, 뜻 의
[insincere; unfaithful]
진심[誠]에서 우러나오는 마음[意]이나 태도가 없음[無]. ¶너의 태도는 무성의하다.

무-소속 無所屬 | 없을 무, 것 소, 엮을 속
[independence]
어느 단체나 당파에도 속(屬)한 데[所]가 없음[無]. 또는 그 사람. ¶무소속 국회의원.

무-소식 無消息 | 없을 무, 사라질 소, 불어날 식 [no news]
소식(消息)이 없음[無]. ¶그가 떠난 지 한 달이 되도록 무소식이다. [속담] 무소식이 희소식.

무:속 巫俗 | 무당 무, 풍속 속 [shamanism]
무당(巫堂)들의 풍속(風俗)이나 습속(習俗). ¶무속 신앙.

무쇠 [cast iron; iron]
[광업] 철에 2.0% 이상의 탄소가 들어 있는 합금. 빛이 검고 강철보다 녹기 쉬워 솥·철관·화로 등을 만드는 재료로 쓴다. [속담] 무쇠도 갈면 바늘 된다.

무수 無數 | 없을 무, 셀 수
[innumerable; numberless]
❶ [속뜻] 일정한 수(數)가 없음[無]. ❷셀 수 없이 많음. 또는 그런 수. ¶밤하늘의 별들이 무수하다 / 거리에 사람들이 무수히 많다.

무:술 武術 | 굳셀 무, 꾀 술
[military arts]
무인(武人)으로서 갖추어야 할 여러 기술(技術). [비] 무예(武藝).

무슨 [what; what kind of]
❶무엇인지 모르는 일이나 대상, 물건 따위를 물을 때 쓰는 말. ¶무슨 일로 왔니? / 이게 무슨 뜻이니? ❷사물을 특별히 정하여 지목하지 않고 이를 때 쓰는 말. ¶그는 무슨 일이든 척척 해낸다. ❸예상 외로 못마땅함을 강조하는 말. ¶무슨 물건이 이 모양입니까?

무-승부 無勝負 | 없을 무, 이길 승, 질 부
[tie]
경기나 내기에서 이기고[勝] 지는[負] 것을 가르지 못함[無]. 서로 비김. ¶경기가 무승부로 끝나다. [비] 비김, 동점(同點).

***무시** 無視 | 없을 무, 볼 시
[disregard; neglect]
❶ [속뜻] 보아[視] 주지 아니함[無]. ❷사물의 존재 의의나 가치를 알아주지 아니함. ¶무시하지 못하다 / 신호를 무시하고 달리다. ❸사람을 업신여김. ¶그에게 무시를 당하다 / 동생이 나를 무시했다.

무시무시-하다 [horrible; terrible]
자꾸 무서운 느낌이 들게 하는 기운이 있다. ¶그 영화는 정말 무시무시했다.

무-시험 無試驗 | 없을 무, 따질 시, 효과 험
[no examination]
[교육] 시험(試驗)을 치르지 않음[無]. ¶중학교 무시험 제도.

무식 無識 | 없을 무, 알 식
[ignorant; illiterate]
배우지 못해 아는[識] 것이 없음[無]. ¶나의 무식이 탄로 났다 / 그녀는 자주 무식한 소리를 한다. [반] 유식(有識).

무:신 武臣 | 굳셀 무, 신하 신
[military official]
무과(武科) 출신의 신하(臣下). [반] 문신(文臣).

무심 無心 | 없을 무, 마음 심
[unwitting; unintentional]
아무런 생각[心]이 없음[無]. 감정이 없음. ¶무심한 표정으로 거울을 보다.

▶ 무심-결 (無心–)
아무런 생각[心]이 없어[無] 스스로 깨닫지 못하는 사이. ¶무심결에 비밀을 말해

버렸다.

▸무심-코 (無心–)
아무런 생각[心]이나 뜻이 없이[無]. ¶무심코 한 말.

무안 無顔 | 없을 무, 얼굴 안
[shame; disgrace]
부끄러워서 볼 낯[顔]이 없음[無]. ¶무안을 주다 / 나는 무안하여 얼굴이 빨개졌다. ㊊ 무색(無色).

무어 [what; What?; Why!]
❶'무엇'의 준말. ¶무어 마실 것 없어요? 이건 대체 무어야 / 무어가 무언지 모르겠다. ❷그게 무슨 소리냐고 놀람을 나타내는 말. ¶무어! 그게 정말이야? ㊟ 뭐.

무언 無言 | 없을 무, 말씀 언
[silent; mute]
말[言]이 없음[無]. ¶무언의 압력을 받다. ㊊ 묵언(默言).

▸무언-극 無言劇 | 연극 극
연영 말[言]을 하지 않고[無] 몸짓과 얼굴의 표정만으로 표현하는 연극(演劇). 때로는 음악에 맞추어 춤을 추기도 함. ㊊ 팬터마임.

무엄 無嚴 | 없을 무, 엄할 엄 [rude]
엄(嚴)하게 여기지 아니함[無]. 삼가고 어려워함이 없음. ¶무엄한 소리.

무엇 [what; something]
❶모르는 사실이나 사물을 가리키는 지시 대명사. ¶당신의 직업은 무엇입니까? ❷정하지 않은 대상이나 이름을 밝힐 필요가 없는 대상을 가리키는 지시 대명사. ¶무엇이든지 물어보세요. ㊊ 무어, 뭐.

무:역 貿易 | 바꿀 무, 바꿀 역
[trade; export and import business]
❶경제 상품을 팔고 사며 서로 바꾸는[貿=易] 상행위. ❷외국 상인과 물품을 수출입하는 상행위. ㊊ 교역(交易), 통상(通商).

▸무:역-로 貿易路 | 길 로
무역(貿易)을 하기 위해 오가는 길[路]. ¶무역로를 개척하였다.

▸무:역-업 貿易業 | 일 업
외국과의 무역(貿易)을 전문으로 하는 일[業].

▸무:역-항 貿易港 | 항구 항
외국과의 상품 수출입[貿易] 허가를 얻은 항구(港口). ¶부산은 동아시아 최대의 무역항이다. ㊊ 상항(商港).

▸무:역 수지 貿易收支 | 거둘 수, 가를 지
경제 상품의 수출입[貿易]으로 생기는 수입(收入)과 지출(支出). ¶상반기 무역수지는 흑자이다.

*__무연-탄__ 無煙炭 | 없을 무, 연기 연, 숯 탄
[anthracite coal; hard coal]
광업 탈 때 연기(煙氣)가 나지 않는[無] 석탄(石炭). ¶강원도 정선은 무연탄 산지다. ㊎ 유연탄(有煙炭).

무영 無影 | 없을 무, 그림자 영
그림자가[影] 없음[無].

▸무영-탑 無影塔 | 탑 탑
❶속뜻 그림자[影]가 지지 않는[無] 탑(塔). ❷고적 '불국사 삼층 석탑'을 달리 이르는 말.

*__무:예__ 武藝 | 굳셀 무, 재주 예
[military arts]
검술(劍術), 궁술(弓術) 등 무술(武術)에 관한 재주[藝]. ㊊ 무기(武技).

무용[1] 無用 | 없을 무, 쓸 용
[useless; needless]
소용(所用)이 없음[無]. 쓸데없음. ¶그의 조언은 나에게는 무용하다. ㊎ 유용(有用).

▸무용-지물 無用之物 | 어조사 지, 만물 물
아무짝에도 쓸데[用] 없는[無] 물건(物件)이나 사람. ¶비가 억수같이 퍼부어서 우산이 있어도 무용지물이다.

무:용[2] 武勇 | 굳셀 무, 날쌜 용
[bravery; valor; prowess]
❶속뜻 무예(武藝)와 용맹(勇猛). ❷싸움에서 용맹스러움. ¶무용을 자랑하다.

▸무:용-담 武勇談 | 이야기 담

씩씩하고 용맹스럽게[武勇] 싸운 이야기[談]. ¶무용담을 늘어놓다.

⁑무ː용³舞踊 | 춤출 무, 뛸 용 [dance]
❶ 속뜻 춤추며[舞] 즐겁게 뜀[踊]. ❷음악에 맞추어 몸을 움직여 감정과 의지를 나타내는 예술. ¶무용을 배우다. ㊐ 춤, 무도(舞蹈).

▸무ː용-곡 舞踊曲 | 노래 곡
음악 무용(舞踊)을 위하여 연주하는 악곡(樂曲).

▸무ː용-단 舞踊團 | 모일 단
무용(舞踊)하는 사람으로 이루어진 단체(團體).

▸무ː용-수 舞踊手 | 사람 수
극단 따위에서 춤추는[舞踊] 역할을 맡은 사람[手].

▸무ː용-총 舞踊塚 | 무덤 총
고적 14명의 남녀가 춤을 추는[舞踊] 모습과 말을 탄 4명의 무사가 사냥하는 모습 따위의 벽화가 있는 무덤[塚]. 중국의 만주 길림성(吉林省) 집안시(輯安市) 여산(如山) 남쪽에 있는, 고구려 때의 무덤으로 1940년에 발견되었다.

무위 無爲 | 없을 무, 할 위
[idle; inactive]
아무 일도 하지[爲] 아니함[無].

▸무위-도식 無爲徒食 | 헛될 도, 먹을 식
하는 일이 없이[無爲] 헛되이[徒] 먹기[食] 만 함. ¶무위도식하며 세월을 보내다. ㊐ 유수도식(遊手徒食).

무-의ː미 無意味 | 없을 무, 뜻 의, 맛 미
[meaningless]
❶ 속뜻 아무 의미(意味)가 없음[無]. ¶무의미한 말. ❷아무런 가치나 의의가 없음. ¶무의미한 노력.

무-의ː식 無意識 | 없을 무, 뜻 의, 알 식
[unconsciousness]
❶ 속뜻 의식(意識)하지 않은[無] 상태. ❷ 심리 자신의 언동이나 상태 따위를 스스로 깨닫지 못하는 일체의 작용. ¶교통사고로 그는 무의식 상태에 빠졌다. ㊥ 의식(意識).

무의-촌 無醫村 | 없을 무, 의원 의, 마을 촌
[doctorless village]
의사(醫師)나 의료 시설(醫療施設)이 전혀 없는[無] 마을[村]. ¶무의촌에 순회 진료를 가다.

무익 無益 | 없을 무, 더할 익
[useless; futile]
이익(利益)이 없음[無]. ¶담배는 무익하다. ㊥ 유익(有益)하다.

무ː인¹武人 | 굳셀 무, 사람 인 [soldier; warrior]
무예(武藝)를 닦은 사람[人]. ㊐ 무사(武士). ㊥ 문인(文人).

무인²無人 | 없을 무, 사람 인 [manless]
사람[人]이 없거나[無] 살지 않음. ¶무인 판매기 / 무인 우주선. ㊥ 유인(有人).

▸무인-도 無人島 | 섬 도
사람[人]이 살지 않는[無] 섬[島]. ㊥ 유인도(有人島).

무-일푼 (無一-, 없을 무, 하나 일) [being penniless]
돈이 하나[一]도 없음[無]. ㊐ 무일전(無一錢).

무-자비 無慈悲 | 없을 무, 사랑할 자, 슬플 비 [merciless; heartless]
남을 사랑하거나[慈] 남의 고통에 같이 슬퍼하지[悲] 않음[無]. ¶그는 무자비하게 동생을 내쫓았다.

무-작정 無酌定 | 없을 무, 따를 작, 정할 정
[planless]
미리 잘 헤아려 결정해[酌定] 놓은 것이 없음[無]. ¶무작정 회사를 그만두다. ㊐ 무턱대고, 덮어놓고, 다짜고짜.

무ː장 武裝 | 굳셀 무, 꾸밀 장
[arm; equip an army]
❶ 속뜻 전쟁이나 전투[武]를 위한 장비(裝備)나 필요한 것을 갖춤. ¶무장 군인 / 총으로 무장하다. ❷필요한 사상이나 기술

따위를 단단히 갖춤. ¶정신 무장을 새롭게 하자 / 투철한 애국심으로 무장하다.

▸무:장 해:제 武裝解除 | 풀 해, 덜 제
군사 ❶항복하거나 중립국으로 망명해 온 군대의 무장(武裝)을 강제로 풀어[解] 없앰[除]. ❷비무장 지대로 만들기 위하여 일정한 지역의 군사적 주둔이나 시설을 없앰.

무적 無敵 | 없을 무, 원수 적 [invincibility]
맞서 싸울 상대[敵]가 없을[無] 정도로 아주 셈. ¶천하무적 / 무적 함대.

무전 無電 | 없을 무, 전기 전 [wireless]
전선(電線)이 없이[無] 전파로 주고 받는 것.

▸무전-기 無電機 | 틀 기
무전(無電)으로 신호나 말소리를 주고 받는 기계(機械). ¶무전기로 교신하다.

무전-여행 無錢旅行 | 없을 무, 돈 전, 나그네 려, 다닐 행
돈[錢] 없이[無] 하는 여행(旅行).

무-절제 無節制 | 없을 무, 알맞을 절, 누를 제 [intemperate]
정도에 넘지 않도록 알맞게[節] 제한(制限)하지 않음[無]. ¶무절제한 행동.

무정 無情 | 없을 무, 마음 정 [hard; heartless]
❶ 속뜻 따뜻한 마음[情]이 없음[無]. ❷사랑이나 동정심이 없음. ¶그의 무정을 탓하다 / 그는 그녀의 부탁을 무정하게 거절했다. 반 유정(有情).

무제 無題 | 없을 무, 제목 제 [no title]
제목(題目)이 없음[無]. 시나 그림 따위에서 제목을 붙이기 어려운 경우에 제목 대신에 사용한다.

무-제:한 無制限 | 없을 무, 누를 제, 끝 한 [unlimitedness]
넘지 못하도록[制] 정해놓은 한도(限度)가 없음[無]. ¶무제한으로 사들이다.

무-조건 無條件 | 없을 무, 가지 조, 구분할 건 [unconditional]
아무 조건(條件)이 없음[無]. ¶무조건 승낙하다.

▸무조건 반:사 無條件反射 | 되돌릴 반, 쏠 사
심리 동물이 가지고 있는 선천적인 반사로, 일정한 조건(條件)이 없이[無] 일어나는 반사(反射). 반 조건 반사(條件反射).

무좀 [athlete's foot ; tinea (pedis)]
의학 주로 바닥, 특히 발가락 사이에 많이 생기는 피부병. 물집이 잡히고 부스럼이 돋으며 피부 껍질이 벗겨지기도 하고 몹시 가려운 것이 특징이다.

무죄 無罪 | 없을 무, 허물 죄 [innocent; guiltless]
❶ 속뜻 잘못이나 허물[罪]이 없음[無]. ❷ 법률 피고 사건이 범죄가 되지 않거나 범죄의 증명이 없음. ¶무죄를 주장하다. 반 유죄(有罪).

무:지[1] 拇指 | 엄지손가락 무, 손가락 지 [thumb]
엄지[拇] 손가락[指].

무지[2] 無智 | 없을 무, 슬기 지 [very; really; extremely]
❶ 속뜻 슬기[智]가 없음[無]. 꾀가 없음. ❷매우 많이. ¶오늘은 무지 춥다.

무지[3] 無知 | 없을 무, 알 지 [stupid]
아는[知] 바가 없음[無]. ¶무지한 백성들을 선동하다.

▸무지막지 無知莫知 | 없을 막, 알 지
❶ 속뜻 아는 것[知]이 없고[無] 아무것도 알지[知] 못하다[莫]. ❷매우 무식하다. ¶그는 무지막지하게 아들을 때렸다.

무지개 [rainbow]
비가 그친 뒤, 태양의 반대 방향에 반원형으로 길게 뻗쳐 나타나는 일곱 가지 빛의 줄.

무직 無職 | 없을 무, 일자리 직 [inoccupation]
일정한 직업(職業)이 없음[無].

무진 無盡 | 없을 무, 다할 진

[no end; no limit]
❶ 속뜻 다함[盡]이 없음[無]. ¶무진 고생을 하다. ❷'무궁무진'(無窮無盡)의 준말.

▸ 무진-장 無盡藏 | 감출 장
끝이 없을[無盡] 정도로 많이 간직하고[藏] 있음. ¶그는 돈이 무진장 많다.

무-질서 無秩序 | 없을 무, 차례 질, 차례 서
[disorder; confusion]
질서(秩序)가 없음[無]. ¶거리에는 상점들이 무질서하게 들어서 있다.

무-찌르다 [wipe out; kill off]
닥치는 대로 마구 쳐 없애다. ¶적군을 무찌르다.

무-차별 無差別 | 없을 무, 다를 차, 나눌 별
[no distinction]
❶ 속뜻 차이[差別]를 두지 않음[無]. ❷앞뒤 가리지 않고 마구잡이임. ¶무차별 공격.

무참 無慘 | 없을 무, 참혹할 참
[cruel; miserable]
더없이[無] 참혹(慘酷)하다. ¶무참한 죽음.

무채-색 無彩色 | 없을 무, 빛깔 채, 빛 색
[achromatic color]
미술 채도(彩度)나 색상은 없고[無] 명도의 차이만을 가지는 색(色). ¶검은색은 무채색이다. ⓑ 유채색(有彩色).

무-책임 無責任 | 없을 무, 꾸짖을 책, 맡길 임 [irresponsible]
❶ 속뜻 책임(責任)이 없음[無]. ¶그녀는 그 일에는 무책임하다. ❷책임감이 없음. ¶어떻게 이렇게 무책임할 수가 있소.

무척 [very (much); greatly]
매우. 대단히. ¶무척 추운 날이다. ⓑ 많이, 굉장히, 엄청.

무척추-동물 無脊椎動物 | 없을 무, 등뼈 척, 등뼈 추, 움직일 동, 만물 물
[invertebrate (animal)]
생물 등뼈[脊椎]가 없는[無] 동물(動物)을 통틀어 이르는 말.

무취 無臭 | 없을 무, 냄새 취
[odorless; scentless]
냄새[臭]가 없음[無]. ¶무색, 무취의 투명한 기체.

무치다 [dress with]
나물에 갖은 양념을 섞어 버무리다. ¶콩나물을 무치다.

무턱-대고 [without reason]
아무 까닭이나 계획 없이 그냥. 덮어놓고. ¶무턱대고 화를 내다. ⓑ 다짜고짜로.

무-통장 無通帳 | 없을 무, 온통 통, 장부 장
은행에서 통장(通帳)이 없이[無] 돈을 넣거나 빼는 것. ¶무통장 거래 / 무통장 입금.

무-표정 無表情 | 없을 무, 겉 표, 마음 정
[absence of expression]
겉[表]으로 드러낸 마음[情]이 없음[無]. 아무런 표정이 없음. ¶무표정한 얼굴.

무한 無限 | 없을 무, 끝 한
[unlimited; limitless]
끝[限]이 없음[無]. ¶초대해 주셔서 무한한 영광입니다. ⓑ 유한(有限).

▸ 무한-대 無限大 | 큰 대
한없이[無限] 큼[大].

무-한:정 無限定 | 없을 무, 한할 한, 정할 정 [unlimited; limitless]
한계(限界)로 정(定)해놓은 것이 없음[無]. ¶무한정 기다릴 수 없어서 집으로 돌아왔다.

무-허가 無許可 | 없을 무, 허락 허, 옳을 가
[no permit]
허가(許可) 받은 것이 없음[無]. ¶무허가 건물을 철거하다.

***무형** 無形 | 없을 무, 모양 형
[formlessness; shapelessness]
형체(形體)가 없음[無]. ¶지식은 무형의 재산이다. ⓑ 유형(有形).

▸ 무형 문화재 無形文化財 | 글월 문, 될 화, 재물 재
예술 구체적인 형태가 없는[無形] 문화적(文化的) 소산[財]. 연극이나 음악, 공예 기술 따위. ⓑ 유형 문화재(有形文化財).

무화-과 無花果 | 없을 무, 꽃 화, 열매 과 [fig]
❶ 속뜻 꽃[花]이 피지 않고[無] 열매[果]를 맺음. ❷ 식물 봄에 잎겨드랑이에서 아주 작은 꽃이 달리고 가을에 자주색의 열매가 익는 나무.

무효 無效 | 없을 무, 효과 효 [ineffective; invalid]
❶ 속뜻 효과(效果)가 없음[無]. ❷ 법률 법률 행위가 어떤 원인으로 당사자가 의도한 효력을 나타내지 못함. ¶선거법 위반으로 그의 당선은 무효가 되었다. ⓑ 유효(有效).

무:희 舞姬 | 춤출 무, 아가씨 희 [dancer]
춤을 잘 추거나[舞] 춤추는 일을 업으로 하는 아가씨[姬].

묵 [jelly]
메밀·녹두·도토리 등의 앙금을 풀 쑤듯이 되게 쑤어 굳힌 음식. ¶묵을 쑤다.

묵과 默過 | 입 다물 묵, 지나칠 과 [overlook; pass over]
입 다물고[默] 말없이 지나침[過]. ¶그의 잘못을 묵과하다.

묵념 默念 | 잠잠할 묵, 생각 념 [silent prayer]
❶ 속뜻 잠잠하게[默] 생각[念]에 잠김. ❷ 마음속으로 빎. ¶호국 영령들을 위해 묵념을 올리다.

묵다[1] [stay]
일정한 곳에서 손님으로 머무르다. ¶호텔에 묵다. ⓑ 숙박(宿泊)하다.

묵다[2] [get old; be out of date]
일정한 때를 지나서 오래된 상태가 되다. ¶묵은 김치 / 묵은 생각.

묵묵 默默 | 잠잠할 묵, 잠잠할 묵 [silent; mute]
아무 말 없이 매우 잠잠하다[默+默]. ¶어려운 상황을 묵묵하게 이겨내다 / 아무 불평 없이 묵묵히 일을 하다.
▸ 묵묵부답 默默不答 | 아닐 부, 답할 답
입을 다문[默默] 채 아무 대답(對答)도 하지 않음[不]. ¶그는 어떤 질문에도 묵묵부답했다.

묵비 默祕 | 입 다물 묵, 숨길 비 [silence]
입을 다물어[默] 말하지 않고 숨김[祕].
▸ 묵비-권 默祕權 | 권리 권
법률 피고나 피의자가 자기에게 불리한 진술을 거부하고 말하지 않을 수 있는[默祕] 권리(權利). ¶묵비권을 행사하다.

묵-사발 (–沙鉢, 모래 사, 밥그릇 발) [crush out of shape]
❶ 속뜻 묵을 담은 사발(沙鉢). ❷얻어맞거나 하여 얼굴 따위가 형편없이 깨지고 뭉개진 상태. ¶묵사발이 되도록 얻어맞다.

묵살 默殺 | 입 다물 묵, 죽일 살 [ignore; take no notice]
❶ 속뜻 말하지 않고[默] 묻어 둠[殺]. ❷의견이나 제안 따위를 듣고도 못 들은 척함. ¶제안을 묵살하다.

묵상 默想 | 입 다물 묵, 생각 상 [meditate (on); contemplate]
입을 다물고[默] 조용히 생각함[想]. ¶묵상에 잠기다.

묵은-해 [old year; past year]
새해를 맞이하여 지난해를 일컫는 말. ⓑ 새해.

묵인 默認 | 입 다물 묵, 허락할 인 [permit tacitly; tolerate]
입을 다물고[默] 암암리에 슬며시 허락함[認]. ¶상급자의 묵인이 없었다면 불가능했다 / 시험 부정행위를 묵인할 수 없다.

묵주 默珠 | 입 다물 묵, 구슬 주 [rosary]
❶ 속뜻 묵언(默言)기도 때 쓰는 구슬[珠]. ❷ 가톨릭 염주처럼 줄에 꿴 구슬을 이름. '묵주 기도'를 할 적에 그 차례를 세는 데 쓰인다.

묵직-하다 [rather heavy; rather serious]
❶다소 큰 물건이 보기보다 제법 무겁다. ¶가방이 꽤 묵직하다. ❷사람이 점잖고 무게가 있다. ¶묵직한 음성 / 묵직한 발걸

음.

비슷한 듯 다른 말 ➲ 무겁다

묵-히다 [leave unused; leave wasted]
쓰지 않고 그냥 버려두다. ¶땅을 묵혀 두다. ㊐ 방치(放置)하다.

묶다 (束, 묶을 속) [bind; tie; join]
❶끈, 줄 따위로 잡아매다. ¶짐을 묶다. ❷몸을 마음대로 움직이지 못하게 얽어매다. ¶손발을 묶다. ❸한군데로 모아 합치다. ¶네 부를 한 권으로 묶다.

♣ 묶다 / 매다[1]

○ 신발 끈을 묶다 = 매다.
○ 범인의 손을 밧줄로 묶다.
× 범인의 손을 밧줄로 매다.
○ 넥타이를 매다.
× 넥타이를 묶다.

비슷한 듯 다른 말 ➲ 꾸리다

묶-음 [bundle; bunch]
한데 모아서 묶어 놓은 덩이. ¶꽃 한 묶음.

묶-이다 [be bound; be tied up]
❶끈, 줄 따위로 잡아매어지다. ¶짐이 꽁꽁 묶여 있다. ❷몸을 마음대로 움직이지 못하게 얽어 매이다. ¶죄수들이 족쇄에 함께 묶여 있다. ❸한군데로 모아 합쳐지다. ¶단편소설이 하나로 묶여서 소설집이 되어 나왔다.

문[1] 門 | 문 문 [gate; door]
드나들거나 물건을 넣었다 꺼냈다 하기 위하여 틔워 놓은 곳. 또는 그곳에 달아 놓고 여닫게 만든 시설. ¶문을 여닫다 / 문을 두드리다.

문[2] 門 | 문 문 [phylum; division]
생물 동식물의 분류학상(分類學上)의 단위. 강(綱)의 위, 계(界)의 아래이다.

문간 門間 | 문 문, 사이 간 [gateway]
출입문(出入門)이 있는 곳[間].

▸**문간-방** 門間房 | 방 방
문간(門間) 바로 옆에 있는 방(房).

▸**문간-채** (門間-)
대문간(大門間) 곁에 있는 집채. ㊐ 행랑채.

문갑 文匣 | 글월 문, 상자 갑
[stationery chest (of drawers)]
문서(文書)나 문구(文具) 따위를 넣어 두는 궤짝[匣].

문건 文件 | 글월 문, 것 건
[official document]
공적인 문서(文書) 같은 것[件]. ¶그 문건을 잘 보관해 두었다.

***문고** 文庫 | 글월 문, 곳집 고
[library; archives]
❶ 속뜻 책이나 문서(文書)를 넣어 두는 방이나 상자[庫]. ❷서고(書庫). ❸ 출판 값이 싸고 가지고 다니기 편하게 작게 만든 출판물. 대중에게 널리 보급될 수 있도록 제작된다.

문-고리 (門-, 문 문) [a door-ring]
문(門)을 여닫고 잠그는 데 쓰는 쇠고리.

문과[1] 文科 | 글월 문, 분과 과
[department of liberal arts; literary course]
❶ 속뜻 인문과학(人文科學)의 이론과 현상을 연구하는 학과(學科). ❷대학에서 수학·자연 과학 이외 부문, 곧 인문과학 부문을 연구하는 학과. ㊊ 이과(理科).

문과[2] 文科 | 글월 문, 과목 과
[civil service examination under the dynasty]
역사 조선 시대, 문관(文官)을 뽑기 위해 치르던 과거(科擧). 시험은 3년마다 실시됐고, 초시(初試)·복시(覆試)·전시(殿試)의 3단계로 나뉘었다. 대과(大科). ㊊ 무과(武科).

문관 文官 | 글월 문, 벼슬 관
[civil official; civil servant]
❶ 역사 문과(文科) 출신의 관리(官吏)를 이르던 말. ❷'군무원'(軍務員)을 달리 이르는 말. ㊊ 무관(武官).

문교 文敎 | 글월 문, 가르칠 교
❶[속뜻] 문화(文化)와 교육(敎育)을 아울러 이르는 말. ❷문화에 대한 교육.

문구¹ 文句 | 글월 문, 글귀 구 [phrase]
글[文]의 구절(句節). ¶그는 책을 읽다가 마음에 드는 문구가 있으면 수첩에 적는 습관이 있다.

문구² 文具 | 글월 문, 갖출 구 [stationery]
글[文] 공부에 필요한 도구(道具). '문방구'(文房具)의 준말.

▶문구-점 文具店 | 가게 점
공책이나 연필 등 문구(文具)를 파는 가게[店].

문-구멍 (門-, 문 문) [rip in a door]
문(門)에 바른 종이가 찢어져서 난 구멍.

문-기둥 (門-, 문 문)
[doorpost; gatepost]
[건설] 문짝을 끼워 달기 위하여 문(門)의 양쪽에 세운 기둥. ㉥문설주.

***문단¹ 文段** | 글 문, 구분 단 [paragraph]
전체 글[文]의 한 단락(段落). ¶문단을 나누다.

문단² 文壇 | 글월 문, 단 단
[literary world; literary circles]
문인(文人)들의 활동 무대[壇]. ¶시인으로 문단에 데뷔하다. ㉥문림(文林), 문학계(文學界).

문-단속 門團束 | 문 문, 둥글 단, 묶을 속
[lock a door; secure a door]
탈이 없도록 문(門)을 닫아 잠그는 일[團束]. ¶외출 전에는 문단속 잘 해야 한다.

문:답 問答 | 물을 문, 답할 답
[exchange questions and answers]
물음[問]과 대답[答]. 또는 서로 묻고 대답함. ¶이 책은 문답식으로 되어 있다.

문둥-병 (-病, 병 병) [leprosy]
[의학] 피부가 헐고 눈썹이 빠지고 손발이나 얼굴이 찌그러지고 신경이 마비되는 병(病). ㉥나병(癩病), 한센병(Hansen病).

문둥-이 [leper]
문둥병에 걸린 사람. ㉥나환자(癩患者).

문드러-지다 [decay; be sore]
썩거나 해져서 본래의 모양이 없어지다. ¶감자가 썩어 문드러지다.

문득 [suddenly; unexpectedly]
생각이 갑자기 떠오르는 모양. ¶문득 학창 시절이 생각나다. ㉥갑자기, 불현듯이.

문:란 紊亂 | 어지러울 문, 어지러울 란
[disordered; confused]
뒤죽박죽 뒤엉켜[紊] 어지러움[亂]. 질서가 없음. ¶공공질서를 문란하게 하다 / 문란한 생활.

문맥 文脈 | 글월 문, 맥 맥
[context; line of thought]
[언어] 글[文]의 맥락(脈絡). ¶작가의 의견이 문맥에 드러나 있다.

문맹 文盲 | 글월 문, 눈멀 맹 [illiterate]
글[文]을 알아보지 못함[盲]. 또는 그런 사람. ¶문맹을 퇴치하다 / 이 나라는 문맹률이 높다.

⁑**문명 文明** | 글월 문, 밝을 명 [civilization; culture]
❶[속뜻] 문채(文彩)가 있고 밝게 빛남[明]. ❷인류가 이룩한 물질적, 기술적, 사회 구조적인 발전. ¶서구 문명의 발생지. ㉤미개(未開), 야만(野蠻).

▶문명-권 文明圈 | 우리 권
비슷한 문명(文明)을 가진 지역[圈]. ¶기독교 문명권.

▶문명-인 文明人 | 사람 인
문명(文明)이 발달한 사회에서 사는 사람[人]. ㉤야만인(野蠻人).

문묘 文廟 | 글월 문, 사당 묘 [Confucian shrine]
[고적] 문인(文人)의 대표적인 인물인 공자를 모신 사당[廟]. 중국 산동성(山東省) 곡부(曲阜)에 있는 것이 유명하다.

문무 文武 | 글월 문, 굳셀 무
[pen and sword]

❶ 속뜻 문관(文官)과 무관(武官). ❷문식(文識)과 무략(武略). 문화적인 방면과 군사적인 방면. ¶이순신은 문무를 겸비한 위인이다.

▶ 문무-백관 文武百官 | 일백 백, 벼슬 관
문관(文官)과 무관(武官)을 합한 모든[百] 관원(官員).

문물 文物 | 글월 문, 만물 물 [civilization; culture]
문화(文化)의 산물(産物). 법률, 학문, 예술, 종교 따위. ¶서양의 문물을 받아들이다.

문민 文民 | 글월 문, 백성 민 [civilian]
직업 군인이 아닌[文] 일반 민간인(民間人). ¶문민 정부.

문-밖 (門-, 문 문) [outside of a gate]
문(門)의 바깥. ¶문밖에서 시끄러운 소리가 났다. ⓑ 문안.

문방 文房 | 글월 문, 방 방
[study; stationery]
❶ 속뜻 글[文] 공부를 하는 방(房). ❷'문방구'(文房具)의 준말. ¶종이, 붓, 먹, 벼루는 문방사우(四友)이다. ⓑ 서재(書齋).

▶ 문방-구 文房具 | 갖출 구
❶ 속뜻 글방[文房]에 필요한 도구(道具). 학용품과 사무용품 따위를 통틀어 이르는 말. ❷학용품과 사무용품 따위를 파는 곳.

▶ 문방-사우 文房四友 | 넉 사, 벗 우
글방[文房]에 갖추어야 할 네[四] 벗[友]. 종이[紙], 붓[筆], 먹[墨], 벼루[硯]를 일컫는다. ⓒ 사우. ⓑ 문방사보.

문벌 門閥 | 집안 문, 무리 벌
[lineage; pedigree]
❶ 속뜻 지체 높은 가문(家門)의 가족이나 무리[閥]. ❷대대로 내려오는 그 집안의 사회적 신분이나 지위. ¶그는 문벌 있는 집안에서 태어나다. ⓑ 가벌(家閥), 세벌(世閥).

문법 文法 | 글월 문, 법 법 [grammar]
❶ 속뜻 문장(文章)을 만드는 법칙(法則). ❷ 언어 말소리나 단어, 문장, 어휘 등에 관한 일정한 규칙.

문병[1] 門屛 | 문 문, 병풍 병
밖에서 집 안을 들여다보지 못하도록 대문(大門)이나 중문 안쪽에 세운 가림막[屛].

문:병[2] 問病 | 물을 문, 병 병
[visit to a sick person]
병(病)이 든 사람을 찾아가 문안(問安)함. ¶친구를 문병하다. ⓑ 병문안(病問安).

문-살 (門-, 문 문)
[frame of a paper sliding door]
문(門)짝의 뼈대가 되는 나무오리나 대오리.

문:상 問喪 | 물을 문, 죽을 상
[call of condolence]
남의 죽음에 대하여 슬퍼하는 뜻을 드러내어 상주(喪主)를 위문(慰問)함. 또는 그 위문. ⓑ 조상(弔喪), 조문(弔問).

▶ 문:상-객 問喪客 | 손 객
상주(喪主)를 위문(慰問)하기 위하여 모인 사람들[客]. ¶문상객이 줄을 잇다. ⓑ 조문객(弔問客).

문서 文書 | 글월 문, 쓸 서 [document]
실무상 필요한 사항을 글[文]로 적어서[書] 나타낸 것. ⓑ 서류(書類).

문-설주 (門-柱, 문 문, 기둥 주)
[side posts of a door; gate post]
문(門)의 양쪽에 세워 문짝을 끼워 달게 된 기둥[柱]. ¶문설주에 몸을 기대다. ⓒ 설주.

문신[1] 文臣 | 글월 문, 신하 신
[civil minister]
문관(文官)인 신하(臣下). ⓑ 무신(武臣).

문신[2] 文身 | 무늬 문, 몸 신 [tattoo]
살갗[身]을 바늘로 찔러 먹물이나 다른 물감으로 글씨, 그림, 무늬[文] 따위를 새기는 일. ¶팔에 문신을 새기다.

문-안[1] (門-, 문 문)
[within the gate; inside the gate]

문(門)의 안. [반] 문밖.

문ː안² 問安 | 물을 문, 편안할 안
[ask after the health of another]
웃어른에게 안부(安否)를 물음[問]. ¶문안 인사를 드리다.

문양 文様 | 무늬 문, 모양 양 [pattern]
무늬[文]나 모양(模樣). ¶비슷한 문양이 고구려 벽화에도 보인다.

문어¹ 文魚 | 무늬 문, 물고기 어 [octopus]
❶ [속뜻] 무늬[文]가 있는 물고기[魚]. ❷ [동물] 낙지과의 연체동물로 낙지과에서 가장 큼. 몸통은 공처럼 둥글고 여덟 개의 발이 있다.

문어² 文語 | 글월 문, 말씀 어
[written language]
[언어] 주로 글[文]에만 쓰이는 말[語]. 일상적인 대화에서 쓰는 말이 아닌 문장에서만 쓰는 말. [반] 구어(口語).

***문예** 文藝 | 글월 문, 재주 예
[literature; literary art]
❶ [속뜻] 글[文]을 잘 쓰는 재주[藝]. ¶그는 문예에 조예가 깊다. ❷문학과 예술을 아울러 이르는 말.

▶문예-반 文藝班 | 나눌 반
학교 따위에서 문예(文藝)에 관한 활동을 하는 모임[班]. ¶문예반에 가입하다.

▶문예 부ː흥 文藝復興 | 다시 부, 일어날 흥
[역사] 14세기 말에서 16세기 초에 걸쳐 유럽에 일어난 인간성의 존중 및 고전 문화[文藝]의 부흥(復興)을 목적으로 한 운동. [비] 르네상스(Renaissance).

문외 門外 | 문 문, 바깥 외
[outside the gate]
❶ [속뜻] 대문(大門)의 바깥[外]. 문밖. ❷관계가 없는.

▶문외-한 門外漢 | 사나이 한
무엇에 대한 전문적인 지식이 없거나 관계가 없는[門外] 사람[漢]. ¶나는 미술에 문외한이다.

문ː의 問議 | 물을 문, 의논할 의 [inquire]
물어서[問] 의논(議論)함. ¶문의사항 / 전화 문의.

문인 文人 | 글월 문, 사람 인
[literary man; cultured person]
문필(文筆)이나 문예창작(文藝創作)에 종사하는 사람[人].

문일지십 聞一知十 | 들을 문, 한 일, 알 지, 열 십
❶ [속뜻] 하나[一]를 들으면[聞] 열[十]을 알다[知]. ❷지극히 총명함. ¶그는 문일지십할 만큼 총명한 사람이다.

****문자** 文字 | 글자 문, 글자 자
[letter; idiomatic phrase]
❶ [속뜻] 글자[文=字]. ❷ [언어] 말의 소리나 뜻을 볼 수 있도록 적기 위한 체계적인 부호. ¶고대 문자 / 고유문자를 만들다.

▶문자-열 文字列 | 줄 렬
컴퓨터에서 여러 종류의 문자(文字)로 줄지어[列] 놓은 정보.

▶문자-판 文字板 | 널빤지 판
글자[文字]를 새겨 놓은 판(板). ¶시계의 문자판.

▶문자-표 文字表 | 겉 표
컴퓨터에서 자판에 없는 여러 기호나 문자(文字)·숫자를 모아 놓은 표(表).

****문장** 文章 | 글자 문, 글 장 [sentence]
[언어] 어떤 생각이나 느낌을 글자[文]로 적은 글[章]. 문장의 끝에 '.', '?', '!' 따위의 마침표를 찍는다. ¶어려운 문장. [비] 글월.

▶문장 부ː호 文章符號 | 맞을 부, 표지 호
[언어] 문장(文章)의 뜻을 돕거나 알아보기 쉽게 하기 위하여 쓰이는 여러 가지 부호(符號). 물음표(?), 느낌표(!), 반점(,), 쌍점(:) 따위.

문전 門前 | 문 문, 앞 전
[front of a gate]
문(門) 앞[前]. ¶문전 박대를 당하다.

▶문전성시 門前成市 | 이룰 성, 저자 시
❶ [속뜻] 대문[門] 앞[前]에 시장[市]이 생길

[成] 정도로 사람이 붐빔. ❷찾아오는 사람이 많음. ¶구경 오는 사람들로 하루 종일 문전성시를 이루었다.

문:제 問題 | 물을 문, 주제 제 [problem; subject]
❶ 속뜻 묻는[問] 주제(主題). ❷해답을 필요로 하는 질문이나, 연구하거나 해결해야 할 사항. ¶문제를 풀다. ❸성가신 일이나 논쟁이 될 만한 일. ¶그것은 문제가 되지 않는다. ⓑ 답(答), 답안(答案), 해답(解答).

▸문:제-아 問題兒 | 아이 아
심리 문제(問題)가 많은 아이[兒].

▸문:제-점 問題點 | 점 점
문제(問題)가 되는 부분[點]. ¶문제점을 해결하다.

▸문:제-지 問題紙 | 종이 지
시험 문제(問題)를 인쇄해 놓은 종이[紙]. ⓑ 답안지(答案紙), 답지(答紙).

▸문:제-집 問題集 | 모을 집
학습 내용에 관한 문제(問題)를 모아[集] 엮어 놓은 책.

▸문:제-없다 (問題—)
문제(問題)가 될 만한 점이 없다. 또는 어긋나는 일이 없다. ¶나는 문제없이 잘해 낼 수 있다.

▸문:제-의:식 問題意識 | 뜻 의, 알 식
대상에 대하여 문제(問題)를 제기하고 해답을 이끌어 내고자 하는 생각[意識].

문조 文鳥 | 무늬 문, 새 조 [paddy bird]
❶ 속뜻 예쁜 무늬[文]가 있는 새[鳥]. ❷ 동물 참새와 비슷하나 등은 회색인 애완용 새.

문중 門中 | 집안 문, 가운데 중 [one's family; kinsmen]
❶ 속뜻 같은 가문(家門) 안[中]에 속함. ❷ 성(姓)과 본(本)이 같은 가까운 집안. ¶문중의 땅을 되찾다. ⓑ 문내(門內).

문-지기 (門—, 문 문) [gatekeeper; gateman]
문(門)을 지키는 사람.

문지르다 [scrub]
무엇을 서로 대고 이리저리 밀거나 비비다. ¶걸레로 얼룩진 바닥을 문지르다.

비슷한 듯 다른 말	➲ 비비다

문-지방 門地枋 | 문 문, 땅 지, 다목 방 [doorsill]
건설 드나드는 문(門)의 아래[地]에 가로 댄 나무[枋]. ¶문지방에 걸려 넘어졌다.

문집 文集 | 글월 문, 모을 집 [collection of works]
어느 개인의 시문(詩文)을 한데 모아서[集] 엮은 책. ¶문집을 발간하다.

문-짝 (門—, 문 문) [(a leaf of) a door]
문(門)이나 창의 한 짝. ⓑ 문비(門扉).

문:책 問責 | 물을 문, 꾸짖을 책 [censure; reproof]
일의 책임을 물어[問] 꾸짖음[責]. ¶문책을 당하다 / 잘못된 기안에 대하여 책임자를 문책하다.

문체 文體 | 글월 문, 몸 체 [literary style]
문학 문장(文章)에 드러난 글쓴이의 사상이나 체재(體裁). ¶그의 문체는 화려하다. ⓑ 글체.

문:초 問招 | 물을 문, 부를 초 [inquiry]
❶ 속뜻 물어보기[問] 위하여 불러옴[招]. ❷죄나 잘못을 따져 묻거나 심문함. ¶문초를 당하다 / 문초를 받다.

문-턱 (門—, 문 문) [threshold; doorsill]
❶ 속뜻 문(門)짝의 밑이 닿는 문지방의 윗부분. ¶문턱을 밟지 마라. ❷어떤 일이 시작되거나 이루어지려는 무렵을 비유적으로 이르는 말. ¶가을의 문턱에 들어섰다. 관용 문턱이 높다.

문-틀 (門—, 문 문) [framework of a door; doorframe]
건설 창문이나 문짝을 달거나 끼울 수 있도록 문(門)의 양옆과 위아래에 이어 댄 테두리.

문-틈 (門—, 문 문)
[chink in the door; door crevice]
닫힌 문(門)의 틈바구니. ¶문틈에 끼다.

문패 門牌 | 문 문, 패 패
[doorplate; nameplate]
성명·주소 등을 적어 대문(大門)에 다는 나무나 돌로 만든 패(牌).

문풍 門風 | 문 문, 바람 풍
[weather strips]
문(門)을 통해 들어오는 바람[風].

▸문풍-지 門風紙 | 종이 지
문(門)틈으로 새어 드는 바람[風]을 막기 위하여 문짝 가를 돌아가며 바르는 종이[紙].

문필 文筆 | 글월 문, 글씨 필
[literary art; writing]
❶[속뜻] 글[文]과 글씨[筆]. ❷글을 짓거나 쓰는 일. ¶문필에 재주가 있다.
있다.

▸문필-가 文筆家 | 사람 가
글 쓰는[文筆] 일을 업으로 삼는 사람[家].

문하 門下 | 문 문, 아래 하
[under instruction]
❶[속뜻] 스승의 집 대문(大門) 아래[下] 모여 듦. ❷스승의 집에 드나들며 가르침을 받는 제자. '문하생'(門下生)의 준말. ¶김 선생님의 문하에 들어가다

▸문하-생 門下生 | 사람 생
문하(門下)에서 가르침을 받는 제자[生]. [준] 문생. [비] 문인(門人).

▸문하-시중 門下侍中 | 모실 시, 가운데 중
[역사] 고려 때부터 조선 초까지, 정사를 총괄하던 문하부(門下府)의 으뜸 벼슬. 또는 그 벼슬아치[侍中].

문학 文學 | 글월 문, 배울 학 [literature]
❶[속뜻] 글[文]에 관한 학문(學問). ❷사상이나 감정을 언어로 표현한 예술. 또는 그런 작품. 시, 소설, 희곡, 수필, 평론 따위. ¶문학 작품을 읽다 / 사실주의 문학.

▸문학-가 文學家 | 사람 가
문학(文學)을 창작하거나 연구하는 사람[家]. [비] 문학자(文學者).

문:항 問項 | 물을 문, 목 항 [item]
문제(問題)의 항목(項目). ¶바로 그 문항을 풀지 못했다.

문해 文解 | 글월 문, 풀 해 [literacy]
글[文]을 읽고 내용을 이해(理解)함. ¶문해 능력이 떨어지다.

▸문해-력 文解力 | 힘 력
글[文]을 읽고 내용을 이해(理解)하는 능력(能力). [비] 독해력(讀解力).

문헌 文獻 | 글월 문, 바칠 헌
[(documentary) records; documents]
❶[속뜻] 글[文]을 바침[獻]. ❷옛날의 제도나 문물을 아는 데 증거가 되는 자료나 기록. ¶여러 문헌을 조사하다.

문호[1] 文豪 | 글월 문, 호걸 호
[great writer]
문학(文學)에 크게 뛰어난 호걸[豪]. 또는 그런 사람. ¶톨스토이는 러시아의 문호이다. [비] 문웅(文雄).

문호[2] 門戶 | 문 문, 집 호 [door]
❶[속뜻] 집[戶]으로 드나드는 문(門). ❷외부와 교류하기 위한 통로나 수단을 비유적으로 이르는 말. ¶외국에 문호를 개방하다.

▸문호 개방 門戶開放 | 열 개, 놓을 방
❶[속뜻] 문[門戶]을 열어[開放] 아무나 드나들게 함. ❷자기 나라의 영토를 다른 나라의 경제적 활동을 위하여 터놓음.

⁑**문화** 文化 | 글월 문, 될 화
[culture; civilization]
❶[속뜻] 문덕(文德)으로 백성을 가르쳐 이끎[教化]. ❷한 사회의 예술, 문학, 도덕 따위의 정신적 활동의 바탕. ❸어느 분야에 전반적으로 나타나는 경향. ¶새로운 문화를 접하다.

▸문화-계 文化界 | 지경 계
문화(文化)와 관계되는 사회적 분야[界].

¶문화계 인사들이 모였다.

▸문화-권 文化圈 | 우리 권
[지리] 어떤 공통적 특징을 갖는 문화(文化)가 영향을 미치는 지역[圈].

▸문화-면 文化面 | 낯 면
문화(文化)와 예술에 관련된 일을 싣는 신문의 지면(紙面).

▸문화-부 文化部 | 나눌 부
학교나 방송국 따위에서, 문화(文化)에 관한 일을 맡아보는 부서(部署).

▸문화-인 文化人 | 사람 인
❶[속뜻] 문화(文化)에 관한 일에 종사하는 사람[人]. ❷지성과 교양이 있는 사람. [반] 미개인(未開人), 야만인(野蠻人).

▸문화-재 文化財 | 재물 재
❶[속뜻] 문화(文化) 활동에 의하여 창조된 가치가 뛰어난 재물(財物) 따위. ❷문화재 보호의 대상이 되는 유형 문화재(有形文化財)와 무형 문화재(無形文化財) 및 기념물·민속자료를 통틀어 이르는 말. ¶문화재를 발굴하다.

▸문화-적 文化的 | 것 적
문화(文化)에 관한 것[的]. 문화의 혜택을 받는 것. ¶문화적 차이.

▸문화-생활 文化生活 | 살 생, 살 활
[사회] 문화(文化) 가치를 실현하거나 문화를 누리는 생활(生活).

▸문화-유산 文化遺産 | 남길 유, 재물 산
다음 세대에 물려줄[遺産] 민족 및 인류 사회의 모든 문화(文化). ¶불국사는 세계적인 문화유산이다.

묻:다[1](問, 물을 문) [ask; charge with]
❶남의 대답이나 설명을 구하다. ¶길을 묻다. ❷추궁하다. ¶그에게 책임을 묻다. [반] 대답(對答)하다. [속담] 아는 길도 물어 가랬다.

묻다[2](埋, 묻을 매)
[bury; conceal; hide]
❶물건을 흙이나 다른 물건 속에 넣어 덮어 감추다. ¶보화를 땅속에 묻다. ❷일을 숨기어 감추다. ¶비밀로 묻어 두다. [비] 매장(埋藏)하다, 은닉(隱匿)하다. [반] 파다, 파내다.

묻다[3][be stuck; be covered]
가루·물·풀 등이 다른 물건에 들러붙다. ¶바지에 먼지가 묻어 있다.

묻다³ /끼다² [비슷한 듯 다른 말]

◎ 옷에 때가 묻다 = 끼다.

○ 손에 잉크가 묻다.
× 손에 잉크가 끼다.
○ 눈에 눈곱이 끼다.
× 눈에 눈곱이 묻다.

묻어-나다 [be stained]
물건에 바르거나 칠한 것이 다른 것에 닿아 옮아 묻다. ¶새로 칠한 벽에서 아직 페인트가 묻어난다.

묻-히다[1][get buried]
❶물건을 흙이나 다른 물건 속에 넣어 덮여 가려지다. ¶땅속에 묻히다. ❷어떤 상태나 환경에 싸이다. ¶어둠에 묻히다. ❸어떤 장소에 틀어박히다. ¶산속에 묻혀 지내다.

묻-히다[2][smear; stain; cover]
물·가루 등을 다른 것에 들러붙게 하다. ¶호박에 밀가루를 묻히다.

[비슷한 듯 다른 말] ➲ 바르다¹

물[1](水, 물 수) [water; flood]
❶생물이 살기 위해서 몸 속에 지녀야 하는 무색 무취의 액체. 어는점 이하에서는 얼음이 되고 끓는점 이상에서는 수증기가 된다. ¶물을 한 잔 마시다. ❷못, 내, 호수, 강, 바다 따위를 두루 일컫는 말. ❸'조수'(潮水)를 달리 이르는 말. ¶물이 빠지다.

물[2][dyed color]
물건에 묻어서 드러나는 빛깔. ¶옷에 노란 물이 들다.

물[3][season; flush]
물고기 따위의 싱싱한 정도. ¶물이 좋은

생선.

물-가[1] [edge of the water]
바다·못·강 등 물이 있는 곳의 가장자리.

물가[2] **物價** | 만물 물, 값 가 [price(s)]
경제 물건(物件)의 값[價]. 상품의 시장 가격. ¶물가가 오르다.

물-갈이 [change a water]
❶수족관이나 수영장 등의 물을 가는 일. ❷비유적으로, 어떤 일에 관계된 사람들을 갈아 치우는 일. ¶그 프로그램의 출연자들이 대폭적으로 물갈이되었다.

물-갈퀴 [web; webfoot]
동물 오리·개구리·기러기 등의 발가락 사이에 있는 막(膜). 헤엄을 치는 데 편리하다.

물-감 [colors]
❶옷이나 천을 물들일 때 쓰는 재료. ❷회화서양화 등을 그릴 때 색을 칠하는 재료. ㊥ 염료(染料).

물-개 [fur seal]
동물 귀가 작고 얼굴이 짧으며, 네 다리는 지느러미 같은데 헤엄과 보행에 쓰는 바다동물. ㊥ 해구(海狗).

물-거름 [liquid fertilizer]
농업 액체로 된 거름. ㊥ 수비(水肥).

물-거품 [bubble; foam]
❶물이 다른 물이나 물건에 부딪쳐서 일어나는 거품. ❷비유적으로, 노력이 헛되게 되거나 아무 보람이 없는 것. ¶그동안 쌓은 노력이 물거품이 되다. ㊥ 수포(水泡), 포말(泡沫).

물건 物件 | 만물 물, 것 건
[thing; object; article]
❶ 속뜻 물품(物品) 같은 것[件]. ¶사용하신 물건은 제자리에 두세요. ❷사고파는 물품. ¶물건 값을 치르다.

물-걸레 [wet mop]
물에 축여서 쓰는 걸레. ㊥ 마른걸레.

물-결 (波, 물결 파; 浪, 물결 랑)
[wave; stream]
❶바람 등에 의해서 물이 움직여 수면이 올라갔다 내려왔다 하는 것. ¶물결이 출렁이다. ❷파도처럼 움직이는 어떤 모양이나 현상을 비유적으로 이르는 말. ¶시대의 물결. ㊥ 파랑(波浪), 파도(波濤), 풍조(風潮), 추세(趨勢).

▸ **물결-무늬**
물결 모양으로 이루어진 무늬.

▸ **물결-치다**
물결이 일어나다.

물-고기 (魚, 물고기 어) [fish]
동물 아가미와 지느러미가 있는 물에 사는 척추동물.

물고 늘어지다 [stick to]
❶힘껏 붙잡고 놓아주지 않다. ¶나는 그가 내 부탁을 들어줄 때까지 끈질기게 물고 늘어졌다. ❷트집을 잡아 자꾸 캐묻다. ¶말꼬리를 물고 늘어지다.

물구나무-서기 [handstanding]
운동 두 손으로 바닥을 짚고 거꾸로 서는 일.

물-굽이 [curve in a river]
바다·강에서 물이 구부러져 흐르는 곳.

물-기 (-氣, 기운 기)
[moisture; wetness]
축축한 물의 기운(氣運). ¶접시의 물기를 닦다. ㊥ 수분(水分).

물-기둥 [column of water]
기둥처럼 공중에 솟구쳐 오른 물줄기. ㊥ 수주(水柱).

물-길 [waterway; water course]
❶물이 흐르거나 물을 보내는 통로. ❷배가 다니는 길. ¶물길을 따라 항해하다. ㊥ 수로(水路), 뱃길.

물-꼬 [irrigation gate]
❶논에 물이 넘나들도록 만든 어귀. ❷일이나 이야기의 실마리. ¶남북 정상회담은 남북 화해의 물꼬를 트는 계기가 될 것이다.

물끄러미 [staring (with fixed eyes)]

우두커니 한곳만 바라보는 모양. ¶물끄러미 창밖을 쳐다보다.

물-난ː리 (一亂離, 어지러울 란, 떠날 리) [flood disaster; water famine]
❶ 속뜻 홍수 등으로 인해 일어난 난리(亂離). ¶갑작스러운 집중 호우로 인한 물난리. ❷가뭄 따위로 말미암아 물이 모자라거나 없어서 일어난 혼란. ¶가뭄으로 인한 물난리.

물-놀이 [rippling of water]
물가에서 노는 놀이.

물다[1] [bite; snap; hold in the mouth]
❶이빨이나 집게같이 벌어진 두 물건이 무엇을 사이에 넣고 누르다. ¶개가 사람을 물었다. ❷물건을 입속에 머금다. ¶동생이 사탕을 문 채 잠들었다. ❸곤충이나 벌레 따위가 주둥이 끝으로 살을 찌르다. ¶모기가 물다.

비슷한 듯 다른 말 ➲ 깨물다

물다[2] [pay; compensate]
❶갚아야 할 것을 치르다. ¶외상값을 물다. ❷남에게 입힌 손해를 돈으로 갚아 주거나 본래의 상태로 해 주다. ¶피해자에게 치료비를 물어 주다. ⓑ 지불(支拂)하다, 지급(支給)하다, 배상(賠償)하다, 보상(補償)하다.

물-닭 [coot]
동물 호수나 강가의 갈대 속에 사는 뜸부깃과의 새. 머리와 등은 검은색, 배 쪽은 잿빛이고 부리는 흰색에 약간의 장미색을 띤다.

물-독 [water pot]
물을 담아 두는 독.

물-동이 [water jar]
물을 긷는 데 쓰는 동이.

물-들다 [be dyed; be infected]
❶빛깔이 스미거나 옮아서 묻다. ¶빨갛게 물들다. ❷사상·행실·버릇이 그와 같이 닮아 가다. ¶나쁜 습관에 물들다.

물-들이다 (染, 물들일 염) [dye; color]
물들게 하다. ¶나는 머리를 검은색으로 물들였다.

물-때[1] [tide time; high tide]
❶아침저녁으로 조수가 들어오고 나가는 때. ❷밀물이 들어오는 때. ¶물때가 되자 배는 출항준비를 했다.

물-때[2] [incrustation; slime]
물에 섞인 깨끗하지 못한 물건이 다른 데에 옮아서 생기는 때. ¶물때가 끼다.

물량 **物量** | 만물 물, 분량 량 [amount of materials]
물건(物件)의 양(量). ¶공급 물량이 넉넉하다.

물러-가다 [step back; bow oneself off; be gone]
❶있던 자리에서 뒤로 가다. ¶두 걸음 뒤로 물러가다. ❷윗사람 앞에서 도로 나가다. ¶그만 물러가겠습니다. ❸있던 현상이 사라져 가다. ¶더위가 물러가다.

물러-나다 (退, 물러날 퇴) [step back; bow oneself off; retire]
❶있던 자리에서 뒤나 옆으로 몸을 옮기다. ¶한 발 뒤로 물러나다. ❷윗사람 앞에 있다가 도로 나오다. ❸하던 일이나 지위를 내어놓고 나오다. ¶공직에서 물러나다.

물러-서다 [back; concede]
❶뒤로 비켜서다. ¶다섯 걸음 뒤로 물러서다. ❷맞서서 버티던 일을 그만두다. ¶순순히 물러서지 않고 끝까지 버티다.

물렁물렁-하다 [be soft]
매우 또는 여기저기가 이들이들하게 부드럽고 무르다. ¶바나나가 매우 물렁물렁하다. ⓑ 딱딱하다.

물렁-하다 [be all soft; yielding]
❶매우 부드럽고 무르다. ¶물렁한 감. ❷성질이 맺힌 데가 없어 단단하지 못하다. ¶물렁한 사람. ⓑ 딱딱하다.

물레 [spinning wheel]
❶ 수공 솜·털 같은 섬유를 자아내서 실을

만드는 틀. ❷둥근 도자기의 모양을 고르는 데 쓰는 틀. 아래에 고정된 원판을 발로 돌리게 되어 있다. ¶물레를 돌리다. ㊐ 방차(紡車), 도차(陶車).

▸물레-방아
큰 바퀴를 내리쏟는 물의 힘으로 돌리어 찧는 방아. ¶쿵더쿵쿵더쿵 물레방아 소리가 들린다. ㊐ 수차(水車).

물려-받다 [take over; succeed to]
재물이나 지위 또는 기예나 학술 따위를 전하여 받다. ¶사업을 물려받다. ㊐ 이어받다. ㊈ 물려주다.

물려-주다 [hand over; transfer]
재물이나 지위 또는 기예나 학술 따위를 전하여 주다. ¶동생에게 옷을 물려주다. ㊐ 이어주다. ㊈ 물려받다.

⁑**물론 勿論** | 없을 물, 말할 론
[of course]
❶ 속뜻 말할[論] 필요가 없음[勿]. ¶학식은 물론이고 경험도 풍부하다. ❷말할 것도 없이. ¶그는 영어는 물론 중국어도 할 줄 안다.

물류 物流 | 만물 물, 흐를 류
[(physical) distribution]
물품(物品)을 유통(流通)하거나 보관하는 활동. '물적 유통'(物的流通)의 준말. ¶물류회사에 입사하다.

물리 物理 | 만물 물, 이치 리
[laws of nature; physics]
❶ 속뜻 모든 사물(事物)의 바른 이치(理致). ❷ 물리 '물리학'(物理學)의 준말.

▸물리-학 物理學 | 배울 학
❶ 속뜻 사물(事物)의 바른 이치(理致)를 연구하는 (學問). ❷ 물리 자연 현상의 인과 관계를 설명하고, 물질의 운동이나 구조 따위를 연구하는 학문. ㊟ 물리.

물-리다[1] [have had enough]
다시 대하기가 싫을 만큼 몹시 싫증이 나다. ¶햄버거는 정말 물리도록 먹었다. ㊈ 당기다.

물-리다[2] [get bitten]
❶입·집게 등으로 물음을 당하다. ¶뱀에 물리다. ❷입·집게 등으로 물게 하다. ¶젖을 물리고 재우다.

물리다[3] [put off; take back]
❶시기를 늦추어 뒤로 미루다. ¶약속을 뒤로 물리다. ❷이미 행한 일을 그 전의 상태로 돌려놓다. ¶바둑 한 수를 물리다.

물리다[4] [clear; take away; remove]
자리를 치우려고 거기에 놓인 물건을 집어내다. ¶밥상을 물리다.

물-리다[5] [make compensate]
돈을 물어내게 하다. 손해 본 것을 갚게 하다. ¶깨뜨린 꽃병 값을 물리다.

물리-치다 (却, 물리칠 각; 斥, 물리칠 척)
[refuse; drive away]
❶주는 것을 거절하여 받지 않다. ¶선물을 물리치다. ❷적 등을 쳐서 물러가게 하다. ¶적을 물리치다. ❸극복하거나 치워 없애 버리다. ¶유혹을 물리치다.

물-막이 [watertight]
물이 흘러들거나 넘쳐 나지 않도록 막는 일.

물망-초 勿忘草 | 말 물, 잊을 망, 풀 초
[forget me not]
❶ 속뜻 나를 잊지[忘] 말라[勿]는 꽃말을 가진 풀[草]. ❷ 식물 습지에서 잘 자라며, 여름에 흰색, 자주색, 남색의 꽃이 피는 풀.

물물 교환 物物交換 | 만물 물, 만물 물, 서로 교, 바꿀 환 [barter]
경제 교환의 원시적 형태로서 화폐의 매개 없이 물품(物品)과 물품(物品)을 직접 바꾸는[交換] 경제 행위.

물-미끄럼틀 [water slide]
주로 수영장에 있는 물이 흐르는 미끄럼틀.

물-바다 [flooded area]
홍수 따위로 말미암아 상당한 지역이 침수된 상태를 일컫는 말. ¶홍수로 마을은 물바다가 되었다.

물-받이 [gutter at the eaves]
함석 따위로 추녀에서 물을 받아 홈통으로 내리게 한 것.

물-방개 [diving beetle]
동물 몸은 검정색으로 길쭉하고 둥글고, 주로 연못·무논에 사는 곤충.

물-방아 [water mill]
방아채의 끝에 홈을 파거나 동이를 달아서 그 속의 물이 차고 비워짐에 따라 방아채가 오르내리게 된 방아. ¶물방아에 곡식을 찧다. 속담 부지런한 물방아는 얼 새도 없다.

물-방울 [waterdrop]
떨어지거나 맺힌 물의 작은 덩이. ¶수도꼭지에서 물방울이 떨어지고 있다. ⑭ 수적(水滴).

물-벼룩 [water flea]
동물 몸이 투명하며 물 위를 뛰듯이 헤엄쳐 다니는 벼룩의 한 종류.

물-병 (–瓶, 병 병) [water bottle]
물을 넣는 병(瓶).

물-보라 [spray (of water)]
물결이 바위 등에 부딪쳐 안개 모양으로 흩어지는 잔 물방울. ¶파도가 바위에 부딪쳐 물보라가 일어났다.

물-불 [fire and water]
❶물과 불. ❷비유적으로, 어려움이나 위험. ¶물불을 가리지 않고 달려들다.

물-빛 [light blue]
물의 빛깔과 같은 연한 파란빛.

물-뿌리개 [watering pot]
초목 따위에 물을 주는 용구.

물산 物産 | 만물 물, 낳을 산
[local products; produce]
한 지방에서 물품(物品)을 생산(生産)하는 일. 또는 그 물건. ¶물산 장려운동을 벌이다.

물-살 [flow of water]
물이 흐르는 힘. ¶물살이 세다.

물-새 [waterfowl; water bird]
동물 물에서 살거나 물과 밀접한 관계가 있는 새. ⑭ 수금(水禽), 수조(水鳥).

물색 物色 | 만물 물, 빛 색
[color of a thing; selecting]
❶ 속뜻 물건(物件)의 빛깔[色]. ¶물색 고운 저고리. ❷물건의 빛깔로 구별한다는 뜻에서, 어떤 기준에 맞는 사람이나 물건 따위를 고르는 일. ¶후임을 물색하다.

물-소 [(water) buffalo]
동물 몸은 회색이며 활 모양의 뿔이 나는 물가에 사는 소. ⑭ 수우(水牛).

물-소리 [sound of flowing water]
물이 떨어지거나 흐르거나 흔들리거나, 또는 물에 무엇이 떨어지거나 하여 나는 소리. ¶냇물의 물소리.

물-속 [in the water]
물의 가운데. ⑭ 수중(水中). 속담 열 길 물속은 알아도 한 길 사람의 속은 모른다.

물-수:건 (–手巾, 손 수, 수건 건)
[wet towel; steamed towel]
❶ 속뜻 물에 적신 수건(手巾). ❷음식점 등에서 손을 닦도록 내놓는 소독한 젖은 수건. ⑭ 마른수건(手巾).

물-수리 [osprey; fish hawk]
동물 갈고리 모양의 부리에 발가락이 날카로우며, 강, 호수, 바다 등지에서 물고기를 잡아먹고 새.

물-수세미 [Canada parrotfeather]
식물 못이나 늪에서 무리지어 자라는 여러해살이 풀. 연못에 나는데, 줄기는 가늘며 물 속 진흙으로도 뻗고 물 위로도 뜬다.

물-시계 (–時計, 때 시, 셀 계)
[water clock]
물을 이용하여 시간(時間)을 재는[計] 장치.

물심-양:면 物心兩面 | 만물 물, 마음 심, 두 량, 낯 면
[both materially and morally]
물질(物質)과 마음[心] 두[兩] 가지 측면

(側面). ¶물심양면으로 도와주신 분들께 감사드립니다.

물씬 [dark; thick; strong]
짙은 냄새를 확 풍기는 모양. ¶향수 냄새가 물씬 난다.

물-안개 [rainy fog; water fog]
강이나 호수, 바다 등에서 비 오듯이 짙게 끼는 안개. ¶물안개가 피어오르다.

물-안:경 (—眼鏡, 눈 안, 거울 경) [swimming goggles]
물속에서 눈에 물이 들어가지 않도록 하여 눈을 뜨고 물속을 관찰할 수 있도록 만든 안경(眼鏡). ㊥ 수경(水鏡).

물-약 (—藥, 약 약) [liquid medicine]
액체로 된 약(藥). ㊥ 수약(水藥).

물어-내다 [pay]
물건이나 돈을 물어 주다. ¶내 안경을 망가뜨렸으니 물어내라. ㊥ 변상(辨償)하다.

물어-주다 [pay]
남에게 끼친 손해의 대가를 치르다. ¶잃어버린 물건 값을 물어주다. ㊥ 갚아주다, 변상(辨償)하다, 배상(賠償)하다.

물-오리 [wild duck; mallard]
동물 물에서 사는 야생 오리. 우리나라에서 겨울에 주로 보인다. ㊥ 청둥오리.

물욕 物慾 | 만물 물, 욕심 욕 [worldly desires; love of gain]
물질(物質)에 대한 욕심(慾心). ¶물욕에 사로잡히다.

물-위 [water surface]
물이 흘러오는 위편. ㊥ 상류(上流).

물음 [question; inquiry]
묻는 일. 또는 묻는 말. ¶다음 물음에 답하시오. ㊦ 답(答), 대답(對答).

▸물음-표 (—標, 나타낼 표)
언어 문장에서, 의심이나 물음을 나타낼 때에 그 글의 끝에 쓰는 마침표(標)의 하나. '?'로 표기한다.

물의 物議 | 만물 물, 의논할 의 [public discussion; controversy]
❶속뜻 어떤 사물(事物)에 대해 논의(論議)함. ❷어떤 사람 또는 단체의 처사에 대하여 많은 사람이 이러쿵저러쿵 논평하는 상태. ¶물의를 빚다 / 물의를 일으키다.

물-이끼 [sphagnum; bog moss]
식물 습지·물속 등에 나는 흰색, 녹색의 이끼. 흡수력이 강하여 수분을 오래 저장한다.

***물자 物資** | 만물 물, 재물 자 [goods]
어떤 활동에 필요한 각종 물건(物件)이나 재물[資]. ¶물자가 풍부하다.

물-장구 [beating]
헤엄칠 때 발로 물 위를 잇달아 치는 일. ¶물장구를 치며 더위를 식히다.

물-장난 [playing in water]
물에서 놀거나 물을 가지고 노는 장난. ㊥ 물놀이.

물-장수 [water carrier; water seller]
물장사를 하는 사람.

물정 物情 | 만물 물, 실상 정 [state of things; conditions of affairs]
❶속뜻 만물(萬物)의 실상[情]. ❷세상의 사물(事物)이나 인심. ¶세상 물정에 어둡다.

물-줄기 [watercourse; spout of water]
❶물이 모여 개천·강으로 흘러가는 줄기. ❷물이 좁은 구멍에서 힘 있게 내뻗치는 줄. ¶분수가 물줄기를 내뿜었다.

물증 物證 | 만물 물, 증거 증 [real evidence]
법률 물건(物件)으로 뚜렷이 드러난 증거(證據). '물적증거'(物的證據)의 준말. ¶뚜렷한 물증을 찾다.

⁑물질 物質 | 만물 물, 바탕 질 [substance; material]
❶속뜻 물건(物件)의 본바탕[質]. ❷물리 자연계 구성 요소의 하나로 공간의 일부를 차지하고 질량을 갖는 것. ㊦ 정신(精神).

▸물질-적 物質的 | 것 적
물질(物質)에 관한 것[的]. [반] 정신적(精神的).

물-집 [(water) blister]
살가죽이 부르터 오르고 그 속에 물이 괸 것. ¶오래 걸었더니 발바닥에 물집이 잡혔다. [비] 수포(水疱).

물체 物體 | 만물 물, 몸 체 [physical solid; object]
구체적인 형체(形體)를 가지고 존재하는 것[物].

물-총 (—銃, 총 총) [water pistol]
대롱으로 만들어 물을 쏘아 보내는 장난감 총(銃). '물딱총'의 준말.

▸물총-새 (—銃—, 총 총) [kingfisher]
[동물] 물가에 사는 여름새. 물위 상공에 머물러 있다가 총알처럼 날쌔게 물속으로 들어가 물고기·새우·곤충 등을 잡아먹는다. [준] 물새.

물-컵 (—cup)
물을 마실 때 쓰는 컵(cup).

물컹-하다 [very soft; squashy]
너무 익거나 곯아서 물크러질 정도로 물렁하다. ¶홍시가 물컹하다.

물-탱크 (—tank) [water tank]
물을 담아 두는 큰 통[tank].

물-통 (—桶, 통 통) [water pail; water tank]
물을 길어 담는 데 쓰는 통(桶). [비] 수통(水桶).

물푸레 [ash tree]
[식물] 산 중턱 습지에 나며 늦봄에 흰 꽃이 피는 나무.

물-풀 [water plant]
[식물] 물속이나 물가에 자라는 풀. [비] 수초(水草)

물품 物品 | 만물 물, 물건 품 [things; goods]
쓸모 있는 물건(物件)이나 제품(製品).

묽다 [watery]
죽이나 반죽 따위에 물기가 조금 많다. ¶밀가루 반죽이 묽다. [반] 되다.

뭇-매 [beating all at one time]
여럿이 한꺼번에 덤벼 때리는 매. ¶뭇매를 맞다. [비] 몰매.

뭉개다 [crush; mash]
물건을 문질러 으깨거나 짓이기다. ¶꽃을 발로 밟아 뭉개다.

뭉게-구름 [cumulus]
[지리] 밑은 평평하고 꼭대기는 솜을 쌓아 놓은 것처럼 뭉실뭉실한 구름. [비] 적운(積雲).

뭉게-뭉게 [in clouds; thickly]
구름·연기 등이 덩이를 지어 자꾸 피어오르는 모양. ¶구름이 뭉게뭉게 피어오르다.

뭉뚝-하다 [stumpy; stubby]
굵은 사물의 끝이 아주 짧고 무디다. ¶연필이 뭉뚝하다.

뭉뚱-그리다 [get together hastily]
되는대로 대강 뭉쳐 싸다. ¶얼렁뚱땅 뭉뚱그려 이야기하다.

뭉치 [bundle; roll; lump]
똘똘 말린 덩이. 또는 엉키거나 뭉치어서 이룬 덩이. ¶시험지 한 뭉치.

뭉치다 [unite]
❶여럿이 합쳐서 한 덩어리가 되다. ¶눈을 뭉쳐 눈사람을 만들다. ❷마음을 합쳐 단결하다. ¶힘을 뭉치다. [반] 흩어지다.

뭉클 [be filled]
큰 감동이나 슬픔·노여움 등의 감정이 갑자기 가슴에 꽉 차 오르는 느낌. ¶가슴이 뭉클하다.

뭉텅 [in a lump]
한 부분을 대번에 뚝 잘라 끊는 모양. ¶머리카락이 뭉텅하고 잘려나갔다.

뭉텅-이 [bundle; package]
한데 뭉치어 이룬 큰 덩이. ¶금 뭉텅이.

뭉툭-하다 [stumpy]
끝이 짧고 무디다. ¶손가락이 뭉툭하다.

[반] 뾰족하다.

뭍 (陸, 뭍 륙) [land; dry land]
❶바다나 강 위로 땅이 드러난 부분. ❷섬 사람들이 본토 땅을 이르는 말. ¶뭍으로 시집가다. [비] 육지(陸地).

뭐: [what; which]
'무어'의 준말.

뭣: [what; which]
'무엇'의 준말.

뭣:-하다 [be awkward]
느낌을 뭐라고 표현하기 어렵다. ¶거절하기 뭣해 말을 돌렸다.

뮤지컬 {영 musical}
[음악] 음악과 춤이 중심이 되는 연극이나 영화.

미[1] {이 mi}
[음악] 서양 음악의 7음 체계에서, 세 번째 계이름. 음이름 '마'와 같다.

미:[2] **美** | 아름다울 미 [beauty; B]
❶아름다움. ¶자연의 미. ❷수(秀)·우(優)·미(美)·양(良)·가(可)로 성적을 매길 때, 세 번째 등급. ¶음악에서 미를 받았다. [반] 추(醜).

미[3] **美** | 미국 미
[(the United States of) America]
[지리] '미국'(美國)의 준말.

미각 味覺 | 맛 미, 느낄 각
[(sense of) taste]
[의학] 무엇을 혀 따위로 맛보아[味] 일어나는 감각(感覺). 단맛, 짠맛, 쓴맛, 신맛 따위를 느낀다. ¶미각을 돋우는 음식. [비] 미감(味感).

미간 眉間 | 눈썹 미, 사이 간
[middle of the forehead]
두 눈썹[眉]의 사이[間]. '양미간'(兩眉間)의 준말. ¶미간을 찡그리다.

미:개 未開 | 아닐 미, 열 개 [uncivilized]
아직 개화(開化)하지 못한[未] 상태. 문명이 깨지 못한 상태에 있음. ¶미개한 민족. [비] 야만(野蠻). [반] 문명(文明).

▸미:개-인 未開人 | 사람 인
미개(未開)한 사람[人]. [비] 야만인(野蠻人), 원시인(原始人), 번인(蕃人). [반] 문명인(文明人).

미:-개척 未開拓 | 아닐 미, 열 개, 넓힐 척
[unreclaimed]
어떤 지역이나 분야를 아직 개척(開拓)하지 아니함[未]. ¶미개척 시장.

▸미:개척-지 未開拓地 | 땅 지
❶[속뜻] 아직 개척(開拓)하지 않은[未] 땅[地]. ❷아직 시작되거나 넓히지 않은 분야. [준] 미개지.

미:-검거 未檢擧 | 아닐 미, 검사할 검, 들 거 [unarrested]
아직[未] 찾아내어[檢] 잡아들이지[擧] 않음. ¶용의자가 미검거되었다.

미:관 美觀 | 아름다울 미, 볼 관
[fine sight]
아름다운[美] 외관(外觀)이나 좋은 경치. ¶자연의 미관 / 거리의 미관을 해치다.

미국 美國 | 아름다울 미, 나라 국
[(the United States of) America]
❶[속뜻] '미합중국'(美合衆國)의 준말. ❷[지리] 북아메리카에 있는 연방 공화국.

미군 美軍 | 미국 미, 군사 군
[U.S. Armed Forces]
미국(美國)의 군대(軍隊)나 군인(軍人). ¶미군 장교들이 민첩하게 달려왔다.

미:궁 迷宮 | 헤맬 미, 집 궁
[labyrinth; maze]
❶[속뜻] 궁전(宮殿)에 들어가 길을 잃고 헤맴[迷]. ❷한번 들어가면 빠져나오는 길을 쉽게 찾을 수 없는 곳. ❸사건, 문제 따위가 복잡하게 얽혀서 판단하거나 해결하기 어렵게 된 상태. ¶사건은 미궁에 빠졌다.

미꾸라지 [loach; mudfish]
[동물] 몸은 가늘고 길며 몹시 미끄러운 민물고기. 논, 개천, 못 따위의 흙 속에 산다. [비] 추어(鰍魚). [속담] 미꾸라지 한 마리가

온 웅덩이를 흐려 놓는다.

미꾸리 [loach; mudfish]
동물 미꾸라지와 비슷하나 몸빛은 등 쪽의 반이 어두운 남갈색, 배 쪽의 반이 연한 청색의 민물 고기.

미끄러-지다 [slide; fail (in an exam)]
❶반들반들하고 미끄러운 곳에서 밀려 나가거나 넘어지다. ¶빙판에서 미끄러지다. ❷바라던 일이 틀어지다. 시험 등에 불합격하다. ¶대학 입학시험에 미끄러지다.

미끄럼 [sliding; slipping]
얼음판·눈 위나 미끄럼대에서 미끄러지는 일.

▶ 미끄럼-틀
앉아서 미끄러져 내려오도록 비스듬하게 만든 어린이 놀이 기구.

미끄럽다 (滑, 미끄러울 활)
[smooth; sleek]
저절로 밀리어 나갈 만큼 반드럽다. ¶길이 미끄럽다.

미끈-거리다 [feel smooth]
겉면이 미끄럽고 반드러워서 거침없이 자꾸 밀리어 나가다. ¶미꾸라지가 미끈거려 손에 잡히지 않는다.

미끌-액 (一液, 진 액) [lubricant]
의학 뼈와 뼈 사이에 들어 있어 뼈마디의 운동을 부드럽게 하는 미끈미끈한 액체(液體). ⓑ 윤활액(潤滑液).

미끈-하다 [smooth; sleek]
흠이 없이 훤칠하고 밋밋하다. ¶미끈한 몸매.

미끌-미끌 [smooth; sleek]
거죽이 매우 미끄러운 모양. ¶피부가 땀에 젖어 미끌미끌하다.

미끼 [(fish) bait]
❶낚시 끝에 꿰어 물리는 물고기의 밥. ¶지렁이를 미끼로 쓰다. ❷사람이나 동물을 꾀어서 이끄는 물건이나 수단. ¶돈을 미끼로 유혹하다.

미나리 [dropwort]
식물 연못가·습지 등에 나는 풀. 잎과 줄기에 독특한 향기가 있어 나물이나 양념으로 먹는다.

미ː남 美男 | 아름다울 미, 사내 남
[handsome man]
얼굴이 아름다운[美] 남자(男子). '미남자'의 준말. ¶그는 타고난 미남이다. ⓑ 추남(醜男).

미ː납 未納 | 아닐 미, 바칠 납 [default]
내야 할 돈을 아직 내지[納] 못함[未]. ¶세금을 미납하다.

미네랄 {영 mineral}
생물 칼슘·철·인·칼륨·나트륨·마그네슘 등 광물성 영양소. ⓑ 광물질(鑛物質).

미ː녀 美女 | 아름다울 미, 여자 녀
[beauty; beautiful woman]
얼굴이 아름다운[美] 여자(女子). ¶미녀와 야수. ⓑ 미인(美人). ⓑ 추녀(醜女).

미뉴에트 {영 minuet}
음악 4분 음표 3박자 또는 8분 음표 3박자의 우아하고 약간 빠른 춤곡.

미니 {영 mini}
사물의 크기나 길이 따위가 '작은'의 뜻. ¶미니 자동차. ⓑ 소형(小型).

▶ 미니-카 {영 minicar}
크기가 작은[mini] 자동차[car]. ¶그는 미니카를 몰고 다닌다.

▶ 미니-스커트 {영 miniskirt}
옷자락 끝이 무릎보다 위에 있는 매우 짧은[mini] 길이의 스커트(skirt). ¶그녀는 미니스커트를 특별히 좋아한다.

미ː-닫이 [sliding door]
문·창 따위를 옆으로 밀어 여닫는 방식. 또는 그런 문·창.

미ː달 未達 | 아닐 미, 이를 달
[be short of]
어떤 한도나 표준에 아직 이르지[達] 못함[未]. ¶체중미달 / 기준에 미달되다. ⓑ 초과(超過).

미ː담 美談 | 아름다울 미, 이야기 담

[praiseworthy anecdote]
사람을 감동시킬 만큼 아름다운[美] 내용을 가진 이야기[談]. ¶효(孝)에 관한 미담이 전해지다.

미:대 美大 | 아름다울 미, 큰 대
[college of fine arts]
교육 미술(美術)을 전문적으로 가르치는 단과대학(大學). '미술대학'의 준말. ¶그는 미대에서 동양화를 전공했다.

미:덕 美德 | 아름다울 미, 베풀 덕
[virtue; noble attribute]
아름답게[美] 베푼[德] 일이나 행동. ¶미덕을 쌓다. ⓑ 영덕(令德). ⓑ 악덕(惡德).

미덥다 [reliable; trustworthy]
믿음성이 있다. ¶나는 그의 말이 미덥지가 않다.

미동 微動 | 작을 미, 움직일 동
[slight movement]
아주 조금[微] 움직임[動]. ¶미동도 없다.

미디어 {영 media}
어떤 작용을 한쪽에서 다른 쪽으로 전달하는 역할을 하는 것. ⓑ 매체(媒體), 매개체(媒介體).

미라 {포 mirra} [mummy]
오랫동안 썩지 않고 굳어 본디 형상을 그대로 보존하고 있는 사람이나 동물의 시체.

⁂**미:래** 未來 | 아닐 미, 올 래 [future]
현재를 기준으로 아직 다가오지[來] 않은[未] 때. ⓑ 앞날, 장래(將來). ⓑ 과거(過去).

▶ 미:래-상 未來像 | 모양 상
미래(未來)의 모습[像]. 앞으로 닥칠 어떤 형상.

미량 微量 | 작을 미, 분량 량
[very small amount]
아주 적은[微] 분량(分量). ⓑ 다량(多量).

미:련 未練 | 아닐 미, 익힐 련
[lingering attachment]
❶ 속뜻 새로운 상황이나 사물에 익숙하지[練] 않음[未]. ❷ 깨끗이 잊지 못하고 끌리는 데가 남아 있는 마음. ¶아직 미련이 남아 있다.

미련-하다 [stupid; dullwitted]
터무니없는 고집을 부릴 정도로 매우 어리석고 둔하다. ¶돈을 아끼려고 아픈 것을 참다니, 너도 참 미련하다!

미:로 迷路 | 헤맬 미, 길 로
[maze; labyrinth]
한번 들어가면 방향을 알 수 없어 헤매게[迷] 되는 길[路]. ¶미로 속을 헤매다.

미루-나무 [poplar]
식물 주로 강변에서 자라며, 위를 향하여 곧바로 자라는 나무. 목재는 젓가락, 성냥개비 따위의 재료로 쓴다. ¶미루나무 꼭대기에 조각구름이 걸려있네.

미루다 [delay; postpone; lay]
❶일을 곧 하지 않고 나중으로 넘기다. ¶오늘 할 일을 내일로 미루지 마라. ❷일을 남에게 넘기다. ¶그들은 책임을 서로 미뤘다.

미륵 彌勒 | 두루 미, 굴레 륵
[Maitreya Sans]
불교 '자비'와 '우정'을 뜻하는 'Maitreya'를 한자어로 옮긴 말. '미륵보살'(彌勒菩薩)의 준말.

▶ 미륵-불 彌勒佛 | 부처 불
불교 '미륵보살'(彌勒菩薩)의 후신(後身)으로 나타날 장래의 부처[佛].

▶ 미륵-보살 彌勒菩薩 | 보리 보, 보살 살
불교 도솔천(兜率天)에 살며 56억 7천만 년 후에 미륵불(彌勒佛)로 나타나 중생을 건진다는 보살(菩薩). ⓒ 미륵.

▶ 미륵사지 석탑 彌勒寺址石塔 | 절 사, 터 지, 돌 석, 탑 탑
고적 전라북도 익산시 미륵사(彌勒寺) 터[址]에 있는 석탑(石塔). 백제 무왕 때 화강암으로 만든 것으로 우리나라 석탑 가운데 가장 크고 오래되었다. 국보 제11호.

미리 [beforehand; in advance]
어떤 일이 아직 생기기 전에. ¶늦어지면

미리 전화주세요. ㊥ 앞서서.

▶ 미리-미리
'미리'를 강조한 말.

미리내 [Milky Way]
'은하수'의 방언.

미:만 未滿 | 아닐 미, 찰 만
[under; below]
정한 수나 정도에 차지[滿] 못함[未]. ¶18세 미만 출입 금지. ㊥ 초과(超過).

미:망-인 未亡人 | 아닐 미, 망할 망, 사람 인 [widow; dowager]
❶ 속뜻 따라 죽지[亡] 못한[未] 사람[人]. ❷'남편이 죽고 홀몸이 된 여자'를 이르는 말. ㊥ 과부(寡婦).

미:모 美貌 | 아름다울 미, 모양 모
[good looks; pretty features]
아름다운[美] 얼굴 모양[貌]. ¶눈부신 미모에 사로잡히다.

미모사 {영 mimosa}
식물 밤이면 오므라드는 잎이 나고, 건드리면 이내 닫히며 아래로 늘어지는데, 그 모양이 마치 수줍어서 부끄럼을 타는 것 같다 하여 '함수초'(含羞草)라 이르기도 한다. ㊥ 감응초(感應草).

미묘 微妙 | 작을 미, 묘할 묘
[delicate; subtle]
❶ 속뜻 섬세하고[微] 묘(妙)하다. ❷섬세하고 야릇하여 무엇이라고 딱 잘라 말할 수 없다. ¶이러지도 저러지도 못하는 미묘한 상황.

미물 微物 | 작을 미, 만물 물
[creature of no account]
❶ 속뜻 작고 보잘것없는[微] 물건(物件). ❷벌레 따위의 작은 동물. ¶아무리 하찮은 미물이라도 함부로 죽여서는 안 된다.

미미 微微 | 작을 미, 작을 미
[slight; insignificant]
보잘것없이 매우 작다[微+微]. ¶그저 미미한 차이이다.

미:비 未備 | 아닐 미, 갖출 비 [unprepared]
제대로 갖추어져[備] 있지 아니함[未]. 완전하지 못함. ¶미비한 점이 많다. ㊥ 완비(完備).

미사 {라 Missa}
가톨릭 천주께 드리는 제사. 천주를 찬미하고 속죄를 원하며 다시 은총받기를 기도하는데, 예수의 최후의 만찬을 본떠서 행한다. ㊥ 미사성제(聖祭).

미사일 {영 missile}
군사 로켓이나 제트 엔진으로 추진되어, 유도 장치에 의하여 목표에 이르는 공격 무기. ㊥ 유도탄(誘導彈).

미:상 未詳 | 아닐 미, 자세할 상
[being unknown]
자세하지[詳] 않음[未]. 알려지지 않음. ¶작자 미상의 작품.

미색 米色 | 쌀 미, 빛 색 [pale yellow]
❶ 속뜻 쌀[米]의 빛깔[色]. ❷좀 노르께한 빛깔.

미-생물 微生物 | 작을 미, 살 생, 만물 물
[microorganism]
생물 눈으로는 볼 수 없는 아주 작은[微] 생물(生物). 세균, 효모, 원생동물, 바이러스 따위를 이른다.

미생지신 尾生之信 | 꼬리 미, 날 생, 어조사 지, 믿을 신
❶ 속뜻 미생(尾生)이 지킨 신의(信義). ❷약속을 굳게 지킴 또는 고지식하여 융통성이 전혀 없음을 비유하여 이르는 말. ¶미생지신의 옛 이야기를 방불케 할 정도로 고지식한 사람!

미:성 未成 | 아닐 미, 이룰 성
[unfinished; uncompleted]
❶ 속뜻 아직 다 이루지[成] 못함[未]. ❷아직 성인(成人)이 못 됨.

▶ 미:성년-자 未成年者 | 해 년, 사람 자
법률 아직 성년(成年)이 되지 않은[未] 사람[者]. 미성년인 사람. ¶미성년자 출입 금지. ㊥ 성인(成人).

미세 微細 | 작을 미, 가늘 세

작고[微] 가늘음[細]. 아주 작음. ¶미세한 분말.

*미소 微笑 | 작을 미, 웃을 소 [smile]
작게[微] 웃음[笑]. 소리를 내지 않고 빙긋이 웃는 웃음.

미:수[1]未遂 | 아닐 미, 이룰 수 [attempt]
❶[속뜻]뜻한 바를 아직 이루지[遂] 못함[未]. ❷[법률]범죄에 착수하여 행위를 끝내지 못했거나 결과가 발생하지 않은 일. ¶살인미수. [반]기수(既遂).

미수[2]米壽 | 쌀 미, 목숨 수
[88 years of age]
'米'자를 풀면 '八十八'이 되는 데에서 '여든여덟 살[壽]'을 달리 이르는 말.

미:숙 未熟 | 아닐 미, 익을 숙
[unripe; inexperienced]
❶[속뜻]음식이나 과실 따위가 아직 익지[熟] 않음[未]. ❷일에 익숙하지 않아 서투름. ¶운전미숙 / 나는 아직 일에 미숙하다.

**미:술 美術 | 아름다울 미, 꾀 술
[art; fine arts]
회화, 건축, 조각처럼 시각(視覺)을 통해 감상할 수 있도록 일정한 공간 속에 미(美)를 표현하는 예술(藝術). ¶그는 현대 미술의 거장이다.

▶미:술-가 美術家 | 사람 가
그림, 조각 등 미술품(美術品)을 창작하는 예술가(藝術家).

▶미:술-관 美術館 | 집 관
미술품(美術品)을 보관하고 전시하여 일반의 감상·연구에 이바지하는 시설[館].

▶미:술-실 美術室 | 방 실
미술(美術) 과목의 실습을 하는 교실(教室).

▶미:술-전 美術展 | 펼 전
미술(美術) 작품을 전시(展示)하여 구경시키는 행사. ¶미술전을 개최하다.

▶미:술-품 美術品 | 물건 품
회화, 조각처럼 예술적으로 만든 미술(美術) 작품(作品). ¶미술품을 전시하다.

미숫-가루 [powder of roast grain]
찹쌀이나 그 밖의 곡식을 볶거나 쪄서 간 가루.

미스[1]{영 Miss}
미혼 여성의 성이나 이름 앞에 붙이는 호칭.

미스[2]{영 miss}
실수. 잘못.

미스터 {영 Mr.}
남자의 성(姓) 앞에 붙이는 호칭.

미시즈 {영 Mrs.}
결혼한 여성의 성 앞에 붙여 부르는 호칭.

미식[1]美式 | 미국 미, 법 식
[American way; Americanism]
미국(美國)의 방식(方式). ¶미식 발음 / 미식 영어.

▶미식-축구 美式蹴球 | 찰 축, 공 구
[운동]미국(美國)에서 고안한 방식(方式)의 축구(蹴球).

미:식[2]美食 | 아름다울 미, 밥 식
[delicious food]
맛있고 아름다운[美] 음식(飮食)을 먹음. 또는 그 음식. [반]악식(惡食).

▶미:식-가 美食家 | 사람 가
맛있고 아름다운[美] 음식(飮食)만 가려 먹는 취미를 가진 사람[家]. ¶미식가의 입맛을 사로잡다.

미:신 迷信 | 헤맬 미, 믿을 신 [superstition]
종교적·과학적 관점에서 사람의 마음을 홀리거나 헤매게[迷] 되어 무작정 믿음[信]. 흔히 점복(占卜), 굿 따위가 따르는 민속신앙을 이른다.

미:심 未審 | 아닐 미, 살필 심
[be doubtful]
❶[속뜻]자세히 알지[審] 못함[未]. ❷일이 확실하지 않아 마음을 놓을 수 없음. [비]불심(不審).

▶미:심-쩍다 (未審―)
일이 분명하지[審] 못하여[未] 마음에 꺼림하다. ¶미심쩍은 표정.

미아 迷兒 | 헤맬 미, 아이 아
[missing child]
길을 잃고 헤매는[迷] 아이[兒]. '미로아'(迷路兒)의 준말. ¶그는 숲 속에서 미아가 되었다.

미:안 未安 | 아닐 미, 편안할 안
[regrettable; sorry]
❶[속뜻] 남에게 폐를 끼쳐 마음이 편하지[安] 못하고[未] 거북함. ❷남을 대하기가 조금 부끄럽고 겸연쩍음. ¶도와줄 수 없어 미안합니다. [비] 죄송(罪悚).

미약 微弱 | 작을 미, 약할 약
[feeble; weak]
미미(微微)하고 약(弱)하다. 보잘 것 없다. ¶네 시작은 미약하였으나 네 나중은 심히 창대하리라.

미어-지다 [be torn]
❶터질 듯 하게 꽉 차다. ¶입이 미어지게 밥을 쑤셔 넣다. ❷(가슴이 찢어지는 듯이) 심한 고통이나 슬픔을 느끼다. ¶가슴이 미어지는 슬픔을 느끼다.

미역[1] [bathe; swim]
냇물이나 강물 같은 데에 들어가 몸을 씻는 일. ¶냇가에서 미역을 감다. [준] 멱.

미역[2] [brown seaweed]
[식물] 해안 바위에 붙어 자라는 바다물풀. 요오드와 칼슘의 함유량이 많아 임산부·아동 등에 좋다.

▶ **미역-국**
미역을 물에 빨아 장물에다 끓인 국. ¶생일인데 미역국은 먹었니?

미열 微熱 | 작을 미, 더울 열
[slight fever]
건강한 몸의 체온보다 조금[微] 높은[熱] 체온. [반] 고열(高熱).

미:완 未完 | 아닐 미, 완전할 완
[incompletion]
아직 완성(完成)지 못함[未]. ¶미완의 작품.

미:-완성 未完成 | 아닐 미, 완전할 완, 이룰 성 [incompletion]
아직 완성(完成)하지 아니함[未]. ¶미완성 교향곡. [준] 미완.

미:용 美容 | 아름다울 미, 얼굴 용
[beauty art; cosmetic treatment]
얼굴[容]이나 머리 등을 곱게[美] 매만짐. ¶피부미용에 관심을 갖다. [비] 미장(美粧).

▶ **미:용-사 美容師** | 스승 사
얼굴[容]이나 머리를 곱게[美] 다듬는 일을 직업으로 하는 사람[師].

▶ **미:용-실 美容室** | 방 실
미용(美容)을 전문적으로 하는 곳[室]. ¶미용실에서 머리를 자르다. [비] 미장원(美粧院).

미움 [hate; hatred]
밉게 여기는 마음. ¶미움을 받다 / 미움 살 짓은 하지 마라. [반] 사랑, 애정(愛情).

미워-하다 (惡, 미워할 오)
[hate; have a hatred for]
밉게 여기다. ¶죄는 미워하되 사람은 미워하지 마라. [비] 싫어하다, 증오(憎惡)하다. [반] 좋아하다, 사랑하다.

미음[1]
[언어] 한글 자모 'ㅁ'의 이름.

미음[2] **米飮** | 쌀 미, 마실 음
[thin gruel of rice]
쌀[米] 따위를 으깨어 마실[飮] 정도로 묽게 끓인 것. ¶환자에게 미음을 쑤어 먹이다.

미:인 美人 | 아름다울 미, 사람 인 [beauty; belle]
얼굴이 아름다운[美] 사람[人]. 주로 여자를 말한다. ¶그녀는 동양적인 미인이다. [비] 미녀(美女), 가인(佳人), 여인(麗人). [반] 추녀(醜女).

미장[1] [plaster]
건축 공사에서 벽이나 천장, 바닥 따위에 흙이나 회, 시멘트 따위를 바름. 또는 그런 일. ¶미장이 끝나면 칠을 한다.

▶ **미장-이**
미장일을 하는 사람.

미ː장[2]美粧 | 아름다울 미, 단장할 장 [cosmetology; beauty culture]
머리나 얼굴을 아름답게[美] 다듬는[粧] 일. ⓑ 미용(美容).

▸ 미ː장-원 美粧院 | 집 원
머리나 얼굴 모습을 아름답게 매만져 주는 일[美粧]을 영업으로 하는 집[院]. ⓑ 미용실(美容室).

미ː적 美的 | 아름다울 미, 것 적 [esthetic; aesthetic]
미(美)에 관한 것[的]. 미를 느끼는 것. ¶미적 기준은 시대마다 다르다.

미적-미적 [postpone]
자꾸 꾸물대거나 망설이는 모양. ¶그는 미적미적하며 결정을 미뤘다.

미ː정 未定 | 아닐 미, 정할 정 [unsettled]
아직 결정(決定)하지 못함[未]. ¶결혼식 날짜는 아직 미정이다. ⓑ 기정(旣定).

미제 美製 | 미국 미, 만들 제 [made in U.S.A]
미국(美國)에서 만든[製] 물건.

미주 美洲 | 미국 미, 섬 주 [Americas]
미국(美國)이 있는 대륙[洲]. ¶이 제품은 미주 지역으로 수출된다.

미주알 [sphincters; anus]
항문을 이루는 창자의 끝 부분.

▸ 미주알-고주알
이것저것 모두 속속들이 캐어묻는 모양. ¶미주알고주알 캐묻다.

미ː지 未知 | 아닐 미, 알 지 [unknown]
아직 알지[知] 못함[未]. ¶미지의 세계를 탐험하다. ⓑ 기지(旣知).

▸ 미ː지-수 未知數 | 셀 수
❶ 수학 방정식 따위에서 값이 알려져 있지 않은[未知] 수(數). ❷앞으로 어떻게 될지 속셈할 수 없는 일. ¶그의 능력은 미지수이다. ⓑ 기지수(旣知數).

미지근-하다 [lukewarm; tepid]
❶차지도 않고 뜨겁지도 않다. ¶미지근한 물. ❷행동이나 태도·성격 등이 흐리멍덩하다. ¶미지근한 태도. ⓑ 미적지근하다.

미ː진[1]未盡 | 아닐 미, 다할 진 [unexhausted]
아직 다하지[盡] 못하다[未]. 아직 충분하지 못하다. ¶미진한 설명에 불만을 품다.

미진[2]微震 | 작을 미, 떨 진 [faint earth tremor]
지리 조금[微] 떨릴 정도의 약한 지진(地震). ⓑ 강진(強震).

미처 [(not) up to that; as far as]
아직. 채. ¶그것까지는 미처 생각하지 못했다.

미천 微賤 | 작을 미, 천할 천 [lowly; humble]
신분이나 사회적 지위가 보잘것없고[微] 천(賤)하다. ¶미천한 몸.

미치-광이 [madman; lunatic]
미친 사람. ⓑ 광인(狂人).

미치다[1](狂, 미칠 광) [go mad]
❶정신에 이상이 생기다. ❷정신이 나갈 정도로 매우 괴로워하다. ¶지겨워 미치겠다. ❸어떤 일에 지나칠 정도로 푹 빠지다. ¶도박에 미치다.

미치다[2](及, 미칠 급) [reach; affect]
❶공간적 거리나 수준 따위가 일정한 선에 닿다. ¶아이의 손이 미치지 않는 곳에 두다 / 현재 모금액은 필요한 액수에 미치지 못하고 있다. ❷영향이나 작용 따위가 대상에 가하여지다. 또는 그것을 가하다. ¶담배가 몸에 미치는 영향을 조사하다.

♣ 미치다[2] / 끼치다[1] (비슷한 듯 다른 말)

◎ 그 책은 내 삶에 큰 영향을 미쳤다 = 끼쳤다.

○ 공연은 관객들의 기대에 미치지 못했다.
× 공연은 관객들의 기대에 끼치지 못했다.

○ 부모님께 걱정을 끼치다.
× 부모님께 걱정을 미치다.

미터 {영 meter}

길이를 나타내는 단위. 지구의 북극이나 남극에서 적도까지의 거리의 1000만 분의 1을 나타내는 길이로, 기호는 'm'.

▸미터 매초 (meter每秒, 마다 매, 초 초) 1초(秒) 동안[每] 가는 거리를 미터(meter)로 나타낸 단위. 기호는 'm/s'.

미투리 [hemp-cord sandals]
삼이나 노 따위로 짚신처럼 삼은 신. ⓑ 마혜(麻鞋), 승혜(繩鞋).

미팅 {영 meeting}
남녀 간의 만남.

미풍[1]微風 | 작을 미, 바람 풍 [breeze]
솔솔 부는 약한[微] 바람[風]. ¶나뭇잎들이 미풍에 흔들렸다. ⓑ 강풍(強風).

미ː풍[2]美風 | 아름다울 미, 풍속 풍 [laudable custom]
아름다운[美] 풍속(風俗). ⓑ 미속(美俗).

▸미ː풍-양속 美風良俗 | 좋을 량, 풍속 속 아름답고[美] 좋은[良] 풍속(風俗). ¶미풍양속을 계승하다. ⓑ 양풍미속(良風美俗).

미행 尾行 | 꼬리 미, 갈 행 [follow; shadow]
❶ 속뜻 남의 뒤[尾]를 몰래 따라감[行]. ❷ 다른 사람의 행동을 감시하거나 증거를 잡기 위하여 그 사람 몰래 뒤를 밟음. ¶경찰이 범인을 미행하다.

미ː혼 未婚 | 아닐 미, 혼인할 혼 [single]
성인으로서 아직 결혼(結婚)하지 않음[未]. ¶저는 아직 미혼입니다. ⓑ 기혼(既婚).

미ː화 美化 | 아름다울 미, 될 화 [beautify]
아름답게[美] 꾸미는 일[化]. ¶학교 환경 미화 작업을 하다.

▸미ː화-원 美化員 | 사람 원 깨끗하게 청소하여 아름답게 하는[美化] 사람[員]. ¶환경 미화원을 모집하다.

미ː흡 未洽 | 아닐 미, 넉넉할 흡 [insufficient]
넉넉하지[洽] 못함[未]. 마음에 흡족하지 못함. ¶미흡한 설명.

믹서 {영 mixer}
과실 등을 이겨 즙을 내는 기구.

민가 民家 | 백성 민, 집 가 [private house]
일반 백성[民]들이 사는 살림집[家]. ¶배고픈 멧돼지가 민가로 내려왔다. ⓑ 민호(民戶). ⓑ 관가(官家).

민간 民間 | 백성 민, 사이 간 [private]
❶ 속뜻 백성[民]들 사이[間]. ❷ 일반 서민(庶民)의 사회. ¶민간에 전승되다. ❸ 관(官)이나 군대에 속하지 않음. ¶민간 자본을 유치하다.

▸민간-인 民間人 | 사람 인 관리나 군인이 아닌 보통[民間] 사람[人]. ⓑ 관인(官人).

▸민간 신ː앙 民間信仰 | 믿을 신, 우러를 앙
종교 예로부터 민간(民間)에 전해 오는 신앙(信仰).

민감 敏感 | 재빠를 민, 느낄 감 [sensitive]
감각(感覺)이 예민(銳敏)하다. ¶그는 더위에 민감하다.

민권 民權 | 백성 민, 권리 권 [people's rights]
국민(國民)의 권리(權利). 신체와 재산 등을 보호받을 권리나 정치에 참여할 수 있는 권리 따위.

민-꽃식물 (一植物, 심을 식, 만물 물) [cryptogam]
식물 꽃을 피우지 않는 식물(植物)을 통틀어 이르는 말. ⓑ 은화(隱花)식물.

민단 民團 | 백성 민, 모일 단 [foreign settlement group]
법률 남의 나라 영토에 머물러 사는 같은 민족(民族)끼리 조직한 자치 단체(團體). '거류민단'(居留民團)의 준말.

민담 民譚 | 백성 민, 이야기 담 [folk tale]
문학 예로부터 민간(民間)에 전하여 내려

오는 이야기[譚]. ⓑ 민간설화(民間說話).

민둥-산 (–山, 메 산) [bare mountain]
나무가 없는 번번한 산(山). ⓑ 벌거숭이산.

민들레 [dandelion]
식물 산과 들에 나는 풀. 봄에 노란 꽃이 피고, 씨는 흰 깃털이 있어 바람에 날려 전파되고, 뿌리는 약용한다.

민란 民亂 | 백성 민, 어지러울 란
[popular uprising]
포악한 정치 따위에 반대하여 백성[民]이 일으킨 폭동[亂].

민망 憫惘 | 불쌍할 민, 멍할 망
[embarrassed]
❶속뜻 불쌍하여[憫] 정신이 멍해지다[惘]. ❷답답하고 딱하여 안타깝다. ¶보기에 민망하다 / 너무 민망하여 할 말을 잊었다. ⓑ 민연(憫然).

민-물 [fresh water]
강이나 호수처럼 짜지 않은 물. ¶송어는 민물에서 산다. ⓑ 담수(淡水). ⓟ 바닷물.

▸ 민물-고기
동물 민물에서 사는 물고기. ⓑ 담수어(淡水魚). ⓟ 바닷물고기.

민박 民泊 | 백성 민, 머무를 박
[lodge at a house]
민가(民家)에 숙박(宿泊)함. ¶바닷가 근처에서 민박을 하다.

민-방위 民防衛 | 백성 민, 막을 방, 지킬 위
[civil defense]
침략이나 재난이 있을 때 민간(民間)이 펴는 비군사적인 방위(防衛) 행위. ¶민방위 훈련.

민법 民法 | 백성 민, 법 법 [civil law]
법률 개인[民]의 권리와 관련된 법규(法規)를 통틀어 이르는 말.

민사 民事 | 백성 민, 일 사 [civil affairs]
❶속뜻 일반 국민(國民)에 관한 일[事]. ❷법률 사법상의 법률관계에 관련되는 사항. ¶그는 민사상 책임이 없다 / 민사 소송. ⓟ 형사(刑事).

▸ 민사 재판 民事裁判 | 분별할 재, 판가름할 판
법률 법원이 민사(民事) 사건에 관해서 하는 재판(裁判). ⓟ 형사 재판.

민생 民生 | 백성 민, 날 생
[public welfare]
❶속뜻 국민(國民)의 생활(生活). ¶민생을 안정시키다. ❷일반 국민. ⓑ 생민(生民).

▸ 민생-고 民生苦 | 괴로울 고
일반 국민(國民)이 생활(生活)하는 데 겪는 고통(苦痛). ¶민생고에 시달리다.

민선 民選 | 백성 민, 뽑을 선
[popular election]
국민(國民)이 뽑음[選]. ⓟ 관선(官選), 국선(國選).

⁑**민속** 民俗 | 백성 민, 풍속 속
[folk customs]
민간(民間)의 풍속(風俗). ¶민속의 날. ⓑ 민풍(民風).

▸ 민속-촌 民俗村 | 마을 촌
옛 민속(民俗)을 보존함으로써 전통미를 간직하고 있는 마을[村].

▸ 민속-춤 (民俗–)
예술 한 지역에 전해 내려와 그 풍속[民俗]을 잘 표현한 춤. ¶훌라는 하와이의 민속춤이다.

▸ 민속-품 民俗品 | 물건 품
보통 사람들의 생활과 풍속[民俗]이 잘 나타나 있는 상품(商品). ¶민속품을 수집하다.

▸ 민속-놀이 (民俗–)
민간에서 발생하여 전해 내려오는, 그 지방의 생활과 풍속[民俗]을 반영하는 놀이. ¶강강술래는 우리나라의 민속놀이이다.

민심 民心 | 백성 민, 마음 심
[popular feelings]
백성[民]의 마음[心]. ¶민심이 날로 흉흉해지다. ⓑ 민정(民情).

민어 民魚 | 백성 민, 물고기 어 [croaker]

동물 길고 납작하며 주둥이가 둔하게 생긴 바닷물고기. 식용으로 맛이 좋다.

민예 民藝 | 백성 민, 재주 예
[folk arts; folk crafts]
❶전문가가 아닌 일반 백성[民]들의 예술(藝術) 작품. ❷서민(庶)의 생활 속에서 생겨난, 지방의 특유한 풍토나 관습 따위를 표현한 예술(藝術). ¶조선시대 민예를 연구하다.

민요 民謠 | 백성 민, 노래 요 [folk song]
음악 민간(民間)에서 자연적으로 생겨나 오랫동안 전해 내려오는 노래[謠]. ¶배따라기는 서도 민요이다.

▸**민요-집** 民謠集 | 모을 집
민요(民謠)를 모아[集] 엮은 책.

민원 民願 | 백성 민, 원할 원
[civil appeal]
국민(國民)의 소원(所願)이나 청원(請願). ¶민원을 제기하다.

민의 民意 | 백성 민, 뜻 의
[will of the people]
국민(國民)의 의사(意思). ¶정책에 민의를 반영하다.

민정[1] 民政 | 백성 민, 정치 정
[civil government]
❶속뜻 국민(國民)의 안녕과 복리를 위한 정치적(政治的) 업무. ¶민정을 실시하다. ❷군인이 아닌 민간인이 하는 정치. 또는 그 정부. ⓑ군정(軍政).

민정[2] 民情 | 백성 민, 실상 정
[state of the people]
❶속뜻 국민(國民)들이 살아가는 실상[情]. ¶민정을 두루 살피다. ❷민심(民心).

**민족 民族 | 백성 민, 무리 족
[race; people]
❶속뜻 같은 지역에 살고 있는 백성[民]의 무리[族]. ❷같은 지역에서 오랫동안 공동생활을 함으로써 언어나 풍속 따위 문화 내용을 함께 하는 사람들의 집단. ¶미국은 여러 민족으로 이루어진 나라이다.

▸**민족-성** 民族性 | 성질 성
한 민족(民族)의 특유한 성질(性質). ¶음식에는 민족성이 드러난다.

▸**민족-혼** 民族魂 | 넋 혼
그 민족(民族)만이 지니고 있는 고유한 정신[魂]. ¶민족혼을 되살리다. ⓑ민족정신(民族精神).

▸**민족 국가** 民族國家 | 나라 국, 집 가
정치 단일한 민족(民族)이 하나의 국가를 차지하고 있거나 국민의 대다수를 이루고 있는 상태의 국가(國家).

▸**민족-정신** 民族精神 | 쓿을 정, 혼 신
❶속뜻 한 민족(民族)을 결속시키는 공통의 정신(精神). ❷어떤 민족이 이상(理想)으로 하는 정신. ⓑ민족혼(民族魂).

▸**민족-주의** 民族主義 | 주될 주, 뜻 의
정치 다른 민족(民族)의 지배를 벗어나 같은 민족으로서 나라를 이루려는 사상[主義].

▸**민족 자결주의** 民族自決主義 | 스스로 자, 결정할 결, 주될 주, 뜻 의
정치 각 민족(民族)은 정치적 운명을 스스로[自] 결정(決定)할 권리가 있으며 다른 민족의 간섭을 받을 수 없다는 주장[主義]. 제1차 세계 대전 직후인 1918년, 미국의 대통령 윌슨이 제창했다.

민주 民主 | 백성 민, 주인 주
[popular rule]
❶속뜻 주권(主權)이 국민(國民)에게 있음. ¶우리나라는 민주 국가이다. ❷정치 '민주주의'(民主主義)의 준말.

▸**민주-적** 民主的 | 것 적
민주주의에 따르거나 민주(民主) 정신에 맞는 것[的]. ¶민주적 절차를 거쳐 결정하다.

▸**민주-화** 民主化 | 될 화
체제(體制)나 사고방식이 민주주의(民主主義)에 맞는 것으로 됨[化]. 또는 그렇게 되게 함.

▸**민주 국가** 民主國家 | 나라 국, 집 가
정치 주권이 국민에게 있는[民主] 나라[國

家]. ㊣ 민주국.

▸ 민주-주의 民主主義 | 주될 주, 뜻 의
정치 주권이 국민에게 있고[民主] 국민을 위한 정치를 지향하는 사상[主義]. ¶민주주의를 실현하다. ㊣ 민주. ㊥ 전제주의(專制主義).

민중 民衆 | 백성 민, 무리 중
[general public]
❶ 속뜻 백성[民]의 무리[衆]. ❷국가나 사회를 구성하는 일반 국민. ¶민중의 지지를 받다 / 민중 심리.

민첩 敏捷 | 재빠를 민, 빠를 첩
[quick; prompt]
재빠르고[敏] 날래다[捷]. ¶민첩한 행동.

민폐 民弊 | 백성 민, 나쁠 폐
[public harm]
민간(民間)에 끼치는 나쁨[弊]. ¶군대가 주둔하면서 민폐가 극심하다. ㊥ 관폐(官弊).

민호 民戶 | 백성 민, 집 호
일반 백성[民]들이 사는 집[戶]. ¶민호를 조사하다. ㊤ 민가(民家).

민화 民畵 | 백성 민, 그림 화
[folk painting]
미술 서민(庶民)들의 생활을 소재로 그린 그림[畵].

믿다 (信, 믿을 신)
[believe; trust; have faith in]
❶꼭 그렇게 여겨서 의심하지 않다. ¶나는 형의 말을 믿는다. ❷마음으로 의지하고, 기대를 저버리지 않을 것이라고 여기다. 신뢰하다. ¶어머니를 믿고 의지하다. ❸종교적 이념을 따르다. ¶하나님을 믿다.

믿음 [trust; belief]
❶믿는 마음. ¶믿음이 안 간다. ❷종교적 이념을 따르는 일. ¶믿음이 깊다. ㊤ 신앙(信仰).

▸ 믿음직-스럽다
믿음직한 데가 있다. ¶그는 믿음직스러운 사람이다.

밀 [wheat; corn]
식물 간장, 된장, 빵, 과자 따위의 원료로 쓰는 벼와 비슷한 곡물. 또는 그 농작물.

밀-가루 [(wheat) flour]
밀을 빻아 만든 가루. ¶밀가루 반죽을 만들다. ㊤ 맥분(麥粉), 소맥분(小麥粉).

▸ 밀가루-죽 (-粥, 죽 죽)
밀가루로 만든 죽(粥).

밀감 蜜柑 | 꿀 밀, 감자나무 감 [mandarin orange]
❶ 속뜻 꿀[蜜]처럼 단 귤나무[柑]의 열매. ❷ 식물 귤나무의 열매.

밀고 密告 | 몰래 밀, 알릴 고
[inform against]
남몰래[密] 고자질함[告]. ¶누가 경찰에 나를 밀고했다.

밀:다 [push; shave; roll]
❶힘을 주어 앞으로 나아가게 하다. ¶책상을 밀다. ❷바닥이나 거죽의 지저분한 것을 문질러서 깎거나 닦아 내다. ¶머리를 밀다 / 내 등 좀 밀어 주실래요? ❸가루 반죽을 밀방망이로 얇고 넓게 펴다. ¶밀가루 반죽을 밀다. ❹추천하거나 추대하다. ¶반장으로 밀다. ㊥ 당기다.

밀담 密談 | 몰래 밀, 말씀 담
[talk secretly]
은밀(隱密)히 주고받는 말[談]. 또는 그러한 의논. ¶밀담을 나누다.

밀도 密度 | 빽빽할 밀, 정도 도
[density; consistency]
어떤 면적이나 부피에 들어 있는 물질의 빽빽한[密] 정도(定度). ¶인구 밀도 / 이 물질은 밀도가 높다.

밀랍 蜜蠟 | 꿀 밀, 밀 랍 [beeswax]
벌집에서[蜜] 채취한 동물성 고체 기름[蠟]. ¶밀랍으로 만든 장미꽃.

밀려-가다 [roll back; throng]
❶미는 힘에 밀려서 가다. ¶바람에 밀려가는 돛단배. ❷한꺼번에 여럿이 몰려서 가다. ¶결승전을 보려고 야구팬들이 경기장

으로 밀려갔다. [반] 밀려오다.

밀려-나다 [be pushed out; be ousted]
❶다른 힘에 의해서 제자리에서 떨어지다. ¶나는 사람들에 휩쓸려 뒤로 밀려났다. ❷어떤 자리에서 몰리거나 쫓겨나다. ¶회장 자리에서 밀려나다.

밀려-들다 [rush into]
한꺼번에 여럿이 몰려들다. ¶손님들이 한꺼번에 밀려들다.

밀려-오다 [rush; crowd]
❶미는 힘에 밀려서 이쪽으로 오다. ¶해안으로 밀려오는 쓰레기. ❷여럿이 단박에 몰려오다. ¶물밀듯이 밀려오는 사람들. [반] 밀려가다.

밀렵 密獵 | 몰래 밀, 사냥 렵 [poach]
허가를 받지 않고 몰래[密] 사냥함[獵]. 또는 그런 사냥. ¶야생 여우를 밀렵하다.
▸ 밀렵-꾼 (密獵–)
허가를 받지 않고 몰래[密] 사냥하는[獵] 사람.

밀리그램 {영 milligram}
무게를 나타내는 단위. 1밀리그램은 1그램의 1,000분의 1이며, 기호는 'mg'.

밀리다 [be left undone]
❶미처 처리 못한 일·물건이 쌓이다. ¶숙제가 밀리다. ❷어떤 이유로 뒤처지게 되다. ¶교통사고로 차가 밀리다.

밀리리터 {영 milliliter}
부피를 나타내는 단위. 1밀리리터는 1리터의 1000분의 1이며, 기호는 'mL'.

밀리미터 {영 millimeter}
길이를 나타내는 단위. 1밀리미터는 1미터의 1000분의 1이며, 기호는 'mm'.

밀림 密林 | 빽빽할 밀, 수풀 림
[thick forest]
큰 나무들이 빽빽하게[密] 들어선 깊은 숲[林]. ¶밀림 지대 / 울창한 밀림. [비] 정글.

밀-물 [rising tide; flood tide]
[지리] 육지로 향해 조수가 밀려오는 현상. 또는 그 조류. ¶밀물이 들어오다. [반] 썰물.

밀봉 密封 | 빽빽할 밀, 봉할 봉
[seal (up); make airtight]
딴 사람이 열지 못하도록 단단히[密] 봉함[封]. ¶서류를 밀봉하여 우편으로 보냈다.

밀사 密使 | 몰래 밀, 부릴 사
[secret envoy]
몰래[密] 보내어 심부름을 시키는[使] 사람. ¶헤이그 밀사 / 밀사를 보내다.

밀수 密輸 | 몰래 밀, 나를 수 [smuggle]
법을 어기고 몰래[密] 하는 수출(輸出)이나 수입(輸入). ¶총기를 밀수하다. [비] 밀무역(密貿易).

밀실 密室 | 몰래 밀, 방 실
[secret room]
아무나 함부로 드나들지 못하게 하고 비밀(祕密)스럽게 쓰는 방[室].

밀어-내다 [push out]
❶밀어서 밖으로 나가게 하다. ¶나는 그를 방안에서 밀어냈다. ❷어떤 지위나 자리에서 물러나게 하다. ¶과장을 밀어내고 그 자리를 차지하다.

밀어-넣다 [push in]
(무엇을) 밀어서 안으로 넣다. ¶집 안으로 사람들을 밀어넣다. [반] 끌어내다.

밀어-닥치다 [close in]
여럿이 한꺼번에 몰려 닥치다. ¶관광객이 한꺼번에 밀어닥치다.

밀어-붙이다 [push to one side]
❶한쪽으로 힘주어 밀다. ¶상대방을 구석으로 밀어붙이다. ❷여유를 주지 않고 계속 몰아붙이다. ¶우리 팀은 경기 승기(勝氣)를 잡자 상대 팀을 강하게 밀어붙였다.

***밀접 密接** | 빽빽할 밀, 닿을 접 [close]
아주 가깝게[密] 맞닿음[接]. 또는 그런 관계에 있음. ¶두 기업은 밀접한 관계를 맺고 있다.

밀집 密集 | 빽빽할 밀, 모일 집
[mass; crowd]
빽빽이[密] 모임[集]. ¶인구 밀집지역.

밀-짚 [wheat straw]
밀알을 떨고 난 밀의 줄기.
▶ **밀짚-모자** (-帽子, 모자 모, 접미사 자) 밀짚·보릿짚 등으로 만든 여름 모자(帽子).

밀착 密着 | 빽빽할 밀, 붙을 착 [close adhesion]
❶[속뜻]빈틈없이 탄탄히[密] 달라붙음[着]. ¶밀착 수비. ❷서로의 관계가 매우 가깝게 됨. ¶유교는 우리 민족의 삶과 밀착되어 있다.

밀-채
[음악]장단의 빠르기를 좀 느리게 조절하여 치는 채.

밀ː-치다 [push; shove]
힘껏 밀다. ¶밀치고 달아나다.

밀크 {영 milk}
우유(牛乳).
▶ **밀크-셰이크** {영 milk shake} 우유[milk]에 달걀·설탕 등을 넣고 섞어[shake] 만든 음료.

밀폐 密閉 | 빽빽할 밀, 닫을 폐 [shut tightly]
빈틈없이[密] 꼭 막거나 닫음[閉]. [반]개봉(開封).

밉다 (憎, 미울 증) [hateful; detestable]
❶생김새가 볼품이 없다. ¶얼굴이 밉지는 않다. ❷하는 짓이나 말이 마음에 거슬려 싫다. ¶잘난 척을 잘해 밉다. [반]예쁘다, 곱다.

밉살-스럽다 [hateful; detestable]
언행(言行)이 남에게 몹시 미움을 받을 만하다.

밉-상 (-相, 모양 상) [disgusting face]
미운 얼굴[相]이나 행동. ¶그는 무슨 말을 해도 밉상이다.

밋밋-하다 [long and slender]
❶생김새가 미끈하게 곧고 길다. ¶밋밋하고 훤칠하게 잘생기다. ❷두드러진 특징이 없이 평범하다. ¶그의 연설은 너무 밋밋했다.

밍크 {영 mink}
[동물]족제비와 비슷하며, 몸은 광택이 있는 갈색의 동물. 모피는 여성용 고급 외투 따위에 쓴다.

및 [and (also)]
'그리고', '그 밖에', '또'의 뜻으로, 문장에서 같은 종류의 성분을 연결할 때 쓰는 말. ¶한국, 중국 및 세계 여러 나라.

밑 (底, 밑 저) [lower part]
❶물체의 아래나 아래쪽. ¶아이가 의자 밑에 숨었다. ❷나이, 정도, 지위, 직위 따위가 적거나 낮음. ¶언니보다 세 살 밑이다. ❸지배·보호·영향 등을 받는 처지임을 나타냄. ¶할머니 밑에서 자라다. ❹항문. ¶밑을 닦다. [비]아래. [반]위. [관용]밑도 끝도 없다.

♣ 밑 / 아래 [비슷한 듯 다른 말]

◎ 그 상자는 책상 밑에 = 아래에 있다.
○ 상자의 밑이 빠졌다.
× 상자의 아래가 빠졌다.
○ 위와 아래가 바뀌다.
× 위와 밑이 바뀌다.

밑-각 (-角, 뿔 각) [base angle]
[수학]이등변 삼각형에서 크기가 같은 두 각(角).

밑-거름
❶[농업]씨를 뿌리거나 모내기 전에 주는 거름. ❷어떤 일을 이루는 데 바탕이 되는 것. ¶조국 발전의 밑거름으로 삼다.

밑-그림 [rough sketch]
모양의 대충만을 초잡아 그린 그림.

밑-금 [underlin]
가로로 쓴 글에서 중요한 단어나 문장 밑에 잇달아 긋는 금.

밑-넓이 [bottom dimensions]
[수학]원기둥, 각기둥, 원뿔, 각뿔 따위의

밑면의 넓이.

밑-돌다 [be less than]
어떤 기준에 못 미치다. ¶관광객 수가 예상을 훨씬 밑돌았다. [비] 하회(下廻)하다. [반] 웃돌다.

밑-동 [lower part]
채소 따위 식물의 굵게 살진 뿌리 부분. ¶배추 밑동을 다듬다.

밑-면 (一面, 낯 면) [base]
물건 아래쪽의 넓적한 바닥[面].

밑-면적 (一面積, 낯 면, 쌓을 적) [bottom dimensions]
[수학] 원기둥, 각기둥, 원뿔, 각뿔 따위의 밑면(面)의 넓이[積]. [비] 밑넓이.

밑-바닥 [bottom]
❶어떤 것의 바닥 또는 아래가 되는 부분. ¶구두 밑바닥. ❷아무것도 없는 상태나 최하층을 비유적으로 이르는 말. ¶밑바닥에서부터 시작하다.

밑-바탕 [groundwork; foundation]
사람이나 사물의 근본을 이루고 있는 것. ¶노력은 성공의 밑바탕이다. [비] 근본(根本), 기초(基礎).

밑-반찬 (一飯饌, 밥 반, 반찬 찬)
만들어서 오래 두고 언제나 손쉽게 내어 먹을 수 있는 반찬(飯饌).

밑-받침 [underlay]
❶밑에 받치는 물건. ❷어떤 일이나 현상의 바탕이나 근거 또는 힘이 되는 것. ¶절약 정신은 경제 성장의 밑받침이 된다.

밑-변 (一邊, 가 변) [base]
[수학] 삼각형이나 사다리꼴에서 밑에 있는 변(邊).

밑-부분 (一部分, 나눌 부, 나눌 분) [base]
전체의 가운데보다 밑에 해당되는 부분(部分).

밑-실 [shuttle]
재봉틀의 북에 감은 실.

밑-씨 [ovule]
[식물] 씨방(房) 속에 생기는, 뒤에 씨가 되는 기관(器官).

밑-줄 [underline]
가로로 쓴 글에서 어떤 말의 밑에 긋는 줄. ¶중요한 부분에 밑줄을 긋다.

밑-지다 [lose (money)]
들인 밑천을 다 건지지 못하다. 손해를 보다. ¶밑지고 팔다. [반] 남다.

밑-창 [bottom piece]
신의 바닥 밑에 붙이는 창.

밑-천 [capital; fund]
장사나 무슨 일을 경영하는 데 필요한 재물이나 기술, 실력 따위. [관용] 밑천이 드러나다.

밑-판 (一板, 널빤지 판) [bottom board plate]
밑에 대는 판(板).

ㅂ

언어 한글 자모의 여섯째 글자. '비읍'이라 이른다.

바[1][fa; F]

음악 서양 음악의 7음 체계에서 네 번째 음이름. 계이름 '파'(fa)와 같다.

바[2][way; something]

'방법' 또는 '어떤 일', '어떤 것'을 이르는 말. ¶어찌할 바를 모르다 / 각자 맡은 바 책임을 다하다.

바가지 [gourd; overcharge]

❶물을 푸거나 물건을 담는 그릇. ❷터무니없이 많은 요금이나 물건 값. ¶바가지를 쓰다.

바구니 [wicker basket]

대·싸리 등을 쪼개어 둥글게 엮어 속을 깊숙하게 만든 그릇.

바글-거리다 [seethe; bustle]

사람·짐승·벌레 등이 많이 모여 움직이다. ¶시장에 사람들이 바글거린다. ⓑ 우글거리다.

바깥 (外, 바깥 외) [outside; exterior]

밖이 되는 곳. 밖으로 향한 쪽. ¶바깥은 춥지만 안은 따뜻하다. ⓑ 밖.

▸바깥-일

❶가정 밖에서 보는 일. 주로 남자들이 보는 일. ❷집 밖에서 일어나는 일. ¶그는 바깥일 돌아가는 얘기에는 관심이 없다.

▸바깥-쪽

바깥으로 드러난 쪽. ¶그 문은 바깥쪽으로 열린다. ⓑ 안쪽.

▸바깥-출입 (-出入, 날 출, 들 입)

바깥에 나다니는[出入] 일. ¶전염병이 돌 때는 바깥출입을 삼가야 한다.

바께쓰 {일 baketsu}

'양동이'의 일본식 말. 영어로는 'bucket'.

바꾸다 (易, 바꿀 역; 換, 바꿀 환) [change; alter]

❶어떤 것을 주고 다른 것을 받다. ¶옷과 쌀을 바꾸다. ❷원래의 내용이나 상태를 다른 것으로 고치다. ¶생각을 바꾸다 / 집안 분위기를 바꾸다. ⓑ 교환(交換)하다, 교체(交替)하다.

바꿔-치다 [substitute]

남들이 모르는 사이에 다른 것으로 바꾸다.

바뀌다 [change; be changed]

❶어떤 것이 서로 반대가 되다. '바꾸이다'의 준말. ¶밤낮이 바뀌다. ❷달라지거나 변경되다. ¶계절이 바뀌다 / 시간표가 바뀌다. ❸다른 것으로 교체되다. ¶내 연필이 친구의 것과 바뀌었다.

바나나 {영 banana}
식물 씨가 없고 익으면 누른빛이 되며 약간 긴 활 모양의 과일이 나는 나무. 열대지방에서 자란다.

바느-질 [needlework; sewing]
바늘로 옷을 짓거나 꿰매는 일. ¶어머니는 바느질 솜씨가 좋다.

▸ 바느질-감
바느질할 옷이나 옷감 따위. ¶가위로 바느질감을 마르고 바느질을 시작했다.

바늘 (針, 바늘 침) [needle; pin]
❶가늘고 끝이 뾰족하며 머리에 구멍이 있는 쇠. 실을 꿰어 바느질하는 데에 쓴다. ❷주사·낚시 따위에서, 가늘고 길며, 한쪽 끝이 뾰족한 부품이나 부분. ¶주사 바늘. ❸시계·저울 따위에서, 눈금을 가리키는 뾰족한 물건. ¶시계 바늘. 속담 바늘 도둑이 소 도둑 된다.

▸ 바늘-귀
바늘의 위쪽에 뚫린, 실을 꿰는 구멍. ¶바늘귀가 작아서 실이 잘 꿰어지지 않는다. ㊐ 침공(針孔).

▸ 바늘-대
돗자리나 가마니를 칠 때 쓰는 가늘고 길쭉한 막대기.

▸ 바늘-땀
바느질에서 바늘로 한 번 뜬 눈. 또는 그 길이. ¶바늘땀이 촘촘하다.

▸ 바늘-꽂이
바늘을 쓰지 아니할 때 꽂아 두는 물건.

▸ 바늘구멍 사진기 (–寫眞機, 베낄 사, 참 진, 틀 기)
기계 렌즈 대신에 상자에 자그마한 구멍을 뚫어서 그 구멍을 통해 물건을 보는 기구. 또는 이를 이용한 사진기(寫眞機).

바닐라 {영 vanilla}
식물 오이만한 크기의 열매가 열리는 덩굴풀. 익기 전의 열매를 발효하여 향신료로 쓴다.

바다 (海, 바다 해; 洋, 바다 양) [sea]
지리 지구 위에서 육지를 제외한 부분으로 짠물이 괴어 하나로 이어진 넓고 큰 부분. 지구 표면적의 약 70.8%를 차지한다. ㊐ 대양(大洋), 대해(大海). ㊥ 육지(陸地).

▸ 바다-낚시
바다에서 물고기를 낚는 일. ㊥ 민물낚시.

바닥 [floor; ground]
❶물체가 편평한 평면을 이룬 부분. ¶가방을 바닥에 놓다. ❷그릇·신 등의 밑 부분. ¶구두 바닥.

▸ 바닥-나다
돈이나 물건 따위가 다 써서 없어지다. ¶한 달 용돈이 바닥났다. ㊐ 동나다.

바닷-가 [beach]
바닷물과 땅이 서로 닿은 곳이나 그 근처. ㊐ 해변(海邊), 해안(海岸).

바닷-길 [sea route]
배를 타고 바다를 통하여서 가는 길. ¶콜럼버스는 바닷길을 개척했다.

바닷-말 [seaweeds]
식물 김, 미역, 다시마처럼 바다에서 나는 물풀 종류를 이르는 말. ㊐ 해조(海藻).

바닷-물 [sea water]
짠맛이 나는 바다의 물. ㊐ 해수(海水). ㊥ 민물, 담수(淡水).

바닷-물고기 [sea fish]
동물 바닷물에 사는 물고기. ¶상어는 바닷물고기다. ㊟ 바닷고기. ㊥ 민물고기.

바닷-바람 [sea breeze]
바다에서 불어오는 바람. ¶바닷바람에 오징어를 말리다. ㊐ 해풍(海風).

바닷-새 [seabird]
바다를 생활 터전으로 삼고 사는 새. ¶독도는 바닷새의 서식지로 매우 중요하다. ㊐ 해조(海鳥).

바둑 (棋, 바둑 기)
운동 두 사람이 흑백의 돌로 바둑판에 벌여 가며 서로 에워싸서 집을 많이 차지함을 다투는 놀이.

▸ 바둑-돌

운동 바둑 둘 때 쓰는 돌. 흑이 181개, 백이 180개이다.

▸바둑-판 (一板, 널빤지 판)
바둑을 두는 데 쓰는 네모난 판(板). 가로 세로 각각 19개의 선이 그어져있다.

바둑-이 [black and white dog]
털에 검은 점과 흰 점이 바둑무늬 모양으로 섞인 개. 또는 그런 개의 이름.

바들-바들 [quiveringly; tremblingly]
자꾸 몸을 작게 바르르 떠는 모양. ¶추워서 바들바들 떨었다.

바디 [reed; yarn guide]
베틀, 가마니틀, 방직기 따위에 딸린 기구의 하나. 가늘고 얇은 대오리를 참빗살같이 세워, 두 끝을 앞뒤로 대오리를 대고 단단하게 실로 얽어 만든다.

바라다 (望, 바랄 망; 希, 바랄 희; 願, 바랄 원) [wish; hope]
❶생각이나 바람대로 어떤 일이나 상태가 이루어졌으면 하고 생각하다. ¶행복하기를 바랍니다. ❷원하는 사물을 얻거나 가졌으면 하고 생각하다. ¶돈을 바라고 이 일을 하는 것은 아니다. ㊥ 원(願)하다, 소원(所願)하다, 소망(所望)하다.

바라-보다 [see; look at]
❶바로 향하여 보다. ¶꽃을 바라보다. ❷어떤 나이에 이를 날을 가까이 두고 있다. ¶나이 60을 바라보다. ㊥ 쳐다보다.

바락-바락 [desperately; frantically]
성이 나거나 하여 자꾸 기를 쓰는 모양. ¶바락바락 악를 쓰며 덤비다.

바람[1] [one's dearest wish]
바라는 바. ¶나의 가장 큰 바람은 가족의 건강이다. ㊥ 소원(所願), 소망(所望).

바람[2] [(as a) result (of)]
❶무슨 일의 결에 따라 일어나는 기운. ¶급히 먹는 바람에 체했다. ❷몸에 차려야 할 것을 차리지 않고 나서는 차림. ¶잠옷 바람으로 나가다.

♣ 바람[2] / 통[2]

◎ 애들이 떠드는 바람에 = 통에 책을 볼 수가 없다.

○ 약 바람에 통증을 느끼지 못했다.
× 약 통에 통증을 느끼지 못했다.
○ 그는 전쟁 통에 가족과 헤어졌다.
× 그는 전쟁 바람에 가족과 헤어졌다.

바람[3](風, 바람 풍) [wind; air]
❶기압의 고저에 의하여 일어나는 공기의 움직임. ¶쌀쌀한 바람이 불다. ❷속이 빈 물체 속에 넣는 공기. ¶튜브에서 바람이 샌다. ❸들뜬 마음이나 일. ¶무슨 바람이 불어 여기까지 왔느냐. 관용 바람을 맞다.

▸바람-결
바람이 지나가는 움직임. ㊥ 풍편(風便).

▸바람-개비
바람을 받으면 돌게 되어 있는 장난감.

▸바람-둥이
곧잘 바람을 피우고 다니는 사람.

바람직-하다 [desirable; advisable]
바랄 만한 가치가 있다. ¶정기 검진을 받는 것은 바람직하다.

바:랑 [knapsack]
불교 스님이 등에 지고 다니는 자루 같은 큰 주머니.

바:래다 [fade; discolor]
볕이나 습기를 받아 빛이 변하다. 오래되어 변색하다. ¶햇볕에 커튼이 누렇게 바랬다.

바래다-주다 [escort]
가는 사람을 중도까지 함께 가 주다. ¶버스 정류장까지 바래다주다.

바:랭이 [wire grass]
식물 밭·길가에 많이 나는, 벼 비슷한 풀.

바로[1] [As you were!]
군대에서, 본래 자세로 돌아가라는 구령.

바로[2] [straight; right; immediately]
❶비뚤어지거나 굽은 데가 없이 곧게. 똑

바로. ¶바로 앉다. ❷사리나 원리, 원칙 등에 어긋나지 않게. 올바로, 정직하게. ¶마음을 바로 써라. ❸곧장. 중도에서 지체하지 않고. ¶집에 바로 가거라. ❹다름이 아니라 곧. 곧장. ¶바로 너 / 오늘이 바로 내 생일이다.

▸ **바로-잡다** (矯, 바로잡을 교; 訂, 바로잡을 정)

❶굽은 것을 곧게 하다. ¶자세를 바로잡다. ❷잘못된 것을 고치다. ¶잘못을 바로잡다. ㊥ 교정(矯正)하다, 정정(訂正)하다.

바로크 {프 baroque}

[예술] 17-18세기에 유럽에서 유행한, 곡선의 장식을 강조한 예술양식.

바르다[1] [cover; hang; apply; spread]

❶헝겊·종이 따위에 풀칠하여 다른 물건에 붙이다. ¶방에 꽃무늬 벽지를 바르다. ❷액체나 가루 등을 묻히다. ¶얼굴에 분을 바르다 / 약을 바르다.

♣ 바르다¹ / 묻히다² 

◎ 우표에 침을 바르다 = 묻히다.

○ 방에 분홍색 벽지를 바르다.
× 방에 분홍색 벽지를 묻히다.

○ 붓에 먹을 묻히다.
× 붓에 먹을 바르다.

바르다[2] [shell; clean]

뼈다귀의 살 따위를 걷거나 가시를 추려내다. ¶생선을 발라 먹다.

바르다[3] (正, 바를 정)

[straight; upright; right]

❶기울어지거나 비뚤어지지 않고 곧다. ¶자세가 바르다. ❷사리나 도리에 맞다. ¶예의가 바르다 / 바른 말. ❸사실과 어긋남이 없다. ¶숨기지 않고 바르게 대답했다.

♣ 바르다³ / 옳다 

◎ 바른 = 옳은 말을 하다.

○ 앉은 자세가 바르다.
× 앉은 자세가 옳다.

○ 그의 추측이 옳다.
× 그의 추측이 바르다.

비슷한 듯 다른 말 ➲ 곧다

바르르 [shivering; trembling; in a rage]

❶가볍게 조금 떠는 모양. ¶손을 바르르 떨다. ❷대수롭지 않은 일에 갑자기 성을 내는 모양. ¶바르르 떨며 화를 내다.

바른-길 [justice; right path]

참된 도리. 정당한 길. ¶바른길로 인도하다.

바른-대로

사실과 틀림없이. ¶바른대로 대답해라.

바른-마침

[음악] 딸림화음에서 으뜸화음으로 나아가 악곡을 끝맺는 마침. 갖춘마침과 못갖춘마침이 있다.

바른-말 [reasonable word]

사리에 맞는 말. ¶바른 말은 귀에 거슬리는 법이다.

바른-손 [right hand]

몸의 오른쪽에 있는 손.

바른-씨름

[운동] 샅바를 왼 다리에 끼고 어깨를 오른쪽으로 돌려 대고 힘을 오른손과 오른 다리에 두어 하는 씨름. ㊥ 오른씨름.

바른-쪽 [right]

오른쪽. ㊥ 오른편. ㊤ 왼편.

바리톤 {영 baritone}

[음악] 테너와 베이스 사이의 남성 음역. 또는 그 음역의 가수. ¶그의 목소리는 바리톤이다.

바바리 {영 Burberry} [trench coat]

주로 봄과 가을에 입는 코트. 영국의 바바리 회사의 제품 이름에서 유래한다. '바바리코트'의 준말.

바ː보 [fool; stupid person]
❶지능이 부족하여 정상적으로 판단하지 못하는 사람을 낮잡아 이르는 말. ¶그는 열병을 앓고 난 후 바보가 되었다. ❷어리석고 멍청하거나 못난 사람을 얕잡아 이르는 말. ¶바보 같은 짓 하지 마라! ㊥ 멍청이, 멍텅구리, 얼간이. ㉯ 영재(英才), 천재(天才).
▸바ː보-짓
바보 같은 행동.

바쁘다 (忙, 바쁠 망)
[busy; hurried; hasty]
❶일이 많거나 급하여 쉴 겨를이 없다. 분주(奔走)하다. ¶하루 종일 눈코 뜰 새 없이 바빴다. ❷몹시 급하다. ¶바쁘게 아침 식사를 하고 밖으로 나갔다. ㊥ 다망(多忙)하다. ㉯ 한가(閑暇)하다.

바삐 [busily]
일이 많거나 또는 서둘러서 하여야 할 일로 인하여 겨를이 없이. 바쁘게. ¶바삐 돌아오다. ㊥ 급히. ㉯ 천천히.

바삭-거리다
[rustle and rustle; crinkle]
가랑잎이나 마른 검불 따위의 잘 마른 물건을 가볍게 밟는 소리가 잇달아 나다. 또는 그런 소리를 잇달아 내다.

바삭-바삭 [rustlingly; crunch]
❶가랑잎이나 마른 검불 따위의 잘 마른 물건을 잇달아 가볍게 밟는 소리. 또는 그 모양. ❷단단하고 부스러지기 쉬운 물건을 잇달아 깨무는 소리. 또는 그 모양. ¶튀김이 바삭바삭하다.

바셀린 {영 vaseline}
화학 탄화수소의 혼합물로 석유에서 얻는 무색이나 담황색의 물질. 화장품이나 연고를 만들 때 쓰며, 바셀린 회사에서 이름이 유래했다.

바순 {영 bassoon}
음악 오보에보다 두 옥타브 낮은 저음의 목관(木管) 악기. 파곳(faggot).

바스락 [with a rustle]
마른 검불 등을 밟거나 뒤적일 때 나는 소리.
▸바스락-거리다
마른 잎이나 종이 따위를 가볍게 밟거나 뒤적이는 소리가 자꾸 나다. ¶바람이 불자 낙엽이 바스락거렸다. ㊥ 바스락대다.

바스켓 {영 basket}
운동 농구에서, 쇠로 만든 둥근테와 그물을 매달아 백보드에 설치한 것. 공을 통과시켜 점수를 낸다.

바싹 [closely; completely]
❶아주 가까이 달라붙거나 몹시 죄거나 우기는 모양. ¶바싹 붙어 앉다. ❷물기가 아주 없이 마르거나 타 버리는 모양. ¶바싹 마른 입술. ❸몹시 긴장하거나 힘을 주는 모양. ¶어깨를 바싹 움츠리다.
▸바싹-바싹
❶물기가 아주 없어지도록 자꾸 마르거나 타들어 가는 모양. ¶긴장해서 입 안이 바싹바싹 마른다. ❷여럿이 다 아주 가까이 달라붙거나 자꾸 죄는 모양. ¶바싹바싹 당겨 앉다. ㊥ 바짝바짝.

바야흐로 [in full operation]
이제 한창. 이제 막. ¶바야흐로 독서의 계절인 가을이 돌아왔다.

바위 (巖, 바위 암) [rock; crag]
❶부피가 큰 돌. ❷'가위바위보'에서 주먹을 내민 것. ㊥ 암석(巖石).
▸바위-산 (一山, 메 산)
바위로 뒤덮여 풀과 나무가 자라지 못하는 산(山).
▸바위-섬
주로 바위로 이루어진 섬.
▸바위-틈
바위의 갈라진 틈이나 바위와 바위의 틈. ¶난초는 바위틈에서도 잘 자란다.

바윗-돌 [rock block]
크고 단단한 돌.

바이러스 {영 virus}
❶생물 동물, 식물, 세균 따위의 살아 있는 세포에 기생하고, 세포 안에서만 증식이

가능한 비세포성 생물. ¶바이러스에 감염되다. ❷컴퓨터를 비정상적으로 작용하게 만드는 프로그램. ¶바이러스 때문에 파일이 망가졌다.

바이-메탈 {영 bimetal}
[물리] 열팽창률이 다른 두 장의 금속을 한데 붙여 합친 것. 온도가 높아지면 팽창률이 작은 금속 쪽으로 구부러지고, 온도가 낮아지면 그 반대쪽으로 굽는다. 온도계, 화재경보기, 온도 조절기 따위에 쓴다.

바이올린 {영 violin}
[음악] 중앙부가 잘록한 타원형의 통에 줄 넷을 매어 활로 문질러 연주하는 현악기의 하나. ¶바이올린을 켜다.

바이킹 {영 Viking}
8-12세기에 걸쳐 유럽 각지에서 활약한 노르만 족(Norman族)의 별칭. 모험적인 민족으로 상업을 하면서, 무역선을 약탈하기도 하였다.

바이트 {영 byte}
컴퓨터가 처리하는 정보의 양의 기본단위. 또는 그 양을 세는 말. 로마자 한 자를 표기하는 능력을 나타내며, 1바이트는 8비트로 이루어진다. 기호는 'B'.

바인더 {영 binder}
❶서류·잡지 등을 묶어 꽂는 물건. ❷곡물을 베어서 단으로 묶는 농업용 기계.

바인딩 {영 binding}
[운동] 스키 판에 신을 고정시키기 위한 장치.

바자 {영 bazaar}
'시장'이란 뜻에서 유래한, 공공·사회사업 등의 자금을 모으기 위하여 벌이는 시장.

▸ 바자-회 (bazaar會, 모일 회)
바자(bazaar)를 위해 모인 모임[會]. ¶불우이웃을 돕기 위해 바자회를 열다.

바-장조 (─長調, 길 장, 가락 조) [F major]
[음악] '바' 음을 으뜸음으로 한 장조(長調).

바지 [pants]
아랫도리에 입는 옷의 하나. 위는 통으로 되고 아래에는 두 다리를 따로 넣게 갈라져 있다.

▸ 바지-춤
바지의 허리 부분을 접어 여민 사이. ¶바지춤을 여미고 달렸다.

▸ 바지-저고리
❶바지와 저고리. ❷주견이나 능력이 전혀 없는 사람을 놀림조로 이르는 말. ¶바지저고리 신세가 되고 말았다.

바지락 [thin-shelled surf clam]
[동물] 민물이 섞이는 바다의 모래펄에 사는 식용 조개.

바짓-가랑이
바지에서 다리를 넣는 부분.

바짝 [in a parched manner; scorched]
❶물기가 아주 졸아붙는 모양. ¶빨래가 바짝 말랐다. ❷매우 가까이 달라붙거나 세게 죄는 모양. ¶바짝 다가왔다. ❸몹시 긴장하거나 힘을 주는 모양. ¶정신 바짝 차리다. [비] 바싹.

▸ 바짝-바짝
'바짝'의 힘줌말. [비] 바싹바싹.

바치다 (納, 바칠 납; 貢, 바칠 공, 獻, 바칠 헌) [offer; present]
❶신이나 웃어른에게 드리다. ¶이 상을 돌아가신 아버지께 바칩니다. ❷마음과 몸을 내놓다. ¶나라를 위해 목숨을 바치다. [비] 상납(上納)하다, 헌납(獻納)하다.

바캉스 {프 vacance} [vacation]
휴가. 주로 피서지·휴양지(休養地) 등에서 지내는 경우를 이른다. ¶바다에서 바캉스를 즐기다.

바퀴 (輪, 바퀴 륜) [wheel]
❶돌게 하기 위하여 둥근 테 모양으로 만든 물건. ¶자동차 바퀴. ❷어떤 둘레를 빙 돌아서 본디 위치까지 이르는 횟수를 세는 단위. ¶운동장을 세 바퀴 돌다.

바퀴-벌레 [cockroach; roach]

동물 몸이 황갈색이며 전 세계적으로 분포하여 음식물과 의복에 해를 끼치는 곤충.

바탕 (質, 바탕 질) [foundation; basis; background; nature]
❶사물이나 현상의 근본을 이루는 기초. ¶결혼 생활의 바탕은 신뢰이다. ❷천·종이 등의 기본 색깔. ¶검은 바탕에 흰 점의 무늬. ❸타고난 성질이나 체질 또는 모든 재질. ¶바탕이 좋은 사람.

▸바탕-천
그림을 그리거나 수를 놓을 때 밑바탕으로 사용하는 천.

▸바탕 화:면 (-畫面, 그림 화, 낯 면)
컴퓨터의 모니터에 여러 가지 그림 표시들이 처음 나타나는 화면(畫面).

바투 [close; closely]
❶두 물체의 사이가 썩 가깝게. ¶바투 서다. ❷시간이나 길이가 매우 짧게. ¶출국 날짜를 너무 바투 잡았다.

박[1] [gourd]
식물 호박 비슷한 열매가 열리며, 속을 파내 바가지를 만들어 쓰는 덩굴풀.

박[2] 泊 | 배댈 박 [stay]
객지에서 묵는 밤의 횟수를 세는 말. ¶2박 3일.

박[3] 拍 | 칠 박
음악 ❶여섯 개의 얇고 긴 판목을 모아 한 쪽 끝을 끈으로 꿰어, 폈다 접었다 하며 소리를 내는 국악기. 곡의 박자를 이끈다. ❷박자(拍子). ⓑ박판.

박격 迫擊 | 닥칠 박, 칠 격 [close attack]
적에게 바싹 다가가서[迫] 침[擊].

▸박격-포 迫擊砲 | 대포 포
군사 보병이 가지고 다니며, 적과 가까운 곳에서 쏘는[迫擊] 포(砲).

박-꽃 [gourd flower]
박 덩굴의 꽃. 여름에 흰 꽃이 피는데 저녁에 피었다가 다음 날 아침이 되면 시든다.

박다 [drive; hit; bump; mount]
❶두들기거나 틀어서 꽂히게 하다. ¶못을 박다. ❷붙이거나 끼워 넣다. ¶진주를 박은 반지. ❸머리 따위를 부딪치다. ¶책상 모서리에 이마를 박았다. ⓟ뽑다.

박달-나무 (檀, 박달나무 단) [birch]
식물 산허리 이하의 깊숙한 숲 속에 나는 키큰 활엽수. 목질(木質)이 단단하여 바퀴·빗·조각·기계·기구 따위로 널리 쓴다. ⓑ단목(檀木).

박대 薄待 | 엷을 박, 대접할 대 [treat coldly]
아무렇게나 성의 없이[薄] 대접(待接)함. ¶박대를 받다 / 병든 어머니를 박대하다. ⓑ푸대접, 냉대(冷待). ⓟ후대(厚待).

박동 搏動 | 잡을 박, 움직일 동 [pulsation]
맥박(脈搏)이 뜀[動].

박두 迫頭 | 닥칠 박, 머리 두 [draw near]
❶속뜻 머리[頭] 가까이 다가옴[迫]. ❷기일이나 시간이 매우 가까이 닥쳐옴. ¶개봉 박두. ⓑ당두(當頭).

박람 博覽 | 넓을 박, 볼 람 [wide reading; extensive knowledge]
❶속뜻 여러 가지 책을 많이[博] 읽음[覽]. ❷여러 곳을 다니며 널리 많은 것을 봄.

▸박람-회 博覽會 | 모일 회
산업이나 기술 따위의 발전을 위하여 농업, 공업, 상업 등에 관한 물품을 모아 일정한 기간 여러 사람에게 보이는[博覽] 모임[會].

박력 迫力 | 닥칠 박, 힘 력 [force; power]
행동에서 느껴지는 강하게 밀고 나가는[迫] 힘[力]. ¶그의 연설은 박력이 있었다.

박멸 撲滅 | 칠 박, 없앨 멸 [extermination]
박살(撲殺)내서 없애버림[滅]. ¶기생충 박멸 / 해충을 박멸하다.

박물 博物 | 넓을 박, 만물 물 [having wide knowledge]

❶ 속뜻 여러[博] 사물(事物)에 대하여 두루 앎. ❷여러 가지 사물과 그에 대한 참고가 될 만한 물건.

▸박물-관 博物館 | 집 관
역사, 민속, 산업, 과학, 예술 등에 관한 여러 가지[博] 자료[物]를 수집·보관하고 전시하여 사회 교육과 학술 연구에 도움이 되게 만든 시설[館]. ¶역사 박물관을 견학하다.

박박 [crunch]
❶세게 갈거나 긁는 소리나 모양. ¶바가지를 박박 긁다. ❷머리를 아주 짧게 깎은 모양. ¶머리를 박박 깎다. ❸얇은 물건을 찢는 소리나 모양. ¶종이를 박박 찢다. ❹자꾸 기를 쓰거나 우기는 모양. ¶악을 박박 쓰며 대들다.

박보 拍譜 | 칠 박, 보표 보
[beat score]
노래 가사를 박자[拍]에 따라 구분하여 알기 쉽게 나타낸 보표(譜表). ¶박보를 보면 박자를 잘 맞출 수 있다.

박봉 薄俸 | 엷을 박, 봉급 봉
[small salary]
많지 않은[薄] 봉급(俸給). ¶박봉을 쪼개 저금을 하다.

***박사** 博士 | 넓을 박, 선비 사
[doctor; expert]
❶ 속뜻 널리[博] 아는 사람[士]. ❷ 교육 대학에서 수여하는 가장 높은 학위. ¶아빠는 박사 학위를 받고 무척 기뻐하였다. ❸어떤 일에 정통하거나 숙달된 사람을 비유적으로 이르는 말. ¶컴퓨터 박사.

박살 [break]
깨어져 조각조각 부서지는 일. ¶화분이 떨어져 박살 났다.

박-새 [great tit]
동물 머리와 목은 검고 뺨은 희며, 날개는 회색이고 등은 황록색인 새. 해충을 잡아먹는 텃새로 보호새이다.

박색 薄色 | 엷을 박, 빛 색 [ugly look]
주로 아주 못생긴[薄] 여자의 얼굴[色]. 또는 그러한 여자. ¶얼굴은 박색이지만 마음은 곱다.

박수 拍手 | 칠 박, 손 수
[applaud; clap]
환영, 축하, 격려, 찬성 등의 뜻으로 손뼉[手]을 여러 번 침[拍]. 관용 우레와 같은 박수.

▸박수-갈채 拍手喝采 | 큰소리 갈, 주사위 채
많은 사람이 일제히 손뼉을 치면서[拍手] 환영하거나 칭찬하는[喝采] 것.

박스 {영 box}
물건을 넣어 두기 위하여 나무, 대나무, 두꺼운 종이 같은 것으로 만든 네모난 상자. ㊎상자.

박식 博識 | 넓을 박, 알 식 [erudite]
보고 들은 것이 많아 널리[博] 앎[識]이 많음. ¶그녀의 박식에 놀랐다 / 여러 방면에 두루 박식하다. ㊎다식(多識).

박애 博愛 | 넓을 박, 사랑 애
[philanthropy; benevolence]
뭇사람을 차별 없이 두루[博] 사랑함[愛]. ¶박애 정신. ㊎범애(汎愛).

박약 薄弱 | 엷을 박, 약할 약 [fainthearted]
의지나 체력 따위가 굳세지 못하고[薄] 여림[弱]. ¶의지가 박약하다.

박음-질 [backstitch]
바느질의 하나. 실을 곱걸어서 꿰매는 일.

박이다
[get stuck in; get into a habit (of)]
❶버릇이나 습관, 태도, 생각 따위가 몸에 배다. ¶아침마다 운동하는 버릇이 몸에 박여 이제는 포기할 수 없다. ❷손바닥이나 발바닥 같은 데 굳은살이 생기다. ¶못이 박인 손.

박자 拍子 | 칠 박, 접미사 자
[beat; time]
❶ 속뜻 두들겨 치는[拍] 것[子]. ❷ 음악 음악적 시간을 구성하는 기본적 단위. ¶박

자가 빠르다 / 박자를 맞추다.

박장 拍掌 | 칠 박, 손바닥 장 [clap hands]
손바닥[掌]을 침[拍].

▸박장-대:소 拍掌大笑 | 큰 대, 웃을 소
손뼉을 치며[拍掌] 한바탕 크게[大] 웃음[笑].

박제 剝製 | 벗길 박, 만들 제 [stuff]
동물의 살과 내장을 발라낸[剝] 다음 살아 있을 때와 같은 모양으로 만듦[製]. 또는 그 표본.

박:-쥐 [bat; flittermouse]
동물 쥐와 비슷하나 귀가 크고 앞다리가 날개처럼 변형되어 날아다니는 동물. 야행성으로, 동굴이나 나무 속에 산다.

박진 迫眞 | 닥칠 박, 참 진 [truthfulness to life; verisimilitude]
표현 따위가 사실[眞]처럼 다가옴[迫]. 현실의 모습과 똑같다고 느낌.

▸박진-감 迫眞感 | 느낄 감
예술적 표현이 현실처럼[迫眞] 진실감이 넘치는 느낌[感].

박차 拍車 | 칠 박, 수레 차 [spur; acceleration]
❶속뜻 수레[車]의 말을 차서[拍] 빨리 달리게 하는 도구. ❷말을 탈 때에 신는 구두의 뒤축에 달려 있는 물건. ¶말에 박차를 가하다. ❸어떤 일을 촉진하려고 더하는 힘. ¶기술 개발에 박차를 가하다. 관용 박차를 가하다.

박-차다 [kick out hard]
❶발길로 냅다 차다. ¶대문을 박차고 나가다. ❷어려움이나 장애물을 강하게 물리치다. ¶역경을 박차고 다시 일어나다.

박치 拍癡 | 칠 박, 어리석을 치 [beat-deaf]
❶속뜻 노래 박자(拍子)를 잘 모름[癡]. ❷노래 할 때 박자를 못 맞추거나 자주 틀리는 사람. ㊥ 음치. ¶박치라도 박보를 보면 박자를 잘 맞출 수 있다.

박-치기 [butting]
머리, 특히 이마로 무엇을 세게 들이받는 일.

박-타령
문학 '흥부가'의 다른 이름. 흥부가 박을 타면서 부르는 노래.

박탈 剝奪 | 벗길 박, 빼앗을 탈 [deprivation]
지위나 자격 따위를 권력이나 힘으로 벗겨[剝] 빼앗음[奪]. ¶시민권을 박탈하다.

박테리아 {영 bacteria}
생물 생물계 중 현미경을 통해서만 볼 수 있는 가장 미세하고 하등인 단세포 동물. ㊥ 세균(細菌).

박하 薄荷 | 엷을 박, 연꽃 하 [peppermint]
❶속뜻 엷은[薄] 연꽃[荷] 향기가 나는 풀. ❷식물 좋은 향기가 나는 풀. 습지에 나며, 향료·음료·약재로 쓴다.

박-하다 (薄—, 엷을 박) [stingy; scanty]
❶속뜻 인정이 적다[薄]. ¶인심이 박하다. ❷이익이나 소득이 보잘 것 없이 적다. ¶이익이 박한 장사. ㊥ 후(厚)하다.

박해 迫害 | 다그칠 박, 해칠 해 [oppress; persecute]
❶속뜻 다그쳐[迫] 해(害)를 입힘. ❷못살게 굴어 해롭게 함. ¶천주교 신도를 박해하다.

박-히다 [be stuck; be embedded in]
❶가시·못 등이 들어가 꽂히다. ¶발바닥에 가시가 박혔다. ❷생각이나 정신 속에 깊이 자리 잡다. ¶그녀의 모습이 머릿속에 박혀 떠나지 않는다. ❸어떤 장소에 줄곧 머물다. ¶주말 내내 집에만 박혀있었다.

밖 [outside]
❶무슨 테나 금을 넘어선 쪽. ¶창문 밖 / 이 선 밖으로 나가지 마시오. ❷겉으로 드러나 보이는 부분. ¶밖은 초록, 속은 빨강. ❸무엇에 의하여 둘러싸이지 않은 공간. 또는 그쪽. ¶밖에 나가 돌아다니다. ㊥ 바깥. ㊥ 안.

반:¹半 | 반 반 [half]
둘로 똑같이 나눈 것의 한 부분. ¶사과를 반으로 가르다. ⓑ전(全).

반²班 | 나눌 반 [class; group]
❶한 학년을 한 교실의 수용 인원 단위로 나눈 명칭. ¶1학년은 일곱 개 반으로 되어 있다. ❷어떤 공통점을 가지고 조직된 작은 집단. ¶종이접기 반. ❸동(洞) 아래의 통(統)보다 작은 지방 행정 단위.

반:가-상 半跏像 | 반 반, 책상다리할 가, 모양 상
불교 오른발을 왼편 무릎에 얹은 반(半)만 책상다리를 한[跏] 불상(佛像).

반가움 [delight; joy; gladness]
반가운 감정이나 마음.

반가워-하다 [be glad about]
반가운 느낌을 가지다. 반갑게 여기다. ¶그녀는 나를 보고 반가워했다.

반:감 反感 | 반대로 반, 느낄 감 [antipathy]
상대편의 말이나 태도 등을 불쾌하게 생각하여 반발(反撥)하거나 반항하는 감정(感情). ¶반감을 품다.

반갑다 [glad; joyful]
뜻밖에 좋은 일을 당하거나, 바라던 일이 성취되거나 그리던 사람을 만나거나 좋은 소식을 들어 즐겁고 기쁘다. ¶반가운 손님.

반:-값 (半—, 반 반) [half the price]
본래 값의 절반(折半). ¶어린이는 반값입니다. ⓑ반가(半價), 반금.

반:격 反擊 | 반대로 반, 부딪칠 격 [hit back]
쳐들어오는 적의 공격을 막아서 되잡아[反] 공격(攻擊)함. ¶반격할 기회를 엿보다.

반:공 反共 | 반대로 반, 함께 공 [anti-Communism]
공산주의(共産主義)에 반대(反對)함. 또는 그런 일. ¶반공영화.

반:구 半球 | 반 반, 공 구 [hemisphere]
구(球)의 절반(折半). 또는 그런 모양의 물체. ¶반구 형태.

반:군 叛軍 | 배반할 반, 군사 군 [rebel troops]
반란(叛亂)을 일으킨 군대(軍隊). '반란군'(叛亂軍)의 준말.

반:기¹反旗 | =叛旗, 반대로 반, 깃발 기 [standard of revolt]
❶속뜻 어떤 체제를 쓰러뜨리기 위하여 조직된 반란(反亂)의 무리가 내세운 깃발[旗]. ❷반대의 뜻이나 기세를 나타내는 표시. ¶환경단체들이 반기를 들고 일어서다.

반:기²半旗 | 반 반, 깃발 기 [flag at half-mast]
조의를 표하기 위하여 깃봉에서 기의 한 폭만큼 내려서[半] 다는 국기(國旗). ⓑ조기(弔旗).

반기다 [rejoice to see]
반가워하다. 반갑게 맞다. ¶엄마는 나를 반겨 주셨다.

반:-나절 (半—, 반 반) [several hours (of the day)]
한나절의 반(半). ¶반나절만에 김장을 마쳤다.

반:납 返納 | 돌아올 반, 바칠 납 [return]
꾸거나 빌린 것을 되돌려[返] 줌[納]. ¶도서관에 책을 반납하다.

반:년 半年 | 반 반, 해 년 [half a year]
한 해[年]의 반(半)인 여섯 달. ⓑ반세(半歲).

반:-닫이 (半—, 반 반)
앞의 위쪽 절반(折半)이 문짝으로 되어 아래로 잦혀 여닫게 된 궤 모양의 가구.

반:-달 (半—, 반 반) [half moon]
반원형(半圓形)의 달. ¶낮에 나온 하얀 반달이 방긋 웃는 것 같다.

▸반:달-연 (半—鳶, 연 연)
꼭지에 반(半)달 모양의 색종이를 붙인 연(鳶).

▸반:달가슴-곰 (半―)
동물 몸빛은 광택이 있는 검은색이며, 앞가슴에 반(半)달 모양의 흰무늬가 있는 곰. 잡식성이며 나무의 빈 구멍이나 굴에 들어가 겨울잠을 잔다.

***반:대** 反對 | 거꾸로 반, 대할 대
[reverse; opposite]
❶속뜻 두 사물이 모양, 위치, 방향, 순서 따위에서 뒤집어져[反] 맞서[對] 있음. 또는 그런 상태. ❷어떤 의견이나 제안 등에 찬성하지 아니함. ¶그의 제안에 반대했다. ㊥ 찬성(贊成).

▸반:대-말 (反對―)
언어 그 뜻이 서로 정반대(反對)되는 관계에 있는 말. '남자'와 '여자', '위'와 '아래', '작다'와 '크다' 따위. ㊥ 반의어(反意語).

▸반:대-색 反對色 | 빛 색
미술 서로 보색(補色) 관계[反對]에 있는 빛깔[色]. 빨강에 대한 녹색 따위.

▸반:대-자 反對者 | 사람 자
반대(反對)하는 사람[者]. ¶그의 의견에는 반대자가 많다. ㊥ 동의자.

▸반:대-쪽 (反對―)
반대(反對)되는 쪽. ㊥ 반대편.

▸반:대-편 反對便 | 쪽 편
반대(反對)되는 방향이나 쪽[便]. ¶반대편 출구로 나가십시오.

▸반:대-표 反對票 | 쪽지 표
투표에서 반대(反對)하는 뜻을 나타낸 쪽지[票]. ¶반대표가 많이 나왔다. ㊥ 찬성표(贊成票).

반대기 [flattened (dumpling)]
가루를 반죽한 것이나 삶은 푸성귀 등을 편편하고 둥글넓적하게 만든 조각.

반:도 半島 | 반 반, 섬 도 [peninsula]
지리 반은 대륙에 붙어 있고, 반(半)은 바다쪽으로 길게 나와 섬[島]처럼 보이는 육지. 우리나라나 이탈리아 등이 그렇다.

반:-도체 半導體 | 반 반, 이끌 도, 몸 체
[semiconductor]
물리 전기를 절반(折半) 정도 이동시키는[導] 성질을 지닌 물체[體]. 집적 회로, 트랜지스터 같은 전자 소자에 많이 쓴다. <참> 도체(導體), 절연체(絶緣體).

반:동 反動 | 반대로 반, 움직일 동
[react; counteract]
❶속뜻 어떤 움직임에 반대(反對)하여 일어나는 움직임[動]. ❷물리 한 물체가 다른 물체에 힘을 작용할 때, 다른 물체가 똑같은 크기의 힘을 반대 방향으로 한 물체에 미치는 작용.

반드시 (必, 반드시 필)
[certainly; surely]
꼭. 틀림없이. ¶그들은 반드시 돌아올 것이다. ㊥ 기필코, 필연(必然)코.

반들-거리다 [glisten; shine]
거죽이 아주 매끄럽고 윤이 나다. ¶마룻바닥이 반들거리다.

반들-반들 [smoothly]
거죽이 아주 매끄럽고 윤이 나는 모양. ¶반들반들 윤이 나다 / 살결이 반들반들하다.

반듯-하다 [straight]
작은 물체, 또는 생각이나 행동 따위가 비뚤어지거나 기울거나 굽지 않고 바르다. ¶반듯하게 선을 긋다 / 반듯이 앉다.

반디 [firefly; glowfly]
동물 '반딧불이'의 준말.

반딧-불 (螢, 반딧불 형)
[firefly; glowfly]
반딧불이의 꽁무니에서 반짝이는 불빛.

반딧-불이 [firefly; glowfly]
동물 배 끝에 불빛을 내는 기관이 있는 딱정벌레. ㊟ 반디. ㊥ 개똥벌레.

반:란 叛亂 | =反亂, 배반할 반, 어지러울 란
[revolt]
정부나 지배자에게 반항하여[叛] 정국이나 나라를 어지럽게[亂] 하는 것. ㊥ 역란(逆亂).

반:려 伴侶 | 짝 반, 짝 려 [companion; partner]
생각이나 행동을 함께 하는 짝[伴=侶]. 짝이 되는 동무.
▸반:려-자 伴侶者 | 사람 자
짝[伴侶]이 되는 사람[者]. ¶인생의 반려자를 찾다. ⓑ 동반자(同伴者).

반:론 反論 | 반대로 반, 말할 론 [refute]
남의 의견에 대하여 반대(反對) 의견을 말함[論]. 또는 그 의론(議論).

반:-만년 半萬年 | 반 반, 일만 만, 해 년 [five thousand years]
만년(萬年)의 반(半). 오천 년. ¶반만년의 역사.

반:-말 (半—, 반 반) [crude language]
손아랫사람에게 하듯 낮추어[半] 하는 말. ¶그 아이는 아무에게나 반말을 한다. ⓑ 높임말.

***반:면** 反面 | 반대로 반, 낯 면 [other side]
❶ 속뜻 반대(反對)쪽의 면(面). ❷앞에 말한 것과는 달리. 어떠한 사실과는 반대로. ¶나는 말은 잘 하는 반면 실천력이 떨어진다.

반:목 反目 | 반대로 반, 눈 목 [be hostile]
❶ 속뜻 눈[目]길을 돌림[反]. ❷어떤 일이나 상황에 대해 반대하는 입장을 가져 서로 미워하게 됨. ¶시민단체와 반목하게 되었다.

반:문 反問 | 거꾸로 반, 물을 문 [ask in return]
거꾸로[反] 되물음[問].

반:미 反美 | 반대로 반, 미국 미 [anti-American]
미국(美國)에 반대(反對)함. 또는 미국에 반대되는 것. ¶반미 감정이 약해졌다.

반:-바지 (半—, 반 반) [short pants]
길이가 다리의 절반(折半)인 무릎까지 내려오는 짧은 바지.

반:박 反駁 | 반대로 반, 논박할 박 [refute]
남의 의견이나 비난에 대하여 반대(反對)의 의견으로 논박(論駁)함.

반:-박음질 (半—, 반 반)
바늘을 넣은 구멍과 바늘을 빼낸 구멍의 중간에[半] 바늘을 들이밀어 한 땀 앞에서 바늘을 빼내는 박음질. ⓑ 온박음질.

반:반 半半 | 반 반, 반 반 [half-and-half]
둘로 가른. 또는 갈라진 각각의 반(半+半)쪽. ¶설탕과 식초를 반반씩 넣다.

반반-하다 [smooth; comely]
❶바닥이 고르고 반듯하다. ¶반반한 길. ❷생김생김이 얌전하고 예쁘장하다.

반:발 反撥 | 거꾸로 반, 튀길 발 [resist; oppose]
❶ 속뜻 거꾸로[反] 되받아 튀김[撥]. ❷어떤 상대나 행동에 대하여 거스르고 반항함. ¶반발 세력 / 정책에 반발하다.

반백 斑白 | 얼룩 반, 흰 백 [gray-haired]
얼룩진[斑] 흰[白]머리가 뒤섞여 있는 머리털. ¶반백의 중년 신사가 나타났다.

반별 班別 | 나눌 반, 나눌 별
반[班]마다 따로따로[別]. ¶반별로 성금을 모았다.

***반:복** 反復 | 되돌릴 반, 돌아올 복 [repeat]
처음으로 되돌아[反]가 같은 일을 되풀이함[復]. ¶반복 훈련.
▸반:복-적 反復的 | 것 적
되풀이[反復]되는 것(的). ¶반복적으로 연습하다.

반:비 反比 | 반대로 반, 견줄 비 [inverse ratio]
수학 비례식에서 앞의 항과 뒤의 항을 바꾸어[反] 만든 비(比). A:B에 대한 B:A 따위. ⓑ 정비(正比).

반:-비례 反比例 | 되돌릴 반, 견줄 비, 본보기 례 [inverse proportion]
수학 반대(反對)로 비례(比例)하는 관계. 한쪽이 커질 때, 다른 한쪽은 같은 비율로 작아지는 관계. ⓑ 정비례(正比例).

***반:사 反射** | 되돌릴 반, 쏠 사 [reflect]
❶ [물리] 빛이나 전파 따위가 어떤 물체의 표면에 부딪혀 되돌아[反] 쏘는[射] 현상. ¶거울은 빛을 반사한다. ❷ [생물] 자극에 대하여 기계적으로 일어나는 신체의 생리적인 반응.

▶ 반:사-경 反射鏡 | 거울 경
[물리] 빛을 반사(反射)하는 거울[鏡].

▶ 반:사-적 反射的 | 것 적
어떤 자극에 반응을 보이는[反射] 것[的]. ¶반사적으로 공을 피했다.

▶ 반:사 작용 反射作用 | 지을 작, 쓸 용
[심리] 반사(反射) 운동이 일어나는 작용(作用).

반-상회 班常會 | 나눌 반, 늘 상, 모일 회 [neighborhood meeting]
국민 조직의 최하 단위인 반(班)의 구성원의 상례적(常例的) 모임[會].

반색 [be glad; rejoice]
바라고 기다리던 사람이나 사물을 볼 때 몹시 반가워함. ¶할머니는 엄마를 반색하며 맞이했다.

반:생 半生 | 반 반, 살 생
[half one's life]
한평생(平生)의 반(半). 반평생. ¶그는 반생을 민주화 운동에 바쳤다.

반석 盤石 | =磐石, 소반 반, 돌 석
[huge rock]
❶ [속뜻] 넓고 편편한 소반[盤]같은 바위[石]. ❷'아주 믿음직스럽고 든든함'을 비유하여 이르는 말. [비] 너럭바위.

***반:성 反省** | 되돌릴 반, 살필 성 [introspect]
자기의 언행·생각 따위의 잘잘못이나 옳고 그름을 깨닫기 위해 스스로를 돌이켜[反] 살핌[省]. ¶반성의 기미가 보이지 않는다 / 잘못을 깊이 반성하다.

▶ 반:성-문 反省文 | 글월 문
자신의 언행에 대하여 잘못이나 부족함을 돌이켜 보며[反省] 쓴 글[文]. ¶반성문을 쓰다.

반:-세기 半世紀 | 반 반, 세대 세, 연대 기
[half a century]
한 세기(世紀)의 절반(折半). 50년.

반:-소매 (半—, 반 반) [half-sleeve]
팔의 반(半) 정도까지 내려오는 짧은 소매. [비] 반팔.

반:송 返送 | 돌아올 반, 보낼 송
[send back; return]
도로 돌려[返] 보냄[送]. ¶주소가 틀린 편지는 반송한다. [비] 환송(還送).

반:수 半數 | 반 반, 셀 수
[half the number]
전체의 절반(折半)의 수(數). ¶위원 반수가 그의 의견에 찬성했다.

반:숙 半熟 | 반 반, 익을 숙 [half-cooked]
반(半) 쯤만 익힘[熟]. 또는 그렇게 익은 것. ¶계란을 반숙하다.

반:신¹ 半身 | 반 반, 몸 신
[half the body]
온몸[身]의 절반[半]. [반] 전신(全身).

▶ 반:신불수 半身不隨 | =半身不遂, 아닐 불, 따를 수
[의학] 뇌출혈, 혈전, 종양 따위로 말미암아 몸[身]의 절반[半]이 마음대로[隨] 움직이지 않음[不]. 또는 그런 사람. ¶중풍으로 반신불수가 되다.

반:신² 半信 | 반 반, 믿을 신
[be doubtful]
반(半) 쯤만 믿음[信]. 완전히 믿지는 아니함.

▶ 반:신-반:의 半信半疑 | 반 반, 의심할 의
반(半) 쯤은 믿고[信] 반(半) 쯤은 의심(疑心)함. ¶그는 친구의 말을 반신반의하며 들었다. [비] 차신차의(且信且疑).

반:액 半額 | 반 반, 액수 액
[half (the) price]
정해진 것의 절반(折半)에 해당되는 금액(金額). ¶월급의 반액을 저축하다. [비] 반값, 반금, 반가(半價). [반] 전액(全額).

반:역 叛逆 | =反逆, 배반할 반, 거스를 역

[rise in revolt; rebel (against)]
배반(背叛)하여 돌아섬[逆]. ¶그는 민족을 반역하고 적에게 동조했다.

▶반:역-죄 叛逆罪 | 허물 죄
반역(叛逆) 행위를 한 죄(罪). ¶그는 반역죄로 추방당했다.

반:영 反映 | 되돌릴 반, 비칠 영 [reflect]
❶속뜻 빛 따위가 반사(反射)하여 비침[映]. ❷어떤 영향이 다른 것에 미쳐 나타남. ¶그 드라마는 70년대의 시대상을 반영하고 있다.

반:-영구 半永久 | 반 반, 길 영, 오랠 구
[semipermanent]
거의[半] 영구(永久)에 가까움.

▶반:영구-적 半永久的 | 것 적
거의[半] 영구(永久)에 가까운 것[的]. ¶이 상품은 반영구적으로 사용할 수 있다.

반:-올림 (半—, 반 반) [round a figure off (to the nearest whole number)]
수학 숫자를 셈할 때, 끝수가 4 이하인 경우는 0으로 하여 버리고, 5[半] 이상인 경우에는 그 윗자리에 1을 더하여 끌어올려서 계산하는 일. ¶10.6을 반올림 하면 11이 된다.

반원 班員 | 나눌 반, 인원 원 [squaddie]
반(班)을 이루고 있는 구성원(構成員).

반:음 半音 | 반 반, 소리 음
[half tone; half step]
음악 온음의 절반(折半)이 되는 음정(音程). '반음정'(半音程)의 준말. ⓑ 온음.

***반:응** 反應 | 되돌릴 반, 응할 응 [react]
❶속뜻 되돌아[反] 나온 대응(對應). ❷생체가 자극이나 작용을 받으면 튕겨 나오는 변화나 움직임. ¶과도한 반응 / 신경은 자극에 반응한다. ❸화학 물질과 물질이 서로 작용하여 화학 변화를 일으키는 일. ¶나트륨은 염소와 반응하여 소금을 만든다.

반:일 反日 | 반대로 반, 일본 일
[anti-Japanese]
일본(日本)을 반대(反對)함. 또는 그런 감정. ¶반일 감정이 날로 격화되었다.

반입 搬入 | 옮길 반, 들 입 [carry in]
물건을 옮겨[搬] 들임[入]. ¶음식물 반입 금지. ⓑ 반출(搬出).

반:-작용 反作用 | 되돌릴 반, 지을 작, 쓸 용 [react]
❶속뜻 어떤 움직임에 대해 반대(反對)의 움직임이[作用] 생겨나는 일. ❷물리 어떤 물체가 다른 물체에 힘을 미쳤을 때, 동시에 되 미치어 오는 그와 똑같은 크기의 힘. ⓑ 작용.

반장 班長 | 나눌 반, 어른 장
[squad leader; monitor]
'반'(班)이라는 조직의 책임자[長]. ¶형사 반장 / 학급 반장.

반:전[1] 反戰 | 반대로 반, 싸울 전
[be antiwar]
전쟁(戰爭)을 반대(反對)함. ¶반전 시위를 벌이다.

반:전[2] 反轉 | 반대로 반, 구를 전 [reverse turn]
❶속뜻 반대(反對)쪽으로 구름[轉]. ❷일의 형세가 뒤바뀜. ¶유가가 상승세로 반전했다. ⓑ 역전(逆轉).

반:절[1] (半—, 반 반) [half bow]
아랫사람의 절을 받을 때, 앉은 채 상반신을 반(半)쯤 굽혀서 하는 절.

반:절[2] 半切 | =半截, 반 반, 벨 절
[half sheet of paper]
절반[半]으로 자름[切]. 또는 그렇게 자른 반.

반:점[1] 半點 | 반 반, 점 점
[half point; half a point]
언어 문장 안에서 짧게[半] 쉴 때 사용하는 문장부호[點]. ','로 표기한다.

반점[2] 斑點 | 얼룩 반, 점 점
[spot; speck]
동식물 따위의 몸에 박혀 있는 얼룩얼룩[斑]한 점(點). ¶반점이 생긴 수박 잎 /

그의 이마에 반점이 생겼다.

반:주[1] **伴奏** | 짝 반, 연주할 주 [play accompaniment]
음악 짝[伴]을 맞추어 함께하는 연주(演奏). ¶피아노 반주에 맞추어 합창하다.

반주[2] **飯酒** | 밥 반, 술 주 [liquor with one's food]
끼니 때 밥[飯]에 곁들여서 마시는 술[酒]. ¶아버지는 반주로 막걸리를 드신다.

반죽 [kneading; dough]
가루에 물을 섞어서 이겨 갬. 또는 그렇게 한 것. ¶밀가루 반죽.

반지 半指 | =斑指, 반 반, 손가락 지 [finger ring]
두 짝의 반(半), 즉 한 짝으로만 손가락[指]에 끼는 것. 두 짝을 끼는 것은 가락지라고 한다.

반:-지름 (半—, 반 반) [radius; semidiameter]
수학 지름의 절반(折半). 즉 원이나 구의 중심에서 그 원둘레 또는 구면상(球面上)의 한 점에 이르는 선분의 길이. ¶그것은 반지름이 2미터이다. ㊥ 반경(半徑).

반짇-고리 [workbox; sewing box]
바늘·실·골무·헝겊 같은 바느질 도구를 담는 그릇.

반질-반질 [sleekly; smoothly]
거죽이 윤기가 흐르고 매우 매끄러운 모양. ¶옷장이 반질반질 빛난다 / 반질반질하게 머릿기름을 칠하다.

반짝 [with a flash]
❶작은 빛이 잠깐 나타났다가 사라지는 모양. ¶불빛이 반짝 빛나다. ❷정신이 갑자기 맑아지는 모양. ¶잠이 반짝 깨다 / 정신이 반짝했다 이내 사그라졌다. ❸어떤 생각이 갑자기 머리에 떠오르는 모양. ¶방법이 반짝 떠오르다.

▸ **반짝-반짝**
작은 빛이 잇달아 잠깐 나타났다가 사라지는 모양. ¶반짝반짝 작은 별.

▸ **반짝-이다**
작은 빛이 잠깐 나타났다가 사라지다. 또는 그렇게 되게 하다. ¶금이 반짝이다.

▸ **반짝-거리다**
작은 빛이 잇달아 잠깐 나타났다가 사라지다. 또는 그렇게 되게 하다. ¶별빛이 반짝거리다.

반:-쪽 (半—, 반 반) [half]
한 개를 반(半)으로 쪼갠 한 부분.

반찬 飯饌 | 밥 반, 반찬 찬 [dishes to go with the rice]
❶속뜻 밥[飯]과 반찬[饌]. ❷밥에 곁들여 먹는 음식. ¶반찬거리를 사다. ㊟ 찬. ㊥ 부식(副食).

반창-고 絆瘡膏 | 묶을 반, 상처 창, 고약 고 [plaster]
상처[瘡]를 보호하거나 붕대를 고정시키기[絆] 위하여, 끈적한 물질[膏]을 발라서 만든 헝겊이나 테이프 따위. ¶얼굴에 반창고를 붙이다.

반출 搬出 | 옮길 반, 날 출 [take out; carry out]
운반(運搬)하여 내옴[出]. ¶문화재를 반출하다. ㊀ 반입(搬入).

*__반:칙 反則__ | 거꾸로 반, 법 칙 [violate the rules; foul]
주로 운동 경기 따위에서 규칙(規則)을 어김[反]. 또는 규칙에 어긋남. ¶농구에서는 다섯 번 반칙하면 퇴장을 당한다.

반:-투명 半透明 | 반 반, 통할 투, 밝을 명 [translucency]
❶속뜻 반(半) 정도는 빛[明]을 투과(透過)함. ❷어떤 것의 너머 있는 물체의 윤곽은 또렷하지 않으나 명암이나 빛깔 등은 분간할 수 있는 정도의 상태. ¶반투명 유리 / 반투명한 용기.

반:-팔 (半—, 반 반)
소매가 팔의 절반(折半) 정도를 덮는 옷. ¶날이 더워 반팔을 입어야겠다. ㊥ 반소매.

반포[1] **頒布** | 나눌 반, 펼 포 [distribute]

세상에 널리 나누고[頒] 퍼뜨려[布] 모두 알게 함. ¶경국대전의 반포 / 훈민정음을 반포하다.

반:포²反哺 | 되돌릴 반, 먹을 포
❶속뜻 까마귀의 새끼가 자라서 먹이를 물어다가 도리어[反] 늙은 어미를 먹임[哺]. ❷자식이 자라서 늙은 부모를 봉양함. 또는 은혜를 갚음을 비유하여 이르는 말.

▶반:포지효 反哺之孝 | 어조사 지, 효도 효
자식이 자라서 늙은 부모를 봉양하여[反哺] 어버이가 길러 준 은혜에 보답하는 효성(孝誠).

반:품 返品 | 돌아올 반, 물건 품
[return goods]
사들인 물품(物品) 따위를 도로[返] 돌려보냄. 또는 그러한 물품. ¶싸게 판 것은 반품할 수 없습니다.

반:-하다¹[fall in love (with)]
어떤 사람이나 사물 따위에 마음이 홀린 것같이 쏠리다. ¶그는 그녀에게 첫눈에 반했다.

반:-하다²(反-, 되돌릴 반)
[be opposed to]
❶속뜻 반대(反對)가 되다. ¶그의 동생은 똑똑한 데 반해 그는 멍청하다. ❷남의 의견이나 규정 따위를 거스르거나 어기다. ¶규칙에 반하는 행동을 하다.

반:항 反抗 | 반대로 반, 막을 항
[resist; revolt]
순순히 따르지 않고 반대(反對)하거나 저항(抵抗)함. ¶부모에게 반항하다. ⓑ 복종(服從).

▶반:항-심 反抗心 | 마음 심
반항(反抗)하는 마음[心].

반:핵 反核 | 반대로 반, 씨 핵
핵무기, 원자력 발전소 등 원자핵(原子核)의 사용을 반대(反對)함. ¶반핵 시위를 벌이다.

반:환 返還 | 돌아올 반, 돌아올 환 [return]
되돌아오거나[返] 되돌려 줌[還]. ¶입장료를 반환해 주다.

▶반:환-점 返還點 | 점 점
운동 선수들이 되돌아오는[返還] 지점(地點). ¶그는 이제 막 반환점을 돌았다.

받다¹(受, 받을 수)
[accept; get; obtain]
❶다른 사람이 주거나 보내오는 물건 따위를 가지다. ¶편지를 받다. ❷돈이나 서류 따위를 걷다. ¶수수료를 받다. ❸공중에서 밑으로 떨어지거나 자기 쪽으로 향해 오는 것을 잡다. ¶공을 받다. ❹흐르거나 쏟아지거나 하는 것을 그릇 따위에 담기게 하다. ¶그릇에 물을 받다. ❺어떤 행동이나 작용의 영향을 입다. ¶존경을 받다.

♣ 받다¹ / 당하다¹

◎ 나는 친구들 앞에서 모욕을 받았다 = 당했다.
○ 그는 제자들에게 존경을 받았다.
× 그는 제자들에게 존경을 당했다.
○ 그는 어제 교통사고를 당했다.
× 그는 어제 교통사고를 받았다.

받다²[butt; gore]
뿔이나 머리 따위로 세차게 부딪치다. ¶소가 엉덩이를 받았다.

받-들다 (奉, 받들 봉)
[lift (up); hold up]
❶물건을 받쳐 들다. ¶유리잔을 받들다. ❷공경하여 모시다. ¶부모님을 받들다. ❸가르침이나 뜻 따위를 소중히 여겨 따르다. ¶선생님의 뜻을 받들어 학교를 세웠다.

받아-넘기다 [parry; elude]
❶물건 따위를 받아서 다른 사람에게 넘겨주다. ¶그는 상대 선수가 서브한 공을 가볍게 받아넘겼다. ❷남의 말을 받아서 척척 대답하다. ¶까다로운 질문을 재치 있게 받아넘기다.

받아-들이다 [assent to]
❶받아서 제 것으로 하다. ¶서양 문화를 받아들이다. ❷남의 말이나 청 따위를 들어주다. ¶충고를 받아들이다.

받아-쓰기 [dictation]
남이 하는 말이나 읽은 글을 그대로 옮겨 씀. 또는 그런 일.

받치다[1] [prop (up); bolster]
❶어떤 물건의 밑이나 안에 다른 물건을 대다. ¶과일을 쟁반에 받쳐서 내오다. ❷우산이나 양산을 펴 들다. ¶우산을 받쳐 들고 가다. ❸옷의 색깔이나 모양이 조화를 이루도록 함께 하다. ¶회색 양복에 흰 와이셔츠를 받쳐 입다. ㊥ 쓰다, 괴다.

받치다[2] [well up within one]
속에서 어떤 기운이 치밀다. ¶설움에 받쳐 울음을 터뜨리다.

받침[1] [support]
물건의 밑바닥을 받치는 물건.
▶받침-대 (―臺, 돈대 대)
물건이 쓰러지지 않도록 버티어 두거나 물건의 아래에 받치어 놓는 평평한 모양의 물건[臺]. ¶조각을 받침대 위에 올려놓다. ㊥ 지주(支柱).
▶받침-돌
물건의 밑바닥에 받쳐 놓는 돌.

받침[2]
언어 한글을 적을 때 모음 글자 아래에 받쳐 적는 자음. '달'에서 'ㄹ', '벽'에서 'ㄱ' 따위이다.
▶받침-소리
언어 음절의 구성에서 마지막 소리인 자음. '담', '봉'에서 'ㅁ', 'ㅇ' 따위이다.

받-히다 [be butted; be gored]
무엇에 부딪치다. ¶트럭에 받히다.

발[1] (足, 발 족) [foot; leg]
❶생물 사람이나 동물의 다리 맨 끝 부분. ¶신발이 발에 꼭 맞다. ❷걸음. ¶발이 빠르다 / 발 맞추어 걷다. ㊥ 손. 속담 발 없는 말이 천 리 간다.

발[2] [bamboo blind]
가늘게 쪼갠 대오리나 갈대 같은 것으로 엮어 무엇을 가리는 데 쓰는 물건. ¶방문 앞에 발을 치다.

발[3] [fathom]
길이를 잴 때, 두 팔을 잔뜩 벌린 길이.

발[4] 發 | 쏠 발 [shot]
탄환의 수효를 나타내는 말. ¶총알 두 발.

발-가락 [toe]
발의 맨 앞에 따로 갈라진 부분. ㊥ 손가락.

발가-벗다 [undress]
옷을 죄다 벗다. 알몸뚱이가 되다.

발각 發覺 | 드러낼 발, 깨달을 각 [detect]
❶속뜻 숨겼던 일이 드러나[發] 알게 됨[覺]. ❷감추었던 것이 드러나 모두 알게 됨. ¶범행이 형사에게 발각되었다.

발간 發刊 | 필 발, 책 펴낼 간 [publish]
책이나 신문 등을 발행(發行)하여 펴냄[刊]. ¶새로운 잡지를 발간하다.

발:갛다 [bright red]
연하고도 곱게 붉다. ¶하늘이 발갛게 물들다.

발-걸음 [pace; step]
발을 옮겨서 걷는 동작. ¶발걸음이 무겁다.

발-걸이 [rung]
❶책상다리 아래에 발을 걸쳐 놓게 가로 댄 나무. ❷자전거를 탈 때에 발을 걸쳐 놓고 저어서 가게 된 부분.

****발견** 發見 | 드러낼 발, 볼 견 [discover]
남이 미처 찾아내지 못하였거나 세상에 널리 알려지지 않은 것을 먼저 드러내[發] 보임[見]. ¶콜럼버스는 아메리카 대륙을 발견했다.
▶발견-지 發見地 | 땅 지
무엇을 발견(發見)한 곳[地]. ¶발견지를 적어 놓았다.

발광[1] 發狂 | 일어날 발, 미칠 광 [madness]
❶속뜻 병으로 미친[狂] 증세가 일어남

[發]. ❷미친 듯이 날뜀. ¶그건 춤이 아니라 발광이다.

발광²發光 | 쏠 발, 빛 광
[emit the light]
빛[光]을 냄[發]. ¶안전을 위해 발광 도료를 발랐다.

▶ 발광-체 發光體 | 몸 체
[물리] 스스로 빛을 내는[發光] 물체(物體). [준] 광체. [반] 암체(暗體).

발-구르기 [stomp]
❶[운동] 멀리뛰기·뜀틀 따위에서, 도움닫기를 한 후 뛰어오르기 위하여 발판에 발을 구르는 동작. ❷[음악] 박자에 맞추어 발을 구르는 것.

발구름-판 (一板, 널빤지 판)
멀리뛰기·뜀틀 따위에서, 발을 구르는 데에 쓰는 판(板).

*__발굴 發掘__ | 드러낼 발, 팔 굴 [excavate]
❶[속뜻] 땅속에 묻혀 있는 유적 따위를 발견(發見)하여 파냄[掘]. ¶고대의 유적을 발굴하다 ❷아직 알려지지 않은 뛰어난 인재나 희귀한 물건을 찾아냄. ¶인재를 발굴하다. [반] 매몰(埋沒).

발-굽 [hoof]
말, 소, 양 등의 발끝에 난 두껍고 단단한 발톱.

발그레 [be tinged with red]
조금 곱게 발그스름한 모양. ¶새벽에 하늘이 발그레 물들었다 / 그녀는 기뻐서 얼굴이 발그레했다.

발그스름-하다
[reddish; somewhat red]
조금 발갛다. ¶단풍잎이 발그스름하다. [비] 발그름하다, 발긋하다.

발급 發給 | 드러낼 발, 줄 급 [issue]
발행(發行)하여 줌[給]. ¶여권을 발급하다. [비] 발부(發付).

발-길 [step]
❶앞으로 움직여 걸어 나가는 발. ¶발길을 돌리다. ❷오고 가는 발걸음. ¶발길이 뜸하다.

▶ 발길-질
발로 걷어차는 일. ¶술에 취해 발길질을 하다. [준] 발질.

발-꿈치 [heel]
발의 뒤쪽 발바닥과 발목 사이의 불룩한 부분. [비] 발뒤꿈치.

발끈 [with a burst (of anger)]
사소한 일에 갑자기 성을 내는 모양. ¶동생은 별안간 발끈 화를 내며 돌아갔다.

발-끝 [tip of a toe; tiptoe]
발의 앞쪽 끝.

발단 發端 | 나타날 발, 첫 단
[begin; commence]
❶[속뜻] 어떤 일이 생겨난[發] 그 첫머리[端]. 처음으로 시작함. ¶민란이 발단되다. ❷어떤 일이 벌어지게 된 이유. ¶사건의 발단.

⁑**발달 發達** | 나타날 발, 이를 달 [develop; grow]
❶[속뜻] 생체 따위가 나서[發] 차차 완전한 모양과 기능을 갖추는 단계에 이르다[達]. ¶신체 발달. ❷어떤 것의 구실·규모 등이 차차 커져 감. 진보 발전함. ¶문명의 발달. [비] 발육(發育), 성장(成長), 진보(進步), 발전(發展).

발-돋움 [standing on tiptoe]
❶키를 돋우느라고 발끝만 디디고 서는 일. ❷목표 따위를 위해 안간힘을 써 나아감. ¶세계 공업국으로 발돋움하다.

발동 發動 | 일으킬 발, 움직일 동
[be aroused; invoke]
❶[속뜻] 어떤 기능이 활동(活動)을 일으킴[發]. 움직이기 시작함. ¶호기심이 발동하다. ❷동력을 일으킴. ¶내 차는 발동이 잘 걸리지 않는다.

발-뒤꿈치 [heel]
발꿈치의 바닥을 뺀 뒤편 부분. [준] 뒤꿈치. [비] 발꿈치.

발-등 [top of the foot]

발의 윗부분. ¶발등에 불이 떨어진 듯 바쁘게 일했다. ㊥ 발바닥. 속담 믿는 도끼에 발등 찍힌다.

발딱 [suddenly]
갑자기 급하게 일어나거나 뒤로 자빠지는 모양. ¶문소리가 들리자 그는 발딱 일어섰다.

발라-내다 [shell; clean]
겉에 둘러싸여 있는 것을 벗기거나 헤집고 속의 것을 끄집어내다. ¶씨를 발라내다 / 뼈를 발라내고 먹다.

발랄 潑剌 | 뿌릴 발, 어지러울 랄
[lively; sprightly]
❶ 속뜻 물을 튀기며[潑] 물고기가 이리저리 마구 뛰며 노는[剌] 모양. ❷표정이나 행동이 활발하고 명랑하다. ¶그녀는 젊고 생기발랄하다.

발레 {프 ballet}
예술 일정한 줄거리에 따라 대사 없이 춤에 의해 이루어지는 무용극.

발레리나 {이 ballerina}
발레를 하는 여자 무용수.

발령 發令 | 드러낼 발, 명령 령
[give an order]
사령(辭令), 경보 따위를 발표(發表)하거나 공포함. ¶인사 발령을 받다 / 태풍 경보가 발령되었다.

발름-발름
탄력 있는 물체가 부드럽고 조금 넓게 자꾸 바라졌다 오므라졌다 하는 모양. ¶콧구멍을 발름발름 움직이다.

발림
음악 판소리에서, 극적인 효과를 위하여 창하는 사람이 곁들이는 몸짓이나 손짓.

발-맞추다 [keep pace (with)]
여러 사람이 말이나 행동을 같은 방향으로 일치시키다. ¶급변하는 세계 흐름에 발맞추기 위해 노력하다.

***발명 發明** | 드러낼 발, 밝을 명 [invent]
❶ 속뜻 잘못이 없다는 사실을 드러내어[發] 밝힘[明]. ¶듣기 싫다는데 무슨 발명이 그리 많으냐! ❷그때까지 없던 기술이나 물건 따위를 새로 생각해 내거나 만들어 냄. ¶금속 활자의 발명. ㊐ 변명(辨明).

▸**발명-가 發明家** | 사람 가
발명(發明)한 사람[家]. 또는 발명을 많이 하는 사람.

▸**발명-왕 發明王** | 임금 왕
유용한 발명(發明)을 많이 한 사람[王]을 이르는 말.

▸**발명-품 發明品** | 물건 품
발명(發明)한 물품(物品).

발모 發毛 | 나타날 발, 털 모
몸에 털[毛]이 돋아남[發]. 주로 머리털이 새로 돋아나는 것을 이른다. ¶발모를 촉진하는 약. ㊥ 탈모(脫毛).

발-목 [ankle]
다리와 발이 이어지는 관절 부분. ㊥ 손목.

발-밑 [at one's feet]
❶발바닥. ❷발바닥이 닿는 자리. 또는 그 언저리. ¶발밑을 치우다.

발-바닥 [sole of a foot]
발 아래쪽의 땅을 밟는 평평한 부분. ㊥ 발등.

발바리 [Pekinese]
동물 개의 하나. 몸이 작고 다리가 짧으며 성질이 온순하다.

발발[1] [tremblingly]
❶춥거나 무섭거나 하여 작게 자꾸 떠는 모양. ¶추위에 발발 떨다. ❷대단치도 않은 것을 몹시 아끼는 모양. ¶돈 몇 푼에 발발 떤다.

발발[2]
몸을 바닥에 대고 작은 동작으로 기는 모양.

발-버둥 [stamping]
❶주저앉거나 누워서 두 다리를 번갈아 내뻗었다 오므렸다 하면서 몸부림을 하는 일. ¶발버둥 치며 우는 아이를 달래다. ❷온갖 힘을 다하여 애를 쓰는 일을 비유적

으로 이르는 말. ¶아무리 발버둥 쳐도 5년 안에 집을 사는 것은 힘들 것 같다.

발-병[1](-病, 병 병) [foot disease]
발에 생기는 병(病). ¶오래 걸었더니 발병이 났다.

발병[2] **發病** | 나타날 발, 병 병 [outbreak of (a person's)illness]
병(病)이 생겨남 남[發]. ¶이 병은 주로 어린이에게 발병한다.

발-부리 [tip of a toe; tiptoe]
발끝의 뾰족한 부분. ¶돌에 발부리를 채다.

발-붙이다 [lean on]
❶무엇에 의지하거나 어떤 곳에 기반을 마련하다. ¶그곳에 발붙일 터전을 잡았다. ❷어떤 자리에 가까스로 들어서다. ¶지하철은 만원이라서 발붙일 틈도 없었다.

발뺌-하다 [draw back from matter]
책임을 면하려고 핑계를 대며 피하다. ¶그는 사과는 커녕 발뺌하기에 바빴다.

발사 發射 | 쏠 발, 활 사 [discharge]
❶[속뜻] 활[射]을 쏨[發]. ❷총이나 로켓 따위를 쏨. ¶미사일을 발사하다. [비] 방사(放射).

발산 發散 | 드러낼 발, 흩을 산 [emit; exhale]
❶[속뜻] 밖으로 드러나[發] 흩어짐[散]. ❷감정이나 냄새 따위가 밖으로 퍼지거나 흩어지게 함. ¶매력 발산 / 감정을 발산하다 / 향기를 발산하다.

발상[1] **發想** | 일으킬 발, 생각 상 [concept; think]
궁리하여 새로운 생각[想]을 일으켜[發] 내는 일. 또는 그 새로운 생각. ¶참신한 발상.

발상[2] **發祥** | 나타날 발, 상서로울 상 [origin; beginning]
❶[속뜻] 상서로운 일[祥]이나 행복의 조짐이 나타남[發]. ❷어떤 일이 처음으로 나타남.

▸**발상-지 發祥地** | 땅 지
❶[속뜻] 나라를 세운 임금이 태어난[發祥] 땅[地]. ❷역사적인 일 따위가 처음으로 일어난 곳. ¶고대 문명의 발상지.

***발생 發生** | 나타날 발, 날 생 [occur]
어떤 일이나 사물이 나타나고[發] 생겨남[生]. ¶강진이 발생하다.

▸**발생-기 發生機** | =發生器, 틀 기
일정한 기체가 생겨나게[發生] 하기 위한 장치[機]. ¶발생기를 점검하다.

▸**발생-량 發生量** | 분량 량
어떤 사물이 나타나거나[發] 생겨나는[生] 나타나는 분량(分量). ¶일산화탄소 발생량을 줄이다.

▸**발생-률 發生率** | 비율 률
어떤 사물이 생겨나거나[發生] 나타나는 비율(比率). ¶교통사고 발생률이 점차 낮아지고 있다.

발설 發說 | 드러낼 발, 말씀 설 [disclose; divulge]
말[說]을 입 밖으로 드러냄[發]. ¶비밀을 발설하다.

발성 發聲 | 드러낼 발, 소리 성 [utter; speak]
소리[聲]를 냄[發]. ¶발성연습을 하다.

발-소리 [sound of footsteps]
걸을 때 발이 땅에 닿아서 나는 소리. ¶밖에서 발소리가 들리다.

발송 發送 | 보낼 발, 보낼 송 [send; forward]
물건이나 우편물 따위를 보냄[發=送]. ¶우편물을 발송하다.

발신 發信 | 보낼 발, 소식 신 [dispatch of a message]
편지로 소식[信]을 보냄[發]. ¶이 편지는 서울 발신이다. [반] 수신(受信).

▸**발신-인 發信人** | 사람 인
편지나 전보 따위를 부친[發信] 사람[人]. ¶발신인 주소. [반] 수신인(受信人).

발아 發芽 | 필 발, 싹 아 [germinate; sprout]
식물 풀이나 나무에서 싹[芽]이 피어[發] 돋아남. ¶발아가 늦어지다 / 텃밭에 뿌린 씨앗들이 발아하기 시작했다.

발악 發惡 | 드러낼 발, 나쁠 악 [revile; abuse]
온갖 나쁜[惡] 짓을 함[發]. ¶최후의 발악을 하다.

발암 發癌 | 나타날 발, 암 암 [carcinogenic]
암(癌)이 생김[發]. 암을 생기게 함. ¶담배에는 발암 물질이 많다.

발-야:구 (–野球, 들 야, 공 구) [kickball]
운동 야구(野球)와 비슷한 규칙 아래, 배트 대신 발로 공을 차서 승부를 겨루는 경기.

발언 發言 | 밝힐 발, 말씀 언 [make a comment]
뜻을 말[言]로 밝힘[發]. 의견을 말함. 또는 그 말. ¶그는 이 문제에 대해 어떤 발언도 하지 않았다. 비 발어(發語).

▸ **발언-권** 發言權 | 권리 권
회의 등에서 발언(發言)할 수 있는 권리(權利). ¶의장은 그에게 발언권을 주었다.

발열 發熱 | 일으킬 발, 더울 열 [generate heat; have fever]
❶속뜻 물체가 열(熱)을 냄[發]. ❷의학 건강의 이상으로 체온이 보통 상태보다 높아지는 일. ¶발열증상을 보이다.

발원 發源 | 나타날 발, 근원 원 [source; rise]
❶속뜻 물줄기가 생겨나는[發] 근원(根源). ¶한강은 태백산맥에서 발원한다. ❷어떤 사상이나 현상 등이 발생하여 일어남. 또는 그 근원.

⁑**발육** 發育 | 나타날 발, 기를 육 [growth; develop]
생물이 생겨나서[發] 차차 자람[育]. ¶그 아이는 발육이 빠르다. 비 성장(成長).

발음 發音 | 일으킬 발, 소리 음 [pronounce]
언어 혀, 이, 입술 등을 이용하여 소리[音]를 냄[發]. ¶정확하게 발음하다.

▸ **발음 기관** 發音器官 | 그릇 기, 벼슬 관
언어 인체의 말소리를 내는[發音] 기관(器官). ¶혀, 이, 입술은 발음 기관이다.

발-자국 [footprint]
❶발로 밟은 자리에 남은 모양. ¶눈길에 발자국을 남기다. ❷걸음을 세는 단위. ¶몇 발자국 걷다.

발-자취 (跡, 발자취 적) [trace; course of one's life]
❶발로 밟은 흔적. ❷지난날의 경력이나 업적. ¶선인의 발자취를 마음에 새기다. 비 족적(足跡).

발작 發作 | 나타날 발, 일으킬 작 [haver fit; spasm]
증세가 갑자기 나타나거나[發] 병을 일으킴[作]. ¶그는 갑자기 쓰러져서 발작하기 시작했다.

발-장구 [beating]
헤엄칠 때 두 발을 물 위로 들었다 내렸다 하면서 물을 치는 일. ¶냇가에서 발장구를 치며 놀다.

⁑**발전**[1] 發展 | 일으킬 발, 펼 전 [develop; grow]
❶속뜻 세력 따위를 일으켜[發] 그 기세를 펼침[展]. ❷어떤 상태가 보다 좋은 상태로 되어 감. ¶기술이 발전하다. ❸어떤 일이 더 복잡한 단계로 나아감. ¶말다툼이 싸움으로 발전했다.

발전[2] 發電 | 일으킬 발, 전기 전 [generate electricity]
전기(電氣)를 일으킴[發].

▸ **발전-기** 發電機 | 틀 기
전기 수력이나 화력, 원자력 따위를 이용해 전기를 일으키는[發電] 기계(機械). ¶터빈 발전기.

▸ **발전-소** 發電所 | 곳 소
수력이나 화력, 원자력 따위로 발전기를

움직여서 전기를 일으키는[發電] 곳[所]. 또는 그 시설. ¶풍력(風力) 발전소.

▸발전-용 發電用 | 쓸 용
전기를 일으키는[發電] 데에 쓰이는[用] 것. ¶발전용 기름.

발족 發足 | 떠날 발, 발 족
[start functioning]
❶ 속뜻 목적지를 향하여 발길[足]을 옮김[發]. ❷어떤 단체나 모임 따위가 새로 만들어져 활동을 시작함. ¶특별 위원회를 발족하다.

발진 發疹 | 나타날 발, 홍역 진 [erupt]
의학 종기[疹]가 나타남[發]. 또는 그 종기. ¶피부에 발진이 생겼다.

발-짓
발을 움직이는 동작.

발-짝 [step; pace]
한 발씩 떼어 놓는 걸음의 수효. ¶한 발짝 앞으로 나아가다.

발-차기
운동 수영에서, 다리로 물을 차는 동작.

발치
누울 때 발을 뻗는 곳. ¶고양이가 동생의 발치에 누워 있다.

발칙-하다 [rude]
몹시 버릇없다. ¶발칙한 짓을 하다.

발칵 [in a sudden outburst; in a turmoil]
❶갑작스럽게 화를 내거나 기운을 쓰는 모양. ¶화를 발칵 내다. ❷갑자기 어떤 일이 벌어져 온통 혼란스럽게 된 모양. ¶교실이 발칵 뒤집혔다.

발코니 {영 balcony}
❶서양식 건축에서 방의 문 밖으로 길게 달아내어 드러낸 대. ¶발코니로 나가 바람을 쐬다. ❷극장에서, 아래층보다 높이 좌우에 만든 특별석.

발탁 拔擢 | 뺄 발, 뽑을 탁 [select]
❶ 속뜻 빼내거나[拔] 뽑아[擢] 씀. ❷많은 사람 가운데서 특별한 사람을 뽑아 씀. 비 탁발(擢拔).

발-톱 [toenail]
발가락 끝을 보호하는 뿔같이 단단한 물질. ¶고양이가 발톱으로 할퀴었다.

발-판 (一板, 널빤지 판)
[scaffold; scaffolding]
❶어떤 곳을 오르내리거나 건너다닐 때 발을 디디기 위하여 설치해 놓은 장치. ❷키를 돋우기 위해 발밑에 받쳐 놓고 그 위에 올라서는 물건. ❸다른 곳으로 진출하기 위하여 이용하는 수단을 비유적으로 이르는 말. ¶그는 친구를 발판 삼아 출세하려고 했다.

발포 發砲 | 쏠 발, 탄알 포 [fire; shoot]
탄알[砲]을 쏨[發]. ¶발포를 명령하다.

****발표** 發表 | 드러낼 발, 겉 표 [announce]
❶ 속뜻 겉[表]으로 드러냄[發]. ❷어떤 사실이나 결과 따위를 세상에 널리 드러내어 알림. ¶소설을 발표하다.

▸발표-자 發表者 | 사람 자
발표(發表)하는 사람[者]. ¶발표자들이 모이다.

▸발표-회 發表會 | 모일 회
학문의 연구 결과나 예술 작품 등을 여러 사람 앞에서 발표(發表)하는 모임[會]. ¶전통 무용 발표회.

발-하다 (發一, 드러낼 발)
[issue forth; emit]
빛, 소리, 냄새, 열, 기운, 감정 따위가 일어나다[發]. 또는 그렇게 되게 하다. ¶호기심이 발하다.

발해 渤海 | 바다 이름 발, 바다 해
역사 고구려의 장수 대조영(大祚榮)이 세운 나라. 698~926. 요동을 제외한 고구려의 옛 영토를 거의 회복하여 한때 세력을 크게 떨쳤으나 신라 말엽에 요(遼)나라에게 패망하였다. 당에서 발해의 건국을 인정하면서 대조영에게 발해군공(渤海郡公 - 발해지역의 군장)이라는 관작을 내리면서 '발해'(渤海)라 이름 하였다.

발행 發行 | 떠날 발, 갈 행 [publish]

❶ 속뜻 출발(出發)하여 길을 감[行]. ¶폭우로 발행이 늦어지다. ❷책이나 신문 따위를 발간하여 사회에 펴냄. ¶발행 부수(部數). ❸화폐, 증권, 증명서 등을 만들어 세상에 내놓음. ¶새로운 화폐를 발행하다.

▸발행-인 發行人 | 사람 인
출판물을 발행(發行)하는 사람[人]. 비 펴낸이.

발현 發現 | =發顯, 드러낼 발, 나타날 현 [reveal]
드러나거나[發] 나타남[現]. 또는 드러나게 함. ¶희생정신을 발현하다.

발화 發火 | 일으킬 발, 불 화 [production of fire]
불[火]을 일으킴[發]. 불을 냄. ¶발화 원인을 조사하다.

발효[1] 發效 | 나타날 발, 효과 효 [come into effect]
법률이나 규칙 등이 효력(效力)을 나타냄[發]. ¶새 법률은 3월 1일 발효된다.

발효[2] 醱酵 | 술빚을 발, 술밑 효 [ferment]
❶ 속뜻 술밑[酵]으로 술을 빚음[醱]. ❷ 화학 효모(酵母)나 세균 따위의 미생물이 화학적으로 변하는 현상. 술, 된장, 간장, 치즈 따위를 만드는 데에 쓴다. ¶콩을 발효시켜 간장을 만들다.

***발휘** 發揮 | 드러낼 발, 떨칠 휘 [display; exhibit]
재주나 재능 따위를 드러내어[發] 널리 떨침[揮]. ¶실력을 발휘하다.

밝기 [(the degree of) brightness]
밝은 정도. 비 광도(光度), 조도(照度).

밝다 (明, 밝을 명; 昭, 밝을 소; 哲, 밝을 철) [light; bright]
❶불빛 같은 것이 환하다. ¶조명이 밝다 / 햇살이 밝다. ❷밤이 지나고 환해지며 새날이 오다. ¶공부를 하다 보니 어느새 날이 밝았다. ❸빛깔의 느낌이 환하고 산뜻하다. ¶밝은 색깔의 구두. ❹분위기, 표정 따위가 환하고 좋아 보이다. ¶목소리가 밝다. ❺잘 알다. ¶이쪽 지리에 밝다. 반 어둡다.

♣ 밝다 / 환하다 (비슷한 듯 다른 말)

◎ 밤하늘에 달빛이 밝다 = 환하다.
○ 나는 밝은 노래를 좋아한다.
× 나는 환한 노래를 좋아한다.
○ 네 속은 내가 환하게 알고 있다.
× 네 속은 내가 밝게 알고 있다.

밝-히다 [make clear]
❶어두운 곳을 환하게 하다. ¶방 안을 밝히다. ❷불을 붙이거나 전등 따위를 켜다. ¶촛불을 밝히다. ❸알려지지 않은 사실을 설명하여 들려주다. 또는 증명하다. ¶비밀을 밝히다. ❹드러나게 좋아하다. ¶먹을 것을 밝히다 / 돈을 밝히다.

밟:다 (踏, 밟을 답; 履, 밟을 리; 踐, 밟을 천) [step on; trample on]
❶발을 땅 위에 대고 디디다. ¶낙엽을 밟다. ❷일에 순서를 거쳐 행하다. ¶절차를 밟다. ❸남의 뒤를 몰래 좇다. ¶범인의 뒤를 밟다.

밟-히다 [be stepped on]
남이 밟아서 눌리다. ¶나는 버스 안에서 발을 밟혔다.

밤[1](夜, 밤 야) [night]
해가 진 뒤부터 새벽 밝아지기 전까지의 동안. ¶밤 늦게까지 일하다. 반 낮.

밤:[2](栗, 밤 률) [nut]
밤나무의 열매. ¶밤을 구워 먹다. 비 율자(栗子).

밤-거리 [night streets; town at night]
밤의 길거리. ¶밤거리를 헤매다.

밤-길 [walk at night]
밤에 걷는 길. ¶밤길을 조심해라. 비 야로(夜路).

밤:-나무 [chestnut tree]

식물 초여름에 꽃이 피고 가시가 많은 밤송이에 밤이 열리는 나무. ⓑ 율목(栗木).

밤-낮 [always]
밤에나 낮에나. 늘. 언제나. ¶그는 밤낮 엄마 생각만 했다.
▸ 밤낮-없이
언제나. 늘. ¶밤낮없이 공부하다.

밤-눈 [night vision]
밤에 사물을 볼 수 있는 시력.

밤-늦다 [late at night]
밤이 깊다. ¶그는 밤늦게까지 일한다.

밤-바다
어두운 밤의 바다.

밤-비 [rain in the night]
밤에 내리는 비.

밤-새 [nighttime]
밤이 지나는 동안. '밤사이'의 준말. ¶밤새 눈이 왔다. ⓑ 밤사이.
▸ 밤새-껏
밤새도록. ¶밤새껏 한 숨도 못 잤다.

밤ː-색 (-色, 빛 색) [chestnut color]
익은 밤 껍질과 같은 갈색 빛깔[色].

밤-샘 [staying up all night]
잠을 자지 않고 밤을 보냄. '밤새움'의 준말. ¶밤샘 작업을 하다.

밤ː-송이 [chestnut bur]
밤알을 싸고 있는, 두껍고 가시가 돋친 겉껍데기.

밤-잠 [sleeping at night]
밤에 자는 잠. ⓑ 낮잠.

밤-중 (-中, 가운데 중) [dead of night]
밤이 아주 깊어진[中] 때. ¶이 밤중에 어디를 가니? ⓑ 야중(夜中). ⓑ 대낮

밤-차 (-車, 수레 차) [night train]
정해진 노선을 밤에 다니는 차(車). 주로 열차를 이른다. ¶밤차로 집에 돌아왔다.

밤-참 [late snack]
밤에 먹는 간단한 음식. ⓑ 야찬(夜餐).

밤ː-톨 [(single) chestnut]
밤의 낱알. ⓑ 밤알.

밤-하늘 [night sky]
밤의 하늘. ¶밤하늘에 반짝이는 별.

밥 (食, 밥 식; 飯, 밥 반) [boiled rice]
❶곡류 따위를 익혀 끼니로 먹는 음식. ¶밥을 짓다. ❷끼니에 먹는 음식. 식사. ¶밥을 거르다.

밥-그릇 [rice bowl]
밥을 담아 먹는 그릇. ⓑ 식기(食器).

밥-맛 [flavor of rice]
❶밥의 맛. ❷밥을 먹고 싶은 마음. ⓑ 식욕(食慾). 관용 밥맛이 떨어지다.

밥-물 [water for boiling rice]
❶밥을 지을 때 쓰는 물. ¶밥물을 잘 맞추다. ❷밥이 끓을 때 넘쳐흐르는 물.

밥-벌이 [means of a scanty livelihood]
겨우 밥이나 먹고 살아나갈 정도의 벌이. ¶너도 이제 네 밥벌이를 할 나이다.

밥-상 (-床, 평상 상) [dining table]
음식을 차려 먹는 상(床).
▸ 밥상-보 (-床褓, 보자기 보)
밥그릇·밥상(床)을 덮는 베나 헝겊으로 만든 보자기[褓].
▸ 밥상-머리 (-床-)
차려 놓은 밥상(床)의 한쪽 언저리.

밥-솥 [rice pot]
밥을 짓는 솥.

밥-알 [grain of boiled rice]
밥의 낱낱의 알. ¶밥알을 남기지 않고 다 먹다. ⓑ 밥풀.

밥-통 (-桶, 통 통)
[boiled-rice container]
❶ 속뜻 밥을 담는 통(桶). ❷'위'(胃)를 속되게 이르는 말. ¶밥통이 비어서 힘이 없다.

밥-투정 [grumbling over meals]
밥을 더 달라거나 먹기 싫어 짜증을 부리는 일. ¶동생은 밥투정하는 버릇이 있다.

밥-풀 [grains of boiled rice]
밥 하나하나의 알. ¶볼에 밥풀이 붙었다. ⓑ 밥알.

밧-줄 [rope; line]
삼 따위로 세 가닥을 지어 굵다랗게 꼰 줄. ¶밧줄을 타고 내려오다.

방[1]房 | 방 방 [room]
사람이 살거나 일을 하기 위하여 벽 따위로 막아 만든 공간. ¶나는 언니와 같은 방을 쓴다.

방:[2]放 | 놓을 방 [round]
❶총포를 발사하는 횟수를 세는 말. ¶두 방 쏘다. ❷주먹이나 방망이 따위로 때리는 횟수를 세는 말. ¶주먹 한 방을 날리다.

방:[3]榜 | 명단 방
[list of successful candidates]
어떤 일을 널리 알리기 위하여 사람들이 다니는 길거리나 많이 모이는 곳에 써 붙이는 글[榜]. ¶과거 급제자의 방이 붙었다.

방갈로 {힌 bungalow}
본디 지붕이 뾰족하고 높은, 인도 벵골 지방의 독특한 주택 양식으로, 산이나 유원지 같은 곳에 지은 야영 건물이나 별장.

방-값 (房—, 방 방) [room rent]
여관·민박집 따위의 방(房)을 사용하는 값. ¶방값이 밀리다.

방-고래 (房—, 방 방)
방(房) 구들장 밑으로 불길과 연기가 통하여 나가는 고랑. ㊪ 고래.

방공 防空 | 막을 방, 하늘 공
[air defense]
항공기나 미사일에 의한 공중(空中) 공격을 막음[防]. ¶방공 훈련.

▸방공-호 防空壕 | 해자 호
공중 공격을 막기[防空] 위해 파 놓은 해자[壕]. 땅속에 마련한 대피 시설. ㊐ 대피호(待避壕).

방:과 放課 | 놓을 방, 매길 과
[dismissal of a class]
하루의 정해진 수업[課]을 마침[放].

▸방:과-후 放課後 | 뒤 후
학교에서 그날의 수업을 마친[放課] 뒤[後]. ¶방과 후에 남아 공부를 하다.

방:관 傍觀 | 곁 방, 볼 관 [look on]
그 일에 상관하지 않고 곁[傍]에서 보기[觀]만 함. ¶문제를 더 이상 방관할 수 없다. ㊐ 방참(傍參).

▸방:관-자 傍觀者 | 사람 자
방관(傍觀)하는 사람[者].

방광 膀胱 | 오줌통 방, 오줌통 광 [(urinary) bladder]
❶ 속뜻 오줌통[膀=胱]. ❷ 의학 척추동물의 신장에서 흘러나오는 오줌을 저장하였다가 일정한 양이 되면 요도를 통하여 배출시키는 주머니 모양의 배설 기관.

방-구석 (房—, 방 방)
[corner of a room]
❶방[房] 안의 네 귀퉁이. ¶방구석을 살피다. ❷방 또는 방 안의 낮춤말. ¶종일 방구석에만 처박혀 있었다.

방:귀 [wind (in the bowels); gas]
배 속의 음식물이 부패·발효되면서 항문으로 나오는 구린내 나는 가스. 속담 방귀 뀐 놈이 성낸다.

방글-방글 [with a gentle smile]
입을 조금 벌리고 소리 없이 귀엽고 보드랍게 자꾸 웃는 모양. ¶아기가 방글방글 웃는다.

방금 方今 | 바로 방, 이제 금 [right now]
바로[方] 지금(只今). ㊐ 금방.

방긋 [with a (sudden) smile]
소리 없이 입을 예쁘게 벌려 가볍게 한 번 웃는 모양. ¶방긋 웃으며 인사하다 / 아기가 엄마의 품에 방긋이 웃는다.

▸방긋-방긋
입을 예쁘게 약간 벌리며 소리 없이 가볍게 자꾸 웃는 모양.

방:대 厖大 | 클 방, 큰 대
[bulky; massive]
양이나 규모가 매우 많거나 크다[厖=大].
¶자료가 방대하다.

방도 方道 | =方途, 방법 방, 방법 도
[means; way]

어떤 일을 하거나 문제를 풀어 가기 위한 방법(方法)과 도리(道理). ¶먹고 살 방도가 막막했다.

방독 防毒 | 막을 방, 독할 독
[protect oneself from poison]
독(毒)가스를 막음[防].

▸방독-면 防毒面 | 낯 면
군사 독(毒)가스나 연기 따위를 막고[防] 호흡기나 눈 등을 보호하기 위하여 얼굴[面]에 쓰는 것.

방:랑 放浪 | 놓을 방, 물결 랑
[wander around]
❶속뜻 추방(追放)되어 이곳저곳을 물결[浪]처럼 떠돌아다님. ❷정한 곳 없이 이리저리 떠돌아다님. ¶김삿갓은 방랑시인으로 유명하다.

▸방:랑-자 放浪者 | 사람 자
이곳저곳을 떠돌아다니는[放浪] 사람[者].

방:류 放流 | 놓을 방, 흐를 류 [discharge]
❶속뜻 가두어 놓은 물을 터서 흘려[流] 보냄[放]. ❷기르기 위하여 어린 물고기를 물에 놓아줌. ¶강에 물고기를 방류하다. ㊥ 방수(放水), 방생(放生).

방망이 [club]
무엇을 두드리거나 다듬는 데 쓰는 도구. ¶야구 방망이 / 빨래 방망이.

▸방망이-질
❶방망이로 다듬거나 두드리는 일. ❷가슴이 몹시 두근거리는 상태. ¶놀라서 가슴이 방망이질을 쳤다.

방면 方面 | 모 방, 낯 면 [quarter]
❶속뜻 네모[方] 반듯하게 생긴 얼굴[面]. ❷어떤 장소나 지역이 있는 방향이나 구역. ¶공항 방면의 도로가 막힌다. ❸뜻을 두거나 생각하는 분야. ¶그는 미생물 방면에서 최고이다.

방명 芳名 | 꽃다울 방, 이름 명
[(your, his) esteemed name]
❶속뜻 꽃다운[芳] 이름[名]. ❷'남의 이름'을 높여 부르는 말. ¶여기에 방명을 적어 주십시오.

▸방명-록 芳名錄 | 기록할 록
특별히 기념하기 위하여 남의 성명[芳名]을 기록(記錄)해 두는 책. ㊥ 인명록(人名錄).

방:목 放牧 | 놓을 방, 기를 목 [graze]
소나 말, 양 따위의 가축을 놓아[放] 기름[牧]. ¶들에 소를 방목하다. ㊥ 방축(放畜).

▸방:목-지 放牧地 | 땅 지
농업 가축을 놓아기르는[放牧] 일정한 땅[地]이나 장소. ¶방목지에 견학을 갔다. ㊥ 목축지(牧畜地).

방문[1] 房門 | 방 방, 문 문 [chamber-door]
방(房)으로 드나드는 문(門). ¶누군가 방문을 두드렸다.

*__방:문[2]__ 訪問 | 찾을 방, 물을 문
[call; visit]
찾아가서[訪] 안부 등을 물음[問]. ¶총리가 중국을 방문하다.

▸방:문-객 訪問客 | 손 객
찾아온[訪問] 손님[客].

▸방:문-단 訪問團 | 모일 단
방문(訪問)하기 위하여 조직한 집단이나 단체(團體). ¶중국 방문단.

▸방:문-자 訪問者 | 사람 자
어떤 사람이나 장소를 찾아오는[訪問] 사람[者]. ¶외부 방문자를 위한 방.

방-바닥 (房–, 방 방) [floor of a room]
방(房)의 바닥. ¶방바닥을 깨끗이 치우다.

방방곡곡 坊坊曲曲 | 동네 방, 동네 방, 굽을 곡, 굽을 곡 [all over the country]
동네[坊] 마다 산골짜기의 굽이[曲] 마다 한 군데도 빼놓지 않은 모든 곳. ¶전국 방방곡곡을 떠돌아다니다. ㊟ 곡곡. ㊥ 각처(各處), 도처(到處).

방범 防犯 | 막을 방, 범할 범
[prevent crimes]
범죄(犯罪)가 일어나지 않도록 막음[防].

¶방범대책을 세우다.

▶방범-대 防犯隊 | 무리 대
범죄를 막기[防犯] 위하여 조직된 단체[隊]. ¶방범대를 조직하다.

⁑방법 方法 | 방법 방, 법 법
[way; method]
❶속뜻 방식(方式)이나 수법(手法). ❷어떤 목적을 달성하기 위하여 취하는 수단. ¶방법을 찾다.

방부 防腐 | 막을 방, 썩을 부
[preserve from decay]
썩는[腐] 것을 막음[防]. 건조, 냉장, 밀폐, 소금 절임, 훈제, 가열 따위의 방법이 있다.

▶방부-제 防腐劑 | 약제 제
약학 물건이 썩지 않게[防腐] 하는 약제(藥劑). 알코올이나 포르말린 따위. ¶방부제가 첨가된 식품은 건강에 좋지 않다.

방비 防備 | 막을 방, 갖출 비 [defense]
적의 침공이나 재해 따위를 막을[防] 준비(準備)를 함. 또는 그 준비. ¶방비를 강화하다.

⁑방:사 放射 | 놓을 방, 쏠 사
[radiate; emit]
❶속뜻 사방으로 방출(放出)하거나 쏘아[射] 내뻗침. ❷물리 물체가 빛이나 열 같은 에너지를 밖으로 내뿜음.

▶방:사-능 放射能 | 능할 능
물리 라듐, 우라늄, 토륨 따위 원소의 원자핵이 붕괴하면서 방사선(放射線)을 방출할 수[能] 있는 성질. ¶원자로에서 방사능이 누출되었다.

▶방:사-선 放射線 | 줄 선
❶속뜻 중앙의 한 점에서 사방으로 죽죽 뻗쳐 있는[放射] 선(線). ❷물리 방사성 원소가 내뿜는 에너지의 흐름.

방석 方席 | 모 방, 자리 석
[(floor) cushion]
네모[方] 모양의 깔고 앉는 자리[席]. ⓑ 좌욕(坐褥).

방세 房貰 | 방 방, 세놓을 세
[room rent]
남의 방(房)에 세(貰)를 들고 내는 돈. ¶방세가 비싸다.

⁑방:송 放送 | 놓을 방, 보낼 송
[release offender; go on radio]
❶역사 죄인을 석방(釋放)하여 내보냄[送]. ❷라디오나 텔레비전을 통하여 음성이나 영상을 전파로 내보내는 일. ¶방송에 출연하다.

▶방:송-국 放送局 | 관청 국
일정한 시설을 갖추어 방송(放送)을 하는 기관[局].

▶방:송-극 放送劇 | 연극 극
연영 라디오 등을 통해서 방송(放送)하는 연극(演劇).

▶방:송-반 放送班 | 나눌 반
학교에서 교내 방송(放送)을 맡아서 하는 학생들의 모임[班]. ¶방송반에 가입하다.

▶방:송-사 放送社 | 회사 사
방송(放送)을 영업으로 하는 회사(會社). ¶방송사를 방문하다.

방수 防水 | 막을 방, 물 수 [waterproof]
물[水]이 새거나 넘쳐흐르는 것을 막음[防]. ¶방수 설비 / 방수 대책.

⁑방식 方式 | 방법 방, 꼴 식 [form]
어떤 일정한 방법(方法)이나 형식(形式). ¶자기 방식대로 하다. ⓑ 법식(法式).

방실-방실 [smilingly; beamingly]
입을 예쁘게 살짝 벌리고 소리 없이 밝고 보드랍게 자꾸 웃는 모양. ¶아이가 방실방실 웃는다.

방:심 放心 | 놓을 방, 마음 심
[be absent minded]
❶속뜻 다른 것에 정신이 팔려 마음[心]을 놓아 버림[放]. ¶방심은 금물이다. ❷걱정하던 마음을 놓음.

방아 [(grinding) mill]
곡식을 찧거나 빻는 기구.

▶방아-깨비

[Oriental longheaded locust]
[동물] 뒷다리가 매우 크고 길어서 끝을 손으로 쥐면 방아처럼 끄덕거리는, 메뚜기 비슷한 곤충.

방아-쇠 [trigger (of a gun)]
소총·권총 등에서 총알을 발사하는 장치. 굽은 쇠 모양이며 집게손가락으로 잡아당겨서 총을 쏨. ¶방아쇠를 당기다.

방안 方案 | 방법 방, 생각 안
[plan; device]
해결 방법(方法)이나 생각[案]. ¶해결 방안이 떠올랐다.

방앗-간 (–間, 사이 간) [rice mill]
방아를 놓고 곡식을 찧거나 빻는 곳[間]. [비] 정미소(精米所). [속담] 참새가 방앗간을 그저 지나랴.

방어 防禦 | 막을 방, 막을 어 [defend]
적이 쳐들어오는 것을 막음[防=禦]. ¶산성(山城)에서 적의 공격을 방어하다. [반] 공격(攻擊).

▸**방어-선 防禦線** | 줄 선
[군사] 적의 공격을 막기[防禦] 위하여 진지를 구축해 놓은 전선(戰線).

방언 方言 | 모 방, 말씀 언
[dialect word]
[언어] 표준어와 달리 어떤 지역이나 지방(地方)에서만 쓰이는 특유한 언어(言語). ¶함경도 방언은 알아듣기 어렵다. [비] 사투리. [반] 표준어(標準語).

방역 防疫 | 막을 방, 돌림병 역
[prevention of epidemics]
돌림병[疫]의 발생, 침입, 전염 따위를 막음[防]. 또는 그것을 위해 마련하는 조처.

방:열 放熱 | 놓을 방, 더울 열
[radiant heat]
열(熱)을 밖으로 내놓음[放]. 열을 발산함.

▸**방:열-기 放熱器** | 그릇 기
[기계] 열을 발산시켜[放熱] 공기를 따뜻하게 하는 난방 장치[器]. [비] 라디에이터.

방:영 放映 | 놓을 방, 비칠 영
[broadcast; telecast]
텔레비전으로 영상(映像)을 방송(放送)함. ¶다큐멘터리를 방영하다.

방울 [(small) bell; drop]
❶쇠붙이로 둥글고 속이 비게 만들고, 그 속에 단단한 물건을 넣어서 흔들면 소리가 나게 된 물건. ❷구슬같이 동글동글하게 맺힌 액체 덩어리. 물이 공기를 머금어서 둥글고 속이 빈 덩어리. ¶물방울 / 빗방울 / 눈물방울.

▸**방울-꽃**
[식물] 9월에 방울같이 생긴 연한 자주색 꽃이 피는 풀. 아침에 피었다가 저녁에 시든다.

▸**방울-새**
[동물] 울음소리가 매우 곱고 여러 가지 새의 울음소리를 잘 흉내 내는 새.

▸**방울-방울**
한 방울 한 방울. 액체 덩이가 둥글게 맺히거나 떨어지는 모양. ¶동생은 눈물을 방울방울 흘렸다.

방위[1] **防衛** | 막을 방, 지킬 위 [defend]
적이 쳐들어오는 것을 막아[防] 지킴[衛]. ¶방위산업 / 수도를 방위하다.

***방위**[2] **方位** | 모 방, 자리 위
[bearing; point of the compass]
방향(方向)을 정한 위치(位置). ¶지도에 방위를 표시하다.

▸**방위-표 方位表** | 겉 표
방위(方位)를 나타내는 표식이 그려 있는 표(表). ¶방위표를 참고하다.

***방음 防音** | 막을 방, 소리 음 [soundproof]
시끄러운 소리[音]를 막음[防]. ¶방음시설.

▸**방음-벽 防音壁** | 담 벽
[건설] 특별히 방음(防音)을 위하여 설치한 벽(壁). ¶방음벽을 쌓다.

방:자 放恣 | 내칠 방, 마음대로 자
[impudent; uppish]
❶[속뜻] 내치는[放] 대로 마음대로[恣] 함. ❷꺼리거나 삼가는 태도가 없이 건방지

다. ¶방자한 행동 / 방자하게 굴다.

방재 防災 | 막을 방, 재앙 재
[disaster prevention]
화재, 수재, 한재(旱災) 따위의 재해(災害)를 막음[防]. ¶이 건물은 방재 설비를 갖추었다.

방:전 放電 | 놓을 방, 번개 전
[discharge of electricity]
물리 전지나 축전기 또는 전기를 띤 물체에서 전기(電氣)가 외부로 흘러나오는[放] 현상. ¶배터리가 방전되다. ⓑ 충전(充電).

방정 [flightiness; light-headness]
경망스러운 말이나 행동. ¶네가 방정을 떨어 모든 일을 망쳤다. ⓑ 호들갑, 경망(輕妄), 요망(妖妄).

▸방정-맞다
❶말이나 행동이 경망스럽고 주책없다. ❷요망스럽게 보여 불길하다. ¶자꾸 방정맞은 소리하지 마라.

방정 方程 | 모 방, 과정 정
중국 고대 수학서인 『구장산술』(九章算術) 가운데 한 장. 『구장산술』에 따르면 자 모양으로 배열한 것을 '方'이라 하고, 계산 과정을 '程'이라 하였다.

▸방정-식 方程式 | 법 식
수학 어떤 문자가 특정한 값을 취할 때에만 성립하는[方程] 등식(等式). ⓑ 항등식(恒等式). ¶방정식의 해를 구하다.

방제 防除 | 막을 방, 덜 제
[control (of insect pests)]
❶ 속뜻 미리 막아서[防] 없앰[除]. ❷농작물의 병충해를 예방하거나 없앰. ¶병충해 방제를 위해 농약을 뿌렸다.

방조 幇助 | =幫助, 도울 방, 도울 조 [aid; assist]
❶ 속뜻 어떤 일을 하도록 도와줌[幇=助]. ❷ 법률 형법에서, 남의 범죄 수행에 편의를 주는 모든 행위. ¶범행을 방조한 죄를 지었다.

방조-제 防潮堤 | 막을 방, 바닷물 조, 방죽 제 [tide embankment]
건설 조수(潮水)로 인한 피해를 막기[防] 위하여 해안에 쌓은 둑[堤]. ¶태풍으로 방조제가 무너졌다.

방:종 放縱 | 내칠 방, 놓아줄 종
[be dissolute]
❶ 속뜻 내치는[放] 대로 놓아줌[縱]. ❷아무 거리낌이 없이 함부로 행동함. ¶책임 없는 자유는 방종에 불과하다.

방주 方舟 | 모 방, 배 주 [ark]
상자 같은 네모[方] 모양의 배[舟]. ¶노아의 방주(Noah's ark).

방죽 [bank; embankment]
물을 막기 위해 쌓은 둑. ¶홍수로 방죽이 무너졌다.

*__방지__ 防止 | 막을 방, 그칠 지
[prevent; head off]
어떤 일을 막아[防] 그만두게[止] 함. ¶재난을 미연에 방지하다. ⓑ 예방(豫防), 방비(防備).

방직 紡織 | 실뽑을 방, 짤 직
[spinning and weaving]
❶ 속뜻 실을 뽑아[紡] 피륙을 짬[織]. ❷실을 뽑아서 천을 짬. ¶방직산업 / 방직공장.

방책 方策 | 방법 방, 꾀 책
[plan; scheme]
방법(方法)과 계책(計策). ¶범죄 방지를 위한 방책을 세우다.

방청 傍聽 | 곁 방, 들을 청
[hear; attend]
직접적인 관계가 없는 사람이 회의나 토론, 공판 따위를 곁[傍]에서 들음[聽]. ¶재판을 방청하다.

▸방청-객 傍聽客 | 손 객
방청(傍聽)하는 사람[客]. ¶가수가 나오자 방청객들이 환호했다. ⓑ 방청인(傍聽人).

▸방청-석 傍聽席 | 자리 석
방청인(傍聽人)이 앉는 자리[席]. ¶방청

석은 만원(滿員)이다.

방:출 放出 | 놓을 방, 날 출 [discharge]
❶ 속뜻 내놓음[放=出]. ❷비축하여 놓은 것을 내놓음. ¶정부미를 방출하다.

방충 防蟲 | 막을 방, 벌레 충
해충(害蟲)을 막음[防]. ¶이 장롱은 방충 가공을 했다.

▸방충-망 防蟲網 | 그물 망
파리나 모기, 나방 따위 벌레가 들어오지 못하도록[防蟲] 창 같은 데에 치는 그물[網]. ¶창문에 방충망을 치다.

▸방충-제 防蟲劑 | 약제 제
약학 해충이 싫어하는 특이한 냄새로 해충(害蟲)이 꾀지 못하게[防] 하는 약제(藥劑). ¶방충제를 뿌려 흰개미를 없애다.

방:치 放置 | 놓을 방, 둘 치
[leave alone]
그대로 버려[放] 둠[置]. ¶자전거를 대문 밖에 방치하다.

방침 方針 | 모 방, 바늘 침
[one's course of action]
❶ 속뜻 방향(方向)을 가리키는 지남침(指南針). ❷'무슨 일을 처리해 나가는 계획과 방향'을 이르는 말. ¶회사의 방침.

방:탕 放蕩 | 내칠 방, 음탕할 탕
[dissipated; prodigal]
❶ 속뜻 내치는[放] 대로 음탕(淫蕩)하게 굶. ❷주색(酒色)에 빠져 행실이 추저분함. ¶방탕에 빠지다 / 방탕한 생활.

방파-제 防波堤 | 막을 방, 물결 파, 방죽 제
[breakwater]
건설 파도(波濤)를 막기[防] 위하여 항만에 쌓은 둑[堤]. ¶거친 파도로 방파제가 무너졌다.

방패 防牌 | 막을 방, 패 패
[warrior's shield]
칼이나 창, 화살 등을 막는데[防] 쓰던 널찍한[牌] 무기. ¶화살이 방패를 뚫었다.

▸방패-연 防牌鳶 | 연 연
방패(防牌) 모양으로 만든 연(鳶).

방편 方便 | 방법 방, 편할 편
[expedient; instrument]
경우에 따라 편(便)하고 쉽게 이용하는 수단과 방법(方法). ¶일시적인 방편.

방풍 防風 | 막을 방, 바람 풍
[protect against wind]
바람[風]을 막음[防]. ¶이 제품은 방풍 효과가 뛰어나다.

▸방풍-림 防風林 | 수풀 림
바람[風]을 막기[防] 위하여 가꾼 숲[林]. ¶바닷가에 방풍림을 조성하다.

방:학 放學 | 놓을 방, 배울 학
[school holidays; vacation]
❶ 속뜻 공부하던[學] 손길을 놓음[放]. ❷ 교육 학교에서 한더위나 한추위 때, 다음 학기 초까지 일정 기간 수업을 쉬는 일. ¶겨울 방학 / 내일 방학이 시작된다.

방한 防寒 | 막을 방, 찰 한
[protection against the cold]
추위[寒]를 막음[防]. ¶이 옷은 방한 기능이 있다.

▸방한-모 防寒帽 | 모자 모
추위를 막기[防寒] 위한 모자[帽].

▸방한-복 防寒服 | 옷 복
추위를 막으려고[防寒] 입는 옷[服]. ¶등산할 때 방한복을 입다.

▸방한-용 防寒用 | 쓸 용
추위를 막는[防寒] 데 쓰이는[用] 것. ¶방한용 모자.

방해 妨害 | 거리낄 방, 해칠 해
[disturb; interrupt]
남에게 거리낌[妨]이나 해(害)를 끼침. ¶방해해서 죄송합니다. ⓑ훼방(毁謗).

⁑**방향** 方向 | 모 방, 향할 향
[direction; one's course]
❶ 속뜻 어떤 방위(方位)를 향(向)한 쪽. ¶동쪽 방향에서 바람이 불어왔다. ❷어떤 뜻이나 현상이 일정한 목표를 향하여 나아가는 쪽. ¶이 책은 내가 나아갈 방향을 제시해 주었다.

방화[1]**邦畫** | 나라 방, 그림 화 [Korean film]
자기 나라[邦]에서 제작된 영화(映畵). ⓑ 국산 영화(國産映畵). ⓑ 외화(外畵).

방화[2]**防火** | 막을 방, 불 화 [fire prevention]
화재(火災)를 미리 막음[防]. ¶그 건물은 방화 시설을 갖추고 있다.

방:화[3]**放火** | 놓을 방, 불 화 [incendiary fire]
일부러 불[火]을 놓음[放]. ¶정신이상자가 지하철에서 방화했다. / 방화범을 잡다.

방황 彷徨 | 거닐 방, 노닐 황 [wander; roam]
❶ 속뜻 정처 없이 거닐고[徨] 노닒[彷]. ¶거리를 이리저리 방황하다. ❷할 바를 모르고 갈팡질팡함. ¶그는 자식을 잃고 오랫동안 방황했다.

밭 (田, 밭 전) [(dry) field; farm]
물을 대지 않거나 필요한 때에만 물을 대어서 야채나 곡류를 심어 농사를 짓는 땅. ¶밭에 씨를 뿌리다. ⓑ 전(田).

밭-고랑 [furrow]
밭이랑 사이에 홈이 진 곳. ¶밭고랑에 씨를 뿌리는 새로운 파종법을 개발하다.

밭-농사 (-農事, 농사 농, 일 사) [dry-field farming]
밭에서 짓는 농사(農事). ⓑ 전작(田作).

밭다리 걸:기
운동 씨름에서, 오른쪽 다리로 상대의 오른쪽 다리를 밖으로 걸어 앞으로 당겨 붙이면서 상대의 뒷면으로 중심이 기울어지도록 감아 밀어붙여 넘어뜨리는 공격 기술의 하나.

밭-두둑 [ridge (marking the bound-aries between fields)]
밭의 두둑. ¶밭두둑에는 노랑 꽃들이 아름답게 피어 있었다. ⓑ 밭두렁

밭-둑 [embankment around the end of a field]
밭과 밭 사이의 경계를 이루고 있거나 밭가에 둘려 있는 둑. ¶밭둑에서 쑥을 캐다.

밭-이랑 [ridge]
밭의 고랑 사이에 흙을 높게 올려서 만든 두둑한 곳. ⓑ 전묘(田畝).

배[1](腹, 배 복) [belly; abdomen]
의학 사람이나 동물의 몸에서 위장, 창자, 콩팥 따위의 내장이 들어 있는 곳으로 가슴과 엉덩이 사이의 부위. ¶배가 나오다. 속담 배보다 배꼽이 더 크다. 관용 배가 아프다.

배[2](船, 배 선) [ship; boat]
사람·짐을 싣고 물에 떠다니게 된 탈것. ¶바다에 배를 띄우다. ⓑ 선박(船舶).

배[3] [pear]
배나무의 열매. ¶배가 달다.

배:[4]**倍** | 곱 배 [two times; twice]
같은 수량을 몇 번 합친 수량을 나타내는 단위. ¶속도가 두 배나 빨라졌다.

배격 排擊 | 밀칠 배, 부딪칠 격 [reject; denounce]
어떤 사상, 의견, 물건 따위를 밀치고[排] 공격(攻擊)함. ¶군국주의를 배격하다.

배:경 背景 | 등 배, 볕 경 [background; scenery]
❶ 속뜻 뒤쪽[背]의 경치(景致). ¶산을 배경으로 사진을 찍다 ❷ 연영 무대의 안쪽 벽에 그린 그림. 또는 무대 장치. ¶배경을 꾸미다. ❸ 문학 작품의 시대적·역사적인 환경. ¶그 소설은 한반도를 배경으로 하고 있다.

▸**배:경 음악 背景音樂** | 소리 음, 풍류 악
연영 영화나 연극 따위에서 분위기를 조성하기 위하여 대사나 동작의 배경(背景)으로 연주하는 음악(音樂). ¶배경 음악에 맞춰 배우가 등장했다.

배-고프다 [hungry]
배 속이 비어서 음식이 먹고 싶다. ¶아침을 걸렀더니 매우 배고프다. ⓑ 시장하다, 출출하다, 허기지다. ⓑ 배부르다.

배:관 配管 | 나눌 배, 대롱 관 [plumbing; piping]

기체나 액체 따위를 다른 곳으로 보내기 위해 파이프[管]를 배치(配置)함. ¶배관 공사.

***배구 排球** | 밀칠 배, 공 구 [volleyball]
❶속뜻 네트 위로 공[球]을 밀쳐[排] 넘기는 운동 경기. ❷운동 직사각형으로 된 코트의 중앙에 네트를 두고 두 팀으로 나누어 공을 땅에 떨어뜨리지 않고 손으로 공을 패스하여 세 번 안에 상대편 코트로 넘겨 보내는 운동 경기.

배:급 配給 | 나눌 배, 줄 급
[distribute; supply]
❶속뜻 나누어[配] 줌[給]. ❷영리를 목적으로 하지 않고 상품을 나누어 주는 일. 물자를 일정한 비례에 따라 몫을 떼어 나누어 준다. ¶식량 배급을 받다.

배기 排氣 | 밀칠 배, 기운 기 [exhaust]
안에 든 공기(空氣)를 밖으로 뽑아[排] 냄. ¶건물에 배기 설비를 갖추다.

▸배기-통 排氣筒 | 대롱 통
차량이나 공장 따위에서 배기(排氣) 작용을 하기 위하여 설치한 통(筒). ¶매연 차량의 배기통.

▸배기-가스 (排氣gas)
내연 기관 따위에서 내부 연소를 마치고 배출하는[排氣] 가스(gas). ¶배기가스가 대기를 오염시키다.

배기다[1] [endure; suffer]
고통을 능히 견디다. 참기 어려운 일을 잘 참고 버티어 나가다. ¶일이 너무 힘들어서 더 이상 배길 수 없었다.

배기다[2] [be hard on]
몸에 단단한 것이 받치는 힘을 느끼게 되다. ¶딱딱한 바닥에 종일 누워 있었더니 등이 배긴다.

배-꼽 [navel]
의학 배 한가운데 있는 탯줄을 끊은 자리. ¶배꼽이 빠지게 웃다. 관용 배꼽을 쥐다.

배-꽃 [pear blossoms]
배나무의 꽃. ⓑ 이화(梨花).

배-나무 (梨, 배나무 리)
[pear tree]
식물 봄에 흰색의 꽃이 피고, 7~10월에 열매가 익는 과일나무. 열매는 맛이 달며 살이 연하다.

배:낭 背囊 | 등 배, 주머니 낭 [knapsack]
물건을 넣어 등[背]에 질 수 있도록 천이나 가죽으로 주머니[囊]처럼 만든 것. ¶배낭을 어깨에 둘러매다.

배:다[1] [soak (through, into)]
❶물기나 냄새 따위가 스며들다. ¶옷에 땀이 배다. ❷버릇이 되어 익숙해지다. ¶일이 손에 배다.

♣ 배다[1] / 스미다 (비슷한 듯 다른 말)

◎ 땀이 와이셔츠에 배다 = 스미다.
○ 담배 냄새가 몸에 배다.
× 담배 냄새가 몸에 스미다.
○ 달콤한 냄새가 코에 스미다.
× 향긋한 냄새가 코에 배다.

배:다[2] [conceive; get knotted]
❶배 속에 아이나 새끼를 가지다. ¶아이를 배다. ❷사람의 근육에 뭉친 것과 같은 것이 생기다. ¶다리에 알이 배다.

배:달 配達 | 나눌 배, 이를 달 [deliver]
받는 사람별로 나누어[配] 전달(傳達)함. ¶우유를 배달하다.

배달-민족 (-民族, 백성 민, 무리 족)
[Korean race]
우리 민족(民族)을 일컫는 말. ⓑ 배달겨레.

배:당 配當 | 나눌 배, 마땅 당
[distribute; allocate]
일정한 기준에 따라 적당(適當)하게 나누어[配] 줌. ¶이윤을 배당하다.

배드민턴 [badminton]
운동 네트를 사이에 두고, 라켓으로 제기같이 생긴 셔틀콕을 바닥에 떨어지지 않게 쳐 넘기는 경기.

배란 排卵 | 밀칠 배, 알 란 [ovulate]
의학 성숙기에 이른 포유류 암컷의 난소에서 성숙한 난자(卵子)가 배출(排出)되는 일. ¶생리 예정일로부터 14일 전후로 배란된다.

▶배란-기 排卵期 | 때 기
의학 성숙한 난세포가 난소에서 배출되는[排卵] 시기(時期). ¶배란기를 피하다.

배럴 {영 barrel}
영국과 미국에서 쓰는 부피의 단위. 액체, 과일, 야채 따위의 부피를 잴 때 쓴다.

배:려 配慮 | 나눌 배, 생각할 려 [consider]
마음을 나누어[配] 남도 생각[慮]해줌. ¶세심하게 배려하다.

배:반 背反 | =背叛, 등질 배, 되돌릴 반 [betray]
신의를 저버리고 등지고[背] 돌아섬[反]. ¶약속을 배반하다. ⓑ 배신(背信).

배-부르다 (飽, 배부를 포) [full; affluent]
❶더 먹을 수 없이 양이 차다. ¶배부르게 먹다 / 저녁을 배불리 먹다. ❷생활이 넉넉하여 아쉬울 것이 없다. ¶배부른 소리를 하다. ⓑ 포만(飽滿)하다, 부유(富裕)하다. ⓑ 배고프다.

배:분 配分 | 나눌 배, 나눌 분 [distribute]
몫을 따로 나눔[配=分]. ¶권력 배분 / 이익을 배분하다. ⓑ 분배(分配).

배-불뚝이 [potbellied person]
배가 불뚝하게 나온 사람.

배상 賠償 | 물어줄 배, 갚을 상 [compensate]
법률 남에게 입힌 손해를 물어[賠] 갚아줌[償]. ¶피해자가 입은 손해를 배상하다. ⓑ 보상(補償), 변상(辨償).

배:색 配色 | 나눌 배, 빛 색 [arrange the colors]
두 가지 이상의 색(色)을 배합(配合)함. 또는 섞은 그 색. ¶저고리와 치마의 배색이 좋다.

배:선 配線 | 나눌 배, 줄 선 [wire]
전기 전기를 보낼 전선(電線)을 나누어[配] 설치함. '배전선'(配電線)의 준말. ¶전화 배선을 하다.

배설 排泄 | 밀칠 배, 샐 설 [excrete; eliminate]
❶ 속뜻 안에서 밖으로 밀어[排] 새나가게[泄] 함. ❷ 생물 생물체가 몸 안에 생긴 노폐물을 몸 밖으로 내보내는 일. ¶땀을 통해 노폐물을 배설하다. ⓑ 배출(排出).

▶배설-물 排泄物 | 만물 물
배설(排泄)된 물질(物質). ¶배설물을 모아 비료를 만들다.

배:수[1] 倍數 | 곱 배, 셀 수 [multiple]
어떤 수의 갑절[倍]이 되는 수(數). ¶6은 2의 배수이다.

배수[2] 排水 | 밀칠 배, 물 수 [drainage]
불필요한 물[水]을 다른 곳으로 흘려버림[排]. ¶이 논은 배수가 잘 된다.

▶배수-로 排水路 | 길 로
건설 빼낸[排] 물[水]을 내보내기 위해 만든 물길[路]. ¶노후한 배수로를 수리하다. ⓑ 배수구(排水溝).

배:수-진 背水陣 | 등질 배, 물 수, 진칠 진
군사 물[水]을 등지고[背] 치는 진(陣). 중국 한(漢)나라의 한신이 강을 등지고 진을 쳐서 병사들이 물러서지 못하고 힘을 다하여 싸우도록 하여 조(趙)나라의 군사를 물리쳤다는 데서 유래한다. ¶배수진을 치고 적을 공격했다.

배시시
입을 조금 벌리고 소리 없이 살짝 웃는 모양. ¶소녀는 부끄러운 듯 배시시 미소를 지었다.

배:식 配食 | 나눌 배, 밥 식 [distribute food]
음식(飮食)을 나누어[配] 줌. ¶노숙자에게 점심을 배식하다.

배:신 背信 | 등질 배, 믿을 신 [betray]
신의(信義)를 등짐[背]. ¶혼자만 살려고 친구들을 배신했다. ⓑ 배반(背反).

▸ 배ː신-감 背信感 | 느낄 감
믿음이나[信] 의리의 저버림[背]을 당한 느낌[感]. ¶그 소식을 듣고 배신감을 느꼈다.

배-아프다 [be green with envy]
남이 잘되는 것이 몹시 부럽고 아니꼽다. ¶남들이 잘돼서 배아프다.

배ː양 培養 | 북돋울 배, 기를 양
[culture; cultivate]
❶ 식물 식물이나 동물의 일부를 가꾸어[培] 기름[養]. ¶세균을 배양하다 / 인공 배양. ❷사람이나 힘을 길러 냄. ¶국력을 배양하다.

▸ 배ː양-토 培養土 | 흙 토
꽃이나 목본 식물 따위를 재배[培養] 하는 데 쓰려고 인공으로 거름을 섞어 만든 흙[土].

배어-들다 [cling]
어떤 기운이나 냄새, 물기 따위가 속에까지 스며들다. ¶음식 냄새가 옷에 배어들었다.

배ː역 配役 | 나눌 배, 부릴 역
[cast (of a play)]
연영 영화나 연극 따위에서 배우들에게 어떤 역(役)을 나누어[配] 맡김. 또는 맡긴 그 역. ¶신데렐라 배역을 정하다.

배열 排列 | 밀칠 배, 벌일 렬
[arrange; sequence]
일정한 차례나 간격으로 밀어[排] 늘어놓거나 벌여[列] 놓음. ¶진열대에 상품을 배열하다.

배ː영 背泳 | 등 배, 헤엄칠 영 [backstroke]
운동 등[背]을 대고 눕듯이 하여 치는 헤엄[泳].

배우[1] 俳優 | 광대 배, 광대 우
[player; actor]
❶ 속뜻 익살을 잘 부리는 광대[俳]와 연극을 잘하는 광대[優]. ❷ 연영 영화나 연극 등에서 극중의 인물로 꾸며 연기하는 사람. ¶그녀는 배우 지망생이다 / 주연 배우.

배ː우[2] 配偶 | 짝 배, 짝 우
[spouse; mate]
부부가 될 짝[配=偶]. 또는 그런 남녀. ㊥ 배필(配匹).

▸ 배ː우-자 配偶者 | 사람 자
부부로서 짝[配偶]이 되는 상대자(相對者)라는 뜻으로 부부가 서로를 이르는 말. ¶적당한 배우자를 고르다. ㊥ 반려자(伴侶者).

배우다 (學, 배울 학) [learn; study]
❶지식을 얻거나 기술을 익히다. ¶수영을 배우다. ❷남이 하는 일을 보고 그와 같이 하다. ¶부모의 생활 태도를 배우다. ❸습관이나 습성이 몸에 붙다. ¶술을 배우다. ㊞ 가르치다.

배웅 [see off]
떠나가는 손님을 따라 나가 작별하여 보냄. ¶손님을 현관까지 배웅하다. ㊥ 전송(餞送). ㊞ 마중.

배ː율 倍率 | 곱 배, 비율 률 [magnification]
실제 도형이나 그림의 크기를 곱[倍]으로 축소 또는 확대한 비율(比率). ¶배율이 높은 망원경.

배자[1] 排字 | 밀칠 배, 글자 자
글씨를 쓰거나 인쇄할 판을 짤 때 글자[字]를 알맞게 벌여 놓음[排]. ¶배자 간격을 알맞게 조정하였다.

배ː자[2] 褙子 | 속적삼 배, 접미사 자
[women's waistcoat]
추울 때에 부녀자들이 저고리 위에 덧입는 옷[褙]. 조끼와 비슷하나 주머니와 소매가 없다.

배ː점 配點 | 나눌 배, 점 점
[distribute of marks]
문제마다 점수(點數)를 나누어[配] 매김. ¶문제에 따라 배점이 다르다.

배ː정 配定 | 나눌 배, 정할 정 [assign]
나누어서[配] 몫을 정(定)함. ¶좌석을 배정하다.

배제 排除 | 밀칠 배, 덜 제

[exclude; eliminate]
장애가 되는 것을 한곳에서 밀어내[排] 없앰[除]. ¶그러한 가능성을 완전히 배제할 수는 없다.

배지 {영 badge}
신분·직무·명예를 나타내기 위해 옷·모자에 붙이는 표장. ¶학교 배지를 달다. ㊟휘장(徽章).

배-지기 [belly grab]
운동 씨름에서, 상대자의 배를 지고 넘기는 기술. 가장 기본적이고 대표적인 공격 기술의 하나이다.

배-지느러미 [ventral fin]
동물 물고기의 배에 달린 지느러미. 좌우에 한 쌍이 있으며 몸의 균형을 잡고 몸을 나아가게 하는 역할을 한다.

배-짱 [hidden thought]
굽히지 않고 버티어 싸우는 힘. ¶배짱이 두둑하다.

배쫑-배쫑
산새가 잇달아 우는 소리.

배:차 配車 | 나눌 배, 수레 차
[allocate cars]
일정한 노선이나 구간에 차(車)를 알맞게 나눔[配]. ¶10분 간격으로 버스를 배차하다.

배척 排斥 | 밀칠 배, 물리칠 척
[exclude; ostracize]
밀쳐[排]내거나 물리침[斥]. ¶새로운 사상을 배척하다. ㊞포용(包容).

배:추 [Chinese cabbage]
식물 타원형의 잎이 포개져 자라는 풀. 잎·줄기·뿌리를 모두 식용하며, 특히 잎은 김치를 담그는 데 쓴다.

▸배:추-김치
배추로 담근 김치.

▸배:추-벌레
동물 배추에 모이는 해충의 총칭.

▸배:추-흰나비
동물 날개는 흰색이며, 애벌레는 무, 배추 따위에 붙어사는 해충.

배:출[1] 輩出 | 무리 배, 날 출
[come forward in succession]
인재들[輩]을 양성하여 사회에 내보냄[出]. ¶훌륭한 기술자 배출이 우리 학교의 목표다.

***배출[2] 排出** | 밀칠 배, 날 출
[discharge; transpire]
불필요한 물질을 밀어서[排] 밖으로 내보냄[出]. ¶이산화탄소를 배출하다.

▸배출-량 排出量 | 분량 량
밖으로 내보내는[排出] 물질의 양(量). ¶배출량 통계.

배춧-잎
배추의 잎.

배:치[1] 配置 | 나눌 배, 둘 치
[arrange; place]
사람이나 물건을 알맞은 자리에 나누어[配] 둠[置]. ¶좌석을 배치하다.

배치[2] 排置 | 늘어설 배, 둘 치
갈라 나누어 늘어[排] 놓음[置]. ¶책상 배치 간격을 조정하다. ㊟배포(排布), 포치(布置).

배타 排他 | 밀칠 배, 다를 타
[exclusive; cliquish]
타인(他人)을 배척(排斥)함. ¶배타주의.

▸배타-적 排他的 | 것 적
다른 사람이나 다른 생각 따위를 배척하려는[排他] 경향이 있는 것[的]. ¶배타적인 태도를 보이다.

배-탈 (-頉, 탈날 탈)
[stomach disorder]
먹은 것이 체하거나 설사하는 등 배 속에 병이 나는[頉] 것. ¶찬 음식을 많이 먹으면 배탈이 일어난다.

배터리 {영 battery}
화학 건전지 또는 축전지의 일컬음. ¶배터리를 충전하다.

배턴 {영 baton}
운동 릴레이 경주에서, 주자가 다음 주자

에게 넘겨주는 막대기. ¶주자는 배턴을 넘겨받았다.

배트 {영 bat}
운동 야구·소프트볼 등에서, 공을 치는 방망이.

배틀-배틀 [staggeringly]
힘이 없거나 어지러워서 몸을 잘 가누지 못하고 요리조리 쓰러질 듯이 계속 걷는 모양.

배:포[1] 配布 | 나눌 배, 베풀 포 [distribute]
널리 나누어[配] 줌[布]. ¶관광객에게 안내책자를 배포했다. ⓑ 배부(配付).

배포[2] 排布 | =排鋪, 밀칠 배, 펼 포
[arrangement; scale of thinking]
❶속뜻 밀치거나[排] 펼쳐[布] 놓음. 배치함. ❷머리를 써서 일을 조리 있게 계획함. 또는 그런 속마음. ¶배포가 두둑하다 / 배포가 남다르다.

배:필 配匹 | 짝 배, 짝 필
[spouse; mate]
부부로서의 짝[配=匹]. ¶배필을 만나다. ⓑ 배우(配偶).

배:합 配合 | 나눌 배, 합할 합
[match; combine; mix]
두 가지 이상을 일정한 비율로 나누어[配] 한데 섞어 합(合)침. ¶배합 비율.

▶ 배:합-토 配合土 | 흙 토
식물의 성장에 적합하도록 무기질 비료, 유기 물질 따위를 알맞게 배합(配合)하여 만든 토양(土壤). ¶배합토를 화분에 넣다.

▶ 배:합 사료 配合飼料 | 먹일 사, 거리 료
농업 동물 사육에 필요한 영양소를 알맞게 섞어[配合] 만든 사료(飼料).

배회 徘徊 | 노닐 배, 노닐 회
[wander about]
목적 없이 이리저리 거닒[徘=徊]. ¶거리를 배회하다.

배:후 背後 | 등 배, 뒤 후 [back; rear]
❶속뜻 등[背] 뒤[後]. 뒤쪽. ❷사건 따위의 표면에 드러나지 않는 부분. ¶배후 세력 / 사건의 배후를 밝히다.

배-흘림 [entasis]
건설 기둥의 중간이 배가 부르고 아래위로 가면서 점점 가늘어지게 만드는 방법.

백[1] 百 | 일백 백 [hundred]
열의 열 배. 100. ¶사과 백 개를 상자에 담았다.

백[2] {영 bag}
가방, 특히 여자들의 손가방.

백계 白鷄 | 흰 백, 닭 계
털이 흰[白] 닭[鷄].

백골 白骨 | 흰 백, 뼈 골
[white bone; skeleton]
죽은 사람의 살이 다 썩은 뒤에 남은 흰[白] 뼈[骨]. ¶스승님의 은혜는 백골이 되어서도 잊지 못한다.

백과 百科 | 여러 백, 과목 과
[all branches of knowledge]
여러[百] 가지 과목(科目). 모든 분야.

▶ 백과-사전 百科事典 | 일 사, 책 전
문화, 예술 등 모든 분야의[百科] 일[事]을 체계에 따라 늘어놓은 책[典]. ¶백과사전에서 조롱박을 찾아보았다. ⓑ 백과전서(百科全書).

백관 百官 | 여러 백, 벼슬 관
[all the government officials]
모든[百] 벼슬아치[官]. ¶조정의 백관이 나서서 왕에게 간언했다. ⓑ 백공(百工), 백규(百揆), 백료(百僚).

백군 白軍 | 흰 백, 군사 군 [white team]
운동 경기 따위에서, 흰[白] 색의 상징물을 사용하는 편[軍]. ¶줄다리기에서 백군이 이겼다. ⓑ 청군(靑軍).

백금 白金 | 흰 백, 쇠 금 [white gold]
화학 은백색(銀白色)의 금속(金屬) 원소. 은보다 단단하며 녹슬지 않는다.

백기 白旗 | 흰 백, 깃발 기 [white flag]
❶속뜻 흰[白] 깃발[旗]. ❷항복의 표지로 쓰이는 흰 깃발. ¶백기를 들고 적에게 투항하다. ⓑ 항기(降旗).

백-김치 (白-, 흰 백)
고춧가루를 쓰지 않거나 적게 써서 허옇게[白] 담근 김치.

백-날 (百-, 일백 백) [all the time]
아무리 오래[百]도록. ¶백날 그런 식으로 해 봐야 안 된다.

백-내장 白內障 | 흰 백, 안 내, 장애 장 [cataract]
의학 눈 안[內]의 수정체가 회백색(灰白色)으로 흐려져서 시력 장애(障礙)를 일으키는 질병. 노화로 발병하는 경우가 가장 많다.

백년하청 百年河淸 | 일백 백, 해 년, 황하 하, 맑을 청
❶ 속뜻 백(百) 년(年)이 지난다 해도 황하[河]의 물이 맑아[淸] 지리오. ❷아무리 오랜 시일이 지나도 어떤 일이 이루어지기 어려움을 비유하여 이르는 말. ¶그 일을 바라느니 백년하청을 기다리는 것이 낫겠다.

백담-사 百潭寺 | 여러 백, 못 담, 절 사
불교 강원도 인제군 북면 용대리에 있는 절. 신라 진덕 여왕 1년(647)에 자장이 창건하였다. 크고 작은 많은[百] 못[潭]으로 이어져 있는 계곡 옆에 자리 잡은 절[寺]이라고 해서 붙여진 이름으로 추정된다.

백두 白頭 | 흰 백, 머리 두 [white head]
허옇게[白] 센 머리[頭]. ¶그는 어느새 백두의 노인이 되어 있었다.

▶백두-산 白頭山 | 메 산
❶ 속뜻 눈으로 덮여있어 마치 하얀[白] 머리[頭]가 있는 것같이 보이는 산(山). ❷ 지리 함경도와 만주 사이에 있는 산. 우리나라 제일의 산으로 높이는 2,744미터다. ¶겨울방학에 백두산을 관광했다. ㊊ 장백산(長白山).

백령-도 白翎島 | 흰 백, 깃 령, 섬 도
지리 우리나라 서북쪽 가장 끝 부분에 있는 외딴섬[島]으로, 섬의 모양이 새가 흰[白] 날개[翎]를 펼치고 나는 모습처럼 생겼다 하여 붙여진 이름이다.

백로[1] 白露 | 흰 백, 이슬 로
❶ 속뜻 하얀[白] 이슬[露]. ❷이슬이 내리며 가을을 알린다는 절기로 처서와 추분 사이인 9월 8일 경에 있는 24절기의 하나.

백로[2] 白鷺 | 흰 백, 해오라기 로 [white heron]
❶ 속뜻 흰색[白] 해오라기[鷺]. ❷ 동물 부리·목·다리는 길고, 무논, 호수, 해안 등지에서 물고기, 개구리, 수생 곤충 따위를 잡아먹고 사는 왜가릿과의 새.

백록-담 白鹿潭 | 흰 백, 사슴 록, 못 담
❶ 속뜻 하얀[白] 사슴[鹿] 같은 못[潭]. ❷ 지리 제주도 한라산 봉우리에 있는 화구호. 화산 작용으로 생긴 분화구에 물이 고여 형성되었다.

백마 白馬 | 흰 백, 말 마 [white horse]
털빛이 흰[白] 말[馬]. ¶백마 탄 왕자님을 기다리다.

▶백마-강 白馬江 | 강 강
지리 충청남도 부여군 북부를 흐르는 강. 당나라 장수 소정방이 흰[白] 말[馬]의 머리를 미끼로 이 강(江)에서 용을 낚았다는 전설에서 유래된 이름이다.

백만 百萬 | 일백 백, 일만 만 [million]
❶ 속뜻 만(萬)의 백(百) 곱절. ❷썩 많은 수. ¶백만 대군을 이끌고 전투에 나서다.

▶백만-장자 百萬長者 | 어른 장, 사람 자
재산이 매우 많은[百萬] 큰 부자[長者]. ¶그는 미국에서 손에 꼽히는 백만장자다.

백면서생 白面書生 | 흰 백, 낯 면, 글 서, 사람 생
❶ 속뜻 밖에 나가지 않아 하얀[白] 얼굴[面]로 오로지 글[書]만 읽은 사람[生]. ❷ 세상물정에 어두운 사람을 비유하여 이르는 말. ¶백면서생인 그가 뭘 알겠느냐!

백모 伯母 | 맏 백, 어머니 모 [aunt]
큰[伯] 어머니[母]. 아버지의 형수. ㊉ 숙모(叔母).

백-목련 白木蓮 | 흰 백, 나무 목, 연꽃 련 [yulan; a Chinese magnolia]
❶ 속뜻 흰[白] 꽃을 피우는 목련(木蓮). ❷ 식물 목련과의 낙엽 교목으로 초봄에 흰 꽃을 피움. ㊜ 백련. ㊥ 백란(白蘭), 옥란(玉蘭).

백묵 白墨 | 흰 백, 먹 묵 [piece of chalk]
흰[白] 먹[墨]처럼 생긴 필기구로 칠판에 글을 쓰면 흰색 가루가 부서져 글이 써짐. ㊥ 분필(粉筆).

백미[1] 白米 | 흰 백, 쌀 미 [polished rice]
희게[白] 찧은 멥쌀[米]. ¶백미 삼백 석.

백미[2] 白眉 | 흰 백, 눈썹 미 [finest example of]
❶ 속뜻 흰[白] 눈썹[眉]. ❷옛날 중국의 마씨(馬氏)집 다섯 형제가 모두 재주가 뛰어났으나 그중에서도 흰 눈썹이 있는 마량(馬良)이 가장 뛰어났다는 이야기에서 비롯된 말로 '여럿 중에서 가장 뛰어난 사람이나 물건'을 비유함. ¶'춘향전'은 한국 고전문학의 백미다.

백반[1] 白飯 | 흰 백, 밥 반 [cooked rice]
❶ 속뜻 흰[白] 쌀로 지은 밥[飯]. ❷흰밥에 국과 반찬을 곁들여 파는 한 상의 음식. ¶불고기 백반.

백반[2] 白礬 | 흰 백, 명반 반 [alum]
❶ 속뜻 하얀[白] 빛깔의 명반(明礬). ❷ 화학 황산알루미늄 수용액에 황산칼륨 수용액을 넣었을 때 석출되는 정팔면체의 무색 결정. ㊥ 명반(明礬).

백발 白髮 | 흰 백, 머리털 발 [gray hair]
하얗게[白] 센 머리털[髮]. ¶그는 어느새 백발의 노인이 되었다. ㊥ 흰머리, 은발(銀髮).

백발백중 百發百中 | 일백 백, 쏠 발, 일백 백, 맞을 중
❶ 속뜻 백(百) 번을 쏘아[發] 백(百) 번을 다 적중(的中)시킴. ❷총이나 활 따위를 쏠 때마다 겨눈 곳에 다 맞음. 무슨 일이나 틀림없이 잘 들어맞음. ¶그 점쟁이는 백발백중이라고 소문이 났다.

백방 百方 | 여러 백, 방법 방 [every direction]
온갖[百] 방법(方法). 여러 방면. ¶백방으로 알아보다.

백부 伯父 | 맏 백, 아버지 부 [uncle]
큰[伯] 아버지[父]. 아버지의 형. ㊦ 숙부(叔父).

백분-율 百分率 | 일백 백, 나눌 분, 비율 률 [percentage]
전체의 수나 양을 백(百)으로 나눈[分] 뒤 일정수가 그중 몇이 되는가를 나타낸 비율(比率). '퍼센트'(%)로 나타낸다. ¶쌀의 생산량을 백분율로 나타내다. ㊥ 백분비(百分比).

백사 白沙 | =白砂, 흰 백, 모래 사 [white sand]
흰[白] 모래[沙].
▸ 백사-장 白沙場 | 마당 장
강가나 바닷가에 흰[白] 모래[沙]가 깔려 있는 곳[場]. ¶백사장은 여름마다 피서객으로 붐빈다.

백색 白色 | 흰 백, 빛 색 [white color]
하얀[白] 색(色). ㊥ 흰색. ㊦ 흑색(黑色).

백서 白書 | 흰 백, 글 서 [white paper; white book]
❶ 속뜻 백색(白色) 종이에 쓴 글[書]. ❷ 정치 정부가 정치, 경제, 외교 등에 관한 실정이나 시책을 국민에게 알리기 위해 발표하는 보고서. 영국 정부에서 사용하던 흰 표지를 씌운 보고서에서 비롯되었다.

백설 白雪 | 흰 백, 눈 설 [(white) snow]
흰[白] 눈[雪].
▸ 백설 공주 白雪公主 | 귀인 공, 주될 주
❶ 속뜻 백설(白雪)같이 살결이 흰 아름다운 공주(公主). ❷ 문학 『그림 동화집』에

실려 있는 독일의 전래 민화. 또는 그 이야기에 나오는 여자 주인공. 백설 공주가 못된 계모의 계교로 독약이 든 사과를 먹고 죽어 유리로 된 관 속에 들어갔으나, 왕자가 와서 공주를 되살리고 계모는 벌을 받는다는 내용이다.

백-설기 (白-, 흰 백)
[steamed rice-cake]
쌀가루를 고물 없이 시루에 안쳐 쪄 낸 흰[白] 떡.

⁑**백성** | 百姓 | 여러 백, 성씨 성 [people]
❶속뜻 온갖[百] 성씨(姓氏). ❷일반 국민. ¶백성은 나라의 근본이다.

백수 百獸 | 여러 백, 짐승 수
[all kinds of animals]
온갖[百] 짐승[獸]. ¶백수의 왕 사자.

백신 {영 vaccine}
의학 전염병에 대하여 인공적으로 면역을 주기 위해 생체에 투여하는 항원의 하나. 생균에 조작을 가하여 독소를 약화시키거나 균을 죽게 하여 만든 주사약이다. ¶백신 주사.

백악 白堊 | 흰 백, 석회 악
[chalk; white wall]
❶속뜻 흰[白] 석회[堊]. ❷석회로 칠한 흰 벽.

▸백악-관 白堊館 | 집 관
미국 대통령 관저를 가리키는 '화이트[白堊] 하우스[館]'를 한자로 옮긴 이름. 1815년 개장할 때 외벽을 희게 칠한 데서 유래한다.

▸백악-기 白堊紀 | 연대 기
지리 중생대(中生代)를 셋으로 나눈 것 중의 마지막 지질 시대[紀]. 이 시기의 지층이 대부분 백악(白堊)으로 이루어진 데서 유래한다. ¶백악기 말에 큰 지각변동이 있었다.

백야 白夜 | 흰 백, 밤 야
[nights under the midnight sun]
❶속뜻 하늘이 밝은[白] 밤[夜]. ❷지리 밤에 어두워지지 않는 현상. 또는 그런 밤. ¶극지방에서는 여름에 백야 현상이 일어난다.

백열 白熱 | 흰 백, 더울 열
[white heat; incandescence]
물리 물체에서 흰[白] 빛이 날만큼 몹시 높은 열(熱).

▸백열-등 白熱燈 | 등불 등
전기 흰빛을 내는[白熱] 등(燈). 백열 가스등이나 백열전기등 따위. ¶백열등 주위로 모기가 몰려들었다.

▸백열-전구 白熱電球 | 전기 전, 공 구
진공 또는 특별한 기체를 넣은 유리공 안에 금속 코일을 넣어 흰빛을 내게[白熱] 만든 전구(電球).

▸백열-전등 白熱電燈 | 전기 전, 등불 등
백열전구(白熱電球)를 사용하는 전등(電燈).

백엽-상 百葉箱 | 일백 백, 잎 엽, 상자 상
[instrument screen]
❶속뜻 백(百) 개의 나무조각[葉]을 이어 붙여 만든 상자[箱]. ❷기상 관측용 기구가 설비되어 있는, 조그만 집 모양의 흰색 나무 상자. 지표에서 약 1.5미터 높이에 오도록 설치하며, 온도계·습도계·기압계 따위가 장치되어 있다.

백옥 白玉 | 흰 백, 구슬 옥 [white gem]
흰[白] 빛깔의 옥(玉). ¶그녀의 피부는 백옥 같다.

백운-교 白雲橋 | 흰 백, 구름 운, 다리 교
❶속뜻 흰[白] 구름[雲]을 상징하는 다리[橋]. ❷고적 불국사 청운교와 백운교에서 위 다리.

백의 白衣 | 흰 백, 옷 의 [white clothes]
빛깔이 흰[白] 옷[衣].

▸백의-민족 白衣民族 | 백성 민, 무리 족
❶속뜻 예로부터 흰 옷[白衣]을 즐겨 입은 민족(民族). ❷'한국(韓國) 민족'을 이르는 말.

▸백의-종군 白衣從軍 | 따를 종, 군사 군

벼슬이 없는[白衣] 사람으로 군대(軍隊)를 따라[從] 싸움터로 나아감. ¶이순신은 벼슬에서 쫓겨나고도 백의종군했다.

백인 白人 | 흰 백, 사람 인 [white man]
피부색이 흰[白] 빛에 가까운 인종(人種). ¶그는 백인 어머니와 흑인 아버지 사이에서 태어났다.

백-인종 白人種 | 흰 백, 사람 인, 갈래 종
피부색이 흰[白] 빛에 가까운 인종(人種).

백일[1] 白日 | 흰 백, 해 일 [bright day]
❶ [속뜻] 구름이 조금도 끼지 않은 밝은 날의 밝은[白] 해[日]. ❷환히 밝은 낮. 대낮. ¶그의 범죄가 백일하에 드러나다.

▸ 백일-장 白日場 | 마당 장
대낮[白日]에 공개적인 장소(場所)에서 겨루는 시문(詩文) 짓기. ¶그는 학교를 대표해서 백일장에 나간다.

백일[2] 百日 | 일백 백, 날 일
[one hundred days]
아이가 태어난 날로부터 백(百) 번째 되는 날[日]. ¶백일 떡 / 백일 사진.

▸ 백일-해 百日咳 | 기침 해
[의학] 경련성의 기침을 일으키는 어린이의 급성 전염병. 한번 감염되면 백일(百日) 동안 기침[咳]이 멈추지 않는다고 붙여진 이름이다.

▸ 백일-홍 百日紅 | 붉을 홍
❶ [속뜻] 백일(百日)동안 피는 붉은[紅] 빛깔의 꽃. ❷ [식물] 부처꽃과의 관상식물. 여름에서 가을에 걸쳐, 여러 빛깔의 두상화가 핀다.

***백자** 白瓷 | =白磁, 흰 백, 오지그릇 자
[white porcelain]
[수공] 흰[白] 빛을 띠는 자기(瓷器). ¶조선 백자.

백작 伯爵 | 맏 백, 벼슬 작 [count; earl]
오등작(五等爵) 중에 셋째인 백(伯)에 해당되는 작위(爵位). 또는 그 작위를 가진 사람.

백전백승 百戰百勝 | 일백 백, 싸울 전, 일백 백, 이길 승
❶ [속뜻] 백(百) 번 싸워[戰] 백(百) 번을 다 이김[勝]. ❷싸울 때마다 다 이김. ¶우리 팀은 백전백승의 막강한 실력을 보였다.

백정 白丁 | 흰 백, 사나이 정 [butcher]
❶ [속뜻] 백수(白手) 상태의 사나이[丁]. ❷ 소나 개, 돼지 따위를 잡는 일을 직업으로 하는 사람.

백제 百濟 | 여러 백, 건질 제
[역사] 우리나라 고대 왕국의 하나. 고구려 왕족인 온조(溫祚)가 한반도의 남서쪽에 자리잡아 세운 나라. '백성(百姓)을 모두 구제(救濟)한다'는 뜻이 담겨 있다는 설이 있다.

백조 白鳥 | 흰 백, 새 조 [swan; cob]
❶ [속뜻] 몸이 흰색[白]인 새[鳥]. ❷ [동물] 몸이 순백색이고 다리가 검은 물새. [비] 고니.

▸ 백조-자리 (白鳥-)
[천문] 은하(銀河)의 중간에 위치하는 백조(白鳥) 모양의 별자리.

백중 百衆 | =百中, 여러 백, 무리 중
❶ [속뜻] 많은[百] 사람들[衆]이 절에 모임. ❷ [불교] 음력 칠월 보름. 승려들이 재(齋)를 설(設)하여 부처를 공양하는 날로 큰 명절을 삼았다. 근래 민간에서는 여러 과실과 음식을 마련하여 먹고 논다.

백지 白紙 | 흰 백, 종이 지 [white paper; blank paper; clean slate]
❶ [속뜻] 빛깔이 흰[白] 종이[紙]. ❷아무것도 쓰지 않은 종이. ¶백지 답안지. ❸어떠한 대상에 대하여 아무것도 모르는 상태. ¶나는 경제 분야에 백지나 다름없다. [비] 공지(空紙).

▸ 백지-장 白紙張 | 벌릴 장
❶ [속뜻] 흰[白] 종이[紙]의 낱장[張]. ❷'핏기가 없이 창백한 얼굴빛'을 비유하여 이르는 말. ¶부모님은 형의 소식을 듣고 얼굴이 백지장처럼 창백해졌다. [속담] 백지장도 맞들면 낫다.

백-지도 白地圖 | 흰 백, 땅 지, 그림 도

[blank map]
지리 대륙·섬·나라 등의 윤곽만 그리고 나머지는 기입 연습 또는 분포도 작성을 위하여 비워둔[白] 지도(地圖).

백치 白痴 | =白癡, 흰 백, 어리석을 치 [idiot]
뇌의 장애나 질병 따위로 연령에 비해 머리가 텅 비어[白] 있는 바보[痴] 같은 사람. 또는 그러한 병. ¶그녀는 백치같이 웃었다. ㊥ 천치(天癡).

백-파이프 {영 bag pipe}
음악 가죽 주머니[bag]에 몇 개의 파이프(pipe)를 달아 주머니 속의 공기를 밀어내면서 연주하는 스코틀랜드의 민속 악기.

백합 百合 | 일백 백, 합할 합 [lily]
❶ 속뜻 여러[百] 꽃잎이 합쳐[合] 있음. ❷ 식물 5~6월에 줄기 끝에 2, 3개의 꽃이 옆으로 피는 관상용 식물. ¶백합은 순결을 상징한다.

백-혈구 白血球 | 흰 백, 피 혈, 공 구 [white blood cell]
의학 붉은 빛을 나타내는 헤모글로빈을 갖고 있지 않아 희게[白] 보이는 혈구(血球). ¶백혈구는 감염과 질병을 막아 준다.

백혈-병 白血病 | 흰 백, 피 혈, 병 병 [leukemia]
의학 혈액 속의 백혈구(白血球)가 정상보다 많아지는 병(病).

백호 白虎 | 흰 백, 호랑이 호 [white tiger]
❶ 속뜻 털 색깔이 흰[白] 호랑이[虎]. ❷ 민속 사신(四神)의 하나. 서쪽 방위를 지키는 신령을 상징하는 짐승인데 범으로 형상화했다. ❸ 민속 중심이 되는 산에서 오른쪽으로 갈려나간 산줄기.

백화[1] 百花 | 여러 백, 꽃 화 [all kinds of flowers]
온갖[百] 꽃[花]. 여러 가지 꽃. ¶장미꽃은 백화의 왕이다.

백화[2] 百貨 | 여러 백, 재물 화
여러[百] 가지 상품이나 재물[貨].
▶ **백화-점** 百貨店 | 가게 점
일상생활에 필요한 온갖[百] 상품[貨]을 각 부문별로 나누어 파는 대규모의 상점(商店). ¶백화점에서 가방을 샀다.

밴드[1] {영 band}
음악 각종 악기로 음악을 합주하는 단체. 주로 경음악을 연주한다. ¶밴드의 연주에 맞춰 노래를 부르다. ㊥ 음악대(音樂隊), 합주단(合奏團).

밴드[2] {영 band}
가죽이나 천, 고무 따위로 좁고 길게 만든 띠. ¶봉지를 밴드로 묶다.

밸 [intestines; exasperation]
'창자' 또는 '속마음'의 속된 말. '배알'의 준말. ¶그에게 무시를 당하고도 다시 찾아가다니 정말 밸도 없다.

밸런타인-데이 (Valentine Day)
발렌티누스의 축일(祝日)인 2월 14일을 이르는 말. 해마다 성 발렌티누스 사제가 순교한 2월 14일에 사랑하는 사람끼리 선물이나 카드를 주고받는 풍습이 있다.

밸브 {영 valve}
공업 유체(流體)의 양이나 압력을 제어하는 장치.

뱀: (蛇, 뱀 사) [snake; serpent]
동물 몸이 원통형으로 가늘고 길며 피부는 비늘로 덮여 있는 동물. ¶뱀에게 물리다.

뱀:-딸기 [Indian strawberry]
식물 들에 뱀 같이 길게 뻗어 자라는, 딸기와 비슷한 모양의 열매를 맺는 풀.

뱀:-띠 [attributes of (those born in the Year of) the Snake]
민속 뱀해에 태어난 사람의 띠.

뱀:-장어 (一長魚, 길 장, 물고기 어) [eel]
동물 몸길이 60cm 정도로 뱀처럼 몸이 가늘고 길쭉한[長] 물고기[魚]. 민물에서 살다가 바다로 나가 산란한다. ¶미끈대는

뱀장어를 맨손으로 잡아올렸다. ㊟ 장어.

뱁:-새 [Korean crow-tit]
동물 빛깔이 갈색이고, 부리는 짧으며 꽁지가 긴 텃새. 참새와 비슷하며 매우 민첩하다. 속담 뱁새가 황새를 따라가면 가랑이가 찢어진다.

뱃-고동 [boat whistle; gong]
배에서 신호를 하기 위하여 '붕' 소리를 내는 고동. ¶뱃고동을 울리고 항해를 시작하다.

뱃-길 [waterway]
배가 다니는 길. ¶섬까지는 뱃길로 2시간 가량 걸린다. ㊥ 선로(船路), 수로(水路).

뱃-노래 [sea song]
배를 저으며 부르는 노래. ¶뱃노래를 구성지게 부르다.

뱃-놀이 [boating (excursion)]
배를 타고 흥겹게 노는 일. 속담 순풍에 돛을 달고 뱃놀이 한다.

뱃-머리 [bow(s)]
배의 앞 끝. ¶사공은 뱃머리를 돌려 급히 나루로 돌아갔다.

뱃-사공 (-沙工, 모래 사, 장인 공) [boatman]
주로 하천가[沙]에서 노를 젓는 배를 부리는 일을 업으로 삼는 사람[工]. ¶뱃사공이 노를 저어 나루를 건넜다. ㊟ 사공.

뱃-사람 [sailor; seaman]
배를 부리거나 배에서 일을 하는 사람. ¶아버지를 따라 그도 뱃사람이 되었다. ㊥ 선인(船人), 선원(船員).

뱃-속 [stomach]
배의 속. ¶배가 고파서 뱃속에서 꼬르륵 소리가 난다.

뱃-전 [side of a boat]
배의 양쪽 가장자리 부분. ¶물결이 뱃전에 넘실거린다.

뱅글-뱅글 [around and around]
작은 것이 매끄럽게 자꾸 도는 모양. ¶팽이가 뱅글뱅글 돌고 있다.

뱅-뱅 [round and round]
❶작은 것이 자꾸 도는 모양. ❷어지러워 정신이 자꾸 아찔해지는 모양. ¶눈앞이 뱅뱅 돈다.

뱅:어 [whitebait]
동물 반투명한 흰색의 작은 바닷물고기. 여러 마리를 한데 말려서 '뱅어포'를 만들어 먹는다.

뱉:다 [spew; spit out]
❶입속에 든 물건을 입 밖으로 내보내다. ¶침을 뱉다. ❷말 따위를 함부로 하다. ¶욕설을 뱉다.

버겁다 [be too big to handle]
다루기가 힘에 겹거나 해내기가 힘들어 벅차다. ¶이 일은 나 혼자 하기에 버겁다.

버그 {영 bug}
컴퓨터의 프로그램이나 시스템의 착오. 또는 시스템 오작동의 원인이 되는 프로그램의 잘못.

버금-가다 [second (in order)]
무엇과 거의 비교할 만하거나 맞먹다. ¶그 자동차 값은 집 한 채 값에 버금간다.

버금딸림-화음 (-和音, 어울릴 화, 소리 음)
음악 버금딸림음 위의 화음(和音). 장조에서는 '파·라·도', 단조에서는 '레·파·라'로 구성된다.

버너 {영 burner}
야외에서 취사용으로 사용하는 휴대용 가열 기구.

버둥-거리다 [(kick and) struggle]
❶자빠지거나, 주저앉거나, 매달리거나 누워서 팔다리를 자꾸 내저으며 움직이다. ¶동생이 울며 손발을 버둥거리다. ❷곤란한 처지에서 벗어나려고 몹시 애를 쓰다. ¶살려고 아무리 버둥거려도 소용없다.

버드-나무 [willow]
식물 가늘고 긴 가지가 축 늘어지는 활엽수. 개울가나 들에 난다. ¶호숫가에는 버드나무가 줄지어 늘어서 있다.

버들 (柳, 버들 류) [willow]
식물 버드나무.
▸ 버들-잎
버드나무의 잎.
▸ 버들-피리
버들가지의 껍질로 만든 피리. ¶언덕에 누워 버들피리를 불었다.
▸ 버들-강아지
식물 버드나무의 꽃. 솜처럼 바람에 날려 흩어진다. ¶냇가에는 버들강아지가 하얗게 피어 있다.

버들개
동물 몸은 납작하며, 푸른빛을 띤 갈색의 민물고기. 산간의 계곡에 산다.

버들-붕어
동물 몸은 짙은 녹회색이고 희미한 'V' 자 모양의 무늬가 줄지어 있는 민물고기.

버들-치
동물 등은 어두운 갈색, 배는 흰색에 가깝고 옆구리에는 연한 푸른색의 넓적한 무늬가 있는 민물고기. 피라미와 비슷하나 입에 수염이 없고 비늘이 비교적 크다.

버러지 [bug; worm]
'벌레'를 좀 더 낮추어 이르는 말. ¶버러지만도 못한 놈.

버럭 [suddenly; all of a sudden]
갑자기 화를 몹시 내거나 소리를 냅다 지르는 모양. ¶그는 버럭 소리를 질렀다.
▸ 버럭-버럭
성이 나서 자꾸 기를 쓰거나 소리를 냅다 지르는 모양.

버려-두다 [leave alone]
❶아무렇게나 그냥 놓아두다. ¶주택가에 버려둔 자전거를 발견하였다. ❷혼자 있게 남겨 놓다. ¶아이를 혼자 방에 버려두다. ㊎ 방치(放置)하다.

버르장-머리 [(personal) habit]
'버릇'을 속되게 이르는 말. ¶버르장머리 없이 굴다.

버릇 [(personal) habit]
❶오랫동안 자꾸 반복하여 몸에 익어 버린 행동. ¶손톱을 깨무는 버릇이 있다. ❷어른에게 마땅히 차려야 할 예의. ¶버릇이 없다. ㊎ 습관(習慣).
▸ 버릇-없다
어른이나 남 앞에서 마땅히 지켜야 할 예의가 없다. ¶버릇없는 행동을 하다. ㊎ 예의(禮儀)없다. ㊥ 예의(禮儀)바르다.
▸ 버릇-하다
어떤 일이나 동작을 자꾸 되풀이하다. ¶항상 차만 타 버릇하면 걷기가 싫어진다.

버리다 (棄, 버릴 기; 捨, 버릴 사)
[throw away; get rid of; leave]
❶쓰지 못할 것을 다 내던지다. ¶쓰레기를 버리다. ❷품었던 생각을 스스로 잊다. ¶욕심을 버리다 / 기대를 버리다. ❸관계를 맺고 있던 곳이나 사람을 떠나거나 관계를 끊다. ¶가정을 버리다 / 친구를 버리다. ❹상해서 쓰지 못하게 만들다. ¶그는 술 때문에 몸을 버리고 말았다.

버림
수학 어림수를 만드는 방법의 한 가지. 구하고자 하는 자리까지의 숫자는 그대로 두고 그 아랫자리의 숫자를 모두 0으로 하는 일. ¶350원을 십의 자리에서 버림하면 300원이 된다. ㊥ 올림.
▸ 버림-받다
쓰지 못할 것으로서 버려지다. 돌보지 않고 내던져지다. ¶그 꼬마는 부모에게서 버림받았다.

버석-거리다 [rustle; make a rustle]
가랑잎이나 마른 검불 따위의 잘 마른 물건을 밟는 소리가 잇달아 나다. 또는 그런 소리를 잇달아 내다. ¶낙엽을 버석거리며 뛰어놀다.

버선
천으로 발 모양과 비슷하게 만들어 종아리 아래까지 발에 신는 물건. ¶한복을 입을 때는 버선을 신는다.
▸ 버선-본(—本, 밑 본)
버선을 만들 때 감을 떠내기 위하여 만든

종이 본(本).

▸ 버선-코

버선의 앞쪽 끝에 뾰족하게 위로 치켜 올라간 부분.

버섯 (菌, 버섯 균) [mushroom]

식물 담자균류와 자낭균류의 고등 균류를 통틀어 이르는 말. 주로 그늘진 땅이나 썩은 나무에서 자란다. 대부분이 우산 모양이며, 송이(松栮)처럼 독이 없는 것은 식용한다.

버스 {영 bus}

운임을 받고 일정한 노선을 운행하는 대형의 합승 자동차. ¶버스를 타고 학교를 가다 / 통학 버스.

▸ 버스-표 (bus票, 쪽지 표)

버스(bus) 요금을 낼 때 돈을 대신하여 내는 표(票). ¶매표소에서 버스표를 사다.

버저 {영 buzzer}

물리 전자석의 코일에 단속적(斷續的)으로 전류를 보내어 철판 조각을 진동시켜 내는 신호 또는 그런 장치. 초인종의 대용이나 모스 부호 따위를 수신하는 데 쓴다.

버젓-하다 [respectable; good]

번듯하고 떳떳하여 굽힐 것이 없다. ¶집안이 버젓하다 / 그는 면허증도 없이 버젓이 의사인 체 한다.

버짐 [ringworm; pityriasis]

한의 백선균에 의하여 일어나는 피부병. 주로 얼굴에 생긴다. ¶그의 얼굴에 버짐이 폈다.

버찌 [cherry]

벚나무의 열매. ⓑ 앵실(櫻實).

버터 {영 butter}

우유의 지방을 분리해 응고(凝固)시킨 식품. ¶빵에 버터를 발라 먹다.

버튼 {영 button}

전기 누르면 전류가 통하거나 기계가 작동하는 단추. ¶이 버튼을 누르면 불이 켜진다.

버티다 [endure; bear up; resist]

❶참고 견디다. ¶이 정도의 식량이면 세 달은 버틸 수 있을 것이다. ❷맞서서 겨루다. ¶적군의 공격에 완강히 버티다. ❸어떤 대상이 주변 상황에 움쩍 않고 든든히 자리 잡다. ¶입구에는 경찰이 버티고 있다. ❹쓰러지지 않게 괴거나 받치다. ¶막대기로 나무를 버티다.

♣ 버티다 / 견디다

◎ 무인도에서 한 달을 버티다 = 견디다.

○ 그가 방에 버티고 앉아 있다.
× 그가 방에 견디고 앉아 있다.

○ 통증을 참고 견디다.
× 통증을 참고 버티다.

버팀-목 (一木, 나무 목)

[wooden support; prop]

물건이 쓰러지지 않게 버티어 세우는 나무[木].

벅차다 [be beyond one's power; be too full for]

❶감당하기 어려울 정도로 힘에 겹다. ¶그 일은 나에게 벅차다. ❷생각이나 느낌이 넘칠 듯이 가득하다. ¶합격 소식을 들으니 가슴이 벅차올랐다.

번 番 | 차례 번

[number (of numerical order); time]

❶일의 차례를 나타내는 말. ¶첫 번 / 둘째 번. ❷일의 횟수를 세는 단위. ¶한두 번 / 몇 번. ❸어떤 범주에 속한 사람이나 사물의 차례를 나타내는 단위. ¶4학년 2반 17번 / 3번 버스.

번-갈다 (番一, 차례 번)

[by turns; in turn; in rotation]

❶일정한 시간 동안 한 사람씩 차례를 바꾸다. ¶세 사람이 번갈아 가며 운전하다. ❷어떤 행동을 차례에 따라 되풀이하다. ¶형제가 번갈아 공을 차고 있었다.

번개 (電, 번개 전) [lightning]

구름과 구름, 구름과 대지 사이에서 공중

전기의 방전이 일어나 번쩍이는 불꽃. 또는 그와 같은 모양을 비유하는 말. ¶번개를 맞다 / 몸동작이 번개처럼 빠르다. 관용 번개 같다.

번갯-불 [bolt of lightning]
번개가 번쩍이는 빛. 속담 번갯불에 콩 볶아 먹겠다.

번거-롭다 (煩, 번거로울 번) [complicated; noisy]
❶일의 갈피가 어수선하고 복잡하다. ¶그 곳에 가는 방법은 너무 번거롭다. ❷조용하지 못하고 수선하다. ¶아이들이 번거롭게 굴다. 비 번잡(煩雜)하다, 수선스럽다, 떠들썩하다.

번뇌 煩惱 | 답답할 번, 괴로울 뇌 [troubles; anxiety; pains]
가슴이 답답함[煩]과 마음이 괴로움[惱]. ¶번뇌와 망상을 버려야 마음이 맑아진다.

번데기 [pupa; chrysalis]
❶동물 완전 변태를 하는 곤충의 애벌레가 성충으로 되는 과정 중에 한동안 아무것도 먹지 않고 고치 같은 것의 속에 가만히 들어 있는 몸. ❷농업 누에가 고치를 틀고 변하여 된 몸.

번득-이다 [glitter; gleam]
물체 따위에 반사된 큰 빛이 잠깐씩 나타나다. 또는 그렇게 되게 하다. ¶번득이는 고양이의 눈빛.

번들-거리다 [be glossy; be smooth]
거죽이 매끄럽게 윤기가 흐르다. ¶얼굴이 땀으로 번들거린다. 비 반들거리다, 반들대다.

번들-번들 [smoothly; glossily]
거죽이 아주 미끄럽고 윤이 나는 모양.

번듯-하다 [even; well balanced]
❶비뚤어지거나 기울거나 굽지 않고 바르다. ¶번듯한 책상. ❷생김새가 훤하고 멀끔하다. ¶그는 이목구비가 번듯하게 생겼다. ❸형편이나 위세가 버젓하고 당당하다. ¶번듯한 직업.

번뜩-이다 [glitter; flash upon]
❶물체 따위에 반사된 큰 빛이 잠깐씩 나타나다. 또는 그렇게 되게 하다. '번득이다'보다 조금 센 느낌을 준다. ¶번개가 번뜩이다. ❷좋은 생각이나 의견이 갑자기 머릿속에 떠오르다. ¶번뜩이는 아이디어.

번민 煩悶 | 답답할 번, 고민할 민 [suffer; be tormented]
답답하고[煩] 고민스럽다[悶]. 또는 그 정도로 괴로움. ¶그는 죄의식으로 번민했다.

번번-이 (番番―, 차례 번, 차례 번) [each time; whenever]
여러 번(番) 다. 매번 다. ¶그는 번번이 약속을 어긴다. 비 항상, 늘, 매번(每番).

번복 翻覆 | 뒤집을 번, 뒤집힐 복 [change; turn; reverse]
❶속뜻 뒤집고[翻] 또 뒤집힘[覆]. 뒤집음. ❷이리저리 뒤쳐 고침. ¶판정을 번복하다.

번성 繁盛 | =蕃盛, 많을 번, 담을 성 [prosper; flourish]
❶속뜻 많이[繁] 담겨 있음[盛]. ❷한창 성하게 일어나 퍼짐. ¶자손의 번성 / 사업이 번성하다.

번식 繁殖 | =蕃殖, 많을 번, 불릴 식 [breed; propagate]
❶속뜻 많이[繁] 불어남[殖]. 널리 퍼짐. ¶세균이 번식하다. ❷동물 동물이 새끼를 침.

▶ **번식-지** 繁殖地 | 땅 지
동물들이 새끼를 치며 번식(繁殖)하는 장소[地]. ¶그 숲은 왜가리 번식지이다.

번역 翻譯 | 옮길 번, 옮길 역 [translate]
어떤 언어로 된 글의 내용을 다른 나라말로 옮김[翻=譯].

번영 繁榮 | 번성할 번, 영화 영 [prosper]
일이 번성(繁盛)하고 영화(榮華)롭게 됨. ¶국가의 번영.

번잡 煩雜 | 번거로울 번, 섞일 잡

[troublesome; complicated]
번거롭고[煩] 어수선하게 뒤섞임[雜]. ¶도심의 번잡을 피하여 외곽으로 나가다.

번지 番地 | 차례 번, 땅 지
[number (of an address)]
토지(土地)를 나누어서 매겨 놓은 번호(番號).

번:지다 [spread; get abroad]
❶액체가 묻어서 차차 넓게 젖어 퍼지다. ¶잉크가 옷에 번지다. ❷그 자리에 있지 않고 다른 곳으로 옮아가다. 넓은 범위에 미치다. ¶전염병이 번지다.

♣ 번지다 / 퍼지다

◎ 근거 없는 소문이 번지다 = 퍼지다.
○ 동생의 얼굴에 눈물이 번졌다.
× 동생의 얼굴에 눈물이 퍼졌다.
○ 라면이 불어서 퍼졌다.
× 라면이 불어서 번졌다.

번지르르 [sleekly; brightly; glossily]
❶미끄럽고 윤이 나는 모양. ¶머리에 기름기가 번지르르 흐른다. ❷실속은 없이 겉으로만 그럴듯한 모양. ¶말만 번지르르하다.

번질-번질 [sleekly; shiningly]
거죽이 윤기가 흐르고 매우 미끄러운 모양. ¶놀부의 얼굴은 번질번질했다.

번쩍 [with a flash]
❶큰 빛이 잠깐 나타났다가 사라지는 모양. ¶번개가 번쩍하다.❷정신이 갑자기 아주 맑아지는 모양. ¶정신이 번쩍 들다. ❸눈을 갑자기 아주 크게 뜨는 모양. ¶눈을 번쩍 뜨다. ❹몸의 한 부분을 갑자기 위로 높이 들어 올리는 모양. ¶손을 번쩍 들다.

▸번쩍-번쩍
❶큰 빛이 잇달아 잠깐 나타났다가 사라지는 모양. ¶구두가 번쩍번쩍 윤이 난다. ❷물건을 매우 가볍게 잇달아 들어 올리는 모양. ¶사과 상자를 번쩍번쩍 들어 나르다.

▸번쩍-이다
큰 빛이 잠깐 나타났다가 사라지다. 또는 그렇게 되게 하다. ¶금반지가 번쩍이다.

▸번쩍-거리다
큰 빛이 잇달아 잠깐 나타났다가 사라지다. 또는 그렇게 되게 하다. ¶거리에 네온사인이 번쩍거린다. ⓑ번쩍대다.

번창 繁昌 | 많을 번, 창성할 창
[prosperous; flourishing]
한창 잘 되어 많이[繁] 창성(昌盛)함. ¶사업이 번창하시길 빕니다. ⓑ번성(繁盛).

번철 燔鐵 | 구울 번, 쇠 철. [frypan]
고기 따위를 볶을[燔] 때에 쓰는 솥뚜껑처럼 생긴 무쇠[鐵] 그릇. ¶번철에 기름을 두르다 / 번철에 전을 부치다.

번트 {영 bunt}
운동 야구에서, 타자가 배트를 가볍게 공에 대어 치는 방법.

번호 番號 | 차례 번, 차례 호 [number]
숫자로 나타낸 차례[番=號]. ¶번호순으로 자리를 배열하다.

▸번호-표 番號票 | 쪽지 표
번호(番號)를 적은 표(票). ¶번호표를 뽑고 기다리십시오.

번화 繁華 | 번성할 번, 빛날 화 [flourishing]
번성(繁盛)하고 화려(華麗)하다. ¶번화한 거리.

▸번화-가 繁華街 | 거리 가
도시의 번화(繁華)한 거리[街].

벋다 [spread; stretch]
나뭇가지나 덩굴 등이 길게 자라다. ¶나뭇가지가 햇빛 쪽으로 벋다.

벌:[1](蜂, 벌 봉) [bee]
동물 몸의 색깔은 어두운 갈색이고 날개는 희고 투명한 곤충. 한 마리의 여왕벌을 중심으로 집단생활을 하며 여왕벌과 수벌은 새끼를 치는 일만 하고 일벌이 꿀을 따다 나른다. ¶벌에 쏘이다.

벌[2][plain; open field]
넓고 평평하게 생긴 땅. ¶그 지방에는 넓은 벌이 많다 / 광활한 만주 벌. [비] 펄, 들.

벌[3][suit (of clothes); set (of dishes)]
옷·그릇 등 짝을 이루는 물건을 세는 말. ¶옷 한 벌을 사다.

벌[4]罰 | 죄 벌 [punishment; penalty]
잘못하거나 죄를 지은 사람에게 괴로움을 주어 징계하고 억누르는 일. ¶수업 시간에 떠들어서 벌을 서다. [반] 상(賞).

벌거-벗다
[undress; strip oneself bare]
❶알몸뚱이가 다 드러나도록 옷을 죄다 벗다. ❷맨땅이나 가지가 다 드러나 보이다. ¶벌거벗은 산.

벌거-숭이
[naked body; unclothed person]
벌거벗은 알몸뚱이. ¶벌거숭이 임금님 / 화재로 산이 벌거숭이가 되었다.

벌:겋다 [bright red; reddish]
연하고도 곱게 붉다. ¶술을 마셔서 얼굴이 벌겋게 달아올랐다.

벌:게-지다 [turn bright red; blush]
벌겋게 되다. ¶부끄러워서 얼굴이 벌게졌다.

벌금 罰金 | 벌할 벌, 돈 금
[fine; (monetary) penalty]
규약을 위반했을 때에 벌(罰)로 내게 하는 돈[金]. ¶모임에 늦어 벌금을 냈다. [반] 상금(賞金).

벌:-꿀 [honey]
벌이 먹이로 꽃에서 따다가 저장한 끈끈하고 단 액체. [비] 봉밀(蜂蜜).

벌:다 [make earn]
❶일을 하여 돈이 생기게 하다. ¶생활비를 벌다. ❷시간이나 돈을 아껴 여유가 생기다. ¶시간을 벌다.

벌떡 [suddenly; quickly]
갑자기 급하게 일어나거나 뒤로 자빠지는 모양. ¶소파에서 벌떡 일어나다.

▸ **벌떡-벌떡**
❶여럿이 눕거나 앉아 있다가 조금 큰 동작으로 갑자기 모두 일어나는 모양. ¶자리에서 벌떡벌떡 일어서다. ❷맥박이나 심장이 조금 거칠고 크게 자꾸 뛰는 모양. ¶심장이 벌떡벌떡 뛰다.

벌:-떼 [swarm of bees]
한꺼번에 무리를 지어 나는 많은 벌. [비] 봉군(蜂群).

벌러덩
발이나 팔을 활짝 벌린 상태로 맥없이 굼뜨게 뒤로 자빠지거나 눕는 모양. ¶바닥에 벌러덩 눕다. [준] 벌렁.

벌렁 [on one's back]
별안간 힘없이 뒤로 자빠지는 모양. '벌러덩'의 준말. ¶풀밭에 벌렁 드러눕다.

벌렁-거리다 [behave lightly]
몸의 일부가 아주 가볍고도 재빠르고 크게 자꾸 움직이다. ¶놀라서 가슴이 벌렁거리다.

벌렁-벌렁 [nimbly; agilely]
몸의 일부가 아주 가볍고도 재빠르고 크게 움직이는 모양. ¶가슴이 벌렁벌렁 뛰다.

벌레 (蟲, 벌레 충) [insect; bug]
❶꿈틀거리며 기어 다니는 작은 동물이나 곤충 따위. ¶벌레 먹은 사과. ❷어떤 일에 열중하는 사람을 비유하여 이르는 말. ¶공부벌레.

벌름-거리다 [quiver; palpitate]
탄력 있는 물건이 부드럽고 넓게 벌어졌다 닫혀졌다 하다. ¶개가 콧구멍을 벌름거린다. [비] 벌름벌름하다.

벌:리다
[leave space; open up; unfold]
❶둘 사이를 넓히다. ¶두 팔을 벌리다. ❷우므러진 것을 펴서 열다. ¶봉지를 벌리다. ❸열어서 속의 것을 드러내다. ¶밤송이를 벌리다.

벌목 伐木 | 칠 벌, 나무 목
[cut down a tree; log]
나무[木]를 벰[伐]. ¶벌목을 금지하다 / 불법으로 벌목하다. [비] 간목(刊木).

벌벌 [tremblingly; nervously]
❶춥거나 무섭거나 하여 자꾸 떠는 모양. ¶추워서 벌벌 떨다. ❷몸을 바닥에 붙이고 좀 큰 동작으로 기는 모양. ¶벌벌 기다.

벌써 [long ago; already]
❶이미 오래 전에. ¶그는 벌써 다녀갔다. ❷예상보다 빠르게. 어느새. ¶벌써 아이가 셋이나 된다. [반] 아직.

벌:어-들이다 [earn]
일을 하여 돈·물건을 벌어서 가져오다. ¶수출로 벌어들인 금액.

벌:어-지다[1] [crack open; became estrange; grow firm]
❶갈라져서 사이가 뜨다. ¶틈이 벌어지다. ❷사람의 사이에 틈이 생기다. ¶우리는 돈 문제로 사이가 벌어졌다. ❸가슴이나 어깨 따위가 옆으로 퍼지다. ¶딱 벌어진 어깨.

벌:어-지다[2] [arise; happen]
❶행사 등이 열리다. ¶잔치가 벌어지다. ❷어떤 일이 일어나다. ¶싸움이 벌어지다.

벌:-이
[making a living; earning; income]
일을 하여 돈을 버는 일. ¶벌이가 시원찮다.

벌:이다 (羅, 벌일 라)
[start; arrange; begin]
❶일을 계획하여 시작하거나 펼쳐 놓다. ¶사업을 벌이다. ❷물건을 늘어놓다. ¶채소를 벌여 놓고 팔다. ❸가게를 차리다. ¶과일 가게를 벌이다.

벌:이-줄 [tie string; tie; cord]
연의 두 편 머리 귀퉁이로부터 비스듬히 올라와 가운뎃줄과 한데 모이게 매는 줄.

벌점 罰點 | 벌할 벌, 점 점
[demerit marks]
잘못에 대한 벌(罰)로 따지는 점수(點數). ¶그는 과속으로 벌점 30점을 받았다.

벌:-집 [beehive]
❶벌이 알을 낳고 먹이와 꿀을 저장하며 생활하는 집. 육각형의 방이 여러 개 모여 층을 이루고 있다. ❷구멍이 숭숭 많이 뚫린 것을 비유적으로 이르는 말. ¶총격으로 차는 벌집이 되었다.

벌채 伐採 | 칠 벌, 캘 채
[cut down; fell trees]
나무를 베고[伐] 덩굴을 뽑음[採]. ¶산림을 벌채하다. [비] 채벌(採伐).

벌초 伐草 | 칠 벌, 풀 초
[mow; cut the weeds]
봄과 가을에 무덤의 잡풀[草]을 베어서[伐] 깨끗이 함. ¶명절 전에 벌초를 하다.

벌칙 罰則 | 벌할 벌, 법 칙
[penal regulations]
법규를 어겼을 때의 처벌(處罰)을 정해 놓은 규칙(規則). ¶벌칙에 따라 처벌하다.

벌컥 [suddenly; all of a sudden]
❶뜻밖의 일이 갑자기 벌어져 온통 혼란스러운 모양. ¶집안이 벌컥 뒤집히다. ❷닫혀 있던 것을 갑자기 세게 여는 모양. ¶방문을 벌컥 열다. ❸갑자기 화를 내거나 기운을 쓰는 모양. ¶화를 벌컥 내다.
▶ **벌컥-벌컥**
음료나 술 따위를 거침없이 자꾸 들이켜는 소리. 또는 그 모양. ¶물을 벌컥벌컥 들이마시다.

벌:-통 (-筒, 통 통) [beehive]
꿀벌을 치는 통(筒).

벌-판 [field; plain]
사방으로 펼쳐진 넓고 평평한 땅. ¶드넓은 벌판을 달리다. [준] 벌. [비] 들판.

벌-하다 (罰-, 벌할 벌)
[punish; penalize]
잘못하거나 죄를 지은 사람에게 벌(罰)을 주다. ¶죄를 엄하게 벌하다. [비] 벌주다, 처벌(處罰)하다.

범: (虎, 호랑이 호) [tiger]

동물 등은 누런 갈색이고 검은 가로무늬가 있는 포유동물. 삼림이나 대숲에 혼자 또는 암수 한 쌍이 같이 산다. 성질이 사납고, 여러 가지 짐승을 포식한다. ⓑ 호랑이.

범-국민 汎國民 | 넓을 범, 나라 국, 백성 민
모든[汎] 국민(國民)에 걸쳐있는. ¶사회단체는 범국민 운동을 전개하였다.

범:람 氾濫 | =汎濫, 넘칠 범, 퍼질 람
[flood; overflow]
❶ 속뜻 강물이 넘쳐[氾] 널리 퍼짐[濫]. ¶강이 범람하여 마을이 물에 잠겼다. ❷바람직하지 못한 것들이 많이 나돎. ¶무분별한 정보의 범람.

범:례 凡例 | 모두 범, 본보기 례
[introductory remarks; explanatory notes]
미리 알아두어야 할 모든[凡] 사항을 본보기[例]로 적은 글. ⓑ 일러두기.

범벅 [thick mixed grain porridge]
❶곡식 가루에 호박 따위를 섞어서 풀처럼 되게 쑨 음식. ¶메밀 범벅. ❷여러 가지 사물이 뒤섞이어 갈피를 잡을 수 없는 상태를 비유적으로 이르는 말. ¶그의 얼굴은 땀으로 범벅이 되었다.

범:법 犯法 | 어길 범, 법 법
[violate the law]
법(法)을 어김[犯]. 법에 어긋나는 일을 함. ¶범법행위를 단속하다.

▸범:법-자 犯法者 | 사람 자
법(法)을 어긴[犯] 사람[者].

범:상 凡常 | 무릇 범, 늘 상
[ordinary; common; normal]
무릇[凡] 늘[常] 있을 수 있음. 흔히 있을 수 있는 예사로움. ¶그는 범상한 인물이 아닌 것 같다.

범:선 帆船 | 돛 범, 배 선 [sailing ship]
돛[帆]을 단 배[船]. ⓑ 돛단배.

범:위 範圍 | 틀 범, 둘레 위
[extent; range]
❶ 속뜻 틀[範]의 둘레[圍]. ❷테두리가 정해진 구역. ¶시험 범위.

범:인 犯人 | 범할 범, 사람 인 [criminal]
법률 죄를 저지른[犯] 사람[人]. ¶범인을 체포하다. ⓑ 범죄인(犯罪人), 범죄자(犯罪者).

범:죄 犯罪 | 범할 범, 허물 죄 [crime]
죄(罪)를 지음[犯]. 또는 지은 죄. ¶범죄를 저지르다.

▸범:죄-자 犯罪者 | 사람 자
법률 죄(罪)를 저지른[犯] 사람[者]. ⓑ 범인(犯人).

범:주 範疇 | 틀 범, 경계 주 [category]
일정한 범위(範圍)나 경계[疇]. ¶둘의 행동은 같은 범주에 속한다.

범:칙 犯則 | 어길 범, 법 칙
[infringe regulations]
규칙(規則)을 어김[犯]. ¶범칙 행위.

▸범:칙-금 犯則金 | 돈 금
법률 도로 교통법의 규칙을 어긴[犯則] 사람에게 과하는 벌금(罰金). ¶과속으로 범칙금을 물었다.

범:-하다 (犯—, 범할 범) [commit]
❶법률·규칙·도덕 따위를 어기다[犯]. ¶죄를 범하다. ❷잘못을 저지르다. ¶실수를 범하다. ❸남의 권리·정조·재산 등을 무시하거나 짓밟거나 빼앗다. ¶특허권을 범하다.

범:행 犯行 | 범할 범, 행할 행
[crime; offense]
범죄(犯罪) 행위를 함[行]. 또는 그 행위. ¶범행 계획 / 범행 현장 / 범행에 사용된 흉기.

법 法 | 법 법
[law; method; good reason]
❶국가의 강제력을 수반하는 사회 규범. ¶법을 지키다. ❷방법이나 방식. ¶그림 그리는 법. ❸해야 할 도리나 정해진 이치. ¶어른한테 그렇게 말하는 법이 어디 있니? ❹앞말의 동작이나 상태가 당연함을 나타내는 말. ¶죄를 지으면 누구나 벌을

받는 법이다.

법고 法鼓 | 법 법, 북 고
불교 불법(佛法)을 설하기 전에 치는 북[鼓].

법관 法官 | 법 법, 벼슬 관 [judge]
법률 사법권(司法權)을 행사하여 민(民)·형사(刑事上)의 재판을 맡아보는 공무원[官]. ㊥ 사법관(司法官).

법규 法規 | 법 법, 법 규
[laws and regulations]
법률 국민의 권리와 의무를 규정하여 활동을 제한하는 법률(法律)이나 규정(規程). ¶교통법규를 준수하다.

법당 法堂 | 법 법, 집 당 [building that contains a statue of Buddha]
불교 불상을 모시고 설법(說法)도 하는 절의 정당(正堂). ㊥ 법전(法殿).

법도 法度 | 법률 법, 제도 도
[law; rule; etiquette]
❶ 속뜻 법률(法律)과 제도(制度). ❷생활상의 예법이나 제도. ¶집안의 법도를 따르다.

법령 法令 | 법 법, 명령 령 [law]
법률 법률(法律)과 명령(命令). ¶관계 법령을 개정하다. ㊟ 영.

법률 法律 | 법 법, 법칙 률 [law]
❶ 속뜻 법(法)과 규율(規律). ❷ 법률 국민이 지켜야 할 모든 법(法)을 통틀어 일컫는 말. ¶법률을 제정하다 / 법률을 지키다.

▶법률-안 法律案 | 문서 안
법률 법률(法律)의 초안(草案). ¶법률안이 의결되다. ㊟ 법안.

법명 法名 | 법 법, 이름 명
[one's Buddhist name]
불교 불법(佛法)을 배우려는 사람에게 지어준 이름[名].

법무 法務 | 법 법, 일 무
[judicial affairs]
법률(法律)에 관한 일[務].

▶법무-부 法務部 | 나눌 부
법률 검찰·출입국 관리·인권 옹호 따위 법무(法務) 행정에 관한 사무를 맡아보는 중앙 행정 기관[部].

법복 法服 | 법 법, 옷 복 [judge's gown]
법정에서 법관(法官)들이 입는 옷[服].

법사 法師 | 법 법, 스승 사
[Buddhist monk]
불교 불법(佛法)에 정통하여 다른 이들의 스승[師]이 될 만한 승려. ¶삼장법사.

법석 法席 | 법 법, 자리 석
[noisy way; fuss]
❶ 속뜻 불법(佛法)을 설하는 자리[席]. ❷ 여러 사람이 어수선하게 떠드는 모양. ¶별 것도 아닌 일로 법석을 떨다. ㊥ 수선, 야단법석(野壇法席).

▶법석-대다 (法席-)
소란스럽게 자꾸 떠들다. ¶설날이면 우리 집은 친척들이 모여 법석댄다. ㊥ 법석거리다.

법설 法說 | 법 법, 말할 설
종교 천도교에서, 법적(法的) 성격을 가지는 말[說].

법안 法案 | 법 법, 안건 안
[(legislative) bill]
법률 법률(法律)의 안건(案件)이나 초안. '법률안'(法律案)의 준말. ¶환경보호 법안이 의회를 통과했다.

법원 法院 | 법 법, 집 원 [law court]
법률 사법권(司法權)을 가진 국가기관[院]. ¶법원에 출두하다. ㊥ 재판소(裁判所).

법적 法的 | 법 법, 것 적 [legalistic]
법률(法律)에 따라 판단하거나 처리하는 것[的]. ¶만 19세가 되면 법적으로 성인이 된다.

법전 法典 | 법 법, 책 전 [law code]
법률 어떤 종류의 법규(法規)를 체계적으로 정리하여 엮은 책[典]. ¶함무라비 법전.

법정 法廷 | =法庭, 법 법, 관청 정 [law court]

[법률] 법관(法官)이 재판을 행하는 관청[廷]. ¶법정에서 진술하다. [비] 재판정(裁判廷).

법정²法定 | 법 법, 정할 정
[provide by law]
법(法)으로 규정(規定)함. ¶12월 25일은 법정 공휴일이다.

법주-사 法住寺 | 법 법, 살 주, 절 사
[불교] 충청북도 보은군 속리산면 사내리 속리산에 있는 절. 신라 진흥왕 14년(553)에 의신(義信) 화상이 창건하였다. 의신 화상이 불법(佛法)의 경전을 서역에서 싣고 돌아와 머무른[住] 절[寺]이라고 붙여진 이름이다.

법치 法治 | 법 법, 다스릴 치
[constitutional government]
법률(法律)에 따라 다스림[治]. 또는 그 정치.

▸ 법치 국가 法治國家 | 나라 국, 집 가
[정치] 국민의 의사에 따라 제정된 법률(法律)을 기초로 하여 국가 권력을 행사하는[治] 나라[國家]. ¶대한민국은 법치국가다. [준] 법치국.

***법칙 法則** | 법 법, 법 칙 [law; rule]
❶[속뜻] 방법(方法)과 규칙(規則). ❷반드시 지켜야만 하는 규범. ❸[철학] 일정한 조건 아래서 반드시 성립되는 사물 상호간의 필연적·본질적인 관계. ¶자연의 법칙.

법-하다 [it seems likely that]
앞말이 뜻하는 상황이 실제 있거나 발생할 가능성이 있음을 나타내는 말. ¶그가 울 법하다.

벗: (友, 벗 우; 朋, 벗 붕) [friend]
비슷한 나이에 서로 친하게 지내는 사람. ¶그는 나의 오랜 벗이다. [비] 동무, 붕우(朋友), 친구.

비슷한 듯 다른 말	➲ 친구² 親舊

벗겨-지다 [come off; peel off]
❶덮이거나 씌워진 물건이 외부의 힘에 의하여 떼어지거나 떨어지다. ¶바람에 모자가 벗겨지다. ❷머리털이 빠져 대머리가 되다. ¶머리가 훌렁 벗겨진 옆집 아저씨.

벗-기다 [strip of; take off; peel; pare; remove]
❶입은 옷을 벗게 하다. ¶아기의 옷을 벗기다. ❷껍질이나 가죽을 떼어 내다. ¶바나나 껍질을 벗기다. ❸씌웠거나 덮었던 것을 걷어 내다. ¶뚜껑을 벗기다. ❹거죽을 긁어 내다. ¶때를 벗기다. ❺누명 따위에서 벗어나게 하다. ¶누명을 벗기다.

벗:-님
'벗'을 다정하게 이르는 말.

벗다 (脫, 벗을 탈)
[take off; slip out of; clear of]
❶옷·모자·신 등을 몸에서 떼어 내다. ❷동물이 껍질, 허물, 털 따위를 갈다. ¶뱀이 허물을 벗다. ❸의무나 누명 또는 책임 등을 면하다. ¶누명을 벗다.

♣ 벗다 / 면하다 [비슷한 듯 다른 말]

◎ 책임을 간신히 벗다 = 면하다.
○ 그녀도 이제 어린 티를 벗었다.
× 그녀도 이제 어린 티를 면했다.
○ 이번 시험에선 꼴찌는 면했다.
× 이번 시험에선 꼴찌는 벗었다.

벗:-삼다
[associate with; make friends]
무엇을 아주 좋아하여 친하게 여기다. ¶자연을 벗삼아 지내다.

벗어-나다
[get out; contrary to; be against]
❶공간적 범위나 경계 밖으로 빠져나오다. ¶터널을 벗어나다. ❷구속이나 장애로부터 자유로워지다. ¶새장을 벗어난 새. ❸이치·규율 등에 어그러지다. ¶예의에 벗어나다.

벗어-지다
[come off; become bald; peel off]
❶덮이거나 씌워진 물건이 흘러내리거나

떨어져 나가다. ¶신발이 벗어지다. ❷머리카락이나 몸의 털 따위가 빠지다. ¶머리가 벗어지다. ❸피부나 거죽 따위가 깎이거나 일어나다. ¶넘어져 살갗이 벗어지다.

벗ː-하다
[associate with; make friends]
벗으로 삼다. 벗으로 지내다.

벙거지 [felt hat; headgear]
❶ 역사 예전에, 털로 검고 두껍게 만든, 갓처럼 쓰던 물건. 군인·하인들이 썼다. ❷ '모자'(帽子)를 속되게 이르는 말.

벙글-벙글 [with a broad smile]
입을 조금 크게 벌리고 소리 없이 부드럽게 자꾸 웃는 모양.

벙벙-하다 [be stunned]
얼빠진 사람처럼 멍하다. 관용 어안이 벙벙하다.

벙어리 [mute; dumb person]
선천적이거나 후천적인 요인으로 청각이나 발음 기관에 탈이 생기거나, 처음부터 말을 배우지 못하여 말을 할 수 없는 사람. ¶갑자기 벙어리가 된 것처럼 아무 말도 할 수 없었다.

벙어리-장ː갑 (—掌匣, 손바닥 장, 상자 갑)
[(a pair of) mittens]
엄지손가락만 따로 가르고 나머지 네 손가락은 함께 끼게 되어 있는 장갑(掌匣).

벙어리-저ː금통 (—貯金筒, 쌓을 저, 돈 금, 통 통) [piggy bank]
들어가는 곳만 있고 나오는 곳이 없는 저금통(貯金筒).

벙커시-유 (bunker C油, 기름 유) [bunker C oil]
대형 내연 기관·보일러 따위의 연료로 쓰이는 중유(重油). 점착성이 강하고 탄소분이 많다.

벚-꽃 [cherry blossoms]
벚나무의 꽃.

벚-나무 [cherry tree]
식물 봄에 담홍색 다섯잎꽃이 잎보다 먼저 피는 교목. 열매 '버찌'는 식용하고 나무껍질은 약용한다.

베 [hemp cloth]
삼실로 짠 천. ¶베를 짜다.

베가 {영 Vega}
천문 거문고자리에서 가장 밝은 별. 칠월 칠석날 밤에 견우성과 만난다는 전설이 있다. 비 직녀성(織女星).

베-개 [pillow]
누울 때에 머리를 괴는 물건. ¶베개를 베고 누워 잠을 자다.

베갯-잇 [pillowcase; pillow cover]
베개의 겉을 덧싸서 시치는 헝겊.

베고니아 {영 begonia}
식물 잎은 갸름한 심장 모양이고 흰 얼룩점이 있는 풀. 9월쯤 가지 끝에서 선홍색의 큰 꽃이 핀다.

베끼다 (寫, 베낄 사; 謄, 베낄 등)
[take a copy; transcribe]
글이나 그림 따위를 원본 그대로 옮겨 쓰거나 그리다. ¶친구의 숙제를 베끼다.

베네룩스 {영 Benelux}
지리 유럽의 벨기에(Belgium), 네덜란드(Netherlands), 룩셈부르크(Luxemburg)를 아울러 이르는 말. 1944년 이 세 국가가 관세 동맹을 체결한 데서 유래하였다.

베니어-판 (veneer板, 널빤지 판) [plywood board]
얇게 켠 나무판을 엇갈리게 붙여 만든 널빤지[板]. 소나무나 전나무·나왕 따위로 만든다. 표면이 거칠어서 풀에 잘 붙기 때문에 천장, 벽, 가구 따위에 쓴다.

베ː다[1] [lay one's head on]
베개 따위로 고개를 받치다. ¶베개를 베고 자다.

베ː다[2] (斬, 벨 참) [cut]
❶날이 있는 도구로 물건을 끊거나 자르거나 가르다. ¶벼를 베다. ❷날이 있는 물

건으로 상처를 내다. ¶과일을 깎다가 손을 벴다.

베란다 {영 veranda}
양옥에서, 집채의 앞쪽으로 넓은 툇마루같이 튀어나오게 잇대어 만든 부분.

베레-모 (beret帽, 모자 모)
챙이 없고 둥글납작하게 생긴 모자(帽子).

베스트-셀러 {영 best seller}
어떤 기간에 가장[best] 많이 팔린 물건[seller]. [비] 인기 상품(人氣商品).

베-옷 [hempen clothes]
베로 만든 옷.

베-이다 [get a cut]
날이 있는 도구로 베어지다. ¶칼에 손을 베이다.

베이스1 {영 base}
[운동] 야구에서, 내야의 네 귀퉁이에 놓아 두는 방석같이 생긴 물건. 또는 그것의 위. ¶주자가 베이스에 있다.

베이스2 {영 bass}
[음악] ❶남성의 최저 음역. 또는 그 가수. ❷기악 합주에서, 저음 부분을 맡는 악기들. ¶베이스 기타.

베이식 {영 BASIC}
초보자도 쉽게 배울 수 있고 사용하기 편리한, 인터프리터 형태의 프로그래밍 언어. 'Beginner's All-purpose Symbolic Instruction Code'의 약자.

베이지-색 (beige色, 빛 색)
낙타의 털과 비슷한, 엷고도 밝은 갈색(褐色).

베이컨 {영 bacon}
돼지고기를 소금에 절여 훈연하거나 삶아 말린 식품.

베일 {영 veil}
❶여자들이 얼굴을 가리거나 장식에 쓰는 얇은 망사. 머리에 쓰거나 모자 가장자리에 단다. ❷비밀스럽게 가려져 있는 상태를 비유적으로 이르는 말. ¶신비의 베일에 싸여 있다.

베-적삼
베로 지은 여름에 입는 홑저고리.

베짱이 [grasshopper]
[동물] 인가 부근에 사는 녹색 곤충. '베짱베짱'하고 운다.

베-틀 [loom]
베와 같은 천을 짜는 틀.

베풀다 [hold; give in charity]
❶차리어 벌이다. ¶잔치를 베풀다. ❷남에게 돈을 주거나 일을 도와서 은혜를 입히다. ¶친절을 베풀다.

♣ 베풀다 / 주다 [비슷한 듯 다른 말]

◎ 사람들에게 사랑을 베풀다 = 주다.

○ 조그만 친절을 베풀다.
× 조그만 친절을 주다.

○ 친구에게 피해를 주다.
× 친구에게 피해를 베풀다.

벤처 기업 (venture企業, 꾀할 기, 일 업) [venture business]
[경제] 고도의 전문 지식과 새로운 기술을 가지고 창조적·모험적[venture] 경영을 하는 기업(企業). 컴퓨터의 소프트웨어 부문, 생물 공학 부문에 많다.

벤치 {영 bench}
여러 사람이 같이 앉게 길게 만든 의자. ¶공원 벤치에 앉아 책을 읽다.

벨 {영 bell}
전기를 이용하여 소리가 나도록 한 장치. ¶현관의 벨을 누르다.

벨트 {영 belt}
❶바지 따위가 흘러내리지 않게 옷의 허리 부분에 둘러매는 띠. ¶벨트를 풀다 / 안전벨트. ❷두 개의 기계 바퀴에 걸어 동력(動力)을 전하는 띠 모양의 물건. [비] 허리띠, 혁대(革帶).

벼 [rice plant]
[식물] 논·밭 등에 심는 풀. 열매는 가을에

익는데, 이것을 찧은 것이 쌀이다. [속담] 벼는 익을수록 고개를 숙인다.

벼-농사 (—農事, 농사 농, 일 사)
[rice farming]
벼를 재배하여 거두는 일[農事].

벼락 [thunderbolt]
❶공중에 있는 전기와 지상에 있는 물건과의 사이에 방전하는 현상. ¶나무에 벼락이 떨어졌다. ❷몹시 호된 꾸지람을 비유하여 이르는 말. ¶그런 소리 했다가는 벼락 맞는다. [비] 낙뢰(落雷), 불호령. [속담] 죄지은 놈 옆에 있다가 벼락 맞는다.

▸벼락-공부 (—工夫, 장인 공, 사나이 부)
시험에 임박하여 갑자기 서둘러 하는 공부(工夫). ¶벼락공부로는 좋은 성적을 거두기가 힘들다.

▸벼락-부자 (—富者, 넉넉할 부, 사람 자)
갑자기 된 부자(富者). ¶복권이 당첨되어 벼락부자가 되다. [비] 졸부(猝富).

벼랑 [cliff]
깎아지른 듯이 험하고 가파른 언덕. ¶발을 헛디뎌 벼랑에 굴러 떨어지다. [비] 낭떠러지, 절벽(絶壁).

벼루 (硯, 벼루 연) [ink stone]
먹을 가는 데 쓰는 돌로 만든 문방구. ¶탁자에 벼루와 붓을 가지런히 놓다.

벼룩 [flea]
[동물] 먼지 구석에 사는 몸은 작으며, 퇴화된 날개 대신 뒷다리로 뛰어다니는 곤충. 사람과 가축의 피를 빨아 먹는다.

▸벼룩-시장 (—市場, 저자 시, 마당 장)
온갖 중고품을 팔고 사는 만물 시장(市場). ¶벼룩시장에서 꽤 좋은 책가방을 샀다.

벼르다 [intend; plan]
일을 이루려고 단단히 마음을 먹다. ¶나는 동생을 한번 혼내 주려고 단단히 벼르고 있다.

♣ 벼르다 / 마음먹다 [비슷한 듯 다른 말]

◎ 나는 그를 한번 혼내 주려고 벼렀다 = 마음먹었다.

○ 그는 오랫동안 벼르던 구두를 샀다.
× 그는 오랫동안 마음먹은 구두를 샀다.
○ 나는 과학자가 되겠다고 마음먹었다.
× 나는 과학자가 되겠다고 별렀다.

벼-멸구 [rice insect]
[동물] 벼에 붙어 사는 누런 빛깔의 해충.

벼슬[1] [cockscomb]
'볏'의 방언. 닭·꿩 따위의 이마 위에 세로로 붙은 살 조각으로 빛깔이 붉고 시울이 톱니처럼 생겼다.

벼슬[2] (仕, 벼슬 사; 官, 벼슬 관; 卿, 벼슬 경)
[government post]
관아에 나가서 나랏일을 맡아 다스리는 자리. 또는 그 일. [비] 관직(官職).

▸벼슬-길
벼슬을 갖고 살아가는 방면. ¶벼슬길이 막히다 / 벼슬길에 오르다. [비] 사도(仕途), 사로(仕路).

▸벼슬-살이
벼슬아치 노릇을 하는 일.

▸벼슬-아치
벼슬에 있는 사람. ¶벼슬아치들이 자기 이익만 생각하면 나라가 망한다. [비] 관료(官僚), 관리(官吏), 관원(官員).

▸벼슬-자리
벼슬의 지위. [비] 관위(官位).

벼-이삭 [ear of rice]
벼의 낟알이 달린 이삭. ¶벼이삭은 익을수록 고개를 숙인다.

벽 壁 | 담 벽 [wall]
집이나 방 따위의 둘레를 막은 수직 건조물[壁]. [속담] 벽에도 귀가 있다.

벽-걸이 (壁—, 담 벽) [wall hanging]
벽(壁)이나 기둥에 걸어 두는 장식품을 통틀어 이르는 말. ¶벽걸이 시계.

벽-난:로 壁煖爐 | 담 벽, 따뜻할 난, 화로 로 [fireplace]

방 안의 벽면(壁面)에다 아궁이를 내고 벽 속으로 굴뚝을 통하게 한 난로(煖爐). ¶벽난로에서는 장작불이 타고 있었다.

벽-돌 (甓—, 벽돌 벽) [(piece of) brick]
건설 진흙과 모래를 차지게 반죽하여 틀에 박아 구워 만든 돌. 건축 재료로 쓴다. ¶벽돌을 쌓아 집을 짓다.

벽력 霹靂 | 벼락 벽, 벼락 력 [bolt]
벼락[霹=靂].

벽면 壁面 | 담 벽, 낯 면 [surface of a wall]
담[壁]의 거죽[面]. ¶화장실 벽면에 타일을 붙이다.

벽보 壁報 | 담 벽, 알릴 보 [wall newspaper; poster]
종이에 써서 담[壁]이나 게시판 등에 붙여 여러 사람에게 알리는[報] 글. ¶선거 벽보를 붙이다.

벽-시계 壁時計 | 담 벽, 때 시, 셀 계 [wall clock]
벽(壁)에 걸어 놓는 시계(時計). ¶벽시계를 벽에 걸다.

벽-신문 壁新聞 | 담 벽, 새 신, 들을 문 [wall newspaper]
뉴스 등 시사적인 내용을 벽(壁)에 붙여 놓은 신문(新聞).

벽장 壁欌 | 담 벽, 장롱 장 [wall closet]
건설 담[壁]을 뚫어 작은 문을 내고 그 안에 물건을 넣어 두게 만든 장(欌). ¶철 지난 옷을 벽장에 넣어 두었다.

벽지[1] 僻地 | 후미질 벽, 땅 지 [isolated area]
도시에서 멀리 떨어진 으슥하고 한적한 [僻] 곳[地]. ¶산간 벽지에 살다. ㊐ 벽처(僻處), 벽촌(僻村).

벽지[2] 壁紙 | 담 벽, 종이 지 [wallpaper]
건물의 벽(壁)에 바르는 종이[紙]. ¶꽃무늬 벽지를 바르다. ㊐ 도배지(塗褙紙).

벽창-호 (碧昌—, 푸를 벽, 창성할 창) [obstinate person]
고집이 세고 무뚝뚝한 사람의 비유. ㊐ 고집장이, 고집통이.

벽촌 僻村 | 후미질 벽, 마을 촌 [remote village]
외진[僻] 곳에 있는 마을[村]. ㊐ 벽지(僻地), 벽처(僻處).

***벽화** 壁畵 | 담 벽, 그림 화 [wall painting]
건물이나 고분 등의 벽(壁)에 장식으로 그린 그림[畵]. 넓게는 기둥이나 천장에 그린 것도 포함한다. ¶고분에는 수렵이나 무용을 그린 벽화가 있다.

변[1] 便 | 똥오줌 변 [excrement; stool]
대변(大便)과 소변(小便)을 아울러 이르는 말. 주로 대변을 이른다. ¶화장실이 없어서 풀숲에 변을 보았다.

변[2] 邊 | 가 변 [side; member]
❶물체나 장소의 가장자리[邊]. ¶한강 변에 공원을 만들다. ❷ 수학 다각형을 이루는 각 선분. ¶삼각형 한 변의 길이. ❸ 수학 등식이나 부등식에서 부호의 양편에 있는 식이나 수. ¶양 변에 2를 곱하다.

변[3] 邊 | 가 변 [leftside radical of a Chinese character]
한자에서 글자의 왼쪽[邊]에 있는 부수. ‘淸’(맑을 청), ‘誠’(정성 성)에서 ‘氵’, ‘言’ 따위이다.

변:[4] 變 | 바뀔 변 [incident]
갑자기 생긴 재앙이나 괴이한 일. ¶변을 당하다.

변경[1] 邊境 | 가 변, 지경 경 [borderland]
나라의 경계가 되는 변두리[邊]의 땅[境]. ¶변경을 지키다 / 변경의 방어가 허술하다. ㊐ 변방(邊方).

변:경[2] 變更 | 바뀔 변, 고칠 경 [change; alter]
바꾸어[變] 고침[更]. ¶주소를 변경하다. ㊐ 변개(變改), 변역(變易).

변기 便器 | 똥오줌 변, 그릇 기 [toilet stool]

똥오줌[便]을 받아 내는 그릇[器]모양의 기구. ¶변기가 막히다.

▸ **변기-통** 便器桶 | 통 통
변기(便器)로 쓰는 통(桶).

변:덕 變德 | 바뀔 변, 베풀 덕 [caprice]
❶속뜻 남에게 베풀던[德] 마음이 변(變)함. ❷이랬다저랬다 자주 바뀜. 또는 그러한 성질. ¶그 애는 툭하면 변덕을 부린다 / 날씨가 변덕스럽다. 관용 변덕이 죽 끓듯 하다.

▸ **변:덕-쟁이** (變德-)
변하기 쉬운 태도[變德]나 성질이 있는 사람을 낮잡아 이르는 말.

변:동 變動 | 바뀔 변, 움직일 동 [change]
상태가 바뀌어[變] 움직임[動]. ¶물가가 크게 변동했다.

변-두리 (邊-, 가 변)
[outer edge; border]
어떤 지역의 가장자리[邊]가 되는 곳. ¶서울 변두리에 살다.

변:론 辯論 | 말 잘할 변, 말할 론
[discuss; argue; debate]
❶속뜻 변호(辯護)하는 말을 함[論]. ❷사리를 밝혀 옳고 그름을 따짐. ❸법률 소송 당사자나 변호인이 법정에서 주장하거나 진술함. 또는 그런 진술. ¶피고를 위해 변론하다.

변:명 辨明 | 가릴 변, 밝을 명
[explain oneself; make an excuse]
❶속뜻 옳고 그름을 가리어[辨] 사리를 밝힘[明]. ¶변명의 상소를 하다. ❷자신의 잘못이나 실수에 대하여 구실을 대며 그 까닭을 말함. ¶변명을 늘어놓다.

변:모 變貌 | 바뀔 변, 모양 모
[undergo a complete change]
모양[貌]이 바뀜[變]. 또는 그 모습. ¶시골 마을이 중소 도시로 변모했다. ㊥ 변용(變容).

변방 邊方 | 가 변, 모 방
[border areas; frontier]
❶속뜻 중심지에서 멀리 떨어진 가장자리[邊] 지역이나 지방(地方). ❷변경(邊境). ¶북쪽 변방 오랑캐 / 변방 이민족.

변변-찮다 [unlikely]
제대로 갖추어지지 못하여 부족한 점이 있다. ¶변변찮은 살림살이.

변변-하다
[fairly good looking; comely]
❶됨됨이나 생김새 따위가 흠이 없고 어지간하다. ¶변변하게 생기다. ❷제대로 갖추어져 충분하다. ¶변변한 옷 하나 없다.

변:별 辨別 | 가릴 변, 나눌 별 [distinguish]
사물의 옳고 그름이나 좋고 나쁨을 가려[辨] 나눔[別]. ¶진위를 변별하다. ㊥ 분별(分別), 식별(識別).

변비 便祕 | 똥오줌 변, 숨길 비
[constipation]
의학 대변(大便)이 꼭꼭 숨어서[祕] 잘 나오지 않음. ¶할머니는 변비 때문에 고생이 많으셨다.

변:사[1] 辯士 | 말 잘할 변, 선비 사 [speaker]
입담이 좋아서 말을 잘하는[辯] 사람[士].

변:사[2] 變死 | 바뀔 변, 죽을 사
[meet one's death accidentally]
뜻밖의 변고(變故)로 죽음[死]. ¶교통사고로 변사를 당하다. ㊥ 횡사(橫死).

▸ **변:사-자** 變死者 | 사람 자
자살이나 타살 또는 재앙의 변고(變故)로 죽은[死] 사람[者]. ¶신원을 알 수 없는 변사자를 발견하다.

변:상 辨償 | 가릴 변, 갚을 상
[pay for; reimburse]
❶속뜻 책임 소재를 잘 가리어[辨] 보상해야 할 것은 보상(補償)해줌. ❷남에게 입힌 손해를 돈이나 물건 따위로 물어줌. ¶화병을 깼으니 변상하시오. ㊥ 배상(賠償), 보상(補償).

변:색 變色 | 바뀔 변, 빛 색
[change of color]

빛깔[色]을 바꿈[變]. 또는 빛깔이 변하여 달라짐. ¶그의 치아는 흡연으로 인해 변색이 되었다.

변ː성[1]**變性** | 바뀔 변, 성질 성 [change; vary]
성질(性質)이 달라짐[變]. 또는 그 달라진 성질.

변ː성[2]**變成** | 바뀔 변, 이룰 성 [metamorphose]
바뀌어[變] 다르게 됨[成].

▸변ː성-암 變成巖 | 바위 암
지리 변성 작용으로 그 성질이나 조직이 바뀐[變成] 암석(巖石)을 통틀어 이르는 말.

변ː성[3]**變聲** | 바뀔 변, 소리 성 [change of voice]
목소리[聲]를 바꿈[變]. 목소리가 달라짐. ¶사춘기가 되면 변성하여 목소리가 굵어진다.

▸변ː성-기 變聲期 | 때 기
의학 사춘기에 일어나는 생리 현상으로 목소리[聲]가 달라지는[變] 시기(時期).

변소 便所 | 똥오줌 변, 곳 소 [toilet (room)]
대소변(大小便)을 볼 수 있게 만들어 놓은 곳[所]. ⓑ 뒷간, 화장실.

변ː수 變數 | 바뀔 변, 셀 수 [variable]
❶수학 수식 따위에서 일정한 범위 안에서 여러 가지 수치로 바뀔[變] 수 있는 수(數). ❷어떤 상황의 가변적 요인(要因). ¶무더운 날씨가 경기의 변수로 작용하였다. ⓑ 상수(常數), 항수(恒數).

변ː신 變身 | 바뀔 변, 몸 신 [be transformed]
몸이나 모습[身]을 다르게 바꿈[變]. 또는 그 바뀐 모습. ¶마녀는 박쥐로 변신했다.

변ː심 變心 | 바뀔 변, 마음 심 [change one's mind]
마음[心]을 바꿈[變]. ¶그녀는 변심하여 다른 남자와 결혼했다.

변ː압 變壓 | 바뀔 변, 누를 압 [transform a current]
압력(壓力)을 바꿈[變].

▸변ː압-기 變壓器 | 그릇 기
전기 전자 유도 작용(電磁誘導作用)을 이용하여 교류의 전압(電壓)이나 전류의 값 따위를 바꾸는[變] 장치[器]. ⓑ 트랜스.

변ː장 變裝 | 바뀔 변, 꾸밀 장 [disguise]
❶속뜻 다르게 바뀐[變] 꾸밈새[裝]. ❷본디 모습을 감추려고 얼굴, 옷차림, 머리 모양 등을 고쳐서 다르게 꾸밈. 또는 그 다르게 꾸민 모습. ¶범인은 집배원으로 변장하고 건물에 들어왔다.

변ː절 變節 | 바뀔 변, 지조 절 [turn coat]
❶속뜻 지조[節]를 지키지 않고 바꿈[變]. ❷내세워 오던 주의나 주장을 바꿈. ¶그는 역경에도 변절하지 않고 지조를 지켰다.

변ː조 變造 | 바뀔 변, 만들 조 [alter; forge]
❶속뜻 이미 만들어진 물체를 손질하여 고쳐[變] 만듦[造]. ❷문서의 형태나 내용을 다르게 고침. ¶변조 수표. ⓑ 변작(變作), 위조(僞造).

변ː종 變種 | 바뀔 변, 갈래 종 [variety]
생물 같은 종(種)이면서도 보통 것과 다른[變] 종(種). ¶변종 바이러스에 감염되다.

변ː주 變奏 | 바뀔 변, 연주할 주 [play a variation]
음악 리듬이나 선율·화성 따위를 여러 가지로 바꾸어[變] 하는 연주(演奏). 또는 그 기법.

▸변ː주-곡 變奏曲 | 노래 곡
음악 어떤 주제를 바탕으로, 그 리듬이나 선율·화음 따위에 다양한 변화(變化)를 주어서 연주(演奏)하게 만든 악곡(樂曲).

변ː질 變質 | 바뀔 변, 바탕 질 [change in quality]
물질이나 사물의 성질(性質)이 바뀜[變]. ¶더운 날씨에 음식이 금방 변질되었다.

변:천 變遷 | 바뀔 변, 바뀔 천
[changes; ups and downs]
세월이 흐르는 동안에 바뀜[變=遷]. ¶대외 관계는 시대에 따라 변천한다. [비] 변이(變移).

변:칙 變則 | 바뀔 변, 법 칙 [irregularity]
보통의 규칙이나 원칙(原則)을 바꾼[變] 형태나 형식. ¶세금부과를 피하려고 변칙으로 회사를 운영하다. [비] 변격(變格). [반] 정칙(正則).

변:태 變態 | 바뀔 변, 모양 태
[metamorphose]
❶[속뜻] 바뀐[變] 모습[態]. 모습을 바꿈. ❷[동물] 동물이 알에서 부화하여 성체(成體)가 되기까지 여러 가지 형태로 변하는 일. [비] 탈바꿈.

변:-하다 (變--, 바뀔 변)
[change; become different]
무엇이 다른 것이 되거나 또는 다른 성질로 달라지다[變]. ¶음식 맛이 변하다 / 눈이 비로 변했다.

변:한 弁韓 | 고깔 변, 나라이름 한
[역사] 삼한(三韓)의 하나. 한반도의 남쪽에 위치한 십 여 개의 군장(君長)국가로 이루어진 나라로 뒤에 신라에 병합되었다. 변(弁)자가 들어간 것은 당시 고유어의 음역(音譯)으로 추정된다.

변:함-없다 (變--, 바뀔 변) [unchanged; steady]
달라지지[變] 않고 항상 같다. ¶변함없는 사랑 / 모이는 장소는 변함없다.

변:혁 變革 | 바뀔 변, 바꿀 혁
[revolutionize; reform]
❶[속뜻] 다른 것으로 바뀌거나[變] 바꿈[革]. ❷사회나 제도 등이 근본적으로 바뀜. 또는 바꿈. ¶사회제도를 변혁하다. [비] 개변(改變).

변:형 變形 | 바뀔 변, 모양 형
[change; transform]
모양[形]을 달라지게[變] 함. 또는 그 달라진 모양. ¶선인장의 가시는 잎이 변형된 것이다.

변:호 辯護 | 말 잘할 변, 돌볼 호
[defend; vindicate]
❶[속뜻] 그 사람에게 유리하도록 말을 잘하여[辯] 돌보아[護]줌. ❷[법률] 법정에서 변호인이 검사의 공격으로부터 피고인의 처지를 해명하고 옹호함. ¶사건을 변호하다.

▶ **변:호-사** 辯護士 | 선비 사
[법률] 전문적으로, 소송 당사자가 의뢰하건 법원이 선임(選任)하여 피고나 원고를 변론하고[辯護] 기타 일반 법률 사무를 행하는 사람[士].

▶ **변:호-인** 辯護人 | 사람 인
[법률] 형사 피고인의 변호(辯護)를 맡은 사람[人].

⁑**변:화** 變化 | 바뀔 변, 될 화
[change; turn]
사물의 모양, 성질 등이 바뀌어[變] 다른 모양이 됨[化]. ¶계절의 변화 / 환경에 따라 식물도 변화한다.

▶ **변:화-무쌍** 變化無雙 | 없을 무, 둘 쌍
둘[雙]도 없을[無] 정도로 심하게 혹은 자주 바뀜[變化]. ¶봄철의 날씨는 변화무쌍하다.

변:환 變換 | 바뀔 변, 바꿀 환
[change; convert]
어떤 사물이 전혀 다른 사물로 바뀌거나[變] 바꿈[換]. ¶빛을 전기로 변환하다.

별:[1] (星, 별 성) [star]
❶[천문] 태양·달·지구를 제외한 천체. ¶별이 반짝이다. ❷몇 개의 뾰족한 모가 나와서 방사상(放射狀)을 이룬 별 모양의 도형. ¶별 모양의 전등을 달다.

별[2] 別 | 다를 별 [unusual]
보통과 다르게 두드러지거나 특별한. ¶우리는 별 사이가 아니다 / 별 이상한 소리를 다한다.

별개 別個 | 다를 별, 낱 개

[different one; separate one]
어떤 것에 함께 포함시킬 수 없는 딴[別] 것[個]. ¶아는 것과 가르치는 것은 별개이다.

별거 別居 | 나눌 별, 살 거 [separate]
부부 또는 한 가족이 따로[別] 떨어져 삶[居]. ¶나는 아내와 별거 중이다. ⓑ 동거(同居).

별-것 (別—, 다를 별)
[rarity; things of various sorts]
❶드물고 이상스러운 것. ¶별것도 아닌 일로 화내다. ❷여러 가지 것. ¶그곳에는 별것을 다 판다.

별고 別故 | 다를 별, 사고 고
[accident; something wrong; trouble]
특별(特別)한 사고(事故). 별다른 탈. ¶별고 없으십니까? ⓑ 별탈, 별사고(別事故).

별관 別館 | 다를 별, 집 관
[extension; outhouse]
본관 외에 따로[別] 지은 건물[館]. ¶호텔 별관. ⓑ 본관(本館).

별기-군 別技軍 | 따로 별, 재주 기, 군사 군
역사 ❶조선 후기에 마군(馬軍), 보군(步軍) 가운데서 특별(特別)히 기량(技倆)이 뛰어난 군사를 모아 편성한 군대(軍隊). ❷조선 고종 18년(1881)에 조직한 근대식 군대.

별-꼴 (別—, 다를 별)
[obnoxious thing]
남과 특별히 다른[別] 행동을 하여, 눈에 거슬려 보이는 꼴. ¶별꼴 다 보겠다.

별ː-꽃 [chickweed]
식물 덩굴 모양으로 줄기가 뻗으며, 봄에 흰꽃이 피는 풀. 어린잎과 줄기는 식용한다.

별-나다 (別—, 다를 별)
[uncommon; unusual]
보통과는 매우 다르거나[別] 이상하다. ¶별난 습관.

별ː-나라 [stellar world]
아이들의 이야기에서 별의 세계.

별-다르다 (別—, 다를 별) [be of a particular kind; be extraordinary]
다른 것과 특별히 다르다[別]. ¶그는 별다른 이유 없이 학교에 안 갔다 / 음악에 별달리 흥미가 없다.

별당 別堂 | 다를 별, 집 당
[detached house]
❶ 속뜻 몸채의 곁이나 뒤에 따로[別] 떨어져 있는 집[堂]. ¶별당 아씨. ❷ 불교 절에서 주지나 경(經)스승 같은 이가 거처하는 방.

별도 別途 | 다를 별, 길 도
[another way]
❶ 속뜻 다른[別] 길[途]이나 방법. ❷원래의 것에 덧붙여서 추가한 것. ¶주민들은 별도의 사용료 없이 수영장을 이용할 수 있다.

별ː똥-별 [falling star]
'유성'(流星)을 일상적으로 이르는 말.

별-로 (別—, 다를 별)
[particularly; especially]
보통과 달리[別]. 그다지. ¶나는 참외를 별로 좋아하지 않는다.

별-말 (別—, 다를 별)
[extraordinary remark]
❶별다른[別] 말. ¶안부 이외에는 별말 없었다. ❷뜻밖의 말. ¶참 별말을 다 하는군. ⓑ 별소리.

별-말씀 (別—, 다를 별)
[extraordinary remark]
'별(別)말'의 높임말.

별명 別名 | 다를 별, 이름 명 [nickname]
그 사람의 성격, 용모, 태도 따위의 특징을 따서 남이 지어 부르는 본이름 외의 딴[別] 이름[名]. ¶별명을 붙이다. ⓑ 별칭(別稱). ⓑ 본명(本名).

별무-반 別武班 | 다를 별, 굳셀 무, 나눌 반
역사 고려 때, 윤관이 여진 정벌을 위하여 특별(特別)히 무예(武藝)가 뛰어난 군사

를 모은 조직[班]. 신기군·신보군·항마군의 세 부대로 편성하였다.

별미 別味 | 다를 별, 맛 미
[exquisite flavor; tidbit]
특별(特別)히 좋은 맛[味]. 또는 그런 음식. ¶메밀묵은 겨울철 별미이다.

별별 別別 | 다를 별, 다를 별
[of various and unusual sorts]
별(別)의 별(別). 온갖. 가지가지. ¶세상에는 별별 사람들이 다 있다. ㊥별의별.

별:-빛 [starlight; stars]
별의 반짝이는 빛. ¶산 속에 있으니 별빛이 더 반짝인다.

별-산대 別山臺 | 나눌 별, 메 산, 무대 대
민속 본래의 산대(山臺)놀이를 본받아 다른[別] 곳에서 생긴 놀이. 조선 인조 때 산대놀음이 폐지된 이후, 서울 녹번과 애오개 등지에서 행해졌다.

별세 別世 | 나눌 별, 세상 세
[pass away; pass on]
❶속뜻 세상(世上)과 이별(離別)함. ❷'죽음'을 높여 이르는 말. ¶은사께서 노환으로 별세하셨다.

별-세:계 別世界 | 다를 별, 세상 세, 지경 계 [different world; fairyland]
❶속뜻 인간이 살고 있는 지구 이외의 다른[別] 세계(世界). ❷자기가 있는 곳과는 아주 다른 환경이나 사회. ㊥별천지(別天地).

별-소리 (別-, 다를 별)
[extraordinary remark]
❶뜻밖의 말. ¶별소리를 다 듣겠다. ❷별다른 말. ¶안부 이외에는 별소리 없었네. ㊥별말.

별-수 (別-, 다를 별)
[special means; required solution]
❶달리[別] 어떻게 할 방법. ¶다 끝났으니 이젠 별수 있겠나. ❷온갖 방법. 여러 가지 방법. ¶별수를 다 써도 소용없었다.

별-스럽다 (別-, 다를 별) [uncommon; unusual]
남과 다른[別] 데가 있다. 남다르게 이상하다. ¶공작은 별스럽게 움직이며 암컷을 유혹했다.

별식 別食 | 다를 별, 밥 식
[special dish]
일상 먹는 음식이 아닌 색다른[別] 음식(飮食). ¶별식으로 부침을 먹었다.

별신-굿 (別神-, 다를 별, 귀신 신)
민속 동해안 일부와 충남 은산에서 전하여지는 복합적인 형식의 부락제. 유교식으로 제관이 축문을 읽은 뒤, 무당이 나와 굿을 한다. ㊥별신제(別神祭).

별신-제 別神祭 | 다를 별, 귀신 신, 제사 제
별신(別神)에게 지내는 제사(祭祀). ㊥별신굿.

별실 別室 | 다를 별, 방 실
[special room; separate room]
딴[別] 방[室]. 특별히 따로 마련된 방. ¶손님을 별실로 모셨다.

별안-간 瞥眼間 | 언뜻 볼 별, 눈 안, 사이 간 [suddenly]
❶속뜻 눈[眼] 깜박하는[瞥] 사이[間]. ❷'갑자기'를 이름. ¶별안간 눈이 오기 시작했다.

별의-별 (別-別, 다를 별)
[of various and unusual sorts]
보통과 다른[別] 갖가지의 온갖. ¶어제 일로 별의별 상상을 다 했다. ㊥별별.

별-일 (別-, 다를 별)
[strange thing; particular thing]
❶별다른[別] 일. ¶별일 없이 잘 지냈다. ❷드물고 이상한 일. ¶살다보니 별일을 다 당하네.

별:-자리 [constellation; asterism]
천문 별의 위치를 정하기 위하여 밝은 별을 중심으로 천구(天球)를 몇 부분으로 나눈 것. 동물, 물건, 신화에 나오는 인물의 이름이 붙여져 있다. ㊥성좌(星座).

별장 別莊 | 다를 별, 꾸밀 장

[(resort) villa; country house]
경치 좋은 곳에 따로[別] 꾸며놓고[莊] 때때로 묵는 집. ¶높은 절벽 위에 별장을 지어 놓았다.

별종 別種 | 다를 별, 갈래 종 [distinct species; different kind; special gift]
❶ 속뜻 딴[別] 종류(種類). ❷별스러운 사람을 속되게 이르는 말 ¶그는 참 별종이다.

별주부-전 鼈主簿傳 | 자라 별, 주인 주, 장부 부, 전할 전
문학 토끼의 간을 구하기 위해 토끼를 용궁으로 잡아오는 자라[鼈] 대감[主簿]의 이야기[傳].

별지 別紙 | 다를 별, 종이 지
[annexed paper]
서류나 편지 등에 따로[別] 적어 덧붙이는 쪽지[紙]. ¶자세한 것은 별지를 참조하십시오.

별-채 (別—, 다를 별)
[extension; outhouse]
본채와 별도(別途)로 떼어서 지은 집채. ⓑ 딴채. ⓟ 본채.

별-천지 別天地 | 다를 별, 하늘 천, 땅 지
[another world]
속된 세상과는 아주 다른[別] 세상[天地]. 딴 세상. ¶아름다운 꽃이 만개하여 별천지가 따로 없다. ⓑ 별세계(別世界).

별칭 別稱 | 다를 별, 일컬을 칭
[another name]
달리[別] 부르는[稱] 이름. ¶그에게는 도시의 무법자라는 별칭이 있다. ⓑ 별명(別名).

볍-씨 [rice seed]
못자리에 뿌리는 벼의 씨.

볏 [cockscomb]
닭·꿩 따위의 이마 위에 세로로 붙은 살 조각으로 빛깔이 붉고 시울이 톱니처럼 생겼다. 속담 닭의 볏이 될지언정 소의 꼬리는 되지 마라.

볏-단 [sheaf of rice]
벼를 베어 묶은 단.

볏-섬 [sack of rice]
벼를 담은 섬.

볏-짚 [rice straw]
벼의 이삭을 떨어낸 줄기. ⓒ 짚.

병:[1]丙 | 천간 병
사물의 차례나 등급에서 셋째[丙].

병:[2]病 | 병 병 [sickness; weakness]
❶생물체의 전신 또는 일부분에 생활 기능의 장애로 변화가 생겨 고통을 느끼는 상태. ¶병이 나다. ❷결점. 단점. 흠. 속담 모르면 약 아는 게 병.

병[3]瓶 | 병 병 [bottle]
액체 등을 담는 그릇. 주로 유리·사기 등으로 만든다.

병:균 病菌 | 병 병, 세균 균 [virus]
의학 병(病)을 일으키는 세균(細菌). ¶병균에 감염되다. '병원균'(病原菌)의 준말.

병기 兵器 | 군사 병, 그릇 기
[weapon of war]
군사[兵]들에게 필요한 여러 가지 무기(武器). ¶병기를 정비하다. ⓑ 병구(兵具), 병장기(兵仗器).

병:동 病棟 | 병 병, 마룻대 동
[(sick) ward]
병실(病室)이 있는 건물의 마룻대[棟]. 또는 그 건물. ¶내과 병동.

병:-들다 (病—, 병 병) [get sick]
몸에 병(病)이 생기다. ¶그는 병든 몸으로 고향에 돌아왔다.

병-따개 (瓶—, 병 병) [bottle opener]
병(瓶)마개를 따는 기구.

병력 兵力 | 군사 병, 힘 력
[military force]
군사 병사·병기 등 총체로서의 군대[兵]의 힘[力]. ¶전선(戰線)에 병력을 배치하다. ⓑ 군력(軍力).

병:렬 竝列 | 나란히 병, 벌일 렬
[arrange in a row]
❶ 속뜻 여럿이 나란히[竝] 벌여[列] 섬. 여

렷을 나란히 벌려 세움. ❷전기 두 개 이상의 도선이나 전지 따위를 같은 극끼리 연결하는 일. ¶전기회로에 병렬로 접속하다. ⓑ 직렬(直列).

병:마 病魔 | 병 병, 마귀 마
[demon of ill health; disease]
병(病)을 악마(惡魔)에 비유하여 이르는 말. ¶그는 병마에 시달려 수척해졌다.

병-마개 (甁—, 병 병)
[bottle cap; cork]
병(甁)의 입구를 막는 마개. 속담 식초병보다 병마개가 더 시다.

병:명 病名 | 병 병, 이름 명
[name of a disease]
병(病)의 이름[名].

병무 兵務 | 군사 병, 일 무
[military affair]
병사(兵事)에 관한 사무(事務).

▶ **병무-청** 兵務廳 | 관청 청
법률 국방부 소속으로 징집, 소집 따위의 병무(兵務) 행정에 관한 사무를 맡아보는 중앙 행정 관청(官廳).

병:-문안 病問安 | 병 병, 물을 문, 편안할 안 [visit to a sick person]
병(病)으로 앓고 있는 이를 찾아가서 병세를 물어보고 위로함[問安]. ⓑ 문병(問病).

병법 兵法 | 군사 병, 법 법
[strategy; (military) tactics]
군사[兵]를 지휘하여 전쟁하는 방법(方法). ¶ 『손자병법』(孫子兵法) / 병법에 능하다. ⓑ 군법(軍法).

병사[1] 兵士 | 군사 병, 선비 사
[soldier; private]
군대[兵]에 근무하는 사람[士]. ¶호위 병사. ⓑ 군사(軍士).

병사[2] 兵事 | 군사 병, 일 사
[military affairs]
군사 군대(軍隊), 전쟁(戰爭), 병역(兵役) 등에 관한 일[事]. ¶병사 업무를 처리하다. ⓑ 군사(軍事).

병:상 病牀 | 병 병, 평상 상 [sickbed]
병(病)든 사람이 눕는 침상(寢牀). ¶병상을 지키다 / 병상에서 일어나다. ⓑ 병석(病席).

병:색 病色 | 병 병, 빛 색
[sickly appearance]
병든[病] 사람의 얼굴 빛[色]. ¶그의 얼굴에는 병색이 완연했다.

병:설 竝設 | =倂設, 나란히 병, 세울 설
[establishment as an annex]
같은 곳에 둘 이상의 것을 함께 나란히[竝] 설치(設置)함. ¶대한초등학교 병설 유치원.

병세 病勢 | 병 병, 형세 세
[condition of a disease]
병(病)이 들어 앓는 정도나 형세(形勢). ¶수술 후 병세가 호전되었다.

병:신 病身 | 병 병, 몸 신
[sick body; deformed person; fool]
❶속뜻 병(病)을 앓고 있는 몸[身]. 또는 그런 사람. ❷몸의 어느 부분이 온전하지 못한 사람. ❸남을 얕잡아 욕하는 일. ⓑ 불구자.

병:실 病室 | 병 병, 방 실 [sickroom]
병원(病院)에서 환자가 있는 방[室]. ¶병실 내에서는 금연이다.

병아리 (雛, 병아리 추) [chick]
아직 다 자라지 않은 어린 닭. 닭의 새끼를 이른다.

병:약 病弱 | 병 병, 약할 약
[weak; sickly; infirm]
병(病)에 시달려 몸이 허약(虛弱)하다. 병에 걸리기 쉬울 만큼 몸이 허약하다.

병역 兵役 | 군사 병, 부릴 역
[military service]
법률 국민의 의무로써 일정한 기간 군대[兵]에 복무[役]하는 일. ¶병역 미필 / 허리를 다쳐 병역 의무에서 면제되다.

병영 兵營 | 군사 병, 집 영 [barracks]
병사(兵士)가 집단으로 거주하는 집[營].

¶병영 생활 / 임시로 병영을 마련하다. ㊐ 병사(兵舍), 영사(營舍).

*병:원[1] 病院 | 병 병, 집 원 [hospital]
병자(病者)나 부상자를 진찰하고 치료하는 곳[院]. ¶종합 병원 / 병원에서 다리를 치료하다.

▸병:원-비 病院費 | 쓸 비
병원(病院)에서 치료를 받거나 입원하는 데 드는 비용(費用). ¶병원비를 감당할 돈이 없다.

병:원[2] 病原 | 병 병, 본디 원 [cause of a disease]
의학 병(病)의 원인(原因)이나 근원. ¶병원을 찾다. ㊐ 병근(病根), 병인(病因).

▸병:원-균 病原菌 | 세균 균
의학 병(病)의 원인(原因)이 되는 세균(細菌). ㊇ 병균.

▸병:원-체 病原體 | 몸 체
의학 세균, 바이러스처럼 생물체에 기생하여 어떤 병(病)을 일으키는[原] 생물[體].

병:인 丙寅 | 천간 병, 범 인
민속 천간의 '丙'과 지지의 '寅'이 만난 간지(干支). ¶병인년에 태어난 사람은 범띠이다.

▸병:인-양요 丙寅洋擾 | 큰바다 양, 난리 요
역사 고종 3년(1866)인 병인(丙寅)년에 대원군의 천주교 탄압으로 서양(西洋)의 프랑스 함대가 강화도를 침범하여 난리[擾]를 일으킨 사건.

병:자[1] 病者 | 병 병, 사람 자 [sick person]
병(病)을 앓는 사람[者]. ¶병자를 돌보아 주다. ㊐ 병인(病人), 환자(患者).

병:자[2] 丙子 | 천간 병, 쥐 자
민속 천간의 '丙'과 지지의 '子'가 만난 간지(干支). ¶병자년에 태어난 사람은 쥐띠이다.

▸병:자-호란 丙子胡亂 | 오랑캐 호, 어지러울 란
역사 조선 인조 14년(1636)인 병자(丙子)년에 청나라 오랑캐[胡]가 침입해 일어난 난리(亂離).

병장 兵長 | 군사 병, 어른 장 [sergeant]
군사 사병(士兵) 계급에서 가장 높은[長] 계급. 하사의 아래, 상등병의 위 계급. ¶그는 병장으로 제대하였다.

병:적 病的 | 병 병, 것 적 [diseased]
정상적인 상태에서 벗어난 병(病) 같은 것[的]. ¶병적 증세를 보이다.

병정 兵丁 | 군사 병, 장정 정 [serviceman; soldier]
병역(兵役)에 복무하는 장정(壯丁). ¶병정들과 함께 천막 속으로 들어갔다.

병조 兵曹 | 군사 병, 관청 조 [Ministry of War]
역사 고려와 조선 시대의 중앙 관청 여섯 개의 하나로 군사[兵]에 관한 일을 맡아보던 관청[曹].

▸병조 판서 兵曹判書 | 판가름할 판, 글 서
역사 조선시대 군사 관계 업무를 총괄하던 중앙 관청[兵曹]의 으뜸 관직[判書]. ㊐ 대사마(大司馬).

병졸 兵卒 | 군사 병, 군사 졸 [private]
군대[兵]에 근무하는 사람[卒]. ¶장군은 병졸을 거느리고 성을 공격했다. ㊐ 군사(軍士), 군졸(軍卒).

병:창 竝唱 | 나란히 병, 부를 창 [sing together]
❶ 속뜻 두 사람이 소리를 맞추어 나란히[竝] 함께 노래함[唱]. ❷ 음악 가야금 따위를 연주하면서 노래하는 일. ¶그는 가야금 병창을 특히 좋아한다.

병:충 病蟲 | 병 병, 벌레 충
농작물을 병들게[病] 하는 벌레[蟲].

▸병:충-해 病蟲害 | 해칠 해
식물이나 농작물 따위가 병균(病菌)이나 해충(害蟲)으로 말미암아 입는 손해(損害). ¶친환경 농법으로 병충해를 예방하다.

병:폐 病弊 | 병 병, 나쁠 폐
[evil practice; vice]
병(病)과 폐단(弊端)을 아울러 이르는 말. ¶사회의 병폐를 없애다.

병풍 屛風 | 병풍 병, 바람 풍
[folding screen]
주로 집안에서 장식을 겸하여 무엇을 가리거나 바람[風]을 막기[屛] 위하여 둘러치는 물건. ¶병풍을 두르다.

병:합 倂合 | 어우를 병, 합할 합 [merge; annex]
둘 이상의 단체, 나라 따위를 하나로 어울러[倂] 합(合)함. ¶두 나라가 병합했다.

병:해 病害 | 병 병, 해칠 해 [blight]
농작물이나 가축이 병(病)으로 말미암아 입는 피해(被害). ¶이것은 병해를 방지하는 살균제이다.

병:-해충 病害蟲 | 병 병, 해칠 해, 벌레 충
주로 농작물 따위에 해를 입히는 병(病)과 해충(害蟲). ¶병해충의 피해로부터 산림을 보호하다.

병:행 竝行 | 나란히 병, 갈 행
[go side by side]
❶속뜻 함께 나란히[竝] 감[行]. ❷둘 이상의 일을 아울러서 한꺼번에 함. ¶일과 공부를 병행하다.

병:환 病患 | 병 병, 병 환
[sickness; illness]
병[病=患]의 높임말.

볕 [sunshine; sun (as heat)]
'햇볕'의 준말. ¶빨래를 볕에 널어 말리다. 속담 쥐구멍에도 볕 들 날 있다.

보[1]步 | 걸음 보 [pace; step]
거리의 단위. 1보는 한 걸음 정도의 거리이다. ¶이 보 앞으로.

보[2]洑 | 보 보 [dammed pool for irrigation; reservoir]
논에 물을 대기 위하여 둑을 쌓고 흐르는 냇물을 막아 두는 곳.

보[3]褓 | 포대기 보
[cloth for wrapping; paper]
❶물건을 싸거나 씌워 덮기 위해 네모지게 만든 천. ¶식탁을 흰 보로 덮다. ❷'가위바위보'에서 손을 펼쳐 내민 것.

보:강 補強 | 기울 보, 강할 강
[strengthen; reinforce]
모자라는 곳이나 약한 부분을 보태고[補] 채워서 강(強)하게 함. ¶체력을 보강하다.

***보:건** 保健 | 지킬 보, 튼튼할 건
[keep a health]
건강(健康)을 잘 지켜[保]나감.

▶보:건-소 保健所 | 곳 소
질병의 예방, 진료, 공중 보건(保健)을 향상시키기 위한 공공 의료 기관[所]. ¶보건소에서 진찰을 받았다.

▶보:건-실 保健室 | 방 실
학생의 건강과 위생 따위[保健]에 관한 일을 맡아보는 곳[室]. ¶보건실에서 임시로 치료를 받았다.

보:고[1]寶庫 | 보배 보, 곳집 고
[treasure house; treasury]
❶속뜻 보물(寶物)을 보관하고 있는 창고(倉庫). ❷귀중한 것이 많이 나거나 간직되어 있는 곳을 비유적으로 이르는 말. ¶문화유산의 보고.

보:고[2]報告 | 알릴 보, 알릴 고
[report on; inform]
주어진 임무에 대하여 그 결과나 내용을 말이나 글로 알림[報=告]. ¶사건을 상관에게 보고하다.

▶보:고-문 報告文 | 글월 문
어떤 일에 대하여 연구했거나 조사한 내용을 남에게 알리기[報告] 위하여 쓴 글[文].

▶보:고-서 報告書 | 글 서
보고(報告)하는 내용을 적은 글[書]. 또는 그 문서.

***보:관** 保管 | 지킬 보, 관리할 관
[take charge; keep]
물건을 맡아서 지키고[保] 관리(管理)함.

¶보관이 간편하다 / 귀중품을 금고에 보관하다.

비슷한 듯 다른 말 ➲ 말다²

▸보:관-소 保管所 | 곳 소
다른 사람의 물품을 대신 맡아 관리하는[保管] 곳[所]. ¶화물 보관소에서 짐을 찾다.

▸보:관-함 保管函 | 상자 함
물품을 간직하고 관리하기[保管] 위해 넣어 두는 함(函). ¶귀중품 보관함.

보:국 輔國 | 도울 보, 나라 국
나라[國]의 일을 도움[輔].

▸보:국-안민 輔國安民 | 편안할 안, 백성 민
나라[國]의 일을 돕고[輔] 백성[民]을 편안(便安)하게 함.

보:균 保菌 | 지킬 보, 세균 균
[carry germs; be infected]
병균(病菌)을 몸에 지니고[保] 있음.

▸보:균-자 保菌者 | 사람 자
의학 전염병의 병원균(病原菌)를 몸에 지니고[保] 있으면서 아무런 증상이 나타나지 않는 상태의 사람[者]. ¶보균자를 격리하여 치료하다.

보글-거리다 [simmer; boil]
적은 양의 액체가 야단스럽게 끓다. ¶냄비에서 물이 보글거리며 끓는다.

보글-보글 [boiling]
❶적은 양의 액체가 잇달아 야단스럽게 끓는 소리. 또는 그 모양. ¶된장국이 보글보글 끓고 있다. ❷작은 거품이 잇달아 일어나는 소리. 또는 그 모양.

보금-자리 [nest; home]
❶새가 알을 낳거나 깃들이는 곳. ¶새들이 보금자리를 틀다. ❷지내기에 매우 포근하고 아늑한 자리. ¶신혼의 보금자리. ⓑ 둥지.

⁑보:급¹普及 | 넓을 보, 미칠 급 [popularize]
많은 사람에게 골고루 널리[普] 미치게[及] 함. ¶선진문물을 보급하다.

▸보:급-률 普及率 | 비율 률
어떤 것이 보급(普及)된 비율(比率). ¶주택 보급률.

보:급²補給 | 기울 보, 줄 급
[supply; replenish]
물자 등을 계속 보태어[補] 줌[給]. ¶식량 보급 / 물자를 보급하다.

▸보:급-로 補給路 | 길 로
군사 보급품(補給品)을 나르는데 이용되는 길[路]. ⓑ 보급선(補給線).

▸보:급-품 補給品 | 물건 품
보급(補給)되는 물품(物品). ¶각종 보급품을 트럭에 실었다.

보-기 [example; case]
어떤 사실을 설명하거나 증명하기 위하여 내세워 보이는 대표적인 것. ¶보기를 들어 알기 쉽게 설명하다. ⓑ 예(例).

보나마나 [to be sure; undoubtedly]
굳이 보지 않아도 틀림없이. ¶그는 보나마나 합격일 것이다.

보내다 (送, 보낼 송; 遣, 보낼 견) [send; waste time]
❶사람이나 물건 따위를 다른 곳으로 가게 하다. ¶편지를 보내다 / 아이를 친척집에 보내다. ❷시간이나 세월을 지나가게 하다. ¶나는 낮 시간을 책을 보며 보냈다. ❸죽어서 이별하다. ¶자식을 먼저 보낸 부모의 마음.

보너스 {영 bonus}
관청이나 회사 따위에서 직원에게 월급 외에 그 업적이나 공헌도에 따라 금전을 주는 것. 또는 그 금전. ⓑ 상여금(賞與金).

보다¹(見, 볼 견; 觀, 볼 관; 監, 볼 감; 覽, 볼 람) [see; manage; get]
❶사물의 모양을 눈을 통하여 알다. ¶눈을 크게 뜨고 자세히 보다. ❷알려고 잘 살피다. ¶어느 모로 보아도 그는 장군감이다. ❸일 따위를 맡아서 하거나 처리하다. ¶사무를 보다 / 아이를 보다. ❹누려서 가지다. ¶재미 보다 / 친구 덕을 톡톡히 보다.

비슷한 듯 다른 말 ➲ 읽다

보다[2][more than]
어떤 수준에 비하여 한층 더. ¶보다 높이 날다.

보다-못해 [being more than one can bear to see]
어떤 바람직하지 않은 일이 일어나는 것을 더 참을 수가 없어서. ¶나는 보다못해 그들의 싸움을 말렸다.

*__보:답__ 報答 | 갚을 보, 답할 답
[reward; recompense]
은혜나 호의에 답(答)하여 갚음[報]. ¶좋은 일을 하면 반드시 보답을 받는다.

보:도[1]報道 | 알릴 보, 말할 도
[report; cover]
❶ 속뜻 널리 알리거나[報] 말해[道]줌. ❷ 신문이나 방송으로 소식을 널리 알림. 또는 그 소식. ¶사건을 보도하다.

보:도[2]步道 | 걸음 보, 길 도 [sidewalk]
사람이 걸을[步] 때 사용되는 길[道]. ¶차도로 다니지 말고 보도로 다녀라. ㊐ 인도(人道). ㊥ 차도(車道).

▸ **보도-블록** (步道block)
보행자가 다니는 길에[步道] 깔기 위해 시멘트, 벽돌 따위로 만든 덩어리[block].

보드 {영 board}
판판하고 넓은 네모꼴 판.

보드랍다 [soft]
❶닿거나 스치는 느낌이 거칠지 않고 매끄럽다. ¶보드라운 피부 ❷가루 따위가 잘고 곱다. ¶밀가루가 보드랍다. ❸성질이나 태도·동작 따위가 곱고 순하다. ¶보드라운 마음씨.

보들보들-하다 [very soft; tender]
살갗에 닿는 느낌이 매우 보드랍다.

보듬다 [embrace; hug]
가슴에 착 대어 품듯이 안다. ¶어머니가 아기를 보듬고 재운다.

보-따리 (褓―, 포대기 보) [bundle]
❶ 속뜻 보자기로 물건을 싸서[褓] 꾸린 뭉치. ¶장사꾼의 보따리에는 온갖 신기한 물건이 다 들어 있었다. ❷속에 들어 있는 마음이나 생각 또는 재담 따위를 비유적으로 이르는 말. ¶이야기 보따리.

▸ **보따리-장수** (褓―)
물건을 보자기[褓]에 싸 가지고 다니며 장사하는 사람.

보라 [violet]
보라색.

▸ **보라-색** (―色, 빛 색)
파랑과 빨강의 중간색(色). 또는 그런 색의 물감. ㊐ 보랏빛.

보라매
동물 난 지 1년이 채 안 되는 새끼를 잡아 길들여 사냥에 쓰는 매.

보람 [worth; usefulness]
어떤 일을 한 뒤에 얻어지는 좋은 결과나 만족감. 또는 자랑스러움이나 자부심을 갖게 해 주는 일의 가치. ¶열심히 일한 보람이 있다.

▸ **보람-차다**
어떤 일을 한 뒤에 결과가 몹시 좋아서 자랑스러움과 자부심을 갖게 할 만큼 만족스럽다. ¶보람찬 하루를 보내다.

보랏-빛 [violet]
파랑과 빨강의 중간 빛. ㊐ 보라색.

보:료 [fancy mattress used as cushion]
속을 두껍게 넣고 만들어서, 앉는 자리에 항상 깔아 두는 요. ¶보료를 깔고 눕다.

보:류 保留 | 지킬 보, 머무를 류
[reserve; suspend]
어떤 일을 결정하지 않고 그대로[保] 둠[留]. 결정을 미루어 놓은 상태. ¶여행을 보류하다. ㊐ 유보(留保).

보름 [half month; fifteenth day of the month]
❶열다섯 날 동안. 15일간. ¶보름간의 말미를 주겠다. ❷'보름날'의 준말. ¶정월 대보름.

▸ **보름-날**
음력 15일. ㊐ 망일(望日).

▸ **보름-달**

음력 보름날에 뜨는 둥근 달. ¶쟁반같이 둥근 보름달. [비] 만월(滿月), 망월(望月).

보리 (麥, 보리 맥) [barley]
[식물] 논이나 밭에 가을 또는 봄에 심는 풀. 이삭은 떨어 주식으로 먹으며, 맥주, 빵의 원료로 쓴다.

▸보리-밥
쌀에 보리를 섞거나 또는 보리로만 지은 밥.

▸보리-밭
보리를 심은 밭. ¶보리밭 사잇길로 걸어가면.

▸보리-쌀
겉보리를 찧어 겨를 벗긴 곡식.

▸보리-차 (—茶, 차 차)
볶은 겉보리를 넣어 끓인 차(茶). ¶보리차를 수시로 먹어야 한다.

보리-수 菩提樹 | 보리 보, 보리 리, 나무 수 [bo tree; pipal tree]
[불교] '보리수(菩提樹)나무'의 준말. '깨달음'이라는 뜻의 산스크리트어 'bodhi'의 한자음역어.

▸보리수-나무 (菩提樹—)
[불교] 석가모니가 그 아래에서 변함없는 진리를 깨달아 불도(佛道)를 이루었다고 하는 나무.

보릿-고개 [barley hump]
지난날, 묵은 곡식은 다 떨어지고 보리는 아직 여물지 않아 농가 생활에서 가장 살기 어려운 음력 4-5월을 이르던 말. ¶숙부님의 도움으로 보릿고개를 무사히 넘겼다. [비] 춘궁기(春窮期).

보릿-단
보리를 베어 묶어 놓은 단.

보:모 保姆 | 도울 보, 유모 모 [nurse]
일정한 자격을 가지고 유치원, 보육원, 양호 시설 등에서 아이들을 돌보는[保] 여자[姆]. ¶보모를 구하다.

***보:물** 寶物 | 보배 보, 만물 물 [treasure]
보배로운[寶] 물건(物件). 썩 드물고 귀한 물건. ¶동대문은 대한민국 보물 제1호이다. [비] 보배, 보화(寶貨).

▸보:물-섬 (寶物—)
보물(寶物)이 있는 섬. 보물을 감추어 둔 섬. ¶보물섬을 찾아 항해를 시작했다.

▸보:물-찾기 (寶物—)
보물(寶物)로 설정한 물건의 이름을 적은 종이쪽지를 여러 곳에 감추어 놓고 이것을 찾아 가지고 오는 사람에게 그 적힌 물건을 주는 놀이의 하나.

보:배 [treasure; valuables]
❶귀중한 물건. ¶보배로운 물건. ❷소중한 사람이나 물건의 비유. ¶어린이는 나라의 보배이다. [비] 보물(寶物), 보화(寶貨).

보:병 步兵 | 걸음 보, 군사 병 [foot soldier]
❶[속뜻] 걸어 다니면서[步] 싸우는 병사(兵士). ❷[군사] 육군 병과의 하나. 소총이나 기관총 등을 가지고 육상에서 싸우는 군인. [비] 보졸(步卒).

보:복 報復 | 갚을 보, 되돌릴 복 [take a reprisal]
❶[속뜻] 앙갚음[報]을 하여 되돌려[復] 줌. ❷남이 저에게 해를 준 대로 저도 그에게 해를 줌. ¶보복을 당하다 / 테러리스트를 보복하다. [비] 앙갚음, 복수.

보:부-상 褓負商 | 포대기 보, 질 부, 장사 상 [peddler]
[역사] 봇짐[褓] 장수와 등짐[負] 장수[商]를 아울러 이르는 말.

보살 菩薩 | 보살 보, 보살 살 [Bodhisattva (Sans.)]
[불교] ❶'보리살타'(菩提薩陀)의 준말. '지혜를 가진 자'라는 뜻의 산스크리트어 'Bodhisatva'의 한자 음역어. 부처에 버금가는 성인. ❷'보살승'(菩薩僧)의 준말. ❸'나이 많은 여신도'를 대접하여 이르는 말.

▸보살-상 菩薩像 | 모양 상
[불교] 대승 불교에서, 상징적으로 보살(菩薩)을 상(像)으로 만든 것.

보-살피다 [take care of; look after]
마음을 써서 두루 돌보다. ¶환자를 보살피다.

보:상[1]報償 | 갚을 보, 갚을 상
[recompense; remunerate]
❶ 속뜻 남에게 진 빚을 갚음[報=償]. ¶빌린 돈의 보상이 어렵게 됐다. ❷어떤 것에 대한 대가로 갚음. ¶노고에 대해 보상을 받다.

▶보:상-금 報償金 | 돈 금
보상(報償)으로 내놓는 돈[金]. ¶보상금을 지급하다.

보:상[2]補償 | 기울 보, 갚을 상
[indemnify; compensate]
남에게 끼친 손해를 금전으로 보충(補充)하여 갚음[償]. ¶피해 보상 / 보상을 청구하다. ⓑ 배상(賠償).

▶보:상-금 補償金 | 돈 금
법률 보상(補償)하는 돈[金]. ¶보상금을 받다.

보:색 補色 | 도울 보, 빛 색
[complementary color]
❶ 속뜻 서로 도움[補]이 되는 색(色). ❷ 미술 섞었을 때 무채색이 되는 두 색. 또는 그 두 색의 관계를 이르는 말. 빨강과 청록의 관계 따위.

보:석[1]保釋 | 지킬 보, 풀 석
[bail; bailment]
❶ 속뜻 보증(保證)을 받고 풀어줌[釋]. ❷ 법률 일정한 보증금의 납부를 조건으로 구속의 집행을 정지하고 구금을 해제하여 구속된 피고인을 석방하는 제도. ¶그는 보석으로 풀려났다.

보:석[2]寶石 | 보배 보, 돌 석
[jewel; precious stone]
보배[寶]로 쓰이는 광석(鑛石). ¶보석으로 온 몸을 치장하다. ⓑ 보옥(寶玉).

▶보:석-상 寶石商 | 장사 상
보석(寶石)을 사고파는 상인(商人).

보:세 保稅 | 지킬 보, 세금 세 [bond]
법률 관세(關稅)의 부과를 유보(留保)하는 일. 관세 부과를 미룸.

보송-보송
❶잘 말라서 물기가 아주 없는 모양. ¶햇볕에 보송보송 잘 마른 빨래. ❷거칠지 않아 곱고 보드라운 모양. ¶아기의 얼굴이 보송보송하다.

보:수[1]報酬 | 갚을 보, 갚을 수
[reward; remuneration; pay]
❶ 속뜻 고마움에 보답(報答)하여 갚음[酬]. ❷일한 대가로 주는 돈이나 물품. 또는 그 금품. ¶직급이 올라가면 보수도 올라간다.

보:수[2]補修 | 기울 보, 닦을 수
[mend; repair]
상하거나 부서진 부분을 기우고[補] 수리(修理)함. ¶도로를 보수하다.

보:수[3]保守 | 지킬 보, 지킬 수
[conservativeness]
❶ 속뜻 전통을 보전(保全)하여 잘 지킴[守]. ❷전통을 옹호하고 유지하면서 새로운 변화를 추구함. ¶보수와 진보 세력이 하나로 뭉쳐서 급진주의자들을 몰아냈다. ⓑ 진보(進步). ⓑ 급진(急步).

▶보:수-적 保守的 | 것 적
보수(保守)의 경향이 있는 것[的]. ⓑ 진보적(進步的), ⓑ 혁신적(革新的), 급진적(急進的).

보스 {영 boss}
집단의 두목. 우두머리.

보슬-보슬 [gently; drizzly]
눈·비가 가늘고 성기게 내리는 모양. ¶비가 보슬보슬 내린다.

보슬-비 [drizzle; misty rain]
바람 없는 날 가늘고 성기게 조용히 내리는 비.

보습[1][plow(share)]
농업 쟁기, 극젱이, 가래 따위 농기구의 술바닥에 끼우는, 넓적한 삽 모양의 쇳조각. 땅을 갈아서 흙덩이를 일으키는 일을 한다.

보:습[2] **補習** | 기울 보, 익힐 습 [supplement (education)]
교육 부족한 공부를 보충(補充)하여 학습(學習)함. ¶겨울 방학에 수학을 보습할 예정이다.

보:시 [almsgiving]
불교 ❶깨끗한 마음으로 불법이나 재물을 아낌없이 사람에게 베풂. ❷불가에 재물을 연보함. 포시(布施)가 변한 말이다.

보시기 [small bowl of porcelain]
김치·깍두기 따위를 담는 작은 반찬 그릇.

보:신 **補身** | 기울 보, 몸 신 [preserve oneself]
보약이나 영양 식품을 먹어서 몸[身]의 원기를 보충(補充)함. ¶꿀은 몸을 보신하는 데 좋다.

보:신-각 **普信閣** | 널리 보, 믿을 신, 집 각
❶속뜻 믿음[信]의 소리를 널리[普] 전하는 종각(鐘閣). ❷고적 서울 종로에 있는 종각. 조선 태조 4년(1395)에 건립되었다.

보-쌈 (褓―, 포대기 보)
삶아서 뼈를 추려 낸 소·돼지 따위의 머리 고기를 보에 싸서 무거운 것으로 눌러 단단하게 만들고 썰어서 먹는 음식.

▸보쌈-김치 (褓―)
배추·무 등을 일정한 크기로 썰어서 갖은 양념을 한 것을 배추 잎에 싸서 담근 김치.

보아-주다 [take care of; turn a blind eye]
❶보살펴 주다. ¶친구의 일을 보아주다. ❷남의 입장을 살펴 이해하거나 잘못을 덮어 주다. ¶이번 한 번만 저를 보아주세요. ㊟ 봐주다. ㊥ 눈감아주다.

보:안[1] **保安** | 지킬 보, 편안할 안 [security]
사회의 안녕(安寧)과 질서를 지킴[保]. ¶보안을 위해 출입을 통제하다.

▸보:안-등 保安燈 | 등불 등
안전(安全)을 지키기[保] 위해 골목길 등에 설치해 놓은 전등(電燈).

보:안[2] **保眼** | 지킬 보, 눈 안
눈[眼]을 보호(保護)함. ¶보안을 위해 안경을 낀다.

▸보:안-경 保眼鏡 | 거울 경
눈[眼]을 보호(保護)하려고 쓰는 안경(眼鏡).

보:약 **補藥** | 도울 보, 약 약 [restorative]
몸의 기력을 돕는[補] 약(藥). ¶밥이 보약이다. ㊥ 보강제(補強劑).

보:온 **保溫** | 지킬 보, 따뜻할 온 [keep warmth]
주위의 온도에 관계없이 일정한 온도(溫度)를 유지하여 지킴[保]. ¶보온 효과가 뛰어나다.

▸보:온-병 保溫甁 | 병 병
보온(保溫) 기능이 있는 병(甁). ㊥ 이중병(二重甁).

보:완 **補完** | 기울 보, 완전할 완 [complement; supplement]
모자라는 것을 보태서[補] 완전(完全)하게 함. ¶이 문제점을 보완해야 한다.

보:우 **保佑** | 지킬 보, 도울 우 [protection; assistance]
보호(保護)하고 도움[佑]. ¶하느님이 보우하사 우리나라 만세.

보원이덕 **報怨以德** | 갚을 보, 원수 원, 써 이, 은덕 덕
❶속뜻 원수[怨]를 은덕[德]으로[以] 갚음[報]. ❷원한을 덕으로 갚음. ¶보원이덕하는 마음으로 임하다.

보:위 **保衛** | 지킬 보, 지킬 위 [preserve the integrity; defend]
보호(保護)하고 방위(防衛)함. ¶국가 보위에 관한 특별법.

보:유 **保有** | 지킬 보, 있을 유 [possess]
간직하고[保] 있음[有]. ¶핵무기를 보유하다.

▸보:유-자 保有者 | 사람 자
어떤 것을 가지고[保] 있거나[有] 간직하고 있는 사람[者]. ¶세계기록 보유자.

보:육 保育 | 도울 보, 기를 육
[bring up; rear; nurse]
어린 아이들을 돌보아[保] 기름[育]. ¶아동 보육을 지원하다 / 보육시설.

▸보:육-원 保育院 | 집 원
부모나 보호자가 없는 아이들을 받아 기르는[保育] 집[院].

보:은 報恩 | 갚을 보, 은혜 은
[requite of kindness]
은혜(恩惠)를 갚음[報]. ㉥ 배은(背恩).

보이다 (示, 보일 시)
[be seen; be found]
❶보게 하다. ¶텔레비전을 보이다. ❷남의 눈에 뜨이게 하다. ¶허점을 보이다. ❸보게 하다. ¶손해를 보이다. ㊣ 뵈다.

보이 스카우트 {영 Boy Scouts}
사회 심신 단련과 협동심 양성을 목적으로 조직된 소년들을[Boy] 뽑아[Scouts] 만든 단체. 1908년 영국에서 처음 창설되었다. ㉥ 소년단(少年團).

보일러 {영 boiler}
기계 난방 시설이나 목욕탕 등에 더운물을 보내기 위해 물을 끓이는 시설.

보자기 (袱—, 포대기 보)
[wrapping cloth]
물건을 싸는 작은 보(袱). ¶보자기에 배추를 싸다. ㉥ 보(袱).

보잘것-없다 [be worthless; useless]
볼 만한 값어치가 없을 정도로 하찮다. ¶보잘것없는 의견. ㉥ 가치 없다, 변변찮다.

보:장 保障 | 지킬 보, 막을 장
[guarantee; security]
❶ 속뜻 지켜주고[保] 막아줌[障]. ❷잘못될 만한 것을 맡아 책임짐. ¶안전 보장.

*__보:전 保全__ | 지킬 보, 온전할 전 [preserve intact]
온전하게[全] 잘 지킴[保]. ¶환경 보전.

보:조[1] 步調 | 걸음 보, 고를 조
[pace; step]
❶ 속뜻 걸음걸이[步]의 속도나 모양 따위의 상태[調]. ¶보조를 빨리 하다. ❷여럿이 함께 일을 할 때의 진행 속도나 조화. ¶보조를 맞추어 일하다.

보:조[2] 補助 | 기울 보, 도울 조
[help; assist; aid]
보태어[補] 도움[助]. ¶학비를 보조하다.

▸보:조-금 補助金 | 돈 금
법률 정부나 공공 단체가 특정 산업의 육성이나 특정 시책의 장려를 위해[補助] 기업이나 개인에게 교부하는 돈[金]. ㉥ 교부금(交付金).

▸보조 기억 장치 補助記憶裝置 | 기록할 기, 생각할 억, 꾸밀 장, 둘 치
컴퓨터에서 주기억 장치를 보완하여[補助] 쓰는 외부 기억장치(記憶裝置). 플로피 디스크 장치, 하드 디스크 장치, 자기 테이프 장치, 시디롬 따위.

보조개 [dimple]
흔히 웃거나 말할 때에 볼에 오목하게 우물져 들어가는 자국.

*__보:존 保存__ | 지킬 보, 있을 존
[preserve; conserve]
잘 보호(保護)하고 간수하여 남김[存]. ¶이 식품은 장기간 보존할 수 있다.

보:좌 補佐 | =輔佐, 도울 보, 도울 좌
[assist; aid; help; support]
상관을 도와[補=佐] 일을 처리함. ¶대통령을 보좌하다. ㉥ 보필(輔弼), 익보(翼輔).

보:증 保證 | 지킬 보, 증명할 증
[guarantee; vouch for]
어떤 사물이나 사람에 대하여 책임지고[保] 틀림이 없음을 증명(證明)함. ¶그 사람은 내가 보증한다 / 보증을 서다.

▸보:증-금 保證金 | 돈 금
법률 일정한 채무의 담보로[保證] 미리 채권자에게 주는 돈[金].

▸보:증-인 保證人 | 사람 인
법률 신분이나 경력이 틀림없다고 증명하거나 책임을 지는[保證] 사람[人]. ㉥ 증인

(證人).

보:지 [vulva]
여자의 음부(陰部)를 비속하게 이르는 말.

보채다 [cry for; importune]
❶어린아이가 성가시도록 울거나 칭얼거리다. ❷무엇을 요구하며 성가시게 조르다. ¶동생이 집에 가자고 자꾸 보챘다.

보:청-기 補聽器 | 도울 보, 들을 청, 그릇 기 [hearing aid]
의학 청력이 약하여 잘 들리지 않는 것을 잘 들리도록[聽] 도와주는[補] 기구(器具). ¶할머니는 보청기를 사용하신다. ㊐ 청화기(聽話器).

보:초 步哨 | 걸음 보, 망볼 초 [sentry; guard]
❶ 속뜻 걸어 다니며[步] 망을 봄[哨]. ❷ 군사 부대의 경계선이나 각종 출입문에서 경계와 감시의 임무를 맡은 병사. ¶보초를 서다. ㊐ 보초병(步哨兵).

보:충 補充 | 기울 보, 채울 충 [supplement; replenish]
부족한 것을 보태어[補] 채움[充]. ¶영양을 보충하다. ㊐ 충보(充補).

보크사이트 {영 bauxite}
광업 알루미늄의 수산화물을 주성분으로 하는 산화 광물. 명반(明礬)의 원료로 쓰인다.

보태다 [supply make up; add]
❶모자라는 것을 더하여 채우다. ¶모자라는 생활비는 부모님이 보태 주셨다. ❷이미 있던 것에 더하여 많아지게 하다. ¶보태지도 빼지도 말고 사실대로 말해 봐라.

보탬 [aid; help]
보태어 더하거나 돕는 일. 또는 그런 것.

보:통 普通 | 넓을 보, 통할 통 [average; ordinary]
❶ 속뜻 널리[普] 통(通)함. ❷특별하지 않고 흔히 볼 수 있어 평범함. 또는 뛰어나지도 열등하지도 않은 중간 정도. ¶내 키는 보통이다. ㊐ 통상(通常).

▶보:통-례 普通禮 | 예도 례
허리를 굽혀 보통(普通)의 예도(禮度)로 하는 인사.

▶보:통 선:거 普通選擧 | 가릴 선, 들 거
정치 재산·신분·성별·교육 정도 따위의 제한을 두지 않고[普通], 성년에 도달하면 누구나 참가하는 선거(選擧) 제도. ㊀ 제한 선거(制限選擧).

보-퉁이 (褓—, 포대기 보) [bundle]
물건을 보자기[褓]에 싼 덩이. ¶어머니는 보퉁이를 꾸려 집을 나섰다.

보트 {영 boat}
노를 젓거나 모터에 의하여 추진하는 서양식의 작은 배. ¶보트를 띄우다.

보:편 普遍 | 넓을 보, 두루 편 [universalize]
널리[普] 두루 미침[遍]. ¶보편 타당성이 있어야 남을 설득할 수 있다. ㊐ 일반(一般). ㊀ 특수(特殊).

▶보:편-적 普遍的 | 것 적
두루 널리 미치는[普遍] 것[的]. ¶인터넷의 보급은 보편적인 추세이다. ㊐ 일반적(一般的).

▶보:편-화 普遍化 | 될 화
널리[普] 일반인에게 퍼지게[遍] 됨[化]. ¶컴퓨터는 점차 보편화되었다. ㊐ 일반화(一般化).

보:폭 步幅 | 걸음 보, 너비 폭 [step; pace]
걸음[步]의 너비[幅]. ¶그는 보폭이 크다.

보:필 輔弼 | 도울 보, 도울 필 [assist; counsel]
윗사람의 일을 도움[輔=弼]. 또는 그런 사람. ¶대통령을 보필하다.

보:-하다 (補—, 도울 보) [strengthen; build up]
자양분이나 약을 먹어 몸의 원기를 돕다[補]. ¶몸을 보하는 약을 먹다.

보:행 步行 | 걸음 보, 갈 행 [walk]
걸어[步] 다님[行]. ¶인간은 직립 보행한다.

▸보:행-자 步行者 | 사람 자
걸어 다니는[步行] 사람[者]. ¶보행자 전용 도로. ㊥ 보행인.

보:험 保險 | 지킬 보, 험할 험 [insurance]
❶ 속뜻 각종 위험(危險)으로 인한 손해를 지켜[保] 줌. ❷ 경제 사고나 질병 따위로 생긴 손해를 보상하기 위해, 금융기관이나 회사와 개인 간에 맺는 계약이나 제도. ¶국민의료보험 / 보험에 들다.

▸보:험-금 保險金 | 돈 금
경제 보험 사고가 생겼을 때, 보험 회사가 보험(保險)에 든 사람에게 지불하는 돈[金]. ¶사망할 경우 1억 원의 보험금을 받는다.

▸보:험-료 保險料 | 삯 료
경제 보험(保險)에 가입한 사람이 보험자에게 내는 일정한 돈[料].

⁑**보:호 保護** | 지킬 보, 돌볼 호 [protect]
위험 따위로부터 지켜주고[保] 돌보아 줌[護]. ¶환경을 보호하다.

▸보:호-새 (保護-)
법률 법률로 잡지 못하게하여 보호(保護)하는 새. ¶고니는 보호새이다.

▸보:호-색 保護色 | 빛 색
동물 다른 동물의 공격과 같은 위험한 상황에서 자신의 몸을 보호(保護)하기 위해 주변과 비슷하게 바뀌는 몸의 색깔[色]. ¶카멜레온은 여러 가지 보호색이 있다. ㊥ 은닉색(隱匿色), 은폐색(隱蔽色).

▸보:호-자 保護者 | 사람 자
❶ 속뜻 환자나 노약자 등 약한 처지에 있는 사람을 보호(保護)하는 사람[者]. ❷ 법률 미성년자에 대하여 친권을 행사할 수 있는 사람. ¶어린이는 보호자를 동반하십시오.

보:화 寶貨 | 보배 보, 재물 화 [treasure]
보물[寶]과 화폐[貨幣]. ¶왕궁 안의 보화를 노략질하였다. ㊥ 보물(寶物), 보배.

복[1] [swellfish; blowfish]
동물 '복어'의 준말.

복[2] **福** | 복 복 [fortune; luck; blessing]
❶아주 좋은 운수. ¶새해 복 많이 받으세요. ❷배당되는 몫이 많음의 비유. ¶먹을 복이 많다. ㊥ 화(禍).

복개 覆蓋 | 덮을 복, 덮을 개 [cover; cap]
❶ 속뜻 뚜껑을 덮음[覆=蓋]. 덮개. ❷ 건설 하천에 덮개 구조물을 씌워 겉으로 보이지 않도록 함. 또는 그 덮개 구조물. ¶하천을 복개하다.

복고 復古 | 돌아올 복, 옛 고 [restore; recover]
과거의[古] 모양, 정치, 사상, 제도, 풍습 따위로 돌아감[復]. ¶왕정(王政)을 복고하다.

▸복고-적 復古的 | 것 적
과거의 사상이나 전통으로 되돌아가려는 [復古] 것[的]. ¶복고적인 분위기가 문학계를 주도하였다.

복구 復舊 | 되돌릴 복, 옛 구 [restore]
파괴된 것을 예전[舊]의 본래 상태대로 되돌림[復]. ¶피해 지역을 복구하다.

복권 福券 | 복 복, 문서 권 [lottery ticket]
❶ 속뜻 복(福)을 가져다주는 증서[券]. ❷ 번호나 그림 따위의 특정 표시를 기입한 표(票). 추첨 따위를 통하여 일치하는 표에 대해서 상금이나 상품을 준다. ¶복권이 당첨되다.

복귀 復歸 | 돌아올 복, 돌아갈 귀 [return; comeback]
본디의 자리나 상태로 돌아오거나[復] 돌아감[歸]. ¶부대로 복귀하다.

복근 腹筋 | 배 복, 힘줄 근 [abdominal muscles]
의학 배[腹]에 붙어 있는 근육(筋肉). ¶복근 운동.

▸복근-력 腹筋力 | 힘 력
배[腹]에 있는 근육(筋肉)의 힘[力]. ¶복근력 운동.

복-날 (伏–, 엎드릴 복)
초복·중복·말복(伏)이 되는 날. ¶복날에 삼계탕을 먹었다. ㊟복. ㊥복일(伏日).

복덕 福德 | 복 복, 베풀 덕
[good fortune]
❶ 불교 선행의 과보(果報)로 받는 복(福)과 공덕(功德). ❷타고난 복과 후덕한 마음. ¶복덕을 갖추다.

▸**복덕-방** 福德房 | 방 방
❶ 속뜻 복(福)을 짓고 덕(德)을 쌓는 방(房). ❷가옥이나 토지 같은 부동산을 매매하는 일이나 임대차를 중계하여 주는 곳. ¶복덕방에서 집을 알아보다. ㊥부동산 중개소(不動産仲介所).

복-덩이 (福–, 복 복)
매우 귀중한 사람이나 물건을 비유적으로 이르는 말. ¶아이는 집안의 복덩이다.

***복도** 複道 | 겹칠 복, 길 도
[passage; hallway]
❶ 속뜻 건물과 건물 사이에[複] 지붕을 씌워 만든 통로[道]. ❷건물 안에서 각 방을 이어주는 통로. ¶복도를 따라 교실로 들어가다.

복리[1] 福利 | 복 복, 이로울 리 [welfare]
행복(幸福)과 이익(利益)을 아울러 이르는 말. ¶국민의 복리를 증진하다.

복리[2] 複利 | 겹칠 복, 이로울 리
[compound interest]
❶ 속뜻 이자(利子)를 원금에 겹쳐서[複] 계산함. ❷ 경제 복리법으로 계산된 이자.

복면 覆面 | 덮을 복, 낯 면
[wear a mask]
❶ 속뜻 얼굴[面]을 덮어[覆] 가림. ❷얼굴을 알아보지 못하도록 헝겊 따위로 가림. 또는 그 때 쓰는 보자기 같은 물건. ¶강도는 복면을 하고 침입했다.

복무 服務 | 일 복, 힘쓸 무
[(public) service]
맡은 바 일[服]에 힘씀[務]. 직무를 맡아 일함. ¶아버지는 경찰관으로 복무하고 있다.

복-받치다 [well up; be filled]
감정이 치밀어 오르다. ¶설움이 복받치다.

복병 伏兵 | 숨길 복, 군사 병
[ambush; surprise rival]
❶ 군사 적을 기습하기 위하여 적이 지날 만한 길목에 숨겨 놓은[伏] 군사[兵]. ¶이곳에 적의 복병이 있다. ❷어디엔가 숨어 있다 나타난 뜻밖의 경쟁 상대. ¶결승전에서 뜻밖의 복병을 만나다.

복부 腹部 | 배 복, 나눌 부
[abdomen; belly]
의학 배[腹] 부분(部分). ¶그는 복부비만이다.

복사[1] 輻射 | 바퀴살 복, 쏠 사 [radiate]
물리 물체로부터 열이나 전자기파가 바퀴살[輻]처럼 사방으로 쏘아[射] 방출됨. ¶태양은 복사에너지를 방출한다. ㊥방사(放射).

복사[2] 複寫 | 겹칠 복, 베낄 사
[copy; duplicate]
❶ 속뜻 그대로 본떠서 겹[複]으로 베낌[寫]. ¶문서를 복사하다. ❷종이를 두 장 이상 포개어 같은 문서를 한꺼번에 여러 벌 만드는 일.

▸**복사-기** 複寫器 | =複寫機, 그릇 기
문서나 자료 등을 복사(複寫)하는데 쓰이는 기계(器械).

복사-꽃 [peach blossom]
복숭아나무의 꽃. '복숭아꽃'의 준말. ㊥도화(桃花).

복사-뼈 [anklebone]
발목 부근에 안팎으로 둥글게 나온 뼈.

복선[1] 伏線 | 숨길 복, 줄 선
[advance hint; convert reference]
❶ 속뜻 숨겨 놓은[伏] 줄[線]. ❷만일의 경우에 대비하여 남모르게 미리 꾸며 놓은 일. ¶복선을 가지고 있다. ❸ 문학 소설이나 희곡 따위에서 앞으로 일어날 사건에

대하여 미리 독자에게 넌지시 암시하는 서술. ¶복선을 깔다.

복선²複線 | 겹칠 복, 줄 선
[two track line]
❶ 속뜻 겹[複]으로 된 줄[線]. 겹줄. ❷오고 가는 차가 따로 다닐 수 있도록 선로를 두 가닥 이상으로 깔아 놓은 궤도. ¶경부선 철도는 복선이다. ⓑ 단선(單線).

복속 服屬 | 따를 복, 엮을 속
[obey; be subject]
복종(服從)하여 따름[屬]. ¶말갈족은 고구려에 복속하고 말았다. ⓑ 속복(屬服).

복수¹複數 | 겹칠 복, 셀 수
[plural number]
둘[複] 이상의 숫자[數]. ¶복수 명사 / 복수 전공. ⓑ 단수(單數).

복수²復讐 | 되돌릴 복, 원수 수
[revenge; vengeance]
원수(怨讐)를 보복(報復)함. 원수를 갚음. ¶그 놈들에게 복수하고 말겠다! ⓑ 앙갚음, 보복(報復).

▶ **복수-심** 復讐心 | 마음 심
복수(復讐) 하려는 마음[心]. ¶복수심에 불타다.

복숭아 (桃, 복숭아 도) [peach]
복숭아나무의 열매. 품종에 따라 크기가 다르고 단맛이 있으며 담홍색으로 익는다. ⓒ 복사.

▶ 복숭아-나무
식물 늦봄에 연한 분홍색 꽃이 피고, 여름에 열매인 '복숭아'가 달리는 나무. ⓑ 복사나무, 도수(桃樹).

복-스럽다 (福—, 복 복)
[happy looking]
복(福)이 있어 보이다. ¶복스럽게 생긴 아이.

복습 復習 | 돌아올 복, 익힐 습 [review]
배운 것을 되풀이하여[復] 익힘[習]. ¶틀린 문제를 복습하다. ⓑ 예습(豫習).

복식¹服飾 | 옷 복, 꾸밀 식
[dress and its ornaments]
❶ 속뜻 옷[服]의 꾸밈새[飾]. ❷옷과 장신구를 아울러 이르는 말. ¶중세시대 복식은 매우 간소하다.

복식²複式 | 겹칠 복, 법 식
[multiple forms]
❶ 속뜻 두 겹 또는 그 이상으로[複] 된 복잡한 방식(方式). ❷ 운동 탁구·테니스 따위에서, 서로 두 사람씩 짝을 지어서 하는 시합. ¶배드민턴 복식 경기. ⓑ 단식.

복싱 {영 boxing}
운동 두 사람이 링 위에서 글러브를 낀 주먹으로 서로 치고 막고 하는 운동 경기. ⓑ 권투(拳鬪).

복어 (—魚, 물고기 어) [swellfish]
동물 몸이 똥똥하고 이가 날카로운 바닷물고기[魚]. 공기를 들이마셔 배를 불룩하게 내미는 성질이 있다. 고기는 맛이 좋으나 내장에 독이 있다. ⓒ 복.

복역 服役 | 따를 복, 부릴 역
[public service; penal servitude]
❶ 속뜻 공역(公役), 병역(兵役) 따위에 따름[服]. ❷징역을 삶. ¶그는 5년 형을 선고받고 복역 중에 탈옥했다.

복용 服用 | 먹을 복, 쓸 용
[take medicine]
약을 내복(內服)하여 사용(使用)함. 약을 먹음. ¶하루에 세 번 복용하세요. ⓑ 복약(服藥).

*__복원 復元__ | =復原, 돌아올 복, 으뜸 원
[restorate to the original state]
본래[元]대로 회복(回復)함. ¶숭례문 복원 사업. ⓑ 복구(復舊).

복음 福音 | 복 복, 소리 음
[glad tidings; (Christian) Gospel]
❶ 속뜻 복(福) 받을 기쁜 소식[音]. ❷ 기독교 예수의 가르침. 또는 예수에 의한 인간 구원의 길.

⁑**복잡 複雜** | 겹칠 복, 섞일 잡 [complex]
무엇이 겹치고[複] 뒤섞여[雜] 어수선하

다. ¶교통이 복잡하다 / 머릿속이 복잡하다.

복장 服裝 | 옷 복, 꾸밀 장 [dress]
❶ 속뜻 옷[服]을 차려 입은[裝] 모양. ¶복장을 단정히 하다. ❷옷. ¶가벼운 복장을 하다.

복제 複製 | 겹칠 복, 만들 제 [copy]
본디의 것과 똑같이 겹쳐[複] 만듦[製]. 또는 그렇게 만든 것. ¶불법으로 영화를 복제하다.

복-조리 福笊籬 | 복 복, 조리 조, 울타리 리
민속 복(福)을 거두어 담는 조리(笊籬). 정월 초하룻날 새벽에 팔러 다닌다.

복종 服從 | 따를 복, 좇을 종 [obey]
❶ 속뜻 남의 말 따위에 따르고[服] 좇음[從]. ❷남의 명령, 요구, 의지 등에 그대로 따름. ¶명령에 즉각 복종하다. 반 거역(拒逆), 반항(反抗).

복-주머니 (福—, 복 복) [lucky bag]
민속 복(福)을 비는 뜻으로, 주로 정초에 어린이에게 매어 주는 두루주머니. 그 속에 쌀·깨·조·팥 따위 곡식을 넣어 아이들의 옷고름에 매어 준다.

복지 福祉 | 복 복, 복 지
[public welfare; wellbeing]
행복한[福=祉] 삶. 행복하게 살 수 있는 사회 환경. ¶국민의 복지를 증진하다 / 복지 시설.

▶복지 국가 福祉國家 | 나라 국, 집 가
정치 국민의 행복과 이익을 주요 목적으로 하여 여러 복지정책(福祉政策)을 펴는 국가(國家).

▶복지 사회 福祉社會 | 단체 사, 모일 회
사회 모든 사회 구성원이 빈곤과 곤궁(困窮)에서 벗어나 복지(福祉)가 증진·확보되어 있는 사회(社會).

복직 復職 | 돌아올 복, 일자리 직 [resume office]
원래의 일자리[職]로 다시 돌아옴[復]. ¶나는 지난달에 복직했다.

복창 復唱 | 돌아올 복, 부를 창 [repeat]
남의 말을 그대로 받아서 다시[復] 부름[唱]. ¶우리는 선생님이 하시는 말씀을 일제히 복창했다.

복통 腹痛 | 배 복, 아플 통 [stomachache]
복부(腹部)에 일어나는 통증(痛症). ¶갑자기 복통을 일으키다.

복판 [middle; center]
어떤 공간이나 사물의 한가운데. ¶우리 집 마당의 복판에는 오래된 감나무 한 그루가 서 있다. 비 가운데, 중앙(中央).

복학 復學 | 돌아올 복, 배울 학
[return to school]
정학이나 휴학을 하고 있던 학생이 다시 학교(學校)로 돌아감[復]. ¶다음 학기에 복학할 예정이다. 비 복교(復校).

***복합** 複合 | 겹칠 복, 합할 합 [compound]
두[複] 가지 이상의 것이 합(合)하여 하나가 됨. ¶주상 복합 건물 / 슬픔과 분노가 복합된 연기를 하다.

▶복합-어 複合語 | 말씀 어
언어 두[複] 개 이상의 형태소가 결합(結合)된 말[語]. '덧신', '문밖', '집안', '늦더위' 따위.

복다 [roast; panbroil]
❶마른 물건을 그릇에 담아 불에 익히다. ¶멸치를 볶다. ❷단 냄비에 기름을 두르고 야채나 고기 따위를 양념하여 저어 가며 익히다. ¶고기를 볶다. ❸사람을 못살게 굴다. ¶장난감을 사 달라고 엄마를 볶다.

♣ 볶다 / 지지다 (비슷한 듯 다른 말)

◎ 돼지고기를 기름에 볶다 = 지지다.

○ 참깨를 볶다.
× 참깨를 지지다.

○ 빈대떡을 지지다.
× 빈대떡을 볶다.

볶음-밥 [frizzled rice]
쌀밥에 당근·쇠고기·감자 등을 잘게 썰어 넣고 기름에 볶아 만든 음식.

본[1]本 | 본보기 본
[example; model; pattern]
❶어떤 사실을 설명하거나 증명하기 위하여 내세워 보이는 대표적인 것. ¶본을 보이다. ❷버선이나 옷 따위를 만들 때에 쓰기 위하여 본보기로 만든 실물 크기의 물건. ¶저고리의 본을 뜨다. ㊥ 본보기.

본[2]本 | 뿌리 본 [family origin]
시조(始祖)가 난 곳. ¶나는 그와 성은 같지만 본이 다르다. ㊥ 관향(貫鄕), 본관(本貫).

본[3]本 | 뿌리 본 [this; original]
❶지금 말하고 있는 '이'의 뜻. ¶본 사건. ❷'본디의'의 뜻. ¶본마음.

본거 本據 | 뿌리 본, 의지할 거 [stronghold; base]
뿌리[本]가 되고 의지[據]됨. 또는 그런 바탕. ¶종파의 본거. ㊥ 근거(根據).

▸**본거-지** 本據地 | 땅 지
생활이나 활동의 중심[本據]이 되는 곳[地]. ¶미국 남부는 공화당의 본거지이다. ㊥ 근거지(根據地).

본격 本格 | 뿌리 본, 격식 격
[fundamental rules; propriety]
근본(根本)에 맞는 올바른 격식(格式). ¶우리나라 전통적인 인사법의 본격에 걸맞도록 해야 한다.

▸**본격-적** 本格的 | 것 적
❶ 속뜻 본래(本來)의 격식(格式)에 따르고 있는 것[的]. ❷제 궤도에 올라 제격에 맞게 적극적인. 또는 그런 것. ¶본격적으로 일을 시작하다.

본-고장 (本—, 뿌리 본)
[home; productive center]
어떤 활동이나 생산이 이루어지는 본디[本]의 중심지. ¶야구의 본고장으로 이름나다.

본관[1]本貫 | 뿌리 본, 꿸 관
[one's ancestral home]
❶ 속뜻 본래(本來)의 관향(貫鄕). ❷시조(始祖)가 난 곳. ¶나는 본관이 밀양이다. ㊟ 본.

본관[2]本館 | 뿌리 본, 집 관
[main building]
별관(別館)이나 분관(分館)에 대하여 중심[本]이 되는 건물[館]. ¶호텔의 본관은 저 건물입니다. ㉵ 별관(別館).

본교 本校 | 뿌리 본, 학교 교
[principal school]
❶ 속뜻 본래(本來)부터 있는 학교(學校). ❷근간이 되는 학교를 분교에 상대하여 이르는 말. ❸말하는 이가 공식적인 자리에서 자기 학교를 이르는 말. ¶본교의 역사는 600년이 넘었습니다.

본국 本國 | 뿌리 본, 나라 국
[one's own land]
본인(本人)의 국적이 있는 나라[國]. ¶밀입국자를 본국으로 강제 송환했다. ㊥ 고국(故國), 모국(母國), 본방(本邦).

본능 本能 | 뿌리 본, 능할 능 [instinct]
어떤 생물 조직체가 본래(本來)부터 가지고 있는 능력(能力). ¶본능에 따라 행동하다.

▸**본능-적** 本能的 | 것 적
선천적인 감정이나 본능(本能)에 충실한 것[的]. ¶식욕은 본능적인 욕구이다.

본드 {영 bond}
나무, 가죽, 고무 따위의 물건을 붙이는 데에 쓰는 물질. 상품명 'bond'에서 유래되었다. ¶본드로 떨어진 타일을 붙였다. ㊥ 접착제(接着劑).

본디 (本—, 뿌리 본) [originally]
처음부터 또는 근본(根本)부터. ¶이곳은 본디 산이었다. ㊥ 본래(本來).

본딧-말 (本—, 뿌리 본)
준말 또는 변한말에 대하여 그 본디[本]의 말. ㊥ 원말.

본때 (本—, 뿌리 본) [lesson; example]
본보기[本]가 될 만한 사물이나 사람의 됨됨이. ¶본때를 보이다.

본-뜨기 (本—, 뿌리 본)
[making a pattern]
❶옷 마름질이나 뜨개질에서, 옷 바탕[本]을 뜨는 일. 또는 그 바탕. ❷무엇을 본으로 삼아 그대로 만들거나 행하는 일.

본-뜨다 (本—, 뿌리 본)
[follow; model on]
❶이미 있는 사물을 본(本)을 삼아서 그와 같이 만들다. ¶호랑이를 본뜬 무늬. ❷모범으로 삼아 그대로 좇아 하다. ¶훌륭한 행동을 본뜨다.

본-뜻 (本—, 뿌리 본)
[original meaning]
❶본래(本來)의 뜻. ¶마침내 나의 본뜻을 털어놓았다. ❷근본이 되는 뜻. ¶그 말의 본뜻을 전혀 모르겠다. ㊐본의(本意).

***본래** 本來 | 뿌리 본, 올 래
[originally; primarily]
본디[本]부터 있어 옴[來]. 사물이나 사실이 전하여 내려온 그 처음. ¶이곳은 본래 절이 있던 곳이다. ㊐본디, 원래.

본론 本論 | 뿌리 본, 말할 론
[main subject]
❶속뜻 본격적(本格的)인 토론(討論). ❷말이나 글에서 중심 내용을 담은 부분. ¶이제 본론으로 들어가자!

본명 本名 | 뿌리 본, 이름 명
[one's real name]
가명이나 별명이 아닌 본디[本] 이름[名]. ¶서류에는 본명을 쓰십시오. ㊐실명(實名). ㊀별명(別名), 가명(假名).

본문 本文 | 뿌리 본, 글월 문
[text; body]
❶속뜻 문서에서 주가 되는 바탕[本] 글[文]. ❷원래 문장을 주석, 강의 따위와 상대하여 이르는 말. ¶본문을 요약하면 다음과 같다.

본-바느질 (本—, 뿌리 본)
시침바느질한 다음에 제대로[本] 바느질함. 또는 그 바느질.

본-바탕 (本—, 뿌리 본)
[intrinsic nature; essential quality]
사물의 근본이 되는 본디[本]의 바탕. ¶그는 본바탕이 나쁜 사람이 아니다.

본-받다 (本—, 뿌리 본)
[follow the example of; imitate]
남의 것을 본보기[本]로 하여 그대로 따라하다. ¶나는 어머니를 본받으려고 노력했다.

본-밭 (本—, 뿌리 본)
농업 모를 옮겨 심는 밭을, 모판에 상대하여 이르는 말.

본-보기 (本—, 뿌리 본)
[example; model; pattern]
❶본(本)을 받을 만한 것. ¶훌륭한 사람의 삶을 본보기로 삼다. ❷어떤 조치를 취하기 위하여 대표로 내세워 보이는 것. ¶그를 본보기로 해고하다. ❸어떤 사실을 설명 또는 증명하기 위하여 내세워 보는 것. ¶한국은 아시아에서 가장 빠른 경제 발전을 이룩한 본보기이다.

본부 本部 | 뿌리 본, 거느릴 부
[head office]
어떤 조직의 중심[本]이 되어 거느리는[部] 기관. 또는 그것이 있는 곳. ¶본부에서 회의가 열렸다.

▸본부-장 本部長 | 어른 장
어떤 조직의 중심이 되는 본부(本部)의 우두머리[長]. ¶지역 본부장.

본분 本分 | 뿌리 본, 나눌 분
[one's duty]
❶속뜻 사람이 저마다 가지는 본디[本]의 신분(身分). ❷의무적으로 마땅히 지켜야 할 직분. ¶행복은 자기 본분을 다하는 데 있다.

본사 本社 | 뿌리 본, 회사 사
[head office; our firm]

❶ [속뜻] 지사(支社)에 상대하여 본부(本部)가 있는 회사(會社)를 이르는 말. ¶그는 지사에서 본사로 전근해 왔다. ❷말하는 이가 공식적인 자리에서 자기가 다니는 회사를 이르는 말. [반] 지사(支社).

본색 本色 | 뿌리 본, 빛 색
[one's real character]
❶ [속뜻] 본디[本]의 빛깔[色]이나 생김새. ❷본디의 특색이나 정체. ¶본색을 드러내다.

본서 本署 | 뿌리 본, 관청 서
[chief station; principal office]
지서, 분서, 파출소에 상대하여 주가 되는 본부(本部) 관서(官署)를 이르는 말.

본선 本選 | 뿌리 본, 가릴 선
[final selection]
❶ [속뜻] 본격적(本格的)으로 승부를 가림[選]. ❷ [운동] 예선이 아닌 우승자를 결정하는 최종 선발. ¶월드컵 본선에 오르다. [반] 예선(豫選).

본성 本性 | 뿌리 본, 성질 성
[original nature]
사람의 타고난 본래(本來)의 성질(性質). ¶인간은 선한 본성을 가지고 있다. [비] 천성(天性).

본심 本心 | 뿌리 본, 마음 심
[one's right mind; one's real intention]
본래(本來)의 마음[心]. ¶마침내 그는 자신의 본심을 털어놓았다.

본업 本業 | 뿌리 본, 일 업
[regular business]
겸하고 있는 직업에 대하여 주가 되는[本] 직업(職業). ¶그는 가수로 유명하지만 본업은 판매원이다. [비] 본직(本職). [반] 부업(副業).

본연 本然 | 뿌리 본, 그러할 연 [naturally]
❶ [속뜻] 인공을 가하지 않은 본디[本] 그대로의 자연(自然). ❷본디 생긴 그대로의 타고난 상태. ¶인간 본연의 모습 / 인간이 지닌 본연의 품성은 선한 것이다.

본위 本位 | 뿌리 본, 자리 위
[standard; principle]
❶ [속뜻] 본디[本]의 자리[位]. ❷판단이나 행동에서 중심이 되는 기준. ¶자기 본위의 사람.

본-이름 (本―, 뿌리 본)
[one's original name]
가명·변명에 대한 본디[本] 이름. [비] 본명(本名). [반] 가명(假名).

본인 本人 | 뿌리 본, 사람 인
[person himself]
이[本] 사람[人]. ¶본인이 결정하는 게 중요하다 / 본인 소개. [비] 당사자(當事者). 자신(自身).

본-잎 (本―, 뿌리 본)
[식물] 떡잎 뒤에 나오는 잎. 또는 특수한 잎이 아닌 보통의 잎.

본적 本籍 | 뿌리 본, 문서 적
[home address]
❶ [속뜻] 본래(本來)의 호적(戶籍). ❷ [법률] 조상의 호적(戶籍)이 있는 곳. ¶그의 본적은 서울이다.

본전 本錢 | 뿌리 본, 돈 전
[principal sum; original cost]
❶ [속뜻] 이자를 붙이지 않은 본래(本來)의 돈[錢]. ¶이자는커녕 본전도 못 찾았다. ❷장사나 사업을 할 때 밑천으로 가지고 있던 돈. [비] 원금(元金). [속담] 밑져야 본전이다.

본점 本店 | 뿌리 본, 가게 점
[head office]
영업의 본거지(本據地)가 되는 가게[店]. [반] 지점(支店).

본존 本尊 | 뿌리 본, 높을 존
[principal image]
❶ [속뜻] 본당(本堂)에서 가장 높음[尊]. ❷ [불교] 법당에 모신 부처 가운데 가장 으뜸인 부처.

본질 本質 | 뿌리 본, 바탕 질
[real nature; essence; substance]

가장 근본적(根本的)인 성질(性質). ¶이 그림은 인간의 본질을 잘 드러내고 있다 / 본질적 속성.

본-채 (本—, 뿌리 본)
여러 채로 된 집에서 주가 되는[本] 집채. [반] 딴채, 별채.

본체 本體 | 뿌리 본, 몸 체 [body]
기계 따위의 기본(基本)이 되는 몸체[體]. 또는 중심 부분. ¶컴퓨터의 본체.

본토 本土 | 뿌리 본, 흙 토
[one's native country; mainland]
❶[속뜻] 섬이나 속국이 아닌 주[本]가 되는 국토(國土). ❷바로 그 지방. ¶미국 본토 출신.

▸본토-박이 (本土—)
대대로 그[本] 땅에서[土] 사는 사람. [준] 토박이.

본-회:의 本會議 | 뿌리 본, 모일 회, 의논할 의 [general meeting]
전원이 참석하는 정식[本] 회의(會議)를 분과 회의에 상대하여 이르는 말. ¶본회의에는 회원 과반수가 참석해야 개회한다.

볼[1] [cheek]
뺨의 한복판. ¶추워서 볼이 빨개지다.

볼[2] [patch (for cloth socks)]
신발이나 구두의 옆면과 옆면 사이의 간격. ¶이 구두의 볼이 너무 넓다.

볼[3] {영 ball}
❶공. ❷[운동] 야구에서, 투수가 던진 공 가운데 스트라이크 존을 벗어난 공.

볼-거리[1] [mumps]
[한의] 풍열(風熱)로 인해 볼 아래가 불룩하게 부어 오는 병.

볼-거리[2] [feature; attraction]
구경할 만한 것. ¶축제에는 볼거리가 많다. [비] 구경거리.

볼:기 [buttocks]
뒤쪽 허리 아래, 허벅다리 위의 양쪽으로 살이 불룩한 부분. ¶볼기를 맞다.

▸볼:기-짝
'볼기'의 속된말.

볼끼
예전에, 겨울에 쓰던 방한구의 하나. 털가죽이나 솜을 둔 헝겊 조각을 가름하게 접어서 만든 것으로, 두 뺨을 얼러 싸서 머리 위에서 잡아매어 추위를 막는다.

볼레로 {에 bolero}
[음악] 4분 음표 3박자로 된 에스파냐의 민속 무용. 또는 그 춤곡. 18세기에 생겼으며, 흔히 캐스터네츠로 리듬을 반주한다.

볼록 [bulge]
물체의 거죽이 조금 도드라지거나 쏙 내밀린 모양. ¶배가 볼록 나오다 / 그의 주머니는 사탕으로 볼록했다. [반] 오목.

▸볼록 렌즈 (—lens)
[물리] 가운데가 볼록하게 도드라진 렌즈(lens). 현미경·카메라·망원경 등을 만드는 데 쓴다. ¶볼록렌즈로 빛을 모으다. [반] 오목렌즈.

볼링 {영 bowling}
[운동] 지름 약 20cm의 공을 한 손으로 굴려서 약 18m 앞에 놓인 10개의 핀을 되도록 많이 쓰러뜨려서 승부를 겨루는 실내 운동.

볼-메다
말소리나 표정에 화난 기색이 있다. ¶볼멘 목소리로 대답하다.

▸볼멘-소리
성이 나거나 서운해서 퉁명스럽게 하는 말투.

볼모 [pawn; hostage]
약속을 이행하겠다는 담보로 상대편에게 잡혀 두는 물건이나 사람. ¶볼모로 잡히다. [비] 인질(人質).

볼썽-사납다
[indecent; unseemly; ungainly]
어떤 사람이나 사물의 모습이 볼품이 없어 흉하다. ¶볼썽사나운 모습.

볼:-일 [things to do; business]
해야 할 일. ¶내게 무슨 볼일이라도 있습

니까? ㊥ 용건(用件), 용무(用務).

볼트[1] {영 bolt}
공업 두 물체를 죄거나 접합하는 데 쓰는 것으로, 둥근 쇠못의 한쪽 끝에 대가리가 있고 다른 끝은 수나사로 되어 있음. 보통 너트(nut)와 함께 쓴다.

볼트[2] {영 volt}
물리 전위차, 전압, 기전력의 국제단위. 기호는 'V'. ¶220볼트.

볼-펜 {영 ball pen}
펜 끝에 둥글고 작은 강철 알[ball]을 끼워 운필에 따라 회전하면서 오일 잉크를 내어 쓰게 된 필기구[pen].

볼-품 [appearance; show; looks]
겉으로 드러나는 볼만한 모습. ¶볼품이 없다.

▸**볼품-없이**
겉으로 드러나 보이는 모습이 초라하게. ¶볼품없이 늙다.

봄 (春, 봄 춘) [spring]
한 해의 네 철 가운데 첫째 철. 겨울과 여름 사이이며, 달로는 3~5월, 절기(節氣)로는 입춘부터 입하 전까지를 이른다. ¶봄이 되자 꽃들이 활짝 피었다.

봄-나들이
봄철에 가까운 곳에 잠시 외출함. 또는 그 외출. ¶공원으로 봄나들이를 갔다.

봄-나물 [young herbs]
봄에 산이나 들에 돋아나는 나물. ¶봄나물을 무치다.

봄-날 [spring day]
봄철의 날. 봄철의 날씨. ¶봄날은 변덕스럽다.

봄-맞이
봄을 맞는 일. 봄을 맞아서 베푸는 놀이. ¶온 가족이 봄맞이 대청소를 하다.

봄-바람 [spring wind]
봄철에 불어오는 따뜻한 바람. ¶봄바람이 살랑살랑 불어왔다. ㊥ 춘풍(春風).

봄-볕 [spring sun(shine)]
봄철에 비치는 따뜻한 햇볕. ¶얼굴이 봄볕에 그을다. ㊥ 춘양(春陽).

봄-비 [spring rain]
봄에 오는 비.

봄-빛 [spring view]
봄의 경치. 봄의 기운. ¶따뜻한 봄빛을 받다.

봄-소식 (-消息, 사라질 소, 불어날 식) [sign of spring]
봄이 돌아왔음을 알려주는[消息] 자연의 여러 가지 현상을 이르는 말. ¶개나리가 봄소식을 전한다.

봄-철 [spring season; springtime]
봄의 절기. ¶봄철에는 건조해서 산불이 많이 난다. ㊥ 춘절(春節).

봇-물 (洑-, 보 보) [dam water]
물을 막아두던 보(洑)에서 흘러내리는 물. ¶불만이 봇물 터지듯 쏟아졌다.

봇-짐 (褓-, 포대기 보)
[bundle; backpack]
물건을 보자기[褓]에 싸서 꾸린 짐. 속담 물에 빠진 놈 건져 놓으니까 내 봇짐 내라 한다.

▸**봇짐-장수** (褓-)
물건을 보자기[褓]에 싸서 메고 다니며 파는 사람. ㊥ 보상(褓商).

봉[1] 封 | 봉할 봉 [paper package]
물건을 봉지 따위에 담아 그 분량을 세는 단위. ¶과자 네 봉.

봉[2] 峯 | 봉우리 봉 [(mountain) peak]
산꼭대기의 뾰족한 부분. '산봉우리'의 준말.

봉:[3] 鳳 | 봉새 봉
[Chinese phoenix; dupe]
❶'봉황'(鳳凰)의 준말. ❷어수룩하여 이용해 먹기 좋은 사람을 비유적으로 이르는 말. ¶누굴 봉으로 아나?

***봉건** 封建 | 봉할 봉, 세울 건 [feudal]
❶역사 천자가 나라의 토지를 나누어 주고 제후를 봉(封)하여 나라를 세우게[建] 하

는 일. ❷세력이 있는 사람이 중앙정부의 통제에서 벗어나 토지와 백성을 사유하는 일. ¶봉건사회 / 봉건제도.

봉고-차 (Bongo車, 수레 차)
10명 안팎이 탈 수 있는 작은 승합차(乘合車).

봉:급 俸給 | 녹 봉, 줄 급 [salary; pay]
❶ 속뜻 일의 대가로 녹봉(祿俸)을 줌[給]. ❷일정한 직장에서 일의 대가로 받는 정기적인 보수. ¶이번 달 봉급이 밀렸다.

▸봉:급-날 (俸給-)
봉급(俸給)을 받는 날. ¶매월 25일은 봉급날이다.

봉기 蜂起 | 벌 봉, 일어날 기
[rise in revolt; rise against]
벌[蜂]떼처럼 많은 사람이 한꺼번에 들고 일어남[起]. ¶농민들이 봉기했다.

봉변 逢變 | 만날 봉, 바뀔 변 [misfortune; insult]
뜻밖의 변고(變故)나 망신스러운 일을 만남[逢]. 또는 그러한 일. ¶싸움을 말리다가 되레 봉변을 당했다.

봉분 封墳 | 봉할 봉, 무덤 분
[(grave) mound]
흙을 둥글게 쌓아[封] 무덤[墳]을 만듦. 또는 그 흙더미. ¶봉분에 난 잡초를 뽑았다. ㊐ 성분(成墳).

봉:사[1] [blind person]
'시각 장애인'을 낮잡아 이르는 말. ¶심봉사는 드디어 심청을 만났다. ㊐ 소경, 장님, 맹인(盲人).

봉:사[2] **奉仕** | 받들 봉, 섬길 사 [serve]
❶ 속뜻 받들어[奉] 섬김[仕]. ❷나라나 사회 또는 남을 위하여 자신의 이해를 돌보지 않고 몸과 마음을 다하여 섬김. ¶고아원에서 자원 봉사를 하다.

▸봉:사-단 奉仕團 | 모일 단
봉사(奉仕)를 하기 위해 조직된 단체(團體). ¶봉사단에 가입하다.

▸봉:사-자 奉仕者 | 사람 자
봉사(奉仕)하는 사람[者]. ¶해마다 자원봉사자의 수가 늘어난다.

봉산 탈:춤 (鳳山-, 봉새 봉, 메 산)
민속 황해도 봉산(鳳山)에 전해지는 산대놀음 계통의 탈춤. 사자춤이 있는 것이 특색이다. 중요 무형 문화재 제17호.

봉서 封書 | 봉할 봉, 글 서
[sealed letter]
❶ 속뜻 겉봉을 봉(封)한 편지글[書]. ❷ 역사 임금이 종친이나 근신(近臣)에게 사적으로 내리던 서신.

봉:선-화 鳳仙花 | 봉새 봉, 신선 선, 꽃 화
[balsam; touch-me-not]
❶ 속뜻 봉황(鳳凰)이나 신선(神仙) 같은 꽃[花]. ❷ 식물 여름철에 붉은색, 흰색, 분홍색 따위의 꽃이 피는 풀. 꽃잎을 찧어 손톱에 붉게 물을 들이기도 한다. ¶울 밑에 선 봉선화야 네 모습이 처량하다. ㊐ 봉숭아.

봉:송 奉送 | 받들 봉, 보낼 송 [carry]
영령, 유골, 성물(聖物) 따위를 정중히 받들어[奉] 운송(運送)함. ¶성화를 봉송하다.

봉쇄 封鎖 | 봉할 봉, 잠글 쇄
[block up; blockade]
봉(封)하여 굳게 잠금[鎖]. ¶출입구 봉쇄 / 경찰은 모든 도로를 봉쇄했다.

봉수 烽燧 | 봉화 봉, 횃불 수
[beacon; signal fire]
역사 변란 따위를 알리기 위해 봉화(烽火) 둑에서 올리는 횃불[燧]. ¶왜적이 쳐들어오자 봉수가 올랐다.

▸봉수-대 烽燧臺 | 돈대 대
역사 봉화[烽燧]를 피워 올리던 높은 곳[臺]. ㊐ 봉화대(烽火臺).

▸봉수-소 烽燧所 | 곳 소
봉수(烽燧)를 올리는 곳[所]. ¶봉수소가 있던 산.

봉:숭아 [(garden) balsam]
식물 봉선화(鳳仙花)를 달리 이르는 말.

▸봉:숭아-물
봉선화 꽃을 찧어 생긴 즙. 그 즙을 손톱에 발라 두면 손톱에 빨간 물이 든다. ¶손톱에 봉숭아물을 들이다.

봉:양 奉養 | 받들 봉, 기를 양
[support one's parents]
부모나 조부모를 받들어[奉] 정성스럽게 모심[養]. ¶그는 어려운 형편에도 부모님을 정성껏 봉양했다.

봉오동 전:투 鳳梧洞戰鬪 | 봉새 봉, 오동나무 오, 마을 동, 싸울 전, 싸움 투
역사 1920년 6월에 만주 봉오동(鳳梧洞)에서 홍범도가 이끄는 대한 독립군이 일본군 제19사단을 크게 무찌른 싸움[戰鬪].

봉오리 [bud; button]
식물 망울만 맺히고 아직 피지 않은 꽃. '꽃봉오리'의 준말.

봉우리 (峯, 봉우리 봉) [peak; top]
산꼭대기의 뾰족한 부분. '산봉우리'의 준말.

봉제 縫製 | 꿰맬 봉, 만들 제 [sew]
재봉틀 따위로 박거나 꿰매어[縫] 만듦[製]. ¶봉제 인형.

봉지 封紙 | 봉할 봉, 종이 지
[paper bag]
입구를 여밀[封] 수 있도록 종이[紙]나 비닐 따위로 만든 주머니. ¶쓰레기 봉지 / 봉지를 뜯다 / 봉지에 담다.

봉투 封套 | 봉할 봉, 덮개 투 [envelope]
❶ 속뜻 덮개[套]를 봉(封)함. ❷편지나 서류 따위를 넣을 수 있도록 만든 것. ¶편지 봉투 / 봉투를 뜯다. ⓑ 서통(書筒).

봉-하다 (封-, 봉할 봉)
[seal up; glue up]
문, 봉투, 그릇 따위를 열지 못하게 꼭 붙이거나[封] 싸서 막다. ¶편지 봉투를 봉하다.

봉화 烽火 | 봉화 봉, 불 화 [signal fire]
역사 나라에 병란이나 사변이 있을 때 신호로 올리던[烽] 불[火]. ⓑ 봉수(烽燧).

▸봉화-대 烽火臺 | 돈대 대
역사 봉화(烽火)를 피워 올리던 둑[臺]. ¶산꼭대기에 봉화대를 설치하다. ⓑ 봉수대(烽燧臺).

봉:황 鳳凰 | 봉황새 봉, 봉황새 황
[Chinese phoenix]
예부터 동양의 전설에 전해지는 상서로움을 상징하는 상상의 새. 수컷은 '봉'(鳳), 암컷은 '황'(凰)이다. ¶왕비의 옷에 봉황을 수놓았다.

▸봉:황-새 (鳳凰-)
봉황(鳳凰). 닭의 머리, 뱀의 목, 제비의 턱, 거북의 등, 물고기의 꼬리를 하고 있으며, 몸과 날개 빛은 오색이 찬란하다고 전해진다.

뵈:다[1] [see; be seen]
'보이다'의 준말. ¶화가 나서 눈에 뵈는 것이 없다.

뵈:다[2] (謁, 뵐 알) [be presented to; have an audience with]
웃어른을 대하여 보다. ¶부모님을 뵐 면목이 없다.

뵙:다 [be presented to]
웃어른을 대하여 보다. '뵈다[2]'보다 더 겸양의 뜻을 나타낸다. ¶처음 뵙겠습니다.

부[1] 部 | 나눌 부
[part; department; volume]
❶사물을 여러 갈래로 나누었을 때의 하나. ¶2부로 된 소설. ❷업무 조직에서, 부서의 하나. ¶부의 책임자 / 편집부. ❸책이나 신문 따위를 세는 데 쓰는 말. ¶신문 다섯 부.

부:[2] 富 | 넉넉할 부 [fortune; riches]
재산이 많음. 넉넉한 재산. ¶부와 명예를 얻다.

부:가 附加 | 붙을 부, 더할 가 [add]
이미 있는 것에 붙여[附] 더함[加]. 덧붙임. ¶부가 서비스.

▸부:가 가치 附加價値 | 값 가, 값 치

[경제] 생산 과정에서 새로 덧붙인[附加] 가치(價値).

부각 浮刻 | 뜰 부, 새길 각 [relief]
❶[미술] 조각에서 평평한 면에 글자나 그림 따위를 도드라지게[浮] 새기는[刻] 일. ¶종에 관음보살을 부각하였다. ❷어떤 사물을 특징지어 두드러지게 함. ¶글의 배경은 주제를 더욱 부각했다. ❸주목받는 사람, 사물, 문제 따위로 나타나게 되다. ¶환경오염 문제가 또다시 부각되고 있다.

부:강 富強 | 넉넉할 부, 강할 강 [wealth and power]
부유(富裕)하고 강(強)함. ¶국가의 부강 / 부강한 나라를 만들다.

부:결 否決 | 아닐 부, 결정할 결 [reject; vote down]
회의에서 안건을 승인하지 않기로[否] 결정(決定)함. ¶그 법안은 30대 22로 부결되었다. [반] 가결(可決).

부계 父系 | 아버지 부, 이어 맬 계 [paternal side; male line]
아버지[父] 쪽의 혈통에 딸린 계통(系統). ¶부계 사회 / 호적제도가 바뀌어 기존의 부계 전통이 완화되었다. [반] 모계(母系).

부:고 訃告 | 부고 부, 알릴 고 [obituary (notice)]
통지[訃]를 보내 사람의 죽음을 알림[告]. 또는 그 통지. ¶그는 스승님의 부고를 받고 눈물을 쏟았다. [비] 부보(訃報), 부음(訃音).

부-고환 副睾丸 | 곁따를 부, 불알 고, 알 환 [epididymis]
[의학] 포유류 수컷의 고환(睾丸)에 붙어 있는[副] 기관. 정액을 정관을 통하여 정낭으로 보낸다.

부곡 部曲 | 나눌 부, 굽을 곡
❶[속뜻] 부락(部落)의 한 구석[曲]. ❷[역사] 통일 신라·고려 시대의 천민 집단부락. 양민들과는 한곳에서 살지 못하도록 하고, 목축·농경·수공업 따위에 종사하게 하였다.

▶부곡-민 部曲民 | 백성 민
통일 신라, 고려 시대에 천민들이 모여 살던 마을인 부곡(部曲)에 살던 사람[民].

부:과 賦課 | 거둘 부, 매길 과 [levy]
세금 따위를 거두거나[賦] 매김[課]. 또는 그런 일. ¶재산세 부과 / 벌금을 부과하다.

부:국 富國 | 넉넉할 부, 나라 국 [rich country]
부유(富裕)한 나라[國]. 나라를 부유하게 만듦. ¶이라크는 중동의 석유 부국이다.

▶부:국-강병 富國強兵 | 굳셀 강, 군사 병
나라의 경제력을 넉넉하게[富國] 하고 군사력[兵]을 튼튼하게[強] 하는 일. [준] 부강.

부군 夫君 | 지아비 부, 임금 군 [one's husband]
❶[속뜻] 지아비[夫]를 임금[君]에 빗대어 정답게 일컫던 말. ❷'상대방의 남편'을 높여 부르는 말. ¶부군께서도 안녕하신지요.

부:귀 富貴 | 넉넉할 부, 귀할 귀 [riches and honors]
재산이 많고[富] 사회적 지위가 높음[貴]. ¶그는 부귀와 명예를 모두 얻었다. [반] 빈천(貧賤).

▶부:귀-영화 富貴榮華 | 성할 영, 성할 화
재산이 많고[富] 지위가 높으며[貴] 영화(榮華)로움. ¶그는 일생동안 부귀영화를 누렸다.

⁂부:근 附近 | 붙을 부, 가까울 근 [neighborhood; nearby]
붙어[附] 있어 가까움[近]. ¶친구와 학교 부근에 있는 공원에서 만났다. [비] 근처(近處).

부글-거리다 [boil (over)]
❶많은 물이 좁은 면적에서 야단스레 자꾸 끓어오르다. ¶가스레인지 위의 냄비에서는 된장찌개가 한창 부글거리고 있었다. ❷소화가 안 되고 울렁거리다. ¶뱃속

이 부글거리다.

부글-부글 [on the simmer]
❶많은 양의 액체가 잇달아 야단스럽게 끓는 소리. 또는 그 모양. ¶냄비의 라면이 부글부글 끓고 있다. ❷착잡하거나 언짢은 생각이 뒤섞여 마음이 자꾸 들볶이는 모양. ¶화가 나서 속이 부글부글 끓다.

부기 浮氣 | 뜰 부, 기운 기
[swelling (of the skin)]
한의 아파서 몸이 부은[浮] 기색(氣色). ¶얼굴에 아직 부기가 있다.

부-기능 副機能 | 곁따를 부, 틀 기, 능할 능
주요 기능에 곁따라[副] 일어나는 기능(機能).

부끄러움 [shyness]
부끄러워하는 느낌이나 마음. ¶부끄러움을 타다. ㊟ 부끄럼.

부끄러워-하다 [shy; be ashamed of]
❶부끄러운 태도를 나타내다. ¶동생은 칭찬을 듣자 부끄러워했다. ❷무엇을 부끄럽게 여기다. ¶가난은 부끄러워할 것이 못 된다.

부끄럼 [shyness]
'부끄러움'의 준말.

부끄럽다 (恥, 부끄러울 치; 愧, 부끄러울 괴)
[shameful; shy]
❶일을 잘 못하거나 양심에 거리끼어 볼 낯이 없거나 매우 떳떳하지 못하다. ¶거짓말을 하고도 부끄럽지 않은가? ❷스스러움을 느끼어 매우 수줍다. ¶그녀는 부끄러워서 귀까지 빨개졌다. ㊥ 계면쩍다, 창피하다, 수치(羞恥)스럽다.

부네-탈
민속 하회 별신굿에 나오는 여자인 '부네'가 쓰는 탈. 반달 같은 눈썹, 오뚝한 코, 조그마한 입이 전형적인 미인상이다.

부녀[1] 父女 | 아버지 부, 딸 녀
[father and daughter]
아버지와[父] 딸[女]. ¶경기에 부녀가 함께 출전했다.

부녀[2] 婦女 | 여자 부, 여자 녀 [woman]
결혼한 여자[婦]와 성숙한 여자[女]. ¶범인은 부녀만을 대상으로 범행을 저질렀다. ㊥ 부녀자(婦女子).

▸**부녀-자** 婦女子 | 접미사 자
결혼한 여자[婦]와 성숙한 여자(女子).

▸**부녀-회** 婦女會 | 모일 회
부녀자(婦女子)들로 구성된 모임[會]. ¶아파트 부녀회.

부:농 富農 | 넉넉할 부, 농사 농
[rich farmer]
많은 농지를 가지고 있어 생활이 넉넉한[富] 농가(農家). 또는 그런 농민(農民). ¶일반 농민들은 부농의 밭을 소작했다. ㊐ 빈농(貧農).

부닥-치다 [face; hit on]
❶어려운 문제나 반대에 직면하다. ¶어려움에 부닥치다. ❷사람이나 사물과 세게 부딪치다. ¶책상에 부닥치다.

부:담 負擔 | 질 부, 멜 담
[load; charge]
❶ 속뜻 등에 짊어지고[負] 어깨에 둘러멤[擔]. ❷어떠한 의무나 책임을 짐. ¶그녀의 도움으로 부담을 덜었다.

▸**부:담-감** 負擔感 | 느낄 감
어떠한 의무나 책임을 져야[負擔] 한다는 느낌[感]. ¶시험에 대한 부담감이 너무 크다.

▸**부담스럽다** (負擔-)
어떠한 의무나 책임을 져야[負擔] 할 듯한 느낌이 있다. ¶그 사람이 너무 비싼 선물을 줘서 부담스럽다.

부당 不當 | 아닐 부, 마땅 당
[injustice; unreasonable]
도리에 벗어나서 정당(正當)하지 않음[不]. 사리에 맞지 아니함. ¶부당요금 / 부당한 차별을 받다.

▸**부당-성** 不當性 | 성질 성
이치에 맞지 않는[不當] 성질(性質). ¶부당성을 지적하였다. ㊐ 정당성.

부:대¹負袋 | 질 부, 자루 대
[burlap bag]
종이나 천, 가죽 따위로 무엇을 담아 짊어 질[負] 수 있게 만든 자루[袋]. ¶소금 세 부대를 샀다. [비] 포대(包袋).

부대²部隊 | 나눌 부, 무리 대
[military unit]
❶[군사] 일정한 규모로 나누어[部] 편성한 군대(軍隊) 조직. ¶그는 최전방 부대에서 복무했다. ❷어떠한 공통의 목적을 위하여 한데 모여 행동을 취하는 무리. ¶응원 부대.

부대끼다 [suffer; be troubled]
무엇에 시달려서 괴로움을 당하다. ¶아침마다 만원 버스에 부대끼다.

부덕 不德 | 아닐 부, 베풀 덕
[lack of virtue]
❶[속뜻] 베풀지[德] 못함[不]. ❷공덕이 부족함. ¶전부 제가 부덕한 탓입니다.

부도¹不渡 | 아닐 부, 건널 도
[failure to honor; nonpayment]
❶[속뜻] 재정상의 위기 따위를 건너지[渡] 못함[不]. ❷[경제] 어음이나 수표를 가진 사람이 기한이 되어도 어음이나 수표에 적힌 돈을 지불 받지 못하는 일. ¶그 회사는 부도 직전까지 갔다.

부:도²附圖 | 붙을 부, 그림 도 [attached map]
책에 딸려 붙어[附] 있는 그림이나 지도(地圖) 따위. ¶지리부도 / 역사 부도.

부-도덕 不道德 | 아닐 부, 길 도, 베풀 덕
[immoral; depraved]
도덕(道德)에 어긋남[不]. 도덕적이 아님. ¶부도덕한 행위.

부-도:체 不導體 | 아닐 부, 이끌 도, 몸 체
[nonconducting substance]
[전기] 열이나 전기를 잘 전달하지[導] 않는[不] 물체(物體). ¶유리는 전기의 부도체이다. [비] 절연체(絶緣體). [반] 도체(導體).

부동¹不動 | 아닐 부, 움직일 동
[immovability; firmness; stability]
물건이나 몸이 움직이지[動] 아니함[不]. ¶부동 자세.

▶**부동-산 不動産** | 재물 산
[법률] 토지나 건물, 수목처럼 움직이지 않는[不動] 성질을 갖고 있는 재산(財産). ¶그는 많은 부동산을 소유하고 있다. [반] 동산(動産).

부동²浮動 | 뜰 부, 움직일 동 [float]
❶[속뜻] 물이나 공기 중에 떠서[浮] 움직임[動]. 떠다님. ❷고정되어 있지 않고 움직임. ¶부동 인구.

▶**부동-표 浮動票** | 쪽지 표
❶[속뜻] 떠돌이[浮動] 표(票). ❷지지하는 후보나 정당이 확실하지 않고 그때그때의 정세나 분위기에 따라 변화할 가능성이 많은 표. ¶우리 당의 부동표를 파악하다.

부두 埠頭 | 선창 부, 접미사 두
[quay; pier]
항구에서 배를 대어 여객이 타고 내리거나 짐을 싣고 부리는[埠] 곳[頭]. ¶배가 부두에 정박해 있다. [비] 선창(船艙).

부둣-가 (埠頭-, 선창 부, 접미사 두)
[wharfside; quay]
부두(埠頭)가 있는 근처. ¶아이는 부둣가에서 아버지를 기다렸다.

부둥켜-안다 [embrace; hug]
꼭 끌어안다. ¶그들은 서로 부둥켜안고 울었다.

부드럽다 (柔, 부드러울 유) [soft]
❶닿거나 스치는 느낌이 거칠거나 뻣뻣하지 않다. ¶부드러운 머릿결. ❷성질이나 태도가 곱고도 순하다. ¶부드러운 말투. [비] 매끄럽다, 유순(柔順)하다.

♣ **부드럽다 / 매끄럽다** [비슷한 듯 다른 말]

◎ 그녀의 피부는 비단처럼 부드럽다 = 매끄럽다.
○ 그는 춤추는 동작이 부드러웠다.
× 그는 춤추는 동작이 매끄러웠다.

ㅇ 마룻바닥이 매끄럽다.
× 마룻바닥이 부드럽다.

부득-부득 [stubbornly; obstinately]
억지를 부려 제 생각대로만 하려고 자꾸 우기거나 조르는 모양. ¶부득부득 고집을 부리다.

부득이 不得已 | 아닐 부, 얻을 득, 버려둘 이 [against one's will]
버려둘[已] 수 없어[不得]. 하는 수 없이. 마지못하여. ¶개인 사정으로 부득이 회사를 그만두었다 / 부득이한 사정.

부들-부들 [quiveringly]
자꾸 몸을 크게 부르르 떠는 모양. ¶추워서 몸을 부들부들 떨다.

부등 不等 | 아닐 부, 같을 등 [disparity; inequality]
서로 같지[等] 않음[不]. 다름.

▶부등-식 不等式 | 법 식
수학 두 수 또는 두 식을 부등호(不等號)로 연결한 식(式). ⓑ 등식(等式).

▶부등-호 不等號 | 표지 호
수학 두 수나 두 식이 서로 같지[等] 않음[不]을 나타내는 기호(記號). 작거나 크거나 하는 기호는 두 수 사이에 '〈', '〉', '≦', '≧' 등으로 나타낸다. 터진 쪽이 큰 수이다. ⓑ 등호(等號).

부ː디 [please; by all means]
'기어이·꼭·아무쪼록'의 뜻으로 남에게 청하거나 부탁할 때 바라는 마음이 간절함을 나타내는 말. ¶부디 용서해 주세요.

부딪다 [strike; hit]
무엇과 무엇이 서로 힘 있게 마주 닿다. 또는 힘 있게 마주 대다. ¶그들은 서로 이마를 부딪으며 장난을 하고 있다.

부딪-치다 [strike; hit]
❶'부딪다'를 강조하여 이르는 말. ¶한눈을 팔다가 책상 모서리에 머리를 부딪쳤다. ❷뜻하지 않게 어떤 사람을 만나다. ¶그들은 헤어진 지 3년 만에 버스에서 부딪쳤다.

부딪-히다 [be bumped against]
❶어디에 세게 닿아지다. ¶지나가는 사람에게 부딪혀 넘어졌다. ❷예상치 못한 일이나 상황 따위에 처하다. ¶경제적 어려움에 부딪히다.

부뚜막 [kitchen range]
아궁이 위에 솥이 걸린 언저리. 속담 얌전한 고양이가 부뚜막에 먼저 올라간다.

부라리다 [stare; glare]
눈을 크게 뜨고 눈망울을 사납게 굴리다. ¶그는 무섭게 눈을 부라렸다.

부락 部落 | 나눌 부, 마을 락 [village]
이곳저곳에 나뉘어[部] 있는 시골 마을[落]. ¶자연적으로 형성된 부락. ⓑ 촌락(村落).

부랑 浮浪 | 뜰 부, 물결 랑 [wander]
일정한 거처나 직업이 없이 물결[浪]처럼 이리저리 떠돌아다님[浮]. ¶그는 10년 간 부랑 생활을 했다 / 전쟁으로 부랑하는 사람들이 늘어났다.

▶부랑-자 浮浪者 | 사람 자
일정한 거처나 직업이 없이 떠돌아다니는 [浮浪] 사람[者].

부랴-부랴 [hurriedly; hastily]
매우 급히 서두르는 모양. ¶늦지 않으려고 부랴부랴 달려갔다.

부러-뜨리다 [break off; snap]
꺾어서 부러지게 하다. ¶막대기를 부러뜨리다. ⓑ 분지르다.

부러워-하다 [envy; be jealous of]
남이 잘되는 것이나 좋은 것을 보고 자기도 그렇게 되고 싶어 하다. ¶남의 재산을 부러워하다.

부러-지다 [get broken; snap]
꺾여서 둘로 잘라지다. ¶연필심이 부러졌다.

부ː럼
민속 정월 보름날 아침에 아이들이 까먹는 밤·잣·호두·땅콩 따위.

부럽다 [enviable]
남의 좋은 것을 보고 저도 그렇게 되고 싶은 마음이 간절하다. ¶나는 형제가 많은 친구가 부럽다.

부레 [air bladder; isinglass]
❶ 동물 물고기의 배 속에 있는 얇은 공기 주머니. 이것을 벌렸다 오므렸다 함에 따라 물에 뜨고 잠기고 한다. ❷ 식물 '부레풀'의 준말.

▸ **부레-뜸**
연줄을 빳빳하고 세게 하기 위해 부레 끓인 물을 먹이는 일.

▸ **부레-풀**
민어의 부레를 끓여 만든 풀. 부착력이 강하다. ㊟ 부레.

▸ **부레-옥잠** (一玉簪, 구슬 옥, 비녀 잠)
식물 잎은 육질이고 잎자루가 물고기의 부레처럼 물에 뜨는 물옥잠(玉簪). 8~9월에 연한 자주색 꽃이 피는데 윗부분은 깔때기처럼 벌어진다.

***부력** 浮力 | 뜰 부, 힘 력
[buoyancy; lifting power]
물리 유체(流體) 속에 있는 물체를 떠오르게[浮] 하는 힘[力]. ¶아르키메데스는 부력의 원리를 발견했다.

부:록 附錄 | 붙을 부, 기록할 록
[appendix; supplement]
❶ 속뜻 본문 끝에 덧붙이는[附] 기록(記錄). ❷신문, 잡지 따위의 본지에 덧붙인 지면이나 따로 내는 책자. ¶이 책을 사면 부록으로 가계부를 준다.

부류 部類 | 나눌 부, 무리 류
[class; category]
어떤 공통적인 성격 등에 따라 나눈[部] 갈래나 무리[類]. ¶그들은 두 부류로 나뉜다.

부르다[1](呼, 부를 호; 招, 부를 초) [call; sing]
❶이름이나 명단을 소리 내어 읽으며 대상을 확인하다. ¶출석을 부르다. ❷곡조에 맞추어 노래의 가사를 소리 내다. ¶동요를 부르다. ❸말이나 행동 따위로 다른 사람의 주의를 끌거나 오라고 하다. ¶뛰어가는 친구를 큰 소리로 불렀다.

비슷한 듯 다른 말 ➲ 일컫다

부르다[2](飽, 배부를 포) [full; pregnant]
❶먹은 것이 많아 속이 꽉 찬 느낌이 들다. ❷임신으로 배가 불룩하게 부풀어 있다. ¶아이를 가져 배가 부르다. 속담 내 배가 부르니 종의 배고픔을 모른다.

부르르 [shivering; trembling]
춥거나 무서워서 갑자기 몸을 움츠리면서 떠는 모양. ¶추워서 부르르 입술이 떨렸다.

부르릉 [with a burr]
자동차나 비행기 따위가 발동할 때 나는 소리. ¶자동차가 부르릉 시동을 건다.

부르-짖다 (號, 부를 호)
[shout; advocate]
❶소리 높여 외치거나 말하다. ¶불이야! 하고 큰 소리로 부르짖다. ❷어떤 주장이나 의견을 열심히 말하다. ¶자연 보호를 부르짖다.

부르트다 [rise in blisters; blister]
살가죽이 들뜨고 그 속에 물이 생기다. ¶손이 부르트다.

부름 [summons; call]
어떤 일로 불러들이는 일. ¶나라의 부름을 받다.

부릅뜨다 [make glare]
보기 사납게 눈을 크게 뜨다. ¶눈을 부릅뜨고 노려보다.

부릉-부릉 [vroom]
자동차나 비행기 따위가 발동할 때 잇달아 나는 소리. '부르릉부르릉'의 준말.

부리 [bill; beak; tip]
새나 짐승의 주둥이.

부리나케 [in a hurry; in haste]
아주 급하게. ¶부리나케 도망치다.

부리다[1](役, 부릴 역) [set to work]
짐승이나 다른 사람을 시켜 일하게 하다.

¶아랫사람을 마구 부리다.

부리다[2][play; wield]
❶재주나 꾀를 피우다. ¶재주를 부리다. ❷행동이나 성질 따위를 계속 드러내거나 보이다. ¶고집을 부리다 / 욕심을 부리다.

♣ 부리다² / 피우다² 

◎ 아이가 고집을 부리다 = 피우다.

○ 컴퓨터가 말썽을 부리다.
× 컴퓨터가 말썽을 피우다.

○ 아내가 바람을 피우다.
× 아내가 바람을 부리다.

부리부리-하다 [big and bright]
눈망울이 억실억실하게 크고 열기가 있다. ¶부리부리한 눈.

부메랑 {영 boomerang}
오스트레일리아 서부 및 중앙부의 원주민이 사용하는 무기의 하나. 활등처럼 굽은 나무 막대기인데, 목표물을 향하여 던지면 회전하면서 날아가고 목표물에 맞지 않으면 되돌아온다.

⁑**부모** 父母 | 아버지 부, 어머니 모 [parents]
아버지[父]와 어머니[母]. ¶수술을 하기 전에 부모의 동의가 필요하다. ㊐ 어버이, 양친(兩親).

▶부모-님 (父母―)
'부모'(父母)의 높임말. ¶부모님의 은혜는 끝이 없다.

부문 部門 | 나눌 부, 문 문
[class; group; department]
나누어[部] 놓은 일부분이나 범위[門]. ¶나는 수학 부문에서 상을 받았다.

부:-반장 副班長 | 도울 부, 나눌 반, 어른 장 [vice president of a class]
반장(班長)을 돕는[副] 지위와 책임이 있는 학생.

부부 夫婦 | 지아비 부, 부인 부
[husband and wife]
남편[夫]과 그의 부인[婦]. ㊐ 내외(內外), 부처(夫妻). 속담 부부싸움은 칼로 물 베기.

▶부부-유별 夫婦有別 | 있을 유, 나눌 별
남편[夫]과 아내[婦] 간의 도리는 서로 구별(區別)함에 있음[有]. 오륜(五倫)의 하나.

⁑**부분** 部分 | 나눌 부, 나눌 분
[part; section]
전체를 몇으로 나누어[部] 구별한[分] 것의 하나. ¶썩은 부분을 잘라내다. ㊊ 전체(全體).

▶부분-적 部分的 | 것 적
전체가 아닌 한 부분(部分)에만 한정되는 것[的]. ¶부분적 손해. ㊊ 국부적, 전체적.

▶부분 집합 部分集合 | 모일 집, 합할 합
❶속뜻 어떤 집합의 한 부분(部分)이 되는 집합(集合). ❷수학 두 집합 A와 B가 있고 집합 B의 원소가 모두 집합 A의 원소가 될 때, 집합 B를 집합 A에 상대하여 이르는 말. 'A⊃B', 'B⊂A'로 나타낸다.

부:사 副詞 | 도울 부, 말씀 사 [adverb]
언어 동사 또는 형용사를 돕는[副] 역할을 하는 말[詞]. ¶'매우 빠르다'의 '매우'는 부사다.

부사:관 副士官 | 도울 부, 선비 사, 벼슬 관
❶속뜻 돕는[副] 일을 하는 사관(士官). ❷군사 하사, 중사, 상사, 원사 계급을 통틀어 이르는 말.

부산 [busy; bustling]
급하게 서두르거나 시끄럽게 떠들어 어수선함. ¶부산을 떨다 / 시장은 손님들로 인해 매우 부산하다.

부:-산물 副産物 | 곁따를 부, 낳을 산, 만물 물 [byproduct]
주산물의 생산 과정에서 곁따라[副] 생기는[産] 물건(物件). ¶부산물로 사료를 만들다. ㊊ 주산물(主産物).

부:상[1] 副賞 | 곁들일 부, 상줄 상

[supplementary prize]
정식의 상(賞) 외에 따로 곁들여[副] 주는 상(賞). ¶부상으로 사전을 받았다.

부상²浮上 | 뜰 부, 위 상
[rise to the surface]
❶ 속뜻 물 위[上]로 떠[浮]오름. ¶고래는 숨을 쉬기 위해 해면으로 부상한다. ❷어떤 현상이 관심의 대상이 되거나 어떤 사람이 훨씬 좋은 위치로 올라섬. ¶그녀의 소설이 베스트셀러로 부상하였다.

***부:상³負傷** | 질 부, 다칠 상
[injury; wound]
몸에 상처(傷處)를 입음[負]. ¶교통사고로 머리에 부상을 입었다. ㊥ 상이(傷痍).

▶ **부:상-자 負傷者** | 사람 자
다쳐서 상처(傷處)를 입은[負] 사람[者]. ¶다행히 부상자는 없었다.

부서 部署 | 나눌 부, 관청 서
[one's post; one's place of duty]
기관, 기업, 조직 따위에서 일이나 사업의 체계에 따라 나뉘어[部] 있는 사무의 각 부문[署]. ¶다른 부서로 옮기다.

부서-지다 [break; crack; collapse]
단단한 물건이 깨져 여러 조각이 나다. ¶꽃병이 땅에 떨어져서 산산이 부서졌다.

부석-사 浮石寺 | 뜰 부, 돌 석, 절 사
불교 경상북도 영주시 부석면(浮石面)에 있는 절[寺]. 우리나라에서 가장 오래된 목조 건축인 무량수전이 있고 아미타여래 좌상 따위의 문화재가 남아 있다.

부:설¹附設 | 붙을 부, 세울 설 [attach]
부속(附屬)시켜 설치(設置)함. ¶사범대학 부설 초등학교.

부:설²敷設 | 펼 부, 세울 설
[lay; construct]
다리, 철도, 지뢰 따위를 펼치듯이[敷] 설치(設置)함. ¶철도를 부설하다.

부소산-성 扶蘇山城 | 도울 부, 되살아날 소, 메 산, 성곽 성
고적 충청남도 부여군 부소산(扶蘇山)에 있는 백제 때의 성터[城]. ㊥ 사비성.

부:속 附屬 | 붙을 부, 엮을 속
[belong to; be attached to]
❶ 속뜻 주된 것에 붙여[附] 엮어 놓음[屬]. ¶부속 건물. ❷'부속품'(附屬品)의 준말.

▶ **부:속-품 附屬品** | 물건 품
어떤 기계나 기구의 본체에 딸린[附屬] 물건[品]. ¶자동차 부속품. ㊟ 부속.

부수¹部首 | 나눌 부, 머리 수 [radical]
❶ 속뜻 서로 공통적인 요소가 있는 부류(部類)의 첫 머리[首]에 상당하는 한자. ❷한자자전에서 글자를 찾는 길잡이 역할을 하는 공통되는 글자의 한 부분. 예를 들어 '言'은 '語', '話', '請' 따위 글자의 부수이다.

부수²部數 | 나눌 부, 셀 수
[number of copies; edition]
책, 신문 따위의 출판물을 세는 단위인 부(部)의 수효(數爻). ¶판매 부수 / 신문의 발행 부수 / 책의 간행 부수.

부수다 [break; smash; crush]
물건을 두드리거나 깨뜨려 못 쓰게 만들다. ¶도둑은 창문을 부수고 들어왔다.

♣ 부수다 / 깨다³

◎ 유리창을 부수다 = 깨다.
○ 낡은 건물을 부수다.
× 낡은 건물을 깨다.
○ 그의 웃음이 오랜 침묵을 깼다.
× 그의 웃음이 오랜 침묵을 부쉈다.

비슷한 듯 다른 말 ➲ 깨뜨리다

부:-수입 副收入 | 버금 부, 거둘 수, 들 입
[additional income]
기본 수입 외에 부업(副業) 따위로 얻어지는 수입(收入). ¶직장을 다니며 가게를 운영해 부수입을 얻고 있다.

부스러기 [small fragments; scraps]
잘게 부스러진 조각. ¶과자 부스러기.

부스러-지다
[crumble; break to pieces]
깨어져 잘게 조각이 나다. ¶빵이 부스러져 방바닥이 지저분하다.

부스럭 [with a rustle]
마른 잎·검불·종이 따위를 밟거나 뒤적일 때 나는 소리. ¶밖에서 부스럭 소리가 난다 / 그는 신문을 부스럭거리며 구인 광고를 찾고 있었다.

부스럼 [swell; boil]
피부에 나는 종기의 통칭. ¶온몸에 부스럼이 나다.

부스스 [unshaven]
❶부스러기 따위가 어지럽게 흩어지는 소리. 또는 그 모양. ¶아이들 신발을 뒤집었더니, 모래가 부스스 떨어졌다 ❷누웠거나 앉았다가 느리게 슬그머니 일어나는 모양. ¶잠자리에서 부스스 일어나다. ❸머리카락이나 털 따위가 몹시 흐트러져 있는 모양. ¶자고 일어난 아이의 머리털이 부스스하다.

부슬-부슬 [gently; drizzly]
눈·비가 가늘고 성기게 조용히 내리는 모양. ¶봄비가 부슬부슬 내린다.

부시다1 [wash; clean out]
그릇 따위를 깨끗이 씻다. ¶컵을 부시다.

부시다2 [dazzling; glaring]
빛이나 색채가 강렬하여 마주 보기가 어려운 상태에 있다. ¶강한 불빛 때문에 눈이 부셔서 눈을 뜰 수가 없다.

부:식1 **副食** | 곁들일 부, 밥 식
[side dish; subsidiary food]
곁들여[副] 먹는 음식(飮食). ¶부식 재료를 사다. [반] 주식(主食).

부:식2 **腐蝕** | 썩을 부, 좀먹을 식 [corrode; rot]
❶[속뜻] 썩어서[腐] 좀먹음[蝕]. 또는 그런 모양의 것. ❷[화학] 금속이 외부의 화학 작용에 의하여 금속이 아닌 상태로 소모되어 가는 일. 또는 그런 현상. ¶그 기계는 오래되어서 부식된 곳이 많다.

부:식3 **腐植** | 썩을 부, 심을 식 [humus]
❶[농업] 흙 속에서 식물(植物)이 썩으면서[腐] 여러 가지 분해 단계에 있는 유기물의 혼합물을 만드는 일. ❷[화학] 흙 속에서 식물이 썩으면서 만드는 유기물의 혼합물.
▸부:식-질 腐植質 | 바탕 질
[화학] 식물(植物)의 부패(腐敗)로 생기는 갈색 또는 암흑색의 물질(物質). ¶이 흙에는 부식질이 많이 포함되어 있다.

부실 **不實** | 아닐 부, 열매 실
[weak; poor; insufficient]
❶[속뜻] 열매[實]를 맺지 못함[不]. ❷내용이 실속이 없고 충분하지 못함. ¶부실 공사 / 반찬이 부실하다.

부싯-돌 [flint]
부시로 쳐서 불을 일으키는 데 쓰는 석영(石英)의 하나. 아주 단단하다. ¶부싯돌로 불을 댕기다.

부아 [exasperation; anger]
분하거나 노여운 마음. ¶나는 그의 말에 부아가 나서 참을 수가 없었다.

부양 **扶養** | 도울 부, 기를 양
[support; maintenance]
생활 능력이 없는 사람을 도와[扶] 살게[養] 함. ¶부양 자녀.

부어-오르다 [swell]
살갗 따위가 부어서 부풀어 오르다. ¶모기 물린 곳이 퉁퉁 부어올랐다.

부:업 **副業** | 버금 부, 일 업
[side job; subsidiary business]
본업 다음[副]으로 따로 가지는 직업(職業). ¶농가에서는 부업으로 버섯을 재배한다. [비] 여업(餘業). [반] 본업(本業).

부엉
부엉이가 우는 소리.
▸부엉-이

동물 올빼밋과의 새. 머리 꼭대기에 귀 모양의 깃털이 있다. 성질이 사나워서 가축을 해치며, 해질녘에 '부엉부엉'하고 운다. 주로 밤에 활동한다.

부엌 (廚, 부엌 주) [kitchen]
음식을 만드는 곳. ¶엄마가 부엌에서 저녁을 준비하신다. ㊥ 주방(廚房).

▸ 부엌-칼 [kitchen knife]
부엌에서 쓰는 칼. ㊥ 식칼, 식도(食刀).

부여[1]**夫餘** | 지아비 부, 남을 여
역사 기원전 1세기 무렵에 부여(夫餘)족이 북만주 일대에 세운 나라. 후에 고구려에 편입되었다.

부:여[2]**附與** | 붙을 부, 줄 여 [bestow; allow]
사물이나 일에 가치·의의 따위를 붙여[附] 줌[與]. ¶특권 부여 / 임무를 부여하다.

부:역 賦役 | 거둘 부, 부릴 역 [compulsory service]
나라가 백성들에게 세금을 거두거나[賦] 일을 부림[役]. 또는 그런 일. ¶부역에 나가다.

부:옇다 [milky white; frosty]
연기나 안개가 낀 것처럼 선명하지 못하고 조금 허옇다. ¶하늘이 부옇게 보이다.

부원 部員 | 나눌 부, 인원 원 [staff; member]
부(部)에 딸려 있는 인원(人員). ¶신입 부원 / 부원 체육대회.

⁑**부위 部位** | 나눌 부, 자리 위 [region; part]
어느 부분(部分)이 전체에 대하여 차지하는 위치(位置). ¶닭고기는 어느 부위가 제일 맛있나요?

부위부강 夫爲婦綱 | 지아비 부, 될 위, 아내 부, 벼리 강
삼강(三綱)의 하나. 남편[夫]은 아내[婦]의 벼리[綱]가 됨[爲].

부위자강 父爲子綱 | 아버지 부, 될 위, 아들 자, 벼리 강
삼강(三綱)의 하나. 아버지[父]는 아들[子]의 벼리[綱]가 됨[爲].

부:유 富裕 | 넉넉할 부, 넉넉할 유 [wealthy; rich]
재물이 많아 생활이 넉넉하다[富=裕]. ¶그는 부유한 사람과 결혼을 했다. ㊥ 곤궁(困窮)하다.

부:음 訃音 | 부고 부, 소리 음 [obituary notice; announcement of death]
사람의 죽음을 알리는[訃] 기별[音]. ¶그는 할아버지의 부음을 듣고 바로 고향으로 내려갔다. ㊥ 부고(訃告).

부:응 副應 | 곁들일 부, 응할 응 [suit; answer; satisfy]
어떤 요구나 기대 따위에 곁들여[副] 응(應)함. ¶기대에 부응하다.

부:의 賻儀 | 도울 부, 예의 의 [goods to aid in a funeral; condolence gift]
상가에 부조를 보내는[賻] 예의(禮儀). 또는 그런 돈이나 물품.

▸ 부:의-금 賻儀金 | 돈 금
부의(賻儀)로 보내는 돈[金]. ¶부의금을 내다. ㊥ 축의금.

부:-의장 副議長 | 도울 부, 따질 의, 어른 장 [vice president]
의장(議長)을 돕는[副] 일을 하다가, 의장의 유고 시에는 그 직무를 대리하는 사람.

부인[1]**夫人** | 지아비 부, 사람 인 [Mrs.; Madam]
❶ 속뜻 지아비[夫]의 짝이 되는 사람[人]. ❷'남의 아내'를 높여 부르는 말. ¶부인은 안녕하십니까? / 부인과 함께 오십시오.

부:인[2]**否認** | 아닐 부, 알 인 [deny; negative]
인정(認定)하지 않음[否]. ¶사실을 부인하다. ㊥ 시인(是認).

부인[3]**婦人** | 부인 부, 사람 인 [married woman; lady]
❶ 속뜻 결혼하여 남의 부인(婦人)이 된 사람[人]. ❷결혼한 여자. ¶동네 부인들이

모여 집안 이야기를 나누고 있다 / 부인병(婦人病) 전문 병원.

부:임 赴任 | 나아갈 부, 맡길 임 [proceed to one's post]
임명(任命)을 받아 임지로 나아감[赴]. ¶새로 부임해 온 교감.

부:자[1]富者 | 넉넉할 부, 사람 자 [millionaire; rich]
살림이 넉넉한[富] 사람[者]. 재산이 많은 사람. [반] 빈자(貧者). [속담] 부자는 망해도 삼 년 먹을 것이 있다.

부자[2]父子 | 아버지 부, 아들 자 [father and son]
아버지[父]와 아들[子]. ¶부자가 꼭 닮았다.
▸부자-유친 父子有親 | 있을 유, 친할 친
아버지[父]와 아들[子] 간에는 친(親)한 사랑이 있음[有]. 오륜(五倫)의 하나. [참] 오륜.

부-자연 不自然 | 아닐 부, 스스로 자, 그러할 연 [unnatural]
자연(自然)스럽지 못함[不]. ¶그는 행동이 부자연스러웠다.

부:-작용 副作用 | 버금 부, 지을 작, 쓸 용 [side effect; reaction]
❶ [약학] 약이 지닌 그 본래의 작용 이외에 부수적으로[副] 일어나는 작용(作用). ¶부작용이 없다. ❷어떤 일에 부수적으로 일어나는 바람직하지 못한 일. ¶개발에 따른 부작용을 최소화하다.

부:잣-집 (富者-, 넉넉할 부, 사람 자) [rich family]
재산이 많아 살림이 넉넉한 사람[富者]의 집. [비] 부가(富家).

부장 部長 | 나눌 부, 어른 장 [director of a department]
부(部)의 책임자[長]. ¶그는 부장으로 승진하였다.

부재 不在 | 아닐 부, 있을 재 [absence]
그곳에 있지[在] 아니함[不]. ¶아버지의 부재로 집안은 늘 썰렁했다.

부:적[1]符籍 | 부신 부, 문서 적 [amulet; talisman]
[민속] 잡귀를 쫓고 재앙을 물리치는 부신(符信)으로 쓰이던 쪽지나 문서[籍].

부적[2]不適 | 아닐 부, 알맞을 적 [unsuitable; unfit]
알맞지[適] 아니함[不]. ¶그는 이 일을 하기에 부적하다.

부-적당 不適當 | 아닐 부, 알맞을 적, 마땅 당 [unfit; unsuited]
적당(適當)하지 않다[不]. ¶그 영화는 아이들이 보기에 부적당하다. [준] 부적. [반] 적당하다.

부-적절 不適切 | 아닐 부, 알맞을 적, 꼭 절 [inappropriate; unsuitable]
적절(適切)하지 않다[不]. ¶부적절한 행동. [반] 적절하다.

부-적합 不適合 | 아닐 부, 알맞을 적, 맞을 합
일이나 조건 따위에 꼭 알맞게[適] 잘 맞지[合] 아니함[不]. ¶이곳은 쌀 재배에 부적합하다.

부전-자전 父傳子傳 | 아버지 부, 전할 전, 아들 자, 전할 전
아버지[父]가 전(傳)해 받은 것을 다시 자식(子息)에게 전(傳)해 줌.

부정[1]不淨 | 아닐 부, 깨끗할 정 [unclean; dirty]
❶ [속뜻] 깨끗하지[淨] 못함[不]. 더러움. ❷사람이 죽는 따위의 불길한 일. ¶부정한 아내.

부정[2]不正 | 아닐 부, 바를 정 [unfair; unjust]
올바르지[正] 않거나[不] 옳지 못함. ¶입시 부정 / 부정을 방지하다. [반] 공정(公正).
▸부정 부:패 不正腐敗 | 썩을 부, 무너질 패
일 처리가 정당(正當)하지 않고[不] 뇌물을 받는 등 썩을 대로 썩음[腐敗]. ¶부정부패의 뿌리를 잘라내다.

부:정³否定 | 아닐 부, 정할 정
[deny; negate]
그렇다고 인정(認定)하지 아니함[否]. ¶그는 잘못을 부정하지 않았다. ⓑ 긍정(肯定).

▸부:정-적 否定的 | 것 적
그렇지 않다고 부정(否定)하는 내용을 갖는 것[的]. ¶부정적인 태도. ⓑ 긍정적(肯定的).

부-정:확 不正確 | 아닐 부, 바를 정, 굳을 확 [inaccurate; incorrect]
바르지[正] 않거나 확실(確實)하지 아니함[不]. ¶그는 발음이 부정확하다. ⓑ 정확(正確).

부조¹扶助 | 도울 부, 도울 조
[contribute; help]
❶ 속뜻 잔칫집이나 상가(喪家) 따위에 돈이나 물건을 보내 도와줌[扶=助]. 또는 그 돈이나 물건. ¶친구 결혼식에 부조를 했다. ❷남을 거들어서 도와주는 일. ¶상호 부조.

부조²浮彫 | 뜰 부, 새길 조
[(carved) relief]
미술 모양을 도드라지게[浮] 새김[彫]. 또는 그러한 조각. ⓑ 돋을새김.

부-조리 不條理 | 아닐 부, 가지 조, 다스릴 리 [irrational; unreasonable]
조리(條理)나 이치(理致)에 어긋나거나 맞지 아니함[不]. 또는 그런 일. ¶사회의 부조리는 바로잡아야 한다.

****부족¹不足** | 아닐 부, 넉넉할 족 [insufficient; lack]
어떤 한도에 넉넉하지[足] 않음[不]. 모자람. ¶운동 부족. ⓑ 과잉(過剩), 풍족(豐足).

***부족²部族** | 나눌 부, 겨레 족 [tribe]
❶ 속뜻 같은 부류(部類)의 겨레[族]. ❷ 사회 같은 조상이라는 관념에 의하여 결합되어 공통된 언어와 종교 등을 갖는 지역적인 공동체. ¶이것은 아키라 부족의 전통 춤이다.

부-주:의 不注意 | 아닐 부, 쏟을 주, 뜻 의
[careless; inattentive]
주의(注意)하지 아니함[不]. 주의가 모자람. ¶운전자의 부주의가 사고의 원인이었다. ⓑ 주의(注義).

부지¹扶持 =扶支, 도울 부, 지킬 지 [endure; maintain; hold out]
❶ 속뜻 도와주고[扶] 지켜줌[持]. ❷고생을 참고 어려움을 버티어 나감. ¶흉년이 들어 풀뿌리로 목숨을 부지하다.

부지²敷地 | 펼 부, 땅 지
[plot of ground]
집이나 건물 따위를 짓기 위하여 펼치듯이[敷] 골라 놓은 땅[地]. ¶공장 부지를 마련하다.

부지³不知 | 아닐 부, 알 지
[do not know]
알지[知] 못함[不]. ¶그 문제의 중요성에 대한 부지의 결과로 새로운 걱정거리가 생겼다.

▸부지기수 不知其數 | 그 기, 셀 수
❶ 속뜻 그[其] 수(數)를 알지[知] 못함[不]. ❷매우 많음. ¶이런 사고는 부지기수다.

부지깽이 [(fire) poker]
아궁이의 불을 헤치는 막대기.

부지런-하다 [diligent; industrious]
어떤 일을 꾸물거리거나 미루지 않고 꾸준하게 열심히 하는 태도가 있다. ¶형은 부지런한 사람으로 잠시도 노는 일이 없다 / 부지런히 공부하다. ⓑ 게으르다.

부-직포 不織布 | 아닐 부, 짤 직, 베 포
[nonwoven (fabric)]
수공 베틀에 짜지[織] 않고[不] 화학적 또는 기계적인 처리에 의하여 접착시켜 만든 천[布].

부진 不振 | 아닐 부, 떨칠 진
[dull; depressed]
세력이나 성적 또는 활동 따위를 떨치지[振] 못함[不]. ¶나는 국어 성적이 부진하

다 / 성적 부진아(不振兒).

부질-없다 [vain; useless]
대수롭지 않거나 쓸모가 없다. ¶부질없는 생각을 하다. [비] 헛되다, 쓸데없다.

부쩍 [rapidly; quickly]
사물이 거침새 없이 자꾸 늘거나 주는 모양. ¶최근 몸무게가 부쩍 늘었다.

부:착 附着 | =付着, 붙을 부, 붙을 착 [adhere; attach]
들러붙어서[附=着] 떨어지지 아니함. 또는 그렇게 붙이거나 닮. ¶사진부착 / 벽에 포스터를 부착하다.

부채[1] [fan]
손으로 흔들어 바람을 일으키는 간단한 기구. ¶부채를 부치다.

▸ 부채-꼴
부채처럼 생긴 모양. ¶은행잎은 부채꼴이다.

▸ 부채-질
❶부채로 바람을 일으키는 일. ❷흥분된 감정·싸움 등을 더욱 북돋아 주는 일. [속담] 불난 집에 부채질한다.

▸ 부채-춤
부채를 들고 추는 춤.

부:채[2] **負債** | 질 부, 빚 채 [debt]
남에게 빚[債]을 짐[負]. 또는 그 빚. ¶부채를 지다 / 부채를 탕감해 주다.

부챗-살 [ribs of a fan]
부채의 뼈대를 이루는 여러 개의 대오리.

부처[1] [Sakyamuni; Buddha]
[불교] ❶불교의 교조인 석가모니. ❷대도(大道)를 깨달은 성인.

▸ 부처-님
[불교] '부처'의 높임말.

▸ 부처님 오신 날
석가모니가 태어난 날을 기념하는 날. 음력 4월 8일이다. [비] 석가탄신일(釋迦誕辰日).

부처[2] **夫妻** | 지아비 부, 아내 처 [husband and wife; Mr. and Mrs]
남편[夫]과 아내[妻]. ¶오늘 파티에 김 국장 부처가 모두 참석했다. [비] 내외, 부부.

부처[3] **部處** | 나눌 부, 곳 처 [ministries and offices]
정부기관의 '부'(部)와 '처'(處)를 아울러 이르는 말. ¶관계 부처 / 해당 부처로 일을 넘기다.

부:-총:리 副總理 | 도울 부, 거느릴 총, 다스릴 리 [deputy Prime Minister]
[법률] 국무총리(國務總理)를 보좌하는[副] 관직. 또는 그 사람. 국무총리가 특별히 위임하는 사무를 처리하고 총리가 유고(有故)하면 그 직무를 대행한다.

부:추 [leek; scallion]
[식물] 백합과의 여러해살이풀. 봄에 작은 비늘줄기에서 가늘고 긴 잎이 모여 난다. 잎은 식용한다.

부:추기다 [stir up; instigate; urge]
남을 이리저리 들쑤셔 그 일을 하게 만들다. ¶싸움을 부추기다.

부:축 [helping by holding]
겨드랑이를 붙들어 걸음을 돕는 일. ¶노인을 차에서 부축해 내리다.

부츠 {영 boots}
목이 긴 구두.

부치다[1] [be beyond one's strength]
힘이 모자라거나 미치지 못하다. ¶그 일은 내 힘에 부친다. [비] 겹다, 모자라다, 힘겹다. [반] 넘치다.

♣ 부치다[1] / 달리다[3] [비슷한 듯 다른 말]

◎ 힘이 부쳐서 = 달려서 더 이상 못하겠다.

○ 힘에 부치는 일을 하려고 하지 마라.
× 힘에 달리는 일을 하려고 하지 마라.

○ 지금 우리는 일손이 달린다.
× 지금 우리는 일손이 부친다.

부치다[2] (寄, 부칠 기) [send; transmit; consign]
편지나 물건 따위를 일정한 수단이나 방

법을 써서 상대에게로 보내다. ¶집으로 소포를 부치다.

부치다[3][refer; put; commit]
❶어떤 문제를 다른 곳이나 다른 기회로 넘기어 맡기다. ¶안건을 회의에 부치다. ❷어떤 일을 거론하거나 문제 삼지 않는 상태에 있게 하다. ¶이번 일은 철저히 비밀에 부치기로 했다.

부치다[4][cultivate; farm]
논밭을 다루어 농사를 짓다. ¶밭을 부치다.

부치다[5] [cook on a griddle; fry]
프라이팬 따위에 기름을 바르고 빈대떡, 전병(煎餠) 따위의 음식을 익혀서 만들다. ¶김치 부침개를 부치다.

부치다[6] [fan]
부채 등을 흔들어 바람을 일으키다. ¶부채를 부치다.

부친 父親 | 아비 부, 어버이 친
[one's father]
❶ 속뜻 부계(父系) 친족(親族). ❷'아버지'를 정중히 일컫는 말. ¶그의 부친이 돌아가셨다고 한다. ⓑ 모친(母親).

부침-개 [flat cake; panfried food]
기름에 부쳐서 만드는 빈대떡·전·누름적 등의 총칭. ⓑ 지짐이.

부:탁 付託 | 청할 부, 맡길 탁
[request; favor]
어떤 일을 청하여[付] 맡김[託]. ¶부탁을 들어주다.

부탄-가스 {영 butane gas}
화학 부탄(butane)과 부틸렌(butylene)의 혼합 가스(gas). 가스라이터 등에 쓴다.

부:-통령 副統領 | 도울 부, 거느릴 통, 거느릴 령 [vice president]
법률 대통령(大統領) 아래에서 보좌하는[副] 직위. 또는 그 사람. 대통령을 보좌하고 대통령의 유고(有故) 시(時)에는 그 직무를 대행한다.

부판 浮板 | 뜰 부, 널빤지 판
운동 헤엄칠 때 몸이 잘 뜨게 하는[浮] 널판[板]. ¶부판을 잡고 헤엄을 쳤다.

부:패 腐敗 | 썩을 부, 무너질 패
[rot; decompose; decay]
❶ 속뜻 썩어[腐] 문드러짐[敗]. ❷정치, 사상, 의식 따위가 타락함. ¶부패한 정치가. ❸ 화학 미생물이 작용하여 질소를 품고 있는 단백질이나 지방 따위의 유기물이 분해되는 과정. 또는 그런 현상. 독특한 냄새가 나거나 유독성 물질이 발생한다. ¶여름철에는 음식물이 부패하기 쉽다.

부풀다 [get big; swell up]
❶물체가 늘어나면서 부피가 커지다. ¶빵 반죽이 잘 부풀었다. ❷살가죽이 붓거나 부르터 오르다. ¶발목이 부풀다. ❸희망이나 기대 따위가 마음에 가득하게 되다. ¶나는 희망에 가슴이 부풀었다.

부풀-리다 [swell out; expand]
부풀게 하다. ¶풍선을 부풀리다 / 벌레에 물려서 눈이 부풀렸다.

***부품 部品** | 나눌 부, 물품 품
[spare parts; components]
기계 따위의 어떤 일부분(一部分)에 쓰이는 물품(物品). ¶자동차 부품 / 부품을 갈다.

부피 [size; volume]
수학 입체가 차지하는 공간의 크기. 입체의 크기. ¶짐은 최대한 부피를 줄여야 한다. ⓑ 체적(體積).

부하 部下 | 거느릴 부, 아래 하
[subordinate; follower]
자기 수하(手下)에 거느리고[部] 있는 직원. ⓑ 상관(上官), 상사(上司).

부:합 符合 | 맞을 부, 맞을 합
[agreement; correspondence]
서로 조금도 틀림이 없이 꼭 들어맞거나[符] 합치(合致)됨. ¶너의 의견이 나의 의견과 부합한다.

부형 父兄 | 아버지 부, 맏 형 [one's father and brothers; guardians]

❶ 속뜻 아버지[父]와 형[兄]. ❷학교에서 학생의 보호자를 두루 일컫는 말.

부:호¹富豪 | 넉넉할 부, 호걸 호
[millionaire]
재산이 많고[富] 세력이 있는 호걸(豪傑). 큰 부자. ㊊ 부자(富者).

부:호²符號 | 맞을 부, 표지 호
[mark; sign]
일정한 뜻을 나타내는 데 알맞은[符] 표시[號]. ¶부호를 넣다 / 부호를 쓰다.

부화 孵化 | 알 깔 부, 될 화
[hatch; incubate]
알을 까게[孵] 됨[化]. 알을 깸. ¶병아리가 부화했다.

▶부화-기 孵化器 | 그릇 기
인위적으로 동물의 알을 까는[孵化] 기계(器械).

부:활 復活 | 다시 부, 살 활
[revive; resurrect]
❶ 속뜻 죽었다가 다시[復] 살아남[活]. ¶예수의 부활. ❷없어졌던 것이 다시 생김. ¶교복 착용 제도의 부활.

▶부:활-절 復活節 | 철 절
기독교 예수의 부활(復活)을 기념하는 축제일[節]. 춘분이 지난 뒤의 첫 만월 다음의 일요일이다. ¶부활 주일.

부-회장 副會長 | 도울 부, 모일 회, 어른 장
[vice president]
회장(會長) 아래에서 보좌하는[副] 직위. 또는 그 직위에 있는 사람. 회장 유고 시에 그 직무를 대리한다.

부:흥 復興 | 다시 부, 일어날 흥
[reconstruct]
쇠하였던 것이 다시[復] 일어남[興]. 또는 쇠하였던 것을 다시 일어나게 함. ¶경제 부흥 / 문예 부흥.

북¹(鼓, 북 고) [drum]
음악 타악기의 하나. 나무나 쇠붙이 따위로 만든 둥근 통의 양쪽 마구리에 가죽을 팽팽하게 씌우고, 채로 가죽 부분을 쳐서 소리를 낸다.

북²[spindle; shuttle]
수공 ❶배 모양으로 생긴 천 짜는 기구. 날의 틈으로 왔다 갔다 하면서 씨실을 풀어 주며 천을 짠다. ¶북을 넣다. ❷재봉틀에서, 밑실을 감은 실톳을 넣어 두는 쇠로 만든 통.

북³[soil that covers roots; hill]
식물의 뿌리를 싸고 있는 흙.

북⁴[with a scratch]
두툼한 물건이나 질기고 얇은 종이, 천 따위를 세게 찢는 소리. 또는 그 모양. ¶공책을 북 찢다.

북⁵ 北 | 북녘 북 [north]
❶북(北)쪽. ❷'북한'(北韓)을 달리 이르는 말. ㊉ 남(南).

북-간도 北間島 | 북녘 북, 사이 간, 섬 도
지리 두만강과 마주한 간도(間島) 지방의 북부(北部). 전형적인 대륙성 기후로, 경지는 적고 임업이 활발하며 광물 자원이 많다.

북괴 北傀 | 북녘 북, 허수아비 괴
[North Korean puppet regime]
북한(北韓)을 소련의 허수아비[傀]라고 비난하여 이르던 말. ¶북괴는 간첩을 남파(南派)했다.

북국 北國 | 북녘 북, 나라 국
[northern country]
북(北)쪽에 있는 나라[國]. ¶북국의 특색이 드러나는 가옥구조.

북극 北極 | 북녘 북, 끝 극 [North Pole]
❶ 속뜻 북(北)쪽 끝[極]. 북쪽 끝의 지방. ❷ 지리 지구의 자전축을 연장할 때, 천구와 마주치는 북쪽 점. ¶펭귄은 북극에 서식하지 않는다. ㊉ 남극(南極).

▶북극-성 北極星 | 별 성
천문 천구의 북극(北極)에 가장 가까운 별[星]. 위치가 거의 변하지 않기 때문에 북쪽 방향을 아는 데 이용된다. ㊊ 북신(北辰).

▸북극-해 北極海 | 바다 해
지리 북극권(北極圈)에 있는 바다[海]. 아시아, 유럽, 북아메리카의 세 대륙에 둘러싸여 있다. 비 북빙양(北氷洋).

북-녘 (北-, 북녘 북) [north(ward)]
북(北)쪽 방면. ¶북녘 하늘에 별이 빛난다. 반 남(南)녘.

북-대문 北大門 | 북녘 북, 클 대, 문 문
북쪽[北]으로 난 대문(大門).

북대서양 조약 기구 北大西洋條約機構 | 북녘 북, 큰 대, 서녘 서, 바다 양, 조목 조, 묶을 약, 틀 기, 얽을 구
정치 북대서양(北大西洋) 조약(條約)에 의하여 성립된 서유럽 지역의 안전 보장 기구(機構). 1949년 미국, 영국, 프랑스, 캐나다 등을 회원국으로 하여 발족하였으며 뒤에 터키, 그리스 등이 참가하였다. '나토'(North Atlantic Treaty Organization)라고도 한다.

북-돋다 [encourage; urge]
'북돋우다'의 준말.

북-돋우다 [encourage; urge]
기운·정신을 더욱 높여 주다. ¶엄마는 항상 나에게 용기를 북돋워 준다.

북동 北東 | 북녘 북, 동녘 동 [northeast]
❶속뜻 북(北)쪽과 동(東)쪽을 아울러 이르는 말. ❷북쪽을 기준으로 북쪽과 동쪽 사이의 방위(方位). ¶북동 무역풍이 불다. 비 북동쪽.

북두-칠성 北斗七星 | 북녘 북, 말 두, 일곱 칠, 별 성 [Great Bear; Plow]
천문 북(北)쪽 하늘의 별자리에서 가장 뚜렷하게 보이는 국자[斗] 모양으로 된 일곱[七] 개의 별[星]. 비 북두성(北斗星).

북망 北邙 | 북녘 북, 언덕 망
❶속뜻 중국 낙양의 북(北)쪽에 있는 언덕[邙]. ❷낙양의 북망에 무덤이 많은 것에서 유래되어 '무덤이 많은 곳이나 사람이 죽어서 묻히는 곳'을 이르는 말. 북망산(北邙山).

▸북망-산 北邙山 | 메 산
지리 중국 북망(北邙)에 무덤이 산(山)처럼 많은 것에서 유래되어 '무덤이 많은 곳이나 사람이 죽어서 묻히는 곳'을 이르는 말.

북문 北門 | 북녘 북, 문 문 [north gate]
북(北)쪽으로 낸 문(門). ¶북문으로 가면 인왕산이 나온다. 반 남문(南門).

북미 北美 | 북녘 북, 미국 미 [North America]
지리 아메리카[美] 대륙 중 북쪽[北] 부분. ¶북미 대륙에는 미국과 캐나다가 있다.

북-반구 北半球 | 북녘 북, 반 반, 공 구 [Northern hemisphere]
지리 지구(地球)를 적도를 기준으로 반(半)으로 나눴을 때 북(北)쪽 부분. ¶우리나라는 북반구에 위치하고 있다. 반 남반구(南半球).

북-받치다
[be filled with; gush forth; well up]
감정이나 힘 따위가 속에서 세차게 치밀어 오르다. ¶서러움이 북받치다.

⁑**북방 北方** | 북녘 북, 모 방 [northward; northern direction]
북(北) 쪽[方]. ¶북방 지역은 아직도 겨울이다. 비 북녘. 반 남방(南方).

북벌 北伐 | 북녘 북, 칠 벌 [attack the north]
북방(北方)의 지역을 정벌(征伐)함. ¶효종은 북벌 계획을 세웠다. 반 남벌(南伐).

⁑**북부 北部** | 북녘 북, 나눌 부 [north; northern part]
어떤 지역의 북(北)쪽 부분(部分). ¶강원도 북부지역은 북한에 속해 있다. 반 남부(南部).

북빙-양 北氷洋 | 북녘 북, 얼음 빙, 큰바다 양 [Arctic Ocean]
지리 북극(北極) 지역에 얼음[氷]으로 덮여있는 큰 바다[洋]. 아시아, 유럽, 북아메리카 대륙에 둘러싸여 있다. 비 북극해(北

極海).

북상 北上 | 북녘 북, 위 상
[go up north; move northward]
북(北)쪽으로 올라감[上]. ¶장마전선이 북상 중이다 / 태풍이 북상하다. ⓑ 남하(南下).

북새-통
많은 사람이 야단스럽게 부산을 떨며 법석이는 상황. ¶버스 정류장은 학생들로 북새통을 이루었다.

북서 北西 | 북녘 북, 서녘 서 [northwest]
❶ 속뜻 북(北)쪽과 서(西)쪽을 아울러 이르는 말. ❷북쪽을 기준으로 북쪽과 서쪽 사이의 방위(方位).

▶ 북서-풍 北西風 | 바람 풍
지리 북서(北西)쪽에서 불어오는 바람[風]. ¶겨울철엔 북서풍이 분다. ⓑ 서북풍.

북-소리 [sound of a drum]
북을 칠 때 나는 소리. ⓑ 고성(鼓聲).

북-아메리카 (北America, 북녘 북) [North America]
지리 아메리카(America) 대륙의 북부(北部). ⓑ 북미(北美).

북어 北魚 | 북녘 북, 물고기 어
[dried pollack]
❶ 속뜻 북(北)쪽 바다에서 나는 물고기[魚]. ❷말린 명태. ⓑ 건명태(乾明太).

북위 北緯 | 북녘 북, 가로 위
[north latitude]
지리 적도 이북(以北)의 위도(緯度). ¶휴전선은 북위 38도를 기준으로 설정되었다. ⓑ 남위(南緯).

북-유럽 (北Europe, 북녘 북)
[Northern Europe]
지리 유럽(Europe) 북쪽[北]에 있는 아이슬란드·덴마크·노르웨이·스웨덴·핀란드 등의 나라. ¶옛날 북유럽에는 바이킹족이 살았다.

북적-거리다
[be in a bustle; be congested]
많은 사람이 한곳에 모여 수선스럽게 들끓다. ¶이 가게는 주말마다 사람들로 북적거린다.

북진 北進 | 북녘 북, 나아갈 진
[go north]
북(北)쪽으로 진출하거나 진격(進擊)함. ¶아군(我軍)은 북진하며 적군을 섬멸했다. ⓑ 남진(南進).

북-쪽 (北–, 북녘 북)
[northward; north side]
북극(北極)을 가리키는 쪽. ¶여기서 북쪽으로 조금만 가면 도착합니다. ⓑ 남쪽.

북-채 [drumstick]
북을 치는 조그만 방망이.

북청 사자놀음 (北青獅子–, 북녘 북, 푸를 청, 사자 사, 접미사 자)
민속 함경남도 북청(北靑)에 전해 오는 민속놀이. 정월 대보름 무렵에 사자(獅子)탈을 쓰고 집집마다 다니며 춤을 추어 잡귀를 쫓는다. 중요 무형 문화재 제15호이다.

북촌 北村 | 북녘 북, 마을 촌
[northern village]
북(北)쪽에 있는 마을[村]. ⓑ 남촌(南村).

북측 北側 | 북녘 북, 곁 측 [north side]
❶ 속뜻 북(北)쪽 측면(側面). ❷북한 측. ¶북측 대표단 / 북측 인사. ⓑ 남측(南側).

북-태평양 北太平洋 | 북녘 북, 클 태, 평평할 평, 큰바다 양
[North Pacific (Ocean)]
지리 태평양(太平洋)의 북반부(北半部). 적도 이북의 부분. ¶북태평양 고기압 / 북태평양 조약.

북-편 (–便, 쪽 편)
음악 장구에서 손으로 치는 편(便). ⓑ 채편.

북풍 北風 | 북녘 북, 바람 풍
[north wind]
북(北)쪽에서 불어오는 바람[風]. ¶북풍이 몰아치다. ⓑ 삭풍(朔風). ⓑ 남풍(南

風).

북학 北學 | 북녘 북, 배울 학

역사 ❶중국 남북조 때, 북조(北朝)에서 행해진 학풍(學風). ❷조선시대에 실학자들이 청나라의 앞선 문화를 받아들일 것을 주장한 학풍.

▸북학-론 北學論 | 논할 론

❶속뜻 청나라의 문화[北學]를 배워 받아들이자는 주장[論]. ❷역사 조선 영조·정조 때에, 북학파 실학자들이 청나라의 앞선 문물제도 및 생활양식을 받아들이자고 한 주장. 박지원, 홍대용, 박제가, 이덕무 등이 주장하였다.

▸북학-파 北學派 | 갈래 파

❶속뜻 청나라의 문화[北學]를 배워 받아들이자고 주장한 사람들[派]. ❷역사 조선 영조·정조 때에, 청나라의 앞선 문물제도 및 생활 양식을 받아들일 것을 주장한 학파. 특히 상공업의 진흥과 기술의 혁신에 관심을 쏟았다.

북한 北韓 | 북녘 북, 나라 한 [North Korea; Democratic Peoples Republic of Korea]

남북으로 분단된 대한민국의 휴전선 북(北)쪽 지역의 우리나라[韓]를 가리키는 말.

▸북한-군 北韓軍 | 군사 군

북한(北韓)의 군인 또는 군대(軍隊). ¶북한군 병사.

▸북한-말 (北韓–)

북한(北韓)에서 쓰는 말.

북-한:강 北漢江 | 북녘 북, 한양 한, 강 강

❶속뜻 북(北)쪽의 한강(漢江). ❷지리 강원도 회양군 사동면에서 시작하여 춘천, 양구, 가평 등을 거쳐 흐르는 강. 남한강과 함께 한강의 주요한 지류이다.

북-한산 北漢山 | 북녘 북, 한수 한, 메 산

❶속뜻 한강(漢江) 북(北)쪽에 있는 산(山). ❷지리 서울특별시의 북부와 경기도 고양시 사이에 있는 산. 백운대, 인수봉, 국망봉의 세 봉우리가 있어 삼각산(三角山)이라고도 한다.

▸북한산-성 北漢山城 | 성곽 성

고적 북한산(北漢山)에 있는 산성(山城). 삼국 시대에 세워진 것으로 조선 숙종 37년(1711)에 석성으로 고쳐지었다. 사적 제162호이다.

▸북한산 신라 진흥왕 순수비 北漢山新羅眞興王巡狩碑 | 새 신, 새그물 라, 참 진, 일 흥, 왕 왕, 돌 순, 사냥 수, 비석 비

고적 신라(新羅) 진흥왕(眞興王)의 북한산(北漢山) 순행을 기념하여 비봉(碑峯)에 세운 순수비(巡狩碑). 1816년에 김정희가 비문의 일부를 판독한 후 널리 알려졌으며, 현재 국립 중앙 박물관에 옮겨져 있다. 국보 제3호이다.

북해 北海 | 북녘 북, 바다 해 [northern sea; North Sea]

❶속뜻 북(北)쪽의 바다[海]. ❷지리 유럽 대륙과 영국과의 사이에 있는 바다. ⊕북양(北洋).

북향 北向 | 북녘 북, 향할 향 [northern aspect; facing north]

북(北)쪽을 향(向)함. 또는 그 방향. ¶대문을 북향으로 내다. ⊕남향(南向).

분[1] [as esteemed person]

❶사람을 가리킬 때 높이는 뜻으로 쓰는 말. ¶그 분을 모셔 왔습니다. ❷사람의 수를 셀 때 높이는 뜻을 나타내는 말. ¶세 분이 다녀가셨습니다.

분[2] **分** | 나눌 분 [minute]

시간의 단위. 한 시간의 60분의 1이다. ¶오후 1시 30분.

분[3] **分** | 나눌 분 [part]

전체를 몇에 나눈[分] 부분. ¶3분의 2.

분:[4] **分** | 나눌 분 [one's status; one's social standing]

자기 신분(身分)에 맞는 한도. ¶분에 맞게 살다.

분[5] **粉** | 가루 분 [powder]

얼굴빛을 곱게 하기 위하여 얼굴에 바르

는 화장품의 하나. 주로 밝은 살구색이나 흰색의 가루로 되어 있다. ¶분을 바르다.

분:[6] 憤 | 화낼 분 [anger; rage]
화가 나고 억울하고 마음. ¶분을 참다.

분가 分家 | 나눌 분, 집 가
[branch family]
가족의 한 구성원이 주로 결혼 따위로 집[家]을 따로 장만하여 나감[分]. ¶그는 분가한 후에도 부모님을 자주 찾아뵈었다.

분간 分揀 | 나눌 분, 가릴 간 [distinguish]
사물이나 사람의 옳고 그름, 좋고 나쁨 따위와 그 정체를 구별하거나[分] 가려서[揀] 앎. ¶자세히 보면 옥인지 돌인지 분간할 수 있다.

분-갈이 (盆-, 동이 분)
화분에 심은 풀이나 나무를 다른 화분(花盆)에 옮겨 심는 일.

분:개 憤慨 | 분할 분, 슬퍼할 개
[indignant; be enraged]
몹시 분(憤)하여 슬퍼함[慨]. 또는 분하게 여김. ¶너무나 분개한 나머지 고함을 질렀다.

분교 分校 | 나눌 분, 학교 교
[branch school]
교육 본교와 떨어진 다른 지역에 따로[分] 세운 학교(學校). ⓑ 본교(本校).

분규 紛糾 | 어지러울 분, 얽힐 규
[complication; trouble]
이해나 주장이 어지럽게[紛] 뒤얽힘[糾]. 또는 이로 인한 시끄러움. ¶분규 해결 / 분규가 발생하다.

분기 分岐 | 나눌 분, 갈림길 기
[diverge; ramify]
나뉘어서[分] 여럿으로 갈라짐[岐]. 또는 그 갈래. ¶큰 길에서 분기되다.

▸분기-점 分岐點 | 점 점
여러 갈래로 나뉘는[分岐] 지점(地點). 또는 시점(時點). ¶분기점에 이정표가 있다.

분-꽃 (粉-, 가루 분)
[four o'clock; marvel of Peru]
식물 여름에 걸쳐 흰색, 빨간색, 노란색 꽃이 피며 열매 속에 흰 가루[粉]가 들어 있는 꽃.

분:노 忿怒 | =憤怒, 성낼 분, 성낼 노
[anger]
분하여 몹시 성을 냄[忿=怒]. ¶분노가 폭발하다. ⓑ 희열(喜悅).

분뇨 糞尿 | 똥 분, 오줌 뇨
[human waste; excretion; excreta]
똥[糞]과 오줌[尿]. ¶분뇨를 비료로 만들다.

분단[1] 分段 | 나눌 분, 구분 단
[divide into steps]
❶ 속뜻 여러 단계(段階)로 나눔[分]. 또는 나눈 그 단계. ❷문장을 내용에 따라 몇 단락으로 나눔. 또는 나눈 그 단락. ¶두 번째 분단의 요지를 말해보시오.

분단[2] 分斷 | 나눌 분, 끊을 단
[divide into sections]
두 동강으로 나누어[分] 끊음[斷]. ¶분단된 우리나라.

⁑**분단[3]** 分團 | 나눌 분, 모일 단
[local branch; section]
❶ 속뜻 한 단체의 구성단위로 작게 나뉜[分] 집단(集團). ❷ 교육 학습 능률을 올리기 위하여 한 학급을 몇으로 나눈 그 하나.

▸분단-장 分團長 | 어른 장
분단(分團)의 우두머리[長]. ¶분단장의 명령.

분담 分擔 | 나눌 분, 멜 담
[divide of labor; take a share]
나누어서[分] 맡음[擔]. ¶가사 분담 / 비용을 셋이 분담하다. ⓑ 전담(全擔).

분대 分隊 | 나눌 분, 무리 대 [squad]
군사 ❶본대에서 갈라져[分] 나온 편대(編隊). ❷소대 아래의 단위로 가장 작은 부대.

분동 分銅 | 나눌 분, 구리 동
[balance weight; counterbalance]
❶ 속뜻 양쪽에 똑같이 나누어[分] 놓은 구

리[銅] 덩어리. ❷천평칭(天平秤)이나 대저울 따위로 무게를 달 때, 무게의 표준이 되는 추.

분란 紛亂 | 어수선할 분, 어지러울 란 [be in confusion]
어수선하고[紛] 떠들썩함[亂]. ¶의견 차이로 반에 분란이 생겼다.

분량 分量 | 나눌 분, 분량 량 [quantity; amount]
❶속뜻 나눈[分] 단위의 양(量). ❷수효, 무게 따위의 많고 적음이나 부피의 크고 작은 정도. ¶찻숟가락 세 개 분량의 설탕을 넣으시오.

불령-선인 不逞鮮人 | 아닐 불, 굳셀 령, 고울 선, 사람 인
❶속뜻 굳세지[逞] 못한[不] 조선(朝鮮) 사람[人]. ❷일본 제국주의자들이 한국 사람을 낮잡아 이르던 말.

분류 分類 | 나눌 분, 무리 류 [classify; group]
❶속뜻 나누어[分] 놓은 무리[類]. ❷사물을 공통되는 성질에 따라 종류별로 가름. ¶책을 장르별로 분류하다.

분리 分離 | 나눌 분, 떨어질 리 [separate; divide]
따로 나뉘어[分] 떨어짐[離]. 또는 따로 떼어 냄. ¶음식물 쓰레기는 분리해서 버려야 한다.

▶분리-대 分離帶 | 띠 대
교통 차도를 진행 방향에 따라 분리(分離)하기 위하여 그 경계선에 설치해 놓은 띠[帶] 모양의 장치.

▶분리-수거 分離收去 | 거둘 수, 갈 거
쓰레기 따위를 종류별로 나누어서[分離] 늘어놓은 것을 거두어[收] 감[去].

분립 分立 | 나눌 분, 설 립 [set up independently]
따로 갈라져서[分] 섬[立]. 또는 갈라서 세움. ¶우리나라의 정치제도는 입법, 사법, 행정의 삼권분립을 원칙으로 한다.

분만 分娩 | 나눌 분, 낳을 만 [give birth (to)]
산모가 뱃속의 아기를 몸 밖으로 분리(分離)하여 낳는[娩] 일. ¶분만의 고통이 얼마나 큰지를 남자는 모른다. ⓑ 출산(出産), 해산(解産).

분말 粉末 | 빻을 분, 가루 말 [powder; dust]
빻아서[粉] 만든 가루[末]. ¶알약을 빻아 분말로 만들다.

*__분명__ 分明 | 나눌 분, 밝을 명 [clear; distinct; plain]
❶속뜻 구분(區分)이 명확(明確)함. ❷틀림없이 확실하게. ¶그 소식은 분명 너에겐 충격적일 거야 / 그가 도둑인 것이 분명하다 / 내 귀로 분명히 들었다.

분모 分母 | 나눌 분, 어머니 모 [denominator]
❶속뜻 무엇을 나누는[分] 모체(母體)가 되는 것. ❷수학 분수 또는 분수식에서 가로줄의 아래에 적는 수 또는 식. ⓑ 분자(分子).

분묘 墳墓 | 무덤 분, 무덤 묘 [grave; tomb]
무덤[墳=墓].

*__분:무__ 噴霧 | 뿜을 분, 안개 무 [atomize; spray]
물이나 약품 따위를 안개[霧]처럼 내뿜음[噴].

▶분:무-기 噴霧器 | 그릇 기
물이나 약품 따위를 안개처럼 내뿜는[噴霧] 기구[器]. ¶옷을 다리기 전에 분무기로 물을 뿌렸다.

분:발 奮發 | 떨칠 분, 일으킬 발 [make an effort; endeavor]
마음과 힘을 떨쳐[奮] 일으킴[發]. ¶우리 팀은 끊임없는 분발로 우승을 차지했다 / 꿈을 이루기 위해서는 더욱 분발해야 한다. ⓑ 발분(發奮).

분방 奔放 | 달릴 분, 내칠 방

[free; unrestrained]
❶ 속뜻 달리는[奔] 대로 내버려 둠[放]. ❷ 체면이나 관습 같은 것에 얽매이지 않고 마음대로임. ¶동생은 분방한 성격을 지녔다.

분배 分配 | 나눌 분, 나눌 배
[distribute; divide; share]
각자 몫을 따로따로 나눔[分=配]. ¶이익을 공정하게 분배하다. ⓑ 배분(配分).

분별 分別 | 나눌 분, 나눌 별
[devise; judge]
❶ 속뜻 일이나 사물을 나누어[分] 구별(區別)함. ¶이 다이아몬드는 진짜인지 가짜인지 분별하기가 어렵다. ❷무슨 일을 사리에 맞게 판단함. 또는 그 판단력. ¶그는 분별 있게 행동하는 사람이다.

분부 分付 | =吩咐, 나눌 분, 줄 부
[bid; give directions]
❶ 속뜻 여러 사람에게 나누어 시키거나 나누어[分] 줌[付]. ❷윗사람의 '당부'나 '명령'을 높여 이르는 말. ¶분부를 잘 받들겠습니다.

분분 紛紛 | 어지러울 분, 어지러울 분
[confused; complicated]
❶ 속뜻 이리저리 뒤섞이어 어지러움[紛+紛]. ❷의견이 각각이어서 갈피를 잡을 수 없다. ¶의견이 분분하다.

분비 分泌 | 나눌 분, 흐를 비 [secrete]
❶ 속뜻 나뉘어[分] 졸졸 흐름[泌]. ❷ 의학 샘 세포의 작용에 의하여 땀, 침, 젖 따위의 특수한 액즙을 만들어 배출함.

▶분비-물 分泌物 | 만물 물
의학 침, 위액, 땀, 젖 따위와 같이 분비(分泌)되어 나온 물질(物質).

분산 分散 | 나눌 분, 흩을 산
[disperse; scatter]
갈라져[分] 흩어짐[散]. 또는 흩어지게 함. ¶인구 분산. ⓑ 집중(集中).

분석 分析 | 나눌 분, 쪼갤 석
[analyze; assay]
복합된 사물을 그 요소나 성질에 따라서 나누고[分] 쪼개는[析] 일. ¶자료 분석 / 실패의 원인을 분석하다.

분속 分速 | 나눌 분, 빠를 속
일 분(分)간을 단위로 하여 재는 속도(速度). ¶시속 120킬로미터는 분속 2킬로미터이다.

분쇄 粉碎 | 가루 분, 부술 쇄 [pulverize]
가루[粉]가 되도록 부스러뜨림[碎]. ¶암석 조각을 분쇄하다.

분수[1] 分數 | 나눌 분, 셀 수
[fractional number; limit]
❶ 수학 어떤 수(數)를 다른 수로 나누는[分] 것을 분자와 분모로 나타낸 것. ❷자기 신분(身分)에 맞는 한도. ¶자기 분수를 지키면서 살다. ⓑ 정수(整數).

분수[2] 分水 | 나눌 분, 물 수
[diversion of water]
물[水]이 두 갈래 이상으로 갈라져[分] 흐름. 또는 갈라져 흐르는 물.

▶분수-령 分水嶺 | 재 령
❶ 지리 물줄기가 갈라지는[分水] 산등성이[嶺]. ❷'일이 어떻게 될 것인가가 결정되는 고비'를 비유하여 이르는 말. ¶미국에서 지낸 3년이 그의 인생에 중요한 분수령이 되었다.

분ː수[3] 噴水 | 뿜을 분, 물 수 [fountain]
물[水]을 뿜어내게[噴] 되어 있는 설비. 또는 뿜어내는 그 물. ¶분수에서 시원하게 물이 뿜어져나온다.

▶분ː수-대 噴水臺 | 돈대 대
공원 등에 물을[水] 뿜어[噴] 올리기 위하여 마련해 놓은 시설[臺].

분식 粉食 | 가루 분, 밥 식
[food made from flour]
빵, 국수 등 곡식의 가루[粉]로 만든 음식(飮食). 또는 그런 음식을 먹음. ¶요즘 아이들은 밥보다 분식을 좋아한다.

▶분식-점 粉食店 | 가게 점
분식(粉食)을 파는 음식점(飮食店). ¶분식점에서 점심을 먹었다. ⓑ 분식집.

분신 分身 | 나눌 분, 몸 신
[one's other self; alter ego]
몸체[身]에서 갈라져[分] 나간 부분. ¶그는 나의 분신이다.

분실 紛失 | 어수선할 분, 잃을 실
[lose; miss]
어수선하여[紛] 자기도 모르는 사이에 잃어버림[失]. ¶분실한 물건을 보관하다. [반] 습득(拾得).

▸분실-물 紛失物 | 만물 물
잃어버린[紛失] 물건(物件). ¶분실물을 습득하다. [반] 습득물(拾得物).

분야 分野 | 나눌 분, 들 야 [field]
여러 갈래로 나누어진[分] 범위나 부분[野]. ¶경제 분야 / 전공 분야.

분양 分讓 | 나눌 분, 넘겨줄 양
[sell in lots]
많은 것이나 큰 덩이를 갈라서[分] 여럿에게 넘겨줌[讓]. ¶그 아파트는 지금 분양 중이다.

분업 分業 | 나눌 분, 일 업 [divide work]
❶[속뜻] 손을 나누어서[分] 일함[業]. ¶아버지는 어머니와 가사를 분업하신다. ❷한 제품의 공정을 몇 가지 단계 또는 부분별로 나누어 여러 사람이 분담하여 생산하는 일. ¶분업으로 생산성이 높아졌다.

분:연 奮然 | 떨칠 분, 그러할 연
[resolutely; vigorously; courageously]
크게 힘을 내는[奮] 그러한[然] 모양. ¶분연히 일어선 애국지사.

***분열** 分裂 | 나눌 분, 찢어질 렬
[be disrupted; be split]
❶[속뜻] 하나가 여럿으로 나누어지거나[分] 찢어짐[裂]. ¶정치적 분열. ❷[생물] 생물의 세포나 핵이 갈라져서 증식되는 일. ¶세포 분열.

분위기 雰圍氣 | 안개 분, 둘레 위, 기운 기
[atmosphere]
안개[雰]처럼 어떤 환경이나 어떤 자리를 감도는[圍] 있는 기분(氣分). ¶그 거리는 분위기가 좋다 / 집안 분위기가 무겁다.

분유 粉乳 | 가루 분, 젖 유
[powdered milk]
가루[粉]로 만든 우유(牛乳). ¶따뜻한 물에 분유를 타다.

분자 分子 | 나눌 분, 아이 자 [molecule]
❶[속뜻] 분모[分母]가 업고 있는 아이[子] 같은 숫자. ❷[수학] 분수의 가로줄 위에 있는 수. ❸[물리] 물질의 화학적 성질을 잃지 않고 존재하는 최소 입자를 이르는 말. [반] 분모(分母).

▸분자 운:동 分子運動 | 돌 운, 움직일 동
[물리] 물질을 구성하고 있는 분자(分子) 또는 원자(原子)의 끊임없는 운동(運動).

분장 扮裝 | 꾸밀 분, 꾸밀 장 [make up]
❶[속뜻] 몸차림이나 옷차림을 매만져 꾸밈[扮=裝]. ¶분장을 하니 누군지 못 알아보겠다. ❷[연영] 배우가 작품 속의 인물의 모습으로 옷차림이나 얼굴을 꾸밈. 또는 그 모습. ¶영애는 피에로로 분장하였다.

▸분장-사 扮裝師 | 스승 사
배우들의 분장(扮裝)을 전문으로 맡아보는 사람[師]. 또는 그런 직업.

분재 盆栽 | 화분 분, 심을 재
[plant in a pot]
화분(花盆)에 심어서[栽] 가꿈. ¶할아버지의 취미는 분재 가꾸기다.

***분쟁** 紛爭 | 어지러울 분, 다툴 쟁
[have trouble; have a dispute]
어지럽게[紛] 얽힌 문제로 서로 다툼[爭]. 또는 그런 일. ¶어업분쟁 / 영유권 분쟁.

분:전 奮戰 | 떨칠 분, 싸울 전
[fight desperately]
힘을 다하여[奮] 싸움[戰]. 힘껏 싸움. ¶우리 선수들의 분전으로 경기는 승리로 끝났다.

분점 分店 | 나눌 분, 가게 점
[branch shop]
본점(本店)에서 따로 나누어진[分] 가게[店]. [비] 지점(支店).

분주 奔走 | 달릴 분, 달릴 주 [busy]
이리저리 뛰어다녀야[奔=走] 할 만큼 몹시 바쁨. ¶분주를 떨다 / 눈코 뜰 사이 없이 분주하다.

*__분지__ 盆地 | 동이 분, 땅 지
[(round) valley; hollow]
[지리] 동이[盆]처럼 산 따위로 둥글게 둘러싸인 평평한 땅[地]. ¶분지 지형은 대개 기온이 높다.

분지르다 [break]
부러뜨리다. ¶나뭇가지를 분지르다.

분진 粉塵 | 가루 분, 티끌 진
[dust; mote]
❶[속뜻] 가루[粉]와 먼지[塵]. ❷공기에 섞여 날리거나 물체 위에 쌓이는 매우 작고 가벼운 물질.

분청-사기 粉靑沙器 | 가루 분, 푸를 청, 모래 사, 그릇 기
[수공] 청자(靑瓷)에 백토(白土)를 가루[粉] 내어 바른 다음 다시 구워 낸 조선 시대의 자기[沙器].

**__분:출__ 噴出 | 뿜을 분, 날 출
[spout; gush out]
❶[속뜻] 좁은 곳에서 액체나 기체가 세차게 뿜어[噴] 나옴[出]. ¶용암이 분출하다. ❷요구나 욕구 따위가 한꺼번에 터져 나옴. 또는 그렇게 되게 함. ¶그는 자신의 분노를 친구에게 분출했다.

분침 分針 | 나눌 분, 바늘 침
[minute hand]
시계의 분(分)을 가리키는 바늘[針].

분:통 憤痛 | 분할 분, 아플 통
[fury; indigent]
몹시 분(憤)하여 마음이 쓰리고 아픔[痛]. ¶나는 그의 말에 분통이 터졌다.

분:투 奮鬪 | 떨칠 분, 싸울 투
[struggle hard]
있는 힘을 다하여[奮] 싸우거나[鬪] 노력함. ¶분투 정신 / 성공하기 위하여 끝까지 분투하다.

분포 分布 | 나눌 분, 펼 포
[be distributed; be spread]
여기저기 흩어져[分] 널리 퍼져[布] 있음. ¶인구 분포.
▶**분포-도** 分布圖 | 그림 도
분포(分布)된 상태를 나타내는 지도(地圖)나 도표(圖表).

분:-풀이 (憤-, 분할 분)
[give vent to one's indignation]
분(憤)하고 원통한 마음을 풀어 버리는 일. ¶나는 분풀이로 친구 집 현관문을 찼다.

분필 粉筆 | 가루 분, 붓 필 [chalk]
탄산석회나 석고의 가루로[粉] 만든 필기구(筆記具). 주로 칠판에 쓸 때 사용한다. [비] 백묵(白墨).

분:-하다 (憤-, 분할 분)
[angry; furious]
억울한 일을 당하여 화가 나다[憤]. ¶그녀는 모욕을 당하고 분해서 울고 있었다.

분할 分割 | 나눌 분, 쪼갤 할
[partition; divide]
나누거나[分] 쪼갬[割]. ¶토지 분할 / 등록금 분할 납부.

*__분해__ 分解 | 나눌 분, 가를 해
[disjoint; dismantle]
나누고[分] 가름[解]. 여러 부분이 결합되어 이루어진 것을 낱낱으로 나눔. ¶컴퓨터를 분해하다.

분향 焚香 | 불사를 분, 향기 향
[burn incense]
향(香)을 사름[焚]. ¶법당에 들어가 불전에 분향하였다.

분:홍 粉紅 | 가루 분, 붉을 홍
[pink color]
가루[粉] 같은 흰빛이 섞인 붉은[紅] 빛깔. '분홍색'(粉紅色)의 준말. ¶분홍색 립스틱.
▶**분:홍-빛** (粉紅-)
분홍색(粉紅色). ¶분홍빛 꽃이 바람에 하

늘거린다.

▸분:홍-색 粉紅色 | 빛 색
가루[粉] 같은 흰빛이 섞인 붉은[紅] 빛깔[色]. ¶분홍색 립스틱. ⓑ 분홍빛.

분화[1]分化 | 나눌 분, 될 화
[differentiate; specialize]
나뉘어[分] 다른 것이 됨[化]. ¶과학은 여러 부문으로 분화되어 있다.

분:화[2]噴火 | 뿜을 분, 불 화 [erupt]
❶ 속뜻 불[火]을 내뿜음[噴]. ❷ 지리 화산의 화구에서 화산재, 수증기, 용암 따위를 내뿜는 일. ¶화산이 맹렬히 분화했다.

▸분:화-구 噴火口 | 구멍 구
지리 화산(火山)의 분출물(噴出物)을 내뿜는 구멍[口].

분황-사 芬皇寺 | 향기 분, 임금 황, 절 사
불교 신라 선덕 여왕 3년(634)에 창건되어 원효(元曉)가 불도(佛道)를 닦은 유명한 절이다. 경상북도 경주시 구황동에 있다.

붇:다 (滋, 불을 자) [swell up; increase]
❶물에 젖어서 부피가 커지다. ¶자장면이 퉁퉁 불었다. ❷분량이나 수효가 많아지다. ¶재산이 붇다.

불[1](火, 불 화) [fire]
❶물질이 산소와 화합해 열과 빛을 내며 타는 현상. ¶담배에 불을 붙이다. ❷어둠을 밝히는 빛. ¶불을 켜다. ❸불이 나는 재앙. 또는 불로 인한 재난. ¶창고에 불이 나다.

불[2]弗 | 아닐 불 [dollar]
'달러'(dollar)의 한자(漢字)식 이름. 달러를 나타내는 '$'의 모양과 비슷한 한자로 표시한 것에서 유래했다. ¶백만 불.

불가 不可 | 아닐 불, 가히 가
[be not right]
무엇을 할 수[可] 없음[不]. 가능하지 않음. ¶19세 미만 입장 불가.

▸불가-분 不可分 | 나눌 분
나누려고 해도 나눌[分] 수 없음[不可]. ¶돈과 권력은 서로 불가분의 관계에 있다.

▸불가-피 不可避 | 피할 피
피(避)할 수가 없다[不可]. ¶불가피한 사정이 생겨서 참석할 수 없다.

▸불가-사의 不可思議 | 생각 사, 의논할 의
사람의 생각으로는 미루어 헤아릴[思議] 수 없이[不可] 이상하고 야릇함. ¶고대 세계의 7대 불가사의.

▸불가-항력 不可抗力 | 막을 항, 힘 력
사람의 힘으로는 저항(抵抗)할 수 없는[不可] 힘[力]. ¶불가항력의 천재지변.

불-가능 不可能 | 아닐 불, 가히 가, 능할 능
[impossible]
할 수[可能] 없음[不]. 될 수 없음. ¶내 사전에 불가능이란 없다 / 그 일을 오늘 안에 끝내는 것은 불가능하다. ⓑ 가능(可能).

불-가마
불을 때서 벌겋게 단 가마.

불가사리[1][starfish]
동물 바다 속에서 살며 몸은 편평하며 별 모양 또는 오각형의 극피동물. 자생력이 강하고 조개 따위를 잡아먹는다.

불가사리[2]
쇠를 먹고 악몽(惡夢)과 나쁜 기운을 쫓는다는 상상의 동물. 곰의 몸, 무소의 눈, 코끼리의 코, 소의 꼬리, 범의 다리를 닮은 모양으로 형상화된다.

불거-지다 [protrude; bulge out]
❶물체의 거죽으로 둥글게 툭 비어져 나오다. ¶그는 불거진 눈이 특징이다. ❷어떤 사물이나 현상이 두드러지게 커지거나 갑자기 생겨나다. ¶비리가 불거지다.

불-건전 不健全 | 아닐 불, 굳셀 건, 온전할 전 [unwholesome; unsound]
건전(健全)하지 않다[不]. ¶불건전한 생각.

불결 不潔 | 아닐 불, 깨끗할 결
[uncleanliness; filthiness]
깨끗하지[潔] 않음[不]. ¶주방이 불결하다. ⓑ 청결(淸潔).

불경[1]**佛經** | 부처 불, 책 경
[Buddhist scriptures]
불교 불교(佛教)의 가르침을 적은 경전(經典). ㊣ 경.

불경[2]**不敬** | 아닐 불, 공경할 경
[disrespectful; irreverent]
마땅히 경의를 표해야 할 사람에게 경의(敬意)나 예를 표하지 않고[不] 무례하게 굶. ¶불경을 저지르다 / 불경스러운 말투.

불-경기 不景氣 | 아닐 불, 볕 경, 기운 기
[bad times]
❶ 속뜻 경기(景氣)가 좋지 않음[不]. ❷ 경제 물건의 거래가 활발하지 않고 성업이나 생산 활동에 활기가 없는 상태. ㊥ 불황(不況). ㊐ 호경기(好景氣).

불-고기
쇠고기 따위의 살코기를 얇게 저며서 양념을 하여 재었다가 불에 구운 음식. 또는 그 고기.

불공 佛供 | 부처 불, 이바지할 공
[Buddhist service]
불교 부처[佛] 앞에 공양(供養)하는 일.

불-공정 不公正 | 아닐 불, 공평할 공, 바를 정 [unfair; unjust]
공정(公正)하지 아니함[不]. ¶불공정 거래 / 그 시합의 판정은 불공정하다. ㊐ 공정(公正).

불-공평 不公平 | 아닐 불, 공정할 공, 평평할 평 [unfair; partial]
공평(公平)하지 아니함[不]. ¶사회의 불공평이 더욱 심화되었다 / 불공평한 세상. ㊐ 공평.

불과 不過 | 아닐 불, 지날 과
[only; merely; no more than]
그 정도에 지나지[過] 못함[不]. 겨우. 기껏해야. ¶생존자는 불과 몇 명뿐이었다 / 이것은 시작에 불과하다.

⁑**불교 佛教** | 부처 불, 종교 교 [Buddhism]
❶ 속뜻 부처[佛]를 믿는 종교(宗教). ❷ 종교 기원전 6세기경 인도의 석가모니가 창시한 후 동양 여러 나라에 전파된 종교. 이 세상의 고통과 번뇌를 벗어나 그로부터 해탈하여 부처가 되는 것을 궁극적인 이상으로 삼는다.

***불구**[1]**不拘** | 아닐 불, 잡을 구
[disregard; be not deterred]
구애(拘礙)받지 않다[不]. ¶그는 비가 오는데도 불구하고 산에 올랐다.

불구[2]**不具** | 아닐 불, 갖출 구
[deformity; disability]
몸의 어떤 부분이 온전치[具] 못함[不]. ¶전쟁 중에 그의 다리는 불구가 되었다.

▸불구-자 不具者 | 사람 자
몸의 어느 부분이 온전하지 못한[不具] 사람[者].

불국 佛國 | 부처 불, 나라 국
불교 부처[佛]가 사는 나라[國]. 곧 극락정토(極樂淨土)를 이른다.

▸불국-사 佛國寺 | 절 사
❶ 속뜻 불국토(佛國土)를 상징하는 절[寺]. ❷ 불교 경상북도 경주시 진현동의 토함산 기슭에 있는 절. 신라 법흥왕 15년(528)에 창건하였고, 신라 불교 예술의 귀중한 유적이다. 1995년 유네스코 세계 문화유산으로 지정되었다.

불굴 不屈 | 아닐 불, 굽힐 굴 [indomitable]
어려움에 부닥쳐도 굽히지[屈] 않고[不] 끝까지 해냄. ¶불굴의 의지.

불-규칙 不規則 | 아닐 불, 법 규, 법 칙
[irregularity]
규칙(規則)을 벗어남[不]. 또는 규칙이 없음. ¶불규칙 변화 / 불규칙한 생활을 하다.

불-균형 不均衡 | 아닐 불, 고를 균, 저울대 형 [lack of balance]
균형(均衡)이 잡혀 있지 않음[不]. ¶도시와 농촌의 불균형. ㊐ 균형(均衡).

불그레-하다 [reddish]
약간 곱게 불그스름하다. ¶아기의 뺨이 불그레하다.

불그스레-하다 [reddish]

조금 붉다. ¶얼굴이 불그스레하다. [비] 불그스름하다.

불그스름-하다 [reddish]
조금 붉다. ¶모기에 물린 곳이 금새 불그스름해졌다. [비] 불그스레하다.

불그죽죽-하다 [reddish]
고르지 못하고 칙칙하게 불그스름하다. ¶옷에 불그죽죽한 감물이 들다.

불-길[1] [flames; blaze]
세차게 타오르는 불꽃. ¶불길이 점점 사방으로 번졌다.

불길[2] **不吉** | 아닐 불, 길할 길 [unlucky]
재수나 운수 따위가 길(吉)하지 못하다[不]. 좋지 않다. ¶불길한 꿈을 꾸다.

불-꽃 (炎, 불꽃 염) [flame; blaze]
❶타는 불에서 일어나는 붉은빛을 띤 기운. ❷금속·돌 등이 서로 부딪칠 때 일어나는 불빛. ¶바람에 불꽃이 흔들렸다.

▸ **불꽃-놀이**
경축이나 기념 행사 때에 화약류를 공중으로 쏘아 올려 불꽃이 일어나게 하는 일.

불끈 [(get angry) all of a sudden]
❶두드러지게 치밀거나 솟아오르거나 떠오르는 모양. ¶해가 바다 위로 불끈 솟아올랐다. ❷성을 왈칵 내는 모양. ¶아주 작은 일에도 불끈 성을 내다. ❸주먹에 힘을 주어 꽉 쥐는 모양. ¶주먹을 불끈 쥐다.

▸ **불끈-불끈**
물체 따위가 두드러지게 자꾸 치밀거나 솟아오르거나 떠오르는 모양. ¶근육이 불끈불끈 솟다.

불능 不能 | 아닐 불, 능할 능 [impossible]
할 수[能] 없음[不]. 능하지 못함. ¶통제 불능.

불:다 [blow]
❶바람이 일어나서 어느 방향으로 움직이다. ¶시원한 바람이 불다. ❷유행, 풍조, 변화 따위가 일어나 휩쓸다. ¶사무실에 중국어 회화 바람이 불다. ❸입을 오므리고 날숨을 내어보내어, 입김을 내거나 바람을 일으키다. ¶손을 호호 불다.

불당 佛堂 | 부처 불, 집 당
[Buddhist temple]
[불교] 부처[佛]를 모신 집[堂].

불-덩어리 [ball of fire]
불에 타고 있는 물체의 덩어리. ¶화산이 폭발하면서 거대한 불덩어리가 숲에 떨어졌다. [비] 불덩이.

불도그 {영 bulldog}
[동물] 영국 원산의 개. 머리가 크고 네모졌으며, 입은 폭이 넓고, 코는 짧고 넓적하다. 성질이 용감하고 주인에게 충실하며 집을 잘 지킨다.

불도저 {영 bulldozer}
흙을 밀어내어 땅을 고르는 데 쓰는 트랙터.

불-똥 [sparks]
불타는 물건에서 튀어나오는 아주 작은 불덩이. [관용] 불똥이 튀다.

불량 不良 | 아닐 불, 좋을 량
[bad; delinquent]
❶[속뜻] 질이나 상태 따위가 좋지[良] 않음[不]. ¶불량 식품 / 이 음식점은 위생 상태가 불량하다. ❷품행이 좋지 않음. ¶불량 학생 / 자세가 불량하다.

▸ **불량-배 不良輩** | 무리 배
상습적으로 나쁜[不良] 짓을 저지르는 사람, 또는 그런 무리[輩]. ¶불량배와 어울리지 마라. [비] 깡패.

▸ **불량-품 不良品** | 물건 품
품질이 좋지[良] 않은[不] 물건[品]. ¶불량품을 반품하다.

불러-내다 [call out]
불러서 나오게 하다. ¶나는 친구를 불러내어 점심 식사를 함께 했다.

불러-들이다 [call in]
불러서 안으로 들어오게 하다. ¶그는 캐나다에 건너간 지 2년 만에 가족들을 불러들였다.

불러-모으다 [call together]

사람들을 불러서 모이게 하다. ¶할아버지는 가족 모두를 불러모으셨다.

불러-오다 [call to one]
불러서 오게 하다. ¶간호사를 불러오다.

불러-일으키다 [call forth]
어떤 마음·행동·상태를 일어나게 하다. ¶흥미를 불러일으키다.

불로[1]不老 | 아닐 불, 늙을 로
[ever young]
늙지[老] 않다[不]. ¶불로장생(長生).

▸불로-초 不老草 | 풀 초
먹으면 늙지[老] 않는다는[不] 약초(藥草). ¶진시황은 불로초를 구해오라 명했다.

불로[2]不勞 | 아닐 불, 일할 로
일하지[勞] 아니함[不]. ¶불로소득(所得).

▸불로 소:득 不勞所得 | 것 소, 얻을 득
[경제] 일하지[勞] 않고[不] 얻는 소득(所得). ¶불로소득에 세금을 부과하다.

불룩 [bulging]
물체의 거죽이 크게 두드러지거나 쑥 내밀려 있는 모양. ¶배가 불룩 나오다 / 동생의 호주머니는 사탕으로 불룩했다. [반] 우묵.

불륜 不倫 | 아닐 불, 인륜 륜
[immoral; illegal]
남녀 관계가 인륜(人倫)에 맞지 아니함[不]. ¶불륜은 행복으로 끝나지 않는다.

***불리 不利** | 아닐 불, 이로울 리
[disadvantageous; unfavorable]
이롭지[利] 아니함[不]. ¶불리한 입장. [반] 유리(有利).

불리다[1][be called]
❶남에게 부름을 받다. ¶선생님에게 불리어 가다. ❷노래가 불리어지다. ¶이 노래가 요즘 어린이들 사이에서 가장 많이 불리는 노래이다. ❸이름이 붙여지다. ¶내 동생은 동네 사람들에게 말썽꾸러기라고 불린다.

불리다[2][soak; steep]
물건을 액체 속에 축여서 붇게 하다. ¶쌀을 물에 불리다.

♣ 불리다[2] / 늘리다 [비슷한 듯 다른 말]

◎ 재산을 불리다 = 늘리다.
o 검은콩을 물에 넣어 불리다.
× 검은콩을 물에 넣어 늘리다.
o 대학의 정원을 늘리다.
× 대학의 정원을 불리다.

[비슷한 듯 다른 말] ➲ 키우다

불리다[3][fill]
배를 부르게 하다. ¶밥 한 그릇으로 고픈 배를 불리다.

불림
[예술] 춤에 필요한 장단을 악사에게 청하는 노래. 또는 그때 추는 춤. 탈춤 따위에서 흔히 볼 수 있다.

불만 不滿 | 아닐 불, 찰 만 [dissatisfied]
마음에 차지[滿] 않음[不]. 또는 그런 마음의 표시. ¶주민들의 불만이 쌓여가다 / 불만스러운 표정으로 대답하다. [비] 불만족(不滿足). [반] 만족(滿足).

불-만족 不滿足 | 아닐 불, 가득할 만, 넉넉할 족 [dissatisfied; discontented]
만족(滿足)스럽지 아니함[不]. 또는 그런 상태. ¶그의 설명이 불만족스러웠다.

불매 不買 | 아닐 불, 살 매 [boycott]
사지[買] 아니함[不]. ¶불매 운동.

불면 不眠 | 아닐 불, 잠잘 면
[loss of sleep]
잠을 자지[眠] 않음[不]. 또는 잠을 자지 못함. ¶불면 때문에 눈이 충혈되다.

▸불면-증 不眠症 | 증세 증
[의학] 잠을 잘 수 없는[不眠] 상태가 오래도록 지속되는 증세(症勢). ¶불면증에 걸리다.

불멸 不滅 | 아닐 불, 없앨 멸

[do not die]
영원히 없어지지[滅] 않음[不]. ¶불멸의 업적을 남기다.

불-명예 不名譽 | 아닐 불, 이름 명, 기릴 예 [dishonor; disgrace]
명예(名譽)스럽지 못함[不]. ¶불명예스럽게도 우리 팀은 예선에서 탈락했다. [반] 명예(名譽).

불모 不毛 | 아닐 불, 털 모 [sterility]
❶[속뜻] 자라지 않는[不] 털[毛]. ❷땅이 메말라 농작물이 자라지 않음을 비유적으로 이르는 말. 또는 그런 땅.

▶**불모-지** 不毛地 | 땅 지
식물이 자라지[毛] 않는[不] 거칠고 메마른 땅[地]. ¶불모지를 일구다.

불문 不問 | 아닐 불, 물을 문 [do not ask]
❶[속뜻] 묻지[問] 아니함[不]. ¶이 문제는 불문에 부치겠다. ❷가리지 아니함. ¶노소 불문 / 남녀노소를 불문하고 모두 이 노래를 좋아한다.

불미 不美 | 아닐 불, 아름다울 미 [ugly; bad]
아름답지[美] 못하고[不] 추잡함. 떳떳하지 못함. ¶그에 대한 불미스러운 소문이 나돌고 있다.

불-바다 [sheet of flames]
넓은 지역에 걸쳐서 타오르는 큰불. ¶주변이 삽시간에 불바다가 되었다.

불발 不發 | 아닐 불, 쏠 발 [misfire]
❶[속뜻] 탄알이나 폭탄이 발사(發射)되지 않거나 터지지 아니함[不]. ❷계획했던 일을 못하게 됨. ¶그 계획은 불발로 끝나고 말았다.

불법[1] 不法 | 아닐 불, 법 법 [unlawfulness]
법(法)에 어긋남[不]. ¶불법선거 / 불법시위. [비] 위법(違法). [반] 적법(適法), 합법(合法).

불법[2] 佛法 | 부처 불, 법 법 [Buddhism; teaching(s) of Buddha]
[불교] 부처의[佛] 설법(說法). 부처의 가르침. ¶불법을 설파하다.

불-벼락 [bolt of lightning]
호된 꾸중이나 책망의 비유. ¶작은 실수라도 하면 아버지로부터 불벼락이 떨어졌다. [비] 불호령.

불변 不變 | 아닐 불, 바뀔 변 [do not change]
바뀌지[變] 아니함[不]. 변하지 아니함. ¶불변의 진리 / 태양이 서쪽으로 진다는 것은 영원히 불변하는 사실이다. [반] 가변(可變).

불-볕 [(under) the burning sun]
몹시 뜨겁게 내리쬐는 볕. ¶불볕 더위가 기승을 부리다. [비] 뙤약볕, 땡볕.

불복 不服 | 아닐 불, 따를 복 [objection; protest]
따르지[服] 아니함[不]. ¶상관의 명령에 불복하다.

불-분명 不分明 | 아닐 불, 나눌 분, 밝을 명 [indistinct; obscure]
분명(分明)하지 않다[不]. ¶그녀가 집을 떠난 이유는 불분명했다. [비] 불명확하다. [반] 분명하다.

불-붙다 [be ignited]
어떤 일이나 감정 따위가 치솟기 시작하다. ¶논쟁이 다시 불붙다.

불-빛 [light from fires; firelight; light]
타는 또는 켜 놓은 불의 빛. ¶창문으로 불빛이 새어 나왔다.

불사[1] 不辭 | 아닐 불, 물러날 사 [fail to decline]
사양(辭讓)하지 아니함[不]. ¶전쟁 불사 / 경우에 따라서는 죽음도 불사할 것이다.

불사[2] 不死 | 아닐 불, 죽을 사 [never die; be immortal]
죽지[死] 아니함[不].

▶**불사-신** 不死身 | 몸 신
❶[속뜻] 죽지 않는[不死] 몸[身]. ❷'어떠한 곤란을 당하여도 기력을 잃거나 낙담하지

않는 사람'을 비유하여 이르는 말.

▶불사-조 不死鳥 | 새 조
❶ 속뜻 영원히 죽지[死] 않는다는[不] 전설의 새[鳥]. ❷ 문학 이집트 신화에 나오는 새. 500~600년마다 한 번 스스로 향나무를 쌓아 불을 피워 타 죽고 그 재 속에서 다시 살아난다고 한다.

불-사르다 (燒, 불사를 소) [burn]
❶불에 태워 없애다. ¶편지를 불사르다. ❷죄다 없애거나 희생하다. ¶청춘을 불사르다. ㊥ 불태우다.

⁑**불상**[1] **佛像** | 부처 불, 모양 상 [image of Buddha]
불교 부처님[佛] 모양[像]을 표현한 조각이나 그림.

불상[2] **不祥** | 아닐 불, 상서로울 상 [ill-omened; ominous]
상서(祥瑞)롭지 못하다[不].

▶불상-사 不祥事 | 일 사
상서(祥瑞)롭지 못한[不] 일[事]. ¶불상사가 일어나다.

불성 不誠 | 아닐 불, 정성 성 [insincere]
성실(誠實)하지 못함[不]. '불성실'의 준말.

불-성실 不誠實 | 아닐 불, 정성 성, 참될 실 [insincere]
성실(誠實)하지 못함[不]. ¶게으름과 불성실을 반성하다 / 불성실한 행동. ㊟ 불성. ㊥ 성실(誠實).

불소 弗素 | 아닐 불, 바탕 소 [fluorine]
화학 할로겐 원소의 한 가지. 상온에서는 특유한 냄새를 가진 황록색의 기체이며 화합력이 강하다. 플루오르(fluor)를 음역한 '弗'에 '원소'를 가리키는 '素'를 덧붙여 만들었다. ¶불소가 들어간 치약.

불손 不遜 | 아닐 불, 겸손할 손 [insolent; arrogant]
공손(恭遜)하지 아니함[不]. ¶불손한 태도. ㊥ 공손(恭遜).

불순 不純 | 아닐 불, 순수할 순 [impure; foul]
순수(純粹)하지 못함[不]. ¶불순한 의도 / 자네는 나의 목적이 불순하다는 건가?

▶불순-물 不純物 | 만물 물
순수(純粹)하지 못한[不] 물질(物質). ¶불순물을 걸러내다.

불시 不時 | 아닐 불, 때 시 [unexpectedness]
뜻하지 아니한[不] 때[時]. ¶친구가 불시에 찾아오다.

▶불시-착 不時着 | 붙을 착
항공 비행기가 비행 도중 고장이나 기상 악화로 인해 목적지에 이르기 전에 예정하지 않은[不] 시간(時間)에 착륙(着陸)함. ¶안개가 짙어 비행기가 불시착했다.

불식 拂拭 | 털어낼 불, 닦을 식 [wipe out; sweep off]
❶ 속뜻 털어내고[拂] 닦아내어[拭] 말끔하게 함. ❷의심이나 부조리한 점 따위를 말끔히 없앰. ¶오해에 대한 불식 / 의혹을 불식하다.

불식태산 不識泰山 | 아니 불, 알 식, 클 태, 메 산
❶ 속뜻 태산(泰山)을 제대로 알아보지[識] 못함[不]. ❷인재를 알아보지 못함을 비유하여 이르는 말. ¶불식태산이라더니 그런 훌륭한 인물을 몰라보다니!

불신 不信 | 아닐 불, 믿을 신 [disbelieve; distrust]
믿지[信] 아니함[不]. ¶두 나라 사이의 불신이 점점 심해지고 있다.

▶불신-감 不信感 | 느낄 감
믿지[信] 못하는[不] 마음[感]. ¶불신감이 팽배한 사회.

불심 不審 | 아닐 불, 살필 심 [unfamiliarity; strangeness]
자세히 알지[審] 못하거나[不] 의심스러움.

▶불심 검:문 不審檢問 | 검사할 검, 물을 문
법률 경찰관이, 수상한 거동을 하거나 죄를 의심받을 만한[不審] 사람을 검문(檢

問)하는 일. ¶길을 가다가 불심 검문을 받았다.

불쌍-하다 [poor; pitiable]
가엾고 애처롭다. ¶나는 길 잃은 강아지가 불쌍해서 집으로 데려왔다. ㊊ 딱하다, 가련(可憐)하다.

불-쏘시개 [(fire) lighter]
장작·숯 등에 불을 때거나 피울 때 옮겨 붙게 하려고 쓰는 종이·잎나무·관솔 등.

불쑥 [suddenly; unexpectedly]
❶갑자기 쑥 내미는 모양. 툭 비어져 나오는 모양. ¶그가 문 밖으로 머리를 불쑥 내밀었다. ❷앞뒤 생각 없이 함부로 말을 하는 모양. ¶그가 불쑥 해돋이를 보러 가자고 말했다.

불-씨 [embers; cause]
❶늘 불을 옮겨 붙일 수 있게 묻어 두는 불덩이. ¶난로 속에는 아직 불씨가 남아 있었다. ❷무슨 사건이 일어날 실마리. ¶싸움의 불씨.

불안 不安 | 아닐 불, 편안할 안 [nervous; uneasy]
편안(便安)하지 않음[不]. ¶나는 내일 있을 면접 때문에 불안하다. ㊥ 평온(平穩), 평안(平安), 안녕(安寧).

▸불안-감 不安感 | 느낄 감
불안(不安)한 느낌[感]. ¶졸업 후 그는 불안감에 시달렸다.

불-안정 不安定 | 아닐 불, 편안할 안, 정할 정 [unstable]
안정(安定)되지 않음[不]. ¶불안정한 생활을 하다. ㊥ 안정.

불-알 [testicles]
포유류의 음낭 속에 있는 공 모양의 기관. 좌우 한 쌍이 있으며, 정자를 만들고 남성 호르몬을 분비한다. ㊊ 고환(睾丸).

불야성 不夜城 | 아닐 불, 밤 야, 성곽 성 [nightless quarters]
❶ 속뜻 밤[夜]이 되지 않는[不] 성(城). ❷등불이 많이 켜져 있어 밤에도 낮처럼 밝은 곳. ¶이곳은 밤마다 불야성을 이룬다.

불어 佛語 | 부처 불, 말씀 어 [Buddhistic terms; French]
❶ 불교 부처[佛]의 말[語]. 불교 경전. ❷ 언어 프랑스어. 라틴어에서 분화한 언어의 한 갈래로 프랑스, 벨기에 남부, 스위스 서부 등지에서 쓴다. '프랑스'를 '佛蘭西'라 음역한 데서 유래되어, 프랑스어를 '佛語'라 한다.

불어-나다 [increase; grow]
차차 늘어 커지거나 많아지다. ¶폭우로 강물이 점점 불어나고 있다. ㊥ 줄어들다.

불어-넣다 [indoctrinate]
어떤 생각이나 느낌을 가지도록 자극이나 영향을 주다. ¶자신감을 불어넣어 주다.

불어-오다 [blow (in)]
바람이 이쪽으로 불다. ¶따뜻한 바람이 살랑살랑 불어왔다.

불-여우 [red fox; shrew]
❶ 동물 털빛이 붉으며 한국 북부와 만주 지방에 분포하는 여우. ❷몹시 변덕스럽고 못된, 꾀가 많은 여자를 비유적으로 이르는 말.

불온 不穩 | 아닐 불, 평온할 온 [rebellious; seditious]
❶ 속뜻 온당(穩當)하지 않고[不] 험악함. ¶불온한 태도 / 불온한 사상을 지니다. ❷치안(治安)을 해칠 우려가 있음. ¶불온 단체.

불-완전 不完全 | 아닐 불, 갖출 완, 온전할 전 [incomplete; imperfect]
필요한 조건이 빠지거나 틀려서 완전(完全)하지 못함[不]. ¶불완전 연소 / 인간은 누구나 불완전한 존재다. ㊥ 완전(完全).

불우 不遇 | 아닐 불, 만날 우 [unfortunate]
❶ 속뜻 때를 만나지[遇] 못함[不]. ❷포부나 재능은 있어도 좋은 때를 만나지 못하여 불운함. ¶자신의 불우를 탄식하다. ❸살림이나 처지가 딱하고 어려움. ¶불우 노인 / 불우 이웃 돕기.

불운 不運 | 아닐 불, 운수 운 [unfortunate]
운수(運數)가 좋지 아니함[不]. 또는 그러한 운수. ㊐ 불행(不幸), 비운(非運). ㊥ 행운(幸運).

불응 不應 | 아닐 불, 응할 응 [do not accept]
응(應)하지 아니함[不]. 듣지 아니함. ¶초대에 불응하다. ㊥ 순응(順應).

불의1 不意 | 아닐 불, 뜻 의 [suddenness]
뜻[意] 하지 않았던[不] 판. 뜻밖의. ¶불의의 사고. ㊐ 뜻밖.

불의2 不義 | 아닐 불, 옳을 의 [immorality]
옳지[義] 않은[不] 일. ¶나는 불의를 보면 참지 못한다. ㊥ 정의(正義).

불-이익 不利益 | 아닐 불, 이로울 리, 더할 익 [disadvantage]
이익(利益)이 되지 아니함[不]. ¶아직도 많은 여성이 단지 여자라는 이유만으로 승진에 있어 불이익을 당하고 있다. ㊥ 이익.

불임 不姙 | 아닐 불, 임신할 임 [sterile; barren]
의학 임신(姙娠)되지 아니함[不]. ¶그녀는 오랫동안 불임으로 고통 받았다.

불-자동차 (-自動車, 스스로 자, 움직일 동, 수레 차) [fire engine]
불을 끄는 데 쓰이는 특수 장비를 갖춘 자동차(自動車). ㊐ 소방차(消防車).

불-장난 [playing with fire]
불을 가지고 노는 장난. ¶동네 아이들의 불장난으로 인해 큰불이 났다.

불-조심 (-操心, 잡을 조, 마음 심) [caution against fires]
불이 나지 않도록 마음을 씀[操心]. ¶자나 깨나 불조심!

불찰 不察 | 아닐 불, 살필 찰 [negligence; carelessness]
잘 살피지[察] 않은[不] 잘못. ¶그런 사람을 믿은 것은 내 불찰이었다.

불참 不參 | 아닐 불, 참여할 참 [be absent]
참석(參席)하지 아니함[不]. ¶모임에 불참하다. ㊥ 참석(參席), 참가(參加).

불청-객 不請客 | 아닐 불, 청할 청, 손님 객 [uninvited guest]
청(請)하지 않았는데[不] 스스로 오거나 우연히 온 손님[客]. ¶황사는 봄의 불청객이다.

불-충분 不充分 | 아닐 불, 채울 충, 나눌 분 [insufficient]
충분(充分)하지 아니함[不]. ¶증거 불충분 / 자료가 불충분하다. ㊥ 충분.

불치 不治 | 아닐 불, 다스릴 치 [incurability; malignity]
병을 고칠[治] 수 없음[不]. ㊥ 완치(完治).

▸ **불치-병** 不治病 | 병 병
고칠[治] 수 없는[不] 병(病). 낫지 않는 병. ¶암은 이제 불치병이 아니다.

불-친절 不親切 | 아닐 불, 친할 친, 정성스러울 절 [unkind]
친절(親切)하지 아니함[不]. ¶그 음식점은 손님에게 불친절하다. ㊥ 친절.

불침-번 不寢番 | 아닐 불, 잠잘 침, 차례 번 [night watch]
밤에 잠을 자지[寢] 않고[不] 당번(當番)을 서는 일. 또는 그 사람. ¶오늘은 내가 불침번을 서는 날이다.

불쾌 不快 | 아닐 불, 기쁠 쾌 [unpleasant]
어떤 일로 기분이 상하여 마음이 기쁘지[快] 않음[不]. ¶그의 태도는 나를 아주 불쾌하게 했다.

▸ **불쾌-감** 不快感 | 느낄 감
불쾌(不快)한 느낌이나 감정(感情).

▸ **불쾌-지수** 不快指數 | 가리킬 지, 셀 수
기온과 습도 따위의 기상 요소를 자료로 몸이 느끼는 쾌적(快適)하거나 불쾌(不快)한 정도를 나타내는 지수(指數). ¶무더위로 불쾌지수가 높아졌다.

불타 佛陀 | 부처 불, 비탈질 타 [Buddha]
불교 '바른 진리를 깨달은 사람'이라는 뜻

의 산스크리트어 'Buddha'의 한자 음역어. [비] 부처.

불-타다 [burn]
❶불이 붙어서 타다. ¶아이들의 불장난으로 집이 불타 버렸다. ❷ 매우 붉은빛으로 빛나다. ¶불타는 노을. ❸의욕이나 정열 따위가 끓어오르다. ¶사랑으로 불타는 가슴.

불통 不通 | 아닐 불, 통할 통
[be suspended; be interrupted]
길, 다리, 철도, 전화, 전신 따위가 서로 통(通)하지 아니함[不]. ¶시 전체의 전화가 어떻게 다 불통이죠?

불-투명 不透明 | 아닐 불, 비칠 투, 밝을 명
[opacity]
투명(透明)하지 않음[不]. ¶불투명 유리 / 이 액체는 불투명하다. [반] 투명(透明).

불-특정 不特定 | 아닐 불, 특별할 특, 정할 정 [unspecificness]
어떤 것이라고 특별(特別)히 정(定)하지 아니함[不]. ¶불특정 다수를 대상으로 설문조사를 하다.

불-티 [sparks (of fire)]
타는 불에서 튀는 작은 불똥.
▸불티-나다
불꽃이 튈 정도로 판매가 좋아, 물건이 금방 팔리다. ¶그 옷은 불티나게 팔렸다.

***불편** 不便 | 아닐 불, 편할 편
[inconvenient; uncomfortable]
❶[속뜻] 어떤 것을 사용하거나 이용하는 것이 편(便)하지 아니함[不]. 거북스러움. ¶불편을 줄이다 / 이곳은 교통이 불편하다. ❷몸이나 마음이 편하지 않고 괴로움. ¶몸의 불편을 무릅쓰고 학교에 갔다 / 다리가 불편하다. [반] 편리(便利).

불평 不平 | 아닐 불, 평평할 평 [complain; whine]
❶[속뜻] 공평(公平)하지 않음[不]. ❷마음에 들지 않아 못마땅하게 여김. 또는 그것을 말이나 행동으로 나타냄. ¶나는 아무런 불평도 없다.

불-평등 不平等 | 아닐 불, 고를 평, 가지런할 등 [inequality]
한쪽으로 치우쳐 있거나 차별이 있어 고르지[平等] 아니함[不]. ¶불평등한 대우를 받다. [반] 평등.

불-필요 不必要 | 아닐 불, 반드시 필, 구할 요 [needless]
필요(必要)하지 아니함[不]. ¶불필요한 말. [반] 필요.

불한-당 不汗黨 | 아닐 불, 땀 한, 무리 당
[robbers; gang]
스스로 땀[汗] 흘려 노력하지 않고[不] 떼를 지어 돌아다니며 재물을 마구 빼앗는 사람들의 무리[黨].

불-합격 不合格 | 아닐 불, 맞을 합, 자격 격
[fail]
시험이나 검사 따위에 합격(合格)하지 못함[不]. ¶불합격한 제품은 폐기한다. [비] 낙방(落榜). [반] 합격(合格).

불-합리 不合理 | 아닐 불, 맞을 합, 이치 리
[irrational; illogical]
이치(理致)에 맞지[合] 아니함[不]. ¶제도가 불합리하다.

불행 不幸 | 아닐 불, 다행 행 [unhappy]
❶[속뜻] 행복(幸福)하지 아니함[不]. ¶불행한 결혼 생활. ❷운수가 나쁨. ¶불행은 항상 겹쳐 온다. [비] 불운(不運). [반] 행복(幸福), 행운(幸運).

불허 不許 | 아닐 불, 들어줄 허
[do not permit]
들어주지[許] 아니함[不]. 또는 허용하지 아니함. ¶입국불허 / 그의 재주는 타의 추종을 불허한다.

불현-듯 [suddenly]
갑자기 어떠한 생각이 걷잡을 수 없이 일어나는 모양. ¶불현듯 동생이 보고 싶다.

불협화-음 不協和音 | 아닐 불, 맞을 협, 화할 화, 소리 음 [dissonance]
[음악] 둘 이상의 음이 같이 울릴 때, 서로 어울리지[協和] 않고[不] 탁하게 들리는

음(音).

불-호ː령 (—號令, 부르짖을 호, 명령할 령) [impetuous order]
몹시 심하게 하는 꾸지람. ¶할아버지의 불호령이 떨어졌다. ㊥ 불벼락.

불혹 不惑 | 아닐 불, 홀릴 혹 [age of forty]
❶ 속뜻 무엇에 마음이 홀리지[惑] 아니함[不]. ❷마흔 살을 달리 이르는 말. 『논어·위정편』(爲政篇)에서 공자가 마흔 살부터 세상일에 미혹되지 않았다고 한 데서 나온 말이다.

불화 不和 | 아닐 불, 어울릴 화 [disagreement; discord]
서로 어울리지[和] 못함[不]. 사이가 좋지 못함. ¶부부 간의 불화 / 가정불화. ㊥ 화합(和合), 화목(和睦).

불-화살
군사 옛날 싸움에서 불을 붙여 쏘던 화살. 또는 화약을 장치한 화살.

불-확실 不確實 | 아닐 불, 굳을 확, 실제 실 [unclear]
확실(確實)하지 아니함[不]. ¶불확실한 미래. ㊥ 확실.

불황 不況 | 아닐 불, 형편 황 [recession]
경제 경기 형편[況]이 좋지 못함[不]. 경제 활동 전체가 침체되는 상태. ¶불황으로 서민들의 생활이 어려워졌다. ㊥ 불경기(不景氣). ㊥ 호황(好況).

불효 不孝 | 아닐 불, 효도 효 [be undutiful to one's parents]
❶ 속뜻 효도(孝道)를 하지 아니함[不]. ❷ 효성스럽지 못함. ¶부모에게 불효하다. ㊥ 효도(孝道).
▸불효-자 不孝子 | 아들 자
불효(不孝)한 자식(子息). ㊥ 효자.

불후 不朽 | 아닐 불, 썩을 후 [immortal]
썩지[朽] 아니함[不]. 영원히 없어지지 아니함. ¶불후의 명작. ㊥ 불멸(不滅).

붉다 (赤, 붉을 적; 朱, 붉을 주; 紅, 붉을 홍; 丹, 붉을 단) [red]
빛깔이 핏빛 또는 익은 고추의 빛과 같다. ¶붉은 입술.

붉어-지다 [turn red; redden]
빛이 점점 붉게 되어 가다. ¶그녀는 부끄러워서 얼굴이 붉어졌다.

붉으락푸르락-하다 [turn alternately pale and red]
몹시 화가 나거나 흥분하여 얼굴빛 따위가 붉게 또는 푸르게 변하다. ¶형은 화가 나서 얼굴이 붉으락푸르락했다.

붉은-빛
핏빛과 같은 색. ㊥ 적색(赤色).

붉은-색 (—色, 빛 색)
사람의 입술이나 피의 빛깔과 같이 짙고 선명한 색(色). ㊥ 적색(赤色), 홍색(紅色).

붉히다 [blush; color (up)]
성이 나거나, 부끄러워 얼굴을 붉게 하다. ¶그녀는 화가 나서 얼굴을 붉혔다.

붐 {영 boom}
어떤 사회 현상이 갑작스레 유행하거나 번성하는 일. ¶부동산 투기 붐이 일다.

붐비다 [be bustling]
많은 사람이나 자동차 따위가 들끓어서 혼잡하다. ¶지하철 안이 몹시 붐볐다. ㊥ 북적거리다, 혼잡(混雜)하다.

♣ 붐비다 / 들끓다 (비슷한 듯 다른 말)

◎ 시장에 사람들이 붐빈다 = 들끓는다.

○ 지하철 안은 몹시 붐볐다.
× 지하철 안은 몹시 들끓었다.

○ 그곳은 바퀴벌레가 들끓는다.
× 그곳은 바퀴벌레가 붐빈다.

붓 (筆, 붓 필) [writing brush]
가는 대 끝에 털을 꽂아서 글씨·그림을 그리는 물건.

붓-글씨 [calligraphy; penmanship]
붓으로 쓴 글씨.

붓-꽃 [iris; blue flag]
[식물] 산·들에 나는데 긴 칼 모양의 잎이 나는 풀. 초여름에 짙은 자주색 꽃이 핀다.

붓:다[1] [swell up; get angry]
❶살가죽이나 어떤 기관이 부풀어 오르다. ¶눈이 붓다. ❷성이 나다. ¶왜 그리 말도 않고 부어 있니.

붓:다[2] (注, 부을 주) [sow; pour in(to)]
❶액체나 가루 따위를 쏟다. ¶항아리에 물을 붓다. ❷곗돈·납입금(納入金) 등을 기한마다 치르다. ¶적금을 붓다. (비) 쏟다, 따르다.

♣ 붓다² / 쏟다

◎ 솥에 물을 붓다 = 쏟다.

○ 찻잔에 끓는 물을 붓다.
× 찻잔에 끓는 물을 쏟다.

○ 이번 일에 온 정성을 쏟다.
× 이번 일에 온 정성을 붓다.

붓-대 [brush handle]
붓을 쥐게 된 자루. ¶붓대를 잡은 손이 부르르 떨렸다 / 붓대를 놀려 먹고 살다.

붕[1]
공중에 떠오르거나 가슴이 뿌듯하게 느껴지는 모양. ¶나는 구름 위에 붕 떠 있는 기분이었다.

붕[2]
❶방귀를 뀌는 소리. ❷비행기·벌 등이 날 때 나는 소리.

붕괴 崩壞 | 무너질 붕, 무너질 괴
[collapse; fall down]
허물어져 무너짐[崩=壞]. ¶붕괴 위험.

붕당 朋黨 | 벗 붕, 무리 당 [clique]
[역사] 뜻이 같은 사람[朋]끼리 모인 단체[黨]. ¶붕당 정치.

붕대 繃帶 | 묶을 붕, 띠 대
[bandage; dressing]
상처나 헌 곳 따위에 감는[繃] 소독한 얇은 헝겊 띠[帶]. ¶다친 팔에 붕대를 감았다.

붕-붕 [with buzz]
막혀 있던 공기나 가스가 약간 큰 구멍으로 터져 빠질 때 잇달아 나는 소리. ¶방귀를 붕붕 뀌다.

▸**붕붕-거리다**
벌 같은 큰 곤충 따위가 나는 소리가 잇달아 나다. ¶벌 한 마리가 붕붕거리며 날아다닌다. (비) 붕붕대다.

붕산 硼酸 | 붕산 붕, 산소 산
[boric acid]
[화학] 붕소(硼素)를 함유하는 무기산(無機酸). 진주광택이 나는 비늘 모양의 결정이나 가루.

붕:어 [crucian carp]
[동물] 개울·못에 사는 민물고기. 등은 푸른 갈색이고 배 쪽은 누르스름한 은백색이다.

붕우 朋友 | 벗 붕, 벗 우 [friend]
벗[朋=友]. 친구.

▸**붕우-유신 朋友有信** | 있을 유, 믿을 신
벗[朋友] 사이에는 믿음[信]이 있어야[有] 함. 오륜(五倫)의 하나.

붙다 (着, 붙을 착; 附, 붙을 부)
[stick (to)]
❶맞닿아 떨어지지 않다. ¶머리에 껌이 붙었다. ❷시험 따위에 합격하다. ¶운전면허 시험에 붙다. ❸물체와 물체 또는 사람이 서로 바짝 가까이하다. ¶우리는 항상 붙어 다닌다. (반) 떨어지다.

붙-들다 [catch; seize]
❶꽉 쥐고 놓지 않다. ¶나는 그의 손목을 꽉 붙들었다. ❷달아나는 것을 잡다. ¶도둑을 붙들다. (비) 꽉 잡다, 붙잡다. (반) 놓다, 놓아주다, 풀어주다.

붙들-리다 [be caught; be detained]
누구에게 붙듦을 당하다. ¶나는 그녀에게 세 시간 붙들려 있었다.

붙박이-장 (-欌, 장롱 장)

[built-in chest of drawers]
이동시킬 수 없게 벽에 붙여 만든 장(欌).

붙이다 [stick; attach]
❶서로 맞닿아서 떨어지지 않게 하다. ¶종이에 스티커를 붙이다. ❷가까이 있게 하다. ¶나는 벽에 몸을 바짝 붙이고 섰다. ❸별명·이름·제목 등을 지어 달다. ¶강아지에게 딸기라는 이름을 붙여 주었다. [반] 떼다.

붙임-성 (一性, 성품 성)
[sociability; amiability]
남과 잘 사귀는 성질(性質). ¶붙임성이 좋다.

붙임-줄 [tie]
[음악] 악보에서 두 개의 같은 높이의 음을 잇는 줄모양의 표시. 두 음표를 끊지 않고 이어서 연주할 것을 가리킨다. '⌒'로 나타낸다.

붙-잡다 [seize; catch]
❶놓치지 않도록 단단히 쥐다. ¶위험하니까 내 팔을 꼭 붙잡으세요. ❷달아나지 못하게 잡다. ¶도둑을 붙잡다. ❸가지 못하게 말리다. ¶손님을 붙잡다. [비] 잡다, 붙들다.

붙-잡히다 [be seized]
붙들려서 잡히다. 붙잡음을 당하다. ¶그는 가게 물건을 훔치다 붙잡혔다. [반] 놓치다.

뷔페 {프 buffet}
여러 가지 음식을 큰 식탁에 차려 놓고 손님이 원하는 대로 덜어 먹는 식사 형식. 또는 그러한 식당. ¶손님에게 뷔페에서 식사를 대접했다.

브라보 {이 bravo}
'잘한다·좋다·신난다' 등의 뜻으로 외치는 소리.

브라우저 {영 browser}
인터넷을 검색할 때, 문서·영상·음성 따위 정보를 얻기 위해 사용하는 프로그램.

브라운-관 (Braun管, 대롱 관)
[Braun tube]
[물리] 전기 신호를 광학상(光學像)으로 변환하는 전자관(電子管). 전자 빔을 형광면에 조사(照射)해서 상을 얻는다. 텔레비전·레이더 등에 이용한다. 이를 발명한 독일의 물리학자 브라운(Braun)의 이름에서 유래했다. ¶브라운관에 그녀의 얼굴이 나타났다.

브래지어 {영 brassiere}
여자들이 가슴을 가리거나 받쳐 주고 보호하며 모양을 예쁘게 하기 위해 입는 속옷의 하나.

브랜드 {영 brand}
상공업자가 자기 상품임을 일반 구매자에게 보이기 위해 상품에 붙이는 표지. ¶이 브랜드의 제품은 질이 좋다. [비] 상표(商標).

브러시 {영 brush}
먼지·때를 쓸어 떨어뜨리거나 풀칠할 때 쓰는 도구.

브레이크 {영 brake}
[기계] 차량 및 여러 기계 장치의 운전을 조절·제어하기 위한 장치. ¶내리막에서는 브레이크를 잡아야 한다. [비] 제동기(制動機).

브로치 {영 brooch}
양복 깃이나 앞가슴에 다는 장신구의 한 가지.

브리핑 {영 briefing}
요점을 간추린 간단한 보고서. 또는 그런 보고나 설명. ¶사장님께 상품판매에 대한 브리핑을 했다.

브이티아르 {영 VTR}
영상 신호와 음성 신호를 비디오테이프(Video Tape)에 기록하거나[Recorder] 재생하는 장치.

블라우스 {영 blouse}
여자·아이들이 입는 셔츠 모양의 웃옷. ¶흰색 블라우스를 입은 분이 저의 어머니입니다.

블로킹 {영 blocking}
[운동] ❶농구에서, 공을 갖지 않은 상대를 방해하는 일. ❷배구에서, 상대편의 스파이크에 대하여 네트 앞에서 점프하여 두 손으로 공을 막아 상대편 코트로 공을 되돌려 보내는 일.

블록 {영 block}
❶길에 깔거나 건축에 쓰는 나무·돌·콘크리트 등의 덩어리. ¶보도 블록. ❷시가의 한 구획. ¶한 블록을 지나면 경찰서가 나옵니다.

블루스 {영 blues}
[음악] ❶미국 남부의 흑인들 사이에서 일어난 두 박자 또는 네 박자의 애조를 띤 악곡. ❷느린 곡조에 맞추어 추는 춤의 하나.

블루-진 {영 blue jeans}
청색[blue] 데님(denim)으로 만든 통이 좁은 바지[jeans]. ㊥ 청바지.

비[1](雨, 비 우) [rain]
대기 중의 수증기가 높은 곳에서 찬 기운을 만나 엉겨 맺혀서 땅 위로 떨어지는 물방울. [속담] 비 온 뒤에 땅이 굳어진다.

비[2] [broom; besom]
먼지나 쓰레기 따위를 쓸어 내는 기구. ¶비로 마당을 쓸었다. ㊥ 빗자루.

비[3] 比 | 견줄 비 [ratio; proportion]
어떤 두 가지를 견주었을 때, 서로 몇 배가 되는지를 보여주는 관계. ¶고추가루와 간장을 4대 5의 비로 넣는다. ㊥ 비율.

비[4] 碑 | 비석 비
[tombstone; grave-stone]
사적을 기념하기 위해 돌·쇠붙이·나무 따위에 글을 새기어 세워 놓은 물건. ㊥ 비석.

비각 碑閣 | 돌기둥 비, 집 각
[tablet house]
비(碑)를 세우고 그 위를 덮어 지은 집[閣]. ¶예전에는 그곳에 꽤 큰 비각이 있었다.

비:겁 卑怯 | 낮을 비, 겁낼 겁 [cowardly; craven]
❶[속뜻] 비열(卑劣)하고 겁(怯)이 많다. ❷정정당당(正正堂堂)하지 못하고 야비하다. ¶비겁한 행동. ㊥ 비열(卑劣)하다. ㊦ 용감(勇敢)하다.

비:결 祕訣 | 숨길 비, 방법 결
[secret; key (to)]
무슨 일을 하는 데 있어 남이 알지 못하는[祕] 가장 효과적인 방법[訣]. ¶장수(長壽)의 비결이 뭡니까? ㊥ 비법(祕法), 노하우(know-how).

비계 [(hog) fat; lard]
돼지 따위의 가죽 안쪽에 붙은 두꺼운 기름 조각. ¶비계를 떼어내다.

비:고 備考 | 갖출 비, 생각할 고
[note; remark]
❶[속뜻] 훗날 더 생각해 보기[考] 위해 미리 갖추어[備] 둠. ❷어떤 내용에 참고가 될 만한 사항을 덧붙여 적음. 또는 덧붙인 그 사항. ¶비고를 참조하다.

비:-공개 非公開 | 아닐 비, 드러낼 공, 열 개 [be not open to the public]
공개(公開)하지 않음[非]. ¶재판은 비공개로 진행된다. ㊦ 공개(公開).

비:관 悲觀 | 슬플 비, 볼 관
[be pessimistic]
❶[속뜻] 인생 따위를 슬퍼하거나[悲] 절망스럽게 봄[觀]. ❷앞으로의 일이 잘 안될 것이라고 봄. ¶앞날을 비관하다. ㊦ 낙관(樂觀).

⁑**비:교** 比較 | 견줄 비, 견줄 교 [compare]
둘 이상의 사물을 서로 대비(對比)하여 견주어[較] 봄. ¶이쪽이 비교도 안 될 만큼 좋다.

▸비:교-적 比較的 | 것 적
❶[속뜻] 이것과 저것을 견주어[比較] 판단하는 것[的]. ¶외국 문화의 비교적 고찰. ❷보통 정도보다는 꽤. ¶비교적 잘 되었다.

비:구 比丘 | 견줄 비, 언덕 구

[Buddhist priest]
불교 팔리어 '비쿠'(bhikkhu)의 한자 음역어. 출가(出家)하여 계(戒)를 받은 남자 승려를 이른다. ⓑ 비구니(比丘尼).

▸ 비ː구-니 比丘尼 | 중 니
불교 팔리어 '비쿠니'(bhikkuni)의 한자 음역어. 출가(出家)하여 구족계(具足戒)를 받은 여자 승려를 이른다. ⓑ 비구(比丘).

비-구름 [rain(-laden) cloud]
지리 비를 몰아오는 구름. ¶동쪽 하늘에 비구름이 낮게 깔렸다.

비ː굴 卑屈 | 낮을 비, 굽힐 굴
[mean; servile]
비겁(卑怯)하게 자신의 뜻을 굽힘[屈]. 용기가 없고 비겁함. ¶겸손이 지나치면 비굴이 된다 / 비굴한 행동.

비ː극 悲劇 | 슬플 비, 연극 극
[tragedy; tragic drama]
❶연영 인생의 불행이나 슬픔을 제재로 하여 슬픈[悲] 결말로 끝맺는 극(劇). ¶『햄릿』은 셰익스피어의 비극이다. ❷매우 비참한 사건. ⓑ 희극(喜劇).

▸ 비ː극-적 悲劇的 | 것 적
비극(悲劇)과 같이 슬프고 비참한 것[的]. ¶비극적인 사건이 벌어졌다. ⓑ 희극적.

비ː근 卑近 | 낮을 비, 가까울 근 [common]
우리 주위에 흔하고[卑] 가깝다[近]. ¶비근한 예를 들어 보자.

비ː-금속 非金屬 | 아닐 비, 쇠 금, 속할 속
[nonmetal]
금속(金屬)의 성질을 가지지 않는[非] 물질을 통틀어 이르는 말. ⓑ 금속(金屬).

비기다[1] [tie; draw]
승부를 내지 못하다. ¶한국은 중국과 1대 1로 비겼다.

비기다[2] [liken to]
서로 견주어 보다. ¶부모의 사랑은 무엇과도 비길 수 없다. ⓑ 비하다.

비ː-꼬다 [give a sarcastic twist]
❶몸을 바로 가지지 못하고 비틀다. ¶몸을 비꼬고 앉아 있다. ❷남의 마음에 거슬릴 정도로 빈정거리다. 꼬다. ¶그는 "정말 잘했다"라고 비꼬듯 말했다.

비끼다 [slant; be bent]
❶비스듬히 비치다. ¶노을이 짙게 비낀 유리창. ❷몸이나 시선을 비스듬한 방향으로 두다. ¶그는 고개를 비낀 채 앉아 있다.

비ː난 非難 | 아닐 비, 꾸짖을 난
[criticize; reproach; blame]
❶속뜻 잘한 것이 아니라고[非] 꾸짖음[難]. ❷남의 잘못이나 결점을 책잡아서 나쁘게 말함. ¶거짓말을 일삼는 그의 행동은 비난받아 마땅하다. ⓑ 힐난(詰難). ⓑ 칭찬(稱讚).

비녀 [ornamental hairpin]
여자의 쪽 찐 머리가 풀어지지 않도록 꽂는 장신구. ¶비녀를 꽂다.

비ː뇨 泌尿 | 흐를 비, 오줌 뇨 [urination]
오줌[尿]을 만들어 흘러 내보냄[泌].

▸ 비ː뇨기-과 泌尿器科 | 그릇 기, 분과 과
의학 비뇨기(泌尿器)에 관한 질병을 연구·치료하는 의학의 한 분과(分科).

비누 [soap]
때를 씻어 내는 데 쓰는 물건. 물에 녹으면 거품이 일며 미끈미끈해진다. ¶비누를 문질러 손을 씻다.

▸ 비누-질
때를 씻기 위해 비누를 문지르는 일.

▸ 비누-칠 (-漆, 옻 칠)
때를 빼거나 씻기 위하여 비누를 바르는[漆] 일.

비눗-물 [soapy water]
비누를 푼 물.

비늘 [scale; shard]
어류·파충류 등의 고등 동물의 몸 표면을 덮고 있는 단단하고 작은 조각. ¶뱀은 온몸에 비늘이 덮여있다.

비늘-구름 [cirrocumulus]

지리 높은 하늘에 그늘이 없는 희고 작은 구름 덩이가 촘촘히 흩어져 나타나는 구름.

비닐 {영 vinyl}
화학 비닐 수지나 비닐 섬유를 이용하여 만든 제품을 통틀어 이르는 말.

▸비닐-하우스 {영 vinyl house}
비닐(vinyl)로 바깥을 가리고 집[house]처럼 만든 온상. 채소나 꽃을 재배하는데 쓴다.

비:다 (空, 빌 공) [empty]
❶속에 든 것이 없게 되다. ¶빈 병을 재활용하다. ❷할 일이 없거나 할 일을 끝내서 시간이 남다. ¶시간이 비다. ❸일정한 액수나 수량에서 얼마가 모자라게 되다. ¶아무리 계산해도 5천 원이 빈다. ⓑ 차다.

♣ 비다 / 공허하다

◎ 마음이 텅 비다 = 공허하다.
○ 버스가 비었다.
× 버스가 공허했다.
○ 그는 공허한 미소를 띠었다.
× 그는 빈 미소를 띠었다.

비단[1] 非但 | 아닐 비, 다만 단 [simply]
❶속뜻 단지[但] 그 무엇만은 아님[非]. ❷ '아니다' 따위 부정하는 말 앞에 쓰여 '다만'의 뜻을 나타내는 말. ¶비단 나만의 문제가 아니다. ⓑ 다만, 단지(但只), 오직.

*__비:단[2]__ 緋緞 | 비단 비, 비단 단 [silk fabrics]
명주실로 두껍고 광택이 나게 짠 피륙을 [緋=緞] 통틀어 이르는 말. ¶비단 한복. ⓑ 명주(明紬).

▸비:단-결 (緋緞-)
비단(緋緞)처럼 매우 곱고 부드러운 상태를 비유적으로 이르는 말. ¶마음씨가 비단결 같다.

▸비:단-신 (緋緞-)
양쪽 옆의 거죽을 비단(緋緞)으로 대어 만든 신. ¶오빠가 비단신을 사왔다.

▸비:단-실 (緋緞-)
비단(緋緞)을 만들 때 쓰는 실. 누에고치에서 뽑아 낸 천연섬유이다. ⓑ 명주실.

▸비:단-옷 (緋緞-)
비단(緋緞)으로 지은 옷.

비:대 肥大 | 살찔 비, 큰 대 [fat; obese]
살이 쪄서[肥] 몸집이 크고[大] 뚱뚱함. ¶몸집이 비대하다.

비:-도덕적 非道德的 | 아닐 비, 길 도, 덕 덕, 것 적 [immoral]
도덕(道德) 규범에 맞지 않는[非]. 또는 그러한 것[的]. ¶비도덕적인 행위를 저지르다. ⓑ 도덕적.

비둘기 [dove]
동물 부리와 다리가 짧고, 날개가 큰 새. 성질이 온순하다. ¶비둘기는 평화를 상징한다.

비듬 [dandruff; scurf]
살가죽에 생기는 회백색의 잔비늘. 특히 머리에 있는 것을 이른다. ¶어깨에 비듬이 떨어졌다.

비:등[1] 比等 | 견줄 비, 같을 등 [be equal]
견주어[比] 보아 서로 같거나[等] 비슷하다. ¶나는 형과 체격이 비등하다.

비:등[2] 沸騰 | 끓을 비, 오를 등 [boil]
화학 액체가 끓어[沸] 오름[騰].

▸비:등-점 沸騰點 | 점 점
화학 액체가 끓어[沸]오르는[騰] 점(點). ⓩ 비점. ⓑ 끓는점.

비디오 {영 video}
❶텔레비전의 영상 신호를 다루는 장치나 회로. ❷'비디오테이프'의 준말.

▸비디오-테이프 {영 video tape}
영상(video) 신호나 음성 기호를 기록하기 위한 자기(磁氣) 테이프(tape). 또는 그것을 기록한 테이프.

▸ 비디오테이프-리코더
{영 video tape recorder}
영상 신호와 음성 신호를 비디오테이프(video tape)에 기록하거나[recorder] 재생하는 장치. [준] 브이티아르(VTR).

비뚤다 [crooked; wrong]
❶바르지 않고 한쪽으로 기울어져 있다. ¶책상 줄이 비뚤다. ❷마음이 바르지 못하고 꼬여 있다. ¶세상을 비뚤게 보다.

비뚤-대다
물체가 곧지 못하고 이리저리 자꾸 구부러지다. 또는 그렇게 하다. [비] 삐뚤거리다.

비뚤-비뚤
물체가 곧지 못하고 이리저리 자꾸 구부러지는 모양. ¶글씨가 비뚤비뚤 엉망이다 / 동생이 쓴 글씨는 비뚤비뚤했다.

비뚤어-지다 [get crooked]
반듯하지 않고 한쪽으로 기울어지다. ¶팻말이 비뚤어지다.

비ː례 比例 | 견줄 비, 본보기 례
[comparison with a precedent]
❶[속뜻] 본보기[例]와 비교(比較)해 봄. ❷한쪽의 양이나 수가 변동할 때 다른 쪽의 양이나 수도 같은 비율로 증가 또는 감소하는 관계. 정비례와 반비례가 있다. ¶행복은 성공과 꼭 비례하는 것은 아니다.

▸ 비ː례-식 比例式 | 법 식
[수학] 두 개의 비가 같음[比例]을 나타내는 식(式).

▸ 비ː례 배ː분 比例配分 | 나눌 배, 나눌 분
[수학] 주어진 수나 양을 주어진 비례(比例)에 따라 나누는[配分] 계산법.

▸ 비ː례 상수 比例常數 | 늘 상, 셀 수
[수학] 변화하는 두 양이 비례(比例)할 때의 그 비의 값[常數]. 또는 반비례할 때의 그 곱의 값.

비로소 (始, 비로소 시) [not…until]
어떤 일이 있고 난 다음에야 처음으로. ¶나는 건강을 잃고 나서야 비로소 그 소중함을 깨달았다.

비록 (雖, 비록 수) [if; even if]
아무리 그렇다 할지라도. ¶비록 이번에 실패를 하더라도 끝까지 포기하지 않겠다.

비롯-되다 [start; begin]
사물이 처음으로 시작되다. ¶싸움은 작은 오해에서 비롯되었다.

비롯-하다 (創, 비롯할 창)
[originate from; include]
❶사물이 처음으로 시작되다. 또는 시작하다. ¶이 풍속은 고구려 초에 비롯하였다고 한다. ❷여럿 가운데에서 첫머리로 들다. ¶할머니를 비롯하여 온 가족이 모이다.

⁑**비ː료 肥料** | 살찔 비, 거리 료 [fertilizer]
[농업] 농작물을 살찌게[肥]하는 데 필요한 거리[料]. 식물의 생장을 촉진하는 재료(材料)가 되는 물질. [비] 거름.

비ː리 非理 | 어긋날 비, 다스릴 리
[irrationality]
도리(道理)에 어긋나는[非] 일. ¶비리를 저지르다. [비] 부조리(不條理), 부정(不正).

비리다 [fishy]
날콩이나 물고기, 동물의 피 따위에서 나는 맛이나 냄새가 있다. ¶오늘 사 온 생선은 유난히 비리다.

비린-내 [fishy smell]
날콩이나 물고기, 동물의 피 따위에서 나는 역겹고 매스꺼운 냄새. ¶생선 비린내가 나다.

비릿-하다 [somewhat fishy; smell a little bloody]
냄새나 맛이 조금 비린 듯하다. ¶바닷가에 이르자 비릿한 냄새가 물씬물씬 풍겨왔다.

비ː만 肥滿 | 살찔 비, 넉넉할 만
[corpulence; fatness]
살이 쪄서[肥] 몸이 뚱뚱함[滿]. ¶과식으로 비만해지다 / 비만 예방.

비ː매-품 非賣品 | 아닐 비, 팔 매, 물건 품 [articles not for sale]
일반에게는 팔지[賣] 않는[非] 물품(物品).

비ː명 悲鳴 | 슬플 비, 울 명 [scream; shriek]
❶속뜻 슬픈[悲] 울음소리[鳴]. ❷몹시 놀라거나 괴롭고 다급할 때에 지르는 외마디 소리. ¶골목에서 비명이 들렸다.

▶비ː명 소리 (悲鳴-)
비명(悲鳴)을 지를 때 나는 소리. ¶우리는 어린아이의 비명소리에 놀라 멈칫했다.

비ː몽사몽 非夢似夢 | 아닐 비, 꿈 몽, 같을 사, 꿈 몽 [as in a dream]
꿈이[夢] 아닌[非] 것 같기도 하고 꿈[夢] 같기도[似] 한 어렴풋한 상태. ¶며칠 동안 잠을 못자 그는 비몽사몽이었다.

비ː-무ː장 非武裝 | 아닐 비, 굳셀 무, 꾸밀 장 [demilitarize]
무장(武裝)을 하지 아니함[非]. 또는 그러한 상태. ¶비무장 상태로 회담장에 들어갔다.

▶비ː-무ː장 지대 非武裝地帶 | 땅 지, 띠 대
군사 조약에 따라서 무장(武裝)이 금지되어[非] 있는 지역[地帶].

비문 碑文 | 비석 비, 글월 문 [epitaph]
비석(碑石)에 새긴 글[文]. ¶조선시대 비문을 판독하다.

비ː-민주적 非民主的 | 아닐 비, 백성 민, 주인 주, 것 적 [undemocratic]
민주적(民主的)이지 않은[非]. 또는 그러한 것. ¶비민주적인 방법으로 일을 처리하다.

비ː밀 祕密 | 숨길 비, 몰래 밀 [secret]
❶속뜻 숨기어[祕] 몰래[密] 간직해야 할 일. ¶비밀에 붙이다. ❷밝혀지지 않은 사실이나 내용. ¶우주의 비밀.

▶비ː밀-리 祕密裡 | 속 리
어떤 일이 남에게 알려지지 않은[祕密] 가운데[裡] 행하여지고 있는 상태. ¶비밀리에 만나다.

▶비ː밀 선ː거 祕密選擧 | 가릴 선, 들 거
정치 비밀(祕密) 투표로 하는 선거(選擧).

▶비ː밀스레 (祕密-)
무엇인가를 숨기고 감추려는[祕密] 기색이 있게. ¶그들은 비밀스레 속삭였다.

비-바람 [rain and wind]
비가 내리면서 부는 바람. ¶종일 비바람이 몰아쳤다.

비ː방[1] 祕方 | 숨길 비, 방법 방 [secret process]
남에게는 숨기는[祕] 자기만의 방법(方法). ¶그 의사는 비방을 공개하지 않았다. ⓑ비법(祕法), 묘방(妙方).

비방[2] 誹謗 | 헐뜯을 비, 헐뜯을 방 [slander; abuse]
남을 헐뜯음[誹=謗]. 나쁘게 말함. ¶온갖 비방과 욕설을 서슴지 않다.

비ː범 非凡 | 아닐 비, 평범할 범 [extraordinary]
평범(平凡)하지 않음[非]. 특히 뛰어남. ¶그는 음악에 비범한 재능을 갖고 있다. ⓑ평범(平凡)하다.

비ː법 祕法 | 숨길 비, 법 법 [secret process]
비밀(祕密)스러운 방법(方法). ¶비법을 전수하다. ⓑ비방(祕方).

비ː변-사 備邊司 | 갖출 비, 가 변, 관청 사
역사 조선 때, 남쪽 해안과 북쪽 국경[邊] 지대에 적들의 침입을 대비(對備)하기 위해 설치한 관청[司].

비ː보 悲報 | 슬플 비, 알릴 보 [sad news; sad tidings]
슬픈[悲] 소식[報]. ¶그는 할머니가 오늘 아침에 돌아가셨다는 비보를 들었다. ⓑ낭보(朗報), 희보(喜報).

비비 [windingly; twistingly]
여러 번 꼬이거나 뒤틀린 모양. ¶온몸을 비비 꼬다.

비비다 [rub; (make a) roll]

❶두 개의 물건을 서로 문지르다. ¶동생은 눈을 비비며 일어났다. ❷어떤 재료에 다른 재료를 넣고 섞이도록 버무리다. ¶밥에 계란 프라이와 간장을 넣고 비비다. 속담 소도 언덕이 있어야 비빈다.

♣ 비비다 / 문지르다

◎ 담배꽁초를 재떨이에 비벼 = 문질러 끄다.

○ 남은 음식을 모두 비비다.
× 남은 음식을 모두 문지르다.

○ 마루를 걸레로 문지르다.
× 마루를 걸레로 비비다.

비빔-밥

고기·나물 따위를 넣고 양념하여서 비빈 밥.

비ː상[1] 砒霜 | 비상 비, 서리 상

[arsenic poison]

약학 비석(砒石)을 태워 승화(昇華)시켜서 만든 서리[霜] 같은 결정체의 독약.

비ː상[2] 非常 | 아닐 비, 늘 상

[unusual; uncommon]

❶속뜻 늘[常] 있는 것이 아님[非]. ❷뜻밖의 긴급한 사태. ¶비상 대책. ❸평범하지 않고 뛰어남. ¶비상한 재주를 선보이다.

▶비ː상-구 非常口 | 어귀 구

보통 때는 닫아 두고 돌발사고 같은 비상시(非常時)에만 사용하는 출입구(出入口). ¶화재 발생 시 비상구를 통해 대피하십시오.

▶비ː상-금 非常金 | 돈 금

비상용(非常用)으로 쓰기 위하여 마련해 둔 돈[金]. ¶책 사이에 비상금을 감춰두었다.

▶비ː상-시 非常時 | 때 시

뜻밖의 긴급한 사태[非常]가 일어난 때[時]. ¶그는 비상시에 대비해 매달 십만 원씩 저축하고 있다. ⓑ 유사시(有事時). ⓑ 평상시(平常時).

▶비ː상-계ː엄 非常戒嚴 | 경계할 계, 엄할 엄

법률 전쟁 등으로 나라가 극도로 혼란스러울[非常] 때, 대통령이 선포하는 계엄(戒嚴). 계엄사령관이 계엄 지역 안의 모든 행정 사무와 사법 사무를 맡아서 관리한다.

▶비ː상-사ː태 非常事態 | 일 사, 모양 태

대규모 재해나 소요처럼 비일상적인[非常] 사태(事態). ¶비상사태에 대비하다.

비ː-상임 非常任 | 아닐 비, 늘 상, 맡길 임

일정한 직무를 늘[常] 계속해서 맡는[任] 것이 아님[非].

▶비ː상임 이ː사국 非常任理事國 | 다스릴 리, 일 사, 나라 국

정치 유엔안전보장이사회의 이사국(理事國) 중 항상(恒常) 이사국의 임무(任務)를 수행할 자격이 없는[非] 나라. 임기는 2년이고 거부권이 없으며, 세 나라씩 매년 선거로 선출한다.

비ː색 翡色 | 비취 비, 빛 색

[celadon green]

비취(翡翠)같이 푸른색[色]. ¶엄마는 비색의 한복을 입었다.

비ː서 祕書 | 숨길 비, 책 서

[(private) secretary]

❶속뜻 남에게 숨기고[祕] 혼자만이 간직하고 있는 귀중한 책[書]. ❷요직에 있는 사람에 직속하여 그의 기밀 사무 따위를 맡아보는 직위. 또는 사람. ¶국무총리 비서.

▶비ː서-관 祕書官 | 벼슬 관

법률 고위 공무원에 딸리어 기밀 사무[祕書]를 맡아보는 공무원[官].

▶비ː서-실 祕書室 | 방 실

비서(祕書)가 사무를 보는 방[室]. 또는 그 기관.

***비석 碑石** | 비석 비, 돌 석 [tombstone]

돌[石]로 만든 비(碑). ¶할아버지 무덤 앞

에 비석을 세웠다.

비:속[1] 卑屬 | 낮을 비, 무리 속 [descendant]
법률 혈연관계에서 자기보다 낮은[卑] 항렬의 친속(親屬). (반) 존속(尊屬).

비:속[2] 卑俗 | 낮을 비, 속될 속
[vulgar; coarse]
격이 낮고[卑] 속됨[俗]. 또는 그러한 풍속. ¶비속한 말.

비:수 匕首 | 살촉 비, 머리 수 [dagger]
❶ 속뜻 화살촉[匕]처럼 날카로운 칼의 머리[首]부분. ❷날이 날카로운 짧은 칼. ¶원수의 가슴에 비수를 꽂다.

비:수-기 非需期 | 아닐 비, 쓰일 수, 때 기
[slack season]
경제 상품이나 서비스의 수요(需要)가 많지 않은[非] 시기(時期). ¶비수기에는 항공권(航空券)을 싸게 판다. (반) 성수기(盛需期).

비스듬-하다 [slightly slanting]
한쪽으로 조금 기운 듯하다. ¶탑이 한쪽으로 비스듬히 기울어져 있다 / 모자를 비스듬히 쓰다.

비스킷 {영 biscuit}
밀가루에 설탕·버터·우유를 섞어 구운 마른 과자. ¶엄마는 비스킷을 직접 구워 주신다.

비슷-하다 [like; similar to]
거의 같다. ¶우리 둘은 취미가 비슷하다. (비) 유사(類似)하다.

♣ 비슷하다 / 유사하다

◎ 두 사람은 외모가 비슷하다 = 유사하다.

o 저기 오시는 분이 어머님 비슷하다.
× 저기 오시는 분이 어머님 유사하다.

o 유사 사건.
× 비슷 사건.

▸ 비슷비슷-하다
여럿이 모두 비슷하다. ¶그들은 키가 비슷비슷하다.

비신 碑身 | 비석 비, 몸 신
비석(碑石)의 몸체[身]에 해당하는 부분. ¶비신에 그간의 공적을 새겨 넣었다.

비실-비실 [totter; stagger]
힘이 없어 흐느적흐느적 비틀거리는 모양. ¶형은 비실비실 걸어갔다 / 그는 아파서 일 년 내내 비실비실하더니 결국 죽고 말았다.

비싸다 [high; expensive]
물건 값이나 사람 또는 물건을 쓰는 데 드는 비용이 보통보다 높다. ¶그 컴퓨터가 갖고 싶지만 너무 비싸다. (비) 고가(高價)이다, 고액(高額)이다. (반) 싸다.

비아냥-거리다
[make sarcastic remarks]
얄밉게 빈정거리다. ¶친구들은 나의 소심함을 비아냥거렸다. (비) 비아냥대다.

비:애 悲哀 | 슬플 비, 슬플 애
[sorrow; grief]
슬퍼하고[悲] 서러워함[哀]. 또는 그런 마음. ¶비애를 맛보다 / 비애에 잠기다.

비약 飛躍 | 날 비, 뛰어오를 약 [jump]
❶ 속뜻 날듯이[飛] 높이 뛰어오름[躍]. ❷급격히 발전하거나 향상됨. ¶올림픽 개최를 통해 서울은 세계적인 도시로 비약했다. ❸이론이나 말과 생각 따위가 밟아야 할 단계나 순서를 거치지 않고 앞으로 나아감. ¶그의 논리는 비약이 심하다.

비:열 卑劣 | 낮을 비, 못할 렬
[mean; base]
성품이나 하는 짓이 저속하고[卑] 용렬(庸劣)함. ¶뒤에서 남을 욕하는 것은 비열한 행동이다.

비:염 鼻炎 | 코 비, 염증 염
[nasal catarrh]
의학 코[鼻]의 점막에 생기는 염증(炎症).

비-오리 [merganser]
동물 날개는 오색찬란하며, 부리는 톱니 같이 뾰족한 오리.

비ː옥 肥沃 | 기름질 비, 기름질 옥 [fertile]
땅이 걸고 기름짐[肥=沃]. ¶비옥한 토양.

비올라 {영 viola}
음악 바이올린보다 조금 크고 현이 네 줄인 현악기. 바이올린보다 소리는 어둡고 둔하다.

비-옷 [raincoat; mackintosh]
비에 젖지 않도록 덧입는 옷. ⓑ 우의(雨衣), 우비(雨備).

⁑비ː용 費用 | 쓸 비, 쓸 용 [expenses]
무엇을 사거나 어떤 일을 하는 데 쓰는[費=用] 돈. ¶결혼 비용. ⓑ 경비(經費).

비우다 [empty]
❶안의 것을 치우거나 쏟거나 먹어 치우다. ¶쓰레기통을 비우다. ❷밖으로 나가서 집이나 방에 아무도 없게 하다. ¶집을 비우다. ❸어떤 시간을 자유롭게 하다. ¶시간을 비우다. ⓑ 채우다.

비ː운 悲運 | 슬플 비, 운수 운 [misfortune]
슬픈[悲] 운명(運命). 불행한 운명. ¶비운의 왕자. ⓑ 행운(幸運).

비웃다 [laugh at; ridicule]
업신여기는 태도로 웃다. ¶남의 잘못을 비웃다. ⓑ 조소(嘲笑)하다.

비ː웃음 [derisive smile]
비웃는 일. 또는 그 웃음. ¶비웃음을 사다. ⓑ 조소(嘲笑).

비ː위 脾胃 | 지라 비, 밥통 위 [spleen and the stomach; taste; temper]
❶속뜻 지라[脾]와 위(胃). ❷음식 맛이나 어떤 사물에 대하여 좋고 언짢음을 느끼는 기분. ¶형은 비위가 좋아 고약한 냄새가 나는 음식도 잘 먹는다. ❸아니꼽거나 언짢은 일을 잘 견디어 내는 힘. ¶비위가 상하다 / 그렇게 놀림을 당하고도 비위 좋게 앉아 있다니.

비ː유 比喩 | 견줄 비, 고할 유 [liken to; compare to]
어떤 사물의 모양이나 상태 등을 보다 효과적으로 표현하기 위하여 그것과 비슷한 다른 사물에 빗대어[比] 표현함[喩]. ¶양은 착한 사람에 대한 비유로 쓰인다.

▶**비ː유-적 比喩的** | 것 적
어떤 현상이나 사물을 빗대어[比喩] 나타내는 것[的]. ¶비유적인 표현.

비ː율 比率 | 견줄 비, 값 률 [ratio; percentage]
어떤 수나 양을 다른 수나 양에 비교(比較)한 값[率]. ¶3대 2의 비율 / 구성비율.

비읍
한글 자모 'ㅂ'의 이름.

비ː-인도적 非人道的 | 아닐 비, 사람 인, 길 도, 것 적 [inhuman]
인도(人道)에 어긋나는[非] 것[的]. ¶비인도적 행위.

비일비ː재 非一非再 | 아닐 비, 한 일, 아닐 비, 두 재 [be frequent]
같은 현상이나 일이 한[一] 두[再] 번이 아니고[非] 많음. ¶우산을 잃어버린 일이 비일비재하다.

비자 {영 visa}
법률 외국인에 대한 출입국 허가의 증명. ¶해외 여행을 위해 비자를 받다. ⓑ 사증(査證).

비ː-자금 祕資金 | 숨길 비, 밑천 자, 돈 금 [slush fund]
❶속뜻 비밀(祕密)스럽게 감추어둔 재물[資]이나 돈[金]. ❷경제 기업의 공식적인 재무 감사에서도 드러나지 않고 세금 추적도 불가능하도록 몰래 감추어 특별 관리하는 부정한 자금을 통틀어 이르는 말. ¶비자금을 조성하다.

비ː자-나무 (榧子—, 비자나무 비, 접미사 자) [nutmeg tree]
식물 나무껍질은 회갈색이고, 떫은 맛이 나는 열매인 '비자'(榧子)가 열리는 나무.

비ː장 祕藏 | 숨길 비, 감출 장 [store in secrecy]
숨겨서[祕] 소중히 간직함[藏]. ¶비장의 솜씨를 발휘하다.

비:장²悲壯 | 슬플 비, 씩씩할 장 [pathetic]
슬프지만[悲] 씩씩하다[壯]. 슬픔 속에서도 의기를 잃지 않고 꿋꿋하다. ¶비장한 각오.

비:장³脾臟 | 지라 비, 내장 장 [spleen]
의학 오장(五臟)의 하나인 지라[脾].

비:정 非情 | 아닐 비, 마음 정 [cold-hearted]
❶ 속뜻 따뜻한 마음[情]을 가지지 않음[非]. ❷인정 없이 몹시 쌀쌀함. ¶자식을 버린 비정한 아버지.

비:-정:상 非正常 | 아닐 비, 바를 정, 늘 상 [anything unusual]
정상(正常)이 아닌[非] 것. ¶그는 폐의 기능이 비정상이다. ⓑ 정상(正常).

비:-좁다 [narrow and close]
자리가 몹시 좁다. ¶이 집은 6인 가족이 살기에는 좀 비좁다. ⓗ 협소(狹小)하다. ⓑ 넓다.

비죽-비죽
비웃거나 언짢거나 울려고 할 때 소리 없이 입을 내밀고 실룩거리는 모양. ¶그는 비죽비죽 웃으며 말했다 / 동생은 비죽비죽 울음을 터뜨리고 말았다.

비죽-이
❶물체의 끝이 조금 길게 내밀려 있는 모양. ¶바지 주머니에 넣은 연필이 비죽이 나오다. ❷비웃거나 언짢거나 울려고 할 때 소리 없이 입을 내미는 모양. ¶선생님의 꾸중에 입술을 비죽이고 나갔다.

비:준 批准 | 따질 비, 승인할 준 [ratify]
❶ 속뜻 잘 따져[批] 보고 검토해본 후에 승인[准]함. ❷ 법률 체결된 조약에 대해 당사국에서 최종적으로 확인하여 동의하는 절차. ¶개혁안이 국회 비준을 통과했다.

***비:중 比重** | 견줄 비, 무거울 중 [specific gravity]
❶ 속뜻 다른 것과 견주었을[比] 때 무겁거나[重] 중요한 정도. ¶입학시험에서는 수학의 비중이 매우 크다. ❷ 물리 어떤 물질의 질량과 그것과 같은 체적의 표준물질의 질량과의 비. ¶구리는 철보다 비중이 크다.

비지 [bean-curd refuse]
콩을 불려 갈아서 두부를 만들 때, 콩물을 내리고 남은 찌꺼기. 속담 말이 고마우면 비지 사러 갔다 두부 사 온다.

비지-땀 [heavy sweat]
힘든 일을 할 때 몹시 쏟아지는 땀. ¶비지땀을 쏟으며 훈련을 했다.

비-질 [sweeping (with a broom)]
비로 바닥 따위를 쓰는 일.

비:집다 [split open]
❶맞붙은 데를 벌리어 틈이 나게 하다. ¶문을 비집어 열다. ❷좁은 틈을 헤쳐서 넓히다. ¶그는 사람들 사이를 비집고 들어갔다.

비쩍
살이 없을 정도로 매우 심하게 마른 모양. ¶그는 키가 작고 비쩍 말랐다.

비쭉 [poutingly]
❶비웃거나, 성내거나, 불평을 나타낼 때 아랫입술을 쑥 내미는 모양. ¶그녀는 입술을 비쭉 내밀고 돌아섰다. ❷물체의 끝이 조금 길게 내밀려 있는 모양. ¶비쭉 튀어나온 못.

▶**비쭉-비쭉**
비웃거나 언짢거나 울려고 할 때 소리 없이 입을 내밀고 실룩거리는 모양. ¶아이는 입을 비쭉비쭉 울음을 터뜨렸다.

▶**비쭉-거리다**
성내거나 불평을 나타내어 입술을 자꾸 내밀다. ¶아기는 입을 비쭉거리더니 눈물을 뚝뚝 떨어뜨렸다. ⓗ 비쭉비쭉하다.

비:참 悲慘 | 슬플 비, 참혹할 참 [miserable; wretched]
매우 슬프고[悲] 참혹(慘酷)함. ¶비참한 생활.

비:천 卑賤 | 낮을 비, 천할 천 [lowly; humble]
신분이 낮고[卑] 천(賤)하다. ¶비천한 일을 하다. ⓑ 고귀(高貴)하다, 존귀(尊貴)하

다.

비:철 금속 非鐵金屬 | 아닐 비, 쇠 철, 쇠 금, 무리 속 [nonferrous metal]

광업 철(鐵) 이외의[非] 금속(金屬)을 통틀어 이르는 말.

비추다 [shine shed light on]

❶빛을 내는 대상이 다른 대상에 빛을 보내어 밝게 하다. ¶손전등으로 차 안을 비추다. ❷빛을 반사하는 물체에 어떤 물체의 모습이 나타나게 하다. ¶거울에 얼굴을 비추다. ❸어떤 것과 관련하여 견주어 보다. ¶내 경험에 비추어 볼 때 그 일은 성공하기 힘들다.

비:축 備蓄 | 갖출 비, 쌓을 축 [save for emergency]

만일의 경우에 대비하여 미리 갖추어[備] 쌓아둠[蓄]. ¶석유를 비축하다.

비:취 翡翠 | 물총새 비, 물총새 취 [green jadeite]

광업 물총새[翡翠]의 깃털처럼 짙은 푸른색을 띠는 옥. 반투명하며 장신구를 만들 때 쓰는 보석이다. ¶비취 반지.

▶비:취-색 翡翠色 | 빛 색

짙은 녹색이 나는 비취(翡翠)의 빛깔[色].

비치다 (映, 비칠 영; 照, 비칠 조) [shine in(to)]

❶빛이 이르러 환하게 되다. ¶햇빛이 비치다. ❷물체의 그림자나 영상이 나타나 보이다. ¶거울에 비친 내 모습.

비:치 備置 | 갖출 비, 둘 치 [furnish; equip]

갖추어[備] 둠[置]. ¶비치 도서 / 방에 가구를 비치하다 / 이 교실에는 컴퓨터가 비치되어 있다.

비치-볼 {영 beach ball}

해수욕장의 모래밭[beach]에서 가지고 노는 공[ball], 또는 그 놀이.

비커 {영 beaker}

화학 액체를 붓는 입이 달린 원통 모양의 화학 실험용 유리그릇. 보통 유리로 만드나 플라스틱 제품도 쓴다.

비:켜-나다 [step aside]

몸을 옮겨 물러서다. ¶구급차 사이렌 소리가 들려 우리는 길옆으로 비켜났다. ⓑ 물러나다, 피하다.

비키니 {영 bikini}

가슴과 아랫배를 약간씩 가린 여자용 수영복.

비:키다 [get out of the way]

다른 사람을 위하여 있던 자리를 피하여 다른 곳으로 옮기다. ¶길 좀 비켜주세요.

비타민 {영 vitamin}

화학 동물체의 주 영양소 외에 동물의 정상적인 발육과 영양을 돕고 성장 및 건강 유지에 필요 불가결한 유기물을 통틀어 이르는 말. ¶감자에는 비타민이 많이 함유되어 있다.

비:탄 悲嘆 | 슬플 비, 탄식할 탄 [grief; sorrow]

슬퍼하고[悲] 탄식(嘆息)함. ¶그는 어머니를 여의고 비탄에 잠겨 있다.

비탈 [slope; incline]

산이나 언덕의 비스듬하게 기울어진 곳. ¶비탈이 가파르다. ⓑ 경사(傾斜).

▶비탈-길

비탈진 언덕의 길. ¶비탈길을 오르다.

▶비탈-밭

비탈진 밭.

▶비탈-지다

땅이 매우 가파르게 기울어져 있다. ¶그 골목길은 아주 비탈지다. ⓑ 가파르다.

비:통 悲痛 | 슬플 비, 아플 통 [sad; grievous]

몹시 슬프고[悲] 가슴이 아픔[痛]. ¶비통에 빠지다 / 비통한 부르짖음.

비트[1] {영 beat}

음악 박자.

비트[2] {영 bit}

❶이진법에서 쓰는 숫자로, 0과 1. ❷컴퓨터에서 정보량의 최소 기본 단위. 비트는

이진수 체계(0, 1)의 한 자리로, 8비트는 1바이트이다.

비틀-거리다 [stagger; totter]
이리저리 쓰러질 듯이 걷다. ¶그녀는 맥주 한 잔을 마시고 비틀거렸다. ㊥비틀대다.

비:틀다 [twist; wring]
힘 있게 바싹 꼬면서 틀다. ¶젖은 수건을 비틀어 짜다.

비슷한 듯 다른 말 ➲ 꼬다

비:틀리다 [get twisted]
비틂을 당하다. ¶나는 팔이 비틀린 채 집으로 끌려갔다.

비파 琵琶 | 비파 비, 비파 파
음악 동양 전통의 현악기[琵=琶]. 몸체는 길이 60~90cm의 둥글고 긴 타원형이며, 자루는 곧고 짧다. ¶비파를 뜯다 / 비파를 타다.

비:판 批判 | 따질 비, 판가름할 판
[criticize; review]
❶속뜻 잘 따져[批]보고 나서 판단(判斷)함. ❷좋고 나쁨, 옳고 그름을 따져 말함. ¶정부의 새 외교정책은 비판을 불러 일으켰다.

비:평 批評 | 따질 비, 평할 평
[criticize; review]
❶속뜻 잘 따져[批] 보고 평(評)함. ❷사물의 좋고 나쁨, 옳고 그름 따위를 따져 평가함. ¶날카로운 비평 / 그는 그 영화가 지루하다고 비평했다.

비:-포장 非包裝 | 아닐 비, 쌀 포, 꾸밀 장
[unpaved road]
길바닥이 포장(包裝)이 되어 있지 않은[非] 상태. ¶비포장 도로. ㊙포장.

비:-폭력 非暴力 | 아닐 비, 사나울 폭, 힘 력
폭력(暴力)을 쓰지 않거나[非] 반대함. ¶간디는 비폭력 저항운동을 펼쳤다.

비:품 備品 | 갖출 비, 물건 품
[fixtures; furniture]
관공서나 회사 등에서 업무용으로 갖추어[備] 두는 용품(用品). ¶비품을 구입하다. ㊙소모품(消耗品).

비:-하다 (比-, 견줄 비)
[compare one thing with another]
❶속뜻 사물 따위를 다른 것에 견주다[比]. ¶나는 친구들에 비해 키가 조금 작다. ❷'비교하면 그보다'의 뜻으로 쓰는 말. ¶그녀는 사진에 비해서 실물이 훨씬 더 예쁘다.

비:행[1] 非行 | 어긋날 비, 행할 행
[irregularity; misdeed]
도리나 도덕 또는 법규에 어긋나는[非] 행위(行爲). ¶비행 청소년 / 비행을 저지르다.

비행[2] 飛行 | 날 비, 갈 행
[fly; make a flight]
항공기 따위가 하늘을 날아[飛] 다님[行]. ¶그는 장시간 비행으로 매우 피곤해 보였다.

▶**비행-기 飛行機** | 틀 기
항공기의 한 가지로 프로펠러를 돌리거나 가스를 내뿜어서 하늘을 날아[飛] 다니는[行] 기계(機械). ¶하늘에 높이 뜬 비행기. 관용 비행기를 태우다.

▶**비행-사 飛行士** | 선비 사
비행기(飛行機)를 조종하는 사람[士].

▶**비행-선 飛行船** | 배 선
❶속뜻 날아다니는[飛行] 배[船]같이 큰 물체. ❷큰 기구 속에 공기보다 가벼운 헬륨이나 수소 따위를 넣고 그 뜨는 힘을 이용하여 공중을 날아다니도록 만든 항공기.

▶**비행-장 飛行場** | 마당 장
비행기(飛行機)가 뜨고 내리는 데 필요한 설비를 갖춘 넓은 장소(場所). ¶비행장 인근은 소음이 많다.

▶**비행-접시** (飛行-)
1947년 이래 세계 각지에서 보였다고 하는 정체불명의 비행(飛行) 물체. ㊥유에프오(UFO).

비ː호¹庇護 | 덮을 비, 지킬 호 [protect; cover]
덮어주고[庇] 돌보아 줌[護]. ¶그 경찰관은 범죄자를 비호했다.

비호²飛虎 | 날 비, 호랑이 호 [agile tiger]
나는[飛] 듯이 빠르게 달리는 호랑이[虎]. ¶질주하는 비호의 눈은 사냥감에 고정되어 있다.

빈곤 貧困 | 가난할 빈, 괴로울 곤 [poverty]
❶ [속뜻] 가난[貧]으로 괴로워[困] 함. ¶빈곤에 허덕이다. ❷내용 따위가 모자람. ¶상상력의 빈곤. [비] 가난, 부족(不足). [반] 부유(富裕), 풍족(豐足).

빈궁 貧窮 | 가난할 빈, 궁할 궁 [destitute; poverty]
생활이 몹시 가난하여[貧] 곤궁(困窮)함. ¶빈궁한 생활에 시달리다.

빈농 貧農 | 가난할 빈, 농사 농 [poor farmer]
가난한[貧] 농민(農民). 또는 농가(農家). ¶빈농을 구제하는 법안이 가결되었다. [반] 부농(富農).

빈대 [bedbug]
[동물] 고약한 냄새를 풍기고 집 안에 살며, 동물의 피를 빨아 먹는, 동글납작하며 갈색의 곤충. [속담] 빈대도 낯짝이 있다.

빈대-떡 [mung-bean pancake]
녹두를 맷돌에 갈아서 전병처럼 부쳐 만든 음식. [비] 녹두전병.

빈도 頻度 | 자주 빈, 정도 도 [frequency]
어떤 일이 자주[頻] 되풀이되는 정도(程度). ¶이 단어는 사용 빈도가 낮다.

빈둥-거리다 [idle; lounge]
아무것도 하는 일이 없이 보기 싫게 게으름만 부리다. ¶그는 하루 종일 빈둥거리며 TV만 본다. [비] 빈둥대다.

빈둥-빈둥
아무 일도 하지 않고 게으름을 피우며 놀기만 하는 모양. ¶하루 종일 집 안에서 빈둥빈둥 놀다.

빈ː-말 [idle talk]
실속이 없는 헛된 말. ¶빈말이라도 고마워.

빈민 貧民 | 가난할 빈, 백성 민 [poor people]
가난한[貧] 사람들[民]. ¶빈민 지역에 공부방을 설치하다.

▶**빈민-굴 貧民窟** | 굴 굴
몹시 가난한[貧] 사람들이[民] 모여 사는 굴(窟) 같은 지역. ¶빈민굴에 장티푸스가 창궐했다. [비] 빈민가(貧民街), 빈민촌(貧民村).

빈ː-방 (-房, 방 방) [empty room]
아무도 거처하지 않고 비어 둔 방(房). ¶빈방 있나요?

빈번 頻繁 | 자주 빈, 많을 번 [frequency]
매우 잦고[頻] 많아짐[繁]. ¶이 지역은 교통사고가 빈번하게 일어나고 있다 / 해마다 이맘때면 산불이 빈번히 발생한다. [비] 잦다.

빈부 貧富 | 가난할 빈, 넉넉할 부 [poverty and wealth]
가난함[貧]과 넉넉함[富]. ¶빈부의 격차를 줄이다.

빈소 殯所 | 염할 빈, 곳 소 [room where a coffin is placed until the funeral day]
발인(發靷) 때까지 관(棺)을 놓아두는[殯] 곳[所]. ¶아버지는 할아버지의 빈소를 지켰다.

빈ː-손 [empty hand]
돈이나 물건 따위를 아무것도 가진 것이 없는 상태. ¶빈손으로 시작하다.

빈약 貧弱 | 가난할 빈, 약할 약 [poor; scanty]
❶ [속뜻] 가난하고[貧] 약(弱)함. ¶빈약한 국가. ❷보잘것없음. ¶그 책은 내용이 빈약하다.

빈어 貧語 | 가난할 빈, 말씀 어 [poverty of vocabulary]

❶ 속뜻 아는 낱말[語]의 수가 적정 수준에 모자람[貧]함. ❷어휘력이 부족함. ¶빈혈(貧血)은 전신을 무기력하게 하고, 빈어(貧語)는 전과목 공부를 힘들게 한다.

▸빈어-증 貧語症 | 증세 증
어휘력이 부족하여[貧語] 공부에 어려움을 느끼는 증세(症勢). ¶빈어증은 공부의 암(癌)이다./빈어증에는 속뜻사전으로 속뜻학습을 하는 것이 즉효이다.

빈정-거리다 [be cynical about]
남을 은근히 비웃는 태도로 자꾸 놀리다. 빈정대다. ¶빈정거리는 말투. ⓑ 비아냥거리다.

빈정-대다
[be cynical about]
빈정거리다. ¶그는 나를 보고 빈정댔다.

빈ː-주먹 [empty hand]
❶아무것도 가진 것이 없는 주먹. ❷어떤 일을 하는데 마땅히 가지고 있어야 할 것이 없는 상태를 비유적으로 이르는 말. ¶빈주먹으로 사업을 시작하다. ⓑ 맨주먹.

빈ː-집 [vacant house]
❶아무도 살지 않는 집. ❷식구들이 모두 밖에 나가고 없는 집. ¶도둑은 빈집만 골라 털었다.

빈천 貧賤 | 가난할 빈, 천할 천
[poor and lowly]
가난하고[貧] 천(賤)함. ¶빈천한 집안에서 태어나다. ⓑ 부귀(富貴).

빈축 嚬蹙 | 찡그릴 빈, 찌푸릴 축 [frown; scowl]
❶ 속뜻 얼굴을 찡그리고[嚬] 눈살을 찌푸림[蹙]. ❷남을 비난하거나 미워함. ¶빈축을 사다.

빈ː-칸 [blank column; blank (space)]
비어 있는 칸. ¶빈칸에 정답을 쓰세요.

빈ː-터 [vacant land]
비어 있는 터. ¶동네 빈터에 놀이터를 만들었다. ⓑ 공터.

빈ː-털터리
[man with empty pockets]
있던 재산을 다 없애고 가난뱅이가 된 사람. ¶그는 노름으로 빈털터리가 되어 고향으로 돌아왔다.

빈ː-틈 [gap; crevice]
❶비어 있는 사이. ¶창문의 빈틈 사이로 찬바람이 들어온다. ❷허술하거나 부족한 점. ¶빈틈이 많은 사람. ⓑ 틈, 허점.

▸빈ː틈-없다
❶비어 있는 사이가 없다. ¶책장은 책으로 빈틈없다 / 버스는 빈틈없이 찼다. ❷허술한 데가 없이 야무지고 철저하다. ¶빈틈없는 일 처리 / 모든 것이 빈틈없이 진행되었다.

빈혈 貧血 | 모자랄 빈, 피 혈
[poverty of blood]
의학 혈액(血液) 속에 적혈구나 헤모글로빈이 모자라는[貧] 상태. ¶그녀는 빈혈로 자주 쓰러졌다. ⓑ 다혈(多血).

빌ː다[1](乞, 빌 걸) [beg; ask]
남의 물건을 공으로 달라고 하다. ¶이웃에게 밥을 빌러 다니다.

빌ː다[2](祝, 빌 축; 禱, 빌 도)
[invoke; ask a person's pardon]
❶자기 소원대로 되기를 바라며 기도하다. ¶소원을 빌다. ❷잘못을 용서해 달라고 호소하다. ¶그는 손이 발이 되도록 용서를 빌었다.

빌딩 {영 building}
내부에 많은 임대 사무실이 있는 서양식의 고층 건물. ¶지진으로 고층 빌딩이 무너졌다.

빌라 {영 villa}
다세대 주택이나 연립 주택.

빌리다 (貸, 빌릴 대; 借, 빌릴 차)
[lend; loan]
남의 물건이나 돈 따위를 나중에 도로 돌려주거나 대가를 갚기로 하고 얼마 동안 쓰다. ¶친구한테서 연필을 빌리다.

♣ 빌리다 / 꾸다²

○ 친구에게 돈을 빌리다 = 꾸다.

○ 도서관에서 책을 빌리다.
× 도서관에서 책을 꾸다.

○ 이웃집에서 쌀을 꾸어다 밥을 짓다.
× 이웃집에서 쌀을 빌려다 밥을 짓다.

빌미 [cause of evil]
재앙이나 병 같은 불행이 생기는 원인. ¶지각한 것을 빌미로 삼아 꾸짖다. (비) 화근.

빌ː-붙다 [flatter; fawn on]
남의 환심을 사려고 들러붙어서 아첨하고 알랑거리다. ¶그는 평생을 친구들한테 빌붙어 지냈다.

빌빌-거리다
기운 없이 자꾸 행동하다. ¶그는 감기 몸살에 걸려 계속 빌빌거린다. (비) 빌빌하다.

빌어-먹다 [beg one's bread]
남에게 구걸하여 거저 얻어먹다. ¶밥을 빌어먹고 다니다.

빌어-먹을 [Damn]
속이 상하고 일이 자기 뜻대로 되지 않을 때 욕으로 하는 말.

빗 [comb]
머리털을 빗는 데 쓰는 도구.

빗-금 [diagonal line]
비끼어 그은 줄. ¶빗금을 그어 오답을 표시하다. (비) 사선(斜線).

빗-기다 [comb]
남의 머리털을 빗어 주다. ¶나는 아침마다 딸의 머리를 빗겨 준다.

빗-나가다 [miss; go wide; be off]
❶움직임이 똑바르지 않고 비뚜로 나가다. ¶그가 쏜 화살이 빗나갔다. ❷기대나 예상과 다르다. ¶나의 예측이 빗나갔다.

빗다 [comb one's hair]
빗으로 엉클어진 머리털을 가지런히 고르다. ¶머리를 빗다.

빗-대다 [have a sly dig]
곧바로 말하지 않고 빙 둘러서 말하다. ¶루이14세는 그를 태양에 빗대었다.

빗-맞다 [miss the mark]
어긋나서 다른 곳에 맞다. ¶총알이 벽에 빗맞아 목숨을 건졌다.

빗-면 (一面, 낯 면) [inclined plane]
[수학] 비스듬히 기운 평면(平面). 수평면과 90도 이내의 각을 이룬다. ¶빗방울이 지붕의 빗면을 타고 흘러내렸다.

빗-물 [rainwater]
비가 와서 괴거나 모인 물. ¶이 지역에서는 빗물을 모아 빨래를 한다.

빗-발 [density of falling rain]
비가 세차게 쏟아질 때에 줄이 진 것처럼 보이는 빗줄기. ¶저녁이 되자 점점 빗발이 굵어진다.

▸ **빗발-치다** [pour; hail down on]
거센 빗줄기처럼 쏟아지거나 떨어지다. ¶빗발치는 총알.

빗-방울 [raindrop]
비가 되어 떨어지는 물방울. ¶갑자기 빗방울이 후두둑 떨어졌다.

빗-변 (一邊, 가 변) [oblique side]
[수학] 직각 삼각형의 직각에 대한 가장 긴 변(邊).

빗-살 [teeth of a comb]
빗의 잘게 갈라진 낱낱의 살.

▸ **빗살무늬 토기** (一土器, 흙 토, 그릇 기)
[고적] 표면에 빗살이나 물결같은 모양의 무늬를 넣은 토기(土器). 신석기 시대에 주로 사용했다.

빗-소리 [sound of raining]
빗방울이 떨어지는 소리.

빗-속 [in the midst of rain]
비가 내리는 가운데. ¶빗속을 걷다.

빗-자루 [broomstick]
짚이나 싸리 따위를 묶고 그 위에 자루를 달아 먼지나 쓰레기를 쓸어 내는 도구.

ⓗ비.

빗장 [crossbar]
문을 닫고 가로질러 잠그는 막대기 쇠장대. '문빗장'의 준말. ¶문에 빗장을 걸다.

빗-줄기 [streaks of rain]
줄이 진 것처럼 보이게 굵고 세차게 내리치는 빗발. ¶빗줄기가 굵다.

빗-질 [combing a hair]
빗으로 머리를 빗는 일.

빙 [round]
❶한 바퀴 도는 모양. ¶우리는 마을을 한 바퀴 빙 돌았다. ❷둘레를 둘러싼 모양. ¶빙 둘러앉다.

빙그레 [with a gentle smile]
입을 약간 벌려 소리 없이 부드럽게 웃는 모양. ¶그는 나를 보고 빙그레 웃었다.

빙그르르 [around smoothly]
몸이나 물건 따위가 넓게 한 바퀴 도는 모양. ¶그녀는 새로 산 원피스를 입고 거울 앞에서 빙그르르 돌았다.

빙글-빙글[1] [smilingly; beamingly]
입을 슬며시 벌릴 듯 말 듯 하면서 소리 없이 부드럽게 자꾸 웃는 모양. ¶빙글빙글 웃으며 인사하다.

빙글-빙글[2]
[around and around smoothly]
큰 것이 잇달아 미끄럽게 도는 모양. ¶아이들이 회전의자를 빙글빙글 돌리고 있다.

빙긋 [with a smile; smilingly]
입을 슬쩍 벌리고 소리 없이 웃는 모양. ¶형은 빙긋 웃고서 그녀에게 인사를 하였다.

▸빙긋-이
빙긋. ¶빙긋이 미소를 띠다.

빙-빙 [round and round]
약간 넓은 일정한 범위를 자꾸 도는 모양. ¶회전 그네가 빙빙 돌아간다.

빙산 氷山 | 얼음 빙, 메 산
[iceberg; floating mass of ice]
지리 남극이나 북극의 바다에 떠 있는 거대한 얼음[氷] 산[山]. 관용 빙산의 일각.

빙상 氷上 | 얼음 빙, 위 상 [ice sheet]
얼음[氷] 위[上]. ¶빙상 경기.

빙수 氷水 | 얼음 빙, 물 수 [iced water]
❶속뜻 얼음[氷]을 넣어 차게 한 물[水]. ❷얼음을 눈처럼 간 다음 그 속에 삶은 팥, 설탕 따위를 넣어 만든 음식.

빙자 憑藉 | 의지할 빙, 기댈 자
[make a pretext of]
❶속뜻 남의 힘을 빌려[藉] 그것에 의지함[憑]. ❷말막음으로 내세워 핑계를 댐. ¶그는 취업 알선을 빙자하여 이웃에게 사기를 쳤다.

빙점 氷點 | 얼음 빙, 점 점
[freezing point]
물리 물이 얼기[氷] 시작하거나 얼음이 녹기 시작하는 온도[點]. 섭씨 0도씨. 어는 점.

빙판 氷板 | 얼음 빙, 널빤지 판
[icy road]
얼음[氷] 판[板]. 또는 얼어붙은 땅바닥. ¶빙판에서 미끄러지다. ⓗ얼음판.

빙하 氷河 | 얼음 빙, 물 하 [glacier]
지리 높은 산이나 고위도 지방의 만년설이 무게의 압력으로 얼음덩이[氷]가 되어 천천히 비탈면을 흘러 내려와 강[河]을 이룬 것.

빚 (債, 빚 채) [debt; loan]
남에게 갚아야 할 돈. 꾸어 쓴 돈이나 외상값 따위를 이른다. ¶빚을 갚다 / 빚이 눈덩이처럼 불어나다. ⓗ부채(負債).

빚다
[shape dough for; brew; bring about]
❶가루를 반죽하여 만두, 송편, 경단 따위를 만들다. ¶만두를 빚다. ❷지에밥과 누룩을 버무리어 술을 담그다. ¶쌀로 술을 빚다. ❸어떤 결과나 현상을 만들다. ¶물의를 빚어 죄송합니다.

비슷한 듯 다른 말 ➲ 만들다

빚-더미 [debt-saddled]
많은 빚을 진 상태. ¶사업이 망해 빚더미에 올라앉다.

빚-쟁이
❶'남에게 돈을 빌려 준 사람'을 낮잡아 이르는 말. ¶빚쟁이에게 시달리다. ❷'빚을 진 사람'을 낮잡아 이르는 말. ¶하루아침에 빚쟁이 신세가 되었다.

빚-지다 [borrow money from]
❶돈을 꾸어 쓰다. ¶나는 그에게 십만 원을 빚졌다. ❷남한테 신세를 지다. ¶나는 언니에게 늘 빚진 기분이 든다.

빛 (光, 빛 광; 色, 빛 색) [light]
❶시각 신경을 자극하여 물체를 볼 수 있게 하는 일종의 전자기파. 태양이나 고온의 물질에서 나온다. ¶지하실은 빛이 없어 캄캄했다. ❷빛깔. ¶동생의 머리는 갈색 빛이 난다. ❸찬란하게 반짝이는 광채. ¶반짝반짝 빛이 나는 구두. ❹표정이나 눈, 몸가짐에서 나타나는 기색이나 태도. ¶얼굴에 피로한 빛을 띠다. ㊥ 색(色), 색깔. 관용 빛을 보다.

빛-깔 [shade of color]
물체의 거죽에 나타나는 빛의 성질. ¶빛깔이 곱다 / 칙칙한 빛깔. ㊥ 빛, 색(色), 색깔.

빛-나다 (輝, 빛날 휘) [shine; be bright]
❶빛이 환하게 비치다. ¶하늘에 별이 반짝반짝 빛난다. ❷영광스럽고 훌륭하여 돋보이다. ¶빛나는 승리를 거두다.

빛-내다 [make a thing shine]
영광스럽고 훌륭하여 모든 사람의 칭찬을 받게 하다. ¶우리나라를 빛낸 위인들.

빛-살 [rays of light]
빛의 줄기. ¶창문 틈으로 스며드는 빛살.

ㅃ
언어 한글 자모 'ㅂ'을 어울러 쓴 글자. '쌍비읍'이라 이른다.

빠개다 [split; cleave]
단단한 물건을 두 쪽으로 가르다. ¶장작을 빠개다.

비슷한 듯 다른 말 ➲ 쪼개다

빠개-지다 [split apart]
작고 단단한 물건이 두 쪽으로 갈라지다. ¶이 나무판자는 잘 빠개진다.

빠끔 [cracked]
살며시 문 따위를 조금 여는 모양. ¶그녀는 창문을 빠끔 열고 밖을 내다보았다.

빠끔-빠끔
❶입을 벌렸다 오므리며 담배를 자꾸 빠는 모양. ¶할아버지께서 담배를 빠끔빠끔 피우신다. ❷물고기 따위가 입을 벌렸다 오므리며 물이나 공기를 자꾸 들이마시는 모양. ¶붕어가 빠끔빠끔 입을 벌려 숨을 쉬고 있다.

빠듯-하다 [tight; close fitting]
어떤 정도에 겨우 미칠 만하다. ¶만 원은 기차표 사기에 빠듯하다.

빠ː-뜨리다 [drop a thing in(to)]
❶물이나 허방이나 또는 어떤 깊숙한 곳에 빠지게 하다. ¶가방을 강물에 빠뜨리다. ❷어려운 지경에 놓이게 하다. ¶친구를 어려움에 빠뜨리다. ❸빼어 놓아 버리다. ¶명단에서 동생의 이름을 빠뜨렸다. ㊥ 빠트리다.

빠르게
음악 빠른 박자로 연주하라는 말. ㊥ 알레그로(allegro).

빠르다 (速, 빠를 속) [fast; quick]
❶어떤 동작을 하는 데 걸리는 시간이 짧다. ¶말이 빠르다 / 행동이 빠르다. ❷어떤 일이 이루어지는 과정이나 기간이 짧다. ¶회복이 빠르다 / 그녀는 두뇌 회전이 빠르다. ❸어떠한 일이 일어나기에 시간적으로 이르다. ¶날씨가 추워졌지만, 스키를 타기에는 아직 빠르다. ㊦ 느리다, 늦다.

비슷한 듯 다른 말 ➲ 급하다

빠져-나가다 [get out of]
제한된 환경이나 경계 밖으로 나가다. ¶터널을 빠져나가자 눈앞에 푸른 바다가 펼쳐졌다.

빠 : -지다[1] [fall out; deflate; drain]
❶박힌 물건이 제자리에서 나오다. ¶앞니가 빠지다. ❷속에 있는 액체나 기체 또는 냄새 따위가 밖으로 새어 나가거나 흘러 나가다. ¶공에 바람이 빠지다. ❸정신이나 기운이 줄거나 없어지다. ¶다리에 힘이 쑥 빠졌다.

비슷한 듯 다른 말 ➲ 새다[1]

빠 : -지다[2](沒, 빠질 몰; 陷, 빠질 함; 溺, 빠질 닉) [fall in; sink into]
❶물·구덩이 따위로 떨어져 들어가다. ¶강물에 빠지다. ❷곤란한 처지에 놓이다. ¶위험에 빠지다. ❸그럴듯한 말이나 꾐에 속아 넘어가다. ¶속임수에 빠지다. ❹잠이나 혼수상태에 들게 되다. ¶혼수상태에 빠지다.

빠 : 짐없-이 [without omission]
하나도 빼놓지 않고 모조리 다. ¶그 모임에는 한 사람도 빠짐없이 참석했다. ㊐모두, 몽땅, 전부(全部), 죄다.

빡빡
❶몹시 세게 긁거나 문지르는 모양이나 소리. ¶등을 빡빡 밀다. ❷머리털이나 수염 따위를 아주 짧게 깎은 모양. ¶머리를 빡빡 깎다. ❸상기되어 자꾸 기를 쓰거나 우기는 모양. ¶형은 잘못한 것이 없다고 빡빡 우겼다.

빡빡-하다 [thick; tight]
❶물기가 적어서 부드러운 맛이 없다. ¶죽이 너무 빡빡하다. ❷여유가 없어서 조금 빠듯하다. ¶오늘은 수업이 빡빡하다. ❸융통성이 없고 조금 고지식하다. ¶너무 빡빡하게 굴지 마라.

빤질-거리다 [be slippery]
기름이 흠뻑 묻어 윤이 나며 매끈거리다. ¶구두가 빤질거린다. ㊐뻔질대다, 빤질빤질하다.

빤짝-거리다 [shine; glitter]
작은 빛이 잇달아 잠깐 나타났다가 사라지다. 또는 그렇게 되게 하다. ¶별빛이 반짝거린다. ㊐반짝이다, 반짝반짝하다.

빤짝-이다 [shine; glitter]
작은 빛이 잠깐 나타났다가 사라지다. 또는 그렇게 되게 하다. ¶반짝이는 불빛 / 눈이 반짝이다. ㊐반짝거리다.

빤 : -하다 [transparent; clear]
무슨 일의 내용이 환하게 들여다보이듯이 분명하다. ¶빤한 거짓말 / 그의 속셈은 너무 빤하다.

빤 : -히 [clearly; fixedly]
❶어떤 일의 결과나 상태 따위가 환하게 들여다보이듯이 분명하게. ¶그의 속이 빤히 들여다보인다. ❷바라보는 눈매가 또렷하게. ¶고양이가 나를 빤히 쳐다보았다.

빨가-벗다 [strip of clothes]
옷을 죄다 벗다. 알몸뚱이가 되다.

빨간-불
교차로나 횡단보도 따위에서 정지를 표시하기 위해 켜는 붉은 등.

빨간-색 (一色, 빛 색) [red color]
피나 익은 고추와 같이 밝고 짙은 붉은색(色).

빨강 [red]
빨간 빛깔이나 물감.

빨 : 갛다 [red; scarlet]
진하고도 곱게 붉다. ¶빨갛게 물든 나뭇잎. ㊐붉다.

빨 : 개-지다 [turn bright-red; redden]
빨갛게 되다. ¶나는 부끄러워서 얼굴이 빨개졌다. ㊐붉어지다.

빨갱이 [Red; Commie]
공산주의자를 속되게 이르는 말.

빨다[1] [suck]

❶입술과 혀에 힘을 주어 입 속으로 당겨 들어오게 하다. ¶아기가 엄마의 젖을 빨다. ❷입 안에 넣고 녹이거나 혀로 핥다. ¶사탕을 빨아서 먹다.

빨다[2][wash]
더러운 물건을 물로 씻어 때를 빼다. ¶운동화를 빨다 / 옷을 빨다. ㊥ 빨래하다, 치대다, 세탁(洗濯)하다.

빨-대 [(drinking) straw]
물 등을 빨아 먹는 가는 대. ¶빨대로 주스를 마시다.

빨랑-빨랑 [hurriedly; in a hurry]
서둘러서. 빨리. ¶빨랑빨랑 해!

빨래 [wash; launder]
❶더러운 옷·천 등을 물에 빠는 일. ¶이 바지는 빨래해서 줄었다. ❷빨기 위해 벗어 놓은 옷·천 등. ¶빨래가 산더미처럼 쌓여 있다. ㊥ 세탁(洗濯), 빨랫감, 세탁물(洗濯物).

▸빨래-터
시내나 샘터에서 빨래하는 장소.

▸빨래-통 (一桶, 통 통)
빨래할 것들을 모아두는 통(桶).

▸빨래-판 (一板, 널빤지 판)
빨래할 때 쓰는 판(板).

▸빨래-방망이
때를 빼기 위해 물에 젖은 빨랫감을 두드리는 데 쓰는 방망이.

빨랫-감 [washing]
빨래할 옷이나 천.

빨랫-비누 [laundry soap]
빨래질에 쓰는 비누. ㊥ 세탁(洗濯)비누.

빨랫-줄 [clothesline; washline]
빨래를 널어 말리는 줄.

빨리 [early; quickly]
걸리는 시간이 짧게. ¶버스가 5분 빨리 도착했다. ㊇ 천천히.

▸빨리-빨리
걸리는 시간이 아주 짧게. ¶빨리빨리 일어나라. ㊥ 빨랑빨랑.

빨-리다 [let suck]
❶액체나 기체가 입 속으로 들어가다. ❷아기에게 젖을 빨게 하다. ¶아기에게 젖을 빨리다.

빨빨-거리다
여기저기 마구 돌아다니다. ¶몸도 아프면서 어디를 그렇게 빨빨거리고 다니니?

빨아-내다 [suck out]
속에 있는 것을 빨아서 나오게 하다. ¶상처에서 독을 빨아내다.

빨아-들이다 [inhale; breathe in]
수분, 양분, 기체 따위를 끌어들이거나 흡수하다. ¶담배 연기를 빨아들이다 / 진공청소기가 먼지를 빨아들인다.

빨아-먹다 [eat by sucking; suck]
외부의 것을 자기 것으로 빨아들이다. ¶모기는 동물의 피를 빨아먹고 산다.

빨아-올리다 [suck up]
밑에 있는 것을 빨아서 위로 올라오게 하다. ¶나무는 땅에서 물을 빨아올린다.

빨치산 {러 partizan} [guerrilla]
적의 배후에서 통신·교통 시설을 파괴하거나 무기나 물자를 탈취하고 인명을 살상하는 비정규군. 특히 우리나라에서는 6·25 전쟁 전후에 각지에서 활동했던 공산 게릴라를 이른다.

빨-판 [sucker; sucking disk]
동물 다른 동물이나 물체에 달라붙기 위한 기관. 촌충, 낙지나 오징어의 발 따위에서 볼 수 있다. ㊥ 흡반(吸盤).

빳빳-하다 [straight; stiff]
❶단단하고 꼿꼿하다. ¶옷깃이 빳빳하다 / 허리를 빳빳이 세우다. ❷태도나 성격이 억세다. ¶너무 빳빳하게 굴지 마라 / 빳빳이 버티다.

빵 [bread]
밀가루에 소금·설탕 등을 섞어 반죽해서 불에 굽거나 찐 음식.

빵빵 [with explosion after explosion]
❶풍선이나 폭탄 따위가 갑자기 잇달아

터지는 소리. ¶풍선들이 빵빵 터졌다. ❷ 자동차 따위의 경적이 잇달아 울리는 소리. ¶뒤차가 빵빵 소리를 낸다.

빵빵-거리다 [honk]
자동차 따위의 경적이 잇달아 울리다. 또는 그런 소리를 잇달아 내다. ¶자동차가 빵빵거리는 소리에 깜짝 놀랐다. ㊊ 빵빵대다.

빵빵-하다 [full]
속이 가득히 차 있다. ¶동생은 너무 많이 먹어서 배가 빵빵해졌다.

빵-점 (ㅡ點, 점 점) [zero; nothing]
'0점'(點)을 속되게 이르는 말. '0'이 빵모양 같은데서 나온 말이다. ¶그는 영어 시험에서 빵점을 맞았다. ㊊ 영점(零點).

빵-집 [bakery; bakeshop]
빵을 만들어 파는 집.

빻:다 [grind; powder]
짓찧어서 가루로 만들다. ¶깨를 빻다.

빼곡-하다
사람이나 물건이 공간에 빈틈없이 꽉 차다. ¶박물관은 사람들로 빼곡했다 / 차들이 주차장에 빼곡히 들어차 있다.

빼:기 [subtraction]
수학 뺄셈을 함. ¶9 빼기 2는 7이다. ㊎ 더하기.

빼:-내다 [pull out]
❶박히거나 꽂힌 것을 뽑다. ¶손가락에 박힌 가시를 빼내다. ❷남의 물건 따위를 돌려내다. ¶컴퓨터에서 고객 명단을 몰래 빼내다.

빼:-놓다 [exclude; except]
❶여럿 가운데 어떤 것을 골라 놓다. ¶엄마는 맛있는 귤들만 빼놓았다. ❷한 무리에 들어가야 할 사람이나 물건을 그 무리에 넣지 않다. ¶나만 빼놓고 모두 놀이동산에 갔다.

빼:다
[pick out; subtract]
❶속에 들어 있는 것을 밖으로 나오게 하다. ¶사랑니를 빼다. ❷전체에서 일부를 제외하거나 덜어 내다. ¶7에서 2를 빼다 / 식품 구입 목록에서 간장을 뺐다. ❸살 따위를 줄이다. ¶뱃살을 빼다. ❹차림을 말끔히 하다. ¶양복을 쫙 빼고 나서다. ㊎ 더하다. 속담 모기 보고 칼 빼기.

♣ 빼다 / 뽑다

◎ 못을 벽에서 빼다 = 뽑다.
○ 타이어에서 바람을 빼다.
× 타이어에서 바람을 뽑다.

○ 정원의 풀을 뽑다.
× 정원의 풀을 빼다.

비슷한 듯 다른 말 ➲ 덜다

빼:-닮다 [look-alike; be like]
생김새나 성품 따위를 그대로 닮다. ¶내 눈은 아빠를 쏙 빼닮았다.

빼:-돌리다 [keep secret; hide]
사람 또는 물건을 슬쩍 빼내어 다른 곳으로 보내다. ¶그녀는 가게에서 물건을 빼돌렸다.

빼:-먹다 [omit; leave out]
❶말 또는 글의 구절 따위를 빠뜨리다. ¶중요한 말을 빼먹다. ❷규칙적으로 하던 일을 안 하다. ¶수업을 빼먹다.

빼앗-기다
[be taken away; be fascinated]
❶제 것을 남이 빼앗아서 잃어버리다. ¶나는 길에서 불량배를 만나 돈을 빼앗겼다. ❷시간을 들이다. ¶어린 동생을 돌보는데 시간을 너무 많이 빼앗겼다. ❸마음·정신 등을 무엇에 쏠리게 하다. ¶나는 그에게 완전히 마음을 빼앗겼다. ㊟ 뺏기다.

빼-앗다 (奪, 빼앗을 탈)
[take by force; usurp]
❶남의 것을 억지로 제 것으로 만들다. ¶남의 돈을 빼앗다. ❷남의 일·지위·시간 등을 억지로 가로채서 차지하다. ¶일자리

를 빼앗다. ❸남의 생각이나 마음을 사로잡다. ¶그 사람이 내 마음을 빼앗아 버렸다. ㊟ 뺏다. ㊥ 약탈(掠奪)하다, 탈취(奪取)하다.

빼어-나다 (秀, 빼어날 수) [outstanding; eminent]
여럿 가운데서 두드러지게 뛰어나다. ¶그는 피아노 연주를 빼어나게 잘한다. ㊥ 특출(特出)하다, 출중(出衆)하다.

빽 [with a whistle; with a cry]
날카롭게 한 번 지르는 소리. ¶소리를 빽 지르다.

빽-빽 [whistling and whistling]
잇달아 갑자기 날카롭게 지르는 목소리. ¶아기는 엄마를 보자마자 빽빽 울기 시작했다.

▸빽빽-거리다
시끄럽게 얘기를 크게 하거나 소리를 크게 내다. ¶빽빽거리며 고함을 치고 야단이다.

빽빽-하다 (密, 빽빽할 밀) [packed; dense]
사이가 촘촘하다. ¶버스는 사람들로 빽빽했다. ㊥ 조밀(稠密)하다. ㊤ 성기다.

뺄:-셈 [subtraction]
수학 몇 개의 수나 식 따위를 빼서 계산함. 또는 그런 셈. ㊥ 감산(減算). ㊤ 덧셈.

▸뺄:셈-식 (-式, 법 식)
수학 뺄셈을 하게 되어 있는 식(式). ㊤ 덧셈식.

뺏:기다 [be plundered]
'빼앗기다'의 준말.

뺏:다 [take by force; usurp]
'빼앗다'의 준말.

뺑 [round; around]
일정한 좁은 범위를 한 바퀴 도는 모양. ¶공원 한 바퀴를 뺑 돌아보다.

뺑뺑-이
❶숫자가 적힌 원판이 회전하는 동안 화살로 맞혀 그 등급을 정하는 기구. 또는 그런 노름. ❷제자리에서 빙글빙글 도는 일. ¶뺑뺑이를 돌다.

뺑소니 [running away; flight]
몸을 빼쳐 급히 달아나는 일. ¶뺑소니 차량 / 뺑소니를 치다.

뺨 [cheek(s)]
얼굴의 양쪽 관자놀이 아래의 살이 많이 붙은 부분. ¶따뜻한 곳에 들어오니 뺨이 붉어졌다. ㊥ 볼.

뺨-주머니 [cheek pouch]
뺨에 먹이를 넣어 둘 수 있도록 늘어나는 부분. 다람쥐 따위에서 볼 수 있다. ㊥ 협낭(頰囊).

뺨-치다 [outdo a person]
비교 대상을 능가하다. ¶그는 가수 뺨칠 정도로 노래를 잘 불렀다.

뻐근-하다 [feel a dull pain]
근육이 몹시 피로하여 몸을 움직이기가 매우 거북스럽고 살이 뻐개지는 듯하다. ¶오래달리기를 했더니 다리가 뻐근하다.

뻐기다 [be proud; be haughty]
잘난 체하고 으쓱대는 태도를 부리다. ¶그는 1등을 했다고 뻐기고 다녔다. ㊥ 뽐내다, 으쓱거리다, 잘난 체하다.

뻐꾸기 [cuckoo]
동물 두견과의 새. 때까치, 지빠귀 따위의 둥지에 알을 낳아 까게 한다. 초여름에 남쪽에서 날아오는 여름새로 '뻐꾹뻐꾹' 하고 구슬프게 운다.

뻐꾹 [cuckoo]
뻐꾸기가 우는 소리.

▸뻐꾹-뻐꾹
뻐꾸기가 잇달아 우는 소리를 나타낸다.

뻐꾹-새 [cuckoo]
동물 뻐꾸기.

뻐끔-뻐끔 [puffing; with many cracks]
❶입을 크게 벌렸다 우므리며 자꾸 담배를 빠는 모양. ❷물고기 따위가 입을 벌렸다 우므리며 자꾸 물이나 공기를 들이마시는 모양.

뻐드렁-니 [bucktooth]
밖으로 벋은 앞니.

뻑뻑
❶여무지게 자꾸 긁거나 문대는 소리. 또는 그 모양. ¶등이 벌게지도록 뻑뻑 긁었다. ❷엷고 질긴 종이나 천 따위를 자꾸 찢는 소리. 또는 그 모양. ¶화가 난 형은 서류를 뻑뻑 찢었다.

뻑뻑-하다 [dry and hard; tight]
❶물기가 적어서 부드러운 맛이 없다. ¶죽이 너무 뻑뻑해서 먹을 수가 없다. ❷꽉 끼거나 맞아서 헐겁지 않다. ¶문이 뻑뻑해서 열리지 않는다.

뻑적지근-하다 [get stiff]
몸의 한 부분이 뻐근하게 아픈 기운이 있다. ¶목이 뻑적지근하다.

뻔뻔-스럽다 [shameless; brazen]
아주 뻔뻔한 태도가 있다. ¶그는 뻔뻔스럽게도 내게 또 부탁을 했다. ㊥ 염치없다.

뻔뻔-하다 [shameless; brazen]
잘못이 있어도 부끄러운 줄을 모르다. ¶그는 모두를 속이고 뉘우치기는커녕 뻔뻔하게 변명을 했다.

뻔질-나다 [frequently]
드나드는 것이 매우 잦다. ¶그는 게임방을 뻔질나게 드나들었다.

뻔ː-하다[1] [transparent; clear]
그렇게 될 것이 분명하다. ¶누나는 오지 않을 것이 뻔하다. ㊥ 확실(確實)하다, 명확(明確)하다.

뻔-하다[2] [almost; nearly]
'까딱하면 그렇게 될 형편에 다다랐겠으나 결국 그렇게 되지 않았다'는 뜻을 나타내는 말. ¶하마터면 물에 빠[illegible]했다.

뻔ː-히 [clearly]
어떤 일의 결과나 상태 따위가 훤하게 들여다보이듯이 분명하게. ¶뻔히 보이는 거짓말.

뻗다 [stretch out; spread]
❶꼬부렸던 것을 펴서 길게 내밀다. ❷어떤 것에 미치게 손 따위를 내밀다. ¶그는 책꽂이 쪽으로 팔을 뻗었다. ❸나뭇가지·덩굴 따위가 바깥쪽으로 길게 자라 나가다. ¶뿌리가 깊은 곳까지 뻗어 있다. ❹길이나 강, 산맥 따위의 긴 물체가 어떤 방향으로 길게 이어져 가다. ¶고속도로가 사방으로 뻗어 있다. 속담 누울 자리 봐 가며 발 뻗어라.

뻗-대다 [insist on; do not give in]
순종하지 않고 힘껏 버티다. ¶아이가 인형을 사 달라고 뻗댔다.

뻗-치다 [pen out; stick out]
❶가지나 덩굴, 뿌리 따위가 길게 자라나다. 또는 그렇게 하다. ¶감나무 가지가 이웃집까지 뻗쳐 있다. ❷머리카락이 가지런하지 않고 뻣뻣하게 서다. ¶머리를 안 말리고 잤더니 머리가 다 뻗쳤다. ❸기운이나 사상 따위가 나타나거나 퍼지다. ¶화가 머리끝까지 뻗치다. ❹오므렸던 것을 펴다. ¶손을 뻗쳐서 공을 잡았다.

뻘 [mud on the shores]
강이나 바닷가의 물렁거리고 미끄러운 진흙.

뻘ː겋다 [red; scarlet]
진하고도 곱게 붉다. ¶그는 성이 나서 얼굴이 뻘겋게 달아올랐다.

뻘뻘 [dripping]
땀이 걷잡을 새 없이 많이 나는 모양. ¶땀을 뻘뻘 흘리다.

뻣뻣-하다 [hard; stiff]
❶물체가 굳어 있거나 꼿꼿하다. ¶뻣뻣하게 서 있다. ❷고분고분한 맛이 없다. 조금도 굽히지 않고 뻗대다. ¶뻣뻣한 성격. ㊤ 부드럽다.

뻥[1] [lie; fib]
속된 말로 몹시 과장된 말이나 거짓말.

뻥[2] [pop]
❶무엇이 갑자기 터지는 소리. ¶풍선을 뻥 터뜨리다. ❷공을 세차게 차는 모양. ¶축구공을 뻥 차다. ❸구멍이 뚫어진 모

양. ¶구멍이 뻥 뚫렸다.

뻥긋-하다 [be slightly opened]
조금 열려 있다. 약간 벌어져 있다. ¶나는 그 일에 대해 입도 뻥긋하지 않았다.

뻥뻥
❶무엇이 갑자기 잇달아 터지는 소리. ¶타이어가 여기저기서 뻥뻥 터졌다. ❷잇달아 큰소리치는 모양. ¶큰소리를 뻥뻥 치다. ❸공 따위를 세차게 연방 차는 소리. ¶뻥뻥 공 차는 소리.

뻥-튀기 [popping rice]
쌀이나 옥수수 따위를 밀폐된 용기에 넣고 열을 가하여 튀김. 또는 그 튀긴 과자.

뼈 (骨, 뼈 골) [bone]
의학 척추동물의 살 속에서 그 몸을 지탱하는 단단한 물질. 표면은 뼈막으로 덮여 있고, 속에는 혈구를 만드는 골수로 채워져 있다. ¶뼈가 부러지다. 관용 뼈에 사무치다.

뼈-다귀 [bone]
❶뼈의 낱개. ¶개는 뼈다귀를 매우 좋아한다. ❷'뼈'를 낮잡아 이르는 말.

뼈-대 [skeleton; build]
❶의학 몸을 이룬 뼈의 크고 작은 생김새. ¶뼈대가 굵다. ❷사물의 얼개. 또는 핵심이나 중심. ¶그 건물은 뼈대가 튼튼하다. ㊥ 골격(骨格).

뼈-마디 [joint of a bone]
❶의학 뼈와 뼈가 이어진 부분. ❷뼈의 낱낱의 토막. ¶날이 궂으면 온 뼈마디가 쑤신다. ㊥ 관절(關節).

뼈-아프다 [pierce one's heart]
골수에 사무치는 느낌이 있다. ¶그 일은 내게 있어 뼈아픈 경험이었다. ㊥ 뼈저리다.

뼈-저리다 [pierce one's heart]
뼛속이 저릴 정도로 마음속 깊이 사무치다. ¶나는 부모님의 사랑을 뼈저리게 느꼈다. ㊥ 뼈아프다.

뼘: [span; span of a hand]
엄지손가락과 다른 손가락으로 잰 길이를 세는 단위. ¶동생의 발길이는 한 뼘이다.

뼛-가루 [bone meal; bone dust]
지방을 뽑은 동물의 뼈로 만든 가루. 사료나 비료로 쓴다.

뽀드득
❶단단하고 질기거나 반드러운 물건을 야무지게 문지르거나 비빌 때 나는 소리. ¶이를 뽀드득 갈다. ❷쌓인 눈 따위를 약간 세게 밟을 때 야무지게 나는 소리. ¶눈 위를 걸으니 뽀드득 소리가 났다.

뽀르르
자그마한 사람이나 짐승이 부리나케 달려가거나 쫓아가는 모양. ¶동생은 엄마에게 뽀르르 달려가 일렀다.

뽀뽀 [kiss; smooch]
볼이나 입술 따위에 입을 맞춤. 또는 그 일. 주로 어린아이에게 많이 쓴다. ㊥ 입맞춤, 키스.

뽀:얗다 [milky-white]
❶살갗이나 얼굴 따위가 하얗고 말갛다. ¶피부가 뽀얗다. ❷연기나 안개가 낀 것처럼 선명하지 못하고 조금 하얗다. ¶뽀얀 먼지.

뽐-내다 [take pride in; boast of]
자신의 어떠한 능력을 보라는 듯이 자랑하다. ¶그는 무대에서 자신의 노래 실력을 뽐냈다. ㊥ 뻐기다, 으스대다.

뽑다 (拔, 뽑을 발; 募, 뽑을 모; 抽, 뽑을 추) [pull; pluck; select; choose]
❶속에 있는 것을 빼내다. 또는 박힌 것을 잡아당겨서 빼내다. ¶밭에서 잡초를 뽑다. ❷여럿 중에서 가려내다. ¶우리 반 대표를 뽑다. ❸소리를 길게 내다. ¶노래를 한 곡 뽑다. ㊥ 뽑아내다, 빼다, 선발(選拔)하다, 선출(選出)하다.

비슷한 듯 다른 말	➲ 빼다

뽑히다 [be taken out; be singled out]
❶속에 있는 것이 잡아당겨져서 빠지다. ¶못이 쉽게 뽑혔다. ❷여럿 중에서 선택되

다. ¶회장으로 뽑히다. ㊐ 뽑아지다, 선발(選拔)되다.

뽕[1] [mulberry leaves]
식물 ❶뽕나무의 잎. 누에의 먹이로 쓴다. '뽕잎'의 준말. ❷'뽕나무'의 준말.

뽕[2] [with a boo]
방귀를 되게 뀌는 소리.

뽕-나무 (桑, 뽕나무 상) [mulberry tree]
식물 '오디'라는 열매를 맺는 나무. 열매는 식용하고, 잎은 누에의 사료로 쓴다. ㊐ 상목(桑木).

뾰로통-하다 [sulky; pouty]
못마땅하여 얼굴에 성난 빛이 나타나 있다. ¶동생은 조금만 야단쳐도 뾰로통해진다.

뾰루지 [boil; abscess]
뾰족하게 부어오른 작은 부스럼. ¶볼에 뾰루지가 나다.

뾰족-뾰족
여럿이 다 끝이 점차 가늘어져서 날카로운 모양. ¶봄이 되자 새싹들이 뾰족뾰족 돋아났다.

뾰족-이
물체의 끝이 점차 가늘어져서 날카로운 모양. ¶뾰족이 솟은 산봉우리.

뾰족-하다 (尖, 뾰족할 첨) [pointed]
❶물체의 끝이 점차 가늘어져서 날카롭다. ¶뾰족한 턱. ❷계책이나 성능 따위가 신통하다. ¶별로 뾰족한 수가 없는 것 같다. ㊥ 뭉툭하다.

뿌다구니 [part sticking out]
물건이 삐쭉 내민 부분. 또는 쑥 내민 모퉁이.

뿌듯-하다 [tight; full]
기쁨·감격이 마음에 가득 차서 벅차다. ¶공부를 열심히 하고 나니 마음이 아주 뿌듯했다.

뿌리 (根, 뿌리 근) [root]
❶식물 땅속에 묻히거나 다른 물체에 박혀 식물체를 떠받치고 수분·양분을 빨아올리는 식물의 한 기관. ❷사물이나 현상을 이루는 근본을 비유적으로 이르는 말. ¶우리 민족의 뿌리를 찾다. ㊐ 근본(根本), 근원(根源), 바탕.

▸뿌리-내리다
어떤 사물이나 현상의 근원이나 바탕이 이루어지다. ¶이곳에 와서 뿌리내린 지 10년이 지났다.

뿌리다 [sprinkle; scatter]
❶눈이나 비 따위가 날려서 떨어지다. 또는 그리 되게 하다. ¶비를 뿌리기 시작했다. ❷곳곳에 흩어지도록 던지거나 떨어지게 하다. ¶밭에 옥수수 씨를 뿌리다.

뿌리-치다 [shake off; reject]
❶붙잡은 것을 홱 채어 놓치게 하거나 붙잡지 못하게 하다. ¶그는 내 손을 뿌리쳤다. ❷권하거나 청하는 것을 힘차게 거절하다. ¶그는 유혹을 간신히 뿌리치고 떠났다.

뿌ː옇다 [milky white; dim]
투명하거나 선명하지 않고 희끄무레하다. 연기나 안개가 짙게 낀 것 같다. ¶뿌연 안개 / 먼지로 하늘이 뿌옇다.

뿔 (角, 뿔 각) [horn; protrusion]
동물 소·염소·사슴 등 동물의 머리나 얼굴에 뾰족하고 딱딱하게 솟은 물질. 속담 나중 난 뿔이 우뚝하다.

뿔뿔이 [scatteringly; singly]
제각기 따로따로 흩어지는 모양. ¶나를 보자 친구들은 뿔뿔이 흩어졌다.

뿜ː다 [gush out; belch]
❶속에 있는 것을 밖으로 세차게 밀어내다. ¶물을 뿜고 있는 분수. ❷빛이나 냄새 따위를 공중으로 세차게 내어보내다. ¶진한 향기를 뿜으며 피어 있는 꽃.

뿜어-내다
속의 것을 뿜어 밖으로 나오게 하다. 분출하다. ¶공장 굴뚝은 시커먼 연기를 뿜어냈다.

삐 [beep]
벨 따위의 신호음이 울리는 소리.

삐거덕
크고 단단한 물건이 서로 닿아서 갈릴 때 나는 소리. ¶대문이 삐거덕 하고 열렸다.

삐걱
'삐거덕'의 준말.

▸ 삐걱-삐걱
크고 단단한 물건이 자꾸 서로 닿아서 갈릴 때 나는 소리. '삐거덕삐거덕'의 준말. ¶자전거 바퀴에서 삐걱삐걱 소리가 난다.

삐끗-하다
❶팔이나 다리 따위가 접질리어 어긋 물리다. 또는 그렇게 하다. ¶허리를 삐끗해서 침을 맞았다. ❷잘못하여 일이 어긋나다. ¶만일 이 일이 삐끗하면 큰일 난다.

삐 : 다 [sprain; wrench]
몸의 어느 부분이 접질리거나 비틀려서 뼈마디가 어긋나다. ¶달리기를 하다가 발목을 삐었다.

삐딱-하다 [rickety]
물체가 한쪽으로 비스듬하게 기울어져 있다. ¶벽에 사진이 삐딱하게 걸려 있다.

삐뚤다 [crooked; wrong]
바르지 못하고 한쪽으로 치우쳐 있다. ¶액자가 삐뚤게 걸려 있다.

삐라 {일 ビラ} [bill; leaflet]
선전·광고를 하기 위해 나누어 주는 종이 쪽.

삐-삐
❶피리나 호드기 따위를 불 때 시끄럽게 나는 소리. ❷벨이나 호출기 따위의 신호음이 자꾸 울리는 소리.

삐악-거리다
병아리가 계속 약하게 울다. ¶병아리가 삐악거리며 마당을 돌아다닌다. ㊥ 삐악대다.

삐악-삐악 [peep]
병아리가 자꾸 우는 소리

삐죽 [poutingly]
❶물체의 끝이 조금 내밀려 있는 모양. ¶못이 삐죽 나와 있다. ❷남을 비웃거나 못마땅할 때 입을 쑥 내미는 모양. ¶그녀는 입을 삐죽 내밀고 토라졌다.

삐 : 치다 [sulk; pout]
마음이 비틀어져 토라지다. ¶응석받이로 자란 여동생은 맘에 안 들면 바로 삐친다.

삥
일정한 둘레를 넓게 둘러싸는 모양. ¶그는 사람들에게 삥 둘러싸여 있다.

ㅅ

언어 한글 자모의 일곱째 글자. '시옷'이라 이른다.

사[1] [sol; G]

음악 서양 음악의 7음 체계에서, 다섯 번째 음이름. 계이름 '솔'(sol)과 같다.

사:[2]四 | 넉 사 [four]

삼에 일을 더한 수. 아라비아 숫자로는 '4', 로마 숫자로는 'Ⅳ'로 쓴다. 비 넷.

사:[3]死 | 죽을 사 [die; be gone]

죽음. ¶생과 사의 갈림길에 서다. 반 생(生).

사[4]私 | 사사로울 사 [individual]

개인이나 개인의 집안에 관한 사사로운 것. ¶공과 사를 구별하다. 반 공(公).

사:각 四角 | 넉 사, 뿔 각

[four corners; square]

❶속뜻 네[四] 모퉁이[角]. ❷네 개의 모진 귀가 있는 모양. 비 네모.

▸사:각-뿔 (四角–)

수학 밑면이 사각(四角) 모양인 각뿔.

▸사:각-형 四角形 | 모양 형

수학 네[四] 개의 모서리[角]로 이루어진 도형(圖形). 비 네모꼴.

▸사:각-기둥 (四角–)

수학 옆면과 밑면이 사각(四角) 모양으로 된 기둥.

▸사:각형 그래프 (四角形graph)

수학 한 사각형(四角形)을 가로와 세로로 10등분 하여 100개의 작은 사각형을 만들고 한 개를 1%로 셈하여 각각의 양을 표시하는 그래프(graph).

사각-사각 [with a crunch; crisply]

연한 과자나 배, 사과 따위를 자꾸 씹을 때 나는 소리. ¶사과를 사각사각 씹다.

사감 舍監 | 집 사, 볼 감

[dormitory dean]

기숙사(寄宿舍)에서 기숙생들의 생활을 감독(監督)하는 사람. ¶B사감과 러브레터.

사:-거리 (四–, 넉 사) [crossroads]

한 지점에서 네[四] 방향으로 갈라져 나간 거리. ¶다음 사거리에서 좌회전하세요. 비 십자로(十字路).

***사:건** 事件 | 일 사, 것 건

[event; occurrence]

❶속뜻 일[事] 같은 것[件]. ❷문제가 되거나 관심을 끌만한 일. ¶사건이 발생하였다.

사격 射擊 | 쏠 사, 칠 격 [fire; shoot]
총이나 대포, 활 등을 쏘아[射] 맞힘[擊]. ¶적진을 집중 사격하다.

사ː경 死境 | 죽을 사, 상태 경 [deadly situation]
죽음[死]에 이른 상태[境]. 죽게 된 지경. ¶사경을 헤매다.

사ː계 四季 | 넉 사, 철 계 [four seasons]
봄·여름·가을·겨울의 네[四] 계절[季]. ¶우리나라는 사계가 뚜렷하다. ⓑ 사시(四時), 사철, 춘하추동(春夏秋冬).

사ː-계절 四季節 | 넉 사, 철 계, 마디 절 [four seasons]
봄·여름·가을·겨울의 네[四] 가지 계절(季節). ¶사계절이 뚜렷한 나라. ⓑ 사시(四時), 사철, 춘하추동(春夏秋冬).

사ː고[1] 史庫 | 역사 사, 곳집 고
역사 예전에 국가의 중요 역사(歷史) 서적을 보관하던 서고(書庫). ¶강화 마니산, 무주 적상산, 봉화 태백산, 강릉 오대산에 사고를 설치했다.

사ː고[2] 事故 | 일 사, 연고 고 [reasons; accident]
❶ 속뜻 어떤 일[事]이 일어난 까닭이나 연고(緣故). ¶그가 결석한 사고를 알아보아라. ❷뜻밖에 일어난 불행한 일. ¶자동차 사고.

사고[3] 思考 | 생각 사, 살필 고 [think]
곰곰이 생각하여[思] 잘 살펴[考]봄. ¶사고 능력 / 사고의 영역을 넓히다. ⓑ 생각.

▶ **사고-력** 思考力 | 힘 력
사고(思考)하는 능력(能力). ¶독서는 사고력을 향상시킨다.

▶ **사고-방식** 思考方式 | 방법 방, 꼴 식
어떤 문제를 궁리하고 헤아리는[思=考] 방법(方法)과 형식(形式). ¶합리적인 사고방식 / 사람마다 사고방식이 다르다.

사공 沙工 | =砂工, 모래 사, 장인 공 [boatman; waterman]
❶ 속뜻 모래밭[沙]에서 일하는 장인[工]. ❷노를 저어 배를 부리는 사람. '뱃사공'의 준말. 속담 사공이 많으면 배가 산으로 간다.

사ː과[1] 謝過 | 용서 빌 사, 지나칠 과 [pardon; excuse]
자신의 과오(過誤)에 대하여 용서를 빎[謝]. ¶진심으로 사과드립니다.

***사과**[2] 沙果 | =砂果, 모래 사, 열매 과 [apple]
❶ 속뜻 모래[沙]밭에서 잘 자라는 과실(果實). ❷사과(沙果) 나무의 열매.

▶ **사과-나무** (沙果—)
식물 봄에 흰 꽃이 피고, 사과(沙果)가 열리는 나무.

사ː관[1] 史官 | 역사 사, 벼슬 관 [historiographer; chronicler]
역사 왕조 때 역사(歷史)를 기록하던 관원(官員).

사ː관[2] 士官 | 선비 사, 벼슬 관 [officer]
❶ 속뜻 병사(兵士)를 거느리는 무관(武官). ❷ 군사 장교(將校)를 통틀어 이르는 말. ¶당직 사관은 누구인가?

▶ **사ː관 학교** 士官學校 | 배울 학, 가르칠 교
군사 육·해·공군의 사관(士官)을 양성하는 학교(學校). ¶육군 사관학교.

사교 社交 | 모일 사, 사귈 교 [social intercourse; social relationships]
여러 사람이 모임[社]을 만들어 사귐[交]. ¶사교 모임에 나가다 / 사교 범위가 넓다.

▶ **사교-적** 社交的 | 것 적
사교(社交)를 잘하는 편에 속하는 것[的]. ¶새로 이사 온 옆집 사람은 사교적이다.

사-교육 私教育 | 사사로울 사, 가르칠 교, 기를 육
교육 개인[私]의 재산으로 운영되는 교육(教育) 기관. ¶사교육 기관에서 선행학습을 하다.

사구 沙丘 | =砂丘, 모래 사, 언덕 구 [sand dune; down]

지리 모래[沙] 언덕[丘]. ¶그랜드캐니언은 사구가 굳어서 이루어진 계곡이다.

사ː군[1] 四郡 | 넉 사, 군 군
역사 조선 세종 때에 북방의 여진족을 막기 위하여 압록강 상류에 설치한 네[四] 개의 군(郡). 여연(閭延), 자성(慈城), 무창(茂昌), 우예(虞芮)를 이른다. ¶사군과 육진(六鎭)을 개척하다.

사ː군[2] 事君 | 섬길 사, 임금 군
임금[君]을 섬김[事].

▶사ː군이충 事君以忠 | 써 이, 충성 충
세속오계의 하나로 임금은[君] 충성(忠誠)으로써[以] 섬겨야[事] 함.

사ː-군자 四君子 | 넉 사, 임금 군, 접미사 자 [Four Gracious Plants]
미술 동양화에서, 매화(梅花)·난초(蘭草)·국화(菊花)·대나무[竹] 이상 네[四] 가지를 고결한 군자(君子)의 상징으로 삼아 그린 그림. ¶사군자는 각각 사계절을 상징한다.

사귀다 (交, 사귈 교) [make friends]
서로 가까이하여 얼굴을 익히고 사이좋게 지내다. ¶사귀고 보니 그는 참 의리 있는 친구였다. ㊥ 교우(交友)하다.

사그라-지다 [go down; subside]
삭아서 없어지다. ¶불길이 점차 사그라지다 / 분노가 사그라지다.

사ː극 史劇 | 역사 사, 연극 극 [historical drama]
연영 역사(歷史)에 있었던 사실을 바탕으로 하여 만든 연극(演劇)이나 희곡(戲曲). '역사극'의 준말.

사근사근-하다 [amiable; agreeable]
성질이 부드럽고 친절하여 붙임성이 있다. ¶그녀는 사근사근해서 사람들이 좋아한다. ㊥ 퉁명스럽다.

사ː근취ː원 捨近取遠 | 버릴 사, 가까울 근, 가질 취, 멀 원
가까운[近] 것을 버리고[捨] 먼[遠] 것을 취(取)함.

사글-세 (-貰, 세놓을 세) [monthly rent]
남의 집이나 방(房)을 빌려 살면서 다달이 내는 세(貰). ㊥ 월세(月貰).

사금 沙金 | =砂金, 모래 사, 쇠 금 [alluvial gold]
광업 강바닥이나 해안의 모래[沙]에 섞여 있는 금(金). ¶사금을 채취하다.

사금-파리 [potsherd; crock]
사기그릇의 깨진 조각. ¶사금파리를 밟아 발을 베었다.

사ː기[1] 士氣 | 선비 사, 기운 기 [morale; fighting spirit]
❶ 속뜻 싸우려 하는 병사(兵士)들의 씩씩한 기개(氣概). ❷사람들이 일을 이룩하려는 기개. ¶사기를 높이다.

사기[2] 沙器 | =砂器, 모래 사, 그릇 기 [porcelain; china (ware)]
모래[沙] 같은 백토로 구워 만든 그릇[器]. ¶사기에 요리를 담았다.

사기[3] 詐欺 | 속일 사, 속일 기 [fraud; fraudulence]
❶ 속뜻 못된 목적으로 남을 속임[詐=欺]. ❷남을 속여 착오에 빠지도록 하는 범죄 행위. ¶그녀는 사기를 당해 집을 잃었다.

▶사기-꾼 (詐欺-)
상습적으로 사기(詐欺)를 일삼는 사람. ¶사기꾼을 조심하세요.

사나이 [man]
한창 혈기가 왕성할 때의 남자를 이르는 말. ¶그는 사나이 중의 사나이이다. ㊟ 사내.

사-나흘
사흘이나 나흘. 삼사일. ¶사장님은 사나흘 뒤에 돌아옵니다.

사ː납다 (暴, 사나울 포; 猛, 사나울 맹) [rough; wild]
❶성질이나 생김새가 험하고 모질다. ¶그는 성질이 매우 사납다. ❷비·바람 따위가 거칠고 심하다. ¶비바람이 몰아치는 사나운 날씨. ㊥ 포악(暴惡)하다.

♣ 사납다 / 무섭다

◎ 사나운 개 = 무서운 개.

○ 그는 성질이 매우 사납다.
× 그는 성질이 매우 무섭다.

○ 무서운 속도로 운전을 하다.
× 사나운 속도로 운전을 하다.

사내 [man; male]
❶'사나이'의 준말. ¶사내는 그만한 일로 눈물을 보여서는 안 된다. ❷남자. ¶한 젊은 사내가 가게 안으로 들어왔다.

▶**사내-애**
'사내아이'의 준말.

▶**사내-아이**
어린 남자 아이. ㊟사내애. ㊥남아(男兒).

사냥 (獵, 사냥 렵) [hunt]
산이나 들의 짐승을 잡는 일. ¶꿩 사냥을 가다. ㊥수렵(狩獵).

▶**사냥-감**
사냥하여 잡으려고 하는 짐승. ¶사자는 사냥감을 노려보았다.

▶**사냥-개**
사냥할 때 쓰는 개. ㊥엽견(獵犬).

▶**사냥-꾼**
사냥하는 사람. 또는 사냥을 직업으로 하는 사람. ¶곰이 사냥꾼에게 달려들었다. ㊥엽부(獵夫), 엽호(獵戶).

사다 (買, 살 매) [buy]
❶남의 것을 돈을 치르고 제 것으로 만들다. ¶필통을 사다. ❷다른 사람에게 어떤 감정을 가지게 하다. ¶호감을 사다 / 의심을 사다. ㊥구매(購買)하다, 구입(購入)하다. ㊦팔다.

사다리 [ladder]
'사닥다리'의 준말.

▶**사다리-꼴**
수학 네 변 중 한 쌍의 대변(對邊)이 평행한 사변형.

사닥-다리 [ladder]
높은 곳에 디디고 올라갈 수 있게 만든 도구. ¶사다리를 놓고 지붕에 올라가다. ㊟사다리.

사단 師團 | 병력 사, 모일 단 [division; team]
❶속뜻 일정 인원[團]의 병력[師]. 옛날에는 약 2,500명의 병력을 '師'라고 하였다. ❷군사 군대 편성 단위의 하나. 군단(軍團)의 아래, 연대(聯隊)나 여단(旅團)의 위.

사당 祠堂 | 사당 사, 집 당 [ancestral tablet hall]
신주[祠]를 모시기 위하여 집[堂]처럼 자그마하게 만든 것. ¶조상의 위패를 사당에 모시다.

사:대 事大 | 섬길 사, 큰 대 [worship the powerful]
❶속뜻 작은 나라가 큰[大] 나라를 섬김[事]. ❷약자가 강자를 뒤좇아 섬김.

▶**사:대-주의** 事大主義 | 주될 주, 뜻 의
주체성이 없이 세력이 강한[大] 나라나 사람을 받들어 섬기는[事] 태도[主義].

사:-대문 四大門 | 넉 사, 큰 대, 문 문 [four main gates of old Seoul]
역사 조선 때, 서울 도성의 동서남북에 세운 네[四] 개의 큰[大] 성문(城門). 동쪽의 흥인지문, 서쪽의 돈의문, 남쪽의 숭례문, 북쪽의 숙정문을 이른다.

사:-대부 士大夫 | 선비 사, 큰 대, 사나이 부 [illustrious official]
❶속뜻 선비[士]와 대부(大夫)를 아울러 이르는 말. 문무양반(文武兩班)을 일반 평민층에 상대하여 이르는 말. ❷역사 벼슬이나 문벌이 높은 집안의 사람. ¶그는 사대부 가문의 자손이다.

사:도 使徒 | 부릴 사, 무리 도 [apostle]
❶기독교 예수가 복음을 널리 전하는 것을 시키기[使] 위하여 특별히 뽑은 열두 제자[徒]. ❷신성한 일을 위하여 헌신적으로 일하는 사람을 비유하여 이르는 말. ¶정

의의 사도가 나가신다.

사돈 [relatives by marriage]
❶혼인으로 맺어진 관계. 또는 혼인 관계로 척분(戚分)이 있는 사람. ¶사돈을 맺다. ❷혼인한 두 집안의 부모들 사이 또는 그 집안의 같은 항렬이 되는 사람들 사이에 서로 상대편을 이르는 말. 속담 사돈 남의 말 한다.

사-들이다 [buy in; purchase]
물건 따위를 사서 들여오다. ¶밀가루를 대량으로 사들이다.

사:또 [district magistrate]
역사 일반 백성이나 하급 벼슬아치들이 자기 고을의 원(員)을 존대하여 부르던 말. ¶변 사또는 춘향을 괴롭혔다. ㊥ 원님.

사라지다 (消, 사라질 소) [disappear]
현상이나 물체의 자취, 감정 따위가 없어지다. ¶가방이 흔적도 없이 사라졌다 / 걱정이 사라지다. ㊥ 소실(消失)되다, 소멸(消滅)하다.

사:람 (人, 사람 인) [humans; man]
❶생각을 하고 언어를 사용하며, 도구를 만들어 쓰고 사회를 이루어 사는 동물. ¶사람 나고 돈 났지 돈 나고 사람 났나 / 사람이 죽으란 법은 없다. ❷일정한 자격이나 품격 등을 갖춘 이. ¶그의 어머니는 그를 사람으로 만들려고 엄청 애를 썼다. ㊥ 인간(人間). 속담 사람 위에 사람 없고 사람 밑에 사람 없다.

♣ 사람 / 인간(人間)

◎ 사람은 = 인간은 모두 죽게 마련이다.

ㅇ 그녀는 한국 사람이다.
× 그녀는 한국 인간이다.

ㅇ 선녀(仙女)는 인간 세상에 남게 되었다.
× 선녀(仙女)는 사람 세상에 남게 되었다.

▸ **사:람-됨**
사람의 됨됨이. ¶외모보다는 사람됨이 중요하다.

사랑[1](愛, 사랑 애) [love]
❶이성의 상대에게 끌려 열렬히 좋아하는 마음. 또는 그 마음의 상태. ¶사랑에 빠지다 / 그녀는 남편을 사랑한다. ❷아끼고 위하는 따뜻한 마음. ¶부모님의 사랑 / 제자를 사랑하는 스승의 마음. ❸어떤 사물이나 대상을 몹시 아끼고 귀중히 여기는 마음. ¶그녀는 그림에 각별한 사랑을 가지고 있다 / 자연을 사랑하는 사람들의 모임. ㊥ 애정(愛情). ㉡ 미움, 증오(憎惡).

▸ **사랑-스럽다**
사랑을 느낄 만큼 귀엽다. ¶사랑스러운 딸.

사랑[2]**舍廊** | 집 사, 곁채 랑
[detached living room]
❶ 속뜻 집[舍]의 곁채[廊]. ❷바깥주인이 거처하며 손님을 대접하는 곳.

▸ **사랑-방** 舍廊房 | 방 방
사랑(舍廊)으로 쓰는 방(房). ¶사랑방 손님과 어머니.

▸ **사랑-채** (舍廊-)
사랑(舍廊)으로 쓰는 집채.

사래 [ridge and furrow]
'이랑'의 옛말.

사:레 [sneeze-like spasm of ones windpipe]
음식을 잘못 삼키어 숨구멍으로 들어갈 때 재채기처럼 뿜어 나오는 기운. ¶그는 우유를 마시다가 사레가 들렸다.

사려 思慮 | 생각 사, 생각할 려
[thought; prudence]
여러 가지로 신중하게 생각함[思=慮]. 또는 그 생각. ¶그는 사려가 깊은 사람이다.

사:력 死力 | 죽을 사, 힘 력
[herculean efforts]
죽을[死] 힘[力]. 온갖 힘. ¶나는 사력을 다해 친구를 도와주었다.

사:령[1]**使令** | 부릴 사, 시킬 령
[decree of amnesty]
❶ 속뜻 부리거나[使] 시킴[令]. ❷ 역사 조

선 시대에, 각 관아에서 심부름하던 사람.

사령²司令 | 맡을 사, 명령 령
[position of command]
군사 최고 지휘관의 명령[令]에 관한 일을 맡음[司].

▶**사령-관** 司令官 | 벼슬 관
군사 사령부(司令部)의 우두머리 직책[官]. 또는 그 직책을 맡은 사람.

▶**사령-부** 司令部 | 나눌 부
군사 사단급 이상의 부대에서 소속 부대를 지휘·통솔하는[司令] 일을 맡아보는 본부(本部).

▶**사령-선** 司令船 | 배 선
군사 사령관(司令官)이 함대를 지휘·통솔할 때 타는 배[船].

사:례¹事例 | 일 사, 본보기 례
[instance; example]
어떤 일[事]의 본보기[例]가 됨. 또는 그 본보기. ¶구체적인 사례를 들어 설명하다.

사:례²謝禮 | 고마워할 사, 예도 례
[thanks; gratitude]
언행이나 금품으로 고마운[謝] 뜻을 나타내는 인사[禮]. ¶사례의 뜻으로 그에게 식사를 대접했다.

▶**사:례-금** 謝禮金 | 돈 금
사례(謝禮)의 뜻으로 주는 돈[金]. ¶아이를 찾아주신 분께는 사례금을 드립니다.

사로-잡다 [catch alive; captivate]
❶사람이나 짐승 따위를 산 채로 잡다. ¶뱀을 사로잡다. ❷매혹하여 홀리게 만들다. ¶마음을 사로잡다.

사로-잡히다
[be taken alive; be fascinated]
❶산채로 잡히다. ¶적군에게 사로잡히다. ❷마음이나 생각이 한곳에 쏠리어 얽매이다. ¶나는 그의 매력에 사로잡혔다 / 두려움에 사로잡히다.

사:료¹史料 | 역사 사, 거리 료 [historical material]
역사(歷史)의 연구와 편찬에 필요한 거리[料]. 주로 문헌이나 유물 따위의 자료(資料)를 말한다.

사료²飼料 | 먹일 사, 거리 료
[fodder; forage]
가축 따위에게 먹이는[飼] 식용 재료(材料). ¶돼지에게 사료를 주다.

사르르 [gently; softly]
❶맨 것이나 매어 달린 것이 저절로 힘없이 풀어지거나 떨어지는 모양. ¶옷고름이 사르르 풀리다. ❷얼음이나 눈이 저절로 녹는 모양. ¶눈이 사르르 녹다. ❸졸음이 살며시 오거나 또는 힘없이 눈을 감거나 뜨는 모양. ¶눈을 사르르 감다.

사리¹ [coil (of noodles)]
국수·새끼·실 등을 사리어 감은 뭉치. ¶라면 사리.

사:리²事理 | 일 사, 이치 리
[reason; facts]
일[事]의 이치(理致). ¶사리에 맞지 않다.

사리³私利 | 사사로울 사, 이로울 리
[personal profit]
사사로운[私] 이익(利益). ¶그는 사리에 눈이 멀어 친구를 배신했다. ⊕공리(公利).

▶**사리-사욕** 私利私慾 | 사사로울 사, 욕심 욕
개인[私]의 이익(利益)과 욕심(慾心).

사리⁴舍利 | 집 사, 사사로울 리 [Buddha's bones]
❶ 속뜻 범어 'sarira'의 한자 음역어. ❷ 불교 석가모니나 성자의 유골. 후세에는 화장한 뒤에 나오는 구슬 모양의 것만 이른다.

▶**사리-탑** 舍利塔 | 탑 탑
불교 부처의 사리(舍利)를 모셔둔 탑(塔).

사리다 [coil; spare oneself]
❶국수·새끼·실 따위를 헝클어지지 않도록 동그랗게 여러 겹으로 포개어 감다. ¶실을 사려 놓다. ❷뱀 따위가 몸을 똬리처럼 감다. ¶독사가 둥글게 몸을 사리고 있다. ❸몸을 아끼어 무슨 일에 힘을 다

안 쓰다. ¶경찰들은 몸을 사리지 않고 범인을 잡았다.

사:림 士林 | 선비 사, 수풀 림

❶[속뜻] 선비[士]들로 숲[林]을 이룸. ❷'유학을 신봉하는 사람들'을 이름.

사립[1]

[gate made of branches and twigs]

'사립문'의 준말.

▸사립-문 (-門, 문 문)

사립짝을 달아서 만든 문(門). ¶손님이 사립문을 밀고 집으로 들어왔다. [준]사립.

▸사립-짝

나뭇가지를 엮어서 만든 문짝. [준]삽짝.

사립[2]私立 | 사사로울 사, 설 립

[private establishment]

개인이나 민간단체가[私] 설립(設立)하여 유지하는 일. ¶사립학교. [반]공립(公立), 국립(國立).

사:마귀[1][wart; mole]

[의학] 피부 위에 낟알만 하게 돋은 군살.

사:마귀[2][praying mantis]

[동물] 뒷날개는 반투명이고 검은 갈색의 얼룩무늬가 있는 곤충. 앞다리가 낫처럼 구부러져 먹이를 잡기에 편리하다.

***사막** 沙漠 | =砂漠, 모래 사, 아득할 막

[desert]

❶[속뜻] 온통 모래[沙]로 아득하게[漠] 뒤덮인 땅. ❷[지리] 강우량이 적고 식물이 거의 자라지 않으며 자갈과 모래로 뒤덮인 매우 넓은 불모의 땅. ¶사막은 밤에 기온이 급격히 떨어진다.

▸사막-화 沙漠化 | 될 화

사막 주변의 건조 지대가 사막(沙漠)으로 변함[化]. 또는 그 현상. ¶초원의 사막화가 심각하다.

사:망 死亡 | 죽을 사, 죽을 망

[dead; decease]

사람의 죽음[死=亡]. ¶비행기 추락 사고로 탑승자 전원이 사망했다. [반]출생(出生).

▸사:망-률 死亡率 | 비율 률

❶[속뜻] 어떤 이유로 사망(死亡)한 사람의 수와 그에 관련된 전체 인원수와의 비율(比率). ¶위암으로 인한 사망률이 크게 낮아졌다. ❷어느 인구 집단을 대상으로 한 일 년간의 사망자 수가 그 해의 전체인구에서 차지하는 비율.

▸사:망-자 死亡者 | 사람 자

죽은[死亡] 사람[者].

사:면[1]赦免 | 용서할 사, 면할 면

[remit a punishment; pardon]

[법률] 죄를 용서하여[赦] 형벌을 면제(免除)함. ¶광복절을 맞아 150명이 사면됐다.

사:면[2]四面 | 넉 사, 낯 면 [four sides]

전후좌우(前後左右)의 네[四] 방면(方面). 모든 방면. ¶제주도는 사면이 바다로 둘러싸여 있다.

▸사:면-초가 四面楚歌 | 초나라 초, 노래 가

❶[속뜻] 사방[四面]에서 초(楚)나라의 노래[歌]가 들려옴. ❷모두 적으로 둘러싸인 형국이나 누구의 도움도 받을 수 없는 '고립된 상태'를 이르는 말.

사:명 使命 | 부릴 사, 명할 명

[mission; commission]

❶[속뜻] 사신(使臣)으로서 받은 명령(命令). ❷맡겨진 임무. ¶맡은 바 사명을 다하다.

사모[1]思慕 | 생각 사, 그리워할 모 [admire]

❶[속뜻] 애틋하게 생각하며[思] 그리워함[慕]. ¶사모의 마음 / 나는 그를 애타게 사모한다. ❷우러러 받들며 진정한 마음으로 따름. ¶스승을 사모하다.

사:모[2]紗帽 | 비단 사, 모자 모

[역사] 관원이 관복을 입을 때 쓰던 검은 비단[紗]으로 만든 모자(帽子).

▸사:모 관대 紗帽冠帶 | 갓 관, 띠 대

❶[속뜻] 사모(紗帽)와 관대(冠帶). ❷사모와 관대로 갖춘 정식 예장. ¶전통혼례에

서 신랑은 사모관대를 한다.

사모-님 (師母-, 스승 사, 어머니 모) [Madam; Mrs]
❶ 속뜻 스승[師]의 부인을 어머니[母]처럼 높여 이르는 말. ❷윗사람의 부인을 높여 이르는 말.

사:무 事務 | 일 사, 일 무 [office work]
주로 책상에서 처리해야 하는 일[事=務]. ¶사무를 보다.

▶ **사:무-소 事務所** | 곳 소
사무(事務)를 보는 곳[所]. ¶그는 내일부터 대전 사무소로 출근한다.

▶ **사:무-실 事務室** | 방 실
사무(事務)를 보는 방[室].

▶ **사:무-용 事務用** | 쓸 용
사무(事務)에 쓰이는[用] 것. ¶사무용 컴퓨터.

▶ **사:무-원 事務員** | 인원 원
일반 사무(事務)를 맡아보는 직원(職員). '사무직원'(事務職員)의 준말.

▶ **사:무-직 事務職** | 일 직
사무(事務)를 맡아보는 직책(職責). ¶사무직 직원을 채용하다.

▶ **사:무-기기 事務機器** | 그릇 기, 틀 기
사무(事務)를 능률적으로 하기 위해 사용하는 기기(機器). 사무용 컴퓨터, 복사기, 계산기 따위.

사무치다 [touch the heart; sink into the mind]
깊이 스며들거나 멀리까지 미치다. ¶돌아가신 어머니가 사무치게 그립다.

사:물¹ 事物 | 일 사, 만물 물 [things; affairs]
일[事]이나 물건(物件). ¶같은 사물이라도 보는 관점에 따라 다를 수 있다.

사:물² 四物 | 넉 사, 만물 물
❶ 민속 풍물에 흔히 쓰이는 네[四] 가지 민속 타악기[物]. 꽹과리, 징, 북, 장구를 이른다. ❷ 음악 네 사람이 각기 사물을 가지고 어우러져 치는 놀이. '사물놀이'의 준말.

▶ **사:물-놀이** (四物-)
음악 네 사람이 각기 꽹과리·징·장구·북 등 4가지 타악기로[四物] 농악·무악 등에서 연주되는 민속 음악.

사물³ 私物 | 사사로울 사, 만물 물 [private thing]
개인[私]이 가지고 있는 물건(物件). 반 관물(官物).

▶ **사물-함 私物函** | 상자 함
개인적인 물품[私物]을 넣어 두는 함(函). ¶체육복을 사물함에 넣어두다.

사뭇 [very; quite; all through]
❶아주 딴판으로. ¶예상했던 것과는 사뭇 다르다. ❷내내 끝까지. 줄곧. ¶이번 여름 방학은 사뭇 바빴다.

사-박자 四拍子 | 넉 사, 칠 박, 접미사 자 [quadruple rhythm]
음악 한 마디가 네[四] 박자(拍子)로 된 것. 4분 음표 4박자 따위.

사발 沙鉢 | 모래 사, 밥그릇 발 [porcelain bowl]
사기(沙器)로 만든 밥그릇이나 국그릇[鉢]. ¶사발에 넘치도록 물을 따랐다.

사방¹ 沙防 | =砂防, 모래 사, 막을 방 [erosion control; sandbank fixing]
❶ 속뜻 모래[沙]의 유실을 막음[防]. ❷ 건설 흙, 모래, 자갈 따위가 떠내려가는 것을 막음. 또는 그러한 일이나 시설. ¶사방 공사를 하다.

***사:방² 四方** | 넉 사, 모 방 [four quarters]
❶ 속뜻 동, 서, 남, 북의 네[四] 방향(方向). ¶사방이 산으로 둘러싸여 있다. ❷둘레의 여러 곳. ¶나는 사방으로 그를 찾아다녔다.

▶ **사:방-치기** (四方-)
땅바닥에 여러 공간을[四方] 구분해 그려 놓고, 그 안에서 납작한 돌을 한 발로 차서 차례로 다음 공간으로 옮기다가 정해진 공간에 가서는 돌을 공중으로 띄워 받아 돌아온다.

▶사:방-팔방 四方八方 | 여덟 팔, 모 방
❶속뜻 사방(四方)과 팔방(八方). ❷모든 방면. ¶산불이 사방팔방으로 번져 나갔다.

사범 師範 | 스승 사, 본보기 범 [teacher; master]
❶속뜻 스승[師]의 본보기[範]를 보임. ❷ 학술, 기예, 무술 따위를 가르치는 사람. ¶태권도 사범.

▶사범 대:학 師範大學 | 큰 대, 배울 학
교육 중·고등학교 교원(師範)을 양성하기 위해 세운 단과 대학(大學).

사법[1]私法 | 사사로울 사, 법 법 [private law; private statute]
법률 개인[私]의 의무나 권리에 대하여 규정한 법(法). ¶민법(民法)은 사법에 속한다.

사법[2]司法 | 맡을 사, 법 법 [administration of justice]
❶속뜻 법(法)에 관한 일을 맡아 처리함[司]. ❷법률 국가가 법률(法律)을 실제의 사실에 적용하는 행위.

▶사법-권 司法權 | 권리 권
법률 사법(司法)을 행할 수 있는 국가적 권력(權力). 또는 그 작용.

▶사법-부 司法府 | 관청 부
법률 삼권 분립에 따라 사법권(司法權)을 행사하는 부서(府署). '법원'을 이른다.

사:변[1]事變 | 일 사, 바뀔 변 [accident; disturbance]
❶속뜻 큰 사건(事件)이나 변란(變亂). ❷ 선전포고 없이 이루어진 국가 간의 무력 충돌. 전쟁. ¶만주(滿洲) 사변.

사:변[2]四邊 | 넉 사, 가 변 [four sides; all sides]
❶속뜻 사방(四方)의 변두리[邊]. ❷주위 또는 근처. ❸수학 네 개의 변.

▶사:변-형 四邊形 | 모양 형
수학 네[四] 개의 변(邊)으로 이루어진 도형(圖形). ㊐사각형(四角形).

사:별 死別 | 죽을 사, 나눌 별 [be parted by death]
한쪽은 죽고[死] 한쪽은 살아남아 이별(離別)함. ¶남편과 사별하다.

사:병 士兵 | 선비 사, 군사 병 [private soldier; enlisted man]
군사 사졸(士卒) 계급의 병사(兵士). ㊥장교(將校).

사복 私服 | 사사로울 사, 옷 복 [plain clothes; civilian clothes]
사사로운[私] 자리에서 마음대로 입는 옷[服]. ㊥제복(制服).

사본 寫本 | 베낄 사, 책 본 [copy; duplicate]
사진으로 찍거나 복사(複寫)하여 만든 책[本]이나 서류. ¶주민등록증 사본 / 계약서 사본을 제시하다. ㊥원본(原本), 정본(正本).

사부 師父 | 스승 사, 아버지 부 [one's father and master]
스승[師]을 아버지[父]처럼 높여 이르는 말. ¶사부로부터 태권도를 전수받다.

사:분 四分 | 넉 사, 나눌 분 [divide in four]
네[四] 가지로 나눔[分].

▶사:분-음표 四分音標 | 소리 음, 나타낼 표
음악 온음표를 넷[四]으로 나눈[分] 길이에 해당하는 음표(音標). 기호는 '♩'.

사비 私費 | 사사로울 사, 쓸 비 [private expense]
개인이 사사로이[私] 부담하는 비용(費用). ¶사비로 여행을 가다. ㊐자비(自費). ㊥공비(公費).

사뿐-사뿐 [with soft steps]
소리가 나지 않게 가볍게 발걸음을 계속적으로 옮기는 모양. ¶소녀가 사뿐사뿐 걸어간다.

사뿐-히 [lightly]
소리가 안 날 정도로 조심스럽게. ¶꽃잎

에 사뿐히 내려앉은 나비.

사사[1]**師事** | 스승 사, 섬길 사
[study under]
스승[師]으로 섬기며[事] 가르침을 받음. ¶그는 세계적인 첼리스트를 사사했다.

사:사[2]**事事** | 일 사, 일 사
[each and every event]
모든 일[事+事]. 일마다.

▶사:사건건 事事件件 | 물건 건, 물건 건
❶[속뜻] 일마다[事件]. 매사(每事). ❷모든 일. ¶그는 사사건건 불만이다.

사사-롭다 (私私-, 사사로울 사) [personal; private]
공적(公的)이 아닌 개인적인[私=私] 범위나 성질이 있다. ¶사사로운 부탁 / 공적인 일은 사사로이 논하지 말라.

사살 射殺 | 쏠 사, 죽일 살 [shoot dead]
활이나 총으로 쏘아[射] 죽임[殺]. ¶적은 탈주병을 사살했다.

사:상[1]**史上** | 역사 사, 위 상
[in history]
'역사상'(歷史上)의 준말. ¶사상 최고의 점수를 받다 / 대회 사상 첫 우승을 차지하다.

사:상[2]**四象** | 넉 사, 모양 상
❶[속뜻] 천체에서 일(日), 월(月), 성(星), 신(辰)의 네[四] 가지 요소[象]를 이르는 말. ❷역에서 소양(小陽), 태양(太陽), 소음(小陰), 태음(太陰)을 이르는 말. ¶사상 의학. ❸땅속의 물, 불, 흙, 돌을 이르는 말.

사:상[3]**死傷** | 죽을 사, 다칠 상
[death and injury; casualties]
죽거나[死] 다침[傷]. ¶사고 지역에서 사상을 조사했다.

▶사:상-자 死傷者 | 사람 자
죽거나[死] 다친[傷] 사람[者]. ¶지진으로 인한 사상자는 200명이 넘는다.

⁑**사:상**[4]**思想** | 생각 사, 생각 상 [thought; idea]
어떤 사물에 대하여 갖고 있는 생각[思=想]. ¶동양사상 / 그는 사상이 불순하다. [비] 견해(見解).

▶사:상-가 思想家 | 사람 가
인생이나 사회 문제 등에 대하여 깊은 사상(思想)을 가진 사람[家]. ¶괴테는 독일의 유명한 사상가이다.

사:색[1]**死色** | 죽을 사, 빛 색
[turn deadly pale]
곧 죽을[死] 듯한 얼굴빛[色]. ¶그는 그 소식을 듣고 얼굴이 사색이 되었다.

사색[2]**思索** | 생각 사, 찾을 색
[speculate (on); think deeply]
생각하여[思] 파고들어 찾아봄[索]. ¶사색에 잠기다.

사:색[3]**四色** | 넉 사, 빛 색
[four colors]
❶[속뜻] 네[四] 가지 빛깔[色]. ❷[역사] 사색당파(四色黨派).

▶사:색-당파 四色黨派 | 무리 당, 갈래 파
[역사] 조선 때, 정치적 대립을 일삼던 네[四色]가지 당파(黨派). 노론, 소론, 남인, 북인을 이른다.

사생[1]**寫生** | 그릴 사, 날 생
[sketch; make a sketch (of)]
❶[속뜻] 있는 그대로[生] 그림[寫]. ❷자연의 경치나 사물 따위를 보고 그대로 그림. ¶사생 대회.

사생[2]**私生** | 사사로울 사, 날 생
법률상 부부가 아닌 사사로운[私] 남녀 사이에서 아이가 태어나는[生] 일.

▶사생-아 私生兒 | 아이 아
간통으로 태어난[私生] 아이[兒].

사-생활 私生活 | 사사로울 사, 살 생, 살 활
[one's private life]
개인의 사사로운[私] 생활(生活). ¶사생활을 보호하다.

사서[1]**司書** | 맡을 사, 책 서 [librarian]
도서관에서 도서(圖書)의 정리·보존 및 열람을 맡아보는[司] 직위. ¶그는 시립도서관의 사서이다.

사:서²史書 | 역사 사, 책 서
[history book]
역사(歷史)를 기록한 책[書].

사:서³四書 | 넉 사, 책 서
[Four Books (of Ancient China)]
유교(儒教)의 경전인 논어, 맹자, 중용, 대학의 네[四] 가지 책[書]을 통틀어 이르는 말.

▶ **사:서-삼경** 四書三經 | 석 삼, 책 경
유교의 경전인 사서(四書)와 삼경(三經). 곧 『논어』, 『맹자』, 『중용』, 『대학』의 네 가지 경전(經典)과 『시경』, 『서경』, 『주역』의 세 가지 경서(經書)를 이른다.

▶ **사:서-오:경** 四書五經 | 다섯 오, 책 경
유교의 경전인 사서(四書)와 오경(五經). 곧 『논어』, 『맹자』, 『중용』, 『대학』의 네 가지 경전과 『시경』, 『서경』, 『주역』, 『예기』, 『춘추』의 세 가지 경서를 이른다.

사서⁴私書 | 사사로울 사, 글 서
[private document]
❶ [속뜻] 사사로운[私] 일을 적은 편지글[書]. ❷비밀스럽게 쓴 편지. ¶그녀의 사서를 몰래 읽어보았다.

▶ **사서-함** 私書函 | 상자 함
[통신] 우체국에서 가입자에게 개인적으로[私] 설치해주는 우편[書]함(函). '우편 사서함'(郵便私書函)의 준말.

사:선¹死線 | 죽을 사, 줄 선
[life or death crisis]
❶ [속뜻] 죽음[死]의 경계선[線]. ❷죽을 고비. ¶자유를 찾아 사선을 넘다.

사선²斜線 | 비낄 사, 줄 선
[diagonal line]
❶ [속뜻] 비스듬하게[斜] 그은 줄[線]. ❷ [수학] 하나의 직선이나 평면에 수직이 아닌 선. [비] 빗금.

사설¹私設 | 사사로울 사, 세울 설
[privately established]
개인이나 민간에서 사적(私的)으로 설립(設立)함. 또는 그 기관이나 시설. ¶사설 학원. [반] 공설(公設), 관설(官設).

사설²社說 | 회사 사, 말씀 설
[leading article]
신문이나 잡지 따위에서 그 회사(會社)의 주장을 실는 논설(論說).

사소 些少 | 적을 사, 적을 소
[trifling; trivial]
보잘것없이 적다[些=少]. 하찮다. ¶사소한 일로 화를 내다.

사:수¹死守 | 죽을 사, 지킬 수
[defend to the last]
목숨을 걸고 죽을[死] 각오로 지킴[守]. ¶독도 사수를 결의했다 / 우리 군은 어려운 상황 속에서도 기지를 사수했다.

사수²射手 | 쏠 사, 사람 수 [marksman; shooter]
총포나 활 따위를 잘 쏘는[射] 사람[手]. '사격수'(射擊手)의 준말.

사수³寫手 | 베낄 사, 사람 수
❶ [속뜻] 글씨를 베껴 쓰는[寫] 사람[手]. ❷ [역사] 조선 시대에, 과장(科場)에서 시권(試券)의 글씨를 대신 써 주던 사람.

사슬 [chain]
❶쇠로 만든 고리를 여러 개 죽 이어서 만든 줄. '쇠사슬'의 준말. ¶두 팔과 두 다리를 쇠사슬로 묶다. ❷억압이나 압박을 비유적으로 이르는 말. ¶일제의 사슬에서 벗어나다.

사슴 (鹿, 사슴 록) [deer]
[동물] 몸빛은 밤색이고, 성질이 온순한 포유동물. 뿔은 '녹용'이라 하여 약으로 쓴다.

사시¹斜視 | 비낄 사, 볼 시 [squint]
❶ [속뜻] 옆으로 비스듬히[斜] 곁눈질로 봄[視]. ❷ [의학] 양쪽 눈의 방향이 달라서 무엇을 바라볼 때 양쪽 눈의 시선이 평행하게 되지 않는 상태. [비] 사팔뜨기.

사:시²四時 | 넉 사, 때 시
[four seasons]
네[四] 계절[時]. [비] 사계(四季), 사계절(四季節), 사철, 춘하추동(春夏秋冬).

▸ 사ː시-사ː철 (四時四－)
봄·여름·가을·겨울 네[四] 철[時] 내내의 동안. ¶요즘은 사시사철 갖가지 과일을 맛볼 수 있다. ㊥ 늘, 항상.

사시-나무 [aspen; poplar]
식물 잎자루가 가늘고 길며 탄력성이 있어 바람에 잎이 잘 흔들리는 나무. 상자, 성냥개비, 제지용 따위에 쓴다. ¶그는 공포에 질려 사시나무 떨듯 몸을 떨었다.

사ː신¹ 使臣 | 부릴 사, 신하 신 [envoy; ambassador]
임금이나 국가의 명령을 받고 외국에 사절(使節)로 가는 신하(臣下).

사ː신² 四神 | 넉 사, 귀신 신
네[四] 방향을 맡은 신(神). 동쪽은 청룡(青龍), 서쪽은 백호(白虎), 남쪽은 주작(朱雀), 북쪽은 현무(玄武)로 상징된다. ¶사신이 그려진 벽화를 발굴했다.

▸ 사ː신-도 四神圖 | 그림 도
네[四] 방향을 맡은 신(神)을 그린 그림[圖].

⁂**사ː실** 事實 | 일 사, 실제 실 [fact; truth; actually]
❶ 속뜻 실제(實際)로 있었던 일[事]. 현재에 있는 일. ¶그것은 사실과 다르다. ❷실제(實際)에 있어서. ¶사실 나는 그를 사랑한다.

▸ 사ː실-상 事實上 | 위 상
사실(事實)에 있어서[上]. ¶이번 계획은 사실상 실패로 돌아갔다.

▸ 사ː실-적 事實的 | 것 적
실제의 상태[事實] 그대로인 것[的]. ¶이 민속화는 매우 사실적이다.

사심 私心 | 사사로울 사, 마음 심 [selfishness]
사사로이[私] 제 욕심만을 채우려는 마음[心]. ¶공무원은 사심을 버려야 한다.

사ː십 四十 | 넉 사, 열 십 [forty]
십(十)의 네[四] 배가 되는 수. ¶여덟의 다섯 배는 사십이다. ㊥ 마흔.

사ː씨-남정기 謝氏南征記 | 사례할 사, 성씨 씨, 남녘 남, 갈 정, 기록할 기
문학 조선 숙종 때 김만중이 지은 우리말 소설. 유연수가 첩 교씨의 모함에 속아 착하고 현명한 본처 사씨(謝氏)를 내쳤으나, 결국 교씨는 그녀의 음모가 발각되어 처형당하고 유연수는 다시 사씨를 맞이하여 행복하게 살았다는 내용의 가정 소설이다. 숙종이 계비 인현 왕후(仁顯王后)를 폐위시키고 희빈 장씨를 왕비로 맞아들이는 데 반대하다가 마침내 남해도(南海島)로 유배 가서[征] 그곳에서도 흐려진 임금의 마음을 참회시키고자 이 작품을 썼다[記] 한다. 후에 종손인 김춘택이 한문으로 번역하였다.

사악 邪惡 | 간사할 사, 악할 악 [wicked; vicious]
마음이 간사(奸邪)하고 악(惡)함. ¶사악이 드러나다 / 사악한 마음. ㊥ 간사(奸邪).

사암 沙巖 | =砂巖, 모래 사, 바위 암 [sandstone]
지리 모래[沙]가 물속에 가라앉아 굳어서 된 바위[巖].

사ː약 賜藥 | 줄 사, 약 약 [the King's bestowal of poison]
임금이 신하나 왕족에게 내리는[賜] 독약(毒藥). ¶장희빈은 결국 사약을 받고 죽었다.

사양 辭讓 | 물러날 사, 넘겨줄 양 [decline; refuse]
❶ 속뜻 제안을 거절하거나[辭] 권리를 남에게 넘겨줌[讓]. ❷겸손하여 받아들이지 않고 남에게 양보함. ¶사양하지 말고 많이 드세요.

⁂**사ː업** 事業 | 일 사, 일 업 [undertaking; project]
❶ 속뜻 일[事=業]. ❷어떤 일을 일정한 목적과 계획을 가지고 짜임새 있게 지속적으로 경영함. 또는 그 일. ¶사업이 망하다 / 교육 사업.

▸ 사ː업-가 事業家 | 사람 가

사업(事業)을 하는 사람[家].

▸사ː업-장 事業場 | 마당 장
사업(事業)을 하는 장소(場所). ¶사업장을 둘러보다.

사ː연 事緣 | 일 사, 인연 연
[(full) story; reasons]
일[事]이 그렇게 된 인연(因緣)이나 까닭. ¶사연이 복잡하다.

사열 查閱 | 살필 사, 훑어볼 열 [inspect; review]
❶ 속뜻 조사(調査)하고 검열(檢閱)함. ❷ 군사 부대의 훈련 정도, 사기 따위를 열병과 분열을 통하여 살피는 일. ¶군대를 사열하다. ❸ 군사 부대의 훈련 정도나 장비 유지 상태를 검열하는 일. ¶내무(內務) 사열.

사옥 社屋 | 회사 사, 집 옥
[office building]
회사(會社)의 건물[屋]. ¶사옥을 이전하다.

사욕 私慾 | 사사로울 사, 욕심 욕 [selfish desire]
사사로운[私] 자기의 이익만을 생각하는 욕심(慾心). ¶그는 사욕을 채우려다 구속됐다.

⁑**사ː용** 使用 | 부릴 사, 쓸 용 [use]
사람이나 물건 등을 부리거나[使] 씀[用]. ¶이곳은 가스 사용을 금하고 있다.

▸사ː용-료 使用料 | 삯 료
무엇을 사용(使用)한 뒤에 치르는 요금(料金). ¶선박 사용료.

▸사ː용-법 使用法 | 법 법
쓰는[使用] 방법(方法). ¶원고지 사용법을 익히다.

▸사ː용-자 使用者 | 사람 자
사람이나 물건을 쓰는[使用] 사람[者].

사우나 {영 sauna}
핀란드식 증기(蒸氣) 목욕. 가마에 돌을 넣고 가열한 열과 그 돌에 물을 뿌려 생기는 증기 열로 방을 덥혀 거기서 땀을 흘린다.

사원[1] 寺院 | 절 사, 집 원
[Buddhist temple]
절[寺] 따위의 종교 교당[院]. ¶회교 사원을 방문하다. ㊐ 사찰(寺刹).

사원[2] 社員 | 회사 사, 인원 원
[member; staff member]
회사(會社)에 근무하는 직원(職員). ¶신입사원을 채용하다. ㊐ 회사원(會社員).

사ː월 四月 | 넉 사, 달 월 [April]
한 해의 네[四] 번째 달[月].

사위 [son-in-law]
딸의 남편. ¶사위는 백년손님이다.

사윗-감 [suitable person for a son-in-law; likely son-in-law]
사위로 삼을 만한 사람. ¶사윗감을 고르다.

사ː유[1] 事由 | 일 사, 까닭 유
[reason; cause]
일[事]이 그렇게 된 까닭[由]. ¶결석한 사유를 설명하다. ㊐ 이유(理由), 연유(緣由).

사유[2] 私有 | 사사로울 사, 있을 유
[private ownership]
개인[私]이 소유(所有)함. 또는 그런 소유물. ㊥ 공유(公有), 국유(國有).

▸사유-지 私有地 | 땅 지
개인[私] 또는 사법인이 소유(所有)하는 토지(土地). ¶사유지를 매입해 공원을 만들다. ㊥ 공유지(公有地), 국유지(國有地).

▸사유 재산 私有財産 | 재물 재, 낳을 산
법률 개인[私] 또는 사법인이 소유(所有)하는 재산(財産). ¶공산(共産) 경제에서는 사유 재산을 인정하지 않는다.

*__사육__ 飼育 | 먹일 사, 기를 육
[breed; raise]
짐승 따위를 먹여[飼] 기름[育].

▸사육-사 飼育師 | 스승 사
가축이나 짐승을 먹여[飼] 기르는[育] 일

을 잘하는 사람[師]. ¶사육사들이 동물을 잘 돌보고 있다.

▸사육-장 飼育場 | 마당 장
가축이나 짐승을 먹여[飼] 기르는[育] 곳[場]. ¶동물 사육장 / 사슴 사육장.

사:-육신 死六臣 | 죽을 사, 여섯 륙, 신하 신
❶ 속뜻 죽은[死] 여섯[六] 명의 신하(臣下). ❷ 역사 조선 세조 2년(1456)에 단종의 복위를 꾀하다가 처형된 여섯 명의 충신(忠臣). 이개(李塏), 하위지(河緯地), 유성원(柳誠源), 성삼문(成三問), 유응부(俞應孚), 박팽년(朴彭年)을 이른다.

사:육-제 謝肉祭 | 거절할 사, 고기 육, 제사 제 [carnival]
❶ 속뜻 '고기[肉]는 사절(謝絶)하는 사순절(四旬節)에 앞서 벌이는 축제(祝祭). '카니발'(carnival). ❷ 가톨릭 사순절에 앞서서 3일 또는 한 주일 동안 술과 고기를 먹고 가장행렬 따위를 하며 즐기는 명절.

사:은 謝恩 | 고마워할 사, 은혜 은
[express gratitude; repay a kindness]
받은 은혜(恩惠)에 대하여 고마워함[謝]. ¶고객 사은 행사.

▸사:은-회 謝恩會 | 모일 회
졸업생이나 동창생들이 스승의 은혜(恩惠)에 감사(感謝)하는 뜻으로 베푸는 모임[會]. ¶졸업생들이 사은회를 열었다.

사:의 謝意 | 고마워할 사, 뜻 의
[thank; appreciate]
고마워하는[謝]의 뜻[意]. ¶여러분의 노고에 심심한 사의를 표합니다.

사이 (間, 사이 간)
[distance; interval; relationship]
❶한곳에서 다른 곳까지, 또는 한 물체에서 다른 물체까지의 거리나 공간. ¶집과 학교 사이에 놀이터 있다. ❷한때로부터 다른 때까지의 동안. ¶2시와 3시 사이에 오세요. ❸서로 맺은 관계. ¶친구 사이.

비슷한 듯 다른 말 ➲ 틈

▸사이-사이
어떤 장소나 사물, 행위, 사건 따위의 중간 중간. ¶그는 일하는 사이사이 물을 마셨다.

▸사이-좋다
서로 다정하다. 서로 친하다. ¶나는 친구들과 사이좋게 지냈습니다.

사이다 {영 cider} [soda pop]
탄산이 섞인 청량음료.

사이렌 {영 siren}
시간이나 경고를 알리기 위한 음향 장치. ¶갑자기 경찰 사이렌 소리가 들렸다.

사이버 {영 cyber}
컴퓨터 통신망. 전자두뇌의 뜻. ¶사이버 교육 / 사이버 범죄.

사이보그 {영 cyborg}
기계나 인공 신장·인공 심장 및 인공의 팔 등으로 개조된 인간.

사:이비 似而非 | 같을 사, 말 이을 이, 아닐 비 [pseudo; quasi]
겉으로는 비슷[似]하지만[而] 속은 완전히 다름[非]. 또는 그런 것. '사시이비'(似是而非)의 준말. ¶사이비 종교. ㊥ 정통(正統).

사이즈 {영 size}
옷·신발 따위의 크기. 치수. ¶엄마와 나는 신발 사이즈가 같다.

사이클 {영 cycle}
❶경주용 자전거. ❷ 물리 사물이 일정한 주기로 되풀이하여 순환하는 일. ¶유행의 사이클이 점점 짧아지고 있다.

사이트 {영 site}
인터넷에서 사용자들이 정보가 필요할 때 언제든지 그것을 볼 수 있도록 웹 서버에 저장된 집합체.

사이펀 {영 siphon}
물리 한 다리는 길고 한 다리는 짧은 'U'자 모양의 굽은 관. 압력의 차를 이용, 그릇을 기울이지 않고, 그 속의 물을 다른 곳에 옮기는 데 쓴다.

사인[1]{영 sign}
몸짓이나 눈짓 따위로 어떤 의사를 전달하는 일. 또는 그런 동작. ¶감독이 타자에게 사인을 보냈다.

사인[2]{영 sign} [signature; autograph]
자기만의 독특한 방법으로 자신의 이름을 적음. 또는 그렇게 적은 문자. ¶인기 배우의 사인을 받다. ㊐ 서명(署名).

사:인[3]死因 | 죽을 사, 인할 인 [cause of death]
죽게[死] 된 원인(原因). ¶경찰이 피의자의 사인을 조사하다.

사인-펜 {영 sign pen}
나일론이나 폴리에스테르 섬유를 굳혀 만든 심에 잉크를 넣은 필기도구. ¶수성 사인펜.

사임 辭任 | 물러날 사, 맡길 임 [leave the service; resign]
맡아보던 일을[任] 그만두고 물러남[辭]. ¶회장직을 사임하다. ㊐ 사직(辭職).

사자 獅子 | 사자 사, 접미사 자 [lion]
동물 털은 엷은 갈색이고 수컷은 뒷머리와 앞가슴에 긴 갈기가 있는 포유동물. 백수(百獸)의 왕으로 불린다.

▸사자-탈 (獅子–)
사자(獅子)의 형상처럼 만든 탈.

▸사자-놀음 (獅子–)
민속 사자(獅子)놀이. ¶북청 사자놀음.

▸사자-놀이 (獅子–)
민속 음력 정월 보름날, 사자(獅子)탈을 쓰고 사자의 몸짓으로 춤을 추는 민속놀이. 한 해의 풍년을 기원하고 액운과 잡귀를 물리치며, 마을에 무사와 안녕을 빈다.

사장 社長 | 회사 사, 어른 장 [president of a company]
회사(會社)의 우두머리[長]. 회사의 최고 책임자. ¶그가 사장으로 선임되었다.

사-장조 (–長調, 길 장, 가락 조) [G major]
음악 '사' 음을 으뜸음으로 하는 장조(長調).

사재 私財 | 사사로울 사, 재물 재 [private funds]
개인의[私] 재산(財産). ¶그는 사재를 들여 복지재단을 만들었다.

사-재기 [stock up]
경제 품귀(品貴)나 값이 오를 것을 예상하고 당장 필요한 수량 이상으로 사서 재어 두는 일. ¶중동 전쟁으로 석유값이 급등하자 사람들이 석유를 사재기하기 시작했다. ㊐ 매점매석(買占賣惜).

사적[1]私的 | 사사로울 사, 것 적 [individual; personal]
개인[私]에 관계되는 것[的]. ¶사적인 일. ㊥ 공적(公的).

사:적[2]史跡 | 역사 사, 발자취 적 [historic site]
역사적(歷史的)으로 중요한 사건이나 시설의 자취[跡]. ¶우리는 공주로 사적 답사를 다녀왔다.

▸사:적-비 史跡碑 | 비석 비
그곳에서 일어난 역사적 사건[史跡]를 새겨 넣은 비석(碑石).

사:전[1]事典 | 일 사, 책 전 [encyclopedia]
여러 가지 사항(事項)을 모아 일정한 순서로 배열하고 그 각각에 해설을 붙인 책[典]. ¶민속 사전 / 의학사전을 발간하다.

사:전[2]事前 | 일 사, 앞 전 [before a thing takes place]
일[事]이 일어나거나 일을 시작하기 전(前). ¶암은 치료보다 사전 예방이 훨씬 더 중요하다. ㊥ 사후(事後).

사전[3]辭典 | 말씀 사, 책 전 [dictionary; lexicon]
어떤 범위 안에서 쓰이는 말[辭]을 모아서 일정한 순서로 배열하여 싣고, 그 각각의 독음, 의미, 어원, 용법 따위를 해설한 책[典]. ¶영어사전 / 국어사전을 편찬하다.

사:절[1]謝絶 | 거절할 사, 끊을 절 [decline; refuse]

❶속뜻 거절하여[謝] 딱 자름[絶]. ❷요구나 제의를 받아들이지 않고 딱 잘라 거절함. ¶면회 사절 / 외상은 사절합니다.

사:절²使節 | 부릴 사, 마디 절 [envoy; delegate]
❶역사 옛날 사신(使臣)이 신표로 지참하던 대나무 마디[節]. ❷법률 나라를 대표하여 일정한 사명(使命)을 띠고 외국에 파견되는 사람. ¶그는 주한 외교 사절로 워싱턴에 갔다.

▸사:절-단 使節團 | 모일 단
사절(使節)로 외국에 가는 단체(團體). ¶그리스에 사절단을 파견하다.

사정¹射精 | 쏠 사, 정액 정 [ejaculate]
의학 남성의 생식기에서 정액(精液)을 내쏘는[射] 일. 성기에 가해지는 자극에 의하여 사정 중추가 흥분하면 일어난다.

***사:정²事情** | 일 사, 실상 정 [reason; ask leniency]
❶속뜻 일[事]의 형편이나 실상[情]. ¶그는 사정이 있어 할머니 밑에서 자랐다. ❷어떤 일의 형편이나 까닭을 남에게 말하고 무엇을 간청함. ¶아무리 사정해도 소용없다.

▸사:정-없이 (事情–)
남의 사정(事情)을 헤아려 돌봄이 없이 매몰차게. ¶그는 사정없이 아이를 나무랐다.

사정-거리 射程距離 | 궁술 사, 거리 정, 떨어질 거, 떨어질 리 [shooting range]
❶속뜻 사격(射擊)해서 탄환이 나가는[程] 최대 거리(距離). ❷군사 탄알, 포탄, 미사일 따위가 발사되어 도달할 수 있는 곳까지의 거리. ¶사정거리가 1,500km인 미사일을 개발하다. ㊟사정, 사거리. ㊥탄정(彈程).

사정-전 思政殿 | 생각 사, 정치 정, 대궐 전
❶속뜻 국정(國政)을 생각하며[思] 거처하는 궁전(宮殿). ❷고적 임금이 평상시에 거처하던 궁전. 경복궁 안에 있다.

사제¹司祭 | 맡을 사, 제사 제 [(Catholic) priest]
가톨릭 ❶의식과 전례[祭]를 맡은[司] 성직자. 주교 아래의 직위이다. ❷주교와 신부를 통틀어 이르는 말.

사제²私製 | 사사로울 사, 만들 제 [private manufacture]
개인[私]이 만듦[製]. ¶사제 권총 / 사제 엽서. ㊥관제(官製).

사제³師弟 | 스승 사, 제자 제 [teacher and pupil]
스승[師]과 제자(弟子)를 아울러 이르는 말. ¶사제 관계가 친밀하다.

사:족¹四足 | 넉 사, 발 족 [four feet]
❶속뜻 짐승의 네[四] 발[足]. 또는 네 발 가진 짐승. ❷'사지'(四肢)를 속되게 이르는 말. ¶사족이 멀쩡한데 놀고만 있을 수는 없다.

사족²蛇足 | 뱀 사, 발 족 [superfluity]
❶속뜻 뱀[蛇]의 발[足]. 실제로는 없다. ❷쓸데없는 군일을 하다가 도리어 실패(失敗)함을 이르는 말. '화사첨족'(畵蛇添足)의 준말. ¶사족을 달다.

사:죄 謝罪 | 용서 빌 사, 허물 죄 [apologize; beg pardon]
지은 죄(罪)나 잘못에 대하여 용서를 빎[謝]. ¶정중히 사죄하다.

사:주¹使嗾 | 부릴 사, 부추길 주 [incite; instigate]
남을 부추겨[嗾] 좋지 않은 일을 시킴[使]. ¶그는 적의 사주를 받아 내부의 기밀을 누출했다.

사:주²四柱 | 넉 사, 기둥 주 [fate; destiny; fortune]
❶속뜻 네[四] 개의 기둥[柱]. ❷민속 사람이 태어난 연월일시의 네 간지(干支). 또는 이에 근거하여 사람의 길흉화복을 알아보는 점. ¶사주를 보다 / 사주가 좋다.

▸사:주-팔자 四柱八字 | 여덟 팔, 글자 자
민속 사주(四柱)의 간지(干支)가 되는 여

덟[八] 글자[字]. 예를 들어 '갑자년(甲子年), 무진월(戊辰月), 임신일(壬申日), 갑인시(甲寅時)'에 태어난 경우 '갑자, 무진, 임신, 갑인'의 여덟 글자.

사:중 四重 | 넉 사, 겹칠 중
[quadruple; fourfold]
네[四] 겹[重]. ¶사중으로 에워싸다.

▸사:중-주 四重奏 | 연주할 주
음악 네[四] 개의 악기를 함께[重] 연주(演奏)하는 것.

사:지[1] 四肢 | 넉 사, 사지 지
[limbs; legs and arms]
네[四] 팔다리[肢]. 두 팔과 두 다리. ¶나는 아버지의 소식을 듣고 사지를 떨었다.

사:지[2] 死地 | 죽을 사, 땅 지
[jaws of death]
❶ 속뜻 죽을[死] 곳[地]. 또는 죽어서 묻힐 장소. ❷죽을 지경의 매우 위험하고 위태한 곳. ¶우리는 간신히 사지에서 벗어났다.

사직[1] 社稷 | 토지신 사, 곡식신 직
[guardian deities of the State; sovereignty]
❶ 속뜻 토지신[社]과 곡식신[稷]. ❷나라 또는 조정을 이르는 말. 고대 황제나 제후는 사직에 대한 제사를 매우 중요하게 여겼으므로 '국가'나 '조정'을 상징적으로 이르기도 한다. ¶종묘와 사직이 위태롭다.

사직[2] 辭職 | 물러날 사, 일 직
[leave office; resign from]
맡은 직무(職務)를 내놓고 물러남[辭]. ¶그는 신병을 이유로 사직했다 / 사직서(辭職書)를 제출하다.

⁑**사진** 寫眞 | 베낄 사, 참 진 [photograph; picture]
❶ 속뜻 진짜[眞]처럼 그대로를 베낌[寫]. ❷물체의 형상을 감광막 위에 나타나도록 찍어 오랫동안 보존할 수 있게 만든 영상. ¶사진을 찍다 / 가족 사진.

▸사진-관 寫眞館 | 집 관
일정한 시설을 갖추고 사진(寫眞) 찍는 일을 하는 집[館].

▸사진-기 寫眞機 | 틀 기
렌즈를 사용하여 필름 또는 건판에 사람이나 물체를 있는 그대로 찍는[寫眞] 기계(機械). ⓑ 카메라(camera).

▸사진-사 寫眞師 | 스승 사
사진(寫眞)을 찍는 일을 업으로 하는 사람[師].

▸사진-첩 寫眞帖 | 표제 첩
사진(寫眞)을 붙여 두기 위한 두꺼운 종이로 만든 책[帖]. ¶오래된 사진첩에서 어머니의 사진을 찾았다. ⓑ 앨범.

사찰 寺刹 | 절 사, 절 찰
[Buddhist temple]
절[寺=刹]. ¶깊은 산속에 있는 사찰에서 하루를 묵었다.

사창 私娼 | 사사로울 사, 창녀 창
[unlicensed prostitute; streetwalker]
관청의 허가 없이 사사로이[私] 몸을 파는 창녀(娼女). ⓑ 공창(公娼).

▸사창-가 私娼街 | 거리 가
사창(私娼)들이 많이 모여서 몰래 몸을 파는 거리[街].

사채 私債 | 사사로울 사, 빚 채
[personal loan]
개인[私]끼리 지는 빚[債]. ¶사채를 쓰다 / 사채에 시달리다.

사:-철 (四–, 넉 사) [four seasons]
봄·여름·가을·겨울의 네[四] 철. ⓑ 사계(四季), 사계절(四季節), 사시(四時), 춘하추동(春夏秋冬).

▸사:철-나무 (四–, 넉 사)
식물 주로 해안에 나는 상록수(常綠樹). 나무껍질은 약으로 쓰고 정원수나 울타리 따위로 재배한다.

사:체 死體 | 죽을 사, 몸 체
[dead body]
사람 또는 동물 따위의 죽은[死] 몸뚱이[體]. ¶범인은 사체를 방치하고 도주했다.

사ː초 史草 | 역사 사, 거칠 초
역사 조선 시대에 사관(史官)이 기록하여 둔 초고(草稿). 실록(實錄)의 원고가 되었다. ¶임금은 사초를 볼 수 없다.

⁑**사ː촌 四寸** | 넉 사, 관계 촌
[cousin (on the father's side)]
❶속뜻 친척 가운데 네[四]번째 관계[寸]. ❷나와 촌수가 4촌 관계인 아버지의 친형제의 아들딸. 속담 사촌이 땅을 사면 배가 아프다.

사춘-기 思春期 | 생각 사, 봄 춘, 때 기
[adolescence]
❶속뜻 춘정(春情)을 생각하는[思] 시기(時期). ❷몸의 생식 기능이 거의 완성되며 이성(異性)에 관심을 가지게 되는 젊은 시절. ¶사춘기는 질풍노도의 시기라고도 한다.

사치 奢侈 | 뽐낼 사, 분에 넘칠 치
[be extravagant; live in luxury]
돈이나 물건을 쓰며 뽐내거나[奢] 분수에 넘친[侈] 행동을 함. ¶그는 월급이 적기 때문에 사치를 부릴 만한 여유가 없다 / 사치스러운 생활을 하다. 반 검소(儉素).

▸**사치-품 奢侈品** | 물건 품
사치(奢侈)스러운 물건[品]. ¶사치품의 수입이 늘어났다.

사ː친 事親 | 섬길 사, 어버이 친
어버이[親]를 섬김[事].

▸**사ː친이효 事親以孝** | 써 이, 효도 효
세속 오계의 하나. 어버이[親]를 섬기기를[事] 효도(孝道)로써[以] 함을 이른다.

사타구니 [groin]
두 다리의 사이.

사탄 [Satan]
기독교 적대자라는 뜻으로, 하나님과 대립하여 존재하는 악(惡)을 인격화하여 이르는 말. 비 마귀(魔鬼).

사탕 沙糖 | =砂糖, 본음 [사당] 모래 사, 엿 당 [candy]
모래[沙] 크기의 설탕이나 엿[糖] 따위를 끓여서 만든 과자의 일종.

▸**사탕-무** (沙糖-)
식물 원뿔모양의 덩이뿌리가 자라는 풀. 열대·아열대에서 많이 재배하며, 뿌리는 맛이 달아 사탕(沙糖)의 원료로 쓴다.

▸**사탕-단풍 沙糖丹楓** | 붉을 단, 단풍나무 풍
식물 잎은 단풍(丹楓)처럼 활짝 편 손 모양이고 뒷면은 허옇고, 봄에 줄기에서 조금 사탕(沙糖)처럼 단 맛의 액체를 받아 음료나 약으로 쓰는 큰키나무.

▸**사탕-발림** (沙糖-)
사탕(沙糖)처럼 달콤한 말로 비위를 맞추어 살살 달램. 또는 그 말이나 일. ¶그의 사탕발림에 넘어가면 안 돼.

▸**사탕-수수** (沙糖-)
식물 볏과의 여러해살이풀. 줄기에서 짠 즙으로 설탕[沙糖]을 만든다. 열대·아열대에서 많이 재배한다.

사태[1] [beef shank]
소의 다리 아랫마디 뒤쪽에 붙은 고깃덩이. ¶사태로 장조림을 만들다.

사ː태[2] **事態** | 일 사, 모양 태 [situation]
일[事]의 되어 가는 상태(狀態). ¶사태가 심각하다.

사택 私宅 | 사사로울 사, 집 택
[ones home; private residence]
개인[私] 소유의 집[宅]. 비 관사(官舍).

사퇴 辭退 | 물러날 사, 물러갈 퇴
[refuse to accept]
어떤 일을 그만두고 물러감[辭=退]. ¶공직을 사퇴하다.

사투 私鬪 | 사사로울 사, 싸울 투
[strive out of personal grudge]
사사로운[私] 이해관계나 감정 문제로 서로 싸움[鬪]. 또는 그런 싸움. ¶두 이웃 간의 사투가 비극적인 결과를 낳았다.

사ː투리 [dialect; accent]
언어 어느 지방에서만 쓰는, 표준어가 아닌 말. 비 방언(方言). 반 표준어(標準語).

사파이어 {영 sapphire}
광업 푸르고 투명하며 다이아몬드 다음으로 단단한 강옥(鋼玉)의 하나. 구월의 탄생석이다.

사ː팔-뜨기 [squint-eyed person]
눈동자가 비뚤어져서 무엇을 볼 때 눈을 모로 뜨는 사람의 낮춤말.

사포 沙布 | =砂布, 모래 사, 베 포
[sandpaper; emery paper]
유리가루 따위의 보드라운 모래[沙]를 발라 붙인 베[布]나 종이. 쇠붙이의 녹을 닦거나 물체의 거죽을 반들반들하게 문지르는 데에 쓴다. ¶자른 부분을 사포나 줄로 문질러 매끄럽게 다듬는다.

▶ 사포-질 (沙布—)
까칠까칠한 표면을 매끄럽게 하기 위해 사포(沙布)로 문지르는 일.

사표[1] 師表 | 스승 사, 본보기 표 [model; pattern]
❶ 속뜻 스승[師]의 본보기[表]. ❷ 학식과 덕행이 높아 남의 모범이 될 인물. ¶사표로 삼다.

사표[2] 辭表 | 물러날 사, 밝힐 표 [resign]
직책에서 물러나겠다[辭]는 뜻을 밝힘[表]. 또는 그런 글. ¶사표를 내다. ⓑ사직서(辭職書).

사ː필귀정 事必歸正 | 일 사, 반드시 필, 돌아갈 귀, 바를 정 [corollary]
모든 일[事]의 잘잘못은 반드시[必] 바른[正] 길로 돌아감[歸].

사ː-하다 (赦—, 용서할 사)
[pardon; forgive]
지은 죄를 용서하다[赦]. ¶저의 죄를 사하여 주소서.

사ː학[1] 史學 | 역사 사, 배울 학
[historical science; history]
역사(歷史)를 다루는 학문(學問).

사학[2] 私學 | 사사로울 사, 배울 학
[private school]
교육 개인[私]이 설립한 교육 기관[學]. ¶구한말에는 민족 사학이 많이 설립되었다. ⓑ사립학교(私立學校). ⓑ관학(官學).

*__사ː항__ 事項 | 일 사, 목 항
[matter; item; facts]
일[事]의 조항(條項). ¶주의 사항을 전달하다.

사ː해 死海 | 죽을 사, 바다 해
[the Dead sea]
❶ 속뜻 어떤 생물들이라도 죽을[死]만큼 염분이 많은 바다[海]. ❷ 지리 아라비아 반도의 서북쪽에 있는 호수. 요르단 강이 흘러 들어오지만 나가는 데가 없고 증발이 심한 까닭에 염분 농도가 바닷물의 약 다섯 배에 달하여 생물이 살 수 없다.

사ː행 四行 | 넉 사, 행할 행
사람이 마땅히 지켜야 할 네[四] 가지 도덕적 행위(行爲). 충(忠), 효(孝), 우애(友愛), 신의(信義)를 이른다.

사ː행-시 四行詩 | 넉 사, 줄 행, 시 시
[four-line verse]
문학 한 작품 또는 작품의 한 연(聯)이 넉[四] 줄[行]로 된 시(詩).

사헌-부 司憲府 | 맡을 사, 법 헌, 관청 부
역사 고려·조선 시대에, 관리의 비행을 조사하여 그 책임을 규탄하는 등 관리와 관청의 규율[憲]에 관한 일을 맡아보던[司] 관아[府].

사ː형 死刑 | 죽을 사, 형벌 형
[condemn to death; put to death]
법률 죄인을 죽이는[死] 형벌(刑罰). ¶사형을 선고하다.

▶ 사ː형-수 死刑囚 | 가둘 수
법률 사형(死刑) 선고를 받은 죄수(罪囚).

▶ 사ː형-장 死刑場 | 마당 장
법률 사형(死刑)을 집행하는 장소(場所).

사ː화 士禍 | 선비 사, 재화 화
[massacre of scholars]
역사 조선 시대, 선비[士]들이 정치적 반대파에게 몰려 참혹한 화(禍)를 입던 일.

4대 사화는 무오사화(戊午士禍), 갑자사화(甲子士禍), 기묘사화(己卯士禍), 을사사화(乙巳士禍)를 이른다.

사:-화산 死火山 | 죽을 사, 불 화, 메 산
[extinct volcano]
지리 활동이 완전히 끝난, 죽은[死] 화산(火山). ⓑ 활화산(活火山).

사:환 使喚 | 부릴 사, 부를 환
[errand boy]
관청이나 회사, 가게 따위에서 잔심부름을 시키기[使] 위하여 고용한[喚] 사람.

사:활 死活 | 죽을 사, 살 활
[life and death]
죽음[死]과 삶[活]. ¶이번 사업에 회사의 사활이 걸려 있다.

사회[1] 司會 | 맡을 사, 모일 회
[preside at; chair a meeting]
회의(會議)나 예식 따위를 맡아[司] 진행함. ¶회의의 사회를 맡다.

▶**사회-자** 司會者 | 사람 자
모임이나 예식에서 진행을 맡아보는[司會] 사람[者].

⁑**사회**[2] 社會 | 단체 사, 모일 회
[society; community]
❶ 속뜻 같은 무리가 집단[社]을 이루어 모임[會]. ¶상류 사회. ❷ 사회 공동생활을 영위하는 모든 형태의 인간 집단. 가족, 마을, 조합, 교회, 계급, 국가, 정당, 회사 따위가 그 주요 형태이다.

▶**사회-과** 社會科 | 분과 과
교육 초등학교나 중등학교에서, 정치, 경제, 문화 따위의 사회(社會) 현상과 사회생활을 가르치는 교과(敎科).

▶**사회-면** 社會面 | 낯 면
언론 신문에서 사회(社會)와 관계된 기사를 싣는 지면(紙面).

▶**사회-성** 社會性 | 성질 성
심리 사회에 적응하여 사회(社會) 생활을 하려고 하는 인간의 근본 성질(性質). ¶그는 사회성이 좋다.

▶**사회-인** 社會人 | 사람 인
❶ 사회 사회(社會)의 일원으로서 활동하는 개인[人]. ¶사회인으로서 책임과 의무를 다하다. ❷학교나 군대 따위의 단체에서 제한된 생활을 하는 사람들이 그 범위 밖의 사회에서 활동하는 사람들을 이르는 말. ¶형은 대학교를 졸업하고 사회인이 되었다.

▶**사회-적** 社會的 | 것 적
사회(社會)에 관계되는 것[的]. ¶사회적 지위.

▶**사회 문:제** 社會問題 | 물을 문, 주제 제
사회 실업·교통·주택·청소년 문제처럼, 사회(社會) 제도의 결함이나 모순으로 발생하는 모든 문제(問題). ¶청소년 비행이 사회 문제로 크게 대두되었다.

▶**사회 보:장** 社會保障 | 지킬 보, 막을 장
사회 국민이 사회인(社會人)으로 살아가는 데 겪게 되는 생활상의 문제를 국가가 제도적으로 보장(保障)하는 일. ¶사회 보장이 크게 개선되었다.

▶**사회 복지** 社會福祉 | 복 복, 복 지
사회 국민의 생활을[社會] 안정시키고, 행복한 삶[福祉]을 지켜주기 위한 정책이나 시설.

▶**사회-사:업** 社會事業 | 일 사, 일 업
사회 빈곤구제, 실업보호, 아동보호, 의료보호 등 사회적(社會的) 생활을 개선하고 보호하기 위하여 행하는 활동이나 사업(事業). ¶그는 사회사업에 온 일생을 바쳤다.

▶**사회-생활** 社會生活 | 살 생, 살 활
사회 사람들이 모여 사회(社會)를 꾸리고 질서를 유지하며 살아가는 공동 생활(生活).

▶**사회-주의** 社會主義 | 주될 주, 뜻 의
사회 사유 재산 제도를 폐지하고 생산 수단을 사회적(社會的)으로 공유(共有)하려는 사상[主義]. 또는 그런 사회. ¶북한은 사회주의를 고수하고 있다.

사:후[1]死後 | 죽을 사, 뒤 후
[after death]
죽은[死] 뒤[後]. ¶이 시집은 작가의 사후에 출판되었다. [반] 생전(生前).

사:후[2]事後 | 일 사, 뒤 후
[after the fact; for further reference]
일[事]이 끝난 뒤[後]. 또는 일을 끝낸 뒤. ¶사후 관리를 철저히 하다. [반] 사전(事前).

사흘 [three days]
세 날. 삼 일. ¶그는 여행에서 사흘 만에 돌아왔다.

삭감 削減 | 깎을 삭, 덜 감
[cut down; curtail; retrench]
깎아서[削] 줄임[減]. ¶임금을 삭감하다.

삭다 [become sloppy; acquire flavor]
❶물건이 오래되어 본바탕이 변하여 썩은 것처럼 되다. ¶노끈이 삭아 끊어졌다. ❷김치나 젓갈 따위의 음식물이 발효되어 맛이 들다. ¶김치가 푹 삭았다.

삭막 索漠 | 쓸쓸할 삭, 사막 막
[dim; dreary]
쓸쓸한[索然] 사막[漠]처럼 외롭고 고요한. ¶삭막한 겨울 들판.

삭발 削髮 | 깎을 삭, 머리털 발
[have one's hair cut]
머리털[髮]을 깎음[削]. 또는 그 머리. ¶삭발한 모습이 더 잘 어울린다.

삭신 [sinews and joints]
몸의 근육과 뼈마디. ¶삭신이 쑤시다.

삭이다 [appease; quell]
분한 마음을 가라앉히다. ¶분을 삭이다.

삭정-이 [dead branches on a tree]
산 나무에 붙은 채 말라 죽은 가지.

삭제 削除 | 깎을 삭, 덜 제
[eliminate; remove; cancel]
❶[속뜻] 깎아서[削] 없앰[除]. ❷지워 버림. ¶내용의 일부를 삭제하다. [반] 첨가(添加), 추가(追加).

삭풍 朔風 | 북녘 삭, 바람 풍
[north wind]
겨울철에 북쪽[朔]에서 불어오는 찬바람[風]. ¶장군은 한겨울 삭풍을 맞으며 성곽을 지키고 있다. [비] 북풍(北風).

삭-히다 [ferment]
음식 따위를 삭게 하다. ¶새우젓을 삭히다.

삯 [wages; pay; hire]
일한 데 대한 보수로 주는 돈이나 물건. ¶하루에 5만 원씩 삯을 받고 일하다.

삯-바느질 [needlework for pay]
삯을 받고 해 주는 바느질.

산[1]山 | 메 산 [mountain; mount]
평지보다 썩 높이 솟아 있는 땅덩이. [속담] 산 넘어 산이다.

산[2]酸 | 신맛 산 [acid]
[화학] 물에 녹았을 때 수소 이온을 내어 산성 반응을 일으키는 물질. 신맛이 나고 청색 리트머스 종이를 붉게 변화시킨다. [반] 염기.

***산간** 山間 | 메 산, 사이 간
[among the mountains]
산(山)과 산 사이[間]. ¶봄이 되었다지만 산간 지역에는 아직도 눈이 내린다.

▶**산간-벽지** 山間僻地 | 후미질 벽, 땅 지
산간(山間)의 외진[僻] 곳[地]. ¶이제는 산간벽지까지 전기가 들어간다.

산:고 産苦 | 낳을 산, 괴로울 고
[he pains of childbirth]
아이를 낳는[産] 고통(苦痛). ¶산고를 겪다.

산-골 (山-, 메 산) [mountain district]
외지고 으슥한 깊은 산(山)속. ¶깊은 산골 외딴 마을 / 산골 소녀.

산-골짜기 (山-, 메 산)
산(山)과 산 사이로 깊이 패어 들어간 곳. [준] 산골짝.

산-골짝 (山-, 메 산)
'산(山)골짜기'의 준말. ¶산골짝의 다람쥐 아기 다람쥐.

산국 山菊 | 메 산, 국화 국
[wild chrysanthemum]
식물 주로 산(山)에서 자라는 국화(菊花). 가을에 피는 노란 꽃은 약용 또는 식용하고 어린 싹은 식용한다. '산국화'의 준말.

산-그늘 (山—, 메 산) [cove]
산(山)에 가려서 지는 그늘. ¶강에 산그늘이 드리웠다.

산-기슭 (山—, 메 산)
[foot of a mountain]
산(山)의 비탈이 끝나는 아랫부분. ¶산기슭을 일궈 밭을 만들다.

산-길 (山—, 메 산) [mountain path]
산(山)에 나 있는 험한 길. ¶산길을 따라 10여리를 가면 넓찍한 들이 나온다. ⓑ 산로(山路).

산-꼭대기 (山—, 메 산) [mountaintop]
산(山)의 맨 위.

산-나물 (山—, 메 산)
[wild edible greens]
산(山)에서 저절로 나는 나물. ⓑ 산채(山菜). 멧나물.

산대 山臺 | 메 산, 무대 대
❶ 속뜻 길가나 빈 터에 산(山)같이 높이 쌓은 임시 무대(舞臺). ❷ 민속 산대극(山臺劇).

▸ 산대-놀이 (山臺—)
민속 큰길가나 빈터에 만든 무대[山臺]에서 광대들이 탈을 쓰고 춤을 추고 노래하며, 이야기를 하는 민속놀이.

산-더미 (山—, 메 산)
[great mass; huge amount]
물건이나 일이 산처럼(山) 썩 많이 있음을 비유하는 말. ¶숙제가 산더미처럼 쌓여있다.

산-동네 (山洞—, 메 산, 마을 동)
산(山)등성이나 산비탈 따위에 이루어진 동(洞)네. ⓑ 달동네.

산-돼지 (山—, 메 산) [wild boar]
동물 산(山)에서 야생으로 사는 돼지 비슷한 포유동물. 털이 검으며, 주둥이가 돼지보다 길고 날카로운 엄니가 있다. ⓑ 멧돼지.

산들-바람 [soft wind]
시원하고 가볍게 부는 바람. 산들산들 부는 바람.

산들-산들 [softly; in cool ripples]
바람이 시원하고 부드럽게 부는 모양을 나타낸다. ¶봄바람이 산들산들 불고 있었다.

산-등성이 (山—, 메 산)
[(mountain) ridge]
산(山)의 등줄기. ㊟ 산등. ⓑ 산릉(山稜).

산-딸기 (山—, 메 산)
[wild berries; raspberry]
산(山)에서 야생으로 나는 딸기. 산딸기나무의 열매.

산뜻-하다 [fresh]
❶기분이나 느낌이 깨끗하고 시원하다. ¶산뜻한 기분. ❷보기에 시원스럽고 말쑥하다. ¶방을 산뜻하게 꾸미다. ⓑ 우중충하다, 칙칙하다.

산:란¹ 産卵 | 낳을 산, 알 란
[lay eggs; spawn]
알[卵]을 낳음[産]. ¶연어는 산란하기 위하여 태어난 곳으로 돌아온다.

산:란² 散亂 | 흩을 산, 어지러울 란
[be littered with; discomposed]
❶ 속뜻 흩어져[散] 어지러움[亂]. ¶장난감을 늘어놓아 방안이 산란하다. ❷어수선하고 뒤숭숭하다. ¶마음이 산란하다. ⓑ 어지럽다.

산림 山林 | 메 산, 수풀 림
[mountains and forests]
산(山)과 숲[林]. 또는 산에 있는 숲. ¶무분별한 벌목으로 산림이 훼손되다.

▸ 산림-청 山林廳 | 관청 청
법률 산림(山林)의 보호 육성, 산림 자원의 증식 따위에 관한 사무를 맡아보는 중앙 행정 기관[廳].

▸산림-녹화 山林綠化 | 초록빛 록, 될 화
산[山林]에 나무를 심고 보호하며 사방 공사 따위를 하여 초목을 무성하게 하는 일[綠化]. 또는 그런 운동.

▸산림 자원 山林資源 | 재물 자, 근원 원
[농업] 산림(山林)에서 얻는 목재, 약초 따위의 경제적 가치가 있는 자원(資源). ¶산림 자원을 개발하다.

산-마루 (山—, 메 산)
[top of a mountain]
산(山)등성이의 가장 높은 곳. ¶산마루에 올라서서 파란 하늘을 바라보았다.

산:만 散漫 | 흩을 산, 멋대로 만
[loose; discursive]
정신이 어수선하게 흐트러지고[散] 멋대로[漫] 함. ¶내 동생은 주의가 산만하다.

산맥 山脈 | 메 산, 줄기 맥
[mountain range]
산(山)봉우리가 이어진 줄기[脈]. ¶태백산맥 / 알프스 산맥.

산:모 産母 | 낳을 산, 어머니 모
[woman delivered of a child]
막 해산(解産)한 아이 어머니[母].

산모퉁이 (山—, 메 산) [spur of a hill]
산(山)기슭의 쑥 내민 귀퉁이.

산:문 散文 | 흩을 산, 글월 문 [prose]
[문학] 규범에 얽매이지 않고 자유로이 내치는 대로[散] 쓴 글[文]. 소설, 수필 따위이다. [반] 운문(韻文).

산:물 産物 | 낳을 산, 만물 물
[product; result]
❶ [속뜻] 일정한 곳에서 생산(生産)되어 나오는 물건(物件). ¶이 고장의 대표적 산물은 곶감이다. ❷어떤 것에 의하여 생겨나는 사물이나 현상을 비유적으로 이르는 말. ¶노력의 산물.

산-바람 (山—, 메 산) [mountain wind]
산(山)에서 부는 바람.

산:발[1] 散髮 | 흩을 산, 머리털 발
[make ones hair disheveled]
머리털[髮]를 풀어 헤침[散]. 또는 그 머리.

산:발[2] 散發 | 흩을 산, 쏠 발
[occur sporadically]
❶ [속뜻] 총을 이곳저곳 마구 흩어서[散] 쏨[發]. ❷여기저기서 때때로 일어남.

▸산:발-적 散發的 | 것 적
일이 한꺼번에 일어나지 않고 여기저기서[散] 간격을 두고 발생(發生)하는 것[的]. ¶산발적 시위 / 산발적인 비.

산:보 散步 | 한가로울 산, 걸음 보
[take a walk]
한가로이[散] 거니는 걸음걸이[步]. ¶점심을 먹은 후 산보를 나갔다. [비] 산책(散策).

산-봉우리 (山—, 메 산)
[mountain peak]
산(山)꼭대기의 뾰족한 부분. [준] 봉우리.

산:부 産婦 | 낳을 산, 여자 부
[woman in her confinement]
아이를 낳은[産] 여자[婦]. [비] 산모(産母).

산:부인-과 産婦人科 | 낳을 산, 여자 부, 사람 인, 분과 과
[obstetrics and gynecology]
[의학] 산과(産科)와 부인과(婦人科). 임신, 해산(解産), 부인병(婦人病) 따위를 다루는 분과(分科).

산-불 (山—, 메 산) [wood fire]
산(山)에 난 불. ¶봄철에는 산불이 많이 일어난다.

산-비둘기 (山—, 메 산)
[collared dove]
[동물] 산(山)에서 야생으로 사는 비둘깃과의 새.

산-비탈 (山—, 메 산)
[steep mountain slope]
산(山)기슭의 몹시 경사진 곳.

산-사태 山沙汰 | 메 산, 모래 사, 미끄러질 태 [landslide; landslip]
산(山) 중턱의 흙이나 모래[沙] 따위가 미

끄러져[汰] 내려오는 현상. ¶산림이 파괴되면 산사태가 일어나기 쉽다.

산:산-이 (散散—, 흩을 산)
[fall in pieces]
여지없이 깨어지거나 흩어지는[散+散] 모양. ¶접시가 산산이 부서졌다.

산:산-조각 (散散—, 흩을 산)
[broken pieces]
아주 잘게 깨져 흩어진[散+散] 여러 조각. ¶유리창이 깨져 산산조각이 났다.

산삼 山蔘 | 메 산, 인삼 삼
[wild ginseng]
식물 깊은 산(山)속에 저절로 나서 자란 삼(蔘). ¶심마니가 산삼을 캤다. ⓑ 가삼(家蔘).

산-새 (山—, 메 산) [mountain bird]
산(山)에서 사는 새. ⓑ 멧새, 산조(山鳥).

산성[1] 山城 | 메 산, 성곽 성
[mountain fortress wall]
산(山)에 쌓은 성(城).

⁂**산성**[2] 酸性 | 산소 산, 성질 성 [acidity]
❶ 속뜻 산소(酸素)의 성질(性質). ❷ 화학 수용액에 서 이온화할 때, 수산 이온의 농도보다 수소 이온의 농도가 더 큰 물질. 수소 이온 농도 지수가 7미만으로 물에 녹으면 신맛을 내고 청색 리트머스 시험지를 붉게 만든다. ¶위액은 강한 산성을 띤다. ⓑ 염기성(鹽基性).

▶ **산성-비** (酸性—)
지리 대기 오염 물질인 황산화물·질소 산화물이 섞여 내리는 산성(酸性)의 비. 건물·교량 및 구조물을 부식시키고, 토양·삼림 등에 심각한 피해를 준다. ¶환경오염 때문에 요즘에는 산성비가 자주 내린다.

▶ **산성-화** 酸性化 | 될 화
산성(酸性)으로 변함[化]. ¶토양이 점점 산성화되어 가고 있다.

산세 山勢 | 메 산, 형세 세
[physical aspect of a mountain]
산(山)의 형세(形勢). ¶산세가 험하다.

산소[1] 山所 | 메 산, 곳 소
[ancestral graveyard; grave; tomb]
❶ 속뜻 산(山)에 무덤이 있는 곳[所]. ❷ '무덤'의 높임말. ¶산소를 찾아가 성묘를 하다.

⁂**산소**[2] 酸素 | 신맛 산, 바탕 소 [oxygen]
화학 공기의 주성분이면서 맛과 빛깔과 냄새가 없는 원소(元素). 1783년 라부아지에가 실험한 물의 분석에서 대부분 산(酸)의 성질을 가지는 기체 생성물이 나온다는 것을 발견하여 그리스어의 '신맛[酸]이 있다'는 뜻의 oxys와 '생성된다'는 뜻의 gennao를 합쳐 oxygen이라고 이름 붙였다. 기호는 'O'. ¶고지대에는 산소가 희박하다.

▶ **산소-통** 酸素桶 | 통 통
산소(酸素)를 압축하여 저장해 놓은 통(桶).

산:수[1] 算數 | 셀 산, 셀 수
[calculate; arithmetic]
❶ 속뜻 수(數)를 계산(計算)함. ❷ 수학 수의 성질, 셈의 기초, 초보적인 기하 따위를 가르치는 학과.

산수[2] 山水 | 메 산, 물 수
[mountains and waters]
❶ 속뜻 산(山)과 물[水]. ❷자연의 경치. ¶산수가 아름답다.

▶ **산수-화** 山水畵 | 그림 화
미술 동양화에서 자연[山水]의 풍경을 제재로 하여 그린 그림[畵]. ⓑ 산수도(山水圖).

산수유 山茱萸 | 메 산, 수유 수, 수유 유
한의 산수유(山茱萸) 나무의 열매. 강장(強壯)의 효과가 있어 유정(遺精), 야뇨증, 대하 따위에 쓴다.

산:술 算術 | 셀 산, 꾀 술 [calculation]
❶ 속뜻 셈[算]을 하는 기술(技術). ❷ 수학 일상생활에 실지로 응용할 수 있는 수와 양의 간단한 성질 및 셈을 다루는 수학적 계산 방법.

산신 山神 | 메 산, 귀신 신 [mountain god; guardian spirit of a mountain]
민속 산(山)을 지키는 신(神).

산-신령 山神靈 | 메 산, 귀신 신, 혼령 령 [sprit of the mountain]
민속 산(山)을 맡아 수호한다는 신령(神靈). ¶산신령이 금도끼를 들고 나타났다. ㊟ 산신.

산ː실 産室 | 낳을 산, 방 실 [lying in room; delivery room]
❶ 속뜻 아이를 낳는[産] 방[室]. ❷어떤 일을 꾸미거나 이루어 내는 곳. 또는 그 바탕. ¶그리스는 서양 문명의 산실이다. ㊐ 산방(産房), 분만실(分娩室), 산지(産地).

산ː아 産兒 | 낳을 산, 아이 아 [give birth to a baby]
아이[兒]를 낳음[産].

▸산ː아 제ː한 産兒制限 | 누를 제, 끝 한
사회 인공적인 수단으로 아이[兒] 낳는[産] 것을 제한(制限)하는 일. ¶산아 제한으로 인구가 크게 줄었다.

산악 山岳 | 메 산, 큰산 악 [mountains]
육지 가운데 다른 곳보다 두드러지게 솟아 있는 높고 험한 부분[山=岳]. ¶우리나라 국토의 대부분은 산악 지대다.

▸산악-인 山岳人 | 사람 인
산[山岳]에 오르는 것을 남달리 잘하거나 즐기는 사람[人].

▸산악-회 山岳會 | 모일 회
산[山岳]을 사랑하거나 등산을 즐기는 사람들의 모임[會].

산야 山野 | 메 산, 들 야 [fields and mountains; hills and valleys]
산(山)과 들[野]. ¶눈 덮인 산야.

산양 山羊 | 메 산, 양 양 [goat]
❶ 속뜻 산(山)에 사는 양(羊)과 같은 동물. ❷ 동물 어깨의 높이는 60~90㎝이며, 몸빛은 흰색, 갈색 따위의 동물. 성질이 활달하며 가축으로 기른다. ㊐ 염소.

산-어귀 (山-, 메 산)
산(山)으로 들어가거나 올라가는 첫머리가 되는 지점.

산-언덕 (山-, 메 산) [hill; mound]
산(山)이 언덕처럼 낮아진 부분. 또는 평지보다 좀 높은 지대.

⁂**산ː업** 産業 | 낳을 산, 일 업 [industry]
❶ 속뜻 무엇을 생산(生産)하는 일[業]. 또는 그러한 업종(業種). ❷ 경제 농업, 금융업, 운수업 등 인간의 생활을 풍요롭게 하기 위하여 물건이나 서비스를 만드는 기업이나 조직. ¶산업 발전 / 새로운 산업에 종사하다.

▸산ː업-용 産業用 | 쓸 용
생산하거나 재생산하는[産業] 데에 쓰임[用]. ¶산업용 기기 생산을 확대하다.

▸산ː업-체 産業體 | 몸 체
생산(生産)하는 업체(業體).

▸산ː업-화 産業化 | 될 화
산업(産業)의 형태가 됨[化]. ¶산업화가 급속히 진행되다.

▸산업 사회 産業社會 | 단체 사, 모일 회
사회 사회 구조나 성격이 산업(産業)을 중심으로 규정되어 있는 사회(社會).

▸산업 혁명 産業革命 | 바꿀 혁, 운명 명
❶ 속뜻 산업(産業) 부분에 혁명(革命)과 같은 큰 변화가 일어남. 또는 그러한 사건. ❷ 역사 18세기 후반 영국에서 시작되어 각지로 퍼져 나간 기계의 발명과 기술의 변혁 그리고 그것으로 인해 일어난 변화. 이것으로 자본주의 경제가 발달하게 되었다.

산-울림 (山-, 메 산) [echo]
울려 퍼져 가던 소리가 산(山)이나 절벽 같은 데에 부딪쳐 되울려오는 소리. ㊐ 메아리.

산ː유 産油 | 낳을 산, 기름 유 [produce oil]
원유(原油)를 생산(生産)하는 일. ¶산유 시설을 갖추다.

▸산ː유-국 産油國 | 나라 국

원유(原油)를 생산(生産)하는 나라[國]. ¶산유국들이 담합하여 원유 생산량을 줄였다.

산-자락 (山—, 메 산)
밋밋하게 경사진 산(山)의 밑 부분.

산장 山莊 | 메 산, 별장 장
[mountain villa]
산(山)에 있는 별장(別莊). ¶산장에서 하룻밤을 묵었다. [비] 산방(山房).

산:재 散在 | 흩을 산, 있을 재 [be scattered about; lie here and there]
이곳저곳에 흩어져[散] 있음[在]. ¶그곳에는 아름다운 여행지가 산재해 있다.

산적[1] 山賊 | 메 산, 도둑 적 [brigand]
산(山)속에 숨어 살면서 남의 재물을 빼앗는 도둑[賊]. ¶산적이 나그네를 덮쳤다.

산적[2] 山積 | 메 산, 쌓을 적
[pile up; lie in a heap]
일이나 물건 따위가 산더미[山]처럼 많이 쌓여[積] 있음. ¶공책이 책상 위에 산적해 있다.

산전-수전 山戰水戰 | 메 산, 싸울 전, 물 수, 싸울 전
[fighting all sorts of hardships]
❶ [속뜻] 산(山)에서의 싸움[戰], 물[水]에서의 싸움[戰]. ❷'세상일의 온갖 고난을 겪은 경험'을 비유하여 이르는 말. ¶산전수전을 다 겪다.

산:정 算定 | 셀 산, 정할 정
[compute; calculate]
계산(計算)하여 정(定)함. ¶판매 가격을 산정하다.

***산:조 散調** | 흩을 산, 가락 조
❶ [속뜻] 흐트러진[散]듯이 들리는 가락[調]. ❷ [음악] 민속음악의 하나로 정악(正樂)의 일정한 흐름과는 다르게 느린 속도의 진양조로 시작, 차츰 급하게 중모리·자진모리·휘모리로 끝나는 가락.

산-줄기 (山—, 메 산)
[mountain range]
큰 산(山)에서 뻗어 나간 산의 줄기. ¶힘있게 뻗은 산줄기.

산중 山中 | 메 산, 가운데 중
[mountain recess; bosom of the hills]
산(山) 속[中]. ¶깊은 산중에서 길을 잃었다.

산-중턱 (山中—, 메 산, 가운데 중) [hillside; mountain side]
산(山)의 꼭대기와 아래의 중간(中間)이 되는 부분. ¶산중턱에 있는 집. [비] 산허리.

‡산지[1] 山地 | 메 산, 땅 지 [mountainous district]
❶ [속뜻] 산(山)으로 된 지형(地形). ❷산이 많고 들이 적은 지대.

산:지[2] 産地 | 낳을 산, 땅 지 [producing area]
물건이 생산(生産)되는 곳[地]. '산출지'(産出地)의 준말. ¶대구는 사과의 산지로 유명하다. [비] 원산지(原産地).

산-지기 (山—, 메 산) [forest ranger]
개인의 산(山)이나 산소(山所)를 맡아 지키는 사람.

산-짐승 (山—, 메 산)
[mountain animal]
산(山)속에 사는 짐승. ¶밤이 되면 마을에 산짐승이 내려온다. [비] 멧짐승, 산수(山獸).

산채 山菜 | 메 산, 나물 채 [wild edible greens; edible mountain herbs]
산(山)에서 나는 나물[菜]. ¶산채 비빔밥. [비] 산나물.

산:책 散策 | 한가로울 산, 지팡이 책 [take a walk]
❶ [속뜻] 한가로이[散] 지팡이[策]를 짚고 거닒음. ❷휴식을 취하거나 건강을 위해서 천천히 걷는 일. ¶할머니는 공원으로 산책을 나가셨다. [비] 산보(散步).

▶**산:책-로 散策路** | 길 로
산책(散策)할 수 있게 만든 길[路]. ¶낙엽이 쌓인 산책로를 거닐다.

산천 山川 | 메 산, 내 천

[mountains and streams; nature]
❶[속뜻] 산(山)과 내[川]. ❷자연 또는 자연의 경치. ¶고향 산천.

▶ 산천-어 山川魚 | 물고기 어
❶[속뜻] 산천(山川)에 사는 물고기[魚]. ❷[동물] 몸은 송어와 비슷하여 등 쪽은 짙은 청색, 옆구리에 타원형의 얼룩무늬가 있는 민물고기.

▶ 산천-초목 山川草木 | 풀 초, 나무 목
❶[속뜻] 산(山)과 내[川]와 풀[草]과 나무[木]. ❷'자연'을 이르는 말.

산초 山椒 | 메 산, 산초나무 초 [Chinese pepper]
산초나무의 열매. 기름을 만드는 원료로 쓰고 식용 또는 약용한다.

산촌 山村 | 메 산, 마을 촌
[mountain village]
산(山)속에 자리한 마을[村].

산:출¹產出 | 낳을 산, 날 출
[produce; yield; bring forth]
물건이 생산(生產)되어 나오거나[出] 물건을 생산해 냄. ¶석탄 산출 지역.

산:출²算出 | 셀 산, 날 출
[calculate; compute]
계산(計算)해 냄[出]. ¶성적 산출 / 예산을 산출하다.

산타 {영 Santa.}
'산타클로스'(Santa Claus)의 준말. 크리스마스 전날 밤에 굴뚝으로 몰래 들어와 착한 어린이의 양말·구두 속에 선물을 넣고 간다는, 붉은 외투를 입고 흰 수염이 난 노인.

산-토끼 (山—, 메 산)
[hare; wild rabbit]
[동물] 산(山)에서 저절로 사는 토끼. 등 쪽은 갈색이고, 배 쪽은 흰색 또는 엷은 노란 갈색이다. [반] 집토끼.

산:통¹產痛 | 낳을 산, 아플 통
[labor pains; pains of childbirth]
❶[속뜻] 아이를 낳을[產] 때 느끼는 고통(苦痛). ❷[의학] 해산할 때 주기적으로 되풀이되는 복통(腹痛). 또는 그러한 일. [비] 진통(陣痛).

산:통²算筒 | 셀 산, 대롱 통
[case for bamboo fortune slips]
산(算)가지를 넣은 조그마한 통(筒). ¶산통을 들고 점을 치다. [관용] 산통을 깨다.

산:파 產婆 | 낳을 산, 할미 파
[maternity nurse]
아이를 낳을[產] 때, 아이를 받고 산모를 도와주는 일을 하는 여자[婆].

산하 山河 | 메 산, 물 하
[mountains and rivers]
❶[속뜻] 산(山)과 강[河]. ❷자연 또는 자연의 경치. [비] 산천(山川).

산해 山海 | 메 산, 바다 해
[mountains and seas]
산(山)과 바다[海].

▶ 산해-진미 山海珍味 | 보배 진, 맛 미
산(山)과 바다[海]에서 나는 온갖 산물로 차린 맛있는[珍] 음식[味]. [비] 산진해미(山珍海味).

산행 山行 | 메 산, 갈 행
[mountain hike]
산(山)에 감[行]. 산길을 감. ¶주말에 동료들과 산행을 가다.

산-허리 (山—, 메 산)
[mountainside; hillside]
산(山) 둘레의 중턱. [비] 산중턱.

산호 珊瑚 | 산호 산, 산호 호 [coral]
[동물] 나뭇가지 모양의 군체(群體)를 이루고 살며, 윗면 중앙에 입이 있고 그 주위에 깃털 모양의 촉수가 있는 강장동물. 죽으면 살이나 기관은 썩고 뼈만 남는다.

▶ 산호-초 珊瑚礁 | 잠길 바위 초
[지리] 산호(珊瑚) 군체(群體)의 분비물이나 뼈 따위가 쌓여서 이루어진 석회질의 암초(暗礁).

산화 酸化 | 산소 산, 될 화 [oxidize]
[화학] 어떤 물질이 산소(酸素)와 화합(化合)함. ¶철은 쉽게 산화된다. [반] 환원(還

元).

산ː후 産後 | 낳을 산, 뒤 후
[after childbirth]
아이를 낳은[産] 뒤[後]. ¶산후 조리. [반] 산전(産前).

살[1] [flesh; meat]
❶사람이나 동물의 뼈를 싸고 있는 부드러운 물질. ¶살을 빼다 / 살이 부드럽다. ❷조개나 게 따위의 껍데기나 다리 속에 든 연한 물질. ¶새우가 통통하게 살이 올랐다. ❸과실 따위의 껍질 속에 든 부드러운 물질. ¶이 복숭아는 살이 많다. [관용] 피가 되고 살이 되다.

살[2] [frame]
창문이나 연(鳶), 부채, 바퀴 따위의 뼈대가 되는 부분. ¶우산의 살이 하나 부러졌다.

살[3] [age; (one's) years]
나이를 세는 말. ¶나는 동생보다 두 살 많다.

살갑다 [kind; warm hearted]
마음씨가 부드럽고 상냥하다. ¶그는 모처럼 찾아온 딸을 살갑게 맞아 주었다.

살-갗 [skin (surface)]
살가죽의 겉면. ¶살갗이 부드럽다. [비] 피부(皮膚).

살-결 [texture; skin]
살갗의 결. ¶살결이 곱다.

살구 (杏, 살구 행) [apricot]
살구나무의 열매. 살은 식용하고 씨의 알맹이는 한약재로 쓴다. [비] 육행(肉杏).

▶**살구-나무**
[식물] 연분홍색의 꽃이 잎보다 먼저 피며, 여름에 연주황색의 열매를 맺는 나무. 열매는 식용하고, 씨는 약용한다.

살균 殺菌 | 죽일 살, 세균 균
[sterilize; pasteurize]
약품이나 열 따위로 세균(細菌)을 죽임[殺]. ¶살균우유 / 칫솔을 살균하다. [비] 멸균(滅菌).

▶**살균-제** 殺菌劑 | 약제 제
[약학] 살균(殺菌)하는데 쓰이는 약제(藥劑).

살그머니 [in secret; on the quiet]
남이 모르게 넌지시. ¶살그머니 다가오다. [비] 몰래, 살며시, 살짝.

살금-살금 [secretly; quietly]
남이 모르게 눈치를 보아 가며 가만가만 하는 모양. ¶나는 언니를 놀래 주려고 살금살금 다가갔다.

살기 殺氣 | 죽일 살, 기운 기
[violent temper; murderous spirit]
남을 죽일[殺] 듯한 기세(氣勢)나 분위기. ¶눈에 살기가 가득하다.

▶**살기등등** 殺氣騰騰 | 오를 등, 오를 등
표정 따위에 살기(殺氣)가 가득 오르다[騰+騰]. ¶살기등등한 표정.

살ː-길 [means to live; way out (of the difficulty)]
살아가기 위한 방도. ¶살길을 찾다.

살ː다 (活, 살 활) [live]
❶생명을 지니고 있다. ¶그는 70살까지 살았다. ❷생활을 하다. ¶그는 혼자 산다. ❸어느 곳에 거주하거나 거처하다. ¶현규는 제주도에 살고 있다. ❹어떤 직분이나 신분의 생활을 하다. ¶징역을 살다. [반] 죽다. [속담] 산 입에 거미줄 치랴.

살뜰-하다 [frugal; thrifty]
❶매우 알뜰하다. ¶그녀는 살뜰하게 살림을 한다. ❷남을 위하는 마음이 자상하고 지극하다. ¶남편을 살뜰하게 아껴 주다.

살랑
조금 사늘한 바람이 가볍게 부는 모양. ¶가을바람이 살랑 불어온다.

▶**살랑-살랑**
❶조금 사늘한 바람이 가볍게 자꾸 부는 모양. ¶살랑살랑 불어오는 바람. ❷팔이나 꼬리 따위를 가볍게 자꾸 흔드는 모양. ¶개가 꼬리를 살랑살랑 흔든다.

▶**살랑-거리다**
몸에 조금 추운 느낌이 생길 만큼 바람이

가볍게 자꾸 불다. ¶살랑거리는 봄바람. ㊥ 살랑대다.

살래-살래 [waving; wagging]
몸의 한 부분을 가볍게 흔드는 모양. ¶고개를 살래살래 흔들다.

살-리다 [save]
❶죽게 된 목숨을 살게 하다. ¶의사가 그를 살렸다. ❷생활 방도를 찾아 목숨을 유지하게 하다. ¶가족을 먹여 살리다. ❸활용하다. ¶전공을 살려서 취직하다.

살림 [keep house; livelihood; household goods]
❶한집안을 이루어 살아나가는 일. ¶살림을 잘하다. ❷살아가는 형편이나 정도. ¶살림이 쪼들리다. ❸집 안에서 쓰이는 세간. ¶살림을 장만하다.

▸ 살림-꾼
살림을 알뜰히 하는 사람.

▸ 살림-집
살림하는 집.

▸ 살림-살이
❶살림을 사는 일. ¶넉넉한 살림살이. ❷살림에 쓰이는 온갖 물건. ¶살림살이가 많이 늘었다.

살ː-맛 [pleasure of living]
세상을 살아가는 재미나 보람. ¶살맛 나는 세상.

살며시 [stealthily; secretly]
드러나지 않게 넌지시. ¶그는 살며시 문을 열고 들어왔다. ㊥ 살그머니, 살짝.

살무사 [pit viper]
동물 머리는 납작한 세모 모양이며 정수리에 큰 비늘이 있는 뱀. 목이 가늘고 독니가 있으며 개구리, 작은 뱀 따위를 잡아먹는다.

살벌 殺伐 | 죽일 살, 목 벨 벌
[bloodthirsty; brutal; savage]
❶ 속뜻 죽여[殺] 목을 벰[伐]. ❷분위기나 풍경 또는 인간관계 따위가 거칠고 무시무시함. ¶살벌한 기운이 감돌다.

살-붙이 [one's relation; one's kith and kin]
혈육으로 볼 때 가까운 사람. 보통 부모와 자식의 관계에서 쓴다. ¶이 아이는 내 유일한 살붙이다. ㊥ 피붙이, 핏줄.

살-빛 [color of the skin]
살갗의 빛깔. ¶살빛이 검다. ㊥ 살색.

살살[1] [gently; softly]
❶조심스럽게 가는 모양. ¶살살 뒤쫓아 가다. ❷바람이 보드랍게 부는 모양. ¶살살 부는 봄바람. ❸눈이나 설탕 따위가 모르는 사이에 녹는 모양. ¶눈이 살살 녹는다.

살살[2] [with a slight pain (in the stomach)]
배가 조금씩 아픈 모양. ¶배가 살살 아프다.

살상 殺傷 | 죽일 살, 다칠 상
[kill and injure; shed blood]
죽이거나[殺] 부상(負傷)을 입힘. ¶적군을 모조리 살상했다.

살-색 (一色, 빛 색) [color of the skin]
살갗의 빛깔[色]. ¶살색이 희다. ㊥ 살빛.

살생 殺生 | 죽일 살, 날 생 [take life]
생명(生命)을 죽임[殺]. 산 것을 죽임. ¶불교에서는 살생을 금지한다.

살수 대ː첩 薩水大捷 | 보살 살, 물 수, 큰 대, 이길 첩
역사 고구려 영양왕 23년(612)에 고구려 을지문덕 장군이 살수(薩水, 청천강의 옛 이름)를 건너온 중국 수나라의 별동대 30만 명을 몰살시켜 크게[大] 이긴[捷] 전투.

살신성인 殺身成仁 | 죽일 살, 몸 신, 이룰 성, 어질 인
❶ 속뜻 스스로 몸[身]을 죽여[殺] 어진 일[仁]을 이룸[成]. ❷다른 사람 또는 대의를 위해 목숨을 버림. 또는 큰일을 위해 자기 희생을 감수함. ¶살신성인하는 모범을 보이다.

살아-가다 [live]
❶목숨을 이어 가다. ¶하루하루 근근이 살아가다. ❷어떤 종류의 인생이나 생애,

시대 따위를 견디며 생활해 나가다. ¶행복하게 인생을 살아가다.

살아-나다 [revive; burn (again)]
❶죽게 된 생명이 다시 살게 되다. ¶그는 응급 치료를 받고 다시 살아났다. ❷꺼지게 된 불이 다시 일어나다. ¶꺼져 가던 불이 다시 살아났다. ❸잊었던 기억이 다시 생생하게 떠오르다. ¶과거의 기억들이 하나씩 살아난다.

살아-남다 [live through; survive]
❶여럿 가운데 일부가 죽음을 모면하고 살아서 남아 있게 되다. ¶이번 사고에서 살아남은 사람은 5명도 안 된다. ❷어떤 분야에서 밀려나지 않고 존속하다. ¶치열한 경쟁에서 살아남으려면 끊임없이 노력해야 한다.

살아-생전 (一生前, 날 생, 앞 전) [one's lifetime]
이 세상에 살아 있는 동안. ¶살아생전 꼭 한번 고향에 가보고 싶다.

살아-오다
목숨을 이어 오거나 생활하며 지내오다. ¶그는 지금껏 정직하게 살아왔다.

살-얼음 [thin ice]
얇게 살짝 언 얼음. ¶강에 살얼음이 얼었다.

▸살얼음-판 (一板, 널빤지 판)
살얼음이 언 얼음판(板).

살육 殺戮 | 죽일 살, 죽일 륙
[kill; massacre]
사람을 마구 죽임[殺=戮].

살인 殺人 | 죽일 살, 사람 인
[commit murder; kill]
사람[人]을 죽임[殺]. 남을 죽임. ¶살인을 저지르다.

▸살인-범 殺人犯 | 범할 범
[법률] 살인죄(殺人罪)를 범(犯)한 사람. 또는 그 죄. ¶살인범을 공개 수배했다.

▸살인-자 殺人者 | 사람 자
살인(殺人)을 한 사람[者].

▸살인-적 殺人的 | 것 적
사람[人]을 죽일[殺] 정도로 몹시 심한 것[的]. ¶살인적인 더위.

살-점 (一點, 점 점) [piece of meat]
큰 덩이에서 떼어 낸 살의 조각[點]. ¶살점이라도 떼어낸 듯 마음이 아팠다.

살-지다 [fleshy; fat]
몸에 살이 많다. ¶살진 토끼. [반] 야위다, 마르다.

살-집 [fleshiness]
살이 붙어 있는 정도나 부피. ¶살집이 좋다.

살짝 [secretly; slightly]
❶남모르는 사이에 재빠르게. ¶살짝 도망치다. ❷심하지 않게 약간. ¶양파를 살짝 볶다. [비] 몰래, 슬그머니, 살며시.

살-찌다 (肥, 살찔 비)
[grow fat; fatten]
몸에 살이 많아지다. 살이 오르다. ¶그는 요새 조금 살쪄 보인다. [비] 뚱뚱해지다, 비만(肥滿)해지다. [반] 여위다, 마르다.

살-찌우다 [make fat; fatten]
몸에 살이 많아지게 하다. ¶소를 살찌우다.

살충 殺蟲 | 죽일 살, 벌레 충
[kill insects]
벌레[蟲]를 죽임[殺]. ¶이 약은 살충 효과가 높다.

▸살충-제 殺蟲劑 | 약제 제
[약학] 벌레[蟲]를 죽이거나[殺] 없애는 약[劑].

살-코기 [red meat]
기름기·힘줄·뼈가 없는 살로만 된 쇠고기나 돼지고기 등. ¶살코기로 장조림을 만들었다.

살-쾡이 [wildcat; lynx]
[동물] 고양이와 비슷한데, 꼬리는 길고 다리는 짧은 동물. 털은 갈색 바탕에 검은 무늬가 있으며, 밤에 활동하고 꿩, 다람쥐, 물고기, 닭 따위를 잡아먹는다. [준] 삵.

살ː판-나다 [strike it rich]
재물이나 좋은 일이 생겨 생활이 좋아지다. ¶아이들은 살판난 듯이 이리저리 뛰어다녔다. [비] 살맛나다.

살펴-보다 [look into; examine]
❶하나하나 자세히 주의해서 보다. ¶방안을 꼼꼼하게 살펴보다. ❷자세히 따져서 생각하다. ¶문제를 자세하게 살펴본 후에 답을 써라.

살포 撒布 | 뿌릴 살, 펼 포
[scatter; sprinkle; spray]
뿌려서[撒] 골고루 폄[布]. ¶논에 농약을 살포하다.

살포시 [softly]
매우 보드랍고 가볍게. 살며시. ¶살포시 눈을 감다.

살-풀이 (煞—, 죽일 살)
[민속] 타고난 흉살(凶煞)을 풀기 위해 하는 굿.

살피다 (省, 살필 성; 察, 살필 찰; 審, 살필 심) [look out; consider]
❶주의하여 두루두루 자세히 보다. ¶길을 건너기 전에 주변을 잘 살펴라. ❷잘 미루어 헤아리거나 생각하다. ¶문제점을 살피다. [비] 살펴보다, 관찰(觀察)하다, 헤아리다, 고찰(考察)하다.

살해 殺害 | 죽일 살, 해칠 해
[murder; kill; slay]
사람을 해쳐[害] 죽임[殺]. ¶살해 현장.

삵 [wildcat; lynx]
[동물] '살쾡이'의 준말.

삶ː [life; living; existence]
사는 일. 살아 있는 현상. ¶행복한 삶. [비] 생(生), 생활(生活). [반] 죽음.

삶ː다 [boil; simmer]
물에 넣고 끓이다. ¶빨래를 삶다 / 삶은 계란.

삼[1] (麻, 삼 마)
[flax; flax plant; hemp (plant)]
[식물] 씨는 식용·약용하며 줄기의 껍질은 섬유의 원료로 쓰는 풀. 줄기에서 나오는 진에는 마취 물질이 들어 있다.

삼[2] 三 | 석 삼 [three]
이에 일을 더한 수. 아라비아 숫자로는 '3', 로마 숫자로는 'Ⅲ'로 쓴다. ¶삼 일. [반] 셋.

삼[3] 蔘 | 인삼 삼 [ginseng]
[식물] 인삼(人蔘)과 산삼(山蔘)의 총칭.

삼가[1] [respectfully]
조심하는 마음으로 정중히. ¶삼가 애도의 뜻을 표합니다.

삼가[2] 三加 | 석 삼, 더할 가
관례 때에 세[三] 번 관을 갈아 씌우던[加] 의식. ¶삼가의 의식을 진행하다.

삼가다 (謹, 삼갈 근) [abstain; refrain]
꺼리는 마음으로 양(量)이나 횟수가 지나치지 않도록 하다. ¶짠 음식을 삼가다.

삼각 三角 | 석 삼, 뿔 각 [triangularity]
❶[속뜻] 세[三] 모퉁이[角]. ❷[수학] '삼각형'(三角形)의 준말.

▸**삼각-뿔** (三角—)
[수학] 밑변이 삼각(三角)으로 된 각뿔.

▸**삼각-산** 三角山 | 메 산
[지리] 백운대(白雲臺), 만경대(萬景臺), 인수봉(仁壽峯)이 세[三] 꼭지각[角]을 이루고 있는 산(山). 서울 북한산(北漢山)의 딴 이름.

▸**삼각-자** (三角—)
삼각형(三角形)으로 된 자.

▸**삼각-주** 三角洲 | 섬 주
[지리] 강이 바다로 들어가는 어귀에 강물이 운반하여 온 모래나 흙이 쌓여, 삼각형(三角形)으로 이루어진 섬[洲] 같은 지형.

▸**삼각-형** 三角形 | 모양 형
❶[속뜻] 세모[三角] 모양[形]. 또는 그러한 도형(圖形). ❷[수학] 일직선상에서 있지 않은 세 개의 점을 세 직선으로 연결하여 이루어진 도형.

▸**삼각-기둥** (三角—)
[수학] 밑면이 삼각(三角)으로 된 기둥체.

▸**삼각 플라스크** (三角flask)
화학 바닥이 넓고 편평하며, 목이 좁은 원뿔 모양의 실험용 유리 기구.

삼강 三綱 | 석 삼, 벼리 강
유교 도덕의 기본이 되는 세[三] 가지 기본 강령(綱領). 곧 임금과 신하(君臣), 아버지와 자식(父子), 남편과 아내(夫婦) 사이에 지켜야 할 떳떳한 도리를 이른다.

▸**삼강-오:륜** 三綱五倫 | 다섯 오, 도리 륜
유교의 도덕에서 기본이 되는 세 가지 강령[三綱]과 지켜야 할 다섯[五] 가지 도리[倫].

▸**삼강-행실도** 三綱行實圖 | 행할 행, 실제 실, 그림 도
책명 조선 세종 때, 설순 등이 왕명으로 삼강(三綱)의 모범이 될 충신·효자·열녀를 사적(史跡)에서 뽑아 그 덕행[行實]을 찬양하여 편찬한 그림책[圖].

삼-거리 (三—, 석 삼)
[junction of three roads]
세[三] 갈래로 갈라진 길. ¶이쪽으로 가면 삼거리가 나온다 / 천안 삼거리.

삼겹-살 (三—, 석 삼)
[boned rib (of pork)]
돼지고기에서 비계와 살이 세[三] 겹으로 된 것처럼 보이는 부위.

삼경 三更 | 셋째 삼, 시각 경
[around midnight]
하루의 밤을 다섯으로 나눈 중 셋째[三] 시각[更]. 밤 11시부터 이튿날 새벽 1시까지.

삼계-탕 蔘鷄湯 | 인삼 삼, 닭 계, 끓을 탕
영계[軟鷄]의 내장을 빼고 인삼(人蔘)을 넣어 끓인 탕국[湯]. ¶여름에 삼계탕을 먹어 몸보신한다.

⁂**삼국** 三國 | 석 삼, 나라 국
[three countries]
❶ 속뜻 세[三] 개의 나라[國]. ¶한, 중, 일 삼국. 역사 ❷고구려(高句麗), 백제(百濟), 신라(新羅)의 세 나라. ❸중국 후한(後漢) 말에 일어난 위(魏), 촉(蜀), 오(吳)의 세 나라.

▸**삼국-지** 三國志 | 기록할 지
책명 중국 진나라 때에 진수가 중국의 위·촉·오 삼국(三國)의 역사를 적은[志] 책.

▸**삼국-사기** 三國史記 | 역사 사, 기록할 기
책명 고구려(高句麗), 백제(百濟), 신라(新羅) 세 나라[三國]의 역사(歷史)를 기록(記錄)한 책. 고려 인종 때 김부식(金富軾) 등이 왕명으로 편찬하였다.

▸**삼국 시대** 三國時代 | 때 시, 연대 대
역사 ❶고구려(高句麗), 백제(百濟), 신라(新羅)의 삼국(三國)이 정립하고 있던 시대(時代). ❷중국에서 위(魏), 촉(蜀), 오(吳)가 정립하고 있던 시대.

▸**삼국-유사** 三國遺事 | 남길 유, 일 사
책명 고려 충렬왕 때, 일연(一然)이 고구려(高句麗)·백제(百濟)·신라(新羅) 세 나라[三國]의 사적 및 신화·전설·시가(詩歌) 등 전해져[遺] 내려오는 이야기[事]를 담은 책.

▸**삼국지-연의** 三國志演義 | 기록할 지, 펼칠 연, 뜻 의
문학 중국 원나라의 작가 나관중이 지은 장편 역사 소설. 위(魏), 촉(蜀), 오(吳) 세[三] 나라[國]의 역사[志]를 소재로 줄거리 뜻[義]을 알기 쉽게 풀이하여[演] 소설로 엮은 책.

삼권 三權 | 석 삼, 권리 권
[three powers]
❶ 속뜻 세[三] 종류의 권리(權利). ❷ 법률 입법권(立法權), 사법권(司法權), 행정권(行政權)을 아울러 이르는 말.

▸**삼권 분립** 三權分立 | 나눌 분, 설 립
❶ 속뜻 세 개의 권리[三權]를 나누어[分] 세움[立]. ❷ 법률 국가 권력의 집중으로 인한 폐단을 막기 위하여 국가 권력을 입법, 사법, 행정으로 나누어 분담하는 통치 조직의 기본 원리.

삼-나무 (杉—, 삼나무 삼)
[Japanese cedar; cryptomeria]

[식물] 둥글고 녹색인 암꽃과 누르스름한 수꽃이 3월에 피며, 목질이 좋아 건축·가구재로 쓰는 상록수.

삼남 三南 | 석 삼, 남녘 남
[three southern provinces (of Korea)]
[지리] 한반도의 남(南)쪽에 있는 충청도, 전라도, 경상도 세[三] 지방을 통틀어 이르는 말. ¶삼남은 곡창지대이다. (비) 삼남삼도(三南三道).

삼:다[1] [make]
❶인연을 맺어 무엇으로 정하거나 자기 관계자가 되게 하다. ¶양자로 삼다. ❷무엇으로 무엇이 되게 하다. ¶실패를 교훈으로 삼다. ❸무엇을 무엇으로 가정하다. ¶그는 재미 삼아 그림을 그린다.

♣ 삼다[1] / 만들다 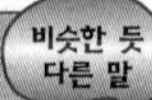

◎ 그녀를 며느리로 삼다 = 만들다.

○ 그는 아들을 친구 삼아 이야기하곤 한다.
× 그는 아들을 친구 만들어 이야기하곤 한다.

○ 사람을 바보로 만들다.
× 사람을 바보로 삼다.

삼:다[2] [make (a sandal)]
짚신·미투리 따위를 만들다. ¶짚신을 삼다.

삼다-도 三多島 | 석 삼, 많을 다, 섬 도
❶[속뜻] 세[三] 가지가 많은[多] 섬[島]. ❷바람, 돌, 여자가 많은 섬이라는 의미로 '제주도'를 달리 이르는 말.

삼대 三代 | 석 삼, 세대 대
[three generations]
아버지와 아들, 손자의 세[三] 대(代). ¶삼대가 함께 살다.

삼대-목 三代目 | 석 삼, 대신할 대, 눈 목
[책명] 신라 시대의 향가 작품을 수집하여 상, 중, 하 삼대(三代)의 조목(條目)에 따라 엮은 향가집.

삼라 森羅 | 수풀 삼, 늘어설 라
숲[森]처럼 빽빽하게 늘어서[羅] 있음.
▶ **삼라-만:상** 森羅萬象 | 일만 만, 모양 상
우주 속에 빽빽하게[森] 존재하는[羅] 온갖 사물과 모든[萬] 현상(現象).

삼루 三壘 | 석 삼, 진 루 [third base]
[운동] 야구에서, 주자가 세[三] 번째 밟는 베이스[壘]. ¶주자가 삼루에서 아웃되었다.

삼류 三流 | 셋째 삼, 갈래 류
[third class]
세 부류 중에서 가장 낮은 셋째[三] 등급이나 유파(流派). ¶삼류 영화.

⁑**삼림** 森林 | 빽빽할 삼, 수풀 림 [forest]
나무가 빽빽한[森] 숲[林]. 나무가 많이 우거진 곳. ¶삼림을 보호하자.
▶ **삼림-욕** 森林浴 | 목욕할 욕
맑은 공기를 쐬고 정신적인 평안을 얻기 위하여 숲[森林] 속에 들어가 숲 기운을 쐬는 것을 목욕(沐浴)에 비유한 말.

삼매 三昧 | 석 삼, 새벽 매
[concentration; absorption]
❶[불교] 산스크리트어 '사마디'(Samadhi)의 한자 음역어. 잡념을 떠나서 오직 하나의 대상에만 정신을 집중하는 경지. 이 경지에서 바른 지혜를 얻고 대상을 올바르게 파악하게 된다. ❷다른 말 아래 쓰여 그 일에 열중하여 여념이 없음을 이르는 말.
▶ **삼매-경** 三昧境 | 지경 경
[불교] 삼매(三昧)의 경지(境地)에 이른 상태. ¶독서 삼매경에 빠지다.

삼면 三面 | 석 삼, 쪽 면
[three sides; three faces]
세[三] 가지 방면(方面)이나 쪽. ¶삼면이 바다로 둘러싸여 있다.

삼-박자 三拍子 | 석 삼, 칠 박, 접미사 자
[triple time]
[음악] 한 마디가 세[三] 박자(拍子)로 된 것. 4분 음표 3박자 따위.

삼발-이 (三─, 석 삼) [tripod; trivet]
❶속뜻 발이 셋[三] 붙은, 쇠로 만든 기구. ❷세 발이 달린 받침대. 망원경·카메라 등을 올려놓는 데 쓴다.

삼-밭[1]
삼을 가꾸는 밭.

삼-밭[2](蔘─, 인삼 삼)
인삼(人蔘)을 재배하는 밭.

삼-베 [hemp cloth; flax]
삼실로 짠 천.

▸**삼베-옷**
삼베로 만든 옷. 더울 때나 초상 때 입는다.

삼-별초 三別抄 | 석 삼, 특별할 별, 뽑을 초
❶속뜻 특별(特別)히 뽑아[抄] 조직한 세[三] 군대. ❷역사 좌별초(左別抄), 우별초(右別抄), 신의군(神義軍)으로 구성된 특수부대. 처음 고려 무신정권 때 치안 및 국방이라는 대내외적인 목적을 위하여 많이 설치되었던 다양한 별초(別抄) 조직을 발전시킨 것이다.

삼복[1] 三伏 | 석 삼, 엎드릴 복
초복(初伏), 중복(中伏), 말복(末伏)의 세[三] 복(伏)날을 통틀어 이르는 말. ¶삼복에 삼계탕을 먹었다.

삼복[2] 三福 | 석 삼, 복 복
불교 세복(世福), 계복戒福), 행복行福)의 세[三] 가지 복(福).

삼부 三部 | 석 삼, 나눌 부 [three parts]
세[三] 부분(部分)이나 부류(部類). ¶신체를 삼부로 분류하다.

삼삼 三三 | 석 삼, 석 삼
운동 바둑판의 가로의 세[三] 번째 선과 세로의 세[三] 번째 선이 만나는 네 귀의 선.

▸**삼삼-오:오** 三三五五 | 다섯 오, 다섯 오
서너 사람[三+三] 또는 대여섯 사람이[五+五] 떼를 지어 다니거나 무슨 일을 함. 또는 그런 모양. ¶사람들이 삼삼오오 모여 앉아 이야기를 한다.

삼삼-하다[1] [be unforgettably vivid]
잊히지 않고 눈앞에 보이는 듯 또렷하다. ¶그 일이 지금도 눈에 삼삼하다.

삼삼-하다[2] [be tasty with slight touch of saltiness]
음식 맛이 조금 싱거운 듯하면서 맛이 있다. ¶홍합탕 맛이 아주 삼삼하다.

삼수[1] 三修 | 석 삼, 닦을 수
❶속뜻 배웠던 것을 세[三] 번 다시 배움[修]. ❷상급 학교의 입학시험에 두 번 실패하고 또다시 이듬해의 시험을 준비하는 일. ¶삼수로 겨우 대학에 들어갔다.

삼수[2] 三水 | 석 삼, 물 수
지리 우리나라에서 가장 험한 산골이라는 함경남도(량강도) 삼수군 삼수면(三水面)을 줄인 말.

▸**삼수-갑산** 三水甲山 | 천간 갑, 메 산
❶속뜻 함경남도의 삼수(三水)와 갑산(甲山). 조선 시대에 귀양지의 하나였다. ❷교통이 매우 불편한 오지(奧地). '몹시 어려운 지경'을 이르는 말. ¶삼수갑산에 가는 한이 있어도.

삼시 三時 | 석 삼, 때 시
[three daily meals]
❶속뜻 세[三] 번의 때[時]. ❷아침, 점심, 저녁의 세 끼니. 또는 그 끼니 때. ¶삼시 세 때를 챙겨 먹다.

삼신 三神 | 석 삼, 귀신 신
[three gods governing childbirth]
민속 아기를 점지하고 산모와 산아(産兒)를 돌보는 세[三] 신령(神靈). ¶삼신 할머니께 기도를 드렸다.

삼심 三審 | 석 삼, 살필 심
송사(訟事)에서 세[三] 번째로 이루어지는 심리(審理). 참 초심(初審), 재심(再審).

삼십 三十 | 석 삼, 열 십 [thirty]
십(十)의 세[三] 배가 되는 수. 30. 비 서른.

▸**삼십육-계** 三十六計 | 여섯 륙, 꾀 계
❶속뜻 서른여섯[三十六] 가지 꾀[計]. ❷형편이 불리할 때, '달아나는 일'을 속되

게 이르는 말. '三十六計, 走爲上策'에서 유래. 속담 삼십육계 줄행랑이 제일.

삼엄 森嚴 | 빽빽할 삼, 엄할 엄 [solemn; grave]
분위기 따위가 매우[森] 엄숙(嚴肅)하다. ¶경비가 삼엄하다 / 삼엄한 표정.

삼엽-충 三葉蟲 | 석 삼, 잎 엽, 벌레 충 [trilobite]
동물 절지동물 삼엽충류 화석 동물을 통틀어 이르는 말. 가장 큰 것은 몸길이 45cm가량으로 타원형이고 납작하며, 머리·가슴·꼬리의 세[三] 부분[葉]으로 구분되는 벌레[蟲]이다.

삼-원색 三原色 | 석 삼, 본디 원, 빛 색 [three primary colors]
미술 모든 빛깔을 재현할 수 있는 세[三] 가지 기본[原]이 되는 빛깔[色]. 색채에서는 빨강·노랑·파랑이고, 빛에서는 빨강·녹색·파랑이다.

***삼월** 三月 | 셋째 삼, 달 월 [March]
한 해 가운데 셋째[三] 가 되는 달[月].

삼위 三位 | 석 삼, 자리 위
❶속뜻 세[三] 가지 지위(地位). ❷기독교 성부(聖父)와 성자(聖子)와 성신(聖神)을 아울러 이르는 말.

▶**삼위-일체** 三位一體 | 한 일, 몸 체
기독교 성부(聖父)와 성자(聖子)와 성신(聖神)은 신이 세[三] 가지 모습[位]이 되어 나타난 것으로 원래는 한[一] 몸[體]이라는 생각.

삼인성호 三人成虎 | 석 삼, 사람 인, 이룰 성, 호랑이 호
❶속뜻 세[三] 사람[人]이 짜면 거리에 호랑이[虎]가 나왔다는 거짓말도 꾸밀[成] 수 있음. ❷근거 없는 말이라도 여러 사람이 똑같이 말하면 곧이듣게 됨. ¶삼인성호라더니 여러 번 듣다보니 그 거짓말에 깜박 속아 넘어갔네!

삼일[1] 三一 | 석 삼, 한 일
3월[三] 1일[一]. ¶삼일 만세운동.

▶**삼일-절** 三一節 | 철 절
법률 우리나라의 3·1운동(三一運動)을 기념하기 위하여 제정한 국경일[節].

▶**삼일 운:동** 三一運動 | 돌 운, 움직일 동
역사 1919년, 곧 기미년 3월 1일에[三一] 한국이 일본의 강제적인 식민지 정책으로부터 자주 독립할 목적으로 일으킨 민족 독립 운동(運動). 제1차 세계 대전 후 민족자결주의에 입각하여 손병희 등 33인이 주동이 되어 '독립 선언서'를 낭독하고 민족의 자주독립을 선언하였다. ⓑ 기미독립운동(己未獨立運動).

삼일[2] 三日 | 석 삼, 날 일 [three days]
삼(三) 일(日). 사흘.

▶**삼일-장** 三日葬 | 장사지낼 장
죽은 지 사흘째[三日] 되는 날에 장사(葬事)를 치름.

삼자 三者 | 석 삼, 사람 자 [three persons]
❶속뜻 세[三] 사람[者]. ¶삼자 간의 협상. ❷당사자가 아닌 사람. ¶이것은 우리 문제니 삼자는 나서지 마라.

삼-정승 三政丞 | 석 삼, 정사 정, 도울 승
❶속뜻 세[三] 명의 정승(政丞). ❷역사 조선 때, 영의정(領議政)·좌의정(左議政)·우의정(右議政)을 아울러 이르는 말. ¶삼정승이 상감에게 주청했다.

삼중 三重 | 석 삼, 겹칠 중 [triple]
세[三] 가지가 겹치는[重] 일. 또는 세 번 거듭되는 일. ¶삼중으로 된 유리.

▶**삼중-주** 三重奏 | 연주할 주
음악 세[三] 가지 악기로 함께[重] 연주(演奏)함. 피아노·바이올린·비올라·첼로에 의한 피아노 삼중주, 바이올린·비올라·첼로에 의한 현악 삼중주 등이 있다.

삼진 三振 | 석 삼, 떨칠 진 [strikeout; three strikes]
운동 야구의 타자가 스트라이크[振]를 세[三] 번 당하여 아웃되는 일.

삼짇-날 (三-, 석 삼)

민속 음력 삼월[三] 초사흗[三]날. 겨우내 집 안에 갇혔다가 이날 꽃놀이를 하고 새 풀을 밟으며 봄을 즐긴다.

삼-차원 三次元 | 석 삼, 버금 차, 으뜸 원 [three dimensions; third dimension]
수학 세로, 가로, 높이의 세[三] 차원(次元)을 지닌 입체적 공간.

삼채 三彩 | 석 삼, 빛깔 채
수공 세[三] 가지 빛깔[彩]의 유약(釉藥)을 발라 구워 낸 도자기. 당삼채(唐三彩), 명삼채(明三彩) 따위.

삼척 三尺 | 석 삼, 자 척
석[三] 자[尺].
▶삼척-동:자 三尺童子 | 아이 동, 아이 자
❶속뜻 키가 석[三] 자[尺] 밖에 되지 않는 아이[童子]. ❷철부지 어린아이를 이르는 말. ¶그것은 삼척동자라도 안다.

삼천-리 三千里 | 석 삼, 일천 천, 거리 리 [whole (land) of Korea]
우리나라의 북쪽 끝에서 남쪽 끝까지의 길이가 삼천리(三千里)라 하여 '한국의 국토'를 이르는 말. ¶삼천리금수강산.

삼촌 三寸 | 석 삼, 관계 촌
[uncle (on the father's side)]
❶속뜻 친척 가운데 세[三]번째 관계[寸]. ❷아버지의 형제. ㊐ 숙부(叔父), 작은아버지.

삼층-밥 (三層–, 석 삼, 층 층)
삼층(三層)이 되게 지은 밥. 즉, 맨 위는 설거나 죽처럼 질게 되고, 중간은 제대로 되고, 맨 밑은 타게 된 밥을 놀림조로 이르는 말.

삼치 [mackerel pike]
동물 고등어와 비슷한 바닷물고기. 청색에 푸른 갈색의 얼룩무늬가 있고 배는 흰색이다.

삼키다 [swallow; choke down]
입에 넣어 목구멍으로 넘기다. ¶그는 음식을 씹지도 않고 삼켜 버렸다.

삼태기 [carrier's basket]
대오리·짚·싸리 등으로 엮어 흙·거름 따위를 담아 나르는 그릇.

삼태-성 三台星 | 석 삼, 별 태, 별 성
❶속뜻 세[三] 개의 별[台=星]. ❷천문 북두칠성의 국자 모양에서 물을 담는 쪽에 비스듬히 길게 늘어선 세 쌍의 별. 각 한 쌍씩의 상태성(上台星), 중태성(中台星), 하태성(下台星)으로 이루어져 있다.

삼-파장 三波長 | 석 삼, 물결 파, 길 장
세[三] 가닥의 빛의 파장(波長). ¶삼파장 형광등.

삼판-양승 (三–兩勝, 석 삼, 두 량, 이길 승)
[three game match]
승부를 겨룰 때 세[三] 판 가운데 두[兩] 판을 먼저 이기는 쪽이 이김[勝]. ¶삼판양승으로 승부를 짓자.

삼팔-선 三八線 | 석 삼, 여덟 팔, 줄 선 [38 degrees north latitude]
❶속뜻 북위 38[三八]도를 경계로 한 선(線). ❷2차 대전 직후 한반도가 남북으로 나뉘게 된 경계선을 이르는 말. ¶삼팔선을 중심으로 휴전선이 생겼다.

삼한 三韓 | 석 삼, 나라이름 한
❶속뜻 세[三] 개의 한(韓) 나라. ❷역사 상고 시대, 우리나라 남부에 존재했던 세 군장(君長) 국가. 곧 마한(馬韓), 진한(辰韓), 변한(弁韓)을 이른다.

삼한 사:온 三寒四溫 | 석 삼, 찰 한, 넉 사, 따뜻할 온 [cycle of three cold days and four warm days]
지리 사흘[三] 동안 춥다가[寒] 다시 나흘[四] 동안 비교적 포근한[溫] 날씨가 주기적으로 반복되는 기후 현상. 겨울철에 우리나라와 중국 동북부 등지에서 나타난다.

삼행 三行 | 석 삼, 행할 행
부모를 섬기는 세[三] 가지 효행(孝行). 봉양하는 일, 상사(喪事)에 근신하는 일, 제사를 받드는 일을 이른다. ㊐ 삼도(三道).

삼행-시 三行詩 | 석 삼, 줄 행, 시 시
[three-line verse]
세[三] 줄[行]로 이루어진 시(詩). ¶삼행시를 짓다.

삼-화음 三和音 | 석 삼, 어울릴 화, 소리 음
[triad]
❶속뜻 세[三] 가지 음정으로 이루어진 화음(和音). ❷음악 어떤 음을 기초음으로 하여 그 위에 3도와 5도의 음정을 가진 음을 겹쳐서 만든 화음.

삽 [shovel]
땅을 파고 흙을 뜨는 데 쓰는 연장. ¶삽으로 땅을 파다.

삽사리 [shaggy dog; poodle]
동물 삽살개.

삽살-개 [shaggy dog; poodle]
동물 털이 복슬복슬 나 있는 우리나라의 토종개. 천연기념물 제368호.

삽시 霎時 | 가랑비 삽, 때 시
[minute; moment; instant]
가랑비[霎]가 잠시 내리는 때[時]. 아주 짧은 시간. '삽시간'의 준말.

▸**삽시-간** 霎時間 | 사이 간
아주 짧은[霎時] 동안[間]. ¶불은 삽시간에 산으로 번졌다. ㊐ 일순간(一瞬間), 순식간(瞬息間).

삽입 揷入 | 꽂을 삽, 들 입 [insert]
꽂아[揷] 넣음[入]. 끼워 넣음. ¶책에 그림을 삽입하다 / 삽입 음악.

삽-자루
삽날에 끼우는 자루.

삽-질 [spade work; shoveling]
삽으로 땅을 파거나 흙을 떠냄. 또는 그런 일.

삽-짝
[one of the two doors of a twig gate]
'사립짝'의 준말.

삽화 揷畵 | 꽂을 삽, 그림 화 [illustrate]
출판 신문·잡지·서적 따위에서, 문장의 내용을 보완하거나 이해를 돕도록 장면을 묘사하여 끼워[揷] 넣은 그림[畵]. ¶이 책에는 삽화가 많이 들어 있다. ㊐ 삽도(揷圖).

삿-갓
비나 햇볕을 가리기 위해 대오리나 갈대로 거칠게 엮어서 만든 갓.

삿:대 [pole; rod]
물이 얕은 데서 배질을 하는 데 쓰는 장대.

▸**삿:대-질**
❶삿대를 써서 배를 밀어 감. 또는 그런 일. ¶사공은 물살에 밀리지 않으려고 부지런히 삿대질을 했다. ❷말다툼할 때, 주먹이나 손가락으로 상대의 얼굴을 향해 푹푹 내지르는 일. ¶동생은 나에게 삿대질까지 하며 대들었다.

상:[1] 上 | 위 상 [first; best]
품질이나 등급 따위가 가장[上] 빼어남. ¶이 과일의 품질 등급은 상이다.

상[2] 床 | 평상 상 [table; desk]
소반(小盤)·책상(冊床)·평상(平床) 따위의 총칭. ¶어머니는 상을 차렸다.

상[3] 喪 | 죽을 상 [mourning]
상중(喪中)에 있음. ¶상을 당하다 / 상을 치르다.

상[4] 像 | 모양 상 [image]
❶속뜻 부처·사람·동물 등의 형체를 따라 만든[像] 것. ¶성모마리아 상. ❷물리 광원(光源)에서 비치는 광선이 거울이나 렌즈에 의하여 굴절 또는 반사한 뒤에 재차 집합하여 생긴 원래의 발광 물체의 형상.

상[5] 賞 | 상줄 상 [prize; award]
잘한 일을 칭찬해[賞] 주는 표적. ¶상을 받다 / 상을 주다. ㊥ 벌(罰).

상가[1] 商家 | 장사 상, 집 가
[shopping center]
장사[商]를 업으로 하는 집[家]. ¶상가에서 반찬거리를 샀다.

상가[2] 商街 | 장사 상, 거리 가 [shopping street]
상점(商店)이 많이 늘어서 있는 거리[街].

¶지하 상가 / 아파트 상가.

상가[3]喪家 | 죽을 상, 집 가 [mourner's house]
초상(初喪)난 집[家]. ¶상가에 문상을 가다.

상:감[1]上監 | 위 상, 볼 감 [His Majesty; King]
❶속뜻 위[上]에서 살펴봄[監]. ❷'임금'의 높임말. ¶상감께서 명을 내리셨다.

상감[2]象嵌 | 모양 상, 새겨 넣을 감 [inlay; marquetry]
❶속뜻 모양[象]을 새겨 넣음[嵌]. ❷수공 금속, 도자기, 목재 등의 표면에 무늬 모양을 파고 그 속에 금, 은, 보석, 뼈, 자개 따위를 박거나 끼워 넣는 공예기법. 또는 그 기법으로 만든 작품. 상감청자와 나전칠기에서 크게 발달하였다.

상-거:래 商去來 | 장사 상, 갈 거, 올 래 [commercial transaction]
경제 상업(商業)에서의 거래(去來). ¶상거래 질서를 어지럽히다.

상:경 上京 | 위 상, 서울 경 [come up to the capital]
시골에서 서울[京]로 올라옴[上].

상:고[1]上告 | 위 상, 알릴 고 [appeal; final appeal]
❶속뜻 윗사람[上]에게 아룀[告]. ❷법률 상소(上訴)의 한 가지. 고등법원, 지방법원 합의부 등의 제2심 판결에 대하여 법령 위반 등을 이유로 파기 또는 변경을 상급 법원에 신청하는 일.

상고[2]商高 | 장사 상, 높을 고 [commercial high school]
교육 '상업고등학교'(商業高等學校)의 준말. ¶그는 상고 출신 국회의원이다.

상:고[3]上古 | 위 상, 옛 고 [ancient times; remote ages]
역사 역사의 시대 구분의 하나. 중고(中古)보다 먼저[上] 있던 옛날[古].

▶상:고 시대 上古時代 | 때 시, 연대 대
역사 역사 시대로서 가장 오랜[上古] 시대(時代). ㊣상고대, 상대.

***상:공**[1]上空 | 위 상, 하늘 공 [sky]
❶속뜻 어떤 지역의 위[上]에 있는 공중(空中). ¶서울 상공에 적기가 나타났다. ❷높은 하늘. ¶전투기는 수천 피트 상공으로 날아올랐다.

상공[2]商工 | 장사 상, 장인 공 [commerce and industry]
상업(商業)과 공업(工業). '상공업'의 준말.

상-공업 商工業 | 장사 상, 장인 공, 일 업
직업군 중 상업(商業)과 공업(工業)을 아울러 이르는 말. ㊣상공.

상:관[1]上官 | 위 상, 벼슬 관 [higher officer; chief]
주로 공무원 사회에서 어떤 사람보다 높은 자리[上]에 있는 관리(官吏). ¶상관의 명령에 복종하다. ㊥상사(上司), 상급자(上級者). ㊇부하(部下), 하관(下官).

상관[2]相關 | 서로 상, 관계할 관 [be related to; meddle]
❶속뜻 서로[相] 관련(關聯)을 가짐. 또는 그 관련. ¶그 일이 당신과 무슨 상관이 있나요? ❷남의 일에 간섭함. ¶그가 언제 떠나든 상관을 하지 않겠다 / 그는 절대로 친구의 일에 상관하지 않는다.

▶상관-없다 (相關-)
❶속뜻 서로[相] 아무런 관련(關聯)이 없다. ¶당신과는 상관없는 일이니까 신경 쓰지 마세요. ❷문제 될 것이 없다. ¶누가 오든 상관없다. ㊥관계(關係)없다.

상궁 尙宮 | 받들 상, 집 궁 [court lady]
❶속뜻 왕실[宮] 사람들을 받들어[尙] 모시는 일을 하던 여자 벼슬. ❷역사 조선 시대에, 내명부의 하나인 여관(女官)의 정오품 벼슬.

상궁지조 傷弓之鳥 | 다칠 상, 활 궁, 어조사 지, 새 조
❶속뜻 한 번 화살[弓]에 맞아 다친[傷] 적

이 있는 새[鳥]는 구부러진 나무만 보아도 놀람. ❷한 번 혼이 난 일로 늘 의심과 두려운 마음을 품는 것을 이르는 말. ¶상궁지조란 성어를 보면 '자라보고 놀란 가슴 솥뚜껑보고 놀란다'는 속담이 생각난다.

상:권[1] 上卷 | 위 상, 책 권
[first volume]
두 권이나 세 권으로 된 책의 첫째[上] 권(卷). ¶그 소설은 상권이 제일 재미있다.

상권[2] 商圈 | 장사 상, 우리 권
[trading area]
경제 상업(商業)상의 세력이 미치는 범위[圈]. ¶그곳에 새로운 상권이 형성되었다.

상권[3] 商權 | 장사 상, 권리 권
[commercial power]
법률 ❶상업(商業)상의 권리(權利). ❷어떤 지역을 중심으로 상업기능에 영향을 미치는 범위. ¶기차역을 중심으로 상권이 발달했다.

상극 相剋 | 서로 상, 이길 극
[conflict; rivalry]
❶속뜻 서로[相] 이기려고[剋] 싸움. ❷둘 사이에 마음이 서로 맞지 않아 항상 충돌함. ¶그 둘은 상극이라서 만나기만 하면 싸운다. ❸두 사물이 서로 맞서거나 해를 끼쳐 어울리지 아니함. 또는 그런 사물. ¶한약과 녹두는 상극이다.

상금 賞金 | 상줄 상, 돈 금
[prize; (cash) reward]
상(賞)으로 주는 돈[金]. ¶소설이 당선되어 상금을 받았다. ㊙ 벌금(罰金).

상:급 上級 | 위 상, 등급 급
[higher grade]
위[上]의 등급(等級)이나 계급(階級). ¶상급 법원. ㊙ 하급(下級).

▶**상:급-생** 上級生 | 사람 생
학년[級]이 높은[上] 학생(學生). ¶상급생의 책을 물려받았다. ㊙ 하급생.

상:기[1] 上氣 | 위 상, 기운 기
[get dizzy]
❶속뜻 기운(氣運)이 위[上]로 올라옴. ❷흥분이나 부끄러움으로 얼굴이 붉어짐. ¶얼굴이 빨갛게 상기되었다.

상:기[2] 想起 | 생각 상, 일어날 기
[remember; call to mind]
지난 일을 생각해[想] 떠올림[起]. ¶6·25를 상기하다.

상냥-하다 [gentle; tender; soft]
성질이 싹싹하고 부드럽다. ¶그 소녀는 누구에게나 상냥하다. ㊙ 무뚝뚝하다.

상:념 想念 | 생각 상, 생각 념
[notion; conception]
마음속에 떠오르는 생각[想=念]. ¶깊은 상념에 잠기다.

상-놈 (常—, 늘 상)
[ill bred fellow; lowly fellow]
❶예전에, 신분이 낮은 남자를 낮추어 이르던 말. ❷본데가 없어 버릇없는 남자를 욕하는 말. ¶상놈이라고 놀리면 안 된다.

상:단 上段 | 위 상, 구분 단 [top row]
❶속뜻 위[上] 쪽에 있는 부분[段]. ¶시렁의 상단에 배치하였다. ❷글의 위쪽 단락(段落). ¶그 글의 상단을 보면 알 수 있다. ㊙ 하단(下段).

상:달 (上—, 위 상)
[tenth lunar month; Harvest month]
민속 '시월'의 예스러운 말. 햇곡식을 신에게 올리기에[上] 가장 좋은 달이라는 뜻에서 온 말이다. '시월(十月) 상달'의 준말.

상담 相談 | 서로 상, 말씀 담
[consult with; confer with]
서로[相] 상의하는 말[談]. ¶진학상담 / 건강상담. ㊐ 상의(相議).

▶**상담-실** 相談室 | 방 실
학교 따위에서 상담(相談)을 위하여 따로 마련한 방[室]. ¶상담실에 찾아가다.

▶**상담-자** 相談者 | 사람 자
❶속뜻 상담(相談)을 해 주는 사람[者]. ¶형이 나의 상담자였다. ❷어떤 고민·문제·

일 등에 관하여 상담을 하는 사람. ¶문의해 온 상담자들 중 대부분이 실업자였다.

상당 相當 | 서로 상, 당할 당
[be proper; fit]
❶[속뜻] 서로[相] 대적할[當]만 함. ❷일정한 액수나 수치 따위에 해당함. ¶상당 기간. ❸수준이나 실력이 꽤 높다. ¶민수는 한자 실력이 상당하다 / 이 문제는 상당히 어렵다.

▸**상당-량 相當量** | 분량 량
상당(相當)히 많은 양(量). ¶상당량의 식량을 공급하다.

▸**상당-수 相當數** | 셀 수
❶[속뜻] 어떤 기준에 상당(相當)하는 수(數). ❷어지간히 많은 수. ¶요즘 상당수의 사람들이 안경을 쓴다. [비] 다수(多數), 대다수(大多數).

*__상대 相對__ | 서로 상, 대할 대
[deal with; someone; partner]
❶[속뜻] 서로[相] 마주 대(對)함. 또는 그 대상. ¶저런 사람들하고는 상대도 하지 마라 / 손님을 상대하는 일은 쉽지 않다. ❷어떤 관계로 자기가 마주 대하는 사람. ¶결혼 상대 / 의논 상대. ❸서로 겨룸. 또는 그런 대상. ¶이번 상대는 만만치 않다 / 누구든 나와라, 내가 상대하마. [비] 상견(相見), 대면(對面), 상대자(相對者), 맞수, 적수(敵手).

▸**상대-방 相對方** | 모 방
❶[속뜻] 맞은[相對] 편[方]. ❷상대편. ¶상대방의 입장에서 생각하다.

▸**상대-적 相對的** | 것 적
어떤 것과 서로[相] 대립(對立)하거나 비교되는 관계에 있는 것[的]. ¶상대적 가치 / 이 문제는 상대적으로 중요하지 않다. [반] 절대적(絶對的).

▸**상대-편 相對便** | 쪽 편
서로 상대(相對)가 되는 쪽[便]. 또는 그 위치에 있는 사람. [비] 상대방(相對方).

상:등 上等 | 위 상, 무리 등
[superiority; excellence]
위[上] 급에 속하는 무리[等]. 높은 등급.

▸**상:등-병 上等兵** | 군사 병
[군사] 사병 계급의 하나. 병장의 아래, 일등병의 위[上等]인 병사(兵士). [준] 상병.

상례 常例 | 늘 상, 본보기 례
[common usage; custom]
주위에서 흔히[常] 볼 수 있는 본보기[例]. 또는 그런 사례. ¶추석이나 설에는 한복을 입는 것이 상례이다. [비] 통례(通例), 항례(恒例).

상록 常綠 | 늘 상, 초록빛 록 [evergreen]
겨울에도 잎이 떨어지지 않고 사철 늘[常] 초록빛[綠]을 띤 상태.

▸**상록-수 常綠樹** | 나무 수
[식물] 사철 늘[常] 잎이 푸른[綠] 나무[樹]. ¶소나무와 대나무는 상록수이다. [비] 늘푸른나무. [반] 낙엽수(落葉樹).

⁑**상:류 上流** | 위 상, 흐를 류
[upper stream; higher classes]
❶[속뜻] 강물 따위가 흘러내리는[流] 위[上]쪽 지역. ¶한강 상류가 오염되었다. ❷사회적 지위나 생활수준, 교양 등이 높은 계층. ¶상류 사회. [반] 하류(下流).

▸**상:류-층 上流層** | 층 층
지위나 생활 정도가 높은[上流] 계층(階層). ¶상류층 인사들과 친분을 쌓다.

상:륙 上陸 | 위 상, 뭍 륙 [land]
배에서 뭍으로[陸] 오름[上]. ¶맥아더 장군은 인천에 상륙했다.

▸**상:륙 작전 上陸作戰** | 지을 작, 싸울 전
[군사] 해상으로부터 적지에 상륙(上陸)하는 공격 작전(作戰). ¶인천 상륙작전.

상면 相面 | 서로 상, 낯 면
[meet with; see each other]
서로[相] 만나서 얼굴[面]을 마주 봄. ¶몇십 년 만에 이산가족의 상면이 이루어졌다.

상모 象毛 | 모양 상, 털 모
❶[속뜻] 털[毛] 모양[象]의 장식. ❷[민속] 벙거지의 꼭지에 참대와 구슬로 장식하고

그 끝에 털이나 긴 백지 오리를 붙인 것. ¶상모를 돌리며 꽹과리를 치다.

상민 常民 | 늘 상, 백성 민
[common people]
예전에, 양반이 아닌 보통[常] 백성[民]을 이르던 말. ㊥ 평민(平民). ㊤ 양반(兩班).

상반1 相反 | 서로 상, 되돌릴 반
[be contrary to]
서로[相] 반대(反對)되거나 어긋남. ¶이 내용은 사실과 상반된다.

상ː반2 上半 | 위 상, 반 반
[first half (of)]
위[上]쪽 절반(折半). ㊤ 하반(下半).

상ː-반기 上半期 | 위 상, 반 반, 때 기 [first half]
한 해나 어떤 일정 기간을 둘로 나눈 그 앞[上]의 절반(折半) 시기(時期). ¶상반기 생산량. ㊤ 하반기(下半期).

상ː-반신 上半身 | 위 상, 반 반, 몸 신
[upper body]
사람 몸[身]에서 허리부터 위[上]의 절반(折半) 부분. ¶상반신을 일으키다. ㊥ 상체(上體). ㊤ 하반신(下半身).

상벌 賞罰 | 상줄 상, 벌할 벌
[reward and punishment]
상(賞)을 주는 것과 벌(罰)을 주는 것. ¶공정하게 상벌을 주다 / 상벌위원회.

상ː병 上兵 | 위 상, 군사 병
[corporal; airman 1st class]
군사 군대 계급 중 일병 위[上], 병장 아래인 병사(兵士)의 계급. '상등병'(上等兵)의 준말.

상보 床褓 | 평상 상, 보자기 보 [tablecloth]
밥상[床]을 덮는 데에 쓰는 보자기[褓]. ¶상보로 상을 덮었다.

상복 喪服 | 죽을 상, 옷 복
[mourning clothes]
상중(喪中)에 있는 사람이 입는 예복(禮服).

상봉 相逢 | 서로 상, 만날 봉
[meet each other; reunite]
서로[相] 만남[逢]. ¶이산가족이 드디어 상봉했다.

상ː부1 上部 | 위 상, 나눌 부
[upper part; top; superior office]
❶ 속뜻 위쪽[上] 부분(部分). ❷보다 높은 직위나 기관. ¶상부의 명령에 따르다. ㊤ 하부(下部).

상부2 相扶 | 서로 상, 도울 부
[mutual help; interdependence]
서로[相] 도움[扶].

▸상부-상조 相扶相助 | 서로 상, 도울 조
서로서로[相] 도움[扶=助]. ¶어려울 때일수록 상부상조해야 한다.

상비 常備 | 늘 상, 갖출 비
[reserve; have always ready]
늘[常] 갖추어[備] 둠. ¶가정에 구급약을 상비하다.

▸상비-약 常備藥 | 약 약
언제든지 쓸 수 있도록 늘[常] 갖추어[備] 두는 약(藥).

상ː사1 上士 | 위 상, 선비 사
[senior master sergeant]
군사 국군의 부사관(副士官) 중 가장 위[上]의 계급. 중사(中士)의 위, 준위(准尉)의 아래.

상ː사2 上司 | 위 상, 벼슬 사
[higher office; one's superior]
자기보다 벼슬이나 지위가 위[上]인 사람[司]. ¶직장 상사의 의견을 존중하다.

상사3 祥事 | 제사 상, 일 사
사람이 죽은 지 두 돌 만에 제사[祥]를 지내는 일[[事]. ㊥ 대상(大祥).

상사4 相思 | 서로 상, 생각 사
[think of each other]
❶ 속뜻 서로[相] 생각함[思]. ❷남녀가 서로 그리워함.

▸상사-병 相思病 | 병 병
남자나 여자가 마음에 둔 사람을 몹시 그리워하는[相思] 데서 생기는 마음의 병

(病).

상ː상[1]上上 | 위 상, 위 상
[highest grade]
상(上) 등급 위[上]의 등급. 최상급.

▶**상ː상-봉** 上上峯 | 봉우리 봉
여러 봉우리 가운데 가장 높은[上上] 봉우리[峯]. ¶백두산 상상봉에 오르다.

***상ː상**[2]想像 | 생각 상, 모양 상 [imagine; picture]
실제로 보지 못한 것의 모양[像]을 생각해[想] 봄. 또는 그런 모양. ¶10년 후 그는 어떤 모습일지 상상이 안 된다.

▶**상ː상-력** 想像力 | 힘 력
실제로 경험하지 않은 현상이나 사물[像]에 대하여 마음속으로 그려 보는[想] 능력(能力). ¶상상력이 풍부하다.

▶**상ː상-화** 想像畵 | 그림 화
미술 실물을 보지 않고 추측과 생각으로[想像] 그린 그림[畵].

상서 祥瑞 | 상서로울 상, 상서 서
[lucky omen; happy augury]
복되고[祥] 길한[瑞] 일. ¶상서로운 조짐. ⓑ 경서(慶瑞), 길상(吉祥), 길조(吉兆).

상ː석[1]上席 | 위 상, 자리 석
[highest seat; top seat; head]
윗[上] 자리[席]. ¶교장 선생님을 상석으로 모셨다. ⓑ 말석(末席).

상석[2]床石 | 평상 상, 돌 석 [stone offertory table in front of a tomb]
민속 무덤 앞에 제물(祭物)을 차려 올려놓기 위하여 돌[石]로 만든 상(床). ¶할아버지의 상석에 햇과일을 놓았다.

상선 商船 | 장사 상, 배 선
[merchant ship; trading vessel]
삯을 받고 사람이나 짐을 나르는 등 상업적(商業的)으로 이용되는 배[船]. 여객선, 화물선, 화객선 등이 있다.

상설 常設 | 늘 상, 베풀 설
[establish permanently]
언제든지[常] 이용할 수 있도록 설비와 시설을 갖추어[設] 둠. ¶상설 할인매장.

상세 詳細 | 자세할 상, 가늘 세
[minute; detailed]
자세하고[詳] 세밀(細密)하다. ¶상세한 설명. ⓑ 자세(仔細)하다, 치밀(緻密)하다. ⓑ 간단(簡單)하다.

상ː소[1]上訴 | 위 상, 하소연할 소 [appeal; recourse]
❶ 속뜻 위[上]에 하소연함[訴]. ❷ 법률 하급 법원의 판결에 따르지 않고 상급 법원에 재심을 요구하는 일.

상ː소[2]上疏 | 위 상, 트일 소
[present a memorial to the King]
임금에게 글을 올려[上] 의견을 소통(疏通)하던 일. 또는 그 글. 주로 간관(諫官)이나 삼관(三館)의 관원이 임금에게 정사(政事)를 간하기 위하여 올렸다.

▶**상ː소-문** 上疏文 | 글월 문
역사 상소(上疏)하는 내용을 적은 글[文]. ¶성균관 유생들이 상소문을 올렸다.

상-소리 (常-, 보통 상)
[abusive language; indecent talk]
상스러운 말. 또는 상스러운 소리.

상속 相續 | 서로 상, 이을 속
[succeed to; inherit; fall heir to]
❶ 속뜻 서로[相] 이어주거나 이어받음[續]. ❷ 법률 일정한 친족 관계가 있는 사람 사이에서 한 사람의 사망으로 다른 사람이 재산에 관한 권리와 의무의 일체를 이어받는 일. ¶유산 상속.

▶**상속-자** 相續者 | 사람 자
법률 상속(相續) 받는 사람[者]. ⓑ 상속인(相續人).

상ː쇠 (上-, 위 상)
[first gong player in a folk band]
민속 두레패·굿중패·걸립패·농악대 따위에서 꽹과리를 가장 잘 치는 사람으로, 그 패의 앞잡이가 되어 전체를 지도하는 사람.

상수[1]常數 | 늘 상, 셀 수

[constant; invariable (number)]
수학 늘[常] 일정한 값을 가진 수(數). ⓑ 변수(變數).

상:수² 上水 | 위 상, 물 수
[piped water]
음료수로 쓰기 위한 상급(上級)의 맑은 물[水]. ¶상수 시설을 갖추다. ⓑ 하수(下水).

▸**상:수-도** 上水道 | 길 도
❶속뜻 물[水]을 위[上]로 끌어올려 쓸 수 있도록 설치한 수도관(水道管). ❷위생 처리 과정을 거친 깨끗한 물을 보내주는 관. 먹는 물이나 공업, 방화(防火) 따위에 쓰는 물을 관을 통하여 보내 주는 설비. ⓑ 하수도(下水道).

▸**상:수-원** 上水源 | 근원 원
상수(上水)로 쓸 물의 근원(根源). 강·호수 따위. ¶상수원 보호 지역.

상:수리 [acorn]
상수리나무의 열매.

▸**상:수리-나무**
식물 참나뭇과의 낙엽 교목. 5월 무렵에 누런 갈색 꽃이 핀다. 열매는 묵을 만드는 데 쓰고 목재는 가구의 재료로 쓴다.

상:순 上旬 | 위 상, 열흘 순
[first ten days]
상, 중, 하로 삼등분한 것 가운데 첫[上] 열흘[旬]. 초하루에서 열흘 사이의 기간. ⓑ 초순(初旬). ⓑ 중순(中旬), 하순(下旬).

상술 商術 | 장사 상, 꾀 술
[trick of the trade; business ability]
장사하는[商] 솜씨[術]. ¶얄팍한 상술 / 그녀는 상술이 뛰어나다.

상-스럽다 (常–, 보통 상) [vulgar; low]
언행이 낮고 천하다. ¶상스러운 말. ⓑ 천(賤)하다, 비속(卑俗)하다, 저속(低俗)하다. ⓑ 고상(高尙)하다.

상습 常習 | 늘 상, 버릇 습
[regular custom; common practice]
몇 차례든 항상(恒常) 되풀이하는 습관(習慣).

▸**상습-적** 常習的 | 것 적
좋지 않은 일을 버릇처럼 하는[常習] 것[的]. ¶상습적인 행위.

상:승 上昇 | 위 상, 오를 승
[rise; ascend]
낮은 데에서 위로[上] 올라감[昇]. ¶기온 상승 / 물가 상승. ⓑ 하강(下降).

상시 常時 | 보통 상, 때 시
[at all times; always]
❶속뜻 임시가 아닌 관례대로의 보통[常] 때[時]. ¶할머니는 손자의 사진을 상시 지니고 다닌다. ❷보통 때. '평상시'(平常時)의 준말. ¶상시 연습을 철저히 해라. ⓑ 항시(恒時).

상식 常識 | 늘 상, 알 식
[common sense]
사람들이 늘[常] 알고 있어야 할 지식(知識). 일반적 견문, 이해력, 판단력, 사리 분별 따위. ¶상식에 어긋나다 / 상식이 부족하다. ⓑ 보통지식(普通知識).

상실 喪失 | 죽을 상, 잃을 실 [loss]
❶속뜻 죽거나[喪] 잃어버림[失]. ❷어떤 것이 아주 없어지거나 사라짐. ¶기억 상실 / 의욕 상실.

▸**상실-감** 喪失感 | 느낄 감
무엇인가가 없어진[喪失] 후의 느낌[感]이나 감정 상태. ¶상실감에 빠지다 / 상실감을 맛보다.

상심 傷心 | 상할 상, 마음 심
[grieve; sorrow]
슬픔이나 걱정 따위로 마음[心]이 상(傷)함. 마음을 아프게 함. ¶그는 아내를 잃고 상심에 빠졌다.

상아 象牙 | 코끼리 상, 어금니 아 [elephant tusk]
코끼리[象]의 어금니[牙]. 위턱에 나서 입 밖으로 뿔처럼 길게 뻗어 있다. 맑고 연한 노란색이며 단단해서 갈면 갈수록 윤이 난다. 악기, 도장 따위의 공예품을 만드는 데 쓴다.

▸상아-탑 象牙塔 | 탑 탑
❶속뜻 상아(象牙)로 만든 탑(塔). ❷속세를 떠나 오로지 학문이나 예술에만 잠기는 경지. ❸'대학'(大學)을 비유적으로 이르는 말. ¶학문의 상아탑.

상어 [shark]
동물 지느러미가 발달하고 날카로운 이빨이 있는 바닷물고기. 대개 태생(胎生)인데 성질이 흉포하고 민첩하다.

***상업** 商業 | 장사 상, 일 업
[commerce; trade; business]
장사[商]를 통하여 이익을 얻는 일[業].

상여[1] 喪輿 | 죽을 상, 수레 여 [(funeral) bier]
사람의 시체[喪]를 실어서 묘지까지 나르는 수레[輿] 따위의 도구. ¶상여를 메고 가다.

상여[2] 賞與 | 상줄 상, 줄 여 [reward]
❶속뜻 상(賞)으로 돈이나 물건 따위를 줌[與]. ❷관청이나 회사에서 직원에게 정기 급여와 별도로 업적이나 공헌도에 따라 돈을 줌. 또는 그 돈.

▸상여-금 賞與金 | 돈 금
상여(賞與)로 주는 돈[金]. ¶연말 상여금 / 상여금을 지급하다. ⓑ 보너스(bonus).

상:연 上演 | 위 상, 펼칠 연
[present; perform]
연극이나 공연(公演)을 무대에 올림[上]. ¶내일부터 '리어왕'을 상연한다.

상:영 上映 | 위 상, 비칠 영
[screen; show]
❶속뜻 스크린 위[上]로 필름의 빛을 비춤[映]. ❷극장 따위에 영화를 영사(映寫)하여 공개함. ¶지금 어떤 영화를 상영하나요?

▸상:영-중 上映中 | 가운데 중
영화를 보여주는[上映] 동안[中]. ¶상영 중에는 조용히 하세요.

상:오 上午 | 위 상, 낮 오 [forenoon]
❶속뜻 하루를 상하 둘로 나누었을 때 앞[上]에 해당되는 낮[午]. ❷밤 0시부터 낮 12시까지의 동안. ¶사건이 발생한 것은 상오 10시경이었다. ⓑ 하오(下午).

상용 常用 | 늘 상, 쓸 용
[common use; daily use]
일상적(日常的)으로 씀[用]. ¶상용 어휘.

상:원 上院 | 위 상, 집 원
[Upper House; House of Lords]
정치 상하로 구분한 양원(兩院)제도에서 상급(上級) 의원(議院). 영국의 상원처럼 특권 계급의 대표자로 구성되는 것과 미국의 상원처럼 각 주의 대표로 구성되는 것 따위. ⓑ 상의원(上議院).

상원사동종 上院寺銅鐘 | 위 상, 집 원, 절 사, 구리 동, 쇠북 종
고적 강원도 평창군 상원사(上院寺)에 있는, 통일 신라 시대의 구리[銅]로 만든 종[鐘]. 성덕왕 24년(725)에 제작된 것으로, 현존하는 우리나라 범종 가운데 최고(最古)의 것이며 그 소리가 웅장하고도 아름답다. 국보 제36호이다.

상:위 上位 | 위 상, 자리 위
[high position; higher rank]
높은[上] 지위(地位)나 위치(位置), 등급. ⓑ 하위(下位).

▸상:위-권 上位圈 | 우리 권
높은 위치나 지위[上位]에 속하는 범위[圈]. ¶성적이 상위권에 속한다. ⓑ 하위권.

상응 相應 | 서로 상, 응할 응
[correspond; be appropriate]
서로[相] 응(應)하거나 어울림. ¶그는 자신과 상응하는 역할을 맡았다.

상:의[1] 上衣 | 위 상, 옷 의
[coat; jacket]
위[上]에 입는 옷[衣]. ¶상의를 입다. ⓑ 하의(下衣).

상:의[2] 相議 | 서로 상, 의논할 의
[consult with; take counsel with]
어떤 일을 서로[相] 의논(議論)함. ¶나는 부모님과 오랜 상의 끝에 진로를 결정했다. ⓑ 상담(相談).

상이 傷痍 | 다칠 상, 상처 이 [wound; injury]
다쳐서[傷] 상처[痍]를 입음. 부상을 당함. ¶상이군인.

***상인 商人** | 장사 상, 사람 인 [merchant; trader]
장사[商]를 업으로 하는 사람[人]. ¶베니스의 상인. [비] 장수.

상임 常任 | 늘 상, 맡길 임 [permanent]
일정한 일을 늘[常] 계속하여 맡음[任].

▶ 상임 위원회 常任委員會 | 맡길 위, 사람 원, 모일 회
[법률] 국회에서 각 전문분야로 나누어 조직한 상설[常任] 위원회(委員會). 그 부문에 속한 안건을 입안하거나 심사한다.

▶ 상임 이사국 常任理事國 | 다스릴 리, 일 사, 나라 국
[정치] 국제적인 모임에서 이사(理事)의 역할을 늘[常] 맡고 있는[任] 나라[國].

***상자 箱子** | 상자 상, 접미사 자 [box; case]
물건을 넣어 두기 위하여 나무, 대나무, 두꺼운 종이 같은 것으로 만든 네모난 그릇[箱]. ¶물건을 상자에 담아 운반하다.

상잔 相殘 | 서로 상, 해칠 잔 [struggle with each other]
서로[相] 다투고 해침[殘]. ¶민족 상잔의 비극을 막아야 한다.

상장 賞狀 | 상줄 상, 문서 장 [diploma of merit; testimonial]
상(賞)을 수여할 때 주는 증서[狀]. ¶모범생에게 상장을 수여하다.

상:전 上典 | 위 상, 벼슬 전 [one's lord and master; employer]
❶ [속뜻] 상급(上級)의 벼슬[典]. ❷ 예전에 종에 상대하여 그 주인을 이르던 말. [반] 종.

상점 商店 | 장사 상, 가게 점 [store; shop]
일정한 시설을 갖추고 물건을 파는[商] 가게[店]. ¶거리에는 상점들이 늘어서 있다. [비] 가게.

상:정 上程 | 위 상, 과정 정 [bring up (a bill) for discussion]
❶ [속뜻] 바로 위[上] 단계의 과정[過程]. ❷ 토의할 안건을 회의에 올림. ¶법안을 본회의에 상정하다.

상:제¹ 上帝 | 위 상, 임금 제 [God]
❶ [속뜻] 하늘 위[上]에 있는 임금[帝]. ❷ [종교] 하느님.

상제² 喪制 | 죽을 상, 정할 제 [mourning practice]
❶ [속뜻] 상례(喪禮)에 관한 제도(制度). ❷ 부모나 조부모가 세상을 떠나서 거상(居喪) 중에 있는 사람. ¶상제들이 통곡을 하였다.

상종 相從 | 서로 상, 따를 종 [associate with]
서로[相] 따르며[從] 의좋게 지냄. ¶상종하지 못할 인간 같으니라고!

상주 喪主 | 죽을 상, 주인 주 [chief mourner]
상제(喪制)에서 주(主)가 되는 사람. 대개 장자(長子)가 된다. [비] 맏상제.

상:중하 上中下 | 위 상, 가운데 중, 아래 하 [top, middle, and bottom; good, fair, and poor]
위[上]와 가운데[中]와 아래[下]. 또는 그런 세 등급.

***상징 象徵** | 모양 상, 밝힐 징 [symbol]
추상적인 사물이나 개념을 구체적인 사물 모양[象]으로 밝혀[徵] 나타냄. 또는 그렇게 나타낸 표지(標識). ¶비둘기는 평화의 상징이다.

상-차림 (床-, 평상 상) [setting]
음식상(飮食床)을 차리는 일. 또는 그 상.

상:책 上策 | 위 상, 꾀 책 [best plan; best policy]
가장 좋은[上] 대책(對策)이나 방법. ¶이럴 때는 도망치는 것이 상책이다. [반] 하책(下策).

⁑**상처** 傷處 | 다칠 상, 곳 처
[wound; injury]
다친[傷] 곳[處]. ¶상처에 약을 바르다.

상:체 上體 | 위 상, 몸 체
[upper part of the body]
몸[體]의 윗부분[上]. ¶상체를 일으키다. [반] 하체(下體).

상추 [lettuce]
[식물] 잎은 크고 타원형이며, 쌈을 싸서 먹는 풀.

▶ **상추-쌈**
고추장·된장 등과 함께 밥을 싸서 먹는 상추 잎. 또는 그 음식.

상:층 上層 | 위 상, 층 층
[upper classes; upper layer]
위[上] 층(層). [반] 하층(下層).

*상:쾌 爽快 | 시원할 상, 기쁠 쾌
[refreshing; exhilarating]
느낌이 산뜻하고[爽] 마음이 기쁨[快]. ¶양치를 하면 입안이 매우 상쾌하다.

상큼-하다 [fragrant and fresh]
냄새나 맛 따위가 향기롭고 시원하다. ¶상큼한 오렌지 주스.

⁑**상태** 狀態 | 형상 상, 모양 태
[condition; situation]
❶ [속뜻] 실제의 형상(形狀)이나 모양[態]. ❷사물·현상이 놓여 있는 모양이나 형편. ¶기상 상태 / 혼수 상태.

상통 相通 | 서로 상, 통할 통
[understand each other; communicate with]
❶ [속뜻] 서로[相] 마음과 뜻이 통(通)함. ¶나는 언니와 상통하는 부분이 매우 많다. ❷서로 어떠한 일에 공통되는 부분이 있음. ¶감정을 표현한다는 점에서 음악과 무용은 상통한다.

상투¹ [topknot of hair]
예전에, 남자가 머리털을 끌어 올려 정수리 위에 틀어 감아 맨 것. ¶상투를 틀어 올리다.

상투² 常套 | 늘 상, 버릇 투 [conventionality]
늘[常] 써서 버릇[套]이 되다시피 한 것.

▶ **상투-적** 常套的 | 것 적
항상[常] 하는 버릇[套]처럼 된 것[的]. ¶상투적인 변명.

상:편 上篇 | 위 상, 책 편 [first volume]
두 편이나 세 편으로 된 책의 첫째[上] 책[篇].

상평 常平 | 늘 상, 평평할 평
[역사] 변방 지방에 창고를 지어 놓고 실시하던 미곡 정책. 미곡이 흔하면 비싼 값으로 사들이고 미곡이 귀하면 싼값에 팔아서 그 시세가 늘[常] 일정하도록[平] 조절하였다.

▶ **상평-창** 常平倉 | 곳집 창
[역사] 고려·조선 때, 물가가 내릴 때 생활필수품을 사들였다가 값이 오를 때 내어 물가를 늘[常] 고르게[平] 유지시키던 기능의 기관[倉].

▶ **상평-통보** 常平通寶 | 통할 통, 보배 보
[역사] 조선 시대에 쓰던 엽전의 이름. 인조 11년(1633)부터 조선 후기까지 주조하여 사용하였다. 시세나 물가가 늘[常] 일정하도록[平] 하는 데 쓰이는 통화[通寶]라는 뜻으로 추정된다.

상표 商標 | 장사 상, 나타낼 표
[trademark; brand]
[경제] 사업자가 자기 상품(商品)에 붙인 표시(標示). 경쟁 업체의 것과 구별하기 위하여 사용하는 기호, 문자, 도형 따위로 일정하게 표시한다.

상품¹ 賞品 | 상줄 상, 물건 품 [prize]
상(賞)으로 주는 물품(物品). ¶상품으로 컴퓨터를 받았다.

⁑**상품**² 商品 | 장사 상, 물건 품 [product]
사고파는[商] 물품(物品). ¶시장에는 온갖 상품이 다 있다.

▶ **상품-권** 商品券 | 문서 권
[경제] 액면 가격에 상당하는 상품(商品)과 교환할 수 있는 표[券]. 백화점이나 기타 상점이 발행하는 무기명(無記名) 유가 증

권(有價證券)의 하나이다. ¶문화 상품권.

▸ **상품-명** 商品名 | 이름 명
사고파는 물품[商品]의 이름[名]. ¶겉에 상품명이 적혀 있다.

▸ **상품-성** 商品性 | 성질 성
상품(商品)으로서의 가치가 있는 성질(性質). ¶상품성이 높다.

▸ **상품-화** 商品化 | 될 화
어떤 물건이 상품(商品)이 되거나[化] 상품으로 되게 만듦.

▸ **상품 작물** 商品作物 | 지을 작, 만물 물
농업 시장에 내다 팔기 위한 상품(商品)으로 재배하는 농작물(農作物). ¶조선 후기에 상품작물을 재배하는 것이 크게 증가했다.

상:하 上下 | 위 상, 아래 하
[top and bottom]
위[上]와 아래[下]. ¶시험관을 상하로 10분간 흔들어주십시오.

상-하다 (傷—, 다칠 상)
[become thin; rot; go bad]
❶몸을 다쳐[傷] 상처를 입다. ¶얼굴이 상하다. ❷음식이 변하거나 썩어서 먹을 수 없게 되다. ¶여름철에는 생선이 쉽게 상한다. ❸근심, 슬픔, 노여움 따위로 마음이 언짢아지다. ¶기분이 상하다.

상:-하수도 上下水道 | 위 상, 아래 하, 물 수, 길 도
상수도(上水道)와 하수도(下水道). ¶장마가 오기 전에 상하수도를 정비했다.

상해 傷害 | 다칠 상, 해칠 해
[injury; bodily harm]
몸을 다치거나[傷] 해(害)를 입힘. ¶그는 자동차 사고로 전치 4주의 상해를 입었다.

상:향 上向 | 위 상, 향할 향
[upward tendency]
❶속뜻 위[上] 쪽을 향(向)함. 또는 그 쪽. ¶상향 곡선. ❷수치나 한도, 기준 따위를 더 높게 잡음. ¶목표를 상향 조정하다. ㊥ 하향(下向).

상:현 上弦 | 위 상, 시위 현
[first quarter of the moon]
천문 매달 음력 7~8일경인 상순(上旬)에 나타나는 활시위[弦] 모양의 초승달. 둥근 쪽이 오른쪽 아래로 향한다. ㊥ 하현(下弦).

상형 象形 | 본뜰 상, 모양 형
❶속뜻 어떤 물건의 모양[形]을 본뜸[象]. ❷언어 한자 육서(六書)의 하나. 해당 낱말(형태소)이 가리키는 물체의 모양을 본떠서 글자를 만드는 방법이다. 해를 본떠서 '日' 자를 만드는 따위. 명사에 해당되는 것이 많다. ❸언어 상형 문자.

▸ **상형 문자** 象形文字 | 글자 문, 글자 자
언어 ❶해당 낱말이 가리키는 물체의 모양을 본떠[象形] 만든 그림 문자(文字). 한자, 수메르 문자, 이집트 문자 따위를 통틀어 이른다. ❷한자의 육서(六書) 가운데 하나로 물건의 형상을 본떠서 만든 글자. 해를 본뜬 '日', 달을 본뜬 '月', 산을 본뜬 '山' 따위.

상호[1] 相互 | 서로 상, 서로 호
[reciprocity; mutuality]
서로[相] 함께[互]. 상대가 되는 이쪽과 저쪽 모두. ¶상호 관심사.

상호[2] 商號 | 장사 상, 이름 호
[firm name]
법률 상인(商人)이 영업 목적으로 자기를 표시하는 이름[號].

⁑**상황** 狀況 | 형상 상, 형편 황
[conditions; situation]
어떤 일의 그때의 모습[狀]이나 형편[況]. ¶상황을 판단하다 / 상황이 나빠지다.

▸ **상황-판** 狀況板 | 널빤지 판
일이 되어 가는 형편이나 상황(狀況)을 나타내는 설명판(說明板). ¶교통 상황판.

상회 商會 | 장사 상, 모일 회
[commercial firm; trading company]
❶속뜻 몇 사람이 함께 장사를 하는 상업(商業)상의 모임[會]. ❷경제 기업이나 상

점, 상사에 덧붙여 쓰는 말. ¶전기 상회.

상흔 傷痕 | 다칠 상, 흉터 흔 [scar]
다친[傷] 자리에 남은 흔적(痕跡). ¶전쟁의 상흔이 남아 있다.

샅 [crotch; inside of the thigh]
두 다리의 사이. ㊥ 사타구니.

샅-바 [wrestler's thigh band]
운동 씨름할 때 다리에 걸어 상대편의 손잡이로 쓰는 포목의 바. ¶샅바를 잡다.

샅샅-이
[all over; everywhere; throughout]
틈이 있는 곳마다. 빈틈없이 모조리. ¶방 안을 샅샅이 뒤지다. ㊥ 구석구석.

새:[1](鳥, 새 조; 禽, 새 금) [bird]
동물 몸에 깃털이 있고 다리가 둘이며, 하늘을 자유로이 날 수 있는 짐승을 통틀어 이르는 말. ¶새가 나뭇가지에 앉았다.

새:[2][opening; interval]
❶틈. 사이. ¶벽이 갈라진 새로 빛이 들어 왔다. ❷어떤 때로부터 다른 때까지의 동안. ¶그는 내가 없는 새에 왔다 갔다.

새[3](新, 새 신) [new]
❶사용하거나 구입한 지 얼마 되지 않은. ¶새 구두. ❷이미 있던 것이 아니라 처음 마련하거나 다시 생겨난. ¶새 학기. ㊥ 헌.

새겨-듣다
[listen carefully to; pay attention to]
마음 가운데 단단히 기억하기 위하여 주의하여 듣다. 명심해서 듣다. ¶선생님의 말씀을 가슴 깊이 새겨듣다.

새근-새근
[short of breath; quietly; peacefully]
어린아이가 곤히 잠들어 조용하게 자꾸 숨 쉬는 소리.

새기다[1](刻, 새길 각; 銘, 새길 명) [carve; impress]
❶글씨·그림 또는 어떤 형상을 나무·돌 등에 파다. ¶도장을 새기다. ❷마음속에 깊이 간직하다. 명심하다. ¶어머니의 말씀을 마음속 깊이 새겨 두었다. ㊥ 조각(彫刻)하다, 명심(銘心)하다.

비슷한 듯 다른 말	➲ 파다

새기다[2][interpret; explain; translate]
말이나 글의 뜻을 알기 쉽게 풀이하다. ¶시를 새기다.

새-까맣다 [deep black]
❶아주 짙게 까맣다. ¶새까만 머리카락. ❷아는 것이 전혀 없거나 전혀 기억이 나지 않다. ¶나는 그와의 약속을 새까맣게 잊어 버렸다. ❸거리나 시간 따위가 매우 아득하게 멀다. ¶새까만 후배.

새끼[1][(coarse) straw rope]
짚으로 꼰 줄. ¶새끼를 꼬아 볏단을 묶었다.

▸ 새끼-줄
새끼로 되어 있는 줄.

새끼[2][young; child]
❶난 지 얼마 안 되는 동물의 어린 것. ¶돼지가 새끼를 낳다. ❷'자식'의 속된 말. ¶예쁜 내 새끼.

▸ 새끼-손가락
맨 가에 있는 가장 작은 손가락.

새-날 [new day; new era]
❶새로 동터 오는 날. ¶새날이 밝았다. ❷새로운 시대. 또는 닥쳐올 앞날. ¶새날을 열어 갈 어린이들.

새-내기
학교나 회사 따위에 갓 들어온 사람을 이르는 말. ¶새내기 환영회.

새다[1](漏, 샐 루) [leak (out)]
❶기체, 액체 따위가 틈이나 구멍으로 조금씩 빠져 나가거나 나오다. ¶천장에서 비가 새다. ❷비밀, 정보 따위가 보안이 유지되지 못하거나 몰래 밖으로 알려지다. ¶비밀이 새고 있다. ❸원래 가야 할 곳으로 가지 않고 딴 데로 가다. ¶동생은 학원에 안 가고 딴 곳으로 새 버렸다. ㊥ 누설(漏泄)되다. 속담 집에서 새는 바가지, 들에서도 샌다.

♣ 새다[1] / 빠지다[1]

◎ 타이어에 바람이 새다 = 빠지다.

○ 지붕에서 비가 샌다.
× 지붕에서 비가 빠진다.

○ 앓니 한 개가 빠졌다.
× 앓니 한 개가 샜다.

새다[2] [dawn; break; grow light]
날이 밝아 오다. ¶그는 날이 샐 무렵에 집에 돌아왔다.

새-댁 (—宅, 집 댁)
[bride; newly married woman]
새로 시집온 여자[宅]. ¶아직 새댁이라 요리를 잘 못한다. ㊥ 새색시.

새-로 [newly]
❶전에 없이 처음으로. ¶새로 오신 교장 선생님. ❷전과 달리 새롭게. ¶새로 고친 집.

새록-새록 [in succession]
어떤 생각이나 느낌이 거듭하여 새롭게 생기는 모양. ¶옛 추억이 새록새록 떠오른다.

새-롭다 [new; fresh]
❶지금까지 있은 적이 없다. ¶새로운 일 / 새로운 각오. ❷전과 달리 생생하고 신뜻하게 느껴지는 맛이 있다. ¶교실을 새롭게 단장하다.

새마을 운동 (—運動, 돌 운, 움직일 동)
[New Community Movement]
사회 새마을 정신을 바탕으로 생활환경의 개선과 소득 증대를 도모한 지역 사회 개발 운동(運動). 1970년에 박정희 대통령의 제창으로 시작하였다.

새-말 [new word]
언어 새로 생긴 말. ㊥ 신조어(新造語).

새벽 (晨, 새벽 신; 曉, 새벽 효)
[dawn; break of the day]
날이 밝을 녘. 먼동이 트기 전. ¶새벽에 길을 나섰다.

▸ 새벽-녘
새벽이 될 무렵.

▸ 새벽-달
음력 하순 새벽에 보이는 달. ㊥ 효월(曉月). 속담 새벽달 보자고 초저녁부터 기다린다.

▸ 새벽-같이
아침에 아주 일찍이. ¶그는 새벽같이 일어나서 산에 갔다.

새-빨갛다 [bright red]
아주 짙게 빨갛고 새뜻하다. ¶새빨간 노을. 관용 새빨간 거짓말.

새-살 [granulation (tissue); new skin]
곪아 썩은 자리에 새로 돋아나는 살. ¶새살이 돋아나다.

새삼
다시금 새롭게. ¶나는 가족의 소중함을 새삼 깨달았다.

▸ 새삼-스럽다
❶이미 알고 있는 사실에 대하여 느껴지는 감정이 갑자기 새로운 데가 있다. ¶그 날의 감동이 새삼스럽다. ❷지난 일을 공연히 다시 들추어내는 느낌이 있다. ¶다 지난 일을 이제 와서 새삼스럽게 꺼내고 그러세요?

새-색시 [bride; newly married woman]
새로 시집온 여자. ¶새색시가 다소곳이 앉아있다. ㊥ 새댁.

새ː-소리 [birdcall; song of a bird]
새가 우는 소리.

새-순 (—筍, 새싹 순)
새로 나온 순(筍). ¶봄이 되면 새순이 돋는다.

새시 {영 sash}
철, 스테인리스강, 알루미늄 따위를 재료로 하여 만든 창의 틀.

새-신랑 (—新郎, 새 신, 사나이 랑)
[bridegroom]
갓 결혼한 신랑(新郎). ¶그렇게 차려입으니까 꼭 새신랑 같다.

새-싹 [sprout; bud]
새로 돋은 싹. ¶새싹이 파릇파릇 돋아났다.

새:-알 [bird's egg]
새의 알.

새옹지마 塞翁之馬 | 변방 새, 늙은이 옹, 어조사 지, 말 마
❶ 속뜻 변방[塞]에 사는 늙은이[翁]의 말[馬]. ❷인생의 길흉화복은 변화가 많아서 예측하기가 어렵다는 말.

새우 [shrimp]
동물 몸은 딱지로 덮여 있고 머리, 가슴, 배로 나뉘어 있는 절지동물. 속담 고래 싸움에 새우 등 터진다.

▸ **새우-잠**
새우같이 모로 몸을 꼬부리고 자는 잠. ¶방이 좁아서 모두 새우잠을 잤다.

▸ **새우-젓**
빛이 흰 작은 새우에 소금을 뿌려 담근 젓. ¶새우젓으로 간을 맞추다.

새우다 [stay up all night; keep awake all night]
한숨도 자지 않고 밤을 지내다. ¶밤을 새워 공부하다.

새:-장 (一欌, 장롱 장) [birdcage]
새를 넣어 기르는 장(欌). ¶새장 속의 새를 풀어주다. ⓑ 조롱(鳥籠).

새:-집 [bird's nest]
새가 깃들이는 집. ¶새집을 지은 것처럼 머리가 엉망이다 / 새집을 만들어 처마 밑에 걸어두었다.

새:-참 [snack between regular meals; between meals]
일을 하다가 잠시 쉬는 동안. 또는 그때에 먹는 음식. '사이참'의 준말.

새:치 [white hair in youth]
젊은 사람 머리에 난 센 머리카락. ¶새치를 뽑다.

새:-치기 [cut in]
순서를 어기고 남의 자리에 끼어드는 일. ¶얌체같이 새치기하지 마라.

새침-데기 [prim-looking person]
새침한 태도가 있는 사람. ¶새침데기가 오늘은 웬일로 아는 체를 하니?

새침-하다 [prim and proper; cold and indifferent]
쌀쌀맞게 시치미를 떼는 태도가 있다. ¶새침한 표정.

새-카맣다 [deep black]
아주 검다. ¶새카만 눈동자.

새콤-하다 [sour; acid]
조금 신맛이 있다. ¶새콤한 레몬.

새:-타령
음악 온갖 새의 모습이나 울음소리를 묘사한 전라도 민요의 하나.

새:털-구름 [cirrus]
지리 상층운의 하나로, 흰 머리털이나 나란히 된 가는 실올 같은 구름. ⓑ 권운(卷雲).

새-파랗다 [vivid blue; indigo]
❶몹시 파랗다. ¶새파란 바다. ❷춥거나 겁에 질려 얼굴이나 입술이 아주 푸르게 하다. ¶입술이 새파랗다. ❸썩 젊다. ¶새파랗게 젊은 사람.

새-하얗다 [dazzling white; pure white]
몹시 하얗다. ¶새하얀 눈.

새-해 [New Year]
새로 시작되는 해. ¶새해 복 많이 받으세요. ⓑ 신년(新年).

색 色 | 빛 색 [color]
빛을 흡수하고 반사하는 결과로 나타나는 사물의 밝고 어두움이나 빨강, 파랑, 노랑 따위의 물리적 현상. 또는 그것을 나타내는 물감 따위의 안료. ¶어두운 색 / 색이 곱다. ⓑ 빛깔, 색깔.

색깔 (色一, 빛 색) [color]
빛깔. ¶노란 색깔. ⓑ 색(色).

색-다르다 (色一, 빛 색) [out of the ordinary; different; unusual]
종류가 다르다. 보통 것과 다른 특색이

있다. ¶색다른 경험 / 색다른 아이디어.

색동 (色-, 빛 색)
[rainbow striped cloth]
여러 색의 옷감을 잇대거나 여러 색(色)으로 염색하여 만든, 아이들의 저고리나 두루마기의 소맷감.

▸ **색동-옷** (色-)
색(色)동을 대서 만든 옷.

▸ **색동-저고리** (色-)
색(色)동으로 소매를 댄 어린아이의 저고리.

색맹 色盲 | 빛 색, 눈멀 맹
[color blindness]
[의학] 빛깔[色]을 가려내지 못함[盲]. 또는 그러한 증상이 있는 사람. ¶색맹은 운전을 하기 어렵다.

색상 色相 | 빛 색, 모양 상 [color tone]
빛깔[色]의 모양[相]. ¶나는 밝은 색상의 옷을 좋아한다.

▸ **색상-지** 色相紙 | 종이 지
하나의 색깔[色相]이 있는 큰 종이[紙]. ¶색상지를 벽에 붙였다.

▸ **색상-표** 色相表 | 겉 표
여러 빛깔[色相]을 모아 놓은 표(表). ¶색상표를 참고해 천을 고르다.

▸ **색상-환** 色相環 | 고리 환
[미술] 색상(色相)을 스펙트럼 순서로 둥그렇게 배열한 고리[環] 모양의 도표.

색색[1] [in light little gasps]
숨을 가느다랗게 쉬는 소리. ¶아기가 색색 숨을 내쉬며 잠을 잔다.

색색[2] 色色 | 빛 색, 빛 색
[in various colors]
여러 가지 색깔[色+色]. ¶색색의 꽃이 피었다.

색소 色素 | 빛 색, 바탕 소
[coloring matter]
물체의 색깔[色]이 나타나도록 해 주는 바탕[素]이나 성분. ¶식용 색소.

색소폰 {영 saxophone}
[음악] 금관 악기의 하나. 부드럽고 감미로운 음을 내며, 경음악이나 취주악에 많이 쓰인다.

색:시
[maiden; unmarried woman; bride]
❶시집 안 간 처녀. ¶참한 색시. ❷새로 시집온 여자. [비] 규수(閨秀), 새색시.

색-실 (色-, 빛 색) [colored thread]
색(色)물을 들인 실.

색-안:경 色眼鏡 | 빛 색, 눈 안, 거울 경
[colored glasses]
❶[속뜻] 색깔[色]이 있는 렌즈를 끼운 안경(眼鏡). ❷'주관이나 선입견에 얽매여 좋지 않게 보는 태도'를 비유하여 이르는 말. ¶색안경을 끼고 보다. [비] 선글라스, 편견(偏見).

색-연필 色鉛筆 | 빛 색, 납 연, 붓 필
[colored pencil]
연필의 심을 납(蠟), 찰흙, 백악(白堊) 따위의 광물질 물감을 섞어서 여러 가지 색깔[色]이 나게 만든 연필(鉛筆). ¶색연필로 그림을 그렸다.

색-유리 色琉璃 | 빛 색, 유리 류, 유리 리
[colored glass]
투명한 유리에 염료를 넣어 색깔[色]을 입힌 유리(琉璃). '착색유리'(着色琉璃)의 준말. ¶색유리로 창을 장식했다.

색인 索引 | 찾을 색, 끌 인 [index]
❶[속뜻] 어떤 것을 뒤져 찾아내거나[索] 필요한 정보를 이끌어냄[引]. ❷책 속의 내용 중에서 중요한 단어나 항목, 인명 따위를 쉽게 찾아볼 수 있도록 일정한 순서에 따라 별도로 배열하여 놓은 목록. [비] 찾아보기.

색조 色調 | 빛 색, 고를 조 [color tone]
❶[속뜻] 빛깔[色]의 조화(調和). ❷[미술] 색깔이 강하거나 약한 정도나 상태. 또는 짙거나 옅은 정도나 상태. ¶선명한 색조.

색-종이 (色-, 빛 색) [colored paper]
여러 가지 색깔[色]로 물들인 종이. [비] 색

지(色紙).

색지 色紙 | 빛 색, 종이 지 [colored paper]
여러 가지 색깔[色]로 물들인 종이[紙]. ¶색지를 오려 붙였다.

⁑색채 色彩 | 빛 색, 빛깔 채 [color; tint]
❶속뜻 여러 빛깔[色=彩]. ¶이 그림은 색채가 조화를 이루고 있다. ❷말, 글 따위의 표현에 나타나는 일정한 경향이나 성질. ¶불교적인 색채 / 보수적 색채. ㊥ 빛깔.

색출 索出 | 찾을 색, 날 출 [search out]
샅샅이 뒤져서 찾아[索] 냄[出]. ¶범인을 색출하다.

색칠 色漆 | 빛 색, 칠할 칠 [color; paint]
빛깔[色]이 나게 칠(漆)을 함. 또는 그 칠. ¶방문을 노랗게 색칠하다. ㊥ 도색(塗色).

샌:-님 [prudish fellow]
얌전하고 고루한 사람을 놀림조로 이르는 말. ¶그는 공부밖에 모르는 샌님이다.

샌드위치 {영 sandwich}
얇게 썬 빵 두 조각의 사이에 고기·야채·치즈 등을 넣은 음식.

샌들 {영 sandal}
가죽·비닐·나무 등으로 바닥을 대고 이를 가느다란 끈으로 발등에 매어 신는 신발.

샐러드 {영 salad}
생야채나 과실을 주로 하여 냉·육류(冷肉類)를 섞고 기름·마요네즈·초 등의 소스로 버무린 서양 음식.

샐러리-맨 [salaried man]
봉급(salaried)에 의존하여 생계를 꾸려 나가는 사람(man).

샐비어 {영 salvia}
식물 잎은 긴 타원형이며 가을에 주로 붉은 꽃이 줄기 끝에 피는 풀. 잎은 약용하거나 서양 요리에 향료로 쓴다.

샘:[1] [jealousy; envy]
남의 일이나 물건을 탐내거나 자기보다 나은 처지에 있는 사람을 미워함. 또는 그 마음. ¶샘이 나다. ㊥ 시기(猜忌), 질투(嫉妬).

샘:[2] (泉, 샘 천) [spring; fountain]
❶물이 땅에서 솟아 나오는 곳. 또는 그 물. ¶샘을 파다. ❷'샘터'의 준말.

샘:-물 [spring water]
샘에서 나오는 물. ¶땅을 파자 샘물이 퐁퐁 솟았다.

샘:-솟다 [spring out; well up]
힘·용기 따위가 줄기차게 솟아나다. ¶희망이 샘솟다.

샘:-터 [fountain]
샘이 있는 곳. 샘물이 솟아 나오는 빨래터. ㊟ 샘.

샘플 {영 sample}
전체 상품의 품질이나 상태 따위를 알아볼 수 있도록 미리 만들어 보이는 물건. ¶이 제품의 샘플을 보여주세요. ㊥ 본보기, 견본(見本).

샛:-강 (一江, 강 강) [branch]
큰 강에서 줄기가 갈려 나가서 중간에 섬을 이루고, 아래에 가서 다시 본류와 합류하게 되는 물줄기[江].

샛:-길 [byway; bypath]
큰길로 통하는 작은 길. ¶샛길로 질러가면 빠르다. 관용 샛길로 빠지다.

샛-노랗다 [deep yellow]
더할 수 없이 노랗다. ¶길가의 핀 개나리가 샛노랗다.

샛:-문 (一門, 문 문) [side gate]
❶속뜻 정문 외에 따로 만든 작은 문(門). ❷방과 방 사이를 드나드는 작은 문.

샛-바람 [east(erly) wind]
동쪽에서 부는 바람.

샛:-별 [morning star; Venus]
❶천문 새벽 동쪽 하늘에 반짝이는 금성(金星). ❷새로운 시대나 앞길을 밝혀 줄 만한 사람. ¶그는 한국 축구계의 샛별로 떠올랐다.

생 生 | 살 생 [living; life; existence]

사는[生] 일. 또는 살아 있음. ¶생을 행복하게 사는 방법. [비] 삶. [반] 사(死).

생가 生家 | 날 생, 집 가
[house of one's birth]
어떤 사람이 태어난[生] 집[家]. ¶여기가 이순신 장군의 생가이다.

생각[1](念, 생각 념; 思, 생각 사; 想, 생각 상)
[think; remember; imagine]
❶사람이 머리를 써서 사물을 헤아리고 판단하는 작용. ¶좋은 생각 / 그는 오랜 생각 끝에 대답했다 / 실패의 원인을 생각하다. ❷어떤 일에 대한 의견이나 느낌을 가짐. 또는 그 의견이나 느낌. ¶내 생각은 너와 다르다 / 나는 집에 돌아가고 싶다고 생각했다. ❸어떤 사람이나 일 따위에 대한 기억. ¶아버지 생각이 난다 / 학창 시절을 생각하다. ❹앞으로 일어날 일에 대하여 상상해 봄. 또는 그런 상상. ¶그는 생각보다 일찍 왔다 / 그가 도망치리라고는 미처 생각하지도 못했다. [비] 마음, 의향(意向), 소망(所望), 회상(回想), 사료(思料), 추정(推定).

[비슷한 듯 다른 말] ➲ 느끼다

▸ 생각-나다
❶어떤 사람이나 일 따위에 관한 기억이 떠오르다. ¶갑자기 어릴 때 친구가 생각났다. ❷어떤 의견이나 느낌이 떠오르다. ¶좋은 방법이 생각나다.

▸ 생각-되다
어떤 일에 대한 의견이나 느낌을 갖게 되다. ¶옳다고 생각되면 끝까지 밀고 나가라.

생각[2] 生角 | 살 생, 뿔 각
❶ [속뜻] 처음 돋아난[生] 짐승의 뿔[角]. ❷ 저절로 빠지기 전에 잘라 낸 사슴의 뿔.

생강 生薑 | 날 생, 생강 강
[ginger plant]
[식물] 생강과(生薑科)의 여러해살이풀. 뿌리줄기는 향신료, 건위제로 쓴다.

생-것 (生-, 날 생) [raw food]
살아있는[生] 것. 생으로 된 물건. ¶생것을 잘못 먹으면 배탈이 난다. [비] 날것.

생겨-나다 [begin; originate]
없던 것이 있게 되다. ¶거리 곳곳에 많은 찻집이 생겨났다.

생계 生計 | 살 생, 꾀 계
[livelihood; living]
살림을 살아 나갈[生] 방도[計]. 또는 현재 살림을 살아가고 있는 형편. ¶생계가 막막하다.

▸ 생계-비 生計費 | 쓸 비
[경제] 생계(生計)에 드는 비용(費用). ¶독거노인의 생계비를 지원하다.

생-고생 生苦生 | 날 생, 괴로울 고, 살 생
하지 않아도 좋을 공연한[生] 고생(苦生).

생-굴 (生-, 날 생) [raw oyster]
익히지 않은[生] 굴.

생글-거리다 [smile gently]
소리 없이 부드럽고 정답게 계속 눈으로 웃다. ¶생글거리는 얼굴.

생글-생글
눈과 입을 살며시 움직이며 소리 없이 정답게 자꾸 웃는 모양.

생긋 [gently]
소리 없이 얼핏 정답게 눈웃음만 치는 모양. ¶생긋 웃다.

생기 生氣 | 날 생, 기운 기
[(vivid) life; vitality; spirit]
싱싱하고[生] 힘찬 기운(氣運). ¶생기 있는 표정. [비] 활기(活氣).

▸ 생기-발랄 生氣潑剌 | 뿌릴 발, 어지러울 랄
생기(生氣)가 있고 발랄(潑剌)하다. ¶생기발랄한 모습.

생기다
[come into being; happen; occur]
❶없던 것이 있게 되다. ¶얼굴에 점이 생기다. ❷어떤 일이 일어나다. 발생하다. ¶문제가 생기다. ❸사람이나 사물의 생김새가 어떠한 모양으로 되다. ¶이국적으로

생긴 소녀. ❹일의 상태가 부정적인 어떤 지경에 이르게 됨을 나타내는 말. ¶이러다가는 모두 굶어 죽게 생겼다.

비슷한 듯 다른 말 ➲ 나다[2]

생김-새 [looks; appearance]
생긴 모양새. ¶얼굴 생김새.

생년 生年 | 날 생, 해 년
[year of one's birth]
태어난[生] 해[年].

▸ **생년월일** 生年月日 | 달 월, 날 일
태어난[生] 해[年]와 달[月]과 날[日]. ¶주민등록번호는 생년월일을 포함한다.

생도 生徒 | 사람 생, 무리 도
[pupil; cadet]
교육 군(軍)의 교육기관, 특히 사관학교의 학생(學生)들[徒].

생동 生動 | 날 생, 움직일 동
[be full of life]
생기(生氣) 있게 살아 움직임[動]. ¶봄은 만물이 생동하는 계절이다.

▸ **생동-감** 生動感 | 느낄 감
살아[生] 움직이는[動] 듯한 느낌[感]. ¶생동감 넘치는 그림.

생-떼 (生-, 날 생)
[insistent asking; perversity]
당치 않은 일에 공연히[生] 억지를 부리는 떼. ¶생떼를 쓰다.

생략 省略 | 덜 생, 줄일 략
[omit; abbreviate]
전체에서 일부를 덜거나[省] 줄임[略]. ¶시간 관계상 설명은 생략하겠습니다.

***생리** 生理 | 날 생, 이치 리 [physiology]
❶속뜻 생물체(生物體)의 생물학적 기능과 작용. 또는 그 원리(原理). ❷생활하는 습성이나 본능. ❸의학 성숙한 여성의 자궁에서 주기적으로 출혈하는 생리 현상. 보통 12~17세에 시작하여 50세 전후까지 계속된다. ⓑ 월경(月經).

▸ **생리-대** 生理帶 | 띠 대
월경[生理]을 할 때 분비되는 피를 흡수하여 밖으로 새지 않게 만든 띠[帶] 모양의 것.

▸ **생리-적** 生理的 | 것 적
생리(生理)와 관계되는 것[的]. ¶생리적 욕구.

생매 生埋 | 날 생, 묻을 매 [bury alive]
목숨이 붙어 있는 생물을 산[生] 채로 땅속에 묻음[埋]. '생매장'(生埋葬)의 준말.

생-매장 生埋葬 | 날 생, 묻을 매, 장사지낼 장[bury alive]
❶속뜻 사람을 산[生] 채로 땅속에 묻어[埋] 장사지냄[葬]. ❷'아무런 잘못이 없는 사람에게 억지로 허물을 씌워 일정한 사회 집단에서 몰아내는 것'을 비유하여 이르는 말. ㊇ 생매.

생-맥주 生麥酒 | 날 생, 보리 맥, 술 주
[draft beer]
열처리를 하지 않은 양조한 그대로의[生] 맥주(麥酒).

생-머리 (生-, 날 생) [one's hair without a perm; one's natural hair]
파마를 하지 않은 자연 그대로의[生] 머리.

생면 生面 | 날 생, 낯 면 [stranger]
낯익지 않은(生) 얼굴(面). ⓑ 숙면(熟面).

▸ **생면부지** 生面不知 | 아닐 부, 알 지
서로 한 번도 만난 적이 없어서[生面] 전혀 알지 못하는[不知] 사람. 또는 그런 관계. ¶그는 생면부지인 나를 잘 대해주었다. ⓑ 일면부지(一面不知).

****생명** 生命 | 살 생, 목숨 명 [life]
❶속뜻 살아가는[生] 데 꼭 필요한 목숨[命]. ¶생명의 은인 / 생명이 위태롭다. ❷사물이 존재할 수 있는 가장 중요한 요건을 비유하여 이르는 말. ¶가수는 목소리가 생명이다.

▸ **생명-력** 生命力 | 힘 력
생물체가 생명(生命)을 유지하여 나가는 힘[力]. ¶그 꽃은 생명력이 강하다.

▸ **생명-체** 生命體 | 몸 체

생명(生命)이 있는 물체(物體).

생모 生母 | 날 생, 어머니 모
[one's real mother]
자기를 낳은[生] 어머니[母]. [비] 친어머니, 친모(親母).

생-목숨 (生-, 날 생)
[life; body and soul]
살아 있는[生] 목숨.

⁂**생물** 生物 | 살 생, 만물 물
[living thing; creature]
생명(生命)을 가지고 스스로 생활 현상을 유지하여 나가는 물체(物體). 영양·운동·생장·증식을 하며, 동물·식물·미생물로 나뉜다. ¶숲속의 생물을 관찰하다.

▶**생물-체** 生物體 | 몸 체
생명을 가지고 스스로 생활 현상을 유지하여 나가는 생물(生物)로서의 조직체(組織體). [비] 유기체(有機體)

▶**생물-학** 生物學 | 배울 학
[생물] 생물(生物)의 구조와 기능을 과학적으로 연구하는 학문(學問).

생-방:송 生放送 | 날 생, 놓을 방, 보낼 송
[broadcast live]
[언론] 미리 녹음하거나 녹화한 것을 재생하지 않고[生] 프로그램의 제작과 방송이 동시에 이루어지는 방송(放送). ¶생방송으로 경기를 중계하다. [준] 생방.

생부 生父 | 날 생, 아버지 부
[one's real father]
자신을 낳아[生] 준 아버지[父]. [비] 친아버지, 친부(親父).

생사 生死 | 날 생, 죽을 사
[life and death]
나고[生] 죽음[死]. ¶생사의 갈림길.

생-사람 (生-, 날 생) [innocent person; unrelated person]
❶아무 잘못이 없는 사람. ¶범인은 못 잡고 생사람을 끌고 가다. ❷아무 관계가 없는 사람. ¶괜히 생사람 끌어들이지 마라. [관용] 생사람을 잡다.

⁂**생산** 生産 | 날 생, 낳을 산
[produce; make]
❶ [속뜻] 아이나 새끼를 낳음[生=産]. ❷인간이 생활하는 데 필요한 각종 물건을 만들어 냄. ¶그 제품의 생산이 중단되었다. [반] 소비(消費).

▶**생산-량** 生産量 | 분량 량
[경제] 일정한 기간 동안 생산(生産)된 수량(數量). ¶생산량이 급증하여 가격이 떨어졌다. [반] 소비량(消費量).

▶**생산-물** 生産物 | 만물 물
[경제] 생산(生産)되는 물품(物品). [비] 생산품(生産品). [반] 소비물(消費物).

▶**생산-비** 生産費 | 쓸 비
[경제] 물질적 재화를 생산(生産)하는 데 드는, 원료비·노력비·고정 자산비·간접 경비 따위의 비용(費用)을 통틀어 이르는 말. ¶생산비가 늘어나 가격도 함께 올랐다.

▶**생산-성** 生産性 | 성질 성
❶ [속뜻] 생산(生産) 능력을 가지는 정도나 성질(性質). ❷ [경제] 일정한 생산 요소를 투입해 만들어 낸 생산물 산출량의 비율. ¶기계를 이용해 생산성을 높이다.

▶**생산-액** 生産額 | 액수 액
[경제] 일정한 기간 동안 만든[生産] 재화의 액수(額數).

▶**생산-자** 生産者 | 사람 자
재화의 생산(生産)에 종사하는 사람[者]. [반] 소비자(消費者).

▶**생산-적** 生産的 | 것 적
생산(生産)과 관계있거나 생산성이 많은 것[的]. [반] 비생산적(非生産的).

▶**생산-지** 生産地 | 땅 지
어떤 물품을 만들어 내는[生産] 곳[地]. 또는 그 물품이 저절로 생겨나는 곳.

▶**생산-품** 生産品 | 물건 품
[경제] 생산(生産)한 물품(物品).

생-살 (生-, 날 생)
[healthy flesh; proud flesh]

❶속뜻 부스럼이나 상처가 난 자리에 새로 돋아난[生] 살. ¶생살이 돋아나다. ❷아무런 탈이 없는 성한 살. ¶생살을 째다. ㊥새살.

생색 生色 | 날 생, 빛 색 [take credit to oneself; do oneself proud]
❶속뜻 얼굴빛[色]을 드러냄[生]. ❷다른 사람 앞에 당당히 나서거나 자랑할 수 있는 체면. ¶별것도 아닌 일에 생색을 내다.

생생-하다 [fresh; lively]
❶시들거나 상하지 않고 생기가 있다. ¶생생한 생선. ❷눈앞에 보이듯이 명백하고 또렷하다. ¶꿈이 생생하게 기억나다.

***생선** 生鮮 | 살 생, 싱싱할 선 [fish]
❶속뜻 살아있는[生] 듯 싱싱한[鮮] 물고기. ❷말리거나 절이지 않고 물에서 잡아 낸 그대로의 물고기. ¶생선을 구워먹었다.

▸ 생선-회 生鮮膾 | 회 회
싱싱한 생선(生鮮)살을 얇게 저며서[膾] 간장이나 초고추장에 찍어 먹는 음식. ¶바닷가 사람들은 생선회를 즐겨 먹는다. ㊥어회(魚膾).

생성 生成 | 날 생, 이룰 성 [create; form; generate]
❶속뜻 사물이 생겨[生] 만들어짐[成]. ❷이전에 없었던 어떤 사물이나 성질의 새로운 출현. ¶우주의 생성과 소멸. ㊥소멸(消滅).

생소 生疏 | 날 생, 드물 소 [unfamiliar; unpracticed]
❶속뜻 얼굴 따위가 낯설고[生] 관계 따위가 드문드문함[疏]. ❷친숙하지 못하고 낯설다. ¶생소한 일이라 실수를 많이 했다.

생수 生水 | 날 생, 물 수 [natural water]
끓이거나 소독하지 않은 그대로[生]의 물[水].

생시 生時 | 날 생, 때 시 [time of one's birth; one's waking hours]
❶속뜻 태어난[生] 시간(時間). ❷자지 않고 깨어 있을 때. ¶이게 꿈이냐, 생시냐! ❸살아 있는 동안.

생식[1] 生食 | 날 생, 먹을 식 [eat uncooked food]
익히지 않고 날[生]로 먹음[食]. 또는 그런 음식. ㊥화식(火食).

생식[2] 生殖 | 날 생, 불릴 식 [reproduce; generate; procreate]
❶속뜻 새끼를 낳아서[生] 수가 불어남[殖]. ❷생물 생물이 자기와 닮은 개체를 만들어 종족을 유지함. 또는 그런 현상.

▸ 생식-기 生殖器 | 그릇 기
생물 생물의 유성 생식(生殖)을 하는 기관(器官). 동물에서는 정소(精巢), 고환(睾丸), 음경(陰莖), 난소(卵巢), 자궁(子宮), 질(膣) 따위, 식물에서는 암술·수술 따위. '생식 기관'의 준말. ㊥성기(性器).

▸ 생식 기관 生殖器官 | 그릇 기, 벼슬 관
생물 생물의 생식(生殖)에 관여하는 기관(器官). 동물에는 1차적인 기관으로 전립선, 수정관, 음경, 질 등이 있다. 식물에는 유성 생식에서 암술, 수술 따위가 있으며 무성생식에는 포자낭이 있다. ㊟생식기.

생신 生辰 | 날 생, 날 신 [birthday]
태어난[生] 날[辰]. 손윗사람의 생일(生日)을 높여 이르는 말이다. ¶오늘은 할아버지 생신이다.

생애 生涯 | 살 생, 끝 애 [life; lifetime]
삶[生]이 끝날[涯] 때까지의 기간. 살아있는 한평생의 기간. ¶그를 만난 것은 내 생애 최고의 행운이다. ㊥일생(一生), 평생(平生).

생업 生業 | 살 생, 일 업 [occupation; profession]
살아가기[生] 위하여 하는 일[業]. ¶어업을 생업으로 삼다.

생원 生員 | 사람 생, 인원 원
❶속뜻 학생(學生) 신분의 인원(人員). ❷역사 조선 시대에 과거 시험의 생원과(生員科)에 합격한 사람. ❸예전에 나이 많은

선비를 대접하여 이르던 말. ¶허생원이 이웃에 살고 있다. ㊥상사(上舍).

생육 生育 | 날 생, 기를 육 [bring up; growth and development]
❶속뜻 낳아서[生] 기름[育]. ❷생물이 나서 자람. ¶작물의 생육 기간. ㊥장육(長育), 생장(生長).

생-육신 生六臣 | 살 생, 여섯 륙, 신하 신
❶속뜻 살아[生] 있는 여섯[六] 명의 신하(臣下). ❷역사 조선 시대에 세조가 단종으로부터 왕위를 빼앗자 벼슬을 버리고 절개를 지킨 여섯 신하. 이맹전(李孟專), 조려(趙旅), 원호(元昊), 김시습(金時習), 성담수(成聃壽), 남효온(南孝溫)을 이른다. ㊤사육신(死六臣).

생-으로 (生-, 날 생) [raw; by forces]
❶익거나 마르거나 삶지 않은 그대로. ¶고기를 생으로 먹다. ❷저절로 되지 않고 무리하게. 억지로. ¶생으로 고집을 부리다.

생이-가래
식물 물 위에 떠서 자라는 풀. 줄기가 가늘고 길며 잔털이 배게 난다. 잎은 세 개씩 돌려나는데 두 개는 물 위에 뜨고 한 개는 물속에서 뿌리 구실을 한다.

생-이:별 生離別 | 살 생, 떨어질 리, 나눌 별 [part for life]
살아[生] 있는 혈육이나 부부간에 어쩔 수 없는 사정으로 헤어짐[離別]. ¶그 부부는 전쟁으로 인해 생이별을 했다.

***생일** 生日 | 날 생, 날 일 [birthday; natal day]
세상에 태어난[生] 날[日]. 또는 태어난 날을 기리는 해마다의 그날. ㊥생신(生辰).

▸생일-날 (生日-)
생일(生日)에 해당하는 날.

▸생일-상 生日床 | 평상 상
생일(生日)잔치를 하기 위하여 음식을 차려 놓은 상(床). ¶생일상을 차리다.

생장 生長 | 날 생, 길 장 [growth]
나서[生] 자람[長]. ¶생장 과정 / 생장 기간.

생전 生前 | 날 생, 앞 전 [one's life(time)]
태어난[生] 이후부터 죽기 이전(以前). 살아 있는 동안. ¶이렇게 큰 물고기는 생전 처음 본다. ㊤사후(死後).

생존 生存 | 살 생, 있을 존 [exist; live; survive]
살아서[生] 존재(存在)함. 또는 살아남음. ¶실종자들의 생존 가능성이 희박하다 / 나는 가족이 생존해 있기만을 바란다.

▸생존-권 生存權 | 권리 권
법률 각 개인이 완전한 사람으로서 생존(生存)하는 데에 필요한 모든 것을 국가에 요구할 수 있는 인간의 기본 권리(權利).

▸생존-자 生存者 | 사람 자
살아남은[生存] 사람[者]. 또는 살아 있는 사람. ¶생존자가 있는지 확인해 보다.

▸생존 경:쟁 生存競爭 | 겨룰 경, 다툴 쟁
❶속뜻 살아남기[生存] 위한 경쟁(競爭). ❷생물 생물이 먹이 섭취 또는 서식 장소 등에서 보다 좋은 조건을 얻기 위해서 하는 다툼.

생-중계 生中繼 | 날 생, 가운데 중, 이을 계 [transmit live]
일이 벌어지고 있는[生] 현장에서 그것을 전달하기 위해 가운데서[中] 이어주는[繼] 방식의 방송. ¶축구 경기를 생중계로 방영하다.

생:-쥐 [(house) mouse]
동물 쥐의 일종. 인가(人家)·농경지에 사는데, 쥐 종류 중에 제일 작으며 귀가 크다. 곡물·야채 등을 해친다.

생-지옥 生地獄 | 날 생, 땅 지, 감옥 옥 [hell on earth]
살아[生] 있으면서도 마치 지옥(地獄)에 떨어진 것 같은 심한 고통. ¶그곳에서 사는 것은 생지옥이었다.

생채 生菜 | 날 생, 나물 채
[salad; uncooked vegetables]
❶속뜻 익히지 않고 날로[生] 무친 나물[菜]. ❷마르지 않은 산나물. ⓑ숙채(熟菜).

생-채기 [scratch]
손톱 따위로 할퀴어 생긴 작은 상처. ¶싸리나무에 긁혀 얼굴에 생채기가 났다.

생체 生體 | 살 생, 몸 체
[living body; organism]
생물(生物)의 몸[體]. 또는 살아 있는 몸. ¶생체 실험.

생-크림 (生cream, 날 생)
[fresh cream]
우유에서 직접[生] 뽑아낸 희고 부드러운 지방분. 버터의 원료가 되고, 과자 등에도 쓴다.

생태[1] 生太 | 살 생, 클 태 [pollack]
살아있는[生] 명태(明太).

*__생태__[2] 生態 | 살 생, 모양 태
[mode of life; ecology]
생물이 살아가는[生] 모양이나 상태(狀態). ¶식물의 생태를 연구하다.

▶ **생태-계** 生態系 | 이어 맬 계
생물 어떤 지역의 생물 공동체와 이것을 유지하고 있는 무기적 환경이 이루는 생태(生態) 체계(體系). ¶생태계를 보존하다.

생-트집 (生-, 날 생)
[make a false chage]
아무 까닭도 없이 공연히[生] 트집을 잡음. 또는 그 트집. ¶왜 생트집을 잡고 화를 내니?

생판 (生-, 날 생)
[entirely; completely; wholly]
매우 생소(生疏)하게. ¶생판 모르는 사람이다. ⓑ전혀.

생포 生捕 | 살 생, 잡을 포
[catch alive; capture]
산채로[生] 잡음[捕]. ¶적을 생포하다. ⓑ생획(生獲).

생필-품 生必品 | 살 생, 반드시 필, 물건 품
[necessaries of life; daily necessaries]
일상생활(生活)에서 꼭 필요(必要)한 물품(物品). '생활필수품'(生活必需品)의 준말. ¶유가 급등으로 생필품 가격이 크게 올랐다.

생화 生花 | 살 생, 꽃 화
[natural flower]
진짜 살아 있는[生] 꽃[花]. ⓑ조화(造花).

⁑**생활** 生活 | 살 생, 살 활
[live; exist; make a living]
❶속뜻 살며[生] 활동(活動)함. ¶그와 나는 생활 방식이 다르다 / 그들은 농촌에서 생활한다. ❷생계나 살림을 꾸려 나감. ¶생활이 매우 어렵다 / 그 월급으로는 다섯 식구가 생활하기 힘들다. ❸조직체에서 그 구성원으로 활동함. ¶학교생활 / 그는 의사로 생활하면서 보람을 느낄 때가 많다. ❹어떤 행위를 하며 살아감. 또는 그런 상태. ¶취미 생활 / 그녀는 고아원에서 봉사자로 생활한다.

▶ **생활-고** 生活苦 | 괴로울 고
경제적인 곤란으로 겪는 생활(生活)상의 고통(苦痛). ¶극심한 생활고에 시달리다. ⓑ생활난(生活難).

▶ **생활-권** 生活圈 | 우리 권
행정 구역과는 관계없이 통학이나 통근, 쇼핑, 오락 따위의 일상생활(生活)에 필요한 활동 범위[圈]. ¶교통의 발달로 생활권이 넓어졌다.

▶ **생활-력** 生活力 | 힘 력
사회생활(生活)을 유지하는데 필요한 능력(能力). 특히 경제적인 능력을 이른다. ¶어머니는 생활력이 강하다.

▶ **생활-문** 生活文 | 글월 문
일상적인 생활(生活)에서 일어나는 일을 적은 글[文].

▶ **생활-비** 生活費 | 쓸 비
경제 ❶생활(生活)하면서 드는 비용(費用). ❷생계비(生計費).

▶ **생활-사** 生活史 | 역사 사
[생물] 생물이나 생체가 태어나서 죽기 전까지 생활(生活)이 계속되는 일련의 변화 역사(歷史).

▶ **생활-상** 生活相 | 모양 상
생활(生活)해 나가는 모습[相]. ¶고려 후기의 생활상.

▶ **생활-화** 生活化 | 될 화
생활(生活) 습관이 되거나[化] 실생활(實生活)에 옮겨짐. ¶독서를 생활화하다.

▶ **생활-수준** 生活水準 | 물 수, 평평할 준
[경제] 소득이나 소비 따위의 많고 적음에 의하여 측정하는 일반적인 생활(生活)의 내용이나 정도 수준(水準). ¶생활수준을 높이다.

▶ **생활 정보** 生活情報 | 실상 정, 알릴 보
쇼핑이나 행사 등, 일상생활(生活)에 직접 관련을 갖는 정보(情報).

▶ **생활 지도** 生活指導 | 가리킬 지, 이끌 도
[교육] 학생들의 일상 생활(生活)에 있어서 좋은 습관이나 태도를 기르도록 지도(指導)함.

▶ **생활 통지표** 生活通知表 | 다닐 통, 알 지, 겉 표
[교육] 학생의 학교 생활(生活)을 관찰한 뒤 가정에 알리기[通知] 위해 보내는 표(表).

▶ **생활-필수품** 生活必需品 | 반드시 필, 쓰일 수, 물건 품
일상 생활(生活)에 반드시 있어야 할[必需] 물품(物品). [준] 생필품.

생황 笙簧 | =笙篁, 피리 생, 피리 황 [reed instrument]
[음악] 아악(雅樂)에 쓰는 관악기의 하나[笙=簧]. 주전자 모양의 공명통에는 취구(吹口)가 있으며 그 위로 17개의 가느다란 대나무 관이 돌려 박혀 있다.

생후 生後 | 날 생, 뒤 후 [since one's birth]
태어난[生] 후(後). ¶생후 5개월 된 아기.

샤머니즘 {영 shamanism}
[종교] 원시적 종교의 한 형태. 주술사인 샤먼이 신의 세계나 악령 또는 조상신과 같은 초자연적 존재와 직접적인 교류를 하며, 그에 의하여 점복(占卜), 예언, 병 치료 따위를 하는 종교적 현상이다.

샤워 {영 shower}
물을 뿌리는 샤워기를 이용하여 몸을 씻는 일. ¶땀이 많이 나서 샤워를 했다.

샤프 {영 sharp}
❶ [음악] 음의 높이를 반음 올릴 것을 지시하는 기호. 기호는 '#'. [비] 올림표. ❷가는 심을 넣고 축의 끝 부분을 돌리거나 눌러 심을 조금씩 밀어 내어 쓰게 만든 필기도구.

샬레 {독 Schale} [laboratory dish]
넓적하고 둥근 모양의 유리 용기. 뚜껑이 있으며, 의학·약학·농학·화학 실험에 쓴다. ¶샬레에 세균을 넣어 배양하다.

샴페인 {프 champagne}
이산화탄소를 함유한 백포도주. 프랑스의 샹파뉴 지방에서 처음 만든 술로, 거품이 많고 상쾌한 맛이 있다.

샴푸 {영 shampoo}
머리를 감는 데 쓰는 액체 비누.

샹들리에 {프 chandelier}
천장에 매달아 두는 전등. '양초'라는 뜻의 '샹델'에서 비롯된 말로, 주로 여러 개의 가지가 달린 방사형 모양이며, 예전에는 가지 끝에 촛불이나 가스등을 켰으나 지금은 주로 전등을 켠다.

샹송 {프 chanson}
[음악] 프랑스 대중 사이에서 널리 불리는 가요.

서:[1] [three]
그 수량이 셋임을 나타내는 말. ¶금 서 돈 / 쌀 서 말.

서[2] 西 | 서녘 서 [west]
네 방위의 하나. 해가 지는 쪽이다. [비] 서쪽. [반] 동(東).

서가 書架 | 책 서, 시렁 가 [bookshelf]
문서나 책[書] 따위를 얹어 두거나 꽂아

두도록 만든 선반[架]. ¶서가에 책이 많다. ⓑ 서각(書閣).

서:거 逝去 | 죽을 서, 갈 거
[die; decease; pass away]
죽어[逝] 이 세상을 떠나감[去]. '사거'(死去)의 높임말. ¶대통령이 서거했다.

서걱-거리다 [crunch]
❶사과나 연한 과자 같은 것을 씹는 소리가 자꾸 나다. 또는 그런 소리를 자꾸 내다. ¶배를 서걱거리며 씹어 먹다. ❷갈대 같은 것이 스치는 소리가 자꾸 나다. 또는 그런 소리를 자꾸 내다. ¶나뭇잎이 서걱거리다.

서경 西經 | 서녘 서, 날실 경
[west longitude]
지리 지구의 서반구(西半球)의 경도(經度). 본초 자오선을 0도로 하여 서쪽으로 180도까지의 사이를 이른다. ¶영국은 서경 9도에 위치해 있다. ⓑ 동경(東經).

서고 書庫 | 책 서, 곳집 고 [library]
책[書]을 보관하는 일종의 창고(倉庫). ⓑ 문고(文庫).

서:곡 序曲 | 차례 서, 노래 곡 [prelude]
음악 오페라, 오라토리오, 모음곡 따위의 첫머리에 연주되어 도입부[序] 구실을 하는 악곡(樂曲). ¶서곡을 연주하다 / 그것은 전쟁의 시작을 알리는 서곡에 불과했다.

서:광 曙光 | 새벽 서, 빛 광
[first streak of daylight; prospects]
❶속뜻 새벽[曙]에 동이 틀 무렵의 빛[光]. ❷기대하는 일에 대하여 나타난 희망의 징조를 비유하여 이르는 말. ¶평화의 서광이 비치기 시작했다.

서구 西歐 | 서녘 서, 유럽 구
[West(ern) Europe]
지리 유럽[歐羅巴] 대륙의 서(西)쪽에 자리한 지역. '서구라파'(西歐羅巴)의 준말. ¶서구 문명. ⓑ 서유럽.

서글서글-하다
[free and easy; open hearted]
성품이 너그럽고, 생김새가 시원스럽다. ¶서글서글한 눈매에 반했다.

서글프다 [sad; sorrowful]
슬프고도 허전하다. ¶서글픈 신세 / 서글픈 노래.

서기[1] 西紀 | 서녘 서, 연대 기
[year of Christ; dominical year]
예수가 탄생한 해를 원년(元年)으로 삼는 서양(西洋)의 기원(紀元). '서력기원'(西曆紀元)의 준말. ¶올해는 서기 2010년이다. ⓑ 단기(檀紀).

서기[2] 書記 | 쓸 서, 기록할 기
[clerk; secretary]
❶속뜻 단체나 회의에서 문서(文書)나 기록(記錄) 따위를 맡아보는 사람. ❷법률 일반직 8급 공무원의 직급.

서까래 [(common) rafter]
건설 마룻대에서 도리 또는 보에 걸쳐 지른 나무. 그 위에 산자를 얹는다. ⓑ 연목(椽木). 속담 기둥보다 서까래가 더 굵다.

서남 西南 | 서녘 서, 남녘 남 [southwest]
❶속뜻 서(西)쪽과 남(南)쪽을 아울러 이르는 말. ❷서쪽을 기준으로 서쪽과 남쪽 사이의 방위(方位).

▶서남-아시아 (西南Asia)
지리 아시아(Asia)의 서남부(西南部) 지역. 아라비아 반도를 포함한, 동쪽의 아프가니스탄으로부터 서쪽의 터키까지의 지역을 이르는 말이다.

서낭
민속 토지와 마을을 지켜 준다는 서낭신이 붙어 있다는 나무. ¶서낭에 오색실을 감았다.

▶서낭-당 (-堂, 집 당)
민속 토지와 마을을 지켜 준다는 서낭신을 모신 집[堂]. ¶서낭당에 음식을 차려 놓고 절을 했다.

서-너 [about three; three or four]
'셋이나 넷쯤'의 뜻. ¶귤 서너 개.

서넛 [about three; three or four]
셋이나 넷. ¶사람 서넛이 필요하다.

서-녘 (西—, 서녘 서)
[western direction; west]
서(西)쪽 방면. ¶서녘 하늘. ⊕동녘.

서늘-하다 (凉, 서늘할 량)
[cool; chilled]
❶조금 추운 느낌이 있다. ¶서늘한 바람. ❷갑자기 놀라거나 무서워 찬 느낌이 있다. 관용 간담이 서늘하다.

비슷한 듯 다른 말	➲ 시원하다

서다 (立, 설 립) [stand]
❶발바닥을 땅에 대고 몸을 곧게 하다. ¶차렷 자세로 똑바로 서다. ❷어떤 곳에서 다른 곳으로 가던 대상이 어느 한 곳에서 멈추다. ¶거기 서지 못해! ❸나라나 기관 따위가 처음으로 이루어지다. ¶이 학교는 50년 전에 섰다. ❹장이나 씨름판 따위가 열리다. ¶오일장이 서다. ㊐일어서다, 기립(起立)하다, 멈추다, 정지(停止)하다, 건립(建立)되다, 세워지다.

⁑**서당** 書堂 | 글 서, 집 당
[village schoolhouse]
옛날 글[書]을 가르치던 곳[堂]. ㊐글방, 사숙(私塾). 속담 서당 개 삼 년에 풍월을 읊는다.

서-대문 西大門 | 서녘 서, 큰 대, 문 문
고적 서울 도성의 서(西)쪽에 있는 큰 문[大門]. ¶한양의 서대문은 돈의문(敦義門)이다.

서도 書道 | 쓸 서, 방법 도
[penmanship; calligraphy]
글씨 쓰는[書] 방법[道]을 익히는 일. ㊐서예(書藝).

서독 西獨 | 서녘 서, 독일 독
[West Germany]
지리 독일(獨逸)의 서부(西部) 지역에 있었던 연방공화국. 1990년에 동독과 통합하여 독일연방공화국을 이루었다.

서동-요 薯童謠 | 참마 서, 아이 동, 노래 요
문학 신라 진평왕 때 서동(薯童)이 지었다는 우리나라 최초의 4구체 향가[謠]. 서동이 진평왕의 딸인 선화 공주(善化公主)를 사모하던 끝에 아내로 맞이하기 위해 이 노래를 지어 아이들로 하여금 부르게 하였다고 한다.

서:두 序頭 | 차례 서, 머리 두
[beginning; start; opening]
어떤 차례[序]의 첫머리[頭]. ¶그는 조심스럽게 서두를 꺼냈다.

서두르다 [hasten; hurry (up)]
일을 빨리 해치우려고 급하게 바삐 움직이다. ¶나는 서둘러 학교에 갔다. ⊕꾸물대다.

서둘다 [hasten; hurry (up)]
'서두르다'의 준말.

서라벌 徐羅伐 | 천천히 서, 새그물 라, 칠 벌
❶역사 '신라'(新羅)를 이전에 이르던 말. 당시 고유어의 음역(音譯)으로 추정된다. ❷지리 '경주'(慶州)를 이전에 이르던 말.

서랍 [drawer]
책상·문갑·장롱·경대 따위에 붙어 있어, 빼었다 끼웠다 하게 만든 뚜껑이 없는 상자. ¶책상 서랍을 정리하다.

서:러움 [sadness; sorrow]
서럽게 느껴지는 마음. ¶배고픈 서러움은 겪어 본 사람만이 안다. ㊐설움, 슬픔.

서:럽다 [sad; sorry; sorrowful]
원통하고 슬프다. ¶서럽게 울다.

서력 西曆 | 서녘 서, 책력 력
[Anno Domini]
그리스도가 탄생한 해를 기원원년(紀元元年)으로 하는, 서양(西洋)의 책력(冊曆).

서로 (相, 서로 상; 互, 서로 호)
[each other; mutually]
❶짝을 이루거나 관계를 맺고 있는 상대. ¶그들은 서로를 사랑한다. ❷함께. 같이.

¶우리 서로 사이좋게 지내자. ㊐ 상호(相互).

▸ 서로-서로
많은 사람의 하나하나가 함께. ¶서로서로 도우며 삽시다.

서:론 序論 | 차례 서, 논할 론 [introduction]
서두(序頭) 부분의 논설(論說). ¶서론에서 글을 쓴 이유를 밝혔다.

서류 書類 | 글 서, 무리 류
[document; papers]
❶ 속뜻 글자로 기록한 문서(文書) 종류(種類). ❷기록이나 사무에 관한 문건이나 문서의 총칭. ¶비밀 서류 / 서류를 작성하다.

▸ 서류-철 書類綴 | 꿰맬 철
여러 가지 서류(書類)를 매어[綴] 놓은 것. ㊐ 파일(file).

서른 [thirty]
열의 세 배가 되는 수. 30. ¶서른 명. ㊐ 삼십(三十).

서리[1](霜, 서리 상) [frost]
지리 맑고 바람 없는 밤에 기온이 어는점 이하로 내려갈 때, 공기 중의 수증기가 지표에 접촉해서 얼어붙은 흰 가루 모양의 얼음. ¶때 이른 서리로 농작물이 피해를 입었다.

서리[2] [stealing in a band; children's poaching party]
떼 지어 남의 과일·곡식·가축 따위를 훔쳐 먹는 장난. ¶참외 서리.

서리다 [get steamed; be clouded]
❶수증기가 찬 기운을 받아 물방울을 지어 엉기다. ¶차창에 김이 서리다. ❷어떤 기운이 어리어 나타나다. ¶그녀의 눈에 독기가 서려 있다.

서리태
알이 굵고 색깔이 검은 콩.

서릿-발 [ice needles]
서리가 땅바닥·풀포기 등의 위에 엉기어 성에처럼 된 모양. ¶노인은 서릿발 치는 표정으로 아이를 혼냈다.

서먹서먹-하다
[distant; estranged; cold]
낯이 설거나 친하지 않아 자꾸 어색하다. ¶서먹서먹한 사이.

서면 書面 | 쓸 서, 낯 면 [document]
❶ 속뜻 글씨[書]를 적어 놓은 지면(紙面). ❷일정한 내용을 적은 문서. ¶서면으로 작성하다. ㊥ 구두(口頭).

서:명 署名 | 쓸 서, 이름 명
[sign; autograph]
문서에 자기 이름[名]을 씀[署]. 또는 그 이름. ¶이곳에 서명해 주십시오.

서:무 庶務 | 여러 서, 일 무
[general affairs]
일반적이고 잡다한 여러[庶] 사무(事務). 또는 그런 일을 맡아 하는 사람.

▸ 서:무-과 庶務課 | 매길 과
여러[庶] 가지 일반적인 사무(事務)를 맡아보는 부서[課].

▸ 서:무-실 庶務室 | 방 실
주로 학교 따위에서 여러[庶] 가지 일반 사무(事務)를 맡아서 처리하는 곳[室]. ¶급식비는 서무실에 내십시오.

서문[1] 西門 | 서녘 서, 문 문
서(西)쪽의 문(門). 서쪽으로 낸 문. ¶도둑은 서문으로 도망쳤다.

서:문[2] 序文 | 차례 서, 글월 문 [preface]
글의 서두(序頭) 부분에 쓴 글[文]. ¶서문에 책의 대략적인 내용이 나와 있다. ㊟ 서. ㊥ 발문(跋文).

⁑**서:민** 庶民 | 여러 서, 백성 민 [common people]
❶ 속뜻 여러[庶] 일반 국민(國民). ❷귀족이나 상류층이 아닌 보통 사람. ¶서민들의 생활이 점점 어려워지고 있다.

▸ 서:민-적 庶民的 | 것 적
서민(庶民)다운 태도나 경향이 있는 것[的]. ¶서민적인 삶.

서방[1] 西方 | 서녘 서, 모 방 [west]
❶ 속뜻 서(西)쪽 방향(方向). ❷서쪽 지방.

서부 지역. ❸'서방세계'(世界)의 준말. ¶서방 7개국 정상들이 모여 세계 평화에 대해 논의했다. ⓑ 동방(東方).

▸ 서방 세:계 西方世界 | 세상 세, 지경 계
서유럽[西方]의 여러 나라[世界]. ⓑ 서방 국가(西方國家).

서방² 書房 | 쓸 서, 방 방
[one's husband]
❶ 속뜻 글 쓰는[書] 방(房). ❷'남편'(男便)을 달리 이르는 말. ❸지난날, 벼슬이 없는 남자의 성 아래에 붙여 일컫던 말. ❹손아래 친척 여자의 남편 성 아래에 붙여 일컫는 말.

▸ 서방-님 (書房―)
❶남편을 공대하여 이르는 말. ¶서방님, 식사하세요. ❷결혼한 시동생에 대한 호칭. ❸지난날, 벼슬 없는 젊은 선비를 부르던 말.

서부 西部 | 서녘 서, 나눌 부 [west]
어떤 지역의 서(西)쪽 부분(部分). ¶한반도의 서부에는 평야가 많다. ⓑ 동부(東部).

서북 西北 | 서녘 서, 북녘 북 [northwest]
❶ 속뜻 서(西)쪽과 북(北)쪽을 아울러 이르는 말. ❷서쪽을 기준으로 서쪽과 북쪽 사이의 방위(方位).

서브 {영 serve}
운동 테니스·배구·탁구 등에서, 공격 측이 먼저 공을 상대 코트에 쳐 넣는 일. 또는 그 공. 서비스.

서비스 {영 service}
❶개인적으로 남을 위하여 돕거나 시중을 듦. ¶서비스가 좋은 식당. ❷장사에서, 값을 깎아 주거나 덤을 붙여 줌. ¶냉장고를 사니 서비스로 그릇을 주었다.

▸ 서비스-업 (service業, 일 업)
사회 물자의 생산 대신에 서비스(service)를 제공하는 산업(産業). 숙박 설비 대여업(貸與業), 광고업, 수리업 등이 이에 포함된다. ¶선진국은 대개 서비스업이 발달했다.

서:사 敍事 | 쓸 서, 일 사
[narrate; describe]
사실(事實)이나 사건(事件)이 발생한 차례대로 서술함[敍].

▸ 서:사-시 敍事詩 | 시 시
문학 국가나 민족의 역사적 사건에 얽힌 신화나 전설 또는 영웅의 사적 등을 서사적(敍事的)으로 읊은 시(長詩). ¶호머의 『일리아드』는 유명한 서사시이다. ⓑ 서정시(抒情詩).

서산 西山 | 서녘 서, 메 산
[western mountain]
서(西)쪽에 있는 산(山). ¶해가 너울너울 서산으로 넘어갔다.

***서:서-히** (徐徐―, 천천할 서)
[slowly; gradually; little by little]
천천히. ¶통증이 서서히 사라졌다. ⓑ 조금씩, 차차.

서성-거리다 [walk up and down restlessly; hang about]
어떤 일을 결단하여 해내지 못하고 그 둘레에서 망설이며 왔다 갔다 하다. ¶나는 그를 기다리며 공원을 서성거렸다.

서:술 敍述 | 차례 서, 지을 술 [describe; depict]
어떤 사실을 차례[敍] 대로 말하거나 적음[述]. ¶기행문은 여행하면서 보고 듣고 느낀 것을 서술한 글이다.

▸ 서:술-어 敍述語 | 말씀 어
언어 문장에서 주어와 동작, 상태, 성질 따위를 서술(敍述)하는 말[語]. '배도 과일이냐', '배가 달다', '배가 열리다'에서 '과일이냐', '달다', '열리다' 따위. ⓩ 술어. ⓑ 주어(主語).

서슬 [impetuosity; one's looks]
언행의 날카로운 기세. 등등한 기세. ¶그는 동네 사람들의 서슬에 슬금슬금 물러났다. 관용 서슬이 시퍼렇다.

서슴다 [hesitate; be irresolute]
언행을 자꾸 머뭇거리며 망설이다. ¶궁금

한 것은 서슴지 말고 물어봐라. [비] 주춤대다.

서슴-없이
[without hesitation; unhesitatingly]
말이나 행동에 망설임이나 거침없이. ¶그녀는 가시 돋친 말도 서슴없이 내뱉는다.

서식[1] 書式 | 글 서, 법 식
[form; format]
서류(書類)의 양식(樣式). 서류를 작성하는 방식. ¶서식에 따라 기입하시오.

서ː식[2] 棲息 | 깃들 서, 쉴 식
[inhabit; live]
동물이 어떤 곳에 깃들여[棲] 쉼[息]. ¶이 숲에는 많은 동물들이 서식하고 있다.

▸ 서ː식-지 棲息地 | 땅 지
동물이 깃들여 사는[棲息] 곳[地]. ¶백로의 서식지.

서신 書信 | 글 서, 소식 신 [letter; note]
글[書]을 써서 전한 소식[信].

서ː약 誓約 | 맹세할 서, 묶을 약
[swear; vow make an oath]
맹세[誓]하고 약속(約束)함. ¶혼인 서약.

▸ 서ː약-서 誓約書 | 글 서
서약(誓約)하는 글[書]. 또는 그 문서.

***서양** 西洋 | 서녘 서, 큰바다 양
[West; Occident]
❶[속뜻] 서(西)쪽 큰바다[洋]. ❷동양에 대하여 유럽과 아메리카의 여러 나라를 이르는 말. ¶서양 역사. [비] 구미(歐美), 서구(西歐). [반] 동양(東洋).

▸ 서양-란 西洋蘭 | 난초 란
서양(西洋)에서 우리나라에 들어온 난(蘭).

▸ 서양-식 西洋式 | 법 식
서양(西洋)에서 하는 양식(樣式)이나 격식(格式). ¶서양식 식품. [준] 양식.

▸ 서양-인 西洋人 | 사람 인
서양(西洋) 여러 나라에서 태어나거나 살고 있는 사람[人].

▸ 서양-화 西洋畵 | 그림 화
[미술] 서양(西洋)에서 발달한 그림 기법으로 그린 그림[畵]. [준] 양화. [반] 동양화(東洋畵).

서역 西域 | 서녘 서, 지경 역
[countries to the west of China]
[역사] 중국의 서(西)쪽 지역(地域)에 있던 여러 나라를 통틀어 이르는 말. ¶현장(玄奘)은 불경을 찾아 서역으로 떠났다.

서ː열 序列 | 차례 서, 줄 렬 [rank]
연령, 지위, 성적 따위의 일정한 순서(順序)에 따라 줄 세워[列] 정리하는 일. ¶서열을 매기다 / 서열이 높다.

서예 書藝 | 쓸 서, 재주 예
[calligraphy; penmanship]
붓글씨를 잘 쓰는[書] 재주[藝]. 또는 그 예술. ¶김정희는 서예의 대가이다.

▸ 서예-가 書藝家 | 사람 가
서예(書藝)를 전문으로 하는 사람[家].

▸ 서예-부 書藝部 | 나눌 부
학교나 단체에서, 붓으로 글을 쓰는[書藝] 것을 배우는 반[部].

서운-하다 [sorry]
마음에 부족하여 아쉽거나 섭섭한 느낌이 있다. ¶나는 엄마가 늘 동생만 감싸는 것이 서운했다. [비] 섭섭하다.

서울 (京, 서울 경) [capital; Seoul]
❶[지리] 한 나라의 중앙 정부가 있는 곳. ❷우리나라의 수도 이름. [비] 수도(首都), 경도(京都). [속담] 서울 가서 김 서방 찾기.

▸ 서울-말
서울 사람이 쓰는 말.

서원 書院 | 글 서, 집 원 [lecture hall]
❶[속뜻] 글[書]을 익히는 집[院]. ❷[역사] 조선 시대, 선비들이 모여 명현(明賢)을 제사하고 학문을 강론하며 인재를 키우던 사설기관. ¶도산서원.

서유-견문 西遊見聞 | 서녘 서, 놀 유, 볼 견, 들을 문
[책명] 조선 고종 32년(1895)에 유길준(俞吉濬)이 서양(西洋)에 있는 미국을 유람

(遊覽)하며 보고[見] 들은[聞] 바를 쓴 책.

서유-기 西遊記 | 서녘 서, 놀 유, 기록할 기 [Journey to the West]
문학 당(唐)나라의 현장법사가 서역(西域)인 인도를 유람(遊覽)하고 온 이야기를 바탕으로 지은[記] 소설. 중국의 4대 기서(奇書)의 하나로, 손오공, 저팔계, 사오정이 삼장 법사를 보호하며 어려움을 무릅쓰고 천축에 이르러 무사히 불경(佛經)을 가지고 돌아온다는 내용이다.

서:자 庶子 | 첩 서, 아이 자 [illegitimate child]
첩[庶]에게서 태어난 아이[子]. ¶홍길동은 서자로 태어났다. ㊐ 별자(別子). ㊊ 적자(嫡子).

서:장 署長 | 관청 서, 어른 장 [head]
경찰서, 세무서, 소방서 따위 '서'(署)자가 붙은 기관의 최고 직위[長]에 있는 사람. ¶서장이 직접 나와 사건을 설명하였다.

서재 書齋 | 글 서, 방 재 [library]
책을 갖추어 두고 책을 읽거나 글[書]을 쓰는 방[齋]. ¶하루 종일 서재에서 책을 읽었다. ㊐ 서각(書閣), 서실(書室).

서적 書籍 | 글 서, 문서 적 [books; publications]
글[書]을 써 놓은 책이나 문서[籍]. ㊐ 책, 도서(圖書).

서점 書店 | 책 서, 가게 점 [bookseller's; bookstore]
책[書]을 파는 가게[店]. ㊐ 서림(書林), 책방(冊房).

서:정 抒情 | =敍情, 펼 서, 마음 정 [delineate of feeling]
말이나 글 따위로 자기의 마음[情]을 펼쳐[抒] 나타냄.

▶ 서:정-시 抒情詩 | 시 시
문학 시의 3대 장르 중의 하나로 시인의 사상이나 감정을 읊은[抒情] 시(詩). ㊊ 서사시(敍事詩).

서진 書鎭 | 글 서, 누를 진 [paperweight]
책장이나 종이[書]가 바람에 날리지 않도록 누르는[鎭] 물건. ㊐ 문진(文鎭).

서-쪽 (西—, 서녘 서) [west]
해가 지는 쪽. ¶청소를 하다니, 해가 서쪽에서 뜨겠구나! ㊐ 서녘, 서방(西方). ㊊ 동쪽.

서체 書體 | 쓸 서, 모양 체 [calligraphic style]
글씨[書] 모양[體]. ¶고딕 서체. ㊐ 글씨체.

서커스 {영 circus}
여러 가지 곡예와 마술, 동물의 묘기 따위를 보여 주는 흥행물. 또는 그것을 공연하는 흥행 단체. ㊐ 곡예(曲藝).

서클 {영 circle}
같은 이해관계나 직업·취미 등에 따라 결합된 사람들의 단체. ¶연극 서클. ㊐ 동아리.

서:투르다 [unskillful; inexpert; poor]
낯이나 일에 익숙하지 못하다. ¶동생은 아직 젓가락질이 서투르다. ㊟ 서툴다. ㊐ 미숙(未熟)하다, 어설프다. ㊊ 익숙하다, 능숙(能熟)하다.

서:툴다 [unskillful; inexpert; poor]
'서투르다'의 준말. ¶나는 아직 운전이 서툴다.

서편 西便 | 서녘 서, 쪽 편 [west]
서(西) 쪽[便]. ㊊ 동편(東便).

▶ 서편-제 西便制 | 정할 제
음악 섬진강 서쪽[西便], 곧 보성·광주·나주 등지에서 성행하는 판소리로, 조선 후기의 명창 박유전(朴裕全)의 법제(法制)를 따라 부르는 창법이라는 뜻에서 붙여진 이름이다. 음색이 곱고 애절한 것이 특징이다.

서풍 西風 | 서녘 서, 바람 풍 [west wind]
서(西)쪽에서 불어오는 바람[風]. ㊐ 하늬바람. ㊊ 동풍(東風).

서학 西學 | 서녘 서, 배울 학

[Western Learning]
❶ 속뜻 서양(西洋)의 학문(學問). ❷ 역사 조선 시대, 천주교를 이르던 말.

서한 書翰 | 글 서, 글 한 [letter; epistle]
소식을 전하기 위한 글[書=翰]. ⓑ 편지(便紙).

서해 西海 | 서녘 서, 바다 해 [western sea]
❶ 속뜻 서(西)쪽 바다[海]. ❷ 지리 '황해'(黃海)를 달리 이르는 말.

▶ 서해-안 西海岸 | 언덕 안
❶ 속뜻 서쪽 바다[西海]의 해안(海岸). ❷ 지리 황해와 맞닿은 해안.

서:행 徐行 | 느릴 서, 갈 행 [go slow; crawl]
자동차나 기차 따위가 천천히 느리게[徐] 감[行]. ¶학교 앞에서는 서행하십시오.

서향 西向 | 서녘 서, 향할 향 [facing west]
서(西)쪽을 향(向)함. 또는 서쪽 방향.

서화 書畵 | 쓸 서, 그림 화 [pictures and calligraphic works]
글씨[書]와 그림[畵].

석:[1] [three]
그 수량이 셋임을 나타내는 말. ¶석 달.

석[2] 石 | 돌 석 [bag]
부피의 단위. 곡식, 가루, 액체 따위의 부피를 잴 때 쓴다. ¶공양미 300석 / 벼 한 석.

석가 釋迦 | 풀 석, 부처이름 가 [Buddha]
불교 ❶산스크리트어 'Sakya'의 한자 음역어(音譯語). 아리아족 크샤트리아, 곧 왕족에 딸린 민족의 하나. ❷'석가모니'의 준말.

▶ 석가-탑 釋迦塔 | 탑 탑
불교 석가모니(釋迦牟尼)의 치아, 머리털, 사리 따위를 모신 탑(塔). 경주의 불국사, 보은의 법주사, 양산의 통도사, 평창의 월정사, 칠곡의 송림사 등에 있다.

▶ 석가-모니 釋迦牟尼 | 보리 모, 중 니
불교 산스크리트어 'Sakyamuni'의 한자 음역어(音譯語). 범불교의 개조(開祖)로 세계 4대 성인 가운데 한 사람. ㊟ 석가.

석간 夕刊 | 저녁 석, 책 펴낼 간 [evening paper]
매일 저녁[夕]때에 발행되는[刊] 신문. '석간신문'(新聞)의 준말. ¶그 사건은 석간신문에 대서특필(大書特筆)됐다. ⓑ 조간(朝刊).

석고 石膏 | 돌 석, 기름 고 [plaster]
❶ 속뜻 돌[石]을 넣어 만든 기름[膏] 같은 물질. ❷ 광업 황산칼슘과 물을 성분으로 한 단사정계(單斜晶系)의 광물로 비료나 시멘트의 원료가 되며 고온으로 가열하면 소석고(燒石膏)가 됨.

▶ 석고-상 石膏像 | 모양 상
미술 석고(石膏)로 만든 상(像).

▶ 석고 붕대 石膏繃帶 | 묶을 붕, 띠 대
의학 석고(石膏)를 재료로 만든 붕대(繃帶). ¶다친 다리에 석고 붕대를 하였다.

석공 石工 | 돌 석, 장인 공 [stonecutter]
돌[石]을 다루어 예술품이나 공업품을 만드는 기술자[工]. ¶석공은 불상을 만들었다. ⓑ 석수(石手).

석굴 石窟 | 돌 석, 굴 굴 [rocky cavern; stone cave]
토굴(土窟)에 대하여 바위[石]에 뚫린 굴[窟]. ⓑ 암굴(巖窟).

▶ 석굴-암 石窟庵 | 암자 암
불교 경주 불국사 뒤, 토함산 중턱에 있는 석굴(石窟) 속의 암자(庵子).

석권 席卷 | =席捲, 자리 석, 말 권 [overwhelm; conquer]
❶ 속뜻 자리[席]를 말아[卷] 걷어냄. ❷한 번에 닥치는 대로 영토를 휩쓺. 무서운 기세로 세력을 펼치거나 휩쓺. ¶신제품으로 국내 시장을 석권하다.

석기 石器 | 돌 석, 그릇 기 [stoneware; stonework]
여러 가지 돌[石]로 만든 기구(器具). 특히

석기 시대의 유물을 이른다.

▸ 석기 시대 石器時代 | 때 시, 연대 대
역사 고고학상의 시대 구분의 하나. 인류가 석기(石器)를 쓰는 시대(時代). 구석기(舊石器) 시대와 신석기(新石器) 시대로 나눈다.

석단 石段 | 돌 석, 층계 단
돌[石]로 만든 층계[段]. ¶석단을 딛고 올라가다. ⓑ섬돌.

석등 石燈 | 돌 석, 등불 등
[stone lantern]
돌[石]로 만든 등(燈). ¶석등에 불을 켜다.

석류 石榴 | 돌 석, 석류나무 류
[pomegranate]
식물 둥근 돌[石] 모양의 석류나무[榴] 열매. 붉은 빛을 띠고 신맛이 난다.

석면 石綿 | 돌 석, 솜 면 [asbestos]
❶속뜻 돌[石]에서 채취한 솜[綿] 같은 물질. ❷광업 광물(鑛物)의 하나로 사문석(蛇紋石)이나 각섬석(角閃石) 등이 분해되어 섬유질로 변한 것.

석방 釋放 | 풀 석, 놓을 방
[set free; release]
❶속뜻 잡혀 있는 사람을 용서하여 풀어[釋] 놓음[放]. ❷법률 법에 의하여 구금을 해제함. ¶우리는 인질들의 석방을 위해 그들과 협상했다.

석별 惜別 | 애틋할 석, 나눌 별
[part with regrets]
헤어지는[別] 것을 섭섭하고 애틋하게[惜] 여김. ¶석별의 눈물을 흘리다.

석보-상절 釋譜詳節 | 석가 석, 계보 보, 자세할 상, 마디 절
책명 석가모니(釋迦牟尼)의 일대기[譜]를 마디마디[節] 자세히[詳] 풀이한 책. 조선 세종 29년(1447)에 수양 대군(首陽大君)이 왕명을 받아 소헌왕후(昭憲王后) 심씨(沈氏)의 명복을 빌기 위해 훈민정음으로 썼다. 보물 제523호이다.

석불 石佛 | 돌 석, 부처 불
[stone Buddhist image]
불교 돌[石]로 만든 불상(佛像). ¶석불에 절을 하며 소원을 빌었다. ⓑ돌부처.

석-빙고 石氷庫 | 돌 석, 얼음 빙, 곳집 고
고적 신라 때에 돌[石]로 축조한 얼음[氷]을 저장하던 창고(倉庫). 현존 유물로 경주에 있다. 보물 제66호이다.

석사 碩士 | 클 석, 선비 사 [Master]
❶속뜻 학식이 높은[碩] 선비[士]. ❷교육 학위의 한 가지. 대학원에서 소정의 과정을 마치고 학위 논문이 통과된 사람에게 수여하는 학위. 또는 그 학위를 받은 사람.

석상[1] 石像 | 돌 석, 모양 상
[stone statue]
돌[石]을 조각하여 만든 모양[像]. ¶사자 석상 / 그는 석상처럼 꼼짝하지 않고 앉아 있었다.

석상[2] 席上 | 자리 석, 위 상
[during the meeting; in company]
어떤 모임의 자리[席]에서[上]. 여러 사람이 모인 자리. ¶공개 석상에서 발표하다.

석-쇠 [grill]
고기나 굳은 떡 조각 따위를 굽는 기구. 네모지거나 둥근 쇠 테두리에 철사나 구리 선 따위로 잘게 그물처럼 엮어 만든다.

석수 石手 | 돌 석, 사람 수
[(stone)mason; stonecutter]
돌[石]을 전문으로 세공하는 사람[手]. ⓑ석공(石工), 석장(石匠).

▸ 석수-장이 (石手—)
'석수'(石手)의 낮은 말.

석순 石筍 | 돌 석, 죽순 순 [stalagmite]
광업 종유굴 안의 천장에 있는 종유석에서 떨어진 탄산칼슘의 용액이 물과 이산화탄소의 증발로 굳어 죽순(竹筍)처럼 바닥에서 조금씩 솟아나는 돌[石].

석실 石室 | 돌 석, 방 실
[stone chamber]
고적 돌[石]로 만들어 주검을 안치한 방[室]. ¶고분의 석실.

▸석실-묘 石室墓 | 무덤 묘
[고적] 내부에 돌방[石室]이 있는 무덤[墓].

석양 夕陽 | 저녁 석, 볕 양
[evening sun]
저녁[夕] 해[陽]. ¶서쪽 하늘이 석양으로 붉게 물들었다. [비] 낙양(落陽), 낙조(落照).

석연 釋然 | 풀 석, 그러할 연
[be satisfied; be relieved from doubt]
미심쩍거나 꺼림칙한 일들이 완전히 풀려[釋] 마음이 개운한 그런[然] 상태이다. ¶그의 말을 믿지만 아직도 석연하지 않은 부분이 있다.

석영 石英 | 돌 석, 뛰어날 영 [quartz]
❶[속뜻] 뛰어나게[英] 좋은 돌[石]. ❷[광업] 이산화규소로 된 육방정계(六方晶系)의 광물. 종이나 기둥 모양을 하고 있으며 유리와 같은 광택이 난다. 도자기나 유리의 원료로 쓰이며 순수한 것은 수정이라고 한다. [비] 차돌.

**석유 石油 | 돌 석, 기름 유 [oil]
❶[속뜻] 암석층(巖石層)을 뚫고 그 아래에서 파낸 기름[油]. 'petroleum'을 의역(意譯)한 것으로 추정된다. 'petro'는 '石'으로 'leum'은 '油'으로 옮겨졌다. ❷[광업] 땅속에서 천연으로 나는 탄화수소를 주성분으로 하는 가연성 기름.

▸석유-등 石油燈 | 등불 등
석유(石油)로 빛을 발하는 등(燈). [비] 석유램프.

▸석유 파동 石油波動 | 물결 파, 움직일 동
[경제] 석유(石油) 공급 부족이나 석유 값 폭등 같은 파동(波動)으로 세계 경제가 큰 혼란과 어려움을 겪은 일. [비] 유류(油類) 파동.

▸석유 화:학 공업 石油化學工業 | 될 화, 배울 학, 장인 공, 일 업
[공업] 석유(石油)나 천연가스를 원료로 하여 연료, 윤활유 이외의 용도로 쓰는 여러 가지 화학(化學) 제품 따위를 만드는 공업(工業).

석재 石材 | 돌 석, 재료 재
[building stone]
토목·건축 및 비석·조각 따위에 쓰이는 돌[石] 재료(材料).

석전 石戰 | 돌 석, 싸울 전
[battle with stones]
[민속] 돌[石] 팔매질을 하여 승부를 겨루는[戰] 놀이. 고구려 때에, 대보름날 하류층에서 하던 놀이로, 고려·조선 왕조를 통하여 계속되었다.

석조 石造 | 돌 석, 만들 조
[stone construction]
돌[石]로 무엇을 만드는[造] 일. 또는 그 물건. ¶석조 건물.

석주 石柱 | 돌 석, 기둥 주 [stone pillar]
돌[石]로 만든 기둥[柱]. [비] 돌기둥.

석차 席次 | 자리 석, 차례 차
[class order; ranking]
❶[속뜻] 자리[席]의 차례(次例). ❷성적의 차례. ¶석차를 매기다 / 석차가 지난번보다 떨어졌다. [비] 등수(等數).

*석탄 石炭 | 돌 석, 숯 탄 [coal]
❶[속뜻] 숯[炭]처럼 불에 타는 돌[石]. ❷[광업] 가연성 퇴적암의 총칭. 연료나 화학공업의 원료 등으로 쓰인다. ¶석탄은 세계 여러 지역에 흩어져 있어 주요 공업연료로 쓰인다. [준] 탄.

*석탑 石塔 | 돌 석, 탑 탑
[stone pagoda]
돌[石]로 쌓은 탑(塔). ¶월정사 9층 석탑. [비] 돌탑.

석판 石版 | 돌 석, 널빤지 판 [lithography]
[출판] 인쇄나 판화에 쓰는 돌[石]로 만든 원판(原版).

▸석판-화 石版畵 | 그림 화
[미술] 석판(石版)에 그림을 그려서 찍어낸 그림[畵].

석학 碩學 | 클 석, 배울 학 [distinguished scholar]

연구 업적이 많은[碩] 학자(學者). ¶세계의 석학이 모여 포럼을 열었다.

석호 潟湖 | 개펄 석, 호수 호 [lagoon]
❶ 속뜻 개펄[潟]이 있는 호수(湖水). ❷ 지리 모래톱이 발달해 만의 입구를 막아 바다와 분리되어 생긴 호수.

***석회** 石灰 | 돌 석, 재 회 [lime]
화학 석회석(石灰石)의 주요 성분. 칼슘의 알칼리성 무기화합물인 산화칼슘으로, 생석회(生石灰)와 소석회(消石灰)를 통틀어 이른다.

▶ 석회-석 石灰石 | 돌 석
지리 지층[石] 사이에 끼여 회색(灰色)으로 켜를 이루고 있는 퇴적암[石]. 탄산칼슘을 주성분으로 하며, 동물의 껍질이나 뼈 등이 바다 밑에 쌓여서 생긴다. 시멘트, 비료 따위의 원료로 쓰인다. ㊐ 석회암(石灰巖).

▶ 석회-수 石灰水 | 물 수
화학 석회석(石灰石)을 물에 녹여 얻는 용액[水]. 무색투명한 염기성 액체로 소독, 살균제로 쓰인다.

▶ 석회-암 石灰巖 | 바위 암
지리 석회석(石灰石).

섞다 (混, 섞을 혼) [mix; blend]
두 가지 이상의 것을 한데 합치다. 이미 있는 것에 새로 더 넣다. ¶쌀에 콩을 섞다. ㊐ 혼합(混合)하다.

♣ 섞다 / 타다

◎ 물에 약(藥)을 섞다 = 타다.

○ 쌀에 콩을 섞다.
× 쌀에 콩을 타다.

○ 홍차에 설탕을 타다.
× 홍차에 설탕을 섞다.

섞-이다 [be mixed]
서로 섞어지다. ¶기름과 물은 섞이지 않는다. ㊐ 혼합(混合)되다.

선ː¹ [marriage meeting]
사람의 좋고 나쁨과 마땅하고 마땅하지 않음을 가리는 일. 주로 결혼할 대상자를 정하기 위하여 만나 보는 일을 이른다. ¶선을 보다.

선ː² 善 | 착할 선
[good; goodness; virtue]
착하고[善] 올바름. 어질고 좋음. 또는 그런 일. ¶선을 행하다. ㊥ 악(惡).

선³ 線 | 줄 선 [line]
그어 놓은 줄[線]이나 금. ¶선을 똑바로 긋다.

선⁴ 禪 | 참선 선 [Buddhist meditation]
불교 마음을 한곳에 모아 고요히 생각하는[禪] 일.

선각 先覺 | 먼저 선, 깨달을 각
[see in advance; foresee]
❶ 속뜻 남보다 앞서서[先] 깨달음[覺]. ❷ '선각자'(先覺者)의 준말. ㊥ 후각(後覺).

▶ 선각-자 先覺者 | 사람 자
남보다 앞서서[先] 사물의 도리를 깨달은[覺] 사람[者]. 그는 시대를 앞서 간 선각자였다. ㊐ 선지자(先知者).

선ː거 選擧 | 가릴 선, 들 거
[elect; vote for; return]
대표자나 임원을 투표 등의 방법으로 가려[選] 냄[擧]. ¶대통령 선거.

▶ 선ː거-구 選擧區 | 나눌 구
법률 국회의원을 선출하는[選擧] 단위로서 나누어진 구역(區域).

▶ 선ː거-권 選擧權 | 권리 권
법률 대통령, 국회의원, 지방 의회 의원 등의 선거(選擧)에 참여하여 투표할 수 있는 국민의 권리(權利). ¶선거권은 헌법으로 보장하는 국민의 권리이다.

▶ 선ː거-인 選擧人 | 사람 인
법률 선거(選擧)를 할 권리(權利)를 가진 사람[人]. ¶선거인의 과반수가 그를 뽑았다. ㊐ 유권자(有權者).

▶ 선ː거-일 選擧日 | 날 일

법률 선거(選擧)를 하는 날[日]. ¶내일은 제16대 대통령 선거일이다.

▸ 선:거 관리 위원회 選擧管理委員會 | 맡을 관, 다스릴 리, 맡길 위, 사람 원, 모일 회
법률 선거(選擧)와 국민 투표의 공정한 관리(管理) 및 정당에 관한 사무를 처리하기 위하여 두는 위원회(委員會). ㊗ 선관위.

선견 先見 | 먼저 선, 볼 견
[send forward (in advance)]
장래의 일을 먼저[先] 봄[見]. 일이 일어나기 전에 미리 아는 일.

▸ 선견지명 先見之明 | 어조사 지, 밝을 명
닥쳐올 일을 미리 아는[先見] 슬기로움[明]. ¶그는 노후를 준비하는 선견지명이 있었다.

선결 先決 | 먼저 선, 터놓을 결
[decide before-hand; decide first]
다른 일보다 먼저[先] 해결(解決)함. ¶이 문제를 선결해야 한다.

선고 宣告 | 알릴 선, 알릴 고
[pronounce; sentence]
❶ 속뜻 중대한 사실을 알려줌[宣=告]. ¶암 선고를 받다. ❷ 법률 공판정에서 재판관이 재판의 판결을 당사자에게 알림. ¶그는 무죄를 선고받았다.

선:관-위 選管委 | 가릴 선, 맡을 관, 맡길 위 [election administration commission]
법률 '선거 관리 위원회'(選擧管理委員會)의 준말.

선교 宣教 | 알릴 선, 가르칠 교
[evangelize; propagandize]
종교 종교(宗教)를 전하여 널리 알림[宣]. ¶그는 선교 활동에 몸을 바쳤다. ㊥ 포교(布教).

▸ 선교-사 宣教師 | 스승 사
기독교 종교의 가르침[教]을 펴는[宣] 사람[師]. 특히 기독교의 선교를 위하여 이교국(異教國)에 파견된 사람.

선구 先驅 | 먼저 선, 달릴 구
[take the lead in; pioneer]
❶ 속뜻 앞장서서[先] 말을 달림[驅]. ❷ '선구자'(先驅者)의 준말.

▸ 선구-자 先驅者 | 사람 자
❶ 속뜻 앞장서서[先] 말을 몰고[驅] 가는 사람[者]. ❷어떤 일이나 사상에서 다른 사람보다 앞선 사람. ¶그는 의학 연구 분야의 선구자이다.

선글라스 {영 sunglasses}
햇빛 또는 햇빛의 반사로부터 눈을 보호하려고 쓰는 색안경.

선금 先金 | 먼저 선, 돈 금 [prepayment]
값을 미리[先] 치르는 돈[金]. ¶선금을 걸고 물건을 샀다.

선:남 善男 | 착할 선, 사내 남
성품이 착한[善] 남자(男子).

▸ 선:남-선:녀 善男善女 | 착할 선, 여자 녀
성품이 착한[善] 사람들[男女]. ¶파티장은 선남선녀로 가득했다.

선녀 仙女 | 신선 선, 여자 녀 [fairy]
선경(仙境)에 산다는 여신(女神). ¶그녀는 선녀처럼 아름다웠다.

선달 先達 | 먼저 선, 통달할 달
❶ 속뜻 먼저[先] 통달함[達]. ❷ 역사 무과에 급제하고도 벼슬을 받지 못한 사람. ¶봉이(鳳伊) 김 선달은 대동강 물을 팔아 먹었다는 인물이다.

선-대칭 線對稱 | 줄 선, 대할 대, 맞을 칭
[line symmetry]
수학 한 직선(直線)을 사이에 두고 똑같은 두 도형이 같은 거리에서 서로 맞서[對稱] 있는 경우.

선도[1] 先導 | 먼저 선, 이끌 도
[guidance; leadership]
앞장서서[先] 이끎[導]. ¶그녀는 유행을 선도한다.

선:도[2] 善導 | 착할 선, 이끌 도
[proper guidance]
올바른[善] 길로 인도(引導)함. ¶비행 청소년을 올바르게 선도하다.

선-돌 [menhir]

고적 선사 시대에, 자연석이나 약간 다듬은 돌기둥을 땅 위에 하나 또는 여러 개를 세운 거석(巨石) 기념물.

선동 煽動 | 부추길 선, 움직일 동 [instigate; abet; incite]
어떤 행동 대열에 참여하도록 문서나 언동으로 대중의 감정을 부추기어[煽] 움직이게[動] 함. ¶국민을 선동하다.

선두 先頭 | 먼저 선, 머리 두 [top; lead]
첫[先] 머리[頭]. 맨 앞쪽. ¶선두에 서다 / 그는 선두에 30미터 뒤져 있다.

선뜻 [readily; willingly]
가볍고 빠르고 시원스럽게. ¶그는 내 부탁을 선뜻 들어주었다.

선:량 善良 | 착할 선, 어질 량 [good; virtuous; honest]
착하고[善] 어짊[良]. ¶선량한 시민.

선례 先例 | 먼저 선, 본보기 례 [previous instance; former example]
먼저[先] 있었던 사례(事例). ¶선례를 따르다. ㊟ 예. ㊥ 전례(前例).

선로 線路 | 줄 선, 길 로 [railroad]
교통 기차나 전차의 바퀴가 굴러가는 줄[線]로 이어진 길[路]. ㊥ 궤도(軌道).

선:망 羨望 | 부러워할 선, 바라볼 망 [envy]
부럽게[羨] 바라봄[望]. ¶선망의 눈초리 / 선망의 대상 / 요즘 어린이들은 연예인을 선망하는 경향이 많다.

선:-머슴 [roguish boy]
장난이 심하고 몹시 덜렁거리는 사내아이. ¶선머슴 같던 애가 이렇게 멋있게 컸구나.

선명[1] 鮮明 | 뚜렷할 선, 밝을 명 [clear; vivid]
뚜렷하고[鮮] 밝음[明]. ¶얼굴에 흉터가 선명하게 남아 있다.

선명[2] 宣明 | 알릴 선, 밝을 명 [announce; proclaim]
어떤 사실을 분명히 알려[宣] 뜻을 밝힘[明].

▸ **선명-회** 宣明會 | 모일 회
❶ 속뜻 선명(宣明)을 위한 모임[會]. ❷미국의 기독교 선교사들이 한국 전쟁의 고아들을 보살피려고 세운 기관.

선:-무당 [new shaman]
민속 서투르고 미숙한 무당. 속담 선무당이 사람 잡는다.

⁑**선:물** 膳物 | 드릴 선, 만물 물 [give a present; make a gift]
남에게 물건(物件)을 선사(膳賜)함. 또는 선사한 그 물품. ¶생일 선물 / 그는 나에게 시계를 선물했다.

선박 船舶 | 배 선, 큰 배 박 [vessel; ship]
배[船=舶]. 주로 규모가 큰 축에 드는 배를 이르는 말. ¶대형 선박을 건조하다.

선반 [shelf]
물건을 얹어 두기 위해 까치발을 받치어 벽에 달아 놓은 널빤지. ¶선반에 먼지가 뽀얗게 쌓였다.

선:발[1] 選拔 | 가릴 선, 뽑을 발 [select; pick out]
많은 가운데서 가려[選] 뽑음[拔]. ¶미스코리아 선발 대회.

선발[2] 先發 | 먼저 선, 떠날 발 [start in advance]
❶ 속뜻 남보다 먼저[先] 나서거나 떠남[發]. ❷ 운동 1회전부터 출전하는 일을 이름. ¶선발 선수. ㊥ 후발(後發).

▸ **선발-대** 先發隊 | 무리 대
다른 대원이나 부대보다 앞서서[先] 출발(出發)한 대원(隊員)이나 부대(部隊).

선배 先輩 | 먼저 선, 무리 배 [senior]
❶ 속뜻 학문, 덕행, 경험, 나이 따위가 자기보다 앞서고[先] 높은 사람[輩]. ❷학교나 직장을 먼저 거친 사람. ¶타지에서 고향 선배를 만나니 정말 반가웠다. ㊥ 후배(後輩).

선:별 選別 | 가릴 선, 나눌 별 [sort; select]

가려서[選] 나누어[別] 놓음. ¶선별 기준 / 과일을 크기에 따라 선별하다.

선ː-보이다 [make one's appearance]
사물을 처음으로 공개하여 여러 사람에게 보이다. ¶새로운 제품을 선보이다. ㊄ 선뵈다.

선봉 先鋒 | 먼저 선, 앞장 봉
[advance guard; spearhead]
맨[先] 앞장[鋒]. ¶선봉에 서다.

▶ 선봉-장 先鋒將 | 장수 장
선봉(先鋒)에 선 장군[將]. ¶이순신 장군은 왜군의 선봉장을 물리쳤다.

선분 線分 | 줄 선, 나눌 분
[segment of a line]
수학 직선(直線) 위의 두 점 사이에 한정된 부분(部分).

선ː-불[1] [stray bullet]
급소에 바로 맞지 않은 총알. 속담 선불 맞은 호랑이 뛰듯 한다.

선불[2] **先拂** | 먼저 선, 지불 불
[pay in advance; prepay]
먼저[先] 돈을 지불(支拂)함. ¶수강료를 선불했다. ㊐ 선급(先給). ㊤ 후불(後拂).

선비 (士, 선비 사; 儒, 선비 유) [gentleman; learned man]
학식이 있고 행동과 예절이 바르며 의리와 원칙을 지키고 관직과 재물을 탐내지 않는 고결한 인품을 지닌 사람을 이르는 말. ¶소나무는 선비의 절개를 나타낸다.

선ː사[1] **膳賜** | 드릴 선, 줄 사
[make a present; send a gift]
존경, 친근, 애정의 뜻을 나타내기 위하여 남에게 선물(膳物)을 줌[賜]. ¶선생님으로부터 선사받은 물건.

선사[2] **先史** | 먼저 선, 역사 사 [prehistory]
역사(歷史) 시대 이전[先]의 역사(歷史). 문헌이나 기록이 없어 유적이나 유물로만 파악되는 역사를 말한다.

▶ 선사 시대 先史時代 | 때 시, 연대 대
역사 고고학(考古學)에서 이르는 역사 시대 이전의[先史] 시대(時代) 구분의 한 가지. 문헌적 사료가 없는 석기 시대, 청동기 시대를 이른다. ¶이 지역에서 선사 시대의 유물이 다량 발굴되었다.

선산 先山 | 먼저 선, 메 산
선조(先祖)의 무덤이 있는 산(山). 속담 굽은 나무가 선산을 지킨다.

선상 船上 | 배 선, 위 상 [on the ship]
배[船]의 갑판 위[上]. ¶섬이 가까워지자 사람들이 모두 선상으로 올라왔다.

⁑**선생 先生** | 먼저 선, 날 생
[teacher; Mister]
❶ 속뜻 먼저[先] 태어남[生]. ❷학생을 가르치는 사람. ❸성명이나 직명 따위의 아래에 쓰여 그를 높여 일컫는 말. ¶최 선생. ❹어떤 일에 경험이 많거나 아는 것이 많은 사람. ¶의사 선생. ㊐ 교사(教師).

▶ 선생-님 (先生-)
'선생'(先生)의 높임말. ¶선생님이 학생들을 가르치신다.

선서 宣誓 | 알릴 선, 맹세할 서
[swear; take an oath]
여러 사람 앞에서 공개적으로 알려[宣] 맹세하는[誓] 일. ¶올림픽 선서.

▶ 선서-문 宣誓文 | 글월 문
선서(宣誓)의 내용을 적은 글[文]. ¶취임 선서문 낭독.

선선-하다 [cool; unreserved]
❶날씨가 알맞게 서늘하다. ¶바람이 제법 선선하다. ❷성질이 시원스럽고 쾌활하다. ¶선선한 대답.

선선-히 [frankly]
❶시원한 느낌이 들 정도로 서늘하게. ❷성질이나 태도가 쾌활하고 시원스럽게. ¶의외로 부탁을 선선히 들어주었다.

선수[1] **先手** | 먼저 선, 손 수
[get the start of; forestall]
남이 하기 전에 먼저[先] 착수(着手)함. 또는 그런 행동. 관용 선수를 치다.

⁑**선ː수**[2] **選手** | 뽑을 선, 사람 수 [player]

어떠한 기술이나 운동 따위에 뛰어나 여럿 중에서 대표로 뽑힌[選] 사람[手]. ¶야구 선수.

▸선:수-권 選手權 | 권리 권
운동 어떤 부문의 경기에서 가장 우수한 개인이나 단체의 선수(選手)에게 주는 자격[權]. ¶선수권 쟁탈전.

▸선:수-단 選手團 | 모일 단
운동 어떤 경기의 선수(選手)들로 조직된 단체(團體). ¶올림픽에 참가하는 선수단이 출국했다.

▸선:수-촌 選手村 | 마을 촌
운동 올림픽 경기 등에서 선수(選手)나 임원을 위해 특별히 마련된 집단 숙박 시설[村]. ¶올림픽 선수촌.

선식 仙食 | 신선 선, 밥 식
신선(神仙)이 먹는 음식(飮食). ¶선식같이 맛있다.

선실 船室 | 배 선, 방 실
[(ship's) cabin]
승객이 쓰도록 된 배[船] 안의 방[室]. ¶선실을 예약하다.

선:심 善心 | 착할 선, 마음 심
[virtue; conscience; mercy]
❶ 속뜻 착한[善] 마음[心]. ❷남을 도와주는 마음. ¶선심을 쓰다. 반 악심(惡心).

선:악 善惡 | 착할 선, 악할 악
[virtue and vice]
착함[善]과 악(惡)함. ¶동기의 선악을 불문하고 살해는 범죄이다.

선약 先約 | 먼저 선, 묶을 약
[previous engagement]
먼저[先] 약속(約束)함. 또는 그 약속. ¶죄송하지만 선약이 있다.

선양 宣揚 | 알릴 선, 오를 양
[raise; increase; heighten]
여러 사람에게 널리 알려[宣] 명성을 드높임[揚]. ¶국위를 선양하고 돌아왔다.

선언 宣言 | 알릴 선, 말씀 언
[declare; make a declaration]
❶ 속뜻 여러 사람에게 분명하게 알리고자[宣] 하는 말[言]. ❷국가나 단체가 방침, 주장 따위를 정식으로 공표함. ¶독립 선언.

▸선언-문 宣言文 | 글월 문
선언(宣言)하는 내용을 담은 글[文]. ¶독립선언문을 낭독하다. 비 선언서(宣言書).

▸선언-서 宣言書 | 글 서
선언문(宣言文).

선열 先烈 | 먼저 선, 세찰 렬
[patriotic forefathers]
의(義)를 위해 싸우다 먼저[先] 간 열사(烈士). ¶순국 선열을 추모하다.

선왕 先王 | 먼저 선, 임금 왕
[preceding king]
선대(先代)의 임금[王]. 비 망군(亡君), 선군(先君).

선:용 善用 | 착할 선, 쓸 용 [good use]
올바르게[善] 씀[用]. 알맞게 잘 씀. ¶여가의 선용. 반 악용(惡用).

선원 船員 | 배 선, 사람 원 [crew]
선박(船舶)의 승무원(乘務員). ¶폭풍으로 선원 일곱 명이 실종되었다. 비 선인(船人).

선율 旋律 | 돌 선, 가락 률 [melody]
음악 높낮이와 리듬을 지니고 흐르는[旋] 가락[律]. ¶감미로운 피아노 선율이 흐른다. 비 가락.

*__선:의__ 善意 | 착할 선, 뜻 의
[good intentions; good will]
❶ 속뜻 착한[善] 마음[意]. 좋은 의도. ¶선의의 거짓말. ❷남을 위하는 마음. 남을 좋게 보려는 마음. ¶선의를 베풀다. 반 악의(惡意).

선인[1] 先人 | 먼저 선, 사람 인
[one's predecessors]
옛날[先] 사람[人]. 전대(前代)의 사람. ¶이 책에는 선인의 지혜가 녹아있다. 반 후인(後人).

선인²仙人 | 신선 선, 사람 인
선도(仙道)를 닦아 신통력을 얻은 사람[人].

▸**선인-장** 仙人掌 | 손바닥 장
❶ 속뜻 선인(仙人)의 손바닥[掌] 모양의 식물. ❷ 식물 수분의 증발을 막기 위해 잎이 가시 모양으로 변한 풀. 열대, 아열대에 퍼져 있는 다육식물(多肉植物)인데 관상용으로도 많이 재배한다.

선ː임 選任 | 고를 선, 맡길 임
[select and appoint; elect]
많은 사람 가운데서 선출(選出)하여 임명(任命)함. ¶총장을 선임하다.

선입 先入 | 먼저 선, 들 입
먼저[先] 머릿속에 자리잡고[入] 있는 일. 대개, 단독으로는 쓰이지 않고 뒤에 딴말이 붙어 쓰인다. ¶선입견(先入見).

▸**선입-견** 先入見 | 볼 견
이전부터 머릿속에 들어 있는[先入] 고정적인 견해(見解). ㊥ 선입관.

▸**선입-관** 先入觀 | 볼 관
어떤 일에 대하여, 이전부터 머릿속에 들어 있는[先入] 고정적인 관념(觀念)이나 견해. ¶선입관 때문에 일을 망치는 경우가 많다. ㊥ 선입견.

선ː-잠 [light sleep]
깊이 들지 못한 잠. ¶잠깐 선잠을 자다.

선장 船長 | 배 선, 어른 장
[captain; master]
배[船]에 탄 승무원의 우두머리[長]로서 항해를 지휘하고 선원을 감독하는 사람. ¶선장은 수천 명의 생명을 맡고 있다.

선적 船積 | 배 선, 쌓을 적
[ship a cargo; load a ship]
배[船]에 짐을 실음[積]. ¶수출품을 선적하다.

선전¹善戰 | 잘할 선, 싸울 전
[fight well]
잘[善] 싸움[戰]. 실력 이상으로 잘 싸움. ¶우리는 이번 올림픽에서 우리 선수들의 선전을 기대하고 있다.

선전²宣傳 | 알릴 선, 전할 전
[propagate; advertise]
여러 사람에게 널리 알리고[宣] 전달(傳達)함. ¶신제품을 선전하다.

선전³宣戰 | 알릴 선, 싸울 전
[declare war]
정치 다른 나라에 대하여 전쟁(戰爭)을 시작할 것을 선언(宣言)함.

▸**선전 포ː고** 宣戰布告 | 펼 포, 알릴 고
정치 상대국에 대하여 전쟁(戰爭) 개시 의사를 선언(宣言)하고 상대국에게 이를 널리[布] 알림[告]. ¶선전 포고 없이 다른 나라에 침공할 수 없다.

선점 先占 | 먼저 선, 차지할 점 [preoccupy; acquire by occupancy]
❶ 속뜻 남보다 앞서[先] 차지함[占]. ¶신제품을 개발해 시장을 선점했다. ❷ 법률 '선점 취득'(先占取得)의 준말.

선ː정¹善政 | 좋을 선, 정치 정
[good government]
바르고 좋은[善] 정치(政治). ¶선정을 펼치다. ㊥ 폭정(暴政), 악정(惡政).

선ː정²選定 | 가릴 선, 정할 정
[select; choose]
많은 것 중에서 가려서[選] 정(定)함. ¶최우수 선수 선정 / 주제 선정.

선제 先制 | 먼저 선, 누를 제
[leading off]
먼저[先] 손을 써서 상대를 누름[制].

▸**선제-공ː격** 先制攻擊 | 칠 공, 부딪힐 격
상대편을 먼저[先] 제압(制壓)하기 위하여 먼저 손을 써서 공격(攻擊)하는 일.

선조 先祖 | 먼저 선, 조상 조 [ancestor]
한 집안의 옛[先] 시조(始祖). ¶그 풍습은 우리 선조로부터 전해 내려온 것이다. ㊥ 선대(先代), 조상(祖上).

선ː죽-교 善竹橋 | 착할 선, 대 죽, 다리 교
❶ 속뜻 참대[善竹]가 자라난 다리[橋]. ❷ 고적 경기도 개성에 있는 돌다리. 고려 말

기의 충신 정몽주가 이방원이 보낸 조영규 등에게 철퇴를 맞고 죽은 곳으로 유명하다. 원래는 '선지교'(善地橋)였는데, 정몽주가 흘린 핏자국이 없어지지 않고 참대가 자라났다고 해서 '선죽교'라 고쳐 부르게 되었다고 한다.

선지 [blood from a slaughtered animal]
짐승, 특히 소를 잡아서 받은 피. ¶선지를 넣고 해장국을 끓이다.

선진 先進 | 먼저 선, 나아갈 진 [advance]
❶ 속뜻 어떤 분야에서 나이, 지위, 기량 등이 앞서[先] 나가 있는[進] 일. 또는 그런 사람. ❷발전의 단계나 진보의 정도 등이 다른 것보다 앞서거나 앞서 있는 일. ¶선진 기술. ㊥ 후진(後進).

▶**선진-국** 先進國 | 나라 국
다른 나라의 경제 개발이나 문화 향상에 이바지할 수 있을 만큼 경제·문화 등이 앞선[先進] 나라[國]. ¶선진국 대열에 들어서다. ㊥ 후진국(後進國).

선:집 選集 | 가릴 선, 모을 집 [selection]
문학 한 사람 또는 여러 사람의 작품 가운데, 어떤 기준을 두고 골라 뽑은[選] 작품을 한데 모은[集] 책. ¶문학 선집.

선착 先着 | 먼저 선, 붙을 착 [arrive first]
남보다 먼저[先] 도착(到着)함. ¶선착 50분에게 선물을 드린다.

▶**선착-순** 先着順 | 차례 순
먼저 와 닿는[先着] 순서(順序). ¶선착순 입장 / 선착순으로 줄을 서다.

선착-장 船着場 | 배 선, 붙을 착, 마당 장 [harbor]
배[船]를 대는[着] 곳[場]. ¶배가 선착장에 도착했다.

선창 先唱 | 먼저 선, 부를 창 [lead the chorus]
노래나 구호 따위를 맨 먼저[先] 부르거나[唱] 외침. ¶내가 선창하자 모두 따라 부르기 시작했다.

선:처 善處 | 잘할 선, 처리할 처 [take the appropriate steps ; make the best]
어떤 문제를 잘[善] 처리(處理)함. 적절히 조처함. ¶선처를 부탁드립니다.

선천 先天 | 먼저 선, 하늘 천 [inbornness]
어떤 성질이나 체질을 태어나기에 앞서[先] 하늘[天]로부터 부여받음. ㊥ 후천(後天).

▶**선천-적** 先天的 | 것 적
태어날 때부터[先天] 갖추고 있는 것[的]. ¶그는 미술에 선천적인 재능이 있다. ㊥ 후천적(後天的).

선체 船體 | 배 선, 몸 체 [ship]
배[船]의 몸체[體]. ¶암초에 부딪혀 선체가 두 동강이 났다.

선:출 選出 | 뽑을 선, 날 출 [elect]
여럿 가운데서 고르거나 뽑아[選] 냄[出]. ¶학급 대표를 선출하다.

선충 船蟲 | 배 선, 벌레 충
동물 배[船] 모양의 벌레[蟲]. 갑각류 곤충의 하나로 습기가 많은 해변에서 떼를 지어 산다. ㊐ 갯강구.

선충-류 線蟲類 | 줄 선, 벌레 충, 무리 류 [nematode]
❶ 속뜻 실[線]이나 원통 모양으로 가늘고 긴 몸을 가진 벌레[蟲] 종류(種類). ❷ 동물 선형동물의 한 강(綱)으로 순환계와 호흡계가 없고 알도 숙주(宿主)없이 부화함. 사람이나 가축 등에 기생하거나 식물에 기생하는 등 사는 방법이 다양하다. 회충, 요충, 십이지장충 따위.

선친 先親 | 먼저 선, 어버이 친 [my late father]
돌아가신[先] 자기 아버지[親]를 남에게 일컫는 말. ¶오늘이 선친의 기일이다. ㊐ 선고(先考), 선부(先父). ㊥ 선자(先慈).

⁑**선:택** 選擇 | 가릴 선, 고를 택 [choose; select]
마음에 드는 것을 가려서[選] 고름[擇]. ¶직업을 선택하다 / 선택의 자유.

▸선ː택-권 選擇權 | 권리 권
법률 선택(選擇)할 수 있는 권리(權利). ¶제품의 선택권은 소비자에게 있다.

선포 宣布 | 알릴 선, 펼 포
[proclaim; promulgate]
세상에 널리 알려서[宣] 뜻을 펼침[布]. ¶전쟁을 선포하다.

선풍 旋風 | 돌 선, 바람 풍
[whirlwind; cyclone]
❶ 속뜻 나선(螺旋) 모양으로 부는 돌개바람[風]. ❷'돌발적으로 발생하여 사회에 큰 영향을 끼칠 만한 사건이나 그로 말미암아 일어난 어지러운 상태'를 비유하여 이르는 말. ⓑ 회오리바람.

▸선풍-적 旋風的 | 것 적
돌발적으로 발생하여 사회에 큰 영향을 끼친[旋風] 것[的]. ¶이 휴대전화는 출시되자마자 선풍적인 인기를 누리고 있다.

선풍-기 扇風機 | 부채 선, 바람 풍, 틀 기
[electric fan]
기계 작은 전동기의 축에 몇 개의 날개[扇]를 달아 그 회전으로 바람[風]을 일으키게 하는 기계(機械).

선ː-하다[1] [vivid]
마음에 사무치어 눈앞에 암암히 보이는 듯하다. ¶그의 뒷모습이 아직도 눈에 선하다. ⓑ 어른거리다.

선ː-하다[2](善―, 착할 선)
[good; good natured]
착하고[善] 어질다. ¶선한 일 / 선한 마음. ⓟ 악(惡)하다.

선행[1]先行 | 먼저 선, 갈 행
[precede; do first]
❶ 속뜻 남보다 먼저[先] 감[行]. 앞서 감. ❷딴 일보다 먼저 함. 또는 앞서 이루어짐. ¶선행 학습 / 공부를 잘하려면 우선 책읽기가 선행되어야 한다. ⓟ 후행(後行).

선ː행[2]善行 | 착할 선, 행할 행
[good conduct]
착한[善] 행동(行動). 선량한 행실. ¶그는 남모르게 선행을 많이 한다. ⓟ 악행(惡行).

▸선ː행-상 善行賞 | 상줄 상
착한 행동[善行]을 한 사람에게 주는 상(賞). ¶선행상을 받았다.

선혈 鮮血 | 싱싱할 선, 피 혈
[fresh blood]
갓 흘러나온 싱싱한[鮮] 피[血]. ¶코에서 선혈이 흘러내렸다.

선ː호 選好 | 가릴 선, 좋을 호
[prefer (to); favor]
여러 가지 중에서 특별히 가려서[選] 좋아함[好]. ¶남아 선호 사상 / 무공해식품을 선호하는 사람이 늘고 있다.

선홍-색 鮮紅色 | 뚜렷할 선, 붉을 홍, 빛 색
[scarlet color]
밝고 산뜻한[鮮] 붉은[紅] 빛[色]. ¶선홍색 노을이 드리웠다.

선회 旋回 | 돌 선, 돌 회
[circle / turn round]
❶ 속뜻 원을 그리며 빙빙 돎[旋=回]. ❷ 항공 항공기가 곡선을 그리듯 진로를 바꿈. ¶비행기가 김포공항의 상공을 선회했다.

선후 先後 | 먼저 선, 뒤 후
[front and rear]
먼저[先]와 나중[後]. 앞과 뒤. ¶사건의 선후가 뒤바뀌었다.

선-후ː배 先後輩 | 먼저 선, 뒤 후, 무리 배
[senior-junior]
선배(先輩)와 후배(後輩)를 아울러 이름. ¶우리는 선후배 사이이다.

섣ː-달
음력으로 한 해의 마지막 달.

섣ː-부르다 [awkward; unskillful]
솜씨가 설고 어설프다. ¶섣부른 행동을 하다간 큰 코 다친다 / 섣불리 판단하다.

설ː[1][New Year]
새해의 첫날을 명절로 이르는 말. ¶설을 쇠다 / 설음식. ⓑ 설날.

설²說 | 말씀 설 [opinion; theory]
의견. 주의. 학설. ¶이 풍습의 기원에 대해서는 학자마다 설을 달리하고 있다.

설거지 [dishwashing]
먹고 난 뒤 그릇을 씻어 치우는 일.

설경 雪景 | 눈 설, 볕 경 [snowscape]
눈[雪]이 내리는 경치(景致). 눈이 쌓인 경치.

****설계 設計** | 세울 설, 셀 계
[draw (up) a plan; plan; design]
❶[속뜻] 앞으로 이루어야 할 일에 대해 구체적인 계획(計劃)을 세움[設]. ¶노후를 설계하다. ❷설계나 공작 등에서 공사비, 재료, 구조 따위의 계획을 세워 도면 같은 데에 구체적으로 명시하는 일. ¶설계가 잘된 건물.

▸설계-도 設計圖 | 그림 도
설계(設計)한 것을 그린 도면(圖面). ¶건물의 설계도를 그리다.

▸설계-사 設計士 | 선비 사
설계(設計)를 전문으로 하는 기사(技士).

설교 說敎 | 말씀 설, 종교 교
[preach; lecture]
❶[속뜻] 종교상의 교리(敎理)를 널리 설명(說明)함. 또는 그 설명. ¶목사가 설교하다. ❷남에게 무엇을 설득시키려고 여러 말로 타일러 가르침. 또는 그 가르침. ¶선생님께 설교를 들었다.

설:-날
[New Year's (Day); first of the year]
명절의 하나. 정월 초하룻날. [준] 설.

설:다 [be unripe]
덜 익다. ¶밥이 설었다 / 선 사과.

설득 說得 | 말씀 설, 얻을 득
[persuade; convince; coax]
잘 설명(說明)하거나 타이르거나 해서 납득(納得)시킴. ¶그는 가족의 설득에 넘어가 금연하기로 결심했다 / 나는 그를 설득해서 집으로 돌아가게 했다. [비] 설복(說服).

▸설득-력 說得力 | 힘 력
남을 설득(說得)하는 힘[力]. ¶이 글은 설득력이 부족하다.

설렁-설렁 [gently; softly]
❶조금 서늘한 바람이 가볍게 자꾸 부는 모양. ¶설렁설렁 부는 봄바람. ❷팔이나 꼬리 따위를 가볍게 자꾸 흔드는 모양. ¶그는 설렁설렁 양손을 흔들었다.

설렁-탕 (-湯, 끓을 탕)
[cow bone and tripe soup with rice]
소의 머리·내장·족·무릎도가니 등을 푹 끓여서 만든 국. 또는 그 국에 밥을 만 음식.

설레다 [flutter; beat high]
마음이 가라앉지 않고 들떠서 두근거리다. ¶내일 여행 갈 생각을 하니 가슴이 설레었다.

설레-설레 [waving; wagging]
머리 따위를 크고 가볍게 흔드는 모양. ¶머리를 설레설레 흔들다.

설렘
마음이 들뜨고 두근거림.

설령 設令 | 세울 설, 시킬 령
[even if; even though]
❶[속뜻] 가령(假令)이라는 말을 설정(設定)함. ❷그렇다 하더라도. ¶설령 그가 오지 않더라도 나는 상관없다. [비] 설사(設使), 설혹(設或).

설립 設立 | 세울 설, 설 립
[establish; found; set up]
학교, 회사 따위의 단체나 기관을 새로 설치(設置)하여 세움[立]. ¶대학교 설립 / 우리는 중국에 공장을 설립할 계획이다.

설마 [surely (not); (not) possibly]
그럴 리는 없겠지만. 부정적인 추측을 강조할 때 쓴다. ¶설마 네가 한 짓은 아니지? [속담] 설마가 사람 잡는다.

***설명 說明** | 말씀 설, 밝을 명 [explain]
해설(解說)하여 분명(分明)하게 함. ¶더 이상의 자세한 설명은 필요 없다.

▸ 설명-문 說明文 | 글월 문
[문학] 사물이나 이치를 이해할 수 있도록 객관적이고 논리적으로 설명(說明)한 글[文]. ¶설명문에서는 명료성이 중요하다.

▸ 설명-서 說明書 | 글 서
사물의 내용, 이유, 사용법 등을 설명(說明)한 글[書]. 또는 그 문서. ¶제품 설명서.

▸ 설명-판 說明版 | 널빤지 판
어떤 사실에 대한 설명(說明)을 적어 놓은 판(版). ¶그 앞에 설명판이 있다.

설문 設問 | 베풀 설, 물을 문
[make up a question]
문제(問題)를 설정(設定)함. 질문을 만들어 냄. 또는 그 문제나 질문. ¶설문 조사 / 학교 폭력에 대해 설문하다.

▸ 설문-지 設問紙 | 종이 지
통계 자료 따위를 얻기 위하여 어떤 주제에 대해 문제를 내어 묻는[設問] 종이[紙]. ¶설문지를 돌리다.

설법 說法 | 말씀 설, 법 법
[preach Buddhist teachings]
[불교] 불법(佛法)의 오묘한 이치를 강설(講說)함.

설비 設備 | 베풀 설, 갖출 비 [equip]
건물이나 장치, 기물 따위를 베풀어[設] 갖추는[備] 일. 또는 그런 물건. ¶최신식 설비 / 방범 장치를 설비하다.

설:-빔 [the New Year's best clothes]
설에 새로 차려입거나 신는 옷이나 신발.

설사[1] 設使 | 세울 설, 부릴 사 [even if]
설령(設令) 그렇게 한다[使]면. ¶설사 자기 것이 아니더라도 낭비해서는 안 된다. [비] 설령(設令), 설혹(設或).

설사[2] 泄瀉 | 샐 설, 쏟을 사 [diarrhea]
배탈 따위로 묽은 똥을 물이 새듯이[泄] 쏟아냄[瀉]. 또는 그런 똥. ¶날것을 먹으면 설사하기 쉽다.

▸ 설사-병 泄瀉病 | 병 병
설사(泄瀉)를 하는 병(病). ¶설사병에 걸리다.

설상 雪上 | 눈 설, 위 상
[(on) top of the snow]
눈[雪] 위[上].

▸ 설상-가상 雪上加霜 | 더할 가, 서리 상
❶ [속뜻] 눈[雪] 위[上]에 서리[霜]가 더해짐[加]. ❷난처한 일이나 불행한 일이 잇달아 일어남. ¶버스를 잘못타고 설상가상으로 지갑까지 잃어버렸다.

설설[1] [gently; softly; lightly]
❶물이 고루 천천히 끓는 모양. ¶냄비의 물이 설설 끓고 있었다. ❷온돌방이 고루 뭉근하게 더운 모양. ¶설설 끓는 아랫목.

설설[2] [with a shake of the head; with a brisk craw]
❶머리를 천천히 설레설레 흔드는 모양. ¶고개를 설설 흔들다. ❷벌레 따위가 기어다니는 모양. ¶송충이가 설설 기어간다.

설악-산 雪嶽山 | 눈 설, 큰산 악, 메 산
❶ [속뜻] 초여름까지 눈[雪]으로 덮여있는 험한[嶽] 산(山). ❷ [지리] 강원도 양양군과 인제군 사이에 있는 산. 태백산맥 가운데 솟은 명산으로 국립공원의 하나이다. 1996년에 유네스코 세계 문화유산으로 지정되었다. 높이는 1,708미터이다.

설왕설래 說往說來 | 말씀 설, 갈 왕, 말씀 설, 올 래
❶ [속뜻] 말[說]이 가고[往] 말[說]이 오고[來] 함. 말을 주고 받음. ❷무슨 일의 시비를 따지느라고 옥신각신함. ¶그 문제를 두고 참석자들이 설왕설래했지만 결국 결론을 내지 못했다.

설:움 [sadness; sorrow; grief]
섧게 느껴지는 마음. ¶배고픈 설움은 겪어 본 사람만이 안다.

설-익다 [be half done; be unripe]
덜 익다. ¶설익은 단감. [반] 농익다.

설-장구
[음악] ❶일어서서 장구를 어깨에 걸어 메고 치는 장구. ❷농악대에서, 장구를 치는 사람의 우두머리. 또는 그 사람이 치는 장구.

설전 舌戰 | 말 설, 싸울 전 [verbal battle; hot discussion]
말[舌]로 하는 다툼[戰]. ¶설전을 벌이다. [반] 필전(筆戰).

*__설정__ 設定 | 세울 설, 정할 정 [set (up)]
새로 마련하여[設] 정(定)함. ¶목표 설정.

*__설치__ 設置 | 세울 설, 둘 치 [establish; set up]
❶[속뜻] 기계나 설비 따위를 마련하거나 세워[設] 둠[置]. ¶에어컨 설치. ❷어떤 기관을 마련함. ¶위원회 설치.

설-치다[1] [run wild; rave about]
마구 날뛰다. ¶깡패들이 설친다.

설-치다[2] [sleep badly; fail to get to sleep (enough); be sleepless]
필요한 정도에 미치지 못한 채로 그만두다. ¶어제 잠을 설쳤다.

설탕 雪糖 | 본음 [설당] 눈 설, 사탕 당/탕 [sugar]
❶[속뜻] 눈[雪]같이 하얀 사탕(沙糖). ❷맛이 달고 물에 잘 녹는 결정체. ¶커피에 설탕을 넣다.

▶ 설탕-물 (雪糖-)
설탕(雪糖)을 탄 물.

설피 雪皮 | 눈 설, 겉 피 [snowshoe]
눈[雪]에 빠지지 않도록 신바닥 겉[皮] 부분에 대는 넓적한 덧신. ¶설피 한 켤레.

설혹 設或 | 세울 설, 혹 혹 [even if]
설령(設令) 또는 혹시(或是). ¶설혹 알고 있더라도 아는 체하지 마라. [비] 설령(設令), 설사(設使).

설화 說話 | 말씀 설, 이야기 화 [tale; story]
❶[속뜻] 사실처럼 꾸며 말한[說] 이야기[話]. ❷[문학] 각 민족 사이에 전승되어 오는 신화, 전설, 민담 따위를 통틀어 이르는 말. ¶구전설화.

섧:다 [sad; sorry; sorrowful]
원통하고 슬프다. '서럽다'의 본딧말. ¶동생이 섧게 울고 있다.

섬:[1](島, 섬 도) [island]
[지리] 사면이 물로 둘러싸인 육지. [반] 뭍, 육지(陸地).

섬[2]
부피의 단위. 곡식, 가루, 액체 따위의 부피를 잴 때 쓴다. ¶벼 한 섬.

섬광 閃光 | 번쩍할 섬, 빛 광 [flash]
순간적으로 번쩍이는[閃] 빛[光]. ¶조명탄이 섬광을 내며 하늘로 솟아올랐다.

섬기다 (仕, 섬길 사) [serve]
신(神)이나 윗사람을 잘 모시어 받들다. ¶스승을 섬기다 / 부모를 섬기다.

♣ **섬기다 / 모시다** [비슷한 듯 다른 말]

◎ 부모를 잘 섬기다 = 모시다.
○ 하늘을 섬기다.
× 하늘을 모시다.
○ 10년 동안 제사를 모시다.
× 10년 동안 제사를 섬기다.

섬:-나라 [island country]
사방이 바다로 둘러싸인 나라. ¶일본은 섬나라이다.

섬-돌 [stone steps]
오르내릴 수 있게 놓은 돌층계. [비] 댓돌.

섬뜩-하다 [be frightened; horrified]
가슴이 덜렁하도록 무섭고 꺼림칙하다. 소름이 끼칠 만큼 무섭고 끔찍하다. ¶그 영화는 섬뜩한 장면이 많이 나온다. [비] 오싹하다.

섬:-마을
섬에 자리 잡고 있는 마을.

섬멸 殲滅 | 죽일 섬, 없앨 멸 [annihilate; destroy totally]
남김없이 다 죽여[殲] 없앰[滅]. ¶적군을 섬멸하다.

섬세 纖細 | 가늘 섬, 가늘 세 [be delicate]
❶[속뜻] 매우 자잘하고[纖] 가늘음[細]. ❷

자질구레한 일에까지 아주 찬찬하고 세밀하다. ¶어머니는 모든 일을 섬세하게 처리한다.

⁑섬유 纖維 | 가늘 섬, 밧줄 유
[fiber; textiles]
[생물] 가는[纖] 밧줄[維]이나 실모양의 물질. 동식물의 세포나 원형질(原形質)이 분화하여 실 모양이 된 것. ¶목화로 천연 섬유를 만들다.

▸ **섬유-질 纖維質** | 바탕 질
섬유(纖維)로써 이루어진 물질(物質). ¶양배추는 섬유질이 매우 풍부하다.

▸ **섬유 공업 纖維工業** | 장인 공, 일 업
[공업] 천연 섬유(纖維)나 화학 섬유를 가공(加工)하여 직물을 만드는 공업(工業).

섬진-강 蟾津江 | 두꺼비 섬, 나루 진, 강 강
[지리] 전라북도 진안군에서 시작하여 전라남도를 거쳐 경상남도 하동을 지나 남해로 흘러 들어가는 강. 길이는 212km. 두꺼비[蟾]가 떼를 지어 왜구의 침략을 막아낸 나루[津]터가 있는 강(江)이라 하여 붙여진 이름이라는 설이 있다.

섭렵 涉獵 | 건널 섭, 쫓아다닐 렵
[read extensively]
❶ [속뜻] 물을 건너[涉] 이곳저곳 쫓아다님[獵]. ❷책을 이것저것 널리 읽음. ¶문헌을 널리 섭렵하다. [비] 박섭(博涉).

섭리 攝理 | 잡을 섭, 다스릴 리 [providence]
❶ [속뜻] 아프거나 병에 걸린 몸을 잘 다잡아[攝] 조리(調理)함. ❷자연계를 지배하고 있는 원리와 법칙. ¶신의 섭리에 맡기다.

섭섭-하다 [be sorry; sad; regretful]
서운하고 아쉽다. ¶그가 못 와서 무척 섭섭하다.

섭씨 攝氏 | 당길 섭, 성씨 씨 [Centigrade; Cent.]
[물리] 섭씨온도계의 준말. 1742년 섭씨온도계를 만든 스웨덴의 천문학자 '셀시우스'(Celsius, A)를 '섭이사'(攝爾思)로 음역하고, 줄여서 '섭씨'(攝氏)라고 한 데에서 유래되었다. ¶물은 섭씨 100도에서 끓는다. [반] 화씨(華氏).

섭외 涉外 | 건널 섭, 밖 외
[liaison; arrangements]
외부(外部)와 연락이나 교섭(交涉)을 하는 일. ¶섭외와 홍보 업무를 맡다.

섭정 攝政 | 도울 섭, 다스릴 정
[rule as regent]
임금이 직접 통치할 수 없을 때 임금을 도와[攝] 대신하여 나라를 다스리는[政] 것. 또는 그 사람. ¶고종을 대신하여 흥선대원군이 섭정하였다.

***섭취 攝取** | 당길 섭, 가질 취 [intake]
양분을 빨아들여[攝] 취(取)함. ¶음식을 골고루 섭취하다.

▸ **섭취-량 攝取量** | 분량 량
흡수되는[攝取] 영양분의 양(量). ¶영양 섭취량을 측정하다.

성:¹ [anger; rage]
불유쾌한 충동으로 왈칵 치미는 노여운 감정. ¶갑자기 성을 내다. [비] 골, 화(火).

성:² 性 | 성별 성 [sex]
❶남성과 여성, 수컷과 암컷의 구별. 또는 남성이나 여성의 육체적 특징. ¶남녀의 성의 특성. ❷성숙한 남녀가 가지는 본능으로, 이성을 찾아 합치려는 느낌이나 행위. ¶성에 눈을 뜨다.

성:³ 姓 | 성씨 성
[family name; one's last name]
혈족(血族)을 나타내기 위하여 붙인 칭호. 주로 아버지와 자식 간에 대대로 계승된다. ¶나는 그의 이름도 성도 모른다.

성⁴ 城 | 성곽 성 [castle]
적을 막기 위해 높이 쌓은 큰 담이나 튼튼하게 지은 큰 건물. 또는 그런 담으로 둘러싼 지역. ¶수도 외곽에 성을 쌓다. [비] 성곽(城郭).

성:가 聖歌 | 거룩할 성, 노래 가
[sacred song; hymn]

❶ 속뜻 거룩한[聖] 내용의 노래[歌]. ❷ 기독교 기독교에서 부르는 가곡을 통틀어 이르는 말. ⓑ 성악(聖樂).

▸ 성:가-대 聖歌隊 | 무리 대
기독교 예배나 미사 때 성가(聖歌)를 부르기 위하여 조직한 합창대(合唱隊). ⓑ 찬양대(讚揚隊).

성가시다 [be troublesome; annoying]
자꾸 들볶거나 번거롭게 굴어 괴롭고 귀찮다. ¶성가시게 자꾸 조르지 마라.

성:게 [sea urchin; echinoid]
동물 극피동물의 하나. 간조선 부근 암석에 사는데, 몸은 공 모양, 굳은 껍질 표면에 다수의 가시가 있어 밤송이 같다.

⁂성:격 性格 | 성질 성, 품격 격
[character; personality]
각 개인의 성질(性質)과 인격(人格). ¶그는 성격이 까다롭다.

성:경 聖經 | 거룩할 성, 책 경
[Holy Bible]
각 종교에서 거룩한[聖] 내용을 담은 경전(經典). 기독교의 성서, 불교의 대장경, 유교의 사서삼경, 회교의 코란 따위. ⓑ 성서(聖書), 성전(聖典).

▸ 성:경-책 聖經冊 | 책 책
기독교 기독교의 경전인 성서[聖經]를 엮은 책(冊). ¶성경책이 책상 위에 놓여있다.

성공 成功 | 이룰 성, 공로 공 [succeed]
일[功]을 이룸[成]. ¶실패는 성공의 어머니이다. ⓑ 실패(失敗).

▸ 성공-담 成功談 | 이야기 담
어떤 일에 성공(成功)하기까지 겪은 일의 이야기[談]. ¶그의 성공담을 들었다.

▸ 성공-률 成功率 | 비율 률
어떤 일에 성공(成功)하는 비율(比率). ¶40대는 금연 성공률이 높다.

▸ 성공-적 成功的 | 것 적
성공(成功)했다고 할 만할 것[的]. ¶이번 공연은 성공적이었다.

성과 成果 | 이룰 성, 열매 과
[result; product; fruit]
이루어 내거나 이루어진[成] 결과(結果). ¶기대 이상의 성과를 거두었다.

성곽 城郭 | =城廓, 내성 성, 외성 곽 [castle]
❶ 속뜻 두 겹의 성벽 가운데 안쪽 부분의 담을 '城'이라 하고 바깥 부분의 담을 '郭'이라 함. ❷내성(內城)과 외성(外城)을 아울러 이르는 말. ¶성곽 도시 / 성곽을 쌓다.

성:-관계 性關係 | 성별 성, 빗장 관, 맬 계
[sexual intercourse]
성적(性的)인 관계(關係). ¶성관계를 맺다.

성:교 性交 | 성별 성, 사귈 교
[sexual intercourse]
남녀가 성적(性的)인 관계를 맺음[交]. 육체적으로 관계함. ⓑ 성행위(性行爲).

성:-교:육 性教育 | 성별 성, 가르칠 교, 기를 육 [sex education]
교육 청소년을 대상으로 하여 성(性)에 관한 과학적인 지식을 올바르게 지도하기 위한 교육(教育).

성:군 聖君 | 거룩할 성, 임금 군
[sage king]
어질고 거룩한[聖] 임금[君]. ¶세종대왕은 학문과 과학에 조예가 깊은 성군이었다. ⓑ 성왕(聖王), 성제(聖帝), 성주(聖主).

성균 成均 | 이룰 성, 고를 균
❶ 속뜻 학문을 이루고[成] 인품을 고르게[均] 함. ❷ 역사 고대 중국에서 '대학'(大學)을 일컫던 말.

▸ 성균-감 成均監 | 살필 감
역사 고려 시대에 최고 학부[成均]의 교육을 맡아보던 국립 기관[監]. 충렬왕 24년(1298)에 국학(國學)을 고친 것으로 34년(1308)에 성균관으로 고쳤다.

▸ 성균-관 成均館 | 집 관
역사 조선 시대에 최고 학부[成均]의 교육을 맡아보던 국립 기관[館].

성금 誠金 | 정성 성, 돈 금

[donation; contribution]
정성(精誠)을 모아내는 돈[金]. ¶불우 이웃 돕기 성금.

성:급 性急 | 성질 성, 급할 급
[hasty; quick tempered]
성질(性質)이 매우 급(急)하다. ¶내가 너무 성급했다. ⓑ 느긋하다.

성:기 性器 | 성별 성, 그릇 기
[sexual organs; genitals]
남성(男性)이나 여성(女性)의 외부 생식기(生殖器). 남자의 '음경'과 '고환', 여자의 '음문'을 두루 이르는 말. ⓑ 생식기(生殖器).

성기다 [be sparse; loose]
사이가 배지 않고 뜨다. 성글다. ¶꽃을 성기게 심다. ⓑ 드문드문하다. ⓑ 촘촘하다, 빽빽하다.

성:-깔 (性-, 성품 성) [sharp temper]
성질(性質)을 부리는 형세. ¶성깔을 부리다.

성:-나다 [get angry]
❶몹시 노엽거나 언짢은 기분이 일다. ¶성난 얼굴. ❷흥분으로 거친 기운이 일어나다. ¶성난 파도.

성내 城內 | 성곽 성, 안 내
[within the city]
성(城)의 안쪽[內]. 성안. ⓑ 성외(城外).

성:-내다 (怒, 성낼 노) [get angry]
노여움을 나타내다. ¶동생에게 성내다. ⓑ 화내다, 노(怒)하다.

성냥 [match]
마찰하여 불을 켜는 도구의 하나.

▸ 성냥-갑 (-匣, 상자 갑)
성냥개비를 담은 작은 상자[匣].

▸ 성냥-불
성냥으로 켜는 불.

▸ 성냥-개비
성냥의 낱개비.

성년 成年 | 이룰 성, 나이 년
[(legal) majority; adult age]
❶속뜻 사람으로서 지능이나 신체가 완전히 성숙(成熟)한 나이[年]. ❷법률 법적인 권리를 행사할 수 있는 나이. 대개는 만 20세를 이른다. ⓑ 미성년(未成年).

▸ 성년-식 成年式 | 의식 식
성년(成年)이 되는 것을 기념하는 의식(儀式). ¶성년식을 치르다.

성:능 性能 | 성질 성, 능할 능
[capacity; power; efficiency]
기계 따위가 지닌 성질(性質)과 일을 해내는 능력(能力). ¶이 제품은 값은 싸지만 성능이 떨어진다.

성:당 聖堂 | 거룩할 성, 집 당
[Catholic church]
❶속뜻 거룩한[聖] 집[堂]. ❷가톨릭 가톨릭의 교회당.

성:대[1] 盛大 | 가득할 성, 큰 대
[be grand; magnificent]
가득할[盛] 정도로 크게[大]. ¶결혼식은 성대하게 치러졌다.

성대[2] 聲帶 | 소리 성, 띠 대
[vocal cords]
의학 후두(喉頭)의 중앙에 있는 소리[聲]를 내는 울림대[帶]. ¶성대 결절 / 성대모사(模寫). ⓑ 목청.

성:덕 대:왕 신종 聖德大王神鐘 | 성스러울 성, 덕 덕, 큰 대, 임금 왕, 귀신 신, 쇠북 종
고적 신라 성덕대왕(聖德大王)을 기리기 위해 만든 신령(神靈)스러운 종[鐘]. 어느 승려의 권고로 한 여인의 무남독녀를 가마솥의 쇳물에 넣고 나서 제작에 성공하였다는 전설이 있다. '에밀레종'이라고도 하며 국보 제29호이다.

성량 聲量 | 소리 성, 분량 량
[volume of (one's) voice]
목소리[聲]의 크기[量]. ¶성량이 풍부하다. ⓑ 음량(音量).

성:령 聖靈 | 성스러울 성, 신령 령
[Holy Spirit]
❶속뜻 성(聖)스러운 신령(神靈). ❷기독교

성삼위 중의 하나인 하나님의 영을 이르는 말. ¶성령의 힘을 받았다.

성:리 性理 | 성품 성, 이치 리
[human nature and natural laws]
❶속뜻 사람의 성품(性品)과 자연의 이치(理致). ❷인성(人性)의 원리.

▶ 성:리-학 性理學 | 배울 학
철학 송(宋)나라 때의 유학(儒學)의 한 계통으로 성명(性命)과 이기(理氣)의 관계를 논한 유교 철학(儒敎哲學).

***성립** 成立 | 이룰 성, 설 립
[be made up of]
일이나 관계 따위를 제대로 이루어[成] 바로 세움[立]. ¶봉건 사회의 성립 / 계약이 성립하다.

성:명[1] 姓名 | 성씨 성, 이름 명
[family name and given name]
성(姓)과 이름[名].

성명[2] 聲明 | 소리 성, 밝을 명 [declare; announce; make a statement]
❶속뜻 소리[聲]내어 분명(分明)하게 밝힘. ❷일정한 사항에 관한 견해나 태도를 여러 사람에게 공개적으로 밝히는 일. ¶두 나라 정상은 양국의 긴밀한 협력을 성명하였다.

▶ 성명-서 聲明書 | 글 서
성명(聲明)하는 뜻을 적은 글[書]. 또는 그 문서. ¶공동 성명서 / 성명서를 발표하다.

성:모 聖母 | 거룩할 성, 어머니 모
[Holy Mother]
❶속뜻 거룩한[聖] 어머니[母]. ❷지난날, 국모(國母)를 성스럽게 일컫던 말. ❸가톨릭 예수의 어머니 '마리아'를 일컫는 말.

성묘 省墓 | 살필 성, 무덤 묘
[visit one's ancestral graves]
산소[墓]를 살핌[省]. ¶성묘를 가다 / 할아버지 산소에 성묘하다.

성문 城門 | 성곽 성, 문 문 [castle gate]
성곽(城郭)의 문(門). ¶성문이 열렸다.

성:미 性味 | 성질 성, 맛 미
[nature; temperament]
성질(性質), 마음씨, 비위, 버릇 따위를 맛[味]에 빗대어 이르는 말. ¶그는 성미가 까다롭다.

성벽 城壁 | 성곽 성, 담 벽 [castle wall]
성곽(城郭)의 벽(壁). ¶적은 성벽을 허물고 진입했다.

성:별 性別 | 성별 성, 나눌 별 [distinction of sex]
남녀, 또는 암수 등 성(性)의 구별(區別). ¶성별을 기입해 주십시오.

성부 聲部 | 소리 성, 나눌 부
음악 음악에서 독립된 선율[聲]의 각 부분(部分). 소프라노, 알토, 테너, 베이스 따위.

***성분** 成分 | 이룰 성, 나눌 분
[component; ingredient]
❶속뜻 전체를 구성(構成)하고 있는 부분(部分). ❷화학 화합물이나 혼합물 따위를 이루는 물질. ¶수입 농산물에서 다량의 농약 성분이 검출되었다.

성사 成事 | 이룰 성, 일 사
[succeed; accomplish]
일[事]을 이룸[成]. 또는 일이 이루어짐. ¶일의 성사 여부는 하늘에 달렸다.

성:서 聖書 | 거룩할 성, 책 서
[Holy Bible]
❶속뜻 거룩한[聖] 분의 행적 따위에 대하여 쓴 책[書]. ❷기독교 기독교의 경전. 신약과 구약으로 되어 있다. ㊐ 성경(聖經).

성성하다 (星星-, 별 성)
[be gray; grizzled]
까만 밤하늘에 하얀 별[星+星]이 반짝이듯, 머리털 따위가 희끗희끗하게 세다. ¶백발이 성성한 할머니.

성:수-기 盛需期 | 가득할 성, 쓰일 수, 때 기 [high demand season]
경제 어떤 물건이 한창[盛] 쓰이는[需] 시

기(時期). ¶성수기에는 항공 요금이 비싸다. ㊉비수기.

성숙 成熟 | 이룰 성, 익을 숙
[ripen; attain full growth]
❶ 속뜻 곡식이나 과일 등이 다 커서[成] 무르익음[熟]. ¶따뜻한 기후로 과일의 성숙이 빨라졌다 / 성숙한 감. ❷몸이나 마음이 완전히 자람. ¶정신의 성숙 / 그녀는 나이에 비해 성숙해 보인다.

성:-스럽다 (聖—, 성스러울 성) [holy]
거룩하고[聖] 고결하여 엄숙하다. ¶성스러운 결혼.

***성실** 誠實 | 정성 성, 참될 실
[sincere; faithful]
태도나 언행 등이 정성(精誠)스럽고 참됨[實]. 착하고 거짓이 없음. ¶그는 모든 일에 성실하다. ㊉불성실(不誠實).

성심 誠心 | 정성 성, 마음 심
[sincerity; good faith]
정성(精誠)스러운 마음[心]. 거짓 없는 참된 마음.

▶ 성심-껏 (誠心—)
성심(誠心)을 다해. ¶그는 어려운 이웃을 성심껏 도왔다. ㊐정성껏, 성심성의껏.

성:씨 姓氏 | 성씨 성, 성씨 씨
[family name]
성(姓)과 씨(氏). 성을 높여 이르는 말.

성악 聲樂 | 소리 성, 음악 악
[vocal music; singing]
음악 사람의 음성(音聲)으로 이루어진 음악(音樂). ¶그녀는 대학에서 성악을 전공했다. ㊉기악(器樂).

▶ 성악-가 聲樂家 | 사람 가
음악 성악(聲樂)을 전문적으로 하는 사람[家]. ¶세계적인 성악가가 공연을 하다.

▶ 성악-곡 聲樂曲 | 노래 곡
음악 성악(聲樂)을 위하여 만든 곡(曲).

성어 成語 | 이룰 성, 말씀 어
[phrase; idiom]
❶ 속뜻 이미 짜여진[成] 어휘(語彙). ❷이전부터 세상에서 흔히 인용되어 온 말. ¶성어를 아이들에게 가르치다.

성에 [layer of frost]
추운 겨울, 유리창이나 굴뚝이나 벽 따위에 수증기가 허옇게 얼어붙은 서릿발. ¶유리창에 성에가 끼어 있다.

성:역 聖域 | 거룩할 성, 지경 역
[holy precincts]
거룩한[聖] 지역(地域). 특히 종교적으로 신성하여 범해서는 안 되는 곳을 말한다. ¶성역이 침략자에게 짓밟혔다.

성:왕 聖王 | 거룩할 성, 임금 왕
[sage king]
어질고 거룩한[聖] 임금[王]. ㊐성군(聖君).

성:욕 性慾 | 성별 성, 욕심 욕
[sexual desire; lust]
성행위(性行爲)를 바라는 욕망(慾望).

성우 聲優 | 소리 성, 광대 우
[radio actor; dubbing artist]
연영 목소리[聲]만으로 출연하는 배우(俳優).

성운 星雲 | 별 성, 구름 운 [nebulosity]
천문 구름[雲]처럼 보이는 별[星]들. 가스나 우주 먼지로 이루어진 은하계 내의 성운과 항성의 대집단인 은하계 외의 성운으로 나뉜다.

성원 成員 | 이룰 성, 인원 원 [member]
❶ 속뜻 어떤 단체나 조직을 구성(構成)하고 있는 인원(人員). ¶성원의 지지를 받다. ❷어떤 회의 등을 성립시키는 데 필요한 인원. ¶성원이 미달되다. ㊐구성원(構成員).

성:은 聖恩 | 거룩할 성, 은혜 은
[Royal favor]
거룩한[聖] 임금의 은혜(恩惠). ¶성은이 망극하옵니다.

성의 誠意 | 진심 성, 뜻 의
[sincerity; good faith]
진심[誠]에서 우러나오는 뜻[意]. 참된 마

음. ¶성의가 없다.

▸성의-껏 (誠意-)
성의(誠意)를 다하여. 정성껏. ¶음식을 성의껏 준비하다.

성:인[1]聖人 | 거룩할 성, 사람 인 [sage; saint]
❶ 속뜻 거룩하여[聖] 본받을만한 사람[人]. 유교에서는 요(堯)·순(舜)·우(禹)·탕(湯) 및 문왕(文王)·무왕(武王)·공자(孔子) 등을 가리킨다. ❷ 가톨릭 신앙과 성덕(聖德)이 특히 뛰어난 사람에게 교회에서 시성식(諡聖式)을 통하여 내리는 칭호.

***성인**[2]成人 | 이룰 성, 사람 인 [adult]
이미 다 자란[成] 사람[人]. ¶성인이면 입장이 가능하다. ㊥ 대인(大人), 어른.

▸성인-기 成人期 | 때 기
다 자라 성인(成人)이 된 시기(時期).

▸성인-병 成人病 | 병 병
의학 중년기 이후에 성인(成人)들에게 많이 나타나는 병(病)을 통틀어 이르는 말. 동맥 경화, 당뇨병, 암, 심장병, 고혈압 따위.

성:자 聖者 | 거룩할 성, 사람 자 [sage; saint]
지혜나 덕(德)이 뛰어나고 거룩하여[聖] 본받을만한 사람[者].

**성장 成長 | 이룰 성, 어른 장 [grow (up)]
❶ 속뜻 자라서 어른[長]이 됨[成]. ❷사물이나 동식물이 자라서 점점 커짐. ¶그 회사는 빠르게 성장하고 있다. ㊥ 발육(發育).

▸성장-기 成長期 | 때 기
성장(成長)하는 시기(時期). ¶성장기에는 충분한 영양 섭취와 수면이 필요하다. ㊥ 발육기(發育期).

▸성장-률 成長率 | 비율 률
경제 주로 경제적인 성장(成長) 정도를 나타내는 비율(比率). ¶경제 성장률.

▸성장-통 成長痛 | 아플 통
의학 몸이 너무 빨리 자람[成長]에 따라 느끼는 아픔[痛]. ¶성장통은 성장 속도가 빠른 어린이에게 흔히 나타난다.

성:적[1]性的 | 성별 성, 것 적 [sexual]
남녀의 성(性)이나 성욕(性慾)에 관계되는 것[的]. ¶성적 매력.

성적[2]成績 | 이룰 성, 실적 적 [result; grade]
❶ 속뜻 어떤 일을 이룬[成] 결과나 실적(實績). ❷ 교육 학교 등에서 학생들의 학업이나 시험의 결과. ¶성적이 좋다 / 성적이 오르다.

▸성적-순 成績順 | 차례 순
성적(成績)에 따른 순서(順序). ¶성적순으로 반을 편성하다.

▸성적-표 成績表 | 겉 표
성적(成績)을 기록한 표(表). 특히 학업 성적의 일람표.

성:전 聖殿 | 거룩할 성, 대궐 전 [sacred hall]
❶ 속뜻 신성(神聖)한 전당(殿堂). ❷ 가톨릭 가톨릭의 성당. ❸ 기독교 개신교의 예배당.

성조-기 星條旗 | 별 성, 가지 조, 깃발 기 [Stars and Stripes]
미국의 국기로, 영문명 'Stars and Stripes'를 의역한 말. 현재의 주를 상징하는 50개의 별[星]과 독립 당시의 주를 상징하는 열세 줄의 붉은빛과 흰빛으로 된 가로줄[條]이 그려져 있는 깃발[旗]이라는 뜻에서 유래한 말이다.

성좌 星座 | 별 성, 자리 좌 [constellation]
천문 별[星]이 위치하는 자리[座]. 천구상의 여러 별을 신화나 전설에 나오는 신, 영웅, 동물, 기물 따위의 형상으로 가상하여 구분한 것으로, 현재 여든 여덟 개의 성좌가 있다. ㊥ 별자리.

성주 城主 | 성곽 성, 주인 주 [lord of a castle]
성(城)의 우두머리[主].

성:지 聖地 | 거룩할 성, 땅 지 [Holy Land]

종교 신성(神聖)스럽게 여기는 땅[地]. ¶ 성지 순례.

성:직 聖職 | 거룩할 성, 일 직
[holy orders; ministry]
❶속뜻 거룩한[聖] 직무(職務). ❷기독교 교직에 따라 하나님께 봉사하는 직무. 또는 그러한 직분.

▶성:직-자 聖職者 | 사람 자
종교적으로 성(聖)스러운 직분(職分)을 맡은 사람[者]. 목사, 신부, 승려 따위가 있다.

＊성:질 性質 | 성품 성, 바탕 질
[nature; property]
❶속뜻 타고난 성품(性品)과 기질(氣質). ¶ 성질이 보통이 아니다. ❷사물이나 현상이 본디부터 가지고 있는 다른 것과 구별되는 특징. ¶물의 성질 / 이 두 사건은 성질이 다르다.

성:징 性徵 | 성별 성, 밝힐 징
[sex character]
생물 성별(性別)에 따라 신체상에 나타나는 성적(性的)인 특징(特徵). 남녀, 암수 따위. ¶2차 성징.

성찰 省察 | 살필 성, 살필 찰
[introspect; reflect (on)]
자신이 한 일을 돌이켜 보고 깊이 살핌[省=察]. ¶자신을 성찰하다.

성:-추행 性醜行 | 성별 성, 추할 추, 행할 행
성적(性的) 만족을 얻기 위하여 상대방에게 가하는 추한[醜] 행위(行爲). ¶성추행 범죄를 엄중히 처벌하다.

성충 成蟲 | 이룰 성, 벌레 충
[adult (insect)]
동물 애벌레가 다 자라서[成] 생식 능력을 지니게 된 곤충(昆蟲). 반 유충(幼蟲).

성취 成就 | 이룰 성, 이룰 취
[achieve; accomplish; fulfill]
목적한 바를 이룸[成=就]. ¶소원 성취 / 목표한 바를 성취하다.

▶성취-감 成就感 | 느낄 감
하고자 했던 일을 이루었을[成就] 때 느끼는 흐뭇한 감정(感情).

성층 成層 | 이룰 성, 층 층
[bedding; stratification]
층(層)을 이룸[成]. 또는 그 층. ¶성층 광상(鑛床).

▶성층-권 成層圈 | 범위 권
❶속뜻 층(層)을 이룬[成] 권역(圈域). ❷지리 대류권(對流圈)과 중간권(中間圈) 사이에 있는 거의 안정된 대기층. 지표에서 약 12~55km 높이에 있다. ❸지리 해면에서 약 500미터 이하에 있는 물의 층. 염분과 수온이 안정되어 있다.

성큼 [briskly; lightly]
❶동작이 망설임 없이 매우 시원스럽고 빠른 모양. ¶그는 내 물음에 성큼 대답했다. ❷어떤 때가 갑자기 가까워진 모양. ¶겨울이 성큼 다가왔다.

▶성큼-성큼
발을 잇달아 가볍게 높이 들어 걷는 모양. ¶성큼성큼 걷다.

성:탄 聖誕 | 거룩할 성, 태어날 탄
[sacred birth; Christmas Day]
❶속뜻 거룩한[聖] 분의 탄생(誕生). 또는 임금의 탄생. ❷기독교 '성탄절'(聖誕節)의 준말.

▶성:탄-절 聖誕節 | 철 절
기독교 성(聖)스러운 예수가 태어난[誕] 날을 명절(名節)로 이르는 말. 비 크리스마스.

성-터 (城-, 성곽 성)
[site of an ancient castle]
성(城)이 있던 자리. ¶이곳은 백제의 옛 성터였다. 비 성지(城地).

성패 成敗 | 이룰 성, 패할 패
[success or failure]
성공(成功)과 실패(失敗). ¶성패는 노력에 달려 있다.

성:-폭력 性暴力 | 성별 성, 사나울 폭, 힘 력 [sexual violence]

성적(性的)인 행위로 남에게 가하는 폭력(暴力). ¶성폭력을 당하다.

성ː-폭행 性暴行 | 성별 성, 사나울 폭, 행할 행 [sexual violence; rape]
성적(性的)으로 행위로 남에게 가하는 폭행(暴行). ⓑ 강간(強姦).

성ː품 性品 | 성질 성, 품격 품 [nature; character]
성질(性質)의 됨됨이[品]. 사람의 됨됨이. ¶성품이 온화하다. ⓑ 됨됨이, 품성(品性).

성-하다 [good; whole]
물건이 상한 데 없이 본디대로 온전하다. ¶성한 그릇이라고는 하나도 없다. ⓑ 멀쩡하다.

성ː함 姓銜 | 성씨 성, 직함 함 [one's (honored) name]
❶ 속뜻 성명(姓名)과 직함(職銜). ❷남의 이름을 높여 이르는 말. ¶성함을 적어 주십시오. ⓑ 존함(尊銜), 함자(銜字).

성ː행 盛行 | 가득할 성, 행할 행 [prevail]
가득할[盛] 정도로 널리 행(行)해짐. ¶인터넷 쇼핑의 성행.

성ː-행위 性行爲 | 성별 성, 행할 행, 할 위 [sexual intercourse]
성욕(性慾)을 만족시키기 위한 행위(行爲). 흔히 '성교'(性交)를 이른다.

성ː향 性向 | 성질 성, 향할 향 [inclination]
성질(性質)이 쏠리는 방향(方向). ¶그녀는 점쟁이의 말이라면 덮어놓고 믿는 성향이 있다.

성ː현 聖賢 |거룩할 성, 어질 현 [saints; sages]
성인(聖人)과 현인(賢人)을 일컬음.

성형 成形 | 이룰 성, 모양 형 [correction of deformities]
❶ 속뜻 일정한 모양[形]을 이룸[成]. ❷ 의학 외과적(外科的) 수단으로 신체의 어떤 부분을 고치거나 만듦. ¶성형 수술.

성화[1] 成火 | 이룰 성, 불 화 [torment; annoyance]
❶ 속뜻 마음대로 되지 않아 불[火]이 나는[成] 듯 몹시 애가 탐. 또는 그러한 상태. ¶여행을 못 가서 성화가 나다. ❷몹시 성가시게 구는 일. ¶장난감을 사 달라고 성화를 부리다.

성ː화[2] 聖火 | 거룩할 성, 불 화 [sacred fire]
❶ 속뜻 신성(神聖)한 불[火]. ❷ 운동 올림픽 대회 때, 그리스의 올림피아에서 태양열로 채화(採火)한 불을 릴레이방식으로 운반하여 대회가 끝날 때까지 주경기장의 성화대에 켜 놓는 횃불. ¶성화를 봉송하다.

성ː황 盛況 | 가득할 성, 상황 황 [prosperity]
어떤 장소에 가득한[盛] 상황(狀況). 또는 그런 모임이나 행사. ¶성황을 이루다.

성황-당 城隍堂 | 성곽 성, 해자 황, 집 당 [shrine of a tutelary deity]
민속 마을[城隍]을 지키는 혼령(魂靈)을 모신 집[堂].

섶[1] [outer collar of a coat; gusset]
두루마기나 저고리의 깃 아래에 달린 긴 헝겊. '옷섶'의 준말. ¶섶을 여미다.

섶[2] [brushwood; firewood]
잎나무·풋나무·물거리 등의 통칭. '섶나무'의 준말. 속담 섶을 지고 불로 들어가려 한다.

세ː[1] [three]
'셋'의 뜻. ¶귤 세 개.

세ː[2] 貰 | 세놓을 세 [lease; rent]
남의 건물이나 물건 따위를 빌려 쓰기로 하고 내는 돈. 또는 빌리거나 빌려 쓰는 일. ¶세를 주다 / 세를 놓다.

세ː[3] 稅 | 세금 세 [tax; duty]
법률 '조세'(租稅)의 준말. ¶세를 징수하다.

세ː[4] 歲 | 해 세 [age]
나이를 나타내는 단위. ¶12세부터 입장할 수 있다.

세:간 [household goods]
집안 살림에 쓰는 모든 기구. ¶그 집은 세간이 정말 많다. ㊕ 살림살이.

⁑**세:계 世界** | 세상 세, 지경 계 [world]
❶속뜻 세상(世上)의 모든 지역[界]. ❷지구상의 모든 나라. 또는 인류 사회 전체. ¶세계에서 가장 큰 나라. ❸집단적 범위를 지닌 특정 사회나 영역. ¶여성 세계.

▶ **세:계-관 世界觀** | 볼 관
철학 자연 및 인간 세계(世界)에 대한 관점이나 가치관(價値觀). ¶동양과 서양은 세계관이 상당히 다르다.

▶ **세:계-사 世界史** | 역사 사
세계(世界) 전체를 통일적으로 연관시킨 인류의 역사(歷史).

▶ **세:계-인 世界人** | 사람 인
세계적(世界的)으로 활약하는 유명한 사람[人].

▶ **세:계-적 世界的** | 것 적
❶속뜻 세계(世界) 전체를 대상 범위로 하는 것[的]. ❷세계에서 가장 뛰어난 수준에 이른 것. ¶세계적인 도시.

▶ **세:계-화 世界化** | 될 화
세계(世界) 여러 나라로 확대 발전됨[化]. ¶한글의 세계화.

▶ **세:계 대:전 世界大戰** | 큰 대, 싸울 전
❶속뜻 세계적(世界的)인 규모로 벌어지는 큰[大] 전쟁(戰爭). ❷역사 20세기 전반기에 있었던 제1차 세계 대전(1914~1918)과 제2차 세계 대전(1939~1945)을 이름.

▶ **세:계 지도 世界地圖** | 땅 지, 그림 도
지리 세계(世界)를 모두 나타낸 지도(地圖). ㊕ 만국지도(萬國地圖).

▶ **세:계 무:역 기구 世界貿易機構** | 바꿀 무, 바꿀 역, 틀 기, 얽을 구
경제 세계(世界) 여러 나라가 무역(貿易)에 관한 일을 처리하기 위하여 결성한 기구(機構). 세계 무역 분쟁 조정·관세 인하 요구·반(反)덤핑 규제 따위의 법적인 권한과 구속력을 행사할 수 있다. 본부는 제네바에 있다. ㊕ 더블유티오(WTO).

▶ **세:계 보:건 기구 世界保健機構** | 지킬 보, 굳셀 건, 틀 기, 얽을 구
의학 세계(世界) 여러 나라가 보건(保健) 상태의 향상을 위하여 설립한 국제 연합의 전문 기구(機構). 1948년에 설립된 것으로, 중앙 검역소 업무·유행병 및 전염병에 대한 대책·회원국의 공중 보건 행정 강화의 세 가지 업무를 맡고 있다. 본부는 제네바에 있다. ㊕ 더블유에이치오(WHO).

세:공 細工 | 가늘 세, 장인 공 [workmanship; craftsmanship]
섬세(纖細)한 잔손질이 많이 가는 수공(手工). ¶금속 세공.

세:관 稅關 | 세금 세, 빗장 관 [customs]
법률 공항, 국경[關] 등에서 드나드는 화물이나 선박을 검사하고 세금(稅金)을 물리는 등의 일을 하는 관청.

세:균 細菌 | 작을 세, 버섯 균 [bacterium; germ]
생물 눈으로 볼 수 없을 만큼 매우 작은[細] 버섯[菌]같은 단세포 생물을 두루 이르는 말. ¶세균에 감염되다. ㊟ 균. ㊕ 박테리아.

세:금 稅金 | 구실 세, 돈 금 [tax]
법률 국가나 지방 공공단체가 구실[稅]로 징수하는 돈[金].

⁑**세:기 世紀** | 세대 세, 연대 기 [century]
❶속뜻 역사를 구분하는 일정한 세대(世代)나 연대[紀]. ❷백 년을 단위로 하는 기간.

세:뇌 洗腦 | 씻을 세, 골 뇌 [brainwash; indoctrinate]
머릿속의 골[腦]에 들어있던 생각이나 사상 따위를 깨끗이 씻어내고[洗] 새로운 것을 주입시킴. ¶세뇌교육 / 광고는 불필요한 물건까지 사도록 사람들을 세뇌한다.

세:다¹ [turn white; become grizzled]

머리털이 희어지다. ¶할머니는 머리가 허옇게 세었다.

세ː다[2](計, 셀 계) [calculate; number]
사물의 수효를 헤아리거나 꼽다. ¶돈을 세다 / 1에서 50까지 세다. (비) 계산(計算)하다.

세ː다[3][strong; powerful]
❶힘이 많다. ¶공을 세게 차다. ❷행동하거나 밀고 나가는 기세 따위가 강하다. ¶고집이 세다. ❸능력이나 수준 따위의 정도가 높거나 심하다. ¶술이 세다.

♣ 세다[3] / 강하다[2]

◎ 바닷바람이 세다 = 강하다.

o 물결이 세다.
× 물결이 강하다.

o 나는 책임감이 강하다.
× 나는 책임감이 세다.

비슷한 듯 다른 말 ➲ 단단하다

세ː대[1]世代 | 세상 세, 시대 대 [generation]
❶ 속뜻 어느 한 세상(世上)과 시대(時代). ❷같은 시대에 살면서 공통의 의식을 가지는 비슷한 연령층의 사람 전체. ¶젊은 세대.

▸세ː대-차 世代差 | 어긋날 차
서로 다른 세대(世代)들의 생각 차이(差異). ¶아버지와 나는 세대차가 난다.

세ː대[2]世帶 | 대 세, 띠 대 [family]
❶ 속뜻 대대로[世] 띠[帶]같이 이어져 오는 가구. ❷ 법률 현실적으로 주거 및 생계를 같이하는 사람의 집단. ¶농사를 짓는 세대가 해마다 줄고 있다. (비) 가구(家口).

▸세ː대-주 世帶主 | 주인 주
한 세대(世帶)를 대표하는 사람[主]. (비) 가구주(家口主).

세ː도 勢道 | 권세 세, 길 도
[power; authority]
❶ 속뜻 권세(權勢)를 누리는 길[道]에 들어섬. ❷정치상의 권세. 또는 그 권세를 마구 휘두르는 일.

▸세ː도 정치 勢道政治 | 정사 정, 다스릴 치
역사 조선 정조 이후, 세도가(勢道家)에 의하여 좌우되던 정치(政治)를 이르는 말.

세도막 형식 (–形式, 모양 형, 꼴 식) [three part form]
음악 한 곡이 세 부분으로 나뉜 작곡 형식(形式). 전부(前部)와 중부가 끝나면, 후부는 전부를 되풀이하거나 변형하여 작곡한다.

세ː동가리-돔 [Chaetodon modestus]
동물 몸이 옆으로 납작하며 엷은 갈색으로 옆구리에 갈색의 가로띠가 세 줄 있는 바닷물고기. 주둥이는 끝이 뾰족하고 작다.

세레나데 {영 serenade}
음악 '저녁 음악'이라는 뜻으로, 밤에 연인의 집 창가에서 부르거나 연주하던 사랑의 노래. (비) 소야곡(小夜曲).

****세ː력 勢力** | 권세 세, 힘 력 [influence; power]
권세(權勢)의 힘[力]. ¶세력을 떨치다 / 세력을 얻다.

세ː련 洗練 | =洗鍊, 씻을 세, 익힐 련
[refined; sophisticated; polished]
❶ 속뜻 깨끗이 씻어[洗] 말끔하고 열심히 익혀[練] 능숙함. ❷서투르거나 어색한 데가 없이 능숙하고 미끈하게 갈고 닦음. ❸모습 따위가 말쑥하고 품위가 있다. ¶세련된 옷차림.

세ː례 洗禮 | 씻을 세, 예도 례
[baptism; christening]
❶ 기독교 신자가 될 때 베푸는 의식으로 머리 위를 물로 적시거나[洗] 몸을 잠그는 예식(禮式). ¶세례를 받다. ❷'한꺼번에 몰아치는 비난이나 공격'을 비유하여 이르는 말. ¶그는 학생들의 질문 세례를 받았다.

세ː로 (縱, 세로 종) [height; vertically]
위에서 아래로 곧게 내려오는 모양. 또는 그렇게 놓인 상태. [반] 가로.

▶ 세ː로-줄
[vertical line; longitudinal stripe]
세로로 그은 줄. [비] 종선(縱線). [반] 가로줄.

▶ 세ː로-축 (一軸, 굴대 축)
[수학] 좌표 평면에서 세로로 놓인 축(軸). [반] 가로축.

▶ 세ː로-획 (一劃, 그을 획)
글자에서, 위에서 아래로 내리긋는 획(劃). [반] 가로획.

▶ 세ː로 좌ː표 (一座標, 자리 좌, 나타낼 표)
[수학] 좌표를 구성하는 수들 가운데에서 세로 방향으로 어떤 점의 위치를 지시하는 좌표(座標). [반] 가로 좌표.

세ː마치-장단
[음악] 보통 빠른 4분 음표 6박자 또는 8분 음표 9박자의 국악 장단의 하나.

세ː면 洗面 | 씻을 세, 낯 면
[wash one's face]
얼굴[面]을 씻음[洗]. ¶세면 도구. [비] 세수(洗手), 세안(洗顔).

▶ 세ː면-기 洗面器 | 그릇 기
세면(洗面)을 하는 그릇[器]. [비] 세숫대야.

▶ 세ː면-대 洗面臺 | 돈대 대
세면(洗面) 시설을 해 놓은 대(臺).

세ː-모 [three corners; triangular]
세 개의 모. ¶종이를 세모로 접다.

▶ 세ː모-칼
칼날이 'ㅅ' 모양인 칼.

세ː무 稅務 | 세금 세, 일 무
[taxation business]
세금(稅金)을 매기고 거두어들이는 일[務]. ¶세무 조사를 하다.

▶ 세ː무-서 稅務署 | 관청 서
[법률] 세무(稅務)에 관한 일을 하는 행정 관청[署]. ¶세무서에 근무하다.

세미나 {영 seminar}
[교육] 대학에서, 교수의 지도 아래 특정한 주제에 대하여 학생이 모여서 연구 발표나 토론을 통해서 공동으로 연구하는 교육 방법. 상호 간의 토론을 통하여 의문점을 깊이 있게 추구함으로써 연구자로서의 자질을 향상시키는 데에 목적이 있다. [비] 발표회(發表會), 토론회(討論會).

세ː밀 細密 | 가늘 세, 빽빽할 밀
[be minute]
가늘고[細] 빽빽함[密]. 빈틈없이 자세한. ¶세밀한 검사.

세ː-밑 (歲一, 해 세) [end of the year]
한 해[歲]의 마지막 때. ¶세밑에는 고향 생각이 더욱 간절하다.

세ː발-자전거 (一自轉車, 스스로 자, 구를 전, 수레 거) [three wheeler]
어린애들이 타는, 바퀴가 셋 달린 자전거(自轉車).

세ː배 歲拜 | 해 세, 절 배
[New Year's kowtow]
섣달 그믐이나 정초에 새해[歲]를 맞아 하는 인사[拜]. ¶세배를 드리다.

세ː뱃-돈 (歲拜一, 해 세, 절 배)
세배(歲拜)를 한 대가로 주는 돈.

세ː부 細部 | 가늘 세, 나눌 부
[details; particulars]
자세(仔細)한 부분(部分). ¶세부 사항은 서류를 참고하십시오.

세ː분 細分 | 가늘 세, 나눌 분
[subdivide; fractionize]
❶ [속뜻] 잘고 가늘게[細] 나눔[分]. ❷사물을 여러 갈래로 자세히 나누거나 잘게 가름. ¶업무를 세분하다.

⁑**세ː상 世上** | 세간 세, 위 상
[world; society]
❶ [속뜻] 사람들[世]이 살고 있는 지구 위[上]. ❷인간이 활동하거나 생활하고 있는 사회. ¶그는 세상이 어떻게 돌아가는지 모른다. ❸제 마음대로 판을 치며 자유롭게 활동할 수 있는 무대. ¶여기는 완전히 내 세상이다.

▸세ː상-만ː사 世上萬事 | 일만 만, 일 사
세상(世上)에서 일어나는 온갖[萬] 일[事]. ¶세상만사가 다 귀찮다.

▸세ː상-살이 (世上―)
사람이 세상(世上)을 살아가는 일. ¶세상살이가 고달프다.

세ː세 細細 | 가늘 세, 가늘 세 [detailed; minute]
매우 자세하다[細+細]. ¶세세하게 알려 주다 / 세세히 살펴보다.

세ː속 世俗 | 세상 세, 풍속 속
[secular world]
❶ 속뜻 세상(世上)에 흔히 있는 풍속(風俗). ❷보통 사람들이 늘 살아가는 세상. ¶세속을 떠나다 / 세속을 등지다.

▸세ː속 오ː계 世俗五戒 | 다섯 오, 경계할 계
역사 신라의 원광법사(圓光法師)가 지은 화랑(花郞)의 계명. 세상[世俗]을 살면서 꼭 지켜야 할 다섯[五] 가지 계율(戒律)이라는 뜻으로, 사군이충(事君以忠), 사친이효(事親以孝), 교우이신(交友以信), 임전무퇴(臨戰無退), 살생유택(殺生有擇)을 이른다. ㊟ 오계.

세ː수 洗手 | 씻을 세, 손 수
[wash one's face]
손[手]을 비롯한 얼굴 따위를 씻음[洗]. ¶따뜻한 물로 세수하다. ㊥ 세면(洗面), 세안(洗顔).

세ː숫-대야 (洗手―, 씻을 세, 손 수) [wash basin]
세수(洗手)할 수 있게 만든 둥글넓적한 그릇.

세ː숫-물 (洗手―, 씻을 세, 손 수) [water for washing up]
세수(洗手)하기 위해 받은 물.

세ː습 世襲 | 대 세, 물려받을 습 [descent]
신분, 작위, 업무, 재산 따위를 대[世]를 이어 물려받음[襲]. 또는 그런 일 ¶권력 세습 / 부의 세습.

세ː시 歲時 | 해 세, 때 시
[New Year; times and seasons]
❶ 속뜻 해[歲]를 넘기는 때[時]. 설. ❷일 년 중의 그때그때. ¶세시 풍속.

세ː심 細心 | 가늘 세, 마음 심
[be very careful]
작은 일에도 마음[心]을 꼼꼼하게[細] 기울이다. ¶아이에게는 엄마의 세심한 관심이 필요하다.

세ː안 洗顔 | 씻을 세, 얼굴 안
얼굴[顔]을 씻음[洗]. ¶세안 도구.

세우다 (建, 세울 건)
[stand; build; stop]
❶눕거나 넘어진 것을 바로 서게 하다. 일으켜 서게 하다. ¶허리를 꼿꼿이 세우고 앉다. ❷건물이나 시설을 짓다. ¶고아원을 세우다. ❸움직이거나 가는 것을 멈추어 서게 하다. ¶차를 세우다. ❹칼날 같은 것의 날을 날카롭게 하다. ¶칼날을 세우다. ㊥ 수립(竪立)하다, 일으키다, 건축(建築)하다, 설립(設立)하다.

♣ 세우다 / 일으키다 (비슷한 듯 다른 말)

◎ 몸을 똑바로 세우다 = 일으키다.

○ 구체적인 계획을 세우다.
× 구체적인 계획을 일으키다.

○ 문제를 일으키다.
× 문제를 세우다.

***세ː월 歲月** | 해 세, 달 월 [time]
❶ 속뜻 해[歲]와 달[月]이 도는 주기로 한없이 흘러가는 시간. ¶그를 마지막으로 만난 후 5년 가까운 세월이 흘렀다. ❷살아가는 세상. ¶세월이 좋다.

세일 {영 sale}
할인하여 판매함. ¶이 옷은 세일할 때 아주 싸게 샀다. ㊥ 판매(販賣), 매출(賣出), 경매(競賣).

세일즈-맨 {영 salesman}

주로 고객을 방문하여 상품을 판매[sales]하는 사람[man]. ¶자동차 세일즈맨. ㊥ 외판원(外販員).

세:자 世子 | 세대 세, 아들 자
[Crown Prince]
역사 왕가의 대[世]를 이을 아들[子]. '왕세자'(王世子)의 준말. ㊥ 동궁(東宮).

세:제 洗劑 | 씻을 세, 약제 제
[cleanser; detergent]
몸이나 기구, 의류 따위에 묻은 물질을 씻어[洗] 내는 데 쓰이는 약제(藥劑). 비누 따위. ¶세제를 많이 쓰면 환경이 오염된다. ㊥ 세척제(洗滌劑), 세탁제(洗濯劑).

세:-제곱 [cubing; cube]
수학 같은 수를 세 번 곱하는 일. 또는 그렇게 하여 얻어진 수. ¶3의 세제곱은 27이다. ㊥ 삼승(三乘).

▸ **세제곱-미터** (—meter)
미터법에 의한 부피의 단위. 1세제곱미터는 가로, 세로, 높이가 각각 1미터인 정육면체의 부피이다. 기호는 '㎥'.

▸ **세제곱-센티미터** (—centimeter)
미터법에 의한 부피의 단위. 1세제곱센티미터는 1세제곱미터의 100만분의 1이다. 기호는 '㎤'.

세:차 洗車 | 씻을 세, 수레 차
[wash a car]
자동차(自動車)를 씻는[洗] 일. ¶내가 세차한 날은 꼭 비가 온다.

▸ 세:차-장 洗車場 | 마당 장
세차 시설을 갖추고 세차(洗車)를 사업으로 하는 곳[場].

세:-차다 (烈, 세찰 렬)
[powerful; mighty]
힘차고 억세다. ¶대문을 세차게 닫다 / 세찬 바람.

세:척 洗滌 | 씻을 세, 씻을 척 [wash]
깨끗이 씻음[洗=滌]. ¶콘택트렌즈를 세척하다.

▸ 세:척-력 洗滌力 | 힘 력
물체의 겉을 깨끗이 씻는[洗滌] 힘[力]. ¶이 세제는 세척력이 높다.

▸ 세:척-제 洗滌劑 | 약제 제
약학 상처, 눈, 질(膣) 따위의 국소나 세균이 침입하기 쉬운 곳을 소독하거나 씻어[洗滌] 내는 약제(藥劑).

세:탁 洗濯 | 씻을 세, 씻을 탁
[wash; launder]
옷이나 직물을 빪음[洗=濯]. ¶이 옷은 세탁해도 줄어들지 않습니다.

▸ 세:탁-기 洗濯機 | 틀 기
빨래하는[洗濯] 기계(機械).

▸ 세:탁-소 洗濯所 | 곳 소
시설을 갖추고 세탁(洗濯)하는 일을 업으로 하는 곳[所].

▸ 세:탁-장 洗濯場 | 마당 장
빨래를 할[洗濯] 수 있게 시설을 갖춘 곳[場].

세:태 世態 | 세상 세, 모양 태
[phase of life]
세상(世上)의 형편이나 상태(狀態). ¶이 소설은 세태를 잘 반영하고 있다.

세트 {영 set}
❶도구·가구 등의 한 벌. ¶이 컵들은 한 세트다. ❷영화·텔레비전 드라마 등의 촬영용으로 꾸며진 여러 장치. ¶야외 세트. ❸ 운동 테니스·배구 등에서, 한 시합 중의 한 판.

세:파 世波 | 세대 세, 물결 파
[rough-and-tumble of life]
세상(世上)을 살아가는 어려움을 거센 파도[波]에 비유하여 이르는 말. ¶모진 세파에 시달리다.

***세:포** 細胞 | 작을 세, 태보 포 [cell]
생물 생물체를 이루는 기본 단위. 그 모양이 작은[細] 태보[胞] 같다고 하여 붙여진 명칭으로 추정된다. ¶인체는 수십억 개의 세포로 이루어져 있다.

▸ 세:포 분열 細胞分裂 | 나눌 분, 찢어질 렬
생물 하나의 세포(細胞)가 둘 또는 그 이상으로 나뉘어[分] 갈라지면서[裂] 번식하는 일.

세:-피리 (細―, 가늘 세)
음악 향피리와 비슷하나, 조금 가늘고[細] 작은 피리.

세형-동검 細形銅劍 | 가늘 세, 모양 형, 구리 동, 칼 검
고적 칼날이 가는[細] 형태(形態)의, 구리[銅]로 만든 칼[劍]. 우리나라에서 출토되는 동검의 하나.

섹스 {영 sex}
❶남성과 여성의 구별. 성별(性別). ❷남녀의 육체적 관계. 또는 그에 관련된 일. ¶섹스 관계를 가지다. ⓑ성(性).

섹시-하다 (sexy―)
성적 매력이 있다. ¶섹시한 옷차림.

센:-내기
음악 센박으로부터 시작하여 그 곡에 지정된 박자의 셈여림이 일정하게 되풀이되는 곡. ⓑ여린내기.

센:-말 [intensive variant of a word]
언어 뜻은 같지만 어감이 센 느낌을 주는 말. 예사소리 대신에 된소리를 쓴다.

센:-물 [hard water]
화학 칼슘 이온·마그네슘 이온이 많이 함유되어, 물이 빽빽하고 비누 거품이 잘 일지 않는 물. ⓑ경수(硬水). ⓑ단물.

센:-박 (―拍, 칠 박)
음악 한 마디 안에서 세게 연주하는 박자(拍子). ⓑ여린박.

센서 {영 sensor}
물리 소리, 빛, 온도, 압력 따위의 변화나 정도를 감지하는 기계 장치. ¶문에 도난 방지용 센서를 달다.

센스 {영 sense}
어떤 사물이나 현상에 대한 감각이나 판단력. ¶그는 센스가 있다.

센터 {영 center}
❶전문적·종합적 설비나 기능이 집중되어 있는 곳. ¶문화 센터. ❷운동 축구·배구·농구·야구 등의 구기에서, 중앙의 위치. 또는 그 위치에 선 선수.

센트 {영 cent}
미국, 캐나다, 오스트레일리아, 싱가포르, 홍콩 등의 화폐 단위. 1센트는 1달러의 100분의 1이다. 기호는 '¢'.

센티 [centimeter]
'센티미터'의 준말.

▸ **센티-미터** {영 centimeter}
미터법에 의한 길이의 단위. 1센티미터는 1미터의 100분의 1이고 1밀리미터의 열 배이다. 기호는 'cm'. ⓒ센티.

셀 {영 cell}
컴퓨터에서 기억 장치로서의 기능을 갖는 위치를 나타내는 단위. 즉 한 비트, 한 바이트, 또는 한 워드 같은 정보의 한 단위에 대한 기억 장소이다.

셀로판 {영 cellophane}
공업 비스코스와 재생 셀룰로오스를 이용하여 만든 얇은 막성의 물질. 무색투명하고 유리 모양의 광택이 있으며, 포장용으로 쓴다.

▸ **셀로판-지** (cellophane紙, 종이 지)
공업 셀로판(cellophane)으로 만든 종이[紙].

셈 (算, 셈 산; 數, 셈 수)
[calculation; intention]
❶수를 세는 일. ¶셈이 빠르다 / 셈해 보니 50명이 넘는다 / 식탁 위에 있는 귤을 셈해 보다. ❷주고받을 돈이나 물건 따위를 서로 따져 밝히는 일. ¶셈이 분명하다 / 물건 값을 셈하다. ❸어떻게 하겠다는 생각을 나타내는 말. ¶대체 어쩔 셈인지 모르겠다.

셈-여림
음악 강하게, 또는 약하게 소리 내는 것.

▸ **셈:여림-표** (―標, 나타낼 표)
음악 악보에서, 그 곡을 세게 또는 여리게 하는 것을 나타내는 부호[標].

셋: [three]
둘보다 하나 많은 수. ⓑ삼(三).

셋:-방 貰房 | 세놓을 세, 방 방
[room for rent; room to let]
남에게 세(貰)를 놓은 방(房).

셋:-째 [third]
순서의 세 번째가 되는 차례. ¶셋째 딸.

셔츠 {영 shirts}
남자용의 가벼운 서양식 윗옷. ¶더워서 셔츠 소매를 걷었다.

셔터 {영 shutter}
❶ 연영 카메라에서, 건판(乾板)이나 필름에 적당한 광선을 비추기 위하여 렌즈의 뚜껑을 재빨리 여닫는 장치. ¶셔터를 누르다. ❷좁은 철판을 가로 연결하여 만든 위로 감아올리거나 내릴 수 있게 된 덧문. ¶셔터를 내리다.

셔틀콕 {영 shuttlecock}
운동 배드민턴 경기에서 사용하는 깃털 공.

셰퍼드 {영 shepherd}
동물 영리하고 용감하며, 후각이 예민한 개의 한 품종. 경찰견 따위로 쓴다.

소[1](牛, 소 우) [cattle; cow]
동물 풀 따위를 먹고 한 번 삼킨 것을 되새김하는 동물. 옛날부터 기른 유용한 가축으로 운반, 경작 따위에 쓰인다. 고기나 젖은 식용하며 가죽, 뿔 따위도 여러 가지로 이용한다. 속담 소 닭 보듯.

소[2] [dressing; stuffing]
떡·만두 등 음식을 만들 때 익히기 전에 속에 넣는 고기·두부·팥 따위. ¶만두에 넣을 소를 넉넉히 준비하다.

소:-가족 小家族 | 작을 소, 집 가, 겨레 족
[small family]
구성원이 적은[小] 가족(家族). 반 대가족(大家族).

소각 燒却 | 불사를 소, 물리칠 각
[incinerate]
불살라[燒] 태워 버림[却]. ¶쓰레기를 소각하다.

▸소각-로 燒却爐 | 화로 로
쓰레기나 폐기물 따위를 태워 버리는[燒却] 화로(火爐) 같은 시설물.

▸소각-장 燒却場 | 마당 장
쓰레기나 폐기물 따위를 불에 태워 버리는[燒却] 장소(場所). ¶쓰레기 소각장을 건설하다.

소:갈-머리 [nature; disposition]
마음이나 속생각을 낮잡아 이르는 말. ¶그 녀석 소갈머리는 알다가도 모르겠다.

소:감 所感 | 바 소, 느낄 감
[one's impressions]
느낀[感] 바[所]. 또는 느낀 어떤 것. ¶수상 소감을 말하다.

***소개** 紹介 | 이을 소, 끼일 개
[introduce]
❶ 속뜻 중간에 끼여[介] 서로의 관계를 맺어 줌[紹]. ¶우리는 친구 소개로 만났다. ❷알려지지 않은 것을 알게 해 줌. ¶책의 줄거리를 간단히 소개해 주세요.

▸소개-서 紹介書 | 글 서
남에게 알려 주는[紹介] 글[書]. 또는 그 문서. ¶소개서를 잘 써 주다.

▸소개-소 紹介所 | 곳 소
직업을 알선하거나, 소개(紹介)를 해주는 곳[所]. ¶직업 소개소.

소:견 所見 | 바 소, 볼 견 [one's view]
어떤 사물을 보고 살피어 가지는 의견(意見)이나 생각한 바[所]. ¶예를 들어 자신의 소견을 말하다.

소:경 (盲, 소경 맹) [blind]
눈이 멀어 앞을 못 보는 사람. 비 맹인(盲人), 봉사(奉事), 장님. 속담 소경 문고리 잡듯.

소:계 小計 | 작을 소, 셀 계 [subtotal]
한 부분[小] 만의 합계(合計). ¶소계를 내다. 반 총계(總計).

소:고 小鼓 | 작을 소, 북 고
[small hand drum; tabor]
음악 ❶작은[小] 북[鼓]. ❷농악에 쓰는 작은 북.

소-고기 [beef]
소의 고기. 쇠고기.

소곤-거리다 [whisper; murmur]
낮은 목소리로 비밀히 말하다. ¶두 아이는 귓속말로 뭔가를 소곤거리고 있었다. ㊥ 소곤대다.

소곤-소곤 [in whispers; in an undertone; secretly]
남이 알아듣지 못하도록 작은 목소리로 자꾸 가만가만 이야기하는 소리. 또는 그 모양. ¶두 사람은 무엇인지 소곤소곤 이야기하고 있었다.

소ː관 所關 | 것 소, 관계할 관 [what is concerned]
관계(關係)되는 어떤 것[所]. ¶그 일은 더 이상 우리 소관이 아닙니다.

소굴 巢窟 | 집 소, 움 굴 [den; haunt]
❶ 속뜻 새가 사는 집[巢]과 짐승이 들끓는 굴[窟]. ❷'나쁜 짓을 하는 도둑이나 악한 따위의 무리가 활동의 본거지로 삼고 있는 곳'을 일컬음. ¶이 지대는 부랑자의 소굴이다.

소ː-규모 小規模 | 작을 소, 법 규, 본보기 모 [small scale]
일의 범위 또는 단체나 조직 따위가 작은[小] 규모(規模). ¶소규모 행사를 열다. ㊥ 대규모(大規模).

소극 消極 | 모자랄 소, 끝 극
❶ 속뜻 끝[極]을 보려는 의지가 모자람[消]. ❷스스로 앞으로 나아가거나 상황을 개선하려는 기백이 부족하고 비활동적임. ㊥ 적극(積極).

▶소극-적 消極的 | 것 적
자진해서 작용하지 않는[消極] 것[的]. 적극적이 아닌 것. ¶그녀는 소극적이라서 친구를 잘 사귀지 못한다. ㊥ 적극적(積極的).

소금 (鹽, 소금 염) [salt]
음식의 간을 맞추는 데 쓰는, 짠맛이 나는 결정체.

▶소금-기 (一氣, 기운 기)
염분이 섞인 약간 축축한 기운(氣運).

▶소금-물
소금을 녹인 물. 또는 짜디짠 물. ㊥ 염수(鹽水).

▶소금쟁이
동물 못·개천 또는 소금기가 많은 물에 무리 지어 사는 곤충. 긴 발끝에 털이 있어 물 위를 달린다.

소급 遡及 | 거스를 소, 미칠 급 [go back to the past; retrace the past]
과거에까지 거슬러[遡] 올라가서 영향이나 효력을 미침[及]. ¶이 규칙은 5월로 소급하여 적용한다.

소ː기 所期 | 것 소, 기약할 기 [one's expectation; anticipation]
기대(期待)하는 어떤 것[所]. 마음속으로 그렇게 되기를 바라고 기다리는 일. ¶소기의 성과를 거두다.

소꿉-놀이 [playing house]
소꿉질하며 노는 놀이. ㊥ 소꿉장난.

소꿉-장난 [playing house]
소꿉질하며 노는 장난. ㊥ 소꿉놀이.

소나기 [shower; passing rain]
갑자기 세차게 쏟아지다 곧 그치는 비. ㊥ 소낙비.

▶소나기-구름
지리 주로 소나기를 흩뿌리는 구름. 위는 산 모양으로 솟고 아래는 비를 머금는다. ㊥ 적란운(積亂雲).

소-나무 (松, 소나무 송) [pine (tree)]
식물 바늘처럼 뾰족한 두 잎이 뭉쳐나는 상록수. 건축재, 침목, 도구재 따위의 여러 가지 용도로 쓴다. ¶소나무는 절개를 상징한다.

▶소나무-꽃
소나무의 꽃. 5월에 피고 이듬해 가을에 열매인 '솔방울'을 맺는다. ㊥ 송화(松花).

소나타 {이 sonata}
음악 소나타 형식에 의한 제1악장을 갖추고 있는 3-4악장으로 된 기악곡.

소낙-비 [shower; passing rain]
소나기. ¶소낙비가 멎고 하늘에는 무지개가 떴다.

소:녀[1] 小女 | 작을 소, 여자 녀
❶ 속뜻 작은[小] 여자(女子) 아이. ❷여자가 웃어른에게 자기를 낮추어 일컫는 말. ¶소녀, 문안드리옵니다.

⁑**소:녀[2]** 少女 | 적을 소, 여자 녀
[young girl; maiden]
나이가 어린[少] 여자[女]. 아주 어리지도 않고 성숙하지도 않은 여자. 반 소년(少年).

*__소:년__ 少年 | 적을 소, 나이 년
[boy; lad]
❶ 속뜻 적은[少] 나이[年]. ❷나이가 어린, 청소년기에 있는 남자. 반 소녀(少女).

▶**소:년-단** 少年團 | 모일 단
❶ 속뜻 소년(少年)으로 조직된 단체(團體). ❷ 사회 청소년의 인격 양성 및 사회봉사를 목표로 하는 국제적 훈련 단체. 보이스카우트.

소다 {영 soda}
화학 '탄산나트륨'을 일상적으로 이르는 말. 수산화나트륨, 탄산소다 따위의 나트륨 화합물에서 나트륨을 이렇게 이른다.

소-달구지 [oxcart]
소가 끄는 수레.

소담-스럽다 [appetizing]
생김새가 탐스러운 데가 있다. ¶장미가 소담스럽게 피어 있다.

소:대 小隊 | 작을 소, 무리 대 [platoon]
❶ 속뜻 규모가 작은[小] 무리[隊]. ❷ 군사 군대 편성 단위의 한 가지. 중대(中隊)의 하위 부대로 보통 4개 부대로 구성된다.

▶**소:대-장** 小隊長 | 어른 장
군사 소대(小隊)를 지휘·통솔하는 우두머리[長].

소:-도구 小道具 | 작을 소, 방법 도, 갖출 구
연영 연극 무대 장치 따위에서 비교적 작은[小] 장치물[道具]을 통틀어 이르는 말.

소:-도시 小都市 | 작을 소, 도읍 도, 저자 시 [small(er) town]
작은[小] 규모의 도시(都市). ¶그는 지방 소도시 출신이다. 반 대도시(大都市).

소독 消毒 | 사라질 소, 독할 독
[disinfect; sterilize]
약학 해로운 균[毒]을 약품, 열, 빛 따위로 죽이는[消] 일. ¶이불을 마당에 널어 소독하다.

▶**소독-약** 消毒藥 | 약 약
약학 소독(消毒)에 쓰이는 약(藥). 알코올, 석탄산, 포르말린, 크레졸 따위. 비 소독제(消毒劑).

소동 騷動 | 떠들 소, 움직일 동
[disturbance; agitation]
여럿이 떠들고[騷] 난리를 피움[動]. 여럿이 떠들어 댐. ¶건물에 불이나 한바탕 소동이 벌어졌다.

소:득 所得 | 것 소, 얻을 득
[income; earnings]
❶ 속뜻 어떤 일의 결과로 얻는[得] 것[所]. ❷ 경제 경제 활동을 하고 그 대가로 받는 돈 따위. ¶그는 매달 소득의 5%를 기부한다. 비 이익(利益).

▶**소:득-세** 所得稅 | 세금 세
경제 개인의 소득(所得)에 대하여 직접 부과하는 국세(國稅).

소라 [turban shell]
동물 나사처럼 동그랗게 말린 껍질로 몸을 싸고 바위 등에 붙어사는 바다동물. 몸은 식용하고, 껍데기는 자개, 단추, 바둑돌 따위를 만드는 데 쓴다.

소란 騷亂 | 떠들 소, 어지러울 란
[noisy; boisterous]
시끄럽게 떠들어[騷] 어수선함[亂]. ¶시장에서 큰 소란이 있었다 / 그들은 소란스런 행동 때문에 도서관에서 쫓겨났다. 비 쟁란(諍亂).

소:량 少量 | 적을 소, 분량 량

[small quantity]
적은[少] 분량(分量). ㉥ 다량(多量).

소련 蘇聯 | 되살아날 소, 잇달 련
[Soviet Union]
지리 소비에트[蘇] 사회주의 공화국 연방(聯邦). '소비에트'를 '蘇'로 줄여 표기한 것이다.

소ː령 少領 | 적을 소, 거느릴 령 [major]
❶ 속뜻 적은[少] 병사를 거느림[領]. ❷ 군사 국군의 영관(領官) 계급 중 맨 아랫계급. 대위의 위, 중령의 아래.

소록-소록
❶아기가 곱게 자는 모양. ¶아기가 소록소록 잠이 들었다. ❷비나 눈이 부드럽고 조용히 내리는 모양. ¶눈이 소록소록 내리다.

소르르 [smoothly; gently]
❶뭉치거나 얽히거나 걸린 물건이 쉽게 잘 풀리거나 흘러내리는 모양. ¶매듭이 소르르 풀어지다. ❷졸음이 오는 모양. ¶눈이 소르르 감겼다.

소ː름 [goose pimples]
춥거나 무섭거나 징그러울 때 피부에 좁쌀 같은 것이 돋아나는 현상. ¶그 모습을 보고 온몸에 소름이 끼쳤다.

소리 (音, 소리 음; 聲, 소리 성)
[sound; noise]
❶물체의 진동에 의하여 생긴 음파가 귀청을 울리어 귀에 들리는 것. ¶라디오 소리. ❷사람의 목소리. ¶소리를 지르다. ❸어떤 뜻을 나타내는 말. ¶지금 무슨 소리를 하시는 겁니까?

▶소리-꾼
판소리나 잡가 따위를 아주 잘하는 사람.

▶소리-글자 (-字, 글자 자)
언어 말소리를 그대로 기호로 나타낸 문자(文字). 한글, 로마자, 아라비아 문자 따위. ㉥ 표음문자(表音文字). ㉥ 뜻글자, 표의문자(表意文字).

▶소리-내다
소리가 들리게 하다. ¶소리내어 울다.

▶소리-치다
소리를 크게 지르다. ¶그는 살려 달라고 소리쳤다.

▶소리-지르다
큰 목소리를 내다. ¶그녀는 화가 나서 소리질렀다.

소ː망 所望 | 것 소, 바랄 망
[desire; wish]
바라는[望] 어떤 것[所]. ¶새해 소망. ㉥ 바람, 소원(所願), 희망(希望).

소매[1] [sleeve; arm]
윗옷의 좌우에 있는 두 팔을 꿰는 부분.
관용 소매를 걷어붙이다.

소ː매[2] 小賣 | 작을 소, 팔 매
[sell retail]
상품을 작은[小] 단위로 나누어 파는[賣] 일. ㉥ 도매(都賣).

▶소ː매-상 小賣商 | 장사 상
소매(小賣)하는 장사[商]. 또는 그 장수. ㉥ 도매상(都賣商).

▶소ː매-업 小賣業 | 일 업
소매(小賣)하는 영업(營業). ㉥ 도매업(都賣業).

▶소ː매 시ː장 小賣市場 | 저자 시, 마당 장
경제 소매상(小賣商)들이 모여서 이룬 시장(市場). ㉥ 도매 시장(都賣市場).

소매-치기
길거리나 차 안 등 혼잡한 곳에서 남의 몸이나 가방에 지닌 금품을 슬쩍 훔치는 일. 또는 그런 사람.

소ː맥 小麥 | 작을 소, 보리 맥
[wheat; corn]
❶ 속뜻 작은[小] 보리[麥]라는 뜻에서 '밀'을 일컫는 말. ❷ 식물 간장, 된장, 빵, 과자 따위의 원료로 쓰는 벼와 비슷한 곡물. 또는 그 농작물.

▶소ː맥-분 小麥粉 | 가루 분
밀[小麥]을 빻은 가루[粉]. ¶밀가루 반죽을 만들다.

소맷-자락
옷소매의 자락. ¶소맷자락을 걷어 올리고

음식을 만들기 시작했다.

소멸 消滅 | 사라질 소, 없앨 멸
[become extinct; disappear]
사라져[消] 없어짐[滅]. ¶우주는 생성과 소멸을 반복한다. [반] 생성(生成).

소모 消耗 | 사라질 소, 줄 모
[consume; dissipate]
써서 사라지거나[消] 줄어듦[耗]. 또는 써서 없앰. ¶농구는 체력 소모가 많은 운동이다.

▸소모-품 消耗品 | 물건 품
쓰는 데 따라 닳아 없어지거나[消耗] 못쓰게 되는 물품(物品). 종이, 연필 따위. ¶사무용 소모품. [반] 비품(備品).

소ː묘 素描 | 바탕 소, 그릴 묘
[rough drawing; rough sketch]
[미술] 형태와 명암을 위주로 하여 그 바탕[素]만을 그린[描] 그림. [비] 데생.

소ː문 所聞 | 것 소, 들을 문
[rumor; report]
귀로 들은[聞] 어떤 것[所]. ¶그가 살아 돌아왔다는 소문이 돌고 있다. [비] 풍문(風聞).

소ː-문자 小文字 | 작을 소, 글자 문, 글자 자 [small letter]
작은[小] 꼴의 문자(文字). ¶소문자로 적어도 됩니다. [반] 대문자(大文字).

소ː박 素朴 | 본디 소, 순박할 박
[simplicity; naivety]
꾸밈없이 본디[素] 그대로의 순박(淳朴)함. ¶나는 그의 소박함에 마음이 좋다. [비] 수수하다.

소ː반 小盤 | 작을 소, 쟁반 반
[small dining table]
음식을 놓고 앉아서 먹는 짧은 발이 달린 작은[小] 쟁반[盤]같은 상.

소방 消防 | 사라질 소, 막을 방
[fight a fire; extinguish a fire]
불이 났을 때 불을 끄고[消] 불이 나지 않도록 미리 막는[防] 일. ¶학교에서 소방 훈련을 하다.

▸소방-관 消防官 | 벼슬 관
소방서에서 소방(消防)에 관한 일을 하는 공무원[官]을 통틀어 이르는 말. [비] 소방 공무원(消防公務員).

▸소방-서 消防署 | 관청 서
소방(消防)에 관한 업무를 맡아보는 기관[署]. ¶불이 나면 바로 소방서로 전화해서 알려야 한다.

▸소방-수 消防手 | 사람 수
소방(消防) 활동에 종사하는 사람[手]. ¶한 소방수가 아이를 구하러 불길 속으로 뛰어들었다.

▸소방-차 消防車 | 수레 차
소방(消防) 장비를 갖추고 있는 차(車). ¶소방차 사이렌 소리. [비] 불자동차.

▸소방대-원 消防隊員 | 무리 대, 사람 원
소방대(消防隊)에 소속된 사람[員].

소ː백-산맥 小白山脈 | 작을 소, 흰 백, 메 산, 줄기 맥
❶[속뜻] 소백산(小白山)이 속해 있는 산맥(山脈). ❷[지리] 태백산맥에서 갈려 뻗어 내려 영남 지방과 호남 지방의 경계를 이루는 산맥. 소백산·속리산 따위가 있다.

소ː변 小便 | 작을 소, 똥오줌 변 [urine]
❶[속뜻] 작은[小] 변(便). ❷'오줌'을 일컫는 말. ¶소변이 마렵다. [비] 대변(大便).

소ː복 素服 | 본디 소, 옷 복
[white clothes]
염색을 하지 않은 본디[素]의 흰색 옷[服]. 흔히 상복으로 입는다. ¶소복을 입은 여인이 울고 있었다.

소복-하다 [be heaped up]
❶쌓이거나 담긴 물건이 볼록하게 많다. ¶소복하게 쌓인 눈 / 거리에 눈이 소복이 쌓였다. ❷식물이나 털 따위가 촘촘하고 길게 나 있다. ¶풀이 소복하게 자랐다 / 머리가 소복이 자라다.

⁂**소비 消費** | 사라질 소, 쓸 비 [consume; spend]
돈이나 물건, 시간, 노력 따위를 써서[費]

사라지게[消] 함. ¶그 차는 연료를 많이 소비한다. ⓑ 생산(生産).

▸소비-량 消費量 | 분량 량
일정 기간에 소비(消費)한 분량(分量). ¶한여름에는 에너지 소비량이 급증한다. ⓑ 생산량(生産量).

▸소비-자 消費者 | 사람 자
❶ 속뜻 생산된 물건 따위를 소비(消費)하는 사람[者]이나 동물. ¶소비자들의 취향이 매우 까다롭다. ❷ 생물 생태계에서, 독립적으로 영양분을 얻지 못해 다른 생물을 통하여 영양분을 얻는 생물체. ¶초식동물은 1차 소비자다. ⓑ 생산자(生産者).

▸소비-재 消費財 | 재물 재
경제 사람들이 일상생활에서 직접 소비(消費)하는 재화(財貨). ¶원가 상승으로 소비재의 가격도 상승하고 있다. ⓑ 생산재(生産財).

▸소비자 가격 消費者價格 | 사람 자, 값 가, 이를 격
경제 상품이 최종 소비자(消費者)에게 공급될 때의 가격(價格). ⓑ 생산자 가격(生産者價格).

▸소비자 단체 消費者團體 | 사람 자, 모일 단, 몸 체
사회 소비자(消費者)가 자신들의 권리와 이익을 지킬 목적으로 스스로 구성한 단체(團體).

소상 昭詳 | 밝을 소, 자세할 상 [detailed]
밝고[昭] 자세[詳]하다. ¶소상한 내용 / 전후 사정에 대해 소상히 알고 있다.

소생 蘇生 | =甦生, 되살아날 소, 살 생 [revive; resuscitate]
되살아나서[蘇] 살아감[生]. ¶봄은 만물이 소생하는 계절이다. ⓗ 부생(復生), 회생(回生).

소:설[1] 小雪 | 작을 소, 눈 설
대설(大雪)보다 눈[雪]이 내리는 규모가 작은[小] 절기. 입동(立冬)과 대설 사이로 양력 11월 22일경이다.

소:설[2] 小說 | 작을 소, 말씀 설 [novel; story]
❶ 속뜻 자질구레하게[小] 떠도는 이야기[說]. ❷ 문학 사실 또는 상상에 바탕을 두고 허구적으로 이야기를 꾸민 산문체의 문학 양식. ¶소설을 쓰다. ❸소설책. ¶소설을 읽다.

▸소:설-가 小說家 | 사람 가
소설(小說)을 쓰는 사람[家]. ¶허균은 조선시대 학자이자 뛰어난 소설가이다.

▸소:설-책 小說冊 | 책 책
소설(小說)로 엮은 책(冊). 소설이 실린 책. ⓒ 소설.

소:소 小小 | 작을 소, 작을 소 [trivial; small]
❶ 속뜻 자질구레하다[小+小]. ❷변변하지 않다. ¶소소한 문제.

소:속 所屬 | 것 소, 엮을 속 [one's position]
어떤 기관이나 조직에 엮여 있는[屬] 어떤 것[所]. 또는 그 딸린 사람이나 물건. ¶나는 야구부 소속이다.

▸소:속-감 所屬感 | 느낄 감
자신이 어떤 집단에 소속(所屬)되어 있다는 느낌[感]. ¶소속감이 생기다.

소송 訴訟 | 하소연할 소, 송사할 송 [lawsuit; suit]
법률 법원에 송사(訟事)를 청구하는[訴] 일. 또는 그 절차. ¶소송을 제기하다.

소수[1] 素數 | 본디 소, 셀 수 [prime (number)]
❶ 속뜻 본디[素]의 숫자[數]. ❷ 수학 1보다 크며 1과 그 수 자체 이외의 정수(整數)로는 똑 떨어지게 나눌 수 없는 정수. 2, 3, 5, 7, 11… 따위가 있다.

소:수[2] 小數 | 작을 소, 셀 수 [decimal (fraction)]
❶ 속뜻 작은[小] 수(數). ❷ 수학 0보다 크고 1보다 작은 실수. 0 다음에 점을 찍어 나타낸다.

▸소:수-점 小數點 | 점 점
수학 소수를 지닌 수를 나타낼 때, 소수(小

數) 부분과 정수(整數) 부분을 구별하기 위하여 찍는 점(點).

소ː수[3]少數 | 적을 소, 셀 수
[small number]
적은[少] 수효(數爻). ¶소수의 의견을 묵살하다. ⓑ 다수(多數).

▸소ː수 민족 少數民族 | 백성 민, 무리 족
사회 한 나라를 이룬 여러 민족 가운데, 인구가 적고[少數] 인종·언어·풍습 등이 다른 민족(民族). ¶이 지역에는 여러 소수 민족이 함께 산다.

소스 {영 sauce}
서양 요리에 쓰이는 액체 조미료.

소스라-치다 [be frightened]
깜짝 놀라 몸을 떠는 듯이 움직이다. ¶갑자기 문이 열리자 그는 소스라치게 놀랐다.

소슬 蕭瑟 | 쓸쓸할 소, 쓸쓸할 슬 [bleak; chilly]
으스스하고 쓸쓸함[蕭=瑟].

▸소슬-바람 (蕭瑟-)
가을에, 으스스하고 쓸쓸[蕭瑟]하게 부는 바람.

소시지 {영 sausage}
돼지·소 등 동물의 창자에 양념하여 곱게 다진 고기를 채우고 삶거나 훈제(燻製)한 보존 식품.

소ː식[1]小食 | 작을 소, 먹을 식
[eat little; eat like a bird]
음식을 적게[小] 먹음[食]. ¶장수하려면 소식하십시오. ⓑ 대식(大食).

소식[2]消息 | 사라질 소, 불어날 식
[news; information]
❶ 속뜻 사라짐[消]과 불어남[息]. ❷'변화', '증감', '동정', '사정', '안부', '편지' 같은 의미로 쓰임. ¶요즘은 그 친구 소식이 뜸하다.

소ː신[1]小臣 | 작을 소, 신하 신
임금께 신하(臣下)가 자기를 낮추어[小] 일컫는 말.

소ː신[2]所信 | 것 소, 믿을 신
[one's belief]
자기가 믿고[信] 생각하는 어떤 것[所]. ¶소신을 굽히지 않다.

▸소ː신-껏 (所信-)
자기가 믿고[信] 주장하는 바[所]에 따라. ¶질문에 소신껏 대답하다.

소실 消失 | 사라질 소, 잃을 실
[disappear; vanish]
사라져[消] 없어짐[失]. 또는 사라져 잃어버림. ¶전쟁으로 문화재가 소실되었다.

소ː심 小心 | 작을 소, 마음 심
[timid; cowardly]
❶ 속뜻 도량이나 마음[心]이 좁다[小]. ❷ 대담하지 못하고 겁이 많다. 조심성이 많다. ¶소심하면 아무 일도 못한다.

소-싸움
민속 단옷날에 남부 각 지방에서 유행하던 행사로, 사나운 소 두 마리를 골라 넓은 들에서 싸움을 시키는 행사.

소ː아 小兒 | 작을 소, 아이 아
[baby; young child]
어린[小] 아이[兒]. ¶소아 병동 / 소아 시설. ⓑ 어린아이.

▸소ː아-과 小兒科 | 분과 과
의학 어린아이[小兒]의 병을 전문으로 보는 의학의 한 분과(分科).

▸소ː아-마비 小兒痲痹 | 저릴 마, 저릴 비
의학 어린아이[小兒]에게 많이 일어나는 수족의 마비(痲痹)성 질환. 뇌성(腦性)과 척수성(脊髓性)이 있다.

소ː액 少額 | 적을 소, 액수 액
[small sum]
적은[小] 금액(金額). 적은 액수. ¶소액 투자 / 휴대전화로 소액 결제를 하다. ⓑ 거액(巨額).

소양 素養 | 본디 소, 기를 양
[grounding in; attainments]
평소(平素) 닦아 쌓은 교양(教養). ¶소양이 있다 / 국제적 소양을 갖춘 인물을 발탁

하다.

소양강 댐 (昭陽江dam, 밝을 소, 볕 양, 강 강)
건설 강원도 춘천시 소양강(昭陽江)에 있는 다목적 댐(dam). 한강 유역의 홍수 조절과 농업용·공업용 용수 공급, 수질 오염도 완화 따위의 구실을 한다.

소외 疏外 | 멀어질 소, 밖 외
[estrange; alienate]
❶속뜻 사이가 점점 멀어지고[疏] 밖[外]으로 따돌림. ❷따돌려 멀리함. ¶반 친구들에게 소외당하다 / 소외된 이웃.

▸**소외-감** 疏外感 | 느낄 감
소외(疏外)되는 느낌[感]. 주위에서 따돌림을 받는 것 같은 느낌. ¶소외감을 느끼다.

소:요 所要 | 것 소, 구할 요
[take; cost]
필요(必要)로 하는 것[所]. 요구되는 바. ¶서울에서 대전까지는 버스로 2시간 정도 소요된다.

▸**소:요-량** 所要量 | 분량 량
소요(所要)되는 분량(分量). 필요한 양. ¶우리나라는 원자력으로 전기 소요량의 40%를 만든다.

소:용 所用 | 것 소, 쓸 용
[use; usefulness]
무엇에 쓰임. 또는 무엇에 쓰이는[用] 것[所]. 쓸데. ¶이제 와서 후회한들 무슨 소용이 있겠니?

▸**소:용-없다** (所用-)
아무런 도움이나 득이 될 것[所用]이 없다. 쓸데없다. ¶그에게 말해 봐야 소용없다.

소용-돌이 [whirlpool; swirl]
바닥이 깊이 패어 물이 세차게 빙빙 돌며 흐르는 현상. 또는 그런 곳.

▸**소용돌이-치다**
물이 빙빙 돌면서 세차게 흐르다. ¶소용돌이치는 물살.

소:원[1] 所願 | 것 소, 바랄 원
[one's desire]
이루어지기를 바라는[願] 어떤 것[所]. ¶소원을 빌다. ⓑ바람, 소망(所望).

소원[2] 訴願 | 하소연할 소, 바랄 원 [petition; appeal]
❶속뜻 하소연하여[訴] 바로잡아 주기를 바람[願]. ❷법률 위법이나 부당한 행정 처분으로 자신의 권리나 이익이 침해되었다고 생각한 사람이 그 취소나 변경을 행정기관에 청구하는 일. ¶헌법 소원.

소:위[1] 少尉 | 적을 소, 벼슬 위
[second lieutenant]
군사 군인 계급의 하나. 장교 계급 중의 가장 아래[少] 계급[尉].

소:위[2] 所謂 | 바 소, 이를 위
[what is called]
이른[謂]바[所]. ¶그녀는 소위 귀부인이다.

소:유 所有 | 것 소, 가질 유
[own; have; possess]
가지고 있는[有] 어떤 것[所]. 자기 것으로 가짐. 또는 가지고 있음. ¶개인 소유 / 그는 많은 집을 소유하고 있다.

▸**소:유-권** 所有權 | 권리 권
법률 어떠한 물건을 소유(所有)하고 법이 정한 범위 내에서 임의로 이용하거나 처분할 수 있는 권리(權利). ¶그 땅의 소유권이 아들에게 넘어갔다.

▸**소:유-자** 所有者 | 사람 자
무엇을 가진[所有] 사람[者]. ¶이 그림을 사용하려면 저작권 소유자에게 미리 알려야 합니다.

⁑**소음 騷音** | 떠들 소, 소리 음
[noise; din]
시끄럽게 떠드는[騷] 소리[音]. ¶기계에서 엄청난 소음이 난다.

소:-음순 小陰脣 | 작을 소, 응달 음, 입술 순 [labia minora]
❶속뜻 여성 음부(陰部)에서 입술[脣]같이 생긴 부분 가운데 안쪽에 있는 작은[小] 것. ❷의학 여성의 외부 생식기의 일

부를 이루는 음순 가운데, 안쪽에 있고 질 전정(前庭)을 좌우에서 싸는 주름진 점막성 시울.

소:인[1]小人 | 작을 소, 사람 인
[little man; child]
❶속뜻 키나 몸집이 작은[小] 사람[人]. ❷나이가 어린 사람. ¶입장 요금은 대인 5000원, 소인 2000원이다. ❸도량이 좁고 간사한 사람. ❹신분이 낮은 사람이 자기보다 신분이 높은 사람에게 자신을 낮추어 하는 말. ⓑ대인(大人).

소인[2]消印 | 사라질 소, 도장 인 [postmark]
❶속뜻 지우는[消] 표시로 인장(印章)을 찍음. 또는 그 인장. ❷우체국에서 접수된 우편물의 우표 따위에 도장을 찍음. 또는 그 도장. 접수 날짜, 국명(局名) 따위가 새겨져 있다. ¶편지에는 서울 소인이 찍혀 있었다.

소일 消日 | 사라질 소, 날 일
[pass time; kill time]
❶속뜻 별로 하는 일 없이 나날[日]을 보냄[消]. ❷어떤 일에 마음을 붙여 세월을 보냄. ¶그는 은퇴 후에 독서로 소일했다.
▶ 소일-거리 (消日-)
그럭저럭 시간을 보내기[消日] 위해 심심풀이로 하는 일. ¶TV를 보는 것이 그의 유일한 소일거리였다.

소:자 小子 | 작을 소, 아이 자 [I; me]
자식(子息)이 부모에게 말할 때 자기를 낮추어[小] 일컫는 말.

소:작 小作 | 작을 소, 지을 작
[sharecrop; tenant (a farm)]
농업 농토를 소유하지 못한 농민이 남의 농토를 빌려서 조금씩[小] 농사를 짓는[作] 일. ¶그동안 소작해 오던 밭마저 떼이고 말았다. ⓑ자작(自作).
▶ 소:작-농 小作農 | 농사 농
농업 소작(小作)으로 농사(農事)를 짓는 일. 또는 그러한 농가나 농민. ⓑ자작농(自作農).

소:장[1]小腸 | 작을 소, 창자 장
[small intestine]
의학 작은[小] 창자[腸]. 위(胃)와 대장(大腸)사이에 있으며 먹은 것을 소화하고 영양을 흡수하는 길이 6~7m의 기관.

소:장[2]少將 | 젊을 소, 장수 장
[major general]
❶속뜻 젊은[少] 장수[將]. ❷군사 군인 계급의 하나. 준장의 위, 중장의 아래.

소:장[3]所長 | 곳 소, 어른 장
[head (of an office; factory)]
연구소, 사무소 등과 같이 '소'(所)자가 붙은 기관이나 직장의 사무를 총괄하는 책임자[長]. ¶연구소 소장.

소:장[4]所藏 | 것 소, 감출 장
[own; possess]
소유(所有)하여 잘 간직함[藏]. ¶그 그림은 박물관에 소장되어 있다.

⁑**소재**[1]素材 | 바탕 소, 재료 재
[(raw) material]
❶속뜻 가장 기본적인 밑바탕[素]이 되는 재료(材料). ¶이 상품은 어떤 소재로 만든 것입니까? ❷문학 문학 작품의 기본 재료가 되는 모든 대상. ¶글을 쓰기 위한 소재.

*__소:재__[2]所在 | 곳 소, 있을 재
[one's whereabouts; situation]
있는[在] 장소(場所). ¶그의 소재를 파악하고 있다.
▶ 소:재-지 所在地 | 땅 지
어떤 건물이나 기관 등이 있는[所在] 곳[地]. ¶수원은 경기도 도청 소재지이다.

소:절 小節 | 작을 소, 마디 절
[bar; measure]
❶속뜻 문장의 짧은[小] 한 구절(句節). ❷음악 악보에서 세로줄과 세로줄로 구분된 마디. ¶그는 노래 몇 소절을 불렀다.

소:정 所定 | 것 소, 정할 정
[prescribed form]
정(定)한 어떤 것[所]. 정해진 바. ¶소정의 절차를 거쳐야 한다 / 소정의 원고료를

지급하다.

소:종 小鐘 | 작을 소, 쇠북 종
❶ 음악 편종(編鐘) 가운데 작은[小] 종(鐘). ❷ 불교 절에서 쓰는 작은 종.

소주 燒酒 | =燒酎, 불사를 소, 술 주 [distilled liquor]
곡류를 발효시켜 불살라[燒] 증류하여 만든 술[酒].

⁑**소:중** 所重 | 것 소, 무거울 중 [valuable; significant]
매우 귀중(貴重)한 어떤 것[所]이 있음. ¶그의 말은 내게도 소중한 것이었다.

소지[1] 素地 | 본디 소, 바탕 지 [making]
본래[素]의 바탕[地]. 가능성. ¶오해의 소지가 있다.

소:지[2] 所持 | 것 소, 가질 지 [possess; own]
무엇을 가지고[持] 있는 어떤 것[所]. ¶마약을 불법으로 소지하다 / 그는 현금 오십만 원을 소지하고 있다.

▶ 소:지-품 所持品 | 물건 품
가지고 있는[所持] 물품(物品). ¶소지품을 모두 꺼내 주십시오.

***소질** 素質 | 본디 소, 바탕 질 [temperament]
본디[素]부터 가지고 있는 성질(性質). 또는 타고난 능력이나 기질. ¶그는 음악에 소질이 있다.

소집 召集 | 부를 소, 모을 집 [call; summon]
단체나 조직체의 구성원을 불러[召] 모음[集]. ¶비상회의를 소집하다. ⓟ 해산(解散).

소쩍-새 [cuckoo]
동물 올빼밋과의 의 여름새. '소쩍소쩍' 또는 '소쩍다 소쩍다' 하고 우는데, 민간에서는 이 울음소리로 그해의 흉년과 풍년을 점치기도 한다. 천연기념물 제324호이다.

소쩍-소쩍
소쩍새가 잇달아 우는 소리를 나타낸다.

소채 蔬菜 | 나물 소, 나물 채 [vegetable]
푸성귀[蔬]나 나물[菜]. ¶오곡과 소채를 생산하다. ⓗ 야채(野菜), 채소(菜蔬).

소:-책자 小冊子 | 작을 소, 책 책, 접미사 자
자그마하게[小] 만든 책(冊). ¶소책자를 간행하다.

소철 蘇鐵 | 되살아날 소, 쇠 철 [cycad; sago palm]
식물 줄기는 굵고 원기둥 모양이며, 잎이 붙어 있던 자국이 비늘모양으로 남는다. 잎은 뾰족하다. 철분(鐵分)이 많이 섞인 토질을 좋아하며, 죽다가도 잘 되살아난다[蘇]고 해서 붙여진 이름이라는 설이 있다.

소:총 小銃 | 작을 소, 총 총 [rifle; small arms]
군사 혼자 가지고 다니면서 사용할 수 있는 소형(小形) 화기[銃]. ¶소총으로 무장한 군인이 민가로 잠입했다.

소켓 {영 socket}
전구 따위를 끼우는 전기 기구의 하나. ¶전구를 소켓에 끼우다.

소쿠리 [wicker basket]
앞이 트이고 테가 둥근 대그릇. ¶소쿠리에 채소를 담다.

소탈 疏脫 | 트일 소, 벗을 탈 [informal]
❶ 속뜻 예절이나 형식에 얽매이지 않고[疏] 그 굴레에서 벗어나다[脫]. ❷수수하고 털털하다. ¶그는 성격이 소탈하여 친구들이 좋아한다.

소탕 掃蕩 | 쓸 소, 씻어버릴 탕 [sweep; clear; mop up]
모조리 쓸고[掃] 씻어 버림[蕩]. 완전히 없앰. ¶소탕 작전 / 적군을 소탕하다.

소통 疏通 | 트일 소, 통할 통 [flow smoothly; communication]
❶ 속뜻 막혔던 것이 트여[疏] 잘 통(通)함. ¶차량 소통이 원활하다. ❷의견이나 의사가 상대편에게 잘 통함. ¶의사소통이 잘 이루어지다.

소파 {영 sofa}
두 사람 이상이 앉게 된, 긴 안락의자. ¶고양이는 소파로 올라가 드러누웠다.

소:포 小包 | 작을 소, 쌀 포
[parcel; package]
❶ 속뜻 조그마하게[小] 포장(包裝)한 물건. ❷ 통신 어떤 물건을 포장하여 보내는 우편. ¶나는 친구의 생일 선물을 소포로 보냈다.

소:품 小品 | 작을 소, 물건 품 [small piece of painting; (stage) properties]
❶ 속뜻 조그만[小] 물품(物品). ❷그림, 조각, 음악 따위의 규모가 작은 간결한 작품. ❸연극의 무대 등에 쓰이는 자잘한 물건. ¶그는 소품 담당이다.

***소풍** 逍風 | =消風, 거닐 소, 바람 풍
[go for an outing; go on an excursion]
❶ 속뜻 갑갑한 마음을 풀기 위하여 바람[風]을 쐬며 거니는[逍] 일. ❷ 교육 학교에서, 자연 관찰이나 역사 유적 따위의 견학을 겸하여 야외로 갔다 오는 일. ¶내일 학교에서 소풍을 간다.

▶소풍-날 (逍風-)
소풍(逍風) 가는 날.

소프라노 {이 soprano}
음악 여성·어린이의 가장 높은 음역(音域). 또는 그 음역의 가수. ¶그녀는 합창단에서 소프라노를 맡고 있다.

소프트볼 {영 softball}
운동 부드러운[soft] 공[ball]으로 하는 야구 비슷한 경기. 또는 거기에서 쓰는 공. 9~15명을 한 팀으로 하여 7회전까지 경기를 하는데, 야구보다 가볍게 할 수 있어 어린이와 여자들이 즐겨 한다.

소프트웨어 {영 software}
컴퓨터 시스템의 작동과 관련된 모든 프로그램과 데이터의 복합체 혹은 프로그램과 그 작동 방법, 절차, 관련된 지식의 총체를 가리키는 용어.

소:학 小學 | 작을 소, 배울 학
[elementary school]
❶ 속뜻 나이가 적을[小] 때 익혀야 할 공부[學]. ❷ 책명 중국 송나라 때 유자징(劉子澄)이 주자(朱子)의 지도를 받아서 편찬한 초학자용(初學者用) 교양서. ❸ 교육 '초등학교'의 예전 용어.

소:-학교 小學校 | 작을 소, 배울 학, 가르칠 교 [elementary school]
교육 어린[小]아이들이 다니는 학교(學校). '초등학교'(初等學校)의 예전 용어.

소:한 小寒 | 작을 소, 찰 한
24절기의 하나. 가장 추운 대한에 앞선 약간 덜한[小] 추위[寒]가 있는 날. 동지(冬至)와 대한(大寒) 사이로 양력 1월 6일 경이다.

소:행 所行 | 것 소, 행할 행
[person's doing]
행한[行] 어떤 것[所]. 행한 일. ¶이것은 고양이의 소행이 틀림없다.

소:-행성 小行星 | 작을 소, 갈 행, 별 성
[minor planet; asteroid; planetoid]
천문 화성과 목성 사이의 궤도에서 태양의 둘레를 공전하는 작은[小] 행성(行星). 무수히 많은 수가 존재하며 대부분 반지름이 50km 이하이다.

소:형 小型 | 작을 소, 모형 형
[small size; pocket size]
같은 종류의 물건 중에서 작은[小] 모형(模型). ¶소형 자동차. ⓑ 대형(大型).

소홀 疏忽 | 드물 소, 허술할 홀
[negligent; remiss]
드문드문[疏] 빈틈이 많고 허술함[忽]. ¶범인이 감시가 소홀한 틈을 타 달아났다 / 건강 관리를 소홀히 해서는 안 된다.

소화[1] 消火 | 사라질 소, 불 화 [extinguish a fire]
불[火]을 끔[消].

▶소화-기 消火器 | 그릇 기
불을 끄는 데[消火] 쓰는 기구(器具). ¶교실마다 소화기를 설치하다.

소화²消化 | 사라질 소, 될 화 [digest]
❶속뜻 먹은 음식을 삭게[消] 함[化]. ¶채소는 소화가 잘된다. ❷의학 섭취한 음식물을 분해하여 영양분을 흡수하기 쉬운 형태로 변화시키는 일. 또는 그런 작용.

▶**소화-액** 消化液 | 진 액
의학 소화샘에서 소화관(消化管) 안으로 분비되는 액체(液體). 침, 위액(胃液), 담즙(膽汁), 장액(腸液) 따위로 여러 가지 소화 효소가 함유되어 있다.

▶**소화-제** 消化劑 | 약제 제
의학 소화(消化)를 촉진시키기 위해 쓰이는 약제(藥劑).

▶**소화 기관** 消化器官 | 그릇 기, 벼슬 관
의학 음식물을 소화(消化)하고 흡수하는 기관(器官). 보통 위창자관 소화샘으로 이루어지고 사람의 경우 입안·식도·위·창자·항문 및 침샘·간·이자 등이 있다.

▶**소화 불량** 消化不良 | 아닐 불, 좋을 량
의학 먹은 음식물의 소화(消化)·흡수가 잘 되지 않는[不良] 소화기의 병.

속:¹(裏, 속 리) [inside; bottom]
❶물체의 안쪽 부분. ¶신발 속에 모래가 들어갔다. ❷품고 있는 마음이나 생각. ¶속을 털어놓다. ❸사람 몸의 배 안 또는 위장. ¶속이 울렁거리다. ⓑ 안, 내(內). ⓑ 겉, 밖. 속담 속 빈 강정.

♣ 속¹ / 안¹

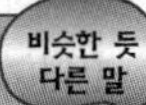

◎ 반지를 장롱 속에 = 안에 숨기다.

○ 내 동생은 속이 좁다.
× 내 동생은 안이 좁다.

○ 이틀 안에 그 일을 해야 한다.
× 이틀 속에 그 일을 해야 한다.

속²屬 | 무리 속 [genus]
생물 생물의 분류[屬] 단위. 과(科)와 종(種)의 중간.

속개 續開 | 이을 속, 열 개
[continue; resume (a meeting)]
일단 멈추었던 회의 따위를 계속(繼續)하여 엶[開]. ¶회의는 내일 속개한다.

속공 速攻 | 빠를 속, 칠 공
[launch a swift attack against]
운동 구기 경기에서 상대방에게 대비할 시간을 주지 않고 재빨리[速] 공격(攻擊)함. ¶그는 공을 가로채 속공으로 연결했다. ⓑ 지공(遲攻).

속국 屬國 | 속할 속, 나라 국 [dependency]
주권이 다른 나라에 속(屬)해 있는 나라[國]. ¶우산국은 한때 신라의 속국이었다. ⓑ 종속국(從屬國), 식민지(植民地).

속:-눈썹 [eyelashes; lashes]
눈시울에 난 털.

속다 [get deceived; be cheated]
남의 거짓이나 꾀에 넘어가다. ¶그의 거짓말에 감쪽같이 속았다.

속닥-거리다
[whisper; talk in whispers]
남이 알아듣지 못하도록 작은 목소리로 은밀하게 자꾸 이야기하다. ¶그들은 자꾸만 속닥거렸다. ⓑ 속닥대다.

속닥-속닥
비밀 이야기를 하듯 작은 목소리로 서로 자꾸 말하는 소리나 모양을 나타낸다. ¶두 사람은 계속 속닥속닥 떠들다가 주의를 받았다.

속단 速斷 | 빠를 속, 끊을 단 [conclude hastily; make a hasty conclusion]
성급하게 빨리[速] 판단(判斷)함. 또는 그러한 판단. ¶속단은 금물이다.

속달 速達 | 빠를 속, 이를 달
[deliver by express]
❶속뜻 빨리[速] 전달(傳達)함. ❷통신 '속달우편'(郵便)의 준말. ¶이 소포를 속달로 보내고 싶습니다.

▶**속달 우편** 速達郵便 | 우송할 우, 편할 편
통신 요금을 더 받고 보통 우편물보다 빨리[速] 배달(配達)하는 우편(郵便) 제도. 또는 그 우편물. ⓩ 속달.

*속담 俗談 | 속될 속, 이야기 담
[proverb; (common) saying]
❶ 속뜻 속(俗)된 이야기[談]. ❷민중의 지혜가 응축되어 널리 구전되는 격언. ¶세 살 적 버릇이 여든까지 간다는 속담은 결코 헛말이 아니다. ㊐ 속설(俗說).

▶속담-집 俗談集 | 모을 집
여러 속담(俗談)을 모아[集] 적어 놓은 책.

속:대-쌈
배추의 속대로 먹는 쌈.

**속도 速度 | 빠를 속, 정도 도
[speed; rate]
❶ 속뜻 빠른[速] 정도(程度). ❷물체가 나아가거나 일이 진행되는 빠르기. ¶속도가 빠르다.

속-되다 (俗-, 속될 속)
[vulgar; common]
❶고상하지 못하고 천하다[俗]. ¶속된 말씨 / 속된 표현. ❷평범하고 세속적이다. ¶속된 인간.

속된-말 (俗-, 속될 속) [slang word]
고상하지 못하고 천한[俗] 말.

속:-뜻 [corer meaning]
❶마음 속 깊이 품은 뜻. ¶그의 깊은 속뜻을 알게 되어 눈물이 났다. ❷문장 속에 담긴 뜻. ¶속담의 속뜻을 풀이해 보다. ❸한자어 각 글자의 속에 담긴 뜻. '한심'의 {한}은 '차갑다'[寒], {심}은 '마음'[心]을 말한다. 편의상 자훈, 즉 '찰 한'(寒), '마음 심'(心)으로 나타내기도 한다. ¶속뜻이 의미 힌트(hint)가 되기 때문에 속뜻을 알면 공부가 재미있다. ㊎ 겉음. ❹사전적 정의를 이해할 수 있는 밑바탕이 되는 뜻. '열심'이란 낱말은 '뜨거운(熱) 마음[心]'이 속뜻임을 알면 '온갖 정성을 다하여 골똘하게 힘씀'이라는 사전적 정의를 이해하기 쉽다. ¶속뜻을 풀이해 보면 재미가 생기고 기억이 오래간다.

▶속뜻-사전 - 辭典 | 말씀 사, 책 전 [core meaning dictionary]
낱말이나 글자의 속 뜻을 알기 쉽게 풀이해 놓은 사전(辭典). 국어사전의 일종으로, 형태소 분석법을 의미 풀이에 적용한 특종 사전이다. ¶속뜻사전은 속뜻학습의 필수품이다. /속뜻사전을 자주 찾아보면 이해력, 사고력, 기억력, 창의력이 높아지고, 한자 실력도 저절로 늘어난다.

▶속뜻-학습 - 學習 | 배울 학, 익힐 습 [LBH, learning by hint]
글자나 낱말의 속뜻을 통한 어휘 학습(學習). 또는 그런 학습법. 낱말 속에 숨어 있는 의미 암시 정보, 즉 힌트(hint)를 활용하는 가장 효과적인 어휘 학습법을 말한다.

속력 速力 | 빠를 속, 힘 력
[speed; velocity]
자동차, 기차, 항공기 따위의 속도(速度)를 이루는 힘[力]. ¶기차는 굉장한 속력으로 달렸다.

속:-마음 [one's innermost feelings]
겉으로 드러나지 않은 참마음. ¶나는 친구에게 속마음을 모두 털어놓았다.

속:-말 [confidential talk]
속마음에서 우러나오는 참된 말. ¶언니에게 속말을 하다.

속물 俗物 | 속될 속, 만물 물
[snob; philistine]
돈, 권력 등 자신의 이익만을 좇는 천한[俗] 사람[物].

속박 束縛 | 묶을 속, 묶을 박
[restraint; shackles]
❶ 속뜻 묶음[束=縛]. ❷사람의 행동의 자유를 빼앗음. ¶속박을 당하다.

속보[1] 速步 | 빠를 속, 걸음 보
[quick pace]
빠른[速] 걸음걸이[步]. ¶속보로 걸으면 체중 감량에 도움이 된다.

속보[2] 速報 | 빠를 속, 알릴 보
[report promptly; announce quickly]
빨리[速] 알림[報]. 또는 그 신속한 보도. ¶재해 속보.

속ː-불꽃
[화학] 불꽃의 안쪽에 있는 녹청색의 부분. 공기와 혼합된 가스가 불타서 수성(水性) 가스가 생긴다. [반] 겉불꽃.

속ː-사정 (—事情, 일 사, 실상 정) [inside circumstances]
겉으로 드러나지 않거나 감추어진 일[事]의 형편이나[情] 까닭. ¶말 못할 속사정이 있다.

속삭-이다 [whisper]
남이 알아듣지 못하도록 나지막한 목소리로 가만가만 이야기하다. ¶그녀는 내 귀에 대고 조용히 속삭였다.

속삭임 [whisper]
낮은 목소리로 가만가만히 하는 말.

속ː-살 [one's nakedness]
❶옷에 가려서 겉으로 드러나지 않는 부분의 살. ¶그 옷은 속살이 비친다. ❷식물의 겉껍질의 안에 있는 부분. ¶수박의 속살.

속살-거리다 [whisper; murmur]
남이 알아듣지 못하도록 작은 목소리로 자질구레하게 자꾸 말하다. [비] 속살대다.

속ː-상하다 (—傷—, 상할 상) [be distress]
화가 나거나 걱정으로 마음이 아프고[傷] 불편하다. ¶버스를 놓쳐서 속상하다.

속설 俗說 | 속될 속, 말씀 설 [common talk]
❶[속뜻] 속(俗)된 학설(學說). ❷민간에 전하여 내려오는 설(說). ¶소의 간이 시력 회복에 좋다는 속설이 있다.

속성 屬性 | 붙일 속, 성질 성 [attribute; property]
사물의 본질을 이루거나 붙어있는[屬] 특징이나 성질(性質). ¶물질의 속성.

속세 俗世 | 속될 속, 세상 세 [this world; mundane life]
❶[속뜻] 속(俗)된 세상(世上). ❷[불교] 불가에서 일반 사회를 이르는 말. ¶속세를 떠나다 / 속세와의 인연을 끊다. [비] 세속.

속ː-셈 [have a secret intention]
❶마음속으로 하는 궁리. 속다짐. ¶그는 도대체 무슨 속셈일까? ❷연필이나 계산기를 쓰지 않고 마음속으로 하는 계산. ¶서희는 속셈을 잘한다. [비] 흉산(胸算), 심산(心算), 암산(暗算).

속ː속-들이 [to the core; thoroughly]
깊은 속까지 샅샅이. ¶속속들이 알다.

속수 束手 | 묶을 속, 손 수 [helplessness]
'속수무책'의 준말.

▶**속수-무책 束手無策** | 없을 무, 꾀 책
손[手]이 묶인[束] 듯이 방법[策]이 없어[無] 꼼짝 못함. ¶나로서도 어떻게 처리해야 할지 속수무책이었다. [준] 속수.

속ː씨-식물 (—植物, 심을 식, 만물 물) [angiosperm]
[식물] 꽃식물 가운데 밑씨가 씨방 안에 싸여 있는 식물(植物). 감나무·벚나무·진달래·국화·벼 따위 대부분의 종자식물이 이에 해당한다. [반] 겉씨식물.

속어 俗語 | 속될 속, 말씀 어 [slang word]
❶[속뜻] 민간에서 통속적으로 쓰이는 속(俗)된 말[語]. ❷세간의 상스러운 말. ¶상스러운 속어를 쓰지 말자.

속ː-옷 [underwear; underclothes]
맨 속에 껴입는 옷. [비] 내의(內衣). [반] 겉옷.

속-이다 (欺, 속일 기; 詐, 속일 사) [deceive; cheat; trick]
거짓을 참으로 곧이듣게 하다. ¶귀신은 속여도 내 눈은 못 속인다 / 피는 못 속인다. [비] 기만(欺瞞)하다.

속임-수 (—數, 셀 수) [(fraudulent) trick; cheat(ing)]
남을 속이는 일. 또는 그런 술수(術數). ¶속임수에 넘어가다.

속ː-잎 [inner leaves (of a vegetable)]
풀이나 나무의 우듬지 속에서 새로 돋아

나는 잎.

속-장경 續藏經 | 이을 속, 감출 장, 책 경
불교 고려시대의 대장경(大藏經)을 편찬할 때 빠진 것을 의천이 이어[續] 모아 엮은 책.

속절-없이 [helplessly; hopelessly]
어찌할 도리가 없이. ¶그들은 자신들의 집이 불에 타는 것을 속절없이 지켜보았다.

속죄 贖罪 | 속바칠 속, 허물 죄
[atone for; make atonement for]
❶속뜻 금품을 주거나 공로를 세워 죄(罪)를 씻음[贖]. ¶그는 속죄하는 마음으로 여생을 보냈다. ❷기독교 '예수의 희생'을 이르는 말.

속출 續出 | 이을 속, 날 출
[occur in succession]
잇달아[續] 나옴[出]. ¶걱정거리가 속출하다.

속:-치마 [underskirt; slip]
속에 입는 치마.

속칭 俗稱 | 속될 속, 일컬을 칭
[popular name]
세속(世俗)에서 흔히 일컫는[稱] 말. 또는 그러한 호칭이나 명칭. ¶'김병연'은 속칭 '김삿갓'으로 알려져 있다.

속편 續編 | 이을 속, 엮을 편
[sequel; second volume]
책이나 영화 등에서 본편에 이어[續] 엮은[編] 것. ¶속편은 전편보다 내용이 풍부하다.

속-하다 (屬—, 엮을 속) [belong to; be affiliated with the party]
무엇에 관계되어[屬] 딸리다. ¶고래는 포유류에 속한다.

속-히 (速—, 빠를 속) [fast; hastily]
빨리[速]. 서둘러서. ¶일이 끝나는 대로 속히 이곳을 떠나라.

솎다 [thin (out); weed out]
촘촘히 나 있는 것을 군데군데 골라 뽑아 성기게 하다. ¶상추를 솎다.

손[1](手, 손 수) [hand]
❶사람의 팔목에 달린 손가락과 손바닥이 있는 부분. ¶그녀의 손을 잡다. ❷손가락. ¶손에 낀 반지. ❸일손. 품. ¶손이 모자라다 / 손이 많이 가다. 관용 손을 떼다 / 손이 크다.

손[2](客, 손 객) [guest; visitor]
딴 곳에서 찾아온 사람. ¶손을 대접하다. ⓑ 주인(主人).

손:[3] 孫 | 손자 손 [descendants]
자신의 세대에서 여러 세대가 지난 뒤의 자녀를 통틀어 이르는 말. '후손'(後孫)의 준말. ¶손이 끊기다.

손-가락 [finger]
손끝에 달려 있는 다섯 개의 갈라진 가락.
▸손가락-질
❶손가락으로 가리키는 일. ❷남을 얕보거나 흉보는 일. ¶나는 남에게 손가락질 받을 만한 일은 하지 않았다 / 동네 사람들은 모두 그를 손가락질했다. ⓑ 지시(指示), 비난(非難), 지탄(指彈).

손-가마 [lady chair]
두 사람이 손을 '井' 자처럼 엮어서 사람을 태우는 놀이.

손-가방 [hand bag]
손으로 들고 다니는 작은 가방. ¶손가방에서 지갑을 꺼냈다. ⓑ 핸드백.

손-거울 [hand glass]
손에 들고 쓰는 작은 거울.

손-금 [lines of the palm]
손바닥의 살결이 줄무늬를 이룬 금. ¶손금을 보다. ⓑ 수상(手相).

손-길 [outstretched hand]
❶손바닥을 펴 내민 손. ¶손길이 닿는 가까운 거리. ❷돌보아 주거나 도와주는 일. ¶따뜻한 구호의 손길. ❸무엇을 하는 손의 움직임. 또는 가꾸고 다듬는 솜씨. ¶논의 모를 심는 농부의 손길이 바쁘다.

손-꼽다 [count on one's fingers]

❶손가락을 꼽아 수를 세다. ¶동생은 생일을 손꼽아 기다리고 있다. ❷많은 가운데에서 특히 손가락을 꼽아 셀 정도로 뛰어나 있다. ¶그는 손꼽을 만한 부자이다.

손-꼽히다
많은 가운데에서 손가락으로 꼽아 셀 정도로 뛰어난 축에 속하다. ¶제주도는 인기 있는 여행지 중 한 곳으로 손꼽힌다.

손-끝 [fingertip]
손가락의 끝. ¶형은 집에서는 손끝 하나 까딱 안 한다.

손-날
손바닥을 폈을 때, 새끼손가락 끝에서 손목에 이르는 부분. ¶관장님은 손날로 벽돌을 잘랐다.

손녀 孫女 | 손자 손, 딸 녀 [granddaughter]
딸이나 아들, 즉 자손(子孫)의 딸[女]. ¶할머니가 손녀를 품에 안고 자장가를 불러 주었다. [반] 손자(孫子).

▸ 손녀-딸 (孫女—)
'손녀'(孫女)를 귀엽게 이르는 말.

손-놀림
[way of using one's hand]
손을 움직이는 일. 손의 동작. ¶손놀림이 능숙하다.

손-님 [caller; customer]
❶다른 곳에서 찾아온 사람. '손'의 높임말. ❷여관이나 음식점 따위의 영업하는 장소에 찾아온 사람. '손'의 높임말. ¶단골 손님 / 요즘 가게에 손님이 늘었다. [반] 주인(主人).

▸ 손님-상 (—床, 평상 상)
손님을 위하여 차린 밥상(床). ¶어머니는 손님상에 생선을 구워 올렸다.

손-대다 [touch; start]
❶손으로 만지다. 손으로 건드리다. ¶도자기에 손대지 마라. ❷일을 시작하다. ¶사업에 손대다.

손-도장 (—圖章, 그림 도, 글 장) [thumb impression]
도장(圖章) 대신 찍는 엄지손가락의 무늬. [비] 지장(指章).

손-들다 [raise one's hand; give in]
❶손을 들다. ¶정답을 아는 학생은 손들어 주세요. ❷자기의 능력에서 벗어나 포기하다. ¶우리 가족 모두 동생의 고집에 손들었다.

손-등 [back of the hand]
손의 바깥쪽. 곧, 손바닥의 뒤. ¶손등으로 얼굴에 흐르는 땀을 닦았다.

손-때 [dirt from the hands]
손을 대어 건드리거나 매만졌기 때문에 생긴 때. ¶손때가 묻은 책이라 버릴 수 없다.

손-마디
손가락의 마디. ¶거친 손마디는 그가 살아온 인생을 말해 준다.

손-맛
❶낚싯대를 잡고 있을 때, 입질이나 물고 당기는 힘이 손에 전해 오는 느낌. ❷음식을 만들 때의 솜씨로 우러나오는 맛. ¶어머니의 손맛.

손-목 [wrist; carpus]
손과 팔이 이어진 부분. 곧, 손의 관절이 있는 곳. ¶어머니는 떠나는 아들의 손목을 잡았다.

손-바닥 [palm of the hand]
손의 안쪽. 곧, 손등과 반대되는 곳. ¶손바닥에 못이 박이도록 일을 하다.

손-발 [hands and feet]
손과 발. ¶손발이 닳도록 빌다. [비] 수족(手足). [관용] 손발이 맞다.

손-버릇
[any habitual action of the hands]
남의 물건을 훔치거나 남을 때리는 따위의 나쁜 버릇. ¶손버릇이 나쁘다.

손-보다 [care for; take care of]
❶잘 손질을 하여 보살피다. ¶고장이 난 자전거를 손보다. ❷혼이 나도록 몹시 때리다. ¶너를 괴롭히는 녀석은 내가 손보

아 주겠다.

손뼉 [palm of one's hand]
손바닥과 손가락을 합친 전체의 바닥. ¶손뼉을 치다.

손:상 損傷 | 덜 손, 다칠 상
[damage; injure
온전한 것이 덜거나[損] 다침[傷]. ¶손상되지 않도록 잘 다루다.

손:색 遜色 | 못할 손, 빛 색 [inferior in]
❶속뜻 다른 것과 비교하여 빛깔[色]이 조금 못하거나[遜] 떨어짐. ❷다른 것과 견주어 보아 못한 점. ¶이 영화는 당대 최고의 작품이라고 해도 손색이 없다 / 그 청년은 어디에 내놓아도 손색없는 신랑감이다.

손수 [in person; personally]
남의 힘을 빌리지 않고 직접 자기 손으로. ¶인형을 손수 만들다. ⓑ몸소, 스스로, 직접, 친히.

손-수건 (–手巾, 손 수, 수건 건)
[handkerchief]
몸에 지니는 작은 수건(手巾). ¶손수건으로 땀을 닦다.

손-수레 [handcart]
사람이 손으로 끄는 작은 수레. ¶손수레로 짐을 나르다. ⓑ리어카.

손-쉽다 [easy; simple]
처리하거나 다루기가 어렵지 않다. ¶그는 무거운 물건을 손쉽게 옮겼다.

손:실 損失 | 상할 손, 잃을 실
[damage; suffer a loss]
상하거나[損] 잃어버림[失]. 또는 그 손해. ¶재산 손실 / 전쟁으로 인명과 물자를 손실했다 / 전통 문화가 손실되는 것이 안타깝다. ⓑ이득(利得).

손-아귀 [space between the thumb and the fingers]
❶엄지손가락과 다른 네 손가락과의 사이. ❷세력이 미치는 범위. ¶적군의 손아귀에서 벗어나다.

손-아래 [juniority; being younger]
항렬이나 나이가 자기보다 낮은 관계. 또는 그런 관계에 있는 사람. ⓑ손위.

손아랫-사람
손아래가 되는 사람. ⓑ손윗사람.

손오공 孫悟空 | 손자 손, 깨달을 오, 빌 공
문학 중국 명대의 장편 소설 『서유기』(西遊記)의 주인공인 원숭이. 신통력을 얻어 천상계로 가서 횡포를 부리다가 석가여래의 법력으로 진압된다. 이후 삼장 법사에게 구출되어 그를 따라서 수많은 어려움을 이겨내고 인도에서 경전을 가져온다.

손-위 [seniority]
항렬이나 나이가 자기보다 높은 관계. 또는 그런 관계에 있는 사람. ¶그는 나보다 네 살 손위다. ⓑ손아래.

손윗-사람
손위가 되는 사람. ⓑ손아랫사람.

손:익 損益 | 덜 손, 더할 익
[profit and loss; loss and gain]
❶속뜻 덜어짐[損]과 더해짐[益]. ❷손실(損失)과 이익(利益). ¶손익을 따지다.

손자 孫子 | 손자 손, 아이 자
[grandchild; grandson]
손(孫)을 이을 아이[子]. 자식의 자식. ⓑ손녀(孫女).

손-자국 [handprint]
손이 닿았던 흔적. ¶거울에 손자국이 여기저기 묻어 있다.

손-잡다 [grasp another's hand; join hands with]
❶손과 손을 마주 잡다. ¶그와 손잡고 공원을 걸었다. ❷서로 힘을 합하여 함께 일을 하다. ¶앞으로 손잡고 열심히 일해 보세.

손-잡이 [handle; grip]
무슨 물건에 덧붙여서 손으로 잡게 된 부분. ¶손잡이를 돌려 문을 열다.

손-장난 [toying with one's hands]
쓸데없이 손을 놀려서 하는 여러 가지 장

난.

손-재주 [hand skill; dexterity]
손으로 무엇을 만드는 재주. ¶누나는 손 재주가 좋다. ㈥손재간.

손-전등 (一電燈, 전기 전, 등불 등) [flashlight]
건전지를 전원으로 하여 불이 들어오게 된, 손에 들고 다니며 쓸 수 있는 작은 전등(電燈).

손-지갑 (一紙匣, 종이 지, 상자 갑) [purse]
손에 가지고 다니는 작은 지갑(紙匣).

손-질 [handling; repair]
손을 대어 잘 매만지는 일. ¶정원을 손질하다.

손-짓 [gesture (of one's hand); signs]
손을 놀려서 어떤 뜻을 나타내는 일. ¶그는 손짓으로 종업원을 불렀다 / 그는 우리에게 빨리 오라고 손짓했다.

손-찌검 [beat; hit]
손으로 남을 때리는 일. ¶그는 난데없는 손찌검에 어안이 벙벙해졌다.

손-톱 [fingernail; nail]
손가락 끝에 있어 그 부분을 보호하는 딱딱하고 얇은 조각. ¶손톱을 깎다.

▸손톱-깎이
손톱을 깎는 기구.

손-풍금 (一風琴, 바람 풍, 거문고 금) [accordion; melodeon]
음악 주름상자를 늘였다 줄였다 하면서 바람[風]을 불어넣으며, 연주하는 건반악기[琴].

손:해 損害 | 덜 손, 해칠 해 [damage; loss]
금전, 물질 면에서 본디보다 밑지거나[損] 해(害)를 봄. ¶손해를 보다. ㈥손실(損失). ㈤이익(利益).

솔[1] [pine; pine tree]
식물 소나무.

솔:[2] [brush]
먼지·때를 쓸어 떨어뜨리거나 풀칠할 때 쓰는 도구. ¶솔로 옷의 먼지를 쓸어내리다.

솔[3] {이 sol}
음악 서양 음악의 7음 체계에서, 다섯 번째 계이름. 음이름 '사'와 같다.

솔-가지 [pine twigs]
꺾어서 말린 소나무 가지의 땔나무.

솔개 [(black) kite]
동물 어두운 갈색의 큰 새. 공중에서 날개를 편 채로 맴돌다가 들쥐, 개구리 따위를 잡아먹는다. ¶솔개가 병아리를 채갔다.

솔기 [seam]
옷의 두 폭을 맞대고 꿰맨 줄. ¶바지의 솔기가 터지다.

솔깃-하다 [be interested in]
그럴듯하게 여기어 마음이 쏠리는 데가 있다. ¶나는 특별 세일이라는 말에 귀가 솔깃해서 물건을 샀다.

솔로 {이 solo}
음악 혼자 노래하거나 연주하는 것. ¶솔로 공연.

솔-바람
소나무에 이는 바람. ¶멀리서 솔바람 소리가 솨솨 들려왔다.

솔-방울 [pinecone; cone]
소나무 열매의 송이. ¶솔방울로 술을 담그다.

솔-밭 [pine grove; pine forest]
소나무가 많이 들어선 땅.

솔선 率先 | 거느릴 솔, 먼저 선 [take up the running]
❶속뜻 남보다 먼저[先] 나서서 다른 사람들을 거느림[率]. ❷앞장서서 모범을 보임. ¶그녀는 솔선하여 봉사 활동에 참여했다.

▸솔선-수범 率先垂範 | 드리울 수, 본보기 범
앞장서서[率先] 모범(模範)을 보임[垂]. ¶자식을 올바르게 가르치기 위해서는 부모가 먼저 솔선수범해야 한다.

솔솔 [softly; gently]
❶바람이 부드럽고 가볍게 부는 모양. ¶가을바람이 솔솔 분다. ❷물·가루 등이 잇달아 가볍게 새어 나오거나 흐르는 모양. ¶밀가루가 봉지에서 솔솔 새어 나온다.

솔-숲 [pine wood; pinery]
소나무가 우거진 숲. ㊞ 송림(松林).

솔-이끼 [hair moss]
식물 비늘 조각 모양의 잎이 빽빽이 나는 이끼. 산속의 그늘진 습지에 모여 자란다.

솔-잎 [pine needles]
소나무의 잎. ㊞ 송엽(松葉).

솔직 率直 | 소탈할 솔, 곧을 직
[honest; frank]
거짓이나 숨김이 없이 소탈하고[率] 올곧음[直]. ¶나는 너의 솔직한 생각을 듣고 싶다. ㊞ 꾸밈없다.

솔ː-질 [brush]
솔로 먼지 등을 문질러 털거나 닦는 일.

솜ː (綿, 솜 면) [cotton wool; wadding]
목화에서 씨를 뽑아내고 남은 섬유질의 물건. 면직물의 재료로 쓴다. ¶솜을 넣은 이불.

솜ː-뭉치 [wad of cotton]
솜을 뭉쳐 놓은 덩어리.

솜ː-방망이
솜을 쇠꼬챙이 끝에 뭉쳐 붙이고 방망이처럼 묶은 것. 기름을 찍어 횃처럼 불을 밝힌다.

솜ː-사탕 [cotton candy; spun sugar]
빙빙 도는 기계에 설탕을 넣어 솜같이 부풀려 만든 과자. ¶하늘의 구름이 솜사탕 같다.

솜씨 [skill; dexterity]
손으로 물건을 만들거나 일을 하는 재주. ¶요리 솜씨가 좋다.

솜ː-옷 [padded clothes]
솜을 넣고 지은 옷. ¶겨울에 솜옷을 입으면 따뜻하다.

솜ː-이불
안에 솜을 두어 지은 이불.

솜ː-털 [down; fluff]
썩 잘고 보드랍고 고운 털. ¶이불이 솜털처럼 가볍다.

솟구-치다
[raise quickly; make a quick rise]
빠르고 세게 솟구다. ¶불길이 솟구쳐 오른다.

솟다 [gush out; rise]
❶아래에서 위로나, 속에서 겉으로 세차게 나오다. ¶비행기가 하늘 높이 솟았다. ❷힘이나 의욕 따위가 생기다. ¶나는 그 생각만 하면 기운이 솟는다.

> **♣ 솟다 / 오르다** (비슷한 듯 다른 말)
>
> ○ 과일 값이 갑자기 솟았다 = 올랐다.
>
> ○ 나는 그 생각만 하면 용기가 솟는다.
> × 나는 그 생각만 하면 용기가 오른다.
>
> ○ 가파른 층계를 오르다.
> × 가파른 층계를 솟다.

솟ː-대
민속 섣달 무렵에 농가에서 새해의 풍년을 바라는 뜻으로 볍씨를 주머니에 넣어 높이 달아매는 장대.

솟아-나다 [well up; spring out]
❶솟아서 밖으로 나오다. ❷힘이나 감정 따위가 생기다. ¶그를 보자 힘이 솟아나기 시작했다. 속담 하늘이 무너져도 솟아날 구멍이 있다.

솟아-오르다 [soar; fly up]
❶솟아서 위로 오르다. ¶불길이 솟아오르다. ❷힘이나 감정 따위가 힘차게 일어나다. ¶솟아오르는 희망.

솟을-대문 (-大門, 큰 대, 문 문)
[tall gate]
건설 행랑채의 지붕보다 높이 솟게 만든 대문(大門).

송골-매 (松鶻-, 소나무 송, 송골매 골)

[Siberian peregrine falcon]
동물 독수리보다 작으며 등은 회색, 배는 누런 백색의 매. 부리와 발톱은 갈고리 모양이며, 작은 새를 잡아먹는다. ㊟ 매.

송골-송골 [in profuse beads]
땀·물방울·소름 따위가 살갗이나 표면에 자디잘게 많이 돋아나는 모양. ¶이마에 땀이 송골송골 맺히다.

송ː곳 [awl]
작은 구멍을 뚫는 데 쓰는 끝이 뾰족한 연장. ¶송곳으로 구멍을 뚫다.
▸송ː곳-니
의학 앞니와 어금니 사이에 있는 뾰족한 이.

송ː구 悚懼 | 두려워할 송, 두려워할 구
[be much obliged to; be sorry regret]
미안하고 두렵다[悚=懼]. ¶송구한 마음 / 과분하게 칭찬하니 송구스럽습니다.

송ː구-영신 送舊迎新 | 보낼 송, 옛 구, 맞이할 영, 새로울 신 [see the old year out and the new year in]
묵은해[舊]를 보내고[送] 새해[新]를 맞이함[迎]. ㊟ 송영.

송ː금 送金 | 보낼 송, 돈 금
[remit money]
돈[金]을 부침[送]. 또는 그 돈. ¶송금 수수료 / 월급의 반 이상을 동생에게 송금했다.

송-나라 (宋—, 송나라 송)
역사 960년에서 1279년까지 중국을 지배하던 왕조. 예술, 사상 및 각종 실용기술의 발달이 두드러져, 문화적으로 풍요롭던 시기로 고려와도 교류가 많았다. 훗날 원나라에게 멸망당한다.

송ː년 送年 | 보낼 송, 해 년
[bidding the old year out]
한 해[年]를 보냄[送]. ¶송년모임. ㊥ 영년(迎年).

송ː덕 頌德 | 기릴 송, 베풀 덕 [eulogy]
공덕(功德)을 기림[頌].
▸송ː덕-비 頌德碑 | 비석 비
공덕(功德)을 기리기[頌] 위하여 세운 비석(碑石).

송두리-째 [root and all; all]
있는 전부를 모조리. ¶도박으로 재산을 송두리째 날리다.

송림 松林 | 소나무 송, 수풀 림
[pine forest]
소나무[松]가 우거진 숲[林]. ¶해변을 따라 송림이 울창하게 우거져 있다. ㊥ 솔숲.

송ː별 送別 | 보낼 송, 나눌 별 [farewell]
멀리 떠나는[別] 이를 보냄[送]. ¶송별의 정을 나누다.
▸송ː별-회 送別會 | 모일 회
송별(送別)의 서운함을 달래기 위한 뜻으로 여는 모임[會].

송ː사 送辭 | 보낼 송, 말씀 사
[farewell speech]
떠나는 사람을 이별하여 보내면서[送] 하는 인사말[辭]. ¶교장 선생님이 송사를 하셨다. ㊥ 송별사(送別辭). ㊥ 답사(答辭).

송ː사리 [minnow]
동물 잿빛을 띤 엷은 갈색의 작은 민물고기. 옆구리에 작고 검은 점이 많이 있다.

송상 松商 | 소나무 송, 장사 상
역사 조선 때, 송도(松都)의 상인(商人)을 이르던 말.

송송
❶피부에 잔 땀방울이나 소름 따위가 많이 난 모양. ¶땀방울이 송송 맺히다. ❷연한 물건을 아주 잘게 빨리 써는 모양. ¶파를 송송 썰다. ❸아주 작은 구멍이 빈틈없이 뚫린 모양. ¶구멍 송송 나 있다.

송ː신 送信 | 보낼 송, 소식 신
[transmit a message]
전보, 전화, 편지 따위로 소식[信]을 보냄[送]. ¶무선으로 전파를 송신하다. ㊥ 수신(受信).
▸송ː신-기 送信機 | 틀 기
통신 유무선의 통신기의 통신(通信)을 보내는[送] 장치[機]. ㊥ 수신기(受信機).

송아지 [calf]
어린 소. ¶소가 어젯밤 송아지를 낳았다.

송알-송알 [in profuse drops]
땀방울·물방울 따위가 방울방울 엉긴 모양. ¶이마에 땀이 송알송알 맺혀 있다.

송어 松魚 | 소나무 송, 물고기 어 [trout]
❶속뜻 소나무[松] 껍질 무늬 모양이 있는 물고기[魚]. ❷동물 연어과의 물고기. 등은 짙은 남색, 배는 은백색이다. 산란기에 강을 거슬러 올라간다.

송:유-관 送油管 | 보낼 송, 기름 유, 대롱 관 [oil pipeline]
석유(石油)나 원유(原油) 등을 딴 곳으로 보내는[送] 관(管).

송이[1] [bunch (of); cluster (of)]
❶꽃, 열매, 눈 따위가 따로따로 다른 꼭지에 달린 한 덩이. ¶나는 꽃묶음 속에서 꽃이 시든 송이를 골라 버렸다. ❷꼭지에 달린 꽃이나 열매 따위를 세는 단위. ¶포도 세 송이.

▸송이-송이
여럿 있는 송이마다 모두.

송이[2] 松栮 소나무 송, 버섯 이 [pine mushroom]
식물 추석 무렵 솔[松]밭에 나는데 버섯[栮]. 향기가 좋고 맛이 있어 식용한다.

▸송이-버섯 (松栮―)
식물 송이.

송:장 [dead body; corpse]
사람의 죽은 몸뚱이. ⓑ 시신(屍身), 시체(屍體).

송:전 送電 | 보낼 송, 전기 전 [supply the (electric) current]
전력(電力)을 보냄[送].

송진 松津 | 소나무 송, 끈끈할 진 [(pine) resin; pitch]
소나무[松]에서 나오는 진액(津液).

송충-이 (松蟲―, 소나무 송, 벌레 충) [pine caterpillar]
동물 솔[松]나방의 애벌레[蟲]. 몸은 누에 모양이며 몸빛은 흑갈색이다. 온몸에 긴 털이 나 있으며 솔잎을 갉아먹는 해충이다.

송판 松板 | 소나무 송, 널빤지 판 [pine board]
소나무[松]를 켜서 만든 널빤지[板]. ¶대패로 송판을 밀었다.

송편 (松―, 소나무 송)
반죽한 멥쌀가루에 소를 넣고 빚어 솔[松]잎을 깔고 찐 떡. ¶추석에 가족과 함께 송편을 빚었다. ⓑ 송병(松餠).

송화[1] 松花 | 소나무 송, 꽃 화 [flowers of the pine]
소나무[松]의 꽃[花]. 또는 그 꽃가루.

송:화[2] 送話 | 보낼 송, 말할 화 [transmit]
전화로 상대편에게 말[話]을 보냄[送]. ⓑ 수화(受話).

▸송:화-기 送話器 | 그릇 기
전화기 등을 통해 상대편에게 한 말[話]을 보내는[送] 기기(器機)로 바꾸는 장치. ⓑ 수화기(受話器).

송:환 送還 | 보낼 송, 돌아올 환 [send back; repatriate]
돌려[還] 보냄[送]. ¶탈북자를 강제로 송환하다.

솥 (鼎, 솥 정) [pot; kettle]
쇠나 양은 따위로 만든, 음식을 끓이는 그릇. ¶솥에 쌀을 안치다.

솥-뚜껑 [lid of a kettle]
솥의 뚜껑. 속담 자라 보고 놀란 가슴 솥뚜껑 보고 놀란다.

쏴 [with a cool gust; briskly]
물·액체가 세게 흐르는 소리. ¶물이 쏴 쏟아져 나왔다.

쇄:국 鎖國 | 잠글 쇄, 나라 국 [close a country]
❶속뜻 나라[國] 문을 잠금[鎖]. ❷외국과의 교통이나 무역을 막음. ⓑ 개국(開國).

▸쇄:국 정책 鎖國政策 | 정치 정, 꾀 책
정치 외국(外國)과의 통상이나 교역을 하

지 않거나[鎖國] 극히 제한하는 정책(政策). ¶흥선대원군은 쇄국정책을 썼다. [반] 개방 정책(開放政策).

▸쇄:국-주의 鎖國主義 | 주될 주, 뜻 의
[정치] 외국과의 통상 및 교역을 거절하고 나라[國]의 문을 닫아야[鎖] 한다는 주의(主義). [반] 개국주의(開國主義).

쇄:도 殺到 | 빠를 쇄, 이를 도 [rush in]
세차고 빠르게[殺] 몰려듦[到]. ¶상품을 문의하는 전화가 쇄도하다.

쇄:신 刷新 | 쓸어낼 쇄, 새 신 [reform; renovate]
묵은 것이나 폐단을 쓸어내어[刷] 새롭게[新] 함. ¶회사의 기강을 쇄신하다.

쇠 (金, 쇠 금) [iron; metal]
자성이 강한 금속 원소의 하나. 습한 곳에서는 녹슬기 쉽다. [비] 철(鐵).

쇠:-가죽 [oxhide; cowhide]
소의 가죽. 소가죽. [비] 우피(牛皮).

쇠:-갈비 [ribs of beef]
소의 갈비. 소갈비.

쇠:-고기 [beef]
소의 고기. 소고기. [비] 우육(牛肉).

쇠-고랑 [handcuffs; manacles]
죄인이나 피의자의 손목에 채우는 쇠로 만든 형구(刑具). ¶쇠고랑을 차다.

쇠-고리 [iron ring; clasp]
쇠로 만든 고리. ¶문에 쇠고리를 달고 자물쇠를 걸다.

쇠-구슬
쇠로 만든 구슬.

쇠:-귀 [cows ears]
소의 귀. 소귀. [속담] 쇠귀에 경 읽기.

쇠:-기름 [(beef) tallow]
소의 기름. 소기름.

쇠:다 [celebrate; observe]
명절·생일 같은 날을 기념하고 지내다. ¶설을 쇠다.

쇠:-똥 [cattle dung]
소의 똥.

▸쇠:똥-구리
[동물] 몸빛은 검고 광택이 있으며, 짐승의 똥을 둥글리어 흙 속에 묻고 그 속에 산란하는 곤충.

쇠뜨기 [field horsetail]
[식물] 땅속줄기가 길게 가로 뻗으며, 마디에서 해마다 땅위줄기가 곧게 나는 풀. 홀씨를 형성하는 어린 줄기는 '뱀밥'이라고 하여 식용하고 홀씨를 형성하지 않는 줄기는 민간에서 이뇨제로 쓴다.

쇠-망치 [iron hammer]
쇠로 만든 망치. ¶쇠망치로 못을 박다.

쇠-붙이 [ironware; hardware]
열이나 전기를 잘 전도하고, 펴지고 늘어나는 성질이 풍부하며, 특수한 광택을 가진 물질을 통틀어 이르는 말. ¶쇠붙이는 자석에 붙는다. [비] 금속(金屬).

쇠:-뿔 [cow's horn; oxhorn]
소의 뿔. 소뿔. [비] 우각(牛角). [속담] 쇠뿔도 단김에 빼라.

쇠-사슬 [metal chain]
쇠로 만든 고리를 여러 개 걸어 이어서 만든 줄. ¶개가 쇠사슬에 매여 있다.

쇠스랑 [rake; forked rake]
[농업] 쇠로 서너 개의 발을 만들고 자루를 박은 갈퀴 모양의 농기구. ¶농부가 쇠스랑으로 땅을 고르고 있다.

쇠약 衰弱 | 쇠할 쇠, 약할 약 [weak]
몸이 쇠퇴(衰退)하여 약(弱)함. ¶신경 쇠약 / 노인들은 나이가 들면서 기력이 쇠약해진다.

쇠-창살 (—窓—, 창문 창) [grating]
쇠로 만든 창(窓)살.

***쇠퇴 衰退** | =衰頹, 쇠할 쇠, 물러날 퇴 [decline; decay]
기세가 쇠(衰)하여 무너짐[退]. ¶국력의 쇠퇴 / 나이가 들면 기억력이 점점 쇠퇴한다. [반] 왕성(旺盛), 흥성(興盛), 번창(繁昌), 번성(繁盛).

쇠-하다 (衰—, 쇠할 쇠)

[become weak; fail]
힘이나 세력 따위가 점점 줄어서 약해지다[衰]. ¶그의 몸은 하루가 다르게 쇠하여 가고 있다.

쇤:-네 [I; me; your humble servant]
예전에, 상전(上典)에 대하여 하인·하녀 등이 자신을 낮추어 일컫던 말. ¶무슨 말씀이신지 쇤네는 잘 모르겠습니다.

쇳-가루
쇠의 가루. ¶공장 바닥에 쇳가루가 쌓여 있다.

쇳-물 [metallic stain]
❶쇠의 녹이 우러난 물. ❷쇠가 높은 열에 녹은 물. ¶도가니 안에서 쇳물이 끓고 있다.

쇳-소리 [metallic sound]
쇠붙이가 부딪쳐 나는 소리. 또는 쨍쨍 울리는 날카로운 목소리. ¶쇠망치로 철을 두드리자 쇳소리가 났다.

쇼 {영 show}
춤과 노래 따위를 엮어 무대에 올리는 오락. ¶돌고래 쇼를 구경하다.

쇼크 {영 shock}
갑자기 당하는 큰일 때문에 생기는 마음의 놀라움과 동요. ¶그는 그 소식을 듣고 심한 쇼크를 받았다. ㊥심적 충격.

쇼핑 {영 shopping}
백화점이나 상점을 구경하고 돌아다니며 물건을 사는 일. ¶우리는 토요일마다 쇼핑을 한다.

▸ **쇼핑-백** {영 shopping bag}
산 물건을 넣는 자루나 가방 따위. ¶점원은 물건을 쇼핑백에 담아 주었다.

숄 {영 shawl}
여자들이 장식이나 보온용으로 어깨에 걸치는 넓고 긴 천. ¶그 부인은 커다란 숄을 어깨에 걸치고 있다.

수[1] [way; measure]
일을 처리하는 방법이나 수단. ¶뾰족한 수가 없다.

수[2] **水** | 물 수 [Wednesday]
'수요일'(水曜日)의 준말.

수[3] **秀** | 빼어날 수 [Excellent; A]
수(秀)·우(優)·미(美)·양(良)·가(可)로 성적을 매길 때, 가장 높은 등급. ¶국어에서 수를 받았다.

수[4] **首** | 머리 수 [poem; piece]
시나 노래를 세는 단위. ¶할아버지가 시 한 수를 읊었다.

수:[5] **數** | 셀 수 [number]
❶셀 수 있는 물건의 많고 적음. ¶학생 수가 많다. ❷[수학] 자연수·완전수·정수·유리수·분수·무리수 등의 총칭.

수:[6] **繡** | 수놓을 수 [embroidery]
헝겊에 색실로 그림·글자 등을 떠서 놓는 일. 또는 그 그림이나 글자. ¶수를 놓다.

수감 收監 | 거둘 수, 감방 감
[confine in prison]
죄인 등을 감방(監房)에 가둠[收]. ¶그는 교도소에 수감 중이다.

수갑 手匣 | 손 수, 상자 갑
[handcuffs; cuffs]
피의자나 피고인 또는 수형자(受刑者)의 손목[手]에 채우는 형구[匣]. ¶경찰은 범인에게 수갑을 채웠다.

수강 受講 | 받을 수, 익힐 강
[attend a lecture; take a course]
강의(講義)를 듣거나 강습(講習)을 받음[受]. ¶수강 신청 / 한국사 과목을 수강하다.

수거 收去 | 거둘 수, 갈 거
[take away; remove]
거두어[收] 감[去]. ¶분리수거 / 집배원이 우편물을 수거해 갔다.

▸ **수거-함 收去函** | 상자 함
무엇을 한데 모아 가져가기 위해 담아 두는[收去] 상자나 함(函). ¶헌옷 수거함.

수:건 手巾 | 손 수, 수건 건 [towel]
얼굴이나 손[手] 따위를 닦는 헝겊[巾]. ¶이 수건으로 머리를 말리세요.

▸수:건-돌리기 (手巾—)
술래가 된 사람이 빙 둘러 앉은 사람들의 뒤를 돌다가 어떤 한 사람 뒤에 수건(手巾)을 놓고 한 바퀴 돌 때까지 자기 뒤에 수건이 있는지 모르고 앉아 있으면 그 사람이 술래가 되는 놀이.

수경 水鏡 | 물 수, 거울 경
[swimming goggles]
물[水] 속에서 보기 위해 쓰는 안경(眼鏡). ¶수영을 할 때에는 수경을 껴야 한다.

수:고 [work hard; take pains; suffer]
일을 하는 데 힘을 들이고 애를 씀. 또는 그런 어려움. ¶수고를 덜다 / 수고한 보람이 없었다.

수공 手工 | 손 수, 장인 공
[manual work]
❶ 속뜻 손[手]으로 하는 공예(工藝). ❷ 손으로 하는 일의 품. 또는 그 품삯. ¶한복을 만들려면 수공이 많이 든다.

▸수공-업 手工業 | 일 업
간단한 도구와 손[手]으로 물건을 만드는[工] 작은 규모의 일[業]. ¶가내 수공업.

▸수공-품 手工品 | 물건 품
손[手]으로 만든[工] 공예품(工藝品).

▸수공업-자 手工業者 | 일 업, 사람 자
수공업(手工業)을 전문적으로 일하는 사람[者].

수-공예 手工藝 | 손 수, 장인 공, 재주 예
[handicrafts and manual arts]
손[手]이나 간단한 도구로 물건을 만드는 공예(工藝). ¶통영은 나전칠기 수공예가 발달했다.

수교 修交 | 닦을 수, 사귈 교
[form a good relationship]
나라와 나라 사이에 교제(交際)의 길을 닦아[修] 맺음. ¶수교를 맺다 / 중국과 수교하다.

수구 水球 | 물 수, 공 구 [water polo]
운동 각각 일곱 사람으로 이루어진 두 편이 물[水] 속에서 공[球]을 상대편 골에 넣어 득점의 많고 적음으로 승부를 겨루는 경기.

***수군** 水軍 | 물 수, 군사 군
[naval forces]
역사 배를 타고 바다[水]에서 싸우던 군대(軍隊). 지금의 해군(海軍)에 해당한다. ¶이순신 장군은 수군을 이끌고 왜구를 물리쳤다.

수군-거리다
[whisper; exchange whispers]
낮은 소리로 자꾸 가만가만 말하다. ¶마을 사람들은 뭔가 수군거렸다. ⓑ 수군대다.

수궁 水宮 | 물 수, 집 궁
물[水] 속에 있다는 상상의 궁궐(宮闕). ¶자라는 토끼를 수궁으로 데려왔다. ⓑ 용궁(龍宮).

수그러-들다
[be softened; become mild]
❶안쪽으로 굽어 들거나 기울어지다. ❷ 형세나 기세가 점점 약해지다. ¶더위가 한풀 수그러들었다.

수그리다 [bend oneself]
푹 깊이 숙이다. ¶고개를 푹 수그리다.

수금 收金 | 거둘 수, 돈 금
[collect money]
돈[金]을 거둠[收]. ¶외상값을 수금하다.

수긍 首肯 | 머리 수, 즐길 긍
[assent; consent]
❶ 속뜻 머리[首]를 끄덕이며 즐김[肯]. ❷ 남의 주장이나 언행이 옳다고 인정함. ¶그의 설명을 들으니 수긍이 갔다.

수기 手記 | 손 수, 기록할 기
[note; memorandum]
자기의 체험을 자신이 손수[手] 적은[記] 글. ¶여행 수기를 썼다.

수-꽃 [male flower]
식물 암술은 없고, 수술만 있는 꽃. ⓑ 암꽃.

수-꿩 [male pheasant]

꿩의 수컷. ⓑ장끼. ⓑ암꿩, 까투리.

수-나라 (隋—, 수나라 수)
역사 581년에 중국 북주(北周)의 양견(楊堅)이 정제(靜帝)의 선양(禪讓)을 받아 세운 왕조. 581년에 개국하였으며, 589년에 진(陳)나라를 합쳐 중국을 통일하였으나, 618년에 당나라 고조 이연(李淵)에게 망하였다.

수-나사 (—螺絲, 소라 라, 실 사)
[male screw]
공업 표면에 나선형의 홈이 있어 암나사에 끼우게 된 나사(螺絲). ⓑ암나사.

수난 受難 | 받을 수, 어려울 난
[ordeals; severe trial]
재난 따위의 어려움[難]을 당함[受]. ¶그들은 말도 못할 수난을 겪었다.

수납[1] 收納 | 거둘 수, 들일 납 [receive payment]
관공서 같은 곳에서 금품을 거두어[收] 들임[納]. ¶세금을 수납하다.

수납[2] 受納 | 받을 수, 들일 납
[receive; accept]
받아서[受] 넣어 둠[納]. ¶옷을 수납할 공간이 부족하다.

▶수납-장 受納欌 | 장롱 장
물건을 넣어 두는[受納] 장(欌). ¶잡동사니를 수납장에 넣어 정리했다.

수녀 修女 | 닦을 수, 여자 녀
[nun; sister; Mother]
가톨릭 수도(修道)하는 여자(女子). 청빈·정결·복종을 서약하고 독신으로 수도원 등에서 지낸다. ¶그 수녀는 고아들에게 어머니와 같은 존재였다.

▶수녀-원 修女院 | 집 원
가톨릭 수녀(修女)들이 일정한 규율 아래 공동생활을 하면서 수행하는 곳[院].

수:년 數年 | 셀 수, 해 년 [few years]
몇[數] 해[年]. 여러 해. ¶할아버지는 수년 동안 병을 앓고 있다.

수-놈 [male (animal)]
짐승의 수컷. ¶우리집 개는 수놈이다. ⓑ암놈.

수:-놓다 (繡—, 수놓을 수)
[do embroidery on]
온갖 색실로 피륙에 그림이나 글씨·무늬 같은 것을 떠서 놓다[繡]. ¶누나는 옷에 꽃을 수놓았다.

수뇌 首腦 | 머리 수, 골 뇌
[head; leader]
어떤 조직이나 집단 등에서 가장 으뜸[首]의 자리에 있는 인물을 신체에서 가장 중요한 뇌(腦)에 비유하여 이르는 말. ¶수뇌 회담을 갖다.

수:다 [chattering]
쓸데없는 말이 많음. 또는 그 말. ¶친구와 오랫동안 수다를 떨었다.

▶수:다-쟁이
몹시 수다스러운 사람을 얕잡아 일컫는 말.

▶수:다-스럽다
쓸데없이 말을 많이 하는 느낌이 있다. ¶미희는 굉장히 수다스럽다. ⓑ과묵(寡默)하다.

*__수단__ 手段 | 솜씨 수, 구분 단
[means; way]
❶속뜻 솜씨[手]의 등급에 따른 구분[段]. ❷일을 처리하여 나가는 솜씨. ¶수단이 좋다. ❸어떤 목적을 이루기 위한 방법. 또는 그 도구. ¶수단과 방법을 가리지 않다.

수달 水獺 | 물 수, 수달 달 [otter]
❶속뜻 물[水]을 좋아하는 짐승[獺]. ❷동물 족제빗과의 포유동물. 몸은 전체적으로 갈색을 띠고 있으며, 가죽은 옷을, 털은 붓을 만드는 데에 쓴다.

▶수달-피 水獺皮 | 가죽 피
수달(水獺)의 털가죽[皮]. ¶수달피로 만든 목도리를 두르다.

수당 手當 | 손 수, 맡을 당
[allowance; stipend]

❶ 속뜻 '급여, 사례금'을 뜻하는 일본어 '데아테'(てあて. 手當)에서 온 말. ❷봉급 외에 따로 주는 보수. ¶가족 수당.

수더분-하다 [simple and unaffected]
성질이 까다롭지 않고 순하고 소박하다. ¶그녀는 성격이 수더분하다. ⓑ 까다롭다.

수도¹ 水道 | 물 수, 길 도
[water course; piped water]
❶ 속뜻 물[水]이 흐르는 길[道]. ❷먹는 물이나 공업, 방화(防火) 따위에 쓰는 물을 관을 통하여 보내 주는 설비. ¶수도를 놓다.

▸**수도-관** 水道管 | 대롱 관
상수도(上水道)의 물이 통하는 관(管). ¶녹슨 수도관을 교체하다.

▸**수도-세** 水道稅 | 세금 세
수도(水道)를 사용한 요금을 세금(稅金)에 비유하여 이르는 말.

▸**수도-꼭지** (水道-)
수도(水道)를 통해 물이 나오게 하거나 그치게 하는 장치. ¶수도꼭지에서 물이 똑똑 떨어지고 있다.

***수도² 首都** | 머리 수, 도읍 도
[capital city; national capital]
한 나라에서 으뜸[首] 가는 도시(都市). 일반적으로 정부(政府)가 있는 도시를 말한다. ¶대한민국의 수도는 서울이다.

▸**수도-권** 首都圈 | 우리 권
수도(首都)를 중심으로 이루어진 권역(圈域). ¶수도권에 인구가 밀집해 있다.

수도³ 修道 | 닦을 수, 길 도
[practice asceticism]
도(道)를 닦음[修]. ¶수도 생활 / 이곳에서 많은 승려들이 수도했다.

▸**수도-사** 修道士 | 선비 사
가톨릭 수도회에 들어가 수도(修道) 생활을 하는 남자[士].

▸**수도-원** 修道院 | 집 원
가톨릭 수사(修士)나 수녀(修女)가 수도(修道)하는 곳[院]. 수사원(修士院)과 수녀원(修女院)으로 나눈다.

수돗-가 (水道-, 물 수, 길 도)
수도(水道) 시설이 있는 곳과 그 주변. ¶이모는 수돗가에서 쌀을 씻었다.

수돗-물 (水道-, 물 수, 길 도)
상수도(上水道)에서 나오는 물. ¶여름철에는 수돗물을 끓여서 먹어야 한다.

수동¹ 手動 | 손 수, 움직일 동 [hand-operated]
다른 동력을 이용하지 않고 손[手]의 힘만으로 움직임[動]. 또는 그렇게 움직이는 것. ¶수동 카메라. ⓑ 자동(自動).

수동² 受動 | 받을 수, 움직일 동 [passive]
다른 것의 움직임[動]이나 영향을 받음[受]. ⓑ 능동(能動).

▸**수동-적** 受動的 | 것 적
다른 것으로부터 작용을 받아[受動] 움직이는 것[的]. ¶수동적인 자세. ⓑ 능동적(能動的).

수두 水痘 | 물 수, 천연두 두
[varicella; chickenpox]
의학 살갗에 돋은 붉은 발진[痘]이 얼마 안 가서 물집[水]으로 변하는 전염성 피부병. ¶그녀는 어려서 수두를 심하게 앓았다.

수두룩-하다 [numerous]
매우 흔하고 많다. 수효가 매우 많다. ¶여기는 먹을 것이 수두룩하다. ⓑ 적다, 드물다.

수라 [royal meal]
임금에게 매 끼마다 올리던 음식. 본말은 수랄(水剌)이다.

▸**수라-상** - 床 | 밥상 상
임금에게 매 끼마다 올리던 밥상[床].

수락 受諾 | 본음 [수낙], 받을 수, 승낙할 낙
[accept; agree]
요구를 받아들여[受] 승낙(承諾)함. ¶그는 고개를 끄덕이며 수락했다.

수락석출 水落石出 | 물 수, 떨어질 락, 돌 석, 날 출
❶ 속뜻 물[水]이 빠지니[落] 바닥의 돌[石]

이 드러남[出]. ❷숨겨져 있던 진상이 훤히 밝혀짐. ¶사건의 진상이 밝혀졌으니, 수락석출이란 옛말이 증명이 된 셈이다.

수:량 數量 | 셀 수, 분량 량
[quantity; amount]
수효(數爻)와 분량(分量). ¶설을 맞아 농산품의 수량이 부족하다.

수런-거리다 [disturbing; noisy]
여러 사람이 한데 모여 수선스럽게 지껄이다. ¶밖에서 수런거리는 바람에 잠이 깼다. ⓑ 수런대다.

수런-수런
여러 사람이 한데 모여 수선스럽게 자꾸 지껄이는 소리. 또는 그 모양.

수렁 [bog; slough]
곤죽같이 무르게 풀린 진흙이나 개흙이 괸 곳. 한번 빠지면 사정없이 들어간다. ¶발버둥 칠수록 그는 더 깊은 수렁으로 빠져 들었다. ⓑ 진구렁, 진창.

수레 (車, 수레 거{차}; 輿, 수레 여) [wagon; cart]
사람이 타거나 짐을 싣는, 바퀴를 달아 굴러 가게 만든 기구. 속담 빈 수레가 요란하다.

▶ **수레-바퀴**
수레 밑에 댄 바퀴. ⓑ 차륜(車輪), 거륜(車輪).

수려 秀麗 | 빼어날 수, 고울 려
[beautiful; handsome; fine]
경치나 용모가 빼어나게[秀] 아름답다[麗]. ¶수려한 외모.

***수력** 水力 | 물 수, 힘 력 [water power]
❶ 속뜻 흐르거나 떨어지는 물[水]의 힘[力]. ❷ 물리 물이 가지고 있는 운동 에너지나 위치 에너지를 어떤 일에 이용하였을 때의 동력.

▶ **수력 발전** 水力發電 | 일으킬 발, 전기 전
전기 물[水]의 힘[力]을 이용하여 전기(電氣)를 일으키는[發] 방식.

수련¹ 睡蓮 | 오므라들 수, 연꽃 련 [lotus]
❶ 속뜻 오므라드는[睡] 모양을 하는 소담스런 연꽃[蓮]. ❷ 식물 연못이나 늪에 떠서 살며, 잎은 말굽 모양이며, 가을에 하얀 꽃이 피는 풀.

수련² 修鍊 | 닦을 수, 익힐 련
[train; practice]
정신이나 학문, 기술 따위를 닦고[修] 익히다[鍊]. ¶심신을 수련하다.

▶ **수련-자** 修鍊者 | 사람 자
가톨릭 수도회에 들어가 수련(修鍊)하는 사람[者].

수렴¹ 收斂 | 거둘 수, 거둘 렴
[exact taxes; collect]
❶ 속뜻 돈이나 물건 따위를 거둠[收=斂]. ❷의견이나 사상 따위가 여럿으로 나뉘어 있는 것을 하나로 모아 정리함. ¶의견을 수렴하여 결정하겠습니다.

수렴² 垂簾 | 드리울 수, 발 렴
[regency by the queen mother]
❶ 속뜻 발[簾]을 드리움[垂]. 또는 그 발. ❷ 역사 '수렴청정'(垂簾聽政)의 준말.

▶ **수렴-청정** 垂簾聽政 | 들을 청, 정사 정
❶ 속뜻 발[簾]을 내리고[垂] 정사(政事)를 들어봄[聽]. ❷'나이 어린 임금이 등극했을 때 왕대비나 대왕대비가 왕을 도와서 정사를 돌봄'을 이르는 말.

***수렵** 狩獵 | 사냥 수, 사냥 렵
[hunting; shooting]
사냥[狩=獵]. ¶원주민들은 수렵과 채집 생활을 한다.

▶ **수렵-도** 狩獵圖 | 그림 도
사냥하는[狩獵] 모습을 그린 그림[圖].

수령¹ 守令 | 지킬 수, 시킬 령 [magistrate]
❶ 속뜻 고을을 지키고[守] 부하를 시킴[令]. ❷ 역사 고려·조선 시대에, 각 고을을 맡아 다스리던 관리. 절도사, 관찰사, 목사, 부사, 군수, 현감, 현령 따위.

수령² 受領 | 받을 수, 거느릴 령 [receive]
❶ 속뜻 받아[受] 거느림[領]. ❷돈이나 물품을 받음. ¶연금을 수령하다.

수령[3]首領 | 머리 수, 거느릴 령 [leader; boss]
한 당파나 무리를 거느리는[領] 우두머리[首]. ¶송시열 선생은 노론의 수령이었다.

수령[4]樹齡 | 나무 수, 나이 령
[age of a tree]
나무[樹]의 나이[齡]. ¶수령 200년이 넘는 느티나무가 마을 어귀를 지키고 서있다.

수로 水路 | 물 수, 길 로
[waterway; lane]
❶속뜻 물[水]이 흐르는 길[路]. ❷선박이 다닐 수 있는 물 위의 일정한 길. ¶네덜란드는 수로가 발달돼 있다. ⓑ 육로(陸路).

수록 收錄 | 거둘 수, 기록할 록
[gather; record]
모아서[收] 기록(記錄)함. 또는 그렇게 한 기록. ¶이 사전에는 5만 개의 단어가 수록되어 있다.

수료 修了 | 닦을 수, 마칠 료 [complete; finish]
일정한 학업이나 과정을 다 공부하여[修] 마침[了]. ¶석사 과정을 수료하다.

수류-탄 手榴彈 | 손 수, 석류나무 류, 탄알 탄 [hand grenade]
군사 손[手]으로 던지면 석류[榴]처럼 알알이 터지는 작은 폭탄(爆彈). ¶적진을 향해 수류탄을 던지다.

수리[1]水利 | 물 수, 이로울 리
[use of water]
음료수나 관개용 등으로 물[水]을 이용(利用)하는 일. ¶수리 시설.

수리[2]修理 | 닦을 수, 다스릴 리
[repair; mend]
고장이 나거나 허름한 데를 손보아[修] 고침[理]. ¶자전거를 수리하다.

▸ **수리-공** 修理工 | 장인 공
헐거나 고장난 것을 고치는[修理] 일을 맡아 하는 사람[工]. ¶자동차 수리공.

▸ **수리-비** 修理費 | 쓸 비
수리(修理)하는 데 드는 비용(費用). ¶기계 수리비가 많이 들다.

수림 樹林 | 나무 수, 수풀 림
[wood; forest]
나무[樹]가 우거진 숲[林]. ¶수림이 무성하다.

수립 樹立 | 나무 수, 설 립
[establishment; founding]
❶속뜻 나무[樹]를 세움[立]. ❷국가나 정부, 제도, 계획 등 추상적인 것을 세움. ¶대책 수립 / 세계신기록 수립.

수:만 數萬 | 셀 수, 일만 만
[tens of thousands]
몇[數] 만(萬). ¶수만의 관중이 경기장을 가득 메웠다.

수:-많다 (數-, 셀 수)
[there are a large number of]
수효(數爻)가 매우 많다. ¶동물원에는 수많은 사람이 있었다.

수면[1]水面 | 물 수, 낯 면
[water surface]
물[水]의 표면(表面). ¶달이 수면에 비쳤다.

*__수면__[2]睡眠 | 잘 수, 잠 면
[sleep; slumber]
잠[眠]을 잠[睡]. 또는 잠. ¶충분한 수면을 취하다.

▸ **수면-제** 睡眠劑 | 약제 제
약학 불면증(不眠症)을 진정시켜 잠이 들게 하는[睡眠] 약[劑].

수명 壽命 | 목숨 수, 목숨 명
[length of one's days]
❶속뜻 생물이 목숨[壽=命]을 유지하고 있는 기간. 살아 있는 기간. ¶인간의 평균 수명이 길어지고 있다. ❷사물 따위가 사용에 견디는 기간. ¶자동차의 수명이 다 된 것 같다.

수모 受侮 | 받을 수, 업신여길 모
[suffer insult; be humiliated]
업신여김[侮]을 받음[受]. 모욕을 당함. ¶갖은 수모를 당하다.

수-모형 數模型 | 셀 수, 본뜰 모, 거푸집 형

셈[數]을 쉽게 할 수 있도록 만든 하나가 일·십·백 따위의 값을 가지는 모형(模型).

수목 樹木 | 나무 수, 나무 목 [tree]
살아 있는 나무[樹=木]. ¶공원에는 수목이 울창하다.

▸수목-원 樹木園 | 동산 원
관찰이나 연구의 목적으로 여러 가지 나무[樹木]를 수집하여 재배하는 동산[園] 따위의 시설.

수몰 水沒 | 물 수, 빠질 몰
[be flooded; go under water]
물[水]에 빠져[沒] 잠김. ¶댐의 건설로 이 지역은 곧 수몰된다.

수묵 水墨 | 물 수, 먹 묵 [India ink]
물[水]을 탄 먹물[墨]. 색이 엷게 표현된다.

▸수묵-화 水墨畵 | 그림 화
미술 물[水]을 탄 먹물[墨]의 농담(濃淡)을 이용해 그린 그림[畵].

수문¹ 水門 | 물 수, 문 문
[floodgate; water gate]
건설 물[水]이 흐르는 양을 조절하기 위하여 설치한 문(門). ¶댐의 수문을 열어 물을 아래로 흘려보냈다.

수문² 守門 | 지킬 수, 문 문
[keeping a gate]
문(門)을 지킴[守].

▸수문-장 守門將 | 장수 장
역사 각 궁궐이나 성의 문(門)을 지키던[守] 장수(將帥).

수:박 [watermelon]
식물 열매는 크고 둥글며, 열매의 속살은 붉고 달아 식용하는 식물. 속담 수박 겉핥기.

수반¹ 水盤 | 물 수, 소반 반
[flower tray]
물[水]을 담을 수 있는 바닥이 편평한 소반[盤] 같은 그릇. 사기나 쇠붙이로 만들며 주로 꽃을 꽂거나 괴석(怪石) 따위를 넣어 둔다.

수반² 首班 | 머리 수, 나눌 반 [head]
❶ 속뜻 반열(班列) 가운데 으뜸가는[首] 자리. ¶수반이 되다. ❷행정부의 가장 높은 자리에 있는 사람. ¶대통령은 행정부의 수반이다.

수반³ 隨伴 | 따를 수, 짝 반
[accompany; go with]
❶ 속뜻 어떤 것에 뒤따르거나[隨] 짝[伴]이 됨. ❷어떤 일과 더불어 생김. ¶자유에는 반드시 책임이 수반된다.

수발 [be attendant]
어떤 사람의 곁에서 여러 가지로 시중을 듦. ¶어머니가 할머니의 병 수발을 들고 있다. ㊟ 뒷바라지.

수배 手配 | 손 수, 나눌 배 [search]
❶ 속뜻 여러 사람의 손[手]을 빌려 해야 할 일을 나누어[配] 맡김. ❷범인을 잡으려고 수사망을 폄. ¶용의자를 공개 수배하다.

수:백 數百 | 셀 수, 일백 백
[hundreds; several hundred]
몇[數] 백(百). ¶수백 대의 자동차.

수:-백만 數百萬 | 셀 수, 일백 백, 일만 만
[millions]
몇[數] 백만(百萬). ¶수백만 명의 인파가 몰렸다.

수법 手法 | 손 수, 법 법
[method; trick; technique]
❶ 속뜻 수단(手段)과 방법(方法)을 아울러 이르는 말. ¶인터넷 사기 수법이 갈수록 다양해지고 있다. ❷예술품을 만드는 솜씨. ¶도자기를 만드는 수법은 다양하다.

수복 收復 | 거둘 수, 돌아올 복
[recover; recapture; reclaim]
잃었던 땅을 도로 거두어[收] 회복(回復)함. ¶국군은 9월 28일 서울을 수복했다.

수북-하다 [be heaped up]
❶물건이 많이 담겨 있거나 쌓여 있다. ¶책상 위에 책이 수북하다 / 길가에 낙엽

이 수북이 쌓이다. ❷식물이나 털 따위가 촘촘하고 길게 나 있다. ¶수염이 수북하게 자라다 / 잡초가 수북이 나 있다.

*수분[1]水分 | 물 수, 나눌 분
[water; moisture]
물[水]의 성분(成分). ¶이 과일은 수분이 많다. ㊕ 물기.

수분[2]受粉 | 받을 수, 가루 분 [pollinate; fertilize]
식물 종자식물에서 수술의 화분(花粉)을 암술이 받는[受] 일. 바람, 곤충, 새 또는 사람의 손에 의해 이루어진다.

수불석권 手不釋卷 | 손 수, 아니 불, 놓을 석, 책 권
❶속뜻 손[手]에서 책[卷]을 놓지[釋] 않음[不]. ❷책이나 사전을 늘 가지고 다니며 봄. 독서를 좋아함. ¶늘 속뜻사전을 곁에 두고 찾아보는 그를 보면 '수불석권'이란 말이 떠오른다.

*수비 守備 | 지킬 수, 갖출 비
[defend; guard]
재해나 침입에 대비(對備)하여 지킴[守]. ¶우리 팀은 수비가 약하다. ㊞ 공격(攻擊).

▶수비-대 守備隊 | 무리 대
군사 수비(守備)와 경계를 위하여 배치된 군대(軍隊). ¶국경지대에 수비대를 파견하다.

▶수비-수 守備手 | 사람 수
운동 야구나 축구 따위의 구기에서 수비(守備)를 맡은 선수(選手). ㊞ 공격수(攻擊手).

수:사[1]數詞 | 셀 수, 말씀 사 [numeral]
언어 사물의 수량이나 순서를 세어[數] 나타내는 품사(品詞). 양수사(量數詞)와 서수사(序數詞)가 있다.

수사[2]搜查 | 찾을 수, 살필 사
[search for; investigate a case]
❶속뜻 찾아서[搜] 조사(調查)함. ❷법률 국가기관에서 범인을 찾기 위해 조사하는 일. ¶경찰은 살인 사건을 수사하고 있다.

▶수사-관 搜查官 | 벼슬 관
범죄 수사(搜查)를 하는 관리(官吏). ¶수사관이 용의자를 심문하고 있다.

*수산 水產 | 물 수, 낳을 산
[marine products]
바다나 강 따위의 물[水]에서 남[產]. 또는 그런 산물(產物). ¶수산 식품의 판매량이 크게 늘었다.

▶수산-물 水產物 | 만물 물
바다나 강 따위의 물[水]에서 나는[產] 산물(產物). ¶수산물 가격이 급등하였다.

▶수산-업 水產業 | 일 업
수산물(水產物)의 어획, 양식, 제조, 가공 따위에 관한 산업(產業). ¶수산업이 쇠퇴하고 있다.

수산화-나트륨 (水酸化Natrium, 물 수, 산소 산, 될 화) [sodium hydroxide]
화학 나트륨(Natrium)을 전기분해하여 얻는 흰색의 결정체. 강한 염기로 비누 제조·펄프 공업 등에 쓰며, 일반 가정에서는 양잿물이란 이름으로 쓰였다.

수상[1]水上 | 물 수, 위 상
[water surface]
물[水] 위[上]. ¶수상 교통 / 수상 경기.

수상[2]首相 | 머리 수, 도울 상
[prime minister]
❶속뜻 으뜸가는[首] 재상(宰相). ❷정치 내각의 우두머리. 의원 내각제에서는 다수당의 우두머리가 수상이 되는 것이 일반적이다. ¶영국 수상이 한국을 방문했다. ㊕ 영의정(領議政).

수상[3]受像 | 받을 수, 모양 상
[receive the image]
물리 텔레비전이나 사진 전송 따위에서 사물의 영상(映像)을 신호로 받은[受] 후 재생하는 일.

▶수상-기 受像機 | 틀 기
전기 방송된 영상(映像) 전파를 받아서 [受] 화상으로 변화시키는 장치[機].

수상[4]**受賞** | 받을 수, 상줄 상 [be awarded a prize]
상(賞)을 받음[受]. ¶그는 노벨 물리학상을 수상했다.
▸**수상-자** 受賞者 | 사람 자
상을 받는[受賞] 사람[者]. ¶동요제 대상 수상자.

수상[5] **殊常** | 다를 수, 보통 상 [suspicious; doubtful]
언행이나 차림새 따위가 보통[常] 사람과는 다른[殊]. 이상한. ¶수상한 사람.
▸**수상-쩍다** (殊常—)
수상한 데가 있다. ¶행동이나 차림이 수상쩍은 사람은 신고하십시오.

수색 搜索 | 찾을 수, 찾을 색 [search for; make a search for]
❶속뜻 구석구석 뒤지어 찾음[搜=索]. ❷법률 증거로 삼을 만한 물건이나 체포할 사람을 찾기 위해 집이나 물건 따위를 조사하는 일. ¶수색 영장 / 경찰은 실종자 수색 작업에 나섰다.

수서 水棲 | 물 수, 살 서 [living in water]
물[水]속에서 삶[棲]. ¶수서 동물. ㊥육서(陸棲).

수석[1]**水石** | 물 수, 돌 석
❶속뜻 물[水]과 돌[石]. 또는 물속에 있는 돌. ❷주로 실내에서 보고 즐기는 관상용의 자연석. ¶수석을 수집하다.

수석[2]**首席** | 머리 수, 자리 석 [chief; head]
❶속뜻 맨 윗[首] 자리[席]. ❷등급이나 직위 따위에서 맨 윗자리. ¶수석 보좌관.

수선[1] [noise; fuss; bustle]
사람의 정신을 어지럽히는 부산한 말이나 행동. ¶하찮은 일에 수선을 떨다. ㊐야단.

수선[2]**垂線** | 드리울 수, 줄 선 [perpendicular line]
수학 한 직선 또는 평면과 직각을 이루며 만난[垂] 직선(直線). ㊐수직선.

수선[3]**修繕** | 고칠 수, 기울 선 [repair(s); mending]
낡거나 허름한 것을 기워서[繕] 고침[修]. ¶구두를 수선하다.

수선[4]**水仙** | 물 수, 신선 선 [narcissus]
❶속뜻 물[水] 속에 산다는 신선(神仙). ❷식물 '수선화'의 준말.
▸**수선-화** 水仙花 | 꽃 화
❶속뜻 물[水] 속에 사는 신선(神仙)같은 꽃[花]. 'narcissus'라는 이름은 그리스 신화에서 물에 비친 자기 모습을 연모하여 빠져 죽은 나르시스가 꽃으로 피어났다는 데서 유래. ❷식물 1~2월에 달걀 모양의 비늘줄기에서 나오는 꽃줄기 끝에서 5~6개의 노란색 또는 흰색 꽃이 피는 풀.

수성[1]**水性** | 물 수, 성질 성 [aqueous]
❶속뜻 물[水]의 성질(性質). ❷물에 녹는 성질. ¶수성 잉크. ㊐수용성.

수성[2]**水星** | 물 수, 별 성 [Mercury]
❶속뜻 로마신화에서 저녁에 빛나는 별을 'mercury'라는 신에 비유한데서 유래. mercury를 화학에서는 '수은'(水銀), 천문학에서는 '수성'(水星)이라고 한다. ❷천문 태양계의 행성 가운데 가장 작고 태양에 가장 가까이 있는 별.

수세[1]**收稅** | 거둘 수, 세금 세 [collect taxes]
법률 세금(稅金)을 거둠[收]. 조세(租稅)를 징수함.

수세[2]**守勢** | 지킬 수, 형세 세 [defensive attitude]
❶속뜻 공격을 못하고 지키기만[守]하는 형세(形勢). ❷힘이 부쳐서 밀리는 형세. ¶우리 팀은 다음 회까지도 수세에 몰렸다. ㊥공세(攻勢).

수세[3]**水洗** | 물 수, 씻을 세 [rinse; wash by water]
물[水]로 씻음[洗].
▸**수세-식** 水洗式 | 법 식
변소에 급수 장치를 하여 오물이 물[水]에

씻겨[洗] 내려가게 처리하는 방식(方式). ¶수세식 화장실.

수세미 [scourer; vegetable sponge]
❶설거지할 때 그릇을 씻는 데 쓰는 물건. ¶수세미로 놋그릇을 닦다. ❷식물 손바닥 모양의 잎이 나며, 여름에 꽃이 피는 박과의 덩굴풀. 열매 속의 섬유로는 수세미를 만든다. '수세미외'의 준말.

수-소[1] [bull]
소의 수컷. ⓑ 암소.

수소[2] **水素** | 물 수, 바탕 소 [hydrogen]
❶속뜻 태우면 물[水]이 생기는 원소(元素). ❷화학 빛깔과 냄새와 맛이 없고 불에 타기 쉬운 원소. 프랑스의 라부아지에는 수소를 태우면 물이 생기는 사실을 발견하여 그리스어로 '물'을 뜻하는 'hydro와 '생성하다'는 뜻의 'gennao'를 합쳐 'hydrogen'이라 명명하였다. 모든 물질 가운데 가장 가볍다. ¶수소는 공기보다 가볍다.

수-소문 搜所聞 | 찾을 수, 것 소, 들을 문 [ask around]
세상에 떠도는 소문(所聞)을 근거로 무엇을 찾음[搜]. ¶그는 수소문 끝에 고향 친구를 찾았다.

수속 手續 | 손 수, 이을 속 [process; procedure]
어떤 일에 착수(着手)하여 일을 해나가는 데 필요한 일련[續]의 과정이나 단계. ¶출국 수속. ⓑ 절차(節次).

수송 輸送 | 나를 수, 보낼 송 [transport; carry]
차, 선박, 비행기 따위로 짐이나 사람을 날라[輸] 보냄[送]. ¶물건이 수송 중에 파손됐다. ⓑ 운송(運送).
▸**수송-관 輸送管** | 대롱 관
기체나 액체 따위를 보내는[輸送] 관(管). ¶도시가스 수송관.
▸**수송-선 輸送船** | 배 선
해양 사람이나 화물을 수송(輸送)하기 위해 만든 배[船]. ¶원유를 가득 실은 수송선이 침몰되었다.

수수 [African millet; durra]
식물 옥수수 잎과 비슷한 잎이 나며, 열매는 곡식으로, 줄기는 비 만드는 데 쓰는 작물.
▸**수수-깡**
수수의 줄기의 껍질을 벗긴 심. ¶미술 시간에 수수깡으로 작은 집을 만들었다. ⓑ 수숫대.

수수께끼 [riddle; puzzle; mystery]
어떤 사물을 빗대어 말하여 알아맞히는 놀이.

수수-료 手數料 | 손 수, 셀 수, 삯 료 [charge (for trouble); fee]
경제 어떤 일에 대해 손[手] 봐 준 것을 셈해[數] 받는 요금(料金). ¶환전(換錢) 수수료를 내다.

수수-하다 [ordinary looking; plain]
옷차림이나 태도·성질이 무던하다. ¶그녀는 옷을 수수하게 입었다.

수술[1] [stamen; androecium]
식물 식물 생식 기관의 하나. 꽃실과 꽃밥의 두 부분으로 되어 있다. ⓑ 암술.

수술[2] **手術** | 손 수, 꾀 술 [operate]
❶속뜻 손[手]을 써서 하는 의술(醫術). ❷의학 몸의 일부를 째거나 도려내거나 하여 병을 낫게 하는 외관적인 치료 방법. ¶위암을 제거하는 수술을 받다.
▸**수술-비 手術費** | 쓸 비
수술(手術)을 하는데 드는 비용(費用).

수숫-대
수수의 줄기. ⓑ 수수깡.

수습[1] **收拾** | 거둘 수, 주울 습 [collect; handle]
❶속뜻 흩어진 것을 거두고[收] 주워 담음[拾]. ¶사고 현장에서 희생자들의 시신을 수습했다. ❷어수선한 사태나 마음을 가라앉히어 바로잡음. ¶민심을 수습하다 / 혼란이 원만히 수습됐다.

수습²修習 | 닦을 수, 익힐 습
[practice oneself]
정식으로 실무를 맡기 전에 배워[修] 익힘[習]. 또는 그러한 일. ¶신입 사원들은 6개월의 수습 기간을 거친다.

수시 隨時 | 따를 수, 때 시 [anytime]
❶ 속뜻 때[時]에 따라서[隨]. 때때로. ❷그때그때. ¶수시 모집.

▶ **수시-로** (隨時-)
아무[隨] 때[時]나 늘. ¶그는 수시로 우리 집에 드나들었다. ㉥ 가끔.

수:식 數式 | 셀 수, 법 식
[numerical formula]
수학 숫자[數]를 계산 기호로 연결한 식(式).

수신¹受信 | 받을 수, 소식 신
[receive a message]
우편이나 전보 따위로 소식[信]을 받음[受]. 또는 전화, 텔레비전 방송 따위의 신호를 받음. ¶이 전화는 수신 전용이다. ㉥ 발신(發信), 송신(送信).

▶ **수신-기** 受信機 | 틀 기
통신 외부로부터 신호를 받아[受信] 필요한 정보를 얻는 장치[機]. ¶위성 방송 수신기. ㉥ 발신기(發信機), 송신기(送信機).

▶ **수신-자** 受信者 | 사람 자
편지 따위를 받는[受信] 사람[者]. ¶수신자 이름이 없다. ㉥ 수신인(受信人). ㉥ 발신자(發信者).

수신²修身 | 닦을 수, 몸 신
[moral training]
마음과 행실을 바르게 하도록 심신(心身)을 닦음[修].

▶ **수신-제가** 修身齊家 | 가지런할 제, 집 가
심신(心身)을 수양(修養)하고 집안[家]을 가지런하게[齊] 잘 다스림. ¶수신제가를 통하여 인품을 함양하다.

수신-사 修信使 | 닦을 수, 믿을 신, 부릴 사
❶ 속뜻 양국 간에 신뢰(信賴) 관계를 닦기[修] 위하여 파견한 사신(使臣). ❷ 역사 조선 후기에 일본에 보내던 외교 사절. 고종 13년(1876)에 통신사(通信使)를 고친 것으로, 김기수·김홍집 등을 파견하였다.

***수심¹水深** | 물 수, 깊을 심
[depth of water; water depth]
물[水]의 깊이[深]. ¶그 호수는 가장 깊은 곳의 수심이 50미터다.

수심²愁心 | 시름 수, 마음 심
[anxiety; melancholy]
시름하는[愁] 마음[心]. ¶수심에 가득 찬 얼굴.

▶ **수심-가** 愁心歌 | 노래 가
❶ 속뜻 근심하는 마음[愁心]을 읊은 노래[歌]. ❷ 음악 인생의 허무함을 한탄하는 구슬픈 가락의 민요.

수:십 數十 | 셀 수, 열 십
[several tens of; scores of]
몇[數] 십(十). ¶수십 권의 책.

수압 水壓 | 물 수, 누를 압
[water pressure]
물리 물[水]의 압력(壓力). ¶이곳은 수압이 약해서 물이 잘 안 나온다.

수액 樹液 | 나무 수, 진 액 [(tree) sap]
❶ 속뜻 땅속에서 나무[樹]의 줄기를 통하여 잎으로 올라가는 진액[液]. ❷나무껍질 따위에서 나오는 액. ¶고로쇠나무의 수액은 위장병에 좋다고 알려져 있다.

수양¹修養 | 닦을 수, 기를 양
[improve oneself]
몸과 마음을 갈고 닦아[修] 품성이나 지식, 도덕 따위를 기름[養]. ¶정신 수양을 게을리 하지 않다.

수양²垂楊 | 드리울 수, 버들 양 [weeping willow]
❶ 속뜻 가지를 밑으로 축 늘어뜨리며[垂] 자라는 버드나무[楊]. ❷ 식물 수양버들.

▶ **수양버들** (垂楊-)
식물 대개 물가에 자라고, 피침 모양의 버들잎과 비슷한 잎이 나며, 가는 가지가 축 늘어진 나무. ¶수양버들 춤추는 길에

꽃가마 타고 가네.

수어지교 水魚之交 | 물 수, 물고기 어, 어조사 지, 사귈 교

❶[속뜻] 물[水]과 물고기[魚]의 관계와 같은 사이[交]. ❷아주 친밀하여 떨어질 수 없는 사이. ❸임금과 신하 또는 부부같이 친밀한 사이를 비유하여 이르는 말. ¶수어지교라 할 수 있는 그들 사이가 부럽다.

수ː억 數億 | 셀 수, 일억 억

[several millions]

몇[數] 억(億). ¶수억 원의 돈을 사업에 투자했다.

수업[1] 受業 | 받을 수, 일 업

[take lessons in; study]

학업(學業)을 전수(傳受)받음. ¶인간문화재 선생님에게 놋그릇 만드는 법을 수업했다.

수업[2] 授業 | 줄 수, 일 업

[teach; instruct]

[교육] 학업(學業)을 가르쳐 줌[授]. ¶수업 시간 / 수업 분위기가 좋다.

▸ **수업-료** 授業料 | 삯 료

수업(授業)의 대가로 받는 돈[料].

수ː-없다 (數–, 셀 수)

[countless; innumerable]

헤아릴[數] 수 없이 많다. ¶수없이 많은 별들이 반짝이다.

수여 授與 | 줄 수, 줄 여

[confer; award]

공식절차에 의해 증서, 상장, 훈장 따위를 줌[授=與]. ¶상장을 수여하다.

수염 鬚髥 | 콧수염 수, 구레나룻 염

[mustache; whiskers]

❶[속뜻] 입 주변이나 턱에 난 털[鬚]과 뺨에 난 털[髥]. ❷사람이나 동물의 입 언저리에 난 뻣뻣한 긴 털. ¶메기는 주둥이 옆에 수염이 있다.

▸ **수염-뿌리** (鬚髥–)

[식물] 원뿌리와 곁뿌리의 구별이 없이 뿌리줄기에서 수염(鬚髥)처럼 많이 뻗어 나온 뿌리.

⁑**수영** 水泳 | 물 수, 헤엄칠 영 [swim]

[운동] 스포츠나 놀이로 물[水] 속을 헤엄치는 일[泳]. [비] 헤엄.

▸ **수영-복** 水泳服 | 옷 복

수영(水泳)할 때 입는 옷[服].

▸ **수영-장** 水泳場 | 마당 장

수영(水泳)할 수 있는 시설을 갖춘 곳[場].

수예 手藝 | 손 수, 재주 예

[handicraft; manual arts]

손[手]으로 하는 기예(技藝). ¶수예가 뛰어나다 / 수예 작품.

수온 水溫 | 물 수, 따뜻할 온

[water temperature]

물[水]의 온도(溫度). ¶수온이 높아서 남해안에 적조(赤潮)가 발생했다.

수완 手腕 | 손 수, 팔 완

[ability; capability]

❶[속뜻] 손[手]과 팔[腕]을 잇는 부분. 손. ❷일을 꾸미거나 치러 나가는 재간. ¶그는 수완이 뛰어나다.

수요 需要 | 쓰일 수, 구할 요

[demand; requisite]

❶[속뜻] 생활에 쓰이거나[需] 필요(必要)로 하는 것. ❷[경제] 재화나 용역을 일정한 가격을 주고 사려고 하는 욕구. ¶수요가 증가하다. [반] 공급(供給).

수-요일 水曜日 | 물 수, 빛날 요, 해 일

[Wednesday; Wed]

칠요일 중 물[水]에 해당하는 요일(曜日). ¶수요일에는 체육 수업을 한다.

수용[1] 受容 | 받을 수, 담을 용

[accept; embrace]

받아[受]들임[容]. ¶외국 문화를 무비판적으로 수용하면 안 된다.

수용[2] 收容 | 거둘 수, 담을 용

[take in; accommodate; admit]

사람이나 물품 따위를 거두어[收] 일정한 곳에 담음[容]. ¶이 강당은 천 명을 수용할 수 있다.

▸수용-소 收容所 | 곳 소
많은 사람을 한 곳에 수용(收容)한 곳[所]. ¶포로 수용소에서 탈출하다.

수용-성 水溶性 | 물 수, 녹을 용, 성질 성 [solubility in water]
화학 어떤 물질이 물[水]에 잘 풀리는[溶] 성질(性質). ¶비타민 C는 수용성 비타민이다.

수용-액 水溶液 | 물 수, 녹을 용, 진 액 [aqueous solution]
화학 물[水]에 잘 풀리는[溶] 액체(液體). 식염수 따위.

수원 水源 | 물 수, 근원 원 [riverhead; head spring]
물[水]이 흘러나오기 시작한 근원(根源). ¶이 강의 수원은 안데스 산맥이다.

▸수원-지 水源池 | 못 지
❶속뜻 물[水]의 근원(根源)이 되는 연못[池]. ❷상수도에 보낼 물을 모아 처리하는 곳.

수원-성 水原城 | 물 수, 본디 원, 성곽 성
고적 조선 정조 때에, 현재의 경기도 수원시(水原市)에 쌓은 성(城). 정조 18년(1794)부터 20년(1796) 사이에 축성하였는데, 근대적 성곽 구조를 갖추고 거중기 따위의 기계 장치를 활용하는 따위의 우리나라 성곽 건축 기술사상 중요한 위치를 차지한다. 1997년에 유네스코 세계 문화유산으로 지정되었다. 사적 제3호이다. ⓑ 화성(華城).

수월 殊越 | 다를 수, 넘을 월 [excellent]
남달리[殊] 월등(越等)함. 특별히 빼어남. ¶영재들의 수월한 재능.

▸수월-성 殊越性 | 성질 성
남달리[殊] 빼어난[越] 점을 잘 살리는 특성(特性). ¶수월성 교육을 실시하다.

수월-찮다 [not easy]
❶까다롭거나 힘들어서 하기가 쉽지 않다. ¶일자리 찾기가 수월찮다. ❷꽤 많다. ¶자동차 수리비가 수월찮게 들었다.

수월-하다 [easy; simple]
까다롭거나 힘들지 않아 하기가 쉽다. ¶익숙해지니 일이 좀 수월하다.

수위[1] 水位 | 물 수, 자리 위 [water level]
바다나 강, 댐 따위의 수면(水面)의 높이[位]. ¶저수지의 수위가 낮아졌다.

수위[2] 守衛 | 지킬 수, 지킬 위 [guard; defend]
❶속뜻 성문 따위를 잘 지킴[守=衛]. ❷관청, 학교, 공장, 회사 따위의 경비를 맡아 봄. 또는 그런 일을 맡은 사람. ¶정문의 수위가 문을 열어 주었다.

▸수위-실 守衛室 | 방 실
수위(守衛)가 경비하는 일을 맡아보는 방[室].

수유 授乳 | 줄 수, 젖 유 [nurse; feed]
젖먹이에게 젖[乳]을 먹여 줌[授]. ¶모유를 수유하다.

수은 水銀 | 물 수, 은 은 [mercury; quicksilver]
화학 상온에서 액체[水] 상태로 있는 은(銀). 전성(展性)·연성(延性)이 크고, 팽창률과 표면장력이 매우 큰 물질로 독성이 있으며 질산에 쉽게 녹는다. 원소기호는 'Hg'. ¶수은에 중독되다.

▸수은-등 水銀燈 | 등불 등
전기 수은(水銀) 증기를 가득 넣은 등(燈). 의료나 조명 이외에도 영화, 탐조등 따위의 광원으로 널리 쓰인다.

▸수은-주 水銀柱 | 기둥 주
물리 수은 온도계에서 수은(水銀)을 담은 가느다란 기둥[柱]. 온도를 나타낸다. ¶수은주가 34도까지 올라갔다.

수의[1] 囚衣 | 가둘 수, 옷 의 [prison uniform]
죄수(罪囚)가 입는 옷[衣]. ¶그는 푸른 수의를 입고 참회하며 지내고 있다.

수의[2] 壽衣 | 목숨 수, 옷 의 [garment for the dead; shroud]

목숨[壽]이 다하여 죽은 이에게 입히는 옷[衣]. ¶장의사(葬儀社)는 시신을 씻기고 수의를 입혔다.

수의[3]**獸醫** | 짐승 수, 치료할 의 [veterinarian; vet]
'수의사'(獸醫師)의 준말.

▸ 수의-사 獸醫師 | 스승 사
짐승, 특히 가축[獸]의 질병 치료[醫]를 전공으로 하는 의사(醫師). ¶수의사가 송아지에게 주사를 놓았다.

수익 收益 | 거둘 수, 더할 익
[earn a profit]
일이나 사업 등을 하여 이익(利益)을 거두어[收] 들임. 또는 그 이익. ¶막대한 수익을 올리다.

▸ 수익-금 收益金 | 돈 금
이익(利益)으로 얻은[收] 돈[金]. ¶수익금의 일부를 고아원에 기부했다.

수:일 數日 | 셀 수, 날 일
[for a few days]
몇[數] 일(日). ¶수일 전에 그를 만났다.

⁑**수입**[1]**收入** | 거둘 수, 들 입
[income; receipt]
돈이나 물건 따위를 벌어들이거나 거두어[收] 들이는[入] 일. 또는 그 돈이나 물건. ¶수입이 일정하지 않다. ㊥ 지출(支出).

***수입**[2]**輸入** | 나를 수, 들 입 [import]
외국에서 물품이나 사상, 문화를 날라[輸] 들임[入]. ¶불교의 수입 / 농산물을 수입하다. ㊥ 수출(輸出).

▸ 수입-품 輸入品 | 물건 품
다른 나라로부터 수입(輸入)한 물품(物品). ¶수입품을 선호하던 시대는 지났다. ㊥ 국산품, 수출품.

수-자원 水資源 | 물 수, 재물 자, 근원 원
[water resources]
농업, 공업, 발전용 등의 자원(資源)으로서의 물[水].

수작 酬酌 | 잔돌릴 수, 술따를 작
[exchanging wine cups]
❶ 속뜻 술잔을 돌리며[酬] 술을 따름[酌]. ❷말을 서로 주고받음. 또는 주고받는 그 말. ¶수작을 걸다. ❸엉큼한 속셈이나 속보이는 일. ¶수작을 꾸미다.

수장[1]**水葬** | 물 수, 장사 지낼 장
[bury at sea]
시체를 물[水] 속에 넣어 장사(葬事)함. ¶인도에서는 일반적으로 수장을 한다.

수장[2]**首長** | 머리 수, 어른 장
[top; head]
앞장서서[首] 집단이나 단체를 지배·통솔하는 사람[長]. 우두머리. ¶대통령은 행정부의 수장이다.

수재[1]**秀才** | 빼어날 수, 재주 재 [talented person]
재주[才]가 뛰어난[秀] 사람. ¶그 학교는 많은 수재들을 배출했다. ㊐ 영재(英才), 천재(天才). ㊥ 둔재(鈍才).

수재[2]**水災** | 물 수, 재앙 재
[flood damage]
홍수나 범람 따위의 물[水]로 입는 재해(災害). ¶이번 홍수로 아랫마을은 큰 수재를 겪었다. ㊐ 물난리, 수해(水害).

▸ 수재-민 水災民 | 백성 민
홍수(洪水)나 장마 따위로 재해(災害)를 당한 사람[民]. ¶수재민을 도와주다.

수저 [spoon and chop-sticks]
❶숟가락과 젓가락. ¶식탁에 수저를 놓았다. ❷'숟가락'의 높임말.

수:적 數的 | 셀 수, 것 적 [numerical]
숫자[數] 상으로 보는 것[的]. ¶상대 팀이 수적으로 우세하다.

수전-노 守錢奴 | 지킬 수, 돈 전, 종 노
[miser; stingy man]
❶ 속뜻 돈[錢]을 지키는[守] 노예(奴隸). ❷'돈을 모을 줄만 알고 쓰는 데는 인색한 사람'을 비꼬아 이르는 말. ¶스크루지는 수전노이다. ㊐ 구두쇠.

수절 守節 | 지킬 수, 지조 절
[maintain one's integrity]

지조[節]나 정절(貞節)을 지킴[守]. ¶그녀는 청상과부로 평생 수절하며 살았다.

수정[1]水晶 | 물 수, 밝을 정
[(rock) crystal; crystallized quartz]
❶[속뜻] 물방울[水]처럼 반짝임[晶]. ❷[광업] 육각기둥 꼴의 석영의 한 가지. 무색 투명하며 불순물이 섞인 것은 자색, 황색, 흑색 등의 빛깔을 띤다.

수정[2]修正 | 고칠 수, 바를 정
[amend; revise]
고쳐[修] 바로잡음[正]. ¶헌법 수정 / 계획을 수정하다.

수정[3]受精 | 받을 수, 정액 정
[fertilize; pollinate]
❶[속뜻] 정액(精液)의 정자를 받음[受]. ❷[생물] 암수의 생식 세포가 새로운 개체를 이루기 위해 하나로 합쳐지는 일. ¶벌은 식물의 수정을 돕는다.

▸수정-란 受精卵 | 알 란
[생물] 수정(受精)을 마친 난자(卵子). [반] 무정란(無精卵).

수-정:과 水正果 | 물 수, 바를 정, 열매 과
생강과 계피를 달인 물[水]에 설탕이나 꿀을 갖추어[正] 탄 다음, 곶감과 잣 같은 과일[果]을 띄운 음료.

수제비
밀가루를 반죽하여 맑은장국 따위에 적당한 크기로 떼어 넣어 익힌 음식.

수-제자 首弟子 | 머리 수, 아우 제, 아이 자
[best pupil of]
여러 제자 중에서 학문이나 기술 따위의 배움이 가장 뛰어난[首] 제자(弟子). ¶그는 내 수제자다.

수-제천 壽齊天 | 목숨 수, 가지런할 제, 하늘 천
[음악] 신라 때, 국가의 태평과 민족의 번영을 빌기 위해 만든 궁중음악. 임금과 나라의 수명(壽命)이 하늘[天]과 같아져서[齊] 영원하기를 비는 뜻에서 붙여진 이름으로 추정된다.

수조 水槽 | 물 수, 구유 조
[water tank; cistern]
물[水]을 담아 두는 큰 통[槽]. ¶수조를 깨끗이 청소했다.

수족[1]手足 | 손 수, 발 족
[hands and feet; limbs]
❶[속뜻] 손[手]과 발[足]. ❷'손발처럼 마음대로 부리는 사람'을 비유하여 이르는 말. ¶그녀는 나에게 수족과 같은 존재다.

수족[2]水族 | 물 수, 무리 족
[aquatic animals]
물[水] 속에 사는 동물 종류[族]를 통틀어 이르는 말.

▸수족-관 水族館 | 집 관
물속에 사는 여러 가지 동물[水族]을 길러 그 생태를 관람·연구할 수 있도록 만든 시설[館]. ¶수족관에 열대어가 아름답게 헤엄치고 있다.

***수준** 水準 | 물 수, 평평할 준
[level; standard]
❶[속뜻] 수면(水面)처럼 평평함[準]. ❷사물의 가치, 등급, 품질 따위의 일정한 표준이나 정도. ¶수준이 낮다 / 수준 높은 작품.

▸수준-급 水準級 | 등급 급
상당히 높은 수준(水準)에 있는 등급(等級). ¶그녀의 바이올린 솜씨는 수준급이다.

수줍다 [shy; bashful]
부끄러워하는 태도가 있다. ¶수줍은 미소.

수줍-음 [bashfulness; shyness]
수줍어하는 일. ¶수줍음을 타다.

수중[1]手中 | 손 수, 가운데 중
[in the hands]
❶[속뜻] 손[手] 안[中]. ❷자신의 힘이 미칠 수 있는 범위. ¶수중에 돈 한 푼 없다.

수중[2]水中 | 물 수, 가운데 중
[underwater; submarine]
물[水] 가운데[中]. 물속. ¶이 카메라는 수중 촬영이 가능하다.

▸ 수중-릉 水中陵 | 무덤 릉
물 속[水中]에 있는 왕의 무덤[陵]. 특히 신라의 문무왕의 무덤을 가리킨다.

수-증기 水蒸氣 | 물 수, 찔 증, 기운 기
[steam; vapor]
물[水]이 증발(蒸發)하여 생긴 기체(氣體). 또는 기체 상태로 되어 있는 물. ¶수증기가 피어오르다. [준] 증기. [비] 김.

수지 收支 | 거둘 수, 가를 지 [income and outgo; revenue and expenditure]
❶ [속뜻] 수입(收入)과 지출(支出). ¶수지 균형을 유지하다. ❷거래 관계에서 얻는 이익.

▸ 수지-맞다 (收支-)
❶사업이나 장사 따위에서 이익이 남다. ¶이 장사는 수지가 맞지 않는다. ❷뜻하지 않게 좋은 일이 생기다. ¶복권이 당첨되다니 정말 수지맞았다.

*__수직__ 垂直 | 드리울 수, 곧을 직
[perpendicularity; verticality]
❶ [속뜻] 똑바로[直] 내려온[垂] 모양. ¶헬리콥터가 수직으로 상승했다. ❷ [수학] 선과 선, 선과 면, 면과 면이 서로 만나 직각을 이룬 상태. ¶장대를 수직으로 세우다.

▸ 수직-면 垂直面 | 낯 면
[수학] 어떠한 평면이나 직선과 수직(垂直)을 이루는 면(面).

▸ 수직-선 垂直線 | 줄 선
[수학] 일정한 직선이나 평면과 직각을 이루는[垂直] 직선(直線). [준] 수선.

수ː-직선 數直線 | 셀 수, 곧을 직, 줄 선
[수학] 직선(直線) 위의 점을 찍고 수(數)를 표시해놓은 것.

*__수질__ 水質 | 물 수, 바탕 질
[water quality]
어떤 물[水]의 성분이나 성질(性質). ¶정기적으로 수질을 검사하다.

수집[1] 收集 | 거둘 수, 모을 집
[collect; gather]
여러 가지 것을 거두어[收] 모음[集]. ¶재활용품을 수집하다.

*__수집__[2] 蒐集 | 모을 수, 모을 집
[collect; accumulate]
어떤 물건이나 자료들을 찾아서 모음[蒐=集]. ¶언니는 우표 수집이 취미이다 / 연구 자료를 수집하다.

수차[1] 水車 | 물 수, 수레 차 [water mill]
❶ [속뜻] 물[水]의 힘으로 수레[車]바퀴 모양의 물레를 돌려 곡식을 찧는 방아. 물레방아. ❷물을 자아올리는 기계.

수ː차[2] 數次 | 셀 수, 차례 차
[several times]
몇[數] 차례(次例). 여러 차례. ¶나는 그에게 수차 경고했다.

수채 [sewer; drain]
집 안에서 쓰는 허드렛물을 버려 흘러 나가게 한 시설.

수채 水彩 | 물 수, 빛깔 채,
[미술] 물감을 물[水]에 풀어서 그림을 그리는[彩] 법. ¶수채 물감.

▸ 수채-화 水彩畵 | 그림 화
[미술] 서양화의 한 가지. 수성(水性) 물감을 사용해 그린[彩] 그림[畵]. ¶풍경이 마치 한 폭의 수채화 같다.

수척 瘦瘠 | 파리할 수, 파리할 척
[thin; haggard; gaunt]
몸이 마르고 안색이 파리[瘦=瘠] 하다. ¶얼굴이 수척해졌다. [비] 야위다.

수ː천 數千 | 셀 수, 일천 천
[several thousands]
몇[數] 천(千). ¶수천 명.

수첩 手帖 | 손 수, 표제 첩
[pocket notebook]
간단한 기록을 하기 위하여 손[手]에 지니고 다니는 작은 공책[帖].

수초 水草 | 물 수, 풀 초 [water weed]
[식물] 물[水]에서 서식하는 풀[草]. [비] 물풀.

수축 收縮 | 거둘 수, 줄일 축
[contract; shrink]

안쪽으로 거두어[收] 줄어듦[縮]. 또는 오므라듦. ¶심장은 끊임없이 수축하고 이완한다. ⓑ 팽창(膨脹).

수출 輸出 | 나를 수, 날 출 [export]
❶ 속뜻 실어서[輸] 내보냄[出]. ❷국내의 상품이나 기술 따위를 외국으로 팔아 내보냄. ¶휴대전화 수출이 크게 늘었다 / 이 기업은 자동차를 수출하고 있다. ⓑ 수입(輸入).

▸ **수출-량** 輸出量 | 분량 량
수출(輸出)하는 양(量). ¶반도체 수출량이 크게 늘었다. ⓑ 수입량(輸入量).

▸ **수출-액** 輸出額 | 액수 액
수출(輸出)로 벌어들인 돈의 액수(額數). ¶지난해에는 수입액이 수출액보다 많았다. ⓑ 수입액(輸入額).

▸ **수출-품** 輸出品 | 물건 품
외국에 팔아 내보내는[輸出] 물품(物品). ¶사탕수수는 브라질의 주요 수출품이다. ⓑ 수입품(輸入品).

수-출입 輸出入 | 나를 수, 날 출, 들 입 [import and export]
수출(輸出)과 수입(輸入)을 아울러 이르는 말. ¶수출입 절차를 간소화하다.

수취 受取 | 받을 수, 가질 취 [receive]
받아서[受] 가짐[取]. ¶물품을 수취하고 영수증을 썼다.

▸ **수취-인** 受取人 | 사람 인
서류나 물건을 받는[受取] 사람[人]. ¶소포가 수취인 불명으로 되돌아왔다.

수:치[1] 數値 | 셀 수, 값 치 [numerical value]
계산하여[數] 얻은 값[値]. ¶제시된 수치는 표본 조사를 통해 산출한 것이다.

수치[2] 羞恥 | 드릴 수, 부끄러울 치 [shame; disgrace]
❶ 속뜻 부끄러움[恥]을 줌[羞]. ❷부끄러움. ¶수치를 느끼다 / 수치를 당하다.

▸ **수치-심** 羞恥心 | 마음 심
부끄러움[羞恥]을 느끼는 마음[心]. ¶수치심으로 그녀의 얼굴은 새빨개졌다 / 그는 우리와 이야기하는 것을 수치스럽게 생각했다.

수칙 守則 | 지킬 수, 법 칙 [rules; directions]
행동이나 절차에 관하여 지켜야[守] 할 사항을 정한 규칙(規則). ¶근무수칙 / 안전 수칙.

수-컷 [male (animal)]
동물의 남성. ¶수컷 펭귄이 알을 품고 있다. ⓑ 암컷.

수탈 收奪 | 거둘 수, 빼앗을 탈 [plunder; exploit]
강제로 거두어[收] 들이거나 빼앗음[奪]. 강제로 빼앗음. ¶경제적 수탈 / 백성을 수탈하다 / 토지를 수탈당하다. ⓑ 착취(搾取).

수-탉 [rooster]
닭의 수컷. ¶수탉이 울어 아침이 된 줄 알았다. ⓑ 암탉.

수-톨쩌귀 [male joint of a hinge]
암톨쩌귀에 꽂게 된 촉이 달린 돌쩌귀. ⓑ 암톨쩌귀.

수통 水桶 | 물 수, 통 통 [water pail]
물[水]을 담거나 담겨 있는 통(桶). ⓑ 물통.

수-퇘지 [(male) hog]
돼지의 수컷. ⓑ 암퇘지.

수:판 數板 | 셈 수, 널빤지 판 [abacus]
셈[數]을 하는데 쓰이는 판(板) 모양의 기구. ⓑ 주판(籌板).

*__수평__ 水平 | 물 수, 평평할 평 [horizontality]
❶ 속뜻 잔잔한 수면(水面)처럼 편평(扁平)한 모양. ¶물은 수평으로 되게 마련이다. ❷지구의 중력 방향과 직각을 이루는 방향. ¶팔을 다리와 수평이 되게 뻗으세요.

▸ **수평-면** 水平面 | 낯 면
❶ 수학 수평(水平)을 이룬 면(面). ❷중력의 방향과 직각을 이루는 평평한 면.

▸ **수평-선** 水平線 | 줄 선

❶ 속뜻 물과 하늘이 맞닿아 수평(水平)을 이루는 선(線). ¶수평선 위로 해가 떠오르기 시작했다 ❷중력의 방향과 직각을 이루는 선.

수포¹水泡 | 물 수, 거품 포 [bubble; naught]
❶ 속뜻 물[水]에 떠 있는 거품[泡]. ❷'공들인 일이 헛되이 됨'을 비유하여 이르는 말. ¶우리의 노력이 수포로 돌아갔다. ㊥ 물거품, 헛수고.

수포²水疱 | 물 수, 물집 포 [vesicle; bulla]
의학 살갗이 부풀어 그 속에 물[水]이 고이게 된 물집[疱]. ¶발가락 사이에 수포가 생겼다.

수표¹手票 | 손 수, 쪽지 표 [check]
❶ 속뜻 손[手]바닥만한 크기의 종이쪽지[票]. ❷ 경제 은행에 당좌 예금을 가진 사람이 소지인에게 일정한 금액을 줄 것을 은행 등에 위탁하는 유가증권.

수표²水標 | 물 수, 나타낼 표
강이나 저수지 따위의 수위(水位)를 재기 위하여 설치하는 눈금이 있는 표시(標示). '양수표'(量水標)의 준말.

▸**수표-교** 水標橋 | 다리 교
❶ 속뜻 수위(水位)를 재는 표시(標示)가 되어 있는 다리[橋]. ❷ 역사 조선 세종 때에, 서울의 청계천에 놓은 다리. 기둥에 물의 깊이를 잴 수 있는 표시가 되어 있어 홍수를 대비할 수 있었다.

수풀 (林, 수풀 림) [wood; forest]
나무가 무성하게 우거지거나 꽉 들어찬 곳. ¶수풀 사이에서 뱀이 기어왔다.

수프 {영 soup}
서양 요리에서, 고기나 야채 따위를 삶아서 맛을 낸 국물.

수필 隨筆 | 따를 수, 붓 필 [essay]
❶ 속뜻 붓[筆]이 가는 대로 따라[隨] 씀. ❷ 문학 일정한 형식이 없이 체험이나 감상, 의견 따위를 생각나는 대로 자유롭게 적은 글.

수-하물 手荷物 | 손 수, 짐 하, 만물 물 [baggage; luggage]
손[手]으로 나를 수 있는 짐[荷物]. ¶수하물의 크기에 따라 요금이 다르다.

수학¹修學 | 닦을 수, 배울 학 [study; learn; pursue knowledge]
학업(學業)을 닦음[修]. 배움.

▸**수학-여행** 修學旅行 | 나그네 려, 다닐 행
교육 실제 경험을 통해 배우기[修學] 위해 여행(旅行)가는 형식의 학습 활동.

수:학²數學 | 셀 수, 배울 학 [mathematics]
수학 수량(數量) 및 도형의 성질이나 관계를 연구하는 학문(學問). 산수, 대수학, 기하학, 미분학, 적분학 따위 학문을 통틀어 이른다.

▸**수:학-과** 數學科 | 분과 과
대학에서 수학(數學)을 전공하는 학과(學科). ¶누나는 수학과에 합격하였다.

▸**수:학-자** 數學者 | 사람 자
수학(數學)을 전문적으로 연구하는 사람[者]. ¶수학자가 되는 것이 꿈이다.

수해 水害 | 물 수, 해칠 해 [flood damage]
홍수(洪水)로 말미암은 재해(災害). ¶이 지역은 매년 여름 수해를 입는다. ㊥ 수재(水災).

수행¹遂行 | 이룰 수, 행할 행 [achieve; accomplish]
생각하거나 계획한 대로 일을 이루기[遂] 위해 일을 함[行]. ¶그는 자신의 업무를 성실히 수행했다.

수행²隨行 | 따를 수, 갈 행 [accompany; follow]
높은 지위에 있는 사람을 따라[隨] 감[行]. ¶비서는 늘 회장님을 수행하였다.

▸**수행-원** 隨行員 | 사람 원
높은 지위에 있는 사람을 따라다니며[隨行] 그를 돕거나 신변을 보호하는 사람[員].

수험 受驗 | 받을 수, 시험할 험
[take an examination]
시험(試驗)을 받음[受]. 시험을 치름. ¶수험 자격이 있는지 알아보다.
▸수험-생 受驗生 | 사람 생
입학시험 따위를 치르는[受驗] 학생(學生).

수혈 輸血 | 나를 수, 피 혈
[give a blood transfusion; transfuse]
[의학] 피가 모자란 환자의 혈관에 건강한 사람의 피[血]를 넣음[輸]. ¶나는 수혈을 받아 살아났다.

수협 水協 | 물 수, 합칠 협
[fisheries cooperative union]
[사회] 수산업(水産業)에 종사하는 사람들이 협력(協力)하기 위한 조직체. '수산업협동조합'(水産業協同組合)의 준말.

수형-도 樹型圖 | 나무 수, 모양 형, 그림 도
[tree diagram]
[언어] 여러 요소 간의 관계를 나뭇가지[樹] 모양[型]의 그림[圖].

수호 守護 | 지킬 수, 돌볼 호
[protect; guard]
지켜주고[守] 돌보아 줌[護]. ¶자유와 정의를 수호하다 / 수호천사.
▸수호-신 守護神 | 귀신 신
개인, 가정, 지역, 국가 등을 지켜[守] 보호(保護)하는 신(神). ¶서낭당에 마을의 수호신을 모셨다.

수화[1] 手話 | 손 수, 말할 화
[sign language]
몸짓이나 손짓[手]으로 말[話]을 대신하는 의사 전달 방법. ¶수화로 의사표현을 하다.

수화[2] 受話 | 받을 수, 말할 화
[hear; listen; receive]
전화(電話)를 받음[受]. [반] 송화(送話).
▸수화-기 受話器 | 그릇 기
전화기에서 귀에 대고 상대방의 말[話]을 듣는[受] 부분[器]. ¶수화기에서 엄마의 목소리가 들렸다. [반] 송화기(送話器).

수확 收穫 | 거둘 수, 거둘 확 [harvest]
❶[속뜻] 농작물을 거두어들임[收=穫]. ¶벼를 수확하다 / 가을은 수확의 계절이다. ❷어떤 일에서 얻은 좋은 성과. ¶그를 만난 것이 이번 여행에서 얻은 가장 큰 수확이다.
▸수확-량 收穫量 | 분량 량
수확(收穫)한 양(量). ¶쌀의 수확량이 크게 늘었다.

수:효 數爻 | 셀 수, 획 효
[number; figure]
낱낱[爻]의 수(數). 사물의 수. ¶연필의 수효가 적다.

수훈 殊勳 | 뛰어날 수, 공 훈
[meritorious deed(s)]
뛰어난[殊] 공훈(功勳). ¶수훈을 세우다.

숙고 熟考 | 익을 숙, 생각할 고
[think over; mull over]
곰곰이[熟] 생각함[考]. ¶결정하기 전에 숙고하십시오.

숙녀 淑女 | 맑을 숙, 여자 녀 [lady]
❶[속뜻] 교양과 품격을 갖춘 정숙(貞淑)한 여자(女子). ¶신사 숙녀 여러분. ❷성년이 된 여자를 아름답게 이르는 말. ¶서희가 이젠 숙녀가 됐다. [반] 신사(紳士).

숙달 熟達 | 익을 숙, 통달할 달
[proficiency; mastery]
무엇에 익숙하고[熟] 통달(通達)함. ¶숙달된 솜씨. [반] 미숙(未熟).

숙련 熟鍊 | =熟練, 익을 숙, 익힐 련
[be skilled]
❶[속뜻] 익숙하도록[熟] 익힘[鍊]. ❷어떤 일에 통달하여 잘 알고 다룸. ¶그는 매우 숙련된 목수다.

숙맥 菽麥 | 콩 숙, 보리 맥
❶[속뜻] 콩[菽]과 보리[麥]. ❷'숙맥불변'의 준말. ¶그는 세상 물정을 모르는 숙맥이다. [비] 바보.
▸숙맥불변 菽麥不辨 | 아닐 불, 가릴 변

❶ 속뜻 콩[菽]인지 보리[麥]인지를 구별[辨]하지 못함[不]. ❷'사리 분별을 못하는 어리석은 사람'을 이르는 말.

숙명 宿命 | 묵을 숙, 운명 명
[fate; destiny]
❶ 속뜻 오래 묵어[宿] 돌이킬 수 없는 운명(運命). 타고난 운명. 피할 수 없는 운명. ¶우리는 다시 만날 수 없는 숙명이었다.

숙모 叔母 | 아저씨 숙, 어머니 모 [aunt]
삼촌[叔]의 아내를 어머니[母]처럼 높여 이르는 말. 작은 어머니. ⓑ 백모(伯母).

숙박 宿泊 | 잠잘 숙, 머무를 박
[lodge; stay]
남의 집 등에서 잠자고[宿] 머무름[泊]. ¶그는 친구 집에서 숙박했다.

숙부 叔父 | 아저씨 숙, 아버지 부 [uncle]
삼촌[叔]을 아버지[父]처럼 높여 이르는 말. 작은 아버지. ⓑ 백부(伯父).

숙성 熟成 | 익을 숙, 이룰 성
[ripen; mature; age]
❶ 속뜻 충분히 익어서[熟] 이루어짐[成]. 충분히 익은 상태가 됨. ❷발효 따위를 충분히 시켜서 만드는 일. ¶포도주를 숙성시키다.

숙소 宿所 | 잠잘 숙, 곳 소 [inn; hotel]
주로 객지에서 잠자는[宿] 곳[所]. ¶민박집을 숙소로 정했다.

숙식 宿食 | 잠잘 숙, 먹을 식
[board and lodge]
자고[宿] 먹음[食]. ¶숙식 제공 / 아이는 기숙사에서 숙식한다.

숙연 肅然 | 엄숙할 숙, 그러할 연 [solemn; silent]
분위기 따위가 고요하고 엄숙(嚴肅)한 그런[然] 모양이다. ¶숙연히 눈을 감고 기도하다.

숙원 宿願 | 묵을 숙, 원할 원
[one's heart's desire]
오래 묵을[宿] 정도로 예전부터 바라던 소원(所願). ¶남북통일은 우리 민족의 숙원이다.

숙-이다 [drop; hang; droop]
고개나 몸을 앞으로 구부리다. ¶그는 고개를 숙여 인사했다. ⓑ 굽히다.

⁑**숙제** 宿題 | 잠잘 숙, 문제 제
[pending question; homework]
❶ 속뜻 해결하지 않고 잠재워[宿]둔 문제(問題). ¶환경오염 문제는 우리가 풀어야 할 커다란 숙제다. ❷학생에게 내어 주는 과제. ¶국어 선생님은 숙제를 많이 내 주신다.

▸숙제-물 宿題物 | 만물 물
학생들에게 집에서 해 오라고 내주는[宿題] 공부나 일거리[物]. ¶숙제물을 꼭 챙기다.

숙주-나물 [green-bean sprouts]
녹두를 싹을 낸 나물. ㊄ 숙주.

숙직 宿直 | 잠잘 숙, 당번 직
[be on night duty]
다들 잠자는[宿] 밤에 당번[直]을 맡아 지킴. 또는 그 사람. ¶숙직 교사.

▸숙직-실 宿直室 | 방 실
숙직(宿直)하는 사람이 번갈아 가며 자는 방[室].

숙질 叔姪 | 아저씨 숙, 조카 질
[uncle and his nephew]
아저씨[叔]와 조카[姪].

▸숙질-간 叔姪間 | 사이 간
아저씨와 조카[叔姪] 사이[間].

숙청 肅清 | 엄숙할 숙, 맑을 청
[stage a purge; clean up]
❶ 속뜻 엄하게[肅] 다스려 잘못된 것을 모두 없애 말끔하게[清] 함. ❷독재국가 따위에서 반대파를 모두 제거하는 일. ¶당은 반대 세력을 숙청했다.

순[1] 純 | 순수할 순 [pure; genuine]
잡물이 섞이지 않은. 순수(純粹)한. 순전(純全)한. ¶순 우리말 단어 / 그건 순 거짓말이다.

순[2] 筍 | 죽순 순 [sprout; shoot]

식물의 싹. ¶고구마의 순.

*순간 瞬間 | 눈 깜짝일 순, 사이 간 [moment; second]
❶[속뜻] 눈을 깜짝할[瞬] 사이[間]. 잠깐 동안. ¶마지막 순간. ❷어떤 일이 일어난 바로 그때. ¶문으로 걸음을 옮기는 순간 전화벨이 울렸다. [비] 찰나(刹那).

▸순간-적 瞬間的 | 것 적
눈을 깜짝할 동안[瞬間]의 짧은 시간에 있는 것[的]. ¶순간적으로 발생한 사고.

순결 純潔 | 순수할 순, 깨끗할 결 [pure; virginia]
❶[속뜻] 잡된 것이 없이 순수(純粹)하고 깨끗함[潔]. ¶흰색은 순결을 상징한다. ❷이성과의 성적인 관계가 없어 마음과 몸이 깨끗함. ¶순결을 잃다 / 순결한 신부.

순경 巡警 | 돌 순, 지킬 경 [policeman; patrolman]
❶[속뜻] 여러 곳을 돌아다니며[巡] 지켜줌[警]. ❷[법률] 경장의 아래로 가장 낮은 계급의 경찰공무원. ¶도둑은 순경을 보자 도망갔다.

순교 殉教 | 목숨 바칠 순, 종교 교 [martyrize oneself]
[종교] 자기가 믿는 종교(宗教)를 위하여 목숨을 바침[殉]. ¶그는 외국에서 선교 활동을 하다 순교했다.

순국 殉國 | 목숨 바칠 순, 나라 국 [die for one's country]
나라[國]를 위하여 목숨을 바침[殉]. ¶우리 할아버지는 항일운동을 하다가 순국하셨다.

▸순국-선열 殉國先烈 | 먼저 선, 세찰 렬
나라를 위해 목숨을 바쳐[殉國] 먼저[先] 죽은 열사(烈士). ¶현충일은 순국선열의 충정을 기리는 날이다. [비] 애국선열(愛國先烈).

순금 純金 | 순수할 순, 황금 금 [solid gold]
불순물이 섞이지 않은 순수(純粹)한 황금(黃金). ¶순금은 쉽게 구부러진다.

순대
돼지 창자 속에 쌀·두부·숙주나물 등을 넣고 삶은 음식.

순도 純度 | 순수할 순, 정도 도 [degree of purity]
물질의 순수(純粹)한 정도(程度). ¶불상은 순도 99.9%의 금으로 만들었다.

순-두부 (-豆腐, 콩 두, 썩을 부)
눌러서 굳히지 않은 두부(豆腐). ¶점심에 순두부 찌개를 먹었다.

순라 巡邏 | 돌 순, 순찰할 라 [patrolman]
❶[속뜻] 일정한 지역을 돌아다니며[巡] 지킴[邏]. ❷[역사] 도둑이나 화재 따위를 경계하기 위해 밤에 사람의 통행을 금하고 순찰을 돌던 군졸. '순라군'(巡邏軍)의 준말. ¶순라를 돌다.

순례 巡禮 | 돌 순, 예도 례 [make a pilgrimage]
[종교] 여러 성지나 영지 등을 차례로 돌아다니며[巡] 참배함[禮]. ¶예루살렘 성지를 순례하다.

순:리 順理 | 따를 순, 이치 리 [submission to reason]
이치(理致)를 따름[順]. 또는 그렇게 따른 이치. ¶자연의 순리에 따르다.

순모 純毛 | 순수할 순, 털 모 [pure wool]
다른 것이 섞이지 않은 순수(純粹)한 모직물이나 털실[毛]. ¶순모로 털옷을 만들다.

순박 淳朴 | =醇朴, 도타울 순, 소박할 박 [simple and honest]
❶[속뜻] 인정이 도탑고[淳] 외모가 소박(素朴)하다. ❷인정이 두텁고 거짓이 없다. ¶순박한 처녀.

순발-력 瞬發力 | 눈 깜짝일 순, 일으킬 발, 힘 력 [ability to react instantly]
[운동] 외부의 자극에 따라 순간적(瞬間的)으로 몸을 움직일[發] 수 있는 능력(能力). ¶순발력이 뛰어나다.

순방 巡訪 | 돌 순, 찾을 방

[visit one after another]
나라나 도시 따위를 돌아가며[巡] 방문(訪問)함. ¶대통령은 유럽 5개국을 순방하고 오늘 귀국했다.

순ː번 順番 | 차례 순, 차례 번
[order; turn]
차례[順]로 번갈아[番] 돌아오는 임무. 또는 그 순서. ¶순번을 기다려서 공연장으로 들어갔다.

순사 巡査 | 돌 순, 살필 사
[policeman; patrolman]
❶속뜻 각지를 돌며[巡] 조사(調査)함. ❷역사 일제시대 경찰관의 가장 낮은 계급.

***순ː서 順序** | 따를 순, 차례 서 [procedure; order]
어떤 기준에 따른[順] 차례[序]. ¶키 순서대로 앉으세요.
▶순ː서-쌍 順序雙 | 짝 쌍
수학 점의 자리표와 같이 두 집합의 원소에 순서(順序)를 주어서 만든 짝[雙].

순수 純粹 | 생사 순, 생쌀 수
[purity; genuine]
❶속뜻 생사[純]나 생쌀[粹]처럼 불순물이 없음. ❷다른 것이 조금도 섞임이 없음. ¶순수 혈통 / 순수한 금. ❸마음에 딴 생각이나 그릇된 욕심이 전혀 없음. ¶순수한 마음.

순ː순-히 (順順-, 따를 순)
[gentle; docile]
거스르지 않고[順] 고분고분하게. ¶동생은 순순히 내 말을 따랐다.

순시 巡視 | 돌 순, 볼 시
[make a tour of inspection]
돌아다니며[巡] 살펴봄[視]. 또는 그러한 사람. ¶교장 선생님이 교실을 순시하고 계신다.
▶순시-선 巡視船 | 배 선
해상의 안전 같은 임무를 띠고 바다를 돌아다니며[巡視] 감독하는 배[船]. ¶북한은 일본 순시선을 공격했다.

순식 瞬息 | 눈 깜작할 순, 숨쉴 식
[brief instant]
'순식간'의 준말.
▶순식-간 瞬息間 | 사이 간
❶속뜻 눈 깜빡하거나[瞬] 숨을 한 번 쉴[息] 사이[間] 정도의 시간. ❷매우 짧은 시간. ¶그 전염병은 순식간에 마을에 퍼져 나갔다.

순ː위 順位 | 따를 순, 자리 위
[order; rank(ing)]
어떤 기준에 따라[順] 정해진 위치(位置)나 지위(地位). ¶순위를 매기다.

순은 純銀 | 순수할 순, 은 은
[pure silver]
광업 불순물이 섞이지 않은 순수(純粹)한 은(銀).

순ː응 順應 | 따를 순, 맞을 응
[adapt oneself]
환경에 따르고[順] 맞게[應] 바뀜. ¶자연에 순응하다.

순-이ː익 純利益 | 순수할 순, 이로울 리, 더할 익 [net profit]
경제 모든 경비를 빼고 남은 순전(純全)한 이익(利益). ¶상반기 회사 순이익이 증가했다.

순전 純全 | 순수할 순, 완전할 전
[pure; spotless]
순수(純粹)하고 완전(完全)하다. ¶순전한 오해 / 그건 순전히 내 실수였다.

순정 純情 | 순수할 순, 마음 정
[pure heart]
순수(純粹)하고 사심이 없는 마음[情]. ¶순정을 바치다.

순ː조 順調 | 따를 순, 고를 조 [favorable; well]
어떤 일이 아무 탈 없이 이치에 따라[順] 조화(調和)롭게 되어가는 상태. ¶모든 일이 순조롭게 진행되어 간다.

순종¹ 純種 | 순수할 순, 갈래 종 [unmixed breed]

생물 딴 계통과 섞이지 않은 순수(純粹)한 종(種). ¶이 개는 순종이다. ⓑ 잡종(雜種).

순:종² 順從 | 따를 순, 따를 종 [obey; submit]
순순(順順)히 따름[從]. ¶나는 부모님 말씀에 순종했다.

▸순:종-적 順從的 | 것 적
남의 말이나 명령에 순순히 따르는[順從] 것[的]. ¶순종적인 성품.

순-지르기 (筍―, 죽순 순)
농업 초목의 곁순을 잘라 내는 일.

순진 純眞 | 순수할 순, 참 진 [naive; pure]
마음이 순수(純粹)하고 진실(眞實)됨. ¶순진을 잃지 않다 / 순진한 마음.

순찰 巡察 | 돌 순, 살필 찰 [patrol]
순회(巡廻)하며 살핌[察]. ¶경비원이 아파트를 순찰하고 있다.

▸순찰-차 巡察車 | 수레 차
범죄나 사고의 방지를 위하여 경찰 등이 타고 여러 곳을 두루 돌아다닐[巡察] 때 사용하는 자동차(自動車).

순:탄 順坦 | 따를 순, 평평할 탄 [uneventful; peaceful]
어떤 일이 순조(順調)롭고 평탄(平坦)하다. ¶그 일은 순탄하게 진행되고 있다.

순:풍 順風 | 따를 순, 바람 풍 [favorable wind; tailwind]
❶ 속뜻 움직여 가는 방향을 따라[順] 부는 바람[風]. ❷배가 가는 쪽으로 부는 바람. 또는 바람이 부는 쪽으로 배가 감. ⓑ 역풍(逆風). 속담 순풍에 돛 단 듯.

순:하다 (順―, 순할 순) [gentle; docile]
성질이 부드럽다[順]. ¶강아지가 매우 순하다.

순화 純化 | 순수할 순, 될 화 [purify; refine]
잡스러운 것을 순수(純粹)하게 바꿈[化]. ¶음악은 정서 순화에 도움이 된다.

***순환** 循環 | 돌아다닐 순, 고리 환 [rotate; cycle]
❶ 속뜻 고리[環]같이 둥글게 돌아다님[循]. ❷돌아서 다시 먼저의 자리로 돌아옴. 또는 그것을 되풀이함. ¶순환 버스 / 계절은 순환한다.

▸순환-계 循環系 | 이어 맬 계
의학 동물체의 몸속에서 영양분과 노폐물을 순환(循環)하는데 관여하는 기관의 계통(系統). 척추동물에서는 혈관계(血管系)와 림프계로 갈라진다.

▸순환-기 循環器 | 그릇 기
의학 척추동물에서 심장, 혈관, 림프관 따위와 같이 순환계(循環系)에 속하는 기관(器官).

▸순환 도:로 循環道路 | 길 도, 길 로
교통 일정한 지역을 순환(循環)할 수 있게 되어 있는 도로(道路).

순회 巡廻 | 돌 순, 돌 회 [go round; patrol]
여러 곳을 차례로 돌아다님[巡=廻]. ¶전국을 순회하며 강연을 하다.

숟-가락 [spoon]
밥이나 국물을 떠먹는 식사용 기구. ⓒ 숟갈.

숟-갈 [spoon]
'숟가락'의 준말.

술¹(酒, 술 주) [alcoholic drink]
알코올 성분이 있어서 마시면 취하는 음료의 총칭. ¶술을 마시고 운전을 하면 안 된다.

술:² [tassel; tuft]
가마·띠·끈·옷 따위의 끝에 달린 여러 가닥의 실. ¶목도리 끝에 술이 달려 있다.

술³ [spoonful]
한 숟가락의 분량. ¶다음에는 간장을 두 큰 술 넣으세요.

술래 [tagger]
술래잡기에서, 숨은 아이들을 찾아내는

아이.

▶ 술래-잡기
여럿 가운데 한 아이가 술래가 되어 숨은 아이들을 찾아내는 놀이.

술렁-거리다
[be disturbed; be uneasy]
자꾸 어수선하게 소란이 일다. ¶그 소식을 듣고 학생들은 술렁거리기 시작했다.

술렁-이다
[be perturbed; be disturbed]
자꾸 어수선하게 소란이 일다. ¶공연이 중단되자 관객들이 술렁였다.

술-병 (ㅡ甁, 병 병) [liquor bottle]
술을 담는 병(甁)의 총칭.

술-상 (ㅡ床, 평상 상) [drinking table]
술과 안주를 차려 놓은 상(床). ¶손님이 오시자 어머니는 술상을 차렸다. ㊥ 주안(酒案), 주안상(酒案床).

술수 術數 | 꾀 술, 셀 수 [artifice; trick]
❶ 속뜻 술책(術策)을 잘 헤아림[數]. ❷어떤 일을 꾸미는 꾀나 방법. ¶그녀는 목적을 달성하기 위하여 갖은 술수를 다 썼다. ㊥ 술책(術策).

술술 [fluently; facilely]
문제·얽힌 실 따위가 잘 풀려 나오는 모양. ¶모든 일이 술술 잘 되어 나갔다.

술-쌀
술을 만들기 위한 쌀.

술어 述語 | 지을 술, 말씀 어 [predicate]
언어 주어의 동작이나 상태를 서술(敍述)하는 말[語]. ㊦ 주어(主語).

술-잔 (ㅡ盞, 잔 잔)
[wine cup; liquor glass]
술을 따라 마시는 그릇[盞]. ¶술잔을 비웠다.

술-주정뱅이 (ㅡ酒酊ㅡ, 술 주, 술취할 정)
[drunk; lushy]
술을 습관적으로 많이 먹으며, 주정(酒酊)을 심하게 하는 사람.

술-집 [drinking house; bar(room)]
술을 파는 집. ㊥ 주점(酒店).

술책 術策 | 꾀 술, 꾀 책 [artifice; trick]
남을 속이기 위한 꾀[術]나 계책(計策). ¶술책을 부리다. ㊥ 술수(術數).

술-타령 [think only of liquor]
만사를 제쳐 놓고 술만 찾거나 마시는 일.

숨ː [breath; crispness of fresh vegetables]
❶사람이나 동물이 코·입으로 공기를 들이마시고 내쉬는 기운. ¶숨을 쉬다. ❷채소 따위의 생생하고 빳빳한 기운. ¶숨을 죽인 배추로 김치를 담다. ㊥ 호흡(呼吸).
관용 숨을 거두다.

♣ 숨 / 호흡(呼吸) — 비슷한 듯 다른 말

◎ 숨이 = 호흡이 멎다.
○ 숨을 쉬다.
× 호흡을 쉬다.
○ 호흡이 곤란하다.
× 숨이 곤란하다.

숨ː-결 [breathing; respiration]
숨을 쉬는 속도나 높낮이. ¶숨결이 거칠다.

숨ː-골 [medulla (oblongata)]
의학 후뇌와 척수를 연락하는 부분으로, 호흡 운동·심장 운동·저작·등을 조절하는 기관. ㊥ 연수(延髓).

숨-기다 (祕, 숨길 비) [hide; cover]
드러나지 않게 감추다. 남이 알지 못하게 하다. ¶그녀는 반지를 장롱 속 깊이 숨겨 두었다.

숨김없-이 [be straight; be open]
숨기는 것이 없이. ¶모든 사실을 숨김없이 말하다.

숨ː다 [hide]
❶보이지 않게 몸을 감추다. ¶아이는 냉장고 뒤에 숨어 있었다. ❷겉으로 드러나지 않다. ¶숨은 재주를 드러내다.

숨바꼭-질 [hide-and-seek; I-spy]

숨은 사람을 찾아내는 아이들의 놀이.

숨ː-소리 [sound of breathing]
숨을 쉴 때 나는 소리.

숨ː-쉬기 [breath; breathing]
숨을 쉬는 것. [비] 호흡(呼吸).

숨ː-죽이다 [quiet; silent]
숨소리도 내지 않을 정도로 조용히 하다. ¶우리는 숨죽이며 경기를 지켜보았다.

숨ː-지다 [expire; die]
마지막 숨을 거두다. 죽다. ¶내가 도착했을 때 그는 이미 숨져 있었다.

숨ː-차다
[be short of breath; be breathless]
숨을 쉬기가 어렵다. ¶숨찬 목소리.

숨ː-통 (-筒, 대롱 통) [windpipe]
[의학] 척추동물의 목에서 폐로 이어지는, 숨 쉴 때 공기가 통하는 관[筒].

숫-기 (-氣, 기운 기)
[manly openness; boldness]
활발하여 부끄럼이 없는 기운(氣運). ¶숫기가 없다.

숫-돌 [whetstone; grindstone]
칼 따위 연장을 갈아서 날을 세우는 데 쓰는 돌. ¶숫돌에 칼을 갈다.

숫ː자 數字 | 셀 수, 글자 자
[numeral; figure]
❶ [속뜻] 수(數)를 나타내는 글자[字]. ❷수량적인 사항. ¶숫자에 밝다.

▶ 숫자 카드 (數字card)
숫자(數字)를 써 놓은 두꺼운 종이딱지 [card].

숫제 [rather; from the firs]
처음부터 차라리. 아예. ¶컴퓨터 게임을 하느니 숫제 자는 게 낫겠다. [비] 차라리.

숭고 崇高 | 높을 숭, 높을 고
[sublime; lofty]
정신이 고상하고 뜻이 높다[崇=高]. ¶숭고한 정신을 기리다.

숭늉 [rice water]
밥을 지은 솥에 물을 부어 데운 것. [속담] 우물에 가 숭늉 찾는다.

숭례-문 崇禮門 | 높을 숭, 예도 례, 문 문
❶ [속뜻] 예(禮)를 숭상(崇尙)하는 문(門). ❷ [고적] 서울의 남대문(南大門)의 본이름. 국보 제1호이다.

숭배 崇拜 | 높을 숭, 공경할 배 [worship; adore]
어떤 사람을 거룩하게 높여[崇] 마음으로부터 우러러 공경함[拜]. ¶조상숭배 / 태양을 숭배하다.

숭상 崇尙 | 높을 숭, 받들 상
[respect; revere]
높게[崇] 떠받들다[尙]. ¶예부터 우리 민족은 예의(禮義)를 숭상해 왔다.

숭숭 [full of small holes; perforated]
❶조금 큰 구멍이 많이 뚫린 모양. ¶창에 구멍이 숭숭 뚫려 있다. ❷땀방울·소름·털 따위가 나거나 맺힌 모양. ¶이마에 땀방울이 숭숭 맺혔다.

숭앙 崇仰 | 높을 숭, 우러를 앙 [worship]
높이어[崇] 우러러 봄[仰]. ¶신사임당은 현모양처의 귀감으로 숭앙받았다.

숭ː어 [gray mullet]
[동물] 강어귀와 바다가 만나는 지역에서 사는 물고기. 등은 잿빛을 띤 청색이고 배는 은백색이다.

숯 [charcoal]
나무를 숯가마에 넣어서 구워 낸 검은 덩어리. [비] 목탄(木炭). [속담] 숯이 검정 나무란다.

숯-불 [charcoal fire]
숯이 타는 불. ¶숯불에 고기를 구워 먹었다.

숱 [quantity; thickness]
머리털 따위의 부피나 분량. ¶할머니는 머리 숱이 적다.

숱-하다 [plentiful; much; many]
아주 많거나 흔하다. ¶집에 개미가 숱하게 있다.

숲 [forest; wood]

나무들이 무성하게 우거지거나 꽉 들어찬 것. '수풀'의 준말. ¶강원도 지역은 대부분이 울창한 숲으로 덮여 있다. 관용 숲을 이루다.

쉬ː[1][weewee; piddle]
어린아이의 말로, 오줌이나 오줌을 누는 일. ¶엄마, 나 쉬 마려워요.

쉬ː[2][easily; readily]
❶어렵거나 힘들지 않게. ¶그 일을 쉬이 잊을 수가 없다. ❷멀지 않은 가까운 장래에. ¶쉬 돌아올게요. '쉬이'의 준말. ㊥ 쉽게, 곧, 금방.

쉬ː[3][Hush!; Sh!]
떠들지 말라는 뜻으로 하는 소리. ¶쉬! 조용히 해라! ㊥ 쉿.

쉬ː다[1](休, 쉴 휴; 息, 쉴 식; 憩, 쉴 게) [have a rest; give oneself rest]
❶피로를 풀려고 몸을 편안히 두다. ¶그는 침대에 누워서 편히 쉬었다. ❷일감이 없어서 오랫동안 일을 하지 못하거나 직장 따위를 그만두다. ¶나는 요즘 일을 쉬고 있다. ❸일이나 활동을 잠시 그치거나 멈추다. 또는 그렇게 하다. ¶하던 일을 쉬고 차를 마셨다. ㊥ 휴식(休息)하다.

> 비슷한 듯 다른 말 ➲ 멈추다

쉬ː다[2][draw (a breath); heave]
코나 입으로 공기를 들이마시고 내쉬기를 거듭하다. ¶한숨을 쉬다.

쉬ː다[3][go bad; spoil]
음식이 상하여 맛이 시금하게 변하다. ¶여름에는 음식이 쉬기 쉽다.

쉬ː다[4][become hoarse; hoarsen]
목청에 탈이 생겨 목소리가 흐려지다. ¶감기에 걸려 목이 쉬었다.

쉬ː쉬-하다 [(hush-)hush]
남이 알까 두려워하여 숨기다. ¶그들은 그 사건에 대하여 쉬쉬하고 있다. ㊥ 감추다, 은폐(隱蔽)하다.

쉬엄-쉬엄 [in easy stages; off and on]
쉬어 가면서 하는 모양. ¶쉬엄쉬엄 하세요.

쉰ː [fifty]
열의 다섯 배가 되는 수. 50. ¶아버지는 올해 쉰이시다. ㊥ 오십(五十).

쉼ː-터 [arbor]
편하게 쉴 수 있게 꾸며놓은 곳. ¶청소년 쉼터.

쉼ː-표 (一標, 나타낼 표) [rest; pause]
❶ 언어 짧게 쉬는 부분을 나타내는 문장 부호[標]. 반점(,), 모점(ˎ), 가운뎃점(·), 쌍점(:), 빗금(/)이 있는데 흔히 반점만을 이른다. ❷ 음악 악보에서, 쉼을 나타내는 표.

쉽ː다 (易, 쉬울 이) [easy; be likely to]
❶어렵지 않다. ¶쉬운 문제. ❷가능성이 많다. ¶가위를 갖고 놀면 다치기 쉽다. ㊤ 어렵다.

쉽ː-사리 [easily; with ease]
매우 쉽게. 순조롭게. ¶상대편을 쉽사리 이기다. ㊤ 어렵사리.

쉿 [Hush!; Sh!]
남에게 떠들지 말고 조용히 하라고 할 때 내는 소리. ㊥ 쉬.

슈퍼 {영 super}
'슈퍼마켓'의 준말.

▸ **슈퍼맨** {영 superman}
육체적·정신적으로 남들보다 뛰어난[super] 초능력을 가진 사람[man].

▸ **슈퍼마켓** {영 supermarket}
판매원이 거의 없고 물건을 살 사람이 직접 물건을 고르고 물건 값은 계산대에서 치르도록 되어 있는 규모가 큰[super] 가게[market]. ㊦ 슈퍼.

슛 {영 shoot}
운동 구기에서, 바스켓이나 골을 향해 공을 던지거나 참. ¶슛은 골대를 맞고 튕겨 나왔다.

스낵 {영 snack}
가벼운 식사나 간식.

스냅 {영 snap}

눌러서 붙여 채우게 된, 작은 단추. ㊥ 똑딱단추.

스님 [priest]
불교 '중'을 높여 부르는 말. ¶스님께 절을 하였다.

스러지다 [vanish; disappear]
나타난 형태가 차츰 희미해지면서 없어지다. ¶꽃이 맥없이 스러졌다.

스르르 [gently; softly]
❶졸린 눈이 힘없이 저절로 감기는 모양. ¶눈이 스르르 감겼다. ❷미끄러지듯 슬며시 움직이는 모양. ¶방문이 스르르 열렸다. ❸얽히거나 맨 것이 저절로 풀리는 모양. ¶매듭이 스르르 풀리다. ❹얼음이나 눈 따위가 저절로 녹는 모양. ¶눈이 스르르 녹다.

스릴 {영 thrill}
간담을 서늘하게 하거나 마음을 졸이게 하는 느낌. ¶스릴이 넘치는 추리 소설.

스멀-거리다 [itch; feel creepy]
살갗에 작은 벌레 따위가 자꾸 기는 것처럼 근질거리다. ¶등이 개미들로 스멀거린다.

스멀-스멀 [itch; feel creepy]
스멀거리는 모양을 나타낸다. ¶벌레가 다리를 스멀스멀 기어 다니는 듯한 느낌이 들었다.

스며-나오다 [ooze; exude]
액체·기체·빛 따위가 틈 사이로 조금씩 나오다. ¶종이 주머니에서 물이 스며나왔다.

스며-들다 [permeate]
속으로 배어들다. ¶물이 모래 속으로 스며들었다.

스모그 {영 smog}
지리 '연기'를 뜻하는 'smoke'와 '안개'를 뜻하는 'fog'의 합성어. 자동차의 배기가스나 공장에서 내뿜는 연기가 안개와 같은 상태를 이룬 것.

스무 [twenty]
스물을 나타내는 말. ¶그는 스무 살에 이 책을 썼다.

▸ 스무고개-놀이
어떤 문제에 대하여 스무 번까지 질문을 하여 그 답을 알아맞히는 놀이.

스물 [twenty]
열의 두 배가 되는 수. 20. ㊥ 이십(二十).

스미다 [permeate]
❶기체·바람 따위가 안으로 흘러들다. ¶찬바람이 뼛속까지 스미는 것 같다. ❷마음에 사무치다. ¶가슴속에 스미는 그리움.

비슷한 듯 다른 말	➲ 배다[1]

스산-하다 [bleak]
날씨가 흐리고 으스스하다. ¶스산한 바람이 불었다.

스스럼-없다
[be self-assured; act naturally]
조심스럽거나 부끄러운 마음이 없다. ¶그는 이웃과 스스럼없이 지낸다.

스스로 (自, 스스로 자) [oneself; naturally; of one's own accord]
❶제 힘으로. ¶자기 일은 자기 스스로 해야 한다. ❷저절로. ¶꽃은 스스로 핀다. ❸자진하여. ¶그는 스스로 그만뒀다.

스승 (師, 스승 사) [teacher; master]
자기를 가르쳐 주는 사람. ¶스승의 은혜는 하늘과 같다. ㊥ 사부(師傅). ㊦ 제자(弟子).

▸ 스승의 날
학교 선생님에 대한 존경심을 되새기고 그 은혜를 기리는 날. 1965년부터 세종대왕 탄신일인 5월 15일로 정하였다.

스웨터 {영 sweater}
털실로 두툼하게 짠 상의. ¶날이 추워서 스웨터를 걸쳐 입었다.

스위치 {영 switch}
전기 전기 회로를 이었다 끊었다 하는 장치. ¶스위치를 눌러 불을 끄다.

스치다 [be rubbed; go past by a person]

서로 살짝 닿으면서 지나가다. ¶그녀의 머리카락이 내 볼을 스쳤다.

비슷한 듯 다른 말 ➲ 닿다

스카우트 {영 scout}
❶'보이 스카우트·걸 스카우트'의 준말. ❷우수한 운동선수나 연예인 등을 물색해 내는 사람. 또는 그 일. ¶한국 제일의 투수를 스카우트해 왔다.

스카프 {영 scarf}
추위를 막거나 멋을 내려고 머리를 싸매거나 목에 두른다. ¶그녀는 스카프를 어깨에 둘렀다.

스캐너 {영 scanner}
그림이나 사진 또는 문자 따위를 복사하듯 읽어서 컴퓨터의 그래픽 정보로 바꾸는 입력 장치.

스캔들 {영 scandal}
매우 충격적이고 부도덕한 사건. 또는 불명예스러운 평판이나 소문. ¶그는 스캔들에 연루되어 조사를 받았다.

스커트 {영 skirt}
서양식 여자 치마. ¶미니 스커트.

스케이트 {영 skate}
운동 구두 바닥에 쇠 날을 붙이고 얼음 위를 지치는 운동구.

▸스케이트-장 (skate場, 마당 장)
운동 스케이트(skate)를 타기 위한 설비를 갖춘 곳[場]. ⓑ아이스링크(ice-rink).

▸스케이트-보드 {영 skateboard}
운동 길쭉한 두꺼운 판자[board] 밑에 롤러를 붙여 미끄러지듯[skate] 타는 놀이 기구. 두 발을 올려놓고 선 자세로 탄다.

스케줄 {영 schedule}
시간에 따라 구체적으로 짠 계획. 또는 그 계획표. ¶스케줄이 꽉 차 있다. ⓑ일정표(日程表).

스케치 {영 sketch}
그 자리의 모습을 간단한 문장이나 그림 또는 악곡 등으로 나타냄. 또는 그런 작품.

▸스케치-북 {영 sketchbook}
미술 스케치(sketch)를 할 수 있도록 도화지 따위를 여러 장 한데 모아 맨 책[book].

스코어 {영 score}
운동 경기의 득점. 또는 득점표. ¶2대 1의 스코어로 우리 팀이 이겼다.

스쿠버 다이빙 {영 scuba diving}
운동 스쿠버(scuba)를 등에 지고 잠수하는[diving] 스포츠.

스쿨-버스 {영 school bus}
학생들의 통학 편의를 위하여 운영하는 학교[school] 버스(bus).

스크랩 {영 scrap}
신문이나 잡지 등에서 글이나 사진 등을 오려 내는 일. 또는 오려 낸 조각. ¶그에 관한 기사라면 모두 스크랩한다.

▸스크랩-북 {영 scrapbook}
신문이나 잡지 등에서 글이나 사진 등을 오려 내어[scrap] 붙이는 책[book].

스크린 {영 screen}
영화나 환등(幻燈)의 영사막(映寫幕). 또는 그 영화. ¶영화를 스크린에 비추다. ⓑ영사막(映寫幕).

스키 {영 ski}
운동 눈 위를 미끄러져 가도록 신는 얇고 긴 기구. 또는 그것을 사용하는 눈 위의 스포츠. ¶그는 스키 실력이 수준급이다.

▸스키-장 (ski場, 마당 장)
스키(ski)를 탈 수 있도록 시설을 갖춘 곳[場]. ¶12월부터 스키장을 개장한다.

스타 {영 star}
인기 있는 배우나 가수, 운동선수 등을 별[star]에 비유하여 이르는 말. ⓑ인기인(人氣人).

스타일 {영 style}
독특한 방식. ¶작가마다 글을 쓰는 스타일이 다르다.

스타킹 {영 stocking}
목이 긴 여자용 양말.

스타트 {영 start}
출발. 출발점. ¶스타트가 빠르다.

스탠드[1] {영 stand}
❶경기장의 관람석. ¶많은 관중이 스탠드를 가득 메웠다. ❷물건을 세우는 대(臺).

스탠드[2] {영 stand} [desk lamp]
책상 위에 놓게 된 이동식 전기등. ¶스탠드를 켜고 밤늦도록 공부를 했다.

스탬프 {영 stamp}
명승고적이나 특별한 행사를 기념하기 위해 찍는 고무도장.

스테레오 {영 stereo}
[언론] 2개 이상의 스피커를 사용하여 입체감을 낼 수 있게 한 음향 방식. 또는 그 장치.

스테이크 {영 steak}
서양 요리의 하나로, 두툼하게 썰어서 구운 고기. ¶점심 때 스테이크를 먹었다.

스테이플러 {영 stapler}
'ㄷ' 자 모양으로 생긴 철사 침(針)을 사용하여 서류 따위를 철하는 도구. [비] 호치키스.

스테인리스 {영 stainless}
니켈·크롬 등을 많이 넣어 녹슬지 않고 약품에도 부식되지 않도록 한 강철. ¶스테인리스 냄비.

스텝 {영 step}
댄스에서, 동작의 기본이 되는 몸과 발의 움직임. ¶그녀는 음악에 맞추어 스텝을 밟았다.

스토리 {영 story}
이야기. 줄거리. ¶이 소설은 스토리가 간단하지 않다.

스톱 {영 stop}
멈춤. 또는 멈추라는 말. ¶스톱 버튼을 누르다.

스튜디오 {영 studio}
❶방송국의 방송실. ¶스튜디오에서 녹음을 했다. ❷사진사·화가·공예가 등의 작업장.

스튜어디스 {영 stewardess}
여객기·여객선 따위에서 승객을 돌보는 여자 승무원.

스트라이크 {영 strike}
[운동] ❶야구에서, 투수가 던진 공이 스트라이크 존을 지나가는 일. ¶세 타자 모두 스트라이크 아웃되었다. ❷볼링에서, 제1구로 열 개의 핀을 모두 쓰러뜨리는 일. [반] 볼(ball).

스트레스 {영 stress}
[의학] 몸에 적응하기 어려운 육체적·정신적 자극이 가해졌을 때, 몸이 나타내는 반응. ¶스트레스로 몸살이 났다.

스트레칭 {영 stretching}
몸과 팔다리를 쭉 펴는 일. ¶운동하기 전에 꼭 스트레칭을 해야 한다.

스티로폼 {영 styrofoam}
'발포 스타이렌 수지'를 일상적으로 이르는 말. 상품명에서 유래한다. ¶바닥에 스티로폼을 깔다.

스티커 {영 sticker}
❶선전 광고 또는 어떤 표지(標識)로 붙이는, 풀칠되어 있는 작은 종이 표. ¶스티커가 벽에 붙어 좀처럼 떨어지지 않는다. ❷교통순경이 교통 법규 위반자에게 떼어 주는 처벌의 서류. ¶속도 위반으로 스티커를 떼였다.

스틸 {영 steel}
[공업] 탄소의 함유량이 0.035~ 1.7%인 철. 열처리에 따라 성질을 크게 변화시킬 수 있어 여러 가지 기계, 기구의 재료로 쓴다. [비] 강철(鋼鐵).

스팀 {영 steam}
금속관에 더운물이나 뜨거운 김을 채워 열을 내는 난방 장치. ¶스팀이 들어와 방이 따뜻해졌다.

스파게티 {이 spaghetti}
가늘고 구멍이 없는 국수로 만든 이탈리아식 요리.

스파이 {영 spy}
몰래 적이나 경쟁 상대의 정보를 알아내어 자기편에 보고하는 사람. ¶산업 스파이를 체포했다. ㊐ 첩자(諜者).

스파이크 {영 spike}
운동 배구에서, 공을 상대방 쪽으로 강하게 내리치는 일.

스파크 {영 spark}
물리 방전할 때 일어나는 불꽃. ¶전기 합선으로 스파크가 일어났다.

스패너 {영 spanner}
공업 너트·볼트 등을 죄거나 푸는 공구.

스펀지 {영 sponge}
고무나 합성수지 따위로 해면(海綿)처럼 만든 것. 쿠션이나 물건을 닦는 재료로 쓴다.

스펙트럼 {영 spectrum}
물리 가시광선·자외선·적외선 따위를 분광기(分光器)로 분해하였을 때, 파장에 따라 배열되는 성분.

스펠링 {영 spelling}
주로 유럽 어의 바른 철자법(綴字法). ¶'버스'의 스펠링은 'bus'이다.

스포이트 {네 spuit}
화학 잉크·물약 등을 옮겨 넣을 때 쓰는 고무주머니가 달린 유리관.

스포츠 {영 sports}
운동 여가 활동·경쟁·육체적 단련 등의 요소를 지닌 모든 신체 운동의 일컬음. ¶야구는 한국에서 인기 있는 스포츠다.

스푼 {영 spoon}
주로 양식을 먹을 때 쓰는 숟가락.

스프레이 {영 spray}
물이나 약품을 안개와 같이 뿜어내는 기구. ㊐ 분무기.

스프링 {영 spring}
나사 모양으로 되어 늘고 주는 탄력이 있는 쇠. ¶침대의 스프링이 낡아서 삐걱거린다. ㊐ 용수철.

스피드 {영 speed}
속력(速力). 속도(速度). ¶차는 고속도로에서 스피드를 내며 달렸다.

스피커 {영 speaker}
소리를 크게 해 멀리 들리게 하는 기구. ¶스피커로 주의사항을 방송했다. ㊐ 확성기(擴聲器).

스핑크스 {영 Sphinx}
❶ 고적 고대 이집트와 아시리아 등지에서 왕궁, 신전, 분묘 따위의 입구에 세운 석상. 이집트에서는 왕의 권력을 상징하였다. ❷ 문학 그리스 신화에 나오는 괴물. 상반신은 여자이고 하반신은 날개가 돋친 사자의 모습으로, 행인에게 수수께끼를 내어 풀지 못하면 죽였다고 한다.

슥 [abruptly; rapidly]
'쓱'의 여린말. ¶손을 바지에다 슥 문지르다.

슬그머니 [secretly]
❶남이 모르게 넌지시. ¶슬그머니 교실을 나왔다. ❷혼자 마음속으로 은근히. ¶나는 슬그머니 화가 났다. ㊐ 살며시, 슬며시.

슬근-슬근
물체가 서로 맞닿아 가볍게 스치며 자꾸 비벼지는 모양. ¶슬근슬근 톱질을 하다.

슬금-슬금 [stealthily; secretly]
남이 모르게 눈치를 보아 가면서 슬며시 행동하는 모양. ¶동생이 슬금슬금 내게 다가왔다.

슬기 [intelligence; wisdom]
사리를 밝히고 잘 처리해 가는 능력. ¶사람들의 슬기를 모으다 / 슬기롭게 문제를 풀어 나가다. ㊐ 지혜(智慧).

▸**슬기로운 생활** (一生活, 살 생, 살 활)
교육 초등학교 1학년과 2학년에 쓰이던 교과의 하나, 주제나 활동을 중심으로 구성된 통합 교과로, 사회 현상과 자연 현상을 통합적으로 조직하여 세상에 대한 탐구 활동이 이루어지도록 구성되어 있었다. 지금은 없어졌다.

슬다 [rust]
❶쇠붙이에 녹이 생기다. ¶칼에 녹이 슬었다. ❷곰팡이가 생기다. ¶식빵에 곰팡이

가 슬었다.

슬라이드 {영 slide}
[연영] 환등기에 넣어 영사(映寫) 할 수 있게 만든 필름. 또는 그 환등기.

슬라이딩 {영 sliding}
미끄러짐.

슬럼프 {영 slump}
마음·사업·일 따위의 힘이 없는 상태가 길게 계속되는 것. ¶슬럼프에 빠지다.

슬레이트 {영 slate}
[건설] 시멘트와 석면을 섞어 센 압력으로 눌러 만든, 물결 모양의 얇은 판. 지붕을 덮거나 벽을 치는 데 쓴다.

슬로건 {영 slogan}
주의·주장 따위를 간결하게 나타낸 짧은 어구. ¶그 활동은 '녹색 성장'이라는 슬로건을 세우고 시작되었다.

슬로프 {영 slope}
[운동] 스키장 따위의 비탈. ¶스키 선수들이 가파른 슬로프 위를 미끄러져 내려왔다.

슬리퍼 {영 slipper}
발끝만 꿰게 되어 있고 뒤축이 없는 실내용 신발. ¶슬리퍼로 갈아 신고 방으로 들어갔다.

슬며시 [gently]
❶드러나지 않게 넌지시. ¶방문을 슬며시 열다. ❷마음속으로 은근히. ¶슬며시 화가 치밀다. [비] 슬그머니.

슬슬 [secretly; softly; gently]
❶드러나지 않게 슬그머니 움직이는 모양. ¶친구들이 나를 슬슬 피하는 눈치다. ❷힘들이지 않고 가볍게. ¶슬슬 문지르다. ❸서두르지 않고 천천히. ¶이제 우리도 슬슬 시작해 볼까.

슬쩍 [stealthily; furtively]
❶남이 모르는 사이에 재빠르게. ¶슬쩍 보다. ❷힘들이지 않고 가볍게. ¶슬쩍 밀었을 뿐인데 그는 넘어졌다.

슬퍼-하다 (慨, 슬퍼할 개) [sad]
슬픈 마음이 되다. 슬프게 여기다. ¶할아버지의 죽음을 슬퍼하다. [반] 기뻐하다.

슬프다 (悲, 슬플 비; 哀, 슬플 애) [sad]
원통한 일을 당하거나 불쌍한 일을 보고 마음이 아프고 괴롭다. ¶강아지가 죽었을 때 몹시 슬펐다 / 슬피 울다. [비] 애석(哀惜)하다, 비통(悲痛)하다. [반] 기쁘다.

슬픔 [sadness; sorrow]
슬픈 마음이나 느낌. ¶슬픔에 잠기다. [비] 애절(哀絶), 애통(哀痛), 비통(悲痛). [반] 기쁨.

슬하 膝下 | 무릎 슬, 아래 하
[care of one's parents]
❶[속뜻] 무릎[膝]의 아래[下]. ❷어버이나 조부모의 보살핌 아래. 주로 부모의 보호를 받는 테두리 안을 이른다. ¶슬하에 자녀는 몇이나 두었소?

습격 襲擊 | 갑자기 습, 부딪칠 격 [attack; raid]
갑자기[襲] 들이쳐 공격(攻擊)함. ¶적의 습격을 받다. [비] 급습(急襲), 엄습(掩襲), 기습(奇襲).

****습관** 習慣 | 버릇 습, 버릇 관
[habit; custom]
어떤 행위를 오랫동안 되풀이하는 과정에서 저절로 익혀진[習] 버릇[慣]이나 행동 방식. ¶나는 아침마다 운동하는 습관을 붙였다.

▸습관-적 習慣的 | 것 적
습관(習慣)이 되어 있는 것[的]. ¶습관적으로 다리를 떨다.

습구 濕球 | 젖을 습, 공 구 [wet bulb]
[물리] 젖은[濕] 헝겊으로 동그란[球] 수은 단지 부분을 싸 놓은 온도계. 또는 그 단지 부분.

▸습구 온도계 濕球溫度計 | 따뜻할 온, 정도 도, 셀 계
[물리] 젖은[濕] 헝겊으로 동그란[球] 수은 단지 부분을 싸 놓은 온도계(溫度計).

습기 濕氣 | 축축할 습, 기운 기
[moisture; humidity]

축축한[濕] 기운(氣運). ¶장마철에는 방에 습기가 찬다.

습도 濕度 | 축축할 습, 정도 도 [humidity]
❶속뜻 공기 따위가 축축한[濕] 정도(程度). ❷물리 공기 중에 습기가 포함되어 있는 정도를 나타내는 양.
▶ **습도-계** 濕度計 | 셀 계
물리 습도(濕度)를 재는 데 쓰이는 계기(計器).

습득 習得 | 익힐 습, 얻을 득
[learn; acquire]
배워서[習] 지식 따위를 얻음[得]. 배워터득함. ¶나는 영국에 살면서 자연스럽게 영어를 습득했다.

습성 習性 | 버릇 습, 성질 성
[habit; second nature; nature]
❶속뜻 습관(習慣)이 되어 버린 성질(性質). ¶그는 아직도 낭비하는 습성을 버리지 못했다. ❷동물 동일한 동물종(動物種) 내에서 공통되는 생활양식이나 행동 양식. ¶그는 연어의 습성을 연구하고 있다.

습자 習字 | 익힐 습, 글자 자
[practice penmanship]
글자[字]를 써 가면서 익힘[習]. ¶습자를 하다 묻은 먹이 그대로 묻어 있다 / 습자지(習字紙).

습작 習作 | 익힐 습, 지을 작 [study]
시, 소설, 그림 따위의 작법이나 기법을 익히기[習] 위하여 연습 삼아 짓거나[作] 그려 봄. 또는 그런 작품.

습지 濕地 | 축축할 습, 땅 지
[swampy land]
습기(濕氣)가 많은 땅[地]. ¶그 습지대는 많은 야생동물의 서식지다.

습진 濕疹 | 축축할 습, 홍역 진 [eczema]
의학 피부 겉면에 축축한[濕] 발진(發疹)이 생기는 병.

습-하다 (濕-, 축축할 습)
[be damp; wet]
축축하다[濕]. ¶지하실은 습하고 어두웠다. ㊥ 건조(乾燥)하다.

승강[1] 昇降 | 오를 승, 내릴 강
[ascent and descent; tussle]
❶속뜻 오르고[昇] 내림[降]. ❷승강이.
▶ **승강-기** 昇降機 | 틀 기
기계 동력을 사용하여 사람이나 화물을 싣고 오르내리는[昇降] 기계(機械). ⓑ 엘리베이터(elevator).
▶ **승강-이** (昇降-)
서로 자기주장을 고집하여 옥신각신[昇降] 하는 일. ¶서로 먼저 왔다고 승강이를 벌이다. ⓑ 실랑이.

승강[2] 乘降 | 탈 승, 내릴 강
[ascend and descend]
기차나 버스 따위를 타고[乘] 내림[降].
▶ **승강-구** 乘降口 | 어귀 구
기차나 자동차를 타고[乘] 내리기[降] 위하여 드나드는 문[口]. ¶승강구 앞이 혼잡하오니 조심하시기 바랍니다.
▶ **승강-장** 乘降場 | 마당 장
정거장이나 정류소에서 차를 타고[乘] 내리는[降] 곳[場]. ¶버스 승강장.

승객 乘客 | 탈 승, 손 객 [passenger]
차나 배, 비행기 따위에 탄[乘] 손님[客]. ¶도착이 지연되고 있사오니 승객 여러분은 잠시만 기다려 주십시오.

승격 昇格 | 오를 승, 지위 격
[raise in status]
지위[格]나 등급 따위가 오름[昇]. 또는 지위나 등급 따위를 올림. ¶그는 이번에 과장으로 승격됐다.

승낙 承諾 | 받들 승, 허락할 낙 [consent; assent]
청하는 바를 받아들여[承] 허락(許諾)함. ¶그는 결국 딸의 결혼을 승낙했다. ⓑ 허락(許諾).

승냥이 [Korean wolf; coyote]
동물 개와 비슷하며, 온 몸이 황갈색인 산짐승.

승려 僧侶 | 스님 승, 짝 려

[Buddhist monk]
불교 산스크리트어 'samgha'의 한자 음역어인 승가(僧伽)에서 파생된 말로 '불교의 출가 수행자'를 이른다. ¶그는 속세와의 인연을 끊고 승려가 됐다.

승률 勝率 | 이길 승, 비율 률
[percentage of victories]
전체 경기에서 이긴[勝] 경기의 비율(比率). ¶저 타자는 승률이 높다.

승리 勝利 | 이길 승, 이로울 리
[win the victory]
싸움에서 이겨[勝] 이득(利得)을 얻음. 겨루어 이김. ¶전쟁에서 승리하다. 반 패배(敗北).

▸승리-자 勝利者 | 사람 자
경기나 싸움 등에서 승리(勝利)한 사람[者]. 반 패배자(敗北者).

승마 乘馬 | 탈 승, 말 마 [ride a horse]
❶ 속뜻 말[馬]을 탐[乘]. ❷ 운동 사람이 말을 타고 여러 가지 동작을 함. 또는 그런 경기.

승무 僧舞 | 스님 승, 춤출 무
[Buddhist dance]
예술 승려(僧侶) 복장으로 추는 춤[舞]. 장삼(長衫)을 걸치고 고깔을 쓰고 두 개의 북채를 쥐고 장삼을 뿌려 가며 추는 춤.

승무-원 乘務員 | 탈 승, 일 무, 사람 원
[flight attendant]
기차, 선박, 비행기 등에서 승객(乘客) 관리에 관한 일[務]을 맡아보는 사람[員].

승병 僧兵 | 스님 승, 군사 병
[monk soldier]
승려(僧侶)들로 조직된 군대[兵]. ¶서산대사는 승병들을 이끌고 왜적을 물리쳤다.

승복 承服 | 받들 승, 따를 복 [submit]
남의 의견 따위를 받아들이고[承] 그에 따름[服]. ¶그 의견에 승복할 수 없다.

승부 勝負 | 이길 승, 질 부
[victory or defeat; match]
이김[勝]과 짐[負]. ¶승부를 가리다.

승산 勝算 | 이길 승, 셀 산 [prospects of victory; chance of victory]
이길[勝] 공산(公算)이나 가능성. ¶그도 금메달을 딸 승산이 있다.

승선 乘船 | 탈 승, 배 선
[embark; board a ship]
배[船]를 탐[乘]. ¶승객 여러분은 10시까지 승선해 주십시오. 반 하선(下船).

승승-장구 乘勝長驅 | 탈 승, 이길 승, 길 장, 몰 구 [make a long drive taking advantage of victory]
싸움에 이긴[勝] 여세를 타고[乘] 계속[長] 말을 몰아침[驅]. ¶이 팀은 승승장구하며 결승까지 올라왔다.

승용 乘用 | 탈 승, 쓸 용 [use in riding]
사람이 타고[乘] 다니는 데 씀[用]. ¶사막에서는 낙타를 승용으로 쓴다.

▸승용-차 乘用車 | 수레 차
사람이 타고 다니는[乘用] 자동차(自動車). ¶택시는 돈을 받고 태워다주는 영업용 승용차이다.

승인 承認 | 받들 승, 알 인 [approve]
어떤 사실을 마땅하다고 받아들이고[承] 인정(認定)함. ¶승인을 얻다.

승자 勝者 | 이길 승, 사람 자
[victor; winner]
운동 경기나 싸움에서 이긴[勝] 사람[者]. 또는 이긴 편. ¶최후에 웃는 자가 진정한 승자다. 반 패자(敗者).

승전 勝戰 | 이길 승, 싸울 전 [win a war]
싸움[戰]에 이김[勝]. 반 패전(敗戰).

승점 勝點 | 이길 승, 점 점
[point; victory mark]
경기나 내기 따위에서 이겨서[勝] 얻은 점수(點數).

승진 昇進 | =陞進, 오를 승, 나아갈 진
[be promoted to; rise to]
직위가 올라[昇] 진급(進級)함. ¶아버지는 부장으로 승진하셨다.

승차 乘車 | 탈 승, 수레 차
[get on a car]
차(車)를 탐[乘]. ¶승차 거부 / 차례로 버스에 승차하다. 반 하차(下車).

승천 昇天 | =陞天, 오를 승, 하늘 천
[ascend to heaven]
❶ 속뜻 하늘[天]에 오름[昇]. ¶용이 여의주를 물고 승천했다. ❷ 가톨릭 '죽음'을 이르는 말.

승패 勝敗 | 이길 승, 패할 패
[victory and defeat]
이김[勝]과 짐[敗]. ¶승패를 떠나 최선을 다해라.

승하 昇遐 | 오를 승, 멀 하
[death of a king]
❶ 속뜻 먼[遐] 길에 오름[昇]. ❷임금이나 존귀한 사람이 세상을 떠남을 높여 이르던 말. ¶임금의 승하를 애도하다.

승합 乘合 | 탈 승, 합할 합
[ride together; share a car]
자동차 따위에 여럿이 함께[合] 탐[乘]. 비 합승(合乘).

▶ 승합-차 乘合車 | 수레 차
❶ 속뜻 여럿이 함께[合] 타는[乘] 차(車). ❷'승합자동차'(乘合自動車)의 준말. ¶나는 승용차 대신에 승합차를 타고 다닌다.

승화 昇華 | 오를 승, 꽃 화 [sublimate]
❶ 속뜻 더 높이 오르거나[昇] 더 아름다운 꽃[華]을 피우는 일. ❷어떤 일이나 현상이 더 높고 더 좋은 상태로 발전함. ¶그는 실연의 아픔을 아름다운 음악으로 승화시켰다. ❸ 물리 고체에 열을 가하면 액체가 되는 일이 없이 곧바로 기체로 변하는 현상.

시[1] {이 si}
음악 서양 음악의 7음 체계에서, 일곱 번째 계이름. 음이름 '나'와 같다.

시ː[2] 市 | 도시 시 [city; town]
도시를 중심으로 하는 지방 행정구역 단위. 특별시·광역시 및 도에 딸린 일반 시가 있다. ¶강원도 원주시.

시[3] 時 | 때 시 [time; hour]
시간의 단위. 하루의 24분의 1. ¶6시.

시[4] 詩 | 시 시 [poetry; poem]
문학 자연과 인생에 대한 감흥·사상 등을 음률적으로 표현한 글. ¶예술제에서 시를 지어 발표했다.

시가[1] 時價 | 때 시, 값 가
[current price]
어느 시기(時期)의 물건 값[價]. ¶시가가 배로 올랐다. 비 시세(時勢).

시가[2] 詩歌 | 시 시, 노래 가
[poems and songs; poetry]
❶ 속뜻 시(詩)와 노래[歌]. ❷가사를 포함한 시문학을 통틀어 이르는 말.

시ː가[3] 市街 | 도시 시, 거리 가 [streets]
도시(都市)의 큰 거리[街]. 또는 번화한 거리.

▶ 시ː가-전 市街戰 | 싸울 전
시가지(市街地)에서 벌이는 전투(戰鬪). ¶시가전이 벌어져 많은 시민이 다쳤다.

▶ 시ː가-지 市街地 | 땅 지
도시(都市)의 큰 거리[街]를 이루는 지역(地域). ¶남산에서는 서울 시가지가 훤히 내려다보인다.

시각[1] 視角 | 볼 시, 뿔 각 [visual angle]
사물을 관찰하는[視] 각도(角度)나 기본 자세. ¶시각의 차이 / 여성의 시각으로 접근하다. 비 관점(觀點).

시ː각[2] 視覺 | 볼 시, 깨달을 각
[sense of sight; vision]
의학 무엇을 눈으로 보고[視] 일어나는 감각(感覺). ¶시각 장애인.

시각[3] 時刻 | 때 시, 새길 각
[time; hour]
❶ 속뜻 때[時]를 나타내기 위해 새긴[刻] 점. ❷시간의 어느 한 시점. ¶나는 현지 시각으로 오후 4시에 시카고에 도착했다.

▶ 시각-표 時刻表 | 걸 표
항공기, 열차, 버스 등의 출발·도착 시각

(時刻)을 나타낸 표(表).

시간 時間 | 때 시, 사이 간 [hour]
❶ 속뜻 어떤 시각(時刻)에서 어떤 시각까지의 사이[間]. ¶책을 보면서 시간을 보내다. ❷시각(時刻). ¶약속 시간. ❸어떤 일을 하기로 정해진 동안. ¶수업 시간.

▸ **시간-표** 時間表 | 겉 표
❶ 속뜻 시간(時間)을 나누어서 시간대별로 할 일 따위를 적어 넣은 표(表). ❷기차, 자동차, 배, 비행기 따위가 떠나고 닿는 시간을 적어 놓은 표. ¶열차 시간표.

시-건방지다 [be saucy and pert]
시큰둥하게 건방지다. ¶시건방진 행동.

시:계[1] 視界 | 볼 시, 지경 계 [field of vision]
일정한 자리에서 바라볼[視] 수 있는 범위[界]. ¶안개로 인해 시계가 흐려졌다. ⓑ 시야(視野).

시계[2] 時計 | 때 시, 셀 계 [watch; clock]
시각을 나타내거나 시간(時間)을 재는[計] 장치 또는 기계를 통틀어 이르는 말.

▸ **시계-추** 時計錘 | 저울 추
괘종시계(掛鐘時計)에 달려 있는 추(錘). 이것이 좌우로 흔들림에 따라 일정한 속도로 태엽이 풀리게 된다.

▸ **시계-탑** 時計塔 | 탑 탑
시계(時計)를 장치한 탑(塔).

시골 (鄕, 시골 향) [country; countryside]
도시에서 떨어진 지방. ¶나는 시골에서 자랐다.

▸ **시골-길**
시골에 나 있는 길. 주로 울퉁불퉁한 비포장도로를 이른다. ¶수레를 끌고 시골길을 가다.

▸ **시골-집**
시골에 있는 집. ¶방학을 맞아 시골집에 다녀오다.

▸ **시골-뜨기**
'견문이 좁은 시골 사람'을 얕잡아 이르는 말. ⓑ 촌뜨기.

시:공[1] 施工 | 베풀 시, 일 공 [construct; build]
공사(工事)를 시행(施行)함. ¶부실 시공 / 이 건물은 우리가 시공했다.

시공[2] 時空 | 때 시, 빌 공 [spacetime]
시간(時間)과 공간(空間). ¶이 작품은 시공을 뛰어넘는 예술성이 있다.

시:구[1] 始球 | 처음 시, 공 구 [opening of a ball game]
운동 구기 경기의 대회가 시작되었음을 상징적으로 알리기 위해 처음으로[始] 공[球]을 던지거나 치는 일. 또는 그 공. ¶유명 가수가 경기장에 나와 시구했다.

시구[2] 詩句 | 시 시, 글귀 구 [verse; stanza]
문학 시(詩)의 구절(句節). ¶그녀는 감명 깊은 시구를 낭송했다.

시궁-창 [cesspool]
수챗물이나 빗물이 잘 빠지지 않아 질척질척하게 된 곳. ¶시궁창에 빠지다.

시:금 試金 | 시험할 시, 황금 금 [assay]
금(金)의 품질을 시험(試驗)함.

▸ **시:금-석** 試金石 | 돌 석
❶ 광업 금(金) 따위 귀금속의 품질을 시험(試驗)하는 데 쓰이는 암석(巖石). 주로 검은빛이 나는 현무암이나 규질(硅質)의 암석이 쓰인다. ❷역량이나 가치를 판정하는 규준이 되는 사물에 대한 비유적인 표현. ¶이번 일은 그의 능력을 평가할 시금석이 될 것이다.

시금치 [spinach]
식물 잎은 어긋나고 세모진 달걀꼴을 하고 있으며, 비타민과 철분이 많아 주로 식용하는 풀.

시급 時急 | 때 시, 급할 급 [be pressing; urgent]
시간적(時間的)으로 매우 급(急)하다. ¶시급한 문제 / 친환경 에너지를 개발하는 일은 매우 시급하다.

시기¹時期 | 때 시, 기약할 기 [time; period]
❶ 속뜻 때[時]를 기약(期約)함. ❷어떤 일이나 현상이 진행되는 때. ¶지금은 매우 어려운 시기이다. ⓑ 기간(期間), 때.

⁑**시기²時機** | 때 시, 때 기 [opportunity; chance]
어떤 일을 하는 데 가장 알맞은 때[時]나 기회(機會). ¶시기를 엿보다.

▶**시기-상조** 時機尙早 | 아직 상, 이를 조
시기(時機)가 아직[尙]은 이름[早]. 때가 아직 덜 되었음.

시기³猜忌 | 샘할 시, 미워할 기 [be jealous of; be envious of; envy]
시샘하여[猜] 미워함[忌]. ¶사람들은 그의 성공을 시기했다. ⓑ 샘, 질투.

▶**시기-심** 猜忌心 | 마음 심
남을 시기(猜忌)하는 마음[心]. ¶그녀는 시기심이 많다.

시-꺼멓다 [be deep black]
아주 짙게 꺼멓다. ¶그녀는 머리카락이 유독 시꺼멓다.

시끄럽다 [be noisy; clamorous]
듣기 싫게 떠들썩하다. ¶시끄러운 교실. ⓑ 왁자지껄하다, 소란(騷亂)하다. ⓑ 조용하다.

시끌벅적-하다 [be noisy; clamorous]
많은 사람이 벅적거려 시끌시끌하다. ¶집 안이 사람들의 웃음소리로 시끌벅적했다.

시끌시끌-하다 [be noisy; clamorous]
몹시 시끄럽다. ¶잔치 준비로 온 마을이 아침부터 시끌시끌하다.

시나리오 {영 scenario}
연영 영화 장면의 순서, 배우의 대사(臺詞)·동작 등을 적은 대본. ¶시나리오를 쓰다. ⓑ 각본(脚本), 대본(臺本).

시나브로 [little by little]
모르는 사이에 조금씩 잇달아. ¶시나브로 그는 회복되고 있다. ⓑ 차츰차츰, 점차(漸次).

시나위
음악 장단은 산조(散調)와 같으나 향피리·대금·해금·장구 등 여러 악기로 편성하여 연주하는 합주 음악.

시ː내¹ [rivulet; stream]
산골짜기나 평지에서 흐르는 자그마한 내. ¶산 아래로는 맑은 시내가 굽이쳐 흐른다.

시ː내²市內 | 도시 시, 안 내 [downtown]
시(市)로 지정된 지역의 안쪽[內]. ¶우리는 집에서 시내까지 걸어갔다.

▶**시ː내-버스** (市內bus)
시내(市內)에서 특정한 구간만 운행하는 버스(bus). ⓑ 시외(市外) 버스.

시ː냇-가
작은 개울의 옆. 시내의 가장자리. ¶아낙이 시냇가에서 빨래를 한다.

시ː냇-물
시내에서 흐르는 물. ¶시냇물이 오솔길을 따라 졸졸 흐르고 있다.

시너 {영 thinner}
화학 페인트 따위의 도료(塗料)를 묽어지게 하는 액체.

시ː녀 侍女 | 모실 시, 여자 녀 [waiting woman]
지위가 높은 사람을 모시던[侍] 여자(女子). ¶시녀가 시중을 들다.

시-누이 (媤―, 시가 시) [one's husband's sister]
남편의 누나나 여동생.

시늉 [mimicry; imitation]
어떤 모양이나 동작을 흉내 내는 일. ¶우는 시늉을 하다.

시다¹ [sour; acid]
맛이 초맛 같다. ¶귤이 너무 시다.

시다² [dazzling; painful]
❶뼈마디가 삐어서 시근시근하다. ¶손목이 시다. ❷눈이 강한 빛을 받아 슴벅슴벅 찔리는 듯하다. ¶태양 빛이 강하여 눈이 시다.

시달리다
[be afflicted with; be annoyed]
괴로움을 당하다. ¶빚쟁이에게 시달리다.

⁑**시대** 時代 | 때 시, 연대 대
[age; period]
어떤 기준에 따라 시기(時期)를 구분한 연대(年代). ¶조선 시대 / 시대에 뒤떨어진 생각을 하다.

▸**시대-상** 時代相 | 모양 상
그 시대(時代)의 모습[相]. 그 시대의 사회상. ¶이 소설은 시대상을 잘 반영하고 있다.

▸**시대-순** 時代順 | 차례 순
시대(時代)에 따라 정한 순서(順序). ¶사건을 시대순으로 배열하다.

▸**시대-정신** 時代精神 | 찧을 정, 혼 신
어떤 시대(時代)를 지배하며, 그 시대를 특징짓고 있는 정신(精神)이나 사상.

시댁 媤宅 | 시가 시, 집 댁
[esteemed family of your husband]
시부모(媤父母)가 사는 집[宅]의 높임말. ㊥ 시가(媤家).

시:도[1] 市道 | 도시 시, 길 도
[cities and provinces]
❶속뜻 행정 구역으로 나눈 시(市)와 도(道). ❷관할 시장이 노선을 인정하고 시비(市費)로 건설·관리·유지하는 시내 도로(市內道路).

시:도[2] 試圖 | 시험할 시, 꾀할 도
[try; attempt]
무엇을 시험(試驗) 삼아 꾀하여[圖] 봄. 또는 꾀한 바를 시험해 봄. ¶나는 네 번째 시도에서 성공했다.

시:동 始動 | 비로소 시, 움직일 동
[start; activate]
❶속뜻 비로소[始] 움직임[動]. 또는 그렇게 되게 함. ❷발전기나 전동기, 증기 기관, 내연 기관 따위의 발동이 걸리기 시작함. 또는 그렇게 되게 함. ¶차에 타고 시동을 걸다.

시-동생 媤同生 | 시가 시, 같을 동, 날 생
[one's husband's younger brother]
시가(媤家)의 남동생(男同生). 남편의 남동생을 말한다.

시들다 [wilt; droop]
꽃·풀 등이 물기가 거의 말라 생기가 없어지다. ¶꽃이 시들다.

♣ 시들다 / 식다

◎ 인기가 점점 시들다 = 식다.
○ 채소가 시들다.
× 채소가 식다.
○ 커피가 식다.
× 커피가 시들다.

시들-시들 [slightly wilted]
약간 시들어 힘이 없는 모양. ¶꽃이 시들시들하다.

시들-하다 [be disinclined to; be trivial]
마음에 차지 않아 내키지 않다. ¶인기(人氣)가 시들하다.

시디 {영 CD}
'콤팩트(Compact) 디스크(Disc)'의 약칭. 디지털 방식으로 음악이나 영상 따위의 정보를 저장하고 재생하는 디스크.

▸**시디-롬** {영 CD-ROM}
콤팩트디스크[CD]에 데이터를 기록해 둔 읽기 전용의 기억 장치[ROM].

시래기 [dried radish leaves]
배추의 잎이나 무청을 말린 것. ¶시래기를 볶아 먹다.

시럽 {영 syrup}
❶당밀에 시트르산 등으로 신맛이 있게 하고 거기에 향료·색소(色素)를 넣어 착색한 음료. ❷설탕물에 과즙·생약 따위의 액을 넣어 걸쭉한 액체로 만든 약제. ¶커피에 시럽을 넣어 마시다.

시렁 (架, 시렁 가) [wall shelf]
물건을 얹기 위해 가로지른 두 개의 긴

나무. ¶꿀단지를 시렁에 얹다.

시:력 視力 | 볼 시, 힘 력
[eyesight; sight]
눈이 물체의 존재나 모양 따위를 보는[視] 능력(能力). ¶나는 요즘 시력이 많이 떨어졌다.

*__시:련__ 試鍊 | 시험할 시, 불릴 련
[try; make a trial]
의지나 참을성을 시험(試驗)하거나 단련(鍛鍊)시키는 것. ¶시련을 극복하다.

시루 [earthenware steamer]
떡·쌀 등을 찌는 데 쓰는 둥근 질그릇. ¶명절 때마다 시루에 떡을 찐다.

시름 [anxiety; worry]
늘 마음에 걸려 풀리지 않는 근심과 걱정. ¶한 시름 놓다.

시름-시름
병세가 더하거나 낫지도 않으면서 오래 끄는 모양. ¶시름시름 앓다.

시리다 [be cold]
❶몸의 한 부분에 찬 기운을 느끼다. ¶손이 시리다. ❷빛이 강하여 바로 보기 어렵다. ¶쌓인 눈은 눈이 시리도록 하얗다.

시리얼 {영 cereal}
우유를 타서 먹게 되어 있는, 볶거나 튀긴 곡식이나 그 가루에 여러 영양분을 섞어 만든 음식.

시리우스 {영 Sirius}
천문 큰개자리의 으뜸가는 별.

시리즈 {영 series}
같은 종류의 연속 기획물. 연속 출판물이나 방송 프로의 연속극 따위. ¶이 소설은 시리즈로 발간되었다.

시:립 市立 | 도시 시, 설 립 [municipal]
시(市)에서 설립(設立)하고 경영하는 일. 또는 그러한 시설. ¶시립 도서관.

시멘트 {영 cement}
건설 토목·건축 재료로 쓰는 접합제. 보통 점토(粘土)를 포함한 석회석이나 석고를 구워 가루로 만든 것이다.

시:명 市名 | 도시 시, 이름 명
시(市)의 이름[名]. ¶이곳의 시명(市名)은 인디언 부족의 이름에서 유래한다.

시무룩-하다 [sulky; sullen]
마음에 못마땅하여 말이 없고 언짢은 기색이 있다. ¶왜 시무룩한 얼굴을 하고 있니?

시무 時務 | 때 시, 일 무
때[時]에 따라 필요한 일[務]. 당장에 시급한 일.

▸**시무 이십팔조** 時務二十八條 | 두 이, 열 십, 여덟 팔, 조목 조
❶속뜻 시급(時急)하게 해야 할[務] 28[二十八]가지 조항(條項). ❷역사 고려 성종 때 최승로(崔承老)가 올린 정치개혁안. 유교사상에 입각하여 국가 체제를 정비하는 내용을 담고 있으며, 28개 조항으로 되어 있다.

*__시:민__ 市民 | 도시 시, 백성 민 [citizens]
❶속뜻 그 시(市)에 사는 사람[民]. ¶시민들이 축제에 참여했다. ❷국가의 일원으로서 독립하여 생계를 영위하는 자유민. ¶시민은 투표권이 있다.

시방 時方 | 때 시, 바로 방 [now]
이때[時]나 방금(方今). 말하는 이때. ㊐ 지금.

시:범 示範 | 보일 시, 본보기 범
[set an example]
본보기[範]를 보임[示]. ¶시범을 보이다.

시베리아 고기압 (Siberia高氣壓, 높을 고, 공기 기, 누를 압)
지리 시베리아(Siberia)에서 생기는 찬 고기압(高氣壓). 주로 겨울철에 우리나라를 포함하여 동아시아에 큰 영향을 미친다.

시베리아 기단 (Siberia氣團, 공기 기, 모일 단)
지리 시베리아(Siberia)와 중국 동북부 지역에서 발생하는 대륙성 한랭 기단(氣團). 이 기단이 우리나라 겨울철의 기후에 영향을 미친다.

시보 時報 | 때 시, 알릴 보
[news sheet; review; time signal]
표준 시간(時間)을 알리는[報] 일. ¶라디오에서 12시를 알리는 시보가 울렸다.

시부 媤父 | 시가 시, 아버지 부
[one's husband's father]
시가(媤家) 남편의 아버지[父]. 시아버지.

시-부모 媤父母 | 시가 시, 아버지 부, 어머니 모 [parents-in-law]
시가(媤家) 남편의 아버지[父]와 어머니[母]. ¶그녀는 시부모님을 모시고 산다.

시불가실 時不可失 | 때 시, 아닐 불, 가히 가, 잃을 실
❶속뜻 적절한 때[時]를 잃어서는[失] 아니[不] 됨[可]. ❷때를 놓쳐서는 안 됨. ¶시불가실이라 했다. 이번 기회를 꼭 살려야 한다.

시비[1] 詩碑 | 시 시, 비석 비
[monument inscribed with a poem]
❶속뜻 시(詩)를 새긴 비(碑). ❷이름 있는 시인의 문학적 업적을 기리어 세우는 비.

시:비[2] 是非 | 옳을 시, 아닐 비
[right and wrong; dispute; quarrel]
❶속뜻 옳고[是] 그름[非]. ¶시비를 가리다. ❷옳고 그름을 따지는 말다툼. ¶시비를 걸다. ⓑ 시시비비(是是非非), 잘잘못.

▸시:비-조 是非調 | 가락 조
잘잘못[是非]을 따지는 듯한 말투[調]. ¶시비조로 말하다.

시-뻘겋다 [be deep red; crimson]
몹시 뻘겋다 ¶화가 나서 얼굴이 시뻘겋게 되다.

시:사 試寫 | 시험할 시, 베낄 사 [preview]
영화의 정식 개봉 전에서 여러 관계자에게 시험적(試驗的)으로 먼저 영사(映寫)하여 보임.

▸시:사-회 試寫會 | 모일 회
영화를 시험적으로 보여주는[試寫] 모임[會]이나 행사. ¶시사회에 많은 사람이 참석했다.

시상[1] 詩想 | 시 시, 생각 상
[poetical idea; poetical imagination]
시(詩)를 짓기 위한 생각이나[想] 느낌. ¶시상이 떠오르다.

시:상[2] 施賞 | 베풀 시, 상줄 상
[award a prize]
상장(賞狀)이나 상품(賞品) 또는 상금(賞金)을 줌[施]. ¶공(功)이 큰 사람을 골라 시상하다.

▸시:상-대 施賞臺 | 돈대 대
상(賞)을 주기[施] 위하여 설치한 받침대[臺]. ¶선수는 시상대에 올랐다.

▸시:상-식 施賞式 | 의식 식
시상(施賞)할 때에 베푸는 의식(儀式). ¶아카데미 시상식을 거행하다.

시샘 [jealousy; envy]
자기보다 잘되거나 나은 사람을 공연히 미워하고 싫어함. 또는 그런 마음. '시새움'의 준말. ¶언니를 시샘하다.

***시:선** 視線 | 볼 시, 줄 선
[ones eyes; ones sight]
❶속뜻 보이는[視] 물체와 눈을 잇는 선(線). ❷의학 눈동자의 중심점과 외계의 주시점(注視點)을 잇는 직선. ¶시선을 피하다. ⓑ 눈길.

⁑**시:설** 施設 | 베풀 시, 세울 설 [establish; equip]
편리를 베풀어[施] 구조물 따위를 세움[設]. 또는 그 차린 설비. ¶의료 시설 / 전선을 시설하기 위해 전봇대를 세웠다.

▸시:설-물 施設物 | 만물 물
기계, 장치, 도구류 따위와 같이 시설(施設)해 놓은 것[物]. ¶아동을 보호하기 위한 시설물을 건설하다.

▸시설-비 施設費 | 쓸 비
시설(施設)하는 데 쓴 비용(費用).

시세 時勢 | 때 시, 형세 세
[signs of the times; current price]
❶속뜻 어떤 시기(時期)의 형세(形勢). 시대(時代)의 추세(趨勢). ❷거래할 당시의

가격. ¶아파트 시세가 좋다. ㊥ 시가(時價).

시소 {영 seesaw}
긴 널판의 한가운데를 괴어 그 양쪽 끝에 사람이 타고 서로 오르락내리락하는 놀이 기구. ¶놀이터에는 시소와 그네가 있다.

시속 時速 | 때 시, 빠를 속
[speed per hour]
한 시간(時間)을 단위로 하여 잰 속도(速度). ¶말은 시속 60km로 달릴 수 있다.

시숙 媤叔 | 시가 시, 아저씨 숙
[brothers of one's husband]
시가(媤家) 형님[叔]. 남편의 형님. ㊥ 아주버님.

시스템 {영 system}
어떤 목적을 위한 질서 있는 방법·체계·조직.

시시각각 時時刻刻 | 때 시, 때 시, 시각 각, 시각 각 [hourly; momentarily]
그때그때의 시각(時刻). ¶시시각각으로 변하는 유행.

시시껄렁-하다
시시하고 재미가 없다. ¶시시껄렁한 일로 시간을 보냈다.

시시덕-거리다 [chat and giggle; flirt]
실없이 잘 웃고 계속 떠들다. ¶나는 짝꿍과 수업 시간에 시시덕거리다 선생님께 혼났다.

시시-때때로 (時時—, 때 시) [sometimes; at times]
'때때로'[時+時]를 강조하여 이르는 말. ¶그는 시시때때로 우리 반에 놀러 온다. ㊥ 이따금. ㊦ 자주.

시:시비비 是是非非 | 옳을 시, 옳을 시, 아닐 비, 아닐 비 [argue about what is wrong and what is right]
옳은[是] 것은 옳다고[是] 하고 그른[非] 것은 그르다고[非] 하는 일. ㊥ 잘잘못, 시비(是非).

시시-콜콜 [inquisitively]
자질구레한 것까지 낱낱이 따지고 캐는 모양. ¶나는 그에 대해서 시시콜콜 다 알고 있다 / 시시콜콜한 문제들.

시시-하다
[uninteresting; be insignificant]
신통한 점이 없고 하찮다. ¶시시한 이야기.

시식[1] 時食 | 때 시, 밥 식
[seasonable foods; food in season]
그 계절[時]에 특별히 있는 음식(飮食). 또는 그 시절에 알맞은 음식. ¶시식에 남달리 관심이 많다.

시:식[2] 試食 | 시험할 시, 먹을 식 [taste; sample]
맛이나 요리 솜씨를 시험(試驗)하기 위하여 먹어[食] 봄. ¶우리는 여러 종류의 케이크를 시식해 보았다.

시:신 屍身 | 주검 시, 몸 신
[dead body; corpse]
죽은 사람[屍]의 몸[身]. ¶시신을 거두어 장사 지내다. ㊥ 송장.

시:-신경 視神經 | 볼 시, 정신 신, 날실 경
[optic nerve]
의학 시각(視覺)을 맡아보는 신경(神經). 60~80만의 신경 섬유로 되어 있다.

시-아버님 (媤—, 시가 시) [woman's father in law; one's husband's father]
'시(媤)아버지'의 높임말. ㊦ 시(媤)어머님.

시-아버지 (媤—, 시가 시) [woman's father in law; one's husband's father]
시가(媤家) 남편의 아버지. ㊥ 시부(媤父). ㊦ 시(媤)어머니.

시:야 視野 | 볼 시, 들 야
[range of vision; view]
❶ 속뜻 시력(視力)이 미치는 범위[野]. ¶건물이 시야를 가리다. ❷식견이나 사려가 미치는 범위. ¶그는 세계를 여행하며 시야를 넓혔다.

시:약 試藥 | 시험할 시, 약 약 [test]

❶ 속뜻 시험(試驗) 삼아 써보는 데 필요한 약(藥). ❷ 화학 화학 분석에서 물질의 검출이나 정량을 위한 반응에 쓰이는 화학 약품.

시어 詩語 | 시 시, 말씀 어
[poetic word]
❶ 속뜻 시(詩)에 쓰이는 말[語]. ❷ 문학 시인의 감정이나 사상을 나타낸 함축성 있는 말.

시-어른 (媤-, 시가 시)
시댁(媤宅)의 어른.

시-어머니 (媤-, 시가 시)
[one's husband's mother]
시가(媤家) 남편의 어머니. ㊐ 시모(媤母). ㊥ 시(媤)아버지.

시-어머님 (媤-, 시가 시)
'시(媤)어머니'의 높임말. ㊥ 시(媤)아버님.

시-에미 (媤-, 시가 시)
'시(媤)어머니'의 낮춤말.

시옷
언어 한글 자모 'ㅅ'의 이름.

시:외 市外 | 도시 시, 밖 외 [suburbs]
도시(都市) 밖[外]의 부근으로 시에 인접한 지역. ¶시외로 소풍을 가다. ㊥ 시내(市內).

▸ **시외-버스** (市外bus)
시내에서 그 도시(都市) 바깥[外] 지역까지 운행하는 버스(bus). ㊥ 시내(市內) 버스.

시원섭섭-하다
마음이 한편으로는 흐뭇하면서도 다른 한편으로는 섭섭하다. ¶학교를 졸업하고 나니 시원섭섭하다.

시원-스럽다 [straightforward; frank]
❶기대, 희망 따위에 충분히 만족하는 듯하다. ¶그의 행동은 영 시원스럽지 않다. ❷말이나 행동이 활달하고 서글서글한 데가 있다. ¶시원스럽게 대답하다. ❸막힌 데가 없이 활짝 트이어 마음이 후련한 듯하다. ¶길가에 나무가 시원스럽게 뻗어 있다.

시원시원-하다 [be clear and quick]
성격이 너그럽고 상냥하면서 활발하다. ¶시원시원한 성격.

시원-찮다 [be unsatisfying; lacking]
마음에 흡족하지 않다. ¶요즘 장사가 시원찮다.

시원-하다 [cool; be a relief; fresh]
❶알맞게 선선하다. ¶시원한 바람 / 강바람이 시원히 불어온다. ❷답답한 마음이 풀리어 후련하고 가뿐하다. ¶빚을 갚고 나니 가슴이 아주 시원하다 / 속 시원히 울다. ❸막힌 데 없이 트여 있어 답답하지 않다. ¶시원하게 펼쳐진 도로. ❹음식의 국물 맛이 텁텁하지 않다. ¶콩나물국이 시원하다.

♣ 시원하다 / 서늘하다

◎ 오늘은 바람이 시원하다 = 서늘하다.

○ 시원한 마실 것 좀 주세요.
× 서늘한 마실 것 좀 주세요.

○ 불을 때지 않아 집 안이 서늘하다.
× 불을 때지 않아 집 안이 시원하다.

시월 十月 | 본음 [십월], 열 십, 달 월
[October]
한 해의 열[十]째 되는 달[月]. ¶시월은 소풍을 가기에 제격이다.

시위[1] [bowstring]
활대에 걸어서 켕기는 줄. 화살을 여기에 걸어서 잡아당기었다가 놓으면 화살이 날아간다. '활시위'의 준말. ¶화살은 이미 시위를 떠났다.

시:위[2] 示威 | 보일 시, 위엄 위 [demonstrate]
위력(威力)을 드러내어 보임[示]. ¶대규모 시위가 벌어지다.

시:-의원 市議員 | 도시 시, 의논할 의, 인원 원

시(市)의 중요한 일을 의결(議決)하는 사람[員].

시:-의회 市議會 | 도시 시, 의논할 의, 모일 회
시(市)의 중요한 일을 의결(議決)하는 모임[會]. ¶시의회에서 예산을 의결했다.

시:인[1]是認 | 옳을 시, 알 인 [approve of; acknowledge]
옳다고[是] 인정(認定)함. ¶민지는 자기 잘못을 시인했다. [반] 부인(否認).

시인[2]詩人 | 시 시, 사람 인 [poet]
전문적으로 시(詩)를 짓는 사람[人]. ¶여류 시인 / 원로 시인.

시일 時日 | 때 시, 날 일 [day]
❶[속뜻] 때[時]와 날[日]. ❷기일이나 기한. ¶시일을 늦추다. [비] 날짜.

시:일야방성대곡 是日也放聲大哭 | 이 시, 날 일, 어조사 야, 놓을 방, 소리 성, 큰 대, 울 곡
❶[속뜻] 이[是] 날[日]에 이르러 소리[聲] 내어[放] 크게[大] 욺[哭]. ❷[역사] 1905년에 일본의 강요로 을사조약이 체결된 것을 슬퍼하여 장지연이 민족적 울분을 표현한 논설.

⁑시:작 始作 | 처음 시, 일으킬 작 [begin]
처음[始] 일으킴[作]. 처음으로 함. ¶그는 어제부터 운동을 시작했다. [반] 끝. [속담] 시작이 반이다.

[비슷한 듯 다른 말] ➲ 처음

▸시:작-점 始作點 | 점 점
어떠한 것이 처음으로 일어나거나 시작(始作)되는 곳[點]. [비] 기점(起點).

▸시:작-종 始作鐘 | 쇠북 종
시작(始作) 시각을 알리는 종(鐘). ¶수업 시작종이 울리다.

시장[1][hungry]
배가 고픔. ¶한참을 걸었더니 무척 시장하다. [속담] 시장이 반찬.

▸시장-기 (-氣, 기운 기)
배가 고픈 느낌[氣]. ¶시장기를 느끼다.

시:장[2]市長 | 도시 시, 어른 장 [mayor]
[법률] 시(市)의 행정(行政)을 맡고 있는 최고 관리[長].

⁑시:장[3]市場 | 저자 시, 마당 장 [market]
여러 가지 상품을 사고파는 저자[市] 장소[場]. ¶농수산물 시장. [준] 장.

시적 詩的 | 시 시, 것 적 [poetical]
사물이 시(詩)의 정취를 가진 것[的]. ¶그는 시적 정서가 풍부하다.

시:전 市廛 | 저자 시, 가게 전
[역사] 조선 때, 시장(市場) 거리에 있던 큰 가게[廛]. ¶육의전(六矣廛)은 조선시대의 대표적인 시전이다.

***시절** 時節 | 때 시, 철 절 [time; occasion; season]
❶[속뜻] 무슨 일을 하기에 알맞은 때[時]나 철[節]. ❷사람의 한 평생을 여럿으로 나눌 때의 어느 한 동안. ¶학창 시절. ❸계절(季節).

시점 時點 | 때 시, 점 점 [point of time]
시간(時間)의 흐름 위의 어떤 한 점(點). ¶적절한 시점에 다시 얘기하자.

시:접 [margin]
속으로 접혀 들어간 옷 솔기의 한 부분.

시:정[1]是正 | 옳을 시, 바를 정 [correct]
잘못된 것을 옳고[是] 바르게[正] 함. ¶잘못된 점은 반드시 시정해야 한다.

시:정[2]施政 | 베풀 시, 정사 정 [administration; government]
정부가 정사(政事)를 행함[施]. 또는 그 정치. ¶공정한 시정을 펴다.

시:조[1]始祖 | 처음 시, 조상 조 [originator]
❶[속뜻] 한 겨레나 가계의 맨 처음[始]이 되는 조상(祖上). ❷어떤 학문이나 기술 따위를 처음으로 연 사람. [비] 비조(鼻祖).

시조[2]時調 | 때 시, 가락 조
❶[속뜻] 시절(時節)을 읊은 노래[調]. '시절가조'(時節歌調)의 준말. ❷[문학] 고려 말기부터 발달하여 온 우리나라 고유의 정형시. ¶시조를 짓다.

시:종[1]**侍從** | 모실 시, 따를 종 [chamberlain]
❶ 속뜻 모시고[侍] 따름[從]. ❷ 역사 임금을 모시던 벼슬아치.

시:종[2]**始終** | 처음 시, 끝날 종 [throughout]
처음[始]과 끝[終]을 아울러 이르는 말. ¶그는 시종 아무 말이 없었다.

▶ 시:종-일관 始終一貫 | 한 일, 꿸 관
처음부터 끝까지[始終] 일관(一貫)되게 함.

시:주 施主 | 베풀 시, 주인 주
[offer; donate]
불교 중이나 절에 물건을 바치는[施] 사람[主]. 또는 그 일.

시중[1][care]
옆에서 여러 가지 심부름을 하는 일. ¶환자의 시중을 들다.

▶ 시중-들다 [help; take care of]
옆에서 여러 가지 심부름을 하거나 보살펴 주다. ¶병상의 어머니를 시중들다.

시:중[2]**市中** | 저자 시, 가운데 중
[(in) the street; open market]
❶ 속뜻 도시(都市)의 가운데[中]. 도시 안. ❷사람들이 생활하는 공개된 공간을 비유하여 이르는 말. ¶인공지능 컴퓨터는 아직 시중에 나와 있지 않다.

시즌 {영 season}
어떤 활동·행사 따위가 활발히 이루어지는 시기. ¶졸업 시즌이라 꽃이 많이 팔린다.

시-집[1](媤–, 시가 시)
[one's husband's home]
남편의 집안. ¶시집 식구. ㊐ 시가(媤家).

▶ 시집-가다 (媤–)
여자가 결혼하여 시집[媤]으로 들어가다. ¶그녀는 시집갈 나이가 되었다. ㊐ 출가(出稼)하다. ㊥ 장가가다.

▶ 시집-살이 (媤–)
여자가 시집[媤]에서 하는 살림살이. ¶고된 시집살이.

▶ 시집-오다 (媤–)
여자가 결혼하여 시집[媤]에 들어오다. ¶갓 시집온 며느리.

▶ 시집-보내다 (媤–)
시집[媤]을 가게 하다. 여자를 결혼시키다. ¶딸을 시집보내다. ㊐ 출가(出嫁)시키다. ㊥ 장가보내다.

시집[2]**詩集** | 시 시, 모을 집
[collection of poems]
여러 편의 시(詩)를 모아[集] 엮은 책. ¶윤동주의 시집을 읽다.

시차 時差 | 때 시, 다를 차
[time difference]
❶ 속뜻 세계 각 지역별 시간(時間) 차이(差異). ¶한국과 일본은 시차가 나지 않는다. ❷시간에 차이가 나게 하는 일. ¶1조와 2조는 2시간의 시차를 두고 출발했다.

시:찰 視察 | 볼 시, 살필 찰
[inspect; observe]
돌아다니며 실지 사정을 보고[視] 살핌[察]. ¶수해 지역을 시찰하다.

시:책 施策 | 베풀 시, 꾀 책
[enforce a policy]
국가나 행정기관 등에서 어떤 계획[策]을 실시(實施)함. 또는 그 계획. ¶정부 시책을 홍보하다.

***시:청**[1]**市廳** | 도시 시, 관청 청
[city hall]
시(市)의 행정 사무를 맡아보는 관청(官廳). 또는 그 청사.

시:청[2]**視聽** | 볼 시, 들을 청
[looking and listening]
눈으로 보고[視] 귀로 들음[聽]. ¶텔레비전을 시청하다.

▶ 시:청-각 視聽覺 | 깨달을 각
눈으로 보는[視] 감각과 귀로 듣는[聽] 감각(感覺)을 아울러 이르는 말. ¶시청각 자료를 사용하여 가르치다.

▶ 시:청-료 視聽料 | 삯 료
텔레비전을 시청(視聽)하는 데 내는 요금(料金). ¶시청료를 인상하다.

▶ 시:청-률 視聽率 | 비율 률

어떤 프로그램을 시청(視聽)하는 사람의 전체 시청자에 대한 비율(比率). ¶이 드라마는 시청률이 높다.

▸시:청-자 視聽者 | 사람 자
텔레비전의 방송을 시청(視聽)하는 사람[者]. ¶그 드라마는 많은 시청자를 울렸다.

시:체 屍體 | 주검 시, 몸 체
[dead body]
죽은 생물 또는 죽은 사람[屍]의 몸[體]. ¶시체를 영안실에 안치하다. ㊥ 송장, 시신(屍身), 주검.

시쳇-말 (時體–, 때 시, 모양 체)
그 시대[時]에 유행하는[體] 말.

시:초 始初 | 처음 시, 처음 초 [beginning]
맨 처음[始=初]. ¶싸움의 시초는 사소한 오해였다.

시:추 試錐 | 시험할 시, 송곳 추 [drill]
공업 지하자원을 탐사하거나 지층의 구조나 상태를 시험(試驗)하기 위하여 땅속 깊이 구멍을 뚫는[錐] 일. ¶해저 가스전을 시추하다.

시치다 [tack]
바느질을 할 때, 여러 겹을 맞대어 듬성듬성 호다. ¶치맛단을 시치다.

시치미 [falcon tag; feigned innocence]
❶매의 꽁지털에 매어둔, 주인의 주소를 적은 네모꼴의 뿔. ❷알고도 모르는 체, 자기가 하고도 하지 않은 체하는 말이나 일. ¶그는 시치미를 떼고 가방이 어디 있는지 모른다고 말했다.

시침 時針 | 때 시, 바늘 침
[hour hand of a timepiece]
시계에서 시(時)를 가리키는 짧은 바늘[針].

시침-질 [tacking]
바늘로 시치는 일.

시-커멓다 [be deep black]
더할 수 없이 꺼멓다. ¶속이 시커멓다.

시큰-거리다 [feel a dull pain]
뼈마디의 신경이 계속하여 약간 저리다. ¶무릎이 시큰거린다.

시큰둥-하다
달갑지 않거나 못마땅하여 시들하다. ¶시큰둥한 반응.

시큰-시큰
뼈마디의 신경이 계속하여 약간 저린 느낌. ¶발목이 시큰시큰하다.

시큰-하다
뼈마디가 매우 저리고 시다. ¶손목이 시큰하다.

시큼-하다 [be taste sour]
냄새나 맛 따위가 조금 시다. ¶시큼한 냄새가 나다.

시키다 [make; get; order]
❶어떤 일이나 행동을 하게 하다. ¶그는 내게 노래를 시켰다. ❷음식 따위를 만들어 오거나 가지고 오도록 주문하다. ¶치킨을 시키다.

시트 {영 sheet}
좌석·침대 따위의 아래위로 덮씌우는 천.

시트르-산 (citric酸, 신맛 산) [citric-acid]
화학 레몬이나 밀감 등의 과실 속에 있는 염기성(鹽基性)의 산(酸). 무색무취의 결정체이며, 청량음료·의약·염색 등에 쓴다. ㊥ 구연산(枸櫞酸).

시트콤 {영 sitcom}
연영 무대와 등장인물은 같으나 매회 다른 이야기를 다루는 방송 코미디 연속극.

시:판 市販 | 저자 시, 팔 판
[sell at a market]
경제 상품을 시중(市中)에서 판매(販賣)함. '시중판매'의 준말. ¶이 상품은 국내에서 시판하고 있다.

시-퍼렇다 [deep blue; be deadly pale]
❶매우 퍼렇다. ¶시퍼런 바다. ❷춥거나 겁이 나 몹시 질려 있다. ¶시퍼렇게 질린 얼굴. ❸날 따위가 몹시 날카롭다. ¶시퍼런 칼날.

시한 時限 | 때 시, 끝 한 [deadline]
어떤 일을 끝마치기로 한 시간(時間)의

한계(限界). ¶원서 제출 시한은 이번 주 토요일까지이다.

▸시한-부 時限附 | 붙을 부
일정한 시간(時間)의 한계(限界)를 붙임[附]. ¶시한부 환자를 돌보다.

▸시한-폭탄 時限爆彈 | 터질 폭, 탄알 탄
일정한 시간이 되면[時限] 저절로 폭발(爆發)하게 되어 있는 탄알[彈].

시합 試合 | 따질 시, 싸울 합
[play against; have a game]
❶속뜻 우열을 따지기[試] 위하여 경합(競合)을 벌임. ❷운동이나 그 밖의 경기 따위에서 승부를 겨루는 일. ¶야구 시합. ㊥ 경기(競技).

시:해 弑害 | 죽일 시, 해칠 해
[assassinate; murder]
부모나 임금을 죽여[弑] 해(害)침. ¶대통령 시해사건.

시:행 施行 | 베풀 시, 행할 행
[put in operation; enforce]
❶속뜻 실시(實施)하여 행(行)함. 실제로 행함. ❷법률 법령의 효력을 실제로 발생시킴.

▸시:행-착오 施行錯誤 | 어긋날 착, 그르칠 오
❶속뜻 실제로 행하여[施行] 얻어지는 잘못[錯=誤]. ❷지식이나 기술을 얻으려고 계획대로 실행하다가 실패하는 것. ¶에디슨은 시행착오 끝에 전구를 발명했다.

***시험** 試驗 | 따질 시, 효과 험
[test; try out]
❶속뜻 사물의 성질이나 기능을 따져서[試] 그 효과[驗]를 알아보는 일. ¶성능을 시험하다. ❷재능이나 실력 따위를 일정한 절차에 따라 검사하고 평가하는 일. ¶시험에 합격하다.

▸시험-관 試驗官 | 벼슬 관
시험(試驗) 문제를 내거나 시험 감독을 하며 그 성적을 채점하는 관리(官吏). ¶시험관은 지원자의 반수를 불합격시켰다.

▸시험-기 試驗器 | 그릇 기
시험(試驗)하는 데 쓰는 기구(器具).

▸시험-장 試驗場 | 마당 장
시험(試驗)을 보기 위한 시설을 갖추어 놓은 곳[場]. ¶운전면허 시험장.

▸시험-지 試驗紙 | 종이 지
❶속뜻 시험(試驗) 문제가 적힌 종이[紙]나 시험 답안을 쓰는 종이. ¶시험지를 채점하다. ❷화학 화학 실험에 쓰이는 시약(試藥)을 바른 특수한 종이. ¶리트머스 시험지.

시:호 諡號 | 이름 시, 부를 호 [posthumous title]
옛날 훌륭한 인물이 죽은 뒤에 그의 공덕을 칭송하여 부르는[號] 이름[諡]. ¶이순신 장군의 시호는 충무(忠武)이다.

시화 詩畵 | 시 시, 그림 화
[pictorial poem]
❶속뜻 시(詩)와 그림[畵]. ¶황진이는 시화에 뛰어났다. ❷시를 곁들인 그림.

▸시화-전 詩畵展 | 펼 전
시와 그림[詩畵]을 전시하는 전람회(展覽會). ¶강당에서 시화전이 열리다.

시효 時效 | 때 시, 효과 효 [prescription]
❶속뜻 효과(效果)가 지속되는 시간적(時間的) 범위. ❷법률 어떤 사실 상태가 일정 기간 계속되는 일. ¶내일이면 그 사건의 시효가 끝난다.

식 式 | 의식 식
[ceremony; way; expression]
❶속뜻 '의식'(儀式)의 준말. ¶결혼식 / 지금부터 식을 거행하겠습니다. ❷일정한 방식. ¶그런 식으로 하면 틀림없이 실패할 것이다. ❸수학 수학 및 여러 과학에서 특수한 기호를 연결하여 어떤 의미나 관계를 나타내는 데 쓰는 것. ¶y를 구하는 식을 써라. ㊥ 수식(數式).

식견 識見 | 알 식, 볼 견 [knowledge]
❶속뜻 [識] 봄[見]. ❷사물을 올바르게 판단할 수 있는 능력. ¶식견이 풍부한 사람.

식곤-증 食困症 | 먹을 식, 곤할 곤, 증세 증

[drowsiness after a meal]
의학 음식을 먹은[食] 뒤에 몸이 나른해지는[困] 증세(症勢).

식구 食口 | 먹을 식, 입 구 [family]
❶ 속뜻 밥을 먹는[食] 입[口]. ❷한집에서 함께 사는 사람. ¶그는 딸린 식구가 많다. ㊐ 가족(家族), 식솔(食率).

비슷한 듯 다른 말 ➲ 가족(家族)

식기 食器 | 밥 식, 그릇 기 [dinner set]
❶ 속뜻 음식(飮食)을 담는 그릇[器]. ❷식사에 쓰이는 여러 가지 그릇이나 기구를 통틀어 이르는 말.

식다 [get cold; cool down]
❶더운 기가 없어지다. ¶된장국이 식다. ❷열성이 줄다. 감정이 누그러지다. ¶사랑이 식었다. 속담 남의 말 하기는 식은 죽 먹기.

비슷한 듯 다른 말 ➲ 시들다

식단 食單 | 밥 식, 홑 단 [menu]
❶ 속뜻 식당에서 파는 음식(飮食)의 단가(單價)를 적은 표. ¶아버지는 식단을 보고 음식을 주문했다. ❷일정한 기간 먹을 음식의 종류와 순서를 계획한 것. ¶균형 잡힌 식단 / 식단을 짜다.

식당 食堂 | 먹을 식, 집 당 [restaurant]
❶ 속뜻 식사(食事)하기에 편리하도록 설비하여 놓은 방[堂]. ❷음식을 만들어 파는 가게. ¶식당에서 점심을 사 먹었다.

▸ **식당-차** 食堂車 | 수레 차
열차 안에 식당(食堂)의 설비를 갖추고 있는 찻간[車].

식대 食代 | 밥 식, 대신할 대
[charge for food]
음식(飮食)을 청해 (代金). ¶식대를 내다.

식도 食道 | 밥 식, 길 도
[throat esophagus]
의학 삼킨 음식물(飮食物)이 지나는 길[道].

식-도락 食道樂 | 먹을 식, 길 도, 즐길 락
[epicurism]
여러 가지 음식을 먹어[食] 보는 일을 취미로 삼는[道樂] 일. ¶그는 식도락을 즐긴다.

⁑**식량** 食糧 | 먹을 식, 양식 량 [food]
먹을[食] 양식(糧食). ¶식량이 부족하다.

▸ **식량-난** 食糧難 | 어려울 난
흉작이나 인구 과잉 등으로 식량(食糧)이 부족하여 겪는 어려움[難]. ¶그 나라는 전쟁으로 식량난에 허덕이고 있다.

***식료** 食料 | 밥 식, 거리 료
[food; foodstuffs]
음식(飮食)의 재료(材料). ¶토마토는 좋은 식료가 된다.

▸ **식료-품** 食料品 | 물건 품
음식의 재료[食料]가 되는 물품(物品). ¶어머니는 시장에서 식료품을 사오셨다. ㊐ 먹을거리.

식모 食母 | 밥 식, 어머니 모
[domestic helper]
남의 집에 고용되어 주로 부엌일과 음식(飮食)을 맡아 하는 여자[母]. ¶그녀는 5년 동안 식모를 살았다. ㊐ 가정부(家政婦).

식목 植木 | 심을 식, 나무 목
[plant trees; transplant trees]
나무[木]를 심음[植]. 또는 그 나무. ¶그는 식목하기 위해 산으로 올라갔다.

▸ **식목-일** 植木日 | 날 일
산림녹화 등을 위하여 해마다 나무를 심도록[植木] 정한 날[日]. ¶식목일은 매년 4월 5일이다.

식물[1] 食物 | 먹을 식, 만물 물
[food; provisions]
먹을 수 있는[食] 물건(物件).

⁑**식물**[2] 植物 | 심을 식, 만물 물 [plant]
식물 나무와 풀같이 땅에 심어져[植] 있는 물체(物體). ㊥ 동물(動物).

▸ **식물-성** 植物性 | 성질 성
식물체(植物體) 고유의 성질(性質). ¶식

물성 기름.

▸식물-원 植物園 | 동산 원
식물에 대한 연구 또는 일반인들에게 식물에 대한 지식을 보급하기 위해 많은 종류의 식물(植物)을 한데 모아서 가꾸는 곳[園].

▸식물-인간 植物人間 | 사람 인, 사이 간
❶ 속뜻 의식이 없고 전신이 경직(硬直)된 채로 식물(植物)처럼 대사(代謝)기능만을 하는 인간(人間). ❷ 의학 호흡, 순환, 소화, 배설 등의 기능은 유지되나 사고(思考), 운동, 지각 등 대뇌 기능이 상실되어 의식 불명인 채 살아 있는 사람.

식민 植民 | =殖民, 심을 식, 백성 민 [colonize]
정치 강대국이 빼앗은 땅에 자국민(自國民)을 무력으로 이주시키는[植] 일. 또는 그렇게 옮겨가서 사는 사람.

▸식민-지 植民地 | 땅 지
정치 강대국이 점령하여 국민을 이주시킨[植民] 뒤, 정치적·경제적으로 지배하는 지역(地域).

식반 食盤 | 밥 식, 소반 반 [small dining table]
음식(飮食)을 차려 놓는 소반[盤]이나 상. ¶고등어자반을 구워 식반에 올리다.

식별 識別 | 알 식, 나눌 별 [distinguish]
분별(分別)하여 알아냄[識]. 사물의 성질이나 종류 따위를 구별함. ¶적군과 아군의 식별이 어렵다.

식비 食費 | 먹을 식, 쓸 비 [price of a meal]
음식을 먹는데[食] 드는 비용(費用). ¶매월 식비로 50만원을 쓴다.

식-빵 (食-, 밥 식) [bread]
밀가루로 만들어 주식(主食)으로 먹는 빵. ¶식빵에 딸기잼을 바르다.

식사[1] 式辭 | 의식 식, 말씀 사 [formal address in a ceremony]
식장(式場)에서 인사로 하는 말[辭]. 또는 인사로 하는 글.

⁑식사[2] 食事 | 먹을 식, 일 사 [meal]
사람이 끼니로 음식을 먹는[食] 일[事]. 또는 그 음식. ¶저녁 식사.

▸식사-량 食事量 | 분량 량
음식을 먹는[食事] 양(量). ¶식사량을 조절해야 한다.

식-생활 食生活 | 먹을 식, 살 생, 살 활 [dietary life]
먹고[食] 살아가는[生活] 일. ¶규칙적인 식생활 습관은 건강에 좋다.

식성 食性 | 밥 식, 성질 성 [one's taste]
음식(飮食)에 대하여 좋아하거나 싫어하는 성미(性味). ¶그 아이는 식성이 까다롭다.

식수 食水 | 먹을 식, 물 수 [drinking water]
먹는[食] 물[水]. ¶식수를 공급하다.

▸식수-난 食水難 | 어려울 난
식수(食水)의 부족으로 겪는 어려움[難].

▸식수-원 食水源 | 근원 원
먹는 물[食水]의 근원(根源). ¶식수원이 오염되다.

식순 式順 | 의식 식, 차례 순 [order of a ceremony]
의식(儀式)의 진행 순서(順序). ¶식순에 따라 교장선생님의 말씀이 있겠습니다.

식-습관 食習慣 | 먹을 식, 버릇 습, 버릇 관 [eating habits]
음식을 먹는[食] 버릇[習慣]. ¶한국인은 대체로 짜게 먹는 식습관이 있다.

식식-거리다 [breathe heavily]
숨을 잇달아 가쁘게 쉬며 식식 소리를 자꾸 내다. ¶숨이 차서 식식거리며 서 있다. ⓑ 식식대다.

식욕 食慾 | =食欲, 먹을 식, 욕심 욕 [appetite]
음식을 먹고[食] 싶어 하는 욕구(慾求). ¶며칠 잠을 못 잤더니 식욕이 없다. ⓑ 밥맛.

식용 食用 | 먹을 식, 쓸 용 [be edible]
먹을[食] 것으로 씀[用]. 또는 먹을 것으로 됨. ¶식용으로 소를 기르다 / 프랑스에서는 달팽이를 식용한다.
▸식용-유 食用油 | 기름 유
음식(飮食)을 만드는 데 사용(使用)하는 기름[油]. ¶고구마를 식용유에 튀기다.
▸식용 색소 食用色素 | 빛 색, 바탕 소
공업 음식물에 빛깔을 들이는 데 쓰이는, 식용(食用)할 수 있는 색소(色素).

식은-땀 [cold sweat]
몸이 쇠약하여 병적으로 나는 땀. ¶식은 땀을 흘리다.

식이 食餌 | 먹을 식, 먹이 이
[diet; food]
❶속뜻 먹을[食] 수 있는 먹이[餌]. ❷조리한 음식물.
▸식이 요법 食餌療法 | 병고칠 료, 법 법
의학 섭취하는 음식물[食餌]의 품질, 성분, 분량 등을 조절하여 병을 치료(治療)하거나 예방하는 방법(方法). ¶당뇨가 있어서 식이요법을 하고 있다.

식인 食人 | 먹을 식, 사람 인
[eat people; cannibal]
사람[人] 고기를 먹는[食] 일. 또는 그러한 풍습. ¶마오리족은 식인 풍습이 있다.
▸식인-종 食人種 | 갈래 종
사람을 잡아먹는[食人] 풍습이 있는 인종(人種).

식자 植字 | 심을 식, 글자 자
[set type; compose]
❶속뜻 활자로 판을 만들 때 글자[字]를 끼워 박는[植] 일. ❷출판 활판 인쇄에서 문선(文選)한 활자를 원고대로 구두점이나 공목(空木)등을 넣어 판을 짜는 일.
▸식자-기 植字機 | 틀 기
출판 활자로 판을 만들 때 글자[字]를 끼워 박는[植] 기계(機械).

식자우환 識字憂患 | 알 식, 글자 자, 근심할 우, 근심 환
❶속뜻 글자[字]를 안다[識]는 것이 오히려 걱정[憂患]을 낳게 한 근본 원인이 됨. ❷학식이 있는 것이 오히려 근심을 얻게 됨. ¶식자우환이란 성어를 보면 '아는 것이 병'이란 말이 생각난다.

식장 式場 | 의식 식, 마당 장 [ceremonial hall]
의식(儀式)을 거행하는 장소(場所). ¶식장은 하객들로 붐볐다.

식전 食前 | 먹을 식, 앞 전
[before a meals]
❶속뜻 밥을 먹기[食] 전(前). ¶이 약은 식전에 드세요. ❷아침밥을 먹기 전. 아침 일찍. ¶식전에 목욕하다. 반 식후(食後).

식-중독 食中毒 | 먹을 식, 맞을 중, 독할 독
[food poisoning]
❶속뜻 음식물(飮食物)에 의한 중독(中毒). ❷의학 썩은 음식이나 독이 있는 음식 등을 먹어서 설사, 구토, 복통 등의 증상이 일어나는 병. ¶여름철에는 식중독에 걸리기 쉽다.

*__식초__ 食醋 | 먹을 식, 식초 초
[table vinegar]
식용(食用)할 수 있는 약간의 초산(醋酸)이 들어있는 조미료. ¶오이에 식초를 넣어 버무리면 새콤하다.

식-칼 (食—, 밥 식) [kitchen knife]
부엌에서 음식(飮食)을 만들 때 쓰는 칼. 비 부엌칼, 식도(食刀).

식탁 食卓 | 밥 식, 높을 탁
[dining table]
음식(飮食)을 먹을 때 사용하는 탁자(卓子). ¶모두가 식탁에 둘러앉아 저녁을 먹었다.

식판 食板 | 밥 식, 널빤지 판
음식(飮食)을 담는 판(板). ¶식판에 밥을 듬뿍 담았다.

⁑**식품** 食品 | 밥 식, 물건 품 [groceries]
음식(飮食)의 재료가 되는 물품(物品). '식료품'(食料品)의 준말.

▶식품-점 食品店 | 가게 점
여러 종류의 식품(食品)을 파는 가게[店]. ¶식품점을 개업하다.

식혜 食醯 | 밥 식, 초 혜
쌀밥[食]에 엿기름가루를 우린 물을 부어 삭힌[醯] 음료. 여기에 생강이나 설탕을 더 넣어 끓여 식혀 먹는다. ㊥ 감주(甘酒), 단술.

식후 食後 | 먹을 식, 뒤 후
[after a meal]
밥을 먹은[食] 뒤[後]. ¶이 약은 하루 두 번, 식후 30분에 드세요. ㊤ 식전(食前).

식-히다 [cool; ice]
더운 것을 식게 하다. ¶뜨거우니 식혀서 드세요.

신[1](靴, 구두 화) [shoes]
발에 신고 걷는 데 쓰는 물건. ¶신을 벗고 들어가다.

신[2][get excited]
흥미와 열성이 생겨 매우 좋아진 기분. ¶아이는 신이 나서 소리 질렀다. ㊥ 신명.

신[3]臣 | 신하 신
[Your Majesty's servant]
신하가 임금에게 대하여 자기를 일컫던 말. ¶신은 두 임금을 섬길 수 없사옵니다.

신[4]神 | 귀신 신 [God]
종교의 대상으로 우주를 주재하는 초인간적 또는 초자연적 존재. ¶아기는 신이 주신 선물이다.

신간 新刊 | 새 신, 책 펴낼 간
[publish a new book]
책을 새로[新] 간행(刊行)함. 또는 그 책. ¶신간 도서 목록 / 전문 의학서적을 신간하다.

신간-회 新幹會 | 새로울 신, 기둥 간, 모일 회
❶ 속뜻 민족의 새로운[新] 기둥[幹]이 되자는 취지의 모임[會]. ❷ 역사 1927년에 민족주의와 사회주의 운동의 대립을 막고 항일 투쟁에서 민족 단일 전선을 펼 목적으로 조직한 민족 운동 단체.

신갈-나무 [Mongolian oak]
식물 떡갈나무와 비슷하며, 가을에 도토리가 열리는 활엽수. 재목은 농기구, 철도 침목 따위에 쓴다.

***신경** 神經 | 정신 신, 날실 경
[nerve; consideration]
❶ 의학 생물이 자신의 몸과 주위에서 일어나는 자극을 감지하고 적절한 반응이나 정신(精神)을 일으키도록 하는 실[經] 모양의 기관. ¶중추 신경. ❷어떤 일에 대한 느낌이나 생각. ¶신경이 날카롭다.

▶신경-계 神經系 | 이어 맬 계
의학 몸의 각 부분을 연결하여, 하나의 유기체로서 움직이도록 하는 신경(神經) 조직 계통(系統)의 기관(器官). 중추 신경계, 말초 신경계, 자율 신경계로 이루어져 있다.

▶신경-전 神經戰 | 싸울 전
❶ 군사 직접 공격하지 않고 말투나 몸짓 등의 간접적인 방법으로 상대의 신경(神經)을 괴롭히는 전술(戰術). 또는 그런 싸움. ❷경쟁관계에 있는 상대에게 말이나 행동으로써 상대편의 신경을 자극하는 일. 또는 그런 싸움.

▶신경-질 神經質 | 바탕 질
신경(神經)이 너무 예민하여 사소한 일에도 자극되어 곧잘 흥분(興奮)하는 성질(性質). 또는 그런 상태. ¶신경질을 부리다.

▶신경-통 神經痛 | 아플 통
의학 말초 신경(末梢神經)이 자극을 받아 일어나는 통증(痛症). ¶비만 오면 신경통이 도진다.

신고 申告 | 알릴 신, 알릴 고
[state; report]
법률 국민이 법령의 규정에 따라 행정 관청에 일정한 사실을 알림[申=告]. ¶혼인 신고 / 세관에 카메라를 신고하다.

신곡 新曲 | 새 신, 노래 곡

[new musical composition]
새로[新] 지은 노래[曲]. ¶저 가수는 오늘 신곡을 발표했다.

신-교육 新敎育 | 새 신, 가르칠 교, 기를 육
❶ 속뜻 과거와는 다른 새로운[新] 방식의 교육(敎育). ❷ 교육 20세기 전 세계적으로 전개된 교육개혁 운동. 종래의 형식적·획일적·주입식 교육을 비판하고 생활을 통한 교육, 개성의 존중, 자발적 학습 따위를 지향하였다.

신규 新規 | 새 신, 법 규
[new regulation]
❶ 속뜻 새로운[新] 규범(規範)이나 규정(規定). ❷새롭게 어떤 일을 함. ¶직원을 신규로 모집하다.

신기[1] 神技 | 귀신 신, 재주 기 [exquisite skill]
신(神)의 능력으로만 가능할 것 같은 매우 뛰어난 기술이나 재주[技]. ¶그녀의 피아노 연주 솜씨는 신기에 가까웠다.

신기[2] 神奇 | 신통할 신, 기이할 기
[supernatural]
신묘(神妙)하고 기이(奇異)하다. ¶신기한 경험.

***신기[3] 新奇** | 새 신, 기이할 기
[be supernatural]
새롭고[新] 기이(奇異)하다. ¶신기한 물건.

신기[4] 神機 | 신통할 신, 실마리 기 [golden chance; divine resources]
신묘(神妙)한 계기(契機)나 기략(機略). ¶신기를 부려 적진을 빠져나왔다.

▸**신기-전 神機箭** | 화살 전
❶ 속뜻 신묘(神妙)한 기략(機略)으로 만든 화살[箭]. ❷고려 말기 최무선이 만든 '주화(走火)'를 조선 세종 30년(1448년)에 개량하여 제작한 로켓추진형 다연발 화살 무기. 대신기전(大神機箭)·산화신기전(散火神機箭)·중신기전(中神機箭)·소신기전(小神機箭) 등의 여러 종류가 있다.

신-기다 [put on]
신게 하다. ¶아이에게 신발을 신기다.

신-기록 新記錄 | 새 신, 적을 기, 베낄 록
[new record]
기존의 기록보다 뛰어난 새로운[新] 기록(記錄). ¶그녀는 단거리 배영에서 세계 신기록을 세웠다.

신:기루 蜃氣樓 | 이무기 신, 기운 기, 다락 루 [mirage]
❶ 속뜻 이무기[蜃] 입김[氣]으로 세워진 누각(樓閣). 중국인들은 뿔이 있는 큰 이무기 같은 동물을 상상하며, 이것이 한번 입김을 뿜으면 그것이 퍼지면서 누각이 서있는 모양을 보인다고 생각했다. ❷홀연히 나타나 짧은 시간 동안 유지되다가 사라지는 아름답고 환상적인 일이나 현상 따위를 비유하여 이르는 말. ¶신기루를 좇아 가보았지만 아무것도 없었다.

신-기술 新技術 | 새 신, 재주 기, 꾀 술 [new technology]
새로운[新] 기술(技術). ¶신기술을 개발하다.

신년 新年 | 새 신, 해 년 [New Year]
새로운[新] 해[年]. ¶신년 계획을 세우다.

신:념 信念 | 믿을 신, 생각 념 [belief]
굳게 믿어[信] 변하지 않는 생각[念]. ¶그는 정직에 대한 강한 신념을 가지고 있다.

신다 [wear]
신이나 버선 따위를 발에 꿰다. ¶구두를 신다. ⓑ벗다.

신단 神壇 | 귀신 신, 단 단
신령(神靈)에게 제사지내는 단(壇).

▸신단-수 神壇樹 | 나무 수
❶ 속뜻 신단(神壇) 옆에 심은 나무[樹]. ❷ 민속 단군 신화에서 환웅이 처음 하늘에서 그 밑으로 내려왔다는 신성한 나무.

신-대륙 新大陸 | 새 신, 큰 대, 뭍 륙 [New World]
❶ 속뜻 새로[新] 발견한 대륙(大陸). ❷ 지리 아메리카나 오스트레일리아를 가리키는 말. ⓑ신세계(新世界). ⓑ구대륙(舊

大陸).

신데렐라 {영 Cinderella}
[문학] 유럽 옛 동화 속의 여주인공. 계모와 그의 딸에게 학대받다가 친어머니의 영혼의 도움으로 왕자와 결혼하게 된다. ¶그녀는 하루아침에 가요계의 신데렐라로 떠올랐다.

신:도 信徒 | 믿을 신, 무리 도 [believer]
어떤 종교를 믿는[信] 사람들[徒]. ¶불교 신도들이 많이 모였다.

신-도시 新都市 | 새 신, 도읍 도, 저자 시 [new town]
대도시의 근교에 새로[新] 개발한 도시(都市). ¶신도시 개발 / 신도시가 들어서다.

신동 神童 | 신통할 신, 아이 동 [child prodigy]
재주와 지혜가 남달리 뛰어난, 신통(神通)한 아이[童]. ¶얘는 축구 신동으로 불린다.

신라 新羅 | 새 신, 새그물 라
[역사] 우리나라 삼국 시대의 삼국 가운데 기원전 57년 박혁거세가 지금의 영남 지방을 중심으로 세운 나라. 무슨 뜻에서 '新羅'라고 하였는지에 대해서는 정설이 없다. ¶신라의 선덕 여왕은 한민족 최초의 여왕이다.

▸**신라-관** 新羅館 | 집 관
[역사] 신라 때, 중국으로 가는 사신이나 유학승, 상인들의 숙박과 휴식을 위하여 산동 반도(山東半島)의 등주(登州)에 설치한 신라(新羅) 사람들의 숙소[館].

▸**신라-방** 新羅坊 | 마을 방
[역사] 통일 신라 시대에 당(唐)나라에 설치한, 신라인(新羅人)의 거주지[坊]. 중국을 왕래하는 상인과 유학승 등이 모여 자치적으로 동네를 이루었다.

▸**신라-소** 新羅所 | 곳 소
[역사] 통일 신라 때, 신라방(新羅坊)에 거주하고 있던 신라인들을 관리하던 행정기관[所].

▸**신라-원** 新羅院 | 집 원
[역사] 통일 신라 때, 신라 사람이 중국 당나라 신라방(新羅坊)에 세운 사원(寺院).

신랄 辛辣 | 매울 신, 매울 랄 [be severe]
❶[속뜻] 맛이 몹시 쓰고 맵다[辛=辣]. ❷어떤 일의 분석이나 지적이 매우 모질고 날카롭다. ¶신랄한 비평.

신랑 新郎 | 새 신, 사나이 랑 [bridegroom]
갓[新] 결혼하였거나 결혼할 남자[郎]. [반] 신부(新婦).

신령 神靈 | 귀신 신, 혼령 령 [divine spirit]
[민속] 풍습(風習)으로 섬기는 모든 신(神)이나 혼령(魂靈).

▸**신령-님** (神靈-)
[민속] '신령'(神靈)의 높임말.

신록 新綠 | 새 신, 초록빛 록 [fresh green]
초여름에 새로[新] 나온 잎들이 띤 연한 초록빛[綠]. 또는 그런 빛의 나무와 풀. ¶봄이 되면 산은 신록으로 덮인다.

신:뢰 信賴 | 믿을 신, 맡길 뢰 [trust]
어떤 일 따위를 믿고[信] 맡김[賴]. ¶신뢰를 얻다 / 그는 신뢰할 수 있는 사람이다.

▸**신:뢰-성** 信賴性 | 성질 성
믿고 의지할 수 있는[信賴] 성질(性質). ¶이 기사는 신뢰성이 낮다.

신-맛 [sour taste]
식초의 맛 같은 시큼한 맛. ¶오렌지는 신맛이 강한 과일이다.

신:망 信望 | 믿을 신, 바랄 망 [confidence; trust]
어떤 사람이 믿고[信] 그에게 무엇을 바람[望]. 또는 믿음과 덕망. ¶그는 국민에게 신망을 받는 대통령이다.

신명1 [excitement]
흥겨운 신과 멋. ¶신명이 나서 노래를 불렀다. [준] 신.

신명2 身命 | 몸 신, 목숨 명 [one's life]

몸[身]과 목숨[命]을 아울러 이르는 말. ¶신명을 바치다 / 그들은 국가를 위해 신명을 다해 싸웠다.

신-무기 新武器 | 새 신, 굳셀 무, 그릇 기 [new weapon]
새로운[新] 무기(武器). ¶신무기를 개발하다.

신:문[1] 訊問 | 물을 신, 물을 문 [question; examine; interrogate]
❶ 속뜻 캐어 물음[訊=問]. ❷ 법률 법원이나 기타 국가 기관이 어떤 사건에 관하여 증인, 당사자, 피고인 등에게 말로 물어 조사하는 일. ¶유도 신문 / 검찰이 범인을 심문했다.

⁂**신문**[2] 新聞 | 새 신, 들을 문 [newspaper]
❶ 속뜻 새로[新] 들은[聞] 소식. ❷사회에서 발생한 사건에 대한 사실이나 해설을 널리 신속하게 전달하기 위한 정기 간행물. ¶학급 신문 / 신문을 배달하다.

▸ 신문-사 新聞社 | 회사 사
신문(新聞)을 발행하는 회사(會社).

▸ 신문-지 新聞紙 | 종이 지
신문(新聞) 기사를 실은 종이[紙]. ¶신문지를 재활용하다.

▸ 신문 기자 新聞記者 | 기록할 기, 사람 자
언론 신문(新聞)에 실을 소식을 수집하고 기사를 작성하는[記] 데 종사하는 사람[者].

신문-고 申聞鼓 | 알릴 신, 들을 문, 북 고
❶ 속뜻 백성이 억울함을 알리고[申] 들려주기[聞] 위하여 치는 북[鼓]. ❷ 역사 조선 때, 대궐 문루에 달아 백성이 원통한 일을 하소연할 때 치게 했던 북. ¶그는 신문고를 두드렸다.

신-문물 新文物 | 새 신, 글월 문, 만물 물
외국에서 새로[新] 들어온 문물(文物). ¶문호를 개방하자 신문물이 물밀듯이 들어왔다.

신-문화 新文化 | 새 신, 글월 문, 될 화
외국에서 새로[新] 들어온 문화(文化). ¶고종은 신문화를 받아들여 체제를 정비했다.

신-물 [water brash]
❶먹은 것이 체하여 트림할 때 위에서 목구멍으로 넘어오는 시큼한 액체. ¶신물이 올라오다. ❷지긋지긋하고 진절머리 나는 일. ¶엄마의 잔소리는 신물이 난다.

신-물질 新物質 | 새 신, 만물 물, 바탕 질
새로운[新] 물질(物質). ¶신물질로 신약을 개발했다.

신미 辛未 | 천간 신, 양 미
민속 천간의 '辛'과 지지의 '未'가 만난 간지(干支). ¶신미년생은 양띠다.

▸ 신미-양요 辛未洋擾 | 서양 양, 어지러울 요
❶ 속뜻 신미(辛未)년에 서양(西洋)인들이 일으킨 난리[擾]. ❷ 역사 1871년에 미국 군함이 강화도에 침입한 사건. 1866년 조선인들이 제너럴셔먼 호를 공격해 불태우자, 이를 빌미로 강화도 해협에 침입해 개항을 요구하였다.

신민-회 新民會 | 새 신, 백성 민, 모일 회
❶ 속뜻 새로운[新] 사람[民]을 기르기 위한 모임[會]. ❷ 역사 1907년에 안창호가 양기탁, 이동녕 등과 함께 국권 회복을 목적으로 조직한 항일 비밀 결사 단체.

신-바람 [high spirits]
신이 나서 우쭐우쭐하여지는 기운. ¶언니는 전화를 받고 신바람이 나서 밖으로 나갔다.

신발 [shoes]
땅을 딛고 서거나 걸을 때 발에 신는 물건을 통틀어 이르는 말. 가죽·고무·비닐·헝겊·나무·짚·삼 따위로 만들며, 모양과 용도에 따라 여러 가지가 있다. ¶아이는 새 신발을 신고 팔짝팔짝 뛰었다. ㊟신.

▸ 신발-장 (一欌, 장롱 장)
신발을 넣어 두는 장롱(欌籠). ¶신발장에 신을 넣다.

▸ 신발-짝

'신발'을 속되게 이르는 말.

▸ 신발-주머니
신을 넣어 들고 다니는 주머니. ㊟ 신주머니.

신방 新房 | 새 신, 방 방 [bridal room]
신랑과 신부가 첫날밤을 치르도록 새로[新] 꾸민 방(房). ¶신방에 불이 꺼지자 밖에서 구경하던 사람들이 까르르 웃었다.

신변 身邊 | 몸 신, 가 변 [one's person]
몸[身]의 주변(周邊). ¶신변에 위협을 느끼다.

신:봉 信奉 | 믿을 신, 받들 봉 [believe]
옳다고 믿고[信] 받듦[奉]. ¶종교를 신봉하다.

신부[1] 神父 | 귀신 신, 아버지 부
[Catholic priest; Father]
❶ 속뜻 영적인[神] 아버지[父]. ❷ 가톨릭 사제로 임명받은 성직자. 성사를 집행하고 미사를 드리며 강론을 한다.

신부[2] 新婦 | 새 신, 여자 부 [bride]
곧 결혼하거나 갓[新] 결혼한 여자[婦]. ¶신부는 눈물을 흘렸다. ㊥ 신랑(新郞).

신:-부전 腎不全 | 콩팥 신, 아닐 부, 온전할 전 [real insufficiency (failure)]
❶ 속뜻 신장(腎臟)의 기능이 온전하지[全] 못함[不]. ❷ 의학 신장(腎臟)의 기능 장애로 혈액의 화학적 조성에 이상이 생기는 병. ¶어머니는 만성 신부전을 앓고 있다.

신분 身分 | 몸 신, 분수 분
[one's social position]
어떤 사회 안에서 개인[身]이 갖는 역할이나 분수(分數). ¶경찰관 신분을 사칭하다 / 신분이 높다.

▸ 신분-제 身分制 | 정할 제
'신분제도'(身分制度)의 준말. ¶동학(東學)이 퍼지면서 신분제가 동요했다.

▸ 신분-증 身分證 | 증거 증
신분(身分)을 증명(證明)하는 문서.

▸ 신분 제:도 身分制度 | 정할 제, 법도 도
사회 봉건 시대에, 계급에 따라 개인의 신분(身分)을 나누고 활동 따위를 제한하던 제도(制度). ¶골품제란 혈통에 따라 나눈 신분 제도이다.

신붓-감 (新婦―, 새 신, 여자 부)
[prospective bride]
신부(新婦)로 삼을 만한 사람. 또는 앞으로 곧 신부가 될 처녀. ¶그만한 신붓감은 흔치 않아요. ㊥ 신랑감.

신비 神秘 | 귀신 신, 비밀 비
[mysterious; magical]
매우 신기(神奇)하여 그 이치 등을 알기 어려움[祕]. ¶자연의 신비를 풀다 / 모나리자의 미소는 매우 신비하다 / 이 돌은 매우 신비스럽다.

▸ 신비-감 神祕感 | 느낄 감
신비(神祕)스러운 느낌[感]. ¶생명에 대한 신비감이 느껴졌다 / 사랑은 정말 신비롭다.

신사[1] 神社 | 귀신 신, 모일 사 [shrine]
일본에서 왕실의 조상이나 국가 유공자를 대표하는 여러 신(神)들의 위패를 모아[社] 놓은 곳. 또는 그 사당.

▸ 신사 참배 神社參拜 | 뵐 참, 절 배
역사 신사(神社)에 참배(參拜)하는 일. ¶일제는 한민족의 종교와 사상을 억압하기 위하여 신사 참배를 강요했다.

신:사[2] 紳士 | 큰 띠 신, 선비 사 [gentleman]
❶ 속뜻 허리에 큰 띠[紳]를 두른 선비[士]. '紳'은 옛날 중국에서 예의를 갖춰 입을 때 사용한 넓은 띠를 가리킨다. ❷점잖고 교양이 있으며 예의 바른 남자. ¶중년 신사. ❸보통의 남자를 대접하여 이르는 말. ¶신사 숙녀 여러분!

▸ 신:사-복 紳士服 | 옷 복
성인 남자[紳士]의 양복(洋服).

▸ 신:사 유람단 紳士遊覽團 | 떠돌 유, 볼 람, 모일 단
❶ 속뜻 신사복(紳士服) 차림으로 유람(遊覽)한 단체(團體). ❷ 역사 1881년에 새로

운 문물제도의 시찰을 위하여 고종이 일본에 파견한 시찰단.

신상 身上 | 몸 신, 위 상
[one's situation]
신변(身邊)에 관한[上] 일이나 형편. ¶성범죄자들의 신상을 공개해야 한다.

신생 新生 | 새 신, 날 생 [new birth]
새로[新] 생기거나 태어남[生].

▶ 신생-대 新生代 | 시대 대
지리 지질(地質) 시대를 크게 나눈 것 중에서 가장 새로운[新生] 시대(時代). 약 6500만 년 전부터 현재까지의 시대를 이르며 그 말기에 인류가 나타났다.

▶ 신생-아 新生兒 | 아이 아
새로[新] 태어난[生] 아이[兒]. ㊥ 갓난아이.

신-석기 新石器 | 새 신, 돌 석, 그릇 기
[neolith]
고적 돌을 가는 새로운[新] 기술을 개발하여 정교하게 만든 석기(石器). 간석기라고도 한다.

▶ 신석기 시대 新石器時代 | 때 시, 연대 대
고적 신석기(新石器)를 널리 사용하던 시대(時代). 문화 발전 단계에서 구석기 시대의 다음, 금속기 사용 이전의 시대이다.

신선[1] 神仙 | 귀신 신, 신선 선 [Taoist hermit with supernatural powers]
❶ 속뜻 귀신(鬼神)이나 선인(仙人) 같은 사람. ❷도(道)를 닦아서 현실의 인간 세계를 떠나 자연과 벗하며 산다는 상상의 사람. 속담 신선놀음에 도끼 자루 썩는 줄 모른다.

신선[2] 新鮮 | 새 신, 싱싱할 선
[be fresh]
❶ 속뜻 새롭고[新] 싱싱하다[鮮]. ¶신선한 공기를 들이마시다. ❷채소나 생선 따위가 신신하다. ¶신선한 과일.

▶ 신선-도 新鮮度 | 정도 도
신선(新鮮)한 정도(程度). ¶냉장고에 보관해야 신선도가 오래 유지된다.

신설 新設 | 새 신, 세울 설
[establish newly; create]
설비, 설비 따위를 새로[新] 마련함[設]. ¶신설 학교 / 공에 강좌를 신설하다.

신성 神聖 | 귀신 신, 거룩할 성
[be holy]
❶ 속뜻 신(神)과 같이 거룩함[聖]. ❷매우 거룩하고 존귀함. ¶신성을 모독하다 / 결혼은 신성한 것이다.

▶ 신성-시 神聖視 | 볼 시
어떤 대상을 신성(神聖)한 것으로 여기거나 봄[視]. ¶힌두교에서는 갠지스 강을 신성시한다.

신세 身世 | 몸 신, 세상 세
[one's personal affairs]
❶ 속뜻 한 몸[身]이 세상(世上)에 처한 처지. 주로 불쌍하거나 외롭거나 가난한 경우를 이른다. ¶자신의 신세를 한탄하다. ❷다른 사람에게 도움을 받거나 폐를 끼치는 일. ¶미안하지만 며칠 신세를 지겠네.

▶ 신세-타령 (身世-)
자기 신세(身世)에 관해 넋두리하듯 늘어놓는 것. 또는 그 이야기. ㊥ 푸념, 하소연.

신-세:계 新世界 | 새 신, 세상 세, 지경 계
[new world]
❶ 속뜻 새로[新] 발견된 세계(世界). ❷새로운 세상. 또는 새로운 활동 무대. ¶전기의 발명으로 신세계가 열렸다.

신-세:대 新世代 | 새 신, 세상 세, 시대 대
[new generation]
❶ 속뜻 새로운[新] 세대(世代). 흔히 20세 이하의 젊은 세대를 이른다. ❷ 사회 기성의 관습에 반발하여 새로운 문화를 쉽게 받아들이고 개성이 뚜렷하며 자기중심적 사고 및 주장이 강한 세대. ¶그는 신세대의 문화를 이해할 수 없었다.

신-소:설 新小說 | 새 신, 작을 소, 말씀 설
[new style novel]
❶ 속뜻 주제나 형식 등이 새로운[新] 소설

(小說). ❷문학 갑오개혁 이후부터 현대 소설이 창작되기 전까지, 새로운 형식과 주제로 쓴 소설. 언문일치의 문체로, 봉건 질서 타파와 개화·계몽 및 자주독립 사상 고취 등을 주제로 한 것이 많다.

신-소재 新素材 | 새 신, 바탕 소, 재료 재 [new material; novel material]
종래에는 없던 새로[新] 개발한 소재(素材)를 통틀어 이르는 말. ¶신소재 연구에 박차를 가하다.

신:속 迅速 | 빠를 신, 빠를 속 [quick; rapid]
매우 빠름[迅=速]. ¶신속 배달 / 화재 발생 시 신속하게 대피하십시오.

▶신:속-성 迅速性 | 성질 성
매우 빠른[迅速] 성질(性質). ¶보도는 신속성이 생명이다.

신수 身手 | 몸 신, 손 수 [one's appearance]
❶속뜻 몸[身]과 손[手]. ❷'겉으로 나타난 건강한 빛'을 이르는 말. ¶신수가 훤하다.

신시 神市 | 귀신 신, 도시 시
역사 환웅이 태백산 신단수(神檀樹) 밑에 세웠다는 도시(都市).

신-시가지 新市街地 | 새 신, 도시 시, 거리 가, 땅 지 [new street]
새롭게[新] 만들어진 시가지(市街地). ¶신시가지를 조성하다.

신식 新式 | 새 신, 법 식 [new style]
새로운[新] 방식(方式)이나 양식(樣式). ¶신식 교육을 받다. ㊥ 구식(舊式).

신신-당부 申申當付 | 알릴 신, 알릴 신, 마땅 당, 청할 부
거듭 말하며[申+申] 단단히[當] 부탁(付託)함. ¶할머니는 내 손을 잡고 신신당부를 하셨다.

신:앙 信仰 | 믿을 신, 우러를 앙 [religious faith]
신이나 초자연적 절대자를 믿고[信] 우러러보며[仰] 따르는 마음. ¶신앙의 힘.

▶신:앙-심 信仰心 | 마음 심
종교를 믿고 그 가르침을 따르는[信仰] 마음[心].

신약[1] 新藥 | 새 신, 약 약 [new drug; new medicine]
❶속뜻 새로[新] 발명한 약(藥). ¶관절염에 좋은 신약을 개발하였다. ❷한약만 약으로 여기고 있던 예전에 새로운 약이라는 뜻으로, '양약'(洋藥)을 이르던 말.

신약[2] 新約 | 새 신, 묶을 약 [New Testament]
❶속뜻 새로이[新] 한 약속(約束). ❷기독교 '신약성경'(聖經)의 준말. ㊥ 구약(舊約).

▶신약 성:경 新約聖經 | 거룩할 성, 책 경
기독교 예수 탄생 후에, 하나님이 예수를 통하여 신자들에게 새롭게 약속한[新約] 것을 기록한, 그리스도교의 성경(聖經).

신-여성 新女性 | 새 신, 여자 녀, 성별 성 [modern girl]
개화기 때, 신식(新式) 교육을 받은 여자[女性]를 이르던 말.

신열 身熱 | 몸 신, 더울 열 [fever]
병 때문에 오르는 몸[身]의 열(熱).

신:용 信用 | 믿을 신, 쓸 용 [trust; believe]
❶속뜻 무엇을 믿고[信] 씀[用]. ❷사람이나 사물이 틀림없다고 믿어 의심하지 아니함. 또는 그런 믿음성의 정도. ¶그녀는 신용을 잃다.

▶신:용 카드 (信用card)
경제 고객을 믿고[信用] 상품이나 서비스를 먼저 받도록 해주는 제도. 또는 그때 사용하는 카드(card).

신원 身元 | 몸 신, 으뜸 원 [one's identity]
한 개인의 신상(身上)을 알 수 있는 데 으뜸[元]이 되는 자료. 곧 학력이나 주소, 직업 따위를 이른다. ¶피해자의 신원을 조사하다.

신유 辛酉 | 천간 신, 닭 유
[민속] 천간의 '辛'과 지지의 '酉'가 만난 간지(干支). ¶신유년생은 닭띠다.
▸ 신유-박해 辛酉迫害 | 다그칠 박, 해칠 해
❶ [속뜻] 신유(辛酉)년에 있었던 박해(迫害) 사건. ❷ [역사] 조선 순조 원년(1801)에 이승훈을 비롯한 여러 가톨릭 신자들을 처형한 사건.

신음 呻吟 | 끙끙거릴 신, 읊을 음
[groan; moan]
끙끙거리며[呻] 앓음[吟]. 또는 그러한 소리. ¶신음 소리 / 고통에 신음하는 사람들을 구할 것이다.

신:의 信義 | 믿을 신, 옳을 의 [faithfulness]
믿음[信]과 의리(義理). ¶신의를 지키다.

신-의주 학생 사:건 新義州學生事件 | 새 신, 옳을 의, 고을 주, 배울 학, 사람 생, 일 사, 것 건
[역사] 1945년 11월 23일 평안북도 신의주(新義州)에서 일어난 학생(學生)들의 반공 투쟁 사건(事件). 공산당이 용암포에서 열린 기독교 사회당 지방 대회를 습격하자 이에 분노한 학생들이 시위운동을 펼쳤다.

신인 新人 | 새 신, 사람 인 [new man]
어떤 분야에 새로[新] 등장한 사람[人]. ¶신인 배우.

신:임1 信任 | 믿을 신, 맡길 임 [confide in; trust]
믿고[信] 일을 맡김[任]. ¶신임을 얻다 / 사장은 그를 전적으로 신임한다.

신임2 新任 | 새 신, 맡길 임
[newly appoint to (office)]
새로[新] 임명(任命)됨. 또는 그 사람. ¶신임 교장.

신입 新入 | 새 신, 들 입 [enter newly]
새로[新] 들어옴[入]. ¶신입 사원을 뽑다.
▸ 신입-생 新入生 | 사람 생
새로 입학한[新入] 학생(學生). ¶신입생 환영회.

신:자 信者 | 믿을 신, 사람 자 [believer]
어떤 종교를 믿는[信] 사람[者]. ¶기독교 신자. [비] 교도(教徒), 교인(教人).

신작 新作 | 새 신, 지을 작
[new work; new production]
새로[新] 만듦[作]. 또는 그 작품. ¶신작 발표.
▸ 신작-로 新作路 | 길 로
새로[新] 만든[作] 길[路].

신-장1 (-欌, 장롱 장)
[shoes cabinet]
신을 넣어 두는 장롱(欌籠). ¶운동화를 신장에 넣다.

신장2 身長 | 몸 신, 길 장 [height]
몸[身]의 길이[長]. ¶그녀는 신장이 160cm 가량 된다. [비] 키.

신장3 伸張 | 펼 신, 벌릴 장
[extend; expand; elongate]
무엇을 펴서[伸] 넓히거나 벌림[張]. ¶학력 신장 / 한국의 국력은 크게 신장되었다.

신장4 新粧 | 새 신, 단장할 장
[give a new look to; furnish up]
새로[新] 단장함[粧]. 또는 그 단장. ¶신장 개업.

신:장5 腎臟 | 콩팥 신, 내장 장 [kidney]
[의학] 척추동물의 비뇨기와 관련된 콩팥[腎] 모양의 내장(內臟). 사람의 경우 강낭콩 모양으로 좌우에 한 쌍이 있으며 체내에 생긴 불필요한 물질을 몸 밖으로 배출하고 체액의 조성이나 양을 일정하게 유지하는 작용을 한다. ¶신장 이식 / 고혈압으로 신장이 나빠졌다.

신전 神殿 | 귀신 신, 대궐 전 [shrine]
신령(神靈)을 모신 전각(殿閣). ¶파르테논 신전은 아테네 여신을 모신 곳이다.

신정 新正 | 새 신, 정월 정
[New Year's day]
새[新]해 정삭(正朔)인 양력 1월 1일. [반] 구정(舊正).

신-제:품 新製品 | 새 신, 만들 제, 물건 품

[new product]
새로[新] 만든[製] 물건[品]. ¶신제품 개발 / 신제품 발표회를 열다.

신ː조 信條 | 믿을 신, 조목 조
[article of faith]
굳게 믿는[信] 조목(條目). ¶나는 절약을 신조로 삼고 있다.

신종 新種 | 새 신, 갈래 종
[new species]
이제까지 없었던 새로운[新] 종류(種類). ¶신종 인플루엔자 / 신종 볍씨를 개발하다.

신주 神主 | 귀신 신, 위패 주
[ancestral tablet]
죽은 이의 영혼[神]이 담겨 있는 위패[主]. 관용 신주 모시듯.

신ː중 愼重 | 삼갈 신, 무거울 중
[cautious; discreet]
행동을 삼가고[愼], 입을 무겁게[重] 닫고 조심스러워 함. ¶신중을 기하다 / 그는 모든 일에 신중하다 / 신중히 생각하다.

신-지식 新知識 | 새 신, 알 지, 알 식
[up-to-date / new knowledge]
새로운[新] 지식(知識).

신진[1] 新進 | 새 신, 나아갈 진 [rising]
어떤 분야에 새로[新] 나아감[進]. 또는 그 사람. ¶고려 말의 신진 사대부가 조선을 건국했다.

신진[2] 新陳 | 새 신, 묵을 진
[new and old]
새[新] 것과 묵은[陳] 것. ¶신진 대사(代謝).

▸ **신진-대사** 新陳代謝 | 대신할 대, 물러날 사
❶ 속뜻 새[新] 것이 생겨나고 묵은[陳] 것이 그 대신(代身)에 물러남[謝]. ❷ 생물 생명을 유지하기 위해 생물체가 필요한 것을 섭취하고 불필요한 것을 배설하는 일. ⓑ 물질 대사(物質代謝).

신-짝 [shoe]
'신, 신발'을 속되게 이르는 말.

신참 新參 | 새 신, 참여할 참 [newcomer]
새로[新] 참여(參與)함. 또는 그 사람. ¶그는 이번 달에 우리 부서에 들어온 신참이다. ⓡ 고참(古參).

신-천지 新天地 | 새 신, 하늘 천, 땅 지 [new world]
새로운[新] 세상[天地]. ¶무공해 자원의 신천지를 개척하다.

신청 申請 | 알릴 신, 청할 청
[apply for; request]
원하는 바를 알리고[申], 그것을 해달라고 요청(要請)함. ¶그녀에게 데이트를 신청했다 / 주민등록등본 신청.

▸ **신청-곡** 申請曲 | 노래 곡
음악 방송 프로그램의 진행자에게 듣고 싶어 신청(申請)한 노래[曲]. ¶그의 신청곡이 라디오에서 흘러나왔다.

▸ **신청-서** 申請書 | 글 서
한 기관에 어떤 사항을 요청하는 뜻을 나타내는[申請] 글[書]. 또는 그 문서. ¶신청서를 제출하다.

⁑**신체** 身體 | 몸 신, 몸 체 [body]
사람의 몸[身=體]. ¶건강한 신체에 건강한 정신이 깃든다. ⓑ 육신(肉身), 육체(肉體).

▸ **신체-적** 身體的 | 것 적
사람의 몸[身體]과 관련되는 것[的]. ¶사춘기에는 신체적 변화가 심하다.

▸ **신체-검ː사** 身體檢査 | 봉함 검, 살필 사
건강 상태를 알기 위하여 몸[身體]의 각 부분을 검사(檢査)하는 일.

신축[1] 新築 | 새 신, 쌓을 축
[build new (building)]
건물 따위를 새로[新] 건축(建築)함. ¶신축 건물 / 아파트를 신축하다.

신축[2] 伸縮 | 늘일 신, 줄일 축
[expand and contract]
늘거나[伸] 줄어듦[縮]. 늘이고 줄임. ¶고무는 신축하는 성질이 있다 / 지렁이는 신축 동작으로 몸을 움직인다.

▸신축-성 伸縮性 | 성질 성
❶속뜻 늘어나고[伸] 줄어드는[縮] 성질(性質). ¶신축성이 좋은 옷감. ❷일의 형편에 따라 적절하게 대처할 수 있는 성질. ¶신축성 있게 대처하다.

신출 新出 | 새 신, 날 출 [new come]
새로[新] 나옴[出]. 또는 그 사람이나 물건.

▸신출-내기 (新出-)
어떤 일에 처음[新] 나서서[出] 서투른 사람. ¶신출내기 형사.

신출-귀몰 神出鬼沒 | 귀신 신, 날 출, 귀신 귀, 잠길 몰 [be elusive]
귀신(鬼神)처럼 자유자재로 나타났다[出] 사라졌다[沒] 함. ¶그는 신출귀몰의 재주를 가졌다 / 신출귀몰하는 강도.

신:탁 信託 | 믿을 신, 맡길 탁 [trust]
❶속뜻 믿고[信] 맡김[託]. ❷법률 일정한 목적에 따라 재산의 관리와 처분을 남에게 맡기는 일.

▸신:탁 통:치 信託統治 | 묶을 통, 다스릴 치
정치 국제 연합의 신탁(信託)을 받아 연합국이 일정한 지역에 대해 통치(統治)를 하는 일. ¶김구는 미국과 소련의 신탁 통치에 반대했다.

신통 神通 | 귀신 신, 통할 통 [be wonderful]
❶속뜻 신기(神奇)할 정도로 통달(通達)함. ❷신기할 정도로 묘하다. ¶그의 목소리는 나와 신통하게 닮았다. ❸대견하고 훌륭함. ¶어떻게 그런 신통한 생각을 다 했니?

▸신통-력 神通力 | 힘 력
무슨 일이든지 해낼 수 있는 영묘하고 불가사의한[神通] 힘[力]이나 능력(能力). ¶예전에는 무당의 신통력으로 병이 낫는다고 믿었다.

신판 新版 | 새 신, 널빤지 판 [new edition]
기존의 책의 내용이나 체재를 새롭게[新] 하여 출판(出版)한 책. ¶내일부터 신판을 발매합니다.

신-품:종 新品種 | 새 신, 물건 품, 갈래 종 [new variety]
유전자를 잘 다루어서 만든 지금까지 없던 새로운[新] 생물의 품종(品種). ¶신품종을 개발하다.

***신하 臣下** | 섬길 신, 아래 하 [retainer]
임금을 섬기며[臣] 그 아래[下]에서 일하는 사람. ¶충성스러운 신하.

신-학기 新學期 | 새 신, 배울 학, 때 기 [new semester]
새로[新] 시작되는 학기(學期). ¶신학기에는 바이올린 강의를 들을 계획이다.

신-학문 新學問 | 새 신, 배울 학, 물을 문 [modern sciences]
개화기에, 서양에서 들어온 새로운[新] 학문(學問)을 전통적인 학문에 상대하여 이르는 말. ¶외국인 선교사는 아이들에게 신학문을 가르쳐주었다.

신형 新型 | 새 신, 모형 형 [new style]
새로운[新] 모형(模型). ¶신형 컴퓨터. 반 구형(舊型).

***신:호 信號** | 믿을 신, 표지 호 [sign]
❶속뜻 통신(通信)을 위해 사용하는 표지[號]. ❷일정한 부호, 표지, 소리, 몸짓 따위로 특정한 내용 또는 정보를 전달하거나 지시를 함. 또는 그렇게 하는 데 쓰는 부호. ¶교통 신호 / 동생이 집에 가자고 신호했으나 나는 본체만체하였다.

▸신:호-등 信號燈 | 등불 등
교통 일정한 신호(信號)로 통행여부를 알리는 등(燈). ¶노란 신호등이 깜박거린다.

▸신:호-음 信號音 | 소리 음
신호(信號)로 알리는 소리[音]. ¶대피 신호음이 들렸다.

▸신:호-총 信號銃 | 총 총
신호(信號)로 쏘는 총(銃). ¶신호총을 쏘자 선수들이 일제히 달렸다.

▸신:호-탄 信號彈 | 탄알 탄
[군사] 신호(信號)하는 데 쓰기 위하여 만든 탄환(彈丸). 발사된 탄환에서 나오는 연기의 특징이나 빛깔로 여러 가지 신호를 표시할 수 있다. ¶고립된 선원들은 신호탄을 쏘아올렸다.

신혼 新婚 | 새 신, 혼인할 혼
[be newly married]
갓[新] 결혼(結婚)함. ¶신혼 생활은 어떠세요?

▸신혼-부부 新婚夫婦 | 지아비 부, 부인 부
갓 결혼한[新婚] 부부(夫婦). ¶그 신혼부부는 깨가 쏟아진다.

▸신혼-여행 新婚旅行 | 나그네 려, 다닐 행
신혼(新婚) 부부가 함께 가는 여행(旅行).

신화 神話 | 귀신 신, 이야기 화 [myth]
❶ [속뜻] 신비(神秘)스러운 이야기[話]. ❷ [문학] 고대인의 사유나 표상이 반영된 신성(神聖)한 이야기. 우주의 기원, 신이나 영웅의 사적(事績), 민족의 태고 때의 역사나 설화 따위가 주된 내용이다. ¶그리스 신화.

신흥 新興 | 새 신, 일어날 흥
[rise newly]
새로[新] 일어남[興]. ¶신흥 국가 / 신흥 산업.

싣:다 (載, 실을 재) [load; carry; put in]
❶물건을 운반하려고 배·수레·짐승 등에 얹다. ¶차에 짐을 싣다. ❷출판물에, 글·그림 등을 나게 하다. ¶잡지에 광고를 싣다. [비] 적재(積載)하다, 기재(記載)하다.

♣ 싣다 / 올리다 [비슷한 듯 다른 말]

◎ 새 말을 사전에 싣다 = 올리다.
○ 잡지에 소설을 싣다.
× 잡지에 소설을 올리다.
○ 그 아이를 내 호적에 올렸다.
× 그 아이를 내 호적에 실었다.

실:[1] (絲, 실 사) [thread]
고치·삼·솜·털 등을 가늘고 길게 뽑아 꼰 것. ¶엉킨 실을 풀다.

실[2] 室 | 방 실 [room]
방을 세는 단위. ¶숙직실 / 이 손님은 7호실에 묵었습니다.

실감 實感 | 실제 실, 느낄 감
[one's sense of reality]
실제(實際)로 체험하는 느낌[感]. ¶친구의 죽음이 아직 실감이 안 난다.

실:-개울
폭이 매우 좁은 작은 개울. ¶할머니네 집 앞 실개울에서 고기를 잡았다.

실:-개천 (-川, 내 천) [streamlet]
좁다랗고 작은 개울[川].

실격 失格 | 잃을 실, 자격 격
[be disqualified]
기준 미달이나 기준 초과, 규칙 위반 따위로 자격(資格)을 잃음[失]. ¶이 선을 넘으면 실격이다. [비] 자격상실(資格喪失).

실과 實科 | 실제 실, 과목 과
[practical course]
❶ [속뜻] 실제(實際) 생활에 필요한 내용이 담겨있는 교과(敎科). ❷ [교육] 초등학교 교과목의 하나.

실권 實權 | 실제 실, 권리 권
[real power]
실제(實際)로 행사할 수 있는 권리(權利)나 권세(權勢). ¶그가 회사의 모든 실권을 쥐고 있다.

실기 實技 | 실제 실, 재주 기
[practical skill]
실제(實際)로 할 수 있는 기능(技能)이나 기술(技術). ¶실기시험.

실:-기둥
단추를 달 때 앞단 두께만큼 세운 실. 이것을 실로 감으면서 단추를 단다.

실:-낱 [single thread]
실의 올.

▸실:낱-같다
❶아주 가늘고 작다. ¶실낱같은 허리. ❷

목숨이나 희망 따위가 곧 끊어지거나 사라질 듯하다. ¶아직 실낱같은 희망이 남아있다.

****실내** 室內 | 방 실, 안 내 [indoors]
방[室] 안[內]. 집안. ¶실내 공기가 너무 탁하다. ⓑ 노천(露天), 실외(室外).

▶**실내-악** 室內樂 | 음악 악
❶ 속뜻 실내(室內)에서 연주하는 음악(音樂). ❷ 음악 한 악기가 한 성부씩 맡아 연주하는 합주곡.

▶**실내-화** 室內靴 | 구두 화
실내(室內)에서 신는 신발[靴]. ¶교실에서는 실내화를 신는다.

▶**실내 장식** 室內裝飾 | 꾸밀 장, 꾸밀 식
건설 건축물의 내부[室內]를 그 쓰임에 따라 아름답게 장식(裝飾)하는 일. ¶소박한 실내 장식.

실ː-눈 [narrow slit eyes]
❶가늘고 긴 눈. ❷가늘게 뜬 눈. ¶실눈을 뜨고 보다.

실ː-뜨기 [string game]
실의 두 끝을 마주 매어 두 손에 건 다음에 두 쪽 손가락에 얼기설기 얽어 가지고 두 사람이 주고받고 하면서 여러 가지 모양을 만드는 장난.

실랑이 [bothering]
서로 자기 주장을 고집하며 옥신각신하는 일. ¶손님과 가격을 놓고 한참 실랑이를 벌였다. ⓑ 승강이.

실력 實力 | 실제 실, 힘 력 [real ability]
실제(實際)로 갖추고 있는 힘[力]이나 능력(能力). ¶그는 수학 실력이 뛰어나다.

실례[1] 失禮 | 잃을 실, 예도 례 [be impolite]
예의(禮義)를 잃음[失]. 예의에 벗어남. ¶실례합니다, 여기서 제일 가까운 은행이 어디죠? ⓑ 결례(缺禮).

실례[2] 實例 | 실제 실, 본보기 례 [instance]
실제(實際)로 있었거나 있는 본보기[例]. ¶실례를 들어 설명하니 쉽다.

실-로 (實-, 실제 실) [in fact]
참으로. ¶나는 그때 실로 어리석었다.

실로폰 {영 xylophone}
음악 대(臺) 위에 나무토막을 배열하여, 두 개의 채로 쳐서 소리를 내는 악기.

실록 實錄 | 실제 실, 기록할 록 [authentic record]
❶ 속뜻 사실(事實)을 있는 그대로 적은 기록(記錄). ¶사건의 실록을 찾아보다. ❷한 임금이 재위한 동안의 정령(政令)과 그 밖의 모든 사실을 적은 기록. 임금이 승하한 뒤, 실록청을 두고 시정기(時政記)를 거두어 연대순으로 정리한 것이다. ¶조선왕조실록.

실룩-거리다 [twitch]
신체 한 부분의 근육을 자꾸 움직이다. ¶엉덩이를 실룩거리며 걷다.

실룩실룩-하다 [twitch]
근육의 한 부분이 자꾸 실그러지게 움직이다. ¶그녀는 입술을 실룩실룩하더니 울음을 터뜨렸다.

실리 實利 | 실제 실, 이로울 리 [actual profit]
실제(實際)로 얻은 이익(利益). ¶실학은 명분보다 실리를 중시하는 학문이다.

실리다 [be recorded; be carried]
글이나 짐이 실음을 당하다. ¶그는 사고 직후 병원으로 실려 갔다 / 이건 소설에나 실릴 법한 이야기다.

실리콘 {영 silicon}
화학 비금속인 탄소족 원소의 하나. 벼, 대나무, 속새 풀 따위의 식물체와 털, 손톱, 이 따위의 동물체에도 포함되어 있다. 다이오드, 트랜지스터 따위의 반도체를 만드는 데에 널리 쓴다. 원자 기호는 'Si'. ⓑ 규소(硅素).

실린더 {영 cylinder}
기계 증기 기관이나 내연 기관 따위에서 피스톤이 왕복 운동을 하는, 속이 빈 원통 모양의 장치.

실ː-마리 (緖, 실마리 서) [clue]
일·사건의 첫머리. ¶문제 해결의 실마리를 찾다. ㊐ 단서(端緖).

실망 失望 | 잃을 실, 바랄 망
[be disappointed; be let down]
희망(希望)을 잃음[失]. 일이 뜻대로 되지 않아 낙심함. ¶기대가 크면 실망도 큰 법이다 / 너에게 실망했다 / 아버지는 실망스러운 표정을 지었다.

▶**실망-감** 失望感 | 느낄 감
희망이나 명망을 잃은[失望] 느낌[感]. ¶실망감이 들었다.

실명[1] 失明 | 잃을 실, 밝을 명
[lose eyesight]
밝게[明] 보는 능력을 잃음[失]. 시력을 잃음. ¶갈릴레이는 오랫동안 태양을 보면서 연구하다가 실명했다.

실명[2] 實名 | 실제 실, 이름 명
[one's real name]
실제(實際)의 이름[名]. ¶모든 거래는 실명으로 이루어진다. ㊐ 본명, 본이름. ㊥ 가명(假名).

▶**실명-제** 實名制 | 정할 제
거래를 할 때 실제(實際) 자기 이름[名]을 쓰는 제도(制度). ¶인터넷 실명제.

실무 實務 | 실제 실, 일 무
[practical business]
실제(實際)로 하는 업무(業務). ¶실무에 밝다 / 그는 실무 경험이 많다.

실물 實物 | 실제 실, 만물 물 [real thing]
실제(實際)로 있는 물건(物件)이나 사람. ¶사진보다 실물이 낫다.

실ː-바람 [light breeze]
지리 솔솔 부는 바람. ¶향긋한 꽃 냄새가 실바람을 타고 날아온다.

실ː-밥 [stitch; bits of thread]
❶옷이나 수술한 데를 꿰맨 실이 밖으로 드러난 부분. ¶환자는 수술 후 10일 만에 실밥을 풀었다. ❷옷을 뜯을 때 뽑아내는 실의 부스러기. ¶실밥이 묻어 있다.

실ː-버들 [slender weeping willow]
식물 가늘고 길게 늘어진 버들.

실ː-비
실처럼 가늘게 내리는 비.

실사구시 實事求是 | 실제 실, 일 사, 구할 구, 옳을 시
❶ 속뜻 실제(實際)의 일[事]로부터 옳은[是] 이치나 결론을 찾아냄[求]. ❷사실에 토대를 두어 진리를 탐구하는 일. ❸확실한 고증을 바탕으로 하는 과학적·객관적 학문 태도. ¶실사구시 정신으로 학문을 탐구하다.

실상 實狀 | 실제 실, 형상 상
[real situation]
실제(實際)의 상태(狀態). 실제의 상황. ¶그는 겉으로는 행복해 보이지만 실상은 그렇지 않다.

실-생활 實生活 | 실제 실, 살 생, 살 활 [real life]
실제(實際)의 생활(生活). ¶이 수업은 실생활에 많은 도움이 된다.

실선 實線 | 채울 실, 줄 선 [solid line]
점선(點線)에 대하여 끊어진 곳 없이 쭉 이어진[實] 선(線).

실성 失性 | 잃을 실, 성질 성 [go mad]
정신에 이상이 생겨 본래의 모습이나 성질(性質)을 잃음[失]. 미침. ¶실성을 하다 / 그녀는 실성한 듯 히죽 웃었다.

실세 實勢 | 실제 실, 세력 세
[actual power]
실제(實際)의 세력(勢力). 또는 그런 세력을 가진 사람. ¶그는 회사의 실세이다.

실소 失笑 | 잃을 실, 웃을 소
[burst out laughing]
저도 모르게 절로[失] 터져 나오는 웃음[笑]. ¶그의 말은 사람들의 실소를 자아냈다.

실-속 (實-, 실제 실) [substance]
❶ 속뜻 실제(實際)로 들어 있는 속 내용.

¶보기 좋은 것보다는 실속 있는 것을 골라라. ❷겉으로 드러나지 않은 이익. ¶실속만 챙기다.

실수 失手 | 잃을 실, 손 수 [mistake]
❶ 속뜻 손[手]에서 놓침[失]. ❷부주의로 하던 일을 그르침. ¶누구나 실수는 하는 법이다.

⁑**실습** 實習 | 실제 실, 익힐 습 [practice]
배운 기술 따위를 실제(實際)로 해 보고 익힘[習]. ¶조리 실습 / 학교에서 배운 것을 실습하다.

▶ **실습-복** 實習服 | 옷 복
실습(實習)할 때 입는 옷[服]. ¶실습복으로 갈아입다.

▶ **실습-생** 實習生 | 사람 생
실습(實習)하는 학생(學生). ¶그는 제과점에 실습생으로 취업했다.

▶ **실습-자** 實習者 | 사람 자
실습(實習)하는 사람[者].

⁑**실시** 實施 | 실제 실, 베풀 시
[put in operation; enforce]
계획 따위를 실제(實際)로 시행(施行)함. ¶주5일 근무제를 실시하다. ㊥ 시행(施行).

실신 失神 | 잃을 실, 정신 신
[swoon; faint]
병이나 충격 따위로 정신(精神)을 잃음[失]. ¶나는 놀라서 실신할 뻔했다. ㊥ 기절(氣節), 졸도(卒倒).

실실 [with a silly snicker]
실없이 웃거나 잡담하는 모양. ¶그는 실실 웃으며 대답을 하지 않았다.

실ː-안개 [thin mist]
엷게 낀 안개.

실언 失言 | 그르칠 실, 말씀 언
[slip of the tongue]
실수(失手)로 잘못한 말[言]. ¶저의 실언을 사과드립니다. ㊥ 말실수.

실업[1] 實業 | 실제 실, 일 업 [industry]
생산, 제작, 판매 따위와 같은 실리(實利)적인 사업(事業).

실업[2] 失業 | 잃을 실, 일 업 [unemploy]
❶ 속뜻 생업(生業)을 잃음[失]. ❷ 사회 취업 의사와 능력을 가진 사람이 일할 기회를 얻지 못하거나 일자리를 잃음. ¶청년 실업 문제가 심각하다. ㊉ 취업(就業).

▶ **실업-률** 失業率 | 비율 률
경제 노동력을 가진 인구 가운데서 실업자(失業者)가 차지하는 비율(比率). ¶실업률이 2%에 불과하다.

▶ **실업-자** 失業者 | 사람 자
경제 실업(失業)한 사람[者]. ¶6월의 실업자 수는 전월보다 늘어났다.

실-없다 (實-, 실제 실)
[be untrustworthy]
말이나 하는 짓이 진실하지 않다. ¶실없는 소리 그만 해라 / 실없이 행동하다.

실ː-오라기 [piece of thread]
한 가닥의 실. ¶아이는 실오라기 하나 걸치지 않은 채 문 밖에 서 있었다.

실외 室外 | 방 실, 밖 외 [outdoor]
방[室] 밖[外]. 바깥. ¶이 호텔에는 실외 수영장이 있다. ㊉ 실내(室內).

실용 實用 | 실제 실, 쓸 용
[put (a thing) to practical use; utilize]
치레가 아니고 실제(實際)로 씀[用]. ¶실용 가치 / 전기 자동차를 실용하면 환경오염을 줄일 수 있다.

▶ **실용-성** 實用性 | 성질 성
실제(實際)로 쓸[用] 만한 성질(性質). ¶이 컵은 예쁘지만 실용성이 떨어진다.

▶ **실용-적** 實用的 | 것 적
실제로 쓸모가 있는[實用] 것[的]. ¶이 상품은 여러모로 실용적이다.

실-은 (實-, 실제 실) [to tell the truth]
실제(實際)로는. 사실은. ¶실은 그 이야기는 전부 거짓말이야.

실의 失意 | 잃을 실, 뜻 의
[be disappointed]
기대했던 바와 달라 의욕(意慾)을 잃어버

리는[失] 일. ¶그는 실의에 빠져 아무 것도 하지 않고 있다.

실재 實在 | 실제 실, 있을 재 [exist]
실제(實際)로 있음[在]. ¶용은 실재하지 않는 동물이다. ㊥ 가상(假象).

실적 實績 | 실제 실, 업적 적 [actual results]
실제(實際)로 쌓아 올린 업적(業績). ¶영업실적이 좋다 / 실적을 쌓다.

실전 實戰 | 실제 실, 싸울 전 [actual fighting]
실제(實際)의 싸움[戰]. ¶그는 실전에 강하다.

실점 失點 | 잃을 실, 점 점 [lose a point]
경기 따위에서 점수(點數)를 잃음[失]. 또는 그 점수. ¶실점을 만회하여 경기에 이겼다. ㊥ 득점(得點).

실정 實情 | 실제 실, 실상 정 [real situation]
실제(實際)로 벌어지고 있는 실상[情]. ¶이 제도는 우리나라 실정에 맞지 않는다. ㊐ 실상(實狀), 실태(實態).

**실제 實際 | 실제 실, 사이 제 [fact]
❶ 속뜻 사실(事實)적인 관계나 사이[際]. ❷실지의 상태나 형편. ¶그는 실제 나이보다 훨씬 어려 보인다.

▸ 실제-로 (實際─) [in reality]
거짓이나 상상이 아니고 현실적[實際]으로. ¶실제로 나는 그곳에 갔었다.

실조 失調 | 잃을 실, 어울릴 조 [disharmonize]
어울림[調]이나 균형을 잃음[失]. ¶영양실조.

실존 實存 | 실제 실, 있을 존 [exist]
실제(實際)로 존재(存在)함. 또는 그런 존재. ¶실존주의(主義) / 영화의 주인공은 실존했던 인물이 아니다.

실종 失踪 | 잃을 실, 자취 종 [disappear]
❶ 속뜻 자취[踪]가 아주 없어짐[失]. ❷사람의 소재나 행방, 생사 여부를 알 수 없게 됨. ¶놀이공원에서 실종된 아이를 찾고 있습니다.

실증 實證 | 실제 실, 증명할 증 [prove; demonstrate]
실제(實際)로 증명(證明)함. 또는 그런 사실. ¶그는 한국의 50년대를 실증하는 학자이다.

▸ 실증-적 實證的 | 것 적
철학 경험, 관찰, 실험 등을 통해 실제(實際)로 증명(證明)하는 것[的]. ¶실증적 방법으로 연구하다.

실:-지렁이 [tubifex]
동물 몸이 실처럼 가느다란 지렁이. 주로 양식하여 금붕어와 열대어의 먹이로 쓴다.

실직 失職 | 잃을 실, 일자리 직 [lose one's job]
직업(職業)을 잃음[失]. ¶그는 회사가 부도나면서 실직했다. ㊐ 실업(失業). ㊥ 취직(就職).

▸ 실직-자 失職者 | 사람 자
직업을 잃은[失職] 사람[者]. ¶실직자를 위해 교육을 실시하다. ㊐ 실업자(失業者).

실질 實質 | 실제 실, 바탕 질 [material; essence]
실제(實際)의 본바탕[質]. ¶실질에 있어서는 별 차이가 없다.

▸ 실질-적 實質的 | 것 적
형식이나 외양보다 실질(實質)의 내용을 갖춘 것[的]. ¶양측은 실질적인 합의를 했다.

실책 失策 | 그르칠 실, 꾀 책 [mistake]
잘못된[失] 계책(計策)이나 잘못된 처리. ¶실책을 저지르다. ㊐ 실수(失手), 잘못.

***실천** 實踐 | 실제 실, 밟을 천 [practice]
❶ 속뜻 실제(實際) 두 발로 밟아[踐]봄. ❷계획, 생각 따위를 실제로 행함. ¶계획을 세웠으면 즉시 실천에 옮겨라. ㊐ 실행(實

行). ⓑ 이론(理論).

▶ 실천-력 實踐力 | 힘 력
실천(實踐)하는 힘[力].

실ː-첩
실이나 헝겊 조각 등을 담기 위해 종이로 만든 손그릇.

실체 實體 | 실제 실, 몸 체 [substance]
실제(實際)의 물체(物體). 또는 본래의 모습. ¶사건의 실체가 드러나다.

실추 失墜 | 잃을 실, 떨어질 추 [fall]
명예나 위신 따위를 떨어뜨리거나[墜] 잃음[失]. ¶권위 실추 / 그의 행동으로 회사의 이미지가 실추되었다.

실컷 [as much as one likes]
마음에 원하는 대로 한껏. ¶실컷 먹고 즐기다. ⓑ 마음껏, 한껏.

실크 {영 silk}
명주실 또는 명주실로 짠 피륙. ¶실크로드(Silk Road) / 당나라의 주요 수출품은 실크였다.

실ː-타래 [bobbin]
긴 실을 말아놓은 뭉치. ¶실타래처럼 얽힌 문제를 풀다.

실탄 實彈 | 실제 실, 탄알 탄 [solid shot]
쏘았을 때 실제(實際)로 효력을 나타내는 탄알[彈]. ¶범인에게 함부로 실탄을 발사하면 안 된다.

실태 實態 | 실제 실, 모양 태 [realities]
실제(實際)의 상태(狀態). 있는 그대로의 모양. ¶환경오염 실태를 조사하다. ⓑ 실상(實狀), 실정(實情).

실토 實吐 | 실제 실, 말할 토 [confess; spit out the truth]
사실(事實)대로 내용을 모두 밝히어 말함[吐]. ¶결국 범인은 범행을 실토했다.

실ː-톱 [fret saw]
얇은 널빤지에서 모양을 자를 때 쓰는 실같이 가는 톱.

실ː-패[1] [bobbin]
실을 감아 두는 작은 도구.

실패[2] 失敗 | 그르칠 실, 패할 패 [fail]
일을 그르쳐서[失] 뜻대로 되지 못함[敗]. ¶실패는 성공의 어머니이다. ⓑ 성공(成功).

실ː-핏줄 [thread vein]
의학 전신의 모든 조직 중에 그물 모양으로 분포되어 있는, 실처럼 가는 혈관. ⓑ 모세 혈관(毛細血管).

실-하다 (實-, 채울 실) [be full]
❶속이 꽉 차 있다[實]. ¶배추 속이 실하게 찼다. ❷튼튼하다. ¶몸이 실한 아이.

실학 實學 | 실제 실, 배울 학 [practical science]
❶ 속뜻 실생활(實生活)에 도움이 되는 학문(學問). ❷ 역사 17세기 후반 조선에서 실생활의 향상을 목적으로 융성했던 학문. 종전의 유학에서 벗어나 실사구시와 이용후생을 주장했다.

▶ 실학-자 實學者 | 사람 자
역사 조선 중·후기에 실학(實學)사상을 주장한 사람[者].

실행 實行 | 실제 실, 행할 행 [practice]
실제(實際)로 행(行)함. ¶계획을 실행에 옮기다. ⓑ 실천(實踐).

실향 失鄕 | 잃을 실, 고향 향 [displaced]
고향(故鄕)을 잃음[失].

▶ 실향-민 失鄕民 | 백성 민
고향을 잃고[失鄕] 타향에서 지내는 백성[民]. ¶실향민이 고향을 향해 세배를 했다.

*__실험__ 實驗 | 실제 실, 겪을 험 [experiment]
❶ 속뜻 실제(實際)로 관찰하여 겪어[驗] 봄. ❷과학에서 이론이나 현상을 관찰하고 측정함. ¶화학 실험.

▶ 실험-실 實驗室 | 방 실
실험(實驗)을 할 목적으로 설치한 방[室]. ¶화학 실험실에 불이 났다.

▶ 실험-용 實驗用 | 쓸 용
실험(實驗)을 하는 데 쓰이는[用] 것. ¶실험용 생쥐를 기르다.

실현 實現 | 실제 실, 나타날 현
[realize; fulfill]
실제(實際)로 나타남[現]. ¶자아 실현 / 그는 드디어 자신의 꿈을 실현했다.

실형 實刑 | 실제 실, 형벌 형
[prison sentence]
[법률] 실제(實際)로 받는 형벌(刑罰). ¶그는 징역 5년의 실형을 선고받았다.

실화 實話 | 실제 실, 이야기 화
[real story]
실제(實際)로 있던 사실의 이야기[話]. ¶그 드라마는 실화를 바탕으로 한 것이다.

실황 實況 | 실제 실, 상황 황
[real situation]
실제(實際)의 상황(狀況). ¶공연 실황을 방송하다.

실효 實效 | 실제 실, 효과 효 [efficiency]
실제(實際)의 효과(效果). ¶법안이 드디어 실효를 거두었다.

▸실효-성 實效性 | 성질 성
실제로 효과[實效]를 나타내는 성질(性質). ¶이 방법은 실효성이 없다.

싫다 [dislike]
❶마음에 들지 않다. ¶나는 고양이가 싫다. ❷마음에 하고 싶지 않다. ¶나는 그녀를 도와주기 싫다. [반] 좋다.

싫어-하다 [dislike]
❶싫게 여기다. ¶나는 뱀을 싫어한다. ❷하기를 꺼려하다. ¶병원 가는 것을 싫어하다. [반] 좋아하다.

싫증 (-症, 증세 증) [repugnance]
반갑잖게 여기는 마음. ¶동생은 무슨 일을 하건 금방 싫증을 낸다.

심 心 | 가운데 심 [lead]
연필 등 대의 가운데[心]에 있는, 글씨를 쓰게 된 부분. ¶연필심이 부러지다.

⁑심:각 深刻 | 깊을 심, 새길 각
[be serious]
❶[속뜻] 마음에 깊이[深] 새김[刻]. ❷매우 중대하고 절실하다. ¶심각한 문제 / 심각한 표정.

심경 心境 | 마음 심, 상태 경
[state of mind]
마음[心]의 상태[境]. 또는 경지. ¶현재 심경이 어떠십니까?

심금 心琴 | 마음 심, 거문고 금
[deepest emotions]
❶[속뜻] 마음[心] 속에 있는 거문고[琴]. ❷'감동하여 마음이 울림'을 비유하여 이르는 말. ¶독자의 심금을 울렸다.

심기1 心氣 | 마음 심, 기운 기 [mind]
마음[心]으로 느끼는 기분(氣分). ¶소식을 들은 아버지는 심기가 불편한지 아무 말이 없으셨다.

심기2 心機 | 마음 심, 실마리 기
[mental activity; mind]
어떤 마음[心]이 움직이게 된 실마리[機].

▸심기-일전 心機一轉 | 한 일, 바뀔 전
어떤 동기가 있어 이제까지 가졌던 마음가짐[心機]을 버리고 완전히 달라짐[一轉]. ¶심기일전하여 공부에 전념하다.

심:다 (植, 심을 식) [plant; implant]
❶풀·나무의 뿌리를 땅속에 묻다. ¶나무를 심다. ❷마음에 확실히 자리 잡게 하다. ¶의사의 꿈을 가슴에 심고 열심히 공부하다. [속담] 콩 심은 데 콩 나고 팥 심은 데 팥 난다.

심드렁-하다 [be unwilling]
마음에 들지 않아 관심이 없다. ¶돌쇠는 심드렁하게 대답했다.

심란 心亂 | 마음 심, 어지러울 란
[disturbed; uneasy]
마음[心]이 뒤숭숭하다[亂]. ¶마음이 심란하여 책을 읽을 수가 없다.

심려 心慮 | 마음 심, 걱정할 려 [anxious; worry]
마음[心] 속으로 걱정함[慮]. 또는 마음속의 근심. ¶심려를 끼쳐 죄송합니다.

심리 心理 | 마음 심, 이치 리
[mental state]

❶[속뜻] 마음[心]이 움직이는 이치(理致). ❷[심리] 마음의 작용과 의식의 상태. ¶나는 그의 심리를 도저히 모르겠다.

▸심리-적 心理的 | 것 적
마음의 움직임이나 상태[心理]와 관련된 것[的]. ¶심리적 안정을 되찾다.

▸심리-학 心理學 | 배울 학
[심리] 생물체의 의식 현상[心理]과 행동을 연구하는 학문(學問).

심마니 [wild ginseng digger]
산삼 캐기를 업으로 삼는 사람.

심문 審問 | 살필 심, 물을 문 [interrogate; question]
자세히 따져서[審] 물음[問]. ¶심문을 받다.

심벌즈 {영 cymbals}
[음악] 둥글넓적한 쇠붙이를 쳐서 소리를 내는 타악기.

심-보 (心―, 마음 심) [nature]
마음[心]을 쓰는 본새를 나쁜 편으로 이르는 말. ¶너는 왜 그렇게 심보가 고약하니? [비] 마음보.

심복 心腹 | 마음 심, 배 복 [one's confidant]
❶[속뜻] 심장[心]과 배[腹]. ❷마음 놓고 믿을 수 있는 부하. '심복지인'(心腹之人)의 준말. ¶그는 20년 동안 사장의 심복 노릇을 했다.

심:부름 [errand]
남의 시킴을 받아 하는 일. ¶그녀는 시장에 심부름을 갔다.

▸심:부름-꾼
심부름을 하는 사람.

심사[1] 心思 | 마음 심, 생각 사 [malicious intention; ill nature]
❶[속뜻] 마음[心] 속의 생각[思]. ¶심사가 편치 않다. ❷고약스럽거나 심술궂은 마음. ¶심사를 부리다.

심사[2] 審査 | 살필 심, 살필 사 [judge; examine]
자세히 살피고[審] 조사(調査)하여 가려내거나 정함. ¶최종 심사 / 논문을 심사하다.

심:사[3] 深思 | 깊을 심, 생각 사 [debate]
깊이[深] 생각함[思]. 또는 그 생각.

▸심:사-숙고 深思熟考 | 익을 숙, 생각할 고
❶[속뜻] 깊이[深] 생각하고[思] 푹 익을[熟] 정도로 충분히 생각함[考]. ❷신중을 기하여 곰곰이 생각함. ¶심사숙고한 끝에 그는 유학을 가기로 결정했다.

심:산 深山 | 깊을 심, 메 산 [high mountain; mountain recesses]
깊은[深] 산(山). ¶심산 속에 홀로 핀 야생화.

심상[1] 心象 | =心像, 마음 심, 모양 상 [mental image]
감각기관의 자극 없이 마음[心] 속에 떠오르는 모양[象]. ¶이 시는 시각적 심상이 매우 뛰어나다.

심상[2] 尋常 | 찾을 심, 보통 상 [ordinary; common]
❶[속뜻] 보통[常] 찾아[尋] 볼 수 있는 정도. ❷대수롭지 않고 예사롭다. ¶심상치 않은 일이 벌어졌다.

심선 心線 | 가운데 심, 줄 선 [core wire]
❶[속뜻] 밧줄의 중심(中心)에 있는 가는 선(線). ❶[공업] 용접봉을 만드는 쇠줄.

심성 心性 | 마음 심, 성품 성 [nature]
타고난 마음[心]의 성품(性品). ¶그녀는 심성이 곱다.

심술 心術 | 마음 심, 꾀 술 [perverseness]
❶[속뜻] 마음[心] 속으로 부리는 꾀[術]. ❷남을 골리기 좋아하거나 남이 잘못되는 것을 좋아하는 마음보. ¶동생에게 심술을 부리다. [비] 심통.

▸심술-보 (心術―)
심술(心術)이 많은 사람을 낮잡아 이르는 말.

▸심술-궂다 (心術―)

심술(心術)이 매우 많다. ¶심술궂은 얼굴.

▸심술-쟁이 (心術—)
심술(心術)이 많은 사람. ¶심술쟁이 영감. ㊥심술꾸러기.

▸심술-꾸러기 (心術—)
심술(心術)이 많은 사람. ¶심술꾸러기 내 동생. ㊥심술쟁이.

*심신 心身 | 마음 심, 몸 신 [mind and body]
마음[心]과 몸[身]. ¶심신을 단련하다.

심:심 深深 | 깊을 심, 깊을 심 [deep]
깊고[深] 깊다[深]. ¶심심한 산골마을.

▸심:심-산천 深深山川 | 메 산, 내 천
깊고[深] 깊은[深] 산(山)과 내[川]. ¶심심산천으로 피난을 가다.

심심-찮다 [frequent; very often]
드물지 않고 꽤 잦다. ¶심심찮게 손님들이 찾아온다.

심심-풀이 [way to kill time]
하릴없이 심심함을 잊으려고 무엇을 함. ¶심심풀이로 잡지를 보다.

심심-하다[1] [be bored]
할 일도 재미를 붙일 일도 없어서 시간 보내기가 지루하고 재미가 없다. ¶너무 심심해서 산책을 했다. ㊥무료(無聊) 하다. ㊤재미있다.

심심-하다[2] [be slightly flat]
맛이 조금 싱겁다. ¶국이 약간 심심하다.

심:야 深夜 | 깊을 심, 밤 야 [midnight]
깊은[深] 밤[夜]. ¶심야 영화.

심:오 深奧 | 깊을 심, 오묘할 오 [be profound]
사상이나 이론 따위가 깊고[深] 오묘(奧妙)하다. ¶그의 작품은 너무 심오해서 이해하기 어렵다.

심의 審議 | 살필 심, 따질 의 [discuss; consider]
안건 등을 상세히 살펴[審] 그 가부를 논의(論議)함. ¶그 노래는 심의에 걸렸다 / 새해 예산을 심의하다.

⁑심장 心臟 | 마음 심, 내장 장 [heart]
❶속뜻 인체에서 가장 중심(中心)이 되는 내장(內臟). ❷주기적인 수축에 의하여 혈액을 몸 전체로 보내는 순환 계통의 중심적인 근육 기관. ¶아기의 심장 소리가 들린다. ❸사물의 중심부를 비유하여 이르는 말. ❹'마음'을 비유하여 이르는 말.

▸심장-병 心臟病 | 병 병
의학 심장(心臟)에 발생한 병증(病症)을 통틀어 이르는 말.

▸심장 마비 心臟痲痺 | 저릴 마, 저릴 비
의학 심장(心臟)의 기능(機能)이 갑자기 멈추는 일[痲痺]. 여러 가지 원인으로 발생하며 생명을 잃는 경우가 많다.

심적 心的 | 마음 심, 것 적 [mental]
마음[心]에 관한 것[的]. 마음의. ¶심적 부담 / 심적 고통.

심정 心情 | 마음 심, 마음 정 [one's feeling]
마음[心]에 일어나는 감정(感情). ¶솔직한 심정을 털어놓다.

심증 心證 | 마음 심, 증거 증 [strong belief]
❶속뜻 마음[心] 속에만 있는 증거[證]. ❷법률 재판의 기초인 사실 관계의 여부에 대한 법관의 주관적 의식 상태나 확신의 정도. ¶그가 범인이라는 심증만 있을 뿐 물증(物證)이 없다.

심지[1] (心—, 마음 심) [wick]
초나 등잔 따위에 실이나 헝겊으로 꼬아서 꽂고 불을 붙이게 된 물건. ¶심지에 불을 붙이다.

심지[2] 心志 | 마음 심, 뜻 지 [will]
마음[心] 속에 갖고 있는 뜻[志]. ¶저 애는 어린데도 심지가 굳다.

심:지어 甚至於 | 심할 심, 이를 지, 어조사 어 [what is more]
더욱 심(甚)한 것이 극에 달해[至] 나중에는. ¶그는 심지어 아내도 못 알아본다.

심:청-가 沈淸歌 | 성씨 심, 맑을 청, 노래

가

음악 심청(沈淸)의 효행에 관한 노래[歌]. 판소리 열두 마당 가운데 하나로 소설『심청전』을 가극화한 것이다.

심:청-전 沈淸傳 | 성씨 심, 맑을 청, 전할 전

문학 심청(沈淸)의 효행을 이야기[傳]로 만든 조선 후기의 소설. 주인공 심청이 아버지 심학규의 눈을 뜨게 하기 위하여 공양미 삼백 석에 자신을 팔아 인당수에 빠졌으나 상제의 도움으로 나라의 왕후가 되어 아버지를 만나고 아버지도 눈을 뜨게 되었다는 내용이다.

심취 心醉 | 마음 심, 취할 취 [be fascinated]

❶속뜻 마음[心]이 마치 술에 취(醉)한 것 같음. ❷어떤 일에 깊이 빠져 마음을 빼앗김. ¶불교 사상에 심취하다.

심:층 深層 | 깊을 심, 층 층 [depths]

생각이나 사물 속의 깊은[深] 층(層). ¶심층분석.

심통 (心—, 마음 심) [bad disposition]

마땅치 않게 여기는 나쁜 마음[心]. ¶심통을 부리다. ⓑ 심술(心術).

심:판 審判 | 살필 심, 판가름할 판 [judge]

❶속뜻 문제가 되는 안건을 심의(審議)하여 판결(判決)을 내리는 일. ¶법의 심판을 받다 / 공정하게 심판하다. ❷운동 운동 경기에서 규칙의 적부 여부나 승부를 판정함. 또는 그런 일이나 사람. ¶축구 심판.

심폐 心肺 | 마음 심, 허파 폐

심장[心]과 폐(肺)를 아울러 이르는 말. ¶심폐 소생술.

심포니 {영 symphony}

음악 관현악의 소리를 조화롭게 하여 연주하는 곡. 보통 4악장으로 되어 있고 규모가 크다. ¶하이든은 심포니를 많이 작곡하였다. ⓑ 교향곡(交響曲).

▶심포니 오케스트라 {영 symphony orchestra}

음악 교향악[symphony]을 연주하는 대규모의 관현악단[orchestra]. ⓑ 교향악단(交響樂團).

심:-하다 (甚—, 심할 심) [be severe]

정도에 지나치다[甚]. ¶그는 장난이 무척 심하다 / 할머니의 건강이 심히 걱정된다.

♣ 심하다 / 더하다

◎ 추위가 어제보다 심하다 = 더하다.

○ 그는 농담이 너무 심하다.
× 그는 농담이 너무 더하다.

○ 슬픔이 이보다 더할 수가 없다.
× 슬픔이 이보다 심할 수가 없다.

심:해 深海 | 깊을 심, 바다 해 [deep sea]

깊은[深] 바다[海]. ¶바다거북은 주로 심해에서 산다.

심혈 心血 | 마음 심, 피 혈 [one's whole energy]

❶속뜻 심장(心臟)의 피[血]. ❷온갖 힘. 온갖 정신력. ¶심혈을 기울이다.

심:-호흡 深呼吸 | 깊을 심, 내쉴 호, 마실 흡 [deep breath]

깊이[深] 들이쉬고[吸] 내쉬는[呼] 숨. ¶그는 심호흡을 하고 무대 위로 올라갔다.

심:화 深化 | 깊을 심, 될 화 [deepen]

사물의 정도를 깊게[深] 되도록[化] 함. 정도가 깊어지거나 심각해짐. ¶심화 학습.

십 十 | 열 십 [ten]

구에 일을 더한 수. 아라비아 숫자로는 '10', 로마 숫자로는 'X'로 쓴다. ⓑ 열.

십간 十干 | 열 십, 천간 간 [ten calendar signs]

민속 육십갑자의 첫 글자로 쓰이는 열[十]개의 천간(天干). 갑(甲), 을(乙), 병(丙), 정(丁), 무(戊), 기(己), 경(庚), 신(辛), 임(壬), 계(癸) 등 10개이다.

십-계명 十誡命 | 열 십, 경계할 계, 명할 명 [Ten Commandments]
기독교 하나님이 시나이 산에서 모세를 통하여 이스라엘 백성에게 내렸다고 하는 경계해야[誡] 할 열[十] 가지 명령(命令).

십년 十年 | 열 십, 해 년 [ten years; decade]
열 번[十] 째의 해[年]. 10년.

▸ **십년-감ː수** 十年減壽 | 덜 감, 목숨 수
수명(壽命)이 십 년(十年)이나 줄어들[減] 정도로 위험한 고비를 겪음. ¶그가 다치는 줄 알고 십년감수했다.

십대 十代 | 열 십, 세대 대 [one's teens]
❶속뜻 열[十] 번째의 세대(世代). ¶십대째 서울에 살다. ❷나이가 10세에서 19세까지의 시대. ¶십대의 소녀.

십부-제 十部制 | 열 십, 나눌 부, 정할 제
자동차를 열[十] 모둠으로 나누어[部] 운행하도록 한 제도(制度). 자동차 등록 번호의 끝수와 날짜의 끝수가 같을 때 자동차를 운행하지 않도록 한 것이다. ¶에너지 절감을 위해 십부제를 시행했다.

십분 十分 | 열 십, 나눌 분 [enough]
❶속뜻 열[十]로 나눔[分]. ❷아주 충분히. ¶너의 처지를 십분 이해한다.

십상 十常 | 열 십, 늘 상 [just; right]
❶속뜻 '열[十] 가운데 여덟[八]이나 아홉[九] 정도는 늘[常] 그러함'을 이르는 '십상팔구'(十常八九)의 준말. ❷그러할 가능성이 아주 높은 것. ¶생선은 여름에 상하기 십상이다.

십이-월 十二月 | 열 십, 두 이, 달 월 [December]
한 해의 열두[十二] 번째 달[月].

십이-지 十二支 | 열 십, 두 이, 지지 지 [the 12 Earth's Branches]
육십갑자의 아래 단위를 이루는 12[十二]개의 지지(地支). 자(子), 축(丑), 인(寅), 묘(卯), 진(辰), 사(巳), 오(午), 미(未), 신(申), 유(酉), 술(戌), 해(亥)이다. 참 십간(十干).

십이지-장 十二指腸 | 열 십, 두 이, 손가락 지, 창자 장 [duodenum]
의학 소장(小腸)의 일부로서 위의 유문에서 공장에 이르는 말굽 모양의 부위. 길이는 25~30cm로, 12[十二]개의 손가락[指] 마디를 늘어놓은 길이가 된다고 하여 붙여진 이름이다.

▸ **십이지장-충** 十二指腸蟲 | 벌레 충
동물 주로 십이지장(十二指腸)에 붙어서 피를 빨아 먹고 사는 기생충(寄生蟲).

십일-월 十一月 | 열 십, 한 일, 달 월 [November]
한 해의 열한[十一] 번째 달[月].

십자 十字 | 열 십, 글자 자 [cross]
한자 '十' 이라는 글자[字]. 또는 그러한 모양을 가진 것.

▸ **십자-가** 十字架 | 시렁 가
❶역사 서양에서 죄인을 못 박아 죽이던 십자(十字) 모양의 형틀[架]. ❷기독교 기독교도를 상징하는 '十'자 모양의 표. 예수가 모든 사람의 죄를 대신 씻어주기 위하여 십자가에 못 박혀 죽은 데서 유래하였으며, 희생·속죄의 표상으로 쓰인다.

▸ **십자-군** 十字軍 | 군사 군
❶속뜻 십자(十字)의 기장(記章)을 단 군대(軍隊). ❷역사 중세 유럽에서 기독교도가 팔레스타인과 예루살렘을 이슬람교도로부터 다시 찾기 위하여 일으킨 원정. 또는 그 원정대. ❸이상이나 신념을 위해 집단적으로 싸우는 사람들을 비유하여 이르는 말.

▸ **십자-형** 十字形 | 모양 형
십자(十字)로 생긴 모양[形].

▸ **십자-말풀이** (十字--)
바둑판 같은 바탕에 해답의 글자 수만큼 빈칸을 가로와 세로로 엇갈리게 배열해 놓고, 가로로 답을 하는 문제와 세로로 답을 하는 문제를 풀어서 빈칸을 채우는 놀이.

십-자매 十姊妹 | 열 십, 손윗누이 자, 누이 매 [Bengalee]
❶ 속뜻 사이가 좋은 열[十] 명의 자매(姊妹). ❷ 동물 참새와 비슷하며, 가슴에 갈색 띠가 있고 눈동자는 붉은 새. 성질이 온순하여 많은 새를 한 새장에 길러도 사이좋게 지낸데서 이름이 유래하였다.

십-장생 十長生 | 열 십, 길 장, 살 생
민속 오래도록[長] 살거나[生] 죽지 않는다는 열[十] 가지. 해, 산, 물, 돌, 구름, 소나무, 불로초, 거북, 학, 사슴이다.

십중-팔구 十中八九 | 열 십, 가운데 중, 여덟 팔, 아홉 구
[in nine cases out of ten]
❶ 속뜻 열[十] 가운데[中] 여덟[八]이나 아홉[九] 정도. ❷거의 대부분이거나 거의 틀림없음. ¶십중팔구 그가 이길 것이다.

십진 十進 | 열 십, 나아갈 진
[progressing by tens]
십(十)을 단위로 한 등급 올려[進] 계산함.
▸ 십진-법 十進法 | 법 법
수학 십(十)을 단위로 한 등급 올리어[進] 수를 세는 방법(方法).

싯-누렇다 [be a vivid yellow]
매우 누렇다. ¶들판이 익은 벼로 온통 싯누렇다.

싯다르타 {범 Siddhārtha}
불교 석가모니가 출가하기 전, 태자 때의 이름.

싱겁다 [be not properly salted; be flat; boring]
❶짜지 않다. ¶미역국이 싱겁다. ❷말이나 하는 행동이 멋쩍다. ¶싱거운 소리 하지 말고 어서 가거라.

싱그럽다 [fresh]
싱싱하고 향기롭다. ¶꽃향기가 싱그럽다.

싱글-거리다 [smile sweetly]
은근히 눈만 움직이며 자꾸 소리 없이 웃음 짓다. ¶서희는 싱글거리며 대답했다.

싱글-벙글 [smilingly]
눈과 입을 슬며시 움직이며 소리 없이 정답고 환하게 웃는 모양. ¶현규는 싱글벙글 웃으며 걸어왔다.

싱긋
정답게 살짝 눈웃음치는 모양. ¶싱긋 웃으며 인사하다 / 아이가 나를 보고 싱긋이 웃는다.

싱싱-하다 [be fresh]
❶썩지 않고 본디 그대로의 생기를 가지고 있다. ¶싱싱한 오이. ❷빛이 맑고 산뜻하다. ¶아침 햇살이 싱싱하다.

싱크-대 (sink臺, 돈대 대) [sink]
조리할 때나 설거지를 할 때 쓰는 대(臺) 모양의 부엌 시설. ⓑ 개수대.

ㅆ
언어 한글 자모 'ㅅ'을 어울러 쓴 글자. '쌍시옷'이라 이른다.

싸구려 [cheap things]
❶매우 값이 싼 물건. ❷품질이 좋지 않은 값싼 물건. ¶싸구려를 찾아 돌아다니다.

싸늘-하다 [be icy; be cool]
❶날씨 같은 것이 매우 선선하고 좀 추운 느낌이 있다. ¶아침에는 제법 싸늘하다. ❷표정이나 태도가 매우 쌀쌀하다. ¶싸늘한 시선.

싸다[1](包, 쌀 포) [wrap; pack]
❶보자기나 종이 등으로 물건을 안에 넣고 보이지 않게 하다. ¶선물을 싸다. ❷어떤 물체의 주위를 가리거나 막다. ¶그들을 싸고 둘러선 사람들. ❸짐이나 음식을 꾸리다. ¶남은 음식은 싸 주세요. ⓑ 포장(包裝)하다, 에워싸다, 둘러싸다.

싸다[2] [discharge]
똥·오줌 등을 급하게 누다. ¶오줌을 싸다. ⓑ 누다.

싸다[3] [be cheap; be well deserved]
❶물건 값이 마땅한 값보다 적다. ¶올해는 과일 값이 싸다. ❷지은 죄에 대해서 받은 벌이 마땅하거나 오히려 적다. ¶고놈은

야단맞아도 싸다. [반] 비싸다. [속담] 싼 것이 비지떡.

싸다[4] [be flippant]
입이 가볍다. ¶그는 입이 싸서 내 비밀을 친구들에게 다 말했다.

싸-다니다 [walk around]
갈 데나 못 갈 데나 채신없이 돌아다니다. ¶너는 매일 밤 어디를 그렇게 싸다니니?

싸라기-눈 [small pellets of dry snow]
빗방울이 내리다가 갑자기 찬바람을 만나 얼어서 떨어지는 쌀알 같은 눈. [준] 싸락눈.

싸락-눈 [small pellets of dry snow]
'싸라기눈'의 준말.

싸리 [bush clover]
[식물] 싸리나무.

▸ 싸리-나무
[식물] 한여름에 짙은 자색이나 홍자색 꽃이 피는 나무. 나무는 땔감, 잎은 사료, 나무껍질은 섬유의 원료로 쓴다.

싸-매다 [tie up]
보자기 따위로 물건을 싸서 풀어지지 않게 꼭 매다. ¶종아리를 붕대로 싸매다.

싸우다 (鬪, 싸울 투; 戰, 싸울 전) [fight; struggle]
❶말이나 힘·무기 따위로 상대를 이기려고 다투다. ¶친구와 싸우다. ❷장애 등을 극복하려고 하다. ¶병마(病魔)와 싸우다.

> **♣ 싸우다 / 다투다** [비슷한 듯 다른 말]
>
> ◎ 친구와 싸우다 = 다투다.
> ○ 그는 병마와 싸웠다.
> × 그는 병마와 다투었다.
>
> ○ 일분일초를 다투는 문제.
> × 일분일초를 싸우는 문제.

싸움 [fight]
싸우는 일. ¶싸움을 멈추다. [준] 쌈.

▸ 싸움-질
싸우는 일. ¶그들은 툭하면 싸움질을 한다. [준] 쌈질.

▸ 싸움-터
전쟁이나 싸움이 벌어진 곳. ¶싸움터로 나가다. [비] 전장(戰場).

싸-이다 [be wrapped]
❶둘러쌈을 당하다. ¶보자기에 싸인 인형. ❷헤어나지 못할 만큼 분위기나 상황에 뒤덮이다. ¶건물이 불길에 싸여 있었다.

싸-전 (—廛, 가게 전) [rice store]
쌀과 그 밖의 곡식을 파는 가게[廛]. [비] 쌀가게.

싹[1] (芽, 싹 아) [sprout]
씨앗에서 처음 나오는 어린잎이나 줄기. ¶열흘 만에 씨앗에서 싹이 났다.

싹[2] [completely; entirely]
조금도 남기지 않고 모두.

싹[3] [with one clean stroke]
종이나 헝겊 따위를 한 번에 베는 소리. 또는 그 모양. ¶종이를 싹 자르다.

싹둑 [snip]
연한 물건을 토막 쳐 자르는 모양. ¶무를 싹둑 자르다.

싹-싹 [imploringly]
거침없이 자꾸 밀거나 쓸거나 비비거나 하는 소리. 또는 그 모양. ¶철수는 손을 싹싹 비비며 잘못을 빌었다.

싹싹-하다 [be friendly]
성질이 상냥하고 눈치가 빠르고 예의 바르다. ¶그는 누구에게나 싹싹하다.

싹-트다 [begin to develop]
어떤 일이 생겨나거나 되기 시작하다. ¶사랑이 싹트다.

쌀 (米, 쌀 미) [rice]
벼의 껍질을 벗긴 알맹이. ¶한국인의 주식은 쌀이다.

쌀-가게 [rice store]
쌀을 파는 가게. [비] 싸전.

쌀-겨 [rice bran]
쌀을 찧을 때 나오는 가장 고운 속겨. ¶쌀겨로 돼지 사료를 만들었다.

쌀-뜨물
쌀을 씻고 난 뿌연 물. ¶쌀뜨물로 국을 끓이면 구수하다.

쌀-밥 [cooked rice]
멥쌀로만 지은 밥. ¶하얀 쌀밥에 고깃국이면 진수성찬이지.

쌀쌀-맞다 [be cold]
성질이나 태도가 정다운 맛이 없고 차갑다. ¶쌀쌀맞게 대답하다.

쌀쌀-하다 [be chilly; be cold]
❶날씨가 으스스하게 차다. ¶겨울이라 날씨가 쌀쌀하다. ❷정다운 맛이 없고 냉정(冷情)하다. ¶왜 그가 나에게 쌀쌀하게 대하는지 모르겠다. ㊐ 싸늘하다, 차갑다, 매섭다, 냉정(冷靜)하다.

쌀-알 [grain of rice]
쌀의 하나하나의 알. ¶가을걷이를 하고 난 논에서 쌀알을 줍는다. ㊐ 낟알.

쌀-집 [rice store]
쌀을 파는 가게.

쌀-통 (-桶, 통 통)
쌀을 넣어 두는 통(桶).

쌈[1] [rice wrapped in leaves]
김·상추·배추 등으로 밥과 반찬을 싼 음식. ¶꽁보리밥을 비벼 쌈을 싸 먹었다.

쌈:[2] [fight]
'싸움'의 준말.

쌈-밥
채소 잎에 여러 가지 재료와 쌈장을 넣어 밥과 함께 싸서 먹는 음식.

쌈-장 (-醬, 젓갈 장)
갖은 양념을 한 고추장이나 된장[醬]. 보통 쌈을 먹을 때 넣어 먹는다.

쌈지 [tobacco pouch]
담배·동전 따위를 담는 주머니. ¶할아버지는 쌈지에서 돈을 꺼내 나에게 주었다.

쌉쌀-하다 [be slightly bitter]
조금 쓴 맛이 있다. ¶녹차는 쌉쌀하다.

쌍 雙 | 둘 쌍 [couple]
둘씩 짝[雙]을 이룬 물건. ¶귀걸이 한 쌍.

쌍-기역 (雙-, 둘 쌍)
언어 한글 자모 'ㄲ'의 이름. 자모 ㄱ 두 개가 짝[雙]을 이루고 있다.

쌍-꺼풀 (雙-, 둘 쌍) [double eyelid]
두 겹[雙]으로 된 눈꺼풀. 또는 그런 눈. ¶쌍꺼풀이 없는 눈.

쌍-둥이 (雙-, 둘 쌍) [twins]
한 배에서 한꺼번에 나온 둘[雙] 이상의 아이. ¶인공수정을 하면 쌍둥이가 태어날 확률이 높다. ㊐ 쌍생아(雙生兒).

쌍-디귿 (雙-, 둘 쌍)
언어 한글 자모 'ㄸ'의 이름. 자모 ㄷ 두 개가 짝[雙]을 이루고 있다.

쌍떡잎-식물 (雙-植物, 둘 쌍, 심을 식, 만물 물) [dicotyledon]
식물 싹이 틀 때 두[雙] 개의 떡잎이 마주 붙어 나는 식물(植物) 종류. 벚나무, 나팔꽃, 콩 등이 그렇다. ㊥ 외떡잎식물.

쌍-무지개 (雙-, 둘 쌍) [double rainbow]
한꺼번에 선 두[雙] 개의 무지개. ¶비가 그치고 하늘에 쌍무지개가 떴다.

쌍방 雙方 | 둘 쌍, 모 방 [both sides]
둘로 나뉜 것의 두[雙] 쪽[方]. 이쪽과 저쪽. 또는 이편과 저편을 아울러 이르는 말. ¶쌍방을 모두 만족시킬 수는 없다. ㊐ 양방(兩方).

쌍벽 雙璧 | 둘 쌍, 둥근 옥 벽 [two greatest masters]
❶ 속뜻 두[雙] 개의 구슬[璧]. ❷여럿 가운데 특별히 뛰어난 우열을 가리기 어려운 둘을 비유하여 이르는 말. ¶김홍도와 신윤복은 조선 후기 화단에 쌍벽을 이루는 화가이다.

쌍-비읍 (雙-, 둘 쌍)
언어 한글 자모 'ㅃ'의 이름. 자모 ㅂ 두 개가 짝[雙]을 이루고 있다.

쌍생 雙生 | 둘 쌍, 날 생 [grow in pairs]
동시에 두[雙] 아이가 태어남[生]. 또는

두 아이를 낳음.

▶ **쌍생-아** 雙生兒 | 아이 아
한 배에서 한꺼번에 나온[生] 둘[雙] 이상의 아이[兒]. ¶인공수정을 하면 쌍생아가 태어날 확률이 높다. ㊥ 쌍둥이.

쌍수 雙手 | 둘 쌍, 손 수 [both hands]
오른쪽과 왼쪽의 두[雙] 손[手]. ¶쌍수를 들어 환영하다.

쌍-시옷 (雙-, 둘 쌍)
언어 한글 자모 'ㅆ'의 이름. 자모 ㅅ 두 개가 짝[雙]을 이루고 있다.

쌍쌍 雙雙 | 둘 쌍, 둘 쌍
둘[雙+雙] 씩 짝을 지은 것. ¶쌍쌍으로 어울려 다니다.

▶ **쌍쌍-이** (雙雙-)
둘[雙+雙] 씩 짝을 이룬 모양. ¶아이들은 쌍쌍이 나갔다.

쌍-안경 雙眼鏡 | 둘 쌍, 눈 안, 거울 경 [pair of binoculars]
물리 두[雙] 개의 망원경을 나란히 붙여 두 눈[眼]으로 동시에 먼 거리의 물체를 볼 수 있게 만든 망원경(望遠鏡). 배율은 보통 7~8배로서 입체감이나 거리감의 식별이 강하다.

쌍-지읒 (雙-, 둘 쌍)
언어 한글 자모 'ㅉ'의 이름. 자모 ㅈ 두 개가 짝[雙]을 이루고 있다.

쌓다 (貯, 쌓을 저; 積, 쌓을 적) [pile up; gain]
❶물건을 겹겹이 포개어 놓다. ¶돌을 쌓다. ❷기술·경험 등을 거듭 닦거나 이루다. ¶경험을 쌓다.

♣ 쌓다 / 포개다

◎ 쟁반을 쌓아 = 포개어 놓다.

○ 오층탑을 쌓다.
× 오층탑을 포개다.

○ 무릎 위에 양손을 포개다.
× 무릎 위에 양손을 쌓다.

쌓-이다 [be piled up]
❶여러 개의 물건이 겹치다. ¶책에 먼지가 쌓이다. ❷기술·경험 따위가 모이다. ¶경력이 쌓이다.

쌔근-거리다 [breathe hard; sleep calmly]
❶가쁘고 고르지 않은 숨 쉬는 소리가 거칠게 자꾸 나다. 또는 그런 소리를 자꾸 내다. ¶숨이 차서 쌔근거리다. ❷어린아이가 곤히 잠들어서 숨 쉬는 소리가 조금 거칠게 자꾸 나다. ¶아기가 쌔근거리며 잠들어 있다.

쌔근-쌔근 [calmly]
어린애가 곤하게 깊이 자는 모양. ¶쌔근쌔근 자고 있는 아이가 사랑스럽다.

쌔:다 [be abundant]
'흔한, 흔하게 있다'의 뜻을 나타내는 말. ¶아이 방에는 인형들이 쌔고 쌨다.

쌕쌕 [in light little gasps]
숨을 가늘고 세게 쉬는 소리. ¶아이는 쌕쌕 숨을 쉬며 달렸다.

쌩 [whizzing]
세찬 바람이 나뭇가지 따위에 부딪쳐 나는 소리. ¶찬바람이 쌩 불다.

쌩-쌩 [whizzing]
❶세찬 바람이 나뭇가지 등에 잇달아 부딪쳐 나는 소리. ¶바람이 쌩쌩 불다. ❷사람이나 물체가 바람을 일으킬 만큼 잇달아 빠르게 움직일 때 나는 소리. 또는 그 모양. ¶고속도로에는 차가 쌩쌩 달리고 있다.

써늘-하다 [be cool]
❶추운 느낌이 있다. ¶교실이 써늘하다. ❷표정이나 태도가 차갑다. ¶써늘한 표정. ❸갑자기 놀랄 때 추운 느낌이 나는 것같이 느끼다. ¶등골이 써늘하다.

써:레 [harrow]
농업 갈아 놓은 논의 바닥을 고르거나 흙덩이를 잘게 하는 데 쓰는 농구. 소나 말이 끈다.

썩 [very; right away]
❶매우. 아주. 상당히. ¶그는 노래를 썩 잘 부른다. ❷거침없이 빨리. ¶썩 나가거라!

썩다 (腐, 썩을 부) [go bad; rot; decay]
❶물질이 부패균의 작용으로 본래의 질이 변하여 나쁜 상태가 되다. ¶사과가 썩다. ❷좋은 재주·능력을 발휘하지 못하다. ¶시골에서 썩기에는 아까운 사람이다. ㊥부패(腐敗)하다.

썩-썩 [with one clean stroke after another]
종이나 헝겊 따위를 거침없이 가볍게 베어 나가는 모양. 또는 그 소리. ¶잡초를 썩썩 잘라 금세 길을 만들었다.

썩-이다 [eat one's heart out; make one sick at heart]
걱정·근심 따위로 마음을 상하게 하다. ¶부모님 속 좀 그만 썩여라!

썩-히다 [rot; let go to waste]
물질이나 재능 따위를 썩게 하다. ¶우유를 썩히다 / 아까운 재주를 썩히다.

썰:다 [slice]
물건을 칼로 토막 내다. ¶당근을 얇게 썰다.

썰렁-하다 [be slightly cold]
❶서늘한 바람이 불어 조금 춥다. ¶바람이 제법 썰렁하다. ❷갑자기 놀라 가슴속에 찬바람이 도는 느낌이 있다. ¶분위기가 썰렁하다.

썰매 [sled]
❶눈 위·얼음판에서 사람·짐을 싣고 끌고 다니는 기구. ❷얼음 위에서 미끄럼 타는 기구. ¶강에서 썰매를 타다.

썰-물 [ebb tide]
지리 달의 인력(引力)으로 조수가 밀려나가 해면이 낮아지는 현상. 또는 그 바닷물. ㊥밀물.

쏘가리 [mandarin fish]
동물 머리가 길고 입이 크며, 머리와 등에 회색 무늬를 한 민물고기. 식용하거나 관상용으로 기른다.

쏘:다 [shoot; make a sharp retort]
❶화살이나 총탄 따위를 날아가게 하다. ¶화살을 쏘다. ❷듣는 사람 쪽에서 마음이 뜨끔하도록 말하다. ¶내가 같이 가자고 부탁했지만 그녀는 톡 쏘며 거절했다. ❸벌레가 침으로 찌르다. ¶벌이 내 다리를 쏘았다. ❹매운 맛이나 냄새가 코나 입 안을 강하게 자극하다. ¶톡 쏘는 맛. ㊥발사(發射)하다.

쏘-다니다 [run around]
아무 데나 마구 돌아다니다. ¶하루 종일 어디를 쏘다니다 왔느냐. ㊥싸돌아다니다, 싸다니다.

쏘아-보다 [stare]
날카롭게 노려보다. ¶그녀는 나를 쏘아보았다.

쏘아-붙이다 [make cutting remarks]
쏘는 것처럼 날카로운 말투로 상대방을 공격하다. ¶그렇게 쏘아붙이고 나니 속이 후련하니?

쏘-이다 [be stung]
쏨을 당하다. ¶벌에 쏘인 자리가 퉁퉁 부었다.

쏙 [way out; with a jerk]
❶약간 내밀거나 들어간 모양. ¶보조개가 쏙 들어가다. ❷쉽게 밀어 넣거나 뽑아내는 모양. ¶남의 밭에서 무 하나를 쏙 뽑았다. ❸매우 만족스러운 모양. ¶나는 그가 맘에 쏙 든다.

쏙-쏙
머릿속에 잘 기억되는 모양. ¶선생님의 설명이 머리에 쏙쏙 들어온다.

쏜살-같이 [like an arrow]
쏜 화살과 같이 매우 빠르게. ¶쏜살같이 도망치다.

쏟다 [pour; empty]
❶그릇에 담긴 것을 한꺼번에 나오게 하

다. ¶그릇의 물을 쏟다. ❷마음속에 먹은 것을 모두 털어놓다. ¶불만을 쏟아 놓다. ❸마음이나 정신 따위를 어떤 대상이나 일에 기울여 열중하다. ¶금붕어를 기르는 일에 정성을 쏟다. ❹피나 눈물 따위를 많이 흘리다. ¶며칠 밤을 샜더니 코피를 쏟았다. [속담] 쌀은 쏟고 주워도 말은 하고 못 줍는다.

[비슷한 듯 다른 말] ➲ 붓다²

쏟아-지다 [pour]
❶담긴 것이 한꺼번에 많이 나오다. ¶봉지가 찢어져서 콩이 쏟아졌다. ❷비나 눈, 햇빛 등이 많이 또는 강하게 내리거나 비치다. ¶갑자기 비가 쏟아졌다. ❸눈물이나 땀, 피 따위가 한꺼번에 많이 흐르다. ¶땀이 비 오듯 쏟아지다.

쏠리다 [lean; concentrate]
❶물체가 한쪽으로 기울거나 몰리다. ¶지하철이 급정거하는 바람에 몸이 앞으로 쏠려 넘어졌다. ❷마음이나 눈길이 어떤 것에 끌리다. ¶모든 사람의 시선이 그에게 쏠리다.

쏴
물·액체가 급히 또는 세차게 흐르거나 밀려오는 모양. 또는 그 소리. ¶물이 쏴 소리를 내며 흘러나왔다.

쐐:기 [wedge]
[건설] 물건과 물건 틈에 끼워 사개가 물러나지 않게 하는 '브이'(V)형의 물건. ¶한국팀은 추가 골을 터뜨려 승부에 쐐기를 박았다.

쐬:다 [expose]
몸이나 얼굴에 바람이나 연기 등을 받다. ¶바람을 쐬어 말리다.

쑤군-거리다 [whisper]
목소리를 낮추어 비밀히 말하다. ¶그들은 무어라고 쑤군거렸다. [비] 쑤군대다.

쑤다 [make]
죽·풀 등을 끓여 익히다. ¶할머니에게 호박죽을 쑤어 드렸다.

쑤시다 [pick; poke; feel sharp pains]
❶구멍 같은 데를 막대기나 꼬챙이로 찌르다. ¶이쑤시개로 이를 쑤시다. ❷바늘로 찌르듯이 아프다. ¶김장을 했더니 온 몸이 쑤신다.

♣ 쑤시다 / 후비다 [비슷한 듯 다른 말]

◎ 콧구멍을 쑤시다 = 후비다.
○ 막대기로 아궁이를 쑤시다.
× 막대기로 아궁이를 후비다.
○ 손톱으로 땅을 후비다.
× 손톱으로 땅을 쑤시다.

쑥¹(艾, 쑥 애) [wormwood]
[식물] 국화과의 여러해살이풀. 들에 남. 잎의 뒷면은 젖빛 솜털이 있고 향기가 난다. 식용·약재 등으로 쓴다. ¶쑥을 뜯어 떡을 만들어 먹었다.

쑥² [way out; way in; with a jerk]
❶몹시 내밀거나 들어간 모양. ¶졸려서 눈이 쑥 들어갔다. ❷깊이 밀어 넣거나 길게 뽑아내는 모양. ¶배추 한 포기를 쑥 뽑다. ❸말이나 행동을 경솔하고 기탄없이 하는 모양. ¶쑥 말을 꺼내다.

쑥-갓 [crown daisy]
[식물] 늦봄에 담황색 꽃이 피며 독특한 향미가 있어 쌈이나 나물로 먹는 풀.

쑥대-머리 [disheveled hair]
짧은 머리털이 흐트러져 몹시 산란한 머리. ¶그는 쑥대머리를 하고 며칠 만에 집에 돌아왔다.

쑥대-밭 [plot of wormwood; ruins]
❶쑥이 우거진 거친 땅. ❷크게 파괴되어 못 쓰게 된 모양의 비유. ¶사업이 실패하자 온 집안이 쑥대밭이 되었다.

쑥덕-거리다 [whisper]
여럿이 모여 빈번히 주위를 살펴 가면서 은밀하게 쑤군거리다. ¶내가 교실에 들어가자 친구들은 쑥덕거리기 시작했다.

쑥-떡

쑥을 넣어 만든 떡.

쑥-스럽다 [be embarrassed]
하는 짓이나 그 모양이 격에 어울리지 않아 어색하고 싱겁다. ¶친구들 앞에서 노래하기는 쑥스럽다. ㊐ 겸연쩍다.

쑥-쑥 [quickly; all way out]
❶갑자기 많이 커지거나 자라는 모양. ¶아이들이 쑥쑥 자라다. ❷머릿속에 잘 기억되는 모양. '쏙쏙'의 큰말.

쓰개-치마
지난날, 여자가 외출할 때 머리에서 몸의 윗부분을 가리는 데 쓰던 치마.

쓰-기 [writing]
교육 자기 생각이나 감정을 글로 표현하는 일이나 방법을 가르치는 국어 교과.

쓰다[1](用, 쓸 용; 費, 쓸 비)
[use; employ]
❶어떤 일을 하는 데에 재료나 도구, 수단을 이용하다. ¶소금을 적게 쓰다. ❷사람을 두어 일을 하도록 부리다. ¶가정부를 쓰다. ❸시간이나 돈을 들이다. ¶이번 달에 돈을 많이 썼다. ㊐ 고용(雇用)하다, 채용(採用)하다.

쓰다[2][write; compose]
❶붓·펜 등으로 획을 그어 글씨를 이루게 하다. ¶글씨를 또박또박 쓰다. ❷글을 짓다. ¶동시를 쓰다.

쓰다[3][wear; hold up; pull over]
❶모자 등을 머리에 얹다. ¶가발을 쓰다. ❷우산 등을 받쳐 들다. ¶우산을 쓰다. ❸얼굴에 어떤 물건을 걸거나 덮어쓰다. ¶마스크를 쓰다.

쓰다[4](苦, 쓸 고) [be bitter]
❶맛이 소태의 맛과 같다. ¶약이 쓰다. ❷입맛이 없다. ¶입이 써 통 먹히지 않는다. ㊥ 달다. 속담 쓰면 뱉고 달면 삼킨다.

쓰다듬다 [stroke]
귀엽거나 탐스러워 손으로 쓸어 주다. ¶머리를 쓰다듬다.

쓰라리다 [bitter]
❶상한 자리가 쓰리고 아리다. ¶무릎이 까져서 쓰라리다. ❷마음이 몹시 괴롭다. ¶쓰라린 경험.

쓰러-뜨리다 [bring something down]
쓰러지게 하다. ¶바람이 나무를 쓰러뜨렸다.

쓰러-지다 [fall]
한쪽으로 쏠려 넘어지다. ¶강한 비바람에 나무들이 쓰러졌다.

비슷한 듯 다른 말	➲ 무너지다

쓰레기 [waste]
비로 쓴 먼지와 그 밖의 못쓰게 되어 내버릴 물건의 총칭. ¶쓰레기 분리수거.

▸ **쓰레기-장** (一場, 마당 장)
쓰레기를 내다 버리도록 정하여 놓은 곳[場]. ¶방이 쓰레기장처럼 지저분하다.

▸ **쓰레기-통** (一桶, 통 통)
쓰레기를 담거나 모아 두는 통(桶). ¶쓰레기는 꼭 쓰레기통에 버리세요.

▸ **쓰레기-봉투** (一封套, 봉할 봉, 덮개 투)
쓰레기를 담아서 버리는 데 쓰는 봉투(封套).

▸ **쓰레기 종량제** (一從量制, 따를 종, 분량 량, 정할 제)
법률 쓰레기 배출량(排出量)에 따라[從] 수수료가 부과되는 제도(制度). 우리나라에서는 1995년부터 전국적으로 실시되었는데, 지정된 규격의 쓰레기봉투를 판매하고, 그 봉투에만 쓰레기를 담아 버리도록 하는 방식을 택하고 있다.

쓰레-받기 [dustpan]
빗자루로 쓴 쓰레기 따위를 받아 내는 기구. ¶머리카락을 쓰레받기에 쓸어 담았다.

쓰레-질 [sweeping]
비로 쓸어 청소하는 일.

쓰르라미 [evening cicada]
동물 붉은 갈색이고 녹색의 얼룩무늬가 있는, 매미 비슷한 곤충. 수컷은 '쓰르람

쓰르람'하고 운다.

쓰리다 [be tingling]
❶날카로운 것으로 쑤시는 듯이 아프다. ¶연기 때문에 눈이 쓰리다. ❷몹시 시장하여 허기지다. ¶배가 고파 속까지 쓰리다.

쓰-이다[1] [be used; be bothered]
❶씀을 당하다. 통용되다. ¶이곳은 창고로 쓰인다. ❷관심이 쏠리다. ¶신경이 쓰이다.

쓰-이다[2] [be written]
글씨가 써지다. ¶이 연필은 글씨가 잘 쓰인다.

쓰임-새 [use]
쓰임의 수량이나 정도. ¶쓰임새가 많다. [비] 쓸모, 용도.

쏙 [quietly]
❶슬쩍 문지르거나 비비는 모양. ¶손수건으로 눈물을 쓱 닦았다. ❷행동이 거침없는 모양. ¶그는 빠른 걸음으로 쓱 지나갔다.

쓱-쓱 [easily; rubbing]
❶거침없이 일을 손쉽게 해치우는 모양. ¶그는 어려운 일도 쓱쓱 해낸다. ❷여러 번 서로 마주 문지르는 모양이나 소리. ¶코 묻은 손을 바지에 쓱쓱 닦다.

쓴-맛 [bitterness]
달갑지 않은 경험. ¶인생의 쓴맛을 보다.

쓴-웃음 [bitter smile]
어이가 없거나 마지못해 짓는 웃음. ¶쓴웃음을 짓다.

쓸개 (膽, 쓸개 담) [gallbladder]
[의학] 쓸개즙(汁)을 일시적으로 저장·농축하는 얇은 막(膜)의 주머니로 된 내장. 샘창자 안에 음식물이 들어오면 쓸개즙을 내어 소화를 돕는다.

쓸다 [sweep]
❶비로 쓰레기 등을 모아서 버리다. ¶마당에 쌓인 눈을 쓸다. ❷가볍게 쓰다듬거나 문지르다. ¶엄마가 아이의 아픈 배를 쓸어 주셨다.

쓸데-없다 [be unnecessary]
필요 없다. 공연하다. 소용없다. ¶쓸데없는 소리 / 쓸데없이 고집을 부리다. [속담] 도둑이 없으면 법도 쓸데없다.

쓸리다 [get rasped]
풀이 센 옷 등에 쓰적거려 살갗이 벗겨지다. ¶새 옷을 입었더니 피부가 쓸려 아프다.

쓸-모 [usefulness]
쓸 만한 가치. 쓰이게 될 자리. ¶쓸모가 없다. [비] 쓰임새.

쓸쓸-하다 [be lonely]
외롭고 적적하다. ¶생일을 쓸쓸하게 보내다 / 혼자 쓸쓸히 여행을 떠나다.

씀바귀 [lettuce]
[식물] 잎이 가늘고 길며, 쓴맛이 나는 풀. 뿌리와 어린싹은 봄에 나물로 먹는다.

씀씀-이 [expense]
돈이나 물건 혹은 마음 따위를 쓰는 형편. 또는 그런 정도나 수량. ¶그녀는 씀씀이가 크다.

씁쓰레-하다 [be a bit bitter]
❶맛이 좀 씁쓸한 느낌이 있다. ¶나물이 조금 씁쓰레하다. ❷달갑지 않아 싫거나 언짢은 기분이 조금 나는 듯하다. ¶지민이는 부탁을 거절당하자 씁쓰레했다. [비] 씁쓰름하다.

씁쓸-하다 [be rather bitter]
❶맛이 조금 쓰다. ¶인삼은 약간 씁쓸한 맛이 난다. ❷마음이 언짢다. ¶씁쓸한 표정.

씌:다[1] [be written]
'쓰이다[2]'의 준말.

씌다[2] [be possessed; be blinded]
❶어떠한 것에 눈이 덮이다. ¶그녀는 눈에 콩깍지가 씌었다. ❷귀신 따위에 접하게 되다. ¶귀신이 씌었다.

씌우다 [put on; impute]
❶머리에 쓰게 하다. ¶털모자를 씌우다. ❷허물을 남의 탓으로 돌리다. ¶누명을

씌우다.

> 비슷한 듯 다른 말 ➲ 덮다

씨[1](種, 씨 종; 核, 씨 핵)
[seed; breed]
❶식물의 씨방 안의 밑씨가 수정하여 생긴 단단한 물질. ¶수박 씨. ❷동물이 생겨나는 근본. ¶씨가 좋은 소. ㊐씨앗, 종자(種子).

♣ 씨¹ / 씨앗

◎ 밭에 씨를 = 씨앗을 뿌리다.
○ 나는 포도를 먹을 때 씨를 뱉는다.
× 나는 포도를 먹을 때 씨앗을 뱉는다.
○ 희망의 씨앗이 자라나다.
× 희망의 씨가 자라나다.

씨[2]氏 | 성씨 씨 [Mr]
성명 또는 이름 뒤에 붙여 존대하는 뜻을 나타내는 호칭어. ¶조윤석 씨.

씨-감자 [seed potatoes]
씨앗으로 쓸 감자.

씨근-거리다 [breathe hard]
가쁘고 고르지 않은 숨 쉬는 소리가 거칠게 자꾸 나다. 또는 그런 소리를 자꾸 내다. ¶그는 뛰어왔는지 숨을 씨근거렸다.

씨근덕-거리다 [gasp]
숨소리가 매우 거칠고 가쁘게 자꾸 나다. 또는 그렇게 하다. ¶그는 화가 나서 씨근덕거리며 말했다.

씨-눈 [embryo; fetus]
생물 생물의 난세포가 수정하여 어지간히 자랄 때까지의 유생물(幼生物).

씨름 [wrestling match]
❶운동 두 사람이 샅바를 넓적다리에 걸어 서로 잡고 재주를 부려 땅에 넘어뜨리는 우리나라 고유의 경기. ❷어려움을 극복하고 무엇을 얻기 위해 노력하는 일. ¶하루 종일 수학 문제와 씨름하다.

▸ **씨름-꾼**
씨름을 잘하는 사람.

▸ **씨름-부** (一部, 거느릴 부)
학교나 단체에서 씨름을 하는 사람들의 조직[部].

▸ **씨름-판**
씨름을 하는 판. ¶추석이 되면 씨름판이 벌어진다.

씨-방 (一房, 방 방) [ovary]
식물 암술의 일부로서 암술대 밑에 붙은 통통한 주머니 모양의 부분. 그 안에 밑씨가 들어 있다.

씨-실 [filling]
피륙을 가로 건너 짜는 실. ¶씨실과 날실을 엮어 천을 만들다. ㊉날실.

씨아 [cotton gin]
목화의 씨를 빼는 기구.

씨-알 [seed; breed]
❶곡식의 종자로 쓰는 낟알. ❷생선 한 마리 한 마리의 크기. ¶씨알이 굵은 숭어.

씨-암탉 [brood hen]
씨를 받으려고 기르는 암탉. ¶그녀는 씨암탉을 잡아 사위를 대접했다.

씨앗 [seed; breed]
❶곡식이나 채소의 씨. ¶씨앗을 뿌리다. ❷앞으로 커질 수 있는 근원을 비유하여 이르는 말. ¶행복의 씨앗. ㊐종자(種子).

> 비슷한 듯 다른 말 ➲ 씨¹

씨족 氏族 | 성씨 씨, 겨레 족 [family]
사회 원시 사회에서 똑같은 조상[氏]을 가진 여러 가족(家族)의 성원. 원시 사회에서 흔히 찾아볼 수 있는 부족 사회의 기초 단위이다.

씨-줄 [woof]
피륙이나 그물을 짤 때, 가로 방향으로 놓인 실. ㊉날줄.

씩 [with a quick smile]
소리 없이 한 번 싱겁게 웃는 모양. ¶씩 웃다.

씩씩 [in heavy gasps]
숨이 가빠서 세게 쉬는 소리. ¶씩씩 숨을 몰아쉬다.
▸씩씩-거리다
잇달아 가쁘게 숨을 쉬다. 계속 씩씩하는 숨소리를 내다. ¶그는 화가 나서 씩씩거렸다.

씩씩-하다 [be brave]
굳세고 위엄이 있다. 용감하다. ¶씩씩한 어린이.

씰룩-거리다 [twitch]
근육의 한 부분이 자꾸 실그러지게 움직이다. 또는 그렇게 하다. ¶그녀는 화가 잔뜩 나서 입술을 씰룩거렸다.

씹다 [chew]
입에 넣어 계속 깨물다. ¶음식을 삼키기 전에 꼭꼭 씹어라.

♣ 씹다 / 깨물다

○ 밥을 먹다가 돌을 씹었다 = 깨물었다.
○ 음식을 꼭꼭 씹어 삼키다.
× 음식을 꼭꼭 깨물어 삼키다.
○ 입술을 깨물어 화를 꾹 참다.
× 입술을 씹어 화를 꾹 참다.

씹-히다 [be chewed]
씹어지다. ¶밥에서 돌이 씹혔다.

씻-기다 [be washed]
❶씻음을 당하다. ¶이 냄비는 잘 씻기지 않는다. ❷남의 몸 따위를 씻어 주다. ¶강아지를 씻기다.

씻다 (洗, 씻을 세; 濯, 씻을 탁)
[wash; cleans; clear oneself]
❶물로 더러운 것을 없애다. ¶손을 깨끗이 씻다. ❷누명·오해 등을 벗다. ¶그는 잘못을 씻기 위해 피나는 노력을 했다.

씽긋
은근한 태도로 가볍게 얼핏 눈웃음치는 모양. ¶씽긋 웃으며 인사하다.

씽-씽
사람이나 물체가 바람을 일으킬 만큼 잇달아 매우 빠르게 움직일 때 나는 소리. 또는 그 모양. ¶자동차가 씽씽 달린다.

씽씽-하다 [be lively]
힘이나 기운 따위가 썩 왕성하다. ¶아이의 움직임이 매우 씽씽하다.

ㅇ

언어 한글 자모의 여덟째 글자. '이응'이라 이른다.

아[1]

언어 한글 자모 'ㅏ'의 이름.

아[2]

❶놀라거나, 기쁘거나, 슬플 때 가볍게 내는 소리. ¶아, 깜짝이야! ❷모르던 것을 깨달을 때 내는 소리. ¶아, 그런 거구나.

아가 [baby; one's dear]

❶아기를 부르는 말. ¶아가, 밥 먹자. ❷시부모가 신혼인 며느리를 부르는 말. ¶아가, 이리 오렴.

아가리 [mouth]

❶그릇·자루 따위의, 물건을 넣고 내고 하는 구멍의 어귀. ¶병의 아가리가 좁다. ❷동물의 입. ¶사자가 아가리를 벌렸다. ❸'입'의 속된말.

아가미 [branchia]

동물 물에서 사는 동물, 특히 어류(魚類)에 발달한 호흡 기관. 붉은 빗살 모양으로 여기에 혈관이 분포하여 물속의 산소를 흡수한다. ¶생선은 아가미가 붉은 것이 신선하다.

아가씨 [young lady]

❶처녀나 젊은 여자를 대접하여 부르는 말. ¶그 꽃집의 아가씨는 정말 예쁘다. ❷남편의 여동생을 가리키는 말.

아교 阿膠 | 언덕 아, 갖풀 교

[glue (made from oxhide)]

당나귀 가죽을 진하게 고아서 굳힌 끈끈한 것[膠]. 주로 풀로 쓰는데 지혈제나 그림을 그리는 재료로도 사용한다. 중국 산동 지방의 '아'(阿)씨 성(姓)을 가진 아가씨가 유행병을 치료하기 위하여 만든 것으로, 병이 나은 사람들이 그녀에 대한 고마움을 마음속에 새기고자 '아교'(阿膠)라 이름지었다는 설이 있다.

아:군 我軍 | 나 아, 군사 군 [our army]

우리[我] 편 군대(軍隊). ¶아군은 적군에 점령되었던 섬을 탈환했다. ㊥적군(敵軍).

아궁이 [fireplace]

건설 가마나 방·솥에 불을 때기 위하여 만든 구멍. ¶아궁이에 불을 때다.

아귀 [number; sense]

❶채우거나 맞추어야 할 수효. ¶그는 20만 원의 아귀를 맞추려고 자기 돈 3만 원을 보탰다. ❷말의 조리. ¶그녀의 말은 아귀가 안 맞는다. ❸물건의 갈라진 곳. ¶문

짝의 아귀가 맞지 않는다.

아귀-다툼 [quarrel]
서로 헐뜯고 기를 쓰며 다투는 일. ¶저 형제는 재산 문제로 아귀다툼을 벌였다.

아기 [baby]
어린아이를 귀엽게 이르는 말. ¶아기의 기저귀를 갈아 주다.

▸아기-씨
여자아이나 시집갈 나이의 처녀 또는 갓 시집온 색시를 높여 이르던 말.

아기자기-하다 [be interesting; be harmoniously charming]
❶잔재미가 있고 즐겁다. ¶그들은 아기자기하게 산다. ❷여러 가지가 오밀조밀 어울려 예쁘다. ¶침실을 아기자기하게 꾸미다.

아까 [little while ago]
조금 전에. ¶아까 뭐라고 말했지?

아까시-나무 [acacia]
식물 줄기가 20미터 정도인 큰키나무. 줄기에는 가시가 있고, 깃모양의 잎이 어긋난다. 5~6월에 향기가 강한 흰 꽃이 피는데, 이 꽃에서 꿀을 채취한다.

아깝다 [be valuable; be regrettable]
❶소중하여 버리거나 내놓기가 싫다. ¶그녀는 옷 사는 데 쓰는 돈을 아까워했다. ❷소중하고 값진 것을 잃어 섭섭한 느낌이 있다. ¶그렇게 어린 나이에 죽다니 너무 아깝다. 속담 저 먹자니 싫고 남 주자니 아깝다.

♣ 아깝다 / 아쉽다

◎ 잃어버린 시계가 아깝다 = 아쉽다.

○ 자식을 위해서는 목숨도 아깝지 않다.
× 자식을 위해서는 목숨도 아쉽지 않다.

○ 남에게 아쉬운 소리를 하다.
× 남에게 아까운 소리를 하다.

아끼다 (惜, 아낄 석) [value; spare]
❶소중히 여기어 함부로 쓰지 않다. ¶가장 아끼는 인형. ❷마음에 들어 알뜰히 여기다. ¶휴지를 아껴 쓰세요.

아낌-없다 [be unstinted]
주거나 쓰는 데 아끼는 마음이 없다. ¶친구들은 현규에게 아낌없는 박수를 보냈다 / 그는 전 재산을 아낌없이 기부했다.

아나운서 {영 announcer}
❶라디오나 텔레비전에서 뉴스를 보도하거나 실황 방송·사회 등을 맡아 하는 사람. ❷극장·경기장·역 등에서 안내 방송을 하는 사람.

아낙 [woman]
'아낙네'의 준말.

▸아낙-네
남의 부녀의 통칭. ㊟아낙. ㊥남정네.

아날로그 {영 analogue}
물리 어떤 수치를 길이라든가 각도 또는 전류라고 하는 연속된 물리량으로 나타내는 일. 예를 들면, 글자판에 바늘로 시간을 나타내는 시계, 수은주의 길이로 온도를 나타내는 온도계 따위. ¶아날로그 시계.

아내 (妻, 아내 처) [wife]
결혼한 여자를 그 남편에 상대하여 이르는 말. ¶나는 한 남자의 아내이자 두 아이의 엄마다. ㊞안사람, 집사람. ㊥남편(男便).

아냐 [be not; no]
'아니야'의 준말. ¶아냐, 상관없어.

아녀 兒女 | 아이 아, 여자 녀 [children and women; woman]
어린 아이[兒]와 여자(女子). '아녀자'의 준말.

▸아녀-자 兒女子 | 접미사 자
❶속뜻 어린이[兒]와 여자(女子)를 아울러 이르는 말. ❷'여자'(女子)를 낮잡아 이르는 말. ¶빨래터에서 아녀자들이 빨래를 하고 있다.

아늑-하다 [be cosy]
포근히 싸여 안기듯 편안하고 조용한 느

낌이 있다. ¶그 방은 정말 아늑하다.

아니 [no; why; what]
❶그렇지 않다는 뜻을 대답으로 하는 말. ¶"바쁘니?" "아니." ❷놀라거나 감탄스러울 때, 또는 의아스러울 때 하는 말. ¶아니, 너 여기서 뭐하니?

아니꼽다 [be disgusting]
말이나 행동이 눈에 거슬려 불쾌하다. ¶그의 말이 정말 아니꼽다. ㊂ 못마땅하다.

아니다 [be not]
어떤 사실을 부정할 때 쓰는 말. ¶그는 학생이 아니다. 속담 아닌 밤중에 홍두깨.

아니리
음악 판소리에서, 창을 하는 중간 중간에 가락을 붙이지 않고 이야기하듯 엮어 나가는 사설.

아니-야 [be not; no]
부정(否定)의 뜻을 나타내는 말. ¶아니야, 그것은 거짓말이야. ㊃ 아냐.

아니-요 [No]
윗사람이 묻는 말에 부정하여 대답할 때 쓰는 말. ¶아니요, 저는 가고 싶지 않습니다. ㊃ 아뇨. ㊅ 예.

아:담 雅淡 | 고울 아, 맑을 담 [be neat]
우아(優雅)하고 담박(淡泊)하다. ¶아담한 소녀 / 아담하게 꾸민 방.

아동 兒童 | 아이 아, 아이 동 [child]
어린 아이[兒=童]. ¶아동 보호. ㊂ 어린이.

▸ 아동-기 兒童期 | 때 기
심리 유년기와 청년기의 중간[兒童]에 해당되는 6~13세의 시기(時期). 후기에는 추상적인 사고가 가능해지는 따위의 지적 발달이 현저하며 집단적인 행동을 함으로써 사회성도 증가된다.

▸ 아동-복 兒童服 | 옷 복
어린이[兒童]가 입도록 만든 옷[服].

아둔-하다 [be stupid]
영리하지 못하고 둔하다. ¶그녀는 좀 아둔한 데가 있다.

아드-님 [your esteemed son]
남의 아들의 경칭. ㊅ 따님.

아득-하다 (茫, 아득할 망) [be far; be a long time ago]
❶보이는 것이나 들리는 것이 희미하고 매우 멀다. ¶아득하게 들리는 노랫소리 / 아득히 먼 곳. ❷까마득하게 오래다. ¶아득한 옛날 / 학창 시절이 아득히 떠오른다. ❸어떻게 하면 좋을지 막연하다. ¶앞으로 살아갈 날이 아득하기만 하다.

아들 (子, 아들 자) [son]
남자로 태어난 자식. ¶아들을 낳다. ㊅ 딸.

▸ 아들-놈
자기 아들이나 남의 아들을 낮추어 이르는 말. ¶그 아이가 바로 제 아들놈입니다. ㊅ 딸년.

▸ 아들-딸
아들과 딸. ㊂ 자녀(子女), 자식(子息).

아들-자 [vernier scale]
수학 길이나 각도를 잴 때에 가장 작은 눈의 끝수를 정밀(精密)하게 재기 위해 보조(補助)로 쓰는 자.

아등-바등
무엇을 이루려고 애를 쓰거나 우겨대는 모양. ¶아등바등 살지 말고 여유를 가져라.

아따 [Oh Boy]
무엇이 몹시 심하거나 못마땅할 때 내는 소리. ¶아따, 너랑은 같이 못살겠다.

아뜩-하다 [be suddenly dizzy]
갑자기 머리가 핑 돌리어 까무러칠 듯하다. ¶그 소식을 듣고 정신이 아뜩했다.

아람 [fully ripened nuts]
밤이나 상수리가 충분히 익어 저절로 떨어질 정도가 된 상태. 또는 그 열매. ¶밤나무 가지에서 밤송이가 아람이 벌어져 떨어져 내렸다.

아랑곳-없다 [have no concern with]
남의 일을 알려고 들거나 참견할 필요가 없다. ¶내 기분 따위는 아랑곳없다는 듯 그는 계속 화를 냈다.

아랑곳-하다 [be concern about]
남의 일에 나서서 알려고 들거나 참견하다. ¶그는 다른 사람의 충고 따위는 아랑곳하지 않는다.

아래 (下, 아래 하)
[lower part; bottom; under]
❶기준으로 삼는 점보다 상대적으로 낮은 방향이나 위치. ¶침대 아래 / 책상 아래. ❷지위나 연령·신분·수량이 낮은 쪽. ¶그는 나보다 네 살 아래다. ❸아래·다음에 적은 것. ¶아래 전화번호로 연락 바랍니다. [비] 밑. [반] 위.

[비슷한 듯 다른 말] ➲ 밑

▸아래-옷
아랫도리옷. [반] 윗옷.

▸아래-위
아래와 위. ¶팔을 아래위로 움직여 보세요. [비] 상하(上下), 위아래.

▸아래-쪽
아래를 가리키는 방향. 아래가 되는 쪽. ¶강의 400미터 아래쪽에 다리가 있다. [반] 위쪽.

▸아래-층 (―層, 층 층)
여러 층으로 된 것의 아래에 있는 층(層). ¶그는 아래층에 산다. [비] 하층(下層). [반] 위층(層).

아랫-니 [lower teeth]
아랫잇몸에 난 이. [반] 윗니.

아랫-단 [trouser cuff]
옷 아래 가장자리를 안으로 접어 붙이거나 감친 부분. ¶삼촌은 아랫단을 접고 개울을 건넜다.

아랫-도리 [lower half of the body; lower garments]
❶허리 아래의 부분. ❷아랫도리에 입는 옷. ¶어서 아랫도리를 입어라. [비] 하반신, 하의. [반] 윗도리.

아랫-마을
아래쪽에 있는 마을. [반] 윗마을.

아랫-목
구들 놓은 방에서 아궁이에 가까운 쪽의 방바닥. ¶아랫목에 눕다. [반] 윗목.

아랫-배 [underbelly]
배꼽 아래쪽의 배. ¶아랫배가 아프다. [반] 윗배.

아랫-변 (―邊, 가 변)
[수학] 사다리꼴에서 아래에 있는 변(邊). ¶사다리꼴은 윗변과 아랫변이 평행을 이룬다. [반] 윗변.

아랫-사람 [one's junior]
나이나 지위, 신분 따위가 자기보다 낮은 사람. ¶그는 언제나 아랫사람의 말을 잘 들어준다. [반] 윗사람.

아랫-입술 [lower lip]
아래쪽의 입술. ¶아랫입술을 꽉 깨물다. [반] 윗입술.

아랫-집 [house just below]
바로 아래쪽에 이웃하여 있는 집. ¶아랫집과 윗집 사이에 울타리가 있다. [반] 윗집.

아:량 雅量 | 너그러울 아, 헤아릴 량
[tolerance]
너그럽고[雅] 속이 깊은 도량(度量)이나 마음씨. ¶가난한 사람에게 아량을 베풀다 / 아량이 없다. [비] 도량(度量).

아련-하다 [be dim]
똑똑하지 않고 분간하기 힘들게 어렴풋하다. 분명하지 않고 희미하다. ¶아련한 기억.

아:령 啞鈴 | 벙어리 아, 방울 령
[pair of dumbbells]
[운동] 영어 'dumb[啞] bell[鈴]'의 뜻으로 만든 한자어. 양손에 하나씩 들고 팔운동을 하는 운동 기구. ¶아령을 들어 올리다.

아로-새기다 [engrave elaborately]
❶또렷하고 정교하게 새기다. ¶자신의 이름을 돌담에 아로새기다. ❷마음속에 분명히 기억해 두다. ¶나는 그의 말을 마음속 깊이 아로새겼다.

아롱-거리다 [glimmer]
또렷하지 않고 흐리게 아른거리다. ¶언덕

너머 아지랑이가 아롱거린다. ㊥ 아롱아롱하다.

아롱-다롱 [be dotted]
여러 가지 빛깔의 작은 점이나 줄이 여기저기 고르지 않고 배게 무늬를 이룬 모양. ¶무늬가 아롱다롱한 옷감.

아롱-아롱 [be variegated; mottled]
또렷하지 않고 흐리게 아른거리는 모양. ¶벌판에 아롱아롱 어린 아지랑이.

아롱-지다 [be variegated; mottled]
아롱아롱한 무늬가 생기다. ¶꽃잎에 아롱진 이슬.

아뢰다 [tell a superior]
말씀드려 알리다. ¶대감님께 아뢸 말씀이 있사옵니다.

아르 {프 are}
미터법에 의한 넓이의 단위. 1아르는 1제곱미터의 100배이다. 기호는 'a'.

아르곤 {영 argon}
화학 무색무취의 비활성 기체 원소. 전등이나 진공관에 넣거나, 여러 금속을 제련할 때 쓴다.

아르바이트 {독 Arbeit}
'일, 노동'이라는 뜻으로, 학생이나 직업인의 부업. ¶형은 편의점에서 아르바이트를 한다.

아른-거리다 [glimmer]
무엇이 희미하게 보이다 말다 하다. ¶그 여자 아이의 모습이 내 눈에 아른거리다. ㊥ 아른대다.

아른-아른 [glimmeringly]
무엇이 희미하게 보이다 말다 하는 모양. ¶어머니의 얼굴이 눈앞에 아른아른 떠오른다.

아름 [span of both arms]
❶두 팔로 껴안은 길이를 세는 단위. ¶세 아름 가까이 되는 느티나무. ❷두 팔을 둥글게 모아 만든 둘레 안에 들 만한 분량을 세는 단위. ¶장미꽃을 한 아름 사오다.

아름-답다 (美, 아름다울 미; 佳, 아름다울 가) [be beautiful]
❶보거나 듣기에 즐겁고 좋은 느낌을 가지게 할 만하다. ¶설악산은 경치가 정말 아름답다. ❷행동·마음씨가 훌륭하고 착하다. ¶아름다운 마음씨를 가진 소녀. ㊥ 예쁘다, 곱다.

아름-드리 [armful]
한 아름이 넘는 큰 나무나 물건. ¶아름드리 느티나무.

아리다 [tingle; be sharp]
❶다친 살이 찌르듯이 아프다. ¶상처가 아직도 아리다. ❷음식이 몹시 매워 혀끝이 알알한 느낌이 있다. ¶무를 먹었더니 혀가 아리다.

아리땁다 [be charming]
마음이나 태도·자태가 사랑스럽고 아름답다. ¶아리따운 소녀. ㊤ 밉다, 추(醜)하다.

아리랑
음악 후렴구에 '아리랑'이라는 가사가 들어간 우리나라의 민요. '아리랑 타령'의 준말.

아리송-하다 [be ambiguous]
비슷비슷한 것이 뒤섞여 있어 분간하기 어렵다. ¶아버지는 내 질문에 아리송하게 대답했다. ㊥ 알쏭달쏭하다.

아리아 {이 aria}
음악 오페라 등에서 악기의 반주가 있는, 길고도 서정적인 내용의 독창곡. ¶그녀는 이탈리아어로 아리아를 불렀다.

아릿-하다 [be tingling]
조금 아린 느낌이 있다. ¶생마늘을 먹었더니 혀끝이 아릿하다.

아마 [maybe]
확실히 단정할 수는 없지만. ¶그는 아마 떠났을 것이다.

▸ 아마-도
'아마'의 강조어. ¶아마도 그가 돌아왔을 것이다.

아마추어 {영 amateur}

취미로 문학·학문·예술·기술·스포츠 등을 즐기는 사람. ¶아마추어 선수 / 아마추어 축구단. [반] 프로(pro).

아메바 {영 amoeba}
[생물] 단세포의 원생동물(原生動物). 형태가 일정하지 않으며, 위족(僞足)을 내밀어 기어 다니면서 먹이를 싸서 흡수한다.

아몬드 {영 almond}
[식물] 장미과의 낙엽 교목. 열매의 살은 먹고 씨는 약으로 쓴다.

아:무 [any]
❶어떤 사물이든지 꼭 지정하지 않고, 감추어 이르거나 가정하여 이를 때 쓰는 말. ¶아무 때나 오세요 / 아무도 전화를 받지 않는다. ❷'아무런·어떠한'의 뜻. ¶그는 하루 종일 아무 말도 하지 않았다.

▸아:무-개
어떤 사람을 구체적인 이름 대신 이르는 인칭 대명사. ¶김 아무개.

▸아:무-것
특별히 정해지지 않은 어떤 것 일체. ¶하루 종일 아무것도 먹지 못했다.

▸아:무-짝
아무 방면. ¶아무짝에도 쓸모가 없다.

▸아:무-쪼록
될 수 있는 대로. 모쪼록. ¶아무쪼록 몸조심하세요. [비] 부디, 제발.

아:무래도 [by all manner of means]
아무리 생각해 보아도. 또는 아무리 이리저리 하여 보아도. ¶아무래도 소나기가 올 것 같다.

아:무렇다 [anyhow]
❶아무 모양·아무 형편·아무 정도 또는 아무 조건으로 되어 있다. ¶숙제를 아무렇게나 하다. ❷'전혀 어떠한'의 뜻으로 쓰는 말. '아무러하다'의 준말. ¶아무런 문제가 되지 않는다.

아:무러면 [certainly]
사정이나 처지가 아주 나빠져도. ¶아무러면 서희가 그런 일을 했을까!

아:무렴 [certainly]
말할 것도 없이 그렇다는 뜻. ¶아무렴, 그렇고말고!

아:무리 [no matter how]
자꾸. 거듭. ¶아무리 자세하게 설명을 해도 그는 못 알아들었다.

아:무튼 [anyway]
의견이나 일의 성질, 형편, 상태 따위가 어떻게 되어 있든. ¶아무튼 나는 가지 않겠다. [비] 어쨌든, 하여튼.

아물-거리다 [ambiguously]
❶말이나 행동 따위를 시원스럽게 하지 못하고 꼬물거리다. ¶그렇게 아물거리다가 지각하겠다. ❷정신이 자꾸 희미해지다. ¶오래되어 그녀의 모습이 아물거린다. [비] 아물아물하다.

아물다 [be healed]
부스럼이나 상처가 나아 맞붙다. ¶베인 상처는 쉽게 아물지 않는다.

아물아물-하다
작거나 희미한 것이 보일 듯 말듯 하게 조금씩 자꾸 움직이는 모양. ¶마을엔 아물아물 저녁 연기가 피어올랐다.

아미노-산 (amino酸, 산소 산)
[화학] 한 개의 질소 원자와 두 개의 산소 원자로 이루어진 염기성 물질인 아미노(amino)기와 산성(酸性)이 결합된 유기 화합물. 산, 알칼리와 염을 만드는 양성 물질로, 천연으로는 단백질의 가수 분해로 얻을 수 있다.

아바-마마 (—媽媽, 어머니 마)
[my father the King]
임금·임금의 아들딸이 그 아버지를 일컫던 말.

아방-궁 阿房宮 | 언덕 아, 방 방, 집 궁
[pleasure dome]
❶[역사] 중국 진(秦)나라 시황제가 기원전 212년에 지금의 서안시(西安市) 아방촌(阿房村)에 세운 궁전(宮殿). ❷지나치게 크고 화려한 집을 비유하여 이르는 말.

¶그 집은 아방궁 못지않게 으리으리하다.

아버-님 [father]
❶'아버지'의 높임말. ❷'시아버지'나 '장인'의 높임말. ㊟ 어머님.

아버지 (父, 아버지 부)
[father; my husband]
자기를 낳아 준 남자를 이르거나 부르는 말. ㊥ 부친(父親). ㊟ 어머니.

아범 [your father]
❶윗사람이 자식 있는 남자를 친근히 일컫는 말. ¶아범은 우리 집안의 기둥일세. ❷자식을 낳은 뒤에, 며느리가 시부모에게 자기 남편을 가리키는 말. ¶아버님, 아범이 요즘 일이 바쁜가 봐요. ㊥ 아비. ㊟ 어멈.

아부 阿附 | 언덕 아, 붙을 부 [flatter]
❶ 속뜻 언덕[阿]에 바짝 달라붙음[附]. ❷ 남의 비위를 맞추어 알랑거림. ¶그는 아부 근성이 있다. ㊥ 아첨(阿諂).

아비 [father]
❶'아버지'의 낮춤말. ❷자식이 있는 아들을 그의 부모가 부르거나 이르는 말. ¶아비야, 이리 좀 건너오너라. ㊥ 아범. ㊟ 어미.

아비-규환 阿鼻叫喚 | 언덕 아, 코 비, 부르짖을 규, 부를 환 [agonizing cries]
❶ 속뜻 '지옥'을 뜻하는 산스크리트어 'Avici'의 한자음역어 '아비'(阿鼻)와 'raurava'의 한자의역어 '규환'(叫喚)을 합한 말. ❷ 불교 여러 사람이 비참(悲慘)한 지경(地境)에 처하여 그 고통(苦痛)에서 헤어나려고 비명을 지르며 몸부림침을 형용(形容)해 이르는 말. ¶사고 현장은 그야말로 아비규환이었다.

아빠 [daddy]
어린아이의 말로, '아버지'를 이르는 말. ¶아빠, 사랑해요. ㊟ 엄마.

아뿔싸 [Oops]
잘못되거나 언짢은 일을 뉘우쳐 깨달았을 때 내는 소리. ¶아뿔싸, 필통을 안 가져왔네. ㊥ 아차, 아이쿠.

아사달 阿斯達 | 언덕 아, 이 사, 이를 달
역사 단군이 고조선을 개국할 때의 도읍. 평양 부근의 백악산 또는 황해도 구월산이라고 한다. '아침 해가 비치는 곳'이란 뜻의 토박이말을 소리가 비슷한 한자로 옮겨 쓴 말.

아삭-아삭 [crunching]
연하고 싱싱한 과일이나 채소 따위를 보드랍게 베어 물 때 자꾸 나는 소리. ¶민서는 오이를 아삭아삭 맛있게 먹고 있다.

아서라 [Quit]
해라할 자리에 그리 말라고 금하는 말. ¶아서라, 그래 봤자 마찬가지다.

아성 牙城 | 어금니 아, 성곽 성
[inner citadel]
❶ 속뜻 어금니[牙]처럼 가장 안쪽에 있는 성(城). ❷우두머리 장수가 거처하던 성. ¶적군의 아성을 공격하다. ❸아주 중요한 근거지를 비유하여 이르는 말. ¶한 순간의 실수로 수십 년 쌓아 온 그의 아성이 무너졌다.

아세톤 {영 acetone}
화학 독특한 냄새가 나고 휘발성이 있는 무색투명한 액체. 페인트나 합성 고무로 만든 풀 따위를 엷게 하든가 지우는 데 쓴다.

아수라 阿修羅 | 언덕 아, 닦을 수, 새그물 라
불교 산스크리트어 'Asura'의 한자 음역어. 얼굴이 셋이고 팔이 여섯인 귀신으로, 악귀의 세계에서 싸우기를 좋아한다.

▸**아수라-장 阿修羅場** | 마당 장
❶ 불교 아수라왕(阿修羅王)이 제석천(帝釋天)과 싸운 마당[場]. ❷싸움이나 그 밖의 다른 일로 큰 혼란에 빠진 곳. 또는 그런 상태. ¶교실은 순식간에 아수라장으로 변했다. ㊥ 수라장.

아쉬움 [regret]
아쉬워하는 마음. ¶아쉬움이 남지 않도록

최선을 다해라.

아쉽다 [miss]
❶필요할 때 없거나 모자라서 안타깝고 만족스럽지 못하다. ¶당장 단돈 백 원이 아쉽다. ❷미련이 남아 서운하다. ¶친구와 헤어지기 아쉽다.

비슷한 듯 다른 말	➲ 아깝다

아스라-하다 [be far off; be dim]
❶아슬아슬하게 높거나 까마득하게 멀다. ¶아스라한 절벽 꼭대기 / 아스라이 보이는 산기슭. ❷기억이나 소리가 분명하지 않고 희미하다. ¶지난날의 기억이 아스라하게 떠올랐다 / 그날의 기억은 아스라이 사라졌다.

아스팔트 {영 asphalt}
화학 석유 중에 포함된 고체 또는 반고체의 탄화수소. 점착성·방수성·전기 절연성이 강하여 도로포장·건축 재료·전기 절연 등에 이용된다.

아스피린 {독 aspirin}
약학 해열제의 하나. '아세틸살리실산'의 상품명이다.

아슬아슬-하다 [dangerous; risky]
매우 위태로운 고비를 당하여 몸에 소름이 끼치게 두려움을 느끼다. ¶우리 팀은 아슬아슬하게 이겼다.

아시아 {영 Asia}
지리 6대주의 하나. 동반구 북부에 있으며, 서쪽은 유럽과 접한다. 세계 육지의 3분의 1을 차지한다. ¶한국은 아시아에 위치해 있다.

▸아시아 경ː기 대ː회 (Asia競技大會, 겨룰 경, 재주 기, 큰 대, 모일 회)
운동 아시아(Asia) 여러 나라의 우호 증진과 평화를 목적으로 열리는 운동 경기 대회(競技大會). 1951년 이후로 4년에 한 번씩 국제 올림픽 대회의 중간 해에 개최한다.

아시안 게임 {영 Asian game}
운동 아시아(Asia) 경기 대회[game]. ¶그는 아시안 게임에서 금메달을 땄다.

아ː씨 [madam]
아랫사람들이 젊은 부녀자를 높여 부르는 말.

아-아 [oh-oh]
❶의외의 일을 당했을 때 내는 소리. ¶아아, 이게 무슨 일이지? ❷감격·탄식할 때 내는 소리. ¶아아, 아름다워라!

아ː악 雅樂 | 고울 아, 음악 악 [classical court music]
❶ 속뜻 우아(優雅)한 음악(音樂). ❷ 음악 우리나라에서 의식 따위에 정식으로 쓰던 음악. 고려 예종 때 중국 송나라에서 들여온 것을 조선 세종이 박연에게 명하여 새로 완성시켰다.

아야 [ouch]
아파서 내는 소리. ¶아야, 아파!

아양 [coquetry]
귀염을 받으려고 알랑거리는 몸짓이나 말. ¶아양을 떨다. ㊥ 애교(愛嬌).

아역 兒役 | 아이 아, 부릴 역 [child actor]
연극이나 영화에서 어린이[兒]가 맡은 역(役). 또는 그 역을 맡은 배우. ¶아역 배우.

아연[1] 亞鉛 | 버금 아, 납 연 [zinc]
❶ 속뜻 완전한 납에 버금가는[亞] 납[鉛]. ❷ 화학 질(質)이 무르고 광택이 나는 푸른 빛을 띤 은백색의 금속 원소. 납 함량이 99.9%이다.

아연[2] 啞然 | 벙어리 아, 그러할 연 [be stunned by]
너무 놀라거나 어이가 없어서 또는 기가 막혀서 입을 딱 벌리고 말을 못하는[啞] 그런[然] 모양. ¶그들은 뜻밖의 재난에 아연할 뿐이었다.

▸아연-실색 啞然失色 | 잃을 실, 빛 색
뜻밖의 일로 크게 놀라 말문이 막힐 정도이고[啞然] 원래의 얼굴빛[色]을 잃어[失] 하얗게 될 정도임. 매우 크게 놀람. ¶우리는 그의 사고 소식을 듣고 아연실색했다.

아ː-열대 亞熱帶 | 버금 아, 더울 열, 띠 대 [subtropical zones]
❶ 속뜻 열대(熱帶)에 버금가는[亞] 지대. ❷ 지리 열대(熱帶)와 온대(溫帶)의 중간 지대. 대체로 남북 위도 각각 20~30도 사이의 지대로 건조 지역이 많다. ¶사하라 사막은 아열대이다.

아예 [never]
❶애초부터. 당초부터. ¶지키지 못할 약속은 아예 하지 마라. ❷절대로. ¶아예 그런 짓은 하지 말거라.

아우 (弟, 아우 제) [man's younger brother; junior]
❶형제 중에서 나이가 적은 사람. ❷나이가 든 친한 남자나 여자끼리의 사이에서 자기보다 나이가 적은 사람. ㊐ 동생. ㊥ 언니, 형(兄).

♣ 아우 / 동생(同生)

◎ 네가 형으로서 네 아우를 = 동생을 보살펴야 한다.
○ 나는 남동생이 한 명 있다.
× 나는 남 아우가 한 명 있다.
○ 아우야, 잘 따라오너라.
× 동생아, 잘 따라오너라.

아우르다 [put together]
여럿이 조화되어 한 덩어리나 한 판이 되게 하다. ¶언니와 나는 돈을 아울러서 부모님 선물을 준비했다.

아우성 (–聲, 소리 성) [shouting]
여럿이 기세를 올리며 악을 써 지르는 소리[聲]. 여럿이 뒤섞여 부르짖는 소리. ¶배 고픈 아이들이 아우성을 친다.

아욱 [mallow]
식물 밭에 재배하여, 연한 줄기와 잎은 국으로 끓여먹는 풀.

아울러 [in addition]
그것과 함께. 그에 덧붙여. ¶감사의 뜻을 표하며 아울러 한 가지 부탁을 드리려고 합니다.

아웃 {영 out}
운동 ❶테니스·탁구·배구 등의 구기(球技)에서, 일정한 선 밖으로 공이 나가는 일. ❷야구에서, 타자나 주자가 공격할 자격을 잃는 일. ㊥ 인(in), 세이프(safe).

아유
❶뜻밖에 일어난 일에 대한 놀라움을 나타내는 소리. ¶아유, 깜짝이야. ❷아주 반갑거나 좋아서 어쩔 줄 모를 때 내는 소리. ¶아유, 정말 잘했구나.

아이[1] (童, 아이 동; 兒, 아이 아) [kid]
❶나이가 어린 사람. ¶아이가 참 똑똑하다. ❷'자식'의 속칭. ¶우리 집 아이가 창문을 깼다고요? ㊟ 애.

아이[2]
❶남에게 무엇을 조르거나 마음에 내키지 않을 때 내는 소리. ¶아이, 너도 참! ❷'아이고'의 준말. ¶아이, 깜짝이야.

아이고 [Oh]
❶반갑거나 좋을 때 내는 소리. ¶아이고, 정말 고맙구나. ❷아프거나 힘들거나 놀라거나 원통하거나 기막힐 때 내는 소리. ¶아이고, 허리야.

▸ 아이고-머니
'아이고'보다 느낌이 더 깊고 간절할 때 내는 소리. ¶아이고머니, 이 일을 어쩌나.

아이디어 {영 idea}
어떤 일에 대한 구상. ¶기발한 아이디어를 냈다. ㊐ 창안(創案), 창의(創意).

아이보리 {영 ivory}
코끼리 엄니를 구성하는 하얀빛을 띤 노란색. ¶그녀는 아이보리 색의 코트를 입었다. ㊐ 상아(象牙).

아이스-케키
꼬챙이를 끼워 만든 얼음과자. 영어의 'ice'와 'cake'를 붙여 만든 말이다.

아이스-크림 {영 ice cream}
우유·달걀·향료·설탕 따위를 섞은 물을

크림(cream) 모양으로 얼린[ice] 과자. ¶아이스크림을 많이 먹으면 배가 아프다.

아이스-하키 {영 ice hockey}
운동 얼음[ice]판에서 6명씩의 경기자가 스케이트를 타고 하는 하키(hockey). ¶오빠는 아이스하키 선수이다. ㊐ 하키, 빙구(氷球).

아이엠에프 {영 IMF}
❶ 속뜻 '국제[International] 통화[Monetary] 기금[Fund]'의 약자. ❷ 경제 1947년 3월에 설립한 국제 연합의 전문 기관의 하나. 브레턴우즈 협정에 따라 가맹국의 출자로 공동의 기금을 만들어, 각국이 이용하도록 함으로써 외화 자금의 조달을 원활히 하고, 나아가서는 세계 각국의 경제적 번영을 도모하기 위하여 설립한 국제 금융 결제 기관이다.

아이코 [Oh]
아프거나 힘들거나 놀라거나 원통하거나 기막힐 때 내는 소리. '아이고'보다 거센 느낌을 준다. ¶아이코, 다리야, 잠깐 쉬었다 가자.

아이콘 {영 icon}
컴퓨터에 제공하는 명령을 문자·그림으로 나타낸 것. 마우스·라이트 펜으로 그림을 선택하여 명령을 실행한다.

아이큐 {영 IQ}
❶ 속뜻 '지능[Intelligence] 지수[Quotient]'의 약자. ❷지능을 나타내는 점수. 지능 검사에서 나온 수치를 실제 연령으로 나눈 다음 100을 곱해 얻는다. ¶그 아이는 아이큐가 153이다. ㊐ 지능 지수(知能指數).

아작-아작 [crunch]
조금 단단한 물건을 깨물어 바스러뜨릴 때 잇달아 나는 소리. ¶말이 당근을 아작아작 씹어 먹는다.

아장-아장 [with toddling steps]
키가 작은 사람이나 짐승이 이리저리 찬찬히 걷는 모양. ¶아이가 아장아장 걷는다.

아쟁 牙箏 | 어금니 아, 쟁 쟁
❶ 속뜻 어금니[牙] 모양의 장식이 달린 현악기[箏]. ❷ 음악 7현으로 된 우리나라 현악기의 하나. 활로 줄을 문질러 연주한다. ¶아쟁으로 '아리랑'을 연주한다.

아저씨 [uncle]
❶부모와 같은 항렬의 남자. 아버지의 친형제를 제외한다. ❷친척 관계가 아닌 남자 어른을 정답게 부르는 말. ¶옆집 아저씨가 지붕을 고쳐주셨다. ㊥ 아주머니.

아전 衙前 | 관청 아, 앞 전
[petty town official]
❶ 속뜻 관아(官衙)의 앞[前]. ❷ 역사 조선 시대에 중앙과 지방의 관아에서 일하는 관리. 이들의 사무실이 정청(正廳)의 앞에 따로 있던데서 이름이 유래하였다.

아주 [very; perfectly]
❶매우. 썩. ¶아주 마음에 들어요. ❷완전히. 전혀. ¶아주 딴판이다. ❸영영. 영원히. ¶그는 아주 가 버렸다.

♣ 아주 / 몹시

◎ 어제는 아주 = 몹시 추웠다.

○ 그녀는 아주 가 버렸다.
× 그녀는 몹시 가 버렸다.

○ 비가 몹시 내린다.
× 비가 아주 내린다.

아주머니 [aunt]
❶부모와 같은 항렬인 여자. ❷친척이 아닌 기혼 여성을 높여 정답게 부르는 말. ¶주인 집 아주머니가 쌀을 꾸어주었다. ㊥ 아저씨.

아줌마 [aunt]
아주머니를 홀하게 또는 친숙하게 일컫는 말.

아지랑이 [shimmer of the air]
봄날 햇빛이 강하게 내리쬘 때 공기가 공

중에서 아른아른 움직이는 현상. ¶아지랑이가 피어오르다.

아직 [still]
❶때가 되지 않았거나, 미처 이르지 못한 상태임을 나타내는 말. ¶동생은 유치원에서 아직 돌아오지 않았다. ❷지금도 전과 같은 상태임을 나타내는 말. ¶아직 눈이 내리고 있다. [반] 벌써, 이미.

▸아직-껏
아직까지. ¶아직껏 가 본 적이 없다.

아:집 我執 | 나 아, 잡을 집 [egotism]
자기[我] 중심의 좁은 생각에 집착(執着)하여 다른 사람의 의견이나 입장을 고려하지 않고 자기만을 내세우는 것. ¶아집에 빠지면 남을 생각하지 못한다.

아:쭈
남의 잘난 체하는 말이나 행동을 비웃는 뜻으로 하는 말. '아주'보다 센 느낌을 준다. ¶아쭈, 제법인데!

아찔-하다 [be dizzy]
갑자기 정신이 아득하고 어지럽다. ¶옥상 위에서 밑을 내려다보니 눈앞이 아찔했다.

아차 [oh, my]
잘못된 것을 깨달을 때에 선뜻 나오는 소리. ¶아차, 깜박했군.

아첨 阿諂 | 언덕 아, 알랑거릴 첨 [flatter]
언덕[阿]에 기대듯이 남에게 기대어 비위를 맞추고 알랑거림[諂]. ¶남에게 하면 아첨이고 자기에게 하면 충성이라 하는 경향이 있다. [비] 아부(阿附).

아치 {영 arch}
[건설] 건축물에서 서로 떨어져 있는 두 기둥이나 벽의 위의 끝을 둥글게 이어 그 위의 무게를 떠받치는 부분. 활이나 무지개같이 한가운데는 높고 길게 굽은 형상이다. ¶그 다리는 아치 모양으로 되어 있다.

아침 (朝, 아침 조; 旦, 아침 단) [morning; breakfast]
❶날이 새면서 오전 반나절쯤까지의 동안. ¶아침이 밝아 오다. ❷'아침밥'의 준말. ¶아침을 먹고 떠났다. [비] 조조(早朝), 조반(朝飯), 조식(早食). [반] 저녁.

▸아침-밥
아침때에 끼니로 먹는 밥. ¶아침밥을 짓다. [준] 아침. [비] 조반(朝飯), 조식(朝食).

▸아침-거리
아침 끼니를 만들 거리.

▸아침-저녁
아침과 저녁. ¶아침저녁으로 쌀쌀하다.

아카시아 {영 acacia}
[식물] '아까시나무'를 일상적으로 이르는 말.

아코디언 {영 accordion}
[음악] 주름상자를 갖춘 네모진 상자 모양의 풀무에 건반 장치가 있어, 주름상자를 신축시키고 건반을 눌러 연주하는 악기. ¶할아버지가 아코디언을 연주하신다. [비] 손풍금.

아크릴 {영 acryl}
[화학] 아크릴산이나 메타크릴산 또는 그 유도체의 중합으로 만들어지는 합성수지를 통틀어 이르는 말. 항공기나 자동차의 유리, 건축 재료, 장신구, 의치 따위에 쓴다.

▸아크릴-판 (acryl板, 널빤지 판)
아크릴(acryl)로 만든 판(板).

아토피성 피부염 (atopy性皮膚炎, 성질 성, 겉 피, 살갗 부, 염증 염) [atopic dermatitis]
[의학] 어린아이의 팔꿈치나 오금의 피부가 두꺼워지면서 까칠까칠해지고 몹시 가려운 증상을 나타내는 특성(特性)을 보이는 피부염(皮膚炎).

아틀리에 {프 atelier} [studio]
화가나 조각가의 작업실. ¶아틀리에가 늘어선 골목.

아파트 [apartment house]
5층 이상의 한 채의 건물 안에 여러 세대가 살게 된 임대용 또는 분양용 건물. ¶공터에 아파트를 짓다.

아파-하다 [express pain]
아픔을 느껴 괴로워하다. ¶그는 나의 성공을 배 아파했다.

아편 阿片 | =鴉片, 언덕 아, 조각 편 [opium]
약학 영어 'opium'의 한자 음역어. 덜 익은 양귀비 열매에 상처를 내어 흘러나온 진(津)을 굳혀 말린 고무 모양의 흑갈색 물질. 진통제·마취제·지사제 따위로 쓰이는데, 습관성이 강한 중독을 일으키므로 약용 이외의 사용을 법으로 금하고 있다.
▶ 아편 전:쟁 阿片戰爭 | 싸울 전, 다툴 쟁
역사 1840년 청(靑)나라와 영국(英國) 사이에 아편(阿片) 문제로 일어난 전쟁(戰爭). 1842년에 청나라가 패하여 난징 조약을 맺으며 끝이 났다.

아폴론 {영 Apollon}
문학 그리스 신화에서 올림포스 십이 신 가운데 하나. 제우스와 레토의 아들로 예언, 의료, 궁술, 음악, 시의 신이다. 로마 신화의 아폴로에 해당한다.

아프다 (痛, 아플 통) [painful; ache]
❶몸에 이상이 생겨 통증이 있거나 괴롭다. ¶배가 아프다. ❷마음이 괴롭고 쓰리다. ¶가슴 아픈 기억.

♣ 아프다 / 앓다

◎ 나는 3주 동안 심하게 아팠다 = 앓았다.
○ 나는 아파서 학교에 못 갔다.
× 나는 앓아서 학교에 못 갔다.
○ 감기를 앓다.
× 감기를 아프다.

비슷한 듯 다른 말 ➲ 괴롭다

아픔 [pain]
육체적으로나 정신적으로 느끼는 고통. ¶이별의 아픔.

아하 [My goodness]
미처 생각지 못한 일을 깨달아 느낄 때 내는 소리. ¶아하, 그렇구나!

아홉 (九, 아홉 구) [nine]
여덟보다 하나 많은 수. ¶아홉 명. ㊥ 구(九).

아:-황산 亞黃酸 | 버금 아, 누를 황, 산소 산 [sulfurous acid]
❶ 속뜻 황산(黃酸)에 버금가는[亞] 액체. ❷ 화학 이산화황(二酸化黃)을 물에 녹여서 만든 액체. 이산화황보다는 약한 산성(酸性)을 지니며, 산소나 과산화수소 등에 산화되어 황산(黃酸)이 된다.
▶ 아:황산-가스 (亞黃酸gas)
화학 황이나 황의 화합물[亞黃酸]을 태울 때 생기는 독성이 있는 무색의 기체[gas]. 자극적인 냄새가 나며, 산성비의 원인이 되는 공해 물질이다.

아흐레 [nine days]
아홉 날. ㊥ 구일(九日).

아흔 [ninety]
열의 아홉 배가 되는 수. 90. ¶할머니는 아흔이 넘어도 건강하시다. ㊥ 구십(九十).

악[1] [desperation]
있는 힘을 다하여 모질게 마구 쓰는 기운. ¶악에 바치다 / 악을 쓰다.

악[2] 惡 | 악할 악 [evil]
인간의 도덕적 기준에 어긋나 나쁨. 또는 그런 것. ¶선과 악. ㊤ 선(善).

악곡 樂曲 | 음악 악, 노래 곡 [musical composition]
음악 음악(音樂)의 곡조(曲調). 곧 성악곡, 기악곡, 관현악곡 따위를 통틀어 이르는 말이다.

악공 樂工 | 음악 악, 장인 공 [court musician]
❶ 음악 음악(音樂)을 연주하는 사람[工]. ¶악공은 왕자를 대신해서 공주에게 노래를 불러주었다. ❷ 역사 조선 시대에 궁정의 음악 연주를 맡아 하던 사람.

악귀 惡鬼 | 악할 악, 귀신 귀 [evil spirit; demon]
❶ 속뜻 악독(惡毒)한 귀신(鬼神). ❷악독한 행동을 하는 사람을 속되게 이르는 말.

악기 樂器 | 음악 악, 그릇 기 [musical instrument]
음악 음악(音樂)을 연주하는 데 쓰는 기구(器具)를 통틀어 이르는 말. ¶아빠는 여러 가지 악기를 다루신다.

악-기류 惡氣流 | 나쁠 악, 공기 기, 흐를 류 [turbulent air]
지리 순조롭지 못한[惡] 대기(大氣)의 흐름[流]. ¶악기류로 인해 비행기가 흔들렸다.

악단 樂團 | 음악 악, 모일 단 [orchestra]
음악 음악(音樂)을 연주하기 위해 모인 단체(團體). ¶막이 오르자 악단은 모차르트의 교향악을 연주했다.

악당 惡黨 | 악할 악, 무리 당 [villain]
❶ 속뜻 악(惡)한 사람의 무리[黨]. ❷나쁜 짓을 일삼는 사람. ⓗ 악한(惡漢).

악대 樂隊 | 음악 악, 무리 대 [musical band]
음악 기악(器樂)을 연주하는 합주대(合奏隊). 주로 취주악의 단체를 이른다.

악독 惡毒 | 악할 악, 독할 독 [vicious]
마음이 흉악(凶惡)하고 독살(毒煞)스러움. ¶장희빈은 악독한 짓을 서슴지 않았다.

악동 惡童 | 나쁠 악, 아이 동 [bad boy]
❶ 속뜻 행실이 나쁜[惡] 아이[童]. ❷장난꾸러기. ¶어릴 때 그는 악동이었다.

악랄 惡辣 | 악할 악, 매울 랄 [be vicious]
악독(惡毒)하고 신랄(辛辣)함. 악하고 잔인함. ¶악랄한 범죄를 저지르다.

악마 惡魔 | 나쁠 악, 마귀 마 [devil]
❶ 속뜻 나쁜[惡] 짓을 하는 마귀[魔]. ❷ 불교 사람의 마음을 홀려 제정신을 차리지 못하게 하고 불도 수행을 방해하여 악한 길로 유혹하는 것. ⓗ 마귀(魔鬼). ⓑ 천사(天使).

악명 惡名 | 악할 악, 이름 명 [notoriety]
악(惡)하다는 소문이나 평판[名]. ¶그는 변덕스럽기로 악명이 높다.

악몽 惡夢 | 나쁠 악, 꿈 몽 [nightmare]
나쁜[惡] 꿈[夢]. 불길하고 무서운 꿈. ¶악몽을 꾸다. ⓑ 길몽(吉夢).

악-물다 [clench]
매우 성이 나거나 아플 때, 또는 단단히 결심할 때에 아래위 이를 꽉 물다. ¶나는 이를 악물고 참았다.

악법 惡法 | 나쁠 악, 법 법 [bad law]
사회에 해를 끼치는 나쁜[惡] 법규나 제도[法]. ¶악법도 법이다.

악보 樂譜 | 음악 악, 적어놓을 보 [music]
음악 음악(音樂)의 곡조를 일정한 기호를 써서 적어놓은 것[譜].

악사 樂士 | 음악 악, 선비 사 [musician]
음악 악기로 음악(音樂)을 연주하는 사람[士].

악상 樂想 | 음악 악, 생각 상 [melodic motif]
음악(音樂)의 주제, 구성, 곡풍(曲風) 따위에 대한 생각이나 착상(着想). ¶악상이 떠오르다.

악성 惡性 | 악할 악, 성질 성 [malignancy]
❶ 속뜻 악(惡)한 성질(性質). ❷어떤 병이 고치기 어렵거나 생명을 위협할 정도로 심함. ¶악성 빈혈 / 악성 종양. ⓑ 양성(良性).

악센트 {영 accent}
언어 말 가운데의 어떤 음절 또는 글 가운데의 어떤 말을 강세(強勢)·음조(音調)·음의 길이 등의 수단으로 높이거나 힘주는 일. 또는 그 부호.

*__악수__ 握手 | 쥘 악, 손 수 [shake hands]
손[手]을 마주 잡아 쥠[握]. 주로 인사, 감사, 친애, 화해 따위의 뜻을 나타내기 위하

여 오른손을 잡는다. ¶악수를 나누다 / 악수를 청하다.

악어 鰐魚 | 악어 악, 물고기 어 [crocodile]
동물 도마뱀과 비슷하지만, 굉장히 큰 파충류 동물.

악역 惡役 | 악할 악, 부릴 역 [villain's character]
놀이, 연극, 영화 따위에서 악인(惡人)으로 연기하는 배역(配役). ¶그는 매번 악역을 맡는다.

악-영향 惡影響 | 나쁠 악, 그림자 영, 울림 향 [bad influence]
다른 것에 미치는[影響] 나쁜[惡] 어떤 사물의 효과나 작용. ¶불량 식품은 아이들의 건강에 악영향을 미친다.

악용 惡用 | 나쁠 악, 쓸 용 [abuse]
알맞지 않게 쓰거나 나쁜[惡] 일에 씀[用]. ¶권력의 악용 / 남의 이름을 악용하다. ⓑ 선용(善用).

악의 惡意 | 악할 악, 뜻 의 [evil intention]
❶ 속뜻 악(惡)한 마음[意]. ❷좋지 않은 뜻. ¶그의 말에는 악의가 없었다. ⓑ 선의(善意), 호의(好意).

▸ 악의-적 惡意的 | 것 적
남을 해롭게 하려는 마음[惡意]을 가지고 하는 것[的]. ¶악의적인 글.

악인 惡人 | 악할 악, 사람 인 [bad man]
악(惡)한 사람[人]. ⓑ 선인(善人), 호인(好人).

악장 樂章 | 음악 악, 글 장 [chapter]
❶ 속뜻 음악(音樂)의 한 단락[章]. ❷ 음악 소나타나 교향곡, 협주곡 따위에서 여러 개의 독립된 소곡(小曲)들이 모여서 큰 악곡이 되는 경우 그 하나하나의 소곡. ¶교향곡은 대개 4악장으로 되어 있다.

악-조건 惡條件 | 나쁠 악, 가지 조, 구분할 건 [handicap]
나쁜[惡] 조건(條件). ¶여러 가지 악조건에도 불구하고 뛰어난 성과를 올렸다.

악질 惡質 | 악할 악, 바탕 질 [evil nature]
못되고 악(惡)한 성질(性質). 또는 그 성질을 가진 사람. ¶악질 상인.

악착 齷齪 | 깨물 악, 깨물 착 [unyieldingly]
❶ 속뜻 어금니를 꽉 깨묾[齷=齪]. ❷일을 해 나가는 태도가 매우 모질고 끈덕짐. 또는 그런 사람. ¶악착을 부리다. ❸매우 모질고 끈덕지게. ¶악착같이 공부해서 드디어 법관이 되었다.

악취 惡臭 | 나쁠 악, 냄새 취 [bad smell]
나쁜[惡] 냄새[臭]. ¶화장실에서 악취가 난다. ⓑ 향기(香氣).

악-하다 (惡―, 악할 악) [evil]
성질이 나쁘고[惡] 독하다. ¶악한 짓을 하다. ⓑ 나쁘다, 모질다. ⓑ 선(善)하다, 어질다.

악학 樂學 | 음악 악, 배울 학 [musicology]
❶ 속뜻 음악(音樂)에 관한 학문(學問). ❷ 역사 조선 시대에 악공들을 뽑아 훈련하던 관아.

▸ 악학-궤범 樂學軌範 | 법 궤, 법 범
❶ 속뜻 악학(樂學)에 본보기[軌範]가 될 만한 책. ❷ 책명 조선 성종 때, 성현(成俔) 등이 왕명에 따라 펴낸 음악 책. 음악의 원리와 악기에 관한 내용과, 궁중 의식에서 연주하던 음악이 그림으로 풀이되어 있다.

악한 惡漢 | 나쁠 악, 사나이 한 [villain]
나쁜[惡] 짓을 하는 사나이[漢]. ¶갑자기 악한이 나타나 길을 막아섰다.

악화 惡化 | 나쁠 악, 될 화 [change for the worse]
어떤 상태, 성질, 관계 따위가 나쁘게[惡] 변하여 감[化]. ¶병세가 악화되다. ⓑ 호전(好轉).

안[1] (內, 안 내) [inside]
❶사물이 둘러싸인 가에서 가운데로 향한 곳이나 쪽. 또는 그런 곳이나 부분. ¶방

안을 잘 찾아봐. ❷어느 표준 한계에 미치지 못한 정도. ¶성적이 5등 안에 든다. ⓑ 속, 내(內). ⓑ 겉, 밖.

♣ 안¹ / 가운데 비슷한 듯 다른 말

◎ 이것은 안이 = 가운데가 비어 있다.

○ 30분 안에 도착합니다.
× 30분 가운데 도착합니다.

○ 둘 가운데 하나를 선택하다.
× 둘 안에 하나를 선택하다.

비슷한 듯 다른 말 ➲ 속¹

안² [not]
'아니'의 준말. ¶그것은 절대 안 된다.

안:³案 | 생각 안 [proposition]
토의하거나 조사해야 할 사실. 문제가 되어 있는 사실. '안건'(案件)의 준말. ¶오늘 토의해야 할 두 가지 안이 있습니다.

안-간힘 [holding back an urge]
어떤 일을 하려고 대단히 애쓰는 힘. 또는 그런 노력. ¶분을 참느라고 안간힘을 쓰다.

안-감 [cloth for lining]
물건의 안에 대는 물건. ¶치마에 안감을 대다.

안갖춘-꽃 [imperfect flower]
식물 꽃받침, 꽃부리, 수술, 암술 중에서 어느 것을 갖추지 못한 꽃. 오이꽃·튤립 따위. ⓑ 갖춘꽃.

안:개 (霧, 안개 무) [fog]
수증기가 찬 기운을 만나 미세한 물방울이 되어 대기 속을 부유(浮遊)하여 연기처럼 보이는 현상. ¶호수에 안개가 끼다.

▸안:개-꽃
식물 여러 갈래의 잔가지 끝에 자잘한 흰 꽃이 무리 지어 피어 마치 안개 같은 느낌을 주는 꽃.

▸안:개-비
안개처럼 뿌옇게 내리는 가는 비. ¶안개비가 내리다.

안:건 案件 | 생각 안, 것 건 [item]
❶속뜻 더 생각[案]해 보아야 할 것[件]. ❷토의하거나 조사해야 할 사실. ¶별다른 안건이 없어 회의는 일찍 끝났다. ⓒ 안.

안:경 眼鏡 | 눈 안, 거울 경 [glasses]
시력이 나쁜 눈[眼]을 잘 보이도록 눈에 쓰는 거울[鏡]. ¶안경을 쓰다. 속담 제 눈에 안경이다.

▸안:경-점 眼鏡店 | 가게 점
안경(眼鏡)을 팔거나 고쳐 주는 일을 하는 가게[店].

▸안:경-테 (眼鏡―)
안경(眼鏡)알을 끼우는 테두리. ¶까만 색 안경테.

안:과 眼科 | 눈 안, 분과 과 [department of ophthalmology]
의학 눈[眼]에 관계된 질환을 연구하고 치료하는 의학의 한 분과(分科). 또는 병원의 그 부서. ¶안과 의사.

안:구 眼球 | 눈 안, 공 구 [eyeball]
의학 눈[眼] 알[球]. ¶안구 건조증.

안-기다 [be embraced]
❶두 팔을 벌려 끌어 당겨 가슴에 품어지다. ¶엄마 품에 안긴 아이. ❷무엇을 두 팔로 감싸 가슴에 품게 하거나 가지게 만들다. ¶상을 받은 친구에게 꽃다발을 안겨 주었다. ❸감정 등을 품게 하다. ¶희망을 안겨 주다.

안:내 案內 | 알려줄 안, 안 내 [guide; notify]
어떤 내용(內容)을 자세히 알려 줌[案]. 또는 그런 일. ¶안내 말씀 드리겠습니다.

▸안:내-도 案內圖 | 그림 도
안내(案內)하는 내용을 그린 그림[圖]. ¶국립공원 안내도.

▸안:내-문 案內文 | 글월 문
안내(案內)하는 글[文]. ¶안내문을 나눠 주다.

▸안:내-소 案內所 | 곳 소

어떤 사물이나 장소에 부설되어 그 사물이나 장소를 소개하여 알려 주는[案內] 일을 맡아 하는 곳[所].

▸안:내-양 案內孃 | 아가씨 양
예전에, 버스 안에서 버스 요금을 받고 정류장 안내(案內)를 하는 여자[孃].

▸안:내-원 案內員 | 사람 원
안내(案內)하는 임무를 맡아보는 사람[員]. ¶관광 안내원.

▸안:내-자 案內者 | 사람 자
안내(案內)하는 사람[者].

▸안:내-장 案內狀 | 문서 장
어떤 내용을 소개하여 알려 주는[案內] 문서[狀].

▸안:내-판 案內板 | 널빤지 판
어떤 내용을 소개하거나 사정 따위를 알리는[案內] 판(板). ¶공사 안내판.

⁑안녕 安寧 | 편안할 안, 편안할 녕 [peace; hello]
❶ 속뜻 편안(便安)하고 강녕(康寧)함. 아무 탈 없이 편안함. ¶부모님은 모두 안녕하십니까? / 안녕히 주무셨어요? ❷만나거나 헤어질 때 건네는 반말의 인사. ¶안녕, 또 보자.

안:다 (抱, 안을 포) [hug]
❶두 팔을 벌려 가슴 쪽으로 끌어당기거나 그렇게 하여 품 안에 있게 하다. ¶동생은 잘 때 곰 인형을 안고 잔다. ❷바람이나 비, 눈, 햇빛 따위를 정면으로 받다. ¶바람을 안고 달리다. ❸생각으로서 지니다. ¶슬픔을 안고 떠나다. ⓑ 껴안다, 끌어안다, 포옹(抱擁)하다.

♣ 안다 / 품다

◎ 엄마가 아이를 가슴에 안고 = 품고 있다.
○ 아이가 아빠에게 안아 달라고 칭얼거린다.
× 아이가 아빠에게 품어 달라고 칭얼거린다.
○ 칼을 가슴에 품다.
× 칼을 가슴에 안다.

안다리 걸기
운동 씨름에서, 상대를 앞쪽으로 끌어당긴 다음 오른쪽 다리로 상대의 왼쪽 다리를 안쪽으로 감아 끌어 붙이고 어깨와 가슴으로 상대의 상체를 밀어 넘어뜨리는 재주. ⓑ 안걸이. ⓑ 밭다리 걸기.

안단테 {이 andante}
음악 악보에서, 느리게 연주하라는 말. 모데라토와 아다지오의 중간 속도로, 걷는 정도의 속도이다.

안단티노 {이 andantino}
음악 악보에서, 안단테보다 조금 빠르게 연주하라는 말.

안달 [fretting]
조급히 걱정하면서 속을 태우는 일. ¶아이들은 밖으로 나가고 싶어 안달이 났다. ⓑ 조바심, 안달복달.

안:대 眼帶 | 눈 안, 띠 대 [eye bandage]
눈병이 났을 때 아픈 눈[眼]을 가리는 띠[帶] 모양의 천 조각. ¶결막염에 걸려서 안대를 했다.

안도 安堵 | 편안할 안, 거처할 도 [relief]
❶ 속뜻 편안(便安)히 잘 거처함[堵]. ❷어떤 일이 잘 진행되어 마음을 놓음. ¶안도의 한숨을 쉬다.

안-되다 [be a pity]
❶섭섭하거나 가엾고 애석한 느낌이 있다. ¶그가 사고로 다쳤다니 안됐다. ❷근심·병 따위로 얼굴이 해쓱하거나 여위어 있다. ¶얼굴이 안돼 보인다.

안드로메다 {영 Andromeda}
문학 북쪽 하늘에 보이는 큰 별자리의 하나. 그리스 신화에 나오는 에티오피아의 왕녀의 이름에서 유래했다.

안-뜨기 [purl stitch]
수공 뜨개질에서 코를 안으로만 감아 떠

나가는 대바늘뜨기의 방법.

안락 安樂 | 편안할 안, 즐길 락 [ease; comfort]
몸과 마음이 편안(便安)하고 즐거움[樂].

▸안락-사 安樂死 | 죽을 사
❶속뜻 고통 없이 안락(安樂)하게 죽음[死]. ❷법률 극심한 고통을 받고 있는 불치의 환자에 대하여 본인 또는 가족의 요구에 따라 고통이 적은 방법으로 생명을 단축하는 행위. 위법성에 관한 법적 문제가 야기되는 경우가 있다.

▸안락-의자 安樂椅子 | 기댈 의, 접미사 자
팔걸이가 있고 앉는 자리를 푹신하게 하여 편안하게[安樂] 기대어 앉도록 만든 의자(椅子).

안:마 按摩 | 누를 안, 문지를 마 [massage]
손으로 몸을 누르거나[按] 문지름[摩]. ¶전신 안마 / 할아버지의 어깨를 안마해 드렸다.

▸안:마-기 按摩器 | 그릇 기
안마(按摩)로써 피로를 풀거나 병을 치료하도록 만든 기구(器具). ¶집에서 사용할 수 있는 안마기.

안-마당 [courtyard]
안채에 있는 마당. ¶삼촌댁의 안마당에는 대추나무 한 그루가 있다.

안면 顔面 | 얼굴 안, 낯 면 [face; acquaintance]
❶속뜻 얼굴[顔=面]. ¶그는 안면에 부상을 입었다. ❷서로 얼굴을 알 만한 친분. ¶나는 그와 안면이 있다.

안:목 眼目 | 볼 안, 눈 목 [appreciative eye]
❶속뜻 보는[眼] 눈[目]. ❷사물을 보고 분별하는 견식. ¶그녀는 그림을 보는 안목이 있다.

안-방 (-房, 방 방) [main living room]
집주인이 거처하는 방(房). ¶어머니가 안방에 누워 계신다.

안보 安保 | 편안할 안, 지킬 보 [national security]
❶속뜻 안전(安全)을 보장(保障)함. ❷정치 외부의 위협이나 침략으로부터 국가와 국민의 안전을 지키는 일. '안전보장'의 준말. ¶국가의 안보 문제.

안부 安否 | 편안할 안, 아닐 부 [safety]
어떤 사람이 편안(便安)하게 잘 지내는지 그렇지 않은지[否]에 대한 소식. 또는 인사로 그것을 전하거나 묻는 일. ¶안부를 묻다 / 부모님께 안부 전해 주세요.

안-사람 [one's wife]
'자기 아내'를 낮추어 이르는 말. ¶안사람은 몸이 아파서 참석하지 못했습니다.

안색 顔色 | 얼굴 안, 빛 색 [color of the face; expression]
얼굴[顔]에 나타나는 빛깔[色]이나 표정. ¶안색이 창백하다 / 나는 그 말을 듣고 그의 안색을 살폈다.

안성-맞춤 (安城-, 편안할 안, 성곽 성) [just the thing]
요구하거나 생각한 대로 잘된 물건을 비유적으로 이르는 말. 경기도 안성(安城)에 유기(鍮器)를 주문하여 만든 것처럼 잘 들어맞는다는 데서 유래한다. ¶이 정장이 너한테는 딱 안성맞춤이다.

안시성 싸움 (安市城-, 편안할 안, 도시 시, 성곽 성)
역사 고구려 보장왕 4년(645)에 안시성(安市城)에서 고구려와 당나라 사이에 있었던 싸움. 당나라 태종의 군대를 성주(城主) 양만춘이 물리쳤다.

안식 安息 | 편안할 안, 쉴 식 [rest]
편안(便安)히 쉼[息]. ¶여름휴가 때 그는 고향에서 안식을 취했다.

▸안식-일 安息日 | 날 일
기독교 일을 쉬고[安息] 예배 의식을 행하는 날[日]. 곧 일요일을 이른다. 예수가 일요일 아침에 부활했다는 데서 유래한다.

▸안식-처 安息處 | 곳 처

편히 쉬는[安息] 곳[處]. ¶한강은 겨울 철새들의 안식처이다.

안-심[1] [lean meat of short ribs]
쇠갈비 안쪽 채끝에 붙은 연하고 부드러운 고기. ¶안심 스테이크.

안심[2] **安心** | 편안할 안, 마음 심
[be relieved]
마음[心]을 편안(便安)하게 가짐. ¶나는 그의 전화를 받고 나서야 안심이 되었다. ㊐ 안도(安堵).

안쓰럽다 [be sorry for troubling worse off than oneself]
힘없는 사람이나 손아랫사람의 딱한 형편이 마음에 언짢고 가엾다. ¶그가 혼자서 자식을 키우는 걸 보니 안쓰러웠다.

안:약 眼藥 | 눈 안, 약 약 [eyewash]
약학 눈[眼]병을 고치는 데 쓰는 약(藥).

안이 安易 | 편안할 안, 쉬울 이
[be easygoing]
❶ 속뜻 편안(便安)하여 만사를 쉽게[易] 여기다. ❷충분히 생각함이 없이 적당히 처리하려는 태도가 있다. ¶안이한 태도로는 무엇도 할 수 없다.

안일 安逸 | 편안할 안, 한가할 일
[be idle]
❶ 속뜻 편안(便安)하고 한가로이[逸] 지냄. ❷편안하게만 지내려는 마음이나 태도. ¶무사 안일주의 / 안일한 생활에 빠지다.

안:장 鞍裝 | 안장 안, 꾸밀 장 [saddle]
❶ 속뜻 말, 나귀 따위의 등에 얹어서[鞍] 사람이 타기에 편리하도록 만든[裝] 도구. ❷자전거 따위에 사람이 앉게 된 자리. ¶안장이 딱딱해서 엉덩이가 아프다.

⁑**안전 安全** | 편안할 안, 온전할 전 [safe; secure]
❶ 속뜻 편안(便安)하고 온전(穩全)함. ❷ 위험이 생기거나 사고가 날 염려가 없음. 또는 그런 상태. ¶안전하게 운전하다. ㊥ 위험(危險).

▸ **안전-띠** (安全-)
자동차·항공기 등을 이용할 때 안전(安全)을 지키기 위해, 몸을 좌석에 고정시키는 띠. ¶승객 여러분께서는 안전띠를 매 주십시오.

▸ **안전-선 安全線** | 줄 선
승객의 안전(安全)을 위하여 그어 놓은 선(線). ¶열차가 들어오고 있으니 안전선 안쪽으로 물러나 주십시오.

▸ **안전-성 安全性** | 성질 성
안전(安全)하거나 안전을 보장하는 성질(性質). ¶수입 농산물의 안전성을 검사하다.

▸ **안전-벨트** (安全belt)
안전(安全) 띠[belt].

▸ **안전-사:고 安全事故** | 일 사, 일 고
공장이나 공사장 등에서 안전(安全) 교육을 하지 않거나, 부주의하여 뜻밖에 일어난 불행한 일[事=故].

▸ **안전 보:장 이:사회 安全保障理事會** | 지킬 보, 막을 장, 다스릴 리, 일 사, 모일 회
정치 세계 평화와 안전(安全)을 지키고[保障] 분쟁을 처리하기[理事] 위하여 만든 연합체[會]. 미국, 영국, 러시아, 프랑스, 중국의 5개 상임이사국과 임기 2년의 10개 비상임이사국으로 구성한다.

안절부절-못하다 [be anxious]
마음이 초조하고 불안하여 어쩔 줄 모르다. ¶서희는 거짓말 한 것을 들킬까 봐 안절부절못했다.

안정[1] **安靜** | 편안할 안, 고요할 정
[calm down; rest]
❶ 속뜻 육체적 또는 정신적으로 편안(便安)하고 고요함[靜]. ¶마음의 안정을 되찾다. ❷병을 치료하기 위하여 몸과 마음을 편안하고 고요하게 하는 일. ¶일주일 정도는 안정을 취하셔야 합니다.

⁑**안정**[2] **安定** | 편안할 안, 정할 정
[be stabilized]
편안(便安)하고 일정(一定)한 상태를 유

지함. ¶안정된 직장 / 물가를 안정시키다. ㊥ 불안정(不安定).

▸ **안정-감** 安定感 | 느낄 감
바뀌어 달라지지 않고 일정한 상태를 유지한[安定] 느낌[感]. ¶이 자동차는 커브 길에서도 안정감을 준다.

안주[1]**安住** | 편안할 안, 살 주
[live peacefully]
❶ 속뜻 한곳에 자리를 잡고 편안(便安)히 삶[住]. ¶그는 고향에서 안주하였다. ❷현재의 상황이나 처지에 만족함. ¶현실에 안주하지 않고 부단히 노력하다.

안주[2]**按酒** | 누를 안, 술 주
[side dish taken with alcoholic drinks]
❶ 속뜻 술[酒]을 눌러[按] 주는 음식. ❷술 마실 때 속을 편안히 하기 위해 곁들여 먹는 음식. ¶안주 일체 / 안주를 시키다.

안-주인 (-主人, 주될 주, 사람 인) [lady of the house]
집안의 여자 주인(主人). ㊥ 바깥주인(主人).

안:중 眼中 | 눈 안, 가운데 중 [mind]
❶ 속뜻 눈[眼]의 안[中]. ❷관심이나 의식의 범위 내. ¶그는 자기 밖에는 안중에 없다.

안-지름
수학 안쪽으로 잰 지름. ㊥ 바깥지름.

안-집 [inner building]
한 집에서 여러 가구가 살 때의 주인댁.

안짱-다리 [bowlegs]
두 발끝을 안쪽으로 우긋하게 하고 걷는 사람. 또는 그렇게 휜 다리. ¶안짱다리로 걷다.

안-쪽 [inside]
안으로 향한 부분. ¶옷의 안쪽에 치수가 적혀있다. ㊥ 바깥쪽.

안-채 [main building of a house]
안팎 각 채로 된 집의 안에 있는 집채. ㊥ 바깥채.

안치 安置 | 편안할 안, 둘 치
[lay in state; install; enshrine]
❶ 속뜻 안전(安全)하게 잘 둠[置]. ❷상(像), 위패, 시신 따위를 잘 모셔 둠. ¶병원의 영안실에 시신을 안치하다.

안치다 [prepare for cooking]
찌거나 끓일 물건을 솥·냄비·시루 따위에 넣다. ¶밥을 안치다.

안-치수 (-數, 셀 수) [interior width]
건설 안쪽으로 잰 길이의 치수(數).

안타 安打 | 편안할 안, 칠 타 [hit]
운동 야구에서, 타자가 안전(安全)하게 베이스로 갈 수 있게 공을 치는[打] 일. ¶저 선수가 역전 안타를 쳤다.

안타깝다 [be pitiful]
뜻대로 안 되어 마음이 답답하고 죄이다. ¶이번 경기에서 안타깝지만 우리가 졌다.

안테나 {영 antenna}
물리 라디오·텔레비전 등의 전파를 송·수신하기 위해 공중에 세우는 도선 장치. ¶안테나를 달다.

안-팎 [inside and outside]
❶안과 밖. ¶교실 안팎을 청소하다. ❷약간 웃돌거나 덜한 정도. ¶5살 안팎의 아이. ㊐ 내외(內外).

안:하 眼下 | 눈 안, 아래 하
[under one's eyes]
눈[眼] 아래[下].

▸ **안:하무인** 眼下無人 | 없을 무, 사람 인
❶ 속뜻 눈 아래[眼下]에 다른 사람[人]이 없음[無]. ❷다른 사람을 업신여김. ¶그는 돈 좀 벌더니 안하무인으로 행동한다.

앉다 (坐, 앉을 좌) [sit; alight]
❶엉덩이를 바닥에 붙이고 몸을 편하게 세우다. ¶바닥에 앉다. ❷새나 곤충 또는 비행기 따위가 일정한 곳에 내리다. ¶나비가 꽃잎에 앉다. ❸위치·장소·지위 등을 차지하다. ¶그는 마침내 회장 자리에 앉았다. ㊥ 서다.

앉은-뱅이 [cripple who can only move on his hand's and knees]

일어나 앉기는 하여도 서거나 걷지 못하는 장애인.

앉은-키 [one's sitting height]
허리를 똑바로 펴고 의자에 앉았을 때, 의자 바닥에서 머리끝까지의 높이.

앉-히다 [seat; place]
❶누구를 어디에 앉게 하다. ¶그녀는 아이를 무릎에 앉혔다. ❷어떤 지위를 차지하게 하다. ¶사장에 앉히다.

않다 [do not]
❶어떤 행동을 안 하다. ¶밥을 먹지 않다. ❷앞말이 뜻하는 상태를 부정하는 뜻을 나타내는 말. ¶귀엽지 않다.

알 (卵, 알 란; 丸, 알 환) [egg; grain]
❶생물 새·물고기·벌레 등의 암컷이 배고 낳는 것. 보통 타원형 또는 원형으로, 적당한 조건하에서 새끼가 된다. ¶알을 낳다. ❷열매 등의 낱개. ¶콩 한 알. ❸속이 들어 있거나 박혀 있는 작고 둥근 물체. ¶이 진주 목걸이는 알이 작다.

알갱이 [grain; berry]
❶열매나 곡식 등속의 낱개·낱알. ¶호두 알갱이. ❷작고 동그랗고 단단한 물질. ¶모래 알갱이.

알-거지 [man with no property but his own body]
무일푼이 되어 거지꼴인 사람.

알-곡 (-穀, 곡식 곡)
[pure grain with no grit in it]
쭉정이나 잡것이 섞이지 않은 곡식(穀食). ¶알곡을 고르다.

알:다 (知, 알 지) [know]
❶사물이나 상황에 대한 정보나 지식을 갖추다. ¶단어의 뜻을 정확히 알아야 한다. ❷다른 사람과 사귐이 있거나 만난 적이 있다. ❸능력이나 기술을 가지고 있다. ¶나는 자전거를 탈 줄 안다. ❹소중히 생각하다. ¶그는 자기만 알고 남은 생각지 않는다. ⓑ 모르다. 속담 개도 닷새가 되면 주인을 안다.

알뜰-살뜰 [prudently saving]
살림을 아끼며 정성껏 규모 있게 꾸려 나가는 모양. ¶그녀는 알뜰살뜰 살림을 꾸려간다 / 지혜는 알뜰살뜰하여 시집가면 잘살겠다.

알뜰 시:장 (-市場, 저자 시, 마당 장)
쓰던 물건을 싼값에 사고파는 시장(市場).

알뜰-하다 [frugal; thrifty]
일이나 살림을 정성스럽고 규모 있게 하여 빈 구석이 없다. ¶그녀는 결혼하더니 알뜰하게 돈을 모았다. ⓑ 헤프다.

알랑-거리다
[curry favor with; fawn upon]
교묘한 말을 꾸며 대고 간사하게 아첨하는 짓을 자꾸 하다. ¶그는 윗사람에게 늘 알랑거린다. ⓑ 아부(阿附)하다, 아첨(阿諂)하다.

알량-하다 [petty]
시시하고 보잘것없다. ¶알량한 소리 / 알량한 자존심.

알레그로 {이 allegro}
음악 '빠르고 경쾌하게'의 뜻.

알레르기 {독 Allergie}
의학 어떤 물질의 섭취나 접촉에 대해 체질상 보통 사람과 다른 과민한 반응을 나타내는 일. ¶꽃가루 알레르기.

▶ **알레르기-성** (Allergie性, 성질 성)
의학 알레르기(Allergie)를 잘 일으키는 성질(性質). ¶알레르기성 비염.

알:려-지다
[be known; become famous]
❶어떤 사실을 다른 사람들이 전해 듣고 알게 되다. ¶그 비밀이 모두에게 알려졌다. ❷어떤 사물 또는 사람의 이름, 특징, 업적 따위를 다른 사람들이 널리 알게 되다. ¶그는 세계적으로 잘 알려진 화가다.

알력 軋轢 | 삐걱거릴 알, 삐걱거릴 력
[friction; conflict]
❶속뜻 수레바퀴가 삐걱거림[軋=轢]. ❷서로 의견이 맞지 않아 사이가 안 좋거나

충돌하는 것을 이르는 말. ¶그 문제로 인해서 회사 내에 많은 알력이 생겼다.

알록-달록 [mottled; dappled]
여러 빛깔의 점·줄이 고르지 않게 이룬 무늬가 밴 모양. ¶알록달록 화려한 빛깔의 드레스 / 꽃들이 알록달록하다.

알루미늄 {영 aluminium}
화학 은백색의 가볍고 연한 금속 원소. 부드럽고 두드리면 잘 펴져, 식기 등을 만드는 데 널리 쓴다. 기호는 'Al'.

알리다 [let know]
❶정보나 소식 등을 알게 하다. ¶연락처가 바뀌면 바로 알려 주세요. ❷다른 사람에게 어떠한 것에 대한 지식을 소개하다. ¶한국 문화의 우수성을 알리다. ❸어떠한 사실을 알게 하다. ¶닭 울음소리가 새벽을 알린다.

알리바이 {영 alibi}
법률 형사 사건이 있었을 때, 그 현장에 있지 않았다는 증명. ¶그에겐 확실한 알리바이가 있다. ⓑ 현장부재증명(現場不在證明).

알림-글
다른 사람에게 알리는 내용을 적은 글.

알림-장 (一帳, 장부 장)
학교에서 숙제나 준비물, 또는 학부모에게 알리는 내용 따위를 아이들이 적도록 한 공책[帳].

알림-판 (一板, 널빤지 판)
[notice board]
알려야 할 내용을 적은 판. 또는 그것을 붙이기 위한 판(板).

알ː-맞다 [becoming; appropriate]
일정한 기준·조건에 넘치거나 모자라지 않다. ¶그곳은 사과를 재배하기 알맞다. ⓑ 적당(適當)하다, 적절(適切)하다, 적합(適合)하다.

알맹이 [grain; substance]
❶물건의 껍질을 벗기고 남은 속. ¶땅콩 알맹이. ❷사물의 중심. 사물의 요점. ¶알맹이가 없는 말.

알-몸 [naked body]
❶아무것도 입지 않은 몸. ¶알몸으로 수영하다. ❷재산이 전혀 없는 사람의 비유. ¶알몸으로 사업을 시작하다. ⓑ 나체(裸體).

알-밤
[(shelled) chestnut; (clenched) fist]
❶익은 밤송이에서 까거나 떨어진 밤톨. ¶뒷산에서 알밤을 주웠다. ❷주먹으로 머리를 한 대 쥐어박는 일. ¶알밤을 한 대 먹이다.

알-부자 (一富者, 넉넉할 부, 사람 자) [really rich person]
실속이 있는 부자(富者). ¶김 영감은 알부자로 소문이 났다.

알-뿌리 [tuber; bulb]
식물 둥근 덩어리처럼 된 뿌리나 땅속줄기의 통칭.

알-사탕 [jawbreaker]
알 모양의 잘고 동그란 사탕. ¶알사탕을 입에 물다.

알선 斡旋 | 관리할 알, 돌 선
[intercede; recommend]
남의 일이 잘 되도록 관리하여[斡] 이리저리[旋] 힘을 쓰는 일. ¶나는 친구의 알선으로 일자리를 찾았다 / 삼촌이 직장을 알선해 주었다.

알쏭달쏭-하다 [vague; ambiguous]
조금 알 것 같다. 얼른 알 수가 없다. ¶알쏭달쏭한 문제. ⓑ 아리송하다.

알아-내다 [find out; make out]
모르던 것을 알 수 있게 되다. ¶그의 비밀을 알아냈다.

알아-듣다 [comprehend; understand]
❶남의 말을 듣고 뜻을 알다. ¶나는 수학 시간에 전혀 알아듣지 못하였다. ❷소리를 분간하여 듣다. ¶나는 금방 친구 목소리를 알아들었다.

알아-맞히다

[guess right; make a good guess]
요구되거나 기대되는 답을 알아서 맞게 하다. ¶수수께끼를 한번 알아맞혀 볼래?

알아-보다 [check; identify]
❶조사하거나 탐지하여 보다. ¶좌석이 있는지 알아보고 연락드릴게요. ❷다시 볼 때에 잊지 않고 기억해 내다. ¶정말 오랜만이야, 날 알아보겠니? ❸능력·가치 등을 이해하거나 인정하다. ¶그는 예술품을 알아보는 눈이 있다.

알아-주다 [appreciate; understand]
❶남의 장점을 인정하거나 좋게 평가하여 주다. ¶그 사람 부지런한 건 알아줘야 한다. ❷남의 곤경을 이해하여 주다. ¶나의 슬픔을 알아주는 친구.

알아-차리다
[provide; become aware of]
❶알고 정신을 차려 깨닫다. ¶나는 뒤늦게 그의 생일이 오늘이라는 사실을 알아차렸다. ❷어떤 일의 돌아가는 낌새를 미리 알다. ¶나는 그가 곧 떠날 것이라는 것을 알아차렸다.

알아-채다 [become aware of; sense]
낌새를 미리 알다. ¶우리는 그의 계획을 알아챘다. ㊥ 알아차리다.

알알-이 [egg after egg]
알마다. 한 알 한 알마다. ¶포도가 알알이 잘 영글었다.

알알-하다 [smart; bite]
따끔거리거나 매워서 아리고 쓰리다. ¶마늘이 혀끝이 알알하도록 맵다.

알-약 (一藥, 약 약) [tablet; tabloid]
약학 작고 둥글게 만든 약(藥). ¶알약을 입에 넣고 물과 함께 삼켰다.

알음-알음 [mutual acquaintance; shared intimacy]
여러 사람을 통하여 서로 알게 된 사이. ¶우리는 알음알음으로 그 가게를 찾아갔다.

알-젓 [salted roe]
생선 등의 알로 담근 젓. ¶할머니는 알젓을 좋아하신다.

알-집 [ovary]
생물 동물에서, 암컷의 생식 기관. 난자를 만들어 내고 또 호르몬을 분비한다. ㊥ 난소(卵巢).

알짜 [pith; pick; gist]
여럿 중에서 가장 중요하거나 훌륭한 물건. ¶알짜 정보. ㊥ 알짜배기, 진짜배기.

알짱-거리다 [loaf around idly]
하는 일 없이 자꾸 돌아다니다. ¶앞에서 자꾸 알짱거리지 말고 그만 집으로 돌아가거라. ㊥ 알짱대다.

알-차다 [substantial; solid]
속이 꽉 차 충실하다. 실속이 있다. ¶겨울 방학을 알차게 보내다.

알칼리 {독 alkali}
화학 물에 녹는 염기(鹽基)의 총칭. 그 수용액은 알칼리성 반응을 나타내며 붉은 리트머스를 청색으로 바꾼다.

▸ **알칼리-성** (alkali性, 성질 성)
화학 알칼리(alkali)와 같은 염기성을 가지는 성질(性質). 붉은 리트머스를 청색으로 변하게 하고, 산과 중화하여 염(鹽)을 나타내는 성질. ¶알칼리성 식품.

알코올 {영 alcohol}
화학 탄화수소의 수소 원자를 히드록시기(基)로 치환한 형태의 화합물의 총칭.

▸ **알코올-램프** {영 alcohol lamp}
알코올(alcohol)을 연료로 하여 물건을 가열하는 데 쓰는 램프(lamp).

알토 {이 alto}
음악 여성의 가장 낮은 음역. 또는 그 목소리를 가진 가수. ¶그녀는 합창단에서 알토를 맡고 있다.

알-통 [flexed muscles]
인체에서 근육이 불룩 튀어나온 부분. ¶그는 팔을 구부리면서 알통을 자랑했다.

알파 {그 alpha}
❶그리스 문자의 첫째 자모. 'A, α'로 쓴다. ¶알파에서 오메가까지. ❷덧붙는 것.

¶사람들이 그를 좋아하는 것은 잘생긴 외모 이외에 플러스 알파가 있기 때문이다.

알파벳 {영 alphabet}
언어 유럽, 미국 언어의 표기에 쓰는 문자의 총칭. 일반적으로 로마자를 말한다. ¶알파벳순으로 정렬하다.

앎ː [knowledge; information]
아는 일. 지식. ¶앎은 힘이다.

앓다 [be taken ill; be sick]
병에 걸리어 고통을 당하다. ¶그는 감기로 2주 동안 심하게 앓았다. 관용 앓는 소리.

비슷한 듯 다른 말 ➲ 아프다

암ː[1] [surely; certainly]
'아무렴'의 준말. ¶암, 그렇고말고.

암ː[2] 癌 | 암 암 [cancer]
의학 생체 조직 안에서 세포가 무제한으로 증식하여 악성 종양을 일으키는 병. 주위의 조직을 침범하거나 다른 장기에 전이한다.

암-글 [Hangeul script]
지난날 한글을 여자의 글이라고 낮추어 일컫던 말.

암ː기 暗記 | 어두울 암, 외울 기 [blind memory]
❶ 속뜻 어두운[暗] 상태에서 무턱대고 외움[記]. ❷보지 않고 외움. ¶구구단을 암기하다.

암-꽃 [female flower]
식물 암술만 있는 꽃. 반 수꽃.

암-나사 (-螺絲, 소라 라, 실 사) [female screw]
공업 수나사가 들어가 박히도록 구멍 안에 나선형 고랑이 나 있는 나사(螺絲). 반 수나사.

암ː-내 [body odor]
겨드랑이에서 나는 악취.

암-놈 [female]
짐승의 암컷. 반 수놈.

암ː담 暗澹 | 어두울 암, 싱거울 담 [dark; gloomy]
❶ 속뜻 어두컴컴하고[暗] 선명하지 않음[澹]. ❷앞날에 대한 전망이 어둡다. 희망이 없다. ¶암담한 미래 / 앞으로 어떻게 해야 할지 암담하다.

암만 [however; no matter how]
아무리. ¶암만 후회해도 소용없다.

▶ 암만-해도
'아무리 하여도'의 준말. ¶암만해도 기억나지 않는다.

암-말 [mare; female horse]
말의 암컷.

암ː-매장 暗埋葬 | 몰래 암, 묻을 매, 장사지낼 장 [bury in secret]
남몰래[暗] 시신을 파묻음[埋葬]. ¶범인은 야산에 시신을 암매장했다. 준 암장.

암모니아 {영 ammonia}
화학 질소와 수소의 화합물로, 악취가 나는 무색 기체.

▶ 암모니아-수 (ammonia水, 물 수)
화학 암모니아(ammonia)를 물[水]에 녹인 것. 무색으로 알칼리성이 강하다.

암반 巖盤 | 바위 암, 소반 반 [bedrock; rock bed]
다른 바위[巖] 속으로 돌입한 소반[盤]처럼 넓은 바위. ¶암반을 뚫고 지하수를 퍼 올렸다.

암벽 巖壁 | 바위 암, 담 벽 [rock wall; rock face]
깎아지른 듯 높이 솟은 벽(壁) 모양의 바위[巖]. ¶그는 암벽 등반을 하다 추락하는 바람에 허리를 크게 다쳤다.

암ː산 暗算 | 어두울 암, 셀 산 [mental arithmetic]
계산기, 수판 따위를 이용하지 않고 어렴풋이[暗] 계산(計算)함. ¶암산이 빠르다.

암ː살 暗殺 | 몰래 암, 죽일 살 [assassinate]
몰래[暗] 사람을 죽임[殺]. ¶암살 기도 / 대통령을 암살하다 / 그는 테러리스트들에게 암살되었다.

****암석 巖石** | 바위 암, 돌 석 [rock]
❶ 속뜻 바위[巖]나 돌[石]. ❷ 지리 지각을 구성하고 있는 단단한 물질. 화성암, 퇴적암, 변성암으로 크게 나뉜다. ¶그 산은 암석으로 뒤덮여 있다.

암-소 [cow]
소의 암컷. 반 수소, 황소.

암:송 暗誦 | 어두울 암, 욀 송
[recite; repeat from memory]
글을 보지 않고[暗] 입으로 외움[誦]. ¶암송시험 / 동시(童詩)를 암송하다.

암-수 [female and male]
암컷과 수컷. ¶암수를 구별하다.

암-술 [pistil]
식물 수술로부터 꽃가루를 받는 꽃술. 수술이 둘러싸고 있다. 반 수술.

암:시 暗示 | 몰래 암, 보일 시
[hint; suggest]
뜻하는 바를 넌지시[暗] 알림[示]. 또는 그 내용. ¶이 소설에서 흰 옷은 죽음을 암시한다.

암:-시:장 暗市場 | 몰래 암, 저자 시, 마당 장 [black market]
경제 법을 어기면서 몰래[暗] 물건을 사고파는 행위가 이루어지는 장소[市場]. ¶암시장에서 달러를 환전했다.

암:실 暗室 | 어두울 암, 방 실
[photo darkroom]
빛이 들어오지 않는 어두운[暗] 방[室]. 주로 물리, 화학, 생물학의 실험과 사진 현상 따위에 사용한다.

암:울 暗鬱 | 어두울 암, 답답할 울 [gloomy; dark]
❶ 속뜻 어두컴컴하고[暗] 답답함[鬱]. ❷ 절망적이고 침울함. ¶암울의 세월 / 암울한 기분.

암자 庵子 | 암자 암, 접미사 자
[small Buddhist temple; hermitage]
불교 큰 절에 딸린 작은 절[庵].

암:초 暗礁 | 어두울 암, 잠긴 바위 초
[sunken rock; reef]
눈에 보이지 않는[暗] 물속에 잠겨 있는 바위[礁]. ¶배가 암초에 걸리다.

암-캐 [female dog]
개의 암컷. 반 수캐.

암-컷 [female (animal)]
암수 구별이 있는 동물에서 새끼를 배는 쪽. 반 수컷.

암-탉 [hen; pullet]
닭의 암컷. 반 수탉.

암-톨쩌귀 [gudgeon]
문짝의 수톨쩌귀를 끼우는 구멍 뚫린 돌쩌귀. 반 수톨쩌귀.

암-퇘지 [female hog; sow]
돼지의 암컷. 반 수퇘지.

암:투 暗鬪 | 몰래 암, 싸울 투
[feud silently]
남 몰래[暗] 다툼[鬪]. ¶숨막히는 암투 / 두 정당은 격렬하게 암투하고 있다.

암페어 {영 ampere}
물리 전류의 세기를 나타내는 국제 기준 단위. 프랑스의 물리학자 '앙페르'(Ampére)의 이름에서 유래한다. 기호는 'A'.

암:표 暗票 | 몰래 암, 쪽지 표
[illegal ticket; scalpers ticket]
몰래[暗] 사고파는 입장권 따위의 표(票). ¶표는 벌써 매진되고 암표만 나돌았다.

암:행 暗行 | 몰래 암, 다닐 행
[travel incognito]
자기 정체를 숨기고 남몰래[暗] 돌아다님[行]. ¶암행 조사 / 감사반이 공사(公司)를 암행하고 있다.

▸암:행-어:사 暗行御史 | 임금 어, 벼슬아치 사
❶ 속뜻 정체를 숨기고[暗] 다니는[行] 어사(御史). ❷ 역사 조선시대 때, 지방 정치와 백성의 사정을 몰래 살피기 위해 임금의 특별한 지시를 받은 임시 벼슬아치.

이들은 마패를 가지고 주로 허름한 차림으로 신분을 숨기고 다녔다.

암:호 暗號 | 몰래 암, 표지 호 [password; sign]
다른 사람은 모르도록 몰래[暗] 꾸민 표지[號]. ¶그 쪽지는 암호로 쓰여 있었다.

암:흑 暗黑 | 어두울 암, 검을 흑 [darkness; blackness]
어둡고[暗] 캄캄함[黑]. 캄캄한 어둠. ¶전기가 들어오지 않아 우리는 암흑 속에 있었다. ⓑ 광명(光明).

압도 壓倒 | 누를 압, 넘어질 도 [overwhelm]
❶속뜻 눌러서[壓] 넘어뜨림[倒]. ❷보다 뛰어난 힘이나 재주로 남을 눌러 꼼짝 못하게 함. ¶그의 기세에 압도를 당하다 / 그는 뛰어난 연기로 관객을 압도했다.

▸ 압도-적 壓倒的 | 것 적
남을 넘어뜨리고[倒] 눌러버릴[壓] 만한 것[的]. 비교가 되지 않을 만큼 월등하게 남을 능가한 것. ¶그 선수는 압도적인 점수 차로 우승을 했다.

압력 壓力 | 누를 압, 힘 력 [pressure; stress]
❶속뜻 누르는[壓] 힘[力]의 크기. ❷물리 두 물체가 접촉면을 경계로 하여 서로 그 면에 수직으로 누르는 단위 면적에서의 힘의 단위. ¶압력이 높다. ❸권력이나 세력에 의하여 타인을 자기 의지에 따르게 하는 힘. ¶나는 회사를 그만두라는 압력을 받았다.

▸ 압력-솥 (壓力-)
밀폐하여 용기 안의 압력(壓力)을 높일 수 있도록 장치한 솥. 온도가 100℃ 이상까지 오르므로 음식물이 짧은 시간에 끓는다.

압박 壓迫 | 누를 압, 다그칠 박 [pressure; press]
❶속뜻 힘을 못 쓰게 누르거나[壓] 다그침[迫]. ¶군사적 압박을 가하다. ❷강한 힘으로 내리 누름. ¶상처 부위를 압박하면 출혈을 막을 수 있다.

압송 押送 | 붙잡을 압, 보낼 송 [escort; send in custody]
법률 피고인 또는 죄인을 붙잡아[押] 어느 한 곳에서 다른 곳으로 보내는[送] 일. ¶범인을 서울로 압송했다.

압수 押收 | 누를 압, 거둘 수 [impound; confiscate; seize]
❶속뜻 강제로 눌러[押] 빼앗음[收]. ¶감독관이 시험자의 휴대전화를 압수했다. ❷법률 법원이나 수사 기관 등이 증거물이나 몰수할 물건 등을 강제로 확보함. 또는 그 행위. ¶압수 수색.

압정 押釘 | 누를 압, 못 정 [push pin]
대가리가 크고 촉이 짧아서 손가락으로 눌러[押] 박는 쇠못[釘].

압제 壓制 | 무너뜨릴 압, 누를 제 [condense]
폭력으로 남을 무너뜨리거나[壓] 억누름[制]. ¶압제에서 벗어나다.

압착 壓搾 | 누를 압, 짤 착 [press]
❶속뜻 눌러[壓] 짜냄[搾]. ¶기계로 압착하다. ❷압력을 가하여 물질의 밀도를 높임. ¶압착 단자.

압축 壓縮 | 누를 압, 줄일 축 [compress; condensation]
❶속뜻 물질 따위에 압력(壓力)을 가하여 부피를 줄임[縮]. ¶공기 압축 / 가스를 압축하다. ❷문장 따위를 줄여 짧게 함. ¶시의 특징은 압축과 생략이다 / 다섯 장의 본문을 한 장으로 압축하다.

압-핀 (押pin, 누를 압) [pushpin]
손가락으로 눌러[押] 박는, 대가리가 크고 납작한 쇠못[pin]. ⓑ 압정(押釘).

앗 [O dear!; Oh!]
위급하거나 놀라서 내는 소리. ¶앗, 뜨거워!

앗:다 [snatch from; fascinate]
빼앗거나 가로채다. ¶전염병이 수만 명의 목숨을 앗아 갔다.

앙 [cry loudly]
어린애의 울음소리. 또는 그 모양. ¶옆집

아기가 앙 하고 울었다.

앙-가슴 [middle of the chest]
양쪽 젖 사이의 가슴 부분.

앙감-질 [hopping (on one leg)]
한 발은 들고 한 발로만 뛰어가는 일.

앙-갚음 [revenge; retaliation]
자기에게 해를 입힌 사람에게 보복함. 또는 그런 행동. ¶나는 언젠가 그에게 앙갚음을 하겠다고 결심했다. ㊐ 보복(報復), 복수(復讐).

앙금 [deposit; sediment]
물에 가라앉은 녹말 등의 부드러운 가루. 또는 그 층. ㊐ 침전물(沈澱物).

앙:부일구 仰釜日晷 | 우러를 앙, 가마 부, 해 일, 그림자 구
천문 앙부일영(仰釜日影).

앙:부일영 仰釜日影 | 우러를 앙, 가마 부, 해 일, 그림자 영
천문 조선 세종 16년(1434)에 만든 해시계. 가마[釜] 모양의 기구로, 그 안에 이십사절기의 선을 긋고 선 위에 비치는 해[日]의 그림자[影]를 우러러[仰] 보아 시각을 알게 되기 때문에 붙여진 이름이다.

앙상-하다 [gaunt; haggard; thin]
❶뼈만 남도록 바짝 마르다. ¶그녀는 말라서 뼈만 앙상하다 / 환자의 몸은 뼈가 앙상히 드러나 있었다. ❷나뭇잎이 지고 가지만 남아서 스산하다. ¶앙상한 나뭇가지 / 겨울이 되자 나무는 가지만 앙상히 남았다.

앙숙 怏宿 | 원망할 앙, 묵을 숙
[be on bad terms with]
앙심(怏心)을 오래도록[宿] 품어 서로 미워하는 사이. ¶그들은 앙숙이다.

앙심 怏心 | 원망할 앙, 마음 심
[grudge; ill will; spite]
원한을 품고 앙갚음하려고[怏] 벼르는 마음[心]. ¶그는 사장에게 앙심을 품고 창고에 불을 질렀다.

앙증-맞다
[disproportionately small; tiny; little]
작으면서도 갖출 것은 다 갖추어 귀엽고 깜찍하다. ¶아기의 앙증맞은 손발.

앙칼-지다 [fierce; sharp]
모질고 날카롭다. ¶목소리가 앙칼지다.

앙케트 {프 enquête} [opinionnaire]
사람들의 의견을 조사하기 위하여 같은 질문을 여러 사람에게 물어 회답을 구하는 일. 또는 그 조사 방법. ¶앙케트 조사.

앙코르 {프 encore}
음악회 따위에서, 연주나 연기를 마친 출연자에게 박수 따위로 다시 출연을 청하는 일. ¶앙코르를 받고 세 곡을 연주했다.

앙큼-하다 [overambitious; audacious]
엉뚱한 욕심을 품고 제 분수에 넘치는 짓을 하고자 하는 태도가 있다. ¶그녀는 앙큼하게도 본심을 감추고 그에게 접근했다.

앙탈 [scheme to evade; try to be delivered from]
시키는 말을 듣지 않고 생떼를 쓰거나 고집을 부림. ¶앙탈을 부리다.

앞 (前, 앞 전) [front; former]
향하고 있는 쪽이나 곳. ¶저 앞에 병원이 있군요. ㊐ 전면(全面). ㊍ 뒤.

앞구르기
운동 매트에서 몸을 앞으로 구르는 동작. ㊍ 뒤구르기.

앞-길 [road ahead; future]
❶집채의 앞쪽이나 마을의 앞에 있는 길. ❷앞으로 살아갈 길. ¶앞길이 창창하다.

앞-꿈치
신이나 발의 앞부분. ㊍ 뒤꿈치.

앞-날 [days ahead; future]
앞으로 올 날이나 때. ¶앞날의 일을 미리 걱정하지 마라. ㊐ 미래(未來).

앞-니 [front tooth; foretooth]
의학 앞쪽으로 아래위에 각각 네 개씩 나 있는 이. ¶동생은 앞니가 빠졌다.

앞-다리 [foreleg]

네발짐승이나 곤충의 몸 앞쪽에 있는 두 다리. [반] 뒷다리.

앞-다투다 [scramble]
남보다 먼저 하거나 잘하려고 경쟁적으로 애쓰다. ¶반 친구들은 좋은 자리를 맡으려고 앞다투어 뛰어갔다.

앞-당기다 [move up; advance]
이미 정한 시간을 당겨서 미리 하다. ¶시험 날짜를 이틀 앞당기다. [반] 미루다, 늦추다.

앞-두다
[have ahead; be close at hand]
닥쳐올 때나 곳을 가까이 두다. ¶그는 결혼을 3일 앞두고 있다.

앞-뒤 [fore and the back]
앞과 뒤. 전후. ¶그의 말은 앞뒤가 맞지 않는다.

앞-뜰 [front yard]
집채 앞에 있는 뜰. ¶어머니는 앞뜰에 채송화를 심었다. [반] 뒤뜰.

앞-마당 [front yard]
집채 앞에 있는 마당. [반] 뒷마당.

앞-마디
계속되는 이야기나 문장 따위의 앞부분. [반] 뒷마디.

앞-마을
앞쪽에 있는 마을. ¶앞마을의 영희는 곧 시집을 간다. [반] 뒷마을.

앞-머리 [forehead; sinciput]
❶정수리 앞쪽 부분의 머리. ¶민주의 앞머리에 혹이 났다. ❷머리 앞쪽에 난 머리털. ¶앞머리를 일자로 자르다. [반] 뒷머리.

앞-면 (一面, 낯 면) [front side]
물체의 앞쪽 면(面). ¶동전의 앞면. [비] 전면(前面). [반] 뒷면(面).

앞무릎-치기
[운동] 씨름에서, 상대의 앞으로 내어 디딘 다리의 무릎을 쳐서 넘어뜨리는 기술.

앞-문 (一門, 문 문)
[front door; front entrance]
집이나 방의 앞쪽에 있는 문(門). ¶앞문이 잠겨있으니 뒷문으로 들어가자. [반] 뒷문.

앞-바다 [offing; open sea]
육지에 가까이 있는 바다. ¶추자도 앞바다에서는 멸치가 많이 잡힌다.

앞-발 [forefoot; front leg]
네발짐승의 앞쪽 두 발. ¶원숭이는 앞발로 나뭇가지를 잡고 오르내린다. [반] 뒷발.

앞-부분 (一部分, 나눌 부, 나눌 분) [front; head]
❶[속뜻] 물체의 앞쪽에 있는 부분(部分). ¶자전거의 앞부분이 크게 망가졌다. ❷어떤 일이나 형식, 상황 따위의 앞을 이루는 부분. ¶화장실에 가는 바람에 영화의 앞부분 못 봤다. [반] 뒷부분.

앞-사람
앞에 있는 사람. 또는 앞에 가는 사람. ¶산길에서는 앞사람을 잘 따라가야 한다.

앞-산 (一山, 메 산)
[mountain in front (of a house)]
마을이나 집 앞쪽에 있는 산(山). [반] 뒷산.

앞-서다 [go first; take precedence; be advanced]
❶먼저 나아가다. 앞에 나서다. ¶그는 앞서서 걸었다. ❷다른 것보다 먼저 작용하다. ¶언니는 늘 말이 앞선다. ❸남보다 뛰어나거나 높은 수준에 있다. ¶세계적으로 앞선 기술. [관용] 앞서거니 뒤서거니.

앞-세우다 [make go ahead; survive]
❶앞에 서게 하다. ¶마을 사람들이 그를 앞세우고 우리 집에 찾아왔다. ❷먼저 내어 놓다. ¶환경 보호 문제를 앞세우다.

앞-소리
[음악] 민요를 부를 때 한 사람이 앞서 부르는 소리. [반] 뒷소리.

앞-일 [things to come; future]
앞으로 닥쳐올 일. ¶앞일은 모르는 법이다.

앞-잡이 [agent; tool]
남의 시킴을 받고 끄나풀이 되어 움직이

는 사람. ¶일본군의 앞잡이 노릇을 하다.

앞-장 [lead; head]
여럿이 나아갈 때에 맨 앞에 서는 사람. 또는 그 자리. ¶네가 앞장을 서라.

앞-지르다 [pass; outdo]
빨리 나아가서 남보다 먼저 앞을 차지하다. ¶내가 탄 차가 앞차를 앞질렀다.

앞-집 [house in front]
앞쪽에 있는 집. ⓑ뒷집.

앞-쪽 [front; fore (part)]
어떠한 사물의 앞 방면. ⓑ뒤쪽.

앞차기
운동 태권도의 발 기술의 하나. 무릎을 구부려 앞가슴에 닿을 정도로 높이 올리고 발이 놓인 위치와 목표가 직선이 되도록 하여 다리를 펴면서 발끝으로 상대편을 차는 동작.

앞-치마 [apron]
부엌일을 할 때 몸 앞을 가리는 겉치마. ¶어머니는 앞치마에 손을 닦고 나를 안아 주었다. ⓑ 행주치마.

애[1]
언어 한글 자모 'ㅐ'의 이름.

애:[2] [pain; worry]
'창자'를 뜻하는 옛말로 '애가 타다'나 '애를 먹다'와 같은 관용 표현에 쓰인다. ¶늑대는 애가 끊어지는 듯한 소리를 내며 새끼를 찾았다. 관용 애가 마르다.

애:[3] [child]
'아이'의 준말. ¶저 애가 내 동생이야.

애:-간장 (一肝腸, 간 간, 창자 장)
'애[2]'를 강조하여 이르는 말. ¶애간장을 태우며 그의 소식을 기다렸다.

애걸 哀乞 | 슬플 애, 빌 걸
[implore; beg for]
소원을 들어 달라고 애처롭게[哀] 빎[乞]. ¶나는 그에게 가지 말라고 애걸했다.

▶애걸-복걸 哀乞伏乞 | 엎드릴 복, 빌 걸
소원이나 요구 따위를 들어 달라고 애처롭게 사정하며[哀乞] 엎드려[伏] 빎[乞]. ¶애걸복걸 매달리는 모습 / 그에게 제발 살려만 달라고 애걸복걸하였다.

애:교 愛嬌 | 사랑 애, 아리따울 교
[winsomeness; attractiveness]
❶ 속뜻 사랑스럽고[愛] 아름다움[嬌]. ❷ 남에게 귀엽게 보이는 태도. ¶아이는 아빠에게 애교를 부렸다.

애:국 愛國 | 사랑 애, 나라 국
[patriotism; love of one's country]
자기 나라[國]를 사랑함[愛]. ¶애국 운동.

▶애:국-가 愛國歌 | 노래 가
음악 ❶나라[國]를 사랑하는[愛] 뜻으로 온 국민이 부르는 노래[歌]. ❷우리나라의 국가. ¶경기를 시작하기 전에 애국가를 불렀다.

▶애:국-심 愛國心 | 마음 심
자기 나라[國]를 사랑하는[愛] 마음[心]. ¶한국인은 애국심이 강하다.

▶애:국-자 愛國者 | 사람 자
자기 나라[國]를 사랑하는[愛] 사람[者]. ¶외국에 나가면 누구나 애국자가 된다고 한다.

▶애:국-적 愛國的 | 것 적
자기 나라[國]를 사랑하는[愛] 것[的]. ¶애국적인 행위.

애꾸-눈 [one-eyed person]
한쪽이 먼 눈. ¶그는 전쟁에서 한쪽 눈을 잃어 애꾸눈이 되었다. ㊥애꾸.

애-꿎다 [be undeservedly mistreated]
❶아무런 잘못 없이 억울하다. ¶애꿎게 꾸중을 듣다. ❷그 일과는 아무런 상관이 없다. ¶형은 애꿎은 동생에게 화풀이했다.

애니메이션 {영 animation}
연영 만화나 인형을 이용하여 그것이 마치 살아 있는 것처럼 생동감 있게 촬영한 영화. 또는 그 영화를 만드는 기술.

애달프다 [heartbreaking; anguishing]
애처롭고 쓸쓸하다. ¶애달픈 마음.

애-당초 (一當初, 당할 당, 처음 초) [very

first time]
일의 맨 처음[當初]. ¶담배는 애당초 시작도 하지 않는 것이 좋다.

애도 哀悼 | 슬플 애, 슬퍼할 도
[mourn; grieve; regret]
사람의 죽음을 슬퍼함[哀=悼]. ¶애도의 뜻을 표하다 / 전 국민이 그의 죽음을 애도했다.

애로 隘路 | 좁을 애, 길 로 [bottleneck]
❶ 속뜻 좁고[隘] 험한 길[路]. ❷어떤 일을 하는 데 장애가 되는 것. ¶애로 사항이 있으면 언제든지 말씀하세요.

애:매 曖昧 | 희미할 애, 어두울 매
[be unjustly treated]
희미하고[曖] 어두움[昧]. 희미하여 분명하지 아니함. ¶애매하게 대답하다.

▶ 애:매-모호 曖昧模糊 | 본보기 모, 풀 호
말이나 태도 따위가 희미하고[曖昧] 분명하지 아니함[模糊]. ¶애매모호한 태도.

애:매-하다 [be falsely charged]
아무 잘못이 없이 원통한 책망을 받아 억울하다. ¶애매한 사람을 벌하다.

애:무 愛撫 | 사랑 애, 어루만질 무
[caress; fondle]
주로 이성을 사랑하여[愛] 그를 어루만짐[撫]. ¶애무의 손길 / 그는 그녀의 얼굴을 애무했다.

애-반딧불이 [firefly]
동물 반딧불잇과의 곤충. 몸의 색깔은 검은색, 가슴은 연한 홍색이고, 가운데에 굵은 세로줄이 있다. 딱지날개에는 서너 개의 줄무늬가 있다. 배 끝의 발광부(發光部)에서 빛을 낸다.

애-벌 [first; primary]
한 물건에 같은 일을 되풀이할 때의 첫 번째 차례. ¶애벌빨래 / 애벌구이. ㊐ 초벌.

애:-벌레 [larva; green caterpillar]
동물 알에서 나온 후 아직 다 자라지 않은 벌레. ¶송충이는 솔나방의 애벌레이다.
㊥ 성충(成蟲).

애비 [father]
❶아버지의 낮춤말. ¶그 애비에 그 아들. ❷자식이 있는 아들을 그의 부모가 부르거나 이르는 말. ¶애비야, 내방으로 좀 오너라. ㊥ 에미.

애석 哀惜 | 슬플 애, 애틋할 석
[grieve; lament]
슬프고[哀] 애틋함[惜]. 또는 안타까움. ¶애석한 마음 / 그가 떠나게 되어 정말 애석하다.

애-송이 [immature youth; greenhorn]
애티가 있어 어려 보이는 사람이나 물건. ¶인기 스타도 한때는 애송이였다.

애:-쓰다 [exert oneself; work hard]
마음과 힘을 다하여 어떤 일에 힘쓰다. ¶나라를 위해 애쓰다.

애:완 愛玩 | 사랑 애, 장난할 완 [love]
동물이나 물품 따위를 좋아하여 가까이 두고 즐겨[愛] 놂[玩].

▶ 애:완-용 愛玩用 | 쓸 용
귀여워하거나[愛] 즐기기[玩] 위한 쓰임새[用]의 것. ¶애완용 동물.

▶ 애:완-종 愛玩種 | 갈래 종
주로 동물에서 애완용(愛玩用)으로 키우는 종류(種類).

▶ 애:완 동:물 愛玩動物 | 움직일 동, 만물 물
좋아하여 가까이 두고 귀여워하며[愛玩] 기르는 동물(動物). 개, 고양이, 새 따위. ¶그는 뱀을 애완동물로 키운다.

애:용 愛用 | 사랑 애, 쓸 용
[use regularly]
즐겨[愛] 사용(使用)함. ¶국산품을 애용합시다.

애원 哀願 | 슬플 애, 바랄 원
[entreat; beseech]
소원이나 요구 따위를 들어 달라고 슬피[哀] 사정하여 간절히 바람[願]. ¶마지막으로 하는 애원이다 / 나는 그녀에게 가지

말라고 애원했다.

애:인 愛人 | 사랑 애, 남 인
[lover; love]
❶[속뜻]남[人]을 사랑함[愛]. ❷사랑하는 사람. [비] 연인(戀人).

애절 哀切 | =哀絶, 슬플 애, 끊을 절
[pitiful; sorrowful]
애처롭고 슬퍼[哀] 간장이 끊어질[切] 듯하다. ¶애절한 울음소리.

애:정 愛情 | 사랑 애, 마음 정 [affection; love]
사랑하는[愛] 마음[情]. ¶애정 표현 / 애정이 넘치다. [비] 사랑. [반] 증오(憎惡).

애:족 愛族 | 사랑 애, 겨레 족
[love one's people]
자기 겨레[族]를 사랑함[愛]. ¶의병(義兵)들은 애족 정신을 갖고 독립운동을 벌였다.

애:지중지 愛之重之 | 사랑 애, 그것 지, 무거울 중, 그것 지
[love and prize; prize highly]
어떤 것[之]을 매우 사랑하고[愛] 소중(所重)히 여기는 모양. ¶할머니는 손자를 애지중지 길렀다.

애:착 愛着 | 사랑 애, 붙을 착
[fondness; attachment]
몹시 사랑하거나[愛] 끌리어서 떨어지지 아니함[着]. 또는 그런 마음. ¶자식에 대해 애착을 갖다 / 그는 골동품에 유달리 애착한다.

애:창 愛唱 | 사랑 애, 부를 창
[love to sing]
노래나 시조 따위를 즐겨[愛] 부름[唱]. ¶그 곡은 아직까지 사람들 사이에 애창되고 있다.

▸애:창-곡 愛唱曲 | 노래 곡
즐겨 부르는[愛唱] 노래[曲]. ¶이 노래는 어머니의 애창곡이다.

애처-롭다 [pitiful; sorrowful]
불쌍한 것을 보고 마음이 슬프다. ¶어린 아이가 굶주린 것을 보니 애처로웠다. [비] 가엾다, 딱하다.

애-초 (—初, 처음 초)
[very first time; star]
맨 처음[初]. ¶끝까지 해낼 수 없다면 애초에 시작하지 마라. [비] 당초(當初).

애:칭 愛稱 | 사랑 애, 일컬을 칭
[pet name; nickname]
본래 이름 외에 친근하고 다정하게[愛] 부를[稱] 때 쓰는 이름. ¶그는 아이를 '똘똘이'라는 애칭으로 부른다.

애:-타다
[be nervous; be much worried]
속이 타는 듯이 몹시 걱정이 되다. ¶아이를 애타게 기다리다. [비] 애끓다.

애:-태우다 [worry oneself; worry]
애타게 하다. ¶형은 말도 없이 집을 나가 부모님을 무척 애태웠다.

애통 哀痛 | 슬플 애, 아플 통
[grieve; lament]
슬퍼서[哀] 가슴이 아플[痛] 정도임. ¶유가족들은 애통에 빠졌다 / 아이가 실종되었다니 정말 애통한 일입니다.

애틋-하다 [worried]
❶그리워서 마음이 아프다. ¶애틋한 표정 / 애틋이 바라보다. ❷깊은 정을 느끼게 한다. ¶애틋한 사랑 / 나는 그를 애틋이 사랑한다.

애프터-서비스 {영 after service}
상품을 판 뒤[after] 제조업자가 그 상품의 설치, 수리, 점검 따위의 봉사[service]를 해주는 일. [준] 에이에스(AS).

애:향 愛鄕 | 사랑 애, 시골 향
[love of one's home]
고향(故鄕)을 사랑함[愛].

▸애:향-심 愛鄕心 | 마음 심
고향을 사랑하는[愛鄕] 마음[心]. ¶그는 애향심이 유별나다.

애:호[1] 愛護 | 사랑 애, 돌볼 호
[protection; preservation]
사랑[愛]으로 잘 돌봄[護]. ¶문화재를 애호하다.

애:호²愛好 | 사랑 애, 좋을 호
[love; be fond of]
무엇을 즐기고[愛] 좋아함[好]. ¶음악을 애호하다.

▸애:호-가 愛好家 | 사람 가
어떤 사물을 즐기고 좋아하는[愛好] 사람[家]. ¶영화 애호가.

애-호박 [young pumpkin]
덜 익은 어린 호박.

애환 哀歡 | 슬플 애, 기쁠 환
[joys and sorrows]
슬픔[哀]과 기쁨[歡]을 아울러 이르는 말. ¶애환이 담긴 노래.

액 液 | 진 액
❶속뜻 물이나 기름처럼 유동하는[液] 물질. ¶나무의 껍질에서 액이 흘러나오다. ❷액체(液體).

액-막이 (厄―, 액 액)
[preventing misfortune; exorcism]
민속 앞으로 닥칠 액(厄)을 미리 막음. ¶정월에 나쁜 병을 물리치기 위해, 빠진 머리카락을 모아 태우는 액막이를 한다.

액면 額面 | 이마 액, 낯 면
[face value; par value]
❶속뜻 이마[額]와 낯[面]. ❷경제 화폐나 유가증권 따위의 앞면.

액세서리 {영 accessory}
복장에 딸려서 그 조화를 꾀하는 장식품. 귀걸이, 목걸이, 브로치 따위. ¶그녀는 액세서리를 주렁주렁 달았다. ⊞ 장신구(裝身具).

액션 {영 action}
연영 배우의 연기. 또는 폭력적 연기. ¶액션 영화.

액수 額數 | 이마 액, 셀 수
[amount (of money); sum]
❶속뜻 이마[額] 같은 곳에 적어 놓은 숫자[數]. ❷금액(金額)의 수. ¶적은 액수.

액운 厄運 | 재앙 액, 운수 운
[hapless fate; misfortune]
재앙[厄]을 당할 운수(運數). ¶액운을 쫓기 위해 굿을 했다.

액자 額子 | 이마 액, 접미사 자 [(picture) frame]
❶속뜻 이마[額] 같이 잘 보이는 곳에 걸어 놓는 것[子]. ❷그림, 글씨, 사진 따위를 끼우는 틀. ¶거실 벽에 액자를 걸다.

액정 液晶 | 진 액, 밝을 정
[liquid crystal]
물리 액체(液體)와 결정(結晶)의 중간 상태에 있는 물질. 전자기력, 압력, 온도 따위에 민감하게 반응하므로 시계, 탁상 계산기의 문자 표시나 텔레비전의 화면 따위에 응용한다. ¶휴대전화의 액정이 깨졌다.

액체 液體 | 진 액, 몸 체 [liquid; fluid]
❶속뜻 진액(津液)과 같은 상태의 물체(物體). ❷물리 일정한 부피는 가졌으나 일정한 형태를 가지지 못한 물질. ¶물은 액체이다.

액화 液化 | 진 액, 될 화 [be liquefied]
물리 기체가 냉각·압축되어 액체(液體)로 변하거나 고체가 녹아 액체로 되는[化] 현상. 또는 그렇게 만드는 일. ¶액화 천연가스.

앨범 {영 album}
❶사진을 붙여 정리하거나 보존하기 위한 책. ¶졸업 앨범. ❷몇 개의 곡을 모은 음반이나 시디(CD). ¶그 가수의 다섯 번째 앨범이 나왔다. ⊞ 사진첩(寫眞帖), 음반.

앰뷸런스 {영 ambulance}
구급차(救急車). ¶앰뷸런스가 지나갈 땐 길을 비켜주어야 한다.

앳 {영 at}
인터넷에서 이용자 번호와 서비스 시스템 도메인의 구분. 기호로 '@' 표시한다.

앳-되다 [look young]
애티가 있어 아주 어려 보이다. ¶앳된 얼굴.

앵 [buzz; hum]

❶모기나 벌 같은 벌레들이 빨리 날 때에 나는 소리. ¶모기가 앵 소리를 내며 날아다닌다. ❷사이렌 소리를 나타낸다.

앵-돌아지다 [sulk; pout]
노여워서 토라지다. ¶윤석이는 조금만 야단쳐도 앵돌아진다.

앵두 [cherry]
작고 둥근 앵두나무의 열매. 붉게 익으면 식용하며, 잼, 주스, 술 따위의 원료로도 쓴다.

▸**앵두-나무**
식물 4월에 흰색 또는 연분홍색 꽃이 잎보다 먼저 피는 활엽수. 작고 둥글게 열리는 열매는 식용한다.

앵무-새 (鸚鵡—, 앵무새 앵, 앵무새 무) [parrot; parakeet]
동물 부리가 굵고 두꺼우며 끝이 굽어 있는 새. 사람이나 다른 동물의 소리를 잘 흉내 낸다.

앵앵-거리다 [hum; buzz]
모기나 벌 등이 날면서 앵앵 소리를 내다. ¶모기 한 마리가 앵앵거리며 날아다닌다. ㊊ 앵앵대다.

앵커 {영 anchor}
방송에서, 각종 뉴스를 종합한 원고를 기초로 해설하는 방송원 또는 종합 뉴스 진행자. '앵커맨'(anchor man)의 준말.

야[1]
언어 한글의 자모 'ㅑ'의 이름.

야![2] [Oh!; Hey (you)!]
❶매우 놀랍거나 반가울 때 내는 소리. ¶야, 정말 반갑다. ❷어른이 아이를 부르거나 같은 또래끼리 서로 부르는 말. ¶야, 이쪽으로 와.

야:간 夜間 | 밤 야, 사이 간 [night(time)]
밤[夜] 동안[間]. 해가 진 뒤부터 먼동이 트기 전까지의 동안. ¶야간 비행 / 야간 경기. ㊥ 주간(晝間).

야:경 夜景 | 밤 야, 볕 경 [night view]
밤[夜]의 경치(景致). ¶홍콩의 야경은 화려하다.

야:광 夜光 | 밤 야, 빛 광 [glow-in-the-dark]
어둠[夜] 속에서 빛[光]을 냄. 또는 그런 물건. ¶야광 시계.

***야:구 野球** | 들 야, 공 구 [baseball]
❶ 속뜻 들판[野] 같은 운동장에서 공[球]을 다루는 경기. ❷ 운동 아홉 명씩 이루어진 두 팀이 9회 동안 공격과 수비를 번갈아 하며 승패를 겨루는 구기 경기. ¶우리 오빠는 야구 선수이다.

▸**야:구-부 野球部** | 나눌 부
운동 야구(野球)를 좋아하는 사람들의 모임[部].

▸**야:구-장 野球場** | 마당 장
운동 야구(野球)를 하도록 만든 운동장(運動場). ¶우리 동네에는 야구장이 있다.

야:근 夜勤 | 밤 야, 부지런할 근 [be on night work]
퇴근 시간이 지나 밤[夜] 늦게까지 하는 근무(勤務). ¶요즘 계속되는 야근으로 정말 피곤하다.

야금-야금 [bit by bit; little by little]
❶무엇을 입 안에 넣고 잇달아 조금씩 먹어 들어가는 모양. ¶과자를 야금야금 먹다. ❷잇달아 조금씩 축내거나 써 없애는 모양. ¶재산을 야금야금 다 까먹었다.

야:단 惹端 | 흩트릴 야, 바를 단 [raise an uproar]
❶ 속뜻 바른[端] 것을 흩트림[惹]. ❷떠들썩하고 부산하게 일을 벌임. ¶밖에 눈이 왔다고 야단이다/ 명절이라 잔치한다고 온 동네가 야단났다. ❸소리를 높여 마구 꾸짖는 일. ¶야단을 맞다 / 나리는 거짓말을 하다가 어머니한테 야단맞았다. ❹난처하거나 딱한 일. ¶일이 빨리 수습돼야지, 이것 참 야단났네!

▸**야:단-법석** (惹端—)
여러 사람이 한데 모여서 서로 다투고 떠들고 시끄러운[惹端] 판. ¶아이들은 이모가 온다고 좋아서 야단법석이다.

야ː당 野黨 | 들 야, 무리 당 [opposition party]
집권하지 못하여 정권의 밖[野]에 있는 정당(政黨). ¶야당 의원. ㊥ 여당(與黨).

야릇-하다 [strange; odd]
무엇이라고 표현할 수 없이 묘하고 이상하다. ¶그의 말을 들으니 야릇한 기분이 들었다.

야ː만 野蠻 | 들 야, 오랑캐 만 [savage; barbarous]
❶ 속뜻 들판[野]의 오랑캐[蠻]. ❷미개하여 문화 수준이 낮은 상태. 또는 그런 종족. ¶바이킹은 야만스럽게 이민족을 약탈했다.

▸ 야ː만-인 野蠻人 | 사람 인
미개하여 문화 수준이 낮은[野蠻] 사람[人]. ㊥ 미개인(未開人). ㊥ 문명인(文明人), 문화인(文化人).

▸ 야ː만-적 野蠻的 | 것 적
문명의 정도가 낮고 미개하여 무식하거나 사나운[野蠻] 것[的]. ¶식인(食人)은 야만적인 행위이다.

▸ 야ː만-족 野蠻族 | 겨레 족
미개하여 문화 수준이 낮은[野蠻] 종족(種族).

야ː망 野望 | 들 야, 바랄 망 [ambition; aspiration]
❶ 속뜻 멀리 들[野]을 바라봄[望]. ❷크게 무엇을 이루어 보겠다는 희망. ¶그는 언젠가 자기 가게를 열겠다는 야망을 가지고 있다. ㊥ 야심(野心).

야ː맹-증 夜盲症 | 밤 야, 눈멀 맹, 증세 증 [night blindness]
❶ 속뜻 밤[夜]에는 사물이 잘 보이지 않는[盲] 증상(症狀). ❷ 의학 망막에 있는 간상 세포의 능력이 감퇴하여 일어나는 병. ¶당근과 시금치는 야맹증을 예방하는 데 도움을 준다.

야무-지다 [hard; strong]
사람됨이나 행동이 빈틈이 없이 굳세고 단단하다. ¶그녀는 일처리가 야무지다.

야ː박 野薄 | 거칠 야, 엷을 박 [unfeeling; stingy]
거칠고[野] 정이 엷다[薄]. 인정이 없다. ¶인심이 야박하다.

야ː-밤 (夜—, 밤 야) [midnight; dead of night]
깊은 밤(夜). ¶이 야밤에 어딜 가니?

야ː비 野卑 | =野鄙, 거칠 야, 낮을 비 [vulgar; coarse]
성질이나 언행이 거칠고[野] 천하다[卑]. ¶야비한 수법으로 상대를 공격했다.

야ː산 野山 | 들 야, 메 산 [hillock; hill on a plain]
들판[野]처럼 나지막한 산(山). ¶야산을 깎아 밭을 만들었다.

야ː생 野生 | 들 야, 날 생 [grow wild]
산이나 들[野]에서 저절로 나서[生] 자람. 또는 그런 생물. ¶야생 식물 / 이 지역에 야생하는 동물을 조사했다.

▸ 야ː생-마 野生馬 | 말 마
야생(野生)으로 자란 말[馬]. ¶장군은 야생마를 길들여 타고 다녔다.

▸ 야ː생-화 野生花 | 꽃 화
야생(野生)에서 피는 꽃[花]. ¶저 섬에는 이름도 모르는 야생화들이 많이 피어 있다.

야ː속 野俗 | 거칠 야, 속될 속 [inhospitable; unkind]
❶ 속뜻 인심이 거칠고[野] 성품이 속(俗)됨. ❷무정한 행동이나 그런 행동을 한 사람이 섭섭하게 여겨져 언짢음. ¶세상인심 참 야속도 하구나 / 야속한 말.

야ː수 野獸 | 들 야, 짐승 수 [wild beast; wild animal]
사람에게 길이 들지 않은 야생(野生)의 사나운 짐승[獸]. ¶미녀와 야수.

야ː-시ː장 夜市場 | 밤 야, 저자 시, 마당 장 [night market]
밤[夜]에 벌이는 시장(市場). ¶관광객들

은 야시장을 구경했다.

야:심 野心 | 들 야, 마음 심
[ambition; evil design]
❶ 속뜻 야망(野望)을 품은 마음[心]. 무엇을 이루려는 마음. ¶그는 야심에 찬 사업가다. ❷야비한 마음. ¶그는 나에게 야심을 가지고 접근했다.

야:영 野營 | 들 야, 집 영
[camping; bivouac]
❶ 속뜻 들판[野]에 임시로 마련한 집[營]. ❷야외에 천막을 쳐 놓고 하는 생활. ¶우리는 산 속에서 야영을 했다.

▸ 야:영-장 野營場 | 마당 장
천막 따위를 치고 야영(野營)을 할 수 있도록 만들어 놓은 장소(場所). ¶청소년 수련 야영장.

야옹 [Meow!]
고양이가 우는 소리.

야:외 野外 | 들 야, 밖 외
[fields; open air]
❶ 속뜻 들[野] 밖[外]. 들판. ¶야외로 소풍을 가다. ❷집 밖이나 노천(露天)을 이르는 말. ¶공원에서 야외 연주회가 열린다.

야:욕 野慾 | 거칠 야, 욕심 욕
[ambition; evil design]
❶ 속뜻 야비(野卑)한 욕망(慾望). ❷자기 잇속만 채우려는 속된 욕심(慾心). ¶일본은 대륙 침략의 야욕을 품고 한국을 침략했다.

야위다 [be worn out]
몸의 살이 빠져 수척하게 되다. ¶병으로 얼굴이 많이 야위었다.

야:유[1] 揶揄 | 희롱할 야, 빈정거릴 유 [jeer]
남을 희롱하고[揶] 빈정거림[揄]. 또는 그런 말이나 몸짓. ¶야유를 보내다 / 관중은 그 연사(演士)를 야유했다.

야:유[2] 野遊 | 들 야, 놀 유
[picnic; excursion]
들[野]판을 다니며 놂[遊].

▸ 야:유-회 野遊會 | 모일 회
들놀이[野遊]를 하는 모임[會].

야:자 椰子 | 야자나무 야, 접미사 자
[coconut palm]
식물 야자나무[椰+子].

▸ 야:자-수 椰子樹 | 나무 수
식물 야자(椰子)가 열리는 나무[樹]. 대추야자, 기름야자, 부채야자, 대왕야자 따위를 통틀어 이르는 말.

야:채 野菜 | 들 야, 나물 채 [vegetables]
❶ 속뜻 들[野]에서 자라나는 나물[菜]. ❷ '채소'(菜蔬)의 일본어식 표현. 비 채소(菜蔬).

야트막-하다 [be somewhat shallow]
조금 얕은 듯하다. ¶집 주위로는 야트막한 담이 둘러져있다.

야:-하다 (冶—, 예쁠 야) [vulgar; low]
천하게 아리땁다[冶]. ¶저 사람은 옷차림이 야하다.

야:학 夜學 | 밤 야, 배울 학
[evening class]
❶ 속뜻 밤[夜]에 공부함[學]. ❷ 교육 '야간학교'(夜間學校)의 준말. ¶그는 야학을 다니며 공부했다.

야호 [yay]
❶등산하는 사람이 서로 부르거나 외치는 소리. ❷신이 나서 지르는 소리. ¶야호! 우리 반이 이겼다!

약[1] [anger; rage]
화가 날 때의 언짢거나 분한 감정. ¶동네 꼬마들은 그를 바보라며 약을 올렸다.

약[2] 約 | 묶을 약 [about; some]
어떤 수량에 거의 가까운 정도를 표시하는 말. ¶부산까지 약 4시간 걸렸다.

약[3] 藥 | 약 약 [medicine]
❶병이나 상처를 고치는 데 복용하거나 바르거나 주사하는 물품의 총칭. ¶배 아픈 데 먹는 약 있어요? ❷유해 동식물을 제거하는 데 쓰는 물건. ¶약을 치다. 속담 병 주고 약 준다.

⁑**약간** 若干 | 같을 약, 얼마 간

[some; somewhat]
❶[속뜻] 만약(萬若) 얼마[干]. ❷얼마 안 되게. 또는 얼마쯤. ¶고개를 약간 수그리다. [비] 다소(多少), 조금.

약-값 (藥—, 약 약) [price of medicine]
약(藥)을 사고 치르는 돈. ¶부모님의 약값이 만만치 않다.

약골 弱骨 | 약할 약, 뼈 골
[weak constitution; weakling]
약(弱)한 골격(骨格). 또는 그러한 사람. ¶그는 약골이다.

약과 藥菓 | =藥果, 약 약, 과자 과
❶[속뜻] 약(藥)처럼 정성을 들여 만든 과자(菓子). ❷밀가루를 기름과 꿀에 반죽하여 기름에 지진 유밀과의 한 가지. ❸감당하기 어렵지 않은 일. ¶그 정도면 약과다.

약국 藥局 | 약 약, 방 국 [pharmacy]
약사가 약(藥)을 조제하거나 파는 방[局]이나 집.

약다 [shrewd; smart]
꾀가 많고 눈치가 빠르다. ¶그는 약아서 자신에게 해가 될 일은 절대 하지 않는다.

약도 略圖 | 줄일 략, 그림 도
[rough sketch; outline map]
간략(簡略)하게 줄여 주요한 것만 대충 그린 도면이나 지도(地圖). ¶여기에서 학교까지의 약도를 그려주세요.

약동 躍動 | 뛸 약, 움직일 동
[move lively; be quick with life]
뛰어오르듯[躍] 생기 있고 활발하게 움직임[動]. ¶봄은 만물이 약동하는 때이다.

약력 略歷 | 줄일 략, 지낼 력
[brief (personal) history]
간략(簡略)하게 적은 이력(履歷). ¶그의 약력을 소개하다.

약물 藥物 | 약 약, 만물 물
[medicine; drugs]
[약학] 약(藥)으로 쓰이는 물질(物質). ¶약물 치료.

▸약물 중독 藥物中毒 | 맞을 중, 독할 독
[의학] 약물(藥物)로 인해 중독(中毒)됨. 약 또는 독이 입을 통한 섭취나 호흡으로 인한 흡입, 피부를 통한 흡수, 주사 등의 형태로 인체에 들어와 건강에 해로운 영향을 미치는 상태.

약-밥 (藥—, 약 약)
❶[속뜻] 약(藥)처럼 정성을 들여 만든 밥. ❷물에 불린 찹쌀을 시루에다 쪄서 꿀, 참기름, 간장, 밤, 대추, 곶감 등과, 대추를 쪄서 거른 물 약간을 넣고 버무려 다시 시루에 찌거나 중탕한 밥. [비] 약식(藥食).

약방 藥房 | 약 약, 방 방 [pharmacy]
약사가 약(藥)을 조제하거나 파는 곳[房]. [속담] 약방에 감초.

약병 藥甁 | 약 약, 병 병
[medicine bottle]
약(藥)을 담는 병(甁).

약분 約分 | 묶을 약, 나눌 분 [abbreviate]
[수학] 분수의 분모와 분자를 공약수(公約數)로 나누어[分] 간단하게 하는 일.

약-비 (藥—, 약 약)
약(藥)이 되는 비라는 뜻으로, 요긴한 때에 내리는 비.

약사 藥師 | 약 약, 스승 사 [pharmacist]
약(藥)을 짓거나 다루는 일을 하는 사람을 스승[師]으로 높여 부르는 말.

약삭-빠르다 [shrewd; sharp]
꾀가 있고 눈치가 빠르다. 꾀바르다. ¶그는 약삭빠르게 먼저 집에 갔다.

약세 弱勢 | 약할 약, 세력 세
[bears; shorts]
약(弱)한 세력(勢力). 약한 기세. ¶증권시장은 강세에서 약세로 변했다. [반] 강세(強勢).

약소 弱小 | 약할 약, 작을 소
[weak; minor]
약(弱)하고 작음[小]. ¶약소 민족의 설움을 겪다. [반] 강대(強大).

▸약소-국 弱小國 | 나라 국
정치·경제·군사적으로 약소(弱小)한 나라

[國]. '약소국가'(弱小國家)의 준말. ⓑ 강대국(強大國).

⁑약속 約束 | 묶을 약, 다발 속 [promise; contract]
❶ 속뜻 다발[束]을 묶음[約]. ❷앞으로의 일에 대하여 미리 정하여 둠. ¶경희와 미리 약속을 해두었다. ⓑ 언약(言約).

약-손 (藥—, 약 약) [soothing touch of the hand]
❶ 속뜻 약(藥)을 대신해 어루만져주는 손. 아이들의 아픈 곳을 만지면 낫는다 하여 부르는 이름이다. ¶엄마 손은 약손. ❷'약손가락'의 준말.

약-손가락 (藥—, 약 약) [third finger; ring finger]
엄지손가락으로부터 넷째 손가락. ㊟ 약손. ⓑ 약지(藥指), 무명지(無名指).

약수[1] 約數 | 묶을 약, 셀 수 [divisor (of a number); measure]
수학 어떤 수나 식을 묶어[約] 나누어 똑떨어지게 하는 수(數). 6에 대한 1, 2, 3, 6 따위. ¶약수를 구하다.

***약수**[2] 藥水 | 약 약, 물 수 [medicinal waters; mineral waters]
약효(藥效)가 있는 샘물[水].
▶ 약수-터 (藥水—)
약수(藥水)가 나는 곳. ¶약수터에서 목을 축였다.

약시 弱視 | 약할 약, 볼 시 [weak eyesight]
약(弱)한 시력(視力). 또는 그런 시력을 가진 사람.

약식[1] 略式 | 줄일 략, 법 식 [informality]
절차를 생략(省略)한 의식(儀式)이나 양식(樣式). ¶약식으로 결혼식을 올리다. ⓑ 정식(正式).

약식[2] 藥食 | 약 약, 밥 식
약(藥)이 될 만큼 영양이 많은 밥[食]. ⓑ 약밥.

약어 略語 | 줄일 략, 말씀 어
단어의 일부분을 줄인[略] 말[語]. ¶'선관위'는 '선거관리위원회'의 약어이다. ⓑ 준말.

약용 藥用 | 약 약, 쓸 용 [medicinally]
약(藥)으로 씀[用]. ¶약용 포도주 / 민들레 뿌리는 약용한다.
▶ 약용 식물 藥用植物 | 심을 식, 만물 물
식물 약으로 쓰이는[藥用] 식물(植物).

약육-강식 弱肉強食 | 약할 약, 고기 육, 강할 강, 먹을 식
❶ 속뜻 약(弱)한 자의 살[肉]은 강(強)한 자의 먹이[食]가 됨. ❷강한 자가 약한 자를 희생시켜서 번영하거나 약한 자가 강한 자에게 끝내는 멸망됨. ¶생태계는 약육강식의 세계이다.

약자 弱者 | 약할 약, 사람 자 [weak; weak person]
약(弱)한 사람[者]이나 생물. 또는 그런 집단. ¶사회적 약자 / 약자를 보호해야 한다. ⓑ 강자(強者).

약-장수 (藥—, 약 약) [travelling patent-medicine salesman]
장터나 길거리에서 약(藥)을 파는 사람. ¶약장수는 묘기를 보이며 손님을 끌어 모았다.

약재 藥材 | 약 약, 재료 재 [medicinal stuff]
약(藥)을 짓는 데 쓰는 재료(材料). '약재료'의 준말. ¶녹용(鹿茸)은 말려 약재로 쓴다.

약점 弱點 | 약할 약, 점 점 [weak point]
모자라서[弱] 남에게 뒤떨어지거나 떳떳하지 못한 점(點). ¶남의 약점을 건드리지 마라. ⓑ 결점(缺點), 단점(短點). ⓑ 강점(強點), 장점(長點).

약제 藥劑 | 약 약, 약지을 제 [medicine; drug]
여러 가지 약재(藥材)를 섞어 약을 조제(調劑)함.

약조 約條 | 묶을 약, 조목 조

[agreement; promise]
여러 가지 조항(條項)을 만들어 약속(約束)함. 또는 약속으로 정한 조항. ¶약조를 지키다 / 이달 말까지 일을 끝내기로 약조했다.

약주 藥酒 | 약 약, 술 주
[medicinal wine; strained rice wine]
❶[속뜻] 약(藥)으로 마시는 술[酒]. ❷'맑은 술'을 달리 이르는 말. ❸어른이 마시는 술. ¶아버지는 약주를 즐기신다.

약지 藥指 | 약 약, 손가락 지
[ring finger; third finger]
가운뎃손가락과 새끼손가락 사이의 손가락. 약(藥)을 탈 때 주로 쓰이는 손가락[指]이라 하여 붙여진 이름이다. [비] 무명지(無名指), 약손가락.

약진 躍進 | 뛸 약, 나아갈 진
[make rapid advance]
❶[속뜻] 힘차게 앞으로 뛰어[躍] 나아감[進]. ❷빠르게 발전하거나 진보함. ¶한국 경제의 약진이 눈부시다 / 그는 한 달 만에 5위에서 1위로 약진했다.

약체 弱體 | 약할 약, 몸 체 [weak body]
❶[속뜻] 허약(虛弱)한 몸[體]. ❷실력이나 능력이 약한 조직체. ¶우리 팀은 그동안 약체로 평가받아 왔다.

약초 藥草 | 약 약, 풀 초
[medical plant]
약(藥)으로 쓰는 풀[草]. ¶약초를 캐다 / 약초 채집가.

약탈 掠奪 | 빼앗을 략, 빼앗을 탈
[plunder; loot; pillage]
폭력을 써서 남의 것을 빼앗음[掠=奪]. ¶테러범들은 지나는 마을마다 약탈을 일삼았다. [비] 수탈(收奪), 약취(掠取).

약-탕관 藥湯罐 | 약 약, 끓을 탕, 두레박 관
약(藥)을 달이는[湯] 데 쓰는 질그릇[罐]. ¶약탕관의 약을 꺼내 짰다.

약통 藥桶 | 약 약, 통 통
약(藥)을 담는 통(桶). ¶약통에서 알약 두 알을 꺼냈다.

약-포지 藥包紙 | 약 약, 쌀 포, 종이 지
[cartridge paper]
약(藥)을 싸는[包] 종이[紙].

약품 藥品 | 약 약, 물건 품
[medicines; drugs; chemicals]
❶[속뜻] 약(藥)으로 쓰는 물품(物品). ❷병이나 상처 따위를 고치거나 예방하기 위하여 먹거나 바르거나 주사하는 물질. ¶이 약품은 처방전이 있어야 살 수 있다. ❸화학 변화를 일으키는 데 쓰는 물질. ¶약품 처리를 하다. [준] 약.

약-하다 (弱-, 약할 약)
[weak; feeble; frail]
❶힘이나 세력이 강하지 못하다[弱]. ¶주먹이 약하다. ❷튼튼하지 못하다. ¶그는 다리가 약해서 지팡이 없이는 걷지 못한다. ❸견디어 내는 힘이 세지 못하다. ¶의지가 약하다. ❹능력이 모자라다. ¶그는 영어에 약하다. [반] 강(強)하다.

약혼 約婚 | 묶을 약, 혼인할 혼
[be engaged]
혼인(婚姻)하기로 약속(約束)함. ¶약혼식 / 약혼 반지.

약화 弱化 | 약할 약, 될 화 [weaken]
세력이나 힘이 약하게[弱] 됨[化]. 또는 그렇게 되게 함. ¶태풍의 세력이 크게 약화되었다 / 그 바이러스는 인체의 저항력을 약화시킨다. [반] 강화(強化).

약효 藥效 | 약 약, 효과 효
[effect of a medicine]
약(藥)의 효과(效果). ¶약효가 빠르다.

얄-궂다 [perverse; eccentric]
이상야릇하고 짓궂다. ¶얄궂게도 그가 집을 팔자 집값이 크게 올랐다.

얄-밉다 [hateful; detestable]
말이나 행동이 약빠르고 밉다. ¶얄미운 사람.

얄타 협정 (Yalta協定, 합칠 협, 정할 정)
[Yalta Pact]

❶ [속뜻] 얄타(Yalta)에서 열린 협정(協定). ❷ [역사] 1945년 2월에 2차 세계대전의 패전국에 대한 처리와 국제연합 창설 등에 대해 협의한 회담. 미국의 루스벨트, 영국의 처칠, 소련의 스탈린이 참석하였고, 여기에서 한국을 북위 38도 선으로 나누어 미국과 소련이 점령하기로 결정되었다.

얄팍-하다 [thin; shallow]
❶두께가 조금 얇다. ¶얄팍하게 썬 고기. ❷생각이 깊이가 없고 속이 빤히 들여다 보이다. ¶얄팍한 수를 쓰다.

얇:다 [thin; lack thickness]
두께가 두껍지 않다. ¶얇은 옷 / 얇은 이불. [비] 얄팍하다. [반] 두껍다.

얌전-하다 [gentle; charming]
성질이 차분하고 언행이 단정하다. ¶얌전히 앉아 있어라. [속담] 얌전한 고양이 부뚜막에 먼저 올라간다.

얌체 [selfish person]
얌치가 없는 사람을 낮추어 이르는 말. ¶이런 얌체를 봤나!

얍
힘을 강하게 주거나 정신을 집중할 때 지르는 외마디 소리.

양1
❶'모양'·'듯'·'것처럼' 등의 뜻을 나타내는 말. ¶그는 돈이 많은 양 우쭐거린다. ❷'의향'·'의도' 등의 뜻을 나타내는 말. ¶그녀는 잘 양으로 침대에 누웠다.

양2 羊 | 양 양 [sheep]
[동물] 털이 희며 무리를 지어 사는 온순한 동물. 털은 직물의 원료로 쓰고 고기, 젖, 가죽도 이용한다. ¶양을 치는 소년은 거짓말을 일삼았다.

양3 良 | 좋을 량 [minimum passing; D]
수(秀)·우(優)·미(美)·양(良)·가(可)로 성적을 매길 때, 네 번째 등급. ¶체육에서 양을 받았다.

양:4 兩 | 두 량 [pair; couple]
'둘' 또는 '두 쪽 모두'의 뜻을 나타내는 말. ¶머리를 양 갈래로 땋다.

양5 陽 | 볕 양 [positive]
[수학] 어떤 수가 0보다 큰 일. ¶'+3'을 '양의 정수 삼'이라고 읽는다. [반] 음(陰).

양6 量 | 분량 량 [quantity; volume; amount]
세거나 잴 수 있는 분량(分量)이나 수량(數量). ¶쌀의 양이 많다.

양7 孃 | 아씨 양 [Miss]
여자의 성명 뒤에 붙여 미혼 여성임을 나타내는 말. ¶서연 양. [반] 군(君).

양:가 兩家 | 두 량, 집 가
[both houses; both families]
양(兩)쪽 집[家]. ¶양가 부모님을 모시고 저녁 식사를 하다.

양-가죽 (羊―, 양 양)
[sheepskin; goatskin]
양(羊)의 가죽. ¶몽골 사람들은 양가죽으로 옷을 만들어 입는다. [비] 양피(羊皮).

양각 陽刻 | 밝을 양, 새길 각
[engrave in relief]
❶ [속뜻] 밝게(陽) 보이도록 도드라지게 새김[刻]. ❷ [미술] 조각에서 평평한 면에 글자나 그림 따위를 도드라지게 새기는 일. 또는 그 조각. [비] 돋을새김. [반] 음각(陰刻).

양감 量感 | 분량 량, 느낄 감
[(a feeling of) massiveness]
[미술] 회화에서 대상물의 부피[量]나 무게에 대한 감촉(感觸). 또는 그 느낌이 나도록 그리는 일. ¶이 그림은 양감이 풍부하다. [반] 질감(質感).

양:계 養鷄 | 기를 양, 닭 계
[raise chickens]
닭[鷄]을 먹여 기름[養]. 또는 그 닭.
▸ 양:계-장 養鷄場 | 마당 장
여러 가지 필요한 설비를 갖추어 두고 닭을 먹여 기르는[養鷄] 곳[場]. ¶폭설로 양계장이 무너졌다.

양곡 糧穀 | 양식 량, 곡식 곡
[grain; rice; cereals]
양식(糧食)으로 쓰는 곡식(穀食). ¶양곡

창고 / 양곡 원산지를 표기하다.

양:교 兩校 | 두 량, 학교 교
두[兩] 학교(學校). ¶양교 선수들이 입장하였다.

양:국 兩國 | 두 량, 나라 국
[two countries]
두[兩] 나라[國]. ¶양국의 외교 관계 / 양국의 지도자가 회담을 갖다.

양궁 洋弓 | 서양 양, 활 궁
[Western-style archery]
운동 서양식(西洋式)으로 만든 활[弓]. 또는 그 활로 겨루는 경기. ¶그는 세계 최고의 양궁 선수이다.

양귀비 楊貴妃 | 버들 양, 귀할 귀, 왕비 비
[poppy]
❶ 속뜻 양(楊)씨 귀비(貴妃)처럼 아름다운 꽃. ❷ 식물 5~6월에 다양한 색의 꽃이 피는 식물. 덜 익은 열매로 아편을 만든다.

양:극[1] 兩極 | 두 량, 끝 극
[both poles; north and south poles]
❶ 속뜻 양(兩)쪽 끝[極]. ❷ 지리 북극(北極)과 남극(南極). ¶양극의 빙하가 서서히 녹고 있다.

양극[2] 陽極 | 볕 양, 끝 극
[anode; plus terminal]
❶ 속뜻 음양(陰陽) 가운데 양(陽)에 해당하는 쪽이나 끝[極]. ❷ 물리 두 개의 전극 사이에 전류가 흐를 때에 전위가 높은 쪽의 극. ¶양극은 이쪽에, 음극은 저쪽에 연결해라. ㉥ 플러스(plus)극. ㉤ 음극(陰極).

양금 洋琴 | 서양 양, 거문고 금 [dulcimer]
음악 서양(西洋)에서 만들어진 거문고[琴]같은 현악기. 채로 줄을 쳐서 소리를 낸다.

양기 陽氣 | 볕 양, 기운 기
[sunshine; vitality]
❶ 속뜻 햇볕[陽]의 따뜻한 기운(氣運). ❷ 만물이 살아 움직이는 활발한 기운. ¶이 음식은 양기를 북돋아준다. ㉤ 음기(陰氣).

양-껏 (量-, 분량 량)
[to one's fill; stomachful]
먹을 수 있거나 할 수 있는 양(量)의 한도까지. 만족하도록. 마음대로. ¶차린 건 없지만 양껏 드세요.

양:-끝 (兩-, 두 량) [both ends]
긴 물건의 두[兩] 끝. ¶가위로 양끝을 자르다.

양:날-톱 (兩-, 두 량)
[double-edged saw]
양(兩)쪽에 날이 있는 톱.

양:녀 養女 | 기를 양, 딸 녀
[adopted daughter]
❶ 속뜻 남의 자식을 데려다 제 자식처럼 기른[養] 딸[女]. ❷ 법률 입양에 의하여 혼인 중 출생한 딸로서의 신분을 획득한 사람. ㉥ 양딸, 수양딸. ㉤ 양자(養子).

양념 [spice(s); flavor; seasoning]
음식의 맛을 돋우기 위해 쓰는 재료의 총칭. 기름·깨소금·파·마늘·고추 따위이다. ¶갖은 양념.

양:-다리 (兩-, 두 량) [both legs]
양(兩)쪽 다리.

양달 (陽-, 볕 양) [sunny place]
볕[陽]이 잘 드는 곳. ¶나물을 양달에서 말리다. ㉥ 양지(陽地). ㉤ 응달, 그늘.

양:도 讓渡 | 넘겨줄 양, 건넬 도
[transfer; hand over]
남에게 넘겨[讓] 건네[渡]줌. 또는 그런 일. ¶이 회원권은 타인에게 양도할 수 있습니다.

양:돈 養豚 | 기를 양, 돼지 돈
[raise hogs]
돼지[豚]를 먹여 기름[養]. 또는 그 돼지. ¶전염병이 확산되어 양돈업계가 큰 타격을 입었다.

양-동이 (洋-, 서양 양)
[(metal) pail; (a metal) bucket]
전통적인 동이와는 달리 함석으로 만든

서양식(西洋式) 동이. ¶양동이에 물을 채우다.

양란 洋蘭 | 서양 양, 난초 란 [cattleya]
[식물] 원산지가 서양(西洋)인 난(蘭). ¶양란은 꽃이 잘 핀다.

양력 陽曆 | 볕 양, 책력 력
[solar calendar]
❶[속뜻] 태양(太陽)을 기준으로 정한 책력[曆]. ❷[천문] 지구가 태양의 둘레를 한 바퀴 도는 데 걸리는 시간을 1년으로 정한 역법. '태양력'(太陽曆)의 준말. ¶아버지 생신은 양력으로 3월 21일이다. [반] 음력(陰曆).

양ː로 養老 | 기를 양, 늙을 로
[take care of the aged]
노인(老人)을 위로하여 안락하게 지내도록 잘 돌봄[養]. ¶스웨덴은 양로 시설이 잘 되어 있다.

▶양ː로-원 養老院 | 집 원
[사회] 의지할 데 없는 노인을 수용하여 돌보는[養老] 보호 시설[院]. ¶엄마는 양로원에서 봉사 활동을 한다.

양말 洋襪 | 서양 양, 버선 말
[socks; stockings]
서양식(西洋式) 버선[襪]. ¶양말에 구멍이 났다.

양ː면 兩面 | 두 량, 낯 면 [two faces]
사물의 두[兩] 면(面). 또는 겉과 안. ¶양면 복사 / 개발과 파괴는 동전의 양면과도 같다.

양모 羊毛 | 양 양, 털 모 [sheep's wool]
양(羊)의 털[毛]. ¶이 옷은 양모 100%로 만들었다.

양ː미 兩眉 | 두 량, 눈썹 미 [eyebrow]
좌우로 나 있는 두[兩] 눈썹[眉].

▶양ː미-간 兩眉間 | 사이 간
두 눈썹[兩眉]의 사이[間]. ¶양미간이 넓다.

양민 良民 | 어질 량, 백성 민
[good citizens; peaceable people]
선량(善良)한 백성[民]. ¶해적은 무고한 양민을 학살했다.

***양ː반 兩班** | 두 량, 나눌 반
[two upper classes of old Korea]
❶[역사] 두[兩] 개의 반열(班列). 고려·조선 시대에, 지배층을 이루던 신분. 원래 관료 체제를 이루는 동반(東班)과 서반(西班)을 일렀으나 점차 그 가족이나 후손까지 포괄하게 됐다. ❷점잖고 예의 바른 사람. ¶그분은 그야말로 양반이다. ❸자기 남편을 남에게 이르는 말. ¶우리 집 양반은 매일 아침 운동을 한다. ❹남자를 범상히 또는 홀하게 이르는 말. ¶이런 답답한 양반을 봤나.

▶양ː반-전 兩班傳 | 전할 전
[문학] 조선시대 박지원이 지은 양반(兩班) 계급의 허위와 부패를 폭로하는 전기(傳記) 소설.

▶양ː반-집 (兩班-)
양반(兩班)처럼 신분이나 지체가 높은 집안.

양ː-발 (兩-, 두 량) [both legs]
양(兩)쪽의 두 발.

양-배추 (洋-, 서양 양) [cabbage]
❶[속뜻] 서양(西洋)에서 들여와 재배되는 배추 같은 식물. ❷[식물] 잎은 두껍고 털이 없으며, 고갱이가 뭉쳐 큰 공 모양을 이루며 자라는 채소.

양ː변 兩邊 | 두 량, 가 변
❶[속뜻] 양(兩)쪽의 가장자리[邊]. ¶도로 양변에 은행나무를 심었다. ❷[수학] 등호나 부등호의 양쪽을 아울러 이르는 말.

양ː보 讓步 | 사양할 양, 걸음 보
[yield; concess]
❶[속뜻] 앞서 걸어[步]가기를 사양(辭讓)함. ❷길이나 자리, 물건 따위를 사양하여 남에게 미루어 줌. ¶자리를 양보하다. ❸자기 주장을 굽혀 남의 의견을 좇음. ¶그들은 서로 한 치도 양보하지 않았다.

양복 洋服 | 서양 양, 옷 복 [suit; dress]

❶ [속뜻] 서양식(西洋式) 옷[服]. ❷남성의 서양식 정장. ¶결혼식에는 대개 양복을 입는다.

양:봉 養蜂 | 기를 양, 벌 봉 [keep a bees]
꿀을 얻기 위하여 벌[蜂]을 기름[養]. 또는 그러한 벌. ¶지리산 중턱에는 양봉하는 곳이 많다 / 양봉농가.

양:부 養父 | 기를 양, 아버지 부 [foster father]
자기를 데려다가 친자식처럼 길러준[養] 아버지[父]. ¶아버지는 양부지만 나를 친자식처럼 대해주었다.

양:-부모 養父母 | 기를 양, 아버지 부, 어머니 모 [adoptive parents]
자기를 데려다가 친자식처럼 길러준[養] 부모(父母). ¶아이는 양부모를 친부모로 알고 있다. [반] 친부모(親父母).

양:분¹ 兩分 | 두 량, 나눌 분 [bisect]
둘[兩]로 나눔[分]. ¶미국과 소련은 한반도를 양분하여 점령하기로 합의했다.

양:분² 養分 | 기를 양, 나눌 분 [nourishment; nutriment]
생물체가 살아가는 데 영양(營養)이 되는 성분(成分). ¶식물은 토양에서 양분을 얻는다. [비] 영양분(營養分), 자양분(滋養分).

양산¹ 陽傘 | 볕 양, 우산 산 [parasol; sunshade]
여자들이 볕[陽]을 가리기 위하여 쓰는 우산(雨傘) 모양의 물건. ¶양산을 쓰다.

양산² 量產 | 분량 량, 낳을 산 [mass-produce]
물건을 대량(大量)으로 생산(生產)함. ¶친환경 제품을 양산하다 / 고학력 실업자가 양산되고 있다.

양상 樣相 | 모양 양, 모양 상 [aspect; phase]
모양(模樣)이나 생김새[相]. ¶새로운 양상을 띠다.

양-상추 (洋—, 서양 양) [lettuce]
❶ [속뜻] 서양(西洋)에서 들여와 재배되는 상추와 비슷한 채소. ❷ [식물] 잎이 둥글고 넓으며, 서로 뭉쳐 나는 채소.

양서¹ 良書 | 좋을 량, 책 서 [good book]
내용이 건전하고 좋은[良] 책[書]. ¶양서를 골라 학생에게 권했다.

양:서² 兩棲 | 두 량, 살 서 [amphibious]
물속이나 땅 위의 양(兩)쪽에서 다 삶[棲]. ¶양서 동물.

▶ 양:서-류 兩棲類 | 무리 류
땅과 물 두 곳에서 다 살 수 있는[兩棲] 동물 종류(種類). ¶개구리는 양서류이다.

양성¹ 陽性 | 볕 양, 성질 성 [positive]
❶ [속뜻] 음양 가운데 양(陽)에 속하는 성질(性質). ❷ [의학] 어떠한 병이 있거나 감염되었음을 알리는 성질. ¶에이즈 검사에서 양성 반응이 나오다.

양:성² 養成 | 기를 양, 이룰 성 [train; foster]
사람을 가르치고 길러[養] 무엇이 되게[成] 함. ¶인재를 양성하다.

양:-손 (兩—, 두 량) [both hands]
두[兩] 쪽 손. ¶양손으로 그릇을 받쳐들다 / 양손잡이.

양-송이 洋松栮 | 서양 양, 소나무 송, 버섯 이 [button mushroom]
❶ [속뜻] 서양(西洋)에서 들여와 재배되는 송이(松栮). ❷ [식물] 갓은 동그란 모양에 살은 두껍고 희며, 식용하는 버섯.

양수¹ 陽數 | 볕 양, 셀 수 [positive number]
[수학] 0보다 큰 양(陽)의 수(數). [반] 음수(陰數).

양수² 揚水 | 오를 양, 물 수 [pump up water]
물[水]을 위로 퍼 올림[揚]. 또는 그 물.

▶ 양수-기 揚水機 | 틀 기
물을 퍼 올리는[揚水] 기계(機械). ¶양수기로 물을 끌어올리다.

양순 良順 | 어질 량, 순할 순
[good and obedient; gentle]
어질고[良] 온순하다[順]. ¶윤아는 양순한 어린이다.

양식[1] 洋食 | 서양 양, 밥 식
[Western cooking]
서양식(西洋式) 음식(飮食). ¶오늘은 양식을 먹자.

***양식**[2] 樣式 | 모양 양, 꼴 식
[form; style]
❶ 속뜻 일정한 모양(模樣)이나 형식(形式). ¶양식에 따라 보고서를 작성하다. ❷ 오랜 시간이 지나면서 자연히 정해진 방식. ¶생활 양식. ❸시대나 부류에 따라 각기 독특하게 지니는 문학, 예술 따위의 형식. ¶건축 양식.

양식[3] 糧食 | 먹을거리 양, 밥 식 [provisions]
생존을 위하여 필요한 사람의 먹을거리 [糧=食]. ¶양식이 다 떨어지다.

양ː식[4] 養殖 | 기를 양, 불릴 식
[raise; breed]
물고기 따위를 인공적으로 길러서[養] 그 수가 불어남[殖]. ¶굴을 양식하다.

▶ 양ː식-업 養殖業 | 일 업
물고기나 해조, 버섯 따위의 양식(養殖)을 하는 업종(業種). ¶서해안은 양식업이 발달해있다.

양심 良心 | 어질 량, 마음 심 [conscience]
❶ 속뜻 선량(善良)한 마음[心]. ❷사물의 가치를 변별하고 자기 행위에 대하여 옳고 그름과 선과 악의 판단을 내리는 도덕적 의식. ¶양심에 걸려서 거짓말은 못하겠다.

▶ 양심-적 良心的 | 것 적
양심(良心)에 따르는 것[的]. ¶양심적으로 행동하다.

양ː-아들 (養-, 기를 양)
[adopted son]
고아나 남의 아이를 데려다가 친자식처럼 기르는[養] 남자아이. ㊥ 양자(養子). ㊥ 친아들.

양ː-아버지 (養-, 기를 양)
[foster father]
자기를 데려다가 친자식처럼 길러준[養] 아버지. ㊥ 양부(養父). ㊥ 친부(親父).

양약고구 良藥苦口 | 좋을 량, 약 약, 쓸 고, 입 구
❶ 속뜻 몸에 좋은[良] 약(藥)은 입[口]에는 씀[苦]. ❷충성스런 말은 귀에 거슬리나 이로움이 있음. ¶양약고구란 말이 있듯이 그 말이 당장은 귀에 거슬리지만 앞으로 큰 도움이 될 것이네!

양ː어 養魚 | 기를 양, 물고기 어
[fish farming]
물고기[魚]를 길러[養] 번식하게 함. 또는 그 물고기.

▶ 양ː어-장 養魚場 | 마당 장
인공적으로 물고기[魚]를 기르는[養] 곳[場].

양ː-옆 (兩-, 두 량)
좌우 양(兩)쪽 옆. ¶무대 양옆 사람들이 서 있다.

양옥 洋屋 | 서양 양, 집 옥
[Western-style house]
서양식(西洋式)으로 지은 집[屋]. ㊥ 한옥(韓屋).

▶ 양옥-집 (洋屋-)
양옥(洋屋). ㊥ 한옥집.

양ː육 養育 | 기를 양, 기를 육
[bring up]
아이를 보살펴서 기름[養=育]. ¶자녀 양육은 엄마만의 몫이 아니다.

양은 洋銀 | 서양 양, 은 은
[albata; German silver]
❶ 속뜻 서양(西洋)에서 발명된 은백색(銀白色)의 금속. ❷구리, 아연, 니켈 따위를 합금하여 만든 금속. 영문명인 'German silver'를 의역하였다. ¶양은 냄비.

양인 良人 | 어질 량, 사람 인 [d-hearted person; inn]

❶ 속뜻 선량(善良)한 사람[人]. ❷부부가 서로 상대를 이르는 말. ❸ 역사 양민(良民). ❹ 역사 중국 한(漢)나라 때에 여관(女官)을 이르던 말.

양:일 兩日 | 두 량, 날 일
[two days; couple of days]
두[兩] 날[日]. ¶그 연극은 토요일과 일요일 양일간 공연한다.

양:자 養子 | 기를 양, 아들 자
[adopted son]
❶ 속뜻 친자식처럼 기르는[養] 아들[子]. ❷ 법률 입양에 의하여 자식의 자격을 얻은 사람. ⓑ 양아들. ⓑ 친자(親子), 친아들.

양:잠 養蠶 | 기를 양, 누에 잠
[raise silkworms]
농업 누에[蠶]를 기름[養]. 또는 그 일.

양장 洋裝 | 서양 양, 꾸밀 장
[Western-style clothes]
옷차림이나 머리 모양을 서양식(西洋式)으로 꾸밈[裝]. 또는 그런 옷이나 몸단장.

▸양장-점 洋裝店 | 가게 점
양장(洋裝)을 만들어 파는 가게[店].

양재 洋裁 | 서양 양, 마를 재 [dressmaking]
양복(洋服)을 마름질하는[裁] 일. ¶양재 기술.

양-재기 (洋—, 서양 양) [enamelware]
안팎에 법랑을 올린 그릇. 양은이나 알루미늄 따위로 만든 그릇을 포함하기도 한다.

양-잿물 (洋—, 서양 양)
[caustic soda; lye; alkaline solution]
❶ 속뜻 서양(西洋)에서 발명된 잿물. ❷빨래하는 데 쓰이는 독성이 강한 화학 물질. 속담 공짜라면 양잿물이라도 먹는다.

양적 量的 | 분량 량, 것 적 [quantitative]
분량(分量)에 관한 것[的]. ¶수출은 양적으로 크게 팽창했다. ⓑ 질적(質的).

양:조 釀造 | 빚을 양, 만들 조 [brew]
술이나 간장, 식초 따위를 발효시켜[釀] 만드는[造] 일. ¶양조 간장 / 막걸리는 쌀로 양조한다.

양주 洋酒 | 서양 양, 술 주
[Western liquors; whisky and wine]
❶ 속뜻 서양(西洋)에서 들여온 술[酒]. ❷ 서양식 양조법으로 만든 술. 위스키, 브랜디, 진 따위를 이른다.

양지[1] 洋紙 | 서양 양, 종이 지
[Western paper]
서양(西洋)에서 들여온 종이[紙]. ¶분홍빛 양지로 선물을 포장했다.

양지[2] 陽地 | 밝을 양, 땅 지 [sunny spot]
볕이 잘 들어 밝은[陽] 지역(地域). ¶양지에 고추를 널어 말리다. ⓑ 음지(陰地). 속담 양지가 음지 되고 음지가 양지 된다.

▸양지-쪽 (陽地—)
볕[陽]이 잘 드는 쪽[地]. ¶양지쪽 밭은 채소가 잘 자란다. ⓑ 음지쪽.

▸양지-바르다 (陽地—)
땅[地]이 볕[陽]을 잘 받게 되어 있다. ¶나를 양지바른 곳에 묻어다오.

양질 良質 | 좋을 량, 바탕 질
[good quality]
좋은[良] 바탕이나 품질(品質). ¶양질의 교육 / 양질의 서비스를 받다.

양:-쪽 (兩—, 두 량) [both sides]
두[兩] 쪽. ¶양쪽의 말을 다 들어봐야 한다. ⓑ 양측(兩側), 양편(兩便).

양철 洋鐵 | 서양 양, 쇠 철
[galvanized iron]
❶ 속뜻 서양(西洋)에서 발명된 철판(鐵板). ❷안팎에 주석을 입힌 얇은 철판. ¶양철 그릇.

양-초 (洋—, 서양 양)
[(foreign-made) candle]
서양(西洋)에서 들여온 초. 동물의 지방이나 석유의 찌꺼기를 정제하여 심지를 속에 넣고 만든다. ¶양초의 불이 바람에 꺼졌다.

양:측 兩側 | 두 량, 곁 측
[both sides; two sides]

❶ 속뜻 양(兩)쪽의 측면(側面). ¶도로의 양측에는 플라타너스가 늘어서 있다. ❷ 두 편. ¶양측 대표 / 양측이 대립되다. ㊐ 양방(兩方), 양쪽.

양치 [brush one's teeth]
'양치질'의 준말. ¶자기 전에 양치를 하다.

▸ **양치-질**
소금이나 치약으로 이를 닦고, 물로 입 안을 가셔 내는 일. ㊟ 양치.

양-치기 (羊―, 양 양)
[sheep-raising; shepherd]
양(羊)을 풀어 놓고 돌보는 일. 또는 그 사람. ¶양치기 소년은 거짓말을 일삼았다.

양치-류 羊齒類 | 양 양, 이 치, 무리 류
[ferns]
❶ 속뜻 잎의 가장자리가 양(羊)의 이빨[齒]처럼 생긴 식물의 종류(種類). ❷ 식물 관다발 식물 중에서 꽃이 피지 않고 홀씨로 번식하는 식물. ¶고사리는 양치류이다.

양치-식물 羊齒植物 | 양 양, 이 치, 심을 식, 만물 물 [pteridophyte]
식물 양치류(羊齒類)에 속하는 식물(植物).

양:친 兩親 | 두 량, 어버이 친
[parents]
두[兩] 분의 부모님[親]. 부친(父親)과 모친(母親)을 아울러 이르는 말. ¶그는 양친을 모시고 살고 있다. ㊐ 어버이.

양칫-물 [gargling water]
양치질에 쓰는 물.

양-탄자 (洋―, 서양 양)
[rug; carpet; carpeting]
❶ 속뜻 서양식(西洋式)으로 만든 깔개. ❷ 융단(絨緞). ¶거실에 양탄자를 깔았다.

양-털 (羊―, 양 양)
[wool; sheep's hair]
양(羊)의 털. ¶양털 스웨터를 입다. ㊐ 양모(羊毛).

양-파 (洋―, 서양 양) [onion]
❶ 속뜻 서양(西洋)에서 들여와 재배되는 파 같은 식물. ❷ 식물 여러 겹이 모여 둥글고 흰 덩이를 이루며 자라는 채소. 매운맛과 특이한 향기가 있어서 널리 식용한다.

양:-팔 (兩―, 두 량) [two arms]
두[兩] 팔. 양쪽 팔. ¶양팔을 벌리고 서세요.

▸ **양:팔 저울** (兩―, 두 량)
양(兩)팔을 벌린 것 처럼, 가로 막대의 중심을 받치고 양쪽에 똑같은 접시가 달린 저울. ㊐ 천칭(天秤).

양:편 兩便 | 두 량, 쪽 편
[two sides; either side]
상대가 되는 두[兩] 편(便). ¶길 양편에는 참나무 숲이 무성하다. ㊐ 양쪽, 양측(兩側).

양푼 [large brass bowl]
음식을 담거나 데우는 데 쓰는 놋그릇. ¶양푼에 밥을 비벼먹었다.

양품 洋品 | 서양 양, 물건 품
[imported goods; fancy goods]
서양식(西洋式)으로 만든 물품(物品). 특히 의류나 장신구 따위의 잡화를 이른다.

▸ **양품-점** 洋品店 | 가게 점
양품(洋品)을 전문적으로 파는 가게[店]. ¶양품점에서 브로치를 샀다.

양해 諒解 | 살필 량, 풀 해
[excuse; understand]
남의 사정을 잘 살피어[諒] 너그러이 이해(理解)해 줌. ¶손님에게 양해를 구하다 / 양해해 주시기 바랍니다.

양호[1] 良好 | 좋을 량, 좋을 호
[good; fine]
대단히 좋음[良=好]. ¶이 학생은 성적이 양호하다.

양:호[2] 養護 | 기를 양, 돌볼 호 [protect; nurse]
❶ 속뜻 길러주고[養] 돌보아 줌[護]. ❷ 학교에서 학생의 건강이나 위생에 대하여

돌보아 줌. ¶양호 선생님.

▸**양ː호-실** 養護室 | 방 실
학교나 회사 같은 곳에서 학생이나 사원의 건강이나 위생 따위의 양호(養護)에 관한 일을 맡아보는 곳[室]. ¶양호실에서 응급처치를 했다.

양화 나루 (楊花—, 버들 양, 꽃 화)
지리 서울 마포 서남쪽 잠두봉 아래에 있던 조선 시대의 나루. 버드나무[楊] 꽃[花]이 만개하여 경치가 뛰어났으며, 수로는 양천에서 강화로 이어져 있었다.

얕다 (淺, 얕을 천) [shallow]
❶깊지 않다. 겉에서 속, 위에서 밑까지의 길이가 짧다. ¶강물이 얕다. ❷학문이나 지식이 적다. ¶얕은 지식. ❸생각이나 마음이 가볍다. ¶생각이 얕다. ⓑ 깊다.

비슷한 듯 다른 말	➲ 낮다

얕-보다 [look down on; make light of]
실제보다 얕잡아 보다. ¶상대가 어리다고 얕보지 마라.

얕-잡다 [make a low estimate of]
남을 하찮게 대접하다. 정도를 낮추어 얕게 다루다. ¶얕잡아 보다.

애[1]
언어 한글 합성 자모 'ㅐ'의 이름.

애[2] [this child]
'이 아이'의 준말. ¶애가 어디 갔지?

애ː[3] [Hey!; I say!]
❶어린아이들끼리 또는 어른이 아이를 부르는 말. ¶애, 이리 오너라. ❷과연 놀랄 만함을 느낄 때 내는 소리. ¶대단하다 애.

애ː기 [talk; story]
'이야기'의 준말. ¶재미있는 애기를 해줄까?

애ː깃-거리 [something to talk about]
'이야깃거리'의 준말. ¶애깃거리가 없다.

어[1]
언어 한글 자모 'ㅓ'의 이름.

어[2] [Oh!; Well!]
❶가벼운 놀람이나 초조 같은 것을 나타내는 소리. ¶어, 내 지갑이 없어졌다. ❷감동됐을 때 내는 소리. ¶어, 그것 참 좋다.

어ː감 語感 | 말씀 어, 느낄 감
[sensitivity to words; nuance]
말소리나 말투[語]에서 묻어 나오는 느낌[感]. ¶이 표현은 어감이 좋지 않다. ⓑ 뉘앙스.

어거지 [stubbornness; obstinacy]
'억지'의 속된말.

어ː구 語句 | 말씀 어, 글귀 구
[words and phrases]
말[語]의 마디나 구절(句節). ¶그 어구의 뜻을 잘 풀이해 보다.

어군 魚群 | 물고기 어, 무리 군
[shoal of fish]
물고기[魚] 떼[群]. ¶어군 탐지기.

어귀 [entrance; entry]
드나드는 목의 첫머리. ¶마을 어귀에 당산나무가 서 있다 / 골목 어귀.

어ː근 語根 | 말씀 어, 뿌리 근
[root of a word]
언어 단어(單語)의 근본(根本)이 되는 부분. 단어를 분석할 때, 실질적 의미를 나타내는 중심이 되는 부분. ¶'뛰다'의 어근은 '뛰'이다.

어금-니 [back tooth; molar (tooth)]
의학 송곳니의 안쪽에 있는 큰 이. 가운데가 오목하고 음식물을 잘게 부수는 역할을 한다.

어긋-나다 (差, 어긋날 차)
[go amiss; pass each other]
❶서로 엇갈려 만나지 못하게 되다. ¶옷장 문짝이 어긋나다. ❷기대에 맞지 않거나 기준에서 벗어나다. ¶기대에 어긋나다.

어기다 [go against]
약속·시간·명령 등을 지키지 않고 거스르다. ¶약속을 어기다.

비슷한 듯 다른 말	➲ 거스르다²

어기여차 [Yo-ho!]

여럿이 힘을 합할 때에 일제히 내는 소리. ㊣ 어여차.

어김없-이 [without fail; surely]
어기는 일이 없게. 기대한 대로. ¶올해도 어김없이 봄이 찾아왔다. ㊥ 틀림없이, 반드시, 꼭.

어깃-장
일부러 고분고분하게 따르지 않고 뻗대는 행동. ¶어깃장을 놓다.

어깨 (肩, 어깨 견) [shoulder]
사람의 몸에서, 목의 아래 끝에서 팔의 위 끝에 이르는 부분. ¶어깨를 펴고 걸어라 / 어깨가 좁다. 관용 어깨를 나란히 하다.

▸ 어깨-띠
한쪽 어깨에서 다른 쪽 겨드랑이로 걸쳐 매는 띠.

▸ 어깨-뼈
의학 척추동물의 팔뼈와 몸통을 연결하는, 등의 위쪽에 있는 한 쌍의 뼈.

▸ 어깨-춤
신이 나서 어깨를 으쓱거리는 일. 또는 그렇게 추는 춤.

▸ 어깨-걸이
여자가 어깨에 걸쳐 앞가슴 쪽으로 드리우는 목도리.

▸ 어깨-동무
팔을 서로 어깨 위에 얹어 끼고 나란히 섬. 또는 아이들 사이에서 비슷한 나이의 친한 동무. ¶어깨동무를 하고 걷다.

어깻-죽지 [shoulder joint]
팔이 어깨에 붙은 부분.

어깻-짓 [moving one's shoulders]
어깨를 흔들거나 으쓱거리는 일.

어:눌 語訥 | 말씀 어, 말 더듬을 눌
[be slow of speech]
말[語]을 더듬다[訥]. ¶그는 말투가 어눌하여 잘 알아들을 수가 없다.

어느 [which; what]
❶여럿 가운데의 어떤. 막연한 어떤. ¶어느 것이 더 좋니? ❷여럿 가운데 똑똑히 모르거나 꼭 집어 말할 필요가 없는 막연한 사람이나 사물을 이를 때 쓰는 말. ¶옛날 어느 마을에 세 자매가 살았다.

▸ 어느-덧
어느 사이인지 모르는 동안에. ¶방학이 어느덧 지나가 버렸다. ㊥ 어느새.

▸ 어느-새
어느 틈에 벌써. ¶눈이 어느새 그쳤다. ㊥ 어느덧.

어두움 [darkness; dark]
어두운 상태. 또는 그런 때. ¶우리는 어두움 속을 헤맸다.

어두컴컴-하다 [dark]
어둡고 컴컴하다. ¶어두컴컴한 방. ㊥ 밝다, 환하다.

어둑어둑-하다 [rather dark; dusky]
사물을 똑똑히 알아볼 수 없을 만큼 어둡다. ¶날이 어둑어둑해졌다. ㊥ 밝다, 환하다.

어둠 [darkness; dark]
어두운 상태. 또는 그런 때. ¶어둠을 틈타 도망가다. ㊥ 밝음.

▸ 어둠-상자 (-箱子, 상자 상, 접미사 자)
물리 밖에서 빛이 새어들지 않게 만든, 사진기의 렌즈와 감광판(感光板)이 붙은 상자(箱子).

어둠침침-하다
[gloomy; somber]
어둡고 침침하다. ¶방이 어둠침침해서 누가 있는지 모르겠다. ㊥ 밝다, 환하다.

어둡다 (暗, 어두울 암; 冥, 어두울 명; 昏, 어두울 혼) [dark]
❶빛이 없어 환하지 않다. ¶날이 벌써 어두워졌다. ❷빛깔의 느낌이 무겁고 침침하다. ¶어두운 빨간색. ❸분위기·표정·성격이 침울하고 무겁다. ¶그는 항상 표정이 어둡다. ❹시력이나 청력이 약하다. ¶밤눈이 어둡다. ㊥ 밝다.

♣ 어둡다 / 캄캄하다 

◎ 밖은 벌써 어둡다 = 캄캄하다.

○ 셔츠의 색깔이 매우 어둡다.
× 셔츠의 색깔이 매우 캄캄하다.
○ 앞날을 생각하니 눈앞이 캄캄하다.
× 앞날을 생각하니 눈앞이 어둡다.

비슷한 듯 다른 말 ➲ 저물다

어디[1] [where]
❶잘 모르는 어느 곳. ¶내 가방이 어디 있지? ❷정해져 있지 않거나 꼭 집어 댈 수 없는 곳. ¶어디를 가도 다 똑같다. ❸수량·장소·범위가 매우 중요함을 가리키는 말. ¶여기가 감히 어디라고 큰소리를 치느냐.

어디[2] [well; now]
❶반문함을 강조하는 말. 도대체. 정말로. ¶그게 어디 될 법이나 한 일이니. ❷벼르거나 다짐하는 뜻을 강조하는 말. ¶어디 변명이나 한번 들어 보자.

어떠어떠-하다 [be how; be somehow]
성질·상태가 어떠하고 어떠하다. 구체적으로 밝혀 말하기 어렵거나 밝힐 필요가 없어 막연하게 말할 때 쓴다. ¶오늘 학교에서 어떠어떠한 일이 있었니?

어떠-하다 [be how; be somehow]
일의 성질이나 상태가 어찌 되어 있다. ¶이맘때 캐나다의 날씨는 어떠한가요? ㊣ 어떻다.

어떡-하다 [be how; be somehow]
어떠하게 하다. ¶버스를 놓치면 어떡하지?

어떤 [like what; some]
❶사람이나 사물의 특성, 내용, 성격이 무엇인지 물을 때 쓰는 말. ¶어떤 음식을 좋아하니? ❷대상을 뚜렷이 밝히지 않고 이를 때 쓰는 말. ¶집 앞에 어떤 사람이 서 있다.

어떻게 [how]
❶어떤 방법으로. 어떤 방식으로. ¶그걸 어떻게 알았니? ❷어떤 모양으로. 어떤 형편으로. ¶그 사람 어떻게 생겼는데?

어떻다 [be how; be somehow]
'어떠하다'의 준말. ¶요즘 몸은 좀 어떻습니까?

어라
가벼운 놀라움이나 당황한 느낌 따위를 나타낸 때 쓰는 말. ¶어라, 너 지금 뭐라고 했니?

어레미 [coarse sieve; riddle]
바닥의 구멍이 굵은 체.

어려움 [hardship; trouble]
어려운 것. ¶어려움을 극복하다.

어려워-하다 [be ill at ease]
❶사람을 두려워하거나 조심스럽게 여기다. ¶어려워하지 말고 편하게 이야기하려무나. ❷일할 때 까다로워 힘에 겹게 여기다. ¶나는 과학을 가장 어려워했다.

어련-히 [naturally; certainly]
잘못됨이 없이 매우 잘. ¶그냥 내버려 둬 어련히 잘 알아서 할라고.

어렴풋-이 [dimly; faintly]
분명하지 않고 잘 알아차릴 수 없을 정도로 희미하게. ¶어렴풋이 기억난다.

어렵다 (難, 어려울 난) [difficult; hard]
❶하기에 힘들거나 괴롭다. ¶영어 시험은 굉장히 어려웠다. ❷이해하기에 까다롭다. ¶이 책은 초등학생에게는 조금 어렵다. ❸살림이 가난하여 살아가기가 고생스럽다. ¶집안 형편이 어렵다. ㊥ 쉽다.

어로 漁撈 | 고기 잡을 어, 잡을 로 [fish]
고기나 수산물 따위를 잡아[漁] 거두어들이는[撈] 일. ¶이 지역은 어로행위가 금지되어 있다.

어루-만지다 [pat; soothe]
❶손으로 쓰다듬어 주다. ¶할머니는 내 배를 어루만져 주셨다. ❷위로하여 마음이 편하도록 하여 주다. ¶외로운 사람들을 따뜻하게 어루만져 주었다.

어류 魚類 | 물고기 어, 무리 류 [fishes]

❶ 속뜻 물고기[魚] 종류(種類). ❷ 동물 등뼈동물에 딸린 한 무리. 물속에서 살기에 알맞은 모양새로 몸은 비늘로 덮이고 아가미로 숨을 쉬며 지느러미로 헤엄을 친다. ¶이 강에는 많은 어류가 산다.

어:르다 [fondle; dandle]
어린아이나 짐승을 귀엽게 다루어 기쁘게 하여 주다. ¶우는 아기를 어르고 달래서 재우다.

어:르신 [your esteemed father; esteemed elder]
'어르신네'의 준말. ¶고을 원님은 어르신을 모시고 잔치를 베풀었다.

▸어:르신-네
남의 아버지나 나이 많은 사람에 대한 높임말. ¶자네 어르신네 병환은 좀 어떠신가?

어:른 [adult; older person]
❶다 자란 사람. ¶그는 어른이 되면 과학자가 되고 싶다고 한다. ❷나이 많은 사람의 경칭. ¶마을의 어른. ❸남의 아버지의 경칭. ¶자네 어른께는 말씀드려 보았는가? ㊐ 성인(成人).

어른-거리다 [flicker; waver]
❶무엇이 보였다 안 보였다 하다. ¶불빛이 눈앞에 어른거린다. ❷마치 눈앞에 보이는 듯하거나 자꾸 생각나다. ¶할머니의 뒷모습이 아직도 눈앞에 어른거린다.

어:른-스럽다
어린아이의 언동이 의젓하고 어른 같은 데가 있다. ¶내 동생은 어른스럽게 말한다.

어:름 [junction; commissure]
❶두 물건의 끝이 맞닿은 자리. ¶눈두덩과 광대뼈 어름에 멍이 들었다. ❷어떠한 장소의 경계 부근. ¶지리산은 전라, 충청, 경상도 어름에 있다.

어리광 [playing the baby]
귀염을 받으려고 또는 남의 환심을 사려고 짐짓 어리고 예쁜 태도로 버릇없이 구는 일. ¶어리광이 심하다. ㊐ 응석.

어리-굴젓 [fermented oysters salted with hot pepper]
간한 굴에 고춧가루를 섞어 얼간으로 삭힌 젓.

어리다[1] [(tears) gather in the eyes; be filled (with)]
❶눈에 눈물이 조금 괴다. ¶눈물이 어리다. ❷어떤 현상·기운이 나타나 있다. ¶애정 어린 선물을 받다.

어리다[2] (幼, 어릴 유; 稚, 어릴 치) [very young]
나이가 적다. ¶그는 나보다 한 살 어리다.

비슷한 듯 다른 말	➲ 젊다

어리둥절-하다 [dazed; stupefied]
정신이 얼떨떨하다. ¶그는 어리둥절한 표정으로 나에게 물었다.

어리벙벙-하다 [bewildered; dazed; confounded]
어리둥절하여 갈피를 잡을 수 없다. ¶그가 갑자기 화를 내서 나는 어리벙벙했다.

어리석다 (愚, 어리석을 우) [foolish; stupid]
슬기롭지 못하고 둔하다. ¶어리석은 짓 좀 그만 해라. ㊐ 우매(愚昧)하다.

어린-것 [little(young) one; youngster]
어린아이나 어린 사람을 가볍게 이르는 말. ¶어린것이 사려깊다.

어린-뿌리
식물 종자식물의 배에 만들어진 뿌리. 싹이 튼 후 자라서 뿌리가 된다.

어린-아이 [child]
나이가 적은 아이. ¶어린아이가 강아지를 졸졸 따라다닌다. ㊟ 어린애. ㊐ 소아(小兒), 아동(兒童).

어린-애 [child]
'어린아이'의 준말.

어린-이 [child; little one]
어린애를 대접하여 이르는 말. 대개 4, 5세부터 초등학생까지의 아이를 이른다. ¶어린이 도서관. ㊐ 소아(小兒), 아동(兒童).

[반] 어른.

▸ 어린이-날
어린이를 위하여 정한 날. 5월 5일이다.

▸ 어린이-집
6세 미만의 어린이를 돌보고 기르는 시설.

▸ 어린이-회 (―會, 모일 회)
초등학교 등에서 어린이들이 스스로 할 일들을 의논하기 위해 만든 모임[會].

▸ 어린이 헌ː장 (―憲章, 법 헌, 글 장)
[사회] 인간으로서의 어린이들의 권리와 복지를 보장해 줄 것을 어른들 전체가 서약한 헌장(憲章). 1957년 5월 5일에 처음 발표하였다.

어린-잎
[식물] 새로 나온 연한 잎. ¶차나무의 어린 잎을 따서 말리다.

어림 [approximation]
대강 짐작으로 헤아림. ¶어림으로 계산하다.

▸ 어림-셈
대강 짐작으로 셈함. 또는 그 셈. ¶어림셈으로 따져도 이 사전에는 약 4만 개의 어휘가 수록되어 있다.

▸ 어림-수 (―數, 셀 수)
대강 짐작으로 잡은 수(數).

어림-없다
[wide of the mark; far from it]
아무래도 당할 수 없다. ¶이 일은 내 힘으로는 어림없다.

어림-잡다 [guess; estimate; make a rough estimate (of)]
대강 짐작으로 헤아려 보다. ¶이 일을 끝내는 데 어림잡아 1주일은 걸릴 것이다.

어림-재기
목측·보측 등의 방법으로 무게·길이·면적 따위를 어림하여 재는 일.

어림-짐작 [guesswork]
대강 헤아리는 짐작. ¶어림짐작으로 시계를 3시에 맞추었다.

어릿-광대 [clown; buffoon]
정작 광대가 나오기 전에 먼저 나와서 우습고 재미있는 언행으로 판을 어우르는 사람.

어마-마마 (―媽媽, 어머니 마)
궁중에서, 임금이나 왕자가 그 어머니[媽媽]를 부르는 말.

어마어마-하다
[magnificent; enormous]
엄청나고 굉장하고 장엄하다. ¶언덕 위에 어마어마한 저택이 있다 / 그는 어마어마한 부자이다. [비] 엄청나다, 대단하다, 굉장(宏壯)하다, 상당하다.

어망 魚網 | =漁網, 물고기 어, 그물 망
[fishing net]
물고기[魚]를 잡는 데 쓰는 그물[網]. ¶강에 어망을 던져 놓고 다음날 아침에 건져 올렸다.

어머 [Oh!; Why!]
예상하지 못한 일로 깜짝 놀라거나 끔찍한 느낌이 들었을 때 내는 소리. ¶어머, 비가 오네!

어머나 [Oh!; Why!]
'어머'를 강조하여 내는 소리. ¶어머나, 세상에!

어머니 (母, 어머니 모) [mother; mom]
자기를 낳은 여자. ¶그녀는 세 아이의 어머니다. [비] 모친(母親). [반] 아버지.

어머-님 [mother; mom]
'어머니'의 높임말.

어멈 [mother]
❶윗사람이 자식 있는 아랫사람을 친근하게 일컫는 말. ¶얘, 어멈아. ❷남편이 부모나 손윗사람에게 자기 아내를 가리켜서 일컫는 말. ¶아버님, 어멈이 그렇게 말했습니까? [비] 어미. [반] 아범.

어ː명 御命 | 임금 어, 명할 명
[Royal command]
임금[御]의 명령(命令)을 이르던 말. ¶어명을 따르다.

어-묵 (魚―, 물고기 어)
[boiled fish paste]

생선[魚]의 살을 으깨어 소금·녹말·조미료 등을 섞고 나무 판에 올려 쪄서 익힌 음식. ¶어묵 볶음.

어물 魚物 | 물고기 어, 만물 물
[fishes; dried fish]
생선[魚]이나 생선을 가공하여 만든 물품(物品).

▸ 어물-전 魚物廛 | 가게 전
생선, 김, 미역 따위의 어물(魚物)을 전문적으로 파는 가게[廛]. 속담 어물전 망신은 꼴뚜기가 시킨다.

어물-거리다
[talk ambiguously; equivocate]
언행을 시원스럽게 하지 않고 꾸물거리다. ¶대답을 못하고 어물거리다.

어물어물-하다
[talk ambiguously; equivocate]
말이나 행동을 분명하게하지 않고 꾸물거리거나 얼렁뚱땅 넘겨 버리다. ¶어물어물 하지 말고 네 생각을 분명히 말해 봐라.

어미 [mother animal; mother]
❶새끼를 낳은 동물의 암컷. ¶어미 돼지. ❷'어머니'의 낮춤말. ¶친정 어미. ⓑ아비.

▸ 어미-자
수학 고정되어 있는 자를 아들자에 상대하여 이르는 말. 큰 치수를 재는 데 쓴다.

어민 漁民 | 고기 잡을 어, 백성 민
[fishermen; fishing people]
고기 잡는[漁] 일을 하는 사람[民]. ¶이번 태풍으로 어민들은 큰 피해를 보았다. ⓑ어부(漁夫).

어버이 [parents]
아버지와 어머니. ¶어버이에게 효도하다. ⓑ부모(父母), 양친.

▸ 어버이-날
어버이를 위하여 제정한 날. 5월 8일이다.

어:법 語法 | 말씀 어, 법 법
[(a mode of) expression; grammar]
언어 말[語]의 일정한 법칙(法則). ¶어법에 맞게 말해야 한다.

어부 漁父 | =漁夫, 고기 잡을 어, 아버지 부
[fisherman]
고기잡이[漁]를 직업으로 하는 사람[父]. ¶우리 아버지는 어부이다. ⓑ어민(漁民).

▸ 어부지리 漁父之利 | 어조사 지, 이로울 리
❶속뜻 고기잡이[漁父]가 이득[利]을 봄. ❷두 사람이 이해관계로 다투는 사이에 엉뚱한 딴 사람이 이득을 봄. ¶그 두 사람이 싸우는 바람에 어부지리를 얻었다.

▸ 어부-사시사 漁父四時詞 | 넉 사, 때 시, 말씀 사
문학 강촌에서 자연과 더불어 사는 어부(漁父)의 사계절[四時]을 읊은 노래[詞]. 춘(春)·하(夏)·추(秋)·동(冬) 각 10수씩 모두 40수로 되어 있는 연시조로, 조선 효종 2년(1651)에 윤선도가 지었다.

어부바
어린애가 업어 달라고 하는 소리. 또는 어린애에게 업히라고 부르는 소리. ¶엄마, 어부바해 줘.

어:사 御賜 | 임금 어, 줄 사
임금[御]이 신하에게 돈이나 물건을 내리는[賜] 일을 이르던 말. ¶현종은 강감찬에게 비단 100필을 어사했다.

▸ 어:사-화 御賜花 | 꽃 화
역사 조선 시대에, 문무과에 급제한 사람에게 임금[御]이 하사(下賜)하던 종이꽃[花]. ¶이몽룡은 어사화를 꽂고 관청으로 들어섰다.

어:색 語塞 | 말씀 어, 막힐 색
[feel awkward]
❶속뜻 말[語]이 막히다[塞]. ❷말이 궁하여 답변할 말이 없다. ¶어색한 변명. ❸서먹서먹하고 쑥스럽다. ¶어색한 웃음.

어서 [quick(ly); fast]
'빨리·곧'의 뜻으로, 행동을 재촉하는 말. ¶어서 대답해. ⓑ속(速)히, 얼른.

▸ 어서-어서
어떤 일이나 행동을 빨리 하기를 매우 재촉하는 말. ¶어서어서 이 일을 끝내자.

어선 漁船 | 고기 잡을 어, 배 선
[fishing boat; fisher boat]
고기잡이[漁]를 위한 배[船]. ¶어선은 만선이 되어 돌아왔다. ⓑ 고깃배.

어:설프다 [coarse; slovenly]
하는 일이 몸에 익지 않아 야무지지 못하고 서투르다. ¶그녀의 연기는 어딘지 어설퍼 보인다. ⓑ 엉성하다.

어수룩-하다 [naive; ignorant]
되바라지지 않고 좀 어리석은 듯하다. ¶그는 어수룩해 보이지만 실은 빈틈이 없다.

어수선-하다 [chaotic; distracted]
사물이 얽히고 뒤섞여 어지럽고 헝클어져 있다. ¶교실 분위기가 어수선하다. ⓑ 산만하다.

어:순 語順 | 말씀 어, 차례 순
❶ 속뜻 단어(單語)가 놓이는 순서(順序). ❷말이나 글에서 주어, 술어, 목적어 따위가 놓인 차례. '나는 밥을 먹었다'는 '주어', '목적어', '술어'의 어순이다.

어스름-하다 [dusky]
빛이 조금 어둑하다. ¶어스름한 달밤에 늑대 소리가 들렸다.

어슬렁-거리다 [stroll about]
몸이 크고 다리가 긴 사람이나 짐승이 천천히 걸어가다. ¶동네 공원을 어슬렁거리다.

어슬렁-어슬렁 [slowly]
몸집이 큰 사람이나 짐승이 몸을 조금 흔들며 계속 천천히 걸어 다니는 모양. ¶운동장을 어슬렁어슬렁 걷다.

어슴푸레 [dimly; faintly]
❶빛이 약하거나 멀어서 어둑하고 희미한 모양. ¶날이 어슴푸레 밝아 오고 있다 / 어슴푸레한 달빛이 창문을 비춘다. ❷기억이 매우 희미한 모양. ¶어린 시절 친구의 모습이 어슴푸레 떠오르다 / 그날의 기억이 어슴푸레하게 떠올랐다.

어슷비슷-하다 [be much the same]
서로 비슷하다. ¶두 사람의 키가 어슷비슷하다.

어시스트 {영 assist}
운동 축구·농구·아이스하키 따위에서, 직접 득점에 크게 공헌하는 패스를 보낸 사람. 또는 그 일.

어-시:장 魚市場 | 물고기 어, 저자 시, 마당 장 [fish market]
생선 따위의 어물(魚物)을 파는 시장(市場). ¶그는 어시장에서 10년 째 건어물을 팔고 있다.

어:안
어이없어 말을 못하고 있는 혀 안. 관용 어안이 벙벙하다.

어언 於焉 | 어조사 어, 어찌 언
[without one's knowledge; so soon]
여기[焉]에[於]. 어느덧. 어느새. ¶학교를 졸업한 지도 어언 십 년이 지났다.

***어업** 漁業 | 고기 잡을 어, 일 업
[fishery; fishing industry]
수산물을 잡는[漁] 것을 전문적으로 하는 사업(事業).

어여쁘다 [pretty; lovely]
'예쁘다'의 예스러운 말. ¶어여쁜 아이가 아장아장 걸어온다. ⓑ 곱다, 아름답다.

어여삐
보기에 사랑스럽고 귀엽게. ¶자식을 어여삐 여기다.

어엿-하다 [respectable; decent]
행동이 당당하고 떳떳하다. ¶그는 이제 어엿한 성인이다.

어:영-대:장 御營大將 | 임금 어, 군대 영, 큰 대, 장수 장
❶ 속뜻 왕[御]이 직접 지휘하는 군대[營]의 대장(大將). ❷ 역사 조선 시대에 둔 어영청(御營廳)의 으뜸 벼슬.

어영-부영 [idly]
되는대로 아무렇게나 어물어물 넘겨서 처리하는 모양. ¶그는 하는 일 없이 공원에서 어영부영 시간을 보냈다.

어우러-지다 [get put together]
여럿이 조화되어 한 덩어리나 한판을 이루게 되다. ¶우리는 모두 함께 어우러져 파티를 열였다.

어울리다 [join; mix with; befit]
❶함께 사귀어 잘 지내다. ¶현주는 누구와도 잘 어울린다. ❷한데 섞이어 조화를 이루다. ¶노란색은 그녀에게 정말 잘 어울린다.

어:원 語源 | =語原, 말씀 어, 근원 원
[derivation of a word; etymology]
어떤 단어(單語)가 생겨난 근원(根源). ¶'설거지'의 어원을 조사하다.

어유
❶뜻밖에 벌어진 일에 놀람을 나타내는 말. ¶어유, 큰일 났네. ❷피곤하고 힘에 부칠 때 내는 소리. ¶어유, 힘들어.

어음 [bill; draft]
경제 일정한 금액을 일정한 시기에 일정한 장소에서 지급하기로 약속한 유가 증권.

어:의 御醫 | 임금 어, 치료할 의
[royal physician]
역사 궁궐 내에서, 임금[御]이나 왕족의 병을 치료하던 의원(醫員). ¶노국공주의 처소에 어의가 들어갔다. ⓑ 태의(太醫).

어이 [dumb-founded; absurd]
어처구니. 주로 '없다'와 함께 쓰인다. ¶나는 어이가 없어서 그에게 다시 물어보았다. ⓑ 어처구니.

어이구 [Oh!; Ouch!]
몹시 아플 때, 놀랐을 때, 반가울 때, 힘들 때, 원통할 때 나오는 소리. ¶어이구, 깜작이야.

어이쿠 [Oh!; Ouch!]
'어이구'의 강조어. ¶어이쿠, 골치야.

어장 漁場 | 고기 잡을 어, 마당 장
[fishing ground; fishery]
고기잡이[漁]를 하는 곳[場]. ¶독도 주변은 해산물이 풍부한 어장이다.

어저께 [yesterday]
어제. ¶나는 어제께 그를 만났다.

어:전 御前 | 임금 어, 앞 전
[Royal presence]
임금[御]의 앞[前]. ¶어전을 물러 나오다 / 어전에 나가 임금께 절을 올리다.

어:절 語節 | 말씀 어, 마디 절
언어 낱말[語] 각각의 마디[節]. 문장 성분의 최소 단위로서 띄어쓰기의 단위가 된다. ¶'혜리가 소설책을 본다'에서 '혜리가', '소설책을', '본다'가 어절에 해당한다.

어정쩡-하다 [suspect; evasive]
모호하거나 어중간하다. ¶그의 어정쩡한 태도 때문에 모두들 피해를 입었다.

어제 (昨, 어제 작) [yesterday]
오늘의 하루 전날. 어저께. ¶나는 어제 동물원에 다녀왔다. ⓑ 작일(昨日).

어젯-밤 [last night]
어제의 밤. ¶어젯밤 옆집에 도둑이 들었다.

어:조 語調 | 말씀 어, 가락 조
[tone of the voice; accent]
❶속뜻 말[語]의 가락[調]. ❷말하는 투. ¶격렬한 어조. ⓑ 말투.

어족[1] 魚族 | 물고기 어, 무리 족
[fishes; finny tribe]
동물 물고기[魚]의 종족(種族). ¶독도 부근의 바다는 어족이 풍부하다. ⓑ 어류(魚類).

어:족[2] 語族 | 말씀 어, 무리 족
[family of languages]
언어 언어(言語)의 종족(種族). 언어를 계통에 따라 묶은 것으로 인도·유럽 어족, 알타이 어족, 한장 어족 따위. ¶한국어는 알타이 어족에 속한다.

어-중간 於中間 | 어조사 어, 가운데 중, 사이 간 [be about halfway]
거의 중간(中間)쯤 되는[於] 곳. 또는 그런 상태. ¶누나는 어중간한 것을 싫어한다.

어지간-하다 [considerable; tolerable]
❶꽤 무던하다. 웬만하다. ¶어지간하면 네가 참아라 / 그도 참 어지간히 말을 안 듣는다. ❷정도가 표준에 가깝다. ¶키가 어지간하다 / 어지간히 춥다.

어지러-이 [dizzily; giddily]
물건들이 제자리에 있지 못하고 널려 있어 너저분하게. ¶책들이 방 안에 어지러이 널려 있다.

어지럼-증 (─症, 증세 증)
[vertigo; dizziness]
어지러운 기운이 나는 증세(症勢). ¶혈압이 높으면 어지럼증이 난다. ㊐ 현기증(眩氣症).

어지럽다 (亂, 어지러울 란; 紛, 어지러울 분)
[dizzy; troubled]
❶몸을 제대로 가눌 수 없이 정신이 흐리고 얼떨떨하다. ¶머리가 어지럽다. ❷사회가 혼란스럽고 질서가 없다. ¶어지러운 세상. ㊐ 어질어질하다, 얼떨떨하다, 현기증(眩氣症)나다, 너저분하다, 어수선하다, 혼란(混亂)하다.

어지럽-히다 [mess up; disturb]
❶물건들을 늘어놓아 지저분하게 하다. ¶동생이 방안을 장난감으로 어지럽혀 놓았다. ❷무엇이 마구 뒤섞여 혼란스럽게 하다. ¶사회 질서를 어지럽히다.

어지르다 [disarrange; break up]
정돈되어 있는 것을 혼란하게 하다. ¶방을 어질러 놓다. ㊊ 치우다, 정리(整理)하다.

어질다 (賢, 어질 현; 仁, 어질 인) [gentle; kindhearted]
마음이 너그럽고 슬기로워 덕행이 높다. ¶어진 임금. ㊐ 인자(仁慈)하다.

어째 [why; somehow]
❶왜. 무엇 때문에. ¶어째 이제야 오니? ❷왜 그런지. ¶어째 울고 싶다.

어째서 [why; somehow]
왜. 무엇 때문에. ¶어째서 그렇게 생각합니까?

어쨌든 [anyhow; in any case]
어찌하였든·어찌 되었든. ¶어쨌든 그를 용서할 수 없다. ㊐ 좌우간(左右間), 하여간(何如間).

어쩌다[1] [by chance; by accident]
'어찌하다'의 준말. ¶어쩌다 컴퓨터가 고장이 났을까?

어쩌다[2] [accidentally; by chance]
뜻밖에, 우연(偶然)히. ¶어쩌다 그들은 같은 버스를 탔다.

어쩌다가 [by chance]
'어찌하다가'의 준말. ¶어쩌다가 여기까지 왔을까?

어쩌면 [how; possibly]
확실치 않지만 짐작하건대. ¶그것은 어쩌면 가짜일지도 모른다.

어쩐지 [for some reason or other]
어찌 된 까닭인지. ¶누가 창문을 닫았네요. 어쩐지 덥다 했어요. ㊐ 왠지.

어쩜 [maybe]
❶'어쩌면'의 준말. ¶어쩜 그럴지도 모른다. ❷감탄하거나 놀랄 때 하는 말. ¶어쩜, 세상에 이럴 수가 있니?

어:쭈
남의 잘난 체하는 말이나 행동을 매우 비웃는 뜻으로 하는 말. ¶어쭈, 여기가 어디라고 감히.

어찌 [why; how]
❶어떠한 이유로. ¶도대체 어찌 된 일이니? ❷어떠한 방법으로. ¶그 문제를 어찌 풀었느냐?

어찌나 [how; what]
'어찌'의 강조어. ¶꽃이 어찌나 예쁘던지 한참을 들여다보았다.

어찌-하다
❶어떻게 하다. ¶이 많은 책을 다 어찌하려고요? ❷무슨 이유로. ¶어찌하여 그렇게 내 마음을 몰라주니?

어차피 於此彼 | 어조사 어, 이 차, 저 피

[anyway; anyhow]
이렇게[此] 하거나 저렇게[彼] 하거나. 어쨌든. '어차어피'(於此於彼)의 준말. ¶어차피 내가 해야 할 일이다.

어처구니
상상 밖으로 큰 물건이나 사람을 가리키는 말. ¶그의 말에 나는 어처구니가 없었다. ㊐ 어이.

어촌 漁村 | 고기 잡을 어, 마을 촌
[fishing village; sea village]
고기잡이[漁] 하며 사는 사람들이 모여 사는 마을[村]. ¶해안을 따라 어촌이 많이 있다. ㊐ 갯마을.

어:투 語套 | 말씀 어, 버릇 투
[way one talks]
말[語] 하는 버릇[套]. ¶그는 못 믿겠다는 어투로 말했다. ㊐ 말투, 어조(語調).

어패-류 魚貝類 | 물고기 어, 조개 패, 무리 류 [Fish and shellfish; seafood]
식품으로 쓰이는 생선[魚]과 조개[貝] 종류(種類)를 통틀어 이르는 말. ¶어패류는 익혀 먹는 것이 안전합니다.

어:학 語學 | 말씀 어, 배울 학
[language study; philology]
언어 ❶언어(言語)를 연구하는 학문(學問). ❷외국어를 연구하거나 습득하기 위한 학문. 또는 그런 학과(學科). ¶그 아이는 어학에 재능이 있다.

어항[1] 魚缸 | 물고기 어, 항아리 항
[fish bowl]
물고기[魚]를 기르는 데 사용하는 유리 따위로 모양 있게 만든 항아리[缸].

어항[2] 漁港 | 고기잡을 어, 항구 항
어선(漁船)이 정박하고, 출어 준비와 어획물의 양륙을 하는 항구(港口). ¶그곳은 섬의 어항으로 개발되었다.

어허 [Why; Oh]
❶미처 생각지 못한 일을 깨달아 느꼈을 때에 내는 소리. ¶어허, 벌써 아홉 시야. ❷못마땅하거나 불안할 때 내는 소리. ¶어허, 조심해라.

어험 [Hem!; Ahem!]
의젓함을 나타내거나 기척을 내려고 내는 기침하는 소리. ¶그는 문밖에서 "어험!" 하고 헛기침을 했다.

어획 漁獲 | 고기 잡을 어, 얻을 획 [catch a fish]
물고기를 잡아[漁] 거두어 올림[獲]. 또는 그 수산물. ¶어획으로 생계를 유지하다.

▶ **어획-량 漁獲量** | 분량 량
수산 어획(漁獲)한 수산물의 수량(數量). ¶가뭄으로 어획량이 크게 줄었다.

어:휘 語彙 | 말씀 어, 모일 휘
[vocabulary; glossary]
어떤 분야에서 쓰이는 단어(單語)를 모은[彙] 수효. 또는 그러한 단어의 전체. ¶경제학 관련 어휘를 많이 알고 있다.

어휴
몹시 힘들거나 기가 막히거나 좌절할 때 내는 소리. ¶어휴, 무거워.

어흥
호랑이가 우는 소리.

억[1] [eh!; what!]
몹시 놀라거나 쓰러질 때 내는 소리. ¶그는 억 하고 쓰러졌다.

억[2] 億 | 억 억 [one hundred million]
만(萬)의 만 배. ¶5억.

억-누르다 [press down]
❶마음속에서 솟아오르는 감정을 나타나지 않도록 스스로 참다. ¶슬픔을 억누르다. ❷남을 짓누르다. ¶백성들의 요구를 억누르다.

억-눌리다 [be repressed]
억누름을 당하다. ¶억눌린 감정이 폭발했다.

억류 抑留 | 누를 억, 머무를 류
[detain; intern]
가지 못하게 억눌러[抑] 머무르게[留] 함. ¶억류상태에 있다.

억만 億萬 | 일억 억, 일만 만
[myriads; countless numbers]

억(億)의 만(萬)이나 될 만큼 많은 수.

▸ 억만-장ː자 億萬長者 | 어른 장, 사람 자
헤아리기 어려울 정도로 많은[億萬] 재산을 가진 큰 부자[長者].

억ː새 [eulalia]
식물 잎이 좁고 길고 거칠며 키가 큰 풀. 잎은 집을 이는 데나 말과 소의 먹이로 쓴다.

억-세다 [strong; tough]
❶몸이나 뜻이 굳고 세차다. ¶손아귀 힘이 억세다 / 마음을 억세게 먹다. ❷식물의 잎이나 줄기가 뻣뻣하고 세다. ¶이 배추는 너무 억세다.

억수 [pouring rain]
물을 퍼붓듯 세차게 내리는 비. ¶비가 억수로 퍼붓는다.

억압 抑壓 | 누를 억, 누를 압
[suppress; oppress]
자기 뜻대로 행동하지 못하도록 억누름[抑=壓]. ¶자유를 억압하다.

억양 抑揚 | 누를 억, 오를 양
[intonate; accent]
❶ 속뜻 내려갔다[抑] 올라감[揚]. ❷ 언어 내려가고 올라가는 상대적인 음(音)의 높이. 또는 그런 변화.

억울 抑鬱 | 누를 억, 답답할 울
[feel pent up]
❶ 속뜻 억제(抑制)를 받아 답답함[鬱]. ❷ 공평하지 못한 일을 당하여 원통(寃痛)하고 가슴이 답답함. ¶잘못도 없이 선생님에게 꾸중을 듣고 너무 억울하여 펑펑 울었다.

억제 抑制 | 누를 억, 누를 제
[control; restrain]
못하게 누름[抑=制]. 제지함. ¶불필요한 지출을 억제하다 / 감정을 억제하다.

억지 [stubbornness; obstinacy]
자기 생각이나 행동을 무리하게 관철해 보려는 고집. ¶억지를 부리다. ⓑ 떼.

▸ 억지-떼
주로 윗사람에게 무리하게 부당한 일을 요구하거나 고집하는 일. ¶나는 장난감을 사 달라고 억지떼를 썼다.

▸ 억지-로
이치나 조건에 맞지 아니하게 고집을 부려 강제로. ¶억지로 먹이다.

억척-스럽다 [stubborn; tough]
모질고 굳은 태도가 있다. ¶억척스럽게 일을 하다.

억측 臆測 | 생각 억, 헤아릴 측
[speculate; conjecture]
이유와 근거가 없이 짐작하여[臆] 헤아림[測]. 또는 그런 짐작. ¶그의 생각은 억측에 지나지 않다 / 근거도 없이 억측하지 마라.

언급 言及 | 말씀 언, 미칠 급
[refer to; mention]
❶ 속뜻 말[言]이 어디에까지 미침[及]. ❷ 어떤 문제에 대하여 말함. ¶언급을 회피하다 / 그는 앞으로 어떻게 활동할지 언급했다.

언니 [older sister]
❶여형제 사이에서, 손윗사람을 지칭하는 말. ❷여자들 사이에서, 자기보다 나이 많은 사람을 정답게 부르는 말. ¶옆집 언니가 옷을 빌려 주었다.

언덕 (丘, 언덕 구; 陵, 언덕 릉)
[hill; knoll]
땅이 비탈지고 조금 높은 곳. ¶언덕을 올라가면 집이 한 채 있다. ⓑ 구릉(丘陵).

▸ 언덕-길
언덕에 나 있는 좀 비탈진 길.

▸ 언덕-배기
언덕의 꼭대기. 또는 언덕의 경사가 심한 곳.

언도 言渡 | 말씀 언, 건넬 도 [sentence]
❶ 속뜻 말[言]을 건넴[渡]. ❷ 법률 재판장이 판결을 알림. 지금은 '선고'(宣告)라고 한다. ¶7년의 실형을 언도받았다.

언뜻 [in an instant; by chance]
❶지나는 결에 잠깐. ¶언뜻 보기에는 진짜

같다. ❷생각이나 기억이 문득 떠오르는 모양. ¶언뜻 기억이 나다.

언론 言論 | 말씀 언, 말할 론
[speech; discussion]
말[言]이나 글로 자기 사상을 발표함[論]. 또는 그 말이나 글. 보도, 출판 따위의 방법이 있다. ¶언론의 자유를 보장하다.

▸언론-인 言論人 | 사람 인
신문, 잡지, 방송 등을 통하여 언론(言論) 활동을 하는 사람[人].

언:문 諺文 | 상말 언, 글월 문
❶ 속뜻 상스러운[諺] 글[文]. ❷지난날, 한문에 대하여 '한글로 쓰여진 글'을 낮추어 이르던 말.

언사 言辭 | 말씀 언, 말씀 사
[words; speech]
말[言=辭]. 말씨. ¶모욕적인 언사를 서슴지 않다.

언성 言聲 | 말씀 언, 소리 성
[tone of voice]
말[言] 소리[聲]. ¶둘은 서로 잘났다고 언성을 높였다.

언약 言約 | 말씀 언, 묶을 약
[make a verbal promise]
말[言]로 약속(約束)함. 또는 그런 약속. ¶나는 그녀와 결혼을 언약했다. ㊥ 약속(約束).

언어 言語 | 말씀 언, 말씀 어
[language; speech]
생각, 느낌 따위를 나타내거나 전달하는 데에 쓰는 말[言=語]. ¶언어를 배우다.

▸언어-생활 言語生活 | 살 생, 살 활
언어(言語) 행동 면에서 본 인간의 생활(生活).

언쟁 言爭 | 말씀 언, 다툴 쟁
[quarrel; squabble]
말[言]로 하는 다툼[爭]. ¶이웃과 언쟁을 벌이다.

언저리 [edge; rim]
주위의 부근. ¶입 언저리에 여드름이 났다. ㊦ 중심(中心), 중앙(中央).

언:제 [when; how soon]
❶의문문에서, 잘 모르는 때. 어느 때에. ¶언제 만날래? ❷아무 때나. ¶언제 같이 밥 먹자.

언제까지나 [in succession]
계속하여. 변함없이. ¶나는 언제까지나 네 친구야.

언:제-나 [always; all the time]
❶어느 때에나. ¶나는 언제나 아침 6시에 일어난다. ❷어느 때에 가서야. ¶고향에 언제나 가볼 수 있을까? ㊥ 노상, 항상, 늘.

언:제든지 [(at) any time; always]
어느 때든지, 아무 때나, 언제나. ¶언제든지 놀러 와.

언질 言質 | 말씀 언, 볼모 질
[pledge; promise]
❶ 속뜻 들은 말[言]을 볼모[質]로 삼음. ❷ 나중에 증거가 될 말. ¶확실한 언질을 받았다.

언짢다 [bad; ill]
마음에 들지 않아 심기가 좋지 않다. ¶언짢게 생각하지 마라.

언:해 諺解 | 상말 언, 풀 해
한문을 우리말[諺]로 풀어서[解] 씀. 또는 그런 책.

▸언:해-본 諺解本 | 책 본
출판 고전 한문으로 된 내용을 우리말[諺文]로 풀어서[解] 한글로 적은 책[本]. ¶훈민정음 언해본.

언행 言行 | 말씀 언, 행할 행
[speech and action]
말[言]과 행동(行動). ¶그는 늘 언행이 일치한다.

얹다 [put on top; place above]
❶물건을 딴 물건 위에 올려놓다. ¶가슴에 손을 얹다. ❷일정한 분량·액수에 덧붙이다. ¶덤으로 몇 개를 얹어 주다.

♣ 얹다 / 놓다

◎ 침대 위에 책을 얹다 = 놓다.
○ 만 원에 천 원을 더 얹어 주다.
× 만 원에 천 원을 더 놓아 주다.
○ 환자에게 주사를 놓다.
× 환자에게 주사를 얹다.

비슷한 듯 다른 말 ➲ 이다¹

얹-히다¹ [be put on top; be placed above]
❶물건이 다른 것 또는 높은 곳에 올려 놓이다. ¶선반 위에 얹혀 있는 냄비. ❷남에게 신세를 지다. ¶고모 댁에 얹혀 지내다.

얹-히다² [have indigestion; have an upset stomach]
먹은 음식이 소화되지 않아 체하다. ¶아침 먹은 것이 얹힌 것 같다.

얻:다 (得, 얻을 득; 獲, 얻을 획) [get; receive; secure]
❶주는 것을 받아 가지다. ¶형에게서 공책을 얻다. ❷꾸거나 빌리다. 빌려 쓰다. ¶삼촌은 빚을 얻어 가게를 시작했다. ❸보고, 읽고, 들어 자기 것으로 하다. 이해하다. 터득하다. ¶교훈을 얻다 / 정보를 얻다.

얻:어-맞다 [get a blow; denounced]
남에게 매를 맞다. ¶나는 동네 형한테 얻어맞았다.

얻:어-먹다 [beg; get called (names)]
❶남이 주는 것을 거저 받아 먹거나 빌어서 먹다. ¶오늘 친구에게서 점심을 얻어 먹었다. ❷욕설을 듣게 되다. ¶욕을 얻어 먹다.

얼: [spirit; mind]
정신. 넋. ¶이 그림에는 우리 민족의 얼이 담겨져 있다.

얼간-이 [dolt; stupid fellow]
됨됨이가 똑똑하지 못하고 모자라는 사람의 별명.

얼개 [structure; framework]
어떤 사물이나 조직의 전체를 이루는 짜임새나 구조.

얼결 [confusion of the moment]
의식하지 못하는 사이에. ¶나는 얼결에 비밀을 누설했다. ㊥ 얼떨결.

얼굴 (容, 얼굴 용) [face; look; prestige]
❶눈·코·입 등이 있는 머리의 앞면. ¶얼굴이 크다. ❷표정. ¶행복한 얼굴. ❸남에게 잘 알려짐으로써 얻은 신용이나 평판. 또는 체면. 명예. ¶무슨 얼굴로 부모님을 대하겠느냐. 관용 얼굴이 두껍다.

▸ **얼굴-빛**
❶얼굴의 빛깔. ¶얼굴빛이 새파랗다. ❷얼굴에 나타난 기색. ¶얼굴빛이 밝다. ㊥ 낯빛, 안색(顔色), 얼굴색.

▸ **얼굴-색** (-色, 빛 색)
얼굴에 나타나는 표정이나 빛깔[色]. ¶그는 얼굴색이 검은 편이다 / 그는 얼굴색 하나 변하지 않고 화를 냈다. ㊥ 낯빛, 안색(顔色).

▸ **얼굴 막기**
운동 권투나 태권도 따위에서, 팔과 손으로 얼굴을 가려 상대편의 공격을 막는 방법.

▸ **얼굴 지르기**
운동 권투나 태권도에서, 주먹을 뻗어 상대편 턱 밑에서부터 치지르는 공격 기술. 주먹이 올라갈 때 주먹 등 쪽이 상대의 급소에 닿도록 한다.

얼기-설기 [in disorder; entangled]
이리저리 얽힌 모양. ¶이번 사건은 얼기설기 얽혀 있다.

얼:다 (凍, 얼 동) [freeze]
❶찬 기운을 만나 응결하다. ¶강물이 얼다. ❷추위로 몸의 한 부분의 감각이 없어지다. ¶발가락이 꽁꽁 얼었다. ❸남의 위압으로 기가 죽다. ¶선생님 앞에서 얼다. ㊥ 결빙(結氷)하다, 동결(凍結)되다, 얼어붙다. 속담 언 발에 오줌 누기.

♣ 얼다 / 굳다 [비슷한 듯 다른 말]

◎ 긴장해서 몸이 얼다 = 굳다.

ㅇ 호수에 얼음이 얼다.
× 호수에 얼음이 굳다.

ㅇ 시멘트가 말라 굳었다.
× 시멘트가 말라 얼었다.

얼떨-결 [confusion of the moment]
여러 가지가 복잡하고 혼란되어 정신이 얼떨떨한 판. ¶얼떨결에 사실을 다 말해 버렸다.

얼떨떨-하다 [dazed; stupefied]
매우 어리둥절하다. ¶그는 어떨떨한 표정으로 꽃다발을 받았다.

얼렁-뚱땅 [do a slapdash job]
남이 모르는 사이에 슬쩍 넘겨 버리는 모양. ¶애초에 얼렁뚱땅 넘어갈 생각은 하지도 마라.

얼레 [reel; spool]
실·연줄·낚싯줄 따위를 감는 기구. 설주 두 개나 네 개 또는 여섯 개로 짜서 중앙에 자루를 박고 실을 감는다.

얼레-빗 [coarse comb]
빗살이 굵고 성긴 빗.

얼룩 [stain; spot]
❶액체가 스며들어서 더러워진 자국. ¶얼룩이 진 바지. ❷얼룩덜룩한 모양. ¶얼룩 송아지.

▸ 얼룩-말
[동물] 말과 비슷하지만 덩치가 조금 작고, 백색 또는 담황색 바탕에 흑색 줄무늬가 있다. 초원에 떼 지어 살며, 사나워 길들이기 어렵다.

▸ 얼룩-덜룩
같거나 다른 짙은 빛깔로 된 줄이나 점이 불규칙하게 이룬 무늬가 밴 모양. ¶벽은 낙서로 얼룩덜룩해졌다 / 얼룩덜룩한 옷.

▸ 얼룩-얼룩
같거나 다른 짙은 빛깔로 된 줄이나 점이 규칙적으로 이룬 무늬가 밴 모양. ¶바지에 김칫국이 얼룩얼룩 묻어 있다.

▸ 얼룩-지다
거죽에 얼룩이 생기다. ¶옷에 얼룩지지 않도록 조심하세요.

얼른 [quickly; fast]
시간을 끌지 말고 곧. 빨리. 어서. ¶얼른 집으로 돌아와라. [반] 천천히.

얼ː리다 [freeze; refrigerate]
얼게 하다. ¶생선을 얼려서 보관하다. [비] 냉동(冷凍)하다. [반] 녹이다.

얼마 [how much]
❶잘 모르는 수효나 분량이나 정도. ¶모두 얼마입니까? ❷정하지 않은 약간의 수효나 분량이나 정도. ¶그는 이사 온 지 얼마 되지 않았다. ❸밝힐 필요가 없는 대단하지 않은 수효나 양이나 정도. ¶우리는 얼마씩 돈을 걷어서 그에게 주었다.

▸ 얼마-간 (─間, 사이 간)
❶그리 많지 않은 수량이나 정도. ¶얼마간의 돈을 보태다. ❷그리 길지 않은 시간 동안. ¶얼마간 여기서 머물러야 한다. [비] 얼마쯤.

▸ 얼마-나
❶얼마 가량이나. ¶키가 얼마나 됩니까? ❷느낌이나 감탄의 정도가 매우 큼을 나타낸다. ¶네가 얼마나 보고 싶었는지 몰라.

얼-버무리다 [prevaricate; quibble]
뒷말을 섞어 분명하지 않게 하다. ¶그는 대답을 적당히 얼버무렸다.

얼ː-빠진
[be stupefied; come to lack sense]
정신이 나간. ¶얼빠진 얼굴.

얼싸-안다 [give a tight hug]
두 팔을 벌려 껴안다. ¶우리는 그 자리에서 얼싸안고 춤을 추었다.

얼쑤 [Yippee!; Whoopee!]
'얼씨구'의 준말.

얼씨구 [Yippee!; hoopee!]
❶흥에 겨워서 떠들 때 가볍게 장단을 맞

추며 내는 소리. ¶얼씨구, 좋다. ❷보기에 아니꼬워서 조롱할 때 내는 소리. ¶얼씨구, 그걸 자랑이라고 하니?

얼씬-거리다
[keep coming around; haunt]
눈앞에 자꾸 나타나다. ¶너 내 근처에는 얼씬거리지도 마라.

얼어-붙다 [freeze to]
❶물건이 얼어서 꽉 들러붙다. ¶강물이 꽁꽁 얼어붙었다. ❷긴장이나 무서움 등으로 몸 따위가 굳어지다. ¶무대 앞에 서면 입이 얼어붙어 말이 잘 안 나온다.

얼얼-하다 [smart; bite]
❶맛이 매우 맵거나 독하여 혀끝이 아리고 쓰라리다. ¶찌개가 얼마나 매운지 혀가 얼얼하다. ❷몸의 상처나 햇볕에 덴 자리가 몹시 아리다. ¶맞은 엉덩이가 아직도 얼얼하다.

얼음 (氷, 얼음 빙) [ice]
물이 얼어 굳어진 것. ¶얼음을 넣은 콜라.

▸ 얼음-장 (一張, 벌릴 장)
얼음의 좀 넓은 조각. ¶그의 손은 얼음장같이 차갑다.

▸ 얼음-판
얼음이 마당처럼 넓게 언 곳. ¶얼음판에서 넘어졌다. ⓑ 빙판(氷板).

▸ 얼음-과자 (一菓子, 과일 과, 접미사 자)
설탕물에 과실즙·향료 등을 섞고 얼려 만든 과자(菓子)같은 군것질거리. ⓑ 빙과(氷菓).

▸ 얼음-지치기
얼음 위를 달리는 운동이나 놀이.

얼쩡-거리다
[walk leisurely along; stroll]
아무 일도 없으면서 자꾸 어정거리다. ¶괜히 여기서 얼쩡거리지 말고 얼른 집에 가라.

얼추 [nearly; almost]
❶대강. 대체로. ¶얼추 헤아려 보니 50명은 되겠다. ❷거의 가깝게. ¶얼추 시간이 다 돼간다.

얼큰-하다
[be a bit spicy; have a hot taste]
매워서 입 안이 얼얼하다. ¶얼큰한 김치찌개가 먹고 싶다.

얼토당토-않다
[be wide of the mark; absurd]
전혀 맞지 않다. ¶얼토당토않은 생각.

얼핏 [by chance; unexpectedly]
지나는 결에 잠깐 나타나는 모양. ¶그는 이상한 생각이 얼핏 들었다. ⓑ 언뜻.

얽다[1] [get pockmarked; be flawed]
❶얼굴에 마마의 자국이 생기다. ¶그녀의 얼굴은 살짝 얽었다. ❷물건의 거죽에 흠이 많이 나다. ¶이 장롱에는 얽은 곳이 있다.

얽다[2] [bind; tie up]
노끈이나 새끼 따위로 이리저리 걸어서 묶다. ¶가지를 얽어 새끼줄을 만들다.

얽-매다 [bind up; restrict]
❶얽어서 동여 묶다. ¶상자를 노끈으로 얽매다. ❷마음대로 행동할 수 없도록 몹시 구속하다. ¶사원들을 규율로 얽매다.

얽-매이다 [be bound; be tied down]
❶얽혀서 매이다. ¶그 사람은 빗줄로 얽매여 있었다. ❷어떤 일에 걸려 몸을 빼지 못하다. ¶그는 정에 얽매여서 제대로 판단할 수 없었다.

얽-히다 [twine round; be involved in]
❶얽어 감기다. ¶실이 온통 얽혀 있다. ❷애매하게 걸리다. ¶나는 그 일에 얽히고 싶지 않아.

엄격 嚴格 | 엄할 엄, 바를 격
[strict; severe]
❶ 속뜻 엄(嚴)하고 바르게[格]함. ❷조그만 잘못도 용서하지 않을 정도로 매우 엄함. ¶엄격한 지휘 체계 / 우리 아버지는 매우 엄격하다. ⓑ 엄준(嚴峻).

엄금 嚴禁 | 엄할 엄, 금할 금
[prohibit strictly; forbid strictly]
엄격(嚴格)하게 금지(禁止)함. 절대로 못

하게 함. ¶출입 엄금 / 주유소에서의 흡연을 엄금한다.

엄동 嚴冬 | 혹독할 엄, 겨울 동
[rigorous winter; midwinter]
혹독하게[嚴] 추운 겨울[冬].

▸엄동-설한 嚴冬雪寒 | 눈 설, 찰 한
엄동(嚴冬)에 눈[雪]이 내린 뒤의 추위[寒]. ¶오늘까지 방세를 내지 않으면 엄동설한에 쫓겨날 판이다.

엄두 [very thought of doing]
감히 무엇을 하려는 마음. ¶옷값이 너무 비싸서 살 엄두도 못 냈다.

엄마 [mom; mommy]
'어머니'를 친근하게 이르는 말. ¶엄마, 사랑해요. ⓑ 아빠.

엄밀 嚴密 | 엄할 엄, 빽빽할 밀
[strict; exact; strictly secret]
❶ 속뜻 엄중(嚴重)하고 세밀(細密)하다. ¶엄밀한 조사를 받았다. ❷매우 비밀스럽게 하다. ¶엄밀하게 일을 추진하다.

엄벌 嚴罰 | 엄할 엄, 벌할 벌
[punish severely]
엄(嚴)하게 처벌(處罰)함. 또는 엄한 벌. ¶그는 엄벌을 받아 마땅하다 / 살인범을 엄벌하다.

엄살 [exaggeration of pain]
고통이나 어려움을 거짓 꾸미거나 과장해서 나타내는 태도. ¶엄살이 심하다.

▸엄살-꾸러기
엄살을 잘 부리는 사람.

엄수 嚴守 | 엄할 엄, 지킬 수
[observe strict]
명령이나 약속 따위를 엄격(嚴格)하게 지킴[守]. 반드시 그대로 지킴. ¶약속 시간을 엄수하다.

엄숙 嚴肅 | 엄할 엄, 정숙할 숙
[grave; serious]
❶ 속뜻 장엄(莊嚴)하고 정숙(靜肅)하다. ¶엄숙한 분위기. ❷말이나 태도 따위가 위엄이 있고 정중하다. ¶그는 엄숙한 표정으로 자리에 앉아 있다.

엄:습 掩襲 | 가릴 엄, 습격할 습
[make a surprise attack]
❶ 속뜻 뜻하지 않은 사이에 몰래[掩] 습격(襲擊)함. ¶새벽에 모두 잠든 틈을 타 적이 엄습했다. ❷감정, 생각, 감각 따위가 갑작스럽게 들이닥치거나 덮침. ¶해가 지자 추위가 엄습해왔다.

엄연 儼然 | 의젓할 엄, 그러할 연
[dignified; solemn]
❶ 속뜻 겉모양이 의젓한[儼] 그러한[然] 모양. ¶엄연한 용모. ❷현상이 뚜렷하여 누구도 감히 부인할 수 없다. ¶엄연한 사실.

엄정 嚴正 | 엄할 엄, 바를 정
[exacts; strict]
태도가 엄격(嚴格)하고 공정(公正)함. ¶엄정한 심사를 거쳐 작품을 선별했다.

엄중 嚴重 | 엄할 엄, 무거울 중
[strict; stringent]
태도가 엄격(嚴格)하고, 분위기가 무거움[重]. ¶엄중 처벌 / 그 국회의원은 엄중한 조사를 받았다.

엄지 [thumb; big finger]
'엄지가락'의 준말. ¶연기가 끝나자 관객들은 엄지를 치켜들고 환호했다.

▸엄지-발가락
발가락 가운데 가장 크고 굵은 첫째 발가락.

▸엄지-손가락
손가락 가운데 가장 짧고 굵은 첫째 손가락.

엄청 [exorbitantly; enormously]
양이나 정도가 아주 지나친 상태. ¶날씨가 엄청 덥다.

▸엄청-나다
생각보다 대단하다. ¶엄청난 실수를 저지르다. ⓑ 어마어마하다, 굉장(宏壯)하다.

엄:포 [bluff; empty threat]
실속 없는 위협이나 호령으로 남을 으르는 일. ¶엄포를 놓다.

엄-하다 (嚴-, 엄할 엄) [severe; strict]
❶규율이나 규칙을 적용하거나 예절을 가르치는 것이 매우 철저하다[嚴]. ¶우리 학교는 규율이 엄하다. ❷성격이나 행동이 철저하고 까다롭다. ¶엄한 선생님.

업계 業界 | 일 업, 지경 계
[business circles]
같은 업종(業種)에 종사하는 사람들의 사회[界]. ¶출판 업계 / 금융 업계.

업다 [carry on the back]
❶사람이나 물건을 등에 지다. ¶아기를 등에 업다. ❷어떤 세력을 배경으로 삼다. ¶그는 일본의 세력을 등에 업고 개혁을 추진했다.

업무 業務 | 일 업, 일 무
[business; service]
직장 따위에서 맡아서 하는 일[業=務]. ¶처리해야 할 업무가 산더미같이 많다.

업보 業報 | 일 업, 갚을 보
[fate; visitation]
❶속뜻 자기가 한 일[業] 때문에 받는[報] 것. 화(禍)나 복(福) 따위. ❷불교 선악(善惡)의 행업(行業)으로 말미암은 과보(果報).

업소 業所 | 일 업, 곳 소
[place of business]
사업(事業)을 벌이고 있는 장소(場所). ¶여러 업소들이 가격을 담합했다.

업:신-여기다 (侮, 업신여길 모; 蔑, 업신여길 멸) [despise; make light of]
교만한 마음으로 남을 낮추보거나 멸시하다. ¶남을 업신여겨서는 안 된다. ㊥깔보다, 얕잡아 보다, 우습게 보다.

***업적** 業績 | 일 업, 실적 적
[work; achievements]
어떤 일[業]을 하여 쌓은 실적(實績)이나 공적. ¶정도전은 조선을 세우는데 큰 업적을 세웠다.

업종 業種 | 일 업, 갈래 종
[category of business]
일[業]의 종류(種類). 영업이나 사업의 종류. ¶업종을 변경하다.

업체 業體 | 일 업, 몸 체
[business enterprise]
사업(事業)이나 기업의 주체(主體). ¶이 업체는 매출이 감소했다.

업-히다 [get on back]
❶업음을 당하다. ¶할머니 등에 업힌 아기. ❷남의 등에 업게 하다. ¶엄마는 나에게 아기를 업혔다.

없:다 (無, 없을 무; 莫, 없을 막)
[do not exist; have no]
❶어떤 곳을 차지하고 있지 않다. ¶꽃 하나 없는 정원. ❷가지지 않다. ¶오늘은 할 일이 없다 / 그는 돈이 없다. ❸무슨 일이 일어나거나 생기지 않다. ¶범죄 없는 사회를 만들다. ❹가난하다. ¶그는 없는 집안에 태어났다. ㊥있다.

없:애다 [remove; abolish]
무엇을 없어지게 하다. ¶이 치마의 얼룩 좀 없애 주시겠어요? ㊥제거(除去)하다.

♣ 없애다 / 제거하다

◎ 치마에 묻은 얼룩을 없애다 = 제거하다.
○ 나는 그 일로 공연히 돈만 없앴다.
× 나는 그 일로 공연히 돈만 제거했다.
○ 그녀를 사교계에서 제거하다.
× 그녀를 사교계에서 없애다.

없:어-지다 [be lost; run out]
어떤 것이 사라져 없게 되다. ¶내 지갑이 없어졌다. ㊥사라지다.

없:이 [without; not having]
없게. 없는 상태로. ¶그는 휴일도 없이 일했다.

엇-갈리다
[miss each other on the way]
서로 빗나가다. ¶둘은 길이 엇갈려서 한참을 찾아다녔다 / 양 당의 의견이 엇갈렸

다.

엇-바꾸다 [exchange (with each other); interchange]
서로 마주 바꾸다. ¶연필을 엇바꾸다.

엇비슷-하다
[be about alike; be nearly the same]
❶어지간하게 거의 같다. ¶두 사람은 키가 엇비슷하다. ❷약간 비스듬하다. ¶오이를 엇비슷하게 썰어 무치다.

엉거주춤 [lean (a bit) forward; falter]
❶앉지도 서지도 않고 몸을 굽히고 있는 모양. ¶엉거주춤 서 있다 / 그는 허리가 아파서 엉거주춤하고 서 있었다. ❷이러지도 저러지도 못하고 망설이는 모양. ¶나는 갈까 말까 잠시 엉거주춤했다.

엉겁-결에 [unexpectedly]
뜻하지 않은 겨를에. ¶현규는 엉겁결에 거짓말을 하고 말았다. [비] 얼결에, 얼떨결에.

엉겅퀴 [thistle]
[식물] 잎에 센 가시털이 있고, 초여름에 자주색 꽃이 피는 풀. 줄기와 잎은 약용·식용한다.

엉금-엉금 [crawl; creep]
다리가 긴 사람이나 동물이 느리고 굼뜨게 기는 모양. ¶엉금엉금 기어가다.

엉기다 [curdle; be enmeshed]
❶액체 따위가 한데 뭉치어 굳어지다. ¶피가 엉기다. ❷무엇이 한데 뒤얽히다. ¶고양이들이 엉겨서 장난을 친다.

엉:덩-방아 [fall on one's backside]
엉덩이로 바닥을 쾅 구르는 일. 곧, 넘어져 털썩 주저앉는 짓의 비유. ¶스케이트를 타다가 엉덩방아를 찧었다.

엉:덩이 [buttocks; hips]
볼기의 윗부분. ¶아이는 엉덩이를 흔들며 춤을 추었다.

엉뚱-하다 [extraordinary; wrong]
❶분수에 지나치는 말이나 행동을 하여 격에 맞지 않다. ¶선생님은 엉뚱한 질문에도 성실하게 대답해주었다. ❷느닷없거나 상식을 넘어서 생각 밖인 느낌이 있다. ¶엉뚱한 결과.

엉망 [mess; wreck]
일이나 물건이 손댈 수 없을 만큼 어수선한 상태. ¶방이 엉망이다.

▸ 엉망-진창
'엉망'의 힘줌말. ¶꼴이 엉망진창이구나.

엉성-하다 [loose; slipshod]
사물의 형태나 내용이 부실하다. ¶이 셔츠는 바느질이 엉성하다.

엉엉 [bawling; squalling]
목 놓아 우는 소리. ¶아이는 길을 잃고 엉엉 울었다.

엉클어-지다
[get tangled; be entangled]
일이나 물건이 서로 얽혀 풀어지지 않게 되다. ¶엉클어진 실을 풀다.

엉큼-하다 [wily; blackhearted]
엉뚱한 욕심을 품고 분수에 넘치는 일을 할 경향이 있다. ¶엉큼한 눈빛 / 엉큼한 수작 부리지 마라.

엉키다 [get tangled; be entangled]
여럿의 실이나 줄, 문제 따위가 풀기 어려울 정도로 서로 얽히다. ¶내 머리카락은 잘 엉킨다.

엉터리 [fake; sham]
❶터무니없는 언행. 또는 그런 짓을 하는 사람. ¶그는 서류에 전화번호를 엉터리로 적어 넣었다. ❷허울만 있고 내용이 빈약하거나 졸렬한 사물 또는 사람. ¶엉터리로 만든 의자.

엊-그저께 [few days ago]
오늘에서 이틀 전. ¶엊그저께 그가 왔었다. [준] 엊그제. [비] 그저께.

엊-그제 [few days ago]
'엊그저께'의 준말.

엊-저녁
[yesterday evening; last evening]
'어제저녁'의 준말.

엎다 [turn over; turn down]
❶위아래가 반대가 되도록 뒤집어 놓다. ¶컵을 씻어서 엎어 놓다. ❷그릇 따위를 부주의로 넘어뜨려 속에 든 것이 쏟아지게 하다. ¶물을 방바닥에 엎었다.

♣ 엎다 / 뒤집다

◎ 찻잔을 엎어 = 뒤집어 놓다.
○ 그는 실수로 밥상을 엎었다.
× 그는 실수로 밥상을 뒤집었다.
○ 양말을 뒤집어 신다.
× 양말을 엎어 신다.

엎드리다 (伏, 엎드릴 복)
[lie on one's face; prostrate oneself]
몸의 앞부분을 길게 바닥에 붙이거나 가까이하다. ¶엎드려 자다. [속담] 엎드려 절 받기.

엎어-지다 [fall down; be upset]
❶앞으로 넘어지다. ¶돌에 걸려 엎어지다. ❷뒤집히다. 위로 갔던 쪽이 아래로 가다. ¶배가 엎어지다.

엎-지르다 [spill; slop]
물 따위의 액체를 그릇 밖으로 쏟아지게 하다. ¶침대에 물을 엎지르다. ㊊ 쏟다, 엎다.

엎질러-지다 [slop over; spill out]
액체가 그릇 밖으로 쏟아져 나오게 되다. ¶나는 휴지로 엎질러진 주스를 닦았다.

엎-치다 [turn upside down]
배를 바닥 쪽으로 깔다. ¶엎친 데 덮친 격으로 눈까지 내리기 시작했다.

엎치락-뒤치락 [turning over and over]
잇달아 엎쳤다 뒤쳤다 하는 모양. ¶나는 잠이 안와서 엎치락뒤치락했다.

에
[언어] 한글 자모 'ㅔ'의 이름.

에그 [Oh my!; Dear me!]
가엾거나 징그럽거나 섬뜩할 때 내는 소리. ¶에그, 이 일을 어쩌면 좋으니 / 에그, 끔찍해라.

에나멜 {영 enamel}
[화학] 물건의 겉에 발라 유리처럼 매끈하게 만드는 물질. ¶에나멜 페인트를 벽에 바르다.

▸ 에나멜-선 (enamel線, 줄 선)
[전기] 구리선에 에나멜(enamel)로 만든 겹질을 입힌 전선(電線).

에너지 {영 energy}
❶인간의 활동의 근원이 되는 힘. ¶그는 에너지가 넘친다. ❷[물리] 물체가 물리학적인 일을 할 수 있는 능력. ¶에너지 절약.

▸ 에너지-원 (energy源, 근원 원)
에너지(energy)의 근원(根源)이 되는 것.

▸ 에너지 자원 (energy資源, 재물 자, 근원 원)
[공업] 에너지(energy)를 공급해주는 자원(資源). 석탄, 석유, 천연가스, 태양열 등이 있다.

▸ 에너지 전환 (energy轉換, 바꿀 전, 바꿀 환)
[생물] 한 형태의 에너지(energy)가 다른 형태의 에너지로 바뀌는[轉換] 것.

에누리 [(request for) discount]
값을 깎는 일. ¶에누리 없는 장사가 어디 있겠습니까?

에:다 [gouge (out); scrape out]
칼 따위로 도려내듯 베다. ¶살을 에는 듯한 찬바람을 맞으며 걷다.

에델바이스 {독 edelweiss}
[식물] 부드러운 털로 덮인 창 모양의 잎이 별 모양으로 배열되어 나는 풀. 흰색 꽃이 핀다. ¶에델바이스는 알프스를 상징하는 꽃이다.

에:-돌다 [hover around shy]
곧바로 선뜻 나아가서 않고 멀리 피하여 돌다. ¶길이 막혀서 다른 길로 에돌았다.

에라 [Oh well!; All right!]
실망의 뜻을 나타내는 소리. ¶에라, 모르

겠다.

에러 {영 error}
❶운동 경기에서 선수가 실수하는 것. ❷컴퓨터에서, 연산 처리 결과가 장치의 잘못된 동작 또는 소프트웨어의 잘못으로 기대하는 것과 다른 결과가 되는 일. [비] 실수(失手), 과실(過失), 오류(誤謬).

에루화 [Oh, what fun!]
노래할 때에, 흥겨움을 나타내는 소리.

에밀레-종 (—鐘, 쇠북 종)
[불교] 신라 때 만든 동종(銅鐘)인 '성덕 대왕 신종'(聖德大王神鐘)을 이르는 말. 종을 치면 '에밀레'라는 소리가 난다고 하여 붙여진 이름이다.

에비 [Look out!]
어린이가 위험한 것이나 더러운 것을 입에 넣거나 만질 때 말리는 소리. ¶에비, 이건 만지면 위험해!

에세이 {영 essay}
[문학] 일정한 형식을 따르지 않고 인생이나 자연 또는 일상생활에서의 느낌이나 체험을 생각나는 대로 쓴 산문 형식의 글.

에스-극 (S極, 끝 극) [South Pole]
[물리] 자침(磁針)이 가리키는 남쪽 끝[極]. '에스'(S)로 표시한다. [비] 남극(南極). [반] N극.

에스오에스 {영 SOS}
❶[속뜻] 'Save Our Souls'의 약자. ❷선박이나 항공기가 조난을 당했을 때 보내는 무선 전신 신호. ¶배는 침몰하기 직전 에스오에스를 보냈다.

에스컬레이터 {영 escalator}
사람이 걷지 않고도 위층 또는 아래층으로 오르내릴 수 있게 한 자동계단. ¶에스컬레이터를 탈 때에는 손잡이를 꼭 잡아야 한다.

에스키모 {영 Eskimo}
북아메리카의 북극해 연안·그린란드 등지에 사는 인종. 피부는 황색, 어로와 수렵으로 생활한다. ¶에스키모는 이글루에서 생활한다.

에스페란토 {영 Esperanto}
[언어] 폴란드의 안과 의사 자멘호프가 1887년에 창안한 국제 보조어(補助語).

에어로빅 {영 aerobic}
[운동] 에어로빅스[유산소운동] 건강법을 춤에 응용한 일종의 미용 체조.

에어-백 {영 air bag}
자동차가 충돌했을 때에, 순간적으로 부풀어 나와 충격을 완화시켜 사람을 보호해 주는 공기[air] 주머니[bag]. ¶그는 사고를 당했지만 에어백이 터지는 바람에 크게 다치지 않았다.

에어컨 [air conditioner]
여름에 실내 공기의 온도, 습도를 조절하는 장치. ¶너무 더워서 에어컨을 켰다.

에워-싸다 [surround; crowd round]
사방을 빙 둘러싸다. ¶많은 사람이 그를 에워쌌다.

에이 [Aw; Ah]
실망하여 속이 상하거나 단념의 뜻을 나타내는 말. ¶에이, 이게 뭐야.

에ː이다 [gouge (out); scrape out]
칼 따위로 도려내듯 베다. ¶살이 에이는 듯이 춥다.

에이스 {영 ace}
❶[운동] 제일인자. 최고 선수. ¶그는 우리 팀의 에이스다. ❷야구에서, 주전 투수. ❸트럼프·주사위의 한 끗.

에이즈 {영 AIDS}
❶[속뜻] '후천성[Acquired] 면역[Immune] 결핍[Deficiency] 증세[Syndrome]'의 약자. ❷[의학] 면역 결핍 바이러스를 가진 사람과의 성행위, 수혈, 모자 감염 등 후천적으로 면역체계가 파괴되는 병. [비] 후천성 면역 결핍증(後天性免疫缺乏症).

▶ 에이즈-균 (AIDS菌, 세균 균)
에이즈(AIDS)를 일으키는 병균(病菌).

에잇 [Darn it!; Damn!]
비위에 거슬려 불쾌할 때 내는 소리. ¶에

잇 네 맘대로 해라!

에취
재채기할 때 나는 소리.

에탄올 {영 ethanol}
화학 에틸 알코올. 무색투명한 휘발성 액체로, 특유한 냄새와 맛을 가지며, 인체에 흡수되면 흥분이나 마취 작용을 일으킨다. 화학 약품의 합성 원료, 용제, 연료, 알코올성 음료 따위로 쓰인다.

에테르 {독 ether}
화학 산소 원자에 두 개의 탄화수소기(基)가 결합한 꼴의 유기 화합물의 총칭.

에티켓 {프 etiquette}
사교상의 마음가짐이나 몸가짐. ¶에티켓을 지키다. ㊎ 예절(禮節), 예의(禮儀).

에펠 탑 (Eiffel塔, 탑 탑)
고적 건축가 에펠(Eiffel)이 설계하여 프랑스 파리 센 강변에 설치한 철탑(鐵塔). 1889년 열린 만국 박람회를 기념하여 건축했다.

에피소드 {영 episode}
❶문학 이야기나 사건의 본 줄거리 사이에 삽입하는 이야기. ❷자신이 겪었던 일 중에서 기억에 남는 짧은 이야기. ¶친구들에게 군대에서 있었던 에피소드를 들려주었다. ㊎ 일화(逸話).

에헤 [Oh!; Oh my!]
❶가소로워 내는 소리. ¶에헤, 기가 막혀서 정말. ❷노랫소리를 흥청거려 내는 소리.

에헤야
노래에서 '에헤'를 멋있게 맺어서 내는 소리. ¶에헤야, 좋다.

에헴 [Ahem!; Hem!]
점잔을 빼거나 자기 출현을 알리는 헛기침 소리. ¶에헴, 거기 아무도 없느냐.

엑스-레이 {영 X-ray}
물리 눈에 보이지 않지만, 보통의 빛이 뚫고 지나가지 못하는 물체를 뚫고 지나가는 광선. 질병의 진단 및 치료, 금속 재료의 내부 검사, 미술품의 감정(鑑定) 등에 쓰인다. 1895년 이 광선을 발견한 독일의 뢴트겐(Roentgen)은 '알 수 없는 선'이라는 뜻에서 이름을 붙였다.

엑스-선 (X線, 줄 선) [X-rays]
물리 엑스레이.

엑스 좌ː표 (X座標, 자리 좌, 나타낼 표) [x coordinate; abscissa]
수학 가로 방향으로 어떤 점의 위치를 지시하는 좌표(座標). ㊎ 가로 좌표. ㊀ 와이(Y) 좌표.

엑스-축 (X軸, 굴대 축)
수학 좌표(座標) 평면에서 가로로 놓인 축(軸). ㊎ 가로축. ㊀ 와이축(Y軸).

엑스포 {영 Expo}
경제 세계 각국이 각기 자기 나라의 생산품 등을 전시하는 국제 박람회. 'Exposition'의 준말.

엔 {일 円} [yen]
일본의 화폐 단위로, '円'은 '圓'의 속자이다. 기호는 '¥'.

엔극 (N極, 끝 극) [North Pole]
물리 자침(磁針)이 가리키는 북쪽 끝[極]. '엔'(N)으로 표시한다. ㊎ 북극(北極). ㊀ S극.

엔도르핀 {영 endorphine}
의학 사람의 뇌에서 나오는 물질. 기분을 좋게 하는 효과가 있다. ¶웃으면 몸에서 엔도르핀이 분비된다.

엔지니어 {영 engineer}
공업 기계·전기·토목·건축 등의 기술자.

엔진 {영 engine}
열에너지, 전기 에너지, 수력 에너지 따위를 기계적인 힘으로 바꾸는 장치. 주로 열에너지를 이용하는 열기관을 이른다.

엔터 {영 enter}
컴퓨터 자판의 글쇠의 하나로 줄바꾸기 명령어.

엘리베이터 {영 elevator}
동력을 사용하여 사람이나 화물을 아래위

로 나르는 장치. [비] 승강기(昇降機).

엘리트 {프 elite}
사회 또는 사회단체에서 지도적 입장에 있는 소수의 빼어난 사람.

엠시 {영 MC}
❶[속뜻] 'Master of Ceremonies'의 약자. ❷방송 프로그램이나 연예 공연의 사회자.

여[1]
[언어] 한글의 자모 'ㅕ'의 이름.

여[2] **女** | 여자 녀 [woman; girl]
'여성'(女性)의 준말. [반] 남(男).

***여가 餘暇** | 남을 여, 겨를 가
[leisure; spare time]
시간이 남아[餘] 한가(閑暇)로운 시간. ¶책을 쓰느라 여가가 없다.

여간 如干 | 같을 여, 방패 간
[some; little]
❶[속뜻] 작은 방패[干] 같음[如]. ❷주로 부정하는 말과 함께 쓰여 보통으로. 조금. 어지간하게. ¶이 문제는 여간 복잡한 것이 아니다 / 형은 여간해서는 화를 내지 않는다.

여객 旅客 | 나그네 려, 손 객
[passenger; traveler]
여행(旅行)을 하고 있는 사람[客]. ¶여객 명단.

▶ 여객-기 旅客機 | 틀 기
여객(旅客)을 실어 나르는 것을 목적으로 하는 비행기(飛行機). ¶캘리포니아에서 출발한 여객기가 인천공항에 착륙했다.

▶ 여객-선 旅客船 | 배 선
여객(旅客)을 태워 나르기 위한 배[船]. ¶여객선은 뱃고동 소리를 울리며 바다로 나아갔다.

여:건 與件 | 줄 여, 조건 건
[given condition]
주어진[與] 조건(條件). ¶그는 열악한 여건 속에서도 열심히 공부했다.

여고 女高 | 여자 녀, 높을 고
[girls' high school]
[교육] 여자(女子) 학생들만 입학할 수 있는 고등학교(高等學校). ¶나는 여고를 나왔다.

여:과 濾過 | 거를 려, 지날 과 [filter]
액체나 기체 속에 들어있는 불순물을 걸러[濾] 순수물만 빠져나오게[過] 함. ¶여과 장치 / 공장의 폐수를 여과하다.

▶ 여:과-기 濾過器 | 그릇 기
[물리] 액체 물질을 여과(濾過)하는 기구(器具). 다소 작은 구멍을 가진 장치에 액체를 넣어서 액체 속의 고형물(固形物)을 분리하는 장치이다.

▶ 여:과-지 濾過紙 | 종이 지
[화학] 액체 물질을 여과(濾過)하는데 쓰는 종이[紙]. [비] 거름종이.

여관 旅館 | 나그네 려, 집 관 [hotel]
❶[속뜻] 나그네[旅]가 묵는 집[館]. ❷일정한 돈을 받고 손님을 묵게 하는 집. ¶마지막 배를 놓치는 바람에 여관에서 묵었다.

여군 女軍 | 여자 녀, 군사 군
[woman soldier]
성별이 여자(女子)로 조직된 군대(軍隊). ¶그녀는 여군을 이끌고 전장에 나섰다.

여권 旅券 | 나그네 려, 문서 권 [passport]
❶[속뜻] 외국에 여행(旅行)하는 것을 승인하는 증서[券]. ❷외국을 여행하는 사람의 신분이나 국적을 증명하고 상대국에 보호를 의뢰하는 공문서.

여기 [here; this point]
❶말하는 이에게 가까운 곳을 가리키는 지시 대명사. ¶너 여기에 있었구나 / 여기 좀 봐라. ❷바로 앞에서 이야기한 대상을 가리키는 지시 대명사. ¶여기가 바로 문제점이다.

여기다 [think; suspect]
마음으로 그렇게 인정하거나 생각하다. ¶불쌍히 여기다. [비] 간주(看做)하다.

여기-저기 [here and there]
이곳저곳에. ¶여기저기 돌아다니다. [비]

도처(到處), 사방(四方).

여남은
[some ten odd; somewhat over ten]
열 남짓한 수. ¶여남은 날.

여념 餘念 | 남을 여, 생각 념
[wandering thoughts]
주된 것에서 남는[餘] 생각[念]. ¶미영이는 공부에 여념이 없다.

여느 [commonplace; other]
그 밖의 예사로운. 또는 다른 보통의. ¶여느 때처럼 / 올겨울은 여느 겨울보다 추운 것 같다.

여ː-닫다 [open and shut]
열고 닫고 하다. ¶문을 여닫다.

여ː당 與黨 | 도울 여, 무리 당
[Government party]
정부의 정책을 지지하고 참여(參與)하는 정당(政黨). ⓑ 야당(野黨).

여대 女大 | 여자 녀, 큰 대
[women's university]
교육 여자(女子) 학생들이 다닐 수 있는 대학(大學). ¶나는 여대에 다닌다.

▸ 여대-생 女大生 | 사람 생
여자 대학(女子大學)을 다니는 학생(學生).

여덟 (八, 여덟 팔) [eight]
일곱보다 하나 많은 수. ¶귤이 여덟 개 있다. ⓑ 팔(八).

▸ 여덟-째
순서의 여덟 번째가 되는 차례.

여-동생 (女─) [younger sister]
여자(女子) 동생. ¶나는 여동생이 있다.
ⓑ 남동생(男同生).

여드레 [eight days]
❶여덟 날. ¶나는 여드레 동안 중국에 있었다. ❷매월 8일. 초여드렛날. ¶할머니의 생신은 구월 여드레이다.

여드름 [pimple; acne]
주로 사춘기의 청소년 얼굴에 생기는 작은 종기. ¶여드름을 손으로 짜면 흉터가 남는다.

여든 [eighty]
열의 여덟 배가 되는 수. 80. ¶모두 여든 명이 참가했다. ⓑ 팔십(八十).

여래 如來 | 같을 여, 올 래
[Buddha; tathagata (Sans.)]
❶ 속뜻 진리의 세계에서 중생 구제를 위해 이 세상에 온[來] 것 같음[如]. ❷ 불교 부처의 존칭. '석가모니여래'(釋迦牟尼如來)의 준말.

여러 [several; many; various]
수효가 많은. ¶나는 부산에 여러 번 가 봤다.

▸ 여러-분
'여러 사람'의 존칭. ¶여러분 안녕하세요.

여러해-살이 [perennial (plant)]
식물 뿌리나 땅속줄기가 남아 있어서 해마다 줄기와 잎이 돋아나는 식물의 기능.
ⓑ 다년생(多年生).

여럿 [large number; many]
❶많은 수. ¶그녀는 신발을 여럿 가지고 있다. ❷많은 사람. ¶여럿이 힘을 모으다.

여력 餘力 | 남을 여, 힘 력
[remaining power]
어떤 일에 주력하고 아직 남아[餘] 있는 힘[力]. ¶나는 그를 도와줄 여력이 없다.

여ː론 輿論 | 많을 여, 말할 론
[public opinion; prevailing view]
많은[輿] 사람의 공통된 의견[論]. ¶여론을 반영하다.

▸ 여ː론 조사 輿論調査 | 헤아릴 조, 살필 사
사회 국가나 사회의 여러 가지 문제에 대한 사회 대중의 공통된 의견[輿論]을 조사(調査)하는 일.

여류 女流 | 여자 녀, 갈래 류
[women in general; fair sex]
어떤 분야에서 여성(女性)의 유파(流派).
¶노천명은 당대의 뛰어난 여류 시인이었다.

여름 (夏, 여름 하)
[summer; summertime]
사계(四季)의 하나로 봄과 가을 사이의 철. 낮이 길고 더운 철이다. ¶여름에는 해가 길다.

▸ **여름-내**
온 여름 동안. ¶나는 여름내 시골 할머니 댁에 있었다.

▸ **여름-새**
동물 봄·초여름에 남쪽 지방에 건너와서 번식한 뒤, 가을에 다시 남쪽 월동지로 가는 철새. 제비·두견새 따위. ⓑ 겨울새.

▸ **여름-철**
여름 절기. ¶여름철에는 음식이 쉽게 상한다. ⓑ 하절(夏節). ⓑ 겨울철.

▸ **여름 방ː학** (—放學, 놓을 방, 배울 학)
교육 여름에 더위가 한창일 때 일정 기간 학교 공부[學]를 쉬는[放] 일. ¶여름 방학을 맞아 가족 여행을 떠났다. ⓑ 겨울 방학.

여리다 [soft; weak]
❶질기지 않고 연하다. ¶여린 잎을 따서 차를 끓이면 향이 좋다. ❷의지나 감정 따위가 약하고 무르다. ¶그녀는 말은 심하게 하지만 사실 마음이 여리다. ⓑ 강(剛)하다.

여린-내기
음악 여린 박자의 음을 내는 일. 또는 그로부터 시작되는 곡. ⓑ 센내기.

여린-말
언어 어감이 세거나 거세지 않고 예사소리로 된 말. ¶'딴딴하다'의 여린말은 '단단하다'이다.

여명 黎明 | 검을 려, 밝을 명
[dawn; daybreak]
희미한[黎] 빛[明]. 날이 밝아 오는 무렵. ¶르네상스는 근대 문명의 여명이다.

여물 [chaff; (cattle) feed]
말과 소를 먹이기 위해 말려서 썬 짚이나 풀. ¶어머니는 솥에다 여물을 끓였다.

여물다 [get ripe; ripen; mature]
씨가 익어서 단단해지다. ¶옥수수가 잘 여물었다. ⓑ 영글다.

여미다 [adjust; straighten (up)]
옷깃 또는 장막 등을 바로잡아 합쳐서 단정하게 하다. ¶옷깃을 여미다.

여-배우 女俳優 | 여자 녀, 광대 배, 광대 우
[actress]
성별이 여자(女子)인 배우(俳優). ⓑ 남배우(男俳優).

여백 餘白 | 남을 여, 빌 백
[blank; space]
종이 따위에 글씨를 쓰거나 그림을 그리고 남은[餘] 빈[白] 자리. ¶그는 교과서의 여백에 필기를 했다.

여-벌 (餘—, 남을 여) [remnants]
입고 있는 옷 외에 여분(餘分)으로 가지고 있는 옷. ¶그녀는 가방에 여벌 옷을 넣었다.

여-보 [Darling!; Hello!]
❶자기 아내 또는 남편을 부르는 말. ¶여보, 사랑해요. ❷어른이, 가까이 있는 자기와 비슷한 나이 또래의 사람을 부를 때 쓰는 말. ¶여보, 이게 뭡니까?

여-보게 [Hello!; Look here!]
가까이 있는 사람을 부를 때 쓰는 말. ¶여보게, 이리 좀 와보게.

여-보세요 [Hello!; excuse me]
❶전화를 할 때 상대편을 부르는 말. ¶여보세요, 도열이네 집이죠? ❷다른 사람의 주의를 끌기 위해 부르는 말. ¶여보세요, 길 좀 묻겠습니다.

여-보시오 [Hello!; Look here!]
가까이 있는 사람을 부를 때 쓰는 말. ¶여보시오, 여기가 어디입니까?

여-봐라 [Hello!; Look here!]
손아랫사람을 부르거나 주의를 불러일으키는 소리. ¶여봐라, 게 아무도 없느냐?

여ː부 與否 | 줄 여, 아닐 부
[yes or no; whether or not]
❶ 속뜻 도와 줌[與]과 그렇지 아니함[否].

❷그러함과 그러하지 아니함. ¶생사 여부를 묻다.

여분 餘分 | 남을 여, 나눌 분
[surplus; excess]
필요한 양 외에 남는[餘] 분량(分量). ¶엄마는 급할 때를 대비해 여분의 돈을 모아 두었다.

여비 旅費 | 나그네 려, 쓸 비
[travel expenses]
여행(旅行)에 드는 비용(費用). ¶이모가 여비에 보태라고 돈을 주셨다. ㊐ 노자(路資).

여사 女史 | 여자 녀, 기록 사
[Mrs.; Madame]
❶ 역사 고대 중국에서, 후궁을 섬기며 기록[史]과 문서를 맡아보던 여자[女] 관리.
❷결혼한 여자를 높여 이르는 말. ¶옆집의 이 여사가 오셨어요.

여상 女商 | 여자 녀, 장사 상
[girls' commercial high school]
교육 '여자상업고등학교'(女子商業高等學校)를 줄여 이르는 말.

여생 餘生 | 남을 여, 살 생
[rest of one's life]
앞으로 남은[餘] 인생(人生). ¶나는 여생을 고향에서 보내고 싶다.

여-선생 女先生 | 여자 녀, 먼저 선, 날 생
[lady teacher]
성별이 여자(女子)인 선생(先生). ㊥ 남선생(男先生).

여섯 (六, 여섯 륙) [six]
다섯보다 하나 많은 수. ¶여섯 명.
▸ 여섯-째
순서의 여섯 번째가 되는 차례. ¶나는 여섯째로 태어났다.

여성 女性 | 여자 녀, 성별 성
[woman; feminity]
성(性)의 측면에서 여자(女子)를 이르는 말. ¶여성 전용 주차장. ㊥ 남성(男性).
▸ 여성-복 女性服 | 옷 복
여성(女性)들이 입는 옷[服]. ¶여성복 매장. ㊥ 남성복(男性服).

여세 餘勢 | 남을 여, 힘 세
[surplus power]
어떤 일을 하고 남은[餘] 힘[勢]. ¶우리 팀은 승리의 여세를 몰아 결승전에 진출했다.

여승 女僧 | 여자 녀, 스님 승
[Buddhist nun]
불교 성별이 여자(女子)인 승려(僧侶). ㊐ 비구니. ㊥ 비구(比丘).

여-승무원 女乘務員 | 여자 녀, 탈 승, 일 무, 사람 원 [stewardess]
기차나 배, 비행기 따위의 안에서 일하는 승객(乘客)을 위해 일[務]하는 여자(女子) 직원(職員).

여신 女神 | 여자 녀, 귀신 신 [goddess]
성별이 여자(女子)인 신(神). ¶행운의 여신 / 아프로디테는 사랑의 여신이다.

여실 如實 | 같을 여, 실제 실
[realistically; true to life]
사실(事實)과 똑같음[如]. 현실 그대로임. ¶화나지 않은 척했지만 그녀의 표정은 그렇지 않다는 것을 여실히 보여 주고 있었다.

여아 女兒 | 여자 녀, 아이 아
[girl; daughter]
성별이 여자(女子)인 아이[兒]. ㊥ 남아(男兒).

여염 閭閻 | 마을 려, 마을 염 [middle-class community]
일반 백성들의 집이 많이 모여 있는 마을[閭=閻].
▸ 여염-집 (閭閻-)
일반 백성들이 모여사는[閭閻] 집. ¶여염집 아낙네들.

여왕 女王 | 여자 녀, 임금 왕
[queen (regnant)]
여자(女子) 임금[王]. ¶선덕여왕은 신라 최초의 여왕이다.

▸ 여왕-벌 (女王—)
동물 벌 사회를 이끄는[王] 암[女]벌. 알을 낳는 능력이 있으며, 꿀벌에서는 한 떼에 한 마리만 있다.

▸ 여왕-개미 (女王—)
동물 개미 사회를 이끄는[王] 암[女]개미. 알을 낳는 능력이 있으며, 보통 일개미보다 크다.

여우 [fox; vixen]
동물 개와 비슷하나, 몸이 홀쭉하고 귀가 뾰족한 동물. 털빛은 대개 엷은 적갈색이다.

▸ 여우-비
변덕스런 여우처럼, 볕이 난 날 잠깐 뿌리는 비.

여운 餘韻 | 남을 여, 그윽할 운
[aftertaste; aftereffect]
아직 가시지 않고 남아 있는[餘] 그윽함[韻]. ¶영화의 여운이 마음속에 남았다.

여울 [shallows; shoal]
강이나 바다의 물살이 빠르고 얕은 곳. ¶오빠는 나를 업고 여울을 건넜다.

▸ 여울-목
여울물이 턱진 곳.

여위다 [get thin; be worn out]
몸이 수척(瘦瘠)하여지고 파리하게 되다. ¶어머니는 아버지를 걱정하느라 몹시 여위었다.

*__여유__ 餘裕 | 남을 여, 넉넉할 유
[composure; space]
❶ 속뜻 물질·공간·시간이 남고[餘] 넉넉함[裕]. ¶시간의 여유가 없다. ❷느긋하고 차분하게 생각하거나 행동하는 마음의 상태. 또는 대범하고 너그럽게 일을 처리하는 마음의 상태. ¶여유 있는 태도.

▸ 여유-분 餘裕分 | 나눌 분
필요한 데에 다 쓰고도 넉넉하게 남는[餘裕] 부분(部分). ¶체육복은 여유분이 없다.

▸ 여유-롭다 (餘裕—)
여유(餘裕)가 있다. ¶여유롭게 살다.

여의다 [lose; marry off]
❶죽어서 이별하다. ¶부모를 여의다. ❷시집보내다. ¶큰딸을 여의다.

여의 如意 | 같을 여, 뜻 의
❶ 속뜻 뜻[意]과 같이[如] 됨. ❷ 불교 법회나 설법 때, 법사가 손에 드는 물건. 대, 나무, 뿔, 쇠 따위로 '心'자를 나타내는 고사리 모양의 머리가 있고 한 자쯤의 자루가 달렸다.

▸ 여의-봉 如意棒 | 몽둥이 봉
자기 뜻대로[如意] 늘어나게도 오므라들게도 하여 쓸 수 있다는 몽둥이[棒].

▸ 여의-주 如意珠 | 구슬 주
무엇이든 뜻대로[如意] 만들어 낼 수 있다는 구슬[珠].

여-의사 女醫師 | 여자 녀, 치료할 의, 스승 사 [lady doctor; woman doctor]
성별이 여자(女子)인 의사(醫師).

여인[1] 女人 | 여자 녀, 사람 인 [woman]
성별이 여자(女子)인 사람[人].

▸ 여인-네 (女人—)
일반적으로 여인(女人)을 두루 이르는 말. ¶우물가에 서 있는 저 여인네는 누구인가?

여인[2] 旅人 | 나그네 려, 사람 인 [passenger]
여행(旅行)하는 사람[人].

▸ 여인-숙 旅人宿 | 묵을 숙
여행하는 사람[旅人]이 묵도록[宿] 돈을 받고 방을 내어주는 집.

**__여자__ 女子 | 여자 녀, 접미사 자 [woman; girl]
여성(女性)으로 태어난 사람[子]. ¶여자 가수. 반 남자(男子).

여장 女裝 | 여자 녀, 꾸밀 장
[dress up as a woman]
여자가 아니면서 여자(女子)처럼 옷차림이나 겉모양을 꾸밈[裝]. ¶저 사람은 여장한 남자이다. 반 남장(男裝).

여-장부 女丈夫 | 여자 녀, 어른 장, 사나이 부 [heroine; brave woman]

여자(女子)이지만 남자[丈夫]처럼 굳세고 기개가 있는 사람. ¶그녀는 여장부라고 불릴 만큼 성격이 대범했다.

여전 如前 | 같을 여, 앞 전
[be as before; be as it used to be]
전(前)과 같다[如]. ¶할머니의 병세는 여전하시다 / 그녀는 여전히 아름답다. [비] 그대로이다.

여정 旅程 | 나그네 려, 거리 정
[itinerary; plan for one's journey]
여행(旅行)하는 거리[程]. ¶나는 매일 밤 숙소에 돌아와 그날의 여정을 기록했다.

여중 女中 | 여자 녀, 가운데 중
[girls' junior high school]
[교육] '여자중학교'(女子中學校)의 준말. ¶동생은 여중에 다닌다.

여지 餘地 | 남을 여, 땅 지
[scope; space]
❶[속뜻] 쓰고 남은[餘] 땅[地]. ¶건물 한 채는 충분히 지을 여지가 있다. ❷어떤 일을 하거나 어떤 일이 일어날 가능성이나 희망. ¶선택의 여지가 없다.

▶ 여지-없다 (餘地-)
더 어찌할 나위[餘地]가 없을 만큼 가차 없다. ¶이번 경기에서 우리 반은 여지없이 지고 말았다.

여-직원 女職員 | 여자 녀, 일 직, 사람 원
[women employees]
여자(女子) 직원(職員). 직장에 근무하는 여자.

여진[1] 餘震 | 남을 여, 떨 진
[after-shock; after tremor]
❶[속뜻] 큰 지진 뒤에 일어나는 남은[餘] 지진(地震). ❷[지리] 큰 지진이 일어난 다음에 얼마 동안 잇달아 일어나는 작은 지진. ¶여진은 20분 동안 계속됐다.

여진[2] 女眞 | 여자 녀, 참 진
[역사] 10세기 이후 만주 동북쪽에 살며 수렵과 목축을 주로 하던 민족. 12세기 초 금나라를 세웠고, 17세기에 누르하치가 세운 후금은 청나라로 발전하여 중국을 통일하였다. 금(金)의 원래 국호인 '주리진'(朱里眞)을 잘못 읽어 '여진'(女眞)이라 하였다고 전해진다.

▶ 여진-족 女眞族 | 겨레 족
[역사] 10세기 이후 만주 동북쪽에 살던 퉁구스계[女眞]의 민족(民族).

여:쭈다 [tell; ask]
❶웃어른에게 인사를 드리다. ¶인사를 여쭈다. ❷웃어른께 묻다 ¶말씀 좀 여쭈겠습니다.

여:쭙다 [say; tell]
'묻다'의 높임말. ¶한 가지 여쭙겠습니다.

여차 如此 | 같을 여, 이 차 [be like this]
이와[此] 같음[如]. ¶여차한 이유로.

여:치 [grasshopper]
[동물] 메뚜기 비슷하지만 더듬이가 길고, 울음소리가 큰 곤충. 한여름에 들에 많다.

여타 餘他 | 남을 여, 다를 타
[others; rest]
그 밖에 남은[餘] 다른[他] 일. 또는 다른 것. ¶우리는 침대, 세탁기, 냉장고 그리고 여타 다른 것들을 새 아파트로 옮겼다.

여태 [up to now; till now]
지금까지. 이제까지. ¶여태 여기서 뭐하는 거니?

▶ 여태-껏
'여태'를 강조하여 이르는 말. ¶지혜는 여태껏 지각한 적이 없다.

여파 餘波 | 남을 여, 물결 파
[trail; aftereffect]
❶[속뜻] 큰 물결이 지나간 뒤에 일어나는 잔[餘] 물결[波]. ❷어떤 일이 끝난 뒤에 남아 미치는 영향. ¶해일의 여파로 동남아 관광객이 크게 줄었다.

여편-네 (女便-, 여자 녀, 짝 편) [married woman; one's wife]
❶[속뜻] 결혼한 여자[女便]를 얕잡아 이르는 말. ¶동네 여편네들. ❷자기 '아내'를 얕잡아 이르는 말. ¶이 여편네가 왜 아직

도 안 들어오는 거야!

여하 如何 | 같을 여, 무엇 하 [how; what]
무엇[何] 같은[如]가. 어떠한가. ¶성공은 당신의 노력 여하에 달려 있습니다.

▸여하-간 如何間 | 사이 간
어찌하든지[如何] 간(間)에. ¶여하간 일단 해보는 것이 좋을 것이다. ㊥ 하여간(何如間).

▸여하-튼 (如何—)
어쨌든, 어떻게 되었든. ¶여하튼 그렇게 하겠습니다.

여-학교 女學校 | 여자 녀, 배울 학, 가르칠 교 [girls' school]
여자(女子)들이 다니는 학교(學校). ㊥ 남학교(男學校).

여-학생 女學生 | 여자 녀, 배울 학, 사람 생 [girl student]
성별이 여자(女子)인 학생(學生). ㊥ 남학생(男學生).

여한 餘恨 | 남을 여, 원한 한 [smoldering grudge]
풀지 못하고 남은[餘] 원한(怨恨). ¶여한을 품다 / 여한이 없다.

여행 旅行 | 나그네 려, 다닐 행 [travel]
❶ 속뜻 나그네[旅]로 길을 떠나 다님[行]. ❷일이나 여행을 목적으로 다른 고장이나 외국에 가는 일. ¶그녀는 휴가 때에 그리스를 여행했다.

▸여행-객 旅行客 | 손 객
여행(旅行) 중에 있는 사람을 손님[客]으로 이르는 말. ¶이곳에는 여행객들을 위한 편의 시설이 있다.

▸여행-기 旅行記 | 기록할 기
문학 여행(旅行) 중에 보고 들은 일이나 느낌 따위를 적은[記] 글. ¶걸리버 여행기.

▸여행-사 旅行社 | 회사 사
여행(旅行)에 관한 일을 여행객 대신 처리해주는 회사(會社).

▸여행-자 旅行者 | 사람 자
여행(旅行)하는 사람[者].

▸여행-증 旅行證 | 증거 증
여행(旅行)을 허락하는 증명서(證明書). ¶국경지대를 지날 때 차장은 여행증을 검사했다.

역[1] 役 | 부릴 역 [role; part]
연극이나 영화에서, 배우가 맡아서 하는 역할. ¶그녀는 할머니 역을 맡았다.

역[2] 逆 | 거스를 역 [contrary; opposite]
반대. 거꾸로임. ¶역으로 생각해 보다.

역[3] 驛 | 정거장 역 [(railroad) station; depot]
기차가 발착하는 곳. ¶그는 이번 역에서 내렸다.

역-겹다 (逆—, 거스를 역) [feel nausea; be offensive]
속이 거슬러[逆] 올라올 만큼 불쾌하고 싫다. ¶쓰레기통에서 역겨운 냄새가 났다.

역경 逆境 | 거스를 역, 처지 경 [adversity; adverse situation]
❶ 속뜻 물이 흐르는 반대로 거슬러[逆] 올라가야 하는 어려운 처지[境]. ❷일이 순조롭지 않아 매우 어렵게 된 처지나 환경. ¶우리는 역경 속에서도 희망을 저버리지 않았다.

역군 役軍 | 부릴 역, 군사 군 [laborer; able worker]
❶ 속뜻 부림[役]을 받는 사람[軍]. ❷일정한 부문에서 중요한 역할을 하는 일꾼. ¶사회의 역군으로 자라다.

역대 歷代 | 지낼 력, 시대 대 [generation after generation]
대대로 이어 내려온[歷] 여러 대(代). 또는 그동안. ¶그곳에는 역대 노벨문학상 수상자의 초상화가 걸려 있다.

역도 力道 | 힘 력, 방법 도 [weight lifting]
운동 무거운 역기(力器)를 들어 올리는 방법[道]. 또는 그런 기예. 중량을 겨루어 승패를 가르며, 용상(聳上), 인상(引上)의 두 종목이 있다.

역량 力量 | 힘 력, 분량 량
[capacity; capability]
❶속뜻 무엇이 가진 힘[力]의 양(量). ❷어떤 일을 해낼 수 있는 힘. ¶그녀는 기자의 역량이 뛰어나다.

역력 歷歷 | 겪을 력, 겪을 력
[clear; vivid]
직접 겪은[歷+歷] 듯이 확실하고 분명하다. ¶그녀는 뭔가 숨기고 있는 눈치가 역력하다.

역로 驛路 | 정거장 역, 길 로
[post road]
예전에 역마(驛馬)를 바꿔 타는 정거장[驛]과 통하는 길[路]. ¶역로가 어딘지를 물어보았다.

역류 逆流 | 거스를 역, 흐를 류
[flow backward]
물이 거슬러[逆] 흐름[流]. 또는 그렇게 흐르는 물. ¶거센 역류를 헤집고 올라가다.

역모 逆謀 | 거스를 역, 꾀할 모
[conspire to rise in revolt]
반역(反逆)을 꾀함[謀]. 또는 그런 일. ¶신하들이 모여서 역모를 꾸몄다.

역-무원 驛務員 | 정거장 역, 일 무, 사람 원
[station employee]
역(驛)에서 관련된 업무(業務)를 하는 사람[員].

역병 疫病 | 돌림병 역, 병 병
[epidemic; plague]
집단적인 돌림병[疫]이 되는 악성 병증(病症). ¶마을에 역병이 돌아 아이들이 많이 죽었다.

역-부족 力不足 | 힘 력, 아닐 부, 넉넉할 족
[want of ability]
힘[力]이나 기량 따위가 충분하지[足] 않음[不]. ¶두 가지 일을 동시에 해내기는 역부족이다.

역사[1] 力士 | 힘 력, 선비 사
뛰어난 힘[力]을 가진 사람[士]. ¶다섯 명의 역사는 함께 길을 떠났다.

⁑**역사**[2] 歷史 | 지낼 력, 기록 사 [history]
❶속뜻 인간 사회가 거쳐[歷] 온 모습에 대한 기록[史]. ¶한국은 반만년의 유구한 역사를 지녔다. ❷어떤 사물이나 인물, 조직 따위가 오늘에 이르기까지의 자취. ¶수학의 역사.

▶ **역사-가** 歷史家 | 사람 가
역사(歷史)를 전문으로 연구하는 사람[家].

▶ **역사-관** 歷史觀 | 볼 관
역사(歷史)를 보는[觀] 견해. 역사에 대한 관점.

▶ **역사-극** 歷史劇 | 연극 극
연영 역사상(歷史上)의 인물이나 사건을 소재로 한 연극(演劇).

▶ **역사-상** 歷史上 | 위 상
역사(歷史) 위[上]에 나타나 있는 바. ¶2차 세계대전은 역사상 매우 중요한 사건이었다.

▶ **역사-적** 歷史的 | 것 적
❶속뜻 역사(歷史)에 관한 것[的]. ¶여기에는 역사적 사실만 기록하였다. ❷역사에 남을 만큼 값어치 있는 것. ¶예전에는 역사적 사건을 기록하기 위해 비석을 세웠다.

▶ **역사-책** 歷史冊 | 책 책
역사(歷史)를 기록한 책(冊).

역설 力說 | 힘 력, 말씀 설
[emphasize; stress]
자기 뜻을 힘주어[力] 말함[說]. 또는 그런 말. ¶절약의 필요성을 역설하다. ⓗ 강조(強調).

역성 [favoritism; partiality]
옳고 그름에는 관계없이 한쪽만 편들어 줌. ¶역성을 들다.

역습 逆襲 | 거스를 역, 습격할 습
[counterattack]

수비하던 쪽에서 거꾸로[逆] 공격을 감행함[襲]. ¶적에게 역습을 당했다.

***역시 亦是** | 또 역, 옳을 시
[too; also; after all]
❶ 속뜻 그것 또한[亦] 옳음[是]. ❷또한. ¶나 역시 그렇게 생각해. ❸아무리 생각해도. ¶이 일은 역시 네가 하는 것이 좋겠다. ❹생각했던 대로. ¶역시 네가 그랬구나.

역신 疫神 | 돌림병 역, 귀신 신
[the goddess of smallpox]
천연두[疫]를 맡았다는 신(神). ¶역신을 쫓다.

역암 礫巖 | 조약돌 력, 바위 암
[conglomerate]
❶ 속뜻 조약돌[礫]같이 작은 암석(巖石). ❷ 지리 퇴적암의 하나. 크기가 2mm 이상인 자갈 사이에 모래나 진흙 따위가 채워져 굳은 것으로, 자갈이 전체의 30% 이상을 차지한다.

역연 歷然 | 겪을 력, 그러할 연 [obvious; clear]
❶ 속뜻 직접 겪은[歷] 듯 분명히 그러하다[然]. ❷분명히 알 수 있도록 또렷하다. ¶그는 피로한 기색이 역연했다.

역-이용 逆利用 | 거스를 역, 이로울 리, 쓸 용 [make a reverse use]
거꾸로[逆] 이용(利用)함. ¶상대의 공격을 역이용하여 전세를 뒤집었다. ㊟염용

역작 力作 | 힘 력, 지을 작
[laborous work; masterpiece]
노력(努力)하여 만든 작품(作品). ¶이 소설은 그 작가 최고의 역작이다.

역장 驛長 | 정거장 역, 어른 장
[station agent]
철도 정거장[驛]의 책임자[長].

역적 逆賊 | 거스를 역, 도둑 적
[rebellious subject; rebel]
임금에게 반역(叛逆)한 사람을 도둑[賊]에 비유하여 이르는 말. ¶정약용은 역적으로 몰려 귀양살이를 했다.

역전[1] 驛前 | 정거장 역, 앞 전
[station front]
정거장[驛] 앞[前]. ¶역전에는 택시들이 줄서서 손님을 기다리고 있었다.

역전[2] 逆轉 | 거스를 역, 구를 전
[turn around; turn the tables (on)]
❶ 속뜻 거꾸로[逆] 돎[轉]. ❷형세가 뒤집혀짐. ¶바람이 불자 전세(戰勢)가 순식간에 역전됐다.

▸**역전-승 逆轉勝** | 이길 승
경기 따위에서 지고 있다가 형세가 뒤바뀌어[逆轉] 이김[勝]. ¶우리팀은 2대 1로 역전승을 거두었다. ㊞역전패.

▸**역전-패 逆轉敗** | 패할 패
경기 따위에서 이기고 있다가 형세가 뒤바뀌어[逆轉] 패배(敗北)함. ¶우리 팀은 마지막 순간에 역전패를 당했다. ㊞역전승.

역점 力點 | 힘 력, 점 점
[emphasis; stress]
❶ 속뜻 지레의 힘[力]이 걸리는 점(點). ❷심혈을 기울이거나 쏟는 점. ¶역점 사업 / 학교는 학력 향상에 역점을 두었다.

역정 逆情 | 거스를 역, 마음 정
[anger; displeasure]
❶ 속뜻 상대방의 마음[情]을 거스름[逆]. ❷몹시 언짢거나 못마땅하게 여김. ¶아버지는 버럭 역정을 내고는 방으로 들어가셨다. ㊥성, 화(火).

역주 力走 | 힘 력, 달릴 주
[sprint; spurt]
힘[力]을 다하여 달림[走]. ¶그는 전속력으로 3분간 역주했다.

역풍 逆風 | 거스를 역, 바람 풍
[adverse wind]
❶ 속뜻 거슬러[逆] 부는 바람[風]. ❷배가 가는 반대쪽으로 부는 바람. ¶역풍이 불어 항해가 순조롭지 않았다. ㊞순풍(順風).

역-하다 (逆–, 거스를 역)

[repulsive; repellent]
❶먹은 것이 거꾸로[逆] 올라 올 듯 속이 메슥메슥하다. ¶하수구에서 역한 냄새가 올라왔다. ❷마음에 거슬려 못마땅하다. ¶그녀의 말이 역했다.

역학 力學 | 힘 력, 배울 학 [dynamics]
❶[속뜻] 힘써[力] 배움[學]. ❷[물리] 물체 사이에 작용하는 힘과 운동에 관한 법칙을 연구하는 학문. 물리학의 한 분야로 정역학, 동역학, 운동학이 있다.

⁑**역할** 役割 | 부릴 역, 나눌 할
[role; part; function]
❶[속뜻] 나누어[割] 맡은 일[役]. ❷제가 하여야 할 제 앞의 일. ¶자신의 역할에 충실하다.

▶역할-극 役割劇 | 연극 극
[연영] 일상생활에서 있을 수 있는 역할(役割)의 흉내를 내는 짧은 연극(演劇).

역행 逆行 | 거스를 역, 갈 행
[go back; reverse]
❶[속뜻] 보통의 방향과 반대 방향으로 거슬러[逆] 나아감[行]. ❷일정한 방향, 순서, 체계 따위를 바꾸어 행함. ¶러시아에서는 시대에 역행하는 사건이 벌어졌다. [반] 순행(順行).

역-효과 逆效果 | 거스를 역, 보람 효, 열매 과 [counter result]
기대하였던 바와 반대로[逆] 나타나는 효과(效果). ¶무리한 운동은 역효과를 가져온다.

엮다 (編, 엮을 편) [plait; edit]
❶노끈이나 새끼로 이리저리 여러 가닥으로 어긋나게 걸쳐 묶다. ¶유비는 돗자리를 엮어 팔던 사람이다. ❷책을 편찬하다. ¶그동안 써 놓은 작품을 책으로 엮었다. [비] 짜다, 편찬(編纂)하다.

[비슷한 듯 다른 말] ➲ 짜다[1]

연[1]年 | 해 년 [year]
한 해. ¶이곳은 연 평균 기온이 30도가 넘는다.

연[2]鳶 | 솔개 연 [kite]
가는 댓가지를 뼈대로 하여 종이를 바르고, 실에 달아 공중에 날리는 장난감. ¶연을 날리다.

연[3]蓮 | 연밥 연 [lotus]
[식물] 잎이 둥글고 크며 물위에 떠서 자라는 물풀. 여름에 붉은색이나 흰색의 꽃이 피며, 잎과 열매는 약용하고, 뿌리는 식용한다.

연[4]聯 | 잇달 연 [stanza; verse]
[문학] 시(詩)에서, 몇 행(行)을 한 단위로 묶어서 구분하는 말. ¶2연 3행을 보세요.

연간 年間 | 해 년, 사이 간
[during the course of a year]
한 해[年] 동안[間]. ¶연간 수입 / 연간 밀 소비량이 크게 늘었다.

연감 年鑑 | 해 년, 볼 감
[yearbook; almanac]
한 해[年] 동안 일어난 일 따위를 알아보기[鑑] 쉽도록 엮은 책. ¶출판 연감 / 통계 연감.

연-거푸 (連—, 이을 련)
[successively; consecutively]
잇달아[連] 여러 번. ¶연거푸 세 번을 이기다. [비] 거푸, 잇달아.

⁑**연결** 連結 | 이을 련, 맺을 결 [connect]
서로 이어서[連] 맺음[結]. ¶내 컴퓨터를 인터넷에 연결했다.

연:고[1]軟膏 | 연할 연, 고약 고 [ointment; salve]
❶[속뜻] 무른[軟] 고약(膏藥). ❷[의학] 의약품에 바셀린 등의 약품을 넣어 무르게 만든 외용약(外用藥). 부드러워 피부에 바르기 쉽다. ¶상처에 연고를 바르다.

연고[2]緣故 | 인연 연, 까닭 고
[reason; cause]
❶[속뜻] 인연(因緣)이 된 까닭[故]. ❷일의 까닭. ¶미희는 무슨 연고로 결석했을까? ❸혈통, 정분, 법률 따위로 맺어진 관계. ¶이 환자는 아무런 연고가 없다. [비] 사유

(事由).

▸ 연고-지 緣故地 | 땅 지
혈통, 정분, 법률 따위로 관계나 인연이 맺어진[緣故] 곳[地]. 출생지, 성장지, 거주지 따위로 나뉜다. ¶그는 연고지로 발령이 났다 / 경찰들이 용의자의 연고지에 잠복하고 있다.

연:골 軟骨 | 연할 연, 뼈 골
[cartilage; gristle]
❶ 속뜻 굳기가 무른[軟] 뼈[骨]. 또는 그런 사람. ❷ 의학 뼈와 함께 몸을 지탱하는 무른 뼈. 탄력이 있으면서도 연하여 구부러지기 쉽다. ¶나이가 들면 연골이 닳아 관절염에 잘 걸린다.

연관 聯關 | 잇달 련, 관계할 관 [connect; relate]
사물이나 현상이 이어진[聯] 관계(關係)를 맺는 일. ¶나는 이 일과 아무런 연관이 없다. ⊞ 관련(關聯), 관계(關係).

연:구 研究 | 갈 연, 생각할 구
[study; research]
❶ 속뜻 머리를 문지르며[研] 골똘히 생각함[究]. ❷어떤 일이나 사물에 대하여 깊이 있게 조사하고 생각하여 진리를 따져 보는 일. ¶위암 연구 / 우리말 한자어 연구에 평생을 바쳤다.

▸ 연:구-소 研究所 | 곳 소
연구(研究)를 전문으로 하는 기관[所].

▸ 연:구-실 研究室 | 방 실
어떤 연구(研究)를 전문으로 하기 위하여 학교나 기관에 설치한 기관이나 방[室]. ¶교수 연구실.

▸ 연:구-원 研究院 | 집 원
전문 분야별로 연구(研究)하기 위하여 설치한 기관이나 집[院].

▸ 연:구-자 研究者 | 사람 자
연구(研究)하는 사람[者].

▸ 연:구-회 研究會 | 모일 회
연구(研究)를 목적으로 모이는 모임[會].

연:극 演劇 | 펼칠 연, 연극 극
[play; drama]
❶ 속뜻 극본(劇本)의 내용을 연기로 펼쳐[演] 보임. ❷ 연영 배우가 무대 위에서 대본(臺本)에 따라 동작과 대사를 통하여 표현하는 예술. ¶내일 연극 보러 갈래?

▸ 연:극-반 演劇班 | 나눌 반
연극(演劇) 활동을 위하여 모인 모임[班].

▸ 연:극-적 演劇的 | 것 적
연극(演劇)과 같은 것[的]. 또는 그런 것. ¶이 글에는 연극적 요소가 많다.

연금 年金 | 해 년, 돈 금
[annuity; pension]
법률 국가나 사회에 특별한 공로가 있거나 일정 기간 국가기관에 복무한 사람에게 해[年]마다 주는 돈[金]. ¶국민 연금 / 올림픽에서 금메달을 따면 연금을 받는다.

▸ 연금 제:도 年金制度 | 정할 제, 법도 도
사회 병이 들거나 나이가 들어 경제 능력이 없거나 죽거나 하였을 때 당사자 또는 유족의 생활 보장을 위하여 매년 일정 금액을 지급하는[年金] 제도(制度).

연기¹ 延期 | 늘일 연, 때 기
[postpone; adjourn]
정해진 기한(期限)을 뒤로 늘림[延]. ¶무기한 연기 / 비가 와서 약속을 내일로 연기했다.

연기² 煙氣 | 그을음 연, 기운 기 [smoke]
무엇이 불에 탈 때에 생겨나는 그을음[煙]이나 기체(氣體). ¶담배 연기 / 굴뚝에서 연기가 피어오른다.

연:기³ 演技 | 펼칠 연, 재주 기 [perform; act]
연영 관객 앞에서 연극, 노래, 춤, 곡예 따위의 재주[技]를 행동으로 펼쳐[演] 보임. 또는 그 재주. ¶그의 연기는 자연스럽다.

▸ 연:기-자 演技者 | 사람 자
연기(演技)를 직업적으로 하는 사람[者]. ¶이 연기자는 30년 동안 활동했다. ⊞ 배우(俳優).

연-꽃 (蓮-, 연밥 연) [lotus]

식물 연(蓮)의 꽃.

▸연꽃-잎 (蓮—)
연(蓮)꽃의 꽃잎.

연-날리기 (鳶—. 솔개 연) [kiteflying]
연(鳶)을 공중에 띄움. 또는 그 놀이. ¶나는 설날에 연날리기를 했다.

연년 年年 | 해 년, 해 년
[every(each) year]
해마다[年+年]. ¶나일강은 연년이 강수량이 줄고 있다.

▸연년-생 年年生 | 날 생
해마다[年年] 태어남[生]. 또는 그런 형제. ¶그들 남매는 연년생이다.

연:단 演壇 | 펼칠 연, 단 단
[platform; rostrum]
연설(演說)이나 강연(講演)을 하는 사람이 올라서는 단(壇). ¶연단에 오르자 다리가 후들거렸다.

연-달다 (連—, 이을 련)
[continue; keep on]
잇따르다[連]. ¶그들은 두 게임을 연달아 졌다.

연대[1]連帶 | 이을 련, 띠 대 [solidarity]
❶속뜻 죽 연결(連結)되어 띠[帶] 모양을 이룸. ❷한 덩어리로 서로 연결되어 있음. ¶연대 의식.

연대[2]聯隊 | 잇달 련, 무리 대 [regiment]
❶속뜻 연합(聯合) 부대(部隊). ❷군사 군대 편성 단위의 하나. 사단 또는 여단의 아래, 대대의 위이다.

＊연대[3]年代 | 해 년, 시대 대
[age; period]
햇수[年]를 단위로 한 시간[代]. ¶화석의 연대를 측정하다.

▸연대-별 年代別 | 나눌 별
연대(年代)에 따라 나눈[別] 것. ¶연대별로 표를 만들다.

▸연대-표 年代表 | 겉 표
연대(年代)를 적은 표(表). ⓑ 연표(年表).

연도[1]沿道 | 따를 연, 길 도 [dromos]
큰 길[道]을 따라[沿] 있는 곳. 도로의 연변. ¶연도를 메운 시민들이 선수들에게 박수를 보냈다. ⓑ 연로(沿路).

연도[2]年度 | 해 년, 정도 도
[year; period]
사무 또는 회계의 결산 따위의 편의에 따라 구분한 1년(年)의 기간[度]. ¶회계 연도.

▸연도-별 年度別 | 나눌 별
연도(年度)에 따라 따로따로 나눈[別] 것. ¶연도별로 조사하다.

연두[1]年頭 | 해 년, 머리 두
[beginning of the year]
새해[年]의 첫머리[頭]. ¶대통령은 연두 기자 회견을 가졌다. ⓑ 연초(年初).

연:두[2]軟豆 | 연할 연, 콩 두
[yellowish green]
❶속뜻 부드러운[軟] 콩[豆]. ❷노랑과 녹색의 중간색. ⓑ 연둣빛, 연두색(軟豆色).

▸연:두-색 軟豆色 | 빛 색
연(軟)한 완두콩[豆] 빛깔[色]의 초록색. ¶연두색 신발. ⓑ 연둣빛.

연:둣-빛 (軟豆—, 연할 연, 콩 두)
연(軟)한 완두콩[豆] 빛깔의 초록빛. ⓑ 연두색.

연등 燃燈 | 태울 연, 등불 등
❶속뜻 심지를 불태워[燃] 밝게 밝힌 등(燈)불. ❷불교 연등놀이를 할 때에 밝히는 등불.

▸연등-회 燃燈會 | 모일 회
불교 석가모니의 탄생일에 등불[燈]을 켜고[燃] 복을 비는 의식[會].

연락 連絡 | 이을 련, 이을 락
[connect; contact]
❶속뜻 여러 사람을 이어줌[連=絡]. ❷어떤 사실을 상대편에게 알림. ¶마침내 그와 연락이 닿았다.

▸연락-망 連絡網 | 그물 망
연락(連絡)을 하기 위하여 벌여 놓은 조직 체계[網]. 또는 무선이나 유선의 통신망.

¶비상 연락망.

▶ 연락-처 連絡處 | 곳 처
연락(連絡)을 주고받을 수 있는 곳[處]. ¶연락처를 알려주세요.

연령 年齡 | 해 년, 나이 령 [age; years]
한 해[年]를 단위로 계산한 나이[齡]. ¶이 대회는 연령에 상관없이 참가할 수 있다.

연로 年老 | 나이 년, 늙을 로
[aged; old; elderly]
나이[年]가 많음[老]. ¶연로의 몸 / 연로하신 부모님.

연료 燃料 | 태울 연, 거리 료 [fuel]
❶속뜻 태우는[燃] 재료(材料). ❷화학 연소하여 열, 빛, 동력의 에너지를 얻을 수 있는 물질을 통틀어 이르는 말. ¶연료를 공급하다 / 연료 부족. ⓑ 땔감.

▶ 연료-비 燃料費 | 쓸 비
연료(燃料)를 구입하는 데 드는 비용(費用). ¶석유 가격이 올라 난방 연료비도 크게 올랐다.

연루 連累 | 이을 련, 엮일 루
[be involved in]
❶속뜻 이어져[連] 한데 엮임[累]. ❷남이 일으킨 사건이나 행위에 걸려들어 죄를 덮어쓰거나 피해를 보게 됨. ¶그는 뇌물 사건에 연루됐다.

연륜 年輪 | 나이 년, 바퀴 륜
[annual ring; experience]
❶식물 나무의 줄기나 가지 등의 가로로 자른 면에 나타나는 그 나무의 나이[年]를 알 수 있는 바퀴[輪] 모양의 테. ❷여러 해 쌓은 경력. ¶저 배우에게는 연륜이 느껴진다.

연립 聯立 | 잇달 련, 설 립
[ally oneself; coalesce]
둘 이상의 것이 이어[聯] 성립(成立)함. ¶연립정권.

▶ 연립 주:택 聯立住宅 | 살 주, 집 택
건설 한 건물 안에 여러 가구가 함께 들어 있는[聯立] 공동 주택(住宅).

연:마 鍊磨 | =練磨, 硏磨, 불릴 련, 갈 마
[train]
❶속뜻 쇠를 불리어[鍊] 갈아[磨] 반질반질하게 함. ❷학문이나 기술 따위를 힘써 배우고 닦음. ¶기술 연마 / 그는 정신을 연마하기 위해 몇 년간 산에서 지냈다.

연막 煙幕 | 연기 연, 막 막
[smoke screen]
❶속뜻 연기(煙氣)로 막(幕)을 쳐서 감추거나 숨김. ❷군사 적의 관측이나 사격으로부터 아군의 군사 행동 따위를 감추기 위하여 약품을 써서 피워 놓는 짙은 연기. ¶연막전술 / 연막탄(煙幕彈). 관용 연막을 치다.

연말 年末 | 해 년, 끝 말
[year-end; end of the year]
한 해[年]의 마지막[末] 무렵. ¶연말 파티 / 연말에는 인사할 곳이 많다. ⓑ 연시(年始), 연초(年初).

▶ 연말-연시 年末年始 | 해 년, 처음 시
한 해[年]의 끝[末] 무렵과 새해[年]의 시작[始] 무렵. ¶연말연시에는 행사가 많다.

연맹 聯盟 | 잇달 련, 맹세할 맹
[league; union]
❶속뜻 서로 연합하기로[聯] 맹세함[盟]. ❷공동의 목적을 가진 단체나 국가가 서로 돕고 행동을 함께 할 것을 약속함. 또는 그런 조직체. ¶축구연맹.

연명 延命 | 늘일 연, 목숨 명
[just managing to live]
목숨[命]을 겨우 연장(延長)해 감. 겨우 살아감. ¶우리는 연명을 하기 위하여 산나물을 캐어 먹었다.

연모 [tools and materials; tool]
물건을 만드는 데 쓰는 기구와 재료. ¶인류 초기의 연모 재료는 주로 돌이었다. ⓑ 연장.

연-못 (蓮-, 연꽃 연) [pond]
❶속뜻 연(蓮)꽃이 많이 피어 있는 못. ❷천연으로나 인공으로 넓고 깊게 팬 땅에

늘 물이 괴어 있는 곳.
▸연못-가 (蓮—)
연(蓮)못의 변두리.

연민 憐憫 | =憐愍, 가엾을 련, 불쌍할 민 [pity; sympathize (with)]
가엾고[憐] 불쌍하게[憫] 여김. 또는 그런 마음. ¶그에게 연민을 느끼다.

연발 連發 | 이을 련, 쏠 발 [fire in rapid succession; occur one after another]
❶[속뜻] 총 따위를 잇달아[連] 쏨[發]. ❷잇달아 일어남. ¶실수를 연발하다.

연방[1] 連方 | 이을 련, 바로 방 [continuously; successively]
연이어[連] 금방(今方). 잇달아 자꾸. ¶연방 고개를 끄덕이다 / 연방 담배를 피우다.

연방[2] 聯邦 | 잇달 련, 나라 방 [confederation; federation]
❶[속뜻] 연합(聯合)하여 이루어진 나라[邦]. ❷[정치] 여러 나라가 공통의 정치 이념으로 연합하여 구성된 국가. 미국, 독일, 스위스 등이 여기에 속한다.

연배 年輩 | 나이 년, 무리 배 [similar age(s); contemporary]
나이[年]가 비슷한 또래의 사람들[輩]. ¶우리는 연배가 비슷하여 쉽게 친해졌다.

연변 沿邊 | 따를 연, 가 변 [area along a river]
국경, 강, 철도, 도로 따위를 따라[沿] 있는 언저리 일대[邊]. ¶도로 연변에 가로수가 늘어서 있다.

연보[1] 年報 | 해 년, 알릴 보
한 해[年] 동안 일어난 일에 대한 보고(報告). 또는 그런 간행물. ¶국회의 심의 내용을 연보에 수록하다.

연보[2] 年譜 | 해 년, 적어놓을 보 [chronological personal history]
한 사람이 해[年]마다 한 일을 간략하게 적어놓은[譜] 기록. 흔히 개인의 연대기를 이른다. ¶책에는 저자의 연보가 실려 있다.

연-보라색 (軟—色, 연할 연, 빛 색) [light purple; lilac]
옅은[軟] 보라색(色). ¶연보라색 치마. [비] 연보랏빛.

연-보랏빛 (軟—, 연할 연) [light purple; lilac]
옅은[軟] 보랏빛. ¶연보라빛 제비꽃이 피었다. [비] 연보라색.

연봉 年俸 | 해 년, 봉급 봉. [annual salary; yearly stipend]
일 년(年) 동안에 받는 봉급(俸給). ¶그는 연봉이 4천만 원이다.

연:-분홍 軟粉紅 | 연할 연, 가루 분, 붉을 홍 [light pink]
옅은[軟] 분홍색(粉紅色). ¶연분홍 립스틱을 바르다. [비] 연분홍빛.
▸연-분홍빛 (軟粉紅—)
옅은[軟] 분홍(粉紅)빛. ¶연분홍빛 꽃잎이 바람에 날린다. [준] 연분홍.

연비 連比 | 이을 련, 견줄 비 [continued ratio]
[수학] 세 개 이상의 이어진[連] 수나 양의 비(比).

연:사 演士 | 펼칠 연, 선비 사 [lecturer; (public) speaker]
연설(演說)하는 사람[士]. ¶연사가 강단을 내려왔다.

연:산 演算 | 펼칠 연, 셀 산 [operation]
[수학] 식이 나타낸 일정한 규칙에 따라 펼쳐서[演] 계산(計算)함. ¶사칙 연산.

연상[1] 年上 | 나이 년, 위 상 [seniority in age]
자기보다 나이[年]가 많음[上]. 또는 그런 사람. ¶그는 나보다 5살 연상이다. [반] 연하(年下).

연상[2] 聯想 | 잇달 련, 생각 상 [be reminiscent of; remind]
❶[속뜻] 관련(關聯)지어 생각함[想]. ❷[심리] 하나의 관념이 다른 관념을 불러일으키는 현상. '기차'하면 '여행'을 떠올리

는 따위의 현상. ¶'겨울'하면 무엇이 연상 되세요?

연:설 演說 | 펼칠 연, 말씀 설
[speak; address]
여러 사람 앞에서 자기의 주장 또는 의견을 펼쳐서[演] 말함[說]. ¶대통령 연설 / 교장선생님이 개천절에 대하여 연설하신다. ㊥ 강연(講演).

▸ 연:설-문 演說文 | 글월 문
연설(演說)할 내용을 적은 글[文].

연세 年歲 | 나이 년, 나이 세
[age; years (of age)]
나이[年=歲]의 높임말. ¶우리 어머니는 연세가 많으시다. ㊥ 춘추(春秋).

연소¹ 燃燒 | 태울 연, 불사를 소 [burn]
❶ 속뜻 불에 태우거나[燃] 불을 사름[燒]. ❷ 화학 주로 물질이 산소와 화합할 때 다량의 열을 내는 동시에 빛을 발하는 현상. ¶완전 연소 / 이 물질은 연소될 때 유독가스를 배출한다.

연소² 年少 | 나이 년, 적을 소
[young; underage]
나이[年]가 적음[少]. 나이가 어림.

▸ 연소-자 年少者 | 사람 자
나이가 어린[年少] 사람[者]. ¶연소자 관람 불가.

연속 連續 | 잇닿을 련, 이을 속 [continue]
잇달아[連] 죽 이어짐[續]. ¶그의 인생은 고통의 연속이었다. ㊥ 불연속(不連續).

▸ 연속-극 連續劇 | 연극 극
연영 정기적으로 그 일부분씩을 연속(連續)하여 상연하는 방송극(放送劇). ¶엄마는 일일 연속극을 즐겨 보신다.

▸ 연속-적 連續的 | 것 적
연달아 이어지는[連續] 것[的]. ㊥ 간헐적(間歇的).

*__연쇄 連鎖__ | 이을 련, 쇠사슬 쇄
[chain; links; series]
❶ 속뜻 한 줄로 연결(連結)된 쇠사슬[鎖]. ❷사물이나 현상이 사슬처럼 서로 이어져 통일체를 이룸. ¶연쇄 반응을 일으키다.

▸ 연쇄-점 連鎖店 | 가게 점
❶ 속뜻 고리로 연결하듯[連鎖] 경영하는 가게[店]. ❷ 경제 관리와 보관 센터를 갖추고 둘 이상의 판매 단위를 연결하여 경영하는 가게. ㊥ 체인점.

연:수 硏修 | 갈 연, 닦을 수
[study; master]
학문 따위를 갈고[硏] 닦음[修]. ¶해외 연수를 가다.

▸ 연:수-생 硏修生 | 사람 생
연수(硏修)를 받는 사람[生].

▸ 연:수-원 硏修院 | 집 원
여럿이 함께 연수(硏修)를 하는 큰 집[院].

▸ 연:수-회 硏修會 | 모일 회
무엇을 배울[硏修] 목적으로 가지는 모임[會]. ¶교사 연수회.

연:습¹ 演習 | 펼칠 연, 익힐 습
[carry out exercises]
실지로 하는 것처럼 연출(演出)하면서 익힘[習]. 모의(模擬)로 익힘. ¶예행 연습 / 연습 경기.

⁑**연:습² 練習** | =鍊習, 익힐 련, 익힐 습
[practice; train]
학문이나 기예 따위를 익숙하도록 되풀이하여 익힘[練=習]. ¶연습 경기 / 선수들은 일주일에 6일을 연습한다.

▸ 연:습-선 練習船 | 배 선
해양 선박의 운항 기술과 해상 실무를 익히기[練習] 위한 실습용 배[船].

▸ 연:습-장 練習帳 | 장부 장
연습(練習)하는 데에 쓰는 공책이나 장부(帳簿).

연승 連勝 | 이을 련, 이길 승
[win straight victories]
싸움이나 경기에서 계속하여[連] 이김[勝]. ¶그 팀은 5연승을 달리고 있다 / 타이거 우즈가 세 번의 경기에서 연승했다. ㊥ 연패(連敗).

연:시 軟柹 | 연할 연, 감 시

[soft persimmon]
물렁하게[軟] 잘 익은 감[柹]. ¶할머니께서는 연시를 좋아하신다.

연-싸움 (鳶—, 솔개 연)
[민속] 연(鳶)을 날리면서 서로의 연실을 마주 걸어 상대편의 연실을 끊어 버리는 싸움.

***연안** 沿岸 | 따를 연, 언덕 안
[coast; shore]
❶[속뜻] 강이나 호수, 바다의 언덕[岸]을 따라[沿] 있는 땅. ❷육지와 면한 바다·강·호수 따위의 물가. ¶돌고래는 태평양 연안에 서식한다.
▸ 연안 어업 沿岸漁業 | 고기 잡을 어, 일 업
[수산] 연안(沿岸) 바다에서 하는 어업(漁業). ¶목포는 연안 어업이 발달한 도시이다. [비] 근해 어업(近海漁業), 연해 어업(沿海漁業).

연ː애 戀愛 | 그리워할 련, 사랑 애 [love; amour]
❶[속뜻] 그리워하며[戀] 사랑함[愛]. ❷남녀가 서로 애틋하게 그리워함. ¶연애 편지 / 부모님은 연애한 지 6년 만에 결혼했다.

연ː약 軟弱 | 연할 연, 약할 약
[tender; mild]
무르고[軟] 약(弱)하다. ¶연약한 여자의 마음 / 아기의 피부는 연약하다.

연어 鰱魚 | 연어 연, 물고기 어 [salmon]
[동물] 연어[鰱]과의 바닷물고기[魚]. 가을에 강 상류에 올라와 모랫바닥에 알을 낳고 죽는다. 동해 북부의 일부 하천으로 회귀하며 일본 북부 등지에 분포한다.

연ː연 戀戀 | 그리워할 련, 그리워할 련
[be ardently attached; be fond]
❶[속뜻] 애타게 그리워하다[戀+戀]. ❷미련이 남아서 잊지 못하다. ¶더 이상 과거에 연연하지 마세요.

연ː예 演藝 | 펼칠 연, 재주 예
[perform; entertain]
❶[속뜻] 기예(技藝)를 펼쳐[演] 보임. ❷대중 앞에서 음악, 무용, 만담, 마술 따위를 공연함. 또는 그런 재주. ¶연예 활동.
▸ 연ː예-인 演藝人 | 사람 인
연예(演藝)에 종사하는 사람[人]. 배우, 가수, 무용가 등을 통틀어 이르는 말. ¶인기 연예인.

연월일 年月日 | 해 년, 달 월, 날 일 [date]
해[年]와 달[月]과 날[日]을 아울러 이르는 말. ¶상품에 제조 연월일을 표기해야 합니다.

연유 緣由 | 인연 연, 까닭 유
[reason; cause]
인연(因緣)과 이유(理由). 까닭. ¶무슨 연유로 그를 찾아 오셨습니까? / 그녀가 말수가 적은 것은 내성적인 성격에서 연유한다. [비] 사유(事由).

연-이ː율 年利率 | 해 년, 이로울 리, 비율 률 [annual rate of interest]
일 년(年)을 단위로 하여 정한 이율(利率). [준] 연리.

연ː인 戀人 | 그리워할 련, 사람 인 [lover; love]
❶[속뜻] 그리워하는[戀] 사람[人]. ❷이성으로서 그리며 사랑하는 사람. ¶그와 나는 연인 사이이다. [비] 애인(愛人).

연일 連日 | 이을 련, 날 일
[day after day; every day]
여러 날[日]을 계속함[連]. ¶연일 비가 내리고 있다. [비] 날마다, 매일(每日).

연ː자-매 (硏子—, 갈 연, 접미사 자) [horse mill]
말이나 소로 끌어 돌리게 하여 곡식을 찧는 맷돌. [비] 연자방아.

연장1 [tool]
어떤 일을 하는 데 쓰는 도구. ¶연장을 조심해서 다루어라. [비] 연모.

연장2 年長 | 나이 년, 길 장 [seniority]
서로 비교하여 보아 나이[年]가 많음[長].

또는 그런 사람. ¶그는 나보다 6살 연장이다.

▸ 연장-자 年長者 | 사람 자
나이가 많은[年長] 사람[者]. ¶동양에서는 연장자를 존경하는 전통이 있다.

연장[3] 延長 | 늘일 연, 길 장
[extend; lengthen]
시간이나 거리 따위를 본래보다 길게[長] 늘임[延]. ¶연장근무 / 파견 기간을 3년으로 연장하다. [반] 단축(短縮).

▸ 연장-전 延長戰 | 싸울 전
[운동] 정한 횟수나 정한 시간 안에 승부가 나지 않을 때, 횟수나 시간을 연장(延長)하여 계속하는 경기[戰]. ¶연장전 끝에 이기다.

연재 連載 | 이을 련, 실을 재
[publish serially]
신문이나 잡지 따위에 긴 글이나 만화 따위를 여러 차례로 나누어서 계속하여[連] 싣는 일[載]. ¶연재 만화 / 그녀는 신문에 소설을 연재하고 있다.

연:적 硯滴 | 벼루 연, 물방울 적
[water dropper for preparing ink]
벼루[硯] 물[滴]을 담는 그릇.

연주[1] 連奏 | =聯奏, 이을 련, 연주할 주
[음악] 같은 종류의 악기를 두 사람 이상이 함께[連] 연주(演奏)하는 일. ¶그들은 한 대의 피아노로 연주하였다.

연:주[2] 演奏 | 펼칠 연, 곡조 주
[play; perform]
어떤 곡조[奏]를 악기로 펼쳐[演] 보임. ¶바이올린 연주 / 그녀는 베토벤의 곡을 연주했다.

▸ 연:주-가 演奏家 | 사람 가
전문적으로 연주(演奏)를 하는 사람[家]. ¶재즈 연주가.

▸ 연:주-곡 演奏曲 | 노래 곡
연주(演奏)를 위하여 만든 곡(曲).

▸ 연:주-단 演奏團 | 모일 단
연주(演奏)를 목적으로 결성한 예술 단체(團體).

▸ 연:주-법 演奏法 | 법 법
[음악] 악기를 연주(演奏)하는 방법(方法).

▸ 연:주-자 演奏者 | 사람 자
악기를 연주(演奏)하는 사람[者].

▸ 연:주-회 演奏會 | 모일 회
음악을 연주(演奏)하여 청중에게 들려주는 모임[會]. ¶피아노 연주회 / 졸업 연주회.

연-줄 (鳶-, 솔개 연) [kite string]
연(鳶)을 매어서 날리는 데 쓰는 실. ¶광수는 내 연줄을 끊어 놓고 도망갔다.

연중 年中 | 해 년, 가운데 중
[whole year]
한 해[年] 동안[中]. ¶그곳은 연중 내내 번잡하다 / 연중 무휴(無休).

연지 臙脂 | 연지 연, 기름 지 [rouge]
여자가 화장할 때 입술이나 뺨[臙]에 찍는 붉은 빛깔의 염료[脂]. ¶볼에 연지를 바르다.

연착 延着 | 끌 연, 붙을 착 [arrive late]
시간을 끌어[延] 시간보다 늦게 도착(倒着)함. ¶열차는 한 시간이나 연착했다.

연체 延滯 | 끌 연, 막힐 체
[be in arrears; be overdue]
❶ [속뜻] 기한을 끌어[延] 의무 이행을 지체(遲滯)함. ❷ [법률] 기한 안에 이행해야 할 채무나 납세 따위를 지체하는 일. ¶연체 요금 / 그는 집세를 연체했다.

연초 年初 | 해 년, 처음 초
[beginning of the year]
새해[年]의 첫머리[初]. [비] 연시(年始), 정초(正初). [반] 연말(年末).

연:-초록 軟草綠 | 연할 연, 풀 초, 조록빛 록 [light green]
옅은[軟] 초록색(草綠色). ¶나무는 연초록 몽우리를 맺었다.

연:출 演出 | 펼 연, 날 출
[produce; stage]
❶ [속뜻] 대본의 내용을 행동으로 펼쳐[演]

드러냄[出]. ❷연영 연극·영화·방송극 따위에서, 대본(臺本)에 따라 배우의 연기나 무대 장치, 조명, 음향 효과 따위를 지도하고 전체를 종합하여 하나의 작품이 되게 하는 일. ¶그 연극은 연출이 훌륭했다.

▸ 연:출-가 演出家 | 사람 가
전문적으로 연출(演出)을 하는 사람[家].

연:탄 煉炭 | 불릴 련, 석탄 탄 [briquette]
❶속뜻 반죽한 다음 불려[煉] 만든 석탄(石炭). ❷광업 주원료인 무연탄과 목탄 등을 섞어 굳혀 만든 연료. 잘 타게 하기 위하여 상하로 통하는 여러 개의 구멍을 뚫는다. ¶강원도에는 연탄을 때는 집이 많다.

▸ 연:탄-재 (煉炭-)
연탄(煉炭)이 다 타고 남은 재. ¶연탄재를 깨뜨려 눈길에 뿌렸다.

▸ 연탄-가스 (煉炭gas)
연탄(煉炭)이 탈 때 발생하는 가스(gas). 일산화탄소를 주성분으로 한다. ¶연탄가스에 중독되다.

연통 煙筒 | 연기 연, 대롱 통 [chimney]
연기(煙氣)가 지나가는 대롱[筒]. ¶그을음이 껴서 연통이 꽉 막혔다.

연패[1] 連敗 | 이을 련, 패할 패
[suffer successive defeats]
싸움이나 경기에서 계속하여[連] 짐[敗]. ¶3연패 끝에 승리를 거두었다. ⓑ 연승(連勝).

연패[2] 連霸 | 이을 련, 으뜸 패
[win victory after victory]
운동 경기 따위에서 연달아[連] 우승하여 으뜸[霸]이 됨. ¶그 선수는 지난 대회에 이어 2연패를 기록했다.

연-평균 年平均 | 해 년, 평평할 평, 고를 균
[yearly average]
1년(年)을 단위로 하여 내는 평균(平均). ¶연평균 강수량.

*__연표__ 年表 | 해 년, 나타낼 표 [chronological table]
역사적 사실을 발생 연도(年度) 순으로 나타냄[表]. ¶한국사 연표. ⓑ 연대표(年代表).

⁑__연필__ 鉛筆 | 납 연, 붓 필 [pencil]
흑연(黑鉛)으로 심을 넣어 만든 필기(筆記) 도구. ¶연필로 써야 지우기가 쉽다.

▸ 연필-심 鉛筆心 | 가운데 심
연필(鉛筆) 속에 들어 있는 가느다란 심(心). ¶연필심이 부러지다.

▸ 연필-깎이 (鉛筆-)
칼 대신 연필(鉛筆)을 깎는 데 쓰는 기구. 구멍에 연필을 끼워 돌리면 원뿔꼴로 깎인다.

▸ 연필-꽂이 (鉛筆-)
연필(鉛筆)이나 볼펜 따위를 꽂아 두는 기구.

연하[1] 年下 | 나이 년, 아래 하 [juniority]
나이[年]가 아래임[下]. 또는 그런 사람. ¶그는 나보다 3살 연하이다. ⓑ 연상(年上).

연하[2] 年賀 | 해 년, 축하할 하
[New Year's greetings]
새해[年]를 맞이하게 된 것을 축하(祝賀)함.

▸ 연하-장 年賀狀 | 문서 장
새해를 축하하기[年賀] 위하여 간단한 글이나 그림을 담아 보내는 편지[狀]. ¶선생님께 연하장을 보냈다.

연:-하다 (軟-, 연할 연)
[be soft; light]
❶속뜻 무르고 부드럽다[軟]. ¶고기가 연해서 아이가 잘 먹는다. ❷빛이 옅고 산뜻하다. ¶연한 초록색. ⓑ 질기다, 진하다.

연합 聯合 | 잇달 련, 합할 합
[unite; combine]
❶속뜻 잇달아[聯] 합침[合]. ❷두 가지 이상의 사물이 서로 합동하여 하나의 조직체를 만듦. 또는 그렇게 만든 조직체. ¶백제는 신라와 연합하여 고구려에 대항했다.

▸ 연합-국 聯合國 | 나라 국
공통의 목적을 위하여 연합(聯合)한 나라[國].

▸ 연합-군 聯合軍 | 군사 군
군사 연합국(聯合國)의 군대(軍隊).

연해 沿海 | 따를 연, 바다 해
[sea along the coast]
바다[海]를 따라[沿] 있는 곳. 육지(陸地)에 가까이 있는 바다, 즉 대륙붕을 덮고 있는 바다를 이른다. ¶포항 연해에서는 고등어가 많이 잡힌다.

연행 連行 | 이을 련, 갈 행
[haul; bring in]
❶ 속뜻 잇달아[連] 감[行]. ❷강제로 데리고 감. 특히 경찰관이 피의자를 체포하여 경찰서로 데리고 가는 일을 이른다. ¶경찰이 그를 연행해 갔다.

연:혁 沿革 | 따를 연, 바꿀 혁 [history]
❶ 속뜻 지난 것을 따른 것[沿]과 바꾼 것[革]. ❷변천하여 온 내력. ¶학교의 연혁.

연호 年號 | 해 년, 이름 호
[name of an era]
임금이 즉위한 해[年]를 상징하는 이름[號]. ¶고구려 광개토왕의 연호는 '영락'(永樂)이었다.

연:회 宴會 | 잔치 연, 모일 회 [banquet]
잔치[宴]에 여러 사람이 모임[會]. 또는 여러 사람이 모인 잔치. ¶신년 연회를 열다.

연휴 連休 | 이을 련, 쉴 휴
[consecutive holidays]
휴일(休日)이 이틀 이상 계속되는[連] 일. 또는 그 휴일. ¶설 연휴 / 연휴에는 비행기 요금이 비싸다.

열[1](十, 열 십) [ten]
아홉보다 하나 많은 수. ¶셋에 일곱을 더하면 열이다. ⓑ 십(十). 속담 열 번 찍어 아니 넘어가는 나무 없다.

열[2]列 | 줄 열{렬} [line; row]
❶사람·물건이 죽 벌여 선 줄. ¶열을 지어 섰다 / 열을 이탈하다. ❷줄을 세는 단위. ¶4열 종대(縱隊).

열[3]熱 | 더울 열 [heat; passion]
❶덥거나 뜨거운 기운. ¶열을 발산하다 / 몸에서 열이 난다. ❷열성 또는 열의(熱意). ¶열과 성을 다해 가르치다. 관용 열을 올리다.

열강 列強 | 여러 렬, 강할 강
[world powers]
❶ 속뜻 여러[列] 강국(強國). ❷국제적(國際的)으로 큰 역할을 맡은 강대한 몇몇 나라. ¶서구 열강의 침입으로 청의 국력은 약화되었다.

열거 列擧 | 벌일 렬, 들 거
[enumerate; list]
여러 가지 예나 사실을 낱낱이 죽 늘어[列] 놓음[擧]. ¶그의 장점은 이루 다 열거할 수 없다.

열광 熱狂 | 더울 열, 미칠 광
[go wild; be enthusiastic]
너무 기쁘거나 흥분하여[熱] 미친[狂] 듯이 날뜀. 또는 그런 상태. ¶십대 청소년들을 열광의 도가니로 몰아넣었다 / 청중들은 그의 연설에 열광했다.

열기 熱氣 | 뜨거울 열, 기운 기 [heat]
뜨거운[熱] 기운(氣運). ¶주방에 들어서자 후끈한 열기가 밀려왔다.

열-기구 熱氣球 | 더울 열, 공기 기, 공 구
[hot-air balloon]
기구(氣球) 속의 공기를 버너로 가열(加熱)하여 팽창시켜, 바깥 공기와 비중의 차이로 떠오르게 만든 기구.

열-나다 (熱—)
[get angry; become enthusiastic]
❶화가 나다. ¶사람 열나게 하지 마라! ❷열성이 솟아나다. ¶열나게 일하다.

열녀 烈女 | 굳셀 렬, 여자 녀
절개가 굳은[烈] 여자(女子). ¶이 마을에서는 열녀를 기리는 비석을 세웠다. ⓑ 열부(烈婦).

▸ 열녀-문 烈女門 | 문 문
열녀(烈女)의 행적을 기리기 위하여 세운 정문(旌門).

열ː다[1](開, 열 개) [open]
❶닫히거나 막히거나 잠긴 것을 터놓거나 벗기다. ¶교실 문을 열고 선생님이 들어 오셨다. ❷입을 벌려 말하다. ¶드디어 그가 입을 열었다. ❸마음을 서로 통하게 하다. ¶마음을 열고 서로를 이해하다. ❹사업·경영 등을 시작하다. ¶그는 사거리에 반찬가게를 열었다. ㊥ 닫다.

열ː다[2][bear fruit]
열매 등이 맺히다. ¶사과가 주렁주렁 열렸다.

⁑**열대** 熱帶 | 더울 열, 띠 대 [tropics]
❶ 속뜻 몹시 더운[熱] 지대(地帶). ❷ 지리 적도를 중심으로 남북 회귀선 사이에 있는 지대. 연평균 기온이 20℃ 이상 또는 최한월 평균 기온이 18℃ 이상인 지역으로 연중 기온이 높고 강우량이 많은 것이 특징이다.

▸ 열대-림 熱帶林 | 수풀 림
지리 열대 지방(熱帶地方)에 있는 숲[林]. 평균 기온은 20℃이상으로 식물의 종류가 풍부하다. ¶아마존 강 유역에는 열대림이 발달해있다.

▸ 열대-성 熱帶性 | 성질 성
열대(熱帶) 지방의 특유한 성질(性質). ¶브라질은 열대성 기후를 보인다.

▸ 열대-야 熱帶夜 | 밤 야
바깥 온도가 25℃이상으로, 열대(熱帶) 지방처럼 뜨거운 밤[夜]. ¶열대야가 계속되면서 사람들의 밤잠을 이루지 못 하고 있다.

▸ 열대-어 熱帶魚 | 물고기 어
❶ 속뜻 열대(熱帶) 지방에 사는 어류(魚類)를 통틀어 이르는 말. ❷ 동물 진기한 형태와 고운 색채를 가진 구피, 네온테트라, 엔젤피시 따위의 관상용 어류를 이르는 말.

▸ 열대-과일 (熱帶—)
열대(熱帶) 지방에서 나는 과일. ¶이곳에는 바나나, 망고 같은 열대과일이 많이 난다.

▸ 열대 기후 熱帶氣候 | 기운 기, 기후 후
지리 일 년 내내 매우 덥고 비가 많이 오는 열대(熱帶) 지방의 기후(氣候). 기온의 연교차는 거의 없으나 일교차가 크다. 열대 우림 기후, 열대 사바나 기후, 열대 몬순 기후로 나뉜다.

열도 列島 | 여러 렬, 섬 도
[chain of islands]
지리 길게 늘어서 있는 여러[列] 개의 섬[島]. ¶일본 열도.

열등 劣等 | 못할 렬, 무리 등 [inferior]
보통의 수준이나 등급(等級)보다 낮음[劣]. 또는 그런 등급. ¶이 옷은 품질이 열등하다. ㊥ 우등(優等).

▸ 열등-감 劣等感 | 느낄 감
심리 자기를 열등(劣等)하다고 느끼는 감정(感情). ¶열등감에 시달리다.

▸ 열등-의ː식 劣等意識 | 뜻 의, 알 식
자기를 열등(劣等)하다고 생각하는 의식(意識). ¶그는 유능한데도 스스로는 열등의식 때문에 괴로워한다.

열-띠다 (熱—, 더울 열)
[become heated]
열기(熱氣)를 품다. 열성을 띠다. ¶열띤 환영 / 정당 대표들은 열띤 토론을 벌였다.

열람 閱覽 | 훑어볼 열, 볼 람 [read]
책이나 문서 따위를 죽 훑어보거나[閱] 살펴봄[覽]. ¶그 책은 인터넷 열람이 가능하다.

▸ 열람-실 閱覽室 | 방 실
도서관 등에서 책 따위를 열람(閱覽)하는 방[室].

열량 熱量 | 더울 열, 분량 량 [calorie]
물리 열(熱)에너지의 양(量). 단위는 보통 '칼로리'(cal)로 표시한다. ¶열량이 높다.

열렬 熱烈 | 뜨거울 열, 세찰 렬

[be passionate]
❶ [속뜻] 뜨겁고[熱] 세차다[烈]. ❷어떤 것에 대한 애정이나 태도가 매우 맹렬하다. ¶열렬한 사랑을 받다 / 귀국 장병을 열렬히 환영하다.

열-리다[1][be opened]
❶닫히거나 막히거나 가리어진 것이 트이다. ¶대문이 열리다. ❷어떤 일이 시작되다. ¶전시회가 열리다. ❸새로운 기틀이 마련되다. ¶암 치료에 새로운 길이 열렸다. [반] 닫히다.

열-리다[2][bear fruit]
열매가 맺혀서 달리다. ¶나무에 대추가 주렁주렁 열렸다.

열망 熱望 | 뜨거울 열, 바랄 망 [desire]
열렬(熱烈)하게 바람[望]. ¶그는 가수가 되기를 열망하고 있다.

열매 (果, 열매 과; 實, 열매 실) [fruit]
식물이 수정하여 씨방이 자라서 된 것. ¶올해는 사과나무에 열매가 적게 열렸다. [비] 과실(果實), 실과(實果).

열목-어 熱目魚 | 더울 열, 눈 목, 물고기 어 [fresh water salmon]
❶ [속뜻] 열(熱)이 나는 것처럼 눈[目]이 붉은 물고기[魚]. ❷ [동물] 송어와 비슷한 민물고기. 몸은 은색이며 눈이 붉고, 옆구리, 등지느러미, 가슴지느러미에 자홍색의 점들이 많다.

열-무 [young radish]
어린 무. 생육 기간이 짧아서 1년에 여러 번 재배할 수 있다. 주로 김치를 담가 먹으며, 물냉면이나 비빔밥의 재료로도 사용된다.

▶ 열무-김치
열무로 담근 김치.

열반 涅槃 | 진흙 녈, 쟁반 반 [Nirvana]
[불교] 산스크리트어의 '니르바나'(Nirvana)를 한자로 음역한 말. 모든 번뇌의 얽매임에서 벗어나고 진리를 깨달아 불생불멸의 법을 체득한 경지로, 불교의 궁극적인 실천 목적이다. ¶열반에 이르다.

열변 熱辯 | 뜨거울 열, 말 잘할 변 [fiery speech]
열렬(熱烈)하게 사리를 밝혀 옳고 그름을 따지는 말[辯]. ¶그는 환경을 보호하자고 열변을 토했다.

열병 熱病 | 더울 열, 병 병 [fever]
❶ [속뜻] 열(熱)이 몹시 오르고 심하게 앓는 병(病). ❷ [의학] 열이 나며 두통, 식욕 부진이 뒤따르는 병. '장티푸스'를 일상적으로 이르는 말.

열사 烈士 | 굳셀 렬, 선비 사 [patriot]
나라를 위하여 절의를 굳게[烈] 지키며 충성을 다하여 싸운 사람[士]. ¶민주열사 / 순국열사를 위해 묵념합시다.

열성 熱誠 | 뜨거울 열, 정성 성 [enthusiasm]
열렬(熱烈)한 정성(精誠). ¶열성 팬 / 엄마는 열성을 기울여 화초를 길렀다.

▶ 열성-적 熱誠的 | 것 적
열성(熱誠)을 다하는 것[的]. ¶한국의 부모들은 자녀 교육에 열성적이다.

열세 劣勢 | 약할 렬, 힘 세 [inferior in strength]
상대편보다 약함[劣] 힘[勢]. 또는 약한 세력. ¶한국은 국력의 열세를 극복하고 드디어 선진국의 대열에 들어섰다. [반] 우세(優勢).

열ː-쇠 (鍵, 열쇠 건) [key; clue]
❶자물쇠를 여는 쇠붙이. ¶열쇠로 문을 따다. ❷일을 해결하는 데 필요한 사물. ¶그녀가 문제 해결의 열쇠를 쥐고 있다. [속담] 도둑에게 열쇠 준다.

****열심** 熱心 | 뜨거울 열, 마음 심 [eagerness]
❶ [속뜻] 뜨거운[熱] 마음[心]. ❷온갖 정성을 다하여 골똘하게 힘씀. ¶속뜻학습을 매일매일 열심히 했더니 공부가 재미있어졌다.

열악 劣惡 | 못할 렬, 나쁠 악 [be poor]
품질이나 능력 따위가 몹시 떨어지고[劣] 나쁘다[惡]. ¶그는 열악한 환경에서도 세계 최고의 스키선수가 되었다.

열-에너지 (熱energy, 더울 열) [thermal energy]
물리 열(熱)의 형태로 나타나는 에너지(energy). 또는 열을 이용해서 일으킨 에너지. ¶두 손을 마찰시키면 열에너지가 나온다.

열의 熱意 | 뜨거울 열, 뜻 의 [enthusiasm]
열성(熱誠)을 다하는 마음[意]. 어떤 일을 이루기 위하여 온갖 정성을 다하는 마음. ¶열의가 대단하다.

열-전도 熱傳導 | 더울 열, 전할 전, 이끌 도 [thermal conduction]
❶ 속뜻 열(熱)이 다른 부분으로 옮겨[傳] 감[導]. ❷ 물리 물체의 인접한 부분 사이의 온도차이로 인해 일어나는 열에너지의 전달현상.

열정 熱情 | 뜨거울 열, 사랑 정 [passion]
❶ 속뜻 뜨거운[熱] 사랑[情]. ¶그 여자에게 열정을 느끼다. ❷어떤 일에 열중하는 마음. ¶음악에 대한 열정이 갈수록 열렬해졌다.

▸ 열정-적 熱情的 | 것 적
열정(熱情)이 있는 것[的]. ¶열정적인 사랑.

열중[1] 熱中 | 더울 열, 가운데 중 [be absorbed]
❶ 속뜻 열(熱)의 한가운데[中]. ❷한 가지 일에 정신을 쏟음. ¶공부에 열중하다. ㊥ 몰두(沒頭).

열중[2] 列中 | 벌일 렬, 가운데 중
줄지어 늘어선[列] 가운데[中].

▸ 열중-쉬어 (列中-)
군사 줄지어 선 채로[列中] 몸을 약간 편하게 하는 동작. 또는 그 구령. 왼발을 약간 옆으로 벌리고 양손을 등허리에서 맞잡고 선다.

열차 列車 | 벌일 렬, 수레 차 [train]
❶ 속뜻 줄지어 늘어선[列] 차량(車輛). ❷ 교통 기관차에 객차나 화차 등을 연결하고 운전 장치를 설비한 차량. ㊥ 기차(汽車).

열풍[1] 烈風 | 세찰 렬, 바람 풍 [craze]
❶ 속뜻 몹시 사납고 세차게[烈] 부는 바람[風]. ¶열풍이 잦을 때, 어민들은 일기 예보를 주의하여 들어야 한다. ❷매우 세차게 일어나는 기운이나 기세를 비유적으로 이르는 말. ¶독서 열풍.

열풍[2] 熱風 | 뜨거울 열, 바람 풍 [hot wind]
뜨거운[熱] 바람[風]. ¶사막의 열풍.

열하-일기 熱河日記 | 더울 열, 물 하, 날 일, 기록할 기
문학 조선 정조 때 박지원이 청나라 사신을 따라 열하(熱河)까지 가면서 지은 일기(日記) 형식의 책. 중국의 신학문을 소개하였고 「허생전」, 「호질」 따위의 단편 소설이 실려 있다.

열화 熱火 | 뜨거울 열, 불 화 [blazing fire]
❶ 속뜻 뜨거운[熱] 불길[火]. ❷매우 격렬한 열정을 비유하여 이르는 말. ¶열화와 같은 성원을 보냈다.

열흘 [tenth day; ten days]
❶열 번째 날. ¶내달 열흘에 모임이 있을 예정이다. ❷열 날. ¶열흘 뒤에 여행을 떠날 예정이다.

엷:다 (薄, 엷을 박) [thin; light]
❶두께가 두껍지 않다. ¶엷은 이불. ❷사물의 밀도나 농도·빛깔 따위가 짙지 않다. ¶그녀는 엷게 화장을 했다. ㊦ 두껍다, 진하다.

염가 廉價 | 값쌀 렴, 값 가 [low price]
매우 싼[廉] 값[價]. ¶오늘만 특별히 염가에 판매합니다. ㊥ 저가(低價). ㊦ 고가(高價).

⁑**염기** 鹽基 | 소금 염, 터 기 [chemical base]
화학 산과 반응하여 염(鹽)을 만드는 기본(基本) 물질. 물에 녹으면 히드록시 이온

을 낸다. 암모니아수, 잿물 따위. ¶나트륨은 염소와 반응하여 소금을 만든다. [반] 산(酸).

▸염기-성 鹽基性 | 성질 성
[화학] 염기(鹽基)가 지니는 기본적 성질(性質). 원래는 산의 작용을 중화하고 산과 작용하여 염과 물만을 만드는 성질을 뜻한다. 수용액의 페하(pH)는 7보다 크고 붉은 리트머스 시험지를 푸른색으로 변화시킨다. [반] 산성(酸性).

염:두 念頭 | 생각 념, 머리 두 [mind]
❶[속뜻] 생각[念]의 첫머리[頭]. ❷머릿속에 정리하여 지닌 생각. 생각 속. ¶나는 선생님의 가르침을 늘 염두에 두고 있다.

염라-대왕 閻羅大王 | 이문 염, 새그물 라, 큰 대, 임금 왕 [King of Hell]
저승에서 지옥[閻羅]에 떨어지는 사람이 지은 생전의 선악을 심판하는 왕[大王]. '염라'(閻羅)는 산스크리트어 '야마'(Yama)를 음역한 말이다.

염:려 念慮 | 생각 념, 걱정할 려 [worry; concern]
여러 모로 생각[念]하며 걱정함[慮]. 또는 그런 걱정. ¶염려를 끼쳐 드려 죄송합니다. [비] 걱정, 근심.

염:료 染料 | 물들일 염, 거리 료 [dyes]
옷감 따위에 빛깔을 들이는[染] 데 필요한 거리[料]나 물질. ¶천연 염료.

염류 鹽類 | 소금 염, 무리 류 [salts]
염분(鹽分)이 들어 있는 여러 가지 물질의 종류(種類).

염:병 染病 | 물들일 염, 병 병 [typhoid fever]
❶[속뜻] '전염병'(傳染病)의 준말. ❷[의학] '장티푸스'를 속되게 이르는 말. ¶염병에 걸리다.

염분 鹽分 | 소금 염, 나눌 분 [salt]
바닷물 따위에 함유되어 있는 소금[鹽] 성분(成分). ¶염분을 적게 섭취하세요.

염:불 念佛 | 생각 념, 부처 불 [pray to Amida Buddha]
[불교] ❶부처[佛]의 모습과 공덕을 생각하면서[念] 아미타불을 부르는 일. ❷불경을 외는 일. ¶스님은 목탁을 치면서 염불했다. [속담] 염불에는 맘이 없고 잿밥에만 맘이 있다.

***염산 鹽酸** | 소금 염, 신맛 산 [hydrochloric acid]
[화학] 염화(鹽化) 수소로 만든 강한 산성(酸性) 물질. 순수한 것은 무색으로 물감, 간장, 합성수지, 조미료, 약품 따위를 만드는 데 쓴다.

염:색 染色 | 물들일 염, 빛 색 [dye]
염료를 사용하여 실이나 천 따위에 빛깔[色]을 물들임[染]. 또는 그런 일. ¶염색 공장 / 머리카락을 노란색으로 염색하다.

▸염:색-체 染色體 | 몸 체
[생물] 진핵생물의 세포 안에서 유사 분열 때에 출연하고 염기성 색소에 잘 염색(染色)되는 소체(小體). 세포 안에 유전자의 형태로 유전정보를 가지고 있으며, 사다리를 꼬아 놓은 것 같은 실 모양의 DNA가 겹겹이 중첩된 구조로 되어있다.

염소 [goat]
[동물] 양과 비슷하며, 뿔이 난 소과의 가축. 수놈은 턱 밑에 긴 수염이 있으며, 젖에는 영양분이 많다.

염:원 念願 | 생각 념, 바랄 원 [desire; wish]
간절히 생각하고[念] 바람[願]. 또는 그런 것. ¶그는 의사가 되겠다던 염원을 이루었다. [비] 바람, 희망(希望), 소망(所望).

염장 鹽藏 | 소금 염, 감출 장 [preserve with salt]
소금[鹽]에 절여 저장(貯藏)함. ¶염장을 하면 오래 두고 먹을 수 있다.

▸염장 식품 鹽藏食品 | 밥 식, 물건 품
소금에 절여서 오래 보관할 수 있게[鹽藏] 만든 식품(食品). 고추장, 된장, 젓갈 등이 있다.

염전 鹽田 | 소금 염, 밭 전 [salt field]
소금[鹽]을 만들기 위하여 바닷물을 끌어들여 논[水田]처럼 만든 곳. 바닷물을 여기에 모아서 막아 놓고 햇볕에 증발시켜서 소금을 얻는다. ¶신안에는 염전이 많다.

염:주 念珠 | 생각 념, 구슬 주 [Buddhist rosary]
불교 염불(念佛)할 때 쓰는 줄에 꿴 구슬[珠]. ¶염주를 돌리다.

염증[1] 炎症 | 불꽃 염, 증상 증 [inflammation]
❶ 속뜻 불꽃[炎]같이 빨갛게 붓고 열이 나는 증상(症狀). ❷ 의학 생체 조직이 손상을 입었을 때에 체내에서 일어나는 방어적 반응. ¶상처에 염증이 생겼다.

염:증[2] 厭症 | 싫어할 염, 증세 증 [repugnance]
싫어하는[厭] 정도가 병[症]에 가까울 정도로 심함. 싫증. ¶그녀는 베를 짜는 일에 염증이 났다.

염천 炎天 | 불꽃 염, 하늘 천
❶ 속뜻 몹시 더운[炎] 날씨[天]. ¶염천 더위. ❷구천(九天)의 하나. 남쪽 하늘을 이른다. ⓑ 열천(熱天).

염초 焰硝 | 불꽃 염, 화약 초 [gunpower]
❶ 속뜻 불꽃[焰]을 일으키는 화약[硝]. ❷ 예전에 우리나라에서 화약을 만들 때 주성분이 되는 물질. 또는 '화약'의 옛 이름.

염치 廉恥 | 청렴할 렴, 부끄러울 치 [sense of honor]
❶ 속뜻 청렴하고[廉] 부끄러워[恥]할 줄 앎. ❷예의와 부끄러움을 아는 마음. ¶그것은 예의와 염치에 어긋나는 짓이다.

▸ **염치-없다** (廉恥-)
염치(廉恥)를 아는 마음이 없다. ¶염치없는 행동을 하면 안 된다.

염탐 廉探 | 살필 렴, 찾을 탐 [spy]
몰래 남의 사정을 살피고[廉] 조사함[探]. ¶적의 동태를 염탐하다.

▸ **염탐-꾼** (廉探-)
몰래 남의 사정을 살피고[廉] 조사하는[探] 사람을 낮잡아 이르는 말.

염통 [heart]
의학 심장(心臟). 속담 손톱 밑에 가시 드는 줄은 알아도 염통 안이 곪는 것은 모른다.

염화 鹽化 | 염기 염, 될 화 [sodium]
화학 물질이 염소(鹽素)와 화합(化合)하는 일. ¶염화나트륨.

▸ **염화-수소** 鹽化水素 | 물 수, 바탕 소
화학 염소(鹽素)와 수소(水素)의 화합물(化合物). 자극적인 냄새가 나는 무색의 기체로 물에 녹으면 염산이 된다.

▸ **염화-나트륨** (鹽化Natrium)
화학 나트륨(Natrium)의 염화물(鹽化物). 소금을 화학적으로 부르는 이름. 흰색의 결정으로 물에 녹으며, 생물체 내에서 중요한 생리 작용을 한다. 조미료, 혼합 냉각제, 화학 공업의 원료 따위로 쓴다.

▸ **염화-코발트** (鹽化cobalt)
화학 코발트(cobalt)의 염화물(鹽化物). 검붉은 결정체로 물기를 잃으면 푸르게 되고 물기를 빨아들이면 다시 붉어지므로, 건습 지시 따위에 쓴다.

엽록-소 葉綠素 | 잎 엽, 초록빛 록, 바탕 소 [chlorophyll]
❶ 속뜻 식물의 잎[葉]에 있는 초록빛[綠] 색소(色素). ❷ 식물 빛 에너지를 유기 화합물 합성을 통하여 화학 에너지로 전환시키는 녹색 색소. 광합성에 가장 중요한 요소로 빛에서 에너지를 흡수하며 이산화탄소를 탄수화물로 전환시킨다.

엽록-체 葉綠體 | 잎 엽, 초록빛 록, 몸 체
❶ 속뜻 식물의 잎[葉]에 있는 초록빛[綠] 물체(物體). ❷ 식물 식물 잎의 세포 안에 함유된 둥근 모양 또는 타원형의 작은 구조물. 엽록소를 함유하여 녹색을 띠며 탄소 동화 작용을 하여 녹말을 만드는 중요 부분이다.

엽상-체 葉狀體 | 잎 엽, 형상 상, 몸 체

[thallus]
식물 전체가 잎 모양[葉狀]으로 생기고 잎과 같은 작용을 하는 기관[體]. 잎·줄기·뿌리의 구별이 없는 김·미역 따위에서 볼 수 있다.

엽서 葉書 | 잎 엽, 쓸 서 [postcard]
❶속뜻 잎[葉]처럼 생긴 종이에 글을 씀[書]. ❷통신 한쪽 면에는 사진이나 그림이 있고 다른 면에는 전하는 내용과 보내는 이와 받는 이의 주소를 적도록 만든 한 장으로 된 우편물. ¶여행 중에 집으로 엽서를 보냈다.

엽전 葉錢 | 잎 엽, 돈 전 [brass coin]
❶속뜻 나뭇잎[葉] 같은 모양의 돈[錢]. ❷예전에 사용하던 놋쇠로 만든 돈. 둥글고 납작하며 가운데에 네모진 구멍이 있다. ¶엽전 한 냥.

엽차 葉茶 | 잎 엽, 차 차
[coarse green tea]
❶속뜻 잎[葉]을 따서 만든 차(茶). 또는 그것을 달이거나 우려낸 물. ❷차나무의 어린 잎으로 만든 찻감. 또는 그것을 달이거나 우려낸 물.

엿 [taffy]
녹말 또는 녹말을 함유한 원료를 엿기름으로 당화(糖化)시킨, 단맛이 있고 끈끈한 식품. ¶시험 날 아침 엿을 먹었다.

엿-가락 [stick of taffy]
길게 늘여 만든 엿.

엿-기름
보리에 물을 부어 싹이 튼 다음에 말린 것. 엿과 식혜를 만드는 데 쓴다.

엿:-듣다 [overhear]
남몰래 가만히 듣다. ¶남의 이야기를 엿듣는 행동은 하면 안 된다.

엿:-보다 [steal a glance]
❶남몰래 대상을 살펴보다. ¶문 뒤에 숨어서 그의 동정을 엿보다. ❷미루어 짐작으로 알다. ¶그 그림을 통해 당시 서민들의 삶을 엿볼 수 있다. ❸때를 노리다. ¶기회를 엿보다.

엿:-보이다
엿봄을 당하다. ¶그의 얼굴에 고통스러워하는 기색이 엿보였다.

엿새 [six days; sixth day of the month]
❶여섯 날. ¶엿새가 지났다. ❷그 달의 여섯 번째의 날.

엿-장수 [taffy seller]
엿을 파는 사람.

영[1]
❶도무지. 전혀. ¶영 재미가 없다. ❷아주 또는 대단히. ¶기분이 영 별로다.

영[2]零 | 영 령 [zero]
값이 없는 수. '0'으로 표기한다. ¶3에 0을 곱하면 그 답은 0이다. ⓑ 공(空).

영[3]靈 | 신령 령 [soul]
'영혼'(靈魂)의 준말. ¶죽은 사람의 영을 모시다.

영:감[1]令監 | 시킬 령, 볼 감
[old man; one's husband]
❶속뜻 명령(命令)하고 감찰(監察)하는 사람. ❷나이가 많아 중년이 지난 남자를 대접하여 이르는 말. ¶스크루지 영감. ❸나이 든 부부 사이에서 아내가 그 남편을 이르는 말. ¶이 목걸이는 우리 영감이 사 준 거예요.

영감[2]靈感 | 신령 령, 느낄 감 [inspiration]
❶속뜻 신령(神靈)스러운 예감이나 느낌[感]. ❷창조적인 일의 계기가 되는 기발한 착상이나 자극. ¶강물을 보고 영감을 받아 시를 한 편 지었다.

영고 迎鼓 | 맞이할 영, 북 고
❶속뜻 북[鼓]을 치며 신을 맞이함[迎]. ❷역사 부여국에서 12월에 행하던 제천 의식. 모든 백성이 모여 하늘에 제사를 지내고 추수를 감사하며 날마다 춤과 노래와 술을 즐겼다.

영광 榮光 | 영화 영, 빛 광 [glory]
영화(榮華)롭게 빛[光]남. 또는 그러한 영예. ¶이 영광을 부모님께 돌리겠습니다

/ 학교 대표로 뽑힌 것이 영광스럽다.

영:구[1]永久 | 길 영, 오랠 구 [eternal]
영원(永遠)히 오래[久] 지속됨. ¶영구불변의 진리.

▸영:구-적 永久的 | 것 적
영구(永久)히 변하지 않고 계속 되는 것[的]. ¶영구적인 대책을 세우다. ⓑ 일시적(一時的), 순간적(瞬間的), 임시적(臨時的).

▸영:구-치 永久齒 | 이 치
영구(永久)적으로 쓸 수 있는 이[齒]. ¶사람은 영구치가 32개가 있다. ⓑ 유치(乳齒). 젖니.

영구[2]靈柩 | 혼령 령, 널 구
[coffin; hearse]
❶속뜻 혼령(魂靈)이 담겨 있는 널[柩]. ❷시신을 담은 관.

▸영구-차 靈柩車 | 수레 차
시신을 넣은 관[靈柩]을 실어 나르는 차(車). 장례에 쓰는 특수 차량.

영국 英國 | 꽃부리 영, 나라 국 [England]
지리 '잉글랜드'(England)의 'Eng'을 영(英)으로 음역하고, 'land'를 국(國)으로 의역한 말.

영글다 [get ripe]
씨가 익어서 단단해지다. ¶올해는 벼가 잘 영글었다. ⓑ 여물다.

영남 嶺南 | 고개 령, 남녘 남
❶속뜻 조령(鳥嶺)의 남쪽[南] 지역. ❷지리 경상남·북도를 이르는 말. 삼남(三南)의 하나. ⓑ 교남(嶠南).

영농 營農 | 지을 영, 농사 농 [farm]
농사[農]를 지음[營]. ¶영농 후계자 / 영농 기계화.

영도 領導 | 거느릴 령, 이끌 도 [lead]
거느리고[領] 이끎[導]. 지도함. ¶지도자의 영도에 복종하다 / 공화제에서는 대통령이 나라를 영도한다.

영동 嶺東 | 고개 령, 동녘 동
지리 강원도에서 대관령(大關嶺) 동(東)쪽에 있는 지역을 이르는 말. ⓑ 관동(關東).

▸영동-선 嶺東線 | 줄 선
교통 경상북도 영주에서 영동(嶺東)의 강릉을 잇는 산업 철도[線]. 길이는 199km이다.

영락 零落 | 없어질 영, 떨어질 락 [ruin]
❶속뜻 풀잎이 없어지고[零] 나뭇잎이 떨어짐[落]. ❷세력이나 살림이 줄어들어 보잘것없이 됨. ¶영락한 집안. ❸약간의 틀림이나 다름. ¶민지는 웃는 모습이 영락없이 그녀의 어머니를 닮았다. ⓑ 틀림.

영롱 玲瓏 | 옥소리 령, 옥소리 롱
[be clear and bright]
❶속뜻 옥을 굴리는 소리[玲=瓏]처럼 맑고 아름답다. ❷구슬에 반사되거나 비치는 빛처럼 맑고 아름답다. ¶영롱한 눈빛.

영:리[1]怜悧 | =伶悧, 영리할 령, 영리할 리
[be clever]
똑똑하고 눈치가 빠르다[怜=悧]. ¶그 아이는 매우 영리하다. ⓑ 어리석다.

영리[2]營利 | 꾀할 영, 이로울 리 [profit]
이익(利益)을 꾀함[營]. 또는 그 이익. ¶기업은 대개 영리를 추구한다. ⓑ 비영리(非營利).

영문[1] [reason]
일이 돌아가는 형편이나 까닭. ¶무슨 영문인지 모르겠다. ⓑ 이유(理由), 원인(原因).

영문[2]英文 | 영국 영, 글월 문 [English]
❶속뜻 영어(英語)로 쓴 글[文]. ¶영문 편지 / 영문학과. ❷영어를 표기하는 데 쓰는 문자.

영물 靈物 | 신령 령, 만물 물
❶속뜻 신령(神靈)스러운 물건(物件)이나 짐승. ¶이곳에서 호랑이는 영물로 여겨진다. ❷약고 영리한 짐승. ¶그 고양이는 영물이더군.

영민 英敏 | 뛰어날 영, 재빠를 민
[intelligent]

영특(英特)하고 민첩(敏捷)하다. ¶그의 아들은 영민하기로 동네에 소문이 자자하다.

영-부인 令夫人 | 좋을 령, 지아비 부, 사람 인 [first lady]
남의 아내[夫人]를 높여[令] 이르는 말. ⓑ 귀부인(貴夫人).

영사 領事 | 거느릴 령, 섬길 사 [consul]
❶ 속뜻 사람들을 거느리고[領] 임금을 섬김[事]. ❷ 정치 외국에 있으면서 본국의 무역 통상의 이익을 도모하며 아울러 자국민의 보호를 담당하는 공무원.

▸ 영사-관 領事館 | 집 관
법률 영사(領事)가 주재하는 곳에서 사무를 보는 공관(公館).

영상[1] 映像 | 비칠 영, 모양 상 [image; reflection]
❶ 물리 빛의 굴절이나 반사에 의하여 물체의 모양[像]이 비침[映]. ¶거울에 비친 영상. ❷머릿속에서 그려지는 모습이나 광경. ❸영사막이나 브라운관, 모니터 따위에 비추어진 상. ¶TV의 브라운관은 전기 신호를 영상으로 바꾸는 역할을 한다.

영상[2] 零上 | 영 령, 위 상 [above zero]
0℃[零] 이상(以上)의 기온을 이르는 말. ¶봄이 되면서 기온은 영상으로 올라갔다. ⓑ 영하(零下).

영:생 永生 | 길 영, 날 생 [eternal life]
영원(永遠)한 생명(生命). 또는 영원히 삶. ¶진시황제는 영생을 위해 불로초를 찾아다녔다.

영선-사 領選使 | 거느릴 령, 가릴 선, 부릴 사
❶ 속뜻 외국으로 데리고[領] 가기 위해 뽑은[選] 사절단(使節團). ❷ 역사 조선 고종 때 서구의 과학기술 학습과 미국과의 통상에 대한 사전교섭을 목적으로 청나라에 파견한 유학생의 인솔사행. 김윤식을 대표로 한 청년 학도 69명은 새로운 무기의 제조와 사용법을 배우고 돌아왔다.

영세[1] 領洗 | 차지할 령, 씻을 세 [baptize; christen]
가톨릭 세례(洗禮)를 받는[領] 일. ¶우리나라 사람으로 최초로 영세한 사람은 이승훈이다.

영세[2] 零細 | 떨어질 령, 가늘 세 [small]
❶ 속뜻 힘이 떨어지고[零] 몸이 가늘어짐[細]. ❷살림이 보잘것없고 몹시 가난함. ¶영세 가정 / 이것은 자본이 영세한 기업을 돕기 위한 정책이다.

▸ 영세-민 零細民 | 백성 민
수입이 적어 몹시 가난한[零細] 사람[民]. ¶영세민을 돕다.

영수 領收 | =領受, 받을 령, 거둘 수 [receive]
돈이나 물품 따위를 받아[領]들임[收]. ¶위 금액을 정히 영수함.

▸ 영수-증 領收證 | 증거 증
돈이나 물품 따위를 받은[領收] 사실을 표시하는 증서(證書). ¶물건을 사면 영수증을 꼭 받아야 한다.

영아 嬰兒 | 갓난아이 영, 아이 아 [infant]
갓난[嬰] 아이[兒]. ¶앙골라는 영아 사망률이 높다.

영악 靈惡 | 신령 령, 악할 악 [be smart]
❶ 속뜻 신령(神靈)스럽고 악(惡)한 점이 있음. ❷이해(利害)에 밝고 약다. ¶요즘 아이들은 영악하다.

영안-실 靈安室 | 혼령 령, 편안할 안, 방 실 [hospital's mortuary]
❶ 속뜻 혼령(魂靈)이 편안(便安)히 쉬는 방[室]. ❷병원에서 시신과 위패를 모셔 두는 방.

⁑**영양** 營養 | 지을 영, 기를 양 [nutrition]
❶ 속뜻 양분(養分)을 지어냄[營]. ❷ 생물 생명체에 유지에 필요한 성분이나 그것을 함유한 음식물. ¶삼계탕은 맛도 좋고 영양도 풍부하다.

▸ 영양-가 營養價 | 값 가
생물 식품에 들어있는 영양(營養)의 가치

(價値). 영양소 1g을 완전히 연소하였을 때에 발생하는 열량으로 표시하는데 탄수화물은 4.15kcal, 지방은 9.3kcal, 단백질은 4.2kcal이다. ¶두부는 영양가가 높은 식품이다.

▸ 영양-분 營養分 | 나눌 분
❶ 속뜻 식품에 들어있는 영양소(營養素)의 분량(分量). ❷양분(養分). ¶식물은 잎과 뿌리를 통해 영양분을 흡수한다.

▸ 영양-사 營養士 | 선비 사
면허를 가지고 과학적으로 식생활의 영양(營養)에 관한 지도를 하는 사람[士].

▸ 영양-소 營養素 | 바탕 소
❶ 속뜻 생물에게 영양(營養)이 되는 물질[素]. ❷ 생물 생물이 생명의 유지와 성장을 위해 환경으로부터 섭취해야 하는 물질. 고등 동물에서는 탄수화물·지방·단백질·비타민·무기질 따위가 있고, 고등 식물에서는 질소·칼륨·인 등이 있다. ¶필수 영양소.

▸ 영양-식 營養食 | 밥 식
영양가(營養價)가 높은 음식(飮食)이나 식사(食事). ¶한여름에는 영양식으로 삼계탕을 많이 먹는다.

▸ 영양-제 營養劑 | 약제 제
약학 영양(營養)을 보충하는 약[劑]. 각종 영양 성분을 배합하여 정제(錠劑)나 음료의 형태로 만들어 복용과 체내 흡수를 쉽게 하였다.

▸ 영양-실조 營養失調 | 잃을 실, 어울릴 조
의학 영양(營養) 섭취(攝取)가 모자라거나[失] 고르지[調] 않은 상태. 특히 빈혈(貧血)이 생기고 몸이 붓고 맥박(脈搏)이 느려지며 설사(泄瀉)를 하는 따위의 증세(症勢)를 일으킨다.

영어 英語 | 영국 영, 말씀 어 [English]
❶ 속뜻 영국(英國)에서 쓰는 말[語]. ❷ 언어 인도·유럽 어족 게르만 어파의 서게르만 어군에 속한 언어. 미국, 영국, 캐나다, 오스트레일리아 등을 비롯하여 세계 여러 나라에서 사용하는 국제어의 구실을 한다.

영업 營業 | 꾀할 영, 일 업
[do business]
이익을 꾀하는[營] 것을 목적으로 하는 사업(事業). 또는 그런 행위. ¶영업사원 / 오늘은 10시까지 영업합니다.

▸ 영업-부 營業部 | 나눌 부
영업(營業)에 관한 일을 맡아보는 부서(部署).

▸ 영업-용 營業用 | 쓸 용
영업(營業)에 쓰임[用]. 또는 그런 대상. ¶영업용 택시.

영:업-전 永業田 | 길 영, 일 업, 밭 전
❶ 속뜻 영원(永遠)히 세습하여 경작할[業] 수 있었던 토지[田]. ❷ 역사 고려 때, 관료나 국역을 맡아 일한 사람들에게 지급되어 대대로 사용하게 한 토지. ❸중국 당나라 때에, 균전제 가운데 국가에 반납하지 않고 대대로 세습할 수 있었던 토지.

영역 領域 | 다스릴 령, 지경 역 [domain]
❶ 속뜻 다스릴[領] 수 있는 권한이 미치는 지역[域]. ❷활동, 기능, 효과, 관심 따위가 미치는 일정한 범위. ¶그 일은 내 영역 밖이다.

영:영 永永 | 길 영, 길 영 [permanently]
길고[永]도 길[永]. 매우 길. ¶영영 소식이 없다 / 그는 영영 고향을 떠났다.

영예 榮譽 | 꽃필 영, 기릴 예 [honor]
꽃을 피우는[榮] 것 같은 훌륭한 업적으로 남들의 칭송이나 기림[譽]을 받음. 또는 그러한 영광. ¶우승의 영예를 안다 / 영예로운 자리. ⓑ 영광(榮光).

영웅 英雄 | 뛰어날 영, 뛰어날 웅 [hero]
지혜와 재능이 뛰어나고[英=雄] 용맹하여 보통 사람이 하기 어려운 일을 해내는 사람. ¶그녀는 진정한 영웅이다.

▸ 영웅-심 英雄心 | 마음 심
비범한 재주와 뛰어난 용기를 나타내려는[英雄] 마음[心].

영:원 永遠 | 길 영, 멀 원

[eternal; everlasting]
어떤 상태가 끝없이 길게[永] 멀리[遠] 이어짐. 또는 시간을 초월하여 변하지 않음. ¶영원한 사랑 / 나는 그와 영원히 함께할 것이다.

영위 營爲 | 지을 영, 할 위
[manage; administer]
일 따위를 지어내어[營] 스스로 함[爲]. ¶행복한 삶을 영위하는 것이 그의 목표이다.

영유 領有 | 차지할 령, 있을 유 [possess]
자기의 것으로 차지하여[領] 가짐[有]. ¶독도는 대한민국이 영유하고 있는 섬이다.

▸ 영유-권 領有權 | 권리 권
법률 자기 나라가 영유(領有)하고 있는 영토라고 주장하는 권리(權利). ¶청과 조선은 간도의 영유권을 둘러싸고 분쟁을 벌였다.

영-의정 領議政 | 다스릴 령, 의논할 의, 정사 정 [prime minister]
❶ 속뜻 정사(政事)를 의논(議論)하는 사람들을 이끄는[領] 직책이나 사람. ❷ 역사 조선 시대 의정부의 으뜸 벼슬. 정일품의 품계로 서정(庶政)을 총괄하는 최고의 지위.

영:인 影印 | 그림자 영, 도장 인 [photoprint]
❶ 속뜻 그림자[影]처럼 똑같이 찍어냄[印]. ❷ 출판 인쇄물의 원본을 사진으로 복사하여 인쇄하는 일.

▸ 영:인-본 影印本 | 책 본
출판 영인(影印)한 책[本]. ㊐ 경인본(景印本), 영인판(影印版).

영자 英字 | 영국 영, 글자 자
[English letter]
영어(英語)를 표기하는데 쓰이는 글자[字]. '영문자'(英文字)의 준말. ¶영자 신문.

영장[1] 令狀 | 명령 령, 문서 장 [warrant]
❶ 속뜻 명령(命令)의 뜻을 기록한 문서[狀]. ❷군대의 소집이나 징집을 명령한 관청에서 보내는 문서. ¶동생은 영장을 받고 군에 입대했다. ❸ 법률 사람 또는 물건에 대하여 압수, 체포 따위를 허락하는 내용을 담아 법원 또는 법관이 발부하는 서류. ¶법원은 심 씨에 대해 구속 영장을 발부했다.

영장[2] 營將 | 집 영, 장수 장
역사 조선 시대에 둔, 각 진영(鎭營)의 으뜸 장수[將]. '진영장'(鎭營將)의 준말.

영장[3] 靈長 | 신령 령, 어른 장
[lord of all creature]
❶ 속뜻 신령(神靈)같은 힘을 가진 우두머리[長]. ❷모든 만물 중에서 가장 뛰어난 존재인 '사람'을 이르는 말. ¶사람은 만물의 영장이다.

영재 英才 | 뛰어날 영, 재주 재 [genius]
뛰어난[英] 재주[才]. 또는 그런 사람. ¶영재 교육 / 그는 수학의 영재이다. ㊐ 수재(秀才), 천재(天才).

영적 靈的 | 신령 령, 것 적 [spiritual]
신령(神靈)같은 점이 있는 것[的]. ¶나는 영적 존재를 믿는다.

영점 零點 | 영 령, 점 점 [zero]
얻은 점수(點數)가 없음[零]. ¶한 과목이라도 영점을 받으면 낙제한다.

영접 迎接 | 맞이할 영, 맞이할 접 [receive; greet]
손님을 맞아서[迎] 대접(待接)하는 일. ¶외국 귀빈을 영접하다.

영:정 影幀 | 모습 영, 그림족자 정
[scroll of portrait]
사람의 모습[影]을 그린 족자[幀]. ¶이순신 장군의 영정.

영지 靈芝 | 신령 령, 버섯 지
[Ganoderma lucidum]
❶ 속뜻 신령(神靈)스러운 버섯[芝]. ❷ 식물 삿갓은 심장이며, 전체가 단단하고 적갈색이 도는 버섯. 불로초과에 속하는 영약으로 알려져 말려서 약용한다.

▸ 영지-버섯 (靈芝—)
식물 영지(靈芝).

영 : 차 [Yo-ho]
여러 사람이 힘을 합치면서 기운을 돋우려고 함께 내는 소리.

영창 營倉 | 집 영, 창고 창 [guardhouse]
❶ 속뜻 군인들이 집단으로 거주하는 집[營] 안의 창고[倉]. ❷ 군사 병영에 설치한 감옥. ¶김 상병은 명령 불복종으로 닷새 동안 영창에 갔다 왔다.

⁑**영토** 領土 | 거느릴 령, 흙 토 [territory; dominion]
❶ 속뜻 다스리는[領] 땅[土]. ¶광개토대왕은 고구려의 영토를 확장했다. ❷ 법률 국제법에서 국가의 통치권이 미치는 구역. ¶헌법에는 '한반도와 부속도서'(附屬島嶼)를 대한민국의 영토로 명시하고 있다. ㊥ 국토(國土).

영특 英特 | 뛰어날 영, 특별할 특 [be wise]
뛰어나게[英] 특출(特出)하다. ¶동생은 어려서부터 영특하고 매사에 의연했다.

영패 零敗 | 영 령, 패할 패 [be shut out]
운동 경기나 시합에서 득점이 없어 0[零]점인 채로 짐[敗]. ¶영패를 모면하다.

영하 零下 | 영 령, 아래 하 [sub zero]
❶ 속뜻 영(零)보다 아래[下]의 수치. ❷섭씨온도계에서 눈금이 0℃이하의 온도. ¶오늘 기온은 영하 8도다. ㊥ 영상(零上).

영해 領海 | 거느릴 령, 바다 해 [territorial waters]
❶ 속뜻 다스리는[領] 권한이 미치는 바다[海]. ❷ 법률 영토에 인접한 해역으로 그 나라의 통치권이 미치는 범위. ¶중국 군함이 한국 영해를 침범했다.

⁑**영 : 향** 影響 | 그림자 영, 울림 향 [influence]
❶ 속뜻 물체의 그림자[影]나 소리의 울림[響]. ❷어떤 사물의 효과나 작용이 다른 것에 미치는 일. ¶환경은 사람의 성격에 영향을 준다.

▸ 영 : 향-권 影響圈 | 우리 권
영향(影響)이 미치는 범위[圈]. ¶현재 제주도는 태풍의 영향권 안에 있다.

▸ 영 : 향-력 影響力 | 힘 력
어떤 사물의 효과나 작용이 다른 것에 미치는[影響] 힘[力]. 또는 그 크기나 정도. ¶그는 교육계에서 상당히 영향력 있는 인물이다.

영험 靈驗 | 신령 령, 효과 험 [wonderfully efficacious]
기원하는 대로 되는 신령(神靈)스러운 효과[驗]. ¶비는 대로 뜻이 다 이루어지는 영험이 신통한 바위.

영혼 靈魂 | 혼령 령, 넋 혼 [soul]
❶ 속뜻 죽은 사람의 넋[靈=魂]. ❷육체에 깃들어 마음의 작용을 맡고 생명을 부여한다고 여겨지는 비물질적 실체. ¶나는 영혼 불멸을 믿는다.

영화[1] 榮華 | 꽃필 영, 꽃 화 [prosperity; splendor; luxury]
❶ 속뜻 꽃[華]을 활짝 피움[榮]. ❷몸이 귀하게 되어 이름이 세상에 빛남. ¶부귀와 영화를 누리다.

영화[2] 映畵 | 비칠 영, 그림 화 [movie]
❶ 속뜻 그림[畵]을 비춤[映]. ❷ 연영 연속 촬영한 필름을 연속으로 영사막에 비추어 물건의 모습이나 움직임을 실제와 같이 재현하여 보이는 것. ¶영화를 찍다 / 영화를 보다.

▸ 영화-관 映畵館 | 집 관
영화(映畵)를 상영하는 시설을 갖춘 건물[館]. ㊥ 극장(劇場).

▸ 영화-제 映畵祭 | 제사 제
여러 영화(映畵) 작품을 모아서 일정 기간 내에 연속적으로 상영하는 축제(祝祭). ¶그는 부산 영화제에서 신인 감독상을 받았다.

▸ 영화-배우 映畵俳優 | 광대 배, 광대 우
영화(映畵)에 출연하는 배우(俳優). 흔히 엑스트라를 제외한 주역과 조역 연기자들을 이른다.

엳다 [be light]
❶빛깔이 보통의 정도보다 흐릿하다. ¶엳은 노랑. ❷생각이나 지식 따위가 깊지 않다. ¶엳은 지식. ⓑ 짙다.

옆 [side]
무엇의 양쪽 곁. 또는 그 근방. ¶우체국은 도서관 옆에 있다.

옆-구리 [one's side]
몸의 양쪽 갈비가 있는 부분. ¶그는 조용히 하라고 내 옆구리를 쿡 찔렀다.

옆-길 [alley]
❶큰길 옆으로 따로 난 작은 길. ¶버스는 울퉁불퉁한 옆길로 들어섰다. ❷본래 해야 할 일을 하지 않고 다른 일을 하는 경우의 비유. ¶이야기가 옆길로 새다.

옆-단
옆에 대는 옷단.

옆-면 (—面, 낯 면) [side]
앞뒤가 아닌 양쪽 옆의 면(面). ⓑ 측면(側面).

옆-모습 [profile]
옆에서 본 모습. ¶옆모습이 예쁘다.

옆-줄 [side line]
❶옆으로 난 줄. ❷동물 어류, 양서류의 몸 양옆에 한 줄로 늘어서 있는 줄. 물살이나 수압을 느끼는 감각 기관의 구실을 한다.

옆-집 [next door]
옆에 있는 집. ¶윤서는 우리 옆집에 산다.

옆-쪽 [apart]
옆이 되는 곳이나 방향.

옆차기
운동 태권도에서, 몸을 정면으로 하고 윗몸을 옆으로 틀면서 그 반대 방향의 옆쪽을 발모서리로 차는 발 기술.

옆-트임
옷 따위의 옆 자락이 트인 것.

예[1]
언어 한글의 자모 'ㅖ'의 이름.

예ː[2] [ancient times]
옛적. 오래전. ¶예로부터 전해 내려오는 이야기.

예ː[3] [yes; eh?]
❶어른이 묻는 말에 대해 그렇다고 하는 뜻으로 하는 말. ¶예, 알겠습니다. ❷어른에게 놀라서 다시 묻거나 상대의 말을 못 알아들었을 때 다시 말해 달라는 뜻으로 하는 말. ¶예, 뭐라고요? ⓑ 네. ⓑ 아니요.

예[4] [here]
'여기'의 준말. ¶예가 대체 어디냐.

예ː[5] 例 | 본보기 례 [instance]
어떤 사실을 설명하거나 증명하기 위해 보여 주는 것. ¶좋은 예 / 예를 들다. ⓑ 보기.

예[6] 禮 | 예도 례 [manner]
사람이 마땅히 지켜야 할 도리. ¶나는 할아버지에게 예를 갖추어 인사를 드렸다 / 예를 지키다.

예ː각 銳角 | 날카로울 예, 뿔 각 [acute angle]
수학 직각보다 각이 작아 날카로운[銳] 각(角).

▸예ː각 삼각형 銳角三角形 | 석 삼, 뿔 각, 모양 형
수학 내각이 모두 예각(銳角)인 삼각형(三角形).

예ː감 豫感 | 미리 예, 느낄 감 [feel a premonition]
어떤 일이 일어나기 전에 암시적으로 또는 본능적으로 미리[豫] 느낌[感]. ¶내 예감이 들어맞았다 / 그는 자신의 죽음을 예감했다.

예ː견 豫見 | 미리 예, 볼 견 [foresee]
앞으로 일어날 일을 미리[豫] 짐작하여 봄[見]. ¶할머니의 예견은 적중했다 / 누구도 미래를 정확히 예견할 수는 없다.

예ː고 豫告 | 미리 예, 알릴 고 [give notice]
미리[豫] 알림[告]. ¶사고는 항상 예고 없이 찾아온다 / 가격 인상을 예고하다.

예:금 預金 | 맡길 예, 돈 금 [deposit]
경제 일정한 계약에 의하여 은행, 우체국 따위에 돈[金]을 맡기는[預] 일. 또는 그 돈. ¶정기 예금 / 나는 은행에 돈을 예금했다.

▸ 예:금-액 預金額 | 액수 액
금융기관에 맡긴 돈[預金]의 액수(額數).

▸ 예:금-주 預金主 | 주인 주
예금(預金)의 주인(主人). ¶예금주가 나타났다.

▸ 예:금 통장 預金通帳 | 온통 통, 장부 장
경제 금융 기관이 예금(預金)·지급 따위의 내용을 예금자에게 알리기[通] 위해 기재하여 교부하는 장부(帳簿).

예:기 豫期 | 미리 예, 기약할 기 [expect]
앞으로 닥쳐올 일에 대하여 미리[豫] 생각하여 기약함[期]. ¶그는 예기치 못한 질문을 했다.

예:끼 [Damn it]
때릴 듯한 기세로 나무랄 때 하는 소리. ¶예끼, 이놈아.

예:년 例年 | 본보기 례, 해 년
[average year]
❶ 속뜻 본보기[例]로 삼은 해[年]. 주로 지난해를 말한다. ❷ 지리 일기 예보에서 지난 30년간 기후의 평균적 상태를 이르는 말. ¶올 여름은 예년에 비해 훨씬 덥다. ㊥ 평년(平年).

예:능 藝能 | 재주 예, 능할 능 [arts]
❶ 속뜻 재주[藝]와 기능(技能). ❷ 연극, 영화, 음악, 미술 따위의 예술과 관련된 능력을 통틀어 이르는 말. ¶예능에 소질이 있다.

예-닐곱 [six or seven]
여섯이나 일곱쯤 되는 수. ¶예닐곱 살.

예단 禮緞 | 예도 례, 비단 단
[wedding gifts]
예물(禮物)로 보내는 비단[緞]. ¶시부모님에게 예단을 보내다.

예:리 銳利 | 날카로울 예, 날카로울 리 [be sharp]
❶ 속뜻 칼날 따위가 날카롭다[銳=利]. ¶칼날이 예리하다. ❷ 감각이나 관찰력, 통찰력 따위가 날카로움. ¶예리한 판단력.

예:매¹ 豫買 | 미리 예, 살 매
[buy in advance]
❶ 속뜻 물건을 받기 전에 미리[豫] 값을 치르고 사[買] 둠. ❷ 정해진 때가 되기 전에 미리 삼. ¶영화표를 예매하다.

예:매² 豫賣 | 미리 예, 팔 매
[sell in advance]
❶ 속뜻 물건을 주기 전에 미리[豫] 값을 받고 팖[賣]. ❷ 정해진 때가 되기 전에 미리 팖. ¶예매를 받다 / 오늘부터 티켓 예매가 시작됐다.

예:명 藝名 | 재주 예, 이름 명
[stage name]
예능(藝能) 분야에 종사하는 사람이 본명 이외에 따로 지어 부르는 이름[名]. ¶많은 연예인들이 본명보다는 예명을 사용한다. ㊤ 본명(本名).

예:문 例文 | 본보기 례, 글월 문
[example sentence]
본보기[例]가 되는 문장(文章). ¶이 국어사전은 예문이 풍부하다.

예물 禮物 | 예도 례, 만물 물
[wedding presents]
❶ 속뜻 사례(謝禮)의 뜻으로 보내는 돈이나 물건(物件). ❷ 혼인할 때 신랑과 신부가 기념으로 주고받는 물품. ¶결혼 예물.

예:민 銳敏 | 날카로울 예, 재빠를 민
[be sensitive]
자극에 대한 반응이 날카롭고[銳] 빠르다[敏]. ¶사막여우는 청각이 예민하다.

⁑**예:방** 豫防 | 미리 예, 막을 방
[prevent; stave off]
질병이나 재해 따위가 일어나기 전에 미리[豫] 대처하여 막는[防] 일. ¶화재를 예방합시다 / 비타민 C는 감기 예방에 도움이 된다.

▸ 예:방-법 豫防法 | 법 법

미리 막는[豫防] 방법(方法).

▸ 예:방 접종 豫防接種 | 이을 접, 씨 종
의학 전염병을 예방(豫防)하기 위하여 백신[種]을 투여하여[接] 면역성을 인공적으로 생기도록 하는 일. 종두·비시지 접종 따위.

▸ 예:방 주:사 豫防注射 | 물댈 주, 쏠 사
의학 전염병을 예방(豫防)하기 위하여 주사기로 항원을 체내에 주입하는[注射] 일.

예배 禮拜 | 예도 례, 절 배 [worship]
❶ 속뜻 공손한 예의(禮儀)를 갖추어 절함[拜]. ❷ 기독교 성경(聖經)을 읽고 기도(祈禱)와 찬송으로 하나님에 대한 숭경(崇敬)의 뜻을 나타내는 일. ¶예배를 드리다.

▸ 예배-당 禮拜堂 | 집 당
기독교 예배(禮拜)를 드리는 집[堂]. ㊥ 교회(敎會).

예법 禮法 | 예도 례, 법 법 [manners]
예의(禮義)로써 지켜야 할 규범[法]. ¶예법을 지키다. ㊤ 예. ㊥ 법례(法禮).

예:보 豫報 | 미리 예, 알릴 보 [forecast]
앞으로 일어날 일을 미리[豫] 알림[報]. 또는 그런 보도. ¶일기 예보 / 기상청은 내일 비가 내릴 것이라고 예보했다.

예복 禮服 | 예도 례, 옷 복 [dress suit]
의식을 치르거나 특별히 예절(禮節)을 차릴 때에 입는 옷[服]. ¶결혼 예복 / 그는 예복을 갖추어 입었다.

예불 禮佛 | 예도 례, 부처 불
[Buddhist service]
부처[佛] 앞에 예(禮)를 갖추어 절하는 의식. 또는 그 의식을 행함.

*__예:비__ 豫備 | 미리 예, 갖출 비
[prepare for; reserve]
미리[豫] 마련하거나 갖추어 놓음[備]. 또는 미리 갖춘 준비. ¶예비 식량이 떨어졌다.

▸ 예:비-군 豫備軍 | 군사 군
군사 비상시를 예비(豫備)하여 구성한 군인(軍人). 또는 그 군대. 군대에서 제대한 사람들로 구성한다.

▸ 예:비-역 豫備役 | 부릴 역
군사 현역을 마친 사람에게 예비(豫備)로 부여되는 병역(兵役). ㊦ 현역(現役).

예:쁘다 [be pretty]
사랑스러워 보기에 귀여운 데가 있다. ¶그녀는 목소리가 예쁘다 / 옷을 예쁘게 차려 입다. ㊥ 아름답다, 귀엽다. ㊦ 밉다.

예:쁘장-하다 [be lovely]
제법 예쁘다. ¶예쁘장한 아이.

예:사 例事 | 본보기 례, 일 사
[usual affair]
❶ 속뜻 본보기[例]가 되는 일[事]. ❷흔히 있는 일. '예상사'(例常事)의 준말. ¶영주가 학교에 지각하는 것은 예사다 / 예사로 여기다 / 요즘 그의 행동이 예사롭지 않다.

▸ 예:사-말 (例事-)
❶ 속뜻 보통으로 예사(例事)롭게 하는 말. ¶예사말로 듣지 마라. ❷높이거나 낮추는 말이 아닌 보통 말. ¶어른께 예사말을 쓰는 것은 옳지 못한 행동이다.

▸ 예:사-소리 (例事-)
언어 구강 내부의 기압 및 발음 기관의 긴장도가 낮아 약하게 파열되는 음. 국어의 된소리 'ㄲ', 'ㄸ', 'ㅃ', 'ㅆ', 'ㅉ'에 대하여 'ㄱ', 'ㄷ', 'ㅂ', 'ㅅ', 'ㅈ' 따위를 이른다.

*__예:산__ 豫算 | 미리 예, 셀 산 [budget]
❶ 속뜻 필요한 비용을 미리[豫] 헤아려 계산(計算)함. 또는 그 비용. ¶예산을 짜다. ❷ 경제 국가나 단체에서 한 회계 연도의 수입과 지출을 미리 셈하여 정한 계획. ¶교육 예산. ㊦ 결산(決算).

▸ 예:산-서 豫算書 | 글 서
수입과 지출에 대한 예산(豫算)을 어림잡아 셈한 서류(書類). ¶예산서를 미리 작성하다.

▸ 예:산-액 豫算額 | 액수 액
예산(豫算)해 놓은 금액(金額). ¶예산액의 한도.

예:삿-일 (例事—, 본보기 례, 일 사)
[everyday affair]
흔히[例] 있는 일[事]. ¶이건 예삿일이 아니다.

*__예:상__ 豫想 | 미리 예, 생각 상
[expect; anticipate]
어떤 일을 직접 당하기 전에 미리[豫] 생각하여[想] 둠. 또는 그런 내용. ¶한국 팀은 예상 밖으로 큰 성과를 거두었다. [비] 예측(豫測).

예:선 豫選 | 미리 예, 뽑을 선
[preliminary election]
본선에 나갈 선수나 팀을 미리[豫] 뽑음[選]. ¶2개 조가 예선을 통과했다. [반] 결선(決選).

예:속 隷屬 | 따를 례, 속할 속
[be subordinate (to)]
❶ [속뜻] 남의 지휘에 따르거나[隷] 그 부하에 속함[屬]. ¶예속 관계 / 예전에 노비는 주인에게 예속되어 있었다. ❷윗사람에게 매여 있는 아랫사람. ¶예속을 거느리다. [참] 속례(屬隷).

예수 {영 Jesus}
[기독교] 기독교의 창시자. 처녀 마리아에게 성령으로 잉태되어 베들레헴에서 태어나 30세쯤에 세례 요한에게 세례를 받고 복음을 전파하다가 바리새인들에 의하여 십자가에 못 박혀 죽었다. 그의 예언대로 죽은 지 사흘 만에 부활하고 40일 후 승천하였다고 한다.

▶ 예수-교 (Jesus教, 종교 교)
[기독교] 예수(Jesus) 그리스도의 인격과 교훈을 중심으로 하는 종교(宗教). 천지 만물을 창조한 유일신을 하나님으로 하고, 그 독생자 예수 그리스도를 구세주로 믿는다. ¶예수교는 불교, 이슬람교와 더불어 세계 3대 종교의 하나이다. [비] 기독교(基督教).

예순 [sixty]
열의 여섯 배가 되는 수. 60. ¶그는 예순 살이 넘었다. [비] 육십(六十).

*⁎__예:술__ 藝術 | 심을 예, 꾀 술 [art]
❶ [속뜻] 아름다움을 가꾸어[藝] 나타내는 기술(技術). ❷아름다움을 표현하려는 인간의 활동 및 그 작품. ¶예술 창작.

▶ 예:술-가 藝術家 | 사람 가
예술(藝術) 작품을 창작하거나 표현하는 것을 직업으로 하는 사람[家]. ¶젊은 예술가들이 모여 전시회를 열었다. [비] 예술인(藝術人).

▶ 예:술-단 藝術團 | 모일 단
예술가(藝術家)들로 조직된 단체(團體)

▶ 예:술-성 藝術性 | 성질 성
예술(藝術) 작품이 지닌 예술적인 특성(特性). ¶이 영화는 예술성이 높다.

▶ 예:술-적 藝術的 | 것 적
예술(藝術)로서의 성격을 갖추고 있는 것[的]. ¶독일의 쾰른 성당은 예술적 가치가 높다.

▶ 예:술-품 藝術品 | 물건 품
예술적(藝術的) 가치가 있는 작품(作品). ¶라스코 벽화는 지금까지 발견된 선사시대 예술품 중 가장 뛰어나다.

예:습 豫習 | 미리 예, 익힐 습
[prepare of one's lessons]
앞으로 배울 것을 미리[豫] 익힘[習]. ¶선생님은 예습과 복습의 중요성을 강조하셨다. [반] 복습(復習).

예:시 例示 | 본보기 례, 보일 시
[exemplify; illustrate]
본보기[例]를 들어 보임[示]. ¶적절한 예시를 들다.

예식 禮式 | 예도 례, 의식 식 [ceremony]
예법(禮法)에 따라 치르는 의식(儀式). ¶예식을 치르다.

▶ 예식-장 禮式場 | 마당 장
예식(禮式)을 치를 수 있도록 설비를 갖추어 놓은 장소(場所). 주로 결혼식장을 이른다.

예:심 豫審 | 미리 예, 살필 심
[preliminary examination]

본심사(本審査)에 앞서서 미리[豫] 하는 심사(審査). ¶논문 예심 / 그의 작품은 예심에서 좋은 성적을 거두었다. ⓑ 본심(本審).

예:약 豫約 | 미리 예, 묶을 약 [reservation]
미리[豫] 약속(約束)함. 또는 미리 정한 약속. ¶예약을 취소하다 / 병원 진료를 예약하다.

예:언 豫言 | =預言, 미리 예, 말씀 언 [predict]
❶ 속뜻 미리[豫] 하는 말[言]. ❷미래에 일어날 일을 미리 알아서 말하는 것. 또는 그런 말. ¶점쟁이의 예언이 빗나갔다.

예:열 豫熱 | 미리 예, 더울 열 [preheat; warm up]
미리[豫] 가열하거나 덥히는 일[熱]. 버너의 점화나 엔진의 시동이 잘되게 하기 위해 한다. ¶오븐을 180도까지 예열한 뒤 반죽을 넣으세요.

예:외 例外 | 법식 례, 밖 외 [exception]
일반적 규칙이나 법식[例]에서 벗어나는[外] 일. ¶며칠간 계속 덥더니 오늘도 예외는 아니다.

예의[1] 禮義 | 예도 례, 옳을 의
사람이 지켜야 할 예절(禮節)과 의리(義理). ¶예의를 힘쓰도록 하라.

*__예의__[2] 禮儀 | 예도 례, 거동 의 [good manners]
존경의 뜻을 표하기 위하여 예(禮)로써 나타내는 말투나 몸가짐[儀]. ¶예의가 바르다 / 예의를 차리다 / 예의를 지키다.

▶ 예의-범절 禮儀凡節 | 모두 범, 알맞을 절
일상생활에서 갖추어야 할 예의(禮儀)에 관한 모든[凡] 절차(節次). ¶예의범절은 어려서부터 가정에서 길러진다.

예:전 [old days]
꽤 오래된 지난날. ¶농촌은 예전과 다르다. ⓑ 옛날, 옛적.

**__예절__ 禮節 | 예도 례, 알맞을 절 [proprieties]
예의(禮義)에 관한 모든 절차(節次)나 질서. ¶식사 예절 / 극장에서는 휴대전화를 꺼 놓는 것이 기본예절이다.

예:정 豫定 | 미리 예, 정할 정 [be scheduled; be expected]
미리[豫] 정(定)하거나 예상함. ¶한 달 정도 머물 예정이다.

▶ 예:정-일 豫定日 | 날 일
미리 정하거나 예상한[豫定] 날짜[日]. ¶출산 예정일.

예:제 例題 | 본보기 례, 문제 제 [practice problem; exercise]
❶ 속뜻 내용의 이해를 돕기 위해 보기[例]로 내는 연습 문제(練習問題). ¶예제를 푸시오. ❷ 역사 백성의 소장(訴狀)이나 원서(願書)에 적던 관아의 판결문이나 지시문.

예찬 禮讚 | 예도 례, 기릴 찬 [admire; glorify]
아름다운 것에 경의를 표하고[禮] 찬양(讚揚)함. ¶자연을 예찬한 작품.

▶ 예찬-론 禮讚論 | 말할 론
훌륭한 것, 좋은 것을 칭찬하는[禮讚] 글이나 말[論]. ¶한복 예찬론.

*__예:측__ 豫測 | 미리 예, 헤아릴 측 [predict; foresee]
미리[豫] 헤아려 짐작함[測]. ¶우리의 예측은 적중했다 / 두 팀은 승패를 예측할 수 없는 경기를 펼쳤다. ⓑ 예상(豫想).

예:-컨대 (例-, 본보기 례) [for example]
예(例)를 들자면. 이를테면. ¶잡곡류, 예컨대 콩, 팥, 보리 따위를 많이 먹으면 건강에 좋다.

예:화 例話 | 본보기 례, 이야기 화
본보기[例]로 하는 이야기[話].

옛: [old]
지나간 때의. 예전의. ¶옛 친구.

옛:-것 [old]
오래된, 옛날의 것. ¶옛것을 지키다.

옛:-날 [bygone days]
옛적의 날. 옛 시대. ¶그를 보니 옛날 생각이 난다. ⓑ 옛적.

▸ 옛ː날-이야기
옛날에 있었거나 있었다고 가정하고 하는 이야기.

옛ː-말 [old proverb]
옛날부터 전해오는 말이나 이야기. 속담 옛말 그른 데 없다.

옛ː-이야기 [old story]
옛날이야기.

옛ː-일 [thing of the past]
옛날의 일. 지나간 일. ¶옛일을 떠올리다.

옛ː-적 [old times]
이미 많은 세월이 지난 오래전 때. ¶옛날 옛적에 마음씨 고운 소녀가 살고 있었습니다. ㊥ 옛날.

옛ː-집 [one's former house]
예전에 살던 집. ¶옛집이 정말 그립다.

오[1]
언어 한글 자모 'ㅗ'의 이름.

오ː[2] [Oh!]
놀람·칭찬 등 절실한 느낌을 나타낼 때 내는 소리. ¶오, 이제야 알겠다!

오ː[3] 五 | 다섯 오 [five]
사에 일을 더한 수. 아라비아 숫자로는 '5', 로마 숫자로는 'V'로 쓴다. ㊥ 다섯.

오-가다 [come and go]
오고 가고 하다. ¶거리에 오가는 사람이 한 명도 없다.

오ː각 五角 | 다섯 오, 뿔 각
[five angles; pentagon]
❶ 속뜻 각(角)이 다섯[五] 개 있는 것. ❷ 수학 오각형(五角形).

▸ 오ː각-뿔 (五角-)
수학 밑면이 오각형(五角形)인 각뿔.

▸ 오ː각-형 五角形 | 모양 형
수학 다섯모를 이루는[五角] 도형(圖形).

▸ 오ː각-기둥 (五角-)
수학 밑면이 오각형(五角形)인 기둥체.

오ː갈피
한의 긴 잎대에 긴 잎이 나며, 줄기에 가시가 있는 나무. 간장과 콩팥에 좋아 뿌리와 껍질은 약재로 쓴다.

오ː감 五感 | 다섯 오, 느낄 감
[five senses]
다섯[五] 가지 감각(感覺). 눈으로 보는 시각, 귀로 듣는 청각, 코로 맡는 후각, 입으로 느끼는 미각, 피부로 느끼는 촉각 이상 다섯 가지를 말한다. ¶그는 오감이 유난히 발달한 사람이다.

오ː경 五更 | 다섯 오, 시각 경
❶ 속뜻 하룻밤을 오경(五更)으로 나눈 것 중 다섯째[五] 시각[更]. 새벽 3시부터 5시까지. ❷하룻밤을 다섯으로 나눈 시각을 통틀어 이르는 말.

오ː곡 五穀 | 다섯 오, 곡식 곡
[five grains]
다섯[五] 가지 중요한 곡식(穀食). 쌀, 보리, 콩, 조, 기장을 이른다.

▸ 오ː곡-밥 (五穀-)
찹쌀에 보리·콩·조·기장의 다섯[五] 가지 곡식(穀食)으로 지은 밥. 대개 음력 정월 보름에 지어 먹는다. ¶정월 보름날 오곡밥을 먹었다.

▸ 오ː곡-백과 五穀百果 | 일백 백, 열매 과
온갖 곡식[五穀]과 여러 가지 과일[百果]. ¶가을에는 오곡백과가 풍성하다.

오골-계 烏骨鷄 | 검을 오, 뼈 골, 닭 계
❶ 속뜻 검은[烏] 뼈[骨]를 가진 닭[鷄]. ❷ 동물 살, 가죽, 뼈가 모두 어두운 회색인 작은 닭. 식용한다.

오ː광대-놀이 (五-, 다섯 오)
민속 다섯[五] 광대가 탈을 쓰고 춤추고, 대부분 다섯 마당으로 구성되어 있는 가면극. 대개 음력 정월 보름에 경상남도 일대에서 한다.

오그라-들다 [curl up]
물체가 안쪽으로 오목하게 휘어져 들어가다. ¶오늘은 몸이 오그라들 정도로 추웠다. ㊥ 펴지다.

오그리다 [crouch]
오그라지게 하다. 속담 맞은 놈은 펴고 자

고 때린 놈은 오그리고 잔다.

오글-오글 [wrinkled]
여러 군데가 안쪽으로 오목하게 들어가고 주름이 많이 잡힌 모양. ¶주름이 오글오글 잡힌 치마.

오금 [crook of the knee]
무릎의 구부러지는 안쪽. 관용 오금이 저리다.

오:기 傲氣 | 거만할 오, 기운 기 [unyielding spirit]
❶ 속뜻 잘난 체하며 오만(傲慢)한 기세(氣勢). ❷능력은 부족하면서도 남에게 지기 싫어하는 마음. ¶오기를 부려 봐야 너만 손해다.

오:냐 [all right]
아랫사람에 대해 또는 혼잣말로 긍정이나 결심을 나타내는 소리. ¶오냐, 알았다.

오-누이 [brother and sister]
오라비와 누이. ⓑ 남매(男妹).

오:뉴-월 [May and June]
오월과 유월. 속담 오뉴월 감기는 개도 아니 걸린다.

오늘 [today; these days]
❶지금 지내고 있는 이날. ¶오늘이 내 생일이야. ❷지금의 시대. '오늘날'의 준말. ¶오늘 한국의 문제는 무엇인가?

▸ 오늘-날
지금의 시대. ¶오늘날의 경제 발전.

오다[1] (來, 올 래) [come]
❶이곳이나 이때를 향해 움직이다. 공간적·시간적으로 가까이 닥치다. ¶곧 버스가 온다. ❷기관이나 단체에 어떤 직책으로 부임하다. ¶우리 학교에 영어 선생님이 새로 오셨다. ❸전화·전보 또는 어떤 소식 따위가 전해지다. ¶친구한테 편지가 왔다. ❹비·눈·서리 따위가 내리다. ¶갑자기 소나기가 온다. ⓑ 가다.

♣ 오다[1] / 이르다[1] (비슷한 듯 다른 말)

ㅇ 드디어 목적지에 왔다 = 이르렀다.
ㅇ 버스가 온다.
× 버스가 이른다.
ㅇ 시간이 새벽 2시에 이르렀다.
× 시간이 새벽 2시에 왔다.

오다[2]
앞말이 뜻하는 행동이나 상태가 말하는 이 또는 말하는 이가 정하는 기준점으로 가까워지면서 계속 진행됨을 나타내는 말. ¶그녀는 이 직장에서 20년간이나 일해 왔다.

오:대-호 五大湖 | 다섯 오, 큰 대, 호수 호 [Great Lake]
지리 미국과 캐나다의 국경 지역에 서로 잇닿아 있는 다섯[五] 개의 큰[大] 호수(湖水). 슈피리어 호, 미시간 호, 휴런 호, 이리 호, 온타리오 호를 말한다.

오뎅 {일 oden}
'어묵'의 일본말.

오동 梧桐 | 오동나무 오, 오동나무 동 [paulownia tree]
식물 오동나무[梧=桐]. 잎은 넓은 심장 모양이며, 재목은 가볍고 곱고 휘거나 트지 않아 거문고, 장롱, 나막신을 만드는데 쓴다.

▸ 오동-나무 (梧桐-)
식물 오동(梧桐).

오동통-하다 [be plump]
몸집이 작고 통통하다. ¶오동통한 얼굴. ⓑ 홀쭉하다.

오두-막 (-幕, 막 막) [hut]
'오두막(幕)집'의 준말.

▸ 오두막-집 (-幕-, 막 막)
사람이 겨우 거처할 정도로 아주 작고 초라한 집[幕].

오들-오들 [trembling]
춥거나 무서워서 몸을 작게 떠는 모양. ¶추워서 오들오들 떨다.

오디오 {영 audio}
음악 따위를 효과적인 소리로 듣기 위한

장치를 통틀어 이르는 말. ¶무대에 오디오를 설치했다.

오뚝 [high]
물건이 높이 솟아 있는 모양. ¶그 동상은 공원의 한 가운데에 오뚝 서 있다 / 오뚝한 코.

▸ 오뚝-이 [tumbling doll]
밑을 무겁게 하여 아무렇게나 굴려도 오뚝오뚝 잘 일어서는 어린아이들의 장난감.

오ː라 [rope for binding a criminal]
[역사] 도둑이나 죄인을 묶던 붉고 굵은 줄. ¶죄인을 오라로 묶어 관으로 끌고 갔다.

오라버니 [woman's elder brother]
여자와 같은 항렬인 손위 남자.

오라비 [woman's elder brother]
'오라버니'의 낮춤말.

오ː락 娛樂 | 즐길 오, 즐길 락 [recreation]
쉬는 시간에 여러 가지 방법으로 기분을 즐겁게[娛=樂] 하는 일. ¶오락 시간 / 이 호텔에는 오락 시설이 있다.

▸ 오ː락-기 娛樂器 | 그릇 기
오락(娛樂)을 즐기기 위한 기구(器具). ¶전자 오락기.

▸ 오ː락-실 娛樂室 | 방 실
오락(娛樂)에 필요한 시설이 되어 있는 방[室]. 또는 오락을 하는 방.

오락가락-하다 [come and go]
❶계속해서 왔다 갔다 하다. ¶비가 오락가락하다. ❷생각이나 정신이 있다 없다 하다. ¶정신이 오락가락한다.

오랑우탄 {영 orangutan}
[동물] 곧게 서서 다니고 팔이 매우 긴 원숭이 비슷한 동물. 주로 열대림에 산다.

오랑캐 (夷, 오랑캐 이; 蠻, 오랑캐 만) [barbarian]
주로 한국을 침략한 중국이나 일본의 야만족. 원래는 두만강 연변과 그 북쪽에 살던 여진족 가운데 하나로, 이 부족의 이름을 음역한 말이다.

오래 [for a long time]
시간상으로 길게. ¶할아버지, 건강하게 오래 사세요 / 술과 친구는 오래될수록 좋다. [반] 잠시(暫時), 잠깐.

▸ 오래-가다
상태 따위가 시간상으로 길게 계속되거나 유지되다. ¶그 건전지는 오래간다.

▸ 오래간-만
오랜 뒤. 오래된 끝. ¶오래간만에 모교에 갔다.

▸ 오래-도록
시간이 오래 되도록. 오래오래. ¶나는 창밖을 오래도록 바라보았다.

▸ 오래-오래
아주 오래도록. ¶오래오래 행복하게 살자.

▸ 오래-달리기
[운동] 오랫동안 하는 달리기. 예전에 체력장에서의 800미터 달리기, 1,000미터 달리기나 육상 경기에서의 마라톤 따위를 이른다.

오래다 [be a long time]
한 때로부터 다른 때까지의 사이가 길다. ¶그를 만난 지 오래다.

오랜 [long]
이미 지난 동안이 긴. ¶오랜 역사 / 오랜 시간이 흘러도 선생님을 잊을 수 없다.

▸ 오랜-만
어떤 일이 있은 때로부터 긴 시간이 지난 뒤. '오래간만'의 준말. ¶오랜만에 고향에 왔다.

오랫-동안 [for a long time]
시간적으로 썩 긴 동안. ¶오랫동안 찾아뵙지 못해 죄송합니다.

오렌지 {영 orange}
맛이나 모양이 귤과 비슷하나 더 크고 껍질이 두꺼운 과일.

▸ 오렌지-빛 (orange—)
오렌지(orange)의 빛깔. 주황색. ¶그녀는 오렌지빛 원피스를 입었다.

오ː로지 [only]

다른 것이 없이 오직. ¶그는 오로지 사업에만 전념했다.

오:류 誤謬 | 그르칠 오, 그르칠 류 [mistake]
❶ 속뜻 그르치거나[誤] 그릇됨[謬]. ❷이치에 맞지 않는 일. ¶오류를 범하다. ⓑ 잘못.

오륙 五六 | 다섯 오, 여섯 륙
그 수량이 다섯[五]이나 여섯[六]임을 나타내는 말. ¶그는 오륙 년 동안 군에서 근무했다. ⓑ 대여섯.

오:륜 五倫 | 다섯 오, 도리 륜
사람이 지켜야 할 다섯[五] 가지 도리[倫]. 부자유친(父子有親), 군신유의(君臣有義), 부부유별(夫婦有別), 장유유서(長幼有序), 붕우유신(朋友有信)을 이른다.

오르간 {영 organ}
음악 발판을 밟아 바람을 넣거나 전기로 관을 진동시켜 소리를 내는 건반악기. 파이프 오르간, 리드 오르간 따위. ⓑ 풍금(風琴).

오르-내리다
[go up and down; be talked about]
❶올라갔다 내려갔다 하다. ¶계단을 오르내릴 때는 조심해야 한다. ❷남의 입에 자주 말거리가 되다. ¶남의 입에 오르내리다. ❸어떤 기준보다 조금 넘쳤다 모자랐다 하다. ¶밤새 아이는 열이 40℃를 오르내렸다.

오르다 (登, 오를 등; 騰, 오를 등; 昇, 오를 승) [go up; rise; take; ride]
❶아래에서 위로, 낮은 데서 높은 데로 가다. ¶가을철에는 산에 오르기가 좋다. ❷탈것에 타다. ¶시간이 되었으니 버스에 오르십시오. ❸이전보다 높은 상태에 이르다. 또는 높아지다. ¶몇 년 동안 물가가 올랐다. ⓑ 내리다. 속담 오르지 못할 나무는 쳐다보지도 마라.

비슷한 듯 다른 말	➲ 솟다

오르막-길 [uphill road]
오르막으로 된 길. ¶오르막길에 세워둔 자전거가 미끄러졌다. ⓑ 내리막길.

오른-발 [right foot]
오른쪽 발. ⓑ 왼발.

오른-배지기
운동 씨름에서, 오른쪽 옆구리를 상대편의 배 밑에 넣어 앞으로 당겨 돌면서 넘어뜨리는 기술.

오른-손 [right hand]
오른쪽의 손. ⓑ 왼손.

오른-씨름
운동 샅바를 왼 다리에 끼고 어깨를 오른쪽으로 돌려 대고 힘을 오른손과 오른 다리에 두어 하는 씨름. ⓑ 왼씨름.

오른-쪽 (右, 오른 우) [right side]
북쪽을 향했을 때의 동쪽과 같은 쪽. ¶오른쪽에 보이는 저 건물이 우리 집이다. ⓑ 왼쪽.

오른-팔 [right arm]
오른쪽의 팔. ⓑ 왼팔.

오른-편 (-便, 쪽 편) [right side]
북쪽을 향했을 때의 동쪽과 같은 쪽[便]. ¶언니는 내 오른편에 앉았다. ⓑ 왼편.

오름-세 (-勢, 기세 세)
[upward tendency]
시세·물가 따위가 오르는 형세(形勢). ¶물가의 오름세가 계속되고 있다. ⓑ 내림세.

오:리 (鴨, 오리 압) [duck]
동물 발가락 사이에 물갈퀴가 있으며, 부리는 편평한 새. 검둥오리, 청둥오리 따위.

▶오:리-발
❶오리의 발. ❷오리의 발에 있는 물갈퀴처럼 생긴, 발에 끼고 헤엄치는 잠수용구의 하나. ¶오리발을 신고 물속으로 들어갔다.

오리-나무 (五里-, 다섯 오, 마을 리) [alder tree]
❶ 속뜻 이정표로서 5리(五里)마다 길가에 심은 나무. ❷ 식물 잎보다 먼저 꽃이 피는 나무. 재목은 건축과 가구 제작에 쓰고 껍질과 열매는 타닌을 함유하여 염료로

쓴다.

오리다 [cut]
칼이나 가위로 베어 내다. ¶가위로 종이를 둥글게 오리다.

오:리무중 五里霧中 | 다섯 오, 마을 리, 안개 무, 가운데 중
[quite in the dark]
❶속뜻 오리(五里)나 되는 짙은 안개[霧] 속[中]에 있음. ❷'방향이나 갈피를 잡을 수 없음'을 이르는 말. ¶범인의 행방이 오리무중이다.

오리엔테이션 {영 orientation}
신입 사원이나 신입생 등 새로운 환경에 놓인 사람들에 대한 환경 적응을 위한 교육. ¶신입생 오리엔테이션.

오리엔티어링 {영 orienteering}
운동 지도와 나침반을 가지고 산과 들을 달리며, 몇 군데 지정된 지점을 정확하게 통과하여 목적지까지 단시간에 도달하기를 겨루는 야외 스포츠의 하나.

오리온 {Orion}
문학 그리스 신화에 나오는 거인 사냥꾼.

▸오리온-자리 (Orion—)
천문 하늘의 적도 양측에 걸쳐 있는 별자리. 겨울에 가장 똑똑히 보인다. 오리온(Orion)의 모습이 보인다 하여 붙여진 이름.

오막-살이 (—幕—, 막 막)
[life in a grass hut]
오두막(幕)처럼 작고 초라한 집. ¶기찻길 옆 오막살이. ㊥오두막집.

오:만[1] 五萬 | 다섯 오, 일만 만
[fifty thousand; innumerable]
❶속뜻 다섯[五] 배의 만(萬). ¶오만 명의 관중이 경기장을 가득 메웠다. ❷매우 종류가 많은 여러 가지를 이르는 말. ¶오만 잡동사니 / 이 가게에서는 오만 가지 물건을 판다 / 그녀는 어릴 적 오만 설움을 겪었다.

오:만[2] 傲慢 | 업신여길 오, 건방질 만
[arrogant; haughty]
❶속뜻 남을 업신여기고[傲] 거만(倨慢)함. ❷건방지고 거만함. 또는 그 태도나 행동. ¶오만방자한 인간 같으니 / 그는 오만한 말투로 말했다. ㊥교만(驕慢), 거만(倨慢). ㊦겸손(謙遜).

오매 寤寐 | 깰 오, 잠잘 매
자나[寐] 깨나[寤] 언제나.

▸오매-불망 寤寐不忘 | 아닐 불, 잊을 망
자나깨나[寤寐] 잊지[忘] 못함[不]. ¶그녀는 오매불망 고향으로 돌아가고 싶었다.

오:명 汚名 | 더러울 오, 이름 명 [dishonor]
더러워진[汚] 이름[名]이나 영예(榮譽). ¶그는 배신자라는 오명을 쓰게 되었다.

오:목 五目 | 다섯 오, 눈 목
운동 바둑 놀이의 하나. 두 사람이 흰 돌과 검은 돌을 가지고 한 개씩 번갈아 놓다가 외줄로나 모로 다섯[五] 개의 바둑알[目]을 잇달아 먼저 놓는 사람이 이긴다.

오목 거울 [concave mirror]
물리 가운데가 오목하게 패인 거울. ㊦볼록 거울.

오목 렌즈 (—lens) [concave lens]
물리 가운데가 오목하게 패인 렌즈(lens). ㊦볼록 렌즈.

오목-하다 [be sharply pressed]
가운데가 동그스름하게 폭 패거나 들어가 있다. ¶오목한 그릇에 과자를 담다. ㊦볼록하다.

오:묘 奧妙 | 깊을 오, 묘할 묘
[profound; abstruse]
심오(深奧)하고 미묘(微妙)하다. ¶자연의 섭리는 정말 오묘하다.

오:물 汚物 | 더러울 오, 만물 물 [garbage]
지저분하고 더러운[汚] 물건(物件). 쓰레기나 배설물 따위. ¶오물 처리 시설 / 오물을 함부로 버리지 마시오.

오물-오물 [mumbling]
음식물을 입 안에 넣고 조금씩 자꾸 씹는 모양. ¶오징어를 오물오물 씹다.

오므라-들다 [get close]

차차 오므라져 들어가다. ¶저녁이 되자 나팔꽃잎이 오므라든다.

오므라이스
[omelet with a filling of fried rice]
밥을 야채 따위와 함께 볶은 다음, 계란을 얇게 부쳐서 씌운 서양 요리.

오므리다 [make narrower]
오므라지게 하다. ¶입을 오므리다.

오:미 五味 | 다섯 오, 맛 미
[five tastes]
다섯[五] 가지 맛[味]. 신맛, 쓴맛, 매운맛, 단맛, 짠맛을 이른다.

▶오:미-자 五味子 | 접미사 자
❶속뜻 다섯[五] 가지 맛[味]이 나는 식물. ❷식물 오미자나무. 목련과의 낙엽 덩굴성 식물. 타원형의 잎이 나며 가을에 열매를 맺는 나무. 또는 그 열매. 열매는 기침과 갈증 또는 땀과 설사를 멎게 하는 데 효과가 있다.

오밀-조밀 奧密稠密 | 속 오, 빽빽할 밀, 고를 조, 빽빽할 밀
❶속뜻 속[奧]이 꽉 차고[密] 고르게[稠] 빽빽함[密]. ❷매우 정교하고 세밀한 모양. ¶거실을 오밀조밀 꾸미다 / 오밀조밀한 목각 인형.

오:발 誤發 | 그르칠 오, 쏠 발
[fire by accident]
총포 따위를 잘못[誤] 쏨[發]. ¶총기 오발 사고로 두 명이 사망했다.

오:-밤중 (午─中, 말 오, 가운데 중)
[midnight]
밤 열두 시쯤 되는 때. ⓑ 한밤중.

오버코트 {영 overcoat}
추위와 눈비를 막기 위해 겉옷 위에[over] 입는 의류[coat].

오보에 {이 oboe}
음악 높은음을 내는 목관 악기. 하단은 깔때기 모양이고 상단은 금속관 위에 두 개의 서가 있다.

오:복 五福 | 다섯 오, 복 복
[five blessings]
유교에서 이르는 다섯 가지[五]의 복(福). 수(壽), 부(富), 강녕(康寧), 유호덕(攸好德), 고종명(考終命)을 이른다.

오붓-하다 [be comfortable]
홀가분하면서 아늑하고 정답다. ¶가족과 오붓한 시간을 보내다.

오븐 {영 oven}
밀폐(密閉)하여 상하 좌우에서 열을 보내어 음식을 익히는 요리 기구. ¶오븐에 빵을 굽다.

오비이락 烏飛梨落 | 까마귀 오, 날 비, 배 리, 떨어질 락
❶속뜻 까마귀[烏] 날자[飛] 배[梨] 떨어진다[落]. ❷우연한 일치로 남의 의심을 받게 됨을 이르는 말. ¶오비이락이란 말이 있듯이 공연히 의심을 받을 일은 하지를 말라.

오빠 [girl's older brother]
여자 동생이 자기보다 나이가 많은 남자 형제나 친한 남자를 부르거나 가리키는 말.

오:산 誤算 | 그르칠 오, 셀 산 [miscalculate]
❶속뜻 잘못 그르치게[誤] 셈함[算]. 또는 그 셈. ❷추측이나 예상을 잘못함. 또는 그런 추측이나 예상. ¶그가 돌아온다고 생각하면 오산이다.

오:색 五色 | 다섯 오, 빛 색
[five cardinal colors]
❶속뜻 다섯[五] 가지 빛깔[色]. 청색, 황색, 적색, 백색, 흑색을 이른다. ❷여러 가지 빛깔.

오:선 五線 | 다섯 오, 줄 선
[staffs; stave]
음악 악보를 그리기 위하여 가로로 그은 다섯[五] 개의 줄[線].

▶오:선-지 五線紙 | 종이 지
음악 악보를 그릴 수 있도록 오선(五線)을 그은 종이[紙]. ¶오선지에 악보를 그리다.

오소리 [badger]

[동물] 산에 사는 너구리 비슷한 동물. 몸빛은 회색 또는 갈색인데, 모피는 방한용, 털은 붓·솔 등을 만드는 데 쓴다.

오솔-길 [narrow path]
폭이 좁은 호젓한 길.

오순-도순 [harmoniously]
의좋게 노는 모양. 정답게 이야기하는 모양. ¶부부가 오순도순 이야기를 나눈다.

오십 五十 | 다섯 오, 열 십 [fifty]
십(十)의 다섯[五] 배가 되는 수. 50 ¶우리 반은 정원이 오십 명이다. [비] 쉰.

▸**오:십보-소백보** 五十步笑百步 | 다섯 오, 열 십, 걸음 보, 웃을 소, 일백 백, 걸음 보
❶ [속뜻] 오십 걸음[五十步] 도망한 자가 백 걸음[百步] 도망한 자를 비웃음[笑]. ❷조금 낫고 못한 차이는 있지만 본질은 같은 것. ¶49등이나 50등이나 오십보소백보다. [준] 오십보백보.

오싹 [with a chill]
추위나 무서움을 느껴 별안간 몸이 움츠러드는 모양. ¶온몸에 오싹 소름이 끼쳤다 / 등골이 오싹하다.

오아시스 {영 oasis}
사막 가운데서 물이 솟고 수목이 자라는 곳.

⁑**오:염** 汚染 | 더러울 오, 물들일 염 [contaminate; pollute]
물·공기·흙 따위가 더럽게[汚] 물듦[染]. ¶이 지역은 지하수 오염이 심각한 상태이다 / 자동차 배기가스는 공기를 오염시킨다.

오:용 誤用 | 그르칠 오, 쓸 용 [misuse]
잘못 그르치게[誤] 사용(使用)함. ¶단어의 오용이 심각하다 / 약물을 오용하면 건강을 해친다.

오:월 五月 | 다섯 오, 달 월 [May]
한 해 열두 달가운데 다섯째[五] 달[月]. ¶오월 오일은 어린이 날이다.

오이 [cucumber]
[식물] 덩굴손으로 감아 번으며 가늘고 긴 녹색의 열매를 맺는 박과의 풀.

▸**오이-냉국** (一冷一, 찰 랭)
오이를 잘게 썰어 간장에 절인 다음, 찬[冷] 물에 넣고 파·초·고춧가루를 친 음식. ¶여름에는 오이냉국이 별미이다.

▸**오이-소박이**
오이의 허리를 네 갈래로 가르고, 속에 파·마늘·생강·고춧가루 등을 섞은 소를 넣고 담근 김치. '오이소박이김치'의 준말.

오:인 誤認 | 그르칠 오, 알 인 [misconceive]
잘못 그르치게[誤] 앎[認]. 잘못 생각함. ¶사실 오인 / 사람을 동물로 오인하여 총을 쏘는 사고가 발생하였다.

오일 {영 oil}
물보다 가볍고 불을 붙이면 잘 타는 액체.

오:일-장 五日場 | 다섯 오, 날 일, 마당 장
닷새[五日]에 한 번씩 서는 시장(市場). ¶시골에서는 아직도 오일장이 선다.

오:자 誤字 | 그르칠 오, 글자 자 [wrong word]
잘못 그르치게[誤] 쓴 글자[字]. ¶책의 오자를 수정하다.

오작 烏鵲 | 까마귀 오, 까치 작 [crow and magpie]
까마귀[烏]와 까치[鵲]를 아울러 이르는 말. ¶오작교(烏鵲橋).

▸**오작-교** 烏鵲橋 | 다리 교
[민속] 까마귀와 까치가[烏鵲] 은하수에 놓는다는 다리[橋]. 칠월칠석날 저녁에 견우와 직녀를 만나게 하기 위하여 이 다리를 놓는다고 전한다.

오:장 五臟 | 다섯 오, 내장 장 [five viscera]
[한의] 간장, 심장, 비장, 폐장, 신장의 다섯[五] 가지 내장(內臟)을 통틀어 이르는 말.

▸**오:장육부** 五臟六腑 | 여섯 륙, 장부 부
[한의] 오장(五臟)과 위, 대장, 소장, 쓸개, 방광, 삼초 등의 여섯[六] 가지 장부[腑]. 내장을 통틀어 이르는 말.

오ː전 午前 | 낮 오, 앞 전 [morning]
❶ 속뜻 정오(正午) 이전(以前)까지의 시간. ¶오전 수업. ❷자정부터 낮 열두 시까지의 시간. ¶오전 10시. ㊥ 상오(上午). ㊤ 오후(午後).

오ː점 汚點 | 더러울 오, 점 점 [stain]
❶ 속뜻 더러운[汚] 점(點). ❷명예롭지 못한 흠이나 결점. ¶6·25는 우리 역사에 동족상잔의 오점을 남겼다.

오ː-젓 [salted shrimps]
초여름 사리 때에 잡은 새우로 담근 젓.

오존 {영 ozone}
화학 특유한 냄새가 있는 약간의 푸른빛을 띤 기체. 산성이 강하여 살균·소독·표백 따위에 사용한다. ¶오존 살균기.
▸ 오존-층 (ozone層, 층 층)
지리 오존(ozone)을 많이 포함하고 있는 대기층(大氣層). 지상에서 20~25km의 상공이며 인체나 생물에 해로운 태양의 자외선을 잘 흡수하는 성질이 있다. ¶프레온 가스는 오존층을 파괴한다.

오ː종 五種 | 다섯 오, 갈래 종
[all kind of grain]
❶ 속뜻 다섯[五] 종류(種類). ❷다섯 가지 중요한 곡식. 쌀, 보리, 콩, 조, 기장을 이른다. ㊥ 오곡(五穀).

오죽 [how]
여간. 얼마나. ¶할머니가 너를 보면 오죽 기뻐하시겠니.
▸ 오죽-하다
정도가 매우 심하거나 대단하다. ¶오죽하면 도둑질을 했겠니?

오죽-헌 烏竹軒 | 까마귀 오, 대 죽, 집 헌
❶ 속뜻 마당에 까만[烏] 대나무[竹]가 있는 집[軒]. ❷ 고적 이율곡이 태어난 집으로, 보물 제165호. 뜰 안에 오죽(烏竹)이 있어 이 이름을 붙였으며, 보물 정식 명칭은 '강릉 오죽헌'이다.

오줌 (尿, 오줌 뇨) [urine]
혈액으로부터 유용한 성분을 흡수하고 남은 찌끼로, 신장에서 생성되어 요도를 통해 몸 밖으로 배설되는 액체. ¶오줌을 싸다 / 오줌 색이 탁하면 병원에 가봐야 한다. ㊥ 소변(小便).
▸ 오줌-싸개
오줌을 가리지 못하는 아이나 오줌을 가릴 줄 알지만 실수로 오줌을 싼 아이를 놀림조로 이르는 말.

오ː지 奧地 | 속 오, 땅 지
[interior; up-country]
해안이나 도시에서 멀리 떨어진 대륙 내부[奧]의 땅[地]. ¶아프리카 오지의 정글. ㊥ 오지대(奧地帶).

오지랖 [lapels of an outer garment]
웃옷이나 윗도리에 입는 겉옷의 앞자락. ¶오지랖을 여미다. 관용 오지랖이 넓다.

오직 [only]
다만. 오로지. ¶이 일의 성패는 오직 너의 손에 달렸다.

비슷한 듯 다른 말	➲ 다만

오ː진 誤診 | 그르칠 오, 살펴볼 진
[misdiagnose]
의학 병을 잘못 그르치게[誤] 진단(診斷)하는 일. 또는 그런 진단. ¶그는 폐렴을 감기로 오진했다.

오징어 [squid]
동물 몸통이 길고, 머리에 10개의 기다란 다리가 달린 연체동물. 날것이나 삶거나 말려서 먹는다.

오ː차 誤差 | 그르칠 오, 어긋날 차
[accidental error]
❶ 속뜻 잘못하여 그르치거나[誤] 어긋남[差]. ❷ 수학 실제 셈하여 측정한 값과 이론적으로 정확한 값과의 차이. ¶오차가 나다. ❸ 수학 참값과 근삿값과의 차이.

오ː찬 午餐 | 낮 오, 밥 찬 [lunch]
보통 때보다 잘 차려서 손님을 대접하는 점심[午] 식사[餐]. ¶총리는 오찬 간담회를 열었다. ㊥ 주찬(晝餐).

오ː체 五體 | 다섯 오, 몸 체

[whole body]
몸을 이루는 다섯[五] 부분[體]. 머리, 두 팔, 두 다리를 말한다.

오:촌 五寸 | 다섯 오, 관계 촌
[one's cousin's son]
❶ 속뜻 친척 가운데 다섯[五]번째 관계[寸]. ❷다섯 개의 촌수를 사이에 두고 있는 친척. 아버지의 사촌이나 아들의 사촌 간을 이른다.

오케스트라 {영 orchestra}
음악 관현악을 연주하는 단체. ㊥ 관현악단.

오케이 {영 okay}
'좋다', '옳다' 등의 뜻을 나타내는 말. ¶어머니는 나의 부탁이라면 언제든 오케이를 하셨다.

오크 {영 oak}
떡갈나무나 졸참나무 따위를 이르는 말. 또는 그런 목재. 목질이 단단하여 가구, 선박 따위를 만드는 데 쓴다.

오토바이 [motorcycle]
발동기를 장치하여 그 동력으로 바퀴를 회전시키게 만든 자전거. ¶면허증이 있어야 오토바이를 탈 수 있다.

오:판 誤判 | 그르칠 오, 판가름할 판
[misjudge]
잘못 보거나 잘못 그르치게[誤] 판단(判斷)함. 또는 잘못된 판단. ¶선수는 심판의 오판에 항의했다.

오페라 {영 opera}
연영 음악이나 춤, 연극을 종합한 극. 대사는 독창·중창·합창 등으로 부르며, 서곡이나 간주곡 등의 기악곡도 덧붙인다. ¶<니벨룽겐의 반지>는 현대 오페라의 걸작이다. ㊥ 가극(歌劇).

오피스텔 [studio apartment]
'사무실'을 뜻하는 'office'와 '주거용 건물'인 'hotel'의 합성어. 간단한 주거 시설을 갖춘 사무실.

오한 惡寒 | 미워할 오, 찰 한 [chill]
❶ 속뜻 추위[寒]를 미워함[惡]. ❷ 한의 몸이 오슬오슬 떨리고 추위를 느끼는 증상. ¶어머니는 밤새 오한이 났다. ㊥ 오한증(惡寒症).

오합지졸 烏合之卒 | 까마귀 오, 모을 합, 어조사 지, 군사 졸
[disorderly crowd]
❶ 속뜻 까마귀[烏]가 모인[合] 것처럼 질서가 없는 병졸(兵卒). ❷임시로 모여들어서 규율이 없고 무질서한 병졸 또는 군중을 이르는 말. ¶적군은 수만 많았지 기율이 없는 오합지졸에 불과했다.

오:해 誤解 | 그르칠 오, 풀 해
[misunderstand]
그릇되게[誤] 해석(解釋)하거나 뜻을 잘못 앎. 또는 그런 해석. ¶긴 머리 때문에 나는 그를 여자로 오해했다 / 싸움은 사소한 오해에서 시작된다.

***오:후** 午後 | 낮 오, 뒤 후 [afternoon]
❶ 속뜻 정오(正午) 이후(以後) 밤 열두시까지의 시간. ¶오늘 오후 여섯 시로 약속을 잡았다. ❷정오부터 해가 질 때까지의 동안. ¶오후 수업. ㊥ 하오(下午). ㊥ 오전(午前).

오히려 [rather; instead]
일반적인 기준이나 예상, 짐작, 기대와는 전혀 반대가 되거나 다르게. ¶택시가 지하철보다 오히려 시간이 더 걸렸다.

옥[1] 玉 | 구슬 옥 [gem]
광업 엷은 녹색이나 회색 따위를 띠며, 빛이 곱고 모양이 아름다우므로 갈아서 보석으로 쓰는 광물. 경옥(硬玉)과 연옥(軟玉) 따위를 통틀어 이른다.

옥[2] 獄 | 감옥 옥 [prison]
죄인을 가두어 두는 곳. ¶변 사또는 춘향을 옥에 가두었다. ㊥ 감옥(監獄).

옥고 獄苦 | 감옥 옥, 괴로울 고
[hard prison life]
감옥(監獄)에서 하는 고생(苦生). ¶그는 옥고를 치르느라 많이 여위었다.

옥내 屋內 | 집 옥, 안 내
[interior of a house]
집 또는 건물[屋]의 안[內]. ¶옥내 공기를 정화시키다 / 옥내에서는 금연입니다. ⓑ 옥외(屋外).

옥동 玉童 | 구슬 옥, 아이 동
옥(玉)처럼 귀한 어린(童) 아이. '옥동자'(玉童子)의 준말.

옥-동자 玉童子 | 구슬 옥, 아이 동, 아들 자
[precious son]
❶ 속뜻 옥(玉)처럼 귀한 어린(童) 아들[子]. 또는 옥황상제가 사는 옥경(玉京)에 산다는, 맑고 깨끗한 용모를 가진 가상적인 어린아이. ❷어린 사내아이를 귀엽게 이르는 말. ¶옥동자를 낳다. ⓒ 옥동.

옥루 玉漏 | 구슬 옥, 샐 루
옥(玉)으로 만든 물시계. 물이 새어[漏] 떨어지는 힘으로 기륜이 회전되면서 12개의 인형이 북·종·징 등을 쳐서 시간을 알려준다. ¶장영실은 자격루(自擊漏)와 옥루를 만들었다.

옥-바라지 (獄—, 감옥 옥) [send in private supplies for a prisoner]
감옥(監獄)에 들어간 죄수에게 옷과 음식 등을 대어 주며 뒷바라지를 하는 일.

옥사[1] 獄死 | 감옥 옥, 죽을 사
[death in prison]
감옥살이를 하다가 감옥(監獄)에서 죽음[死].

옥사[2] 獄舍 | 감옥 옥, 집 사 [jail]
감옥(監獄)으로 쓰이는 집[舍].

옥-살이 (獄—, 감옥 옥) [prison life]
감옥(監獄)에 갇혀 지내는 생활. '감옥살이'의 준말.

옥상 屋上 | 집 옥, 위 상 [roof]
집[屋]의 위[上]. 특히 현대식 양옥 건물에서 마당처럼 편평하게 만든 지붕 위를 가리킨다. ¶옥상에 빨래를 널었다.

옥새 玉璽 | 구슬 옥, 도장 새
[Royal Seal]
옥(玉)으로 만든 나라를 대표하는 도장[璽]. ¶조서를 옥새로 봉인했다. ⓑ 국새(國璽).

옥색 玉色 | 구슬 옥, 빛 색 [jade green]
옥(玉)의 빛깔[色]과 같이 엷은 푸른색.

옥-수수 [corn]
식물 길고 큰 잎이 나며, 둥글고 길쭉한 열매가 나는 풀. 열매에는 낟알이 여러 줄로 박혀 있으며 녹말이 풍부하여 식량 또는 사료로 쓴다.

옥수숫-대 [cornstalk]
옥수수의 줄기.

옥신-각신 [wrangling]
옳으니 그르니 하고 서로 다투는 모양. ¶친구와 사소한 일을 가지고 옥신각신하였다.

옥양목 玉洋木 | 구슬 옥, 서양 양, 나무 목
[calico]
옥(玉)같이 귀하고 발이 고운 서양식(西洋式) 무명[木綿]. ¶할머니는 옥양목 치마 저고리를 차려 입었다.

옥외 屋外 | 집 옥, 밖 외 [outdoors]
집 또는 건물[屋]의 밖[外]. ¶옥외 행사. ⓑ 옥내(屋內).

옥잠-화 玉簪花 | 구슬 옥, 비녀 잠, 꽃 화
[plantain lily]
식물 넓은 심장 모양의 잎이 나고, 8~9월에 향기가 있는 붉은 색 꽃이 피는 풀. 꽃봉오리가 옥비녀[玉簪]와 비슷한 꽃[花]이라 하여 붙여진 이름이다.

옥저 沃沮 | 물댈 옥, 막을 저
❶ 속뜻 물을 대거나[沃] 막음[沮]. ❷ 역사 우리나라의 고대 국가 가운데 함경도의 함흥 일대에 있던 나라. 후에 고구려에 복속되었다.

옥좌 玉座 | 구슬 옥, 자리 좌
[king's chair]
임금이 앉는 옥(玉)으로 만든 자리[座]. 또는 임금의 지위. ⓑ 왕좌(王座).

옥중 獄中 | 감옥 옥, 가운데 중

[inside of a jail]
감옥(監獄)의 안[中]. ¶투옥된 지 3년이 지나자 옥중 생활에 익숙해졌다. ⓑ 옥리(獄裏).

옥타브 {영 octave}
음악 어떤 음에서 완전 8도의 거리에 있는 음. 또는 그 거리.

옥토 沃土 | 기름질 옥, 흙 토
[fertile soil]
비옥(肥沃)한 땅[土]. ¶이주민들은 밤낮없이 매달려 황무지를 옥토로 만들었다. ⓑ 황무지(荒蕪地).

옥-토끼 (玉-, 구슬 옥)
[rabbit in the moon]
달 속에 산다는, 옥(玉)처럼 흰 토끼.

옥편 玉篇 | 구슬 옥, 책 편
[dictionary of Chinese characters]
❶ 속뜻 옥(玉)같이 귀한 책[篇]. ❷낱낱의 한자 뜻을 풀이한 책. ⓑ 자전(字典).

옥황-상제 玉皇上帝 | 구슬 옥, 임금 황, 임금 상, 임금 제
❶ 속뜻 옥(玉)같이 귀한 임금[皇]인 하느님[上帝]. ❷도교에서 '하느님'을 이르는 말.

온ː [whole]
전부의. 모두의. 전(全). ¶온 국민.

온ː-갖 [all kinds of]
모든 종류의. 여러 가지의. ¶온갖 종류의 과일을 내놓았다.

온ː건 穩健 | 평온할 온, 튼튼할 건
[be moderate]
생각이나 행동 따위가 평온(平穩)하고 건실(健實)함. ¶온건 계층 / 온건 개혁파 / 온건한 사상.

온기 溫氣 | 따뜻할 온, 기운 기
[warm air]
따뜻한[溫] 기운(氣運). ¶방에는 아직 온기가 남아 있다. ⓑ 냉기(冷氣).

온난 溫暖 | =溫煖, 따뜻할 온, 따뜻할 난
[be warm]
날씨가 따뜻함[溫=暖]. ¶온난 기후 / 이곳은 겨울에도 비교적 온난하다.

▸**온난-화** 溫暖化 | 될 화
지리 지구의 기온이 높아지게[溫暖] 됨[化]. 또는 그런 현상. ¶대기 오염으로 지구의 온난화가 심각하다.

▸**온난 전선** 溫暖前線 | 앞 전, 줄 선
지리 차고 무거운 기단(氣團) 위에 따뜻하고[溫暖] 가벼운 기단이 오르며 형성되는 전선(前線). ⓑ 한랭(寒冷) 전선.

온대 溫帶 | 따뜻할 온, 띠 대
[temperate zones]
❶ 속뜻 따뜻한[溫] 지대(地帶). ❷ 지리 연평균 기온이 0~20℃이거나 가장 추운 달의 평균 기온이 영하 18~3℃의 지역. 열대(熱帶)와 한대(寒帶) 사이에 위치한다.

온데간데-없다
[be completely out of sight]
갑자기 자취를 감추어 찾을 수가 없다. ¶주머니 속의 반지가 온데간데없다.

⁑**온도** 溫度 | 따뜻할 온, 정도 도
[temperature]
물리 따뜻한[溫] 정도(程度). 또는 그것을 나타내는 수치. ¶실내 온도 / 기온은 영하 5도였지만 체감 온도는 영하 20도였다.

▸**온도-계** 溫度計 | 셀 계
물리 물체의 온도(溫度)를 재는 계기(計器).

▸**온도-차** 溫度差 | 어긋날 차
따뜻함과 차가운 온도(溫度)의 차이(差異). ¶바닷물의 온도차를 이용하여 에너지를 얻다.

온돌 溫堗 | =溫突, 따뜻할 온, 굴뚝 돌
❶ 속뜻 방을 따뜻하게[溫] 하기 위하여 설치한 굴뚝[堗]. ❷따뜻한 불기운이 방 밑을 통과하여 굴뚝으로 빠져나가면서 방을 덥히는 장치. ¶온돌은 한국 특유의 난방 설비이다. ⓑ 구들.

▸**온돌-방** 溫堗房 | 방 방
❶ 속뜻 온돌(溫堗)을 설치한 방(房). ❷구

들을 놓아 난방 장치를 한 방.

온라인 {영 on-line}
컴퓨터의 단말기가 중앙 처리 장치와 통신 회선으로 연결되어 정보를 전송하고, 중앙 처리 장치의 직접적인 제어를 받는 상태. 은행의 예금, 좌석 예약, 기상 정보 따위에 이용한다. ¶나는 온라인으로 영화 표를 예매했다.

온ː-몸 [whole body]
몸의 전체. ¶온몸에 땀이 나다. [비] 전신(全身).

온상 溫床 | 따뜻할 온, 평상 상
[warm nursery]
[농업] 인공적으로 따뜻하게[溫] 하여 식물을 기르는 상(床) 모양의 설비. ¶겨울철에는 딸기를 온상에서 재배한다.

온수 溫水 | 따뜻할 온, 물 수 [hot water]
따뜻한[溫] 물[水]. ¶보일러가 고장이 나서 온수가 나오지 않는다. [반] 냉수(冷水).

온순 溫順 | 따뜻할 온, 순할 순
[be meek]
성질이나 마음씨가 온화(溫和)하고 순(順)하다. ¶고슴도치는 온순한 동물이다 / 그녀는 성격이 온순하다.

온실 溫室 | 따뜻할 온, 방 실 [hothouse]
❶ [속뜻] 난방 장치를 한 따뜻한[溫] 방[室]. ❷광선, 온도, 습도 따위를 조절하여 각종 식물의 재배를 자유롭게 하는 구조물. ¶온실에 화초를 기르다.

온ː-음 (一音, 소리 음) [whole tone]
[음악] 장음계에서, '미·파', '시·도' 이외의 장2도 음정. 두 개의 반음을 가진 음의 간격이다.

온장-고 溫藏庫 | 따뜻할 온, 감출 장, 곳집 고 [heating cabinet]
조리한 음식물을 따뜻하게[溫] 저장(貯藏)하는 창고(倉庫) 같은 장치. ¶온장고에서 따끈한 커피를 꺼내주었다.

온ː전 穩全 | 평온할 온, 온전할 전
[be intact]
❶ [속뜻] 평온(平穩)하고 완전(完全)하다. ❷본바탕대로 고스란히 다 있다. ¶온전한 그릇이 하나도 없다. ❷잘못된 것이 없이 바르거나 옳다. ¶정신이 온전한 사람이라면 그런 짓을 할 리가 없다.

온ː-점 (一點, 점 점) [period]
[언어] 마침표의 하나. 가로쓰기에 쓰는 문장 부호 '.'의 이름이다.

온정 溫情 | 따뜻할 온, 마음 정
[warm heart]
따뜻한[溫] 마음[情]. 따뜻한 사랑. ¶온정이 넘치는 말.

온ː-종일 (一終日, 끝날 종, 날 일)
[all the day]
온 하루[日]가 끝날[終] 때 까지. 아침부터 저녁때까지. ¶어제는 온종일 그를 기다렸다. [준] 종일.

온천 溫泉 | 따뜻할 온, 샘 천 [spa]
❶ [속뜻] 따뜻한[溫] 물이 솟는 샘[泉]. ❷ [지리] 지열에 의하여 지하수가 그 지역의 평균 기온 이상으로 데워져 솟아 나오는 샘. ❸온천을 이용하는 목욕 시설이 있는 곳. ¶울진 부근에는 덕구온천이 유명하다.

온탕 溫湯 | 따뜻할 온, 욕탕 탕
[hot bath]
따뜻한[溫] 물을 채운 목욕탕(沐浴湯). [반] 냉탕(冷湯).

온ː-통 [entirely]
통째로 전부. 모두 한목 쳐서. ¶나는 온통 집에 돌아갈 생각뿐이다. [비] 전부(全部), 모두, 다.

온풍 溫風 | 따뜻할 온, 바람 풍
[warm air]
따뜻한[溫] 바람[風]. ¶언덕에는 온풍이 불고 아지랑이가 피어올랐다.

▶ 온풍-기 溫風器 | 그릇 기
따뜻한[溫] 바람[風]을 일으켜 실내를 덥게 하는 기구(器具). ¶온풍기를 틀자 방안이 금세 따뜻해졌다.

온화 溫和 | 따뜻할 온, 따스할 화
[be mild]
❶ 속뜻 날씨가 따뜻하고[溫] 바람이 따스하다[和]. ¶온화한 기후. ❷마음이 온순하고 부드럽다. ¶온화한 성격.

올¹ [strand]
실이나 줄의 가닥. ¶스타킹의 올이 나갔다.

올² [this year]
'올해'의 준말. ¶올 겨울은 예년에 비해 춥다.

올가미 [trap]
❶새끼나 노 따위로 고를 내어 짐승을 잡는 장치. ¶올가미를 놓아 토끼를 잡았다. ❷사람이 걸려들게 꾸민 꾀. 관용 올가미를 씌우다.

올-곧다 [be honest; be direct]
❶마음이 바르고 곧다. ¶올곧은 사람 / 올곧은 행동. ❷줄이 반듯하다. ¶올곧게 서 있는 나무들.

올라-가다 [go up; go up to Seoul]
❶아래에서 위로, 낮은 데서 높은 데로 옮아가다. ¶산에 올라가다. ❷지방에서 서울로 가다. ¶서울로 올라가는 버스를 타다. ⓑ 내려가다.

올라-서다 [get up; rise to higher level]
❶낮은 데서 높은 데로 올라 그 위에 서다. ¶산 정상에 올라서다. ❷낮은 지위에서 높은 지위로 가다. ¶단숨에 3위로 올라서다. ❸탈것에 올라서 타다. ¶버스에 올라서다.

올라-오다 [come up; rise]
❶낮은 데서 높은 데로, 아래에서 위로 옮아오다. ¶무대로 올라오세요. ❷높은 수준이나 정도로 옮아오다. ¶그는 5학년에 올라와서는 한 번도 1등을 놓친 적이 없다. ❸지방에서 서울로 오다. ¶그는 열 살 때 서울로 올라왔다. ⓑ 내려오다.

올라-타다 [get on]
탈것에 오르다. ¶버스에 올라타다.

올려-놓다 [put on]
❶물건을 무엇의 위에 옮겨 놓다. ¶쟁반 위에 컵을 올려놓다. ❷명단에 이름을 적어 넣다. ¶나는 회원 명부에 그의 이름을 올려놓았다. ❸등급·직급·수준·정도를 높아지게 하다. ¶그는 한국 야구를 세계적 수준으로 올려놓았다. ⓑ 내려놓다.

올려다-보다 [look up]
❶아래쪽에서 위쪽을 바라보다. ¶하늘을 올려다보다. ❷존경하는 마음으로 높이 받들며 우러르다. ¶아버지는 많은 사람이 올려다보는 지위에 올라 있다. ⓑ 내려다보다.

올려본-각 (一角, 뿔 각)
[angle of elevation]
수학 낮은 곳에서 높은 곳에 있는 목표물을 올려다볼 때, 시선과 지평선이 이루는 각도(角度). ⓑ 내려본각.

올록-볼록 [rough]
물체의 면이나 거죽이 고르지 않게 높고 낮은 모양. ¶구슬을 넣은 바지 주머니가 올록볼록 튀어나왔다.

올리다 [raise; lift up]
❶무엇을 위쪽으로 올라있게 하다. 또는 세우다. ¶왼팔을 올려라. ❷음식을 상에 차려 놓다. ¶전을 부쳐서 상에 올렸다. ❸이름·사건 따위를 어디에 써 넣다. ¶대기자 명단에 제 이름을 올려 주세요. ⓑ 내리다.

비슷한 듯 다른 말	➲ 싣다

올리브 {영 olive}
식물 늦은 봄에 누런 꽃이 피고, 타원형의 열매가 열리는 나무. 열매는 기름을 짜서 사용한다.

올림
수학 어림수를 구할 때, 구하려는 자리의 숫자를 1만큼 크게 하고, 그보다 아랫자리는 모두 버리는 일. ⓑ 버림.

▶ 올림-말
언어 사전 따위의 표제어로 올려놓고 알

기 쉽게 풀이해 놓은 말.

▶올림-표 (一標, 나타낼 표)

음악 음의 높이를 반음 올릴 것을 지시하는 기호[標]. 기호는 '#'. ㊥ 내림표(標).

올림픽 {영 Olympic}

운동 4년마다 열리는 국제 운동 경기 대회. 1894년 프랑스의 쿠베르탱 등의 주창으로 1896년 제1회 대회를 그리스의 아테네에서 개최하였다. '올림피아에서의 경기'라는 뜻이다.

올망-졸망 [all sorts of little things]

작고 또렷한 여러 귀여운 것이 고르지 않게 벌여 있는 모양. ¶올망졸망한 아이들이 공원에서 놀고 있다.

올무 [noose]

새나 짐승을 잡는 올가미. ¶올무를 놓아 새를 잡았다.

올-바로 [straightly]

곧고 바르게. ¶돈을 올바로 쓰다.

올-바르다 [be upright]

옳고 바르다. ¶올바른 사람 / 위급한 때일수록 올바른 판단이 필요하다.

올ː-벼 [early ripening variety of rice]

농업 철 이르게 익는 벼. ㊥ 늦벼.

올빼미 [owl]

동물 낮에는 숲에서 쉬고 밤에 활동하는 새. 쥐·토끼·벌레 등을 잡아먹는다.

올ː-차다 [be of compact build]

❶야무지고 기운차다. ¶우리 아이 참 올차다. ❷곡식의 알이 일찍 들다. ¶벼 이삭이 올차다.

올챙이 [tadpole]

동물 알에서 깨어난 지 얼마 안 된 개구리의 새끼. 달걀 모양의 몸에 꼬리가 붙어 있어 그것으로 헤엄친다. ¶올챙이는 뒷다리부터 나온다. 속담 개구리 올챙이 적 생각 못한다.

올케 [girl's sister-in-law]

오빠나 남동생의 아내.

올-해 [present year]

지금 지나가고 있는 이 해. ¶올해 여름 방학. ㊟ 올.

옭아-매다

[tie up; make a false charge against]

❶무엇을 끈이나 줄 따위로 감아서 잡아매다. ¶개를 기둥에 단단히 옭아매다. ❷없는 죄를 이리저리 꾸며 씌우다. ¶무고한 사람을 간첩으로 옭아매다.

옮겨-심기 [transplantation]

식물 따위를 옮겨 심음.

옮-기다 (移, 옮길 이; 遷, 옮길 천) [move; transfer; infect]

❶사물의 자리를 바꾸어 정하다. ¶호텔의 직원이 짐을 방으로 옮겼다. ❷주거·처소 따위를 바꾸어 가다. ¶우리는 최근에 부산으로 거처를 옮겼다. ❸걸음·눈길 따위를 다른 쪽으로 돌리다. ¶발걸음을 학교 쪽으로 옮기다. ❹병을 전염시키다. ¶감기를 옮기지 않도록 주의합시다.

옮ː다 [move; be infected]

❶불길이나 소문 따위가 한 곳에서 다른 곳으로 번져 가다. ¶불이 집 안으로 옮아 붙었다. ❷병 따위가 다른 이에게 전염되거나 다른 이에게서 전염되다. ¶감기는 옮기 쉽다.

♣ 옮다 / 전염되다

◎ 감기는 옮는다 = 전염된다.

○ 불길이 이웃집으로 옮아 붙었다.
× 불길이 이웃집으로 전염되어 붙었다.

○ 나쁜 풍조에 전염되다.
× 나쁜 풍조에 옮다.

옳다 (可, 옳을 가; 是, 옳을 시; 義, 옳을 의) [be right]

❶틀리지 않다. 사리에 맞다. ¶옳은 일 / 네 말이 옳다. ❷무엇이 마음에 맞을 때 하는 소리. ¶옳다, 이제 알겠다. ㊥ 그르다.

비슷한 듯 다른 말 ➲ 바르다³

옴ː [itch]
한의 옴벌레가 몸에 기생하면서 생기는 피부병. 손·발가락 사이, 겨드랑이 등에서 시작하여 퍼져 나가 몹시 가렵다.

옴짝-달싹 [move an inch]
몸을 아주 조금 움직이는 모양. ¶옴짝달싹 못하다.

옴츠리다 [draw in]
몸이나 몸의 일부를 오그리어 작아지게 하다. ¶민주는 추워서 어깨를 옴츠렸다.

옴폭 [hollow]
속으로 폭 들어가 오목한 모양. ¶눈이 옴폭 들어갔다.

옷 (服, 옷 복; 衣, 옷 의) [clothes]
몸에 입는 것. ¶옷을 입다. ㊐ 의복(衣服), 의상(衣裳), 의류(衣類).

옷-가지 [several kinds of garments]
몇 가지 옷. ¶어머니는 옷가지를 사서 가방에 넣어주셨다.

옷-감 [cloth]
옷을 지을 감. ¶옷감이 좀 얇다.

옷-걸이 [clothes hanger]
옷을 걸어 두는 물건.

옷-고름 [coat string]
저고리나 두루마기의 앞에 달아 옷자락을 여며 매는 끈. ¶옷고름을 매다.

옷-깃 [collar]
옷의 목을 둘러 앞에서 만나는 부분. ¶옷깃을 여미다.

옷-매무새
[appearance of one's dress]
옷을 수습하여 입은 모양새. ¶옷매무새를 가다듬다.

옷-맵시 [style of dressing]
차려입은 옷이 어울리는 모양새. ¶너도 그렇게 차리니 옷맵시가 난다.

옷-소매 [sleeve]
윗옷의 좌우에 있는 두 팔을 꿰는 부분.

옷-자락 [lower ends of clothes]
옷의 아래로 드리운 부분. ¶아이는 어머니의 옷자락을 붙잡고 울었다.

옷-장 (一欌, 장롱 장) [clothes chest]
옷을 넣어 두는 장롱(欌籠). ¶옷장을 정리하다.

옷-차림 [dress]
옷을 입은 차림새. ¶옷차림이 말끔하다.

옷-핀 (一pin) [safety pin]
옷을 여미거나 할 때 꽂아 쓰는 핀(pin).

옹 翁 | 늙은이 옹 [aged man]
사회적으로 존경을 받는, 나이 많은 남자 노인의 성(姓)이나 성명·호 뒤에 쓰여 그 사람을 높여 부르거나 이르는 말.

옹ː-고집 壅固執 | 막을 옹, 굳을 고, 잡을 집 [stubbornness]
❶ 속뜻 귀를 꽉 막고[壅] 자기 고집(固執)만 부림. ❷억지가 매우 심하여 자기 의견만 내세워 우기는 성미. 또는 그런 사람. ¶이번에는 옹고집을 부려도 소용없다.

▶ **옹ː고집-전** 壅固執傳 | 전할 전
문학 옹고집(壅固執)의 전기(傳記). 부자이면서 인색하고 불효자인 옹고집이 중의 조화로 가짜 옹고집에게 쫓겨나 갖은 고생을 하면서, 잘못을 뉘우치고 착한 사람이 된다는 이야기로, 조선 후기의 판소리계 소설이다.

옹골-차다 [substantial]
❶다부지다. ¶옹골찬 아이. ❷견실하고 충만하다. ¶들판의 벼가 옹골차게 영글었다.

옹ː기 甕器 | 독 옹, 그릇 기
[pottery with a dark brown glaze]
❶ 속뜻 독[甕] 모양의 그릇[器]. ❷유약을 바르지 않고 구운 질그릇과 유약을 발라 구운 오지그릇을 통틀어 이르는 말. 간장, 김치 따위를 담가 둘 때 쓴다.

옹기-종기 [densely]
크기가 다른 여럿이 귀엽게 모인 모양. ¶난로 앞에 옹기종기 모이다.

옹달-샘 [small spring]
작고 오목한 샘.

옹ː립 擁立 | 껴안을 옹, 설 립 [enthrone]
임금으로 모시어[擁] 세움[立]. ¶어린 세자를 새 왕으로 옹립하다.

옹ː색 壅塞 | 막힐 옹, 막힐 색
[be hard up; be cramped]
❶ 속뜻 막혀서[壅=塞] 통하지 않음. ❷생활에 필요한 것이 없거나 모자라서 딱함. ¶옹색한 살림. ❸매우 비좁음. ¶방이 옹색하다.

옹성 甕城 | 독 옹, 성곽 성
❶ 속뜻 독[甕] 모양으로 성 밖을 둘러쌓은 성(城). ❷성을 튼튼히 지키기 위하여 큰 성문 밖에 원형(圓形)이나 방형(方形)으로 쌓은 작은 성.

옹알-거리다 [murmur]
❶똑똑하지 않게 입속말로 자꾸 종알거리다. ¶혼자서 옹알거리지 말고 똑똑하게 이야기해라. ❷아직 말을 못하는 어린아이가 노느라고 혼자 입속말로 소리를 내다. ¶아기가 우리에게 계속 무어라 옹알거렸다.

옹알-이 [babbling]
생후 백일쯤 되는 아기가 사람을 알아보고 옹알거리는 일.

옹이 [knot]
나무의 몸에 박힌 가지의 그루터기.

옹ː졸 壅拙 | 막힐 옹, 서툴 졸
[be narrow minded]
성격이 꽉 막혀[壅] 너그럽지 못하고, 소견이 좁아 행동이 서투르다[拙]. ¶옹졸한 사람 / 그는 생각이 옹졸하다. ⓑ너그럽다.

옹ː호 擁護 | 껴안을 옹, 돌볼 호
[support; back up]
❶ 속뜻 껴안아서[擁] 잘 돌봄[護]. ❷두둔하고 편들어 지키는 것. ¶정치체제를 옹호하기 위해 화폐제도를 개혁했다 / 자유를 옹호하다.

▶옹ː호-자 擁護者 | 사람 자
두둔하고 편들어 지켜 주는[擁護] 사람[者]이나 단체. ¶그에 대한 옹호자가 한 사람도 없었다.

옻 (漆, 옻 칠) [lacquer]
옻나무에서 나는 진. 물기를 없애면 검붉은 색으로 변하는데, 물건에 칠하는 원료나 약재로 쓴다.

옻-나무 [lacquer tree]
식물 줄기의 껍질은 회색으로, 여기에 상처를 내어 뽑은 진은 칠의 원료로 쓰는 키 큰 나무. 독이 있어 살갗에 닿으면 피부병이 나기도 한다.

옻-칠 (-漆, 옻 칠)
[varnishing with lacquer]
옻나무의 진에 착색제·건조제 따위를 넣어 만든 도료. 또는 그것을 바르는[漆] 일. ¶옻칠한 제기(祭器).

와[1]
언어 한글 자모 'ㅘ'의 이름.

와[2] [Wow!; with a rush]
❶뜻밖의 기쁜 일이 생겼을 때 좋아서 크게 입을 벌리고 내는 소리를 나타내는 말. ¶와, 신나다! ❷여럿이 한꺼번에 움직이거나 떠드는 소리를 나타내는 말. ¶사람들이 와! 함성과 함께 거리로 몰려나갔다.

와글-거리다 [crowd]
사람이나 벌레 따위가 한곳에 많이 모여 자꾸 떠들거나 움직이다. ¶점심시간에 식당은 사람들로 와글거린다.

와글-와글 [in crowds; clamorously]
사람이나 벌레 따위가 한곳에 많이 모여 자꾸 떠들거나 움직이는 소리. 또는 그 모양. ¶강당에서 아이들이 와글와글 떠들고 있다.

와드득
단단한 물건을 깨물거나 마구 부러뜨릴 때 나는 소리. ¶얼음을 와드득 깨물다.

와들-와들 [tremblingly]
몹시 춥거나 무서워 야단스레 떠는 모양.

¶추워서 와들와들 떨다.

와락 [suddenly]
❶갑자기 행동하는 모양. ¶고양이가 나에게 와락 덤벼들었다. ❷어떤 감정이나 생각 따위가 갑자기 솟구치거나 떠오르는 모양. ¶와락 화를 내다.

와르르 [crash; clatter]
❶쌓여 있던 단단한 물건들이 갑자기 야단스럽게 무너지는 소리. 또는 그 모양. ¶담이 와르르 무너졌다. ❷많은 사람이 한꺼번에 야단스럽게 몰려가거나 몰려오는 소리. 또는 그 모양. ¶학생들이 와르르 몰려들었다.

와이-셔츠 {영 white shirt}
양복 바로 안에 입는, 소매 달린 셔츠.

와이엠시에이 {영 YMCA}
[사회] 'Young Men's Christian Association'의 줄임말. 기독교에 바탕을 둔 국제적인 청년 운동 단체로, 1844년 영국에서 창립된 이후 인격 향상과 봉사를 위해 여러 가지 사회 활동을 한다. [비] 기독교청년회(基督教青年會).

와이 좌표 (Y座標, 자리 좌, 나타낼 표) [y-coordinate]
[수학] 세로 방향으로 어떤 점의 위치를 나타내는 좌표(座標). [비] 세로 좌표. [반] 엑스(X) 좌표.

와이-축 (Y軸, 굴대 축)
[수학] 좌표 평면에서 세로로 놓인 축(軸). [반] 엑스축(X軸).

와인 {영 wine}
포도의 즙을 발효시켜 만든 술. [비] 포도주(葡萄酒).

와장창
갑자기 한꺼번에 무너지거나 부서지는 소리. 또는 그 모양. ¶유리컵이 선반에서 떨어져 와장창 깨졌다.

와전 訛傳 | 그릇될 와, 전할 전 [misrepresent]
잘못[訛] 전(傳)함. 사실과 다르게 전함. ¶내가 한 말이 와전되어 오해가 생겼다 / 그들은 진실을 와전하고 있다.

와중 渦中 | 소용돌이 와, 가운데 중 [vortex]
❶ [속뜻] 소용돌이[渦] 가운데[中]. ❷일이나 사건 따위가 시끄럽고 복잡하게 벌어지는 가운데. ¶많은 사람이 전란의 와중에 가족을 잃었다.

와트 {영 watt}
[물리] 전력의 크기를 재는 단위. 영국의 기계 기술자 와트의 이름에서 유래한다. 기호는 'W'.

와해 瓦解 | 기와 와, 풀 해 [collapse]
❶ [속뜻] 기와[瓦]를 만들 때 원통의 틀이 두 개로 분해(分解)됨. ❷조직이 갈라져 흩어짐. ¶전통적인 가족 형태가 급속도로 와해되고 있다.

왁스 {영 wax}
열에 잘 녹고 타기 쉬우며, 양초나 방수제의 재료로 쓰이는 물질. ¶마룻바닥을 왁스를 칠해 광을 냈다.

왁자지껄 [hubbub]
여러 사람이 모여 정신이 어지럽도록 소리를 높여 지껄이는 소리. 또는 그 모양. ¶아이들이 교실에서 왁자지껄 떠든다.

왁자-하다 [be noisy]
정신이 어지럽도록 떠들썩하다. ¶그 사건으로 지난 두 달 동안 나라가 왁자했다.

완강 頑強 | 미련할 완, 굳셀 강 [be stubborn]
미련할[頑] 정도로 의지가 굳세다[強]. ¶주민들은 공장 설립을 완강히 반대했다. [반] 유연(柔軟)하다.

완결 完結 | 완전할 완, 맺을 결 [complete; finish]
완전(完全)하게 끝을 맺음[結]. ¶조설근은 소설을 완결하지 못하고 세상을 떠났다.

완고 頑固 | 미련할 완, 굳을 고 [be obstinate]
미련할[頑] 정도로 성질이 고집(固執)스

럽다. ¶옆집 할아버지는 완고한 데가 있다.

완ː곡 婉曲 | 은근할 완, 굽을 곡 [be indirect]
❶속뜻 말이나 행동을 드러내지 않고[婉] 빙 돌려서[曲] 나타내다. ¶완곡하게 거절하다. ❷말씨가 곱고 차근차근하다. ¶완곡한 말씨.

완공 完工 | 완전할 완, 일 공 [completion]
공사(工事)를 완성(完成)함. ¶건물을 3년 만에 완공했다. 반 기공(起工), 착공(着工).

완ː구 玩具 | 놀 완, 갖출 구 [toy]
놀이[玩] 기구(器具). ¶완구는 안전해야 한다. 비 장난감.

완납 完納 | 완전할 완, 바칠 납 [pay in full]
남김없이 완전(完全)히 납부(納付)함. ¶등록금을 완납하다.

***완두** 豌豆 | 완두 완, 콩 두 [pea; pease]
식물 겹잎의 잎이 감아 올라가며 자라는 식물. 열매는 요리해서 먹는다. ¶멘델은 완두로 유전현상을 연구했다.
▸ 완두-콩 (豌豆-)
완두(豌豆)의 열매. 초여름에 열리며 식용한다.

완ː력 腕力 | 팔 완, 힘 력 [physical strength; force]
❶속뜻 팔[腕]의 힘[力]. ¶그녀는 몸집은 작지만 완력이 세다. ❷육체적으로 억누르는 힘. ¶그는 무슨 일이든지 완력으로 해결하려 한다.

완료 完了 | 완전할 완, 마칠 료 [complete; finish]
완전(完全)히 끝마침[了]. ¶준비 완료. 비 종료(終了).

완ː만 緩慢 | 느릴 완, 게으를 만 [be slow; be easy]
❶속뜻 느리고[緩] 게으름[慢]. ❷행동이 느릿느릿하다. ¶완만한 동작. ❸경사가 급하지 않다. ¶완만한 언덕길. 반 빠르다, 신속(迅速)하다.

완벽 完璧 | 완전할 완, 둥근 옥 벽 [perfect]
❶속뜻 흠이 없이 완전(完全)한 옥[璧]. ❷결함이 없이 완전함. ¶그는 완벽에 가까운 묘기를 보여주었다. 비 완전무결(完全無缺). 반 미비(未備).

완봉 完封 | 완전할 완, 봉할 봉 [shut out]
❶속뜻 완전(完全)히 막거나 봉(封)함. ❷운동 야구에서 투수가 상대 팀에게 득점을 허용하지 않으면서 완투하는 일.
▸ 완봉-승 完封勝 | 이길 승
운동 야구에서 투수가 상대편 타자들이 득점할 기회를 완전(完全)히 막아[封] 이기는[勝] 것. ¶완봉승을 거둔 투수에게 박수를 보내다.

완비 完備 | 완전할 완, 갖출 비 [equip completely]
빠짐없이 완전(完全)히 다 갖춤[備]. ¶이 호텔에는 연회실이 완비되어 있습니다. 비 완구(完具). 반 미비(未備).

***완성** 完成 | 완전할 완, 이룰 성 [complete; finish]
완전(完全)히 다 이룸[成]. ¶그 작품은 20년 만에 완성되었다. 반 미완성(未完成).
▸ 완성-선 完成線 | 줄 선
설계 따위에서 제품을 완성(完成)하는 선(線). ¶완성선을 따라 바느질을 하다.
▸ 완성-품 完成品 | 물건 품
완성(完成)된 물건[品].

완수 完遂 | 완전할 완, 이룰 수 [fulfill; carry through]
뜻한 바를 완전(完全)히 이루어냄[遂]. ¶임무를 완수하다.

완숙 完熟 | 완전할 완, 익을 숙 [grow fully]
❶속뜻 열매 따위가 완전(完全)히 무르익음[熟]. ❷음식 따위를 완전히 삶음. ¶달걀

을 완숙으로 삶아서 찬물에 담가 두었다. ❸재주나 기술 따위가 아주 능숙함. ¶그의 소리는 완숙의 경지에 이르렀다.

완승 完勝 | 완전할 완, 이길 승 [win a complete victory]
완전(完全)하게 또는 여유 있게 이김[勝]. 또는 그런 승리. ¶우리 팀은 원정 경기에서 완승을 거두었다. [반] 완패(完敗).

완연 宛然 | 마치 완, 그러할 연 [be obvious]
❶[속뜻] 모양이 마치[宛] 그러하다[然]. 매우 흡사하다. ❷눈에 보이는 것처럼 아주 또렷함. ¶봄빛이 완연하다.

완:자 [meatball fried in egg batter]
고기를 잘게 다진 다음 달걀·두부 등을 섞고 동글게 빚어 기름에 지진 음식.

완:장 腕章 | 팔 완, 글 장 [armband]
신분이나 지위 따위를 나타내기 위하여 팔[腕]에 두르는 표장(標章).

***완전** 完全 | 갖출 완, 온전할 전 [whole; perfect]
필요한 것이 모두 갖추어져[完] 모자람이나 흠이 없음[全]. ¶완전한 성공 / 완전히 잊다. [반] 불완전(不完全).

▸완전-무결 完全無缺 | 없을 무, 모자랄 결
충분히 갖추어져 있어[完全] 아무런 결점(缺點)이 없음[無]. ¶이 세상에 완전무결한 인간은 존재하지 않는다.

완제 完製 | 완전할 완, 만들 제
완전(完全)하게 만듦[製]. 또는 그런 제품. ¶완제 생산.

▸완제-품 完製品 | 물건 품
일정한 조건에 맞추어 제작을 다 마친[完製] 물건[品]. ¶우리 회사는 완제품을 수입한다.

완주 完走 | 완전할 완, 달릴 주 [run the whole distance]
목표한 지점까지 완전히[完] 다 달림[走]. ¶80대 노인이 마라톤 전 구간을 완주했다.

완:충 緩衝 | 느릴 완, 부딪칠 충 [buff]
충격(衝擊)을 누그러지게[緩] 함. ¶에어백은 자동차와 운전자 사이에서 완충 역할을 한다.

완치 完治 | 완전할 완, 다스릴 치 [recover completely]
병을 완전(完全)히 낫게 함[治]. ¶수술로 암을 완치하다. [반] 불치(不治).

완쾌 完快 | 완전할 완, 빠를 쾌 [complete recovery]
병의 완전(完全)하고 빠르게[快] 나음. ¶완쾌를 빌다.

완패 完敗 | 완전할 완, 패할 패 [suffer a complete defeat]
완전(完全)하게 패(敗)함. ¶공화당은 총선(總選)에서 완패했다. [비] 전패(全敗). [반] 완승(完勝).

완:행 緩行 | 느릴 완, 갈 행 [go slowly]
❶[속뜻] 느리게[緩] 감[行]. ❷완행열차. ¶간이역에는 완행만 선다.

▸완행-버스 (緩行bus)
일정한 구간을 천천히 운행하면서[緩行] 승객이 원하는 곳마다 서는 버스(bus). ¶춘천까지 완행버스로 가면 세 시간이 걸린다. [반] 직행(直行) 버스.

▸완:행-열차 緩行列車 | 벌일 렬, 수레 차
일정한 구간을 천천히 운행하면서[緩行] 역마다 멎는 열차(列車). ¶완행열차를 타고 여행하다. [반] 급행열차(急行列車).

완:화 緩和 | 느릴 완, 따스할 화 [relax; ease (off)]
느슨하고[緩] 온화(穩和)하게 함. ¶그 학교는 입학 조건을 대폭 완화했다 / 이 약은 통증을 완화시켜 준다.

왈가닥 [tomboy; unruly girl]
남자처럼 덜렁거리며 수선스러운 여자. ¶그녀는 어렸을 때 소문난 왈가닥이었다.

왈가왈부 曰可曰否 | 가로 왈, 옳을 가, 가로 왈, 아닐 부 [argue pro and con]
어떤 일에 대하여 옳다[可] 말하거나[曰]

옳지 않다고[否] 말함[曰]. 옥신각신함. ¶이제 와서 왈가왈부해 봐야 아무 소용없다.

왈강-달강
작고 단단한 물건들이 어수선하게 자꾸 부딪치는 소리. 또는 그 모양. ¶부엌에서 설거지를 하는지 왈강달강 요란한 소리가 난다.

왈츠 {영 waltz}
음악 3박자의 경쾌한 춤곡. 또는 그에 맞추어 남녀가 한 쌍이 되어 원을 그리며 추는 춤.

왈칵 [all of a sudden]
❶갑자기 격한 감정이나 기운 또는 생각이 한꺼번에 치밀거나 떠오르는 모양. ¶삼촌은 왈칵 화를 냈다. ❷갑자기 어떤 기운이나 냄새가 나는 모양. ¶집에 돌아오자 피로가 왈칵 밀려왔다. ❸갑자기 힘껏 잡아당기거나 밀치는 모양. ¶형사는 대문을 왈칵 열고 들어섰다.

왕 王 | 임금 왕 [king]
군주 국가에서 가장 높은 지위와 가장 큰 권력을 가진 사람. ㊐ 군주(君主), 국왕(國王), 임금. 속담 호랑이 없는 골에 토끼가 왕 노릇 한다.

왕-겨 (王-, 임금 왕) [rice husks]
벼의 겉겨.

왕-골 [kind of sedge plant]
식물 논밭이나 습지에 자라는 키가 큰 풀. 줄기의 단면이 삼각형으로 질기고 강하여 돗자리, 방석 따위를 만드는 데 쓰인다.

왕관 王冠 | 임금 왕, 갓 관 [crown]
임금[王]이나 경기의 일인자로 뽑힌 사람이 머리에 쓰는 관(冠). ¶그는 보석이 촘촘히 박혀 있는 왕관을 썼다 / 미스코리아는 왕관을 쓰고 천천히 걸었다.

***왕국** 王國 | 임금 왕, 나라 국 [kingdom]
임금[王]이 다스리는 나라[國]. ¶고대 왕국.

왕궁 王宮 | 임금 왕, 집 궁
[king's palace]
임금[王]이 거처하는 궁전(宮殿). ¶경복궁은 조선시대 왕궁 중 하나이다.

왕권 王權 | 임금 왕, 권력 권
[royal authority]
임금[王]이 지닌 권력(權力). ¶왕권 정치.

왕ː년 往年 | 갈 왕, 해 년 [past]
지나간[往] 해[年]. ¶이래 봬도 왕년에는 스타였다.

왕눈-이 (王-, 임금 왕)
[large-eyed person]
눈이 큰 사람의 별명.

왕ː래 往來 | 갈 왕, 올 래
[come and go; associate with]
❶속뜻 가고[往] 오고[來] 함. ¶이 길은 사람들의 왕래가 잦다. ❷서로 교제하여 사귐. ¶나는 그와 주로 편지로 왕래한다.

***왕릉** 王陵 | 임금 왕, 무덤 릉
[royal tomb]
임금[王]의 무덤[陵]. ¶천마총은 신라 지증왕의 왕릉으로 알려져 있다.

왕립 王立 | 임금 왕, 설 립 [royal]
국왕(國王)이나 왕족이 세움[立]. 또는 그런 것. ¶왕립 박물관.

왕명 王命 | 임금 왕, 명할 명
[king's order]
임금[王]의 명령(命令). ¶죽더라도 왕명을 받들겠습니다.

왕ː복 往復 | 갈 왕, 돌아올 복
[travel back and forth]
갔다가[往] 돌아옴[復]. ¶왕복 차표 / 이 여객선은 부산과 제주를 왕복한다. ㊥ 편도(片道).

▶**왕복-선** 往復船 | 배 선
목적지까지 갔다가 다시 돌아오는[往復] 배[船]나 우주선. ¶우주 왕복선 컬럼비아호.

왕비 王妃 | 임금 왕, 왕비 비 [queen]
임금[王]의 아내[妃]. ㊐ 왕후(王后).

왕ː성 旺盛 | 성할 왕, 가득할 성

[be prosperous]
한창 성하고[旺] 가득 참[盛]. ¶혈기 왕성 / 식욕이 왕성하다.

왕-세자 王世子 | 임금 왕, 세대 세, 아들 자 [crown prince]
왕(王)의 대[世]를 이을 왕자(王子). ¶그는 둘째 아들을 왕세자로 봉했다. ⓑ국본(國本).

왕실 王室 | 임금 왕, 집 실 [royal family]
임금[王]의 집안[室].

왕:오천축국-전 往五天竺國傳 | 갈 왕, 다섯 오, 하늘 천, 대나무 축, 나라 국, 전할 전
책명 신라 때의 승려 혜초(慧超)가 10년 동안 인도[天竺]의 5[五]개국(國)을 갔다 가[往] 당나라에 돌아와서 완성한 여행기[傳].

왕-왕[1]
귀가 먹먹할 정도로 크고 시끄럽게 떠들거나 우는 소리. ¶음악이 왕왕 울려 나온다.

왕:왕[2] 往往 | 갈 왕, 갈 왕 [often]
❶속뜻 가고[往] 또 감[往]. ❷시간의 간격을 두고 이따금. ¶이런 일은 왕왕 생긴다.

왕위 王位 | 임금 왕, 자리 위 [throne]
임금[王]의 자리[位]. ¶세조는 단종의 뒤를 이어 왕위를 계승했다. ⓑ왕좌(王座).

왕자[1] 王者 | 임금 왕, 사람 자 [champion]
❶속뜻 임금[王] 된 사람[者]. ❷각 분야에서 특히 뛰어난 사람을 비유하여 이르는 말. ¶고래는 바다의 왕자이다.

***왕자**[2] 王子 | 임금 왕, 아들 자 [royal prince]
임금[王]의 아들[子]. ¶왕비는 10년만에 왕자를 낳았다. ⓑ공주(公主).

▸왕자-병 王子病 | 병 병
남자가 마치 자기가 왕자(王子)처럼 멋있거나 귀한 사람이라고 생각하는 병적(病的)인 태도.

▸왕자와 거지 (王子–)
문학 미국의 소설가 트웨인이 지은 장편소설. 얼굴이 서로 닮은 왕자(王子)와 거지가 서로 그 신분이 바뀌어 겪게 되는 여러 사건을 줄거리로 하고 있다.

***왕조** 王朝 | 임금 왕, 조정 조 [dynasty]
❶속뜻 임금[王]이 친히 다스리는 조정(朝廷). ❷한 왕가가 다스리는 시대. ¶조선 왕조 오백 년/왕조 실록. /세습 왕조

왕족 王族 | 임금 왕, 겨레 족 [royal family]
임금[王]의 일가[族]. ¶그녀는 스코틀랜드 왕족과 결혼한다.

왕좌 王座 | 임금 왕, 자리 좌 [throne]
임금[王]이 앉는 자리[座]. 또는 임금의 지위. ⓑ옥좌(玉座), 왕위(王位).

왕:진 往診 | 갈 왕, 살펴볼 진 [doctor's visit to a patient]
의사가 병원 밖의 환자가 있는 곳으로 가서[往] 진찰(診察)함. ¶선생님은 지금 왕진하러 가셨습니다.

왕창 [quite a few]
엄청나게 큰 규모로. ¶돈을 왕창 쓰다.

왕초 (王–, 임금 왕) [gang leader]
속된 말로 거지나 깡패 따위의 우두머리[王].

왕후 王后 | 임금 왕, 황후 후 [queen]
임금[王]의 아내[后]. ⓑ왕비(王妃).

왜[1]
언어 한글 자모 'ㅙ'의 이름.

왜:[2] [why]
무슨 까닭으로. 또는 어째서. ¶왜 늦었니?

왜:가리 [heron]
동물 몸은 흰색, 등은 청회색이며 머리에서 목덜미에 이르기까지 검은 줄이 있는 큰 새. 다리와 부리가 길어 얕은 민물에서 물고기를 잡아먹고 산다.

왜곡 歪曲 | 비뚤 왜, 굽을 곡 [distort; twist]
❶속뜻 비뚤고[歪] 굽음[曲]. ❷사실과 다르게 해석하거나 그릇되게 함. ¶역사를

왜곡하다.

왜관 倭館 | 일본 왜, 집 관
[역사] 조선 시대에 입국한 일본 왜인(倭人)들이 머물면서 외교적인 업무나 무역을 행하던 관사(館舍). 지금의 부산에 있었다.

***왜구** 倭寇 | 일본 왜, 도둑 구 [Japanese pirate raiders]
[역사] 일본[倭]의 도둑떼[寇]. 중국과 우리나라 연안에서 약탈을 일삼았다. ¶최영 장군은 홍산에서 왜구를 격퇴했다.

왜국 倭國 | 일본 왜, 나라 국 [Japan]
❶ [속뜻] 왜인(倭人)들의 나라[國]. ❷예전에 '일본'(日本)을 이르던 말. ¶왜국 공사관.

***왜군** 倭軍 | 일본 왜, 군사 군
일본[倭]의 군대(軍隊)를 낮잡아 이르는 말.

왜냐-하면 [because]
'왜 그런가 하면'의 뜻의 접속 부사. ¶나는 영화를 보러 갈 수가 없었다, 왜냐하면 어린 동생을 돌봐야 했기 때문이다.

왜-놈 (倭—, 일본 왜) [Jap]
일본[倭] 사람을 낮잡아 이르는 말.

⁑**왜란** 倭亂 | 일본 왜, 어지러울 란
❶ [속뜻] 왜인(倭人)들이 일으킨 난리(亂離). ❷ [역사] 임진왜란(壬辰倭亂).

왜병 倭兵 | 일본 왜, 군사 병
일본[倭] 병사(兵士)를 낮잡아 이르는 말.

왜선 倭船 | 일본 왜, 배 선 [Japanese ship]
❶ [속뜻] 왜인(倭人)들의 배[船]. ❷예전에, 일본 왜인들이 만든 배를 이르던 말. ¶왜선들이 나타났다.

왜소 矮小 | 작을 왜, 작을 소 [be dwarf]
작고[矮=小] 초라하다. ¶그는 체격이 왜소하다. [반] 거대(巨大)하다.

왜인 倭人 | 일본 왜, 사람 인 [Japanese]
일본[倭] 사람[人]의 낮춤말.

왜왕 倭王 | 일본 왜, 임금 왕
❶ [속뜻] 왜인(倭人)들의 왕(王). ❷예전에, 일본의 왕을 이르던 말.

⁑**왜적** 倭賊 | 일본 왜, 도둑 적 [Japanese invaders]
일본[倭]에서 온 도둑놈[賊]. ¶고려 말 남해안 일대에는 왜적들의 노략질이 끊이지 않았다.

왠지
왜 그런지 모르게. 또는 뚜렷한 이유도 없이. ¶밥 먹을 때 국이 없으면 왠지 허전하다.

외[1]
[언어] 한글 자모 'ㅚ'의 이름.

외:[2] 外 | 밖 외 [except]
일정한 범위나 한계를 벗어남을 나타내는 말. 밖. ¶나는 학교 외에는 아무 데도 가지 않았다.

외:가 外家 | 밖 외, 집 가 [family of one's mother's side]
어머니[外]의 친정 집[家]. ¶그는 외가 쪽을 많이 닮았다. [반] 친가(親家).

외:갓-집 (外家—, 밖 외, 집 가) [family of one's mother's side]
어머니[外]의 친정[家]. ¶이번 여름방학에 외갓집에 놀러 갈 생각이다.

외:경 畏敬 | 두려워할 외, 공경할 경
두려워하면서[畏] 공경(恭敬)함. ¶그는 외경의 인물로 평가되어 왔다. [비] 경외(敬畏).

▶ **외:경-심** 畏敬心 | 마음 심
두려워하면서[畏] 공경(恭敬)하는 마음[心].

외:계 外界 | 밖 외, 지경 계 [outer space]
❶ [속뜻] 바깥[外] 세계(世界). 또는 자기 몸 밖의 범위. ¶외계와의 단절. ❷지구 밖의 세계. ¶외계에서 온 사람.

▶ **외:계-인** 外界人 | 사람 인
지구 이외(以外)의 세계(世界)에 존재한다고 상상되는 사람[人]과 비슷한 존재.

㉥ 우주인(宇宙人).

외-고집 (--固執, 굳을 고, 잡을 집) [stubbornness]
조금도 융통성이 없는 고집(固執). 또는 그런 고집을 부리는 사람. ¶외고집을 부리다.

외-곬 [single way]
단 하나의 방법이나 방향. ¶외곬으로 생각하다.

외:과 外科 | 밖 외, 분과 과 [science of surgery]
의학 몸 외부(外部)의 상처를 치료하는 의학의 한 분과(分科). ¶외과 치료를 받다.

외:곽 外郭 | =外廓, 밖 외, 외성 곽 [outline; outer wall]
❶속뜻 성 밖[外]에 다시 둘러쌓은 외성[郭]. ❷바깥 테두리. ¶외곽 도로.

외:관 外觀 | 밖 외, 볼 관 [external appearance]
겉[外]으로 보이는[觀] 모양. ¶에펠탑은 외관이 흉물스럽다고 천대를 받았다. ㉥ 겉모습, 외견(外見).

외:교 外交 | 밖 외, 사귈 교 [diplomacy]
정치 다른 나라[外國]와 정치적, 경제적, 문화적 관계를 맺는[交] 일. ¶정상 외교. ㉥ 외치(外治).

▶외:교-관 外交官 | 벼슬 관
법률 외국에 주재하며 자기 나라를 대표하여 외교 사무에 종사하는[外交] 관직(官職). 또는 그 관직에 종사하는 사람.

▶외:교-권 外交權 | 권리 권
법률 국제법에서 주권 국가로서 외국과 외교(外交)를 할 수 있는 권리(權利). ¶일제는 을사조약으로 대한제국의 외교권을 빼앗았다.

▶외교 통상부 外交通商部 | 다닐 통, 장사 상, 나눌 부
법률 외교(外交)·통상(通商)·경제 협력 따위에 관한 일을 맡아 보는 정부 부서(部署).

⁑외:국 外國 | 밖 외, 나라 국 [foreign country]
자기 나라가 아닌 다른[外] 나라[國]. ¶그는 외국에서 학교를 다녔다. ㉥ 이국(異國), 타국(他國). ㉤ 고국(故國), 모국(母國).

▶외:국-산 外國産 | 재물 산
다른 나라[外國]에서 생산(生産)함. 또는 그런 물건. ¶외국산 자동차를 수입하다. ㉤ 국산(國産).

▶외:국-어 外國語 | 말씀 어
다른 나라[外國]의 말[語]. ¶그는 어릴 적부터 외국어를 배웠다. ㉤ 모국어(母國語).

▶외:국-인 外國人 | 사람 인
다른 나라[外國] 사람[人]. ¶한국을 찾는 외국인 관광객이 크게 늘었다. ㉤ 내국인(內國人), 자국인(自國人).

외-길 [single path]
한 군데로만 난 길.

외나무-다리
한 개의 통나무로 놓은 다리. 속담 원수는 외나무다리에서 만난다.

외:다 (誦, 욀 송) [memorize]
'외우다'의 준말. ¶구구단을 외다. ㉥ 암기(暗記)하다.

외-돌토리 [lonely person]
매인 데도 없고 의지할 데도 없는 홀몸. 외톨이.

외동-딸 [only daughter]
아들 없이 단 하나뿐인 딸. ㉥ 무남독녀(無男獨女). ㉤ 외동아들.

외딴 [isolated]
홀로 떨어져 있는. ¶외딴 곳.

▶외딴-섬
홀로 따로 떨어져 있는 섬. ㉥ 낙도(落島).

외떡잎-식물 (--植物, 심을 식, 만물 물)
식물 떡잎이 한 개인 식물(植物). 백합, 난초, 벼, 보리, 토란, 야자나무 따위.

외:람 猥濫 | 함부로 외, 넘칠 람

[be presumptuous]
말이나 행동을 함부로[猥]하여 분수에 넘침[濫]. ¶외람되게 한 말씀 드립니다.

외:래 外來 | 밖 외, 올 래
[coming from abroad]
❶ 속뜻 밖[外]에서 들여옴[來]. 또는 다른 나라에서 옴. ¶외래 문물. ❷환자가 입원하지 않고 병원에 다니면서 치료를 받음. 또는 그 환자. ¶외래 진찰권.

▸외:래-어 外來語 | 말씀 어
언어 외국에서 들어온[外來] 말[語]로 국어처럼 쓰이는 단어. ¶'버스', '텔레비전'은 외래어다.

▸외:래-종 外來種 | 갈래 종
다른 나라에서 들어온[外來] 씨[種]나 품종. ¶외래종 때문에 토착 동물이 서식지를 잃었다.

외로움 [loneliness]
홀로 쓸쓸함. 고독함. ¶외로움을 달래다.

외롭다 (孤 외로울 고) [be lonely]
홀로 되거나 의지할 곳이 없어 쓸쓸하다. ¶낯선 사람들 사이에서 나는 너무 외로웠다 / 어머니는 칠십 평생을 외로이 사셨다. ⓑ 고독(孤獨)하다.

외-마디 [single scream]
한 음절로 된 소리의 마디. ¶외마디 소리.

외:면 外面 | 밖 외, 낯 면
[look the other way]
❶ 속뜻 바깥[外] 면(面). ❷마주치기를 꺼리어 피하거나 얼굴을 돌림. ¶승재는 친구들에게 외면을 당했다.

외:모 外貌 | 밖 외, 모양 모 [appearance]
겉[外]으로 드러나 보이는 모양[貌]. ¶외모가 번듯한 기와집들 / 사람을 외모로 판단해서는 안 된다. ⓑ 겉모습.

외:무 外務 | 밖 외, 일 무
[foreign affairs]
외교(外交)에 관한 사무(事務). ¶외무 당국은 이번 사태에 큰 우려를 표명했다.

외:박 外泊 | 밖 외, 묵을 박 [sleep out]
집이나 일정한 숙소에서 자지 않고 밖[外]에 나가서 잠[泊]. ¶그는 며칠 동안 부모님께 말씀드리지 않고 외박했다.

외:벽 外壁 | 밖 외, 담 벽
건물 바깥[外] 쪽을 둘러싸고 있는 벽(壁). ¶건물 외벽에 칠을 새로 했다.

***외:부 外部** | 밖 외, 나눌 부 [outside]
❶ 속뜻 바깥[外] 부분(部分). ¶건물의 외부에 분홍색 페인트칠을 했다. ❷조직이나 단체의 밖. ¶비밀이 외부로 새어나갔다. ⓑ 내부(內部).

▸외:부-인 外部人 | 사람 인
같은 조직이나 단체에 속해 있지 않는[外部] 사람[人]. ¶외부인은 출입을 금합니다.

외:-사촌 外四寸 | 밖 외, 넉 사, 관계 촌
[maternal cousin]
외가(外家) 쪽 촌수로 따졌을 때, 사촌(四寸) 관계에 있는 사람. 즉 외삼촌의 자녀를 가리킨다. ¶외사촌 누이는 안동으로 출가했다.

외:-삼촌 外三寸 | 밖 외, 석 삼, 관계 촌
[maternal uncle]
외가(外家) 쪽 촌수로 따졌을 때, 삼촌(三寸) 관계에 있는 사람. 즉 어머니의 남자 형제를 가리킨다. ¶아버지를 대신해 외삼촌이 우리를 키우셨다.

외:상[1] [credit]
값은 나중에 계산하기로 하고 물건을 먼저 가져가는 일. ¶외상으로 사다.

▸외:상-값
외상으로 거래한 물건의 값. ¶나는 집 앞 슈퍼에 외상값이 2만 원 있다.

***외:상[2] 外傷** | 밖 외, 다칠 상
[external injury]
의학 몸의 겉[外]에 생긴 상처(傷處)를 통틀어 이르는 말. ¶외상보다 눈에 보이지 않는 내상(內傷)이 더 위험할 수 있다.

외:-생식기 外生殖器 | 밖 외, 날 생, 불릴 식, 그릇 기 [external genitalia]

의학 신체의 외부(外部)에 있는 생식기(生殖器). ㊐ 외음부(外陰部).

외:성 外城 | 밖 외, 성곽 성
성 밖[外]에 겹으로 둘러쌓은 성(城). ¶적이 외성을 공격하는 사이 우리는 성을 빠져나가 적의 뒤를 쳤다. ㉤ 내성(內城).

외:세 外勢 | 밖 외, 힘 세
[foreign power]
❶ 속뜻 외국(外國)의 힘[勢]. ¶외세의 침략에서 벗어나고자 농민들은 힘을 모았다. ❷바깥의 형세. ¶외세를 살피다.

외:손 外孫 | 밖 외, 손자 손 [one's grandchild; one's daughter's child]
집안의 성씨가 아닌 다른[外] 성씨의 자손(子孫). 즉, 딸이 낳은 외손자와 외손녀를 이른다. ¶장인, 장모가 딸 내외와 외손을 맞았다. ㊐ 사손(獅孫), 저손(杵孫).

외:-손자 外孫子 | 밖 외, 손자 손, 아이 자
[one's grandson]
집안의 성씨가 아닌 다른[外] 성씨의 손자(孫子). 즉 딸이 낳은 손자를 이른다.

외:숙 外叔 | 밖 외, 아저씨 숙
[maternal uncle]
외가(外家) 쪽의 숙부(叔父). ㊐ 외삼촌(外三寸).

외:-숙모 外叔母 | 밖 외, 아저씨 숙, 어머니 모 [maternal uncle's wife]
외가(外家) 쪽의 숙모(叔母).

외:-숙부 外叔父 | 밖 외, 아저씨 숙, 아버지 부
외가(外家) 쪽의 숙부(叔父). ㊐ 외삼촌(外三寸).

외:식 外食 | 밖 외, 먹을 식 [dine out]
집에서 직접 해 먹지 않고 밖에서[外] 음식을 사 먹음[食]. 또는 그런 식사. ¶우리 가족은 일주일에 한 번 외식을 한다.

▸ 외:식-비 外食費 | 쓸 비
외식(外食)을 하는 데에 쓰이는[費] 돈. ¶이번 달에는 외식비가 늘었다.

외:신 外信 | 밖 외, 소식 신
[foreign news]
외국(外國)으로부터 온 소식[信]. ¶외신 기사. ㊐ 외전(外電).

외-아들 [only son]
형제(兄弟)가 없이 단 하나만 있는 아들. ㊐ 독자(獨子). ㉤ 외동딸.

외:야 外野 | 밖 외, 들 야 [outfield]
❶ 속뜻 바깥[外] 쪽에 있는 들[野]. ❷ 운동 야구에서, 본루·1루·2루·3루를 연결한 선 뒤쪽의 파울 라인 안의 지역.

▸ 외:야-수 外野手 | 사람 수
운동 야구에서, 외야(外野)를 지키는 선수(選手). 우익수(右翼手)·좌익수(左翼手)·중견수(中堅手)를 통틀어 이르는 말. ㉤ 내야수.

외:양 外樣 | 밖 외, 모양 양
[outward appearance]
겉[外] 모양(模樣). ¶저 개가 외양은 볼품없어도 집을 잘 지킨다. ㊐ 겉모양.

외양-간 [cowshed]
말이나 소를 기르는 곳. 속담 소 잃고 외양간 고친다.

외우다 [memorize]
❶말이나 글 따위를 잊지 않고 기억하여 두다. ¶영어 단어를 외우다. ❷글이나 말을 기억하여 두었다가 한 자도 틀리지 않게 그대로 말하다. ¶서희는 구구단을 줄줄 외운다. ㊐ 기억(記憶)하다.

외-자[1] (一字, 글자 자)
한 글자[字]. ¶그녀는 딸 이름을 외자로 지었다.

외:자[2] **外資** | 밖 외, 재물 자
[foreign capital]
경제 '외국자본'(外國資本)의 준말. ¶외자를 유치하여 산업을 발전시키다.

외:적[1] **外的** | 밖 외, 것 적 [external]
❶ 속뜻 사물의 외부(外部)에 관한 것[的]. ❷정신에 상대하여 물질이나 육체에 관한 것. ¶외적 욕망. ㉤ 내적(內的).

***외:적**[2] **外敵** | 밖 외, 원수 적

[foreign enemy]
외국(外國)으로부터 쳐들어오는 적(敵). [비] 외구(外寇).

외ː제 外製 | 밖 외, 만들 제
[of foreign manufacture]
외국(外國)에서 만듦[製]. '외국제'의 준말. ¶외제차. [반] 국산(國産).

외ː조 外祖 | 밖 외, 할아버지 조
외가(外家) 쪽의 조부모(祖父母).

외ː-조모 外祖母 | 밖 외, 할아버지 조, 어머니 모 [maternal grandmother]
외가(外家) 쪽의 할머니[祖母]. [비] 외할머니.

외ː-조부 外祖父 | 밖 외, 할아버지 조, 아버지 부 [maternal grandfather]
외가(外家) 쪽의 할아버지[祖父]. [비] 외할아버지.

외ː종 外從 | 밖 외, 사촌 종
[cousin on ones mothers side]
외삼촌(外三寸)의 아들이나 딸로 나와 사촌[從]이 되는 관계.

외-줄 [single line]
단 한 가닥의 줄. ¶외줄 타기.

외-짝 [one of a pair]
짝을 이루지 못하고 단 하나만으로 된 것. ¶기러기 외짝이 홀로 하늘을 선회했다.

외ː채 外債 | 밖 외, 빚 채
[foreign debt]
[경제] 외국(外國)에 진 빚[債]. '외국채'의 준말.

외ː척 外戚 | 밖 외, 겨레 척
[relatives on the mother's side]
외가(外家) 쪽의 친척(親戚). ¶흥선대원군은 외척이 세도를 부리지 못하도록 하였다.

외ː출 外出 | 밖 외, 날 출 [go out]
밖[外]으로 나감[出]. ¶지금은 외출 중이오니 메시지를 남겨주세요. [비] 나들이.

▶외ː출-복 外出服 | 옷 복
밖에 나갈 때[外出] 입는 옷[服]. [비] 나들이옷.

외치다 [cry out]
❶매우 큰 소리로 부르짖다. 큰 소리를 지르다. ¶도와 달라고 큰 소리로 외치다. ❷의견이나 요구를 강하게 주장하다. ¶자유를 외치다.

외ː침 外侵 | 밖 외, 쳐들어갈 침
다른 나라나 외부(外部)에서 쳐들어옴[侵]. ¶남해안 지역은 외침이 빈번했다.

외-톨이 [lonely person]
의지할 데 없고 매인 데 없는 홀몸.

외ː투 外套 | 밖 외, 덮개 투 [overcoat]
추위를 막기 위하여 겉[外]옷 위에 입는[套] 옷. ¶외투를 걸치다.

외ː판 外販 | 밖 외, 팔 판
[traveling sale; canvassing]
판매원이 직접 외부(外部) 고객을 찾아다니면서 물건을 팖[販]. ¶외판 사원.

▶외ː판-원 外販員 | 사람 원
직접 고객을 찾아다니면서 물건을 파는[外販] 사람[員]. ¶외판원 생활을 하다. [비] 세일즈맨(sales man).

외ː풍 外風 | 밖 외, 바람 풍
[draft of air]
밖[外]에서 들어오는 바람[風]. ¶내 방은 외풍이 심하다.

외ː-할머니 (外-, 밖 외)
[maternal grandmother]
외가(外家)쪽의 할머니. 어머니의 친정어머니를 이르는 말. [비] 외조모(外祖母).

외ː-할아버지 (外-, 밖 외)
[maternal grandfather]
외가(外家)쪽의 할아버지. 어머니의 친정아버지를 이르는 말. [비] 외조부(外祖父).

외ː항 外項 | 밖 외, 목 항 [outer term]
[수학] 비례식의 바깥쪽[外]에 있는 두 항(項). a:b=c:d에서 a와 d 따위. [반] 내항(內項).

외ː형 外形 | 밖 외, 모양 형
[external form]

사물의 겉[外] 모양[形]. ¶주전자의 외형은 동그랗다.

외:화[1]**外貨** | 밖 외, 돈 화
[foreign money]
경제 외국(外國)의 돈[貨]. 외국의 통화로 표시된 수표나 유가 증권 따위도 포함한다. ¶외화를 벌어들이다.

외:화[2]**外畵** | 밖 외, 그림 화
[foreign movie]
연영 외국(外國)에서 제작된 영화(映畵). ㉥ 방화(邦畵).

외:환 外換 | 밖 외, 바꿀 환
[foreign exchange]
경제 외국(外國)과의 거래를 결제할 때 쓰는 환(換)어음. 발행지와 지급지가 서로 다른 나라일 때 쓴다. '외국환(外國換) 어음'의 준말. ¶외환위기.

왼:-발 [left foot]
왼쪽 발. ㉥ 오른발.

왼:-손 [left hand]
왼쪽 손. ¶왼손으로 밥을 먹다. ㉥ 오른손.

▸ 왼:손-잡이
왼손을 오른손보다 더 잘 쓰는 사람. ㉥ 오른손잡이.

왼:-씨름
운동 샅바를 오른 다리에 끼고 어깨는 왼쪽에 대고 하는 씨름. ㉥ 오른씨름.

왼:-쪽 (左, 왼 좌) [left side]
서쪽을 향했을 때, 남쪽에 해당하는 방향. ㉥ 왼편, 좌측(左側). ㉥ 오른쪽. ¶그는 내 왼쪽에 앉아 있다.

왼:-팔 [left arm]
왼쪽 팔. ㉥ 오른팔.

왼:-편 (-便, 쪽 편) [left side]
왼쪽[便]. ¶왼편에 우체국이 보였다. ㉥ 오른편.

요[1]
언어 한글 모음 글자 'ㅛ'의 이름.

요[2][underquilt]
사람이 눕거나 앉을 때 바닥에 까는 침구의 하나. 속에 솜·짚·털 등을 넣는다.

요[3][this; this little one]
❶시간이나 거리의 가까움을 일컫는 말. 바로 이. ¶요 근처. ❷바로 앞에 있는 사람이나 사물을 얕잡아 가리킬 때 쓰는 말. ¶요 녀석.

요가 {산 yoga}
고대 인도에서부터 전하여 오는 심신 단련법의 하나. 건강 증진, 미용 따위를 목적으로 한다.

요강 [chamber pot]
방에 두고 오줌을 누는 그릇.

요-거 [this]
'요것'을 구어적으로 이르는 말. ¶요거 뭐예요?

요건 要件 | 구할 요, 조건 건
[necessary condition]
필요(必要)한 조건(條件). ¶자격 요건.

요-것 [this]
❶자기에게 가까이 있는 일이나 물건을 가리키는 말. ¶요것 얼마예요? ❷사람을 얕잡거나 귀엽게 이르는 말. ¶아이코 요것아, 깜짝 놀랐잖니!

요괴 妖怪 | 요사할 요, 이상할 괴 [ghost]
❶ 속뜻 요사(妖邪)스럽고 괴이(怪異)함. ❷요사스러운 귀신.

요구 要求 | 구할 요, 구할 구 [demand]
받아야 할 것을 필요(必要)에 의하여 달라고 청구(請求)함. ¶요구 사항 / 지나치게 요구하다. ㉥ 요청(要請).

요구르트 {영 yogurt}
우유나 양젖 따위를 살균하여 반쯤 농축하고 유산균을 번식시켜 만든 발효유.

요:금 料金 | 삯 료, 돈 금 [charge]
수수료(手數料) 따위에 상당하는 돈[金]. ¶택시 요금 / 요금을 올리다.

▸ 요:금-표 料金表 | 겉 표
무엇을 이용하거나 구경한 값으로 치르는 돈[料金]을 써 놓은 표(表). ¶놀이동산 이용 요금표.

요-기[1][here; this point]
말하는 이에게 가까운 곳을 가리키는 지시 대명사. ¶요기가 바로 제 자리입니다.

요기[2]**療飢** | 병고칠 료, 배고플 기
[appease hunger]
간신히 배고픈[飢] 증세만 고칠[療] 정도로 조금 먹음. ¶아침 요기.

요긴 要緊 | 요할 요, 급할 긴
[be essentially important]
❶속뜻 중요(重要)하고도 급함[緊]. ❷중요하여 꼭 필요로 함. ¶요긴한 물건. ⓑ긴요(緊要)하다.

요-나라 (遼—, 요나라 료)
역사 916년에 거란족의 야율아보기가 세운 나라. 몽골·만주·화베이의 일부를 지배하였으며, 송나라로부터 연계(燕薊) 16주를 빼앗아 전연(澶淵)의 동맹을 맺어 우위를 차지하였다. 1125년에 금나라와 송나라의 협공을 받아 망하였다.

요-놈 [this guy]
바로 앞에 있는 남자나 어떤 작은 것을 얕잡아 욕되게 이르거나 귀엽게 이르는 말. ¶요놈, 어딜 도망치느냐?

요도 尿道 | 오줌 뇨, 길 도 [urethra]
의학 오줌[尿]을 방광으로부터 몸 밖으로 배출하기 위한 길[道].

요동 搖動 | 흔들 요, 움직일 동 [shake]
흔들리거나 흔들어[搖] 움직임[動]. ¶배는 파도 때문에 요동을 쳤다.

요란 擾亂 | =搖亂, 흔들 요, 어지러울 란
[be noisy]
❶속뜻 정신이 흔들리거나[擾] 어지러움[亂]. ¶요란한 옷. ❷시끄럽고 떠들썩함. ¶박수 소리가 요란하다 / 코 고는 소리가 요란스럽다.

요람 搖籃 | 흔들 요, 바구니 람 [cradle]
젖먹이를 태우고 흔들어[搖] 놀게 하거나 잠재우는 바구니[籃]. ¶요람 속의 아기.

요량 料量 | 헤아릴 료, 헤아릴 량
[plan out; guess]
앞일을 잘 헤아려[料=量]봄. 또는 그런 생각. ¶낮잠을 잘 요량으로 소파에 누웠다.

요런 [like this]
상태, 모양, 성질 따위가 요러한. ¶요런 일로 화내면 안 된다.

요렇게 [in this way]
요런 모양으로. ¶다리를 요렇게 뻗어 봐.

요령 要領 | 요할 요, 요점 령
[main point]
❶속뜻 중요(重要)한 골자나 요점[領]. ❷일을 하는 데 필요한 효과적인 방법. ¶논문 작성 요령. ❸적당히 해 넘기는 잔꾀. ¶요령을 부리다.

요리[1][this way; here]
요 곳으로. ¶요리로는 오지 마세요.

▸**요리-조리**
❶방향이 일정하지 않고 요 곳으로 조 곳으로. ¶요리조리 피하다. ❷요렇게 조렇게. ¶요리조리 핑계를 대다.

요리[2]**料理** | 헤아릴 료, 다스릴 리 [cook]
❶속뜻 요모조모 헤아려[料] 잘 다스림[理]. ❷음식을 일정한 방법으로 만듦. 또는 그 음식. ¶요리 솜씨.

▸**요리-사 料理師** | 스승 사
요리(料理)를 전문으로 하는 사람[師]. ¶그는 중식(中食) 요리사이다.

▸**요리-책 料理冊** | 책 책
여러 가지 음식 만드는[料理] 방법을 적어 놓은 책(冊). ¶요리책을 보고 배우다.

요만-하다
상태, 모양, 성질 따위의 정도가 요러하다. ¶그녀는 요만했을 때부터 피아노를 쳤다.

요망[1]**妖妄** | 요사할 요, 망령될 망
[act frivolously]
❶속뜻 요사(妖邪)스럽고 망령(妄靈)됨. ❷언행이 방정맞고 경솔함. ¶요망을 떨다.

요망[2]**要望** | 구할 요, 바랄 망
[be required]
요구(要求)하고 희망(希望)함. ¶연락 요망.

요모-조모 [every side of]
요런 면 조런 면. 여러 방면. ¶요모조모 자세히 따져 보다.

요-번 (一番, 차례 번) [this time]
돌아온 바로 이제의 차례[番]. ¶해외여행은 요번이 처음이다.

요법 療法 | 병고칠 료, 법 법 [medical treatment]
한의 병을 고치는[療] 방법(方法). ¶한방 요법.

요-사이 [recently]
이제까지의 매우 짧은 동안. ¶요사이는 복숭아가 한창이다. ㊟ 요새. ㊥ 근래(近來), 요즘.

요산요수 樂山樂水 | 좋아할 요, 메 산, 좋아할 요, 물 수
❶ 속뜻 산(山)을 좋아하고[樂] 물[水]을 좋아함[樂]. ❷산수 자연을 즐기고 좋아함. ¶요산요수할 여유가 없다.

요-새[1] [lately]
'요사이'의 준말. ㊥ 요즘, 근래(近來).

요새[2] 要塞 | 요할 요, 변방 새 [fortress]
❶ 속뜻 군사적으로 중요(重要)한 변방[塞]. ❷ 군사 중요(重要)한 곳에 구축하여 놓은 견고한 성채나 방어시설(防禦施設).

요소[1] 尿素 | 오줌 뇨, 바탕 소 [urea]
화학 포유류의 오줌[尿]에 들어 있는 질소 질소화합 원소(元素). 체내에서는 단백질이 분해하여 생성되고 공업적으로는 암모니아와 이산화탄소에서 합성된다. 비료, 요소 수지, 의약 따위에 쓴다.

⁑**요소**[2] 要素 | 구할 요, 바탕 소 [essential element]
꼭 필요(必要)한 바탕[素]이나 성분. 또는 근본 조건. ¶핵심적 요소.

요소[3] 要所 | 요할 요, 곳 소 [key point]
중요(重要)한 장소(場所)나 지점. ¶요소에 경찰관을 배치하다.

▸**요소-요소** 要所要所 | 요할 요, 곳 소
중요(重要)한 장소(場所) 마다. ¶인력을 요소요소에 배치하다.

요술 妖術 | 요사할 요, 꾀 술 [magic]
요사한[妖] 일을 꾸미는 술법(術法). ¶요술 거울.

▸**요술-쟁이** (妖術–)
요술(妖術)을 부리는 재주가 있는 사람.

*__요약__ 要約 | 요할 요, 묶을 약 [summarize]
요점(要點)을 잘 간추림[約]. ¶줄거리를 요약하시오.

요양 療養 | 병고칠 료, 기를 양 [recuperate; convalesce]
❶ 속뜻 병을 치료(治療)하고 몸을 보양(保養)함. ❷휴양하면서 조리하여 병을 치료함. ¶나는 시골에서 요양 중이다.

▸**요양-원** 療養院 | 집 원
환자들을 수용하여 요양(療養)할 수 있도록 시설을 갖추어 놓은 보건 기관[院]. ㊥ 요양소(療養所).

요염 妖艶 | 아리따울 요, 고울 염 [be fascinating]
사람을 호릴 만큼 매우 아리땁고[妖] 고움[艶]. ¶요염한 눈빛.

요오드 {독 Jod} [iodine]
화학 할로겐족 원소의 하나. 광택이 있는 어두운 갈색 결정으로 의약품이나 화학 공업에 널리 쓴다.

▸**요오드-팅크** {독 Jodtinktur}
약학 요오드, 요오드화칼륨 따위를 알코올에 녹인 용액. 어두운 붉은 갈색으로 소독에 쓰거나 진통, 소염 따위에 쓰는 외용약이다.

요요 {영 yoyo}
자이로스코프의 원리를 응용한 장난감. 둥근 널빤지 두 쪽의 중심축을 연결하여 고정하고 그 축에 실의 한쪽 끝을 묶어 매고 실의 다른 한쪽을 손에 쥐고 널빤지를 올렸다 내렸다 하면서 회전시킨다.

요원[1] 要員 | 구할 요, 인원 원 [needed personnel]
꼭 필요(必要)한 인원(人員). ¶수사 요원

을 배치하다.

요원²遙遠 | 멀 요, 멀 원 [be very far away]
멀고[遙] 멀다[遠]. 까마득하다. ¶목표를 달성하려면 아직 요원하다. ㊐ 아득하다, 멀다.

요인¹要人 | 요할 요, 사람 인 [important person]
중요(重要)한 자리에 있는 사람[人]. 또는 윗자리에 있는 사람. ¶그는 정부(政府) 요인을 암살하려고 했다.

⁑**요인²要因** | 요할 요, 인할 인 [important factor]
중요(重要)한 원인(原因). ¶사고 요인을 밝히다.

***요일 曜日** | 빛날 요, 해 일 [day of the week]
❶속뜻 빛나는[曜] 해[日]. ❷일주일의 각 날. ¶오늘은 무슨 요일입니까?

요:절 夭折 | 어릴 요, 죽을 절 [die early death]
어린 나이[夭]에 죽음[折]. 젊어서 죽음. ¶그 나이에 요절이라니 너무 안타깝다.

요점 要點 | 요할 요, 점 점 [main point]
가장 중요(重要)하고 중심이 되는 사실이나 관점(觀點). ¶요점을 정리하다. ㊐ 골자(骨子), 요지(要旨), 중점(重點), 핵심(核心).

요정 妖精 | 아리따울 요, 도깨비 정 [fairy]
❶속뜻 아리따운[妖] 도깨비[精]. ❷사람의 모습을 한 젊고 귀여운 마녀. 서양의 동화나 전설에 많이 나온다. ¶숲 속의 요정.

요-즈음 [these days]
바로 얼마 전부터 이제까지의 무렵. ¶요즈음 날씨가 춥다. ㊐ 요사이, 최근(最近).

요-즘 [nowadays]
'요즈음'의 준말.

요지¹要旨 | 요할 요, 뜻 지 [essentials]
핵심이 되는 중요(重要)한 뜻[旨]. ¶이야기의 요지를 파악하다. ㊐ 골자(骨子), 요점(要點).

***요지²要地** | 요할 요, 땅 지 [important place]
중요(重要)한 곳[地]. ¶군사적 요지를 점령하다.

요지-경 瑤池鏡 | 아름다운 옥 요, 못 지, 거울 경 [magic glass]
❶속뜻 아름다운[瑤] 연못[池] 같은 거울[鏡]. ❷확대경을 장치하여 놓고 그 속의 여러 가지 재미있는 그림을 돌리면서 구경하는 장치나 장난감. ❸알쏭달쏭하고 묘한 세상일을 비유하여 이르는 말. ¶요지경 같은 세상.

요지부동 搖之不動 | 흔들릴 요, 어조사 지, 아닐 부, 움직일 동
흔들어도[搖] 움직이지[動] 않음[不]. ¶그는 한번 마음을 먹으면 요지부동이다.

요청 要請 | 구할 요, 부탁할 청 [demand; request]
❶속뜻 요구(要求)하여 부탁함[請]. ❷요긴하게 부탁함. 또는 그런 부탁. ¶협력 요청.

요충 蟯蟲 | 요충 요, 벌레 충 [threadworm]
동물 몸이 가늘고 흰 벌레[蟯]같은 기생충(寄生蟲). 사람이나 척추동물의 장(腸)에 기생한다.

요충-지 要衝地 | 요할 요, 요긴할 충, 땅 지 [important spot]
아주 중요(重要)하고 요긴한[衝] 지역(地域). ¶군사적 요충지.

요-컨대 (要―, 요할 요) [in a word]
중요(重要)한 점을 말하자면. ¶요컨대 노력을 해야 성공할 수 있다.

요통 腰痛 | 허리 요, 아플 통 [backache]
의학 허리[腰]가 아픈[痛] 증상. 척추 질환, 외상, 임신, 부인과 질환, 신경·근육 질환 따위가 원인이다.

요트 {영 yacht}
뱃놀이·경주 등에 쓰는, 속도가 빠른 서양식의 돛단배. ¶요트를 타다.

요-하다 (要—, 구할 요) [need]
필요(必要)로 하다. ¶그의 병은 2주일의 안정을 요한다.

요행 僥倖 | 바랄 요, 요행 행 [luck by chance]
❶ 속뜻 운수가 좋기[倖]를 바람[僥]. ❷뜻밖에 얻는 행운. ¶그는 요행을 바라고 복권을 샀다.

욕 辱 | 욕될 욕 [abusive language]
남의 인격을 무시하는 모욕적인 말. 또는 남을 저주하는 말. ¶그녀는 말끝마다 욕이다 / 뒤에서 욕하지 마라. ㊥ 욕설(辱說).

욕구 欲求 | 하고자할 욕, 구할 구 [desire]
무슨 일을 하고자[欲] 하거나 무엇을 얻고자[求] 함. 또는 그런 마음. ¶생리적 욕구.

욕-되다 (辱—, 욕될 욕)
부끄럽고 치욕적이고 불명예스럽다. ¶부모님을 욕되게 하다.

욕망 慾望 | 욕심 욕, 바랄 망 [desire]
욕심(慾心)이 채워지기를 바람[望]. 또는 그런 마음. ¶욕망에 사로잡히다.

욕설 辱說 | 욕될 욕, 말씀 설 [insulting language]
남의 인격을 무시하는 모욕(侮辱)적인 말[說]. 또는 남을 저주하는 말. ¶욕설을 늘어놓다. ㊟ 욕. ㊥ 욕언(辱言).

욕실 浴室 | 목욕할 욕, 방 실 [bathroom]
목욕(沐浴)하기 위해 시설을 갖추어 놓은 방[室]. '목욕실'의 준말. ¶욕실 청소.

***욕심 欲心** | =慾心 하고자할 욕, 마음 심 [greed]
무엇을 하고자 하는[欲] 마음[心]. ¶지나친 욕심은 버려라. ㊥ 욕망(慾望).

▸ **욕심-쟁이** (欲心—)
욕심(欲心)꾸러기.

▸ **욕심-꾸러기** (欲心—)
욕심(欲心)이 많은 사람을 낮잡아 이르는 말. ㊥ 욕심쟁이.

욕조 浴槽 | 목욕할 욕, 구유 조 [bathtub]
목욕(沐浴)을 할 수 있도록 물을 담는 용기[槽]. ¶욕조에 몸을 담그다.

욕-지거리 (辱—, 욕될 욕) [abusive language]
'욕설'(辱說)을 속되게 이르는 말.

욕지기 [sickly feeling]
토할 듯 메스꺼운 느낌. ¶욕지기가 나다.

욕탕 浴湯 | 목욕할 욕, 끓을 탕 [bathhouse]
목욕(沐浴)할 수 있도록 끓인[湯] 물. '목욕탕'의 준말. ¶욕탕에 텀벙 들어가다.

용 龍 | 용 룡 [dragon]
몸은 큰 뱀 비슷하며 뿔·귀·수염과 네 개의 발이 있고, 날아다니는 상상의 동물. 상서로운 것으로 믿으며 천자·군왕에 비유한다.

***용:감 勇敢** | 날쌜 용, 굳셀 감 [be brave]
씩씩하고 겁이 없으며[勇] 기운차다[敢]. ¶용감하게 싸우다.

용:건 用件 | 쓸 용, 물건 건 [matter of business]
❶ 속뜻 사용(使用)되는 물건(物件). ❷해야 할 일. ¶용건만 간단히 말하다. ㊥ 볼일, 용무(用務).

용고 龍鼓 | 용 룡, 북 고
음악 북통에 용(龍)을 그려 넣은 우리나라의 전통 북[鼓]. 북통을 앞으로 둘러메고 친다.

용광-로 鎔鑛爐 | 녹일 용, 쇳돌 광, 화로 로 [blast furnace]
공업 높은 온도로 광석(鑛石)을 녹여서[鎔] 쇠붙이를 뽑아내는 가마[爐].

용:구 用具 | 쓸 용, 갖출 구 [tool]
무엇을 하거나 만드는 데 쓰는[用] 여러 가지 도구(道具). ¶바느질 용구.

▸ **용:구-함 用具函** | 상자 함
용구(用具)를 담아서 두는 상자[函]. ¶청소 용구함.

용궁 龍宮 | 용 룡, 집 궁 [Palace of the Sea King]
전설에서 바다 속에 있다고 하는 용왕(龍

王)의 궁전(宮殿).

용:기[1]用器 | 쓸 용, 그릇 기
기구(器具)를 사용(使用)함. 또는 그 기구. ¶용기로 설계도를 그리다.

⁑**용:기**[2]勇氣 | 날쌜 용, 기운 기 [courage]
용감(勇敢)한 기운(氣運). 또는 사물을 겁내지 않는 기개. ¶용기가 나다.

용기[3]容器 | 담을 용, 그릇 기 [instrument; container]
물건을 담는[容] 그릇[器]. ¶플라스틱 용기에 물을 가득 담아 놓다.

용납 容納 | 담을 용, 들일 납 [tolerate; permit]
너그러운 마음으로 포용(包容)하여 받아들임[納]. ¶너의 그런 무례한 행동은 도저히 용납할 수 없다.

용:도[1]用度 | 쓸 용, 정도 도
❶ 속뜻 쓰이는[用] 정도[度]. ¶용도가 높다. ❷관청이나 회사에서 물품을 공급하는 일.

*__용:도__[2]用途 | 쓸 용, 길 도 [useage]
쓰이는[用] 길[途]. 또는 쓰이는 곳. ¶용도 변경. ㊐ 쓰임새.

용:-돈 (用—, 쓸 용) [pocket money]
개인이 자질구레하게 쓰는[用] 돈. 또는 특별한 목적을 갖지 않고 자유롭게 쓸 수 있는 돈. ¶용돈을 아껴 쓰다.

용-두레
농업 낮은 곳의 물을 높은 곳의 논이나 밭으로 퍼 올리는 데 쓰는 농기구.

용:량[1]用量 | 쓸 용, 분량 량 [dose]
❶ 속뜻 사용(使用) 분량(分量). ❷ 약학 약제를 한 번 또는 하루에 사용하거나 복용하는 분량. ¶약을 복용할 때는 반드시 지시된 용량을 지키십시오.

용량[2]容量 | 담을 용, 분량 량 [measure of capacity]
❶ 속뜻 가구나 그릇 같은 데 담을 수 있는[容] 분량(分量). ¶3백 리터 용량의 냉장고. ❷컴퓨터에 저장할 수 있는 정보의 양.

용:례 用例 | 쓸 용, 본보기 례 [example]
실제로 쓰이는[用] 본보기[例]. 또는 용법의 보기. ¶용례의 색인.

용-마루 (龍—, 용 룡) [ridge of a roof]
건설 지붕 가운데 부분에 있는 가장 높은 수평 마루. ¶용마루를 올리다.

용매 溶媒 | 녹일 용, 맺어줄 매 [chemical solvent]
❶ 속뜻 녹여서[溶] 맺어줌[媒]. ❷ 화학 어떤 액체에 물질을 녹여서 용액을 만들 때 그 액체를 가리킴.

용:맹 勇猛 | 날쌜 용, 사나울 맹 [intrepidity]
용감(勇敢)하고 사나움[猛]. ¶용맹을 떨치다 / 용맹스러운 병사.

용모 容貌 | 얼굴 용, 모양 모 [features]
사람의 얼굴[容] 모양[貌]. ¶용모가 단정하다.

용:무 用務 | 쓸 용, 일 무 [business]
힘이나 마음을 써야[用] 할 일[務]. ¶용무를 말하다. ㊐ 볼일, 용건(用件).

용문-사 龍門寺 | 용 룡, 문 문, 절 사
불교 경기도 양평군 용문(龍門)면 신점리에 있는 절[寺]. 권근(權近)이 지은 정지(正智) 국사비(國師碑)와 천연기념물 제30호로 지정된 은행나무가 있다.

용:법 用法 | 쓸 용, 법 법 [use]
사용(使用)하는 방법(方法). ¶약품을 사용하기 전에 용법을 잘 읽어 보아라.

용:변 用便 | 쓸 용, 똥오줌 변 [easing nature]
대변(大便)이나 소변(小便)을 봄[用]. ¶용변을 가리다.

용병 傭兵 | 품팔 용, 군사 병 [mercenary soldier]
❶ 군사 봉급을 주어[傭] 고용한 병사(兵士). ¶용병을 모집하다. ❷스포츠에서 외국에서 돈을 주고 데려온 선수.

용비어천-가 龍飛御天歌 | 용 룡, 날 비, 어거할 어, 하늘 천, 노래 가

문학 조선 세종 29년(1447)에 정인지, 안지, 권제 등이 지은 악장의 하나. 훈민정음으로 쓴 최초의 작품으로, 조선을 세우기까지 목조·익조·도조·환조·태조·태종의 사적(事跡)을 중국 고사(故事)에 비유하여, 공덕을 기리어 지은 노래이다. 각 사적의 기술에 앞서 우리말 노래를 먼저 싣고 그에 대한 한역시를 뒤에 붙였다. 임금을 상징하는 용[龍]이 되어 날아[飛] 하늘[天]로 올라 간[御] 것을 노래[歌] 한다는 뜻에서 붙여진 이름으로 추정된다.

용:사 勇士 | 날쌜 용, 선비 사 [brave]
❶속뜻 용맹스러운[勇] 사람[士]. ❷용병(勇兵). ¶참전 용사.

용서 容恕 | 담을 용, 동정할 서 [forgive; pardon]
❶속뜻 동정심[恕]을 마음에 담음[容]. ❷꾸짖거나 벌하지 않고 덮어 줌. ¶용서를 빌다.

용솟음-치다 (湧—, 샘솟을 용) [gush out]
❶물 따위가 매우 세찬 기세로 위로 나오다. ¶갑자기 구덩이에서 물이 용솟음쳤다. ❷힘이나 기세 따위가 매우 세차게 북받쳐 오르거나 급히 솟아오르다. ¶기쁨이 용솟음치다.

용:수[1] 用水 | 쓸 용, 물 수 [water available for use]
❶속뜻 물[水]을 쓰는[用] 일. ❷방화·관개·공업·발전 따위를 위하여 먼 곳에서 물을 끌어옴. 또는 그 물. ¶공업 용수.

용수[2] 龍鬚 | 용 룡, 콧수염 수
❶속뜻 용(龍)의 수염[鬚]. ❷임금의 수염을 높여 이르는 말.

▶**용수-철** 龍鬚鐵 | 쇠 철
❶속뜻 용(龍)의 수염[鬚]처럼 생긴 쇠[鐵]줄. ❷늘고 주는 탄력이 있는 나선형으로 된 쇠줄. ¶용수철이 튕겨 나가다.

▶**용수철-저울** (龍鬚鐵—)
용수철(龍鬚鐵)이 늘어지는 길이를 보고 무게를 측정하는 저울.

용신 龍神 | 용 룡, 귀신 신
❶속뜻 용(龍)을 신(神)으로 모심. ②용왕(龍王).

용안 龍顔 | 용 룡, 얼굴 안 [royal countenance]
임금을 용(龍)에 비유하여 높이고, 그 얼굴[顔]을 이르는 말. ㊐ 옥안(玉顔), 성안(聖顔).

용암 鎔巖 | 녹일 용, 바위 암 [lava]
❶속뜻 녹은[鎔] 바위[巖]. ❷지리 화산의 분화구에서 분출된 마그마. 또는 그것이 냉각·응고된 암석. ¶화산에서 화산재와 용암이 분출되고 있다.

**용액 溶液 | 녹을 용, 진 액 [solution]
화학 어떤 물질이 다른 물질에 녹아서[溶] 혼합된 액체(液體). 녹아 있는 물질은 용질, 녹인 액체는 용매라 한다.

용:어 用語 | 쓸 용, 말씀 어 [terminology]
일정한 전문 분야에서 주로 사용(使用)하는 말[語]. ¶경제 용어.

용왕 龍王 | 용 룡, 임금 왕 [Dragon King]
불교 바다에 살며 비와 물을 맡고 불법을 수호하는 용(龍) 가운데의 임금[王].

용용
엄지손가락 끝을 제 볼에 대고 나머지 네 손가락을 너울거리며 남을 약 올릴 때 내는 소리. ¶용용 죽겠지.

용:의[1] 用意 | 쓸 용, 뜻 의 [preparedness]
어떤 일을 하려고 마음[意]을 먹거나 씀[用]. 또는 그 마음. ¶이 원칙을 받아들일 용의가 있다.

용의[2] 容疑 | 담을 용, 의심할 의 [suspicion]
❶속뜻 의심(疑心)을 받음[容]. ❷범죄를 저지른 사실이 있으리라는 의심을 하는 것을 가리킴. ¶용의 차량을 집중 추적하다.

▶**용의-자** 容疑者 | 사람 자
법률 범죄의 혐의가 있다고 의심을 받고

있는[容疑] 사람[者]. ¶살인 사건의 용의자. ⊞ 피의자(被疑者), 혐의자(嫌疑者).

용이 容易 | 담을 용, 쉬울 이 [be easy]
❶ 속뜻 쉬운[易] 것을 담고[容] 있음. ❷아주 쉽다. 어렵지 않다. ¶이 컴퓨터는 조립이 용이한 것이 장점이다. ⊕ 난해(難解)하다.

용인 容認 | 담을 용, 알 인 [approve]
너그러운 마음에 담아서[容] 인정(認定)함. ¶이런 식의 실수는 용인할 수 없다.

용:장 勇將 | 날쌜 용, 장수 장 [brave general]
용감(勇敢)한 장수(將帥). ¶용장 밑에 약졸(弱卒) 없다.

용적 容積 | 담을 용, 쌓을 적 [capacity]
물건을 담고[容] 쌓을[積] 수 있는 부피. 혹은 용기 안을 채우는 분량. ¶물이 냉각되면 그 용적이 늘어난다.

용접 鎔接 | 녹일 용, 이을 접 [weld]
공업 녹여서[鎔] 서로 이어붙임[接]. 또는 그런 일.

용:지[1] 用地 | 쓸 용, 땅 지 [lot; site]
어떤 일에 사용(使用)할 토지(土地). ¶용지를 선정하다.

용:지[2] 用紙 | 쓸 용, 종이 지 [paper to use]
어떤 일에 사용(使用)할 종이[紙]. ¶복사용지.

용질 溶質 | 녹일 용, 바탕 질 [solute]
화학 용액(溶液)에 녹아 있는 물질(物質). 액체에 다른 액체가 녹아 있을 때에는 양이 적은 쪽을 가리킨다.

용:품 用品 | 쓸 용, 물건 품 [supplies]
그것에 관련하여 쓰이는[用] 물품(物品). ¶생활 용품.

용:-하다 [be skillful; be admirable]
❶재주가 뛰어나고 특이하다. ¶용한 점쟁이 / 그는 용하다고 소문난 의사이다. ❷기특하고 장하다. ¶혼자서 이 일을 다 했다니 참 용하네요.

용해 溶解 | 녹을 용, 풀 해 [melt]
❶ 속뜻 녹아[溶] 풀어짐[解]. ❷ 화학 물질이 액체 속에서 균일하게 녹아 용액을 만드는 일. ¶소금은 물에 용해된다.

우[1]
언어 한글 자모 'ㅜ'의 이름.

우:[2]
시시하거나 잘못된 것을 야유할 때 지르는 소리. ¶"우!" 하는 야유 소리가 터져 나왔다.

우:[3] 右 | 오른쪽 우 [right]
오른쪽. ¶우로 나란히! ⊕ 좌(左).

우[4] 優 | 넉넉할 우 [good; B]
수(秀)·우(優)·미(美)·양(良)·가(可)로 성적을 매길 때, 두 번째 등급. ¶과학에서 우를 받았다.

우거지 [outer leaves of cabbage]
푸성귀를 다듬을 때 골라낸 겉대. ¶우거지를 넣고 끓인 된장국.

우거지다 [become luxuriant]
풀, 나무 따위가 자라서 무성해지다. ¶나무가 우거진 산.

우격-다짐 [high handedness]
억지로 우겨서 남을 굴복시킴. 또는 그런 행위. ¶그는 모든 일을 우격다짐으로 밀어붙인다.

우그리다 [curl up]
❶물체를 안쪽으로 우묵하게 휘어지게 하다. ¶음료수 캔을 우그리다. ❷얼굴 표정을 잔뜩 찌푸리다. ¶얼굴을 우그리다.

우글-거리다 [be crowded]
벌레나 짐승, 사람 따위가 한곳에 빽빽하게 많이 모여 자꾸 움직이다. ¶먹다 버린 사탕에 개미가 우글거린다. ⊞ 바글바글하다, 우글우글하다.

우:기 雨期 | 비 우, 때 기 [rainy season]
비[雨]가 많이 오는 시기(時期). ¶우기에 접어들었다. ⊞ 우계(雨季). ⊕ 건기(乾期).

우기다 [persist]
억지를 부려 제 의견을 고집스럽게 내세우다. ¶그는 자기 의견만 옳다고 우겼다.

우당탕 [with a thud]
잘 울리는 바닥에 무엇이 몹시 요란하게 떨어지거나 부딪칠 때 나는 소리. ¶뭔가가 바닥에 우당탕 떨어졌다.

우대 優待 | 넉넉할 우, 대우할 대 [give preference to]
특별히 잘[優] 대우(待遇)함. 또는 그런 대우. 위대(爲待). ¶무역 우대 조치.

▸우대-증 優待證 | 증거 증
특별한 대우[優待]를 받을 자격이 있다는 증명(證明). ¶경로 우대증.

우동 {일 udon}
일본식 가락국수.

우두 牛痘 | 소 우, 천연두 두 [vaccination]
의학 천연두(天然痘)를 예방하기 위하여 소[牛]에서 뽑은 면역 물질. ¶우두를 놓다 / 우두를 맞다.

우두머리 [boss]
어떤 일이나 단체에서 으뜸인 사람. ⓑ 부하(部下), 졸개.

우두커니 [vacantly]
넋이 나간 듯이 가만히 한 자리에 서 있거나 앉아 있는 모양. ¶우두커니 창밖을 내다보다.

우둔 愚鈍 | 어리석을 우, 무딜 둔 [stupid]
어리석고[愚] 둔(鈍)함. ¶그녀는 정말 우둔하다. ⓑ 총명(聰明)하다, 똑똑하다.

우등 優等 | 넉넉할 우, 무리 등 [excellence]
❶ 속뜻 우수(優秀)한 등급(等級). ❷성적 따위가 우수한 것. 또는 그런 성적. ¶그는 6년 내내 우리 반에서 우등을 놓치지 않은 모범생이었다. ⓑ 열등(劣等).

▸우등-상 優等賞 | 상줄 상
우등(優等)한 사람에게 주는 상(賞). ¶우등상을 타다.

▸우등-생 優等生 | 사람 생
성적이 우수한[優等] 학생(學生). ¶너도 열심히 공부하면 우등생이 될 수 있다.

우뚝 [high]
높이 솟은 모양. ¶구름 위로 우뚝 솟은 산.

우라늄 {영 uranium}
화학 천연으로 존재하는, 가장 무거운 방사성 원소. 방사성 원소. 핵연료로 중요하게 쓰이며, 원소기호는 'U'.

우락부락-하다 [be rough]
몸집이 크고 얼굴이 험상궂은 모양. ¶우락부락하게 생긴 아저씨.

우람-하다 [be magnificent]
매우 크고 모양이 웅장하여 위엄이 있다. ¶우람한 몸집.

우량 優良 | 뛰어날 우, 좋을 량 [superior]
물건의 품질이나 상태가 매우[優] 좋음[良]. ¶우량기업.

우:량-계 雨量計 | 비 우, 분량 량, 셀 계 [rain gauge]
지리 비[雨]가 내린 양(量)을 재는[計] 기구.

우러-나다 [soak out]
액체 속에 잠겨 있는 물질의 빛깔이나 맛 따위의 성질이 액체 속으로 배어들다. ¶이 차는 찬물에 잘 우러나지 않는다.

우러-나오다 [spring up]
생각, 감정, 성질 따위가 마음속에서 저절로 생겨나다. ¶진심에서 우러나오는 사과.

우러러-보다 [look up; respect]
❶높은 데를 쳐다보다. ¶하늘을 우러러보다. ❷존경하는 마음으로 대하거나 그리다. ¶스승으로 우러러보다.

우러르다 [lift one's head up; have deep respect]
❶고개를 의젓이 쳐들다. ¶하늘을 우러러 한 점 부끄럼이 없다. ❷공경하는 마음을 가지다. ¶스승으로 우러러 모시다.

우렁쉥이 [sea squirt]
동물 멍겟과의 원삭동물. 겉에 젖꼭지 같

은 돌기가 있다. 더듬이는 나뭇가지 모양이고 수가 많으며 껍질은 두껍다. 멍게.

우렁이 [mud snail]
동물 우렁잇과의 고둥을 통틀어 이르는 말. 껍데기는 원뿔형이며 어두운 녹색이다. 무논, 웅덩이 등지에 산다.

우렁-차다 [be sonorous]
소리가 크고 힘차다. ¶우렁찬 목소리.

우레 (雷, 우레 뢰) [thunder]
벼락이나 번개가 칠 때 하늘이 요란하게 울리는 일. 또는 번개가 치며 일어나는 소리. 천둥.

우려 憂慮 | 근심할 우, 걱정할 려 [worry]
근심하거나[憂] 걱정함[慮]. ¶우려를 낳다 / 홍수로 산사태가 우려된다.

우려-내다 [infuse]
물체를 액체에 담가 성분, 맛, 빛깔 따위가 배어들게 하다. ¶뜨거운 물에 홍차를 우려내다.

우롱 愚弄 | 어리석을 우, 놀릴 롱 [make a fun]
사람을 어리석게[愚] 보고 함부로 놀림[弄]. ¶모욕적인 우롱 / 더 이상 그를 우롱하지 마라.

우루과이 라운드 {영 Uruguay Round}
경제 관세 무역 일반 협정(GATT)의 새로운 다국간 무역 협상을 이르는 말. 21세기를 향한 세계 무역 질서의 구축과 보호 무역주의의 철폐를 목적으로 1986년 9월 우루과이(Uruguay)에서 첫 회의[Round]를 열었는데, 상품뿐 아니라 서비스·무역 관계 투자 따위의 새 분야도 협상 대상으로 채택하였다.

우르르 [all at once; in a crowd]
❶사람이나 동물 따위가 한꺼번에 움직이거나 한곳에 몰리는 모양. ¶학생들이 운동장으로 우르르 몰려나왔다. ❷쌓여 있던 물건들이 갑자기 무너져 내리거나 쏟아질 때 나는 소리. 또는 그 모양. ¶귤이 자루에서 우르르 쏟아졌다.

우르릉 [thundering]
천둥 따위가 무겁고 둔하게 울리는 소리. 또는 그 모양. ¶우르릉 쾅쾅 천둥소리가 들린다.

우리[1](圈, 우리 권) [cage]
짐승을 가두어 두는 곳. ¶곰을 우리에 가두다.

우리[2][we]
❶자기나 자기 무리를 대표하여 스스로 일컫는 말. ¶원주야, 우리 오늘 관악산에 갈까? ❷말하는 이가 자기보다 높지 않은 사람을 상대하여 어떤 대상이 자기와 친밀한 관계임을 나타낼 때 쓰는 말. ¶우리 엄마.

▶**우리-글**
우리나라의 글자라는 뜻으로, '한글'을 이르는 말.

▶**우리-말**
우리나라 사람이 쓰는 말. 국어. ¶우리말을 아끼고 사랑해야 한다.

▶**우리-나라**
우리 한민족이 세운 나라를 스스로 이르는 말. ¶우리나라 좋은 나라.

우리다 [soak]
어떤 물건을 액체에 담가 맛이나 빛깔 따위의 성질이 액체 속으로 빠져나오게 하다.

***우:림 雨林** | 비 우, 수풀 림 [rain forest]
지리 비[雨]가 많아 무성하게 자란 열대 식물의 숲[林]. ¶열대 우림.

우마 牛馬 | 소 우, 말 마 [cattle and horses]
소[牛]와 말[馬]을 아울러 이르는 말. ¶우마를 키우다. ㊥마소.

우매 愚昧 | 어리석을 우, 어두울 매 [be stupid and ignorant]
어리석고[愚] 사리에 어두움[昧]. ¶한 사람의 우매로 많은 사람이 고통을 겪었다 / 우매한 행동.

우묵-하다 [be hollow]

가운데가 둥그스름하게 푹 패거나 들어가 있다. ¶우묵한 그릇에 귤을 담았다. ⓑ 오목하다, 움푹하다. ⓑ 불룩하다.

우문 愚問 | 어리석을 우, 물을 문 [stupid question]
어리석은[愚] 질문(質問).

▸우문-현답 愚問賢答 | 어질 현, 대답 답
어리석은[愚] 질문(質問)에 대한 현명(賢明)한 대답(對答). ⓑ 현문우답.

우물 (井, 우물 정) [well]
물을 긷기 위하여 땅을 파서 지하수를 괴게 한 곳. 또는 그런 시설. 속담 우물 안 개구리.

▸우물-가
우물의 가까운 둘레.

우물-거리다 [mumble]
❶의사 표시를 시원스럽게 하지 않고 꾸물거리다. ¶그는 적당한 말이 생각나지 않아 얼른 대꾸하지 우물거렸다. ❷음식을 입에 넣고 이리저리 굴리면서 시원스럽지 않게 자꾸 씹다. ¶떡을 우물거리며 씹다.

우물-우물 [mumblingly]
❶말을 시원스럽게 하지 않고 입 안에서 자꾸 중얼거리는 모양. ¶그는 우물우물 말꼬리를 흐리지 말고 속 시원히 말해라. ❷음식물을 입 안에 넣고 시원스럽지 않게 자꾸 씹는 모양. ¶우물우물 고기를 씹다.

우물-쭈물 [hesitantly]
행동 따위를 분명하게 하지 못하고 자꾸 망설이며 몹시 흐리멍덩하게 하는 모양. ¶우물쭈물 망설이지만 말고 원하는 게 뭔지 말해 봐 / 무엇을 해야 될지 몰라 우물쭈물하다.

우:박 雨雹 | 비 우, 우박 박 [hailstorm]
비[雨]같이 떨어지는 얼음 덩어리[雹]. ¶우박이 우두둑 떨어진다.

우:발 偶發 | 뜻밖에 우, 일어날 발 [happen]
우연(偶然)히 일어남[發]. 또는 그런 일. ¶우발범죄.

▸우:발-적 偶發的 | 것 적
어떤 일이 전혀 예기치 않게 일어나는[偶發] 것[的]. ¶우발적인 사건.

우:방 友邦 | 벗 우, 나라 방 [friendly country]
서로 우호적(友好的)인 관계를 맺고 있는 나라[邦]. ⓑ 우방국(友邦國).

우:변 右邊 | 오른쪽 우, 가 변 [edge on the right side]
❶속뜻 오른[右] 편[邊]. ❷수학 등식이나 부등식에서 등호 또는 부등호의 오른쪽에 적은 수나 식. ⓑ 좌변(左邊).

우:비 雨備 | 비 우, 갖출 비 [raincoat]
비[雨]를 피하기 위하여 갖추어야[備] 할 물품을 통틀어 이르는 말. 우산, 비옷, 삿갓, 도롱이 따위. ⓑ 비옷, 우의(雨衣).

우사 牛舍 | 소 우, 집 사 [cow shed]
소[牛]를 기르는 집[舍]. ¶우사 옆에 창고를 만들었다.

우:산 雨傘 | 비 우, 우산 산 [umbrella]
비[雨]를 맞지 않도록 받쳐 쓰는 도구[傘]. ¶우산을 쓰다.

▸우:산-이끼 (雨傘-)
식물 습하고 그늘진 곳에서 자라는 우산(雨傘)모양의 이끼. 세계 각지에 널리 분포한다.

우산-국 于山國 | 어조사 우, 메 산, 나라 국
역사 삼국 시대에, 울릉도에 있던 나라. 512년에 신라에 멸망하였다.

우:상 偶像 | 허수아비 우, 모양 상 [idol]
❶속뜻 허수아비[偶]같은 모양[像]. ❷신처럼 숭배의 대상이 되는 물건이나 사람. ¶그는 어린이들의 우상이다.

***우선**[1] 于先 | 어조사 우, 먼저 선 [first of all]
어떤 일에[于] 먼저[先]. ¶우선 밥부터 먹고 생각해 보자.

우선[2] 優先 | 뛰어날 우, 먼저 선 [preference]

딴 것에 앞서[先] 특별하게[優] 대우함. ¶그에게는 친구들보다 공부가 우선이다.

▸우선-권 優先權 | 권리 권
특별히 남보다 먼저 행사할 수 있는[優先] 권리(權利). ¶사회적 약자(弱者)에게 우선권을 주다.

우세 優勢 | 뛰어날 우, 형세 세 [superior]
남보다 나은[優] 형세(形勢). ¶우세 국면 / 그들이 이길 것이라는 전망이 우세하다. [반] 열세(劣勢).

우:수[1] 雨水 | 비 우, 물 수
❶[속뜻] 비[雨]가 와서 고인 물[水]. ❷24절기의 하나. 입춘(立春)과 경칩(驚蟄) 사이에 들며 양력 2월 18일경이 된다. 태양의 황경(黃經)이 330도인 때에 해당한다.

우수[2] 憂愁 | 근심할 우, 걱정할 수 [melancholy]
근심하고[憂] 걱정함[愁]. 또는 그런 시름. ¶우수에 잠기다 / 얼굴에 우수가 서리다.

***우수**[3] 優秀 | 뛰어날 우, 빼어날 수 [excellent]
뛰어나고[優] 빼어남[秀]. ¶우수사원 / 이 제품은 품질이 우수하다. [반] 열등(劣等).

▸우수-상 優秀賞 | 상줄 상
남들보다 재주 따위가 뛰어나서[優秀] 주는 상(賞). ¶우수상을 받았다.

▸우수-성 優秀性 | 성질 성
여럿 가운데 뛰어난[優秀] 특성(特性). ¶제품의 우수성.

우:-수사 右水使 | 오른 우, 물 수, 부릴 사
[역사] 조선 시대에 우수영(右水營)에서 가장 높은 벼슬[使]. '우수군절도사'(右水軍節度使)의 준말.

우수수 [in a multitude]
바람에 나뭇잎 따위가 많이 떨어지는 소리. 또는 그 모양. ¶바람에 낙엽이 우수수 떨어졌다.

우:-수영 右水營 | 오른 우, 물 수, 집 영
[역사] 조선 시대에 둔, 전라도와 경상도의 각 우도(右道)에 둔 수군(水軍) 절도사의 군영(軍營).

우스개 [comicality]
남을 웃기려고 익살을 부리면서 하는 말이나 일. ¶화내지 마, 우스개로 한 말이야.

우스갯-소리 [joke]
남을 웃기려고 하는 말. ¶우스갯소리로 한 말이 그를 화나게 했다.

우스꽝-스럽다 [be funny]
말이나 행동, 모습 따위가 특이하여 우습다. ¶그 모자를 쓰니까 너무 우스꽝스러워 보인다.

우:습다 [be funny; be small]
❶웃음이 날 만하다. ¶우스운 이야기 하나 해줘. ❷하찮다. 가소롭다. ¶너는 내가 그렇게 우습게 보여? [비] 웃기다, 재미있다.

우승 優勝 | 뛰어날 우, 이길 승 [win the victory]
❶[속뜻] 실력이 뛰어난[優] 선수가 이김[勝]. ❷경기 따위에서 첫째로 이김. 또는 첫째 등위. ¶영광스러운 우승 / 그는 테니스에서 우승했다.

▸우승-자 優勝者 | 사람 자
[속뜻] 실력이 가장 뛰어난[優勝] 사람[者]. ¶체급별 우승자. [비] 챔피언.

우아 優雅 | 넉넉할 우, 고울 아 [be elegant]
품위 있게 넉넉하고[優] 곱다[雅]. 부드럽고 곱다. ¶우아한 자태 / 그녀는 우아하게 춤을 추었다.

우악 愚惡 | 어리석을 우, 악할 악 [be ferocious]
어리석고[愚] 포악(暴惡)하다. ¶그는 생김새가 우악스럽다 / 그는 우악스럽게 나의 팔을 잡아당겼다.

우:애 友愛 | 벗 우, 사랑 애 [friendship; brotherliness]
❶[속뜻] 벗[友] 사이의 정[愛]. ❷형제 사이의 정이나 사랑. ¶우애로운 형제 / 그 형제는 우애가 두텁기로 소문났다. [비] 우의(友誼).

우엉 [burdock]

식물 7월에 검은 자주색 또는 흰색의 통 모양 꽃이 작은 가지에 피는 풀. 뿌리와 어린잎은 식용하고 씨는 약용한다.

우여-곡절 迂餘曲折 | 에돌 우, 남을 여, 굽을 곡, 꺾을 절 [twists and turns]
❶ 속뜻 멀리 돌고도[迂] 남음[餘]이 있고 휘어[曲] 구부러짐[折]. ❷사정이 뒤얽혀 몇 번이고 변화함. 또는 뒤얽힌 복잡한 사정. ¶그 사건은 많은 우여곡절 끝에 마침내 해결되었다.

우연 偶然 | 뜻밖에 우, 그러할 연 [accidental; casual]
아무런 인과 관계가 없이 뜻밖에[偶] 일어난 그러한[然] 일. ¶우연의 일치 / 그와 우연히 만나다. ⓑ 뜻밖. ⓑ 필연(必然).

우열[1] 愚劣 | 어리석을 우, 못할 렬 [stupid; silly; foolish]
어리석고[愚] 못나다[劣]. ¶우열한 품성 / 워낙 재질(才質)이 우열하여 이런 큰일은 제게 벅찬 것 같습니다.

우열[2] 優劣 | 넉넉할 우, 못할 렬 [superiority and inferiority]
❶ 속뜻 넉넉함[優]과 그렇지 못함[劣]. ❷ 우수함과 열등함. ¶실력의 우열을 가리다.

우와 [Wow]
뜻밖에 일이 생겼을 때 놀라거나 좋아서 크게 입을 벌리고 내는 소리를 나타내는 말. ¶우와, 멋있는데!

우:왕좌왕 右往左往 | 오른쪽 우, 갈 왕, 왼쪽 좌, 갈 왕
❶ 속뜻 오른쪽[右]으로 갔다가[往] 다시 왼쪽[左]으로 갔다[往] 함. ❷이리저리 왔다 갔다 하며 나아갈 바를 종잡지 못하는 모양. ¶우왕좌왕 어쩔 줄을 모르다 / 우리는 입구가 어디 있는지 몰라서 우왕좌왕했다.

우:-우
시시하거나 야비한 것을 야유하기 위해 잇달아 내는 소리. ¶우우 야유를 보내다.

우울 憂鬱 | 근심할 우, 답답할 울 [blue; gloomy]
근심스러워[憂] 하거나 답답해[鬱] 함. 활기가 없음. ¶그는 매우 우울해 보였다.

우월 優越 | 뛰어날 우, 넘을 월 [superior; better than]
뛰어나게[優] 월등(越等)함. ¶경제적 우월 / 현지는 공부 좀 잘한다고 자신이 나보다 우월하다고 생각한다.

▸**우월-감** 優越感 | 느낄 감
남보다 낫다고 여기는[優越] 생각이나 느낌[感]. ¶그들은 아직도 문화적 우월감에 빠져있다.

우위 優位 | 뛰어날 우, 자리 위 [higher position]
남보다 나은[優] 위치(位置)나 수준. ¶비교 우위 / 군사력에서 그 나라는 우리보다 우위에 있다.

⁑**우유**[1] 牛乳 | 소 우, 젖 유 [milk]
소[牛]의 젖[乳]. ⓑ 타락(駝酪).

▸**우유-갑** 牛乳匣 | 상자 갑
우유(牛乳)를 담아 파는, 두터운 종이 상자[匣]. 우유팩.

▸**우유-병** 牛乳瓶 | 병 병
우유(牛乳)를 담는 병(瓶). ¶우유병은 살균 처리한다.

우유[2] 優柔 | 넉넉할 우, 부드러울 유
❶ 속뜻 마음이 넉넉하고[優] 부드러움[柔]. ❷끊고 맺는 데가 없다.

▸**우유부단** 優柔不斷 | 아닐 부, 끊을 단
어물어물 망설이기만 하고[優柔] 결단성(決斷性)이 없음[不]. ¶그는 성격이 우유부단하다.

우:의[1] 友誼 | 벗 우, 정 의 [friendship]
친구[友] 사이의 정의(情誼). ¶우의를 돈독히 하다 / 양국 정상(頂上)은 회담을 통해 우의를 다졌다. ⓑ 우정(友情), 우애(友愛).

우:의[2] 雨衣 | 비 우, 옷 의 [raincoat]
비[雨]가 올 때 입는 옷[衣]. ¶우의를 입고

논으로 나갔다. ㊥ 우비(雨備).

우ː-의정 右議政 | 오른쪽 우, 의논할 의, 정사 정

❶속뜻 왕의 오른쪽[右]에 자리하며, 정사(政事)를 의논(議論)하던 직위. ❷역사 조선 시대에, 의정부에 속한 정일품 벼슬.

우적-우적 [munching]

단단하고 질긴 물체를 마구 깨물어 씹을 때 나는 소리. 또는 그 모양. ¶총각김치를 우적우적 씹어 먹다.

우ː정¹ 友情 | 벗 우, 사랑 정 [friendship]

친구[友]간에 느끼는 사랑[情]. ¶이건 우정의 선물이야 / 그들은 나이를 초월하여 우정을 나누었다. ㊥ 우의(友誼), 우애(友愛).

우정² 郵政 | 우편 우, 다스릴 정 [postal services]

우편(郵便)에 관한 행정(行政) 업무.

우정-국 郵征局 | 역참 우, 갈 정, 관청 국

역사 조선 후기에, 체신(遞信)·우편(郵便)의 이동[征]에 관한 업무를 맡던 관아[局].

*** 우ː주** 宇宙 | 집 우, 집 주 [universe]

❶속뜻 무한히 큰 집[宇=宙]. ❷무한한 시간과 만물을 포함하고 있는 끝없는 공간의 총체. ¶우주 만물 / 로켓이 우주로 발사됐다.

▶우ː주-복 宇宙服 | 옷 복

우주(宇宙)를 여행할 때에 입도록 만든 옷[服]. 우주선 내에서 또는 우주 공간의 여러 가지 상황에서 몸을 보호하기 위하여 특수하게 만들었다.

▶우ː주-선 宇宙船 | 배 선

우주(宇宙)를 오갈 수 있도록 만든 비행선(飛行船).

▶우ː주-식 宇宙食 | 밥 식

우주(宇宙)를 비행할 때에 휴대하는 음식(飮食).

▶우ː주-인 宇宙人 | 사람 인

❶속뜻 우주 비행(宇宙飛行)을 위하여 특수 훈련을 받은 사람[人]. ¶그녀는 한국 최초로 우주를 여행한 우주인이다. ❷지구 이외의 천체에 존재한다고 생각되는 인간과 비슷한 생명체. ㊥ 외계인(外界人).

▶우ː주-여행 宇宙旅行 | 나그네 려, 다닐 행

지구를 벗어나 우주(宇宙)를 오가며 여행(旅行)하는 것.

우중충-하다 [be gloomy]

❶날씨나 분위기 따위가 어둡고 침침한 모양. ¶우중충한 날씨. ❷색(色)이 오래되어 바래서 선명하지 못한 모양. ¶남방 색깔이 매우 우중충하다. ㊥ 산뜻하다.

우지끈 [with a snap]

단단하고 큰 물건이 부서지는 소리. ¶태풍에 굵은 나뭇가지가 우지끈 부러졌다.

우직 愚直 | 어리석을 우, 곧을 직 [simple and honest]

어리석을[愚] 정도로 올곧다[直]. 고지식하다. ¶우직한 사람.

우-짖다 [sing]

새가 울어 지저귀다. ¶새들이 숲에서 우짖는다.

우쭐-거리다 [be inflated with pride]

의기양양하게 자꾸 뽐내다. ¶아름이는 상을 여러 개 받았다고 우쭐거렸다. ㊥ 우쭐대다.

우쭐-하다 [be proud]

자기가 잘난 듯이 느껴질 때 한 번 우쭐거리고 싶은 느낌이 들다. ¶그를 이겼다고 너무 우쭐해할 것 없어.

우체 郵遞 | 우송할 우, 전할 체 [post]

❶속뜻 편지나 소포 따위를 우편(郵便)으로 전해 줌[遞]. ❷정보통신부의 관할 아래 서신이나 기타 물품을 국내나 전 세계에 보내는 업무.

▶우체-국 郵遞局 | 관청 국

❶속뜻 우편(郵便)·체신(遞信)에 관한 업무를 담당하는 관청[局]. ❷우편·우편환·체신 예금 등의 업무를 맡아보는 정보 통

신부의 기관. ¶우체국 사서함.

▸우체-부 郵遞夫 | 사나이 부
통신 우편물을 거두어 모으고 또 각 집에 배달하는[郵遞] 직원[夫].

▸우체-통 郵遞筒 | 통 통
우체(郵遞) 업무를 위하여 설치한 통(筒). ¶우체통에 편지를 넣다.

우:측 右側 | 오른쪽 우, 곁 측 [right side]
오른[右] 쪽[側]. ¶우측 자리에 앉으세요. ⓑ좌측(左側).

우툴두툴-하다 [be rugged]
물건의 거죽이나 바닥이 여기저기 굵게 부풀어 올라 고르지 못하다. ¶그의 얼굴은 여드름이 나서 우툴두툴하다.

우편 郵便 | 우송할 우, 편할 편 [post]
❶속뜻 편지(便紙) 따위를 우송(郵送)함. ¶서류는 우편으로 보내겠습니다. ❷'우편물'(郵便物)의 준말.

▸우편-물 郵便物 | 만물 물
우편(郵便)으로 전달되는 서신이나 물품(物品)을 통틀어 이르는 말.

▸우편-환 郵便換 | 바꿀 환
경제 편지(便紙)를 보내듯이[郵] 돈을 송금하는 제도. 의뢰인이 일정 금액을 내면 수취인이 가까운 우체국에서 돈으로 바꾸어[換] 갈 수 있다. ¶결혼식에 갈 수 없어 우편환을 보냈다.

▸우편 번호 郵便番號 | 차례 번, 차례 호
통신 우편(郵便) 업무가 편리하도록, 각 지역에 매긴 번호(番號).

우표 郵票 | 우편 우, 쪽지 표 [postage stamp]
우편 요금을 낸 표시로 우편물(郵便物)에 붙이는 증표(證票). ¶엄마는 우표를 수집하신다.

우:호 友好 | 벗 우, 좋을 호 [friendly; amicable]
개인이나 나라 간에, 친구[友]처럼 사이가 좋음[好]. 또는 그러한 사귐. ¶양국은 오랫동안 우호 관계를 유지하고 있다 / 회담은 우호적인 분위기에서 이루어졌다. ⓑ적대(敵對).

우:화[1] 羽化 | 깃 우, 될 화
❶속뜻 날개[羽]가 생겨남[化]. ❷사람의 등에 날개가 돋아 하늘로 올라가 신선이 됨. '우화등선'(羽化登仙)의 준말.

우:화[2] 寓話 | 맡길 우, 이야기 화 [fable]
문학 동식물이나 기타 사물에게 사람 역할을 맡겨[寓] 그들의 행동 속에 풍자와 교훈의 뜻을 나타내는 이야기[話]. ¶이솝 우화.

우환 憂患 | 근심할 우, 근심 환 [worry]
❶속뜻 집안에 병자가 있거나 사고가 생겨 겪는 근심[憂=患]. ¶집안에 우환이 끊이질 않는다. ❷쓸데없는 근심이나 걱정. ¶식자우환(識字憂患).

우회 迂廻 | =迂回, 멀 우, 돌 회 [detour]
곧바로 가지 않고 멀리[迂] 돌아서[廻] 가는 것. ¶공사 중이오니 우회하기 바랍니다.

우:-회전 右回轉 | =右廻轉, 오른쪽 우, 돌 회, 구를 전 [right turn]
차 따위가 오른쪽[右]으로 도는[回轉] 것. ¶사거리에서 우회전 하세요. ⓑ좌회전(左回轉).

우:후 雨後 | 비 우, 뒤 후 [after the rain; after a rain-fall]
비[雨]가 온 뒤[後].

▸우:후죽순 雨後竹筍 | 대 죽, 죽순 순
❶속뜻 비[雨]가 온 뒤[後]에 돋아나는 죽순(竹筍). ❷어떤 대상이 일시에 많이 생겨나는 상태. ¶유흥업소가 우후죽순처럼 늘어났다.

욱
앞뒤를 헤아림 없이 격한 마음이 불끈 일어나는 모양. ¶갑자기 화가 욱 치밀었다 / 그는 걸핏하면 욱하고 성을 낸다.

욱신-거리다 [ache]
머리나 상처 따위가 자꾸 쑤시는 듯이 아

과 오다. ¶온몸이 욱신거린다.

욱신-욱신 [smarting with pain]
머리나 상처 따위가 자꾸 쑤시는 듯이 아픈 느낌. ¶이가 욱신욱신 아프다.

운:¹運 | 돌 운 [fortune]
사람에게 정해진 운명의 좋고 나쁨. '운수'(運數)의 준말. ¶운이 좋다.

운:²韻 | 운 운 [rhyme]
[문학] 각 시행의 동일한 위치에 규칙적으로 쓰인, 음조가 비슷한 글자. ¶시의 운을 맞추다.

운:동 運動 | 돌 운, 움직일 동 [exercise; move; be in motion]
❶[속뜻] 건강을 위하여 몸을 돌리거나[運] 움직임[動]. ¶그는 꾸준히 운동한다 / 규칙적으로 운동하는 습관을 길러라. ❷어떤 목적을 사회 속에서 그 구성원의 호응을 얻어 실현하고자 하는 조직적 활동. ¶독립 운동 / 사회단체는 그 기업에 대해 불매(不買) 운동을 벌였다. ❸[물리] 물체가 시간이 지남에 따라 그 위치를 바꾸는 것. ¶천체의 운동 / 달은 지구 궤도를 운동한다.

▶운:동-가 運動家 | 사람 가
❶[속뜻] 운동(運動)을 좋아하고 잘하는 사람[家]. ❷어떤 사업이나 사회적 운동을 하는 사람. ¶사회 운동가 / 독립 운동가.

▶운:동-량 運動量 | 분량 량
운동(運動)하는 세기나 운동하는 데 드는 힘의 분량(分量). ¶요즘 청소년들은 운동량이 적다.

▶운:동-복 運動服 | 옷 복
운동(運動)할 때 입는 간편한 옷[服]. [비] 체육복(體育服).

▶운:동-원 運動員 | 사람 원
어떤 목적을 이루기 위해 활동할[運動] 임무를 띤 사람[員]. ¶선거 운동원.

▶운:동-장 運動場 | 마당 장
운동(運動)할 수 있도록 여러 가지 설비를 갖춘 큰 마당[場]. ¶학교 운동장을 달리다.

▶운:동-화 運動靴 | 구두 화
주로 운동(運動)할 때 신기에 적합하도록 만든 신발[靴]. ¶새 운동화를 신으니 더 잘 뛸 수 있을 것 같다.

▶운:동-회 運動會 | 모일 회
여러 사람이 운동(運動) 경기를 위해 모인[會] 것. 또는 그런 모임. ¶오늘은 학교 운동회가 열린다.

운:명¹運命 | 운수 운, 목숨 명 [destiny]
❶[속뜻] 운수(運數)와 명수(命數). ❷인간을 포함한 우주의 일체를 지배한다고 생각되는 필연적이고도 초인간적인 힘. ¶우리가 다시 만난 것은 운명이다. [비] 숙명(宿命).

운:명²殞命 | 죽을 운, 목숨 명 [die; expire]
목숨[命]이 다하여 죽음[殞]. ¶어머니는 70세를 일기로 운명하셨습니다.

운:문 韻文 | 운 운, 글월 문 [poem]
[문학] 일정한 운(韻)을 사용한 시문(詩文). [반] 산문(散文).

운:반 運搬 | 옮길 운, 옮길 반 [transport; carry]
물건을 탈것 따위에 실어서 옮김[運=搬]. ¶가방이 운반 도중 분실되었다 / 트럭으로 이삿짐을 운반하다.

운:석 隕石 | 떨어질 운, 돌 석 [meteoric stone]
[광업] 지구상에 떨어진[隕] 돌[石] 같은 물체. 유성(流星)이 대기 중에서 다 타지 않고 지구상에 떨어진 것.

운:세 運勢 | 옮길 운, 기세 세 [fortune; luck]
운명(運命)이나 운수가 닥쳐오는 기세(氣勢). ¶운세를 보다.

운:송 運送 | 옮길 운, 보낼 송 [transport; convey]
화물 따위를 운반(運搬)하여 보냄[送]. ¶항공운송 / 석탄은 대개 철도로 운송한다. [비] 수송(輸送).

운:수¹ 運數 | 돌 운, 셀 수 [luck]
이미 정해져 있어 인간의 힘으로는 어쩔 수 없는 천운(天運)과 기수(氣數). ¶운수 좋은 날 / 이번에 운수가 좋으면 부자가 될지 모른다.

운:수² 運輸 | 옮길 운, 나를 수 [transport; carry]
여객이나 화물 따위를 옮기거나[運] 나르는[輸] 일. ¶철도 운수.

▸운:수-업 運輸業 | 일 업
규모가 크게 여객이나 화물을 운반[運輸]하는 영업(營業).

운:영 運營 | 움직일 운, 꾀할 영 [manage; run]
❶[속뜻]자금 따위를 운용(運用)하여 이익을 꾀함[營]. ❷단체나 조직을 관리하여 경영함. ¶학교 운영 / 그는 큰 회사를 운영한다.

운요호 사건 (Unyo號事件, 번호 호, 일 사, 것 건)
[역사]조선 고종 때(1875) 일본 군함 'Unyo'(운요) 호(號)가 강화 해협을 불법으로 침입한 사건(事件). 일본은 이 사건을 빌미로 수교를 요구하여, 조선에 불평등한 강화도 조약을 체결하였다.

운:용 運用 | 움직일 운, 쓸 용 [apply; employ]
무엇을 움직이게 하거나[運] 부리어 쓰는[用] 것. ¶운용 자금 / 실지로 운용해 보지 않고서는 그 가치를 확인할 수 없다.

운:율 韻律 | 운 운, 가락 률 [rhythm]
[문학]시(詩)에서 끝소리[韻]에 나타나는 가락[律]. 음의 강약, 장단, 고저 또는 동음(同音)이나 유음(類音)을 반복하는 방법을 쓴다. ¶운율에 맞추어 시를 낭송하다.

운:임 運賃 | 옮길 운, 품삯 임 [fare]
여객이나 화물을 운반(運搬)한 대가로 받는 삯[賃]. ¶모든 운임은 저희가 부담하겠습니다.

운:전 運轉 | 돌 운, 구를 전 [drive]
❶[속뜻]기계 따위를 돌리거나[運] 구르게[轉] 함. ❷자동차, 열차 따위를 나아가게 하거나 멈추게 하고 방향을 바꾸게 하는 장치 등을 다루어 일정한 방향으로 움직이게 하는 것. ¶안전 운전.

▸운:전-대 (運轉-)
기계, 자동차 따위에서 운전(運轉)을 하기 위한 손잡이. ¶운전대를 왼쪽으로 돌리다.

▸운:전-사 運轉士 | 선비 사
자동차 등을 직업적으로 운전(運轉)하는 사람[士]. '운전기사'의 준말.

▸운:전-석 運轉席 | 자리 석
자동차를 운전(運轉)하는 사람이 앉는 좌석(座席). ¶운전석 옆 자리에 탔다.

▸운:전-수 運轉手 | 사람 수
자동차 등을 직업적으로 운전(運轉)하는 사람[手]. [비] 운전사(運轉士).

▸운:전-실 運轉室 | 방 실
기계 따위를 운전(運轉)하고 조작하는 방[室]. ¶엔진을 고치느라 운전실에서 밤을 샜다.

▸운:전-자 運轉者 | 사람 자
자동차를 운전(運轉)하는 사람[者]. ¶음주 운전자를 구속하다.

▸운전-기사 運轉技士 | 재주 기, 선비 사
직업적으로 차나 기계를 운전(運轉)하는 사람[技士].

운:치 韻致 | 그윽할 운, 풍치 치 [elegance]
그윽한[韻] 풍치(風致). 고상하고 우아함. ¶정원을 운치 있게 꾸미다 / 가을의 고궁은 운치가 있다. [비] 풍치(風致).

운:하 運河 | 움직일 운, 물 하 [canal]
배를 운항(運航)할 수 있도록 육지를 파서 만든 강[河] 같은 길. ¶수에즈 운하.

운학 雲鶴 | 구름 운, 두루미 학
구름[雲]과 학(鶴)을 새기거나 그린 무늬. '운학문'(雲鶴紋)의 준말. ¶청자에 운학을 새겨넣었다.

운:항 運航 | 움직일 운, 배 항 [operate]

배[航]나 항공기를 운행(運行)함. ¶태풍으로 모든 선박의 운항이 중단되었다.

운ː행 運行 | 움직일 운, 갈 행
[run; operate]
배나 차 따위의 탈것을 운전(運轉)하며 가도록[行] 함. ¶버스 운행 노선 / 지하철은 3분 간격으로 운행된다.

울[1] [fence; hedge]
'울타리'의 준말.

울[2] {영 wool}
양의 털로 짠 직물. ¶이 스웨터는 100% 울이다. ㊐ 양모(羊毛).

울긋-불긋 [colorful; picturesque]
여러 가지 짙은 빛깔이 다른 빛깔들과 야단스럽게 뒤섞인 모양. ¶단풍이 울긋불긋 물들었다.

울ː다[1] (泣, 울 읍; 哭, 울 곡)
[cry; weep; howl]
❶슬프거나 아프거나 너무 좋아서 견디다 못하여 소리를 내면서 눈물을 흘리다. ¶동생은 엉엉 울다 지쳐 잠들었다. ❷새·짐승·벌레 따위가 소리를 내다. ¶매미가 우는 소리. ㊕ 웃다. 속담 우는 아이 젖 준다.

울ː다[2] [get wrinkled; be shriveled]
도배·장판·바느질 자리 등이 반듯하지 못하고 우글쭈글하여지다. ¶옷이 세탁을 했더니 많이 울었다.

울렁-거리다 [palpitate; feel sick]
❶너무 놀라거나 조심스럽거나 두려워 가슴이 두근거리다. ¶놀라서 울렁거리는 가슴. ❷속이 토할 것같이 메슥메슥하여지다. ¶차멀미로 속이 울렁거리다.

울리다 [ring; make cry]
❶소리가 나다. 소리가 퍼지다. ¶종이 울리다. ❷땅이나 건물 따위가 외부의 힘이나 소리로 떨리다. ¶나는 온 집 안이 울리도록 소리쳤다. ❸울게 하다. ¶아기를 꼬집어서 울리다.

울먹-거리다 [about to cry]
금방 울음이 나올 듯이 굴다. ¶동생은 나를 보자 울먹거렸다.

울먹-이다 [about to cry; ready to cry]
금방이라도 울듯이 굴다. ¶그는 울먹이며 대답했다.

울ː며-불며 [cry]
야단스럽게 소리 내며 우는 모양. ¶울며불며 매달리다.

울ː-보 [crybaby; blubberer]
걸핏하면 우는 아이.

울부짖다 [cry; howl]
울며 부르짖다. ¶그녀는 자식을 잃고 울부짖고 있다.

울분 鬱憤 | 답답할 울, 성낼 분
[pent up feelings; resentment]
가슴이 답답하여[鬱] 성이 남[憤]. 또는 그런 울화. ¶그는 참았던 울분을 터뜨렸다.

울ː-상 (一相, 모양 상)
[crying face; tearful face]
울려고 하는 얼굴 표정[相]. ¶그가 쌀쌀맞게 대꾸하자 그녀는 울상이 되었다.

울음 [crying; weeping]
우는 일. 또는 그 소리. ¶울음을 터뜨리다. ㊕ 웃음.

▸ **울음-소리**
우는 소리. ¶아이의 울음소리에 잠이 깼다.

울적 鬱寂 | 답답할 울, 고요할 적
[depressed; gloomy]
마음이 답답하고[鬱] 쓸쓸하다[寂]. ¶마음이 몹시 울적하다.

울창 鬱蒼 | 우거질 울, 푸를 창
[luxuriant; thick; dense]
나무가 빽빽하게 우거지고[鬱] 푸르다[蒼]. ¶노르웨이는 숲이 울창하다.

울컥 [abruptly; with a burst of anger]
❶먹은 것을 급히 토하려는 모양. ¶아기가 음식물을 울컥 토했다. ❷분한 생각이 한꺼번에 콱 치미는 모양. ¶화가 울컥 치밀다.

울타리 [fence; enclosure]
담 대신에 풀이나 나무, 철사 등을 얽어서 집 따위를 둘러막거나 경계를 가르는 물건. ¶울타리를 치다 / 석가탑 주위에 울타리를 쳤다. ㊟울.

울퉁-불퉁 [bumpy; rough]
물체의 거죽이나 면이 고르지 않고 들쭉날쭉한 모양. ¶근육이 울퉁불퉁 붙어있다 / 울퉁불퉁한 도로.

울화 鬱火 | 답답할 울, 불 화
[pent up anger; resentment]
가슴이 꽉 막힌 듯 답답하여[鬱] 치밀어 오른 화(火). ¶그를 보자 울화가 치밀었다.

움ː [bud; sprout]
초목의 어린 싹. ¶움이 트다.

움ː-막 (-幕, 막 막) [rudely made underground hut; dugout hut]
땅을 파고 위에 거적 따위를 얹고 흙을 덮어 추위나 비바람만 가릴 정도로 임시로 지은 집[幕]. '움막집'의 준말.

움직-이다 (動, 움직일 동)
[move; change]
❶가만히 있지 않다. 무엇을 옮기다. ¶다리를 위아래로 움직여 보세요. ❷마음이 바뀌다. ¶눈물이 마침내 그의 마음을 움직였다.

♣ 움직이다 / 흔들리다

◎ 바람에 나뭇가지가 움직인다 = 흔들린다.

○ 그 기계는 전기로 움직인다.
× 그 기계는 전기로 흔들린다.

○ 골이 흔들린다.
× 골이 움직인다.

움직임 [action]
자세나 자리, 생각 따위가 바뀜. 어떤 목적을 가지고 활동함. 또는 활동하게 함. ¶카메라로 올빼미의 움직임을 촬영했다 / 적의 움직임이 심상치 않다.

움ː-집 [dugout mud hut]
움막.

움찔 [startle]
깜짝 놀라 갑자기 몸을 뒤로 움츠리는 모양. ¶나는 쥐를 보고 움찔 놀랐다.

▸움찔-거리다
깜짝 놀라 갑자기 몸이 자꾸 움츠러들다. 또는 몸을 자꾸 움츠리다. ㊐움찔대다.

움츠러-들다 [shrink up; cower]
춥거나 무서워서 몸이 움츠러져 들어가다. ¶윤희는 화가 난 아버지의 얼굴을 보고 움츠러들었다.

움츠리다 [contract; huddle up]
몸을 작게 하다. ¶추워서 어깨를 움츠리다.

움켜-잡다 [grab (at); grasp]
손가락을 오므리어 힘 있게 꽉 잡다. ¶둘은 멱살을 움켜잡고 싸웠다. ㊐움켜쥐다.

움켜-쥐다 [grip; clutch]
손가락을 오므리어 힘 있게 쥐다. ¶형은 갑자기 배를 움켜쥐고 쓰러졌다 / 주먹을 움켜쥐다.

움큼 [handful]
손으로 한 줌 쥔 분량. ¶쌀 한 웅큼을 바닥에 뿌렸다.

움ː-트다 [bud; sprout]
움이 돋기 시작하다. ¶새싹이 움트다. ㊐싹트다.

움푹 [in hollows]
속으로 푹 들어가 우묵한 모양. ¶비가 와서 도로 곳곳이 움푹 패였다.

웃기다 [raise a laugh; amuse]
❶웃게 하다. 웃도록 만들다. ¶그는 농담으로 나를 웃겼다. ❷어떤 일이 행동이 웃음이 나올 만큼 한심하거나 어이가 없다. ¶웃기는 세상. ㊥울리다. ㊐우습다.

웃ː다 (笑, 웃을 소) [laugh; smile]
기뻐서 소리를 내다. 얼굴에 기쁜 표정을 짓다. ¶배꼽을 잡고 웃다. ㊥울다.

웃-돈 [extra; extra money]

본래의 값에 덧붙이는 돈. ¶좋은 집을 구하려면 웃돈을 주어야 한다.

웃-돌다 [top; be more than]
어떤 기준이 되는 수량보다 위가 되다. ¶이번 주 내내 기온이 30도를 웃돌았다.

웃-비 [clearing rain]
아직 우기(雨氣)는 있는데 좍좍 내리다가 그친 비.

웃-어른 [one's elders; senior]
나이·항렬·지위 등이 높아 모셔야 할 어른. ¶웃어른을 공경하다.

웃-옷 [outer garment; coat]
겉에 입는 옷. ⓑ 겉옷.

웃음 [laugh; smile]
웃는 일. 또는 그런 소리나 모양. ¶그녀는 웃음을 지으며 다가왔다. ⓑ 울음.

▸웃음-꽃
유쾌한 웃음이나 웃음판을 형용해서 이르는 말. ¶온 집안에 웃음꽃이 피었습니다.

▸웃음-판
여럿이 어우러져 웃는 자리.

▸웃음-거리
남의 비웃음을 살 만한 일이나 사람. ¶남의 웃음거리가 될 짓은 하지 마라.

▸웃음-바다
한데 모인 많은 사람이 유쾌하고 즐겁게 마구 웃어 대는 웃음판을 비유하여 이르는 말.

▸웃음-소리
웃을 때 내는 소리. ¶집안에서 웃음소리가 들렸다.

웃-자라다
지나치게 많은 비료나 이상 기온 등 때문에, 식물의 줄기나 잎이 쓸데없이 길고 연약하게 자라다. ¶웃자란 가지.

웃-통 [coat; jacket]
몸의 윗도리에 입는 옷. ¶그는 웃통을 벗었다. ⓑ 윗옷.

웅녀 熊女 | 곰 웅, 여자 녀
문학 단군 신화에 나오는 단군의 어머니. 단군 신화에 따르면 원래는 곰[熊]이었으나 동굴 속에서 햇빛을 보지 않고 쑥과 마늘만 먹는 시련을 견디어 여자(女子)로 환생한 후, 환웅과 혼인하여 단군을 낳았다고 한다.

웅담 熊膽 | 곰 웅, 쓸개 담 [bear's gall]
한의 바람에 말린 곰[熊]의 쓸개[膽]. ¶이 약은 웅담으로 만든 것이다.

웅대 雄大 | 뛰어날 웅, 큰 대
[grand; magnificent]
기개 따위가 뛰어나고[雄] 규모 따위가 크다[大]. ¶그곳의 경치는 정말 웅대하다.

웅덩이 [puddle; pool; plash]
늪보다 작게 움푹 패어 물이 괸 곳. ¶비가 와서 곳곳에 웅덩이가 생겼다.

웅변 雄辯 | 씩씩할 웅, 말 잘할 변
[eloquence; oratory; fluency]
청중을 감동시킬 수 있도록 조리 있고 씩씩하게[雄] 말을 잘함[辯]. ¶웅변대회.

웅성-거리다
[be noisy; be in a commotion]
많은 사람이 모여 수군거리며 소란스럽게 떠드는 소리가 자꾸 나다. ¶그가 교실에서 나가자 학생들은 웅성거리기 시작했다. ⓑ 웅성대다.

웅얼-대다 [mutter; murmur]
남이 잘 알아들을 수 없게 낮고 분명하지 않은 말을 자꾸 하다. ¶노부인은 혼자서 뭔가를 웅얼댔다. ⓑ 웅얼거리다.

웅장 雄壯 | 뛰어날 웅, 씩씩할 장
[grand; magnificent]
빼어날[雄] 만큼 씩씩하게[壯] 보이다. 또는 매우 우람하다. ¶웅장한 경치에 넋을 잃었다.

웅크리다 [crouch; squat]
몹시 춥거나 겁이 나서 몸을 잔뜩 움츠러들이다. ¶몸을 웅크리고 앉아 있다.

워[1]
언어 한글 자모 'ㅝ'의 이름.

워:[2]
소나 말을 멈추게 하거나 가만히 있으라

는 뜻으로 달래는 소리.

워낙 [by nature; so; too much]
❶본디부터. 원래. ¶워낙 성품이 온화한 분이다. ❷아주. 두드러지게. 원체. ¶언니는 워낙 몸이 약해서 걱정이다.

워드 {영 word}
'워드 프로세서'(word processor)의 준말.

▸워드 프로세서 {영 word processor}
문장[word]의 기억과 입출력 기능, 문장 구조의 처리[processor] 기능 따위를 갖추고 있는 문서 작성용 기계나 프로그램. ¶워드 프로세서로 글을 쓰다.

원[1] [won]
우리나라 화폐의 단위. ¶이 빵은 두 개에 천 원이다.

원[2] [Gee!; Well, well]
뜻밖의 일을 당할 때나 놀랄 때 또는 마음이 언짢을 때에 하는 말. ¶원, 이렇게 비싸서야!

원[3] **圓** | 둥글 원 [circle]
수학 한 평면상의 한 정점(定點)에서 같은 거리에 있는 점의 자취 또는 그것으로 둘러싸인 둥근 평면. ㊥ 동그라미.

원:[4] **願** | 바랄 원 [wish; hope]
바람. 바라는 바. ¶원을 들어주다. ㊥ 소원.

원가 原價 | 본디 원, 값 가
[cost price; prime cost]
경제 ❶원래(原來)의 값[價]. 처음 사들일 때의 값. ❷제품의 생산이나 공급에 쓰인 순수비용. ¶원가 산출.

원각-사 圓覺寺 | 둥글 원, 깨달을 각, 절 사
불교 서울특별시 종로구 탑골 공원 자리에 있던 절. 조선 세조 11년(1465)에 왕명으로 세운 대찰(大刹)이었으나 지금은 13층의 사리탑만이 남아 있다. 효령대군이 회암사(檜巖寺) 동쪽 언덕에 석가모니의 사리(舍利)를 안치하고 원각법회(圓覺法會)를 열자, 그날 저녁에 여래가 공중에 나타나고 사리가 분신하는 기이한 일이 일어나 절[寺]을 세웠다고 한다.

원:격 遠隔 | 멀 원, 사이 뜰 격
[be far apart]
공간적으로 멀리[遠] 떨어짐[隔]. ¶이 비행기는 원격으로 조종할 수 있다.

원고[1] **原告** | 본디 원, 알릴 고
[plaintiff; suitor]
❶ 속뜻 원래(原來) 고소(告訴)한 사람. ❷ 법률 법원에 민사소송을 제기하여 재판을 청구한 사람. ㊥ 피고(被告).

원고[2] **原稿** | 본디 원, 초안 고
[draft; manuscript; article]
❶ 속뜻 맨 처음에[原] 쓴 초안[稿]. ❷인쇄하거나 발표하기 위하여 쓴 글이나 그림 따위. ¶교내 웅변대회 원고를 쓰다.

▸원고-지 原稿紙 | 종이 지
원고(原稿)를 쓰기 편리하게 만든 종이[紙]. ¶원고지 사용법을 배우다.

원광 原鑛 | 본디 원, 쇳돌 광
광업 제련하지 않은 원래(原來)의 광석(鑛石).

원광-석 原鑛石 | 근원 원, 쇳돌 광, 돌 석
광업 제련하지 않은 원래(原來) 그대로의 광석(鑛石). ¶중국에서 원광석을 수입한다. ㊟ 원광.

원구-단 圜丘壇 | =圓丘壇, 둥글 원, 언덕 구, 단 단
고려 시대부터 하늘과 땅[圜]에 제사를 드리도록 언덕[丘]처럼 높게 쌓은 대[壇]. ㊥환구단.

원:군 援軍 | 도울 원, 군사 군
[rescue forces; relief]
도와[援]주기 위한 군대(軍隊). ¶이라크에 원군을 파견했다.

원-그래프 (圓graph, 둥글 원)
[pie chart]
수학 원(圓)을 반지름으로 나누고 그 면적으로 전체에 대한 각 부분의 내역을 나타낸 그래프(graph).

원:근 遠近 | 멀 원, 가까울 근

[far and near; distance]
멀고[遠] 가까움[近]. 또는 먼 곳과 가까운 곳.

▸원:근-감 遠近感 | 느낄 감
[미술] 멀고 가까운[遠近] 거리에 대한 느낌[感]. ¶이 그림은 원근감을 잘 표현했다.

▸원:근-법 遠近法 | 법 법
[미술] 화면에 원근(遠近)을 나타내어 그림의 현실감이나 입체감을 강하게 하는 기법(技法).

원금 元金 | 으뜸 원, 돈 금 [principal]
❶[속뜻] 밑천[元]으로 들인 돈[金]. ❷[경제] 꾸어 준 돈에서 이자를 붙이지 않은 본디의 돈. ¶원금 50만 원에 대한 이자. [반] 이자(利子).

원기[1] 元氣 | 으뜸 원, 기운 기
[vigor; energy]
❶[속뜻] 타고난[元] 기운(氣運). ❷심신(心身)의 정력. ¶원기를 회복하다.

원기[2] 原器 | 본디 원, 그릇 기
❶[속뜻] 표준으로 만든 원래(原來)의 그릇[器]이나 기구. ❷[물리] 측정의 기준으로서 도량형의 표준이 되는 기구. ¶미터 원기.

원-기둥 (圓—, 둥글 원)
[column; pillar; cylinder]
❶[속뜻] 밑면이 둥근[圓] 기둥 형태. ❷[수학] 원기둥 곡면을, 주어진 원의 면에 평행한 두 평면으로 자른 중간의 입체. 원주(圓柱).

원-나라 (元—, 으뜸 원)
[역사] 1271년에 몽고 제국의 황제 쿠빌라이가 대도(大都)에 도읍하고 세운 나라. 1279년에 남송을 멸망시키고, 중국 본토를 중심으로 몽고, 티베트에 이르는 제국을 형성하였다. 1368년에 주원장을 중심으로 한 한족의 봉기로 망하였다.

원년 元年 | 으뜸 원, 해 년 [first year]
❶[속뜻] 으뜸[元]이 되는 해[年]. ❷임금이 즉위한 해. ❸어떤 중요한 일이 시작된 해. ¶1982년은 한국 프로야구 원년이다.

원-님 (員—, 관원 원)
[county magistrate]
고을의 관원(官員)을 높여 이르던 말. [속담] 원님 덕에 나팔 분다.

원단 原緞 | 본디 원, 비단 단 [fabric]
원료(原料)가 되는 비단[緞] 같은 천. ¶이 옷은 고급 원단을 사용하여 만들었다.

원:대 遠大 | 멀 원, 큰 대
[far reaching; great]
계획, 꿈, 이상 등이 먼[遠] 앞날을 내다보는 상태에 있어 크고 대단하다[大]. ¶그는 히말라야 등반이라는 원대한 목표를 세웠다.

원동 原動 | 근원 원, 움직일 동
[motive for action; prime]
움직임[動]을 일으키는 기본 바탕[原].

▸원동-력 原動力 | 힘 력
모든 사물의 활동(活動)의 근원[原]이 되는 힘[力]. ¶경제 발전의 원동력.

원두 園頭 | 동산 원, 머리 두
❶[속뜻] 동산[園]에 일구어 놓은 밭의 머리[頭] 부분. 터키어를 음역한 것이라는 설도 있다. ❷밭에 심은 오이, 참외, 수박, 호박 따위의 총칭.

▸원두-막 園頭幕 | 막 막
수박, 참외 따위의 밭을 지키기 위하여 그 밭머리[園頭]에 지어 놓은 막(幕).

원-둘레 (圓—, 둥글 원)
[circumference of a circle]
❶[속뜻] 둥근[圓] 꼴의 둘레. ❷[수학] 한 점에서 같은 거리에 있는 점의 자취.

⁑**원래** 原來 | =元來, 본디 원, 올 래
[originally; primarily]
처음[原] 이래(以來)로. 중국에서는 元來로 쓰다가 명나라 때 元자를 싫어하여 原來로 고쳤다는 설이 있다. ¶그는 원래 친절한 사람이다. [비] 본디, 본래(本來).

원로 元老 | 으뜸 원, 늙을 로
[elder statesman; elder]
어떤 일에 오래[老] 종사하여 경험과 공로

가 많아 으뜸[元]이 되는 사람. ¶문단의 원로.

원료 原料 | 본디 원, 거리 료
[raw material; materials]
바탕[原]이 되는 재료(材料). ¶콩은 두부의 원료이다.

＊원리 原理 | 본디 원, 이치 리
[principles; fundamental truth]
사물의 기본[原]이 되는 이치(理致)나 법칙. ¶자연의 원리.

원만 圓滿 | 둥글 원, 가득할 만
[harmonious; amicable]
❶속뜻 성격이 둥글고[圓] 마음이 넉넉함[滿]. ¶원만한 성격. ❷일의 진행이 순조로움. ¶노사 협상은 원만하게 해결되었다.

원:망 怨望 | 미워할 원, 바랄 망 [blame; resent]
바란[望] 대로 되지 않아 미워하고[怨] 분하게 여김. 또는 그런 마음. ¶원망을 품다 / 하늘을 원망해 봤자 소용없다 / 그녀는 나를 원망스러운 눈으로 쳐다보았다.

원목 原木 | 본디 원, 나무 목
[raw timber]
가공하지 않은 원래(原來)의 통나무[木]. ¶이 침대는 원목으로 만들었다.

＊원반 圓盤 | 둥글 원, 소반 반
[disk; discus]
❶속뜻 둥근[圓] 소반[盤] 같은 판. ❷원반 던지기에 쓰이는 운동 기구. 나무 바탕에 쇠붙이로 심과 테두리를 씌우고 둥글넓적하게 만든 판이다.

▶원반-던지기 (圓盤―)
운동 지름 2.5m의 원 안에서 몸을 한 바퀴 돌려서 원반(原盤)을 던져 그 거리를 다투는 운동 경기.

원본 原本 | 본디 원, 책 본
[original copy / text]
등사나 초록, 개정, 번역 따위를 하기 전의 본디[原]의 책[本]. ㊥ 사본(寫本).

원-불교 圓佛敎 | 둥글 원, 부처 불, 종교 교
[Won Buddhism]
종교 원(圓)을 상징으로 나타내는 불교(佛敎) 교파의 하나.

원-뿔 (圓―, 둥글 원) [circular cone]
❶속뜻 밑면이 둥근[圓] 뿔 형태. ❷수학 원의 평면 밖의 한 정점(頂點)과 원 위의 모든 점을 연결하여 생긴 면으로 둘러싸인 입체. ㊥ 원추(圓錐).

원사 原絲 | 본디 원, 실 사
직물의 원료(原料)가 되는 실[絲]. ¶수공업으로 원사를 생산하다.

▶원사-체 原絲體 | 몸 체
식물 이끼식물의 포자가 발아하여 생기는 실 모양[原絲]의 배우체(配偶體).

원산 原産 | 본디 원, 낳을 산
[origin of a product]
어떤 곳에서 처음[原]으로 생산(生産)되는 일. 또는 그 물건. ¶열대 원산의 식물.

▶원산-지 原産地 | 땅 지
❶속뜻 물건 따위가 맨 처음[原] 생산(生産)된 곳[地]. ¶이 제품은 원산지가 중국이다. ❷동식물의 본디의 산지. ¶호주는 캥거루의 원산지다.

원산 학사 元山學舍 | 으뜸 원, 메 산, 배울 학, 집 사
역사 조선 시대에, 원산(元山)에 세워진 근대식 사립 학교[學舍]. 고종 20년(1883)에 덕원 주민들의 요청으로 덕원 부사 정현석(鄭顯奭)이 설립한 것이다.

원삼 圓衫 | 둥글 원, 적삼 삼
❶속뜻 소매가 크고 둥근[圓] 모양의 적삼[衫]. ❷역사 여성들이 입던 예복의 하나. 주로 신부나 궁중에서 내명부들이 입었다. ¶족두리에 원삼을 입은 신부가 먼저 절을 했다.

원상 原狀 | 본디 원, 형상 상
[original state; former condition]
본디[原]의 상태(狀態). 원래 있던 그대로의 상태. ¶1시간 안에 원상 회복(回復)해 놓아라.

원색 原色 | 본디 원, 빛 색
[primary color; original color]
❶ 속뜻 본디[原]의 색(色). ❷모든 빛깔의 바탕이 되는 빛깔. 빨강, 노랑, 파랑을 이른다. ❸천연색(天然色). ¶원색 사진.
▶ **원색-적** 原色的 | 것 적
원색(原色)으로 되어 있는 것[的]. 혹은 언행이나 차림새 따위가 노골적인 것. ¶아이들은 원색적인 옷을 입으면 예쁘다 / 그는 책에 원색적인 사진을 실어 물의를 일으켰다.

원:생 院生 | 집 원, 사람 생
학원이나 고아원, 소년원 따위의 '원'(院)에 소속되어 있는 사람[生]. ¶그 학원은 원생의 수가 꽤 많다.

원:서 願書 | 원할 원, 글 서
[application; application form]
지원(志願)하는 뜻을 적은 서류(書類). ¶한국대학에 원서를 냈다 / 원서접수는 내일 마감합니다.

원석 原石 | 본디 원, 돌 석
[raw ore; ore]
광업 파낸 그대로의[原] 광석(鑛石). ¶우라늄 원석을 농축하면 핵무기의 원료가 된다.

원:성 怨聲 | 원망할 원, 소리 성
[murmur of grievances]
원망(怨望)하는 소리[聲]. ¶야산을 헐어 골프장을 만들겠다는 발표에 주민들의 원성이 자자하다.

원소 元素 | 으뜸 원, 바탕 소
[original element]
❶ 속뜻 으뜸[元]이 되는 요소(要素). ❷ 수학 집합을 이루는 낱낱의 대상이나 요소. ¶공집합은 원소가 하나도 없는 집합이다. ❸ 화학 한 종류의 원자로만 만들어진 물질. 또는 그 물질의 구성 요소. 현재 106종 정도가 알려져 있다. 홑원소 물질. ¶동위원소(同位元素).

원수[1] 元首 | 으뜸 원, 머리 수
[sovereign; ruler of state]
한 나라의 으뜸[元]이 되는 최고 통치권자[首]. ¶대통령은 공화국의 국가 원수이다.

원수[2] 元帥 | 으뜸 원, 장수 수
❶ 속뜻 으뜸[元]이 되는 장수(將帥). 또는 그 명예 칭호. 대장(大將)의 위이다. ❷ 역사 고려 때 전시에 군을 통솔하던 장수. 또는 한 지방 군대를 통솔하던 주장(主將). ❸ 역사 대한 제국 때 원수부의 으뜸 벼슬. ⓑ 오성장군(五星將軍).

원:수[3] 怨讐 | 미워할 원, 원수 수 [enemy; foe]
자기 또는 자기 집이나 나라에 해를 끼쳐 원한(怨恨)이 맺힌 사람[讐]. ¶아버지의 원수를 갚다. ⓑ 은인(恩人). 속담 원수는 외나무다리에서 만난다.
▶ **원:수지간** 怨讐之間 | 어조사 지, 사이 간
서로 원수(怨讐)가 된 사람들의 사이[間]. ¶원수지간이었던 그들이 지금은 사이가 좋아졌다.

원숙 圓熟 | 둥글 원, 익을 숙
[mature; mellow]
❶ 속뜻 둥글게[圓] 모든 부분까지 다 익음[熟]. ❷나무랄 데 없이 익숙하다. 아주 숙달하다. ¶구조 요원은 원숙한 손길로 물에 빠진 아이를 구했다. ❸인격이나 지식, 기예 따위가 깊은 경지에 이름. ¶원숙한 연기 / 나이를 먹으면 인격이 원숙해진다.

원:숭이 [monkey; ape]
동물 몸은 털로 덮여 있고 흉내를 잘 내며 나무에 잘 오르는 동물. 사람 다음가는 고등 동물로 지능이 발달되어 있다. 속담 원숭이도 나무에서 떨어진다.

원:시[1] 遠視 | 멀 원, 볼 시
[look far off at]
❶ 속뜻 멀리[遠] 바라봄[視]. ¶세계 경제를 원시하여 대책을 강구합시다. ❷ 의학 가까이 있는 물체를 잘 볼 수 없는 눈. ¶할머니는 원시라서 가까운 것을 보실 때는 돋보기를 쓴다. ⓑ 근시(近視).

원시²原始 | =元始, 본디 원, 처음 시
[beginning; origin]
❶ 속뜻 근원[原]과 처음[始]. ❷처음 시작된 그대로 있어 발달하지 아니한 상태. ¶동굴벽화를 통해 원시민족의 생활을 엿볼 수 있다 / 폭력은 원시적인 해결책이다.

▶원시-림 原始林 | 수풀 림
사람의 손이 가지 않은 자연 그대로의[原始] 삼림(森林). ¶성인봉의 원시림은 대한민국의 천연기념물이다.

▶원시-인 原始人 | 사람 인
❶ 속뜻 원시(原始) 시대의 인류(人類). ¶원시인들이 살던 가옥(家屋). ❷미개한 사회의 사람. ⓑ 미개인(未開人), 야만인(野蠻人).

▶원시 시대 原始時代 | 때 시, 연대 대
❶ 속뜻 인류가 처음으로[原始] 나타나 생활하던 시대(時代). ❷ 사회 문화가 아직 발달하지 못한[原始] 유사 이전의 시대(時代).

원:심 遠心 | 멀 원, 가운데 심
물리 중심(中心)에서 멀어져 감[遠]. ⓑ 구심(求心).

▶원:심-력 遠心力 | 힘 력
물리 물체가 원운동을 하고 있을 때 회전 중심(中心)에서 멀어지려는[遠] 힘[力]. ⓑ 구심력(求心力).

원앙 鴛鴦 | 원앙 원, 원앙 앙
[mandarin duck]
동물 부리는 짧고 끝에는 손톱 같은 돌기가 있는 물새[鴛+鴦].

원:양 遠洋 | 멀 원, 큰바다 양
[open sea far from land]
뭍에서 멀리[遠] 떨어진 큰 바다[洋]. ¶원양 어선 / 원양에 나가 물고기를 잡다.

원예 園藝 | 동산 원, 심을 예 [gardening]
동산[園] 같은 곳에 채소, 과일, 화초 따위를 심어서[藝] 가꾸는 일이나 기술. ¶원예 식물.

원유¹原油 | 본디 원, 기름 유
[crude oil]
땅속에서 뽑아낸 정제하지 않은 본디[原] 상태의 기름[油]. ¶말레이시아도 원유를 생산한다.

원유²原乳 | 본디 원, 젖 유
[cows milk; raw milk]
가공하지 않은 원래(原來) 상태의 우유(牛乳). ¶원유의 맛은 상당히 다르다.

⁑**원인¹原因** | 본디 원, 까닭 인
[be caused by; originate in]
가장 근본적인[原] 요인(要因). ¶원인을 알아야 속이 시원해진다. ⓑ 이유(理由). ⓑ 결과(結果).

원인²猿人 | 원숭이 원, 사람 인
[apeman; pithecanthropus]
❶ 속뜻 원숭이[猿] 같은 생활을 하던 원시 시대의 사람[人]. ❷ 고적 가장 원시적이고, 가장 오래된 화석 인류의 총칭. 약 100만~300만 년 이전에 생존한 것으로 추정된다. ¶북경 원인 / 자바 원인.

⁑**원자 原子** | 본디 원, 씨 자
[atom; corpuscle]
화학 물질을 구성하는 기본적[原] 입자(粒子). 각 원소 각기의 특성을 잃지 않는 범위에서 가장 작은 미립자.

▶원자-력 原子力 | 힘 력
❶ 속뜻 원자(原子)의 힘[力]. ❷ 물리 원자핵의 붕괴나 핵반응의 경우에 방출되는 에너지가 지속적으로 연쇄 반응을 일으켜 동력 자원으로 쓰일 때의 원자핵 에너지.

▶원자-로 原子爐 | 화로 로
❶ 속뜻 원자력(原子力)을 끌어내는 화로[爐]. ❷ 물리 원자핵 분열 연쇄 반응의 진행 속도를 인위적으로 제어하여 원자력을 서서히 끌어내는 장치.

▶원자 폭탄 原子爆彈 | 터질 폭, 탄알 탄
군사 원자핵(原子核)이 분열할 때 생기는 에너지를 이용한 폭탄(爆彈). ¶원자 폭탄에 파괴된 도시는 방사선에 오염되었다. ⓒ 원자탄.

▶원자력 발전 原子力發電 | 힘 력, 일으킬

발, 전기 전

물리 원자력(原子力)을 응용하여 전기(電氣)를 일으킴[發]. 원자핵 분열에 의하여 발생한 열에너지로 만든 증기로 발전기를 돌려 전력을 생산하는 방식이다.

▸원자력 발전소 原子力發電所 | 힘 력, 일으킬 발, 전기 전, 곳 소

전기 원자핵이 붕괴할 때 생기는 열에너지를 동력[原子力]으로 하여 전기를 얻는 발전소(發電所).

원-자원 元資源 | 으뜸 원, 재물 자, 근원 원

으뜸[元]이 되고 기본이 되는 자원(資源).

원-자재 原資材 | 근원 원, 재물 자, 재료 재 [raw materials]

공업 생산의 기본[原]이 되는 재료[資材]. ¶원자재 가격이 상승했다.

원작 原作 | 본디 원, 지을 작 [original (work) of art]

❶ 속뜻 본디[原]의 저작물(著作物). ❷ 문학 연극이나 영화의 각본으로 각색되거나 다른 나라의 말로 번역되기 이전의 본디 작품. ¶원작에 충실한 번역.

원장[1] 院長 | 집 원, 어른 장 [director]

'원'(院) 자가 붙은 시설이나 기관의 우두머리[長]. ¶병원 원장.

원장[2] 園長 | 동산 원, 어른 장 [principal; curator]

'원'(園)자가 붙은 시설이나 기관의 우두머리[長]. ¶유치원 원장 / 동물원 원장.

원-재료 原材料 | 원료 원, 재목 재, 거리 료 [raw materials]

기본이 되는 원료(原料)와 재료(材料). ¶우리나라는 외국에서 수입한 원재료를 가공하여 외국으로 수출한다.

원점 原點 | 본디 원, 점 점 [starting point; origin]

❶ 속뜻 시작[原]이 되는 출발점(出發點). 또는 근본이 되는 본래의 점. ¶원점에서 다시 이야기해 보자. ❷ 수학 좌표를 정할 때에 기준이 되는 점. 수직선 위의 0에 대응하는 점이며 평면이나 공간에서 좌표축들의 교점이다.

원:정 遠征 | 멀 원, 칠 정 [invade; visit]

❶ 속뜻 먼 곳[遠]으로 싸우러[征] 나감. ¶십자군 원정. ❷먼 곳으로 운동 경기 따위를 하러 감. ¶원정 경기.

▸원:정-군 遠征軍 | 군사 군

❶ 속뜻 먼 곳으로 싸우러 가는[遠征] 군사나 군대(軍隊). ¶대규모의 원정군을 파견하였다. ❷먼 곳으로 운동 경기 따위를 하러 가는 선수나 팀. ¶원정군을 우리 팀이 물리쳤다.

원제 原題 | 본디 원, 제목 제 [original title]

본디[原]의 제목(題目). '원제목'의 준말.

원조[1] 元祖 | 으뜸 원, 조상 조 [originator; founder]

❶ 속뜻 으뜸[元] 조상(祖上). ❷어떤 일을 처음으로 시작한 사람이나 사물. ¶음식점마다 자기네 보쌈이 원조라고 한다.

원:조[2] 援助 | 도울 원, 도울 조 [help; aid; support]

물품이나 돈 따위로 도와줌[援=助]. ¶전 세계는 북한에 식량을 원조하고 있다.

원주[1] 原住 | 본디 원, 살 주

어떤 곳에 본디[原]부터 살고 있음[住].

▸원주-민 原住民 | 백성 민

그 지역에 본디부터 살고 있는[原住] 사람들[民]. ¶그 나라는 아프리카 원주민을 몰아내고 나라를 세웠다. 반 이주민(移住民).

원주[2] 圓周 | 둥글 원, 둘레 주 [circumference of a circle]

❶ 속뜻 원(圓)의 둘레[周]. ❷ 수학 일정한 점에서 같은 거리에 있는 점의 자취.

▸원주-율 圓周率 | 비율 률

수학 원둘레[圓周]와 지름의 비율(比率). 약 3.14:1이며 기호는 'π'.

원천 源泉 | 근원 원, 샘 천 [fountainhead; source]

❶ 속뜻 강물의 근원(根源)이 되는 샘[泉].

¶황지는 낙동강의 원천이다. ❷사물의 근원. ¶책은 지식의 원천이다.

원체 元體 | 으뜸 원, 몸 체
[by nature; from the first]
❶ 속뜻 으뜸[元]이 되는 몸[體]. ❷본디부터. 워낙. ¶그는 원체 몸이 약하다.

원칙 原則 | 본디 원, 법 칙
[fundamental rule; general rule]
원래(原來) 지켜야 할 규칙이나 법칙(法則). ¶학교생활에서는 원칙을 따르는 것이 중요하다. ⓑ 본칙(本則).

원:-컨대 (願―, 바랄 원)
[I wish; I pray]
바라건대. ¶원컨대, 다시는 그와 마주치질 않기를.

원탁 圓卓 | 둥글 원, 높을 탁
[round table]
둥근[圓] 탁자(卓子). ¶원탁토의.

원통[1] 冤痛 | 억울할 원, 아플 통
[grievous; lamentable]
억울하여[冤] 마음이 아픔[痛]. 분하고 억울함. ¶그는 도둑이라는 누명을 쓰고 죽기가 원통하여 눈물을 흘렸다.

원통[2] 圓筒 | 둥글 원, 대롱 통 [cylinder]
❶ 속뜻 둥근[圓] 모양의 대롱[筒]. ❷ 수학 원기둥.

▸원통-형 圓筒形 | 모양 형
둥근 통[圓筒]의 모양과 같은 꼴[形]. ¶원통형의 물건.

원판 圓板 | 둥글 원, 널빤지 판
[circular plate]
판판하고 넓으며 둥근[圓] 모양의 판(板).

원피스 {영 one-piece}
윗옷과 아래옷이 붙어서 한 벌로 된 옷. 주로 여성복에 많다. ¶언니는 노란색 원피스를 입었다.

원:-하다 (願―, 바랄 원)
[desire; wish; hope]
무엇을 바라거나[願] 청하다. ¶그는 장차 외국에서 살기를 원한다. ⓑ 희망(希望)하다, 소원(所願)하다.

원:한 怨恨 | 미워할 원, 한탄 한 [grudge; spite]
억울한 일을 당하여 미워하고[怨] 한스러워함[恨]. 또는 그런 마음. ¶나는 그에게 아무런 원한도 없다.

원형[1] 原形 | 근원 원, 모양 형
[original form]
본디[原]의 모양[形]. ¶유물의 원형을 보존하기 위해 천을 씌워놓았다. ⓑ 본형(本形).

원형[2] 圓形 | 둥글 원, 모양 형
[round shape; circle]
둥글게[圓] 생긴 모양[形]. 원 모양. ¶원형 무대에서 오케스트라가 합주하였다.

원:호 援護 | 도울 원, 돌볼 호
[support; back up]
도와주고[援] 돌보아[護] 줌. ¶원호 대상자 / 그 기자는 여러 군인이 원호하여 적진에서 무사히 빠져나왔다.

원활 圓滑 | 둥글 원, 미끄러울 활
[smooth; harmonious]
❶ 속뜻 둥글고[圓] 매끄러움[滑]. ❷거침이 없이 잘되어 나감. ¶만사가 원활하게 진행되고 있다.

원흉 元兇 | 으뜸 원, 흉할 흉 [ringleader; chief instigator]
못된[兇] 짓을 한 사람의 우두머리[元]. ¶안중근 의사는 조선 침략의 원흉인 이토 히로부미를 사살했다.

월[1] 月 | 달 월 [moon; month]
❶한 달 동안. ¶우리는 월 2회 모인다. ❷달을 세는 단위. ¶5월이 되자 봄바람이 불었다.

월[2] 月 | 달 월 [Monday; Mon.]
'월요일'(月曜日)의 준말. ¶매주 월 오후4시에 강의가 있다.

월간 月刊 | 달 월, 책 펴낼 간
[monthly publication]
매월(每月) 발간(發刊)하는 일. 또는 그

간행물. ¶월간 잡지를 구독하다.

월경 月經 | 달 월, 지날 경
[menstruation; menses]
❶ 속뜻 매달[月] 겪음[經]. ❷ 의학 성숙기의 정상적인 여성에게 있는 생리 현상. 난소 기능으로 일어나는 자궁 점막의 출혈로 보통 28일 정도의 주기로 반복된다. ⓑ 달거리, 생리(生理).

월계-관 月桂冠 | 달 월, 계수나무 계, 갓 관
[laurel wreath]
월계수(月桂樹)의 가지와 잎으로 만든 관(冠). 고대 그리스에서 승리를 기리는 뜻으로 머리에 씌워 주던 것으로, 현재는 올림픽에서 경기의 우승자에게 씌워주고 있다.

월계-수 月桂樹 | 달 월, 계수나무 계, 나무 수 [laurel tree; bay tree]
❶ 속뜻 월계(月桂) 나무[樹]. ❷ 식물 잎은 딱딱하고 향기가 있는 나무. 지중해 연안에서 난다.

월급 月給 | 달 월, 줄 급
[monthly pay; monthly salary]
다달이[月] 받는 정해진 봉급(俸給). ¶이번 달부터 월급이 오른다. ⓑ 봉급(俸給).

▸ **월급-날** (月給-)
매월 월급(月給)을 타기로 정해진 날. ¶아버지의 월급날에는 항상 외식을 했다.

월남 越南 | 넘을 월, 남녘 남
[come south over the border]
❶ 속뜻 남(南)쪽으로 넘어감[越]. ❷삼팔선 또는 휴전선 이남으로 넘어오는 것. ¶할머니는 6·25전쟁 때 월남했다. ❸ 지리 '베트남'(Vietnam)의 한자 음역어. ⓑ 월북(越北).

월동 越冬 | 넘을 월, 겨울 동
[pass the winter]
겨울[冬]을 넘기는[越] 것. 겨우살이. ¶월동 준비 / 뱀은 겨울잠을 자면서 월동한다. ⓑ 겨울나기.

월드컵 축구 대회 (World Cup蹴球大會, 찰 축, 공 구, 큰 대, 모일 회)
운동 1930년 이래로, 4년마다 열리는 국제[World] 축구(蹴球) 대회(大會). 우승한 팀에게는 컵(Cup) 모양의 기념 트로피를 준다.

월등 越等 | 뛰어날 월, 무리 등
[vastly different; singular]
같은 등급(等級)보다 중 훨씬 뛰어나다[越]. ¶그는 수학 성적이 월등하다.

월령 月令 | 달 월, 시킬 령
❶ 속뜻 매달[月]마다 시킴[令]. 또는 그런 일. ❷매달 혹은 계절마다 해야 할 일들.

▸ **월령-가** 月令歌 | 노래 가
문학 매달[月]이나 계절 별로 해야 할 일들[令]을 읊은 노래[歌]. 고려 가요인 『동동』, 정학유(丁學遊)의 『농가월령가』와 같은 작품들이 있다.

월말 月末 | 달 월, 끝 말
[end of the month]
어느 달[月]이 끝나 가는[末] 무렵. 곧, 말일 이전의 며칠 동안을 가리킨다. ¶숙제는 월말까지 제출하세요. ⓑ 월초(月初).

월반 越班 | 넘을 월, 나눌 반
[skip a grade]
교육 성적이 뛰어나 상급반(上級班)으로 건너뛰어[越] 진급함. ¶그는 3학년에서 5학년으로 월반했다.

월별 月別 | 달 월, 나눌 별
달[月]에 따라 구별(區別)함.

월부 月賦 | 달 월, 거둘 부
[monthly payments]
물건 값 등을 매달[月] 일정하게 나누어 거두어들임[賦]. ¶월부로 컴퓨터를 사다.

월북 越北 | 넘을 월, 북녘 북 [crossing over the border into North Korea]
❶ 속뜻 북(北)쪽으로 넘어감[越]. ❷삼팔선 또는 휴전선 이북으로 넘어가는 것. ¶월북 작가. ⓑ 월남(越南).

월세 月貰 | 달 월, 세놓을 세
[monthly rent]
다달이[月] 내는 집세[貰]. ¶월세로 점포

를 얻다.

월식 月蝕 | 달 월, 갉아먹을 식
[eclipse of the moon; lunar eclipse]
❶속뜻 달[月]이 갉아 먹힌[蝕] 것처럼 보임. ❷천문 지구가 태양과 달 사이에 들어 달의 한쪽 또는 전체가 지구 그림자에 가려 보이지 않게 되는 현상. 개기 월식과 부분 월식이 있다.

월-요일 月曜日 | 달 월, 빛날 요, 해 일
[Monday; Mon.]
칠요일 중 달[月]에 해당하는 요일(曜日). ¶다음 주 월요일이 개학이다.

월인석보 月印釋譜 | 달 월, 도장 인, 풀 석, 계보 보
문학 조선 세조 5년(1459)에 세조가 『월인천강지곡』(月印千江之曲)과 『석보상절』(釋譜詳節)을 합하여 간행한 책.

월인천강지곡 月印千江之曲 | 달 월, 도장 인, 일천 천, 강 강, 어조사 지, 노래 곡
문학 조선 세종 31년(1449)에 세종이 석가모니의 공덕[月印]이 이 세상에[千江] 두루 넘치는 것을 찬양하여 지은 노래[曲]를 실은 책.

월일 月日 | 달 월, 해 일 [date]
❶속뜻 달[月]과 해[日]. ❷월과 날짜.

월정-사 月精寺 | 달 월, 쓿을 정, 절 사
불교 강원도 오대산에 있는 절. 신라 선덕여왕 때 자장(慈藏)이 문수보살의 계시를 받고 지었다 하며, 『조선왕조실록』 등 귀중한 사서를 보관한 오대산 사고(史庫)가 있었다.

월척 越尺 | 넘을 월, 자 척 [big fish]
낚시에서 낚은 물고기가 한 자[尺]가 넘음[越]. 또는 그 물고기. 주로 붕어를 가리킨다. ¶삼촌은 세 시간 만에 월척을 낚았다.

월초 月初 | 달 월, 처음 초
[beginning of the month]
어느 달[月]이 시작되는[初] 무렵. ¶월초로 예정된 회합. ⓑ 월말(月末).

월출 月出 | 달 월, 날 출 [moonrise]
달[月]이 떠오름[出]. ¶월출을 보며 소원을 빌었다.

월-평균 月平均 | 달 월, 평평할 평, 고를 균
[monthly average]
한 달(月)을 단위로 하여 내는 평균(平均). ¶열대(熱帶)란 월평균 기온이 18℃를 넘는 지역을 말한다.

월하노인 月下老人 | 달 월, 아래 하, 늙을 로, 사람 인
❶속뜻 밝은 달빛[月] 아래[下] 앉아 있던 흰 수염의 노인(老人). ❷부부의 인연을 맺어 준다는 전설상의 늙은이. '중매인'을 비유하여 이르는 말이다. ¶할머니는 월하노인 역할을 하겠다고 나섰다.

웨
언어 한글 자모 'ㅞ'의 이름.

웨딩 {영 wedding}
남녀가 부부 관계를 맺는 서약을 하는 의식. ¶웨딩 케이크. ⓑ 결혼식(結婚式), 혼례식(婚禮式), 혼인식(婚姻式).

▶ 웨딩-드레스 {영 wedding dress}
신부가 결혼식[wedding] 때 입는 양식의 혼례복[dress]. ¶눈부시게 하얀 웨딩 드레스.

웨이터 {영 waiter}
호텔·식당 등의 남자 종업원.

웬: [what sort of]
어떠한. 어찌 된. ¶웬 짐이 이렇게 많아?

웬-걸 [O my!; Why!]
'웬 것을'의 준말로, 의심 또는 의외나 부정의 뜻을 나타내는 말. ¶자전거를 타려고 했더니, 웬걸 소낙비가 쏟아졌다.

웬:-만큼 [to some extent; fairly]
보통은 넘는 정도로. 웬만하게. ¶그는 중국어를 웬만큼 한다.

웬:만-하다 [be fairly good; tolerable]
❶정도나 형편이 표준에 가깝거나 그보다 약간 낫다. ¶영미는 영어 성적이 웬만하다. ❷허용되는 범위에서 크게 벗어나지 않은 상태에 있다. ¶웬만하면 그를 용서

해 주어라.

웬 : -일 [what matter; what cause]
어떻게 된 일. 무슨 까닭. ¶웬일로 이렇게 일찍 왔니?

웹 {영 Web}
❶[속뜻] 인터넷에 존재하는, 광범위한 정보망. 혹은 그 공간. 'World Wide Web'의 줄임말. ❷동영상이나, 음성 따위의 각종 멀티미디어를 이용하는 인터넷을 이르는 말.

웹 사이트 {영 web site}
웹(web) 서버를 사용하여 웹 서비스를 할 수 있도록 구축된 호스트. 또는 이들 호스트에서 웹 서비스를 하기 위하여 구축하여 놓은 정보의 집합[site].

위[1]
[언어] 한글 자모 'ㅟ'의 이름.

위[2] (上, 위 상) [top]
❶기준으로 삼는 사물이나 부분보다 높은 쪽. ¶허리 위. ❷어떤 사물의 거죽이나 바닥의 표면. ¶현규는 책상 위에 연필을 가지런히 늘어놓았다. ❸수준·질·정도·나이·등급 따위가 더 높은 것. ¶그는 나보다 한 살 위다. [반] 밑, 아래.

위[3] **位** | 자리 위 [place; rank]
등급이나 등수를 나타내는 말. ¶우리나라는 올림픽에서 종합 성적 3위를 차지했다. [비] 등(等).

위[4] **胃** | 밥통 위 [stomach]
[의학] 음식물을 담아 소화시키는 기관. 주머니 모양이며, 내부에서 위액이 분비된다.

위급 危急 | 두려워할 위, 급할 급 [critical; urgent]
두려울[危] 정도로 매우 급박(急迫)함. ¶매우 위급할 때 소방차가 달려왔다.

위기 危機 | 위태할 위, 때 기 [crisis; critical moment]
위험(危險)한 때[機]. 위험한 고비. ¶위기는 곧 기회다.

▶**위기-감 危機感** | 느낄 감
위기(危機)에 대한 불안한 느낌[感]. ¶중동에서 전쟁이 일어나 전세계의 위기감이 높아졌다.

위대 偉大 | 훌륭할 위, 큰 대 [great; grand]
훌륭하고[偉] 대단하다[大]. ¶위대한 과학자.

위도 緯度 | 씨실 위, 정도 도 [latitude]
❶[속뜻] 씨실[緯] 같이 가로로 표시한 도수(度數). ❷[지리] 지구 위의 위치를 적도와 평행하게 가로로 표시한 것. ¶서울의 위도는 북위 37도이다. [반] 경도(經度).

위독 危篤 | 위태할 위, 심할 독 [be critically ill; be in a critical condition]
생명이 위태(危殆)롭고 병세가 매우 심하다[篤]. ¶그의 어머니는 위독하시다.

위-뜸
한 마을의 위에 있는 부분. [반] 아래뜸.

위력 威力 | 위엄 위, 힘 력 [power; might; authority]
위풍 있는 강대한[威] 힘[力]. ¶핵무기의 위력.

위례-성 慰禮城 | 위로할 위, 예도 례, 성곽 성
[역사] 백제 초기의 도읍지. 백제의 시조 온조왕이 고구려에서 남쪽으로 내려와 이곳에 도읍을 정했다고 하는데, 위치에 대해서는 지금의 경기도 하남시 부근이라는 설과 충청남도 천안시 북면 일대라는 설이 있다.

위로 慰勞 | 달랠 위, 수고로울 로 [console; comfort]
수고로움[勞]이나 아픔을 달램[慰]. ¶어떻게 위로의 말씀을 드려야 할지 모르겠습니다 / 어머니는 기회가 또 있을 것이라며 나를 위로했다.

위만 조선 衛滿朝鮮 | 지킬 위, 찰 만, 아침 조, 고울 선
[역사] 기원전 194년에 위만(衛滿)이 준왕

(準王)을 몰아내고 세운 조선(朝鮮). 대동 강 유역에 있었던 고조선의 마지막 나라로, 기원전 108년에 한나라의 무제에게 망하였다.

위문 慰問 | 달랠 위, 물을 문
[pay a visit of inquiry]
위로(慰勞)하기 위하여 방문(訪問)함. ¶위문 공연 / 사장은 사고로 죽은 직원을 위문하기 위해 빈소를 찾았다.

▸위문-품 慰問品 | 물건 품
군인이나 이재민 등을 위문(慰問)하기 위하여 보내는 물품(物品).

위반 違反 | 어길 위, 뒤엎을 반
[violate; infringe]
법령, 명령, 약속 등을 어기거나[違] 지키지 않는 것[反]. ¶주차위반 / 그는 계약을 위반해 위약금을 물었다. ⓑ 위배(違背).

위배 違背 | 어길 위, 등질 배
[violate; break]
약속한 바를 어기고[違] 등짐[背]. ¶위배 행위 / 이것은 헌법 정신에 위배된다. ⓑ 위반(違反).

위법 違法 | 어길 위, 법 법 [be illegal]
법(法)을 어김[違]. ¶위법단체 / 위법한 행위가 나쁜 것이지 사람이 나쁜 것은 아니다. ⓟ 적법(適法), 합법(合法).

위산 胃酸 | 밥통 위, 산소 산
[stomach acid; gastric acid]
의학 위액(胃液) 속에 들어 있는 산(酸). 주로 염산이며 소화 효소의 작용을 돕는다.

위상 位相 | 자리 위, 모양 상 [status]
어떤 사물이 다른 사물과의 관계 속에서 가지는 위치(位置)나 모습[相]. ¶그는 기술대회에서 1위를 차지해 국가의 위상을 드높였다.

위생 衛生 | 지킬 위, 살 생
[hygiene; sanitation; health]
❶ 속뜻 생명(生命)을 지킴[衛]. ❷ 건강에 유익하도록 조건을 갖추거나 대책을 세우는 일. ¶위생상태가 좋다.

▸위생-복 衛生服 | 옷 복
위생(衛生)을 지키기 위해 입는 옷[服]. ¶식당에 들어오려면 위생복을 입어야 한다.

▸위생-적 衛生的 | 것 적
위생(衛生)에 알맞은 것[的]. ¶이 버섯은 위생적인 환경에서 재배되었다. ⓟ 비위생적.

위선¹ 緯線 | 씨실 위, 줄 선
[parallel; latitude line]
❶ 속뜻 베틀의 씨실[緯]과 같은 가로 방향의 선(線). ❷ 지리 적도에 평행하게 지구의 표면을 남북으로 자른 가상의 선. 곧 위도(緯度)를 나타낸 선. ⓟ 경선(經線).

위선² 僞善 | 거짓 위, 착할 선
[be hypocrisy]
거짓[僞]으로 착한[善] 척 함. ¶나는 그의 위선을 더 이상 참을 수 없다. ⓟ 위악(僞惡).

▸위선-자 僞善者 | 사람 자
위선(僞善)의 행동을 하는 사람[者].

위성 衛星 | 지킬 위, 별 성 [satellite]
❶ 속뜻 행성을 지키듯이[衛] 그 주위를 도는 별[星]. ❷ 천문 행성의 인력에 의하여 그 행성의 주위를 도는 별. ¶달은 지구의 위성이다. ❸ 천문 '인공위성'(人工衛星)의 준말. ¶위성방송.

▸위성 국가 衛星國家 | 나라 국, 집 가
정치 강대국의 주변에 있어[衛星] 정치·경제·군사상 그 지배 또는 영향을 받고 있는 나라[國家]. ¶예전에 불가리아는 소련의 위성 국가였다.

▸위성 도시 衛星都市 | 도읍 도, 저자 시
지리 대도시의 주위에 위치하면서[衛星] 주체성을 가지고 대도시의 기능의 일부를 분담하고 있는 도시(都市). ¶성남이나 안양과 같은 도시는 서울의 위성 도시이다.

▸위성 사진 衛星寫眞 | 베낄 사, 참 진
인공위성(人工衛星)에서 찍은 사진(寫

眞). ¶위성 사진을 통해 태풍의 이동경로를 확인한다.

▸위성 중계 衛星中繼 | 가운데 중, 이을 계
언론 통신 위성(衛星)이나 방송 위성을 이용한 중계(中繼) 방식. 통신 위성에서 증폭한 전파가 지구국과 방송국을 거쳐 각 가정으로 전달된다. ¶올림픽 개회식은 전 세계에 위성 중계가 되었다.

위세 威勢 | 으를 위, 힘 세
[power; influence; high spirits]
❶ 속뜻 남을 으를[威] 듯한 강한 힘[勢]. ❷사람을 두렵게 하여 복종시키는 힘. ¶나는 그녀의 위세에 눌려 한 마디도 할 수 없었다.

위스키 {영 whiskey}
보리·밀·옥수수 등에 엿기름·효모를 섞어 발효시킨 뒤 증류하여 만든 서양 술. 알코올 함유량이 많다.

위시 爲始 | 할 위, 처음 시
[begin; commence; start]
여럿 중에서 어떤 대상을 첫[始] 자리. 또는 대표로 삼음[爲]. ¶아버지를 위시하여 집안 식구가 다 모였다.

위신 威信 | 위엄 위, 믿을 신
[authority and confidence; prestige]
위엄(威嚴)과 신망(信望). ¶반기문씨는 유엔 사무총장으로 선출되어 국가의 위신을 높였다.

위-아래
[up and down; top and bottom]
❶위와 아래. ¶옆 사람을 위아래로 훑어보다. ❷윗사람과 아랫사람. ¶너는 위아래도 없니? ⊕상하(上下), 아래위.

위안 慰安 | 위로할 위, 편안할 안
[console; solace]
위로(慰勞)하여 마음을 안심(安心)시키는 것. ¶사람들은 대부분 종교에서 위안을 구한다.

위암 胃癌 | 밥통 위, 암 암 [gastric cancer; cancer of the stomach]
의학 위(胃)에 발생하는 암(癌). ¶한국인은 위암 발병률이 가장 높다.

위압 威壓 | 위엄 위, 누를 압
[overawe; overpower]
위엄(威嚴)이나 위력 따위로 압박(壓迫)함. 정신적으로 억누름. ¶모두 그의 시퍼런 서슬에 완전히 위압되고 말았다.

▸위압-감 威壓感 | 느낄 감
위압(威壓)하는 느낌[感]. ¶그의 말투에 위압감을 느꼈다.

위액 胃液 | 밥통 위, 진 액
[gastric juices]
의학 위(胃)샘에서 분비되는 소화액(消化液).

위약 僞藥 | 거짓 위, 약 약 [placebo]
❶ 속뜻 가짜[僞] 약(藥). ❷ 의학 정신적 효과를 얻기 위해 환자에게 주는 약리 효과가 없는 약. ¶위약 효과.

위엄 威嚴 | 두려워할 위, 엄할 엄
[dignity; majesty; stateliness]
❶ 속뜻 두려움[威]과 엄(嚴)한 느낌을 받게 함. ❷존경할 만한 위세가 있고 엄숙함. 또는 그런 모습이나 태도. ¶이 불상은 석가모니의 위엄을 잘 표현하고 있다.

위업 偉業 | 훌륭할 위, 일 업 [great undertaking; great achievement]
훌륭한[偉] 업적(業績). ¶세계 최고의 건물을 세우는 위업을 이루었다.

위염 胃炎 | 밥통 위, 염증 염 [gastritis]
의학 위(胃) 점막에 생기는 염증(炎症).

***위원** 委員 | 맡길 위, 사람 원
[committee; member of a committee]
특정 사항의 처리를 위임(委任) 받은 사람[員]. 대개 선거나 임명에 의해 지명된다. ¶운영위원.

▸위원-단 委員團 | 모일 단
일정한 일의 처리를 맡은 위원(委員)들로 구성된 단체(團體). ¶학교위생위원회의 위원단은 현장을 시찰했다.

▸위원-장 委員長 | 어른 장
위원(委員) 가운데 우두머리[長].

▸위원-회 委員會 | 모일 회
❶[속뜻] 위원(委員)들의 모임[會]. ❷[법률] 기관, 단체 등에서 특정한 사항을 처리하기 위하여 만든 합의제의 기관. 또는 그 회의. ¶경영 위원회.

위인 偉人 | 훌륭할 위, 사람 인 [great man; master mind]
훌륭한[偉] 사람[人]. ¶지폐 도안에 한국의 위인을 담았다.

▸위인-전 偉人傳 | 전할 전
위인(偉人)의 업적 및 일화 등을 사실(史實)에 입각하여 옮겨[傳] 적은 글. 또는 그 책.

위임 委任 | 맡길 위, 맡길 임 [entrust; delegate]
어떤 일을 맡기는[委=任] 것. 또는 그 맡은 책임. ¶그 문제의 결정을 법원에 위임했다.

위자 慰藉 | 위로할 위, 도울 자 [console]
위로(慰勞)하고 도와줌[藉].

▸위자-료 慰藉料 | 삯 료
[법률] 정신적 고통이나 피해에 대해 위로하고 도우려고 주는[慰藉] 배상금[料]. ¶그녀는 전남편에게 위자료를 청구했다.

위장[1] 胃臟 | 밥통 위, 내장 장 [stomach]
❶[속뜻] 음식물을 담아[胃] 소화시키는 내장(內臟) 기관. ❷[의학] 내장의 식도와 소장 사이에 있는 주머니 모양의 소화기관. 위액을 분비하여 섭취한 음식물을 소화시킨다.

위장[2] 僞裝 | 거짓 위, 꾸밀 장 [camouflage; disguise]
❶[속뜻] 거짓[僞]으로 꾸밈[裝]. ❷본래의 정체나 모습이 드러나지 않도록 거짓으로 꾸밈. 또는 그런 수단이나 방법. ¶위장결혼을 하다.

위조 僞造 | 거짓 위, 만들 조 [forge; fake; counterfeit]
진품과 똑같게 거짓으로[僞] 만드는[造] 일. ¶범인은 여권을 위조하여 해외로 도피했다.

▸위조-지폐 僞造紙幣 | 종이 지, 화폐 폐
진짜처럼 보이게 만든 가짜로 만든[僞造] 지폐(紙幣).

위주 爲主 | 할 위, 주인 주 [put first]
주(主)되는 것으로 삼음[爲]. 으뜸으로 삼음. ¶교과서 위주로 공부하면 된다.

위중 危重 | 위태할 위, 무거울 중 [be in a critical condition; serious; grave]
목숨이 위태(危殆)로울 만큼 병세가 심각하다[重]. ¶아버지가 위중하다는 전보를 받았다.

위증 僞證 | 거짓 위, 증명할 증 [perjure oneself; give false witness]
진실을 속이고 거짓[僞]으로 증명(證明)함. ¶법정에서 위증하면 법으로 처벌된다.

위-쪽 [upper direction]
위가 되는 쪽. ¶종이 맨 위쪽에 이름을 쓰시오. [반] 아래쪽.

위축 萎縮 | 시들 위, 줄일 축 [wither; shrivel]
❶[속뜻] 시들어서[萎] 줄어듦[縮]. ❷어떤 힘에 눌려서 졸아들고 기를 펴지 못하는 것. ¶그는 선생님 앞에서 위축되어 아무 말도 못했다.

위-층 (-層, 층 층) [upper floor; upstairs]
위쪽의 층(層). ¶화장실은 위층에 있습니다. [비] 상층(上層). [반] 아래층(層).

⁑**위치** 位置 | 자리 위, 둘 치 [place; position]
사물을 일정한 자리[位]에 둠[置]. 또는 그 자리. ¶책상 위치를 바꾸다 / 그 집은 바닷가에 위치해 있다. [비] 자리.

위탁 委託 | 맡길 위, 부탁할 탁 [entrust; consign]
❶[법률] 어떤 행위나 사무의 처리를 남에게 맡겨[委] 부탁(付託)하는 일. ¶전문 경영인에게 회사의 운영을 위탁했다. ❷남에

게 사물이나 사람의 책임을 맡기는 것. ¶위탁교육.

위태 危殆 | 두려울 위, 다급할 태
[dangerous; perilous; risky]
❶ 속뜻 두렵고[危] 다급함[殆]. ❷안심할 수 없을 정도로 다급하다. ¶생명이 위태하다 / 목숨이 위태롭다 / 위태위태한 줄타기 묘기.

위트 {영 wit}
남을 즐겁게 하는 재미있는 말이나 행동. ¶그는 위트 있는 이야기로 관중을 사로잡았다.

위-팔
어깨에서 팔꿈치까지의 부분. 반 아래팔.

위패 位牌 | 자리 위, 패 패
[mortuary tablet]
영위(靈位)의 이름을 적은 나무패(牌). ¶사당에 조상의 위패를 모시다. 비 목주(木主), 위판(位版).

위편 韋編 | 가죽 위, 엮을 편
가죽[韋]으로 책을 엮음[編]. 또는 그 끈.

▶위편-삼절 韋編三絶 | 석 삼, 끊을 절
❶ 속뜻 공자가 주역 책을 즐겨 읽어 그 가죽[韋] 끈[編]이 세 번[三]이나 끊어짐[絶]. ❷'책을 열심히 읽음'을 비유하는 말.

위풍 威風 | 위엄 위, 모습 풍
[stately appearance; imposing air]
위엄(威嚴) 있는 풍채(風采).

▶위풍-당당 威風堂堂 | 집 당, 집 당
남을 압도할 만큼 위풍(威風)이 대단함[堂堂]. ¶위풍당당한 개선 행렬.

위-하다 (爲—, 할 위)
[do for the good; make much of]
❶ 속뜻 이롭게 하려고 행동하다[爲]. ¶다 너를 위해 하는 말이야. ❷어떤 목적을 이루게 하다. ¶그는 농사를 짓기 위해 땅을 샀다. ❸어떤 물건이나 사람을 소중하게 여기고 사랑하다. ¶가족을 제 몸처럼 위하다.

위헌 違憲 | 어길 위, 법 헌
[violation of the constitution]
법률 법률이나 명령, 규칙 등이 헌법(憲法)에 위반(違反)되는 일. ¶이 항목은 분명히 위헌이다. 반 합헌(合憲).

****위험** 危險 | 두려울 위, 험할 험
[danger; peril; risk]
❶ 속뜻 두려울[危] 정도로 험(險)함. ❷안전하지 못하거나 신체나 생명에 위해(危害)·손실이 생길 우려가 있는 것. 또는 그런 상태. ¶그는 위험을 무릅쓰고 나를 구했다. 반 안전(安全), 안녕(安寧).

▶위험-도 危險度 | 정도 도
위험(危險)스러운 정도(程度). ¶위험도가 높을수록 품삯이 많다.

▶위험-성 危險性 | 성질 성
위험(危險)하게 될 가능성이 있는 성질(性質). ¶저 건물은 곧 붕괴될 위험성이 있다.

▶위험-천만 危險千萬 | 일천 천, 일만 만
매우[千=萬] 위험(危險)함. ¶음주 운전은 위험천만한 일이다.

위협 威脅 | 위력 위, 협박할 협
[menace; intimidate]
위력(威力)으로 협박(脅迫)하는 것. ¶생명의 위협을 받다.

위화 違和 | 어길 위, 어울릴 화 [trouble]
❶ 속뜻 서로 어울림[和]에 어긋남[違]. ❷다른 사물과 조화되지 않는 일.

▶위화-감 違和感 | 느낌 감
어떤 대상이 주위의 다른 대상에 비해 지나치게 특별하거나 하여 조화를 깨고 있는[違和] 느낌[感]. ¶계층 간 위화감을 조성하다.

위화도 회군 威化島回軍 | 위엄 위, 될 화, 섬 도, 돌아올 회, 군사 군
역사 고려 말, 요동(遼東)을 정벌하기 위하여 출정하였던 이성계 등이 위화도(威化島)에서 군사(軍士)들을 이끌고 되돌아와[回] 정권을 장악한 사건.

윈도 {영 windows}
컴퓨터에서 주로 모니터에 나타나는 그림으로 된 기호를 써서 다른 여러 프로그램을 사용할 수 있게 해 주는 기본 프로그램.

윗-글 [hereinbefore]
바로 위의 글. [비] 앞글. [반] 아랫글.

윗-니 [upper (set of) teeth]
윗잇몸에 난 이. [반] 아랫니.

윗-도리 [coat]
몸에 입는 옷. ¶빨간색 윗도리를 입다. [비] 윗옷. [반] 아랫도리.

윗-마구리
길쭉한 물건의 위쪽 머리 면. [반] 아랫마구리.

윗-마을
한 마을의 위쪽이나 지대가 높은 데 있는 마을. [반] 아랫마을.

윗-면 (一面, 낯 면)
[upper side; surface]
위쪽의 겉면(面). [반] 밑면, 아랫면.

윗-목
온돌방의 아궁이로부터 먼 쪽. 곧, 굴뚝 가까이의 방바닥. [반] 아랫목.

윗-몸 [upper body]
몸의 허리에서부터 윗부분. [비] 상반신(上半身), 상체. [반] 아랫몸.

▸ 윗몸 일으키기
[운동] 누운 상태에서 다리를 고정하고 몸의 허리 윗부분을 앞뒤로 굽혔다 젖혔다 하는 운동.

윗-물
상류에서 흐르는 물. [반] 아랫물. [속담] 윗물이 맑아야 아랫물이 맑다.

윗-변 (一邊, 가 변)
[topside of a polygon]
[수학] 사다리꼴에서 위의 변. [반] 아랫변.

윗-부분 (一部分, 나눌 부, 나눌 분) [top]
전체 가운데 위에 해당되는 부분(部分). [반] 아랫부분.

윗-사람 [one's seniors]
자기보다 지위나 신분이 높은 사람. ¶윗사람에게 예의 바르게 행동하다. [반] 아랫사람.

윗-알
수판의 가름대 위에 있는 알. 하나로 5를 나타낸다. [반] 아래알.

윗-옷 [upper garment; jacket]
윗몸에 입는 옷. ¶윗옷을 벗다. [비] 윗도리. [반] 아래옷.

윗-자리 [upper seat; high rank]
❶윗사람이 앉는 자리. ¶손님을 윗자리에 모셨다. ❷높은 지위나 순위(順位). ¶사회에서 윗자리에 있는 사람들. [비] 상석(上席). [반] 아랫자리.

윗-집
위쪽으로 이웃해 있는 집. 또는 높은 지대에 있는 집. ¶윗집 아주머니가 놀러오셨다. [반] 아랫집.

윙-윙 [buzz and buzz; whistle]
❶바람이 매섭게 불어 댈 때 나는 소리. ¶겨울바람이 윙윙 불어댄다. ❷기계가 세차게 돌아갈 때 나는 소리. ¶윙윙 모터 돌아가는 소리. ❸날벌레 따위가 빠른 속도로 주변을 맴돌거나 빨리 지나가는 소리. ¶벌이 윙윙 날아다닌다.

▸ 윙윙-거리다
❶바람이 매섭게 불어 댈 때 나는 소리가 잇달아 나다. ¶바람이 윙윙거리며 분다. ❷기계가 세차게 돌아갈 때 나는 소리가 잇달아 나다. ¶김치냉장고에서 윙윙거리는 소리가 난다. ❸벌레 따위가 빠른 속도로 주변을 맴돌거나 빨리 지나가는 소리가 잇달아 나다. ¶파리가 식탁 주위에서 윙윙거리고 있다. [비] 윙윙대다.

윙크 {영 wink}
상대에게 무엇을 암시하거나 추파를 던지려고 한쪽 눈을 깜박거리며 하는 눈짓. ¶나는 그에게 윙크를 했다.

유[1]
[언어] 한글 자모 'ㅠ'의 이름.

유ː[2]有 | 있을 유 [existence; being]
있거나 존재함. ¶무에서 유를 창조하다. [반] 무(無).

유-가공 乳加工 | 젖 유, 더할 가, 장인 공
소나 양의 젖[乳]을 가공(加工)하는 일. ¶유가공 식품.

유-가족 遺家族 | 남길 유, 집 가, 겨레 족
[bereaved family]
죽은 사람의 뒤에 남은[遺] 가족(家族). [준] 유족.

유감 遺憾 | 남길 유, 섭섭할 감
[regret; pity]
마음에 남는[遺] 섭섭함[憾]. ¶오실 수 없다니 유감입니다.

유격 遊擊 | 떠돌 유, 공격할 격
[attack by a mobile unit]
❶[속뜻] 이리저리 떠돌다가[遊] 적을 불시에 공격함[擊]. ❷[군사] 그때그때 형편에 따라 적을 기습적으로 공격하는 일. ¶유격 훈련.

▸유격-수 遊擊手 | 사람 수
[운동] 야구에서, 이루와 삼루 사이를 오가며 지키는[遊擊] 내야수(內野手).

유골 遺骨 | 남길 유, 뼈 골
[ashes; remains; bones]
주검을 태우고 남은[遺] 뼈[骨]. 또는 무덤 속에서 나온 뼈. ¶그의 유골은 강에 뿌려졌다. [비] 유해(遺骸).

유ː공 有功 | 있을 유, 공로 공
[meritoriousness]
공로(功勞)가 있음[有]. ¶그는 베트남전쟁에서 돌아와 유공훈장을 받았다.

▸유ː공-자 有功者 | 사람 자
공로가 있는[有功] 사람[者]. ¶국가 유공자.

유과 油菓 | 기름 유, 과자 과
[oil-and-honey pastry]
기름[油]에 튀겨 꿀 또는 조청을 바르고 튀밥이나 깨를 입힌 과자(菓子). ¶어머니는 할머니께 유과를 드렸다. [비] 유밀과(油蜜菓).

유괴 誘拐 | 꾈 유, 속일 괴
[abduct; kidnap]
사람을 속여[拐] 꾀어내는[誘] 일. ¶범인은 사탕을 주며 아이를 유괴했다.

▸유괴-범 誘拐犯 | 범할 범
[법률] 남을 유괴(誘拐)한 범인(犯人). 또는 그 범죄.

***유교** 儒教 | 유학 유, 종교 교
[Confucianism]
유학(儒學)을 종교(宗教)의 관점에서 이르는 말. 삼강오륜을 덕목으로 하며 사서삼경을 경전으로 한다. ¶유교 문화권 / 조선 시대에는 유교를 국가의 통치 이념으로 삼았다.

유구 悠久 | 아득할 유, 오랠 구
[eternal; perpetual]
아득하고[悠] 오래다[久]. ¶한민족은 유구한 역사를 지녔다.

유ː구무언 有口無言 | 있을 유, 입 구, 없을 무, 말씀 언
❶[속뜻] 입[口]은 있으나[有] 할 말[言]이 없음[無]. ❷변명이나 항변할 말이 없음. ¶모두 내 탓이니 유구무언이다.

유ː권 有權 | 있을 유, 권리 권
권리(權利)가 있음[有].

▸유ː권-자 有權者 | 사람 자
❶[속뜻] 권리를 가진[有權] 사람[者]. ❷[법률] 선거권을 가진 사람. ¶지난 선거에서 유권자의 55%만이 투표에 참여했다.

유급 留級 | 머무를 류, 등급 급
[stay back in the class; flunk]
진급(進級)하지 못하고 그대로 남음[留]. ¶그는 두 번이나 유급했다. [비] 낙제(落第).

유ː기[1]有期 | 있을 유, 때 기 [terminable; limited]
기한(期限)이 있음[有]. ¶유기정학. [반] 무기(無期).

유기[2]鍮器 | 놋쇠 유, 그릇 기 [brassware]

놋쇠[鍮]로 만든 그릇[器]. ¶유기에 차례 음식을 담았다.

유:기³有機 | 있을 유, 틀 기
[organic; systematic]
❶[속뜻]스스로 살아갈 수 있는 기능(機能)을 갖추고 있음[有]. ❷생명력을 갖추기 위하여 각 부분이 기계적으로 긴밀하게 협력하는 일. [반]무기(無機).

▶유:기-농 有機農 | 농사 농
[농업]농약을 쓰지 않고 유기물(有機物)을 활용하는 농사법(農事法). ¶유기농 채소.

▶유:기-물 有機物 | 만물 물
❶[생물]생체를 이루며 생체 안에서 있는 생명력의 기틀[有機]에 의하여 만들어지는 물질(物質). ❷[화학]'유기 화합물'(有機化合物)의 준말. [반]무기물(無機物).

유:난-하다
[unusual; uncommon; exceptional]
보통과 달리 특별하다. ¶그의 성격은 정말 유난하다 / 올 겨울은 유난히 춥다.

유네스코 {영 UNESCO}
[사회]국제 연합에 소속되어 교육·과학·문화 영역에서 국제간 협력을 촉진하는 일을 하는 기관. 'the United Nations Educational, Scientific and Cultural Organization'의 약자.

유년 幼年 | 어릴 유, 나이 년
[infancy; childhood]
어린[幼] 나이[年]. 또는 그런 사람. ¶내가 유년 시절에 멱을 감았던 곳.

▶유년-기 幼年期 | 때 기
[교육]어린이가 성장·발달하는 유년(幼年)의 한 단계[期]. 유아기와 소년기의 중간으로 초등학교 저학년, 유치원에 해당하는 시기이다. ¶그는 미국에서 유년기를 보냈다.

유념 留念 | 머무를 류, 생각 념
[consider; mind; regard; attend to]
❶[속뜻]어떤 생각[念]에 오래 머무름[留]. ❷기억하여 오래오래 생각함. ¶각별히 건강에 유념하다.

유:능 有能 | 있을 유, 능할 능
[able; capable; competent]
재능(才能) 또는 능력이 있음[有]. ¶유능한 작가. [반]무능(無能).

유니세프 {영 UNICEF}
[사회]국제 연합에 소속되어 개발도상국 아동을 구제하고 건강을 지키는 일을 하는 기관. 'the United Nations Internat- ional Children's Emergency Fund'의 약자.

유니-폼 {영 uniform}
한 단체에 속한 사람들이 모양· 색깔 따위를 똑같이 하여 맞춰 입는 옷. ¶우리 팀은 파란색 유니폼을 입고 뛰고 있다. [비]단체복(團體服), 제복(制服). [반]사복(私服).

유:단-자 有段者 | 있을 유, 구분 단, 사람 자 [black belt holder]
일정 단(段)이 있는[有] 사람[者]. 능력의 정도를 '단'으로 나타내는 경기 종목이나 바둑 등에 있다. ¶형은 유도(柔道) 유단자이다.

유:-달리 (類―, 무리 류) [uncommonly; unusually]
여느 무리[類]와는 아주 다르게. ¶그는 축구를 유달리 좋아한다. [비]유난히, 특별(特別)히.

유대 紐帶 | 끈 유, 띠 대
[bond; link; tie]
❶[속뜻]끈[紐]과 띠[帶]. ❷둘 이상의 관계를 연결 또는 결합시킴. 또는 그런 관계를 돈독히 함. ¶긴밀한 유대를 맺다.

▶유대-감 紐帶感 | 느낄 감
개인 간에 혹은 집단에 속한 사람들 사이를 연결하는[紐帶] 공통된 느낌[感]. ¶유대감을 높이다 / 이 영화는 형제간의 유대감을 잘 표현하고 있다.

유대-교 (Judea敎, 종교 교) [Judaism]
[종교]모세의 율법을 기초로 기원전 4세기 경부터 발달한 유대(Judea) 민족의 종교(宗敎).

유대-인 (Judea人, 사람 인) [Jew]

팔레스타인 근처에 거주하는 유대(Judea) 사람들[人]. 유대국의 멸망 후에 전 세계에 흩어져 살다가 1948년 5월 이스라엘 공화국을 건설하였다. [비] 유태인.

유도¹柔道 | 부드러울 유, 방법 도 [judo]
[운동] 두 사람이 맨손으로 서로 맞잡고 상대의 힘을 이용하여 넘어뜨리거나 조르거나 눌러 승부를 겨루는 운동. 일본 옛 무술인 '유술'(柔術)을 도(道)로 승화시킨 말이다.

유도²誘導 | 꾈 유, 이끌 도
[induce; lead]
사람이나 물건을 어떤 장소나 상태로 꾀어[誘] 이끄는[導] 일. ¶유도 분만(分娩) / 유도 신문(訊問) / 교통경찰이 과속 차량을 갓길로 유도했다.

유독¹惟獨 | 오직 유, 홀로 독
[only; singly; uniquely]
❶[속뜻] 오직[惟] 홀로[獨]. ❷유달리 두드러짐. ¶많은 사람 가운데 유독 그녀가 눈에 띄었다.

유ː독²有毒 | 있을 유, 독할 독 [poisonous; noxious]
독성(毒性)이 있음[有]. ¶유독 폐기물 / 이 물질은 사람에게 유독하다. [반] 무독(無毒).

▶유ː독 가스 (有毒gas)
[화학] 독성(毒性)이 있는[有] 가스(gas). ¶공장에서 유독 가스를 배출한다.

유동 流動 | 흐를 류, 움직일 동
[flow; be fluid]
❶[속뜻] 흘러 다니고[流] 움직임[動]. 또는 그러한 것. ❷이리저리 옮겨 다니는 것. ¶서울은 유동 인구가 많다. [반] 고정(固定).

▶유동-적 流動的 | 것 적
끊임없이 흘러 움직이는[流動] 것[的]. 또는 정세(情勢) 등이 불안정하여 변화하기 쉬운 것. ¶나폴레옹은 유동적인 전술을 구사했다. [반] 고정적(固定的).

유두¹乳頭 | 젖 유, 머리 두
[nipple; teat]
❶[속뜻] 젖[乳]의 한가운데 머리[頭]처럼 도드라져 나온 꼭지. ❷[생물] 생체 중 젖꼭지 모양으로 된 돌기(突起).

유두²流頭 | 흐를 류, 머리 두
❶[속뜻] 흐르는[流] 물에 머리[頭]를 감음. ❷[민속] 우리나라 고유 명절의 하나. 맑은 시내나 산간 폭포에 가서 머리를 감고 몸을 씻은 후, 가지고 간 음식을 먹으면서 서늘하게 하루를 지낸다. 음력 유월 보름날이다.

유들유들-하다
[shameless; unblushing]
부끄러운 줄도 모르고 뻔뻔스럽다. ¶그녀는 순수한 외모와는 달리 유들유들한 데가 있다.

유라시아 {영 Eurasia}
[지리] 유럽(Europe)과 아시아(Asia)를 아울러 이르는 말.

유람 遊覽 | 떠돌 유, 볼 람
[go sightseeing]
구경거리를 찾아 떠돌며[遊] 경치 따위를 봄[覽]. ¶배낭을 메고 팔도를 유람하다.

▶유람-선 遊覽船 | 배 선
유람객(遊覽客)을 태우는 배[船]. ¶한강에서 유람선을 타다.

유랑 流浪 | 흐를 류, 물결 랑 [wander]
흐르는[流] 물결[浪]처럼 정처 없이 떠돌아다님. ¶유랑극단 / 그는 전국을 유랑하였다. [반] 정착(定着).

유래 由來 | 말미암을 유, 올 래
[origin; history; cause]
❶[속뜻] 어떤 것으로 말미암아[由] 생겨남[來]. ❷사물의 내력. ¶우리 고장의 유래에 대하여 조사해 보다.

▶유래-담 由來談 | 이야기 담
사물의 유래(由來)에 대한 이야기[談].

유럽 {영 Europe}
[지리] 육대주의 하나. 동쪽으로 우랄 산맥

을 경계로 아시아 대륙과 접하고 있으며 나머지 삼면이 지중해·대서양·북극해와 면하고 있는 거대한 반도 모양의 대륙이다.

▶유럽 연합 (Europe聯合, 잇달 련, 합할 합) 유럽(Europe)의 27개국이 연합(聯合)하여 만든 기구. 회원국의 정치적 통합과 집단 방위를 목표로 한다. 'the European Union'을 줄여 '이유'(EU)라고도 한다.

유:력 有力 | 있을 유, 힘 력
[strong; powerful; prime; important]
❶속뜻 힘[力]이나 세력이 있음[有]. ¶그는 이 지방의 유력 인사이다 / 이번 경기에서 가장 유력한 경쟁자를 물리쳤다. ❷희망이나 전망이 있음. ¶그가 우승 후보로 가장 유력하다.

유령 幽靈 | 그윽할 유, 혼령 령
[spirit of the dead; ghost]
그윽한[幽] 곳에 나타나는 혼령(魂靈). 죽은 사람의 혼령. ¶이 동네에는 유령이 나온다는 소문이 있다.

유:례 類例 | 비슷할 류, 본보기 례
[similar example; parallel case]
❶속뜻 같거나 비슷한[類] 예(例). ❷전례(前例). ¶관광업은 유례를 찾아볼 수 없는 호황을 누렸다.

유:료 有料 | 있을 유, 삯 료
[charge for]
요금(料金)을 내게 되어 있음[有]. 또는 요금을 필요로 함. ¶유료 주차장 / 천마총은 유료이다. ⓑ 무료(無料).

⁑**유:리**¹ 有利 | 있을 유, 이로울 리
[profitable; lucrative; advantageous]
이로움[利]이 있음[有]. ¶유리한 조건 / 온난 다습한 지역은 벼농사에 유리하다. ⓑ 불리(不利).

*__유리__² 琉璃 | 유리 류, 유리 리
[glass; pane]
광업 황금색의 작은 점이 군데군데 있고 거무스름한 푸른색을 띤 광물[琉=璃]. ¶유리 조각.

▶유리-관 琉璃管 | 대롱 관
화학 유리(琉璃)로 만든 관(管). 흔히 화학 실험에 쓰인다.

▶유리-컵 (琉璃cup)
유리(琉璃)로 만든 컵(cup). ¶나는 우유를 유리컵에 따랐다.

▶유리 벽 琉璃壁 | 담 벽
유리(琉璃)로 만들어진 투명한 벽(壁). ¶호랑이 어미와 새끼는 유리 벽을 사이에 두고 있었다.

▶유리-병 琉璃甁 | 병 병
유리(琉璃)로 만든 병(甁). ¶두루미는 유리병에 음식을 담아 여우에게 주었다.

▶유리-창 琉璃窓 | 창문 창
유리(琉璃)를 낀 창(窓). ¶유리창에 금이 갔다.

▶유리 막대 (琉璃—)
유리(琉璃)로 만든 막대기. 주로 과학 실험에서 용액을 젓는 일에 쓴다.

유:망 有望 | 있을 유, 바랄 망
[promising; hopeful]
앞으로 잘될 듯한 희망(希望)이나 전망(展望)이 있음[有]. ¶유망 산업 / 그는 전도 유망한 청년이다.

▶유:망-주 有望株 | 주식 주
❶경제 시세가 오를 가망이 있는[有望] 주식(株式). ❷어떤 분야에서 크게 성공할 가능성이 있어 촉망을 받고 있는 사람을 비유하는 말. ¶그는 이번 대회 메달 유망주 중 한 명이다.

유머 {영 humor}
익살스러운 농담. ¶유머 감각이 뛰어나다.

⁑**유:명** 有名 | 있을 유, 이름 명 [famous; noted]
이름[名]이 세상에 널리 알려져 있음[有]. ¶유명 상표 / 정명훈은 세계적으로 유명한 지휘자이다. ⓑ 무명(無名).

유모 乳母 | 젖 유, 어머니 모 [nanny]
어머니 대신 젖[乳]을 먹여 주는 어미[母].

¶아기를 유모한테 맡기다.

▸유모-차 乳母車 | 수레 차
유모(乳母)처럼 아이를 태워 끌고 다니는 수레[車]. ¶쌍둥이 유모차.

⁑**유목** 遊牧 | 떠돌 유, 기를 목 [nomadize]
물과 풀밭을 찾아 주기적으로 옮겨 다니며[遊] 소나 양 등의 가축을 기름[牧]. 또는 그런 목축 형태. ¶요즘은 유목 생활을 하는 사람들이 거의 없다.

▸유목-민 遊牧民 | 백성 민
사회 유목(遊牧)하면서 생활을 영위하는 민족(民族). ¶여진족은 만주 북부와 동부에서 살던 유목민이다.

유:무 有無 | 있을 유, 없을 무
[existence and nonexistence]
있음[有]과 없음[無]. ¶죄의 유무를 가리다.

⁑**유물** 遺物 | 남길 유, 만물 물
[relic; remains]
❶ 속뜻 옛날 사람들이 남긴[遺] 물건(物件). ¶석기시대의 유물. ❷죽은 사람이 남긴 물건. ¶할머니의 유물을 정리하다.

유민 流民 | 흐를 류, 백성 민
[drifting people; migrants]
고향을 떠나 이곳저곳으로 떠도는[流] 사람[民]. ㊐ 유랑민(流浪民).

▸유민-사 流民史 | 역사 사
떠돌아다니는 백성[流民]들의 역사(歷史). ¶그는 러시아 동포들의 유민사를 썼다.

유발 誘發 | 꾈 유, 나타날 발 [induce]
❶ 속뜻 꾀어[誘] 나타나게[發] 함. ❷어떤 일이 원인이 되어 다른 일을 일어나게 하는 것. ¶탄 음식은 암을 유발한다.

유방 乳房 | 젖 유, 방 방
[breast; mamma]
❶ 속뜻 젖[乳]을 분비하는 방(房) 형태의 부위. ❷성숙한 여자나 포유류의 암컷의 가슴 또는 배에 달려 있어 아기나 새끼에게 젖을 먹이는 기관. ㊐ 젖, 가슴.

유배 流配 | 흐를 류, 나눌 배
[exile; banish]
❶ 속뜻 흘러[流] 보내거나 멀리 떨어져[配] 살게 함. ❷ 역사 죄인을 귀양 보냄. ¶먼 섬으로 유배를 보내다. ㊐ 귀양.

유:별 有別 | 있을 유, 다를 별
[classify; assort]
다름[別]이 있음[有]. 차이가 있음. ¶남녀유별 / 할머니는 유별하게 뛰어난 기억력을 가지고 계신다.

▸유:별-나다 (有別-)
보통의 것과 아주 다르다[有別]. ¶창수는 유별나게 겁이 많다. ㊐ 유난스럽다. ㊦ 평범(平凡)하다.

유복 裕福 | 넉넉할 유, 복 복
[rich; affluent]
살림이 넉넉하고[裕] 복(福)이 많다. ¶유복한 가정에서 태어나다. ㊐ 넉넉하다, 부유(富裕)하다.

유복-자 遺腹子 | 남길 유, 배 복, 아이 자
[posthumous child]
❶ 속뜻 아버지가 죽을 때 어머니 뱃속[腹]에 남아있던[遺] 자식(子息). ❷아버지가 죽은 뒤에 태어난 자식. ¶뉴턴은 유복자로 태어났다.

유부[1] 油腐 | 기름 유, 썩을 부
[fried bean curd]
두부(豆腐)를 얇게 썰어 기름[油]에 튀긴 음식. ¶유부 초밥.

유:부[2] 有夫 | 있을 유, 지아비 부
남편[夫]이 있음[有]. 결혼한 여자를 이르는 말.

▸유:부-녀 有夫女 | 여자 녀
남편이 있는[有夫] 여자(女子). ㊦ 유부남(有婦男).

유:부[3] 有婦 | 있을 유, 부인 부
부인[婦]이 있음[有]. 결혼한 남자를 이르는 말.

▸유:부-남 有婦男 | 사내 남
아내가 있는[有婦] 남자(男子). ㊦ 유부녀

(有夫女).

유비무환 有備無患 | 있을 유, 갖출 비, 없을 무, 근심 환
❶ 속뜻 미리 대비(對備)해 둔 것이 있으면[有] 근심거리[患]가 없게[無] 됨. ❷사전에 미리 대비하는 것이 최상책임. ¶유비무환이라 했듯이 미리미리 대비하는 것이 상책이다.

유:사 類似 | 비슷할 류, 닮을 사 [similar; alike]
❶ 속뜻 비슷하거나[類] 닮음[似]. ❷서로 비슷함. ¶유사단체 / 그의 생각은 내 생각과 굉장히 유사하다.

비슷한 듯 다른 말	➲ 비슷하다

▸ 유:사-품 類似品 | 물건 품
서로 비슷한[類似] 물품(物品). ¶유사품에 주의하세요.

유:사-시 有事時 | 있을 유, 일 사, 때 시 [in time of emergency]
평소와는 다른 일[事]이 있을[有] 때[時]. ¶유사시에 대비하여 돈을 저금해두었다.

유산[1] 流産 | 흐를 류, 낳을 산 [miscarry; abort]
의학 달이 차기 전에 태아가 죽어서 피의 형태로 흘러[流] 나옴[産]. ¶자연 유산 / 이 산모는 유산할 위험이 있으므로 절대 안정이 필요하다.

⁑**유산**[2] 遺産 | 남길 유, 재물 산 [inheritance; legacy]
❶ 속뜻 죽은 이가 남긴[遺] 재산(財産). ¶그는 딸들에게 많은 유산을 남겼다. ❷앞 시대의 사람들이 남겨 준 업적을 비유하여 이르는 말. ¶첨성대는 한국의 문화 유산이다.

유산[3] 乳酸 | 젖 유, 신맛 산 [lactic acid]
화학 발효된 젖[乳] 속에 생기는 산(酸).

▸ 유산-균 乳酸菌 | 세균 균
화학 유산(乳酸)을 생성하는 세균(細菌). ¶김치에는 유산균이 많다. ⓑ 젖산균.

유생 儒生 | 유학 유, 사람 생 [student of Confucianism]
유학(儒學)을 공부하는 사람[生]. ¶전국 각지의 유생들이 상소(上疏)를 올렸다.

유서 遺書 | 남길 유, 글 서 [note left behind by a dead person; testament]
죽을 때 남긴[遺] 글[書]. ¶그는 전 재산을 고아원에 기부하겠다는 유서를 남겼다.

유:선[1] 有線 | 있을 유, 줄 선 [cable]
❶ 속뜻 선(線)이 있음[有]. ❷전선(電線)에 의한 통신 방식. ¶유선 통신. ⓑ 무선(無線).

▸ 유:선 방:송 有線放送 | 놓을 방, 보낼 송
통신 전선을 사용하여[有線] 하는 방송(放送).

▸ 유:선 전:화 有線電話 | 전기 전, 말할 화
통신 전선을 사용한[有線] 전화(電話). ⓑ 무선 전화(無線電話).

유선[2] 流線 | 흐를 류, 줄 선
❶ 속뜻 물체가 흐르는[流] 방향을 이어 그어놓은 선(線). ❷ 물리 운동하는 유체의 각 점의 접선 방향이 유체 운동 방향과 일치하도록 그어진 곡선.

▸ 유선-형 流線型 | 틀 형
❶ 속뜻 유선(流線) 모양으로 만든 틀[型]. ❷물이나 공기의 저항을 최소한으로 하기 위해 앞부분을 곡선으로 만들고 뒤쪽으로 갈수록 뾰족하게 한 형태. 자동차, 비행기, 배 따위를 설계할 때 쓰인다. ¶유선형 자동차.

유성[1] 流星 | 흐를 류, 별 성 [shooting star; meteor; planet]
❶ 속뜻 마치 하늘을 흐르는[流] 것 같이 보이는 별[星] 빛. ❷ 천문 우주의 먼지가 지구의 대기권에 들어와 공기의 압축과 마찰로 빛을 내는 현상. ¶유성이 떨어지는 것을 보면서 소원을 빌었다. ⓑ 별똥별.

유성[2] 遊星 | 떠돌 유, 별 성 [planet]
❶ 속뜻 일정한 궤도를 떠도는[遊] 별[星]. ❷ 천문 행성(行星).

유성[3]油性 | 기름 유, 성질 성
[oily nature]
기름[油] 같은 성질(性質). 또는 기름의 성질. ¶유성 사인펜 / 유성 페인트.
▸유성 물감 (油性–)
화학 기름[油]의 특성(特性)이 있는 물감. 물에 녹지 않으며, 양초, 비누, 버터, 합성수지 따위를 염색하는 데에 쓴다.

유:세[1]有勢 | 있을 유, 힘 세
[powerful; influential]
❶ 속뜻 힘[勢]이 있음[有]. ❷자랑삼아 세도를 부림. ¶그는 돈 꽤나 번다고 유세를 부린다.

유세[2]遊說 | 떠돌 유, 달랠 세 [campaign]
각처로 돌아다니며[遊] 자기 의견을 주장하고 선전하여 사람들을 달램[說]. ¶그는 시장 상인들과 일일이 악수하며 유세하고 다녔다.

유:수[1]有數 | 있을 유, 셀 수
[prominent; distinguished]
손가락으로 셀[數] 수 있을[有] 만큼 두드러짐. ¶그는 세계 유수의 화가이다 / 세계 유수의 대기업 대표들이 한 자리에 모였다.

유수[2]流水 | 흐를 류, 물 수
[running water; flowing stream]
흐르는[流] 물[水]. ¶세월은 유수와 같다.

유순 柔順 | 부드러울 유, 순할 순
[submissive; obedient]
성질이 부드럽고[柔] 온순(溫順)하다. ¶그녀는 말투가 매우 유순하다.

유:식 有識 | 있을 유, 알 식
[learned; educated]
학식(學識)이 있음[有]. ¶그는 어려운 말만 골라 써서 자신의 유식을 드러냈다 / 유식한 사람. ⓑ 무식(無識).

유신 維新 | 오직 유, 새 신 [renovate]
❶ 속뜻 오로지[維] 새롭게[新] 함. ❷낡은 제도나 체제를 아주 새롭게 고침. ¶메이지 유신.
▸유신 헌:법 維新憲法 | 법 헌, 법 법
❶ 속뜻 낡은 제도를 새롭게 고치기[維新] 위한 헌법(憲法). ❷ 법률 1972년 10월 17일의 비상조치에 의하여 단행된 대한민국 헌법의 제7차 개헌으로 1972년 12월 27에 공포 시행된 제4공화국의 헌법.

유실[1]流失 | 흐를 류, 잃을 실
[be washed away; be lost]
물에 떠내려가서[流] 없어짐[失]. ¶이번 홍수로 다리가 유실되었다.

유실[2]遺失 | 잃어버릴 유, 잃을 실 [lose]
가지고 있던 돈이나 물건 따위를 잃어버림[遺=失]. ¶외적의 침입으로 유실된 문화재가 많다.
▸유실-물 遺失物 | 만물 물
❶ 속뜻 잃어버린[遺失] 물건(物件). ❷ 법률 훔치거나 가로채지 않고 정당하게 차지하고 있던 점유자가 잃어버린 물건. ¶기차 내의 유실물은 역에 보관한다.
▸유실물 센터 (遺失物center, -만물 물)
사람들이 잃어버린[遺失] 물건(物件)을 모아 두고 찾아가게 하는 곳[center].

유:심 有心 | 있을 유, 마음 심
[attend to]
❶ 속뜻 마음[心]을 한 곳으로 쏟고 있다[有]. ❷주의가 깊다. ¶유심하게 관찰하다 / 유심히 살펴보다.

유아[1]幼兒 | 어릴 유, 아이 아
[infant; little child]
어린[幼] 아이[兒]. ¶유아 교육.
▸유아-기 幼兒期 | 때 기
심리 어린아이[幼兒]의 시기(時期).
▸유아-원 幼兒園 | 동산 원
유아(幼兒)의 보육 시설[園]. 특히 유치원에 들어가기 전의 유아를 보육하는 곳이다. ¶조카는 유아원에 다닌다.

유아[2]乳兒 | 젖 유, 아이 아
[suckling; baby; infant]
젖[乳]을 먹는 나이의 어린아이[兒]. ¶이 가게는 유아들이 먹는 식품만 판매한다.

▸유아-기 乳兒期 | 때 기
심리 유아(乳兒)의 시기(時期). 생후 약 1년 간 젖을 먹으며 자라는 시기이다.

유약[1]幼弱 | 어릴 유, 약할 약
[young and fragile]
어리고[幼] 여리다[弱]. ¶유약한 태도.

유약[2]釉藥 | 윤 유, 약 약
[glaze; overglaze]
수공 윤[釉]이 나도록 도자기의 겉에 덧씌우는 약(藥). 도자기에 액체나 기체가 스며들지 못하게 하며 겉면에 광택이 나게 한다. ¶고려청자는 유약을 입혀 두 번 굽는다.

유언[1]流言 | 흐를 류, 말씀 언
[groundless story; wild rumor]
터무니없이 항간을 떠도는[流] 소문[言].

▸유언-비어 流言蜚語 | 날 비, 말씀 어
❶속뜻 흘러[流] 다니는 말[言]과 날아[蜚] 다니는 말[語]. ❷아무 근거 없이 항간을 떠도는 소문. ¶사람들은 호랑이가 마을로 내려온다는 유언비어를 곧이곧대로 믿었다. ㊉ 뜬소문.

유언[2]遺言 | 남길 유, 말씀 언
[will; testament; one's last words]
죽기 전에 가족이나 가까운 사람들에게 남긴[遺] 말[言].

▸유언-장 遺言狀 | 문서 장
유언(遺言)을 적은 문서[狀]. ¶변호사가 아버지의 유언장을 공개했다. ㊉ 유언서(遺言書).

유엔 {영 UN}
정치 'the United Nations'의 약자. 제2차 세계 대전 후 국제 평화와 안전의 유지, 국제 우호 관계의 촉진 등을 위해 창설되었다. ㊉ 국제연합(國際聯合).

▸유엔-군 (UN軍, 군사 군)
군사 국제 연합[UN] 회원국들의 군 병력으로 편성한 군대(軍隊). 안전 보장 이사회의 요구에 따라 국가 간의 침략을 방지하고 진압할 목적으로 조직했다.

▸유엔 총회 (UN總會, 모두 총, 모일 회)
정치 국제 연합[UN]의 최고 기관으로, 구성원 전체[總]가 모여 의논하는 모임[會]. 중요 사항은 3분의 2이상, 그 밖의 사항은 과반수 이상의 찬성으로 결정한다.

⁑**유역** 流域 | 흐를 류, 지경 역 [area drained by a river; drainage basin]
강물이 흐르는[流] 언저리의 지역(地域). ¶한강 유역에서 빗살무늬 토기가 발견되었다.

⁑**유연** 柔軟 | 부드러울 유, 연할 연
[flexible; pliable; pliant]
부드럽고[柔] 연하다[軟]. ¶민주는 몸이 유연하다.

▸유연-성 柔軟性 | 성질 성
유연(柔軟)한 성질(性質). ¶요가는 몸의 유연성을 기르는 데 좋다. ㊥ 경직성(硬直性).

유:연-탄 有煙炭 | 있을 유, 연기 연, 숯 탄
[bituminous coal]
광업 탈 때 연기(煙氣)가 나는[有] 석탄(石炭). 휘발성 물질이 많이 포함되어 있기 때문이다. ¶함경북도의 아오지 탄광에서는 유연탄이 많이 생산된다.

유:용 有用 | 있을 유, 쓸 용
[useful; serviceable]
쓸모[用]가 있음[有]. ¶유용 식물 / 이 책은 어린이에게 유용하다. ㊥ 무용(無用).

유원-지 遊園地 | 놀 유, 동산 원, 땅 지
[amusement park]
놀[遊] 수 있도록 널찍하게[園] 만든 곳[地]. ¶공휴일이라 유원지에 사람이 많다.

유월 六月 | 본음 [육월], 여섯 육, 달 월
[June; Jun.]
한 해 열두 달 가운데 여섯째 달.

유유 悠悠 | 멀 유, 멀 유
[remote; leisurely]
❶속뜻 아득히 멀다[悠+悠]. ❷태연하고 느긋하다. 한가롭다. ¶강물이 유유하게 흐른다 / 유유히 거리를 걷다.

유:의[1]有意 | 있을 유, 뜻 의

❶ 속뜻 뜻[意]이 있음[有]. 생각이 있음. ❷ 의미가 있음.

⁑유의²留意 | 머무를 류, 뜻 의
[keep in mind; be mindful]
마음[意]에 두고[留] 관심을 가짐. ¶유의 사항 / 건강에 특별히 유의하십시오. ⓑ 유념(留念).

▸유의-점 留意點 | 점 점
잊지 않고 조심해야[留意] 할 점(點). ¶물건을 살 때 유의점은 다음과 같습니다.

유:의-어 類義語 | 비슷할 류, 뜻 의, 말씀 어 [synonym]
언어 비슷한[類] 뜻[義]을 가진 말[語].

유:익 有益 | 있을 유, 더할 익
[profitable; advantageous; useful]
이로움[益]이 있음[有]. 이점(利點)이 있음. ¶유익을 주다 / 이 동영상은 영어를 배우는 데 유익하다. ⓑ 무익(無益).

유:인¹有人 | 있을 유, 사람 인
인공위성 등에 그것을 다루는 사람[人]이 타고 있음[有]을 이르는 말. ¶유인 우주선. ⓑ 무인(無人).

유인²誘引 | 꾈 유, 끌 인 [tempt; allure]
남을 꾀어[誘] 끌어들임[引]. ¶아귀는 머리위에 달린 가시로 물고기를 유인해 잡아먹는다.

유인³油印 | 기름 유, 찍을 인 [handout; printed materials]
❶ 속뜻 기름[油]을 써서 인쇄(印刷)함. ❷ 등사기로 찍음. ⓑ 등사(謄寫).

▸유인-물 油印物 | 만물 물
❶ 속뜻 기름[油]을 써서 인쇄(印刷)한 물건(物件). ❷등사기, 인쇄기, 프린터 따위를 이용하여 만든 인쇄물을 말함.

유:인-원 類人猿 | 비슷할 류, 사람 인, 원숭이 원 [anthropoid]
동물 사람[人]을 닮은[類] 성성이[猿]과의 동물. ¶침팬지, 고릴라는 모두 유인원이다.

***유일 唯一** | 오직 유, 한 일
[single; unique; solitary; sole]
오직[唯] 하나[一] 밖에 없음. ¶언니가 유일한 나의 혈육이다.

▸유일-신 唯一神 | 귀신 신
유일(唯一)한 신(神). ¶크리스트교는 유일신을 믿는다.

▸유일-무이 唯一無二 | 없을 무, 둘 이
오직 하나[唯一]만 있지 둘[二]도 없음[無]. ¶그는 나의 유일무이한 친구이다.

유입 流入 | 흐를 류, 들 입 [flow in]
흘러[流] 들어옴[入]. ¶인구 유입 / 오염된 하수가 강물로 유입되었다.

유:자 柚子 | 유자나무 유, 씨 자 [citron]
유자(柚子)나무의 열매[子]. 노란색의 공 모양으로 껍질이 울퉁불퉁하고 신 맛이 특징이다.

⁑유적 遺跡 | =遺蹟, 남길 유, 발자취 적
[remains; ruins]
옛날 사람들이 남긴[遺] 발자취[跡]. 건축물이나 싸움터 또는 역사적인 사건이 벌어졌던 곳이나 패총, 고분 따위를 이른다. ¶백제 유적을 발굴하다. ⓑ 사적(史跡).

▸유적-지 遺跡地 | 땅 지
옛날 유적(遺跡)이 있는 곳[地]. ¶신라 유적지를 견학하다.

유전¹油田 | 기름 유, 밭 전
[oil field; oil land]
석유(石油)가 나는 곳을 밭[田]에 비유하여 이르는 말. ¶연구팀이 알래스카에서 유전을 발견했다.

유전²遺傳 | 남길 유, 전할 전 [inherit]
생물 후대에 영향을 남겨[遺] 전(傳)해 내려옴. ¶대머리는 유전된다.

▸유전-자 遺傳子 | 씨 자
생물 유전(遺傳) 형질을 지배하는 기본 인자(因子). ¶인간의 유전자 구조를 해독하다.

▸유전 공학 遺傳工學 | 장인 공, 배울 학
생물 유전자(遺傳子)의 합성, 변형 따위를 연구하는 공학(工學).

유-제:품 乳製品 | 젖 유, 만들 제, 물건 품 [milk product; dairy products]
우유(牛乳)를 가공하여 만든[製] 식품(食品). ¶버터와 치즈는 대표적인 유제품이다.

유조 油槽 | 기름 유, 구유 조 [oil tank]
석유(石油)나 가솔린 따위를 저장하는 아주 큰 용기[槽]. ¶유조에 구멍이 나서 기름이 샜다.

▶유조-선 油槽船 | 배 선
유조(油槽)를 갖추고 석유나 가솔린 따위를 실어 나르는 배[船]. ¶한국의 유조선 제조 기술은 세계 최고이다.

유족 遺族 | 남길 유, 겨레 족 [bereaved family]
어떤 사람이 죽은 뒤에 남아[遺] 있는 가족(家族). ¶그는 유족에게 깊은 애도의 뜻을 표했다. [비] 유가족(遺家族).

유:종 有終 | 있을 유, 끝날 종
끝[終]맺음이 있음[有]. ¶유종의 아름다움.

▶유:종지미 有終之美 | 어조사 지, 아름다울 미
끝을 잘 맺는[有終] 아름다움[美]. 좋은 결말. ¶이번 활동에 최선을 다해 유종지미를 거둡시다.

유:죄 有罪 | 있을 유, 허물 죄 [guilty; culpable]
❶ [속뜻] 죄(罪)가 있음[有]. ❷ [법률] 법원의 판결에 따라 범죄 사실이 인정되는 일. ¶법원은 그에게 유죄를 판결했다. [반] 무죄(無罪).

유:지[1] 有志 | 있을 유, 뜻 지 [have intention; a man of influence]
❶ [속뜻] 어떤 일을 이루려는 뜻[志]이 있음[有]. ❷마을이나 지역에서 명망 있고 영향력을 가진 사람. '유지가'(有志家)의 준말. ¶할아버지는 마을에서 가장 영향력이 큰 유지이다.

유지[2] 乳脂 | 젖 유, 기름 지 [cream; butterfat]
젖이나 우유(牛乳)에 들어 있는 지방(脂肪). ¶이 빵은 유지가 듬뿍 들어있어 매우 부드럽다. [비] 유지방(乳脂肪).

⁑**유지**[3] 維持 | 맬 유, 지킬 지 [keep; maintain]
❶ [속뜻] 단단히 잡아매어[維] 잘 지킴[持]. ❷어떤 상태나 상황을 그대로 보존하거나 변함없이 계속하여 지탱함. ¶경찰은 사회 질서 유지를 목적으로 활동한다 / 그녀는 몸매를 유지하기 위하여 매일 운동한다.

유지[4] 油脂 | 기름 유, 기름 지 [oils and fats]
[화학] 동식물에서 얻는 기름[油=脂]을 통틀어 이르는 말.

▶유지-류 油脂類 | 무리 류
지방질 기름[油脂]의 종류(種類). ¶유지류는 동물의 몸속에 많이 들어 있다.

유창 流暢 | 흐를 류, 펼칠 창 [fluent; smooth; facile]
글을 읽거나 하는 말이 물 흐르듯[流] 순탄하게 잘 펼쳐진다[暢]. ¶그는 스페인어를 유창하게 구사한다. [비] 거침없다, 막힘없다.

유채 油菜 | 기름 유, 나물 채 [rape]
❶ [속뜻] 기름[油]을 짤 수 있는 나물[菜]. ❷ [식물] 십자화과의 두해살이풀. 높이는 1미터 정도이며 4월에 노란 꽃이 피고 잎과 줄기는 먹고 종자로는 기름을 짠다.

유:채-색 有彩色 | 있을 유, 빛깔 채, 빛 색 [chromatic color]
[미술] 색상, 명도, 채도의 차이가 있는 채도(彩度)가 있는[有] 빛깔[色]. ¶빨강, 노랑, 주홍은 유채색이다. [반] 무채색(無彩色).

유:추 類推 | 비슷할 류, 밀 추 [analogical inference; analogy]
같거나 비슷한[類] 원인을 근거로 결과를 미루어[推] 짐작함. 또는 그런 짐작. ¶행동을 보면 그 사람의 생각을 유추할 수 있다. [비] 짐작, 추리(推理), 추론(推論).

유출 流出 | 흐를 류, 날 출
[spill; outflow]
❶[속뜻] 액체 등이 흘러[流] 나감[出]. ¶유조선에서 기름이 유출되었다. ❷귀중한 물품이나 정보 따위가 불법적으로 나라나 조직의 밖으로 나가 버림. 또는 그것을 내보냄. ¶시험문제 유출 / 군사 기밀이 외부로 유출되었다.

유충 幼蟲 | 어릴 유, 벌레 충 [larva]
[동물] 어린[幼] 새끼벌레[蟲]. ¶매미의 유충. [반] 성충(成蟲).

유치[1] 乳齒 | 젖 유, 이 치
[milk tooth]
젖[乳] 먹이 때 난 이[齒] . 젖니. [반] 영구치(永久齒). ¶유치가 다 빠졌다.

유치[2] 誘致 | 꾈 유, 이를 치
[attract; invite]
설비 등을 갖추어 두고 권하여[誘] 이르게[致] 함. 오게 함. ¶올림픽 유치 / 정부는 관광객을 유치하기 위해 많은 활동을 한다.

유치[3] 幼稚 | 어릴 유, 어릴 치
[childish; infantile; puerile]
생각이나 하는 짓이 어림[幼=稚]. ¶유치한 생각.

▸유치-원 幼稚園 | 동산 원
[교육] 초등학교에 들어가기 전의 어린이[幼稚]를 대상으로 삼는 교육 기관[園].

유치[4] 留置 | 머무를 류, 둘 치 [custody; detain]
❶[속뜻] 남의 물건을 보관해[留] 둠[置]. ❷[법률] 구속의 집행 및 재판의 진행이나 그 결과의 집행을 위하여 일정한 곳에 사람을 가두어 두는 일.

▸유치-장 留置場 | 마당 장
경찰서에서 형사 피의자 등을 유치(留置)해두는 곳[場]. ¶그는 경찰서에서 유치장에서 하룻밤을 보냈다.

유쾌 愉快 | 즐거울 유, 기쁠 쾌 [cheerful; jolly]
마음이 즐겁고[愉] 기분이 좋음[快]. ¶유쾌한 분위기. [반] 불쾌(不快).

유토 油土 | 기름 유, 흙 토
[clay mixed with oil]
❶[속뜻] 기름[油]을 섞은 찰흙[土]. ❷조각하기 좋도록 기름을 섞어 놓은 찰흙.

유토피아 {영 Utopia}
이상적인 사회. [비] 이상향(理想鄕).

유통 流通 | 흐를 류, 통할 통
[circulate; pass current]
❶[속뜻] 공기나 액체가 흘러[流] 통(通)함. ❷[경제] 상품이 생산자, 상인, 소비자 사이에 거래되는 일. ¶유통 구조 / 화폐의 유통 / 가짜 상품을 시중에 유통시키다.

▸유통-업 流通業 | 일 업
생산자와 상인, 소비자 사이에 상품을 유통(流通)시켜 주는 일[業]. ¶아버지는 유통업에 종사하신다.

▸유통 기한 流通期限 | 때 기, 한할 한
[경제] 먹을거리나 약 같은 상품이 유통(流通)될 수 있는 기한(期限). ¶이 우유는 유통 기한이 지났습니다.

유품 遺品 | 남길 유, 물건 품
[relics; article left by the deceased]
세상을 떠난 이가 남긴[遺] 생전에 쓰던 물품(物品). ¶이 목걸이는 어머니의 유품이다. [비] 유물.

유-하다[1] (柔—, 부드러울 유)
[soft; genial]
부드럽고[柔] 순하다. ¶그녀는 성격이 유해서 곧잘 눈물을 흘린다. [반] 강하다.

유-하다[2] (留—, 머무를 류)
[stay; lodge]
머물러[留] 묵다. ¶대구에서 하룻밤을 유하고 다음 날 경주로 떠났다.

유학[1] 留學 | 머무를 류, 배울 학
[study abroad]
외지나 외국에 머물며[留] 공부함[學]. ¶해외 유학을 떠나다 / 그는 영국에서 3년간 유학했다.

▶유학-생 留學生 | 사람 생
타지역이나 외국에 머물면서 공부하는[留學] 학생(學生). ¶이곳에는 세계 각지에서 온 유학생이 머문다.

*유학[2]儒學 | 선비 유, 배울 학
[Confucianism]
❶ 속뜻 선비[儒]들이 공부하던 학문(學問). ❷공자의 사상을 근본으로 하고 사서오경(四書五經)을 경전으로 삼아 정치·도덕의 실천을 중심 과제로 하는 학문. ¶조선시대에는 유학을 숭상하였다.

▶유학-자 儒學者 | 사람 자
유학(儒學)에 조예가 깊은 사람[者]. ¶이이는 조선시대 뛰어난 유학자이다.

유:한 有限 | 있을 유, 끝 한
[limited; finite]
한계(限界)가 있음[有]. ¶인간의 수명은 유한하다. ⓟ 무한(無限).

유:해[1]有害 | 있을 유, 해칠 해
[bad; noxious; harmful]
해(害)가 있음[有]. ¶유해 식품은 반입할 수 없습니다. ⓟ 무해(無害).

유해[2]遺骸 | 남길 유, 뼈 해
[ashes; bones]
주검을 태우고 남은[遺] 뼈[骸]. 또는 무덤 속에서 나온 뼈. ¶전사자의 유해를 국립묘지에 안치하다. ⓑ 유골(遺骨).

유행 流行 | 흐를 류, 행할 행
[become popular]
❶ 속뜻 곳곳으로 흘러[流] 행(行)해짐. ❷ 사회 어떠한 양식이나 현상 등이 새로운 경향으로 한동안 사회에 널리 퍼지는 경향. ¶이 스타일의 옷은 이미 유행이 지났다. ❸전염병 따위가 한동안 널리 퍼짐. ¶전국에 독감이 유행하고 있다.

▶유행-가 流行歌 | 노래 가
어느 한 시기에 유행(流行)하는 가요(歌謠). ¶아이는 유행가를 따라 불렀다.

▶유행-성 流行性 | 성질 성
유행(流行)하는 성질(性質). ¶유행성 감기.

▶유행-어 流行語 | 말씀 어
어느 한 시기에 유행(流行)하는 말[語].

유:형[1]類型 | 비슷할 류, 모형 형 [type; pattern]
❶ 속뜻 비슷한[類] 모형(模型). ❷어떤 비슷한 것들의 본질을 개체로 나타낸 것. ¶그것은 두 가지 유형으로 나뉜다.

유:형[2]有形 | 있을 유, 모양 형
[material; concrete]
형체(形體)가 있음[有]. ⓟ 무형(無形).

▶유:형 문화재 有形文化財 | 글월 문, 될 화, 재물 재
고적 건축물, 책처럼 형체가 있는[有形] 문화재(文化財).

유혹 誘惑 | 꾈 유, 홀릴 혹
[tempt; lure; entice; seduce]
❶ 속뜻 꾀어[誘] 정신을 흐리게[惑] 함. ❷남을 호리어 나쁜 길로 유도함. ¶유혹에 빠지다 / 거리의 군것질거리들이 아이들을 유혹했다.

유화[1]油畫 | 기름 유, 그림 화
[oil painting]
미술 기름[油]으로 갠 물감으로 그린 그림[畫]. ¶유화를 그리다.

유화[2]乳化 | 젖 유, 될 화 [emulsification]
❶ 속뜻 젖[乳]처럼 됨[化]. ❷ 물리 섞이지 않는 두 가지 액체에 약물을 넣어 고르게 섞어 걸쭉한 액체로 만드는 것.

▶유화-제 乳化劑 | 약제 제
화학 섞이지 않는 두 액체를 잘 섞이게 하는[乳化] 물질[劑]. ¶유화제는 표면 활성을 지니고 있다.

유황 硫黃 | 유황 류, 누를 황
[sulfur; brimstone]
화학 비금속 원소로 냄새가 없고 수지 광택이 있는[硫] 황색(黃色)의 결정(結晶).

유:효 有效 | 있을 유, 효과 효
[valid; available; effective]
효과(效果)나 효력이 있음[有]. ¶유효 기간 / 이 계약은 1년간 유효하다. ⓟ 무효

(無效).

유흥 遊興 | 놀 유, 흥겨울 흥 [merry; pleasure]
흥겹게[興] 노는[遊] 일. ¶유흥업소 / 유흥비(遊興費)로 가산을 탕진하다.

▸유흥-가 遊興街 | 거리 가
유흥(遊興) 업소가 많이 늘어서 있는 거리[街].

유희 遊戲 | 놀 유, 놀이 희 [play]
놀이[戲]를 하며 즐겁게 놂[遊]. ⓑ 놀이.

육 六 | 여섯 육 [six]
오에 일을 더한 수. 아라비아 숫자로는 '6', 로마 숫자로는 'Ⅵ'으로 쓴다. ⓑ 여섯.

육각 六角 | 여섯 륙, 뿔 각 [six angles; Six Musical Instruments]
❶ 속뜻 여섯[六] 개의 각(角)을 이루는 형상. ❷ 음악 국악에서 북, 장구, 해금, 피리, 태평소 한 쌍을 묶은 여섯 가지 악기를 통틀어 이르는 말. ¶삼현육각(三絃六角).

▸육각-뿔 (六角-)
수학 밑면이 육각형(六角形)으로 된 뿔 모양의 도형.

▸육각-형 六角形 | 모양 형
수학 여섯[六] 개의 각(角)으로 만들어진 평면 도형(圖形). ¶벌집은 육각형 모양의 작은 칸들로 이루어져 있다.

▸육각-기둥 (六角-)
수학 밑면이 육각형(六角形)으로 된 기둥체. ⓑ 육각도(六角壔), 육각주(六角柱).

육감 六感 | 여섯 륙, 느낄 감
심리 여섯[六] 번째 감각(感覺). 인체의 다섯 가지 감각 이외에 경험에서 비롯되는 감각. ¶육감이 맞아떨어지다.

육교 陸橋 | 뭍 륙, 다리 교 [overhead bridge]
땅[陸] 위에 만든 다리[橋]. 도로나 철도를 가로질러 세운다. ¶육교를 건너 시장에 갔다.

육군 陸軍 | 뭍 륙, 군사 군 [army; land forces]
군사 육상(陸上)에서 전투하는 군대(軍隊). ⓑ 지상군(地上軍).

육로 陸路 | 뭍 륙, 길 로 [land route]
땅[陸] 위에 난 길[路]. ¶육로를 통해 금강산에 갈 수 있다. ⓑ 수로(水路).

육류 肉類 | 고기 육, 무리 류 [meat; flesh]
먹을 수 있는 짐승의 고기[肉] 종류(種類)를 두루 이르는 말.

육묘 育苗 | 기를 육, 모종 묘
묘목(苗木)이나 모를 기름[育].

▸육묘-장 育苗場 | 마당 장
묘목(苗木)이나 모를 기르는[育] 곳[場]. ¶육묘 품종.

육박 肉薄 | 고기 육, 엷을 박 [close in upon; be close at hand]
몸[肉] 가까이 바싹[薄] 다가붙음. ¶적들과 육박전(肉薄戰)을 벌였다 / 5만 명에 육박하는 관중이 경기장에 모였다.

육사 陸士 | 뭍 륙, 선비 사 [military academy]
군사 '육군사관학교'(陸軍士官學校)의 준말.

**육상 陸上 | 뭍 륙, 위 상 [on land; on the ground]
❶ 속뜻 땅[陸] 위[上]. ¶육상 식물. ❷ 운동 '육상경기'(陸上競技)의 준말. ¶육상 선수.

육성[1] 肉聲 | 몸 육, 소리 성 [live voice; natural voice]
기계를 통하지 않고 사람의 몸[肉]에서 직접 나오는 소리[聲]. ¶그녀는 마이크 없이 육성으로 노래를 불렀다.

육성[2] 育成 | 기를 육, 이룰 성 [promote; foster; nurture]
길러[育] 성장(成長)시킴. ¶우리 회사는 인재 육성에 힘쓰고 있다 / 이곳은 야구 선수를 체계적으로 육성하는 기관이다. ⓑ 양성(養成).

육순 六旬 | 여섯 륙, 열흘 순 [age of sixty]
❶ 속뜻 육(六)십 날[旬]. ❷예순 살. ¶오늘은 큰아버지가 육순이 되시는 날이다.

육식 肉食 | 고기 육, 먹을 식
[meat eating; flesh-eating]
❶ 속뜻 짐승의 고기[肉]로 만든 것을 먹음[食]. 또는 그 음식. ¶언니는 육식보다 채식을 좋아한다. ❷동물이 동물을 먹이로 함. ¶티라노사우루스는 육식 공룡이다.

▶육식-성 肉食性 | 성질 성
육식(肉食)을 좋아하는 성질(性質). ¶육식성 동물 / 육식성 어류.

▶육식 동:물 肉食動物 | 움직일 동, 만물 물
동물 동물성 먹이를 먹고사는[肉食] 동물(動物). ¶늑대는 육식 동물이다.

육신 肉身 | 몸 육, 몸 신 [body]
구체적인 물체인 사람의 몸[肉=身]. ¶육신의 고통을 견디다. ⓑ 육체(肉體). ⓑ 영혼(靈魂).

육십 六十 | 여섯 륙, 열 십
[sixty; threescore]
십(十)의 여섯[六] 배가 되는 수. 60. ¶모두 육십 명이 접수하였다. ⓑ 예순.

육십 만:세 운:동 六十萬歲運動 | 여섯 륙, 열 십, 일만 만, 해 세, 돌 운, 움직일 동
역사 1926년 6[六]월 10일[十]에, 순종의 인산일(因山日)을 기하여 전개된 만세 운동(萬歲運動). 침체된 민족 운동에 새로운 활기를 안겨 주었으며, 3·1운동과 1929년 광주학생 항일운동의 교량 역할을 했다.

육아 育兒 | 기를 육, 아이 아
[bring up infants; rear children]
어린 아이[兒]를 기름[育]. ¶육아 일기 / 육아 휴직.

육안 肉眼 | 몸 육, 눈 안 [naked eye]
❶ 속뜻 몸[肉]에 붙은 눈[眼]이나 시력. ❷눈으로 보는 표면적인 안식(眼識). ¶그 별은 육안으로는 볼 수 없다. ⓑ 맨눈.

육영 育英 | 기를 육, 뛰어날 영 [educate]
영재(英才)를 가르쳐 기름[育]. ¶그는 평생을 육영사업에 힘썼다.

▶육영 공원 育英公院 | 여럿 공, 집 원
역사 고종 23년(1886)에 근대적 인물을 기르기[育英] 위해 설립한 최초의 현대식 공립(公立) 학교[院]. 미국인 교사를 초빙하여 수학·지리학·외국어·정치 경제학 따위를 가르쳤다.

육용-종 肉用種 | 고기 육, 쓸 용, 갈래 종
[meat type breed]
소, 양, 닭처럼 고기[肉]를 쓰기[用] 위해 기르는 가축 품종(品種).

육의-전 六矣廛 | 여섯 륙, 어조사 의, 가게 전
역사 조선 시대 때 서울의 종로에 있던 여섯[六] 가지 가게[廛]. ⓑ 육주비전(六注比廛).

육이오 전:쟁 六二五戰爭 | 여섯 륙, 둘 이, 다섯 오, 싸울 전, 다툴 쟁
역사 1950년 6[六]월 25[二五]일에 북한군이 한국을 침공하여 일어난 전쟁(戰爭). 1953년 7월 27일에 휴전이 이루어져 휴전선을 확정하였으며, 휴전 상태가 오늘날까지 지속되고 있다. ⓑ 한국 전쟁.

육자-배기 (六字—, 여섯 륙, 글자 자)
음악 여섯[六] 박자[字]의 진양조장단. 곡조가 활발하고, 남도 지방에서 널리 불려진다.

육-젓 (六—, 여섯 륙)
유월[六月]에 잡은 새우로 담근 젓. 이 무렵의 새우가 맛있다고 한다.

육조 六曹 | 여섯 륙, 관아 조
역사 고려, 조선 때 기능에 따라 나라 일을 분담하여 집행하던 여섯[六] 개의 중앙 관청[曹]. 이조(吏曹), 호조(戶曹), 예조(禮曹), 병조(兵曹), 형조(刑曹), 공조(工曹)를 이른다.

육중 肉重 | 몸 육, 무거울 중
[bulky and heavy; ponderous]

몸집[肉]이나 생김새 따위가 투박하고 무겁다[重]. ¶그는 육중한 몸을 의자에서 일으켰다.

육지 陸地 | 뭍 륙, 땅 지 [land; shore]
물에 잠기지 않은 지구 표면의 땅[陸=地]. ㊊ 땅, 뭍.

육진 六鎭 | 여섯 륙, 누를 진
역사 조선 세종 때 함경북도 경원·경흥·부령·온성·종성·회령 등 여섯[六] 곳에, 적군의 침입을 억누르기[鎭] 위하여 설치한 요새지.

육체 肉體 | 몸 육, 몸 체 [flesh; body]
구체적인 물질인 사람의 몸[肉=體]. ¶건전한 육체에 건전한 정신이 깃든다. ㊊ 육신(肉身). ㊥ 영혼(靈魂), 정신(精神).

▸ **육체-미** 肉體美 | 아름다울 미
육체(肉體)의 균형이 주는 아름다움[美].

▸ **육체-적** 肉體的 | 것 적
육체(肉體)에 관련된 것[的]. ¶스트레스는 정신적으로나 육체적으로 사람을 힘들게 한다. ㊥ 정신적(精神的).

▸ **육체-노동** 肉體勞動 | 일할 로, 움직일 동
육체(肉體)를 움직여 그 힘으로 하는 노동(勞動). ㊥ 정신노동(精神勞動).

육촌 六寸 | 여섯 륙, 관계 촌 [second cousin]
❶ 속뜻 여섯[六] 마디[寸]. ❷여섯 개의 촌수를 사이에 두고 있는 친척. 사촌의 아들딸, 곧 재종간의 형제자매를 이른다. ㊊ 재종(再從).

육친 肉親 | 몸 육, 친할 친 [blood relative]
혈연[肉] 관계에 있는 친척(親戚). ¶유비, 관우, 장비는 육친처럼 서로 의지하며 살기로 약속했다.

육-판서 六判書 | 여섯 륙, 판가름할 판, 글 서
고려·조선 시대의 국가 행정기관인 육조(六曹)의 으뜸벼슬[判書]. '육조 판서'의 준말. ¶삼정승 육판서.

육포 肉脯 | 고기 육, 포 포 [jerked beef]
쇠고기[肉]를 얇게 저며서 말린 포(脯).

육풍 陸風 | 뭍 륙, 바람 풍 [land breeze]
지리 밤의 기온 차이로 육지(陸地)에서 바다로 부는 바람[風]. ㊥ 해풍(海風).

육하-원칙 六何原則 | 여섯 륙, 어찌 하, 본디 원, 법 칙
기사를 작성할 때 여섯[六] 가지 물어야할[何] 원칙(原則). '누가, 언제, 어디서, 무엇을, 어떻게, 왜'의 여섯 가지를 이른다. ¶글을 간결하고 명확히 쓰기 위해서는 육하원칙에 따라야 한다.

육해공-군 陸海空軍 | 뭍 륙, 바다 해, 하늘 공, 군사 군
군사 육군(陸軍), 해군(海軍), 공군(空軍)을 아울러 이름. ¶육해공군 합동 작전. ㊊ 삼군(三軍).

육회 肉膾 | 고기 육, 회 회 [dish of minced raw beef]
소의 살코기[肉]로 만든 회(膾).

윤ː 潤 | 윤택할 윤 [luster; gloss]
반질반질하고 매끄러운 기운. ¶나무로 된 탁자가 반들반들 윤이 난다. ㊊ 광(光), 광택(光澤), 윤기(潤氣).

윤곽 輪廓 | 바퀴 륜, 둘레 곽 [outline; contours]
❶ 속뜻 바퀴[輪]의 둘레[廓]. ❷겉모양. ¶건물의 윤곽이 흐릿하게 보인다. ❸일이나 사건의 대체적인 줄거리. ¶사건의 윤곽이 드러나기 시작하다.

윤ː기 潤氣 | 반들거릴 윤, 기운 기 [luster; gloss]
반들거리는[潤] 기운(氣運). 반들반들함. ¶그녀의 검은 머리카락은 윤기가 난다. ㊟ 윤(潤). ㊊ 광(光), 광택(光澤).

윤ː년 閏年 | 윤달 윤, 해 년 [leap year]
천문 윤일(閏日)이나 윤달[閏月]이 든 해[年].

윤ː-달 (閏-, 윤달 윤) [leap month]
천문 윤년(閏年)에 드는 달. 태양력에서는

2월이 평년보다 하루 많고, 태음력에서는 평년보다 한 달을 더하여 윤달을 만든다.

윤리 倫理 | 인륜 륜, 이치 리
[moral principles; ethics]
인륜(人倫) 도덕의 원리(原理). ¶그것은 윤리에 어긋나는 일이다.

윤작 輪作 | 돌 륜, 지을 작
[rotation of crops; crop rotation]
농업 같은 경작지에 여러 농작물을 순서에 따라 돌려가며[輪] 재배하는 경작(耕作). ㊓ 돌려짓기.

윤:택 潤澤 | 젖을 윤, 윤날 택
[rich; wealthy]
❶ 속뜻 물기 따위에 젖어[潤] 번지르르하게 윤이 남[澤]. ❷살림살이가 넉넉함. ¶그는 윤택한 가정에서 태어났다.

윤:활 潤滑 | 반들거릴 윤, 미끄러울 활
[lubricative; smooth]
반들거리고[潤] 미끄러움[滑]. ¶윤활 장치 / 모든 작업과정이 윤활하게 돌아가고 있다.

▸윤:활-유 潤滑油 | 기름 유
❶ 속뜻 부드럽고 매끄럽게[潤滑] 하기 위해 바르는 기름[油]. ❷ 공업 기계가 맞닿는 부분의 마찰을 덜기 위하여 쓰는 기름.

윤회 輪廻 | 바퀴 륜, 돌 회
[cycle of reincarnation]
❶ 속뜻 바퀴[輪]처럼 끝없이 돎[廻]. ❷ 불교 중생이 번뇌와 업에 의하여 삼계육도(三界六道)의 생사 세계를 그치지 않고 돌고 도는 일.

율 率 | 비율 률 [rate; ratio; proportion]
수학 어떤 기준에 비하여[率] 계산한 수치. ¶저축 이율이 2퍼센트 올랐다. ㊓ 비율(比率).

율동 律動 | 가락 률, 움직일 동
[rhythmic movement]
❶ 속뜻 가락[律]에 맞추어 움직임[動]. ❷ 가락에 맞추어 추는 춤. ¶아이들은 선생님의 율동을 따라했다.

율령 律令 | 법칙 률, 명령 령
[law; statute]
법률 형률(刑律)과 법령(法令)을 아울러 이르는 말. 모든 법률을 말한다. ¶백제의 고이왕(古爾王)은 율령(律令)을 반포했다.

율무 [adlay; adlai]
식물 벼와 비슷하며, 타원형의 열매를 식용할 수 있는 풀.

율법 律法 | 법칙 률, 법 법 [law; rule]
❶ 속뜻 규범[律]과 법[法]. ❷ 기독교 하나님이 인간에게 지키도록 내린 규범을 이르는 말.

융 絨 | 융 융 [cotton flannel]
수공 겉에 짧은 털이 붙어있는 직물.

융기 隆起 | 높을 륭, 일어날 기
[be uplifted]
❶ 속뜻 어느 한 부분이 높이[隆] 솟아오름[起]. ❷ 지리 땅이 해면에 대하여 높아짐. 또는 그러한 자연현상. ㊥ 침강(沈降).

융단 絨緞 | 융 융, 비단 단 [carpet; rug]
❶ 속뜻 융(絨)과 비단[緞]. ❷ 수공 양털 따위의 털을 표면에 보풀이 일게 짠 두꺼운 모직물. 그림이나 무늬를 놓아 벽에 걸기도 한다. ㊓ 양탄자, 카펫.

융성 隆盛 | 높을 륭, 가득할 성 [prosperity]
매우 높고[隆] 크게 번성(繁盛)함. ¶국가의 융성.

융숭 隆崇 | 높을 륭, 높을 숭 [hospitable]
대접, 대우 따위의 수준이 매우 높음[隆崇]. 또는 극진하게 대하다. ¶나는 융숭한 대접을 받았다. ㊓ 정성(精誠)스럽다, 정중(鄭重)하다.

융자 融資 | 녹을 융, 재물 자
[loan; lend]
자금(資金)을 융통(融通)함. 또는 융통한 자금. ¶학자금 융자 / 나는 은행에서 주택 자금을 융자받았다.

▸융자-금 融資金 | 돈 금
금융 기관에서 융통하는[融資] 돈[金]. ¶

융자금으로 집을 샀다.

융점 融點 | 녹을 융, 점 점
[melting point; fusing point]
화학 고체가 녹아서[融] 액체가 되기 시작하는 온도[點]. ⓑ 녹는점.

융-털 (絨—, 융 융) [villus]
의학 융(絨)에 있는 짧은 털처럼, 포유동물의 작은창자 점막에 있는 손가락 모양 또는 나뭇가지 모양의 돌기. 표면적을 크게 하며 소화 흡수를 용이하게 한다.

융통 融通 | 녹을 융, 통할 통
[lend; loan; finance]
❶ 속뜻 녹여[融] 잘 통(通)하게 함. ❷돈이나 물품 등을 빌려 씀. ¶제 사정이 급하니 돈을 조금만 융통해주세요.

▸ **융통-성 融通性** | 성질 성
융통(融通)이 잘 되는 성질(性質). 때나 경우에 따라 임기응변할 수 있는 성질이나 재주. ¶그는 융통성이 없는 사람이라 우리를 들어가지 못하게 했다.

융합 融合 | 녹을 융, 합할 합
[fusion; merger]
여럿을 녹여[融] 하나로 합(合)함. ¶양국의 상이한 문화를 융합하다.

융화 融和 | 녹을 융, 고를 화
[reconciled; harmony]
고르게[和] 잘 녹아서[融] 한 덩어리가 됨. ¶이 대회는 양국 간의 융화를 위한 것이다.

윷:
민속 ❶작고 둥근 통나무 두 개를 반으로 쪼개어 네 쪽으로 만든 장난감. ¶윷을 던지다. ❷윷을 놀 때 윷짝 네 개가 모두 잦혀진 경우. ¶윷이 나오다. ⓑ 윷짝.

윷:-가락
민속 윷의 낱개. ⓑ 윷짝.

윷:-놀이
민속 편을 갈라 윷을 던져 승부를 겨루는 민속놀이.

윷:-말
민속 윷놀이할 때, 윷판에 쓰는 말.

윷:-판
민속 ❶윷을 놀고 있는 그 자리. ¶설날에 윷판이 벌어졌다. ❷윷밭을 그린 판. 말판.

으
언어 한글의 홀소리 글자 'ㅡ'의 이름.

으깨다 [crush up; smash]
굳은 물건이나 덩이로 된 것을 눌러 부스러뜨리다. ¶삶은 계란을 으깨다.

으뜸 [best; top; foundation]
❶사물의 중요한 정도로 본 첫째. 첫째나 우두머리. ¶수학은 그가 반에서 으뜸이다. ❷기본, 근본의 뜻. ¶건강은 행복의 으뜸이다.

▸ **으뜸-꼴**
언어 활용하는 단어에서, 활용형의 기본이 되는 꼴. 기본형. ⓑ 원형(原形), 기본형(基本形).

▸ **으뜸-음** (—音, 소리 음)
음악 음계의 기초가 되는, 음계의 첫째 음(音). 장조에서는 '도', 단조에서는 '라'이다.

▸ **으뜸-가다**
많은 중에서 첫째가 되다. ¶이 씨네 김치 맛은 이 동네에서 으뜸간다.

▸ **으뜸-화음** (—和音, 어울릴 화, 소리 음)
음악 음계의 으뜸음을 밑음으로 하여 세 개의 음으로 이루어진 화음(和音). 장조에서는 '도·미·솔', 단조에서는 '라·도·미'의 화음을 이른다.

으레 [properly; always]
❶두말할 것 없이. 당연히. ¶그것은 으레 내가 할 일이다. ❷거의 틀림없이 언제나. 일상적으로. ¶나는 점심 식사 후에 으레 산책을 한다.

으르다 [scare; threaten]
상대자를 위협하다. ¶으르고 달래다.

으르렁-거리다 [growl; wrangle]
❶사나운 짐승이 성이 나서 물려고 소리를 내어 부르짖다. ¶개가 사납게 으르렁

거린다. ❷아주 거친 말로 서로 다투다. ¶그들은 만나기만 하면 으르렁거린다. ㊐ 으르렁대다.

으름장 [threat; intimidation]
말이나 행동으로 위협하는 일. ¶으름장을 놓다.

으리으리-하다
[imposing; grand; magnificent]
모양이나 규모가 압도될 만큼 굉장하다. ¶그 저택은 한눈에 봐도 으리으리했다. ㊐ 어마어마하다, 웅장(雄壯)하다.

으스-대다 [be proud; talk big]
어울리지 않게 으쓱거리며 뽐내다. ¶그는 공부 좀 잘한다고 으스대고 다닌다. ㊐ 뻐기다.

으스러-지다
[be crushed to pieces; be grazed]
덩어리가 으깨어져 바스러지다. ¶돌멩이가 으스러지다.

으스스 [shivering with cold; with one's blood running cold]
차고 싫은 기운이 몸에 스르르 돌면서 소름이 끼치는 듯한 모양. ¶그를 보기만 해도 몸이 으스스 떨린다.

으슥-하다 [secluded; retired; lonely]
무서운 느낌이 들 만큼 구석지고 고요하다. ¶으슥한 골목.

으슬-으슬 [shivering]
소름이 끼칠 듯이 매우 차가운 느낌이 자꾸 드는 모양. ¶몸살이 오려는지 몸이 으슬으슬 춥다.

으쓱 [be elated; puff oneself up]
❶갑자기 어깨를 한 번 들먹이는 모양. ¶그는 모르겠다는 듯이 어깨를 으쓱 하며 고개를 갸우뚱했다. ❷어깨를 들먹이며 우쭐하는 모양. ¶그는 부장이 되어서 어깨가 으쓱하였다.

▸으쓱-으쓱
어깨를 자꾸 위로 쳐들었다가 내리는 모양을 나타낸다.

▸으쓱-거리다
❶어깨를 자꾸 들먹이다. ¶흥이 나서 어깨가 저절로 으쓱거린다. ❷우쭐거리다. ¶승희는 상을 받자 아주 으쓱거렸다.

으악 [Ugh!; Wow!]
놀라거나 놀라게 하려고 크게 지르는 소리. ¶으악! 뱀이다!

으앙
젖먹이의 우는 소리. ¶어린 동생이 으앙 울었다.

으으
신음 소리나 흐느껴 우는 소리를 나타낸다. ¶으으, 방에서 우는 소리가 들렸다.

으흐흐
❶짐짓 지어서 음침하게 웃는 소리나 모양. ¶그는 으흐흐 하며 웃어 대었다. ❷흐느껴 우는 소리나 모양. ¶서희는 으흐흐 울며 엄마 뒤를 따라갔다.

윽박-지르다 [bully; browbeat]
윽박아 기를 꺾다. ¶그녀는 곧잘 아이를 윽박지른다.

은 銀 | 은 은 [silver]
화학 금속 원소의 하나. 금보다 조금 가볍고 단단하며 백색의 미려한 광택을 가진다. 화학용 기구·화폐·장식품 등에 쓴다.

은공 恩功 | 은혜 은, 공로 공
[favor; merits]
은혜(恩惠)와 공로(功勞). ¶그 배우는 수상의 영광을 부모님의 은공으로 돌렸다.

은근 慇懃 | 은근할 은, 은근할 근 [polite; kind]
❶속뜻 드러내지 않고 마음속으로 생각하는 깊은 정[慇=懃]. ¶은근히 뿌듯함을 느낀다. ❷겸손하고 정중함.

▸은근-슬쩍 (慇懃-)
표 나지 않게[慇懃] 슬그머니. ¶그는 은근슬쩍 내 손을 잡았다.

은덕 恩德 | 은혜 은, 베풀 덕
[beneficial influence]
은혜(恩惠)를 베풂[德]. ¶선생님의 은덕에 깊이 감사드립니다.

은-돈 (銀—, 은 은) [silver coin]
은(銀)으로 만든 돈. [비] 은전(銀錢), 은화(銀貨).

은둔 隱遁 | 숨길 은, 달아날 둔
[retire from the world; seclude]
세상을 피하여[遁] 숨음[隱]. ¶은둔 생활.

은-메달 (銀medal, 은 은)
[silver medal]
은(銀)으로 만든 메달(medal). 경기 등에서 2위를 차지한 선수에게 준다. ¶그는 마라톤에서 은메달을 땄다.

은밀 隱密 | 숨길 은, 몰래 밀
[secret; covert]
숨어서[隱] 몰래[密]. 또는 남몰래. ¶그는 나에게 은밀히 말했다.

은박 銀箔 | 은 은, 얇을 박 [silver leaf]
은(銀)을 종이처럼 얇게[箔] 만든 것.

▶은박-지 銀箔紙 | 종이 지
은(銀)을 얇게[箔] 늘인 종이[紙] 형태의 것. 또는 은박과 같은 모양의 종이. ¶은박지에 싼 고구마.

은반 銀盤 | 은 은, 쟁반 반
[silver plate; skating rink]
❶[속뜻] 은(銀)으로 만든 쟁반(錚盤). ❷맑고 깨끗한 얼음판을 아름답게 이르는 말. ¶그녀는 은반 위의 요정으로 불린다.

은방울-꽃 (銀—, 은 은)
[lily of the valley]
[식물] 5월에 은(銀)방울과 같은 흰 꽃이 꽃줄기 끝에 피는 풀.

은-빛 (銀—, 은 은) [silver color; silver]
은(銀)과 같은 빛깔. ¶호수 표면이 달빛에 반사되어 은빛으로 빛났다. [비] 은색(銀色).

은사 恩師 | 은혜 은, 스승 사
[one's respected teacher]
은혜(恩惠)로운 스승[師]. 스승을 감사한 마음으로 이르는 말. ¶고등학교 은사를 찾아 뵈었다.

은상 銀賞 | 은 은, 상줄 상
금, 은, 동 중 은(銀)에 해당되는 2등상(賞). ¶동생은 수학경시대회에서 은상을 받았다.

은색 銀色 | 은 은, 빛 색
[silver color; silver]
은(銀)과 같은 빛[色]. [비] 은빛.

은신 隱身 | 숨길 은, 몸 신
[hide oneself; lie low]
몸[身]을 숨김[隱]. ¶조용해질 때까지 여기서 은신해 있어라.

▶은신-처 隱身處 | 곳 처
몸[身]을 숨기는[隱] 곳[處]. ¶그들은 큰 바위 밑에 은신처를 만들었다.

은-실 (銀—, 은 은) [silver thread]
은(銀)을 얇게 입힌 실. 또는 은으로 가늘게 만든 실.

은어[1] 銀魚 | 은 은, 물고기 어
[silver fish]
[동물] 몸은 가늘고 긴 은(銀)색 물고기[魚]. 맑은 강물에서만 산다.

은어[2] 隱語 | 숨길 은, 말씀 어
[secret language]
특수한 집단이나 계층에서 남이 모르게[隱] 자기네끼리만 쓰는 말[語]. ¶'짭새'는 범죄자들이 '경찰'을 가리켜 사용하는 은어다.

은연 隱然 | 숨길 은, 그러할 연
[in secret]
숨겨져[隱] 있는 듯한 모양[然]. ¶은연중에 속마음을 드러내다.

▶은연-중 隱然中 | 가운데 중
남이 모르는[隱然] 가운데[中]. ¶그녀는 은연중에 자신의 속뜻을 내비쳤다.

은유 隱喩 | 숨길 은, 고할 유 [metaphor]
[문학] 사물을 직접 드러내지 않고 숨겨서[隱] 비유(比喩)하는 표현법. '내 마음은 호수요' 따위. [비] 은유법(隱喩法).

은은 隱隱 | 숨길 은, 숨길 은
[dim; vague; faint]
소리가 멀리서 울려 아득하다[隱+隱]. ¶

은은하게 들리는 종소리.

은인 恩人 | 은혜 은, 사람 인 [benefactor; patron]
은혜(恩惠)를 베풀어 준 사람[人]. ¶그는 내 생명의 은인이다. [반] 원수(怨讐).

은-장도 銀粧刀 | 은 은, 단장할 장, 칼 도 [ornamental silver knife]
❶ [속뜻] 칼자루와 칼집을 은(銀)으로 장식한, 노리개로[粧] 차던 칼[刀]. ❷ [역사] 나무로 만들어 은 칠을 한 의식용(儀式用) 무기.

은-쟁반 銀錚盤 | 은 은, 징 쟁, 소반 반 [silver plate]
은(銀)으로 만든 쟁반(錚盤). ¶그녀가 노래를 하면 은쟁반에 옥 구르는 소리가 난다.

은총 恩寵 | 인정 은, 영예 총 [favor; grace]
❶ [속뜻] 높은 사람이 베푼 인정[恩]과 각별한 사랑[寵]. ❷ [기독교] 하나님이 인간에게 내리는 은혜. ¶하나님의 은총.

은퇴 隱退 | 숨길 은, 물러날 퇴 [retire from one's post]
❶ [속뜻] 몸을 숨기거나[隱] 자리에서 물러남[退]. ❷사회 활동에서 물러나 한가히 지냄. ¶우리 아버지는 은퇴하셨습니다.

은폐 隱蔽 | 숨길 은, 덮을 폐 [conceal; hide]
숨기려고[隱] 덮음[蔽]. ¶그는 증거를 은폐하려다 경찰에 잡혔다.

은하 銀河 | 은 은, 물 하 [Milky Way; Galaxy]
[천문] 은(銀)빛 강물[河] 같은 밤하늘의 별 무리. [비] 미리내, 은하수(銀河水).

▶은하-계 銀河系 | 이어 맬 계
[천문] 은하(銀河)를 이루고 있는 수많은 천체의 집단[系].

▶은하-수 銀河水 | 물 수
'은하'(銀河)를 강물[水]에 비유하여 이르는 말. [비] 미리내, 은하(銀河).

*__은행__[1] 銀行 | 돈 은, 가게 행 [bank]
❶ [속뜻] 돈[銀]을 맡기거나 빌리는 가게[行]. ❷ [경제] 돈을 맡아주고 빌려주는 일을 하는 업종. 일반인의 예금을 맡고 다른 데 대부하는 일. ¶은행에서 100만 원을 찾았다.

▶은행-권 銀行券 | 문서 권
[경제] 한 나라의 특정 은행(銀行)이 발행하는 지폐[券]. ¶한국은행은 새로운 은행권을 공개했다.

▶은행-원 銀行員 | 사람 원
은행(銀行)의 업무를 맡아보는 직원(職員).

은행[2] 銀杏 | 은 은, 살구나무 행 [ginkgo nut]
❶ [속뜻] 은(銀)빛 살구[杏] 같은 과육을 지닌 열매. ❷은행나무의 열매.

▶은행-잎 (銀杏-)
[식물] 은행(銀杏)나무의 잎. ¶노랗게 물든 은행잎.

▶은행-나무 (銀杏-)
[식물] 부채 모양의 잎이 나고, 10월에 노란 열매인 은행(銀杏)이 열리는 낙엽수. 관상용 또는 가로수로 재배한다.

*__은혜__ 恩惠 | 인정 은, 사랑 혜 [favor; benefit]
남으로부터 받는 인정[恩]과 고마운 사랑[惠]. ¶스승의 은혜 / 은혜롭게도 우리는 사계절을 고루 누리고 있다.

은화 銀貨 | 은 은, 돈 화 [silver coin]
은(銀)으로 만든 돈[貨]. ¶미국의 1달러는 은화이다.

을 乙 | 천간 을
❶차례에서 둘째의 뜻. ¶갑, 을, 병의 세 조(組)는 각각 육·해·공군의 역할을 맡았다. ❷ [민속] 천간(天干)의 둘째.

을러-대다 [browbeat]
위협적인 언동으로 을러서 남을 억누르다. ¶딱딱한 말씨로 자꾸 을러대도 아무 소용없다.

을미 乙未 | 천간 을, 양 미

민속 천간의 '乙'과 지지의 '未'가 만난 간지(干支). ¶을미년에 태어난 사람은 양띠이다.

▶ **을미-사변** 乙未事變 | 일 사, 바뀔 변
역사 1895년 을미년(乙未年)에 일본의 자객들이 경복궁을 습격하여 명성 황후를 죽인 사건[事變].

을사 乙巳 | 천간 을, 뱀 사
민속 천간의 '乙'과 지지의 '巳'가 만난 간지(干支). ¶을사년에 태어난 사람은 뱀띠이다.

▶ **을사-조약** 乙巳條約 | 조목 조, 묶을 약
역사 1905년 을사년(乙巳年)에 일본이 한국의 외교권을 빼앗기 위하여 강제적으로 맺은 조약(條約).

을씨년-스럽다
[look miserable; gloomy]
날씨나 분위기 따위가 퍽 쓸쓸하다. ¶을씨년스러운 겨울 날씨. ⑪ 음산(陰散)하다.

을자-진 乙字陣 | 새 을, 글자 자, 진칠 진
민속 '乙'자(字) 모양으로 늘어선[陣] 것. 풍물놀이 판굿의 대형.

을축 乙丑 | 천간 을, 소 축
민속 천간의 '乙'과 지지의 '丑'이 만난 간지(干支). 육십갑자의 둘째.

읊다 (吟, 읊을 음) [recite; compose]
❶소리를 내어 운에 맞춰 시를 읽거나 외다. ¶윤동주의 시를 읊다. ❷시를 짓다. ¶떨어지는 꽃잎을 보고 시를 읊다.

읊-조리다 [recite; chant]
시에 곡조를 붙여 낮은 소리로 내리 읊다. ¶그는 창밖을 내다보며 시를 읊조렸다.

음[1]
긍정하는 뜻으로 입을 다물고 내는 소리. ¶음, 듣고 보니 정말 그렇구나.

음[2] 音 | 소리 음 [sound; pronunciation of Chinese characters]
❶귀로 느낄 수 있는 소리. ¶높은 음을 잘 내다. ❷한자의 소리. ¶한자에 음을 달다.

음[3] 陰 | 응달 음 [shade]
❶응달. ❷ 물리 음극(陰極). ¶자석의 양과 음. ❸ 수학 어떤 수가 0보다 작은 일. ¶'−'는 음을 나타내는 부호이다.

음각 陰刻 | 응달 음, 새길 각
[intaglio; engrave]
미술 평면에 글씨나 그림 따위를 오목하게[陰] 새김[刻]. 또는 그러한 조각. ¶이 판화는 음각하여 만들었다. ⑪ 양각(陽刻).

음경 陰莖 | 응달 음, 줄기 경
[phallus; penis]
❶ 속뜻 남자 음부(陰部)에 나무줄기[莖] 같이 달린 것. ❷ 의학 남성의 외부 생식기.

음계 音階 | 소리 음, 섬돌 계
[musical scale]
음악 음(音)이 높이에 따라 계단(階段)처럼 배열된 것.

음극 陰極 | 응달 음, 끝 극
[negative pole; cathode]
❶ 속뜻 음양(陰陽) 가운데 음(陰)에 해당하는 쪽이나 끝[極]. ❷ 물리 두 개의 전극 사이에 전류가 흐를 때에 전위가 낮은 쪽의 극. ¶양극과 음극을 각각 따로 연결하다. ⑪ 양극(陽極).

음기 陰氣 | 응달 음, 기운 기
[chill; dreariness]
❶ 속뜻 음산(陰散)하고 찬 기운(氣運). ❷ 만물이 생성하는 근본이 되는 정기(精氣)의 한 가지. ⑪ 양기(陽氣).

음낭 陰囊 | 응달 음, 주머니 낭 [scrotum]
의학 음경(陰莖)을 싸고 있는 주머니[囊] 모양의 기관.

음덕양보 陰德陽報 | 그늘 음, 은덕 덕, 양지 양, 갚을 보
❶ 속뜻 남모르게[陰] 은덕(恩德)을 베풀면 크게 드러나는[陽] 보답[報]이 주어짐. ❷남이 모르게 덕행을 쌓은 사람은 뒤에 그 보답을 받게 됨. ¶음덕양보를 바라고

한 일은 아니다.

음란 淫亂 | 지나칠 음, 어지러울 란 [lewd; lascivious]
❶ 속뜻 [淫] 문란(紊亂)함. ❷음탕하고 난잡함. ¶음란 사이트 / 음란한 행위.

▸음란-물 淫亂物 | 만물 물
음탕(淫蕩)하고 난잡(亂雜)한 내용을 담은 책이나 그림, 사진, 영화, 비디오테이프 따위의 물건(物件)을 통틀어 이르는 말. ¶음란물을 보면 안 된다.

음력 陰曆 | 응달 음, 책력 력 [lunar calendar]
천문 해를 양(陽)으로, 달을 음(陰)으로 보았을 때, 달 모양의 변화를 기초로 하여 만든 책력(冊曆). ¶그의 음력 생일은 3월 21일이다. 반 양력(陽曆).

음:료 飮料 | 마실 음, 거리 료 [beverage; drink]
마실[飮] 거리[料]. ¶그는 차가운 음료를 들이켰다.

▸음:료-수 飮料水 | 물 수
마실[飮料] 수 있는 물[水]. ¶음료수 자판기.

음률 音律 | 소리 음, 가락 률 [pitch; rhythm]
음악 ❶아악(雅樂)의 오음(五音)과 육률(六律). ❷소리와 음악의 가락.

음매 [moo]
소나 송아지의 울음소리. ¶어린 송아지가 음매 하고 울었다.

음모 陰謀 | 응달 음, 꾀할 모 [plot; conspiracy]
잘 안 보이는 응달[陰]에서 남몰래 좋지 못한 일을 꾸밈[謀]. 또는 그 꾸민 일. ¶그들의 음모가 백일하에 드러났다.

음미 吟味 | 읊을 음, 맛 미 [appreciate; examine closely]
❶ 속뜻 시가를 읊조리며[吟] 그 깊은 뜻을 맛봄[味]. ❷사물의 내용이나 속뜻을 깊이 새기어 맛봄. ¶녹차의 향기와 맛을 음미하다.

음반 音盤 | 소리 음, 소반 반 [phonograph record; disk]
소리[音]를 기록한 동그란 소반[盤] 같은 판. 비 판(板), 디스크(disk), 레코드(record).

음:복 飮福 | 마실 음, 복 복
❶ 속뜻 복(福)을 마시어[飮] 누림. ❷제사를 지내고 나서 제사에 썼던 술을 조상이 주는 복이라 하여 제관(祭官)들이 나누어 마시는 일.

음부 陰部 | 응달 음, 나눌 부 [pubic region]
❶ 속뜻 몸에서 응달진[陰] 부분(部分). ❷ 의학 남녀의 생식기가 있는 자리. 비 국부(局部), 치부(恥部).

음산 陰散 | 응달 음, 흩을 산 [gloomy; dreary]
❶ 속뜻 응달[陰]에 흩어져[散] 있는 듯한 차가운 기운. ❷을씨년스럽고 썰렁하다. ¶음산한 날씨.

음색 音色 | 소리 음, 빛 색 [tone color]
음악 목소리나 악기 등이 지닌 소리[音]의 특색(特色). 또는 특색 있는 그 소리. ¶바이올린과 첼로는 음색이 다르다.

음성[1] 音聲 | 소리 음, 소리 성 [voice; tone]
❶ 속뜻 사람이 내는 소리[音]와 악기가 내는 소리[聲]. ❷ 언어 발음기관에서 생기는 음향. ¶음성변조 / 음성 메시지. 비 목소리.

음성[2] 陰性 | 응달 음, 성질 성 [passive character]
❶ 속뜻 양(陽)이 아닌 음(陰)에 속하는 성질(性質). ❷어둡고 소극적인 성질. ¶위암 검사 결과는 음성으로 나왔다. 반 양성(陽性).

음수[1] 陰數 | 응달 음, 셀 수 [negative number; minus]
수학 0을 기준으로 수를 음과 양으로 나눌

때, 0보다 작아 음(陰)에 해당하는 수(數). ⓑ 양수(陽數).

음:수²飮水 | 마실 음, 물 수
마실[飮] 수 있는 물[水]. '음료수'(飮料水)의 준말. ¶이 물은 음수로 사용할 수 있다.

▸음:수-대 飮水臺 | 대 대
물[水]을 마실[飮] 수 있도록 하여 놓은 곳[臺].

⁑음:식 飮食 | 마실 음, 먹을 식
[food; meal]
마시고[飮] 먹음[食]. ¶맛있는 음식 / 음식을 짜게 먹으면 건강에 해롭다. ⓑ 음식물.

▸음:식-물 飮食物 | 만물 물
마시고[飮] 먹는[食] 것[物]. ¶음식물 쓰레기가 갈수록 늘고 있다. ⓒ 음식.

▸음:식-점 飮食店 | 가게 점
음식(飮食)을 파는 가게[店]. ⓑ 식당(食堂).

⁑음악 音樂 | 소리 음, 풍류 악 [music]
❶ 속뜻 소리[音]에서 느껴지는 풍류[樂]. ❷ 음악 인간의 사상이나 감정을 목소리나 악기로 연주하는 예술. ¶음악에 맞춰 춤을 추다.

▸음악-가 音樂家 | 사람 가
❶ 속뜻 음악(音樂)을 전문으로 연주하거나 만드는 사람[家]. ❷음악 연주에 뛰어난 사람. ¶나는 남도민요 음악가이다.

▸음악-극 音樂劇 | 연극 극
음악 음악(音樂)을 포함한 연극(演劇) 형식을 통틀어 이르는 말. ¶그는 특히 음악극을 좋아한다.

▸음악-당 音樂堂 | 집 당
음악(音樂)의 연주를 위하여 특별히 설비된 건물[堂].

▸음악-대 音樂隊 | 무리 대
음악(音樂)을 연주하는 단체[隊]. 주로 야외에서 취주 악기나 타악기로 연주하는 그룹을 이른다.

▸음악-실 音樂室 | 방 실
학교에서 음악(音樂) 수업에 쓰는 교실(教室). ¶음악실에 피아노를 새로 들여놓았다.

▸음악-제 音樂祭 | 제사 제
음악(音樂)을 중심으로 여는 대규모 축제(祝祭). ¶그는 잘츠부르크 음악제에서 모짜르트의 오페라를 공연했다.

▸음악-회 音樂會 | 모일 회
음악(音樂)을 연주하여 청중이 감상하게 하는 모임[會]. ¶자선 음악회. ⓑ 연주회(演奏會).

음양 陰陽 | 응달 음, 볕 양
[cosmic dual forces]
❶ 속뜻 응달[陰](陽地). ❷ 철학 역학에서 이르는 만물의 근원이 되는 상반된 성질을 가진 두 가지 것. ¶음양의 조화.

음역 音域 | 소리 음, 지경 역
[musical range; compass]
음악 사람의 목소리나 악기가 낼 수 있는 음(音)의 고저(高低) 범위[域]. ¶오르간은 음역이 넓다.

음영 陰影 | 응달 음, 그림자 영
[shadow; shade]
사람이나 물체가 빛을 가리어 반대쪽에 나타나는 그늘[陰]이나 그림자[影]. ¶그림에 음영을 넣어 윤곽을 나타내다.

음-이름 (音–, 소리 음) [pitch name]
음악 개개 음의 절대적인 높이를 가리키기 위하여 음(音)마다 붙이는 이름. 서양 음악에서는 'C, D, E, F, G, A, B', 우리나라에서는 '다, 라, 마, 바, 사, 가, 나'의 일곱 문자와 샤프(#), 플랫(♭) 따위로 나타낸다.

음절 音節 | 소리 음, 마디 절 [syllable]
언어 소리[音]의 한 마디[節]. 음소가 모여서 이루어진 소리의 한 덩어리. ¶'운동'은 2음절로 된 단어이다.

음정 音程 | 소리 음, 거리 정
[interval; tone; step]
음악 높이가 다른 두 음(音) 사이의 거리

[程]. ¶음정을 잘 맞추면 노래가 재미있다.

음조 音調 | 소리 음, 가락 조 [tune; melody]
❶ 속뜻 소리[音]의 가락[調]. ❷ 음악 음의 높낮이와 길이의 어울림.

음:주 飮酒 | 마실 음, 술 주 [drinking]
술[酒]을 마심[飮]. ¶음주 운전.

음지 陰地 | 응달 음, 땅 지 [shady spot; shaded lot]
그늘진[陰] 곳[地]. ⓑ 응달. ⓑ 양지(陽地).

음치 音癡 | 소리 음, 어리석을 치 [tone-deaf]
❶ 속뜻 노래의 음[音]을 잘 모름[癡]. ❷음에 대한 감각이 둔하여 노래할 때 음정, 박자 등을 잘 틀리는 사람. ⓑ 박치.

음침 陰沈 | 응달 음, 잠길 침 [gloomy; dismal]
❶ 속뜻 응달[陰]이 지거나 물에 잠긴[沈] 것 같이 어둡고 쌀쌀하다. ¶음침한 날씨. ❷성질이 명랑하지 못하다. ¶표정이 음침하다.

음탕 淫蕩 | 음란할 음, 방자할 탕 [debauched; dissipated]
음란(淫亂)하고 방탕(放蕩)함. ¶음탕한 말 / 음탕한 생각.

음파 音波 | 소리 음, 물결 파 [sound wave]
물리 소리[音]의 물결[波]. 발음체의 진동으로 말미암아 공기나 그 밖의 매질에 생기는 파동(波動).

음표 音標 | 소리 음, 나타낼 표 [musical note; musical score]
음악 악보에서 음(音)의 길이와 높낮이를 나타내는[標] 기호.

음해 陰害 | 몰래 음, 해칠 해
남몰래[陰] 뒤에서 해(害)침. ¶왕자를 음해하려는 세력이 발각되었다.

음핵 陰核 | 응달 음, 씨 핵 [clitoris]
의학 여자의 음부(陰部)에 있는 작은 씨[核] 같은 돌기.

음향 音響 | 소리 음, 울릴 향 [sound; noise]
소리[音]의 울림[響]. ¶음향 효과 / 이 영화관은 최고의 음향 시설을 갖추고 있다.

▸**음향-기** 音響機 | 틀 기
기계 소리를 내는[音響] 기계(機械). ¶음향기로 실험을 하다.

음흉 陰凶 | 응달 음, 흉할 흉 [cunning; wily]
마음속이 음침(陰沈)하고 흉악(凶惡)함. ¶음흉을 떨다 / 그는 음흉한 속셈으로 그녀에게 접근했다.

읍 邑 | 고을 읍 [town]
❶ 법률 인구 2만 이상 5만 미만의 도시로서, 군(郡)의 관할을 받는 지방 행정 구역의 하나. 하부 조직으로 이(里)를 둠. ❷'읍내'(邑內)의 준말. ¶오늘 읍에 장(場)이 선다.

읍내 邑內 | 고을 읍, 안 내 [whole town]
읍(邑)의 구역 안[內]. ¶미희는 읍내에 산다.

읍민 邑民 | 고을 읍, 백성 민 [inhabitants of a town]
읍내(邑內)에 사는 사람[民]. ¶읍민들이 모여 노래자랑을 했다.

읍-사무소 邑事務所 | 고을 읍, 일 사, 일 무, 곳 소 [town office]
읍(邑)의 행정 사무(事務)를 맡아보는 기관[所].

읍성 邑城 | 고을 읍, 성곽 성
한 고을[邑] 전체를 성벽으로 둘러쌓은 성(城). ¶충남 서산에 해미읍성이 있다.

응 [mmh; yeah]
❶동년배나 아랫사람에게 대답하거나 대답을 구하는 소리. ¶응, 좋아. ❷상대편의 대답을 재촉하거나 다짐을 둘 때 쓰는 말. ¶집에 가자, 응? ⓑ 아니.

응가 [ca-ca; poo-poo]
어린아이에게 똥을 누일 때 하는 소리.

응:고 凝固 | 엉길 응, 굳을 고

[solid; congeal]
❶ 속뜻 엉기어[凝] 굳어짐[固]. ❷액체나 기체가 고체로 변하는 현상. ¶응고상태 / 피가 응고되기 전에 이 약을 주사해야 한다. ⓑ 융해(融解).

응:급 應急 | 응할 응, 급할 급 [emergency]
위급(危急)한 사항을 임시로 대응(對應)함. ¶응급 수술 / 응급 상황이 발생하면 119로 전화하시오.

▸응:급-실 應急室 | 방 실
응급(應急) 처치를 할 수 있는 시설을 갖추어 놓은 방[室]. ¶응급실에서 우선 붕대로 상처를 싸맸다.

응:낙 應諾 | 응할 응, 승낙할 낙
[agree (to); respond (to)]
부탁의 말에 응(應)하여 승낙(承諾)함. ¶나는 형의 제안에 응낙했다.

응달 [shade; shady side]
볕이 안 들어 그늘진 곳. ¶응달에서 쉬다. ⓗ 음지(陰地). ⓑ 양달.

응:답 應答 | 응할 응, 답할 답
[response; answer]
물음이나 부름에 응(應)하여 대답(對答)함. ¶나는 벨을 눌렀지만 아무도 응답이 없었다. ⓑ 질의(質疑).

▸응:답-자 應答者 | 사람 자
부름이나 물음에 응답(應答)하는 사람[者]. ¶전체 응답자 가운데 70%가 찬성을 했다.

응:당 應當 | 응할 응, 마땅 당
[for sure; without fail]
응(應)해야 마땅함[當]. 당연히. ¶식사 전에는 응당 손을 씻어야 한다 / 죄를 지은 사람이 벌을 받는 것은 응당한 일이다.

응:대 應對 | 응할 응, 대할 대
[talk personally with; answer]
부름이나 물음 또는 요구 따위에 응답(應答)하여 상대(相對)함. ¶몇 번 물어보았으나 응대가 시큰둥하다.

응:모 應募 | 응할 응, 뽑을 모
[apply for; subscribe to]
모집(募集)에 응(應)함. ¶응모 자격 / 각종 경연대회에 응모하다.

응:분 應分 | 맞을 응, 신분 분
[appropriate; proper]
제 신분(身分)에 맞음[應]. 분수나 능력에 맞음. ¶응분의 할 일을 하다.

응:석 [playing on anothers affection]
어른의 사랑을 믿고 어려워하는 기색 없이 부리는 버릇없는 말이나 행동. ¶응석을 부리다. ⓗ 어리광.

▸응:석-받이
응석을 부리며 자란 아이. ⓗ 응석둥이.

응:수 應酬 | 응할 응, 보낼 수
[respond; retort; return]
❶ 속뜻 대응(對應)하여 보냄[酬]. ❷상대편의 말을 되받아 반박함. ¶아이는 상인(商人)의 말에 지지 않고 응수했다. ⓗ 대수(對酬).

응:시[1] 凝視 | 엉길 응, 볼 시
[stare at; gaze at]
눈길을 한곳으로 모아[凝] 가만히 바라봄[視]. ¶그는 한참 동안 먼 산을 응시했다. ⓗ 주시(注視).

응:시[2] 應試 | 응할 응, 시험할 시
[apply for an examination]
시험(試驗)에 응(應)함. ¶응시 원서 / 시험 중 부정행위를 하면 1년간 응시할 수 없다.

▸응:시-자 應試者 | 사람 자
시험에 응하는[應試] 사람[者]. ¶응시자가 500명을 넘어섰다.

응애-응애 [mewling; whimpering]
갓난아이가 자꾸 우는 소리.

응어리
[stiff muscle; unpleasant feeling]
❶근육이 뭉쳐 된 덩어리. ¶하루 종일 서서 일했더니 다리에 응어리가 생겼다. ❷원한 따위로 맺혀 있는 감정. ¶가슴속에 맺힌 응어리.

응:용 應用 | 맞을 응, 쓸 용
[apply; put to practical use]

❶[속뜻] 실제에 맞게[應] 사용(使用)함. ❷ 원리나 지식, 기술 따위를 실제로 다른 일에 활용(活用)함을 이름. ¶응용 문제 / 과학을 일상생활에 응용하다.

▶응:용 미:술 應用美術 | 아름다울 미, 꾀 술
[미술] 실제적인 응용(應用)에 목적을 둔 도안, 장식 따위의 미술(美術). 도안, 장식 따위.

응:원 應援 | 맞을 응, 도울 원
[aid; help; support]
❶[속뜻] 맞게[應] 편들어줌[援]. ❷운동 경기 따위에서 선수들이 힘을 낼 수 있도록 도와주는 일. 노래, 손뼉 치기 따위 여러 가지 방식이 있다. ¶그녀는 팀을 응원하느라 목이 다 쉬었다.

▶응:원-가 應援歌 | 노래 가
운동 경기 따위에서 선수들을 응원(應援)하기 위하여 여럿이 부르는 노래[歌].

▶응:원-단 應援團 | 모일 단
운동 경기 따위에서 응원(應援)하기 위하여 조직된 단체(團體).

▶응:원-석 應援席 | 자리 석
응원(應援)하는 사람들이 앉는 자리[席]. ¶양팀의 응원석이 꽉 찼다.

응:접 應接 | 응할 응, 맞이할 접 [receive]
손님의 요구에 응(應)하여 접대(接待)함. ¶그는 미소를 지으며 손님을 응접했다.

▶응:접-실 應接室 | 방 실
손을 맞이하여[應] 접대(接待)하는 방[室].

▶응:접-세트 (應接set)
손님을 맞이하여[應] 접대(接待)하는 데에 쓰는 탁자와 의자의 한 벌[set].

응:집 凝集 | 엉길 응, 모일 집
[cohere; condense]
한군데에 엉겨서[凝] 뭉침[集]. ¶두 물질은 뜨거운 상태에서 응집하여 에너지를 낸다.

응:징 膺懲 | 가슴 응, 혼낼 징
[punish]
❶[속뜻] 마음[膺] 깊이 뉘우치도록 혼냄[懲]. ❷잘못을 깨우쳐 뉘우치도록 징계(懲戒)함. ¶동학군은 탐관오리를 응징했다.

응:-하다 (應—, 응할 응)
[answer; accept]
물음이나 요구, 필요에 맞추어[應] 대답하거나 행동하다. ¶그는 친구의 초대에 응했다.

의[1]
[언어] 한글 자모 'ㅢ'의 이름.

의:[2]義 | 옳을 의 [justice; morality]
사람으로서 행하여야 할 바른 도리. ¶그는 의를 지키기 위해 목숨을 바쳤다. [반] 불의(不義).

의:[3]誼 | 정 의 [relationship]
서로 사귀어 친하여진 정[誼]. ¶옛날 이 마을에 의 좋은 형제가 살았다.

의거[1]依據 | 기댈 의, 근거할 거
[be based on; conform to]
어떤 사실이나 원리 따위에 기대거나[依] 근거함[據]. ¶규정에 의거하여 결정하다.

의:거[2]義擧 | 옳을 의, 들 거
[worthy undertaking; heroic deed]
정의(正義)로운 일을 일으킴[擧]. ¶윤봉길 의사의 의거 / 일제의 학정(虐政)에 국민이 의거했다.

⁑**의:견** 意見 | 뜻 의, 볼 견
[opinion; view; idea]
어떤 일에 대한 뜻[意]과 견해(見解). ¶당신 의견에 찬성합니다. [비] 견해(見解), 생각, 의사(意思).

▶의:견-서 意見書 | 글 서
어떤 의견(意見)을 적은 글[書]. 또는 그 문서.

의결 議決 | 의논할 의, 결정할 결
[decide; resolve]
의논(議論)하여 결정(決定)함. 또는 그런 결정. ¶과반수의 찬성으로 새 법률안을 의결했다.

의:경 義警 | 옳을 의, 지킬 경
[conscripted policeman]
[법률] 병역 의무(義務)를 지고 업무를 수행하는 경찰(警察). '의무경찰'(義務警察)의 준말.

의과 醫科 | 치료할 의, 분과 과
[medical department]
[교육] 의학(醫學)을 연구하는 대학의 한 분과(分科). ¶그는 의과에 입학했다.

의관[1] 衣冠 | 옷 의, 갓 관
[gown and hat]
❶ [속뜻] 남자의 웃옷[衣]과 갓[冠]. ❷남자가 정식으로 갖추어 입는 옷차림.

의관[2] 醫官 | 치료할 의, 벼슬 관
[medical officer; surgeon]
[역사] 조선 시대에, 내의원에 속하여 의술(醫術)에 종사하던 벼슬아치[官].

의구 疑懼 | 의심할 의, 두려워할 구
[doubt; suspect]
의심(疑心)하고 두려워함[懼]. ¶의구를 품다.

▶ 의구-심 疑懼心 | 마음 심
의심하고 두려워하는[疑懼] 마음[心]. ¶그의 행동을 보니 의구심이 생겼다.

의:금-부 義禁府 | 옳을 의, 금할 금, 관청 부
❶ [속뜻] 금(禁)하는 일을 저지른 사람을 불러다 옳게[義] 만드는 관청[府]. ❷ [역사] 조선 시대에 임금의 명령을 받들어 중죄인을 신문하는 일을 맡아 하던 관아.

의:기 意氣 | 뜻 의, 기운 기
[spirits; heart; mind; vigor]
❶ [속뜻] 뜻[意]과 기세(氣勢). ❷기세가 좋은 적극적인 마음. ¶그 소식이 우리들의 의기를 드높였다.

▶ 의:기-소침 意氣銷沈 | 사라질 소, 가라앉을 침
❶ [속뜻] 의기(意氣)가 사라지고[銷] 가라앉음[沈]. ❷기운이 없어지고 풀이 죽음. ¶시험에 또 떨어진 그는 매우 의기소침했다.

▶ 의:기-양양 意氣揚揚 | 오를 양, 오를 양
뜻한 바를 이루어 의기(意氣)가 크게 오름[揚揚]. ¶의기양양한 미소.

⁑**의논** 議論 | 본음 [의론], 따질 의, 말할 론
[discuss; consult]
어떤 의견이 옳은지 따지어[議] 말함[論]. ¶의논 상대 / 나는 부모님과 진학 문제에 대해 의논했다. [비] 논의(論議), 토의(討議).

의당 宜當 | 마땅 의, 마땅 당
[as a matter of course; necessarily]
마땅히[宜] 응당(應當) 그래야 함. ¶빌린 돈은 의당 갚아야 한다 / 친구의 의리를 지키는 것은 의당한 일이다. [비] 당연(當然)히, 마땅히, 으레.

⁑**의:도** 意圖 | 뜻 의, 꾀할 도
[intend; aim]
❶ [속뜻] 뜻[意]한 바를 꾀함[圖]. ❷무엇을 하고자 하는 생각이나 계획. 또는 무엇을 하려고 꾀함. ¶너를 속일 의도는 없었다.

의례 儀禮 | 의식 의, 예도 례
법식[儀]을 갖춘 예의(禮義). ¶국민 의례 / 의례 준칙.

의:-롭다 (義—, 옳을 의)
[rightful; righteous]
떳떳하고 옳다[義]. ¶의로운 죽음.

의뢰 依賴 | 의지할 의, 맡길 뢰
[depend on; request]
❶ [속뜻] 의지(依支)하여 맡김[賴]. ❷남에게 부탁함. ¶그는 경찰에 수사를 의뢰했다.

▶ 의뢰-인 依賴人 | 사람 인
남에게 어떤 일을 의뢰(依賴)한 사람[人].

⁑**의료** 醫療 | 치료할 의, 병고칠 료
[medical treatment; medical service]
의술(醫術)로 병을 고치는[療] 일. ¶의료 봉사.

▶ 의료-단 醫療團 | 모일 단
병을 치료하기[醫療] 위하여 임시로 조직된 단체(團體). ¶해외에 파견할 의료단을

구성하였다.

▶ 의료-비 醫療費 | 쓸 비
병을 고치는[醫療] 데 드는 비용(費用).

▶ 의료-원 醫療院 | 집 원
여러 가지 의료(醫療)에 관련된 많은 사람과 시설을 갖춘 큰 병원(病院). ¶국립 의료원 / 동네에 의료원이 새로 생겼다.

▶ 의료 보:험 醫療保險 | 지킬 보, 험할 험
[사회] 상해나 질병에 대하여 의료(醫療)의 보장 또는 의료비의 부담을 목적으로 하는 사회 보험(保險).

▶ 의료 보:험 카드 (醫療保險card)
한 가족이 의료 보험(醫療保險)에 들어 있다는 것을 증명하고 진료를 받은 사실이 기록되어 있는 카드(card). [비] 의료 보험증.

의류 衣類 | 옷 의, 무리 류
[clothing; clothes]
옷[衣]으로 입을 수 있는 종류(種類)를 통틀어 이르는 말. ¶아동 의류. [비] 의복(衣服).

의:리 義理 | 옳을 의, 이치 리
[obligation; justice; fidelity]
❶[속뜻] 사람으로서 마땅히 지켜야 할 옳은[義] 도리(道理). ❷사람과의 관계에 있어서 지켜야 할 바른 도리. ¶의리를 지키다 / 의리에 살고 의리에 죽는다.

의:무 義務 | 옳을 의, 일 무
[duty; obligation]
마땅히 해야 할 옳은[義] 일[務]. ¶권리를 주장하기 전에 의무를 다해야 한다. [반] 권리(權利).

▶ 의:무-감 義務感 | 느낄 감
의무(義務)를 느끼는 마음[感]. ¶나는 의무감에서 할머니를 돌보았다.

▶ 의:무-적 義務的 | 것 적
마땅히 꼭 해야 하는[義務] 것[的]. ¶회의에 의무적으로 참석하다.

▶ 의:무 교:육 義務教育 | 가르칠 교, 기를 육
[교육] 국가에서 제정한 법률에 따라 일정한 연령에 이른 아동이 의무적(義務的)으로 받아야 하는 보통 교육(教育).

의문 疑問 | 의심할 의, 물을 문
[doubt; problem; question]
❶[속뜻] 의심(疑心)하여 물음[問]. ❷의심스러운 생각을 함. 또는 그런 일. ¶선생님의 설명을 듣다 보니 몇 가지 의문이 생겼다 / 그 일이 가능할지 매우 의문스럽다.

▶ 의문-문 疑問文 | 글월 문
[언어] 화자가 청자에게 질문을 하는[疑問] 문장(文章).

▶ 의문-점 疑問點 | 점 점
의문(疑問)이나 의심이 나는 점(點). ¶의문점이 많다.

▶ 의문 부:호 疑問符號 | 맞을 부, 표지 호
[언어] 문장이 의문문(疑問文)이라는 것을 나타내는 부호(符號). 문장 부호 '?'의 이름이다. [비] 물음표.

⁑**의:미** 意味 | 뜻 의, 맛 미 [mean]
❶[속뜻] 말이나 글의 뜻[意]이나 맛[味]. 말뜻. ¶이 단어는 무슨 의미인지 모르겠다. ❷사물이나 현상의 가치. ¶의미 있는 삶. ❸행위나 현상이 지닌 뜻. ¶돈은 나에게 아무런 의미가 없다.

▶ 의:미심장 意味深長 | 깊을 심, 길 장
말이나 글의 뜻[意味]이 매우 깊고[深] 길다[長]. ¶아버지는 의미심장한 표정으로 나를 쳐다보았다.

*__의:병__ 義兵 | 옳을 의, 군사 병
[righteous army; loyal troops]
옳다고[義] 여기는 일을 위하여 싸우러 나선 군사[兵]. ¶의병은 산성에서 왜군들에 맞서 싸웠다.

▶ 의:병-장 義兵將 | 장수 장
의병(義兵)의 장수(將帥).

의복 衣服 | 옷 의, 옷 복
[clothes; suit; dress]
옷[衣=服]. [비] 의류(衣類).

▶ 의복-비 衣服費 | 쓸 비
전체 생활비 중에서 옷[衣服]을 사는 데

드는 비용(費用). ¶막내가 학교에 입학하면서 의복비가 많이 든다.

의:분 義憤 | 옳을 의, 성낼 분 [public indignation]
의(義)로운 마음에서 우러나오는 분노(憤怒). ¶이순신 장군은 의분을 참고 백의종군하였다.

의:붓-아버지 [stepfather]
어머니가 재혼하여 맞은 남편.

의:붓-어머니 [stepmother]
아버지가 재혼하여 맞은 아내.

의:붓-자식 (一子息, 아이 자, 불어날 식) [stepchild]
개가하여 온 아내나 첩이 데리고 들어온 자식(子息). 또는 자기가 낳지 않은 남편의 자식.

의:사¹ 義士 | 옳을 의, 선비 사 [righteous person; martyr]
의(義)로운 선비[士]. 의로운 지사(志士). ¶의사 윤봉길.

⁑**의사²** 醫師 | 치료할 의, 스승 사 [doctor; medical man]
병을 치료하는[醫] 것을 직업으로 삼는 사람을 스승[師]으로 높여 부르는 말. ¶피부과 의사.

의:사³ 意思 | 뜻 의, 생각 사 [idea; thought; mind]
무엇을 하고자 하는 뜻[意]과 생각[思]. ¶자신의 의사를 밝히다.

▶의:사 소통 意思疏通 | 트일 소, 통할 통
가지고 있는 뜻[意]이나 생각[思]이 서로 통함[疏通]. ¶그녀와는 의사소통이 전혀 되질 않는다.

▶의:사 표시 意思表示 | 겉 표, 보일 시
법률 어떤 일에 대한 자기의 뜻[意]이나 생각[思]을 나타내는[表示] 것. ¶그는 매번 정확한 의사표시를 하지 않고 뒤에서 투덜거린다.

의사⁴ 議事 | 따질 의, 일 사 [deliberate; consult]
어떤 일[事]을 토의(討議)함. ¶의회에서 의사 진행을 방해하면 퇴장시킨다.

▶의사-당 議事堂 | 집 당
의원들이 모여서 어떤 일[事]을 토의(討議)하기 위한 건물[堂]. 주로 국회 의사당을 일컫는다.

의상 衣裳 | 옷 의, 치마 상 [clothes; dress]
❶ 속뜻 윗옷[衣]과 치마[裳]. ❷겉에 입는 옷. ¶한복은 우리 민족의 전통 의상이다.

▶의상-실 衣裳室 | 방 실
❶ 속뜻 옷[衣裳]을 두거나 갈아입기 위한 방[室]. ❷여자들의 옷을 맞추어 파는 가게. ¶의상실에서 옷을 새로 맞췄다.

의-생활 衣生活 | 옷 의, 살 생, 살 활
옷[衣]과 관련된 생활(生活). ¶알뜰하고 검소한 의생활.

의석 議席 | 의논할 의, 자리 석
회의장에서 의원(議員)이 앉는 자리[席]. 또는 그 수. ¶여당이 과반수의 의석을 차지했다.

의성 擬聲 | 흉내낼 의, 소리 성 [onomatopoeia; imitating sounds]
사물의 소리[聲]를 본떠 흉내냄[擬].

▶의성-어 擬聲語 | 말씀 어
언어 사물의 소리[聲]를 흉내[擬] 낸 말[語]. ¶각국의 의성어는 서로 다르다.

의:수 義手 | 해넣을 의, 손 수 [artificial arm; arm prosthesis]
인공으로 해 넣은[義] 손[手]. 손이 없는 사람을 위하여 나무나 고무 따위로 만들어 붙인 손.

의술 醫術 | 치료할 의, 꾀 술 [medical arts; medical practice]
병을 치료하는[醫] 기술(技術). ¶의술이 발달하면서 수명이 연장되었다.

***의식¹** 儀式 | 예의 의, 법 식 [ceremony; formality]
예의(禮儀)를 갖추는 방식(方式). 행사를 치르는 정해진 법식. ¶의식을 거행하다.

의식²衣食 | 옷 의, 밥 식
[food and clothing]
옷[衣]과 음식(飮食).

▶ 의-식-주 衣食住 | 살 주
인간 생활의 세 가지 요소인 옷[衣], 음식(飮食), 집[住]을 아울러 이르는 말.

*__의:식³意識__ | 뜻 의, 알 식
[be conscious; be aware]
❶[속뜻] 뜻[意]을 앎[識]. ❷깨어 있는 상태에서 자기 자신이나 사물에 대하여 인식(認識)하는 작용. ¶의식을 잃다 / 그는 3일 동안 의식이 없었다. ❸어떤 것을 두드러지게 느끼거나 특별히 염두에 두다. ¶그는 남의 눈을 지나치게 의식한다. [반] 무의식(無意識).

▶ 의:식-적 意識的 | 것 적
스스로 그런 줄 알면서 일부러 의식(意識)하고 하는 것[的]. ¶약물 중독을 치료하려면 의식적인 노력이 필요하다. [반] 무의식적(無意識的).

▶ 의:식 구조 意識構造 | 얽을 구, 만들 조
[심리] 어떤 개인이나 집단이 가진 의식(意識)의 짜임새[構造].

▶ 의:식 불명 意識不明 | 아닐 불, 밝을 명
[의학] 의식(意識)이 명확(明確)하지 않음[不]. ¶병원에 실려 왔을 때 그는 이미 의식 불명 상태였다.

의심 疑心 | 의아할 의, 마음 심
[doubt; question; distrust]
확실히 알 수 없어서 의아해하는[疑] 마음[心]. ¶누나는 정말 의심이 많다 / 그의 말이 사실인지 의심쩍다 / 그 소문이 사실인지 아닌지 의심스럽다.

의아 疑訝 | 의심할 의, 의심할 아
[dubious; suspicious; doubtful]
의심스럽고[疑=訝] 괴이함. ¶의아한 점이 한두 가지가 아니다 / 의아스러운 표정.

의안 議案 | 따질 의, 안건 안
[bill; measure]
토의(討議)할 안건(案件). ¶그는 보행자의 안전을 위한 의안을 국회에 상정했다.

의약 醫藥 | 치료할 의, 약 약
[medicinal drug]
❶[속뜻] 병을 치료하는[醫] 데 쓰는 약(藥). ❷의술과 약품.

▶ 의약-품 醫藥品 | 물건 품
의약(醫藥)으로 쓰이는 물품(物品). ¶의약품은 서늘한 곳에 보관하십시오.

의연¹毅然 | 굳셀 의, 그러할 연
[dauntless; resolute; firm]
의지가 굳고[毅] 그러하다[然]. 뜻이 꿋꿋하며 단호하다. ¶그는 죽음 앞에서도 의연했다.

의:연²義捐 | 옳을 의, 내놓을 연
[contribute to; subscribe; donate]
옳다[義]고 여기어 돈이나 물품을 내놓음[捐]. ¶의연한 모든 금액은 독거노인을 위해 사용합니다.

▶ 의:연-금 義捐金 | 돈 금
바른[義] 마음으로 내는[捐] 돈[金]. ¶수재(水災) 의연금.

의:열-단 義烈團 | 옳을 의, 세찰 렬, 모일 단
❶[속뜻] 의(義)로운 마음이 열렬(熱烈)한 사람들로 구성된 단체(團體). ❷[역사] 1919년 11월에 중국 만주 길림성에서 조직한 항일 무장 독립 운동 단체. 김원봉, 윤세주 등 13명이 주동이 되어 과격하고 급진적인 폭력 투쟁을 벌였다.

의:외 意外 | 뜻 의, 밖 외
[surprise; accident]
뜻[意] 밖[外]. 생각 밖. ¶아이는 의외의 대답을 했다.

의:욕 意慾 | 뜻 의, 욕심 욕
[volition; will; desire]
무엇을 하고자 하는 적극적인 마음[意]이나 욕망(慾望). ¶그도 처음에는 의욕이 넘쳤지만 지금은 마지못해 하고 있다.

▶ 의:욕-적 意慾的 | 것 적
무엇을 적극적으로 하고자 하는[意慾] 것[的]. ¶그는 항상 의욕적으로 일한다.

의:용 義勇 | 옳을 의, 날쌜 용
[loyalty and courage; heroism]
❶ 속뜻 옳다[義]고 여기는 일을 위하여 용기(勇氣)를 부림. ❷정의와 용기를 가지고 자원하는 것.
▶ 의:용-군 義勇軍 | 군사 군
국가나 사회의 위급을 구하기 위하여 용기있게 자원한[義勇] 사람들로 조직된 군대(軍隊). 또는 그런 군대의 군인.

의원[1] 醫員 | 치료할 의, 사람 원
[physician; doctor]
병을 치료하는[醫] 기술이 있는 사람[員]. ¶최 의원이 직접 왕진(往診)을 나왔다.

의원[2] 醫院 | 치료할 의, 집 원
[doctor's office; clinic]
진료 시설을 갖추고 의사가 의료(醫療) 행위를 하는 집[院]. ¶의원에 가서 진료를 받다.

의원[3] 議員 | 따질 의, 사람 원
[Congressman; assemblyman]
국회나 지방의회와 같은 합의체의 구성원으로 의결권(議決權)을 가진 사람[員]. ¶그는 시의원으로 당선되었다.

의:의 意義 | 뜻 의, 뜻 의
[meaning; sense]
❶ 속뜻 말이나 글의 뜻[意=義]. ❷어떤 사실이나 행위 따위가 갖는 중요성이나 가치. ¶3·1 운동의 역사적 의의.

의:인[1] 義人 | 옳을 의, 사람 인 [righteous man]
옳은[義] 일을 위하여 나서는 사람[人]. ¶그는 아이를 구하려다 팔을 잃은 의인이다.

의인[2] 擬人 | 흉내낼 의, 사람 인
[personify; impersonate]
사람이 아닌 것을 사람[人]으로 흉내냄[擬].
▶ 의인-화 擬人化 | 될 화
사람이 아닌 것을 사람[人]으로 흉내 내도록[擬] 함[化]. ¶이솝 이야기는 동물을 의인화하여 지은 소설이다.

의자[1] 倚子 | 기댈 의, 접미사 자
앉을 때에, 벽에 세워 놓고 등을 기대는[倚] 기구[子]. ㊎ 등자(凳子).

의자[2] 椅子 | 기댈 의, 접미사 자 [chair]
걸터앉도록[椅] 만든 기구[子]. 사무용 의자, 안락의자 등. ㊎ 걸상.

의장[1] 議長 | 따질 의, 어른 장
[assembly hall; chamber]
회의(會議)를 주재하고 그 회의의 집행부를 대표하는 사람[長]. ¶그가 오늘 회의의 의장을 맡았다.

의:장[2] 意匠 | 뜻 의, 궁리할 장
❶ 속뜻 뜻[意]을 궁리함[匠]. ❷미적 감각을 표현해 냄. 또는 그런 이미지나 형태. ¶궁궐 내부의 의장이 매우 뛰어나다.
▶ 의:장-권 意匠權 | 권리 권
법률 의장(意匠)을 등록한 사람이 가지는 독점적·배타적 권리(權利). 의장권의 설정 등록에 의하여 발생한다.

의장[3] 儀仗 | 의식 의, 지팡이 장
역사 나라 의식(儀式)에 쓰는 지팡이[仗]. 무기, 일산, 월부, 깃발 따위의 물건.
▶ 의장-대 儀仗隊 | 무리 대
군사 의장(儀仗) 등을 들고, 국가 경축 행사나 외국 사절에 대한 환영, 환송 따위의 의식을 위하여 특별히 교육받은 부대(部隊).

의:절 義絶 | 옳을 의, 끊을 절
[cut off relationship]
❶ 속뜻 의리(義理) 관계가 끊어짐[絶]. ❷ 친구나 친척 사이의 정이 끊어짐. ¶그는 자식과 의절을 선언했다.

의젓-하다 [dignified; imposing]
말이나 행동이 점잖고 무게가 있다. ¶윤희는 어린 나이에도 불구하고 의젓하게 행동한다.

의정 議政 | 의논할 의, 정사 정
[be active in parliamentary]
❶ 속뜻 정사(政事)를 의논(議論)함. ¶그는 국회의원이 되어 의정 활동을 하고 있다.

❷[역사] 조선 시대, 의정부(議政府)의 영의정, 좌의정, 우의정을 통틀어 이르는 말.

▶ 의정-부 議政府 | 관청 부
[역사] 조선 시대에 나라 일을 의논(議論)하고 나라를 다스리던[政] 행정부의 최고 기관[府].

의제 議題 | 의논할 의, 문제 제
[subject for discussion; agenda]
회의에서 의논(議論)할 문제(問題). ¶이번 회의의 의제는 급식 개선 방안이다.

의ː족 義足 | 해 넣을 의, 발 족
[artificial leg; prosthetic limb]
인공으로 만들어 넣은[義] 발[足]. ¶그는 오른쪽 다리에 의족을 하고 있다.

의존 依存 | 의지할 의, 있을 존
[depend on]
남에게 의지(依支)하여 존재(存在)함. ¶지나친 의존에서 벗어나다. [반] 자립(自立).

의ː-좋다 (誼-, 정 의) [be very friendly; be kind and warmhearted]
정의(情誼)가 두텁다. ¶의좋은 남매.

의ː중 意中 | 뜻 의, 가운데 중
[one's inner thoughts; one's mind]
마음[意] 속[中]. ¶도대체 그녀의 의중을 알 수가 없다. [비] 심중(心中).

의지[1] 依支 | 기댈 의, 버틸 지 [lean on]
❶[속뜻] 다른 것에 기대어[依] 몸을 지탱(支撑)함. 또는 그렇게 하는 대상. ¶문기둥을 의지하여 간신히 서 있다 / 할머니는 지팡이에 의지하여 걸었다. ❷다른 것에 마음을 기대어 도움을 받음. 또는 그렇게 하는 대상. ¶언니는 나에게 큰 의지가 되었다 / 의지할 수 있는 사람이 필요하다.

의ː지[2] 意志 | 뜻 의, 뜻 지
[will; volition; intention]
어떠한 일을 이루고자 하는 마음이나 뜻[意=志]. ¶그는 자신의 의지로 술을 끊었다.

▶ 의ː지-력 意志力 | 힘 력
의지(意志)를 지켜나가는 힘[力]. ¶그는 의지력이 강한 사람이다.

의ː창 義倉 | 옳을 의, 곳집 창
❶[속뜻] 의(義)로운 일에 쓸 물건을 보관하고 있는 창고(倉庫). ❷[역사] 고려 시대에 곡식을 저장하여 두었다가 흉년이나 비상 때에 가난한 백성들에게 대여하던 기관.

의ː치 義齒 | 해 넣을 의, 이 치
[artificial tooth; set of false teeth]
인공으로 해 넣은[義] 가짜 이[齒]. ¶할머니는 의치를 해 넣으셨다.

의타 依他 | 의지할 의, 다를 타
[lean on]
남[他]에게 의지(依支)함.

▶ 의타-심 依他心 | 마음 심
남[他]에게 의지(依支)하는 마음[心]. ¶부모의 과잉보호는 아이들의 의타심을 조장한다. [반] 자립심(自立心).

의태 擬態 | 흉내낼 의, 모양 태 [imitate]
모양[態]을 흉내냄[擬].

▶ 의태-어 擬態語 | 말씀 어
[언어] 사람 또는 사물의 움직임이나 모양[態]을 흉내 낸[擬] 말[語]. '아장아장', '엉금엉금', '번쩍번쩍' 따위가 있다.

의표 意表 | 뜻 의, 겉 표
[surprise; unexpectedness]
생각[意] 밖[表]. 예상 밖. ¶그의 질문은 나의 의표를 찔렀다.

의-하다 (依-, 의지할 의)
[be due to; be owing to; depend on]
무엇에 의거(依據)하거나 말미암다. ¶소문에 의하면 그가 결혼한다고 한다.

의학 醫學 | 치료할 의, 배울 학
[medical science; medicine]
병을 치료하는[醫] 기술을 연구하는 학문(學問). ¶의학의 발달로 평균수명이 점점 길어지고 있다.

▶ 의학-계 醫學界 | 지경 계
의학(醫學)을 연구하는 학자들의 사회[界]. ¶그는 의학계에 크게 이바지했다.

▶ 의학-자 醫學者 | 사람 자
의학(醫學)을 전문으로 연구하는 학자(學者).

의:향 意向 | 뜻 의, 향할 향
[intention; inclination]
마음이나 뜻[意]이 향(向)하는 바. 또는 무엇을 하려는 생각. ¶우리와 함께 떠날 의향이 있으면 지금 말해라.

의:협 義俠 | 옳을 의, 도울 협
[chivalry; heroism; gallantry]
의(義)로운 일로 약자를 돕는 일[俠]. 또는 그런 사람.

▶ 의:협-심 義俠心 | 마음 심
자신을 희생하더라도, 의로운 마음에서 남을 돕고자하는[義俠] 마음[心]. ¶홍길동은 의협심을 발휘해 곡식을 이웃에 나누어주었다.

의:형 義兄 | 옳을 의, 맏 형
[sworn elder brother]
의리(義理)로 맺은 형(兄). ⓑ 의제(義弟).

의:-형제 義兄弟 | 옳을 의, 맏 형, 아우 제
[sworn brother]
의리(義理)로 맺은 형제(兄弟). '결의형제'(結義兄弟)의 준말. ¶유비와 관우, 장비는 의형제를 맺었다.

의혹 疑惑 | 의심할 의, 홀릴 혹 [suspicion; doubt]
의심(疑心)으로 정신이 홀려[惑] 더욱 수상히 여김. 또는 그런 마음. ¶그는 여전히 의혹에 찬 눈으로 나를 바라보았다.

의회 議會 | 따질 의, 모일 회 [assembly]
법률 국민이 선출한 의원(議員)들로 구성된 단체[會].

이[1]
언어 한글 자모 'ㅣ'의 이름.

이[2](齒, 이 치) [tooth]
❶ 의학 사람이나 동물의 입 안에 나 있어 음식물을 씹는 역할을 하는 기관. ¶매일 아침 이를 닦다. ❷톱·톱니바퀴 따위의 뾰족뾰족 내민 부분. ¶이 칼은 이가 나가서 못쓰겠다. 속담 이 없으면 잇몸으로 살지.

이[3][louse]
동물 사람의 몸에 기생하면서 피를 빨아먹으며 전염병을 옮기는 곤충.

이[4][person; man; one]
다른 말 뒤에 붙어 사람을 뜻함. ¶저 빨간 모자 쓴 이가 누구지?

이[5] (此, 이 차) [this; it]
❶말하는 이에게 가까이 있거나 말하는 이가 생각하고 있는 대상을 가리키는 지시 대명사. ¶이보다 싼 건 없을 거야. ❷바로 앞에서 이야기한 대상을 가리키는 지시 대명사.

이:[6] 二 | 두 이 [two; second]
일에 일를 더한 수. 아라비아 숫자로는 '2', 로마 숫자로는 'Ⅱ'로 쓴다. ⓑ 둘.

이:간 離間 | 떼놓을 리, 사이 간
[alienate; estrange]
둘 사이[間]를 헐뜯어 서로 멀어지게[離] 함. ¶누군가 나를 친구와 이간하려는 자가 있다.

▶ 이:간-질 (離間-)
둘 사이를 갈라놓는[離間] 일. ¶그가 우리 사이를 이간질하려고 했다.

이-것 [this; this one]
❶말하는 이에게 가까이 있거나 말하는 이가 생각하고 있는 사물을 가리키는 지시 대명사. ¶이것은 사과이다. ❷바로 앞에서 이야기한 대상을 가리키는 지시 대명사. ¶넌 정말 부지런해. 이것이 너의 장점이야.

▶ 이것-저것
여러 가지의 것. ¶미술관은 이것저것 볼거리가 많다.

이견 異見 | 다를 이, 볼 견
[different view; protest]
남과 다른[異] 의견(意見). ¶이 문제에 대해서는 이견이 많다.

이:골 [acquired habit]
아주 길이 들어서 몸에 푹 밴 버릇. ¶그는

고생에는 이골이 나 있었다. [관용] 이골이 나다.

이곳-저곳 [here and there]
여기저기를 문어적으로 이르는 말. ¶공원 이곳저곳을 돌아다니다.

이:과 理科 | 이치 리, 분과 과
[science; science course]
자연계의 원리(原理)나 현상을 연구하는 학과(學科). 물리학, 화학, 동물학, 식물학, 생리학, 지질학, 천문학 따위. (반) 문과(文科).

이:구-동성 異口同聲 | 다를 이, 입 구, 같을 동, 소리 성
❶ [속뜻] 각기 다른[異] 입[口]에서 같은[同] 소리[聲]를 냄. ❷여러 사람의 말이 한결 같음. ¶모두가 이구동성으로 그를 칭찬했다.

이구아나 {영 iguana}
[동물] 도마뱀과 비슷하며, 다리와 눈, 꼬리가 특히 발달한 동물. 나무 위에서 생활하는데 과실, 곤충, 지렁이, 새 따위를 먹는다.

이:국 異國 | 다를 이, 나라 국
[alien land; strange land]
풍속 등이 다른[異] 나라[國]. ¶그는 30년간 이국을 떠돌았다. (비) 외국(外國), 타국(他國).

▸ 이:국-적 異國的 | 것 적
풍물이나 분위기 따위가 자기 나라와는 다른[異國] 것[的]. ¶이국적인 외모 / 제주도는 이국적인 풍경이 펼쳐져 있다.

이:권 利權 | 이로울 리, 권리 권
[rights and interests]
이익(利益)을 얻을 수 있는 권리(權利). ¶일본과 러시아는 블라디보스토크를 두고 이권 다툼을 벌였다.

이글-거리다 [blaze; glare]
불꽃이 어른어른하며 잘 타오르다. ¶장작불이 이글거리며 타고 있다. (비) 이글대다.

이글-이글 [burning; glaring]
❶불이 발갛게 피어 불꽃이 어른어른 피어오르는 모양. ¶불꽃이 이글이글 타오른다. ❷해가 뜨거운 볕을 내려 쪼이는 모양. ¶이글이글 타는 태양.

이:기[1] 利器 | 날카로울 리, 그릇 기
[convenience]
❶ [속뜻] 매우 날카로운[利] 도구[器]나 병기. ❷실용에 편리한 기계나 기구. ¶컴퓨터는 문명의 이기이다.

이:기[2] 利己 | 이로울 리, 자기 기
[selfishness; egoism]
자기(自己) 이익(利益)만을 꾀함. (반) 이타(利他).

▸ 이:기-심 利己心 | 마음 심
이기적(利己的)인 마음[心]. ¶나는 친구의 이기심에 화가 났다. (반) 이타심(利他心).

▸ 이:기-적 利己的 | 것 적
자기(自己)의 이익(利益)만을 꾀하는 것[的]. ¶이기적인 행동. (반) 이타적(利他的).

▸ 이:기-주의 利己主義 | 주될 주, 뜻 의
[철학] 자기(自己)의 이익(利益)만을 꾀하고 사회 일반의 이익은 염두에 두지 않으려는 태도[主義]. (반) 이타주의(利他主義).

이기다[1] (勝, 이길 승; 克, 이길 극) [win; conquer; beat]
❶우열·승부 등을 다투어 상대를 꺾다. ¶3대 2로 이겼다. ❷억제하기 힘든 일을 참고 견디다. ¶그는 마침내 병을 이겨냈다. (비) 승리(勝利)하다, 극복(克服)하다. (반) 지다.

이기다[2] [knead; mince]
흙·가루 등에 물을 부어 반죽하다. ¶시멘트에 물과 모래를 잘 이겨서 벽에 발랐다.

이-까짓
[this kind of; such a]
고작 이 정도밖에 안 되는. 겨우 이만한 정도의. ¶이까짓 일로 무슨 화를 그렇게 내니!

이끌다 (導, 이끌 도; 携, 이끌 휴)
[lead; conduct]

❶앞에서 잡고 끌다. 따라오게 하다. ¶아이들을 이끌고 공원에 갔다. ❷사람·사물·현상 따위를 인도하여 어떤 방향으로 나가게 하다. ¶그는 팀을 승리로 이끌었다.

이끌-리다 [be conducted to; be guided; be led]
이끎을 당하다. ¶나는 친구에게 이끌려 처음으로 도서관에 갔다.

이끼 [moss; lichen]
식물 선태식물에 속하는 은화식물을 통틀어 이르는 말. 대체로 잎과 줄기의 구별이 분명하지 않고, 고목·바위나 습한 곳에 자란다.

이:남 以南 | 부터 이, 남녘 남
[south of; South Korea]
❶속뜻 기준으로부터[以] 남(南)쪽. ¶이 식물은 한강 이남에 서식한다. ❷한반도의 북위 38도선 또는 휴전선 남쪽을 이르는 말. ⊕반 이북(以北).

이내[1] [at once; immediately]
그때에 곧. 지체함이 없이 바로. ¶아이는 눕자마자 이내 잠들었다. ⊕비 곧, 즉시(卽時).

이:내[2] 以內 | 부터 이, 안 내
[inside of; inside the limit]
시간 또는 공간에서 일정한 범위의 기준으로부터[以] 안[內] 쪽. ¶그 일은 한 달 이내에 마칠 수 없다. ⊕반 이외(以外).

이:년-생 二年生 | 두 이, 해 년, 살 생
[biennial]
❶식물 2년[二年] 동안 사는[生] 풀. 또는 난 지 2년이 되는 생물. ¶보리는 이년생 풀이다. ❷학교 따위에서 2학년이 된 학생. ¶초등학교 2년생은 모두 예방접종을 해야 합니다. ⊕비 두해살이.

이:념 理念 | 이치 리, 생각 념
[ideology; doctrine]
이상적(理想的)인 것으로 여겨지는 생각[念]이나 견해. ¶건국 이념 / 이념 대립.

이:농 離農 | 떠날 리, 농사 농
[give up farming]
사회 농사일을 그만두고 농촌(農村)을 떠남[離]. ¶갈수록 이농 현상이 두드러지고 있다. ⊕반 귀농(歸農).

이다[1] (戴, 일 대)
[carry on the head]
머리 위에 얹다. ¶할머니는 보따리를 머리에 이고 고개를 넘었다.

♣ 이다[1] / 얹다

◎ 아낙네가 물동이를 머리에 이다 = 얹다.

○ 그는 팔 물건을 머리에 이고 간다.
× 그는 팔 물건을 머리에 얹고 간다.

○ 머리에 손수건을 얹다.
× 머리에 손수건을 이다.

이:다[2] [cover; tile over]
기와·볏짚 따위로 지붕 위를 덮다. ¶그 초가집은 갈대로 지붕을 이었다.

이-다지 [to this extent; like this]
이러한 정도로. 이렇게까지. ¶이다지 비가 많이 올 줄은 몰랐다.

이:단 異端 | 다를 이, 끝 단 [heresy]
❶속뜻 다른[異] 쪽 끝[端]. ❷전통이나 권위에 반항하는 주장이나 이론. ¶갈릴레이의 천동설은 당시 이단으로 간주되었다. ❸종교 자기가 믿는 종교의 교리에 어긋나는 이론이나 행동. 또는 그런 종교. ¶그 종파는 이단으로 간주되고 있다.
▶ 이:단-자 異端者 | 사람 자
이단(異端)의 사상이나 학설, 종교 따위를 주장하거나 믿는 사람[者]. ¶그는 이단자로 몰려 교회에서 추방되었다.

이-대로 [like this; as it is]
이 모양으로. 이 상태를 계속하여. ¶나는 지금 이대로가 좋다.

⁂이동[1] 移動 | 옮길 이, 움직일 동
[move; travel]
옮겨[移] 움직임[動]. 움직여서 자리를 바꿈. ¶이동전화 / 공연 중에는 자리를 이동

하지 마십시오 / 차를 다른 곳으로 이동시키십시오.

이:동² 異同 | 다를 이, 같을 동 [different]
❶ 속뜻 다른[異] 것과 같은[同] 것. ❷서로 같지 아니함.

이:두 吏讀 | 벼슬아치 리, 구절 두
❶ 속뜻 관리(官吏)들이 사용하던 글[讀]. ❷ 언어 한자의 음과 뜻을 빌려 한국어를 적던 표기법. ¶이 문헌은 이두로 표기되어 있다.

이:득 利得 | 이로울 리, 얻을 득
[gain; profit]
이익(利益)을 얻음[得]. ¶그는 재작년에 산 땅을 팔아서 큰 이득을 보았다. ⓑ이익(利益). ⓟ손실(損失).

이듬-해 [next year; year after]
바로 그 다음 해. ⓑ익년(翌年).

이:등 二等 | 둘째 이, 무리 등
[second class]
둘째[二] 무리[等]. ¶그는 100미터 달리기에서 이등으로 들어왔다.

▸이:등-병 二等兵 | 군사 병
❶ 속뜻 이등(二等) 계급의 병사(兵士). ❷ 군사 국군의 사병 계급의 하나. 군의 가장 아래의 계급이다.

이:등변 삼각형 二等邊三角形 | 두 이, 같을 등, 가 변, 석 삼, 뿔 각, 모양 형
[isosceles triangle]
수학 두[二] 변(邊)의 길이가 같은[等] 삼각형(三角形).

이따 [after a while]
'이따가'의 준말.

이따가 [after a while]
조금 지난 뒤에. ¶이따가 다시 전화할게요.

이따금 [from time to time; at times]
조금씩 있다가. 얼마씩의 동안을 띄어서. ¶나는 이따금 잡지에서 그의 소식을 듣는다. ⓑ가끔, 간간이, 때때로, 드문드문.

이-따위 [thing of this sort]
'이런 것들'·'이러한 종류'를 얕잡아 일컫는 말. ¶이따위 일은 다시는 하지 마라.

이때-껏 [so far; till now]
어느 과거로부터 지금에 이르기까지. 여태까지. ¶나는 이때껏 홍어를 먹어본 적이 없다.

이랑
한 두둑과 한 고랑을 합해 이르는 말. ¶이랑에 모종을 심다.

***이:래** 以來 | 부터 이, 올 래
[ever since; from that time on]
그때부터[以] 지금까지[來]. ¶올해 여름은 20년 이래 가장 더웠다.

이래라-저래라
[ordering people about]
이렇게 하여라 저렇게 하여라. ¶남의 일에 이래라저래라 참견하지 마라.

이래-저래 [with this and that]
이러하고 저러한 모양으로. 이런저런 이유로. ¶요즘 이래저래 고민이 많다.

이랴
말이나 소를 몰 때 내는 소리.

이러다 [do this way]
이렇게 하다. ¶서둘러라, 이러다 버스 놓칠라.

이러쿵-저러쿵
[this and that; one thing or another]
어떤 일에 대하여 이러하다, 저러하다는 여러 가지 말로. ¶그에 대해서 이러쿵저러쿵 말들이 많다.

이러-하다 [such; be of this kind]
이와 같다. ¶선생님의 말씀은 이러하다.

이럭-저럭
[somehow; before one knows]
알지 못하는 동안에 어느덧. 하는 일 없이 어름어름하는 가운데. ¶내가 이곳에 온 지도 이럭저럭 5년이 지났다.

이런¹ [Oh, dear!; Goodness!]
뜻밖에 일이 일어났을 때 내는 소리. ¶이런! 비가 내리네.

이런²[like this; such]
이와 같은. ¶이런 실수는 더 이상 용서하지 않겠다.
▸이런-저런
여러 가지의. ¶요즘 이런저런 일로 바쁘다.
이렇게 [in this way; like this; so]
이와 같이. 이처럼. ¶이렇게 재미있는 영화는 처음 본다.
이렇다 [be this way; be like this]
상태, 모양, 성질 따위가 이와 같다. ¶제 생각은 이렇습니다.
이렇듯 [like this]
'이러하듯'이 줄어든 말. 이러한 것처럼. [비] 이토록.
이레 [seven days]
일곱 날. 칠 일.
이:력 履歷 | 밟을 리, 지낼 력
[one's career; one's personal history]
❶ [속뜻] 밟아[履] 지나온[歷] 길 따위. ❷지금까지 겪어온 내력. 주로 학력과 경력을 말한다. ¶그는 이력이 화려하다.
▸이:력-서 履歷書 | 글 서
이력(履歷)을 적은 글[書]. 또는 그 문서. ¶내일까지 이력서를 작성하여 방문하십시오.
이:례 異例 | 다를 이, 본보기 례
[rare; exceptional]
보통의 것과 다른[異] 예(例). 특수한 예.
▸이:례-적 異例的 | 것 적
상례에서 벗어난[異例] 특이한 것[的]. ¶이 추위는 3월로서는 이례적이다.
이:론 理論 | 이치 리, 논할 론 [theory]
사물의 이치(理致)나 지식 따위를 논(論)함. 또는 그러한 명제의 체계. ¶이론과 실제는 반드시 일치하지 않는다. [반] 실천(實踐).
이:-롭다 (利-, 이로울 이)
[profitable; lucrative]
이익[利]이 있다. 유리하다. ¶담배는 몸에 이로울 것이 하나도 없다. [반] 해(害)롭다.
이루¹[by any means]
여간해서는 도저히. 아무리 하여도. ¶부모님의 사랑은 이루 다 말할 수 없다.
이:루² 二壘 | 두 이, 진 루
[second base]
[운동] 야구에서, 주자가 두[二] 번째 밟는 베이스[壘].
이루다 (成, 이룰 성)
[make; form; achieve; accomplish]
❶어떤 상태나 결과가 되게 하다. ¶가족을 이루다 / 그의 목소리는 피아노와 조화를 이루었다. ❷뜻한 대로 되게 하다. ¶그는 마침내 자신의 꿈을 이루었다.
이루어-지다
[be formed; get accomplished]
❶어떠한 상태나 결과가 되다. ¶합의가 이루어지다. ❷뜻대로 되다. 성사되다. ¶이곳에 돌탑을 쌓으면 소원이 이루어진다는 전설이 있다.
이룩-되다
바라거나 뜻하던 큰일이나 성과가 이루어지다. ¶이번 일이 이룩될 때까지 모두들 최선을 다하자. [비] 성취되다.
이룩-하다
[accomplish; perform; found]
❶목적하던 큰일이나 성과를 이루다. ¶한국 경제는 지난 20년간 큰 발전을 이룩했다. ❷나라·도읍·집 등을 새로 세우다. ¶독일은 베를린 장벽을 허물고 통일 국가를 이룩했다. [비] 성취하다.
이:류 二流 | 둘째 이, 갈래 류
[second-class; minor; inferior]
❶ [속뜻] 두[二] 번째 갈래[流]나 등급. ❷질, 정도, 지위 따위가 일류보다 약간 못함. 또는 그런 것. ¶이류 작가.
이:륙 離陸 | 떨어질 리, 뭍 륙 [take off]
비행기가 날기 위해서 땅[陸]과 떨어져[離] 하늘로 오름. ¶비행기는 활주로를 달려 순조롭게 이륙했다. [반] 착륙(着陸).

이르다1(到, 이를 도; 至, 이를 지; 達, 이를 달; 致 이를 치)
[arrive; reach; come to]
❶어떤 장소·시간에 닿다. ¶드디어 산 정상에 이르다. ❷어떤 정도나 범위에 미치다. ¶할머니의 병세가 위급한 상태에 이르렀다. (비) 도착(到着)하다, 도달(到達)하다.

[비슷한 듯 다른 말] ➲ 오다1

이르다2(謂, 이를 위) [tell; say; rat on]
❶무엇이라고 말하다. ¶아이들에게 주의하라고 일렀다. ❷고자질하다. ¶엄마한테 거짓말했다고 이를 거야. ❸알아듣거나 깨닫게 말하다. ¶잘 알아듣도록 이르다. [관용] 이를 데 없다.

이르다3(早, 이를 조)
[early; premature]
더디지 않고 빠르다. ¶아직 저녁을 먹기에는 이르다. (반) 늦다.

♣ 이르다3 / 빠르다

◎ 공연 시간이 너무 이르다 = 빠르다.
○ 이른 아침에 운동을 한다.
× 빠른 아침에 운동을 한다.
○ 누나는 두뇌 회전이 빠르다.
× 누나는 두뇌 회전이 이르다.

이른-바 [what is called; what you call]
사람들이 흔히 말하는 바. ¶카멜레온은 이른바 보호색이라는 것으로 자신을 방어한다. (비) 소위(所爲).

이를-테면 [for example]
예를 들어 말하자면. ¶그는 구기 종목, 이를테면 야구, 축구, 배구 등을 좋아한다.

이름 (名, 이름 명) [name]
❶사람의 성 아래에 붙여 다른 사람과 구별하는 명칭. ¶할아버지는 손자에게 이름을 지어주셨다. ❷개념을 대표하고, 그 사물과 딴 사물과를 구별하기 위한 칭호. ¶이 나무의 이름은 '송백나무'이다. ❸세상에 널리 알려진 명성이나 소문. ¶이곳은 휴양지로 이름이 난 곳이다. (비) 성명(姓名), 명칭(名稱), 평판(評判).

▸ **이름-표** (-標, 나타낼 표)
이름을 적어 가슴에 다는 표(標). ¶아이들은 가슴에 이름표를 달고 등교한다. (비) 명찰(名札).

▸ **이름-나다**
이름이 세상에 널리 알려지다. 유명해지다. ¶이 그림은 화단(畵壇)에서 이름난 화가의 작품이다.

이리1[wolf]
[동물] 갯과의 짐승. 개 비슷한데, 성질은 사납고, 육식성이다.

이리2[in this way; like this]
이와 같이. ¶왜 이리 오래 걸리나요? / 그는 이리하여 의사가 되었다.

이리3[this way; this direction]
이곳으로. 이쪽으로. ¶이리 오세요.

▸ **이리-저리**
이쪽, 저쪽으로. ¶이리저리 돌아다니다.

이리듐 {영 iridium}
[화학] 은백색의 금속 원소. 내산성이 강하며, 잘 녹지 않는다. 백금과 합금하여 화학 기구를 만드는 데 쓴다.

이마 (額, 이마 액) [forehead; brow]
얼굴의 눈썹 위로부터 머리털이 난 아래까지의 부분. ¶그는 이마가 넓다.

이만 [to this extent; this much]
이 정도로 하고. ¶오늘은 이만 돌아가자.

▸ **이만-저만**
이만하고 저만한 정도로. ¶일을 하며 아이를 키우는 것은 이만저만 힘든 일이 아니다.

▸ **이만-하다**
이것만 하다. 이 정도만 하고 마치다. ¶이만하길 정말 다행이다 / 이만하면 된 것 같다.

이맘-때
[about this time; this time of day]

이만큼 된 때. ¶그는 작년 이맘때 이곳에 왔다.

이맛-살
이마에 잡힌 주름살.

이ː면 裏面 | 속 리, 낯 면
[back; other side]
물체의 안쪽[裏]에 있는 면(面). ¶공사 중이니 이면 도로로 우회(迂回)하십시오 / 한국의 경제성장 이면에는 사회적 불평등이 있다. ⓑ 표면(表面).

***이모** 姨母 | 어머니 자매 이, 어머니 모
[one's mother's sister; maternal aunt]
어머니의 자매[姨]를 어머니[母] 같이 부르는 말. ⓑ 고모(姑母).

▸ 이모-부 姨母夫 | 지아비 부
이모(姨母)의 남편[夫].

이모-저모 [this angle and that]
사물의 이런 면 저런 면. 이쪽저쪽의 여러 방면. ¶이모저모로 꼼꼼히 따져 보다.

이ː목 耳目 | 귀 이, 눈 목
[eye and ear; public attention]
❶ 속뜻 귀[耳]와 눈[目]. ❷다른 사람의 주의나 주목. ¶그는 공연으로 사람들의 이목을 끌었다.

▸ 이ː목구비 耳目口鼻 | 입 구, 코 비
❶ 속뜻 귀[耳]·눈[目]·입[口]·코[鼻]를 아울러 이르는 말. ❷귀·눈·입·코를 중심으로 한 얼굴의 생김새. ¶그녀는 이목구비가 뚜렷하다.

이목지신 移木之信 | 옮길 이, 나무 목, 어조사 지, 믿을 신
❶ 속뜻 나무[木]를 옮기는[移] 간단한 것으로 백성들을 믿게 함[信]. ❷남을 속이지 않은 것을 밝힘. ❸약속을 실행하여 믿음을 얻음. ¶이목지신의 옛 이야기를 통하여 믿음을 얻는 일이 매우 소중함을 알 수 있다.

이ː문 利文 | 이로울 리, 글월 문
[gain; profit; interests]
속뜻 ❶이로운[利] 내용이 담긴 글[文]. ❷이익으로 남는 돈. ¶이문이 남다. ⓑ 이자(利子).

이물 [prow of a boat; stem]
배의 머리. ⓑ 선수(船首). ⓑ 고물.

이ː-물질 異物質 | 다를 이, 만물 물, 바탕 질 [impurities]
❶ 속뜻 다른[異] 물질(物質). ❷불순한 물질. ¶이물질이 있는지 잘 살펴 보시오.

이ː미 (已, 이미 이; 既, 이미 기) [already; now; before]
다 끝나거나 지난 일을 말할 때, '벌써'의 뜻으로 쓰는 말. ¶그는 이미 출발했어요.

이미지 {영 image}
❶마음속에 떠오르는 사물에 대한 감각적 영상. ¶이 작품은 시각적 이미지가 뛰어나다. ❷어떤 사람이나 사물에 대해 남아 있는 인상이나 기억. ¶그녀는 늘 자신의 이미지를 관리하느라 애쓴다.

이민 移民 | 옮길 이, 백성 민 [emigrate]
다른 나라의 땅으로 옮겨가서[移] 사는 사람[民]. ¶그는 중국에서 캐나다로 이민 갔다.

이바지-하다 [supply with; serve]
도움이 되게 하다. 공헌하다 ¶그의 연구 결과는 교육계에 크게 이바지했다. ⓑ 공헌하다, 기여하다.

이ː-박자 二拍子 | 둘 이, 칠 박, 접미사 자
[binary rhythm]
음악 한 마디가 두[二] 박자(拍子)로 된 것. 4분 음표 2박자 따위. 강음(强音)이 한 박자 건너 되풀이된다.

이ː발 理髮 | 다듬을 리, 머리털 발
[haircut; barber]
머리털[髮]을 깎고 다듬음[理]. ¶그는 넉 달 동안 이발을 안 했다.

▸ 이ː발-사 理髮師 | 스승 사
남의 머리털을 깎아 다듬는[理髮] 일을 직업으로 하는 사람[師]. 이용사. ¶우리 동네 이발사는 솜씨가 좋다.

▸ 이ː발-소 理髮所 | 곳 소

대개 남자의 머리털을 깎아 다듬어[理髮] 주는 곳[所]. ¶아빠는 이발소에서 머리를 깎았다.

이:방[1] 吏房 | 벼슬아치 리, 방 방
역사 조선 시대, 육방(六房) 중 관리(官吏)들의 인사에 관한 일과 비서 일을 맡던 관직[房].

이:방[2] 異邦 | 다를 이, 나라 방
[alien country; foreign country]
다른[異] 나라[邦]. ¶낯선 발을 들여놓다. ㊥ 타국(他國).

▸ 이:방-인 異邦人 | 사람 인
❶ 속뜻 다른[異] 나라[邦] 사람[人]. ❷ 기독교 유대 사람들이 선민(選民) 의식에서 그들 이외의 다른 민족을 얕잡아 이르던 말. ㊥ 이국인(異國人).

이-번 (一番, 차례 번)
[this time; recent one; next time]
이제 돌아온 바로 이 차례[番]. ¶이번 주말에는 외갓집에 갈 예정이다. ㊥ 금번.

이:변 異變 | 다를 이, 바뀔 변
[unusual change; disaster]
이상(異常)한 변화(變化)나 사건. ¶기상 이변 / 뜻밖의 이변이 일어났다.

이:별 離別 | 떨어질 리, 나눌 별
[part from]
서로 떨어져[離] [別]. ¶그는 어머니와 이별하고 기차에 올랐다. ㊥ 작별(作別). ㊦ 상봉(相逢).

이:병 二兵 | 두 이, 군사 병 [private]
군사 '이등병'(二等兵)의 준말.

이봐 [Hi!; Hey!]
듣는 이를 부를 때 쓰는 말. 해할 자리에 쓴다. ¶이봐, 거기서 뭐하는 거야?

이:부 二部 | 두 이, 나눌 부 [part two]
교육 이부제를 실시하는 학교에서 두[二] 번째로 수업을 하는 부(部). 초등학교의 오후반과 고등학교나 대학의 야간부를 이른다.

이부-자리 [bedding; bedclothes]
이불과 요. ¶이부자리를 개다. ㊥ 침구(寢具).

이:북 以北 | 부터 이, 북녘 북
[north of; North Korea]
❶ 속뜻 어떤 지점의 기준으로부터[以] 북쪽[北]. ¶고구려는 부여성 이북에 천리장성을 쌓았다. ❷우리나라에서 북위 38도선. 또는 휴전선을 기준으로 한 그 북쪽. 곧 '북한'(北韓)을 가리킨다. ¶그는 이북에서 왔다. ㊦ 이남(以南).

이-분 [this gentleman]
'이 사람'의 높임말. ¶이분은 제 어머니입니다.

이불 [overquilt; quilt]
잘 때에 몸을 덮기 위하여 피륙과 솜 따위로 지은 것. ¶이불을 덮지 않고 자면 배탈이 난다.

이:비인후-과 耳鼻咽喉科 | 귀 이, 코 비, 목구멍 인, 목구멍 후, 분과 과
[otorhinolaryngology]
의학 귀[耳], 코[鼻], 목구멍[咽喉]의 병을 전문적으로 치료하는 의학의 한 분과(分科). ¶이비인후과에서 축농증(蓄膿症)을 치료했다.

이빨 [tooth]
짐승의 '이'. 또는 '이'를 낮잡아 이르는 말. ¶개가 이빨을 드러내고 으르렁거린다.

***이사**[1] 移徙 | 옮길 이, 옮길 사 [move]
살던 곳을 떠나 다른 데로 옮김[移=徙]. ¶영철이는 시골로 이사를 간다.

이:사[2] 理事 | 다스릴 리, 일 사 [director; trustee]
❶ 속뜻 사무(事務)를 처리(處理)함. ❷ 법률 법인 기관의 사무를 처리하며, 이를 대표하여 권리를 행사하는 직위. 또는 그러한 일을 맡은 사람.

▸ 이:사-회 理事會 | 모일 회
법률 ❶중요한 안건을 결정하기 위한 이사(理事)들의 모임[會]. ❷국제기구에서 이

사국(理事國)의 대표들로 구성되는 기관. ¶유엔의 안전 보장 이사회.

이삭 [head; spike]
긴 꽃대의 둘레에 꽃·열매가 더부룩하게 달린 것. 벼·보리 등에 있다.

이:산 離散 | 떨어질 리, 흩을 산
[be dispersed; be scattered]
떨어져[離] 흩어짐[散]. ¶전쟁으로 온 가족이 이산했다.

▸ 이:산-가족 離散家族 | 집 가, 겨레 족
남북 분단 따위의 사정으로 이리저리 흩어져서[離散] 서로 소식을 모르는 가족(家族). ¶분단 40년 만에 이산가족이 상봉했다.

이:-산화 二酸化 | 두 이, 산소 산, 될 화
[dioxide]
화학 두[二] 개의 산소(酸素) 원자가 결합한 화합물(化合物).

▸ 이:산화-황 二酸化黃 | 누를 황
화학 두[二] 개의 산소(酸素) 원자와 황(黃)이 결합한 화합물(化合物). 황을 공기 가운데서 태울 때 생기는 기체로서 빛깔이 없고 자극성의 냄새가 나며 독이 있다. ⓑ 아황산(亞黃酸) 가스.

▸ 이:산화-망간 (二酸化Mangan)
화학 두[二] 개의 산소(酸素) 원자와 망간(Mangan)이 결합한 화합물(化合物). 흑갈색 분말로, 산화제나 물감·잿물·성냥을 만들 때 쓴다. 화학식은 MnO_2.

▸ 이:산화-탄소 二酸化炭素 | 탄소 탄, 바탕 소
화학 두[二] 개의 산소(酸素) 원자와 탄소(炭素)가 결합한 화합물(化合物). 빛깔과 냄새가 없으며 탄소가 완전 연소할 때 생기는 기체이다. 화학식은 CO_2.

이삿-짐 (移徙-, 옮길 이, 옮길 사)
이사(移徙)할 때 옮기는 가재도구나 짐. ¶모두 이삿짐을 나르느라 분주하다.

⁑**이:상**[1] 以上 | 부터 이, 위 상
[abovementioned; more than]
❶ 속뜻 어떤 기준으로부터[以] 그 위쪽[上]. ❷말이나 글 따위에서 이제까지 말한 내용. ¶이상 말한 바와 같이. ❸그것보다 정도가 더하거나 위임. ¶졸업을 하려면 2년 이상 출석해야 한다. ⓑ 이하(以下).

이:상[2] 異狀 | 다를 이, 형상 상
[something wrong; trouble]
❶ 속뜻 평소와는 다른[異] 상태(狀態). ❷ 보통과는 다른 상태나 모양. ¶몸에 이상이 나타나다. ⓑ 정상(正狀).

⁑**이:상**[3] 異常 | 다를 이, 보통 상
[strange; abnormal]
보통[常]과 다른[異]. ¶이상 고온 현상 / 음식 맛이 좀 이상하다 / 아이가 이상스러운 행동을 하면 반드시 병원에 가야 한다.

▸ 이:상야릇-하다 (異常-)
매우 이상(異常)하고 야릇하다. ¶이상야릇한 눈빛.

이:상[4] 理想 | 이치 리, 생각 상 [ideal]
이성(理性)에 의하여 생각할[想] 수 있는 범위 안에서 가장 바람직한 상태.

▸ 이:상-적 理想的 | 것 적
사물의 상태가 이상(理想)에 가장 가까운 것[的]. 사물이 가장 바람직한 상태인 것. ¶신사임당은 조선시대의 가장 이상적인 여인이다.

▸ 이:상-향 理想鄕 | 시골 향
이상(理想)으로 그리는 완전하고 평화로운 상상(想像)의 세계[鄕]. ¶이 소설은 현대인의 이상향을 잘 묘사하고 있다. ⓑ 유토피아.

이:색 異色 | 다를 이, 빛 색
[different color; novelty]
❶ 속뜻 다른[異] 빛깔[色]. ❷성질이나 상태 등이 색다르게 두드러진 것. ¶이색공연이 유행한다.

▸ 이:색-적 異色的 | 것 적
보통과 특별히 다른[異色] 것[的]. ¶이색적인 결혼식 / 백제 전통 무용은 매우 이색

적이다.

***이ː성¹** 理性 | 이치 리, 성품 성 [reason; rationality.]
❶ 속뜻 이치(理致)나 도리를 인식하는 성품(性品). ¶이성은 인간을 동물과 구별시키는 특별한 능력이다. ❷개념적으로 사유하는 능력을 감각적 능력에 상대하여 이르는 말. ¶그는 아들이 죽자 이성을 잃었다. 반 감성(感性).

이ː성² 異性 | 다를 이, 성질 성 [different surname; other sex]
❶ 속뜻 성질(性質)이 다름[異]. 또는 그 다른 성질. ❷남성 쪽에서 본 여성. 또는 여성 쪽에서 본 남성을 이르는 말. ¶이성 친구. 반 동성(同性).

이ː세 二世 | 다음 이, 세대 세 [second generation]
❶ 속뜻 외국에 이주해 간 세대의 다음[二] 세대(世代). ¶재일 동포 2세. ❷다음 세대.

이솝 우화 (Aesop寓話, 맡길 우, 이야기 화) [Aesop's Fables]
문학 그리스 이솝(Aesop)의 작품이라고 전해지는 우화집. 동물에게 사람의 역할을 맡겨[寓] 도덕과 교훈을 풍자적으로 표현한 이야기[話]들이다.

이슥-하다 [advanced; late]
밤이 한창 깊다. ¶나는 밤이 이슥하도록 잠을 못 잤다.

이슬 (露, 이슬 로) [dew; dewdrops]
공기 중의 수증기가 기온이 내려가거나 찬 물체에 부딪힐 때 엉겨서 생기는 물방울. ¶풀잎에 맺힌 이슬.
▶이슬-비
아주 가늘게 오는 비. ¶이슬비가 소리도 없이 거리를 적신다.

이슬람 {영 Islam}
마호메트가 창시한 종교. 유일신인 '알라'를 받든다. '신에게 복종한다'는 뜻.
▶이슬람-교 (Islam教, 종교 교) [Islam]
종교 610년에 아라비아의 예언자 마호메트가 창시한 세계 3대 종교(宗教)의 하나. 코란을 경전으로 하고, 알라를 섬긴다. 비 회교(回教).

이승 [this world; this life]
지금 살고 있는 세상. 반 저승. 관용 이승을 떠나다.

이식 移植 | 옮길 이, 심을 식 [transplant; implant]
❶ 속뜻 농작물이나 나무를 다른 데로 옮겨[移] 심음[植]. ¶울릉도에서 가져온 나무를 마당에 이식했다. ❷ 의학 생체(生體)의 일부 조직을 다른 생체나 부위에 옮겨 붙이는 일. 또는 그런 치료법. ¶간이식 수술. 비 이종(移種).

이심전심 以心傳心 | 부터 이, 마음 심, 전할 전, 마음 심
❶ 속뜻 마음[心]으로[以] 마음[心]을 전함[傳]. ❷마음에서 마음으로 전해져 서로 뜻이 통함. ¶이심전심으로 서로 마음이 통하였다.

이ː십 二十 | 두 이, 열 십 [twenty; score]
이(二)십(十). 숫자 20. ¶이십 명. 비 스물.

이-쑤시개 [toothpick]
잇새에 낀 것을 쑤셔 파내는 데 쓰는 물건.

이암 泥巖 | =泥巖, 진흙 니, 바위 암 [mudstone]
지리 미세한 진흙[泥]이 쌓여서 딱딱하게 굳어 이루어진 암석(巖石).

이앙 移秧 | 옮길 이, 모 앙 [transplant rice seedlings]
농업 모[秧]를 옮겨[移] 심음. 비 모내기.
▶이앙-기 移秧機 | 틀 기
모[秧]를 옮겨[移] 심는 기계(機械). ¶이앙기를 사용해서 모내기를 쉽게 끝냈다.
▶이앙-법 移秧法 | 법 법
조선 후기 유행한 모[秧]를 옮겨[移] 심어 경작하는 농업 방식[法]. ¶수리시설이 확보되면서 조선 후기에는 이앙법이 크게 유행하였다. 비 모내기.

이야기 [talk; discourse; speech]
❶어떤 사물이나 사실, 현상에 대하여 일정한 줄거리를 가지고 하는 말이나 글. ¶옛날이야기. ❷어떤 주제에 대하여 서로 주고받는 말. ¶그 이야기는 그만 하자. [준] 얘기.

▸이야기-꽃
즐겁고 재미나는 이야기나 이야기판을 비유적으로 이르는 말. ¶이야기꽃을 피우다.

▸이야기-책 (-冊, 책 책)
이야기를 적어 놓은 책(冊). ¶엄마, 이야기책을 읽어 주세요.

▸이야기-하다
❶어떤 일에 대해 누구에게 소리 내어 말을 하다. ¶그 일은 아무한테도 이야기하면 안 된다. ❷누구와 말을 주고받다. ¶우울할 때는 친구와 이야기하는 것이 도움이 된다.

이야깃-거리
이야기가 될 만한 자료. ¶둘 사이에는 공통된 이야깃거리가 없다. [준] 얘깃거리.

이양 移讓 | 옮길 이, 사양할 양
[transfer; hand over]
권리 따위를 남에게 넘겨[移]주어 양보(讓步)함. ¶민정 이양(民政移讓) / 미얀마에서는 평화롭게 정권이 이양되었다.

이:양-선 異樣船 | 다를 이, 모양 양, 배 선
[strange ship]
❶[속뜻] 모양(模樣)이 이상(異狀)한 배[船]. ❷다른 나라의 배. 주로 조선 말기에 드나들던 외국의 철선을 이른다. ¶박규수는 대동강에서 이양선을 격퇴하였다.

이어-달리기 [relay race]
[운동] 보통 한 조 4명의 경주자가 각자 일정한 거리를 분담하고 바통을 전하며 달려 빠르기를 겨루는 경기. [비] 계주(繼走).

이어-받다 [inherit; be heir to]
이미 이루어진 일의 결과나, 해 오던 일 또는 그 정신 따위를 전하여 받다. ¶그는 어머니의 사업을 이어받다. [비] 물려받다, 계승(繼承)하다.

이어-지다
[be connected; be joined together]
❶끊이지 않고 연결되다. ¶이 길은 고속도로와 이어진다. ❷끊어지지 않고 계속되다. ¶장 담그는 비법이 후세에 이어지지 못하고 끊어졌다.

이어-짓기
[농업] 같은 땅에 같은 작물을 해마다 심어 가꾸는 일. [비] 연작(連作).

이어폰 {영 earphone}
귀[ear]에 꽂거나 밀착하여 소리를 전해 주도록 만든 장치[phone]. ¶이어폰을 끼고 오래 음악을 들으면 난청(難聽)이 생긴다.

이엉 [straw thatching]
지붕·담을 이는 데 쓰기 위하여 엮은 짚.

이-에 [hereupon; thereupon]
이리하여 곧. ¶우수한 성적을 올렸으므로 이에 상장을 수여함.

이:역 異域 | 다를 이, 지경 역
[alien land]
❶[속뜻] 다른[異] 나라의 땅[域]. ❷제 고장에서 멀리 떨어진 다른 곳. ¶그는 이역에서 숨을 거두었다.

▸이:역-만리 異域萬里 | 일만 만, 거리 리
만리(萬里)나 떨어진 다른[異] 나라의 땅[域]. 다른 나라의 아주 먼 곳. ¶돈을 벌기 위해 아버지는 이역만리 중동으로 갔다.

이온 {영 ion}
[화학] 전하를 띠는 원자 또는 원자단. 전기적으로 중성인 원자나 전자를 잃으면 양전하를, 전자를 얻게 되면 음전하를 가진 이온이 된다.

이완 弛緩 | 늦출 이, 느릴 완 [slackness]
❶[속뜻] 주의나 긴장 따위가 풀리어[弛] 느슨해짐[緩]. ❷근육이나 신경 따위가 느슨해짐. ¶근육의 수축과 이완 / 온찜질은 뭉친 근육을 이완시키는 데 도움이 된다. [반] 긴장(緊張).

이ː왕 已往 | 이미 이, 갈 왕
[already; now that]
❶ 속뜻 이미[已] 지나간[往] 때. ❷이미 정해진 사실로서 그렇게 된 바에. ¶이왕 갈 거면 빨리 서두르자. ⓑ 이전(以前), 기왕(旣往).
▸ 이ː왕-이면 (已往─)
어차피 그렇게 할[已往] 바에는. ¶이왕이면 마음에 드는 것으로 사세요. ⓑ 기왕이면.

*__이ː외__ 以外 | 부터 이, 밖 외
[except; other than]
어떤 범위의 밖[外]으로부터[以]. 이 밖. 그 밖. ¶나 이외에 네 사람이 더 참석했다. ⓑ 이내(以內).

이ː용[1] 異容 | 다를 이, 얼굴 용
평소와 다른[異] 용모(容貌)나 복장.

이ː용[2] 利用 | 이로울 리, 쓸 용 [use]
❶ 속뜻 물건 따위를 필요에 따라 이롭게[利] 씀[用]. ¶이 자동차는 태양력 에너지를 이용해 움직인다. ❷방편으로 하거나 남을 부려 씀. ¶동생은 늘 남에게 이용만 당한다.
▸ 이ː용-권 利用權 | 권리 권
어떤 시설을 이용(利用)할 수 있는 권리(權利). ¶콘도 이용권.
▸ 이ː용-도 利用度 | 정도 도
이용(利用)하는 빈도(頻度). ¶이 시설은 청소년의 이용도가 높다.
▸ 이ː용-자 利用者 | 사람 자
이용(利用)하는 사람[者]. ¶올해 들어 휴대전화 이용자가 급격히 늘었다.

이웃 (隣, 이웃 린)
[neighborhood; vicinity]
가까이 있거나 나란히 있어서 경계가 서로 접해 있음. ¶이웃과 사이좋게 지내다.
▸ 이웃-집
이웃하여 사는 집. ¶이웃집에 놀러가다.
▸ 이웃-사촌 (─四寸, 넉 사, 관계 촌)
이웃에 살며 정이 들어 사촌(四寸)처럼 친하게 지내는 사람들.

이ː월[1] 二月 | 두 이, 달 월
[February; Feb]
한 해의 두[二] 번째 달[月].

이월[2] 移越 | 옮길 이, 넘을 월
[be carried forward]
❶ 속뜻 옮기어[移] 넘김[越]. ❷ 경제 부기에서 계산의 결과를 다음 쪽으로 옮겨 넘기는 일. ¶이월 금액. ❸ 경제 회계에서 한 회계 연도의 순손익금. 또는 남은 돈을 다음 기로 넘기는 일.

이ː유[1] 理由 | 이치 리, 까닭 유 [reason; cause]
어떤 이치(理致)가 생겨난 까닭[由]. 원인이나 근거. ¶지각한 이유가 뭐니?

이ː유[2] 離乳 | 떼놓을 리, 젖 유 [wean]
젖[乳]을 뗌[離]. 밥을 먹이기 위하여 젖을 먹지 않게 함.
▸ 이ː유-식 離乳食 | 밥 식
젖먹이의 이유기(離乳期)에 먹이는 젖 이외의 음식(飮食). ¶아이는 이제 이유식을 먹을 수 있다.

이ː윤 利潤 | 날카로울 리, 반들거릴 윤
[profit; returns]
❶ 속뜻 날카로움[利]과 반들반들함[潤]. ❷장사하여 남은 돈. ¶장사로 큰 이윤을 남기다. ⓑ 이익(利益).

이ː율 利率 | 이로울 리, 비율 률
[rate of interest]
경제 원금에 대한 이자(利子)의 비율(比率). 기간에 따라 연리(年利)·월리(月利)·일변(日邊) 따위로 나뉜다. ¶저축 이율이 낮다.

이윽고 [after a while; shortly; soon]
한참 만에. 얼마 있다가. ¶이윽고 그가 찾아왔다.

이음-매 [joint; join; juncture]
이은 자리. ¶이음매가 느슨해지다.

이음-새 [joint; join]
여럿이 이어진 자리나 상태. ¶철교(鐵橋)

의 이음새가 벌어졌다.

이음-줄 [slur]
음악 악보에서, 둘 이상의 음을 이어서 연주할 것을 지시하는 줄 모양의 기호. 기호는 '⌒'.

이응
언어 한글 자모 'ㅇ'의 이름.

이ː의[1]**異意** | 다를 이, 뜻 의 [objection; different view]
다른[異] 의견(意見). 다른 의사. ¶그 일에 이의가 없다.

이ː의[2]**異議** | 다를 이, 따질 의
[objection; dissent]
다른[異] 의견이나 논의(論議). ¶그 안(案)에 대하여 이의 없습니까? / 이의를 제기하실 분은 손을 들어주세요. ㊥ 동의(同議).

이-이 [person; my husband]
❶이 사람. ¶이이가 누구죠? ❷여자가 다른 사람을 상대하여 가까이 있는 자기 남편이나 애인을 가리키는 삼인칭 대명사. ¶어머니, 이이가 조금 늦는대요.

**이ː익 利益 | 이로울 리, 더할 익
[benefit; profit; gains]
❶속뜻 이(利)롭고 보탬[益]이 됨. ❷물질적으로나 정신적으로 보탬이 되는 것. ¶이익을 보다 / 공공의 이익. ❸경제 기업의 결산 결과 모든 경비를 빼고 남은 순소득. ¶우리 회사는 상반기 이익이 증가했다. ㊐ 이득(利得). ㊥ 손실(損失), 손해(損害).

▶ 이ː익-금 利益金 | 돈 금
이익(利益)으로 남은 돈[金]. ¶그는 이익금의 일부를 사회에 환원했다.

이ː자 利子 | 이로울 리, 접미사 자 [interest]
❶속뜻 이(利)로운 것[子]. ❷경제 남에게 금전을 빌려준 대가로 얻는 일정한 비율의 돈. ¶대출 이자를 갚다 / 한 달 이자는 얼마입니까? ㊐ 변리(邊利). ㊥ 원금(元金).

이ː-자겸의 난 (李資謙─亂, 성씨 리, 재물 자, 겸손할 겸, 어지러울 란)
고려 인종 때 왕의 친척으로 권세를 누리던 이자겸(李資謙)이 스스로 왕이 되려고 일으킨 난리(亂離).

이ː장[1]**里長** | 마을 리, 어른 장
[head of a village]
행정 구역의 단위인 '리'(里)를 대표하여 일을 맡아보는 사람[長].

이장[2]**移葬** | 옮길 이, 장사 지낼 장
무덤을 옮겨[移] 새로 장사지냄[葬]. ¶할아버지의 묘를 이장하다. ㊐ 개장(改葬).

이재 罹災 | 걸릴 리, 재앙 재
[suffer from a calamity; fall victim]
재해(災害)를 입음[罹]. 재앙을 당함. ¶이재 구호금.

▶ 이재-민 罹災民 | 백성 민
재해(災害)를 입은[罹] 주민(住民). ¶홍수로 많은 이재민이 발생했다.

***이ː전**[1]**以前** | 부터 이, 앞 전
[ago; before; once]
기준이 되는 일정한 때를 포함하여 그로부터[以] 앞[前]쪽. ¶이전에 우리 어디선가 만난 적 있지 않나요? ㊥ 이후(以後).

이전[2]**移轉** | 옮길 이, 옮길 전
[move; remove; transfer]
처소나 주소 따위를 다른 데로 옮김[移=轉]. ¶주소 이전 / 사무실을 이전하다.

이ː점 利點 | 이로울 리, 점 점
[advantage; merit]
이(利)로운 점(點). ¶이 기계는 작동하기 편리하다는 이점이 있다.

이ː정 里程 | 거리 리, 거리 정
[mileage; distance]
목적지까지 거리[程]의 이수(里數). ¶이곳에서 서울까지의 이정이 얼마나 될까?

▶ 이ː정-표 里程標 | 나타낼 표
❶속뜻 도로에서 어느 곳까지의 거리[里程] 및 방향을 알려주는 표지(標識). ¶이 정표를 따라서 우회전하세요. ❷어떤 일

이나 목적의 기준. ¶이번 회담은 양국 관계에 새로운 이정표가 되었다.

이제 [now; this time]
바로 이때. 지금. ¶이제 그만 가볼게요.

▸이제-껏
지금에 이르기까지. 여태껏. ¶이제껏 살면서 한 번도 남을 속여본 적이 없다. [비] 지금껏.

이:조 李朝 | 성씨 리, 조정 조
[역사] '이'(李)씨 임금의 조정(朝廷). 일본인이 조선 왕조를 얕잡아 일컫던 말.

이종 姨從 | 이모 이, 사촌 종
[cousin by a maternal aunt]
이모(姨母)의 자식. 사촌(四寸)에 해당되므로 '從'자가 덧붙여졌다. ¶이종 사촌.

이주 移住 | 옮길 이, 살 주
[move; emigrate]
다른 곳이나 다른 나라로 옮겨[移] 가서 삶[住]. ¶많은 농촌 청년들이 도시로 이주했다. [반] 정착(定着).

▸이주-민 移住民 | 백성 민
다른 곳으로 옮겨가서 사는[移住] 사람[民]. 또는 다른 지역에서 옮겨 와서 사는 사람. ¶이주민은 원주민을 내쫓고 땅을 차지했다. [반] 원주민(原住民), 토착민(土着民).

이죽-거리다 [make invidious remarks]
자꾸 밉살스럽게 지껄이며 짓궂게 빈정거리다. ¶계속 이죽거리며 약을 올리다.

이:중 二重 | 두 이, 겹칠 중 [duplication; double]
두[二] 겹[重]. 겹침. ¶이중 국적 / 이중으로 주차하지 마세요.

▸이:중-주 二重奏 | 곡조 주
[음악] 두 사람이 서로 다른 두 개의 악기를 동시에[二重] 연주(演奏)하는 일. [비] 이부합주(二部合奏).

▸이:중-창¹ 二重唱 | 부를 창
[음악] 두 사람이 두 개의 성부(聲部)를 동시에[二重] 또는 교대로 부르는[唱] 일. [비] 듀엣(duet).

▸이:중-창² 二重窓 | 창문 창
[건설] 이중(二重)으로 만든 창문(窓門). ¶이중창은 단열(斷熱) 효과가 높다.

이-즈음 [now; at present; these days]
얼마 전부터 이제까지의 무렵. ¶이즈음에 지어진 아파트는 고급 자재를 사용했다. [비] 요새, 요즈음.

이지러-지다 (缺, 이지러질 결)
[break off; chip]
한 귀퉁이가 떨어지다. ¶이지러진 달.

이:진-법 二進法 | 두 이, 나아갈 진, 법 법
[binary system]
[수학] 숫자 0과 1만을 사용하여 둘[二] 씩 묶어서 누진(累進)하는 표기법(表記法). ¶십진법으로 '3'은 이진법으로 '11'이다.

이:질¹ 痢疾 | 설사 리, 병 질 [dysentery]
[의학] 설사[痢]를 자주 하는 질병(疾病). 똥이 자주 마렵고, 똥에 피와 고름이 섞여 나온다. ¶손을 자주 씻지 않으면 이질에 걸리기 쉽다.

이:질² 異質 | 다를 이, 바탕 질
[heterogeneity]
다른[異] 성질(性質). 또는 성질이 다름. [반] 동질(同質).

▸이:질-적 異質的 | 것 적
성질(性質)이 서로 다른[異] 것[的]. ¶이질적인 구성원 / 이질적인 문화를 융합해 새로운 문화를 만들다. [반] 동질적(同質的).

이-쯤 [this much; so much]
이만한 정도. ¶그 일은 이쯤에서 그만 두자.

이:차 二次 | 두 이, 차례 차 [secondary]
❶ [속뜻] 두[二] 번째[次]. ❷어떤 사물이나 현상이 본디 것에 대하여 부수적 관계나 처지에 있는 것. [비] 부차(副次).

이:-착륙 離着陸 | 떠날 리, 붙을 착, 뭍 륙
[take off and land]
이륙(離陸)과 착륙(着陸)을 아울러 이르

는 말. ¶폭우로 인해 비행기의 이착륙이 금지되었다.

이:채 異彩 | 다를 이, 빛깔 채 [brilliance]
❶[속뜻] 다른[異] 빛깔[彩]. ❷남달리 뛰어남. ¶그는 현대의 화가 중 이채를 띠고 있는 인물이다 / 이채로운 작품 / 덕수궁의 건축양식은 매우 이채롭다.

이체 移替 | 옮길 이, 바꿀 체 [transfer]
서로 옮기어[移] 바꿈[替]. ¶이체 수수료 / 계좌로 돈을 이체하다.

이:층-집 (二層-, 두 이, 층 층) [two-story house]
이층(二層)으로 지은 집. ¶철수는 이층집에 산다.

이:치 理致 | 이치 리, 이를 치 [reason; logic]
도리(道理)에 이르는[致] 근본이 되는 뜻. ¶자연의 이치 / 그의 주장은 이치에 맞다.

이크 [Oh, my goodness!]
뜻밖의 일을 보고 놀랄 때에 지르는 소리. ¶이크, 큰일났다!

이:탈 離脫 | 떨어질 리, 벗을 탈 [leave; desert; break away]
떨어져[離] 나가거나 벗어남[脫]. ¶통화권 이탈 / 인공위성이 궤도를 이탈했다.

이태 [two years]
두 해. ¶그는 집을 나가고 이태 동안 연락이 없다.

이-토록 [so much]
이러한 정도로까지. ¶지금까지 이토록 속상했던 적이 없었다.

이튿-날 [next day]
어떤 일이 있은 그 다음날. ¶이튿날 아침, 하늘이 맑게 개었다.

이틀 [two days]
두 날. ¶우리 이틀 뒤에 다시 만나자.

이파리 [leaf]
나무나 풀의 살아 있는 낱 잎.

이판-사판 [all or nothing]
막다른 데 이르러 어찌할 수 없게 된 지경. ¶이판사판으로 마구 대들다.

이:하 以下 | 부터 이, 아래 하 [under]
❶[속뜻] 어떤 수량, 단계 따위가 그것을 포함하여 그것보다[以] 적거나 아래[下]. ¶80점 이하는 남아서 공부해야 한다. ❷다음에 말할 내용. ¶이하 생략. ⓑ이상(以上).

이:해[1] 利害 | 이로울 리, 해칠 해 [interests]
이익(利益)과 손해(損害). ¶이해를 떠나 힘을 합치다.

⁂**이:해**[2] 理解 | 이치 리, 풀 해 [understand]
❶[속뜻] 이유(理由)를 풀어[解] 찾아냄. ❷이치를 똑똑하게 알게 됨. ¶원리를 이해해야 문제를 쉽게 풀 수 있다. ❸깨달아 앎. ¶그의 뜻을 분명히 이해할 수 있다. ❹양해(諒解). ¶참가자 여러분의 이해를 구합니다.

▶ **이:해-심** 理解心 | 마음 심
사정이나 형편을 잘 헤아려 주는[理解] 마음[心]. ¶그는 이해심이 많다.

이:행 履行 | 밟을 리, 갈 행 [fulfill]
❶[속뜻] 실제로 밟아[履] 감[行]. ❷실제로 실천함. 말과 같이 실제로 행동함. ¶계약한 대로 이행해 주세요. ⓑ불이행(不履行).

이:혼 離婚 | 떨어질 리, 혼인할 혼 [divorce]
[법률] 혼인(婚姻) 관계를 끊고 서로 떨어져[離] 삶. ¶이혼 가정 / 둘은 결혼 2년 만에 이혼했다. ⓑ결혼(結婚).

이화 학당 梨花學堂 | 배나무 리, 꽃 화, 배울 학, 집 당
[교육] 조선 고종 23년(1886)에 미국의 선교사 스크랜턴(Scranton, M.) 부인이 설립한 여성 교육 기관. '이화 여자 대학교'의 전신이다.

⁂**이:후** 以後 | 부터 이, 뒤 후 [since then]
기준이 되는 일정한 때를 포함하여 그 뒤[後]로부터[以]. ¶6시 이후 언제든 전화해라. ⓑ이전(以前).

익다[1][ripen; get cooked]
❶열매·씨가 충분히 여물다. ¶감나무마다 빨갛게 익은 감들이 주렁주렁 매달려 있었다. ❷뜨거운 열을 받아 날것이 먹을 수 있게 되다. ¶감자가 덜 익어서 사각사각하다. ❸술·김치·장 등이 맛이 들다. ¶올해 김장 김치가 잘 익었다.

익다[2](熟, 익을 숙) [be familiar]
❶자주 경험하여 조금도 서투르지 않다. ¶베 짜는 일은 손에 익어 금방 할 수 있다. ❷여러 번 겪어 보아 설지 않다. ¶잔치에 눈에 익은 얼굴이 보였다. ⓑ익숙하다, 숙달(熟達)하다, 능란(能爛)하다, 친숙(親熟)하다. ⓟ서투르다, 설다.

익룡 翼龍 | 날개 익, 용 룡 [pterosaur]
❶ 속뜻 날개[翼] 달린 용(龍). ❷ 동물 중생대에 살던 하늘을 나는 파충류. ¶프테라노돈은 백악기를 대표하는 익룡이다.

익명 匿名 | 숨을 닉, 이름 명 [anonymity]
본이름[名]을 숨김[匿]. ¶익명의 후원자 / 그는 익명을 요구하고 경찰에 범인을 신고했다. ⓟ실명(實名).

익사 溺死 | 빠질 닉, 죽을 사 [drown oneself]
물에 빠져[溺] 죽음[死]. ¶홍수로 급격히 불어난 계곡물에 관광객 6명이 익사했다.

익살 [humor]
남을 웃기려고 일부러 하는 말이나 몸짓. ¶익살을 떨다 / 그의 익살에 모두 폭소를 터뜨렸다. ⓑ골계(滑稽), 해어(諧語).

▸ 익살-스럽다
남을 웃기려고 일부러 우스운 말이나 행동을 하는 데가 있다. ¶광대는 익살스럽게 연기를 했다.

익숙-하다 [be familiar]
❶여러 번 해 보아 능란하다. ¶익숙한 솜씨. ❷자주 만나 사귀어 친숙하다. ¶익숙한 얼굴. ⓟ미숙(未熟)하다, 서투르다, 낯설다.

익충 益蟲 | 더할 익, 벌레 충 [beneficial insect]
인간생활에 유익(有益)한 곤충(昆蟲). 해충을 잡아먹거나 식물의 꽃가루를 옮기는 등 직접·간접으로 도움을 준다. ⓟ해충(害蟲).

익-히다[1][cook]
익게 하다. ¶장작불에 고구마를 넣어 익히다.

익-히다[2](習, 익힐 습; 練, 익힐 련) [make oneself familiar with]
❶어떤 일을 능숙하게 할 수 있도록 배우거나 공부하다. ¶미국에 가도 영어를 익히는 데는 시간이 걸린다. ❷잘 알게 되다. ¶그녀는 이사를 와서 주변 지리부터 익혔다. ⓑ연습(鍊習)하다, 수련(修練)하다, 학습(學習)하다.

비슷한 듯 다른 말	➲ 공부하다

인[1] 人 | 사람 인 [person]
사람의 수효를 나타내는 말. ¶이 표는 4인 기준 가격입니다. ⓑ명(名).

인[2] 仁 | 어질 인 [benevolence]
남을 사랑하고 어질게 행동하는 일.

인[3] 印 | 찍을 인 [stamp]
문서 등에 찍기[印] 위해 이름 따위의 표식을 새겨 만든 것. ⓑ도장(圖章).

인[4] 燐 | 도깨비불 인{린} [phosphorus]
화학 질소족 원소의 하나. 동물의 뼈, 인광석 따위에 많이 들어 있고 어두운 곳에서 빛을 낸다. 독성이 있고 공기 가운데서 발화하기 쉬우며, 성냥·살충제 따위의 원료로 쓰인다.

인가[1] 人家 | 사람 인, 집 가 [human habitation]
사람[人]이 사는 집[家]. ¶이 부근에는 인가가 드물다. / 한때 허허벌판이던 이곳에 인가가 빽빽이 들어찼다.

인가[2] 認可 | 알 인, 옳을 가 [permit; approve]
어떤 일을 인정(認定)하여 허가(許可)함. ¶대학을 설립할 수 있도록 인가를 받았다.

㊐ 인허(認許).

⁑**인간** 人間 | 사람 인, 사이 간 [human being]
❶ 속뜻 사람들[人] 사이[間]. ❷언어를 가지고 사고할 줄 알고 사회를 이루며 사는 지구상의 고등 동물. ¶인간의 본성은 선하다. ❸사람의 됨됨이. ¶그는 인간이 덜 됐다. ㊐ 사람.

비슷한 듯 다른 말	➲ 사람

▸**인간-미** 人間味 | 맛 미
인간(人間)다운 정겨운 맛[味]. ¶인간미가 넘치다.

▸**인간-성** 人間性 | 성질 성
인간(人間)이 타고난 본성(本性). ¶그는 인간성이 좋다.

▸**인간-적** 人間的 | 것 적
사람[人間]다운 성질이 있는 것[的]. ¶인간적인 결함 / 탈북자들을 인간적으로 처우해 주다. ㊉ 비인간적.

▸**인간-관계** 人間關係 | 빗장 관, 맬 계
사회 집단이나 조직의 구성원[人間]이 빚어내는 개인적·정서적인 관계(關係).

▸**인간-문화재** 人間文化財 | 글월 문, 될 화, 재물 재
문화재(文化財)로 지정된 사람[人間]. 역사적·예술적으로 보존할 가치가 있는 중요 무형문화재에 지정된 고유한 능력을 소유한 사람으로, 정식 명칭은 '중요 무형문화재 보유자'이다.

인건 人件 | 사람 인, 구분할 건 [personal affairs]
❶ 속뜻 사람[人]에 속하는 것으로 구분되는[件] 것. ❷인사(人事)에 관한 일.

▸**인건-비** 人件費 | 쓸 비
경제 경비 중에서 직무나 능력으로서의 한 사람[人件]을 쓰는 데 드는 비용(費用). ¶물가가 오르면서 인건비도 많이 올랐다.

⁑**인격** 人格 | 사람 인, 품격 격 [personality]
❶ 속뜻 말이나 행동 등에 나타나는 그 사람[人]의 품격(品格). ¶말은 그 사람의 인격을 보여 준다. ❷ 사회 온갖 행위를 함에 있어서 스스로 책임을 질 자격을 가진 독립된 개인. ¶아동도 독립된 인격으로 인정해야 한다.

▸**인격-자** 人格者 | 사람 자
훌륭한 인격(人格)을 갖춘 사람[者].

인계 引繼 | 끌 인, 이을 계 [transfer]
어떤 일이나 물건을 가져와[引] 남에게 넘겨[繼] 줌. 또는 남으로부터 이어 받음. ¶그는 출근 첫날 업무를 인계받았다.

인고 忍苦 | 참을 인, 괴로울 고 [endurance]
괴로움[苦]을 참음[忍]. ¶어머니는 인고의 세월을 눈물로 살았다.

*__인공__ 人工 | 사람 인, 장인 공 [man-made; artificial]
자연물을 사람[人]이 직접 다르게 만들어[工] 놓는 일. ¶인공 색소 / 도시 중앙에 인공 호수를 만들었다. ㊐ 인위(人爲). ㊉ 자연(自然), 천연(天然).

▸**인공-적** 人工的 | 것 적
사람의 힘으로 만든[人工] 것[的]. ¶인공적으로 비를 오게 하는 일이 가능해졌다. ㊉ 자연적.

▸**인공 강:우** 人工降雨 | 내릴 강, 비 우
지리 인공적(人工的)으로 비[雨]를 내리게[降] 하는 일. 또는 그 비. ¶인공 강우를 위해 구름 사이에 약품을 살포한다.

▸**인공 부화** 人工孵化 | 알 깔 부, 될 화
생물 날짐승, 물고기, 누에 따위의 알을 인공적(人工的)으로 깨는[孵化] 일. ¶이 양계장에서는 계란을 인공 부화시킨다. ㊉ 모계 부화(母鷄孵化).

▸**인공 지능** 人工知能 | 알 지, 능할 능
인간의 지적(知的) 능력(能力)을 본떠 만든[人工] 시스템. ¶컴퓨터가 개발되면서 인공 지능에 대한 연구가 본격화되었다.

▸**인공-호흡** 人工呼吸 | 내쉴 호, 마실 흡
의학 인공적(人工的)으로 호흡(呼吸)을 시키는 일. 호흡이 멈추어져 가사(假死) 상태에 있거나 호흡 곤란에 빠진 사람에

게 실시한다.

인과 因果 | 까닭 인, 열매 과
[cause and effect]
❶ 속뜻 원인(原因)과 결과(結果). ❷원인이 있으면 반드시 결과가 있게 마련이고 결과가 있으면 반드시 그 원인이 있다는 이치. ¶불교에서는 인과를 중시한다.

▸**인과 관계** 因果關係 | 빗장 관, 맬 계
두 가지 사물이나 사건 사이에 원인(原因)과 결과(結果)의 관계(關係)가 있는 것. ¶흡연과 암 사이에는 깊은 인과 관계가 있다.

▸**인과-응보** 因果應報 | 응할 응, 갚을 보
불교 과거 또는 전생에 지은 일에 대한 결과[因果]로 뒷날 길흉화복이 응당(應當) 돌아온다는[報] 말.

⁑**인구** 人口 | 사람 인, 입 구
[common talk; population]
❶ 속뜻 세상 사람들[人]의 입[口]. ¶그의 무협담은 인구에 회자되고 있다. ❷일정한 지역에 사는 사람의 수. ¶인구 증가 / 도시로 인구가 집중되고 있다.

▸**인구 밀도** 人口密度 | 빽빽할 밀, 정도 도
사회 일정 면적 안에 사는 인구(人口)의 밀집(密集) 정도(程度). ¶뭄바이는 세계에서 인구밀도가 가장 높은 도시이다.

인권 人權 | 사람 인, 권리 권
[human rights]
법률 사람[人]의 권리(權利). 사람이라면 누구에게나 주어진 생명·자유·평등 등에 관한 기본적인 권리. ¶외국인 노동자의 인권 문제가 심각하다.

인근 鄰近 | 이웃 린, 가까울 근
[neighborhood]
가까운[近] 이웃[鄰]. 혹은 이웃처럼 가까운 거리. ¶인근 마을 / 그 자전거는 놀이터 인근에 있었다. ㊐ 근방(近方), 근처(近處), 부근(附近).

인기 人氣 | 사람 인, 기개 기 [popularity]
❶ 속뜻 사람[人]의 기개(氣槪). ❷어떤 대상에 쏠리는 많은 사람의 관심이나 호감. ¶인기를 끌다 / 최고의 인기를 얻다.

인-기척 (人-, 사람 인)
[indication of a person being around]
사람[人]의 거동을 느낄 수 있을 만한 자취와 소리. ¶그 집에는 아무런 인기척이 없었다.

인내 忍耐 | 참을 인, 견딜 내
[endure; stand]
괴로움이나 노여움 따위를 참고[忍] 견딤[耐]. ¶그 일을 하는 데는 많은 인내가 필요하다.

▸**인내-력** 忍耐力 | 힘 력
참고[忍] 견디는[耐] 힘[力]. ¶할아버지는 강한 인내력으로 마라톤을 완주(完走)했다.

▸**인내-심** 忍耐心 | 마음 심
참고[忍] 견디는[耐] 마음[心]. ¶이 일을 성공시키려면 인내심이 필요하다. ㊐ 끈기, 참을성.

인내천 人乃天 | 사람 인, 곧 내, 하늘 천
❶ 속뜻 사람[人]이 곧[乃] 하늘[天]임. ❷ 종교 사람마다 한울님을 모시고 있으므로 사람을 여기기를 하늘과 같이 여겨야 한다는 천도교(天道教)의 근본 교의.

인당-수 印塘水 | 도장 인, 못 당, 물 수
문학 '심청전'에 나오는 깊은 물. 사람을 제물로 바쳐야 배가 무사히 지나갈 수 있다는 곳으로, 심청이 공양미 삼백 석을 구하기 위하여 자기를 제물로 팔아 이곳에 빠졌다.

인대 靭帶 | 질길 인, 띠 대 [ligament]
의학 척추동물의 뼈와 뼈를 잇는 매우 질긴[靭] 끈[帶] 모양의 결합 조직. 관절의 운동 및 억제 작용을 한다. ¶인대가 끊어지다 / 격렬하게 운동을 하면 인대가 늘어난다.

인도 引渡 | 끌 인, 건넬 도
[transfer; extradite]
물건이나 권리 따위를 남에게 넘겨[引]

건넴[渡]. ¶현장 인도 / 범인을 경찰에 인도하다. ⊕반 인수(引受).

인도[2]引導 | 끌 인, 이끌 도 [guidance]
❶ 속뜻 이끌어[引=導] 줌. ❷가르쳐 일깨움. ¶그는 비행청소년을 바른 길로 인도했다. ❸길을 안내함.

인도[3]人道 | 사람 인, 길 도 [sidewalk]
❶ 속뜻 사람들[人]이 다니는 길[道]. ¶택시가 갑자기 인도로 돌진해 행인들이 다쳤다. ❷사람으로서 마땅히 지켜야 할 도리. ¶인도적 차원에서 난민을 구호했다. ⊕비 보도(步道). ⊕반 차도(車道).

▶ **인도-주의** 人道主義 | 주될 주, 뜻 의
인간(人間)의 존엄과 도리(道理)에 최고 가치를 둔 사상[主義]. 모든 인류의 공존과 복지의 실현을 꾀하려는 박애사상.

인도[4]印度 | 도장 인, 법도 도 [India]
지리 '인디아'(India)의 한자 음역어(音譯語).

▶ **인도-양** 印度洋 | 큰바다 양
❶ 속뜻 인도(印度) 앞의 큰 바다[洋]. ❷ 지리 오대양의 하나. 아시아, 오스트레일리아, 아프리카 대륙과 남극 대륙에 둘러싸여 있다.

▶ **인도-공:작** 印度孔雀 | 구멍 공, 참새 작
동물 인도(印度)가 원산지인 공작(孔雀). 수컷은 푸른 색이며, 꽁지는 길고 녹색이며 눈알 모양의 무늬가 있다.

인두 [iron]
바느질할 때 불에 달구어, 천의 구김살을 눌러 펴거나 솔기를 꺾어 누르는 데 쓰는 기구. ¶할머니는 화로에서 인두를 뽑아 옷감에 갖다 댔다.

인디언 {영 Indian}
아메리카 대륙의 원주민을 통틀어 이르는 말. 콜럼버스가 아메리카 대륙을 인도로 잘못 생각한 데서 유래하였으며, 주로 외모는 황색 인종의 특성을 보이고 수렵·어업·농업에 종사한다.

인라인-스케이트 {영 inline skate}
운동 바닥에 네 개 또는 다섯 개의 작은 바퀴가 한 줄로 달린[inline] 스케이트[skate].

인력[1]引力 | 끌 인, 힘 력 [gravitation]
물리 떨어져 있는 두 물체가 서로 끌어당기는[引] 힘[力]. ¶조수 간만의 차는 달의 인력 때문에 생긴다. ⊕반 척력(斥力).

인력[2]人力 | 사람 인, 힘 력 [man power]
사람[人]의 능력(能力). 사람의 힘. 사람의 노동력. ¶기술 인력 / 죽고 사는 일은 인력으로 안 된다.

▶ **인력-거** 人力車 | 수레 거
사람[人]의 힘[力]으로 직접 끄는 수레[車]. 두개의 큰 바퀴 위에 사람이 탈 수 있는 안장이 있다.

⁑인류 人類 | 사람 인, 무리 류 [mankind]
❶ 속뜻 사람[人]의 무리[類]. ❷세계의 사람들 모두. ¶그는 인류 역사상 가장 뛰어난 지도자이다.

▶ **인류-애** 人類愛 | 사랑 애
인류(人類) 전체에 대한 사랑[愛]. 인류를 사랑하는 일.

인륜 人倫 | 사람 인, 도리 륜 [morality]
사람[人]으로서 마땅히 지켜야 할 도리[倫]. ¶그는 인륜에 어긋나는 짓을 저질러 지탄을 받았다.

인명[1]人命 | 사람 인, 목숨 명 [human life]
사람[人]의 목숨[命]. ¶인명 피해 / 구급대원은 인명을 구조하기 위해 불속으로 뛰어든다.

인명[2]人名 | 사람 인, 이름 명
사람[人]의 이름[名]. ¶인명을 기재하다.

▶ **인명-사전** 人名事典 | 일 사, 책 전
사람[人]의 이름[名]에 따라 그의 행적[事]을 적어놓은 책[典].

***인문** 人文 | 사람 인, 글월 문 [humanity]
❶ 속뜻 인류(人類)의 문화(文化). ❷인물과 문물. ¶인문 과학 / 인문계(人文系).

⁑인물 人物 | 사람 인, 만물 물 [person; able man; character]
❶ 속뜻 인간(人間)과 물건(物件). ❷뛰어난 사람. ¶그는 큰 인물이 될 것이다. ❸생김새나 됨됨이로 본 사람. ¶그는 인물은 좋은데 키가 좀 작다.

▸ **인물-상** 人物像 | 모양 상
사람[人物]의 형체[像]를 본뜬 입체적 조형물이나 그림. ¶회화시간에 인물상을 그렸다.

인민 人民 | 사람 인, 백성 민 [people]
국가나 사회를 구성하고 있는 사람들[人=民]. ㊐ 국민(國民).

▸ **인민-군** 人民軍 | 군사 군
❶ 속뜻 군인이 아닌 일반인[人民]으로 조직된 군대(軍隊). ❷북한의 군대.

인부 人夫 | 사람 인, 사나이 부 [workman]
품삯을 받고 일하는 사람[人=夫]. ¶공사장 인부 / 인부들이 도로를 보수하고 있다.

인분 人糞 | 사람 인, 똥 분 [human feces]
사람[人]의 똥[糞]. ¶이곳에서는 인분을 비료로 쓰고 있다.

인사[1] 人士 | 사람 인, 선비 사 [celebrity]
❶ 속뜻 다른 사람[人]들의 추앙을 받는 명사(名士). ❷사회적인 지위나 명성 있는 사람을 높여 이르는 말. ¶유명 인사.

⁑인사[2] 人事 | 사람 인, 일 사 [personnel management; greeting]
❶ 속뜻 사람들[人] 사이에 지켜야 할 예의범절 같은 일[事]. 혹은 사람들에 대한 일. ❷상대방에게 자기를 소개하거나, 안부를 물을 때 하는 예절. ¶작별 인사를 하다 / 우리는 오늘 처음 인사를 나누었다. ❸관리나 직원의 임용, 해임, 평가 따위와 관계되는 행정적인 일. ¶인사 발령 / 낙하산 인사.

▸ **인사-말** (人事-)
인사(人事)로 하는 말. 또는 인사를 차려 하는 말. ¶둘은 어색하게 인사말을 주고받았다.

▸ **인사-법** 人事法 | 법 법
인사(人事)하는 방법(方法). ¶할아버지께서 바른 인사법을 가르쳐주셨다.

▸ **인사불성** 人事不省 | 아닐 불, 살필 성
❶ 속뜻 사람으로서 지켜야 할 예절[人事]을 살피지[省] 못하고[不] 막무가내로 행동함. ❷정신을 잃어 의식이 없음. ¶형은 인사불성이 되도록 술을 마셨다.

인산[1] 燐酸 | 인 린, 신맛 산 [phosphoric acid]
화학 인(燐)을 물에 녹여 얻는 산성(酸性) 물질. 화학식은 H_3PO_4.

인산[2] 人山 | 사람 인, 메 산 [hordes of people]
❶ 속뜻 사람[人]으로 산(山)을 이룸. ❷사람이 매우 많음을 형용하는 말.

▸ **인산-인해** 人山人海 | 사람 인, 바다 해
❶ 속뜻 사람[人]으로 산(山)을 이루고, 사람[人]으로 바다[海]를 이룰 만큼 많음. ❷사람이 매우 많음을 형용하는 말. ¶해수욕장은 피서객들로 인산인해를 이루고 있었다.

***인삼** 人蔘 | 사람 인, 인삼 삼 [ginseng]
식물 두릅나뭇과의 다년초로, 약용으로 재배하는 식물. 뿌리가 사람[人] 형상을 한 삼(蔘)이라 하여 붙여진 이름이다.

인상[1] 人相 | 사람 인, 모양 상 [looks]
사람[人]의 얼굴 생김새[相]와 골격. ¶그는 인상이 참 좋다.

인상[2] 引上 | 끌 인, 위 상 [pulling up]
❶ 속뜻 끌어[引] 올림[上]. ❷값을 올림. ¶대학은 매년 등록금을 인상한다. ㊥ 인하(引下).

인상[3] 印象 | 새길 인, 모양 상 [impression]
❶ 속뜻 마음에 깊이 새겨진[印] 모습[象]. ❷외래의 사물이 사람의 마음에 남긴 느낌. ¶서울에 대해 어떤 인상을 받으셨어요?

▸ **인상-적** 印象的 | 것 적

뚜렷이 기억에 남는[印象] 것[的]. ¶그 배우는 인상적인 연기를 펼쳤다 / 이 작품은 흑백의 대비가 인상적이다.

인색 吝嗇 | 아낄 인, 아낄 색 [stingy; miserly]
재물 따위를 매우 아낌[吝=嗇]. ¶작은 물건에 너무 인색을 부리지 마라 / 그는 어찌나 인색한지 덤을 준 적이 없다.

인생 人生 | 사람 인, 살 생 [one's life]
❶속뜻 목숨을 가지고 살아가는[生] 사람[人]. ❷이 세상에서의 삶. ¶돈이 인생의 전부는 아니다.

▸ 인생-관 人生觀 | 볼 관
인생(人生)의 존재 가치, 의미, 목적 등에 관해 갖고 있는 전체적인 사고방식[觀]. ¶낙천적인 인생관 / 인생관을 확립하다.

인성[1] 人性 | 사람 인, 본성 성 [character; human instinct]
사람[人]으로서 타고난 본성[本性]. ¶누구나 인성은 착하다. ⓑ수성(獸性).

인성[2] 仁性 | 어질 인, 성품 성 [benevolent character]
어진[仁] 성품[性品]. ¶인성교육으로 어진 성품을 기르자.

인솔 引率 | 끌 인, 거느릴 솔 [guide]
손아랫사람이나 무리를 끌어[引] 통솔(統率)함. ¶학생을 인솔하다.

인쇄 印刷 | 찍을 인, 박을 쇄 [print]
글이나 그림 따위를 종이, 천 따위에 찍거나[印] 박아[刷] 냄.

▸ 인쇄-기 印刷機 | 틀 기
인쇄(印刷)하는 데 쓰는 기계(機械). ¶구텐베르크는 현대적인 인쇄기를 발명했다.

▸ 인쇄-비 印刷費 | 쓸 비
인쇄(印刷)하는 데 드는 돈[費]. ¶이 책은 컬러판이라 인쇄비가 많이 들었다.

▸ 인쇄-소 印刷所 | 곳 소
인쇄(印刷)의 일을 맡아 하는 곳[所].

▸ 인쇄-술 印刷術 | 꾀 술
인쇄(印刷)하는 기술(技術). ¶활판 인쇄술 / 신라시대에는 이미 목판 인쇄술이 발명되었었다.

인수[1] 引受 | 끌 인, 받을 수 [charge]
물건이나 권리를 가져와[引] 넘겨받음[受]. ¶그는 부도난 공장을 인수했다. ⓑ인도(引渡).

인수[2] 因數 | 인할 인, 셀 수 [factor]
수학 정수 또는 정식을 몇 개의 곱의 꼴로 하였을 때, 그것을 구성하는 근본[因]이 되는 수(數).

인슐린 {영 insulin}
화학 탄수화물 대사를 조절하는 호르몬 단백질. 이자에서 분비된다. 몸 안의 혈당량을 적게 하는 작용을 하므로 당뇨병의 치료에 쓰인다.

인스턴트-식품 (instant食品, 먹을 식, 물건 품) [instant food]
즉시[instant] 만들어 먹을 수 있는 가공식품(食品). 조리법이 간단하고 저장이나 휴대에 편리하다. ⓑ즉석식품(即席食品).

인습 因習 | 인할 인, 버릇 습 [conventionality]
❶속뜻 예전부터 있던 관습(慣習)으로 인(因)한 것. ❷이전부터 전해 내려와 굳어진 관습. ¶인습에 얽매이다.

인식 認識 | 알 인, 알 식 [know; recognize]
❶속뜻 이치를 깨달아 아는[認=識] 일. ❷사물을 분별하고 판단하여 앎. ¶흡연이 얼마나 심각한지 인식하는 사람이 적다.

인심 人心 | 사람 인, 마음 심 [man's mind]
❶속뜻 다른 사람[人]을 생각해 주는 마음[心]. ❷남의 딱한 사정을 헤아려 주고 도와주는 마음. ¶인심이 박하다 / 이 마을은 예로부터 인심이 후하다. ⓑ인정(人情).

인양 引揚 | 끌 인, 오를 양 [pull up; refloat]
끌어서[引] 들어 올림[揚]. ¶사고가 난 선

박을 인양했다 / 인양선(引揚船).

인어 人魚 | 사람 인, 물고기 어 [mermaid]
상반신은 사람[人]의 몸이며 하반신은 물고기[魚]의 몸인 상상의 동물. ¶인어공주는 마녀에게 목소리를 주고 두 발을 얻었다.

인연 因緣 | 인할 인, 연분 연
[tie; connect]
❶ 속뜻 원인(原因)과 연분(緣分). ❷사람들 사이에 맺어지는 관계. ¶기이한 인연. ❸어떤 사물과 관계되는 연줄. ¶정치와는 인연이 없다 / 난 이 책으로 인연하여 인생관이 바뀌었다.

인왕제색-도 仁王霽色圖 | 어질 인, 임금 왕, 비갤 제, 빛 색, 그림 도
미술 1751년 화가 정선이, 인왕산(仁王山)의 비 개인[霽] 모습[色]을 그린 그림[圖].

인용 引用 | 끌 인, 쓸 용 [quote; cite]
남의 글이나 말 가운데서 필요한 부분만을 끌어대[引] 씀[用]. ¶이 부문은 성경의 한 구절을 인용한 것이다.

인원 人員 | 사람 인, 수효 원
[number of persons]
❶ 속뜻 사람[人]의 수효[員]. ❷단체를 이룬 여러 사람. ¶인원을 줄이다 / 인원이 다 차서 신청할 수 없다.

인위 人爲 | 사람 인, 할 위
[human work; human power]
사람[人]의 힘으로 함[爲]. ⓑ 자연(自然), 천연(天然).

▶인위-적 人爲的 | 것 적
사람[人]이 일부러 한[爲] 모양이나 성질의 것[的]. ¶인위적으로 만들어진 동굴 / 저는 생명을 인위적으로 연장하고 싶지는 않아요. ⓑ 자연적(自然的), 천연적(天然的).

인자 仁慈 | 어질 인, 사랑할 자
[be benevolent]
마음이 어질고[仁] 남을 사랑함[慈]. ¶할머니는 늘 인자한 미소로 나를 반겨주셨다.

인자 印字 | 찍을 인, 글자 자
[printing; typewritten letter]
글자[字]를 찍음[印]. 또는 그 글자. ¶프린터의 인자 속도.

▶인자-기 印字機 | 틀 기
타자기, 전신기, 컴퓨터 프린터와 같이 문자(文字)와 부호를 찍는[印] 기계(機械).

인장 印章 | 도장 인, 글 장 [seal]
❶ 속뜻 도장[印]에 새겨진 글[章]. ❷도장(圖章). ¶계약 서류에 인장을 찍다.

인재 人材 | 사람 인, 재목 재
[talented person]
학식과 능력이 뛰어나 어떤 분야에서 재목(材木)이 될 만한 사람[人]. ¶인재 양성 / 우리 학교는 70년간 우수한 인재를 배출했다. ⓗ 인물(人物).

인적[1] 人的 | 사람 인, 것 적 [human]
사람[人]에 관한 것[的]. ¶인적 자원. ⓒ 물적(物的).

인적[2] 人跡 | =人迹, 사람 인, 발자취 적
[human traces]
사람[人]이 다닌 발자취[跡]. 사람의 왕래. ¶한참을 가니 인적이 드문 한적한 길이 나타났다.

인절미
찹쌀을 시루에 쪄서 떡메로 친 다음, 길둥글거나 모나게 썰어 고물을 묻힌 떡.

인접 鄰接 | 이웃 린, 닿을 접
[adjoin; be adjacent]
이웃[鄰]하여 맞닿아[接] 있음. ¶인접 국가 / 서울과 인접한 도시.

인정[1] 仁情 | 어질 인, 마음 정
어진[仁] 마음씨[情]. ¶마을사람들에게 인정을 베풀다.

***인정[2]** 認定 | 알 인, 정할 정 [admit]
확실히 알아서[認] 그렇게 결정(決定)함. ¶나는 그의 정직함만은 인정해 주고 싶어 / 그녀는 자신의 잘못을 인정했다.

인정[3] 人情 | 남 인, 마음 정 [kindness]

❶ 속뜻 남[人]에 대한 따뜻한 마음[情]. ❷ 남을 생각하고 도와주는 따뜻한 마음씨. ¶인정을 베풀다 / 어디에 가나 인정에는 변함이 없다. ㊐ 인심(人心).

▶ 인정-머리 (人情-) [kindness]
'인정'(人情)을 속되게 이르는 말. ¶인정머리가 없는 사람.

인제 [now]
이제. ¶인제야 기억이 난다.

인조 人造 | 사람 인, 만들 조 [artificiality]
사람[人]이 만듦[造]. ¶인조 잔디. ㊐ 인공(人工).

▶ 인조-견 人造絹 | 비단 견
수공 사람이 만든[人造] 명주실로 짠 비단[絹]. ¶인조견으로 하늘하늘한 치마를 만들었다.

인조-반정 仁祖反正 | 어질 인, 조상 조, 반대로 반, 바를 정
역사 인조(仁祖)를 즉위시키기 위해 서인 세력이 일으킨 반정(反正). ¶광해군은 인조반정으로 폐위되었다.

인종 人種 | 사람 인, 갈래 종 [human race]
사람[人]의 종류(種類). 사람의 피부나 머리털의 빛깔, 골격 등 신체적인 여러 형질에 따라 구분한다. ¶인종 차별 / 소수 인종 / 정부는 인종 갈등을 해소할 방안을 내놓았다.

인주 印朱 | 도장 인, 붉을 주 [red stamp pad]
도장[印]을 찍을 때 묻혀 쓰는 붉은[朱] 물감.

인중 人中 | 사람 인, 가운데 중 [philtrum]
사람[人] 얼굴의 한가운데[中]. 코와 윗입술 사이에 우묵하게 골이 진 부분. ¶그는 인중에 점이 있다.

인지[1] 印紙 | 도장 인, 종이 지 [revenue stamp]
❶ 속뜻 도장[印]이 찍힌 종이[紙]. ❷ 국가가 세금이나 수수료 등을 거두어들일 때 그 증서 등에 붙여 일정한 금액을 나타낸 종이 증표. 세금을 수납한 표지로 스탬프를 찍은 데서 유래. ¶이곳에 오천 원짜리 인지를 붙이시오.

인지[2] 認知 | 알 인, 알 지 [cognize]
어떠한 사실을 분명히 앎[認=知]. ¶인지 발달 단계 / 그는 사태의 심각성을 인지하지 못했다.

인지상정 人之常情 | 사람 인, 어조사 지, 늘 상, 마음 정 [human nature]
사람[人]이라면 누구나 늘[常] 갖고 있는 마음[情]. 또는 생각. ¶불우한 이웃을 보면 돕고 싶어지는 것이 인지상정이다.

인질 人質 | 사람 인, 볼모 질 [hostage]
사람[人]을 볼모[質]로 잡아 둠. ¶소말리아 해적은 돈을 받고 인질을 풀어주었다.

인척 姻戚 | 혼인 인, 겨레 척 [relative by marriage]
혈연관계가 없으나 혼인(婚姻)으로 맺어진 친척(親戚). ¶나와 그녀는 인척 관계다.

인천 상:륙 작전 仁川上陸作戰 | 어질 인, 내 천, 위 상, 뭍 륙, 지을 작, 싸울 전
1950년 9월 15일에 유엔군이 인천(仁川)에 상륙(上陸)하여, 한국 전쟁의 상황을 뒤바꾼 군사 작전(作戰).

⁑**인체** 人體 | 사람 인, 몸 체 [human body]
사람[人]의 몸[體]. ¶인체 구조 / 담배는 인체에 해롭다.

인출 引出 | 끌 인, 날 출 [draw out]
예금을 찾아[引] 냄[出]. ¶현금인출 / 그는 통장에서 5만 원을 인출했다.

인치 {영 inch}
영국식 도량형의 길이의 단위. 1피트의 12분의 1이며, 약 2.54cm이다. ¶엄마는 허리가 29인치이다.

인터넷 {영 internet}
컴퓨터의 네트워크를 연결하는 세계적 규모의 컴퓨터 통신망. 전자 우편(電子郵便)·전자 뉴스·데이터베이스 등이 국경을

넘어 교환되고 있다.

인터뷰 {영 interview}
면접. 특히, 기자가 기사를 취재하기 위하여 특정한 사람과 가지는 회견. ¶나는 신문 기자와 인터뷰를 했다.

인터체인지 {영 interchange}
교통 교통이 혼잡한 곳이나 고속도로 등에서 사고를 방지하고 교통이 지체되지 않도록 도로가 교차하는 부분을 입체적으로 만든 것.

인터폰 {영 interphone}
한 건물 안에서 내부 연락용으로 쓰는 전화 장치.

인턴 {영 intern}
의학 의과 대학을 졸업하고 의사 면허를 받은 후, 병원에서 임상 실습을 받는 수련의(修鍊醫). 기간은 1년이다.

인테리어 {영 interior}
건설 실내 장식. 실내 장식용품. ¶봄을 맞이하여 거실 인테리어를 새로 했다.

인파 人波 | 사람 인, 물결 파 [crowd]
❶속뜻 사람들[人]이 물결[波]같이 모임. ❷많이 모여 움직이는 사람의 모양을 파도에 비유하여 이르는 말. ¶전시회에는 많은 인파가 모여들었다. ㊥ 인산인해(人山人海).

인편 人便 | 사람 인, 쪽 편
[agency of a person]
오거나 가는 사람[人]의 편(便). ¶고향에 계신 부모님이 인편에 먹을 것을 보내 주셨다.

인품 人品 | 사람 인, 품격 품 [personality]
사람[人]의 품격(品格). 사람의 됨됨이. ¶그는 인품이 훌륭하다. ㊥ 인격(人格).

인플레이션 {영 inflation}
경제 통화량이 팽창하여 화폐 가치가 떨어지고 물가가 계속적으로 올라 일반 대중의 실질적 소득이 감소하는 현상. ㊟ 인플레.

인하 引下 | 끌 인, 아래 하
[reduce; lower]
❶속뜻 끌어[引]내림[下]. ❷값을 떨어뜨림. ¶가격 인하 / 금리가 크게 인하되었다. ㊞ 인상(引上).

인-하다 (因-, 인할 인)
[be caused by]
어떤 사실로 말미암다[因]. ¶민철이는 감기로 인해서 결석했다.

인형 人形 | 사람 인, 모양 형 [doll]
❶속뜻 사람[人]의 형상(形象). ❷사람의 형상을 본떠 만든 장난감. ¶소민이는 인형을 갖고 놀았다.

▸**인형-극** 人形劇 | 연극 극
연영 인형(人形)을 움직여서 하는 연극(演劇)을 통틀어 이르는 말.

인화[1] 人和 | 사람 인, 어울릴 화
[harmony among men]
다른 사람[人]과 잘 어울림[和]. ¶인화 단결 / 인화가 잘 되지 않는 조직은 오래가지 못한다.

인화[2] 引火 | 끌 인, 불 화 [ignite]
불[火]을 끌어옴[引]. ¶이 물질은 인화되기 쉽다 / 인화성 제품.

인화[3] 印畵 | 찍을 인, 그림 화
[print; make a print (of)]
연영 필름이나 건판의 모습을 감광지에 비추어 화상(畵像)을 찍어[印] 나타나게 하는 일. ¶사진을 몇 장 인화해 드릴까요?

일:[1] (事, 일 사)
[work; business; incident; event]
❶무엇을 만들거나 이루기 위해서 몸을 움직이고 머리를 써서 하는 인간의 활동. 또는 그 활동의 대상. ¶매일 아침 아이를 유치원에 데려다 주는 일은 보통 힘든 게 아니다. ❷사고. ¶동생은 만날 일만 저지른다. ❸생계나 벌이를 위한 노동이나 직업. ¶아버지는 무슨 일을 하십니까?

일[2] 一 | 한 일 [one]
하나. 아라비아 숫자로는 '1', 로마 숫자로는 ' I '로 쓴다.

일³ 日 | 날 일 [day; Sunday]
❶날이나 날짜를 세는 말. ¶6월 17일이 할머니 생신이다. ❷'일요일'(日曜日)의 준말.

일가 一家 | 한 일, 집 가 [family]
❶속뜻 한[一] 집안[家]. 한 가족. ¶최 씨 일가. ❷학문, 기술, 예술 등의 분야에서 독자적인 경지나 체계를 이룬 상태. ¶김정희는 서예에서 일가를 이루었다.

▶일가-견 一家見 | 볼 견
❶속뜻 자기대로[一家]의 독특한 의견(意見)이나 학설 ❷어떤 문제에 대하여 독자적인 경지나 체계를 이룬 견해. ¶지혜는 춤에 일가견이 있다.

▶일가-친척 一家親戚 | 친할 친, 겨레 척
독립된 한 가정[一家]과 친족(親族)과 외척(外戚)을 아울러 이르는 말. ¶힘든 일이 생겼을 때에는 일가친척을 먼저 찾게 된다.

일-가족 一家族 | 한 일, 집 가, 겨레 족
한[一]집안의 가족(家族). 또는 온 가족. ¶일가족 여섯이 한자리에 모이다.

일간 日刊 | 날 일, 책 펴낼 간 [daily publication]
날[日]마다 박아서 펴냄[刊]. 또는 그 간행물.

▶일간-지 日刊紙 | 종이 지
언론 날[日]마다 간행(刊行)하는 신문[紙]. ⑪ 일간 신문.

▶일간 신문 日刊新聞 | 새 신, 들을 문
언론 날[日]마다 간행(刊行)하는 신문(新聞). ⑪ 일간지.

일:-감 [piece of work]
일을 할 거리. ¶일감이 늘다 / 그는 매일 아침 일감을 찾기 위해 사무실에 들렀다. ⑪ 일거리.

일:-개미 [worker ant]
동물 집을 짓고, 먹이를 채취·저장하는 노동에 종사하는 개미. 날개가 없고 생식 기능이 없다.

일:-거리 [piece of work]
일을 할 거리. ¶오늘은 일거리가 없다. ⑪ 일감.

일거 一擧 | 한 일, 들 거 [one action; one effort]
❶속뜻 한[一] 번에 들어 올림[擧]. 한 번의 동작. ❷단번에 일을 해치우는 모양을 이름. ¶그간의 실수를 일거에 만회했다.

▶일거양득 一擧兩得 | 둘 량, 얻을 득
❶속뜻 한[一] 가지를 들어[擧] 두[兩] 가지 이득[得]을 얻음. ❷한 가지 일을 하여 두 가지 이익을 얻음. ¶뜻밖에 일거양득의 결과를 얻었다. ⑪ 일석이조(一石二鳥).

▶일거수-일투족 一擧手一投足 | 손 수, 한 일, 던질 투, 발 족
❶속뜻 손[手] 한[一] 번 드는[擧] 것, 발[足] 한[一] 번 옮기는[投] 것 같은 동작. ❷사소한 하나하나의 행동이나 동작. ¶경찰이 그의 일거수일투족을 감시하고 있다.

일격 一擊 | 한 일, 칠 격 [stroke]
한[一] 번 세게 침[擊]. 한 번의 공격. ¶상대방이 일격을 가했다.

일경 一更 | 한 일, 시각 경
❶속뜻 하룻밤을 오경(五更)으로 나눈 것 중 첫째[一] 시각[更]. ⑪ 초경(初更).

일고-여덟 [seven or eight]
일곱이나 여덟쯤 되는 수. 또는 그런 수의. ¶공원에는 일고여덟 명 쯤 되는 사람들이 운동을 하고 있었다.

일곱 (七, 일곱 칠) [seven]
여섯보다 하나 많은 수. ¶일곱 개.

▶일곱-째
순서의 일곱 번째가 되는 차례. ¶위에서 일곱째 줄.

일과 日課 | 날 일, 매길 과 [daily task]
날[日]마다 일을 일정하게 매김[課]. 또는 그런 일. ¶그는 오전 여섯 시에 하루 일과를 시작한다.

▸일과-표 日課表 | 겉 표
그날그날[日]의 해야 할 일[課]을 적어 놓은 표(表). ¶영민이는 방학 때 일과표에 따라 생활했다.

일관 一貫 | 한 일, 꿸 관 [run through; be consistent]
❶속뜻 하나[一]로 꿰맴[貫]. ❷하나의 방법이나 태도로써 처음부터 끝까지 똑같이 함. ¶그는 언제나 무뚝뚝한 태도로 일관했다.

▸일관-성 一貫性 | 성질 성 [be consistent]
처음부터 끝가지 한결같은[一貫] 성질(性質). ¶그의 행동은 일관성이 없다.

일괄 一括 | 한 일, 묶을 괄 [bundle up]
낱낱의 것들을 하나[一]로 묶음[括]. ¶일괄 처리 / 세 개의 의안을 일괄하여 의제로 상정했다.

일광 日光 | 해 일, 빛 광 [sunshine]
태양[日]에서 비추는 빛[光]. ⓑ 햇빛.

▸일광-욕 日光浴 | 목욕할 욕
병을 치료하거나 건강을 위하여 햇빛[日光]에 목욕(沐浴)하듯 맨몸을 쬐는 일. ¶일광욕을 했더니 피부가 탔다.

일교-차 日較差 | 날 일, 견줄 교, 어긋날 차 [daily temperature range]
지리 기온, 기압, 습도 따위의 하루[日] 동안의 최고값과 최저값을 비교(比較)한 차이(差異). ¶요즘은 일교차가 크니까 감기 조심하세요.

일구다 [cultivated]
농사를 짓기 위해 땅을 파서 일으키다. ¶밭을 일구다.

일그러-뜨리다 [distort]
물건이나 얼굴의 한쪽을 매우 비뚤어지게 하거나 우글쭈글하게 하다. ¶그는 나를 보자 얼굴을 일그러뜨렸다.

일그러-지다 [be distorted]
물건이나 얼굴의 한쪽이 약간 비뚤어지다. ¶그녀는 화가 나서 얼굴이 일그러졌다.

일급 一級 | 한 일, 등급 급 [first class]
❶속뜻 한[一] 계급(階級). ❷최고의 등급. ¶일급 호텔. ❸등급의 첫째. ¶나는 컴퓨터 활용 일급 자격증을 취득했다.

***일기**[1] 日記 | 날 일, 기록할 기 [diary]
그날그날[日] 겪은 일이나 감상 등을 적은 개인의 기록(記錄). ¶나는 하루도 빠지 않고 일기를 쓴다.

▸일기-장 日記帳 | 장부 장
일기(日記)를 적는 책[帳].

일기[2] 日氣 | 날 일, 기운 기 [weather]
그날[日]의 기상(氣象) 상태. ¶일기가 좋다 / 요즘은 일기가 고르지 못하다. ⓑ 날씨.

▸일기-도 日氣圖 | 그림 도
지리 어떤 지역의 기상 상태[日氣]를 숫자나 기호 따위로 나타낸 그림[圖].

▸일기 예ː보 日氣豫報 | 미리 예, 알릴 보
지리 일정한 지역에서의 얼마 동안의 기상 상태[日氣]를 미리[豫] 알리는[報] 일. ¶눈이 온다던 일기 예보와 달리 날이 맑다.

일-깨우다 [make realize]
일러 주거나 가르쳐서 깨닫게 하다. ¶잘못을 일깨워 주다.

일ː-껏 [at great pains]
모처럼 애써서. ¶일껏 애쓴 일이 허사가 됐다.

일ː-꾼 [worker]
❶삯을 받고 남의 일을 하는 사람. ¶일꾼 서넛을 불러 집을 고쳤다. ❷어떤 일이든지 잘 처리하거나 또는 맡아 할 만한 사람. ¶그는 우리 회사에 큰 일꾼이다.

일년-생 一年生 | 한 일, 해 년, 살 생 [annual plant]
❶속뜻 일년(一年)동안 삶[生]. ❷식물 일년생 식물. ⓑ 한해살이.

▸일년생 식물 一年生植物 | 심을 식, 만물 물

식물 식물체가 한[一] 해[年] 동안 살아가는[生] 식물(植物). ¶해바라기는 국화과에 속하는 일년생 식물이다. ⓑ 일년초(一年草).

일념 一念 | 한 일, 생각 념 [concentrated mind]
한[一] 가지의 생각[念]. 또는 한결 같은 마음. ¶그는 북에 두고 온 아내를 만나겠다는 일념으로 반평생을 살아왔다.

일:다[1] [rise; run high]
❶어떤 현상이 생겨나다. ¶파도가 일다. ❷솟아오르거나 부풀어 오르다. ¶이 세제는 거품이 잘 인다.

일:다[2] [wash out useless elements]
곡식이나 사금 따위를 물속에 넣어 모래·티를 가려내다. ¶쌀을 일어 가마솥에 넣었다.

일단 一旦 | 한 일, 아침 단 [first; in advance]
❶ 속뜻 하루[一] 아침[旦]. ❷우선 먼저. ¶일단 밥부터 먹고 하자. ❸우선 잠깐. ¶건널목에서는 일단 정지하시오.

일-단락 一段落 | 한 일, 구분 단, 떨어질 락 [pause for the present]
일의 한[一] 토막[段]이 마무리됨[落]. ¶어쨌든 이 사건은 그렇게 일단락을 짓자.

일당[1] 一黨 | 한 일, 무리 당 [ring; gang; party]
❶ 속뜻 목적과 행동을 함께 하는 하나[一]의 무리[黨]. ¶경찰은 일당 4명을 체포했다. ❷하나의 정당 또는 당파. ¶북한은 일당 독재체제를 고수하고 있다.

일당[2] 日當 | 날 일, 맡을 당 [daily pay]
하루[日] 동안 일한 것에 대한 수당(手當)이나 보수. ¶일당 5만 원을 받았다.

일대[1] 一大 | 한 일, 큰 대 [great]
하나[一]의 큰[大]. 굉장한. ¶인터넷은 사람들의 삶에 일대 변화를 가져왔다.

⁑**일대**[2] 一帶 | 한 일, 띠 대 [area]
❶ 속뜻 하나[一]의 띠[帶]. 혹은 그러한 모양을 이루고 있는 것. ❷일정한 범위의 어느 지역 전부. ¶중부 지방 일대에 가뭄이 극심하다.

일대[3] 一代 | 한 일, 세대 대 [one generation]
사람의 한[一] 세대(世代). ⓑ 일세(一世).

▸ 일대-기 一代記 | 기록할 기
한 사람의 일생[一代] 동안의 일을 적은 기록(記錄). ¶그는 한 지휘자의 일대기를 영화로 만들었다.

일동 一同 | 한 일, 같을 동 [all of them]
모두[一] 같이[同]. 그곳에 있는 모든 사람. 어떤 집단이나 단체에 든 모든 사람. ¶일동, 차렷!

일등 一等 | 한 일, 무리 등 [first class; first rank]
순위, 등급 따위에서 첫째[一] 무리[等].

▸ 일등-병 一等兵 | 군사 병
군사 계급이 일등(一等)에 해당하는 군사[兵]. 국군의 사병 계급의 하나. 이등병의 위, 상등병의 아래이다.

일락-서산 日落西山 | 해 일, 떨어질 락, 서녘 서, 메 산
해[日]가 서산(西山)으로 떨어짐[落].

일란-성 一卵性 | 한 일, 알 란, 성질 성 [monovular]
한[一] 개의 수정란[卵]에서 태어나는 것[性]. ¶우리는 일란성 쌍둥이이다.

일람 一覽 | 한 일, 볼 람 [peruse]
한[一] 번 봄[覽]. 또는 한 번 죽 훑어봄. ¶김 사장은 이달 지출 내역을 일람했다.

▸ **일람-표** 一覽表 | 겉 표
많은 사항을 한[一]눈에 보아[覽] 알 수 있게 꾸며 놓은 도표(圖表). ¶졸업생 일람표를 만들다.

일러두-기 [introductory remarks]
책의 첫머리에 그 책의 내용이나 쓰는 방법 따위에 관한 참고 사항을 설명한 글. ⓑ 범례(凡例).

일러-두다 [tell]

특별히 부탁하거나 지시해 두다. ¶그는 딸에게 매일 아침 화분에 물을 주라고 일러두었다.

일러-바치다 [inform a superior]
남의 잘못이나 감추고자 하는 일을 윗사람에게 알리다. ¶너, 이거 선생님한테 일러바치지 마라. ㊐ 이르다, 고자질하다.

일렁-이다 [bob up and down]
물결에 따라 이리저리 자꾸 흔들리다. ¶들판에 황금물결이 일렁인다.

일련 一連 | 한 일, 이을 련 [series]
하나[一]로 이어짐[連]. 또는 그런 체계. ¶일련의 검사 / 일련의 사건은 1952년에 시작되었다.

일렬 一列 | 한 일, 줄 렬 [line]
한[一] 줄[列]. ¶일렬 종대 / 강당에는 좌석이 일렬로 배치되어 있었다.

일례 一例 | 한 일, 본보기 례 [example]
하나[一]의 예(例). 한 가지 실례(實例). ¶일례를 들면 다음과 같다.

일루 一壘 | 한 일, 진 루 [first base]
운동 야구에서, 주자가 맨 처음[一] 밟는 베이스[壘].

일류 一流 | 첫째 일, 갈래 류 [first class]
어떤 분야에서 첫째[一] 가는 계층이나 갈래[流]. ¶일류 호텔 / 일류 기술자 / 일류 대학.

일리 一理 | 한 일, 이치 리 [some reason]
한[一] 가지 이치(理致). 이치에 합당함. ¶네 말도 일리가 있다.

일말 一抹 | 한 일, 바를 말 [touch of]
❶ 속뜻 한[一] 번 바를[抹] 정도 밖에 안 됨. ❷약간. 조금. ¶일말의 죄책감도 느끼지 않았다.

일망타진 一網打盡 | 한 일, 그물 망, 칠 타, 다할 진 [wholesale arrest]
어떤 무리를 한[一] 그물[網]에 모두[盡] 때려[打] 잡음. ¶검찰과 경찰이 협력하여 범죄 조직을 일망타진했다.

일맥 一脈 | 한 일, 줄기 맥 [vein]
하나[一]로 이어진 줄기[脈].

▶ 일맥-상통 一脈相通 | 서로 상, 통할 통
처지, 성질, 생각 등이 어떤 면에서 한 가지[一脈]로 서로[相] 통(通)함. ¶두 가지 현상에는 일맥상통한 점이 있다.

일면 一面 | 한 일, 낯 면 [side; first page]
❶ 속뜻 물체나 사물의 한[一] 면(面). ¶사람을 일면만 보고 판단하면 안 된다. ❷신문의 첫째 면. ¶그 사건은 일면 기사로 보도되었다.

일명 一名 | 한 일, 이름 명 [second name]
❶ 속뜻 한[一] 사람[名]. ❷본이름 외에 따로 부르는 이름. ¶그는 일명 뽀빠이로 불린다.

일목 一目 | 한 일, 눈 목 [look; glance]
❶ 속뜻 한[一] 쪽 눈[目]. 또는 애꾸눈. ❷ 한 번 보는 일.

▶ 일목요연 一目瞭然 | 밝을 료, 그러할 연
한[一] 눈[目]에도 환히[瞭然] 알 수 있을 만큼 분명하다. ¶서류를 일목요연하게 정리했다.

일몰 日沒 | 해 일, 빠질 몰 [sunset]
지평선이나 수평선 아래로 해[日]가 빠짐[沒]. ¶우리는 일몰을 보러 서해에 갔다. ㊐ 일입(日入). ㊥ 일출(日出).

일미 一味 | 첫째 일, 맛 미 [good flavor]
첫째[一]가는 좋은 맛[味]. ¶그 집의 빈대떡은 천하 일미이다.

일박 一泊 | 한 일, 묵을 박 [stay overnight]
하루[一] 밤을 묵음[泊]. ¶일박 이일 / 우리는 목포에서 일박하고 제주로 떠났다.

***일반** 一般 | 한 일, 모두 반 [general]
❶ 속뜻 어떤 공통되는 한[一] 요소가 전반(全般)에 두루 미치고 있는 일. ¶일반 상식 / 일반 이론. ❷특별하지 않고 평범한 수

준. ¶일반 가정 / 일반 국민. ㊥ 보통(普通). ㊥ 특수(特殊).

▸일반-미 一般米 | 쌀 미
정부에서 보유한 것이 아닌, 일반(一般) 사람들이 사고파는 쌀[米]. ¶일반미가 정부미보다 비싸다. ㊥ 정부미(政府米).

▸일반-석 一般席 | 자리 석
보통[一般] 등급과 가격의 자리[席]. ㊥ 보통석(普通席). ㊥ 특별석(特別席).

▸일반-인 一般人 | 사람 인
특별한 신분이나 지위가 없는 보통[一般] 사람[人]. ¶일반인의 출입을 금지합니다.

▸일반-적 一般的 | 것 적
어떤 특정한 분야에만 한정되지 않고 전체에 두루[一般] 걸치는 것[的]. ¶앞으로 환경 문제가 심각해질 것이라는 견해가 일반적이다.

일발 一發 | 한 일, 쏠 발
[a shot; a round]
❶속뜻 활이나 총 따위를 한[一] 번 쏨[發]. ❷총알이나 탄환 따위의 하나. 한 방. ¶일발 장전(裝塡).

일방 一方 | 한 일, 모 방 [one side]
한[一] 쪽[方]. 한편. ¶강화도 조약은 조선을 일방으로 하고, 일본을 다른 일방으로 하여 체결되었다.

▸일방-적 一方的 | 것 적
❶속뜻 어느 한편[一方]으로 치우치는 것[的]. ¶형은 그에게 일방적으로 맞았다. ❷상대편은 생각지도 않고 자신의 일만 생각해서 하는 것. ¶그녀는 화가 나면 일방적으로 전화를 끊어 버린다.

▸일방-통행 一方通行 | 통할 통, 다닐 행
사람이나 차량을 도로의 한쪽 방향[一方]으로만 통행(通行)시키는 일.

일:-벌 [worker bee]
동물 집을 지으며 애벌레를 기르고, 꿀을 치는 일을 맡아 하는 벌. 생식 기능이 없다.

일병 一兵 | 한 일, 군사 병
[private first class]
❶속뜻 첫[一] 번째 등급의 병사(兵士). ❷군사 '일등병'(一等兵)의 준말. 처음 현대식 군대가 창설될 때, 일등병과 이등병 두 가지 계급밖에 없었기 때문에 이러한 이름이 유래된 것으로 추정된다.

일보[1] 一步 | 한 일, 걸음 보 [step]
❶속뜻 한[一] 걸음[步]. ¶일보 앞으로! / 그 회사는 도산 일보 전에 있다. ❷첫걸음. 시작. 초보. ¶정부는 장애인 문제 해결을 향해 일보 전진했다.

일보[2] 日報 | 날 일, 알릴 보
[daily report; newspaper]
❶속뜻 날[日]마다 하는 보고(報告). ❷매일 나오는 신문.

일본 日本 | 해 일, 뿌리 본 [Japan]
아시아 동쪽 끝에 있는 입헌 군주국. 1867년 메이지 유신(明治維新) 이후 자본주의적 군주 국가로서 급속히 발전하였다.

▸일본-식 日本式 | 법 식
일본(日本) 특유의 색채나 양식(樣式). ¶일본식 마루방. ㊥ 일본풍(日本風).

▸일본-어 日本語 | 말씀 어
언어 일본(日本) 민족이 쓰는 일본의 공용어(公用語). ¶학교에서 일본어를 공부한다. ㊟ 일어.

▸일본-인 日本人 |사람 인
일본(日本) 국적을 가진 사람[人]. ¶연휴를 맞아 많은 일본인 관광객이 한국을 찾았다.

▸일본 뇌염 日本腦炎 | 골 뇌, 염증 염
의학 일본(日本), 한국 등지에서 서식하는 작은 빨간집모기가 흡혈할 때 일어나는 뇌염(腦炎). 혼수상태, 두통, 근육 강직 따위의 증상이 나타나며 사망률이 높다.

⁑**일부** 一部 | 한 일, 나눌 부 [part]
❶속뜻 한[一] 부분(部分). ❷전체의 한 부분. ¶여행 경비의 일부를 부담하다. ㊥ 일부분. ㊥ 전부(全部).

일:부러 [purposely]

❶특히 일삼아. 굳이. ¶너를 만나러 일부러 왔다. ❷알면서도 짐짓. ¶일부러 모르는 체하다.

일-부분 一部分 | 한 일, 나눌 부, 나눌 분 [partial]
전체 중의 한[一] 부분(部分). ¶일부분은 내 잘못인 것 같아. ⓑ 일부(一部).

일부-일처 一夫一妻 | 한 일, 지아비 부, 한 일, 아내 처 [monogamy]
한[一] 남편[夫]에 한[一] 아내[妻]가 결혼하는 형태.

일사 日射 | 해 일, 쏠 사 [insolate]
햇빛[日]이 내리쬠[射].

▸일사-병 日射病 | 병 병
의학 강한 햇볕을 오래 쬐어[日射] 생기는 병(病). 심한 두통과 현기증이 일어나며 심하면 의식을 잃는다. ¶일사병으로 쓰러지다.

일사불란 一絲不亂 | 한 일, 실 사, 아닐 불, 어지러울 란 [be in perfect order]
❶속뜻 한[一] 올의 실[絲]도 흐트러지지[亂] 않음[不]. ❷질서나 체계 따위가 조금도 흐트러진 데가 없음. ¶명령에 맞추어 군인들은 일사불란하게 움직였다.

일사 후퇴 一四後退 | 한 일, 넉 사, 뒤 후, 물러날 퇴
한국 전쟁 때 북쪽으로 전진하던 한국군과 유엔 연합군이 중공군의 공격을 받아 1951년 1월 4일[一四] 서울을 버리고 후퇴(後退)한 일.

일산화-탄소 一酸化炭素 | 한 일, 산소 산, 될 화, 숯 탄, 바탕 소
화학 한[一] 개의 산소(酸素)와 탄소(炭素)와의 화합물(化合物). 분자식은 CO. ¶일산화탄소에 중독되면 호흡하기 어렵다.

일:-삼다 [devote oneself to; make it ones business]
❶좋지 않은 일을 계속해서 하다. ¶철수는 거짓말을 일삼는다. ❷해야 할 일로 여겨서 하다. ¶그는 화초를 일삼아 가꾼다.

⁂**일상** 日常 | 날 일, 늘 상 [every day]
날[日]마다 늘[常]. ¶바쁜 일상을 보내다. ⓑ 평소(平素), 항상(恒常).

▸일상-어 日常語 | 말씀 어
일상(日常)생활에서 쓰는 말[語]. ¶일상어에도 한자말이 많다.

▸일상-적 日常的 | 것 적
늘[日常] 있는 예사로운 것[的]. ¶그녀는 이웃과 일상적인 대화를 나누었다.

▸일상-생활 日常生活 | 살 생, 살 활
날마다[日常]의 생활(生活). 평소의 생활. ¶그는 일상생활의 필수품을 마트에서 구입한다.

일색 一色 | 한 일, 빛 색 [single color]
❶속뜻 한[一] 가지 빛깔[色]. ❷한 가지로만 이루어진 특색이나 정경. ¶회색빛 일색의 도시 / 이번 여름옷은 온통 꽃무늬 일색이다.

일생 一生 | 한 일, 살 생 [one's whole life]
한[一] 생애(生涯). 살아 있는 동안. ¶행복한 일생 / 그는 일생에 한 번 있을까 말까 한 기회를 놓쳤다. ⓑ 평생(平生).

일석이조 一石二鳥 | 한 일, 돌 석, 두 이, 새 조
❶속뜻 하나[一]의 돌[石]로 두[二] 마리의 새[鳥]를 잡음. ❷한 번의 노력으로 여러 효과를 얻음. ¶이 제품은 일석이조의 효과가 있다. ⓑ 일거양득(一擧兩得).

일선 一線 | 한 일, 줄 선 [front line]
❶속뜻 하나[一]의 선(線). 또는 중요한 뜻이 담긴 뚜렷한 금. ¶일선을 긋다. ❷군사 최전선. ¶일선 부대 / 일선에서 물러나다 / 그녀는 일선 교사로 근무하고 있다.

일성 日省 | 날 일, 살필 성
날[日]마다 자기 행실을 돌아보며 잘못을 살핌[省].

▸일성-록 日省錄 | 기록할 록
❶속뜻 매일(每日) 자기 성찰(省察)을 위한 기록(記錄). ❷책명 조선 영조 때부터

대한 제국 때까지 역대 임금의 말과 행동을 기록한 책. ❸ 책명 조선 영조 때 실학자 안정복이 일상적으로 실천한 일을 적은 일기 따위의 글.

일소 一掃 | 한 일, 쓸 소 [sweep away]
하나[一]도 남김없이 모조리 쓸어[掃]버림. ¶폭력배를 일소하다 / 정부는 부정부패 일소에 총력을 기울이고 있다.

일:-손 [help]
일하는 사람. ¶잔치를 준비할 일손이 부족하다.

일수 日數 | 날 일, 셀 수
[number of days]
날[日]의 수(數). ¶출석 일수.

일순 一瞬 | 한 일, 눈 깜짝일 순 [moment]
❶ 속뜻 한[一] 번 눈 깜짝할[瞬] 정도의 짧은 시간. ❷'일순간'(一瞬間)의 준말. ¶장내는 일순 조용해졌다. ⓑ 삽시(霎時).

▶ **일순-간** 一瞬間 | 사이 간
한[一] 번 눈 깜빡일[瞬] 사이[間]. 아주 짧은 시간 동안. ¶건물은 일순간에 타 버렸다. ⓑ 삽시간(霎時間).

일시[1] 日時 | 날 일, 때 시
[date and time]
날짜[日]와 시간(時間). ¶출발 일시 및 장소 / 회의 일시 및 장소는 아직 정해지지 않았다.

일시[2] 一時 | 한 일, 때 시 [once]
❶ 속뜻 한[一] 때[時]. ❷같은 때. ¶일시에 외치다 / 일시에 그들의 시선이 내게로 쏠렸다.

▶ **일시-불** 一時拂 | 지불 불
경제 치러야 할 돈을 한꺼번에[一時] 다 치름[拂]. ¶나는 일시불로 구두를 샀다.

▶ **일시-적** 一時的 | 것 적
한때[一時]만의 것[的]. 오래 가지 않는 것. ¶일시적 인기 / 이것은 사춘기 시절의 일시적인 현상이다. ⓑ 영구적(永久的).

일식[1] 日食 | 일본 일, 밥 식
[Japanese food]
일본식(日本式) 요리나 음식(飮食).

일식[2] 日蝕 | 해 일, 좀먹을 식
[solar eclipse]
❶ 속뜻 태양[日]이 좀먹듯이[蝕] 점점 사그라지는 것. ❷ 천문 달이 지구와 태양 사이에 들어가 태양을 가리는 현상. ¶지난달에 일식이 있었다.

일쑤 [often; common]
흔히 또는 으레 그렇게 하다. ¶그는 시험기간에 도서관에서 밤을 새우기가 일쑤다.

일어 日語 | 일본 일, 말씀 어
[Japanese language]
언어 일본(日本)에서 사용하는 언어(言語). '일본어'의 준말.

일어-나다 (起, 일어날 기)
[get up; stand up; wake up; awake]
❶누웠다가 앉거나, 앉았다가 서다. ¶그는 자리에서 벌떡 일어났다. ❷잠에서 깨어나다. ¶민주는 매일 아침 6시에 일어난다. ❸일·사건·현상 따위가 생기다. ¶끔찍한 사고가 일어나다. ⓑ 서다, 일어서다, 깨다, 기상(起牀)하다, 생기다.

일어-서다 [get up, stand up; rise up]
❶앉았다가 서다. ¶그는 갑자기 일어서서 밖으로 나갔다. ❷어떤 일에 나서다. ¶그들은 농촌을 구제하고자 일어섰다. ❸어려움 따위를 이겨 내다. ¶좌절을 딛고 일어서다.

일언 一言 | 한 일, 말씀 언
[single word; one word]
❶ 속뜻 한[一] 마디 글자나 말[言]. ❷간단한 말.

▶ **일언-반구** 一言半句 | 반 반, 글귀 구
❶ 속뜻 한 마디 말[一言]과 반(半) 구절(句節)의 글. ❷아주 짧은 말이나 글. ¶그는 이번 사건에 대해 일언반구의 사과도 없다.

일:-없다 [be useless]
소용이나 필요가 없다. ¶그녀는 일없다는

듯 내 손을 뿌리쳤다.

일엽 一葉 | 한 일, 잎 엽 [one leaf; tiny boat]
❶ 속뜻 한[一] 잎[葉]. ¶일엽이 연못에 떨어지다. ❷한 척의 작은 배를 비유하여 이르는 말.

▶ 일엽-편주 一葉片舟 | 조각 편, 배 주
한[一] 잎[葉] 크기의 조각[片] 배[舟]. 작은 배.

일-요일 日曜日 | 해 일, 요일 요, 날 일 [Sunday]
칠요일 중 해[日]에 해당하는 요일(曜日).

일용 日用 | 날 일, 쓸 용 [daily use]
날[日]마다 씀[用]. ¶일용할 양식.

▶ 일용-품 日用品 | 물건 품
날마다 쓰는[日用] 물품(物品). ¶이재민에게 약품과 일용품을 보냈다.

일원 一員 | 한 일, 인원 원 [member]
어떤 단체나 사회를 이루는 한[一] 구성원(構成員). ¶국민의 일원으로 투표에 참여합시다.

일월 一月 | 첫째 일, 달 월 [January]
1년의 첫[一] 번째 달[月]. ㊥ 정월(正月).

일으키다 [pick up; raise; make]
❶일어나게 하다. ¶우리는 그녀를 간신히 일으켰다. ❷생겨나게 하다. ¶문제를 일으키다. ❸중요하거나 큰일을 시작하여 성공하다. ¶사업을 일으키다.

비슷한 듯 다른 말	➲ 세우다

일익 一翼 | 한 일, 날개 익 [part]
❶ 속뜻 한[一] 쪽 날개[翼]. ❷전체의 한 부분이나 역할을 이르는 말. ¶인터넷은 정보화시대의 일익을 담당한다.

일인 一人 | 한 일, 사람 인 [one person; one man]
한[一] 사람[人]. ¶일인 시위.

▶ 일인-자 一人者 | 사람 자
첫 번째[一人]에 손꼽히는 사람[者]. ¶그는 연극계의 일인자로 꼽힌다.

일일[1] 日日 | 날 일, 날 일 [every day]
날마다[日+日]. 나날. 매일. ¶일일 공부.

일일[2] 一日 | 한 일, 날 일 [day]
한[一] 날[日]. 하루. ¶아버지가 우리 학교의 일일 교사로 나섰다.

▶ 일일-생활권 一日生活圈 | 살 생, 살 활, 우리 권
하루[一日] 안에 모든 일을 해결할 수 있는 생활(生活) 권역(圈域). ¶급행 열차가 운행하면서 전국이 일일생활권에 포함되었다.

일일-이 (一一-, 한 일) [one by one]
하나[一] 하나[一]. 빠짐없이 다. ¶교장선생님은 수상자들과 일일이 악수하며 축하해 주었다. ㊥ 낱낱이, 모조리.

일임 一任 | 한 일, 맡길 임 [leave entirely to]
하나[一]로 묶어 모두 맡김[任]. 모조리 맡김. ¶일임을 받다 / 모든 결정은 자네에게 일임하겠네.

일자[1] 日字 | 날 일, 글자 자 [date]
날[日]을 나타내는 글자나 숫자[字]. ¶수술 일자 / 기상 악화로 출발 일자를 늦추었다. ㊥ 날짜.

일자[2] 一字 | 한 일, 글자 자
❶ 속뜻 한[一] 글자[字]. ❷짧은 글. 한 마디의 글. ¶일자 소식도 없다. ❸'一'이라는 한자.

▶ 일자-진 一字陣 | 진칠 진
군사 '一' 자(字) 모양으로 늘어선 진(陣). ¶적군이 일자진을 치고 있다.

▶ 일자-무식 一字無識 | 없을 무, 알 식
한[一] 글자[字]도 모를 정도로 아는[識] 것이 없음[無]. ¶일자무식인 백성들도 예절은 안다. ㊥ 전무식(全無識).

▶ 일자천금 一字千金 | 일천 천, 쇠 금
❶ 속뜻 한[一] 글자[字]에 천금(千金)의 가치가 있음. ❷글씨나 문장이 아주 훌륭함. ¶일자천금이라더니 그의 서예 작품이 그렇게 비싸다는 말인가.

일:-자리 [job]
생계를 꾸려 나갈 수 있는 수단으로서의 직업. ¶그는 일자리를 찾기 위해 서울로 왔다. ㊐ 일터, 직장.

일장 一場 | 한 일, 마당 장 [round]
한[一] 바탕[場]. 한 차례. 한 번. ¶사장님은 사원들에게 일장 연설을 했다.

일장-기 日章旗 | 일본 일, 나타낼 장, 깃발 기 [national flag of Japan]
일본(日本)을 나타내는[章] 국기(國旗).

일전 日前 | 날 일, 앞 전 [last time]
며칠[日] 전(前). 요전. ¶일전에 한 약속을 잊으면 안 돼.

일절 一切 | 한 일, 끊을 절[entirely]
❶속뜻 한[一] 번에 끊음[切]. ❷아주. 전혀. 절대로. ¶출입을 일절 금하다 / 일절 간섭하지 마시오.

일정[1] 一定 | 한 일, 정할 정 [fixation]
어떤 기준에 따라 모양이나 방향이 하나[一]로 정(定)해져 있어 바뀌거나 달라지지 않음. ¶일정 기간 / 쿠키는 크기가 일정하다.

▸**일정-량** 一定量 | 분량 량
일정(一定)한 분량(分量). 어느 한도를 넘지 않는 알맞은 분량. ¶매일 일정량의 우유를 마시면 골다공증을 예방할 수 있다.

▸**일정-액** 一定額 | 액수 액
일정(一定)한 액수(額數). ¶어머니는 매달 일정액을 저금한다.

일정[2] 日程 | 날 일, 거리 정 [day's schedule]
❶속뜻 하루[日]에 가야할 거리[程]. ❷하루하루 해야 할 일. ¶나의 일정은 아침 7시부터 시작된다. ❸일정한 기간에 해야 할 일을 날짜별로 짜 놓은 것. 또는 그 계획. ¶대통령은 5일 간의 일정으로 미국을 공식 방문한다.

▸**일정-표** 日程表 | 겉 표
앞으로의 일정(日程)을 날짜별로 짜 놓은 표(表). ¶일정표를 짜서 벽에 붙였다.

일제[1] 一齊 | 한 일, 가지런할 제 [altogether]
❶속뜻 여럿이 한꺼번에[一] 가지런하게[齊] 함. ❷한꺼번에. 동시에. ¶일제고사 / 일제히 단속하다.

일제[2] 日製 | 일본 일, 만들 제 [Japanese manufacture]
일본(日本) 제품(製品). ¶일제 만년필 / 전자제품은 일제보다 국산이 좋다.

***일제[3]** 日帝 | 일본 일, 임금 제 [Japanese imperialism]
역사 '일본제국주의'(日本帝國主義)의 준말. ¶일제 식민 통치 / 일제 치하의 조국 땅에는 절대로 돌아가지 않겠다.

▸**일제 시대** 日帝時代 | 때 시, 연대 대
역사 '일제 강점기'의 예전 용어.

▸**일제 강점기** 日帝強占期 | 억지 강, 차지할 점, 때 기
❶속뜻 일본(日本) 제국주의(帝國主義)가 강제(強制)로 우리나라를 차지한[占] 시기(時期). ❷역사 1910년의 국권 강탈 이후 1945년 해방되기까지 35년간의 시대. ¶일제 강점기에 강제 징용된 사람들이 일본에 보상을 요구했다.

일조[1] 一助 | 한 일, 도울 조 [help]
조금[一]의 도움[助]이 됨. 또는 그 도움. ¶제가 일조가 되기를 바랍니다 / 우리가 축제에 일조할 만한 일을 찾아보도록 하자.

일조[2] 日照 | 해 일, 비칠 조 [sunshine]
해[日]가 비침[照]. ¶일조권(日照權) / 일조 시간은 울진과 대관령 지역이 가장 길다.

▸**일조-량** 日照量 | 분량 량
해[日]가 비치는[照] 햇볕의 양[量]. ¶겨울철에는 일조량이 적다.

일종 一種 | 한 일, 갈래 종 [kind]
❶속뜻 한[一] 종류(種類). 한 가지. ¶벼는 풀의 일종이다. ❷어떤 종류. ¶그 아이를 보면 일종의 책임감을 느낀다.

일주 一周 | 한 일, 둘레 주

[travel around]
한[一] 바퀴[周]를 돎. 도는 그 한 바퀴. ¶세계 일주 / 지구가 자전하면서 행성이 일주하는 것처럼 보인다. ㊥ 일순(一巡).

일주-문 一柱門 | 한 일, 기둥 주, 문 문
건설 절 같은 데서 한[一] 줄로 배치한 두 개의 기둥[柱]으로 세운 문(門). ¶일주문에 들어서면서 합장을 하였다.

일-주일 一週日 | 한 일, 돌 주, 해 일 [one week]
한[一] 주일(週日) 동안. 이레 동안. 칠 일간.

일지 日誌 | 날 일, 기록할 지 [diary]
그날그날[日]의 직무를 기록함[誌]. 또는 그 책. ¶학급 일지 / 일지를 작성하고 퇴근하다.

일직 日直 | 낮 일, 당번 직
[be on day duty]
낮[日]이나 일요일에 당번[直]이 되어 직장을 지킴. 또는 그런 사람.

일-직선 一直線 | 한 일, 곧을 직, 줄 선
[straight line]
한[一] 방향으로 곧은[直] 선(線). ¶비행기는 도시의 상공을 일직선으로 가로질렀다.

일진 日辰 | 날 일, 간지 진 [day's luck]
❶ 속뜻 그날[日]의 간지[辰]. ¶오늘의 일진을 보니 경신일(庚申日)이다. ❷그날의 운세. ¶일진이 좋다 / 일진이 사납다.

일찌감치 [little early]
조금 이르다고 할 정도로 얼른. 일찌거니. ¶할머니는 일찌감치 잠자리에 드셨다. ¶일찌감치 오면 더 좋다.

일찍 (曾, 일찍 증) [early]
일정한 시간보다 이르게. ¶아침 일찍 일어나다. ㊥ 일찍이, 빨리. ㊦ 늦게.

▸ 일찍-이
❶이르게. 늦지 않게. ¶제사 때문에 일찍이 퇴근했다. ❷이전에 한 번. 이왕에. ¶일찍이 없었던 일이다. ㊥ 일찍. ㊦ 늦게.

일차 一次 | 한 일, 차례 차 [one time]
❶ 속뜻 한[一] 차례(次例). 한 번. ¶내일 중에 일차 방문하겠습니다. ❷첫 번. ¶일차 시험.

▸ 일차-적 一次的 | 것 적
첫 번째[一次]가 되는 것[的]. 우선적인 것. ¶일차적 책임은 나에게 있다.

일체[1] 一切 | 한 일, 온통 체 [whole]
하나[一]로 묶이는 모든[切] 것. 온갖 것. ¶오늘은 일체의 업무를 중단한다.

일체[2] 一體 | 한 일, 몸 체
[one body; single body]
한[一] 몸[體]. 한 덩어리. ¶국민 모두가 일체가 되어 위기를 극복했다 / 일체형(一體型) 오디오.

▸ 일체-감 一體感 | 느낄 감
남과 어우러져 하나로 되는[一體] 감정(感情). 군중 심리, 전쟁 심리 따위에서 볼 수 있는 정신 현상이다. ¶제복(制服)을 입으면 사원들 간에 일체감이 생기는 것 같다.

일출 日出 | 해 일, 날 출 [sunrise]
해[日]가 돋음[出]. ¶일출 시간은 오전 5시 40분입니다. ㊦ 일몰(日沒).

일치 一致 | 한 일, 이를 치 [agree]
하나[一]에 이름[致]. 서로 어긋나지 않고 꼭 맞음. 어긋나는 것이 없음. ¶의견 일치. ㊦ 불일치(不一致).

일컫다 (稱, 일컬을 칭) [call]
무어라 이름 지어 부르거나 가리켜 말하다. ¶사자를 백수의 왕이라고 일컫는다. ㊥ 이르다, 칭(稱)하다.

♣ 일컫다 / 부르다[1] 비슷한 듯 다른 말

◎ 사자를 '백수의 왕'이라고 일컫는다 = 부른다.
○ 우리는 아기의 이름을 '윤수'라고 불렀다.
× 우리는 아기의 이름을 '윤수'라고 일컬었다.

○ 우리나라를 일컬어 '동방예의지국'이라고 한다.
× 우리나라를 불러 '동방예의지국'이라고 한다.

일탈 逸脫 | 달아날 일, 벗을 탈 [deviate]
어떤 사상이나 조직, 규범 등에서 빗나가[逸] 벗어남[脫]. 빠져 나감. ¶일상으로부터의 일탈 / 구태의연한 방식에서 일탈해 새로운 제도를 만들었다.

일:-터 [place where one works]
일을 하는 곳. ¶그는 아침 일찍 일터로 나간다. [비] 일자리, 작업장, 직장.

일편 一片 | 한 일, 조각 편
[piece; bit; fragment]
❶[속뜻] 한[一] 조각[片]. ❷매우 작거나 적은 것.

▶ 일편-단심 一片丹心 | 붉을 단, 마음 심
❶[속뜻] 한[一] 조각[片] 붉은[丹] 마음[心]. ❷'변치 않는 참된 마음'을 이르는 말. ¶일편단심으로 당신을 사랑합니다.

일-평균 日平均 | 한 일, 평평할 평, 고를 균
하루[日]를 단위로 하여 내는 평균(平均). ¶일평균 기온(氣溫).

일-평생 一平生 | 한 일, 평안할 평, 살 생
[one's whole life]
한[一] 평생(平生). 한 사람이 사는 내내. ¶그는 연구에 일평생을 바쳤다. [비] 한평생.

일품 一品 | 첫째 일, 물건 품
[superior article]
품질이 첫[一] 번째로 꼽히는 아주 뛰어난 물품(物品). 가장 뛰어남. ¶이 식당은 연어 요리가 일품이다.

일:-하다 (勞, 일할 로) [work]
❶무엇을 만들거나 이루기 위해서 몸을 움직이고 머리를 써서 하다. ¶열심히 일하다. ❷생계나 벌이를 위한 노동이나 직업을 가지고 활동하다. ¶아버지는 무슨 일을 하십니까?

***일행 一行** | 함께 일, 갈 행 [company]
길을 함께[一] 감[行]. 또는 함께 가는 사람. ¶일행이 몇 분이십니까?

일화 逸話 | 숨을 일, 이야기 화 [episode]
세상에 널리 알려지지 않은 숨은[逸] 이야기[話]. ¶그는 여행 중에 겪었던 재미있는 일화를 들려주었다. [비] 에피소드(episode).

일확-천금 一攫千金 | 한 일, 붙잡을 확, 일천 천, 돈 금
❶[속뜻] 한[一] 번에 천금(千金)을 움켜쥠[攫]. ❷단번에 많은 재물을 얻음. ¶그들은 일확천금을 노리고 사기를 쳤다 / 일확천금의 꿈이 산산이 깨졌다.

일환 一環 | 한 일, 고리 환
[link in a chain]
❶[속뜻] 줄지어 있는 많은 고리[環] 가운데 하나[一]. ❷서로 밀접한 관계로 연결되어 있는 여러 것 가운데 한 부분. ¶고속도로 건설은 국토 개발의 일환이다.

일회-용 一回用 | 한 일, 돌 회, 쓸 용
[disposable]
한[一] 번[回]만 쓰고[用] 버림. 또는 그런 것. ¶일회용 접시.

일흔 [seventy]
열의 일곱 배가 되는 수. 70. ¶우리 할아버지는 올해 일흔이시다. [비] 칠십(七十).

읽-기 [reading]
[교육] 국어 학습에서, 글을 바르게 읽고 이해하는 일. 또는 그런 법.

읽다 (讀, 읽을 독) [read; understand]
❶글을 보고 그 음대로 소리 내어 말로써 나타내다. ¶책을 큰 소리로 읽다. ❷글을 보고 거기에 담긴 뜻을 헤아려 알다. ¶아이가 악보를 읽고 피아노를 쳤다. ❸사람의 표정이나 행위 따위를 보고 뜻이나 마음을 알아차리다. ¶그의 표정에서 그가 화가 났다는 것을 읽을 수 있었다. [비] 낭독(朗讀)하다.

♣ 읽다 / 보다[1] [비슷한 듯 다른 말]

◎ 소설을 읽다 = 보다.
○ 상대방의 마음을 읽다.
× 상대방의 마음을 보다.
○ 공포 영화를 보다.
× 공포 영화를 읽다.

읽을-거리 [reading]
읽을 만한 책이나 문건. 또는 그 내용. ¶가벼운 읽을거리.

읽-히다 [have read]
읽게 하다. ¶아이에게 논어를 읽히다.

잃다 (失, 잃을 실) [lose]
❶가졌던 사물(事物)이 자기도 모르게 없어지다. ¶돈을 잃다. ❷사람이 누리거나 지니고 있던 것이 없어지거나 사라지다. ¶의식을 잃다. ❸가까운 사람이 죽어서 그와 이별하다. ¶자식을 잃다.

잃어-버리다 [lose]
가졌던 물건이 자신도 모르게 없어져 그것을 아주 갖지 않게 되다. ¶지갑을 잃어버리다.

임 [lover]
사모하는 사람. ¶임을 그리워하다.

임:금[1](王, 임금 왕; 君, 임금 군; 帝, 임금 제) [king]
군주 국가의 원수. ¶세종대왕은 조선의 4대 임금이다. [비] 국왕(國王), 군주(君主), 왕.

임:금[2]賃金 | 품삯 임, 돈 금 [pay]
일을 한 품삯[賃]으로 받는 돈[金]. ¶임금을 올려 달라고 애원하다. [비] 노임(勞賃), 삯.

임:기[1]任期 | 맡길 임, 때 기 [one's tenure]
일정한 업무 따위를 맡은[任] 기간(期間). ¶대통령의 임기는 5년이다.

임기[2]臨機 | 임할 림, 때 기
그때그때[機]에 맞게 임시(臨時)로 대응함.

▸임기-응변 臨機應變 | 응할 응, 바뀔 변
어떤 시기에 이르러[臨機] 부응(副應)하여 변화(變化)함. 그때그때의 형편에 따라 알맞게 일을 처리함. ¶임기응변에 능하다.

임:대 賃貸 | 품삯 임, 빌릴 대 [lease]
❶[속뜻] 삯[賃]이나 돈을 받고 빌려줌[貸]. ❷돈을 받고 자기 물건을 남에게 빌려 줌. ¶임대 아파트 / 제주도를 여행하기 위해 차를 임대했다. [반] 임차(賃借).

▸임:대-료 賃貸料 | 삯 료
빌려주고[賃貸] 받는 요금(料金). ¶사무실 임대료가 석 달이나 밀렸다. [반] 임차료(賃借料).

임:명 任命 | 맡길 임, 명할 명 [appoint]
직무를 맡으라고[任] 명령(命令)함. 관직을 줌. ¶사장님은 그를 부장으로 임명했다 / 그는 파키스탄 대사로 임명을 받았다.

▸임:명-장 任命狀 | 문서 장
임명(任命)한다는 사실을 밝힌 문서[狀].

임:무 任務 | 맡길 임, 일 무 [duty]
맡은[任] 일[務]. ¶맡은 바 임무에 최선을 다하다.

임박 臨迫 | 임할 림, 닥칠 박 [draw near]
어떤 때가 가까이 닥쳐[臨=迫] 옴. ¶시험이 임박했다.

임산 林產 | 수풀 림, 낳을 산 [forest products]
[농업] 숲[林]에서 생산(生產)되는 것. '임산물'의 준말.

▸임산-물 林產物 | 만물 물
[농업] 산림(山林)에서 생산(生產)되는 물품(物品). ¶태백은 목재 등의 임산물을 생산한다. [준] 임산.

임:-산부 姙產婦 | 아이 밸 임, 낳을 산, 부인 부
아이를 배거나[姙] 곧 낳을[產] 여자[婦].

임부(姙婦)와 산부(産婦)를 아울러 이르는 말. ¶임산부를 위해 자리를 양보합시다.

임시 臨時 | 임할 림, 때 시 [being temporary]
❶ 속뜻 일정한 때[時]에 다다름[臨]. 또는 그 때. ❷필요에 따른 일시적인 때. ¶임시 열차 / 임시 휴교. ⓑ 상시(常時), 정기(定期).

▶ 임시-표 臨時標 | 나타낼 표
음악 곡을 연주하거나 부르는 도중에 원래 음을 임시(臨時)로 바꾸기 위해 사용하는 변화표(變化標)의 하나. ⓑ 변위 기호(變位記號).

▶ 임시 정부 臨時政府 | 정사 정, 관청 부
정치 정식 정부가 설립되기 전에 임시(臨時)로 설립된 정부(政府). ¶항일운동가들이 상하이에 임시 정부를 설립했다.

▶ 임시 의정원 臨時議政院 | 의논할 의, 정사 정, 집 원
역사 1919년에 중국 상하이(上海)의 대한민국 임시(臨時) 정부 안에 두었던 입법[議政] 기관[院].

임:신 姙娠 | 아이 밸 임, 아이 밸 신 [pregnant]
아이를 뱀[姙=娠]. ¶그녀는 임신 7개월이다 / 그녀는 마흔에 첫 아이를 임신했다. ⓑ 잉태(孕胎), 회임(懷姙).

임야 林野 | 수풀 림, 들 야 [forest land]
숲[林]과 들[野]을 아울러 이르는 말. 개간되지 않은 땅. ¶한국의 임야 면적은 전체 국토의 70%에 달한다.

임업 林業 | 수풀 림, 일 업 [forestry]
이득을 얻고자 삼림(森林)을 경영하는 사업(事業).

임:오 壬午 | 천간 임, 말 오
민속 천간의 '壬'과 지지의 '午'가 만난 간지(干支). ¶임오년 생은 말띠다.

▶ 임:오-군란 壬午軍亂 | 군사 군, 어지러울 란
역사 조선 고종 19년(1882)인 임오(壬午)년에 군인(軍人)들이 일으킨 변란(變亂).

임:용 任用 | 맡길 임, 쓸 용 [appoint]
어떤 사람에게 일을 맡기기[任] 위해 고용(雇用)함. ¶공무원 임용 시험 / 그는 대학의 교수로 임용되었다.

임:원 任員 | 맡길 임, 사람 원 [officer]
어떤 단체의 중임(重任)을 맡아 처리하는 사람[員]. ¶그녀는 대기업의 임원이다.

임:의 任意 | 맡길 임, 뜻 의 [option]
각자 자기 뜻[意]에 맡김[任]. 자기 뜻대로 함. ¶1부터 10까지 숫자 중에 임의로 세 개를 고르세요 / 구성원은 임의로 뽑는다.

임:자[1] [owner]
물건을 소유한 사람. ¶임자 없는 필통. ⓑ 소유주(所有主), 주인(主人).

임:자[2] [darling]
나이가 지긋한 부부 사이에서 남편이 아내를 부르는 말. ¶임자, 사랑하오.

임종 臨終 | 임할 림, 끝날 종 [facing death]
❶ 속뜻 죽음[終]에 다다름[臨]. 또는 그때. ¶임종의 말. ❷부모님이 운명할 때에 그 옆에 모시고 있음. ¶어머니가 돌아가실 때 임종 못한 것이 평생의 한이다.

임:-직원 任職員 | 맡길 임, 일 직, 사람 원 [executives and staff members]
임원(任員)과 직원(職員)을 통틀어 이르는 말. ¶창립 기념행사에 모든 임직원이 참석했다.

⁑**임:진** 壬辰 | 천간 임, 용 진
민속 천간의 '壬'과 지지의 '辰'이 만난 간지(干支). ¶임진년생은 용띠다.

▶ 임:진-왜란 壬辰倭亂 | 일본 왜, 어지러울 란
역사 조선 선조 25년(1592)인 임진(壬辰)년에 왜구(倭寇)가 침입해 일으킨 전란(戰亂).

임-하다 (臨, 임할 임{림}) [face]
❶ 속뜻 어떤 사태나 일에 직면하다[臨]. ¶

자신감을 갖고 경기에 임해라. ❷어떤 장소에 도달하다. ¶현장에 임하다.

임진-각 臨津閣 | 임할 림, 나루 진, 집 각
1972년 정부에서 경기도 문산, 임진강(臨津江) 가에 실향민을 위로하기 위하여 세운 큰 집[閣]. ¶임진각에서 북녘 고향을 바라보다.

입 (口, 입 구) [mouth; lips]
❶입술에서 목구멍까지의 부분. 체내에 먹이를 섭취하며, 소리를 내는 기관. ¶입에 쓴 약이 병에는 좋은 법이다 / 제가 입이 열 개라도 할 말이 없습니다. ❷입술. ¶입을 삐죽 내밀다. 속담 입은 비뚤어져도 말은 바로 해라. 관용 입이 무겁다.

입-가 [sides of the mouth]
입의 가장자리. ¶그녀는 입가에 미소를 띠고 그에게 다가왔다.

입-가심 [rinsing out one's mouth]
입 안을 가셔서 개운하게 함. ¶약을 먹고 사탕으로 입가심하다.

입건 立件 | 설 립, 사건 건
[book on charge]
법률 범죄 사실을 인정하여 사건(事件)을 성립(成立) 시킴. ¶형사 입건 / 경찰은 그를 폭행 혐의로 입건했다.

입교 入校 | 들 입, 학교 교
[entrance into a school]
학교(學校)에 정식으로 들어감[入]. ㊐ 입학(入學). ㊥ 퇴교(退校).

입구 入口 | 들 입, 어귀 구 [entrance]
들어가는[入] 어귀[口]. ¶그녀는 동물원 입구에서 아이를 찾고 있다. ㊐ 어귀. ㊥ 출구(出口).

입국 入國 | 들 입, 나라 국
[entry into a country]
한 나라에서 다른 나라[國]로 들어감[入]. ¶입국 금지. ㊥ 출국(出國).

입금 入金 | 들 입, 돈 금
[receipt of money]
돈[金]이 들어옴[入]. 또는 돈을 계좌에 넣음. ¶사장님은 월급 전액을 통장으로 입금해 주었다. ㊥ 출금(出金).

▸ **입금-액** 入金額 | 액수 액
은행 따위에 넣은 돈[入金]의 액수(額數). ㊥ 출금액(出金額).

▸ **입금-표** 入金票 | 쪽지 표
경제 은행 따위에서 입금(入金) 상황을 적는 전표(傳票).

입-김 [steam of breath]
입에서 나오는 더운 김. ¶나는 입김을 불어 손을 녹였다.

입다 [wear]
❶옷을 몸에 걸치거나 두르다. ¶아버지는 서둘러 바지를 입고 나가셨다. ❷피해·손해를 보거나 부상을 당하거나 누명 등을 쓰다. ¶홍수로 경인선 곳곳이 큰 피해를 입었다. ❸도움을 받다. ¶대감께 큰 은혜를 입었습니다. ㊥ 벗다.

♣ 입다 / 당하다[1] — 비슷한 듯 다른 말

◎ 나는 교통사고를 입었다 = 당했다.

○ 그는 사고로 어깨에 상처를 입었다.
× 그는 사고로 어깨에 상처를 당했다.

○ 견디기 어려운 일을 당하다.
× 견디기 어려운 일을 입다.

비슷한 듯 다른 말 ➲ 걸치다

입단 入團 | 들 입, 모일 단
[join an organization]
어떤 단체(團體)에 가입(加入)함. ¶입단 선서 / 그는 양키즈야구팀에 새로 입단했다. ㊥ 퇴단(退團).

입당 入黨 | 들 입, 무리 당
[join a political party]
정당(政黨) 등에 가입(加入)함. ¶입당 신청서 / 그는 공화당에 입당했다. ㊥ 탈당(脫黨).

입대 入隊 | 들 입, 무리 대
[join the army]

군사 군대(軍隊)에 들어가[入] 군인이 됨. ¶입대를 거부하다 / 그는 자원해서 해군에 입대했다. 반 제대(除隊).

입동 立冬 | 설 립, 겨울 동
[onset of winter]
겨울[冬]이 시작된다고[立] 하는 11월 초순의 절기. 상강(霜降)과 소설(小雪) 사이. ¶입동이니 김장을 해야겠다.

입력 入力 | 들 입, 힘 력 [enter; input]
❶물리 어떤 장치 등을 움직이기 위해 필요한 동력(動力) 따위를 들여[入]보내는 일. ❷문자나 숫자를 기억하게 하는 일. ¶키보드와 마우스는 컴퓨터의 입력 장치이다. 반 출력(出力).

입-마개 [mask]
추위를 막기 위하여 입을 가리는 물건. ¶감기에 걸리면 입마개를 써야 한다. 비 마스크(mask).

입-말 [spoken language]
언어 일상적인 대화에 쓰는 말. 비 구어(口語). 반 글말.

입-맛 [one's taste]
❶음식을 먹어서 입에서 받는 맛에 대한 감각. ¶입맛이 나다 / 며칠동안 아팠더니 입맛이 떨어졌다. ❷무엇을 즐기거나 좋아하는 마음. ¶그들은 대중의 입맛에 맞는 제품을 만들기 위해 노력한다. 비 구미(口味).

입-맞춤 [kiss]
입을 맞추는 일. ¶아이는 엄마의 볼에 입맞춤을 했다. 비 뽀뽀.

입문 入門 | 들 입, 문 문
[become a pupil]
❶속뜻 스승의 문하(門下)에 들어감[入]. ❷어떤 학문을 배우려고 처음 들어감. 또는 그 과정. ¶중국어 입문 / 이 책은 철학에 처음 입문하는 사람에게 좋다.

입-바르다 [plain spoken]
바른말을 잘하다. ¶그는 입바른 소리를 하다가 대표에게 미움을 샀다.

입-방아 [small talk]
남의 일에 대해 이러쿵저러쿵 방정맞게 입을 놀리는 일. ¶사람들이 그에 대해 입방아를 찧고 있다.

입-버릇 [one's manner of speech]
입에 아주 굳은 말버릇. ¶그는 입버릇처럼 바쁘다고 말한다.

입법 立法 | 설 립, 법 법 [legislate]
❶속뜻 법(法)을 세움[立]. ❷법을 제정하는 행위. ¶국회의 입법 과정.

▸**입법-부 立法府** | 관청 부
법률 법률을 제정하는[立法] 국가 부서(府署). 삼권 분립에 따라 국회를 이르는 말.

입불 入佛 | 들 입, 부처 불
불교 새로운 불상(佛像)을 절에 맞아들여[入] 안치하는 일.

입사 入社 | 들 입, 회사 사
[enter a company]
❶속뜻 회사(會社)에 들어감[入]. ❷회사에 취직이 되어 들어감. ¶그는 입사 두 달 만에 퇴사했다. 반 퇴사(退社).

입산 入山 | 들 입, 메 산
[entering a mountain area]
산(山)에 들어감[入]. ¶입산 금지. 반 하산(下山).

입상¹ 立像 | 설 립, 모양 상
[standing statue]
서[立] 있는 모양의 형상(形像). 선 모양으로 만든 형상. ¶금동 여래 입상.

입상² 入賞 | 들 입, 상줄 상
[win a prize]
상(賞)을 탈 수 있는 등수 안에 듦[入]. ¶입상 소감 / 그는 과학경시대회에서 입상했다.

▸**입상-자 入賞者** | 사람 자
상을 탈 수 있는 등수 안에 든[入賞] 사람[者]. ¶입상자 명단.

입선 入選 | 들 입, 뽑을 선
[be accepted; be selected]
응모, 출품한 작품 따위가 뽑는[選] 범위

안에 듦[入]. ¶그의 그림이 미술 전람회에 서 입선했다. [반] 낙선(落選).

▸입선-작 入選作 | 지을 작
심사에 합격하여 뽑힌[入選] 작품(作品). ¶입선작 전시 / 이번 공모전의 입선작을 발표하겠습니다.

입성 入城 | 들 입, 성곽 성 [enter a castle]
성(城) 안으로 들어감[入]. ¶성문이 닫혀 입성할 수 없었다. [반] 출성(出城).

입속-말 [murmur]
입속에서 중얼거리는 말. ¶입속말로 중얼대다.

입수 入手 | 들 입, 손 수 [get; obtain]
손[手]에 넣음[入]. 손 안에 들어옴. ¶스파이를 통해 새로운 정보를 입수하다.

입술 [lips]
입의 아래위에 붙은 얇고 부드러운 살. ¶앵두 같은 내 입술. [속담] 입술이 없으면 이가 시리다.

입시 入試 | 들 입, 시험할 시 [entrance examination]
학교에 들어가기[入] 위한 시험(試驗). ¶입시 전문 학원 / 입시제도.

입신 立身 | 설 립, 몸 신 [succeed in life]
자신(自身)의 명성을 세움[立]. 사회적으로 기반을 닦고 출세함. ¶입신을 꾀하다 / 과거에 급제해 입신하고자 모든 일을 뒤로 미뤘다.

▸입신-양명 立身揚名 | 오를 양, 이름 명
입신(立身)하여 이름[名]을 드높임[揚]. 출세하여 이름을 세상에 떨침.

입-심 [boldness in words]
기운차게 거침없이 말하는 힘. ¶그가 말하는 것을 들어보니 보통 입심이 아니었다.

입-씨름 [argument]
❶어떤 일을 이루려고 말로 애를 쓰는 일. ¶쓸데없는 일로 너랑 입씨름하고 싶지 않아. ❷말다툼. ¶그녀는 남편와 입씨름을 벌이고 있다.

입양 入養 | 들 입, 기를 양 [adopt]
❶[속뜻] 양자(養子)를 들임[入]. ❷[법률] 혈연관계가 아닌 일반인 사이에 양친과 양자로서 법적인 친자 관계를 맺는 일. ¶입양기관 / 우리는 아이를 입양하기로 결정했다.

▸입양-아 入養兒 | 아이 아
데려다 기른[入養] 아이[兒]. ¶그녀는 입양아를 친자식보다 더 정성껏 키웠다.

입-언저리 [sides of the mouth]
입의 언저리. ¶입언저리에 빵 부스러기가 묻었다. [비] 입가.

입원 入院 | 들 입, 집 원 [enter a hospital]
환자가 치료 또는 요양을 위하여 병원(病院)에 들어감[入]. ¶약물중독은 입원 치료를 받아야 한다. [반] 퇴원(退院).

▸입원-비 入院費 | 쓸 비
병원에 입원(入院)하여 치료를 받는 대가로 내는 돈[費]. ¶입원비를 치르려면 이 돈으로는 어림도 없다.

▸입원-실 入院室 | 방 실
환자가 입원(入院)하여 치료를 받을 수 있도록 만들어 놓은 방[室]. ¶입원실은 환자들로 가득 차 있다.

입자 粒子 | 알 립, 씨 자 [particle]
물질을 이루는 매우 작은 낱낱의 알갱이[粒=子]. ¶이 가루는 입자가 곱다.

*__입장__[1] 立場 | 설 립, 마당 장 [position]
❶[속뜻] 서[立] 있는 곳[場]. ❷처해있는 상황이나 형편. ¶제 입장도 좀 이해해 주세요.

입장[2] 入場 | 들 입, 마당 장 [enter; go in]
회장이나 식장, 경기장 따위의 장내(場內)에 들어감[入]. ¶신부 입장 / 입장은 몇 시부터입니까? [반] 퇴장(退場).

▸입장-객 入場客 | 손 객

장내(場內)로 들어간[入] 손님[客]. ¶공연이 시작하기 전에 입장객이 꽉 찼다.

▸입장-권 入場券 | 문서 권
입장(入場)하기 위한 표[券]. ¶무료 입장권.

▸입장-료 入場料 | 삯 료
입장(入場)하게 위하여 내는 요금(料金).

입-장단
[humming along to dance rhythm]
춤을 출 때에 입속말로 맞추는 장단. ¶입장단을 치다.

입적 入寂 | 들 입, 고요할 적
[enter Nirvana]
[불교] 적멸(寂滅)에 듦[入]. 수도승의 죽음을 이르는 말. ¶스님은 주무시다가 조용히 입적하셨다.

입주 入住 | 들 입, 살 주 [live in]
특정한 땅이나 집 등에 들어가[入] 삶[住]. ¶우리는 12월에 새 아파트에 입주한다.

▸입주-자 入住者 | 사람 자
새로 지은 집 따위에 들어가 사는[入住] 사람[者]. ¶건물 입주자가 모여 회의를 열었다.

입증 立證 | 설 립, 증명할 증 [prove]
증거를 세워[立] 증명(證明)함. ¶입증의 의무는 경찰에게 있다 / 실험을 통해 김치의 항암 효과가 입증되었다.

입-천장 (–天障, 하늘 천, 막을 장) [palate]
입안의 천장(天障)을 이룬 윗벽.

***입체** 立體 | 설 립, 몸 체 [solid]
❶ [속뜻] 세워[立] 놓은 물체(物體). ❷ [수학] 삼차원의 공간에서 여러 개의 평면이나 곡면으로 둘러싸인 부분.

▸입체-적 立體的 | 것 적
입체감(立體感)을 주는 것[的]. ¶그 그림은 입체적으로 보인다.

▸입체 도형 立體圖形 | 그림 도, 모양 형
[수학] 한 평면 위에 있지 않고 공간적인 부피를 가지는[立體] 도형(圖形). [비] 공간 도형(空間圖形).

입추 立秋 | 설 립, 가을 추
가을[秋]이 시작된다[立]고 하는 절기. 대서(大暑)와 처서(處暑) 사이로 8월 8일경이다. ¶입추가 지나자 바람이 서늘해졌다.

입춘 立春 | 설 립, 봄 춘
[onset of spring]
봄[春]이 시작된다[立]고 하는 절기. 대한(大寒)과 우수(雨水) 사이로 2월 4일경이다. ¶강릉에서는 입춘에 문설주에 엄나무 가지를 매다는 풍습이 있다.

▸입춘-대길 立春大吉 | 큰 대, 길할 길
❶ [속뜻] 입춘(立春)을 맞이하여 크게[大] 길(吉)하기를 바람. ❷입춘에 문지방이나 대문 등에 써 붙이는 방의 한 가지.

입-출금 入出金 | 들 입, 날 출, 돈 금
계좌에 들어오고[入] 나가는[出] 돈[金]. 입금과 출금을 아울러 이르는 말. ¶입출금 내역.

입하[1] 入荷 | 들 입, 짐 하
[arrive of goods]
화물[荷]이 들어옴[入]. ¶신제품 입하. [반] 출하(出荷).

입하[2] 立夏 | 설 립, 여름 하
[onset of summer]
여름[夏]이 시작된다[立]고 하는 절기. 곡우(穀雨)와 소만(小滿) 사이로 5월 6일경이다.

입학 入學 | 들 입, 배울 학
[enter a school]
학교(學校)에 들어가[入] 학생이 됨. ¶입학 원서 / 동생은 올해 초등학교에 입학했다. [반] 졸업(卒業).

▸입학-금 入學金 | 돈 금
입학(入學)할 때에 학교에 내는 돈[金]. ¶2월 말일까지 입학금을 납부해 주세요.

▸입학-식 入學式 | 의식 식
입학(入學)할 때에 신입생을 모아 놓고 행하는 의식(儀式). ¶부모님이 입학식에 오시지 않아 섭섭했다. [반] 졸업식(卒業

式).

▶입학-시험 入學試驗 | 따질 시, 효과 험
입학(入學)하기 위하여 치르는 시험(試驗). ¶그는 입학시험에서 수석을 차지했다.

입헌 立憲 | 설 립, 법 헌
[establish a constitution]
헌법(憲法)을 제정함[立].

▶입헌 군주제 立憲君主制 | 임금 군, 주인 주, 정할 제
정치 군주(君主)가 헌법(憲法)에서 정한[立] 제한된 권력을 갖고 다스리는 정치 체제(體制).

입회[1] 入會 | 들 입, 모일 회
[join a club]
어떤 회(會)에 들어감[入]. 회원이 됨. ¶입회 신청 / 등산을 좋아하는 사람이라면 누구나 입회할 수 있다. 반 탈회(脫會).

입회[2] 立會 | 설 립, 모일 회
[be present]
❶ 속뜻 모여[會] 섬[立]. ❷어떠한 사실이 발생하거나 존재하는 현장에 함께 참석하여 지켜봄. ¶우리는 부동산 중개인의 입회 아래 땅 주인과 매매 계약을 하였다.

입-후보 立候補 | 설 립, 기다릴 후, 채울 보
[be a candidate]
선거에 후보(候補)로 나섬[立]. ¶그는 이번 선거에 입후보를 하였다 / 국회 의원 선거에 입후보하다.

▶입후보-자 立候補者 | 사람 자
선거에 입후보(立候補)한 사람[者]. ¶대통령 입후보자를 소개하겠습니다.

입-히다 [put on; inflict on]
❶누구에게 옷을 몸에 걸치거나 두르게 하다. ¶그녀는 새로 산 옷을 딸에게 입혀 보았다. ❷화·손해 따위를 당하게 하다. ¶손해를 입히다. ❸물건의 거죽에 무엇을 올리거나 바르다. ¶튀김옷을 입히다.

잇:다 (繼, 이을 계; 續, 이을 속; 承, 이을 승) [connect; succeed; follow]
❶끝과 끝을 맞대어 서로 붙이다. ¶두 점을 곧은 선으로 이으시오. ❷어떤 일을 계속되게 하다. ¶그는 가업을 이어 나전 칠기를 만들고 있다. 비 연결(連結)하다, 계승(繼承)하다. 반 끊다.

잇:-달다 [occur in succession]
끊이지 않고 잇거나 계속되다. ¶거리에 사람들이 잇달아 몰려들었다.

잇:-닿다 [continue in contact]
서로 이어져 맞닿다. ¶공원은 바다까지 잇닿아 있다.

잇:-대다 [link]
서로 잇닿게 하다. ¶두 개의 책상을 잇대다.

잇:-따르다 [follow one after another]
뒤를 이어 따르다. ¶잇달아 세 번 이기다.

잇-몸 [teethridge]
의학 이뿌리를 싸고 있는 살. ¶그녀는 잇몸을 드러내고 웃다.

잇:-속 (利–, 이로울 리)
[source of profit]
이익이 있는 실속. ¶그는 잇속에 밝다.

있다 (有, 있을 유; 在, 있을 재; 存, 있을 존)
[stay; be; be doing]
❶어느 위치에 머물러 움직이지 않다. 어느 상태를 지속하다. ¶탁자 위에 책이 있다. ❷어떤 장소에 존재하다. ¶우리 집에는 넓은 정원이 있다. ❸어떤 상태에 놓이다. ¶이 일은 현재 진행 중에 있다.

잉
❶어린아이가 칭얼거리며 우는 소리. ¶아기가 갑자기 잉 하고 울기 시작했다. ❷날벌레 따위가 날 때 나는 소리. ¶모기가 잉 하고 날아다닌다.

잉글리시 호른 {영 English horn}
음악 오보에보다 5도 낮은 음을 내는 목관 악기. 대편성(大編成)의 관현악에 쓴다.

잉꼬 {일 inko} [parakeet]
동물 앵무와 비슷하며, 초록색과 노란색이 어우러진 새.

▶잉꼬-부부 (inko夫婦, 지아비 부, 부인 부)

잉꼬(inko)같이 다정하고 금실이 좋은 부부(夫婦). ¶그들은 잉꼬부부로 소문나 있다.

잉아
수공 베틀의 날실을 끌어 올리도록 맨 굵은 줄.

잉:어 [carp]
동물 약간 옆으로 납작하며, 주둥이는 뭉툭하고 입가에 두 쌍의 수염이 난 민물고기. ¶잉어는 산모에게 좋다.

잉:여 剩餘 | 남을 잉, 남을 여 [surplus]
쓰고 난 나머지[剩=餘]. ¶잉여 식량 / 잉여 농산물.

잉잉 [with whimpers]
❶어린아이가 입을 찡그리듯 벌리고 밉살스럽게 잇달아 우는 소리. 또는 그 모양. ¶아이가 앓아서 잉잉 울고 있다. ❷날벌레 따위가 잇달아 날아가는 소리. ¶파리가 과자 주위를 잉잉 맴돈다.

잉카 {영 Inca}
역사 남아메리카 안데스 지대의 페루를 중심으로 문명을 형성한 인디오. 또는 그 인디오의 나라. ¶잉카 문명.

잉크 {영 ink}
필기·인쇄에 사용하는 빛깔이 있는 액체.

잉:태 孕胎 | 아이 밸 잉, 아이 밸 태 [conceive]
아이를 뱀[孕=胎]. ㊐ 임신(妊娠).

잊다 (忘, 잊을 망)
[forget; be unaware of]
❶기억하지 못하다. ¶너를 영원히 잊지 않을게. ❷다른 것에 정신을 쏟아 어떤 것을 더 이상 마음에 두지 않거나 느끼지 못하다. ¶공부에 열중하느라 시간 가는 것도 잊고 있었다. ㊐ 망각(忘却)하다.

잊어-버리다 [completely forget]
한번 알았던 것을 모두 기억하지 못하거나 전혀 기억하여 내지 못하다. ¶그의 전화번호를 잊어버렸다. ㊥ 기억(記憶)하다.

잊-히다 [be forgotten]
잊게 되다. 생각이 나지 않게 되다. ¶그가 잊혀지지 않는다.

잎 (葉, 잎 엽) [leaf]
식물 줄기의 끝이나 둘레에 붙어 호흡 작용과 탄소 동화 작용을 하는 기관. 대개 녹색으로 모양은 넓적하고 잎살, 잎자루, 턱잎 따위로 이루어진다.

잎-눈 [leaf bud]
식물 자라서 줄기 또는 잎이 될 식물의 눈. 꽃눈보다 작다.

잎-담배 [leaf tobacco]
썰지 않고 잎사귀 그대로 말린 담배. ¶그는 잎담배를 즐겨 피운다.

잎-맥 (-脈, 맥 맥) [nerve]
식물 잎살 안에 뻗어 있는 관다발의 한 부분. 잎살을 버티어 주고, 수분·양분의 통로가 된다.

잎-사귀 [leaf]
낱낱의 잎. ¶은행나무 잎사귀가 거리에 수북하게 쌓여있다. ㊐ 이파리.

잎-새 [leaf]
'잎사귀'의 방언. 또는 시적인 표현.

잎-자루 [petiole]
식물 잎의 일부로서, 잎몸을 줄기에 붙게 하는 잎꼭지.

잎-줄기
식물 잎의 줄기.

잎집무늬-마름병 (-病, 병 병)
농업 벼 따위의 잎집에 생기는 병(病)의 하나. 잎에 얼룩무늬가 생기다가 말라 죽는다.

ㅈ
[언어] 한글 자모의 아홉째 글자. '지읒'이라 이른다.

자[1][ruler]
길이를 재는 기구. ¶30cm짜리 자로 길이를 재다.

자[2][The Korean foot]
길이 단위의 하나. '치'의 열 배로 약 30.3cm이다. [속담] 수염이 대 자라도 먹어야 양반이다.

자[3][Come on]
남의 주의를 불러일으켜 행동을 재촉할 때 내는 소리. ¶자, 이제 그만 가자!

자[4]字 | 글자 자 [character]
❶글자. ¶현규는 동화책을 한 자 한 자 또박또박 읽었다. ❷'날짜'를 나타내는 말. ¶3월 9일 자 신문에 어머니의 기사가 실렸다.

자가 自家 | 스스로 자, 집 가 [one's own house]
자기(自己) 집[家].

▸자가-용 自家用 | 쓸 용
❶[속뜻] 자기 집[自家]에서 사용(使用)함. 또는 그 물건. ❷'자가용차'의 준말. ¶나는 자가용으로 출퇴근한다.

▸자가용-차 自家用車 | 쓸 용, 수레 차
자기 집[自家] 소유로 사용(使用)하는 자동차(自動車).

자각 自覺 | 스스로 자, 깨달을 각 [realize; awake to]
❶[속뜻] 자기 상태 따위를 스스로[自] 깨달음[覺]. ❷스스로 느낌. ¶간암은 자각 증세가 없다 / 우선 자기 힘을 자각하는 것이 중요하다.

자갈 [small pebbles]
강이나 바다의 바닥에서 오랫동안 갈리고 물에 씻기어 반들반들해진 잔돌. ¶겨류는 흙과 자갈을 나른다 / 자갈 해변.

▸자갈-밭
자갈이 많이 깔려 있는 땅.

자개 [mother-of-pearl]
조개 껍데기를 썰어 낸 조각. 잘게 썰어 가구 등을 장식하는 나전 공예에 널리 쓴다. ¶자개 그릇 / 자개 옷장.

자:객 刺客 | 찌를 자, 손 객 [assassin]
❶[속뜻] 사람을 칼로 찔러[刺] 죽이는 사람[客]. ❷몰래 암살하는 일을 전문으로 하는 사람. ¶자객이 정부 요인을 암살하였다.

자격 資格 | 바탕 자, 품격 격 [qualification]

❶ 속뜻 필요한 자질(資質)과 품격(品格). ❷일정한 신분이나 지위에 필요한 조건. ¶응모 자격 / 그는 경기에 참가할 자격을 얻었다.

▸ 자격-증 資格證 | 증거 증
일정한 자격(資格)을 인정하여 주는 증서(證書). ¶교원 자격증.

자격-루 自擊漏 | 스스로 자, 칠 격, 샐 루
❶ 속뜻 스스로[自] 부딪쳐[擊] 샘[漏]. ❷ 고적 스스로 시간을 쳐서 알리도록 만든 물시계. 조선 세종 때 장영실(蔣英實)이 제작하였다.

자격지심 自激之心 | 스스로 자, 분발할 격, 어조사 지, 마음 심
자신의 잘못이나 부족한 점에 대해 반성하거나 부끄러워하며 스스로[自] 분발하려는[激] 마음[心]. ¶그는 그 일에 대해 자격지심을 느끼고 있다.

자결 自決 | 스스로 자, 결정할 결 [kill oneself]
❶ 속뜻 일을 스스로[自] 해결(解決)함. ¶민족 자결 주의. ❷스스로 목숨을 끊음. ¶그녀는 누명을 쓴 억울함으로 자결하였다. ㊐ 자살(自殺).

자고 自古 | 부터 자, 옛 고 [since early times]
옛[古] 부터[自]. ¶자고로 한국인은 흰 옷을 즐겨 입었다.

자구 自救 | 스스로 자, 구원할 구 [save oneself]
자신을 스스로[自] 구제(救濟)함. ¶자구 수단을 강구하다.

자국[1] [mark]
어떤 물건이나 곳에 다른 물건이 닿아서 생긴 자리. ¶벌레에 물린 자국 / 아이의 팔에는 개의 이빨 자국이 선명하게 남았다. ㊐ 흔적(痕跡).

자국[2] 自國 | 스스로 자, 나라 국 [one's native land]
자기(自己) 나라[國]. ¶양국은 자국의 이익을 위해 협상을 벌였다.

자궁 子宮 | 아이 자, 집 궁 [uterus]
❶ 속뜻 아이[子]가 자라는 어머니 뱃속의 집[宮]. ❷ 의학 여성 생식기의 일부로 수정란이 착상하여 자라는 곳.

자그마치 [somewhat little]
예상보다 훨씬 많이. 또는 적지 않게. ¶자그마치 100만 원이나 손해가 났다.

자그마-하다 [be small]
보기에 좀 작다. ¶그녀는 몸집은 자그마한데 힘은 세다.

자그맣다 [small]
'자그마하다'의 준말. ¶할머니는 자그맣고 조용한 방을 택했다.

⁑**자:극** 刺戟 | 찌를 자, 찌를 극 [stimulate; irritate]
❶ 속뜻 일정한 현상이 나타나도록 찌름[刺=戟]. ❷외부에서 작용을 주어 감각이나 마음에 반응이 일어나게 함. 또는 그런 작용을 하는 사물. ¶그 책은 학생들의 호기심을 자극했다. ㊥ 반응(反應).

▸ 자:극-성 刺戟性 | 성질 성
감각, 신경 따위를 자극(刺戟)하는 성질(性質).

▸ 자:극-적 刺戟的 | 것 적
신경이나 감각 등을 자극(刺戟)하는 것[的]. ¶건강을 위해 맵고 자극적인 음식은 피하는 것이 좋다.

자금 資金 | 밑천 자, 돈 금 [capital]
사업 따위의 밑천[資]이 되는 돈[金]. ¶아버지는 사업 자금을 마련하기 위해 집을 팔았다.

▸ 자금-난 資金難 | 어려울 난
자금(資金)이 부족한 데서 생기는 어려움[難]. ¶그 회사는 자금난에 시달리다가 결국 도산했다.

자급 自給 | 스스로 자, 줄 급 [be self-sufficient]
필요한 것을 자기(自己) 스스로 공급(供給)함. 스스로 마련함. ¶브라질은 총 에너

지의 90%를 자급한다 / 식량 자급률.

▸자급-자족 自給自足 | 스스로 자, 넉넉할 족
자기에게 필요한 것을 자기(自己)가 마련하여[給] 스스로[自] 충족(充足)시킴. ¶아마존 원주민은 모든 생필품을 자급자족한다.

자긍 自矜 | 스스로 자, 자랑할 긍 [pride oneself]
스스로[自] 자랑함[矜].

▸자긍-심 自矜心 | 마음 심
스스로[自] 자랑하는[矜] 마음[心]. ¶그는 자신의 직업에 자긍심을 갖고 있다.

자:기[1] 瓷器 | =磁器, 오지그릇 자, 그릇 기 [porcelain]
구운 도자기(陶瓷器) 그릇[器]. 백토 따위를 원료로 하여 빚어서 1300~1500도의 비교적 높은 온도로 구운 것.

⁑**자기[2]** 自己 | 스스로 자, 몸 기 [oneself]
❶[속뜻] 자신[自]의 몸[己]. ❷그 사람. 앞에서 이야기된 사람을 다시 가리키는 말. 자신(自身). ¶지혜는 자기가 가겠다고 했다. [비] 자신(自身). [반] 남.

▸자기-실현 自己實現 | 실제 실, 나타날 현
[철학] 자기(自己) 본질을 실제(實際)로 이루는[現] 것. [비] 자아실현(自我實現).

*__자:기[3]__ 磁氣 | 자석 자, 기운 기 [magnetism]
[물리] 자석(磁石)이 철을 끌어당기는 힘이나 기운[氣]. ¶자기를 띠게 하다 / 자기 나침반.

▸자:기-력 磁氣力 | 힘 력
[물리] 자기(磁氣)의 힘[力]. ¶이 기계는 자기력을 이용하여 움직인다. [준] 자력.

▸자:기-장 磁氣場 | 마당 장
[물리] 자기력(磁氣力)이 작용하고 있는 공간[場]. 자석끼리, 전류끼리 또는 자석과 전류 사이에 작용하는 힘의 공간. [비] 자계(磁界).

자꾸 [again and again]
여러 번 반복하거나 끊임없이 계속하여. ¶나는 요즘 자꾸 물건을 잃어버린다. [반] 이따금, 드물게.

▸자꾸-자꾸
잇달아 여러 번 반복하거나 끊임없이 계속하여. ¶그가 자꾸자꾸 생각난다.

자나-깨나 [whether awake or asleep]
잘 때에도 깨어있을 때에도 언제나. 늘. ¶그는 자나깨나 자식 걱정뿐이다.

자네 [you]
듣는 이가 친구나 아랫사람인 경우, 그 사람을 높여 이르는 이인칭 대명사. 하대할 사람에게 쓴다. ¶자네는 집이 어디인가?

자녀 子女 | 아들 자, 딸 녀 [children]
아들[子]과 딸[女]. 아들딸. ¶그는 결혼하여 두 자녀를 두고 있다. [비] 자식(子息).

자다 (寢, 잘 침; 眠, 잠잘 면; 宿, 묵을 숙) [sleep; calm down]
❶눈이 감기며 한 동안 의식 활동이 쉬는 상태로 되다. ¶동생이 낮잠을 잔다. ❷바람이나 물결 따위가 잠잠해지다. ¶바람이 잘 때까지 기다리자. [비] 취침(就寢)하다. [반] 깨다, 일어나다.

자동 自動 | 스스로 자, 움직일 동 [move automatically]
사람의 힘이 닿지 않아도 스스로[自] 움직임[動]. ¶이 청소기는 자동으로 움직인다. [반] 수동(手動).

▸자동-문 自動門 | 문 문
전동(電動)이나 공기 압력 등에 의하여 자동(自動)으로 여닫게 된 문(門). ¶자동문을 밀지 마시오.

▸자동-식 自動式 | 법 식
사람의 힘을 필요로 하지 않고, 기계 장치 자체(自體)의 힘으로 움직이게[動] 만든 방식(方式). [반] 수동식(手動式).

▸자동-적 自動的 | 것 적
다른 힘을 빌리지 않고 저절로[自] 움직이는[動] 것[的]. ¶자동적으로 발사되는 대포 / 그는 벨이 울리자 자동적으로 일어섰다.

▸ **자동-차** 自動車 | 수레 차
석유나 가스를 연료로 하여, 스스로[自] 도로 위를 달리게[動] 만든 차(車).

▸ **자동-화** 自動化 | 될 화
자동적(自動的)으로 됨[化]. 자동적으로 되게 함. ¶최신 설비를 설치해 공장을 자동화하다.

▸ **자동-판매기** 自動販賣機 | 팔 판, 팔 매, 틀 기
❶ 속뜻 상품을 자동(自動)으로 파는[販賣] 기계(機械). ❷동전이나 지폐를 넣고 원하는 물품을 선택하면 사려는 물품이 나오게 되어 있으며 주로 승차권, 음료, 담배 따위의 판매에 쓰인다. ¶음료수 자동판매기.

자두 [plum]
자두나무의 열매. 복숭아 비슷하나 좀 작고 신맛이 있다.

자득 自得 | 스스로 자, 얻을 득
❶ 속뜻 스스로[自] 터득(攄得)함. 스스로 이해함. ❷스스로 만족하게 여김.

자라 [snapping turtle]
동물 하천에 살며 모양이 거북 비슷한 동물. 딱지는 푸르죽죽한 회색이고 배는 흰색이다.

자라-나다 [grow up]
❶자라서 크게 되다. ¶나는 시골에서 자라났다. ❷정도가 점점 커지거나 높아지다. ¶그를 사랑하는 마음이 자라나기 시작했다.

자라다[1] [grow]
❶생물체가 세포의 증식으로 부분적으로 또는 전체적으로 점점 커지다. ¶성장기에는 키가 빠른 속도로 자란다. ❷상당한 수준이나 상태로 높아지거나 발전하다. ¶지성이는 훌륭한 축구 선수로 자랐다.

♣ 자라다[1] / 커지다

o 회사가 점점 자라다 = 커지다.
o 그는 시골에서 자랐다.
× 그는 시골에서 커졌다.
o 놀란 아이의 눈이 커졌다.
× 놀란 아이의 눈이 자랐다.

자라다[2] [reach]
어떤 수준에 미치다. ¶제 힘이 자라는 데까지 최선을 다하겠습니다.

자락 [he lower edges of garments]
❶옷이나 이불 따위의 아래로 드리운 넓은 조각. ¶바지 자락. ❷논밭이나 산 따위의 넓은 부분. ¶지리산 자락.

자랑 (誇, 자랑할 과) [pride]
자기 자신이나 자기와 관련이 있는 일을 드러내어 칭찬함. ¶그녀는 자신의 조카가 천재라고 자랑했다.

▸ **자랑-거리**
자랑할 만한 거리. ¶우리 마을에는 자랑거리가 많다.

▸ **자랑-삼다**
자랑거리로 하다. ¶자랑삼아 이야기하다.

▸ **자랑-스럽다**
남에게 자랑할 만하여 마음에 흐뭇하다. ¶나는 한국인인 것이 정말 자랑스럽다.

자:력 磁力 | 자석 자, 힘 력 [magnetism]
물리 자기(磁氣)의 힘[力]. ¶이 자석은 자력이 세다. ⓑ자기력(磁氣力).

⁂**자료** 資料 | 밑천 자, 거리 료 [data]
무엇을 하기 위한 밑천[資]이나 바탕이 되는 재료(材料). 특히 연구나 조사 등의 바탕이 되는 재료. ¶연구 자료 / 그녀는 소설을 쓰기 위해 자료를 수집하고 있다.

▸ **자료-실** 資料室 | 방 실
자료(資料)를 모아 둔 방[室]. ¶자료실을 정리하다.

▸ **자료-집** 資料集 | 모을 집
일정한 자료(資料)를 모아서[集] 엮은 책. ¶자료집을 만들다.

자루[1] [bag]
속에 물건을 넣을 수 있게 헝겊 따위로 길고 크게 만든 주머니. ¶외삼촌은 고구

마 한 자루를 어깨에 메고 오셨다.

자루[2] [handle]
연장·기구 따위에 박거나 낀 손잡이. ¶도끼 자루.

자르다 [cut; fire]
❶동강을 치다. 끊어 내다. ¶무를 자르다. ❷해고시키다. ¶그 회사는 직원 50명을 잘랐다.

비슷한 듯 다른 말	➲ 끊다

자르르 [glossy with grease]
거죽에 물기나 기름기·윤기 같은 것이 골고루 빛나게 흐르는 모양. ¶그녀의 머리는 윤기가 자르르 흐른다.

자리[1] [mat; bedding]
❶앉거나 눕도록 바닥에 까는 직사각형의 물건. ¶풀밭에 자리를 깔다. ❷깔고 덮고 잘 이부자리. ¶방에 자리를 펴다.

자리[2] (席, 자리 석; 位, 자리 위; 座, 자리 좌) [position; seat; status]
❶무엇을 두거나 놓은 곳. ¶텔레비전을 놓을 자리. ❷앉거나 서거나 누울 장소. ¶민수는 할아버지에게 자리를 양보했다. ❸계급이나 직무로 보아 몸이 놓인 곳. ¶그는 서른이 갓 넘어 부장 자리에 올랐다. ⓑ 좌석(座席).

▶ 자리-하다
일정한 공간을 차지하다. ¶이곳은 원래 병원이 자리하던 곳이었다.

♣ 자리[2] **/ 곳**

◎ 앉을 자리가 = 곳이 없다.
○ 노인에게 자리를 양보하다.
× 노인에게 곳을 양보하다.
○ 경치가 좋은 곳으로 여행을 가다.
× 경치가 좋은 자리로 여행을 가다.

비슷한 듯 다른 말	➲ 터[1]

자린-고비 [notorious miser]
매우 인색한 사람을 낮잡아 이르는 말.

자립 自立 | 스스로 자, 설 립 [independence]
❶ 속뜻 스스로[自] 섬[立]. ❷남에게 의지하거나 남의 지배를 받지 않고 자기 힘으로 해 나감. ¶자립 생활 / 자립 경제.

자릿-수 (-數, 셀 수) [cipher]
수학 수(數)의 자리. 일, 십, 백, 천, 만 따위.

자릿-점 (-點, 점 점)
수판에 수의 자리를 나타내기 위해 표시한 점(點).

자막 字幕 | 글자 자, 막 막 [film title]
제목·배역·해설 등을 글자[字]로 나타낸 화면이나 막(幕). ¶외국 영화는 대사를 자막으로 처리한다.

자만 自慢 | 스스로 자, 건방질 만 [self conceit]
스스로[自] 건방지게[慢] 행동함. ¶상대 팀이 아무리 약해도 자만은 금물이다. ⓑ 겸손(謙遜).

▶ 자만-심 自慢心 | 마음 심
자만(自慢)하는 마음[心]. ¶그는 자만심에 차 있다.

자매 姉妹 | 손윗누이 자, 누이 매 [sisters]
❶ 속뜻 누나나 언니[姉]와 여동생[妹]. ❷같은 계통에 속하거나 서로 비슷한 점을 많이 가진 둘 또는 그 이상의 것. ¶자매 학교 / 자매 회사. ⓑ 여형제(女兄弟).

자맥질-하다 [dive water]
물속에 들어가서 떴다 잠겼다 하며 팔다리를 놀리다. ¶아이들이 강에서 자맥질하고 있다.

자멸 自滅 | 스스로 자, 없어질 멸 [destroy oneself; ruin oneself]
❶ 속뜻 스스로[自] 멸망(滅亡)함. ❷자기 행동이 원인이 되어 자기가 멸망함. ¶자멸을 초래하다.

자명[1] 自明 | 스스로 자, 밝을 명 [self-evident; obvious]
❶ 속뜻 스스로[自] 밝히다[明]. ❷증명이

나 설명의 필요 없이 그 자체만으로 명백하다. ¶자명한 이치 / 그 계획은 성공할 것이 자명하다.

자명[2] 自鳴 | 스스로 자, 울 명
저절로[自] 소리가 남[鳴].

▶ **자명-종** 自鳴鐘 | 쇠북 종
일정한 시간이 되면 스스로[自] 울려서[鳴] 시각을 알려 주는 시계[鐘]. ¶자명종을 5시에 맞추고 잠자리에 들었다.

자모 字母 | 글자 자, 어머니 모 [letter]
언어 ❶한 음절의 기본 바탕[母]이 되는 글자[字]. ㄱ·ㄴ·ㄷ이나 a·b·c 따위를 말한다. ❷전통 중국어 음운론에서 동일한 성모(聲母)를 가진 글자 가운데 하나를 골라 그 대표로 삼은 글자. 초성 자음에 해당한다. p-를 나타내는 [幫], k-를 나타내는 [見] 등을 말한다.

자못 (頗, 자못 파) [very]
생각보다 매우. ¶기대가 자못 크다. ㊥ 매우, 아주, 퍽.

자:문[1] 諮問 | 물을 자, 물을 문 [consult; inquire]
아랫사람이 윗사람에게 의견을 물음[諮=問]. ¶법률 자문 / 그는 경제 전문가에게 이 문제를 자문했다.

자문[2] 自問 | 스스로 자, 물을 문 [ask oneself]
스스로[自] 자신에게 물음[問]. ¶우리는 자신의 행동에 대해 자문해 볼 필요가 있다.

▶ **자문-자답** 自問自答 | 스스로 자, 답할 답
스스로[自] 묻고[問] 스스로[自] 대답(對答)함.

자물-쇠 [lock]
여닫게 된 물건에 채워서 열지 못하게 잠그는 쇠.

자물-통 (-筒, 통 통) [lock]
자물쇠.

자바라 [small cymbals]
음악 놋쇠로 만든 타악기의 하나. 둥글넓적하고 배가 불룩하며, 불교 의식에서 많이 쓴다. 한가운데 있는 구멍에 가죽끈을 꿰어 한 손에 하나씩 쥐고 두 짝을 마주쳐서 소리를 낸다.

자박-자박 [with soft steps]
가볍게 발소리를 내면서 자꾸 가만가만 걷는 소리. 또는 그 모양. ¶그녀가 자박자박 걸어왔다.

자:반 [salted fish]
생선을 소금에 절인 반찬감. 또는 그것을 굽거나 쪄서 조리한 반찬. ¶고등어 자반.

자발 自發 | 스스로 자, 드러낼 발 [self-activity]
자기 뜻을 스스로[自] 드러냄[發]. 스스로 함.

▶ **자발-적** 自發的 | 것 적
자기 스스로 하는[自發] 것[的]. ¶교통질서 확립을 위해서는 시민들의 자발적인 참여가 필요하다. ㊦ 강제적(強制的).

자백 自白 | 스스로 자, 말할 백 [confess]
자기 비밀을 직접[自] 털어놓고 말함[白]. 또는 그 진술. ¶경찰은 마침내 그의 자백을 받아냈다.

자-벌레 [measuring worm]
동물 꼬리를 머리 쪽에 갖다 붙이고 몸을 앞으로 펴며 기어가는 자벌레나방의 유충(幼蟲). 나무나 풀잎을 갉아먹는다.

***자본** 資本 | 재물 자, 밑 본 [capital]
사업을 하는 데 밑바탕[本]이 되는 재물[資]. ¶자본이 부족하다.

▶ **자본-금** 資本金 | 돈 금
❶ 속뜻 이익을 낳는 밑바탕[資本]이 되는 돈[金]. ❷ 경제 영리를 목적으로 한 회사를 경영하는 바탕이 되는 돈.

▶ **자본-주의** 資本主義 | 주될 주, 뜻 의
경제 생산 수단을 자본(資本)으로서 소유한 자본가가 이윤 획득을 위하여 생산 활동을 하도록 보장하는 사회 경제 체제[主義].

자부 自負 | 스스로 자, 힘입을 부 [pride]

❶[속뜻] 스스로[自]의 재능, 능력에 힘입음[負]. ❷자기의 재능이나 능력 따위에 자신을 가지고 스스로 자랑으로 생각함. 또는 그런 마음.

▶ 자부-심 自負心 | 마음 심
자부(自負)하는 마음[心]. ¶그는 자신의 일에 대해 자부심이 강하다.

***자비** 慈悲 | 사랑할 자, 슬플 비 [mercy]
❶[속뜻] 고통 받는 이를 사랑하고[慈] 같이 슬퍼함[悲]. 또는 그런 마음. ¶자비를 베풀다. ❷[불교] 부처가 중생을 불쌍히 여겨 고통을 덜어 주고 안락하게 해 주려는 마음. '자비심'의 준말.

▶ 자비-심 慈悲心 | 마음 심
[불교] 중생을 사랑하고 가엾게 여기는[慈悲] 마음[心]. ¶자비심 많은 할머니 / 어머니는 자비롭고 온화하신 분이다.

자빠-지다 [fall over]
❶뒤로 또는 옆으로 넘어지다. ¶문턱에 걸려 자빠지다. ❷서 있던 물체가 모로 기울어져 쓰러지다. ¶바람에 나무들이 자빠졌다. ㊥ 넘어지다.

자살 自殺 | 스스로 자, 죽일 살
[kill oneself]
스스로[自] 자기를 죽임[殺]. 자기 목숨을 끊음. ¶자살 소동을 벌이다 / 그는 신세를 비관하여 자살했다. ㊥ 자결(自決). ㊦ 타살(他殺).

▶ 자살-골 (自殺goal)
[운동] 자기편을 죽이듯[自殺], 축구 등에서, 실수로 자기편의 골(goal)에 공을 넣는 일.

자상 仔詳 | 자세할 자, 자세할 상
[be kind]
성질이 찬찬하고 꼼꼼하다[仔=詳]. ¶아버지는 매우 자상하시다.

자:색 紫色 | 자줏빛 자, 빛 색 [purple]
자주(紫朱) 빛[色]. ¶아이리스는 봄에 흰색, 자색의 꽃을 피운다.

자생 自生 | 스스로 자, 살 생
[grow wild; grow naturally]
❶[속뜻] 자신(自身)의 힘으로 살아감[生]. ¶자생 능력 / 자생과 자멸을 거듭하다. ❷저절로 나서 자람. ¶자생 춘란 / 이 지역에서는 선인장이 자생한다.

▶ 자생-란 自生蘭 | 난초 란
산이나 들에서 저절로 자라는[自生] 난(蘭). ¶칠갑산에는 자생란이 많다.

자서 自敍 | 스스로 자, 쓸 서
[write one's own story]
자기에 관한 일을 자기(自己)가 서술(敍述)함.

▶ 자서-전 自敍傳 | 전할 전
[문학] 자기가 쓴[自敍] 자기 전기(傳記). ¶『참회록』은 루소의 자서전이다.

***자:석** 磁石 | 자석 자, 돌 석 [magnet]
[광업] 자성(磁性)을 가진 광석(鑛石). 철을 끌어다니는 성질이 있는 물체.

자선[1] 自選 | 스스로 자, 고를 선
자기 작품을 자기(自己)가 고름[選]. 또는 골라서 엮음. ¶자선 작품을 전시했다.

자선[2] 慈善 | 사랑할 자, 착할 선
[give to charity]
불행한 처지에 있는 사람을 사랑하여[慈] 돕는 착한[善] 일. 특히, 가난한 사람들을 물질적으로 돕는 일을 이른다. ¶자선 모금 운동.

▶ 자선-냄비 (慈善-)
구세군에서 연말 등에 불쌍한 사람들을 돕기[慈善] 위해 길에 걸어놓고 성금을 걷는 그릇.

▶ 자선 사:업 慈善事業 | 일 사, 일 업
[사회] 고아, 병자, 노약자, 빈민(貧民) 등을 돕는[慈善] 사회적·공공적인 구제 사업(事業). ¶그는 자선 사업에 온 생을 바쳤다.

자:성 磁性 | 자석 자, 성질 성 [magnetism]
[물리] 자기(磁氣)를 띤 물체가 쇠붙이 따위를 끌어당기거나 하는 성질(性質). ¶이 카드는 자성을 띠는 물체 옆에 두지 마시오.

⁑자세[1]仔細 | 어릴 자, 가늘 세 [detailed]
❶속뜻 어리고[仔] 가늘다[細]. ❷사소한 부분까지 아주 구체적이고 분명하다. ¶자세하게 약도를 그리다 / 자세히 설명하다.

⁑자ː세[2]姿勢 | 맵시 자, 형세 세 [posture; attitude]
❶속뜻 몸맵시[姿]와 태도[勢]. ❷몸이 가지는 모양. 앉았거나 섰거나 하는 따위. ¶편한 자세로 앉으세요. ❸무슨 일에 대하는 마음가짐, 곧 정신적인 태도. ¶그는 언제나 성실한 자세로 일했다.

자손 子孫 | 아이 자, 손자 손 [offspring]
❶속뜻 자식[子]과 손자(孫子). ¶그의 자손들은 전국에 흩어져 살고 있다. ❷후손이나 후대. ¶비록 패망한 왕가의 자손이지만, 자존심은 아직 남아 있소.

자수[1]自首 | 스스로 자, 머리 수 [deliver oneself to justice]
❶속뜻 스스로[自] 머리[首]를 내밂. ❷법률 죄를 범한 사람이 자진하여 수사기관에 범죄 사실을 자백함. ¶그는 경찰에 자수하기로 결심했다.

자수[2]字數 | 글자 자, 셀 수 [number of words]
글자[字]의 수효(數爻). ¶500자 이내로 자수를 제한하다.

자ː수[3]刺繡 | 찌를 자, 수놓을 수 [embroider]
천에 바늘을 찔러[刺] 넣어 수(繡)를 놓음. 또는 그 수. ¶어머니는 치마에 자수를 놓았다. ㊟ 수.

자수[4]自手 | 스스로 자, 손 수 [by one's own efforts]
❶속뜻 자기(自己)의 손[手]. ❷자기(自己) 혼자의 노력(努力). 또는 힘.

▶ 자수-성가 自手成家 | 이룰 성, 집 가
물려받은 재산이 없이 스스로의 힘[自手]으로 집안[家]을 일으키는[成] 일. ¶그녀는 자수성가하여 대기업의 사장이 되었다.

자습 自習 | 스스로 자, 익힐 습 [study independently]
가르치는 이 없이 혼자 스스로[自] 공부하여 익힘[習]. ¶자습 시간 / 그 아이는 한글을 자습하여 책도 제법 잘 읽는다.

▶ 자습-서 自習書 | 책 서
스스로[自] 배워 익힐[習] 수 있도록 쉽고 자세하게 풀이해 놓은 책[書].

자시 子時 | 쥐 자, 때 시
민속 십이시의 첫 번째[子] 시(時). 밤 11시부터 오전 1시까지이다.

자ː시다 [take; eat]
'먹다'의 높임말. ¶할아버지는 저녁밥을 늘 집에서 자신다.

***자식 子息** | 아이 자, 불어날 식 [one's children; guy; fellow]
❶속뜻 아이들[子]이 불어남[息]. ❷자신의 아들과 딸의 총칭. ¶그는 자식이 둘이다. ❸남자를 욕하여 이르는 말. ¶의리 없는 자식. ㊐ 자녀(子女).

⁑자신[1]自身 | 스스로 자, 몸 신 [oneself]
제[自] 몸[身]. ¶너 자신을 알라. ㊐ 자기(自己). ㊥ 남, 타인(他人).

***자신[2]自信** | 스스로 자, 믿을 신 [be confident]
자기(自己)을 믿음[信]. 또는 그런 마음. ¶나는 영어와 중국어에 자신이 있다 / 그는 이번 대회에서 성공을 자신했다.

▶ 자신-감 自信感 | 느낄 감
자신(自信)이 있다고 여겨지는 느낌[感]. ¶그는 언제나 자신감이 넘친다.

▶ 자신만만 自信滿滿 | 찰 만, 찰 만
자신감(自信感)이 넘치도록[滿+滿] 있다. 아주 자신이 있다. ¶그는 자신만만한 표정으로 상대방을 보았다.

***자아 自我** | 스스로 자, 나 아 [ego]
나[我] 자신(自身). 자기 자신. ¶그녀는 자아 발견을 위한 여행을 떠났다. ㊥ 타아(他我).

자아-내다 [draw out thread; evoke]
❶기계의 힘으로 실을 잇달아 뽑아내다.

¶솜에서 실을 자아내다. ❷어떤 느낌이나 일, 말 따위를 끄집어서 일으켜 내다. ¶그 이야기는 많은 사람의 호기심을 자아냈다.

자애 慈愛 | 사랑할 자, 아낄 애 [affection]
❶ 속뜻 사랑하고[慈] 아낌[愛]. 또는 그런 마음. ❷아랫사람에 대한 깊은 사랑. ¶부모의 자애 / 자애로운 미소.

자양 滋養 | 불릴 자, 기를 양 [nutrition; nourishment]
몸에 영양(營養)을 불리는[滋] 일. 또는 그런 물질.

▶자양-분 滋養分 | 나눌 분
몸의 자양(滋養)이 되는 성분(成分). ¶쌀에는 자양분이 많다.

자업-자득 自業自得 | 스스로 자, 일 업, 스스로 자, 얻을 득
자기(自己)가 저지른 일의 업(業)을 자기 자신(自身)이 받음[得]. ¶그 사람의 불행은 자업자득이다.

자ː연[1] 瓷硯 | 사기그릇 자, 벼루 연
자기(瓷器)로 만든 벼루[硯]. ㊐도연(陶硯).

자연[2] 自然 | 스스로 자, 그러할 연 [nature]
❶ 속뜻 스스로[自] 그러함[然]. ❷사람의 손에 의하지 않고 스스로 존재하는 것이나 일어나는 현상. ¶자연의 법칙 / 풍장(風葬)은 시체를 비바람에 자연히 없어지게 하는 방법이다 / 우리는 자연스럽게 친해졌다. ❸사람의 힘이 더해지지 않고 저절로 생겨난 산, 강, 바다, 식물, 동물 따위의 존재. ¶자연을 사랑하다 / 자연을 보존하다. ㊥인위(人爲).

▶자연-계[1] 自然系 | 이어 맬 계
❶ 속뜻 자연과학(自然科學) 계통(系統). ❷수학, 물리학, 화학, 생물학, 지구 과학 따위의 학문 계통. ¶자연계 학과 / 자연계의 모집 정원.

▶자연-계[2] 自然界 | 지경 계
❶ 속뜻 인간을 포함한 천지 만물[自然]이 존재하는 범위[界]. ❷인간 세계를 둘러싸고 있는 천체·산천·식물·동물 따위의 모든 세계. ¶자연계의 모든 생물은 자연법칙의 지배를 받는다.

▶자연-물 自然物 | 만물 물
인공으로 된 것이 아닌, 자연계(自然界)에 있는 유형물(有形物). ㊥인공물(人工物).

▶자연-미 自然美 | 아름다울 미
꾸밈이 없는 자연(自然) 그대로의 아름다움[美]. ㊥인공미(人工美).

▶자연-사 自然死 | 죽을 사
노쇠로 말미암아 자연(自然)히 죽는[死] 일. 생리적인 여러 기능이 쇠약해짐으로써 저절로 죽는 일. ㊥우연사(偶然死).

▶자연-석 自然石 | 돌 석
인공을 가하지 않은 자연(自然) 그대로의 돌[石]. ㊐천연석(天然石).

▶자연-수 自然數 | 셀 수
수학 1, 2, 3, 처럼 수의 발생과 동시에 있었다고[自然] 생각되는 가장 소박한 수(數). 양(陽)의 정수(整數)를 통틀어 이르는 말.

▶자연-적 自然的 | 것 적
인공을 가하지 않은 자연(自然) 그대로의 것[的]. ¶자연적 폭발. ㊥인공적(人工的), 인위적(人爲的).

▶자연 과학 自然科學 | 조목 과, 배울 학
교육 자연계(自然界)에서 일어나는 현상과 원리를 연구하여 하나의 체계[科]를 세우는 학문(學問).

▶자연-법칙 自然法則 | 법 법, 법 칙
철학 자연계(自然界)의 모든 사물을 지배하는 원인과 결과의 필연적 법칙(法則).

▶자연-보ː호 自然保護 | 지킬 보, 돌볼 호
사회 인류의 생활환경인 자연(自然)을 훼손하지 않고 좋은 상태로 가꾸고 보살피는[保護] 것. ¶자연보호 구역 / 그는 자연보호 운동의 선구자이다.

▶자연-재해 自然災害 | 재앙 재, 해칠 해
태풍, 가뭄, 홍수, 지진, 화산 폭발, 해일 따위의 피할 수 없는 자연(自然) 현상으로

인하여 일어나는 재해(災害). ¶이 지역은 극심한 자연재해가 몇 년째 계속되고 있다.

▸ **자연-환경** 自然環境 | 고리 환, 처지 경
인간 생활을 둘러싸고 있는 자연계(自然界)의 모든 요소가 이루는 환경(環境). ¶자연 환경 보호를 위해 관광을 제한했다.

자:외-선 紫外線 | 자줏빛 자, 밖 외, 줄 선 [ultraviolet rays]
물리 태양 스펙트럼에서 보랏빛[紫]의 바깥쪽[外]에 나타나는 광선(光線). 파장이 가시광선보다 짧고 엑스선보다 긴, 눈에 보이지 않는 복사선(輻射線). ¶자외선 차단제 / 자외선으로 컵을 소독했다.

자욱-하다 [dense]
연기나 안개 등이 잔뜩 끼어 몹시 흐릿하다. ¶연기가 자욱하다 / 안개가 자욱이 끼다.

자원[1] 自願 | 스스로 자, 원할 원 [volunteer]
스스로[自] 원(願)함. ¶자원봉사 / 그는 오지 근무를 자원했다.

⁑**자원[2]** 資源 | 재물 자, 근원 원 [resources]
❶ 속뜻 재물[資]이 될 수 있는 근원[源]. ❷생활 및 생산에 이용될 수 있는 원료나 노동력을 통틀어 이르는 말. ¶물적 자원 / 인적 자원.

자위 自慰 | 스스로 자, 달랠 위 [console oneself; comfort oneself]
❶ 속뜻 스스로[自] 자기 마음을 달램[慰]. ¶그는 목숨을 건진 것만도 다행이라고 자위했다. ❷자기의 생식기를 자극하여 성적 쾌감을 얻는 것.

⁑**자유** 自由 | 스스로 자, 말미암을 유 [free; liberal]
자기(自己) 마음이 내키는 대로[由] 행동하는 일. ¶개인의 자유는 존중되어야 한다 / 의견을 자유롭게 말하다 / 우리 학교 학생은 누구나 자유롭게 강당을 이용할 수 있다. ⓑ 구속(拘束).

▸ **자유-권** 自由權 | 권리 권
법률 국가 권력도 침해할 수 없는 개인이 자유(自由)로울 권리(權利). 신앙·학문·사상·언론·집회·결사·직업 선택·거주 이전의 자유 따위.

▸ **자유-당** 自由黨 | 무리 당
❶ 속뜻 자유(自由)를 표방하는 정당(政黨). ❷ 정치 1951년 12월에 임시 수도인 부산에서 이승만을 총재로 하여 창당한 정당. 집권당으로서 독재를 자행하였다. 1960년 3·15 부정 선거를 감행함으로써 4·19 혁명을 유발하여 붕괴되었다.

▸ **자유-시** 自由詩 | 시 시
문학 운율이나 시형이 자유(自由)로운 시(詩). ⓑ 정형시(定型詩).

▸ **자유-인** 自由人 | 사람 인
정당한 행위에 대하여 자기 권리를 자유(自由)로이 행사할 수 있는 사람[人].

▸ **자유-형** 自由型 | 모형 형
운동 ❶레슬링 경기 종목의 한 가지. 몸 전체를 자유(自由)롭게 이용하여 공격하거나 방어할 수 있는 경기 방식[型]. ❷수영 경기 종목의 한 가지. 수영법의 형(型)에 제한을 두지 않는 경기 방식.

▸ **자유-화** 自由化 | 될 화
자유(自由)롭게 하거나[化] 자유롭게 됨. 또는 그 일. ¶두발 자유화.

▸ **자유-자재** 自由自在 | 스스로 자, 있을 재
❶ 속뜻 모든 것이 자기(自己)에게서 말미암고[由] 또 저절로[自] 존재(存在)하는 듯 자기 뜻대로 함. ❷모든 것이 자유롭고 거침이 없음. ¶그는 중국어를 자유자재로 구사한다.

▸ **자유-주의** 自由主義 | 주될 주, 뜻 의
철학 개인의 자유(自由)를 존중하여 국가의 간섭을 최대한으로 줄이려는 사상이나 태도[主義].

▸ **자유 민주주의** 自由民主主義 | 백성 민, 주인 주, 주될 주, 뜻 의
사회 자유(自由) 주의에 입각한 민주주의(民主主義) 사상. 진정한 민주주의는 자유주의를 전제로 하여야만 가능하고, 양

자(兩者)는 본디 일체가 되어야 한다는 뜻에서 민주주의를 이르는 말이다.

▸ **자유의 여신상** (自由-女神像, 여자 녀, 귀신 신, 모양 상)
고적 미국 뉴욕 시 허드슨 강어귀의 리버티 섬에 있는, 자유(自由)를 상징하는 여신상(女神像). 오른손에는 횃불을 들고 있고, 왼손에는 독립일을 새긴 돌 판을 들고 있는 모습을 하고 있다.

자율 自律 | 스스로 자, 법칙 률 [self-control]
스스로의 의지로 자신(自身)의 행동을 규제함[律]. ¶자율 학습. ㊥ 타율(他律).

▸ **자율-성** 自律性 | 성질 성
스스로 자신을 통제하여 절제하는[自律] 성질(性質)이나 특성. ¶의사 선택의 자율성을 높이기 위해 무기명 투표를 실시했다.

▸ **자율-적** 自律的 | 것 적
스스로의 의지로 자기(自己) 행동을 조절하는[律] 것[的]. ¶환경 보호 운동에 자율적으로 참여하다.

자음 子音 | 아이 자, 소리 음 [consonant]
❶ 속뜻 어머니의 도움을 받아야하는 아이[子]처럼 모음(母音)이 있어야 음절음이 되는 소리[音]. ❷ 언어 목이나 입 등에서 장애를 받으며 나는 소리. ¶자음 'ㄱ'은 모음 'ㅏ'가 있어야 [가]라고 발음할 수 있다. ㊥ 모음(母音).

자의 自意 | 스스로 자, 뜻 의 [one's own will]
자기 스스로[自]의 생각이나 의견(意見). ¶자의로 회사를 그만두다. ㊥ 타의(他意).

자-의:식 自意識 | 스스로 자, 뜻 의, 알 식 [self consciousness]
❶ 속뜻 자신(自身)의 행동, 성격 등에 대하여 아는[意識] 일. ¶학문은 지식을 넓히고 자의식을 깊게 해준다. ❷ 철학 외계의 의식에 대립하는, 자아(自我)에 대한 의식(意識).

자인 自認 | 스스로 자, 알 인 [acknowledge]
스스로[自] 인정(認定)함. ¶그는 자신의 잘못을 자인했다.

자자 藉藉 | 깔개 자, 깔개 자 [be widely spread]
❶ 속뜻 널리 깔려 있다[藉+藉]. ❷여러 사람의 입에 오르내려 떠들썩하다. ¶그는 국내외에 명성이 자자할 정도로 대단한 화가이다.

자자손손 子子孫孫 | 아들 자, 아들 자, 손자 손, 손자 손 [one's offspring]
❶ 속뜻 자식[子]의 자식[子], 그리고 손자[孫]의 손자[孫]. ❷자손의 여러 대(代). ¶좋은 전통을 자자손손 전하다. ㊐ 대대손손(代代孫孫).

자작 自作 | 스스로 자, 지을 작 [make oneself]
❶ 속뜻 스스로[自] 손수 만듦[作]. 또는 그 물건. ❷자기 농토에 직접 농사를 지음. ㊐ 가작(家作). ㊥ 소작(小作).

▸ **자작-농** 自作農 | 농사 농
자기 땅에 자기(自己)가 직접 짓는[作] 농사(農事). 또는 그러한 농민. ㊥ 소작농(小作農).

자작-나무 [white birch]
식물 자작나뭇과의 낙엽 활엽 교목. 나무껍질은 흰색이며 종이처럼 벗겨진다. 목재는 가구에, 껍질은 약용·유피용(鞣皮用)으로 쓴다.

자잘-하다 [be all small]
❶여러 개가 다 잘다. ¶자잘한 글씨. ❷모두 별로 중요하지 않다. ¶자잘한 일로 바쁘다.

자장[1]
❶고기, 양파, 당근 따위를 중국식 된장에 섞어 기름에 볶아서 만든 양념장. ¶자장을 볶다. ❷'자장면'의 준말. ¶점심으로 자장을 시켜 먹었다.

▸ **자장-면**
볶은 중국 된장에 고기와 채소 등을 넣고

비빈 국수.

자:장²磁場 | 자석 자, 마당 장 [magnetic field]
물리 자석이나 전류의 주위에 생기는 자력(磁力)이 미치는 범위[場]. ¶자장의 강도를 재다. ㊐자계(磁界).

자장-가 (一歌, 노래 가) [lullaby]
아기를 재울 때 부르는 노래[歌]. ¶아기에게 자장가를 불러주었다.

자장-자장
어린아이를 재울 때에 조용히 노래처럼 부르는 소리. ¶자장자장 우리 아가.

자재 資材 | 재물 자, 재료 재 [materials]
물자(物資)와 재료(材料)를 아울러 이르는 말. ¶건축 자재 / 우리 회사는 자재를 수입해 제품을 만든다.

자전¹字典 | 글자 자, 책 전 [dictionary; lexicon]
낱낱 한자[字]에 대하여 음과 뜻을 자세히 풀이해 놓은 책[典]. ¶모르는 한자를 자전에서 찾아보았다. ㊐옥편(玉篇).

자전²自轉 | 스스로 자, 구를 전 [turn on its axis; rotate]
❶ 속뜻 스스로[自] 돎[轉]. ❷ 천문 천체(天體)가 그 내부를 지나는 축(軸)을 중심으로 회전하는 일. ¶지구의 자전으로 밤과 낮이 생긴다. ㊉공전(公轉).

▸자전-거 自轉車 | 수레 거
페달을 밟으면 저절로[自] 굴러가는[轉] 수레[車]. ¶자전거 여행 / 자전거를 타다.

자정¹子正 | 쥐 자, 바를 정 [midnight]
십이시의 자시(子時)의 한가운데[正]. 밤 12시. ¶그는 자정이 넘어서야 집에 돌아왔다. ㊐정자(正子). ㊉정오(正午).

자정²自淨 | 스스로 자, 깨끗할 정
저절로[自] 깨끗해짐[淨]. ¶생태계의 자정 작용.

자제¹子弟 | 아들 자, 아우 제 [children]
❶ 속뜻 아들[子]과 아우[弟]. ❷남을 높여 그의 아들을 일컫는 말. ¶자제분은 무슨 일을 하십니까?

자제²自制 | 스스로 자, 누를 제 [refrain from]
욕망, 감정 따위를 스스로[自] 억누름[制]. ¶건물에서는 흡연을 자제해 주십시오.

▸자제-력 自制力 | 힘 력
스스로[自] 자기를 억제(抑制)하는 힘[力]. ¶그는 자제력을 잃고 소리를 질렀다.

자조 自助 | 스스로 자, 도울 조 [self help]
스스로[自] 자기를 도움[助]. ¶자조 정신 / 자조는 최상의 도움이다.

자족 自足 | 스스로 자, 넉넉할 족 [self-sufficient]
스스로[自] 만족(滿足)함. 또는 그 만족.

자존 自尊 | 스스로 자, 높을 존 [self-respect]
스스로[自] 자기를 높이거나[尊] 잘난 체 함.

▸자존-심 自尊心 | 마음 심
제 몸이나 품위를 스스로[自] 높이[尊] 가지는 마음[心]. ¶이것은 내 자존심이 걸린 문제다.

자주¹(數, 자주 삭; 頻, 자주 빈) [often]
짧은 동안에 여러 번. 같은 일을 잇달아 잦게. ¶요즘은 눈이 자주 온다. ㊐빈번(頻繁)히. ㊉가끔, 이따금.

자주²自主 | 스스로 자, 주인 주 [independence]
자기(自己)가 주인(主人)이 되어 자신의 일을 스스로 처리하는 일.

▸자주-권 自主權 | 권리 권
❶ 속뜻 아무런 속박이나 간섭을 받지 않고 스스로의 문제를 스스로 결정하고 처리할 수 있는[自主] 권리(權利). ❷ 법률 국가가 국내 문제나 대외 문제를 자기 뜻대로 자유롭게 결정할 수 있는 권리. ¶조선은 을미늑약으로 국가의 자주권을 상실했다.

▸자주-성 自主性 | 성질 성
자주적(自主的)인 성질(性質).

▸자주-적 自主的 | 것 적

자기에게 관계되는 일을 스스로[自主] 처리하는 것[的]. ¶문제를 자주적으로 해결하자.

▶자주-국방 自主國防 | 나라 국, 막을 방
스스로의 힘으로[自主] 적의 침략으로부터 나라[國]를 지킴[防].

▶자주-독립 自主獨立 | 홀로 독, 설 립
국가가 자주권(自主權)을 행사할 수 있는 완전한 독립(獨立). ¶안창호는 조국의 자주독립을 위해 온 몸을 바쳤다.

자ː주[3] **紫朱** | 자줏빛 자, 붉을 주 [purple]
짙은 남빛[紫]을 띤 붉은[朱] 색. 또는 그런 물감.

▶자ː주-색 紫朱色 | 빛 색
보라색[紫]과 붉은색[朱]을 합한 빛깔[色]. ¶그녀는 자주색 옷을 즐겨 입는다. [준] 자주. [비] 자줏빛.

자ː줏-빛 (紫朱-, 자줏빛 자, 붉을 주 [purple]
짙은 남빛[紫]에 붉은빛[朱]을 띤 빛. ¶산이 자줏빛으로 물들었다.

자중 自重 | 스스로 자, 무거울 중
[use prudence; be cautious]
❶[속뜻] 자기(自己)를 소중(所重)히 함. ❷ 말이나 행동, 몸가짐 따위를 신중하게 함. ¶앞으로는 좀 더 자중하겠습니다.

자ː지 [penis]
남성의 길게 내민 외부 생식기.

자지러지다 [shrink]
❶놀라서 몸이 움츠러지다. ¶그녀는 자지러지게 놀라서 그 자리에서 주저앉았다. ❷웃음소리·울음소리·치는 장단 등이 빨라서 잦아지다. ¶아기가 자지러지게 운다.

자진 自進 | 스스로 자, 나아갈 진 [volunteer]
제 스스로[自] 나감[進]. ¶자진신고.

자진-모리
[음악] 민속 음악에서, 판소리 및 산조(散調) 장단의 하나. 휘모리보다 좀 느리고 중중모리보다 좀 빠른 속도로서, 섬세하면서 명랑하고, 차분하면서 상쾌하다.

자질 資質 | 밑천 자, 바탕 질
[nature; fiber; character]
❶[속뜻] 밑천[資]과 본바탕[質]. ❷본래 타고난 성품이나 소질. ¶그는 자질이 침착하여 이 일을 하기 적합하다. ❸자격을 갖추는 데 필요한 소질. ¶의사의 자질을 갖추다.

자질구레-하다 [be evenly small]
여러 개가 다 잘다. ¶책상 위는 자질구레한 물건들로 가득 차 있다. [비] 자잘하다.

자책 自責 | 스스로 자, 꾸짖을 책
[blame oneself; reproach oneself]
자기의 잘못을 스스로[自] 꾸짖음[責]. 스스로 책임져야 할 일. ¶그는 아들의 잘못이 자기 탓이라고 자책했다.

자처 自處 | 스스로 자, 살 처
[think oneself as]
스스로[自] 그렇게 처신(處身)함. ¶한국 핸드볼팀은 세계 최강임을 자처한다.

자ː철 磁鐵 | 자석 자, 쇠 철
[magnetic iron]
[광업] 자성(磁性)이 강한 광물[鐵]. ¶경상북도 쇠골안은 자철이 많이 산출된다.

▶자ː철-석 磁鐵石 | 돌 석
[광업] 강한 자성(磁性)을 띠는 철(鐵) 종류의 광석(鑛石).

자청 自請 | 스스로 자, 청할 청 [volunteer]
어떤 일을 자기 스스로[自] 청(請)함. ¶그녀는 자신이 가겠다고 자청했다 / 그는 힘든 일을 자청하여 떠맡았다.

***자체 自體** | 스스로 자, 몸 체 [itself]
❶[속뜻] 그 스스로[自]의 몸[體]이나 모양. ¶그는 남성스러움 그 자체다. ❷스스로 하는 것. ¶자체 조사를 실시하다.

▶자체-적 自體的 | 것 적
스스로[自體] 가지고 있는 것[的]. ¶식사는 우리가 자체적으로 해결했다.

자초[1] **自招** | 스스로 자, 부를 초
[incur; court]

어떤 결과를 자기 스스로[自] 불러들임[招]. ¶화(禍)를 자초하다.

자초² 自初 | 부터 자, 처음 초

어떤 일이 비롯된 처음[初]부터[自].

▸ 자초지종 自初至終 | 이를 지, 끝날 종

처음[初]부터[自] 끝[終]까지[至]의 과정. ¶그는 나에게 자초지종을 이야기했다.

자취¹(迹=蹟=跡, 자취 적) [trace]

어떤 것이 남기고 간 흔적. ¶자취를 감추다. ⓑ 흔적(痕跡).

자취² 自炊 | 스스로 자, 불 땔 취 [live apart from one's own family]

스스로[自] 밥을 지음[炊]. ¶자취 생활 / 그는 서울에서 자취하면서 대학에 다닌다.

▸ 자취-방 自炊房 | 방 방

자취(自炊)하려고 얻어 든 방(房). ¶그는 학교 근처에 자취방을 얻었다.

자치 自治 | 스스로 자, 다스릴 치 [self government]

❶ 속뜻 스스로[自] 다스림[治]. ❷ 법률 지방 자치 단체 등의 공선(公選)된 사람들이 그 범위 안의 행정이나 사무를 자주적으로 처리함. ¶자치 도시.

▸ 자치-적 自治的 | 것 적

제 일은 제 스스로가 다스리는[自治] 것[的]. ¶학생회는 자치적으로 운영된다.

▸ 자치-제 自治制 | 정할 제

법률 공공 단체나 집단이 스스로 자기 일을 결정하여[自治] 행정을 펴는 제도(制度). ¶시의 자치제.

▸ 자치-단체 自治團體 | 모일 단, 몸 체

법률 국가 통치권을 위임받아 공공사무를 자유(自由)로 처리하는[治] 공공 단체(團體).

자-치기 [tipcat]

손에 알맞은 나무막대기로 짤막한 나무때기를 쳐서 그 거리를 재서 승부를 겨루는 아이들 놀이.

자치-통감 資治通鑑 | 재물 자, 다스릴 치, 통할 통, 거울 감

❶ 속뜻 치도(治道)에 자료(資料)가 되고 역대를 통(通)하여 거울[鑑]이 됨. ❷ 책명 중국 송나라 때 편찬된 중국의 역사서. 주(周) 나라 위열왕으로부터 후주(後周) 세종에 이르기까지의 113왕 1362년간의 역사적 사건을 연대 순으로 엮은 것으로, 사마광이 편찬하였다.

자칫 [almost]

어쩌다가 무슨 일이 조금 어긋남을 나타낼 때 쓰는 말. ¶자칫 잘못하면 큰일이 난다 / 소매치기가 많아서 자칫하면 지갑 잃어버릴 수도 있다. ⓑ 까딱, 하마터면.

자칭 自稱 | 스스로 자, 일컬을 칭 [self professed]

남에게 자기(自己)를 일컬음[稱]. 스스로 말함. ¶아까 자칭 가수라는 사람이 왔다 갔어요.

자타 自他 | 스스로 자, 다를 타 [oneself and others]

자기(自己)와 남[他]. ¶그는 자타가 공인하는 한국 최고의 야구선수이다.

자태 姿態 | 맵시 자, 모양 태 [figure]

맵시[姿]와 모양[態]. 몸가짐. ¶한라산이 웅장한 자태를 드러냈다.

자택 自宅 | 스스로 자, 집 택 [one's own house]

자기(自己) 집[宅]. 상대방이나 제3자에 대하여 쓸 수 있는 말이다. ¶자택 주소를 적어 주십시오.

자퇴 自退 | 스스로 자, 물러날 퇴 [leave of one's own accord]

스스로[自] 물러남[退].

자투리 [remnants of dress goods]

❶자로 재어 팔다가 남은 피륙의 조각. ¶자투리를 모아 가방을 만들었다. ❷작거나 적은 조각이나 부분. ¶자투리 시간을 잘 활용해라.

자판 字板 | 글자 자, 널빤지 판 [keyboard]

글자[字]를 배열해 놓은 판(板). ¶컴퓨터

자판.

자판-기 自販機 | 스스로 자, 팔 판, 틀 기 [vending machine]
자동적(自動的)으로 물건을 팔[販] 수 있도록 만들어진 기계(機械). '자동판매기'(自動販賣機)의 준말. ¶음료수 자판기.

자폐-증 自閉症 | 스스로 자, 닫을 폐, 증세 증 [autism]
의학 스스로 남과 소통을 막는[自閉] 증세(症勢). 남과의 공감대가 없어 말을 하지 않으며, 주위에 관심이 없어져 자기 세계에만 몰두하는 특징을 보인다.

자포-자기 自暴自棄 | 스스로 자, 사나울 포, 스스로 자, 버릴 기
절망 상태에 빠져서, 스스로[自] 자신을 해치고[暴] 버려둠[棄]. ¶그는 시험에 떨어진 후 자포자기하였다.

자폭 自爆 | 스스로 자, 터질 폭 [suicide explosion; self-destroy]
❶속뜻 스스로[自] 폭파(爆破)시킴. ❷자기가 지닌 폭발물을 스스로 폭발시켜 자기 목숨을 끊음. ¶자폭 테러 / 그는 수류탄을 터뜨려 자폭했다.

자필 自筆 | 스스로 자, 글씨 필 [autograph]
자기[自]가 직접 쓴 글씨[筆]. ¶자필 서명 / 그는 자필로 추천서를 써주었다. ⓑ 대필(代筆).

자학 自虐 | 스스로 자, 모질 학 [torture oneself]
스스로[自] 자기를 학대(虐待)함. ¶어쩔 수 없는 일이었으니 자학하지 마라.

자해 自害 | 스스로 자, 해칠 해 [injure oneself]
스스로[自] 자기 몸을 해(害)침. ¶그는 극심한 스트레스로 자해했다.

자형 姊兄 | 손윗누이 자, 맏 형 [one's elder sister's husband]
손윗누이[姊]의 남편[兄]. ⓑ 매형(妹兄).

자:화 磁化 | 자석 자, 될 화 [magnetization]
물리 물체가 자성(磁性)을 띠게 되는[化] 일. 또는 띠게 하는 일. ⓑ 대자(帶磁), 여자(勵磁).

자화² 自畵 | 스스로 자, 그림 화
자기(自己)가 그린 그림[畵].

▶ **자화-상** 自畵像 | 모양 상
미술 자기(自己)가 자신을 그린[畵] 모습[像]. 또는 그런 그림. ¶이 그림은 고흐의 자화상이다.

▶ **자화-자찬** 自畵自讚 | 스스로 자, 기릴 찬
❶속뜻 자기(自己)가 그린 그림[畵]을 스스로[自] 칭찬(稱讚)함. ❷자기가 한 일을 자기 스스로 자랑함. ¶그는 자신의 작품을 자화자찬하여 비난을 받았다. ⓒ 자찬.

작가 作家 | 지을 작, 사람 가 [writer]
전문적으로 문학이나 예술을 창작(創作)하는 사람[家]. ¶여류 작가 / 그는 이 작품으로 인기 작가가 되었다.

작고 作故 | 지을 작, 옛 고 [pass away]
❶속뜻 옛[故] 사람이 됨[作]. ❷죽은 사람을 높여 그의 '죽음'을 이르는 말. ¶그분은 60세에 작고하셨다.

작곡 作曲 | 지을 작, 노래 곡 [write music; compose]
음악 노래[曲]를 지음[作]. 또는 그 악곡. ¶이 노래는 그가 작곡하였다.

▶ **작곡-가** 作曲家 | 사람 가
음악 작곡(作曲)을 전문으로 하는 사람[家]. ¶헨델은 바로크 음악의 작곡가로 유명하다.

▶ **작곡-자** 作曲者 | 사람 자
음악 작곡(作曲)한 사람[者].

작년 昨年 | 어제 작, 해 년 [last year]
지난[昨] 해[年]. ¶작년 겨울.

작:다 (小, 작을 소; 微, 작을 미) [small; low]
❶크지 않다. 부피가 얼마 안 되다. ¶그는 키가 작지만 뛰어난 농구선수가 되었다. ❷소리가 크지 않고 약하다. ¶작은 소리로 이야기해라. ❸수나 양이 적다. ¶5는 7보다 작다. ❹사소하다. ¶희수는 작은 일에

도 최선을 다한다. ⓑ크다. [속담]작은 고추가 맵다.

작달-비 [pouring rain]
굵직하고 거세게 퍼붓는 비. ⓑ장대비.

작대기 [pole]
긴 막대기. ¶나무 작대기를 휘두르다.

작동 作動 | 지을 작, 움직일 동 [operate]
❶[속뜻]기계 따위가 만들어져[作] 움직임[動]. ❷기계의 운동 부분이 움직임. 또는 그 부분을 움직이게 함. ¶감시 카메라가 작동 중이다.

작두 [fodder chopper]
마소의 먹이를 써는 연장. 기름하고 두툼한 나무토막 위에 긴 칼날을 달고 그 사이에 짚이나 풀 따위를 넣어 발로 디뎌 가며 썰게 되어 있다.

작문 作文 | 지을 작, 글월 문 [composition]
글[文]을 지음[作]. 또는 그 글. ¶겨울에 대해 작문을 하다. ⓑ글짓기.

⁑**작물** 作物 | 지을 작, 만물 물 [crops]
농사를 지어[作] 얻은 식물(植物). '농작물'(農作物)의 준말. ¶이 지방의 주요 작물은 밀이다.

작별 作別 | 지을 작, 나눌 별
[take leave; bid farewell]
이별(離別)을 함[作]. 이별의 인사를 나눔. ¶작별 인사 / 친구와 작별하고 기차에 올랐다. ⓑ상봉(相逢).

작사 作詞 | 지을 작, 말씀 사
[write lyrics]
가사(歌詞)를 지음[作]. ¶이 노래는 그가 작사·작곡했다.

작살[1] [harpoon]
물고기를 찔러 잡는 기구. 작대기 끝에 삼지창 비슷한 뾰족한 쇠를 박아 만드는데, 간혹 한두 개의 쇠꼬챙이를 박은 것도 있다.

작살[2]
완전히 깨어지거나 부서짐. ¶그는 물병을 작살을 냈다.

작성 作成 | 지을 작, 이룰 성 [draw up]
원고, 서류, 계획 따위를 만들어[作] 완성(完成)함. ¶참가 신청서를 작성하십시오.

작심 作心 | 지을 작, 마음 심
[make up one's mind]
마음[心]을 단단히 지어[作] 먹음. 또는 그 마음. ¶작심을 먹다 / 그는 담배를 끊기로 작심했다.

▸**작심-삼일** 作心三日 | 석 삼, 날 일
❶[속뜻]마음먹은[作心] 것이 삼일(三日) 밖에 못 감. ❷'결심이 오래 가지 못함'을 이르는 말. ¶술을 끊겠다는 아빠의 각오는 항상 작심삼일이다.

⁑**작업** 作業 | 지을 작, 일 업 [work]
일정한 목적과 계획 아래 어떤 일터에서 일[業]을 함[作]. 또는 그 일. ¶단순 작업 / 계획대로 작업하면 내년에 공사가 끝난다.

▸**작업-복** 作業服 | 옷 복
작업(作業)할 때만 입는 옷[服]. ¶아버지의 작업복은 기름때가 끼어 있었다.

▸**작업-장** 作業場 | 마당 장
작업(作業)을 하는 곳[場]. ¶작업장에 안전표지를 해두다. ⓑ일터.

작열 灼熱 | 사를 작, 뜨거울 열
[be burning]
불을 사르는[灼]듯한 뜨거움[熱]. ¶작열하는 태양 아래 낙타가 묵묵히 걷고 있다.

*__작용__ 作用 | 지을 작, 쓸 용
[effect; act on; work on]
❶[속뜻]어떤 물체가 만들어져[作] 실제로 쓰임[用]. ❷[물리]한 물체의 힘이 다른 물체의 힘에 미치어서 영향을 주는 일. ¶동화작용 / 모든 물체 사이에는 서로 끌어당기는 힘이 작용한다.

▸**작용-점** 作用點 | 점 점
[물리]어떤 물체에 작용(作用)하는 힘이 미치는 한 점(點).

작은개-자리 [Canis Minor; Little Dog]
[천문]오리온자리와 쌍둥이자리 사이에 있

는 별자리. 3월 초순에 자오선을 통과한다.

작은 고모 (一姑母, 고모 고, 어머니 모)
고모들 중 맏이가 아닌 고모(姑母). ¶작은 고모는 미용사이다.

작은-골 [cerebellum]
의학 대뇌의 아래, 연수(延髓) 뒤에 있는 타원형 뇌수의 일부. 몸의 평형감각과 운동을 조절한다.

작은곰-자리 [Ursa Minor]
천문 하늘의 북극을 포함하는 별자리. 눈으로 볼 수 있는 것이 50개가량으로 북극성이 그 주성(主星)이다.

작은-댁 (一宅, 댁 댁) [branch family]
'작은집'[宅]을 높여 이르는 말. ¶작은댁은 청양에 있다. ⓑ 큰댁.

작은-따옴표 (一標, 나타낼 표)
[single quotation marks]
언어 가로쓰기에 쓰는 문장 부호 ' '의 이름. 따온 말 가운데 다시 따온 말이 들어 있을 때나 마음속으로 한 말을 적을 때에 쓴다.

작은-딸 [younger daughter]
둘 이상의 딸 가운데 맏딸이 아닌 딸을 이르는 말. ¶작은딸이 큰딸보다 먼저 시집을 갔다. ⓑ 큰딸.

작은-북 [small drum]
음악 서양 타악기의 하나. 앞에 걸어 메거나 대(臺) 위에 가로놓고 두 개의 가는 나무 막대기로 두들겨 소리를 낸다.

작은-아들 [younger son]
맏아들이 아닌 아들. ¶작은아들은 대학교 3학년이다. ⓑ 큰아들.

작은-아버지
[one's father's younger brother]
아버지의 아우. ¶작은아버지는 타고난 농사꾼이다. ⓑ 삼촌(三寸), 숙부(叔父). ⓑ 큰아버지.

작은-악절 (一樂節, 음악 악, 마디 절)
음악 두 개의 동기(動機)가 모여 보통 넷 또는 여섯 소절로 이루어진 악절(樂節). ⓑ 큰악절.

작은-어머니 [wife of one's father's younger brother]
작은아버지의 아내. ¶작은어머니는 어머니를 대신해 나를 길러주셨다. ⓑ 숙모(叔母). ⓑ 큰어머니.

작은-집 [branch family]
따로 살림하는 아들이나 아우, 작은아버지의 집. ⓑ 큰집.

작은-창자 [small intestine]
의학 위(胃)와 큰창자 사이에 있는, 대롱 모양의 위창자관. 샘창자, 빈창자, 돌창자로 나뉜다. ¶작은창자에서는 영양소를 흡수한다.

작은-할아버지
할아버지의 아우. ⓑ 큰할아버지.

작자 作者 | 지을 작, 사람 자 [author]
❶ 속뜻 작품을 짓거나[作] 만든 사람[者]. ¶『홍길동전』의 작자는 허균이다. ❷ 나 아닌 다른 사람을 낮잡아 이르는 말. ¶저 사람, 도대체 뭐 하는 작자야? ⓑ 독자(讀者).

작작 [not too much]
대강. 어지간하게. ¶술 좀 작작 마셔라.

작전 作戰 | 지을 작, 싸울 전
[elaborate a plan of operations]
❶ 속뜻 싸움[戰]이나 경기의 대책을 세움[作]. ¶작전을 짜다. ❷ 군사 일정 기간에 집중적으로 벌이는 군사적 행동을 통틀어 이르는 말. ¶작전 명령 / 이곳은 육군이 작전하고 있는 지역으로 민간인의 출입을 금합니다.

▶ 작전 타임 (作戰time)
운동 배구·농구 등 운동 경기에서, 감독 또는 주장이 자기 팀의 선수들에게 작전(作戰)을 지시하기 위해 심판원에게 요구하는 경기 중단 시간[time].

작정 作定 | 지을 작, 정할 정
[decide; determine]

어떤 일에 대해 마음으로 결정(決定)을 내림[作]. 또는 그 결정. ¶그는 술을 끊기로 작정했다 / 이번 방학에는 터키로 여행 갈 작정이다.

작중 인물 作中人物 | 지을 작, 가운데 중, 사람 인, 만물 물
문학 작품(作品) 가운데[中] 등장하는 인물(人物). ¶이 소설에서는 작중인물인 '만득이'가 이야기를 서술한다.

⁑작품 作品 | 지을 작, 물건 품 [piece of work]
❶속뜻 물건[品]을 만듦[作]. 또는 그 만든 물건. ¶새로운 작품을 내놓다. ❷그림, 조각, 소설, 시 등 예술 활동으로 만든 것. ¶피카소의 작품 / 이번 경매에는 새로운 작품이 나왔다.

▶ **작품-전** 作品展 | 펼 전
작품(作品)을 일반에게 보이는 전시회(展示會). ¶졸업 작품전을 보러가다.

▶ **작품-집** 作品集 | 모을 집
작품(作品)을 모아서[集] 엮은 책.

작황 作況 | 지을 작, 상황 황 [crop]
농업 농사를 지어[作] 잘 되고 못 된 상황(狀況). ¶올해는 복숭아의 작황이 좋지 않다.

잔 盞 | 잔 잔 [cup]
❶술·차·물 등 음료를 따라 마시는 작은 그릇. ¶그는 단번에 잔을 비웠다. ❷술이나 음료를 담은 잔의 수를 세는 말. ¶우유 한 잔 주세요. 속담 죽어 석 잔 술이 살아 한 잔 술만 못하다.

잔-가시고기
동물 등지느러미에 6~10개 정도, 배지느러미와 뒷지느러미에 가시가 한 개 있는 민물고기. 몸빛은 회녹색으로 어두운 풀빛 세로줄과 가로 무늬가 있다.

잔-가지 [twig]
풀과 나무의 작은 가지. 또는 자질구레한 가지. ¶잔가지를 치다 / 기린은 나무 잔가지의 풀을 뜯어 먹는다.

잔고 殘高 | 남을 잔, 높을 고 [balance in an account]
❶속뜻 남은[殘] 것의 높이[高]. ❷나머지 금액. 나머지. ¶예금 잔고를 확인하다 / 통장 잔고가 바닥나다.

잔금 殘金 | 남을 잔, 돈 금 [balance]
❶속뜻 남은[殘] 돈[金]. ❷갚다가 덜 갚은 돈. ¶잔금을 치르다.

잔-기침 [slight cough]
소리를 크게 내지 않고 자주 하는 기침.

잔-꾀 [petty tricks]
약고도 작은 꾀. ¶잔꾀를 부리다가 도리어 자기가 당했다.

잔-돈[1] [small sum of money]
작은 돈. 몇 푼 안 되는 돈. ¶오천 원짜리 바꿔 줄 잔돈 있으세요?

잔-돈[2](殘—, 남을 잔) [change]
물건 값을 제하고 남아[殘], 거슬러 받는 잔돈. ¶여기 잔돈 300원 받으세요. ㊞ 거스름돈.

잔등 殘燈 | 남을 잔, 등불 등 [light]
밤늦게 심지가 다 타고 남은[殘] 희미한 등불[燈]. ¶어머니는 잔등의 불빛에 편지를 읽어 내려갔다.

잔디 [patch of grass]
식물 들이나 길가에 나는 풀. 흙의 붕괴를 막거나 미관을 더하는 데 이용된다.

▶ **잔디-밭** [lawn]
잔디가 많이 난 곳. ¶가을 밤, 잔디밭에서 귀뚜라미 우는 소리가 들린다.

잔뜩 [fully; extremely]
❶더할 수 없는 한도에 이를 때까지 가득. 꽉 차게. ¶옷장에 옷이 잔뜩 있다. ❷어떤 정도가 몹시 심하거나 아주 많이. ¶그는 화가 잔뜩 나서 책을 던졌다.

잔-말 [chatter]
쓸데없이 자질구레하게 되풀이하는 말. ¶잔말 말고 어서 잠이나 자라.

잔-물결 [ripples]
초속 1m 이상 5m 이하의 바람이 불 때

생기는 주름살 같은 작은 파도. ¶잔잔한 호수면에 잔물결 하나 없다.

잔-별
작은 별. 자잘한 별. ¶밤하늘에 잔별이 반짝인다.

잔-병 (一病, 병 병)
[constant slight sickness]
중하지는 않으나 끊이지 않고 자주 앓는 자질구레한 병(病). 속담 잔병에 효자 없다.

▸ **잔병-치레** (一病一, 병 병)
잔병(病)을 자주 치르는 일. ¶나는 어릴 때 잔병치레를 많이 했다.

잔-뼈 [small bones]
나이가 어려서 아직 다 자라지 않고 약한 뼈. ¶생선의 잔뼈를 발라냈다. 관용 잔뼈가 굵다.

잔-뿌리 [rootlets; fine roots]
식물의 굵은 뿌리에서 돋아나는 작은 뿌리. ¶인삼의 잔뿌리를 다듬어서 말렸다.

잔설 殘雪 | 남을 잔, 눈 설
[remaining snow on the ground]
녹다가 남은[殘] 눈[雪]. 또는 이른 봄까지 녹지 않은 눈. ¶대관령에는 응달마다 잔설이 아직 남아 있다.

잔-소리 [scold; rebuke]
필요 이상으로 듣기 싫게 꾸짖거나 참견함. 또는 그런 말. ¶어머니는 방을 치우라고 귀가 아프도록 잔소리를 했다.

잔-손 [little touch]
자질구레하게 여러 번 가는 손질. ¶이 작품은 잔손을 많이 들여 만들었다.

잔솔-밭 [young pine woods]
어린 소나무가 많이 들어선 곳.

잔-심부름 [sundry errands]
자질구레한 심부름. ¶농번기가 되면 으레 철이가 잔심부름을 다녔다.

***잔액** 殘額 | 남을 잔, 액수 액
[balance in an account]
쓰고 남은[殘] 금액(金額). ¶계좌의 잔액을 조회하다 / 이 상품권은 잔액을 환불받을 수 있다.

잔여 殘餘 | 남을 잔, 남을 여 [rest]
남은 것[殘=餘]. ¶잔여임기가 두 달 밖에 안 남았다.

잔인 殘忍 | 해칠 잔, 모질 인 [be cruel]
해치고[殘] 모질게 함[忍]. 인정이 없고 모짊. ¶잔인한 말 / 적군은 아녀자를 잔인하게 살해했다.

잔-일 [minor matter]
자질구레하여 잔손이 많이 가는 일. 반 큰일.

잔잔하다 [be calm]
❶바람이나 물결, 병이나 형세 따위가 가라앉아 조용하다. ¶바람이 잦아들자 파도가 잔잔해졌다. ❷표정·태도·소리 따위가 침착하고 조용하다. ¶이 영화는 잔잔한 감동이 있다.

잔재 殘滓 | 남을 잔, 찌꺼기 재 [remnants]
남아[殘] 있는 찌꺼기[滓]. ¶일제 강점기의 잔재를 청산하다.

잔-재미 [pleasure in a small way]
잘고 감칠맛이 있는 오밀조밀한 재미. ¶잔재미를 보다 / 그녀는 아이를 돌보는데서 잔재미를 느꼈다.

잔-재주 [petty artifice]
자잘한 재주. ¶잔재주가 있는 사람.

잔-주름 [fine wrinkles]
잘게 잡힌 주름. ¶눈가에 잔주름이 생기다.

잔치 (宴, 잔치 연) [party]
경사 때에 음식을 차려 놓고 여러 사람을 청하여 먹으며 즐기는 일. 속담 소문난 잔치에 먹을 것 없다.

잔칫-날 [gala day]
잔치를 하는 날. ¶아버지의 칠순 잔칫날에 손님이 많이 오셨다.

잔칫-상 (一床, 평상 상)
잔치 때에 차리는 음식상(飮食床). ¶잔칫상에 홍어를 올려서 대접했다.

잔칫-집 [banqueting house]
잔치를 하는 집.

잔-털 [fine hairs]
썩 가늘고 짧은 털.

잔-풀
어린 풀. 자디잔 풀.

잔학 殘虐 | 해칠 잔, 모질 학 [cruel]
남을 마구 해치고[殘] 모질게[虐] 굴다. ¶잔학행위 / 밤에 잔학한 내용의 영화를 보면 무서운 꿈을 꾼다.

잔해 殘骸 | 남을 잔, 뼈 해 [ruins]
❶[속뜻] 썩거나 타다가 남은[殘] 뼈[骸]. ❷ 부서지거나 못쓰게 되어 남아 있는 물체. ¶무너진 건물의 잔해 아래에서 생존자를 구조했다.

잔혹 殘酷 | 해칠 잔, 독할 혹 [be merciless]
성질이나 하는 짓이 잔인(殘忍)하고 몹시 독하다[酷]. ¶잔혹 행위 / 잔혹한 사람.

잘 [well]
❶옳고 바르게. ¶내 목소리 잘 들리니? ❷흔히, 쉽게. ¶이 셔츠는 잘 구겨진다. ❸아무 탈 없이 편하고 순조롭게. ¶잘 가거라.

잘강-잘강 [chewing]
질긴 물건을 잘게 자꾸 씹는 모양. ¶강아지는 오징어를 잘강잘강 씹었다.

잘근-잘근
질깃한 물건을 가볍게 자꾸 씹는 모양. ¶민희는 긴장하면 손톱을 잘근잘근 씹는다.

잘-나다 [excellent; handsome]
❶똑똑하고 뛰어나다. ¶형은 자기 잘난 맛에 산다. ❷얼굴이 잘생기거나 예쁘다. ¶잘난 얼굴. ❸(반어적으로) 변변치 못하거나 대수롭지 않다. ¶그래, 너 잘났다. [반] 못나다.

잘다 [small]
❶크기가 아주 작다. ¶올해는 비가 많이 와서 사과가 잘다. ❷굵지 않다. 가늘다. ¶잡채에는 고기를 잘게 썰어 볶아 넣는다.

잘-되다 [go well; succeed in life]
❶일이 바라던 대로 되다. ¶모든 일이 잘 되었다. ❷사람이 훌륭하게 되다. ¶나는 너 하나 잘되기만 바란다. [반] 잘못되다.

잘랑-잘랑 [jingling]
작은 방울이나 얇은 쇠붙이 따위가 자꾸 흔들리거나 부딪쳐 울리는 소리. ¶송아지가 잘랑잘랑 방울 소리를 내며 집으로 돌아왔다.

잘록 [be pinched in]
기다란 물건의 한 군데가 패어 들어가 오목한 모양. ¶잘록한 허리.

잘리다 [cut]
❶베어 동강이 나거나 끊어지게 되다. ¶그는 사고로 엄지손가락이 잘렸다. ❷한 부분이 떼어지다. ¶영화의 한 장면이 검열 과정에서 잘렸다. ❸해고당하다. ¶아버지가 회사에서 잘렸다.

잘못 [mistake]
❶잘하지 못한 일. 잘되지 않은 일. ¶그것은 네 잘못이 아니다. ❷바르지 않게. 틀리게. ¶글자를 잘못 쓰다.

▶잘못-되다
❶어떤 일이 그릇되거나 실패로 돌아가다. ¶일이 잘못됐다. ❷사람이 사고나 병 따위로 불행하게 죽다. ¶그녀가 교통사고로 잘못됐다는 소식을 들었다.

▶잘못-하다
❶일을 그릇되게 하다. ¶계산을 잘못해서 돈을 덜 주었다. ❷불행하거나 재수가 좋지 않게 하다. ¶잘못해서 웅덩이에 빠졌다. [반] 잘하다.

잘-살다 [be well off]
부족함 없이 부유하게 살아가다. ¶그는 잘사는 집 딸이다. [반] 못살다.

잘-생기다 [handsome]
모양이 훌륭하게 생기다. 얼굴이 훤하게 생기다. ¶석우는 귀가 잘생겼다. [비] 멋있다, 훤칠하다. [반] 못생기다.

잘잘 [greasy; boiling]

❶기름기나 윤기가 겉에 드러나게 반드르르 흐르는 모양. ¶갓 지은 밥에 윤기가 잘잘 흐른다. ❷열이나 온도가 높아 더운 모양. ¶아궁이에 군불을 넣었더니 방바닥이 잘잘 끓는다.

잘-잘못 [right and wrong]
잘함과 잘못함. ¶이제 와서 잘잘못을 따져야 무슨 소용이니? [비] 시비(是非).

잘-하다 [do well; do often]
❶옳고 착하게 하다. ¶뭘 잘했다고 화를 내니? ❷버릇으로 자주하다. ¶진우는 거짓말을 잘한다. ❸누구를 잘 보살피거나 섬기다. ¶그녀는 부모에게 잘한다.

잠 [sleep]
심신의 활동은 멈추고 눈을 감고 의식 활동이 쉬는 상태. ¶시원한 그늘에서 깜빡 잠이 들었다. [비] 수면(睡眠).

잠-결 [while asleep]
자면서 의식이 흐릿한 겨를. 또는 잠이 막 깨려고 할 즈음. ¶잠결에 아버지가 돌아오시는 소리를 들었다.

잠-귀 [one's hearing while asleep]
잠결에 소리를 듣는 감각. ¶나는 잠귀가 밝다.

잠그다 [lock]
❶여닫는 물건을 열지 못하게 빗장을 걸거나 자물쇠를 채우다. ¶대문을 잠그다. ❷물·가스 따위가 흘러나오지 않도록 차단하다. ¶가스를 잠그다. ❸옷의 단추를 끼우다. ¶남방의 단추를 잠그다. [반] 열다.

비슷한 듯 다른 말	➲ 담그다

잠금-장치 (—裝置, 꾸밀 장, 둘 치) [lock; padlock]
문 따위를 잠그는 장치(裝置).

잠기다¹ [lock]
❶문 따위가 열리지 않게 빗장이나 자물쇠 따위로 잠가지다. ¶이 문은 저절로 잠긴다. ❷통하지 않도록 막는 장치가 돌려져서 막히다. ¶수도꼭지가 꽉 잠기지 않았다. ❸옷이 벌어지지 않게 단추가 채워지다. ¶단추가 잠기지 않았다.

잠기다² [sink; be absorbed in]
❶액체 속에 가라앉다. ¶참외밭이 물에 잠기다. ❷한 가지 일에만 골똘하다. ¶그녀는 생각에 잠겨 내가 하는 말을 듣지 못했다. ❸목이 쉬어 소리가 제대로 나오지 않다. ¶감기 때문에 목이 잠겼다.

잠깐 (暫, 잠깐 잠) [for a while]
매우 짧은 동안. ¶잠깐 있다가 다시 오세요. [비] 잠시(暫時).

잠-꼬대 [somniloquy]
잠을 자면서 저도 모르게 중얼거리는 헛소리. ¶서희는 피곤하면 잠꼬대를 한다.

잠-꾸러기 [sleepyhead]
잠이 매우 많은 사람. 잠을 많이 자는 사람. [비] 잠보.

잠-들다 [fall asleep; die; pass away]
❶잠을 자게 되다. ¶아기는 금방 잠들었다. ❷'죽다'를 완곡하게 이르는 말. ¶그는 31년의 짧은 생을 마치고 영원히 잠들었다. [반] 깨다, 일어나다.

잠망-경 潛望鏡 | 잠길 잠, 바라볼 망, 거울 경 [periscope]
[물리] 물속에 잠겨[潛] 해상이나 지상의 목표물을 살펴볼[望] 수 있도록 반사경이나 프리즘을 이용하여 만든 망원경(望遠鏡).

잠바 [jumper]
품이 넉넉하고 활동성이 좋은 웃옷. ¶아침에 쌀쌀해서 잠바를 입었다.

잠방이 [farmer's knee breeches]
가랑이가 무릎까지 오는 짧은 남자용 홑바지.

잠-버릇 [one's sleep habit]
잘 때에 하는 버릇이나 일. ¶우주는 잠버릇이 나쁘다.

잠-보 [sleepyhead]
잠이 매우 많은 사람. 잠을 많이 자는 사람. [비] 잠꾸러기.

잠복 潛伏 | 잠길 잠, 엎드릴 복 [stake out]

❶ 속뜻 물속에 잠겨 있거나[潛] 땅바닥에 엎드려 있음[伏]. ❷겉으로 드러나지 아니함. ¶그는 잠복해 있다가 범인을 잡았다. ❸ 의학 병에 감염되어 있으면서도 증상이 겉으로 드러나지 않음. ¶이 병은 잠복 기간이 2주 정도이다.

▸잠복-기 潛伏期 | 때 기
의학 병원체가 체내에 침입하여 발병하기까지 잠복(潛伏)하는 기간(期間). ¶이 병은 잠복기가 짧다.

잠수 潛水 | 잠길 잠, 물 수
[dive; go under water]
물[水]속으로 잠김[潛]. ¶해녀는 잠수하여 전복을 따왔다.

▸잠수-부 潛水夫 | 사나이 부
잠수복을 입고 물[水]속에 들어가서[潛] 작업을 하는 사람[夫].

▸잠수-정 潛水艇 | 거룻배 정
❶ 속뜻 바다 밑으로 잠수(潛水)할 수 있는 작은 배[艇]. ❷ 군사 항해 속도가 빠른 소형의 잠수함.

▸잠수-함 潛水艦 | 싸움배 함
군사 바다 밑으로 잠수(潛水)할 수 있는 전투함(戰鬪艦).

잠ː시 暫時 | 잠깐 잠, 때 시 [moment]
잠깐[暫] 동안[時]. ¶잠시 후에 다시 오겠다. ⓗ 잠깐.

잠-옷 [nightwear]
잠잘 때 입는 옷. ¶한밤중에 지진이 나자 모두 잠옷 바람으로 뛰어나갔다.

잠입 潛入 | 잠길 잠, 들 입
[smuggle oneself into]
❶ 속뜻 물속에 잠기어[潛] 들어감[入]. ❷ 몰래 숨어 들어감. ¶간첩의 잠입을 철저히 막아야 한다.

잠-자다 (眠, 잠잘 면) [sleep]
❶잠에 빠져 무의식 상태에 들다. ¶아기가 새근새근 잠자고 있다. ❷물건이 용도대로 쓰이지 못하고 방치되다. ¶좋은 책들이 도서관에서 잠자고 있다. ⓑ 일어나다.

잠-자리[1] [bed]
잠을 자는 곳. ¶잠자리가 바뀌어 잠이 잘 오지 않는다.

잠자리[2] [dragonfly]
동물 맥이 많은 막(膜) 모양의 날개가 있으며, 몸은 가늘고 길며 배에는 마디가 있고 앞머리에 한 쌍의 큰 겹눈이 있는 곤충. ¶웅덩이 근처에 잠자리가 날아다닌다.

▸잠자리-채
잠자리 등 날아다니는 곤충을 잡기 위하여 긴 막대에 그물주머니를 단 기구.

잠자-코 [silently]
아무 말 없이 가만히. ¶너는 나서지 말고 잠자코 있어라.

잠잠 潛潛 | 잠길 잠, 잠길 잠 [be quiet]
❶ 속뜻 고요히 잠기다[潛+潛]. ❷아무 소리도 없이 조용하다. ¶비바람이 그치자 파도가 잠잠해졌다. ❸말이 없이 가만히 있다. ¶한동안 잠잠하더니.

잠재 潛在 | 잠길 잠, 있을 재
[lie dormant; latent]
속에 잠기어[潛] 있음[在]. 겉에 드러나지 않고 숨어 있음. ¶잠재 능력 / 한국은 성장할 수 있는 힘이 잠재되어 있다.

▸잠재-력 潛在力 | 힘 력
겉으로 드러나지 않고 속에 숨어 있는[潛在] 힘[力]. ¶아름이는 예술적 잠재력이 있다.

▸잠재-의ː식 潛在意識 | 뜻 의, 알 식
심리 겉으로 드러나지 못하고 감추어져 있는[潛在] 의식(意識) 상태. 일시적으로 의식하지 못하다가 필요할 때에 다시 의식할 수 있다.

잠적 潛跡 | =潛迹, 숨길 잠, 발자취 적
[disappear; vanish]
발길[跡]을 아주 숨김[潛]. ¶사건 이후 그녀가 잠적했다.

잠정 暫定 | 잠깐 잠, 정할 정 [tentative]
잠깐[暫] 임시로 정(定)함. ¶잠정 합의 / 잠정 예산.

▸ 잠정-적 暫定的 | 것 적
우선 임시로[暫] 정(定)한 것[的]. ¶양측은 잠정적으로 협상안에 합의했다.

잠-투정
어린아이가 잠들기 전이나 잠을 깬 후에 짜증을 내거나 우는 일. ¶윤주는 잠투정이 심하다.

잡곡 雜穀 | 섞일 잡, 곡식 곡 [miscellaneous cereals]
쌀 이외의 다른 곡식(穀食)을 섞은[雜] 것. 또는 그 곡식. ¶나는 잡곡을 넣어 지은 밥을 좋아한다.

▸ 잡곡-밥 (雜穀-)
잡곡(雜穀)을 섞어 지은 밥. ¶정월 대보름에는 잡곡밥을 먹는 풍속이 있다.

잡귀 雜鬼 | 섞일 잡, 귀신 귀 [minor demons]
온갖 잡다(雜多)한 귀신(鬼神). ¶어머니는 팥죽을 대문 앞에 뿌려 잡귀를 쫓았다.

잡균 雜菌 | 섞일 잡, 세균 균 [various germs]
❶ 속뜻 여러 가지가 섞인[雜] 세균(細菌). ❷ 생물 미생물 따위를 배양할 때, 외부로부터 섞여 들어가서 자라는 세균.

잡기 雜技 | 섞일 잡, 재주 기 [gambling]
❶ 속뜻 여러 가지 자질구레한[雜] 기예(技藝). ¶그는 잡기에 능한 편이다. ❷여러 가지 잡된 노름. ¶그는 잡기를 하다가 재산을 모두 잃었다.

잡념 雜念 | 섞일 잡, 생각 념 [distracting thoughts]
머릿속에 뒤엉켜 있는[雜] 여러 가지 생각[念]. ¶잡념이 떠올라서 공부를 할 수가 없다.

잡다 (操, 잡을 조; 拘, 잡을 구; 執, 잡을 집; 捉, 잡을 착; 把, 잡을 파; 秉, 잡을 병) [take; catch]
❶손 따위로 쥐고 놓지 않다. ¶우리는 손을 꼭 잡고 걸었다. ❷사람이나 동물을 달아나지 못하게 붙들다. ¶그물로 고기를 잡았다. ❸권한 따위를 차지하다. ¶정권을 잡다 / 어머니는 우리 집의 가계를 잡고 있다.

잡다 雜多 | 섞일 잡, 많을 다 [miscellaneous]
여러[多] 가지가 뒤섞여[雜] 너저분하다. ¶잡다한 생각 / 잡화점 선반에는 온갖 물건이 잡다하게 쌓여 있었다.

잡담 雜談 | 섞일 잡, 말씀 담 [chat]
이런저런 얘기를 섞어[雜] 쓸데없이 하는 말[談]. ¶아낙들이 우물가에서 잡담을 나누고 있다.

잡동사니 (雜-, 섞일 잡) [useless articles]
쓸데없는 것이 한데 뒤섞인[雜] 모양. 또는 그 물건. ¶창고가 잡동사니로 가득 차 있다.

잡목 雜木 | 섞일 잡, 나무 목 [scrubs]
여러 종류가 뒤섞인[雜] 나무[木]. ¶그곳은 잡목이 무성하다.

잡비 雜費 | 섞일 잡, 쓸 비 [incidentals]
여러 가지 비용(費用)을 섞어 놓은[雜] 것. 또는 그 비용. ¶이번 달은 잡비가 꽤 많이 들었다.

잡-상인 雜商人 | 섞일 잡, 장사 상, 사람 인 [small tradesman]
잡다(雜多)한 물건을 들고 다니면서 장사하는[商] 사람[人]. ¶잡상인 출입 금지.

잡색 雜色 | 섞일 잡, 빛 색 [various colors]
❶ 속뜻 여러 가지 빛이 뒤섞인[雜] 빛깔[色]. ❷뒤섞여 있는 온갖 것. ❸ 민속 풍물놀이와 민속놀이에서 정식 구성원이 아니지만 놀이의 흥을 돋우기 위하여 등장하는 사람.

잡수다 [have; eat]
'먹다'의 높임말. ¶아버지께서 진지를 잡수고 계신다. ㊄잡숫다.

잡수-시다 [have]
'잡수다'의 높임말. ¶할아버지, 진지 잡수셨습니까?

잡-스럽다 (雜—, 섞일 잡) [be wanton]
상스럽고 난잡(亂雜)하다.

잡식 雜食 | 섞일 잡, 먹을 식 [polyphagia]
❶[속뜻] 여러 가지 음식을 가리지 않고[雜] 마구 먹음[食]. ❷동물성 먹이나 식물성 먹이를 두루 먹음. ¶잡식 동물.

잡아-가다 [take]
❶사람을 잡아 데려가다. ¶경찰이 범인을 잡아갔다. ❷저승으로 데려가다. ¶하느님, 제발 딸 대신 저를 잡아가 주십시오. [비] 붙들어가다, 체포(逮捕)하다.

잡아-끌다 [pull]
손으로 잡고 끌다. ¶형은 내 손을 잡아끌고 공원으로 향했다.

잡아-내다 [pick at]
숨겨져 있는 것을 들추어 찾아내다. ¶선생님은 부정행위를 하는 학생을 잡아내 교무실로 데려갔다.

잡아-넣다
붙잡아 가두다. 잡아들이다. ¶사기꾼을 감옥에 잡아넣다.

잡아-당기다 [pull]
잡아서 앞으로 끌어당기다. ¶엄마는 내 팔을 잡아당겨 집으로 데려갔다.

잡아-들이다 [arrest]
잡아서 가두다. ¶경찰은 범인을 잡아들였다. [비] 잡아넣다, 체포(逮捕)하다.

잡아-떼다
[deny with an innocent face]
아는 것을 모른다거나 한 짓을 안 하였다고 우기며 말하다. ¶그는 끝까지 모른다고 잡아뗐다.

잡아-매다 [bind]
❶흩어진 것을 모아 한데 매다. ¶그녀는 손수건으로 흘러내리는 머리를 잡아맸다. ❷달아나지 못하게 잡아서 묶다. ¶소를 나무에 잡아매다.

잡아-먹다
[torment; torture; take; need]
❶남을 몹시 괴롭게 하다. ¶그는 나를 못 잡아먹어서 안달이다. ❷어떤 일에 돈·물건·품이 들거나 시간이 걸리게 하다. ¶이 일은 시간만 잡아먹을 것이다.

잡아-타다 [take]
자동차 등을 세워서 타다. ¶택시를 잡아타다.

잡음 雜音 | 섞일 잡, 소리 음 [noise]
❶[속뜻] 여러 가지 뒤섞인[雜] 소리[音]. ¶라디오에서 잡음이 심하게 난다. ❷어떤 일에 대하여 비판하는 말이나 소문. ¶그는 지금까지 아무 잡음 없이 회사를 이끌어 왔다.

잡-일 (雜—, 섞일 잡)
[miscellaneous affairs]
여러 가지 자질구레한[雜] 일. ¶그는 온갖 잡일을 도맡아 한다.

잡종 雜種 | 섞일 잡, 갈래 종 [hybrid]
❶[속뜻] 여러 가지가 섞인 잡다(雜多)한 종류(種類). ❷[생물] 품종이 다른 암수의 교배로 생긴 유전적으로 순수하지 못한 생물체. ¶이 개는 잡종이다. [반] 순종(純種).

잡지 雜誌 | 섞일 잡, 기록할 지 [magazine]
❶[속뜻] 여러 가지 내용의 기록[誌]을 한데 섞어[雜] 모은 것. ❷각종 원고를 모아 정기적으로 간행되는 출판물. ¶과학 잡지.

▶**잡지-사** 雜誌社 | 회사 사
잡지(雜誌)를 편집·간행하는 출판사(出版社).

▶**잡지-책** 雜誌冊 | 책 책
다양한 내용[雜誌]을 정기적으로 간행하는 출판물[冊]. [준] 잡지.

잡채 雜菜 | 섞일 잡, 나물 채
나물[菜]이나 채 썬 고기 등을 볶아서 섞어[雜] 놓은 음식.

잡초 雜草 | 섞일 잡, 풀 초 [weeds]
여러 가지 쓸모없는 풀[草]이 뒤섞여[雜] 있음. 또는 그런 풀. ¶논에 잡초를 뽑다. [비] 잡풀.

잡치다 [spoil]
❶잘못해 그르치다. ¶시험을 잡치다. ❷기

분을 상하다. ¶분위기를 잡치다.

잡-티 (雜—, 섞일 잡) [flaw; crack]
여러 가지 자잘[雜]한 티나 흠. ¶그는 피부에 잡티가 하나도 없다.

잡-풀 (雜—, 섞일 잡) [weeds]
저절로 나서 자라는 여러[雜] 가지 풀. ¶정원에 잡풀이 무성하다. ⓑ 잡초(雜草).

잡혀-가다 [be caught]
붙들리어 가다. ¶그는 사기를 치다가 경찰서에 잡혀갔다.

잡화 雜貨 | 섞일 잡, 재물 화 [miscellaneous goods]
잡다(雜多)한 상품[貨]. ¶잡화는 저쪽에서 팝니다.

잡-히다[1] [be held; be arrested]
❶손으로 움키고 놓지 않다. ¶나는 그에게 멱살을 잡혔다. ❷붙잡히다. ¶도둑은 현장에서 잡혔다. ❸화재가 진화되다. ¶다행히 산불은 초기에 잡혔다.

잡-히다[2]
[cause to catch; put in pawn]
❶손으로 잡게 하다. ¶아이의 손에 연필을 잡히다. ❷담보로 맡게 하다. ¶집은 담보로 잡혀 있다.

잣ː [pine nuts]
잣나무의 열매. 갈색의 껍질은 단단하고, 흰 알맹이는 기름기가 많아 고소하다.

잣ː-나무 [nut pine]
식물 소나무와 비슷하나, 잎이 다섯 개씩 뭉쳐나는 침엽수. 가을에 잣송이가 익고, 열매 안의 씨는 식용한다.

잣ː다 [spin out]
물레를 돌려 실을 뽑다. ¶목화에서 실을 잣다.

잣-대 [measuring stick]
무엇을 재거나 어떤 현상이나 문제를 판단할 때의 기준. ¶자신의 잣대로 남을 평가해서는 안 된다.

잣ː-송이 [pine nut cone]
잣이 박혀 있는 잣나무의 열매.

장ː[1]**將** | 장수 장 [king]
운동 장기(將棋)에서 '초'(楚)·'한'(漢) 자를 새긴 짝.

장[2]**章** | 글 장 [chapter]
문장을 몇 부분으로 크게 나눈 단락. ¶제 3장.

장[3]**張** | 벌릴 장 [sheet]
종이 같은 넓적한 조각으로 생긴 물건을 세는 데 쓰는 말. ¶그는 지갑에서 천 원짜리 세 장을 꺼냈다.

장[4]**場** | 마당 장 [scene]
연영 연극 등에서 한 막(幕)의 장면을 세는 단위. ¶이 연극은 3막 5장이다.

장[5]**場** | 마당 장 [market]
많은 사람이 모여 물건을 사고파는 일. 또는 그곳. ¶이곳은 5일마다 장이 선다.

장ː[6]**腸** | 창자 장 [intestines]
의학 큰창자와 작은창자를 통틀어 이르는 말. ¶장은 음식물을 소화하고 흡수하는 기관이다.

장ː[7]**醬** | 젓갈 장 [soybean sauce]
❶간장·된장·고추장·쌈장 등의 총칭. ¶오늘 할머니는 장을 담그셨다. ❷'간장'의 준말. ¶장을 찍어서 드세요.

장ː[8]**欌** | 장롱 장 [closet]
농장·의장·찬장·책장 등 물건을 넣어 두는 가구의 총칭.

장ː가 [marriage]
사내가 아내를 맞는 일. ¶삼촌은 장가를 일찍 갔다. ⓑ 시집.

장ː갑[1]**掌匣** | 손바닥 장, 상자 갑 [gloves]
손을 보호하거나 추위를 막기 위하여 천이나 실 또는 가죽 따위로 만들어 손[掌]에 끼는 갑(匣) 같은 물건. ¶장갑을 끼다.

장갑[2]**裝甲** | 꾸밀 장, 갑옷 갑 [armor]
❶속뜻 갑(甲)옷 같이 단단하게 꾸밈[裝]. ❷선체(船體)·차체(車體) 따위를 특수한 강철판으로 둘러쌈. 또는 그 강철판.

▶**장갑-차 裝甲車** | 수레 차
군사 겉에 강철판 등을 덧댄[裝甲] 차량

(車輛). 인원을 수송하거나 보병이 전투할 때 사용한다.

장-거리 長距離 | 길 장, 떨어질 거, 떨어질 리 [long distance]
멀고 긴[長] 거리(距離). ¶장거리 운전 / 나는 장거리 육상선수였다. ㊉ 원거리(遠距離). ㊥ 단거리(短距離).

장검 長劍 | 길 장, 칼 검 [sword]
예전에 허리에 차던 긴[長] 칼[劍]. ¶장군은 허리에 장검을 차고 있었다.

장:관[1] 壯觀 | 씩씩할 장, 볼 관 [magnificent view]
굉장(宏壯)하여 볼만한 경관(景觀). ¶서울의 야경은 어디에도 비길 수 없는 장관이다.

장:관[2] 長官 | 어른 장, 벼슬 관 [minister]
법률 국무를 맡아보는 행정 각부의 으뜸[長] 관리(官吏). ¶교육부 장관.

장:교 將校 | 거느릴 장, 부대 교 [officer]
❶ 속뜻 군부대[校]를 거느림[將]. ❷ 군사 육해공군의 소위 이상의 무관을 통틀어 이르는 말. ㊥ 사병(士兵).

장구[1]
음악 국악에서 쓰는 타악기의 하나. 허리가 가늘고 잘록한 통의 양쪽 두 개의 테에다, 하나는 말가죽을 매어 오른쪽 마구리에 대고 하나는 쇠가죽을 매어 왼쪽 마구리에 대어 붉은 줄로 얽어서 켕겨 놓았다. 왼쪽은 손, 오른쪽은 가느다란 채로 친다. 속담 서투른 무당이 장구만 나무란다.

장구[2] 長久 | 길 장, 오랠 구 [be lasting]
매우 길고[長] 오래다[久]. ¶우리나라는 4천년의 장구한 역사가 있다.

장구[3] 裝具 | 꾸밀 장, 갖출 구 [toilet set; outfit; equipment;]
❶ 속뜻 꾸미고 단장(端裝)하는 데 쓰는 도구(道具). ❷무장할 때, 몸에 차는 탄띠·대검 등의 도구. ¶장구를 갖추다.

장구-벌레 [wriggler]
동물 모기의 애벌레. 여름에 물속에서 부화하여 껍질을 벗고 번데기가 되었다가 모기가 된다.

장:-국 (醬—, 젓갈 장) [soup flavored with soy sauce]
된장이 아닌 젓갈[醬] 따위로 간을 한 국. 또는 그 국물.

⁑**장군** 將軍 | 장수 장, 군사 군 [general]
군(軍)을 통솔하는 장수(將帥). ¶이순신 장군은 병사들을 지휘하여 왜구를 물리쳤다. ㊉ 장관(將官).

▶**장군-총** 將軍塚 | 장수 장, 군사 군, 무덤 총
❶ 속뜻 장군(將軍)의 무덤[塚]. ❷ 고적 광개토대왕이나 장수왕의 능으로 추정되는 고구려 때의 돌무덤. 중국 길림성(吉林省) 집안시(輯安市) 에 있다.

장기[1] 長技 | 길 장, 재주 기 [one's specialty]
가장 잘하는[長] 재주[技]. ¶장기 자랑 / 그는 접영(蝶泳)이 장기이다. ㊉ 특기(特技).

장기[2] 臟器 | 내장 장, 그릇 기 [internal organs]
의학 내장(內臟)의 여러 기관(器官). ¶장기 기증 / 장기이식.

장기[3] 長期 | 길 장, 때 기 [long period]
오랜[長] 기간(期間). ¶장기 휴가. ㊥ 단기(單期).

▶**장기-간** 長期間 | 사이 간
오랜[長] 기간(期間) 동안[間]. ¶그는 간암으로 장기간 약을 먹었다. ㊥ 단기간(單期間).

▶**장기-화** 長期化 | 될 화
어떤 일이 오래[長期] 끌게 되거나[化] 또는 오래 끌게 함. ¶파업의 장기화 / 건설사에 문제가 생겨 공사가 장기화되었다.

장:기[4] 將棋 | 장수 장, 바둑 기 [Korean chess]
운동 32짝을 붉은 글자, 푸른 글자의 두 종류로 나누어 장기판에 정해진 대로 배

치하고 둘이 교대로 두면서 장군(將軍)을 막지 못하면 지는 바둑[棋]같은 놀이. ¶할아버지가 평상에서 장기를 두고 계신다.

▸ **장:기-판** 將棋板 | 널빤지 판
장기(將棋)를 두는 데 쓰는 판(板). ¶이 장기판은 오동나무로 만들었다.

장-꾼 (場—, 마당 장) [market crowds]
장(場)에 모여 물건을 사고파는 사람들.

장-꿩 [cock pheasant]
'장끼'의 방언.

장끼 [cock pheasant]
'수꿩'의 별칭. ㊥ 까투리.

▸ **장끼-전** (—傳, 전할 전)
문학 조선 시대의 우화 소설[傳]. 장끼 남편을 잃은 까투리가 새로 시집가는 문제를 통하여 당시의 사회 제도를 풍자한 작품이다. 작가와 연대는 알 수 없다.

장난 [play]
❶아이들의 여러 가지 놀음놀이. ¶예지는 친구들의 장난에 울음을 터뜨렸다 / 공을 가지고 장난하다. ❷실없이 하는 일. ¶장난 전화.

▸ **장난-감**
아이들이 가지고 노는 여러 가지 물건. ¶장난감 기차 / 나는 엄마에게 장난감을 사 달라고 졸랐다.

▸ **장난-기** (—氣, 기운 기)
장난하는 기분(氣分). 장난하려는 마음. ¶도열이의 표정에는 장난기가 가득하다.

▸ **장난-치다**
몹시 장난을 하다. ¶그냥 장난친 거야, 화내지마.

▸ **장난-꾸러기**
장난이 심한 아이.

▸ **장난-스럽다**
장난하는 듯한 태도가 있다. ¶장난스러운 미소.

▸ **장난감 교향곡** (—交響曲, 서로 교, 울림 향, 노래 곡)
음악 하이든이 작곡했다고 알려져 온 교향곡(交響曲). 장난감 악기가 많이 사용되었다.

장-날 (場—, 마당 장) [market day]
장(場)이 서는 날. 속담 가는 날이 장날.

장:남 長男 | 어른 장, 사내 남
[eldest son]
맏[長] 아들[男]. ¶김 씨네 장남이 대를 이어 국밥집을 운영한다. ㊥ 큰아들. ㊥ 장녀(長女).

장내 場內 | 마당 장, 안 내
[inside of the hall]
어떠한 장소(場所)의 안[內]. ¶그의 연설이 끝나자 장내가 떠나갈 듯한 박수가 터져 나왔다. ㊥ 장외(場外).

장:녀 長女 | 어른 장, 딸 녀
[eldest daughter]
맏[長] 딸[女]. ¶어머니가 돌아가시고 장녀인 언니는 집안 살림을 도맡았다. ㊥ 큰딸. ㊥ 장남(長男).

장:년 壯年 | 장할 장, 나이 년
[prime of life]
혈기 왕성하여[壯] 한창 활동할 나이[年]. 또는 그런 나이의 사람. 일반적으로 서른 살에서 마흔 살 안팎을 이른다.

장:님 [blind]
눈이 먼 사람. 시각 장애인. ㊥ 맹인(盲人), 봉사, 소경. 속담 장님 문고리 잡기.

장다리-꽃
배추나 무의 장다리에서 피는 꽃. ¶나비가 장다리꽃에 앉았다.

장단 [rhythm]
음악 노래·춤·풍류 등의 길고 짧은 박자. ¶장단을 맞추다 / 굿거리 장단.

장-단점 長短點 | 길 장, 짧을 단, 점 점
[strong and weak points]
장점(長點)과 단점(短點). ¶사람마다 제각기 장단점이 있다.

장-닭 [cock]
수탉.

장:담 壯談 | 씩씩할 장, 말씀 담 [affirm; assure]

확신을 가지고 씩씩하게[壯] 말함[談]. 또는 자신 있게 하는 말. ¶우리 팀이 이길 거라고 장담은 못하지만 최선을 다하겠습니다.

장:대¹ 壯大 | 씩씩할 장, 큰 대 [be mighty]
튼튼하고[壯] 체격이 매우 크다[大]. ¶장대한 체격.

장-대²(長—, 길 장) [pole]
대나 나무를 다듬은 막대기. ¶장대를 휘두르다.

▶장대-비 (長—, 길 장) [pouring rain]
장(長)대같이 굵은 빗발이 세차게 좍좍 내리는 비.

장:도리 [hammer]
못을 박거나 빼는 데 쓰는 연장.

장:-독 (醬—, 젓갈 장) [jar of soy sauce]
간장·된장(醬)을 담아 두거나 담그는 독.

▶장:독-대 (醬—臺, 돈대 대)
장(醬)독 따위를 놓아두려고 뜰 안에 좀 높직하게 만들어 놓은 곳[臺].

장:딴지 [calf of the leg]
종아리 뒤쪽의 살이 불룩한 부분.

***장래** 將來 | 앞으로 장, 올 래 [future]
❶ 속뜻 앞으로[將] 닥쳐 올[來] 날. ¶장래 희망. ❷앞날의 전망이나 전도. ¶그는 장래가 불확실하다. ⓑ 앞날, 미래(未來).

장:려 奬勵 | 부추길 장, 힘쓸 려 [encourage; promote; support]
권하고 부추기어[奬] 어떤 일에 힘쓰게[勵] 함. ¶독서 장려 / 저축을 장려하다. ⓑ 권장(勸奬).

▶장:려-금 奬勵金 | 돈 금
어떤 일을 장려(奬勵)하려는 뜻으로 보조해 주는 돈[金]. ¶출산 장려금.

▶장:려-상 奬勵賞 | 상줄 상
무엇을 장려(奬勵)할 목적으로 주는 상(賞). ¶백일장에서 장려상을 받다.

장력 張力 | 당길 장, 힘 력 [tension]
❶ 속뜻 오므라들고 당겨지는[張] 힘[力]. ❷ 물리 물체가 스스로 오므라들어 가능한 한 작은 면적을 가지려는 힘. ¶표면 장력.

장:렬 壯烈 | 씩씩할 장, 세찰 렬 [heroic]
기운이 있어 씩씩하고[壯] 의지가 강렬(強烈)하다. ¶장렬한 죽음.

장:례 葬禮 | 장사 지낼 장, 예도 례 [hold a funeral]
장사(葬事)를 지내는 예절(禮節). ¶장례 절차가 간소해지고 있다 / 군인의 시신을 찾아 장례했다. ⓑ 장의(葬儀).

▶장:례-식 葬禮式 | 의식 식
장례(葬禮)를 치르는 의식(儀式). ¶장례식에 참석하다.

장:로 長老 | 어른 장, 늙을 로 [presbyter]
❶ 속뜻 나이가 지긋하고[長=老] 덕이 높은 사람을 높이어 일컫는 말. ❷ 기독교 장로교·성결교 등에서 선교 및 교회 운영에 대한 봉사를 맡아보는 직분. 또는 그 사람.

▶장:로-교 長老教 | 종교 교
기독교 장로(長老)들이 합의하여 교회를 운영하는 개신교의 한 교파(教派).

▶장:로-회 長老會 | 모일 회
기독교 장로(長老)들이 합의하여 운영하는 교회(教會).

장:롱 欌籠 | 장롱 장, 대그릇 롱 [chest of drawers]
위판이 있고 다리가 있는 장(欌)과 옷 따위를 넣어두는 바구니인 농(籠)을 아울러 이르는 말. ¶할머니는 반지를 장롱 안에 꼭꼭 숨겼다.

장마 [rainy season]
계속해서 많이 오는 비. ¶장마가 시작되자 채소 값이 크게 올랐다. ⓟ 가뭄.

▶장마-철
장마가 지는 계절. ¶장마철에는 여러 물건에 곰팡이가 핀다.

장막 帳幕 | 휘장 장, 막 막 [curtain]
볕이나 비를 피할 수 있도록 둘러친 휘장(揮帳)이나 천막[幕]. ¶이 지역 유목민은 유르트라는 장막 같은 곳에서 산다.

장만 [prepare]
필요한 것을 만들거나 사들여 갖춤. ¶아버지는 20년 동안 저축한 돈으로 집을 장만했다. [비] 마련(磨鍊), 준비(準備).

장맛-비
장마 때 오는 비.

***장면** 場面 | 마당 장, 낯 면 [scene]
❶[속뜻] 어떤 장소(場所)에서 벌어진 광경[面]. ¶나는 그 끔찍한 장면을 보고 몸을 움직일 수가 없었다. ❷연극, 영화 등의 한 모습. ¶뛰는 장면을 찍다.

장ː모 丈母 | 어른 장, 어머니 모
[one's wife's mother]
장인(丈人)의 부인을 어머니[母]에 비유한 말. [반] 장인(丈人).

장물 贓物 | 숨길 장, 만물 물
[stolen property]
[법률] 부당하게 취득하여 숨겨놓은[贓] 남의 물건(物件).

장미 薔薇 | 장미 장, 장미 미 [rose]
[식물] 장미과의 낙엽 관목[薔=薇]. 관상용 식물로 품종이 많다.

▶ **장미-꽃** (薔薇―)
장미(薔薇)의 꽃.

장밋-빛 (薔薇―, 장미 장, 장미 미)
❶[속뜻] 장미(薔薇)꽃과 같은 빛깔. ❷건강, 행복, 앞날의 광명 등의 상징으로 씀. ¶장밋빛 인생.

장-바구니 (場―, 마당 장)
[shopping basket]
장(場) 보러 갈 때 들고 가는 바구니.

장발 長髮 | 길 장, 머리털 발 [long hair]
길이가 긴[長] 머리카락[髮]. ¶1970년대에는 남자들의 장발을 단속했다. [반] 단발(短髮).

장 발장 {프 Jean Valjean}
[문학] 프랑스의 작가 빅토르 위고의 장편소설 『레 미제라블』의 주인공. 빵 한 조각을 훔친 죄로 19년 동안 옥살이를 하고 나온 후, 주교(主教)의 자비심에 감화되어 사랑을 깨닫게 되고 정치가가 되어 선정(善政)을 베푼다.

장벽 障壁 | 막을 장, 담 벽 [barrier]
가리어 막은[障] 담[壁]. ¶장벽을 쌓다.

장ː병 將兵 | 장수 장, 군사 병
[military men]
[군사] 장교(將校)에서부터 하급 병사(兵士)에 이르기까지 모두를 이르는 말. ¶국군 장병 / 외출 나온 장병.

장-보기 (場―, 마당 장) [shopping]
시장(市場)에 가서 물건을 팔거나 사오는 일.

장본 張本 | 벌릴 장, 뿌리 본
[fatal cause; origin; root]
❶[속뜻] 뿌리[本]를 벌림[張]. ❷일의 발단이 되는 근원.

▶ **장본-인** 張本人 | 사람 인
못된 일을 저지르거나 물의를 일으킨[張本] 바로 그 사람[人]. ¶그가 이번 소동의 장본인이다.

장ː부[1] 丈夫 | 어른 장, 사나이 부
[full grown man]
어른[丈]이 된 씩씩한 사내[夫]. ¶네가 벌써 이렇게 늠름한 장부가 되었구나!

장부[2] 帳簿 | 휘장 장, 문서 부 [book]
금품의 수입과 지출을 기록하는 휘장[帳] 같은 문서[簿]나 책. ¶장부를 정리하다 / 나는 지출한 돈을 장부에 기재하였다.

장비 裝備 | 꾸밀 장, 갖출 비
[equip; furnish]
어떤 장치와 설치 등을 차려[裝] 갖춤[備]. 또는 그 장치나 비품. ¶우리 병원은 최신 의료장비를 갖추고 있습니다.

장사[1] (商, 장사 상; 賈, 장사 고) [trade]
이익을 얻으려고 물건을 사고파는 일. ¶이모는 옷 장사를 시작했다.

▶ **장사-꾼**
장사에 수단이 있는 사람. ¶장사꾼이 밑진다는 것은 다 거짓말이다. [비] 장사치.

▸장사-치
장사하는 사람을 낮추어 이르는 말. [비] 장사꾼.

장ː사²壯士 | 씩씩할 장, 선비 사 [strong man]
❶[속뜻] 힘이 있어 씩씩한[壯] 사람[士]. ❷ 힘이 센 사람. ¶그는 힘이 장사다.

장ː사³葬事 | 장사 지낼 장, 일 사 [funeral]
죽은 사람을 땅에 묻거나 화장하는[葬] 일[事]. ¶장사를 치르다 / 장사를 지내다.

장사⁴長蛇 | 길 장, 뱀 사 [long snake]
❶[속뜻] 크고 긴[長] 뱀[蛇]. ❷열차나 긴 행렬을 비유하여 이르는 말.

▸장사-진 長蛇陣 | 줄 진
많은 사람이 긴[長] 뱀[蛇]처럼 길게 줄[陣]지어 늘어서 있는 모양. ¶식당 앞은 손님들로 장사진을 이루었다.

장삼 長衫 | 길 장, 적삼 삼 [Buddhist monk's robe]
[불교] 검은 베로 길이가 길고[長] 품과 소매를 넓게 지은 웃옷[衫]. 주로 스님들이 입는다.

장생 長生 | 길 장, 살 생 [live long]
길이길이[長] 오래도록 삶[生]. ¶불로(不老) 장생 / 영지(靈芝)는 장생할 수 있는 한약재로 알려져 있다.

장서 藏書 | 감출 장, 책 서 [collection of books]
책[書]을 간직하여[藏] 둠. 또는 그 책. ¶이 도서관은 2백만 권의 장서를 보유하고 있다.

장석 長石 | 길 장, 돌 석 [feldspar]
❶[속뜻] 길쭉한[長] 형태의 돌[石]. ❷[광업] 규산염 광물의 한 가지. 칼륨, 나트륨, 칼슘, 바륨 및 규산이 주성분이다. 질그릇, 사기, 유리, 성냥, 비료의 원료가 된다.

장성¹長成 | 자랄 장, 이룰 성 [grow up]
아이가 자라[長] 어른이 됨[成]. ¶장성한 아들.

장ː성²將星 | 장수 장, 별 성 [generals]
❶[속뜻] 별[星] 모양의 휘장(徽章)을 붙이는 계급의 장군(將軍). ❷[군사] 준장, 소장, 중장, 대장을 포함하는 장군을 통틀어 이르는 말. ¶그의 아버지는 육군 장성이다. [비] 장군(將軍).

⁂장소 場所 | 마당 장, 곳 소 [place]
무엇이 있거나 무슨 일이 벌어지거나 하는 곳[場=所]. ¶약속 장소 / 강연할 장소를 찾다.

[비슷한 듯 다른 말] ➲ 곳

장ː손 長孫 | 어른 장, 손자 손 [eldest grandson by the first born son]
맏[長] 손자(孫子).

장ː송 葬送 | 장사 지낼 장, 보낼 송 [escort a funeral; attend a funeral]
시신을 장지(葬地)로 보냄[送]. ¶장송하러 나온 사람들이 줄을 지어 묘역으로 들어섰다.

▸장ː송-곡 葬送曲 | 노래 곡
[음악] 장례(葬禮) 행렬이 지나갈[送] 때 연주하는 악곡(樂曲).

장수¹[trader]
장사하는 사람. ¶과일 장수.

장수²長壽 | 길 장, 목숨 수 [long life]
긴[長] 목숨[壽]. 오래 삶. ¶장수 마을 / 이 마을 사람들은 대체로 장수한다. [반] 요절(夭折).

장ː수³將帥 | 장수 장, 장수 수 [general]
[군사] 군사를 지휘 통솔하는 장군[將=帥].

▸장ː수-풍뎅이 (將帥-)
[동물] 광택 있는 검은 갈색의 곤충. 수컷의 머리에는 장수(將帥)의 깃대처럼 뿔 모양의 돌기가 있는데 끝이 둘로 갈라졌고, 암컷의 머리 위에는 세 개의 짧은 가시 모양의 돌기가 있다.

▸장ː수-하늘소 (將帥-)
[동물] 전체적으로 검은빛이 나는 하늘솟과의 곤충. 천연기념물 제218호이다.

장승 [totem pole]
마을 어귀나 길가에 세우던 목상(木像)이나 석상(石像). 이정표(里程表), 또는 마을의 수호신 구실을 하며 촌락민의 신앙의 대상이었다.
▸ 장승-제 (-祭, 제사 제)
민속 음력 정월 보름날 마을의 수호신에게 지내던 제사(祭祀). 마을 어귀에 장군상을 세우고 마을 사람이 모여 점으로 그 해의 운수가 좋은 사람을 제관(祭官)으로 뽑아 제사를 지냈다.

장시 長詩 | 길 장, 시 시
문학 길이가 긴[長] 형식의 시(詩). ⓑ 단시(短詩).

장-시간 長時間 | 길 장, 때 시, 사이 간 [long time]
오랜[長] 시간(時間). 긴 시간. ¶장시간 운전하면 허리가 아프다. ⓑ 단시간(短時間).

장식 裝飾 | 꾸밀 장, 꾸밀 식 [decorate]
겉모양을 아름답게 꾸밈[裝=飾]. 또는 그 꾸밈새나 장식물. ¶실내 장식 / 아이들과 크리스마스트리를 장식했다.
▸ 장식-물 裝飾物 | 만물 물
장식(裝飾)에 쓰이는 물건(物件). ⓑ 장식품(裝飾品).
▸ 장식-품 裝飾品 | 물건 품
장식(裝飾)에 쓰이는 물건[品]. ¶이 부분은 장식품이 아니라 머리를 보호하는 역할을 한다. ⓑ 장식물(裝飾物).

장신 長身 | 길 장, 몸 신 [tall figure]
키가 큰[長] 몸[身]. 또는 그런 사람. ¶그는 우리 팀에서 가장 장신이다. ⓑ 단신(短身).

장신-구 裝身具 | 꾸밀 장, 몸 신, 갖출 구 [accessory]
몸[身]을 치장하는[裝] 데 쓰는 여러 가지 도구(道具). ¶그녀는 값비싼 장신구들을 걸쳤다.

장아찌
무·배추·오이 등을 썰어 말려서 간장에 절이고 양념을 하여 묵혀 두고 먹는 반찬.

장:악 掌握 | 손바닥 장, 쥘 악 [hold]
❶ 속뜻 손바닥[掌]에 쥠[握]. ❷판세나 권력 따위를 휘어잡음. ¶수양대군이 모든 권력을 장악하자 단종은 왕위를 내주었다.

장안 長安 | 길 장, 편안할 안 [capital city]
❶ 속뜻 길이길이[長] 편안(便安)함. ❷수도. 서울. ¶장안의 화제가 되었다.

***장애** 障礙 |=障碍 막을 장, 거리낄 애 [obstacle]
❶ 속뜻 무슨 일을 하는데 가로막고[障] 거리낌[礙]이 됨. 또는 그런 일. ¶언어 장애 / 수입 규제는 무역에 장애가 되고 있다. ❷신체상의 고장. ¶위장 장애.
▸ 장애-물 障礙物 | 만물 물
장애(障礙)가 되는 사물(事物). ¶장애물 경주 / 이번 일이 성공하려면 마지막 장애물을 잘 넘어야 한다.
▸ 장애-아 障礙兒 | 아이 아
신체를 제대로 움직일 수 없는 장애(障礙)를 가진 아이[兒]. ¶이번 공연은 장애아에게 희망을 주었다.
▸ 장애-우 障礙友 | 벗 우
장애(障礙)가 있는 사람을 벗[友]에 비유하여 친근하게 표현한 말. ¶장애우를 돕다.
▸ 장애-인 障礙人 | 사람 인
육체적 또는 정신적 장애(障礙)가 있는 사람[人]. ¶장애인 편의 시설 / 우리는 장애인을 채용하였다.

장어 長魚 | 길 장, 물고기 어 [eel]
동물 몸이 가늘고 길쭉하여[長] 뱀과 비슷한 민물고기[魚]. '뱀장어'의 준말.

장엄 莊嚴 | 꾸밀 장, 엄할 엄 [majestic; solemn]
❶ 속뜻 꾸밈[莊] 따위에 위엄(威嚴)이 있음. ❷웅장하며 위엄 있고 엄숙함. ¶장엄

한 음악 / 피렌체 성당은 규모가 웅대하고 장엄하다.

장ː염 腸炎 | 창자 장, 염증 염
[enteritis; intestinal catarrh]
[의학] 창자[腸]에 생기는 염증(炎症). ¶보리수는 장염에 좋다.

장옷
부녀자가 나들이할 때에 얼굴을 가리느라고 머리에서부터 길게 내려 쓰던 옷.

장외 場外 | 마당 장, 밖 외
[outside the hall; outside the hall]
일정한 장소(場所)나 공간의 바깥[外]. ¶장외 홈런 / 장외 거래. [반] 장내(場內).

장ː원 狀元 | 壯元(×) 문서 장, 으뜸 원
❶[속뜻] 과거 급제자 이름을 적은 문서[狀]에 으뜸[元]으로 적힌 이름. ❷[역사] 과거 시험에서, 갑과에 첫째로 급제함. 또는 그런 사람. 장두(狀頭)라고도 한다. ¶이몽룡은 장원으로 급제했다. ❸대회에서 최우수상을 차지함. 또는 그런 사람. ¶그는 백일장에서 장원을 차지하였다.

장ː유 長幼 | 어른 장, 어릴 유
[old and young]
어른[長]과 어린이[幼]. ¶장유에 따라 다르게 대우하였다.

▶ 장ː유-유서 長幼有序 | 있을 유, 차례 서
어른[長]과 젊은이[幼] 간의 도리(道理)는 차례[序]를 지키는 것에 있음[有]. 오륜(五倫)의 하나.

장음 長音 | 길 장, 소리 음 [long sound]
[언어] 길게[長] 나는 소리[音]. [반] 단음(短音).

장-음계 長音階 | 길 장, 소리 음, 섬돌 계
[major scale; gamut]
❶[속뜻] 긴[長] 음계(音階). ❷[음악] 서양 음계에서 셋째와 넷째, 일곱째와 여덟째 음 사이는 반음, 그 밖의 음은 온음으로 이루어진 음계. [반] 단음계(短音階).

장ː의 葬儀 | 장사 지낼 장, 의식 의 [funeral]
장사(葬事)를 지내는 의식(儀式). ¶어머니는 장의를 치르는 내내 눈물을 흘렸다. [비] 장례(葬禮), 장사(葬事).

▶ 장ː의-사 葬儀社 | 회사 사
장례(葬禮) 의식(儀式)에 관한 물건을 팔거나, 그 일을 맡아 하는 회사(會社).

장ː인[1] 丈人 | 어른 장, 사람 인
[wife's father]
아내의 친정 어른[丈]이 되는 사람[人]. 아내의 아버지.

장인[2] 匠人 | 기술자 장, 사람 인
[artisan; craftsman]
손으로 물건 만드는 기술[匠]을 업으로 하는 사람[人]. ¶이 도자기는 장인의 숨결이 느껴진다.

장ː자 長子 | 어른 장, 아들 자
[eldest son]
맏[長] 아들[子]. ¶장자가 왕위(王位)를 잇다.

장작 長斫 | 길 장, 자를 작 [firewood]
통나무를 길쭉하게[長] 잘라서[斫] 쪼갠 땔나무. ¶소나무 장작 / 장작 두 개비 / 장작 한 단.

장장 長長 | 길 장, 길 장
[very long; at great length]
길고[長] 긺[長]. ¶이 그림은 장장 4년에 걸쳐 완성되었다.

***장점** 長點 | 길 장, 점 점
[strong point; advantage]
❶[속뜻] 상대적으로 긴[長] 점(點). ❷좋은 점. 나은 점. ¶원주의 장점은 솔직함이다. [반] 결점(缺點), 단점(短點).

장ː정[1] 壯丁 | 씩씩할 장, 사나이 정
[strong young man; sturdy youth]
성년이 되어 씩씩하고[壯] 혈기왕성한 사나이[丁]. ¶그는 장정 세 사람 몫의 일을 한다.

장정[2] 長程 | 길 장, 거리 정
[long way; great distance]
매우 멀고 긴[長] 거리[程]. 먼 여로(旅路). ¶기러기는 장정 5천 킬로미터를 쉬지

앉고 날아갔다. ㊐ 장로(長路).

장조 長調 | 길 장, 가락 조 [major key]
음악 장음계(長音階)로 된 곡조(曲調). ㊥ 단조(短調)

장:-조림 (醬—, 젓갈 장)
[beef boiled in soy sauce]
간장[醬]에다 쇠고기를 넣고 조린 반찬.

장중 莊重 | 꾸밀 장, 무거울 중
[solemn; grave]
❶ 속뜻 꾸밈[莊] 따위가 무겁게[重] 보임. ❷장엄하고 무겁게 느껴진다. ¶장중한 분위기 / 경기장에서 애국가가 장중하게 울려 퍼졌다.

장지 長指 | =將指, 길 장, 손가락 지
[middle finger]
❶ 속뜻 가장 긴[長] 손가락[指]. ❷가운뎃 손가락.

장지-문 (障—門, 막을 장, 문 문) [paper sliding door]
건설 지게문에 장(障)지 짝을 덧들인 문(門).

장차 將次 | 앞으로 장, 순서 차
[in future; some day]
❶ 속뜻 앞으로[將] 돌아올 순서[次]. ❷미래의 어느 때를 나타내는 말. ¶장차 커서 무엇이 되고 싶니?

장착 裝着 | 꾸밀 장, 붙을 착
[install; furnish]
❶ 속뜻 장치(裝置)하고 부착(附着)함. ❷ 의복, 기구, 장비 따위를 붙이거나 착용함. ¶에어백 장착 / 차에 체인을 장착하다.

***장치** 裝置 | 꾸밀 장, 둘 치
[equip; install; set up]
❶ 속뜻 기계나 설비 따위를 차려[裝] 둠[置]. 또는 그 물건. ¶난방 장치. ❷무대 따위를 차리어 꾸밈. 또는 그 차리어 꾸민 것. ¶무대 장치.

장-터 (場—) [market place]
장(場)이 서는 곳. ㊐ 시장(市場), 장(場).

장:-티푸스 (腸typhus, 창자 장) [typhoid fever]
의학 음식물 등에 의해 감염되어, 장(腸)에서 증식하는 티푸스(typhus)균에 의해 생기는 전염병. 고열, 두통 설사 따위의 증상을 보인다.

장판 壯版 | 장할 장, 널빤지 판
[floor covered with laminated paper]
기름 먹여 두꺼워 장하게[壯] 보이는 널판[版] 형태의 종이. 또는 이것을 바른 방바닥. '장판지'(壯版紙)의 준말. ¶거실에 장판을 새로 깔다.

장편 長篇 | 길 장, 책 편 [long work]
문학 시가나 소설·영화 따위에서, 내용이 긴[長] 작품이나 책[篇]. ㊥ 단편(短篇).

▶장편 소:설 長篇小說 | 작을 소, 말씀 설
문학 구상이 크고 줄거리가 복잡하며 길이가 긴[長篇] 소설(小說). ¶염상섭의 『삼대』는 장편소설이다. ㊥ 단편 소설(短篇小說).

장:-하다 (壯—, 씩씩할 장)
[great; grand; praiseworthy]
하는 일이 매우 훌륭하다[壯]. ¶일등을 하다니 참 장하다. ㊐ 기특하다.

***장:학** 奬學 | 장려할 장, 배울 학
[encourage of learning]
배움[學]에 힘쓰게 함[奬]. 또는 그런 일.

▶장:학-관 奬學官 | 벼슬 관
교육 학문(學問)을 장려(奬勵)하고, 기획·조사·연구·지도·감독에 관한 사무를 맡은 교육 공무원[官].

▶장:학-금 奬學金 | 돈 금
❶ 속뜻 학술(學術) 연구를 장려(奬勵)하고 원조하기 위하여 특정한 학자나 단체 등에 내주는 돈[金]. ❷가난한 학생이나 우수한 학생에게 학비 보조금으로 내주는 돈. ¶은주는 경시대회에서 1등을 해서 장학금을 받았다.

▶장:학-생 奬學生 | 사람 생
장학금(奬學金)을 받는 학생(學生).

장해 障害 | 막을 장, 해칠 해
[obstruction; impediment]

무슨 일을 가로막거나[障] 방해(妨害)함. ¶그 산을 오르는 데에 큰 장해는 없었다. ㊐ 장애(障礙).

장화 長靴 | 길 장, 구두 화
[high boots; Wellington boots]
목이 긴[長] 신이나 구두[靴]. ¶장화를 신다. ㊤ 단화(短靴).

장화홍련-전 薔花紅蓮傳 | 장미 장, 꽃 화, 붉을 홍, 연꽃 련, 전할 전
문학 장화(薔花)와 홍련(紅蓮) 자매의 이야기를 담은 고전 전기(傳奇) 소설. 계모 허씨에 의하여 고통스런 삶을 살다가 원통한 죽음을 당한 자매가 원혼이 되어 복수한다는 내용의 이야기이다. 작가와 연대는 알 수 없다.

장황 張皇 | 벌릴 장, 클 황
[lengthy; tedious]
지나치게 벌이고[張] 커져서[皇] 번거롭다. ¶설명이 장황하여 이해할 수 없다.

잦다 [frequent; very often]
여러 차례로 자주 거듭되는 기간이 짧다. ¶여기는 사고가 잦은 곳이다. ㊐ 빈번(頻繁)하다, 자주 있다. ㊤ 드물다.

잦아-들다 [keep going down; run dry]
❶괴었던 물이 차차 말라들어 가다. ¶물이 잦아드는 호수. ❷거칠거나 들뜬 기운이 가라앉아 잠잠해져 가다. ¶바람이 마침내 잦아들었다.

잦아-지다[1] [sink; go down]
거칠거나 들뜬 기운이 가라앉아 잠잠하게 되다. ¶불길이 잦아지다.

잦아-지다[2] [frequent; incessant]
자주 있게 되다. ¶그들은 요즘 다투는 일이 잦아졌다.

잦혀-지다
[be turned over; lie face down]
❶뒤로 기울어지다. ¶고개가 뒤로 잦혀지다. ❷물건의 안쪽이나 아래쪽이 겉으로 드러나게 되다. ¶누가 볼세라 잦혀져 있던 카드를 얼른 다시 엎어 두었다.

재[1](灰, 재 회) [ash]
물건이 완전히 타고 난 뒤에 남는 가루. ¶종이가 불에 타 재가 되었다. 속담 잘되는 밥 가마에 재를 넣는다.

재[2](嶺, 재 령) [mountain pass]
넘어 다니도록 길이 나 있는 높은 산의 고개. ¶재를 넘다 / 할머니는 재 너머 마을에 사신다.

재:가 再嫁 | 다시 재, 시집갈 가
[second marriage; remarriage]
결혼한 여자가 다른 남자에게 다시[再] 시집가는[嫁] 것. ¶그녀는 남편이 죽고 나서 1년 후에 재가를 했다. ㊐ 개가(改嫁).

재간 才幹 | 재주 재, 재능 간
[ability; talent]
재주[才]와 재능[幹]. 또는 그러한 능력. ¶재간이 뛰어나다 / 그 많은 일을 나 혼자 해낼 재간이 없다.

재갈 [bit; gag]
❶말을 부리기 위하여 아가리에 가로 물리는 가느다란 막대. ❷소리를 내거나 말을 하지 못하도록 사람의 입에 물리는 물건. ¶범인은 소년의 입에 재갈을 물렸다.

재:개 再開 | 다시 재, 열 개
[resume; reopen]
끊기거나 쉬었던 회의 따위를 다시[再] 엶[開]. ¶국교 재개 / 양측은 협의를 통해 회담을 재개했다.

재:-개발 再開發 | 다시 재, 열 개, 드러날 발 [redevelopment]
다시[再] 개발(開發)함. 또는 그 일. ¶재개발 아파트.

재:건 再建 | 다시 재, 세울 건
[reconstruct; rebuild]
없어졌거나 허물어진 것을 다시[再] 일으켜 세움[建]. ¶숭례문 재건 / 지진이 일어났던 이 도시는 1년 후 완전히 재건되었다.

재:-건축 再建築 | 다시 재, 세울 건, 쌓을 축 [rebuilding]

기존에 있던 건축물을 허물고 다시[再] 세우거나[建] 쌓아[築] 만듦. ¶노후한 건물을 재건축하다.

재:고[1] 再考 | 다시 재, 생각할 고 [reconsider; rethink]
한 번 정한 일을 다시[再] 한 번 생각함[考]. ¶그 계획은 재고의 여지가 없다.

재:고[2] 在庫 | 있을 재, 곳집 고 [stock; stockpile]
❶ 속뜻 창고(倉庫)에 쌓여 있음[在]. ❷팔리지 않은 채 창고에 남아 있는 물건. '재고품'(在庫品)의 준말. ¶재고 조사 / 재고 정리.

재:-구성 再構成 | 다시 재, 얽을 구, 이룰 성 [reconstruct; reorganize]
한 번 구성한 것을 다시[再] 구성(構成)함. 또는 그 구성. ¶조직의 재구성 / 이 영화는 실화를 바탕으로 재구성했다.

재:기 再起 | 다시 재, 일어날 기 [come back; rise again]
한 번 망하거나 실패했다가 다시[再] 일어나는[起] 일. ¶그는 재기의 발판을 마련했다 / 그는 재기에 성공했다.

재깍 [with dispatch; speedily; quickly]
무슨 일을 시원스럽게 그 자리에서 해치우는 모양. ¶일을 재깍 해치우다.

재난 災難 | 재앙 재, 어려울 난 [calamity; disaster]
재앙(災殃)으로 인한 어려움[難]. 뜻밖의 불행한 일. ¶우리 마을에 큰 재난이 닥쳤다. ⓑ 재앙(災殃).

재능 才能 | 재주 재, 능할 능 [ability; capability]
재주[才]와 능력(能力). ¶내 동생은 과학에 재능이 있다.

재:다[1] [be proud of; boast of]
잘난 체하고 으스대다. ¶부자라고 너무 재지 마라.

재:다[2] [measure; weigh; survey]
길이·높이·깊이·크기·너비·속도·온도·무게 따위를 자나 저울 또는 계기로 헤아리다. ¶몸무게를 재다 / 삼각형 양 변의 길이를 재시오.

재:다[3] [load; press; pile on]
총(銃)에 탄환이나 화약을 넣다. ¶총에 탄환을 재다.

재:다[4] [lay one on top of another; accumulate]
고기 따위의 음식을 양념하여 그릇에 차곡차곡 담아 두다. '재우다'의 준말. ¶갈비를 재다.

재단[1] 財團 | 재물 재, 모일 단 [foundation]
법률 일정한 목적을 위하여 결합된 재산(財産)의 집단(集團). ¶장학재단 / 복지단의 후원으로 자선 음악회가 열렸다.

재단[2] 裁斷 | 마를 재, 끊을 단 [judge; cut out]
❶ 속뜻 옷을 만들기 위하여 옷감을 마르거나[裁] 끊음[斷]. ¶재단 가위. ❷옳고 그름을 분별하여 판단함. ¶근거도 없이 다른 사람을 재단하지 마라. ⓑ 마름질.

재담 才談 | 재주 재, 이야기 담 [talk wittily]
재치(才致) 있게 하는 재미있는 이야기[談]. ¶그는 재담을 섞어 가며 강연했다.

재독 在獨 | 있을 재, 독일 독
독일(獨逸)에 살고 있음[在]. ¶재독 물리학자.

재-떨이 [ashtray]
담뱃재를 떨어 놓는 그릇.

재:래 在來 | 있을 재, 올 래 [former times; past]
전부터 있어[在] 온[來] 것. 이제까지 해오던 일. ¶재래시장.

▸**재:래-식** 在來式 | 법 식
재래(在來)의 방식(方式). ¶재래식 화장실.

▸**재:래-종** 在來種 | 갈래 종
한 지역에서 예전부터 계속 길러온[在來] 품종(品種). 다른 지역의 종자와 교배되지 않고 그 지역에 적응되었다. ¶이 딸기는 재래종을 개량한 것이다. ⓑ 개량종(改良種), 외래종(外來種).

재량 裁量 | 분별할 재, 헤아릴 량 [discrete; judge]
스스로 분별하고[裁] 헤아려[量] 처리함. ¶자유 재량 / 이번 일은 자네가 재량하여 완수하게.

▸ 재량 활동 裁量活動 | 살 활, 움직일 동
미리 정하여 있는 교과목 이외에, 학생들과 교사가 스스로 계획하여[裁量] 하는 활동(活動). 또는 그러한 활동을 하는 과목.

재력 財力 | 재물 재, 힘 력
[financial power]
재물(財物)의 힘[力]. 재산상의 세력. ¶재력가(財力家) / 그는 재력이 상당한 사람이다.

재:론 再論 | 다시 재, 말할 론
[argue again; reargue]
다시[再] 말하거나[論] 거론(擧論)함. ¶재론의 여지가 없다 / 그 일은 이후에 재론하기로 합시다.

재롱 才弄 | 재주 재, 놀 롱 [cute tricks]
재주[才]를 부리며 귀엽게 놂[弄]. ¶강아지가 재롱을 부린다.

⁑재료 材料 | 재목 재, 거리 료
[material(s); stuff]
❶속뜻 재목(材木)을 만드는 데 필요한 거리[料]. ❷어떤 일을 하거나 이루는 거리. ¶저희 식당은 좋은 재료만을 사용합니다.

▸ 재료-비 材料費 | 쓸 비
제품 생산에 쓰이는 재료(材料)에 드는 비용(費用).

재:림 再臨 | 다시 재, 임할 림
[come again]
❶속뜻 다시[再] 옴[臨]. ❷기독교 부활하여 승천한 예수가, 최후의 심판 때 이 세상에 다시 온다는 일.

재목 材木 | 재목 재, 나무 목
[wood; lumber]
❶속뜻 건축·토목·가구 따위의 재료(材料)로 쓰는 나무[木]. ¶이 건물은 좋은 재목을 써서 지었다. ❷큰일을 할 인물을 비유하여 이르는 말. ¶그 소년은 한국 야구를 이끌어 갈 재목이다.

재무 財務 | 재물 재, 일 무
[financial affairs]
재정(財政)에 관한 사무(事務). ¶재무 관리.

재물 財物 | 재물 재, 만물 물
[property; effects; goods]
재산(財産)이 될만한 물건(物件). ¶그는 재물에 눈이 어두워졌다. ⓑ 재화(財貨).

재물-대 載物臺 | 실을 재, 만물 물, 대 대
물리 현미경에서 관찰할 물건(物件)을 얹어 놓는[載] 평평한 대(臺).

재미[1] [interest; enjoyment]
아기자기하게 즐거운 맛이나 기분. ¶독서에 재미를 붙이다.

▸ 재미-나다
아기자기한 맛이 나다. ¶재미난 이야기.

▸ 재미-없다
❶속뜻 아기자기하게 즐겁고 유쾌한 기분이나 느낌이 없다. ¶재미없는 영화. ❷신상에 좋지 않거나 해로운 일이 있게 되다. ¶당신 계속 이러면 재미없을 줄 알아. ⓑ 재미있다.

▸ 재미-있다
아기자기하게 즐겁고 유쾌한 기분이나 느낌이 있다. ¶어제 현규의 생일 파티는 정말 재미있었다. ⓑ 재미없다.

재:미[2] **在美** | 있을 재, 미국 미
[reside in America]
미국(美國)에 살고 있음[在]. ¶재미 한국인 / 재미 동포 / 재미 과학자.

재:발 再發 | 다시 재, 나타날 발
[recur; have a relapse]
한 번 생기었던 일이나 병 따위가 다시[再] 나타남[發]. ¶꾸준히 치료하지 않으면 암은 재발하기 쉽다.

****재:배** 栽培 | 심을 재, 북돋울 배
[grow; raise; cultivate]
식물을 심어서[栽] 가꿈[培]. ¶할머니는 뒤뜰에 토마토를 재배한다.

재:-배치 再配置 | 다시 재, 나눌 배, 둘 치
[reassign; relocate; realign]
다시[再] 잘 나누어[配] 자리에 둠[置]. ¶우리 부대는 다른 곳으로 재배치될 것이다.

재벌 財閥 | 재물 재, 가문 벌
[financial combine]
경제 재산(財產)을 많이 가진 사람의 가문[閥]. 또는 혈연으로 맺어진 자본가 집단. ¶재벌 기업.

재봉 裁縫 | 마를 재, 꿰맬 봉
[sew; do needlework]
옷감을 말라서[裁] 바느질함[縫]. 또는 그 일. ¶어머니는 재봉을 잘하신다.

▶ 재봉-틀 (裁縫-)
천이나 가죽 따위를 바느질하는[裁縫] 기계.

재:-분배 再分配 | 다시 재, 나눌 분, 나눌 배 [redistribute]
다시[再] 몫을 나눔[配分]. ¶소득의 재분배.

재-빠르다 [quick; nimble; agile]
행동이나 생각이 날쌔고 빠르다. ¶재빠른 걸음 / 재빨리 도망가다. ㊥ 느리다.

***재산** 財產 | 재물 재, 재물 산
[property; fortune]
❶ 속뜻 재물(財物)과 자산(資產). ¶그는 죽기 전에 전 재산을 사회에 환원했다. ❷소중한 것을 비유적으로 이르는 말.

▶ 재산-권 財產權 | 권리 권
법률 경제적 이익을 목적으로 하는 재산(財產)상의 권리(權利).

▶ 재산-세 財產稅 | 세금 세
법률 재산(財產)의 소유 또는 재산의 이전 사실에 대하여 부과하는 조세(租稅).

재:상 宰相 | 맡을 재, 도울 상
[prime minister]
❶ 속뜻 임금이 시킨 일을 맡아[宰] 돕는[相] 신하. ❷ 역사 임금을 보필하며 모든 관원을 지휘·감독하는 자리에 있는 이품(二品) 이상의 벼슬을 통틀어 이르던 말. ¶조부는 재상을 역임하셨다.

재색 才色 | 재주 재, 빛 색
[wits and beauty]
여자의 재주[才]와 용모[色]. ¶재색을 겸비한 규수.

재:생 再生 | 다시 재, 날 생 [regenerate; recycle]
❶ 속뜻 죽게 되었다가 다시[再] 살아남[生]. ¶뇌세포는 한번 파괴되면 재생되지 않는다. ❷버리게 된 물건을 다시 살려서 쓰게 만듦. ¶재생 휴지 / 폐식용유를 재생하여 비누를 만들었다. ㊀ 소생(蘇生).

재:선 再選 | 다시 재, 가릴 선
[reelect; select a second time]
한 번 당선된 사람이 다시[再] 두 번째 당선(當選)됨. ¶재선의원(議員) / 그는 대통령에 재선되었다.

재수 財數 | 재물 재, 운수 수
[luck; fortune]
❶ 속뜻 재물(財物)에 관한 운수(運數). ❷좋은 일이 생길 운수. ¶오늘은 재수가 좋다. 속담 재수가 옴 붙었다.

재앙 災殃 | 재앙 재, 재앙 앙
[calamity; woes]
천재지변(天災地變) 따위로 말미암은 불행한 변고[災=殃]. ¶재앙을 피하다 / 입은 재앙의 근원이다. ㊀ 재난(災難).

재:야 在野 | 있을 재, 들 야
[be out of power]
❶ 속뜻 들[野]에 파묻혀 있음[在]. ❷정치인이나 저명인사로서 공직에 있지 않거나 정치 활동에 직접 나서지 않고 있음. ¶재야 단체 / 재야 출신의 인사(人士).

재:연 再演 | 다시 재, 펼칠 연
[revive; break up again]
❶ 속뜻 다시[再] 공연(公演)함. ❷다시 되

풀이함. ¶범인은 범행을 재연했다.

재:외 在外 | 있을 재, 밖 외 [abroad; overseas]
외국(外國)에 있음[在]. ¶재외 동포.

재우다[1] [put to sleep; afford lodging]
잠을 자게 하다. ¶자장가를 불러 재우다. ⓑ 깨우다.

재우다[2] [season; marinate]
고기에 양념 맛이 배어들도록 고기에 양념을 하여 한동안 놓아두다. ¶재워 두었던 불고기를 굽다. ㊅ 재다.

재원 才媛 | 재주 재, 미인 원 [gifted young lady]
재주[才] 있는 젊은 여자[媛]. ¶그녀는 대학을 수석으로 입학한 재원이다.

재:위 在位 | 있을 재, 자리 위 [be on the throne; reign]
임금의 자리[位]에 있음[在]. 또는 그 동안. ¶연산군은 재위 중에 폐위되었다.

재:일 在日 | 있을 재, 일본 일 [reside in Japan]
일본(日本)에 살고 있음[在]. ¶재일 교포 / 재일 거류민단 / 재일 유학생.

재:임 在任 | 있을 재, 맡길 임 [be in office]
어떤 직무나 임지(任地)에 있음[在]. 또는 그 동안. ¶재임 기간.

재:-작년 再昨年 | 다시 재, 어제 작, 해 년 [year before last]
지[再] 지난[昨] 해[年]. 그러께. ¶재작년 봄에 심은 나무가 이렇게 자랐다.

재잘-거리다 [chatter; prattle]
❶참새 따위의 작은 새들이 서로 어울려 자꾸 지저귀다. ¶새가 재잘거리는 소리가 들린다. ❷빠른 말로 잇달아 재깔이다. ¶아이들이 즐겁게 재잘거리고 있다.

재재-거리다 [chatter]
수다스럽게 재잘거리다. ¶그들은 끊임없이 재재거리고 있다. ⓑ 재재대다.

재:적 在籍 | 있을 재, 문서 적 [be on the register]
학적, 호적, 병적 따위를 적은 문서[籍]에 올라 있음[在]. ¶재적 인원 / 워싱턴 대학에는 한국 학생이 다수 재적하고 있다.

재정 財政 | 재물 재, 정사 정 [finance(s); financial affairs]
❶ 속뜻 재산(財産)을 조달, 관리, 사용하는 일체의 정사(政事). ❷ 경제 개인, 가정, 단체 등의 경제 상태. ¶회사의 재정 상태가 좋아졌다.

▸ **재정-난 財政難** | 어려울 난
경제 재정(財政)의 부족으로 말미암아 생기는 어려움[難]. ¶외환 위기로 회사는 재정난을 겪었다.

재:-정비 再整備 | 다시 재, 가지런할 정, 갖출 비 [reorganize; realign]
다시[再] 정비(整備)함. ¶팀을 재정비하다.

재주 (才, 재주 재; 技, 재주 기) [talent; ability; skill]
❶총기가 있고, 무엇을 잘하는 타고난 소질. ¶그는 음악에 재주가 있다. ❷남에게 구경시키기 위한 솜씨나 기술. ⓑ 재간(才幹), 재능(才能). 속담 재주는 곰이 넘고 돈은 주인이 받는다.

▸ **재주-넘다**
몸을 날려서 머리와 다리를 거꾸로 하여 뛰어넘다. ¶서커스에서 원숭이가 재주넘기를 하고 있다.

재:중 在中 | 있을 재, 가운데 중
속[中]에 들어 있음[在]. 흔히 봉투 겉에 쓰는 말.

재즈 {영 jazz}
음악 20세기 초 미국에서 시작된 경쾌한 리듬의 대중음악. 흑인 민속 음악을 바탕으로 발달하였다.

재:직 在職 | 있을 재, 일자리 직 [hold office; be in office]
어떤 직장(職場)에 근무하고 있음[在]. ¶그는 이 회사에서 20년 동안 재직하고 있다.

재질[1] 才質 | 재주 재, 바탕 질
[natural gifts; talent]
재주[才]와 기질(氣質). ¶음악에 재질이 있다.

재질[2] 材質 | 재목 재, 바탕 질
[quality of the material]
❶ 속뜻 목재(木材)의 성질(性質). ¶오동나무는 재질이 단단하다. ❷재료(材料)가 갖는 성질. ¶이 옷은 재질이 좋다.

재ː차 再次 | 다시 재, 차례 차
[second time; twice]
다시[再] 온 두 번째 차례(次例). 두 번째. ¶답안지를 재차 확인하다. ㊐ 거듭.

재ː-창조 再創造 | 다시 재, 처음 창, 만들 조 [reinvent]
이미 있는 것을 고치거나 새로운 방식을 써서 다시[再] 만듦[創造]. ¶전통 춤을 현대적으로 재창조하다.

재채기 [sneeze]
코의 점막이 자극을 받아 일어나는 경련성(痙攣性)의 반사 운동.

재ː청 再請 | 다시 재, 부탁할 청
[request a second time; second]
❶ 속뜻 다시[再] 부탁함[請]. ❷회의에서, 남의 동의를 찬성하여 거듭 청함. ¶그를 대표로 선출하자고 몇 사람이 재청했다. ❸출연자의 훌륭한 솜씨를 찬양하여 박수 따위로 재연을 청하는 일. ¶그의 연주가 끝나자 사람들은 재청을 외치기 시작했다.

재촉 [press; urge]
하는 일을 빨리 하도록 요구하는 것. ¶그는 재촉을 받고 일을 시작했다 / 동생은 음식을 더 가져오라고 재촉했다. ㊐ 독촉(督促).

재치 才致 | 재주 재, 이를 치 [wit; tact]
❶ 속뜻 재주[才]가 상당한 경지에 이름[致]. ❷눈치 빠른 말씨나 능란한 솜씨. ¶그는 나의 물음에 재치 있게 대답했다.

재킷 {영 jacket}
위에 입는 짧은 상의의 총칭.

재택-근무 在宅勤務 | 있을 재, 집 택, 부지런할 근, 힘쓸 무
근무지에 가지 않고 집[宅]에 있으면서[在] 일하는[勤務] 것. 회사와 통신 회선으로 연결된 정보 통신 기기를 설치하여 근무한다.

재ː택 수업 在宅受業 | 있을 재, 집 택, 받을 수, 일 업
학교에 가지 않고 집[宅]에 있으면서[在] 수업(受業)을 받는 것.

재ː-통일 再統一 | 다시 재, 묶을 통, 한 일
[reunify]
다시[再] 통일(統一)함. ¶독일이 재통일 되었다.

재판 裁判 | 분별할 재, 판가름할 판
[administer justice; judge]
❶ 속뜻 옳고 그름을 분별하여[裁] 판단(判斷)함. ❷ 법률 구체적인 소송 사건을 해결하기 위하여 법원 또는 법관이 공권적 판단을 내리는 일. ¶형사재판 / 그 사건은 재판 중이다.

▶ **재판-관** 裁判官 | 벼슬 관
법률 법원에서 재판(裁判) 사무를 맡아보는 법관(法官). ㊟ 판관.

▶ **재판-소** 裁判所 | 곳 소
법률 ❶분쟁을 재판(裁判)하는 기관[所]. ❷법원(法院). ¶재판소에 견학가다.

▶ **재판-장** 裁判長 | 어른 장
법률 분쟁의 재판(裁判)을 지도, 감독하는 우두머리[長] 법관.

재ː-평ː가 再評價 | 다시 재, 평할 평, 값 가 [revalue; reappraise]
다시[再] 평가(評價)함. 또는 그 평가. ¶이 책은 광해군을 재평가하고 있다.

재ː학 在學 | 있을 재, 배울 학
[be in school]
학교에 학적(學籍)이 있음[在]. ¶우리 언니는 초등학교 5학년에 재학 중이다.

▶ **재ː학-생** 在學生 | 사람 생

재학(在學)하고 있는 학생(學生). ¶우리 학교 재학생 수는 1800명이다.

***재해** 災害 | 재앙 재, 해칠 해
[calamity; disaster]
재앙(災殃)으로 말미암은 피해(被害). ¶정부는 지진으로 인한 재해를 복구하고 있다.

재:현 再現 | 다시 재, 나타날 현
[reappear; reemerge]
다시[再] 나타남[現]. 또는 나타냄. ¶사고 당시의 상황을 재현하다.

재:혼 再婚 | 다시 재, 혼인할 혼 [remarry]
다시[再] 결혼(結婚)함. 또는 그 혼인. ¶그녀는 남편이 죽은 지 얼마 안 돼 재혼했다. [반] 초혼(初婚).

재화 財貨 | 재물 재, 재물 화
[good; commodity]
재산(財産)이 될 만한 물건[貨]. [비] 재물(財物).

재:활 再活 | 다시 재, 살 활
[be rehabilitated; reform]
다시[再] 활동(活動)함. 또는 다시 활용함. ¶재활 훈련.

▶ 재:활-원 再活院 | 집 원
[사회] 신체장애인이 장애를 극복하고 다시 생활할[再活] 수 있도록 하는 기관[院]. ¶재활원에서 자원봉사를 했다.

재:-활용 再活用 | 다시 재, 살 활, 쓸 용
[recycling]
폐품 따위를 가공하여 다시[再] 씀[活用]. ¶신문을 휴지로 재활용하다.

▶ 재:활용-품 再活用品 | 물건 품
고치든가 가공하면 다시 쓸 수[再活用] 있는 버린 물건[品]. 또는 그 물건을 써서 만든 새 물건.

재:회 再會 | 다시 재, 모일 회
[meet again]
다시[再] 만남[會]. ¶나는 옛 친구와 10년 만에 재회하였다.

잭 {영 jack}
[전기] 플러그를 꽂아 전기를 접속시키는 장치.

잼 {영 jam}
과실을 삶아 즙을 내어 설탕을 넣고 약한 불로 가열하여 조림으로 한 식품. ¶식빵에 딸기 잼을 발라 먹었다.

잼버리 {영 jamboree}
[사회] 보이 스카우트의 야영 대회. 흔히 캠핑·작업·경기 등을 한다.

잽-싸다 [nimble; agile; quick]
매우 재빠르고 날래다. ¶청설모는 등산객을 보자 잽싸게 도망갔다.

잿-더미 [heap of ash]
재를 모아 쌓아 둔 무더기. ¶그 집은 화재로 잿더미가 되었다.

잿-물 [lye; caustic soda]
재를 물로 받아서 우려낸 물. 기름기와 때를 잘 빨아내어 빨래에 많이 쓰인다.

잿-빛 [ash(en) color; gray]
재와 같은 빛깔. 부옇고 검은빛을 띤다. ¶잿빛 먹구름이 하늘을 가득 덮었다. [비] 재색, 회색(灰色).

쟁기
[농업] 말이나 소에 끌려 논밭을 가는 농구의 하나.

쟁반 錚盤 | 징 쟁, 소반 반
[shallow round plate; tray]
징[錚]같이 얇고 소반[盤] 같이 바닥이 넓적한 그릇. ¶쟁반에 과일을 담다 / 쟁반같이 둥근 달.

쟁이다 [lay one on top of another]
물건을 여러 개 차곡차곡 포개어 쌓다. ¶쌀가마를 쟁여져 놓다.

쟁쟁[1] 琤琤 | 옥 소리 쟁, 옥 소리 쟁 [ring]
❶ [속뜻] 옥이 맞부딪쳐 맑게 울리는 소리[琤+琤]. ❷지나간 소리가 잊히지 않고 귀에 울리는 듯하다. ¶오늘따라 왠지 정답던 할머니의 목소리가 귀에 쟁쟁 울리는 듯하다 / 그녀의 말이 아직도 귀에 쟁쟁하다.

쟁쟁[2] **錚錚** | 쇳소리 쟁, 쇳소리 쟁 [clear; linger; distinguished]
❶ 속뜻 쇳소리[錚+錚]처럼 뚜렷함. ❷쇠붙이 따위가 맞부딪쳐 맑게 울리는 소리. ¶꽹과리 소리가 쟁쟁 울린다 / 귓전에 징소리가 아직도 남아 쟁쟁거린다. ❸여러 사람 가운데서 매우 뛰어나다. ¶세계의 쟁쟁한 과학자들.

쟁취 爭取 | 다툴 쟁, 가질 취 [win; gain; obtain]
싸워서[爭] 빼앗아 가짐[取]. ¶금메달 쟁취 / 시민들은 자유를 쟁취하기 위해 혁명을 일으켰다.

쟁탈 爭奪 | 다툴 쟁, 빼앗을 탈 [struggle for]
서로 다투어[爭] 빼앗음[奪]. 또는 그 다툼. ¶양측은 정권을 쟁탈하기 위해 공격했다.

▸ 쟁탈-전 爭奪戰 | 싸울 전
서로 다투어 빼앗는[爭奪] 싸움[戰]. ¶양국은 그 섬을 두고 쟁탈전을 벌였다.

쟤: [child; That kid; That boy]
'저 아이'의 준말. ¶쟤가 내 동생이야.

저[1] [I; me]
말하는 이가 윗사람이나 그다지 가깝지 않은 사람을 상대하여 자기를 낮추어 가리키는 말. ¶저 먼저 가보겠습니다.

저[2] [oneself; self]
앞에서 이미 말하였거나 나온 바 있는 사람을 도로 가리키는 말. ¶현우는 저 잘난 멋에 산다.

저[3] [that thing; it; that person; he]
자기로부터 보일만한 곳에 있는 사람이나 사물을 가리키는 말. ¶저 꽃을 좀 보세요.

저:[4] [well; uh]
말을 꺼내기가 거북하거나 어색할 때 머뭇거리면서 내는 소리. ¶저, 아까 뭐라고 그랬죠?

저:[5] **著** | 지을 저 [written by]
'저술'(著述)이나 '저작'(著作)의 뜻을 나타내는 말. 사람의 이름 다음에 써서 '지음'의 뜻을 나타낸다. ¶전광진 저.

저-거 [that; that thing; that one]
'저것'의 준말. ¶저거 주세요.

저-것 [that one; that person]
❶저기에 있는 사물을 가리키는 말. ¶저것이 우리 학교다. ❷'저 사람'을 얕잡아 이르는 말. ¶저것들을 내가 가만두나 봐라. ㊟저거.

저:격 狙擊 | 노릴 저, 칠 격 [snipe (at); shoot (at)]
어떤 대상을 겨냥하여[狙] 쏨[擊]. ¶저격을 당하다 / 누군가 옥상에서 그를 저격했다.

저고리 [Korean jacket]
❶한복 윗옷의 하나. ❷'양복 저고리'를 줄여 이르는 말.

▸ 저고리-섶
저고리를 여미는 부분.

저:-공해 低公害 | 낮을 저, 여럿 공, 해칠 해 [lower pollution]
공해(公害)가 적은[低] 것. ¶저공해 연료를 개발하다.

저:금 貯金 | 쌓을 저, 돈 금 [save; deposit]
❶ 속뜻 돈[金]을 모아[貯] 둠. 또는 그 돈. ❷돈을 금융 기관이나 우체국 등에 맡겨 저축(貯蓄)함. 또는 그 돈. ¶은행에 100만 원을 저금하다. ㊥저축(貯蓄).

▸ 저:금-통 貯金筒 | 통 통
집에 두고 돈[金]을 집어넣어 모아[貯] 둘 수 있게 만든 통(筒). ¶돼지 저금통.

저기 [there; well]
❶저 곳. 저 장소. ¶저기 가서 놀자. ❷남에게 말을 걸거나 말하기 어려워 망설일 때 쓰는 말. ¶저기, 뭐 좀 여쭤 봐도 될까요?

저:-기압 低氣壓 | 낮을 저, 공기 기, 누를 압 [low pressure]
지리 대기의 기압(氣壓)이 주위보다 낮은[低] 상태. ¶바람은 고기압에서 저기압으

로 본다 / 저기압의 영향으로 전국이 차차 흐려져 비가 오겠습니다. ⓑ 고기압(高氣壓).

저녁 (夕, 저녁 석) [evening; dewfall; evening meal; dinner]
❶해가 지고 밤이 되어 오는 때. ¶오늘 저녁에 뭐 하세요? ❷'저녁밥'의 준말. ¶식구가 모두 모여서 저녁을 먹었다.

▸ **저녁-놀**
저녁에 끼는 놀. ¶서쪽 하늘이 저녁놀로 붉게 물들었다.

▸ **저녁-때**
❶해가 질 무렵. ¶저녁때까지는 돌아오너라. ❷저녁밥을 먹을 때. ¶저녁때가 다 되었는데 왜 밥을 안주지?

▸ **저녁-밥**
저녁에 끼니로 먹는 밥. ¶저녁밥 먹었니? ㊟ 저녁.

▸ **저녁-상** (一床, 평상 상)
저녁밥을 차려 놓은 밥상(床). ¶온 가족이 저녁상에 둘러앉았다.

저ː능 低能 | 낮을 저, 능할 능
[low intelligence; feeble]
지능(知能)이 보통보다 썩 낮음[低]. 또는 그런 상태. ¶본디 저능이었다.

▸ **저ː능-아 低能兒** | 아이 아
교육 지능(知能)이 보통 수준보다 낮은[低] 아이[兒]. 주의력 산만, 기억 불확실, 의지박약 등이 나타난다. ⓑ 정신 지체아(精神遲滯兒).

저러다 [do like that]
저렇게 하다. ¶재는 왜 자꾸 저러는 거야.

저러-하다 [be like that; be that way]
저와 같다. ¶생김은 저러하나 마음은 매우 곱다.

저런[1] [like that; that sort of]
저러한. ¶나는 저런 남자를 제일 싫어한다.

저런[2] [Oh dear!; Goodness!]
뜻밖에 놀라운 일이 있을 때에 부르짖는 소리. ¶저런, 큰일 날 뻔했구나.

저렇다 [be like that; be that way]
'저러하다'의 준말. ¶이렇다 저렇다 말이 많다.

저ː력 底力 | 밑 저, 힘 력
[potential power]
❶ 속뜻 밑바닥[底]에 간직하고 있는 끈기 있는 힘[力]. ❷여차할 때 발휘되는 강한 힘. ¶그는 금메달을 딸 만한 저력이 있다.

저ː렴 低廉 | 낮을 저, 값쌀 렴
[cheap; low in price]
값이 낮고[低] 싸다[廉]. ¶이 가게는 다른 곳보다 저렴하다. ⓑ 싸다.

저리[1] [in that way; like that; so]
저러하게. 저와 같이. ¶어쩜 저리 예쁠까.

저리[2] [there; that way; that direction]
저곳으로. 저쪽으로. ¶저리 가!

저리다
[be sore; become numb]
살이나 뼈마디가 오래 눌려서 피가 잘 통하지 않아 힘이 없고 감각이 둔하게 되다. ¶한쪽 다리가 저리다. 속담 도둑이 제 발 저리다.

저-마다
[each one; everyone]
사람마다. ¶사람은 저마다 고민이 있다.

저-만치
[so; like that; so much]
저만큼 떨어진 데. ¶저만치에서 엄마가 오는 모습이 보인다.

저만-하다
[be that much; be to that extent]
❶크기와 정도가 같거나 거의 비슷하다. ¶저만한 크기의 가방. ❷별로 대단하지 않다. ¶상처가 저만하니 정말 다행이네요.

저ː명 著名 | 드러날 저, 이름 명 [eminent; prominent; distinguished]
세상에 이름[名]을 드러냄[著]. 이름이 널리 알려짐. ¶저명 학자 / 이번 학회에는 저명한 작가들이 많이 참석했다.

저물다 (暮, 저물 모)

[grow dark; end; close]
❶해가 져서 어두워지다. ¶날이 저물기 전에 돌아오너라. ❷계절이나 한 해가 다 지나서 끝이 되다. ¶다사다난(多事多難)했던 한 해가 저물고 있다.

♣ 저물다 / 어두워지다 [비슷한 듯 다른 말]

◎ 요새는 여덟 시에 날이 저문다 = 어두워진다.
○ 해가 저물기 전에 돌아가자.
× 해가 어두워지기 전에 돌아가자.
○ 불을 끄자 사방이 어두워졌다.
× 불을 끄자 사방이 저물었다.

저미다 [slice; cut thin]
얇게 베어 여러 조각을 내다. 얇게 깎아 내다. ¶고기를 얇게 저며서 볶다.

저-버리다
[go back on; turn ones back on]
❶도리나 의리를 잊거나 어기다. ¶그는 나와의 약속을 저버렸다. ❷누구를 떠나거나 배반하다. ¶그는 가장 친한 친구를 저버렸다.

저:번 這番 | 이 저, 차례 번
[last time; other day]
요전의 그[這] 때[番]. ¶저번 토요일에 누나의 결혼식이 있었다.

저:변 底邊 | 밑 저, 가 변 [base]
❶[수학] 도형의 밑[底]을 이루는 변(邊). ❷어떤 생각이나 현상 따위의 겉으로 드러나지 않는 부분. ¶그 작품 저변에는 유교 사상이 깔려 있다. ❸사회의 기본을 이루는 요소나 계층. ¶우리 경제의 저변을 확대하다.

저분 [That man]
'저 사람'을 아주 높여 이르는 말. ¶저분이 사장님신가요?

저:서 著書 | 지을 저, 책 서
[book; one's writings; production]
책[書]을 지음[著]. 또는 지은 책. ¶그는 교육에 관한 많은 저서를 남겼다.

저:-소득 低所得 | 낮을 저, 것 소, 얻을 득
[low income]
낮은[低] 소득(所得). 소득이 낮음. ¶저소득 가정을 위해 주택을 임대해주다. [반]고소득(高所得).

▶저:소득-층 低所得層 | 층 층
[사회] 소득(所得)이 낮은[低] 계층(階層). [반]고소득층(高所得層).

저:속¹ 低俗 | 낮을 저, 속될 속
[vulgar; base; low]
품위 따위가 낮고[低] 속(俗)됨. ¶그는 말씨가 저속하다 / 저속한 소설. [반]고상(高尙)하다.

저:속² 低速 | 낮을 저, 빠를 속
[low speed]
낮은[低] 속력(速力)이나 속도. ¶버스는 저속으로 출발했다. [반]고속(高速).

***저:수** 貯水 | 쌓을 저, 물 수
[storage of water; reservoir water]
산업용으로나 상수도용으로 물[水]을 가두어 모아둠[貯]. 또는 그 물.

▶저:수-지 貯水池 | 못 지
인공으로 둑을 쌓아 물[水]을 모아[貯] 두는 못[池]. ¶벽골제(碧骨堤)는 백제 때 쌓은 저수지이다.

저:술 著述 | 지을 저, 지을 술 [write]
책을 씀[著=述]. 또는 그 책. ¶역사에 관한 저술.

▶저:술-가 著述家 | 사람 가
저술(著述)을 전문으로 하는 사람[家].

저습-지 低濕地 | 낮을 저, 젖을 습, 땅 지
땅이 낮고[低] 축축한[濕] 곳[地]. ¶이 나무는 저습지에 서식한다.

저승 [world beyond; other world]
사람이 죽은 뒤 그 혼령이 가서 산다는 세상. [반]이승. [관용]저승에 가다.

▶저승-사:자 (-使者, 부릴 사, 사람 자)
염라대왕의 명령을 받아, 저승에서 죽은 사람의 영혼을 데리러 온다는 귀신[使者].

저ː온 低溫 | 낮을 저, 따뜻할 온
[low temperature]
낮은[低] 온도(溫度). ¶생선은 부패하기 쉬우므로 저온에서 보관해야 한다. ⓑ 고온(高溫).

저울 [balance; steelyard]
물건의 무게를 다는 데 쓰이는 기계의 총칭. ¶저울에 달다.

▶ 저울-질
❶저울로 물건의 무게를 달아 헤아리는 일. ¶이 가게는 정확히 저울질해서 고기를 판다. ❷속내를 알아보거나 서로 비교하여 이리저리 헤아려 보는 일. ¶그는 두 여자를 놓고 저울질을 해 보았다 / 나는 어느 쪽이 더 나은지 저울질했다.

저ː-위도 低緯度 | 낮을 저, 씨실 위, 정도 도 [low latitudes]
지리 낮은[低] 위도(緯度). 적도(赤道)에 가까운 위도. ¶이 해류는 저위도로 느리게 흐르는 한류이다.

저ː음 低音 | 낮을 저, 소리 음
[low tone; low voice]
낮은[低] 음(音). 또는 낮은 목소리. ¶그는 저음으로 노래를 불렀다. ⓑ 고음(高音).

저ː의 底意 | 밑 저, 뜻 의
[one's original purpose]
드러내지 않고 밑바닥[底]속에 품고 있는 뜻[意]. ¶갑자기 나에게 잘해 주는 저의가 뭐니? ⓑ 본심(本心), 본의(本意), 진심(眞心).

저-이 [that person; he; she]
저 사람. ¶저이는 누구죠?

저ː자 著者 | 지을 저, 사람 자
[writer; author]
글 따위를 지은[著] 사람[者]. ⓑ 작자(作者), 지은이.

저ː-자세 低姿勢 | 낮을 저, 맵시 자, 형세 세 [modest attitude; low profile]
교섭 따위에서 상대편의 비위를 맞추려고 자세(姿勢)를 낮춤[低]. ¶그녀는 내 앞에서는 항상 저자세를 취한다. ⓑ 고자세(高姿勢).

저ː작 著作 | 지을 저, 지을 작
[write a book]
책을 지어냄[著=作]. ¶저작 활동 / 그는 고대 문물에 대한 책을 저작했다.

▶ 저ː작-권 著作權 | 권리 권
법률 저작자가 자신의 저작물(著作物)을 독점적으로 이용할 수 있는 권리(權利). ¶저작권을 침해하다.

▶ 저ː작-자 著作者 | 사람 자
책을 지은[著作] 사람[者]. ¶저작자가 사망한 뒤에도 저작권은 보호를 받는다.

▶ 저ː작권-법 著作權法 | 권리 권, 법 법
법률 저작권(著作權)의 보호를 목적으로 하는 법률(法律). ¶이 책은 저작권법의 보호를 받습니다.

저ː장 貯藏 | 쌓을 저, 감출 장
[store; lay in]
물건 따위를 쌓아서[貯] 잘 간직함[藏]. ¶냉동 저장 / 생선을 소금에 절여 저장하다.

▶ 저ː장-고 貯藏庫 | 곳집 고
물건이나 재화 따위를 모아서 간수하여[貯藏] 두는 창고(倉庫). ¶저장고에 잘 넣어 두다.

▶ 저ː장-뿌리 (貯藏-)
식물 저장(貯藏) 물질을 많이 저장해 두어 비대해진 뿌리. 고구마, 당근, 우엉의 뿌리 따위.

저-절로 [of itself; of its own accord]
다른 힘을 빌리지 않고 저 스스로. 인공을 가하지 않고 자연스러운 힘으로. ¶문이 저절로 열리다.

저ː조 低調 | 낮을 저, 가락 조
[low toned; dull]
❶ 속뜻 낮은[低] 가락[調]. ❷능률이나 성적이 낮음. ¶출석 저조 / 시청률이 저조하다.

저ː주 詛呪 | 욕할 저, 빌 주
[curse; execrate]

미운 이에게 욕하며[詛] 재앙이나 불행이 닥치기를 빎[呪]. ¶저주의 말을 퍼붓다. [반] 축복(祝福).

저ː지 沮止 | 막을 저, 그칠 지
[stop; block; hold back]
막아서[沮] 중지(中止)시킴. ¶경찰은 시위대를 저지했다.

저지르다 [do; commit; spoil]
죄를 짓거나 잘못을 일으키다. ¶실수를 저지르다 / 자신이 저지른 일은 스스로 책임져야 한다.

저ː질 低質 | 낮을 저, 바탕 질
[low quality]
질(質)이 낮음[低]. 바탕이 좋지 않음. ¶저질 상품 / 저질 만화.

저ː-체중 低體重 | 낮을 저, 몸 체, 무거울 중 [underweight]
정상보다 적은[低] 몸무게[體重]. ¶저체중은 영양부족이 원인이기도 하다.

저ː촉 抵觸 | 막을 저, 떠받을 촉 [conflict]
❶[속뜻] 서로 밀면서 막고[抵] 떠받음[觸]. 서로 모순됨. ❷법률이나 규칙에 위배되거나 거슬림. ¶법에 저촉되는 일.

저ː축 貯蓄 | 쌓을 저, 모을 축
[save; deposit]
❶[속뜻] 쌓아[貯] 모아둠[蓄]. ❷[경제] 소득의 일부를 아껴 금융기관에 맡겨 둠. 또는 그 돈. ¶나는 월급의 절반을 저축한다. [비] 저금(貯金).

저ː택 邸宅 | 집 저, 집 택
[residence; mansion]
규모가 아주 큰 집[邸=宅]. ¶그는 시골에 으리으리한 저택이 있다.

저ː-출산 低出産 | 낮을 저, 날 출, 낳을 산
[low birth rate]
낮은[低] 출산율(出産率). ¶아이를 많이 낳지 않는 저출산 문제가 심각하다.

저-토록 [like that]
저만큼이나. 저렇게까지. ¶나는 그가 저토록 화내는 것을 처음 보았다.

저-편 (一便, 쪽 편)
[that side; over there]
무엇의 너머에 있는 쪽[便]. ¶강 저편.

저ː하 低下 | 낮을 저, 아래 하
[fall; decline]
사기, 정도, 수준, 물가, 능률 따위가 아래로[下] 낮아짐[低]. ¶판매 저하 / 요즘 학생들의 체력이 크게 저하되었다. [반] 향상(向上).

저ː-학년 低學年 | 낮을 저, 배울 학, 해 년
[lower classes]
낮은[低] 학년(學年). ¶초등학교 저학년 어린이. [반] 고학년.

⁂**저ː항** 抵抗 | 맞설 저, 막을 항 [resist]
어떤 힘, 권위 따위에 맞서서[抵] 버티어 막음[抗]. ¶공기의 저항을 최소화하다 / 그들은 적에게 완강히 저항했다. [비] 항거(抗拒).

▶ 저ː항-력 抵抗力 | 힘 력
저항(抵抗)하는 힘[力]. ¶그녀는 저항력이 약해서 독감에 걸렸다.

저ː해 沮害 | 막을 저, 해칠 해
[obstruct; check; impede]
막아서[沮] 못하게 하여 해(害)침. ¶저해 요인 / 비만은 키의 성장을 저해한다.

저ː-혈압 低血壓 | 낮을 저, 피 혈, 누를 압
[low blood pressure]
[의학] 혈압(血壓)이 정상보다 낮은[低] 현상. [반] 고혈압(高血壓).

저희 [we; our; they]
❶'우리'를 낮추어 부르는 말. ¶저희 집에 한번 놀러 오세요. ❷자기들. 자기네. ¶그들은 나만 놓아두고 저희끼리 놀러 갔다.

적¹ [time when; on the occasion]
그 동작이 진행되거나 그 상태가 나타나 있는 때. 또는 지나간 어떤 때. ¶기차 여행을 한 적이 없다.

적² 炙 | 고기 구울 적
고기와 채소 등을 양념하고 대꼬챙이에 꿰어서 불에 구운 음식.

적[3]敵 | 원수 적 [enemy; foe]
자기와 원수인 사람. ¶적을 만들다 / 오늘의 친구가 내일의 적이 될 수 있다.

적개 敵愾 | 원수 적, 성낼 개
[hostility; animosity]
적(敵)에 대한 분노와 증오[愾].
▶적개-심 敵愾心 | 마음 심
적에 대하여 분노하는[敵愾] 마음[心]. ¶적개심에 불타오르다 / 적개심에 가득 찬 눈빛.

적국 敵國 | 원수 적, 나라 국
[hostile country]
적대(敵對) 관계에 있는 나라[國]. ¶그는 회담을 통해 적국의 침략을 막았다.

적군 敵軍 | 원수 적, 군사 군
[enemy force; enemy troops]
적국(敵國)의 군대(軍隊)나 병사. ¶그는 혼자서 적군을 무찔렀다. [반] 아군(我軍).

***적극** 積極 | 쌓을 적, 끝 극 [positive]
❶[속뜻] 끝[極]까지 쌓음[積]. ❷어떤 일에 대하여 바짝 다잡는 성향이나 태도. ¶현지는 나를 적극 도와주었다. [반] 소극(消極).
▶적극-적 積極的 | 것 적
적극(積極) 힘쓰는 것[的]. ¶그는 모든 일에 적극적이다. [반] 소극적(消極的).

적금 積金 | 쌓을 적, 돈 금 [save up by installment; deposit funds]
❶[속뜻] 돈[金]을 모아[積] 둠. 또는 그 돈. ❷[경제] 일정 기간 일정 금액을 불입한 다음 만기가 되면 찾기로 약속된, 은행 저금의 한 가지. ¶매달 십 만원씩 적금을 붓다.

적기[1]適期 | 알맞을 적, 때 기
[proper time; season for]
알맞은[適] 시기(時期). ¶지금이 단풍을 구경하기에 적기이다.

적기[2]敵機 | 원수 적, 틀 기
[enemy plane]
적(敵)의 비행기(飛行機). ¶백령도 영공(領空)에 적기가 나타났다.

적-나라 赤裸裸 | 붉을 적, 벌거벗을 라, 벌거벗을 라 [naked; frank; plain]
❶[속뜻] 벌건[赤] 몸을 드러내 놓다[裸+裸]. ❷숨김이 없이 있는 그대로 다 드러내다. ¶그 영화는 빈민가의 삶을 적나라하게 보여 준다.

적다[1][write down; make a note of]
❶어떤 내용을 글로 쓰다. ¶전화번호를 적다. ❷장부나 일기 따위를 작성하다. ¶나는 하루도 거르지 않고 일기를 적는다.

적ː다[2](少, 적을 소)
[few; small; not many]
수나 양이 많지 않다. ¶양이 너무 적어요, 더 주세요. [반] 많다.

***적당** 適當 | 알맞을 적, 마땅 당
[suitable; proper]
정도나 이치에 꼭 알맞고[適] 마땅하다[當]. ¶매일 적당한 운동은 건강에 좋다 / 간장을 적당히 넣어 간을 맞추다.
▶적당-량 適當量 | 분량 량
쓰임에 알맞은[適當] 분량(分量). ¶적당량의 소금은 건강에 좋다.

적대 敵對 | 원수 적, 대할 대
[show hostility]
적(敵)으로 맞서[對] 버팀. ¶적대 관계 / 적대적인 태도 / 상대방을 적대하면 좋을 것이 없다. [반] 우호(友好).

적도 赤道 | 붉을 적, 길 도
[equator; line]
❶[속뜻] 지도에 붉은[赤] 색으로 표시한 길[道]. ❷[지리] 지구의 중심을 지나는 지축에 직각인 평면과 지표가 교차되는 선.

적막 寂寞 | 고요할 적, 쓸쓸할 막 [silent; quiet]
고요하고[寂] 쓸쓸함[寞]. ¶아이의 비명 소리가 적막을 깼다 / 그는 적막한 산길을 걸었다.

적반하장 賊反荷杖 | 도둑 적, 거꾸로 반, 멜 하, 지팡이 장
❶[속뜻] 도둑[賊]이 도리어[反] 몽둥이[杖]

를 멤[荷]. ❷잘못한 사람이 도리어 잘한 사람을 나무라는 경우. ¶새치기를 하고도 화를 내다니, 적반하장도 유분수지!

적발 摘發 | 딸 적, 드러낼 발
[expose; uncover]
숨겨진 물건을 들추어[摘] 드러냄[發]. ¶그 학생은 시험 시간에 커닝을 하다가 적발됐다.

적법 適法 | 알맞을 적, 법 법
[legal; legitimate]
법규(法規)나 법률에 맞음[適]. ¶적법한 절차 / 그 행위는 적법하다. ⓑ 불법(不法), 위법(違法).

적병 敵兵 | 원수 적, 군사 병
[enemy soldier; enemy]
적(敵)의 병사(兵士). ¶풀숲에 적병이 숨어 있으리라고는 생각하지 못했다.

적삼
윗도리에 입는 홑옷. 모양은 저고리와 같다.

적색 赤色 | 붉을 적, 빛 색
[red color; crimson]
붉은[赤] 빛[色]. ¶적색경보 / 정지를 알리는 적색 불빛이 깜빡거렸다.

적선[1] 敵船 | 원수 적, 배 선
[enemy ship]
적(敵)의 배[船]. ¶이순신 장군은 노량해전에서 적선 삼백여 척을 격파했다.

적선[2] 積善 | 쌓을 적, 착한 선
[building up merits]
착한[善] 일을 많이 함[積]. ¶가난한 사람들에게 적선을 베풀다 / 한 푼만 적선해 주십시오.

***적성** 適性 | 알맞을 적, 성질 성
[aptitude; fitness]
어떤 일에 알맞은[適] 성질(性質)이나 적응 능력. ¶적성에 맞는 일을 찾다.

▸ **적성 검:사** 適性檢査 | 봉함 검, 살필 사
심리 특정 활동에 대한 개인의 적성(適性)을 측정하기 위하여 하는 검사(檢査).

적수 敵手 | 원수 적, 사람 수
[rival; competitor]
❶속뜻 적(敵)이 될 만한 사람[手]. ❷재주나 힘이 서로 비슷해서 상대가 되는 사람. ¶나는 그의 적수가 못 된다.

적시 適時 | 알맞을 적, 때 시 [timely]
적당(適當)한 시기(時期). 알맞은 때. ¶그는 적시에 나타나 나를 구해줬다.

▸ **적시-타** 適時打 | 칠 타
운동 야구에서 적절한 때[適時]에 때리는 안타(安打).

적시다 [wet; moisten; dampen]
액체를 묻혀서 젖게 하다. ¶수건에 물을 적셔 얼굴을 닦다. ⓑ 축이다.

적-십자 赤十字 | 붉을 적, 열 십, 글자 자
[Red Cross; Red Cross]
❶속뜻 흰 바탕에 붉은[赤] 색의 십자(十字)를 그린 휘장. ❷사회 '적십자사'의 준말.

▸ **적십자-사** 赤十字社 | 단체 사
사회 적십자(赤十字) 정신에 의한 활동을 하는 국제적 단체[社].

적:어도 [at least; at a minimum]
❶아무리 적게 잡아도. ¶적어도 3시간은 걸릴 것이다. ❷아무리 낮게 평가하여도. ¶그는 적어도 거짓말 할 사람은 아니다.

적외-선 赤外線 | 붉을 적, 밖 외, 줄 선
[infrared light]
❶속뜻 붉은[赤] 색의 빛 바깥쪽에[外] 있는 빛줄[線]. ❷물리 파장이 적색 가시광선(可視光線)보다 길며 극초단파보다 짧은, 750㎛~1㎜의 전자파. 햇빛 따위를 스펙트럼으로 분산시켜 보면 적색 스펙트럼의 바깥쪽에 존재한다. ¶이것은 적외선을 이용한 의료용 기기이다.

적요 摘要 | 딸 적, 요할 요
[summarize; outline]
중요(重要)한 부분을 뽑아내어[摘] 적는 일. 또는 그렇게 적어 놓은 것.

적용 適用 | 알맞을 적, 쓸 용 [apply to]

알맞게[適] 응용(應用)함. 맞추어 씀. ¶이 법은 모든 국민에게 적용된다.

적응 適應 | 알맞을 적, 응할 응
[adapt; accommodate]
어떠한 상황이나 조건에 알맞게[適] 잘 어울림[應]. ¶시차 적응 / 그는 전학 간 학교에 잘 적응하고 있다.

▸ 적응-력 適應力 | 힘 력
적응(適應)하는 능력(能力). ¶이 식물은 새로운 환경에 대한 적응력이 뛰어나다.

적의 敵意 | 원수 적, 뜻 의
[hostile feelings; hostility]
❶ [속뜻] 적대(敵對)하는 마음[意]. ❷ 해치려는 마음. ¶적의를 품다 / 그는 적의에 찬 눈으로 나를 노려보았다.

적:이 [some; somewhat]
꽤 많이. 다소. ¶그 소식에 적이 놀랐다.

적임 適任 | 알맞을 적, 맡길 임
[fitness to the post; suitability]
어떤 임무(任務)를 맡기에 알맞음[適]. ¶이 일에는 그가 적임이다.

▸ 적임-자 適任者 | 사람 자
그 임무(任務)를 맡기기에 적당(適當)한 사람[者]. ¶우리 학교 회장으로는 아름이가 적임자다.

적자 赤字 | 붉을 적, 글자 자
[deficit; loss]
❶ [속뜻] 붉은[赤] 글씨의 숫자[字]. ❷ [경제] 장부에서 수입을 초과한 지출로 생기는 모자라는 금액. ¶빚을 갚고 나면 이번 달도 적자이다. [반] 흑자(黑字).

적:잖다 [many; frequent]
적은 수나 양이 아니다. ¶그는 적잖은 나이에 대학에 갔다.

적장 敵將 | 원수 적, 장수 장
[enemy's general]
적(敵)의 장수(將帥). ¶그는 적장의 목을 베었다.

적재[1] 積載 | 쌓을 적, 실을 재
[carry; load]
차나 선박 따위에 짐을 쌓아[積] 실음[載]. ¶이 트럭은 3톤까지 적재할 수 있다.

적재[2] 適材 | 알맞을 적, 재목 재
[man fit for the post]
알맞은[適] 재목(材木). 유능한 인재(人材).

▸ 적재-적소 適材適所 | 알맞을 적, 곳 소
어떤 일에 알맞은[適] 인재(人材)에게 알맞은[適] 바[所]의 임무를 맡기는 일. ¶새로 뽑은 사원들을 적재적소에 배치했다.

적적 寂寂 | 고요할 적, 고요할 적
[lonely; lonesome]
쓸쓸하고 고요하다[寂+寂]. ¶아이들이 없으니 집 안이 무척 적적하다.

*__적절__ 適切 | 알맞을 적, 절실할 절
[suitable; fit; appropriate]
꼭 알맞고[適] 절실하다[切]. ¶적절한 대답 / 적절히 행동하다. [반] 부적절하다.

적정 適正 | 알맞을 적, 바를 정
[proper; appropriate]
알맞고[適] 바른[正] 정도. ¶적정 온도 / 적정 수준 / 적정한 방법을 찾아 문제를 해결하자.

적조 赤潮 | 붉을 적, 바닷물 조
[red tide]
[생물] 조수(潮水)가 붉게[赤] 보이는 현상. 동물성 플랑크톤의 이상번식으로 바닷물이 부패하여 나타난다. ¶적조 때문에 물고기가 떼죽음을 당했다.

적중 的中 | 과녁 적, 맞을 중
[hit the mark; make a good hit]
목표한 과녁[的]에 정확히 들어맞음[中]. ¶화살이 과녁에 적중했다 / 오후에 눈이 내릴 것이라는 일기예보는 적중했다.

적지 敵地 | 원수 적, 땅 지
[enemy's territory]
적(敵)의 땅[地]. 적의 세력 아래 들어가 있는 지역. ¶그는 적지를 뚫고 들어가 포로를 구했다.

적진 敵陣 | 원수 적, 진칠 진

[enemy's camp; enemy's position]
적(敵)의 진영(陣營). 적군(敵軍)의 진지(陣地). ¶적진을 향해, 돌격하라!

***적합** 適合 | 알맞을 적, 맞을 합
[suitable; fit; compatible]
꼭 알맞게[適] 잘 맞음[合]. 꼭 알맞음. ¶이곳은 벼농사를 짓기에 적합하다. [반] 부적합(不適合).

적-혈구 赤血球 | 붉을 적, 피 혈, 공 구 [red blood cell]
[의학] 혈색소(血色素)인 헤모글로빈 때문에 붉게[赤] 보이는 혈구(血球)의 한 가지. [반] 백혈구(白血球).

적화 赤化 | 붉을 적, 될 화
[communization; bolshevize]
❶[속뜻] 붉은[赤] 색으로 됨[化]. ❷공산주의 국가가 됨을 상징적으로 나타낸 말. ¶적화 통일은 막아야 한다.

적히다 [be recorded; be put on record]
글로 쓰여 지다. ¶이름표에는 주소가 적혀있다.

전1全 | 모두 전 [whole; all; entire]
'모든', '전체'의 뜻을 나타내는 말. ¶전 세계 / 전 학생이 마라톤에 참가했다. [비] 온.

전2前 | 앞 전 [before]
❶지금보다 먼저 있던 시간. ¶5년 전. ❷막연히 과거를 이르는 말. ¶그 사람을 전에 만난 일이 있다. [반] 후(後).

전:3煎 | 달일 전 [fried food]
번철에 기름을 두르고, 재료를 얇게 썰어 밀가루를 묻혀 지진 음식의 총칭. ¶진달래 전을 부치다. [비] 부침개, 지짐이.

전:가 轉嫁 | 옮길 전, 떠넘길 가 [impute]
자기의 허물이나 책임 따위를 남에게 떠넘겨[嫁] 옮김[轉]. ¶책임을 친구에게 전가하다.

전:각 殿閣 | 큰 집 전, 관청 각
[royal palace]
❶[속뜻] 궁전(宮殿)과 누각(樓閣). ¶사훈각은 개국공신의 영정을 모신 전각이다. ❷임금이 거처하던 궁전(宮殿). ¶왜군이 전각에 방화했다.

전갈1傳喝 | 전할 전, 큰소리 갈
[verbal message]
❶[속뜻] 큰소리[喝]로 전(傳)함. ❷사람을 시켜 안부를 묻거나 말을 전함. 또는 그 안부나 말. ¶할머니께서 돌아가셨다는 전갈이 왔다.

전갈2全蠍 | 온전할 전, 전갈 갈 [scorpion]
[동물] 몸은 짧은 머리가슴과 좁고 긴 배로 나뉘는데 꼬리 끝에 독침이 있는 곤충[蠍]. '全'자가 쓰인 까닭은 알 수 없다.

▶ 전갈-자리 (全蠍-)
[천문] 궁수자리의 서쪽에 있는 'S' 자 모양의 별자리.

전:개 展開 | 펼 전, 열 개
[develop; unfold]
❶[속뜻] 눈앞에 넓게 펼쳐져[展] 열림[開]. ❷논리나 사건, 이야기의 장면 따위가 점차 크게 펼쳐져 열림. ¶이야기 전개가 빠르다.

▶ 전:개-도 展開圖 | 그림 도
[수학] 입체의 표면을 전개(展開)시켰을 때 이루어지는 도형(圖形).

▶ 전:개-식 展開式 | 법 식
[수학] 다항식의 곱을 전개(展開)하여 얻은 식(式).

전:격 電擊 | 전기 전, 부딪칠 격
[electric shock; lightning attack]
❶[속뜻] 강한 전류(電流)에 의한 갑작스런 충격(衝擊). ❷번개처럼 빠르고 날카로움. 또는 번개처럼 갑작스러운 공격(攻擊). ¶전격 작전.

▶ 전:격-적 電擊的 | 것 적
번개[電]와 같이 갑작스럽게 냅다 치는[擊] 것[的]. ¶그는 전격적으로 결혼을 발표했다.

전경 全景 | 모두 전, 볕 경
[complete view; panoramic view]

전체(全體)의 경치(景致). ¶남산에서는 서울의 전경이 보인다.

전ː골 [beef casserole]
쇠고기나 돼지고기를 잘게 썰고 양념과 채소를 섞어 국물을 부어 끓인 음식.

전공 專攻 | 오로지 전, 닦을 공
[specialize in; major in]
❶ 속뜻 오로지[專] 그것만 갈고 닦음[攻]. ❷어느 한 분야를 전문적으로 연구함. 또는 그 분야. ¶피아노 전공 / 대학에서 무엇을 전공하셨습니까?

전과[1] 全科 | 모두 전, 과목 과
[whole curriculum; complete course]
교육 ❶모든[全] 과목(科目). 모든 학과(學科). ❷초등학교의 모든 과목을 다루는 학습 참고서.

전ː과[2] 戰果 | 싸울 전, 열매 과
[war results; military achievements]
전투(戰鬪)나 운동 경기에서 거둔 성과(成果). ¶왕은 전과를 올린 장군에게 비단을 하사했다.

전과[3] 前科 | 앞 전, 형벌 과
[previous conviction]
법률 전(前)에 형벌[科]을 받은 사실. ¶그는 전과 2범이다.

▸전과-자 前科者 | 사람 자
법률 전과(前科)가 있는 사람[者].

전ː광 電光 | 번개 전, 빛 광
[flash of lightning; bolt; electric light]
❶ 속뜻 번개[電]가 칠 때 번쩍이는 불[光]. ❷전력(電力)으로 일으킨 빛. ¶전광 간판.

▸전ː광-판 電光板 | 널빤지 판
전광(電光)을 통하여 그림이나 문자 따위가 나타나도록 만든 판(板). ¶전광판에는 9회 말을 알리는 불이 들어왔다. ⓑ 전광 게시판.

전교 全校 | 모두 전, 학교 교
[whole school]
한 학교(學校)의 전체(全體). ¶전교 학생 회장.

▸전교-생 全校生 | 사람 생
한 학교(學校)의 전체(全體) 학생(學生). ¶전교생이 운동장에 모였다.

*****전ː구** 電球 | 전기 전, 공 구
[bulb of an electric lamp]
전등(電燈)에 끼우는 공[球] 모양의 기구. ¶아버지가 부엌의 전구를 갈아 끼웠다.

****전국** 全國 | 모두 전, 나라 국
[whole country]
한 나라[國]의 전체(全體). 온 나라. ¶전국 체육 대회.

▸전국-구 全國區 | 나눌 구
법률 전국(全國)을 한 단위로 하는 선거구(選擧區). ¶그는 전국구 국회의원에 출마했다. ⓑ 지역구(地域區).

▸전국-적 全國的 | 것 적
규모·범위 따위가 나라[國] 전체(全體)에 관계되는 것[的]. ¶내일은 전국적으로 눈이 내리겠습니다.

전권 全權 | 모두 전, 권력 권
[full authority; tyrannical power]
❶ 속뜻 모든[全] 권력(權力). ❷맡겨진 일을 책임지고 처리할 수 있는 일체의 권한. ¶전권을 부여받다 / 전권을 장악하다. ❸ 법률 전권 위원.

전ː극 電極 | 전기 전, 끝 극
[electrode; pole]
물리 전기(電氣)가 드나드는 양극(兩極)의 단자(端子). ¶전구에 전극을 연결하다.

전ː근 轉勤 | 옮길 전, 일할 근 [transfer]
자리를 옮겨[轉] 일함[勤]. 근무처를 옮김. ¶그는 다른 도시의 학교로 전근했다.

전기[1] 前期 | 앞 전, 때 기
[the first term; the former part]
❶ 속뜻 현재의 앞[前]의 기간(期間). ❷어떤 기간을 둘로 나누었을 때의 그 앞 기간. ⓑ 후기(後期).

전기[2] 傳記 | 전할 전, 기록할 기
[life; biography; life history]
한 개인의 일생의 일을 전(傳)하여 적은

기록(記錄). ¶나는 안창호의 전기를 읽었다.

▸ 전기-문 傳記文 | 글월 문
어느 개인의 일대기를 전(傳)하기 위하여 적은[記] 글[文].

⁑전ː기[3]電氣 | 전기 전, 기운 기
[electrical machinery and appliances]
물리 전자(電子)의 이동으로 생기는 에너지[氣]의 한 형태. ¶전기가 나가다.

▸ 전ː기 회로 電氣回路 | 돌아올 회, 길 로
전기 전기(電氣)가 도체(導體)의 한 점에서 시작하여 다시 그 출발점에 돌아오는[回] 통로(通路).

▸ 전ː기 에너지 (電氣energy)
전기 전기(電氣)의 상태로 되어 있는 에너지(energy).

전ː깃-불 (電氣—, 전기 전, 기운 기)
전기(電氣)로 켜는 등불.

전ː깃-줄 (電氣—, 전기 전, 기운 기)
전기(電氣)를 공급하는 쇠줄.

전ː-나무 [fir (tree)]
식물 소나무와 비슷한 침엽수. 목재는 가구, 건축, 제지용으로 쓰고 정원수로 재배한다.

전-날 (前—, 앞 전)
[previous day; other day]
❶속뜻 어떤 날의 바로 앞[前]날. ¶소풍 전날. ❷지나간 날. ¶전날의 잘못을 반성하다. 반 다음 날, 후일(後日).

전년 前年 | 앞 전, 해 년
[last year; past years]
지나간[前] 해[年]. ¶전년 여름에 비해 훨씬 덥다. 비 지난해, 작년(昨年).

전념 專念 | 오로지 전, 생각 념
[keep one's mind]
오로지[專] 한 가지 일만 마음에 두어 생각함[念]. ¶공부에 전념하다.

전단 傳單 | 전할 전, 홑 단 [bill; leaflet]
광고나 선전(宣傳)의 내용을 적은 낱장[單]의 인쇄물. ¶수배 전단 / 전단을 뿌리다.

***전달** 傳達 | 전할 전, 이를 달
[transmit; deliver]
지시, 명령, 물품 따위를 전(傳)하여 이르게[達] 함. ¶이 편지를 그에게 전달해 주세요.

전담 全擔 | 모두 전, 멜 담
[take complete charge of]
어떤 일의 전부(全部)를 담당(擔當)함. ¶비용은 회사에서 전담한다.

전답 田畓 | 밭 전, 논 답
[dry fields and paddy fields]
밭[田]과 논[畓]. 비 논밭.

전ː당[1]殿堂 | 대궐 전, 집 당
[palace; sanctuary]
❶속뜻 대궐[殿] 같이 웅장하고 화려한 집[堂]. ❷'학문, 예술, 과학, 기술, 교육 따위의 분야에서 가장 권위 있는 연구기관'을 비유하여 이르는 말. ¶과학 기술의 전당.

전ː당[2]典當 | 저당 잡힐 전, 맡을 당
[pawning; pledge]
물품을 담보로 잡히거나[典] 맡겨 놓고[當] 돈을 꾸어 씀. ¶그는 반지를 20만 원에 전당잡혔다.

▸ 전ː당-포 典當鋪 | 가게 포
전당(典當)으로 이익을 취하는 가게[鋪]. ¶전당포에 맡긴 목걸이를 되찾다.

전도[1]全圖 | 모두 전, 그림 도
[complete diagram; whole map]
전체(全體)를 그린 그림[圖]이나 지도(地圖). ¶세계 전도.

전도[2]傳導 | 전할 전, 이끌 도
[conduct; transmit]
❶속뜻 전(傳)하여 인도(引導)함. ❷물리 열 또는 전기가 물체 속을 이동하는 일. 또는 그런 현상. 열전도, 전기 전도 따위. ¶은은 열을 잘 전도한다.

전도[3]傳道 | 전할 전, 길 도
[propagate one's religion]
❶속뜻 종교적인 도(道)를 세상에 널리 전

함[傳]. ❷기독교 기독교의 교리를 세상에 널리 전하여 믿지 않는 사람에게 신앙을 가지도록 인도함. 또는 그런 일. ¶그는 아프리카 원주민을 전도했다.

▶전도-사 傳道師 | 스승 사
기독교 전도(傳道)의 임무를 맡은 사람[師].

전:동 電動 | 전기 전, 움직일 동 [electric motion]
전기 전기(電氣)의 힘으로 움직임[動]. ¶전동 칫솔 / 이 기계는 전동이다.

▶전:동-기 電動機 | 틀 기
전기 전기(電氣)의 힘으로 움직이는[動] 기계(機械).

▶전:동-차 電動車 | 수레 차
교통 전동기(電動機)의 힘으로 레일 위를 달리는 차(車).

전:등 電燈 | 전기 전, 등불 등 [electric lamp]
전기(電氣)의 힘으로 밝은 빛을 내는 등(燈). 흔히 백열전기등을 이른다. ¶그는 전등을 켜 놓은 채 잠들었다.

▶전:등-불 (電燈-)
전등(電燈)에 켜진 불.

전등-사 傳燈寺 | 전할 전, 등불 등, 절 사
❶속뜻 불법을 전(傳)하는 등불[燈]을 상징하는 절[寺]. ❷불교 인천광역시 강화군에 있는 절. 고구려 소수림왕 11년(381)에 아도 화상(阿道和尙)이 창건하였다고 한다.

전:란 戰亂 | 싸울 전, 어지러울 란 [strife; disturbances of war]
전쟁(戰爭)으로 말미암은 난리(亂離). ¶전국이 전란에 휩쓸리게 되었다.

전:람 展覽 | 펼 전, 볼 람 [exhibit; show; display]
❶속뜻 펴서[展] 봄[覽]. ❷소개, 교육, 선전 따위를 목적으로 필요한 물품을 일정한 장소에 모아 진열하여 놓고 여러 사람에게 보임. ¶이 미술관에서는 국보급 고려청자를 전람한다.

▶전:람-회 展覽會 | 모일 회
소개, 교육, 선전 따위를 목적으로 물건이나 예술 작품을 펼쳐놓고[展] 여러 사람에게 보이는[覽] 모임[會]. ¶미술 전람회를 열다.

전래 傳來 | 전할 전, 올 래 [be handed down]
❶속뜻 예로부터 전(傳)하여 내려옴[來]. ¶전래 동요 / 전래된 미풍양속을 지키다. ❷외국에서 전하여 들어옴. ¶고구려에 불교가 전래되었다.

전:략 戰略 | 싸울 전, 꾀할 략 [strategy; stratagem]
전쟁(戰爭)을 전반적으로 이끌어 가는 책략(策略). ¶전략을 세우다.

전력[1] 全力 | 모두 전, 힘 력 [all one's strength; all one's energies]
모든[全] 힘[力]. 있는 힘. 온 힘. ¶전력을 기울이다 / 전력을 쏟다.

전력[2] 專力 | 오로지 전, 힘 력 [concentrate one´s energies]
오로지[專] 한 가지 일에만 힘[力]을 쏟음. ¶그는 이번 작품에 전력을 기울였다.

*__전:력__[3] 電力 | 번개 전, 힘 력 [electric power; electricity; power]
물리 전류(電流)에 의한 동력(動力). 전류가 단위 시간에 하는 일. 또는 단위 시간에 사용되는 전기 에너지의 양. ¶전력 낭비를 줄이다.

전:력[4] 戰力 | 싸울 전, 힘 력 [military strength; fighting power]
전투(戰鬪)나 경기 따위를 할 수 있는 능력(能力). ¶선수들의 부상으로 팀의 전력이 약화되었다.

전령 傳令 | 전할 전, 명령 령 [deliver an official message]
명령(命令) 따위를 전달(傳達)함. 또는 그 사람. ¶적군의 전령을 사살하다. ⑪전명(傳命), 전령병(傳令兵).

전례 前例 | 앞 전, 법식 례
[precedent; previous example]
❶속뜻 이전(以前)부터 있었던 사례(事例). ❷예로부터 전하여 내려오는 일 처리의 관습. ¶전례에 따라 일을 처리하다. ⓑ 유례(類例).

⁂**전ː류** 電流 | 전기 전, 흐를 류
[electric current; current of electricity]
❶속뜻 전기(電氣)가 흐름[流]. ❷물리 전하가 연속적으로 이동하는 현상. 도체 내부의 전위가 높은 곳에서 낮은 곳으로 흐르며 양전기가 흐르는 방향이 전류의 방향이다.

전립-선 前立腺 | 앞 전, 설 립, 샘 선
[prostate (gland)]
❶속뜻 앞쪽으로[前] 서도록[立] 하는 샘[腺]. ❷의학 방광의 아래, 남성 생식기의 뒤쪽에 요도가 시작되는 앞 부위를 둘러싸고 있는 밤톨만한 선(腺). 정액의 액체 성분을 이루는 유백색의 액체를 요도로 분비하여 정자의 운동을 활발하게 한다.

전ː말 顚末 | 꼭대기 전, 끝 말
[circumstances; particulars]
꼭대기[顚]부터 끝[末]까지. 처음부터 끝까지 일이 진행되어 온 경과. ¶사건의 전말이 드러나다.

전ː망 展望 | 펼 전, 바라볼 망
[view; prospect; outlook]
❶속뜻 멀리 펼쳐진[展] 곳을 바라봄[望]. ❷멀리 내다보이는 경치. ¶이곳은 전망이 좋다. ❸앞날을 헤아려 내다봄. 또는 내다보이는 장래의 상황. ¶이번 사업은 전망이 밝다.

▸ 전ː망-대 展望臺 | 돈대 대
전망(展望)할 수 있도록 만들어 놓은 높은 대(臺). ¶통일 전망대.

전매 專賣 | 오로지 전, 팔 매 [monopolize]
❶속뜻 어떤 물건을 오로지[專] 혼자서만 팖[賣]. ❷법률 국가가 국고 수입을 위하여 어떤 재화의 판매를 독점하는 일. ¶옛날에는 소금과 철을 전매했다.

전면¹ 全面 | 모두 전, 낯 면
[whole surface]
❶속뜻 모든[全] 면(面). 또는 모든 부문. ¶국어사전을 전면 개정하다. ❷하나의 면 전체. ¶신문에 전면 광고를 싣다.

전면² 前面 | 앞 전, 낯 면
[front side; frontage]
앞[前] 면(面). ¶건물의 전면에 간판이 걸려 있다. ⓑ 앞면. ⓟ 후면(後面).

전멸 全滅 | 모두 전, 없어질 멸
[be annihilated; be exterminated]
모조리[全] 죽거나 망하거나 하여 없어짐[滅]. ¶적군은 완전히 전멸되고 말았다

전모 全貌 | 모두 전, 모양 모
[whole aspect]
전체(全體) 모습[貌]. 또는 전체 내용. ¶사건의 전모를 밝히다.

전무 專務 | 오로지 전, 일 무
[executive director]
어떤 일을 전문적(專門的)으로 맡아보는 사무(事務). 또는 그런 사람.

전문¹ 全文 | 모두 전, 글월 문
[whole sentence; whole statement]
전체[全] 글[文]. ¶기사 전문을 인용하다.

전문² 專門 | 오로지 전, 문 문
[be special]
어떤 분야에 상당한 지식과 경험을 가지고 오직[專] 그 분야[門]만 연구하거나 맡음. 또는 그 분야. ¶이 음식점은 삼계탕을 전문으로 한다.

▸ 전문-가 專門家 | 사람 가
어떤 분야를 연구하거나 그 일에 종사함에 있어, 그 분야에 전문적(專門的)인 지식과 경험을 가진 사람[家]. ¶최 박사님은 공룡 화석 전문가이다.

▸ 전문-의 專門醫 | 치료할 의
의학 의학의 일정한 분과만을 전문적(專門的)으로 맡아보는 의사(醫師). ¶그는 이비인후과 전문의이다.

▸전문-적 專門的 | 것 적
한 가지 일을 전문(專門)으로 하는 것[的]. ¶전문적 지식.
▸전문-직 專門職 | 일자리 직
전문적(專門的)인 지식이나 기술이 필요한 직업(職業). ¶그는 전문직에 종사한다.
▸전문-화 專門化 | 될 화
전문적으로 됨. 전문적(專門的)으로 되게[化] 함.
▸전문-대:학 專門大學 | 큰 대, 배울 학
[교육] 전문적(專門的)인 직업 교육을 주로 하는 대학(大學) 과정이나 그 기관. 수업 연한은 2~3년이다.

전미 全美 | 모두 전, 미국 미
[whole of America]
미국(美國) 전체(全體). ¶전미 선수권.

전반[1] 全般 | 모두 전, 일반 반 [whole]
❶ [속뜻] 전체(全體)에 공통되는 일반적(一般的)인 것. ❷어떤 일이나 부문에 대하여 그것에 관계되는 전체. 또는 통틀어서 모두. ¶나는 중국 역사 전반에 관심이 있다. [비] 부분(部分), 일부(一部).
▸전반-적 全般的 | 것 적
전반(全般)에 걸친 것[的]. ¶일의 전반적인 흐름을 파악하다.

전반[2] 前半 | 앞 전, 반 반 [first half]
전체를 둘로 나누었을 때, 앞[前]부분의 절반(折半). ¶19세기 전반에 산업혁명이 전 세계로 확산되었다. [반] 후반(後半).
▸전반-전 前半戰 | 싸울 전
[운동] 축구·핸드볼 따위의 운동 경기에서, 경기 시간을 둘로 나누었을 때에 전반(前半)의 경기[戰]. ¶2:1로 전반전이 끝났다. [반] 후반전(後半戰).

전방 前方 | 앞 전, 모 방
[front line; forward area]
앞[前] 쪽[方]. ¶50미터 전방에서 우회전 하세요. [반] 후방(後方).

전번 前番 | 앞 전, 차례 번
[other day; former occasion]
지난[前] 번(番). ¶전번에 만난 곳에서 보자. [반] 다음번(番).

전:법 戰法 | 싸울 전, 법 법
[strategy; tactics]
전쟁이나 경기 따위에서 상대와 싸우는[戰] 방법(方法). ¶전법을 개발하다.

전:보 電報 | 전기 전, 알릴 보
[telegram; telegraph]
[통신] 전기(電氣) 신호를 이용해 알림[報]. 또는 그 통보. ¶할머니가 위독하시다는 전보를 받았다.

전복[1] 全鰒 | 온전할 전, 오분자기 복 [ear shell; abalone]
❶ [속뜻] 온전한[全] 오분자기[鰒]. ❷ [동물] 전복과의 조개를 통틀어 이르는 말.

전:복[2] 顚覆 | 넘어질 전, 뒤집힐 복
[turn over; overturn]
넘어져[顚] 뒤집힘[覆]. ¶자동차 전복 사고 / 폭풍에 배가 전복되어 가라앉았다.

전:봇-대 (電報-, 전기 전, 알릴 보)
[telephone pole]
전선(電線)이나 통신[報]선을 이어 매달아 놓은 말뚝.

전부 全部 | 모두 전, 나눌 부
[all parts; whole]
사물의 모든[全] 부분(部分). ¶전부 얼마예요? [비] 전체(全體). [반] 일부(一部).

전:분 澱粉 | 앙금 전, 가루 분 [starch]
감자, 고구마, 물에 불린 녹두 따위를 갈아서 가라앉힌 앙금[澱]을 말린 가루[粉]. [비] 녹말.

전:사[1] 戰士 | 싸울 전, 선비 사 [soldier; warrior]
전투(戰鬪)하는 군사(軍士). ¶영웅적인 전사.

전:사[2] 戰死 | 싸울 전, 죽을 사
[die in battle]
싸움터에서 싸우다가[戰] 죽음[死]. ¶전사 통지서 / 그녀의 남편은 한국전쟁 때 전사했다.

전:산 電算 | 전기 전, 셀 산
[data processing]
전자(電子) 회로를 이용한 고속의 자동 계산기(計算器). 숫자 계산, 자동 제어, 데이터 처리, 사무 관리, 언어나 영상 정보 처리 따위에 광범위하게 이용된다. ¶전산 처리. ⓑ 컴퓨터.

▸ 전:산-망 電算網 | 그물 망
컴퓨터[電算]로 연결, 조직된 통신망(通信網). ¶전산망 일원화 / 행정 전산망.

전생 前生 | 앞 전, 살 생
[one's previous life]
이 세상에 태어나기 이전(以前)의 삶[生]. ¶우리는 전생에 부부였던 것이 틀림없다. ⓑ 내생(來生).

전선[1]前線 | 앞 전, 줄 선
[front; weather front]
❶ 군사 싸움터에서 적과 상대하는 맨 앞[前] 지역을 연결한 선(線). ¶전선에서 한 국군의 승전보가 날라 왔다. ❷ 지리 성질이 다른 두 기단의 경계면이 지표와 만나는 선. ¶겨울은 한랭 전선의 영향을 받아 춥다.

*__전:선__[2]電線 | 전기 전, 줄 선
[electrical wire; electric cord]
전기(電氣)가 통과하는 쇠로 된 줄[線]. ¶이 전선에는 전기가 흐르고 있다.

전:선[3]戰船 | 싸울 전, 배 선 [warship]
전투(戰鬪)에 쓰는 배[船]. ¶거북선은 임진왜란 때 사용된 전선이다.

전:선[4]戰線 | 싸울 전, 줄 선
[battle line]
❶ 군사 전쟁에서 직접 전투(戰鬪)가 벌어지는 지역이나 그런 지역을 연결한 선(線). ¶현 전선에서 전쟁이 종결되면 좋겠다. ❷정치 운동이나 사회 운동 따위에서, 직접 투쟁하는 일. 또는 그런 투쟁 형태. ¶해방 전선.

전설 傳說 | 전할 전, 말씀 설
[legend; tradition]
옛날부터 민간에서 전(傳)하여 내려오는 말[說]이나 이야기. ¶이 연못에 용이 살았다는 전설이 전해 내려온다.

전성 全盛 | 완전할 전, 가득할 성
[height of prosperity]
완전(完全)히 가득함[盛]. 한창 무르익음.

▸ 전성-기 全盛期 | 때 기
형세나 세력 따위가 전성(全盛)한 시기(時期). ¶그녀의 전성기는 이미 지났다.

▸ 전성-시대 全盛時代 | 때 시, 연대 대
형세나 세력 따위가 가장 전성(全盛)한 시대(時代).

전세[1]專貰 | 오로지 전, 세놓을 세 [charter; reserving]
오직[專] 어떤 사람에게만 빌려줌[貰]. ¶전세 버스.

전:세[2]戰勢 | 싸울 전, 형세 세
[war situation; tide of the war]
전쟁(戰爭)이 전개되어 가는 형세(形勢). ¶동남풍이 불자 전세가 역전되었다.

전세[3]傳貰 | 전할 전, 세놓을 세
[lease of a house on a deposit basis]
경제 일정한 금액을 주인에게 전(傳)해 맡겨 두고 그 부동산을 일정 기간 빌려[貰] 쓰는 일. ¶그는 살던 집을 전세를 놓았다.

▸ 전세-금 傳貰金 | 돈 금
전세(傳貰)를 얻을 때 그 부동산의 소유주에게 맡기는 돈[金].

▸ 전세-방 傳貰房 | 방 방
전세(傳貰)로 빌려 주는 방(房). 또는 전세로 빌려 쓰는 방. ¶그는 방 한 개짜리 전세방을 얻었다.

전 세:계 全世界 | 모두 전, 세상 세, 지경 계 [whole world; all the world]
온[全] 세계(世界). 모든 나라. ¶그의 이름은 전 세계에 알려졌다.

전셋-집 (傳貰–, 전할 전, 세놓을 세)
전세(傳貰)로 쓰는 집. ¶전셋집을 찾느라 하루 종일 다녔다.

전속[1]專屬 | 오로지 전, 엮을 속

[belong exclusively]
오로지[專] 어떤 한 기구나 조직에만 소속(所屬)되거나 관계를 맺음. ¶전속모델.

전속²全速 | 모두 전, 빠를 속
[full speed]
낼 수 있는 힘을 모두[全] 낸 속력(速力). '전속력'의 준말.

전-속력 全速力 | 모두 전, 빠를 속, 힘 력
[full speed]
낼 수 있는 모든[全] 속력(速力). ¶그는 차를 전속력으로 몰아 병원에 갔다.

전:송¹電送 | 전기 전, 보낼 송 [transmit; send]
사진 따위를 전류(電流) 또는 전파로 먼 곳에 보냄[送]. ¶전자우편으로 초대장을 전송했다.

전:송²餞送 | 보낼 전, 보낼 송
[see off; send off]
서운하여 전별(餞別)의 잔치를 베풀어 보냄[送]. ¶우리는 성대한 전송을 받았다. [비] 배웅.

전수¹傳受 | 전할 전, 받을 수 [learn]
기술이나 지식 따위를 전(傳)하여 받음[受]. ¶어머니에게 장 담그는 법을 전수받았다.

전수²傳授 | 전할 전, 줄 수
[pass down; initiate]
기술이나 지식 따위를 전(傳)하여 줌[授]. ¶아들에게 비법을 전수하다.

전:술 戰術 | 싸울 전, 꾀 술
[tactics; art of war]
[군사] 전쟁(戰爭) 상황에 대처하기 위한 기술(技術). ¶제갈량은 교묘한 전술로 조조의 군대를 이겼다.

전승¹全勝 | 모두 전, 이길 승 [complete victory]
전쟁이나 경기 따위에서 한 번도 지지 않고 모두[全] 이김[勝]. ¶우리 팀은 이번 대회에서 3전 전승을 거두었다. [비] 백전백승(百戰百勝). [반] 전패(全敗).

전승²傳承 | 전할 전, 받들 승
[be passed down]
문화, 풍속, 제도 따위를 전(傳)해 이어받음[承]. ¶전통 문화의 전승 / 문화유산을 전승하다.

전:승³戰勝 | 싸울 전, 이길 승
[win a victory]
전쟁이나 경기 따위에서 싸워[戰] 이김[勝]. ¶왕은 전승을 축하하는 잔치를 베풀었다. [반] 패전(敗戰).

전:시¹戰時 | 싸울 전, 때 시
[wartime; time of war]
전쟁(戰爭)이 벌어진 때[時]. ¶그 나라는 지금 전시 상태이다.

***전:시²**展示 | 펼 전, 보일 시
[exhibit; display]
여러 가지 물품을 한곳에 벌여 놓고[展] 보임[示]. ¶졸업 작품을 전시하다.

▶**전:시-관** 展示館 | 집 관
어떤 물품을 전시(展示)할 목적으로 세운 건물[館]. ¶선사 유물 전시관 / 선생님과 전시관을 견학했다.

▶**전:시-물** 展示物 | 만물 물
전시(展示)하여 놓은 물품(物品). ¶전시물을 진열대에 올려놓다.

▶**전:시-실** 展示室 | 방 실
물품을 차려 놓고 보이는[展示] 방[室]. ¶그 화가의 작품전은 2층 전시실에서 열립니다.

▶**전:시-장** 展示場 | 마당 장
물품을 차려 놓고 보이는[展示] 곳[場]. ¶자동차 전시장 / 종합 전시장.

▶**전:시-품** 展示品 | 물건 품
전시(展示)하여 놓은 물품(物品).

▶**전:시-회** 展示會 | 모일 회
어떤 물품을 벌여[展] 놓고 일반인에게 보여[示] 주는 모임[會]. ¶이곳에서 도서 전시회가 열린다.

전신¹全身 | 모두 전, 몸 신
[whole body]
온[全] 몸[身]. 몸 전체. ¶전신이 다 아프다

/ 전신 거울.

▸ **전신 운:동** 全身運動 | 돌 운, 움직일 동
[운동] 온몸[全身]을 고루 움직이는 운동(運動). ¶수영은 전신 운동이다.

전:신² 電信 | 전기 전, 소식 신
[telegraphic communication]
[통신] 문자나 숫자를 전기(電氣) 신호로 바꾸어 전파나 전류로 보내는 통신(通信).

▸ **전:신-기** 電信機 | 틀 기
[물리] 전류(電流)나 전파를 이용하여 통신(通信)하는 기계(機械).

▸ **전:신-주** 電信柱 | 기둥 주
전선(電線)이나 통신선(通信線)을 늘여 매기 위하여 세운 기둥[柱]. [비] 전봇대.

전심 全心 | 모두 전, 마음 심
[one's whole heart]
온[全] 마음[心]. ¶문제 해결을 위해 전심을 기울였다.

▸ **전심-전력** 全心全力 | 모두 전, 힘 력
온[全] 마음[心]과 온[全] 힘[力]. ¶그는 전심전력을 다해서 이번 공연을 준비했다.

전:압 電壓 | 전기 전, 누를 압 [voltage]
❶ [속뜻] 전기(電氣) 마당의 압력(壓力). ❷ [전기] 전기 마당이나 도체 안에 있는 두 점 사이의 에너지 차이. ¶전압을 올리다.

전액 全額 | 모두 전, 액수 액
[total amount; (sum) total]
전부(全部)에 해당되는 액수(額數). ¶전액을 현금으로 지불하다.

전야 前夜 | 앞 전, 밤 야
[previous night; night before]
❶ [속뜻] 지난[前] 밤[夜]. ❷특정한 날을 기준으로 그 전날 밤. ¶크리스마스 전야.

▸ **전야-제** 前夜祭 | 제사 제
어떤 행사에 앞서 그 전(前)날 밤[夜]에 베푸는 축제(祝祭).

전어 傳語 | 전할 전, 말씀 어
[message; word]
말씀[語]을 전(傳)함. [비] 전언(傳言).

▸ **전어-통** 傳語筒 | 대롱 통
❶ [속뜻] 말[語]을 전(傳)할 때 쓰던 통(筒). ❷예전에, '전화기'(電話機)를 속되게 이르던 말.

전업 專業 | 오로지 전, 일 업
[special occupation; full time job]
전문(專門)으로 하는 직업(職業). ¶전업 주부.

▸ **전업-농** 專業農 | 농사 농
오로지[專] 농사만 일하는[業] 농민(農民). ¶농어민 후계자 지원금은 전업농에만 지급된다.

전역 全域 | 모두 전, 지경 역
[whole area]
전체(全體)의 지역(地域). ¶부산 전역에 비가 내리고 있다.

전연 全然 | 온전할 전, 그러할 연 [wholly; utterly]
온전(穩全)히 그러함[然]. 온전함. ¶나는 그 일에 대해서는 전연 모른다.

전:열¹ 戰列 | 싸울 전, 줄 렬
[battle line; line of battle]
전쟁(戰爭)에 참가하는 부대의 대열(隊列). ¶전열을 갖추어 행군을 시작하다.

전:열² 電熱 | 전기 전, 더울 열 [electric heat]
[물리] 전기(電氣) 에너지를 열에너지로 변환시켰을 때 발생하는 열(熱).

▸ **전:열-기** 電熱器 | 그릇 기
[물리] 전류(電流)에 의한 열(熱)을 발생시키는 기구(器具).

전염 傳染 | 전할 전, 물들일 염
[be contagious; be infectious]
❶ [속뜻] 버릇이나 태도, 풍속 따위가 옮아[傳] 물듦[染]. ❷병이 남에게 옮음. ¶전염 예방 / 감기는 전염된다.

[비슷한 듯 다른 말] ➲ 옮다

▸ **전염-병** 傳染病 | 병 병
[의학] 전염(傳染)되기 쉬운 병(病). ¶법정 전염병 / 전염병이 전국을 휩쓸었다. [비] 돌림병.

▸전염-성 傳染性 | 성질 성
전염(傳染)이 되는 특성(特性). ¶이 병은 전염성이 강하다.

전용 專用 | 오로지 전, 쓸 용
[use exclusively]
❶속뜻 공동으로 쓰지 않고 오로지[專] 혼자서만 씀[用]. ¶버스전용차로. ❷오로지 한 가지만 씀. ¶한글 전용. ⓑ 공용(共用).

전:우 戰友 | 싸울 전, 벗 우
[fellow soldier; war brother]
전장(戰場)에서 승리를 위해 생활과 전투를 함께 하는 동료[友].

전원[1] 田園 | 밭 전, 동산 원 [country]
❶속뜻 논밭[田]과 동산[園]. ❷도시에서 떨어진 시골이나 교외(郊外)를 이르는 말. ¶전원 생활 / 아름다운 전원의 풍경을 바라보다.

전원[2] 全員 | 모두 전, 인원 원
[all the members; entire staff]
전체(全體)의 인원(人員). ¶우리 반 전원이 봉사 활동에 참여했다.

전:원[3] 電源 | 전기 전, 근원 원 [source of electric power; power source]
물리 전류(電流)의 근원[源]. ¶라디오의 전원을 켜다.

전월 前月 | 앞 전, 달 월 [last month]
지난[前] 달[月]. 전달. ¶나는 전월보다 성적이 많이 올랐다.

전:율 戰慄 | 두려워할 전, 벌벌 떨 률
[shudder; shiver]
몹시 무섭거나 두려워[戰] 벌벌 떨다[慄]. ¶전율을 느끼다 / 나는 점점 커지는 비명 소리에 전율했다.

전:의 戰意 | 싸울 전, 뜻 의
[fighting spirit; will to fight]
싸우고자[戰] 하는 의욕(意慾). ¶대장이 죽자 그들은 전의를 잃었다.

전:이 轉移 | 구를 전, 옮길 이
[spread; metastasize]
❶속뜻 자리나 위치 따위를 다른 곳으로 굴러[轉] 옮김[移]. ¶한 나라의 문화는 다른 나라로 전이되기도 한다. ❷의학 병원체나 종양 세포가 혈류나 림프류를 타고 흘러서 다른 장소로 옮겨와 변화를 일으킴. ¶암세포가 뇌까지 전이되었다.

전인 全人 | 모두 전, 사람 인
[whole man; perfect person]
❶속뜻 모든[全] 자질을 두루 갖춘 사람[人]. ❷결함이 없이 완벽한 사람.

▸전인 교:육 全人教育 | 가르칠 교, 기를 육
교육 인간(人間)이 지닌 모든[全] 자질을 조화롭게 발달시키는 것을 목적으로 하는 교육(教育).

전임 前任 | 앞 전, 맡길 임
[one's predecessor; former official]
이전(以前)에 그 임무를 맡음[任]. 또는 그런 사람이나 그 임무. ¶그는 책임을 전임 사장에게 돌렸다. ⓑ 후임(後任).

전:입 轉入 | 옮길 전, 들 입
[move in; transfer]
거주지나 학교 따위의 소속을 다른 곳으로부터 옮겨[轉] 들어옴[入]. ¶전입 신고 / 그는 이번에 우리 부대로 전입해 왔다.

▸전:입-자 轉入者 | 사람 자
거주지나 학교 따위의 소속을 다른 곳으로부터 옮겨[轉入] 온 사람[者]. ⓑ 전출자(轉出者).

전자[1] 前者 | 앞 전, 것 자 [former]
먼저[前] 말한 것[者]. ¶전자가 후자보다 좋다. ⓑ 후자(後者).

전:자[2] 電子 | 전기 전, 씨 자 [electron]
❶속뜻 전기[電]의 씨[子]. 또는 그런 물질. ❷물리 음전하(陰電荷)를 가지고 원자핵의 주위를 도는 소립자(素粒子)의 하나. ❸전자를 이용한 산업이나 제품에 관계되는 것. ¶전자 악기 / 전자 제품.

▸전:자-계:산기 電子計算器 | 셀 계, 셀 산, 그릇 기
진공관, 트랜지스터 따위의 전자(電子) 회로를 이용하여 대량의 정보를 고속, 자동

으로 계산(計算)하거나 처리하는 기계(器械).

▶ 전ː자-레인지 (電子range)
물리 전자(電子) 회로를 이용하여 고주파로 가열하는 조리 기구.

전ː자[3]**電磁** | 전기 전, 자석 자
[electromagnetic]
물리 전기(電氣)와 자기(磁氣)를 아울러 이르는 말. 비 전자기(電磁氣).

▶ 전ː자-석 電磁石 | 돌 석
물리 전류(電流)가 흐르면 자기화(磁氣化) 되고, 전류를 끊으면 원래의 상태로 돌아가는 일시적 자석(磁石).

전ː장 戰場 | 싸울 전, 마당 장
[battlefield; theater of war]
싸움[戰]이 일어난 곳[場]. ¶전장에 나가다. 비 전쟁터.

⁑전ː쟁 戰爭 | 싸울 전, 다툴 쟁 [war]
❶속뜻 싸움[戰]과 다툼[爭]. ❷국가와 국가, 또는 교전 단체 사이에 무력을 사용하여 싸움. ¶한국전쟁 / 전쟁 영화. ❸'극심한 경쟁이나 혼란'을 비유하여 이르는 말. ¶입시 전쟁. 비 전투(戰鬪).

▶ 전ː쟁-터 (戰爭—)
전쟁(戰爭)이 벌어진 곳. ¶전쟁터로 떠나다. 비 전장(戰場).

▶ 전ː쟁-놀이 (戰爭—)
아이들이 전쟁(戰爭) 흉내를 내며 노는 일. 비 병정놀이.

전적[1]**全的** | 모두 전, 것 적
[complete; whole]
전체(全體)의 것[的]. 모두. 완전히. ¶당신의 의견에 전적으로 찬성합니다.

전ː적[2]**戰績** | 싸울 전, 실적 적
[war record; results; record]
상대와 싸워서[戰] 얻은 실적(實績). ¶나는 그에게 3전 전패의 전적이 있다.

전ː적[3]**戰跡** | 싸울 전, 발자취 적
[old battlefield; trace of battle]
전쟁(戰爭)의 자취[跡].

▶ 전ː적-지 戰跡地 | 땅 지
전쟁의 자취[戰跡]가 남아 있는 곳[地]. ¶전적지를 답사하다.

전ː전긍긍 戰戰兢兢 | 두려울 전, 두려울 전, 삼갈 긍, 삼갈 긍
❶속뜻 몹시 두려워하며[戰+戰] 몸을 움추림[兢+兢]. ❷어떤 위기감에 떠는 심정을 비유한 말. ¶그는 빵을 훔쳐 먹은 것을 들킬까 봐 전전긍긍하고 있다.

***전ː정 剪定** | 자를 전, 정할 정
[prune; trim; cut]
농업 가지의 일부를 잘라[剪] 다듬는[定] 일. 비 가지치기.

전제[1]**前提** | 앞 전, 들 제 [be required]
어떠한 일을 이루기 위하여 앞서[前] 제시(提示)하는 것. ¶그들은 결혼을 전제로 만나고 있다.

전제[2]**專制** | 오로지 전, 정할 제
[absolutism; despotism]
❶속뜻 오로지[專] 혼자서 정함[制]. ❷국가의 권력을 개인이 장악하고 그 개인의 의사에 따라 모든 일을 처리함. ¶전제 정치.

▶ 전제-주의 專制主義 | 주될 주, 뜻 의
경제 전제(專制) 정치의 시행을 주장하는 정치 사상[主義]. 또는 그런 제도. 반 민주주의(民主主義).

전조-등 前照燈 | 앞 전, 비출 조, 등불 등
[headlight]
기차나 자동차 따위의 앞[前]을 비추는[照] 등(燈). ¶안개가 짙으니 전조등을 켜라.

전주 前奏 | 앞 전, 연주할 주
[prelude; introduction]
음악 성악, 기악 독주, 오페라를 시작하기 전(前)에 하는 연주(演奏).

▶ 전주-곡 前奏曲 | 노래 곡
❶속뜻 전주(前奏)의 역할을 하는 곡(曲)을 통틀어 이르는 말. ❷음악 서양의 근대 음악에서 짧은 음형 내지 모티브에 근거

를 두고 화성적으로 계속 조바꿈을 사용한 피아노 위주의 곡을 이르는 말.

전지[1]全紙 | 모두 전, 종이 지 [whole sheet of paper]
❶ 속뜻 신문 따위의 전체(全體) 지면(紙面). ❷ 출판 자르지 않은 온장의 종이. ¶학생들이 전지에 함께 그림을 그렸다.

⁑**전:지**[2]電池 | 전기 전, 못 지 [electric cell; battery]
전기 화학반응, 방사선, 온도 차, 빛 따위로 전극 사이에 전기(電氣) 에너지를 저장하는 못[池] 같은 장치. ¶리튬 전지 / 전지가 다 닳아서 충전해야겠다.

전:지[3]轉地 | 옮길 전, 땅 지
다른 곳[地]으로 옮김[轉]. ¶동계 전지 훈련.

전지[4]全知 | 모두 전, 알 지 [omniscience]
모든[全] 것을 다 앎[知]. ¶전지전능(全知全能)한 신.

▶ **전지-전능** 全知全能 | 모두 전, 능할 능
모든[全] 사물을 잘 알고[知] 모든[全] 일을 다 할 수[能] 있음. ¶전지전능하신 하느님.

전직 前職 | 앞 전, 일자리 직 [office held previously; one's former office]
이전(以前)에 가졌던 직업(職業). ¶전직 농구선수였던 그는 사업가가 되었다.

전진 前進 | 앞 전, 나아갈 진 [advance]
앞[前]으로 나아감[進]. ¶이번 일을 이보 전진을 위한 일보 후퇴로 여기다. ㊥ 후진(後進), 후퇴(後退).

전집 全集 | 모두 전, 모을 집 [complete collection]
한 사람 또는 같은 시대나 같은 종류의 저작물을 모두[全] 모아[集] 한 질로 출판한 책. ¶세계 문학 전집.

전:차[1]電車 | 전기 전, 수레 차 [electric car]
공중에 설치한 전선에서 전력(電力)을 공급받아 지상에 설치된 궤도 위를 다니는 차(車).

전:차[2]戰車 | 싸울 전, 수레 차 [tank]
❶ 속뜻 전투(戰鬪)에 쓰는 차(車). ❷ 군사 무한궤도를 갖추고, 두꺼운 철판으로 장갑(裝甲)하고, 포와 기관총 따위로 무장한 차량. ㊥ 탱크(tank).

전철[1]前轍 | 앞 전, 바퀴 자국 철 [track of a preceding wheel; precedent]
❶ 속뜻 앞[前]에 지나간 수레바퀴의 자국[轍]. ❷이전 사람의 그릇된 일이나 행동의 자취. ¶내 딸은 나와 같은 전철을 밟게 하고 싶지 않다.

전:철[2]電鐵 | 전기 전, 쇠 철 [electric railroad]
교통 전기(電氣)를 동력으로 하여 궤도 위에 차량을 운전하는 철도(鐵道). '전기철도'의 준말. ¶그녀는 전철로 출퇴근을 한다.

▶ **전:철-역** 電鐵驛 | 정거장 역
전철(電鐵)이 왕래하고 발착하는 역(驛). ¶전철역에서 만납시다.

⁑**전체** 全體 | 모두 전, 몸 체 [whole; totality]
❶ 속뜻 온[全] 몸[體]. ❷무엇의 모든 부분. ¶소문이 마을 전체에 퍼졌다.

▶ **전체-적** 全體的 | 것 적
전체(全體)에 관계되는 것[的]. ¶내 방은 전체적으로 분위기가 따뜻하다. ㊥ 부분적(部分的).

전초 前哨 | 앞 전, 망볼 초 [outpost; advance post]
군사 앞[前] 쪽에 배치하여 망을 보는[哨] 작은 부대. 또는 그런 임무. ¶전초 기지.

전:축 電蓄 | 전기 전, 쌓을 축 [electric gramophone]
전기(電氣)를 동력으로 작동하는 축음기(蓄音機).

전:출 轉出 | 옮길 전, 날 출 [move out; transfer]
❶ 속뜻 다른 곳으로 옮겨[轉] 나감[出]. ¶전출 신고. ❷근무지로 옮겨 감. ¶그는 지

방으로 전출했다. ㊥ 전입(轉入).

⁑전통 傳統 | 전할 전, 계통 통 [tradition]
❶ 속뜻 대대로 전(傳)해 내려온 계통(系統). ❷어떤 집단이나 공동체에서, 지난 시대에 이미 계통을 이루며 전하여 오는 사상·관습·행동 따위의 양식. ¶이 제과점은 100년의 전통을 자랑한다.

▶ **전통-적** 傳統的 | 것 적
전통(傳統)으로 되는 것[的]. 전통에 관한 것. ¶횃불놀이는 강릉 지역의 전통적 풍습이다.

▶ **전통 가옥** 傳統家屋 | 집 가, 집 옥
한 사회에서 전통적(傳統的)으로 사용되던 형태의 집[家屋].

▶ **전통 문화** 傳統文化 | 글월 문, 될 화
한 사회의 전통(傳統)이 된 문화(文化).

전:투 戰鬪 | 싸울 전, 싸울 투
[fight; battle]
두 편의 군대가 조직적으로 무장하여 싸움[戰=鬪]. ¶야간 전투 / 그들은 3개월 동안 전투를 벌였다. ㊐ 전쟁.

▶ **전:투-기** 戰鬪機 | 틀 기
군사 전투(戰鬪)할 때 공중전을 주 임무로 하는 작고 민첩한 군용 항공기(航空機).

▶ **전:투-력** 戰鬪力 | 힘 력
군사 전투(戰鬪)를 해낼 수 있는 힘[力]. 전투를 할 수 있는 병력. ¶이 나라는 세계 최강의 전투력이 있다.

전파[1] 傳播 | 전할 전, 뿌릴 파
[spread; propagate]
전(傳)하여 널리 퍼뜨림[播]. ¶백제는 불교를 일본에 전파했다.

전:파[2] 電波 | 전기 전, 물결 파
[electric wave; radio wave]
❶ 속뜻 전류(電流)의 파동(波動). ❷ 물리 도체 중의 전류가 진동함으로써 방사되는 전자기파. 특히 전기 통신에서 쓰는 것을 가리킨다. ¶전파를 보내다 / 안테나는 전파를 수신하기 위한 장치이다.

전편 前篇 | 앞 전, 책 편 [first volume]
여러 편으로 나누어진 책이나 영화 따위의 앞[前] 편(篇). ¶이 영화는 전편이 더 재미있다. ㊥ 후편(後篇).

전폭 全幅 | 모두 전, 너비 폭
[full width; whole piece]
❶ 속뜻 모든[全] 너비[幅]. ❷일정한 범위 전체. ¶전폭 지원하다.

▶ **전폭-적** 全幅的 | 것 적
있는 대로 전부[全幅]인 것[的]. ¶나는 그의 의견에 전폭적으로 찬성한다.

전표 傳票 | 전할 전, 쪽지 표
[voucher; slip; chit]
은행, 회사, 상점 따위에서 금전의 출납이나 거래 내용 따위를 간단히 적어 전(傳)하는 쪽지[票]. ¶매출전표를 작성하다.

전:하 殿下 | 대궐 전, 아래 하
[Your Royal Highness]
❶ 속뜻 대궐[殿] 아래[下]. ❷ 역사 왕이나 왕비 또는 왕족을 높여 부르는 말. ¶상왕 전하.

전-하다 (傳-, 전할 전)
[hand down; pass down; convey]
❶ 속뜻 이어져 내려오다[傳]. 알려져 내려오다. ¶문화유산을 후대에 전하다. ❷소식을 알리다. ¶연우에게 고맙다고 전해 줘. ❸누구에게 남의 물건을 옮겨다 주다. ¶이 그림을 그에게 직접 전해 주세요.

전:학 轉學 | 옮길 전, 배울 학
[change of schools]
다니던 학교에서 다른 학교로 학적(學籍)을 옮김[轉]. ¶그는 서울에서 전학해 왔다.

전:함 戰艦 | 싸울 전, 싸움배 함
[warship; battleship]
전투(戰鬪)에 쓰이는 군함(軍艦). ㊐ 군함(軍艦).

전항 前項 | 앞 전, 목 항
[preceding clause]
❶ 속뜻 앞[前]에 적혀 있는 사항(事項). ❷ 수학 둘 이상의 항 가운데에서 앞의 항. ¶전항과 후항에 3을 곱한다. ㊥ 후항(後項).

전ː해 電解 | 전기 전, 풀 해 [electrolyze]
❶[속뜻] 어떤 화합물을 전류(電流)를 보내 분해(分解)하는 것. ❷[물리] 녹아 있는 상태의 화합물에 전극을 넣고 전류를 통하여 양이온·음이온을 각각 양극·음극 위에서 방전시켜 각 전극에서 성분을 추출하는 일. '전기분해'(電氣分解)의 준말.

▶전ː해-질 電解質 | 바탕 질
❶[속뜻] 전류를 통하면 분해되는[電解] 물질(物質). ❷[물리] 물 따위의 용매에 녹아서, 양이온과 음이온으로 분해되면서 전류를 통하게 하는 물질. [반] 비전해질.

전-혀 (全—, 완전할 전)
[entirely; quite; completely]
도무지. 조금도. ¶나는 그 사람을 전혀 모른다.

***전ː화 電話** | 전기 전, 말할 화
[telephone; phone]
전파(電波)나 전류를 이용하여 말[話]을 주고받음. ¶전화를 걸다 / 전화를 끊다 / 전화를 넣다.

▶전ː화-국 電話局 | 관청 국
전화(電話) 가입이나 가설, 교환하여 주는 따위의 일을 맡아보는 기관[局].

▶전ː화-기 電話機 | 틀 기
전화(電話)에 이용되는 기기(器機). [준] 전화. ¶무선 전화기.

▶전ː화-벨 (電話bell)
전화(電話)가 걸려 올 때, 소리가 나게 [bell] 전화기에 설치한 장치. 또는 그 소리. ¶한밤중에 전화벨이 울렸다.

▶전ː화-통 電話筒 | 통 통
전화(電話)를 할 수 있게 만든 기계. 전화기가 통(筒)처럼 생겼다는 뜻에서 '전화기'를 속되게 이르는 말.

▶전ː화 번호 電話番號 | 차례 번, 차례 호
가입된 전화(電話)마다 매겨져 있는 일정한 번호(番號). ¶전화 번호를 알려주세요.

전ː화위복 轉禍爲福 | 바뀔 전, 재앙 화, 될 위, 복 복
재앙[禍]이 바뀌어[轉] 도리어 복(福)이 됨[爲]. ¶시험이 떨어진 것이 내게 오히려 전화위복이 되었다.

전ː환 轉換 | 옮길 전, 바꿀 환
[convert; switch]
❶[속뜻] 다른 방향이나 상태로 옮기거나[轉] 바꿈[換]. ❷[심리] 마음속의 감정적 갈등이 신체적 운동 기능이나 감각 기능의 증상으로 나타나는 것. ¶기분 전환을 위해 공원에서 자전거를 탔다.

▶전ː환-점 轉換點 | 점 점
전환(轉換)하는 지점(地點) 또는 시점(時點). ¶그를 만난 것이 내 인생의 전환점이 되었다.

전ː환-국 典圜局 | 맡을 전, 화폐 환, 관청 국
[역사] 조선 고종 때, 화폐[圜]의 주조를 맡던[典] 관아[局].

전후 前後 | 앞 전, 뒤 후 [before and behind; before and after]
❶[속뜻] 앞[前] 뒤[後]. ¶전후를 살피다. ❷ 먼저와 나중. ¶일의 전후를 따지다. ❸일정한 때나 수량에 약간 모자라거나 넘는 것. ¶그녀는 20세 전후로 보인다.

▶전후좌우 前後左右 | 왼 좌, 오른쪽 우
앞[前]과 뒤[後], 왼쪽[左]과 오른쪽[右]. 사방(四方). ¶전후좌우를 둘러보다.

절[1] (拜, 절 배) [bow; deep bow]
남에게 공경하는 뜻으로 몸을 굽혀 존경의 뜻을 나타냄. 또는 그렇게 하는 인사나 예(禮). ¶할아버지께 공손히 절을 하다.

절[2] (寺, 절 사; 刹, 절 찰)
[Buddhist temple]
불상을 모시고 불도를 수행하는 중들이 거처하면서 교법을 펴는 집. ¶절에 불공을 드리러 가다. [비] 사찰(寺刹), 사원(寺院).

절[3] **節** | 마디 절 [section; verse]
시가·문장·음곡 중의 작은 단락(段落). ¶애국가는 1절만 부르겠습니다.

절간 (一間, 사이 간) [Buddhist temple]
'절'을 속되게 이르는 말. ¶집이 절간처럼 조용하다.

절감[1] 切感 | 몹시 절, 느낄 감
[feel keenly]
절실(切實)히 느낌[感]. ¶인간의 한계를 절감하다.

절감[2] 節減 | 알맞을 절, 덜 감
[cut down; reduce]
알맞게[節] 씀씀이를 줄임[減]. ¶비용을 절감하기 위해 배송방식을 바꾸었다.

절개 節槪 | 지조 절, 기개 개
[integrity; honor]
❶[속뜻]굳은 지조[節]와 꿋꿋한 기개(氣槪). ❷신념을 굳게 지킴. ¶절개가 굳은 사람.

절경 絶景 | 뛰어날 절, 볕 경
[magnificent view; fine scenery]
뛰어난[絶] 경치(景致). ¶천하의 절경이로다!

절교 絶交 | 끊을 절, 사귈 교
[break off friendship]
서로 교제(交際)를 끊음[絶]. ¶우리는 사소한 말다툼으로 절교했다. [반]교제(交際).

절구 [mortar]
곡식을 찧거나 빻는 데 쓰는 기구. 통나무나 돌의 속을 파낸 것으로, 그 구멍에 곡식을 넣고 절굿공이로 찧게 된다. ¶콩을 절구에 넣고 찧다.

▶절구-통 (-桶, 통 통)
절굿공이를 뺀, 큰 절구.

절굿-공이
절구에 곡식을 넣고 빻거나 찧는 데 쓰는 나무나 돌 또는 쇠로 만든 공이.

절규 絶叫 | 끊을 절, 부르짖을 규
[cry out; scream]
숨이 끊어지도록[絶] 부르짖음[叫]. ¶부상자들은 도와 달라고 절규했다.

절기 節氣 | 철 절, 기운 기
[subdivisions of the seasons]
❶[속뜻]사시사철[節] 다른 기운(氣運). ❷한 해를 스물넷으로 나눈 철. ¶오늘은 절기 상 봄으로 접어드는 입춘(立春)이다.

절:다[1] [get salted]
물체에 소금기나 식초 따위가 속속들이 배어들다. ¶이 배추는 잘 절었다.

절:다[2] [limp; hobble]
끼우뚱거리며 걷다. ¶그는 다리를 절며 걷는다. [비]절뚝거리다, 절름거리다.

절단 切斷 | 벨 절, 끊을 단
[cut off; sever]
자르거나 베어[切] 끊어[斷]냄. 잘라냄. ¶종양이 퍼지기 전에 다리를 절단해야 한다.

절대 絶對 | 끊을 절, 대할 대 [absoluteness]
❶[속뜻]비교하거나 상대되어 맞설[對] 만한 것이 끊어져[絶] 없음. ¶절대 진리 / 절대 권력. ❷[법률]아무런 조건이나 제약이 붙지 아니함. ¶절대 안정 / 절대 자유. ❸무조건. 무슨 사정이 있어도, 결단코. ¶절대로 그를 만나지 않겠다.

▶절대-자 絶對者 | 것 자
[철학]스스로 존재하면서 그 자신만으로 완전한[絶對] 것[者].

▶절대-다수 絶對多數 | 많을 다, 셀 수
전체 가운데서 거의 대부분[絶對]을 차지할 정도로 많은[多] 수(數). ¶이 지역은 절대다수가 어민들이다.

절도[1] 節度 | 알맞을 절, 정도 도 [moderation]
❶[속뜻]행동 따위를 알맞게[節]하는 정도(程度). ❷일이나 행동 따위를 정도에 알맞게 하는 규칙적인 한도. ¶절도를 지키다 / 그의 언행에는 절도가 있다.

절도[2] 竊盜 | 훔칠 절, 훔칠 도
[theft; pilferage; larceny]
남의 재물을 몰래 훔침[竊=盜]. ¶차량절도사건이 해마다 늘어나고 있다. [비]도둑질.

절도-사 節度使 | 알맞을 절, 법도 도, 부릴

사
❶ 속뜻 법률[度]에 알맞게[節] 지역을 다스리던 벼슬[使]. ❷ 역사 고려 시대에 12주(州)를 군사적으로 편성한 지방제도. 혹은 그 으뜸 관리.

절뚝-거리다 [limp; hobble]
한쪽 다리가 짧거나 탈이 나서 걸을 때 기우뚱거리다. ¶그는 심하게 절뚝거리며 걷는다. ㊥ 절다, 절뚝대다, 절룩거리다.

절뚝-절뚝 [limping; hobbling]
한쪽 다리가 짧거나 탈이 나서 자꾸 뒤뚝뒤뚝 저는 모양. ¶발목을 다쳐서 절뚝절뚝 걷는다.

절레-절레 [shaking one's head]
머리를 계속 옆으로 가볍게 흔드는 모양. ¶동생은 싫다고 고개를 절레절레 흔들었다.

절로
[of its own accord; spontaneously]
다른 힘을 빌리지 않고 저 스스로. 인공을 가하지 않고 자연스러운 힘으로. ¶절로 웃음이 나온다. ㊥ 저절로, 자연적(自然的)으로.

절룩-거리다 [limp]
약간 절름거리다. ¶선우는 다친 다리를 절룩거리며 우리 집에 놀러 왔다. ㊥ 절뚝거리다, 절름거리다.

절름발-이 [lame person]
절름거리는 사람.

절리 節理 | 마디 절, 결 리 [joint]
❶ 속뜻 나무 마디[節]의 결[理]. ❷ 지리 외부의 힘이 가해져서 암석에 생긴 금. ¶주상 절리.

절망 絶望 | 끊을 절, 바랄 망
[despair; give up hope]
모든 희망(希望)이 끊어짐[絶]. ¶그는 절망을 딛고 일어서서 세계 최고의 가수가 되었다. ㊥ 희망(希望).

▶ 절망-적 絶望的 | 것 적
모든 희망이나 기대가 끊어지다시피[絶望] 된 것[的]. ¶절망적인 소식. ㊥ 희망적(希望的).

절묘 絶妙 | 뛰어날 절, 묘할 묘
[exquisite; superb; superexcellent]
뛰어나게[絶] 기묘(奇妙)함. ¶절묘한 재주.

절박 切迫 | 몹시 절, 닥칠 박
[imminent; urgent]
기한 따위가 몹시[切] 가까이 닥쳐[迫] 시간적 여유가 없다. ¶사태가 절박하다.

절반 折半 | 꺾을 절, 반 반 [half]
하나를 반(半)으로 가른[折] 것 중 하나. ¶과자를 절반으로 나누다.

절벽 絶壁 | 끊을 절, 담 벽 [cliff]
담[壁]처럼 끊어질[絶] 듯이 가파르고 급한 낭떠러지. ¶그는 절벽 아래로 몸을 던졌다. ㊥ 낭떠러지, 벼랑.

절수 節水 | 알맞을 절, 물 수 [economize water]
물[水]을 알맞게[節] 아껴 씀. ¶절수 운동.

▶ 절수-기 節水器 | 그릇 기
물을 아끼기[節水] 위해 수도 따위에 붙여 쓰는 기구(器具).

절식 節食 | 알맞을 절, 밥 식
[be temperate in eating]
음식(飮食)을 알맞게[節] 먹음. ¶그는 건강을 위해 절식하고 있다.

절실 切實 | 몹시 절, 실제 실
[earnest]
❶ 속뜻 몹시[切] 실질(實質)적임. 적절하다. ¶매우 절실한 표현 / 그의 마음이 절실히 전해졌다. ❷아주 긴요하고 다급하다. ¶난민에게 의약품이 절실하다 / 절실한 요청을 거절할 수 없었다.

절약 節約 | 알맞을 절, 아낄 약 [economize; save]
알맞게[節] 아껴[約] 씀. ¶시간 절약 / 낭비되는 에너지를 절약하자. ㊥ 낭비(浪費), 허비(虛費).

절연 絶緣 | 끊을 절, 인연 연

[sever relations; break off relations]
인연(因緣)이나 관계를 끊음[絶]. ¶그와의 절연은 생각도 해 본 적이 없다.

절이다 [preserve with salt]
소금이나 식초 따위를 먹여서 절게 하다. ¶배추를 소금에 절이다.

절절 [simmering; boiling]
열이 높아 매우 더운 모양. ¶방이 절절 끓는다.

절정 絶頂 | 뛰어날 절, 꼭대기 정
[the top; peak]
❶ 속뜻 뛰어나게[絶] 높은 꼭대기[頂]. ❷ 사물의 진행이나 상태 따위가 최고에 이른 때. ¶인기 절정의 가수. ⓑ 정상(頂上).

절제 節制 | 알맞을 절, 누를 제 [moderate]
정도에 넘지 않도록 알맞게[節] 억누름[制]. ¶건강하자면 음식을 절제해야 한다.

절지-동물 節肢動物 | 마디 절, 사지 지, 움직일 동, 만물 물 [arthropod]
동물 몸이 작고 다리[肢]가 여러 개의 마디[節]로 이루어져 있는 동물(動物). ¶곤충은 대부분 절지동물에 속한다.

절차 節次 | 알맞을 절, 순서 차
[formalities; procedures]
일을 치르는 데 알맞은[節] 단계나 순서[次]. ¶절차를 밟다 / 복잡한 절차.

절찬 絶讚 | 뛰어날 절, 기릴 찬
[highest praise]
뛰어날[絶] 정도로 매우 칭찬(稱讚)함. 극히 칭찬함. ¶절찬을 받을 만하다.

▶ 절찬-리 絶讚裡 | 속 리
지극한 칭찬[絶讚]을 받는 가운데[裡]. ¶그의 책은 절찬리에 판매되었다.

절충 折衷 | 꺾을 절, 속마음 충
[compromise; blend]
❶ 속뜻 각자의 속마음[衷]을 조금씩 꺾어[折] 타협을 모색함. ❷어느 편으로 치우치지 않고 이것과 저것을 취사(取捨)하여 알맞게 함. ¶의견절충 / 서로의 생각을 절충하다.

절친 切親 | 몹시 절, 친할 친
[intimate; be on the best]
몹시[切] 친근(親近)하다. ¶절친한 친구 / 그들은 절친한 사이이다.

절판 絶版 | 끊을 절, 널빤지 판
[going out of print]
❶ 속뜻 책의 출판(出版)을 그만 둠[絶]. ❷ 출판했던 책을 계속 간행할 수 없게 됨.

절편
떡살로 눌러 둥글거나 모나게 만든 흰떡.

절호 絶好 | 뛰어날 절, 좋을 호
[splendid; grand; capital]
뛰어나게[絶] 좋음[好]. 아주 딱 좋음. ¶절호의 기회를 맞았다.

젊:다 [young; youthful]
나이가 적어 한창때에 있다. ¶그는 나보다 세 살 젊다. ⓑ 늙다.

♣ 젊다 / 어리다[2]

◎ 그는 나보다 세 살 젊다 = 어리다.
○ 나이는 70인데 몸은 아직 젊다.
× 나이는 70인데 몸은 아직 어리다.
○ 어린 묘목을 정원에 옮겨 심었다.
× 젊은 묘목을 정원에 옮겨 심었다.

젊은-이 [young person; youth]
나이가 젊은 사람. ⓑ 늙은이, 노인(老人).

젊-음 [youthfulness; youth]
젊은 상태. 또는 젊은 기력. ¶젊음이 넘치다.

점[1] 占 | 점칠 점
[divination; fortunetelling]
팔괘·오행·육효 기타의 방법으로 길흉·화복을 미리 판단하는 일. ¶점을 치다.

점[2] 點 | 점 점 [point; spot]
❶작고 둥글게 찍는 표. ¶지도에 점을 찍다. ❷사람이나 짐승의 살갗에 있는, 빛깔이 다른 작고 둥근 얼룩. ¶나는 눈 밑에 점이 있다.

점[3]**點** | 점 점 [point; grade]
❶어느 사실이나 특성. ¶다른 점을 찾아보시오. ❷성적을 나타내는 단위. ¶100점 만점에서 70점 맞다. ❸물품의 가짓수를 셀 때 쓰는 말. ¶몇 백 점의 수묵화가 전시되어 있다.

점거 占據 | 차지할 점, 근거할 거
[hold; occupy]
어떤 장소를 차지하여[占] 근거지(根據地)로 삼음. ¶폭도들이 그 건물을 점거했다. ⓑ 점령(占領).

*__점검 點檢__ | 점 점, 검사할 검
[check; inspect]
문제가 되는 점(點)이 있는지 검사(檢査)함. 또는 그런 검사. ¶정기적인 점검을 하다.

점괘 占卦 | 점칠 점, 걸 괘
[divination sign]
민속 점(占)을 쳐서 나오는 괘(卦). ¶점괘가 좋다.

점-대:칭 點對稱 | 점 점, 대할 대, 맞을 칭
[point symmetry]
수학 두 도형 사이의 한 점(點)을 중심으로 한 도형을 180° 회전하였을 때 다른 도형과 완전히 겹치는 대칭(對稱).
▶ 점대칭 도형 點對稱圖形 | 그림 도, 모양 형
수학 점대칭(點對稱) 되는 도형(圖形).

점령 占領 | 차지할 점, 거느릴 령
[occupy; capture]
❶속뜻 차지하여[占] 거느림[領]. ❷교전국의 군대가 적국의 영토에 들어가 그 지역을 군사적으로 지배함. ¶영국군은 거문도를 점령했다.

점막 粘膜 | 끈끈할 점, 꺼풀 막
[mucous membrane; mucosa]
의학 소화관, 기도, 비뇨 생식도 따위의 안쪽을 덮고 있는 부드럽고 끈끈한[粘] 꺼풀[膜]을 통틀어 이르는 말.

점-박이 (點-, 점 점) [person with a birthmark; dapple animal]
얼굴이나 몸에 점(點)이 있는 사람이나 짐승.

점선 點線 | 점 점, 줄 선
[dotted line; perforated line]
점(點)으로 이루어진 줄[線]. ¶점선으로 표시된 부분.

점성 占星 | 점칠 점, 별 성 [horoscope]
별[星]의 빛이나 위치, 운행 따위를 보고 길흉을 점침[占].
▶ 점성-술 占星術 | 꾀 술
별[星]의 빛이나 위치, 운행 따위를 보고 개인과 국가의 길흉을 점(占)치는 복술(卜術).

점수 點數 | 점 점, 셀 수 [marks; grade]
❶속뜻 점(點)의 수효(數爻). ❷성적을 나타내는 숫자. ¶민수는 수학 점수가 높다.

점:심 點心 | 점 점, 마음 심
[lunch; luncheon]
❶속뜻 마음[心]에 점(點)을 찍음. ❷낮에 끼니로 먹는 음식. ¶점심시간 / 점심을 먹다.

점액 粘液 | 끈끈할 점, 진 액
[mucus; mucilage]
❶속뜻 끈끈한[粘] 성질이 있는 액체(液體). ❷생물 생물체의 점액선 따위에서 분비되는 끈끈한 액체. ¶위는 점액을 분비해 위벽을 보호한다.

점:원 店員 | 가게 점, 사람 원
[store clerk]
상점(商店)에 고용되어 물건을 팔거나 그 밖의 일을 맡아 하는 사람[員]. ¶그 옷 가게의 점원들은 친절하다.

점유 占有 | 차지할 점, 있을 유
[possession; occupation]
물건이나 영역, 지위 따위를 차지하고[占] 있음[有]. ¶불법 점유 / 그 회사는 국내 가전제품 시장의 40%를 점유하고 있다.

점-음표 點音標 | 점 점, 소리 음, 나타낼 표
[dotted note]

음악 음표 머리 오른쪽에 작은 점(點)이 있는 음표(音標).

점자 點字 | 점 점, 글자 자 [braille]
두꺼운 종이 위에 도드라진 점(點)들을 일정한 방식으로 짜 모아 만든 글자[字]. 시각장애인들이 손가락으로 더듬어 읽도록 만든 문자이다.

점:잔 [dignified air]
말이나 행동이 경솔하지 않고 신중한 태도. ¶점잔을 빼다.

점:잖다 [dignified; well-bred]
❶신중하고 의젓하다. ¶점잖게 행동하다. ❷품격이 야하지 않고 고상하다. ¶이 옷 색깔은 점잖게 보여요.

점-쟁이 (占–, 점칠 점) [fortuneteller]
남의 신수를 점(占)쳐 주는 일을 업으로 삼는 사람. ¶그 점쟁이는 정말 용하다.

⁑**점:점 漸漸** | 차츰 점, 차츰 점
[by degrees; little by little]
차츰[漸] 차츰[[漸] 변함. ¶날씨가 점점 더워지고 있다. ㊐점차(漸次), 차츰.

점:진 漸進 | 점점 점, 나아갈 진 [progress gradually]
❶속뜻 점차(漸次) 앞으로 나아감[進]. ❷점점 발전함. ¶복지 사회로 점진하다.
▸점:진-적 漸進的 | 것 적
점차(漸次) 조금씩 나아가는[進] 것[的]. ¶점진적 발전. ㊐급진적(急進的).

점-찍다 (點–, 점 점)
[fasten ones eyes on; mark out for]
여럿 가운데 마음속에 정하다[點]. ¶용돈을 받으면 점찍어 둔 옷을 살 것이다.

⁑**점:차 漸次** | 점점 점, 차례 차
[gradually; by degrees]
점점[漸] 차례(次例)대로. ¶현지는 점차 공부에 흥미를 느꼈다. ㊐점점(漸漸), 차츰.

점-치다 (占–, 점칠 점) [tell fortune]
앞일 내다보아 미리 판단하다[占]. ¶카드로 운을 점치다.

점토 粘土 | 끈끈할 점, 흙 토 [clay]
지리 작은 알갱이로 이루어진 부드럽고 끈끈한[粘] 흙[土]. ¶그녀는 점토로 그릇을 만들었다. ㊐찰흙.

점퍼 {영 jumper}
품이 넉넉하고 활동성이 좋은 웃옷.

점:포 店鋪 | 가게 점, 가게 포 [store]
물건을 늘어놓고 파는 곳[店=鋪]. ㊐가게, 상점(商店).

점프 {영 jump}
❶뜀질. 도약. ❷운동 육상 경기나 스키에서, 도약하는 종목. ¶점프 슛.

점호 點呼 | 점 점, 부를 호
[roll call; muster]
인원을 점검(點檢)하기 위하여 이름을 부름[呼]. ¶취침 점호.

점화 點火 | 켤 점, 불 화
[ignite; light; fire]
불[火]을 켬[點]. ¶올림픽 성화를 점화하다.

점획 點劃 | 점 점, 그을 획 [tittle]
글자를 이루는 점(點)과 획(劃).

접 [hundred]
과실·채소 따위를 100개씩 세는 말. ¶마늘 한 접.

접견 接見 | 맞이할 접, 볼 견
[receive; interview]
공식적으로 손님을 맞이하여[接] 만나 봄[見]. ¶접견시간 / 접견장소.

접골 接骨 | 이을 접, 뼈 골 [set bone]
의학 어긋나거나 부러진 뼈[骨]를 이어[接] 맞춤. ¶접골 치료 / 지난번에 접골한 곳을 또 다쳤다.

접근 接近 | 맞이할 접, 가까울 근
[move in close; approach]
맞이하여[接] 가까이 다가감[近]. ¶접근금지 / 그는 접근하기 쉬운 사람이다.

접다 [fold]
❶천·종이 등을 꺾어서 겹치다. ¶종이배를 접다. ❷폈던 것을 본디의 모양이 되게

하다. ¶우산을 접다. ⓑ 펴다.

접대 接待 | 맞이할 접, 대접할 대 [attend to; welcome]
손님을 맞이하여[接] 대접(待接)함. ¶따뜻한 접대 / 그녀는 미소를 지으며 손님을 접대하였다. ⓑ 대접(待接).

접:때 [not long ago; few days ago]
며칠 된 과거의 때를 막연하게 이르는 말. ¶접때 한 말 기억해?

접목 接木 | 이을 접, 나무 목 [graft trees together]
나무[木]를 접(接)붙여 이음. 또는 그렇게 한 나무.

접-붙이다 (接—, 이을 접) [graft]
나무의 접(接)을 붙이다. ¶배나무에 자두를 접붙이다.

접소 接所 | 이을 접, 곳 소
종교 동학에서, 접(接)의 집회 장소(場所).

접속 接續 | 맞이할 접, 이을 속 [interface]
❶ 속뜻 서로 맞닿도록[接] 이어줌[續]. ❷ 컴퓨터 통신 등이 연결되는 것. ¶인터넷 접속.

접수 接受 | 맞이할 접, 받을 수 [receive; accept]
맞이하여[接] 받아들임[受]. ¶접수번호 / 접수를 마감하다.

접시 [plate; dish]
반찬이나 과일 따위를 담는 넓적한 그릇. ¶과일 접시.

▶ 접시-꽃
식물 여름에 잎겨드랑이에서 접시 모양의 홍·백·자색의 꽃이 피는 풀.

접안-렌즈 (接眼lens, 닿을 접, 눈 안) [eyepiece]
물리 현미경·망원경 따위의 눈[眼]에 대는[接] 쪽의 렌즈(lens).

접어-들다 [enter; get into; reach]
❶어느 지점을 넘거나 갈림길로 들어서다. ¶산길로 접어들다. ❷작정한 날짜나 어느 때, 또는 나이가 다가오다. ¶장마철로 접어들다.

접영 蝶泳 | 나비 접, 헤엄칠 영 [butterfly stroke]
운동 두 손을 동시에 앞으로 뻗쳐 나비[蝶]처럼 물을 아래로 끌어내리고 양다리를 모아 상하로 움직이며 발등으로 물을 치면서 나아가는 수영(水泳).

접전 接戰 | 맞이할 접, 싸울 전 [fight hand-to-hand]
❶ 속뜻 경기나 전투에서 서로 맞붙어[接] 싸움[戰]. 또는 그런 경기나 전투. ❷서로 힘이 비슷하여 승부가 쉽게 나지 않는 경기나 전투. ¶팽팽한 접전을 벌이다.

접종 接種 | 이을 접, 씨 종 [inoculate; vaccinate]
❶ 속뜻 종자(種子)를 접합(接合)시킴. ❷ 의학 병의 예방, 치료, 진단, 실험 따위를 위하여 병원균이나 항독소, 항체 따위를 사람이나 동물의 몸에 주입함. 또는 그렇게 하는 일. ¶예방 접종.

접지 接地 | 닿을 접, 땅 지 [ground connection; grounding]
❶ 속뜻 땅[地]에 닿음[接]. 또는 땅에 댐. ❷ 전기 전기 회로를 동선(銅線) 따위의 도체로 땅과 연결함.

접착 接着 | 닿을 접, 붙을 착 [stick to; adhere to]
착 달라[接] 붙음[着]. ¶접착 테이프 / 접시의 조각을 접착했다.

▶ 접착-력 接着力 | 힘 력
두 물체가 서로 달라붙는[接着] 힘[力]. ¶이 풀은 접착력이 강하다.

▶ 접착-제 接着劑 | 약제 제
두 물체를 서로 붙이는[接着] 데 쓰는 약[劑].

접촉 接觸 | 맞이할 접, 닿을 촉 [contact; touch]
❶ 속뜻 맞이하여[接] 서로 닿음[觸]. ¶신체접촉. ❷가까이 대하고 사귐. ¶그녀와의 접촉을 되도록 피하고 싶다.

접-하다 (接一, 닿을 접) [border; hear]
❶ 속뜻 가까이 닿아[接] 있다. ¶한반도는 삼면이 바다에 접해 있다. ❷무엇을 알게 되거나 경험하다. ¶아버지의 사고 소식을 접하고 나는 정신을 잃었다.

접합 接合 | 이을 접, 합할 합
[join; unite; connect]
하나로 이어[接] 합함[合]. 또는 한데 닿아 붙음. ¶접합수술.

접히다 [get folded; be furled]
접음을 당하다. ¶모서리가 접혀 있는 동화책.

젓 [salted fish guts]
새우·조기·멸치 따위의 생선이나 조개·생선의 알·창자 따위를 소금에 짜게 절여 삭힌 반찬. ⓑ젓갈.

젓-가락 [chopsticks]
음식이나 그 밖의 다른 물건을 끼워서 집는 기구. 가늘고 길이가 같은 두 개의 쇠붙이나 나무 따위로 짤막하게 만든다.

젓갈[1] [salted sea foods]
젓으로 담근 음식.

젓갈[2] [chopsticks]
'젓가락'의 준말.

젓:나무 [fir (tree)]
식물 목재나 종이를 만드는데 많이 사용되는 소나무와 비슷한 나무. ⓑ전나무.

젓:다 [wave; paddle; shake]
❶팔·어깨 따위를 일정한 방향으로 계속해서 움직이다. ¶팔을 저으며 앞으로 걸어가다. ❷배를 움직이려고 노를 두르다. ¶노를 저어 바다로 나가다. ❸액체나 가루를 고르게 퍼지게 하려고 휘둘러 섞다. ¶율무차를 저어 마시다.

정:[1] [chisel; burin]
돌에 구멍을 뚫고 쪼아 다듬는 연장. ¶정으로 돌을 쪼다.

정:[2] [really; quite]
'정말로·참으로'의 뜻. ¶네가 정 싫다면 하지 않아도 된다.

정[3] 情 | 마음 정
[affection; love; heart]
❶사물에 느끼어 일어나는 마음의 작용. ¶그리운 정. ❷사랑이나 친근감을 느끼는 마음. ¶자매간의 정.

정[4] 錠 | 알약 정 [tabloid]
알 모양의 약. ¶1회 3정 이상 복용하지 마시오. ⓑ알.

정:가 定價 | 정할 정, 값 가
[fixed price]
상품에 값[價]을 매김[定]. 또는 그 값. ¶이 바지의 정가는 4만 원이다.

정:각 正刻 | 바를 정, 시각 각
[exact time]
틀림없는 바로[正] 그 시각(時刻). ¶12시 정각에 만나자.

정갈-하다 [clean; neat]
모양이나 옷 등이 깔끔하고 깨끗하다. ¶그 식당은 음식이 정갈하다.

정감 情感 | 사랑 정, 느낄 감
[feeling; sentiment]
사랑[情]스럽게 느껴짐[感]. 정조와 감흥을 불러일으키는 느낌. ¶현주는 보면 볼수록 정감이 간다.

정강 政綱 | 정치 정, 벼리 강
[platform; plank; political principle]
❶ 속뜻 정치(政治)의 대강(大綱). ❷정부 또는 정당이나 정치 집단에서 국민에게 공약하여 이루고자 하는 정책의 큰 줄기. ¶정강을 발표하다.

정강이 [shin; shank]
아랫다리의 앞 뼈 부분.

정거 停車 | 멈출 정, 수레 거
[stop; halt]
가던 차(車)를 멈춤[停]. ¶이 역에서 5분간의 정거합니다.

▸ **정거-장** 停車場 | 마당 장
열차가 멈추어서[停車] 여객이나 화물을 싣고 내릴 수 있도록 설비를 갖춘 곳[場]. ¶아들을 배웅하러 정거장으로 나가다.

정:격 定格 | 정할 정, 격식 격 [proper form]
❶ 속뜻 정(定)해진 격식(格式). 또는 규격. ❷ 전기 전기 기구를 만들 때 따르는 정해진 규격. ¶정격 전류.

정결 淨潔 | 말끔할 정, 깨끗할 결 [clean and neat; undefiled]
매우 말끔하고[淨] 깨끗함[潔]. ¶정결한 마음 / 그의 방은 늘 정결하다.

정-겹다 (情-, 마음 정) [affectionate; warmhearted]
정(情)에 넘치는 듯하다. 매우 다정하다. ¶정겨운 분위기.

정경 情景 | 마음 정, 볕 경 [pathetic scene; sight]
마음[情]에 감흥을 불러일으킬 만한 경치(景致)나 장면. ¶산의 아름다운 정경.

정계[1] 政界 | 정치 정, 지경 계 [world of politics; political world]
정치(政治) 및 정치가의 세계(世界). '정치계'의 준말. ¶그는 10년 넘게 정계에 몸담고 있다.

정:계[2] 定界 | 정할 정, 지경 계 [fixed boundary]
경계(境界)를 정(定)함. 또는 그 경계나 한계.

▶ 정:계-비 定界碑 | 비석 비
역사 조선 숙종 38년(1712)에 조선과 청나라의 경계(境界)를 정(定)하기 위하여 백두산 위에 세운 비석(碑石).

정:곡 正鵠 | 바를 정, 과녁 곡 [bull's-eye; mark]
❶ 속뜻 과녁[鵠]의 바로[正] 한 가운데. ¶화살이 정곡에 꽂히다. ❷가장 중요한 요점 또는 핵심. ¶정곡을 찌르다 / 정곡을 벗어나다.

정:과 正果 | 바를 정, 열매 과 [fruit preserved in honey]
❶ 속뜻 여러 과일[果]을 두루 바로[正] 갖춤. ❷온갖 과일, 생강, 연근, 인삼 따위를 꿀이나 설탕물에 졸여 만든 음식. ¶손님에게 차와 정과를 대접하다.

정관 精管 | 정액 정, 대롱 관 [spermatic duct; seminal duct]
동물 정액(精液)을 나르는 긴 관(管).

*__정교__ 精巧 | 쓿을 정, 예쁠 교 [elaborate; exquisite]
쓿은 쌀[精] 같이 예쁨[巧]. 또는 그렇게 다듬음. ¶정교한 솜씨 / 무늬가 정교하다.

정구 庭球 | 뜰 정, 공 구 [tennis]
❶ 속뜻 평평한 뜰[庭]에서 공[球]을 치는 놀이. ❷ 운동 경기장 중앙 바닥에 네트를 가로질러 치고 그 양쪽에서 라켓으로 공을 주고받는 경기. 1955년 '테니스'로 이름이 바뀌었다.

정권 政權 | 정치 정, 권리 권 [political power]
정치(政治)를 하는 권력(權力). 나라의 통치기관을 움직이는 권력. ¶민주정권 / 정권을 장악하다.

정:규 正規 | 바를 정, 법 규 [formality; regularity]
정식(正式) 규정이나 규범(規範). ¶정규 방송 / 정규 직원.

정글 {영 jungle}
야생의 동물이 풍부하고 식물이 빽빽이 들어선 숲. 일반적으로 열대에서 나타난다. ㊥ 밀림.

▶ 정글-짐 {영 jungle gym}
정글(jungle)처럼 둥근 나무나 철봉을 가로와 세로로 조립하여 만든 아동용의 운동기구[gym].

정기[1] 精氣 | 정신 정, 기운 기 [spirit and energy]
❶ 속뜻 민족 따위의 정신(精神)과 기운(氣運). ¶고려청자에는 우리 겨레의 정기가 서려 있다. ❷천지 만물을 생성하는 원천이 되는 기운. ¶백두산의 정기를 받다.

정:기[2] 定期 | 정할 정, 때 기

[fixed period]
정(定)해진 기간(期間). 기한이나 기간이 일정하게 정하여져 있는 것. ¶정기 세일.

▸정:기-적 定期的 | 것 적
일정(一定)한 시기(時期)에 일정한 일을 하는 것[的]. ㊥ 비정기적.

▸정:기 예:금 定期預金 | 맡길 예, 돈 금
경제 일정 금액을 일정(一定)한 기간(期間) 동안 금융 기관에 맡기고 정한 기한 안에는 찾지 않겠다는 약속으로 하는 예금(預金).

정-나미 (情─, 마음 정)
[attachment; fondness; liking]
어떤 대상에 대해 갖게 되는 정(情). ¶그가 하는 짓을 보니 정나미가 뚝 떨어진다.

정:남 正南 | 바를 정, 남녘 남
[due south]
꼭 바른[正] 남(南)쪽. '정남방'(正南方)의 준말.

정낭 精囊 | 정액 정, 주머니 낭
[seminal vesicle; spermatic sac]
의학 정액(精液)을 생산하는 길쭉한 주머니[囊]. 남자 생식기의 한 부분.

정년 停年 |=定年, 멈출 정, 나이 년
[retiring age; age limit]
직원 등이 일을 그만하도록[停] 정해놓은 나이[年]. ¶정년 퇴직.

정녕 丁寧 | 장정 정, 편안할 녕
[without fail; by all means; certainly]
❶속뜻 태도 따위가 장정[丁]처럼 편안함[寧]. ❷조금도 틀림없이 꼭. 또는 더 이를 데 없이 정말로. ¶정녕 꿈은 아니겠지요? / 정녕 가시겠다면 고이 보내 드리리다.

정:-다각형 正多角形 | 바를 정, 많을 다, 뿔 각, 모양 형 [regular polygon]
수학 변의 길이와 각의 크기가 모두 같은[正] 다각형(多角形).

정담 情談 | 마음 정, 이야기 담
[friendly talk]
깊은 마음[情]을 주고받는 이야기[談]. ¶친구와 정담을 주고받다.

정:답 正答 | 바를 정, 답할 답
[correct answer]
옳은[正] 답(答). 맞는 답. ¶정답을 맞히다. ㊥ 오답(誤答).

정-답다 (情─, 마음 정)
[affectionate; loving; kind]
정(情)이 있어 따뜻하다. 다정하다. ¶친구들과 정답게 인사를 나누다.

정:당¹ 正當 | 바를 정, 마땅 당
[just; right]
바르고[正] 마땅하다[當]. 이치가 당연하다. ¶정당한 권리 / 정당한 방법으로 돈을 벌었다.

정당² 政黨 | 정치 정, 무리 당
[political party]
정치(政治)를 하기 위해 조직한 무리[黨]. 이념이나 주장이 같은 사람들이 모이며, 정권을 잡고 행사하기 위해 노력한다. ¶정당에 가입하다 / 그들은 새로운 정당을 만들었다.

정:대 正大 | 바를 정, 큰 대
[fair; just; fair and square]
바르고[正] 크다[大]. 바르고 옳아서 사사로움이 없다. ¶정대한 행동.

⁑**정도** 程度 | 분량 정, 법도 도
[limit; degree]
❶속뜻 일정한 분량[程]과 법도[度]. ❷얼마의 분량. 또는 알맞은 어떠한 한도. ¶한 숟가락 정도의 소금 / 장난도 정도껏 해라 / 어느 정도는 인정할 수 있다.

정독 精讀 | 쓿을 정, 읽을 독
[read carefully]
쌀을 쓿듯이[精] 뜻을 새겨 가며 읽음[讀]. ¶글의 내용을 깊이 이해하기 위해서는 정독이 필요하다.

정돈¹ 停頓 | 멈출 정, 조아릴 돈 [stalemate]
❶속뜻 멈추어[停] 조아림[頓]. ❷멈추어 나아가지 아니함. ¶일시적 정돈 상태에 빠지다.

정:돈² 整頓 | 가지런할 정, 조아릴 돈

[put in order; arrange]
가지런히[整] 조아림[頓]. 가지런하게 함. 바로잡음. ¶책상 정돈.

정-들다 (情–, 마음 정)
[become attached; become familiar]
정(情)이 깊어지다. 정이 생기다. ¶민아는 정든 친구들과 헤어졌다.

정력 精力 | 정액 정, 힘 력
[energy; vigor; vitality]
정액(精液)을 쏟는 성적 능력(能力). 심신의 활동력. ¶나는 공부에 모든 정력을 쏟았다.

정:렬 整列 | 가지런할 정, 줄 렬
[stand in a row; array]
가지런히[整] 벌여 줄을 세움[列]. ¶학생들은 한 줄로 정렬했다.

정류 停留 | 멈출 정, 머무를 류 [stoppage; stop]
멈추어[停] 머무름[留].

▸정류-장 停留場 | 마당 장
자동차나 전차 따위가 사람이 타고 내리도록 일시 멈추는[停留] 일정한 곳[場]. ¶버스 정류장. ㊐ 정류소(停留所).

⁑**정:리** 整理 | 가지런할 정, 다듬을 리
[arrange]
❶ 속뜻 가지런하게[整] 다듬음[理]. ❷ 흐트러진 것이나 어지러운 것을 가지런하고 바르게 하는 일. ¶서랍 정리.

정:립[1] 正立 | 바를 정, 설 립
[correct; right]
바로[正] 섬[立]. 또는 바로 세움. ¶가치관의 정립 / 올바른 노사 관계를 정립하다.

정:립[2] 定立 | 정할 정, 설 립 [thesis]
❶ 속뜻 정(定)하여 세움[立]. ¶먼저 일의 방향을 정립하는 것이 우선이다. ❷ 철학 어떤 논점에 대하여 반론을 예상하고 주장함. 또는 그런 의견이나 학설.

정:-말 (正–, 바를 정) [truth; really]
거짓이 없는 진실한[正] 말. ¶그는 정말 같은 이야기로 친구를 속였다. ㊇ 거짓말.

▸정:말-로 (正–, 바를 정)
진실로[正]. 참말로. ¶나는 정말로 너를 사랑해.

정맥 靜脈 | 고요할 정, 맥 맥 [vein]
❶ 속뜻 고요한[靜] 맥(脈). ❷ 의학 정맥혈(靜脈血)을 심장으로 보내는 순환 계통의 하나. 피의 역류를 막는 역할을 하며 살갗 겉으로 퍼렇게 드러난다. ㊇ 동맥(動脈).

정:면 正面 | 바를 정, 낯 면
[front; front side]
똑바로[正] 마주 보이는 면(面). ¶정면에 보이는 건물이 병원이다.

정묘 丁卯 | 천간 정, 토끼 묘
민속 천간의 '丁'과 지지의 '卯'가 만난 간지(干支).

▸정묘-호란 丁卯胡亂 | 오랑캐 호, 어지러울 란
❶ 속뜻 정묘년(丁卯年)에 오랑캐[胡]들로 인해 일어난 난리(亂離). ❷ 역사 조선 인조 5년(1627)에 후금의 아민(阿敏)이 인조반정의 부당성을 내세우고 침입하여 일어난 난리이다. 인조가 강화(江華)로 피란하였다가 강화 조약을 맺고 두 나라는 형제의 나라가 되었다.

정:문 正門 | 바를 정, 문 문
[front gate; main entrance]
건물의 정면(正面)에 있는 출입문(出入門). ¶학교 정문에서 만나자. ㊇ 후문(後門).

정물 靜物 | 고요할 정, 만물 물 [stationary things]
정지하여[靜] 움직이지 않는 물건(物件).

▸정물-화 靜物畵 | 그림 화
미술 과일, 꽃, 화병 따위의 스스로 움직이지 못하는 정물(靜物)들을 놓고 그린 그림[畵].

정미 精米 | 쓿을 정, 쌀 미
[polished rice]
벼를 쓿어[精] 깨끗하게 만든 쌀[米].

▸정미-소 精米所 | 곳 소

쌀[米]을 찧는[精] 곳[所]. ㊐ 방앗간.

정밀 精密 | 찧을 정, 빽빽할 밀
[minute; be detailed]
찧은 쌀[精]같이 세밀(細密)함. 빈틈이 없고 자세함. ¶정밀검사.

▸정밀 공업 精密工業 | 장인 공, 일 업
공업 정밀(精密) 기계나 기구를 만드는 공업(工業).

정박 碇泊 | 닻 정, 머무를 박
[anchor; berth]
배가 닻[碇]을 내리고 머무름[泊]. ¶항구에는 배가 정박 중이다 / 배가 부두에 정박하고 있다.

정박-아 精薄兒 | 정신 정, 엷을 박, 아이 아
[feeble-minded child]
❶ 속뜻 정신(精神)이 희미한[薄] 아이[兒]. ❷ 심리 뇌의 장애를 받아 정신 발달이 지체된 아이를 말함. '정신박약아'(精神薄弱兒)의 준말.

정ː-반ː대 正反對 | 바를 정, 거꾸로 반, 대할 대 [direct opposition]
완전히[正] 반대(反對)되는 일. ¶그것은 사실과 정반대다.

정벌 征伐 | 칠 정, 칠 벌
[conquer; subjugate]
무력을 써서 적이나 죄 있는 무리를 치는[征=伐] 일. ¶이종무는 대마도 정벌에 나섰다.

정변 政變 | 정치 정, 바뀔 변 [political change; change of government]
혁명이나 쿠데타 따위로 생긴 정치(政治)상의 큰 변동(變動). ¶갑신정변 / 페루에서 정변이 일어났다.

정보 情報 | 실상 정, 알릴 보
[intelligence; report; news]
❶ 속뜻 실상[情]에 대한 보고(報告). ❷관찰이나 측정을 통하여 수집한 자료를 실제 문제에 도움이 될 수 있도록 정리한 지식. 또는 그 자료. ¶생활 정보 / 정보를 교환하다.

▸정보-지 情報誌 | 기록할 지
특정 정보(情報)를 제공하는 잡지(雜誌). ¶낚시 정보지 / 생활 정보지.

▸정보-화 情報化 | 될 화
특정 정보(情報)를 정확하고 빠르고 효과적으로 주고받도록 함[化].

▸정보-기관 情報機關 | 틀 기, 빗장 관
정보(情報)의 수집, 처리, 선전, 통제 따위에 관한 일을 전문적으로 맡아 하는 기관(機關).

▸정보 산ː업 情報産業 | 낳을 산, 일 업
통신 정보(情報)의 생산, 수집, 가공, 유통, 전달 따위의 정보에 관한 사항을 다루는 산업(産業). ¶정보 산업을 육성하다.

▸정보화 사회 情報化社會 | 될 화, 단체 사, 모일 회
사회 정보(情報)가 유력한 자원이 되고 정보의 가공과 처리에 의한 가치의 생산을 중심으로 사회나 경제가 운영되고 발전되어 가는[化] 사회(社會).

정ː복[1] 正服 | 바를 정, 옷 복 [ceremonial dress]
의식 때에 입는 정식(正式)의 옷[服]. ¶백관복은 조선시대 관원의 정복(正服)이다.

정복[2] 征服 | 칠 정, 따를 복
[conquer; subjugate]
❶ 속뜻 남의 나라나 이민족 따위를 쳐서[征] 따르게[服] 시킴. ¶11세기 노르만족은 영국을 정복했다. ❷다루기 어렵거나 힘든 대상 따위를 뜻대로 다룰 수 있게 됨. ¶영어 정복 / 에베레스트를 정복하다.

⁂**정부** 政府 | 정사 정, 관청 부 [government]
❶ 속뜻 정사(政事)를 보는 관청[府]. ❷ 법률 입법, 사법, 행정의 삼권을 포함하는 통치기구를 통틀어 이르는 말. ¶한민족은 20세기에 근대적인 정부를 수립했다.

▸정부-미 政府米 | 쌀 미
쌀값 조절 및 군수용이나 구호용에 충당하기 위하여 정부(政府)가 사들여 보유하고 있는 쌀[米]. ㊏ 일반미(一般米).

정ː-부통령 正副統領 | 바를 정, 도울 부,

거느릴 통, 다스릴 령 [president and vice president]
대통령[正]과 부통령(副統領).

*정:비 整備 | 가지런할 정, 갖출 비
[fix; service]
❶속뜻 흐트러진 체계를 가지런히[整] 하여 제대로 갖춤[備]. ❷기계나 설비가 제대로 작동하도록 보살피고 손질함. ¶삼촌은 직접 자동차를 정비하신다.

▶정:비-소 整備所 | 곳 소
정비(整備)하는 일을 전문으로 맡아 하는 곳[所]. ¶자동차 정비소.

정:-비:례 正比例 | 순수할 정, 견줄 비, 본보기 례 [direct proportion]
❶속뜻 바른[正] 비례(比例). ❷수학 두 양이 서로 같은 비율로 일정하게 늘거나 주는 일. ¶시험 점수와 실력이 항상 정비례하는 것은 아니다. 반 반비례(反比例).

정사[1]政事 | 정치 정, 일 사
[political affairs; administration]
정치(政治) 또는 행정상의 일[事]. ¶흥선대원군은 고종을 대신해 정사를 돌보았다.

정사[2]情事 사랑 정, 일 사
[love affair; affair of the heart]
❶속뜻 남녀 간에 사랑[情]을 주고받는 일[事]. ❷남녀가 서로 육체적으로 사랑을 나누는 일.

정:-사각형 正四角形 | 바를 정, 넉 사, 뿔 각, 모양 형 [regular square]
❶속뜻 바른[正] 사각형(四角形). ❷수학 네 변의 길이와 각의 크기가 모두 같은 사각형.

정:-삼각형 正三角形 | 바를 정, 석 삼, 뿔 각, 모양 형 [regular triangle]
❶속뜻 반듯한[正] 삼각형(三角形). ❷수학 세 변의 길이와 각의 크기가 모두 같은 삼각형.

정상[1]頂上 | 꼭대기 정, 위 상
[top; summit; peak]
❶속뜻 산 따위 맨 꼭대기[頂]의 위[上]. ¶지리산 정상에 오르다. ❷그 이상 더 없는 최고의 상태. ¶인기 정상의 배우. ❸한 나라의 최고 수뇌. ¶정상회담.

정상[2]情狀 | 실상 정, 형상 상
[circumstances; conditions]
❶속뜻 실상[情]과 형태[狀]. ❷어떤 결과에 이르기까지의 사정. ¶정상을 참작해 형(刑)을 줄여주었다.

정:상[3]正常 | 바를 정, 늘 상
[normalcy; normality]
바른[正] 상태(常態). 이상한 데가 없는 보통의 상태. ¶오후에는 정상 수업을 한다. 반 비정상(非正常).

▶정:상-인 正常人 | 사람 인
몸과 정신에 탈이 없는[正常] 사람[人]. ¶정상인과 다른 점이 있다.

▶정:상-적 正常的 | 것 적
상태가 정상(正常)인 것[的]. 반 비정상적.

정:색 正色 | 바를 정, 빛 색
[primary colors; look serious]
❶속뜻 안색(顔色)을 바르게[正] 함. ❷얼굴에 엄정한 빛을 나타냄. 또는 그 표정. ¶정색을 하고 말하다.

정:서[1]正書 | 바를 정, 쓸 서
[write in the square style]
글씨를 흘려 쓰지 않고 또박또박 바르게[正] 씀[書]. 또는 그렇게 쓴 글씨.

▶정:서-법 正書法 | 법 법
❶속뜻 올바르게[正] 글로 적는[書] 방법(方法). ❷언어 한글로 우리말을 서사(書寫)하는 규칙.

정서[2]情緖 | 마음 정, 실마리 서 [emotion; feeling]
❶속뜻 여러가지 마음[情]이나 감정의 실마리[緖]. ❷감정을 불러일으키는 기분이나 분위기. ¶이 음악은 정서 안정에 도움이 된다.

▶정서-적 情緖的 | 것 적
정서(情緖)를 띤 것[的]. ¶정서적 문제 / 정서적 불안.

정:석 定石 | 정할 정, 돌 석
[established tactics; formula]
❶ 속뜻 바둑에서 돌[石]을 놓는[定] 방법. ❷무엇을 처리하는 데 정해진 방식. ¶정석대로 대응하다.

정:설 定說 | 정할 정, 말씀 설
[established theory]
일정한 결론에 도달하여 이미 확정(確定)하거나 인정한 말[說]. ¶정설을 뒤집을 만한 연구 결과를 얻었다.

***정성** 精誠 | 쓿을 정, 진심 성
[true heart; sincerity]
쓿은 쌀[精]처럼 순백한 진심[誠]. ¶정성어린 선물 / 부모님을 정성스럽게 모시다 / 음식을 정성껏 준비하다.

정세[1] 政勢 | 정사 정, 형세 세
정치(政治)상의 동향이나 형세(形勢). ¶국제 정세가 불안하다.

정세[2] 情勢 | 실상 정, 형세 세
[state of things; situation]
일이 되어 실상[情]과 형세(形勢). ¶국내 정세를 분석하다.

정:수[1] 整數 | 가지런할 정, 셀 수
[integral number; integer]
❶ 속뜻 가지런하게[整] 나타낸 모든 수(數). ❷ 수학 자연수의 음수, 영, 자연수를 통틀어 모두 이르는 말. ¶정수는 '…, -2, -1, 0, 1, 2, …' 따위의 수를 이른다.

정수[2] 淨水 | 깨끗할 정, 물 수
[clean water]
물[水]을 깨끗하고[淨] 맑게 함. 또는 그 물. ¶이 물은 정수한 것이다 / 정수를 마시다.

▸정수-기 淨水器 | 그릇 기
물을 깨끗하게 하는[淨水] 기구(器具). ¶정수기에서 거른 물.

정수리 (頂, 정수리 정)
[crown of the head; pate]
머리 위의 숫구멍이 있는 자리.

정숙[1] 貞淑 | 곧을 정, 맑을 숙
[chaste; virtuous]
여자로서 행실이 곧고[貞] 마음씨가 맑음[淑]. ¶정숙한 아내.

정숙[2] 靜肅 | 고요할 정, 엄숙할 숙
[still; silent; quiet]
아무 소리 없이[靜] 매우 조용하고 엄숙(嚴肅)함. ¶실내 정숙 / 정숙한 분위기에서 책을 읽었다.

***정승** 政丞 | 정사 정, 도울 승
[minister of States]
❶ 속뜻 정사(政事)를 도움[丞]. ❷ 역사 조선 시대, 문하부의 정일품 으뜸 벼슬. 태조 3년(1394)에 시중(侍中)을 고친 것.

정:시 定時 | 정할 정, 때 시
[fixed time; stated period]
일정(一定)한 시간(時間) 또는 시기. ¶정시 뉴스.

***정:식**[1] 正式 | 바를 정, 법 식
[proper form; formality]
규정대로의 바른[正] 방식(方式). 정당한 방식. ¶정식으로 소개를 받다.

정:식[2] 定食 | 정할 정, 밥 식
[regular meal]
값과 메뉴가 정(定)해져 있는 음식(飮食). ¶백반 정식.

정신[1] 挺身 | 바칠 정, 몸 신 [volunteer]
어떤 일에 몸[身]을 바침[挺]. 솔선하여 앞장 섬. ¶사회 사업에 정신하다.

▸정신-대 挺身隊 | 무리 대
❶ 속뜻 어떤 목적을 위하여 몸[身]을 바치는[挺] 부대(部隊). ❷태평양 전쟁 때 일본 제국주의 군대의 종군 위안부로 끌려간 여성들을 이르는 말.

⁑**정신**[2] 精神 | 쓿을 정, 혼 신
[mind; spirit; consciousness]
❶ 속뜻 쓿은 쌀[精]처럼 순백한 혼[神]이나 마음. ❷사물을 느끼고 생각하며 판단하는 능력. 또는 그런 작용. ¶정신을 집중하다. ❸마음의 자세나 태도. ¶근면 정신. ❹사물의 근본적인 의의나 목적 또는 이

념이나 사상. ¶화랑도 정신. 관용 정신을 차리다.

비슷한 듯 다른 말	마음

▶ 정신-과 精神科 | 분과 과
의학 정신(精神) 장애인의 진단·치료를 행하는 의학 분과(分科). '신경 정신과'(神經精神科)의 준말.

▶ 정신-력 精神力 | 힘 력
정신(精神)을 받치고 있는 힘[力]. ¶강한 정신력.

▶ 정신-병 精神病 | 병 병
의학 정신(精神)의 장애나 이상으로 나타나는 병(病).

▶ 정신-적 精神的 | 것 적
정신(精神)에 관한 것[的]. 정신에 중점을 둔 것. ¶정신적 충격 / 정신적 상처.

▶ 정신 노동 精神勞動 | 일할 로, 움직일 동
주로 두뇌를 써서[精神] 하는 노동(勞動).

▶ 정신 연령 精神年齡 | 나이 년, 나이 령
심리 정신(精神) 발달의 정도를 나타내는 나이[年齡]. 지능 검사에 의해서 측정된 정신 수준. ¶정신 연령이 높다.

▶ 정신-지체 精神遲滯 | 늦을 지, 막힐 체
의학 정신(精神) 발달이 늦은[遲滯] 상태.

정액 精液 | 쓿을 정, 진 액
[extract; essence; semen]
❶ 의학 수컷의 정자(精子)를 내포하고 있는 액체(液體). ❷ 생물의 몸 안이나 줄기, 뿌리, 열매 등의 안에서 만들어진 순수한 액체. ¶인삼 정액.

정어리 [sardine]
동물 등은 어두운 파란색이고 배는 백색인 바닷물고기.

정:연 整然 | 가지런할 정, 그러할 연
[orderly; regular]
가지런하게[整] 그러한[然]. 가지런하고 질서가 있다. ¶질서정연하게 배열해 놓다.

정열 情熱 | 마음 정, 뜨거울 열
[passion; enthusiasm]
어떤 마음[情]이 불[熱]같이 활활 타오름. 또는 그런 감정. ¶연구에 정열을 쏟다.

▶ 정열-적 情熱的 | 것 적
불길이 타듯 세찬[情熱] 것[的].

정:오 正午 | 바를 정, 낮 오
[noon; high noon]
낮[午]의 한[正] 가운데. 열두 시. 태양이 한가운데 위치하는 시각. ㊐ 오정(午正). ㊊ 자정(子正).

정:-오각형 正五角形 | 바를 정, 다섯 오, 뿔 각, 모양 형 [regular pentagon]
수학 다섯 변의 길이와 각의 크기가 모두 같은[正] 오각형(五角形).

정:원[1] 定員 | 정할 정, 인원 원
[number limit; quota]
일정한 규정에 따라 정(定)해진 인원(人員). ¶참가 정원이 다 찼다.

정원[2] 庭園 | 뜰 정, 동산 원
[garden; park]
잘 가꾸어 놓은 넓은 뜰[庭]이나 작은 동산[園]. 뜰. ¶할아버지는 정원을 가꾸는 일로 소일하신다.

▶ 정원-사 庭園師 | 스승 사
정원(庭園)의 꽃밭이나 수목을 가꾸는 일을 직업으로 하는 사람[師]. ¶정원사가 잔디를 깎고 있다.

정월 正月 | 바를 정, 달 월
[January; Jan]
한 해의 첫째날인 정삭(正朔)이 있는 달[月]. 음력으로 한 해의 첫째 달. ¶정월 초하루.

정유[1] 精油 | 쓿을 정, 기름 유
[refined oil; essential oil]
❶ 속뜻 어떤 식물을 채취해 정제(精製)한 기름[油]. ❷ 화학 정제한 석유나 정제한 동물 지방. 또는 그러한 일. ¶정유업체.

정유[2] 丁酉 | 천간 정, 닭 유
민속 천간의 '丁'과 지지의 '酉'가 만난 간지(干支).

▶ 정유-재란 丁酉再亂 | 다시 재, 어지러울

란

역사 조선의 선조 30년(1597)인 정유(丁酉) 년에 왜구가 다시[再] 일으킨 난리(亂離). 임진왜란 후 교섭이 결렬되자 가토 기요마사(加藤淸正) 등이 전쟁을 일으켰다.

정육 精肉 | 쓿을 정, 고기 육
[fresh meat; dressed meat]
굳기름이나 뼈 따위를 발라내 깨끗이 쓿은[精] 고기[肉].

▶정육-점 精肉店 | 가게 점
정육(精肉)을 파는 가게[店]. ⓑ 고깃간, 푸줏간.

정:-육각형 正六角形 | 바를 정, 여섯 륙, 뿔 각, 모양 형 [regular hexagon]
수학 여섯 변의 길이와 각의 크기가 모두 같은[正] 육각형(六角形).

정:-육면체 正六面體 | 바를 정, 여섯 륙, 낯 면, 모양 체
[regular hexahedron; cube]
수학 정사각형(正四角形) 여섯[六] 개가 합해 이루어진 다면체(多面體).

정:의[1]定義 | 정할 정, 뜻 의 [define]
말이나 사물의 뜻[義]을 명백히 규정(規定)함. 또는 그 뜻. ¶정의를 내리다 / 교육에 대하여 정의해 보라.

*__정:의__[2]正義 | 바를 정, 옳을 의
[justice; right]
❶ 속뜻 올바른[正] 도리[義]. ❷바른 뜻이나 가치. ¶정의를 위해 싸우다 / 정의의 사나이.

▶정:의-감 正義感 | 느낄 감
정의(正義)를 관철시키려는 마음[感]. ¶그는 정의감이 강하다 / 정의로운 행동.

정:자[1]正字 | 바를 정, 글자 자
[correct form of a character]
❶ 속뜻 바른[正] 글자[字]. ¶이름을 정자로 또박또박 쓰세요. ❷한자의 약자나 속자가 아닌 본디의 글자를 이르는 말.

정자[2]精子 | 정액 정, 씨 자 [sperm]
생물 정액(精液)에 있는 수컷의 생식 세포[子]. 사람의 경우 길이는 0.05mm 가량이고 머리, 목, 꼬리로 이루어져 있다. 난자와 정자가 만나면 수정이 된다. ⓑ 난자(卵子).

정자[3]亭子 | 정자 정, 접미사 자
[bower; arbor; summerhouse]
경치가 좋은 곳에 놀거나 쉬기 위하여 지은 집[亭]. 벽이 없이 기둥과 지붕만 있다. ¶정자에 앉아서 쉬다.

▶정자-나무 (亭子-)
집 근처나 길가에 있는 큰 나무. 그 밑에 사람들이 모여 쉬거나 놀 수 있다.

정:작 [reality; actuality; practice]
요긴(要緊)하거나 진짜인 것. ¶우리는 편지는 주고받았지만 정작 만난 적은 한 번도 없다. ⓑ 막상.

정:장 正裝 | 바를 정, 꾸밀 장
[formal dress; full dress; full uniform]
정식(正式)의 복장(服裝)을 함. 또는 그 복장. ¶단정한 정장 차림.

정적 靜寂 | 고요할 정, 고요할 적
[stillness; quiet; silence]
고요하고[靜] 적막(寂寞)함. ¶개 짖는 소리가 정적을 깨뜨렸다.

정전 停電 | 멈출 정, 전기 전 [blackout]
전기(電氣)가 잠깐 끊어짐[停]. ¶그는 정전에 대비해 초와 손전등을 사 두었다.

정-전:기 靜電氣 | 고요할 정, 전기 전, 기운 기 [static electricity]
물리 시간에 따른 분포의 변화가 없는[靜] 전기(電氣) 현상. ¶겨울에는 옷에서 정전기가 자주 일어난다.

정절 貞節 | 곧을 정, 지조 절 [faithfulness; fidelity]
여자의 곧은[貞] 지조[節]. ¶정절을 지키다. ⓑ 정조(貞操).

정점 頂點 | 꼭대기 정, 점 점
[top; summit]
❶ 속뜻 맨 꼭대기[頂]가 되는 곳[點]. ¶산

꼭대기의 정점에 다다르다. ❷발전하는 것의 최고의 상태. ¶그 배우의 인기는 정점에 달했다. ⓑ 절정(絶頂).

정정[1] **訂正** | 바로잡을 정, 바를 정
[correct; rectify]
글자나 글 따위의 잘못을 바로잡아[訂] 바르게[正] 고침. ¶정정 기사 / 문제가 있는 곳을 정정한 후에 원고를 다시 제출했다.

정정[2] **亭亭** | 정자 정, 정자 정
[hale and hearty]
❶ 속뜻 정자(亭子)처럼 우뚝하게 높이 솟다. ¶정정한 거목. ❷늙은 몸이 굳세고 건강하다. ¶할아버지는 칠십이 넘으셨는데 아직도 정정하시다 / 구십 노인이 정정히 앉아 계신다.

정:정당당 正正堂堂 | 바를 정, 바를 정, 집 당, 집 당
태도, 처지, 수단 따위가 꿀림이 없이 바르고[正+正] 떳떳하다[堂+堂]. ¶정정당당한 경기를 펼치다 / 정정당당히 싸우다.

정제 精製 | 쓿을 정, 만들 제
[refine; purify]
❶ 속뜻 정성을 들여 정밀(精密)하게 잘 만듦[製]. ❷물질에 섞인 불순물을 없애 그 물질을 더 순수하게 함. ¶원유(原油)를 정제하다.

정조 貞操 | 곧을 정, 잡을 조
[chastity; virtue]
❶ 속뜻 곧은[貞] 지조(志操). ¶정조를 지키다. ❷이성 관계에서 순결을 지키는 일. ¶정조를 중히 여기다. ⓑ 정절(貞節).

정:족 定足 | 정할 정, 넉넉할 족
결정(決定)에 필요한 인원이 충족(充足)함.

▶ 정:족-수 定足數 | 셀 수
법률 합의체가 사안을 의논·결정(決定)하는 것을 충족(充足)시키는 최소한의 출석 인원수(人員數). ¶정족수에 3명이 모자란다.

정:종 正宗 | 바를 정, 종파 종
❶ 불교 창시자의 정통(正統)을 이어받은 종파(宗派). ❷일본식으로 빚어 만든 맑은 술. 일본 상품명이다.

정:주-간 鼎廚間 | 솥 정, 부엌 주, 사이 간
❶ 속뜻 솥[鼎]을 걸어두고 음식을 만드는 부엌[廚]으로, 방과 연결되어 그 사이[間]에 있는 곳. ❷ 건설 부엌과 안방 사이에 벽이 없이 부뚜막에 방바닥을 잇달아 꾸민 부엌.

정:중 鄭重 | 점잖을 정, 무거울 중
[polite; courteous]
태도나 모양이 점잖고[鄭] 묵직하다[重]. 은근하고 친절하다. ¶그는 어른에게 항상 정중하다 / 정중히 사과하다.

정지 停止 | 멈출 정, 그칠 지
[stop; standstill]
중도에서 멈추거나[停] 그침[止]. ¶정지 신호 / 선 안에서 정지하시오.

▶ 정지-선 停止線 | 줄 선
교통 정지(停止)해야 하는 위치를 나타내는 선(線). ¶정지선을 잘 지켜야 한다.

정:직 正直 | 바를 정, 곧을 직
[honest; upright]
마음에 거짓이나 꾸밈이 없이 바르고[正] 곧음[直]. ¶정직이 내 좌우명이다. ⓑ 부정직(不正直).

▶ 정:직-성 正直性 | 성질 성
마음에 거짓이나 꾸밈이 없이 바르고 곧은[正直] 특성(特性). ¶공무원으로서 도덕성과 정직성을 지키다.

정진 精進 | 정력 정, 나아갈 진
[devote oneself to; apply oneself to]
정력(精力)을 다하여 힘써 매진(邁進)함. ¶학문에 정진하다.

정차 停車 | 멈출 정, 수레 차
[stop; halt]
움직이던 차(車)가 멈추어[停] 섬. ¶정차 금지. ⓑ 정거(停車). ⓑ 발차(發車).

정:착 定着 | 정할 정, 붙을 착

[settle down; take root]
❶ 속뜻 자리를 정(定)하여 달라붙음[着]. ❷일정한 곳에 자리를 잡고 삶. ¶정착 생활. ❸새로운 문화 현상, 학설 따위가 당연한 것으로 사회에 받아들여짐. 정착 단계에 이르다. ¶민주주의가 정착 단계에 이르렀다. 반 방랑(放浪), 유랑(流浪).

정:찰[1]正札 | 바를 정, 쪽지 찰
[price tag]
물건의 정당(正當)한 값을 적은 쪽지[札]. ¶정찰 가격.

정찰[2]偵察 | 염탐할 정, 살필 찰 [reconnoiter]
군사 적의 동태 따위를 몰래 염탐[偵]하여 살핌[察]. ¶정찰위성 / 소형비행기가 적진을 정찰하고 있다.

▸정찰-기 偵察機 | 틀 기
군사 정찰(偵察)하는 데에 쓰는 군용기(軍用機). 비행 속도가 빠르며, 사진기나 레이더 따위의 특수 정찰 장치를 갖추고 있다.

⁑**정책** 政策 | 정치 정, 꾀 책 [policy]
정치적(政治的) 목적을 실현하기 위한 책략(策略). ¶교육정책 / 정책을 수립하다.

정:처 定處 | 정할 정, 곳 처
[fixed place; definite destination]
정(定)한 곳[處]. ¶정처 없이 떠돌다.

정:체[1]正體 | 바를 정, 몸 체
[real form; one's true character]
❶ 속뜻 바른[正] 형체(形體). ❷참된 본디의 형체. ¶범인의 정체는 아직 밝혀지지 않았다.

정체[2]停滯 | 멈출 정, 막힐 체 [stagnate; delay]
앞으로 나아가지 못하고 멈추거나[停] 막혀 있음[滯]. ¶교통 정체.

정초 正初 | 정월 정, 처음 초
[first ten days of January]
정월(正月) 초순(初旬). 그 해의 맨 처음.

정취 情趣 | 마음 정, 풍취 취
[sentiment; mood; touch]
마음[情]을 불러일으키는 풍취(風趣). ¶봄의 정취가 한껏 무르익었다.

⁑**정치** 政治 | 정사 정, 다스릴 치
[politics; government]
나라의 정무(政務)를 다스림[治]. 또는 그런 일. ¶정치 활동 / 조선시대는 유교를 정치 이념으로 삼았다.

▸정치-가 政治家 | 사람 가
정치(政治)를 맡아서 하는 사람[家]. 또는 정치에 관한 학식과 경험이 풍부한 사람. ¶정치가가 되겠다는 꿈을 키우다. 비 정치인.

▸정치-인 政治人 | 사람 인
정치(政治)를 맡아서 하는 사람[人]. ¶정치인은 희망을 파는 상인이다. 비 정치가.

▸정치-적 政治的 | 것 적
정치(政治)에 관한 것[的]. 정치성을 띤 것.

정탐 偵探 | 염탐할 정, 찾을 탐
[spy out]
사건이나 남의 비밀을 몰래 염탐[偵]하여 찾아냄[探]. 또는 그 일을 하는 사람. 비 탐정(探偵).

정통[1]精通 | 세밀할 정, 통할 통
[know thoroughly]
무엇에 대해 정확하고 자세히[精] 꿰뚫고[通] 있음. ¶정통한 소식 / 그는 한국의 사정에 정통하다.

정:통[2]正統 | 바를 정, 계통 통
[orthodoxy; legitimacy]
❶ 속뜻 바른[正] 계통(系統). ¶일본의 정통 요리를 맛보다. ❷빗나가지 않고 정확한 것. ¶그는 머리를 정통으로 얻어맞고 쓰러졌다.

▸정:통-성 正統性 | 성질 성
❶ 속뜻 바른[正] 계통(系統)을 잇는 성질(性質). ❷ 사회 통치를 받는 사람에게 권력 지배를 승인하고 허용하게 하는 논리적·심리적인 근거. ¶그는 정통성을 인정받았다.

정:평 定評 | 정할 정, 평할 평
[established reputation]
모든 사람이 다 같이 인정(認定)하는 평판(評判). ¶그는 화가로 이미 정평이 나 있다.

정:-하다 (定-, 정할 정)
[decide; fix; arrange]
❶속뜻 선택하거나 판단하여 결정(決定)하다. ¶약속 시간을 정하다. ❷뜻을 세워 굳히다. ¶그는 매일 30분씩 운동하기로 마음을 정했다.

정학 停學 | 멈출 정, 배울 학
[suspension from school]
❶속뜻 학업(學業)을 멈춤[停]. ❷교육 학생이 학교의 규칙을 어겼을 때 등교를 정지하는 일.

정:형¹ 定型 | 정할 정, 모형 형
[set pattern; fixed type]
일정(一定)한 형식이나 모형(模型). ¶정형에서 벗어나다.

▸ 정:형-시 定型詩 | 시 시
문학 일정한 형식과 규칙에 맞추어[定型] 지은 시(詩).

정:형² 整形 | 가지런할 정, 모양 형
[orthopedic]
❶속뜻 모양[形]을 가지런히[整] 함. ❷몸의 생김새를 고쳐 바로잡음.

▸ 정형-외:과 整形外科 | 밖 외, 분과 과
의학 근육이나 골격 따위의 장애를 고쳐 주는[整形] 외과(外科). ¶그는 정형외과에서 골절 치료를 받았다.

정화 淨化 | 깨끗할 정, 될 화 [purify]
불순하거나 더러운 것을 깨끗하게[淨] 함[化]. ¶수질 정화 / 이 식물은 공기를 정화하는데 도움을 준다.

▸ 정화-기 淨化器 | 그릇 기
더러워진 공기를 깨끗하게 바꾸는[淨化] 기계(器械). ¶공기 정화기.

▸ 정화-조 淨化槽 | 나무통 조
❶속뜻 더러운 물을 깨끗하게[淨] 만들기[化] 위한 통[槽]. ❷똥오줌을 하수도로 내보내기 전에 가두어서 썩히고 소독하는 통. ¶정화조를 청소하다.

⁂**정:확** 正確 | 바를 정, 굳을 확
[correct; exact]
바르고[正] 확실(確實)함. ¶그는 모든 일에 정확을 기한다 / 좀 더 정확히 이야기해 줘. ⓟ 부정확(不正確).

▸ 정:확-도 正確度 | 정도 도
바르고 확실한[正確] 정도(程度). ¶정확도를 높이다 / 이 자료의 정확도는 99%이다.

▸ 정:확-성 正確性 | 성질 성
바르고[正] 확실(確實)한 성질(性質). 또는 그런 정도.

젖 (乳, 젖 유) [milk; breast]
❶분만 후에 유방에서 분비되는 뿌연 액체. 자식이나 새끼를 양육하는 먹이이다. ¶엄마가 아기에게 젖을 먹이고 있다. ❷포유류의 가슴 또는 배의 좌우에 쌍을 이루고 있는, 젖을 분비하기 위한 기관. ⓑ 유방(乳房).

젖-가슴 [breast; bosom]
젖 근처의 가슴.

젖-꼭지 [teat(s); nipple(s)]
❶젖의 한가운데에 쏙 내민 살덩이의 꼭지. 유두(乳頭). ❷아이가 우유를 빨아먹을 수 있도록 젖 모양으로 만든 물건. ¶고무로 만든 젖꼭지.

젖-니 [milk tooth; first set of teeth]
젖먹이 때 나서 아직 갈지 않은 이. ¶젖니를 갈다.

젖다 (潤, 젖을 윤)
[get wet; be given over to]
❶물이 묻어 축축하게 되다. ¶비에 신발이 다 젖었다. ❷어떤 심정에 잠기다. ¶슬픔에 젖은 얼굴.

젖-먹이 [sucking child; suckling]
젖을 먹는 어린아이. ⓑ 갓난아이, 영아(嬰兒), 유아(乳兒).

젖먹이 동물 (—動物, 움직일 동, 만물 물)
새끼에게 젖을 먹여 키우는 동물(動物). 동물계에서 가장 발달된 종류이다. [비] 포유류(哺乳類).

젖-병 (—瓶, 병 병)
[nursing bottle; nurser]
젖먹이에게 먹일 우유나 미음 등을 담아 두는, 젖꼭지가 달린 병(甁). ¶젖병을 소독하다. [비] 우유병.

젖-빛 [milk white]
젖과 같은 빛깔. [비] 우유빛.

젖산-균 (—酸菌, 신맛 산, 세균 균) [lactic acid bacterium; lactobacillus]
[생물] 당류(糖類)를 분해하여 젖산(酸)을 만드는 작용을 하는 세균(細菌). [비] 유산균(乳酸菌).

젖-소 [milk cow; dairy cattle]
젖을 짜내는 소.

젖-줄
필요한 것을 가져다주는 주요한 수단. ¶흙은 우리 생명의 젖줄이다.

젖혀-지다 [bend back; open wide]
❶뒤로 기울어지다. ¶모자가 비바람에 뒤로 젖혀지다. ❷속의 것이 드러나게 열리다. ¶뒤로 젖혀진 꽃잎.

젖-히다 [bend back; lean back]
❶무엇의 윗부분을 뒤로 기울게 하다. ¶고개를 뒤로 젖히다. ❷안쪽이 겉으로 나오게 하다. ¶커튼을 젖히다.

제[1] [I; my]
❶'나'의 낮춤말. ¶선생님, 제가 하겠습니다. ❷저의. ¶제 가방입니다. ❸자기의. ¶제 일처럼 기뻐하다. [속담] 제 도끼에 제 발등 찍힌다.

제[2] [time; occasion]
'적에'의 준말. ¶어릴 제 같이 놀던 옆집 언니.

제:[3] 第 | 차례 제 [No.; number.]
한자의 수 앞에 놓여 차례의 몇 째를 가리키는 말. ¶제1과 / 제이차 세계 대전.

제가 齊家 | 다스릴 제, 집 가
[govern a family]
집안[家]을 잘 다스림[齊]. ¶제가(齊家)는 수신(修身)에 달려 있다.

제-각각 (—各各, 각각 각)
[each; respectively]
사람이나 물건이 모두 각각(各各). ¶성격이 제각각 다르다. [비] 제각기.

제-각기 (—各其, 각각 각, 그 기) [each; respectively]
저마다 각기(各其). ¶반 아이들은 제각기 한마디씩 하기 시작했다. [비] 제각각.

제-값 [proper price]
물건의 가치에 맞는 가격. ¶제값을 다 주고 샀어?

제:강 製鋼 | 만들 제, 강철 강
[make steel]
강철(鋼鐵)을 만듦[製]. 또는 그 강철. ¶제강산업 / 이곳에서 제강한 재료는 외국으로 수출한다.

제거 除去 | 덜 제, 없앨 거
[remove; exclude; eliminate]
덜어[除] 없앰[去]. ¶불순물 제거 / 친일파 제거 / 악취 제거.

[비슷한 듯 다른 말] ➲ 없애다

제-격 (—格, 품격 격)
[becoming to one's status]
그 지닌 바의 정도나 신분에 알맞은 격식(格式). ¶이번 일엔 그가 제격이다. [비] 안성(安城)맞춤, 적격(適格).

제곱 [square; squaring]
[수학] 같은 수를 두 번 곱함. 또는 그렇게 하여 얻은 수. ¶3의 제곱은 9이다.

▶제곱-미터 (—meter)
가로와 세로가 각각 1미터(meter)인 공간의 넓이를 가리키는 단위. 기호는 'm^2'.

▶제곱-센티미터 (—centimeter)
한 변의 길이가 1센티미터(centimeter)인 정사각형의 넓이를 나타내는 단위. 기호는 'cm^2'.

▸ 제곱-킬로미터 (―kilometer)
한 변의 길이가 1킬로미터(kilometer)인 정사각형의 넓이를 나타내는 단위. 기호는 'km^2'.

제공 提供 | 들 제, 드릴 공
[offer; supply]
들어서[提] 갖다 드림[供]. ¶자료 제공 / 이곳은 아침 식사를 무료로 제공한다.

제:과 製菓 | 만들 제, 과자 과
[confectionery]
과자(菓子)나 빵을 만듦[製]. ¶제과 기술 / 제과회사.

▸ 제:과-점 製菓店 | 가게 점
과자(菓子)나 빵을 만들어[製] 파는 가게[店].

제:관 祭官 | 제사 제, 벼슬 관 [officiating priest]
제사(祭祀)를 맡은 관원(官員).

제-구실 [one's function; one's duty]
제가 마땅히 해야 할 일. ¶제구실을 톡톡히 해내다.

제:국 帝國 | 임금 제, 나라 국 [empire]
황제(皇帝)가 다스리는 나라[國]. ¶로마 제국 / 훈족은 유럽 일대에 거대한 제국을 건설했다.

▸ 제:국-주의 帝國主義 | 주될 주, 뜻 의
[정치] 우월한 군사력과 경제력으로 다른 나라나 민족을 정벌하여 제국(帝國)을 건설하려는 정치이념[主義].

제군 諸君 | 모두 제, 군자 군
[you; Gentlemen!]
❶[속뜻] 모든[諸] 군자(君子). ❷통솔자나 지도자가 여러 명의 아랫사람을 높여 이르는 말.

제기[1]
보통, 엽전을 종이로 싼 다음 나머지 부분을 구멍으로 내보내어 갈래갈래 찢어서 이를 많이 차기를 내기하는 장난감. 또는 그 장난. ¶제기를 차다.

▸ 제기-차기
제기를 차면서 노는 놀이.

제:기[2]祭器 | 제사 제, 그릇 기
[ritual dishes or utensils]
제사(祭祀)에 쓰는 그릇[器].

제기[3]提起 | 들 제, 일어날 기
[presentation; introduction]
❶[속뜻] 들어내어[提] 문제를 일으킴[起]. ❷소송을 일으킴.

제-까짓
겨우 저 따위 정도의. ¶제까짓 게 가긴 어딜 가겠어.

제:단 祭壇 | 제사 제, 단 단 [altar]
❶[속뜻] 제사(祭祀)를 지내는 단(壇). ❷[종교] 제물(祭物)을 바치기 위하여 다른 곳과 구별하여 마련한 신성한 단(壇). 종교적으로 의례의 중심을 이룬다.

제:당 製糖 | 만들 제, 엿 당
[sugar manufacture; sugar refining]
당분(糖分)의 함유량이 많은 식물의 즙으로 설탕을 만듦[製]. ¶제당 공장.

제대 除隊 | 덜 제, 무리 대
[discharge from military service]
규정된 기한이 차거나 질병 또는 집안 사정으로 군대(軍隊)를 나와 군인의 의무를 덜게[除] 됨. ¶삼촌은 올 여름 제대했다. [반] 입대(入隊).

제-대로 [as it is; satisfactorily]
❶제 격식이나 규격대로. ¶청소를 하려면 제대로 해라. ❷마음먹은 대로. ¶이제 좀 일이 제대로 되어 간다.

⁑**제:도**[1]制度 | 정할 제, 법도 도
[system; institution]
❶[속뜻] 국가나 사회에 의하여 정해진[制] 법도(法度). ❷관습이나 도덕, 법률 따위의 규범이나 사회 구조의 체계. ¶교육제도.

****제:도**[2]製圖 | 만들 제, 그림 도
[draft; draw]
기계, 건축물, 공작물 따위의 도면(圖面)이나 도안(圖案)을 만들어냄[製]. ¶제도

연필(製圖鉛筆).

제도[3]諸島 | 모두 제, 섬 도
[(a group of) islands; archipelago]
모든[諸] 섬[島]. 또는 여러 섬. ¶하와이 제도.

제독 提督 | 거느릴 제, 살필 독
[admiral; commodore]
함대를 거느리고[提] 군사를 감독(監督)하는 사령관. ¶삼촌이 해군 제독이 되었다.

제:동 制動 | 누를 제, 움직일 동 [brake]
기계나 자동차 따위를 눌러[制] 움직이지[動] 못하게 함. ¶제동 장치 / 노루가 뛰어들어 급히 차를 제동했다.

제-때 [appointed time]
무슨 일이 있는 그 때. 정해 놓은 그 시각. 알맞은 때. ¶제때 밥을 먹다.

제:련 製鍊 | 만들 제, 쇠 불릴 련
[refine metals; smelt copper]
공업 광석을 용광로에 넣어 녹이고 불려서[鍊] 금속을 만듦[製]. ¶제련 기술 / 우리나라는 삼국시대부터 철을 제련해 왔다.

제:례 祭禮 | 제사 제, 예도 례 [sacrificial rituals]
제사(祭祀)를 지내는 예법(禮法)이나 예절. ⓑ 제식(祭式).

▶ 제:례-악 祭禮樂 | 음악 악
음악 천신(天神)·인신(人神)·지신(地神)의 제례(祭禮)에 쓰는 음악(音樂).

제막 除幕 | 덜 제, 휘장 막
[unveil a statue]
장막(帳幕)을 걷어냄[除].

▶ 제막-식 除幕式 | 법 식
동상이나 기념비 따위의 조형물에 덮어두었던 헝겊[幕]을 걷어내는[除] 의식(儀式). ¶기념비 제막식을 거행했다.

제-멋 [one's own taste]
각기 자기 나름으로 느끼고 생각하는 멋. ¶제멋에 살다.

▶ 제멋-대로
제 마음대로. 제가 하고 싶은 대로. ¶제멋대로 행동하다.

제명 除名 | 덜 제, 이름 명
[be expelled; be dropped]
구성원 명단에서 이름[名]을 뺌[除]. 구성원 자격을 박탈함. ¶제명을 당하다 / 그는 결국 팀에서 제명되었다.

제:모 制帽 | 만들 제, 모자 모 [regulation cap]
학교, 관청, 회사 따위에서 쓰도록 특별히 만든[制] 모자(帽子).

제목 題目 | 이마 제, 눈 목
[subject; theme]
❶ 속뜻 이마[題]와 눈[目]. ❷작품이나 글 따위에서 첫머리에 붙이는 이름. ¶책 제목 / 노래 제목.

제:문 祭文 | 제사 제, 글월 문
[funeral oration]
제사(祭祀)를 지낼 때 읽는 글[文]. ¶스님이 제문을 읽었다.

제:물 祭物 | 제사 제, 만물 물
[things offered in sacrifice]
제사(祭祀)에 쓰는 음식물(飮食物). ¶양을 제물로 바치다. ⓑ 제수(祭需).

제물포 조약 濟物浦條約 | 건질 제, 만물 물, 개 포, 조목 조, 묶을 약
역사 임오군란(壬午軍亂)으로 발생된 문제를 처리하기 위하여 고종 19년(1882) 8월 30일 조선과 일본이 제물포(濟物浦)에서 맺은 조약(條約).

제반 諸般 | 모두 제, 모두 반 [all sorts]
어떤 것과 관련된 모든[諸] 전반(全般)의 것. 모든 것. ¶제반 상황을 보고하겠습니다.

제:발 [for heaven's sake; please]
간절히 바라건대. ¶제발 용서해 주세요.

제방 堤防 | 둑 제, 둑 방
[bank; embankment]
물이 넘쳐 들어오지 못하도록 물가에 쌓

은 둑[堤=防]. ¶제방을 쌓다.

제법 [way things ought to be; nicely]
수준이나 솜씨가 어느 정도에 이르렀음을 나타내는 말. ¶날씨가 제법 쌀쌀하다.

제보 提報 | 들 제, 알릴 보
[give information]
정보(情報)를 제공(提供)함. ¶제보 전화 / 그는 회사의 비리를 검찰에 제보했다.

제ː복 制服 | 만들 제, 옷 복
[uniform; regulation dress]
학교나 관청, 회사 따위에서 입도록 특별히 만든[制] 옷[服]. ⓑ 사복(私服), 평복(平服).

제ː분 製粉 | 만들 제, 가루 분
[mill; pulverize]
밀을 빻아 밀가루를 만들 듯, 곡식이나 약재 따위를 빻아서 가루[粉]로 만듦[製].

제비[1] [lot; lottery]
여럿 가운데 어느 하나를 골라잡게 하는 데 쓰는 물건. 종잇조각 따위에 표를 하여 임의로 뽑아 결정한다. ¶누가 갈지 제비를 뽑아 정하자.

▶제비-뽑기
제비를 만들어 승부나 차례를 정하는 일.

제ː비[2] (燕, 제비 연) [swallow]
동물 봄에 우리나라에 와서 여름을 나는 철새. 등은 검고, 배는 희며 꽁지는 두 갈래로 깊게 갈라졌다.

▶제ː비-꽃 [violet]
식물 봄에 보랏빛 꽃이 피는 풀.

제ː사[1] 祭司 | 제사 제, 맡을 사
[priest; officiant]
제사(祭祀)를 주관하는[司] 사람.

▶제ː사-장 祭司長 | 어른 장
❶ 기독교 기독교·유대교에서, 예루살렘 성전에서 의식이나 전례[祭]를 맡아보는 [司] 우두머리[長]. ❷제례나 주문(呪文)에 밝아 영검을 얻게 하는 사람.

⁑**제ː사**[2] 祭祀 | 제사 제, 제사 사
[religious service; sacrificial rites]
신령이나 죽은 사람의 넋에게 정성을 다하여 제물(祭物)을 바쳐 추모하고 복을 비는 의식[祀]. ¶제사를 지내다. 속담 남의 제사에 감 놓아라 배 놓아라 한다.

▶제ː사-상 祭祀床 | 평상 상
제사(祭祀)를 지낼 때 제물을 올려 놓는 상(床). ¶제사상에 올릴 음식을 정성스럽게 준비했다.

제ː산-제 制酸劑 | 누를 제, 산소 산, 약제 제 [antacid]
약학 위산(胃酸)의 분비를 억제(抑制)하는 약[劑].

제ː삼 第三 | 차례 제, 석 삼
[third; number three]
여럿 가운데서 세[三] 번째[第].

▶제ː삼-자 第三者 | 사람 자
일정한 일에 직접 관계가 있는 사람 이외의[第三] 사람[者]. ¶너는 제삼자니까 상관하지 마라.

▶제ː삼 세ː계 第三世界 | 세상 세, 지경 계
❶ 속뜻 세 번째[第三] 세계(世界). ❷ 정치 아시아, 아프리카, 라틴 아메리카 등과 같이 동서 냉전의 어느 쪽에도 가담하지 않은 개발 도상국가를 일컬음. ¶민희는 제삼세계에 대해 조사했다.

▶제ː삼-차 산ː업 第三次産業 | 차례 차, 낳을 산, 일 업
경제 제1차·제2차 산업을 제외한 세 번째[第三次] 산업(産業). 상업, 운수, 통신, 금융 따위의 서비스업.

제ː삿-날 (祭祀—, 제사 제, 제사 사)
제사(祭祀) 지내는 날. ¶오늘은 할아버지 제삿날이다. ⓑ 제일(祭日), 기일(忌日).

제ː상 祭床 | 제사 제, 평상 상 [sacrificial table; table used in a religious service]
제사(祭祀)를 지낼 때 제물을 올려놓는 평상[床]. '제사상'의 준말.

제소 提訴 | 들 제, 하소연할 소
[bring a lawsuit against]
법률 소송(訴訟)을 제기(提起)함. 또는 그런 일. ¶그는 계약 위반으로 제소됐다.

제ː수[1] 弟嫂 | 아우 제, 부인 수
[one's younger brother's wife]
❶속뜻 남자 형제 사이에서 아우[弟]의 아내[嫂]를 이르는 말. ❷남남의 남자끼리 동생이 되는 남자의 아내를 이르는 말.

제수[2] 除數 | 나눌 제, 셀 수
[divisor; number to be divided by]
수학 나눗셈에서, 어떤 수를 나누는[除] 수(數). 예를 들면, '10÷5=2'에서의 '5'. ㊥ 피제수(被除數).

제ː수[3] 祭需 | 제사 제, 쓰일 수
[expenses of the service]
제사(祭祀)에 쓰이는[需] 여러 가지 물품. ¶제수를 장만하다.

제스처 {영 gesture}
뜻을 전하든가 나타내기 위한 몸짓·손짓·표정 따위. ¶그는 그만 가보겠다는 제스처를 취했다.

제ː승 制勝 | 누를 제, 이길 승
겨루어 눌러[制] 이김[勝].
▶ 제ː승-당 制勝堂 | 집 당
❶속뜻 겨루어 이기기[制勝] 위하여 지은 집[堂]. ❷역사 이순신 장군이 거처하면서 삼도 수군을 지휘하며 무기를 만들고 군량을 비축하던 집. 경상남도 통영시 한산면에 있고, 삼도 수군의 본영이다.

제시 提示 | 들 제, 보일 시
[present; indicate]
❶속뜻 의견 따위를 말이나 글로 들어내[提] 보임[示]. ¶의견을 제시하다. ❷검사나 검열 따위를 위하여 물품을 내보임. ¶입구에서 신분증을 제시하십시오.

제-아무리
[no matter how; however]
자기가 아무리. ¶제아무리 돈이 많아도 영원한 젊음은 살 수 없다.

제안 提案 | 들 제, 생각 안
[propose; suggest]
생각[案]을 들어[提] 내놓음. ¶이번 봄 소풍은 그의 제안이었다.

제ː압 制壓 | 누를 제, 무너뜨릴 압
[control; gain control over]
상대방을 억눌러서[制] 무너뜨림[壓]. ¶그는 반대파로부터 제압을 당했다 / 기선을 제압하다.

제야 除夜 | 덜 제, 밤 야 [New Year's Eve]
❶속뜻 한 해를 덜어 보내는[除] 밤[夜]. ❷'섣달 그믐날 밤'을 이름. ¶제야의 종소리.

제ː약[1] 制約 | 누를 제, 묶을 약 [restrict; limit]
❶속뜻 누르거나[制] 묶어[約] 못하게 함. ❷조건을 붙여 활동을 못하게 함. ¶단체 생활에는 제약이 따른다.

제ː약[2] 製藥 | 만들 제, 약 약
[medicine manufacture; pharmacy]
약재(藥材)를 섞어서 약(藥)을 만듦[製]. 또는 그 약. ¶제약회사.

제ː어 制御 | 누를 제, 다스릴 어 [control]
❶속뜻 억눌러서[制] 마음대로 다스림[御]. ❷감정, 충동, 생각 따위를 막거나 누름. ¶감정을 제어하기가 어렵다. ❸기계나 설비 또는 화학 반응 따위가 목적에 알맞은 작용을 하도록 조절함. ¶제어 장치.

제ː염 製鹽 | 만들 제, 소금 염
[salt manufacture]
소금[鹽]을 만듦[製].
▶ 제ː염-법 製鹽法 | 법 법
소금을 만드는[製鹽] 방법(方法). ¶제염법에 관한 설명을 듣다.

제ː왕 帝王 | 임금 제, 임금 왕 [emperor; king]
황제(皇帝)와 국왕(國王).
▶ 제ː왕-운기 帝王韻紀 | 운 운, 적을 기
❶속뜻 제왕(帝王)의 공적에 대해 운문(韻文)으로 기록한[紀] 역사책. ❷책명 고려 고종 때, 이승휴(李承休)가 중국과 우리나라의 역사를 칠언시(七言詩)로 적은

책.

제외 除外 | 덜 제, 밖 외 [except from]
따로 떼어[除] 밖[外]에 둠. ¶제외사항 / 세금을 제외하고 5만원을 받았다. ㊥ 포함(包含).

제우스 {영 Zeus}
문학 그리스 신화에 나오는 최고의 신. 천지의 모든 현상을 맡는다.

제:위 帝位 | 임금 제, 자리 위
[imperial throne; Crown]
제왕(帝王)의 자리[位]. ¶진흥왕이 제위에 오른 뒤 신라는 융성했다 / 제위를 찬탈하다.

제:위-보 濟危寶 | 건질 제, 위태할 위, 보배 보
역사 고려 때, 나라에서 위급(危急)한 백성을 구제(救濟)하기 위해 모아둔 재물[寶].

제의 提議 | 들 제, 따질 의
[suggest; offer]
논의(論議)할 내용을 들어[提] 내놓음. ¶그는 입사제의를 받았다.

제:이 第二 | 차례 제, 두 이
[second; number two]
여럿 가운데서 두[二] 번째[第]. 둘째. ¶이곳은 나의 제이의 고향이다.

▶제:이-차 산:업 第二次産業 | 차례 차, 낳을 산, 일 업
경제 1차 산업의 생산물을 정제 가공하여 두 번째[第二次] 생산물을 생산하는 산업(産業).

▶제:이-차 세:계 대:전 第二次世界大戰 | 차례 차, 세상 세, 지경 계, 큰 대, 싸울 전
❶속뜻 두 번째[第二次]로 일어난 세계대전(世界大戰). ❷역사 1939년 독일·이탈리아·일본 등의 군국주의 나라와 미국·영국·프랑스 등의 연합국 사이에 일어난 세계적 규모의 전쟁. 1943년 9월에 이탈리아, 1945년 5월에 독일, 1945년 8월에 일본이 항복하면서 끝났다.

***제:일** 第一 | 차례 제, 첫째 일
[first; number one]
❶속뜻 여럿 가운데서 첫[一] 번째[第]. ¶건강이 제일이다. ❷여럿 가운데 가장. ¶나는 과일 중에 귤을 제일 좋아한다.

▶제:일-차 第一次 | 차례 차
첫 번[第一] 째[次].

▶제:일-차 산:업 第一次産業 | 차례 차, 낳을 산, 일 업
경제 가장 기초적인[第一次] 생산물을 생산하는 산업(産業). 농업, 임업, 수산업 따위.

▶제:일-차 세:계 대:전 第一次世界大戰 | 차례 차, 세상 세, 지경 계, 큰 대, 싸울 전
❶속뜻 첫 번째[第一次]로 일어난 세계대전(世界大戰). ❷역사 1914년 독일·오스트리아·이탈리아의 동맹국과 영국·프랑스·제정 러시아의 협상국 간에 일어난 세계적 규모의 전쟁. 1918년에 독일이 항복하고 이듬해 베르사유 조약을 체결하며 끝났다.

제:자 弟子 | 아우 제, 아이 자
[disciple; follower]
❶속뜻 아우[弟]나 자식[子]같이 여기는 자기 학생. ❷자신의 가르침을 받거나 받은 사람. ¶'제자'는 '학생'에 비하여 정이 듬뿍 담긴 말이다. ㊥ 스승.

제-자리 [proper place; original place]
❶본디 있던 자리. ¶사용 후 제자리에 갖다 놓아라. ❷거기에 마땅히 있어야 할 자리. ¶각자 제자리에 서 있어라.

▶제자리-걸음
❶나아가지 않고 그대로의 위치에서 발을 교대로 밟는 일. 또는 그 걸음. ❷정체되어 진보하지 않음. ¶영어 회화 실력이 제자리걸음이다.

▶제자리-멀리뛰기
운동 도움닫기 없이 구름판 위에 두 발을 놓고 되도록 멀리 뛰는 필드 경기.

***제:작** 製作 | 만들 제, 지을 작
[make; produce]
재료를 가지고 기능과 내용을 가진 새로

운 물건이나 예술 작품을 만듦[製=作]. ¶독도를 외국에 알릴 포스터를 제작했다.

▸ 제:작-도 製作圖 | 그림 도
어떤 물건을 만드는[製作] 데에 필요한 그림[圖]. ¶잠수함 제작도를 살펴 보다.

제:재[1]制裁 | 마름질할 제, 마를 재
[sanctions; punish; restrict]
❶속뜻 옷감을 마름질[制]하거나 마름[裁]. ❷법률 법이나 규정을 어겼을 때 국가가 처벌이나 금지 따위를 행함. 또는 그런 일. ¶무력 시위를 벌이면 법적 제재를 받는다. ❸일정한 규칙이나 관습의 위반에 대하여 제한(制限)하거나 금지함. ¶핵무기를 개발하는 나라에 경제적인 제재를 가할 것이다.

제재[2]題材 | 주제 제, 재료 재
[subject matter; theme]
예술 작품이나 학술 연구 따위의 주제(主題)가 되는 재료(材料). ¶사랑을 제재로 한 문학 작품.

제:재[3]製材 | 만들 제, 재목 재 [lumber]
베어 낸 나무로 재목(材木)을 만듦[製]. ¶나무를 제재하여 가구를 만들다.

▸ 제:재-소 製材所 | 곳 소
베어 낸 나무로 재목을 만드는[製材] 곳[所]. ¶제재소에서 나무를 켜다.

제적 除籍 | 덜 제, 문서 적
[remove from a register]
호적(戶籍), 학적(學籍), 당적(黨籍) 따위에서 이름을 지워버림[除]. ¶그는 무단결석이 잦아 제적되었다.

제:전 祭典 | 제사 제, 의식 전
[religious celebration]
❶속뜻 제사(祭祀)의 의식[典]. ❷문화, 예술, 체육 따위와 관련하여 성대히 열리는 사회적인 행사. ¶민속놀이 제전.

제:정 制定 | 만들 제, 정할 정 [establish by law]
제도나 법률 따위를 만들어서[制] 정(定)함. ¶특별법안 제정 / 개천절을 국경일로 제정하다.

제-정신 (–精神, 쓿을 정, 혼 신) [sense; sanity]
자기 본래의 똑바른 정신(情神). ¶그때는 너무나 화가 나서 제정신이 아니었다.

제:조 製造 | 만들 제, 만들 조
[make; produce]
❶속뜻 공장에서 큰 규모로 물건을 만듦[製=造]. ❷원료에 인공을 가하여 정교한 제품을 만듦. ¶제조된 자동차는 전 세계로 수출된다.

▸ 제:조-법 製造法 | 법 법
물건을 만드는[製造] 방법(方法). ¶최무선은 화약 제조법을 개발했다.

▸ 제:조-업 製造業 | 일 업
물품을 대량으로 만드는[製造] 사업(事業). ¶아버지께서 제조업에 종사하신다.

제:주 祭主 | 제사 제, 주인 주
[chief mourner]
제사(祭祀)의 주체(主體)가 되는 상제. ¶큰 형이 제주가 되어 아버지 제사를 지냈다.

제:중 濟衆 | 건질 제, 무리 중
[salvation of the people]
불교 대중(大衆)을 구제(救濟)함.

▸ 제:중-원 濟衆院 | 집 원
역사 조선 때, 여러[衆] 사람을 구제(救濟)하기 위해 설립한 병원(病院).

제:지[1]制止 | 누를 제, 멈출 지 [restrain; check]
어떤 일을 억눌러[制] 멈추게[止]함. ¶경찰은 불법 집회를 제지했다.

제:지[2]製紙 | 만들 제, 종이 지
[paper manufacture]
종이[紙]를 만듦[製]. ¶중국은 일찍부터 제지 기술이 발달하였다.

제창[1]提唱 | 들 제, 부를 창
[put forward; propose; advocate]
어떤 주장을 들어놓고[提] 부르짖음[唱]. ¶남녀평등을 제창하다.

제창[2] 齊唱 | 가지런할 제, 부를 창
[sing in unison]
❶ 속뜻 여러 사람이 다같이[齊] 노래 부름[唱]. ❷ 음악 같은 가락을 두 사람 이상이 동시에 노래함. ¶애국가를 제창하다.

제ː천 祭天 | 제사 제, 하늘 천
하늘[天]에 제사(祭祀)를 지냄. ¶부여의 제천 의식은 '영고'라고 불렀다.

제-철[1] [(right) season; best time]
옷·음식 따위의 알맞은 시절. ¶제철에 나는 과일이 맛있다.

제ː철[2] 製鐵 | 만들 제, 쇠 철
[iron making]
공업 광석에서 철(鐵)을 뽑아내는[製] 일. ¶영국은 제철 산업이 발달했다.

▶ 제ː철-소 製鐵所 | 곳 소
철광석을 용광로에 녹여 철을 뽑아내는[製鐵] 일을 하는 곳[所]. ¶광양 제철소.

제청 提請 | 들 제, 청할 청
[recommend; nominate]
어떤 안건을 제시(提示)하여 결정하여 달라고 청구(請求)함. ¶장관은 국무총리의 제청으로 대통령이 임명한다.

제쳐-놓다
[put aside; leave out; disregard]
❶무엇을 말이나 생각의 대상에서 빼어 놓다. ¶어떻게 날 제쳐놓고 너희들끼리만 놀러 갈 수 있니? ❷어떤 일을 위하여 다른 일을 미루다. ¶나중에 할 수 있는 일은 제쳐놓고 급한 일부터 해라. ㊟제외(除外)하다, 미루어 놓다.

제초 除草 | 덜 제, 풀 초 [weed]
잡초[草]를 뽑아 없앰[除]. ¶괭이로 정원의 잡초를 제초하다. ㊟살초(殺草).

▶ 제초-제 除草劑 | 약제 제
농업 잡초[草]만을 없애는[除] 약제(藥劑). ¶논에 제초제를 뿌리다.

제출 提出 | 들 제, 날 출
[present; submit]
안건 따위를 들어[提] 내놓음[出]. ¶내일까지 답안을 제출하십시오.

제치다 [clear away; put out of the way]
❶거치적거리지 않게 처리하다. ¶수비수를 가볍게 제치고 골을 넣다. ❷경쟁자보다 우위에 서다. ¶선두를 제치고 우승하다.

제트-기 (jet機, 틀 기)
[jet-propelled airplane]
항공 제트(jet) 엔진을 이용해 움직이는 비행기(飛行機). 제트 엔진은 뒤로 세게 내뿜는 힘의 반작용을 이용하는데, 무게가 가볍고 추진력이 강하다.

제ː패 制霸 | 누를 제, 으뜸 패
[conquer; dominate]
❶ 속뜻 적을 누르고[制] 으뜸[霸]을 차지함. ¶나폴레옹은 한때 유럽을 제패했다. ❷경기 따위에서 우승함. ¶선수들은 이제 올림픽 제패를 꿈꾸고 있다.

제풀-에
[of ones own accord; of itself]
남이 시킴 없이 제 힘으로 하는 바람에. ¶아이는 울다가 제풀에 지쳐 잠이 들었다.

⁑**제ː품** 製品 | 만들 제, 물건 품
[manufactured goods; product]
원료를 써서 물품(物品)을 만듦[製]. 또는 그렇게 만들어 낸 물품. '제조품'(製造品)의 준말. ¶그 가게에는 싸고 질 좋은 제품이 많다. ㊟상품(商品).

제-하다 (除--, 덜 제)
[leave out; except]
덜어[除] 버리다. 없애다. ¶월급에서 세금을 제하고 나니 남는 것이 얼마 없다. ㊟빼다. ㊥가(加)하다.

*__제ː한__ 制限 | 누를 제, 끝 한
[restrict; limit]
일정한 한도(限度)를 정해 이를 넘지 못하게 막거나 억누름[制]. ¶시험시간을 한 시간으로 제한하다.

제ː헌 制憲 | 만들 제, 법 헌
[establish the constitution]
헌법(憲法)을 만들어[制] 정함. ¶제헌 이

래 우리나라 법은 계속 바뀌어 왔다.

▶ 제:헌-절 制憲節 | 철 절

법률 우리나라의 헌법(憲法)을 제정(制定)·공포한 것을 기념하기 위하여 제정한 국경일[節]. 7월 17일이다.

제호 題號 | 제목 제, 이름 호 [title]

책이나 신문 따위의 제목(題目)에 상당하는 이름[號]. ¶책의 제호를 바꾸니 판매부수가 늘었다.

*__제후__ 諸侯 | 모두 제, 제후 후 [feudal princes]

❶ 속뜻 모든[諸] 후작(侯爵). ❷ 역사 봉건시대에 일정한 영토를 가지고 그 영내의 백성을 지배하는 권력을 가진 사람. ¶제후들은 황제에게 조공을 바쳤다.

제휴 提携 | 들 제, 이끌 휴 [cooperate; tie up with]

행동을 함께 하기 위하여 서로 붙들어[提] 이끎[携]. ¶기술 제휴 / 외국 회사와 제휴하여 상품을 판매하다.

젤리 {영 jelly}

과일의 즙에 설탕을 넣고 끓인 뒤 식혀 만든 과자. ¶말랑말랑한 젤리.

조[1] [millet]

식물 노랗고 자디잔 열매가 달리는 풀. 오곡(五穀)의 하나로, 밥을 짓기도 하고 떡, 과자, 엿, 술 따위의 원료로 쓴다.

조[2]兆 | 조 조 [trillion]

억의 만 배가 되는 수. 또는 그런 수의.

조[3]條 | 가지 조 [article; clause]

'조목'이나 '조항'의 뜻을 나타내는 말. ¶헌법 제11조에 의거하다.

조[4]組 | 짤 조 [group; party; team]

일정한 목적을 위해 적은 사람들로 조직된 집단. ¶우리는 네 명씩 한 조가 되었다.

조[5]調 | 고를 조 [pitch; tone]

'곡조(曲調)나 소리의 단위'를 나타냄. ¶비꼬는 조로 이야기하지 말거라.

조가비 [shell]

죽은 조개의 껍데기. ¶바닷가에서 조가비를 주웠다.

조각[1](片, 조각 편) [piece; bit]

넓적하거나 얇은 물건에서 떼어 낸 부분. ¶어머니께서 고기를 한 조각 잘라 주셨다.

▶ 조각-배

작은 배. ⓑ 편주(片舟).

▶ 조각-나다

갈라져 조각이 생기다. ¶유리컵이 바닥에 떨어져 조각났다.

조각[2]爪角 | 발톱 조, 뿔 각

❶ 속뜻 짐승의 발톱[爪]과 뿔[角]. ❷자신을 적으로부터 보호하여 주는 물건을 비유적으로 이르는 말.

⁑__조각__[3]彫刻 | 새길 조, 새길 각 [statue; engrave]

미술 재료를 새기거나[彫=刻] 깎아서 입체 형상을 만듦. 또는 그런 미술 분야. ¶정교한 대리석 조각 / 나무로 비둘기를 조각하다. ⓑ 조소(彫塑).

▶ 조각-가 彫刻家 | 사람 가

조각(彫刻)을 전문으로 하는 사람[家]. ¶미켈란젤로는 이탈리아의 유명한 조각가이다.

▶ 조각-칼 (彫刻-)

주로 나무를 조각(彫刻)할 때 쓰는 칼. 창칼·끌칼·둥근칼·세모칼 따위.

▶ 조각-품 彫刻品 | 물건 품

조각(彫刻)한 물품(物品). ¶조각품이 서서히 모양을 갖추어 간다.

조간 朝刊 | 아침 조, 책 펴낼 간 [morning edition]

매일 아침[朝] 발행되는[刊] 신문. '조간신문'(新聞)의 준말. ¶그는 매일 출근하는 동안 조간을 읽는다. ⓑ 석간(夕刊).

조감 鳥瞰 | 새 조, 볼 감 [bird's eye view]

새[鳥]가 높은 하늘에서 아래를 내려다보는[瞰] 것처럼 전체를 한눈으로 관찰함. ¶언덕 꼭대기에서 저 아래 마을을 조감하다.

▸조감-도 鳥瞰圖 | 그림 도
높은 곳에서 내려다본[鳥瞰] 상태의 그림이나 지도(地圖). ¶신축 건물의 조감도를 살펴보다.

조개 (貝, 조개 패)
[clam; shellfish; bivalve]
[동물] 두족류를 제외한 대부분의 연체동물의 총칭. 몸은 양쪽이 같고 좌우로 납작하다. 바닷물에서 사는 것과 민물에서 사는 것이 있다. 속살은 연하여 먹을 수 있다. ¶바위에 조개들이 다닥다닥 붙어 있다.

▸조개-류 (-類, 무리 류)
[동물] 조개·전복·굴처럼 단단한 껍질이 있고 뼈가 없으며 물속에 사는 작은 동물 종류(種類).

▸조개-더미
[고적] 원시인이 먹고 버린 조개껍데기가 쌓여 이루어진 무더기. 주로 석기 시대의 것으로 그 속에 토기나 석기·뼈 따위의 유물이 있어 고고학상의 귀중한 연구 자료가 된다.

**조건 條件 | 가지 조, 구분할 건 [condition]
❶[속뜻] 각가지[條]로 나누어 구분한[件] 사항. ❷어떤 일을 결정하기에 앞서 내놓는 요구나 견해. ¶협상 조건을 제시하다.

▸조건 반:사 條件反射 | 되돌릴 반, 쏠 사
[심리] 동물에게 어떤 조건(條件)을 주면 반응을 보이는[反射] 현상.

조:경 造景 | 만들 조, 볕 경
[landscape architecture]
경치(景致)를 아름답게 만듦[造]. ¶이번에 새로 만든 공원은 조경에 특히 신경을 썼다.

조계-종 曹溪宗 | 마을 조, 시내 계, 종파 종
[Chogye Order]
❶[속뜻] 조계산(曹溪山)에서 발원한 종파(宗派). ❷[불교] 우리나라 선종을 통틀어 이르는 말. 고려 시대에 보조 국사(普照國師)가 송광산에서 정혜사를 창건하고, 뒤에 '송광산'을 '조계산'으로 고친 다음부터 붙인 이름이다.

조공 朝貢 | 조정 조, 바칠 공 [tribute]
[역사] 다른 나라 조정(朝廷)에 물품을 바침[貢]. ¶조선은 중국에 사신을 보내 조공을 바쳤다.

조:교 助教 | 도울 조, 가르칠 교
[assistant instructor]
❶[교육] 대학 교수(教授)를 돕는[助] 직위. 또는 그 직위에 있는 사람. ¶보고서는 조교에게 제출하세요. ❷[군사] 군사 교육·훈련을 할 때에 교관을 도와 교재 관리, 시범 훈련, 피교육자 인솔 따위를 맡아보는 사병. ¶훈련에 앞서 숙달된 조교가 시범을 보이겠다.

조국 祖國 | 조상 조, 나라 국 [one's fatherland; one's native country]
❶[속뜻] 조상(祖上) 때부터 대대로 살던 나라[國]. ¶조국을 위해 목숨 바쳐 싸우다. ❷자기 국적이 속하여 있는 나라.

조그마-하다 [smallish; small]
조금 작거나 적다. ¶조그마한 손.

조그맣다 [smallish; small]
'조그마하다'의 준말. ¶그렇게 조그맣게 말하면 안 들리잖니?

조금[1] (潮-, 바닷물 조) [neap tide]
조수(潮水)가 가장 낮은 때를 이르는 말. 대개 매월 음력 7, 8일과 22, 23일에 있다. ¶조금 때라 갯벌이 허허벌판이 되었다. [반] 사리.

조금[2] [little; few; just]
❶적은 정도나 분량. ¶음식에 소금을 조금만 넣어 먹어라 / 기분이 조금 좋아졌다. ❷짧은 동안. ¶조금만 더 기다리면 된다. [비] 약간.

▸조금-씩
많지 않게 여러 번 계속하여. ¶그의 건강도 조금씩 회복되고 있다. [비] 차츰, 점차, 점점.

조급 躁急 | 성급할 조, 급할 급
[impatient; impetuous; hasty]

참을성 없이 매우 급하다[躁=急]. ¶조급한 성격 / 놀란 나머지 예의를 잊고 조급히 물었다.

조기[1][croaker]
동물 반짝이는 은색의 물고기. 황해에서 많이 나며 식용한다. ¶할머니께서 장날이라고 조기 한 손을 사오셨다.

조:기[2] 弔旗 | 슬프할 조, 깃발 기 [mourning flag]
슬픔[弔]을 나타내기 위해 다는 깃발[旗]. ¶현충일에는 조기를 게양한다.

조:기[3] 早期 | 이를 조, 때 기
[early stage]
이른[早] 시기(時期). ¶조기 교육 / 암(癌)은 조기에 발견하는 것이 중요하다. ⓑ 초기(初期).

조:기[4] 早起 | 이를 조, 일어날 기
[getting up early; early rising]
아침 일찍[早] 일어남[起]. ¶조기 축구단.
▸조:기-회 早起會 | 모일 회
아침 일찍 일어나[早起] 함께 운동 따위를 하려고 조직한 모임[會]. ¶우리 동네는 조기회를 만들어 마을도 청소하고 친목도 도모한다.

조깅 {영 jogging}
일종의 건강 증진을 위하여 천천히 달리는 운동. 속도는 뛰면서 대화를 나눌 수 있을 정도가 알맞다. ¶산책로를 따라 조깅을 하면 기분이 상쾌해진다.

조끼 {일 チョッキ} [vest]
저고리·와이셔츠 위에 덧입는 소매가 없는 옷. ¶조끼가 달린 정장이 인상적이다.

조난 遭難 | 만날 조, 어려울 난
[be in distress]
항해나 등산 따위를 하는 도중에 재난(災難)을 만남[遭]. ¶등산객 한 명이 등산 도중 조난을 당했다.

조달 調達 | 고를 조, 보낼 달
[supply; procure]
❶속뜻 고루[調] 보냄[達]. ❷자금이나 물자 따위를 대어 줌. ¶명수는 학비를 조달하기 위해 여러 가지 일을 했다.
▸조달-청 調達廳 | 관청 청
법률 정부 소요 물품의 조달(調達)을 담당하는 관청(官廳).

조:도 照度 | 비칠 조, 정도 도
[intensity of illumination]
❶속뜻 밝게 비치는[照] 정도(程度). ❷물리 단위 면적이 단위 시간에 받는 빛의 양. '조명도'(照明度)의 준말. ¶조도를 높이다.

조동 躁動 | 성급할 조, 움직일 동
조급하게[躁] 움직임[動].

조랑-말 [pony]
몸체가 작은 종자의 말. ¶제주도에 가면 들판을 뛰노는 조랑말을 볼 수 있다.

조력 潮力 | 바닷물 조, 힘 력
[tidal energy]
바닷물[潮] 흐름의 차이로 발생되는 힘[力].
▸조력 발전 潮力發電 | 일으킬 발, 전기 전
전기 조수(潮水) 간만의 차이로 일어나는 힘[力]을 이용하는 발전(發電). ¶서해안은 조력발전을 하기에 알맞다.

조련 調練 | =調鍊, 길들일 조, 익힐 련
[train]
❶속뜻 길들이기[調] 위하여 훈련(訓練)시킴. ❷훈련을 거듭하여 쌓음. ¶농장에서 야생마를 조련하다.
▸조련-사 調練師 | 스승 사
개, 돌고래, 코끼리 따위의 동물을 길들여[調] 재주를 가르치고 훈련(訓練)시키는 사람[師]. ¶침팬지가 조련사의 말을 참 잘 듣는다.

조령모개 朝令暮改 | 아침 조, 명령 령, 저녁 모, 고칠 개
❶속뜻 아침[朝]에 내린 법령(法令)을 저녁[暮]이면 다시 바꿈[改]. ❷법령을 자꾸 고쳐서 갈피를 잡기가 어려움. 이랬다저랬다 변덕이 심할 때 즐겨 쓰는 말이다.

¶조령모개로 자주 바뀌는 선거제도.

조례[1]條例 | 조목 조, 법식 례 [ordinance]

❶[속뜻] 조목조목[條] 적어 놓은 규칙이나 명령[例]. ❷[법률] 지방 자치 단체가 법령의 범위 안에서 지방 의회의 의결을 거쳐 그 지방의 사무에 관하여 제정하는 법. ¶조례를 제정하다. [비]조령(條令).

조례[2]朝禮 | 아침 조, 예도 례 [morning assembly]

학교 따위에서 구성원들이 일과를 시작하기 전에 아침[朝]마다 모여 하는 의식[禮]. ¶오늘 조례는 교실에서 하자. [반]종례(終禮).

조록-조록

가는 물줄기나 빗물 따위가 빠르게 자꾸 흐르거나 내리는 소리. 또는 그 모양.

조롱[1]鳥籠 | 새 조, 대그릇 롱 [cage]

새[鳥]를 넣어두고 기르는 장[籠]. ¶새는 조롱 속에서 날개를 파닥이고 있었다.

조롱[2]嘲弄 | 비웃을 조, 놀릴 롱 [ridicule; laugh at]

비웃거나[嘲] 깔보면서 놀림[弄]. ¶조롱을 당하고도 꿋꿋이 이겨냈다.

조롱-박 [bottle gourd]

❶[식물] 조그맣고 길며 가운데가 잘록한 모양의 박. 열매의 껍질이 단단하여 말려서 그릇으로 쓴다. ❷조롱박으로 만든 바가지. ¶어릴 적에는 조롱박으로 물을 떠서 마시곤 했다.

조롱-조롱

열매나 물방울 따위가 많이 매달린 모양.

조류[1]鳥類 | 새 조, 무리 류 [birds; fowls]

새[鳥]의 특징을 가진 동물 종류(種類). ¶야생 조류를 연구하다. [비]날짐승.

조류[2]潮流 | 바닷물 조, 흐를 류 [(tidal) current; tide; trend]

❶[속뜻] 밀물과 썰물 때문에 일어나는 바닷물[潮]의 흐름[流]. ¶이 지역은 조류의 흐름이 빠른 편이다. ❷시대 흐름의 경향이나 동향. ¶밀려드는 세계화의 조류를 막을 수는 없다.

조류[3]藻類 | 말 조, 무리 류 [alga; seaweed]

[식물] 바닷말[藻]의 특징을 가지는 종류(種類). 물속에 살면서 엽록소로 동화작용을 한다.

조르다[1][tighten; tie (up); bind]

끈 따위로 단단히 죄다. ¶허리띠를 조르다.

조르다[2][ask for; beg for]

끈덕지게 무엇을 요구하다. ¶장난감을 사달라고 엄마를 졸랐다.

조르르 [at a dash; trickling; dribbling]

❶물줄기가 구멍이나 면을 끊이지 않고 흐르는 소리. ¶시냇물이 조르르 흐르다. ❷잽싼 걸음으로 앞만 바라보고 나가는 모양. ¶조르르 달려 나오다.

조르륵 [trickling; growling]

액체가 좁은 구멍이나 면을 흐르다가 그치는 소리. ¶하수구로 조르륵거리며 물 내려가는 소리가 들린다.

조리[1]笊籬 | 조리 조, 대나무 리 [stainer]

곡식을 이는 데 쓰는 가는 대나무[籬]로 만든 기구[笊]. ¶조리로 쌀을 일다.

조리[2]條理 | 가지 조, 다스릴 리 [logic; reason]

❶[속뜻] 각가지[條]를 모두 다 잘 정리(整理)함. ❷말이나 글 또는 일이나 행동에서 앞뒤가 들어맞고 체계가 서는 갈피. ¶현수는 말을 조리 있게 잘한다. [비]두서(頭緖).

조리[3]調理 | 고를 조, 다스릴 리 [take care of health]

❶[속뜻] 건강이 회복되도록 몸을 고르게[調] 잘 다스림[理]. ¶산후조리. ❷여러 가지 재료를 잘 맞추어 먹을 것을 만듦. ¶맛도 중요하지만 위생적으로 조리하는 것이 가장 중요하다. [비]요리(料理).

▸조리-대 調理臺 | 돈대 대

음식 따위를 만드는[調理] 데에 쓰는 높고 평평한 대(臺). ¶부엌은 좁았지만 조리대나 그릇같이 있을 것은 다 있었다. ⓑ 요리대(料理臺).

▸조리-사 調理士 | 선비 사
❶ 속뜻 음식을 만드는[調理] 일을 직업으로 하는 사람[士]. ❷음식점 따위에서 음식을 만드는 사람. ¶나는 유명한 한식 조리사가 되고 싶다. ⓑ 요리사(料理師).

조리개 [iris; diaphragm]
연영 카메라에서, 렌즈를 통과하는 광선의 양을 조절하는 기계 장치.

조리다 [boil down]
어육이나 채소 따위를 양념하여 바짝 끓이다. ¶멸치와 고추를 간장에 조리면 좋은 반찬이 된다.

조림[1] [boiled food]
조려 만든 반찬의 총칭.

조:림[2] 造林 | 만들 조, 수풀 림 [reforest]
인위적인 방법으로 숲[林]을 만듦[造]. ¶공원을 조림하여 삼림욕장을 만들다.

조립 組立 | 끈 조, 설 립
[assemble; construct]
❶ 속뜻 끈[組]으로 엮거나 만들어 세움[立]. ❷여러 부품을 하나의 구조물로 엮어 만듦. ¶선물로 받은 장난감 로봇을 조립했다.

▸조립-도 組立圖 | 그림 도
제작물이나 구조물의 조립(組立) 방식을 나타낸 도면(圖面). ¶조립도를 보고 필요한 재료를 준비하였다.

▸조립-식 組立式 | 법 식
여러 부품을 이용해 조립(組立)하는 방식(方式). ¶이 침대는 조립식이다.

▸조립-품 組立品 | 물건 품
여러 부품을 하나의 구조물로 조립(組立)하여 만든 물품(物品).

조릿-대
식물 여름에 보랏빛의 작은 꽃이 피는 식물. 과실은 식용하며, 줄기는 죽세공(竹細工) 특히 조리(笊籬)를 만드는 데 쓴다.

조마조마-하다 [fidgety; feel nervous]
마음이 초조하고 불안하다. ¶나는 거짓말이 들통날까봐 몹시 조마조마했다.

조:만 早晩 | 이를 조, 늦을 만
이름[早]과 늦음[晩]을 아울러 이르는 말.

▸조:만-간 早晩間 | 사이 간
❶ 속뜻 아침[早]부터 저녁[晩]까지의 동안[間]. ❷앞으로. 곧. ¶탈옥수는 조만간 체포될 것이다. ⓑ 머지않아.

조망 眺望 | 바라볼 조, 바라볼 망
[take a view of; look out over]
먼 곳을 바라봄[眺=望]. 또는 그런 경치. ¶나무숲이 조망을 가로막다 / 여기서는 도시 전체를 조망할 수 있다.

조:명 照明 | 비칠 조, 밝을 명
[light up; illuminate]
❶ 속뜻 빛을 비추어[照] 밝게[明] 함. ¶교실의 조명이 불충분해 공부하기에 좋지 않다. ❷ 연영 무대 효과나 촬영 효과를 높이기 위해 광선을 사용하여 비침. 또는 그 광선. ¶화려한 조명 아래서 춤을 추는 가수들.

▸조:명-등 照明燈 | 등불 등
빛을 비추어[照] 밝게[明] 하는 등(燈). ¶무대 조명등이 뜨겁다.

▸조:명-탄 照明彈 | 탄알 탄
군사 터뜨리면 밝은 빛을 내는[照明] 폭탄(爆彈). ¶밤에도 조명탄을 쏘아 올려 대낮처럼 밝았다.

조명시리 朝名市利 | 조정 조, 이름 명, 시장 시, 이로울 리
❶ 속뜻 명분(名分)은 조정(朝廷)에서 취하고, 이익(利益)은 장터[市]에서 다투어야 함. ❷무슨 일이든 알맞은 곳에서 하여야 함을 비유하여 이르는 말. ¶조명시리라고, 무슨 일이든 때와 장소가 있는 법이다.

조모 祖母 | 할아버지 조, 어머니 모
[grandmother]

할아버지[祖]의 아내이자 아버지의 어머니[母]. ⓑ 조부(祖父).

조목 條目 | 가지 조, 눈 목
[articles; clauses]
법률이나 규정 따위의 낱낱의 조항(條項)이나 항목(項目). ¶이 규정은 다섯 가지 조목으로 되어 있다. ⓑ 조항(條項).

▸조목-조목 條目條目
한 조목(條目) 한 조목(條目)씩. 조목마다. ¶사람들은 조목조목 따져가며 개발을 반대했다.

조무래기
[small articles; small children]
❶어린아이들을 낮잡아 일컫는 말. ¶윤호는 곧잘 밖에 나가 조무래기들과 어울려 공놀이를 하곤 했다. ❷어떤 집단에서 가장 낮은 지위를 차지하고 있는 사람. ¶조무래기 주제에 내게 덤비다니 가소롭다.

조문[1] 條文 | 조목 조, 글월 문 [provisions]
규정이나 법령 따위에서 조목(條目)으로 나누어 적은 글[文]. ¶조문에 명시된 대로 일을 처리하세요.

조:문[2] 弔問 | 조상할 조, 물을 문
[condolence call]
조상(弔喪)하여 상주를 위문(慰問)함. 또는 그 위문. ¶친구들은 아버님을 조문했다. ⓑ 문상(問喪), 조상(弔喪).

▸조:문-객 弔問客 | 손 객
조문(弔問)하러 온 손님[客]. ¶조문객들이 끊이질 않았다. ⓑ 문상객(問喪客).

조:물 造物 | 만들 조, 만물 물
❶속뜻 만물(萬物)을 만듦[造]. ❷조물주가 만든 온갖 물건.

▸조:물-주 造物主 | 주인 주
우주의 만물(萬物)을 만든[造] 신[主]. ¶산을 보니 조물주의 오묘한 조화가 실감난다.

조미 調味 | 고를 조, 맛 미
[flavor; spice]
음식의 맛[味]을 알맞게 맞춤[調]. ¶간장과 설탕으로 조미하다.

▸조미-료 調味料 | 거리 료
음식의 맛[味]을 알맞게 맞추는[調] 데에 쓰는 재료(材料). ¶인공 조미료를 너무 많이 쓰면 건강에 좋지 않다.

조바심 [worry; anxiety]
조마조마하여 마음을 졸임. 또는 그런 마음. ¶너무 조바심 내지 말아라. ⓑ 안달.

조바위
여자가 쓰는 방한모(防寒帽)의 일종. 아얌과 비슷하나 볼끼가 귀와 뺨을 가린다.

조:반 朝飯 | 아침 조, 밥 반 [breakfast]
아침[朝]에 먹는 밥[飯]. ¶나는 늦게까지 자느라 조반을 잘 안 먹는 편이다.

조부 祖父 | 조상 조, 아버지 부
[grandfather]
선조(先祖)인 아버지의 아버지[父]. ¶아이는 조부께서 직접 만들어 주신 연을 신나게 날렸다. ⓑ 조모(祖母).

조-부모 祖父母 | 조상 조, 아버지 부, 어머니 모 [grandparents]
할아버지[祖父]와 할머니[祖母]를 아울러 이르는 말. ¶내 동생은 조부모님의 사랑을 독차지했다.

조:사[1] 助詞 | 도울 조, 말씀 사 [postposition]
언어 명사를 돕는[助] 역할을 하는 말[詞]. ¶'밥을 먹다'의 '을'은 조사이다.

⁂**조사**[2] 調査 | 헤아릴 조, 살필 사
[investigate; survey]
❶속뜻 잘 헤아리고[調] 살펴봄[査]. ❷사물의 내용을 명확히 알기 위하여 자세히 살펴보거나 찾아봄. ¶설문 조사 / 사건을 철저히 조사하다.

▸조사-단 調査團 | 모일 단
사건이나 사실을 조사(調査)하기 위하여 만든 단체(團體). ¶정부는 진상을 밝히고자 조사단을 파견했다.

▸조사-자 調査者 | 사람 자
어떤 사건이나 현상을 자세히 조사(調査)하는 사람[者]. ¶현장 조사자의 말을 들어

봅시다.

조삼모사 朝三暮四 | 아침 조, 석 삼, 저녁 모, 넉 사

❶ 속뜻 아침[朝]에 세[三] 개, 저녁[暮]에 네[四] 개씩 줌. ❷당장 눈앞의 차이만을 알고 그 결과가 같음을 모름. 간교한 잔꾀로 남을 속여 희롱함. ¶회사의 얄팍한 조삼모사 전략에 그들이 속아 넘어갔다.

⁑**조상** 祖上 | 할아버지 조, 위 상

[ancestor; forefather]

❶ 속뜻 선조(先祖)가 된 윗[上]세대의 어른. ¶우리는 조상 대대로 이 마을에서 살아왔다. ❷자기 세대 이전의 모든 세대. ¶한글에는 조상들의 슬기와 지혜가 담겨 있다. ⓑ 자손(子孫).

▸ **조상-신** 祖上神 | 귀신 신

자손을 보호하는 4대조(四代祖)보다 더 앞선 조상(祖上)들의 신(神).

조석 朝夕 | 아침 조, 저녁 석

[morning and evening]

❶ 속뜻 아침[朝]과 저녁[夕]을 아울러 이르는 말. ¶부모님께 조석으로 문안인사를 드린다. ❷썩 가까운 앞날을 이르는 말. ¶여러 사람의 목숨이 조석에 달렸으니 부디 신중하거라.

조:선[1] 造船 | 만들 조, 배 선

[shipbuilding; ship construction]

배[船]를 만듦[造]. ¶한국의 조선 기술은 수준급이다.

▸ **조:선-소** 造船所 | 곳 소

배[船]를 만들거나[造] 고치는 곳[所]. ¶작년에는 조선소를 견학하여 큰 배도 타 보았다.

조선[2] 朝鮮 | 아침 조, 고울 선

역사 1392년 이성계가 고려를 무너뜨리고 한양을 도읍으로 세운 나라. 근세조선(近世朝鮮).

▸ **조선-말** (朝鮮-)

조선(朝鮮) 사람들이 쓰던 말.

▸ **조선-어** 朝鮮語 | 말씀 어

일본어에 대하여 조선(朝鮮) 사람들이 쓰던 말[語]. ⓑ 조선말.

▸ **조선-족** 朝鮮族 | 겨레 족

중국에 사는 조선(朝鮮) 겨레[族]. ¶중국 연변에는 조선족 자치주가 있다.

▸ **조선 상:고사** 朝鮮上古史 | 위 상, 옛 고, 역사 사

책명 고조선(古朝鮮)부터 시작된 우리나라의 상고(上古) 시대의 역사(歷史)에 대해 쓴 책. 신채호가 1931년 『조선일보』에 연재하였다.

▸ **조선어 학회** 朝鮮語學會 | 말씀 어, 배울 학, 모일 회

역사 조선어(朝鮮語)를 연구하기 위한 학회(學會). 1931년 '조선어연구회'가 바뀐 이름이며 이후 '한글학회'로 이름을 바꾸었다.

▸ **조선 총:독부** 朝鮮總督府 | 총괄할 총, 감독할 독, 관청 부

역사 일제가 1910년부터 1945년까지 우리나라[朝鮮]의 국정을 총괄(總括)하고 감독(監督)하기 위하여 설치하였던 관청[府].

▸ **조선어 연:구회** 朝鮮語研究會 | 말씀 어, 갈 연, 헤아릴 구, 모일 회

역사 조선어(朝鮮語)를 연구(研究)하기 위한 학회(學會). 1921년 창설되었으며, 일제의 탄압 아래 꾸준히 우리말을 연구·보급했다.

▸ **조선왕조-실록** 朝鮮王朝實錄 | 임금 왕, 왕조 조, 실제 실, 기록할 록

책명 조선(朝鮮) 왕조(王朝) 472년 동안의 역사적 사실(事實)을 기록(記錄)한 책. 유네스코 세계 기록 유산으로 지정되었으며, 국보 제151호이다.

▸ **조선어 학회 사:건** 朝鮮語學會事件 | 말씀 어, 배울 학, 모일 회, 일 사, 것 건

역사 1942년 일제가 조선어 학회(朝鮮語學會)의 회원을 투옥한 사건(事件). 일제는 조선어 학회를 학술 단체를 가장한 독립운동 단체라고 꾸며, 회원들에게 혹독

한 고문을 자행하였다.

조ː성[1]造成 | 만들 조, 이룰 성
[make; develop; create]
❶[속뜻] 무엇을 만들어서[造] 이룸[成]. ¶시장은 대규모 관광 단지 조성을 추진하고 있다. ❷분위기나 정세 따위를 만듦. ¶여론 조성 / 면학 분위기를 조성하다.

조성[2]調聲 | 고를 조, 소리 성
❶[속뜻] 소리[聲]를 고름[調]. ❷소리를 낼 때에 그 높낮이와 장단을 고름.

조세 租稅 | 구실 조, 세금 세
[taxes; taxation]
[법률] 세금으로 거두어들이는 돈[稅=租]. ¶정부는 농민들의 조세부담을 덜어 주기로 했다. [준] 세. [비] 세금(稅金).

조소[1]彫塑 | 새길 조, 빚을 소
[carving and sculpture]
[미술] 재료를 새기거나[彫] 빚어서[塑] 입체 형상을 만드는 미술. ¶조소는 조각(彫刻)과 소조(塑造)를 통틀어 이르는 말이다.

조소[2]嘲笑 | 비웃을 조, 웃을 소
[laugh scornfully]
조롱(嘲弄)하여 웃음[笑]. ¶친구들의 조소를 받다 / 돈과 물질에 사로잡힌 현실을 조소했다. [비] 비웃음.

조ː속 早速 | 이를 조, 빠를 속
[as soon as possible]
이르고도[早] 빠르다[速]. ¶조속한 시일 내에 처리해 주십시오 / 불합리한 법률은 조속히 개정되어야 한다.

조손 祖孫 | 할아버지 조, 손자 손
[grandfather and grandson]
할아버지[祖父]와 손자(孫子)를 아울러 이르는 말.

조ː수[1]助手 | 도울 조, 사람 수 [assistant; helper]
어떤 책임자 밑에서 지도를 받으면서 그 일을 도와주는[助] 사람[手]. ¶목수 밑에서 허드렛일을 하며 조수 노릇을 한 적이 있다.

조수[2]潮水 | 바닷물 조, 물 수
[tide; tidewater]
❶[속뜻] 바다에서 밀려들었다가 밀려 나가는[潮] 물[水]. ❷[지리] 달, 태양 따위의 인력에 의하여 주기적으로 높아졌다 낮아졌다 하는 바닷물. 밀물과 썰물을 통틀어 이르는 말. ¶서해안은 조수의 차가 심하다.

조ː숙 早熟 | 이를 조, 익을 숙
[mature early; grow early]
❶[속뜻] 식물의 열매가 일찍[早] 익음[熟]. ❷나이에 비하여 정신적·신체적 발달이 빠름. ¶요즘 아이들은 나이에 비해 조숙하다.

조신 操身 | 잡을 조, 몸 신 [modest]
잘못이나 실수가 없도록 몸가짐[身]을 잘 다잡음[操]. ¶너도 이제 시집을 갈 것이니 조신해야 한다.

조ː실-부모 早失父母 | 이를 조, 잃을 실, 아버지 부, 어머니 모
[lose parents early in life]
어려서 일찍[早] 부모(父母)를 잃음[失]. ¶나는 조실부모하고 고모님 댁에서 자랐다.

***조ː심** 操心 | 잡을 조, 마음 심
[be careful; heed]
잘못이나 실수가 없도록 마음[心]을 다잡음[操]. ¶이 물건은 조심해서 다뤄 주세요 / 처음 만져보는 물건이라 조심스러웠다 / 도자기를 조심스레 들어 옮겼다. [비] 주의(注意).

▶**조ː심-성** 操心性 | 성질 성
조심(操心)하는 성질(性質)이나 태도. ¶이 작업은 매우 위험해서 조심성이 필요하다.

▶**조ː심-조심** 操心操心
매우 조심스럽게[操心+操心] 행동하는 모양. ¶어두운 방 안을 조심조심 걸어갔다.

조아리다 (頓, 조아릴 돈) [bow; knock (one's

forehead) on the floor]
황송하여 이마가 바닥에 닿을 만큼 자꾸 숙이다. ¶죄인들은 무릎을 꿇고 머리를 조아리며 용서를 빌었다.

조약 條約 | 조목 조, 묶을 약
[treaty; convention]
❶ 속뜻 조목(條目)으로 나누어 맺은 약속(約束). ❷ 법률 국가 간의 권리와 의무를 국가 간의 합의에 따라 법적 구속을 받도록 규정하는 조문. ¶두 나라 사이에 조약이 맺어졌다.

조약-돌 [gravel; pebbles]
작고 동글동글한 돌. ¶강가에서 매끈한 조약돌 하나를 주웠다.

조:언 助言 | 도울 조, 말씀 언
[advise; counsel]
말[言]로 거들거나 깨우쳐 주어서 도움[助]. 또는 그 말. ¶전문가의 조언 / 학생에게 공부하는 방법을 조언하다. ㊥ 도움말.

조:업 操業 | 잡을 조, 일 업
[work; operate]
기계 따위를 잡고 움직여[操] 일[業]을 함. ¶지금은 어선들의 조업을 금지하고 있다.

조여-들다 [become tight]
❶바싹 조여서 안으로 오그라들다. ¶양손을 묶은 밧줄이 조여들어 손목이 아팠다. ❷범위를 좁혀 오다. ¶경찰은 서서히 포위망을 조여들어 갔다. ㊥ 죄어들다.

조:연 助演 | 도울 조, 펼칠 연 [supporting actor]
연영 주연의 연기(演技)를 보조(補助)함. 또는 그 역(役)을 맡은 사람. ¶조연을 맡은 배우. ㊥ 주연(主演).

조:예 造詣 | 이를 조, 이를 예
[knowledge; attainments]
지식이나 기술 따위가 매우 높은 수준에 이름[造=詣]. ¶음악에 대한 조예가 깊다.

조왕 竈王 | 부엌 조, 임금 왕
민속 부엌[竈]일을 관장하는 왕(王). 늘 부엌에 있으면서 모든 길흉을 판단한다고 한다.

▶**조왕-상** 竈王床 | 평상 상
민속 부엌[竈]일을 관장하는 왕(王)에게 올리려고 제물을 차린 상(床).

▶**조왕-신** 竈王神 | 신 신
민속 부엌[竈]을 맡은 왕(王)같은 신(神). 늘 부엌에 있으면서 모든 길흉을 판단한다고 한다.

조용-하다 [quiet; silent; graceful]
❶아무 소리도 나지 않고 고요하다. ¶쥐 죽은 듯이 조용하다. ❷언행이 수선스럽지 않고 썩 얌전하다. ¶도서관에서는 조용히 책을 읽어야 한다. ❸말썽이 없이 평온하다. ¶올해도 큰 사고 없이 조용하게 지나갔다. ㊥ 시끄럽다.

조원 組員 | 짤 조, 사람 원 [member]
한 조(組)를 이루는 사람[員]. ¶조장은 조원들을 모두 불러 모았다.

조율 調律 | 어울릴 조, 가락 률
[tune up; meditate]
❶ 속뜻 가락[律]이 잘 어울리도록[調]함. ¶이 피아노는 조율이 필요하다. ❷문제를 알맞게 조절함을 비유하는 말. ¶각 정당의 이견(異見)을 조율하다.

조:의 弔意 | 조상할 조, 뜻 의
[condolence; mourning]
남의 죽음을 슬퍼하는[弔] 뜻[意]. ¶삼가 조의를 표합니다.

조이다 [tighten up; feel anxious]
❶느슨하거나 헐거운 것이 단단하거나 팽팽하게 되다. 또는 그렇게 되게 하다. ¶나사를 조이다. ❷마음이 긴장되다. 또는 그렇게 되게 하다. ¶가슴을 조이며 발표를 기다렸다.

조인 調印 | 헤아릴 조, 도장 인 [sign]
❶ 속뜻 사정을 잘 살펴 헤아려[調] 도장[印]을 찍음. ❷서로 약속하여 만든 문서에 도장을 찍음. ¶일부 국가들은 핵실험 금지협약에 조인을 거부했다.

조:작 造作 | 만들 조, 지을 작

[fabricate; fake; manufacture]
어떤 일을 사실인 듯이 만들어[造] 지음[作]. ¶그는 성적을 조작했다.

조ː작²操作 | 잡을 조, 지을 작
[operate; control; manipulate]
기계 따위를 일정한 방식에 따라 다루어[操] 일함[作]. ¶아버지는 새로운 기계도 능숙하게 조작하신다.

조잘-대다 [chatter away; gab]
❶좀 낮은 목소리로 계속해서 떠들다. ¶쉬는 시간이 끝나도록 친구들과 쉴 새 없이 조잘댔다. ❷참새 따위 작은 새가 자꾸 지저귀다. ¶우리 집 개는 새들이 조잘대는 소리를 듣고 귀를 쫑긋 움직였다. ㊐조잘거리다.

조잡 粗雜 | 거칠 조, 섞일 잡
[coarse; rough]
생각이나 일 따위가 거칠고[粗] 뒤섞이다[雜]. ¶조잡한 솜씨 / 장난감을 너무 조잡하게 만들었다.

조ː장¹助長 | 도울 조, 자랄 장 [promote; foster; further]
❶속뜻 벼의 이삭을 억지로 뽑아서 길게[長] 함[助]. ❷힘을 들여 억지로 도와서 더 자라게 함. ¶과소비를 조장하다.

조장²組長 | 짤 조, 어른 장
[head; group leader]
조(組)를 단위로 편성한 조직의 책임자나 우두머리[長]. ¶조장을 선출하다.

⁑조절 調節 | 고를 조, 마디 절
[adjust; control; regulate]
❶속뜻 마디마디[節]를 잘 고름[調]. ❷균형이 맞게 바로잡음. 또는 적당하게 맞추어 나감. ¶시험 전에 컨디션 조절을 잘 해야 한다 / 의자의 높낮이를 조절하다. ㊐조정(調整).

조정¹朝廷 | 조회 조, 관청 정
[Imperial Court]
❶속뜻 임금을 조회(朝會)하는 관청[廷]. ❷임금이 나라의 정치를 신하들과 의논하거나 집행하는 곳. ¶조정의 신하들은 수도를 어디로 옮길 지 의논했다.

조정²調停 | 고를 조, 멈출 정
[intervene between; mediate]
❶속뜻 양측의 의견을 잘 조절(調節)하여 분쟁을 멈추게[停] 함. ¶당사자들이 직접 의견 조정을 하기로 했다. ❷법률 법원이 분쟁 당사자의 합의를 이끌어내는 일.

조정³調整 | 고를 조, 가지런할 정 [adjust]
어떤 기준이나 실정에 알맞게 다듬어[調] 정돈(整頓)함. ¶버스 노선을 조정하다. ㊐조절(調節).

▸**조정-실** 調整室 | 방 실
복잡한 큰 기계가 고르게 잘 움직이도록 조절하는[調整] 방[室]. ¶조정실은 깨끗하게 해야 한다.

조제 調劑 | 고를 조, 약지을 제
[prepare a medicine]
약학 여러 가지 약품을 적절히 조합(調合)하여 약을 지음[劑]. 또는 그런 일. ¶약국에서 감기약을 조제했다.

조ː조 早朝 | 이를 조, 아침 조
[early morning]
이른[早] 아침[朝]. ¶조조 할인.

조종 操縱 | 잡을 조, 놓아줄 종
[manipulate; control; operate]
❶속뜻 자기 마음대로 잡았다[操] 놓았다[縱] 함. ¶나는 누구의 조종을 받는 꼭두각시가 아니다. ❷비행기나 선박, 자동차 따위의 기계를 다룸. ¶그는 경비행기를 조종할 수 있다.

▸**조종-사** 操縱士 | 선비 사
항공기를 조종(操縱)할 수 있는 기능과 자격을 갖춘 사람[士]. ¶관제탑에서 조종사에게 착륙을 허가했다. ㊐항공사(航空士).

▸**조종-석** 操縱席 | 자리 석
항공기를 조종(操縱)하기 위한 자리[席]. ¶조종석 옆에는 낙하산이 준비되어 있다.

▸**조종-실** 操縱室 | 방 실
항공기를 일정한 방향과 속도로 움직이도

록 조종(操縱)하는 방[室]. ¶조종실에 들어가 보다.

조:준 照準 | 비칠 조, 고를 준 [aim]
총이나 포 따위를 쏠 때 목표물을 비추어 보며[照] 방향과 거리를 조절함[準]. ¶대포는 성벽을 조준했다.

***조직** 組織 | 짤 조, 짤 직
[form; organize]
❶속뜻 날실과 씨실로 짠 천의 짜임새[組=織]. ¶이 옷감은 조직이 치밀하다. ❷특정한 목적을 달성하기 위하여 여러 개체나 요소를 모아서 체계 있는 집단을 이룸. ¶조직 활동 / 독서 모임을 조직하다. ❸생물 동일한 기능과 구조를 가진 세포의 집단. ¶근육 조직이 파괴되다.

▸조직-망 組織網 | 그물 망
그물[網]처럼 여러 갈래로 널리 퍼져 있는 조직체(組織體)의 체계적인 갈래. ¶세계적인 조직망을 갖추다.

▸조직-적 組織的 | 것 적
잘 짜여진[組織] 것[的]. ¶독립 운동을 조직적으로 전개하다.

▸조직-체 組織體 | 몸 체
체계 있게 짜여[組織] 있는 단체(團體). ¶큰 조직체는 변화에 대한 적응이 느릴 수 있다.

조짐 兆朕 | 기미 조, 기미 짐 [symptoms; signs]
좋거나 나쁜 일이 생길 기미[兆=朕]가 보이는 현상. ¶곧 전쟁이 날 조짐이 보인다. ⑭ 낌새, 징조(徵兆).

조창 漕倉 | 나를 조, 곳집 창
역사 고려·조선 시대에, 조세로 거둔 곡식을 배로 나르기[漕] 위해 강가나 바닷가에 지어 놓은 창고(倉庫).

조처 措處 | 놓을 조, 처리할 처
[act; conduct]
일이나 문제 따위를 해결해 놓거나[措] 잘 처리(處理)함. ¶다시는 이런 일이 없도록 단호히 조처하겠습니다. ⑭ 조치(措置).

조:청 造清 | 만들 조, 맑을 청
[grain syrup; molasses]
엿 따위를 만드는[造] 과정에서 묽게[淸] 고아서 굳지 않은 엿. ¶떡을 조청에 찍어 먹다.

조촐-하다 [cozy; be neat]
❶썩 아담하고 깨끗하다. ¶조촐한 세간. ❷요란하지 않고 소박하다. ¶조촐한 모임.

조총 鳥銃 | 새 조, 총 총 [fowling piece]
새[鳥]를 잡는 데 쓰는 총(銃).

조치 措置 | 놓을 조, 둘 치
[take a measure]
일이나 문제 따위를 해결해 놓거나[措] 적절히 처치(處置)함. ¶조치를 취하다 / 단호하게 조치하다. ⑭ 조처(措處).

조카 (姪, 조카 질) [nephew; niece]
형제자매의 자식을 이르는 말. 주로 친조카를 이른다. ¶우리 조카는 나를 제일 좋아한다.

조:퇴 早退 | 이를 조, 물러날 퇴
[leave earlier than usual]
정해진 시간보다 일찍[早] 물러나옴[退]. ¶오늘은 몸이 좋지 않아 선생님께 말씀드리고 조퇴했다.

조판[1] 組版 | 짤 조, 널빤지 판
[set up type]
❶속뜻 판(版)을 짜 맞춤[組]. ❷출판 원고에 따라서 골라 뽑은 활자를 원고의 지시대로 순서, 행수, 자간, 행간, 위치 따위를 맞추어 짬. 또는 그런 일. ¶팔만대장경을 조판하다.

조판[2] 彫版 | 새길 조, 널빤지 판
[wood-carving]
나무[版] 따위에 조각(彫刻)하거나 글자를 새김. 또는 그런 판자.

조:폐 造幣 | 만들 조, 화폐 폐 [mint]
화폐(貨幣)를 만듦[造]. ¶조폐공사.

조합 組合 | 짤 조, 합할 합
[combinate; organize; mix]

❶ 속뜻 여럿을 한데 엮어[組] 한 덩어리로 합(合)함. ¶부품을 조합하면 자동차가 완성된다. ❷ 사회 목적과 이해를 같이하는 두 사람 이상이 자기 이익을 지키고 공동의 목적을 이루려고 공동으로 출자하여 사업을 경영하는 조직이나 단체. ¶농업협동조합.

▸ **조합-원** 組合員 | 사람 원
조합(組合)에 가입한 사람[員].

조항 條項 | 조목 조, 목 항 [article]
법률이나 규정 따위의 조목(條目)이나 항목(項目). ¶낱낱의 조항을 잘 읽어보다. ⑪ 조목(條目).

조:형 造形 | 만들 조, 모양 형 [mould]
형상(形象)을 만듦[造]. 형체가 있는 것을 만들어 냄. ¶동양적으로 조형된 동상.

▸ **조:형-물** 造形物 | 만물 물
인공적으로 만든[造形] 물체(物體). ¶남산에 인공 조형물을 만들다.

▸ **조:형-미** 造形美 | 아름다울 미
예술 예술적으로 형상화하여[造形] 표현하는 아름다움[美]. ¶이 도시의 조형미가 뛰어나다.

조:혼 早婚 | 이를 조, 혼인할 혼
[early marriage]
어린 나이에 일찍[早] 결혼(結婚)함. 또는 그렇게 한 혼인. ¶아내와 조혼하여 일찍 첫아들을 보았다. ⑫ 만혼(晩婚).

조:화[1] 弔花 | 위문할 조, 꽃 화
[funeral flowers]
조의(弔意)를 표하는 데 쓰는 꽃[花]. ¶장례식장에 가서 조화를 바치고 절을 올렸다.

조:화[2] 造化 | 만들 조, 될 화
[marvelous phenomenon]
❶ 속뜻 무엇을 창조(創造)하고 변화(變化)시킴. ❷만물을 창조하고 기르는 대자연의 이치. ¶자연의 조화. ❸어떻게 이루어진 것인지 알 수 없을 정도로 신통하게 된 일. ¶길바닥에 돈이 떨어져 있다니 이게 웬 조화나?

조:화[3] 造花 | 만들 조, 꽃 화
[artificial flower]
인공적으로 만든[造] 꽃[花]. ¶화병에 조화를 꽂았다. ⑫ 생화(生花).

⁑**조화**[4] 調和 | 고를 조, 어울릴 화 [harmonize]
고르게[調] 서로 잘 어울림[和]. ¶모든 악기가 서로 조화를 이루며 아름다운 소리를 낸다. ⑫ 부조화(不調和).

조:회[1] 照會 | 비칠 조, 모일 회
[check; inquire]
❶ 속뜻 확인을 위하여 대조(對照)해 보거나 만나 봄[會]. ❷어떤 사람이나 사실에 대하여 상세히 알아보는 일. ¶조회 결과, 그 차는 도난 차량으로 밝혀졌다.

조회[2] 朝會 | 아침 조, 모일 회
[morning assembly]
학교나 관청 따위에서 아침[朝]에 모든 구성원이 한자리에 모이는[會] 일. ¶조회를 시작하겠습니다.

▸ **조회-대** 朝會臺 | 돈대 대
학교 운동장에서 조회(朝會)를 할 때, 말하는 사람이 올라서는 조금 높은 단[臺]. ¶교장 선생님께서 조회대에 올라가 말씀하셨다.

족 足 | 발 족 [foot]
소·돼지 따위의 다리 아랫부분을 식용으로 이르는 말.

족구 足球 | 발 족, 공 구
[foot volleyball]
운동 발[足]로 공[球]을 차서 네트를 넘겨 승부를 겨루는 경기.

족두리
부녀자들이 예복을 입을 때에 머리에 얹던 관의 하나. 위는 대개 여섯 모가 지고 아래는 둥글며, 보통 검은 비단으로 만들고 구슬로 꾸민다. ¶족두리를 벗어 놓다.

족-발 (足―, 발 족)
[pig's trotters; pork hock]
돼지를 죽여서 부위별로 나눈 것 중 발목.

또는 그것을 조리한 음식. ¶족발을 삶아 먹다.

족보 族譜 | 겨레 족, 적어놓을 보 [genealogy]
한 가문[族]의 계통과 혈통 관계를 적어놓은[譜] 책. ¶족보에 이름을 올리다.

족속 族屬 | 겨레 족, 속할 속 [kinsman; party]
❶ 속뜻 같은 겨레[族]에 속하는[屬] 무리. ❷같은 패거리에 속하는 사람들을 낮잡아 이르는 말. ¶그들은 인정이라고는 눈곱만큼도 없는 족속들이다.

족쇄 足鎖 | 발 족, 쇠사슬 쇄 [fetters]
❶ 역사 죄인의 발[足]목에 채우던 쇠사슬[鎖]. ¶여러 죄인이 족쇄에 묶여 있다. ❷자유를 구속하는 대상을 비유적으로 이르는 말. ¶족쇄를 채우다.

족자 簇子 | 조릿대 족, 접미사 자 [hanging picture; scroll]
그림이나 글씨 따위를 벽에 걸거나 말아 둘 수 있도록 양 끝에 가름대[簇]를 대고 표구한 물건[子]. ¶서재 벽면에 작은 족자를 걸다.

족장 族長 | 겨레 족, 어른 장 [patriarch]
❶ 속뜻 일족(一族)의 어른[長]. ❷종족이나 부족의 우두머리. ¶이 마을에는 부족을 다스리는 족장이 있다.

족제비 [weasel]
동물 족제빗과의 동물. 몸은 갈색이며 꼬리가 긴 동물. 입술과 턱에는 흰색털이 났다. 털가죽은 방한용 옷에 쓰고 꼬리털로는 붓을 만든다.

족족 [whenever]
'어떤 일을 할 때마다, 하는 것마다'의 뜻. ¶나는 원서를 넣는 족족 퇴짜를 맞았다.

족집게 [tweezers]
❶잔털이나 가시 등을 뽑는 작은 기구. ¶어머니의 흰머리를 족집게로 뽑아 드렸다. ❷어떤 사실·비밀을 잘 알아맞히는 사람을 비유한 말. ¶그 무당은 내 생각을 족집게처럼 맞췄다.

족치다 [compel; torture]
견디지 못하도록 몹시 괴롭히다. ¶죄상을 자백하도록 족치다.

족-하다 (足―, 넉넉할 족) [enough]
수량이나 정도 따위가 넉넉하다[足]. ¶온 가족이 먹기에 족한 음식 / 숙제를 다 하려면 일주일은 족히 걸린다. ㊐ 충분(充分)하다. ㊊ 부족(不足)하다.

존경 尊敬 | 높을 존, 공경할 경 [respect]
남의 인격, 사상, 행위 따위를 높이[尊] 받들어 공경(恭敬)함. ¶세종대왕은 존경스러운 위인이다. ㊊ 무시(無視), 멸시(蔑視).

▸**존경-심** 尊敬心 | 마음 심
받들어 공경하는[尊敬] 마음[心]. ¶선생님에 대한 존경심.

존귀 尊貴 | 높을 존, 귀할 귀 [be high and noble]
지위나 신분이 높고[尊] 귀(貴)함. ¶이 세상 사람들은 모두 존귀하다. ㊊ 비천(卑賤).

존대 尊待 | 높을 존, 대접할 대 [treat with respect]
❶ 속뜻 높이[尊] 받들어 대접(待接)함. ❷존경하는 말투로 대함. ¶그는 항상 나를 깍듯이 존대했다. ㊊ 하대(下待).

존댓-말 (尊待―, 높을 존, 대접할 대) [honorific language]
언어 높이[尊] 받들어 대접(待接)하여 이르는 말. ¶웃어른에게는 존댓말을 써야 한다. ㊐ 경어(敬語), 높임말. ㊊ 반말.

존립 存立 | 있을 존, 설 립 [exist]
❶ 속뜻 생존(生存)하여 자립(自立)함. ❷국가, 제도, 단체, 학설 따위가 그 위치를 지키며 존재함. ¶사형제 존립에 대한 논쟁 / 국가가 존립하려면 우선 국민이 있어야 한다.

존망 存亡 | 있을 존, 망할 망 [life or death]

존속(存續)과 멸망(滅亡). 생존(生存)과 사망(死亡). ¶그것은 우리의 존망이 달린 문제이다.

존속[1]**存續** | 있을 존, 이을 속 [continue; endure]
어떤 대상이 그대로 있거나[存] 어떤 현상이 계속(繼續)됨. ¶세습 제도의 존속 / 고구려는 약 700년 동안 존속했다.

존속[2]**尊屬** | 높을 존, 무리 속 [ascendant]
법률 혈연관계에서 자기보다 높은[尊] 항렬의 친속(親屬). 부모 항렬 이상에 속하는 친족을 말한다. ¶존속범죄를 저지르면 더 큰 처벌을 받는다.

존엄 尊嚴 | 높을 존, 엄할 엄 [dignified; majestic]
인물이나 지위 따위가 높고[尊] 위엄(威嚴)이 있음. ¶왕실의 명예와 존엄을 유지하다.

▸존엄-성 尊嚴性 | 성질 성
존엄(尊嚴)한 성질(性質). ¶인간의 존엄성.

***존재 存在** | 있을 존, 있을 재 [exist]
현존(現存)하여 실제로 있음[在]. 또는 그런 대상. ¶그는 축구계에서 잊을 수 없는 존재이다 / 외계인이 존재할 가능성은 높지 않다.

***존중 尊重** | 높을 존, 무거울 중 [respect; esteem]
높여[尊] 귀중(貴重)하게 대함. ¶존중받고 싶다면 남부터 존중하라.

존칭 尊稱 | 높을 존, 일컬을 칭 [honorific title]
남을 공경하는 뜻으로 높여[尊] 부름[稱]. 또는 그 칭호. ¶존칭을 붙이다.

존함 尊銜 | 높을 존, 직함 함 [your esteemed name]
남의 이름[銜]을 높여[尊] 이르는 말. ¶존함을 여쭈다. ㊐ 성함(姓銜), 함자(銜字).

졸 卒 | 군사 졸 [Korean chess pawn]
장기의 '卒·兵'자를 새긴 짝.

졸개 (卒—, 군사 졸) [button man]
남의 부하[卒] 노릇을 하면서 심부름도 하는 사람. ¶두목이 부상을 입자 졸개들은 모두 달아났다. ㊉ 우두머리.

졸:다[1][doze; snooze]
잠을 자려고 하지 않으나 저절로 잠이 드는 상태로 자꾸 접어들다. ¶청중은 대부분 졸고 있었다.

졸:다[2][be boiled dry]
물기가 없어서 분량이나 부피가 적어지다. ¶국이 바짝 졸았다.

졸도 卒倒 | 갑자기 졸, 넘어질 도 [swoon; faint]
갑자기[卒] 정신을 잃고 쓰러짐[倒]. 또는 그런 일. ¶그는 깜짝 놀라 졸도할 뻔 했다. ㊐ 기절(氣絶), 실신(失神).

졸라-매다 [fasten tightly]
느슨하지 않게 단단히 동여매다. ¶허리띠를 졸라매다.

졸랑-졸랑
가볍고 경망스럽게 자꾸 까부는 모양.

졸래-졸래 [frivolously]
여럿이 무질서하게 졸졸 뒤따르는 모양. ¶아이들이 졸래졸래 따라왔다.

졸렬 拙劣 | 졸할 졸, 못할 렬 [be awkward]
❶ 속뜻 보잘것없고[拙] 잘하지 못하다[劣]. ❷옹졸하고 서투르다. ¶그건 너무 졸렬한 짓이다.

졸:리다[1][get sleepy]
졸음이 오다. ¶졸려서 견딜 수가 없다.

졸리다[2][be tightened]
무엇에 목이 잡혀 숨을 쉴 수 없게끔 꾹 눌리다. ¶친구와 장난 치다 목을 졸려 큰 일이 날 뻔 했다.

졸병 卒兵 | 하인 졸, 군사 병 [common soldier]
직위가 낮은[卒] 병사(兵士). ¶해군 졸병 한 명이 나왔다.

졸아-들다 [be boiled down]

❶물의 양이 적어지다. ¶시럽은 곧 졸아들었다. ❷심리적으로 위축되다. ¶가슴이 졸아드는 심정이다.

졸업 卒業 | 마칠 졸, 일 업 [graduate]
학생이 규정에 따라 소정의 학업(學業)을 마침[卒]. ¶작년에 초등학교를 졸업하다. ㉥입학(入學).

▸**졸업-생** 卒業生 | 사람 생
규정에 따라 소정의 학업(學業)을 마친[卒] 사람[生]. ¶저는 이 학교 9회 졸업생입니다. ㉥입학생.

▸**졸업-식** 卒業式 | 의식 식
졸업장(卒業狀)을 수여하는 의식(儀式). ¶졸업식에서 민수는 눈물을 흘렸다. ㉥입학식.

▸**졸업-장** 卒業狀 | 문서 장
졸업(卒業)한 사항을 적어 졸업생에게 주는 문서[狀]. 졸업증(卒業證). ¶졸업장을 받고 선생님과 악수를 했다.

졸:-음 (睡, 졸음 수) [sleepiness]
잠이 오는 느낌. 자고 싶은 기분(氣分). ¶나는 몹시 졸음이 왔다.

졸-이다 [boil down; feel anxious]
❶물을 끓여서 물기를 없애 양이 줄어들게 하다. ¶멸치를 간장에 졸이다. ❷속을 태우다시피 조바심하다. ¶시험 때문에 마음을 졸이다.

졸졸 [murmuring; tagging along]
❶가는 물줄기 등이 잇달아 순하게 흐르는 소리. ¶시냇물이 졸졸 흐르다. ❷어린이나 강아지 등이 떨어지지 않고 뒤를 따라다니는 모양. ¶강아지가 졸졸 따라오다.

졸지 猝地 | 갑자기 졸, 땅 지 [suddenly]
갑작스러운[猝] 처지[地]. 갑자기. ¶졸지에 알거지가 되었다.

졸-참나무 [bristletooth oak]
식물 참나무와 비슷한 나무. 대개 표고버섯을 재배하는 원목(原木)으로 쓴다.

좀[1] [bookworm; moth]
동물 흑갈색인데 비늘로 덮인 곤충. 의류와 종이를 갉아먹는 해충이다. 관용 좀이 쑤시다.

좀[2] [how]
그 얼마나. 오죽. ¶친구가 이 소식을 들으면 좀 기뻐할까?

좀[3] [little]
'조금'의 준말. ¶기분이 좀 나아졌습니까.

좀[4] [please]
부탁이나 동의를 구할 때 간곡한 뜻을 더하는 말. ¶말씀 좀 여쭈어도 되겠습니까.

좀-도둑 [snatcher; petty thief]
자질구레한 물건을 훔쳐 가는 도둑. ¶집에 좀도둑이 들어 옷가지를 훔쳐갔다.

좀-먹다
[be moth eaten; undermine; prey]
❶좀이 슬다. ¶치마가 좀먹다. ❷어떤 사물에 드러나지 않게 조금씩 조금씩 자꾸 해를 입히다. ¶부정부패가 경제를 좀먹게 한다.

좀-약 (-藥, 약 약) [mothballs]
좀이 생기는 것을 막기 위해 쓰는 약품(藥品). ¶옷장에 좀약을 넣어두다.

좀:-처럼 [seldom]
여간해서는. 애를 많이 써도. ¶이번 일은 좀처럼 얻기 힘든 기회다.

좀:-체 [rarely]
여간하여서는. 좀처럼. ¶열이 좀체 내리지를 않는다.

좁다 [narrow (minded)]
❶면이나 바닥 따위의 면적이 작다. ¶이 방은 둘이 쓰기에는 좁다. ❷너비가 작다. ¶이 옷은 품이 좁아서 입기 불편하다. ❸마음 쓰는 것이 너그럽지 못하다. ¶그는 속이 좁다. ㉥넓다.

좁-다랗다 [be narrow and close]
너비나 공간이 매우 좁다. ¶골목이 무척 좁다랗다.

좁쌀 [hulled millet]
조의 열매인 쌀. 노랗고 알이 아주 자잘하

다.

좁-히다 [make narrow]
❶둘 사이의 간격을 좁게 만들다. ¶수사 범위를 좁히다. ❷차이를 줄이다. ¶서로의 의견 차를 좁히다.

종ː[1](奴, 종 노) [servant]
남의 집에서 대대로 천한 일을 하던 사람. ¶종 부리듯이 일을 시키다. ⓑ 노비(奴婢).

종[2]種 | 갈래 종 [species]
❶생물 생물 분류의 기초 단위. 속(屬)의 아래이다. ¶종의 기원(起原). ❷같은 부류. ¶동(同)종에 속하다.

종[3]鐘 | 쇠북 종 [bell]
시간을 알리거나 신호용으로, 치거나 울리어 소리를 내는 금속 기구. ¶종이 울리자 학생들은 교실로 들어갔다.

종가 宗家 | 마루 종, 집 가
[head family]
족보로 보아 한 문중에서 맏이[宗]로만 이어 온 큰집[家]. ¶시어머니는 종가의 대를 이을 아들을 바라셨다.

종각 鐘閣 | 쇠북 종, 집 각
[belfry; bell tower]
큰 종(鐘)을 달아 두기 위하여 지은 누각(樓閣).

종결 終結 | 마칠 종, 맺을 결 [conclude]
일을 마치어[終] 끝맺음[結]. ¶수사의 종결 / 마침내 전쟁이 종결되었다. ⓑ 종료(終了).

종-고모 從姑母 | 사촌 종, 고모 고, 어머니 모 [female cousin of one's father]
아버지의 사촌[從] 누이인 고모(姑母)를 이르는 말. ⓑ 당고모(堂姑母).

⁑**종교** 宗教 | 마루 종, 가르칠 교 [religion]
신이나 초자연적인 절대자 또는 힘에 대한 믿음을 통하여 삶의 근원[宗] 문제를 가르치는[教] 문화 체계. ¶당신이 믿는 종교는 무엇입니까?

▶**종교-계** 宗教界 | 지경 계
종교(宗教)를 가진 사람들이 이루고 있는 사회[界]. ¶종교계의 주요 인사들이 한 자리에 모였다.

▶**종교-인** 宗教人 | 사람 인
종교(宗教)를 가진 사람[人]. ¶종교인들은 신의 존재를 믿는다.

▶**종교 개ː혁** 宗教改革 | 고칠 개, 바꿀 혁
역사 16세기에 유럽에서 로마 가톨릭 교회[宗教]에 반대하여 일어난 개혁(改革) 운동.

종국 終局 | 마칠 종, 판 국
[end; conclusion]
일을 마치는[終] 마지막 상황[局]. ¶그 공사는 종국에는 실패하고야 말았다.

종군 從軍 | 따를 종, 군사 군
[follow the army; service in war]
군대(軍隊)를 따라[從] 전쟁터로 나감. ¶종군기자 / 큰아버지께서는 베트남전에 종군했다.

종ː기 腫氣 | 부스럼 종, 기운 기
[boil; abscess]
❶속뜻 부스럼[腫]이 날 것 같은 기운(氣運). ❷피부가 곪으면서 생기는 큰 부스럼. ¶엉덩이에 난 종기를 짜다.

종내 終乃 | 마칠 종, 이에 내
[at last; finally]
마침[終]내(乃). 끝내. ¶그는 병상에 눕더니 종내 일어나지 못했다.

종-다래끼 [small bamboo basket]
대나 싸리로 만든 작은 다래끼.

종다리 [skylark]
동물 참새보다 조금 크며 붉은 갈색의 새. 봄에 공중으로 높이 날아오르면서 잘 운다.

종단 縱斷 | 세로 종, 끊을 단
[cut from north to south]
❶속뜻 세로[縱]로 자르거나 끊음[斷]. ¶그 산맥이 한국을 종단하고 있다. ❷남북의 방향으로 건너가거나 건너옴. ¶국토 종단계획. ⓑ 횡단(橫斷).

종달-새 [skylark]
동물 종다리.

종대 縱隊 | 세로 종, 무리 대
[column of troops]
세로[縱]로 줄을 지어 나란히 선 대형(隊形). ¶3열 종대로 돌격하다. ⓑ 횡대(橫隊).

종두 種痘 | 심을 종, 천연두 두 [vaccinate]
의학 천연두[痘]를 예방하기 위하여 백신을 인체의 피부에 접종(接種)하는 일.
▸종두-법 種痘法 | 법 법
의학 천연두[痘]를 예방하기 위하여 백신을 인체의 피부에 접종(接種)하는 방법(方法).

종란 種卵 | 씨 종, 알 란 [hatchery egg]
씨[種]를 받기 위하여 부화시키는 알[卵]. ¶종란의 품질을 개량하다.

종래 從來 | 좇을 종, 올 래 [heretofore]
일정한 시점을 기준으로 이전부터[從] 그 뒤[來].

종량-제 從量制 | 따를 종, 분량 량, 정할 제
[meter rate system]
사용량이나 배출량[量]에 따라[從] 요금이 매겨지는 제도(制度). ¶쓰레기 종량제.

종례 終禮 | 마칠 종, 예도 례
[day end assembly]
학교에서 하루 일과를 마친[終] 뒤에 모여 나누는 의식[禮]. ¶종례가 끝나자 아이들은 서둘러 교실을 나갔다. ⓑ 조례(朝禮).

종로 鐘路 | =鍾路, 쇠북 종, 길 로
지리 서울특별시 광화문 네거리에서 동대문에 이르는 큰 거리. 조선시대 사대문을 여닫는 것을 알리는 종루(鐘樓)가 있는 길[路]

종료 終了 | 끝낼 종, 마칠 료
[close; conclude]
어떤 행동이나 일 따위를 끝내어[終] 마침[了]. ¶오 분 뒤에 경기가 종료된다. ⓑ 개시(開始).

⁑**종:류** 種類 | 갈래 종, 무리 류
[kind; sort]
❶ 속뜻 갈래[種]에 따라 나눈 무리[類]. ❷ 사물의 부문을 나누는 갈래. ¶이 동물원에는 온갖 종류의 동물이 산다.

종말 終末 | 마칠 종, 끝 말 [end; close]
일 따위를 마치는[終] 맨 끝[末]. ¶그 노인은 지구의 종말이 가까웠다고 믿는다.

⁑**종목** 種目 | 갈래 종, 눈 목 [item]
여러 가지 종류(種類)에 따라 나눈 항목(項目). ¶운동 경기 종목.

종묘 宗廟 | 마루 종, 사당 묘
[Royal Ancestral Shrine]
역사 조선 시대에, 역대 임금과 왕비의 위패를 모시던 왕실[宗]의 사당[廟]. ⓑ 궁묘(宮廟), 대묘(大廟).
▸종묘 제:례악 宗廟祭禮樂 | 제사 제, 예도 례, 음악 악
음악 조선 시대에, 종묘(宗廟)에서 역대 제왕의 제사[祭禮] 때에 쓰던 음악(音樂).

종사 從事 | 좇을 종, 섬길 사
[be engaged in; follow; pursue]
❶ 속뜻 어떤 사람을 좇아[從] 섬김[事]. ❷ 마음과 힘을 다해 일함. ¶무슨 직업에 종사하고 계십니까?
▸종사-자 從事者 | 사람 자
일정한 직업이나 부문, 일 따위에 종사(從事)하는 사람[者]. ¶전문직 종사자.

종-사품 從四品 | 따를 종, 넷째 사, 품위 품
역사 고려·조선 때, 무관[從] 혹은 종친 반열의 네[四] 번째 품계(品階). 18 품계 가운데 여덟째 등급이다.

종:-살이 [serve]
남의 종이 되어 사는 것. ¶평생 동안 남의 집 종살이를 해왔다.

종-소리 (鐘-, 쇠북 종)
[sound of a bell]
종(鐘)을 울리는 소리. ¶제야의 종소리가 들려온다.

종속 從屬 | 따를 종, 엮을 속
[be subordinate]

자주성이 없이 주가 되는 것에 딸리거나 [從] 엮임[屬]. ¶부모는 자식을 종속적인 존재로 생각하면 안 된다.

종손 宗孫 | 마루 종, 손자 손
[eldest grandson of the main family]
종가(宗家)의 대를 이을 손자(孫子). ¶종손이라 그런지 예의범절이 바르다.

종신 終身 | 끝마칠 종, 몸 신
❶ 속뜻 목숨[身]을 다하기[終]까지의 동안. ¶종신의 유배길에 오르다. ❷일생을 마침. ㊗ 임종(臨終).

종씨 宗氏 | 마루 종, 성씨 씨
[paternal cousin older than oneself]
한 일가[宗]에 속하는 같은 성씨[氏]의 사람들. 또는 그들끼리 부르는 말. ¶이런 데서 종씨를 만나니 참으로 반갑습니다.

종:아리 [calf]
무릎과 발목 사이의 뒤쪽 근육 부분. ¶어머니께서는 회초리를 드시고는 내 종아리를 때리셨다.

종알-거리다 [mutter]
주로 여자나 아이들이 남이 잘 알아듣지 못할 정도의 작은 목소리로 혼잣말을 자꾸 하다. ¶자꾸 혼자 종알거리지 말거라. ㊗ 종알대다.

종:양 腫瘍 | 부스럼 종, 종기 양 [tumor]
의학 세포가 이롭지 않거나 무의미한 조직 덩어리[腫=瘍]를 만드는 병. ¶악성 종양을 제거하는 수술을 받다.

종업 從業 | 좇을 종, 일 업
[work in service; be employed]
어떤 업무(業務)에 종사(從事)함. ¶쉽고 편한 업종에만 종업하려는 사람들이 너무 많다.

▸종업-원 從業員 | 사람 원
어떤 업무(業務)에 종사(從事)하는 사람[員]. ¶이 식당의 종업원이 참 친절하네요. ㊥ 주인.

종용 慫慂 | 권할 종, 권할 용 [suggest]
잘 설득하고 달래어 권함[慫=慂]. ¶그에게 경찰에 자수하기를 종용했다.

종유-석 鐘乳石 | 쇠북 종, 젖 유, 돌 석
[stalactite]
지리 종유굴의 천장에 종(鐘) 모양의 젖(乳) 같이 달려 있는 석회석(石灰石) 고드름.

종이 (紙, 종이 지) [paper]
주로 식물성 섬유로 만든 펄프로써 얇게 굳히어 낸 물건. ¶연희는 종이에다 주소를 적어 주었다.

▸종이-배
종이로 접어 만든 배. ¶시냇물에 종이배를 띄워 보냈다.

▸종이-쪽
종이의 작은 조각. ¶흐트러진 종이쪽이 거리에 널려 있다.

▸종이-컵 (—cup)
종이로 만든 일회용 컵(cup). ¶종이컵에 주스를 따라 먹다.

▸종이-학 (—鶴, 학 학)
종이를 접어서 만든 학(鶴). ¶종이학 천 마리를 접으면 소원이 이루어진다고 한다.

▸종이-접기
종이를 접어서 학, 배, 비행기 따위의 모양을 만드는 일. ¶종이접기가 내 취미이다.

▸종이-비행기 (—飛行機, 날 비, 갈 행, 틀 기)
종이를 접어서 만든 비행기(飛行機). ¶내가 날린 종이비행기가 제일 멀리 날았다.

종일 終日 | 끝날 종, 날 일 [all the day]
하루[日]가 다 끝날[終] 때까지. ¶오늘은 종일 흐려서 빨래를 할 수 없었다. ㊗ 온종일, 진종일.

종잇-장 (—張, 벌릴 장)
[sheet of paper]
종이의 낱장(張). ¶판자가 종잇장같이 얇다.

종자 種子 | 씨 종, 씨 자 [seed]
식물에서 나온 씨[種=子]. 또는 씨앗. ¶새로운 종자를 개발하다. ㊟ 종. ㊗ 씨, 씨앗.

종-잡다 [get at the main idea]
대중으로 헤아려 잡다. ¶나는 도저히 그의 말을 종잡을 수 없다.

종장 終章 | 끝날 종, 글 장 [last verses]
[문학] 시조와 같이 세 장으로 나뉜 시가에서 마지막[終] 장(章).

종적 蹤跡 | =蹤迹, 자취 종, 발자취 적 [one's traces]
없어지거나 떠난 뒤에 남는 자취[踪=跡]. ¶아침이 되자 그는 종적도 없이 사라졌다.

종전 從前 | 좇을 종, 앞 전 [previous; former]
지금보다 이전(以前)으로 거슬러간[從] 그 때에. ¶종전에 비해 훌륭한 대접을 받았다.

종점 終點 | 끝날 종, 점 점 [terminal station]
기차, 버스, 전차 따위를 운행하는 일정한 구간이 끝나는[終] 지점(地點). ¶종점이 가까워지자 승객들도 줄어들었다. [비] 종착역(終着驛). [반] 기점(起點).

종족 種族 | 갈래 종, 무리 족 [tribe; race]
❶ [속뜻] 같은 갈래[種]의 생물 무리[族]. ¶어떤 생명체나 종족을 보호하려는 본능을 갖고 있다. ❷ 조상이 같고, 같은 계통의 언어·문화 따위를 가진 집단. ¶역사가 흐르면서 여러 종족으로 갈라졌다.

종:종 種種 | 갈래 종, 갈래 종 [sometimes; occasionally]
❶ [속뜻] 여러 가지[種+種]. ❷ 때때로. 가끔. ¶학교가 끝나면 종종 놀이터에 들렀다.

종종-걸음 [short and quick steps]
발을 가까이 자주 떼며 급히 걷는 걸음. ¶선미는 종종걸음으로 선생님을 따라갔다.

종주 宗主 | 마루 종, 주인 주 [suzerain]
[역사] 중국 봉건 시대에, 제후들 가운데 으뜸[宗] 가는 패권을 잡은 맹주(盟主).
▶ **종주-국** 宗主國 | 국가 국
❶ [속뜻] 어떤 범위 안의 나라들 중 으뜸이 되어[宗主] 주변국들의 주권을 좌우하는 나라[國]. ❷ 문화적 현상과 같은 어떤 대상이 처음 시작한 나라.

종지 [small dish]
간장·고추장 등을 담아 상에 놓는 작은 그릇. ¶새우젓 한 종지.

종지 終止 | 끝날 종, 그칠 지 [stop; termination; end]
무엇을 끝마쳐[終] 그만함[止].
▶ **종지-부** 終止符 | 맞을 부
[언어] 문장이 끝나는[終止] 것을 알리는 부호(符號). ¶내일이면 모든 군 생활에 종지부를 찍게 된다. [비] 마침표.

종착 終着 | 끝날 종, 붙을 착 [last to arrive]
마지막으로[終] 도착(到着)함.
▶ **종착-역** 終着驛 | 정거장 역
기차나 전차 따위가 운행을 마치고[終] 도착(到着)하는 역(驛). ¶한숨 자고 나니 종착역에 이르렀다. [비] 종점(終點). [반] 시발역(始發驛).

종친 宗親 | 마루 종, 친할 친 [kindred]
한 일족[宗]에 속하는 친척(親戚). ¶명절이 되어 가깝게 사는 종친들이 다 모였다.

종탑 鐘塔 | 쇠북 종, 탑 탑 [bell tower]
꼭대기에 종(鐘)을 매달아 치도록 만든 탑(塔). ¶성당 종탑에서 들려오는 은은한 종소리.

종파 宗派 | 마루 종, 갈래 파 [main branch of a family]
❶ [속뜻] 종가(宗家)에서 떨어져 나온 갈래[派]. ❷ 같은 종교의 갈린 갈래. ¶다른 종파라고 해서 서로 싸우면 안 된다.

***종합** 綜合 | 모을 종, 합할 합 [synthesize; put together]
여러 가지를 한데 모아[綜] 합(合)함. ¶종합 검진을 받아보다 / 여러 의견을 종합하

다.

▸종합-장 綜合帳 | 장부 장
여러 가지 내용을 종합(綜合)하여 적어 두는 공책[帳]. ¶내일 할 일을 종합장에 적어두다.

▸종합-적 綜合的 | 것 적
종합(綜合)한 것[的]. 종합하는 태도인 것. ¶연구 결과를 종합적으로 살펴보다.

▸종합 대:학 綜合大學 | 큰 대, 배울 학
교육 셋 이상의 단과 대학과 대학원이 함께 모여[綜合] 이루어진 대학(大學).

▸종합 병:원 綜合病院 | 병 병, 집 원
의학 여러 진료 과목을 고루[綜合] 갖춘 병원(病院). ¶종합 병원은 일반 병원에 비해 규모가 크다.

종:형 從兄 | 사촌 종, 맏 형
[older male cousin]
사촌[從] 형(兄).

종:-형제 從兄弟 | 사촌 종, 맏 형, 아우 제
[male cousins]
사촌[從] 관계인 형(兄)과 아우[弟]. ⓑ당형제(堂兄弟), 동당형제(同堂兄弟).

종횡 縱橫 | 세로 종, 가로 횡
[length and breadth]
❶속뜻 세로[縱]와 가로[橫]. ¶종횡이 일정하게 교차하도록 만들어라. ❷거침없이 마구 오거나 이리저리 다님. ¶전장을 종횡하며 용맹하게 싸우다.

▸종횡-무진 縱橫無盡 | 없을 무, 다할 진
❶속뜻 가로[縱] 또는 세로[橫]로 다함[盡]이 없음[無]. ❷자유자재로와 거침이 없음. ¶종횡무진으로 활약하다.

좆 [penis]
남성의 성기를 비속하게 이르는 말.

좇다 (從, 좇을 종; 遵, 좇을 준)
[follow; pursue; obey]
남의 말이나 뜻을 따르다. ¶아버지의 유언을 좇기로 결심했다. ⓑ추종(追從)하다.

♣ 좇다 / 쫓다

◎ 도망치는 범인의 뒤를 좇다 = 쫓다.
○ 공자의 가르침을 좇다.
× 공자의 가르침을 쫓다.
○ 손으로 모기를 쫓다.
× 손으로 모기를 좇다.

비슷한 듯 다른 말 ➲ 따르다[1]

좇아-가다
❶남의 말이나 뜻을 따라가다. ¶학생들은 선생님의 가르침을 하나씩 좇아가면서 배웠다. ❷어떤 대상을 눈길로 따라가다. ¶날아가는 새를 눈으로 좇아갔다.

좋:다 (好, 좋을 호; 良, 좋을 량)
[good; fine; like]
❶적당하다. 알맞다. ¶어느 정도의 자극은 건강에도 좋다. ❷마음에 들어 친하고 싶다. ¶난 네가 정말 좋아. ❸즐겁다. 유쾌하다. ¶오늘은 기분이 정말 좋다. ❹괜찮다. ¶필요하면 사전을 찾아봐도 좋습니다. ⓑ나쁘다, 싫다.

좋:아-하다
[like; be fond of; be pleased]
❶좋은 느낌을 가지다. 즐기다. ¶나는 등산을 좋아한다. ❷기뻐하다. 즐거워하다. ¶그는 합격 소식을 듣고 무척 좋아했다. ⓑ싫어하다, 슬퍼하다.

좌: 左 | 왼쪽 좌 [left]
'왼쪽'의 뜻. ¶좌로 나란히! ⓑ우(右).

좌:담 座談 | 자리 좌, 이야기 담 [discussion]
여러 사람이 한자리[座]에 모여 앉아서 어떤 문제에 대하여 나누는 이야기[談].

▸좌:담-회 座談會 | 모일 회
좌담(座談)을 하는 모임[會]. ¶정부의 교육 정책에 대해 전문가들이 좌담회를 가졌다.

좌:변 左邊 | 왼쪽 좌, 가 변 [left side]

❶ 속뜻 왼쪽[左] 가장자리[邊]. ❷ 수학 등식이나 부등식에서, 등호 또는 부등호의 왼쪽에 적은 수나 식. 반 우변(右邊).

좌ː석 座席 | 자리 좌, 자리 석 [seat]
앉을 수 있게 마련된 자리[座=席]. ¶6시 공연에 좌석이 있습니까? 비 자리.

▶좌석 버스 (座席bus)
앉는 자리[座席]가 배당되어 있는 버스[bus].

좌ː-수영 左水營 | 왼 좌, 물 수, 집 영
역사 조선 시대에, 전라도와 경상도의 각 좌도(左道)에 둔 수군(水軍) 절도사의 군영(軍營).

***좌ː우**[1] 左右 | 왼쪽 좌, 오른쪽 우
[right and left; be influenced]
❶ 속뜻 왼쪽[左]과 오른쪽[右]을 아울러 이르는 말. ¶좌우를 살피다 / 고개를 좌우로 흔들다. ❷어떤 일에 영향을 주어 지배함. ¶이번 프로젝트가 회사의 사활을 좌우한다 / 수확량은 날씨에 좌우된다.

▶좌ː우-간 左右間 | 사이 간
이렇든 저렇든[左右] 간(間)에. ¶좌우간 수고들 많았습니다. 비 어쨌든, 좌우지간(左右之間).

좌ː우[2] 座右 | 자리 좌, 오른쪽 우
[right side]
앉은 자리[座]의 오른쪽[右]. 또는 그 옆.

▶좌ː우-명 座右銘 | 새길 명
늘 자리[座] 옆[右]에 새겨[銘] 두고 가르침으로 삼는 말이나 문구. ¶"최선을 다하자"가 내 좌우명이다.

좌ː-의정 左議政 | 왼 좌, 의논할 의, 정사 정
역사 조선 때, 의정부(議政府)의 좌상(左相). 정일품 벼슬. 우의정의 위, 영의정의 아래이다.

좌ː절 挫折 | 꺾을 좌, 꺾을 절
[be frustrated; fall through]
❶ 속뜻 뜻이나 기운 따위가 꺾임[挫=折]. ¶입시 좌절 / 좌절을 딛고 성공하다. ❷어떤 계획이나 일이 헛되이 끝남. ¶효종의 북벌 계획이 좌절된 것은 참으로 애석한 일이었다.

▶좌ː절-감 挫折感 | 느낄 감
계획이나 의지 따위가 꺾이는[挫折] 느낌[感]. ¶아무도 내 말을 들어주지 않아 좌절감을 느낀다.

좌ː측 左側 | 왼쪽 좌, 곁 측 [left side]
왼쪽[左] 곁[側]. 왼쪽. ¶곧장 가다가 좌측으로 도세요. 반 우측(右側).

▶좌ː측-통행 左側通行 | 통할 통, 다닐 행
도로 따위를 다닐 때, 사람은 길의 왼쪽[左側]으로 다님[通行]. 또는 그렇게 다니게 되어 있는 규칙. ¶영국에서는 차량이 좌측통행한다. 반 우측통행(右側通行).

좌ː표 座標 | 자리 좌, 나타낼 표
[coordinates]
❶ 속뜻 자리해 있는[座] 곳에 붙인 표시(標示). ❷ 수학 평면이나 공간 안의 임의의 점의 위치를 나타내는 수나 수의 짝.

▶좌ː표-축 座標軸 | 굴대 축
수학 좌표(座標)를 결정할 때의 기준이 되는 직선[軸].

좌ː-회전 左回轉 | 왼 좌, 돌 회, 구를 전
[turn left]
차 따위가 왼쪽[左]으로 돎[回轉]. ¶좌회전 신호를 기다리다 / 다음 교차로에서 좌회전하세요. 반 우회전(右回轉).

좍 [widely]
❶넓게 퍼지는 모양. ¶소문이 좍 퍼지다. ❷거침없이 내리읽거나 말하는 모양. ¶그는 편지를 좍 읽어 내려갔다.

좍-좍 [in torrents; fluently]
❶비나 물 따위가 자꾸 쏟아지는 소리. 또는 그 모양. ¶물을 좍좍 끼얹다. ❷넓은 범위나 여러 갈래로 자꾸 흩어져 퍼지는 모양. ¶소름이 좍좍 끼치다.

좔-좔 [with a gush]
❶많은 양의 액체가 세차게 흐르는 소리. 또는 그 모양. ¶시냇물이 좔좔 흐르다. ❷

거침없이 읽거나 외거나 말하는 모양. ¶동수는 책을 좔좔 읽어 내려가기 시작했다.

죄: 罪 | 허물 죄 [crime; sin; offence]
양심이나 도리에 벗어난 행위. ¶다시는 죄를 짓지 않겠다고 다짐했다 / 억울하게 남의 죄를 뒤집어썼다.

죄:다[1][tighten up; feel nervous]
❶느슨하거나 헐거운 것이 단단하거나 팽팽하게 되다. 또는 그렇게 되게 하다. ¶고삐를 바싹 죄다. ❷마음을 졸여 간절히 바라고 기다리다. 또는 그렇게 되게 하다. ¶마음을 죄면서 결과를 기다렸다.

죄:-다[2][all; altogether]
모조리 다. 빠짐없이 온통 다. ¶나는 도서실에 있는 책을 죄다 읽었다.

죄:명 罪名 | 허물 죄, 이름 명 [charge]
죄(罪)의 이름[名]. 절도죄, 살인죄, 위증죄 따위.

죄:목 罪目 | 죄 죄, 눈 목
[name of a crime; charge]
범죄(犯罪)의 종류나 항목(項目). ¶검사가 죄목을 열거했다.

죄:상 罪狀 | 허물 죄, 형상 상
[guilt; charge]
죄(罪)를 짓게 된 구체적인 상황(狀況). ¶그의 죄상을 말해 주는 여러 가지 사실이 드러났다.

죄:송 罪悚 | 허물 죄, 두려워할 송
[be sorry; regret]
죄(罪)스럽고 송구(悚懼)하다. ¶늦어서 죄송합니다 / 부모님께 죄송스러워 고개를 들 수 없었다.

죄:수 罪囚 | 허물 죄, 가둘 수 [prisoner]
죄(罪)를 저지르고 옥에 갇힌[囚] 사람. ¶죄수들은 수갑을 차고 있었다. ㊐ 수인(囚人).

죄:악 罪惡 | 허물 죄, 나쁠 악
[sin; vice]
죄(罪)가 될 만한 나쁜[惡] 일. ¶남을 죽이는 것은 큰 죄악이다.

죄암-죄암 [grab it]
젖먹이가 두 손을 쥐었다 폈다 하는 모양.

죄어-들다 [become tighter]
안으로 바싹 오그라들다. ¶범인에 대한 수사망이 죄어들다.

죄:-의:식 罪意識 | 허물 죄, 뜻 의, 알 식
[sense of guilt]
잘못[罪]에 대한 자각이나 의식(意識). ¶죄의식에 사로잡히다.

죄:인 罪人 | 허물 죄, 사람 인 [criminal]
죄(罪)를 지은 사람[人]. ¶죄인들을 풀어 주기로 결정하다.

죄:-짓다 (罪—, 허물 죄)
[commit a crime]
죄(罪)가 될 일을 하다. 죄를 저지르다. ¶죄진 듯한 표정 / 죄지은 사람은 내가 아니라 너다.

죄:책 罪責 | 허물 죄, 꾸짖을 책
[liability for a crime]
잘못[罪]을 저지른 책임(責任).

▶ 죄:책-감 罪責感 | 느낄 감
저지른 잘못[罪]에 대하여 책임(責任)을 느낌[感]. ¶견딜 수 없는 죄책감에 시달리다.

죗:-값 (罪—, 허물 죄) [atonement]
지은 죄(罪)에 대하여 받는 벌·대가. ¶죗값은 바로 치르겠습니다.

주[1] 主 | 주될 주 [principal part; Lord]
❶주요(主要)하거나 기본이 되는 것을 이르는 말. ¶이 고장은 농업이 주를 이룬다. ❷ 기독교 하나님이나 예수님을 이르는 말. ¶주께서 늘 살펴 주시옵소서.

주[2] 州 | 고을 주 [state]
연방 국가의 행정 구역. ¶미국에는 50개의 주가 있다.

주[3] 株 | 그루 주 [stock; tree]
❶나무[株]나 주권의 수를 세는 말. ¶소나무 한 주를 심다 / 회사 주식 50주를 사다. ❷ 경제 '주식'(株式)의 준말. ¶우량주(優

良株) / 주를 발행하다.

주[4] **週** | 돌 주 [week]
❶일·월·화·수·목·금·토의 7일 동안. ¶이번 주는 시험을 준비해야 한다. ❷7일을 한 묶음으로 하여 세는 말. ¶한 달은 보통 4주로 이루어진다.

주가 株價 | 주식 주, 값 가 [stock price]
경제 주식(株式)이나 주권(株券)의 가격(價格). '주식 가격'(株式價格)의 준말. ¶오늘 아침 주가가 크게 올랐다.

주간[1] **晝間** | 낮 주, 사이 간 [daytime]
낮[晝] 동안[間]. ¶그는 주간에 근무한다. ⓑ 야간(夜間).

주간[2] **週間** | 주일 주, 사이 간 [week]
월요일부터 일요일까지의 한 주일(週日) 동안[間]. ¶주간 계획을 세우다.

주간[3] **週刊** | 주일 주, 책 펴낼 간 [weekly publication]
한 주(週) 간격으로 간행(刊行)함. 또는 그런 간행물. ¶주간잡지.

▶**주간-지 週刊紙** | 종이 지
언론 한 주의 간격으로 간행하는[週刊] 신문[紙].

주:거 住居 | 살 주, 살 거 [dwell; reside; live in]
일정한 곳에 머물러[居] 삶[住]. 또는 그런 집. ¶주거환경이 좋다 / 주거를 옮기려고 한다. ⓑ 거주(居住).

▶**주:거-비 住居費** | 쓸 비
주거(住居)에 소요되는 경비(經費). 집세, 수도 요금, 화재 보험료 따위. ¶소득 수준에 따라 지출하는 주거비도 달라진다.

▶**주:거-지 住居地** | 땅 지
사람이 살고 있거나 살았던[住居] 지역(地域). ¶그는 주거지가 확실하지 않다.

주걱 [rice scoop]
밥을 푸는 기구. '밥주걱'의 준말.

주검 [dead body]
사람의 죽은 몸. ¶전투에 나간 그는 주검이 되어 돌아왔다. ⓑ 송장, 시신(屍身), 시체(屍體).

주-경기장 主競技場 | 주될 주, 겨룰 경, 재주 기, 마당 장 [main stadium]
여러 가지 운동 경기(競技)를 하기 위한 시설을 갖춘 곳[場] 중 주된[主] 경기장. ¶올림픽 주경기장.

주경-야독 晝耕夜讀 | 낮 주, 밭갈 경, 밤 야, 읽을 독
❶ 속뜻 낮[晝]에는 농사짓고[耕] 밤[夜]에는 글을 읽음[讀]. ❷어려운 여건 속에서도 꿋꿋이 공부함. ¶아저씨는 7년간의 주경야독 끝에 대학을 졸업했다.

주고-받다 [give and take]
서로 주기도 하고 받기도 하다. ¶농담을 주고받다 / 명함을 주고받으며 인사했다.

주관[1] **主管** | 주될 주, 맡을 관 [manage; be in charge of]
어떤 일에 중심이 되어[主] 맡아 관리(管理)함. ¶정부 주관으로 의식을 거행하다.

주관[2] **主觀** | 주인 주, 볼 관 [subjectivity]
스스로 주인(主人)이 되어 보는[觀] 생각. ¶자기 주관이 뚜렷하다. ⓑ 객관(客觀).

▶**주관-식 主觀式** | 법 식
교육 시험에서 주관적(主觀的)으로 서술하는 형식(形式). ¶이번 시험에는 주관식 문제들이 많았다. ⓑ 객관식.

▶**주관-적 主觀的** | 것 적
주관(主觀)을 바탕으로 한 것[的]. ¶주관적인 해석. ⓑ 객관적(客觀的).

***주교 主教** | 주될 주, 종교 교 [bishop]
❶ 속뜻 주장(主張)으로 삼는 종교(宗教). ❷ 가톨릭 교구를 관할하는 조직이나, 그 직에 있는 사람을 이르는 말.

주권 主權 | 주인 주, 권리 권 [sovereignty]
❶ 속뜻 주인(主人)의 권리(權利). ❷ 법률 국가 의사를 최종적으로 결정하는 최고·독립·절대의 권력. ¶주권을 행사하다.

주근-깨 [freckles]
얼굴의 군데군데에 생기는 다갈색 또는 암갈색의 잔 점. ¶얼굴에 주근깨가 많아

고민이다.

주기 週期 | 돌 주, 때 기 [period; cycle]
❶ 속뜻 한 바퀴 도는 데[週] 걸리는 일정한 시간[期]. ¶지구는 1년을 주기로 태양 주위를 공전한다. ❷어떤 현상이 일정한 시간마다 똑같은 변화를 되풀이할 때, 그 일정한 시간을 이르는 말. ¶그는 삼 년 주기로 이사를 다녔다 / 주기적으로 이런 현상이 발생한다.

주-기도문 主祈禱文 | 주될 주, 빌 기, 빌 도, 글월 문 [Lord's Prayer]
기독교 예수[主]가 제자들에게 직접 가르친 기도문(祈禱文).

주년 週年 | =周年, 돌 주, 해 년 [anniversary]
한 해[年]를 단위로 하여 돌아오는[週] 그 날. ¶결혼 20주년.

주:눅 [timidity]
기운을 펴지 못하고 움츠러드는 태도나 성질. ¶나는 선생님 앞에만 서면 주눅이 들어 말하기가 어렵다.

주-님 (主—, 주인 주) [Lord]
기독교 '주'(主)의 높임말. ¶주님 뜻대로 하옵소서.

주다 (授, 줄 수; 與, 줄 여; 贈, 줄 증) [give; cause; put in]
❶내 것을 남에게 건네어 그의 것이 되게 하다. ¶반지를 선물로 주다. ❷손해·고통·창피 따위를 받게하거나 입게 하다. ¶나는 너에게 피해를 주고 싶지 않다. ❸속력·힘 등을 가하다. ¶손에 힘을 더 주다. ㊥ 수여(授與)하다.

비슷한 듯 다른 말 ➲ 베풀다

주도 主導 | 주인 주, 이끌 도 [lead]
주인(主人)이 되어 이끌어 나감[導]. ¶정부 주도 하의 산업화 / 정미는 모임을 주도하는 능력이 있다.

주동 主動 | 주될 주, 움직일 동 [lead]
어떤 일에 중심이 되어[主] 행동(行動)함. 또는 그러한 사람. ¶그는 3·1만세운동을 주동했다.

▸**주동-자 主動者** | 사람 자
어떤 일을 적극적으로 행동하는[主動] 사람[者]. ¶경찰은 이번 파업 주동자를 검거했다.

주-되다 (主—, 주인 주) [be main]
중심이 되다[主]. 기본이 되다. ¶수학여행을 어디로 갈 것인지가 주된 관심거리였다.

주:둔 駐屯 | 머무를 주, 진칠 둔 [be stationed]
군사 군대가 어떤 곳에 진을 치고[屯] 머무름[駐]. ¶미군은 한국전쟁 이후로 한국에 주둔하고 있다.

주둥아리 [mouth]
사람의 입을 속되게 이르는 말. ¶그 주둥아리 함부로 놀리지 마.

주둥이 [bill; mouth]
❶일부 짐승이나 물고기 따위의 머리에서, 뾰족하게 나온 코나 입 주위의 부분. ¶주둥이로 모이를 쪼다. ❷병이나 일부 그릇 따위에서, 좁고 길쭉하게 나온, 담긴 물질을 밖으로 나오게 하는 부분. ¶병의 주둥이가 좁아서 음료수가 잘 안 나온다. ❸사람의 입을 속되게 이르는 말. ¶주둥이만 살아서 한 마디도 지지 않는구나.

주렁-주렁 [in full bearing]
열매 따위가 연이어 매달려 있는 모양. ¶포도나무에 포도가 주렁주렁 달렸다.

주력 主力 | 주될 주, 힘 력 [main force]
중심이 되는[主] 힘[力]. 또는 그런 세력(勢力). ¶주력 부대가 전멸 당했다.

주례 主禮 | 주될 주, 예도 례 [officiate]
예식(禮式)을 주도(主導)하여 진행함. 또는 그 일을 맡아보는 사람. ¶목사님께 결혼식 주례를 부탁드렸다.

주-로[1](主—, 주될 주) [mainly]
가장 흔하게. 주되게. ¶우리 가족은 주로 바닷가에서 여름을 보낸다. ㊥ 대개, 대체로.

주:로²走路 | 달릴 주, 길 로 [track; course]
❶ 속뜻 도주(逃走)하는 길[路]. ❷ 운동 육상 경기에서 경주자가 달리는 일정한 길.

주룩-주룩 [pouring down off and on]
굵은 물줄기나 빗물 따위가 빠르게 자꾸 흐르거나 내리는 소리. 또는 그 모양. ¶하루 종일 비가 주룩주룩 내린다.

주류¹主流 | 주될 주, 흐를 류 [mainstream; majority]
❶ 속뜻 강의 원줄기[主]가 되는 흐름[流]. ¶한강의 주류. ❷어떤 조직이나 단체에서 영향력이 가장 큰 세력. ¶올 겨울옷은 화려한 원색이 주류를 이룬다. ⓑ비주류(非主流).

주류²酒類 | 술 주, 무리 류 [alcoholic drinks; liquor]
술[酒]에 속하는 무리[類]의 각종 제품. ¶청소년에게 주류를 판매하지 않습니다.

주르르 [trickling; slipperily]
굵은 물줄기 따위가 빠르게 흘러내리는 소리. 또는 그 모양.

주르륵 [dribbling]
굵은 물줄기가 넓은 구멍이나 면을 흐르다가 그치는 소리. ¶눈에서 눈물이 주르륵 흘러내렸다.

주름 [wrinkles; crease]
❶피부가 늘어지거나 노화되어 생긴 잔금. ¶어머니의 얼굴은 어느새 주름이 더 늘어 있다. ❷옷의 폭 따위를 줄여서 접은 금. ¶바지에 주름을 세우다.

▸**주름-살**
주름이 잡힌 금. ¶근심으로 이마에 주름살을 지었다.

▸**주름-잡다**
모든 일을 자기가 하고 싶은 대로 주동이 되어 처리하다. ¶그는 한때 천하를 주름잡는 장군이었다.

주리 [leg-screw torture]
역사 죄인의 두 다리를 묶고 그 틈에 두 개의 주릿대를 끼우고 비틀던 형벌. ¶당장 저 놈의 주리를 틀어라.

주:리다 (飢, 주릴 기; 餓, 굶주릴 아) [starve]
먹을 것을 양껏 먹지 못해 배곯다. ¶배를 주리던 시절. ⓑ 굶주리다, 허기(虛飢)지다.

주막 酒幕 | 술 주, 막 막 [inn]
시골의 길목에서 술[酒]이나 밥 따위를 팔던 막사[幕]같은 집.

▸**주막-집** (酒幕-)
시골 길가에서 술[酒]·밥을 팔고 나그네를 치는 집[幕].

주말 週末 | 주일 주, 끝 말 [weekend]
한 주일(週)의 끝[末]. ¶아버지는 주말마다 등산을 가신다.

주머니 [pocket]
돈 따위를 넣으려고 헝겊으로 만들어 끈을 꿰어 허리에 차게 된 물건. 또는 옷에 붙어 작은 자루의 구실을 하는 부분. ¶주머니 안의 동전을 만지작거렸다.

주먹 (拳, 주먹 권) [fist]
다섯 손가락을 오므려 쥔 손. ¶그는 주먹을 불끈 쥐더니 탁자를 쳤다.

▸**주먹-밥**
주먹처럼 뭉친 밥덩이. ¶산 정상에서 주먹밥 두 덩이를 먹었다.

▸**주먹-손**
주먹을 쥔 손.

▸**주먹-질**
주먹을 휘두르며 으르거나 때리는 일. ¶힘만 믿고 그렇게 주먹질을 해서야 되겠니?

▸**주먹-코**
뭉뚝하고 크게 생긴 코. 또는 그러한 코를 가진 사람을 놓으로 이르는 말.

▸**주먹 도끼**
고적 주먹에 쥐고 사용할 수 있는 작은 도끼. 몸돌의 양쪽 겉면을 깨뜨려 날카로운 부분으로 물건을 자르거나 땅을 팔 수 있다. ⓑ 악부(握斧)

주모[1]酒母 | 술 주, 어머니 모 [barmaid]
술집에서 술[酒]을 파는 여자[母]. [비] 주부(酒婦).

주모[2]主謀 | 주될 주, 꾀할 모
[lead a conspiracy; stir up]
모략이나 음모 따위를 주도(主導)하여 꾸밈[謀]. ¶몰래 반란을 주모하다.

▸ **주모-자** 主謀者 | 사람 자
우두머리가 되어 어떤 일이나 음모 따위를 꾸미는[主謀] 사람[者]. ¶시위 주모자를 찾아내다.

주:목 注目 | 쏟을 주, 눈 목
[pay attention]
❶ [속뜻] 눈[目]길을 한곳에 쏟음[注]. ❷어떤 대상이나 일에 대해 특별히 관심을 가지고 자세히 살핌. ¶그 사건은 주목을 별로 받지 못했다.

주무르다 [finger]
손으로 물건이나 몸의 한 부분을 연해 쥐었다 폈다 하다. ¶어머니 어깨를 주물러 드렸다 / 찰흙을 주무르다.

주무시다 [go to bed]
'자다'의 높임말. ¶할아버지께서 방에서 주무시니 조용히 하렴.

주:문[1]注文 | 물댈 주, 글월 문
[order; request]
물건 구입 의사를 밝히어 보내는[注] 글[文]. 또는 그런 일. ¶주문을 받다 / 주문하자마자 음식이 나왔다.

주:문[2]呪文 | 빌 주, 글월 문 [incantation]
❶ [속뜻] 비는[呪] 글[文]. ❷ [민속] 음양가(陰陽家)나 술가(術家)등이 술법을 부릴 때, 외우는 글귀. ¶그 주문을 외우면 죽은 사람이 살아난다고 믿는다.

주:물 鑄物 | 쇠 불릴 주, 만물 물 [casting]
[공업] 쇳물을 일정한 틀 속에 부어 굳혀 만든[鑄] 물건(物件).

주물럭-거리다 [fumble with]
물건을 손으로 자꾸 주무르다. ¶아낙들은 빨랫감을 자꾸 주물럭거리며 이야기했다.

주:미 駐美 | 머무를 주, 미국 미
[resident in America]
미국(美國)에 머묾[駐]. ¶주미 한국대사관.

⁑**주:민** 住民 | 살 주, 백성 민
[inhabitant; residents]
일정한 지역에 머물며 사는[住] 백성[民]. '거주민'(居住民)의 준말. ¶나는 이 아파트 주민이다.

▸ **주:민-세** 住民稅 | 세금 세
[법률] 그 어느 지역에 사는 개인[住民] 및 법인(法人)의 소득에 대하여 매기는 세금(稅金).

▸ **주:민 등록증** 住民登錄證 | 오를 등, 기록할 록, 증거 증
[법률] 일정 지역의 주민(住民)인 사실이 등록(登錄)된 것을 나타내는 증명서(證明書). 만17세 이상이면 발급한다. ¶신분을 확인하기 위해 주민 등록증을 제출해 주십시오.

주발 周鉢 | 둘레 주, 밥그릇 발
[brass rice bowl]
놋쇠로 둘러[周] 만든 밥그릇[鉢]. ¶할아버지가 밥을 반 주발 밖에 안 드셨다.

주방 廚房 | 부엌 주, 방 방 [kitchen]
부엌[廚]이 있는 방(房). 음식을 만들거나 차리는 방. ¶그녀는 음식점 주방에서 일하고 있다.

▸ **주방-장** 廚房長 | 어른 장
음식점이나 다방 따위에서 조리를 맡은 곳[廚房]의 우두머리[長]. ¶호텔 주방장이 아무나 되는 줄 아니?

주번 週番 | 주일 주, 차례 번
[weekly duty]
한 주(週)마다 차례[番]대로 하는 근무. ¶이번 주 주번은 화장실 좀 청소하렴.

주범 主犯 | 주될 주, 범할 범
[principal offender]
어떤 범죄를 주동(主動)한 범인(犯人). ¶사건 발생 한 달 만에 주범이 잡혔다 /

자동차 매연은 대기오염의 주범이다.

주:법 奏法 | 연주할 주, 법 법
[execution; how to play]
음악 악기를 연주(演奏)하는 방법(方法). '연주법'(演奏法)의 준말. ¶기타의 주법을 연습하다.

주:변[1] [resourcefulness]
일을 주선하거나 변통함. 또는 그 재주. ¶그는 말 주변이 정말 뛰어나다.

▸ 주:변-머리
'주변'을 속되게 이르는 말. ¶그는 주변머리가 없어서 모르는 사람과는 인사도 못 한다.

주변[2] 周邊 | 두루 주, 가 변 [surroundings]
주위(周圍)의 가장자리[邊]. ¶영호는 주변에 친구가 많다 / 주변 경치가 정말 좋다. ⊞ 주위(周位).

주부 主婦 | 주인 주, 부인 부 [housewife]
한 가정 주인(主人)의 부인(婦人). ¶자녀 셋을 둔 주부.

주빈 主賓 | 주될 주, 손님 빈
[guest of honor]
손님 가운데서 주(主)가 되는 손님[賓]. ¶저명한 인사들이 주빈으로 참석하다.

주:사 注射 | 물댈 주, 쏠 사 [inject]
의학 약물을 주사기에 넣어 생물체의 조직이나 혈관 안으로 들여보내[注] 쏘아[射] 넣는 일. ¶팔뚝에 주사를 맞았다 / 진통제를 주사하다.

▸ 주:사-기 注射器 | 그릇 기
의학 주사(注射)할 때 쓰는 기구(器具).

주사위 [dice]
단단한 물건으로 만든 정육면체의 각 면에 하나에서 여섯까지의 점을 새겨 이를 던져 그 점수를 겨루는 장난감. 속담 주사위는 던져졌다.

주산 珠算 | 구슬 주, 셀 산
[abacus calculation]
구슬[珠] 모양의 알을 이용하여 셈하는[算] 기구. ¶그는 주산을 잘 해서 계산을 빨리 한다.

주:-생활 住生活 | 살 주, 살 생, 살 활
사는[住] 집이나 사는 곳에 관한 생활(生活). ¶한옥은 우리의 전통적인 주생활 양식이다.

주석[1] 主席 | 주인 주, 자리 석 [head]
❶ 속뜻 주인(主人)의 자리[席]. 중심이 되는 자리. ❷ 중국 등 일부 국가의 정부나 정당의 최고 지위. 또는 그 지위에 있는 사람.

주석[2] 朱錫 | 붉을 주, 주석 석 [tin]
❶ 속뜻 붉은[朱] 빛의 금속[錫]. ❷ 화학 은백색의 광택이 나는 금속 원소.

주선 周旋 | 두루 주, 돌 선
[arrange; organize; set up]
일이 잘 되도록 여러모로 두루[周] 돌보며[旋] 힘씀. ¶그의 주선으로 일자리를 얻었다.

주섬-주섬 [one by one]
많은 물건을 주워 거두는 모양. ¶옷을 주섬주섬 가방에 챙겨 넣었다.

주-성분 主成分 | 주될 주, 이룰 성, 나눌 분
[main component]
어떤 물질을 이루고 있는 주요(主要) 성분(成分). ¶수박의 주성분은 물이다. ⊞ 부성분(副成分).

주:소 住所 | 살 주, 곳 소 [address]
사람이 자리를 잡아 살고[住] 있는 곳[所]. ¶우리 집 주소가 바뀌었어요.

주:술 呪術 | 빌 주, 꾀 술
[spell; occult art]
초자연적 존재나 신비적인 힘을 빌려 길흉을 점치고 회복을 비는[呪] 술법(術法). ¶주술로 병을 고치다.

주스 {영 juice}
과실이나 야채에서 짜낸 액즙(液汁). ¶빨대로 주스를 빨아 먹다.

주:시 注視 | 쏟을 주, 볼 시
[gaze at; watch carefully]
어떤 사물이나 상황에 정신을 쏟아[注]

자세히 봄[視]. ¶온 세계의 주시를 받다 / 경찰에서는 그의 행동을 주시했다.

주식[1] **主食** | 주될 주, 밥 식
[staple food]
밥이나 빵과 같이 끼니에 주(主)로 먹는 음식(飮食). ¶쌀을 주식으로 하다. ⊕부식(副食).

주식[2] **株式** | 주식 주, 법 식 [stocks]
경제 회사의 자본을 구성하는 단위. '株'는 미국식 용어 'stocks'를 직역(直譯)한 것이며, 그것으로 자본을 모으는 방식(方式)이라는 뜻으로 '주식'이라는 용어가 만들어진 것으로 추정된다. ¶주식으로 돈을 벌었다.

▸주식-회:사 株式會社 | 모일 회, 단체 사
경제 주식(株式)의 발행을 통해 자금을 모아 운영하는 회사(會社).

주심 主審 | 주될 주, 살필 심
[chief judge]
❶ 속뜻 주(主)된 심사원(審査員). ❷ 운동 여러 명의 심판 가운데 주장이 되어 경기를 진행시키고 심판하는 사람. ¶주심의 판정을 따르기로 하다.

주야 晝夜 | 낮 주, 밤 야 [day and night]
❶ 속뜻 낮[晝]과 밤[夜]. ¶주야 교대로 일하다. ❷쉬지 않고 계속함. ¶어머니는 주야로 아버지가 회복되기만을 기다렸다.

주어 主語 | 주인 주, 말씀 어 [subject]
언어 문장에서 주체(主體)가 되는 말[語]. ¶'철수가 운동을 한다.'에서 주어는 '철수'이다.

주어-지다 [be given; be allowed]
필요한 요소나 조건 따위가 갖추어지거나 제시되다. ¶누구에게나 평등한 기회가 주어져야 한다.

주역 主役 | 주될 주, 부릴 역
[leading part]
❶ 속뜻 연극이나 영화 따위의 주(主)된 역할(役割). 또는 그러한 사람. ¶그 여배우는 이번 영화에서 주역을 따냈다. ❷어떤 분야에서 중요한 일을 하는 사람. ¶그가 우리 팀 우승의 주역이다. ⊕단역(端役).

주연 主演 | 주인 주, 펼칠 연
[leading role]
연영 연극이나 영화 등에서 주인공(主人公)으로 출연(出演)함. 또는 주인공으로 출연한 배우. ¶그가 주연한 영화가 흥행에 성공했다. ⊕조연(助演).

주옥 珠玉 | 구슬 주, 구슬 옥
[gem; jewel]
❶ 속뜻 구슬[珠]과 옥(玉)을 통틀어 이르는 말. ❷'여럿 가운데 가장 아름답고, 값지며 귀한 것'을 비유하는 말. ¶그는 200여 편의 주옥같은 시를 썼다.

⁑**주요 主要** | 주될 주, 요할 요 [main]
주(主) 중요(重要)함. ¶올해의 주요 사건.

▸주요-색 主要色 | 빛 색
주요(主要)한 빛깔[色]. 빨강, 노랑, 파랑, 초록의 네 가지 빛깔을 이른다.

주-원료 主原料 | 주될 주, 본디 원, 거리 료
[primary ingredient]
주요(主要) 원료(原料). ¶이 제품의 주원료는 대부분 수입한다.

주-원인 主原因 | 주될 주, 본디 원, 까닭 인
[main cause]
주요(主要) 원인(原因). ¶사고의 주원인을 찾다.

⁑**주위 周圍** | 두루 주, 둘레 위 [surroundings]
❶ 속뜻 어떤 것의 바깥 둘레[周=圍]. ¶달은 지구 주위를 돌고 있다. ❷어떤 사람이나 사물을 둘러싸고 있는 환경. ¶주위가 어두워지다. ❸어떤 사람의 가까이에 있는 사람들. ¶주위의 시선을 의식하다. ⊕주변(周邊).

주:유 注油 | 부을 주, 기름 유
[refuel; fill up with gas]
기름[油]을 넣음[注]. ¶주유 중에는 엔진을 꺼 주세요.

▸주:유-소 注油所 | 곳 소
기름[油]을 넣는[注] 곳[所].

주의[1] **主義** | 주될 주, 뜻 의
[belief; principle; ism]
❶ 속뜻 중심[主]이 되는 뜻[義]이나 의견. ❷굳게 지키는 주장이나 방침. ¶그는 주의가 강한 사람이다. ❸체계화된 이론이나 학설. ¶민족자결주의 / 제국주의.

⁑**주:의**[2] **注意** | 쏟을 주, 뜻 의
[be attention to; be careful]
❶ 속뜻 뜻[意]이나 마음을 쏟음[注]. ¶주의를 기울이다. ❷마음에 새겨 두고 조심함. ¶감기에 걸리지 않게 주의하세요. ❸경고나 충고의 뜻으로 일깨워 주는 말. ¶조용히 하라고 선생님에게 주의를 받았다.

▶ 주:의-보 注意報 | 알릴 보
지리 기상대 등에서 기상 상태로 말미암아 피해가 예상될 때 주의(注意)하라고 알리는[報] 것. ¶대설(大雪) 주의보.

⁑**주인** **主人** | 주될 주, 사람 인
[owner; host; employer]
❶ 속뜻 한 집안을 꾸려 나가는 주(主)되는 사람[人]. ❷물건을 소유한 사람. ¶이 땅의 주인은 누구입니까? ❸손을 맞이하는 사람. ¶주인은 손님들에게 반갑게 인사했다. ❹고용 관계에서의 고용주. ¶휴가를 달라고 주인에게 건의하다. 반 손님.

▶ 주인-공 主人公 | 귀인 공
사건이나 예술작품에서의 중심[主] 인물[人]을 높여[公] 이르는 말. ¶이 소설의 주인공은 어느 시골의 농부이다.

▶ 주인-집 (主人-)
주인(主人)이 살고 있는 집. ¶주인집에서 쫓겨났다.

주일[1] **主日** | 주인 주, 해 일
[Lord's day]
기독교 '일요일'을 달리 이르는 말. 예수[主] 그리스도가 부활한 사건을 매주 기념하는 날[日]에서 유래한다. ¶주일에는 영업하지 않습니다.

주일[2] **週日** | 주일 주, 날 일 [week]
일요일부터 토요일까지의 한 주(週) 기간[日]. 7일. ¶이 편지를 몇 주일 뒤면 받을 수 있을까요?

주임 **主任** | 주될 주, 맡길 임
[chief; head]
어떤 일에 중심이 되어[主] 맡음[任]. 또는 그 사람. ¶3학년 주임 교사 / 영업부 주임으로 승진하다.

주:입 **注入** | 부을 주, 들 입
[pour; inject; cram]
❶ 속뜻 액체를 물체 안에 부어[注] 넣음[入]. ¶자동차에 냉각수를 주입하다. ❷지식을 기계적으로 기억하게 하여 가르침. ¶단순히 머리에 주입된 지식은 오래가지 않는다.

▶ 주:입-기 注入器 | 그릇 기
기름 따위의 액체를 주입(注入)하는 데에 쓰는 기구(器具).

주자 **走者** | 달릴 주, 사람 자 [runner]
❶ 속뜻 달리는[走] 사람[者]. ¶선두주자 / 마지막 주자가 결승점에 도착했다. ❷ 운동 야구에서 아웃되지 않고 누(壘)에 나가 있는 사람. ¶주자를 2루로 보내다.

⁑**주장**[1] **主張** | 주될 주, 벌릴 장
[assert; contend]
자기의 의견이나 주의(主義)를 널리 떠벌임[張]. 또는 그런 주의. ¶변호사는 무죄를 주장했다.

주장[2] **主將** | 주인 주, 장수 장 [captain]
❶ 속뜻 한 군대의 으뜸가는[主] 장수(將帥). ❷ 운동 한 팀을 대표하는 선수. ¶주장이 팀을 대표하여 트로피를 받았다.

주장[3] **主掌** | 주될 주, 맡을 장
주(主)로 맡아서[掌] 함.

주재[1] **主宰** | 주될 주, 맡을 재
[chair; supervise]
어떤 일을 중심이 되어[主] 맡아함[宰]. 또는 그 사람. ¶대통령 주재로 긴급회의가 열렸다.

주:재[2] **駐在** | 머무를 주, 있을 재 [reside]

❶ 속뜻 일정한 곳에 머물러[駐] 있음[在]. ❷직무상 파견된 곳에 머물러 있음. ¶한국 주재 일본대사.

주-재료 主材料 | 주될 주, 재목 재, 거리 료 주요(主要) 재료(材料). ¶빵은 밀가루와 설탕이 주재료이다.

주저 躊躇 | 머뭇거릴 주, 머뭇거릴 저 [hesitate] 나아가지 못하고 머뭇거림[躊=躇]. ¶우리는 어떤 일에도 주저하지 않는다.

주저-앉다 [drop down; stay on] ❶섰던 자리에 그대로 내려앉다. ¶의자에 털썩 주저앉다. ❷일정한 곳에 자리 잡고 살다. ¶한국에 들렀다가 서울에 주저앉아 살고 있다.

주전 主戰 | 주될 주, 싸울 전 [key player] ❶ 속뜻 전쟁(戰爭)하기를 주장(主張) 함. ❷주력이 되어 싸움. 또는 그런 사람. ¶그는 부상 때문에 주전으로 뛸 수 없다. ㊥ 후보(候補).

주전-부리 [snacking between meals] 맛이나 재미, 심심풀이로 먹는 음식. ¶겨울철 주전부리로는 붕어빵이 그만이다. ㊥ 군것질.

주전-자 酒煎子 | 술 주, 달일 전, 접미사 자 [kettle] 술[酒]이나 물 따위를 데우거나[煎] 담는 그릇[子]. ¶주전자에 물을 끓이다.

주:정 酒酊 | 술 주, 술취할 정 [drunken frenzy] 술[酒]에 취함[酊]. 술에 취하여 하는 짓거리. ¶그는 가끔 술을 마시고 주정을 부리는 경향이 있다.

주제[1]
변변하지 못한 처지나 형편. ¶네 주제 파악 좀 해라.

▶ 주제-넘다
제 분수에 넘게 건방지다. ¶남의 일에 주제넘게 나서지 마라.

⁂**주제**[2] 主題 | 주될 주, 제목 제 [theme] ❶ 속뜻 연설이나 토론 따위의 주요(主要) 제재(題材)나 제목(題目). ¶이별의 슬픔을 주제로 한 시. ❷중심이 되는 문제. ¶대화의 주제와 관련 없는 내용은 삼가 주십시오.

▶ 주제-가 主題歌 | 노래 가
영화나 연극 등에서 부르는, 주제(主題)와 관계가 깊은 노래[歌]. ¶나는 드라마 주제가를 계속 흥얼댔다.

▶ 주제-어 主題語 | 말씀 어
한 문장에서 주제(主題)를 담은 부분의 말[語].

주:조 鑄造 | 쇠 불릴 주, 만들 조 [cast] 쇳물을 거푸집에 부어[鑄] 필요한 물건을 만듦[造]. ¶기념 주화를 주조하다.

주종[1] 主宗 | 주인 주, 마루 종 [main part] 여러 가지 가운데 주(主)가 되고 으뜸[宗]이 되는 것. ¶그 나라의 수출품은 가전제품이 주종을 이룬다.

주종[2] 主從 | 주인 주, 따를 종 [master and servant] 주인(主人)과 그를 따르는[從] 사람. ¶주종 관계를 이루다.

주주 株主 | 주식 주, 주인 주 [stockholder] 경제 주식(株式)을 가지고 있는 사람[主]. ¶주주총회.

주중 週中 | 주일 주, 가운데 중 [weekdays] 한 주(週) 가운데[中]. ¶이 백화점은 주중에도 항상 붐빈다.

주:지 住持 | 살 주, 가질 지 [head priest of a Buddhist temple] 불교 안주(安住)하여 법을 유지(維持)하며 한 절을 책임지고 맡아보는 승려. ¶주지 스님께 합장(合掌)하다.

주-지사 州知事 | 고을 주, 알 지, 일 사 [governor of a state] 미국처럼 여러 주(州)의 연방으로 이루어

진 나라에서 한 주의 우두머리 관리[知事]. ¶텍사스 주지사 선거에 출마하다.

주ː차 駐車 | 머무를 주, 수레 차 [park]
자동차(自動車)를 세워 둠[駐]. ¶주차 공간 / 가게 앞에 주차하지 마십시오.

▸ **주ː차-장** 駐車場 | 마당 장
자동차(自動車)를 세워 두도록[駐] 마련한 곳[場]. ¶이 건물 지하에 주차장이 있습니다.

주창 主唱 | 주인 주, 이끌 창 [advocate]
❶ 속뜻 주장(主將)이 되어 이끎[唱]. ❷앞장서서 부르짖음. ¶김 선생님은 늘 민족주의를 주창하셨다.

주책 [definite view]
❶일정한 주장 또는 판단력. ¶주책이 없는 사람처럼 떠들어댄다. ❷일정한 줏대가 없이 이랬다저랬다 하는 일. ¶주책 부리지 좀 마.

▸ **주책-없이**
일정한 줏대가 없이 이랬다저랬다 하여 몹시 실없이. ¶주책없이 자꾸 웃다.

주체 主體 | 주될 주, 몸 체 [main body]
❶ 속뜻 어떤 단체나 물건의 주(主)가 되는 부분[體]. ¶국가의 주체는 국민이다. ❷사물의 작용이나 어떤 행동의 주가 되는 것. ¶역사의 주체.

주초 週初 | 주일 주, 처음 초
[beginning of the week]
한 주(週)의 첫[初] 부분. ¶주초부터 일이 잘 안 풀린다. ⓑ 주말(週末).

주최 主催 | 주될 주, 열 최 [sponsor]
어떤 행사나 회합 따위의 개최(開催)를 주관(主管)함. ¶신문사 주최로 바자회가 열리다.

주축 主軸 | 주될 주, 굴대 축
[main axis]
❶ 속뜻 몇 개의 축을 가진 도형이나 물체에서 중심을 이루는[主] 축(軸). ❷어떤 활동의 중심. ¶학생회가 주축이 되어 축제를 진행했다.

주춤 [go slow; flinch]
가볍게 놀라거나 망설이는 몸짓으로 갑자기 멈칫하거나 움츠리는 모양. ¶상대편이 달려들어 주춤 뒤로 물러났다 / 그녀를 보자 걸음을 주춤했다.

▸ **주춤-주춤**
어떤 행동이나 걸음 따위를 망설이며 자꾸 머뭇거리는 모양. ¶경찰을 출동하자 주춤주춤 뒷걸음치며 달아났다.

▸ **주춤-거리다**
어떤 행동이나 걸음 따위를 망설이며 자꾸 머뭇거리다. ¶선뜻 대답하지 못하고 주춤거리다.

주춧-돌 (礎, 주춧돌 초)
[foundation stone]
건설 기둥 밑에 기초로 받쳐 놓은 돌. ¶집터에는 주춧돌만 남아 있다 / 주춧돌이 되다.

주치 主治 | 주될 주, 다스릴 치
[have patient in charge]
어떤 의사가 치료(治療)를 주관(主管)함. 또는 그런 일.

▸ **주치-의** 主治醫 | 치료할 의
어떤 사람의 건강 상태나 병에 대한 주치(主治)를 전적으로 맡고 있는 의사(醫師).

***주ː택** 住宅 | 살 주, 집 택 [house]
❶ 속뜻 사람이 살[住] 수 있게 지은 집[宅]. ¶주택을 마련하다. ❷ 건설 한 채씩 따로 지은 집. '단독주택'(單獨住宅) ⓑ 가옥(家屋), 집.

▸ **주ː택-가** 住宅街 | 거리 가
주택(住宅)이 들어서 있는 길거리[街]. ¶저 골목은 작년부터 주택가가 들어섰다.

▸ **주ː택-지** 住宅地 | 땅 지
주로 주택(住宅)이 들어서 있는 지역(地域). 또는 위치, 환경 등의 조건이 주택을 짓기에 알맞은 땅.

주파 走破 | 달릴 주, 깨뜨릴 파
[run the whole distance]
정해진 거리를 달려서[走] 끝까지 감[破]. ¶그 선수는 100미터를 10초 안에 주파하

였다.

주판 珠板 | =籌板, 구슬 주, 널빤지 판 [abacus]
구슬[珠] 모양의 알이 달려 있는 판(板). 셈을 할 때 사용하는 기구이다. ¶주판을 퉁기며 장부 정리를 하다.

주:한 駐韓 | 머무를 주, 한국 한 [stationed in Korea]
한국(韓國)에 주재(駐在)함. ¶주한 유엔 군사령부.

주행 走行 | 달릴 주, 갈 행 [drive; run; navigate]
자동차 따위 바퀴가 달린 탈것이 달려[走] 감[行]. ¶자동차 주행 전에 점검을 하다.

주홍 朱紅 | 붉을 주, 붉을 홍 [scarlet red]
붉은 빛깔[朱=紅].

▸주홍-색 朱紅色 | 빛 색
노란빛을 약간 띤 붉은[朱紅] 빛깔[色]. ¶나는 주홍색 옷을 좋아한다.

주:화[1] 鑄貨 | 쇠 불릴 주, 돈 화 [coin]
쇠붙이를 녹여 만든[鑄] 화폐(貨幣). 또는 그러한 일. ¶주화를 발행하다.

주화[2] 主和 | 주될 주, 어울릴 화
서로 싸우지 말고 화의(和議)할 것을 주장(主張)함. [반]주전(主戰).

▸주화-론 主和論 | 논할 론
서로 싸우지 말고 화의(和議)할 것을 주장(主張)하는 의견[論]. [반]주전론(主戰論).

▸주화-파 主和派 | 갈래 파
서로 싸우지 말고 화의(和議)할 것을 주장(主張)하는 무리[派].

주황 朱黃 | 붉을 주, 누를 황 [orange color]
빨강[朱]과 노랑[黃]의 중간색.

▸주황-색 朱黃色 | 빛 색
빨강[朱]과 노랑[黃]의 중간색(中間色). ¶주황색 불꽃이 일어나다.

주:효 奏效 | 아뢸 주, 효과 효 [effective]
❶ [속뜻] 효력(效力)이 있음을 알려줌[奏]. ❷기대한 결과가 나타남. ¶새로운 전략이 주효하였다.

죽[1]
동작이 단번에 거침없이 나아가는 모양. ¶종이를 죽 찢다 / 물을 죽 들이켜다.

죽[2] 粥 | 죽 죽 [gruel]
곡식을 물에 묽게 풀어 오래 끓여 알갱이가 흠씬 무르게 만든 음식. ¶나는 몸이 아픈 친구에게 죽을 쑤어다 주었다.

죽다 (死, 죽을 사) [die; feel dispirited]
❶목숨이 끊어지다. 생명을 잃다. ¶죽은 사람. ❷팔팔한 성질이나 빳빳한 기운이 누그러지거나 없어지다. ¶무슨 일인지 풀이 죽어 있다. ❸어떠한 느낌이 더할 나위 없이 심하다. ¶배고파 죽겠다. [반]살다.

죽도 竹刀 | 대나무 죽, 칼 도 [bamboo sword]
❶ [속뜻] 대나무[竹]로 만든 칼[刀]. ❷ [운동] 검도에 쓰는 도구. 네 가닥으로 쪼갠 대나무를 묶어 칼 대신 쓴다.

죽림 竹林 | 대나무 죽, 수풀 림 [bamboo grove]
대나무[竹]가 무성한 숲[林].

▸죽림-욕 竹林浴 | 목욕할 욕
대나무 숲[竹林]을 거닐며 목욕(沐浴)하듯 공기를 쐬는 일. ¶죽림욕이 건강에 좋다는 말이 있다.

죽마고우 竹馬故友 | 대나무 죽, 말 마, 옛 고, 벗 우 [childhood friend]
❶ [속뜻] 어렸을 때, 대나무[竹]로 만든 말[馬]을 타며 놀던 옛[故] 친구[友]. ❷어렸을 때부터 친하게 지낸 친구. ¶그 두 사람은 죽마고우로 평생을 친하게 지냈다. [비]막역지우(莫逆之友).

죽-부인 竹夫人 | 대 죽, 지아비 부, 사람 인 [Dutch wife]
대나무[竹]로 엮어서 만든 물건. 더위를 식히기 위하여 부인(夫人)을 대신해 이것을 안고 잔다고 하여 붙여진 이름이다.

죽-세:공 竹細工 | 대 죽, 가늘 세, 장인 공

[bamboo work]
[수공] 대나무[竹]를 재료로 하는 세공(細工). 또는 그 공예품. ¶담양은 예로부터 죽세공이 발달하였다.

죽순 竹筍 | 대나무 죽, 죽순 순 [bamboo sprout]
대나무[竹]의 땅속줄기에서 돋아나는 어리고 연한 싹[筍]. ¶이 음식은 죽순으로 만들었다.

죽염 竹鹽 | 대나무 죽, 소금 염
[약학] 대나무[竹] 통 속에 천일염(天日鹽)을 다져 넣고 황토로 봉한 후, 높은 열에 아홉 번 거듭 구워 내어 얻은 가루.

죽-음 [death]
죽는 일. 생물의 생명이 없어지는 현상을 이른다. ¶죽음을 무릅쓰다. [비] 사망(死亡). [반] 삶.

죽이다 (殺, 죽일 살) [kill; restrain]
❶목숨을 빼앗다. ¶벌레도 함부로 죽이면 안 된다. ❷무엇의 정도를 약하게 하다. ¶숨을 죽이고 그 광경을 지켜보았다. [비] 살해(殺害)하다.

죽-제:품 竹製品 | 대 죽, 지을 제, 물건 품 [bamboo goods]
대나무[竹]로 만든[製] 물건[品]. ¶이 가게에서는 죽제품을 판다.

죽-죽 [in rows; in showers; steadily]
❶종이나 천을 계속해서 찢는 모양. ¶손으로 김치를 죽죽 찢어 먹다. ❷끊어지지 않고 여러 줄로 고르게 자꾸 이어지는 모양. ¶비가 죽죽 내리다. ❸동작이 여러 번 거침없이 나아가는 모양. ❹입으로 계속해서 빠는 모양. ¶막걸리 몇 사발을 죽죽 들이켰다.

죽창 竹槍 | 대나무 죽, 창 창 [bamboo spear]
대나무[竹]로 만든 창(槍). ¶농민들은 죽창을 들고 대항하였다.

죽-치다 [stay indoors]
움직이지 않고 오랫동안 한곳에만 붙박여 있다. ¶종일토록 방안에 죽치고 있다.

준:결승-전 準決勝戰 | 준할 준, 결정할 결, 이길 승, 싸울 전 [semifinal]
[운동] 결승전(決勝戰)에 준(準)하는 경기. 결승에 나갈 자격을 부여받기 위한 경기. ¶우리 반은 준결승전에서 안타깝게 졌다. [준] 준결승.

준:공 竣工 | 마칠 준, 일 공 [complete]
공사(工事)를 마침[竣]. ¶이 건물은 올 연말에 준공될 예정이다. [비] 완공(完工). [반] 기공(起工), 착공(着工).

▶준:공-식 竣工式 | 의식 식
준공(竣工)을 알리고 축하하는 의식(儀式). ¶기공한지 2년 만에 준공식을 가졌다. [반] 기공식(起工式).

준:령 峻嶺 | 높을 준, 고개 령 [steep mountain pass]
높고[峻] 험한 고개[嶺]. ¶소백산 준령을 타고 넘다.

준:마 駿馬 | 뛰어날 준, 말 마 [swift horse]
썩 잘 달리는[駿] 좋은 말[馬]. ¶야생마를 훈련하여 천 리를 거뜬히 달리는 준마로 만들다. [비] 명마(名馬).

준:-말 [abbreviated word]
[언어] 둘 이상의 음절로 된 말을 줄여서 간단하게 한 말. '마음'이 '맘'으로 된 것 따위.

준:법 遵法 | 따를 준, 법 법 [obey the law]
법령(法令)을 지킴[遵]. 법을 따름.

⁑**준:비** 準備 | 고를 준, 갖출 비 [prepare]
필요한 것을 미리 골고루[準] 다 갖춤[備]. ¶내일 소풍 갈 준비는 다 되었느냐.

▶준:비-물 準備物 | 만물 물
앞으로 준비(準備) 해야 할 물건(物件). ¶내일 수업에 쓸 준비물을 챙기다.

▶준:비 운:동 準備運動 | 돌 운, 움직일 동
[운동] 본격적인 운동이나 경기를 하기 전에 몸이 적응할 수 있도록 준비(準備)하

는 가벼운 운동(運動). ¶수영을 하기 전에 준비운동부터 하도록 하자.

준:수[1] 俊秀 | 뛰어날 준, 빼어날 수
[be superior and refined]
슬기가 뛰어나고[俊] 풍채가 빼어나다[秀]. ¶그 젊은이는 용모가 준수하다.

준:수[2] 遵守 | 따를 준, 지킬 수
[obey; follow]
규칙이나 명령 따위를 그대로 따르고[遵] 지킴[守]. ¶교칙을 준수하다.

준:엄 峻嚴 | 엄할 준, 엄할 엄
[stern; severe]
매우 엄하다[峻=嚴]. ¶준엄한 목소리로 꾸짖다.

준:-우승 準優勝 | 준할 준, 뛰어날 우, 이길 승 [second best]
❶속뜻 우승(優勝)에 준(準)함. ❷우승에 다음가는 등수. ¶아깝게 준우승에 머물다.

준:장 准將 | 비길 준, 장수 장
[brigadier general]
❶속뜻 장성(將星) 급에 비기는[准] 계급. ❷군사 군대 계급의 하나. 소장의 아래, 대령의 위.

준:치 [kind of herring]
동물 몸이 옆으로 납작하며 가시가 많은 바닷물고기.

준:-하다 (準—, 고를 준)
[apply; follow; be based upon]
어떤 본보기[準]에 비추어 그대로 좇다. ¶교칙에 준하여 징계를 내리겠다.

줄[1] (線, 줄 선) [string; line; row]
❶무엇을 묶거나 매는 데 쓰는 길고 잘 구부러지는 물건. ¶줄을 세게 당기다. ❷사람이나 물건이 차례를 지어 길게 잇달아 있는 것. ¶매표소 앞에 줄이 길게 이어졌다. ❸가로나 세로로 그은 선. ¶줄을 그어 가며 책을 읽다.

♣ 줄[1] / 금[1] 비슷한 듯 다른 말

◎ 운동장 바닥에 줄을 = 금을 긋다.
○ 그는 줄진 무늬의 옷을 입고 있다.
× 그는 금진 무늬의 옷을 입고 있다.
○ 골반 뼈에 금이 갔다.
× 골반 뼈에 줄이 갔다.

줄:[2] [file]
쇠붙이를 쓸거나 깎는 연장. 강철로 만든 것으로, 아래위에 잔 이가 있다. ¶모난 부분을 줄로 깎아내다.

줄[3] [way how to; assumed fact]
어떤 방법, 셈속 따위를 나타내는 말. ¶나는 단소를 불 줄 모른다.

줄거리[1] [outline]
사물의 군더더기를 다 떼고 중심이 되는 것. ¶네가 읽은 동화책의 줄거리를 말해 보아라.

줄거리[2] [leafstalk]
잎이 다 떨어진 나뭇가지. ⓑ 줄기.

줄곧 [continually]
끊임없이 잇달아. ¶작년에는 줄곧 나쁜 일만 일어났다. ⓑ 계속.

줄-글 [prose]
문학 한문에서, 글 토막이나 글자 수를 맞추지 않고 죽 잇달아 지은 글.

줄기 (脈, 줄기 맥) [stem; ray; streak]
❶식물 배(胚)의 어린싹이 발달한 기관. 가지를 달고 뿌리를 가진다. ¶고구마 줄기는 부드러워서 먹을 수 있다. ❷빛·연기·비·강물 등의 길게 뻗어 나가는 것을 세는 말. ¶한 줄기 눈물이 줄줄 흐른다.

줄기-차다 [be strong; be vigorous]
억세고 세차게 계속되어 끊임없다. ¶사흘 동안 줄기차게 비가 내렸다.

줄-넘기 [jump rope]
운동 두 손으로 줄 끝을 잡고 발 아래에서 머리 위로 돌려 넘기면서 뛰는 운동. 또는 그 줄. ¶체육 시간에 줄넘기를 했다.

줄:다 [get smaller]
물체의 길이나 넓이, 부피 따위가 본디보

다 작아지다. ¶이번 달에는 체중이 좀 줄었다. ⓑ늘다. [속담]강물도 쓰면 준다.

줄-다리기
[민속]여러 사람이 편을 갈라서, 굵은 밧줄을 마주 잡고 당겨서 승부를 겨루는 놀이.

줄달음-질 [running]
쉬지 않고 빨리 달리는 것. ¶집 밖으로 줄달음질 쳐 나가다.

줄-무늬 [stripes]
가로 세로의 줄의 배합으로 이루어진 무늬. ¶줄무늬 티셔츠를 입은 소녀.

줄-뿌림
[농업]밭에 고랑을 내어 줄이 지게 씨를 뿌리는 일. 또는 그런 방법.

줄어-들다 [decrease]
줄어서 작게 되거나 적어지다. ¶그는 식사량이 점점 줄어들고 있다. ⓑ늘어나다.

줄-이다 [reduce; cut down]
❶줄게 하다. ¶피해를 줄이다 / 옷의 길이를 줄이다. ❷할말을 더 하지 않고 끝내다. ¶하고 싶은 말은 많지만 오늘은 줄입니다. ⓑ늘이다.

줄-자 [tape measure]
헝겊이나 쇠로 가는 띠 모양으로 만들어 둥근 갑 속에 말아 두었다가 필요한 때 풀어 쓰게 된 자. ¶줄자로 방의 너비를 재다.

줄:-잡다
[make a moderate estimate of]
대강 어림잡아 헤아려 보다. ¶저 나무는 줄잡아도 칠백 년은 산 것 같다.

줄줄 [murmuring; fluently]
❶굵은 물줄기가 계속해서 흐르는 소리. 또는 그 모양. ¶땀이 줄줄 흐른다. ❷물건들을 여기저기 흘리는 모양. ❸막힘이 없이 무엇을 읽거나 외거나 말하는 모양. ¶민호는 시 한 편을 줄줄 외워나갔다.

줄줄-이 [all in rows]
❶줄마다 다. ¶그의 글은 줄줄이 애끓는 그리움이 배어 있다. ❷여러 줄로. ¶운동장에 줄줄이 늘어서다. ❸줄지어 잇달아. ¶문상객이 줄줄이 이어지다.

줄-짓다 [line up]
줄을 이루다. ¶차례를 기다려 줄지어 서다.

줄-타기 [tightrope walking]
[민속]줄광대나 줄꾼이 줄 위를 걸어 다니면서 여러 가지 재주를 보이는 놀이.

줄-행랑 (-行廊, 갈 행, 곁채 랑) [running away]
빨리 피하여 달아나는 것. ¶그들은 경찰이 오는 것을 보자 줄행랑을 쳤다. ⓑ도망(逃亡).

줌: [fistful]
주먹으로 쥘 만한 분량. ¶한 줌의 재가 되다.

줍:다 (拾, 주울 습) [pick up]
❶바닥에 있는 것을 집다. 흩어진 것을 거두다. ¶나뭇가지를 주워 모닥불을 피우다. ❷남이 분실한 물건을 집어 가지다. ¶지갑을 주워서 경찰서에 갖다 주었다. ⓑ습득(拾得)하다.

줏-대 (主-, 주될 주) [fixed principles]
자기의 생각이나 주장(主張)을 꿋꿋이 지키고 내세우는 기질이나 기풍. ¶사람은 모름지기 줏대가 있어야 한다.

중:[1] (僧, 승려 승) [Buddhist priest]
[불교]절에 살면서 수행을 쌓고 중생을 제도하는 일을 평생의 업으로 하는 사람. ⓑ스님, 승(僧). [속담]중이 제 머리 못 깎는다.

중[2] 中 | 가운데 중 [second class]
높고 낮은 여러 등급에서 가운데 등급. ¶대, 중, 소의 세 가지 사이즈가 있다.

중[3] 中 | 가운데 중 [of; during; among]
❶여럿 가운데. ¶현호는 남자 중의 남자다. ❷무엇을 하는 동안. ¶수업 중에 떠들지 마라. ❸어떤 상태에 있는 동안. ¶하필이면 그때 나는 휴가 중이었다.

중간 中間 | 가운데 중, 사이 간 [middle]

❶ 속뜻 두 사물의 가운데[中]나 그 사이[間]. ¶두 여자를 두고 중간에서 갈등하다. ❷사물이 아직 끝나지 않은 때나 상황. ¶이야기가 중간에 끊어졌다. ❸가운데쯤의 정도나 크기. ¶내 성적은 반에서 중간 정도다.

비슷한 듯 다른 말 ➲ 가운데

▸중간-적 中間的 | 것 적
중간에 오거나 중간(中間)에 해당하는 것[的]. ¶중간적인 입장.

▸중간-고사 中間考査 | 생각할 고, 살필 사
교육 한 학기의 중간(中間) 무렵에 실시하는 학력고사(學力考査). ¶중간고사 문제는 쉽게 출제되었다.

▸중간 상인 中間商人 | 장사 상, 사람 인
경제 생산자와 도매상의 중간에서, 도매상과 소매상의 중간(中間)에서 물건을 사고파는 상인(商人).

중개 仲介 | 가운데 중, 끼일 개 [mediate]
제삼자의 처지로 둘 이상의 당사자 사이[仲]에 끼어[介] 어떤 일을 주선함. ¶결혼 중개 업체.

중-거:리 中距離 | 가운데 중, 떨어질 거, 떨어질 리
짧지도 길지도 않은 중간(中間) 정도의 거리(距離). ¶중거리 미사일을 쏘다.

중:건 重建 | 거듭 중, 세울 건 [rebuilding]
절이나 궁궐 따위의 건물을 손질하여 다시[重] 세움[建]. ¶흥선대원군은 경복궁을 중건하면서 백성들의 원망을 샀다.

중견 中堅 | 가운데 중, 굳을 견 [mainstay]
어떤 단체나 사회에서 중심(中心)을 굳건히[堅] 지키는 역할을 하는 사람. ¶중견배우답게 훌륭한 연기를 선보였다.

중:-경상 重輕傷 | 무거울 중, 가벼울 경, 다칠 상
심하거나[重] 가벼운[輕] 상처(傷處)를 아울러 이름. 중상(重傷)과 경상(輕傷). ¶중경상을 입다.

중계 中繼 | 가운데 중, 이을 계 [translate; relay]
❶ 속뜻 중간(中間)에서 이어줌[繼]. ¶이 산장은 산간 지대에서 중계 역할을 하고 있다. ❷ 언론 '중계방송'(放送)의 준말. ¶녹화 중계 / 텔레비전에서는 올림픽 경기가 중계되고 있다.

▸중계 무:역 中繼貿易 | 바꿀 무, 바꿀 역
경제 외국에서 수입한 물자를 가운데서[中] 이어[繼]받아 그대로 재수출하는 형태의 무역(貿易).

▸중계-방:송 中繼放送 | 놓을 방, 보낼 송
언론 어떤 방송국의 프로그램을 다른 방송국에서 중계(中繼)하여 방송(放送)하는 일. ¶중계방송으로 축구 경기를 보았다.

중고 中古 | 가운데 중, 옛 고
[Middle Ages; secondhand article]
❶ 역사 상고(上古)와 근고(近古)의 중간(中間) 시기의 고대(古代). ❷이미 사용하였거나 오래됨. ¶아버지께서 중고 책상을 하나 사오셨다.

▸중고-차 中古車 | 수레 차
어느 기간 동안 사용하여 조금 낡은[中古] 자동차(自動車). ¶그는 값싸고 쓸 만한 중고차를 샀다.

▸중고-품 中古品 | 물건 품
꽤 오래 써서 좀[中] 낡은[古] 물건[品]. ¶이것은 신품과 다름없는 중고품이다. ㊟ 중고.

중고-생 中高生 | 가운데 중, 높을 고, 사람 생
중학생(中學生)과 고등학생(高等學生)을 아울러 이르는 말. ¶중고생을 위한 참고서.

중공 中共 | 가운데 중, 함께 공
[People's Republic of China]
지리 '중화인민공화국'(中華人民共和國)을 줄여서 부르던 말.

▸중공-군 中共軍 | 군사 군
중국 공산당[中共]에 딸린 군대(軍隊). ¶

중공군의 개입으로 한국군은 후퇴하기 시작했다.

중ː-공업 重工業 | 무거울 중, 장인 공, 일 업 [heavy industry]
공업 크기에 비하여 무게가 무거운[重] 물건을 만드는 공업(工業). 제철, 기계, 조선, 차량 따위. ¶우리나라는 중공업이 발달했다. ⓑ 경공업(輕工業).

중구난방 衆口難防 | 무리 중, 입 구, 어려울 난, 막을 방
❶ 속뜻 여러 사람[衆]의 입[口]을 막기[防] 어려움[難]. ❷막기 어려울 정도로 여럿이 마구 지껄임. ¶중구난방으로 떠들어대는 바람에 나는 말 한마디도 못하고 나왔다.

중국 中國 | 가운데 중, 나라 국 [China]
❶ 속뜻 중원(中原) 지역에 있는 나라[國]. ❷ 지리 아시아 동부에 있는 나라. 황하(黃河)를 중심으로 고대 문명이 일어난 곳으로, 총 면적은 959만 6961㎢이다. ¶중국 베이징 올림픽.

▸중국-어 中國語 | 말씀 어
언어 중국(中國)에서 중국인들이 쓰는 언어(言語). ¶나는 영어보다 중국어를 잘한다. ⓑ 한어(漢語).

▸중국-인 中國人 | 사람 인
중국(中國) 국적을 가진 사람[人]. ¶그는 겉보기에는 중국인으로 보이지 않는다.

중ː-금속 重金屬 | 무거울 중, 쇠 금, 속할 속 [heavy metal]
❶ 속뜻 무거운[重] 금속(金屬). ❷ 화학 비중이 4이상인 금속 원소. ¶물에서 중금속이 검출되었다. ⓑ 경금속(輕金屬).

중급 中級 | 가운데 중, 등급 급 [intermediate grade]
중간(中間) 정도의 등급(等級). ¶중급 과정.

중기 中期 | 가운데 중, 때 기 [middle years]
일정한 기간의 중간(中間)인 시기(時期). ¶조선 중기의 사회제도.

중-남미 中南美 | 가운데 중, 남녘 남, 미국 미 [Central and South America]
❶ 속뜻 중남부(中南部)지역의 미주(美洲). ❷ 지리 라틴 아메리카. ¶중남미 사람들은 굉장히 사교적인 편이다.

중년 中年 | 가운데 중, 나이 년 [middle age]
인생의 중간(中間) 정도를 살고 있는 나이[年]. 마흔 살 안팎의 나이. ¶중년의 신사가 점잖게 들어왔다.

중ː-노동 重勞動 | 무거울 중, 일할 로, 움직일 동 [heavy labor]
육체적으로 몹시 힘든[重] 고된 노동(勞動). ¶하루 종일 연탄을 나르는 중노동을 했다. ⓑ 경노동(輕勞動).

중단 中斷 | 가운데 중, 끊을 단 [stop; discontinue; suspend]
중도(中途)에서 끊어짐[斷]. ¶태풍으로 인해 유람선 운항을 중단한다. ⓑ 중지(中止). ⓑ 계속(繼續), 지속(持續).

중ː대[1] 重大 | 무거울 중, 큰 대 [be important; be significant]
가볍게 여길 수 없을 만큼 아주 무겁고[重] 큼[大]. ¶중대 발표를 하다/ 이것은 내 진로를 결정할 중대한 문제이다.

중대[2] 中隊 | 가운데 중, 무리 대 [company]
❶ 속뜻 규모가 중급(中級)인 부대(部隊). ❷ 군사 보통 4개 소대로 편성되는 육군과 해병대 부대 편제의 한 단위. ¶2중대 장병들은 훈련 준비가 한창이다.

▸중대-장 中隊長 | 어른 장
군사 중대(中隊)를 지휘·통솔하는 지휘관[長].

중도[1] 中途 | 가운데 중, 길 도 [in the middle; halfway]
❶ 속뜻 가운데[中] 길[途]. ❷오가는 길의 중간. ¶차가 중도에서 고장이 났다. ❸일이 되어 가는 동안. 하던 일의 중간. ¶형주는 가정 형편이 어려워 학업을 중도에 포

기했다.

중도²中道 | 가운데 중, 길 도
[middle path; moderation]
❶속뜻 어느 한쪽으로 치우치지 않는 가운데[中]의 길[道]. ❷어느 한쪽으로 기울지 않은 중간의 입장. ¶극단적인 입장보다는 중도를 걷는 것이 바람직하다.

***중독 中毒** | 맞을 중, 독할 독
[be poisoned; be addicted to]
❶속뜻 독(毒)을 맞음[中]. ❷몸 안에 약물의 독성이 들어가 신체 기능의 장애를 일으키는 일. ¶연탄가스 중독으로 쓰러지다. ❸술이나 마약 따위를 지나치게 복용한 결과, 그것 없이는 견디지 못하는 병적 상태. ¶알코올 중독 치료를 받다 / 컴퓨터 중독에 빠지다.

▶중독-성 中毒性 | 성질 성
중독(中毒)을 일으키는 성질(性質). ¶담배는 중독성이 강하다.

▶중독-자 中毒者 | 사람 자
마약이나 알코올 따위에 중독(中毒)되어 신체에 기능 장애를 일으킨 사람[者]. ¶경찰의 조사를 받자 자기는 마약 중독자가 아니라고 잡아뗐다.

중동 中東 | 가운데 중, 동녘 동
[Middle East]
지리 유럽을 기준으로 극동(極東)과 근동(近東)의 중간[中] 지역. 곧, 지중해 연안의 서남아시아 및 이집트를 포함한 지역을 이른다.

중등 中等 | 가운데 중, 무리 등
[middle; medium]
가운데[中] 무리[等].

▶중등-부 中等部 | 나눌 부
중학생(中學生) 또는 그와 같은 등급(等級)의 학생들이 속한 부분(部分). ¶이번 대회에는 중등부 20개 팀, 고등부 10개 팀이 출전했다.

▶중등 교:육 中等教育 | 가르칠 교, 기를 육
교육 중등(中等) 정도의 교육(教育). 초등 교육 이후에 받는 교육 등급으로, 중학교 및 고등학교가 해당한다.

중략 中略 | 가운데 중, 줄일 략
[omit; skip]
말이나 글의 중간(中間)을 줄임[略]. ¶다 읽기에는 너무 길어서 중략하겠다.

중:량 重量 | 무거울 중, 분량 량 [weight]
물건의 무거운[重] 분량[量]. 또는 무거운 정도 ¶이 소포는 중량 초과로 요금을 더 내셔야 합니다. ⊞ 무게. ⊞ 경량(輕量).

▶중:량-급 重量級 | 등급 급
운동 운동 경기에서의 무거운[重量] 체급(體級). ¶그는 권투 시합에서 중량급에 출전할 예정이다.

***중:력 重力** | 무거울 중, 힘 력 [gravity]
❶속뜻 무거운[重] 힘[力]. ❷물리 지구가 지구 위에 있는 물체를 끄는 힘. ¶달에 가면 중력을 덜 받게 된다.

중령 中領 | 가운데 중, 거느릴 령
[lieutenant major; commander]
군사 중급(中級) 영관(領官) 계급. 소령의 위, 대령의 아랫계급.

중:론 衆論 | 무리 중, 말할 론
[public opinion]
여러 사람[衆]의 말[論]이나 의견. ¶중론에 따라 결정하다 / 상황을 좀 더 지켜보아야 한다는 게 중론이다.

***중류 中流** | 가운데 중, 흐를 류
[midstream; middle class]
❶속뜻 흐르는[流] 강이나 하천의 중간(中間) 부분. ¶강의 중류는 폭이 넓다. ❷높지도 낮지도 않은 중간 정도의 계층. ¶중류 가정에서 자라다.

중립 中立 | 가운데 중, 설 립 [neutrality]
❶속뜻 중간(中間)에 섬[立]. ❷어느 편에도 치우치지 않고 공정하게 처신함. ¶사회자는 토론에서 중립적인 태도를 취해야 한다.

▶중립-국 中立國 | 나라 국
중립(中立)을 외교 방침으로 하는 나라

[國].

중매 仲媒 | =中媒, 가운데 중, 맺어줄 매 [arrange a match (with)]
남녀 사이의 가운데[仲]에서 혼인을 맺도록[媒] 함. 또는 그 일이나 사람. ¶중매가 들어오다 / 내가 작년에 그 부부를 중매했다.

▶ **중매-쟁이** (仲媒-)
'중매인'(仲買人)을 낮추어 일컫는 말. ¶말을 잘하는 중매쟁이에게 전화했다.

중-모리
음악 판소리 및 산조 장단의 하나. 진양조보다 조금 빠르고 중중모리보다 조금 느린 중간 빠르기로, 8분 음표 12박자이다. 강강술래, 진도 아리랑, 농부가 따위가 이에 속한다.

중반 中盤 | 가운데 중, 쟁반 반 [middle phase]
❶ 속뜻 가운데[中]에 있는 쟁반[盤]. ❷ 어떤 사물의 진행이 중간쯤 되는 단계. ¶50대 중반의 나이 / 경기가 중반으로 접어들다.

중:병 重病 | 무거울 중, 병 병 [serious illness; severe disease]
목숨이 위태로울 만큼 무거운[重] 병(病). ¶중병에 걸린 환자를 돌보다.

중복[1] 中伏 | 가운데 중, 엎드릴 복
삼복(三伏)의 가운데[中] 있는 복(伏)날. ¶중복 더위가 한창이다.

중:복[2] 重複 | 거듭 중, 겹칠 복 [overlap; repeat]
같은 것이 두 번 이상 거듭[重]하여 겹침[複]. ¶한 문장에서 같은 단어의 중복은 피하는 것이 좋다.

⁂**중부 中部** | 가운데 중, 나눌 부 [middle part]
어떤 지역의 가운데[中] 부분(部分). ¶중부 지방에는 비가 올 것으로 보인다.

중사 中士 | 가운데 중, 선비 사 [master sergeant]
군사 상사(上士)와 하사(下士) 사이[中]에 있는 국군 부사관(副士官) 계급의 하나.

중산-층 中產層 | 가운데 중, 재물 산, 층 층 [middle class]
사회 한 사회에서, 재산(財產)을 가진 정도가 중간(中間)에 속하는 계층(階層). ¶중산층이 줄어들고 빈곤층이 늘면서 빈부 격차가 심해졌다.

중상[1] 中傷 | 가운데 중, 다칠 상 [slander]
중간(中間)에서 터무니없는 말로 남을 헐뜯어 명예를 손상(損傷)시킴.

▶ **중상-모략** 中傷謀略 | 꾀할 모, 꾀할 략
중상(中傷)과 모략(謀略)을 아울러 이르는 말. ¶근거 없는 중상모략을 일삼다.

중:상[2] 重傷 | 무거울 중, 다칠 상 [serious injury]
심하게[重] 다침[傷]. 또는 몹시 다친 상처. ¶교통사고로 사람들이 중상을 입었다. 반 경상(輕傷).

▶ **중:상-자** 重傷者 | 사람 자
아주 심하게 다친[重傷] 사람[者]. ¶중상자들만 우선 병원으로 옮기고 있다.

중:생[1] 衆生 | 무리 중, 사람 생 [mankind]
❶ 속뜻 많은[衆] 사람[生]. ❷ 불교 부처의 구제 대상이 되는 이 세상의 모든 생물. ¶어리석은 중생을 구제하다.

중생[2] 中生 | 가운데 중, 날 생
❶ 속뜻 중간(中間) 자리에 태어남[生]. ❷ 생물 메마르지도 습하지도 않은 곳에 삶. 재배식물 따위의 특징이다. ❸ 불교 극락왕생의 상품, 중품, 하품 각각의 중간 자리.

▶ **중생-대** 中生代 | 시대 대
지리 시대의 한 구분으로 고생대(古生代)와 신생대(新生代)의 중간(中間)에 위치한 지질 시대(時代). ¶중생대에 공룡이 나타나기 시작했다.

중:석 重石 | 무거울 중, 돌 석 [tungsten]
광업 텅스텐. 이 광석을 발견한 스웨덴의 과학자 크론슈테트가 스웨덴어로 '무거

운[重] 돌[石]'이라는 뜻의 'tungsten'으로 부른 데서 유래.

중성 中性 | 가운데 중, 성질 성 [neutrality]
❶ 속뜻 대립되는 두 성질의 어느 쪽에도 해당되지 않는 중간(中間)의 성질(性質). ❷ 화학 산성과 염기성의 중간에 있다고 생각되는 물질의 성질.

중세 中世 | 가운데 중, 세대 세
[Middle Ages]
역사 역사의 시대 구분의 한 가지로, 고대(古代)와 근세(近世) 사이[中]의 세기(世紀). ¶이 건물은 중세 시대에 지어졌다.

중소 中小 | 가운데 중, 작을 소
[small and middle size]
규모나 수준 따위가 중간[中] 또는 그보다 작은[小] 것. ¶중소 도시에 살다.

▶중소-기업 中小企業 | 꾀할 기, 일 업
경제 자본금이나 종업원 수 또는 그 밖의 시설 등이 중소(中小) 규모인 기업(企業). ¶중소기업과 대기업이 서로 협력해야 경제가 발전한다.

중-수도 中水道 | 가운데 중, 물 수, 길 도
❶ 속뜻 중간(中間) 정도 수질의 물[水]을 옮기는 관[道]. ❷빗물이나 취사한 물 또는 목욕탕의 물을 정화하여 별도의 관으로 보내, 수세식 화장실 · 살수 따위의 용도로 다시 사용하는 설비.

중순 中旬 | 가운데 중, 열흘 순
[middle ten days of a month]
한 달의 중간(中間)인 11일부터 20일까지의 열흘[旬] 동안. ¶7월 중순에 여행을 갈 예정이다.

중:시 重視 | 무거울 중, 볼 시
[take a serious view; value much of]
중요(重要)하게 봄[視]. ¶우리 학교는 학생들의 개성을 중시한다. ⓑ 경시(輕視).

중식 中食 | 가운데 중, 밥 식 [lunch]
하루의 중간(中間) 시간에 먹는 밥[食]. ¶중식으로 김밥을 준비했다. ⓑ 점심.

중-신기전 中神機箭 | 가운데 중, 귀신 신, 틀 기, 화살 전
❶ 속뜻 중형(中型)의 신기전(神機箭). ❷ 총길이 145cm정도의, 대신기전과 같은 구조로 만든 로켓 다연발 화살무기.

중:심[1] 重心 | 무거울 중, 가운데 심
[center of gravity; balance]
무게[重]의 한 가운데[心] 점. ¶무게 중심 / 중심을 잃고 쓰러지다.

⁑**중심[2]** 中心 | 가운데 중, 심장 심
[center; middle]
❶ 속뜻 몸의 한가운데[中] 있는 심장[心] 같은 위치. 한복판. 심장부(心臟部). ¶남산은 서울 시내 중심에 자리를 잡고 있다. ❷가장 중요한 역할을 하는 곳. 또는 그러한 위치에 있는 것. ¶농경 중심 사회 / 시민들이 중심이 되어 협회를 만들다.

▶중심-가 中心街 | 거리 가
시내 따위의 중심(中心)이 되는 거리[街]. ¶그 상점은 시내 중심가에 위치한다.

▶중심-각 中心角 | 뿔 각
수학 원의 중심(中心)에서 그은 두 반지름이 만드는 각(角).

▶중심-부 中心部 | 나눌 부
중심(中心)이 되는 부분(部分). ¶그들은 도시 중심부부터 폭격하기 시작했다.

▶중심-적 中心的 | 것 적
중심(中心)을 이루는 것[的]. ¶아버지는 모임에서 중심적인 역할을 맡고 계신다.

▶중심-지 中心地 | 땅 지
어떤 일이나 활동의 중심(中心)이 되는 곳[地]. ¶할리우드는 세계적인 영화 산업의 중심지다.

▶중심-체 中心體 | 몸 체
어떤 활동이나 행동의 중심(中心)이 되는 몸[體]. 또는 그런 단체. ¶독립 운동의 중심체 역할을 하다.

중:압 重壓 | 무거울 중, 누를 압
[heavy pressure]
❶ 속뜻 무겁게[重] 내리누름[壓]. ¶다리가 중압을 이기지 못하고 무너져버렸다. ❷참기 어려운 부담을 주거나 강요하는

것. ¶나는 시험을 잘 봐야 한다는 중압을 받았다 / 무거운 세금에 중압감(重壓感)을 느끼다.

*중앙 中央 | 가운데 중, 가운데 앙 [center]
❶[속뜻]사방의 한가운데[中=央]. ¶중앙 도서관 / 사무실 중앙에 탁자를 놓았다. ❷'수도'(首都)를 이르는 말. ¶감독관이 중앙에서 지방으로 파견됐다. [반]지방(地方).

▶중앙-선 中央線 | 줄 선
❶[속뜻]한가운데[中央]를 지나는 선(線). ¶축구를 하기 위해 중앙선을 그리다. ❷[교통]큰길에서, 좌측·우측의 중간에 그어 차선을 구분한 선. ¶차가 중앙선을 넘어가 사고가 날 뻔 했다. ❸[교통]서울특별시 청량리역과 경상북도 경주 사이를 잇는 철도.

▶중앙-은행 中央銀行 | 돈 은, 가게 행
[경제]한 나라의 통화 제도 및 은행 제도의 중심[中央]이 되는 은행(銀行). 은행권을 발행하고 통화의 공급 및 금융의 조정 따위를 주요 업무로 한다. ¶우리 아버지는 우리나라의 중앙은행인 한국은행을 다녔다.

▶중앙 정부 中央政府 | 정사 정, 관청 부
[정치]지방 자치제가 실시되고 있는 행정 제도에서, 전국[中央]을 통할하는 최고의 행정(行政) 기관[府].

▶중앙 집권 中央集權 | 모일 집, 권리 권
[정치]중앙(中央) 정부에 정치상의 권력(權力)이 집중(集中)되어 있는 일. [반]지방 분권(地方分權).

중:양 重陽 | 거듭 중, 볕 양
[ninth day of the ninth lunar month]
❶[음악]양점(陽點)이 겹친[重] 장구의 '겹채'를 이르는 말. ❷[민속]'중양절'(重陽節)의 준말.

▶중:양-절 重陽節 | 절기 절
[민속]양수(陽數)가 겹친[重] 절기(節氣). 음력 9월 9일이다. ¶중양절에는 국화전을 만들어 먹는 풍습이 있다.

중:언 重言 | 거듭 중, 말씀 언
[respeak; repeatedly say]
거듭[重] 말함[言].

▶중:언-부언 重言復言 | 다시 부, 말씀 언
거듭[重] 말하고[言] 또 다시[復] 말함[言]. 같은 말을 반복함. ¶그는 술에 취했는지 한참을 중언부언했다.

중얼-거리다 [mutter; mumble]
남이 잘 알아듣기 어려울 정도로 혼자 말하다. ¶그는 무어라고 혼자 중얼거리며 가버렸다. [비]중얼대다.

중:역 重役 | 무거울 중, 부릴 역
[director; executive]
❶[속뜻]책임이 무거운[重] 역할(役割). ❷은행이나 회사 따위에서 중요한 소임을 맡은 임원. ¶그는 이제 회사의 중역이 됐다.

중엽 中葉 | 가운데 중, 세대 엽
[middle part of a period]
한 시대나 세기를 세 시기로 구분할 때, 그 중간(中間) 무렵[葉]. ¶신라 시대 중엽.

중오 重午 | 겹칠 중, 낮 오
❶[속뜻]'5'[午]가 겹치는[重] 날. ❷단오(端午). 5월 5일.

⁑중:요 重要 | 무거울 중, 요할 요
[important; significant]
귀중(貴重)하고 요긴(要緊)함. ¶중요 인물을 중심으로 찾아보다 / 언어는 꾸준히 공부하는 것이 중요하다.

▶중:요-성 重要性 | 성질 성
사물의 중요(重要)한 요소나 성질(性質). ¶교육은 그 중요성에 비해 투자가 적다.

▶중:요-시 重要視 | 볼 시
중요(重要)하게 여김[視]. ¶나는 무엇보다도 우정을 중요시한다.

중용¹ 中庸 | 가운데 중, 보통 용 [moderation]
❶[속뜻]중간(中間) 또는 보통[庸] 정도. ❷어느 쪽으로 치우침이 없고 알맞음. ¶그는 언제나 중용을 지킨다.

중:용² 重用 | 무거울 중, 쓸 용

[give an important position]
중요(重要)한 자리에 임명하여 부림[用]. 소중히 씀. ¶고려 초기에는 문관들을 중용했다.

중원 고구려비 中原高句麗碑 | 가운데 중, 벌판 원, 높을 고, 글귀 구, 고울 려, 비석 비
고적 고구려 장수왕이 남진(南進)하여 세운 비석(碑石). 고구려(高句麗)를 천하의 중심[中原]으로 보아 이름 붙였다. 충청북도 충주시 가금면에 있으며, 국보 제205호이다.

중위 中尉 | 가운데 중, 벼슬 위
[first lieutenant]
군사 위관(尉官)의 가운데[中] 계급. 소위의 위, 대위의 아래 계급.

중:유 重油 | 무거울 중, 기름 유
[heavy oil]
❶ 속뜻 비중이 커서 무거운[重] 기름[油]. ❷ 공업 석유를 정제하여 휘발유, 경유, 등유 등을 짜낸 후 남은 기름.

중이 中耳 | 가운데 중, 귀 이
[middle ear]
의학 외이(外耳)와 내이(內耳)의 중간(中間) 쯤에 고막이 있는 부분의 귀[耳].
▸중이-염 中耳炎 | 염증 염
의학 병원균의 감염으로 중이(中耳)에 생기는 염증(炎症). ¶중이염을 방치하면 청력을 잃을 수 있다.

중인 中人 | 가운데 중, 사람 인
역사 조선 시대, 양반과 평민의 중간(中間) 계급에 있는 사람[人]을 이르던 말.

중일 전:쟁 中日戰爭 | 가운데 중, 일본 일, 싸울 전, 다툴 쟁
역사 1937년 중국(中國)과 일본(日本) 사이에 벌어진 전쟁(戰爭). 일본이 중국 본토를 정복하려고 일으켰는데 1945년에 일본이 연합국에 무조건 항복하며 끝이 났다.

중장[1] 中章 | 가운데 중, 글 장
[middle verses]
문학 세 개의 장으로 나누어진 악곡이나 시조의 가운데[中] 장(章).

중장[2] 中將 | 가운데 중, 장수 장
[lieutenant general]
군사 국군 장성(將星) 계급으로 소장(少將)과 대장(大將)의 중간(中間)에 위치한 계급.

중-장기 中長期 | 가운데 중, 길 장, 때 기
중간(中間) 정도로 오랜[長] 기간(期間). ¶중장기 경제 개발 계획.

중:-장비 重裝備 | 무거울 중, 꾸밀 장, 갖출 비
토목이나 건설 공사 등에 쓰이는 무거운[重] 장비(裝備)를 일컬음. ¶터널 공사를 위해 중장비가 동원되었다.

중재 仲裁 | 가운데 중, 마를 재
[arbitrate; mediate]
분쟁이나 싸움의 가운데[仲] 끼어들어 제재(制裁)함. 서로 다투는 사이에 들어 화해시킴. ¶그의 중재로 문제는 해결됐다.

중전 中殿 | 가운데 중, 대궐 전 [Queen]
❶ 속뜻 중궁(中宮=왕비)이 거처하는 대궐[殿]. ❷왕후를 높여 이르는 말.

중절-모 中折帽 | 가운데 중, 꺾을 절, 모자 모 [felt hat]
꼭대기의 가운데[中]가 꺾이고[折] 챙이 둥글게 달린 모자(帽子). '중절모자'(中折帽子)의 준말. ¶중절모를 쓴 노년의 신사.

중:점 重點 | 무거울 중, 점 점
[emphasis; priority]
가장 중요(重要)한 점(點). 중요하게 여겨야 할 점. ¶이 책은 학생들의 이해를 돕는데 중점을 두었다.
▸중:점-적 重點的 | 것 적
어떤 것에 중점(中點)을 두어 집중하는 것[的]. ¶도로 안전 문제를 중점적으로 조사하다.

중졸 中卒 | 가운데 중, 마칠 졸
[graduation from junior high school]
중학교(中學校)를 마침[卒]. '중학교졸

업'(中學校卒業)의 준말. ¶그의 학력은 중졸이었지만 모르는 것이 없었다.

중:죄 重罪 | 무거울 중, 허물 죄 [serious crime]
무거운[重] 죄(罪). 큰 죄. ¶예전에 불효(不孝)는 중죄로 다스려 무거운 형벌을 내렸다.

중:주 重奏 | 겹칠 중, 연주할 주 [duet]
[음악] 각 악기가 각각 다른 성부를 맡아 함께 겹쳐서[重] 연주(演奏)하는 합주의 한 형식 또는 그 연주.

중중-모리
[음악] 민속 음악에서, 판소리 및 산조 장단의 하나. 중모리장단보다 빠르고 자진모리장단보다 느리다.

중:증 重症 | 무거울 중, 증세 증 [severe case; serious illness]
몹시 위중(危重)한 병의 증세(症勢). ¶중증 장애인 / 병이 워낙 중증이라 치료가 거의 불가능하다.

중지[1] 中止 | 가운데 중, 그칠 지 [stop; suspend; discontinue]
하던 일을 중도(中途)에서 그만둠[止]. ¶엘리베이터 작동을 잠시 중지시켰다. [비] 중단(中斷). [반] 계속(繼續), 지속(持續).

중지[2] 中指 | 가운데 중, 손가락 지 [middle finger]
가운데[中] 손가락[指]. ¶그는 사고로 중지 한 마디가 잘렸다. [비] 장지(長指).

중:지[3] 衆智 | 무리 중, 슬기 지 [wisdom of many people]
여러 사람[衆]의 의견이나 슬기[智]. ¶문제를 해결하려면 중지를 모아야 한다.

중진-국 中進國 | 가운데 중, 나아갈 진, 나라 국 [developed country]
❶ [속뜻] 진보(進步)한 정도가 중간(中間)쯤 되는 나라[國]. ❷국민 소득이나 사회 보장 제도, 경제 발전 따위의 면에서 선진국(先進國)과 후진국(後進國)의 중간에 속하는 나라. ¶중진국에서 벗어나 선진국에 바짝 다가서다.

중:창 重唱 | 겹칠 중, 부를 창 [part song; vocal ensemble]
[음악] 각 성부(聲部)를 한 사람이 하나씩 맡아 동시에[重] 노래함[唱]. 또는 그 노래.

중:책 重責 | 무거울 중, 꾸짖을 책 [heavy responsibility]
중대(重大)한 책임(責任). ¶그는 이번에 외국 손님을 접대하는 중책을 맡았다.

중천 中天 | 가운데 중, 하늘 천 [midheaven; zenith]
한가운데[中] 하늘[天]. 하늘 한복판. ¶해가 중천에 떴는데 아직도 자고 있느냐.

중추[1] 中樞 | 가운데 중, 지도리 추 [center; nucleus; backbone]
❶ [속뜻] 중심(中心)이 되는 중요한 지도리[樞] 장치. ❷사물의 중심이 되는 중요한 부분. ¶그들이 학생회의 중추 역할을 한다. ❸ [의학] '중추 신경'(神經)의 준말.

▶ **중추 신경** 中樞神經 | 정신 신, 날실 경
[의학] 신경 기관 가운데, 가장 중심이 되는 역할[中樞]을 하는 신경(神經). 신경 섬유를 통하여 들어오는 자극을 받고 통제하며 다시 근육, 분비선 따위에 자극을 전달한다. [준] 중추.

중추[2] 仲秋 | 가운데 중, 가을 추 [eight lunar month]
❶ [속뜻] 가을[秋]의 한 가운데[仲]. ❷음력 팔월을 달리 이르는 말.

▶ **중추-절** 仲秋節 | 명절 절
❶ [속뜻] 음력 8월 보름[仲秋]에 지내는 명절(名節). ❷'추석'(秋夕), '한가위'를 이르는 말. ¶오는 중추절에는 밝은 보름달을 볼 수 있을 것이다.

중:탕 重湯 | 거듭 중, 끓을 탕 [warm up in a double boiler]
❶ [속뜻] 거듭[重]하여 끓임[湯]. ❷끓는 물 속에 음식 담은 그릇을 넣어 익히거나 데움. ¶한약을 중탕해서 마시다.

중ː태 重態 | 무거울 중, 모양 태
[serious condition]
병이 위중(危重)한 상태(狀態). ¶교통사고로 중태에 빠지다.

중-턱 (中—, 가운데 중)
[mid-slope of a mountain]
입체로 된 물건이나 산·고개 등의 허리쯤[中] 되는 곳. ¶산 중턱에서 잠시 쉬었다.

중퇴 中退 | 가운데 중, 물러날 퇴 [drop out of school; leave school halfway]
❶[속뜻] 중도(中途)에서 물러남[退]. 도중에 그만둠. ❷[교육] 학생이 과정을 다 마치지 못하고 중도에서 학교를 그만둠. '중도퇴학'(中途退學)을 줄여 이르는 말. ¶집안 사정으로 대학을 중퇴하다.

중편 中篇 | 가운데 중, 책 편
[medium volume]
❶[속뜻] 셋으로 나눈 책이나 글의 가운데[中]편(篇). ¶어제까지 상편을 읽고 오늘부터 중편을 읽는다. ❷[문학] '중편소설'(小說)

중풍 中風 | 맞을 중, 바람 풍 [paralysis]
❶[속뜻] 바람[風]을 맞음[中]. ❷[한의] 몸의 전부, 혹은 일부가 마비되는 병. ¶중풍에 걸려 오른쪽 반신을 못 쓰다. [비] 뇌졸중.

중ː-하다 (重—, 무거울 중)
[valuable; grave; critical]
❶[속뜻] 책임·임무 따위가 무겁다[重]. ¶중한 임무를 맡다. ❷매우 소중하다. ¶무엇보다도 건강을 중히 여기다. ❸병이나 죄 따위가 대단하거나 크다. ¶죄가 중하여 오랫동안 옥살이를 했다.

중학 中學 | 가운데 중, 배울 학
[교육] '중학교'(中學校)'의 준말.

중-학교 中學校 | 가운데 중, 배울 학, 가르칠 교 [middle school]
[교육] 중등(中等) 교육을 실시하는 학교(學校). [준] 중학.

중-학생 中學生 | 가운데 중, 배울 학, 사람 생 [middle school student]
중학교(中學校)에 재학하는 학생(學生).

중형¹ 中型 | 가운데 중, 모형 형 [medium size]
중간(中間)쯤 되는 크기의 모형(模型). ¶중형 버스.

중ː형² 重刑 | 무거울 중, 형벌 형
[heavy penalty; severe punishment]
크고 무거운[重] 형벌(刑罰). ¶징역 20년의 중형을 선고받다.

중화 中和 | 가운데 중, 어울릴 화 [neutralize]
❶[속뜻] 서로 다른 성질의 물질이 중간(中間)에서 어우러져[和] 서로의 특징이나 작용을 잃음. ¶두 민족은 한데 어울려 살면서 중화되었다. ❷[화학] 산과 염기가 반응하여 서로의 성질을 잃음. 또는 그 반응. ¶암모니아수로 독성을 중화시키다.

▸중화-제 中和劑 | 약제 제
[화학] 중화(中和) 반응에 쓰는 약제(藥劑). 또는 중화시키는 약제. ¶중화제를 묻혀 소독하다.

중ː-화상 重火傷 | 무거울 중, 불 화, 다칠 상 [serious burn]
심하게[重] 입은 화상(火傷). ¶공장에 불이 나 다섯 명의 직원이 중화상을 입었다.

중-화학 重化學 | 무거울 중, 될 화, 배울 학
[heavy chemical]
중공업(重工業)과 화학(化學) 공업(工業). ¶중화학 공업단지.

▸중ː화학 공업 重化學工業 | 장인 공, 일 업
[공업] 중공업(重工業)과 화학(化學) 공업(工業)을 아울러 이르는 말.

중ː환 重患 | 무거울 중, 병 환
[serious illness]
위중(危重)한 질환(疾患). [반] 경환(輕患).

중ː-환자 重患者 | 무거울 중, 병 환, 사람 자 [critical patient]
중환(重患)에 걸린 사람[者]. ¶이곳은 중환자가 입원해 있다. [반] 경환자(輕患者).

중후 重厚 | 무거울 중, 두터울 후

[be grave and generous]
❶ 속뜻 태도 따위가 무겁게[重] 느껴지고 믿음이 두터워[厚] 보임. ¶그 신사는 중후한 멋을 풍긴다. ❷작품이나 분위기가 엄숙하고 무게가 있음. ¶집의 실내는 중후한 느낌의 가구들로 꾸며져 있다.

중흥 中興 | 가운데 중, 일어날 흥 [revive; restore]
집안이나 나라 따위가 쇠퇴하던 것이 중간(中間)에서 다시 일어남[興]. ¶민족 중흥의 주역 / 쇠퇴한 불교를 중흥시키다.

쥐[1] [mouse; rat]
동물 쥣과의 짐승의 총칭. 꼬리가 몸보다 길고 몸집이 주먹보다 큰 동물. 집이나 들에 살며 페스트균을 가진 벼룩을 퍼뜨린다. ¶쥐덫을 놓아 쥐를 잡았다. 관용 독 안에 든 쥐.

쥐[2] [cramp]
한의 어느 국부에 경련이 일어나, 부분적으로 근육이 수축되어 기능을 일시적으로 잃는 현상. ¶다리에 쥐가 나다.

쥐-구멍 [mouse hole]
❶ 속뜻 쥐가 드나드는 구멍. ❷몸을 숨길 만한 최소한의 장소를 비유적으로 이르는 말. ¶쥐구멍이라도 있으면 들어가고 싶은 심정이다.

쥐-꼬리 [rattail]
매우 적은 것을 비유적으로 이르는 말. ¶쥐꼬리만 한 돈을 받고 일하다.

쥐ː다 (握, 쥘 악) [hold; grasp; seize]
❶손가락을 구부려 주먹을 짓거나 주먹 안에 움켜잡다. ¶아기는 딸랑이를 손에 쥐고 있었다. ❷재물·권력·권리 따위를 손아귀에 넣다. ¶나는 그의 비밀을 쥐고 있다.

쥐-덫 [mousetrap]
쥐 잡는 데 쓰는 덫. ¶쥐덫을 놓다.

쥐똥-나무 [wax tree]
식물 산과 들에 나며, 봄에 흰색의 꽃이 피는 나무. 산울타리로 심으며, 나무껍질은 약용 또는 공업용으로 쓴다.

쥐라-기 (Jura紀, 시대 기) [Jurassic period]
지리 중생대를 다시 셋으로 나누었을 때 가운데에 해당하는 지질 시대[紀]. 약 1억 8000만 년 전부터 약 1억 3500만 년까지의 약 4,500만 년 간의 시기이다. 양치식물, 은행나무, 소철류, 파충류, 암모나이트, 공룡 따위가 번식하였으며, 조류의 선조인 시조새도 나타났다.

쥐-며느리 [sow bug]
동물 쓰레기·마루 밑 등에 살며, 넓은 타원형인 절지동물. 자극을 받으면 몸을 둥글게 움츠리고 죽은 시늉을 한다.

쥐불-놀이
민속 정월 대보름의 전날에 논둑이나 밭둑에 불을 붙이고 돌아다니며 노는 놀이. 특히, 밤에 아이들이 기다란 막대기나 줄에 불을 달고 빙빙 돌리며 노는 것을 이른다.

쥐-뿔 [worthless thing]
아무 보잘것이 없거나 규모가 작은 것을 가리키는 말. ¶쥐뿔도 아는 것이 없으면서 잘난 체 하다.

쥐-새끼 [young rat; paltry fellow]
❶쥐의 새끼. ¶쥐새끼 한 마리도 얼씬하지 못하게 해라. ❷몹시 교활하고 잔일에 약게 구는 사람을 속되게 이르는 말. ¶쥐새끼 같이 사기를 치고 몰래 달아나다.

쥐-약 (一藥, 약 약) [rat poison]
쥐를 잡는 데 쓰는 독약(毒藥). ¶쥐약을 놓다.

쥐어-뜯다 [tear off]
마음이 답답하여 가슴 등을 함부로 꼬집거나 잡아당기다. ¶영호는 시험지를 앞에 두고 머리를 쥐어뜯었다.

쥐어-박다 [hit; punch]
주먹으로 내지르듯 때리다. ¶동생의 머리를 한 대 쥐어박았다.

쥐어-짜다

[rack one's brains; press out]
❶이리저리 궁리하여 골똘히 생각하다. ¶새로운 아이디어를 내고자 머리를 쥐어짰다. ❷단단히 쥐고 액체 등을 짜내다. ¶빨래를 비틀어 쥐어짜다.

쥐치 [filefish]
동물 마름모 모양이며, 옆으로 납작한 바닷물고기. 주로 '쥐포'를 만들어 먹는다.

쥐-포 (一脯, 포 포)
[seasoned and dried filefish]
말린 생선 쥐치를 기계로 눌러 납작하게 만든 어포(魚脯). ¶쥐포를 구워 먹었다.

쥘:-부채 [folding fan]
접었다 폈다 하는 부채.

즈믄-둥이
새로운 천년이 시작되는 해인 서기 2000년에 태어난 아기.

즈음 [at the time]
일이 어찌 될 무렵. ¶5월 즈음, 이사를 갈 계획이다 / 취임 1주년을 즈음하여 연설을 하다.

즉 卽 | 곧 즉
[that is; in other words; namely]
다른 것이 아니라 곧. 다시 말하면. ¶이것이 즉 내가 원하던 것이다 / 이 영화는 연령 제한이 없다. 즉, 모든 사람들이 볼 수 있다는 것이다.

즉각 卽刻 | 곧 즉, 시각 각
[immediately; instantly; at once]
곧[卽] 그 시각(時刻)에. ¶이 약은 즉각 효과가 나타난다.

즉사 卽死 | 곧 즉, 죽을 사
[be killed instantly]
즉시(卽時) 죽음[死]. ¶토끼가 총알을 맞고 즉사했다.

즉석 卽席 | 곧 즉, 자리 석 [on the spot]
일이 진행되는 바로 그[卽] 자리[席]. ¶즉석 복권 / 즉석에서 노래를 부르다.

즉시 卽時 | 곧 즉, 때 시
[immediately; instantly; at once]
바로 그[卽] 때[時]. 곧바로. ¶무슨 일이 생기면 즉시 의사를 부르세요.

즉위 卽位 | 나아갈 즉, 자리 위
[come to throne]
임금의 자리[位]에 나아가[卽] 오름. ¶선왕이 돌아가시고 세자가 즉위했다. ⓑ 등극(登極). ⓟ 퇴위(退位).

즉효 卽效 | 곧 즉, 효과 효
[immediate effect]
즉시(卽時) 나타나는 효과(效果). ¶감기에는 이 약이 즉효다.

즉흥 卽興 | 곧 즉, 흥겨울 흥
[impromptu amusement]
즉석(卽席)에서 일어나는 흥취(興趣). ¶즉흥으로 피아노를 연주하다.

▸**즉흥-적 卽興的** | 것 적
❶ 속뜻 그때그때의 느낌을[卽興] 표현하는 것[的]. ❷깊이 생각하지 않고 생각나는 대로 무슨 일을 하는 것. ¶그녀는 즉흥적으로 연설을 했다.

즐거운 생활 (一生活, 살 생, 살 활)
교육 초등학교 1학년과 2학년에 쓰이는, 주제나 활동을 중심으로 구성된 통합 교과의 하나. 여러 가지 놀이나 다양한 활동을 통해 신체적·음악적·조형적 활동이 이루어지도록 구성된 교과이다.

즐거움 [delight; pleasure]
즐거운 느낌이나 마음. ¶책을 읽는 것은 나에게 즐거움을 준다. ⓟ 괴로움.

즐거워-하다
[be delighted; enjoy; be amused at]
즐겁게 여기다. ¶아이들은 동물원에서 돌고래를 보고 즐거워했다.

즐거이 [joyfully; delightfully]
마음에 거슬림이 없이 흐뭇하고 기쁘게. ¶주말을 즐거이 보내다.

즐겁다 [be pleasant]
마음에 들어서 만족스럽고 유쾌하다. ¶뭔가 즐거운 일이 있는 모양이구나.

즐기다 (樂, 즐길 락) [enjoy; like]

❶즐거움을 누리다. ¶인생을 즐길 줄 아는 사람. ❷무엇을 좋아하여 자주 하다. ¶나는 음악을 즐겨 듣는다.

즐비 櫛比 | 빗 즐, 가지런할 비 [stand closely together]
빗살[櫛]처럼 가지런하게[比] 늘어서 있다. ¶거리에는 옷가게가 즐비하다.

즙 汁 | 즙 즙 [juice]
물체에서 배어 나오거나 짜낸 액체. ¶레몬즙을 짜서 마시다.

증가[1] 增價 | 더할 증, 값 가 [increase; raise]
❶ 속뜻 값어치[價]가 더해짐[增]. ❷값을 올림. ⓑ감가(減價).

증가[2] 增加 | 더할 증, 더할 가 [increase]
수나 양을 더하고[增] 또 더함[加]. 많아짐. ¶인구 증가 / 도서관의 책이 매년 증가하고 있다. ⓑ감소(減少).

▶증가-율 增加率 | 비율 률
늘어나는[增加] 비율(比率). ¶인구 증가율. ⓑ감소율(減少率).

증감 增減 | 더할 증, 덜 감 [increase and decrease]
늘림[增]과 줄임[減]. ¶인구의 증감이 별로 없다 / 하천의 물은 조수의 간만에 따라 증감한다.

증강 增強 | 더할 증, 강할 강 [reinforce; strengthen]
수나 양을 늘려[增] 더 강(強)하게 함. ¶군사력 증강에 힘쓰다.

증거 證據 | 증명할 증, 근거할 거 [evidence; proof]
어떤 사실을 증명(證明)할 수 있는 근거(根據). ¶그가 돈을 훔쳤다는 증거는 없다.

▶증거-물 證據物 | 만물 물
어떤 사실의 증거(證據)가 되는 물품(物品). ¶이 물건은 법정에서 증거물로 쓰일 수 있다. ⓑ증거품(證據品).

증권 證券 | 증거 증, 문서 권 [stock; securities]
❶ 속뜻 증거(證據)가 되는 문서[券]. ❷ 경제 주식, 공채, 사채 등의 유가 증권. ¶증권에 투자하다.

▶증권 시:장 證券市場 | 저자 시, 마당 장
경제 증권(證券)을 사고파는 시장(市場). ¶오늘은 특히 증권시장에서의 매매가 활발했다.

증기 蒸氣 | 찔 증, 기운 기 [steam; vapor]
물리 액체나 고체가 증발(蒸發) 또는 승화하여 생긴 기체(氣體). '수증기'(水蒸氣)의 준말. ¶물이 끓자 주전자에서 증기가 뿜어져 나온다.

▶증기 기관 蒸氣機關 | 틀 기, 빗장 관
기계 수증기(水蒸氣)의 압력을 이용하여 피스톤의 왕복 운동을 일으켜 동력을 얻는 열기관(熱機關). ⓑ기관(汽罐).

증대 增大 | 더할 증, 큰 대 [enlarge; increase]
수량이나 정도 따위가 늘어서[增] 커짐[大]. 늘려서 크게 함. ¶수출 증대를 목표로 하다 / 생산성을 증대시키다.

증류 蒸溜 | 찔 증, 물방울 류 [distill]
화학 액체를 가열하여 생긴 증기(蒸氣)로 식혀서 다시 액체로 만드는[溜] 일. ¶바닷물을 증류하여 민물로 만들다.

▶증류-수 蒸溜水 | 물 수
화학 천연수를 증류(蒸溜)하여 정제한, 거의 순수한 물[水]. ¶증류수에는 전기가 통하지 않는다.

증명 證明 | 증거 증, 밝을 명 [prove; identify; certificate]
증거(證據)를 찾아내어 밝힘[明]. 어떤 사실이나 결론이 참인지 아닌지를 밝히는 일. ¶증명 사진 / 무죄를 증명하다.

▶증명-서 證明書 | 글 서
어떤 사실을 증명(證明)하는 글[書]. 또는 그 문서. ¶그 증명서는 이제 통하지 않는다.

증발 蒸發 | 찔 증, 일어날 발

[evaporate; disappear into thin air]
❶ 물리 액체에 열을 가해 증기(蒸氣)가 일어남[發]. 또는 그러한 현상. ¶바닥의 물은 햇빛에 금방 증발했다. ❷'사람이나 물건이 갑자기 사라져 행방불명이 됨'을 속되게 이름. ¶그 사건이 일어나자 사나이는 증발해버렸다.

▸ 증발 접시 (蒸發―)
물리 액체를 증발(蒸發)시켜 물속에 녹아 있던 물질을 남아 있게 하는 접시.

증빙 證憑 | 증거 증, 기댈 빙
[proof; witness]
증거(證據)로 삼음[憑]. ¶증빙 서류를 함께 제출하세요.

증산 增産 | 더할 증, 낳을 산
[increase production]
계획이나 기준보다 생산량(生産量)이 늚[增]. ¶식량증산 / 올해는 농작물이 증산되었다. ⓑ 감산(減産).

증상 症狀 | 증세 증, 형상 상 [symptoms]
병을 앓을 때의 증세(症勢)나 상태(狀態). ¶다음과 같은 증상이 보이면 감기를 의심해야 한다. ⓑ 증세(症勢).

증서 證書 | 증명할 증, 글 서
[bond; certificate]
법률 어떤 사실을 증명(證明)하는 문서(文書). 증거가 되는 서류. ¶증서를 작성하면 계약이 완료됩니다.

증설 增設 | 더할 증, 세울 설
[establish more; install more]
늘려[增] 설치(設置)함. ¶두 개의 학급을 더 증설하다.

증세 症勢 | 증상 증, 형세 세 [symptoms]
병이나 상처 때문에 나타나는 여러 가지 증상(症狀)이나 형세(形勢). ¶증세가 조금 호전됐다. ⓑ 증상(症狀).

증손 曾孫 | 거듭 증, 손자 손
[great-grandchild]
❶ 속뜻 대가 거듭된[曾] 손자(孫子). ❷손자의 아들. '증손자'의 준말.

증-손녀 曾孫女 | 거듭 증, 손자 손, 딸 녀
[great-granddaughter]
❶ 속뜻 거듭된[曾] 손녀(孫女). ❷아들의 손녀.

증-손자 曾孫子 | 거듭 증, 손자 손, 아이 자
[great-grandson]
❶ 속뜻 거듭된[曾] 손자(孫子). ❷아들의 손자. 또는 손자의 아들.

증시 證市 | 증거 증, 저자 시
[stock market]
경제 증권(證券)을 사고파는 시장(市場). '증권시장'의 준말. ¶미국 증시가 강세로 돌아섰다.

증식 增殖 | 더할 증, 불릴 식
[multiply; increase]
❶ 속뜻 더해져[增] 불어남[殖]. ❷늘어서 많아짐. 또는 늘려서 많게 함. ¶암세포의 증식 / 저금해둔 돈이 증식해서 큰돈이 되었다.

증언 證言 | 증거 증, 말씀 언
[testify; attest]
법률 증인(證人)으로서 사실을 말함[言]. 또는 그런 말. ¶목격자의 증언을 듣다 / 범인은 붉은 셔츠를 입었다고 증언했다.

증오 憎惡 | 미워할 증, 미워할 오 [hate]
몹시 미워함[憎=惡]. ¶전쟁을 증오하지 않을 사람이 있을까. ⓑ 애정(愛情).

▸ 증오-심 憎惡心 | 마음 심
몹시 미워하는[憎惡] 마음[心]. ¶그의 눈은 증오심과 분노로 불타올랐다.

증원 增員 | 더할 증, 인원 원
[increase the personnel]
인원(人員)을 늘림[增]. ¶재해지역에 봉사 인력을 증원했다. ⓑ 감원(減員).

증인 證人 | 증거 증, 사람 인 [witness]
어떤 사실을 증명(證明)하는 사람[人]. ¶그는 이 사건의 산 증인이다. ⓑ 증거인(證據人).

▸ 증인-석 證人席 | 자리 석
법정 따위에서 증인(證人)이 앉도록 마련

된 자리[席]. ¶증인은 증인석에 앉아 주세요.

증정 贈呈 | 보낼 증, 드릴 정 [present]
남에게 선물이나 기념품 따위를 보내[贈] 드림[呈]. ¶사은품으로 시계를 증정하다.

증조 曾祖 | 거듭 증, 할아버지 조 [great grandfather]
❶ 속뜻 대가 거듭된[曾] 할아버지[祖]. ❷ 조부(祖父)의 아버지. '증조부'의 준말.

▶증-조부모 曾祖父母 | 아버지 부, 어머니 모
증조부(曾祖父)와 증조모(曾祖母)를 아울러 이르는 말.

▶증조-할머니 (曾祖-)
아버지의 할머니. ㊥ 증조모(曾祖母).

▶증조-할아버지 (曾祖-)
아버지의 할아버지. ㊥ 증조부(曾祖父).

증-조모 曾祖母 | 거듭 증, 조상 조, 어머니 모 [great-grandmother]
증조(曾祖) 할머니[祖母]. ¶증조모님 제사를 지내다. ㊥ 증조할머니.

증-조부 曾祖父 | 거듭 증, 조상 조, 아버지 부 [great-grandfather]
증조(曾祖) 할아버지[祖父]. 아버지의 할아버지. ㊥ 증조할아버지.

***증진** 增進 | 더할 증, 나아갈 진 [increase; promote; advance]
점점 더하여[增] 나아감[進]. ¶운동을 하니 식욕이 증진되었다. ㊤ 감퇴(減退).

증축 增築 | 더할 증, 지을 축 [extend a building]
지금 있는 건물에 더 늘려서[增] 지음[築]. ¶학생들이 늘어남에 따라 도서관을 증축할 필요가 있다.

증편[1] (蒸-, 찔 증) [steamed rice cake]
쪄서[蒸] 만든 떡. 멥쌀가루를 막걸리로 질게 반죽한 뒤 부풀려 증편틀에 붓고 고명을 얹어서 찐다.

증편[2] 增便 | 더할 증, 쪽 편 [increase the number of transportation]
교통편(交通便)의 횟수를 늘림[增]. ¶여름철에는 여객기 운항을 증편한다. ㊤ 감편(減便).

증폭 增幅 | 더할 증, 너비 폭 [amplify]
❶ 속뜻 너비[幅]를 늘림[增]. ❷ 물리 빛이나 음향·전기 신호 따위의 진폭(震幅)을 늘림. ¶확성기를 대면 목소리가 증폭된다. ❸생각이나 일의 범위가 아주 넓어져서 커지는 것. ¶그의 말은 거짓으로 드러나 의혹이 증폭되고 있다.

증표 證票 | 증거 증, 쪽지 표 [token; memento]
증거(證據)로 주는 표(票). 증거가 될 만한 표. ¶돈을 받았다는 증표로 영수증을 주었다.

증후 症候 | 증세 증, 조짐 후 [symptoms; sign]
병으로 앓는 여러 가지 증세(症勢)와 조짐[候]. ¶간에서 이상 증후를 발견했다.

▶증후-군 症候群 | 무리 군
의학 몇 가지 증후(症候)가 늘 함께 나타나지만, 그 원인이 명확하지 않거나 단일하지 않은 병적인 증상들[群]을 통틀어 이르는 말. ¶다운 증후군.

지 [since; from the time when]
동작이 있었던 때로부터 지금까지의 동안의 뜻. ¶초등학교를 졸업한 지 5년이 넘었다.

지각[1] 地殼 | 땅 지, 껍질 각 [earth's crust]
❶ 속뜻 땅[地]의 껍질[殼]. ❷ 지리 지구의 표층을 이루고 있는 단단한 부분. ¶지각 변동.

지각[2] 知覺 | 알 지, 깨달을 각 [be aware of; perceive; sense]
❶ 속뜻 알게 되고[知] 깨닫게[覺] 됨. ❷감각 기관을 통하여 외부의 사물을 인식하는 작용. ¶공간 지각 능력 / 컴컴해서 방향을 지각할 수 없다. ❸사물의 이치를 분별하는 능력. ¶몇 년이 지나서야 지각이 들

었다 / 일부 지각없는 사람들 때문에 피해를 본다.

지각[3] 遲刻 | 늦을 지, 시각 각 [late]
정해진 시각(時刻)보다 늦음[遲]. ¶늦잠을 자서 학교에 지각했다.

▶ **지각-생** 遲刻生 | 사람 생
지각(遲刻)을 한 학생(學生). ¶지각생에게 벌을 주었다.

지갑 紙匣 | 종이 지, 상자 갑
[wallet; purse]
❶속뜻 종이[紙]로 만든 갑[匣]. ❷가죽이나 헝겊 따위로 자그마하게 만든 주머니와 같은 물건. ¶지갑에서 돈을 꺼내다 / 지갑이 가볍다.

지게 (戶, 지게 호) [A-frame carrier]
짐을 얹어 사람이 등에 지는 우리나라 고유의 운반 기구. ¶지게에 장작을 실어 나르다.

▶ **지게-꾼**
지게질을 업으로 삼는 사람.

▶ **지게-차** (-車, 수레 차)
기계 차의 앞부분에 자개 모양의 두 개의 길쭉한 철판이 나와 있어 짐을 싣고 위아래로 움직여서 짐을 나르는 차(車).

지겟-작대기
지게를 버티어 세우는 긴 막대기.

지겹다 [boring; tiresome]
넌더리가 날 정도로 지루하고 싫다. ¶그 일은 생각만 해도 지겹다.

지경 地境 | 땅 지, 지경 경
[border; situation; condition]
❶속뜻 땅[地]의 경계(境界). ❷어떤 처지나 형편. ¶너무 억울해 눈물이 날 지경이다.

⁑**지구**[1] 地區 | 땅 지, 나눌 구
[area; district; zone]
지역(地域)을 일정하게 나눈 구역(區域). ¶이 도시 북부는 상업 지구로 지정되었다.

⁑**지구**[2] 地球 | 땅 지, 공 구 [earth]
❶속뜻 땅[地]으로 이루어진 크나큰 공[球]. ❷천문 태양에서 세 번째로 가까우며, 인류가 사는 행성. ¶지구는 둥글다.

▶ **지구-본** (地球-)
지구(地球)를 본떠 만든 작은 모형. ¶지구본을 돌리며 가고 싶은 나라를 찾아보았다. ㊐ 지구의(地球儀).

▶ **지구-상** 地球上 | 위 상
지구(地球)의 위[上]. ¶지구상에 그런 동물은 없다.

▶ **지구-의** 地球儀 | 모형 의
지구(地球)를 본떠 만든 작은 모형[儀]. ㊐ 지구본.

▶ **지구-촌** 地球村 | 마을 촌
지구(地球)를 하나의 마을[村]로 비유하여 이르는 말. ¶인터넷은 전 세계를 지구촌으로 연결해 놓았다.

*__지구__[3] 持久 | 잡을 지, 오랠 구
[sustain; endure; persist]
❶속뜻 오래도록[久] 잘 잡아[持] 둠. ❷오래도록 유지(維持)함.

▶ **지구-력** 持久力 | 힘 력
오래 버티어 내는[持久] 힘[力]. 오래 끄는 힘. ¶마라톤을 하면 지구력을 기를 수 있다. ㊐ 끈기, 인내력(忍耐力).

지국 支局 | 가를 지, 관청 국
[branch office]
본사나 본국에서 갈라져[支] 나가 각 지방에 설치되어 그 지역의 업무를 맡아보는 곳[局]. ¶신문사 지국.

지그시 [softly; patiently]
❶슬며시 힘을 주는 모양. ¶눈을 지그시 감다. ❷조용히 참고 견디는 모양. ¶내 동생은 주사를 맞는 아픔도 지그시 참는다.

지그재그 {영 zigzag}
이쪽으로 꺾이고[zig], 저쪽으로 꺾이는[zag] 모양. 한자 '之' 자 모양으로 직선을 좌우로 그어 나간 형상. ¶술에 취해 지그재그로 걷다.

지극 至極 | 이를 지, 다할 극
[be extreme]
어떠한 정도나 상태 따위가 극도(極度)에

이르다[至]. ¶그는 어머니에 대한 효성이 지극하다 / 이것은 지극히 중요한 문제다.

지글-지글 [sizzling]
적은 양의 액체나 기름 따위가 자꾸 세게 끓는 소리. 또는 그 모양. ¶된장찌개가 지글지글 끓고 있다.

⁑**지금** 只今 | 다만 지, 이제 금
[now; present time]
❶ 속뜻 단지[只] 바로 이 시간[今]. ¶예나 지금이나 달라진 것이 없다. ❷말하고 있는 바로 이때. ¶지금부터 한 시간만 공부하자. ㊐ 현재(現在).

▸지금-껏 (只今-)
말하는 바로 이때[只今]에 이르기까지 내내. ¶나는 지금껏 미국에 한 번도 가 본 적이 없다. ㊐ 여태껏.

지급 支給 | 가를 지, 줄 급
[give; provide; pay]
갈라서[支] 내어줌[給]. ¶장학금을 지급하다.

지긋지긋-하다
[be tedious; wearisome]
몹시 싫거나 귀찮아 넌더리가 나다. ¶나는 이제 가난이 지긋지긋하다.

지긋-하다 [be advanced in years]
나이가 비교적 많다. ¶그 아저씨는 나이가 꽤 지긋해 보인다. / 그는 지긋이 앉아 있지를 못한다.

지기 知己 | 알 지, 자기 기
[appreciative friend]
자기(自己)를 알아주는[知] 벗. '지기지우'(知己之友)의 준말. ¶그에게는 막역한 지기들이 많다.

지껄-이다 [chat; talk garrulously]
큰소리로 마구 말하다. ¶쉴 새 없이 지껄이다 / 말도 안 되는 소리 지껄이지 말고 일이나 해.

지끈-거리다 [throb with pain; have a splitting headache]
머리·몸 따위가 쑤시고 아프다. ¶차를 오랫동안 탔더니 머리가 지끈거린다.

지끈-지끈
머리나 몸의 일부가 자꾸 쑤시듯 아픈 모양. ¶골치가 지끈지끈 쑤시다.

지나-가다 [pass; go by]
❶어떤 곳에서 다른 곳으로 옮겨 가다. ¶야구공이 머리 위를 지나가다. ❷시간이 흘러가서 과거가 되다. 세월이 가다. ¶방학이 눈 깜짝할 새에 지나갔다. ❸어떤 길을 통과하다. ¶종로를 지나가면 광화문에 이른다. ❹말 따위를 별다른 의미 없이 하다. ¶이건 지나가는 말로 한 이야기니 신경 쓰지 마라.

지나다 (過, 지날 과)
[pass; go by; expire]
❶시간이 흘러 과거가 되다. ¶지난 한 해는 정말 많은 일들이 있었다. ❷어떤 곳을 통과하다. ¶우체국을 지나서 왼쪽으로 돌아가면 약국이 있다. ❸한도나 정도가 벗어나거나 넘다. ¶이 우유는 유통기한이 지났다.

♣ 지나다 / 넘다

◎ 벌써 밤 11시가 지났다 = 넘었다.

○ 여름이 지났다.
× 여름이 넘었다.

○ 관객의 수는 3,000명이 넘었다.
× 관객의 수는 3,000명이 지났다.

지나-다니다 [come and go; pass]
지나서 오고 가고 하다. ¶이 길은 주로 학생들이 많이 지나다닌다.

지나치다
[pass by; miss out; excessive]
❶어떤 곳을 지나가거나 지나오다. ¶극장 앞을 지나쳐 가다. ❷어떤 일을 문제 삼거나 관심을 가지지 않고 그냥 넘기다. ¶네 잘못을 못 본 체 지나칠 수는 없다. ❸한도를 넘어 정도가 심하다. ¶운동도 지나치게 하면 건강에 해롭다.

지난-날 [old days]

이미 지나 버린 과거의 날. 또는 그런 날의 생활이나 과정. ¶저것을 보니 지난날을 그리워진다. ㊥ 과거(過去).

지난-달 [last month]
이달의 바로 전달. ¶저 아주머니는 지난달에 이사 왔다. ㊥ 전월(前月).

지난-번 (一番, 차례 번) [last time]
말하는 때 이전의 지나간 차례(番)나 때. ¶너 지난번에 한 약속 잊지 마. ㊥ 먼젓번.

지남 指南 | 가리킬 지, 남녘 남
남(南)쪽을 가리킴[指]. ¶지남철(指南鐵).

▶ 지남-침 指南針 | 바늘 침
남쪽을 가리키는[指南] 바늘(針). 자장의 방향을 재기 위하여, 수평으로 자유로이 회전할 수 있도록 한 소형의 영구 자석.

지ː내다 [live; associate; celebrate]
❶살아가다. ¶부모님께서는 요즘 어떻게 지내시니? ❷서로 사귀어 오다. ¶나는 그 이웃과 가족처럼 지내왔다. ❸계절, 절기, 방학, 휴가 따위의 일정한 시간을 보내다. ¶아이들은 바닷가에서 방학을 지내고 싶어 한다. ❹혼인이나 제사 따위의 행사나 의식을 치르다. ¶설날에는 차례를 지낸다.

지네 [centipede]
동물 흙 속에 살며, 몸은 편평하고 가늘고 긴 절지동물. 다수의 마디로 이루어지고 마디마디에 한 쌍의 다리가 있다.

지느러미 [fin]
동물 물고기 또는 물에 사는 포유류가 몸의 균형을 유지하거나 헤엄치는 데 쓰는 기관. 등, 배, 가슴, 꼬리 따위에 붙어 있다.

지능 知能 | 알 지, 능할 능 [intelligence]
지식을 쌓거나 사물을 바르게 판단하거나 하는 지적(知的)인 능력(能力). ¶지능이 높다고 공부를 잘하는 것은 아니다.

▶ 지능 검ː사 知能檢查 | 봉함 검, 살필 사
심리 개인의 선천적인 지능(知能) 수준이나 지능적 발달 정도를 판단하는 검사(檢查).

▶ 지능 지수 知能指數 | 가리킬 지, 셀 수
교육 지능(知能)의 발달 정도를 나타내는 [指] 수(數). ㊥ 아이큐(IQ).

지니다 [keep; have]
❶몸에 간직해 가지다. ¶많은 돈을 지니다. ❷능력·마음·모양 따위를 갖추어 가지다. ¶착한 성품을 지니다.

지다[1] [fall; decline; wash off]
❶꽃·잎 등이 시들어 떨어지다. ¶바람이 불어 벚꽃이 지다. ❷해나 달이 서쪽으로 넘어가다. ¶해가 지고 날은 어두워졌다. ❸거죽에 묻어 있거나 붙어 있던 것이 없어지다. ¶옷에 묻은 때가 잘 지지 않는다. ㊤ 피다, 뜨다, 묻다.

지다[2] (敗, 질 패) [lose]
싸움·겨루기 등에서 상대를 이기지 못하다. ¶그는 씨름판에서 누구에게도 진 적이 없다 / 지는 게 이기는 거다. ㊥ 패배(敗北)하다. ㊤ 이기다.

♣ 지다² / 패하다¹

◎ 2대 5로 지다 = 패하다.
○ 수학은 누구에게도 지지 않는다.
× 수학은 누구에게도 패하지 않는다.
○ 집안이 패하다.
× 집안이 지다.

지다[3] (負, 질 부)
[bear; get into debt; assume]
❶지게나 물건을 등에 얹다. ¶배낭을 지고 산에 오르다. ❷남에게 빚을 얻거나 하여 갚아야 할 의무를 가지다. ¶우리는 그에게 큰 신세를 졌다. ❸어떤 책임이나 임무를 맡다. ¶자기가 한 말에 책임을 질 줄 알아야 한다.

지다[4] [set in]
❶어떤 모양이 생겨 나타나거나 그러한 상태가 되다. ¶주름이 진 얼굴. ❷그늘이 생기거나, 큰 비로 물이 많게 되다. ¶장마

가 지다. ❸서로 원수가 되다. ¶돈 문제로 친구와 척을 지다.

지당 至當 | 지극할 지, 마땅 당 [be quite right]
지극(至極)히 당연(當然)하다. 이치에 꼭 맞다. ¶참으로 지당한 말씀입니다.

지대[1] 至大 | 지극할 지, 큰 대 [great; immense; profound]
지극(至極)히 크다[大]. ¶이번 월드컵의 경제적 효과는 지대하다. ⓑ 지소(至小).

⁑**지대**[2] 地帶 | 땅 지, 띠 대 [area; belt]
❶ 속뜻 한정된 지역(地域)의 일대(一帶). ¶높은 지대로 이동하세요. ❷자연적 또는 인위적으로 한정된 일정한 구역. ¶공장 지대에서는 많은 소음과 매연이 발생했다.

⁑**지도**[1] 地圖 | 땅 지, 그림 도 [map]
지리 땅[地] 위에 있는 산이나 강 따위의 여러 모양을 나타낸 그림[圖]. ¶지도를 보면 찾아가기 편하다.

⁑**지도**[2] 指導 | 가리킬 지, 이끌 도 [guide; tutor; instruct]
어떤 목적이나 방향으로 남을 가리켜주고[指] 이끌어[導] 줌. ¶선배의 지도를 받다 / 선수들을 지도하며 시합을 준비하다.

▶지도-력 指導力 | 힘 력
남을 가르쳐 이끌 수 있는[指導] 능력(能力). ¶지도력을 발휘하여 사람들을 이끌다.

▶지도-자 指導者 | 사람 자
남을 가르쳐 이끄는[指導] 사람[者]. ¶그는 실력 있고 모범적이어서 지도자로 알맞다.

지독 至毒 | 지극할 지, 독할 독 [vicious; severe]
지극(至極)히 독하다[毒]. 매우 심하거나 모질다. ¶지독한 냄새 / 이곳의 겨울은 지독하게 춥다.

지동 地動 | 땅 지, 움직일 동 [terrestrial movement]
천문 지구(地球)가 돌아 움직이는[動] 일, 곧 '지구의 자전'과 '공전'을 이르는 말.

▶지동-설 地動說 | 말씀 설
천문 태양은 우주의 중심에 정지해 있고, 지구는 그 둘레를 자전하면서 공전하고 있다[地動]는 학설(學說). ⓑ 천동설(天動說).

지라 [spleen]
의학 위(胃)의 왼쪽이나 뒤쪽에 있는 림프 계통 기관. 오래된 적혈구나 혈소판을 파괴하거나 림프구를 만들어 내는 작용을 한다.

지랄-하다 [go crazy]
마구 법석을 떨며 분별없이 행동하다.

지:렁이 [earthworm]
동물 몸은 원통형이며, 많은 마디로 이루어져 있는 환형(環形)동물. 한방에서 약용하며, 낚싯밥으로 사용하기도 한다.

지레 [lever]
무거운 물건을 움직이는 데에 쓰는 막대기. ¶지레로 돌을 들어 올리다.

지렛-대
❶무거운 물건을 움직이는 데에 쓰는 막대기. ¶지렛대로 바위를 옮기다. ❷어떤 목적을 이루기 위해 사용하는 수단이나 힘을 비유하여 이르는 말. ¶위기를 극복하는 지렛대로 삼다. ㊀ 지레.

지력[1] 地力 | 땅 지, 힘 력 [fertility of soil]
땅[地]의 힘[力]. 토지의 생산력. ¶퇴비를 주어 지력을 북돋다.

지력[2] 智力 | 슬기 지, 힘 력 [intellectual power; mentality]
슬기[智]의 힘[力]. ¶뛰어난 지력을 발휘하다.

지령 指令 | 가리킬 지, 명령 령 [order; notify]
활동 방침에 관한 지시(指示)와 명령(命令). ¶지령을 내리다 / 즉각 후퇴하라고 지령하다.

지뢰 地雷 | 땅 지, 천둥 뢰 [land mine]
❶ 속뜻 땅[地] 속에서 천둥[雷]같이 큰 소리를 내며 터짐. ❷ 군사 땅에 묻어 사람이나 전차 등이 밟거나 그 위를 지나면 터지도록 장치한 폭약. ¶이곳의 야생동물들은 지뢰를 밟고 숨지기도 한다.

지루-하다 [boring; tedious]
시간을 너무 오래 끌어 따분하고 싫증이 나다. ¶그 영화는 너무 지루하다.

지류 支流 | 가를 지, 흐를 류
[tributary; branch stream]
원줄기에서 갈라져[支] 나간 물줄기[流]. 원줄기로 흘러 들어가는 물줄기. ¶양재천은 한강의 지류이다.

지르다[1] [yell; scream; howl]
목청을 높여 소리를 크게 내다. ¶고함을 지르다.

지르다[2] [set fire to]
불이 일어나게 하다. ¶논둑에 불을 지르다.

지름 [diameter]
수학 원이나 구 따위에서, 중심을 지나는 직선으로 그 둘레 위의 두 점을 이은 선분. ⓑ 직경(直徑).

▸ 지름-길 (徑, 지름길 경)
❶멀리 돌지 않고 가깝게 질러 통하는 길. ¶학교로 가는 시간을 아끼려고 지름길로 간다. ❷가장 쉽고 빠른 방법을 비유하여 이르는 말. ¶성공의 지름길.

지리 地理 | 땅 지, 이치 리
[geographical features]
❶ 속뜻 땅[地]이 형성된 이치[理]. ❷땅 위에 있는 길 따위의 모양. ¶나는 이곳의 지리에 밝다.

▸ 지리-적 地理的 | 것 적
지리(地理)에 관한 것[的]. 지리상의 문제에 관계되는 것. ¶한국과 일본은 지리적으로 가깝다.

▸ 지리-지 地理誌 | 기록할 지
지리 특정 지역의 지리(地理)에 관하여 서술한[誌] 책. ¶세종실록 지리지 / 팔도 지리지.

지린-내 [smell of urine]
오줌 냄새와 같은 냄새. ¶화장실에서 지린내가 난다.

지망 志望 | 뜻 지, 바랄 망
[wish; desire; prefer]
뜻[志]하여 바람[望]. ¶나는 한때 외교관을 지망했다.

⁑**지면**[1] 地面 | 땅 지, 낯 면
[ground; surface of the earth]
땅[地]의 표면(表面). 땅바닥. ¶눈이 와서 지면이 얼어붙었다.

지면[2] 紙面 | 종이 지, 낯 면 [paper]
❶ 속뜻 종이[紙]의 겉면[面]. ¶이 책은 지면이 매끄럽다. ❷신문의 기사가 실린 종이의 면. ¶이 사건을 지면에 싣다.

지명[1] 地名 | 땅 지, 이름 명
[name of a place]
땅[地]의 이름[名]. 지역의 이름. ¶순 우리말로 된 지명.

지명[2] 指名 | 가리킬 지, 이름 명
[nominate; designate]
여러 사람 가운데 누구의 이름[名]을 지정(指定)하여 가리킴. ¶그녀는 국무총리로 지명되었다.

지명[3] 知名 | 알 지, 이름 명
[fame; renown]
널리 알려진[知] 이름[名]. 세상에 이름을 알림.

▸ 지명-도 知名度 | 정도 도
세상에 이름이 널리 알려진[知名] 정도(程度). ¶지명도가 높은 사람.

지목 指目 | 가리킬 지, 눈 목 [point out]
❶ 속뜻 어떤 사람의 눈[目]을 가리킴[指]. ❷여러 사람이나 사물 가운데서 일정한 것에 대하여 어떠하다고 가리키어 정함. ¶사건의 용의자로 지목되다.

지문[1] 地文 | 바탕 지, 글월 문
❶ 속뜻 주어진 바탕[地] 글[文]. 또는 그

내용. ¶다음 지문을 읽고 물음에 답하시오. ❷문학 희곡에서, 해설과 대사를 뺀 나머지 부분의 글. 인물의 동작, 표정, 심리, 말투 따위를 지시하거나 서술함.

지문[2]指紋 | 손가락 지, 무늬 문 [fingerprint]
손가락[指] 끝마디의 안쪽 무늬[紋]. 또는 그것이 어떤 물건에 남긴 흔적. ¶지문을 남기지 않도록 장갑을 끼다.

지물 紙物 | 종이 지, 만물 물
[paper goods]
종이[紙]나 종이에 속하는 물건(物件).

▸**지물-포** 紙物鋪 | 가게 포
종이[紙物]를 파는 가게[鋪]. ⓑ 지전(紙廛).

지반 地盤 | 땅 지, 쟁반 반 [base]
❶속뜻 땅[地]이 쟁반[盤]같이 편평한 바닥. ❷땅의 굳은 표면. ¶홍수 때문에 이곳의 지반이 내려앉았다. ❸구조물 따위를 설치하는 데 기초가 되는 땅.

*__지방__[1]脂肪 | 기름 지, 기름 방 [fat]
❶속뜻 기름[脂=肪]. ❷생물 기름이 굳어 딱딱해진 것. 생물체의 중요한 에너지 공급원이다.

지방[2]紙榜 | 종이 지, 패 방
[ancestral paper tablet]
민속 종이[紙] 조각에 지방문을 써 놓은 신주 패[榜].

****지방**[3]地方 | 땅 지, 모 방
[region; countryside]
❶속뜻 땅[地]의 어느 한 부분[方]. 어느 한 방면의 땅. ¶낯선 지방으로 여행하다. ❷한 나라의 수도(首都)나 대도시 외의 고장. ¶지방으로 내려가다. ⓑ 중앙(中央).

▸**지방-관** 地方官 | 벼슬 관
❶속뜻 지난 날, 지방(地方)을 다스리던 관리(官吏). 주(州)·부(府)·군(郡)·현(縣)의 으뜸 벼슬을 이르던 말. ❷지방의 행정 사무를 맡아보는 고급 공무원.

▸**지방-색** 地方色 | 빛 색
자연, 인정, 풍속 등에서 풍기는 어떤 지방(地方)의 고유한 특색(特色). ¶이 소설은 사투리가 많아 지방색이 잘 나타나 있다.

▸**지방-세** 地方稅 | 세금 세
법률 지방(地方) 공공 단체가 제정상의 필요에 따라 그 지방의 주민에게 받는 세금(稅金). ⓑ 국세(國稅).

▸**지방 법원** 地方法院 | 법 법, 집 원
법률 중앙 법원에 대하여 지방(地方)에 설치된 법원(法院).

▸**지방 의회** 地方議會 | 따질 의, 모일 회
법률 도나 시에 설치된 지방(地方) 공공 단체의 의회(議會).

▸**지방 자치** 地方自治 | 스스로 자, 다스릴 치
법률 지방 주민이 선출한 기관이 지방(地方)의 행정을 자체적(自體的)으로 처리하는[治] 제도.

▸**지방 문화재** 地方文化財 | 글월 문, 될 화, 재물 재
법률 지방(地方) 단체가 지정하여 관리, 보호하는 문화재(文化財). 국유 문화재 이외에 향토 문화의 보존상 필요하다고 인정하여 지정한다. ¶우리 마을에는 지방 문화재가 많이 보존되어 있다.

▸**지방 자치 단체** 地方自治團體 | 스스로 자, 다스릴 치, 모일 단, 몸 체
정치 중앙 정부의 간섭을 직접 받지 않고, 주민의 의사를 바탕으로 하여 한 지방(地方)의 행정을 처리하는[自治] 행정 단체(團體). 시·도·군·구 따위. 줄여서 '지자체'라고도 한다.

▸**지방 자치 제도** 地方自治制度 | 스스로 자, 다스릴 치, 정할 제, 법도 도
법률 지방 자치(地方自治).

*__지배__ 支配 | 가를 지, 나눌 배
[control; govern; manage]
❶속뜻 가르고[支] 나눔[配]. ❷자기의 의사대로 복종하게 하여 다스림. ¶강한 나라의 지배를 받다 / 인간은 자연을 지배할 수 없다.

▸**지배-인** 支配人 | 사람 인

법률 주인을 대신하여 영업에 관한 것을 지배(支配)할 수 있는 대리권을 가진 사람[人]. ¶호텔의 지배인이 나와 정중히 사과했다.

▸ **지배-자** 支配者 | 사람 자
남을 지배(支配)하거나 지배적인 위치에 있는 사람[者]. ¶노예들은 지배자의 채찍 밑에서 일해야 했다. ⓑ 피지배자.

▸ **지배-적** 支配的 | 것 적
지배(支配)하는 상태에 있는 것[的]. 우세한 것. ¶지배적 위치에 있는 사람.

지병 持病 | 가질 지, 병 병
[chronic disease]
❶ 속뜻 계속 갖고[持] 있는 병(病). ❷잘 낫지 않아 늘 앓으면서 고통을 당하는 병. ¶지병으로 두통을 앓다.

지봉-유설 芝峯類說 | 영지버섯 지, 산봉우리 봉, 종류 류, 말할 설
책명 조선 선조 때의 학자 지봉(芝峯) 이수광이 천문·지리·병정·관직 따위에 관해 종류별(種類別)로 나누어 해설(解說)한 책.

지부 支部 | 가를 지, 나눌 부
[branch office]
본부에서 갈라져[支] 나가 일부(一部) 지역의 업무만을 맡아보는 곳. ¶서울에 본부를 두고 각 군에 지부를 설치하다.

지분 持分 | 가질 지, 나눌 분
[stake; share]
공유 재산이나 권리 따위에서, 공유자(共有者) 각자가 가지는[持] 부분(部分). ¶그는 회사 지분의 절반을 갖고 있다.

지불 支拂 | 가를 지, 털어낼 불 [pay]
❶ 속뜻 갈라서[支] 털어냄[拂]. ❷돈을 주어 값을 치름. ¶임금 지불 / 상점에서 물건 값을 지불하고 나왔다.

지붕 [roof; housetop]
비·이슬·햇빛 등을 막기 위해 가옥 꼭대기 부분에 씌우는 덮개. ¶지붕에서 비가 샌다.

▸ **지붕-돌**
빗돌이나 석등 따위를 세운 다음 그 위에 지붕처럼 덮는 돌.

지사[1] 支社 | 가를 지, 회사 사
[branch office]
본사에서 갈라져[支] 나가 일정 지역의 업무를 맡아보는 회사(會社). ¶해외지사를 설립하다. ⓑ 본사(本社).

지사[2] 志士 | 뜻 지, 선비 사 [patriot]
크고 높은 뜻[志]을 가진 사람[士]. 국가·민족·사회를 위하여 자기 몸을 바쳐 일하려는 포부를 가진 사람. ¶나라의 앞날을 걱정하는 지사.

지사-제 止瀉劑 | 멈출 지, 쏟을 사, 약제 제
[obstruent; paregoric]
설사(泄瀉)를 그치게[止] 하는 약제(藥劑).

지상[1] 地上 | 땅 지, 위 상 [ground]
❶ 속뜻 땅[地]의 위[上]. ¶지상 10미터 높이의 건물. ❷이 세상. 현세(現世). ¶인생은 이 지상에서 단 한번 뿐이다. ⓑ 지하(地下).

▸ **지상-군** 地上軍 | 군사 군
군사 지상(地上)에서 전투하는 군대(軍隊). 주로 육군을 말한다.

지상[2] 至上 | 지극할 지, 위 상 [supremacy]
지극(至極)히 높은 위[上]. ¶세계의 평화를 지상 과제로 삼다.

▸ **지상 명:령** 至上命令 | 명할 명, 명령 령
철학 가장 높은[至上] 명령(命令). 절대로 복종해야 할 명령.

지-새다 [day breaks]
달이 지며 밤이 새다. ¶어느덧 날은 지새고 해가 떠오르기 시작했다.

지-새우다 [awake all night]
밤을 고스란히 새우다. ¶밤을 지새워 가며 공부를 하다.

지서 支署 | 가를 지, 관청 서
[branch office; substation]
본서(本署)에서 갈라져[支] 나와 그 지역

의 업무를 맡아보는 관청[署]. ¶지서에 불려가 조사를 받았다.

지석 誌石 | 기록할 지, 돌 석 [memorial stone]
지문(誌文)을 적는 돌[石]. ¶지석에는 죽은 이의 사망 연월일이 적혀 있었다.

지성[1] 至誠 | 지극할 지, 정성 성 [perfect sincerity]
지극(至極)한 정성(精誠). 또는 그러한 정성. ¶환자를 지성으로 돌보다. 속담 지성이면 감천.

지성[2] 知性 | 알 지, 성질 성 [intelligence]
지적(知的) 품성(品性). 사물을 알고 판단하는 능력. ¶양심과 지성을 갖춘 사람.

▶지성-인 知性人 | 사람 인
지성(知性)을 갖춘 사람[人]. ¶교육을 받은 지성인이라면 남의 말에 귀를 기울일 줄 알아야 한다.

지소 支所 | 가를 지, 곳 소 [branch office; substation]
본소에서 갈라져[支] 나와 해당 지역의 업무를 맡아보는 곳[所]. ¶각 지방에 지소를 설치하다.

지속 持續 | 지킬 지, 이을 속 [continue; maintain]
❶ 속뜻 오래 지켜[持] 이어[續] 나감. ❷끊임없이 이어짐. ¶지속 가능성 / 어려움 속에서도 학업을 지속하다.

▶지속-적 持續的 | 것 적
어떤 상태가 오래 계속되는[持續] 것[的]. ¶지속적인 경제 성장.

지수 指數 | 가리킬 지, 셀 수 [exponent; index number]
❶ 속뜻 어떤 사실이나 정도 따위를 가리키는[指] 수(數). ¶지능지수 / 종합주가지수. ❷ 수학 어떤 수나 문자의 오른쪽 위에 덧붙여 쓰여 거듭제곱을 한 횟수를 나타내는 문자나 숫자. ¶제곱지수.

지시 指示 | 가리킬 지, 보일 시 [direct]
❶ 속뜻 가리켜[指] 보임[示]. ❷무엇을 하라고 일러서 시킴.

▶지시-등 指示燈 | 등불 등
다른 자동차에 신호를 보내도록[指示] 자동차에 달려 있는 등(燈).

▶지시-문 指示文 | 글월 문
지시(指示)의 내용을 적은 문건(文件). ¶지시문을 내리다.

▶지시-약 指示藥 | 약 약
화학 화학 반응에 있어서 일정한 상태를 보여주는[指示] 데 사용되는 시약(試藥).

***지식** 知識 | 알 지, 알 식 [knowledge; knowhow]
어떤 대상에 대하여 배우거나 실천을 통하여 알게 된[知] 명확한 이해나 인식(認識). ¶과학에 대한 지식이 풍부하다.

▶지식-인 知識人 | 사람 인
지식(知識)이 많은 사람[人]. ¶당시의 지식인들은 그 정책을 앞장서서 반대하지 못했다.

지신 地神 | 땅 지, 귀신 신 [god of the earth]
땅[地]을 맡아 다스린다는 신령(神靈).

▶지신-밟기 (地神-)
민속 땅을 다스리는 신령[地神]을 달래는 민속놀이. 음력 정월 대보름날에 영남에서 행해져왔으며, 마을 사람들이 농악대를 앞세우고 집집마다 돌며 연중 무사를 빌고, 집주인은 음식이나 곡식, 돈으로 이들을 대접한다.

지아비 (夫, 지아비 부) [husband]
'남편'을 예스럽게 이르는 말. ¶지아비는 밭을 갈고, 지어미는 씨를 뿌린다. 반 지어미.

지압 地壓 | 땅 지, 누를 압 [ground pressure; acupressure]
땅[地]속의 물체가 그것의 무게나 외부 힘의 영향으로 내부로 또는 다른 물체를 향하여 누르는[壓] 힘. ¶유물이 지압을 받지 않고 잘 보존되다.

지어미 [wife]

'아내'를 예스럽게 이르는 말. ¶시집 가서는 지어미 노릇을 잘 하여야 한다. [반]지아비.

지엄 至嚴 | 지극할 지, 엄할 엄
[be extremely strict]
지극(至極)히 엄(嚴)하다. ¶왕실의 지엄한 법도.

지역 地域 | 땅 지, 지경 역
[area; region; zone]
일정한 땅[地]의 구역(區域). 또는 그 안의 땅. ¶이 지역에서는 물이 부족하다.

▸ **지역-구** 地域區 | 나눌 구
[법률] 시·군·구 따위 일정한 지역(地域)을 한 단위로 하여 설정한 선거구(選擧區). [반] 전국구(全國區).

▸ **지역 감:정** 地域感情 | 느낄 감, 마음 정
특정 지역(地域)의 사람들에게 가지는 좋지 않은 편견이나 감정(感情). ¶선거에서 지역감정을 부추기는 것은 옳지 않다.

지연 遲延 | 늦을 지, 끌 연
[delay; be overdue]
정해진 때보다 늦게[遲] 시간을 끎[延]. ¶약간의 문제가 생겨 열차의 출발이 지연되다.

지열 地熱 | 땅 지, 더울 열
[geothermal heat; road heat]
[지리] 땅[地] 속에서 나는 열(熱). ¶지열 에너지를 이용한 발전(發電).

지옥 地獄 | 땅 지, 감옥 옥
[hell; inferno]
❶ [속뜻] 땅[地] 속에 있는 감옥(監獄). ❷ [기독교] 큰 죄를 지은 사람의 혼이 신의 구원을 받지 못하고 악마와 함께 영원히 벌을 받는다는 곳. ¶그렇게 못된 짓을 많이 했으니 지옥에 갈 것이다. ❸'못 견딜 만큼 괴롭고 참담한 형편이나 환경'을 비유하여 이르는 말. ¶입시 지옥 / 거기서 일한 순간부터 지옥이었다. [반] 천국(天國), 천당(天堂).

지우-개 [eraser]
쓴 글씨나 그림을 지우는 물건. ¶지우개로 글씨를 깨끗이 지우다.

지우다¹ [erase]
❶쓴 글씨나 그린 그림, 흔적 따위를 지우개나 천 따위로 보이지 않게 없애다. ¶벽에 그려진 낙서를 지우다. ❷생각이나 기억 따위를 의식적으로 없애거나 잊어버리다. ¶자꾸 떠오르는 나쁜 생각을 지우려고 애썼다.

지-우다² [burden; charge]
❶짐 등을 지게 하다. ¶일꾼에게 쌀가마를 지우다. ❷책임을 맡도록 만들다. ¶국가는 군인에게 나라를 지킬 임무를 지우고 있다.

지원¹ 支院 | 가를 지, 집 원
[detached building]
[법률] 지역별로 따로 갈라져[支] 나온 하부 법원(法院). ¶가정법원 소년부지원. [비] 분원(分院).

지원² 支援 | 버틸 지, 도울 원 [support]
버팀[支] 수 있도록 도와줌[援]. ¶아낌없는 지원에 깊이 감사드립니다.

지원³ 志願 | 뜻 지, 바랄 원
[apply; volunteer]
어떤 일이나 조직에 뜻[志]을 두어 끼기를 바람[願]. ¶지원 입대 / 명문대학에 지원하다.

▸ **지원-병** 志願兵 | 군사 병
[군사] 스스로 입대를 지원(志願)한 병사(兵士). ¶지원병을 모집하다.

▸ **지원-서** 志願書 | 글 서
뜻을 두어 바라는[志願] 바를 적어서 내는 글[書]. 또는 그 문서. ¶입사 지원서에 사진을 붙이다.

▸ **지원-자** 志願者 | 사람 자
어떤 일이나 조직에 뜻을 두어 끼이길 바라는[志願] 사람[者]. ¶지원자가 몰려들다.

지위 地位 | 땅 지, 자리 위
[status; position]

❶속뜻 있는 곳[地]의 자리[位]. ❷사회적 신분에 따라 개인이 차지하는 자리나 계급. ¶그는 지위도 있고 돈도 있다 / 그는 낮은 지위에 있지만 매우 능력 있는 사람이다.

지은-이 [writer; author]
글을 쓰거나 문학 작품, 악곡 따위의 작품을 지은 사람. ¶이 책의 지은이는 누구인가? ⓑ 글쓴이, 작자(作者), 저자(著者).

지읒
언어 한글 자모 'ㅈ'의 이름.

지인 知人 | 알 지, 사람 인 [acquaintance; friend]
잘 아는[知] 사람[人]. 친구. ¶부친의 지인 / 지인이 많다.

지-자기 地磁氣 | 땅 지, 자석 자, 기운 기 [terrestrial magnetism]
물리 지구(地球)가 가진 자기(磁氣). '지구 자기'(地球磁氣)의 준말.

지자제 地自制 | 땅 지, 스스로 자, 정할 제 [local self-governing system]
법률 '지방 자치 제도'(地方自治制度)의 준말.

지장[1]支障 | 버틸 지, 막을 장 [trouble; obstacle]
앞에 버티고[支] 가로막고[障] 있어 방해가 됨. ¶공사장에서 나오는 소음이 수업에 지장을 준다. ⓑ 장애(障礙).

지장[2]指章 | 손가락 지, 글 장 [thumbprint]
손가락의 지문(指紋)으로 찍는 도장(圖章). ¶도장이 없으면 대신 지장을 찍어도 된다.

지저귀다 [sing; twitter]
새가 계속 소리 내어 우짖다. ¶참새가 지저귀는 아침.

지저분-하다 [be dirty; unclean]
어수선하고 더럽다. ¶방이 돼지우리처럼 지저분하다.

지적[1]知的 | 알 지, 것 적 [intellectual]
지식(知識)이 있는 것[的]. 또는 지식에 관한 것. ¶높은 지적 수준 / 안경을 쓰니 좀 더 지적인 분위기가 난다.

지적[2]指摘 | 가리킬 지, 딸 적 [point out; indicate]
❶속뜻 어떤 사물을 가리켜[指] 꼭 집어냄[摘]. ¶내가 지적한 학생은 일어나서 책을 읽어라. ❷허물 따위를 들추어 가려냄. ¶그 문제에 대한 몇 가지 지적이 나오고 있다 / 선생님은 내 글에 창의성이 없다고 지적하셨다.

***지점**[1]地點 | 땅 지, 점 점 [point; spot]
땅[地] 위의 일정한 점(點). ¶이곳은 사고가 많이 나는 지점이다.

지점[2]趾點 | 멈출 지, 점 점
수직선이나 사선(斜線)이 멈추는[趾] 밑점(點).

지점[3]支店 | 가를 지, 가게 점 [branch shop]
본점에서 갈라져[支] 나온 점포(店鋪). ¶그 은행은 전국에 150개 지점이 있다.

▶ **지점-장** 支店長 | 어른 장
지점(支店)의 업무를 총괄하는 우두머리[長]. ¶은행 지점장.

지-점토 紙粘土 | 종이 지, 끈끈할 점, 흙 토
종이[紙]로 만든 찰흙[粘土] 같은 물질. 공작이나 공예에 이용한다. ¶지점토로 만든 인형.

⁑**지정** 指定 | 가리킬 지, 정할 정 [appoint; designate; assign]
❶속뜻 가리키어[指] 확실하게 정(定)함. ❷관공서, 학교, 회사, 개인 등이 어떤 것에 특정한 자격을 줌. ¶문화재로 지정되다 / 그들은 미리 지정된 장소로 떠났다.

▶ **지정-석** 指定席 | 자리 석
특정 사람을 위하여 지정(指定)해 놓은 좌석(座席). ¶손님께서는 빈자리 말고 지정석에 앉으세요.

지조 志操 | 뜻 지, 잡을 조 [fidelity; constancy]

원칙과 신념을 굽히지 않고 꿋꿋한 의지(意志)로 끝까지 지킴[操]. ¶지조 높은 선비. ㊊ 절개(節槪).

지주[1]**支柱** | 버틸 지, 기둥 주 [pillar; support]
❶ 속뜻 어떠한 물건이 쓰러지지 않도록 버티는[支] 기둥[柱]. ¶지진에 지주가 흔들거리기 시작했다. ❷'정신적·사상적으로 의지할 수 있는 근거나 힘'을 비유하여 이르는 말. ¶아저씨는 제 정신적 지주이십니다.

지주[2]**地主** | 땅 지, 주인 주 [landowner]
토지(土地)의 주인(主人). ¶이 마을 지주는 마을 논밭의 절반을 갖고 있다.

지중 地中 | 땅 지, 가운데 중 [in the ground]
땅[地]의 속[中].

▶지중-해 地中海 | 바다 해
지리 유럽, 아시아, 아프리카 세 대륙[地]에 둘러싸여 그 가운데[中] 있는 바다[海]. 동쪽으로 홍해와 인도양, 서쪽으로 대서양과 통하며, 북쪽에 흑해가 있다. ¶나일 강은 지중해로 흘러든다.

▶지중해성 기후 地中海性氣候 | 바다 해, 성질 성, 기후 기, 기후 후
지리 지중해(地中海) 지방에 나타나는, 혹은 그런 특성(特性)을 지닌 기후(氣候).

지지[1][Dirty]
어린아이에게 더러운 것임을 일러 주는 말. ¶아가, 지지니까 만지면 안 돼.

지지[2]**支持** | 버틸 지, 지킬 지 [support]
❶ 속뜻 버팀[支] 수 있도록 지켜줌[持]. ❷ 어떤 사람이나 단체 따위의 의견에 찬동하여 이를 위하여 힘을 씀. ¶어떤 후보를 지지하십니까?

▶지지-율 支持率 | 비율 률
선거 따위에서, 유권자들이 특정 후보를 지지(支持)하는 비율(比率). ¶대통령은 올해 가장 높은 지지율을 기록했다.

▶지지-자 支持者 | 사람 자
어떤 일이나 주장에 찬동하여 힘을 쓰는[支持] 사람[者]. ¶선거 유세에서 지지자들의 환호에 답례했다.

지지[3]**遲遲** | 늦을 지, 늦을 지 [very slow]
몹시 더디다[遲+遲].

▶지지부진 遲遲不進 | 아닐 부, 나아갈 진
매우 더디어서[遲遲] 일 따위가 잘 진척(進陟)되지 아니함[不]. ¶공사가 지지부진하게 진행되다.

지지다 [stew; panfry; grill]
❶국물을 조금 붓고 끓여 익히다. ¶저녁에 된장을 지져 먹었다. ❷불에 달군 판에 기름을 바르고 전 따위를 부쳐 익히다. ¶명절이 되면 전을 지진다. 속담 손가락에 장을 지지겠다.

비슷한 듯 다른 말	➲ 볶다

지지리 [extremely; terribly]
매우 심하게. 지긋지긋하게. ¶오늘은 지지리도 재수가 없다.

지지-배배
제비·종달새 등이 지저귀는 소리. ¶처마 밑의 제비가 지지배배 노래를 한다.

⁑**지진 地震** | 땅 지, 떨 진 [earthquake]
지리 땅[地]의 떨림[震]. 오랫동안 누적된 변형 에너지가 갑자기 방출되 ¶지진이 나면 건물 밖으로 즉시 대피하세요.

▶지진-계 地震計 | 셀 계
기계 지진(地震)의 진동을 자동적으로 세어[計] 기록하는 기계.

▶지진-파 地震波 | 물결 파
지리 지진(地震)으로 인하여 생기는 탄성파(彈性波). ¶지진파를 감지하다.

지질 地質 | 땅 지, 바탕 질 [nature of the soil]
지리 지각(地殼)을 이루는 여러 가지 암석이나 지층(地層)의 성질(性質). ¶이 시기에는 지질에 큰 변동이 있었다.

▶지질-학 地質學 | 배울 학
지리 지질(地質)을 연구 대상으로 하는 과

학(科學).

지참 持參 | 가질 지, 참여할 참
[bring with; carry]
무엇을 가지고서[持] 모임 따위에 참여(參與)함. ¶신분증을 지참해야 입장할 수 있다.

지척 咫尺 | 길이 지, 자 척
[very short distance]
❶ 속뜻 길이가 8치[咫]나 1자[尺] 밖에 안 되는 짧은 거리. ❷아주 가까운 거리. ¶지척을 분간할 수 없다 / 마음이 지척이면 천리도 지척이요, 마음이 천리면 지척도 천리다.

지천 至賤 | 지극할 지, 천할 천 [abundance]
❶ 속뜻 지극(至極)히 천(賤)함. 매우 천함. ❷매우 흔함. ¶가을이면 코스모스가 지천으로 피어난다.

지체[1] [status; class]
어떤 집안이나 개인이 사회에서 차지하고 있는 신분이나 지위. ¶지체가 높으신 도련님.

지체[2] 遲滯 | 늦을 지, 막힐 체 [delay]
늦어지거나[遲] 막힘[滯]. ¶더 이상 시간을 지체할 수 없다.

지축 地軸 | 땅 지, 굴대 축
[axis of the earth]
지리 ❶지구(地球)가 돌아가는 축(軸). 북극과 남극을 연결하는 축. ¶지구는 지축을 중심으로 자전한다. ❷대지의 중심. ¶지축을 뒤흔드는 요란한 소리.

지출[1] 持出 | 가질 지, 날 출
물품 따위를 가지고[持] 나감[出]. ¶총기 지출 금지.

⁑**지출**[2] 支出 | 가를 지, 날 출
[expend; pay]
갈라서[支] 내줌[出]. ¶수입에서 지출을 떼면 약간의 이익이 남는다 / 용돈의 대부분을 책 사는 데 지출했다. 반 수입(收入).
▸ 지출-액 支出額 | 액수 액
어떤 목적을 위하여 지급한[支出] 돈의 액수(額數). ¶교육비 지출액을 줄이다. 반 수입액.

⁑**지층** 地層 | 땅 지, 층 층
[geological stratum]
지리 자갈, 모래, 진흙, 생물체 따위가 물 밑이나 지표(地表)에 퇴적하여 이룬 층(層). ¶지층에서 화석이 발견되다.

지:치다[1] [get tired]
힘이 들거나 시달림을 받아 기운이 쇠해지다. ¶오랫동안 달렸더니 지쳐서 걷지도 못하겠다.

지:치다[2] [skate; slide on the ice]
얼음 위를 미끄러져 달리다. ¶꽁꽁 언 연못으로 나가 썰매를 지치다.

지침 指針 | 가리킬 지, 바늘 침
[compass needle; indicator]
❶ 속뜻 무엇을 가리키는[指] 바늘[針] 같은 것. 시계, 나침반, 계량기 등에 붙어 있는 바늘. ¶나침반의 지침이 북쪽을 가리키고 있다. ❷생활이나 행동 따위의 지도적 방법이나 방향을 지도하여 주는 준칙. ¶정부에서 지침이 내려왔다.

지칭 指稱 | 가리킬 지, 일컬을 칭
[call; designate]
어떤 대상을 가리켜[指] 일컬음[稱]. 또는 그런 이름. ¶21세기는 흔히 정보화 사회라고 지칭된다.

지켜-보다 [watch; observe; stare]
주의를 기울여 살펴보다. ¶저 녀석이 도망가지 않는지 잘 지켜보아라.

지키다 (保, 지킬 보)
[guard; keep; follow]
❶재산·안전 따위를 잃거나 침해당하지 않도록 보호하거나 살피다. ¶강아지가 집을 지키고 있다. ❷약속·법령 등을 준수하다. ¶그는 공중도덕을 잘 지킨다.

지킴-이
어떤 중요한 장소나 일을 지키는 사람. ¶환경 지킴이.

지탄 指彈 | 손가락 지, 튕길 탄

[blame; criticize]
❶ 속뜻 손가락[指]으로 튕김[彈]. ❷잘못을 지적하여 비난함. 손가락질. ¶국민들로부터 지탄을 받다 / 뇌물을 받은 정치인을 지탄하다.

지탱 支撑 | 버틸 지, 버팀목 탱
[maintain; support; sustain]
❶ 속뜻 버티어[支] 놓은 버팀목[撑]. ❷오래 버티어 유지함. ¶산소 호흡기로 목숨을 지탱하고 있다.

지팡이 [walking stick]
보행을 도우려고 짚는 막대기. ¶할머니가 지팡이를 짚고 비틀비틀 걸어온다.

지퍼 {영 zipper}
서로 이가 맞는 금속·플라스틱 등의 조각을 헝겊 테이프에 고착하고, 그 두 줄을 쇠고리로 밀고 당겨 여닫을 수 있도록 만든 물건. ¶바지 지퍼를 잠그다.

지평 地平 | 땅 지, 평평할 평 [horizon]
대지(大地)의 편평(扁平)한 면. ¶자리가 높아서 탁 트인 지평을 바라볼 수 있다 / 생명 공학의 새 지평을 열다.

▶ **지평-선** 地平線 | 줄 선
편평한 대지[地平]의 끝과 하늘이 맞닿아 보이는 경계선(境界線). ¶넓은 지평선 너머로 해가 진다.

지폐 紙幣 | 종이 지, 화폐 폐
[bill; paper money]
종이[紙]에 인쇄를 하여 만든 화폐(貨幣). ¶천 원짜리 지폐를 오백 원짜리 두 개로 바꾸다.

지표[1] 指標 | 가리킬 지, 나타낼 표 [index]
방향이나 목적, 기준 따위를 가리키는[指] 표지(標識). ¶그는 아버지의 말씀을 지표로 삼고 살았다.

지표[2] 地表 | 땅 지, 겉 표
[surface of the earth]
지구(地球)의 표면(表面). 또는 땅의 겉면. '지표면'의 준말. ¶한여름의 열기가 지표를 뜨겁게 달구었다.

▶ **지표-면** 地表面 | 낯 면
땅[地]의 겉[表] 면(面). ¶푸른 새싹이 지표면을 뚫고 나오다.

지푸라기 [bits of straw]
짚의 낱개. 또는 부서진 짚의 부스러기. ¶논밭을 뒹굴었더니 옷에 지푸라기가 잔뜩 묻었다. 속담 물에 빠지면 지푸라기라도 잡는다.

지프 {영 jeep}
사륜 구동의 소형 자동차. 미국에서 군용으로 개발한 것으로 험한 지형에서 주행하기에 알맞다. 본디 상표명이다.

지피다 [burn]
아궁이·화덕 등에 땔나무를 넣어 불타도록 하다. ¶아궁이에 불을 지피다.

⁑**지하** 地下 | 땅 지, 아래 하 [underground]
땅[地]의 아래[下]. 또는 땅속을 파고 만든 구조물의 공간. ¶지하 2층 / 지하에는 수많은 광물이 묻혀 있다. 반 지상(地上).

▶ **지하-도** 地下道 | 길 도
땅 아래[地下]에 만든 길[道]. ¶횡단보도 대신 지하도로 길을 건너다.

▶ **지하-수** 地下水 | 물 수
땅속[地下]에 고여 있는 물[水]. ¶쓰레기 매립으로 지하수가 오염되고 있다.

▶ **지하-실** 地下室 | 방 실
땅속[地下]에 만든 방[室]. ¶어둡고 습한 지하실.

▶ **지하-철** 地下鐵 | 쇠 철
교통 땅속[地下]을 다니는 철도(鐵道). '지하 철도'(地下鐵道)의 준말. ¶차가 이렇게 막히니 차라리 지하철을 타자.

▶ **지하-자원** 地下資源 | 재물 자, 근원 원
지하(地下)에 묻혀 있는 자원(資源). 철, 석탄, 석유 따위. ¶지하자원이 풍부한 나라.

지향 志向 | 뜻 지, 향할 향 [aim]
어떤 목표로 뜻[志]이 쏠리어 향(向)함. 또는 그 의지. ¶우리는 평화 통일을 지향한다.

지향-점 指向點 | 가리킬 지, 향할 향, 점 점 [directing point]
방향(方向)을 가리켜[指] 도달하고자 목표로 정한 점. ¶몇 개로 나뉜 등산로는 정상을 지향점으로 하고 있었다.

*__지혈__ 止血 | 멈출 지, 피 혈 [stop bleeding]
나오는 피[血]를 멎게[止] 함. ¶팔을 붕대로 묶어 흐르는 피를 지혈했다. [반] 출혈(出血).

**__지형__ 地形 | 땅 지, 모양 형 [topography]
땅[地]의 형세(形勢). ¶지형이 험해 적의 기습에 주의해야 한다.

▸ 지형-도 地形圖 | 그림 도
[지리] 지형(地形) 및 위에 분포하는 사물을 상세하게 그린 지도(地圖).

▸ 지형-적 地形的 | 것 적
땅의 생긴 모양[地形]과 관계되는 것[的]. ¶바람의 방향과 속도는 지형적인 영향을 많이 받는다.

**__지혜__ 智慧 | 슬기로울 지, 총명할 혜 [wisdom]
슬기롭고[智] 총명함[慧]. 사물의 이치를 빨리 깨닫고 사물을 정확하게 처리하는 능력. ¶조상들의 지혜가 담긴 문화 / 문제를 지혜롭게 해결하다. [비] 슬기.

지황 地黃 | 땅 지, 누를 황
[식물] 현삼과의 여러해살이풀. 뿌리는 약용한다.

지화자
가무의 곡조를 맞추어 흥을 돋우기 위해 부르는 소리. ¶얼씨구절씨구 지화자 좋구나.

지휘 指揮 | 손가락 지, 휘두를 휘 [command; lead; conduct]
❶ [속뜻] 손가락[指]을 휘두름[揮]. ❷목적을 효과적으로 이루기 위하여 단체의 행동을 통솔함. ¶그의 지휘 아래 열심히 싸우다 / 군사들을 지휘하다. ❸ [음악] 합주 따위에서, 많은 사람의 노래나 연주가 예술적으로 조화를 이루도록 앞에서 이끄는 일. ¶합창단을 지휘하다.

▸ 지휘-관 指揮官 | 벼슬 관
[군사] 군대를 지휘(指揮)하는 우두머리[官]. ¶용맹하고 통솔력 있는 지휘관.

▸ 지휘-봉 指揮棒 | 몽둥이 봉
❶ [속뜻] 지휘관(指揮官)이 쓰는 막대기[棒]. ❷ [음악] 지휘자가 합창, 합주 따위를 지휘하는 데 쓰는 막대기. ¶지휘봉을 휘두르자 악기들이 일제히 소리를 내기 시작했다.

▸ 지휘-자 指揮者 | 사람 자
❶ [속뜻] 지휘(指揮)하는 사람[者]. ¶여러 단체의 지휘자를 맡아 보다. ❷ [음악] 합창이나 합주 따위에서, 노래나 연주를 앞에서 조화롭게 이끄는 사람. ¶지휘자는 성공적으로 연주회를 마쳤다.

직
글씨 등의 획을 한 번 긋거나, 종이 등을 한 번 찢는 소리. ¶연필로 줄을 직 긋다 / 편지를 직 찢어버리다.

직각[1] 直閣 | 당번 직, 관청 각
[역사] ❶고려 시대에, 보문각[閣]에 속한 종육품 벼슬[直]. ❷조선 시대에, 규장각에 속한 벼슬.

직각[2] 直角 | 곧을 직, 뿔 각 [right angle]
[수학] 모서리가 무디거나 날카롭지 않은 똑바른[直] 각(角). 두 직선(直線)이 만나서 이루는 90도의 각. ¶몸을 직각으로 굽혀 인사하다.

▸ 직각 삼각형 直角三角形 | 석 삼, 뿔 각, 모양 형
[수학] 한 내각이 직각(直角)인 삼각형(三角形).

직감 直感 | 곧을 직, 느낄 감 [know by intuition]
사물이나 현상을 접하면 진상을 곧바로[直] 느낌[感]. ¶위험이 다가오고 있음을 직감했다 / 형사는 직감적으로 그가 범인임을 알아챘다.

직-거:래 直去來 | 곧을 직, 갈 거, 올 래 [direct transaction]
경제 사고파는 사람이 직접(直接) 거래(去來)함. ¶도시 소비자와 농민 사이의 농산물 직거래.

직결 直結 | 곧을 직, 맺을 결 [be linked directly with]
다른 사물이 개입하지 않고 직접(直接) 연결(連結)됨. ¶이것은 사람들의 건강 문제와 직결된다.

직경 直徑 | 곧을 직, 지름길 경 [diameter]
❶속뜻 원의 중간을 곧바로[直] 가로지르는[徑] 선. ❷수학 원이나 구 따위에서 중심을 지나는 직선으로 그 둘레 위의 두 점을 이은 선분. ¶직경 5cm의 원을 그리세요. 비 지름.

직계 直系 | 곧을 직, 이어 맬 계 [direct line]
혈연이 친자 관계에 의하여 직접(直接) 이어져 있는 계통(系統). ¶직계 가족이 아니면 들어오실 수 없습니다.

직공[1] 職工 | 일 직, 장인 공 [worker]
❶속뜻 자기 손기술로 물건을 만드는 일[職]을 업으로 하는 장인[工] 같은 사람. ❷공장에서 일하는 사람. ¶인쇄소 직공들은 열심히 일했다.

직공[2] 織工 | 짤 직, 장인 공
옷감을 짜는[織] 일을 하는 사람[工].

직관 直觀 | 곧을 직, 볼 관 [intuition; sixth sense]
철학 직접(直接) 봄[觀]. 또는 직접 보아 앎. ¶그는 직관이 뛰어나다.

직녀 織女 | 짤 직, 여자 녀
❶속뜻 옷감을 짜는[織] 여자[女]. ❷견우 직녀 설화에 나오는 여자 주인공. ❸직녀성(織女星). 비 직부(織婦).

직렬 直列 | 곧을 직, 줄 렬 [series]
전기 전기 회로에서 전지나 저항기 따위를 곧게[直] 줄지어[列] 연결하는 것. '직렬연결'(直列連結)의 준말. 반 병렬(竝列).

직류 直流 | 곧을 직, 흐를 류 [direct current; continuous current]
❶속뜻 곧게[直] 흐름[流]. ❷전기 시간이 지나도 전류의 크기와 방향이 변하지 않는 전류. 반 교류(交流).

직매 直賣 | 곧을 직, 팔 매 [sell directly]
경제 중간상인을 거치지 않고 직접[直] 팖[賣]. ¶직매하는 계란을 사기 때문에 싸게 살 수 있다.

▸ **직매-장** 直賣場 | 마당 장
생산자가 소비자에게 제품을 직접 파는[直賣] 장소(場所). ¶농산물 직매장.

직면 直面 | 곧을 직, 낯 면 [face]
어떠한 일이나 사물을 직접(直接) 대면(對面)함. ¶몹시 어려운 문제에 직면하다.

직무 職務 | 맡을 직, 일 무 [job; duties]
직책이나 직업상에서 책임을 지고 담당하여 맡은[職] 일[務]. ¶직무에 충실하다.

직물 織物 | 짤 직, 만물 물 [textile fabrics; cloth]
실을 짜서[織] 만든 물건(物件). 면직물, 모직물, 견직물 따위. ¶자연 직물이라 느낌이 좋다.

직분 職分 | 일자리 직, 나눌 분 [duty; job]
❶속뜻 직무(職務)상의 본분(本分). ¶맡은 바 직분을 충실히 하다. ❷마땅히 해야 할 본분. ¶사람은 각자 지켜야 할 직분이 있다.

직사 直射 | 곧을 직, 쏠 사 [shine directly; fire directly]
❶속뜻 곧게[直] 쏨[射]. ❷군사 '직접 사격'(直接射擊)의 준말. ❸군사 포병 사격에서, 탄도가 조준선 위로 목표보다 더 높게 올라가지 않도록 쏨.

▸ **직사-광선** 直射光線
정면으로 곧게[直] 비치는[射] 빛[光]살[線]. ¶이 제품은 직사광선을 피해 보관하세요.

직-사ː각 直四角 | 곧을 직, 넉 사, 뿔 각
[rectangle]
네 각이 모두 직각(直角)으로 된 사각(四角).

▶ 직-사ː각형 直四角形 | 모양 형
수학 내각(內角)이 모두 직각(直角)인 사각형(四角形). ¶직사각형 모양의 탁자.

직선[1] 直線 | 곧을 직, 줄 선
[straight line]
곧은[直] 선(線). ¶두 점을 직선으로 연결하시오. 반 곡선(曲線).

▶ 직선-적 直線的 | 것 적
❶ 속뜻 직선(直線)의 모양이나 성질을 가진 것[的]. ¶직선적인 도로. ❷꾸미거나 숨기거나 하지 않고 솔직한 것. ¶그는 너무 직선적으로 말해서 따르는 사람이 별로 없다.

직선[2] 直選 | 곧을 직, 가릴 선
[direct election]
정치 선거인이 직접(直接) 피선거인을 뽑는 선거(選擧). '직접선거'의 준말.

▶ 직선-제 直選制 | 정할 제
정치 국민들이 직접 선거(直接選擧)를 통하여 대표를 선출하는 제도(制度). ¶대통령 직선제. 반 간선제(間選制).

직성 直星 | 당번 직, 별 성
❶ 민속 사람의 나이에 따라 그 운명에 대한 당번[直]을 하고 있는 아홉 가지 별[星]. 제웅직성, 토직성, 수직성, 금직성, 일직성, 화직성, 계도직성, 월직성, 목직성으로 남자는 열 살에 제웅직성이 들기 시작하고, 여자는 열한 살에 목직성이 들기 시작하여 차례로 돌아간다. ❷타고난 성질이나 성미. ¶일이 직성에 맞지 않는다 / 나는 하고 싶은 일을 해야 직성이 풀린다. 관용 직성이 풀리다.

직속 直屬 | 곧을 직, 속할 속
[belonging directly]
직접(直接) 소속(所屬)됨. 또는 그런 소속. ¶직속선배 / 몇몇 부서가 대통령에 직속되었다.

***직업** 職業 | 일 직, 일 업
[job; career; vocation]
생계를 유지하기 위하여 하는 직무(職務)나 생업(生業). ¶그녀의 직업은 간호사다.

▶ 직업-병 職業病 | 병 병
사회 그 직업(職業)의 특수한 환경이나 작업 상태로 인해 생기는 병(病). ¶너무 오래 앉아 일을 하다보면 요통과 같은 직업병을 앓게 된다.

▶ 직업-인 職業人 | 사람 인
어떠한 직업(職業)에 종사하고 있는 사람[人]. ¶성공한 전문 직업인을 초대해 강연을 듣다.

직영 直營 | 곧을 직, 꾀할 영
[manage directly]
사업을 직접(直接) 관리하여 이익을 꾀함[營]. ¶본사 직영 매장 / 시청에서 직영하는 사업.

직원 職員 | 일 직, 사람 원
[employee; staff]
직장에서 각각의 직무(職務)를 맡고 있는 사람[員]. ¶이 화장실은 직원 전용이다.

직위 職位 | 일 직, 자리 위 [position]
직무(職務)에 따라 규정되는 사회적·행정적 위치(位置). ¶높은 지위를 박탈하다.

직-육면체 直六面體 | 곧을 직, 여섯 륙, 낯 면, 모양 체
[rectangular parallelepiped]
수학 각 면이 모두 직사각형(直四角形)이고, 마주 보는 세 쌍의 면이 각각 평행한 육면체(六面體).

직장 職場 | 일자리 직, 마당 장
[one's workplace]
사람들이 일정한 직업(職業)을 가지고 일하는 곳[場]. ¶이번 기회에 직장을 옮기려고 한다.

▶ 직장-인 職場人 | 사람 인
직장(職場)을 가지고 일하는 사람[人]. ¶점심시간을 이용해 학원을 다니는 직장인들이 많다.

직전 直前 | 곧을 직, 앞 전 [just before]
어떤 일이 일어나기 바로[直] 전(前). ¶시험 직전에 병원에 입원했다. ⓑ 직후(直後).

직접 直接 | 곧을 직, 이을 접
[directly; personally]
중간에 매개 따위가 없이 곧바로[直] 연결됨[接]. ¶이 목걸이는 직접 만든 것이다. ⓑ 간접(間接).

▸ 직접-적 直接的 | 것 적
직접(直接) 하는 또는 되는 것[的]. ¶햇빛은 식물의 성장에 직접적인 영향을 미친다. ⓑ 간접적(間接的).

직종 職種 | 일자리 직, 갈래 종
[type of occupation]
직업(職業)이나 직무의 종류(種類). ¶이런 직종에서 일해 본 경험이 있나요?

직지심-체요-절 直指心體要節 | 곧을 직, 가리킬 지, 마음 심, 몸 체, 요할 요, 마디 절
불교 고려 우왕 3년(1377)에 백운 화상(白雲和尙)이 석가모니의 직지인심(直指人心) 견성성불(見性成佛)의 뜻을 그 중요한 부분[體要]만 골라 뽑아[節] 해설한 책. 세계 최초의 금속 활자본으로 공인된 불경으로, '직지심경'이라고도 한다.

직진 直進 | 곧을 직, 나아갈 진
[go straight on]
곧바로[直] 나아감[進]. ¶계속 직진하면 우체국이 나옵니다.

직책 職責 | 일 직, 꾸짖을 책
[one's duty]
직무(職務)상의 책임[責]. ¶맡은 직책을 성실히 수행하다.

직파 直播 | 곧을 직, 뿌릴 파
[plan directly]
농업 모를 못자리에서 기른 뒤 논밭으로 옮겨 심지 않고 씨를 직접(直接) 논밭에 뿌리는[播] 일.

▸ 직파-법 直播法 | 법 법
직파(直播)하는 농사 방법(方法). ¶조선 이전의 시기에는 직파법이 행해졌다.

직판 直販 | 곧을 직, 팔 판 [sale directly]
경제 유통 과정 없이 생산자가 소비자에게 직접(直接) 팖[販]. ¶농산물을 시세보다 싸게 직판하다. ⓑ 직매(直賣).

▸ 직판-장 直販場 | 마당 장
생산자가 소비자에게 직접(直接) 판매(販賣)하는 장소(場所). ¶직판장에서 싸고 품질 좋은 농산물을 사다.

직-하다 [it seems likely]
앞말이 뜻하는 내용이 발생할 가능성이 많음을 나타내는 말. ¶동생이 있음직한 곳은 모두 찾아보았다.

직할 直轄 | 곧을 직, 관할할 할
[control directly]
중간에 다른 기구나 조직을 통하지 않고 직접(直接) 관할(管轄)함. ¶국방부 직할 부대.

▸ 직할-시 直轄市 | 도시 시
법률 지방 자치 단체의 한 가지로, 중앙 정부가 직접 관할하는[直轄] 도시(都市). '광역시'(廣域市)의 옛 이름이다.

직함 職銜 | 일 직, 이름 함 [official title]
❶ 속뜻 벼슬[職]의 이름[銜]. ❷직책이나 직무의 이름.

직행 直行 | 곧을 직, 갈 행
[go straight to; run through to]
도중에 다른 곳에 머무르거나 들르지 않고 바로[直] 감[行]. ¶이 버스는 목포까지 직행한다.

직후 直後 | 곧을 직, 뒤 후
[immediately after]
어떤 일이 있고 난 바로[直] 다음[後]. ¶그때는 전쟁 직후라 경제가 몹시 어려웠다. ⓑ 즉후(卽後). ⓑ 직전(直前).

진[1] 津 | 진액 진 [resin; tar]
풀이나 나무의 껍질 등에서 분비되는 점액. ¶고무나무에서 나온 진으로 고무를 만든다. 관용 진이 빠지다.

진[2]**陳** | 늘어놓을 진 [battle formation; military camp; lines]
군사 군사들의 대오(隊伍)를 배치한 것. 또는 그 대오가 있는 곳. ¶밤에 진을 다시 정비하다 / 그의 집 앞에는 기자들이 진을 치고 있다.

진[3]**眞** | 참 진 [truth]
❶참. 거짓이 아님. ❷등급을 진·선·미로 나눌 때 그 첫 번째. ¶미스코리아 진 수상자.

진가 眞價 | 참 진, 값 가
[true value; real worth]
참된[眞] 값어치[價]. ¶진가를 발휘하다 / 작품의 진가를 인정하다.

진-간장 (—醬, 젓갈 장)
[nicely aged soysauce]
오래 묵어서 진한 간장[醬]. ¶국에 진간장을 한 숟가락 넣다.

진ː갑 進甲 | 나아갈 진, 첫째 천간 갑
[one's 61st birthday]
환갑(還甲)보다 한 해 더 나아간[進] 해. 환갑의 이듬해. 62세. ¶할머니는 올해 진갑을 맞으신다.

진ː격 進擊 | 나아갈 진, 칠 격
[attack; move against]
앞으로 나아가[進] 적을 침[擊]. ¶새벽에 진격을 개시한다. ㊥ 진공(進攻). ㊦ 퇴각(退却).

진골 眞骨 | 참 진, 뼈 골
❶ 속뜻 진(眞)급의 골품(骨品). ❷ 역사 신라 시대 신분제인 골품제도의 둘째 등급. 부계와 모계 가운데 한쪽만 왕족이고 한쪽은 귀족일 때 진골이라 하고, 양쪽 다 왕족이면 성골(聖骨)이라 한다. ¶태종 무열왕 이후로는 진골 출신이 왕이 되었다.

진공 眞空 | 참 진, 빌 공 [vacuum]
물리 물질이 전혀 존재하지 않고 진정(眞正)으로 비어있는[空] 곳. 인위적으로 만들어낼 수는 없고, 실제 극히 저압의 상태를 이른다. ¶진공으로 포장하면 음식을 오래 보존할 수 있다.

▶**진공-관** 眞空管 | 대롱 관
물리 유리나 금속 따위의 용기에 몇 개의 전극을 봉입하고 내부를 높은 진공(眞空) 상태로 만든 전자관(電子管).

진-국[1](津—, 진액 진)
[undiluted liquor]
오랫동안 푹 고아서 걸쭉하게 된 국물[津]. ¶그는 사골 진국을 다 마셨다.

진-국[2](眞—, 참 진)
[simplehearted person; true person]
거짓이 없이 참된[眞] 것. 또는 그런 사람. ¶그 사람은 진국이니 믿어도 됩니다.

진ː군 進軍 | 나아갈 진, 군사 군 [march]
적을 치러 군대(軍隊)가 나아감[進]. 또는 군대를 나아가게 함. ¶진군의 북소리 / 반란군의 거점으로 진군하다.

진귀 珍貴 | 보배 진, 귀할 귀
[valuable; rare and precious]
보배[珍]롭고 보기 드물게 귀(貴)하다. ¶창고에는 진귀한 물건들로 가득 차 있었다.

진ː급 進級 | 나아갈 진, 등급 급
[get promotion; move up]
등급(等級), 계급, 학년 따위가 올라감[進]. ¶아버지가 부장으로 진급하셨다.

진기 珍奇 | 보배 진, 기이할 기
[rare; strange]
진귀(珍貴)하고 기이(奇異)하다. ¶여행을 하면 진기한 풍경을 많이 보게 된다.

진-나라 (秦—, 나라 이름 진)
역사 중국 최초의 통일 왕조. 춘추 전국 시대, 지금의 감숙(甘肅) 지방에서 일어나 기원전 221년 시황제가 주나라 및 육국(六國)을 멸망시키고 최초로 중국을 통일하였는데 기원전 206년 한나라 고조에게 멸망하였다.

진ː노 震怒 | 벼락 진, 성낼 노
[be enraged; be fill with wrath]
존엄한 존재가 벼락[震]같이 크게 성냄

[怒]. ¶신의 진노를 부르다 / 할아버지가 몹시 진노하셨다.

진눈깨비 [sleet; snow mixed with rain]
눈이 녹아들어 비와 섞여서 오는 눈. ¶어젯밤에 매서운 바람과 함께 진눈깨비가 내렸다.

***진:단 診斷** | 살펴볼 진, 끊을 단 [diagnose]
의학 의사가 환자의 병 상태를 살펴보아[診] 판단(判斷)하는 일. ¶의사의 진단을 받다 / 의사는 그의 병을 암으로 진단했다.

▶ **진:단-서** 診斷書 | 글 서
의학 의사가 병의 진단(診斷) 결과를 적은 증명서(證明書). ¶진단서를 떼다.

진달래 [azalea]
식물 봄에 깔때기 모양의 엷은 분홍색 꽃이 3-5개씩 피는 관목.

▶ 진달래-꽃
진달래의 꽃.

진담 眞談 | 참 진, 말씀 담 [serious talk]
진심(眞心)에서 우러나온 거짓이 없는 참된 말[談]. ¶그는 진담 반 농담 반으로 이야기했다. ㊥ 농담(弄談).

진:도[1] 進度 | 나아갈 진, 정도 도 [progress]
일이 진행(進行)되는 속도나 정도(程度). ¶쉬는 날이 많아 진도가 늦었다.

진:도[2] 震度 | 떨 진, 정도 도
[seismic intensity]
❶ 속뜻 떨리는[震] 정도(程度). ❷ 지리 어떤 지역에서 나타나는 지진의 진동 크기나 피해 정도. ¶진도 7.5의 강력한 지진이 있었다.

진도 아리랑 (珍島-, 보배 진, 섬 도)
음악 남도 민요의 하나. 밀양 아리랑과 비슷한데 빠른 자진모리장단으로 부른다.

진돗-개 (珍島-, 보배 진, 섬 도)
동물 전라 남도 진도(珍島)에서 나는 우리나라 재래 품종의 개. 민첩하고 슬기롭고 용맹하다. 천연기념물 제53호이다.

진동[1] [armhole of a sleeve]
저고리의 어깨선에서 겨드랑이까지의 폭이나 넓이. ¶진동이 좁아 움직이기가 불편하다.

***진:동[2] 振動** | 떨릴 진, 움직일 동
[vibrate; stink of]
❶ 속뜻 흔들려[振] 움직임[動]. ¶시계추가 천천히 진동한다. ❷냄새 따위가 아주 심하게 나는 상태. ¶고약한 냄새가 진동을 한다.

진:동[3] 震動 | 떨 진, 움직일 동
[shock; quake]
❶ 속뜻 떨리어[震] 움직임[動]. ❷물체가 몹시 울리어 흔들림. ¶집이 심하게 진동하였다.

진드기 [mite; tick]
동물 사람이나 짐승에 붙어 살며 피를 빨아 먹는 곤충. ¶진드기처럼 달라붙다.

진득-하다 [staid; patient; clammy]
❶몸가짐이 의젓하고 참을성이 있다. ¶그는 진득하게 앉아서 기차가 오기를 기다렸다. ❷물기가 있어 눅눅하다. ¶반죽이 진득하다.

진딧-물 [aphid]
동물 풀이나 나무의 잎 또는 가지에 붙어서 진을 빨아 먹는 곤충.

진-땀 (津-, 진액 진) [sticky sweat]
몹시 힘들 때 흐르는 끈끈한[津] 땀. ¶그 시험을 치르느라 진땀을 뺐다.

진:력 盡力 | 다할 진, 힘 력
[endeavor; make an effort]
있는 힘[力]을 다함[盡]. 또는 낼 수 있는 모든 힘. ¶경제를 살리기 위해 진력하다.

진:로 進路 | 나아갈 진, 길 로
[course; way]
앞으로 나아갈[進] 길[路]. ¶태풍의 진로 / 선생님과 진로에 대해 상담하다.

진:료 診療 | 살펴볼 진, 병고칠 료
[diagnose and treat]
의학 의사가 환자를 진찰(診察)하고 치료(治療)하는 일. ¶진료 시간 / 독거노인을 무료로 진료하다.

▶진ː료-비 診療費 | 쓸 비
진료(診療)에 대한 대가로 치르는 비용(費用). ¶그는 아들의 진료비를 마련하려고 막노동을 했다.

▶진ː료-소 診療所 | 곳 소
환자를 진료(診療)하기 위해 설비를 갖춘 곳[所]. 병원보다 작은 규모이다. ¶노인들을 위한 진료소를 따로 열다.

▶진ː료-실 診療室 | 방 실
환자를 진료(診療)하기 위해 마련한 방[室]. ¶환자는 진료실에 들어갔다.

진리 眞理 | 참 진, 이치 리 [truth; fact]
참된[眞] 이치(理致). 또는 참된 도리. ¶그 진리를 깨닫는 데 오랜 시간이 걸렸다.

진ː맥 診脈 | 살펴볼 진, 맥 맥
[examine the pulse]
[한의] 병을 진찰하기 위하여 손목의 맥(脈)을 짚어 보는[診] 일. ¶의원은 요모조모 진맥해 보더니 약을 지어 주었다.

진-면ː목 眞面目 | 참 진, 낯 면, 눈 목
[one's true character]
❶[속뜻] 본래의 참된[眞] 얼굴[面]과 눈[目]. ❷본디부터 지니고 있는 그대로의 상태. ¶그 선수는 이번 경기에서 진면목을 발휘했다.

진ː-물 (津—, 진액 진)
[ooze from a sore]
부스럼이나 상처에서 흐르는 끈끈한[津] 액체. ¶부스럼이 나고 진물이 흐르기 시작했다.

진미 珍味 | 보배 진, 맛 미
[food of delicate flavor]
보배[珍]같이 귀하고 좋은 음식의 맛[味]. 또는 그런 맛이 나는 음식물. ¶국수의 진미를 맛보다.

진배-없다 [equal; be as good as]
다른 점이 없다. 똑같다. ¶옷을 빨았더니 새 옷이나 진배없어 보인다.

진범 眞犯 | 참 진, 범할 범
[real offender]
참[眞] 범인(犯人). 직접 죄를 저지른 사람. ¶그가 구속되었지만 사실 진범은 따로 있었다.

진법 陣法 | 진칠 진, 법 법
[disposition of troops]
[군사] 진(陣)을 치는 방법(方法). ¶학익진(鶴翼陣)은 유명한 공격 진법이다.

진ː보 進步 | 나아갈 진, 걸음 보
[make advance]
한 걸음[步] 더 나아감[進]. 정도나 수준이 나아지거나 높아짐. ¶진보 세력 / 진보하는 과학 기술. [반] 퇴보(退步).

진부 陳腐 | 묵을 진, 썩을 부
[stale; old-fashioned]
❶[속뜻] 오래 묵었거나[陳] 썩은[腐] 것. ❷사상, 표현, 생각 따위가 낡아서 새롭지 못하다. ¶진부한 표현은 쓰지 않는 것이 좋다.

진-분수 眞分數 | 참 진, 나눌 분, 셀 수
[proper fraction]
❶[속뜻] 진짜[眞] 분수(分數). ❷[수학] 분자의 값이 분모보다 작은 분수. [반] 가분수(假分數).

진-뺏기 (陣—, 진칠 진)
[민속] 어린이 놀이의 하나. 두 편이 마주 진(陣)을 치고 각자 자신이 맡은 상대편 아이를 손을 대어 죽게 하여 상대편 진을 차지한다.

진ː사 進士 | 나아갈 진, 선비 사
❶[속뜻] 벼슬에 나아간[進] 선비[士]. ❷[역사] 조선시대 진사시(進士試)에 합격한 사람에게 준 칭호.

진상1 眞相 | 참 진, 모양 상
[truth; actual facts]
참된[眞] 모습[相]. 사물이나 현상의 거짓 없는 모습이나 내용. ¶사건의 진상을 밝히다.

진ː상2 進上 | 올릴 진, 위 상
[present to the king]
❶[속뜻] 윗[上]사람에게 올리어[進] 바침.

❷진귀한 물품이나 지방의 토산물 따위를 임금이나 고관 따위에게 바침. ¶이 비단은 임금님께 진상할 것이다.

진성 眞性 | 참 진, 성질 성 [one's true character]
사물이나 현상의 있는 그대로의 진짜[眞] 성질(性質).

진솔 眞率 | 참 진, 소탈할 솔 [honest; sincere]
진실(眞實)하고 소탈하다[率]. ¶자신의 꿈을 진솔하게 이야기하다.

진수[1] 眞髓 | 참 진, 골수 수 [essence]
진짜[眞] 중요한 골수(骨髓)가 되는 부분. 사물이나 현상의 가장 중요하고 본질적인 부분. ¶이것이 고전음악의 진수이다.

진:수[2] 進水 | 나아갈 진, 물 수 [launch]
❶ 속뜻 물[水]로 나아가게[進] 함. ❷새로 만든 배를 조선대(造船臺)에서 처음으로 물에 띄움. ¶거북선을 진수하다.

진수[3] 珍羞 | 보배 진, 음식 수 [delicious banquet]
진귀(珍貴)하고 맛이 좋은 음식[羞]. ¶진수를 차리어 대접하다.

▸ 진수-성찬 珍羞盛饌 | 많을 성, 반찬 찬
진귀(珍貴)한 음식[羞]과 푸짐하게[盛] 차린 요리[饌]. ¶그런 진수성찬은 처음 먹어 보았다.

진:술 陳述 | 아뢸 진, 말할 술 [state; explain]
자세히 아뢰거나[陳] 말함[述]. 또는 그런 이야기. ¶진술을 받다 / 그 사람은 사건에 대해 거짓으로 진술했다.

진실 眞實 | 참 진, 실제 실 [truthful; honest; frank]
참된[眞] 사실(事實). ¶진실 혹은 거짓 / 사람들을 진실하게 대하다/ 나는 진실로 너를 사랑한다. ⓑ 참. ⓑ 거짓, 허위(虛僞).

▸ 진실-성 眞實性 | 성질 성
진실(眞實)된 성질(性質). 참된 모습 또는 품성. ¶다시는 안 그러겠다고 다짐했지만 진실성이 부족했다.

진심 眞心 | 참 진, 마음 심 [whole heart; sincerity]
거짓이 없는 참된[眞] 마음[心]. ¶합격을 진심으로 축하한다.

진:압 鎭壓 | 누를 진, 누를 압 [repress; put down]
진정(鎭靜)시키기 위하여 강압적인 힘으로 억누름[壓]. ¶폭동이 진압되지 못하고 있다 / 소방관들은 화재를 진압했다.

진:열 陳列 | 늘어놓을 진, 벌일 렬 [display; exhibit; put on show]
물건을 죽 늘어놓거나[陳] 벌여 놓음[列]. ¶점원은 수많은 상품을 진열하느라 바빴다.

▸ 진:열-대 陳列臺 | 돈대 대
물건이나 상품을 진열(陳列)해 놓을 수 있도록 만든 대(臺). ¶수많은 유물이 진열대를 가득 채우고 있다.

▸ 진:열-장 陳列欌 | 장롱 장
물건이나 상품을 진열(陳列)해 놓는 장(欌). ¶진열장 안의 다이아몬드를 살펴보다.

진영 陣營 | 진칠 진, 집 영 [camp]
❶ 군사 군대가 진(陣)을 치고 집단으로 거주하는 집[營]. ¶전투에 앞서 적의 진영에 사절을 보냈다. ❷정치적·사회적·경제적으로 구분된 서로 대립되는 세력의 어느 한쪽. ¶동서 대립 진영 / 민족주의 진영에 가담하다. ⓑ 군영(軍營).

진:원 震源 | 떨 진, 근원 원 [earthquake center]
지리 지진(地震) 발생의 근원(根源)이 되는 지점. 지각 내부의 지진 발생점이나 지진의 원인인 암석 파괴가 시작된 곳을 말한다.

▸ 진:원-지 震源地 | 땅 지
❶ 지리 지진(地震) 발생의 근원(根源)이 되는 곳[地]. ❷사건이나 소동 따위를 일으킨 근원이 되는 곳을 비유하여 이르는

말. ¶소문의 진원지.

진위 眞僞 | 참 진, 거짓 위 [genuineness or spuriousness]
참[眞]과 거짓[僞]. 또는 진짜와 가짜를 통틀어 이름. ¶보석의 진위를 밝히다.

진의 眞意 | 참 진, 뜻 의 [real intention]
속에 품고 있는 참[眞] 뜻[意]. 또는 진짜 의도. ¶그의 진의가 무엇인지 걷잡을 수가 없다.

진:입 進入 | 나아갈 진, 들 입 [enter]
앞으로 나아가[進] 안으로 들어감[入]. ¶월드컵 본선 진입 / 고속도로에 진입하다.

▶ **진:입-로** 進入路 | 길 로
진입(進入)할 수 있도록 낸 길[路]. ¶학교 진입로에는 느티나무가 서 있다.

진:자 振子 | 떨릴 진, 접미사 자 [pendulum]
물리 줄 끝에 추를 매달아 좌우로 왔다갔다 흔들리게[振] 만든 물체[子]. ¶진자는 흔들리면서 초를 나타낸다.

진-자리
아이들이 오줌·똥을 싸서 축축하게 된 자리. ¶진자리를 마른자리로 갈아 주시는 어버이 은혜.

진:작 [earlier; beforehand]
좀 더 일찍이. 일이 생기기 전에 미리. ¶왜 진작 말하지 않았니? ⓑ 진즉(趁卽).

진저리 [shiver; disgust]
❶차가운 것이 살갗에 닿거나 오줌을 눈 뒤에 무의식적으로 떠는 몸짓. ¶추위에 몸을 떨며 진저리를 치다. ❷몹시 귀찮거나 지긋지긋하여 떠는 몸짓. ¶그의 거만한 태도를 생각만 해도 진저리가 난다. ⓑ 진절머리.

진:전 進展 | 나아갈 진, 펼 전 [develop; progress]
일이 진행(進行)되어 발전(發展)됨. ¶연구에 큰 진전이 있다 / 둘의 관계는 급속도로 진전되었다.

진절-머리 [disgust]
몹시 싫증이 나거나 귀찮아 떨쳐지는 몸짓. ¶이제 눈이라면 진절머리가 난다. ⓑ 진저리.

진정[1] 眞正 | 참 진, 바를 정 [truly]
❶ 속뜻 참되고[眞] 바르게[正]. ❷거짓 없이 참으로. ¶진정한 애국자 / 선생님을 뵙게 되어 진정 반갑습니다.

진정[2] 眞情 | 참 진, 실상 정 [sincerity]
❶ 속뜻 거짓이나 꾸밈이 없는 참된[眞] 실상[情]. ¶일부러 진정을 숨겼다. ❷참되고 애틋한 정이나 마음. ¶진정을 털어놓다 / 진정으로 사랑하다 / 진정으로 말하다.

진:정[3] 陳情 | 아뢸 진, 실상 정 [make a representation]
사정(事情)을 간곡히 아뢺[陳]. ¶죄 없는 사람들을 풀어줄 것을 진정하다.

▶ **진:정-서** 陳情書 | 글 서
실정이나 사정(事情)을 진술(陳述)하여 적은 글[書]. 또는 그 문서. ¶시청에 진정서를 제출하다.

진:정[4] 鎭靜 | 누를 진, 고요할 정 [calm down; relax]
❶ 속뜻 누르거나[鎭] 가라앉혀 조용하게[靜] 함. ¶사태가 진정되지 못하다. ❷격앙된 감정이나 아픔 따위를 가라앉힘. ¶화가 나는 마음을 진정하려 애쓴다.

▶ **진:정-제** 鎭靜劑 | 약제 제
약학 중추 신경이 비정상적으로 흥분한 상태를 진정(鎭靜)시키는 데 쓰이는 약[劑]. ¶환자는 진정제를 먹고 잠이 들었다.

진:-종일 盡終日 | 다할 진, 끝날 종, 날 일 [whole day]
하루[日]가 다될[盡=終] 때까지. ¶진종일 나가 놀다. ⓑ 온종일.

진주[1] 眞珠 | 참 진, 구슬 주 [pearl]
❶ 속뜻 진짜[眞] 구슬[珠]. ❷ 연체동물 부족류 조개의 체내에 생긴 탄산칼슘이 주성분인 구슬 모양의 광택이 나는 이상 분

비물. 우아하고 아름다운 빛깔의 광택이 나서 장신구로 쓴다. ¶진주 목걸이가 피부색과 잘 어울린다.

진ː주² 進走 | 나아갈 진, 달릴 주
달려서[走] 앞으로 나아감[進].

진ː주성 晉州城 | 나아질 진, 고을 주, 성곽 성
고적 경상남도 진주의 진주(晉州) 공원 일대와 내성동(內城洞)에 걸쳐 있던 조선시대의 읍성(邑城). 고려 말기에 왜구를 막기 위하여 쌓은 것으로 임진왜란 때의 항전지로 유명하다. 성안에 촉석루가 있다.

진즉 趁卽 | 쫓을 진, 곧 즉 [earlier]
그 때부터 미리, 시기를 맞추어[趁] 곧바로[卽]. ¶진즉 병원에 갈 걸 그랬다. ⓑ진작.

진ː지¹ [meal]
'밥'의 높임말. ¶아버님, 진지는 잡수셨습니까?

진지² 眞摯 | 참 진, 지극할 지
[serious; sincere]
말이 참답고[眞] 태도가 지극하다[摯]. ¶농담을 너무 진지하게 받아들인다.

진지³ 陣地 | 진칠 진, 땅 지
[military camp; stronghold]
진(陣)을 치고 있는 곳[地]. 언제든지 적과 싸울 수 있도록 설비 또는 장비를 갖추고 부대를 배치하여 둔 곳. ¶적의 공격을 받고 진지에서 철수했다.

진ː짓-상 (-床, 평상 상)
[eating table]
웃어른의 밥상(床)을 높여 이르는 말. ¶진짓상을 차리다.

진짜 (眞-, 참 진) [real thing]
❶속뜻 거짓·위조가 아닌 참된[眞] 것. ¶이 반지 진짜인가요? ❷참으로. 실지로. ¶널 진짜 좋아해 / 너 진짜로 우리 집에 오는 거니? ⓑ가짜, 거짓.

진ː찰 診察 | 살펴볼 진, 살필 찰
[examine; see a patient]
의학 의사가 여러 가지 방법으로 환자의 병이나 증상을 보고[診] 살핌[察]. ¶병원에 가서 진찰을 받다.

▶**진ː찰-실** 診察室 | 방 실
의사가 환자를 진찰(診察)하는 방[室]. ¶어머니는 진찰실 밖에서 기다렸다.

진-창 [mud]
땅에 물이 많이 섞여 매우 질게 된 곳. ¶차가 진창에 빠져 꼼짝도 못 하고 있다. ⓑ진흙탕.

진ː척 進陟 | 나아갈 진, 오를 척 [progress]
한걸음 더 나아가고[進] 한 단계 더 오름[陟]. 일이 목적한 방향대로 진행되어 감. ¶공사가 진척을 보이지 않는다. ⓑ진전(進展), 진행(進行).

***진ː출** 進出 | 나아갈 진, 날 출
[advance; enter into]
❶속뜻 앞으로 나아가[進] 밖으로 나감[出]. ❷어떤 방면으로 활동 범위나 세력을 넓혀 나아감. ¶여성의 사회 진출 / 한국 영화가 국제무대에 진출하고 있다.

▶**진ː출-권** 進出權 | 권리 권
어떤 경기에 나갈 수 있는[進出] 권리(權利). ¶한국은 월드컵 결승 진출권을 따냈다.

진ː취 進取 | 나아갈 진, 가질 취 [progress]
적극적으로 나아가서[進] 일을 취(取)하여 이룩함. ¶지도자가 되려면 먼저 진취의 기상을 지녀야 한다.

▶**진ː취-적** 進取的 | 것 적
나아가[進] 취(取)하려는 적극성이 있는 것[的]. ¶화랑의 진취적인 기상.

진탕 (-宕, 방탕할 탕)
[as much as one likes]
한껏 흐무러지게. 싫증이 날 만큼 풍부하게. ¶오늘 밤은 진탕 놀아보자. ⓑ실컷, 한껏.

진토 塵土 | 티끌 진, 흙 토
[dust and dirt]

티끌[塵]과 흙[土]을 통틀어 이르는 말. ¶백골이 진토가 된들 어떻게 임금님의 은혜를 갚을까.

진통¹陣痛 | 한바탕 진, 아플 통
[labor pains]
❶속뜻 한바탕[陣] 겪는 통증(痛症)이나 어려움. ¶오랜 진통 끝에 법률이 통과되었다. ❷의학 해산할 때, 짧은 간격을 두고 반복되는 복부의 통증. ¶임산부가 진통을 시작하자 즉시 병원으로 옮겼다.

진:통²鎭痛 | 누를 진, 아플 통
[relieve the pain]
의학 아픔[痛]을 눌러[鎭] 멎게 함. ¶이 약은 진통 효과가 뛰어나다.

▶ 진:통-제 鎭痛劑 | 약제 제
약학 중추 신경에 작용하여 진통(陣痛)을 느끼지 못하게[鎭] 하는 약[劑]. ¶두통이 있어서 진통제를 찾다.

진:퇴 進退 | 나아갈 진, 물러갈 퇴
[advance and retreat]
앞으로 나아가고[進] 뒤로 물러남[退]. ¶두 선수는 씨름판에서 진퇴를 거듭하고 있다.

▶ 진:퇴-양난 進退兩難 | 두 량, 어려울 난
앞으로 나아가기[進]와 뒤로 물러나기[退] 둘[兩] 다 어려운[難] 처지에 놓임. ¶이 문제를 포기할 수도 없고 정말 진퇴양난의 길에 빠졌다.

진:폭 振幅 | 떨릴 진, 너비 폭
[amplitude of a swing]
❶속뜻 떨리는[振] 정도의 너비[幅]. ❷물리 진동(振動)하고 있는 물체가 정지 또는 평형 위치에서 최대 변위까지 이동하는 거리. 진동하는 폭의 절반이다. ¶탐지기의 진폭이 크게 동요하고 있다.

진품 眞品 | 참 진, 물건 품
[genuine article; real thing]
진짜[眞] 물건[品]. ¶진품을 가려내기가 쉽지 않다. 반 모조품(模造品), 위조품(僞造品).

진-풍경 珍風景 | 희귀할 진, 바람 풍, 볕 경
[unusual scene; odd sight]
구경거리가 될 만한 보기 드문[珍] 풍경(風景). ¶한여름에 눈이 내리는 진풍경이 벌어지다.

진-하다 (津—, 진액 진)
[thick; dark; deep]
❶속뜻 물 따위의 액체가 끈적할[津] 정도. 수분이 적어 되직하다. ¶커피를 너무 진하게 마신다. ❷빛·화장이 짙다. ¶그녀는 진하게 화장을 했다.

진:학 進學 | 나아갈 진, 배울 학 [go on to the next stage of education]
❶속뜻 학문의 길에 나아가[進] 배움[學]. ❷상급 학교에 올라감. ¶명수는 올해 대학에 진학했다.

진한 辰韓 | 별 진, 나라 한
역사 삼한(三韓) 가운데 경상북도를 중심으로 한 동북부 지역에 있던 12개의 소국. '辰'이 쓰인 까닭에 대해서는 정설이 없다.

***진:행 進行** | 나아갈 진, 갈 행 [progress]
❶속뜻 앞으로 향하여 나아[進] 감[行]. ¶태풍의 진행 방향. ❷일 따위를 처리하여 나감. ¶회의를 매끄럽게 진행하다.

▶ 진:행-자 進行者 | 사람 자
의식·방송 따위에서, 일을 이끌어 나가는[進行] 사람[者]. ¶그녀는 뉴스 진행자로 발탁되었다. 비 진전(進展), 진척(進陟).

진홍 眞紅 | 참 진, 붉을 홍
[dark red; crimson]
❶속뜻 참으로[眞] 붉음[紅]. ❷짙은 붉은 빛.

▶ 진홍-빛 (眞紅—)
짙은[眞] 붉은[紅]빛. ¶하늘은 어느덧 진홍빛으로 물들어 있었다.

진:화¹鎭火 | 누를 진, 불 화 [extinguish a fire]
불길[火]을 진압(鎭壓)함. 화재를 끔. ¶비가 와서 불이 금방 진화됐다.

진ː화²進化 | 나아갈 진, 될 화 [develop; evolve]
❶ 속뜻 진보(進步)하여 차차 더 나은 것이 됨[化]. ¶시간에 따라 언어도 진화한다. ❷ 생물 생물이 외계의 영향과 내부의 발전에 의하여 간단한 구조에서 복잡한 구조로, 하등한 것에서 고등한 것으로 발전하는 일. ¶사람이 유인원(類人猿)에서 진화한 것인지는 확신할 수 없다. ⊕ 퇴화(退化).

▸ 진ː화-론 進化論 | 말할 론
생물 생물의 진화(進化) 요인에 관한 이론(理論). ¶다윈은 진화론을 주장하였다.

진-흙 [clay; mud]
❶빛깔이 붉고 차진 흙. ¶얼굴에 진흙을 바르면 좋다고 한다. ❷질척질척하게 짓이겨진 흙. ¶진흙에 빠져 옷이 더러워졌다.

▸ 진흙-탕
질척질척하게 죽같이 된 흙. ¶비가 오자 길은 진흙탕이 되었다.

진ː흥 振興 | 떨칠 진, 일어날 흥 [develop; advance; promote]
떨치고[振] 일어남[興]. 또는 그렇게 되게 함. ¶과학 연구가 진흥하다.

진흥왕 순수비 眞興王巡狩碑 | 참 진, 일어날 흥, 임금 왕, 돌 순, 순행할 수, 비석 비
고적 신라 진흥왕(眞興王)이 지금의 한강 유역에서 동북 해안에 이르는 지대와 가야를 쳐서 영토를 넓힌 다음, 신하들과 변경을 두루 살피며 돌아다닐[巡狩] 때에 세운 비석(碑石).

질¹帙 | 책갑 질 [set of books]
여러 권으로 된 책 한 벌을 세는 단위. ¶오십 권짜리 위인전 한 질을 사다.

질²質 | 바탕 질 [quality]
물건이 성립하는 근본 바탕. ¶양보다 질이 우선이다. ⊕ 양(量).

질감 質感 | 바탕 질, 느낄 감
재질(材質)의 차이에서 받는 느낌[感]. ¶이 스웨터는 질감이 좋다.

질겁 窒怯 | 막힐 질, 겁낼 겁 [be surprised; be frightened]
뜻밖의 일에 숨이 막힐[窒] 정도로 겁을 냄[怯]. ¶개가 짖는 소리에 질겁해서 달아나다.

질겅-질겅 [chewing]
질긴 물건을 거칠게 자꾸 씹는 모양. ¶껌을 질겅질겅 씹으며 들어오다.

질경이 [broad leaved plantain]
식물 여름에 깔때기 모양의 흰 꽃이 피는 여러해살이 풀. 어린잎은 식용하며 씨는 이뇨제로 쓴다.

질-그릇 (陶, 질그릇 도) [clayware]
잿물을 덮지 않은, 진흙만으로 구워 만든 그릇. 겉면에 윤기가 없다.

질근-질근 [chew repeatedly]
질깃한 물건을 자꾸 씹는 모양. ¶질근질근 고기를 씹다.

질금-거리다 [fall off and on]
액체 따위가 조금씩 자꾸 새어 흐르거나 나왔다 그쳤다 하다. ¶슬픈 영화만 보면 눈물을 질금거린다.

질기다 [tough; tenacious]
❶물건이 쉽게 해지거나 끊어지지 않고 견디는 힘이 세다. ¶합성섬유는 천연섬유보다 질기다. ❷행동이나 일의 상태가 오래 끌거나 잘 견디는 성질이 있다. ¶그는 회사에서 질기게 살아남았다.

질끈 [tightly]
❶단단히 졸라 매거나 바싹 동이는 모양. ¶허리띠를 질끈 동여매다. ❷입이나 눈을 힘껏 눌러 닫는 모양. ¶눈을 질끈 감고 먹어 보다.

질녀 姪女 | 조카 질, 여자 녀 [niece]
조카[姪]인 여자(女子). 형제자매의 딸.

질다 [watery; muddy]
❶반죽한 것이 되지 않고 물기가 많다. ¶밥이 너무 질게 되었다. ❷땅이 질척질척

하다. ¶땅이 너무 질어서 운전할 수가 없다. ㉥되다.

질량 質量 | 바탕 질, 분량 량 [mass]
물리 어떤 물질(物質)의 양(量). 국제 단위는 그램(g). ¶이 물체를 가열해도 질량은 변하지 않는다 / 질량 보존의 법칙.

질러-가다 [take a shortcut]
지름길로 가다. ¶길을 질러가다.

질리다 [be frightened; become disgusted with]
❶어이없거나 엄청난 일을 당하여 기가 막히다. 또는 그래서 핏기가 가시거나 핏발이 서다. ¶얼굴이 새파랗게 질리다. ❷싫증이 나다. ¶문제를 질리도록 풀다.

질문 質問 | 바탕 질, 물을 문 [ask a question; inquire]
❶속뜻 바탕[質]이 되는 중요한 것을 물어 봄[問]. ❷모르거나 의심나는 점을 물음. ¶질문은 많이 할수록 좋다. ㉥질의(質疑). ㉥대답(對答).

▸질문-지 質問紙 | 종이 지
어떤 문제에 관한 질문(質問)들을 열거한 지면(紙面). ¶질문지를 작성하다.

****질병** 疾病 | 병 질, 병 병 [disease]
몸의 온갖 병[疾=病]. ¶질병에 시달리다. ㉥질환(疾患).

질산 窒酸 | 질소 질, 산소 산 [nitric acid]
화학 질소(窒素)와 산소(酸素), 수소로 된 강한 염기성 무기산의 하나.

질색 窒塞 | 막힐 질, 막힐 색 [shock; hate]
❶속뜻 몹시 놀라거나 싫어서 기(氣)가 막힘[窒=塞]. ❷몹시 싫어하거나 꺼림. ¶병원이라면 딱 질색이다.

***질서** 秩序 | 차례 질, 차례 서 [order]
사물의 순서나 차례[秩=序]. ¶여럿이 사는 사회에서는 질서를 지켜야 한다. ㉥무질서(無秩序).

***질소** 窒素 | 질소 질, 바탕 소 [nitrogen]
화학 공기의 약 5분의 4를 차지하는 무색·무미·무취의 질화물(窒化物)을 만드는 기체 원소(元素).

질시 疾視 | 미워할 질, 볼 시 [look on with dislike; regard with jealousy]
밉게[疾] 봄[視]. ¶질시의 눈으로 바라보다.

질식 窒息 | 막힐 질, 숨쉴 식 [be suffocated]
숨[息]이 막힘[窒]. 또는 산소가 부족하여 숨을 쉴 수 없게 됨. ¶뜨거운 열기와 고약한 냄새로 질식할 것 같다.

질의 質疑 | 바탕 질, 의심할 의 [question]
❶속뜻 바탕[質]이 되는 중요한 것에 대하여 의문(疑問)을 품음. ❷의심나거나 모르는 점을 물음. ¶질의를 받다. ㉥질문(質問). ㉥답변(答辯), 응답(應答).

질적 質的 | 바탕 질, 것 적 [qualitative]
내용이나 본질(本質)에 관계되는 것[的]. ¶내용이 질적으로 뛰어나다. ㉥양적(量的).

질주 疾走 | 빠를 질, 달릴 주 [run fast]
빨리[疾] 달림[走]. ¶도로를 질주하는 수많은 차들.

질질 [draggingly; dribbling]
❶몸에 지닌 물건들을 여기저기 자꾸 흘리거나 빠뜨리는 모양. ¶과자 부스러기를 질질 흘리며 먹다. ❷기름기나 윤기 따위가 번드르르 흐르는 모양. ¶얼굴에 개기름이 질질 흐르다. ❸바닥에 늘어지거나 닿아서 느리게 끌리는 소리. 또는 그 모양. ¶발을 질질 끌고 다니다.

질책 叱責 | 꾸짖을 질, 꾸짖을 책 [rebuke; scold]
꾸짖어[叱] 나무람[責]. ¶아버지는 나를 호되게 질책하셨다.

질척-거리다 [muddy]
진흙 같은 것이 물기가 많아서 진 느낌이 자꾸 들다. ¶길이 질척거려서 신발에 물이 스며들었다.

질척-하다 [wet and soft]
진흙이나 반죽 따위가 물기가 매우 많아 차지고 질다. ¶수제비를 뜨기에는 반죽이 너무 질척하다.

질타 **叱咤** | 꾸짖을 질, 꾸짖을 타 [scold]
크게 꾸짖음[叱=咤]. ¶국민의 질타를 받다.

질투 **嫉妬** | 시샘할 질, 시기할 투
[feel jealous of; envy]
자기보다 나은 사람을 시샘하고[嫉] 시기하여[妬] 미워함. ¶그녀의 아름다움에 질투를 느낀다 / 친구가 칭찬받았다고 질투하고 미워하면 안 된다. ⓑ 샘, 시기(猜忌).
▸ 질투-심 嫉妬心 | 마음 심
질투(嫉妬)하는 마음[心]. ¶매일 사랑받는 동생을 보면 질투심이 일었다.

질펵-거리다 [squish and squash]
진흙이나 반죽 따위가 물기가 많아 부드럽게 진 느낌이 자꾸 들다. ¶햇볕에 땅이 녹아 질펵거린다.

질퍽-하다 [muddy]
진흙이나 반죽 따위가 물기가 많아 무르고 질다. ¶웅덩이 주변은 질퍽한 흙들로 가득하다.

질펀-하다
[wide and flat; idle; sluggish]
❶땅이 넓고 평평하게 퍼져 있다. ¶강물은 질펀한 들판을 휘감아 돌고 있다. ❷주저앉아 하는 일 없이 늘어져 있다. ¶질펀하게 누워서는 텔레비전만 보고 있다.

질풍 **疾風** | 빠를 질, 바람 풍
[fresh breeze]
❶ 속뜻 몹시 빠르고[疾] 거세게 부는 바람[風]. ¶질풍처럼 밀어닥치는 적군들. ❷ 지리 흔들바람. ⓑ 진풍(震風).

질-화덕 (—火—, 불 화)
질흙을 구워 만든 화(火)덕.

질-화로 (—火爐, 불 화, 화로 로)
질흙으로 구워 만든 화로(火爐).

질환 **疾患** | 병 질, 근심 환 [disease]
몸의 병[疾]과 마음의 근심[患]. ¶호흡기 질환. ⓑ 질병(疾病).

짊어-지다 [pack on the back; be charged with duty]
❶짐 따위를 등에 메다. ¶배낭을 짊어지고 산에 오르다. ❷책임을 지다. ¶나라의 미래를 짊어질 어린이들.

짐[1] [load; burden]
❶다른 곳으로 옮겨 나르기 위해 꾸려 놓은 물건. ¶짐을 꾸리다. ❷맡겨진 임무나 책임. ¶마음의 짐을 덜다 ❸한 번에 져 나를 수 있는 짐의 분량을 세는 말. ¶나무 한 짐을 지다.

짐:[2] **朕** | 나 짐 [I]
임금이 자기를 가리키는 말. ¶짐은 백성들을 사랑으로 대하고자 한다. ⓑ 과인(寡人).

짐-꾼 [porter]
짐을 져 나르는 사람. ¶짐꾼을 부려 멀리까지 실어 나르다.

짐-스럽다 [burdensome]
부담이 되는 느낌이 있다. ¶그렇게 칭찬을 받으니 오히려 짐스럽다.

짐승 (獸, 짐승 수)
[beast; animal]
❶사람이 아닌 동물을 이르는 말. ¶짐승만도 못한 짓을 저지르다. ❷ 동물 포유류를 통틀어 이르는 말. 몸에 털이 나고 네 발을 가졌다. ¶이 숲에는 온갖 짐승들이 살고 있다.

♣ 짐승 / 동물(動物)

◎ 짐승을 = 동물을 마구 잡다.
○ 짐승만도 못한 사람이다.
× 동물만도 못한 사람이다.
○ 사람은 사회적 동물이다.
× 사람은 사회적 짐승이다.

짐작 **斟酌** | 술따를 짐, 술따를 작

[guess; assume]
❶ 속뜻 술잔에 적당하게 잘 따름[斟=酌]. ❷사정이나 형편 따위를 어림잡아 잘 헤아림. ¶그들은 이미 떠났을 것이라고 짐작된다.

짐짓 [purposely]
마음은 그렇지 않으나 일부러 그렇게. ¶그는 짐짓 모르는 체하고 물었다. ⓑ 일부러, 고의로.

짐-짝 [package]
묶어 놓은 짐의 한 덩이. ¶트럭에 짐짝을 싣다 / 사람을 짐짝처럼 다루다.

짐-차 (-車, 수레 차) [goods wagon]
짐을 나르는 차(車). ¶이삿짐을 짐차로 나르다. ⓑ 화물 자동차.

짐-칸 [overhead compartment; trunk]
짐을 싣는 칸. ¶짐칸이라도 좋으니 타게 해 주십시오. ⓑ 화물칸.

집[1](家, 집 가; 室, 집 실; 屋, 집 옥; 堂, 집 당; 舍, 집 사)
[home; nest; house]
❶사람이 살기 위해 지은 건물. ¶우리 집은 아파트이다. ❷모든 동물이 보금자리 치는 곳. ¶제비가 지붕 밑에 집을 짓다. ❸가정을 이루고 생활하는 집안. ¶부유한 집에서 자라나다. ⓑ 가옥(家屋), 가정(家庭), 둥지.

집[2]輯 | 모을 집 [series]
시가나 문장 따위를 엮은 책이나 음악 앨범 따위를 낼 때 그 발행 차례를 나타내는 단위. ¶3집 음반을 내다.

집강 執綱 | 잡을 집, 벼리 강
역사 ❶면, 리의 중요[綱] 사무를 집행(執行)하던 사람. ❷동학(東學)의 교직(敎職)인 육임(六任) 가운데 네 번째 직위.

▸**집강-소** 執綱所 | 곳 소
역사 동학 농민군이 전라도 지방에 설치한 자치적 개혁 기구. 한 명의 집강(執綱)과 몇 명의 의사원이 행정 사무를 맡아보던 곳[所]이다.

집게 [tongs; nippers]
끝이 두 가닥으로 갈라진 연장. 물건을 집는 데 쓴다. ¶집게로 연탄을 집다.

▸**집게-발**
동물 게나 가재 따위의 끝이 집게 모양으로 된 발. ⓑ 집게다리.

▸**집게-손가락**
엄지손가락과 가운뎃손가락 사이의 손가락. 검지. ¶집게손가락으로 방아쇠를 당기다.

집결 集結 | 모일 집, 맺을 결
[gather; concentrate]
한군데로 모여[集] 뭉침[結]. ¶집결 장소 / 학생들이 운동장에 집결했다. ⓑ 해산(解散).

집계 集計 | 모을 집, 셀 계
[total up; sum up]
이미 계산한 것들을 한데 모아서[集] 계산(計算)함. 또는 그런 계산. ¶집계 결과 / 투표용지를 집계하다.

집-구석 [inside of a house]
'집안'을 속되게 이르는 말. ¶집구석에 틀어박혀 있다.

집권 執權 | 잡을 집, 권세 권
[grasp political power]
권세(權勢)나 정권(政權)을 잡음[執]. ¶이번 선거로 야당이 집권하게 되었다.

집기-병 集氣甁 | 모을 집, 기운 기, 병 병
화학 기체(氣體)를 모으는[集], 유리로 된 병(甁). 화학 실험 기구로 쓰인다.

집념 執念 | 잡을 집, 생각 념
[concentrate one's mind]
❶ 속뜻 마음속에 꼭 잡고[執] 있는 생각[念]. ¶그는 성공에 대한 집념이 강하다. ❷한 가지 일에만 달라붙어 정신을 쏟음. ¶학문에 집념하다.

집다 [pick up; take up]
❶손으로 물건을 잡다. ¶연필을 집다. ❷지적하여 가리키다. ¶범인을 누구라고 집지는 않겠다.

집단 集團 | 모일 집, 모일 단
[group; mass]
여럿이 모인[集] 단체(團體). ¶집단으로 시위를 일으키다.

집-대성 集大成 | 모을 집, 큰 대, 이룰 성
[be comprehensive of; integrate]
여러 가지 훌륭한 것을 모아[集] 하나의 크고[大] 완전한 것을 이루어냄[成]. ¶이 책은 전국의 민속놀이를 집대성했다.

집-들이 [housewarming party]
새 집에 든 사람이 자축(自祝)과 집 구경을 겸해서 이웃과 친지를 초대하여 대접하는 일. ¶친구들을 불러 간단하게 집들이를 했다.

집무 執務 | 잡을 집, 일 무
[conduct one's official duties]
사무(事務)를 집행(執行)함. ¶집무를 보느라 바쁘다.

▶집무-실 執務室 | 방 실
주로 높은 지위에 있는 사람들이 일을 처리하는[執務] 방[室]. ¶총리가 집무실로 출근하다.

집배 集配 | 모을 집, 나눌 배
[collect and deliver]
한 군데로 모았다가[集] 다시 나누어[配] 보냄. 우편물이나 화물 따위를 모아서 주소지로 배달하는 따위를 일컫는다.

▶집배-원 集配員 | 사람 원
여러 가지를 모아서 배달하는[集配] 사람[員]. '우편집배원'(郵便集配員)의 준말. 집배인(集配人). ¶집배원 아저씨가 편지를 전해 주었다.

집사 執事 | 잡을 집, 일 사
[steward; butler; deacon(ess)]
❶속뜻 주인 가까이 있으면서 그 집의 일[事]을 맡아 보는[執] 사람. ¶집사가 손님을 거실로 안내했다. ❷기독교 교회의 각 기관 일을 맡아 봉사하는 교회 직분의 하나. 또는 그 직분을 맡은 사람. ¶김 집사님이 기도하시겠습니다.

집-사람 [wife]
자기 아내를 겸손하게 낮추어 이르는 말. ¶오늘이 집사람 생일입니다.

집산 集散 | 모일 집, 흩을 산
[receive and distribute]
모여들었다[集] 흩어졌다[散] 함.

▶집산-지 集散地 | 땅 지
생산물이 여러 곳에서 모여들었다가[集] 다시 다른 곳으로 흩어져[散] 나가는 곳[地]. ¶이 도시는 쌀의 집산지이다.

집성 集成 | 모을 집, 이룰 성
여러 가지를 모아서[集] 체계 있는 하나를 이룸[成].

▶집성-재 集成材 | 재료 재
건설 두께 2.5~5cm의 판자를 모아[集] 가열·압축해 만든[成] 목재(木材).

집-세 (-貰, 세놓을 세) [house rent]
남의 집을 빌려[貰] 사는 대가로 내는 돈. ¶집세를 못 내 결국 쫓겨나게 되었다.

집시 {영 Gypsy}
코카서스 인종에 속하는 소수의 유랑 민족. 일정한 거주지가 없이 항상 이동하면서 생활한다.

집-안
[family; social standing of a family]
가족을 구성원으로 하여 살림을 꾸려 나가는 공동체. 또는 가까운 일가. ¶온 집안 식구들이 다 모이다.

비슷한 듯 다른 말 ➲ **가정² (家庭)**

▶집안-일
❶집안 살림을 꾸려 나가면서 해야 하는 여러 가지 일. ¶남편이 집안일을 잘 도와준다. ❷집안의 사사로운 일이나 행사. ¶집안일을 밖에서 떠들고 다니다.

▶집안 살림
집안의 가족이 살아가는 일. 또는 그 형편. ¶집안 살림을 장만하다.

집약 集約 | 모을 집, 묶을 약
[integrate; intensive]
한데 모아서[集] 묶음[約]. ¶기술 집약 / 여러 사람의 의견을 집약하다.

집어-내다 [sort out; dig up]
지적하여 밝혀내다. ¶주장의 문제점을 잘 집어내다.

집어-던지다 [throw; stop; give up]
일이나 행동을 그만두다. ¶책을 집어던지다 / 벼슬을 집어던지다.

집어-삼키다 [swallow; devour]
거침없이 입에 넣어 삼키다. ¶뱀이 쥐를 집어삼키다.

집어-치우다 [quit; stop; leave off]
하던 일을 중간에서 그만두다. ¶그렇게 일하려면 집어치워라.

집요 執拗 | 잡을 집, 우길 요
[persistent; obstinate; stubborn]
❶ 속뜻 고집(固執)스럽게 우기다[拗]. ❷ 몹시 고집스럽고 끈질기다. ¶그는 마음먹은 것은 반드시 해내는 집요한 사람이다 / 집요하게 돈을 재촉하다.

집자 集字 | 모을 집, 글자 자
문헌에서 필요한 글자[字]를 찾아 모음[集].

집적-거리다 [meddle]
말·행동으로 남을 건드려서 성가시게 하다. ¶그녀에게 자꾸 집적거리지 마.

집정 執政 | 잡을 집, 정사 정
[hold the power of state; govern]
❶ 속뜻 나라의 정사(政事)를 맡음[執]. 또는 그 관직이나 사람. ❷ 역사 프랑스 혁명기 제일 공화정 시대의 최고 통치자.

▶ **집정-관** 執政官 | 벼슬 관
정권(政權)을 잡고[執] 있는 관리(官吏). ¶나폴레옹은 집정관을 거쳐 황제의 자리에 올랐다.

집-주인 (-主人, 주될 주, 사람 인) [master of a house]
그 집안을 주로[主] 이끄는 사람[人]. ¶집주인이 방을 비워달라고 했다.

*__집중__ 集中 | 모일 집, 가운데 중
[concentrate; focus on]
❶ 속뜻 한곳을 중심(中心)으로 하여 모임[集]. 또는 그렇게 모음. ¶인구가 도시로 집중되다. ❷한 가지 일에 모든 힘을 쏟아 부음. ¶집중 사격 / 시끄러워 공부에 집중할 수가 없다. ⓑ 분산(分散).

▶ **집중-력** 集中力 | 힘 력
마음이나 주의를 집중(集中)할 수 있는 힘[力]. ¶집중력이 모자라서 오래 앉아 있지 못한다.

▶ **집중-적** 集中的 | 것 적
어느 한군데로 모이거나 모은[集中] 것[的]. ¶집중적인 단속.

집-짐승 [domestic animal]
집에서 기르는 짐승. 소·말·개·닭 따위. ¶집짐승을 기르다. ⓑ 가축(家畜).

집-집 [each and every house; house after house]
각 집. 모든 집. ¶집집마다 태극기를 걸고 있다.

집착 執着 | 잡을 집, 붙을 착
[be attached to; be fond of]
어떤 것에 늘 마음이 쏠려 잡고[執] 매달림[着]. ¶승부에 너무 집착하지 마라.

집-채 [bulk of a house]
집의 한 채. 또는 집의 전체. ¶집채만 한 황소.

집-터 [site; housing lot]
집이 있거나, 있던, 있을 자리. ¶집터를 닦다.

집-파리 [housefly]
동물 대개 여름에 번식하여 집 안에 모여 드는 파리. 전염병을 옮긴다.

집필 執筆 | 잡을 집, 붓 필 [write]
❶ 속뜻 붓[筆]을 잡음[執]. ❷직접 글을 씀. ¶요리책 한 권을 집필하다.

집합 集合 | 모일 집, 합할 합
[gather; collect]
❶ 속뜻 모여서[集] 하나로 합(合)침. ¶두 시까지 운동장에 집합해라. ❷ 수학 특정 조건에 맞는 원소들의 모임. ¶무한 집합. ⓑ 해산(解散).

집행 執行 | 잡을 집, 행할 행 [execute; perform]
❶ 속뜻 일을 잡아[執] 행(行)함. ❷실제로 시행함. ¶각종 사업을 집행하다 / 사형을 집행하다.

집현-전 集賢殿 | 모일 집, 어질 현, 대궐 전
❶ 속뜻 어진[賢] 사람들이 많이 모여[集] 있는 큰 집[殿]. ❷ 역사 조선 전기에 둔, 경적(經籍)·전고(典故)·진강(進講) 따위를 맡아보던 관아. ¶집현전 학자들은 밤을 새워 가며 연구하고 있다.

집회 集會 | 모일 집, 모일 회 [meet; get together]
여러 사람이 어떤 목적을 위하여 일시적으로 모인[集] 모임[會]. ¶환경 보호를 촉구하는 집회.

집히다 [get picked up; come to mind]
❶물건 따위가 손에 집어지다. ¶손에 집히는 대로 먹다. ❷과거의 기억이나 어떤 일등이 생각나다. ¶뭔가 집히는 데가 있으십니까?

짓: [act; behavior]
몸을 놀려 움직이는 일. 주로 좋지 않은 경우에 쓴다. ¶왜 그런 바보 같은 짓을 했느냐.

짓:-거리 [act; behavior]
'짓'을 속되게 이르는 말. ¶나쁜 짓거리만 골라 한다.

짓:-궂다 [mischievous; impish]
장난스럽게 남을 괴롭고 귀찮게 하여 달갑지 않다. ¶누나에게 짓궂은 장난은 그만 쳐라. ⊞심술궂다.

짓-누르다 [weigh down; press down]
❶마구 누르다. 함부로 누르다. ¶목을 세게 짓누르다. ❷심리적으로 심하게 억압하다. ¶시험에 대한 걱정이 마음을 짓누른다.

짓-눌리다 [be pressed down; be crushed]
짓누름을 당하다. ¶가방에 어깨가 짓눌려서 아프다 / 근심에 짓눌리다.

짓:다 (作, 지을 작; 製, 지을 제, 造, 지을 조) [make; compose; commit]
❶재료를 들여 만들다. ¶약국에서 약을 지어 오다. ❷글을 만들다. ¶지어낸 이야기. ❸표정·태도 등을 겉으로 나타내다. ¶밝은 웃음을 짓다 / 한숨을 짓다. ❹벌받을 짓을 하다. ¶죄 짓고는 살 수 없다. ⊞ 조제(調劑)하다, 작성(作成)하다, 띠다, 범(犯)하다.

♣ 짓다 / 만들다

◎ 이 노래는 아버지를 생각하면서 지은 = 만든 곡이다.
○ 쌀농사를 짓다.
× 쌀농사를 만들다.
○ 딸기 케이크를 만들다.
× 딸기 케이크를 짓다.

짓-무르다 [fester; decay]
❶피부가 심하게 헐어서 문드러지다. ¶엉덩이가 짓무르다. ❷채소·과일 등이 너무 썩거나 무르게 되어 물렁물렁하다. ¶더운 날씨에 채소가 짓물렀다.

짓-뭉개다 [crumple; crush]
함부로 마구 뭉개다. ¶눈사람을 짓뭉개다.

짓-밟다 [stamp down; infringe]
❶짓이기다시피 마구 밟다. ¶꽃을 짓밟지 마세요. ❷남의 인격이나 권리 따위를 침해하다. ¶그가 내 자존심을 짓밟았다.

짓-밟히다 [get overridden]
짓밟음을 당하다. ¶우리는 그들에게 무참히 짓밟혔다.

짓-이기다 [mash; stamp down]
썩 잘게 이기다. 마구 이기다. ¶흙을 짓이겨 벽을 바르다.

징[1] [gong]
음악 놋쇠로 전이 없는 대야같이 만든 악

기. 울의 한 쪽에 끈을 꿰고 채로 친다. ¶징 소리가 울려 퍼지다.

징²[hobnail]
신창·말굽 등에 박는 대가리가 크고 넓으며 길이가 짧은 못. ¶구두에 징을 박다.

징검-다리 [stepping stones]
개천이나 물이 괸 곳에 돌덩이·흙더미를 드문드문 놓아 만든 다리. ¶징검다리 휴일 / 시내에 징검다리를 놓다.

징계 懲戒 | 혼낼 징, 경계할 계
[punish; reprimand]
❶속뜻 허물이나 잘못을 뉘우치도록 나무라며[懲] 경계(警戒)함. ❷부정이나 부당한 행위에 대하여 제재를 가함. ¶반칙을 한 선수는 징계를 받는다.

징그럽다 [crawly; creepy]
보기에 불쾌하도록 흉하고 더럽다. ¶벌레는 보기만 해도 징그럽다.

징발 徵發 | 거둘 징, 드러낼 발
[commandeer; levy]
❶속뜻 남의 물품을 거두어[徵] 들이고자 강제적으로 들추어냄[發]. ❷국가에서 특별한 일에 필요한 사람이나 물자를 강제로 모으거나 거둠. ¶전쟁이 나자 공장들이 징발되어 무기를 만들었다.

징벌 懲罰 | 혼낼 징, 벌할 벌 [punish]
❶속뜻 혼내는[懲] 뜻으로 벌(罰)을 줌. ❷옳지 않은 일을 하거나 죄를 지은 데 대하여 벌을 줌. 또는 그 벌. ¶악한 자를 징벌하다.

징병 徵兵 | 부를 징, 군사 병 [conscript; enlist]
❶속뜻 군사[兵]를 불러[徵] 모음. ❷법률 국가가 법령으로 병역 의무자를 강제적으로 징집하여 일정 기간 병역에 복무시키는 일. ¶징병에 응하다.

▶**징병 제도** 徵兵制度 | 정할 제, 법도 도
법률 국가가 국민 모두에게 의무병으로 복무시키는[徵兵] 의무 병역 제도(制度).

징수 徵收 | 거둘 징, 거둘 수
[charge; assess; impose on]
❶속뜻 나라, 공공 단체, 지주 등이 돈·곡식·물품 따위를 거둠[徵=收]. ❷법률 행정기관이 법에 따라서 조세, 수수료, 벌금 따위를 국민으로부터 거두어들이는 일. ¶세금은 공정하게 징수해야 한다.

징역 懲役 | 혼낼 징, 부릴 역
[penal servitude]
법률 죄인을 교도소에 가두고 징계(懲戒)의 수단으로 노역(勞役)을 시키는 형벌. ¶징역을 살면서 죄를 뉘우치다.

▶**징역-형** 懲役刑 | 형벌 형
법률 징역(懲役)에 처하는 무거운 형벌(刑罰). ¶10년 이하의 징역형에 처하다.

▶**징역-살이** (懲役-)
징역형(懲役刑)을 받고 교도소에서 복역하는 일. ¶그는 억울한 누명을 쓰고 징역살이를 했다.

징용 徵用 | 부를 징, 쓸 용
[draft; impress]
법률 나라에서 불러[徵] 등용(登用)함. 사변 또는 이에 준하는 비상사태에 국가의 권력으로 국민을 강제적으로 일정한 업무에 종사시키는 일. ¶일제의 징용 / 전쟁에 백성들을 강제로 징용했다.

징조 徵兆 | 조짐 징, 조짐 조
[sign; indication]
어떤 일이 생길 기미나 조짐[徵=兆]. ¶비가 올 것 같은 불길한 징조.

징집 徵集 | 거둘 징, 모을 집
[conscript; enlist; recruit]
❶속뜻 물건을 거두어[徵] 모음[集]. ❷병역 의무자를 현역에 복무할 의무를 부과하여 불러 모음. ¶옆집 아들도 군대에 징집됐다.

징징 [whining]
언짢거나 못마땅하여 자꾸 보채거나 짜증을 내는 모양. ¶장난감을 사달라고 징징 보채다.

▶**징징-거리다**
언짢거나 못마땅하여 자꾸 보채거나 짜증

을 내다. ¶아기가 배가 고픈지 징징거린다. ㊥징징대다.

징크스 {영 jinx}
으레 그렇게 되리라고 일반적으로 생각되고 있는 일. ¶시험 때 머리를 감으면 다 잊어버린다는 징크스를 깨다.

징표 徵表 | 밝힐 징, 겉 표
[sign; mark]
❶속뜻 사물의 특성을 겉[表]으로 드러내어 밝혀주는[徵] 것. ❷일정한 사물이 공통으로 가지는 필연적인 성질로 하나의 사물을 다른 사물로부터 구별하는 표가 되는 것.

징후 徵候 | 조짐 징, 조짐 후
[symptom; sign]
어떤 일이 일어날 조짐[徵=候]. ¶병이 날 징후가 보인다.

짖다 [bark; howl]
개가 큰 소리로 울다. ¶개가 낯선 사람을 보고 짖었다. 속담 도둑을 맞으려면 개도 안 짖는다.

짙다 [deep; thick]
❶빛깔·화장 등이 진하다. ¶엄마는 립스틱을 짙게 바르셨다. ❷안개·연기·냄새 등이 자욱하다. ¶구름이 짙게 낀 것을 보니 비가 올 것 같다. ❸풀이나 나무 등이 빽빽하다. ¶숲 속의 녹음이 짙다. ❹액체의 농도가 진하다. ¶커피를 짙게 타다. ㊥옅다.

짙-푸르다 [deep blue]
빛깔이 짙게 푸르다. ¶구름 한 점 없이 짙푸른 하늘.

짚 [straw]
벼·보리·밀·조·메밀 등의 이삭을 떨어낸 줄기. ¶외양간에 짚을 깔다.

짚다 [touch; examine; guess]
❶지팡이 등을 받쳐 땅에 대다. ¶목발을 짚은 젊은이. ❷맥(脈) 위에 손가락을 대다. ¶이마를 짚으니 열이 난다. ❸어림하여 짐작하다. ¶헛다리를 짚다. ❹여럿 중에 하나를 꼭 집어 가리키다. ¶손가락으로 글자를 짚어 가며 가르치다.

짚-단 [bundle of straw]
짚을 모아 묶은 단. ¶삼촌은 짚단을 묶어 나르신다.

짚-신 [straw shoes]
볏짚으로 삼은 신. ¶짚신을 신고 다니다. 속담 짚신도 짝이 있다.

짚이다
[suspect; have in mind]
짐작이 가다. ¶전혀 짚이는 사람이 없다.

짚-자리 [straw mat]
보릿짚·볏짚으로 만든 자리. ¶바닥에 짚자리를 깔고 눕다.

짚-차 (—車, 수레 차)
'지프'의 잘못. 표준말이 아님.

ㅉ
언어 한글 자모 'ㅈ'을 어울러 쓴 글자. '쌍지읒'이라 이른다.

짜개다 [split; cut into two]
단단한 물건을 연장이나 힘으로 둘로 갈라지게 하다. ¶도끼로 장작을 짜개다. ㊥쪼개다.

짜-내다
[squeeze; cudgel]
❶짜서 나오게 하다. ¶팔레트에 물감을 짜내다 / 백성들의 세금을 짜내다. ❷힘써서 어떤 생각이 나오게 하다. ¶지혜를 짜내다.

짜다[1](組, 짤 조; 織, 짤 직)
[knit; make out; organize]
❶실이나 가는 끈을 세로 가로 결어 천 따위를 만들다. ¶친구를 위해 목도리를 짜 주었다. ❷가구나 상자 따위를 만들다. ¶관을 짜다. ❸조직을 만들다. 편성하다. ¶편을 짜다. ❹계획이나 일정 따위를 세우다. ¶여행을 앞두고 일정을 짜다.

♣ 짜다[1] / 엮다 (비슷한 듯 다른 말)

◎ 돗자리를 짜다 = 엮다.

○ 털실로 목도리를 짜다.
× 털실로 목도리를 엮다.
○ 새끼로 굴비를 엮다.
× 새끼로 굴비를 짜다.

짜다[2][squeeze; press; work out]
❶비틀거나 눌러 물기나 기름을 밖으로 나오게 하다. ¶치약을 짜다. ❷떠오르지 않는 생각 등을 억지로 나오게 하다. ¶기발한 생각을 짜내다.

짜다[3][salty; stingy]
❶소금 맛이 있다. ¶너무 짠 음식은 건강에 좋지 않다. ❷후하지 않고 박하다. ¶점수가 짜다. ㊊ 짬짤하다, 인색(吝嗇)하다. ㊎ 싱겁다.

짜릿-하다 [thrilling]
❶살이나 뼈마디에 갑자기 저린 느낌이 일어나다. ¶손끝이 짜릿해서 글씨를 쓰기 어렵다. ❷마음이 순간적으로 조금 흥분되고 떨리는 듯하다. ¶우리 팀이 역전하자 기분이 짜릿했다.

짜부라-지다 [be crushed]
물체가 오목하게 오그라지다. ¶모자가 납작하게 짜부라졌다.

짜-이다 [be knitted; be made]
❶천이 일정한 모양으로 만들어지다. ¶옷감이 면으로 짜여 있다. ❷계획이 세워지다. ¶짜인 일정대로 움직이다.

짜임 [structure]
여러 가지가 모여서 하나를 이루는 것. ㊊ 구성(構成).

▸**짜임-새**
❶여러 가지가 모여서 하나를 이룬 모양새. ¶짜임새가 고운 옷감. ❷여러 가지가 모여서 이룬 모양이 제대로 되어 있는 상태. ¶글의 짜임새가 엉성하다. ㊊ 구조(構造).

짜증 [annoyance; irritation]
마음에 꼭 맞지 않아 발칵 역정을 내는 일. 또는 그런 성미. ¶그는 내 물음에 짜증을 냈다 / 날씨가 더워 밖에 나가기가 짜증스럽다.

짝[1](伴, 짝 반; 偶, 짝 우)
[one of a pair; partner]
한 벌이나 한 쌍을 이루는 것. 또는 그 가운데의 하나. ¶짝을 지어 춤을 추다.

짝[2][side of pork ribs; box]
❶소나 돼지 따위의 갈비의 한편 쪽 전부. ¶돼지 갈비 한 짝. ❷상자, 짐짝 따위를 세는 말. ¶사과 두 짝.

짝[3][place; shape]
'아무' 뒤에 쓰여 '곳'의 뜻을 나타내는 말. ¶아무 짝에도 쓸모가 없다.

짝[4]
❶글자의 획 같은 것을 한 번 긋거나, 종이나 천 등을 찢는 소리. ¶종이를 짝 찢다. ❷틈이 활짝 벌어진 모양. ¶입을 짝 벌리다. ❸물체가 바싹 달라붙는 모양. 또는 그 소리. ¶몸에 짝 달라붙는 옷 / 바닥에 껌이 짝 달라붙어 떨어지질 않는다.

짝-꿍 [best friend]
교실에서 옆자리에 앉거나 늘 붙어 다니는 친구. ¶멋있는 남자 애가 내 짝꿍이 되었다.

짝-사랑
[love one-sidedly; have a crush]
자기를 마음에 두지 않는 이성에 대한 사랑. ¶중학교 국어 선생님을 짝사랑했다.

짝-수 (-數, 셀 수) [even number]
수학 2로 나누어서 나머지가 0이 되는 수(數). 2, 4, 6, 8 따위의 수를 이른다. ¶이 엘리베이터는 짝수 층에만 선다. ㊎ 홀수.

짝짓기-하다 [mate; copulate]
동물이 새끼나 알을 낳기 위해 암컷과 수컷이 만나 짝을 이루다. ¶새들은 대체로 봄에 짝짓기한다.

짝-짓다 [pair; make a match]
서로 마음에 드는 상대끼리 짝을 이루거나, 짝이 이루어지게 하다. ¶짝지어 춤추는 남녀.

짝짜꿍 [baby's hand-clapping game]
❶젖먹이가 손뼉을 치는 재롱. ¶엄마랑 짝짜꿍하자. ❷말이나 행동에서 서로 짝이 잘 맞는 일. ¶두 사람은 짝짜꿍이 잘 맞는다.

짝짝 [ripping]
❶글씨의 획을 되는 대로 긋거나 종이를 함부로 찢는 소리. ¶선을 짝짝 긋다 / 바지를 짝짝 찢다. ❷손뼉을 자꾸 치는 소리. ¶박수를 짝짝 치다.

짝짝-이 [unmatched pair]
다른 짝끼리 합해 이루어진 한 벌. ¶짝짝이 양말을 신다.

짝-하다 [become a partner; partake]
어떤 사람과 한편이 되다. 또는 자기와 짝이 되게 하다. ¶친구와 짝해서 테니스 경기에 나가다.

짠-맛 [salty taste]
소금 맛과 같은 맛. ¶이 국은 짠맛이 강하다.

짠-물 [salt water; seawater]
짠맛이 나는 물.

짠지 [radish preserved with salt]
무를 통째로 소금에 짜게 절여서 묵혀 두고 먹는 김치.

짤깍-짤깍
작고 단단한 물체가 조금 가볍게 자꾸 맞부딪치는 소리. 또는 그 모양. ¶열쇠를 짤깍짤깍 부딪치다.

짤따랗다 [shortish; rather short]
생각보다 매우 짧다. ¶짤따란 나무.

짤랑
얇은 쇠붙이나 작은 방울 여러개가 흔들리어 나는 소리. 또는 그 모양. ¶주머니에서 짤랑 돈 소리가 나다.

짤막-하다 [shortish; choppy]
길이가 좀 짧은 듯하다. ¶짤막한 문장 / 짤막하게 인사하다.

짧다 (短, 짧을 단)
[short; concise; be not enough]
❶사이가 가깝다. ¶짧게 깎은 머리. ❷시간이 길지 않다. 오래지 않다. ¶짧은 생애 / 인생은 짧고 예술은 길다. ❸글이나 이야기의 분량이 적다. ¶시간이 없으니 짧게 말하겠다. ❹지식이나 생각 따위가 모자라다. 부족하다. ¶영어 실력이 짧다. [반] 길다.

짧은-소리 [short sound]
[언어] 짧게 내는 소리. [비] 단음(短音). [반] 긴소리.

짬ː [spare time; opening]
어떤 일에서 손을 떼거나 다른 일에 손을 댈 수 있는 겨를. ¶짬을 내서 할머니를 뵈러 가다. [비] 여유, 틈.

짬뽕 {일 ちゃんぽん}
국수에 각종 해물과 야채를 섞어 볶아, 돼지 뼈나 쇠뼈·닭 뼈를 우린 국물을 부은 음식. ¶비가 오면 짬뽕이 먹고 싶다.

짭짤-하다 [have a good salty taste; be fairly good]
❶조금 짠 듯하다. ¶짭짤한 멸치조림. ❷물건이 실속 있고 값지다. ¶짭짤한 수익을 올리다.

짱구 [bulging head]
이마나 뒤통수가 유달리 크게 튀어나온 머리. 또는 그런 머리통을 가진 사람.

짱아
어린아이말로 '잠자리'를 이르는 말.

째깍-째깍 [with repeated clicks]
시계 따위의 톱니바퀴가 자꾸 돌아가는 소리. ¶시계는 째깍째깍 간다.

째ː다 [tear up; cut open]
종이·가죽·천 따위를 칼이나 손으로 갈라지게 찢다. ¶칼로 주머니를 째다.

째ː-지다 [be torn; feel good]
❶터져서 갈라지거나 베어져서 벌어지다. ¶철조망에 걸려 손이 째지다. ❷기분이 매우 좋다. ¶백 점을 맞으면 기분 째지겠다.

짹-짹 [chirp]

참새가 우는 소리.

쨍 [with a clank]
❶유리나 단단한 얼음장이 부딪치거나 갈라질 때 울리는 소리. ¶날이 풀리자 얼음장 갈라지는 소리가 쨍하고 울렸다. ❷쇠붙이 따위가 세게 부딪쳐서 날카롭고 높게 울리는 소리. ¶쨍하고 부딪치는 칼.

쨍그랑 [with a clank]
얇은 쇠붙이나 유리 그릇 따위가 떨어져서 울리는 소리. ¶접시가 쨍그랑하고 바닥에 떨어졌다.

쨍쨍[1]
귀가 먹먹할 정도로 높고 강하게 자꾸 울리는 소리. ¶목청을 높여 쨍쨍하게 고함을 치다.

쨍쨍[2] [brightly; glaringly]
볕이 강하게 내리쬐는 모양. ¶쨍쨍 내리쬐는 태양.

쩌렁쩌렁 [resonant]
주위가 흔들릴 만큼 몹시 크고 굵게 울려서 나는 소리를 나타낸다. ¶만세 소리가 쩌렁쩌렁하게 울려 퍼지다 / 전화로 들어도 목소리가 쩌렁쩌렁하다.

쩍
❶물건이 둘로 훨쩍 갈라져 벌어진 모양. ¶수박이 쩍 쪼개졌다. ❷입맛을 다시는 소리. ¶고기를 보고도 입만 쩍 다시다. ❸단단한 물건이 바닥에 끈기 있게 들러붙는 모양. 또는 그 소리. ¶껌이 입천장에 쩍 달라붙었다.

쩔뚝-거리다 [limp]
한쪽 다리가 짧거나 탈이 나서 심하게 절면서 걷다. ¶사고가 난 뒤 그는 쩔뚝거리며 걷는다.

쩔쩔-매다
[be at a loss; be intimidated]
다급한 일이 다닥쳐 어찌할 바를 모르고 황급히 헤매다. ¶돈이 없어 쩔쩔매다 / 형도 아버지 앞에만 가면 쩔쩔맨다.

쩝
입맛을 다시는 소리. 또는 그 모양. ¶입맛을 쩝 다시며 간을 보다.

쩝쩝 [smack]
❶입을 다시는 소리. ❷음식을 마구 먹을 때 나는 소리. ¶밥 먹을 때 쩝쩝대는 소리가 귀에 거슬린다.

쩡-쩡 [cracking]
매우 세차게 울리는 소리. 또는 그 모양. ¶망치질하는 소리가 쩡쩡 울리다.

쩨쩨-하다 [petty; worthless]
❶사람이 잘고 인색하다. ¶너무 쩨쩨하게 굴지 마라. ❷시시하고 신통찮다. ¶쩨쩨한 수법. ㊥ 치사(恥事)하다, 변변찮다.

쪼가리 [piece; bit]
쪼개진 조각. ¶지우개 반 쪼가리.

쪼개다 [split; cleave]
❶둘 이상으로 나누다. 조각이 나게 부수거나 가르다. ¶사과를 둘로 쪼개다. ❷시간·돈 따위를 아끼다. ¶잠자는 시간을 쪼개어 책을 읽다 / 나는 매달 용돈을 쪼개어 저축한다.

♣ 쪼개다 / 빼개다

◎ 도끼로 장작을 쪼개다 = 빼개다.
○ 사과를 반으로 쪼개다.
× 사과를 반으로 빼개다.
○ 화가 나서 전화기를 빼개다.
× 화가 나서 전화기를 쪼개다.

쪼그라-들다 [shrink; dwindle]
❶쪼그라져 작게 되어 가다. ¶가뭄으로 농작물이 모두 쪼그라들었다 / 살림이 전보다 쪼그라들었다. ❷살이 빠져서 주름이 쪼글쪼글 잡히다. ¶이가 없어 양 볼이 쪼그라들다.

쪼그리다 [crouch; squat down]
팔다리를 오그려 앉거나 눕거나 하다. ¶쪼그리고 앉아 바닥에 낙서를 하다.

쪼글-쪼글 [crumpled; wrinkled]

쪼그라져서 불규칙하게 많은 줄이나 주름이 간 모양. ¶바지가 쪼글쪼글 구겨지다 / 목욕을 하고 나니 손이 쪼글쪼글하다.

쪼끄맣다 [small; tiny]
쪼끔 작거나 적다. ¶마을은 쪼끄맣지만 없는 것이 없다.

쪼끔 [little; some; small quantity]
아주 조금. ¶액자를 쪼끔 위에다 걸어라.

쪼ː다[1][fool; silly]
제구실을 못 하는 좀 어리석은 사람을 낮추어 일컫는 말. ¶저 쪼다는 말도 제대로 못하네.

쪼ː다[2][peck at; chisel]
뾰족한 끝으로 찍다. ¶닭이 모이를 쪼다 / 대리석을 쪼아 상을 만들다.

쪼들리다 [be hard pressed]
어떤 일이나 사람에 시달리거나 부대끼어 괴롭게 지내다. ¶가난에 쪼들리다. ㊥ 시달리다.

쪼록-쪼록
가는 물줄기가 흐르다가 그치어 방울방울 떨어지는 소리.

쪼르르
❶작은 물건 따위가 비탈진 곳에서 빠르게 미끄러져 내리는 모양. ¶아이들이 미끄럼틀에서 쪼르르 내려왔다. ❷가는 물줄기 따위가 빠르게 흘러내리는 소리. 또는 그 모양. ¶빗물이 지붕을 타고 쪼르르 흘러 내렸다.

쪼르륵
❶액체가 빨리 흐르다가 그치는 소리. ¶우유를 쪼르륵 따르다. ❷허기진 배 속에서 나는 소리. ¶아침을 안 먹었더니 배가 쪼르륵거린다.

쪼아-먹다 [peck at and eat]
새가 부리로 모이를 집어 먹다. ¶거위가 먹이를 찾아 쪼아먹다.

쪼이다 [shine on; bask]
볕이 들어 비치다. ¶뙤약볕을 쪼이다.

쪽[1][chignon]
시집간 여자가 뒤통수에 땋아서 틀어 올려 비녀를 꽂은 머리털. 또는 그렇게 틀어 올린 머리털. ¶쪽을 찐 머리.

쪽[2][page; sheet]
책의 면(面). 페이지. ¶책 50쪽을 보세요.

쪽[3][piece; slice; cut]
물건의 쪼개진 한 부분. ¶콩 한 쪽도 나누어 먹다.

쪽[4][face]
'얼굴'을 속되게 이르는 말. ¶힘센 사람 앞에서는 쪽도 못 쓴다.

쪽[5] [direction; side]
❶방향을 가리키는 말. ¶어느 쪽으로 가면 되나. ❷사물을 몇 개로 나누었을 때, 그 사람이나 사물에 속하는 편. ¶나는 그 쪽에 대해 아는 것이 별로 없다.

쪽[6]
몸에 어떤 기운이 갑자기 빠져 나가는 느낌을 나타낸다. ¶다리에 힘이 쪽 빠져 주저앉다.

쪽[7]
입을 맞추거나 적은 물 따위를 단숨에 들이마시거나 빠는 모양. ¶쪽 하고 입을 맞추다.

쪽-가위
실 따위를 자르는 데 쓰는 족집게 모양의 가위.

쪽-문 (—門, 문 문)
[wicket gate; side door]
대문짝의 가운데나 한 편에 사람이 빠져 드나들도록 만든 작은 문(門). ¶쪽문으로 나가다.

쪽-박 [small gourd; gourd dipper]
작은 바가지. 관용 쪽박을 차다.

쪽-배 [dugout canoe]
통나무를 쪼개어 속을 파서 만든 배. ¶몰아치는 파도에 쪽배가 부서졌다.

쪽-빛 [indigo blue]
쪽의 빛깔. 곧, 남빛. ¶쪽빛 바닷물.

쪽지 (—紙, 종이 지)

[slip of paper; tag; note]
작은 종잇조각. 또는 그런 데에 쓴 편지. ¶쪽지를 남길 테니 전해주세요.

쪽-쪽
여러 번 입을 맞추거나 병이나 잔에 든 액체를 마실 때 나는 소리를 나타낸다. ¶아기가 젖을 쪽쪽 빨다.

쫄깃쫄깃-하다 [chewy; sticky]
씹히는 맛이 매우 차지고 질긴 듯하다. ¶수제비가 쫄깃쫄깃하다.

쫄랑-쫄랑 [frivolously; flippantly]
가볍고 빨리 움직이며 자꾸 까부는 모양.

쫄쫄 [tricklingly; persistently]
작은 물줄기가 세게 흐르는 소리. ¶수돗물이 쫄쫄 나온다.

쫑그리다 [cock ears]
귀를 꼿꼿이 치켜 세우거나 입술을 뾰족이 내밀다. ¶기척이 느껴지자 귀를 쫑그렸다.

쫑긋 [moving the lips]
입술이나 귀 따위를 빳빳하게 세우거나 뾰족이 내미는 모양. ¶토끼가 귀를 쫑긋 세우다.

▸ **쫑긋-쫑긋**
자꾸 입술이나 귀 따위를 빳빳하게 세우거나 뾰족이 내미는 모양. ¶뭐라고 말해야 할 지 몰라서 입만 쫑긋쫑긋했다.

쫑알-거리다 [chatter; mutter; spatter]
주로 여자나 아이들이 남이 잘 알아듣지 못할 정도의 작은 목소리로 혼잣말을 자꾸 하다. ¶쉴 새 없이 쫑알거린다.

쫑알-쫑알
주로 여자나 아이들이 남이 잘 알아듣지 못할 정도의 작은 목소리로 혼잣말을 자꾸 하는 소리. 또는 그 모양. ¶쫑알쫑알 일러바치다.

쫓겨-나다
[be expelled; be turned out]
쫓김을 당하다. 내쫓음을 당하다. ¶집에서 쫓겨나다.

쫓기다 [be run after; be kept busy]
❶남에게 쫓음을 당하다. ¶경찰에게 쫓기다. ❷일에 몹시 몰려 지내다. ¶시간에 쫓겨 아이들을 돌보지 못했다.

쫓다 (追, 쫓을 추; 逐, 쫓을 축)
[run after; pursue; drive away]
❶급한 걸음으로 뒤를 따르다. ¶고양이가 쥐를 쫓다. ❷있는 자리에서 떠나도록 몰다. ¶소가 꼬리로 파리를 쫓다 / 잠을 쫓다.
속담 닭 쫓던 개 지붕 쳐다보듯.

비슷한 듯 다른 말 ➲ 좇다

쫓아-가다
[go in pursuit; keep up with]
❶뒤에 바싹 붙어 따라가다. ¶앞 차를 쫓아가다. ❷만나거나 잡으려고 급히 가다. ¶경찰서에 쫓아가 사정을 설명하다.

쫓아-내다 [throw out; expel; dismiss]
어떤 곳에서 밖으로 몰아내다. ¶아저씨는 가게에서 아이들을 쫓아냈다.

쫓아-다니다
[chase; run about; follow about]
❶뒤에서 바싹 붙어 따라다니다. ¶형을 그림자처럼 쫓아다니다. ❷부지런히 찾아다니다. ¶노름판을 쫓아다니다.

쫓아-오다 [keep up with; run after]
뒤에서 바싹 따라오다. ¶빨리 달려 쫓아오지 못하게 하다.

쫙 [broadly; extensively; pouring down]
❶넓은 범위나 여러 갈래로 흩어져 퍼지는 모양. ¶소문이 쫙 끼치다 / 시내에 경찰이 쫙 깔리다. ❷비나 물 따위가 갑자기 쏟아지거나 흘러내리는 소리. 또는 그 모양. ¶식은 땀이 쫙 흐르다. ❸어떤 일이나 행동 따위가 한꺼번에 이루어지는 모양. ¶어깨를 쫙 펴다 / 기름을 쫙 빼다.

쬐:다 [shine on; warm oneself; expose to the sun]
❶볕이 들어 비치다. ¶햇볕을 오래 쬐면 피부가 상할 수 있다. ❷볕이나 불에 쐬거나 말리다. ¶난롯불을 쬐다.

쭈그러-지다 [be crushed; get pressed out of shape; be withered]
눌리거나 우그러져서 부피가 몹시 작아지다. ¶상자가 심하게 쭈그러지다.

쭈그리다 [press out of shape; crouch]
❶누르거나 욱여서 부피를 작게 하다. ¶깡통을 쭈그리다. ❷팔다리를 우그려 앉거나 눕다. ¶한참을 쭈그리고 있었더니 다리가 저리다.

쭈글쭈글-하다 [wrinkled]
물체가 쭈그러져 고르지 않게 많은 주름이 잡히다. ¶바지가 쭈글쭈글 구겨졌다.

쭈룩-쭈룩
굵은 물줄기나 빗물 따위가 빠르게 자꾸 흐르거나 내리는 소리. 또는 그 모양.

쭈르르
❶물줄기가 잇달아 빠르게 흘러내리는 소리. 또는 그 모양. ¶땀이 쭈르르 흐른다. ❷비탈진 곳에서 물건이 미끄러지듯 빠르게 흘러내리는 모양. ¶절벽에서 쭈르르 미끄러지다.

쭈뼛-거리다 [stand on end; stand up; shy and hesitant]
❶무섭거나 놀라서 머리카락이 꼿꼿하게 일어서는 듯한 느낌이 자꾸 들다. ❷부끄러워서 자꾸 머뭇거리거나 주저주저하다.

쭉[1]
❶종이나 천 따위를 한 가닥으로 찢는 모양. ¶김치를 쭉 찢어서 먹다. ❷거침없이 내리읽거나 외우거나 말하는 모양. ¶내가 본 것을 쭉 얘기했다. ❸땀이나 물기나 살이 한꺼번에 빠지는 모양. ¶며칠 새 살이 쭉 빠지다.

쭉[2] [all the time; throughout]
'변함없이', '계속하여'의 뜻. ¶그녀는 쭉 한국에 살았다.

쭉정-이 [empty heads of grain]
껍질만 생겨 알이 속에 들지 않은 곡식 등의 열매. ¶알맹이만 거두고 쭉정이는 버린다.

쯧-쯧
가엾거나 못마땅할 때 혀를 차는 소리. ¶쯧쯧, 저렇게 예의가 없어서야.

찌 [float]
낚싯줄에 달아 물 위에 뜨게 하고 고기가 낚시를 물면 곧 알 수 있도록 물속으로 잠기게 만든 가벼운 물건. '낚시찌'의 준말. ¶낚싯대를 드리우고 찌가 움직이기만 기다리다.

찌개 [pot stew]
고기·채소·두부 따위를 넣고, 간장·된장·고추장 따위를 쳐서 갖은 양념을 하여 끓인 반찬. ¶찌개에 밥을 비벼 먹다.

찌그러-지다 [be crushed; be contorted; be battered]
짓눌려서 여기저기 고르지 않게 우그러지다. ¶자동차가 전봇대를 들이받고 찌그러지다.

찌꺼기 [dregs; leavings; remains]
❶액체가 빠진 뒤 밑에 가라앉은 물건 또는 앙금. ¶한약 찌꺼기를 거름으로 쓰다. ❷좋은 것을 골라낸 나머지. ¶음식 찌꺼기 / 기름 찌꺼기. [준] 찌끼.

찌다[1] [steam; be sweltering]
❶뜨거운 김을 올려 익히거나 식은 것을 덥히다. ¶고구마를 찌다. ❷뜨거운 김에 닿는 듯이 더워지다. ¶날씨가 푹푹 찌는 듯이 덥다.

찌다[2] [get fat; gain weight]
살이 올라서 뚱뚱해지다. ¶야식을 먹었더니 살이 많이 쪘다. [반] 마르다, 여위다.

찌들다 [get dirty; be stained with; be worn out]
❶물건이 오래 되어 때가 끼고 더럽게 되다. ¶땀에 찌든 운동복을 빨다. ❷세상의 여러 고초를 겪고 부대껴 여위다. ¶피로에 찌든 얼굴.

찌르기 [thrust; jab]
[운동] 태권도에서 손끝으로 상대를 찌르는 기술.

찌르다 (刺, 찌를 자) [pierce; prick]
❶칼·바늘 등 끝이 뾰족한 물건을 속으로 들이밀다. ¶주사기를 엉덩이에 찌르다. ❷틈이나 사이에 무엇을 꽂아 넣다. ¶주머니에 손을 찔러 넣다. 속담 찔러도 피 한 방울 안 나겠다. 관용 하늘을 찌르다.

찌르레기 [starling]
동물 집 근처의 큰 나무 위에 사는 갈색의 새. '찌르륵찌르륵' 하고 운다.

찌르르
뼈마디나 살에 저린 느낌이 세게 일어나는 모양. ¶찌르르 전기가 오르다 / 뼈마디가 찌르르한 느낌이다.

찌뿌드드-하다
[feel unwell; be out of sort]
몸살이나 감기로 몸이 나른한 느낌이 있다. ¶아침부터 몸이 찌뿌드드하다. ㊥ 뻐근하다. ㉯ 거뜬하다.

찌푸리다 [be gloomy; grimace at]
❶얼굴이나 눈살을 몹시 찡그리다. ¶이야기를 들으니 눈살을 찌푸리게 된다. ❷날씨가 몹시 흐리다. ¶하늘이 잔뜩 찌푸려 있다.

찍
❶액체가 가는 줄기로 세게 뻗치는 소리. 또는 그 모양. ¶침을 찍 뱉다. ❷물체가 세게 문질리면서 미끄러지는 소리. 또는 그 모양. ¶바닥에 찍 미끄러지다. ❸종이나 천 따위를 세게 찢는 소리. 또는 그 모양. ¶바지가 찍 찢어지다. ❹줄이나 획을 세게 한 번 긋는 소리. 또는 그 모양. ¶줄 몇 개를 찍 긋다.

찍-개
고적 자갈돌의 한쪽 면을 떼어 날을 만들어서 물건을 찍는 데에 쓴 인류 최초의 돌연장.

찍다[1] [chop; hack; cut]
날이 있는 연장으로 쳐서 베다. ¶포크로 고기를 찍어 먹다. 속담 열 번 찍어 아니 넘어가는 나무 없다.

찍다[2] [dip into; dot; imprint]
❶물건의 끝에 가루나 액체 따위를 묻히다. ¶계란을 소금에 찍어 먹다. ❷점이나 문장 부호 따위를 써넣다. ¶소수점을 찍다. ❸인쇄하다. ¶신문을 찍다.

찍다[3] [take a photograph; snap]
사진 따위를 박다. ¶영화를 찍다.

찍-찍[1] [with repeated written strokes]
❶액체가 가는 줄기로 자꾸 세게 뻗치는 소리. 또는 그 모양. ❷물체가 세게 문질리면서 자꾸 미끄러지는 소리. 또는 그 모양. ❸줄이나 획을 함부로 세게 긋는 소리. 또는 그 모양.

찍-찍[2] [tweet; chip]
참새나 쥐 따위가 자꾸 우는 소리.

찍-히다[1] [be stabbed]
끝이 뾰족한 도구나 날이 있는 연장으로 내리침을 당하다. 속담 믿는 도끼에 발등 찍힌다.

찍-히다[2] [be printed; be sealed; be branded as]
❶점이나 표시 따위가 그려지다. ¶드디어 마침표를 찍다. ❷무엇에 눌려서 자국이 나다. ¶도자기에 지문이 찍히다. ❸글·그림·무늬 따위가 인쇄되다. ¶뒷면에 전화번호가 찍혀 있다. ❹싫어하는 대상으로 확실히 정해지다. ¶선생님에게 문제아로 찍히다.

찍-히다[3] [be taken]
사진기로 사물의 모양이 필름에 옮겨지다. ¶사진이 너무 흐릿하게 찍혔다.

찐득찐득-하다
[be sticky; be glutinous]
눅진하고 차져 끈적끈적하게 자꾸 달라붙다. ¶신발에 뭐가 묻었는지 찐득찐득하다.

찐빵 [steamed bun stuffed with sweet bean paste]
김에 쪄서 익힌 빵. 속에 팥 따위를 넣기도 한다. ¶김이 모락모락 나는 하얀 찐빵.

찔끔 [in small doses; be startle]

❶액체를 조금 흘리다 그치다 하는 모양. ¶등에서 땀이 찔끔 나다 / 아침부터 비가 찔끔거린다. ❷몹시 겁이 나서 몸을 움츠리는 모양. ¶눈을 찔끔 감다 / 속으로 찔끔했지만 아무렇지 않은 척 했다.

▸ **찔끔-찔끔**
❶액체 따위가 자꾸 조금씩 새어 흐르거나 나왔다 그쳤다 하는 모양. ¶수도꼭지에서 물이 찔끔찔끔 샌다. ❷적은 분량의 것을 여러 번에 나누어 조금씩 내주는 모양. ¶술을 찔끔찔끔 마시다.

찔레 [wild rose]
식물 산기슭·개울가에 나며 가시가 있고 봄에 흰 꽃이 피는 활엽 관목. 연한 싹은 먹고 과실은 약용한다.

▸ **찔레-꽃**
찔레나무의 꽃.

찔리다
[be pierced; go home to one's heart]
❶날카로운 끝에 찌름을 당하다. ¶바늘에 손가락을 찔리다. ❷양심의 가책을 받다. ¶뭐 찔리는 게 있어요?

찜 [steamed dish]
고기나 채소에 여러 가지 양념을 하여 찌거나 국물이 바특하게 삶은 음식. ¶갈비찜 / 찜 쪄 먹다.

찜-질 [foment; apply a poultice]
❶약물이나 더운 물에 적신 헝겊 또는 얼음을 환부에 대어 병을 고치는 법. ¶따뜻한 물수건으로 찜질하다. ❷온천 또는 뜨거운 모래밭·물에 몸을 담가 땀을 흘려 병을 고치는 법. ¶온천에서 찜질하고 나면 개운하다.

찜찜-하다
[feel awkward; feel ill at ease]
꺼림칙한 느낌이 든다. 의심이나 근심이 조금 있다. ¶우유를 먹기가 찜찜해서 버렸다 / 땀 흘리고 못 씻었더니 찜찜하다. ⓑ 개운하다.

찝찔-하다 [saltish; unsatisfactory]
맛이 없이 조금 짜다. ¶바닷물이 찝찔하다 / 기분이 나쁘고 찝찔하다.

찡그리다 [frown; scowl]
얼굴의 근육이나 눈살을 매우 찌그리다. ¶너무 아파 얼굴을 찡그리다.

찡긋 [wink at; twist one's face at]
눈이나 코를 약간 찡그리는 모양. ¶찡긋 윙크를 하다 / 코를 찡긋하고 웃다.

찡-하다 [be choked up]
감동을 받아 가슴이 뭉클하도록 울리다. ¶코끝이 찡하다.

찢기다 [get torn]
잡아당겨져 갈라지다. ¶소매가 못에 걸려 찢겼다.

찢다 [tear; rend]
잡아당겨 둘 이상으로 갈라지게 하다. ¶김치를 손으로 찢다.

찢어-발기다
[tear to threads; shred]
갈가리 찢어서 흩어지게 하다. ¶편지를 읽지도 않고 찢어발기다.

찧다 [pound; hull; beat against]
❶곡식 등을 쓿거나 빻기 위하여 절구에 담고 공이로 내리치다. ¶쌀을 찧어 죽을 쑤다. ❷아주 세게 부딪다. ¶넘어지면서 엉덩방아를 찧다.

ㅊ

ㅊ

[언어] 한글 자모의 열째 글자. '치읓'이라 이른다.

차[1]次 | 버금 차
[on the point of; just when]
어떠한 일을 하던 기회나 순간. ¶그녀의 소식이 궁금하던 차에 마침 잘 되었다.

차[2]車 | 수레 차 [vehicle; car]
바퀴가 굴러서 나아가며, 사람이나 짐을 실어 나르는 온갖 교통 기관. ¶차를 빠르게 몰다. [비] 자동차(自動車).

차[3]車 | 수레 차 [chariot; rook]
[운동] '車'자를 새긴 장기짝. 한편에 둘씩 모두 넷이 있고 일직선으로 가로나 세로로 몇 칸이든지 다닌다.

차[4]差 | 어긋날 차
[difference; gap; remainder]
❶둘 이상의 사물을 견주었을 때 서로 다른 정도. ¶세대 차를 느끼다 / 빈부의 차가 더욱 심해지고 있다. ❷어떤 수량에서 다른 수량을 뺀 나머지 수량. ¶한 표 차로 반장이 되었다.

차[5]茶 | 차 차 [tea; ttea leaves]
❶차나무의 어린잎을 우리거나 달인 물. ❷식물의 잎·뿌리·열매 따위를 우리거나 달인 음료의 일반적인 말. 인삼차·생강차·칡차 따위. ¶손님에게 차를 내다.

차갑다 [cold; chilly; unfriendly]
❶온도가 내려 썩 싸늘한 느낌이 있다. ¶얼음처럼 차가운 날씨. ❷냉정하다. 매정하다. ¶차가운 눈초리 / 아들을 차갑게 대했다. [비] 차다, 싸늘하다.

차고 車庫 | 수레 차, 곳집 고
[garage; car shed]
차량(車輛)을 넣어 두는 곳[庫]. ¶차고에 차를 대다.

차곡-차곡 [in orderly fashion; neatly]
❶물건을 가지런히 잘 쌓거나 포개는 모양. ¶벽돌을 차곡차곡 쌓다. ❷하나씩 하나씩 살피고 정리하는 모양. 차근차근. ¶문제를 차곡차곡 풀어 나가다.

차관 次官 | 버금 차, 벼슬 관
[vice-minister; undersecretary]
❶[역사] 대한제국 때, 궁내부와 각 부(部)의 버금가는[次] 관직(官職). 또는 그 관리. ❷[법률] 소속 장관을 보좌하고 장관의 직무를 대행할 수 있는 정무직(政務職) 국가공무원.

차:광 遮光 | 가릴 차, 빛 광
[shade the light; hinder the light]

햇빛[光]이나 불빛을 가림[遮]. ¶차광 유리를 하다.

차근-차근 [systematically; carefully; methodically]
말이나 행동을 아주 찬찬하게 순서에 따라 조리 있게 하는 모양. 차곡차곡. ¶계획을 차근차근 추진하다.

차기 次期 | 버금 차, 때 기 [next term]
다음[次] 시기(時期). ¶그가 차기 이사장으로 선출되었다.

차-나무 (茶—, 차 차) [tea plant]
[식물] 잎은 긴 타원형인데 두껍고 윤이 나는 활엽수. 어린눈과 잎은 녹차나 홍차의 원료로, 열매는 기름을 짜서 쓴다.

차남 次男 | 버금 차, 사내 남 [one's second son]
둘째[次] 아들[男]. ¶이 아이가 제 차남입니다. [반] 차녀(次女).

차다[1](滿, 찰 만) [be full of; expire; be occupied]
❶일정한 공간에 사람·사물·냄새 따위가 더 들어갈 수 없이 가득하게 되다. ¶기차가 승객들로 빈틈없이 찼다. ❷감정·기운 등이 가득하게 되다. ¶그의 얼굴은 기쁨으로 찼다. ❸정한 수량, 나이, 기간 따위가 다 되다. ¶임기가 차서 퇴임하다. ❹이지러진 데가 없이 아주 온전하다. [반] 비다. [속담] 달도 차면 기운다.

차다[2](蹴, 찰 축) [kick]
발로 내어 지르거나 받아 올리다. ¶제기를 차다.

차다[3](冷, 찰 랭; 寒, 찰 한) [cold; frigid]
❶물체나 대기의 온도가 낮다. ¶냉장고에 수박을 넣어 차게 하다. ❷인정이 없고 쌀쌀하다. ¶성격이 차고 매섭다. [비] 차갑다. [반] 덥다, 따뜻하다.

♣ 차다[3] / 춥다 (비슷한 듯 다른 말)

- ○ 바깥 날씨가 꽤 차다 = 춥다.
- ○ 바람이 몹시 차다.
- × 바람이 몹시 춥다.
- ○ 교실 안이 몹시 춥다.
- × 교실 안이 몹시 차다.

차다[4] [put on; fasten on]
물건을 몸의 한 부분에 달아매거나 걸고 늘어뜨리다. ¶쇠고랑을 차다.

♣ 차다[4] / 달다[1] (비슷한 듯 다른 말)

- ◎ 훈장을 차다 = 달다.
- ○ 범인이 쇠고랑을 차다.
- × 범인이 쇠고랑을 달다.
- ○ 안방 창문에 커튼을 달다.
- × 안방 창문에 커튼을 차다.

차:단 遮斷 | 막을 차, 끊을 단 [intercept; cut off]
❶[속뜻] 가로막아[遮] 사이를 끊음[斷]. ❷끊거나 막아서 서로 통하지 못하게 하는 것. ¶전자파 차단 / 외부와의 접촉을 차단하다.

▶차:단-기[1] 遮斷器 | 그릇 기
전류나 전자가 흐르지 못하도록 전선을 끊거나 막는[遮斷] 기구(器具).

▶차:단-기[2] 遮斷機 | 틀 기
철도 건널목 따위에 설치하여 차량이나 사람이 왕래하는 것을 잠시 막는[遮斷] 기계(機械). ¶차단기가 내려가고 곧 기차가 지나갔다.

차도[1] 車道 | 수레 차, 길 도 [road; traffic lane; carriageway]
차(車)가 다니는 길[道]. ¶차도에서 놀면 위험하다. [비] 찻길, 차로(車路). [반] 보도(步道), 인도(人道).

차도[2] 差度 | 다를 차, 정도 도 [improvement of illness]
❶[속뜻] 조금씩 달라지는[差] 정도(程度). ❷병이 조금씩 나아가는 정도. ¶앓던 아이

가 약을 먹고는 차도를 보였다.

차돌 [quartz; white pebble]
빛깔이 희고 단단한 돌. ㊎ 석영(石英).

차등 差等 | 다를 차, 무리 등
[grade; difference; discrimination]
무리[等]에 따라 차이(差異)가 나도록 함. 또는 차이가 나는 등급. ¶일의 양에 차등을 두다. ㊥ 균등(均等).

차디-차다 [very cold; icy; frigid]
매우 차다. ¶차디찬 거절 / 그의 몸은 이미 차디차게 식어 있었다.

차라리 [rather; better than]
저렇게 하는 것보다 이렇게 하는 것이 나음을 나타내는 말. ¶차라리 걷는 편이 빠르겠다. ㊎ 숫제, 아예.

차량 車輛 | 수레 차, 수레 량
[car; traffic; carriage]
❶ 속뜻 열차(列車)의 한 칸[輛]. ¶차량 탈선 사고. ❷도로나 선로 위를 달리는 모든 차를 통틀어 이르는 말. ¶10톤 이상의 차량은 이 도로를 통행할 수 없다.

차려 [Attention!]
'움직이지 말고 몸을 반듯하게 하라'는 구령. 또는 그 자세를 취하는 동작.

차려-입다
[dress up; be gaily dressed]
잘 갖추어 입다. ¶어머니께서도 한껏 차려입고 외출하셨다.

차례[1] 茶禮 | 차 차, 예도 례
[ancestor-memorial services]
❶ 속뜻 차(茶)를 올리는 예(禮). ❷음력 매달 초하룻날 또는 보름, 명절, 조상 생신날 등에 간단히 지내는 제사. ¶설날 아침에 차례를 지내다.

⁑**차례**[2] 次例 | 순서 차, 법식 례
[turn; table of contents; time]
❶ 속뜻 순서[次]에 따라 정한 법식[例]. 또는 순서대로 돌아오는 기회. ¶내가 노래할 차례가 되었다 / 숫자가 큰 것부터 차례대로 늘어놓다. ❷책이나 글 따위에서 벌여 적어 놓은 항목. ¶나는 책을 펴면 차례부터 읽는다. ❸일이 일어나는 횟수를 세는 단위. ¶그를 여러 차례 만났다. ㊎ 순서(順序).

▸ **차례-차례** 次例次例
차례[次例+次例]를 따라서 순서 있게. ¶학생들은 버스에 차례차례 올랐다.

차로 車路 | 수레 차, 길 로
[roadway; carriageway; traffic lane]
차(車)가 다니는 길[路]. ¶차로가 좁아지다. ㊎ 차도, 찻길.

차리다 [prepare; open up; regain]
❶음식 따위를 장만하여 갖추다. ¶어머니께서 저녁을 차리는 동안 방을 청소했다. ❷살림·가게 따위를 벌이다. ¶그녀는 가까운 곳에 병원을 하나 차렸다. ❸기운·정신 따위를 가다듬다. ¶정신을 차려 보니 병원이다 / 예의를 차려 인사하다.

> ♣ 차리다 / 갖추다 (비슷한 듯 다른 말)
>
> ◎ 나는 최대한 예의를 차려 = 갖추어 그를 대했다.
>
> ○ 체면을 차리다.
> × 체면을 갖추다.
>
> ○ 풍부한 지식을 갖추다.
> × 풍부한 지식을 차리다.

차림 [guise; dress]
옷이나 몸치장을 차리어 갖추는 일. ¶꾀죄죄한 차림으로는 밖에 못 나간다.

▸ **차림-새**
차린 그 모양. ¶차림새로 보아 학생은 아닌 것 같다.

▸ **차림-표** (-表, 겉 표)
식당이나 음식점 따위에서, 파는 음식의 종류와 가격을 적은 표(表). ㊎ 메뉴, 식단(食單).

차마 [for all the world]
부끄럽거나 안타까워서 감히. ¶언니한테

는 차마 그 이야기를 할 수 없다.

차별 差別 | 다를 차, 나눌 별
[discriminate against]
❶ [속뜻] 다르게[差] 나눔[別]. ❷차등이 있게 구별함. ¶인종 차별 / 이 제품은 품질부터 차별된다. [반] 평등(平等).

▶ **차별-적** 差別的 | 것 적
차별(差別)이 있거나 차별을 두는 것[的]. ¶여성을 차별적으로 대하지 마십시오.

차분-하다 [calm; quiet; composed]
마음이나 분위기가 가라앉아 조용하다. ¶차분하게 앉아서 이야기하자. [비] 침착하다.

차비 車費 | 수레 차, 쓸 비
[fare; carfare]
차(車)를 타는 데 드는 비용(費用). ¶거기까지 가는 데는 차비가 별로 안 든다.

차선[1] 次善 | 버금 차, 좋을 선
[second best thing]
최선에 버금[次]가는 좋은[善] 방도. ¶차선이라고는 도망가는 방법밖에 없다.

차선[2] 車線 | 수레 차, 줄 선
[traffic lane]
차도(車道)에 그려 놓은 선(線). 포장된 차도에서 차량의 주행 질서를 위하여 주행 방향으로 그려 놓은 선. ¶차선을 따라 똑바로 운전하다.

차양 遮陽 | 가릴 차, 볕 양
[awning; peak]
❶ [속뜻] 볕을[陽] 가림[遮]. 또는 그럴 목적으로 처마 끝에 덧대는 지붕. ¶바람이 불어 차양이 흔들렸다. ❷학생모나 군모 따위에서 모자의 앞에 대어 이마를 가리거나 손잡이 구실을 하는 조각. ¶차양이 넓은 밀짚모자. [비] 챙.

차-오르다 [bubble]
어떤 한도나 높이에 다다라 오르다. ¶욕조에 물이 차오르다.

차:용 借用 | 빌릴 차, 쓸 용
[borrow; loan]
돈이나 물건을 빌려서[借] 씀[用]. ¶차용증 / 그에게 돈을 차용하다.

차원 次元 | 버금 차, 으뜸 원
[dimension; level]
❶ [속뜻] 으뜸[元]과 버금[次]의 정도나 수준. ❷사물을 보거나 생각하는 처지. 또는 어떤 생각이나 의견 따위를 이루는 사상이나 학식의 수준. ¶국가 차원의 문제 / 차원이 다른 대화. ❸ [수학] 일반적으로 공간의 넓이 정도를 나타내는 수. 보통 직선은 1차원, 평면은 2차원, 입체는 3차원이지만, 4차원이나 무한 차원도 생각할 수 있다.

⁂**차이** 差異 | 어긋날 차, 다를 이
[difference; distinction; gap]
서로 어긋나고[差] 다름[異]. ¶세대 차이 / 나는 언니랑 세 살 차이가 난다.

▶ **차이-점** 差異點 | 점 점
차이(差異)가 나는 점(點). ¶과일과 채소의 차이점은 무엇일까? [반] 공통점(共通點).

차-이다 [get kicked; be dropped]
❶발길로 참을 당하다. ¶엉덩이를 차이다. ❷사랑을 거절당하다. ¶작년에 여자친구에게 차였다.

차:입 借入 | 빌릴 차, 들 입
[borrow; obtain a loan]
돈이나 물건을 빌려[借] 들임[入]. ¶국내 기업들의 해외 자본 차입이 늘었다. [반] 대출(貸出).

차장 次長 | 버금 차, 어른 장
[assistant director; vice-chief]
회사나 단체에서 부장 다음[次]의 직위[長]. 또는 그 사람.

차전-놀이 (車戰—, 수레 차, 싸울 전)
[민속] 음력 정월 보름날에 노는 민속놀이의 하나. 큰 수레[車]를 가진 두 패로 나누어 싸움[戰]을 벌여 상대편의 수레의 끝을 땅에 먼저 닿게 하는 편이 이긴다.

차종 車種 | 수레 차, 갈래 종

[car model]
자동차(自動車)의 종류(種類). ¶다양한 차종이 전시되어 있다.

차지-하다 [occupy; have; take]
❶사물이나 공간, 지위 따위를 자기 몫으로 가짐. 또는 그 사물이나 공간. ¶냉장고가 많은 공간을 차지한다 / 심부름은 내 차지다. ❷어떤 위치나 자리를 얻어서 누리다. ¶장학금은 종석이가 차지했다.

차질 蹉跌 | 넘어질 차, 넘어질 질 [fail; go wrong]
❶ 속뜻 발을 헛디디어 넘어짐[蹉=跌]. ❷ 하던 일이 뜻밖에 잘못되거나 틀어짐. ¶태풍이 불어 여행에 차질이 생기다.

차차 次次 | 차례 차, 차례 차 [gradually; by and by; later]
어떤 상태나 정도가 차례대로[次+次] 조금씩 진행하는 모양. ¶자세한 것은 차차 알게 될 것이다. ⓑ 점점, 점차, 차츰.

차창 車窓 | 수레 차, 창문 창 [car window]
차(車)에 달린 창문(窓門). ¶차창 밖으로 비가 내린다.

차체 車體 | 수레 차, 몸 체 [car body; frame]
차량(車輛)의 몸체[體]. 승객이나 화물을 싣는 부분. ¶사고로 인해 차체가 크게 망가졌다.

차츰 [gradually; by and by]
시간이 지남에 따라 어떤 상태나 달라지는 것이 조금씩 계속해서 자꾸. ¶비가 차츰 잦아들다. ⓑ 점점(漸漸), 점차(漸次), 차차(次次).

▸ **차츰-차츰**
갑작스럽지 않게 조금씩 나아가는 모양. ¶할머니의 병환이 차츰차츰 나아지고 있다.

차트 {영 chart}
각종 자료를 알기 쉽게 한 일람표. ¶의사는 환자의 상태를 차트에 적었다.

차편 車便 | 수레 차, 쪽 편 [public conveyance; by way of a vehicle]
차(車)가 오가는 편(便). ¶거기 가려면 어떤 차편이 있습니까?

차표 車票 | 수레 차, 쪽지 표 [ticket; pass]
차(車)를 탈 수 있음을 증명한 쪽지[票]. ¶차표가 없으면 들어갈 수 없다. ⓑ 승차권(乘車券).

차후 此後 | 이 차, 뒤 후 [after this; from now on; in the future]
이[此] 뒤[後]. 이다음. ¶차후에는 이런 일이 없도록 해라.

착 [closely; tightly]
❶물체가 바싹 다가붙거나 끈기 있게 달라붙는 모양. ¶착 달라붙는 청바지. ❷서슴지 않고 선뜻 행동하는 모양. ¶팔을 착 뿌리치다. ❸몸가짐이나 태도가 얌전하고 태연한 모양. ¶착 가라앉은 목소리.

착각 錯覺 | 어긋날 착, 깨달을 각 [be under an illusion; misunderstand]
사물을 실제와 다르게[錯] 느낌[覺]. ¶그는 자기가 잘 생겼다고 착각한다.

착공 着工 | 붙을 착, 일 공 [start work]
공사(工事)에 착수(着手)함. ¶고속도로를 착공하다. ⓑ 기공(起工). ⓡ 준공(竣工), 완공(完工).

착륙 着陸 | 붙을 착, 뭍 륙 [land; touchdown]
비행기 따위가 땅[陸]위에 내림[着]. ¶우주선이 달에 착륙하다. ⓡ 이륙(離陸).

▸ **착륙-선 着陸船** | 배 선
착륙(着陸)을 하는 데 쓰는 우주선(宇宙船). ¶착륙선으로 갈아타다.

착상 着想 | 붙을 착, 생각 상 [get an idea]
생각하는[想] 일에 착수(着手)함. 어떤 일이나 계획 등에 대한 새로운 생각이나 구상이 마음에 떠오르는 일. ¶착상이 기발하다.

착색 着色 | 붙을 착, 빛 색 [color; paint; stain]

색[色]을 입힘[着]. ¶치아가 누렇게 착색되다.

착수 着手 | 붙을 착, 손 수 [start; launch]
❶ 속뜻 손[手]을 댐[着]. ❷어떤 일을 시작함. ¶새로운 일에 착수하다.

착실 着實 | 붙을 착, 열매 실 [reliable; trustworthy]
❶ 속뜻 열매[實]가 달림[着]. ❷사람이 허튼 데가 없이 찬찬하며 실하다. ¶겉보기에는 착실한 것 같다 / 착실히 돈을 모아 차를 사다.

착안 着眼 | 붙을 착, 눈 안 [pay attention to; fix one's eyes upon]
❶ 속뜻 눈[眼]을 가까이 대어[着] 봄. ❷어떤 일을 주의하여 봄. 또는 어떤 문제를 해결하기 위한 실마리를 잡음. ¶착안 사항 / 이 제품은 지렛대의 원리에서 착안된 것이다.

착오 錯誤 | 어긋날 착, 그르칠 오 [mistake; error]
착각(錯覺)을 하여 잘못 그르침[誤]. 또는 그런 잘못. ¶착오를 겪다보면 성공하게 된다 / 착오로 거스름돈을 덜 받았다.

착용 着用 | 붙을 착, 쓸 용 [put on; wear]
옷 따위에 부착(付着)해 씀[用]. ¶일을 할 때 안전모를 착용하다.

착잡 錯雜 | 섞일 착, 어수선할 잡 [mixed; complicated; intricate]
여러 가지 생각이 뒤섞여[錯] 마음이 어수선함[雜]. ¶그의 편지를 보고 마음이 착잡했다.

착지 着地 | 붙을 착, 땅 지 [land]
❶ 속뜻 땅[地] 위에 도착(到着)함. ❷ 운동 멀리뛰기나 체조 경기 따위에서 동작을 마친 뒤, 땅에 서는 일. ¶그 체조 선수는 착지가 조금 불안했다.

착착 [steadily; one by one; in orderly fashion]
❶물체가 자꾸 닿거나 끈기 있게 달라붙는 모양. ¶음식이 입에 착착 붙다. ❷가지런히 여러 번 접는 모양. ¶이부자리를 착착 개키다. ❸일이 조리 있게 또는 순서대로 되어 가는 모양. ¶공사가 계획대로 착착 진행되고 있다.

착취 搾取 | 짤 착, 가질 취 [squeeze out; extract; extort]
❶ 속뜻 무엇을 쥐어짜서[搾] 나오는 것을 취(取)함. ❷자본가나 지주가 근로자나 농민에 대하여 노동에 비해 싼 임금을 지급하고 그 이익의 대부분을 차지하는 일. ¶아이들의 노동력을 착취하다. 비 수탈(收奪), 약탈.

착-하다 (善, 착할 선) [good; nice]
마음이 곱고 어질다. 선하다. ¶착한 일을 많이 하면 복을 받는다.

찬:동 贊同 | 도울 찬, 한가지 동 [approve; support; endorse]
❶ 속뜻 어떤 일을 도와서[贊] 함께[同] 함. ❷뜻을 같이함. ¶그들도 우리의 제안에 찬동했다. 비 동의(同意), 찬성(贊成).

찬:란 燦爛 | 빛날 찬, 빛날 란 [brilliant; shining; bright]
❶ 속뜻 눈부시게 빛나다[燦=爛]. ¶햇빛이 찬란하다. ❷매우 훌륭하다. ¶찬란한 업적을 남기다.

찬-물 [cold water]
데우거나 끓이지 않은 차가운 물. ¶찬물을 한 잔 들이켜다. 비 냉수(冷水). 반 더운물, 온수(溫水).

찬:미 讚美 | 기릴 찬, 아름다울 미 [praise; admire; adore]
아름다운[美] 것을 기림[讚]. ¶아름다운 자연을 찬미한 시(詩).

찬-바람 [cold wind]
차가운 바람. ¶찬바람을 쐬었다가 감기에 걸렸다. 관용 찬바람이 일다.

찬:반 贊反 | 도울 찬, 반대할 반 [for and against; ayes or noes]
찬성(贊成)과 반대(反對). ¶투표를 통해

찬반을 묻다.

찬-밥 [cold cooked rice]
식어서 차가운 밥. ¶찬밥을 데워 먹다 / 찬밥 신세가 되다. [반] 더운밥. [관용] 찬밥 더운밥 가리다.

찬:사 讚辭 | 기릴 찬, 말씀 사 [eulogy; words of praise]
칭찬하는[讚] 말[辭]. 또는 글. ¶멋진 공연에 아낌없는 찬사를 보내다.

찬:성 贊成 | 도울 찬, 이룰 성 [support; agree; approve of]
❶ [속뜻] 어떤 일을 도와주어[贊] 이루게[成] 함. ❷ 다른 사람의 의견이나 제안 등을 인정하여 동의함. ¶나는 네 생각에 찬성이다. [비] 동의(同意), 찬동(贊同). [반] 반대(反對).

찬:송 讚頌 | 기릴 찬, 기릴 송 [praise; glorify]
공덕 따위를 기리고[讚] 칭송(稱頌)함. ¶선대의 왕업을 추모하고 찬송하다.

▶ 찬:송-가 讚頌歌 | 노래 가
[기독교] 하나님의 은혜를 찬송(讚頌)하여 부르는 노래[歌].

찬스 {영 chance}
무슨 일을 하기에 알맞은 때. ¶지금이 성적을 올릴 찬스다. [비] 기회(機會).

찬:양 讚揚 | 기릴 찬, 오를 양 [praise; exalt; glorify]
훌륭함을 기리고[讚] 받들어 올림[揚]. ¶왕의 업적을 찬양하다.

찬:연 燦然 | 빛날 찬, 그러할 연 [brilliant; resplendent]
눈부시게 빛나는[燦] 그러한[然] 모양. ¶찬연한 문화 / 불꽃놀이 펼쳐지는 하늘은 유난히 찬연했다.

찬:장 饌欌 | 반찬 찬, 장롱 장 [pantry chest; cupboard; sideboard]
반찬(飯饌)이나 음식 따위를 넣어 두는 장(欌). ¶그는 찬장을 뒤져 먹을 것을 찾았다.

찬찬-히 [calmly; carefully; slowly]
성질이나 솜씨·행동 따위가 경솔하지 않고 꼼꼼하며 침착하게. ¶허둥대지 말고 찬찬히 찾아 보거라.

찬:탄 讚歎 | 기릴 찬, 감탄할 탄 [admire; praise]
깊이 감동하여 찬양(讚揚)하고 감탄(感歎)함. ¶뛰어난 연기력에 찬탄을 보내다 / 그녀의 음식 솜씨에는 찬탄하지 않을 수 없다.

찬:탈 簒奪 | 빼앗을 찬, 빼앗을 탈 [usurp; seize]
임금의 자리를 빼앗음[簒=奪]. ¶왕권을 찬탈하고자 반란을 일으키다.

찬피 동물 (―動物, 움직일 동, 만물 물) [cold-blooded animal]
[동물] 체온을 조절하는 능력이 없어서 바깥 온도에 따라 체온이 변하는 동물(動物). 물고기·뱀·개구리 따위가 이에 속한다. [비] 변온(變溫) 동물.

찰-거머리 [sticky leech; leech]
[동물] 잘 들러붙어 떨어지지 않는 거머리. ¶찰거머리처럼 달라붙다.

찰과-상 擦過傷 | 문지를 찰, 지날 과, 다칠 상 [abrasion; scratch]
무엇에 문질리거나[擦] 스쳐서[過] 살갗이 벗겨진 상처(傷處). ¶무릎에 가벼운 찰과상을 입었다.

찰그랑 [with a clink]
작고 얇은 쇠붙이가 서로 맞닿아 울려서 나는 소리. 또는 그 모양. ¶쇠스랑 소리가 찰그랑 나다.

찰나 刹那 | 절 찰, 어찌 나 [moment; instant]
[불교] 범어 'Ksana'의 한자 음역어로 '매우 짧은 동안'을 이름. ¶집을 떠나려는 찰나에 문제가 생겼다. [비] 순간(瞬間).

찰-떡
찹쌀로 만든 떡.

찰랑-거리다 [lap; slosh]

❶가득 찬 물 따위가 넘칠 듯 자꾸 흔들리다. ¶물통 안의 물이 찰랑거린다. ❷물체 따위가 물결치는 것처럼 부드럽게 자꾸 흔들리다. ¶머리를 찰랑거리며 걸어가다. ㊐ 찰랑대다.

찰-밥 [cooked glutinous rice]
찹쌀로 지은 밥.

찰방-찰방
조금 묵직한 물체가 물에 자꾸 거칠게 부딪치는 소리. 또는 그 모양. ¶호수에 돌을 찰방찰방 던지다.

찰싹 [with a spank; splashingly]
❶물이나 녹녹한 물체 따위를 손바닥 같은 넓적한 것으로 때릴 때 나는 소리. 또는 그 모양. '찰싸닥'의 준말. ¶아이가 물을 찰싹하며 사방으로 튀겼다. ❷작은 물체가 매우 끈지게 부딪치거나 달라붙는 소리. 또는 그 모양. ¶엉덩이를 찰싹 때리다.

▸찰싹-찰싹
❶액체가 자꾸 단단한 물체에 마구 부딪치는 소리. 또는 그 모양. ¶파도가 뱃전을 찰싹찰싹한다. ❷작은 물체가 매우 끈지게 자꾸 부딪치거나 달라붙는 소리. 또는 그 모양. ¶물에 젖은 옷이 살에 찰싹찰싹하다 / 찰싹찰싹 붙어 다니다.

찰카닥 [with a snap]
작고 단단한 물체가 조금 가볍게 맞부딪치는 소리. 또는 그 모양. ¶찰카닥 전화를 끊다.

찰칵 [with a snap]
작고 단단한 물체가 조금 가볍게 맞부딪치는 소리. 또는 그 모양. '찰카닥'의 준말. ¶라이터를 꺼내 불을 찰칵 켜다.

찰-흙 [clay]
끈기가 있어 차진 흙. ¶찰흙을 빚어 인형을 만들다. ㊐ 점토.

▸찰흙-판 (―版, 널빤지 판)
찰흙을 납작하고 반듯하게 펴서 만든 판(版).

참[1](眞, 참 진) [truth; reality]
사실이나 이치에 어긋남이 없음. ¶참을 추구하다. ㊐ 진실(眞實). ㊥ 거짓.

참[2] [really; truly]
정말로. 매우. ¶참으로 미안합니다 / 내 방은 참 덥다.

참[3] [How!; Oh!; Well!]
까맣게 잊었던 일이 문득 생각나거나, 감정이 극진할 때 감탄을 품은 '참말로'와 같은 뜻으로 쓰이는 말. ¶참, 오늘이 토요일이었지?

참:[4] [rest period; instance; moment]
❶일을 하다가 쉬는 시간에 먹는 식사. ¶일꾼들은 참을 먹느라 잠시 일손을 놓았다. ❷무엇을 하는 경우나 때. ¶마침 집에 가려던 참이다. ❸무엇을 할 생각이나 예정. ¶나도 좀 쉴 참이다.

***참가** 參加 | 참여할 참, 더할 가 [participate; join]
어떤 모임이나 단체의 일에 참여(參與)하여 가입(加入)함. ¶행사에 참가하다. ㊥ 불참(不參).

▸참가-자 參加者 | 사람 자
모임 따위에 참가(參加)한 사람[者]. ¶시합 참가자를 모집하다.

참-값 [true value]
수학 일정한 측정에 의하여 얻은, 길이·무게·부피 따위의 정확한 값.

참견 參見 | 참여할 참, 볼 견 [participate; interfere]
❶ 속뜻 참여(參與)하여 친히 봄[見]. ❷남의 일에 끼어들어 아는 체하거나 간섭함. ¶남의 일에 쓸데없이 참견하지 마라. ㊐ 간섭(干涉), 관여(關與).

참고 參考 | 헤아릴 참, 생각할 고 [refer to; consult]
❶ 속뜻 헤아려[參] 곰곰이 생각함[考]. ❷살펴서 도움이 될 만한 자료로 삼음. ¶참고로 제 의견을 말씀드려도 되겠습니까? / 사전을 자주 참고하다.

▸참고-서 參考書 | 책 서

교육 ❶참고(參考)가 되는 책[書]. ¶기술 과학의 참고서. ❷교과서 외에 학습에 참고가 되는 책. ¶친구의 참고서를 빌리다.

▶참고-인 參考人 | 사람 인
참고(參考)로 삼을 만한 사람[人]. ¶참고인을 불러 조사하다.

참관 參觀 | 참여할 참, 볼 관
[visit; inspect]
어떤 자리에 직접 참가(參加)하여 지켜봄[觀]. ¶장학사들이 수업을 참관하다.

▶참관-인 參觀人 | 사람 인
어떤 모임이나 행사에 참가하여 지켜보는[參觀] 사람[人]. ¶참관인의 자격으로 투표를 지켜보다.

참극 慘劇 | 끔찍할 참, 연극 극
[tragedy; tragic event]
❶속뜻 끔찍하고[慘] 극적(劇的)인 사건. ❷참혹한 일이나 사건을 연극에 비유하여 이르는 말. ¶많은 사람이 죽거나 다치는 참극이 일어났다.

참-기름 [sesame oil]
참깨로 짠 기름. ¶참기름 냄새가 고소하다.

참-깨 [sesame]
식물 씨는 볶아서 식용하며 또 기름을 짜서 먹는 풀.

참-나무 [oak tree]
식물 높이는 20~25미터이며, 긴 타원형의 잎이 피는 활엽수. 도토리가 열린다. ⓑ상수리나무.

참-나물
식물 어린잎은 나물로 무쳐서 먹는 숲 속에 나는 풀.

참:다 (忍, 참을 인) [put up with; control oneself; persevere]
❶충동·감정 따위를 억누르고 견디다. ¶내가 이번엔 참고 넘어가겠다. ❷웃음·울음·아픔 따위를 억누르고 견디다. ¶졸음을 참고 수업에 집중하다. ❸어떤 기회나 때를 견디어 기다리다. ¶조금만 더 참으면 도착한다. ⓑ인내(忍耐)하다.

참담 慘憺 | 끔찍할 참, 비참할 담
[terrible; horrible]
❶속뜻 끔찍하고[慘] 비참함[憺]. ¶그들의 삶은 몹시 참담했다. ❷몹시 슬프고 괴로움. ¶참담한 실패.

참-답다 [true; real; honest]
거짓이나 꾸밈이 없이 진실 되고 올바르다. ¶참다운 사람이 되다. ⓑ참되다.

참-되다 [true; honest]
거짓이 없으며 진실하고 올바르다. ¶참되게 살기는 쉽지 않다. ⓑ참답다.

참-뜻 [true meaning]
거짓이 없는 참된 뜻. ¶내 말의 참뜻을 이해하지 못하겠니?

참-말 [true remark; real fact; really]
❶사실과 조금도 틀림없는 말. ¶그 소문은 참말인가. ❷참말로. 정말로. ¶그는 참말 재미있는 사람이다. ⓑ정말, 진짜. ⓑ거짓말.

참-매미 [robust cicada]
동물 몸빛은 검고 머리와 가슴에 붉은 녹색 무늬가 있는 매미.

참모 參謀 | 참여할 참, 꾀할 모
[staff officer; adviser]
❶속뜻 참여(參與)하여 모의(謀議)함. ¶선거 참모. ❷군사 군대에서 각급 고급 지휘관의 지휘권 행사를 보좌하기 위하여 특별히 임명되거나 파견된 장교, 인사, 정보, 작전, 군수 참모 따위.

참-모습 [one's true face; one's true character]
거짓 없는 참된 모습. ¶그의 참모습이 드러나다.

참배 參拜 | 뵐 참, 절 배
[worship; pray before a temple]
❶속뜻 신이나 부처를 보며[參] 절하고[拜] 빎. ¶부처님께 참배를 드리다. ❷무덤이나 기념탑 등의 앞에서 절하고 기림. ¶신사참배 / 김구 선생 묘를 참배하다.

참변 慘變 | 참혹할 참, 바뀔 변

[disastrous accident; tragic incident]
참혹(慘酷)한 변고(變故). ¶전쟁이라는 참변을 당하였다.

참봉 參奉 | 참여할 참, 받들 봉
역사 조선 시대, 능 따위를 모시는[奉] 일을 맡았던[參] 벼슬.

참-빗 [fine-toothed bamboo comb]
빗살이 가늘고 촘촘한 대빗.

참사 慘事 | 참혹할 참, 일 사
[disaster; tragedy; terrible accident]
참혹(慘酷)한 사건(事件). ¶한 순간의 부주의로 참사가 일어날 수 있다.

참-사랑 [true love]
진실하고 순수한 사랑. ¶참사랑의 의미를 깨닫다.

참상 慘狀 | 참혹할 참, 형상 상
[horrible scene; sad situation]
참혹(慘酷)한 모양이나 상태(狀態). ¶태풍이 지나간 뒤의 참상은 눈 뜨고 볼 수 없었다.

참-새 [sparrow]
동물 몸은 다갈색이고 부리는 검으며 배는 잿빛을 띤 백색의 텃새. 인가 근처에서 번식하며, 가을에는 농작물을 해치나 여름에는 해충을 잡아먹는 이로운 새이다.

참석 參席 | 참여할 참, 자리 석
[be present; attend]
어떤 자리[席]나 모임에 참여(參與)함. ¶회의에 참석하다. ⓑ 불참(不參).

▸참석-자 參席者 | 사람 자
모임 따위에 참석(參席)한 사람[者]. ¶파티 참석자.

참선 參禪 | 참구할 참, 좌선 선
[meditation in Zen Buddhism]
불교 좌선(坐禪)하며 진리를 참구(參究)함. 좌선하며 불도를 닦는 일.

참성-단 塹星壇 | 구덩이 참, 별 성, 단 단
❶ 속뜻 별[星] 모양의 구덩이[塹]가 있는 단(壇). ❷ 고적 인천광역시 강화군 강화도 마니산 서쪽 봉우리에 있는 단(壇). 돌을 쌓아 기단은 둥글고 상단은 네모지게 만들었으며 단군왕검이 하늘에 제사를 지낸 곳으로 알려져 있다.

참:신 斬新 | 매우 참, 새 신
[fresh; novel; original]
매우[斬] 새롭다[新]. ¶참신한 디자인 / 아이디어가 참신하다. ⓑ 진부(陳腐)하다.

참여 參與 | 헤아릴 참, 도울 여
[participation in; take part in]
❶ 속뜻 어떤 일을 잘 헤아려[參] 도움[與]. ❷어떤 일에 끼어들어 관계함. ¶적극적인 참여와 지지 / 축제에 참여하다.

▸참여-도 參與度 | 정도 도
어떤 일에 사람들이 참여(參與)하는 정도(程度). ¶쓰레기 분리수거 참여도가 높아지고 있다.

참-외 [musk melon]
식물 박과의 덩굴성 한해살이 재배 식물. 주로 여름에 익어서 먹는, 노란색을 띤 녹색, 흰색, 녹색의 달고 향기로운 열매를 맺는다.

참-으로 [truly; really]
진실로. 정말로. ¶참으로 답답할 노릇이다.

참을-성 (-性, 성질 성)
[patience; endurance]
참고 능히 견디어 가는 성질(性質). ¶요즘 아이들은 참을성이 모자란다. ⓑ 끈기, 인내심(忍耐心).

참작 參酌 | 헤아릴 참, 술따를 작
[allow for; refer to]
❶ 속뜻 어떤 일을 잘 헤아려[參] 짐작(斟酌)함. ❷이리저리 비교해 알맞게 헤아림. ¶나이가 어리다는 점을 참작하다.

참전 參戰 | 참여할 참, 싸울 전
[take part in a war]
전쟁(戰爭)에 참가(參加)함. ¶할아버지는 한국전쟁에 참전하셨다고 한다.

참정 參政 | 참여할 참, 정치 정
[participate in government]

정치(政治)에 참여(參與)함.

▸ 참정-권 參政權 | 권리 권

법률 국민이 국정(國政)에 직접 또는 간접으로 참여(參與)하는 권리(權利). ¶여성이 참정권을 얻게 된 것은 얼마 되지 않는다.

참조 參照 | 헤아릴 참, 비칠 조 [refer to; compare with]

참고(參考)로 대조(對照)하여 봄. ¶자세한 설명은 해설집을 참조하세요.

참-조기 [yellow corvina]

동물 꼬리자루가 가늘고 옆으로 납작하며, 회색을 띤 황금색의 바닷물고기.

참치 [tuna]

동물 고등엇과의 바닷물고기. 등 쪽이 검푸르고 배는 희며 살은 검붉다. 주로 통조림으로 만들거나 횟감으로 많이 쓴다. 참다랑어.

참판 參判 | 참여할 참, 판가름할 판

❶ 속뜻 재판(裁判)에 간여함[參]. ❷ 역사 조선 시대, 육조의 종이품 벼슬.

참패 慘敗 | 참혹할 참, 패할 패 [be crushed; be completely defeated]

참혹(慘酷)하게 패(敗)함. ¶대군을 이끌고 왔으나 참패를 당하고 돌아갔다. ⊞ 대패(大敗). ⊕ 쾌승(快勝).

참:-하다 [nice; gentle; tidy]

성질이 찬찬하고 얌전하다. ¶참한 신부감을 데려오다.

참호 塹壕 | =塹濠, 구덩이 참, 도랑 호 [trench; dugout]

성 둘레에 파 놓았던 구덩이[塹=壕]. ¶참호를 파고 방벽을 세우다.

참혹 慘酷 | 끔찍할 참, 독할 혹 [cruel; miserable; pitiable]

끔찍하고[慘] 독하다[酷]. ¶그 영화는 너무 참혹한 장면이 많다.

참회 懺悔 | 뉘우칠 참, 뉘우칠 회 [confess; penitent]

자기의 잘못을 뉘우침[懺=悔]. ¶그동안의 잘못을 참회하며 눈물을 흘리다. ⊞ 회개(悔改).

찹쌀 [glutinous rice; sticky rice]

찰벼를 찧은 쌀. 밥을 하면 보통 쌀보다 끈기가 있고, 찰떡 따위를 만든다. ⊕ 멥쌀.

▸ 찹쌀-떡

찹쌀로 만든 떡.

찻간 車間 | 수레 차, 사이 간 [inside of a train; compartment]

기차(汽車)나 버스 따위에서 사람이 타는 칸[間]. ¶찻간이 텅 비었다.

찻-길 (車-, 수레 차) [roadway; carriageway]

열차·전철·자동차(自動車) 따위가 다니는 길. ¶좌우를 살피고 찻길을 건너라. ⊞ 차도(車道), 차로(車路).

찻잔 茶盞 | 본음 [차잔], 차 차, 잔 잔 [teacup]

차(茶)를 따라 마시는 잔(盞). ¶부인은 찻잔의 밑을 손으로 받쳐 들고 조금씩 마셨다.

창[1] [sole leather; sole of a shoe]

구두·고무신·짚신·미투리 등의 밑바닥 부분. 또는 거기에 덧붙이는 가죽이나 고무의 조각. ¶구두 한쪽 창이 나가다.

창:[2] 唱 | 노래 창 [Korean traditional narrative song]

음악 판소리나 잡가 등을 가락을 맞추어 높은 소리로 노래를 부름. 또는 그 노랫소리.

창[3] 窓 | 창문 창 [(sash) window]

'창문'(窓門)의 준말. ¶창 너머로 보이는 하얀 구름.

창[4] 槍 | 창 창 [spear; lance]

❶예전에, 긴 나무 자루 끝에 날이 선 뾰족한 쇠촉을 박아서 던지고 찌르는 데에 쓰던 무기. ¶창과 방패. ❷ 운동 창던지기에서 쓰는 기구.

창-가 (窓-, 창문 창)

창문(窓門)의 가장자리. 또는 창문과 가까운 곳. ¶창가에 기대어 밖을 바라보다.

창:간 創刊 | 처음 창, 책 펴낼 간
[publish the first edition]
정기 간행물 따위를 처음으로[創] 발간(發刊)함. 신문, 잡지 따위 정기 간행물의 첫 호를 간행함. ¶창간 10주년 / 주간지가 창간되다. 반 종간(終刊).

▶창:간-호 創刊號 | 번호 호
정기 간행물에서 처음으로 발행한[創刊] 호(號). ¶잡지를 창간호부터 빠짐없이 읽다.

창:건 創建 | 처음 창, 세울 건
[establish; found; organize]
건물 따위를 처음으로[創] 만들어 세움[建]. ¶저 건물은 전쟁 직후에 창건되었다.

창경-궁 昌慶宮 | 창성할 창, 기쁠 경, 집 궁
❶ 속뜻 국운이 창성(昌盛)하는 경사(慶事)가 있기를 기원하는 뜻에서 지은 궁전(宮殿). ❷ 고적 서울특별시 종로구 원서동에 있는 궁. 조선 성종 14년(1483)에 수강궁을 중건하여 이 이름으로 고쳤다.

창고 倉庫 | 곳집 창, 곳집 고 [warehouse]
물건을 간직하여 두는 곳집[倉=庫]. ¶창고에 곡식이 산더미처럼 쌓여 있다. 비 곳간.

창공 蒼空 | 푸를 창, 하늘 공
[azure sky; blue sky]
푸른[蒼] 하늘[空]. ¶창공에 빛난 별. 비 창천(蒼天).

창구 窓口 | 창문 창, 구멍 구
[window; counter]
❶ 속뜻 창문[窓]에 조그마하게 뚫어놓은 구멍[口]. ❷손님을 응대하거나, 문서·물품·금전의 출납 따위를 담당하는 곳. ¶요금은 이 창구에서 내실 수 있습니다.

창-구멍
이불·솜옷·대님·버선 따위를 뒤집는 구멍.

창궐 猖獗 | 미쳐 날뛸 창, 날뛸 궐
[rage; rife]
못된 세력이나 전염병 따위가 세차게 일어나 걷잡을 수 없이 퍼짐[猖=獗]. ¶도적들이 창궐하다 / 유행성 감기가 창궐하다.

창:극 唱劇 | 부를 창, 연극 극
[Korean traditional opera]
❶ 속뜻 노래를 부르며[唱] 하는 연극[劇]. ❷ 연영 우리나라 구극(舊劇)의 한 가지. 판소리와 창을 중심으로 극적인 대화로 이루어지는 전통 연극.

창녕 순수비 昌寧巡狩碑 | 창성할 창, 편안할 녕, 돌 순, 순시할 수, 비석 비
고적 경상남도 창녕군 창녕(昌寧)읍에 있는, 신라 진흥왕의 순수비(巡狩碑). 본디 창녕군 창녕읍 화왕산 기슭에 있던 것을 1924년에 지금의 위치로 옮겼다. 진흥왕 22년(561)에 세운 것으로 추정되며, 비문은 해서체로 되어 있다. 국보 제33호이다.

창:달 暢達 | 펼칠 창, 이를 달
[develop; make progress; advance]
❶ 속뜻 거침없이 기세를 펴서[暢] 어떤 일을 이룸[達]. ❷막힘이 없이 통하거나 숙달함. 비 통달(通達).

창덕-궁 昌德宮 | 창성할 창, 베풀 덕, 집 궁
❶ 속뜻 국운이 창성(昌盛)하고 은덕(恩德)이 쌓이기를 기원하는 뜻에서 지은 궁전(宮殿). ❷ 고적 서울특별시 종로구 와룡동에 있는 궁궐. 조선 태종 때에 건립된 것으로 역대 왕이 정치를 하고 상주하던 곳이며, 보물 383호인 돈화문 등이 있다. 1997년에 유네스코 세계 문화유산으로 지정되었다. 사적 제122호이다.

창-던지기 (槍-, 창 창)
[javelin (throw)]
운동 창(槍)을 여섯 번 던져서 그 중 가장 멀리 던진 거리로 승부를 겨루는 육상 경기.

창:립 創立 | 처음 창, 설 립
[found; establish; set up]
학교나 회사, 기관 따위를 처음으로[創] 세움[立]. ¶창립 기념 행사. 비 창설(創

設).

창문 窓門 | 창문 창, 문 문 [window]
창(窓)으로 쓰기 위해 만든 문(門). 채광이나 통풍을 위하여 벽에 낸 작은 문. ¶창문을 활짝 열다.

▶ 창문-가 (窓門-)
창문(窓門)의 가장자리. 또는 창문과 가까운 곳. ¶그림자가 창문가에 어른거린다.

창백 蒼白 | 푸를 창, 흰 백
[pale; deathly white]
얼굴에 푸른[蒼] 빛이 돌며 핏기가 없이 희다[白]. 해쓱하다. ¶며칠 잠을 못 자더니 안색이 창백해졌다.

창:법 唱法 | 부를 창, 법 법
[way of singing; vocalism]
노래나 소리, 시조 따위를 부르는[唱] 방법(方法). ¶남성적인 창법으로 유명한 여가수.

창-살 (窓-, 창문 창) [lattice; frame]
창(窓)짝, 미닫이 따위에 가로 세로로 지른 가는 나뭇조각.

창:설 創設 | 처음 창, 세울 설 [establish; found]
조직 따위를 처음으로[創] 세움[設]. ¶축구부를 창설하다. ⓑ 창립(創立).

▶ 창:설-자 創設者 | 사람 자
기관이나 단체 따위를 처음으로 창설(創設)한 사람[者]. ¶그의 할아버지가 이 학교의 창설자이다.

창:세 創世 | 처음 창, 세상 세
[creation of the world]
맨 처음[創] 세상(世上).

▶ 창:세-기 創世記 | 기록할 기
❶ 속뜻 세상(世上)과 인류의 창조(創造)에 관한 기록(記錄). ❷ 기독교 세상과 인류의 창조에 대해 기록된 구약성서 중 하나.

창:시 創始 | 처음 창, 처음 시
[initiate; originate; create]
처음으로[創] 시작(始作)함. 처음 만듦. ¶진화론을 창시하다.

▶ 창:시-자 創始者 | 사람 자
어떤 사상이나 학설 따위를 처음으로 시작하거나[創始] 내세운 사람[者]. ¶국어 연구의 창시자.

창:안 創案 | 처음 창, 생각 안
[originate; devise; invent]
전에 없었던 생각[案]을 처음[創] 함. ¶새로운 사업을 창안해 내다.

창:업 創業 | 처음 창, 일 업
[found; start business]
❶ 속뜻 사업(事業)을 창설(創設)함. ¶회사 창업도 힘들지만 경영은 더 힘들다. ❷나라를 처음으로 세움. ¶조선 왕조 창업의 일등 공신.

창:의 創意 | 처음 창, 뜻 의
[original idea; originality of thought]
처음으로[創] 해낸 생각이나 의견(意見).

▶ 창:의-력 創意力 | 힘 력
새로운 것을 생각해 내는[創意] 능력(能力). ¶창의력을 발휘하다.

▶ 창:의-성 創意性 | 성질 성
새로운 것을 생각해 내는[創意] 특성(特性). ¶창의성이 풍부하다 / 창의성을 발휘해서 문제를 해결하다.

▶ 창:의-적 創意的 | 것 적
창의성(創意性)을 띠거나 가진 것[的]. ¶창의적인 사고방식.

창자 (腸, 창자 장)
[the intestines; bowels]
의학 큰창자와 작은창자를 통틀어 이르는 말.

창:작 創作 | 처음 창, 지을 작
[create; write an original work]
❶ 속뜻 처음으로[創] 만들어[作] 냄. ❷예술 작품을 독창적으로 만들거나 표현하는 일. 또는 그 작품. ¶소설을 창작하다.

창:제 創製 | =創制, 처음 창, 만들 제
[invent; create]
전에 없던 것을 처음으로[創] 만듦[製]. ¶세종대왕께서 한글을 창제하셨다.

창:조 創造 | 처음 창, 만들 조 [create]
전에 없던 것을 처음으로[創] 만듦[造]. ¶새로운 문학의 창조 / 유행을 창조하다. [반] 모방(模倣).
▸ 창:조-력 創造力 | 힘 력
새로운 것을 창조(創造)하는 힘[力]이나 능력. ¶창조력을 기르다.
▸ 창:조-자 創造者 | 사람 자
창조(創造)한 사람[者]. ¶역사의 창조자.
▸ 창:조-적 創造的 | 것 적
새로운 것을 만들어 내는[創造] 특성이 있는 것[的]. ¶전통 문화를 창조적으로 발전시키다.

창창 蒼蒼 | 푸를 창, 푸를 창
[deep blue; remote]
❶ [속뜻] 초목이 무성하거나 하늘·바다·호수 따위가 푸르다[蒼+蒼]. ¶가을 하늘이 창창하다. ❷앞길이 멀고멀어서 아득하다. ¶앞길이 창창한 청년.

창-칼 (槍-, 창 창)
창(槍)과 칼의 총칭. ¶같은 민족이 창칼을 맞대고 싸우다.

창-턱 (窓-, 창문 창) [windowsill]
[건설] 창문(窓門)의 문지방에 있는 턱. ¶창턱에 기대다.

창-틀 (窓-, 창문 창) [window frame]
창문(窓門)을 달거나 여닫기 위하여 마련한 틀. ¶창틀에 유리를 끼우다.

창포 菖蒲 | 창포 창, 부들 포
[iris; (sweet) flag]
❶ [속뜻] 창포[菖]와 부들[蒲]. ❷ [식물] 향기가 있고 길쭉한 잎이 나며, 초여름에 황록색의 꽃이 피는 풀.

창피 猖披 | 미쳐 날뛸 창, 쓰러질 피
[shameful; ignoble; discreditable]
체면 깎일 일을 당하여 부끄러워 마음속으로 펄펄 뛰고[猖] 쓰러질[披] 지경임. ¶창피를 주다 / 창피해서 얼굴이 빨개졌다.

창호 窓戶 | 창문 창, 지게 호
[windows and doors]
창문[窓]과 지게문[戶]을 아울러 이르는 말.
▸ 창호-지 窓戶紙 | 종이 지
창과 문[窓戶]을 바르는 종이[紙]. 한지(韓紙)의 한 가지. ¶창호지를 바르다.

찾다 (訪, 찾을 방; 探, 찾을 탐; 索, 찾을 색; 尋, 찾을 심)
[look for; visit; seek for]
❶가까이에 없는 것을 얻거나 사람을 만나려고 여기저기 뒤지거나 살피다. ¶안경을 샅샅이 찾다. ❷만나거나 어떤 곳을 보러 이곳저곳 옮기어 가다. ¶유명한 절을 찾아 가다. ❸모르는 것을 알아내기 위하여 책 따위를 뒤지거나 컴퓨터를 검색하다. ¶관련 사이트를 찾다. ❹원상태를 회복하다. ¶마음의 안정을 찾다. [비] 방문(訪問)하다.

찾아-가다
[go and see; get back; pick up]
❶맡긴 것이나 빌린 것을 도로 가져가다. ¶택시에 두고 내린 지갑을 찾아가다. ❷남을 만나러 가다. 방문하다. ¶이사를 간 친구 집에 찾아가다.

찾아-내다 [find out; discover]
찾아서 드러내다. ¶문제점을 찾아내다.

찾아-다니다 [call; look for; visit]
❶무엇을 얻기 위하여 여기저기로 옮겨 다니다. ¶일자리를 찾아다니다. ❷어떤 사람을 만나거나 어떤 곳을 보러 여기저기 옮겨 다니다. ¶잃어버린 아들을 이리저리 찾아다니다.

찾아-들다
쉬거나 볼일을 보기 위해 어디에 가다. ¶친구의 집에 자주 찾아들었다 / 분쟁 지역에 평화가 찾아들다.

찾아보-기 [index]
책 속의 낱말이나 사항 등을 찾아보기 쉽게 꾸며 놓은 목록. [비] 색인(索引).

찾아-보다
[try to look for; go and see; look up]

❶남을 찾아가서 만나 보다. ¶떠나기 전에 친구를 찾아보다. ❷무엇을 알기 위해 찾아서 보다. ¶모르는 낱말은 사전을 찾아보아라.

찾아-뵈다 [call on; visit; look up]
웃어른을 만나러 가서 보다. ¶이렇게 늦게 찾아뵈어서 죄송합니다.

찾아-뵙다 [call on; visit; look up]
웃어른을 만나러 가서 보다. '찾아뵈다'보다 더 겸양의 뜻을 나타낸다. ¶기회가 될 때마다 선생님을 찾아뵙겠습니다.

찾아-오다 [come to see; have a visit]
볼일을 보거나 특정한 사람을 만나기 위하여 그와 관련된 곳에 오다. ¶이 늦은 시간에 누가 찾아왔지?

채[1][stick; racket; club]
❶ 음악 북·장구·징 등의 타악기를 때려 소리 내는 자그마한 방망이나 현악기를 튀겨 소리 내는 도구. ¶채가 부러질 정도로 북을 쳤다. ❷테니스·배드민턴·탁구·골프 따위에서, 공을 치는 기구.

채:[2][thin strips of a vegetable; shredded vegetables]
야채를 가늘고 잘게 써는 일. 또는 그 썬 것. ¶무를 채로 썰어 무치다.

채[3][just as it is; intact; with no change]
'어떤 상태가 계속된 대로 그냥'의 뜻을 나타내는 말. ¶아기가 입을 벌린 채 잠자고 있다.

채[4]
❶집채를 세는 단위. ¶오막살이 한 채. ❷이불 따위를 세는 단위. ¶이불 다섯 채.

채[5] [not yet]
일정한 정도에 아직 이르지 못한 상태를 나타내는 말. ¶할아버지는 내 말이 채 끝나기도 전에 소리를 지르셨다. ⓑ아직, 미처.

채:광 採光 | 가려낼 채, 빛 광
[take in light]
실내를 밝게 하기 위하여 바깥 햇빛[光] 등을 받아들임[採]. ¶채광이 잘 되어 불을 안 켜도 된다.

채:굴 採掘 | 캘 채, 팔 굴
[mine; dig; exploit]
광물 따위를 캐내기[採] 위하여 땅을 팜[掘]. ¶채굴된 광석은 다른 나라로 수출된다.

채:권[1]**債券** | 빚 채, 문서 권
[loan bond; debenture]
경제 국가나 회사 등이 필요한 자금[債]을 빌리고자 할 때 발행하는 유가증권(證券). ¶다리를 짓기 위해 채권을 발행하다.

채:권[2]**債權** | 빚 채, 권리 권
[credit; claim]
법률 빚[債]을 빌려 준 데 대한 권리(權利). 재산상의 급부를 요구할 수 있는 권리. ⓑ채무(債務).

채널 {영 channel}
텔레비전 방송 등에서, 각 방송국에 할당된, 주파수대에 따라 배정된 전파의 전송로. ¶다른 채널로 돌리다.

채다[1][sense; suspect; take hint of]
어떤 사정이나 형편 따위를 재빨리 짐작하다. ¶다들 싫어한다는 것을 눈치 챘다.

채다[2][seize; filch]
재빠르게 센 힘으로 빼앗거나 훔치다. ¶소매치기가 지갑을 채 갔다.

채:도 彩度 | 빛깔 채, 정도 도
[chroma; saturation]
미술 빛깔[彩]이 선명한 정도(程度). 빛깔의 세 가지 속성 중 하나이다.

채:무 債務 | 빚 채, 일 무
[debt; financial obligation; liabilities]
빚[債]을 갚아야할 일[務]. 재산상의 처리에 관련하여 일정한 당사자의 요구에 응하여 급부를 해야 하는 의무. ¶천만 원의 채무가 있다. ⓑ채권(債權).

채-반 (-盤, 소반 반) [wicker tray]
껍질을 벗긴 싸릿개비나 버들가지 따위의 오리를 울과 춤이 거의 없이 둥글넓적하게 결어 만든 채그릇[盤].

채비 [prepare; arrange for; get ready]
미리 갖추어 차림. 또는 그 일. ¶긴 여행을 위한 채비를 하다 / 심부름할 것이 있으니 채비하고 있어라. ㊐ 준비(準備).

채ː색[1]**菜色** | 나물 채, 빛 색
❶속뜻 푸성귀[菜]의 빛깔[色]. ❷부황이 나서 누르스름한 얼굴빛.

채ː색[2]**彩色** | 빛깔 채, 빛 색
[color; paint in colors; decorate]
❶속뜻 여러 가지 빛깔[彩]의 색칠[色]. ❷그림이나 장식에 색을 칠함. ¶독특한 채색 기법 / 빨간 페인트로 담장을 채색하다.

▸ 채ː색-화 彩色畵 | 그림 화
미술 채색(彩色)으로 그린 그림[畵]. ¶생동감 있는 채색화.

채ː석 採石 | 캘 채, 돌 석
[quarry stones]
채석장에서 석재(石材)를 캐냄[採]. ¶채석된 돌은 주택용 석재로 공급된다.

▸ 채ː석-장 採石場 | 마당 장
석재를 떠내는[採石] 곳[場].

채ː소 菜蔬 | 나물 채, 나물 소
[vegetables; greens]
밭에 가꾸어 식용하는 각종 푸성귀나 나물[菜=蔬]. ¶밭에는 푸른 채소가 돋아난다. ㊐ 야채(野菜), 푸성귀.

▸ 채ː소-밭 (菜蔬-)
채소(菜蔬)를 심은 밭. ¶채소밭을 일구다.

채ː송-화 菜松花 | 나물 채, 소나무 송, 꽃 화 [rose moss; garden portulaca]
❶속뜻 채소(菜蔬)같고 소나무[松] 모양을 하고 있는 꽃[花] 나무. ❷식물 솔잎 모양의 잎이 나며, 여름부터 가을에 걸쳐 빨강·노랑·하양 등의 꽃이 피는 풀.

채ː용 採用 | 가려낼 채, 쓸 용
[hire; recruit; employ]
사람을 뽑아[採] 씀[用]. ¶채용을 미루다 / 신입사원을 채용하다.

채우다[1][fill up; meet; satisfy]
❶모자라는 수량을 보태다. ¶머릿수를 채우다. ❷일정한 높이나 한도까지 이르게 하다. ¶목욕탕에 물을 채우다.

채우다[2][fasten; let wear]
몸에 물건을 달아 차게 하다. ¶손발에 쇠고랑을 채우다 / 아기의 엉덩이에 기저귀를 채우다.

채우다[3][fasten; lock]
자물쇠·단추 따위를 잠그거나 걸어 열리지 않게 하다. ¶단추를 단단히 채우다.

채우다[4][put on ice; refrigerate]
음식·과일·물건 따위를 차게 하거나, 상하기 쉬운 물건을 얼음에 채워 두어서 썩지 않게 하다. ¶수박을 찬 계곡물에 채우다.

채ː점 採點 | 가려낼 채, 점 점
[grade; mark; score]
점수(點數)를 매겨 우열을 가려냄[採]. ¶답안지를 채점하다.

채ː집 採集 | 캘 채, 모을 집
[collect; gather]
무엇을 캐거나[採] 찾아서 모음[集]. ¶약초채집 / 곤충을 채집해서 표본을 만들었다.

채찍 [whip; rod; cane]
말이나 소를 모는 데에 쓰는 물건 ¶말 엉덩이에 채찍을 휘두르다.

▸ 채찍-질
❶채찍으로 치는 일. ¶채찍질을 가하다. ❷몹시 재촉하면서 다그치거나 일깨워 힘차게 북돋아 주는 일을 비유적으로 이르는 말. ¶젊은이들에게 채찍질이 되는 글 / 직원들에게 너무 심하게 채찍질하는 것은 오히려 역효과를 낼 수 있다. 속담 가는 말에 채찍질.

채ː취 採取 | 캘 채, 가질 취
[collect; gather; mine]
❶속뜻 자연물에서 일부분을 캐거나[採] 뜯어서 가짐[取]. ¶미역 채취 / 고모는 약초를 채취하러 나가셨다. ❷연구나 조사 등을 위하여 표본이나 자료가 될 것을 찾거나 골라서 거두어 챙김. ¶지문채취 /

전라도 지방의 민요를 채취하다.

***채:택 採擇** | 캘 채, 고를 택
[adopt; choose]
❶ 속뜻 캐어[採] 내거나 골라냄[擇]. ❷작품, 의견, 제도 따위를 가려 뽑음. ¶채택된 원고에 대해서는 기념품을 드립니다.

채팅 {영 chatting}
컴퓨터의 네트워크를 통해, 다른 장소에 있는 사람이 모니터 화면을 통하여 말이나 글로 대화를 하는 일.

채-편 (─便, 쪽 편) [side of a drum to be struck; beating side]
장구의 채로 치는 오른쪽의 얇은 가죽면[便]. ㊥ 북편.

채:화 採火 | 캘 채, 불 화
오목 거울이나 볼록 렌즈 따위로 태양 광선을 모아 받아서 불[火]을 채취(採取)함.

책 冊 | 책 책 [book; reading]
어떤 사상·사항을 일정한 목적· 내용·체재에 맞추어 문자·그림으로 표현하여 적거나 인쇄하여 묶어 놓은 물건의 총칭. ¶책이 두툼하다. ㊥ 도서(圖書), 서적(書籍).

책-가방 (冊─, 책 책) [schoolbag]
학생들이 책(冊) 등을 넣어 가지고 다니는 가방. ¶책가방은 다 쌌니?

책-갈피 (冊─, 책 책)
[between the leaves of a book]
책장(冊張)과 책장의 사이. ¶책갈피에서 옛날 사진이 나왔다 / 읽던 부분을 책갈피로 표시해 두었다.

책갑 冊匣 | 책 책, 상자 갑
[bookcase; slipcase]
책(冊)을 넣어 두는 작은 상자[匣]나 집. ¶책갑에 책을 넣어 두다 / 책갑에서 책을 빼다.

책-거리[1] (冊─, 책 책)
책(冊)이나 벼루, 먹, 붓, 붓꽂이, 두루마리꽂이 따위의 문방구류를 그린 그림. ¶문방사우를 그린 책거리.

책-거리[2] (冊─, 책 책)
글방 따위에서 학생이 책(冊) 한 권을 다 읽어 떼거나 다 베껴 쓰고 난 뒤에 선생과 동료들에게 한턱내는 일. ¶기말고사가 끝난 뒤 책거리로 그 학기를 마무리한다.

책-꽂이 (冊─, 책 책) [bookstand]
책(冊)을 세워 꽂아 두는 물건. ¶책꽂이에 사진첩이 여러 권 꽂혀 있다.

책략 策略 | 꾀 책, 꾀할 략
[trick; stratagem]
❶ 속뜻 계책(計策)과 모략(謀略). 꾀. ❷어떤 일을 꾸미고 이루어 나가는 교묘한 방법. ¶돈을 벌기 위한 책략.

책망 責望 | 꾸짖을 책, 바랄 망
[scold; reproach]
잘못을 들어 꾸짖고[責] 원망(怨望)함. 또는 그 일. ¶어머니는 친구와 싸운 아들을 심하게 책망하셨다.

책-받침 (冊─, 책 책)
[cardboard used under writing paper]
글씨를 쓸 때 종이[冊] 밑에 받치는 물건. ¶연필로 글씨를 쓸 때는 특히 책받침이 필요하다.

책방 冊房 | 책 책, 방 방 [bookstore]
책(冊)을 팔거나 사는 집[房]. ¶책방에서 낡은 책을 하나 사오다. ㊥ 서점(書店).

책-벌레 (冊─, 책 책)
[bookworm; great booklover]
지나치리만큼 책(冊)을 읽거나 공부에 열중하는 사람의 별명. ¶형은 매일 책만 보는 책벌레다.

****책상 冊床** | 책 책, 평상 상
[writing table; desk]
책(冊)을 읽거나 글씨를 쓰는 데 쓰는 평상(平床). ¶책상 위에 책을 두었다.
▶ **책상-다리** (冊床─)
한쪽 다리를 다른 쪽 다리 위에 포개고 앉는 자세. ¶그는 마음을 가다듬고 책상다리로 앉아 꼿꼿이 공부했다.

***책임 責任** | 꾸짖을 책, 맡길 임

[responsibility; duty]
❶속뜻 꾸짖음[責]을 받지 않도록 꼭 해야 할 임무(任務). ¶이 교실 청소는 네 책임이다. ❷법률 행위의 결과에 따른 손실이나 제재를 떠맡는 일.

▸ 책임-감 責任感 | 느낄 감
책임(責任)을 중히 여기는 마음[感]. ¶자기 일에 대한 책임감이 강하다.

▸ 책임-자 責任者 | 사람 자
책임(責任)을 지는 사람[者]. ¶현장의 책임자를 추궁하다.

책자 冊子 | 책 책, 접미사 자
[booklet; leaflet]
얇거나 작은 책(冊). ¶학교에 대해 안내하는 책자를 보내다.

책장[1] 冊張 | 책 책, 벌릴 장
[leaf of a book; pages]
책(冊)을 펼치거나 벌임[張]. 또는 그런 종이. ¶조용히 책장을 넘기다.

책장[2] 冊欌 | 책 책, 장롱 장
[bookshelf; book chest]
책(冊)을 넣어 두는 장롱(欌籠). ¶책장에는 여러 종류의 책이 꽂혀 있다. ㊥ 서가(書架).

챔피언 {영 champion}
운동 우승자. 선수권 보유자. ¶그 챔피언에게 더 이상 도전할 사람은 없다. ㊥ 패자(霸者).

챙ː [visor; sunshade]
모자 끝에 대서 햇볕을 가리는 부분. ㊥ 차양(遮陽).

챙기다 [pack up; collect; manage]
❶필요한 물건을 빠짐이 없도록 갖추다. ¶쓰고 난 뒤에 물건을 잘 챙기다. ❷거르지 않고 잘 거두다. 갖추어 차리다. ¶밥을 챙겨 먹다. ❸사람을 잘 보살피다. ¶네 몸은 네가 챙겨라.

처 妻 | 아내 처 [wife]
아내. ㊥ 안식구, 집사람. ㊤ 남편(男便).

처가 妻家 | 아내 처, 집 가
[one's wife's home]
아내[妻]가 출가하기 전에 부모형제와 함께 지내던 집[家]. 아내의 친정. ㊤ 시가(媤家).

처남 妻男 | 아내 처, 사내 남
[one's wife's brother]
아내[妻]의 남자[男] 형제.

처ː녀 處女 | 살 처, 여자 녀
[maiden; virgin]
❶속뜻 시집가기 전에 부모와 함께 사는[處] 여자[女]. ❷아직 결혼하지 않은 다 자란 여자. ¶다 큰 처녀가 저렇게 천방지축이라니. ㊤ 총각(總角).

▸ 처ː녀-막 處女膜 | 꺼풀 막
의학 처녀(處女)의 질(膣)의 앞부분에 있는 얇은 막(膜).

처ː단 處斷 | 처리할 처, 끊을 단
[decide; deal with; punish]
결단(決斷)하여 처리(處理)함.

처량 凄凉 | 쓸쓸할 처, 쓸쓸할 량
[plaintive; miserable; wretched]
초라하고 쓸쓸하다[凄=凉]. ¶처량한 신세 / 귀뚜라미 우는 소리가 처량하게 들렸다.

***처ː리 處理** | 처방할 처, 다스릴 리
[manage; treat; handle]
❶속뜻 처방(處方)하여 잘 다스림[理]. ❷정리하여 치우거나 마무리를 지음. ¶일을 적당히 처리해서는 안 된다. ❸어떤 결과를 얻으려고 화학적·물리적 작용을 일으킴. ¶천장을 물이 새지 않게 처리했다.

▸ 처ː리-장 處理場 | 마당 장
처리(處理)하는 곳[場]. ¶폐수 처리장 / 쓰레기 처리장.

처마 [eaves]
건설 지붕의 도리 밖으로 내민 부분.

처-먹다
[devour; shovel into ones mouth]
'먹다'의 속된 말. ¶그만 좀 처먹어라!

처-박다 [drive in; thrust in; lock in]
❶몸을 어디에 쑤셔 박다. ¶고개를 처박은 채 앉아 있다. ❷함부로 쑤셔 넣거나 밀어

넣다. ¶농 속에 처박아 둔 옷가지.

처-박히다 [be stuffed]
❶처박음을 당하다. ¶바윗돌에 처박힌 쇠못을 뽑아내다/ 책장 속에 처박힌 헌 책들. ❷한 곳에서 나가지 않고 한동안 그곳에서만 있다. ¶집 안에 처박혀 있다.

처:방 處方 | 처리할 처, 방법 방 [prescribe]
❶ 속뜻 일을 처리(處理)하는 방법(方法). ¶그만의 독특한 처방을 받다. ❷증세에 따라 약을 짓는 방법. ¶항생제를 처방하다. ❸ 의학 '처방전'(處方箋)의 준말. ¶처방을 쓰다.

▶처:방-전 處方箋 | 문서 전
의학 의사가 환자에게 줄 약의 이름과 분량, 조제 방법[處方] 등을 적은 문서[箋]. ¶약사는 의사의 처방전을 보고서 약을 지어 주었다.

***처:벌** 處罰 | 처할 처, 벌할 벌
[punish; discipline]
가벼운 죄를 범한 사람에게 벌(罰)을 줌[處]. ¶처벌 기준을 정하다.

처:분 處分 | 처리할 처, 나눌 분
[dispose of; deal with; punish]
❶ 속뜻 처리(處理)하여 나눠[分] 치움. ¶집을 처분하다. ❷명령을 받거나 내려 일을 처리함. ¶관대한 처분을 기다립니다 / 그를 불구속으로 처분하다.

처:서 處暑 | 처리할 처, 더울 서
❶ 속뜻 더위[暑]가 여전히 머무름[處]. ❷ 민속 입추(立秋)와 백로(白露) 사이로, 양력 8월23일 경이다. ¶처서가 지나면 모기도 입이 비뚤어진다.

처:세 處世 | 살 처, 세상 세
[conduct of life]
세상(世上)에서 남과 더불어 살아감[處]. 또는 그런 일. ¶그는 처세에 능하다.

▶처:세-술 處世術 | 꾀 술
처세(處世)하는 방법[術]과 수단. ¶능수능란하고 교묘한 처세술.

처:소 處所 | 살 처, 곳 소
[location;; living place; residence]
사람이 살고[處] 있는 곳[所]. ¶회사 가까운 곳에 처소를 마련하다.

처:신 處身 | 살 처, 몸 신
[act; behave oneself]
세상을 살아가는[處] 데 필요한 몸[身]가짐이나 행동. ¶처신을 똑바로 하다.

처:우 處遇 | 처할 처, 만날 우
[treat; deal with]
❶ 속뜻 그 사람의 처지(處地)에 맞게 대접함[遇]. ❷사람을 평가해서 거기에 맞추어 대우함. ❸근로자에게 일정한 지위나 봉급을 주어 대우함. ¶부당한 처우.

처음 (初, 처음 초)
[beginning; start; first]
일의 시초. 차례로 맨 첫 번. 시간적으로나 순서상으로 맨 앞. ¶한국에 온 것은 이번이 처음이다 / 처음 뵙겠습니다. ⓑ 끝, 마지막.

♣ 처음 / 시작(始作) — 비슷한 듯 다른 말

◎ 모든 일은 처음 = 시작이 중요하다.
○ 그 사람을 만난 것은 이번이 처음이다.
× 그 사람을 만난 것은 이번이 시작이다.
○ 시작이 반(半)이다.
× 처음이 반(半)이다.

처자 妻子 | 아내 처, 아이 자
[one's wife and children]
아내[妻]와 자식(子息). ¶처자를 거느리고 멀리 떠나다.

처-자식 妻子息 | 아내 처, 아이 자, 불어날 식 [one's wife and children]
아내[妻]와 자식(子息). ¶처자식을 먹여 살리다.

처절 悽絶 | 슬퍼할 처, 끊을 절
[desperate; horrible]
슬프기[悽]가 더할 나위 없음[絶]. ¶처절한 몸부림.

처제 妻弟 | 아내 처, 아우 제
[one's wife's younger sister]
아내[妻]의 여동생[弟].

***처:지** 處地 | 살 처, 땅 지
[situation; position; relationship]
❶속뜻 현재 살고[處] 있는 땅[地]. 또는 현재의 형편. ¶내 처지에 그런 사치스런 생활을 할 수는 없다. ❷서로 사귀어 지내는 관계. ¶우리는 서로 말을 놓고 지내는 처지다.

처:-지다
[sink; hang down; fall behind]
❶위에서 아래로 축 늘어지다. ¶나뭇가지가 축 처져 있다 / 눈이 살짝 처진 것이 아주 귀엽다. ❷뒤에 남게 되거나 뒤로 떨어지다. ¶다른 사람보다 일이 처지고 있다. ❸감정·기분 따위가 바닥으로 잠겨 가라앉다. ¶친구가 처져 있는 게 너무나 애처롭다.

처참 悽慘 | 슬퍼할 처, 참혹할 참
[horrible; appalling; gruesome]
매우 슬프고[悽] 참혹(慘酷)하다. ¶사고가 난 처참한 광경.

처:치 處置 | 처리할 처, 둘 치
[deal with; treat; remove]
❶속뜻 일을 처리(處理)하여 치워 둠[置]. ¶쓰레기가 처치 곤란이다 / 적군을 처치하다. ❷상처나 헌데 따위를 치료함. ¶응급처치.

처:-하다 (處―, 둘 처) [be placed in; get faced with; punish]
❶속뜻 어떠한 형편이나 처지에 놓이다[處]. ¶전 세계가 위기에 처하다. ❷어떠한 형벌을 내리다. ¶엄벌에 처하도록 하겠다.

처형[1] 妻兄 | 아내 처, 맏 형
[one's wife's elder sister]
아내[妻]의 언니[兄].

처:형[2] 處刑 | 처할 처, 형벌 형 [punish; execute]
무거운 죄를 범한 죄인에게 형벌(刑罰)을 집행함[處]. ¶살인범을 처형하다.

척[1] [pretense]
그럴 듯하게 꾸미는 거짓 태도. ¶아는 척 하지 마라.

척[2] [sticking fast; without delay; instantly]
❶빈틈없이 잘 들러붙는 모양. ¶동생의 어깨에 팔을 척 얹다. ❷서슴지 않고 선뜻 행동하는 모양. ¶지갑에서 돈을 척 내놓다. ❸한눈에 얼른 보는 모양. ¶척 보면 안다.

척[3] 尺 | 자 척 [Korean foot]
길이를 재는 말. 자. 1척은 약 30cm이다. ¶우리 아버지는 6척 장신(長身)이셨다.

척[4] 隻 | 새 한 마리 척 [vessels; ships]
배의 수효를 세는 말. ¶나루로 배 한 척이 다가온다.

척결 剔抉 | 바를 척, 긁어낼 결
[gouge out; expose; get rid of]
❶속뜻 뼈를 발라내고[剔] 살을 긁어냄[抉]. ❷모순, 결함 등이 있는 현상이나 근원을 깨끗이 없앰. ¶부정부패 척결을 위해 노력하다.

척도 尺度 | 자 척, 정도 도
[scale; measure; standard]
❶속뜻 자[尺]로 잰 길이의 정도(程度). ❷무엇을 평가하거나 판단할 때의 기준. ¶인간은 만물의 척도 / 돈은 행복의 척도가 될 수 없다.

척박 瘠薄 | 메마를 척, 엷을 박
[barren; sterile; poor]
땅이 메마르고[瘠] 기름지지 못하다[薄]. ¶척박한 환경을 일구다.

척수 脊髓 | 등뼈 척, 골수 수
[spinal cord; spine]
의학 척추(脊椎)의 관 속에 들어 있는 신경 중추[髓]. 뇌와 말초 신경 사이의 자극 전달과 반사 기능을 맡는다.

척척[1] [all sticking fast; closely; tightly]
물체가 자꾸 다가붙거나 끈기 있게 달라붙는 모양. ¶옷이 척척 들러붙다.

척척[2][promptly; quickly; steady]
일을 차례대로 능숙하게 하는 모양. ¶시험에 척척 붙다 / 그는 처음 하는 일도 척척 해낸다.
▸ **척척 박사** (—博士, 넓을 박, 선비 사)
무엇이든지 묻는 대로 박사(博士)처럼 척척 대답해 내는 사람. ¶그는 시사 문제에 관한 한 척척박사다.

척추 脊椎 | 등뼈 척, 등뼈 추 [backbone; spine]
의학 척추동물의 등마루를 이루는 뼈[脊=椎]. ¶잘못된 자세로 오래 앉으면 척추가 휜다. ⓑ 등골뼈.
▸ **척추-동물** 脊椎動物 | 움직일 동, 만물 물
동물 등골뼈[脊椎]를 가진 동물(動物)을 통틀어 이르는 말. 등뼈동물.

척-하다 [pretend to]
그럴듯하게 거짓으로 꾸미다. ¶순진한 척할 필요 없다. ⓑ 체하다.

척화 斥和 | 물리칠 척, 어울릴 화 [reject peace]
서로 잘 지내자[和]는 제의를 물리침[斥].
▸ **척화-비** 斥和碑 | 비석 비
❶ 속뜻 화친(和親)을 배척(排斥)하는 뜻을 담아 새긴 비석(碑石). ❷ 역사 1871년에 조선의 흥선 대원군이 서양과의 교류를 거부하는 뜻으로 서울과 지방 각처에 세운 비석.

천:[1][woven stuff; fabric; cloth]
옷·이불 등의 감이 되는 실로 짠 물건. ¶이 천은 잘 구겨진다.

천[2] 千 | 일천 천 [thousand]
백의 열 배가 되는 수. ¶종이학 천 마리 / 천 길 물속은 알아도 한 길 사람의 속은 모른다

천:거 薦擧 | 올릴 천, 들 거 [recommend; say a good word for]
인재를 들추어내[擧] 어떤 자리에 쓰도록 추천(推薦)함. ¶그는 여러 번 천거되었으나 벼슬길에 나가지 않았다.

천고마비 天高馬肥 | 하늘 천, 높을 고, 말 마, 살찔 비
[high sky and plump horses]
하늘[天]이 높고[高] 말[馬]이 살찜[肥]. 가을이 좋은 계절임을 일컫는 말. ¶천고마비의 계절.

천국 天國 | 하늘 천, 나라 국
[heaven; paradise]
❶ 속뜻 천상(天上)에 있는 나라[國]. 이상적인 세계. ¶보행자 천국 / 여기가 바로 지상 천국이다. ❷ 기독교 하나님이 직접 다스린다는 나라. ¶부자가 천국에 들어가기는 낙타가 바늘구멍에 들어가기보다 어렵다. ⓑ 천당(天堂), 하늘나라. ⓟ 지옥(地獄).

천금 千金 | 일천 천, 돈 금
[lot of money]
❶ 속뜻 엽전 천(千) 냥의 돈[金]. ❷ 많은 돈. ¶일확천금(一攫千金) / 천금을 준다고 해도 목숨은 살 수 없다.

천년 千年 | 일천 천, 해 년
[thousand years; millennium]
해[年]가 천(千) 번이 지날 정도의 오랜 세월. ¶그렇게 돈을 펑펑 쓰면서 어느 천 년에 집을 사겠어?

천당 天堂 | 하늘 천, 집 당
[heaven; paradise]
❶ 속뜻 하늘[天]에 있는 신의 전당(殿堂). ❷ 기독교 천국(天國). ⓑ 하늘나라. ⓟ 지옥(地獄).

천:대 賤待 | 천할 천, 대접할 대
[treat with contemp]
천(賤)하게 대접(待接)함. ¶도둑놈의 아들이라고 천대를 받다.

천:덕-꾸러기 (賤—, 천할 천) [despised person]
남에게 천대를 받는 사람이나 물건. ¶많은 공중전화가 천덕꾸러기 신세가 되었다.

천:도[1] 遷都 | 옮길 천, 도읍 도
[transfer the capital]

도읍(都邑)을 옮김[遷]. ¶신돈은 평양으로 천도할 것을 주장했다.

천도² 天道 | 하늘 천, 길 도 [way of heaven; orbits of heavenly bodies]
하늘[天]의 도리(道理).

▸ **천도-교** 天道教 | 종교 교
종교 하늘[天]의 도리(道理)를 기본 사상으로 하는 종교(宗教). 최제우를 교조로 하여, 인내천 사상을 교리로 하는 종교이다. 동학(東學).

천도-복숭아 (天桃—, 하늘 천, 복숭아나무 도)
식물 열매의 거죽에 털이 없고 윤이 나는 복숭아.

천동 天動 | 하늘 천, 움직일 동
❶ 속뜻 하늘[天]이 움직임[動]. ❷하늘이 움직일 만큼 큰 소리나 울림. '천둥'의 원래말.

▸ **천동-설** 天動說 | 말씀 설
천문 하늘이 움직인다[天動]는 학설(學說). 모든 천체는 우주의 중심인 지구 둘레를 돈다는 학설. ⓑ 지동설(地動說).

천둥 [thunder; peal of thunder]
벼락이나 번개가 칠 때 하늘이 요란하게 울리는 일. 또는 번개가 치며 일어나는 소리. ¶천둥이 우르르하고 치다.

▸ **천둥-소리**
천둥이 칠 때 나는 소리. ¶천둥소리에 놀라 잠에서 깨다.

천륜 天倫 | 하늘 천, 도리 륜
[natural relationships of man]
하늘[天]이 맺어준 사람 사이에 지켜야 할 도리[倫]. 부자(父子)·형제 사이에 마땅히 지켜야 할 도리. ¶부모가 자식을 버리는 일은 천륜에 어긋난다.

천리 千里 | 일천 천, 거리 리
[long distance]
❶ 속뜻 1리(里)의 천(千)배에 해당하는 거리. ❷'매우 먼 거리'를 비유하는 말. ¶어머니는 천리 길도 마다 않고 나를 보러 오셨다.

▸ **천리-경** 千里鏡 | 거울 경
❶ 속뜻 천리(千里) 밖의 것도 볼 수 있도록 만든 망원경(望遠鏡). ❷ 물리 두 개 이상의 볼록 렌즈를 맞추어서 멀리 있는 물체 따위를 크고 정확하게 보도록 만든 장치.

▸ **천리-마** 千里馬 | 말 마
❶ 속뜻 하루에 천리(千里)를 달릴 수 있는 말[馬]. ❷'아주 뛰어난 말'을 비유하여 이르는 말.

▸ **천리 장성** 千里長城 | 길 장, 성곽 성
❶ 속뜻 천리(千里) 가량의 긴[長] 성(城). ❷ 고적 고려 1033년에, 압록강 어귀에서 함흥의 도련포까지 쌓은 장성.

천마 天馬 | 하늘 천, 말 마
[flying horse; Pegasus]
하늘[天]을 달린다는 상제(上帝)의 말[馬].

▸ **천마-도** 天馬圖 | 그림 도
고적 순백의 천마(天馬) 한 마리가 하늘로 날아 올라가는 모양을 그린 그림[圖]. 경상북도 경주시에 있는 천마총에서 나온 말다래의 뒷면에 그려져 있다.

▸ **천마-총** 天馬塚 | 무덤 총
❶ 속뜻 천마(天馬) 벽화가 있는 무덤[塚]. ❷ 고적 경상북도 경주시 황남동에 있는 신라 때의 고분으로 신라 지증왕의 능으로 추정되고, 천마도가 그려져 있는 것이 가장 큰 특징이다.

천막 天幕 | 하늘 천, 막 막 [tent]
하늘[天]을 가린 막(幕). 비바람 따위를 막는 장막. ¶천막을 치고 교실을 만들다.

천만 千萬 | 일천 천, 일만 만
[ten million; countless number]
❶ 속뜻 만(萬)의 천(千)의 곱절. ¶한 달에 천만 원도 넘게 번다. ❷천만 가지의 경우, 즉 '많은 수나 경우'를 이르는 말. 전혀. 아주. 매우. 어떤 경우에도. ¶천만의 말씀 / 앞으로는 그런 일이 천만 없도록 하게.

❸더할 나위 없음. 정도가 심함. ¶위험 천만하다.

▸천만-에 (千萬-)
전혀 그렇지 않다, 절대 그럴 수 없다는 뜻으로, 상대편의 말을 부정하거나 남이 한 말에 대하여 겸양의 뜻을 나타낼 때 하는 말. ¶천만에, 자네가 내게 더 큰 도움이 되었는걸.

▸천만-다행 千萬多幸 | 많을 다, 다행 행
천만(千萬) 번 생각해도 매우 다행(多幸)함. ¶더 크게 다치지 않아 천만다행이다. ㊥ 만만다행(萬萬多幸).

천명[1] 天命 | 하늘 천, 목숨 명
[one's life; God's will]
❶ 속뜻 하늘[天]이 준 수명(壽命). 타고난 수명. ❷하늘의 명령. ¶할 일을 다 하고 천명을 기다리다. ㊥ 천수(天壽). ㊤ 비명(非命).

천:명[2] 闡明 | 드러낼 천, 밝을 명
[make clear; clarify; declare]
사실, 내막 또는 의사 따위를 분명(分明)하게 드러내거나[闡] 나타냄. ¶우리의 의지를 전 세계에 천명했다.

천문 天文 | 하늘 천, 무늬 문 [astronomy; astronomical phenomena]
❶ 속뜻 하늘[天]의 무늬[文]. ❷ 천문 우주와 천체의 온갖 현상과 내재된 법칙성.

▸천문-대 天文臺 | 돈대 대
천문 천체 현상[天文]을 조직적으로 관측하고 연구하는 시설[臺].

▸천문-학 天文學 | 배울 학
천문 천체 현상[天文]에 관한 온갖 사항을 연구하는 학문(學問).

▸천문학-적 天文學的 | 배울 학, 것 적
❶ 속뜻 천문학(天文學)에 관한 것[的]. ❷수가 엄청나게 큰. 또는 그런 것. ¶천문학적 비용과 인력.

천:민 賤民 | 천할 천, 백성 민
[person of low birth]
신분이 천(賤)한 백성[民]. ¶그는 천민이었지만 재능이 뛰어나 높은 벼슬에 올랐다.

천:박 淺薄 | 얕을 천, 엷을 박
[shallow; superficial]
지식이나 생각 따위가 얕고[淺] 엷음[薄]. ¶생각이 천박하여 돈 많은 것만 자랑으로 여기다.

▸천:박-스럽다 (淺薄-)
보기에 천박(淺薄)하다. ¶천박스러운 웃음.

천방-지축 天方地軸 | 하늘 천, 모 방, 땅 지, 굴대 축 [stupid flurry]
❶ 속뜻 하늘[天]의 한 구석[方]을 갔다가 땅[地]의 한 축(軸)을 돌아다님. ❷마구 덤벙대는 일. ¶천방지축으로 행동하다.

천백 千百 | 일천 천, 일백 백
❶ 속뜻 천(千) 또는 백(百). ❷많은 수를 이르는 말. ¶천백 마디의 말이 다 필요없다.

천벌 天罰 | 하늘 천, 벌할 벌
[divine punishment]
하늘[天]이 주는 벌(罰). ¶그렇게 거짓말을 하면 천벌을 받는다.

천부 天賦 | 하늘 천, 줄 부
[natural gift; native ability]
❶ 속뜻 하늘[天]이 줌[賦]. ❷선천적으로 타고남. ¶천부의 재능을 가졌다.

▸천부-적 天賦的 | 것 적
하늘이 준[天賦] 것처럼 선천적으로 타고난 것[的]. ¶이 학생은 음악에 천부적인 재능이 있다.

천부-인 天符印 | 하늘 천, 부신 부, 도장 인
천자(天子)라는 표지[符]로 하느님이 내려준 세 개의 도장[印]. 단군이 고조선을 건국하였다는 신화에 나온다.

천사 天使 | 하늘 천, 부릴 사 [angel]
❶ 속뜻 '천자(天子)의 사신(使臣)'을 제후국에서 일컫던 말. ❷ 기독교 하나님의 사자로서 하나님과 인간의 중개 역할을 하는 존재를 이르는 말. ¶서양의 천사는 주로 날개를 달고 있다 / 그녀는 천사와 같은

마음씨를 가졌다. [반] 악마(惡魔).

천사-만사 千事萬事 | 일천 천, 일 사, 일만 만, 일 사

❶[속뜻] 천(千) 가지 일[事]과 만(萬) 가지 일[事]. ❷온갖 일을 이르는 말. ¶천사만사가 다 귀찮다.

천상 天上 | 하늘 천, 위 상 [heavens]

하늘[天]의 위[上]. ¶천상의 소리. [비] 천국(天國).

천생 天生 | 하늘 천, 날 생 [by nature]

❶[속뜻] 하늘[天]에서 타고 난[生] 것. 태어날 때부터 지닌 본바탕. ❷선천적으로 타고남. ¶그는 천생 예술가다.

▸ **천생-연분** 天生緣分 | 인연 연, 나눌 분

하늘이 미리 마련하여 준[天生] 연분(緣分). ¶나와 내 남편이야말로 천생연분이다.

천석-꾼 (千石-, 일천 천, 섬 석)

[wealthy farmer; large landowner]

천 석(千石)이나 되는 추수(秋收)를 거두는 부자. [속담] 천석꾼에 천 가지 걱정 만석꾼에 만 가지 걱정.

천성 天性 | 하늘 천, 성질 성

[one's nature]

하늘[天]이 준 성질(性質). 선천적으로 타고난 성격. ¶그는 천성이 게으름뱅이다.

천수 天水 | 하늘 천, 물 수

하늘[天]에서 내려온 물[水]. [비] 빗물.

▸ **천수-답** 天水畓 | 논 답

[농업] 물의 근원이나 물줄기가 없어서 비[天水]가 와야만 모를 내고 기를 수 있는 논[畓].

천:시 賤視 | 천할 천, 볼 시

[despise; scorn]

천(賤)하게 봄[視]. ¶예전에는 상인을 천시했다. [비] 천대(賤待).

천식 喘息 | 헐떡거릴 천, 숨쉴 식 [asthma]

❶[속뜻] 헐떡거리면서[喘] 숨을 쉼[息]. ❷[의학] 기관지에 경련이 일어나는 병. ¶천식에 걸려 자지러지는 소리로 기침을 했다.

천신-만고 千辛萬苦 | 일천 천, 고생할 신, 일만 만, 괴로울 고

❶[속뜻] 천(千) 가지 고생[辛]과 만(萬) 가지 괴로움[苦]. ❷마음과 몸을 온 가지로 수고롭게 하고 애씀. ¶천신만고 끝에 기계를 발명해 내다.

천안 삼거리 (天安三-, 하늘 천, 편안할 안, 석 삼)

[음악] 충청도 민요의 하나. "천안 삼거리 흥"으로 시작되기 때문에 곡명이 '천안 삼거리'이다.

천연 天然 | 하늘 천, 그러할 연 [nature]

하늘[天]이 만든 그대로의[然] 것. 사람의 힘을 가하지 않은 자연 그대로의 상태. ¶천연 원료를 사용하다. [반] 인위(人爲).

▸ **천연-두** 天然痘 | 천연두 두

❶[속뜻] 천연적(天然的)인 것으로 생각했던 두창(痘瘡). ❷[의학] 법정 전염병의 한 가지. 열이 나고 두통이 나며 온몸에 발진이 생겨서 자칫하면 얼굴이 얽게 되는 전염병이다. ¶천연두에 걸려 얼굴이 얽었다.

▸ **천연-색** 天然色 | 빛 색

물체가 가지고 있는 천연(天然) 그대로의 빛깔[色]. ¶천연색의 화면.

▸ **천연-가스** (天然gas)

[화학] 천연(天然)으로 나오는 가스(gas). ¶천연가스를 채굴하다.

▸ **천연-자원** 天然資源 | 재물 자, 근원 원

천연(天然)으로 존재하는, 인간 생활에 쓸모 있는 자원(資源). ¶천연자원이 풍부한 나라.

▸ **천연-기념물** 天然紀念物 | 벼리 기, 생각 념, 만물 물

천연(天然)에서 나는, 가치가 있어 법으로 보호하여 기념(紀念)할만한 생물(生物)이나 식물(植物)을 통틀어 이르는 말.

▸ **천연덕-스럽다** (天然-)

시치미를 뚝 떼어 겉으로는 아무렇지 않은[天然] 체하는 태도가 있다. ¶천연덕스럽게 거짓말을 하다.

천왕 天王 | 하늘 천, 임금 왕
불교 욕계와 색계에 있다는 하늘[天]의 왕(王)을 통틀어 이르는 말.
▸**천왕-성** 天王星 | 별 성
❶속뜻 천왕(天王)을 상징하는 별[星]. ❷천문 태양계의 일곱째 행성. 영문명인 'Uranus'는 그리스 신화에 나오는 하늘의 신을 이르는 말에서 비롯되었다.

천:인 賤人 | 천할 천, 사람 인
[person of low origin; lowly man]
❶속뜻 사회적 신분이 천(賤)한 사람[人]. ❷봉건사회에서 천한 일이 생업이었던 사람. 백정, 노비 따위.

천일 天日 | 하늘 천, 해 일 [sun(light)]
❶속뜻 하늘[天]과 해[日]. ❷하늘에 떠 있는 해. 또는 그 햇볕. ❸종교 천도교의 '창건 기념일'을 이르는 말.
▸**천일-제염** 天日製鹽 | 만들 제, 소금 염
염전에 바닷물을 끌어와 햇볕[天日]과 바람에 수분을 증발시켜 소금[鹽]을 만드는[製] 방법.

천자 千字 | 일천 천, 글자 자
[Thousand-Character Text]
❶속뜻 천(千) 개의 글자[字]. ❷책명 '천자문'의 준말.
▸**천자-문** 千字文 | 글월 문
책명 한문을 처음 배우는 사람을 위하여 교과서로 쓰이던 책. 중국 후량(後粱)의 주흥사(周興嗣)가 1천(千) 자(字)의 한자로 4언 시문(詩文)으로 지어 만든 책이다.

천장 天障 | 하늘 천, 막을 장
[ceiling; roof]
❶속뜻 하늘[天]을 가리어 막음[障]. ❷건설 집의 안에서 위쪽 면. ¶천장에 파리가 붙어 있다.

천재[1] 天才 | 하늘 천, 재주 재
[genius; prodigy]
하늘[天]이 준 재주[才]. 태어날 때부터 갖춘 뛰어난 재주. 또는 그런 재주를 가진 사람. ¶그는 돈 버는 데 천재다 / 천재와 바보는 종이 한 장 차이다. ⓑ둔재(鈍才).

천재[2] 天災 | 하늘 천, 재앙 재
[natural disaster]
하늘[天]이 내리는 재앙(災殃). 자연현상으로 일어나는 재난. 지진, 홍수 따위. ¶천재를 입다.
▸**천재-지변** 天災地變 | 땅 지, 바뀔 변
하늘에서 내린 재앙[天災]과 땅[地]에서 일어나는 변고(變故). 자연 현상으로 일어나는 재앙이나 괴변. ¶천재지변으로 인한 피해가 크다.

천적 天敵 | 하늘 천, 원수 적
[natural enemy]
❶속뜻 천연(天然)의 적(敵). ❷동물 어떤 생물에 대하여 해로운 적이 되는 생물. 개구리에 대한 뱀, 쥐에 대한 고양이 따위.

천제 天帝 | 하늘 천, 임금 제
[Lord of Heaven; God of Providence]
하늘[天]의 명을 받은 임금[帝]. 하느님.

천주 天主 | 하늘 천, 주인 주
[Lord of Heaven; God]
❶속뜻 하늘[天]의 주인(主人). ❷가톨릭 하느님을 일컫는 말.
▸**천주-교** 天主教 | 종교 교
가톨릭 하느님[天主]을 믿는 종교(宗教).
▸**천주-학** 天主學 | 배울 학
가톨릭 하느님[天主]을 믿고 연구하는 학문(學問). 지난날, '가톨릭'을 달리 이르던 말.
▸**천주-실의** 天主實義 | 실제 실, 옳을 의
❶속뜻 하느님[天主]의 진실(眞實)한 의의(意義). 하느님의 참뜻. ❷책명 1603년 천주교 신부인 마테오 리치가 중국에서 쓴 천주교를 설명한 책.

천중 天中 | 하늘 천, 가운데 중
❶속뜻 관측자를 중심으로 한 하늘[天]의 한가운데[中]. ❷관상에서, '이마의 위쪽'을 이르는 말. ⓐ천정(天庭).
▸**천중-가절** 天中佳節 | 좋을 가, 철 절
민속 천중(天中)의 좋은[佳] 명절(名節),

즉 '단오'를 달리 이르는 말.

천지 天地 | 하늘 천, 땅 지 [earth and the sky; world; abundance]
❶[속뜻] 하늘[天]과 땅[地]. ¶눈이 온 천지를 뒤덮었다. ❷온 세상. ¶이렇게 고마운 일이 천지에 어디 또 있겠는가. ❸대단히 많음. ¶그의 방은 쓰레기 천지다.

▸천지-개벽 天地開闢 | 열 개, 열 벽
하늘과 땅[天地]이 열림[開=闢]. 세상이 처음으로 생겨남.

천직 天職 | 하늘 천, 일자리 직 [calling; vocation]
❶[속뜻] 하늘[天]이 내려 준 직업(職業). ❷그 사람의 천성에 알맞은 직업. ¶그는 자기 직업을 천직으로 여기고 열심히 일한다.

천진 天眞 | 하늘 천, 참 진 [innocent; simple; natural]
천성(天性) 그대로 꾸밈이 없이 참됨[眞]. 자연 그대로 거짓이 없고 순진함. ¶천진한 표정 / 아이가 눈을 깜박이며 천진스럽게 웃는다.

▸천진-난만 天眞爛漫 | 빛날 란, 질펀할 만
말이나 행동에 천진(天眞)함이 넘쳐흐름[爛漫]. 조금도 꾸밈이 없이 아주 순진하고 참됨. ¶천진난만한 아기 / 그의 생각은 너무나 천진난만했다.

천차만별 千差萬別 | 일천 천, 다를 차, 일만 만, 나눌 별 [infinite variety]
❶[속뜻] 천(千) 가지 차이(差異)와 만(萬) 가지 구별(區別). ❷여러 가지 사물에 차이와 구별이 아주 많음. ¶품질과 디자인에 따라 가격이 천차만별이다.

천:천-히 [slowly; unhurriedly]
움직이는 것이 급하지 않고 느리게. ¶천천히 걷다 / 좀 천천히 생각해 보자. [반] 빨리.

천체 天體 | 하늘 천, 몸 체 [celestial bodies; heavenly bodies]
❶[속뜻] 하늘[天] 전체(全體). ❷[천문] 우주 공간에 떠 있는 온갖 물체를 통틀어 이르는 말. ¶천체를 관측하다.

천추 千秋 | 일천 천, 세월 추 [thousand years; many years]
이전이나 이후의 천(千) 년의 세월[秋]. ¶천추의 한(恨)을 남기다.

▸천추-만대 千秋萬代 | 일만 만, 시대 대
❶[속뜻] 천(千) 년[秋]과 만(萬) 세대(世代). ❷자손만대에 이르기까지의 긴 시간을 이르는 말. ¶천추만대에 길이 전해지다.

천치 天痴 | =天癡, 하늘 천, 어리석을 치 [idiot; fool]
선천적(先天的)인 바보[痴]. ¶이런 쉬운 것도 모르다니, 바보 천치야. [비] 백치(白痴).

천칭 天秤 | 하늘 천, 저울 칭 [balance; pair of scales]
❶[속뜻] 천정(天井)에 메달아 놓은 저울[秤]. ❷저울의 하나. 가운데에 줏대를 세우고 가로장을 걸치는데, 양쪽 끝에 똑같은 저울판을 달고, 한쪽에 달 물건을, 다른 쪽에 추를 놓아 평평하게 하여 물건의 무게를 단다. '천평칭'(天平稱)의 준말.

천태만상 千態萬象 | 일천 천, 모양 태, 일만 만, 모양 상 [all kinds of forms and figures; multifariousness]
천(千) 가지 자태(姿態)와 만(萬) 가지 모양[象]. 모든 사물이 제각기 다른 모습을 하고 있음. ¶사람마다 잠버릇도 천태만상이다.

천태-종 天台宗 | 하늘 천, 별 태, 종파 종
[불교] 중국 수(隋)나라의 천태(天台) 대사를 개조(開祖)로 하는 불교의 한 종파(宗派).

천하 天下 | 하늘 천, 아래 하 [whole country; public; world]
❶[속뜻] 하늘[天] 아래[下]. 온 세상. ¶천하의 못된 놈 / 천하에 이름을 떨치다. ❷한 나라나 정권. ¶공산당 천하가 되었다.

▸천하-장:사 天下壯士 | 씩씩할 장, 선비 사

세상[天下]에서 보기 드문 매우 힘센 장사(壯士). ¶힘은 천하장사인데 똑똑하지가 못하다.

▶천하-태평 天下太平 | =天下泰平, 클 태, 평평할 평
❶ 속뜻 온 세상[天下]이 태평(太平)함. ❷ 근심 걱정이 없거나 성질이 느긋하여 세상 근심을 모르고 편안함. ¶그는 지금 세상이 어떻게 돌아가는지도 모르고 천하태평이다. ⓑ 만사태평(萬事太平).

▶천하 대장군 天下大將軍 | 큰 대, 장수 장, 군사 군
남자 장군의 모습을 새겨 세운 장승.

천:-하다 (賤—, 천할 천)
[vulgar; lowly; humble]
❶ 속뜻 생긴 모양이나 언행이 품위가 낮다[賤]. ¶그런 천한 말을 쓰다니. ❷신분이 낮다. ¶백정은 옛날에 가장 천한 직업으로 여겨졌다. ⓑ 귀하다.

천행 天幸 | 하늘 천, 다행 행
[blessing of Heaven; grace of God]
하늘[天]이 준 은혜나 다행(多幸). ¶그는 물에 빠졌지만 천행으로 살아났다.

천혜 天惠 | 하늘 천, 은혜 혜
[Heaven's blessing; gift of nature]
하늘[天]이 베풀어 준 은혜(恩惠). 자연의 은혜. ¶천혜의 관광자원.

천황 天皇 | 하늘 천, 임금 황
[Lord of Heaven; Emperor of Japan]
❶ 속뜻 하늘[天]이 점지한 황제(皇帝). ❷ 일본에서, 자기네 '임금'을 일컫는 말. ⓑ 옥황상제(玉皇上帝).

철[1] [season; best time]
❶일 년을 봄·여름·가을·겨울의 넷으로 나눈 그 한 동안. 계절. ¶경치가 철 따라 바뀌다. ❷한 해 가운데서 어떤 일을 하기에 좋은 때. ¶지금은 벼 베기 철이다.

철[2] [good sense; discretion]
사리를 분별할 줄 아는 힘. ¶아직 어려서 그런지 아직 철이 없다.

철[3] 鐵 | 쇠 철 [iron; steel]
화학 금속 원소의 하나. 연성·전성이 풍부하고, 습한 곳에서는 녹슬기 쉽고, 용도가 넓다. ¶자석은 철을 잡아당긴다.

철갑 鐵甲 | 쇠 철, 갑옷 갑
[iron amor; coating]
쇠[鐵]로 만든 갑옷[甲]. ¶철갑을 두른 장군.

철강 鐵鋼 | 쇠 철, 강철 강
[iron and steel]
공업 주철(鑄鐵)과 강철(鋼鐵)을 아울러 이르는 말.

철거 撤去 | 거둘 철, 갈 거
[remove; pull down; demolish]
건물이나 시설 따위를 치우거나 거두어[撤] 감[去]. ¶저 건물은 곧 철거될 것이다.

철공 鐵工 | 쇠 철, 장인 공
[ironworker; ironsmith]
쇠[鐵]를 다루어 제품을 만드는 직공(職工).

***철광** 鐵鑛 | 쇠 철, 쇳돌 광 [iron mine]
광업 ❶'철광석'(鐵鑛石)의 준말. 쇠. ❷철광석이 나는 광산.

철-광:석 鐵鑛石 | 쇠 철, 쇳돌 광, 돌 석
광업 철(鐵)을 포함하고 있는 광석(鑛石). 자철광, 적철광, 갈철광 따위. ¶철광석은 근대 공업을 발달시킨 주요한 자원이다.

철교 鐵橋 | 쇠 철, 다리 교
[iron bridge; railroad bridge]
철(鐵)을 주재료로 하여 놓은 다리[橋]. ¶한강에 철교를 건설하다.

철근 鐵筋 | 쇠 철, 힘줄 근
[iron reinforcing bar]
건설 건물이나 구조물을 지을 때 힘줄[筋] 같은 역할을 하는 쇠[鐵] 막대. ¶철근 콘크리트.

철기 鐵器 | 쇠 철, 그릇 기 [ironware]
쇠[鐵]로 만든 그릇[器]. ¶철기를 사용하면서 농업이 발달하였다.

▶철기 시대 鐵器時代 | 때 시, 연대 대
고적 철기(鐵器)를 쓰던 시대(時代). 연모

의 재료에 따라 구분한 인류 발전의 제3단계이다.

철-길 (鐵—, 쇠 철)
[train track; railroad line]
기차나 전차 등이 다닐 수 있게 쇠[鐵]로 깔아 만든 길. ¶철길을 건너다. ⓑ 기찻길, 레일.

⁑**철도** 鐵道 | 쇠 철, 길 도
[railroad track; railroad line]
❶ 속뜻 쇠[鐵]로 만든 길[道]. ❷열차의 운행을 위한 갖가지 시설과 교통수단을 통틀어 이르는 말. ¶철도를 놓다 / 철도를 이용하면 편안하다.

▶ 철도-망 鐵道網 | 그물 망
철도(鐵道)가 이리저리 그물[網]처럼 되어 있는 교통 조직. ¶철도망이 거미줄처럼 뻗어 있다.

▶ 철도-청 鐵道廳 | 관청 청
법률 철도(鐵道)에 관한 업무를 관장하는 중앙 행정기관[廳].

철두-철미 徹頭徹尾 | 통할 철, 처음 두, 통할 철, 끝 미 [thorough; thoroughgoing; exhaustive]
❶ 속뜻 처음[頭]부터 끝[尾]까지 모두 통함[徹]. ❷처음부터 끝까지 철저하게. ¶철두철미하게 조사하다.

철-들다 [become sensible]
제법 사리를 분별할 만하게 되다. ¶네가 결혼을 하더니 철들었구나.

철-딱서니 [good sense; discretion]
사리를 알아보는 힘. ¶철딱서니 없는 행동.

철렁
깜짝 놀라는 모양. ¶헤어지자는 말에 가슴이 철렁 내려앉다 / 어머니가 편찮으시다고 하시는 전화에 그의 가슴은 철렁했다.

철로 鐵路 | 쇠 철, 길 로 [railroad]
쇠[鐵]로 만든 길[路]. ¶기적을 울리며 기차가 철로 위를 지나갔다.

철마 鐵馬 | 쇠 철, 말 마 [train]
❶ 속뜻 쇠[鐵]로 된 말[馬]. ❷'기차'를 달리 이르는 말. ¶철마가 빠르게 달리고 있다.

철망 鐵網 | 쇠 철, 그물 망
[wire net; wire entanglements]
가는 쇠[鐵]를 얽어서 만든 그물[網]. ¶철망 속에 갇힌 원숭이.

철면 鐵面 | 쇠 철, 낯 면
[convex surface]
쇠[鐵]처럼 두꺼운 얼굴[面].

철-면피 鐵面皮 | 쇠 철, 낯 면, 가죽 피
❶ 속뜻 무쇠[鐵]처럼 두꺼운 낯[面] 가죽[皮]. ❷'뻔뻔스럽고 염치없는 사람'을 비유하여 이르는 말. ¶걸핏하면 돈을 꾸러 오는 철면피.

철모 鐵帽 | 쇠 철, 모자 모 [steel helmet; trench helmet; steel cap]
군사 전투할 때 군인이 쓰는 강철(鋼鐵)로 만든 둥근 모자(帽子). ¶머리에 철모를 쓴 군인.

철물 鐵物 | 쇠 철, 만물 물
[metal goods; hardware]
❶ 속뜻 쇠[鐵]로 만든 온갖 물건(物件). ❷특히 쇠로 만든 자질구레한 물건을 이르는 말.

▶ 철물-점 鐵物店 | 가게 점
철물(鐵物)로 된 상품을 전문으로 다루는 가게[店]. ¶철물점에서 톱을 샀다.

철벅 [with a splash; dabbling]
옅은 물 위를 밟는 모양. 또는 그 소리. ¶철벅철벅 개울을 건너가다.

⁑**철봉** 鐵棒 | 쇠 철, 몽둥이 봉
[iron rod; horizontal bar]
❶ 속뜻 쇠[鐵]로 만든 몽둥이[棒]. ❷ 운동 두 개의 기둥에 쇠막대기를 걸쳐 고정시킨 체조 용구. ¶철봉에 일 분 넘게 매달리다.

▶ 철봉-대 鐵棒臺 | 돈대 대
운동을 할 수 있도록 쇠막대기[鐵棒]를

걸쳐 놓은 시설[臺]. ¶놀이터에 있던 철봉대가 망가졌다.

철-부지 (一不知, 아닐 부, 알 지)
[mere child]
철 모르는[不知] 어린아이. ¶그는 더 이상 철부지 소년이 아니다.

철분 鐵分 | 쇠 철, 나눌 분
[iron content]
어떤 물질 속에 들어 있는 철(鐵)의 성분(成分). ¶미역은 철분이 많은 식품 중 하나이다.

철사 鐵絲 | 쇠 철, 실 사 [steel wire]
쇠[鐵]로 만든 실[絲] 모양의 것. ¶구부러진 철사를 펴다. ⓑ 쇠줄.

철-새 [migratory bird; bird of passage]
동물 계절을 따라서 살 곳을 바꾸는 새. ¶가을이 되면 철새들이 떼를 지어 날아간다. ⓑ 텃새.

철석 鐵石 | 쇠 철, 돌 석
[iron and stone; firmness]
❶ 속뜻 쇠[鐵]와 돌[石]. ❷마음이나 의지, 약속 따위가 '굳고 단단함'을 비유하여 이르는 말. ¶나는 친구의 말을 철석같이 믿고 기다렸다.

철수 撤收 | 거둘 철, 거둘 수
[evacuate; withdraw from]
❶ 속뜻 거두어[撤] 들임[收]. ❷있던 곳에서 시설이나 장비 따위를 거두어 가지고 물러남. ¶군대가 철수하다 / 비가 내려서 텐트를 철수시켰다.

철심 鐵心 | 쇠 철, 마음 심
[firm mind; iron will; iron core]
❶ 속뜻 쇠[鐵]처럼 단단한 마음[心]. ❷쇠로 속을 박은 물건의 심. ¶다리에 철심을 박다.

철써덕
물이나 눅눅한 물질을 넓적한 것으로 거칠게 때리는 모양. 또는 그 소리. ¶바닷물이 철써덕거린다.

철썩 [with splashes; with a spank]
❶아주 많은 양의 액체가 단단한 물체에 부딪치는 소리. ¶파도가 절벽 밑을 철썩이고 있다. ❷사람의 피부나 물건의 표면을 손으로 때릴 때 나는 소리. ¶뺨을 철썩 때리다.

▶ **철썩-철썩**
❶아주 많은 양의 액체가 자꾸 단단한 물체에 부딪치는 소리. ¶물결이 바윗돌에 철썩철썩 부딪치다. ❷사람의 피부나 물건의 표면을 손으로 여러 번 때릴 때 나는 소리. ¶팔에 와 닿는 모기를 철썩철썩 손바닥으로 치다.

철야 徹夜 | 뚫을 철, 밤 야
[stay up all night; keep vigil]
자지 않고 밤[夜]을 새움[徹]. ¶철야 협상 / 이틀 밤을 철야하고 나니 눈이 저절로 감긴다.

철-없다
[indiscreet; thoughtless; unwise]
사리를 분별할 만한 능력이 없다. ¶철없는 녀석이니 용서하십시오.

철인 鐵人 | 쇠 철, 사람 인 [iron man]
쇠[鐵]처럼 강한 몸을 가진 사람[人]. ¶철인 3종 경기.

철자 綴字 | 꿰맬 철, 글자 자 [spell]
❶ 속뜻 자모(字母)를 꿰매어[綴] 음을 적음. ❷ 언어 자음과 모음을 맞추어 음절 단위의 글자를 만드는 일. ¶이름의 철자를 가르쳐 주세요.

▶ **철자-법** 綴字法 | 법 법
언어 글자나 자모를 짜 맞추는[綴字] 방법(方法). ¶철자법에 맞게 고치다. ⓑ 맞춤법.

철저 徹底 | 뚫을 철, 밑 저
[thorough; exhaustive; radical]
속속들이 꿰뚫어[徹] 밑바닥[底]까지 빈틈이 없음. 또는 그런 태도.

철제 鐵製 | 쇠 철, 만들 제
[iron; iron preparation]
쇠[鐵]로 만듦[製]. 또는 그 물건. ¶철제 사다리.

철조 鐵條 | 쇠 철, 가지 조
[metal engraving]
❶[속뜻] 가지[條] 모양의 긴 쇠[鐵]. ❷'굵은 철사'를 일컬음.

▶ **철조-망** 鐵條網 | 그물 망
철조선(鐵條線)을 그물[網] 모양으로 얼기설기 엮어 놓은 물건. 또는 그것을 둘러친 울타리. ¶건물 주위에는 철조망이 둘러쳐져 있다.

철쭉 [royal azalea; rhododendron]
[식물] 봄에 진달래꽃 비슷한 깔때기 모양의 연분홍 꽃이 피는 나무.

철창 鐵窓 | 쇠 철, 창문 창
[iron-barred window; prison bars]
쇠[鐵]로 만든 창살이 달린 창문(窓門). ¶창문을 모두 철창으로 바꾸다 / 철창에 갇히다.

▶ **철창-신세** 鐵窓身世 | 몸 신, 세상 세
철창(鐵窓)으로 둘러싸인 감옥에 갇히는 신세(身世). ¶경찰에 붙잡힌 그들은 철창 신세가 되었다.

철책 鐵柵 | 쇠 철, 울타리 책
[iron fence]
쇠[鐵]줄로 만든 우리나 울타리[柵]. ¶휴전선에 철책을 두르다.

철철 [brimming over; overflowing; running over]
액체 따위가 넘쳐 흐르는 모양. ¶다리에서 피가 철철 났다 / 자신감이 철철 넘치다.

철칙 鐵則 | 쇠 철, 법 칙
[ironclad rule; strict regulation]
쇠[鐵]처럼 굳은 법칙(法則). 변경하거나 어길 수 없는 규칙. ¶어떤 경우에도 때리지 않는다는 게 내 철칙이다.

철커덕 [with a snap]
크고 단단한 물체가 맞부딪치는 소리. 또는 그 모양. ¶철문이 철커덕하고 닫혔다. [준] 철컥.

철커덩 [with a snap]
크고 단단한 쇠붙이끼리 세차게 부딪치는 소리. ¶문을 철커덩 잠그다.

철컥
크고 단단한 물체가 맞부딪치는 소리. 또는 그 모양. '철커덕'의 준말. ¶총 노리쇠를 철컥이다.

철탑 鐵塔 | 쇠 철, 탑 탑
[steel tower; pylon]
❶[속뜻] 철근(鐵筋)이나 철골(鐵骨)을 써서 만든 탑(塔). ❷송전선 따위 전선(電線)을 지탱하기 위해 세운 쇠기둥. ¶철탑에는 굵은 고압선이 설치되어 있다.

철통 鐵桶 | 쇠 철, 통 통 [steel tub]
❶[속뜻] 쇠[鐵]로 만든 통(桶). ❷철통처럼 조금도 빈틈없이 튼튼히 에워싸고 있다. ¶철통같이 경계하다.

철퇴 鐵槌 | 쇠 철, 몽둥이 퇴
[iron hammer; iron mace]
❶[속뜻] 쇠[鐵]로 만든 몽둥이[槌]. ❷'호된 처벌이나 타격'을 비유하여 이르는 말. ¶뇌물을 받은 공무원들에게 철퇴를 가하다.

철판 鐵板 | 쇠 철, 널빤지 판
[iron plate]
쇠[鐵]로 된 넓은 조각[板]. ¶철판에 고기를 굽다 / 얼굴에 철판을 깔다.

철퍽 [with a splash]
❶얕은 물이나 진창을 거칠게 밟거나 치는 소리. ❷힘없이 넘어지거나 주저앉는 소리. '철퍼덕'의 준말.

철폐 撤廢 | 거둘 철, 그만둘 폐
[abolish; remove]
거두어들이거나[撤] 그만둠[廢]. ¶야간 통행금지를 철폐하다.

철-하다 (綴—, 꿰맬 철) [file; bind]
문서·신문 등을 여러 장 한데 모아 매다[綴]. ¶서류를 참고용으로 철해 두다.

철학 哲學 | 밝을 철, 배울 학
[philosophy; world view]
❶[속뜻] 인간과 삶의 원리와 본질 따위를 밝히는[哲] 학문(學問). ¶동양 철학을 공

부하다. ❷투철한 인생관이나 가치관. ¶나에게는 나대로의 철학이 있다.

▶ **철학-자** 哲學者 | 사람 자
철학(哲學)을 전문으로 연구하는 사람[者].

철회 撤回 | 거둘 철, 돌이킬 회 [withdraw; recall]
벌인 일을 거두어[撤]들여 원래 상태로 돌아감[回]. ¶국회의 결정을 철회시키다.

첨가 添加 | 더할 첨, 더할 가 [add]
이미 있는 데에 덧붙이거나[添] 보탬[加]. ¶방부제를 첨가하지 않은 제품. [반] 삭제(削除).

▶ **첨가-물** 添加物 | 만물 물
식품 따위를 만들 때 보태어 넣는[添加] 물질(物質). ¶인공 첨가물 / 음식에 화학 첨가물을 넣다.

첨단 尖端 | 뾰족할 첨, 끝 단
[point; tip; spearhead]
❶ [속뜻] 물건의 뾰족한[尖] 끝[端]. ❷시대의 흐름·유행 따위의 맨 앞장. ¶첨단 기술을 도입하다.

첨벙 [with a splash]
큰 물체가 물에 부딪치거나 잠기는 소리. 또는 그 모양. ¶물 속으로 첨벙 뛰어들다.

첨부 添附 | 더할 첨, 붙을 부
[attach; append]
주로 문서나 안건 따위에 더하거나[添] 덧붙임[附]. ¶첨부된 문서를 참조하다.

첨삭 添削 | 더할 첨, 깎을 삭
[correct; edit]
시문이나 답안 따위를 첨가(添加)하거나 삭제(削除)함. ¶첨삭지도 / 편집부장이 원고의 내용을 첨삭했다.

첨성-대 瞻星臺 | 볼 첨, 별 성, 돈대 대
❶ [속뜻] 별[星]을 관측하여 보는[瞻] 누대(樓臺). ❷ [고적] 신라 때의 천문 관측대. 선덕 여왕 때 축조한 것으로 경주에 있다.

첨예 尖銳 | 뾰족할 첨, 날카로울 예 [sharp; acute]
❶ [속뜻] 끝이 뾰족하고[尖] 서슬이 날카로움[銳]. ❷상황이나 사태 따위가 날카롭다. ¶의견이 첨예하게 대립하다.

첨지 僉知 | 다 첨, 알 지
❶ [속뜻] 세상을 다[僉] 알만한[知] 나이의 사람. ❷성 아래 붙여 '나이 많은 이'를 낮추어 가볍게 부르던 말. ¶김 첨지는 주막에서 술을 한 잔 마셨다.

첨탑 尖塔 | 뾰족할 첨, 탑 탑
[steeple; spire]
지붕 꼭대기가 뾰족한[尖] 탑(塔). 또는 그런 탑이 있는 높은 건물. ¶교회 첨탑 위의 흰 십자가.

첩[1] 妾 | 첩 첩 [concubine]
본처 외에 데리고 사는 여자. ¶첩을 들이다. [비] 소실(小室). [반] 본처(本妻), 본부인(本婦人), 정실(正室).

첩[2] 貼 | 붙을 첩
[pack of herb medicine]
약봉지에 싼 약의 뭉치를 세는 단위. ¶보약 한 첩을 짓다.

첩경 捷徑 | 빠를 첩, 지름길 경
[shortcut; nearer way; royal road]
❶ [속뜻] 빠른[捷] 지름길[徑]. ¶성공에 이르는 첩경. ❷어떤 일을 함에 있어서 흔히 그렇게 되기가 쉬움을 이르는 말. ¶말을 그렇게 하면 욕먹기가 첩경이다. [반] 우로(迂路).

첩보 諜報 | 염탐할 첩, 알릴 보
[intelligence; secret information]
적의 형편을 염탐하여[諜] 알려[報]줌. ¶적 부대가 산을 넘어온다는 첩보가 들어왔다.

첩자 諜者 | 염탐할 첩, 사람 자
[spy; secret agent]
적의 형편이나 사정을 염탐하는[諜] 사람[者]. ¶우리 중에 적의 첩자가 있을지도 모른다. [비] 간첩(間諜).

첩첩 疊疊 | 겹칠 첩, 겹칠 첩 [in layers]
여러 겹으로 겹침[疊+疊]. ¶첩첩 쌓인 먼

산 / 주위는 첩첩이 어둠에 싸여 적막했다.

▶ **첩첩-산중** 疊疊山中 | 메 산, 가운데 중
산이 첩첩(疊疊)이 둘러싸인 깊은 산(山) 속[中]. ¶첩첩산중에서 길을 잃다.

첫 [first; new; maiden]
'처음'의 뜻을 나타내는 말. ¶첫 소식 / 첫 단추를 잘못 끼우다. 속담 첫 술에 배 부르랴. 관용 첫 삽을 뜨다.

첫-날 [first day; opening day]
어떤 일이 처음으로 시작되는 날. ¶새해 첫날이 밝았다.

▶ **첫날-밤**
결혼해서 신랑 신부가 처음으로 함께 자는 밤. ¶첫날밤을 치르다.

첫-눈[1] [first look]
무엇을 처음 보았을 때의 느낌. ¶첫눈에 반하다.

첫-눈[2] [first snow of the season]
그해 겨울에 처음으로 오는 눈. ¶첫눈이 오는 날 친구와 만나기로 약속을 하였다.

첫-돌 [first birthday of a baby; first anniversary]
❶아기가 태어나서 처음 맞는 생일. 또는 어떤 일이 일어난 후 1년이 되는 날. ¶오늘이 동생의 첫돌이다. ❷어떤 일이 일어난 후 일 년이 되는 날. ¶창립 첫돌 기념 행사를 갖다. ㊟ 돌.

첫-마디 [opening remark; first word]
맨 처음으로 하는 말의 한 마디. ¶그의 첫마디는 "왜 왔느냐?"였다.

첫-머리 [beginning; outset; start]
어떤 일이 시작되는 머리. ¶그의 이름이 명부 첫머리에 쓰여 있다. ㊥ 끝머리.

첫-발 [first step; initial step]
첫걸음을 내딛는 발. ¶달에 첫발을 디디다.

첫-사랑 [one's first love]
처음으로 느끼거나 맺은 사랑. ¶첫사랑에 빠지다.

첫-소리 [initial sound]
언어 한 음절에서 처음으로 나는 소리. '날'에서 'ㄴ' 소리 같은 것이다. 초성(初聲).

첫-인사 (-人事, 사람 인, 일 사) [greeting one gives when meeting someone for the first time]
사람을 새로 만나서 처음 하는 인사(人事). ¶첫인사를 나누다.

첫-인상 (-印象, 새길 인, 형상 상) [first impression]
첫눈에 느껴지는 인상(印象). ¶그 사람의 첫인상은 별로다.

첫-째 [eldest child; first; number one]
❶맏이. ¶이 아이가 우리 집 첫째입니다. ❷무엇보다도 앞서는 것. ¶많은 사람이 건강을 첫째로 생각한다.

첫-해 [first year]
어떤 일을 시작한 맨 처음의 해. ¶그녀는 결혼한 첫해 아이를 낳았다.

청[1] 清 | 맑을 청
역사 '청나라'(淸-)의 준말.

청[2] 請 | 청할 청 [ask; beg; request]
어떤 일을 남에게 부탁하는 것. 또는 그 부탁. ¶그는 내 청을 거절했다.

청각[1] 青角 | 푸를 청, 뿔 각
❶ 속뜻 푸른[青] 색의 뿔[角] 같이 생긴 바닷말. ❷ 식물 녹조류 청각과의 해조. 파도의 영향을 적게 받는 깊은 바다에서 자라며 김장 때 김치의 고명으로 쓰기도 한다.

청각[2] 聽覺 | 들을 청, 깨달을 각
[sense of hear]
의학 무엇을 귀로 들어[聽] 일어나는 감각(感覺). ¶지나친 소음은 청각에 피해를 줄 수 있다.

청-개구리 (青-, 푸를 청)
[green frog; tree frog]
❶ 동물 등은 회색 또는 녹색 바탕에 검은 무늬가 흩어져 있는 개구리. 주위 환경에 따라 몸의 색깔이 변하며, 비가 오려고 할 때 몹시 운다. ❷모든 일에 엇나가고

엇먹는 짓을 하는 사람을 비유적으로 이르는 말. ¶그 애는 청개구리처럼 하지 말라는 짓만 골라서 한다.

청결 淸潔 | 맑을 청, 깨끗할 결
[clean; neat]
지저분한 것을 없애어 맑고[淸] 깨끗함[潔]. ¶항상 몸을 청결히 해라. [반] 불결(不潔).

청경-채 靑梗菜 | 푸를 청, 줄기 경, 나물 채
❶ [속뜻] 푸른[靑] 줄기[梗]를 가진 나물[菜]. ❷ [식물] 십자화과의 한해살이풀. 잎은 둥글고 녹색이며 연녹색의 잎줄기는 두껍고 즙이 많다.

청과 靑果 | 푸를 청, 열매 과
[fruits and vegetables]
❶ [속뜻] 푸른[靑] 채소와 과일[果]. ❷채소와 과일을 통틀어 이르는 말. ¶청과 시장.

▶ 청과-물 靑果物 | 만물 물
청과(靑果)에 속하는 물품(物品). ¶시장에서 청과물 장사를 하다.

청구[1] 靑丘 | =靑邱, 푸를 청, 언덕 구
❶ [속뜻] 푸른[靑] 언덕[丘]. ❷지난날, 중국에서 '우리나라'를 달리 이르던 말. 중국의 신화에 따르면, 오색 가운데 '청'(靑)은 동방을 상징하므로, 중국의 동쪽에 있는 우리나라를 일러 그렇게 지칭하였다고 한다.

▶ 청구-영언 靑丘永言 | 길 영, 말씀 언
[책명] 조선 영조 때, 김천택(金天澤)이 엮은 시조집. 고려 말부터 편찬 당시까지의 우리나라[靑丘] 시조와 가사[永言]를 곡조별로 분류 정리한 것이다.

청구[2] 請求 | 청할 청, 구할 구
[demand; request; claim]
요청(要請)하여 요구(要求)함. 무엇을 공식적으로 내놓거나 주기를 요구함. ¶손해 배상 청구 / 구속영장을 청구하다.

▶ 청구-서 請求書 | 글 서
무엇을 공식적으로 청구(請求)하는 내용이 적힌 글[書]. 또는 그 문서. ¶공과금 청구서를 받다.

청국-장 淸麴醬 | 맑을 청, 누룩 국, 된장 장
❶ [속뜻] 맑은[淸] 누룩[麴]을 이용해 만든 된장[醬]. ❷푹 삶은 콩을 띄워서 만든 된장의 한 가지. 주로 찌개를 끓여 먹는다.

청군 靑軍 | 푸를 청, 군사 군
[blue team]
운동 경기 따위에서, 파란[靑] 색의 상징물을 사용하는 편을 군사[軍]에 비유한 말. ¶달리기에서 청군이 이겼다. [반] 백군(白軍).

청-나라 (淸-, 청나라 청)
[Ching Dynasty]
[역사] 중국의 마지막 왕조. 만주족인 누르하치가 17세기 초에 명(明)나라를 멸하고 세웠다.

청년 靑年 | 푸를 청, 나이 년
[young man; youth]
[속뜻] 푸른[靑] 나이[年]. ❷ 젊은 남자. ¶저 청년은 참 성실하다. [비] 젊은이.

▶ 청년-단 靑年團 | 모일 단
수양이나 사회 공헌을 위하여 청년(靑年)들로 조직된 단체(團體).

***청동** 靑銅 | 푸를 청, 구리 동 [bronze]
❶ [속뜻] 푸른[靑] 색을 띠는 구리[銅]. ❷ [화학] 구리와 주석의 합금. ¶그 상은 청동으로 만든 것이다.

▶ 청동-기 靑銅器 | 그릇 기
청동(靑銅)으로 만든 기구(器具)를 두루 이르는 말. ¶강릉 일대에는 청동기 유적이 있다.

▶ 청동기 시대 靑銅器時代 | 그릇 기, 때 시, 연대 대
[고적] 청동(靑銅)을 이용하여 여러 가지 도구[器]를 만들어 쓰던 시대(時代).

청둥-오리 [wild duck]
[동물] 수컷은 머리와 목이 광택이 있는 녹색이고, 암컷은 전체적으로 갈색을 띠는 오릿과의 겨울철새.

청량 淸凉 | 맑을 청, 서늘할 량

[clear and cool]
맑고[淸] 서늘함[凉]. ¶청량한 가을 날씨.
▶청량-음:료 淸凉飮料 | 마실 음, 거리 료
시원한[淸凉] 느낌을 주는 음료(飮料). 소다수, 사이다, 콜라 따위가 있다.

청력 聽力 | 들을 청, 힘 력
[power of hearing; hearing ability]
귀로 소리를 듣는[聽] 능력(能力). ¶할머니의 청력이 많이 나쁘다.

청렴 淸廉 | 맑을 청, 검소할 렴
[upright; cleanhanded]
마음이 맑고[淸] 검소함[廉]. ¶청렴하고 겸손한 대감.
▶청렴-결백 淸廉潔白 | 깨끗할 결, 흰 백
마음에 탐욕이 없고[淸廉] 행동에 허물이 없음[潔白]. ¶아버지는 늘 정직하고 청렴결백하게 사셨다.

청록[1] 靑鹿 | 푸를 청, 사슴 록
❶ 속뜻 푸른색[靑]의 사슴[鹿]. ❷ 동물 몸은 여름에는 푸른빛을 띤 회색이고 겨울에는 회색을 띤 갈색의 동물.
▶청록-파 靑鹿派 | 갈래 파
문학 1946년에 공동 시집 '청록집'(靑鹿集)을 낸 조지훈, 박목월, 박두진이 중심이 된 시파(詩派)을 이르는 말.

청록[2] 靑綠 | 푸를 청, 초록빛 록
[bluish green color]
'청록색'(靑綠色)의 준말.
▶청록-색 靑綠色 | 빛 색
파랑[靑]과 녹(綠)색의 중간 쯤 되는 색(色). ㊟ 청록.

청룡 靑龍 | 푸를 청, 용 룡
[blue dragon]
푸른[靑] 빛을 띤 용(龍).

청명 淸明 | 맑을 청, 밝을 명 [fine; fair]
❶ 속뜻 날씨나 소리가 맑고[淸] 밝음[明]. ¶청명한 아침 하늘. ❷ 민속 이때부터 날이 풀리기 시작해 화창해진다는 뜻의 이십사 절기의 하나. 양력 4월 5,6일경이다. 속담 한식에 죽으나 청명에 죽으나.

청문 聽聞 | 들을 청, 들을 문 [listen]
설교나 연설 따위를 들음[聽=聞].
▶청문-회 聽聞會 | 모일 회
정치 어떤 일에 대하여 물어보아 대답을 들어보기[聽聞] 위한 모임[會]. ¶국회에서 청문회를 개최하다.

청-바지 (靑—, 푸를 청) [blue jeans]
두껍고 질긴 면으로 된 청색(靑色)의 바지. ¶물 빠진 청바지를 입다.

청백리 淸白吏 | 맑을 청, 흰 백, 벼슬아치 리 [clean government employee]
성품이 청렴(淸廉)하고 순백(純白)하여 재물을 탐내지 않는 관리(官吏). ¶우리 할아버지는 청백리에게 주는 상을 받으셨다.

청빈 淸貧 | 맑을 청, 가난할 빈
[poor but honest]
성품이 청렴(淸廉)하여 가난함[貧]. ¶청빈한 선비.

청사 廳舍 | 관청 청, 집 사
[government office building]
관청(官廳)의 사무실로 쓰이는 건물[舍]. ¶정부 종합청사.

청-사진 靑寫眞 | 푸를 청, 베낄 사, 참 진
[blueprint]
❶ 속뜻 설계도면 따위의 푸른[靑] 빛이 감도는 사진(寫眞). ¶건물의 청사진을 만들다. ❷어떤 일에 대한 '계획·구상'을 상징하여 이르는 말. ¶미래에 대한 청사진을 제시하다.

청사-초롱 (靑紗—籠, 푸를 청, 깁 사, 등롱 롱)
역사 푸른 천[靑紗]으로 몸체를 삼고 붉은 천으로 위아래에 동을 달아서 옷을 한 등롱(燈籠). 궁중에서 썼다.

청산[1] 淸算 | 맑을 청, 셀 산
[pay off; clear; end]
서로 채권·채무 관계를 말끔하게[淸] 셈하여[算] 정리함. ¶빚을 청산하다.

청산[2] 靑山 | 푸를 청, 메 산

[blue mountains]
초목이 우거진 푸른[靑] 산(山).

▶ 청산-유수 靑山流水 | 흐를 류, 물 수
❶ 속뜻 푸른[靑] 산(山)에 맑게 흐르는[流] 물[水]. ❷막힘없이 썩 잘하는 말을 비유하여 이르는 말. ¶말솜씨가 청산유수 같다.

청산리 대:첩 靑山里大捷 | 푸를 청, 메 산, 마을 리, 큰 대, 이길 첩
역사 1920년에 김좌진을 총사령으로 한 독립군이 만주 청산리(靑山里)에서 일본군을 크게[大] 이긴[捷] 싸움.

청색 靑色 | 푸를 청, 빛 색
[blue color; blue]
푸른[靑] 빛[色]. ¶하늘이 부드러운 청색을 띤다.

청설-모 (靑–毛, 푸를 청, 털 모) [squirrel]
동물 다람쥐와 비슷한 동물. 종자, 과실, 나뭇잎 따위를 먹고 가을에는 땅속에 먹이를 저장한다.

**청소 清掃 | 맑을 청, 쓸 소
[clean; sweep]
더럽거나 어지러운 것을 깨끗하게[清] 쓸어냄[掃]. ¶청소 당번/내 방을 청소하다.

▶ 청소-기 清掃機 | 틀 기
청소(清掃)를 하는 데 쓰이는 기계(機械). 진공청소기. ¶청소기를 돌리다.

▶ 청소-부[1] 清掃夫 | 사나이 부
건물이나 도로 등을 청소(清掃)하는 일에 종사하는 남자[夫].

▶ 청소-부[2] 清掃婦 | 여자 부
청소(清掃)하는 일을 직업으로 하는 여자[婦].

▶ 청소-차 清掃車 | 수레 차
쓰레기나 분뇨 따위를 청소(清掃)하는 차(車).

청-소:년 靑少年 | 젊을 청, 적을 소, 나이 년 [youth; teenager]
❶ 속뜻 청년(靑年)과 소년(少年). ❷소년기에서 청년기로 접어드는 미성년의 젊은이. ¶청소년 범죄를 예방하다.

청순 清純 | 맑을 청, 순수할 순
[pure; innocent]
깨끗하고[清] 순수(純粹)함. ¶그 소녀는 앳되고 청순하다.

청승-맞다 [wretched; miserable]
궁상스럽고 처량하여 보기에 몹시 언짢다. ¶한밤중에 청승맞게 울다.

청아 清雅 | 맑을 청, 고울 아
[elegant; graceful; ringing]
속된 티가 없이 맑고[清] 고움[雅]. ¶방울 소리가 청아하다.

청약 請約 | 청할 청, 묶을 약
[subscribe for stock]
법률 계약(契約)을 신청(申請)함. 유가증권의 공모나 매출에 응모하여 인수 계약을 신청하는 일. ¶회사 주식 청약의 단위는 10주이다.

청어 靑魚 | 푸를 청, 물고기 어 [herring]
동물 푸른[靑] 빛을 띤 바닷물고기[魚]. 가을에서 봄에 걸쳐 잡히며 맛이 좋다.

청와 靑瓦 | 푸를 청, 기와 와 [blue tile]
푸른[靑] 빛깔의 매우 단단한 기와[瓦].

▶ 청와-대 靑瓦臺 | 돈대 대
❶ 속뜻 푸른[靑] 빛깔의 기와[瓦]로 지붕을 인 누대(樓臺). ❷우리나라 대통령 관저 이름.

청운 靑雲 | 푸를 청, 구름 운
[blue clouds; high ranks]
❶ 속뜻 푸른[靑] 빛을 띤 구름[雲]. ❷'높은 명예나 벼슬'을 비유하여 이르는 말. ¶청운의 뜻을 품다.

▶ 청운-교 靑雲橋 | 다리 교
❶ 속뜻 푸른 구름[靑雲]처럼 높이 놓인 다리[橋]. ❷ 고적 경주 불국사 대웅전 전방 자하문 앞에 놓인 석교(石橋).

청원 請願 | 청할 청, 바랄 원
[petition; request]
바라는[願] 바를 말하고 이루어지게 해 달라고 청(請)함. ¶청원을 받아들이다 /

특별 휴가를 청원하다.

청일 淸日 | 맑을 청, 일본 일
청(淸)나라와 일본(日本)을 아울러 이르는 말. ¶청일 양국의 관계는 급속도로 악화되었다.

▶**청일-전:쟁** 淸日戰爭 | 싸울 전, 다툴 쟁
[역사] 1894년에 조선의 동학 농민 운동에 출병하는 문제로 일어난 중국 청(淸)나라와 일본(日本)과의 전쟁(戰爭). 일본군이 평양 등지에서 승리하여 1895년에 시모노세키 조약을 맺었다.

*__청자__[1] 靑瓷 | =靑磁, 푸를 청, 오지그릇 자
[celadon porcelain]
[수공] 철분을 함유한 유약을 입혀 푸른[靑] 빛이 도는 도자기(陶瓷器).

청자[2] 聽者 | 들을 청, 사람 자 [audience; hearers]
이야기 따위를 듣는[聽] 사람[者]. ¶이야기할 때에는 청자의 나이나 직업 따위를 고려해야 한다. [반] 화자(話者).

청잣-빛 (靑瓷-, 푸를 청, 오지그릇 자)
청자(靑瓷)의 빛깔과 같은 푸른빛.

청장[1] 靑帳 | 푸를 청, 장막 장
빛깔이 푸른[靑] 휘장(揮帳).

청장[2] 廳長 | 관청 청, 어른 장
[director of a government office]
[법률] '청'(廳)자가 붙은 관청의 우두머리[長].

청장-년 靑壯年 | 젊을 청, 씩씩할 장, 해 년
[youths and middle-agers]
청년(靑年)과 장년(壯年)을 아울러 이르는 말. ¶동네 청장년이 모여 씨름 대회를 열었다.

청정 淸淨 | 맑을 청, 깨끗할 정
[pure; clean]
맑고[淸] 깨끗함[淨]. 깨끗하여 속됨이 없음. ¶청정 에너지를 개발하다 / 시냇물이 청정하다.

청주 淸酒 | 맑을 청, 술 주
[clear; refined rice wine]
❶[속뜻] 맑은[淸] 술[酒]. ❷다 익은 탁주를 가라앉히고 위에서 떠낸 맑은 술.

청중 聽衆 | 들을 청, 무리 중
[audience; hearers]
강연이나 설교 등을 들으려고[聽] 모인 사람들[衆]. ¶그가 무대에 나타나자 청중들은 소리를 질렀다.

청진 聽診 | 들을 청, 살펴볼 진
[auscultation; stethoscopy]
[의학] 의사가 환자의 몸 안에서 들리는 소리를 듣고[聽] 병증을 진단(診斷)하는 일.

▶**청진-기** 聽診器 | 그릇 기
[의학] 환자를 청진(聽診)할 때 사용하는 의료 기구(器具). ¶청진기로 환자의 심장 소리를 듣다.

청천 靑天 | 푸를 청, 하늘 천
[blue sky; cloudless sky]
푸른[靑] 하늘[天]. ¶청천에 날벼락.

▶**청천-벽력** 靑天霹靂 | 벼락 벽, 벼락 력
❶[속뜻] 맑은[靑] 하늘[天]에서 치는 벼락[霹靂]. ❷뜻밖의 큰 변고. ¶이게 무슨 청천벽력 같은 소리냐.

▶**청천-백일** 靑天白日 | 흰 백, 해 일
❶[속뜻] 푸른[靑] 하늘[天]의 밝은[白] 태양[日]. ❷맑게 갠 대낮. ¶청천백일에 난데없이 벼락이 내리다.

청첩 請牒 | 청할 청, 글씨판 첩 [invitation card]
❶[속뜻] 경사가 있을 때 남을 청(請)하는 문서[牒]. ❷'청첩장'의 준말. ¶청첩을 띄우다.

▶**청첩-장** 請牒狀 | 문서 장
남을 청하는[請牒] 쪽지나 편지[狀]. ¶그는 결혼을 앞두고 동료들에게 청첩장을 돌렸다.

청청 靑靑 | 푸를 청, 푸를 청
[bright green; verdant; blue]
푸르고[靑] 푸름[靑]. 즉 매우 푸름. ¶산에 나무가 청청하다.

청초 淸楚 | 맑을 청, 산뜻할 초

[neat and clean; trim]
맑고[淸] 산뜻함[楚]. ¶난꽃이 청초하고 아름답다.

청춘 靑春 | 푸를 청, 봄 춘 [youth; bloom of youth; springtime of life]
❶[속뜻] 만물이 푸른[靑] 봄[春]. ❷'스무 살 안팎의 젊은 나이'를 비유하여 이르는 말. ¶그녀는 꽃다운 청춘에 세상을 떠났다.

청취 聽取 | 들을 청, 가질 취
[listen to; hear]
들어[聽] 자기 것으로 가짐[取]. 자세히 들음. ¶라디오 방송을 청취하다.
▶ 청취-자 聽取者 | 사람 자
라디오 방송을 듣는[聽取] 사람[者]. ¶청취자 여러분의 전화를 받습니다.

청탁 請託 | 청할 청, 부탁할 탁
[ask; beg; request]
무엇을 해 달라고 청(請)하며 부탁(付託)함. ¶청탁을 넣다 / 빨리 처리해 줄 것을 청탁하다.

청포1 靑袍 | 푸를 청, 핫옷 포
[blue hemp cloth]
[역사] 조선 시대에, 사품·오품·육품의 벼슬아치가 입던 푸른[靑] 도포(道袍).

청포2 淸泡 | 맑을 청, 거품 포
[green pea jelly]
❶[속뜻] 맑은[淸] 거품[泡]. ❷녹말로 쑨 묵. ¶청포를 무쳐 먹다.

청-포도 靑葡萄 | 푸를 청, 포도 포, 포도 도
[green grapes]
[식물] 다 익어도 빛깔이 푸른[靑] 포도(葡萄) 종류를 통틀어 이르는 말.

청-하다 (請―, 청할 청)
[ask; beg; entreat]
어떤 일을 이루기 위하여 남에게 부탁을 하다[請]. ¶도움을 청하다.

청학 靑鶴 | 푸를 청, 두루미 학
[blue crane]
푸른[靑]색의 학(鶴). ¶청학은 전설상의 새이다.

청해-진 淸海鎭 | 맑을 청, 바다 해, 진칠 진
[역사] 신라 흥덕왕 때에, 장보고가 지금의 전라남도 완도[淸海]에 설치한 진(鎭). 장보고는 이곳을 중심으로 해상권을 쥐고 중국의 해적을 없앴으며, 중국과 일본 사이의 중계 무역 요충지로 만들었다.

청혼 請婚 | 청할 청, 혼인할 혼
[propose to; ask for a marriage]
혼인(婚姻)하기를 청(請)함. ¶청혼을 받아들이다 / 그녀에게 청혼하다. [비] 구혼(求婚).

청홍 靑紅 | 푸를 청, 붉을 홍
[blue and red]
❶[속뜻] 푸른[靑]색과 붉은[紅]색. ❷청홍색. ¶청홍을 물들인 색실 / 청홍의 띠를 두른 농악대.

청화 靑華 | 푸를 청, 빛날 화
[수공] 조선 시대의 도자기에 그려진 파란[靑] 빛깔[華]의 그림.
▶ 청화 백자 靑華白瓷 | =靑華白磁, 흰 백, 오지그릇 자
[수공] 푸른 물감[靑華]으로 그림을 그린 흰[白] 바탕의 자기(瓷器).

체1 [sieve; sifter]
가루를 곱게 치거나 액체를 밭거나 거르는 데 쓰는 기구. ¶체로 가루를 치다.

체2 [pretend; affect]
그럴 듯하게 꾸미는 거짓 태도. ¶알지도 못하면서 아는 체는 왜 하니? [비] 척.

체3 [pshaw!; tut!]
못마땅해 아니꼬울 때나 원통하여 탄식할 때 내는 소리. ¶체, 건방지게 우릴 비웃어?

체감 體感 | 몸 체, 느낄 감 [feel]
❶[속뜻] 몸[體]으로 어떤 감각을 느낌[感]. ❷내장의 여러 기관이 자극을 받아 어떤 감각을 느낌. 배고픔, 목마름 따위의 감각.

체격 體格 | 몸 체, 격식 격
[physique; frame]
❶[속뜻] 몸[體]의 골격(骨格). ❷근육, 골격, 영양 상태로 나타나는 몸의 겉 생김새.

¶그는 체격이 운동선수 같다.

체결 締結 | 맺을 체, 맺을 결
[sign; conclude contract]
계약이나 조약을 맺음[締=結]. ¶두 나라 사이에 조약이 체결되다.

체계 體系 | 몸 체, 이어 맬 계
[system; organization]
❶ 속뜻 전체(全體)의 계통(系統). 낱낱이 다른 것을 계통을 세워 통일한 전체. ❷일정한 원리에 따라 조직한 지식의 통일된 전체. ¶명령 체계 / 체계가 잡히다.

▶ 체계-적 體系的 | 것 적
체계(體系)를 이루는 것[的]. ¶자료를 체계적으로 정리하다.

체구 體軀 | 몸 체, 몸 구 [body]
몸[體=軀]. 몸집. ¶듬직한 체구. ㊥ 덩치.

체급 體級 | 몸 체, 등급 급 [weight]
운동 권투나 레슬링 따위에서, 선수의 몸[體]무게에 따라 매긴 등급(等級). ¶그 선수는 이번에 체급을 올려 출전한다.

체내 體內 | 몸 체, 안 내
[interior of the body]
몸[體]의 안[內]. ¶세균이 체내에 침투하다. ㊥ 체외(體外).

체념 諦念 | 살필 체, 생각 념
[renounce; resign; abandon]
정황을 살피어[諦] 희망을 버리고 아주 단념(斷念)함. ¶체념 상태 / 아직 체념하기에는 이르다.

체대 體大 | 몸 체, 큰 대
[College of Physical Education]
교육 '체육대학'(體育大學)의 준말.

체득 體得 | 몸 체, 얻을 득
[realize; master; comprehend]
몸[體]으로 직접 터득(攄得)함. 몸소 경험하여 알아냄. ¶경험에서 체득된 지식.

⁂**체력** 體力 | 몸 체, 힘 력
[physical strength]
몸[體]의 힘[力]. ¶강인한 체력 / 체력이 달리다.

▶ 체력-장 體力章 | 글 장
중·고등학교에서, 학생들의 종목별 기초 체력(體力)을 검사하여 그 결과를 적는 글[章]이나 기록부.

체류 滯留 | 막힐 체, 머무를 류
[stay; sojourn]
❶ 속뜻 길이 막히어[滯] 그곳에 머물러[留] 있음. ❷어떤 곳에 머물러 있음. ¶이모는 외국에 체류 중이다.

체면 體面 | 몸 체, 낯 면
[one's face; honor; reputation]
❶ 속뜻 몸[體]과 얼굴[面]. ❷남을 대하기에 떳떳한 도리나 얼굴. ¶남자의 체면을 세우다.

체벌 體罰 | 몸 체, 벌할 벌
[physical punishment]
신체(身體)에 직접 고통을 주는 벌(罰). ¶체벌 금지 / 학생을 체벌하지 않다.

체액 體液 | 몸 체, 진 액 [body fluid]
식물 동물의 체내(體內)를 흐르는 액체(液體)의 물질.

체온 體溫 | 몸 체, 따뜻할 온
[body temperature]
생물체(生物體)가 가지고 있는 온도(溫度). ¶체온계의 눈금을 읽다.

▶ 체온-계 體溫計 | 셀 계
체온(體溫)을 재는[計] 기구.

체위 體位 | 몸 체, 자리 위 [physique; posture; physical standard]
❶ 속뜻 어떤 일을 할 때의 몸[體]의 위치(位置). ¶체위에 맞는 책걸상. ❷체격이나 건강의 정도. ¶체위를 향상시키다.

⁂**체육** 體育 | 몸 체, 기를 육
[physical exercise; gymnastics]
교육 몸[體]과 운동 능력을 기르는[育] 일. 또는 그것을 목적으로 하는 교육. ¶체육 수업을 받다.

▶ 체육-관 體育館 | 집 관
실내에서 여러 가지 운동 경기[體育]를 할 수 있도록 시설을 갖추어 놓은 건물

[館]. ¶우리 학교 체육관.

▶ 체육-복 體育服 | 옷 복
운동[體育]을 할 때 입는 옷[服]. ㊥ 운동복(運動服).

체인 {영 chain}
❶쇠사슬. ¶체인을 휘두르다 / 눈길에 미끄러지지 않도록 체인을 감다. ❷'체인점'의 준말. ¶체인 사업.

▶ 체인-점 (chain店, 가게 점)
동일한 메이커 제품을 취급하는 소매상점을 여러 곳을 엮어[chain] 두고 중앙에서 통제·경영하는 점포(店鋪) 조직. ㊟ 체인. ㊥ 연쇄점(連鎖店).

체전 體典 | 몸 체, 의식 전
[athletic meeting; National Games]
❶ 속뜻 체육(體育) 제전(祭典). ❷ 운동 매년 가을에 전국적으로 개최되는 종합 경기 대회. ¶전국 체전이 부산에서 열렸다. ㊥ 전국 체육 대회.

체제 體制 | 몸 체, 정할 제
[structure; system; organization]
❶ 속뜻 사회적 기본 구조[體]를 정함[制]. ❷사회적인 제도와 조직의 형체. ¶냉전 체제 / 왕이 나라의 정치를 이끄는 체제.

⁑체조 體操 | 몸 체, 부릴 조
[gymnastics; physical exercises]
❶ 속뜻 몸[體]을 부림[操]. ❷ 운동 신체의 이상적 발달을 꾀하고 신체의 결함을 교정 또는 보충시켜 주기 위한 조직화된 운동. ¶음악에 맞춰 체조를 하다.

***체중** 體重 | 몸 체, 무거울 중 [weight]
몸[體]의 무게[重]. ¶체중을 재다.

▶ 체중-계 體重計 | 셀 계
몸무게[體重]를 재는[計] 데에 쓰는 저울. ¶체중계가 고장나다.

체증 滯症 | 막힐 체, 증세 증
[indigestion; dyspepsia; congestion]
한의 먹은 음식물이 막혀[滯] 소화가 잘 안 되는 증세(症勢). ¶소화제를 먹으니 체증이 내려간다 / 명절이라 교통체증이 심하다.

체-지방 體脂肪 | 몸 체, 기름 지, 기름 방
생물 분해되지 않고 몸[體] 속에 쌓여 있는 지방(脂肪). ¶체지방 측정기.

체질 體質 | 몸 체, 바탕 질
[one's physical constitution]
❶ 속뜻 몸[體]의 본바탕[質]. ❷태어날 때부터 지니고 있는 몸의 성질. ¶체질에 따라 운동을 달리해야 한다 / 회사 생활이 내 체질에 맞지 않는다.

체취 體臭 | 몸 체, 냄새 취 [body oder]
❶ 속뜻 몸[體]에서 나는 냄새[臭]. ¶방에서 그녀의 체취가 풍긴다. ❷어떤 개인이나 집단이 풍기는 독특한 느낌. ¶이 고장에 오면 선조들의 체취가 느껴진다.

체크 {영 check}
❶바둑판 모양을 한 무늬. ❷검사·대조 또는 그 표적으로 찍는 표. ¶빠진 것이 없는지 꼼꼼히 체크하다.

체통 體統 | 몸 체, 계통 통
[face; respectability; dignity]
❶ 속뜻 본체(本體)에 속하는 계통[統]. ❷점잖은 체면. ¶체통을 지키세요.

체포 逮捕 | 뒤따를 체, 잡을 포 [arrest; apprehend]
❶ 속뜻 죄인을 뒤따라가[逮] 사로잡음[捕]. ❷ 법률 죄인이나 죄를 저지른 의심이 있는 사람을 붙잡는 것. ¶그는 현장에서 체포됐다.

체-하다[1] [affect; pretend to]
그럴듯하게 꾸미는 거짓 태도를 취하다. ¶들리지 않는 체하다. ㊥ 척하다.

체-하다[2] (滯-, 막힐 체)
[have an upset stomach]
먹은 음식이 잘 소화되지 않고 막혀[滯] 배 속에 답답하게 처져 있다. ¶먹은 음식이 체하다. ㊥ 얹히다.

체험 體驗 | 몸 체, 겪을 험 [experience]
몸소[體] 겪어봄[驗]. ¶직접 다양한 체험을 하다.

▸ 체험-담 體驗談 | 이야기 담
자기가 몸소 겪은[體驗] 것에 대한 이야기[談]. ¶체험담을 들려주다.

▸ 체험 학습 體驗學習 | 배울 학, 익힐 습
자기가 몸소 겪으면서[體驗] 배우는[學習] 것.

체형[1]體刑 | 몸 체, 형벌 형
[jail sentence; corporal punishment]
법률 곤장을 치는 것같이 직접 사람의 몸[體]에 가하는 형벌(刑罰).

체형[2]體型 | 몸 체, 모형 형
[one's figure; shape of one's body]
체격(體格)의 크기나 모형(模型). ¶체형에 맞는 옷 / 그는 키가 작고 뚱뚱한 체형이다.

첼로 [cello; violoncello]
음악 바이올린 모양으로 생긴 낮은 소리를 내는 서양 현악기. ¶첼로는 바이올린보다 낮은 소리를 낸다.

쳇 [Sod it!]
못마땅하거나 아니꼬워서 내는 소리. ¶쳇! 그까짓 게 뭐 그리 대단한 거라고.

쳐-내다
[take away; remove; clean up]
공을 쳐서 어떤 곳으로 보내다. ¶야구공을 경기장 밖으로 힘껏 쳐내다 / 큰 가지를 쳐내다.

쳐 : 다-보다
[look up; look upward]
❶위를 향하여 올려 보다. ❷얼굴을 들어 바로 보다. ¶그녀는 나를 정면으로 쳐다보았다.

쳐 : -들다
[lift up; raise; hold up; hold up]
들어 올리다. ¶주먹을 쳐들다 / 고개를 쳐들지 못하다.

쳐-들어가다 [invade; attack]
공격하여 들어가다. ¶건물 안으로 쳐들어가다.

쳐-들어오다 [invade; raid]
공격하여 들어오다. ¶무슨 수를 써서라도 적들이 쳐들어오지 않도록 막아라.

쳐-부수다 [smash; crush; defeat]
무찔러 부수다. 세차게 부수다. ¶그들은 위험을 무릅쓰고 적을 쳐부수었다 / 도끼로 문을 쳐부수다.

쳐-올리다
위로 세게 들어 올리다.

초[1][candle; taper]
불을 밝히는 데 쓰는 물건의 하나. 밀랍·백랍(白蠟)·쇠기름 등을 원료로 끓여서 원기둥 따위 같은 일정한 모양으로 굳혀, 실 같은 것으로 심지를 만들어 한가운데에 박는다. ¶초에 불을 붙이다.

초[2]初 | 처음 초 [beginning; first; top]
'처음', '초기'의 뜻. ¶학기 초 / 3월 초에는 날씨가 쌀쌀하다.

초[3]秒 | 초 초 [second of time]
❶1분을 60등분한 시간. ❷시간의 단위로 1분을 60등분 했을 때 그 하나를 세는 말. ¶로켓 발사 10초 전 / 초를 다투는 문제.

초[4]醋 | 식초 초 [vinegar]
약간의 초산이 들어 있어 신맛이 나는 조미료. 식초(食醋). ¶냉면에 초를 치다.

초가 草家 | 풀 초, 집 가 [grass-roofed house; thatched house]
풀[草]이나 짚 따위로 지붕을 인 집[家]. ¶초가 한 칸.

▸ 초가-집 (草家―)
초가(草家).

초-가을 (初―, 처음 초) [early autumn]
가을의 첫[初] 무렵. ¶아직 초가을이라 단풍놀이하기에는 이르다. ㊥늦가을.

초-겨울 (初―, 처음 초) [early winter]
겨울의 첫[初] 무렵. ¶오늘은 초겨울 날씨치고 제법 쌀쌀하다. ㊥늦겨울.

초경 初經 | 처음 초, 지날 경
[first menstrual period; menarche]
첫[初] 월경(月經). ¶열세 살에 초경을 하다.

초고 草稿 | 거칠 초, 원고 고
[rough copy; notes; manuscript]
아직 다듬지 않은 거친[草] 상태의 원고(原稿). ¶금요일까지 초고를 편집해야 한다.

초-고속 超高速 | 넘을 초, 높을 고, 빠를 속
[superhigh speed]
극도로[超] 빠른[高] 속도(速度). ¶초고속 인터넷 / 초고속 승진.

초-고주파 超高周波 | 넘을 초, 높을 고, 둘레 주, 물결 파 [superhigh frequency]
고주파(高周波) 보다 더[超] 높은 주파수의 전파나 전류.

초-고추장 (醋—醬, 식초 초, 젓갈 장) [red chili-pepper paste with vinegar]
식초(食醋)를 섞어 넣은 고추장(醬). ¶회를 초고추장에 찍어 먹다. [준] 초장.

초과 超過 | 뛰어넘을 초, 지날 과 [excess]
일정한 수나 한도를 넘어[超] 지나감[過]. ¶정원 초과 / 제한시간을 초과하다. [반] 미달(未達), 미만(未滿).

초급 初級 | 처음 초, 등급 급
[primary grade; elementary level]
첫[初] 번째 등급(等級). 초·중·고로 나누었을 때 가장 낮은 등급이나 단계. ¶초급 교재.

*__초기__ 初期 | 처음 초, 때 기
[early days; beginning]
첫[初] 번째 시기(時期). ¶암 같은 병도 초기에 발견하면 고칠 수 있다. [비] 조기(早期). [반] 말기(末期).

초년 初年 | 처음 초, 해 년 [first year; early years; one's young days]
❶[속뜻] 여러 해 걸리는 어떤 과정의 첫[初] 번째 해[年]. 또는 처음의 시기. ¶대학 초년에 비로소 깨닫다. ❷일생의 초기. 중년이 되기 전까지의 시기. ¶초년보다는 말년에 트일 운수.

초-능력 超能力 | 넘을 초, 능할 능, 힘 력
[supernatural power]
일반 능력을 뛰어넘는[超] 능력(能力). 현대의 과학적 지식으로는 설명하기 어려운, 기묘한 현상을 나타내는 능력을 뜻하는 말. ¶초능력을 발휘하다.

초당 草堂 | 풀 초, 집 당
억새나 짚 따위의 풀[草]로 지붕을 인 조그마한 집채[堂]. [비] 초가집, 초옥(草屋), 초가(草家).

초대[1] 初代 | 처음 초, 시대 대
[first generation]
어떤 계통의 첫[初] 번째 사람. 또는 그 사람의 시대(時代). ¶초대 대통령.

초대[2] 招待 | 부를 초, 대접할 대 [invite]
남을 초청(招請)하여 대접(待接)함. ¶초대에 응하다 / 초대해 주셔서 감사합니다.

▸ 초대-장 招待狀 | 문서 장
초대(招待)하는 편지[狀]. ¶초대장을 띄우다.

초등 初等 | 처음 초, 무리 등 [elementary; primary]
차례로 올라가는 데 있어 첫 번째[初] 등급(等級).

▸ 초등 교:육 初等教育 | 가르칠 교, 기를 육
[교육] 여러 단계의 교육과정 중, 첫 번째 단계[初等]의 교육(教育).

▸ 초등 학교 初等學校 | 배울 학, 가르칠 교
[교육] 아동들에게 첫 단계[初等]의 기본 의무 교육을 실시하기 위한 학교(學校). 1995년부터 '국민학교'를 이 이름으로 바꾸었다. ¶초등학교에 다니는 아이들.

▸ 초등-학생 初等學生 | 배울 학, 사람 생
초등(初等)학교에 다니는 학생(學生). ¶박물관에는 견학 온 초등학생들로 가득 찼다.

초라-하다 [shabby; miserable]
겉모양이 허술해 보잘것없다. ¶초라한 옷차림. [비] 볼품없다.

초래 招來 | 부를 초, 올 래
[cause; bring about; lead to]

❶ 속뜻 불러서[招] 오게 함[來]. ❷어떤 결과를 가져 오게 함. ¶이 병은 잘못하면 사망을 초래할 수 있다.

초례 醮禮 | 제사지낼 초, 예도 례 [marriage ceremony; wedding]
❶ 속뜻 예식(禮式)을 치름[醮]. ❷전통 결혼 예식. ¶초례를 지내다.

▶ 초례-청 醮禮廳 | 관청 청
전통적으로 지내는 혼인 예식[醮禮]을 치르는 장소[廳]. ¶부채로 얼굴을 가린 신부가 머리 어멈의 부축을 받으면서 방에서 나와 초례청에서 신랑과 마주 섰다.

초록 草綠 | 풀 초, 초록빛 록 [green; verdure]
풀[草]의 빛깔과 같이 푸른빛을 약간 띤 녹색(綠色). 또는 그 물감. ¶산이 온통 초록으로 물들었다. 속담 초록은 동색.

▶ 초록-불 (草綠-)
교통 신호의 하나로 초록(草綠)빛이 나는 불빛. ¶초록불이 되면 횡단보도를 건널 수 있다. ⓑ 파란불.

▶ 초록-빛 (草綠-)
초록색(草綠色).

▶ 초록-색 草綠色 | 빛 색
풀[草]의 푸른[綠] 빛[色]. 초록. ㊟ 녹색. ⓑ 초록빛.

초롱 [lantern of gauze]
'등롱'을 달리 이르는 말. 등롱 안에 주로 촛불을 켜기 때문에 붙여진 이름이다.

▶ 초롱-불
초롱에 켜 놓은 불. ¶어두운 밤이라 초롱불 하나로는 알아보기가 어렵다.

초롱-초롱 [shine; twinkle; wakeful]
또렷하게 빛나는 모양. ¶하늘에는 별이 초롱초롱하다 / 정신이 초롱초롱하다.

초-만원 超滿員 | 넘을 초, 찰 만, 인원 원 [being overfull of people]
정원을 다 채우고도[滿] 이를 초과(超過)한 인원(人員)이나 상태. ¶극장 앞은 초만원을 이루었다.

초면 初面 | 처음 초, 낯 면 [first meeting; seeing for the first time]
처음[初]으로 대하는 얼굴[面]. ¶초면에 실례하겠습니다. ⓑ 구면(舊面).

초목 草木 | 풀 초, 나무 목 [trees and plants; grass and trees]
풀[草]과 나무[木]. ¶산은 짙푸른 초목으로 우거져 있다.

초반 初盤 | 처음 초, 쟁반 반 [opening part]
❶ 속뜻 첫[初]번째 쟁반[盤]. ❷어떤 일이나 일정한 기간의 처음 단계. ¶10대 초반 / 경기 초반에는 상대팀이 이기고 있었다.

초-밥 (醋-, 식초 초) [sushi]
저민 생선·조개·새우 따위를 초(醋)친 밥에 얹어 주먹으로 쥐어 뭉치거나 유부·김으로 싼 일본 요리의 하나.

초-벌 (初-, 처음 초) [first; primary]
같은 일을 여러 차례 거듭하여야 할 때에 맨 처음[初] 대강 하여 낸 차례. ¶초벌 빨래 / 초벌 그림을 그리다. ⓑ 애벌.

▶ 초벌-구이 (初-)
수공 잿물을 바르지 않고 낮은 온도의 열로 한 번[初] 굽는 일. 또는 그렇게 구워 낸 도자기. ⓑ 애벌구이.

초보 初步 | 처음 초, 걸음 보 [first steps; beginner; early stage]
❶ 속뜻 첫[初] 번째 걸음[步]. ❷학문이나 기술 따위의 가장 낮고 쉬운 정도의 단계. ¶초보 운전 / 물리학을 초보부터 배우다.

▶ 초보-자 初步者 | 사람 자
초보(初步)의 단계에 있는 사람[者]. ¶초보자를 위하여 쉽게 설명하다.

초복 初伏 | 처음 초, 엎드릴 복
삼복(三伏)의 첫[初] 번째 복(伏)날.

초-봄 (初-, 처음 초) [beginning of spring; early spring]
봄이 시작되는 첫[初] 무렵. ⓑ 늦봄.

초빙 招聘 | 부를 초, 부를 빙 [invite; engage; employ]

예를 갖추어 부름[招=聘]. ¶전문가를 초빙하여 의견을 듣다. ㊐ 초청(招請).

초-사흘 (初—, 처음 초)
[third day of the month]
매월 초순(初旬)의 세 번째 날.

초상¹ 初喪 | 처음 초, 죽을 상
[(a period of) mourning]
❶ 속뜻 처음[初] 치르는 상(喪). ❷사람이 죽은 뒤 장사지내기까지의 일. ¶초상을 치르다. 관용 초상난 집 같다.

▶초상-집 (初喪—)
초상(初喪)난 집. ¶초상집에서 밤을 새우다. 속담 초상집 개 같다.

초상² 肖像 | 닮을 초, 모양 상
[portrait; likeness]
❶ 속뜻 똑같이 닮은[肖] 모습이나 모양[像]. ❷사진, 그림 따위에 나타낸 사람의 얼굴이나 모습. ¶그 초상은 마치 살아 있는 것 같다.

▶초상-화 肖像畵 | 그림 화
미술 사람의 모습[像]을 본떠[肖] 그린 그림[畵]. ¶그녀의 초상화는 실물보다 못하다.

초서 草書 | 거칠 초, 쓸 서
[cursive style]
❶ 속뜻 거칠게[草] 쓴[書] 글씨. ❷행서를 풀어 점과 획을 줄여 쓴 글씨. ¶초서로 갈겨 쓰다.

초석 礎石 | 주춧돌 초, 돌 석
[cornerstone; foundation; basis]
❶ 건설 기둥 밑에 기초로 받쳐 놓은[礎] 돌[石]. ¶빌딩의 초석은 육중한 건물을 떠받들고 있다. ❷'사물의 기초'를 비유하여 이르는 말. ¶미래의 발전을 위한 초석을 놓다. ㊐ 주춧돌, 기초(基礎), 기반(基盤).

초소 哨所 | 망볼 초, 곳 소 [guard post]
❶ 속뜻 망보는[哨] 곳[所]. ❷보초나 경계하는 이가 근무하는 시설. ¶초소를 지키다.

초-소형 超小型 | 넘을 초, 작을 소, 모형 형
[subminiature]
보통의 소형보다 훨씬 더[超] 작은 소형(小型). ¶초소형 카메라.

초속 秒速 | 초 초, 빠를 속
[velocity per second]
1초(秒) 동안에 나아가는 속도(速度). ¶초속 20미터의 태풍.

초순 初旬 | 처음 초, 열흘 순
[first ten days of a month]
한 달의 첫[初] 번째 열흘[旬] 동안. ㊐ 상순(上旬).

초승-달 [new moon]
음력 달의 초순에 뜨는 달. ¶초승달 같은 눈썹.

초시 初試 | 처음 초, 시험할 시
역사 과거의 첫[初] 시험(試驗). 또는 그 시험에 급제한 사람.

초-시계 秒時計 | 초 초, 때 시, 셀 계
[microchronometer; stopwatch]
초(秒) 단위의 정밀한 시간을 재는 데에 쓰는 시계(時計). ¶초시계로 시간을 재다.

초식 草食 | 풀 초, 밥 식
[eat grass; live on grass]
풀[草]로 만든 음식(飮食). ㊥ 육식(肉食).

▶초식-성 草食性 | 성질 성
풀을 먹이[草食]로 하는 성질(性質). ¶초식성 동물.

초안 草案 | 거칠 초, 문서 안
[rough draft]
❶ 속뜻 다듬지 않아 거친[草] 문서[案]나 글. ¶연설문의 초안을 쓰다. ❷애벌로 안(案)을 잡음. 또는 그 안. ¶초안을 토의하다.

초야 草野 | 풀 초, 들 야
[remote village; backwoods]
❶ 속뜻 풀[草]로 뒤덮인 들판[野]. ❷궁벽한 시골. ¶초야에 묻혀 살다.

초-여름 (初—, 처음 초)
[early summer]
여름이 시작되는 첫[初] 무렵. ¶초여름부

터 후텁지근하다. ⓑ 늦여름.

초엽 初葉 | 처음 초, 무렵 엽
[beginning; early days]
어떠한 시대를 처음·가운데·끝의 셋으로 나눌 때 첫[初] 번째 [葉]. ¶20세기 초엽.

***초원** 草原 | 풀 초, 들판 원
[plain; grassland]
온통 풀[草]로 뒤덮여 있는 들판[原]. ¶초원을 뛰노는 양떼.

초월 超越 | 뛰어넘을 초, 넘을 월
[transcend; excel; surpass]
어떤 한계나 표준을 뛰어넘음[超=越]. ¶상상을 초월하다.

초-은하단 超銀河團 | 넘을 초, 은 은, 물 하, 모일 단
천문 수백 개의 은하단(銀河團)이 모인[超] 집단. ¶우리 은하계는 처녀자리 초은하단에 속한다.

초-음속 超音速 | 넘을 초, 소리 음, 빠를 속
[supersonic speed]
물리 음속(音速)을 넘는[超] 속도. 소리의 전파 속도보다 빠른 속도. ¶초음속 제트기.

초-음파 超音波 | 넘을 초, 소리 음, 물결 파
[supersonic waves]
물리 사람이 들을 수 있는 주파수를 넘는[超] 음파(音波). 보통 2만 헤르츠(Hz) 이상이다. ¶초음파로 물고기가 사는 곳을 찾아내다.

초인 超人 | 뛰어넘을 초, 사람 인 [superman]
보통 사람을 뛰어넘는[超] 능력이 있는 사람[人]. ¶내가 초인도 아니고 어떻게 그 일을 다 하겠니?

▸초인-적 超人的 | 것 적
보통 사람을 뛰어넘는[超人] 것[的]. ¶초인적 힘을 발휘하다.

초인-종 招人鐘 | 부를 초, 사람 인, 쇠북 종
[call bell; doorbell; buzzer]
사람[人]을 부르는[招] 데 쓰이는 작은 종(鐘)이나 방울. ¶초인종이 세 번 길게 울렸다.

초장¹ 初章 | 처음 초, 글 장
[first verses]
문학 작품의 첫째[初] 장(章).

초장² 醋醬 | 식초 초, 간장 장
[soy sauce with vinegar]
식초(食醋)를 탄 간장[醬]. ¶만두를 초장에 찍어 먹다.

초-저녁 (初—, 처음 초)
[early in the evening]
이른[初] 저녁.

초점 焦點 | 태울 초, 점 점 [focus]
❶ 속뜻 광선을 모아 태우는[焦] 점(點). ❷ 사람들의 관심이나 시선이 집중되는 사물의 중심이나 문제점. ¶문제의 초점을 흐리다. ❸시선이 어떤 대상에 집중하는 것. ¶초점 없는 눈으로 바라보다. ❹ 물리 반사경이나 렌즈에 평행으로 들어와 반사·굴절한 광선이 모이는 점. 영어 'focus'의 어원은 '화로'(火爐)로, '연소점'(燃燒點)이 본뜻이다.

초정 草亭 | 풀 초, 정자 정
풀[草]이나 갈대 따위로 지붕을 얹은 정자(亭子). ¶초정에 홀로 앉아 책을 읽고 있다.

초조 焦燥 | 태울 초, 마를 조 [impatient; anxious]
애를 태우고[焦] 마음을 졸임[燥]. ¶자기 순서를 초조하게 기다리다.

초지 初志 | 처음 초, 뜻 지
[one's original purpose]
처음[初]에 품은 뜻[志].

▸초지-일관 初志一貫 | 한 일, 꿸 관
처음에 세운 뜻[初志]을 한결같이 하나[一]로 끝까지 꿰뚫음[貫]. 의지를 이루려고 끝까지 밀고 나감. ¶신념을 갖고 평생을 초지일관하며 사는 것은 쉬운 일이 아니다.

초창 草創 | 거칠 초, 처음 창
[beginning; start; early stage]

❶ 속뜻 거칠게[草] 처음[創] 시작함. ❷사업을 일으켜 시작함.

▸초창-기 草創期 | 때 시
어떤 것이 처음 시작된[草創] 시기(時期). ¶그의 회사는 초창기에 많은 어려움을 겪었다.

초청 招請 | 부를 초, 부탁할 청 [invite]
남을 불러서[招] 무슨 일을 부탁함[請]. ¶초청 강연 / 친지들을 생일잔치에 초청하다. ⊕ 초대(招待), 초빙(招聘).

▸초청-장 招請狀 | 문서 장
초청(招請)하는 내용을 적은 글[狀]. ¶전시회의 초청장을 보내오다.

초췌 憔悴 | 수척할 초, 파리할 췌 [haggard; emaciated]
고생이나 병으로 몸이 수척하고[憔] 파리하다[悴]. ¶며칠 앓더니 얼굴이 초췌해졌구나!

초침 秒針 | 초 초, 바늘 침 [second hand]
초(秒)를 가리키는 시계 바늘[針]. ¶초침이 가늘어서 거의 보이지 않는다.

초콜릿 {영 chocolate}
코코아 가루에 향료·버터·설탕 등을 넣고 굳혀서 만든 과자.

초크 {영 chalk}
옷감을 마르려고 금을 그을 때 쓰는 모서리가 둥근 삼각형 모양의 분필.

초-파리 (醋—, 식초 초) [drosophila; vinegar fly]
동물 작고 검은색으로, 집 안의 부엌·창고 등의 발효된[醋] 음식에 모여드는 곤충.

초파일 [Buddha's Birthday]
불교 우리나라 명절의 하나. 음력 4월 8일로, 부처님 오신 날이다. '초팔일'(初八日)에서 온 말이다.

초판 初版 | 처음 초, 책 판 [first edition]
❶ 속뜻 처음[初] 출간한 책[版]. ❷ 출판 어떤 서적의 간본 중에 최초로 발행한 판. ¶초판은 일주일도 못 되어 매진되었다.

초-하루 (初—, 처음 초) [first day of the month]
'초(初) 하룻날'의 준말. ¶정월 초하루.

초-하룻날 (初—, 처음 초)
그달의 첫째[初] 날. 속담 정월 초하룻날 먹어 보면 이월 초하룻날 또 먹으려 한다.

초행 初行 | 처음 초, 갈 행 [first trip]
처음[初]으로 감[行]. ¶초행이라 길을 잘 모르겠다.

촉¹ 燭 | 촛불 촉 [candlelight; luminous intensity]
빛의 밝기를 나타내는 말. ¶10촉 전구.

촉² 鏃 | 살촉 촉 [point; tip]
긴 물건의 끝에 박힌 뾰족한 물건의 총칭. ¶화살촉 / 펜촉.

촉각¹ 觸角 | 닿을 촉, 뿔 각 [feeler; antenna]
동물 감촉(感觸) 기능을 가진 말은 뿔[角] 모양의 기관. 절지동물의 머리에 있는 감각 기관으로, 후각, 촉각 따위를 맡는다.

촉각² 觸覺 | 닿을 촉, 깨달을 각 [sense of touch]
의학 무엇이 피부 등에 닿아서[觸] 일어나는 감각(感覺). 온도나 아픔 따위를 분간할 수 있다. ¶손끝의 촉각으로 점자를 읽다.

촉감 觸感 | 닿을 촉, 느낄 감 [touch; feel]
무엇에 닿는[觸] 느낌[感]. ¶이불의 촉감이 부드럽다. ⊕ 감촉(感觸).

촉구 促求 | 재촉할 촉, 구할 구 [stimulate; urge; call]
무엇을 하기를 재촉[促]하여 요구(要求)함. ¶신속한 결정을 촉구하다.

촉망 屬望 | =囑望, 이을 촉, 바랄 망 [expect; hope]
이어서[屬] 잘 되기를 바라고[望] 기대함. 또는 그런 대상. ¶장래가 촉망되는 사람. ⊕ 속망(屬望).

촉매 觸媒 | 닿을 촉, 맺어줄 매 [catalyst]

❶[속뜻] 접촉(接觸)하여 변화하도록 맺어 줌[媒]. ❷[화학] 자신은 결과적으로 아무런 반응이 일어나지 않으나 다른 물질의 반응을 촉진하거나 지연시키는 물질.

촉박 促迫 | 다가올 촉, 닥칠 박
[urgent; imminent]
어떤 기한이나 시간이 바짝 다가오거나[促] 닥침[迫]. ¶시간이 촉박하니 용건만 말하겠다.

촉석-루 矗石樓 | 곧을 촉, 돌 석, 다락 루
❶[속뜻] 곧고[矗] 큰 돌[石] 위에 세운 누각(樓閣). ❷[고적] 경상남도 진주시 본성동에 있는 누각. 남강에 면한 벼랑 위에 세워진 단층 팔작(八作)의 웅장한 건물로, 진주성의 주장대(主將臺)이다.

촉수 觸手 | 닿을 촉, 손 수
[feeler; tentacle]
❶[속뜻] 사물에 손[手]을 댐[觸]. ¶촉수 엄금. ❷[동물] 하등 무척추동물의 몸 앞부분이나 입 주위에 있는 돌기 모양의 기관. 촉각, 미각 따위의 감각 기관으로 포식 기능을 가진 것도 있다. ¶해파리가 촉수를 움직이다.

촉진 促進 | 재촉할 촉, 나아갈 진
[promote; accelerate; expedite]
나아가도록[進] 재촉함[促]. ¶성장을 촉진하다.

촉-촉 [moist; damp]
물기가 있어 조금 젖은 듯하다. ¶마당에 나가니 땅이 촉촉이 젖어 있다 / 그의 옷은 땀으로 촉촉하다.

촌:[1]寸 | 관계 촌
[degree of relationship]
친척 관계의 멀고 가까움을 나타내어 세는 말. ¶그 사람과는 몇 촌 간이냐?

촌:[2]村 | 마을 촌 [village; countryside; rural community]
❶도시에서 떨어진 마을. ¶촌에는 늙으신 할머니 혼자 사신다. ❷특정한 사람들이 모여 살거나 특정한 건물들이 모여 있는 곳. ¶아파트 촌. [비] 시골. [반] 도시(都市).

촌:-뜨기 (村-, 마을 촌)
[bumpkin; yokel; rube]
시골에 사는 촌(村)스러운 사람. ¶어수룩한 시골 촌뜨기. [비] 시골뜨기.

*__촌:락__ 村落 | 시골 촌, 마을 락
[village; hamlet]
시골[村]의 마을[落]. ¶강의 주변에는 촌락이 형성되어 있다. [반] 도시(都市).

촌:수 寸數 | 관계 촌, 셀 수
[degree of consanguinity]
친족 간의 멀고 가까운 관계[寸]를 나타내는 수(數). 또는 그런 관계. ¶촌수가 가깝다 / 촌수를 따지다.

촌:-스럽다 (村-, 마을 촌) [countrified; rustic]
촌(村)티가 나다. 세련되지 못하다. ¶촌스럽게 두리번거리지 말고 어서 앉아라.

촌:장 村長 | 마을 촌, 어른 장
[village chief]
마을 일을 두루 맡아보던 마을[村]의 어른[長]. ¶이 마을의 촌장은 꽤 젊은 편이다.

촌:지 寸志 | 작을 촌, 마음 지
[little token of one's gratitude]
❶[속뜻] 작은[寸] 마음[志]. ❷얼마 되지 않는 적은 선물. ¶촌지를 받기는 했지만 조용히 되돌려 주었다.

촌철살인 寸鐵殺人 | 마디 촌, 쇠 철, 죽일 살, 사람 인
❶[속뜻] 한 치[寸]의 쇠붙이[鐵]만으로도 사람[人]을 죽일[殺] 수 있음. ❷남을 크게 감동시키는 한 마디 말을 비유하여 이르는 말. ¶촌철살인의 한 마디 말에 모두 깨달은 바가 있었다.

촌:충 寸蟲 | 마디 촌, 벌레 충 [tapeworm]
❶[속뜻] 마디[寸]로 이어진 모양의 벌레[蟲]. ❷[동물] 창자에 기생하며 체벽에서 영양을 빨아먹는 마디 모양으로 생긴 기생충.

촌-티 (村-, 마을 촌)

[rusticity; boorishness]
촌(村)사람의 티. 촌스러운 경향·냄새. ¶그 처녀는 아직 촌티를 벗지 못하고 있다.

촐랑-거리다 [act frivolously]
조심스럽지 못하고 방정맞게 까불다. ¶아이들은 촐랑거리며 방 안을 드나들었다.

촐촐
물 따위가 조금씩 넘치는 모양. ¶양동이의 물이 촐촐 넘치기 시작했다.

촘촘-하다 [close; thick]
틈·구멍이 매우 좁거나 작다. ¶이가 촘촘하게 나다. [비] 빽빽하다, 조밀(稠密)하다.

촛-농 (―膿, 고름 농)
[drops of melted candle]
초가 탈 때 녹아 흐르는 것[膿]. 또는 흘러서 굳은 것. ¶뜨거운 촛농이 흘러내린다.

촛-대 (―臺, 돈대 대) [candlestick]
초를 꽂아 놓는 기구[臺].

촛-불 [candlelight]
초에 켠 불. ¶촛불을 끄다.

총¹**銃** | 총 총 [gun; rifle; firearms]
화약의 힘으로 탄환을 발사하는 무기. ¶총에 맞아 죽다.

총:²**總** | 모두 총 [all; whole; entire]
'어떤 수량을 합계하여 모두'의 뜻. ¶우리 학교 학생은 총 1,038명이다.

총:각 總角 | 묶을 총, 뿔 각
[unmarried man]
상투를 틀지 않은 '결혼하지 않은 성년 남자'를 이르는 말. 미혼 남성들은 머리를 뿔[角] 모양으로 묶었던[總] 풍습에서 유래된 것으로 추정된다. ¶옆집 형이 드디어 총각 딱지를 떼었다. [반] 처녀(處女).

▶총:각-무 (總角―)
잎이 달린 채로 총각(總角)김치를 담그는 뿌리가 작은 무의 한 가지.

▶총:각-김치 (總角―)
손가락 굵기 만한 총각(總角)무를 잎이 달린 채로 양념에 버무려 담근 김치.

총격 銃擊 | 총 총, 칠 격
[shooting; gunfire; gunshot]
총기(銃器)로 공격(攻擊)함. ¶총격을 가하다.

▶총격-전 銃擊戰 | 싸울 전
서로 총을 쏘면서[銃擊] 하는 싸움[戰]. ¶거리에서 총격전을 벌이다.

총:계 總計 | 묶을 총, 셀 계
[total; total amount]
전체를 한데 모아서[總] 헤아림[計]. ¶이번 달 지출의 총계를 내다. [비] 합계(合計).

총:-공격 總攻擊 | 모두 총, 칠 공, 칠 격
[make a general attack; attack the enemy in full force]
전원 모두[總]가 적을 공격(攻擊)함. ¶대규모의 총공격을 가하다.

총:괄 總括 | 묶을 총, 묶을 괄
[generalize; summarize]
개별적인 것을 하나로 묶음[總=括]. ¶전국의 민요를 총괄하여 분류하다.

총구 銃口 | 총 총, 구멍 구 [muzzle]
총(銃)의 구멍[口]. 총알이 나가는 앞부분. ¶총구를 심장에 겨누다. [비] 총구멍.

총-구멍 (銃―, 총 총) [muzzle]
총알이 나가는 총(銃)의 앞쪽 끝 부분. [비] 총구(銃口).

총기¹銃器 | 총 총, 그릇 기
[small arms; firearms]
소총(小銃)이나 권총(拳銃) 따위 무기(武器). ¶범인은 총기를 소지하고 있다.

총기²聰氣 | 총명할 총, 기운 기
[brightness; intelligence; sagacity]
총명(聰明)한 기질(氣質). ¶이 아이는 총기가 있어서 한 번 들으면 곧잘 외운다.

총:독 總督 | 거느릴 총, 살필 독
[governor-general; viceroy]
하위 조직을 거느리고[總] 감독(監督)함. 또는 그런 사람.

▶총:독-부 總督府 | 관청 부
총독(總督)에 관계된 업무를 하는 관청[府]. ¶조선 총독부.

총ː-동원 總動員 | 모두 총, 움직일 동, 사람 원
관계자를 모두[總] 동원(動員)함. ¶식구들을 총동원하여 잃어버린 아이를 찾았다.

총ː량 總量 | 모두 총, 분량 량
[total amount]
모든[總] 양(量). 전체 분량. ¶상품의 총량은 2톤이다.

총ː력 總力 | 모두 총, 힘 력
[total strength; all one's energy]
집단 따위의 모든[總] 힘[力]. 전체의 힘. ¶조직의 총력을 기울이다.

총ː리 總理 | 거느릴 총, 다스릴 리
[Premier; Prime Minister]
❶속뜻 전체를 거느리고[總] 관리(管理)함. ❷법률 '국무총리'(國務總理)의 준말. ❸내각책임제 국가의 내각에서 제일 높은 사람.

총ː-면적 總面積 | 모두 총, 낯 면, 쌓을 적
[gross area]
전체[總]의 넓이[面積]. 총넓이. ¶건물의 총면적을 계산하다.

총명 聰明 | 밝을 총, 밝을 명
[bright; intelligent]
❶속뜻 귀가 밝고[聰] 눈이 밝음[明]. 이총목명(耳聰目明)의 준말. ❷썩 영리하고 재주가 있음. ¶아이가 하나를 가르쳐 주면 열을 알 만큼 총명하다.

총ː무 總務 | 모두 총, 일 무
[general affairs; manager; director]
기관이나 단체의 일반적인 모든[總] 사무(事務). 또는 그 일을 맡은 사람. ¶작년에 총무였던 그가 동창회의 새 회장이 되었다.

총ː-본부 總本部 | 거느릴 총, 뿌리 본, 거느릴 부 [head office]
전체를 거느리는[總] 본부(本部).

총-부리 (銃—, 총 총) [muzzle]
총(銃)에서 총구멍이 있는 부분. ¶총부리를 들이대다.

총ː-사령관 總司令官 | 거느릴 총, 맡을 사, 명령 령, 벼슬 관
[supreme commander]
군사 전군을 거느리는[總] 최고 사령관(司令官).

총살 銃殺 | 총 총, 죽일 살
[shoot a person dead]
총(銃)으로 쏘아 죽임[殺]. ¶총살에 처하다.

총상 銃傷 | 총 총, 다칠 상
[bullet wound]
총(銃)에 맞아 다친 상처(傷處). ¶어깨에 총상을 입다.

총ː-생산 總生産 | 모두 총, 날 생, 낳을 산
[total output; gross]
국민 전체[總]가 생산(生産)한 것의 가치를 화폐단위로 나타낸 것. ¶국민 총생산.

총ː선 總選 | 모두 총, 가릴 선
[general election]
모든 국회의원을 다시 뽑는 '총선거'(總選擧)의 준말.

총ː-선거 總選擧 | 모두 총, 가릴 선, 들 거
[general election]
국회의원 모두[總]를 한꺼번에 선출하는 선거(選擧). ㊟ 총선.

총성 銃聲 | 총 총, 소리 성
[report of a gun]
총(銃)을 쏠 때 나는 소리[聲]. 총소리. ¶총성이 울리다.

총ː-소득 總所得 | 모두 총, 것 소, 얻을 득
[ones gross income]
모든[總] 소득(所得). 소요 경비를 제하지 않은 총수입. ¶총소득이 많지 않아 소득세를 감면 받았다.

총-소리 (銃—, 총 총) [report of a gun]
총(銃)을 쏠 때에 나는 소리. ¶밖에서 총소리가 들렸다. ㊐ 총성(銃聲).

총ː수 總數 | 모두 총, 셀 수
[total number; whole sum]

전체[總] 수효(數爻). ¶사망자의 총수를 헤아릴 수 없을 정도다.

총ː-수입 總收入 | 모두 총, 거둘 수, 들 입 [total income; gross earnings]
전체[總] 수입(收入). ¶그는 한 달 총수입이 백만 원 정도다. [반] 총지출(總支出).

총-알 (銃—, 총 총) [(rifle) bullet]
총(銃)을 쏘았을 때에 총구멍에서 나와 목표물을 맞히는 물건. ¶총알을 장전하다. [비] 총탄(銃彈), 탄환(彈丸).

총ː애 寵愛 | 사랑할 총, 사랑 애 [favor; love]
❶[속뜻] 매우 사랑함[寵=愛]. ❷남달리 귀여워하고 사랑함. ¶왕은 그를 총애한다.

총ː액 總額 | 모두 총, 액수 액 [total amount; sum total]
모두[總]를 합한 액수(額數). ¶지출 총액은 천만 원을 훨씬 넘는다.

총ː-영사 總領事 | 거느릴 총, 거느릴 령, 섬길 사 [consul general]
[법률] 국교가 있는 나라에 머물면서 재외 국민을 거느리고[領] 나라를 섬기는[事] 모든 일을 관리하는[總] 직책.

총ː-인구 總人口 | 모두 총, 사람 인, 입 구 [total population]
❶[속뜻] 전체[總]의 인구(人口). ❷어떤 나라나 지역에 사는 사람들의 전체 수효. ¶총인구의 절반 이상이 굶주린다.

총ː-인원 總人員 | 모두 총, 사람 인, 수효 원 [whole personnel]
어떤 단체나 모임에 속한 모든[總] 사람[人員]. ¶우리 반의 총인원은 35명이다.

총ː장 總長 | 묶을 총, 어른 장 [president of a university]
❶[속뜻] 모든 업무를 총괄(總括)하는 우두머리[長]. ❷[교육] 종합 대학의 총책임자. ¶김 교수가 총장에 취임하다.

총ː재 總裁 | 묶을 총, 처리할 재 [president]
사무를 총괄(總括)하여 처리함[裁]. 또는 그런 직위의 사람. ¶은행 총재.

총ː점 總點 | 모두 총, 점 점 [total of one's marks; total score]
전체[總]의 점수(點數). 득점의 총계. ¶다섯 과목의 시험 총점은 495점이다.

총ː-정리 總整理 | 모두 총, 가지런할 정, 다듬을 리
어떤 내용을 모두[總] 모아서 잘 정리(整理)해 놓은 것. ¶국어 총정리 문제집.

총-채 [duster]
말총이나 헝겊 따위로 만든 먼지떨이. ¶총채로 책장의 먼지를 떨다.

총총[1] [twinkling; glittering]
별들이 많고 또렷또렷한 모양. ¶하늘에는 별이 총총했다.

총총[2] 叢叢 | 모일 총, 모일 총 [dense; thick]
매우 많이 모여 있음[叢+叢]. 빽빽함.

총총-거리다
바쁜 모양으로 발을 구르는 듯이 걷다.

총총-걸음 [quick pace; quick short steps; hurried walking]
발을 자주 떼어 놓으며 급히 걷는 걸음. ¶총총걸음으로 어머니를 쫓아가다.

총총 悤悤 | 바쁠 총, 바쁠 총
바쁘고[悤] 바쁨[悤]. 매우 바쁨. ¶그는 누군가에게 쫓기듯이 총총 사라졌다 / 생활이 너무 총총해서 편지 한 장 쓸 겨를이 없다.

총ː칭 總稱 | 묶을 총, 일컬을 칭 [give a general name; call generically]
모두 뭉뚱그려[總] 일컬음[稱]. 또는 그 명칭. ¶이런 동물들을 포유류라고 총칭한다.

총-칼 (銃—, 총 총) [gun and a sword; force of arms]
총(銃)과 칼을 아울러 이르는 말. ¶나라를 총칼로 다스리다.

총탄 銃彈 | 총 총, 탄알 탄 [(rifle) bullet]
총(銃)의 탄알[彈]. ¶그는 적군의 총탄을

맞고 쓰러졌다. [비] 총알, 탄환(彈丸).

총포 銃砲 | 총 총, 대포 포
[gun; firearm]
총(銃)과 대포(大砲). ¶시민들에게 총포를 겨누었다.

총:회 總會 | 모두 총, 모일 회
[general meeting; plenary session]
어떤 단체에서 구성원 전체[總]의 모임[會]. ¶유엔 총회 / 정기 총회를 열다.

촬영 撮影 | 찍을 촬, 모습 영
[photograph; shoot a film]
사람이나 사물의 모습[影]을 찍음[撮]. ¶영화 촬영 / 기념사진을 촬영하다.

최:강 最強 | 가장 최, 강할 강 [strongest]
가장[最] 강(強)함. ¶대표팀 감독은 국내 최강의 팀을 구성했다.

***최:고** 最高 | 가장 최, 높을 고 [highest; best]
❶ [속뜻] 가장[最] 높음[高]. ¶최고로 속도를 내다. ❷가장 으뜸이 되는 것. ¶선생님이 최고에요. [반] 최저(最低).

▶ 최:고-봉 最高峯 | 봉우리 봉
❶ [속뜻] 가장 높은[最高] 봉우리[峯]. ¶그는 히말라야의 최고봉을 정복했다. ❷어떤 방면에서 '가장 뛰어남'을 비유하여 이르는 말. ¶그의 작품은 현대문학의 최고봉이다. [비] 주봉(主峰), 대가(大家).

최:-고급 最高級 | 가장 최, 높을 고, 등급 급
가장[最] 높은[高] 등급(等級). ¶최고급 프랑스 요리.

최:-고조 最高潮 | 가장 최, 높을 고, 바닷물 조
❶ [속뜻] 가장[最] 높이[高] 올라온 조수(潮水). ❷어떤 분위기나 감정 따위가 가장 높은 정도에 이른 상태. ¶축제 분위기는 최고조에 달했다.

****최:근** 最近 | 가장 최, 가까울 근 [lately; recently]
❶ [속뜻] 가장[最] 가까운[近] 때. ❷현재를 기준한 앞뒤의 가까운 시기. ¶최근 들어 많은 변화가 있었다 / 최근까지 그 일을 모르고 있었다. [비] 요즘.

최:다 最多 | 가장 최, 많을 다
[largest; maximum]
가장[最] 많음[多]. ¶그 영화는 최다 관객 수를 기록했다. [반] 최소(最少).

최:단 最短 | 가장 최, 짧을 단
[shortest; nearest]
가장[最] 짧음[短]. ¶학교까지의 최단 거리는 500미터이다. [반] 최장(最長).

****최:대** 最大 | 가장 최, 큰 대
[biggest; largest; maximum]
가장[最] 큼[大]. ¶뉴욕은 세계 최대의 도시이다. [반] 최소(最小).

▶ 최:대-한 最大限 | 끝 한
가장 큰[最大] 한도(限度). ¶이번 기회를 최대한 활용하다. [반] 최소한(最小限).

▶ 최:대 공약수 最大公約數 | 여럿 공, 묶을 약, 셀 수
[수학] 둘 이상의 정수(整數)의 공약수(公約數) 가운데 가장[最] 큰[大] 수. ¶6, 18, 21의 최대 공약수는 3이다.

최:댓-값 (最大—, 가장 최, 큰 대) [absolute maximum]
[수학] 가장[最] 큰[大] 값. [비] 최대치(最大值). [반] 최솟값.

최루 催淚 | 재촉할 최, 눈물 루
[causing tears]
❶ [속뜻] 눈물[淚]을 재촉함[催]. ❷눈물을 흘리도록 자극함. ¶그 가루는 최루 효과가 약간 있다.

▶ 최루-탄 催淚彈 | 탄알 탄
눈물샘을 자극하여 눈물을 흘리게 하는[催淚] 약이나 물질을 넣은 탄환(彈丸). ¶최루탄을 발사하다.

최면 催眠 | 재촉할 최, 잠 면
[hypnosis; induced sleep]
❶ [속뜻] 잠[眠]을 재촉함[催]. ❷인위적으로 수면 상태에 빠지게 함. ¶그는 최면에 걸린 듯 꼼짝도 하지 않았다.

최:상 最上 | 가장 최, 위 상 [best; finest; highest]
❶ 속뜻 가장[最] 위[上]. ❷가장 높고 만족스러운 상태. ¶우리 팀의 컨디션은 최상이다 / 최상의 품질을 자랑하다. ⊕최하(最下).

▶최:상-급 最上級 | 등급 급
가장 위[最上]의 계급(階級)이나 등급(等級). ¶최상급 한우.

⁑**최:선** 最善 | 가장 최, 좋을 선 [best]
❶ 속뜻 가장[最] 좋음[善]. 가장 훌륭한 것. ¶한자어를 익히는 최선의 방법은 속뜻학습이다. ❷온 힘을 다함. ¶최선을 다하겠습니다. ⊕최악(最惡).

최:소[1] 最少 | 가장 최, 적을 소 [fewest; lowest; minimum]
가장[最] 적음[少]. ¶피해를 최소로 줄이다. ⊕최다(最多).

최:소[2] 最小 | 가장 최, 작을 소 [smallest; minimum]
가장[最] 작음[小]. ⊕최대(最大).

▶최:소-한 最小限 | 끝 한
가장 작은[最小] 한도(限度). ¶최소한의 성의 / 최소한 10분 전에는 약속 장소에 나간다. ⊕최대한(最大限).

▶최:소 공배수 最小公倍數 | 여럿 공, 곱 배, 셀 수
수학 둘 이상의 정수의 공배수(公倍數) 가운데에서 1을 제외한 가장[最] 작은[小] 수. 정식(整式)에서는 공배수 가운데에서 차수(次數)가 가장 낮은 것을 가리킨다. ¶2와 3의 최소공배수는 6이다.

최:솟-값 (最小-, 가장 최, 작을 소) [minimum value]
수학 가장[最] 작은[小] 값. ¶8의 약수 중 최솟값을 구하라. ⊜최소치(最小値). ⊕최댓값.

최:신 最新 | 가장 최, 새 신 [newest]
가장[最] 새로움[新]. ¶이 공장은 최신 설비를 갖추고 있다. ⊕최고(最古).

▶최:신-식 最新式 | 법 식
가장 새로운[最新] 방식(方式)이나 형식(形式). ¶집을 최신식으로 개조했다.

▶최:신-형 最新型 | 모형 형
가장 새로운[最新] 모양[型]이나 그 모양의 것. ¶최신형 자동차를 몰다.

최:악 最惡 | 가장 최, 나쁠 악 [worst]
가장[最] 나쁨[惡]. ¶최악의 경우에는 사망할 수도 있다 / 도로 상황이 최악이다. ⊕최선(最善).

최:-우선 最優先 | 가장 최, 뛰어날 우, 먼저 선 [first priority]
어떤 일이나 대상을 가장[最] 우선(優先)하는 문제로 삼거나 다룸. ¶최우선 순위를 두다.

최:-우수 最優秀 | 가장 최, 뛰어날 우, 빼어날 수 [very best]
가장[最] 뛰어나고[優] 빼어남[秀]. ¶최우수 영화로 선정되다.

최:저 最低 | 가장 최, 밑 저 [lowest]
가장[最] 낮음[低]. ¶최저 혈압 / 한 달에 최저 5만 원이 들 것이다. ⊕최고(最高).

최:적 最適 | 가장 최, 알맞을 적 [being the most suitable; fittest]
가장[最] 적당(適當)함. ¶최적의 조건을 갖추다.

최:-전방 最前方 | 가장 최, 앞 전, 모 방 [forefront]
❶ 속뜻 가장[最] 앞[前] 쪽[方]. ❷ 군사 적과 가장 가까운 전방. ¶그 부대는 우리나라 최전방 방어를 책임지고 있다. ⊜최전선(最前線).

최:종 最終 | 가장 최, 끝날 종 [last; final]
가장[最] 마지막[終]. 맨 나중. ¶나는 아직 최종 결정을 내리지 못했다. ⊕최초(最初).

최:-첨단 最尖端 | 가장 최, 뾰족할 첨, 끝 단 [most advanced; cutting edge]
❶ 속뜻 물건의 뾰족한[尖] 끝[端] 중에서

도 가장[最] 끝 부분. ❷가늘고 긴 사물이나 돌출한 곳의 맨 끝 부분. ❸유행이나 수준 따위의 맨 앞. ¶최첨단 무기를 개발하다.

최:초 最初 | 가장 최, 처음 초
[first; beginning; outset]
가장[最] 처음[初]. 맨 처음. ¶최초의 여성 비행사 / 최초로 전구를 개발하다. [반] 최후(最後).

최:하 最下 | 가장 최, 아래 하
[lowest; most inferior; worst]
가장[最] 아래[下]. 맨 끝. ¶최하 점수 / 최하 천만 원의 벌금을 물다. [반] 최상(最上).

최:후 最後 | 가장 최, 뒤 후
[last; one's last moment]
❶[속뜻] 맨[最] 뒤[後]. 맨 마지막. ¶최후에 웃는 자가 진정한 승자이다. ❷목숨이 다할 때. ¶비참한 최후를 맞다. [반] 최초(最初).

추 錘 | 저울 추
[balance weight; pendulum]
저울추와 같이 끈에 달려 늘어져서 흔들리게 된 물건의 총칭. ¶시계 추.

추가 追加 | 따를 추, 더할 가
[add; supplement]
뒤따라[追] 더함[加]. ¶추가 비용을 부담하다 / 고기 2인분을 추가하다.

추격 追擊 | 쫓을 추, 칠 격
[pursue; chase]
도망하는 적을 뒤쫓아[追] 공격(攻擊)함. ¶경찰은 범인을 추격하여 검거했다.

추곡 秋穀 | 가을 추, 곡식 곡
[autumn harvested grains]
가을[秋]에 거두는 곡식(穀食). ¶추곡수매.

추구 追求 | 따를 추, 구할 구
[pursue; seek]
끝까지 따라가[追] 구(求)함. ¶인간은 행복을 추구하는 존재이다.

추궁 追窮 | 쫓을 추, 다할 궁
[press; question thoroughly]
❶[속뜻] 끝[窮]까지 쫓음[追]. ❷잘못이나 책임 따위를 캐어 물음. ¶추궁을 당하자 나는 말문이 막혔다 / 책임을 추궁하다.

추기 樞機 | 지도리 추, 틀 기
[most important affairs]
❶[속뜻] 문에 달린 지도리[樞]처럼 중요한 틀[機]이나 부분. ❷가장 중요한 일이나 역할.

▸ **추기-경** 樞機卿 | 벼슬 경
[가톨릭] 가톨릭 교회의 중요한 역할[樞機]을 하는 고위 성직자[卿]. 교황의 최고 고문으로, 교황을 선거하고 보좌한다. ¶전 세계의 추기경들은 로마에서 만난다.

추녀[1] [protruding corners of eaves]
처마의 모서리. ¶추녀 끝에 고드름이 매달려 있다.

추녀[2] 醜女 | 추할 추, 여자 녀
[ugly woman]
추하게[醜] 못생긴 여자(女子). [반] 미녀(美女).

추다 [dance]
춤 동작을 보이다. ¶음악에 맞춰 춤을 추다.

추대 推戴 | 밀 추, 떠받들 대
[have a person as head]
❶[속뜻] 밀어[推] 떠받듦[戴]. ❷윗자리에 모심. ¶우리는 김 선생님을 회장으로 추대했다.

추도 追悼 | 쫓을 추, 슬퍼할 도
[mourn for]
죽은 이를 추억(追憶)하며 슬퍼함[悼]. ¶전쟁 희생자들을 추도하다. [비] 추모(追慕).

추락 墜落 | 떨어질 추, 떨어질 락
[fall; drop]
높은 곳에서 떨어짐[墜=落]. ¶비행기 추락사고 / 그의 지지도가 추락했다.

추레-하다 [poor-looking]

겉모양이 깨끗하지 못하고 생기가 없다. ¶그 옷을 입고 있으니 추레해 보였다.

추렴 [chip in; share the cost]
모임이나 놀이의 비용 등으로 각자가 금품을 얼마씩 내어 거둠. ¶여행을 가기 위해서 비용을 추렴하다.

추리 推理 | 밀 추, 이치 리
[infer; deduce; figure out]
이유나 이치[理]를 근거로 미루어[推] 헤아림. ¶이 증거들을 가지고 범인을 추리해 보자.

▸추리 소:설 推理小說 | 작을 소, 말씀 설
[문학] 범죄 수사를 주된 제재로 삼아 추리(推理)에 의한 사건 해결 과정에 흥미의 초점을 맞춘 소설(小說).

추리다 [select]
섞여 있는 많은 것 속에서 여럿을 골라 뽑다. ¶요점만 추려서 말해주십시오.

추모 追慕 | 쫓을 추, 그리워할 모
[cherish the memory of a deceased person]
죽은 이를 추억(追憶)하며 그리워함[慕]. 죽은 이를 사모함. ¶우리는 희생자들을 추모하기 위해 묵념을 했다. [비] 추도(追悼).

▸추모-각 追慕閣 | 집 각
죽은 사람을 기념하기 위해[追慕] 세운 집[閣]. ¶추모각을 세우다.

▸추모-식 追慕式 | 의식 식
죽은 사람을 기념하는[追慕] 의식(儀式). ¶추모식을 거행하다.

추방 追放 | 쫓을 추, 놓을 방
[expel; banish; deport]
❶ [속뜻] 쫓아[追] 내놓음[放]. ❷해롭다고 생각하여 무엇을 없애거나 쫓아내는 것. ¶그는 다른 나라로 추방됐다.

추분 秋分 | 가을 추, 나눌 분
[Autumnal Equinox Day]
❶ [속뜻] 가을[秋]로 나누어짐[分]. ❷일 년 중 낮과 밤의 길이가 같은 절기. 9월 20일 경.

추사-체 秋史體 | 가을 추, 역사 사, 모양 체
[예술] 조선 후기의 명필인 추사(秋史) 김정희(金正喜)의 독특한 서체(書體).

추산 推算 | 밀 추, 셀 산
[estimate at; calculate]
미루어[推] 셈함[算]. ¶그의 재산은 약 10억 원으로 추산된다.

추상 抽象 | 뽑을 추, 모양 상 [abstract]
❶ [속뜻] 외적 모양[象]을 뽑아낸[抽] 내적 속성이나 본질. ❷ [심리] 여러 가지 사물이나 개념에서 공통되는 특성이나 속성 따위를 추출하여 파악하는 작용. [반] 구체(具體).

▸추상-적 抽象的 | 것 적
❶ [속뜻] 외적 모양을 뽑아내 버린 내적 속성[抽象]에 관한 것[的]. ❷구체성이 없이 사실이나 현실에서 멀어져 막연하고 일반적인. 또는 그런 것. ¶대부분의 사람들이 철학을 너무 추상적이라고 생각한다. [반] 구체적(具體的).

▸추상-화 抽象畫 | 그림 화
[미술] 사물을 사실대로 재현하지 않고, 순수한 점이나 선·면·빛깔 따위에 의한 표현을 지향한[抽象] 그림[畫].

추석 秋夕 | 가을 추, 저녁 석
[Korean Thanksgiving Day]
❶ [속뜻] 가을[秋] 저녁[夕]의 달. 『예기』의 '조춘일추석월'(朝春日秋夕月)에서 유래한 말. ❷음력 8월 15일. 햅쌀로 송편을 빚고 햇과일 따위의 음식을 장만하여 차례를 지낸다. 중추절(仲秋節). 한가위. ¶올 추석에는 고향에 가지 못했다.

▸추석-날 (秋夕-)
추석(秋夕)인 그 날. ¶한국인들은 추석날 밤에 보름달을 즐겼다.

추세 趨勢 | 향할 추, 힘 세
[tendency; trend; tide]
어떤 현상이 일정한 방향으로 향하는[趨] 힘[勢]. 그때의 대세의 흐름이나 경향. ¶요즘은 결혼을 늦게 하는 추세다.

추수 秋收 | 가을 추, 거둘 수
[harvest; gather in]

가을[秋]에 익은 곡식을 거두어[收] 들임. ¶이 밥은 올해 추수한 쌀로 지은 것이다. ㊥ 가을걷이.

▶ 추수-기 秋收期 | 때 기

추수(秋收)하는 시기(時期). 추수철. ¶추수기가 끝나다.

추스르다

[pick and trim; set in order]

❶치켜 올려 잘 다루다. ¶바지춤을 추스르다. ❷몸을 가누어 움직이다. ¶생활에 지친 몸과 마음을 추스르다. ❸일이나 생각 따위를 수습하여 처리하다. ¶이번 사태를 잘 추스르지 못하면 더 큰 문제가 생길 것이다.

추신 追伸 | =追申, 따를 추, 늘일 신

[postscript]

뒤에 추가(追加)하거나 늘임[伸]. 주로 편지글에서 사연을 다 쓰고 덧붙이는 글의 머리에 쓰는 말. ¶안부를 전해 달라는 추신을 덧붙이다.

추악 醜惡 | 추할 추, 나쁠 악

[be ugly; disgusting; horrible]

마음씨나 용모, 행실 따위가 추(醜)하고 나쁨[惡]. ¶추악한 범죄를 저지르다.

추앙 推仰 | 받들 추, 우러를 앙

[respect; revere; look up to]

높이 받들어[推] 우러러봄[仰]. ¶그는 가장 위대한 지도자로 추앙받는다.

추어 鰍魚 | 미꾸라지 추, 물고기 어

[mudfish]

❶ 속뜻 미꾸라지[鰍] 물고기[魚]. ❷ 동물 등은 푸른빛을 띤 검은색이며, 배가 흰 민물고기. 몸이 몹시 미끄럽다.

▶ 추어-탕 鰍魚湯 | 끓을 탕

미꾸라지[鰍魚]를 넣고, 여러 가지 국거리 양념과 함께 끓인 탕국[湯].

추억 追憶 | 쫓을 추, 생각할 억

[recollect; go over in one's mind]

지나간 일을 뒤쫓아[追] 돌이켜 생각함[憶]. ¶어린 시절을 추억하다.

추월 追越 | 따를 추, 넘을 월

[pass; overtake]

뒤따라[追] 가다가 앞질러 넘어섬[越]. ¶터널 안에서는 추월이 금지되어 있다.

추위 [cold]

추운 일. 또는 그 정도. ¶추위를 타다. ㊥ 더위.

추이 推移 | 밀 추, 옮길 이

[change; advance]

❶ 속뜻 밀어[推] 옮김[移]. ❷시간이 흐름에 따라 사물의 상태가 변하여 가는 일. ¶사건의 추이를 지켜보다.

추임-새

음악 판소리에서, 장단을 짚는 고수(鼓手)가 창(唱)의 사이사이에 흥을 돋우기 위하여 삽입하는 소리. '좋지', '얼씨구', '흥' 따위이다. ¶노랫가락에 추임새를 넣다.

추잡 醜雜 | 추할 추, 섞일 잡

[be filthy; dirty; disgusting]

말이나 행실 따위가 지저분하고[醜] 잡(雜)스럽다. ¶추잡한 농담.

추장 酋長 | 두목 추, 어른 장

[chief; headman]

미개 부족의 두목[酋]이 되는 어른[長]. ¶부족민들은 추장의 지시를 따른다.

추적 追跡 | 쫓을 추, 발자취 적

[pursue; chase after; track down]

도망하는 자의 발자취[跡]를 따라 뒤를 쫓음[追]. ¶위치를 추적하다.

추적-추적

비나 진눈깨비가 축축하게 자꾸 내리는 모양. ¶창밖에는 비가 추적추적 내리고 있다.

추-젓 (秋–, 가을 추)

[tiny shrimps salted in autumn]

가을[秋]에 담근 새우젓.

추정 推定 | 밀 추, 정할 정

[presume; assume; guess]

미루어[推] 셈하여 판정(判定)함. ¶이 나무는 500년 정도 되었을 것으로 추정된다.

추종 追從 | 따를 추, 좇을 종

[follow; imitate]
❶속뜻 남의 뒤를 따라[追] 좇음[從]. ¶타의 추종을 불허하다. ❷남에게 빌붙어 따름. ¶연예인을 무조건 추종하는 것은 옳지 않다.

▸**추종-자** 追從者 | 사람 자
추종(追從)하는 사람[者]. ¶그녀의 아름다움을 흠모하는 추종자들.

추진 推進 | 밀 추, 나아갈 진
[propel; drive forward; promote]
❶속뜻 앞으로 밀고[推] 나아감[進]. ¶계획대로 일을 추진하다. ❷물체를 밀어 앞으로 내보냄. ¶추진장치.

▸**추진-력** 推進力 | 힘 력
앞으로 밀고 나아가는[推進] 힘[力]. ¶로켓은 고압 가스를 분출하면서 추진력을 얻는다 / 그는 머리도 좋고 추진력도 있다.

추천 推薦 | 밀 추, 천거할 천
[recommend; say a good word (for)]
알맞은 사람이나 물건을 책임지고 밀어[推] 천거(薦擧)함. ¶저는 이 제품을 추천합니다.

▸**추천-서** 推薦書 | 글 서
추천(推薦)의 내용을 담은 글[書]. 또는 그 문서. ¶교장 선생님의 추천서를 받다. ⓑ 추천장(推薦狀).

추첨 抽籤 | 뽑을 추, 제비 첨
[draw lots; hold a lottery]
제비[籤]를 뽑음[抽]. ¶복권 추첨 / 당첨자를 추첨하다.

추출 抽出 | 뽑을 추, 날 출
[abstract; extract; press out]
화학 용매를 써서 고체나 액체로부터 어떤 물질을 뽑아[抽] 냄[出]. ¶콩에서 추출한 단백질 성분.

추측 推測 | 밀 추, 헤아릴 측
[guess; suppose]
미루어[推] 헤아림[測]. ¶사람들의 반응을 추측하다.

추켜-들다 [raise; hold up]
위로 올려 들다. ¶어린아이를 추켜들다.

추켜-세우다 [praise highly]
위로 치올리어 세우다. ¶그들은 내가 일을 잘 한다고 추켜세웠다. ⓑ 치켜세우다.

추키다 [hitch up]
❶위로 편하도록 올리다. ¶그녀는 등에 업은 아이를 연방 추키고 있다. ❷위로 가뜬하게 추슬러 올리다. ¶허리춤을 추키다.

추태 醜態 | 추할 추, 모양 태
[shameful conduct]
추한[醜] 행동이나 모양[態]. ¶술에 취하여 추태를 부리다.

추-하다 (醜—, 추할 추)
[ugly; disgraceful; unseemly]
❶속뜻 외모 따위가 못생겨서[醜] 흉하게 보인다. ¶얼굴은 추하지만 마음은 더없이 곱다. ❷옷차림이나 언행 따위가 지저분하고 더럽다. ¶추한 행색을 하고 들어오다.

추호 秋毫 | 가을 추, 터럭 호 [bit; hair]
❶속뜻 가을철[秋]에 새로 돋아난 작고 가는 터럭[毫]. ❷'조금', '매우 적음'을 뜻함. ¶내 말에는 추호도 거짓이 없다.

축[1] [group]
여러 사람으로 이루어진 한 동아리. 같은 무리나 또래. ¶그녀는 꽤 똑똑한 축에 든다.

축[2] [droopingly; loosely]
물건이 아래로 늘어지거나 처진 모양. ¶어깨가 축 늘어지다.

축[3] 軸 | 굴대 축 [axis]
활동이나 회전의 중심. ¶바퀴는 축을 중심으로 회전한다.

***축구** 蹴球 | 찰 축, 공 구
[soccer; football]
운동 공[球]을 주로 발로 차서[蹴] 상대편의 골에 공을 많이 넣는 것으로 승부를 겨루는 경기. ¶그 나라는 축구에 열광적이다.

▸**축구-공** (蹴球—)
운동 축구(蹴球) 경기에 쓰는 공. ¶축구공

을 차다.

▸ **축구-부** 蹴球部 | 나눌 부
학교나 단체에서 축구(蹴球)를 하기 위해 만든 조직[部]. ¶우리 학교 축구부가 이겼다.

▸ **축구-장** 蹴球場 | 마당 장
축구(蹴球) 경기를 하는 곳[場]. ¶축구장에 모여라.

▸ **축구-팀** (蹴球team)
축구(蹴球) 경기를 위하여 구성한 선수단[team]. ¶우리는 국가 대표 축구팀을 응원했다.

▸ **축구-회** 蹴球會 | 모일 회
축구(蹴球)를 하기 위하여 만든 모임[會]. ¶조기 축구회.

축국 蹴鞠 | 찰 축, 공 국
운동 지난날 공[鞠]을 발로 차던[蹴] 놀이.

축-나다 (縮—, 줄일 축)
[be reduced; become weak]
❶전체에서 줄어들다[縮]. ¶재산이 많이 축났다. ❷몸이나 얼굴 따위에서 살이 빠지다. ¶공부를 너무 해서 몸이 많이 축났다.

축-내다 (縮—, 줄일 축)
[spend; reduce a sum by]
전체에서 줄어들거나[縮] 모자라게 하다. ¶그는 하는 일 없이 집에서 밥만 축내고 있다.

축농-증 蓄膿症 | 쌓을 축, 고름 농, 증세 증
[sinus infection; ozena]
몸속 빈 곳에 고름[膿]이 쌓여[蓄] 괴는 증상(症狀).

축대 築臺 | 쌓을 축, 돈대 대
[terrace; elevation; embankment]
높이 쌓아[築] 올린 대(臺). ¶축대가 무너져 아래에 있는 집들을 덮쳤다.

축도[1] 祝禱 | 빌 축, 빌 도 [blessing]
기독교 예배를 마칠 때 목사가 복을 비는[祝] 기도(祈禱). '축복기도'(祝福祈禱)의 준말.

축도[2] 縮圖 | 줄일 축, 그림 도
[reduced drawing; miniature copy]
그림이나 대상의 본디 모양을 줄여서[縮] 그림[圖]. ¶1/1,000로 축소한 축도.

축문 祝文 | 빌 축, 글월 문
[written prayer; memorial address]
❶속뜻 복을 비는[祝] 글[文]. ❷제사 때, 신명에게 읽어 고하는 글. ¶축문을 쓰다.

축배 祝杯 | 빌 축, 잔 배
[toast; drink in celebration]
축하(祝賀)의 술을 마시는 술잔[杯]. ¶신랑, 신부를 위해 축배를 들자.

축복 祝福 | 빌 축, 복 복 [bless]
❶속뜻 행복(幸福)하기를 빎[祝]. ¶신랑, 신부의 앞날을 축복해 줍시다. ❷기독교 하나님이 복을 내림. ¶신의 축복이 있기를! ⓑ 축하.

축사[1] 祝辭 | 빌 축, 말씀 사
[congratulatory address; greetings]
축하(祝賀)의 뜻으로 하는 말[辭]. ¶축사를 낭독하다.

축사[2] 畜舍 | 가축 축, 집 사
[cattle shed; pigsty]
가축(家畜)을 기르는 건물[舍]. ¶형은 축사를 지어 소를 키웠다.

축산 畜産 | 가축 축, 낳을 산
[stock farming; animal husbandry]
가축(家畜)을 길러서 인간 생활에 유용한 물질을 생산(生産)하고 이용하는 농업의 한 부문. ¶축산 농가.

▸ **축산-물** 畜産物 | 만물 물
가축을 기르고 번식시켜서 얻는[畜産] 생산물(生産物).

▸ **축산-업** 畜産業 | 일 업
가축을 기르고, 그 생산물을 가공하는[畜産] 산업(産業). ¶축산물 수입 개방으로 국내 축산업이 어려움을 겪고 있다.

축성 築城 | 쌓을 축, 성곽 성
[construct a castle; fortify]
❶속뜻 성(城)을 쌓음[築]. ❷군사상 방어 목적으로 요지에 설치하는 구조물을 통틀어 이르는 말.

축소 縮小 | 줄일 축, 작을 소 [reduce; cut down]
줄여서[縮] 작게[小] 함. ¶축소 복사 / 사업을 축소하다. 반 확대(擴大).

축약 縮約 | 줄일 축, 묶을 약 [abridge]
❶ 속뜻 줄이고[縮] 묶어서[約] 간단하게 함. ❷ 언어 연속되는 두 모음을 아울러서 한 음절로 줄이거나 동화시키는 음운 현상.

▶ 축약-어 縮約語 | 말씀 어
줄이고[縮] 묶어서[約] 간단하게 한 말[語]. ¶'선관위'는 '선거관리위원회'의 축약어이다.

축원 祝願 | 빌 축, 바랄 원 [pray]
신이나 부처에게 자기 소원(所願)을 이루어 달라고 빎[祝]. ¶모두 평안하시기를 축원합니다.

축음-기 蓄音機 | 모을 축, 소리 음, 틀 기 [phonograph; record player]
❶ 속뜻 소리[音]를 모으는[蓄] 기계(機械). ❷음파를 기록한 음반을 회전시켜 음성을 재생하는 장치.

축의 祝儀 | 빌 축, 의식 의 [celebration]
축하(祝賀)하는 의례나 의식(儀式). ¶축의를 표하다.

▶ 축의-금 祝儀金 | 돈 금
축하(祝賀)하는 뜻으로 의식(儀式)에 와서 내는 돈[金]. ¶결혼식에 축의금으로 5만원을 내다.

축이다 [wet; moisten]
❶물 따위에 적시어 축축하게 하다. ¶수건을 축여서 이마에 대다. ❷목마름을 없애다. ¶여기서 목 좀 축이자.

축일 祝日 | 빌 축, 날 일 [festive day; a gala day]
경사를 축하(祝賀)하는 날[日]. ¶축일을 맞이하다.

축재 蓄財 | 모을 축, 재물 재 [amass; accumulate riches]
재물(財物)을 모음[蓄]. 모은 재산. ¶부정 축재를 하다.

축적 蓄積 | 모을 축, 쌓을 적 [store; accumulate; pile up]
지식, 경험, 자금 따위를 많이 모아[蓄] 쌓아둠[積]. ¶기술력을 축적하다.

축전[1] 祝典 | 빌 축, 의식 전 [celebration; festival]
축하(祝賀)하는 의식이나 식전(式典). ¶크리스마스 축전 행사.

축전[2] 祝電 | 빌 축, 전기 전 [congratulatory telegram]
축하(祝賀)의 뜻을 나타내는 전보(電報). ¶축전을 보내다.

축전[3] 蓄電 | 모을 축, 전기 전 [store electricity]
전기(電氣)를 모아[蓄] 둠. ¶축전 기술을 개발하다.

▶ 축전-지 蓄電池 | 못 지
물리 전기 에너지를 화학 에너지로 바꾸어서 모아 두고[蓄電], 필요할 때 전기 에너지로 쓰는 전지(電池). 비 가역 전지(可逆電池), 이차 전지(二次電池).

축제 祝祭 | 빌 축, 제사 제 [festival]
❶ 속뜻 축하(祝賀)하는 뜻에서 거행하는 제전(祭典). ❷경축하여 벌이는 큰 잔치나 행사를 이르는 말. ¶도시는 온통 축제 분위기에 휩싸였다.

축조 築造 | 쌓을 축, 만들 조 [build; construct]
제방이나 담을 다지고 쌓아서[築] 만듦[造]. ¶피라미드를 축조하다.

***축척** 縮尺 | 줄일 축, 자 척 [reduced scale]
지도 따위를 실제보다 축소하여 그릴 때 축소(縮小)한 비례의 척도(尺度). ¶이 지도의 축척은 5만분의 1이다.

▶ 축척-자 (縮尺-)
축척(縮尺)을 나타내는 데에 쓰는 자.

축축-하다 [damp; wet]
물기가 약간 있어서 젖은 듯하다. ¶비에 젖어 신발이 축축해졌다.

축포 祝砲 | 빌 축, 대포 포

[cannon salute]
행사에서 축하(祝賀)의 뜻으로 쏘는 총이 나 대포의 공포(空砲). ¶대회의 개막을 알리는 축포가 터졌다.

*축하 祝賀 | 빌 축, 하례할 하
[celebrate; congratulate]
❶ 속뜻 복을 빌어주는[祝] 하례(賀禮). ❷ 남의 기쁜 일에 대하여 더 큰 기쁨이 있기를 빌어주는 뜻으로 하는 인사. ¶졸업을 진심으로 축하합니다.

▸축하-객 祝賀客 | 손 객
축하(祝賀)하기 위하여 온 손님[客]. ¶축하객에게 몸소 찾아다니면서 인사를 하였다.

▸축하-연 祝賀宴 | 잔치 연
축하(祝賀)하기 위하여 베푸는 잔치[宴]. ¶결혼 축하연을 열다. ㊟ 축연.

춘곤 春困 | 봄 춘, 곤할 곤 [fatigue in the springtime; spring fever]
봄철[春]에 느끼는 노곤(勞困)한 기운.

▸춘곤-증 春困症 | 증세 증
봄철에 몸의 기운이 빠지는[春困] 증세(症勢). ¶춘곤증 때문인지 자꾸 졸리다.

춘난 春暖 | 봄 춘, 따뜻할 난
[spring warmth]
봄철[春]의 따뜻함[暖]. 따뜻한 기운.

춘란 春蘭 | 봄 춘, 난초 란
식물 봄[春]에 꽃이 피는 난초(蘭草). 잎이 가늘고 길며, 봄에 푸른 빛깔을 띤 흰 꽃이 핀다.

춘분 春分 | 봄 춘, 나눌 분
[spring equinox]
❶ 속뜻 봄[春]으로 구분(區分)되는 절기. ❷24절기의 하나. 일 년 중 낮과 밤의 길이가 꼭 같다. 3월 21일경.

춘삼월 春三月 | 봄 춘, 석 삼, 달 월 [March in the lunar calendar]
봄[春] 경치가 가장 좋은 음력 삼월(三月)을 달리 이르는 말. ¶춘삼월 호시절.

춘추 春秋 | 봄 춘, 가을 추 [spring and autumn; one's honored age]
❶ 속뜻 봄[春]과 가을[秋]. ¶우리 식당에 춘추로 1년에 두 번씩 위생 검사를 나온다. ❷남을 높여 그의 '나이'를 이르는 말. ¶올해 춘추가 어떻게 되십니까? ㊥ 연세(年歲).

춘풍 春風 | 봄 춘, 바람 풍 [spring wind]
봄철[春]에 부는 바람[風]. ¶춘풍에 돛 단 듯하다. ㊥ 봄바람.

춘하추동 春夏秋冬 | 봄 춘, 여름 하, 가을 추, 겨울 동 [four seasons]
봄[春], 여름[夏], 가을[秋], 겨울[冬]을 아울러 이르는 말. ¶자연은 춘하추동 그 색을 달리한다. ㊥ 사계절(四季節), 사철.

춘향 春香 | 봄 춘, 향기 향
❶ 속뜻 봄[春]의 향기(香氣)가 물씬 풍김. ❷『춘향전』(春香傳)의 여자 주인공 이름.

▸춘향-가 春香歌 | 노래 가
음악 판소리 열두 마당의 하나. 『춘향전』(春香傳)을 판소리[歌]로 엮은 것.

▸춘향-전 春香傳 | 전할 전
문학 이몽룡(李夢龍)과 춘향(春香)의 전기(傳記). 연애 사건을 중심으로 하여 춘향의 정절을 기리고 계급 타파의 서민 의식을 고양한 내용을 전하는 한국 고소설의 대표적 작품이다.

출가[1] 出家 | 날 출, 집 가 [leave home; become a Buddhist priest]
❶ 속뜻 집[家]을 나감[出]. ❷ 불교 세속의 집을 떠나 불문에 듦. ¶석가모니는 29세에 출가했다.

출가[2] 出嫁 | 날 출, 시집갈 가
[be married to]
처녀가 시집[嫁]을 감[出]. ¶딸들을 출가시키다.

▸출가-외인 出嫁外人 | 바깥 외, 남 인
출가(出嫁)한 딸은 바깥[外]에 있는 남[人]이나 마찬가지라는 말. ¶옛날에 시집 간 딸은 남의 집 며느리라 여겨 출가외인이라고 불렀다.

출간 出刊 | 날 출, 책 펴낼 간 [publish]
책을 펴내어[刊] 세상에 내어놓음[出]. ¶

영어책 하나를 출간하기로 마음먹었다. [비] 출판(出版).

출격 出擊 | 날 출, 칠 격 [sally; sortie]
주로 항공기가 적을 공격(攻擊)하러 나감[出]. ¶적의 수도를 공격하기 위해 전투기가 출격했다.

출구 出口 | 날 출, 어귀 구
[exit; way out; gateway]
밖으로 나갈[出] 수 있는 통로나 어귀[口]. ¶출구를 찾지 못해 우왕좌왕 헤맸다. [반] 입구(入口).

출국 出國 | 날 출, 나라 국 [depart from the country; leave the country]
그 나라[國]를 떠나 외국으로 나감[出]. ¶그는 다음 주에 출국할 예정이다. [반] 입국(入國).

출근 出勤 | 날 출, 일할 근
[go to the office]
일하러[勤] 나감[出]. ¶오늘 출근이 조금 늦었다. [반] 결근(缺勤), 퇴근(退勤).

▸ 출근-길 (出勤-)
일터로 근무하러 나가거나[出勤] 나오는 길. 또는 그런 도중. ¶나는 출근길에 신문을 읽곤 한다.

출금 出金 | 날 출, 돈 금
[pay; draw out]
돈[金]을 꺼냄[出]. 꺼낸 돈. ¶은행에 가서 10만원을 출금했다. [반] 입금(入金).

▸ 출금-액 出金額 | 액수 액
은행 따위에서 출금(出金)한 돈의 액수(額數). [반] 입금액(入金額).

출납 出納 | 날 출, 들일 납 [incomings and outgoings; receipts and payments]
❶[속뜻] 금전이나 물품을 내주거나[出] 받아들임[納]. 특히 금전을 내주거나 받아들임. ¶그녀는 은행에서 출납 업무를 맡고 있다. ❷수입과 지출.

▸ 출납-부 出納簿 | 장부 부
출납(出納)을 기록하는 장부[簿].

출동 出動 | 날 출, 움직일 동 [move (out); be mobilized; go into action]
❶[속뜻] 나가서[出] 행동(行動)함. ❷부대 따위가 활동하기 위하여 목적지로 떠남. ¶몇 대의 소방차가 화재를 진압하러 출동했다.

출두 出頭 | 날 출, 머리 두
[appear; attend]
❶[속뜻] 머리[頭]를 들고 나옴[出]. ❷어떤 곳에 몸소 나감. ¶그는 월요일 법정에 출두할 예정이다.

출렁-거리다 [wave; slop; slash]
물결이 일듯이 계속해서 크게 흔들리다. ¶파도가 일어 배가 출렁거린다. [비] 출렁대다.

출렁-이다 [wave; slash; jiggle]
물 따위가 큰 물결을 이루며 흔들리다. ¶파도가 출렁이고 있다 / 걸을 때마다 배가 출렁인다.

출력 出力 | 날 출, 힘 력 [output]
❶[속뜻] 힘[力]을 내보냄[出]. ❷[기계] 전동차 따위가 외부에 공급하는 기계적·전기적 힘. ¶이 자동차의 최대 출력은 200마력이다. ❸컴퓨터 따위의 기기나 장치가 입력을 받아 일을 하고 외부로 결과를 내는 일. ¶이 문서를 출력해 주십시오. [반] 입력(入力).

출마 出馬 | 날 출, 말 마
[run for office; stand as a candidate]
❶[속뜻] 말[馬]을 몰고 나감[出]. ❷선거 따위에서 입후보자로 나섬. ¶올해 누가 시장 선거에 출마합니까?

출몰 出沒 | 날 출, 빠질 몰 [make frequent appearances; come and go]
무엇이 나타났다[出] 사라졌다[沒] 함. ¶이 산에는 호랑이가 출몰한다.

**출발 出發 | 날 출, 떠날 발
[start; set out; depart]
❶[속뜻] 집을 나서서[出] 길을 떠남[發]. ¶기차가 출발하자 손을 흔들었다. ❷일을 시작함. 일의 시작. ¶새 출발을 다짐하다 / 그는 처음에 모델로 출발했다. [반] 도착(到着).

▸ **출발-선** 出發線 | 줄 선
출발점(出發點)으로 그어 놓은 선(線). ¶ 선수들이 출발선에 서 있다.

▸ **출발-점** 出發點 | 점 점
❶ 속뜻 출발(出發)하는 지점(地點). ¶여행엔 반드시 일정한 출발점과 도착점이 있다. ❷어떤 일을 시작하는 기점. ¶우리는 새로운 시대의 출발점에 섰다.

▸ **출발-지** 出發地 | 땅 지
어디를 향하여 떠나는[出發] 곳[地]. ¶우리가 찾아가는 장소는 출발지에서 그리 멀지 않은 곳이다. ⓑ 도착지.

출범 出帆 | 날 출, 돛 범
[sail; be founded; be launched]
❶ 속뜻 배가 돛[帆]을 달고 떠나감[出]. ¶ 이 배는 수리를 마치고 내일이면 출범된다. ❷단체가 새로 조직되어 일을 시작함을 비유적으로 이르는 말. ¶NATO는 1949년에 출범했다.

출산 出産 | 날 출, 낳을 산
[have a baby]
아기를 낳음[出=産]. ¶그녀는 건강한 아기를 출산했다. ⓗ 분만(分娩), 해산(解産).

출생 出生 | 날 출, 날 생 [be born]
태아가 모체 밖으로 나가[出] 세상에 태어남[生]. ¶그 작가는 1978년 강릉에서 출생했다. ⓑ 사망(死亡).

▸ **출생-률** 出生率 | 비율 률
출생(出生)의 비율(比率). 인구 1000명에 대한 1년간의 출생수의 비율. ¶출생률이 낮아지고 있다. ⓑ 사망률(死亡率).

출석 出席 | 날 출, 자리 석 [attend]
어떤 자리[席]에 나감[出]. ¶출석을 부르다 / 그는 증인으로 내일 법정에 출석할 것이다. ⓑ 결석(缺席).

▸ **출석-부** 出席簿 | 장부 부
출석(出席) 상황을 적는 장부[簿]. ¶선생님들은 출석부를 들고 교무실을 나왔다.

출세 出世 | 날 출, 세상 세
[success in life]
❶ 속뜻 숨어 살던 사람이 세상(世上)에 나옴[出]. ❷사회적으로 높이 되거나 유명해짐. ¶그는 출세하더니 거만해졌다. ⓗ 성공(成功).

출소 出所 | 날 출, 곳 소
[come out of prison]
교도소 같은 곳[所]에서 풀리어 나옴[出]. ¶그는 출소하자마자 또다시 범행을 저질렀다. ⓗ 출옥(出獄).

출신 出身 | 날 출, 몸 신 [graduate]
❶ 속뜻 출생(出生) 당시의 가정이 속하여 있던 사회적 신분(身分) 관계. ¶양반 출신으로 태어나다. ❷학교나 직업 따위의 사회적 신분 관계. ¶운동 감독을 하는 사람 중에서는 선수 출신이 꽤 많다.

출연 出演 | 날 출, 펼칠 연 [act]
무대나 영화, 방송 따위에 나와[出] 연기(演技)함. ¶출연해 주셔서 감사합니다.

▸ **출연-진** 出演陣 | 진칠 진
어떤 영화·연극·방송 등에 나오는[出演] 사람들의 진용(陣容). ¶출연진은 모두 아침 7시까지 촬영장에 나와야 한다.

출옥 出獄 | 날 출, 감옥 옥
[get released from prison]
형기가 끝나거나 무죄가 되어 감옥(監獄)을 나옴[出]. ¶출옥한 뒤 그는 사업을 시작했다. ⓗ 출소(出所).

출원 出願 | 날 출, 바랄 원 [apply for]
원서(願書)나 신청서를 제출(提出)함. ¶ 특허를 출원하다.

출입 出入 | 날 출, 들 입
[come in and out; enter and leave]
나가고[出] 들어옴[入]. ¶10세 이하면 누구나 출입이 가능하다.

▸ **출입-구** 出入口 | 어귀 구
출입(出入)하는 어귀[口]나 문. ¶경찰은 모든 출입구를 봉쇄했다.

출장 出張 | 날 출, 벌일 장
[travel on business]
외부로 나가서[出] 일을 벌림[張]. 또는 외부에서 용무를 봄. ¶해외로 출장을 간

다.

출장² 出場 | 날 출, 마당 장
[take the field; participate]
❶속뜻 어떤 장소(場所)에 나감[出]. ❷운동 경기에 나감. ¶네 명의 한국 선수들이 경기에 출장했다.

출전¹ 出典 | 날 출, 책 전
[source; source book; origin]
❶속뜻 어떤 사실이나 기록이 처음 나오는[出] 책[典]. ❷고사(故事), 성어(成語)나 인용문 따위의 출처(出處)가 되는 책. ¶이 예문의 출전을 알려 주세요.

출전² 出戰 | 날 출, 싸울 전
[participate (in); compete (in)]
❶속뜻 나가서[出] 싸움[戰]. ❷전쟁, 운동 경기 따위에 나감. ¶월남전에 출전하다 / 높이뛰기에 출전하다.

출정 出征 | 날 출, 칠 정
[go (off) to war; go into battle]
❶속뜻 정벌(征伐)에 나섬[出]. ❷군사를 이끌고 싸움터에 나감. ¶그 장수는 10만 명의 군사를 거느리고 출정했다.

출제 出題 | 날 출, 문제 제
[set exam questions]
시험 문제(問題)를 냄[出]. ¶문제는 주로 교과서에서 출제되었다.

출중 出衆 | 뛰어날 출, 무리 중
[excellent; outstanding; remarkable]
뭇사람[衆] 가운데 가장 뛰어나다[出]. ¶그녀는 영어 실력이 출중하다.

출처 出處 | 날 출, 곳 처
[source; origin]
사물이 나온[出] 본래의 곳[處]. ¶출처를 밝히다 / 소문은 무성하지만 출처는 불확실하다.

출출-하다 [be somewhat hungry]
배가 약간 고픈 느낌이 있다. ¶출출해서 국수를 삶아 먹었다.

출토 出土 | 날 출, 흙 토
[be excavated; be unearthed]
땅[土]속에서 발굴되어 나옴[出]. ¶유물이 출토되다.

출-퇴근 出退勤 | 날 출, 물러날 퇴, 일할 근
[commute]
출근(出勤)과 퇴근(退勤). ¶자전거를 타고 출퇴근하다.

출판 出版 | 날 출, 책 판
[publish; issue; print]
저작물을 책[版]으로 꾸며 세상에 내놓음[出]. ¶그녀의 소설은 다음 달에 출판된다. ⓑ 간행(刊行), 출간(出刊).

▶ 출판-사 出版社 | 회사 사
출판(出版)을 업으로 하는 회사(會社). ¶원고를 출판사에 보내다.

출품 出品 | 날 출, 물건 품
[exhibit; display]
❶속뜻 내놓은[出] 물품(物品). ❷전람회나 전시회 같은 곳에 물건이나 작품을 내놓음. ¶그가 출품한 그림이 입상했다.

출하 出荷 | 날 출, 짐 하
[send out goods]
❶속뜻 짐[荷]을 실어 냄[出]. ❷생산품을 시장으로 실어 냄. ¶채소를 도매시장에 출하하다. ⓑ 입하(入荷).

출항 出港 | 날 출, 항구 항
[sail; leave port]
배가 항구(港口)를 떠남[出]. ¶태풍 경보가 내려지면 모든 어선의 출항이 금지된다. ⓑ 입항(入港).

출현 出現 | 날 출, 나타낼 현 [appear]
없던 것이나 숨겨져 있던 것이 나와[出] 그 모습을 나타냄[現]. ¶남해안에 식인 상어가 출현했다 / 컴퓨터의 출현은 우리의 삶에 많은 영향을 미쳤다.

***출혈** 出血 | 날 출, 피 혈 [bleed]
피[血]가 혈관 밖으로 나옴[出]. ¶출혈이 심해 중태에 빠지다.

춤 [dance]
장단에 맞추거나 흥에 겨워서 팔다리를 이리저리 놀리고 전신을 우쭐거리면서 율동적으로 뛰노는 동작. ¶그 가수의 춤은 따라 하기 쉽다.

춤-곡 (一曲, 노래 곡)
[piece of dance music]
춤을 출 때에 맞추어 추도록 작곡된 노래[曲]. ¶왈츠는 4분 음표 3박자의 춤곡이다.

춤-꾼 [dancer]
춤을 전문적으로 추는 사람. 또는 춤추는 일을 직업으로 하는 사람. ¶그는 타고난 춤꾼이다.

춤-사위
예술 민속 무용에서, 춤 동작의 기본이 되는 하나하나의 일정한 움직임. ¶현란한 춤사위로 이름을 날린 기생.

춤-추다 (舞, 춤출 무) [dance]
장단에 맞추거나 흥에 겨워 팔다리와 몸을 율동적으로 움직여 뛰놀다. ¶우리는 밤새도록 노래하며 춤추고 놀았다.

춥다 [cold]
날씨가 차다. 찬 기운이 있다. ¶오늘은 매우 춥군요. ⓑ 덥다.

> 비슷한 듯 다른 말 ➲ 차다

충 忠 | 충성 충
[loyalty; devotion; faithfulness]
임금이나 국가 따위에 충직함. ¶예전에는 충과 효를 매우 중히 여겼다.

충격 衝擊 | 부딪칠 충, 칠 격 [shock]
❶ 속뜻 물체에 부딪치거나[衝] 쳐서[擊] 급격히 가하여지는 힘. ¶폭발의 충격으로 집이 흔들렸다. ❷심한 마음의 동요. 심한 자극. ¶그의 죽음은 우리 모두에게 큰 충격을 주었다.

▸ **충격-적** 衝擊的 | 것 적
정신적으로 충격(衝擊)을 받거나 느낄 만한 것[的]. ¶아동 학대를 다룬 그 방송은 충격적이었다.

충고 忠告 | 충성 충, 알릴 고 [advice]
충성(忠誠)하는 뜻으로 남의 허물이나 결점 따위를 알려줌[告]. ¶의사는 그에게 담배를 끊으라고 충고했다.

충당 充當 | 채울 충, 마땅 당
[replenish; fill up; allocate]
모자라는 것을 알맞게[當] 채워서[充] 메움. ¶번 돈을 빚을 갚는 데 충당하다.

충돌 衝突 | 부딪칠 충, 부딪칠 돌
[clash with; conflict with]
❶ 속뜻 서로 맞부딪침[衝=突]. ¶열차 충돌 사고 / 화물차가 버스와 충돌하였다. ❷의견이나 이해관계의 대립으로 서로 맞서서 싸움. ¶거리에서 경찰과 시민의 충돌이 있었다.

충동 衝動 | 찌를 충, 움직일 동
[urge; instigate; incite]
❶ 속뜻 마음을 들쑤셔서[衝] 움직이게[動] 함. ❷순간적으로 어떤 행동을 하고 싶은 욕구를 느끼게 하는 마음속의 자극. ¶수영장을 보니 뛰어들고 싶은 충동이 든다. ❸어떤 일을 하도록 남을 부추기거나 심하게 마음을 흔들어 놓음. ¶그의 충동으로 나는 내키지 않는 일을 억지로 하고 말았다 / 물건을 사라며 사람들을 충동하다.

▸ **충동-적** 衝動的 | 것 적
갑자기 하고 싶은 충동(衝動)이 생겨서 행동하는 것[的]. ¶충동적으로 물건을 사면 낭비하기가 쉽다.

충만 充滿 | 채울 충, 넘칠 만 [full]
넘치도록[滿] 가득 채움[充]. ¶마음에 기쁨이 충만하다 / 그 안내서는 유익한 기사로 충만하다.

충무공 忠武公 | 충성 충, 굳셀 무, 귀인 공
❶ 속뜻 충직(忠直)하고 굳센[武] 귀인[公]. ❷ 인명 이순신 장군이 죽은 후에 그의 공적을 기리기 위해 임금이 정하여 준 이름.

충복 忠僕 | 바칠 충, 종 복
[faithful servant]
몸과 마음을 다 바쳐[忠] 주인을 섬기는 종[僕]. ¶죽을 때까지 장군의 충복으로 남겠습니다. ⓑ 충노(忠奴).

⁑**충분** 充分 | 채울 충, 나눌 분
[be enough]

나눔[分]의 정도가 모자람이 없이 넉넉하다[充]. 분량이나 요구 조건이 모자람이 없이 차거나 넉넉하다. ¶충분한 자료를 수집하다 / 충분히 생각하고 결정해라.

충성 忠誠 | 바칠 충, 공경할 성 [be loyal (to); be devoted (to)]
❶ 속뜻 몸과 마음을 다 바쳐[忠] 공경함[誠]. ❷나라나 임금에 바치는 곧고 지극한 마음. ¶충성을 맹세하다 / 충성스러운 신하.

▶ **충성-심** 忠誠心 | 마음 심
임금이나 국가에 대하여 진정으로 우러나오는 정성스러운[忠誠] 마음[心]. ¶충성심을 발휘하다.

충신 忠臣 | 충성 충, 신하 신 [loyal subject; faithful retainer]
충성(忠誠)을 다하는 신하(臣下). 반 간신(奸臣).

충실[1] 充實 | 채울 충, 열매 실 [be full]
내용 따위가 잘 갖추어지고[充] 알참[實]. 속이 꽉 차고 실속이 있음. ¶면접관의 질문에 충실한 대답을 하였다 / 책의 내용이 충실하다.

충실[2] 忠實 | 바칠 충, 참될 실 [be faithful]
몸과 마음을 다 바쳐[忠] 성실(誠實)히 함. ¶임무를 충실히 수행해야 한다.

충심 衷心 | 속마음 충, 마음 심 [one's true heart]
마음속[衷]에서 우러나온 참된 마음[心]. ¶충심으로 기원하다. 비 충정(衷情).

충원 充員 | 채울 충, 인원 원 [recruit; supplement the personnel; reinforce]
모자란 인원(人員)을 채움[充]. ¶병력을 충원하는 데 1년이 걸린다.

충의 忠義 | 충성 충, 옳을 의 [loyalty; devotion; faithfulness]
임금과 나라에 대한 충성(忠誠)과 절의(節義). ¶충의로 뭉친 신하들.

충전 充電 | 채울 충, 전기 전 [charge]
물리 축전기나 축전지 따위에 전기(電氣)를 채움[充]. ¶배터리를 충전하다. 반 방전(放電).

▶ **충전-기** 充電器 | 그릇 기
물리 축전지의 충전(充電)에 쓰는 기구(器具).

충절 忠節 | 충성 충, 지조 절 [loyalty; fidelity]
충성(忠誠)과 지조[節]. ¶이 비석은 그녀의 충절을 기리기 위해 세워졌다.

충정 衷情 | 속마음 충, 마음 정 [one's true feeling; one's inmost heart]
속[衷]에서 우러나오는 따뜻한 마음[情]. ¶충정으로 권고하다. 비 충심(衷心).

충족 充足 | 채울 충, 넉넉할 족 [fulfil; sufficient; enough]
❶ 속뜻 넉넉하게[足] 채움[充]. ¶우리는 고객의 요구를 충족시키기 위해 노력하고 있다. ❷분량이 모자람이 없이 넉넉함. ¶충족한 생활을 하다.

충직 忠直 | 충성 충, 곧을 직 [faithful]
충성(忠誠)스럽고 곧음[直]. ¶개는 주인에게 충직한 동물로 알려져 있다.

충천 衝天 | 찌를 충, 하늘 천 [soar high up to the sky]
❶ 속뜻 높이 솟아 하늘[天]을 찌름[衝]. ¶불길이 나고 연기가 충천했다. ❷기세 따위가 북받쳐 오름. ¶사기가 충천하다.

충치 蟲齒 | 벌레 충, 이 치 [decayed tooth]
벌레[蟲]가 먹어 상한 이[齒]. ¶양치질하는 습관은 충치 예방에 도움이 된다.

충혈 充血 | 채울 충, 피 혈 [be congested with blood]
❶ 속뜻 피[血]가 가득 참[充]. ❷ 의학 혈액 순환의 장애로 몸의 어느 한 부위에 피가 지나치게 많아짐. ¶피로로 눈이 충혈되다.

충효 忠孝 | 충성 충, 효도 효 [loyalty and filial piety]
충성(忠誠)과 효도(孝道). ¶충효도 나라가 있은 뒤에 할 수 있다.

췌:장 膵臟 | 췌장 췌, 내장 장 [pancreas]
의학 위(胃) 뒤쪽에 있는 가늘고 긴 삼각주 모양[膵]의 내장(內臟). 탄수화물, 단백질, 지방 따위를 소화시키는 효소를 만들어 낸다.

취:구 吹口 | 불 취, 구멍 구 [mouthpiece]
피리 따위에 입김을 불어 넣는[吹] 구멍[口]. ¶취구를 아랫입술에 붙이다.

취:급 取扱 | 가질 취, 다룰 급 [treat]
❶속뜻 물건을 가지고[取] 다룸[扱]. ¶취급 주의 / 이 서점은 외국 서적을 전문으로 취급하고 있다. ❷사람을 얕잡아서 대우하는 것. ¶더 이상 어린애 취급받기 싫다.

취-나물
삶은 참취와 쇠고기·파 등을 섞고 기름·깨소금 등을 쳐서 주물러 볶은 나물.

취:득 取得 | 가질 취, 얻을 득
[acquire; obtain]
❶속뜻 취(取)하여 얻음[得]. ❷자기의 것으로 함. ¶자격증을 취득하다.

취:락 聚落 | 모일 취, 마을 락 [settlement; village]
지리 인가(人家)가 모여[聚] 있는 마을[落]. ¶강을 끼고 발달한 취락.

취:미 趣味 | 뜻 취, 맛 미 [interest]
❶속뜻 하고자 하는 뜻[趣]과 좋아하는 맛[味]. ❷좋아하여 재미로 즐겨하는 일. ¶독서에 취미를 붙이다. ❸직업이나 의무에 관계없이 자기 성질에 어울리거나 마음이 끌리고 재미가 있는 것. ¶취미 삼아 난을 기르다.

취:사 炊事 | 불 땔 취, 일 사 [cook]
불을 때서[炊] 음식을 장만하는 일[事]. ¶이곳은 취사 행위가 금지되어 있다.

취:사-선:택 取捨選擇 | 가질 취, 버릴 사, 가릴 선, 고를 택
[adopt or reject; choose]
가질[取] 것과 버릴[捨] 것을 가림[選擇]. ¶무조건 받아들이기보다는 적절히 취사선택해야 한다.

취:소 取消 | 가질 취, 사라질 소
[cancel; withdraw; revoke]
발표한 의사를 거두어들이거나[取] 예정된 일을 없애버림[消]. ¶면허취소 / 예약을 취소하다.

취:수-장 取水場 | 취할 취, 물 수, 마당 장
가정이나 공장의 수도로 보내려고 강이나 저수지에서 물[水]을 끌어오는[取] 곳[場]. ¶취수장의 물을 깨끗이 하다.

취:약 脆弱 | 무를 취, 약할 약
[weak; fragile]
무르고[脆] 약함[弱]. ¶이 지역은 홍수에 취약하다.

취:업 就業 | 나아갈 취, 일 업
[enter a profession; be employed]
일정한 직업을 갖고 직장에 나아가[就] 일[業]을 함. ⓑ취직(就職). ⓡ실업(失業).

취:임 就任 | 나아갈 취, 맡을 임
[take office; take up one's duties]
맡은 자리에 나아가[就] 임무(任務)를 수행함. ¶그가 우리 회사의 사장으로 취임할 예정이다. ⓡ퇴임(退任).

취:재 取材 | 가질 취, 재료 재
[collect data; gather news]
기사 따위의 재료(材料)를 찾아[取]. ¶취재에 응하다.

▸취:재-진 取材陣 | 진칠 진
기사의 재료를 얻기[取材] 위하여 활약하는 기자들[陣]. ¶마라톤 우승자가 취재진과 기자 회견을 가졌다.

취:조 取調 | 가질 취, 헤아릴 조
[investigate; inquire]
범죄 사실을 알아내기[取] 위하여 속속들이 조사(調査)함. ¶그는 취조하듯 나에게 이것저것 물었다.

취:주 吹奏 | 불 취, 연주할 주
[play (the flute); blow]
음악 관악기를 입으로 불어[吹]서 하는 연주(演奏). ¶트럼펫을 취주하다.

▸취:주-악 吹奏樂 | 음악 악

음악 취주(吹奏) 악기가 주가 되고 타악기를 곁들여 연주하는 음악(音樂).

취ː중 醉中 | 취할 취, 가운데 중
[in drink]
술에 취(醉)해 있는 가운데[中]. ¶그는 취중에도 똑바로 걸으려고 애썼다.

취ː지 趣旨 | 뜻 취, 맛 지
[meaning; object; purpose]
❶속뜻 깊은 뜻[趣]과 그윽한 맛[旨]. ❷이야기나 문장의 근본 뜻. ¶말씀하신 취지를 알겠습니다. ❸어떤 일의 근본 목적이나 의도. ¶본 게시판의 취지에 어긋나는 글은 삭제합니다.

취ː직 就職 | 나아갈 취, 일자리 직
[get a job; find a work]
직장(職場)에 나아가[就] 일함. ¶지난달 은행에 취직했습니다. ㊥ 취업(就業). ㊥ 실직(失職).

취ː침 就寢 | 나아갈 취, 잠잘 침
[go to bed]
잠자리에 들어[就] 잠을 잠[寢]. ¶그는 밤 10시에 취침한다. ㊥ 기상(起牀).

취ː타 吹打 | 불 취, 칠 타
음악 군대에서 나발, 소라, 대각 등을 불고[吹] 북과 바라를 치던[打] 일.

취ː-하다[1](取—, 가질 취)
[select; choose; take]
❶무엇을 골라잡거나 가지다. ¶돈을 취하다. ❷어떤 방법이나 방식을 정하여 쓰다. ¶우리는 반대 입장을 취하기로 했다. ❸어떤 행동을 하거나 자세를 보이다. ¶분명한 태도를 취하다.

취ː-하다[2](醉—, 취할 취) [get drunk; get poisoned; be exalted]
❶먹은 술이나 약 기운이 온몸에 퍼지다. ¶거나하게 취해서 돌아오다. ❷무엇에 열중하여 황홀해지다. ¶우리는 분위기에 취해 노래를 불렀다.

취ː학 就學 | 나아갈 취, 배울 학
[enter a school]
스승에게 나아가[就] 학문을 배움[學]. 학교에 입학하여 공부함. ¶유치원은 아동들에게 취학 준비를 시켜 주는 기능을 한다.

취ː향 趣向 | 달릴 취, 향할 향
[taste; liking]
하고 싶은 마음이 쏠리는[趣] 방향(方向). ¶우리는 음악에 대한 취향이 비슷하다.

측 側 | 곁 측 [side]
어느 한쪽. ¶잘못은 우리 측에 있다.

측근 側近 | 곁 측, 가까울 근
[nearby a person]
❶속뜻 곁[側]의 가까운[近] 곳. ¶대통령을 측근에서 모시다. ❷정치나 사업에서 높은 사람을 가까이에서 모시는 사람. ¶그는 사장의 핵심 측근이다.

측량 測量 | 잴 측, 분량 량 [measure]
❶속뜻 양(量)을 잼[測]. 기기를 써서 물건의 높이, 깊이, 넓이, 방향 따위를 잼. ❷지표의 각 지점의 위치와 그 지점들 간의 거리를 구하고 지형의 높낮이, 면적 따위를 재는 일. ¶사진 측량 / 토지를 측량하다.

측면 側面 | 곁 측, 낯 면 [side]
❶속뜻 옆[側]쪽 면(面). ¶측면 공격을 하다. ❷사물이나 현상의 한 부분. 또는 한쪽 면. ¶그 제도에 부정적인 측면만 있는 것은 아니다.

▶**측면-도** 側面圖 | 그림 도
구조물이나 기계의 설계도를 그릴 때 측면(側面)에서 바라본 상태를 평면적으로 나타낸 그림[圖].

측백 側柏 | 곁 측, 잣나무 백
[Oriental arborvitae]
❶속뜻 길 옆[側]에 심어 놓은 잣나무[柏] 같은 나무. ❷식물 측백나무.

▶**측백-나무** (側柏—)
식물 측백나무과의 상록 침엽 교목. 높이는 25미터 정도이며, 잎은 작은 비늘 모양으로 밀집하여 있다.

측우-기 測雨器 | 잴 측, 비 우, 그릇 기 [rain gauge]
역사 비[雨]가 온 분량을 측정(測定)하는 데 쓰였던 기구(器具). 조선 세종 때, 전국에 설치했다. ¶측우기는 홍수와 가뭄으로 인한 피해를 줄여주었다.

측은 惻隱 | 슬퍼할 측, 가엾을 은 [be sympathetic]
형편이 딱함을 슬퍼하여[惻] 가엽게 여김[隱]. 불쌍히 여김. ¶사정을 들으니 측은한 마음이 든다 / 고아들을 측은히 여기다.

▸측은지심 惻隱之心 | 어조사 지, 마음 심
사단(四端)의 하나. 불쌍히 여기는[惻隱] 마음[心].

*__측정 測定__ | 헤아릴 측, 정할 정 [measure]
❶속뜻 헤아려서[測] 정(定)함. ❷어떤 단위를 기준으로 하여 어떤 양의 크기를 기계나 장치로 잼. ¶물의 깊이를 측정하다. ㊥ 측량(測量).

▸측정-기 測定器 | 그릇 기
측정(測定)하는 데 쓰는 기계(器械)나 기구.

▸측정-법 測定法 | 법 법
수량이나 크기·성질 따위를 기계나 장치로 재는[測定] 법(法).

측후 測候 | 헤아릴 측, 기후 후 [observe the weather]
기후(氣候)를 관측(觀測)함.

▸측후-소 測候所 | 곳 소
지리 일정 지역의 기상을 관측하는[測候] 곳[所]. '기상대'의 예전 이름.

층 層 | 층 층 [layer; floor; level]
❶켜켜이 쌓인 상태 또는 그 중 한 겹을 나타내는 말. ¶오존층 / 석회암층. ❷건물에서 같은 높이를 이루는 부분. ¶승강기는 각 층마다 멈춘다. ❸어떤 능력이나 수준 등이 비슷한 무리. ¶다양한 연령층.

층계 層階 | 다락 층, 섬돌 계 [stairs]
다락[層]을 오르내릴 수 있도록 만들어 놓은 섬돌[階]. ¶그는 층계에서 굴러 다리가 부러졌다. ㊥ 계단(階段).

층수 層數 | 층 층, 셀 수 [number of layers]
건물 층(層)의 수(數). ¶건물의 층수를 15층으로 낮추다.

층암 層巖 | 층 층, 바위 암
층(層)을 이룬 바위[巖].

▸층암-절벽 層巖絶壁 | 끊을 절, 담 벽
몹시 험한 바위가 겹겹이 쌓인[層巖] 낭떠러지[絶壁]. ¶박연폭포에는 층암절벽이 그 주변을 둘러싸고 있다.

층층 層層 | 층 층, 층 층 [layer upon layer]
❶속뜻 거듭된 여러 층[層+層]. ❷낱낱의 층. ❸여러 층으로 겹겹이. ¶돌을 층층이 쌓아 올리다.

▸층층-대 層層臺 | 돈대 대
여러 층[層層]으로 된 대(臺). ¶그는 언덕 빗면에 층층대를 만들었다. ㊥ 층계(層階).

치[1] [share]
일정한 몫이나 양. ¶세 달 치의 용돈을 받다.

치[2] [Korean inch]
길이의 단위. 한 자의 10분의 1로 약 3.33cm. ¶세 치 혓바닥.

치[3] [pshaw!]
못마땅하거나 아니꼽거나 화날 때 내는 소리. ¶치, 제까짓 게 뭔데.

치[4] [tooth]
'이'를 나타내는 말. ¶그녀는 분노로 치를 떨었다. 관용 치를 떨다.

치과 齒科 | 이 치, 분과 과 [dental surgery]
의학 이[齒]를 전문으로 치료하고 연구하는 의학의 한 분과(分科).

치다[1] [blow violently; rain hard; dash]
❶바람·눈보라·번개 등이 세차게 움직이다. ¶눈보라가 치다. ❷물결이나 파도 따위가 일어 움직이다. ¶파도가 세차게 치는 해안.

치다[2] (擊, 칠 격; 打, 칠 타) [hit; attack; strike]
❶무엇을 세게 두드리다. ¶주먹으로 벽을 치다. ❷누구를 때리다. ¶어깨를 툭 치다 / 뒤통수를 치다. ❸누구를 차로 부딪치다.

¶차에 치여 숨지다. ❹무엇을 두드리거나 부딪쳐서 소리를 내다. ¶손뼉을 치다. 속담 달걀로 바위 치기.

치다[3] [put into; spray; oil]
❶적은 분량의 액체를 따르거나 가루 등을 뿌려 넣다. ¶음식이 싱거워서 소금을 쳤다. ❷기계나 식물이 더 좋은 상태가 되도록 기름이나 약을 바르거나 뿌리다. ¶농약을 치다 / 기계에 기름을 치다.

치다[4] [draw; set up; hang]
❶커튼·휘장·발 등을 펴서 벌여 놓다. ¶장막을 치다. ❷임시로 지낼 천막이나 진을 세우거나 벌이다. ❸그물·줄 등을 펴다. 속담 거미도 줄을 쳐야 벌레를 잡는다.

치다[5] [count; consider; suppose]
❶우선 셈을 잡아 놓다. 또는 어떤 양으로 여겨 두다. ¶우리 가족은 나까지 쳐서 네 명이다. ❷어떠한 상태라고 인정하거나 판단·평가하다. ¶그는 내 작품을 최고로 쳤다. ❸예상하거나 가정하다. ¶내가 잘못한 것으로 치고 더 이상 딴소리하지 마라.

치다[6] [reproduce; spread; raise]
❶동물이 새끼를 낳아 퍼뜨리다. ¶어젯밤 돼지가 새끼를 쳤다. ❷식물이 가지를 내돋게 하다. ¶나무가 가지를 많이 쳐서 제법 무성하다. ❸가축을 기르다. ¶양을 쳐서 생계를 꾸린다.

치다[7] [weed out; clear away]
❶땅을 파내거나 골라서 논밭이 되게 하다. ¶도랑을 치다. ❷불필요하게 쌓인 불결한 물건을 파내거나 그러내어 그 자리를 말끔하게 하다. ¶눈을 치다.

치-닫다 [run up; go up]
❶위쪽으로 달리다. 또는 위쪽으로 달려 올라가다. ¶새가 하늘 높이 치닫다. ❷힘차고 빠르게 나아가다. ¶나의 주말은 엉망으로 치닫고 있다.

치-뜨다 [lift (one's eyes)]
눈을 위쪽으로 뜨다. ¶눈을 치뜨고 올려다보다.

치렁-치렁 [hanging down]
길게 드리운 물건이 이리저리 부드럽게 자꾸 흔들리는 모양. ¶긴 머리카락이 어깨에 치렁치렁 늘어져 있다 / 치렁치렁한 코트를 입다.

치레 [decorating; ornament]
❶잘 매만져서 모양을 내는 일. ¶치레에 공을 들이다. ❷어느 일에 실속보다 낫게 꾸며 드러냄. ¶실속 없이 치레에만 흘렀다.

*__치료__ 治療 | 다스릴 치, 병고칠 료 [treat; cure]
병이나 상처를 다스려서[治] 낫게[療] 함. ¶약물 치료를 받다 / 그는 정신질환을 치료하러 병원에 갔다.

▸ **치료-법** 治療法 | 법 법
병이나 상처 따위를 치료(治療)하는 방법(方法). ¶병의 치료법을 찾아내다.

▸ **치료-비** 治療費 | 쓸 비
병이나 상처 따위를 치료(治療)하는 데에 드는 비용(費用). ¶치료비가 많이 들다.

▸ **치료-실** 治療室 | 방 실
병원 따위에서 환자를 치료(治療)하는 곳[室]. ¶치료실에는 의사들이 하나도 없었다.

▸ **치료-제** 治療劑 | 약제 제
병이나 상처 따위를 치료(治療)하기 위하여 쓰는 약[劑]. ¶고혈압 치료제를 개발하다.

치르다 [go through; suffer; pay]
❶큰일을 해내다. ¶결혼식을 잘 치르다. ❷무슨 일을 겪어 내다. ¶시험을 치르다. ❸줘야 할 돈을 내주다. ¶물건 값을 치르다.

♣ 치르다 / 갚다 (비슷한 듯 다른 말)

◎ 밀린 외상값을 치르다 = 갚다.
○ 책을 사고 값을 치르다.
× 책을 사고 값을 갚다.
○ 동생에게 빚을 갚다.

× 동생에게 빚을 치르다.

치마 (裳, 치마 상) [skirt]
여자의 아랫도리 겉옷. ¶올해는 긴 치마가 유행이다.

▶ 치마-폭 (一幅, 폭 폭)
치마의 폭(幅). 치마의 넓은 천. ¶마누라 치마폭에서 놀아나다. 관용 치마폭이 넓다.

▶ 치마-저고리
치마와 저고리를 아울러 이르는 말.

치맛-바람
[swish of a skirt; female influence]
남편이나 자녀를 위해 지나치게 열심히 관계자들과 사귀는 여자의 활동. ¶학부형들의 치맛바람.

치맛-자락 [edge of a skirt]
치마폭의 늘어진 부분. ¶치맛자락을 붙잡고 늘어지다.

치매 痴呆 | 본음 [치태], 어리석을 치, 어리석을 태 [dementia; Alzheimer's]
❶ 속뜻 매우 어리석음[痴=呆]. '呆'의 원래 발음은 [태]이지만, 관행을 중시하여 그냥 두었다. ❷ 의학 대뇌 신경 세포의 손상 따위로 말미암아 지능, 의지, 기억 따위가 지속적·본질적으로 상실되는 증세. ¶그녀는 치매가 심해 가족들도 몰라본다.

치:명 致命 | 이를 치, 목숨 명
[fatal; killing]
목숨[命]을 다할 지경에 이름[致]. 죽을 지경에 이름.

▶ 치:명-상 致命傷 | 다칠 상
목숨이 위험할 정도로[致命] 입은 상처(傷處). ¶그는 총에 맞아 치명상을 입었다.

▶ 치:명-적 致命的 | 것 적
치명(致命)할 만한 것[的]. ¶치명적인 타격을 입다.

치밀 緻密 | 촘촘할 치, 빽빽할 밀
[minute; elaborate; accurate]
❶ 속뜻 촘촘하고[緻] 빽빽함[密]. ¶이 천은 올이 가늘고 치밀하다. ❷자세하고 꼼꼼하다. ¶치밀한 계획을 세우다.

치-밀다 [be filled with; push up]
❶욕심·화기·불길·연기 등이 버럭버럭 일어나다. ¶그때 생각만 하면 화가 치밀어 오른다. ❷아래로부터 위로 복받쳐 오르다. ¶뜨거운 열기가 위로 치밀다.

치-받다 [butt up]
세차게 들이받다. ¶눈길에 과속하던 차가 앞차를 치받았다.

치부[1] 恥部 | 부끄러울 치, 나눌 부
[disgrace; one's weak; genitals]
❶ 속뜻 남에게 알리고 싶지 않은 부끄러운[恥] 부분(部分). ¶회사의 치부를 낱낱이 밝히다. ❷남녀의 외부 생식기. ¶수건으로 치부를 가렸다. ㊥ 음부(陰部).

치:부[2] 致富 | 이를 치, 부자 부
[become rich; amass a fortune]
재물을 모아 부자(富者)가 됨[致]. ¶그는 무역으로 크게 치부했다.

치:부[3] 置簿 | 둘 치, 장부 부 [enter in an account book; keep in mind]
❶ 속뜻 물품의 출납 따위를 장부[簿]같은 데 적어 둠[置]. ¶오늘 받은 돈을 치부하다. ❷마음속에 잊지 않고 새겨 두거나 그렇다고 여김. ¶그 정보는 근거 없는 소문으로 치부됐다.

치사[1] 恥事 | 부끄러울 치, 일 사 [shameful; mean]
격에 떨어져 부끄러운[恥] 일[事]을 하다. 행동이나 말 따위가 쩨쩨하고 남부끄럽다. ¶노인들을 속이다니 참으로 치사하다.

치:사[2] 致辭 | =致詞, 보낼 치, 말씀 사
[appreciate; express gratitude]
❶ 속뜻 행사에 앞서 특별히 한 말씀[辭]을 함[致]. ❷남을 칭찬하는 말을 함. 또는 그런 말. ¶입에 발린 치사를 하다.

치:사[3] 致死 | 이를 치, 죽을 사
[be fatal; kill]
죽음[死]에 이르게[致] 함. ¶과실 치사 / 그는 약물 과용으로 치사할 뻔했다.

▶치ː사-량 致死量 | 분량 량
[약학] 생체를 죽음[死]에 이르게[致] 할 정도의 약물 양(量). ¶치사량의 수면제를 복용한 환자가 끝내 목숨을 잃었다.

치-사랑
손윗사람에 대한 사랑.

치ː성 致誠 | 다할 치, 정성 성
❶[속뜻] 온갖 정성(精誠)을 다함[致]. ❷신이나 부처에게 정성을 드림. ¶아들을 낳게 해 달라고 치성을 드렸다.

치-솟다 [rise]
위를 향하여 힘차게 솟다. ¶물가가 천정부지로 치솟고 있다.

치수 (—數, 셀 수) [size]
주로 옷의 길이나 크기를 나타내는 수치(數値). ¶자로 치수를 재다.

치아 齒牙 | 이 치, 어금니 아 [teeth]
❶[속뜻] 앞니[齒]와 어금니[牙]. ❷사람의 이를 점잖게 이르는 말. ¶치아를잘 닦아야 한다.

치안 治安 | 다스릴 치, 편안할 안
[public peace and order]
잘 다스려[治] 편안(便安)하게 함. ¶이 지역은 치안이 좋은 편이다.

치약 齒藥 | 이 치, 약 약 [toothpaste]
이[齒]를 닦는 데 쓰는 약품(藥品). ¶치약은 끝에서부터 짜서 쓰세요.

치열[1] 齒列 | 이 치, 줄 렬 [set of teeth]
잇몸에 이[齒]가 줄지어[列] 박혀 있는 생김새. ¶치열이 고르지 않다.

치열[2] 熾烈 | 본음 [치렬], 사를 치, 세찰 렬
[be fierce]
세력이 불을 사르는[熾] 것처럼 맹렬(猛烈)함. ¶전쟁이 치열의 도를 더해 갈 것이다 / 경쟁이 치열하다.

치외 법권 治外法權 | 다스릴 치, 바깥 외, 법 법, 권리 권
[extraterritorial rights]
[법률] 다른 나라의 영토 안에 있으면서 그 나라 통치권(統治權)의 지배를 받지 않는 [外] 국제법(國際法)상의 권리(權利). ¶외교사절에게는 치외법권이 인정된다.

치욕 恥辱 | 부끄러울 치, 욕될 욕
[dishonor; disgrace]
부끄럽고[恥] 욕됨[辱]. ¶치욕을 참기 어려웠다 / 치욕스러운 패배.

치우다
[take away; clean up; complete]
❶어떤 자리에 있음이 마땅찮은 물건을 그 자리에서 다른 데로 옮기다. ¶아이들의 손이 닿지 않는 곳으로 치워라. ❷쓸거나 닦거나 정돈하다. ¶쓰레기 더미를 치우다. [반] 어지르다.

치우치다 (偏, 치우칠 편)
[lean; incline; be biased]
균형이 맞지 않고 한쪽으로 쏠려 있다. ¶벽이 동쪽으로 치우치다 / 감정에 치우쳐서 일을 처리하면 안 된다.

치유 治癒 | 다스릴 치, 병 나을 유
[cure; heal; recover]
치료(治療)하여 병이 나음[癒]. ¶상처는 점차 치유되었다.

치읓
[언어] 한글 자모 'ㅊ'의 이름.

치-이다 [be crushed]
차나 움직이는 큰 물건에 부딪쳐서 깔리다. ¶차에 치여 크게 다치다.

치자 梔子 | 치자나무 치, 열매 자 [gardenia seed]
[한의] 치자나무[梔]의 열매[子]. 열을 내리는 작용이 있어 여러 가지 출혈증과 황달 증세에 쓴다.

치장 治粧 | 다스릴 치, 단장할 장 [decorate]
잘 매만지고[治] 곱게 꾸밈[粧]. ¶값비싼 보석으로 몸을 치장하다.

치졸 稚拙 | 어릴 치, 옹졸할 졸 [crude]
어린[稚] 아이처럼 생각이 좁음[拙]. ¶치졸한 방법으로 이겨봤자 헛일이다.

치ː중 置重 | 둘 치, 무거울 중
[focus (on); concentrate (on)]
무엇에 중점(重點)을 둠[置]. ¶그는 공부

에만 치중하느라 건강이 나빠졌다.

치즈 {영 cheese}
우유 속에 있는 카세인을 뽑아 응고·발효시킨 식품. 단백질, 지방, 비타민이 많이 들어 있으며 요리, 제과 따위에 쓰인다.

치질 痔疾 | 치질 치, 병 질 [hemorrhoids]
의학 항문이나 항문 주위 조직에 생기는[痔] 병[疾].

치켜-들다 [raise; lift up]
위로 올려 들다. ¶깃발을 높이 치켜들다 / 고개를 빳빳이 치켜들다.

치켜-뜨다 [sharply raise one's eyes]
눈을 아래에서 위로 올려 뜨다. ¶그는 눈을 치켜뜨고 나를 노려보았다.

치켜-세우다
[pull up; pay a tribute to]
❶무엇을 위쪽으로 향하게 하다. ¶바람이 불자 사람들은 옷깃을 치켜세웠다. ❷정도 이상으로 칭찬하여 주다. ¶그를 영웅이라고 치켜세웠다. ⓑ 추켜세우다.

치키다 [lift up]
위로 끌어 올리다. ¶눈썹을 치키다.

치킨 {영 chicken}
닭을 토막 치고 밀가루 따위를 묻혀 끓는 기름에 튀긴 음식. ¶치킨 한 마리 배달해 주세요.

치타 {영 cheetah}
동물 표범의 일종으로, 사지는 가늘고 길며 귀는 짧고, 누런 바탕에 검은 얼룩무늬가 있는 동물. 포유류 중 가장 빨리 달린다.

치통 齒痛 | 이 치, 아플 통 [toothache]
의학 이[齒]가 아픔[痛]. ¶치통이 심해서 제대로 씹을 수가 없다.

치하[1]治下 | 다스릴 치, 아래 하
[under the reign]
❶ 속뜻 다스리는[治] 범위 안이나 그 상황 아래[下]. ❷한 나라가 어떤 세력의 다스림을 받는 상황. ¶한국은 일제 치하에서 갖은 치욕을 겪었다.

치:하[2]致賀 | 보낼 치, 축하할 하
[congratulate]
❶ 속뜻 축하(祝賀)하는 뜻을 보냄[致]. ❷ 남이 한 일에 대하여 고마움이나 칭찬의 뜻을 표하는 말. ¶사장은 사원들의 노고를 치하했다.

칙사 勅使 | 조서 칙, 부릴 사
[Royal messenger]
임금의 칙명(勅命)을 받든 사신(使臣). ¶고종은 헤이그에 칙사를 보냈다.

칙칙-폭폭 [chug-chug]
증기 기관차가 연기를 뿜으면서 달리는 소리. ¶기차는 칙칙폭폭 소리를 내며 산을 지나갔다.

칙칙-하다 [be dark]
빛깔이 곱지 못하고 짙기만 하다. ¶그 옷은 칙칙해 보인다. ⓑ 산뜻하다.

친가 親家 | 어버이 친, 집 가
[one's old home]
아버지[親]의 집안[家]. ¶우리 딸은 친가 쪽을 닮았다. ⓑ 외가(外家).

친교 親交 | 친할 친, 사귈 교
[fellowship; friendship]
친밀(親密)하게 사귐[交]. ¶그들과는 10년 넘게 친교를 유지하고 있다.

친구[1]親口 | 친할 친, 입 구
가톨릭 경의와 사랑을 표시하기 위하여 입[口]을 맞춤[親]. 또는 그런 행동. ¶성모마리아상에 친구했다.

⁑**친구**[2]親舊 | 친할 친, 오래 구 [friend]
친(親)하게 오래도록[舊] 사귄 사람. ¶그는 나의 둘도 없는 친구다. ⓑ 벗.

♣ 친구[2] (親舊) / 벗 (비슷한 뜻 다른 말)

◎ 좋은 친구를 = 벗을 사귀다.
○ 어머님 친구 분이 오셨다.
× 어머님 벗 분이 오셨다.
○ 책은 나의 벗이다.
× 책은 나의 친구이다.

친권 親權 | 어버이 친, 권리 권
[parental authority]
법률 부모[親]가 미성년인 자식에 대하여 가지는 신분·재산상의 여러 권리(權利)와 의무를 통틀어 이르는 말. ¶친권을 행사하다.

친근 親近 | 친할 친, 가까울 근 [friendly]
사귐이 매우 친밀(親密)하고 가까움[近]. ¶모임에서 친근한 얼굴들을 여럿 보았다. ㊥ 친밀(親密).

▸ 친근-감 親近感 | 느낄 감
사귀어 지내는 사이가 아주 가까운[親近] 느낌[感]. ¶사람들은 돌고래에 친근감을 느낀다. ㊥ 친밀감(親密感).

친-동생 (親-, 어버이 친)
[one's real younger brother]
같은 부모[親]에게서 난 동생.

친-딸 (親-, 몸소 친)
[one's real daughter]
자기가 직접[親] 낳은 딸.

친목 親睦 | 친할 친, 화목할 목 [friendship]
서로 친(親)하여 화목(和睦)함. ¶회원들이 친목을 다졌다.

▸ 친목-회 親睦會 | 모일 회
친목(親睦)을 도모하기 위한 모임[會]. ¶신입 회원 친목회.

친밀 親密 | 친할 친, 빽빽할 밀
[be intimate; close to]
지내는 사이가 아주 친(親)하고 가까움[密]. ¶나는 주호와 영미가 매우 친밀하다고 들었다.

▸ 친밀-감 親密感 | 느낄 감
친밀(親密)한 느낌[感]. ¶그녀는 친밀감의 표시로 내게 팔짱을 끼었다. ㊥ 친근감(親近感).

친-부모 親父母 | 몸소 친, 아버지 부, 어머니 모 [one's real parents]
자기를 몸소[親] 낳은 아버지[父]와 어머니[母]. 친아버지와 친어머니. ㊥ 양부모(養父母).

친분 親分 | 친할 친, 나눌 분
[acquaintanceship; closeness]
친밀(親密)한 정분(情分). ¶그는 나와 친분이 두터우니까 상품을 공짜로 줄 것이다.

친서 親書 | 몸소 친, 쓸 서
[personal letter]
❶ 속뜻 몸소[親] 글씨를 씀[書]. ❷ 법률 한 나라의 원수가 다른 나라의 원수에게 보내는 공식적인 서한. ¶대통령의 친서를 전달하다.

친선 親善 | 친할 친, 좋을 선
[amity; friendship]
서로 간에 친밀(親密)하고 사이가 좋음[善]. ¶국제 친선에 기여하다.

친-손자 親孫子 | 몸소 친, 손자 손, 아이 자
[one's real grandson]
자기의 친(親) 손자(孫子). 자기 아들의 아들.

친숙 親熟 | 친할 친, 익을 숙
[be familiar]
친밀(親密)하고 익숙하여[熟] 허물이 없음. ¶그와 매우 친숙한 사이가 됐다.

친-아들 (親-, 몸소 친)
[one's real son]
자기가 몸소[親] 낳은 아들. ㊥ 친자(親子).

친-아버지 (親-, 몸소 친)
[one's real father]
자기를 몸소[親] 낳은 아버지. ㊥ 친부(親父).

친애 親愛 | 친할 친, 사랑 애
[love; feel affection for]
친밀(親密)하게 여기고 사랑함[愛]. ¶친애하는 국민 여러분.

친-어머니 (親-, 몸소 친)
[one's real mother]
자기를 몸소[親] 낳은 어머니. ㊥ 친모(親母).

친-언니 (親-, 어버이 친)
[one's real elder sister]
같은 부모[親]에게서 난 언니.

친-엄마 (親—, 몸소 친)
[one's real mother]
자기를 몸소[親] 낳아준 엄마. [비] 친모(親母), 친어머니.

친일 親日 | 친할 친, 일본 일 [pro-Japanese]
❶ [속뜻] 일본(日本)과 친(親)함. ❷일제 강점기에, 일제와 야합하여 그들의 침략·약탈 정책을 지지·옹호하며 추종함. ¶친일 매국노. [반] 배일(排日).

▶ 친일-파 親日派 | 갈래 파
❶ [속뜻] 일본(日本)과 친(親)하게 지내는 파(派). ❷일제 강점기에, 일제와 야합한 무리. ¶일제 말기에 많은 사람이 친일파로 변절했다.

친자 親子 | 몸소 친, 아이 자
[one's real child]
자기가 몸소[親] 낳은 자식(子息). ¶20년 만에 친자를 만나다.

친-자식 親子息 | 몸소 친, 아이 자, 불어날 식
자기가 몸소[親] 낳은 자식(子息). ¶입양한 아이를 친자식처럼 기르다. [준] 친자.

친-자매 親姊妹 | 어버이 친, 손윗누이 자, 누이 매 [sisters german]
같은 부모[親]가 낳은 여자 형제[姊妹]. ¶그녀는 나에게 친자매나 다름없다.

친절 親切 | 친할 친, 정성스러울 절 [kind]
남을 대하는 태도가 친근(親近)하고 정성스러움[切]. ¶나의 새 친구들은 모두 친절하고 재미있다. [반] 불친절(不親切).

친정 親庭 | 어버이 친, 뜰 정
[woman's old home]
시집간 여자의 부모[親]가 사는 가정(家庭). ¶그녀는 결혼 후 처음으로 친정 나들이를 갔다. [반] 시집, 시가(媤家).

▶ 친정-집 (親庭—)
결혼한 여자의 친부모의[親庭] 집. ¶안사람이 어제 친정집에 갔습니다.

친족 親族 | 친할 친, 겨레 족
[blood relative]
❶ [속뜻] 촌수가 가까운[親] 일가[族]. ❷혈통으로 가까운 관계에 있는 사람들. ¶그는 가까운 친족이 아무도 없다.

친지 親知 | 친할 친, 알 지
[close acquaintance]
친근(親近)하게 서로 잘 알고[知] 지내는 사람. ¶그녀의 친지 중 한 명이 독일에 살고 있다.

⁑**친척** 親戚 | 친할 친, 겨레 척 [relative]
❶ [속뜻] 친족(親族)과 외척(外戚). ❷혈통이 아버지와 어머니와 배우자에 가까운 사람. ¶그는 내 먼 친척이다.

▶ 친척-집 (親戚—)
친척(親戚)의 가정이나 집. ¶그는 친척집에서 숙식을 해결하고 있다.

친친 [round and round]
꽉꽉 감거나 동여매는 모양. ¶밧줄이 친친 감기다.

친필 親筆 | 몸소 친, 글씨 필
[one's own handwriting]
몸소[親] 손수 쓴 글씨[筆]. ¶그 편지는 그녀의 친필로 쓰였다.

친-하다 (親—, 친할 친) [be familiar]
가까이[親] 사귀어 정의가 두텁다. ¶우리는 서로 친한 사이이다.

친-할머니 (親—, 어버이 친)
[one's real grandmother]
아버지의 친(親)어머니.

친형 親兄 | 어버이 친, 맏 형
[one's real elder brother]
한 부모[親]에게서 난 형(兄).

친-형제 親兄弟 | 어버이 친, 맏 형, 아우 제
[one's own brother]
한 부모[親]에게서 난 형(兄)과 아우[弟]. ¶그는 우리를 친형제처럼 대해 주었다.

친화 親和 | 친할 친, 어울릴 화
[friendly; intimate]
서로 친(親)하게 잘 어울림[和]. ¶친구와 친화하지 못하다 / 환경 친화적인 제품.

▶ 친화-력 親和力 | 힘 력
남과 친(親)하게 잘 어울리는[和] 힘[力]. ¶그녀는 특유의 친화력으로 친구들 사이

의 갈등을 조정했다.

친-히 (親–, 몸소 친) [personally]
직접[親] 제 몸으로. ¶그는 부하들에게 친히 시범을 보였다. ⓑ 몸소, 손수.

칠[1] 七 | 일곱 칠 [seven]
육에 일을 더한 수. 아라비아 숫자로는 '7', 로마 숫자로는 'Ⅶ'로 쓴다. ⓑ 일곱.

칠[2] 漆 | 옻 칠 [paint]
겉에 발라 부식을 막거나 광택이나 색깔을 내는 데 쓰는 물질. 또는 그것을 바르는 일. ¶칠이 벗겨지다 / 페인트 칠 / 손톱에 매니큐어를 칠하다.

칠교 七巧 | 일곱 칠, 공교할 교
칠교(七巧)놀이.

▸ **칠교-도** 七巧圖 | 그림 도
일곱[七] 개의 도형을 교묘(巧妙)하게 맞추어 만든 그림[圖]. 또는 그런 장난감. 직각 삼각형 큰 것 둘, 중간 것 하나, 작은 것 둘과 정사각형과 평행 사변형으로 구성되었다.

▸ **칠교-판** 七巧板 | 널빤지 판
칠교도(七巧圖) 놀이를 위하여 바닥에 깔아 놓는 판(板).

▸ **칠교-놀이** (七巧–)
칠교도(七巧圖)를 가지고 노는 놀이.

칠기 漆器 | 옻 칠, 그릇 기 [lacquered ware]
옻칠(漆)을 한 그릇[器]. ¶칠기는 동양 특유의 공예품이다 / 나전칠기.

칠면-조 七面鳥 | 일곱 칠, 낯 면, 새 조 [turkey]
❶ 속뜻 일곱[七] 가지 얼굴[面]을 가진 새[鳥]. ❷ 동물 머리 위의 볏과 턱 밑에 늘어져 있는 살이 여러 색깔로 바뀌는 새. 꼬리가 부채 모양으로 퍼져 있다. ¶추수감사절에 칠면조 고기를 먹었다.

칠보 七寶 | 일곱 칠, 보배 보 [Seven Treasures]
❶ 속뜻 일곱[七] 가지 보물(寶物). ❷ 수공 금은이나 구리의 바탕에 유리질의 유약을 발라 구워서 여러 가지 무늬를 나타낸 세공.

칠석 七夕 | 일곱 칠, 밤 석
❶ 속뜻 음력 칠월 초이렛날[七]의 밤[夕]. ❷칠석이 되는 날. 이때에 은하의 서쪽에 있는 직녀와 동쪽에 있는 견우가 오작교에서 일 년에 한 번 만난다는 전설이 있다. ¶칠석이 지나면 벼가 패기 시작한다.

▸ **칠석-날** (七夕–)
칠석(七夕)이 되는 날. ¶칠석날에는 까막까치가 다리를 놓는다고 한다.

▸ **칠석-물** (七夕–)
칠석(七夕)날에 오는 비. 칠석날 견우와 직녀가 흘리는 눈물이라는 전설이 있다.

칠순 七旬 | 일곱 칠, 열번 순 [seventy years]
❶ 속뜻 열[旬]의 일곱[七] 곱절. ❷일흔 살. ¶이번 토요일에 할머니 칠순 잔치를 한다.

칠십 七十 | 일곱 칠, 열 십 [seventy]
십(十)의 일곱[七] 배가 되는 수. 70. ¶전교생이 70명이다. ⓑ 일흔.

칠월 七月 | 일곱 칠, 달 월 [July]
한 해의 일곱[七]째 달[月].

칠전팔기 七顚八起 | 일곱 칠, 엎드러질 전, 여덟 팔, 일어날 기 [struggle with adversity indefatigably]
❶ 속뜻 일곱[七] 번 엎어지고[顚] 여덟[八] 번 일어남[起]. ❷여러 번의 실패에도 굽히지 않고 분투함. ¶그는 세 번이나 떨어졌지만 칠전팔기의 노력으로 드디어 시험에 합격했다.

칠칠-맞다 [smart; neat]
성질이나 일 처리가 반듯하고 야무지다. ¶칠칠맞지 못하게 옷에다 뭘 그렇게 묻히고 다니니?

칠판 漆板 | 옻 칠, 널빤지 판 [blackboard]
❶ 속뜻 검은 옻칠(漆)을 한 널빤지[板]. ❷ 검정이나 초록색 따위의 칠을 하여 그 위에 분필로 글씨를 쓰거나 그림을 그리게 만든 널조각. ¶눈이 나빠 칠판 글씨가 보이지 않는다.

칠흑 漆黑 | 옻 칠, 검을 흑
[jet black; pitch darkness]
옻칠(漆)처럼 검고[黑] 캄캄함. ¶칠흑 같은 밤거리.

칡 [arrowroot]
식물 산기슭에 나는 덩굴 식물. 뿌리는 '갈근'(葛根)이라 하여 식용한다.

칡-넝쿨
칡의 줄기가 뻗은 덩굴. ¶칡넝쿨에 발이 걸려 엎어지다.

침[1](唾, 침 타) [saliva; spit]
생물 입속의 침샘에서 분비되는 무색의 끈기 있는 소화액. ¶그는 침을 발라 가며 돈을 세었다. 속담 누워서 침 뱉기. 관용 침을 삼키다 / 침이 마르다 / 침 발라 놓다.

침[2] 針 | 바늘 침 [sting; needle]
주사·낚시·전축 따위에서, 가늘고 길며, 한쪽 끝이 뾰족한 부품이나 부분. ¶시계 침이 아홉 시를 가리키다.

침[3] 鍼 | 침 침
[needle for acupuncture]
한의 사람의 몸에 있는 혈(穴)을 찔러서 병을 다스리는 데에 쓰는 의료 기구. ¶한의사에게 침을 맞다.

침강 沈降 | 가라앉을 침, 내릴 강
[precipitate; sink]
❶ 속뜻 가라앉아[沈] 밑으로 내려감[降]. ❷ 지리 지각의 일부가 아래쪽으로 움직이거나 꺼짐.

침:공 侵攻 | 쳐들어갈 침, 칠 공 [invade; attack]
남의 나라에 쳐들어가[侵] 공격(攻擊)함. ¶적의 침공에 대비하다 / 나폴레옹의 군대가 러시아를 침공했다.

침:구 寢具 | 잠잘 침, 갖출 구 [bedding]
잠자는[寢] 데 쓰는 도구(道具). 이부자리나 베개 따위. ¶침구를 정돈하다. ㊊ 이부자리.

침:낭 寢囊 | 잠잘 침, 주머니 낭 [sleeping bag]
잠을 잘[寢] 때 쓰는 자루[囊] 모양의 이불. ¶그는 누에고치처럼 좁은 침낭 속에 들어가서 잤다.

침:대 寢臺 | 잠잘 침, 돈대 대 [bed]
사람이 누워 잘[寢] 수 있도록 편평하게 만든 대(臺). 서양식의 침상. ¶침대에서 벌떡 일어나다.

침:략[1] 侵掠 | 쳐들어갈 침, 빼앗을 략
[invade; plunder]
남의 나라를 침범(侵犯)하여 약탈(掠奪)함. ¶오랑캐의 침략에 대비해 산성을 쌓다.

⁑**침:략**[2] 侵略 | 쳐들어갈 침, 다스릴 략
[invade; raid]
남의 나라에 쳐들어가[侵] 다스림[略]. ¶적의 침략에 대비해야 한다.

▶ 침:략-기 侵略期 | 때 기
정당한 이유 없이 남의 나라에 쳐들어가 땅을 빼앗은[侵略] 동안[期]. ¶일제 침략기.

침몰 沈沒 | 가라앉을 침, 빠질 몰 [sink]
물에 가라앉거나[沈] 빠짐[沒]. ¶유조선이 침몰하여 바다가 기름으로 오염됐다.

침묵 沈默 | 가라앉을 침, 입다물 묵
[hold one's tongue; be silent]
흥분 따위를 가라앉히고[沈] 입을 다물고[默] 있음. ¶그들 사이에 어색한 침묵이 흘렀다 / 그녀는 잠시 동안 침묵했다.

침:방 寢房 | 잠잘 침, 방 방 [bedroom]
잠잘[寢] 때 쓰는 방(房). 침실. ¶침방에 들다.

침:범 侵犯 | 쳐들어갈 침, 범할 범
[invade; violate]
남의 권리나 영토 따위에 쳐들어가[侵] 죄를 저지르거나[犯] 해침. ¶내 영역을 침범하지 마라.

침봉 針峰 | =針峯, 바늘 침, 봉우리 봉 [frog]
바늘[針] 같은 굵은 침이 꽂힌 봉우리[峰] 모양의 꽃꽂이 도구.

침:상 寢牀 | 잠잘 침, 평상 상 [bed]

누워 잘[寢] 수 있게 만든 평상(平牀). ¶그 병원은 50개의 침상을 갖추고 있다.

침-샘 [salivary glands]
생물 침을 분비하는 샘. ¶맛있는 음식 냄새가 침샘을 자극했다.

침:수 浸水 | 잠길 침, 물 수
[be flooded; be waterlogged]
물[水]에 젖거나 잠김[浸]. ¶강물이 넘쳐 마을이 침수됐다.

침술 鍼術 | 침 침, 꾀 술
[art of acupuncture]
한의 침(鍼)으로 병을 다스리는 의술(醫術). ¶중국에서 침술은 마취제처럼 사용된다.

침:식[1] 浸蝕 | 스며들 침, 좀먹을 식 [erode (away)]
❶ 속뜻 물이 스며들고[浸] 좀 먹음[蝕]. ❷ 지리 지표가 비, 하천, 빙하, 바람 따위의 자연현상에 의하여 깎이는 일. ¶파도에 침식되어 절벽이 형성됐다.

침:식[2] 寢食 | 잠잘 침, 먹을 식
[eating and sleeping]
잠자는[寢] 일과 먹는[食] 일. ¶침식을 제공하다. 비 숙식(宿食).

침:실 寢室 | 잠잘 침, 방 실 [bedroom]
잠을 잘 수 있게[寢] 마련된 방[室]. ¶침실을 아기자기하게 잘 꾸몄다.

침엽 針葉 | 바늘 침, 잎 엽 [needle leaf]
식물 바늘[針] 모양으로 가늘고 끝이 뾰족한 잎[葉].

▶ 침엽-수 針葉樹 | 나무 수
식물 잎이 바늘같이[針葉] 생긴 나무[樹]. ¶전나무와 소나무는 침엽수이다.

침울 沈鬱 | 가라앉을 침, 답답할 울
[melancholy]
기분이 가라앉고[沈] 마음이 답답하다[鬱]. ¶침울한 표정을 보면 누구나 침울해진다. 반 명랑(明朗)하다.

⁑침:입 侵入 | 쳐들어갈 침, 들 입
[invade; raid into]
쳐들어[侵] 옴[入]. 또는 쳐들어감. ¶오랑캐의 침입으로 멸망하였다.

▶ 침입-로 侵入路 | 길 로
함부로 남의 나라나 집에 쳐들어간[侵入] 길[路]. ¶침입로를 차단하다.

침전 沈澱 | 가라앉을 침, 앙금 전
[precipitate; be deposited]
❶ 속뜻 무엇이 가라앉아[沈] 생긴 앙금[澱]. ¶무거운 알갱이는 더 빨리 침전한다. ❷ 화학 화학반응으로 말미암아 용액 안에 생긴 불용성의 물질.

▶ 침전-물 沈澱物 | 만물 물
화학 용액 속에서 화학 변화가 일어날 때에, 물에 잘 용해되지 않아 생긴[沈澱] 물질(物質). ¶그 병의 바닥에는 갈색 침전물이 있었다.

▶ 침전-지 沈澱池 | 못 지
건설 물속에 섞인 흙과 모래를 가라앉혀[沈澱] 물을 맑게 하기 위하여 만든 못[池].

침착 沈着 | 가라앉을 침, 붙을 착
[be calm]
❶ 속뜻 가라앉아[沈] 들러붙음[着]. ❷ 행동이 들뜨지 않고 찬찬함. ¶소방대원들이 사람들에게 침착해 줄 것을 당부했다.

침체 沈滯 | 잠길 침, 막힐 체
[be depressed; become stagnant]
❶ 속뜻 물에 잠기어[沈] 길이 막힘[滯]. ❷ 앞으로 나아가지 못하고 제자리에 머무름. ¶경기가 침체 상태에 있다 / 분위기가 침체되다.

침출-수 沈出水 | 가라앉을 침, 날 출, 물 수
[leachate]
쓰레기 따위의 폐기물이 썩어 지하에 가라앉거나[沈] 위로 나오는[出] 물[水]. ¶침출수로 인한 악취가 심하다.

침침 沈沈 | 잠길 침, 잠길 침
[gloomy; dim]
❶ 속뜻 물에 잠긴[沈+沈] 것 같이 어두컴컴함. ¶방 안이 어두워 침침하다. ❷ 눈이 어두워 물건이 똑똑히 보이지 않고 흐릿

하다. ¶나이가 들면 눈이 침침해진다.

침:탈 侵奪 | 쳐들어갈 침, 빼앗을 탈 [plunder; pillage; sack]
쳐들어가[侵] 물건을 빼앗음[奪]. ¶재산을 침탈하다.

침통 沈痛 | 잠길 침, 아플 통 [sad; grave]
근심이나 슬픔에 잠겨[沈] 마음이 몹시 아픔[痛]. ¶그는 장례식에서 침통한 표정을 하고 있었다.

침:투 浸透 | 스며들 침, 비칠 투 [pass through; infiltrate]
❶속뜻 속까지 스며들거나[浸] 속까지 환히 비침[透]. ❷어떤 현상이나 사상 따위가 속속들이 스며들거나 깊이 들어감. ¶빗물이 침투하다. / 공산주의 사상이 침투했다.

침팬지 {영 chimpanzee}
동물 털은 검은 갈색에 얼굴은 갈색의 유인원. 지능이 발달하였고 무리를 지어 산다.

침:해 侵害 | 쳐들어갈 침, 해칠 해 [invade; violate]
쳐들어가[侵] 해(害)를 끼침. ¶사생활이 침해되고 있다.

칩 {영 chip}
물리 집적 회로를 부착한 반도체의 작은 조각. ¶반도체 칩.

칫-솔 (齒-, 이 치) [toothbrush]
이[齒]를 닦는 솔. ¶칫솔을 입에 문 채 나가다.

▶ 칫솔-질 (齒-)
솔로 이[齒]를 닦는 일. ¶밥을 먹고 나서 꼭 칫솔질을 한다.

칭송 稱頌 | 칭찬할 칭, 기릴 송 [praise; compliment]
공덕을 칭찬(稱讚)하여 기림[頌]. ¶그는 보기 드문 효자로 칭송이 자자하다.

칭얼-거리다 [cry peevishly]
어린아이가 몸이 불편하거나 마음에 못마땅하여 짜증을 내며 자꾸 보채다. ¶아기는 배가 고픈지 자꾸 칭얼거린다.

⁑**칭찬** 稱讚 | 일컬을 칭, 기릴 찬 [praise]
잘한 일이나 훌륭한 점을 일컬어[稱] 높이 평가하여 기림[讚]. 또는 그런 말. ¶청소를 잘 한다고 선생님께서 칭찬하셨다. 반 꾸중, 책망(責望), 질책(叱責).

칭칭 [round and round]
끈이나 천으로 무엇을 여러 번 감거나 동여매는 모양. ¶손목을 붕대로 칭칭 감다.

칭-하다 (稱-, 일컬을 칭) [call]
무엇이라고 일컫다[稱]. ¶그는 스스로를 위대한 야심가라고 칭한다.

칭호 稱號 | 일컬을 칭, 이름 호 [title]
어떠한 뜻으로 일컫는[稱] 이름[號]. ¶왕은 그녀에게 귀족의 칭호를 주었다.

ㅋ
언어 한글 자모의 열한째 글자. '키읔'이라 이른다.

카나리아 {영 canaria}
동물 종달새와 비슷한 새. 우는 소리가 아름다워 관상용으로 많이 기른다. ¶카나리아가 새장 안에서 아름답게 노래한다.

카네이션 {영 carnation}
식물 여름에 붉은색, 흰색의 겹꽃이 가지 끝과 잎겨드랑이에 피는 풀. 어버이날에 이 꽃을 가슴에 다는 풍습이 있다. ¶부모님께 빨간 카네이션을 달아 드렸다.

카누 {영 canoe}
노로 젓는 작은 배. 나무껍질이나 동물의 가죽, 갈대 또는 통나무 따위로 만든다. ¶카누를 타고 호수를 건너다.

카드 {영 card}
❶일정한 크기로 조그맣게 자른 두꺼운 종이나 플라스틱. 어떤 내용을 증명하는 역할을 한다. ¶신용 카드. ❷그림이나 장식이 인쇄된 우편물의 일종. 간단한 내용을 적어 인사나 연락의 목적으로 쓴다. ¶크리스마스 카드 / 생일 카드. ❸내용을 기록하여 자료의 정리, 집계 따위에 사용하는 종이. ¶진료 카드.

카드뮴 {영 cadmium}
화학 아연과 함께 나는 흰 은빛 금속. 연성(延性)과 전성(展性)이 좋고 중성자를 흡수하는 능력이 있어서 도금, 합금, 원자로의 연쇄 반응 조절 따위에 쓴다.

카랑카랑-하다
[clear and high pitched]
목소리가 쇳소리처럼 매우 맑고 높다. ¶그녀는 카랑카랑한 목소리로 소리쳤다.

카레 [curry]
강황(薑黃)·후추·생강·마늘 등으로 만든 노랗고 매운 조미료. 카레라이스 따위를 만들 때 쓴다. ¶그는 매운 카레를 좋아한다.

▸ 카레-라이스
인도 요리의 하나. 고기와 감자, 양파 따위의 채소를 넣어 익힌 국물에 카레 가루와 밀가루를 섞어 되직하게 끓인 것을 쌀밥에 얹는다. ¶나는 식당에서 카레라이스를 시켰다.

카리스마 {영 charisma}
많은 사람을 휘어잡는 정신적·정서적 능력. ¶카리스마가 있는 사람들이 지도자가 되는 경향이 있다.

카메라 {영 camera}
❶사진을 찍는 기계. ¶카메라를 보시고 웃으세요. ❷영화나 영상 따위를 찍는 기

계. ¶카메라 감독은 다음 장면을 점점 밝게 잡았다. ⓑ 사진기(寫眞機), 촬영기(撮影機).

▸ 카메라맨 {영 cameraman}
❶신문사나 잡지사 등의 사진 기자. ¶수많은 카메라맨들이 기자회견장을 채웠다. ❷텔레비전이나 영화의 촬영 기사(技師). ¶카메라맨이 배우를 아래에서 위로 찍는다.

카멜레온 {영 chameleon}
동물 몸빛은 주위 환경, 광선, 온도 등에 따라 쉽게 변해 주위의 상태에 적응하는 도마뱀 모양의 파충류. 주로 나무 위에서 살며, 긴 혀로 곤충을 잡아먹는다. ¶카멜레온처럼 자신의 모습을 바꾸다.

카세트 {영 cassette}
❶'카세트테이프'의 준말. ❷카세트 테이프를 사용하여 소리를 녹음하거나 재생할 수 있도록 만든 장치. ¶카세트로 음악을 녹음하다.

▸ 카세트-테이프 {영 cassette tape}
소리를 기록할 수 있는 자기 테이프(tape)를 장치한, 플라스틱으로 만든 작은 상자[cassette]. ¶카세트테이프로 노래를 듣다.

카스텔라 {포 castella}
밀가루에 설탕, 달걀, 물엿 따위를 넣고 반죽하여 오븐에 구운 부드러운 과자 종류.

카스트 {영 caste}
사회 인도의 세습적 신분 제도. 곧, 승려(僧侶) 계급인 브라만(Brahman), 귀족이나 무사 계급인 크샤트리아(Kshatrya), 평민인 바이샤(Vaisya), 노예 계급인 수드라(Sudra)로 나뉘어 있다. ¶다른 카스트 구성원들 간의 결혼에는 엄격한 규칙이 있다.

카시오페이아 {영 Cassiopeia}
문학 그리스 신화에 나오는 에티오피아의 왕 케페우스의 비(妃). 자기 미모를 자랑하다가 바다의 신 포세이돈의 노여움을 사서 딸 안드로메다를 바다의 신에게 바쳤으며, 하늘에 옮겨져 별자리가 되었다고 한다.

▸ 카시오페이아-자리 (Cassiopeia—)
천문 북극성을 중심으로 북두칠성의 맞은편에 있는 'W' 자 모양의 별자리. ¶카시오페이아자리는 북극성을 찾는 길잡이가 되는 별자리다.

카우보이 {영 cowboy}
주로, 미국 서부의 평원이나 목장에서 소[cow]를 치는 일을 하는 남자[boy]. ¶카우보이는 자신의 말에 안장을 얹었다.

카운슬러 {영 counselor}
개인의 생활이나 적응 문제 따위에 관하여 개별적으로 지도하고 조언하는 사람. ¶카운슬러와 진학 문제로 상담하다.

카운터 {영 counter}
식당·상점 등의 계산대(臺). 또는 그 일을 맡아보는 사람. ¶귀중품은 카운터에 맡기세요.

카운트 {영 count}
운동 권투에서, 녹다운의 경우 주심이 10초의 시간을 재는 일. ¶녹다운된 선수에게 카운트를 하다.

카타르시스 {그 catharsis}
문학 비극을 봄으로써 마음에 쌓여 있던 우울함, 불안감, 긴장감 따위가 해소되고 마음이 정화되는 일. 그리스어로 '정화'라는 뜻이다. ¶연속극을 보면서 카타르시스를 느끼게 된다.

카탈로그 {영 catalog}
작은 책자로 된, 상품 안내서. ¶카탈로그를 보고 주문을 하다.

카페 {프 café}
커피나 음료, 술 또는 가벼운 음식을 파는 집. ¶카페에서 차 한 잔을 마시다.

카페인 {영 caffeine}
화학 쓴맛이 있는 무색의 고체로, 커피의 열매나 잎, 카카오와 차 따위의 잎에 들어 있는 성분. 흥분제·이뇨제·강심제 따위에 쓰나 많이 사용하면 중독 증세를 일으킨다. ¶그 콜라는 카페인이 없다.

카펫 {영 carpet}
수공 융단(絨緞). ¶카펫의 먼지를 탁탁 털다. ⓑ 양탄자.

카피 {영 copy}
❶문서의 복사(複寫). ¶계약서를 3부 카피하다. ❷광고의 문안. ¶눈에 확 띄는 카피가 없다.

칵테일 {영 cocktail}
몇 가지 술과 음료를 알맞게 섞어 만든 술. ¶저녁식사 전에 칵테일을 만들어 마시다.

칸 [partition; space]
❶건물, 기차 안, 책장 등에서 일정한 크기나 모양으로 둘러막아 생긴 공간. ¶책장 맨 위 칸 / 나는 전철의 첫 번째 칸에 탔다. ❷집의 칸살을 세는 말. ¶온 가족이 방 한 칸에서 생활한다.

칸나 {영 canna}
식물 뿌리줄기가 있고, 잎은 파초와 비슷한 풀. 여름과 가을에 빨강·노랑 꽃이 핀다.

칸-막이 [partition]
방 따위의 공간을 가로질러 사이를 막음. 또는 그 막은 물건. ¶방을 칸막이해서 둘로 하다.

칼 (劍, 칼 검; 刀, 칼 도) [knife]
물건을 베고 썰고 깎는 연장. 날카로운 날에 자루가 달렸다. ¶칼을 다룰 때는 조심해야 한다. ⓑ 검(劍), 도(刀).

칼-국수 [chopped noodles]
밀가루를 반죽하여 밀방망이로 얇게 민 다음, 칼로 가늘게 썰어 만든 국수. 또는 그것을 익힌 음식.

칼-날 [edge of a knife]
칼의, 물건(物件)을 베는 날카로운 쪽. ¶칼날이 날카롭게 서다.

칼라 {영 collar}
양복이나 와이셔츠의 깃. ¶칼라를 꼿꼿이 세우다.

칼로리 {영 calorie}
❶물리 열량의 단위. 순수한 물 1g의 온도를 1기압 하에서 1℃ 높이는 데 필요한 열량. ❷영양학에서, 식품의 영양가를 열량으로 환산하여 나타낸 단위. 기호는 'cal'. ¶한국 음식은 칼로리가 낮은 편이다.

칼륨 {독 kalium} [potassium]
화학 은백색의 연한 금속 원소. 금속 원소 중 이온화(ion化) 경향이 가장 크며, 산화하기 쉬우므로 석유나 휘발유 속에 보존한다. 기호는 'K'.

칼-바람 [piercing wind]
몹시 차고 매서운 바람. ¶북쪽에서 매서운 칼바람이 불어왔다.

칼-부림 [brandish a knife]
칼을 함부로 내저어 상대편을 해치려는 일. ¶싸움 끝에 칼부림까지 하다.

칼슘 {영 calcium}
화학 동물의 뼈에 많이 들어 있는 흰색의 무른 금속 원소.

칼-싸움 [fight with swords; cross swords with]
칼이나 칼 모양의 것으로 하는 싸움. ¶공터에서 아이들이 칼싸움을 하며 놀았다.

칼-자루 [handle of a knife]
칼의 손잡이 부분. ¶칼자루를 고쳐 잡다.
관용 칼자루를 잡다.

칼-질 [cut; chop]
칼로 물건을 깎거나 썰거나 베는 일. ¶칼질이 매우 서투르다.

칼-집[1] [scabbard]
칼날을 보호하기 위해 칼의 몸을 꽂아 넣어 두는 물건. ¶칼집에 칼을 꽂다.

칼-집[2] [cut]
요리를 만들 재료에 칼로 조금 베어 만든 자국. ¶닭고기에 칼집을 내다.

칼-춤 [sword dance]
칼을 들고 추는 춤. ¶망나니가 칼춤을 춘다. ⓑ 검무(劍舞).

칼칼-하다 [thirsty]
❶목이 말라서 무엇을 마시고 싶은 생각이 간절하다. ¶목이 칼칼하여 물을 마셨다. ❷맵거나 텁텁하거나 해서 목을 자극하는 맛이 조금 있다. ¶매운탕은 역시 칼칼하게 끓여야 제 맛이다.

캄캄-하다 [dark]
❶몹시 어둡다. ¶캄캄한 밤길을 혼자 걷다. ❷희망의 빛이 없어 앞길이 까마득하다. ¶그 말을 들으니 앞이 캄캄하다. ㊥ 밝다, 환하다.

비슷한 듯 다른 말 ➲ 어둡다

캐ː-내다 [dig up]
땅속에 묻힌 것을 파서 끄집어내다. ¶밭에서 감자를 캐내다 / 비밀을 캐내다.

캐ː다 (採, 캘 채) [dig]
땅에 묻힌 것을 파내다. ¶석탄을 캐는 광부.

캐러멜 {영 caramel}
물엿, 설탕, 우유, 초콜릿 따위에 바닐라 따위의 향료를 넣고 고아서 굳힌 사탕의 하나. ¶캐러멜이 녹아 끈끈하다.

캐럴 {영 carol}
크리스마스에 부르는 성탄 축하곡. ¶거리에서는 크리스마스 캐럴이 흘러나오고 있다.

캐릭터 {영 character}
만화, 극 따위에 등장하는 인물이나 동물 등의 모습을 디자인한 것. 장난감·문구·아동용 의류 따위에 많이 쓴다. ¶둘리는 한국의 대표적인 만화 캐릭터다.

캐ː-묻다 [ask inquisitively]
자세히 파고들어 묻다. ¶그는 내가 어디에 돈을 썼는지 꼬치꼬치 캐물었다.

캐비닛 {영 cabinet}
사무용품 등을 넣어 보관하는 철제로 만든 장. ¶캐비닛에 옷을 넣어 두다.

캐스터 {영 caster}
텔레비전 뉴스 따위의 진행을 맡는 사람. ¶기상(氣象) 캐스터.

캐스터네츠 {영 castanets}
음악 나무나 상아로 만든 조가비 모양의 타악기. 손가락에 끼워 맞부딪쳐서 소리를 낸다.

캐주얼 {영 casual}
간편한 평상복. ¶캐주얼을 즐겨 입다 / 캐주얼한 차림으로 외출하다.

캑-캑 [with repeated coughs]
숨이 막히는 듯이 여러 번 잇달아 목청에서 간신히 짜내는 소리. ¶물을 마시다가 사레가 들려 캑캑거렸다.

캔 {영 can}
음식물을 넣고 밀봉한 원통 모양의 금속 용기. ¶참치 캔을 따다.

캔디 {영 candy}
사탕. ¶상우는 단 것을 좋아해서 매일 캔디를 빨고 있다.

캘린더 {영 calendar}
달력. ¶캘린더에 날짜를 표시해 놓다.

캠퍼스 {영 campus}
대학이나 그 밖의 학교의 교정 또는 구내. ¶나는 그녀를 캠퍼스에서 처음 만났다.

캠페인 {영 campaign}
사회적·정치적 목적을 위해 조직적으로 행해지는 운동. ¶환경 보호 캠페인을 펼치다.

캠프 {영 camp}
❶휴양이나 훈련 따위를 위하여 야외에서 천막을 치고 일시적으로 하는 생활. 또는 그런 생활을 하는 곳. ¶아이들은 여름 캠프를 몹시 기대하고 있다. ❷교육적 목적으로 야외에서 일정한 형식으로 하는 단체 생활, 또는 그 장소. ¶선수들의 훈련 캠프를 팬들에게 공개하다.

▸캠프파이어 {영 campfire}
야영[camp]을 가서 피우는 모닥불[fire]. 또는 그것을 둘러싸고 갖는 놀이. ¶야영 마지막 날 캠프파이어를 하다.

캠핑 {영 camping}

캠프에서 지내는 생활. ¶그들은 산으로 캠핑을 갔다.

캡슐 {영 capsule}
아교풀로 얇게 만든 작은 갑. 맛이나 냄새, 색상 따위가 좋지 않은 가루약이나 기름 따위를 넣어서 먹는 데 쓴다. ¶이 약은 캡슐로 되어 먹기 편하다.

캥거루 {영 kangaroo}
[동물] 앞다리는 짧고, 뒷다리는 길고 튼튼하여 잘 뛰는 초식 동물. 암컷은 배에 육아낭(育兒囊)이 있어 그 속에 새끼를 넣어 기르는데, 오스트레일리아 특산종이다.

커넥터 {영 connector}
[전기] 전기 기구와 코드, 또는 코드와 코드를 연결하여 전기 회로를 구성하기 위한 접속 기구.

커닝 {영 cunning} [cheat]
시험을 칠 때 감독자 몰래 미리 준비한 답을 보고 쓰거나 남의 것을 베끼는 일. ¶커닝을 하다가 들키다.

커ː-다랗다 [huge]
매우 크다. 아주 큼직하다. ¶그들은 바닥 위에 커다란 천막을 쳤다 / 신문에 광고를 커다랗게 내다.

커버 {영 cover}
무엇을 덮거나 싸는 물건. ¶의자에 커버를 씌우다.

커브 {영 curve}
❶길의 굽은 부분. ¶차가 급하게 커브를 틀었다. ❷[운동] 야구에서, 투수가 던진 공이 타자 가까이에 와서 휘는 일. 또는 그 공. ¶그 선수는 야구공을 떨어지는 커브로 낮게 던졌다.

커서 {영 cursor}
컴퓨터의 모니터 화면에서 다음에 글자가 입력되거나 출력될 위치를 나타내는 표시. ¶화면에 커서가 깜빡거린다.

커터 {영 cutter}
자르거나 깎는 데 쓰는 도구.

커트 {영 cut}
❶머리카락을 자르는 일. 또는 그 머리 모양. ¶커트 머리를 하다. ❷[운동] 탁구·테니스·골프 등에서, 공을 비스듬히 아래로 깎아 치는 일. ¶공을 중간에서 커트하다.

커튼 {영 curtain}
창·문 등에 치는 넓은 천. ¶창문에 커튼을 달다.

커플 {영 couple}
짝이 되는 남녀 한 쌍. ¶그 커플은 작년에 약혼했다.

커피 {영 coffee}
❶커피나무 열매의 씨를 볶아 갈아서 만든 가루. ❷커피로 만든 차. ¶커피를 진하게 타다.

컨디션 {영 condition}
몸이나 마음의 상태. ¶오늘은 컨디션이 좋다.

컨테이너 {영 container}
화물 운송에 쓰는 쇠로 만들어진 상자 모양의 큰 용기. ¶컨테이너를 운반하다.

컬러 {영 color}
빛깔이 있는 것. ¶화려한 컬러.

컬컬-하다 [thirsty]
목이 몹시 말라 물·술 등을 마시고 싶은 생각이 간절하다. ¶컬컬한 목을 축이다.

컴백 {영 comeback}
예전의 활동 무대에 다시 돌아옴. ¶은퇴했던 그가 가요계에 컴백하다.

컴컴-하다 [dark]
침침하게 아주 어둡다. ¶하늘이 컴컴해지더니 비가 오기 시작한다. [반] 밝다, 환하다.

컴퍼스 {영 compass}
제도용의 기구. 양 다리를 자유로이 폈다 오므렸다 하여, 선의 길이를 재거나 원을 그리는 데 씀. ¶컴퍼스로 원을 그리다.

컴퓨터 {영 computer}
전자 회로를 이용, 계산을 고속·자동으로 행하는 장치의 총칭. 수치 계산 이외에 자동 제어, 데이터 처리, 사무 관리에서 언어와 화상의 정보 처리에 이르기까지 광범위하게 이용된다. ¶내 컴퓨터는 수리해야 한다.

컵 {영 cup}
❶물이나 음료 따위를 따라 마시려고 만든 그릇. ¶컵에 물을 가득 따르다. ❷운동 경기에서 상으로 주는 큰 잔. ¶우승 컵을 거머쥐다. ㊥ 잔(盞), 우승배(優勝盃).

컹컹 [barking]
개가 크게 짖는 소리. ¶대문을 열자 컹컹 대며 개 짖는 소리가 들린다.

케이블 {영 cable}
전기 전기가 통하지 않는 물질로 겉을 감싼 전화선이나 전력선.

▸ 케이블-카 {영 cable car}
공중에 가설한 레일[cable]에 차량[car]을 매달아 사람이나 짐을 나르는 장치. ¶케이블카를 타고 산을 올라가다.

케이스 {영 case}
물건을 넣는 상자나 갑. ¶제품을 케이스 안에 넣어 두다.

케이에스 {영 KS}
법률 한국 산업 규격에 합격된 제품에 붙는 표시. 'Korean Standards'의 준말. ¶이 제품에 케이에스 마크가 붙어 있다.

케이크 {영 cake}
밀가루·달걀·버터·우유·설탕 등을 주재료로 하여 구워 만든 빵. ¶생일 케이크를 자르다.

케첩 {영 ketchup}
토마토 등의 주스에 향료·감미료·식초 등을 섞어 만든 소스. ¶감자튀김을 케첩에 찍어 먹다.

케케-묵다
[antiquated; old-fashioned]
일이나 물건, 생각 등이 썩 오래 묵어서 쓸모가 그리 없다. ¶케케묵은 재봉틀 / 케케묵은 이야기를 꺼내다.

켄트-지 (Kent紙, 종이 지)
[kent paper]
그림이나 제도 따위에 쓰는 빳빳한 흰 종이[紙]. 영국의 켄트(kent) 주에서 처음으로 생산된 데서 그 이름이 유래하였다.

켕기다 [feel uneasy]
탈이 날까 보아 마음이 불안하다. ¶그렇게 말하니 좀 켕긴다.

켜다[1] [light up; turn on]
❶성냥·라이터 등으로 불을 일으키다. ¶라이터를 켜 담뱃불을 붙였다. ❷전기나 동력이 통하게 하여, 전기 제품 따위를 작동하게 만들다. ¶텔레비전을 켜다.

켜다[2] [saw]
톱으로 나무를 세로로 썰어서 쪼개다. ¶통나무를 얇게 켜다.

켜다[3] [play]
현을 활로 쓸어서 소리를 내다. ¶바이올린을 켜다.

켜다[4] [stretch oneself]
팔다리를 뻗으며 몸을 펴다. ¶기지개를 한 번 크게 켜다.

켤레 [pair]
신·버선·장갑 등의 한 벌을 세는 말. ㊥ 짝, 벌. ¶양말 한 켤레.

코[1] (鼻, 코 비) [nose; nasal discharge]
❶오관기(五官器)의 하나. 포유류의 얼굴 복판에 우뚝 나와 숨쉬기와 냄새 맡는 역할을 한다. ¶코를 골다 / 공에 맞아 코를 다치다. ❷코에서 나오는 진득진득한 액체. ¶코를 훌쩍거리다. 속담 내 코가 석 자. 관용 코가 납작해지다.

코[2] [stitch; knot]
그물이나 뜨개 옷 같은 것의 몸을 이룬 낱낱의 고. 또는 그 고를 세는 단위. ¶한 코 한 코 정성스럽게 떠 나가다.

코-끝 [tip of a nose]
콧등의 끝. ¶추위로 코끝이 빨개지다 / 코끝이 찡하다.

코끼리 (象, 코끼리 상) [elephant]
동물 뭍에 사는 동물 가운데 가장 큰 동물. 자유로이 움직일 수 있는 긴 코와 상아라고 하는 긴 앞니가 두 개 있다. ¶코끼리 떼가 무리를 지어 이동한다.

코너 {영 corner}
❶일정한 공간의 구석이나 길의 모퉁이. ¶다음 코너에서 왼쪽으로 돌아라. ❷백화점 따위의 큰 상가에서 특정한 상품을 진열하고 팔기 위한 곳. ¶아동복 코너.

코드 {영 cord}
전기 가느다란 여러 개의 구리줄을 절연 재료로 싼 전깃줄. ¶전화기의 코드를 뽑다.

코-딱지 [nose wax]
❶콧구멍에 코의 진액과 먼지가 섞여 말라붙은 딱지. ¶코딱지를 후비다. ❷아주 작고 보잘 것 없는 것을 비유적으로 이르는 말. ¶코딱지 만한 방에 살다.

코-뚜레 [nose ring]
소의 코청을 꿰뚫어 끼는, 고리 모양의 나무. ¶송아지에 코뚜레를 꿰다.

코로나 {영 corona}
❶ 관(冠), 화관(花冠). 옛날 로마에서는 전쟁에서 이겨 큰 공을 세운 사람에게 상으로 주었다. ❷ (해·달의 둘레에 보이는) 광환(光環), 광관(光冠). 태양의 개기식(皆旣蝕) 때 그 둘레에 보인다. ❸ 코로나 바이러스 감염증의 영문(corona virus disease)을 첫 번째 단어로 줄여 부른 말. 최초 발생 연도를 넣어 '코로나 19'라고도 한다. ㊥ '코비드', '코비드 19'.

코르크 {영 cork}
코르크나무의 겉껍질과 속껍질 사이의 두껍고 탄력 있는 부분. 또는 그것을 잘게 잘라 가공한 것. 보온재, 방음재, 구명 도구의 재료 등 여러 곳에 쓴다. ¶포도주병에서 코르크 마개를 뽑았다.

코리아 {영 Korea}
우리나라를 영어로 표시한 이름. 옛날 고려를 다녀간 외국 상인들이 우리나라를 그렇게 불러서 생긴 이름이다.

코-맹맹이
코가 막혀 소리를 제대로 내지 못하는 사람. 또는 그런 소리. ¶감기에 걸려서 코맹맹이 소리를 하다.

코미디 {영 comedy}
연영 사람을 웃길 만한 일이나 사건. ¶한 편의 코미디를 보는 것 같아 나도 모르게 웃음이 나왔다. ㊥ 개그(gag), 희극(喜劇).

▸코미디언 {영 comedian}
연영 희극 배우. ¶코미디언이 농담할 때 관객이 배꼽을 잡았다. ㊥ 개그맨.

코-바늘 [hooked needle]
수공 한쪽 또는 양쪽 끝이 갈고리처럼 되어 있어 실을 걸 수 있도록 만든 뜨개바늘. ¶그녀는 코바늘로 식탁보를 떴다.

▸코바늘-뜨기
뜨개질에서, 코바늘로 뜨는 일. 흔히 대바늘뜨기를 한 옷의 앞단이나 소맷부리, 주머니 따위에 한다.

코발트 {영 cobalt}
화학 쇠보다 무겁고 단단한 회백색의 금속. 연성(延性)과 전성(展性), 강한 자성(磁性)이 있으며, 석유 합성의 촉매·유리 착색의 도료·도금 원료·강철 합금 따위에 쓴다.

코브라 {영 cobra}
동물 독성이 매우 강한 뱀류. 흥분하면 목의 뒷부분을 넓게 펴고 몸의 3분의 1정도를 땅 위에 세워 공격한다. ¶코브라가 한 번 물면 코끼리도 죽일 수 있다.

코비드 {영 COVID}
코로나 바이러스 감염증(corona virus disease)의 영문 약칭(COVID)을 발음으로 옮긴 말. 최초 발생 연도를 표시하여 '코비드 19'라고도 한다. ㊥ '코로나', '코로나 19'.

코-빼기 [nose]
'코'를 속되게 이르는 말. ¶요새는 그의 코빼기도 못 봤다.

코뿔-소 [rhinoceros]
동물 코 위 또는 이마에 한두 개의 뿔이

있는 소 비슷한 동물. 보통 잿빛 갈색에 다리가 짧고 살갗은 두꺼우며 털이 적다.

코스 {영 course}
❶어떤 목적에 따라 정해진 길. ¶관광 코스. ❷운동 육상·수영·경마·골프 따위에서, 달리거나 나아가는 길. ¶이 구간이 이번 마라톤에서 가장 힘든 코스로 꼽힌다. ❸거쳐 가야 할 교과 과정이나 절차. ¶영어 단기 집중 코스를 듣는다.

코스모스 {영 cosmos}
식물 6~10월에 흰색·분홍색·자주색 따위의 꽃이 가지 끝에 한 개씩 피는 풀.

코알라 {영 koala}
동물 머리는 곰과 비슷한 오스트레일리아 특산의 동물. 배에 새끼를 넣어 기르는 주머니가 있으며 나무 위에서 지내는데 유칼리의 잎만 먹고 산다.

코-앞 [under one's nose]
아주 가까운 곳이나 가까운 미래. ¶지갑을 코앞에 두고 다른 곳을 찾아 헤맸다 / 시험이 코앞으로 다가왔다.

코-웃음 [sneer]
대수롭지 않게 여겨 '흥' 하며 가볍게 비웃는 웃음. ¶그는 내 제안에 코웃음을 쳤다.

코일 {영 coil}
전기 나사 모양이나 원형으로 여러 번 감은 물건.

코치 {영 coach}
운동 운동의 기술을 지도하고 훈련시키는 일. 또는 그 일을 하는 사람. ¶야구팀 코치.

코카인 {영 cocaine}
화학 코카의 잎에 들어 있는 성분. 무색의 고체로 국소 마취에 쓰는데, 거래나 사용이 법률로 규제되어 있는 마약이다.

코코아 {영 cocoa}
카카오나무의 열매를 빻아 만든 가루. 탁한 갈색으로 음료나 과자, 약의 재료로 쓴다. ¶따끈한 코코아 한 잔을 마시다.

코트[1] {영 coat}
추위를 막기 위해 겉옷 위에 입는 옷. ¶나는 겨울 코트가 하나도 없다.

코트[2] {영 court}
운동 테니스·농구·배구 등의 경기장. ¶선수들이 코트에 나오자 관중들은 환호를 보냈다.

코팅 {영 coating}
화학 물체의 표면에 얇은 막을 씌우는 일. ¶이 제품은 특수 코팅 처리가 되어 있다.

코-피 [blood from the nose; nosebleed]
코에서 나오는 피. ¶은정이는 코피까지 쏟아 가며 열심히 공부했다.

콕[1] [stinging]
❶뾰족한 작은 물건으로 한 번 세게 찌르거나 찍거나 박는 모양. ¶바늘로 콕 찌르다. ❷깊숙이 들어가 박혀 있는 모양. ¶머리를 콕 박고 앉아 있다.

콕[2] {영 cock}
기계 수도·가스 기타의 기체나 액체의 유량(流量)을 조절하는 꼭지. ¶콕을 열어 물을 흘려 보내다.

콘덴서 {영 condenser}
물리 전기를 잠깐 동안 모아 두는 장치.

콘도 {영 condo}
객실 단위로 분양을 하여 구입자가 사용하지 않는 기간에는 관리 회사에 운영권을 맡기고 임대료 수입을 받는 새로운 형태의 호텔. 또는 그런 호텔 경영법. '콘도미니엄'(condominium)의 준말. ¶휴가를 위해 콘도를 예약할 예정이다.

콘서트 {영 concert}
음악을 연주하여 청중이 감상하게 하는 모임. ¶그 가수의 콘서트는 사람들로 꽉 찼다.

콘센트 [concentric plug]
전기 전기 배선과 코드의 접속에 쓰는 기구. 플러그를 끼워 전기가 통하게 한다.

콘크리트 {영 concrete}
건설 시멘트에 모래와 자갈을 섞고 물을 가해 반죽한 것. 또는 그것을 굳힌 것. ¶아직 굳지 않은 콘크리트.

콘택트-렌즈 {영 contact lens}
눈의 각막에 밀착시켜[contact], 안경처럼 쓰는 소형 렌즈(lens). ¶콘택트렌즈를 오랫동안 사용하면 각막이 손상될 수 있다.

콘테스트 {영 contest}
용모·실력·기능 따위의 우열을 겨루는 대회. 선발 대회. ¶그는 사진 콘테스트에서 우승을 차지했다.

콜라 {영 cola}
콜라나무의 종자와 코카의 잎을 주원료로 사용하여 만드는 청량음료. 카페인 성분을 많이 지니고 있으며 독특한 맛을 낸다. ¶전 세계 어디서나 사람들은 콜라를 마신다.

콜레라 {영 cholera}
의학 심한 구토와 설사 따위를 일으키는 소화계통의 급성 전염병. ¶비위생적인 식수 때문에 콜레라에 감염되었다.

콜로세움 {라 Colosseum}
고적 이탈리아 로마에 있는 고대의 원형 투기장. 80년경에 완성된 것으로 지붕은 없고 관람석은 둥글게 계단식으로 되어 있다.

콜록-거리다 [keep coughing]
자꾸 콜록 소리를 내다. ¶감기에 걸려서 하루 종일 콜록거렸다.

콜록-콜록 [coughing away]
감기나 천식 따위로 가슴 속에서 잇달아 울려 나오는 기침 소리. ¶밤새껏 콜록콜록 기침을 한다.

콜콜 [soundly]
어린아이가 곤하게 잠잘 때 코를 고는 소리. 또는 그 모양. ¶아기는 방 안에서 콜콜 자고 있다.

콤바인 {영 combine}
수확기와 탈곡기를 함께 장치한 농업 기계. ¶콤바인으로 벼를 수확하다.

콤비 [partner; combination]
❶무슨 일을 하기 위해 두 사람이 짝을 이루는 일. 또는 그 두 사람. ¶두 선수가 콤비를 이루어 공격을 이끌었다. ❷아래 위가 다른 천으로 된 양복 한 벌. 또는 그 윗옷. ¶정장보다는 콤비 차림이 훨씬 편하다.

콤팩트-디스크 {영 compact disk}
물리 광신호로 기록된 음악이나 영상 따위의 정보를 재생하는 새로운 방식의 재생 기기. 'CD'(시디)로 줄여부르기도 한다.

콤플렉스 {영 complex}
심리 자기가 남보다 못하다고 느끼는 괴로운 감정. ¶그는 외모에 콤플렉스를 갖고 있다. ⓑ 열등감(劣等感).

콧-날 [ridge of the nose]
콧등의 날이 선 부분. ¶날카롭게 선 콧날.

콧-노래 [humming]
입은 놀리지 않고 코로 가락만을 부르는 노래. ¶콧노래를 부르며 일하다.

콧-대 [bridge of the nose]
콧등의 우뚝한 줄기. ¶콧대가 오뚝하다. 관용 콧대가 높다.

콧-등 [ridge of the nose]
코의 끝에서 두 눈 사이까지의 불룩한 부분. ¶안타까운 사연을 들으니 콧등이 찡하다.

콧-물 [snot]
콧구멍에서 흘러나오는 액체. ¶콧물을 닦다.

콧-방귀 [snort]
코로 나오는 숨을 막았다가 터뜨리면서 '흥'하고 내는 소리.

콧-수염 (—鬚髥, 콧수염 수, 구레나룻 염) [mustache]
코 아래에 난 수염(鬚髥). ¶아저씨는 텁수룩한 콧수염이 잘 어울린다.

콧-잔등 [bridge of the nose]
콧등의 잘록한 부분. 또는 콧방울 위의 잘록하게 들어간 곳. ¶콧잔등에 땀방울이 맺히다. 관용 콧잔등이 간지럽다.

콩 (豆, 콩 두) [bean]
식물 누른빛·푸른빛·검은빛의 씨가 나는 풀. 이것을 식용하거나 기름을 짜서 쓴다. ¶콩 볶는 냄새가 고소하다. 속담 콩 났네 팥 났네 한다.

콩-가루 [soybean flour]
콩을 빻아서 만든 가루. ¶인절미에 콩가루를 묻히다. 관용 콩가루가 되다.

콩-기름 [soybean oil]
콩에서 짜낸 기름.

콩-깍지 [bean chaff]
콩을 털어 낸 껍질. ¶콩을 삶으려고 콩깍지를 태우다.

콩-나물 [bean sprouts]
콩을 시루 같은 구멍 있는 그릇에 담아 그늘에 두고서 물을 주어 뿌리를 내리게 한 것. 또는 그것으로 만든 나물. ¶콩나물을 무쳐 먹다.

▶ **콩나물-국**
콩나물을 넣고 끓인 국. ¶콩나물국이 아주 시원하다.

콩닥-콩닥
심리적인 충격을 받아 가슴이 자꾸 세차게 뛰는 모양. ¶어머니를 만난다는 생각에 가슴이 콩닥콩닥 뛴다.

콩-밥 [bean-mixed rice; prison food]
❶쌀에 콩을 섞어서 지은 밥. ¶내 동생은 콩밥을 싫어한다. ❷죄수의 밥을 속되게 이른 말. ¶너 같은 녀석은 콩밥 좀 먹어야 해.

콩-밭
콩을 심어 가꾸는 밭. ¶콩밭을 매다 / 마음은 콩밭에 가 있다. 속담 콩밭에 가서 두부 찾는다.

콩-알 [grain of beans]
콩의 낱낱의 알. ¶콩알만 하던 열매들이 눈 깜짝할 사이에 주먹만 하게 커졌다.

콩-자반 [beans boiled in soy sauce]
콩을 간장에 끓여서 바싹 조린 반찬. ⓑ 콩장.

콩쥐
조선 시대 소설 『콩쥐팥쥐전』에 나오는 여주인공. 착하고 예쁜 인물이다.

콩-콩 [with plumps]
작고 단단한 물건이 잇달아 바닥에 떨어지거나 부딪쳐 나는 소리. ¶주먹으로 그를 콩콩 때렸다.

콩쿠르 {프 concours} [competition]
음악·미술·영화 등의 실력을 겨루기 위해 여는 경연 대회. ¶음악 콩쿠르에서 입상하다.

콩트 {프 conte}
문학 단편 소설보다도 짧은 소설. 대개 인생의 한 단면을 예리하게 포착하여 그리는데 유머, 풍자, 기지를 담고 있다.

콩팥 [kidney]
의학 척추동물에 있는 콩 형태의 배설 기관. 수분 균형을 유지하고 대사 노폐물을 내보내는 역할을 한다. ⓑ 신장(腎臟).

콰르릉 [clap]
폭발물 따위가 터지거나 천둥이 치며 요란하게 울리는 소리. ¶유리창이 콰르릉 흔들리다.

콱 [strongly; quite]
❶힘껏 박거나 찌르거나 부딪치는 모양. ¶벽에 콱 부딪치다. ❷단단히 막거나 막히는 모양. ¶말문이 콱 막히다.

콸콸 [gushingly]
많은 양의 액체가 좁은 구멍으로 세차게 흘러나오는 소리. ¶계곡물이 콸콸대며 흐른다.

쾅 [bang]
❶무겁고 단단한 물건이 바닥에 떨어지거나 세게 부딪쳐 울리는 소리. ¶벽에 쾅 부딪치다. ❷총이나 대포를 쏘거나 폭발물이 터질 때 울리는 소리. ¶쾅 하고 포성이 울렸다.

쾅-쾅 [with a bump]
무겁고 단단한 물체가 잇달아 바닥에 떨어지거나 다른 물체와 부딪쳐 울리는 소리. ¶탁자를 쾅쾅 내리치다.

쾌감 快感 | 기쁠 쾌, 느낄 감 [pleasant feeling]
기쁜[快] 느낌[感]. 기쁘고 즐거움. ¶승리의 쾌감을 맛보다.

쾌거 快擧 | 기쁠 쾌, 들 거 [spectacular achievement]
통쾌(痛快)하고 장한 거사(擧事). ¶그녀는 올림픽 3관왕이라는 쾌거를 이룩했다.

쾌과 快果 | 시원할 쾌, 열매 과 [pear]
시원한[快] 맛이 나는 과일[果]. 먹는 '배'를 달리 이르는 말.

쾌기 快氣 | 기쁠 쾌, 기운 기 [cheerful feeling]
기쁜[快] 기분(氣分). 유쾌하고 상쾌한 기분.

쾌남 快男 | 기쁠 쾌, 사내 남 [brick]
성격상 잘 기뻐하는[快] 사내[男].

쾌-남자 快男子 | 시원할 쾌, 사내 남, 접미사 자 [brick; fine fellow]
성격이 시원시원한[快] 남자(男子). ㊐ 쾌남아(快男兒).

쾌담 快談 | 기쁠 쾌, 이야기 담 [pleasant talk]
기쁜[快] 내용의 이야기[談]. ¶그들은 술잔을 주고받으며 쾌담을 했다.

쾌도 快刀 | 시원할 쾌, 칼 도 [sharp blade]
시원스럽게[快] 잘 드는 칼[刀].

▸쾌도-난마 快刀亂麻 | 어지러울 란, 삼 마
❶ 속뜻 잘 드는 칼[快刀]로 헝클어진[亂] 삼[麻]을 자름. ❷'어지럽게 뒤얽힌 사물이나 말썽거리를 단번에 시원스럽게 처리함'을 비유하여 이르는 말. ¶그동안 쌓인 문제들을 쾌도난마로 처리했다.

쾌락[1] 快諾 | 본음 [쾌낙], 시원할 쾌, 승낙할 낙 [accept readily]
시원스럽게[快] 단번에 승낙(承諾)함. ¶담임선생님이 우리의 제안을 쾌락해 주셨다.

쾌락[2] 快樂 | 기쁠 쾌, 즐길 락 [pleasure]
기쁘고[快] 즐거움[樂]. ¶정신적 쾌락을 추구하다.

▸쾌락-설 快樂說 | 말씀 설
철학 쾌락주의(快樂主義).

▸쾌락-주의 快樂主義 | 주될 주, 뜻 의
철학 인생의 목표는 쾌락(快樂)을 추구하는 데 있으며, 도덕은 그것을 실현하기 위한 수단이라는 생각[主義]. ㊥ 금욕주의(禁慾主義).

쾌로 快路 | 기쁠 쾌, 길 로
기쁜[快] 마음이 드는 여행길[路].

쾌론 快論 | 시원할 쾌, 말할 론 [hearty chat]
거리낌 없이 시원하게[快] 이야기를 나눔[論]. ¶그의 쾌론에 모두가 감동하였다.

쾌마 快馬 | 시원할 쾌, 말 마 [swift horse]
시원스럽게[快] 잘 달리는 말[馬].

쾌면 快眠 | 기쁠 쾌, 잠잘 면 [have a good sleep]
기쁘고[快] 가뿐하게 잘 잠[眠]. ¶쾌면은 건강에 좋다.

쾌몽 快夢 | 기쁠 쾌, 꿈 몽
기분이 상쾌(爽快)한 꿈[夢]. ¶쾌몽 때문인지 기분이 상쾌하다.

쾌문 快聞 | 기쁠 쾌, 들을 문
기쁜[快] 내용의 소문(所聞). ¶쾌문을 듣고 기분이 좋아졌다.

쾌미 快美 | 시원할 쾌, 아름다울 미
성격이 시원스럽고[快] 외모가 아름다움[美]. ¶그녀는 쾌미의 상징이다.

쾌변 快辯 | 시원할 쾌, 말 잘할 변 [fluency of speech; eloquence]
거침없고 시원스럽게[快] 말을 잘함[辯]. 또는 그 말. ¶그의 쾌변을 듣고 모두 즐거워했다.

쾌보 快報 | 기쁠 쾌, 알릴 보 [good news; joyful report]
뜻밖에 듣게 된 매우 기쁜[快] 소식[報].

¶우리 팀이 이겼다는 쾌보를 들었다.

쾌복 快復 | 빠를 쾌, 돌아올 복
[recover completely]
건강이 빨리[快] 회복(恢復)됨. ¶병이 쾌복하여 다행입니다.

쾌분 快奔 | 빠를 쾌, 달릴 분
빨리[快] 달림[奔]. 빨리 달아남.

쾌사 快事 | 기쁠 쾌, 일 사
[pleasant matter; delight]
기쁜[快] 소식이나 일[事]. ¶성공의 쾌사가 들려왔다.

쾌설 快雪 | 시원할 쾌, 씻을 설
[clear oneself of disgrace]
욕되고 부끄러운 일을 시원스럽게[快] 씻어[雪] 버림.

쾌소 快笑 | 기쁠 쾌, 웃을 소
기뻐서[快] 짓는 웃음[笑]. ¶승리자의 쾌소.

쾌속 快速 | 시원할 쾌, 빠를 속
[high speed]
시원스럽게[快] 빨리[速] 잘 달림. 또는 매우 빠른 속도. ¶쾌속 냉각.

▸쾌속-선 快速船 | 배 선
속도가 매우 빠른[快速] 배[船]. ¶쾌속선이 파도 위를 스치듯 달리며 떠나갔다.

▸쾌속-정 快速艇 | 거룻배 정
속도가 매우 빠른[快速] 소형의 배[艇]. ¶저 섬은 쾌속정으로 10분이면 갈 수 있다.

쾌승 快勝 | 기쁠 쾌, 이길 승
[win very easily]
통쾌(痛快)하게 이김[勝]. ¶내일 시합에서 쾌승을 거둘 것으로 기대된다.

쾌식 快食 | 기쁠 쾌, 먹을 식
[enjoy the meal]
기쁘게[快] 음식을 잘 먹음[食]. ¶쾌식 후에 기분이 좋아졌다.

쾌심 快心 | 기쁠 쾌, 마음 심
유쾌(愉快)한 마음[心]. ¶쾌심은 건강에도 좋다.

▸쾌심-사 快心事 | 일 사
만족스러운[快心] 일[事]. ¶쾌심사가 연달아 이어졌다.

▸쾌심-작 快心作 | 지을 작
만족스럽게[快心] 지은 작품(作品). ¶장미꽃 그림이 그녀의 쾌심작이다.

쾌우 快雨 | 시원할 쾌, 비 우 [shower]
더운 여름에 시원스레[快] 내리는 비[雨]. 세차게 내리는 비. ¶쾌우가 내린 후로 하늘이 맑아졌다.

쾌유[1] 快遊 | 기쁠 쾌, 놀 유
유쾌(愉快)하게 놂[遊]. ¶그때의 쾌유를 잊을 수 없다.

쾌유[2] 快癒 | 빠를 쾌, 병 나을 유
[recover completely]
병이 빨리[快] 다 나음[癒]. ¶선생님의 쾌유를 빌었다. ⓑ 쾌차(快差).

쾌음 快飮 | 기쁠 쾌, 마실 음
술을 유쾌(愉快)하게 마심[飮]. ¶아버지는 그날의 쾌음을 잊지 못하셨다.

쾌인 快人 | 시원할 쾌, 사람 인
성격이 시원시원한[快] 사람[人].

▸쾌인-쾌사 快人快事 | 시원할 쾌, 일 사
성격이 시원시원한[快] 사람[人]이 시원스럽게[快] 일[事]도 잘함. 또는 그런 행동.

쾌작 快作 | 기쁠 쾌, 지을 작
[masterpiece; great work]
기쁜[快] 마음으로 만듦[作]. 또는 그런 작품.

쾌재 快哉 | 기쁠 쾌, 어조사 재
[yells of delight]
❶ 속뜻 기쁘[快]도다[哉]! ❷일 따위가 마음먹은 대로 잘 되어 만족스럽게 여김. 또는 그럴 때 나는 소리. ¶승진할 것이라는 소식을 듣고 쾌재를 불렀다.

쾌적 快適 | 시원할 쾌, 알맞을 적
[agreeable; comfortable]
기분이 상쾌(爽快)할 정도로 몸과 마음에 흡족하게 맞다[適]. ¶쾌적한 공기.

쾌전 快戰 | 기쁠 쾌, 싸울 전
통쾌(痛快)하게 승리한 싸움[戰]이나 시합. ¶이번 쾌전으로 우리 팀이 사기가 크게 올랐다.

쾌정 快艇 | 빠를 쾌, 거룻배 정 [speedboat]
속도가 매우 빠른[快] 소형의 배[艇]. ¶바다 저쪽에서 쾌정이 나타났다.

쾌조 快調 | 시원할 쾌, 어울릴 조 [excellent condition]
일 따위가 시원스럽게[快] 잘 어울림[調]. 또는 그런 상태. ¶시작 단계부터 쾌조를 보였다.

쾌주 快走 | 빠를 쾌, 달릴 주 [run fast]
빨리[快] 잘 달림[走]. ¶초반의 쾌주가 점차 조금씩 느려졌다.

쾌차 快差 | 빠를 쾌, 다를 차 [completely cured]
병세 따위가 빠르게[快] 달라짐[差]. 병이 완전히 나음. ¶아버님은 쾌차하셨습니까? ㊥ 쾌유(快癒).

쾌척 快擲 | 기쁠 쾌, 던질 척 [make a generous contribution]
금품 따위를 기쁜[快] 마음으로 내놓음[擲]. ¶그는 남몰래 고아원에 큰돈을 쾌척했다.

쾌청 快晴 | 시원할 쾌, 갤 청 [fair and clear]
구름 한 점 없이 상쾌(爽快)하도록 날씨가 맑게 개다[晴]. ¶쾌청한 날에는 여기서 산이 보인다.

쾌투 快投 | 빠를 쾌, 던질 투 [pitch well]
운동 야구에서 투수가 공을 자기가 원하는 곳으로 빠르게[快] 잘 던지는[投] 일. ¶그의 쾌투가 승리를 이끌었다.

쾌한 快漢 | 시원할 쾌, 사나이 한 [nice man]
성격이 씩씩하고 시원시원한[快] 사나이[漢]. ¶그는 쾌한이라고 할 수 있다.

쾌활[1] 快活 | 시원할 쾌, 살 활 [cheerful; lively]
성격이 시원시원하고[快] 활발(活潑)하다. ¶그는 무척 쾌활한 사람이다.

쾌활[2] 快闊 | 시원할 쾌, 트일 활 [get cleared; opened]
시원스럽게[快] 탁 트임[闊]. 탁 트여 넓음. ¶쾌활한 바다를 보면 마음도 넓어진다.

쾌-히 (快-, 시원할 쾌) [willingly]
하는 짓이 시원스럽게[快]. ㊥ 선뜻.

쿠데타 {프 coup d'état} [coup]
무력으로 정권을 빼앗는 일. ¶군사 쿠데타를 일으키다.

쿠션 {영 cushion}
의자나 소파, 탈것의 좌석 따위에 편히 앉도록 솜, 스펀지, 용수철 따위를 넣어 탄력이 생기게 한 부분. 또는 솜이나 스펀지 따위를 넣어 푹신푹신하게 만든 등 받침. ¶쿠션을 베고 잠이 들었다.

쿠키 {영 cookie}
밀가루를 주재료로 하여 구운 일종의 비스킷. ¶오븐에서 쿠키를 굽다.

쿠폰 {영 coupon}
한 장씩 떼어서 쓰게 되어 있는 표. ¶쿠폰을 내고 점심 식사를 하다.

쿡 [stinging hard]
갑자기 한 번 세게 찌르거나 박는 모양. ¶옆구리를 쿡 찌르다 / 머리를 쿡 쥐어박다.

쿡-쿡 [stinging hard]
잇달아 세게 찌르거나 박는 모양.

쿨룩-쿨룩 [coughing away]
감기나 천식 따위로 가슴 속에서 잇달아 깊이 울려 나오는 기침 소리. ¶쿨룩쿨룩 기침을 토해내다.

쿨쿨 [snoring]
곤히 잠들었을 때 숨을 크게 쉬는 소리. 또는 그 모양. ¶세상모르고 쿨쿨 자다.

쿵 [plump]
❶무거운 물건이 단단한 바닥에 떨어질

때 울리는 소리. ¶쿵 하고 엉덩방아를 찧다. ❷멀리서 울려오는 대포 소리. ❸큰 북을 칠 때 울리는 소리.

쿵더쿵
방아확에 공이를 한 번 내리칠 때 나는 소리. 또는 그 모양. ¶쿵더쿵거리며 방아 찧는 소리가 들린다.

쿵작작
작은북 따위를 박자에 맞추어 막대기로 두드리는 소리를 나타낸다.

쿵쾅 [pound]
❶마룻바닥 따위를 급히 구를 때 시끄럽게 울리는 소리. ¶바닥을 쿵쾅쿵쾅 울리며 밖으로 나가다. ❷크고 작은 소리가 시끄럽게 뒤섞이며 나는 소리. ¶쿵쾅 포탄 터지는 소리가 크게 들려왔다 / 북을 쿵쾅거리며 악대가 지나가고 있었다.

쿵-쿵 [with thuds]
❶심리적으로 충격을 받아서 가슴이 자꾸 세차게 뛰는 모양. ¶쿵쿵 울리는 심장. ❷크고 무거운 물건이 잇달아 바닥이나 물체 위에 떨어지거나 부딪쳐 나는 소리. ¶누군가 복도를 쿵쿵거리며 이쪽으로 다가오고 있었다.

퀭-하다 [hollow]
눈이 쑥 들어가 크고 기운이 없다. ¶며칠 앓더니 눈이 퀭하다.

퀴즈 {영 quiz}
어떤 질문에 대한 답을 알아맞히는 놀이 또는 그 질문의 총칭. ¶그녀는 TV의 퀴즈 프로에 나왔다.

퀴퀴-하다 [stinking; foul-smelling]
상하고 찌들어 비위가 상할 정도로 냄새가 나쁘다. ¶집 안에서 퀴퀴한 냄새가 난다.

큐피드 {영 Cupid}
[문학] 로마 신화에 나오는 사랑의 신. 나체에 날개가 달리고, 가슴에 맞으면 사랑의 열병을 앓게 된다는 활·화살을 가진 아기의 모습이다.

크-기 [size]
사물의 넓이, 부피, 양 따위의 큰 정도. ¶글자 크기를 고쳐 주세요.

크나-크다 [ever so big]
크기가 보통 정도를 훨씬 넘다. ¶크나큰 시련에 부딪치다.

크낙-새
[Korean redheaded woodpecker]
[동물] 딱따구릿과의 새. 부리로 나무를 찍는 소리가 아주 요란한 것이 특징이다. 우리나라 특산종인 텃새인데 멸종 위기에 처해 있다.

크다 (大, 큰 대; 太, 클 태)
[big; severe; loud]
❶부피나 길이·넓이·높이 따위가 보통 정도를 넘다. ¶키가 크다. ❷일의 규모·범위·정도 따위가 보통의 정도를 지나다. ¶일이 크게 벌어졌다. ❸양이 많다. ¶힘든 만큼 기쁨도 컸다. ❹소리가 세다. ¶큰 소리로 떠들다. [반] 작다. [관용] 큰 코 다치다.

> [비슷한 듯 다른 말] ➲ 자라다[1]

크래커 {영 cracker}
얇고 딱딱하게 구운 짭짤한 비스킷의 하나. ¶간식으로 크래커를 먹다.

크레디트 카드 {영 credit card}
[경제] 신용[credit] 카드(card). 고객을 믿고 상품 따위를 먼저 주는 제도. 또는 그때 사용하는 카드.

크레용 {프 crayon}
[미술] 서양화의 데생에 쓰이는 콩테나 파스텔 같은 막대기 모양의 화구.

크레인 {영 crane}
무거운 물건을 들어 옮기는 기계. [비] 기중기(起重機).

크레파스 {일 kurepasu} [pastel crayon]
[미술] 안료(顔料)를 연질유로 굳힌 막대기 모양의 칠감. 크레용과 파스텔의 특징을 더해 만들었다.

크롬 {독 chrom}
[화학] 은백색의 광택이 나는 단단한 금속

원소. 염산과 황산에는 녹으나 공기 가운데에서 녹이 슬지 않고 약품에 잘 견디며 도금이나 합금 재료로 널리 쓰인다.

크리스마스 {영 Christmas}
기독교 예수의 탄생을 기념하는 날. 12월 25일이다. ¶크리스마스 선물로 인형을 받았다. ㊈ 성탄일, 성탄절.

▶ 크리스마스-실 {영 Christmas seal}
결핵 퇴치 기금을 모으기 위해 크리스마스(Christmas) 전후에 발행하는 증표[seal].

▶ 크리스마스-이브 {영 Christmas Eve}
크리스마스(Christmas)의 전날 저녁[Eve]. 12월 24일 밤이다.

▶ 크리스마스-캐럴 {영 Christmas carol}
크리스마스(Christmas)를 축복하는 찬송가[carol]. ¶우리는 다 같이 크리스마스캐럴을 합창했다.

크리스천 {영 Christian}
기독교 신자.

크림 {영 cream}
❶우유의 지방으로 만드는 식품. 과자나 요리의 재료로 쓴다. ¶커피에 크림을 넣다. ❷피부를 부드럽게 하고 표면에 얇은 층을 만들어 일광 등의 영향을 방지하는 기초화장품. ¶얼굴에 수분 크림을 바르다.

큰-가시고기 [stickleback]
동물 몸빛은 광택이 있는 누런 갈색이며, 몸이 가는 민물고기.

큰개-자리 [Great Dog]
천문 봄 하늘 은하수 옆에 있는 큰 개 모양의 별자리의 하나. 오리온자리의 동쪽에 있다.

큰-골 [cerebrum]
의학 대뇌(大腦).

큰곰-자리 [Great Bear]
천문 북두칠성을 중심으로 하는 별자리의 하나. 큰 곰 모양으로 북극성 주위에서 가장 크고 밝게 빛나는 별자리이다.

큰-기침 [clear one's throat loudly]
남에게 위엄을 보이거나, 인기척을 내려고 소리를 크게 내어야 하는 기침. ¶할아버지께서 큰기침으로 인기척을 하고 난 뒤에 방에 들어가신다. ㊉ 잔기침.

큰-길 [main street]
크고 넓은 길. ¶큰길에서 공을 갖고 놀지 마라. ㊈ 대로(大路).

큰-달 [31-day month]
한 달의 날수가 양력으로는 31일, 음력으로는 30일이 되는 달. ㊉ 작은달.

큰-댁 (一宅, 댁 댁)
[head family house]
'큰집'[宅]의 높임말. ㊉ 작은댁.

큰-돈 [lot of money]
액수가 많은 돈. ¶도박으로 큰돈을 날리다.

큰따옴-표 (一標, 우듬지 표)
[double quotation marks]
언어 따옴표의 하나. 가로쓰기에 쓰는 문장 부호[標] " "를 말한다. 글 가운데서 직접 대화를 표시하거나 남의 말을 인용할 때에 쓴다.

큰-딸 [one's eldest daughter]
맨 위의 딸을 작은딸에 상대하여 이르는 말. ㊈ 맏딸, 장녀. ㊉ 작은딸.

큰-맘 [big heart; generosity]
힘들게 하는 결심. ¶큰맘 먹고 새 옷을 하나 장만했어요.

큰-며느리 [wife of the eldest son]
큰아들의 아내. ㊈ 맏며느리.

큰-물 [heavy flood]
장마가 져서 내나 강에 크게 불은 물. ¶큰물이 나서 많은 사람이 집을 잃었다. ㊈ 홍수(洪水).

큰-방 (一房, 방 방) [main living room]
집안의 가장 어른이 되는 부인이 거처하는 방(房). ¶부모님은 큰방에 계신다.

큰-북 [base drum]
음악 땅에 놓거나 받쳐 놓고 치는, 크고

무겁게 만든 북.

큰-비 [heavy rain]
오래도록 많이 오는 비. ¶큰비가 오다.

큰-소리 [loud voice; shout; big talk]
❶목청을 크게 하여 야단치는 소리. ¶아이에게 큰소리치지 말고 조용조용 타일러라. ❷일의 성패(成敗)는 가리지 않고 덮어놓고 뱃심 좋은 장담을 하는 말. ¶실속 없는 자가 큰소리만 떵떵 친다.

큰 수술 (—手術, 손 수, 꾀 술)
[major surgery]
위험하여 힘이 많이 드는 수술(手術). ¶그녀는 큰 수술을 받았지만, 상태는 좀처럼 나아지지 않았다.

큰-스님 [priest of high virtue]
불교 덕이 매우 높은 스님.

큰-아기 [one's eldest daughter]
맏딸이나 맏며느리를 다정하게 일컫는 말.

큰-아들 [one's eldest son]
작은아들에 대하여 일컫는 맏아들. ⓑ 맏아들, 장자(長子). ⓑ 작은아들.

큰-아버지 [uncle who is one's father's elder brother]
아버지의 맏형. ⓑ 백부(伯父). ⓑ 작은아버지.

큰-아이 [one's eldest child]
큰아들이나 큰딸을 다정하게 일컫는 말.

큰-악절 (—樂節, 음악 악, 마디 절)
음악 두 개의 작은악절이 합친 악절(樂節). 보통, 8마디·12마디로 이루어진다. ⓑ 작은악절.

큰-애 [one's eldest child]
큰아들이나 큰딸을 다정하게 일컫는 말.

큰-어머니 [aunt; wife of the elder brother of one's father]
큰아버지의 아내. ⓑ 백모(伯母). ⓑ 작은어머니.

큰-언니 [girl's eldest sister]
가장 나이 많은 언니. ⓑ 맏언니. ⓑ 작은언니.

큰-오빠 [girl's eldest brother]
가장 나이 많은 오빠. ⓑ 작은오빠.

큰-일
[serious matter; important affair]
❶다루는 데 힘이 많이 들고 범위가 넓은 일. 또는 중대한 일. ¶그는 커서 큰일을 할 사람이다 / 하마터면 큰일 날 뻔 했다. ❷큰 예식이나 잔치를 치르는 일. ¶큰일 치르느라 고생 많았다. ⓑ 대사(大事). ⓑ 잔일.

큰-절 [formal deep bow]
무릎을 꿇고 앉으면서 두 손을 바닥에 대고 허리를 굽혀 머리를 숙이고 하는 절. ¶어른들에게 큰절을 올렸다.

큰-집 [head house]
아우나 그 자손이 맏형이나 그 자손의 집을 일컫는 말. ¶할아버지의 제사는 큰집에서 지낸다. ⓑ 작은집.

큰키-나무 [tall tree]
식물 줄기가 곧고 굵으며 높이 자라고 위쪽에서 가지가 퍼지는 나무. ⓑ 교목(喬木). ⓑ 관목(灌木).

큰-형 (—兄, 맏 형)
[one's eldest brother]
작은형에 대하여 일컫는 맏형(兄).

클라리넷 {영 clarinet}
음악 원통형으로 생긴 폐관식(閉管式) 목관 악기. 마우스피스에 한 장의 서가 있으며, 관(管)은 아래로 내려갈수록 차차 넓어지게 되어 있다. 아름다운 음색과 넓은 음역 때문에 각종 합주에서 중요한 구실을 한다.

클래식 {영 classic}
서양의 고전 음악. ¶베토벤과 모차르트는 유명한 클래식 작곡가이다.

클럽 {영 club}
취미나 친목 따위의 공통된 목적을 가진 사람들이 조직한 단체. ¶그 클럽은 회원이 만 명도 넘는다.

클로버 {영 clover}
식물 긴 줄기 끝에 작은 잎이 보통 3개가 심장 모양으로 나고, 여름에 흰 꽃이 나비 모양으로 피는 풀. ¶네잎 클로버는 행운의 징표이다. ㊐ 토끼풀.

클릭 {영 click}
마우스의 단추를 누르는 일. ¶아이콘을 클릭하면 프로그램이 실행된다.

클립 {영 clip}
종이나 서류 따위를 끼워 두는 사무용품. ¶보고서들을 클립으로 철하다.

큼지막-하다 [capacious]
꽤 큼직하다. ¶치마에 큼지막한 얼룩이 묻었다.

큼직-하다 [quite big]
꽤 크다. ¶신문에 큼직하게 기사가 실리다 / 글씨를 큼직큼직하게 쓰다.

킁킁 [sniffle]
코로 냄새를 맡는 소리나 모양. ¶개가 내 신발에 코를 대고 킁킁대다.

키[1] [stature; height]
사람이나 동물의 선 몸의 길이. ¶못 본 사이에 키가 훌쩍 크다. ㊐ 신장(身長).

키[2] [winnow]
곡식 따위를 까불러 고르는 기구. 앞은 넓고 평평하게, 뒤는 좁고 우긋하게 생겼다. ¶키로 쌀을 까부르다 / 아이가 머리에 키를 쓰고 소금을 얻으러 다녔다.

키[3] [helm; wheel]
배의 방향을 조종하는 장치. ¶키를 반대 방향으로 돌리다.

키[4] {영 key}
열쇠. ¶자물쇠에 키를 끼우다.

키-다리 [tall person]
키가 큰 사람의 별명. ¶그는 키가 190센티미터가 넘어서 모두들 키다리라고 부른다. ㊥ 난쟁이.

키득-거리다
자꾸 키득 소리를 내어 웃다. ¶나는 만화책을 보면서 자주 키득거리며 웃는다.

키보드 {영 keyboard}
키(key)가 일정한 규격에 따라 판[board]에 배열되어 있는 입력 장치. ¶커피를 쏟아서 키보드가 고장 났다 / 키보드를 연주하다. ㊐ 자판(字板).

키스 {영 kiss}
사랑하거나 존경하는 뜻으로, 상대의 입에 자기 입을 맞춤. ¶그 연인들은 서로에게 살짝 키스를 했다. ㊐ 뽀뽀, 입맞춤.

키우다 [raise; grow; foster]
❶크게 하다. ¶미련하게 병을 키우지 마라 / 소리 좀 키워 주세요. ❷자라게 하다. ¶아이 셋을 키우다 / 인재를 키워 내다.

♣ 키우다 / 불리다[2] (비슷한 듯 다른 말)

◎ 재산을 키우다 = 불리다.

○ 아이를 모유로 키우다.
× 아이를 모유로 불리다.

○ 콩을 물에 불리다.
× 콩을 물에 키우다.

비슷한 듯 다른 말 ➲ 기르다

키위 {영 kiwi}
식물 과실의 표면은 녹갈색으로 갈색 털이 빽빽이 난 과일. 약간 신맛과 단맛이 난다. ㊐ 다래.

키읔
언어 한글 자모 'ㅋ'의 이름.

킥보드 {영 kickboard}
길고 좁은 판[board]에 바퀴, 손잡이, 브레이크가 달려 있어 발로 땅을 차면[kick] 굴러가는 탈것.

킥-킥 [giggling]
나오려는 웃음을 참을 수 없어 잇달아 터져 나오는 웃음소리. ¶그들은 그녀의 노래를 듣고는 킥킥거리며 웃었다.

킬로 {영 kilo}
킬로그램·킬로와트·킬로미터 등의 준말.

킬로그램 {영 kilogram}
미터법에서, 질량의 기본 단위. 1그램의 천 배. 기호는 'kg'.

킬로리터 {영 kiloliter}
미터법에서, 부피의 단위. 액체·기체·곡물 따위의 부피를 잴 때 쓴다. 1리터의 천 배. 기호는 'kl'.

킬로미터 {영 kilometer}
미터법에서, 길이의 단위. 1미터의 천 배. 기호는 'km'.

킬로옴 {영 kilohm}
물리 전기 저항의 단위. 1옴의 천 배. 기호는 'kΩ'.

킬로와트 {영 kilowatt}
물리 전력의 단위. 1와트의 천 배. 기호는 'kw'.

킬킬 [giggling]
나오는 웃음을 억지로 참으면서 내는 소리. 또는 그 모양.

▸ 킬킬-거리다
계속해서 킬킬하는 소리를 내다.

ㅌ

ㅌ 언어 한글 자모의 열두째 글자. '티읕'이라 이른다.

타 他 | 다를 타 [others]
남. 다른 사람. ¶이 학생은 타의 모범이 되므로 상장을 수여합니다. (비) 타인(他人).

타:개 打開 | 칠 타, 열 개 [overcome; resolve; break through]
❶ 속뜻 두드려[打] 엶[開]. ❷어려운 일을 잘 처리하여 해결할 방법을 찾음. ¶경제 위기를 타개하다.

타:격 打擊 | 칠 타, 칠 격 [hit; damage; batting]
❶ 속뜻 세게 때려[打] 침[擊]. ¶그는 머리에 심한 타격을 입고 쓰러졌다. ❷어떤 영향 때문에 기세나 의기가 꺾이는 일. ¶우리나라 산업에 치명적인 타격을 줄 수 있다. ❸ 운동 야구에서 투수가 던지는 공을 타자가 배트로 치는 일. ¶그는 오늘 경기에서 뛰어난 타격 실력을 선보였다.

타:결 妥結 | 온당할 타, 맺을 결 [reach an agreement; come to terms]
온당하게[妥] 매듭지음[結]. 잘 끝냄. ¶마침내 협상이 타결되었다.

타계 他界 | 다를 타, 지경 계 [pass away]
❶ 속뜻 다른[他] 세계(世界). '저승'을 뜻함. ❷어른이나 귀인의 죽음. ¶그 시인은 작년에 타계했다.

타고-나다 [inborn; gifted]
능력·복·운명 등을 선천적(先天的)으로 지니고 태어나다. ¶그는 예술적 재질을 타고났다.

타:구 打球 | 칠 타, 공 구 [batted ball]
운동 공[球]을 치는[打] 일. ¶그는 자신이 친 타구에 왼쪽 발목을 맞았다.

타국 他國 | 다를 타, 나라 국 [foreign country]
자기 나라가 아닌 다른[他] 나라[國]. ¶그녀는 오랜 타국 생활로 많이 지쳤다. (비) 외국(外國), 이국(異國). (반) 고국(故國), 모국(母國), 자국(自國).

타다¹ [burn; feel thirsty; anxious]
❶불이 붙어 불길이 오르다. ¶장작이 활활 타다. ❷햇볕에 살갗이 그을다. ¶뙤약볕에 얼굴이 새까맣게 타다. ❸바짝 말라붙다. ¶목이 타다. ❹애가 쓰여서 가슴속에 불이 붙는 듯한 느낌이 되다. ¶타는 가슴.

타다²(乘, 탈 승)
[ride; go on; take advantage of]
❶탈것이나 짐승의 등에 몸을 얹다. ¶말을 타다 / 비행기를 타다. ❷운동 기구나 놀이 기구 따위를 이용해서 움직여 가다. ¶미끄럼틀을 타다. ❸기회를 이용하다. ¶혼란한 틈을 타 도망가다.

타다³[receive; take]
❶재산·월급·상 등을 받다. ¶보험금을 타다 / 우등상을 타다. ❷복·재주 등을 선천적으로 지니다. ¶슬픈 운명을 타고 태어났다.

타다⁴[mix up; add]
많은 액체에 적은 액체·가루 등을 섞다. ¶커피에 설탕을 타서 마신다.

비슷한 듯 다른 말 ➲ 섞다

타다⁵ [sensitive to; allergic to]
계절이나 기후의 영향을 쉽게 받다. ¶나는 더위를 많이 타는 편이다.

타다⁶ [play on]
거문고·가야금 등을 튀겨 소리를 내다. ¶거문고 타는 솜씨가 매우 훌륭하다.

타다⁷ [part; divide]
❶박 따위를 두 쪽으로 가르다. ¶톱으로 박을 타다. ❷머리를 갈라 붙여 가르마를 내다. ¶가르마를 타다.

타다⁸ [beat cotton out; whip cotton]
묵은 솜을 부풀리고 펴지게 하다. ¶한쪽으로 뭉쳐진 이불솜을 타다.

타:당 妥當 | 온당할 타, 마땅 당
[reasonable]
이치에 온당하게[妥] 들어맞다[當]. ¶그 주장은 이 상황에서는 타당하지 않다.

타:도 打倒 | 칠 타, 넘어질 도 [overthrow; defeat]
❶ 속뜻 때려 쳐서[打] 넘어지게[倒] 함. ❷쳐서 부수어 버림. ¶독재 정권을 타도하다.

타:락 墮落 | 떨어질 타, 떨어질 락
[go wrong; corrupted]
❶ 속뜻 구렁텅이 따위에 떨어짐[墮=落]. ❷올바른 길에서 벗어나 잘못된 길로 빠지는 일. ¶그는 못된 친구들과 어울리더니 완전히 타락해 버렸다.

타란툴라 {영 tarantula}
동물 이탈리아의 'Taranto' 지방 산(産) 독거미. 무서워 보이나 독성은 약하며 아메리카 중남부와 아프리카 등지에 산다.

타래 [bunch; coil]
사리어 뭉쳐 놓은 실·노끈 따위의 뭉치. ¶실 한 타래.

타:령 [Korean traditional ballad; one's favorite saying]
❶ 음악 대게 길게 늘이는 특징이 있고 가락이 강하고 감정적인 한국민요 곡조. ¶변강쇠 타령. ❷어떤 사물에 대한 생각을 말이나 소리로 나타내 자꾸 되풀이하는 일. ¶계속 음식 타령만 하고 있다.

▸타:령-조 (-調, 가락 조)
타령에만 있는 선율적 특성을 띠는 곡조(曲調). ¶타령조에 맞추어 춤추다.

타르 {영 tar}
화학 나무·석탄 등을 태울 때 생기는 갈색·흑색의 끈끈한 액체.

타:박¹[criticize; grumble]
허물을 잡아 나무라거나 탓함. ¶옷이 맞지 않는다고 타박하다.

타:박² 打撲 | 때릴 타, 칠 박
[knock; beat]
사람이나 동물 따위를 때리고[打] 침[撲].

▸타:박-상 打撲傷 | 다칠 상
둔기나 주먹 따위로 맞거나[打撲] 부딪쳐서 난 상처(傷處). ¶나는 자전거를 타다 넘어져서 팔꿈치에 타박상을 입었다.

타박-타박 [ploddingly]
힘없는 걸음으로 조금 느릿느릿 걸어가는 모양. ¶피곤한 몸을 이끌고 타박타박 걸어가다.

타:산¹ 打算 | 칠 타, 셀 산 [calculate]
❶ 속뜻 셈[算]판을 튀겨 봄[打]. ❷자신에

게 도움이 되는지를 따져 헤아림. ¶타산이 빠르다.

타산²他山 | 다를 타, 메 산 [another mountain]
다른[他] 산[山].

▶ **타산지석** 他山之石 | 어조사 지, 돌 석
❶속뜻 다른[他] 산(山)의 하찮은 돌[石]이라도 다 쓸모가 있음. ❷하찮은 것이라 할지라도 유용한 것이 될 수 있음. ❸다른 사람의 언행이 자기에게 큰 도움이 됨을 이르는 말. ¶그의 일을 타산지석으로 삼으면 큰 도움이 될 수 있다.

타살 他殺 | 다를 타, 죽일 살 [murder]
다른[他] 사람이 죽임[殺]. ¶경찰은 타살로 보고 수사에 들어갔다. ⓑ 자살(自殺).

타:석 打席 | 칠 타, 자리 석 [batter's box]
운동 야구에서 타자가 투수의 공을 치기[打] 위하여 마련된 자리[席]. ¶그는 첫 타석에서 홈런을 쳤다.

타:선 打線 | 칠 타, 줄 선 [batting line up]
❶속뜻 타자(打者)가 줄[線]을 섬. ❷운동 야구에서 타력의 면에서 본 타자의 진용. ¶상대편의 타선이 우리보다 못하다.

타:수 打數 | 칠 타, 셀 수 [number of times at bat]
운동 야구에서 타격(打擊)한 횟수[數]. ¶4타수 3안타를 치다.

타:-악기 打樂器 | 칠 타, 음악 악, 그릇 기 [percussion instrument]
음악 두드려서[打] 소리를 내는 악기(樂器)를 통틀어 이르는 말. ¶심벌즈는 타악기이다.

타-오르다 [blaze up]
불이 붙어 타기 시작하다. ¶공장에서 불길이 순식간에 타올랐다.

타:원 楕圓 | 길쭉할 타, 둥글 원 [ellipse]
❶속뜻 길쭉한[楕] 동그라미[圓]. ❷수학 평면 위에 있는 두 정점(定點)으로부터의 거리의 합이 항상 일정한 점을 이루는 자취.

▶ **타:원-형** 楕圓形 | 모양 형
수학 길쭉하게 둥근 타원(楕圓)으로 된 평면 도형(圖形). ¶지구는 타원형의 궤도를 그리며 태양 주위를 돈다.

타월 {영 towel}
천 바닥에 줄·무늬 따위를 넣어 보풀보풀하게 짠 수건. ¶샤워를 하고 나와 물기를 닦기 위해 타월을 하나 집어 들었다.

타:율¹打率 | 칠 타, 비율 률 [batting average]
운동 야구에서 공을 쳐서[打] 성공적으로 출루한 비율(比率). ¶그의 현재 타율은 3할 5푼 8리다.

타율²他律 | 다를 타, 규칙 률 [heteronomy]
❶속뜻 다른[他] 사람의 규율[律]을 따름. ❷자기의 의지가 아니라 남의 명령이나 구속에 따라 행동하는 일. ⓑ 자율(自律).

▶ **타율-적** 他律的 | 것 적
자기 의지와 관계없는 타율(他律)에 따라 움직이는 것[的]. ¶결정이 타율적으로 이루어지다. ⓑ 자율적(自律的).

타의 他意 | 다를 타, 뜻 의 [another's will]
❶속뜻 다른[他] 뜻[意]. ❷다른 사람의 뜻. ¶자의 반 타의 반. ⓑ 자의(自意).

타이¹{영 tie}
운동 운동 경기에서, 이전에 기록한 것과 동일한[tie] 득점. '타이스코어'(tie score)의 준말. ¶간신히 타이를 이루다.

타이²{영 tie}
'넥타이'(necktie)의 준말.

타-이르다 [admonish; remonstrate]
사리를 밝혀 알아듣도록 말하다. ¶그릇된 행동을 타이르다.

타이밍 {영 timing}
시기를 보아 좋은 때에 동작을 맞추는 일. 또는 그 시기. ¶하필 그때 그녀가 오다니 타이밍이 나빴다.

타이어 {영 tire}
자동차·자전거·비행기 따위 바퀴의 바깥 둘레에 끼는, 고무로 만든 테. ¶타이어에 바람이 좀 빠졌다.

타이태닉 {영 Titanic}
1911년에 완성한 영국의 고급 여객선. 1912년 미국으로 가던 첫 항해에서 빙산에 부딪혀 가라앉아 많은 희생자를 냈다.

타이틀 {영 title}
❶ 연영 영화에서, 각종 정보를 문자로 표시한 자막(字幕). ❷ 운동 경기에서 최우수 선수 자격. ¶세계 챔피언 타이틀을 거머쥐다.

타이프 {영 type}
손가락으로 키를 눌러 종이 위에 글자를 찍는 기계. ¶타이프를 쳐서 쓴 원고를 신문사로 보냈다. ㊐ 타자기(打字機).

타인 他人 | 다를 타, 사람 인 [other people]
다른[他] 사람[人]. 남. ¶타인에 대한 배려가 중요하다. ㊥ 본인(本人), 자신(自身).

타일 {영 tile}
건설 점토(粘土)를 구워서 만든 얇은 판. 여러 가지 모양과 빛깔이 있는데, 벽·바닥에 붙이거나 지붕을 이는 데 쓴다. ¶화장실에 타일을 깔다.

타임 {영 time}
무슨 짓이나 일을 할 시간.

▶타임-머신 {영 time machine}
과거나 미래로 시간[time] 여행을 가능하게 한다는 공상의 기계[machine]. 영국의 소설가 웰스가 지은 공상 과학 소설의 제목에서 온 이름이다.

▶타임 아웃 {영 time out}
운동 농구·배구 경기 따위에서, 경기를 잠시 중단하는[out] 시간[time]. 휴식 또는 협의를 하며, 경기 시간에 포함되지 않는다. ¶감독은 타임아웃을 요청했다.

▶타임-캡슐 {영 time capsule}
그 시대[time]를 대표·기념하는 기록이나 물건을 후세에 전하기 위하여, 넣어서 땅속에 묻는 그릇[capsule].

타입 {영 type}
어떤 부류의 형식이나 형태. ¶그는 성실한 타입의 사람이다.

타:자[1] 打者 | 칠 타, 사람 자 [batter]
운동 야구에서 상대편 투수의 공을 치는[打] 공격진의 선수[者]. ¶타자가 들어서자 환호성이 쏟아졌다.

타:자[2] 打字 | 칠 타, 글자 자 [type write]
타자기로 종이 위에 글자[字]를 찍음[打]. ¶그는 타자 실력이 대단하다.

▶타:자-기 打字機 | 틀 기
키를 눌러서 글자[字]를 찍는[打] 기계(機械). ¶타자기에 종이를 끼우고 키를 두드렸다. ㊐ 타이프.

타:작 打作 | 칠 타, 일할 작 [thresh]
농업 볏단 따위를 두드려[打] 곡식을 떠는 일[作]. ¶보리 타작.

타잔 {영 Tarzan}
문학 미국의 대중 소설가 버로스가 쓴 소설. 본디 영국 귀족의 아들이었으나, 비행기 사고로 아프리카 밀림에서 동물들에게 길러진 타잔이 밀림을 해치는 문명인들을 응징하며, 밀림의 평화를 지킨다는 내용이다.

타:점 打點 | 칠 타, 점 점 [run batted in]
❶ 속뜻 붓이나 펜 따위로 점(點)을 찍음[打]. ❷ 운동 야구에서 타자가 안타 등으로 자기편에 득점하게 한 점수. ¶그 선수는 이번 시즌에서 110타점을 기록했다.

타:조 駝鳥 | 낙타 타, 새 조 [ostrich]
❶ 속뜻 낙타(駱駝)처럼 몸집이 큰 새[鳥]. 학명 'Struthio camelus'를 의역한 말. ❷ 동물 날개는 퇴화하여 날지 못하는 큰 새. ¶타조는 시속 90km로 달릴 수 있다.

타지마할 {Tāj Mahal}
고적 인도의 아그라에 있는 이슬람교 묘당(墓堂). 1632~1653년에 건립되었으며,

인도 이슬람 건축을 대표하는 걸작이자 세계에서 가장 화려한 건물로 꼽힌다.

타:진 打診 | 칠 타, 살펴볼 진
[examine by percussion; percuss]
❶의학 환자의 신체를 두드려서[打] 진찰(診察)하는 방법. ❷남의 의사를 알기 위하여 미리 떠봄. ¶그가 우리를 도울 의향이 있는지 타진해 보아야 한다.

타:파 打破 | 칠 타, 깨뜨릴 파
[abolish; break down]
쳐서[打] 깨뜨림[破]. ¶나쁜 관습(慣習)을 타파하다.

타향 他鄕 | 다를 타, 시골 향
[another countryside]
자기 고향이 아닌 다른[他] 고장[鄕]. ㊐ 타지(他地). ㊀ 고향(故鄕).

▶타향-살이 (他鄕-)
타향(他鄕)에서 사는 일. ¶10년 타향살이에 지치다.

타:행 惰行 | 게으를 타, 행할 행
습관이나 버릇의[惰] 힘으로 진행함[行].

타:협 妥協 | 온당할 타, 합칠 협
[compromise]
❶속뜻 두 편이 온당하게[妥] 협의(協議)함. ❷어떤 일을 서로 양보하여 협의함. ¶적당한 선에서 타협하세요.

탁 [with a crack; with relief; widely]
❶단단한 물건이 세게 부딪거나 터지는 소리. 또는 그 모양. ¶화살이 탁 하고 과녁에 명중하다. ❷세게 치거나 차는 소리. 또는 그 모양. ¶무릎을 탁 치다. ❸아무 막힘이 없거나 시원스러운 모양. ¶탁 트인 시야.

탁구 卓球 | 높을 탁, 공 구
[ping pong; table tennis]
운동 탁자(卓子)에서 라켓으로 공[球]을 쳐 넘겨 승부를 겨루는 경기.

▶탁구-장 卓球場 | 마당 장
탁구(卓球)를 치는 곳[場]. ¶탁구장에서 탁구를 치는 학생들.

탁발 托鉢 | 받칠 탁, 밥그릇 발
[go about asking for alms]
불교 ❶절에서, 식사 때 승려들이 바리때[鉢]를 받치고[托] 식당으로 가는 일. ❷승려들이 경문을 외면서 걸식으로 의식(衣食)을 해결하는 방법.

탁상 卓上 | 높을 탁, 위 상
[on the table]
책상이나 식탁 따위 탁자(卓子)의 위[上].

▶탁상-공론 卓上空論 | 헛될 공, 말할 론
❶속뜻 탁자(卓子)의 위[上]에서만 펼치는 헛된[空] 이론(理論). ❷전혀 실현성이 없는 토론. ¶지금은 탁상공론을 벌일 때가 아니다.

탁아 託兒 | 맡길 탁, 아이 아
[child care]
어린 아이[兒]를 맡김[託]. ¶탁아 시설.

▶탁아-소 託兒所 | 곳 소
부모가 일하러 나간 사이에 아이[兒]를 맡아[託] 돌보는 시설[所]. ¶그녀는 탁아소에서 자원봉사를 해왔다.

탁월 卓越 | 뛰어날 탁, 뛰어날 월 [excellent]
매우 뛰어나다[卓=越]. ¶이 약은 기침에 탁월한 효능이 있다.

탁자 卓子 | 높을 탁, 접미사 자 [table]
무엇을 올려 놓는 데 쓰는 높은[卓] 가구[子]. ¶탁자에 둘러앉다.

탁족 濯足 | 씻을 탁, 발 족
발[足]을 씻음[濯]. ㊐ 세족(洗足).

▶탁족-회 濯足會 | 모일 회
여름에 산수(山水) 좋은 곳을 찾아 머무르며[足濯] 노는 모임[會].

탁주 濁酒 | 흐릴 탁, 술 주
[unrefined rice wine]
빛깔이 흐린[濁] 술[酒]. 맑은 술을 떠내지 않고 그대로 걸러짠 술로 빛깔이 흐리다. ㊐ 막걸리.

탁-탁 [with cracks]
물건을 자꾸 두드리거나 먼지 같은 것을 떠는 모양. 또는 그 소리. ¶먼지를 탁탁 떨다.

탁-하다 (濁—, 흐릴 탁) [muddy; thick]
❶ 속뜻 액체나 공기가 걸쭉하게 흐리다[濁]. ¶공장에서 흘러나오는 탁한 물이 강물을 흐리게 한다. ❷소리가 거칠고 굵다. ¶탁한 목소리. 반 맑다.

♣ 탁하다 / 흐리다²

◎ 여기는 물이 탁하다 = 흐리다.
○ 교실 안의 공기가 탁하다.
× 교실 안의 공기가 흐리다.
○ 하늘이 잔뜩 흐리다.
× 하늘이 잔뜩 탁하다.

탄: 炭 | 숯 탄 [coal; briquet]
관업 '석탄(石炭)' 또는 '연탄(煉炭)'의 준말.

탄:광 炭鑛 | 숯 탄, 쇳돌 광 [colliery]
광업 석탄(石炭)을 캐내는 광산(鑛山). ¶그녀의 남편은 탄광에서 일한다.

탄:력 彈力 | 튕길 탄, 힘 력 [elasticity]
용수철처럼 튀거나[彈] 팽팽하게 버티는 힘[力]. ¶고무줄이 낡아서 탄력이 없다 / 피부가 부드럽고 탄력이 있다.

탄:로 綻露 | 터질 탄, 드러낼 로 [revealed; become known]
비밀 따위가 터져[綻] 드러남[露]. ¶그의 부정행위가 탄로났다.

탄:복 歎服 | 감탄할 탄, 따를 복 [admire; impressed]
매우 감탄(感歎)하여 마음으로 따름[服]. ¶모두 그의 충성심에 탄복했다.

탄:산 炭酸 | 숯 탄, 산소 산 [carbonic acid]
화학 이산화탄소(二酸化炭素)가 물에 녹아서 생기는 약한 산(酸).

▸ 탄산-가스 (炭酸gas)
화학 탄소(炭素)가 완전 연소를 할 때 생기는 무색 기체[gas]. 비 이산화탄소.

▸ 탄산-칼륨 (炭酸Kalium)
화학 탄산(炭酸)의 수소 원자가 칼륨[Kalium] 원자와 바뀌어 된 화합물. 물에 잘 녹고, 약품·비누·유리의 원료로 쓴다.

▸ 탄산-나트륨 (炭酸Natrium)
화학 탄산(炭酸)의 수소 원자가 나트륨[Natrium] 원자와 바뀌어 된 화합물. 무색의 결정으로, 유리·비누·종이·염색·세탁 등과 위산(胃酸)의 중화제로도 쓴다.

▸ 탄산수소-나트륨 (炭酸水素Natrium, 물 수, 바탕 소)
화학 탄산(炭酸) 속에 있는 수소(水素) 원자 하나가 나트륨[Natrium] 원자와 바뀌어 된 화합물. 무색의 결정으로 되어 있으며, 물에 잘 녹아 청량음료·의약·세척제 등으로 쓴다.

탄:생 誕生 | 태어날 탄, 날 생 [born; come into the world]
❶ 속뜻 귀한 사람이 태어남[誕=生]. ¶국민들은 왕자의 탄생을 기뻐했다. ❷'어떤 기관이나 조직, 제도 따위가 새로 생겨남'을 비유하여 이르는 말. ¶민주주의가 탄생하다 / 록 음악은 1950년대에 탄생했다.

▸ 탄:생-석 誕生石 | 돌 석
태어난[誕生] 달을 상징하는 보석(寶石). ¶4월의 탄생석은 다이아몬드다.

탄:성¹ 彈性 | 튕길 탄, 성질 성 [elasticity]
❶ 속뜻 고무줄처럼 튕겨지는[彈] 성질(性質). ❷ 물리 외부에서 힘을 가하면 모양이 바뀌었다가도, 힘이 사라지면 원래대로 되돌아가려는 성질.

탄:성² 歎聲 | =嘆聲, 한숨지을 탄, 소리 성 [sigh of admiration]
❶ 속뜻 한숨짓는[歎] 소리[聲]. ¶가혹한 정치에 백성들의 탄성이 자자하다. ❷감탄하는 소리. ¶그의 작품은 많은 사람의 탄성을 자아낸다.

탄:소 炭素 | 숯 탄, 바탕 소 [carbon]
❶ 속뜻 숯[炭]을 이루는 주요 요소(要素). ❷ 화학 빛깔과 냄새가 없는 고체. 독자적

으로는 금강석·석탄·아연 따위로 존재하며, 화합물에서는 이산화탄소·탄산염·탄수화물 등으로 존재한다.

탄:수화-물 炭水化物 | 탄소 탄, 물 수, 될 화, 만물 물 [carbohydrate]
생물 탄소(炭素)와 물[水] 분자로 이루어진[化] 화합물(化合物). 3대 영양소 가운데 하나이고, 녹색 식물의 광합성으로 생긴다. 포도당, 과당, 녹말 따위가 이에 속한다.

탄:식 歎息 | =嘆息, 한숨지을 탄, 숨쉴 식 [sigh]
한탄(恨歎)의 숨을 쉼[息]. ¶그는 어떻게 이럴 수가 있느냐고 탄식했다.

탄:신 誕辰 | 태어날 탄, 날 신 [royal birthday]
임금이나 성인이 태어난[誕] 날[辰]. ¶세종대왕 탄신을 기념하는 행사가 열렸다. ⓑ 탄생일(誕生日).

탄:-알 (彈—, 탄알 탄) [bullet]
총이나 포에 재어서 목표물을 향하여 쏘아 보내는 물건[彈]. ¶탄알을 총에 장전하다. ⓑ 총알, 탄환(彈丸).

탄:압 彈壓 | 퉁길 탄, 누를 압 [suppress; crackdown on]
❶ 속뜻 퉁기고[彈] 억누름[壓]. ❷무력 따위로 억눌러 꼼짝 못하게 함. ¶강력한 탄압 속에서도 독립운동을 펼쳤다.

탄:약 彈藥 | 탄알 탄, 약 약 [ammunition]
탄알[彈]과 화약(火藥)을 아울러 이르는 말. ¶전쟁 통에 탄약이 바닥났다.

탄:원 歎願 | =嘆願, 한숨지을 탄, 바랄 원 [beg; appeal to; entreat for]
한숨을 지으며[歎] 간절히 바람[願]. ¶사람들은 그의 목숨을 살려주도록 왕에게 탄원했다.

탄:일 誕日 | 태어날 탄, 날 일 [birthday]
태어난[誕] 날[日]. '생일'을 높여 이르는 말. 탄생일. ¶내일이 왕의 탄일이다.

▶ 탄:일-종 誕日鐘 | 쇠북 종
기독교 성탄절 날[誕日]에 교회에서 치는 종(鐘). ¶탄일종이 은은하게 울려 퍼진다.

탄:탄 坦坦 | 평평할 탄, 평평할 탄 [even; smooth]
❶ 속뜻 평평하다[坦+坦]. ¶탄탄한 평야. ❷장래가 아무 어려움 없이 순탄하다. ¶그의 앞길은 탄탄하다.

▶ 탄:탄-대로 坦坦大路 | 큰 대, 길 로
❶ 속뜻 높낮이가 없이 넓고 평평하게[坦坦] 죽 뻗친 큰[大] 길[路]. ¶이 산만 넘으면 그 다음은 탄탄대로이다. ❷'앞이 훤히 트이어 순탄하게 앞으로 나아갈 수 있는 상황'을 비유하여 이르는 말. ¶탄탄대로의 출셋길을 달리다.

탄탄-하다 [solid; strong]
조직·기반 등이 빈틈없이 짜여 있어 흔들리지 않은 상태에 있다. ¶이 다리는 탄탄하게 지어져 있다.

탄:핵 彈劾 | 퉁길 탄, 캐물을 핵 [impeach; denounce; accuse]
❶ 속뜻 잘못을 지적하여 퉁기며[彈] 낱낱이 캐물음[劾]. ❷ 법률 일반 파면이 어려운 대통령·국무위원·법관 등을 국회에서 소추하여 해임하거나 처벌하는 일. ¶국무총리 탄핵을 요구하다.

탄:화 炭化 | 숯 탄, 될 화 [carbonize]
화학 유기물이 열분해 또는 다른 화학적 변화로 말미암아 탄소(炭素)가 됨[化].

▶ 탄:화-수소 炭化水素 | 물 수, 바탕 소
화학 탄소(炭素)와 수소(水素)만으로 이루어진 화합물(化合物)을 통틀어 이르는 말.

탄:환 彈丸 | 탄알 탄, 알 환 [bullet]
군사 총포에 재어서 쏘면 폭발하여 그 힘으로 탄알[彈]이 튀어나가게 된 둥그런 쇳덩이[丸]. ¶탄환이 그의 심장을 뚫고 나갔다. ⓑ 총알, 탄알.

탈:[1] [mask]
종이·나무·흙 따위로 여러 가지 얼굴 모양을 본떠 만든 물건. ¶탈을 쓴 광대. ⓑ 가면

(假面). 관용 탈을 쓰다.

탈:² 頉 | 탈날 탈
[sickness; accident; fault]
❶몸에 생긴 병(病). ¶찬 것을 너무 먹어서 탈이 났다. ❷뜻밖에 생긴 사고(事故). ¶저도 아무 탈 없이 지내고 있습니다. ❸결함이나 허물. ¶그는 말이 많은 게 탈이다.

탈-것 [means of transport]
말·자동차·가마·비행기 같은, 사람이 타고 다니게 된 물건의 총칭. ¶예전에는 탈것이라고는 말이 고작이었다.

탈곡 脫穀 | 벗을 탈, 곡식 곡
[thresh the grain]
❶ 속뜻 곡식[穀]의 낟알에서 겉겨를 벗겨 냄[脫]. ❷곡식의 낟알을 이삭에서 떨어 냄. ¶벼를 탈곡하다.

▶ 탈곡-기 脫穀器 | 그릇 기
곡식을 탈곡(脫穀)하는 데 쓰는 농기구(農器具).

탈:-놀이 [mask play]
탈을 쓰고 하는 연극. ㊐ 탈놀음.

탈락 脫落 | 빠질 탈, 떨어질 락
[fail; drop out]
어떤 데에 끼지 못하고 빠지거나[脫] 떨어짐[落]. ¶우리 팀은 예선에서부터 탈락했다.

탈모 脫毛 | 빠질 탈, 털 모 [loss of hair]
털[毛]이 빠짐[脫]. 빠진 털. ¶머리가 훤히 들여다보일 정도로 탈모가 되었다.

탈무드 {Talmud}
책명 유대인 율법학자들 사이에 입으로 전해 내려오는 말들을 모아 놓은 책. 유대인들의 정신문화의 원천으로 높이 평가된다.

탈:-바꿈 [change; transform]
❶ 동물 동물이 알에서 부화해서 완전한 성체(成體)가 되기까지, 시기에 따라 여러 가지 형태로 변하여 자라는 형상. ¶누에가 번데기로 탈바꿈하다. ❷원래의 모양이나 형태를 바꿈. ¶예전의 쓰레기 매립지가 생태 공원으로 탈바꿈했다. ㊐ 변태(變態).

탈상 脫喪 | 벗을 탈, 죽을 상
[finish mourning]
상복(喪服)을 벗음[脫]. 상을 마침. ¶탈상을 하자면 아직 한참 남았습니다.

탈색 脫色 | 벗을 탈, 빛 색 [decolorize]
섬유 제품 따위에 들어 있는 색깔[色]을 뺌[脫]. ¶이 옷은 햇빛에 탈색되었다. ㊥ 염색(染色).

탈선 脫線 | 벗을 탈, 줄 선
[derail; deviate; go astray]
❶ 속뜻 기차나 전차 따위의 바퀴가 선로(線路)를 벗어남[脫]. ¶기차가 탈선해서 많은 승객들이 다쳤다. ❷'언행이 상규를 벗어나거나 나쁜 방향으로 빗나감'을 비유하여 이르는 말. ¶탈선한 청소년들을 보호하다.

탈세 脫稅 | 벗을 탈, 세금 세
[evade taxes]
❶ 속뜻 교묘하게 납세(納稅)의 의무를 벗어남[脫]. ❷납세자가 납세액(納稅額)의 전부 또는 일부를 내지 않는 일. ¶거액을 탈세하다.

탈수 脫水 | 벗을 탈, 물 수 [dehydrate]
어떤 물질 속에 들어 있는 수분(水分)을 제거함[脫]. ¶그녀는 심한 탈수 증세를 보였다 / 빨래를 탈수하다.

탈영 脫營 | 벗을 탈, 집 영
[break out of barracks]
군사 군인이 집단으로 거주하는 집[營]을 벗어나[脫] 달아남. ¶어젯밤에 병사 하나가 탈영했다.

▶ 탈영-병 脫營兵 | 군사 병
군사 탈영(脫營)한 병사(兵士).

탈옥 脫獄 | 벗을 탈, 감옥 옥
[break prison]
죄수가 감옥(監獄)을 빠져 나와[脫] 도망함. ¶죄수 두 명이 탈옥을 시도하다 붙잡혔다.

탈의 脫衣 | 벗을 탈, 옷 의
[disrobe; undress]
옷[衣]을 벗음[脫]. [반] 착의(着衣).
▶ **탈의-실** 脫衣室 | 방 실
온천이나 목욕탕 따위에서 옷을 벗도록[脫衣] 마련한 방[室]. ¶그는 탈의실에서 운동복으로 갈아입었다.

탈주 脫走 | 벗을 탈, 달릴 주 [escape]
몸을 빼어[脫] 달아남[走]. ¶죄수들은 호송 도중 탈주했다.

탈지 脫脂 | 벗을 탈, 기름 지
[remove fat]
기름이나 기름기[脂]를 빼어냄[脫].
▶ **탈지-면** 脫脂綿 | 솜 면
[의학] 지방분[脂]을 빼고[脫] 소독한 솜[綿]. ¶탈지면으로 상처 부위를 닦다. [비] 약솜, 소독면(消毒綿).

탈진 脫盡 | 빠질 탈, 다할 진
[drained; exhausted]
기운이 빠져[脫] 없어짐[盡]. ¶탈진한 선수가 병원으로 후송되었다.

탈출 脫出 | 빠질 탈, 날 출 [escape]
일정한 환경이나 구속에서 빠져[脫] 나감[出]. ¶비만 탈출을 위해 운동하다 / 그는 낙하산을 타고 비행기를 탈출했다.

탈ː-춤 [masked dance]
[예술] 얼굴에 탈을 쓰고 추는 춤. ¶그는 탈춤을 보고 한국 문화를 칭찬했다.

탈취 奪取 | 빼앗을 탈, 가질 취
[extort; seize]
남의 것을 억지로 빼앗아[奪] 가짐[取]. ¶군부대에서 총기 탈취 사건이 발생했다.

탈탈 [with a rattling noise]
❶먼지 따위를 깨끗이 털어 버리는 모양. 또는 그 소리. ¶먼지를 탈탈 털어 내다. ❷아무것도 남지 않게 죄다 털어 내는 모양. ¶주머니를 탈탈 털다.

탈탈-거리다
낡은 자동차 따위가 흔들거리며 느리게 가다. ¶탈탈거리는 경운기. [비] 탈탈대다.

탈퇴 脫退 | 벗을 탈, 물러날 퇴 [withdraw]
정당이나 단체 따위의 옷을 벗고[脫] 물러남[退]. ¶모임에서 탈퇴하기로 작정하다. [반] 가입(加入).

탈피 脫皮 | 벗을 탈, 껍질 피
[molt; shed the skin; do away with]
❶ [속뜻] 껍질[皮]을 벗음[脫]. ❷ [동물] 파충류, 곤충류 따위가 자라면서 허물이나 껍질을 벗음. ¶뱀은 봄에 탈피를 한다. ❸일정한 상태나 처지에서 완전히 벗어남. ¶그는 따분한 일상에서 탈피하기 위하여 재미있는 일을 계획했다.

탈환 奪還 | 빼앗을 탈, 돌아올 환
[retake; recover]
빼앗겼던 것을 빼앗아[奪] 되찾음[還]. ¶그 팀은 4년 만에 우승컵을 탈환했다.

탐 貪 | 탐낼 탐 [greedy]
지나치게 탐하는 욕심. ¶남의 물건에 탐을 내다 / 나는 저 책이 탐난다 / 남의 것을 탐내지 마라. [비] 탐욕(貪慾).

탐관 貪官 | 탐낼 탐, 벼슬 관
[corrupt official]
백성의 재물을 탐(貪)하는 벼슬아치[官].
▶ **탐관-오리** 貪官汚吏 | 더러울 오, 벼슬아치 리
탐욕(貪慾)이 많고 행실이 더러운[汚] 벼슬아치[官=吏]. ¶탐관오리의 가혹한 수탈에 시달리다.

⁂**탐구** 探究 | 찾을 탐, 생각할 구
[investigate; make researches in]
진리나 법칙 따위를 찾아[探] 깊이 연구(硏究)함. ¶야생동물을 탐구하다.
▶ **탐구-심** 探究心 | 마음 심
깊이 찾아 연구하려는[探究] 마음[心].

탐라-국 耽羅國 | 즐길 탐, 새그물 라, 나라 국
[역사] 삼국 시대에 제주도[耽羅]에 있던 나라[國]. 백제, 신라, 고려에 속했다가 고려 숙종 10년(1105)에 고려의 한 군현이 되었다.

탐문 探問 | 찾을 탐, 물을 문
[obtain information]
아직 알려지지 않은 사실이나 소식을 찾아[探] 물음[問]. ¶탐문 수사를 벌이다. [비] 채문(採問).

탐방 探訪 | 찾을 탐, 물을 방 [visit]
어떤 사람을 찾아가[探] 소식 따위를 물어[訪] 봄. ¶유적지를 탐방하다.

탐사 探査 | 찾을 탐, 살필 사
[explore; investigate; inquire into]
알려지지 않은 사물이나 사실 따위를 찾아[探] 조사(調査)함. ¶달 표면을 탐사하다 / 해양생물 탐사대.

탐색 探索 | 살필 탐, 찾을 색 [search]
드러나지 않은 사물이나 현상 따위를 살펴[探] 찾아냄[索]. ¶경찰은 범인을 탐색 중이다.

▶탐색-기 探索機 | 틀 기
탐색(探索)하는 데 쓰는 항공기(航空機). 탐색하는 데 쓰는 기계.

탐-스럽다 (貪—, 탐낼 탐)
[desirable; appetizing; attractive]
갖고 싶도록[貪] 보기에 소담스럽고 좋다. ¶빨간 사과가 탐스럽게 열렸다.

탐욕 貪慾 | 탐낼 탐, 욕심 욕 [greed]
지나치게 갖고자 탐(貪)내는 욕심(慾心). ¶탐욕에 눈이 멀다.

탐정 探偵 | 찾을 탐, 염탐할 정
[investigate secretly; detect]
드러나지 않은 사정을 찾아[探] 몰래 염탐하여[偵] 알아냄. 또는 그런 일을 하는 사람. ¶그는 이번 사건을 탐정에게 의뢰했다 / 실종된 사람의 행방을 탐정하다.

▶탐정 소:설 探偵小說 | 작을 소, 말씀 설
[문학] 탐정(探偵)을 줄거리로 삼고 있는 소설(小說). 주로 범죄 사건을 제재로 하여 그 사건의 전말을 흥미 있게 추리하여 풀어 나간다. [비] 추리 소설(推理小說).

탐조 探照 | 찾을 탐, 비칠 조
[throw a searchlight]
무엇을 더듬어 찾기[探] 위하여 광선을 멀리 비춤[照].

▶탐조-등 探照燈 | 등불 등
밤에 무엇을 찾거나 비추기 위하여 멀리까지 비추게[探照] 된 등(燈). ¶탐조등이 땅바닥을 훑었다.

탐지 探知 | 찾을 탐, 알 지
[find out; detect; search out]
드러나지 않은 물건이나 사실을 찾아[探] 알아냄[知]. ¶이 비행기는 레이더로 탐지하기 어렵다.

▶탐지-기 探知機 | 틀 기
어떤 사물의 소재 따위를 탐지(探知)하는 데 쓰이는 기계(機械)를 통틀어 이르는 말. ¶금속 탐지기를 통과하다.

탐탁-하다 [satisfactory; reliable]
모양이나 태도가 마음에 들어 흡족하다. ¶나는 그 친구가 별로 탐탁하지 않다.

탐-하다 (貪—, 탐낼 탐) [greedy]
지나치게 갖고자[貪] 하다. ¶명예와 이익을 탐하다.

탐험 探險 | 찾을 탐, 험할 험
[explore; make an exploration]
위험(危險)을 무릅쓰고 어떤 곳을 찾아가서[探] 살펴보고 조사함. ¶미지의 세계를 탐험하다.

▶탐험-가 探險家 | 사람 가
전문적으로 탐험(探險)에 종사하는 사람[家]. ¶그녀는 대담하고 모험적인 탐험가였다.

▶탐험-대 探險隊 | 무리 대
탐험(探險)을 목적으로 여러 사람으로 조직된 무리[隊]. ¶남극 탐험대를 조직하다.

탑 塔 | 탑 탑 [tower]
여러 층으로 또는 높고 뾰족하게 세운 건축물을 통틀어 이르는 말. ¶탑을 쌓다.

탑-돌이 (塔—, 탑 탑)
[민속] 초파일에 절에서 밤새도록 탑(塔)을 돌며 부처의 공덕을 기리고 제각기 소원을 비는 행사.

탑승 搭乘 | 탈 탑, 탈 승 [ride; board]
항공기, 선박, 기차 따위에 올라탐[搭=乘]. ¶비행기에 탑승하다.
▸탑승-객 搭乘客 | 손 객
탑승(搭乘)한 손님[客]. ¶침몰한 배의 탑승객 전원이 구조되었다.

탑신 塔身 | 탑 탑, 몸 신 [spire]
탑(塔) 가운데 몸[身]에 해당되는 부분. ¶이 탑은 탑신이 참 아름답다.

탑재 搭載 | 실을 탑, 실을 재 [load; embark; entrain]
배나 항공기 따위에 물건을 실음[搭=載]. ¶화물을 탑재한 트럭.

탓 [reason; fault]
❶주로 좋지 않은 일이 생겨난 까닭이나 원인. ¶남의 탓으로 돌리다. ❷무엇을 구실이나 핑계 삼아 원망하는 일. ¶안되면 조상 탓만 한다.

탓-하다 [blame; lay the fault to]
핑계나 구실로 삼아 나무라거나 원망하다. ¶이제 와서 누굴 탓하겠니?

탕[1] [bang]
❶단단한 물건이 세게 부딪쳐 울리는 소리. ¶공이 골대를 맞고 탕 튀어 나갔다. ❷총포(銃砲)가 터져서 나는 것과 같은 소리. ¶총소리가 탕 나다.

탕:[2]**湯** | 끓을 탕 [soup; medicinal decoction]
❶'국'의 뜻. ¶삼계탕 / 추어탕. ❷'탕약'(湯藥)의 뜻. ¶십전대보탕.

탕:[3]**湯** | 욕탕 탕 [hot bath]
목간(沐間)이나 온천(溫泉) 등의 목욕하는 곳. ¶탕에 몸을 푹 담그니 잠이 온다.

탕수-육 糖水肉 | 사탕 탕, 물 수, 고기 육 [sweet and sour pork]
반죽한 고기[肉]를 튀겨내어 설탕[糖]을 넣어 졸인 즙[水]을 부어 낸 중국 요리.

탕:약 湯藥 | 끓을 탕, 약 약 [infusion; herb tea]
한의 끓이고 달여서[湯] 만든 한약(漢藥). ¶탕약 한 첩을 달이다. ⓑ 탕제(湯劑).

탕:진 蕩盡 | 쓸 탕, 다할 진 [exhaust; squander]
재물 따위를 다 써서[蕩] 없어짐[盡]. ¶노름으로 재산을 탕진하다.

탕-탕 [banging repeatedly; with big word]
❶총포(銃砲)가 잇달아 터지거나 마룻바닥을 자꾸 치는 것과 같은 소리. ¶총을 탕탕 쏘다. ❷실속 없는 장담을 함부로 하는 모양. ¶큰소리만 탕탕 치다.

탕:평 蕩平 | 쓸어버릴 탕, 평평할 평
❶속뜻 소탕(掃蕩)하여 평정(平定)함. ❷역사 '탕평책'의 준말.
▸탕:평-책 蕩平策 | 꾀 책
역사 조선 때, 영조(英祖)가 당쟁을 없애려던[蕩平] 정책(政策). 이 정책으로 각 당파의 인재를 고르게 등용했다. ㊕ 탕평.

태 胎 | 아이밸 태 [amnion and placenta]
모체(母體) 안에서 아이를 싸고 있는 조직. ¶태를 가르다.

태고 太古 | 클 태, 옛 고 [ancient times]
아득히 먼[太] 옛날[古]. ¶태고의 신비를 간직한 섬.

태교 胎敎 | 태아 태, 가르칠 교 [prenatal care]
뱃속의 태아(胎兒)에 대한 가르침[敎]. 임산부가 마음을 바르게 하고 언행을 삼가 태아를 가르치는 일을 이른다. ¶클래식 음악으로 태교를 한다.

태권 跆拳 | 밟을 태, 주먹 권
❶속뜻 발로 밟고[跆] 주먹[拳]을 날림. ❷운동 무기 없이 찌르기, 치기, 차기 등의 공격과 방어를 하는 우리나라 고유 무술.
▸태권-도 跆拳道 | 기예 도
❶속뜻 발로 밟거나[跆] 차고, 주먹[拳]으로 치는 무도(武道). ❷운동 우리나라의 전통 무예를 바탕으로 한 운동. ¶나는 태권도 3단이다.

태극 太極 | 클 태, 끝 극

[Great Absolute]
❶속뜻 매우 큰[太] 끝[極] 쪽. 철학 ❷중국 철학에서, 우주 만물의 근원이 되는 실체. ❸하늘과 땅이 분리되기 이전의 세상 만물의 원시 상태.

▸태극-기 太極旗 | 깃발 기
❶속뜻 태극(太極) 모양이 있는 깃발[旗]. ❷우리나라의 국기. ¶태극기는 평화, 화합 및 인류애를 상징한다.

태기 胎氣 | 아이 밸 태, 기운 기
[signs of pregnancy]
아이를 밴[胎] 것 같은 기미(氣味). ¶아내가 태기를 보인다.

태껸
운동 우리나라 고유의 전통 무예의 하나. 유연한 동작으로 움직이다가 순간적으로 손질과 발질로 상대방을 제압하는 호신술. '택견'으로도 불린다.

태:도 態度 | 모양 태, 풍채 도 [attitude]
❶속뜻 몸의 자태(姿態)와 풍채[度]. ❷어떤 사물에 대한 감정이나 생각 따위가 겉으로 나타난 모습. ¶진지한 태도를 보이다. ⓑ 자세(姿勢).

태동 胎動 | 태아 태, 움직일 동
[quicken; show signs of]
❶속뜻 태아(胎兒)가 움직임[動]. ¶아랫배에서 아기의 태동이 느껴진다. ❷어떤 일이 일어날 기운이 싹틈. ¶민족의식이 태동하다.

태만 怠慢 | 게으를 태, 게으를 만 [negligent]
맡은 바 일 따위를 게을리 하다[怠=慢]. ¶수업에 태만하다 / 직무를 태만히 하다. ⓑ 근면(勤勉), 성실(誠實).

태몽 胎夢 | 아이 밸 태, 꿈 몽 [dream that one is going to get pregnant]
아기를 밸[胎] 징조로 꾸는 꿈[夢]. ¶어머니가 태몽을 꾸셨다고 한다.

태반 太半 | 클 태, 반 반 [most part]
절반(折半)보다 크게[太] 많은 수량.

태백-산맥 太白山脈 | 클 태, 흰 백, 메 산, 줄기 맥
❶속뜻 태백산(太白山)이 속해 있는 산맥(山脈). ❷지리 추가령 지구대(楸哥嶺地溝帶)에서 강원도, 경상 남북도의 동부를 남북으로 뻗어 있는 산맥. 국내에서 가장 큰 산맥으로 금강산, 태백산, 오대산, 설악산 따위의 봉우리가 있다.

태봉 泰封 | 클 태, 봉할 봉
❶속뜻 하늘이 내려준 큰[泰] 봉지(封地). ❷역사 901년에 궁예가 송악에 도읍하여 세운 나라. 건국 당시 국호를 후고구려라 하였다가 905년 도읍을 철원으로 옮기면서 국호를 태봉으로 고쳤다.

태-부족 太不足 | 클 태, 아닐 부, 넉넉할 족
[be in great shortage]
크게[太] 부족(不足)함. ¶그 학교는 학생 수에 비해 교실이 태부족하다.

태산 泰山 | 클 태, 메 산
[high mountain]
❶속뜻 크고[泰] 높은 산(山). ❷'크고 많음'을 비유하여 이르는 말. ¶할 일이 태산인데 잠만 자고 있느냐. ❸'정도가 점점 더 심해지는 것'을 비유하여 이르는 말. ¶갈수록 태산.

태생 胎生 | 태아 태, 날 생
[viviparity; birth]
❶속뜻 어미의 뱃속에서 태아(胎兒)의 형태로 태어남[生]. ¶포유류는 대개 태생 동물이다. ❷어떠한 곳에 태어남. ¶그는 일본 태생이다.

태:세 態勢 | 모양 태, 자세 세
[attitude; setup]
태도(態度)와 자세(姿勢)를 아울러 이르는 말. ¶그는 내가 한마디만 더 하면 때릴 태세였다.

태수 太守 | 클 태, 직책 수
역사 ❶신라 때, 군(郡)의 으뜸[太] 벼슬[守]. ❷예전에, 주·부·군·현의 행정 책임을 맡던 으뜸 벼슬.

태아 胎兒 | 아이 밸 태, 아이 아

[unborn child]
의학 아이를 밴[胎] 어머니의 몸 안에서 자라고 있는 아기[兒]. ¶태아가 머리를 밑으로 두고 있다.

태양 太陽 | 클 태, 볕 양 [sun]
❶ 속뜻 매우[太] 밝은 빛[陽]. ❷ 천문 태양계의 중심을 이루는 항성. 해. ¶태양이 이글이글 타고 있다. ㊥ 태음(太陰).

▶ **태양-계** 太陽系 | 이어 맬 계
천문 태양(太陽)을 중심으로 운행하고 있는 천체의 집단[系].

▶ **태양-력** 太陽曆 | 책력 력
천문 태양시(太陽時)로 정한 책력(冊曆). 지구가 태양을 한번 회전하는 시간을 1년으로 삼는 달력. ㊥ 태음력(太陰曆).

▶ **태양-열** 太陽熱 | 더울 열
물리 태양(太陽)에서 발생하는 열(熱)에너지. ¶태양열 발전.

▶ **태양 에너지** (太陽energy)
물리 태양(太陽)이 방출하는 에너지(energy). ¶태양 에너지가 있기 때문에 식물이 자랄 수 있다.

태어-나다 [born]
어미의 배로부터 세상에 나오다. ¶그는 한국에서 태어났다. ㊐ 출생(出生)하다, 탄생(誕生)하다. ㊥ 죽다.

태연 泰然 | 침착할 태, 그러할 연 [cool]
❶ 속뜻 침착한[泰] 모양[然]. ❷태도나 기색이 아무렇지 않고 예사로움. ¶그는 애써 태연한 척했다.

▶ **태연-자약** 泰然自若 | 스스로 자, 같을 약
충격적인 일이 있어도, 태도나 모습이 태연(泰然)하고 평소와 같음[自若]. ¶동생이 다쳤는데도 그는 태연자약했다.

태엽 胎葉 | 아이 밸 태, 잎 엽
[(coil) spring]
시계나 장난감 따위의 기계 안[胎]에 있는 잎[葉] 모양의 부속품. ¶태엽이 다 풀리자 장난감 자동차가 멈췄다.

태우다[1] [burn; tan; distress]
❶불에 타게 하다. ¶담배를 태우다. ❷지나치게 뜨거워 검어지게 하다. ¶밥을 태우다. ❸햇볕 따위에 그을게 하다. ¶햇볕에 온몸을 태우다. ❹마음을 졸이어 가슴 속에 불붙는 듯 하게 하다. ¶부모님의 속을 태우다 / 애를 태우다.

태우다[2] [carry; take in]
탈것에 몸을 얹게 하다. ¶손님을 차에 태우다 / 그네를 태우다.

태우다[3] [tickle; titillate]
간지럼 따위를 잘 타거나 느끼게 하다. ¶간지럼을 태운다.

태자 太子 | 클 태, 아들 자
[crown prince]
역사 황제의 뒤를 이어 황제가 될 큰[太] 아들[子]. '황태자'(皇太子)의 준말. ¶둘째 아들을 태자로 책봉하였다.

태조 太祖 | 클 태, 조상 조
[first King of the dynasty]
❶ 속뜻 가장 큰[太] 조상[祖]. ❷ 역사 한 왕조를 세운 첫째 임금에게 붙이던 묘호.

태종 太宗 | 클 태, 마루 종
❶ 속뜻 가장 크고[太] 높은 산마루[宗]. ❷ 역사 한 왕조의 선조 가운데 그 공과 덕이 태조에 버금할 만한 임금.

태초 太初 | 클 태, 처음 초
[beginning of the world]
천지가 크게[太] 열린 그 시초(始初). 천지가 창조된 때. ¶태초에 우주는 하나의 점이었다고 한다.

태클 {영 tackle}
운동 축구에서, 상대방이 공격하고 있을 때에 틈을 노려 공을 빼앗는 일. ¶무리한 태클을 걸면 퇴장당한다.

태평 太平 | = 泰平, 클 태, 평평할 평
[peaceful; quiet; carefree]
세상이 크게[太] 평안(平安)함. ¶나라의 태평을 기원하다 / 정치가 잘되어야 나라가 태평하다.

▶ **태평-소** 太平簫 | 퉁소 소

❶속뜻 태평(太平)한 세월을 노래하는 나팔[簫]. ❷음악 나팔 모양으로 생긴 목관 악기. 여덟 개의 구멍이 있다.

▶태평-성대 太平聖代 | 성스러울 성, 시대 대
태평(太平)하고, 성(聖)스러운 임금이 다스리는 시대(時代). ¶태평성대를 누리다.

태평-양 太平洋 | 클 태, 평평할 평, 큰바다 양 [Pacific]
❶속뜻 크고[太] 평평(平平)한 먼 바다[洋]. ❷지리 오대양의 하나. 유라시아, 남북아메리카, 오스트레일리아 따위의 대륙에 둘러싸인 바다.

▶태평양 전:쟁 太平洋戰爭 | 싸울 전, 다툴 쟁
역사 제2차대전 중, 일본과 미국 등의 연합국이 태평양(太平洋)의 진주만에서 벌인 전쟁(戰爭).

***태풍 颱風** | 태풍 태, 바람 풍 [typhoon]
❶속뜻 크게 불어 닥치는[颱] 폭풍(暴風). ❷지리 북태평양 남서부에서 발생하여 동북아시아 내륙으로 불어 닥치는 폭풍우. ¶태풍이 한반도를 강타했다.

태학 太學 | 클 태, 배울 학
❶속뜻 큰[太] 학문(學問). 또는 한 나라에서 최고 수준의 학교(學校). 역사 ❷고구려의 국립 교육기관. ❸고려 때 국자감(國子監)의 한 분과. ❹조선의 성균관(成均館).

태형 笞刑 | 볼기칠 태, 형벌 형
[punishment by flogging; whipping]
역사 매로 볼기를 치던[笞] 형벌(刑罰). ¶태형 40대를 맞다.

택견
'태껸'의 다른 표기.

택배 宅配 | 집 택, 나눌 배
[home delivery]
짐 따위를 각자 집[宅]으로 나누어[配] 보내 주는 일. ¶택배 상품 / 택배 서비스를 실시했다.

택시 {영 taxi}
요금을 받고 손님이 원하는 곳까지 태워다 주는 영업용 승용차. ¶이 시간에는 택시가 잘 안 잡힌다.

택일 擇一 | 고를 택, 한 일
[choose; select]
여럿 중에 하나[一]만 고름[擇]. ¶다음 문제 중에 택일하여 답하시오.

택지 宅地 | 집 택, 땅 지
[land for housing; housing site]
집[宅]을 지을 땅[地]. ¶택지를 조성하다. ㊥ 집터.

택-하다 (擇–, 가릴 택)
[choose; pick out]
여럿 중 가려서[擇] 고르다. 선택하다. ¶그는 불명예보다 차라리 죽음을 택했다.

탤런트 {영 talent}
방송에 출연하는 예능인. 텔레비전 드라마에 출연하는 연기자. ¶그 탤런트는 갑자기 인기를 얻기 시작했다.

탬버린 {영 tambourine}
음악 금속 또는 목제의 테 한쪽 면에 가죽을 대고 둘레에 작은 방울을 단 타악기의 하나. 손에 들고 가죽을 치며, 흔들어 방울을 울린다. ¶탬버린을 흔들며 춤추다.

탭 {영 tap}
컴퓨터에서 문장의 중간에 일정한 길이의 빈자리를 계속하여 넣기 위해서 사용하는 기능.

탯-줄 (胎–, 아이밸 태) [umbilical cord]
의학 태아와 태반을 연결하는 관. 이를 통하여 산소와 영양분을 공급한다. ¶탯줄을 자르다.

탱자 [fruit of the trifoliate orange]
탱자나무의 열매. 향기가 좋으며 약으로 쓰기도 한다.

▶탱자-나무
식물 5월에 흰 다섯잎꽃이 피며, 가을에 탱자가 열리는 작은 나무. 나무껍질은 녹색이며 가시가 많다.

탱크 {영 tank}

❶기체나 액체를 수용·저장하는 큰 통. ¶휘발유 탱크가 폭발하다. ❷[군사] 전차(戰車). ¶적의 탱크가 접근해 온다.

탱탱 [taut; tight]
살이 몹시 찌거나 붓거나 하여 팽팽한 모양. ¶볼이 탱탱하게 부었다.

▸ **탱탱-공**
바람을 잔뜩 넣은 가볍고 얇은 고무공.

▸ **탱탱-볼** (—ball)
바람을 잔뜩 넣은 가볍고 얇은 고무공[ball].

터¹(基, 터 기; 址, 터 지)
[site; place; space]
건축·토목 공사를 할 자리. 또는 했던 자리. ¶이곳은 예전에 절이 있던 터이다.

♣ 터¹ / 자리² [비슷한 듯 다른 말]

◎ 이곳은 예전에 절이 있던 터 = 자리이다.
○ 성공할 수 있는 터를 쌓다.
× 성공할 수 있는 자리를 쌓다.
○ 방이 좁아서 침대를 놓을 자리가 없다.
× 방이 좁아서 침대를 놓을 터가 없다.

터²[an expectation; intention]
❶'예정·추측' 등의 뜻을 나타내는 말. ¶내가 갈 터이다. ❷'처지·형편'의 뜻을 나타내는 말. ¶자기 앞가림도 못하는 터에 남 걱정을 하다니!

터널 {영 tunnel}
산이나 바다·강의 밑을 뚫어 굴로 된 철도나 도로. ¶버스가 터널로 들어가고 있다. [비] 굴(窟).

터-놓다 [release; open one's heart]
❶막은 물건을 치워 놓다. ¶차들이 다니도록 길을 터놓다. ❷숨김없이 마음을 드러내다. ¶마음을 터놓고 이야기하자.

터덜-터덜 [trudging; plodding]
지치거나 느른하여 무거운 발걸음으로 힘없이 계속 걷는 소리. 또는 그 모양. ¶두 시간이나 터덜터덜 걸었다.

터:득 攄得 | 펼 터, 얻을 득
[master; learn; grasp]
❶[속뜻] 손을 펴서[攄] 얻어[得]냄. ❷연구하거나 생각하여 사물의 이치를 깨달아 앎. ¶공부의 비결을 터득하다.

터:-뜨리다 [break; blossom; burst]
❶무엇을 터지게 하다. ¶물집을 터뜨리다. ❷꽃이 꽃망울을 벌려 피다. ¶진달래가 꽃망울을 터뜨리기 시작했다. ❸누르고 있던 감정을 갑자기 밖으로 드러내다. ¶아이는 결국 울음을 터뜨렸다.

터럭 [hair; wool]
사람이나 짐승의 몸에 난 길고 굵은 털. ¶닭의 터럭을 뽑다 / 터럭만 한 희망도 없다.

터무니-없다 [unfounded; baseless]
사물의 근거가 없다. 이치·도리·조리에 맞지 않다. ¶터무니없는 억지를 부리다 / 값이 터무니없이 비싸다.

터미널 {영 terminal}
철도·버스 따위 노선의 종점(終點). ¶시외 버스 터미널.

터벅-터벅 [ploddingly]
힘없는 걸음으로 느릿느릿 걸어가는 모양. ¶빗속을 터벅터벅 걷다.

터울 [age gap]
한 어머니가 낳은 자녀 나이의 차이. ¶그 집 아이들은 모두 두 살 터울이다.

터전 [site; grounds; base]
❶집터가 되는 땅. ¶터전을 잡다. ❷생활의 근거지가 되는 곳. ¶삶의 터전을 마련하다.

터줏-대감 (—主大監, 주인 주, 큰 대, 볼 감)
[senior member]
한 동네나 단체 같은 데서 그 구성원 중 가장 오래되어 터주격인 사람을 높여[大監] 일컫는 말. ¶그는 우리 모임의 터줏대감이다.

터:지다

[crack open; explode; break out]
❶둘러싸여 막혔던 것이 갈라져서 무너지다. 또는 둘러싸여 막혔던 것이 뚫어지다. ¶둑이 터지다 / 풍선이 터지다. ❷화약 따위가 갑자기 폭발하다. ¶폭탄이 터지다. ❸쌓였던 감정 따위가 한꺼번에 쏟아져 나오다. ¶분통이 터지다. ❹싸움이나 사건 같은 것이 갑자기 벌어지다. ¶난리가 터지다.

터치-아웃 {영 touch out}
운동 ❶야구에서, 수비측이 주자의 몸에 공을 대어[touch] 아웃(out)시키는 일. ❷배구에서, 공이 수비수에 맞고 경기장 밖으로 나가는 일.

터:-트리다 [break; explode]
터뜨리다. ¶불만을 터트리다.

턱[1] [jaw]
❶ 의학 사람이나 동물의 입의 위아래에 있는, 입을 벌리거나 씹는 일을 하는 기관(器官). ¶크게 웃다가 턱이 빠지다. ❷아래턱의 바깥 부분. ¶손으로 턱을 괴다.

턱[2] [reason; grounds]
그렇게 되어야 할 까닭. ¶내가 알 턱이 있나.

턱[3] [with a grand air; at complete ease]
❶갑자기 맥없이 쓰러지는 모양. ¶방바닥에 턱 쓰러지다. ❷어깨나 손 따위를 갑자기 꽉 붙잡거나 짚는 모양. ¶덜미를 턱 잡다. ❸긴장이 풀리는 모양. ¶마음을 턱 놓다.

턱-걸이 [chinning exercises]
운동 철봉 등을 손으로 잡고 몸을 달아 올려 턱이 그 위까지 미치게 하는 운동. ¶오빠는 턱걸이를 열 개나 할 수 있다.

턱-밑
[tip of the chin; beneath one's chin]
❶턱의 밑. ¶턱밑 수염. ❷아주 가까운 곳을 이르는 말. ¶안경을 턱밑에 두고 딴 데서 찾는다.

턱-뼈 [jawbone]
의학 턱을 이루는 뼈. ¶그는 하품을 하다가 턱뼈가 어긋났다.

턱-수염 (—鬚髥, 콧수염 수, 구레나룻 염)
[beard]
아래턱에 난 수염(鬚髥). ¶그 남자는 턱수염을 기른다.

턱시도 {영 tuxedo}
남자의 서양식 예복. ¶턱시도를 입은 신랑은 멋있어 보였다.

턱-없다 [groundless; unfounded]
수준이나 분수에 맞지 않는 데가 있다. ¶턱없는 거짓말 / 대회에 나가기에는 턱없는 실력이다.

턱-지다 [swell; form a rise; hilly]
평평한 곳에 좀 두두룩한 자리가 생기다. 언덕이 생기다. ¶골목길이 턱져 있어서 자전거 타기가 힘들다.

턱턱 [stifling; promptly; speedily]
❶자꾸 숨이나 기가 막히는 모양. ¶이 방은 숨이 턱턱 막힌다. ❷일을 끊어서 잘 처리하는 모양. ¶일을 턱턱 처리하다.

털 (毛, 털 모) [hair; fur; wool]
사람이나 동물의 피부에 나는 가느다란 실 모양의 것. ¶털이 긴 원숭이.

털-가죽 [fur; fell; pelt]
털이 그대로 붙어 있는 짐승의 가죽. ¶털가죽으로 만든 외투.

털-갈이 [molt; shed hair]
짐승이나 조류(鳥類)가 털이나 깃을 갊. 또는 그 일. ¶우리 집 강아지가 털갈이를 시작했다.

털-끝 [end of a hair; bit]
터럭의 끝처럼 아주 적거나 사소한 것을 비유적으로 이르는 말. ¶그는 의리라고는 털끝만치도 없다 / 털끝도 못 건드리게 하다.

털:다 [shake off; clear out; rob of]
❶치거나 흔들어서 붙은 것이 흩어지거나 떨어지도록 하다. ¶먼지를 털다. ❷생각·일·병 따위를 극복하여 말끔히 정리하다. ¶자리를 털고 일어나다. ❸있는 재물을

죄다 내다. ¶전 재산을 털어 집을 마련했다. [속담] 주머니 털어 먼지 안 나오는 사람 없다.

털-리다 [get shaken off; get robbed of]
❶붙어 있는 것이 떨어지다. ¶옷에 묻은 먼지가 털리다. ❷도둑이나 소매치기에게 가지고 있던 재물을 모조리 잃어버리다. ¶가진 돈을 몽땅 털리다.

털-모자 (—帽子, 모자 모, 접미사 자) [fur hat; woolen cap]
짐승의 털가죽이나 털실로 만든 모자(帽子). ¶사냥꾼들은 털모자를 만들어 썼다.

털-보 [hairy person]
수염이나 몸에 털이 많이 난 사람을 놀리는 말. ¶그는 수염이 많아서 털보로 불린다. [비] 털북숭이.

털-북숭이 [hairy person; shaggy thing]
털이 많이 난 사람. 또는 그런 물건. ¶나는 털북숭이 강아지를 좋아한다. [비] 털보.

털-실 [yarn; knitting wool]
짐승의 털로 만든 실. ¶털실로 짠 양말. [준] 털.

털썩 [with a thud; heavily]
❶사람이 갑자기 주저앉는 소리나 모양. ¶땅바닥에 털썩 주저앉다. ❷조금 두껍고 넓은 물건이 갑자기 내려앉는 소리나 모양. ¶짐을 털썩 내려놓다.

털어-놓다 [open one's heart]
비밀·고민 따위를 숨김없이 모두 이야기하다. ¶그는 자기가 이 일을 꾸몄다고 털어놓았다.

털-옷 [fur robe]
털이나 털가죽으로 만든 옷. ¶겨울이 오기 전에 털옷을 한 벌 장만했다.

털털 [with dull clinks; plodding]
❶먼지 따위를 털기 위하여 잇달아 가볍게 두드리는 소리. 또는 그 모양. ¶담요를 털털 털다. ❷아무것도 남지 않게 죄다 털어 내는 모양. ¶주머니를 털털 털다. ❸헌 자동차 따위가 겨우 달리면서 내는 둔한 소리. ¶버스가 털털거리며 지나간다.

털털-하다 [unaffected; free and easy]
사람의 성격이 까다롭지 않고 소탈하다. ¶아가씨가 청바지에 운동화 차림으로 털털하게 다닌다.

텀벙 [with a plop]
묵직하고 큰 물건이 깊은 물에 떨어질 때 나는 소리. ¶그는 수영장으로 텀벙 뛰어들었다.

텁수룩-하다 [thick; shaggy; bushy]
더부룩하게 많이 난 털 같은 것이 어수선하게 덮여 있다. ¶수염을 텁수룩하게 기르다.

텁텁-하다 [unpleasant tasting]
❶입맛·음식 맛이 시원하고 깨끗하지 못하다. ¶이 국은 맛이 텁텁하다. ❷입안이나 뱃속이 개운하지 못하다. ¶입 안이 텁텁해서 찬물을 마셨다. [반] 개운하다.

텃-밭 [vegetable garden]
집터에 딸리거나 집 가까이 있는 밭. ¶이것이 우리 집 텃밭에서 기른 상추다.

텃-새 [permanent resident bird]
계절적 이동을 하지 않고 연중 거의 일정 지역에 사는 새. ¶참새, 까마귀, 꿩 등은 우리나라의 텃새이다. [반] 철새.

텃-세 (—勢, 기세 세) [lord over a newcomer]
먼저 자리 잡은 사람이 뒤에 들어오는 사람을 업신여기는 일[勢]. ¶전학 온 친구라고 텃세를 부려서는 안 된다.

텅 [bang; all hollow]
❶쇠붙이로 된 속이 빈 큰 통을 세게 두드릴 때 울리어 나는 소리. ¶쇠망치를 땅에 텅 내려놓았다. ❷비어서 없는 모양. ¶가슴이 텅 빈 것 같다.

텅스텐 {영 tungsten}
[화학] 회백색의 아주 굳고 강인한 금속 원소의 하나. 백열전구, 전자관(電子管)의 필라멘트 등으로 쓴다.

텅-텅 [all hollow]

여럿이 다 비어서 없는 모양. ¶교실이 텅 텅 비었다.

테 [hoop; brim; frame]
❶어그러지거나 깨지지 않도록 그릇 따위의 몸을 둘러맨 줄. ¶테를 두르다. ❷둘레를 두른 물건. ¶테가 둥근 모자.

테너 {영 tenor}
[음악] 남성의 가장 높은 음역. 또는 그 가수.

테니스 {영 tennis}
[운동] 중앙에 네트를 치고 공을 라켓으로 양쪽에서 치고받는 운동 경기의 하나. ¶테니스를 치다.
▸ 테니스-장 (tennis場, 마당 장)
테니스(tennis) 경기를 하는 운동장(運動場).

테두리 [border; outline; limit]
❶가장자리를 따라가며 두르거나 친 줄이나 장식. ¶중요한 부분에 연필로 테두리를 쳐 두었다. ❷무엇의 둘레. ¶잔디밭 테두리에는 잡초가 우거졌다. ❸어떤 범위나 한계. ¶그것은 법의 테두리를 벗어난 행동이다. [준] 테.

[비슷한 듯 다른 말] ➲ 틀

테라코타 {이 terra cotta}
[수공] 흙를 낮은 불에 구워 만든 그릇이나 인형 따위. '구운 흙'이라는 뜻.

테러 {영 terror}
폭력을 행사하여 적을 위협하거나 공포에 빠뜨리게 하는 행위. ¶테러 후의 도시는 혼란에 빠졌다.

테마 {독 thema} [theme]
[문학] 창작이나 논의의 중심 과제나 주된 내용. ¶삼각관계를 테마로 소설을 쓰다.

테스트 {영 test}
시험(試驗), 검사(檢査). ¶테스트를 통과하다 / 그가 자격이 있는지 테스트하다.

테이블 {영 table}
서양식의 탁자나 식탁. ¶테이블에 둘러앉아 이야기를 나누다.

테이프 {영 tape}
❶가늘고 길게 만든 종이. ¶상자는 테이프로 봉해져 있다. ❷육상 경기의 결승점에 치는 끈. ¶결승 테이프를 끊다. ❸자성을 이용하여 소리, 그림 따위를 신호의 형태로 기록, 보존하는 데 쓰는 얇은 플라스틱 띠. ¶매일 영어 테이프를 듣다.

테크닉 {영 technic}
악기 연주, 노래, 운동 따위를 훌륭하게 해내는 기술이나 능력. ¶이 일은 고난이도의 테크닉을 필요로 한다.

텐트 {영 tent}
산·들·물가 따위에서 야영을 할 때, 눈·비·바람 따위를 막거나 볕을 가리기 위하여 기둥을 세우거나 말뚝을 박고 포장 천으로 막처럼 지어 놓은 것. 또는 그런 데에 쓰는 포장 천. ¶텐트에서 잠을 자다.

텔레뱅킹 {영 telebanking}
전화[telephone]로 은행[banking] 거래를 하는 것. ¶텔레뱅킹으로 송금하다.

텔레비전 {영 television}
영상과 소리를 전파를 통하여 받아서 재현하는 장치. 또는 그 수상기. ¶텔레비전으로 축구 경기를 시청하다.

텔레타이프 {영 teletype}
[통신] 타자기로 내용을 쳐서 전화를 통하여 통신을 내보내고 받는 장치.

템포 {이 tempo}
❶[음악] 악곡을 연주하는 빠르기. ¶이 곡은 템포가 빠르다. ❷일이 변하여 가는 빠르기. ¶이야기의 템포를 빨리하다.

토[1]
한문을 읽을 때 한문의 구절 끝에 붙여 읽는 우리말 부분. ¶한문 어구에 토를 붙이다. [관용] 토를 달다.

토[2] 土 | 흙 토 [Saturday]
'토요일'(土曜日)의 준말.

토감 [pomato]
[식물] 토마토와 감자의 잡종(雜種). 가지에는 토마토가 열리고, 뿌리에는 감자가 달린다. [비] 포마토(pomato).

토굴 土窟 | 흙 토, 굴 굴
[dugout; large cave]
땅[土]속에 난 굴(窟). ¶아주 오래 전에는 토굴을 파고 살았다.

⁑토기 土器 | 흙 토, 그릇 기
[earthen vessel; earthen ware]
수공 흙[土]으로 빚어 구운 그릇[器]. ¶이 곳에서 선사시대의 토기가 출토되었다.

토끼 (兎, 토끼 토) [rabbit]
동물 귀는 대체로 길고 크며, 뒷다리는 앞다리보다 훨씬 발달한 동물. 초원·숲 속에서 사는데 번식력이 강하다. ¶토끼는 두 귀를 쫑긋거리며 주위를 살폈다.
▸토끼-장 (一欌, 장롱 장)
토끼를 넣어 기르는 장(欌).
▸토끼-풀
식물 긴 줄기 끝에 작은 잎이 보통 3개가 심장 모양으로 나고, 여름에 흰 꽃이 나비 모양으로 피는 풀. 비 클로버(clover).

토너먼트 {영 tournament}
횟수를 거듭할 때마다 패자를 제외하여 최후에 남은 두 팀으로써 우승을 결정하는 경기.

토닥-거리다 [keep patting]
잘 울리지 않는 물건을 가볍게 자꾸 두드려 소리를 내다. ¶아이의 등을 토닥거리며 달래다 / 양복을 토닥거리며 먼지를 털었다.

토닥-이다 [pat]
귀여워하는 표시로 등이나 머리를 가볍게 두드리다. ¶아들의 머리를 토닥이며 칭찬해 주었다.

토-담 (土一, 흙 토)
[an earthen wall; mud wall]
흙[土]으로 쌓아 친 담. ¶토담을 쌓아 올리다.

토대 土臺 | 흙 토, 돈대 대
[foundation; groundwork]
❶속뜻 흙[土]으로 쌓아 올린 높은 대(臺). ❷건설 건축물의 윗부분을 떠받치기 위해 밑바닥에 대는 나무. ¶그 빌딩은 견고한 토대 위에 지어졌다. ❸사업의 밑천. ¶경제 발전의 토대가 되다.

토라지다 [become sulky]
사이나 감정이 마음먹은 것과 틀려서 싹 돌아서다. ¶그녀는 그 말에 또 토라졌다. 비 삐치다.

토란 土卵 | 흙 토, 알 란 [taro]
❶속뜻 흙[土]속에 알[卵]모양의 뿌리를 내리는 식물. ❷식물 잎은 두껍고 넓은 방패 모양의 잎이 나는 천남성과의 풀. 뿌리줄기는 잎자루와 함께 식용한다. ¶토란으로 국을 끓였다.

***토ː론** 討論 | 따질 토, 말할 론 [discuss; debate]
상대방 의견의 문제점을 따지며[討] 자기의 주장을 말함[論]. ¶사형제도 폐지에 대해 토론하다. 비 토의(討議).
▸토ː론-실 討論室 | 방 실
토론(討論)을 벌이는 방[室].
▸토ː론-자 討論者 | 사람 자
토론(討論)하는 사람[者]. ¶연구 발표회에 토론자로 참석하다.
▸토ː론-장 討論場 | 마당 장
토론(討論)하는 곳[場]. ¶토론장에서 개인적인 이야기는 금물이다.
▸토ː론-회 討論會 | 모일 회
어떤 문제에 대하여 여러 사람이 토론(討論)하는 모임[會]. ¶공개 토론회를 열다.

토마토 {영 tomato}
식물 붉은 열매를 맺는 식물. 열매는 둥글고 맑고 달아 샐러드나 주스, 케첩의 재료가 된다.

토막 [piece; block; bit]
❶크고 덩어리진 도막. ¶나무를 토막 내다. ❷말·글·노래 등의 짤막한 부분. ¶이야기 한 토막을 들려주다. ❸덩어리진 도막을 세는 말. ¶고등어 세 토막. 비 도막.

토목 土木 | 흙 토, 나무 목
[public works]

❶ 속뜻 흙[土]과 나무[木]. ❷ 건설 '토목 공사'의 준말.

▶ 토목 공사 土木工事 | 장인 공, 일 사
건설 토석(土石)이나 목재(木材) 따위를 사용한 공사(工事).

토-박이 (土-, 흙 토)
[natives; aborigines]
한 고장에서 태어나 거기서 계속 산 사람. ¶서울 토박이. ㊥ 본토박이. ㊥ 뜨내기.

▶ 토박이-말 (土-)
언어 본디부터 그 고장에서 오래도록 써 온 말.

토벌 討伐 | 칠 토, 칠 벌
[conquest; subjugate; suppress]
적을 쳐서[討=伐] 공격함. ¶대대적인 산적 토벌 작전에 나섰다.

토분[1] 土盆 | 흙 토, 동이 분
흙[土]으로 빚은 화분(花盆).

토분[2] 土粉 | 흙 토, 가루 분
쌀을 쓿을 때에 섞어서 찧는 흰 흙[土] 가루[粉].

토사 土沙 | =土砂, 흙 토, 모래 사
[earth and sand]
흙[土]과 모래[沙]. ¶강둑에 토사가 쌓이다.

토산 土産 | 흙 토, 낳을 산
어떤 지역[土]에서만 남[産].

▶ 토산-품 土産品 | 물건 품
그 지방[土]에서 특유하게 나는[産] 물품(物品). ¶영광의 토산품은 굴비이다.

토성[1] 土星 | 흙 토, 별 성 [Saturn]
❶ 속뜻 땅[土]을 관장하는 신을 상징하는 별[星]. 'Saturn'은 로마신화에서 농업의 신을 이르는 말이다. ❷ 천문 태양계의 안쪽에서 여섯 번째 행성. ¶토성에는 30개 이상의 위성이 있다.

토성[2] 土城 | 흙 토, 성곽 성
[wall of earth; mud wall]
흙[土]으로 쌓아 올린 성(城). ¶토성을 쌓다 / 몽촌토성.

토속 土俗 | 흙 토, 풍속 속
[local customs; folkways]
그 지방[土] 특유의 습관이나 풍속(風俗). ¶토속 음식을 특별히 좋아하다.

토스터 {영 toaster}
토스트를 굽는 기계.

토스트 {영 toast}
식빵을 얇게 잘라 살짝 구워 버터나 잼 따위를 바른 것. ¶토스트 한 조각으로 배를 채우다.

토시 [arm warmers]
❶한복을 입을 때, 팔뚝에 끼는 방한(防寒) 도구. ❷일할 때 옷소매가 해지거나 더러워지는 것을 막기 위해 소매 위에 덧끼는 물건. ¶토시를 끼다.

토실-토실 [plump; chubby]
살이 보기 좋게 찐 모양. ¶토실토실 살이 오르다 / 아기의 종아리가 토실토실하기도 하다. ㊥ 통통.

⁂**토양** 土壤 | 흙덩이 토, 흙 양 [soil]
❶ 속뜻 흙[土]과 흙덩이[壤]. ❷식물에 영양을 공급하여 자라게 할 수 있는 흙. ¶이 지역은 토양이 기름져서 농사가 잘 된다.

토-요일 土曜日 | 흙 토, 빛날 요, 해 일
[Saturday; Sat.]
칠요일 중 토(土)에 해당하는 요일(曜日). ¶토요일에 여행을 간다.

토ː의 討議 | 따질 토, 의논할 의
[discuss; debate]
어떤 문제에 대하여 검토(檢討)하고 의논(議論)함. ¶환경문제를 토의하다. ㊥ 토론(討論).

토인 土人 | 흙 토, 사람 인
[native; aboriginal]
❶ 속뜻 어떤 지방[土]에 대대로 붙박이로 사는 사람[人]. ❷미개한 지역에 정착하여 원시적인 생활을 하고 있는 종족을 얕잡아 이르는 말. ¶아프리카 토인을 교화하다.

토장-국 (土醬-, 흙 토, 젓갈 장) [bean-paste

potage]
된장국. ¶토장국에서는 구수한 냄새가 풍긴다.

토정-비결 土亭祕訣 | 흙 토, 정자 정, 숨길 비, 방법 결
책명 조선 명종 때 토정(土亭) 이지함이 지었다는 운명의 비결(祕訣)에 관한 책.

토종 土種 | 흙 토, 씨 종
[native kind; local breed]
본디 그 지역[土]에서 나는 종자(種子). ¶토종 농산물이 우리 몸에 좋다. ㊊ 재래종(在來種).

▸토종-꿀 (土種-)
토종(土種)벌이 친 꿀.

▸토종-닭 (土種-)
그 지방에서 예전부터 길러 오던 고유한 품종의[土種] 닭.

⁂**토지** 土地 | 흙 토, 땅 지 [land; ground]
❶속뜻 흙[土]과 땅[地]. ❷사람의 생활과 활동에 이용하는 땅. ¶이 토지는 어떤 용도로도 이용 가능하다.

토질 土質 | 흙 토, 바탕 질 [soil]
토지(土地)의 성질(性質). ¶이 지역은 토질이 비옥하다.

토착 土着 | 흙 토, 붙을 착 [settle]
❶속뜻 일정한 지역[土]에 눌러[着] 삶. ❷대를 이어 그 땅에서 삶. ¶이곳에는 예전에 토착화전민이 살았다.

토템 {영 totem}
사회 미개인 사회에서 부족·씨족 또는 씨족적 집단의 성원(成員)과 특별한 혈연관계를 갖는다고 생각되는 어떤 종류의 동식물 또는 자연물.

토핑 {영 topping}
요리나 과자의 끝마무리에, 재료를 올리거나 장식하는 것. 잘게 썬 견과, 깎은 초콜릿 따위로 한다. ¶피자 토핑.

토:-하다 (吐-, 토할 토)
[vomit; speak out]
❶밖으로 내뿜다[吐]. ¶차를 오래 탔더니 토할 것 같다. ❷느낌이나 생각을 소리나 말로 힘 있게 드러내다. ¶그는 자신이 받았던 부당한 대우에 대해 울분을 토했다. ㊊ 게우다. 관용 피를 토하다.

톡 [with a pat]
살짝 치는 모양이나 그 소리. ¶어깨를 톡 치다.

톡토기 [springtail]
동물 공 모양이며 톡톡 튀어 움직이는 곤충. 어두운 자주색에 등황색의 작은 점이 줄지어 있다.

톡-톡 [with pats; with snaps]
❶여기저기 조그맣게 솟아 나온 모양. ¶발길에 톡톡거리며 부딪치는 돌들이 많다. ❷잇달아 살짝 살짝 치는 모양이나 그 소리. ¶볼펜으로 탁자를 톡톡 치다. ❸무엇이 잇달아 터지는 모양이나 그 소리. ¶비눗방울이 톡톡 터지다.

톡톡-하다 [thick; close]
❶옷감이 고르고 단단한 올로 배게 짜이어 도톰하다. ¶겨울옷은 톡톡한 천으로 만드는 것이 좋다. ❷살림 따위가 실속 있고 푸짐하다. ¶벌이가 톡톡하다 ❸모자라지 않다. 넉넉하다. ¶자기 역할을 톡톡하게 해내다.

톡톡-히 [great deal; severly]
❶만족스러울 만큼 실속 있게. 제대로. ¶사례를 톡톡히 하다 / 이름값을 톡톡히 하다. ❷매우 심하게. ¶나는 이번 시험에서 공부하지 않은 대가를 톡톡히 치렀다.

톤[1] {영 tone}
❶목소리가 주는 인상. 분위기. ¶강한 톤으로 주장하다. ❷빛깔의 인상이나 기분, 분위기. 색조. ¶나는 그 사진들을 회색 톤으로 프린트했다.

톤[2] {영 ton}
❶무게의 단위. 1톤은 1000kg이다. ¶코끼리는 무게가 수십 톤이 넘는다. ❷트럭, 배 따위의 용적을 나타내는 단위. ¶8톤 덤프트럭.

톨 [grain; nut]
밤알이나 곡식 같은 것의 낟알을 세는 말. ¶쌀 한 톨도 소중히 여겨야 한다.

톨게이트 {영 tollgate}
고속도로나 유료 도로에서 통행료[toll]를 받기 위해 문[gate]처럼 만든 곳. ¶고속버스가 톨게이트를 통과했다.

톰 소여의 모험 (Tom Sawyer—冒險, 무릅쓸 모, 험할 험)
문학 미시시피 강변을 무대로 장난꾸러기 소년 톰(Tom Sawyer)과 그의 친구들이 갖가지 모험(冒險)을 통해 보물을 찾아내는 과정을 그린 소설. 미국의 마크 트웨인이 1876년에 발표했다.

톱¹[saw]
나무·쇠붙이 따위를 자르거나 켜는 데 쓰는 연장. ¶남자는 톱을 켜고 있다.

톱²{영 top}
❶첫째. 맨 앞. 우두머리. ¶시험에 톱으로 합격하다. ❷학교 성적의 수석. ¶그녀는 전교 톱을 달리던 수재였다. ❸신문이나 잡지에서 가장 눈에 잘 띄는 자리. ¶그 사건은 일면 톱으로 보도되었다.

톱-날 [teeth of a saw]
톱양의 끝에 세운 날카로운 이. ¶줄로 밀어서 톱날을 세웠다.

톱-니 [teeth of a saw]
❶톱의 날을 이룬 촘촘한 이. ¶톱을 한 번밖에 사용하지 않았는데 톱니가 무뎌졌다. ❷식물 잎의 가장자리가 톱날과 같이 된 부분.

▸톱니-바퀴
기계 장치의 하나로 둘레에 톱니가 박혀 있는 바퀴. 이와 이가 서로 맞물려 돌아감으로써 동력(動力)을 전달한다. ¶그들은 톱니바퀴처럼 손발이 잘 맞는다.

톱-밥 [sawdust]
톱질할 때 쓸려 나오는 굵은 가루. ¶톱밥이 마루에 온통 흩어져 있다.

톱-질 [saw]
톱으로 나무 또는 그 밖의 물건을 자르거나 켜거나 자르는 일. ¶통나무를 톱질하다.

톳¹
식물 뿌리는 나뭇가지 모양이며 원기둥 모양의 줄기가 나는 바닷말. 잎은 식용한다.

톳²[bundle]
김을 묶어 세는 단위. 한 톳은 김 100장을 이른다.

통¹[width; head]
❶물건의 둘레나 굵기. ¶통이 굵은 허리. ❷마음의 넓은 정도. ¶통이 큰 사람. ❸수박·호박·배추·무 따위를 세는 말.

통²[consequence; result]
어떤 일이 벌어진 환경이나 판국. ¶난리통에 가족과 헤어지다.

비슷한 듯 다른 말	➲ 바람²

통³[(not) at all; quite; entirely]
전혀. 도무지. ¶어제 있었던 일이 통 기억이 나지 않는다.

통⁴
속이 빈 나무통 같은 것을 칠 때 나는 소리.

통⁵**通** | 통할 통
[document; paper; letter]
편지나 전화·서류 따위를 셀 때 쓰는 말. ¶한밤중에 전화 한 통이 걸려왔다.

통⁶**桶** | 통 통 [tub; bucket]
❶물 같은 것을 담는 나무 그릇의 총칭. ¶통에 물을 붓다. ❷통에 담긴 것을 세는 말. ¶물 한 통을 길어 오다.

통ː⁷**統** | 큰 줄기 통
[small section of a city]
시(市) 행정의 말단 조직의 하나. 동(洞)의 아래, 반(班)의 위이다.

통ː감 痛感 | 아플 통, 느낄 감
[feel keenly; fully realize]
❶속뜻 마음이 아플[痛] 정도로 깊이 느낌[感]. ❷마음에 사무치게 느낌. 절실히 느낌. ¶그는 자신의 경험 부족을 뼈저리게

통감하고 있었다.

통:계 統計 | 묶을 통, 셀 계 [statistics; numerical statement]
❶ 속뜻 한데 몰아서[統] 셈함[計]. ❷ 수학 어떤 현상을 종합적으로 한눈에 알아보기 쉽게 일정한 체계에 따라 숫자로 나타냄. 또는 그런 것. ¶공식 통계에 따르면 청년 실업률이 높아지고 있다고 한다.

▸ 통:계-청 統計廳 | 관청 청
법률 국가의 각종 통계(統計) 사무를 맡아 보는 중앙 행정 관청(官廳).

▸ 통:계-표 統計表 | 겉 표
통계(統計) 결과를 나타낸 도표(圖表). 여러 가지 일이나 물건의 종별, 대소, 다과를 비교하거나 시간에 따른 변동을 알아볼 수 있도록 나타낸다. ¶세계 인구 조사국의 통계표.

▸ 통:계-학 統計學 | 배울 학
수학 사회 현상을 통계(統計)에 의하여 관찰·연구하는 학문(學問).

통고 通告 | 온통 통, 알릴 고 [notify; inform]
관계되는 사람들에게 온통[通] 다 알림[告]. ¶마을 사람에게 갑자기 마을회관으로 모이라고 통고했다.

통:곡 痛哭 | 아플 통, 울 곡 [wail; keen; mourn bitterly]
마음이 아파[痛] 슬피 욺[哭]. ¶어머니의 시신을 붙들고 통곡하다.

통과 通過 | 통할 통, 지날 과 [pass; get through; go through]
❶ 속뜻 일정한 때나 장소를 통(通)하여 지나감[過]. ¶철조망 통과 훈련 / 국경을 통과하다. ❷검사, 시험 따위에서 합격함. ¶예선 통과는 아무런 문제가 없다 / 입국 심사에서 무사히 통과되어 입국할 수 있었다.

통근 通勤 | 다닐 통, 일할 근 [attend office; go to work]
멀리 다니며[通] 직장 일을 함[勤]. ¶통근 버스.

통기 通氣 | 통할 통, 공기 기 [ventilation; airing]
❶ 속뜻 공기(空氣)나 바람을 통(通)하게 함. ¶굵은 연통형의 통기 구멍이 나 있다. ❷궁중에서, '방귀'를 달리 이르던 말. ⊕ 통풍(通風).

▸ 통기-성 通氣性 | 성질 성
공기(空氣)가 통(通)할 수 있는 성질(性質). ¶이 천은 통기성이 좋다.

통-나무 [log; unsplit wood]
켜거나 쪼개지 않은 통째의 나무. ¶이 통나무들은 젖어서 불이 안 붙는다.

▸ 통나무-집
통나무로 지은 집.

통념 通念 | 통할 통, 생각 념 [common idea]
일반에 널리 통(通)하는 개념(槪念). 일반적인 생각. ¶사회적인 통념을 뒤집다.

통달 通達 | 온통 통, 이를 달 [have a thorough knowledge]
온통[通] 다 아는 높은 수준에 이름[達]. 환히 잘 앎. ¶그녀는 몇 개 언어에 통달해 있다. ⊕ 창달(暢達).

통-닭 [whole chicken]
털과 내장만을 제거한 채 통째로 익힌 닭고기. ¶통닭을 오븐에 굽다.

통독 通讀 | 온통 통, 읽을 독 [read (a book) from cover to cover]
처음부터 끝까지 온통[通] 다 읽음[讀]. ¶이 책은 통독할 만하다.

통로 通路 | 통할 통, 길 로 [passageway]
어떤 곳으로 통(通)하는 길[路]. ¶트럭 한 대가 주차장 통로를 막고 서 있다.

통-발 (筒-, 대롱 통) [fish trap]
가는 댓조각을 엮어서 통(筒) 모양으로 만든 고기잡이 기구. ¶통발은 여울목에 놓아야 고기가 잘 잡힌다.

통-배추 [whole cabbage]
자르거나 썰지 않은 통째 그대로의 배추.

통보 通報 | 온통 통, 알릴 보

[report; inform]
관계되는 사람 모두[通]에게 다 알림[報]. ¶합격통보를 하다 / 학부모들에게 통보하여 학교 소식을 알려 드렸다.

통분 通分 | 통할 통, 나눌 분
[reduce to a common denominator]
❶속뜻 공통(共通)의 수로 나눔[分]. ❷수학 분모가 다른 둘 이상의 분수나 분수식에서 분모를 같게 만듦. 보통 각 분모의 최소 공배수를 공통분모로 삼는다.

통-사정 通事情 | 알릴 통, 일 사, 실상 정
[beg; appeal]
자기의 딱한 사정(事情)을 남에게 털어놓고 말함[通]. ¶아무리 통사정을 해도 그녀는 눈 하나 깜짝하지 않았다.

통상[1] 通商 | 다닐 통, 장사 상 [commerce; trade]
나라 사이에 서로 교통(交通)하며 상업(商業)을 함. ¶전쟁으로 두 나라의 통상이 단절되었다.

통상[2] 通常 | 온통 통, 늘 상
[usually; normally; generally]
❶속뜻 모두[通] 보통은[常] 그러함. ❷일반적으로. 대개. ¶편지가 도착하기까지 통상 사흘 정도 걸린다.

▶**통상-적** 通常的 | 것 적
특별하지 않고 늘[通常] 있는 것[的]. ¶통상적인 모임에 불과하다.

통속 通俗 | 온통 통, 풍속 속
[popular custom; commonness]
❶속뜻 세상에 널리[通] 퍼져 있는 풍속(風俗). ❷대체로 저속하며 일반 대중이 쉽게 알 수 있는 일. ¶사진이 잡지의 표지처럼 통속하다.

▶**통속-적** 通俗的 | 것 적
대중의 취향에 붙좇아 세속적이고 천박한[通俗] 것[的]. ¶통속적인 연애 소설.

통:솔 統率 | 거느릴 통, 거느릴 솔
[command; lead; direct]
어떤 조직체를 온통 몰아서 거느림[統=率]. ¶그 장군은 부하들을 잘 통솔한다. ㊥ 지휘(指揮).

▶**통:솔-력** 統率力 | 힘 력
통솔(統率)하는 힘[力]. ¶우리는 통솔력이 있는 친구를 반장으로 뽑았다. ㊥ 지휘력(指揮力).

⁑**통신** 通信 | 통할 통, 소식 신
[send letter; communicate]
❶속뜻 소식이나 정보[信]를 교환하고 연락하여 통(通)하게 하는 일. ¶이 지역은 통신 상태가 좋지 않다. ❷소식이나 의지, 지식 등을 전함. ¶통신의 비밀은 법으로 보장되어 있다.

▶**통신-로** 通信路 | 길 로
통신(通信)이 오고가는 길[路].

▶**통신-망** 通信網 | 그물 망
소식 등을 전하기[通信] 위해 그물[網]처럼 짜놓은 연락체계.

▶**통신-비** 通信費 | 쓸 비
통신(通信)에 드는 비용(費用). ¶통신비 지출이 늘어나다.

▶**통신-사**[1] 通信社 | 회사 사
신문사, 잡지사, 방송사 등에 뉴스를 제공하는[通信] 보도 기관[社].

▶**통신-사**[2] 通信使 | 부릴 사
역사 조선 때, 통신(通信)을 위해 일본으로 보내던 사신(使臣).

▶**통신-업** 通信業 | 일 업
통신 통신에 관한 사업. '통신 사업'(通信事業)의 준말. ¶통신업이 발달하다.

▶**통신 위성** 通信衛星 | 지킬 위, 별 성
통신 전파 통신(通信)의 중계에 이용되는 인공위성(人工衛星).

▶**통신 판매** 通信販賣 | 팔 판, 팔 매
경제 소비자가 전화, 인터넷 등의 통신(通信)을 이용해 주문하면, 상품을 보내주는 판매(販賣) 방법.

통-썰기
당근, 오이, 호박, 무, 고구마 따위를 가로로 놓고 평행하게 통째로 내리 써는 방법. ㊥ 통째썰기.

통역 通譯 | 통할 통, 옮길 역 [interpret]
뜻이 통(通)하도록 알아듣는 말로 옮김[譯]. 또는 그런 사람. ¶한국어로 통역을 좀 해 주세요. / 통역을 불러 왔다.
▸통역-관 通譯官 | 벼슬 관
통역(通譯)에 종사하는 관리(官吏).

통영 오광대 (統營五—, 거느릴 통, 병영 영, 다섯 오)
[민속] 음력 정월 보름에 경상남도 통영(統營) 지방에서 하는 탈놀이. 다섯[五] 과장으로 이루어져 있다.

통용 通用 | 온통 통, 쓸 용
[in common use; current]
여러 곳에서 두루두루 다[通] 쓰임[用]. ¶달러는 어느 나라에서나 통용된다.

통운 通運 | 다닐 통, 옮길 운
[transport; forward; carry]
여러 곳을 다니며[通] 물건을 운반(運搬)함.
▸통운 회ː사 通運會社 | 모일 회, 단체 사
[경제] 화물을 실어 나르고[通運] 수수료를 받는 회사(會社).

통ː일 統一 | 묶을 통, 한 일
[unify; unite; become one]
나누어진 것들을 묶어[統] 하나[一]로 합침. ¶의견을 통일하다 / 남북은 반드시 통일이 되어야 한다.
▸통ː일-부 統一部 | 나눌 부
[법률] 주로 국가의 통일(統一)에 관한 사무를 맡아보는 중앙 행정 부서(部署).
▸통ː일 신라 統一新羅 | 새 신, 새그물 라
[역사] 삼국시대의 신라에 대하여, 삼국을 통일(統一)한 676년 이후의 신라(新羅)를 이르는 말.

통장[1] 通帳 | 온통 통, 장부 장
[bankbook; passbook]
❶ [속뜻] 금전의 출납에 관한 모든[通] 내용을 기록해 두는 장부(帳簿). ❷ [경제] 거래에 필요한 사항을 기록하는 장부. ¶통장에서 만 원을 인출하다.

통ː장[2] 統長 | 큰 줄기 통, 어른 장
[subdivision of a city's district]
행정 구역의 단위인 통(統)을 대표하여 일을 맡아보는 사람[長]. ¶아주머니는 동네 통장 일을 맡으셨다.

통ː제 統制 | 거느릴 통, 누를 제
[control; regulate]
❶ [속뜻] 일정한 방침에 따라 거느리기[統] 위하여 억누름[制]. ❷제한이나 제약을 가함. ¶사고지역에 출입을 통제하다.
▸통ː제-사 統制使 | 부릴 사
[역사] 임진왜란 때에, 경상 · 전라 · 충청 세 도의 수군을 통솔하는[統制] 일을 맡아보던 무관 벼슬[使].

통-조림 (桶—, 통 통) [can; tin]
고기·과일 등 식료품을 양철(洋鐵桶)통에 넣고 가열·살균하여 밀봉해서 오래 저장할 수 있도록 만든 식품. ¶참치 통조림을 따다.
▸통조림-통 (桶—桶)
통(桶)조림 한 식품이 들어 있는 통(桶).

통ː증 痛症 | 아플 통, 증세 증
[pain; ache]
아픔[痛]을 느끼는 증세(症勢). ¶오른쪽 무릎에 심한 통증을 느끼다.

통지 通知 | 다닐 통, 알 지
[inform; notify]
다니며[通] 알림[知]. 알려 줌. ¶집주인은 방을 비우라고 통지했다. [비] 통기(通寄), 통달(通達).
▸통지-문 通知文 | 글월 문
소식이나 정보를 통지(通知)하는 문서(文書). ¶학교에서 통지문을 보내다.
▸통지-서 通知書 | 글 서
어떤 일을 알리는[通知] 글[書]. 또는 그 문서. ¶합격 통지서를 받다.
▸통지-표 通知表 | 겉 표
[교육] 학교에서 학생의 지능, 생활 태도, 학업 성적, 출석 상태 따위를 기재하여 가정에 통지(通知)하는 표(表).

통-째 [all; whole; altogether]
한 덩어리로 있는 그대로. ¶돼지 한 마리를 통째로 굽다. ⓑ전부.

통:찰 洞察 | 꿰뚫을 통, 살필 찰
[discern; see through]
예리하게 꿰뚫어[洞] 살펴봄[察]. ¶예리한 이성으로 깊이 통찰하다.

▸통:찰-력 洞察力 | 힘 력
사물을 환히 꿰뚫어 보는[洞察] 능력(能力). ¶그는 미래에 대한 날카로운 통찰력을 가지고 있다.

***통:치** 統治 | 묶을 통, 다스릴 치
[rule over; govern; administer]
❶속뜻 하나로 묶어서[統] 도맡아 다스림[治]. ❷지배자가 주권을 행사하여 국토 및 국민을 다스림. ¶나라를 통치하다.

통:쾌 痛快 | 아플 통, 기쁠 쾌
[most pleasant; extremely delightful]
❶속뜻 아플[痛] 정도로 기분이 몹시 상쾌함[快]. ❷마음이 매우 시원함. ¶통쾌한 승리를 거두다.

통:탄 痛歎 | 아플 통, 한숨지을 탄
[regret deeply; grieve]
너무 아파[痛] 한숨을 지음[歎]. ¶억울함을 당하니 참으로 통탄할 노릇이었다.

통통[1] [plumply; full]
❶키가 작고 살이 쪄 몸이 옆으로 퍼진 모양. ¶통통 살이 오르다 / 코알라는 작고 통통한 동물이다. ❷물체의 한 부분이 붓거나 부풀어서 도드라져 있는 모양. ¶매를 맞아서 종아리가 통통 부었다.

통통[2] [chug-chug]
작은 발동기 따위가 잇달아 울리는 소리. ¶통통 소리를 내는 배.

통-틀어 [taking all together]
있는 대로 모두 합하여. ¶내가 가진 돈은 통틀어 5천 원뿐이다.

통풍 通風 | 통할 통, 바람 풍 [let air in]
바람[風]을 잘 통(通)하게 함. ¶내 방은 통풍이 잘 되지 않아 공기가 탁하다.

▸통풍-창 通風窓 | 창문 창
통풍(通風)이 잘 되도록 하기 위하여 낸 작은 창(窓).

통-하다 (通—, 통할 통)
[run; flow; pass]
❶속뜻 막힘이 없이 트이다[通]. ¶피가 잘 통하다. ❷무엇을 거치거나 이용하다. ¶모든 길은 로마로 통한다. ❸거침없이 서로 사귀다. ¶뜻이 잘 통하는 사이.

통학 通學 | 다닐 통, 배울 학
[go to school]
학교(學校)에 다님[通]. ¶나는 매일 버스로 통학한다.

▸통학-로 通學路 | 길 로
학생이 학교(學校)에 다니는[通] 길[路]. ¶학부모들이 통학로를 순찰한다.

통:합 統合 | 묶을 통, 합할 합
[combine; integrate; unify]
묶고[統] 합쳐[合] 하나로 만듦. ¶세 개의 부서가 하나로 통합되었다.

통행 通行 | 통할 통, 다닐 행
[pass; go through]
일정한 공간을 지나서[通] 다님[行]. ¶차량은 여기를 통행할 수 없다.

▸통행-량 通行量 | 분량 량
일정한 장소를 지나다니는[通行] 사람이나 차량 따위의 수량(數量). ¶통행량이 많아 늦을 것 같다.

▸통행-료 通行料 | 삯 료
일정한 장소를 지나는[通行] 데 내는 값[料]. ¶고속도로 통행료가 의외로 비싸다.

▸통행-금:지 通行禁止 | 금할 금, 멈출 지
일정한 시간 동안 일정 장소를 다니지[通行] 못하게 함[禁止].

통화[1] 通貨 | 통할 통, 돈 화
[currency; medium of exchange]
경제 한 나라 안에서 통용(通用)되고 있는 화폐(貨幣)를 통틀어 이르는 말. ¶유럽연합은 '유로'라는 단일 통화를 사용한다.

통화[2] 通話 | 통할 통, 말할 화

[speak over the telephone]
❶속뜻 전화 따위로 말[話]을 서로 주고받음[通]. ¶그와 직접 통화해야겠다. ❷통화한 횟수. ¶전화 한 통화 쓸 수 있을까요?

퇴:각 退却 | 물러날 퇴, 물리칠 각
[retreat; fall back]
물러나게[退]하거나 물리침[却]. ¶적이 퇴각하다.

퇴:근 退勤 | 물러날 퇴, 일할 근
[leave the office]
하루 일과[勤]를 마치고 직장에서 물러나옴[退]. ¶일이 밀려서 아직 퇴근을 못하고 있다. ⓑ 출근(出勤).

▸퇴:근-길 (退勤-)
퇴근(退勤)하여 집으로 돌아가는 길. 퇴근하는 도중. ¶퇴근길에 아들에게 줄 장난감을 사다. ⓑ 출근길.

퇴:보 退步 | 물러날 퇴, 걸음 보
[fall backward; retrocede]
❶속뜻 뒤로 물러서서[退] 걸음[步]. ❷정도나 수준이 이제까지의 상태보다 뒤떨어지거나 못하게 됨. ¶전쟁으로 나라의 경제가 20년 이상 퇴보했다. ⓑ 퇴행(退行). ⓑ 진보(進步).

퇴비 堆肥 | 쌓일 퇴, 거름 비
[compost; barnyard manure]
농업 짚, 풀 따위를 쌓아 놓고[堆] 썩혀서 만든 거름[肥]. ¶음식 찌꺼기를 퇴비로 만들어 쓰면 쓰레기를 줄일 수 있다. ⓑ 거름, 두엄.

▸퇴비-장 堆肥場 | 마당 장
퇴비(堆肥)를 모아 두는 곳[場]. ⓑ 두엄자리.

퇴:색 退色 | 물러날 퇴, 빛 색
[fade; discolor]
❶속뜻 빛[色]이 물러나[退] 바램. ¶이 옷은 햇빛으로 퇴색되었다. ❷'무엇이 낡거나 몰락하면서 그 존재가 희미해지거나 볼품없이 됨'을 비유하여 이르는 말. ¶공산주의 이념이 갈수록 퇴색하고 있다.

퇴:실 退室 | 물러날 퇴, 방 실
[leave the room; get out of the room]
방[室]에서 나감[退]. ¶투숙객은 12시까지 퇴실해 주십시오.

퇴:원 退院 | 물러날 퇴, 집 원
[leave a hospital]
입원했던 환자가 병원(病院)에서 나옴[退]. ¶수술이 끝났으니 곧 병원에서 퇴원하게 될 것이다. ⓑ 입원(入院).

퇴:위 退位 | 물러날 퇴, 자리 위 [step down from the throne; abdicate]
자리[位]에서 물러남[退]. ¶1814년 나폴레옹은 황제의 자리에서 퇴위했다. ⓑ 즉위(即位).

퇴:임 退任 | 물러날 퇴, 맡길 임
[retire from office]
임무(任務)를 띈 자리에서 물러남[退]. ¶그는 교장으로 명예롭게 퇴임하였다. ⓑ 퇴직(退職).

퇴:장 退場 | 물러날 퇴, 마당 장
[leave; walkout]
어떤 장소(場所)에서 물러남[退]. ¶선수는 비신사적인 행동을 하여 퇴장을 당했다 / 관객들은 질서 있게 퇴장했다. ⓑ 입장(入場).

퇴적 堆積 | 쌓일 퇴, 쌓을 적
[accumulate; piled up]
많이 덮쳐 쌓임[堆=積]. 또는 많이 덮쳐 쌓음. ¶하구(河口)에 모래가 퇴적되다.

▸퇴적-물 堆積物 | 만물 물
지리 물, 빙하, 바람 따위의 작용으로 지표에 퇴적(堆積)된 물질(物質). ¶강 하류에 퇴적물이 두껍게 쌓였다.

▸퇴적-암 堆積巖 | 바위 암
지리 퇴적(堆積) 작용으로 생긴 암석(巖石). 사암(沙巖)이나 이판암(泥板巖) 따위가 있다.

퇴:정 退廷 | 물러날 퇴, 법정 정
[leave the court]
법정(法廷)에서 나옴[退]. ⓑ 입정(入廷), 출정(出廷).

퇴:직 退職 | 물러날 퇴, 일자리 직 [retire;

resign]
❶속뜻 직위(職位)에서 물러남[退]. ❷직장을 그만둠. ¶아버지는 직장에서 퇴직하신 후 다른 사업을 하려고 한다. ⓑ취직(就職).

▸퇴:직-금 退職金 | 돈 금
퇴직(退職)하는 사람에게 근무처 등에서 일시불로 주는 돈[金].

퇴:진 退陣 | 물러날 퇴, 진칠 진
[decamp; resign from; step down]
❶속뜻 군사의 진지(陣地)를 뒤로 물림[退]. ❷관여하던 직장이나 직무에서 물러남. ¶장관이 책임을 지고 퇴진할 것을 요구하다.

퇴:-짜 (退-, 물러날 퇴)
[rejection; refusal]
바치는 물건을 물리치는 일[退]. 또는 그 물건. ¶그가 청혼했을 때 그녀는 퇴짜를 놓았다.

퇴:치 退治 | 물러날 퇴, 다스릴 치
[exterminate; get rid of]
❶속뜻 물러나도록[退] 잘 다스림[治]. ❷없애 버림. ¶마약 퇴치 / 병충해를 퇴치하다.

퇴폐 頹廢 | 무너질 퇴, 버릴 폐
[decay; decline]
❶속뜻 무너트리거나[頹] 내다 버려야[廢] 할 것. ❷도덕이나 풍속, 문화 따위가 어지러워짐. ¶퇴폐적 향락 문화. ⓑ건전(健全).

퇴:학 退學 | 물러날 퇴, 배울 학
[leave school; withdraw from school]
졸업 전에 학생이 다니던 학교(學校)를 물러나[退] 그만 둠. ¶학생 두 명이 물건을 훔쳐서 퇴학을 당했다.

퇴:행 退行 | 물러날 퇴, 갈 행
[move back; degrade; regress]
현재의 위치에서 뒤로 물러가거나[退] 현재보다 앞선 과거로 되돌아 감[行]. ¶과거로의 퇴행.

퇴:화 退化 | 물러날 퇴, 될 화
[degenerate; degrade; retrograde]
쇠퇴(衰退)하는 쪽으로 변화(變化)함. ¶박쥐는 눈이 퇴화되었다. ⓑ진화(進化).

툇:-마루 (退-, 물러날 퇴)
[narrow wooden verandah]
툇간[退]에 놓은 마루. ¶툇마루에 걸터앉다.

투 套 | 버릇 투 [style]
말이나 글, 행동 따위에서 버릇처럼 일정하게 굳어진 본새나 방식. ¶비꼬는 투로 말하다.

투각 透刻 | 뚫을 투, 새길 각 [bratticing]
❶속뜻 구멍을 내어서 통하도록 뚫거나[透] 새김[刻]. ❷미술 조각에서 묘사할 대상의 윤곽만을 남겨 놓고 나머지 부분은 파서 구멍이 나도록 하거나 윤곽만을 파서 구멍이 나도록 만듦. 또는 그런 기법.

투고 投稿 | 보낼 투, 원고 고
[contribute to; write for]
신문이나 잡지에 원고(原稿)를 보냄[投]. ¶학교 신문에 소설을 투고하다.

투구[1] [helmet; headpiece]
옛날 군인이 전쟁할 때에 갑옷과 함께 머리에 쓰던 모자. ¶적군은 드디어 투구를 벗고 항복했다.

투구[2] 投球 | 던질 투, 공 구 [throw]
운동 투수가 공[球]을 던짐[投]. 또는 던진 그 공.

투기[1] 妬忌 | 시기할 투, 미워할 기 [envy; jealous]
시기하고[妬] 미워함[忌]. 또는 강샘을 함. ¶투기를 부리다.

투기[2] 投機 | 던질 투, 때 기 [speculate]
일시적인 때[機]를 틈타 큰 이익을 얻으려고 투자(投資)하는 일. ¶그들은 부동산에 투기하여 돈을 벌었다.

▸투기-꾼 (投機-)
투기(投機) 거래를 일삼는 사람.

투덜-거리다 [complain; grumble]
혼자 자꾸 불평하는 말을 중얼거리다. ¶

그는 늘 자기에게만 힘든 일을 시킨다고 투덜거렸다. ㊊ 투덜대다.

투덜-대다 [complain; grumble]
불평하는 말을 자꾸 중얼대다. ¶여기저기서 불만을 투덜대는 목소리가 들려왔다. ㊊ 투덜거리다.

투두둑 [with pattering sound]
우박 따위가 바닥이나 나뭇잎 위에 세게 떨어지는 소리. ¶양철 지붕 위로 투두둑 빗방울 떨어지는 소리가 경쾌했다.

투막-집 (一幕一, 막 막)
울릉도의 통나무집. 방이 세 개 정도이며, 집 둘레에 옥수숫대로 촘촘히 엮은 울타리를 처마 높이만큼 바싹 두른다. ㊟ 투막.

투명 透明 | 비칠 투, 밝을 명 [transparent; clear]
속까지 밝고[明] 환하게 비침[透]. ¶투명 테이프 / 거래를 투명하게 하다. ㊥ 불투명(不透明).

▸투명-판 透明板 | 널빤지 판
해양 물의 투명도(透明度)를 측정하는 데 쓰는 백색 판(板).

투박-하다 [crude; coarse]
❶모양 없이 튼튼하기만 하다. ¶투박한 외투. ❷말이나 행동 따위가 다소곳하지 못하고 거칠다. ¶투박한 말씨.

투병 鬪病 | 싸울 투, 병 병
[fight against disease]
병을 고치려고 병(病)과 싸움[鬪]. ¶그는 오랜 투병 생활 끝에 숨을 거두었다.

투사 鬪士 | 싸울 투, 선비 사
[fighter; combatant]
❶속뜻 싸움터에 나가 싸우는[鬪] 사람[士]. ❷주의, 주장을 위해 투쟁하거나 활동하는 사람. ¶그는 민주화 운동의 투사였다.

투수 投手 | 던질 투, 사람 수
[pitcher; hurler]
운동 야구에서 내야(內野)의 중앙에 위치하여 포수를 향해 공을 던지는[投] 사람[手]. ㊥ 포수(捕手).

투숙 投宿 | 들여놓을 투, 묵을 숙
[stay at a hotel; check in at a hotel]
여관 따위에 들어서[投] 묵음[宿]. ¶그들은 여관에 투숙하고 있다.

투스텝 {영 two-step}
예술 4분 음표 두[two] 박자[step]의 사교 댄스.

투시 透視 | 뚫을 투, 볼 시
[see through]
막힌 물체를 환히 꿰뚫어[透] 봄[視]. 또는 대상의 의미까지 봄. ¶엑스선을 이용하여 물체를 투시하다.

투신 投身 | 들여놓을 투, 몸 신 [devote oneself to; suicide by drowning]
❶속뜻 어떤 일에 몸[身]을 들여놓음[投]. ¶그는 평생을 교육계에 투신했다. ❷목숨을 끊기 위해 몸을 던짐. ¶그는 바다에 투신하여 스스로 목숨을 끊었다.

투여 投與 | 던질 투, 줄 여
[administer; inject]
❶속뜻 던져[投] 넣어 줌[與]. ❷약물 따위를 몸에 넣어 줌. ¶과다한 약물 투여는 환자에게 좋지 않다.

투영 投影 | 던질 투, 그림자 영
[throw an image on; reflect; project]
❶속뜻 물체의 그림자[影]를 어떤 물체 위에 비추는[投] 일. 또는 그 비친 그림자. ❷'어떤 일을 다른 일에 반영하여 나타냄'을 비유하여 이르는 말. ¶자신의 삶을 작품에 투영했다. ❸수학 도형이나 입체를 다른 평면에 옮기는 일.

▸투영-기 投影器 | 그릇 기
물체의 그림자[影]를 어떤 물체 위에 비추는[投] 기기[器].

투옥 投獄 | 던질 투, 감옥 옥
[cast into prison; put in jail]
감옥(監獄)에 던져[投] 넣음. 감옥에 가둠. ¶그 남자는 절도죄로 투옥됐다. ㊊ 하옥(下獄).

투우 鬪牛 | 싸울 투, 소 우 [bullfight]
소[牛] 싸움[鬪]을 붙이는 경기. 또는 그 경기에 나오는 소. ¶스페인은 투우 시합으로 유명하다.

▸**투우-사** 鬪牛士 | 선비 사
투우 경기에 출전하여 소[牛]와 싸우는[鬪] 사람[士]. ¶투우사는 붉은 천을 흔들어 소를 유인하였다.

투입 投入 | 던질 투, 들 입
[insert; inject; commit]
❶ 속뜻 던져[投] 넣음[入]. ¶자동판매기에 동전을 투입하다. ❷자본이나 인력 따위를 들여 넣음. ¶이 영화에는 엄청난 제작비가 투입되었다.

▸**투입-구** 投入口 | 구멍 구
물건 따위를 넣는[投入] 구멍[口]. ¶투입구에 주차권을 넣었다.

투자 投資 | 던질 투, 재물 자 [invest]
이익을 얻을 목적으로 사업 등에 자금(資金)을 댐[投]. ¶부동산에 투자하다 / 그는 아이들 교육에 돈을 많이 투자하고 있다.

▸**투자 신:탁** 投資信託 | 믿을 신, 부탁할 탁
❶ 속뜻 투자(投資)를 믿고[信] 부탁(付託)함. ❷ 경제 증권 회사가 일반 투자가로부터 자금을 모아 광범위한 증권 투자를 하고, 이에 따른 이자·배당금·매매 차익 등을 투자가에게 나누어 주는 제도.

투쟁 鬪爭 | 싸울 투, 다툴 쟁
[fight; combat]
❶ 속뜻 몸으로 싸우거나[鬪] 말로 다툼[爭]. ❷사회 운동이나 노동 운동 등에서 목적을 이루기 위하여 다투는 일. ¶우리의 권리를 되찾기 위해 투쟁할 것이다.

투전 鬪牋 | 싸울 투, 종이 전
[gamble with cards]
두꺼운 종이[牋]로 만든 것으로 서로 겨루는[鬪] 노름. ¶투전 노름을 좋아하다가 가산을 탕진하였다.

투정 [grumble for; growl]
못마땅하거나 더 달라고 떼를 쓰며 조르는 일. ¶아이는 매일 반찬 투정을 한다.

투지 鬪志 | 싸울 투, 뜻 지
[fighting spirit]
싸우고자[鬪] 하는 굳센 뜻[志]이나 마음. ¶그들은 강한 투지를 지니고 있다.

투철 透徹 | 뚫을 투, 뚫을 철 [penetrating; lucid]
속까지 꿰뚫을[透] 정도로 아주 철저(徹底)함. ¶이 일을 하기 위해서는 투철한 사명감이 필요하다.

투표 投票 | 던질 투, 쪽지 표
[vote; ballot]
❶ 속뜻 표(票)를 던짐[投]. ❷선거를 하거나 가부를 결정할 때에 투표용지에 의사를 표시하여 일정한 곳에 내는 일. ¶이번 방학 때 어디로 놀러 갈지 투표로 정하자.

▸**투표-권** 投票權 | 권리 권
투표(投票)를 할 수 있는 권리(權利). ¶투표권을 행사하다.

▸**투표-소** 投票所 | 곳 소
투표(投票)를 하는 일정한 장소(場所). ¶투표소는 이른 아침부터 사람들로 붐볐다. ⓑ 투표장.

▸**투표-자** 投票者 | 사람 자
투표(投票)하는 사람[者]. ¶투표자 수가 예상보다 많다.

▸**투표-장** 投票場 | 마당 장
투표소(投票所)가 마련되어 있는 곳[場]. ¶투표장은 집에서 가까운 곳에 있다. ⓑ 투표소.

▸**투표-함** 投票函 | 상자 함
투표자가 기입한 투표용지(投票用紙)를 넣는 상자[函].

투피스 {영 two-piece}
여성복에서, 윗도리와 스커트가 따로 되어, 두[two] 부분[piece]이 한 벌이 되는 옷.

투하 投下 | 던질 투, 아래 하
[throw down; drop]
❶ 속뜻 높은 곳에서 아래[下]로 던짐[投].

¶적군의 기지에 폭탄을 투하하다. ❷물자나 자금 따위를 들임. ¶이 돈은 온갖 노력을 투하해 어렵게 번 것이다.

투항 投降 | 보낼 투, 항복할 항 [surrender]
❶ 속뜻 항복(降伏)할 의사를 보냄[投]. ❷적에게 항복함. ¶병사들은 무기를 내던지고 투항했다.

투호 投壺 | 던질 투, 단지 호
민속 두 사람이 일정한 거리에서 청·홍의 화살을 단지[壺] 속에 던져[投] 많이 넣는 수효로 승부를 가리는 놀이. 또는 단지.

툭 [with a bang]
❶무엇이 갑자기 터지는 소리나 모양. ¶주머니가 툭 터지다. ❷슬쩍 치는 소리나 모양. ¶팔꿈치로 툭 치고 지나가다. ❸무엇이 갑자기 끊어지거나 튀거나 터지는 소리나 모양. ¶바람에 나뭇가지가 툭 부러지다.

툭-툭
자꾸 가볍게 털거나 튀기는 소리. 또는 그 모양. ¶밤나무를 발로 힘껏 차자 밤이 툭툭 떨어졌다.

툭-하면 [easily; ready to]
조금이라도 일이 있으면 버릇처럼 곧. ¶툭하면 화를 내다. ㊥ 버릇처럼, 걸핏하면.

툴툴-거리다 [complain; grumble]
마음에 못마땅하여 잇달아 투덜거리다. ¶컴퓨터를 사 주지 않는다고 아버지에게 툴툴거리다. ㊥ 툴툴대다.

퉁기다 [loosen; pluck the strings]
❶버티어 놓거나 잘 짜인 물건을 틀어지거나 쑥 빠지게 건드리다. ¶지게를 받쳐 놓은 작대기를 퉁기자 지게가 넘어졌다. ❷현악기의 줄을 당겼다 놓아 소리가 나게 하다. ¶기타 줄을 퉁기다.

퉁명-스럽다 [blunt; brusque]
말씨나 행동 따위가 친절하거나 공손하지 않고 못마땅하고 불쾌한 듯하다. ¶직원은 귀찮다는 듯이 퉁명스럽게 대꾸했다.

퉁소 [six-holed bamboo flute]
음악 가는 대로 만든 목관 악기. 세로로 내려 불고 앞에 다섯 개의 구멍, 뒤에 한 개의 구멍이 있다.

퉁퉁 [plumply; full]
❶몸의 한 부분이 붓거나 살찌거나 불어서 굵은 모양. ¶살이 퉁퉁 찌다 / 얼마나 울었는지 눈이 퉁퉁 부었다. ❷삶은 국수 따위가 물이 배어 불어난 모양. ¶라면이 퉁퉁 불었다.

퉤 [spitting]
침이나 입 안에 든 것을 함부로 뱉는 모양. 또는 그 소리. ¶침을 퉤 뱉다.

퉤-퉤
침이나 입 안에 든 것을 함부로 잇달아 뱉는 소리.

튀각 [flakes of kelp deep-fried]
다시마나 죽순 등을 잘라, 끓는 기름에 튀긴 반찬.

튀기다[1] [bounce; splash]
❶공 따위를 쳐서 튀게 하다. ¶농구공을 튀기다. ❷물이나 불꽃 따위를 튀게 하다. ¶자꾸 침 튀기지 마.

> 비슷한 듯 다른 말 ➲ 퉁기다

튀기다[2] [fry; pop]
❶끓는 기름에 넣거나 불에 익혀 부풀어 오르게 하다. ¶감자를 기름에 튀기다. ❷마른 낟알 따위를 열을 가하여 부풀어 오르게 하다. ¶옥수수를 튀기다.

튀김 [fried food; fried dish]
채소·고기 등에 밀가루를 묻혀 끓는 기름에 튀긴 음식. ¶새우튀김.

튀다 [spark; get away; showy]
❶갑자기 터지는 힘으로 흩어져 퍼지다. ¶불똥이 튀다. ❷공 같은 것이 부딪쳐서 뛰어오르다. ¶바람이 빠진 공은 잘 튀지 않는다. ❸갑자기 달아나다. ¶도둑이 돈을 갖고 튀었다.

튀어-나오다 [jump out; pop out]
튀어서 나오다. ¶이마가 툭 튀어나오다 / 나무 뒤에서 갑자기 곰이 튀어나오다

/ 화가 나서 욕이 튀어나올 것 같다.

퉁기다 [refuse; decline]

❶물체에 강한 힘을 가하여 순간적으로 공중에 튀는 상태가 되게 하다. ¶공이 골대를 맞고 퉁겨 나왔다 / 아이가 물을 퉁기며 장난을 친다. ❷손가락 끝으로 물체를 힘주어 눌렀다가 놓아서 물체를 움직이게 하다. ¶구슬을 퉁기다 / 가야금을 퉁기다. ❸다른 사람의 요구나 부탁을 거절하다. ¶아마 좋으면서 그냥 한번 퉁겨 보는 걸 거야.

♣ 퉁기다 / 튀기다[1]

◎ 버스가 지나가자 흙탕물이 퉁기다 = 튀기다.

○ 고무줄을 퉁기다.
× 고무줄을 튀기다.

○ 침을 튀기며 이야기하다.
× 침을 퉁기며 이야기하다.

튜브 {영 tube}

❶고무나 플라스틱으로 만든 물렁거리는 관. ¶튜브를 타고 물에 들어가다. ❷연고·치약 등을 넣고 짜내어 쓰게 된 용기(容器). ¶튜브에 든 치약.

튤립 {영 tulip}

[식물] 백합과에 속하는 여러해살이풀. 피침 모양의 잎이 나고, 땅속에는 비늘줄기가 있음. 늦봄에 빨강·노랑·하양 등의 아름다운 종 모양의 꽃이 핀다.

트다[1] [open; initiate]

❶막혔던 것을 통하게 하다. ¶길을 트다. ❷서로 거래 관계를 맺다. ¶은행과 거래를 트다. ❸서로 격식을 버리고 스스럼없이 사귀다. ¶서로 마음을 트고 지낸다.

트다[2] [sprout; break; crack]

❶춥거나 마르거나 하여 틈이 생겨 갈라지다. ¶입술이 트다. ❷풀·나무의 싹이나 꽃봉오리가 벌어지다. ¶싹이 트다. ❸새벽에 동쪽이 훤해지다. ¶동이 틀 무렵.

♣ 트다[2] / 갈라지다

◎ 내 손은 겨울철에 잘 튼다 = 갈라진다.

○ 나뭇가지에서 파릇한 싹이 트고 있다.
× 나뭇가지에서 파릇한 싹이 갈라지고 있다.

○ 머리끝이 많이 갈라졌다.
× 머리끝이 많이 텄다.

트라이아스-기 (Trias紀, 연대 기) [Triassic period]

[지리] 지질 시대에서 중생대의 첫 시대[紀]. 2억 4500만 년 전부터 약 2억 1000만 년 전까지의 시기로 공룡이 나타난 때이다.

트라이앵글 {영 triangle}

[음악] 타악기의 하나. 강철 막대를 정삼각형으로 구부려 한쪽 끝을 실로 매달고 막대로 두들긴다.

트랙 {영 track}

[운동] 육상 경기장·경마장의 경주로. ¶400미터 트랙을 네 바퀴 돌다.

트랙터 {영 tractor}

강력한 원동기를 갖춘 특수한 자동차. 트레일러(trailer)나 농업 기계를 끌며, 농사일이나 토목 건설에 사용된다.

트랜스 [(power) transformer]

[전기] 전자기 유도 작용을 이용하여 교류의 전압을 변화시키는 장치. 변압기.

트랜지스터 {영 transistor}

[물리] 반도체를 이용하여 전류를 약하게 하거나 세게 하는 장치, 또는 그것을 이용하여 만든 작은 라디오.

트랩 {영 trap}

선박이나 비행기에 오르내릴 때 사용하는 사닥다리. ¶비행기의 트랩을 오르다.

트럭 {영 truck}

[교통] 화물을 실어 나르는 자동차. ¶이삿짐을 트럭 두 대에 나누어 실었다.

트럼펫 {영 trumpet}
음악 금관 악기의 하나. 세 개의 밸브나 피스톤이 있으며, 이를 조정해서 음의 높낮이를 조절한다.

트럼프 {영 trump}
서양식 놀이 딱지의 하나. 또는 그 놀이. 하트·다이아몬드·클로버·스페이드의 각 13매씩의 네 벌로 나뉘고 이 밖에 조커(joker) 한 장이 있다.

트렁크 {영 trunk}
❶여행용의 큰 가방. ¶그는 트렁크 하나를 들고 여행길에 올랐다. ❷자동차 뒤쪽의 짐 넣는 곳. ¶승용차의 트렁크에 짐을 싣다.

트로이카 {러 troika}
러시아 특유의, 말 세 필이 끄는 썰매나 마차. ⓑ 삼두마차(三頭馬車).

▸트로이카 춤
러시아의 민속춤의 하나.

트로피 {영 trophy}
입상을 기념하기 위하여 주는 장식용 컵. ¶우승자에게는 상장과 트로피가 수여된다.

트롬본 {영 trombone}
음악 금관 악기의 하나. 긴 유자(U字) 형의 관(管)을 이중(二重)으로 조립한 나팔로, 외부관을 밀었다 당겼다 함으로써 음의 높이를 변화시킨다.

트리오 {영 trio}
음악 세 사람이 함께 서로 다른 세 가지의 악기를 연주하거나 노래하는 것.

트ː림 [belch; eruct]
먹은 음식이 잘 삭지 않고 괴어서 생긴 가스가 입으로 복받쳐 오름. 또는 그 가스 ¶먹은 것도 없는데 자꾸 트림이 나온다.

트이다 [get cleared; liberal]
❶막혔던 것이 뚫리거나 통하다. ¶물꼬가 트이다. ❷앞에 막힘이 없어 환하게 보이다. ¶산 정상에 오르자 시야가 탁 트였다. ❸생각이 환히 열리다. ¶생각이 트인 사람.

트집 [pick on; cavil at]
공연히 조그마한 흠을 들추어 불평을 하는 것. ¶공연히 트집을 잡다.

특공 特功 | 특별할 특, 공로 공 [great achievement]
특별(特別)히 뛰어난 공로(功勞).

▸특공-대 特攻隊 | 무리 대
군사 특수(特殊) 임무나 기습 공격(攻擊)을 하기 위하여 훈련된 부대(部隊). ¶특공대를 보내 인질들을 구출하다.

특권 特權 | 특별할 특, 권리 권 [privilege; special right]
❶ 속뜻 특별(特別)한 권리(權利). ❷특정한 개인이나 집단에 대하여 인정하는 특별한 권리나 이익. ¶회원이 되면 다양한 특권이 주어진다.

특급[1] 特急 | 특별할 특, 급할 급 [special express]
❶ 속뜻 특별(特別)히 급(急)하게 달림. ❷ 교통 열차 따위가 특별히 빨리 운행하는 것. ¶특급열차.

특급[2] 特級 | 특별할 특, 등급 급 [special grade]
특별(特別)한 등급(等級)이나 계급(階級). ¶특급 대우를 받다.

특기 特技 | 특별할 특, 재주 기 [special ability; speciality]
특별(特別)한 기능(技能)이나 기술(技術). ¶자신의 특기를 살려 진로를 결정하다. ⓑ 장기(長技).

특등 特等 | 특별할 특, 무리 등 [special grade; top grade]
보통의 등급을 뛰어넘은 특별(特別)히 뛰어난 등급(等級). ¶특등 사수(射手).

특명 特命 | 특별할 특, 명할 명 [special command]
❶ 속뜻 특별(特別)히 명령(命令)함. ❷특별히 임명함. 또는 그 임명. ¶황제의 특명을 받고 각지로 출발했다.

특별 特別 | 유다를 특, 다를 별 [special]
일반적인 것과 유달리[特] 다름[別]. ¶특별히 어디가 아픈 건 아니지만 기운이 없다 / 오늘은 나에게 아주 특별한 날이다.
▸**특별-시** 特別市 | 도시 시
지방 자치 단체의 한 가지. 도(道)와 동일한 격(格)을 가진 특별(特別)한 시(市)로서, 직접 중앙의 감독을 받는다. ¶서울특별시.
▸**특별-전** 特別展 | 펼 전
특별(特別)히 마련한 전시회(展示會). ¶특별전을 기획하다.
▸**특별 활동** 特別活動 | 살 활, 움직일 동
교육 학교 교육의 정식 교과목 이외의 특별(特別) 학습 활동(活動).

특보 特報 | 특별할 특, 알릴 보
[special report; special news]
특별(特別)히 알림[報]. ¶뉴스 특보를 말씀드리겠습니다.

특사 特使 | 특별할 특, 부릴 사
[special envoy; emissary]
❶ 속뜻 특별(特別)히 무엇을 시킴[使]. 또는 그것을 맡은 사람. ❷특별한 임무를 띠고 파견하는 외교 사절을 두루 일컫는 말. ¶대통령의 특사를 파견하다.

특산 特産 | 특별할 특, 낳을 산
[special product]
특별(特別)히 그 지방에서만 남[産]. 또는 그런 산물이나 생산품.
▸**특산-물** 特産物 | 만물 물
어떤 지방에서만 특별(特別)히 나는[産] 물건(物件). ¶완도의 특산물은 미역이다.
▸**특산-품** 特産品 | 물건 품
어떤 지역에서만 특별(特別)히 나는[産] 물품(物品). ¶특산품을 판매하다.

특색 特色 | 특별할 특, 빛 색
[distinct characteristic]
❶ 속뜻 특별(特別)한 색깔[色]. ❷다른 것과 특히 다른 점. ¶그는 별다른 특색 없는 평범한 사람이다.

특석 特席 | 특별할 특, 자리 석 [reserved seat]
특별(特別)히 따로 마련한 좌석(座席). '특별석'의 준말. ¶특석에서 경기를 관람하다.

특선 特選 | 특별할 특, 뽑을 선
[special selection]
❶ 속뜻 특별(特別)히 골라 뽑음[選]. ¶점심 특선 요리를 주문하다. ❷대회에서 입선된 것 중에서 특히 우수한 작품. ¶그의 사진은 콘테스트에서 특선으로 뽑혔다.

⁑**특성** 特性 | 특별할 특, 성질 성
[specific character]
특별(特別)한 성질(性質). ¶선인장은 건조한 기후에도 잘 견디는 특성이 있다.

특수 特殊 | 유다를 특, 다를 수
[special; specific]
다른 것과 비교하여 유달리[特] 다른[殊] 것. ¶이쪽의 특수한 사정을 이해해 주십시오. ⓑ 특이(特異). ⓑ 일반(一般), 보통(普通).

특실 特室 | 특별할 특, 방 실
[special chamber]
일반실과 특별(特別)히 다른 방[室]. '특등실'(特等室)의 준말. ¶특실에 묵었다.

특용 特用 | 특별할 특, 쓸 용
[use specially]
특별(特別)히 씀[用]. ¶특용 작물.

특유 特有 | 특별할 특, 있을 유
[peculiar; characteristic]
특별(特別)히 가지고 있음[有]. ¶온돌은 한국 특유의 난방 방식이다.

특이 特異 | 유다를 특, 다를 이 [singular; peculiar]
❶ 속뜻 보통 것에 비하여 유달리[特] 다름[異]. ¶넌 이름이 상당히 특이하구나. ❷보통보다 훨씬 뛰어남. ¶그는 손재주가 특이하여 온갖 물건을 손수 만든다. ⓑ 특수(特殊). ⓑ 평범(平凡).

특정 特定 | 특별할 특, 정할 정

[particular; specific; certain]
특별(特別)히 정(定)함. ¶특정 연령층을 대상으로 한 제품.

특집 特輯 | 특별할 특, 모을 집
[special edition; supplement]
특별(特別)히 편집(編輯)함. 또는 그 편집물. ¶추석 특집 프로그램.

⁑**특징** 特徵 | 특별할 특, 부를 징
[special feature]
❶ 역사 임금이 신하에게 벼슬을 내리려고 특별(特別)히 부름[徵]. ❷특별히 나타나는 점. ¶검은 눈과 머리카락은 한국인의 유전적 특징이다. ⓑ 특색(特色), 특성(特性).

▸ **특징-적** 特徵的 | 것 적
특징(特徵)이 되는 것[的]. ¶이 그림은 화려한 색채가 매우 특징적이다.

특파 特派 | 특별할 특, 보낼 파
[send on special assignment]
특별(特別)히 파견(派遣)함. ¶해외에 특파되다.

▸ **특파-원** 特派員 | 사람 원
언론 외국에 특별(特別)히 파견(派遣)되어 보도하는 언론 종사자[員]. ¶사고 현장에 특파원을 보내다.

특허 特許 | 특별할 특, 들어줄 허
[license to do; patent]
❶ 속뜻 특별(特別)히 들어줌[許]. ❷ 법률 어떤 사람이나 기관의 발명품에 대하여 남이 그대로 흉내 내지 못하게 하고 그것을 이용할 권리를 국가가 그 사람이나 기관에 주는 것. ¶특허를 내다.

▸ **특허-청** 特許廳 | 관청 청
법률 특허(特許) 및 그와 관련된 사무를 처리하는 정부 관청(官廳).

특화 特化 | 특별할 특, 될 화 [specialize]
❶ 속뜻 다른 것보다 특별(特別)히 두드러지게 됨[化]. ❷한 나라의 어떤 산업 또는 수출 상품이 상대적으로 큰 비중을 차지하는 상태. ¶이 지역에서는 관광지를 특화하여 많은 돈을 벌고 있다.

특활 特活 | 특별할 특, 살 활
[extracurricular activities]
교육 '특별 활동'(特別活動)의 준말.

특-히 (特—, 특히 특) [specially]
보통과 다르게. ¶나는 과일 중에서도 특히 딸기를 좋아한다.

튼튼-하다 [healthy; strong]
❶물건이 매우 단단하고 약하지 않다. ¶건물을 튼튼히 짓다 / 의자가 체중을 견딜 만큼 튼튼하지 못하다. ❷몸이 건강하다. ¶이가 튼튼하다 / 몸과 마음을 튼튼히 하다. ⓑ 약(弱)하다.

틀 [frame; mold; formality]
❶물건을 만드는 데 '골'이나 '판'이 되는 물건. ¶틀에 넣어 찍어 내다. ❷전체의 대강. ¶회사가 이제 제법 틀을 잡았다. ❸일정한 격식이나 형식. ¶틀에 박힌 말.

♣ 틀 / 테두리 (비슷한 듯 다른 말)

◎ 상식의 틀을 = 테두리를 벗어나다.

ㅇ 틀에 박힌 방법으로는 그를 이길 수 없다.
× 테두리에 박힌 방법으로는 그를 이길 수 없다.

ㅇ 잔디밭 테두리에는 잡초가 무성하다.
× 잔디밭 틀에는 잡초가 무성하다.

틀-니 [an artificial tooth]
떼었다 끼웠다 할 수 있도록 만든 이. ¶우리 할머니는 틀니를 끼신다.

틀다 [twist; wrench; switch on]
❶무엇을 한쪽으로 힘주어 돌리다. ¶허리를 틀다 / 수도꼭지를 틀다. ❷라디오·수도 따위의 기계나 장치를 작동하게 하다. ¶전축을 틀다 / 수도꼭지를 틀다. ❸길거나 여러 개인 것을 둥글게 말거나 포개다. ¶똬리를 틀다 / 상투를 틀어 올리다.

틀리다 [mistake]
❶셈이나 사실·이치 따위가 맞지 않다. ¶계산이 틀리다. ⓑ 맞다. ❷일이나 사람이

더 이상 가망이 없다. ¶오늘 숙제를 마치기는 틀린 것 같다.

틀림-없다 [correct; no other than]
어긋남이 없다. 확실하다. 꼭 같다. ¶이번에는 우리 반이 틀림없이 이길 것이다 / 목소리로 보아 밖에 있는 사람은 여자가 틀림없다. [비] 꼭맞다, 어김없다.

틀어-막다 [stop up; curb; restrain]
억지로 틀어넣어 못 통하게 하다. ¶코피가 나서 휴지로 코를 틀어막았다.

틀어-박히다 [stay indoors]
❶좁은 자리에 들어가 박히다. ¶다락방에 틀어박혀 있던 선풍기. ❷밖에 나가지 않고 일정한 공간에만 머물러 있다. ¶주말에는 집구석에 틀어박혀 있었다.

틀어-지다 [swerve; get twisted]
❶어떤 물체가 반듯하고 곧바르지 않고 옆으로 굽거나 꼬이다. ¶뜨거운 햇빛에 판자가 틀어졌다. ❷꾀하는 일이 어그러지다. ¶계획이 틀어지다. ❸사귀는 사이가 서로 벌어지다. ¶두 사람 사이가 틀어졌다.

틈 (暇, 틈 가) [spare time]
❶두 물건이 벌어져 생긴 공간. ¶갈라진 틈으로 물이 샌다. ❷겨를. 시간적 여유. ¶바빠서 쉴 틈이 없다. [비] 틈새, 짬.

♣ 틈 / 사이 — 비슷한 듯 다른 말

◎ 창문 틈으로 = 사이로 엄마가 보인다.
○ 버스 안은 발 디딜 틈도 없었다.
× 버스 안은 발 디딜 사이도 없었다.
○ 며칠 사이에 많은 일이 일어났다.
× 며칠 틈에 많은 일이 일어났다.

틈-나다 [become free]
겨를이 생기다. ¶나는 틈나는 대로 책을 읽는다. [비] 짬나다.

틈-바구니 [gap; crack]
좁은 틈. ¶바위 틈바구니 / 사람들 틈바구니에서 빠져 나오다. [준] 틈바귀.

틈-바귀 [gap; crack]
'틈바구니'의 준말.

틈-새 [gap; opening]
❶벌어져 난 틈의 사이. ¶벽의 틈새로 바람이 들어왔다. ❷사람들 관계에서 사이가 벌어진 것. ¶친구와 틈새가 벌어졌다.

▸ **틈새-시장** (一市場, 저자 시, 마당 장)
[경제] 유사한 기존 상품이 많지만 수요자가 요구하는 바로 그 상품이 없어서 수요가 틈새처럼 비어 있는 상태. 또는 그러한 시장(市場). ¶그는 틈새시장을 찾아내어 큰돈을 벌었다.

틈-타다 [take advantage of]
때나 기회를 얻다. ¶그들은 감시가 소홀한 때를 틈타 도망쳤다.

틈틈-이 [at spare moments]
겨를이 있을 때마다. ¶틈틈이 공부하다. [비] 짬짬이.

틔:다 [get cleared; liberal]
'트이다'의 준말. ¶앞이 확 틔다.

틔우다[1] [open; clear]
길을 통하게 하다. ¶벽을 틔워 통로를 만들다.

틔우다[2] [bud; sprout]
싹이나 움 따위를 트게 하다. ¶강낭콩이 싹을 틔웠다.

티[1] [dust; particle]
온갖 물건의 잔 부스러기나 찌꺼기. ¶눈에 티가 들어가다 / 옥에 티 / 티 없이 맑은 피부.

티[2] [air; look]
눈에 띄는 어떤 태도나 기색. ¶유식한 티를 내다 / 청소해 봐야 티도 안 난다.

티격태격-하다
[dispute; bicker with each other]
서로 뜻이 안 맞아 이러니 저러니 말로 다투다. ¶누가 다음 차례인가를 두고 티격태격했다.

티끌 [dust; mote; little bit]

❶티와 먼지. ¶눈에 티끌이 들어갔다. ❷몹시 작거나 분량이 적음을 나타냄. ¶그는 티끌만큼의 욕심도 부리지 않았다. 속담 티끌 모아 태산.

티눈 [corn]
손이나 발에 생기는 사마귀 비슷한 굳은 살. ¶발에 티눈이 박이다.

티-브이 {영 TV}
'텔레비전'(television)의 준말.

티셔츠 {영 T-shirt}
'티(T)'자 모양으로 생긴 반소매 셔츠(shirt). ¶한여름에는 티셔츠처럼 편한 차림을 즐겨 입는다.

티읕
언어 한글 자모 'ㅌ'의 이름.

티켓 {영 ticket}
❶차표. 승차권. 입장권. ¶극장 티켓을 겨우 구했다. ❷특정한 것을 할 수 있는 자격. 또는 그 증명서. ¶올림픽 본선 진출 티켓을 따다.

팀 {영 team}
❶같은 일을 함께 하는 한 무리. ¶우리 조는 여섯 명이 한 팀이 되어 발표했다. ❷운동 운동 경기에서 둘 또는 그 이상의 사람들로 만들어진 한 패. ¶선수들을 두 팀으로 나누다.

팀파니 {이 timpani}
음악 구리로 만든 반구형의 몸체 위에 쇠가죽을 댄 북. 북채로 두드려 소리를 내며 몸체 둘레의 나사로 음률을 조절한다.

팁 {영 tip}
음식점·호텔 등에서 일하는 종업원 등에게 손님이 요금 이외로 주는 돈. ¶그는 웨이터에게 팁을 두둑이 주었다.

ㅍ

언어 한글 자모의 열셋째 글자. '피읖'이라 이른다.

파[1] [leek; Welsh onion]

식물 잎은 원기둥꼴로 속이 비었으며, 밭에 재배하는 풀. 특이한 냄새와 맛이 있어 요리에 널리 쓴다. ¶파를 송송 썰어 넣다.

파[2] 派 | 갈래 파

[group; clique; branch of a family]

❶학문·주의·사상·행동 등을 같이하는 사람들의 집단. ¶파가 갈리다. ❷하나의 조상에서 갈라져 나온 집안의 갈래. ¶전주 이 씨 효령대군 파.

파[3] {이 fa}

음악 서양 음악의 7음 체계에서, 네 번째 계이름. 음이름 '바'와 같다.

파:격 破格 | 깨뜨릴 파, 격식 격

[breaking rules; make an exception]

격식(格式)을 깨뜨림[破]. 격식에 벗어남. ¶전품목 파격 세일.

▸파:격-적 破格的 | 것 적

관례나 격식에서 벗어난[破格] 것[的]. ¶파격적인 대우.

파견 派遣 | 보낼 파, 보낼 견

[dispatch; despatch]

특별한 임무를 주어 임시로 보냄[派=遣]. ¶본사 파견 / 그는 케냐로 파견되었다.

파:계 破戒 | 깨뜨릴 파, 경계할 계

[violate the commandments]

계율(戒律)을 깨뜨림[破]. ¶그는 파계를 하고 속세로 돌아왔다.

파고 波高 | 물결 파, 높을 고

[height of a wave; wave height]

파도(波濤)의 높이[高]. ¶전 해상에 2~3미터의 높은 파고가 예상된다.

파고-들다 [dig into; eat into; make a thorough investigation]

❶깊숙이 안으로 들어가다. ¶아기가 엄마 품으로 파고들었다. ❷깊이 스며들다. ¶밤이 되면 추위가 뼛속까지 파고든다. ❸끈질기게 열심히 하다. ¶한 분야를 파고들어야 성공할 수 있다.

***파:괴** 破壞 | 깨뜨릴 파, 무너질 괴

[destroy; ruin; demolish]

부수어[破] 무너뜨림[壞]. ¶환경 파괴 / 지진은 순식간에 도시를 파괴했다. ㊀반 건설(建設).

▸파:괴-력 破壞力 | 힘 력

파괴(破壞)하는 힘[力]. ¶핵무기는 엄청난 파괴력을 갖고 있다.

파국 破局 | 깨뜨릴 파, 판 국 [collapse]
❶ 속뜻 깨어진[破] 장면이나 형세[局]. ❷ 일이나 사태가 잘못되어 결판이 남. ¶사태는 파국으로 치달았다.

파급 波及 | 물결 파, 미칠 급
[spread; extend; reach]
❶ 속뜻 물결[波]이 멀리까지 미침[及]. ❷ 어떤 일의 영향이나 여파가 차차 전하여 먼 데까지 미침. ¶그 영향이 전국적으로 파급되다.

파-김치
❶파로 담근 김치. ❷몹시 지쳐서 기운이 하나도 없이. ¶나는 고된 일을 마치고 파김치가 되어 집에 돌아왔다.

파나마 운하 (Panama運河, 움직일 운, 물 하)
지리 파나마(Panama) 공화국에 건설된 운하(運河). 중앙아메리카 동남쪽에서 태평양과 대서양을 잇는다.

파-내다 [dig up; unearth]
묻히거나 박힌 것을 파서 꺼내다. ¶묻혀 있는 보물을 파내다.

파다 [dig; carve; engrave]
❶구멍이나 구덩이를 만들다. ¶땅을 파다. ❷그림이나 글씨를 새기다. ¶도장을 파다.

♣ 파다 / 새기다[1]

◎ 나무에 이름의 머리글자를 파다 = 새기다.
○ 앞마당에 우물을 파다.
× 앞마당에 우물을 새기다.
○ 나는 어머니의 말씀을 마음속 깊이 새겨 두었다.
× 나는 어머니의 말씀을 마음속 깊이 파 두었다.

파닥-거리다 [flap; flutter]
작은 새가 잇달아 가볍고 빠르게 날개를 치다. ¶새가 새장 안에서 날개를 파닥거렸다. ⓑ 파닥대다.

파닥-이다 [flap; flutter]
작은 새, 물고기, 깃발 따위가 빠르게 세게 소리를 내며 움직이다. ¶그물에 걸린 물고기가 파닥거린다.

파도 波濤 | 물결 파, 큰 물결 도
[waves; billows]
바다에 이는 작은 물결[波]과 큰 물결[濤]. ¶파도가 거세서 배가 뜨지 못한다.
▶ 파도-타기 (波濤-)
출렁거리는 파도(波濤)에 따라 오르내리며 치는 헤엄.

파동 波動 | 물결 파, 움직일 동
[wave; shock]
❶ 속뜻 물결[波]을 이루어 움직임[動]. ¶수면에 파동이 일어나다. ❷공간으로 퍼져 가는 진동. ¶소리의 파동. ❸'사회적으로 새로운 변화를 가져올 만한 변동'을 비유하여 이르는 말. ¶석유 파동으로 물가가 크게 올랐다.

파라다이스 {영 paradise}
근심 걱정 없이 행복을 누릴 수 있는 곳. ⓑ 낙원(樂園).

파라솔 {프 parasol}
해변·강변 등에서, 햇빛을 가리거나 탁자 위를 가릴 수 있도록 쳐 놓는 큰 양산(陽傘).

파란 波瀾 | 물결 파, 물결 일 란
[turmoil; hardship]
❶ 속뜻 물결[波]이 일어남[瀾]. ❷심한 변화. 어수선한 상황. ¶한국은 파란 많은 역사를 가지고 있다 / 신인 선수가 우승을 차지하는 파란을 일으켰다.
▶ 파란-만장 波瀾萬丈 | 일만 만, 길이 장
❶ 속뜻 물결[波瀾]이 만(萬) 길[丈]이나 될 정도로 높이 일어남. ❷사람의 생활이나 일의 진행이 여러 가지 곡절과 시련이 많고 변화가 심함. ¶그는 78세를 일기로 파란만장한 삶을 마쳤다.

파란-불

교통 도로의 신호등에서 차나 사람이 지나가도 좋다는 것을 나타내는 파란 불빛. ¶파란 불이 켜질 때까지 기다리세요.

파란-색 (—色, 빛 색) [blue]
파란 색깔[色]. ¶셔츠에 파란색 얼룩이 묻었다. ㊥ 파랑.

파랑 [blue]
파란 물감이나 빛깔. ¶파랑 잉크를 묻히다. ㊥ 파란색.

▸ 파랑-새
푸른 빛깔을 띤 새. ¶나는 나무에 앉은 파랑새를 보았다.

파:랗다 [blue; azure; pale]
❶매우 푸르다. 아주 푸르다. ¶파랗게 돋아나는 새싹 / 파란 하늘. ❷춥거나 겁에 질리어 얼굴이나 입술 따위가 푸르스름하다. ¶무서워서 얼굴이 파랗게 질렸다.

파래 [green laver; sea lettuce]
식물 빛이 푸르며 김과 비슷한 해조류. 향기와 맛이 있어 식용한다.

파:래-지다 [turn pale; lose color]
파랗게 되다. ¶봄이 되자 들판이 파래졌다 / 겁을 먹고 얼굴이 파래졌다.

파력 波力 | 물결 파, 힘 력
[force of the wave]
파도(波濤)의 압력(壓力). ¶파력발전소 / 파력에 의해 깎여진 바위가 있다.

▸ 파력 발전 波力發電 | 일으킬 발, 전기 전
전기 파도(波濤)가 칠 때 일어나는 힘[力]을 이용해 전기(電氣)를 일으킴[發].

파:렴-치 破廉恥 | 깨뜨릴 파, 청렴할 렴, 부끄러울 치 [shameless; infamous]
올곧고[廉] 부끄러워[恥]할 줄 아는 마음을 깨버리고[破] 함부로 행동함. ¶파렴치한 범죄를 저지르다.

파:루 罷漏 | 그칠 파, 샐 루
❶ 속뜻 도성의 문을 닫는 일을 그치고[罷] 문을 열어 사람을 드나들게[漏] 함. ❷ 역사 조선 시대에, 서울에서 통행금지를 해제하기 위하여 종각의 종을 서른 세 번 치던 일.

파르르 [shiveringly; in a huff]
❶가볍게 조금 떠는 모양. ¶형광등이 파르르 떨리면서 불이 켜졌다. ❷발끈 성을 내는 모양. ¶목에 핏대를 세우면서 파르르 성을 내다.

파르스름-하다 [bluish; greenish]
약간 파랗다. ¶파르스름하게 깎은 머리. ㊥ 푸르스름하다.

파릇-파릇 [all spotted green; green here and there]
군데군데 파란 새싹이 돋아난 모양. ¶나뭇잎이 파릇파릇 돋기 시작했다.

파릇-하다 [blue; azure; green]
빛깔이 좀 파란 듯하다. ¶새싹이 파릇하게 돋아나다.

파:리 [fly]
동물 한 쌍의 날개와 관 모양의 주둥이가 있는 곤충. 나쁜 병원균을 옮긴다. ¶소는 꼬리를 치며 엉덩이의 파리를 쫓았다. 관용 파리 날리다.

파리-하다 [pale; pallid]
몸이 마르고 낯빛이나 살색이 핏기가 없다. ¶그녀의 뺨은 건강이 안 좋은 듯 파리했다. ㊥ 해쓱하다.

파:마 [permanent (wave); perm]
머리를 물결처럼 곱슬곱슬하게 지지는 일. 또는 그런 머리 모양. ¶언니는 미용실에 가서 파마했다.

파-먹다 [bore into]
겉에서부터 안쪽으로 움푹하게 먹어 들어가다. ¶벌레가 파먹은 과일.

파:면 罷免 | 그만둘 파, 면할 면 [dismiss; fire]
직책을 그만두게[罷] 하여 해직시킴[免]. 공무원의 신분을 박탈하는 일. ¶뇌물을 받은 감독관의 파면을 요구했다.

파:멸 破滅 | 깨뜨릴 파, 없어질 멸
[be ruined; be wrecked]
완전히 깨어져[破] 없어짐[滅]. ¶지나친

욕심이 그의 파멸을 가져왔다 / 인류는 전쟁 때문에 파멸할 것이다.

파문 波紋 | 물결 파, 무늬 문
[wave pattern; ripple; sensation]
❶[속뜻] 물결[波] 모양의 무늬[紋]. ❷수면에 이는 물결. ¶연못에 돌을 던지자 파문이 일었다. ❸어떤 일이 다른 데에 미치는 영향. ¶큰 파문을 몰고 오다 / 파문이 확산되다.

파-묻다 [bury; entomb]
❶땅을 파고 무엇을 묻다. ¶시체를 파묻다. ❷깊숙이 대거나 기대다. ¶안락의자에 몸을 파묻다.

파-묻히다 [be buried]
❶파묻음을 당하다. ¶60년 넘게 파묻혀 있던 유물들이 발굴되었다. ❷무엇으로 온통 둘러싸이다. ¶아이가 어머니 품속에 파묻혀 잠이 들었다. ❸어떤 일에 빠져 있다. ¶이번 방학에는 책에 파묻혀 살았다.

파발 擺撥 | 열릴 파, 없앨 발
[post station; stage]
❶[속뜻] 문을 열어서[擺] 다 내보내어 없앰[撥]. ❷[역사] 조선 후기에, 공문을 급히 보내기 위하여 설치한 역참. ¶장군은 각 고을로 파발을 띄웠다.

▸파발-마 擺撥馬 | 말 마
[역사] 파발(擺撥)에 준비해 놓던 말[馬].

파-밭 [onion patch]
파를 심은 밭.

파벌 派閥 | 갈래 파, 무리 벌
[clique; faction; coterie]
이해 관계에 따라 따로따로 갈라진[派] 사람들의 무리[閥]. ¶그는 파벌 싸움에 말려들었다.

파병 派兵 | 보낼 파, 군사 병
[dispatch troops; send an army]
병사(兵士)를 파견(派遣)함. ¶유엔군이 파병을 결정하였다.

파:산 破產 | 깨뜨릴 파, 재물 산
[be ruined; become bankrupt]
❶[속뜻] 재산(財產)을 모두 잃어 망함[破]. ¶사장은 회사의 파산을 막으려고 갖은 애를 쓰고 있다 / 다니던 회사가 파산되어 나는 일자리를 잃었다. ❷[법률] 빚진 사람이 돈을 갚을 수 없게 되는 경우, 그의 재산 모두를 털어서 고루 갈라 갚을 것을 법으로 명령하는 것. [비] 도산(倒產).

파:상 破傷 | 깨뜨릴 파, 다칠 상
[injury; wound]
깨지고[破] 다침[傷]. 또는 그 상처.

▸파:상-풍 破傷風 | 병 이름 풍
❶[속뜻] 찢어진[破] 상처(傷處)로 침범하는 병[風]. ❷[의학] 파상풍균의 감염으로 일어나는 급성 전염병.

파생 派生 | 갈래 파, 날 생
[be derived; originate]
본체에서 갈려 나와[派] 다른 하나가 새롭게 생김[生]. ¶영어는 라틴어에서 파생되었다.

▸파생-어 派生語 | 말씀 어
[언어] 실질 형태소에 접사가 붙어 파생(派生)된 어휘(語彙). 명사 '부채'에 '-질'이 붙은 '부채질', 동사 '덮-'에 접미사 '-개'가 붙은 '덮개', 명사 '버선' 앞에 접두사 '덧-'이 붙은 '덧버선' 따위가 있다.

파:손 破損 | 깨뜨릴 파, 상할 손
[be damaged; be destroyed]
깨어지거나[破] 상하게[損] 됨. ¶자동차는 사고로 심하게 파손되었다.

파수 把守 | 잡을 파, 지킬 수
[watch; guard]
❶[속뜻] 손에 무기를 쥐고[把] 성 따위를 지킴[守]. ❷경계하여 지킴. 또는 그러는 사람. ¶파수를 서다.

▸파수-꾼 (把守-)
파수(把守)를 보는 사람. ¶환경 보호의 파수꾼 / 장군은 파수꾼을 곳곳에 세웠다.

파스 [poultice; cataplasm]
[약학] 타박상, 근육통, 신경통 따위에 바르거나 붙이는 소염 진통제. ¶어깨에 파스

를 붙이다. '가루약을 개어 만든 연고'를 뜻하는 독일어 'Pasta'에서 온 말이다.

파스텔 {영 pastel}
미술 빛깔이 있는 가루 원료를 길쭉하게 굳힌 크레용의 일종. ¶나는 파스텔로 그린 그림을 좋아한다.

파시 波市 | 물결 파, 시장 시
[seasonal fish market]
고기가 한창 잡힐 때에 파도(波濤)가 치는 바다 위에서 열리는 생선시장(市場). ¶거문도는 고등어 파시로 유명하다.

파악 把握 | 잡을 파, 쥘 악
[grasp; understand; comprehend]
❶속뜻 손에 꽉 잡아[把] 쥠[握]. ❷어떤 일을 잘 이해하여 확실하게 앎. ¶그는 눈치가 없어서 분위기 파악을 못한다.

파:안 破顔 | 깨뜨릴 파, 얼굴 안
[break into a smile]
얼굴[顔]이 일그러질[破] 정도.

▶파:안-대소 破顔大笑 | 큰 대, 웃을 소
얼굴이 일그러질[破顔] 정도로 크게[大] 웃음[笑]. ¶아버지는 파안대소하시며 혼인을 허락했다.

파:업 罷業 | 그만둘 파, 일 업
[give up one's business; strike]
❶속뜻 하던 일[業]을 그만둠[罷]. ❷사회 노동 조건의 유지 및 개선을 위하여 노동자들이 집단적으로 작업을 중지하는 일. ¶근로자들은 열악한 근무 환경에 항의하는 파업을 벌였다.

파:열 破裂 | 깨뜨릴 파, 찢어질 렬
[explode; burst]
깨어지고[破] 찢어짐[裂]. 쪼개짐. ¶보일러 파열로 사람이 다쳤다.

파운드 {영 pound}
❶야드파운드법에 의한 무게의 단위. 1파운드는 1온스의 16배로 약 453.592그램에 해당한다. ❷영국의 화폐 단위. 1파운드는 100펜스이다.

파울 {영 foul}
운동 규칙을 위반하는 일. ¶심판은 상대팀 선수에게 파울을 선언했다. ⓑ반칙.

파이 {영 pie}
밀가루와 버터를 섞어 반죽하여 과실·고기 따위를 넣고 구워서 만드는 서양식 과자.

파-이다 [be dug]
단단한 거죽이 움푹 들어가다. ¶이번 비로 땅에 웅덩이가 파였다.

파이팅 {영 fighting}
운동 경기에서, 선수들끼리 잘 싸우자[fight]는 뜻으로 외치는 소리. 또는 응원하는 사람이 선수에게 잘 싸우라는 뜻으로 외치는 소리.

파이프 {영 pipe}
❶주로 물·가스·증기 따위를 수송하는 데 쓰는 관(管). ¶수도 파이프가 얼어서 터졌다. ❷살담배를 피우는 서양식 담뱃대. ¶파이프의 재를 떨다.

파인애플 {영 pineapple}
식물 열매는 물이 많고 향기가 좋은 열매가 열리는 풀. 그냥 먹거나 통조림을 만든다. 열대 지방에서 많이 재배한다.

파일 {영 file}
❶여러 서류를 한데 묶은 것. ¶파일을 정리하다. ❷컴퓨터에서 하나의 단위로서 처리되는 서로 연관된 레코드의 집합. ¶음악 파일을 첨부하다.

▶파일-명 (file名, 이름 명)
컴퓨터에서 사용하는 사람이 정한 파일(file)의 이름[名].

파자마 {영 pajamas}
헐렁한 윗옷과 바지로 된 잠옷. 보통 땀을 잘 흡수하고 바람이 잘 통하는 천을 이용하여 만든다.

파장[1] 波長 | 물결 파, 길 장 [wavelength; impact]
❶속뜻 물결[波] 사이의 길이[長]. ❷물리 전파나 음파 따위에서 같은 높이를 가진 파동 사이의 거리. ¶파장 20미터의 단파

로 방송하다. ❸충격적인 일이 끼치는 영향 또는 그 정도를 비유하여 이르는 말. ¶신문 기사의 파장은 매우 컸다.

파:장² 罷場 | 마칠 파, 마당 장 [close of a marketplace]
장(場)을 마침[罷]. 섰던 장이 끝남. ¶파장 무렵이 되자 장터가 한산해졌다.

파-전 (-煎, 지질 전)
밀가루에 길쭉길쭉하게 썬 파를 주로 하여 고기·조갯살·굴 등을 얹어 지진 전(煎). ¶어머니는 파전을 부쳐 손님에게 대접했다.

파종 播種 | 뿌릴 파, 씨 종 [sow; seed]
논밭에 곡식의 씨앗[種]을 뿌림[播]. ¶보리는 가을에 파종한다.

▶파종-법 播種法 | 법 법
농업 씨[種]를 뿌리는[播] 방법(方法). ¶파종법을 연구하다.

파죽지세 破竹之勢 | 쪼갤 파, 대나무 죽, 어조사 지, 기세 세
❶속뜻 대나무[竹]를 쪼개는[破] 것 같은 기세(氣勢). ❷'어떤 일이 거침없이 쭉 계속됨'을 비유하여 이르는 말. 맹렬한 기세. ¶파죽지세로 적군을 무찌르다.

파:지 破紙 | 깨뜨릴 파, 종이 지 [waste paper; useless paper]
❶속뜻 찢어진[破] 종이[紙]. ❷못쓰게 된 종이. ¶종이를 오리는 과정에서 파지가 많이 생겼다.

파:직 罷職 | 그만둘 파, 일자리 직 [fore; dismiss from office]
관직(官職)을 그만두게 함[罷]. 물러남. ¶탐관오리를 파직하다.

파출 派出 | 보낼 파, 날 출 [send out; dispatch]
파견(派遣)되어 나감[出].

▶파출-부 派出婦 | 여자 부
가사(家事)를 대신하기 위해 보내어진[派出] 직업여성[婦]. ¶맞벌이로 바쁜 부부는 파출부를 고용했다.

▶파출-소 派出所 | 곳 소
❶속뜻 어떤 기관에서 직원을 파견하여[派出] 사무를 보게 하는 곳[所]. ❷'경찰관 파출소'(警察官派出所)의 준말. ¶수상한 사람이 있어 파출소에 신고했다.

파충 爬蟲 | 기어 다닐 파, 벌레 충 [reptile]
기어 다니는[爬] 벌레[蟲].

▶파충-류 爬蟲類 | 무리 류
동물 땅을 기어[爬] 다니는 벌레[蟲] 같은 동물 종류(種類). 거북, 악어, 뱀 따위.

파카 {영 parka}
후드가 달린, 약간 긴 방한용 웃옷. ¶눈보라가 치는 날씨에는 파카를 껴입는 것이 편하다.

파:탄 破綻 | 깨뜨릴 파, 터질 탄 [break; fail; come to a rupture]
❶속뜻 그릇이 깨지고[破] 옷이 터짐[綻]. ❷일이나 계획 따위가 중도에서 잘못됨. ¶가정 파탄 / 양측의 협상은 파탄되었다.

파트 {영 part}
❶일을 맡은 역할이나 부서. ¶그는 수출 파트에서 일한다. ❷전체를 이루는 한 부분. ¶이 소설은 세 파트로 나눠져 있다

파트너 {영 partner}
춤·경기·놀이 등에서 둘이 짝이 되는 경우의 상대. ¶나는 그녀의 파트너가 되어 춤을 췄다.

파티 {영 party}
친목 또는 무엇을 기념하기 위한 잔치나 모임. ¶나는 친구의 생일 파티에 초대받았다.

파:편 破片 | 깨뜨릴 파, 조각 편 [broken piece; fragment]
깨진[破] 조각[片]. ¶유리 파편이 발바닥에 박혔다.

파프리카 {헝 paprika}
식물 고추의 일종. 또는 그것으로 만든 향료.

파피루스 [papyrus]
식물 뿌리와 줄기는 식용하는 풀. 8-9세기

에는 이집트 등지에서 제지용으로 이용되었다.

파:-하다 (罷—, 그만둘 파)
[end; stop; discontinue]
어떤 일을 마치거나 그만두다[罷]. ¶학교가 파하면 곧장 집으로 돌아오너라.

파-헤치다 [dig up; disclose]
속에 든 물건이 드러나도록 파서 젖히다. ¶무덤을 파헤치다 / 사건의 진상을 낱낱이 파헤치다.

파:혼 破婚 | 깨뜨릴 파, 혼인할 혼
[break off a marriage engagement]
혼인(婚姻) 관계를 깨뜨림[破]. ¶그녀는 결혼 일주일 전에 파혼했다. ⓑ 약혼(約婚).

팍 [with a thrust; with a thud]
❶힘차게 냅다 지르는 모양. 또는 그 소리. ¶골대를 향해 공을 팍 차다. ❷갑자기 감정이나 기분이 가라앉는 모양. ¶녀석의 콧대를 팍 꺾어서 고분고분하게 만들겠다.

팍팍 [hard; with a thud]
❶자꾸 힘 있게 내지르는 모양. 또는 그 소리. ¶한숨을 팍팍 쉬다. ❷'시원시원하게, 콱콱'의 속된말. ¶어제 용돈을 받았기 때문에 팍팍 쓰기로 했다.

팍팍-하다 [hard]
살기가 어렵다. ¶요즘은 살기가 너무 팍팍하다.

판[1] [place; situation; round]
❶일이 벌어진 자리. 또는 그 장면. ¶판이 깨지다 / 무리를 지어 판을 벌이다. ❷처지·판국·형편을 나타내는 말. ¶그 앞에서 대들었다가는 한 대 맞을 판이다.❸승부를 겨루는 일의 수효를 세는 말. ¶바둑 한 판 두자.

판[2]**板** | 널빤지 판
[board; album; unit of thirty eggs]
❶널빤지. ¶빨래판 / 바둑판. ❷음반(音盤). ¶그 가수는 5년 만에 판을 냈다. ❸달걀 30개를 오목오목하게 반(半)달걀꼴로 파인 종이 또는 플라스틱판에 세워 담은 것을 세는 말. ¶계란 한 판만 사 오너라. ⓑ 레코드(record).

판[3]**版** | 널빤지 판
[block; plate; printing]
❶그림이나 글씨 등을 새겨 인쇄에 사용하는 나뭇조각 또는 쇳조각. ❷책을 개정하거나 증보하여 출간한 횟수를 세는 단위. ¶4판 3쇄.

판-가름 [judge]
시비·우열을 판단하여 가름. ¶두 사람 사이의 다툼은 아직 판가름이 나지 않았다.

판결 判決 | 판가름할 판, 결정할 결
[judge; decide]
❶ 속뜻 판단(判斷)하여 결정(決定)함. ❷ 법률 법원이 어떤 소송 사건을 법률에 따라 판단을 내림. ¶죄의 유무를 판결하다.

▶**판결-문 判決文** | 글월 문
법률 판결(判決)에 대한 것을 적은 문서(文書). ¶판결문을 낭독하다.

판-국 (—局, 판 국)
[situation; position of affairs]
사건이 벌어져 있는 형편[局]. ¶도대체 어떻게 돌아가고 있는 판국인가?

판다 {영 panda}
동물 중국 특산의 포유동물. 몸빛은 흰색이고 어깨·가슴·다리는 검은색이다. 버섯·죽순·댓잎 등을 먹고 산다.

***판단 判斷** | 판가름할 판, 끊을 단
[judge; decide; conclude]
판가름하여[判] 단정(斷定)함. ¶정확한 판단을 내리다 / 너무 성급하게 판단하지 마라.

▶**판단-력 判斷力** | 힘 력
사물을 정확히 판단(判斷)하는 힘[力]. ¶술에 취해 판단력이 흐려졌다.

판대 版臺 | 널빤지 판, 돈대 대 [board]
출판 인쇄할 때에 목판(木版)을 올려놓는 [臺] 나무쪽. ⓑ 목대(木臺).

판도 版圖 | 널빤지 판, 그림 도 [territory; dominion]
한 나라의 영토를 널빤지[版]에 그린 그림[圖]에 비유한 말. ¶광개토대왕은 우리나라의 판도를 크게 넓혔다.

판례 判例 | 판가름할 판, 법식 례 [leading case; judicial precedent]
법률 유사 사건을 판결(判決)했던 전례(前例). '판결례'(判決例)의 준말. ¶판례를 남기다.

판로 販路 | 팔 판, 길 로 [market (for goods); outlet]
물건이 잘 팔리는[販] 길거리[路]. ¶우리는 신제품의 판로를 찾고 있다.

판-막다 [bring a game to an end by winning it]
마지막 승부에 이겨 그 판의 끝장을 내다. ¶그는 9회 말에 홈런을 쳐서 그날의 경기를 판막았다.

판매 販賣 | 팔 판, 팔 매 [sell]
물건 따위를 팖[販=賣]. ¶할인판매 / 이 물건은 내일부터 판매된다. ⓑ 구매(購買).

▸판매-기 販賣機 | 틀 기
점원이 없이 상품을 자동으로 판매(販賣)하는 기계(機械). ¶승차권 판매기.

▸판매-대 販賣臺 | 돈대 대
판매(販賣)를 위하여 상품을 벌여 놓은 대(臺). ¶아이스크림 판매대 앞에 아이들이 몰려들었다.

▸판매-량 販賣量 | 분량 량
판매(販賣)한 수량(數量). ¶제품의 판매량이 꾸준히 증가하고 있다. ⓑ 구매량.

▸판매-장 販賣帳 | 장부 장
상품 따위의 판매(販賣)에 관한 일을 기록하는 장부(帳簿). ¶판매장을 정리하다.

판명 判明 | 판가름할 판, 밝을 명 [become clear; be known]
사실이 명백(明白)히 판가름[判] 남. ¶그 보도는 거짓임이 판명되었다.

판문 板門 | 널빤지 판, 문 문
널빤지[板]로 만든 문(門).

▸판문점 板門店 | 가게 점
❶ 속뜻 널빤지[板]로 만든 문(門)이 달려 있는 가게[店]. ❷ 지리 경기도 장단군 진서면 군사 분계선에 걸쳐 있는 마을. 1953년 7월 27일에 휴전 협정이 조인된 곳이다.

판별 判別 | 판가름할 판, 나눌 별 [distinguish; discern; tell apart]
판단(判斷)하여 구별(區別)함. ¶진짜와 가짜를 판별하다.

판본 板本 | =版本, 널빤지 판, 책 본 [block book; xylographic book]
출판 판(板)에 새겨 인쇄한 책[本]. '판각본'(板刻本)의 준말. ⓑ 간본(刊本).

판사 判事 | 판가름할 판, 일 사 [judge; justice]
법률 재판(裁判)에 관련된 일[事]. 또는 그런 일을 하는 사람. ¶판사는 그의 무죄를 선고했다.

판서 判書 | 판가름할 판, 글 서
❶ 속뜻 판가름하는[判] 글[書]. ❷ 역사 조선 시대, 육조의 으뜸 벼슬. ¶예조 판서 / 병조 판서.

판-소리
음악 소리꾼 한 사람이 고수(鼓手)의 북장단에 맞추어 서사적인 이야기를 창극조(唱劇調)로 부르는 우리 고유 민속악의 한 가지.

판옥-선 板屋船 | 널빤지 판, 지붕 옥, 배 선
역사 조선 때, 널빤지[板]로 옥상(屋上)을 덮은 전투용 배[船]. 임진왜란 때에 크게 활약하였다.

판이 判異 | 판가름할 판, 다를 이 [completely different]
쉽게 판가름할[判] 정도로 크게 다르다[異]. ¶그들은 형제이지만 성격이 판이하게 다르다.

*__판자__ 板子 | 널빤지 판, 접미사 자 [wooden board]

널빤지[板].

▸판자-촌 板子村 | 마을 촌
판자(板子)로 만든 집이 모여 있는 동네[村]. ¶판자촌에서는 생활수준이 아주 열악하다.

판잣-집 (板子—, 널빤지 판, 접미사 자)
판자(板子)로 허술하게 지은 집. ¶쓰러져 가는 낡은 판잣집에 살다.

판재 板材 | 널빤지 판, 재목 재 [board; plank]
널빤지[板]로 된 재목(材木).

판전 版殿 | 널빤지 판, 대궐 전
[불교] 불경을 새긴 판(版)을 쌓아 두는 대궐[殿]같이 큰 집.

판정 判定 | 판가름할 판, 정할 정 [judge; decide]
어떤 일을 판별(判別)하여 결정(決定)함. ¶심판은 우리에게 불리한 판정을 내렸다 / 건물이 부실공사로 판정됐다.

▸판정-승 判定勝 | 이길 승
[운동] 판정(判定)으로 이김[勝]. [반] 판정패.

▸판정-패 判定敗 | 패할 패
[운동] 판정(判定)으로 짐[敗]. [반] 판정승.

▸판정-표 判定標 | 나타낼 표
[운동] 권투에서, 라운드마다 선수의 성적을 판정(判定)하여 표시(標示)해 놓은 종이.

판지 板紙 | 널빤지 판, 종이 지 [pasteboard; cardboard]
널빤지[板]처럼 단단하고 두껍게 만든 종이[紙]. ¶그는 책상 위에 판지로 된 상자를 올려놓았다.

판판-하다 [even; smooth]
물건의 표면에 높낮이가 없고 고르고 넓다. ¶땅을 판판히 고르다.

판화 版畵 | 널빤지 판, 그림 화 [engraving; print]
널빤지[版]에 새긴 그림[畵]. ¶미술관에서 판화를 전시하고 있다.

팔[1] [arm; forearm]
사람의 어깨와 손목 사이의 부분. ¶동생은 넘어져서 팔이 부러졌다. [관용] 팔을 걷고 나서다.

팔[2] 八 | 여덟 팔 [eight]
칠에 일을 더한 수. 아라비아 숫자로는 '8', 로마 숫자로는 'Ⅷ'로 쓴다. [비] 여덟.

팔각 八角 | 여덟 팔, 뿔 각 [eight angles]
여덟[八] 개의 모서리[角].

▸팔각-형 八角形 | 모양 형
[수학] 여덟[八] 개의 각(角)을 가지는 도형(圖形).

▸팔각-기둥 (八角—)
[수학] 밑면이 팔각형(八角形)으로 된 각기둥. ¶팔각기둥은 열 개의 면이 있다.

팔-걸이 [armrest]
의자 따위의, 팔을 걸치는 부분. ¶여자는 팔걸이에 팔을 얹어서 쉬고 있다.

팔관-회 八關會 | 여덟 팔, 빗장 관, 모일 회
❶ [속뜻] 팔재계(八齋戒)를 지키는[關] 불교 의식[會]. ❷ [역사] 통일 신라·고려 시대에, 해마다 음력 10월 15일은 개경에서, 11월 15일은 서경에서 토속신에게 제사를 지내던 의식.

팔괘 八卦 | 여덟 팔, 걸 괘
[민속] 여덟[八] 가지 괘(卦). 건, 태, 이, 진, 손, 감, 간, 곤을 이른다.

팔굽혀펴기 [push-up]
[운동] 엎드려뻗친 자세에서 짚은 팔을 굽혔다 폈다 하는 운동. ¶그는 매일 아침 팔굽혀펴기를 20번씩 한다.

팔-꿈치 [elbow]
팔의 아래위 관절이 이어진 곳의 바깥쪽.

팔다 (賣, 팔 매) [sell; take advantage of]
❶값을 받고 물건이나 노력을 제공하다. ¶부르는 값으로 팔다 / 밑지고 팔다. ❷자기 이익을 위해 이름 따위를 빙자하다. ¶친구의 이름을 팔다. ❸정신이나 눈을 딴 곳으로 돌리다. ¶한눈을 팔지 말고 마

음을 다잡아라. ❹돈을 주고 곡식을 사다. ¶아버지는 늘 다니는 가게에서 쌀을 팔아 오셨다. ⓑ 사다.

팔-다리 [legs and arms; limbs]
팔과 다리. ¶팔다리가 쑤시다 / 팔다리를 쭉 뻗고 자다. ⓑ 사지(四肢), 수족(手足).

팔당 댐 (八堂dam, 여덟 팔, 집 당)
건설 경기도 남양주시 와부읍 팔당리(八堂里)에 있는 발전용 콘크리트 댐(dam). 경인 지역의 주요 상수원(上水源)으로 이용되고 있다.

팔도 八道 | 여덟 팔, 길 도
❶ 속뜻 여덟[八] 개의 도(道). ❷ 역사 조선시대의 행정 구역. 경기도, 충청도, 경상도, 전라도, 강원도, 황해도, 평안도, 함경도를 이른다. ❸'우리나라의 전국'을 달리 이르는 말. ¶팔도에서 모인 사람들.
▸팔도-강산 八道江山 | 강 강, 메 산
우리나라 전국[八道]의 자연[江山]. ¶팔도강산을 유람하다.

팔-등신 八等身 | 여덟 팔, 같을 등, 몸 신 [well-proportioned figure]
얼굴 길이가 몸[身]의 여덟[八] 등분(等分)에 해당되는 사람. ¶그녀는 팔등신의 미인이다.

팔딱-거리다 [jump; hop]
작고 탄력 있게 자꾸 뛰다. ¶어항 밖으로 튀어나온 금붕어가 팔딱거린다. ⓑ 팔딱대다.

팔딱-팔딱 [jumping; hopping]
❶작고 탄력 있게 자꾸 뛰는 모양. ¶그물을 걷어 올리자 새우들이 팔딱팔딱 뛰었다. ❷심장이나 맥이 작게 자꾸 뛰는 모양. ¶얼마나 놀랐는지 지금까지도 가슴이 팔딱팔딱한다.

팔뚝 [forearm]
팔꿈치로부터 손목까지의 부분. ¶간호사는 내 팔뚝에 주사를 놓았다.

팔랑-개비 [pinwheel]
빳빳한 색종이를 여러 갈래로 자르고 그 귀를 구부려 한데 모아 철사 같은 것의 꼭지에 꿰어 자루에 붙여서 바람에 뱅뱅 돌도록 만든 장난감. ⓑ 바람개비.

팔랑-거리다 [flap; flutter]
바람에 날려 계속하여 가볍게 나부끼다. ¶바람에 와이셔츠가 팔랑거린다. ⓑ 팔랑대다.

팔랑-팔랑 [flutter]
바람에 가볍고 힘차게 계속 나부끼는 모양. ¶나뭇잎이 팔랑팔랑 떨어졌다.

팔-리다 [be sold; be absorbed]
❶물건이나 권리·노력 따위를 다른 사람이 사가게 되다. ¶이 책은 불티나게 팔린다. ❷정신이 한쪽으로 쏠리다. ¶노는 데만 정신이 팔리다.

팔만-대장경 八萬大藏經 | 여덟 팔, 일만 만, 큰 대, 감출 장, 책 경
불교 경판이 8만(八萬) 개인 대장경(大藏經). 고려 때, 부처의 힘으로 외적을 물리치기 위하여 1236년부터 1251년에 걸쳐 만들었으며, 현재 합천 해인사에 보관하고 있다.

팔모-썰기 (八-, 여덟 팔)
무·당근 따위를 여덟[八] 개의 모가 나도록 써는 것. ¶감자는 팔모썰기로 썰어 주세요.

팔목 [wrist]
손에 잇닿은 팔의 끝 부분. ⓑ 손목.

팔방 八方 | 여덟 팔, 모 방 [every side]
❶ 속뜻 여덟[八] 방향(方向). 동, 서, 남, 북, 동북, 동남, 서북, 서남을 말한다. ❷여러 방향. 또는 여러 방면. ¶소문이 팔방으로 퍼졌다.
▸팔방-미인 八方美人 | 아름다울 미, 사람 인
❶ 속뜻 모든[八] 면[方]에서 아름다운[美] 사람[人]. ❷여러 방면에 능통한 사람. ¶그는 못하는 것이 없는 팔방미인이다.

팔-베개 [rest head on]
팔을 베개 삼아 벰. 또는 베개 삼아 벤

팔.

팔-불출 八不出 | 여덟 팔, 아닐 불, 뛰어날 출 [dull fellow; fool]
❶속뜻 어느[八] 면으로도 뛰어나지[出] 못함[不]. ❷몹시 어리석은 사람. ¶자식 자랑은 팔불출이라지만 우리 아들 자랑 좀 해야겠다.

팔삭 八朔 | 여덟 팔, 초하루 삭 [eight months]
❶속뜻 음력 팔월[八] 초하루[朔]. 농가에서 이날 처음으로 햇곡식을 벤다. ¶팔삭에 벤 햅쌀을 차례 상에 올리다. ❷여덟 달.

▶ 팔삭-둥이 (八朔-)
밴 지 8개월[八朔] 만에 낳은 아이. ¶팔삭둥이의 아기를 낳았다.

팔순 八旬 | 여덟 팔, 열흘 순 [eighty years; four score years]
❶속뜻 여덟[八] 번 거듭된 열[旬], 즉 팔십. ❷여든 살. ¶팔순이 넘은 할머니.

팔-씨름 [arm wrestling]
팔심을 겨루는 내기. 두 사람이 각기 팔꿈치를 바닥에 대고 손을 마주잡아 힘껏 버티어 상대편 손등이 먼저 바닥에 닿도록 하면 이긴다.

팔아-먹다 [sell; sell off]
팔아서 모두 없애다. ¶살림살이를 헐값으로 팔아먹다 / 너는 정신을 어디에 팔아먹고 다니느냐?

팔 운:동 (-運動, 돌 운, 움직일 동)
운동 팔 근육이나 팔 기능의 향상을 위하여 팔을 움직여 하는 운동(運動).

팔월 八月 | 여덟 팔, 달 월 [August]
일 년 중의 여덟[八] 번째 달[月].

팔일오 광복 八一五光復 | 여덟 팔, 한 일, 다섯 오, 빛 광, 돌아올 복
역사 1945년 8(八)월 15(一五)일에 우리나라가 일제로부터 주권[光]을 도로[復] 찾은 일.

팔자¹ 八字 | 여덟 팔, 글자 자 [destiny; fate]
❶속뜻 사주(四柱)에 쓰인 여덟[八] 개의 글자[字]. ❷사람의 평생 운수. 태어난 연월일시를 간지(干支)로 나타내면 여덟 글자가 되는데, 이 속에 일생의 운명이 정해져 있다고 본다. ¶팔자가 기구하다. 속담 오뉴월 댑싸리 밑의 개 팔자. 관용 팔자가 늘어지다 / 팔자를 고치다.

팔자² 八字 | 여덟 팔, 글자 자 [Chinese character eight]
한자의 '팔'(八)이라는 글자[字] 모양. ¶팔자로 기른 콧수염.

▶ 팔자-걸음 (八字-)
발끝을 밖으로 벌려 팔자(八字)를 그리며 걷는 걸음. ¶아저씨는 팔자걸음으로 거만을 떨며 올라갔다.

팔작-지붕 (八作-) [gable roof]
건설 '八'(팔)자 모양으로 만든[作] 지붕. 위 절반은 측면이 삼각형을 이루고, 아래 절반은 네모꼴로 된 지붕.

팔절 八折 | 여덟 팔, 꺾을 절
❶속뜻 여덟[八] 번 접음[折]. ❷전지(全紙)를 세 번 접어서 여덟 장으로 나눔. ¶팔절 종이.

팔짝 [nimbly; lightly]
갑자기 가볍게 뛰거나 날아오르는 모양. ¶숲 속에서 꿩 한 마리가 팔짝 날아올랐다.

팔짱 [folding one's arms]
❶두 손을 각각 다른 쪽 소매 속에 마주 넣거나, 두 팔을 마주 끼어 손을 두 겨드랑이 밑으로 두는 일. ¶그는 팔짱을 끼고 앉아 있었다. ❷나란히 있는 두 사람 중 한 사람이 옆 사람의 팔에 자신의 팔을 끼는 일. ¶애인과 팔짱을 끼고 걷다. 관용 팔짱을 끼고 보다.

팔찌 [bracelet; bangle]
여자의 팔목에 끼는 장식품. ¶어머니는 은으로 만든 팔찌를 찼다.

팔팔 [boiling; burning; fluttering]

❶작은 것이 기운차게 날거나 뛰는 모양. ¶눈이 팔팔 날린다. ❷적은 물이 몹시 끓는 모양. ¶물이 팔팔 끓다. ❸몸이나 온돌방이 높은 열로 뜨거운 모양. ¶이마가 팔팔 끓는다 / 방이 팔팔 끓다.

팔팔-하다 [lively; sprightly]
날듯이 활발하고 생기가 있다. ¶그는 나이는 많으나 아직 팔팔하다.

팝송 {영 pop song}
음악 통속적인[pop] 가요곡[song]. 특히 유럽의 유행가를 이른다. ¶희주는 가사도 잘 모르는 팝송을 즐겨 부른다.

팝콘 {영 popcorn}
튀긴 옥수수에 소금으로 간을 한 식품. ¶나는 영화를 볼 때 팝콘을 먹는다.

팡파르 {프 fanfare}
음악 ❶북과 트럼펫을 주로 쓰는 씩씩한 느낌의 악곡. ❷축하 의식이나 축제 때에 쓰는 트럼펫의 신호. ¶축제의 시작을 알리는 팡파르가 울려 퍼졌다.

팥 [red-bean]
식물 긴 원통형 꼬투리에 4-15개의 짙은 자주색·검은색 등의 씨가 들어 있는 풀.
▸팥-죽 (-粥, 죽 죽)
팥을 푹 삶아 체에 으깨어 밭인 물에 쌀을 넣고 쑨 죽(粥). ¶우리 집은 동짓날이면 팥죽을 쑤어 먹는다.
▸팥-빙수 (-氷水, 얼음 빙, 물 수)
삶은 팥, 설탕 따위를 얼음 물[氷水]에 넣어 만든 음식.

팥쥐
'콩쥐팥쥐전'에 나오는, 심술궂은 여자 아이.

패[1]**敗** | 깨뜨릴 패 [defeat]
운동 경기에서, 진 횟수를 세는 단위. ¶3승 1패 / 세 판을 싸워 두 판을 패하면 탈락이다. ⓑ승(勝).

비슷한 듯 다른 말	➲ 지다[2]

패[2]**牌** | 패 패 [group; team]
❶같이 어울려 다니는 사람의 무리. ¶패를 지어 몰려다니다 / 그들은 두 패로 나누어 길을 떠났다. ❷특징·이름·성분 등을 알릴 목적으로, 그림이나 글씨를 그리거나 쓰거나 새긴 자그마한 종이나 나뭇조각. ¶대문에는 개를 조심하라는 패가 붙어 있다.

패:가 敗家 | 무너질 패, 집 가
[ruin one's family]
집안[家]을 무너뜨림[敗]. 가산을 탕진하여 없앰.
▸패:가-망신 敗家亡身 | 망할 망, 몸 신
집안[家]을 몰락시키고[敗] 몸[身]을 망(亡)침. ¶노름으로 패가망신한 그는 더 이상 갈 곳이 없었다.

패-거리 (牌-, 패 패)
[gang; clique; bunch]
'패'(牌)를 낮추어 이르는 말. ¶두 번 다시 그 패거리와 어울리면 가만두지 않겠다.

패:권 霸權 | =覇權, 으뜸 패, 권세 권
[supremacy; mastery]
❶속뜻 어떤 무리의 으뜸[霸]이 되어 누리는 권세(權勢). ❷어떤 분야에서 1등을 차지함. ¶전국 대회 패권을 노리다.

패:기 霸氣 | 으뜸 패, 기운 기
[spirit; vigor; ambition]
❶속뜻 어떤 무리의 으뜸[霸]이 되려는 기백(氣魄). ❷적극적으로 일을 해내려는 기운. ¶그는 젊은 패기를 앞세워 사업을 시작했다.

패다[1] [be in the ear; come into ears]
곡식의 이삭이 나오다. ¶며칠만 있으면 벼이삭이 모두 팰 것이다.

패다[2] [beat; strike; hit]
사정없이 마구 때리다. ¶사람을 흠씬 두들겨 패다.

패:다[3] [get dug; be hollowed out]
❶표면이 움푹 꺼지다. ¶빗물에 땅이 패서 도랑이 생겼다. ❷살이 움푹 들어가다. ¶토실한 볼에 보조개가 깊게 팼다.

패:다[4] [break to pieces; chop (up)]
도끼로 장작 등을 쪼개다. ¶삼촌은 장작을 패다가 다쳤다.

비슷한 듯 다른 말 ➲ **때리다**

패랭이
댓개비로 엮어 만든 갓. 조선 시대에는 역졸, 보부상 같은 신분이 낮은 사람이 썼다. ¶기마병 뒤로 패랭이를 쓴 나졸들이 따라 뛰었다.

패랭이-꽃 [pink; wild pink]
식물 여름에 희거나 붉은 꽃이 피는 풀. 꽃은 약재로 쓴다.

패:륜 悖倫 | 어그러질 패, 인륜 륜 [immorality]
인륜(人倫)에 어긋나는[悖] 큰 잘못. ¶패륜 행위.

▸패:륜-아 悖倫兒 | 아이 아
패륜(悖倫)을 저지른 사람[兒]. ¶부모를 상습적으로 폭행해 온 패륜아가 구속되었다.

패:망 敗亡 | 패할 패, 망할 망 [collapse; be completely defeated]
❶ 속뜻 전쟁에 져서[敗] 망(亡)함. ¶독일은 2차 세계대전에서 패망했다. ❷싸움에 져서 죽음.

패:물 佩物 | 찰 패, 만물 물 [personal ornaments]
몸에 차는[佩] 물건(物件). ¶패물을 모두 팔아서 살림에 보탰다.

패:배 敗北 | 패할 패, 달아날 배 [defeat; lose]
❶ 속뜻 전쟁에 져서[敗] 달아남[北]. ❷싸움에서 짐. ¶축구에서 한 점 차로 패배했다. ㊥ 승리(勝利).

▸패:배-자 敗北者 | 사람 자
싸움에 진[敗北] 사람[者]. ¶인생의 패배자가 되지 말자.

패션 {영 fashion}
유행하는 옷·옷차림·머리 모양 따위 형식. ¶젊은 세대들은 패션에 민감하다.

▸패션-쇼 {영 fashion show}
유행하는[fashion] 의상을 모아 모델에게 입혀 관객에게 보이는 쇼(show). ¶여름 신상품 패션쇼를 열다.

패:소 敗訴 | 패할 패, 하소연할 소 [lose a suit]
법률 소송(訴訟)에 짐[敗]. ¶판사는 원고 패소 판결을 내렸다. ㊥ 승소(勝訴).

패스 {영 pass}
❶무료 입장권·정기권 따위로 탈것에 오를 수 있는 증표. ¶지하철 패스를 구입하다. ❷시험이나 검사 따위에 합격함. ¶행정 고시를 패스하다. ❸ 운동 축구·농구 등에서, 같은 편끼리 공을 주고받는 일. ¶그는 내게 공을 패스했다.

패-싸움 (牌—, 패 패) [gang fight]
패(牌)를 지어 싸우는 일. ¶사소한 말다툼이 패싸움으로 번졌다. ㊐ 편싸움.

패:인 敗因 | 패할 패, 인할 인 [cause of defeat]
싸움에 진[敗] 원인(原因). ¶패인은 연습 부족이었다.

패:자 敗者 | 패할 패, 사람 자 [loser; defeated person]
싸움에 진[敗] 사람[者]. ¶어느 경기에서나 승자와 패자는 있게 마련이다. ㊥ 승자(勝者).

패:잔 敗殘 | 패할 패, 남을 잔 [survival after defeat]
전쟁에서 지고[敗] 남은[殘] 세력.

▸패:잔-병 敗殘兵 | 군사 병
전쟁에 지고 남은[敗殘] 병력(兵力). ¶패잔병들은 항복했다.

패:전 敗戰 | 패할 패, 싸울 전 [be defeated; lose a battle]
전쟁(戰爭)에 짐[敗]. ¶적들이 패전하여 물러갔다. ㊥ 승전(勝戰).

패:철 佩鐵 | 찰 패, 쇠 철
지관이 몸에 지남철(指南鐵)을 지님[佩]. 또는 그 지남철. ¶풍수지리가는 패철을

가지고 방위를 찾는다.

패ː총 貝塚 | 조개 패, 무덤 총 [shell mound]
고적 조개[貝] 껍질이 무덤[塚]처럼 쌓인 것. ¶제주도에서도 패총이 발견되었다.

패턴 {영 pattern}
정해진 양식이나 형태. 또는 유형. ¶동양과 서양은 생활 패턴이 서로 다르다.

패ː-하다 敗— | 무너질 패 [failure]
❶ 속뜻 어떤 일을 실패하다[敗]. ¶싸움에 패하다. ❷살림이 망하다. ¶가산을 패하다.

팩[1] [weakly]
지쳐서 맥없이 쓰러지는 모양. 또는 그 소리. ¶운동장을 열 바퀴쯤 돌자 한 아이가 팩 쓰러졌다.

팩[2] {영 pack}
❶비닐 또는 종이로 만든 작은 용기. ¶남은 음식은 비닐 팩에 넣어서 보관하세요. ❷밀가루·달걀·벌꿀 등에 약제나 영양제를 반죽하여 얼굴에 바르거나 붙이는 미용법. 또는 그런 화장품. ¶오이 팩은 피부를 뽀얗게 해준다고 한다.

팩스 {영 fax}
'팩시밀리'(facsimile)의 준말. ¶자료를 팩스로 보내다.

팩시밀리 {영 facsimile}
문자·도표·사진 따위의 화상을 전기 신호로 바꿔 통신 회선 등을 이용하여 원거리에 전송하는 전기 통신 방식. ㊟ 팩스(fax).

팬 {영 fan}
운동 경기나 선수 또는 가수·배우 등을 열광적으로 좋아하는 사람. ¶그 개그맨은 다양한 연령층의 팬을 가지고 있다.

팬데믹 {영 pandemic}
❶ 속뜻 세계 모든[pan] 사람들[demic]에게 퍼질 수 있는 감염병. 참고, 그리스어로 pan은 '모두'를, demic은 '사람'을 뜻한다. ❷ 두 대륙 이상 세계적으로 유행하는 감염병. ¶세계보건기구는 1918년 스페인 독감 이후 코로나19에 대해서 팬데믹을 선언했다.

팬지 {영 pansy}
식물 봄에 자주색, 흰색, 노란색의 꽃이 피는 풀. 원예 식물로 기르며 자주색 꽃은 이뇨제로 쓴다. 팬지꽃.

팬츠 {영 pants}
❶다리 부분이 짧은 속바지. ¶어떤 사람들은 사각 팬츠를 입는다. ❷운동 경기용의 짧은 바지. ¶우리 팀 선수들은 파란 팬츠를 입고 있다.

팬터마임 {영 pantomime}
연영 대사 없이 표정과 몸짓만으로 내용을 전달하는 연극. ¶그는 유리창 닦는 모습을 팬터마임으로 보여 주었다. ㊟ 마임, ㊥ 무언극(無言劇).

팬티 {영 panties}
다리 부분은 거의 없는, 아주 짧은 속바지. ¶팬티 바람으로 돌아다니다.

팬파이프 {영 panpipe}
음악 고대 그리스에서 비롯한 관악기[pipe]. 갈대 또는 금속제의 길고 짧은 관(管)을 길이의 순서대로 늘어놓고 평평하게 묶어, 입으로 불어 연주한다. 목신(牧神) 판(Pan)이 사용하였다는 데서 유래하였다.

팸플릿 {영 pamphlet}
설명이나 광고·선전 따위를 위해 얄팍하게 맨 작은 책자. ¶사람들에게 팸플릿을 배포하다.

팻-말 (牌—, 패 패) [bulletin]
패(牌)로 쓰는 말뚝이나 나뭇조각. 무엇을 표시하거나 알리기 위하여 말뚝에 패를 붙이기도 하고 말뚝 자체에 직접 패를 새기기도 한다. ¶'출입 금지'라고 쓰인 팻말을 세우다.

팽 [reelingly]
❶갑자기 정신이 아찔한 모양. ¶현기증이 일면서 머리가 팽 돈다. ❷코를 힘 있게

푸는 소리. 또는 그 모양. ¶아이는 팽 소리가 나게 힘껏 코를 풀었다.

팽개-치다 [throw away; neglect]
❶짜증이 나거나 못마땅하여 물건 따위를 내던지거나 내버리다. ¶그녀는 외투를 방바닥에 팽개쳤다. ❷가치가 없다고 여겨 무엇을 버리다. ¶우리는 더 이상 이 문제를 팽개쳐 둘 수 없다.

팽그르르 [around rapidly]
❶미끄러지듯 빨리 한 바퀴 도는 모양. ¶연필을 손에 들고 팽그르르 돌리다. ❷갑자기 정신이 아찔한 모양. ¶불합격했다는 말을 듣는 순간 머리가 팽그르르 도는 것 같았다. ❸갑자기 눈가에 눈물이 맺히는 모양. ¶어머니를 생각하면 늘 팽그르르 눈물이 돈다.

팽-나무 [nettle tree]
[식물] 느릅나뭇과의 낙엽 활엽 교목. 봄에 연한 노란색의 작은 꽃이 잎과 함께 피고 열매는 9월에 익는다. 목재는 건축, 기구재로 쓰고 정자나무로 재배한다.

팽배 澎湃 | 물결칠 팽, 물결일 배 [surge; roar; overflow]
❶[속뜻] 큰 물결이 맞부딪쳐[澎] 솟구침[湃]. ❷기세나 사조(思潮) 따위가 매우 거세게 일어남. ¶우리 사회에는 이기주의가 팽배해 있다.

팽이 [top]
둥글고 짧은 나무의 한쪽 끝을 뾰족하게 깎아 만든 어린아이의 장난감. 채로 쳐서 돌린다. ¶아이들이 공터에서 팽이를 친다.

▶ 팽이-치기
팽이를 채로 쳐서 돌리는 놀이.

팽창 膨脹 | 부풀 팽, 배부를 창 [expand; increase; grow]
❶[속뜻] 부풀어서[膨] 배처럼 불룩해짐[脹]. 부피가 커짐. ¶쇠구슬의 부피가 팽창하다. ❷규모가 커지거나 수량이 늘어남. ¶신도시가 늘어나면서 수도권이 점점 팽창하고 있다. [반] 수축(收縮).

팽팽[1] [round and round; quickly]
❶잇달아 빨리 도는 모양. ¶팽이가 팽팽 돈다. ❷정신이 자꾸 아찔해지는 모양. ¶다리가 휘청거리고 눈앞이 팽팽 돈다.

팽팽[2] 膨膨 | 부풀 팽, 부풀 팽 [tight]
❶[속뜻] 매우 부풀다[膨+膨]. ❷피부 따위가 한껏 부풀어서 탱탱하다. ¶팽팽하게 부푼 풍선 / 팽팽하던 그녀의 피부에도 주름이 잡히기 시작했다.

팽팽-하다 [tight; equal]
❶무엇이 힘껏 잡아 당겨져서 튕기는 힘이 있다. ¶바람으로 연줄이 팽팽해졌다 / 밧줄이 팽팽히 당겨진다. ❷양쪽의 힘이 서로 어슷비슷하다. ¶팽팽한 승부 / 양측의 의견이 팽팽히 맞서고 있다.

퍼-내다 [draw up; bail out]
깊숙한 데에 담겨 있거나 고여 있는 것을 길어 내거나 떠내다. ¶삽으로 모래를 퍼내다.

퍼덕-거리다 [flap; flutter]
날개나 꼬리를 크게 소리나게 흔들다. ¶새가 날개를 마구 퍼덕거린다. [비] 퍼덕대다.

퍼덕-이다 [be flopping; flutter]
작은 새가 바지락거리며 가볍고 빠르게 날개를 치다. ¶새는 날개를 퍼덕이며 날아가 버렸다.

퍼:-뜨리다 [spread; advertise]
널리 퍼지게 하다. 세상에 널리 알게 하다. ¶쥐는 질병을 퍼뜨린다 / 누군가 소문을 퍼뜨렸다.

퍼뜩 [in a flash]
어떤 생각이 별안간 머리에 떠오르는 모양. ¶퍼뜩 어떤 생각이 그의 머리를 스쳤다.

퍼:렇다 [blue; azure]
매우 푸르다.

퍼레이드 {영 parade}
축제·축하 행사 따위로 많은 사람이 화려하게 행진하는 일. 또는 그 행렬. ¶퍼레이드를 펼치다.

퍼-먹다 [scoop and eat]
함부로 마구 먹다. ¶그는 정신없이 죽을 퍼먹었다.

퍼-붓다 [pour down; heap]
❶비·눈 따위가 억세게 마구 쏟아지다. ¶비가 억수같이 퍼붓는다. ❷저주·욕설·비난 따위를 마구 하다. ¶비난을 퍼붓다.

퍼센트 {영 percent}
백분율을 나타내는 단위. 기호는 '%'. ¶회원으로 등록하시면 10퍼센트를 할인받으실 수 있습니다. ㊥ 프로.

퍼즐 {영 puzzle}
풀면서 지적 만족을 얻도록 만든 알아맞히기 놀이. 낱말이나 숫자도형 맞추기 따위. ¶경찰은 퍼즐을 맞춰 나가듯 사건을 풀어 갔다. ㊥ 수수께끼.

퍼:지다 [spread out; circulate; prevail]
❶끝이 넓적하게 또는 굵게 벌어지게 되다. ¶밑이 퍼진 스커트. ❷넓은 범위에 미치다. ¶소문이 퍼지다 / 전국적으로 5만 명의 회원이 퍼져 있다. ❸병 따위가 전염되거나 다른 데로 옮아가다. ¶독이 온몸으로 빠르게 퍼져 나갔다.

비슷한 듯 다른 말	➲ 번지다

퍽[1] [with a thrust; with a thud]
❶세게 치거나 때릴 때 맞는 소리. ¶주먹으로 상대의 얼굴을 퍽 내지르다. ❷힘없이 한번에 거꾸러지는 모양이나 소리. ¶힘없이 소파에 퍽 쓰러지다.

퍽[2] [very much; quite]
썩 많이. 아주. 무척. ¶올해는 눈이 퍽 많이 내렸다.

퍽-퍽 [with flop after flop]
❶조금 무른 것을 계속 세게 두들기거나 부딪칠 때의 모양이나 소리. ¶가슴팍을 주먹으로 퍽퍽 두들기다. ❷힘없이 잇달아 거꾸러지는 소리. 또는 그 모양. ¶병사들이 퍽퍽 쓰러지다.

펀치 {영 punch}]
❶ 운동 권투에서, 주먹으로 상대편을 세게 치는 일. 또는 그 주먹. ¶턱에 펀치를 날리다. ❷차표 등에 구멍을 뚫는 기구. ¶펀치로 찍다.

펄 [tideland; tidal flat]
갯가의 개흙이 깔린 벌판. '개펄'의 준말.

펄떡-거리다 [jump; hop; leap]
힘을 모아 탄력 있게 자꾸 뛰다. ㊥ 펄떡대다.

펄떡-펄떡 [pitapat]
크고 탄력 있게 자꾸 뛰는 모양. ¶재주를 펄떡펄떡 넘다 / 심장이 펄떡펄떡 뛰다.

펄럭-거리다 [flutter; whip]
바람에 날려 아주 빠르게 잇달아 나부끼다. ¶방패연이 바람에 펄럭거린다.

펄럭-이다 [flutter; whip]
바람에 날려 세차게 빨리 나부끼다. ¶태극기가 바람에 펄럭이고 있다.

펄럭-펄럭 [with a flutter; waving]
바람에 빠르고 힘차게 잇달아 나부끼는 소리. 또는 그 모양. ¶태극기가 펄럭펄럭 나부낀다.

펄쩍 [nimbly; lightly]
갑자기 뛰거나 날아오르는 모양. ¶그는 놀라서 펄쩍 뛰었다.

▸ 펄쩍-펄쩍
힘 있게 자꾸 뛰어오르거나 날아오르는 모양. ¶잉어가 펄쩍펄쩍 뛰어올랐다.

펄펄 [broiling; fluttering]
❶많은 물이 계속해서 끓는 모양. ¶물을 펄펄 끓이다. ❷온돌방이나 몸이 몹시 뜨거운 모양. ¶방이 펄펄 끓는다. ❸눈·깃발 등이 계속해서 날거나, 뛰거나, 나부끼는 모양. ¶새가 펄펄 날다 / 깃발이 펄펄 나부끼다.

펄프 {영 pulp}
식물체의 섬유를 추출한 것. 섬유나 종이 따위의 원료로 쓴다.

펌프 {영 pump}
물리 압력 작용으로 액체·기체를 빨아올

리거나 이동시키는 기계. ¶펌프로 우물물을 퍼 올리다.

펑 [pop; bang]
❶갑자기 무엇이 세게 터지거나 튀는 소리. ¶폭죽이 펑 하고 터지다. ❷큰 구멍이 뚫리는 소리. 또는 그 모양. ¶포격으로 구멍이 펑 뚫린 담벼락.

펑션 키 {영 function key}
컴퓨터의 기능[function] 키(key). 캡스 로크 키, 이스케이프 키, 시프트 키 따위.

펑크 [puncture]
❶고무 튜브나 타이어 따위에 구멍이 남. 또는 그 구멍. '찔려서 난 구멍'을 뜻하는 'puncture'에서 온 말이다. ¶차 앞바퀴에 펑크가 났다. ❷하려던 일이 도중에 틀어지거나 잘못됨. ¶그가 늦게 도착해서 오늘 모임에 펑크를 냈다.

펑펑 [gurgling and gurgling]
❶눈이나 액체 따위가 세차게 쏟아지거나 솟는 모양. ¶눈이 펑펑 내린다 / 어제는 펑펑 울었다. ❷여러 번 거세게 튀거나 터질 때 나는 소리. ¶아이들이 고무풍선을 펑펑 터뜨리며 놀고 있다. ❸돈이나 물건 따위를 마구 쓰는 모양. ¶옷을 사는 데 돈을 펑펑 썼다.

페가수스 {영 Pegasus}
문학 그리스 신화에 나오는 날개 돋친 말.
▸ 페가수스-자리 (Pegasus—)
천문 북쪽 하늘에 있는 별자리. 안드로메다자리의 서남쪽, 백조자리의 동남쪽에 있다.

페널티 킥 {영 penalty kick}
축구에서, 수비측이 반칙하였을 때, 벌칙[penalty]으로 공격하는 쪽이 공을 놓고 차는[kick] 것. ¶페널티킥으로 득점을 올리다.

페니실륨 {영 penicillium}
식물 푸른곰팡이의 학명. 이것에서 분리한 항생 물질을 페니실린이라 한다.

페니실린 {영 penicillin}
푸른곰팡이를 배양하여 얻은 항생 물질의 일종.

페달 {영 pedal}
발로 밟거나 눌러서 기계류를 작동시키는 부품. 자전거의 발걸이나 재봉틀의 발판 따위를 이른다.

페르세우스 {영 Perseus}
문학 그리스 신화에 나오는 영웅. 제우스와 다나에의 아들로, 폴리데크테스의 명령을 받아 괴물 메두사의 목을 베어 죽이고, 귀국하면서 바다의 괴물로부터 안드로메다를 구출하여 아내로 삼았다.
▸ 페르세우스-자리 (Perseus—)
천문 카시오페이아자리와 마차부자리 사이에 있는 별자리.

페르시아 {영 Persia}
역사 기원전 559년에 키루스 2세가 현재의 이란 땅에 세운 나라. 다리우스 일세 때 전성기를 이루었으나, 마케도니아에게 멸망하였다.

페스트 {영 pest}
의학 페스트균이 일으키는 급성 전염병. 오한, 고열, 두통에 이어 권태, 현기증이 일어나며 의식이 흐려지게 되어 죽는다. ㊥ 흑사병(黑死病).

페스티벌 {영 festival}
축하하여 벌이는 규모가 큰 행사. ¶국제 영화 페스티벌. ㊥ 잔치, 축제(祝祭).

페이지 {영 page}
❶책이나 장부 등의 한 면(面). ¶페이지를 넘기다. ❷책이나 장부 등의 면을 세는 단위. ¶이 책은 1,200페이지에 달한다.

페인트 {영 paint}
화학 물체의 겉에 바를 수 있도록 묽게 만든 도료를 통틀어 이르는 말. 물체에 바르면 굳어져서 고운 빛깔을 내고 물체를 보호해 준다. ¶곳곳에 페인트가 벗겨졌다.
▸ 페인트-칠 (paint漆, 옻 칠)
페인트(paint)를 바르는[漆] 일. 또는 그런 칠. ¶파란색으로 페인트칠하다.

페트 {영 PET}
화학 'polyethylene terephthalate'의 준말.
▶ 페트-병 (PET甁, 병 병)
폴리에틸렌[PET]을 원료로 하여 만든 병(甁). ¶페트병에 든 음료수를 마신 후 재활용 쓰레기통에 넣었다.

페트리 접시 [petri dish]
의학 둥글고 납작하며 뚜껑이 있는 유리 접시. 세균 배양 따위의 의학, 약학, 생화학 실험에 주로 쓴다.

펜 {영 pen}
잉크나 먹 따위를 묻혀서 글씨를 쓰거나 그림을 그리는 도구.

펜싱 {영 fencing}
운동 철망으로 된 마스크를 쓰고 검을 쥔 두 명의 경기자가, 서로 찌르거나 베는 방법으로 승부를 겨루는 경기.

펜치 [pincers]
철사를 끊거나 구부리는 데 쓰는, 집게와 비슷한 연장. ¶펜치로 못의 머리를 자르다.

펜팔 {영 pen pal}
펜(pen)으로 편지를 써서 주고받으며 사귄 친구[pal]. ¶나는 영국에 펜팔이 있다.

펭귄 {영 penguin}
동물 날개는 짧고 지느러미 모양으로 변형된 바닷새. 발에는 오리발이 있어 헤엄치면서 먹이를 잡는다.

펴-내다 [publish; issue]
잡지나 책 등을 발행하다. ¶그녀는 자신의 일기를 책으로 펴냈다.

펴낸-이 [publisher]
어떤 책을 발행한 사람. 비 출판자(出版者).

펴다 (展, 펼 전; 布, 펼 포; 伸, 펼 신) [unfold; straighten; spread]
❶접히거나 말린 것을 젖혀 놓다. ¶60페이지를 펴라 / 우산을 펴다. ❷굽은 것을 곧게 하다. 또는 움츠리거나 구부리거나 오므라든 것을 벌리다. ¶어깨를 활짝 펴다. ❸넓게 늘어놓거나 골고루 헤쳐 놓다. ¶마당에 돗자리를 펴다. ❹우울한 표정을 없애다. ¶인상 좀 펴고 다녀라. 비 펼치다.

비슷한 듯 다른 말 ➲ 깔다

편¹ 便 | 짝 편 [party; side]
여러 패로 나누었을 때 그 하나하나의 쪽. ¶약자의 편에 서다. / 우리 편 이겨라!

편² 便 | 쪽 편 [side; direction; way]
❶어떤 쪽. 또는 어떤 방향. ¶바람이 부는 편으로 돌다. ❷사물을 몇 개로 나누어 생각했을 때의 한쪽. ¶내일 그에게 전화하는 편이 좋겠다. ❸대체로 그와 같은 부류에 속해 있음을 나타내는 말. ¶내가 이래봬도 공부는 잘하는 편이다.

편³ 篇 | 책 편 [volume; chapter]
❶책이나 영화, 시 따위를 세는 단위. ¶그의 삶은 한 편의 드라마 같았다. ❷책의 내용을 일정한 단락으로 크게 나눈 한 부분을 나타내는 말. ¶제3편 2장.

편견 偏見 | 치우칠 편, 볼 견 [biased view]
한쪽으로 치우친[偏] 견해(見解). ¶편견을 버려야 제대로 보인다.

편경 編磬 | 엮을 편, 경쇠 경
음악 틀에 엮어놓은[編] 경쇠[磬]. 또는 그러한 악기. 두 층에 각각 여덟 개씩의 경쇠가 매달려 있다.

편곡 編曲 | 엮을 편, 노래 곡 [arrange]
❶ 속뜻 노래[曲]를 새로이 엮음[編]. ❷ 음악 어떤 악곡을 다른 악기로, 또는 달리 연주할 수 있도록 써 고침. ¶이 바이올린 곡은 피아노로도 편곡되어 있다.

편광 偏光 | 치우칠 편, 빛 광 [polarized light; polarization]
물리 어떤 특정한 방향으로만 치우치는[偏] 빛[光]의 파동. ¶편광 현미경.

편달 鞭撻 | 채찍 편, 매질할 달 [encourage; urge]
❶ 속뜻 채찍[鞭]으로 때림[撻]. ❷일깨워

주고 격려하여 줌. ¶애정 어린 지도와 편달을 부탁드립니다.

편대 編隊 | 엮을 편, 무리 대 [formation]
군사 ❶대열(隊列)을 갖춤[編]. ❷비행기 따위가 대형(隊形)을 갖추는 일. 또는 그 대형. ¶편대를 지어 비행하다.

편도[1] 片道 | 한쪽 편, 길 도 [one way]
오고 가는 길 가운데 어느 한쪽[片] 길[道]. ¶편도 요금은 3천 원입니다.

편도[2] 扁桃 | 넓적할 편, 복숭아 도 [almond]
❶속뜻 납작한[扁] 복숭아[桃] 모양의 과일. ❷의학 사람의 입속 양쪽 구석에 퍼져 있는 림프 소절의 집합체.

▸ 편도-선 扁桃腺 | 샘 선
의학 사람의 목구멍 안 양쪽에 편도(扁桃) 모양으로 솟은 분비기관[腺]. ¶나는 감기 들 때마다 편도선이 붓는다.

▸ 편도선-염 扁桃腺炎 | 샘 선, 염증 염
의학 편도선(扁桃腺)에 생기는 염증(炎症). ¶편도선염으로 음식을 삼키기가 어렵다.

편두-통 偏頭痛 | 치우칠 편, 머리 두, 아플 통 [migraine]
의학 한쪽[偏] 머리[頭]만 아픔[痛]. 또는 그런 증세. ¶스트레스는 편두통을 일으킬 수 있다.

편-들다 (便-, 편할 편) [side with]
어떤 편(便)을 돕거나 두둔하다. ¶신은 정의를 편들어 주신다. ⓑ역성들다.

**편리 便利 | 편할 편, 이로울 리
[convenient; handy]
편(便)하고 이로움[利]. ¶공중의 편리를 도모하다 / 교통이 편리한 곳으로 이사 가고 싶다. ⓑ불편(不便).

편마-암 片麻巖 | 조각 편, 베옷 마, 바위 암
[gneiss]
지리 화강암과 달리, 운모가 조각[片] 모양으로 섞여 있고 삼베[麻]같은 줄무늬가 있는 암석(巖石). 석영·운모·각섬석 따위로 이루어진 변성암으로, 수성암과 화성암 두 종류가 있다.

편모 偏母 | 치우칠 편, 어머니 모
[one's widowed mother]
아버지가 죽고 혼자 있는[偏] 어머니[母]. ¶그는 편모슬하에서 자랐다.

편법 便法 | 편할 편, 법 법
[handy method; shortcut]
편리(便利)한 방법(方法). ¶편법으로 재산을 물려주다.

편성 編成 | 엮을 편, 이룰 성
[organize; form; compose]
흩어져 있는 것을 엮어[編] 하나로 만듦[成]. ¶학급 편성 / 텔레비전 프로그램을 편성하다.

편식 偏食 | 치우칠 편, 먹을 식
[eat only what one wants]
좋아하는 것만 골라 치우치게[偏] 먹음[食]. ¶음식을 편식하지 말아야 한다.

*편안 便安 | 편할 편, 즐거울 안
[well; peaceful]
몸이 편(便)하고 마음이 즐겁다[安]. ¶의자에 편안히 기대다 / 편안한 여행을 하시길 바랍니다.

편애 偏愛 | 치우칠 편, 사랑 애
[love with partiality; be partial to]
어느 한쪽으로 치우치게[偏] 사랑함[愛]. ¶할아버지는 손녀에 대한 편애가 심했다.

편의 便宜 | 편할 편, 마땅 의
[convenience; facilities]
형편이나 조건 따위가 편하고[便] 좋음[宜]. ¶나는 손님들의 편의를 최대한 봐주었다.

▸ 편의-점 便宜店 | 가게 점
고객의 편의(便宜)를 위하여 24시간 문을 여는 가게[店]. 주로 일용 잡화, 식료품 따위를 취급한다. ¶편의점에 들러 간식거리를 샀다.

편익 便益 | 편할 편, 더할 익
[convenience; facility]
편리(便利)하고 유익(有益)함. ¶에너지의 사용으로 우리는 많은 편익을 얻었다.

편입 編入 | 엮을 편, 들 입
[transfer; be assigned]
❶ 속뜻 새로 엮어[編] 들어감[入]. ❷다니던 학교를 그만두고 다른 학교에 들어가는 것. ¶그는 약학대학에 편입했다. ❸이미 짜인 조직이나 단체에 끼어들어 가는 것. ¶예비군에 편입되다.

편자 [horseshoe]
말발굽에 대어 붙이는 'U' 자 모양의 쇳조각.

편종 編鐘 | 엮을 편, 쇠북 종[carillon]
음악 틀에 엮어놓은[編] 종(鐘). 또는 그러한 악기. 두 층에 각각 8개의 구리종을 매단 악기.

편중 偏重 | 치우칠 편, 무거울 중
[give too much importance]
한쪽으로 치우칠[偏] 정도로 무거움[重]. ¶문화 시설이 대도시에 편중된 것 같다.

***편:지** 便紙 | 편할 편, 종이 지
[letter; message; note]
편(便)하게 잘 있는지 따위의 안부나 소식을 적어 보내는 종이[紙]. ¶편지 한 통을 부치다. ㊐ 서간(書簡), 서신(書信), 서한(書翰).

▶편:지-글 (便紙―)
편지(便紙)의 형식으로 적은 글. ¶수필에는 편지글도 포함된다.

▶편:지-지 便紙紙 | 종이 지
편지(便紙)를 쓰는 종이[紙]. ¶봉투에 넣을 편지지가 많이 있다.

▶편:지-꽂이 (便紙―)
편지(便紙)를 꽂아 두는 기구.

편집 編輯 | 엮을 편, 모을 집
[edit; compile]
❶ 속뜻 모은[輯] 것을 엮음[編]. ❷책이나 신문, 영화 필름이나 녹음테이프 따위를 일정한 방법으로 모아 정리함. ¶짜임새 있는 편집 / 그녀가 맡은 일은 교내 신문을 편집하는 것이었다.

▶편집-기 編輯機 | 틀 기
문서를 편집(編輯)하는 설비나 기계(機械). ¶편집기 사용법을 익히다.

▶편집-부 編輯部 | 나눌 부
편집(編輯)에 관한 모든 일을 맡아보는 부서(部署). ¶아버지께서는 신문사 편집부에서 일하신다.

편찬 編纂 | 엮을 편, 모을 찬
[edit; compile]
여러 자료를 엮어[編] 모아서[纂] 책으로 만듦. ¶사전을 편찬하다.

▶편찬-위 編纂委 | 맡길 위
책을 편찬(編纂)하기 위한 위원회(委員會). ¶역사 편찬위.

편-찮다 (便―, 편할 편)
[ill; sick; unwell]
편안(便安)하지 않다. 병을 앓고 있다. ¶어디가 어떻게 편찮으신지 말씀해 주세요.

편파 偏頗 | 치우칠 편, 기울 파
[one sided; unfair]
생각 따위가 한편으로 치우쳐[偏] 기울어짐[頗]. ¶편파보도 / 심판의 편파 판정에 항의했다.

▶편파-적 偏頗的 | 것 적
한편으로 치우쳐 공평하지 못한[偏頗] 것[的]. ¶편파적으로 일을 처리하면 안 된다.

편평 扁平 | 넓적할 편, 평평할 평
[flat; level; even]
넓고[扁] 평평(平平)하다. ¶산 아래로 편평한 들판이 보인다. ㊐ 평평하다.

편-하다 (便―, 편할 편)
[comfortable; easy]
❶ 속뜻 마음이나 몸이 거북하거나 괴롭지 않다[便]. ¶따뜻한 물을 마시면 속이 편하다. ❷근심 걱정이 없다. ¶사실대로 말하고 나니 마음이 한결 편하다. ❸무슨 일을 하는 데 힘이 들거나 거추장스럽지 않고 수월하다. ¶공부를 하는 데는 아침 시간이 편하다. ㊥ 불편(不便)하다.

편협 偏狹 | 치우칠 편, 좁을 협
[narrow-minded; prejudiced]

생각이 한쪽으로 치우치고[偏] 마음이 좁음[狹]. ¶편협한 사고방식.

편-히 (便–, 편할 편)
마음이 걱정스럽지 않게. 몸이 편안하게[便]. ¶편히 앉아라.

펼치다 [spread; unroll; extend]
❶접히거나 오므라져 있던 것을 활짝 펴다. ¶독수리가 날개를 펼쳤다. ❷펴서 드러내다. ¶책을 펼치다. ❸생각, 꿈, 계획 따위를 실현하다. ¶그는 발표 시간에 자신의 생각을 마음껏 펼쳤다.

평[1] 坪 | 평평할 평
땅 넓이의 단위. 2007년 7월부터 사용이 금지되었다. ¶1평은 3.3058㎡ 해당한다.

평:[2] 評 | 평가할 평
[criticize; comment]
좋고 나쁨, 잘하고 못함, 옳고 그름 따위를 평가함. 또는 그런 말. ¶그 영화에 대한 평이 그리 좋지 않다 / 사람들은 그를 타고난 배우라고 평했다.

평가[1] 平價 | 고를 평, 값 가
[par; parity]
❶속뜻 평균(平均) 가격(價格). 싸지도 비싸지도 않은 일반 값. ❷경제 유가 증권의 가격이 액면 금액과 같은 것.

평:가[2] 評價 | 평할 평, 값 가
[appraise; value]
❶속뜻 물건의 가치(價値)를 평정(評定)함. ❷사람이나 사물의 가치를 판단함. ¶냉정한 평가를 내리다 / 자신의 잣대로 남을 평가하지 마라.

▸ **평:가-자** 評價者 | 사람 자
평가(評價)를 하는 사람[者]. ¶평가자에 따라 결과가 다르다.

평균 平均 | 평평할 평, 고를 균 [average; mean]
❶속뜻 높고 낮음이 없이 평평하고[平] 고르게 함[均]. ❷수학 몇 개 수의 중간 값을 구함. 또는 그 값. ¶우리 반 영어 성적은 전국 평균보다 높다.

▸ **평균-값** (平均–)
수학 평균(平均)을 내어 얻는 값. 여러 수나 같은 종류의 양의 중간 값을 갖는 수.

▸ **평균-대** 平均臺 | 돈대 대
운동 체조할 때 쓰는 좁고 평평한[平均] 대(臺). ¶평균대에서 균형을 잡다. ㊥ 평형대(平衡臺).

▸ **평균 기온** 平均氣溫 | 공기 기, 따뜻할 온
지리 일정 기간 동안의 평균(平均)이 되는 기온(氣溫). ¶적도는 지구상에서 평균 기온이 가장 높다.

▸ **평균 수명** 平均壽命 | 목숨 수, 목숨 명
전체 사람의 수명 중 평균(平均)이 되는 수명(壽命). 한 국민의 평균적인 수명을 말한다. ¶여성이 남성보다 평균 수명이 길다.

평년 平年 | 보통 평, 해 년
[normal year; average year]
❶속뜻 윤년이 아닌 보통[平]의 해[年]. ¶2000년은 윤년이지만 1900년은 평년이었다. ❷최근 몇 해 동안의 평균 수치. ¶올해는 평년보다 덥다. ㊥ 예년(例年). ㊦ 윤년(閏年).

평등 平等 | 고를 평, 가지런할 등 [equal; even]
❶불교 만물의 본성은 차별 없이 고르고[平] 한결같음[等]. 산스크리트어 'samnya'를 한자로 의역(意譯)한 것이다. ❷권리, 의무, 자격 등에 차별이 없음. ¶사람을 평등하게 대하다. ㊥ 동등(同等), 균일(均一). ㊦ 불평등(不平等).

▸ **평등-권** 平等權 | 권리 권
법률 헌법에서 모든 국민이 법 앞에서 평등(平等)한 권리(權利). ¶프랑스 시민들은 평등권을 얻기 위해 혁명을 일으켰다. ㊥ 동등권(同等權).

평:론 評論 | 평할 평, 말할 론
[criticize; review; comment]
비평(批評)하여 토론(討論)함. ¶영화를 평론하다.

평면 平面 | 평평할 평, 낮 면

[plane; flat surface]
평평(平平)한 표면(表面). ¶지붕이 거의 평면으로 보인다. [반] 곡면(曲面).

▸ **평면-도** 平面圖 | 그림 도
[건설] 건물 따위의 평면(平面)상태를 나타낸 도면(圖面). ¶우리는 사무실의 평면도를 살펴보았다.

▸ **평면 도형** 平面圖形 | 그림 도, 모양 형
[수학] 평면(平面)에 그려진 도형(圖形).

평민 平民 | 보통 평, 백성 민
[common people]
보통[平] 사람[民]. ¶왕자가 귀족이 아닌 평민 여성을 좋아하는 것은 수치스러운 일로 여겼다. [비] 상민(常民), 서민(庶民). [반] 귀족(貴族).

평-발 (平-, 평평할 평) [flat feet]
발바닥에 오목 들어간 데가 없이 평평(平平)하게 생긴 발. ¶평발이라 걷기가 불편하다.

평범 平凡 | 보통 평, 범상할 범
[common; ordinary]
보통[平] 수준의 범상(凡常)함. ¶그는 반에서 그다지 눈에 잘 띄지 않는 평범한 학생일 뿐이다. [반] 비범(非凡).

평복 平服 | 보통 평, 옷 복
[ordinary dress; plain clothes]
평상시(平常時)에 입는 옷[服]. ¶그들은 모두 평복 차림으로 모임에 나왔다. [비] 평상복(平常服).

평상1 平牀 | =平床, 평평할 평, 평상 상
[flat bench; wooden bed]
평평(平平)한 침상(寢牀). ¶버드나무 아래에 놓인 평상에 걸터앉았다.

평상2 平常 | 보통 평, 늘 상
[normal (times)]
보통[平] 늘[常]. ¶평상의 기분을 회복하다. [비] 평상시(平常時).

▸ **평상-복** 平常服 | 옷 복
평상시(平常時)에 입는 옷[服]. ¶우리는 작업복을 평상복으로 갈아입어야 한다. [준] 평복.

▸ **평상-시** 平常時 | 때 시
보통[平常] 때[時]. ¶평상시 같았으면 나도 그렇게 화내지는 않았을 것이다. [준] 평상, 평시, 상시. [비] 평소(平素). [반] 비상시(非常時).

평생 平生 | 평안할 평, 살 생
[one's whole life]
❶ [속뜻] 평안(平安)한 삶[生]. ❷세상에 태어나서 죽을 때까지의 동안. ¶내 평생 이런 일은 처음이다 / 우리는 평생을 함께 하기로 했다. [비] 일생(一生).

▸ **평생-토록** (平生-)
살아있는[平生] 동안. 목숨이 다할 때까지. ¶평생토록 변치 않는 우정 / 이 편지를 평생토록 간직하겠습니다. [비] 일생토록.

***평소** 平素 | 보통 평, 본디 소
[ordinary times]
❶ [속뜻] 평상(平常)처럼 아무것도 꾸밈이 없는 본디[素] 상태. ❷특별한 일이 없는 보통 때. ¶평소에 하던 대로 하면 실수하지 않을 것이다. [비] 평상시(平常時).

평수 坪數 | 면적단위 평, 셀 수
평(坪)으로 따진 넓이의 수치(數値). ¶아파트 평수.

평시 平時 | 보통 평, 때 시
[normal times]
보통[平] 때[時]. '평상시'(平常時)의 준말. ¶그는 평시보다 일찍 학교에 도착하였다.

평-시조 平時調 | 보통 평, 때 시, 가락 조
[문학] 형식이 평이(平易)한 시조(時調). [비] 단시조(短時調).

평-신:도 平信徒 | 보통 평, 믿을 신, 무리 도 [lay believer]
[종교] 일반[平] 신도(信徒). ¶그의 아버지와 형은 목사인데 그는 평신도이다.

평안 平安 | 고를 평, 편안할 안
[be well; peaceful; tranquil]
❶ [속뜻] 마음이 고르고[平] 편안(便安)함. ❷마음에 걱정이 없음. ¶평안히 지내다

/ 댁내 두루 평안하시길 바랍니다.

평야 平野 | 평평할 평, 들 야
[plain; open field]
평평하고[平] 넓은 들[野]. ¶그는 말을 타고 평야를 달리고 있다.

평양-냉면 平壤冷麵 | 평평할 평, 땅 양, 찰 랭, 국수 면
평양(平壤)의 향토 음식인, 찬[冷] 장국을 메밀국수[麵]에 부어 만든 것.

평양-말 (平壤—, 평평할 평, 흙 양)
언어 평양(平壤)을 중심으로 하여 쓰는 말. 북한 문화어의 기준이 된다.

평양-성 平壤城 | 평평할 평, 흙 양, 성곽 성
고적 평양(平壤)의 주변을 둘러싼 성곽(城郭). 고구려 때에, 수도 평양을 방어하기 위하여 쌓은 것이다.

평영 平泳 | 평평할 평, 헤엄칠 영
[breaststroke]
운동 엎드린 자세로 두 팔을 수평(水平)으로 원을 그리듯이 움직이고, 다리는 개구리처럼 오므렸다 폈다 하며 치는 헤엄[泳]. ¶나는 평영을 가장 잘 한다.

평온 平穩 | 평안할 평, 안온할 온
[calm; tranquil; quiet]
평안(平安)하고 안온(安穩)함. 조용하고 안온함. ¶그의 얼굴이 무척 평온했다.

평원 平原 | 평평할 평, 들판 원 [plain]
평평(平平)한 넓은 들판[原]. ¶눈앞에 넓은 평원이 펼쳐졌다.

평이 平易 | 보통 평, 쉬울 이
[easy; simple]
어렵지 않고 보통[平] 수준으로 쉽다[易]. ¶이 책은 평이하게 쓰여 있다.

평일 平日 | 보통 평, 날 일
[ordinary days]
보통[平] 날[日]. 휴일이나 기념일이 아닌 날. ¶우리는 평일은 물론이고 주말에도 일을 한다.

평-절 (平—, 보통 평)
같은 또래의 사람끼리 세배를 할 때 앉아서 하는 절.

평:점 評點 | 평할 평, 점 점
[grade; evaluation mark]
❶ 속뜻 학력(學力)을 평가(評價)하여 매기는 점수(點數). ¶나의 이번 학기 평점은 4.0이다. ❷물건의 가치를 평하여 매긴 점수. ¶그 영화는 평론가들로부터 낮은 평점을 받았다.

평정[1] 平定 | 평안할 평, 정할 정
[suppress; put down]
난리를 평온(平穩)하게 진정(鎭定)시킴. ¶반란을 평정하다.

평정[2] 平靜 | 평안할 평, 고요할 정
[calm; tranquil; peaceful]
평안(平安)하고 고요함[靜]. ¶마음의 평정을 유지하다.

평지 平地 | 평평할 평, 땅 지
[flatland; level ground; flat country]
지리 바닥이 평평(平平)한 땅[地]. ¶커다란 소나무들로 에워싸인 평지. ⑫ 산지(山地).

▸ 평지-풍파 平地風波 | 바람 풍, 물결 파
❶ 속뜻 평온한 자리[平地]에서 일어나는 풍파(風波). ❷'뜻밖에 일어나는 분쟁'을 비유하여 이르는 말. ¶아무도 그 일로 집안에 평지풍파가 일어날 줄 몰랐다.

평탄 平坦 | 평평할 평, 평평할 탄
[even; level; flat]
❶ 속뜻 땅바닥이 평평함[平=坦]. ¶언덕을 넘으니 길이 평탄해졌다. ❷일이 거침새가 없이 순조로움. ¶그의 일생은 평탄했다.

평:판 評判 | 평할 평, 판가름할 판
[fame; reputation; repute]
❶ 속뜻 비평(批評)하여 시비를 판정(判定)함. ❷세상 사람이 비평함. 또는 그 비평. ¶그는 효자라는 평판이 자자하다.

평편 平便 | 평평할 평, 편할 편
바닥이 고르고[平] 편평하다[便]. ¶지느러미 모양의 다리는 평편하여 헤엄치기에

알맞다.

평평 平平 | 평평할 평, 평평할 평
[flat; level; even]
바닥이 고르고 판판하다[平+平]. ¶땅을 평평하게 다지다. ㊊ 편평하다.

평행 平行 | 평평할 평, 갈 행
[parallel; parallelism]
❶ 속뜻 평평하게[平] 나란히 감[行]. ❷ 수학 두 직선이나 평면이 무한하게 연장해도 만나지 않고 나란히 나감. ¶평행 주차 / 선을 평행으로 긋다 / 철길들이 서로 평행하게 놓여 있다.

▶ 평행-봉 平行棒 | 몽둥이 봉
운동 기계 체조 용구의 한 가지. 두 개의 평행(平行) 가로대를 적당한 높이로 어깨 넓이만큼 벌려서 버티어 놓은 몽둥이[棒] 같은 나무 가지.

▶ 평행-선 平行線 | 줄 선
수학 같은 평면 위에 있는 둘 이상의 평행(平行)한 직선(直線).

▶ 평행 사:변형 平行四邊形 | 넉 사, 가 변, 모양 형
수학 사각형 중 서로 마주 대하는 두 쌍의 변[四邊]이 각각 평행(平行)인 도형(圖形).

평형 平衡 | 평평할 평, 저울대 형
[be balanced; be in equilibrium]
❶ 속뜻 수평(水平)을 이루고 있는 저울대[衡]. 또는 저울대가 수평을 이루고 있음. ¶양팔 저울이 평형이 되었는지 확인해라. ❷사물이 한쪽으로 기울지 않고 안정됨. ¶생산과 소비의 평형이 깨졌다 / 그는 마음의 평형을 잃고 흥분했다. ㊊ 수평(水平), 균형(均衡).

***평화** 平和 | 평안할 평, 화목할 화
[peace; harmony]
❶ 속뜻 평안(平安)하고 화목(和睦)함. ¶가정의 평화를 깨뜨리다 / 평화로운 시골생활 / 그는 평화스러운 눈빛으로 아이를 바라보았다. ❷전쟁이 없이 세상이 평온함. ¶폭력적인 수단을 사용해서는 평화를 이룰 수 없다.

▶ 평화-상 平和賞 | 상줄 상
세계의 평화(平和)를 위하여 공이 있는 사람에게 주는 상(賞). ¶노벨 평화상.

▶ 평화-적 平和的 | 것 적
전쟁·분쟁 등이 없이 평화(平和)로운 것[的]. ¶그 문제는 평화적으로 해결되었다.

▶ 평화 통:일 平和統一 | 합칠 통, 한 일
정치 전쟁에 의하지 않고 평화적(平和的)인 방법으로 이룩되는 통일(統一). ㊎ 무력통일(武力統一).

폐: [1]肺 | 허파 폐 [lung]
의학 가슴안의 양쪽에 있는, 원뿔을 반 자른 것과 비슷한 모양의 호흡을 하는 기관. 허파.

폐: [2]弊 | 해질 폐
[trouble; bother; annoyance]
남에게 끼치는 괴로움. ¶그간 여러 가지로 폐가 많았습니다. ㊊ 신세, 폐단.

폐:가 廢家 | 버릴 폐, 집 가
[ruined house; deserted house]
버려두어[廢] 낡아 빠진 집[家]. ¶그 집은 사람이 살지 않아 폐가나 다름없다.

폐:간 廢刊 | 그만둘 폐, 책 펴낼 간
[stop publishing; discontinue issuing]
신문, 잡지 따위의 정기 간행물 간행(刊行)을 그만둠[廢]. ¶일제 강점기에는 우리글 신문 대부분이 폐간됐다.

폐:-건전지 廢乾電池 | 버릴 폐, 마를 건, 전기 전, 못 지
못 쓰게 되어서 버리는[廢] 건전지(乾電池). ¶환경 보호를 위해 폐건전지는 모두 수거해야 한다.

폐:-결핵 肺結核 | 허파 폐, 맺을 결, 씨 핵
[phthisis]
의학 폐(肺)에 결핵균(結核菌)이 침입하여 생기는 만성 전염병. ㊊ 폐병(肺病).

폐:광 廢鑛 | 그만둘 폐, 쇳돌 광
[abandon a mine]
광산에서 광물(鑛物)을 캐내는 일을 그만

둠[廢]. 또는 그 광산. ¶금광이 폐광되자 많은 사람이 마을을 떠났다.

폐:교 廢校 | 그만둘 폐, 학교 교
[close a school]
학교(學校)의 운영을 그만두어[廢] 문을 닫음. 또는 그렇게 된 학교. ¶학생 수가 줄어들자 이 초등학교는 폐교됐다. [반] 개교(開校).

⁑폐:기 廢棄 | 그만둘 폐, 버릴 기
[disuse; abolish; abandon]
그만두거나[廢] 내다 버림[棄]. ¶많은 제도가 폐기되었다 / 그들은 유통기한이 지난 식품을 모두 폐기 처분했다.
▶ 폐:기-물 廢棄物 | 만물 물
내다 버린[廢棄] 물건(物件). ¶유독성 폐기물 때문에 우리 인근 지역의 하천이 오염되었다.

폐:단 弊端 | 해질 폐, 끝 단
[abuse; evil]
❶[속뜻] 옷 따위의 찢어지고 해진[弊] 끝[端] 부분. ❷좋지 못한 점. ¶사교육의 폐단을 줄이다. [준] 폐.

폐:렴 肺炎 | 본음 [폐염], 허파 폐, 염증 염
[pneumonia]
[의학] 폐[肺]에 생기는 염증(炎症). 오한, 고열, 기침, 호흡 곤란 따위의 증상을 보인다.

폐:막 閉幕 | 닫을 폐, 막 막
[close the curtain on; end; finish]
❶[속뜻] 연극을 다 끝내고 막(幕)을 내림[閉]. ¶연극이 끝나고 폐막된 무대를 바라보다. ❷어떤 행사가 끝남. ¶성황리에 축제를 폐막하다. [반] 개막(開幕).

폐:물 廢物 | 버릴 폐, 만물 물
[useless thing; waste material]
못쓰게 되어 버린[廢] 물건(物件). ¶폐물이 된 자전거.

폐:백 幣帛 | 예물 폐, 비단 백
❶[속뜻] 예물[幣]로 보낸 비단[帛]. ❷신부가 처음으로 시부모를 뵐 때 올리는 대추나 포 따위. ¶시부모님께 폐백을 드리다.

폐:병 肺病 | 허파 폐, 병 병
[lung trouble; lung disease]
❶[속뜻] 폐(肺)에 생긴 병(病). ❷[의학] 폐(肺)에 결핵균(結核菌)이 침입하여 생기는 만성 전염병. ¶그는 폐병으로 몸져누워 있다. [비] 폐결핵(肺結核).

폐:사 斃死 | 넘어질 폐, 죽을 사
[fall dead; perish; die]
넘어지거나[斃] 쓰러져 죽음[死]. ¶무더위로 많은 가축이 폐사했다.

폐:쇄 閉鎖 | 닫을 폐, 잠글 쇄
[close; shut; lock]
❶[속뜻] 문을 닫고[閉] 잠금[鎖]. ❷기관이나 시설을 없애거나 기능을 정지함. ¶이 공장은 불황으로 폐쇄됐다. [반] 개방(開放).

***폐:수** 廢水 | 버릴 폐, 물 수
[waste water]
사용하고 내버린[廢] 물[水]. ¶강물이 공장 폐수로 인해 심하게 오염되었다.

폐:습 弊習 | 나쁠 폐, 버릇 습
[evil customs; bad habit]
나쁜[弊] 풍습이나 버릇[習]. ¶세금을 흥청망청 쓰는 폐습을 고치다.

폐:-식용유 廢食用油 | 버릴 폐, 먹을 식, 쓸 용, 기름 유
더 이상 쓸 수 없게 되어 버려야[廢] 할 식용유(食用油). ¶폐식용유로 비누를 만들었다.

폐:암 肺癌 | 허파 폐, 암 암
[lung cancer]
[의학] 폐(肺)에 생기는 암(癌). ¶흡연자는 폐암에 걸릴 확률이 높다.

폐:업 廢業 | 그만둘 폐, 일 업
[quit one's business; shut down]
영업(營業)이나 사업을 그만둠[廢]. ¶자금이 부족해 회사를 폐업하다. [반] 개업(開業).

폐:인 廢人 | 버릴 폐, 사람 인

[disabled person; crippled person]
❶속뜻 쓸모없이 된[廢] 사람[人]. ❷병이 나 못된 버릇 따위로 몸을 망친 사람. ¶그는 술과 도박에 빠져 폐인이 됐다.

폐ː-자원 廢資源 | 버릴 폐, 재물 자, 근원 원 [waste resources]
다 써서 버리게[廢] 된 자원(資源). ¶폐자원을 활용하다.

폐ː장 閉場 | 닫을 폐, 마당 장 [close]
집회나 행사 따위의 회장(會場)을 닫음[閉]. ¶우리 해수욕장은 8월 말에 폐장한다. 반 개장(開場).

폐ː지[1] 廢止 | 그만둘 폐, 멈출 지
[abolish; discontinue]
실시하던 일이나 제도 따위를 그만두거나[廢] 멈춤[止]. ¶노예제도를 폐지하였다.

폐ː지[2] 廢紙 | 버릴 폐, 종이 지
[wastepaper; scrap of paper]
쓰지 않고 버린[廢] 종이[紙]. ¶폐지를 재활용하다.

폐ː차 廢車 | 버릴 폐, 수레 차 [scrap a car; take a car out of service]
❶속뜻 낡아서 버린[廢] 차(車). ❷차량 등록이 취소된 차. ¶이 차는 너무 낡아서 폐차해야겠다.

▶ 폐ː차-장 廢車場 | 마당 장
낡거나 못 쓰게 된 차[廢車]를 없애는 곳[場]. ¶폐차장에 차가 쌓여 있다.

폐ː품 廢品 | 버릴 폐, 물건 품
[junk; waste; useless things]
쓸 수 없어 내다 버린[廢] 물품(物品). ¶할아버지는 폐품을 주워다 판다.

폐ː하 陛下 | 섬돌 폐, 아래 하 [emperor; Majesty]
❶속뜻 섬돌[陛] 아래[下]. 뜰아래. ❷황제나 황후를 높여 일컫던 말. ¶폐하께서 부르시니 어서 궁궐로 가야겠습니다.

폐ː-하다 (廢—, 없앨 폐)
[abolish; do away with; repeal]
있던 제도·법규·기관 등을 치워 없애다[廢]. ¶계약을 폐하다.

폐ː해 弊害 | 나쁠 폐, 해칠 해
[evil; abuse; vice]
좋지 않고 나쁜[弊] 점과 해(害)로운 점. ¶컴퓨터 게임 중독으로 인한 폐해. 비 폐(弊), 폐단(弊端).

폐ː허 廢墟 | 버릴 폐, 옛터 허
[ruins; remains]
못쓰게 되어 버린[廢] 터[墟]. ¶태풍으로 도시가 폐허로 변했다.

폐ː-활량 肺活量 | 허파 폐, 살 활, 분량 량
[lung capacity]
의학 폐(肺) 활동(活動)을 통하여 최대한도로 빨아들일 수 있는 공기의 양(量). ¶꾸준히 운동하면 폐활량이 더 늘어날 수 있다.

폐ː회 閉會 | 닫을 폐, 모일 회
[close a meeting; adjourn]
집회(集會) 또는 회의(會議)를 마치고 문을 닫음[閉]. ¶의장이 폐회를 선언하자 모두 박수를 쳤다. 반 개회(開會).

폐ː-휴지 廢休紙 | 쉴 폐, 쉴 휴, 종이 지
못 쓰게 되어 버리는[廢] 휴지(休紙). ¶폐휴지도 재생하여 사용할 수 있다.

▶ 폐ː휴지-통 廢休紙桶 | 통 통
못 쓰게 되어 버리는 휴지[廢休紙]를 담는 통(桶).

포[1] 包 | 쌀 포
'包'자를 새긴 장기짝. 한 편에 둘씩 넷이 있다. ¶포는 다른 장기짝 하나를 넘어 다닌다.

포[2] 砲 | 대포 포 [cannon; gun]
군사 화약 폭발의 힘으로 큰 탄알을 멀리 쏘아 보내는 무기. ¶그들은 적을 향해 포를 쏘았다.

포[3] 脯 | 포 포 [dried slices of meat seasoned with spices]
얇게 저미어서 양념을 하여 말린 고기. ¶포를 뜨다.

포개다 [stack; pile up]

놓인 위에다 또 놓다. ¶무릎 위에 양손을 포개고 앉다.

비슷한 듯 다른 말 ➲ 쌓다

포격 砲擊 | 대포 포, 칠 격
[bombard; cannonade]
대포(大砲)를 쏨[擊]. ¶일주일째 계속된 포격으로 도시는 폐허로 변했다.

포:고 布告 | =佈告, 펼 포, 알릴 고
[proclaim; announce; notify]
❶ 속뜻 일반에게 널리[布] 알림[告]. ❷국가의 결정 의사를 공식으로 일반에게 발표하는 일. ¶선전포고 / 포고된 칙령이 실시되다.

▶포:고-령 布告令 | 명령 령
어떤 내용을 포고(布告)하는 명령(命令)이나 법령(法令).

▶포:고-문 布告文 | 글월 문
널리 펴서[布] 알리는[告] 글[文]. ¶포고문을 벽에 붙이고 있다.

포:괄 包括 | 쌀 포, 묶을 괄
[include; comprehend; comprise]
어떤 사물이나 현상 따위를 온통 휩싸서[包] 하나로 묶음[括]. ¶외국어 학습은 읽기, 듣기, 말하기, 쓰기의 영역을 포괄한다.

포:교 布教 | 펼 포, 종교 교
[evangelize; propagandize]
종교(宗教)를 널리 폄[布]. ¶포교 활동을 펼치다. ⓑ 선교(宣教).

포구 浦口 | 개 포, 어귀 구
[inlet; port; boat landing]
배가 드나드는 개[浦]의 어귀[口]. ¶포구에는 어선들이 정박해 있다.

포근-하다
[soft and comfortable; relaxed]
물건이나 감정 따위가 보드랍고 따뜻한 느낌이 있다. ¶어머니는 아이들을 포근히 안아 주었다 / 침대에 누우니 따뜻하고 포근했다.

포기[1] [head; plant]
초목의 뿌리를 단위로 한 낱개. ¶어머니께서 김치를 담그려고 배추 열 포기를 사 오셨다.

포:기[2] 抛棄 | 던질 포, 버릴 기
[give up; abandon]
하던 일을 중도에 내던지거나[抛] 내버려 둠[棄]. ¶나는 이 문제를 포기할 수 없다.

포대[1] 包袋 | 쌀 포, 자루 대
[burlap bag; sack]
피륙, 가죽, 종이 따위로 싸서[包] 만든 자루[袋]. ¶시멘트 포대 / 창고에는 포대 자루가 산더미처럼 쌓여 있다. ⓑ 부대(負袋).

포대[2] 砲臺 | 대포 포, 돈대 대
[battery; casemate]
군사 포(砲)를 설치하여 쏠 수 있도록 견고하게 만든 시설물[臺].

포대기 [quilt for little children]
어린아이의 이불. ¶아기를 포대기에 싸서 안다.

포:도[1] 捕盜 | 잡을 포, 도둑 도
도둑[盜]을 잡음[捕]. ¶포도 대장이 직접 출동하였다.

▶포:도-청 捕盜廳 | 관청 청
역사 조선 때, 도둑이나 범죄자를 잡기 위하여[捕盜] 설치한 관청(官廳). 속담 목구멍이 포도청.

포도[2] 葡萄 | 포도 포, 포도 도 [grape]
식물 포도과의 낙엽 활엽 덩굴성 나무[葡萄]. 덩굴은 길게 뻗고 덩굴손으로 다른 것에 감아 붙는다. ¶이 포도는 새콤달콤하다.

▶포도-당 葡萄糖 | 엿 당
❶ 속뜻 포도(葡萄)에 들어있는 엿[糖] 성분. ❷ 화학 단당류의 한 가지로 단맛 있는 과일이나 꿀 등 널리 생물계에 분포하며 생명 에너지의 원료가 됨. ¶포도당은 피로 회복에 도움이 된다.

▶포도-밭 (葡萄-)
포도(葡萄)를 재배하는 밭.

▸포도-잼 (葡萄jam)
포도(葡萄)로 만든 잼(jam).
▸포도-주 葡萄酒 | 술 주
포도(葡萄)의 즙을 짜내어 발효시켜 만든 술[酒]. ¶프랑스 부르고뉴는 포도주로 유명하다.
▸포도-나무 (葡萄–)
[식물] 포도(葡萄)가 열리는 덩굴나무.

포동-포동 [chubby; fat; plump]
통통하게 살이 찌고 보드라운 모양. ¶살이 포동포동 찌다 / 아기의 포동포동한 손.

포:로 捕虜 | 잡을 포, 오랑캐 로 [prisone]
❶[속뜻] 사로잡힌[捕] 오랑캐[虜]. ❷전투에서 사로잡힌 적군. ¶그들은 모두 포로로 잡혀갔다.
▸포:로-수용소 捕虜收容所 | 거둘 수, 담을 용, 곳 소
포로(捕虜)를 유치하여 거주시키는[收容] 곳[所].

포르르
작은 새 등이 갑자기 날아갈 때 나는 소리. 또는 그 모양. ¶몇 마리의 비둘기들이 포르르 날아갔다.

포마토 {영 pomato}
[식물] 감자[potato]와 토마토[tomato]의 잡종(雜種). 가지에는 토마토가 열리고, 뿌리에는 감자가 달린다. [비] 토감.

포:만 飽滿 | 배부를 포, 찰 만
[be full of]
배부르게[飽] 먹어 배가 가득 참[滿]. 또는 그렇게 먹음. ¶포만상태.
▸포:만-감 飽滿感 | 느낄 감
넘치도록 가득 차 있는[飽滿] 느낌[感]. ¶음식을 배부르게 먹고 포만감을 느끼다.

포목 布木 | 베 포, 나무 목
[linen and cotton; dry goods]
베[布]와 목면(木綿), 즉 무명. ¶포목을 세금으로 바치다.

포:물 抛物 | 던질 포, 만물 물
어떤 물체(物體)를 던짐[抛].
▸포:물-선 抛物線 | 줄 선
❶[속뜻] 공중으로 던진[抛] 물체(物體)가 올라갔다 떨어질 때 생기는 줄[線] 모양. ❷물체가 반원 모양을 그리며 날아가는 선. ¶공은 포물선을 그리며 날아갔다.

포병 砲兵 | 대포 포, 군사 병 [artilleryman]
[군사] 대포(大砲) 종류로 장비된 군대. 또는 그에 딸린 군인[兵]. ¶포병이 장전하기 위해 대포로 갔다.

포복 匍匐 | 길 포, 길 복 [creep; crawl]
배를 땅에 대고 기어 감[匍=匐]. ¶적의 참호에 포복하여 접근하다.

포-볼 {영 four ball}
[운동] 야구에서, 투수가 타자에게 스트라이크 아닌 볼(ball)을 네[four] 번 던지는 일. [비] 사구(四球).

포:부 抱負 | 안을 포, 질 부
[aspiration; ambition]
❶[속뜻] 품에 안거나[抱] 등에 짊어지고[負] 있음. ❷마음속에 품고 있는 생각이나 계획 또는 희망. ¶그는 큰 포부를 가지고 있다. [비] 야망(野望).

포석정 鮑石亭 | 절인 어물 포, 돌 석, 정자 정
❶[속뜻] 절인 어물[鮑]을 안주로 술을 마시며 즐기기 위해 넓은 바위[石]에 물길을 만들어 놓은 정자(亭子). ❷[고적] 경상북도 경주에 있는 통일 신라 때의 귀족들의 놀이터. 왕과 귀족들이 석구(石溝)에 흐르는 물에 잔을 띄우고 시를 읊으며 놀이를 했다. 사적 제1호이다.

포성 砲聲 | 대포 포, 소리 성
[sound of gunfire]
대포(大砲)를 쏠 때 나는 소리[聲]. ¶우르르하는 포성이 천지를 뒤흔들었다.

포세이돈 {영 Poseidon}
[문학] 그리스 신화에 나오는 바다, 강, 샘을 지배하는 신. 제우스의 동생으로, 바다 밑의 궁전에 살면서 말을 타고 바다를 건너

다닌다고 한다.

포:수¹捕手 | 잡을 포, 사람 수 [catcher]
[운동] 본루를 지키며 투수가 던지는 공을 받는[捕] 선수(選手). ¶포수가 공을 놓쳤다. ㉯ 투수(投手).

포:수²砲手 | 탄알 포, 사람 수 [hunter]
총알[砲]을 쏘아 짐승을 잡는 사냥꾼[手]. ¶사슴을 쫓는 포수는 산을 보지 못한다.

포스터 {영 poster}
광고·선전을 위한 전단이나 도안. ¶행사를 알리는 포스터를 붙이다.

포슬포슬
가루 같은 것이 물기가 적어서 잘 엉기지 못하는 모양.

포:승 捕繩 | 잡을 포, 줄 승
[rope (for tying up criminals)]
죄인을 잡아[捕] 묶는 노끈[繩]. ¶포승으로 묶어서 끌고 갔다.

포시시
어떤 것이 조금씩 부스러지거나 흩어지는 모양.

포:식 飽食 | 배부를 포, 먹을 식
[satiate oneself; eat fill]
배부르게[飽] 먹음[食]. ¶푸짐하게 차린 저녁을 포식하고 일찌감치 곯아떨어졌다.

포:악 暴惡 | 사나울 포, 악할 악
[be atrocious; outrageous; heinous]
행동이 사납고[暴] 성질이 악(惡)함. ¶그는 포악한 사람이라 사람들이 좋아하지 않는다.

포:옹 抱擁 | 품을 포, 껴안을 옹
[embrace; hug]
가슴에 품거나[抱] 껴안음[擁]. ¶그들은 서로의 몸을 팔로 감싸며 포옹했다.

포:용 包容 | 쌀 포, 담을 용
[include; tolerate]
❶ [속뜻] 감싸고[包] 담음[容]. ❷ 남을 아량 있고 너그럽게 감싸 받아들임. ¶대북 포용정책 / 그는 남을 포용할 줄 아는 사람이다.

▸**포:용-력** 包容力 | 힘 력
남을 너그럽게 감싸주거나[包] 받아들이는[容] 힘[力]. ¶그는 남달리 큰 포용력을 지니고 있다.

포:위 包圍 | 쌀 포, 둘레 위 [surround]
둘레[圍]를 에워쌈[包]. ¶경찰은 그들의 은신처를 포위했다.

▸**포:위-망** 包圍網 | 그물 망
그물[網]처럼 빈틈없이 둘레를 에워쌈[包圍]. ¶죄수들은 포위망을 뚫고 빠져나갔다.

포:유 哺乳 | 먹일 포, 젖 유
[give suck to; nurse]
어미가 젖[乳]으로 새끼를 먹여[哺] 기름.

▸**포:유-류** 哺乳類 | 무리 류
새끼를 낳아서 젖을 먹여 기르는[哺乳] 동물의 무리[類]. 척추동물의 한 종류이다. ㊐ 포유동물(哺乳動物).

포인터 {영 pointer}
컴퓨터에서 마우스를 따라 움직이는 작은 화살표 표시.

포인트 {영 point}
❶중요한 사항이나 핵심. ¶이 요리의 포인트는 신선한 재료다. ❷ [운동] 농구, 탁구 따위에서의 득점. ¶매치 포인트.

포자 胞子 | 태보 포, 씨 자 [spore]
❶ [속뜻] 자기 태보[胞]에 씨[子]를 품고 있음, 또는 그런 씨. ❷ [식물] 혼자서 새로운 개체로 발생할 수 있는 생식 세포. 홀씨. ¶건조한 날씨가 되면 이끼는 자신의 포자를 흩뿌린다.

포장¹包藏 | 쌀 포, 감출 장
물건을 겉으로 드러나지 않게 싸서[包] 간직함[藏].

포장²鋪裝 | 펼 포, 꾸밀 장
[pave; surface]
길바닥에 아스팔트 따위를 깔아[鋪] 단단히 다져 꾸미는[裝] 일. ㉯ 비(非)포장.

포장³包裝 | 쌀 포, 꾸밀 장
[pack; wrap]

물건을 싸서[包] 꾸림[裝]. ¶선물을 포장하다.

▸포장-지 包裝紙 | 종이 지
포장(包裝)할 때 사용하는 종이[紙]. ¶그녀는 선물이 궁금해서 얼른 포장지를 뜯었다.

포장⁴ 布帳 | 베 포, 휘장 장
[linen screen; curtain]
베[布]나 무명 따위로 만든 휘장(揮帳). ¶포장을 치다 / 그는 포장을 들추고 안을 들여다보았다.

▸포장-마차 布帳馬車 | 말 마, 수레 차
❶ 속뜻 비바람, 먼지, 햇볕 따위를 막기 위하여 포장(布帳)을 둘러친 마차(馬車). ❷ 손수레 따위에 네 기둥을 세우고 포장을 씌워 만든 이동식 간이주점. 주로 밤에 한길가나 공터에서 국수, 소주, 안주 따위를 판다. ¶그는 퇴근 후 포장마차에서 동료들과 한잔했다.

포:졸 捕卒 | 잡을 포, 군사 졸
[raiding constable; policeman]
도둑을 잡는[捕] 일을 하는 군사[卒]. 조선시대, 포도청(捕盜廳)에 속해 있었다. ¶방망이를 손에 쥔 포졸이 뛰어왔다. ⓑ 포도군사(捕盜軍士).

포:착 捕捉 | 잡을 포, 잡을 착
[catch; capture; apprehend]
❶ 속뜻 꼭 붙잡음[捕=捉]. ¶무장공비가 국군에게 포착됐다. ❷일의 요점이나 요령을 깨침. ¶문제의 본질을 포착하다.

포츠담 선언 (Potsdam宣言, 베풀 선, 말씀 언) [Potsdam Declaration]
정치 1945년 7월에 미국·영국·중국의 3개국 대표가 포츠담(Potsdam)에 모여 일본의 항복 조건과 일본 점령지의 처리에 관하여 발표한 선언(宣言). 한국의 독립도 이 선언에서 약속되었다.

포크 {영 fork}
양식(洋食)에서, 고기·생선·과일을 찍어 먹는 식탁 용구. ¶포크로 사과 한 조각을 푹 찍어 먹다.

포클레인 {영 Poclain}
동력으로 움직이는 큰 삽을 달아서 땅을 파내는 차. ¶포클레인이 흙을 파헤쳤다. ⓑ 굴착기(掘鑿機).

포탄 砲彈 | 대포 포, 탄알 탄
[cannon ball; shell]
대포(大砲)의 탄환(彈丸). ¶적진에 포탄을 퍼붓다.

포트 {영 Pot}
물·차·커피 따위를 끓이는 주전자. ¶커피 포트.

포플러 {영 poplar}
식물 미루나무.

포:한 抱恨 | 품을 포, 원한 한
[harbor enmity toward]
원한(怨恨)을 품음[抱]. ¶그에게 그런 포한이 있었는지 아무도 몰랐다.

***포함** 包含 | 쌀 포, 넣을 함
[include; contain; imply]
❶ 속뜻 싸서[包] 한 군데 넣음[含]. ❷어떤 사물이나 현상 가운데 함께 들어 있거나 함께 넣음. ¶조사 대상에 포함되다 / 이 사건은 나를 포함한 많은 사람에게 책임이 있다.

포항 제:철소 浦項製鐵所 | 개 포, 항목 항, 만들 제, 쇠 철, 곳 소
경상북도 포항(浦項)에 있는, 철강 제품을 생산하는[製鐵] 곳[所]. 세계적인 제철소 가운데 하나이다.

포화¹ 砲火 | 대포 포, 불 화
[gunfire; shell fire]
총포(銃砲)를 쏠 때 일어나는 불[火].

포:화² 飽和 | 배부를 포, 고를 화
[be saturated]
❶ 속뜻 배가 불러[飽] 빈틈없이 고르게[和] 가득참. ❷더 이상의 양을 수용할 수 없을 정도로 가득 참. ¶서울의 인구는 포화 상태에 이르렀다 / 용액 속에 염화나트륨이 포화해 있다.

***포환** 砲丸 | 대포 포, 알 환 [cannonball;

shot]
❶ 속뜻 대포(大砲)의 탄알[丸]. ¶화약과 포환. ❷ 운동 포환던지기에 쓰이는 쇠로 만든 공. ¶운동장에서 선수가 포환을 던졌다.

폭 幅 | 폭 폭 [width; range; piece]
❶물건 옆의 한 끝에서 다른 한 끝까지의 거리. ¶이 길은 폭이 2미터가량 된다. ❷자체 안에 포괄하는 범위. ¶그는 행동의 폭이 넓다. ❸하나로 연결하려고 같은 길이로 나누어 놓은 종이, 널, 천 따위의 조각. ¶한 폭의 동양화.

폭격 爆擊 | 터질 폭, 칠 격 [bomb; fire]
비행기에서 폭탄(爆彈)으로 적군을 공격[擊]함. 또는 그런 일. ¶적의 기지를 폭격하다.

▸폭격-기 爆擊機 | 틀 기
군사 적의 진지나 시설을 폭격(爆擊)하는 것을 임무로 하는 군용 비행기(飛行機).

폭군 暴君 | 사나울 폭, 임금 군
[tyrant; despot]
난폭(亂暴)한 임금[君]. ¶폭군 때문에 백성들이 괴로웠다. ㊥성군(聖君).

폭-넓다 (幅—, 폭 폭) [wide; large]
어떤 사항이 두루 미쳐 영향을 끼치는 범위[幅]가 넓다. ¶폭넓은 사랑을 받다.

폭도 暴徒 | 사나울 폭, 무리 도
[mob; rioters]
폭동(暴動)을 일으키는 무리[徒]. ¶폭도들은 닥치는 대로 상점에 불을 질렀다.

폭동 暴動 | 사나울 폭, 움직일 동
[riot; disturbance; mutiny]
어떤 집단이 폭력(暴力)으로 소동(騷動)을 일으켜서 사회의 안녕을 어지럽히는 일. ¶폭동이 일어나다.

폭등 暴騰 | 갑자기 폭, 오를 등
[jump; soar]
물건 값 따위가 갑자기[暴] 크게 오름[騰]. ¶물가가 폭등하여 살기가 어려워졌다. ㊥폭락(暴落).

폭락 暴落 | 갑자기 폭, 떨어질 락
[sudden fall; slump]
물가나 주가 등 값이 갑자기[暴] 크게 떨어짐[落]. ¶주가가 하루 만에 폭락하다. ㊥폭등(暴騰).

폭력 暴力 | 사나울 폭, 힘 력
[violence; brute force]
❶ 속뜻 사나운[暴] 힘[力]. ❷남을 거칠고 사납게 제압할 때에 쓰는 주먹이나 발 또는 몽둥이 따위의 수단이나 힘. ¶학교폭력은 심각한 사회문제다.

▸폭력-물 暴力物 | 만물 물
폭력(暴力)을 마구 휘두르는 내용을 담고 있는 영상물(映像物). ¶폭력물을 즐겨보는 것은 좋지 않다.

▸폭력-배 暴力輩 | 무리 배
걸핏하면 폭력(暴力)을 휘두르는 불량배(不良輩). ¶폭력배에게 폭행을 당하다.

▸폭력-적 暴力的 | 것 적
폭력(暴力)을 함부로 쓰는 것[的]. ¶폭력적인 행동. ㊥평화적(平和的).

폭로 暴露 | 갑자기 폭, 드러낼 로
[disclose; reveal; expose]
❶ 속뜻 갑자기[暴] 남들에게 드러냄[露]. ❷알려지지 않았거나 감춰져 있던 사실을 드러냄. ¶그녀는 증거를 들이대며 거짓을 폭로했다.

폭리 暴利 | 사나울 폭, 이로울 리
[excessive profits; exorbitant interest]
❶ 속뜻 사나울[暴] 정도로 지나친 이익(利益). ❷지나치게 많이 남기는 부당한 이익. ¶원산지를 속여 폭리를 취하다. ㊥박리(薄利).

폭발 爆發 | 터질 폭, 일으킬 발 [explode; blow up]
갑작스럽게 터져[爆] 불을 일으킴[發]. ¶화산이 폭발하다.

▸폭발-물 爆發物 | 만물 물
불이 일어나며 갑작스럽게 터지는[爆發] 성질이 있는 물질(物質)을 통틀어 이르는 말. ¶폭발물이 있을지도 모르니 조심히 다루시오.

▸폭발-적 爆發的 | 것 적
별안간 굉장한 기세로 일이 터지는[爆發] 것[的]. ¶제품이 폭발적인 인기를 누리고 있다.

폭삭 [entirely; wholly; thoroughly]
❶맥없이 주저앉는 모양. ¶의자에 폭삭 주저앉다. ❷부피만 있고 엉성한 물건이 보드랍게 가라앉거나 쉽게 부서지는 모양. 또는 그 소리. ¶불에 탄 초가집이 폭삭 내려앉았다. ❸온통 곯아서 썩은 모양. ¶달걀이 폭삭 곯았다. ❹늙어서 기력이 쇠하고 맥이 빠진 모양. ¶수술한 후 얼굴이 폭삭 늙었다.

폭설 暴雪 | 갑자기 폭, 눈 설
[heavy snow]
갑자기[暴] 많이 내리는 눈[雪]. ¶폭설이 쏟아지다.

폭소 爆笑 | 터질 폭, 웃을 소
[burst out laughing; explosive laugh]
갑자기 세차게 터져 나오는[爆] 웃음[笑]. ¶사람들은 폭소를 터뜨렸다.

폭신-하다 [soft; cushiony]
보드라운 탄력성(彈力性)이 있고 따스한 느낌이 있다. ¶스펀지처럼 폭신하다.

폭약 爆藥 | 터질 폭, 약 약
[explosive compound]
❶ 속뜻 폭발(爆發)하는 성질을 지닌 화약(火藥). ❷ 화학 센 압력이나 열을 받으면 폭발하는 물질. ¶폭약을 터뜨리다.

폭언 暴言 | 사나울 폭, 말씀 언
[violent language]
난폭(亂暴)하게 하는 말[言]. ¶아이에게 폭언을 퍼붓다.

폭염 暴炎 | 사나울 폭, 불꽃 염
[scorching heat; heat wave]
사나운[暴] 불꽃[炎]처럼 뜨거운 무더위. ¶폭염으로 농작물이 시들어가고 있다. ⓑ폭서(暴暑).

폭우 暴雨 | 사나울 폭, 비 우
[heavy rain]
갑자기 세차게[暴] 쏟아지는 비[雨]. ¶폭우로 한치 앞도 보이지 않았다.

폭음[1] 暴飮 | 갑자기 폭, 마실 음
[drink hard; booze]
❶ 속뜻 술을 갑자기[暴] 한꺼번에 많이 마심[飮]. ¶폭음은 건강을 해친다. ❷가리지 않고 아무것이나 마구 마심. ⓑ폭주(暴酒), 폭배(暴杯).

폭음[2] 爆音 | 터질 폭, 소리 음
[explosive sound]
폭발(爆發)할 때 나는 큰 소리[音]. '폭발음'의 준말. ¶어마어마한 폭음이 들렸다.

폭정 暴政 | 사나울 폭, 정치 정
[tyranny; despotic rule]
포악(暴惡)한 정치(政治). ¶백성들이 폭정에 시달리다. ⓑ학정(虐政). ⓡ선정(善政).

폭죽 爆竹 | 터질 폭, 대나무 죽 [firecracker]
❶ 속뜻 터지는[爆] 화약을 넣은 대나무[竹]. ❷가는 대나무 통이나 종이로 만든 통에 불을 지르거나 화약을 재어 터뜨려서 소리가 나게 하는 물건. ¶폭죽 터지는 소리가 요란하다.

폭탄 爆彈 | 터질 폭, 탄알 탄 [bomb]
군사 폭발(爆發)하도록 만든 탄알[彈]. ¶폭탄을 터뜨리다.

폭파 爆破 | 터질 폭, 깨뜨릴 파
[blast; explode]
폭발(爆發)시켜 깨뜨림[破]. ¶건물을 산산이 폭파하다.

폭포 瀑布 | 물거품 폭, 베 포
[waterfall; cascade]
물이 거품[瀑]을 일며 베[布]를 드리워 놓은 것처럼 곧장 쏟아져 내림.

▸폭포-수 瀑布水 | 물 수
거품[瀑]을 일며 베[布]를 드리워 놓은 것처럼 절벽에서 곧장 쏟아져 내리는 물줄기[水]. ¶폭포수가 떨어지다.

폭풍 暴風 | 사나울 폭, 바람 풍

[wild wind]
매우 사납고[暴] 세차게 부는 바람[風]. ¶폭풍이 불어 닥치다.

▸폭풍-우 暴風雨 | 비 우
몹시 세찬 바람[暴風]이 불면서 쏟아지는 큰비[雨]. ¶폭풍우가 휘몰아치다.

폭행 暴行 | 사나울 폭, 행할 행
[attack; assault]
남에게 폭력[暴力]을 쓰는[行] 일. ¶폭행을 휘두르다.

폴 {영 pole}
운동 장대높이뛰기에 쓰는 장대. 또는 스키를 탈 때 양손이 잡는 지팡이.

폴더 {영 folder}
컴퓨터에서, 서로 관련 있는 소프트웨어를 묶어서 하나의 아이콘으로 나타낸 것. ¶파일을 폴더에 넣다.

폴리스 {영 polis}
사회 고대 그리스의 도시 국가.

폴짝-폴짝 [at a bound; at a jump]
작은 것이 세차고 가볍게 자꾸 뛰어오르는 모양. ¶개구리처럼 폴짝폴짝 뛰다 / 아이는 아버지의 팔에 매달려 폴짝폴짝하였다.

폴카 {영 polka}
음악 2/4박자의 경쾌한 춤곡. 또는 그런 춤.

폴폴 [boiling hard; flapping]
❶새나 눈·먼지 같은 것이 날거나 흩날리는 모양. ¶참새들이 이 나무 저 나무에서 폴폴 날아다니고 있다. ❷적은 물이 자꾸 끓어오르는 모양. ¶주전자 물이 폴폴 끓어오르다.

폼 {영 form}
❶사람이 어떤 동작을 할 때에 취하는 몸의 형태. ¶공을 던지는 폼이 안정되어 있다. ❷겉으로 드러내는 멋이나 형태. ¶그는 카메라를 폼으로 메고 다닌다. 관용 폼을 잡다.

퐁
❶작고 무거운 물건이 얕은 물에 떨어지는 소리. ¶연못에 돌이 퐁 떨어지다. ❷종이·옷 따위가 갑자기 뚫어지거나, 병의 마개가 갑자기 빠질 때나는 소리나 모양. ¶코르크 마개가 퐁 하고 빠졌다.

퐁당 [with a plop; with a splash]
작고 단단한 물건이 물에 떨어져 빠지는 소리. ¶아이들이 물을 퐁당거리며 놀고 있다.

▸퐁당-퐁당
작고 단단한 물건이 잇달아 물에 떨어지거나 빠질 때 가볍게 나는 소리. ¶연못 속에 퐁당퐁당 돌을 던지다.

표[1] 表 | 겉 표 [table; chart]
어떤 내용을 일정한 형식과 순서에 따라 보기 쉽게 나타낸 것. ¶수입과 지출을 표로 만들다.

표[2] 票 | 쪽지 표 [ticket; vote]
❶증거가 될 만한 쪽지. ¶표를 끊다 / 표가 다 팔렸다. ❷선거 또는 의결 따위에서, 자기 의사를 적은 쪽지. ¶난 3번 후보에게 표를 던지겠어.

표[3] 標 | 우듬지 표 [mark; sign]
다른 것과 구별이 되는 차이나 표시(標示). 두드러진 특징. ¶알아보기 쉽도록 동그라미 모양의 표를 해 놓았다 / 거짓말을 했다는 표가 얼굴에 나타나 있다.

표결 表決 | 나타낼 표, 결정할 결
[take a vote]
회의에서 어떤 안건에 대하여 가부 의사를 표시(表示)하여 결정(決定)함. ¶그 법안은 표결에 부쳐졌다.

표고-버섯 [shiitake]
식물 줄기는 굽고 짧으며, 원형 또는 심장 모양의 버섯. 떡갈나무, 밤나무 따위에서 자란다.

표구 表具 | 겉 표, 갖출 구
[mount (a picture); paper]
그림[表]의 겉면에 종이나 천을 발라서 꾸미어 갖춤[具]. ¶그림을 표구하여 거실

에 걸어 두다.

표기[1]標記 | 우듬지 표, 기록할 기 [mark; sign]
알아보기 쉽도록 어떤 표시(標示)를 기록(記錄)해 놓음. 또는 그런 부호나 기호. ¶금방 알 수 있도록 세모 표기를 해 놓았다.

표기[2]表記 | 겉 표, 기록할 기 [inscribe on the face; declare]
❶속뜻 책, 문서, 봉투 등의 겉[表]에 기록(記錄)함. 또는 그 기록. ¶봉투에 자기 이름을 표기해 두었다. ❷문자나 부호를 써서 말을 기록하는 일. ¶표기가 맞춤법에 어긋나다.

▸표기-법 表記法 | 법 법
언어 부호나 문자로써 한 언어를 표기(表記)하는 규칙[法]. ¶외래어 표기법 / 한글 로마자 표기법.

표독 慓毒 | 날랠 표, 독할 독 [fierce; savage]
성질이 사납고[慓] 독살(毒殺)스러움. ¶그녀는 내게 표독스럽게 굴었다.

표류 漂流 | 떠다닐 표, 흐를 류 [drift; wander]
물에 떠서[漂] 흘러감[流]. ¶바다에서 배가 일주일째 표류했다.

표리 表裏 | 겉 표, 속 리 [inside and outside]
❶속뜻 겉[表]과 속[裏]. 안과 밖. ¶표리가 일치하지 않다. ❷역사 임금이 신하에게 내리거나 신하가 임금에게 바치던 옷의 겉감과 안감.

⁑**표면** 表面 | 겉 표, 낯 면 [surface; face]
겉[表]으로 나타나는 부분이나 면(面). ¶도자기의 표면은 매우 매끄럽다.

▸표면-적 表面的 | 것 적
겉으로 드러난[表面] 것[的]. ¶표면적 이유 / 표면적 현상.

표명 表明 | 겉 표, 밝힐 명 [express; indicate; state]
겉[表]으로 드러내어 명백(明白)히 함. ¶자신의 생각을 표명하다.

표방 標榜 | 나타낼 표, 패 방 [claim to support; adopt a slogan]
❶속뜻 패[榜]를 높이 들어 널리 드러냄[標]. ❷어떤 명목을 붙여 주의나 주장 또는 처지를 앞에 내세움. ¶민주주의 정신을 표방하다.

표백 漂白 | 빨래할 표, 흰 백 [bleach]
❶속뜻 하얗게[白] 되도록 빨래함[漂]. ❷종이나 피륙 따위를 바래거나 화학 약품으로 탈색하여 희게 함. ¶옷감을 표백하다.

▸표백-제 漂白劑 | 약제 제
화학 여러 가지 섬유나 염색 재료 속에 들어 있는 색소를 없애서 하얗게 만드는[漂白] 약제(藥劑).

표-범 (豹—, 표범 표) [leopard; panther]
동물 호랑이와 비슷하나 몸집이 조금 작고 온몸에 검고 둥근 무늬가 있는 동물. 민첩하고 사납다.

표본 標本 | 나타낼 표, 본보기 본 [specimen; model; sample]
❶속뜻 표준(標準)이 될 만한 본(本)보기. ¶그를 성공의 표본으로 삼다. ❷생물 생물의 몸 전체나 그 일부에 적당한 처리를 가하여 보존할 수 있게 한 것. ¶화초 표본.

표상 表象 | 겉 표, 모양 상 [symbol; emblem]
대표(代表)로 삼을 만큼 상징(象徵)적인 것. ¶태극기는 우리 민족의 표상이다.

표시[1]表示 | 겉 표, 보일 시 [express; show; indicate]
겉[表]으로 드러내어 보임[示]. ¶성의를 표시하다.

⁑**표시**[2]標示 | 우듬지 표, 보일 시 [mark; indicate]
❶속뜻 우듬지[標]같이 잘 보이도록[示]

함. ❷잘 알아보도록 문자나 기호로 나타냄. ¶가격표시 / 원산지 표시 / 답안지에 정답을 표시하다.

표어 標語 | 나타낼 표, 말씀 어
[slogan; motto]
주의, 주장, 강령 따위를 간결하게 나타낸[標] 짧은 어구(語句). ¶불조심 표어를 내걸다.

표적 標的 | 나타낼 표, 과녁 적
[target; mark]
목표(目標)로 삼는 것[的]. ¶총알이 표적의 한가운데에 맞았다.

▸**표적-물** 標的物 | 만물 물
쏘아 맞히는 대상[標的]이 되는 물건(物件). ¶미사일이 표적물을 향해 나아가고 있었다.

표절 剽竊 | 도둑질할 표, 훔칠 절
[pirate; plagiarize]
❶[속뜻] 도둑질하여[剽] 훔침[竊]. ❷시나 글, 노래 따위를 지을 때에 남의 작품의 일부를 몰래 따다 씀. ¶외국 노래의 가사를 표절하다.

표정 表情 | 겉 표, 마음 정 [expression; look]
❶[속뜻] 겉[表]으로 드러난 마음[情]. ❷마음속의 감정 따위가 얼굴에 나타난 모양. ¶슬픈 표정을 짓다.

표제 標題 | =表題, 나타낼 표, 제목 제 [title]
❶[속뜻] 책의 겉에 나타내는[標] 그 책의 제목(題目). ¶그 책은 '국부론'이라는 표제가 붙어 있다. ❷연설, 강연 따위의 제목. ¶내일 할 연설에 표제를 붙였다. ❸예술 작품의 제목.

표주-박 (瓢—, 박 표)
[small gourd vessel]
조롱박이나 둥근 박(瓢)을 반으로 쪼개어 만든 바가지. ¶표주박으로 물을 뜨다.

표준 標準 | 우듬지 표, 고를 준 [standard]
❶[속뜻] 나무 가지[標]를 고르게[準]함. ❷사물의 정도를 정하는 목표나 기준. ¶표준 가격 / 표준 치수. ❸일반적인 것. 또는 평균적인 것. ¶그의 키는 우리나라 남자들의 표준 정도는 된다.

▸**표준-말** (標準—)
[언어] 나라에서 표준(標準)으로 정한 말. [비] 표준어(標準語).

▸**표준-시** 標準時 | 때 시
[천문] 각 나라에서 쓰는 표준(標準) 시각(時刻). 평균 태양이 자오선을 통과하는 때를 기준으로 정하는데, 우리나라는 동경 135도를 기준 자오선으로 한 평균 태양시를 쓴다.

▸**표준-어** 標準語 | 말씀 어
[언어] 나라에서 표준(標準)으로 정한 말[語]. [반] 방언(方言), 사투리.

표지[1] 表紙 | 겉 표, 종이 지
[cover; binding]
겉[表] 면의 종이[紙]. 책의 겉장. ¶표지에 제목과 지은이의 이름이 쓰여 있다.

표지[2] 標識 | 나타낼 표, 기록할 지 [mark; sign]
알아보기 쉽도록 기호로 표시(標示)하거나 문자로 기록함[識]. ¶통행금지 표지.

▸**표지-판** 標識板 | 널빤지 판
일정한 표지(標識)로 설치해 놓은 판(板). ¶갈림길에 도로 표지판이 있다.

표찰 標札 | 나타낼 표, 쪽지 찰 [plate]
❶[속뜻] 어떤 표시(標示)로 붙여 놓은 쪽지[札]. ¶가방에 표찰을 붙이다. ❷거주자의 성명을 써서 문 따위에 걸어 놓는 표.

표창 表彰 | 겉 표, 드러낼 창
[reward; commend (officially)]
❶[속뜻] 겉[表]으로 드러냄[彰]. ❷어떤 일에 좋은 성과를 냈거나 훌륭한 행실을 한 데 대하여 세상에 널리 알려 칭찬함. ¶이 메달은 우승자를 표창하기 위한 것이다.

▸**표창-장** 表彰狀 | 문서 장
표창(表彰)을 하는 내용을 적은 종이[狀]. ¶그는 한 사람의 목숨을 구해 표창장을 받았다.

표출 表出 | 겉 표, 날 출
[express; show; display]
겉[表]으로 드러냄[出]. ¶개성의 표출 / 자신의 불만을 표출하다.

표피 表皮 | 겉 표, 껍질 피
[scarfskin; outer skin]
동식물의 겉[表] 껍질[皮]. ¶표피에 상처가 나다.

표-하다[1](表—, 겉 표) [express]
태도나 의견 따위를 겉으로 나타내다[表]. ¶찬성의 뜻을 표하다.

표-하다[2](標—, 나타낼 표)
표지로 삼기 위하여 표를 남기다.

표현 表現 | 겉 표, 나타날 현
[express; represent]
❶[속뜻] 의견이나 감정 따위를 겉[表]으로 드러냄[現]. ❷정신적 대상을 예술로써 형상화함. 또는 그 형상화된 것. ¶표현 방법이 서투르다 / 그때 내가 느꼈던 기분은 말로 표현하기 어렵다.

▸표현-력 表現力 | 힘 력
생각이나 느낌 따위를 언어나 몸짓 따위의 형상으로 드러내어[表] 나타내는[現] 능력(能力). ¶그는 표현력이 풍부하다.

푯-말 (標—, 나타낼 표) [signpost]
무엇을 나타내기[標] 위하여 박아 세운 말뚝. ¶물가에 푯말을 세우다.

푸 [with a whew; with a light whistle]
다물었던 입술을 내밀고 조금 벌리며 입김을 내뿜는 소리. 또는 그 모양. ¶숨을 푸 내쉬다.

푸근-하다 [soft and comfortable; warm hearted]
❶탄력성이 있고 부드러워서 솜 위에 살이 닿을 때와 같이 약간 따뜻하고 편안한 느낌이 있다. ¶푸근한 이불. ❷겨울날이 바람도 없이 부드럽게 푹하다. ¶봄날처럼 푸근한 겨울 날씨. ❸매우 넉넉하여 마음에 느긋하다. ¶푸근한 인정미.

푸념 [complain (of); grumble (at)]
마음에 품은 불평을 들어내어 말하는 것. ¶자신의 불우한 처지를 푸념하다. [비] 넋두리.

푸다 [scoop out]
그릇 속에 든 곡식 등을 떠내다. ¶그릇에 밥을 푸다. [반] 담다.

♣ 푸다 / 뜨다 [비슷한 듯 다른 말]

◎ 국자로 미역국을 푸다 = 뜨다.
○ 밥솥에서 밥을 푸다.
× 밥솥에서 밥을 뜨다.
○ 그는 생선회를 잘 뜬다.
× 그는 생선회를 잘 푼다.

푸닥-거리 [exorcism]
무당이 간단한 음식을 차려 놓고 잡귀를 달래거나 몰아내는 굿. ¶밤새도록 푸닥거리를 하다.

푸-대:접 (—待接, 기다릴 대, 맞이할 접)
[treat coldly; be inhospitable to]
아무렇게나 하는 대접(待接). ¶그는 오랜만에 찾아온 손님을 푸대접한다. [비] 냉대(冷待), 홀대(忽待). [반] 환대(歡待), 후대(厚待).

푸드덕 [with a flap]
새가 힘 있게 날개를 치는 소리. 또는 그 모양. ¶수탉이 푸드덕 홰를 치다.

▸푸드덕-거리다
큰 새가 힘 있게 잇달아 날개를 치다.

푸드득 [with gush]
무른 똥을 힘들여 눌 때 나는 소리.

푸르다 (靑, 푸를 청; 碧, 푸를 벽; 蒼, 푸를 창) [be blue]
맑은 가을 하늘이나 깊은 바다, 풀의 빛깔과 같이 밝고 선명하다. ¶푸른 하늘. [비] 청청(靑靑)하다.

푸르뎅뎅-하다 [be blue]
고르지 않게 푸르스름하다. ¶얼굴빛이 푸르뎅뎅하다.

푸르르 [trembling]
❶크고 가볍게 떠는 모양. ¶눈을 푸르르 떨다. ❷약간 큰 새 따위가 갑자기 날아갈 때 나는 소리. 또는 그 모양. ¶새가 울음을 멈추고 푸르르 날아가다.

푸르스름-하다 [bluish]
조금 푸르다. ¶푸르스름한 불빛. ⓑ 푸르스레하다.

푸르죽죽-하다 [be sordidly bluish]
빛깔이 고르지 못하고 칙칙하게 푸르스름하다. ¶푸르죽죽한 입술.

푸른-곰팡이 [penicillium]
식물 푸른 빛깔의 곰팡이. 음식물을 썩히는 해로운 것이 많지만, 페니실린의 원료가 되는 유익한 것도 있다.

푸른-빛 [blue tint]
푸른색. ¶봄이 되자 산에 푸른빛이 돈다.

푸른-색 (一色, 빛 색) [blue]
맑은 가을 하늘이나 깊은 바다, 풀의 빛깔과 같이 맑고 선명한 색(色). ¶그는 푸른색 작업복을 입었다. ⓑ 푸른빛.

푸릇-푸릇 [all spotted green]
군데군데 푸르스름한 모양. ¶풀이 푸릇푸릇 돋아나다.

푸석-푸석 [all crisp; crumbly]
❶부피만 크고 바탕이 거친 물건 따위가 쉽게 부스러지는 소리. 또는 그 모양. ¶흙은 비에 젖어 푸석푸석하게 밀려난다. ❷살이 핏기가 없이 부어오른 듯하고 거친 모양. ¶잠을 못 잤더니 피부가 푸석푸석해졌다.

푸성귀 [vegetables; greenstuff]
사람이 가꾸어 기르거나 또는 저절로 난 온갖 나물들의 일컬음. ¶집 근처에 푸성귀를 심어 먹다. ⓑ 야채.

푸줏-간 (一間, 틈 간) [butcher shop]
예전에, 쇠고기나 돼지고기 따위의 고기를 끊어 팔던 가게(間). ¶푸줏간에서 쇠고기를 사 왔다.

푸짐-하다 [plentiful; abundant; generous]
마음이 흐뭇하도록 넉넉하다. ¶밥상을 푸짐하게 차리다.

푸푸 [puffing]
다물었던 입술을 내밀고 조금 벌리며 잇달아 입김을 내뿜는 소리. 또는 그 모양. ¶푸푸대며 세수를 하다.

푹 [deeply; completely; heavily]
❶몸이 옷이나 이불 속에 깊이 파묻히는 모양. ¶이불을 푹 덮고 자렴. ❷잠이 푸근하게 깊이 들거나 곤한 몸을 매우 흡족하게 쉬는 모양. ¶주말에 푹 쉬었더니 몸이 개운하다. ❸흠씬 익도록 삶거나 고거나 끓이는 모양. ¶푹 삶은 고기.

푹신푹신-하다 [all soft]
여럿이 다 또는 매우 푸근하게 부드럽고 탄력이 있다. ¶푹신푹신한 이불.

푹신-하다 [soft; bouncy]
부드러운 탄력성이 있고 따스한 느낌이 있다.

푹-푹 [deeply; completely; muggy]
❶자꾸 빠지거나 들어가는 모양. ¶발이 푹푹 늪 속으로 빠져 들어가다. ❷입김이나 숨을 계속 세게 내뿜는 모양. ¶한숨을 푹푹 내쉬다. ❸속속들이 익도록 찌거나 삶는 모양. ¶콩을 푹푹 삶다.

푹-하다 [warm; mild]
겨울 날씨가 춥지 않고 따뜻하다. ¶겨울답지 않게 푹한 날씨.

푼ː[1] [penny; old coin]
❶예전에, 엽전을 세던 단위. 한 푼은 돈 한 닢을 이른다. ¶쌀 한 말에 닷 푼입니다. ❷적은 액수의 돈. ¶한 푼만 주십시오.

푼ː[2] [percentage]
❶길이의 단위. 한 치의 1/10. ¶두 치 오 푼. ❷무게의 단위. 한 돈의 1/10. ¶한 돈 오 푼. ❸백에 대한 비율로, 할(割)의 10분의 1. ¶이 선수는 2할 7푼의 타율을 보인다.

푼ː-돈
[small sum of money; loose cash]

얼마 되지 않은 적은 돈. ¶그는 푼돈이라도 아끼려고 매일 자전거를 타고 다닌다. [반] 목돈.

푼ː수 [idiot; thoughtless person]
생각이 모자라고 어리석은 사람을 놀림조로 이르는 말. ¶이 푼수야. 그런 말을 하고 다니면 어떡하니.

푼ː푼-이 [penny by penny]
한 푼씩 한 푼씩. ¶푼푼이 모은 돈.

풀[1](草, 풀 초) [grass]
뿌리 식물을 통틀어 이르는 말. ¶소들이 풀을 뜯고 있다.

풀[2][glue]
물건을 붙이는 데 쓰는 끈끈한 물질. ¶봉투를 풀로 붙이다.

풀-기 (—氣, 기운 기) [stiffness]
풀을 먹여 빳빳하게 된 기운(氣運). ¶풀기가 있어서 옷이 빳빳하다.

풀-꽃 [flower of a herb]
풀에 피는 꽃.

풀다 (解, 풀 해; 釋, 풀 석)
[loosen (up); release; solve]
❶묶은 것이나 뭉킨 것을 끄르거나 풀어지게 하다. ¶실타래를 풀다. ❷금지·제한되었던 것 따위를 터놓다. ¶통제를 풀다.

풀려-나다 [get free]
억압받던 상태에서 벗어나 자유로운 상태가 되다. ¶인질들이 무사히 풀려났다.

풀-리다 [come untied; be freed]
❶매이거나 묶이거나 싸여 있는 것이 도로 끌러 놓아지다. ¶운동화 끈이 풀렸다. ❷맺혀 있거나 쌓여 있는 것이 없어져 원래의 정상적인 상태로 되다. ¶목욕을 하니 피로가 싹 풀린다.

풀무 [(a pair of) bellows]
불을 피울 때 바람을 일으키는 기구. ¶풀무를 젓는 아저씨의 얼굴에서 땀방울이 떨어졌다.

풀-무치
[grasshopper; migratory locust]
[동물] 메뚜기와 비슷한 곤충. 풀잎이나 농작물을 갉아먹는다.

풀-밭 [grass field]
잡풀이 많이 난 땅. ¶풀밭에서 뛰놀다.

풀-벌레
풀숲에서 사는 벌레들의 일컬음. ¶여름밤의 풀벌레 우는 소리.

풀-빛 [light green]
풀의 빛깔과 같은 진한 연둣빛. ¶누렇던 잔디가 어느새 풀빛으로 변해 갔다. [비] 풀색.

풀-뿌리 [grass roots]
풀의 뿌리. ¶풀뿌리를 캐어 먹다.

풀-색 (—色, 빛 색) [yellowish green]
풀의 빛깔[色]과 같은 진한 연두색. [비] 풀빛.

풀-숲 [grass]
풀이 무성한 수풀. ¶풀숲에 숨다.

풀썩 [collapsing; rising lightly]
❶맥없이 마구 주저앉거나 내려앉는 모양. ¶사고 소식을 듣고 풀썩 주저앉고 말았다. ❷연기나 먼지 따위가 갑자기 한 번 일어나는 모양. ¶모닥불에 물을 끼얹자 검은 연기가 풀썩 솟아올랐다.

풀어-지다
[come untied; be resolved; melt]
❶묶거나 얽힌 것이 풀리게 되다. ¶보따리가 풀어져 있다. ❷뭉친 것이나 단단한 것 따위가 느슨하게 되다. ¶안마를 받으니 긴장된 근육이 풀어진다.

풀이 [explain; solve; interpret]
❶모르거나 어려운 것을 알기 쉽게 밝히어 말하는 일. ¶사전에 풀이된 뜻은 다음과 같다. ❷[수학] 어떤 문제가 요구하는 결과를 얻어 내는 일. 또는 그 결과. ¶선생님은 수학 문제를 풀이해 주셨다.

▶ **풀이-말**
[언어] 한 문장에서, 주어의 움직임·상태·성질 등을 서술하는 말. 서술어.

풀-잎 [blade of grass]

풀의 잎. ¶풀잎에 맺힌 이슬.

풀-장 (pool場, 마당 장)
[swimming pool]
수영하며 놀거나 수영 경기를 목적으로 우묵하게 파서[pool] 물을 채워둔 곳[場]. ¶풀장에서 첨벙첨벙 수영하다. ㊐ 수영장(水泳場).

풀질-하다 [apply glue]
무엇을 붙일 자리에 풀을 칠하다. ¶벽지에 풀질하는 일이 보는 것처럼 쉽지는 않다.

풀쩍 [lightly jumping]
둔하고 힘 있게 뛰어오르는 모양. ¶풀쩍 뛰어 자전거에 올라탔다.

풀-칠 (-漆, 옻 칠)
[apply paste; put glue]
종이 등을 붙이려고 무엇에 풀을 바름[漆]. ¶종이에 풀칠을 하다. 속담 사흘에 한 끼 입에 풀칠하기도 어렵다.

풀풀
눈·먼지 같은 것들이 흩날리는 모양. ¶운동장에서 먼지가 풀풀 난다.

풀-피리 [grass harp]
두 입술 사이에 풀잎을 대거나 물고 부는 것. 풀잎피리.

품[1] [width; bosom; breast]
❶윗옷의 양쪽 겨드랑이 밑의 가슴과 등을 두르는 부분의 넓이. ¶품이 잘 맞는다. ❷안거나 안기는 것으로서의 가슴. ¶할머니의 품에 안기다. 속담 품 안의 자식.

♣ 품[1] / 가슴 

○ 나는 엄마 품에 = 가슴에 안겼다.

○ 가족의 품으로 돌아가다.
× 가족의 가슴으로 돌아가다.

○ 그 일을 생각하면 가슴이 답답하다.
× 그 일을 생각하면 품이 답답하다.

품[2] [work; labor]
무슨 일에 드는 힘 또는 수고. ¶생각보다 품이 많이 드는 일이다.

품-값 [wages]
노력의 대가(代價). ¶품값을 받다. ㊐ 품삯.

품:격 品格 | 품위 품, 인격 격 [grace]
❶속뜻 품위(品位)와 인격(人格). ❷사람된 바탕과 타고난 성품. ¶품격이 있는 행동. ❸사물 따위에서 느껴지는 품위. ¶품격 높은 상품.

품:계 品階 | 품위 품, 섬돌 계
❶속뜻 벼슬의 품위(品位)를 나눈 단계(段階). ❷역사 여러 벼슬자리에 대하여 매기던 등급. 제일 높은 정일품에서 제일 낮은 종구품까지 18단계로

▸품:계-석 品階石 | 돌 석
역사 각급 품계(品階)를 표시해 놓은 돌[石]. ㊟ 품석.

품:다 [embrace; keep in mind]
❶품속에 넣거나 가슴에 대어 안거나 몸에 지니다. ¶엄마가 아기를 가슴에 꼭 품다. ❷기운 따위를 지니다. ❸생각이나 느낌 따위를 마음속에 가지다. ¶지난번 일로 아직도 내게 불만을 품고 있다.

비슷한 듯 다른 말	➲ 안다

품:명 品名 | 물건 품, 이름 명
[name of an article]
물품(物品)의 이름[名]. ¶그것의 품명을 아래에 적어 놓았다.

품:목 品目 | 물건 품, 눈 목
[list of items]
❶속뜻 물품(物品)의 이름을 쓴 목록(目錄). ¶수출 품목. ❷물품 종류의 이름. ¶품목이 다양하다.

품-삯 [wages for labor]
품팔이에 대한 삯. ¶주인집에서 일한 품삯으로 쌀 한 가마니를 주었다. ㊐ 노임, 임금(賃金).

품:성 品性 | 품격 품, 성질 성 [nature]

품격(品格)과 성질(性質)을 아울러 이르는 말. ¶그는 품성이 착하다.

품세
운동 태권도에서, 공격과 방어의 기본 기술을 연결한 연속 동작.

품-속 [inside the bosom]
품의 속이나 품고 있는 그 깊은 속. ¶어린 애를 품속에 안다. ㉥ 품안.

품-안 [inside the bosom]
품의 속. 안을 때 가슴 안쪽.

품-앗이 [exchange labor]
힘든 일을 서로 거들어 주면서 품을 지고 갚고 하는 일. ¶품앗이로 김을 매다.

품:위 品位 | 품격 품, 자리 위 [dignity]
❶ 속뜻 직품(職品)과 직위(職位). ❷사람이 갖추어야 할 위엄이나 기품. ¶품위를 지키세요. ❸사물이 지닌 고상하고 격이 높은 인상. ¶세련되고 품위 있는 가구. ㉥ 기품(氣品), 품격(品格).

품:절 品切 | 물건 품, 끊을 절 [out of stock]
물건[品]이 다 팔리고 없음[切]. ¶그 바지는 품절되었다.

품:종 品種 | 물건 품, 갈래 종 [kind; species]
❶ 속뜻 물품(物品)의 종류(種類). ¶다양한 품종의 물건을 진열해놓다. ❷ 생물 생물 분류학상 같은 종(種)의 생물을 그 특성으로 다시 세분한 최소의 단위. ¶진돗개는 한국 고유의 개 품종이다.

⁑**품:질** 品質 | 물건 품, 바탕 질 [quality]
물품(物品)의 성질(性質). ¶그 상품은 품질에 비해 너무 비싸다.

품-팔이 [work for wages]
품삯을 받고 남의 일을 해 주는 일. ¶품팔이로 끼니를 잇다.

품:행 品行 | 품격 품, 행할 행 [conduct; behavior]
성품(性品)과 행실(行實).

풋-감 [unripe persimmon]
빛이 퍼렇고 아직 익지 않은 감. ¶풋감을 베어 무니 몹시 떫다.

풋-고추 [unripe pepper]
빛이 푸르고 아직 익지 않은 고추. ¶고추장에 찍어 먹는 풋고추의 맛.

풋-과일 [green fruits]
아직 덜 익은 과일. ¶풋과일을 먹어 배탈이 났다.

풋-김치
봄·가을에 새로 나온 열무나 어린 배추로 담근 김치. ¶김장을 하기에는 너무 이르니 풋김치라도 담가 먹어야겠다.

풋-내기 [inexperienced person; rookie]
젊고 경험이 없어 일에 서투른 사람. ¶그는 풋내기이므로 두려워할 필요가 없다. ㉤ 달인(達人), 전문가(專門家).

풋풋-하다 [fresh]
풋것처럼 푸르고 싱싱하다. ¶풋풋한 봄나물 / 신입생들의 모습이 풋풋해 보인다.

풍[1] 風 | 병 이름 풍 [paralysis; palsy]
한의 뇌에 이상이 생겨 팔다리를 제대로 움직일 수 없는 병. ¶그는 풍을 맞은 후 왼손을 못 쓴다.

풍[2] 風 | 바람 풍 [boast]
실상보다 너무 과장하여 믿음성이 적은 언동. '허풍'(虛風)의 준말. ¶풍을 떨다.

풍경[1] 風磬 | 바람 풍, 경쇠 경 [wind bell]
바람[風]에 흔들려 울리는 경쇠[磬]. 바람이 부는 대로 흔들리면서 소리가 난다. ¶처마 밑에 풍경이 매달려 있다.

풍경[2] 風景 | 바람 풍, 볕 경 [scene]
❶ 속뜻 바람[風]과 볕[景]. ❷아름다운 경치. ¶단풍이 곱게 물든 시골의 풍경. ❸어떤 모습이나 상황. ¶방 안 풍경을 둘러보다.

▶ 풍경-화 風景畵 | 그림 화
미술 자연의 경치를[風景] 그린 그림[畵].

풍금 風琴 | 바람 풍, 거문고 금 [organ]

음악 페달을 밟아서 바람[風]을 넣어 소리를 내는 건반 악기[琴]. ¶아이들은 선생님의 풍금 소리에 맞춰 노래를 불렀다.

풍기[1] **風紀** | 풍속 풍, 벼리 기
[public morality]
풍속(風俗)이나 풍습에 대한 기율(紀律). 주로 남녀가 교제할 때의 절도를 이른다. ¶풍기가 문란하다.

풍기[2] **風旗** | 바람 풍, 깃발 기
역사 바람[風]의 방향을 측정하기 위하여 매단 깃발[旗].

▸풍기-대 風旗臺 | 대 대
역사 조선 시대에, 풍기(風旗)를 매달기 위해 만든 받침대[臺]. 경복궁과 창경궁에 하나씩 남아 있다.

풍기다 [smell; radiate; give off]
❶냄새·기미 따위가 퍼지다. 냄새·기운을 퍼뜨리다. ¶기름 냄새를 풍기다. ❷어떤 분위기가 나다. 또는 그런 것을 자아내다. ¶그는 강렬한 인상을 풍긴다.

풍납 토성 風納土城 | 바람 풍, 들일 납, 흙 토, 성곽 성
지리 서울특별시 송파구 풍납(風納)동에 있는, 삼국시대 토성(土城)의 유적.

풍년 豐年 | 넉넉할 풍, 수확 년
[year of abundance]
❶ 속뜻 넉넉한[豐] 수확[年]. ❷풍성한 수확을 거둔 해. ¶올해는 포도가 풍년이다. ⓑ 흉년(凶年).

▸풍년-가 豐年歌 | 노래 가
음악 풍년(豐年)의 기쁨을 노래한[歌] 경기 민요.

▸풍년-새 (豐年-)
민요에 나오는, 풍년(豐年)이 들 것을 알린다는 소쩍새.

풍덩 [with a splash]
크고 무거운 물건이 물에 떨어져 빠지는 소리. ¶그는 깊은 물속으로 풍덩 뛰어들었다.

▸풍덩-풍덩
크고 무거운 물건이 깊은 물에 잇달아 떨어지거나 빠질 때 무겁게 나는 소리. ¶물에 풍덩풍덩 뛰어들다.

풍뎅이 [scarabaeid beetle]
동물 몸은 둥글넓적하며, 등은 광택이 나는 검은 녹색의 곤충.

풍랑 風浪 | 바람 풍, 물결 랑
[wind and waves; heavy seas]
❶ 속뜻 바람[風]과 물결[浪]. ❷ 지리 해상에서 바람이 강하게 불어 일어나는 물결. ¶배가 풍랑에 휩쓸렸다.

풍력 風力 | 바람 풍, 힘 력
[force of the wind]
바람[風]의 세기[力]. 바람의 강약 도수(度數). ¶이 기계는 풍력으로 작동한다.

▸풍력 발전 風力發電 | 일으킬 발, 전기 전
전기 바람[風]의 힘[力]을 이용해서 전기(電氣)를 일으키는[發] 것.

풍로 風爐 | 바람 풍, 화로 로
바람[風]이 통하도록 아래에 구멍을 낸 작은 화로(火爐)의 한 가지. ¶풍로에 불을 붙이려고 부채질을 하다.

풍류 風流 | 모습 풍, 흐를 류
[taste for the arts]
풍치(風致)를 찾아 즐기며 멋스럽게 노니는[流] 일. 속되지 않고 운치가 있는 일. ¶풍류를 즐기다.

풍만 豐滿 | 넉넉할 풍, 가득할 만
[abundant; plump]
❶ 속뜻 넉넉하고[豐] 가득함[滿]. ❷몸에 살이 탐스럽게 많다. ¶가슴이 풍만하다.

풍문 風聞 | 바람 풍, 들을 문 [rumor]
바람[風] 같이 떠도는 소문(所聞). ¶풍문은 믿을 것이 못된다.

풍물 風物 | 풍속 풍, 만물 물
[scenery and customs]
❶ 속뜻 어떤 지방의 풍습(風習)과 산물(産物). ¶세계 각국의 독특한 풍물을 소개하다. ❷ 음악 농악에 쓰는 악기를 통틀어 이르는 말. 꽹과리, 태평소, 소고, 북, 장구,

징 따위. ¶그는 신나게 풍물을 쳤다.

▸풍물-패 (風物—)
풍물(風物)을 치며 함께 노는 무리. ¶그는 풍물패의 상쇠다.

▸풍물-놀이 (風物—)
음악 농촌에서 풍물(風物)을 가지고 하는 우리나라 고유의 음악. ⓑ 농악(農樂).

⁑풍부 豐富 | 넉넉할 풍, 넉넉할 부 [rich (in); plentiful]
매우 많아 넉넉함[豐=富]. ¶형은 상식이 풍부하다.

풍상 風霜 | 바람 풍, 서리 상 [wind and frost; hardships]
❶ 속뜻 바람[風]과 서리[霜]. ¶비석은 오랜 풍상으로 훼손됐다. ❷'세상의 모진 고난이나 고통'을 비유하여 이르는 말. ¶온갖 풍상을 겪다.

풍선 風船 | 바람 풍, 배 선 [balloon]
❶ 속뜻 바람[風]으로 움직이는 배[船]. ❷ 얇은 고무주머니 속에 공기나 수소가스를 넣어 공중으로 뜨게 만든 물건. ¶풍선을 불다.

풍성 豐盛 | 넉넉할 풍, 가득할 성 [be abundant; plentiful]
❶ 속뜻 넉넉하고[豐] 가득함[盛]. ❷넉넉하고 많음. ¶풍성하게 맺은 열매.

풍속[1] 風俗 | 바람 풍, 속될 속 [manners; customs]
❶ 속뜻 한 사회의 풍물(風物)과 습속(習俗). ❷옛날부터 그 사회에 전해 오는 생활 전반에 걸친 습관. ¶이 마을에는 옛날 풍속이 잘 보존되어 있다. ⓑ 풍습(風習).

▸풍속-도 風俗圖 | 그림 도
미술 그 시대의 세정(世情)과 풍속(風俗)을 그린 그림[圖]. ⓑ 풍속화(風俗畵).

▸풍속-화 風俗畵 | 그림 화
미술 그 시대의 세정(世情)과 풍속(風俗)을 그린 그림[畵]. ⓑ 풍속도(風俗圖).

풍속[2] 風速 | 바람 풍, 빠를 속 [wind speed]
바람[風]의 속도(速度). ¶현재 풍속은 초속 3미터이다.

▸풍속-계 風速計 | 셀 계
지리 바람의 속도[風速]를 측정하는 계기(計器). ⓑ 풍력계(風力計).

풍수 風水 | 바람 풍, 물 수 [geomancy]
❶ 속뜻 바람[風]과 물[水]. ❷ 민속 집, 무덤 따위의 방위와 지형이 좋고 나쁨이 사람의 화복에 절대적 관계를 가진다는 학설.

▸풍수-지리 風水地理 | 땅 지, 이치 리
❶ 속뜻 바람[風]이 불고, 물[水]이 흐르는 방향과 지리(地理). ❷ 민속 지형이나 방위를 길흉화복과 연결시킨 이론. ¶풍수지리를 이용해 집터를 잡다.

풍-수해 風水害 | 바람 풍, 물 수, 해칠 해 [damage by storm and flood]
강풍(強風)과 홍수(洪水)의 피해(被害).

풍습 風習 | 풍속 풍, 버릇 습 [manners; customs]
풍속(風俗)과 습관(習慣). ¶그 민족은 새해에 서로에게 물을 뿌리는 풍습이 있다. ⓑ 풍속(風俗).

풍악 風樂 | 바람 풍, 음악 악 [Korean classic music]
❶ 속뜻 풍류(風流)가 있는 음악(音樂). ❷ 음악 예로부터 전해 오는 우리나라 고유의 음악. ¶풍악을 울려라!

풍악-산 楓嶽山 | 단풍나무 풍, 큰 산 악, 메 산
❶ 속뜻 단풍(丹楓)으로 물든 산[嶽=山]. ❷'가을철의 금강산'을 이름.

풍어 豐漁 | 넉넉할 풍, 고기 잡을 어 [good catch]
넉넉하게[豐] 많이 잡힘[漁]. ¶풍어를 기원하다. ⓑ 대어(大漁). ⓑ 흉어(凶漁).

풍요[1] 風謠 | 풍속 풍, 노래 요 [folk song]
❶ 속뜻 그 지방의 풍속(風俗)을 읊은 노래[謠]. ❷ 문학 신라 선덕 여왕 때의 향가. 영묘사 장륙불상을 만들 때 흙을 나르던

아낙네들이 함께 불렀다는 노동요이다.

풍요²豐饒 | 넉넉할 풍, 넉넉할 요 [rich; abundant; plentiful]
풍성(豐盛)하고 넉넉함[饒]. 매우 넉넉함. ¶정신적 풍요 / 풍요한 사회/ 풍요로운 생활을 즐기다. ㊥ 궁핍(窮乏), 부족(不足).

풍월 風月 | 바람 풍, 달 월 [beauties of nature]
❶속뜻 청풍(淸風)과 명월(明月). ❷'자연의 아름다움'을 이르는 말.

풍자 諷刺 | 빗댈 풍, 찌를 자 [satirize; lampoon]
❶속뜻 무엇에 빗대어[諷] 정곡을 찌름[刺]. ❷남의 결점을 다른 것에 빗대어 비웃으면서 폭로하고 공격함. ¶이 이야기는 상류 사회에 대한 풍자로 가득하다 / 양반을 풍자하고 조롱하는 탈춤.

풍작 豐作 | 풍년 풍, 지을 작 [good harvest]
풍년[豐]이 들어 농사를 잘 지음[作]. 또는 그런 농사. ¶올해는 비가 적당히 와서 풍작이 예상된다. ㊥ 흉작(凶作).

풍전 風前 | 바람 풍, 앞 전
바람[風]이 불어오는 앞[前].

▸풍전-등촉 風前燈燭 | 등불 등, 촛불 촉
❶속뜻 바람 앞[風前]의 등불[燈=燭]. ❷사물이 매우 위험한 처지에 놓여 있음.

▸풍전-등화 風前燈火 | 등불 등, 불 화
❶속뜻 바람 앞[風前]의 등(燈)불[火]. ❷풍전등촉(風前燈燭). ¶사나운 폭풍 앞에 여객선의 운명은 풍전등화였다.

풍조 風潮 | 바람 풍, 바닷물 조 [tendency]
❶속뜻 바람[風]과 바닷물[潮]. ❷시대에 따라 변하는 세태. ¶우리 사회 전반에 과소비 풍조가 만연해 있다.

풍족 豐足 | 넉넉할 풍, 넉넉할 족 [be plentiful]
풍성(豐盛)하고 넉넉함[足]. ¶그는 풍족한 가정에서 자랐다. ㊥ 부족(不足)하다.

풍진 風疹 | 바람 풍, 홍역 진 [rubella]
❶속뜻 바람[風]같이 금방 낫는 홍역[疹] 비슷한 병. ❷의학 홍역과 비슷한 발진성 급성 피부 전염병의 하나. 좁쌀만한 뾰루지가 얼굴과 사지에 났다가 3~4일 만에 낫는다.

풍차¹風車 | 바람 풍, 수레 차 [windmill]
바람[風]의 힘을 이용하여 동력을 얻는 [車] 모양의 기계 장치. ¶풍차의 날개가 클수록 더 천천히 움직인다.

풍차²風遮 | 바람 풍, 가로막을 차 [fur hood; cloth belt]
❶속뜻 겨울에 찬바람[風]을 막기[遮] 위하여 머리에 쓰는 방한용 두건의 하나. ❷어린아이의 바지나 고의의 마루폭에 좌우로 길게 대는 헝겊 조각. 저고리의 섶과 같다.

풍채 風采 | 모습 풍, 캘 채 [presence; appearance]
❶속뜻 풍도(風度)와 신채(神采). ❷드러나 보이는 사람의 겉모양. ¶풍채가 늠름하다.

풍토 風土 | 바람 풍, 흙 토 [climate]
어떤 지방의 바람[風]과 땅[土]의 상태. ¶지역의 풍토에 맞게 농사를 지어야 한다.

▸풍토-병 風土病 | 병 병
어떤 지방의 독특한 자연 환경으로[風土] 생기는 특이한 병(病). ¶여행 중에 힘들었던 것은 이름도 모르는 풍토병에 걸렸을 때였다.

풍파 風波 | 바람 풍, 물결 파 [rough seas; hardships]
❶속뜻 세찬 바람[風]과 험한 물결[波]. ¶배가 풍파를 만나지 않기만을 간절히 빌었다. ❷세상살이의 어려움이나 고통. ¶그는 세상의 모진 풍파를 이겨냈다.

풍향 風向 | 바람 풍, 향할 향 [direction of the wind]
지리 바람[風]이 불어오는 방향(方向).

▸풍향-계 風向計 | 셀 계

[지리] 바람의 방향을[風向] 관측하는 계기(計器). ¶풍향계가 북쪽을 가리키고 있다.

풍화¹風化 | 바람 풍, 될 화
[be weathered]
❶ [속뜻] 바람[風]에 의해 변화(變化)함. ❷ [지리] 지표를 구성하는 암석이 햇빛, 공기, 물, 생물 따위의 작용으로 점차 파괴되거나 분해되는 일.

풍화²風化 | 풍속 풍, 될 화
[effloresce]
교육이나 정치의 힘으로 풍습(風習)을 잘 교화(敎化)하는 일.

퓨즈 {영 fuse}
[전기] 전기 회로에 과대한 전류가 흐를 때, 곧 녹아 회로를 닫고, 미리 위험을 방지하는 데 쓰이는 부품. ¶퓨즈가 끊어지다.

프라이 {영 fry}
고기·생선·야채 따위에 밀가루를 버무려 기름에 튀기거나 지지는 일. 또는 그 음식. ¶계란 프라이.
▸프라이-팬 {영 frypan}
프라이(fry)하는 데 쓰는, 넓적한 냄비[pan]. ¶프라이팬에 기름을 두르다.

프라이버시 {영 privacy}
개인의 사생활이나 사적인 일. 또는 그것을 남에게 간섭받지 않을 권리·자유. ¶제 프라이버시를 존중해 주세요.

프랑스 어 (France語, 말씀 어) [French]
[언어] 프랑스(France) 사람들이 쓰는 말[語]. '불어'(佛語)라고도 한다.

프랑스 혁명 (France革命, 바꿀 혁, 운명 명)
[French Revolution]
[역사] 1789년부터 1799년까지 프랑스(France)에서 일어난 시민 혁명(革命). 부르봉 왕조를 무너뜨리고 프랑스의 사회·정치·사법·종교적 구조를 크게 바꾸어 놓았다.

프레온 가스 {영 Freon gas}
[화학] 기체[gas] 상태의 프레온(Freon). 스프레이용, 냉방·냉장고 등의 냉매용(冷媒用)으로 쓴다.

프레파라트 {독 Präparat}
[생물] 현미경을 이용한 생물 및 광물의 표본. 독일어로 '표본'이라는 뜻이다.

프렌치-토스트 {영 French toast}
달걀·우유 등을 섞은 것에 식빵을 적셨다가 프라이팬에 지진 서양 음식. ¶아침 식사는 간단하게 프렌치토스트로 해결한다.

프로¹ {영 Pro.}
'프로그램'(program)의 준말. ¶나는 그 프로를 빠짐없이 본다.

프로² {네 procent}
'백분율'을 나타내는 말. 기호는 '%'. ¶내가 100프로 확신하는 것은 아니다. [비] 퍼센트(percent).

프로³ {영 Pro.}
'전문가'를 뜻하는 'professional의 준말. 어떤 일을 전문으로 하거나 그런 지식이나 기술을 가진 사람. 또는 직업 선수. ¶그는 프로처럼 노래를 잘 부른다 / 프로 야구. [반] 아마추어(amateur).
▸프로-야구 (Pro野球, 들 야, 공 구)
[운동] 직업 선수들이 생활의 수단으로 하는 전문적인[pro] 야구(野球).

프로그래머 {영 programmer}
컴퓨터 프로그램을 작성하는 사람. 또는 프로그래밍을 직업으로 하는 사람.

프로그램 {영 program}
❶진행 계획이나 순서. ¶프로그램을 짜다. ❷ [연영] 연극·영화·음악 등의 진행 순서나 목록. ¶연주회의 프로그램을 소개하다. ❸컴퓨터에 대하여, 어떤 절차로 정보를 처리할 것인가를, 기계가 해독할 수 있는 특별한 언어 따위로 지시하는 것. 또는 그것을 작성하는 일. ¶새로운 프로그램을 개발하다. [준] 프로.

프로듀서 {영 producer}
[연영] 연극, 영화, 방송 따위에서 제작의 모든 관리를 책임지는 사람. [준] 피디(PD).

프로세서 {영 processor}

컴퓨터에서 명령을 해독하고 실행하는 기능 단위라는 뜻으로, '중앙 처리 장치'를 이르는 말.

프로키온 {영 Procyon}
천문 작은개자리에서 가장 밝은 별.

프로타주 {프 frottage}
미술 나뭇조각이나 나뭇잎, 시멘트 바닥, 기타 요철이 있는 물체에 종이를 대고 색연필, 크레용, 숯 따위로 문질러 거기에 베껴지는 무늬나 효과 따위를 응용한 회화 기법. '문지르기'라는 뜻.

프로판 {영 propane}
화학 무색의 냄새가 없는 가연성(可燃性) 기체. 압력을 가해 액체로 만들어 가정용 또는 자동차 연료 등에 사용한다.

프로펠러 {영 propeller}
비행기·선박을 앞으로 나아가게 하는 회전 날개. ¶헬리콥터의 프로펠러가 돌아가기 시작했다.

프리즘 {영 prism}
물리 광선을 굴절·분산시킬 때 쓰는, 유리나 수정 따위로 된 다면체의 광학 부품. ¶프리즘은 빛을 무지개 빛깔로 나눈다.

프린터 {영 printer}
출판 정보를 출력 용지에 인쇄하는 장치. ¶프린터에 종이를 넣다.

프린트 {영 print}
인쇄하거나 등사하는 일. 또는 그 인쇄물. ¶몇 부나 프린트할까요?

플라나리아 {영 planaria}
동물 몸은 평평하고 길쭉하며 몸 표면은 가는 털이 나 있는 와충류(渦蟲類)의 총칭. 자르면 두개의 생물체로 분열된다.

플라멩코 {에 flamenco}
예술 에스파냐 남부의 안달루시아 지방에서 예부터 전하여 오는 민요와 춤. 기타와 캐스터네츠 소리에 맞추어 손뼉을 치거나 발을 구르거나 하는 격렬한 리듬과 동작이 특색이다.

플라스크 {영 flask}
화학 목이 길고 몸은 둥글게 만든 화학 실험용 병.

플라스틱 {영 plastic}
화학 열이나 압력으로 소성 변형을 시켜 성형할 수 있는 고분자 화합물을 통틀어 이르는 말.

플라타너스 {영 platanus}
식물 나무껍질에 흰무늬가 있고 크고 손바닥모양의 잎이 나는 키 큰 나무.

플랑크톤 {영 plankton}
생물 물속에서 물결에 따라 떠다니는 작은 생물을 통틀어 이르는 말.

플래시 {영 flash}
❶손전등. ¶플래시로 발밑을 비추다. ❷사진을 찍을 때 번쩍 하는 빛을 내는 전구. ¶플래시를 터뜨리다.

플래카드 {영 placard}
가로로 긴 천 등에 구호 등을 적고 양끝에 장대를 꿰어 단 선전물. ¶플래카드를 들고 행진하다. ㊥ 현수막.

플랫폼 {영 platform}
역에서 승객이 기차를 타고 내리는 곳. ¶이번 열차는 7번 플랫폼에서 출발한다. ㊥ 승강장(昇降場).

플러그 {영 plug}
전기 회로에 붙은 코드 끝의 접속 기구. 콘센트에 꽂는다. ¶플러그를 꽂다.

플러스 {영 plus}
❶수학 더하기. 또는 그 기호인 '+'의 이름. ❷물리 전기의 양극. ㊥ 마이너스(minus).

플레이 {play}
운동 ❶경기나 운동. ¶그 팀은 거친 플레이로 유명하다. ❷운동 경기에서 선수를 격려하기 위해 외치는 소리.

플로피 디스크 {영 floppy disk}
컴퓨터에서, 무른[floppy] 성질이 있는 자성(磁性) 매체 위에 데이터를 기록하는 원반[disk] 모양의 기억장치.

플루트 {영 flute}

음악 옆으로 쥐고 불며 구멍에 입김을 불어넣어 소리를 내는 관악기. 최고 음역의 관악기로, 아름 답고 청신한 음색을 지녔다.

피[1](血, 피 혈) [blood]
의학 사람이나 동물의 몸 안의 혈관을 돌며 산소와 영양분을 공급하고, 노폐물을 운반하는 붉은색의 액체. ¶피를 흘리다 / 이 음식은 피를 맑게 하는 효과가 있다. 속담 피는 물보다 진하다. 관용 피를 보다.

피[2][barnyard grass]
식물 벼와 비슷하며 밭이나 습지에서 나는 풀.

피[3][pshaw; with a sneer]
남을 비웃을 때 내는 소리. 또는 그 모양. ¶피, 그런 말이 어디 있어.

피ː고 被告 | 당할 피, 알릴 고
[defendant; accused]
❶ 속뜻 고발(告發)을 당함[被]. ❷ 법률 민사 소송에서, 소송을 당한 쪽의 당사자. ¶피고는 무죄의 몸이 되어 법정을 나갔다. 반 원고(原告).

▶피ː고-인 被告人 | 사람 인
법률 형사 소송에서, 검사로부터 공소 제기를 당한[被告] 사람[人]. ¶그 피고인은 사형 선고를 받았다. 반 원고인(原告人).

피곤 疲困 | 지칠 피, 곤할 곤
[tired; exhausted; weary]
몸이나 마음이 지쳐서[疲] 고단함[困]. ¶대청소를 했더니 피곤하다.

피골 皮骨 | 겉 피, 뼈 골
[skin and bones]
몸 바깥의 겉[皮]과 몸 안의 뼈[骨]. ¶몹시 여위어 피골이 상접(相接)하다.

피ː구 避球 | 피할 피, 공 구
[dodge ball]
운동 공[球]을 피하는[避] 놀이. 일정한 구역 안에서 두 편으로 갈라서 한 개의 공으로 상대편을 맞히는 공놀이.

피-나다 [take great pains]
'몹시 고생하거나 힘들여 함'을 비유하여 이르는 말. ¶피나는 노력.

피ː난 避難 | 피할 피, 어려울 난
[take refuge; find shelter]
재난(災難)을 피(避)함. 재난을 피하여 있는 곳을 옮김. ¶피난 행렬 / 온 가족이 부산으로 피난했다.

▶피ː난-길 (避難-)
재난(災難)을 피(避)하여 가는 길. 또는 그런 도중. ¶전쟁으로 많은 사람이 피난길에 올랐다.

▶피ː난-민 避難民 | 백성 민
피난(避難)하여 딴 곳으로 가는 사람[民]. ¶많은 피난민이 굶어 죽어가고 있다.

▶피ː난-처 避難處 | 곳 처
재난(災難)을 피(避)해 옮긴 거처(居處). ¶폭풍우를 만나 피난처를 찾다.

피노키오 {Pinocchio}
문학 나무 인형 피노키오가 훌륭한 인간이 되기까지의 과정을 그린 교훈적인 이야기. 이탈리아의 콜로디(Collodi, C.)가 지었다.

피-눈물 [bitter tears]
몹시 슬프고 분통하여 나는 눈물. ¶그는 아들의 죽음에 피눈물을 흘렸다.

피다 (發, 필 발)
[bloom; begin to burn; get moldy]
❶꽃봉오리·잎 따위가 벌어지다. ¶이 꽃은 봄에 핀다. ❷불이 차츰 일어나다. ¶불 공기가 습해 연탄불이 잘 피지를 않는다. ❸곰팡이 따위가 생기다. ¶빵에 곰팡이가 피었다. 반 지다.

피-땀 [blood and sweat]
온갖 힘을 들여 일할 때 나는 진땀. ¶할머니께서는 피땀 흘려 번 돈을 장학금으로 내놓으셨다.

피라미 [dace fish]
동물 맑은 냇물에 사는 민물고기. 등은 검푸르고 배는 희며, 뒷지느러미가 매우 크다.

피라미드 {영 pyramid}
[고적] 돌이나 벽돌을 쌓아 만든 사각뿔 모양의 거대한 건조물. 기원전 2700년에서 기원전 2500년 사이에 이집트, 수단, 에티오피아, 라틴 아메리카 등지에서 건조되었으며 주로 왕이나 왕족의 무덤으로 만들어졌다.

피:란 避亂 | 피할 피, 어지러울 란
[take refuge; take shelter; evacuate]
난리(亂離)를 피(避)함. 난리를 피하여 다른 데로 옮김. ¶전쟁으로 모두가 피란을 갔다.

피로[1] 披露 | 열 피, 드러낼 로
❶ [속뜻] 닫힌 문 따위를 열어[披] 널리 드러내[露] 보임. ❷일반에게 널리 알림.
▶ 피로-연 披露宴 | 잔치 연
결혼이나 출생 따위를 널리 알리는[披露] 뜻으로 베푸는 잔치[宴]. ¶그들의 결혼 피로연은 정원에서 열렸다.

피로[2] 疲勞 | 지칠 피, 고달플 로
[tired; fatigued; weary]
몸이나 정신이 지치고[疲] 고달픔[勞]. 또는 그런 상태. ¶피로가 아직 완전히 풀리지 않았다 / 눈이 몹시 피로하다.
▶ 피로-감 疲勞感 | 느낄 감
정신이나 몸이 지쳐 힘든[疲勞] 느낌[感]. ¶점심을 먹고 나면 식곤증과 피로감이 몰려온다.

피:뢰 避雷 | 피할 피, 벼락 뢰
낙뢰(落雷)를 피(避)함.
▶ 피:뢰-침 避雷針 | 바늘 침
[물리] 낙뢰(落雷)를 피(避)하기 위하여 집이나 굴뚝 따위의 건조물에 세우는 끝이 뾰족한 쇠붙이의 막대[針]. ¶피뢰침을 건물 옥상에 설치하다.

피리 (笛, 피리 적) [flute]
[음악] 구멍이 여덟 개 있고 피리를 꽂아서 부는 목관 악기.

피망 {프 piment}
[식물] 열매는 짧은 타원형으로, 매운맛이 별로 없는 풀. 요리에 이용한다.

피-맺히다
[extravasate; get bruised]
가슴에 피가 맺힐 정도로 한이 사무치다. ¶그는 피맺힌 원한을 풀기 위해 복수를 다짐했다.

피-멍 [bruise; contusion]
부딪히거나 맞아서 살갗 아래 피가 맺힌 것. ¶종아리에 피멍이 들다.

피:복[1] 被服 | 덮을 피, 옷 복 [clothes]
❶ [속뜻] 덮어서[被] 입는 옷[服] ❷옷. ¶피복에 묻은 얼룩을 제거하다. ⓑ 의복(衣服).

피:복[2] 被覆 | 덮을 피, 뒤집힐 복 [cover; coat]
거죽을 덮어[覆] 씌움[被]. 또는 덮어 싼 물건. ¶전선의 고무 피복이 벗겨졌다.

***피부** 皮膚 | 겉 피, 살갗 부 [skin]
❶ [속뜻] 겉[皮]면의 살갗[膚]. ❷ [동물] 척추동물의 몸의 겉을 싸고 있는 조직. ¶아기는 피부가 부드럽다. ⓑ 살갗.
▶ 피부-병 皮膚病 | 병 병
[의학] 피부(皮膚)에 생기는 모든 병(病)을 통틀어 이르는 말. ¶강아지가 피부병에 걸려 털이 다 빠졌다.
▶ 피부-색 皮膚色 | 빛 색
사람의 살갗[皮膚]의 색(色). ¶그녀는 피부색이 유난히 하얗다.
▶ 피부-암 皮膚癌 | 암 암
[의학] 주로 피부(皮膚)에 생기는 악성 종양[癌]. 햇볕을 많이 받는 부위에 생기기 쉽고 백인에게 많다. ¶햇볕을 지나치게 오래 쬐면 피부암에 걸릴 수 있다.
▶ 피부-염 皮膚炎 | 염증 염
[의학] 피부(皮膚)에 생기는 염증(炎症)을 통틀어 이르는 말.

피-붙이 [family of the same blood]
혈육으로 볼 때 가까운 사람. 보통 부모와 자식의 관계에서 쓴다. ¶그는 피붙이 하나 없이 외롭게 살고 있다. ⓑ 살붙이.

피브이시 {영 PVC}
[화학] '폴리염화비닐'(polyvinyl chloride)의 준말. 시트·용기(容器)·파이프 등에 널리 쓴다.

피비린-내 [bloody stink]
피에서 풍기는 비린 냄새. ¶방 안에서 피비린내가 난다 / 한국 전쟁은 동족 간의 피비린내 나는 싸움이었다.

피-뿔고둥
[동물] 고둥의 하나. 껍데기가 엷은 갈색 바탕에 어두운 갈색 띠무늬가 있는 큰 소라.

피:살 被殺 | 당할 피, 죽일 살
[be killed]
살해(殺害)를 당함[被]. ¶어젯밤 한 여성이 피살된 채 발견됐다.

피:서 避暑 | 피할 피, 더울 서
[pass the summer]
시원한 곳으로 옮겨 더위[暑]를 피(避)함. ¶올 여름에는 산으로 피서를 갈 계획이다.

▶피:서-객 避暑客 | 손 객
피서(避暑)를 즐기는 사람[客]. ¶계곡과 바다에 피서객들이 몰려들다.

▶피:서-지 避暑地 | 땅 지
더위를 피하기에[避暑] 알맞은 곳[地]. ¶이 동굴은 피서지로 이름난 곳이다.

피:선 被選 | 당할 피, 뽑을 선 [elected]
선거(選擧)에서 뽑힘[被]. ¶의장으로 피선되다.

▶피:선거-권 被選擧權 | 들 거, 권리 권
[법률] 선거(選擧)에 나가 당선될[被] 수 있는 권리(權利). ¶40세 이상의 국민은 대통령의 피선거권이 있다.

피스톤 {영 piston}
[기계] 실린더 안에서 왕복 운동을 하는, 원통이나 원판 모양으로 된 부품.

피시 {영 PC}
'개인용 컴퓨터'(personal computer)의 준말.

피식 [giggle]
입술을 힘없이 터뜨리며 싱겁게 한 번 웃을 때 나는 소리. 또는 그 모양. ¶어이가 없어서 피식 웃어 버렸다.

피:신 避身 | 피할 피, 몸 신 [escape]
몸[身]을 숨겨 피(避)함. ¶그는 전쟁이 터지자 가족들을 피신시켰다.

피아노[1] {영 piano}
[음악] 건반 악기의 하나. 건반을 손가락 끝으로 쳐서 소리를 내며 강약을 마음대로 할 수 있다.

피아노[2] {이 piano}
[음악] 악보에서, 여리게 연주하라는 말. 기호는 'p'.

피아니스트 {영 pianist}
[음악] 피아노를 직업적으로 연주하는 사람.

피어-나다
[come out; burn up; get better]
❶무엇이 피어서 생기다. ¶연기가 모락모락 피어나다 / 봄에는 온갖 꽃들이 피어난다. ❷얼굴빛이 밝아지거나 좋아지다. ¶얼굴에 웃음이 피어나다.

피어-오르다 [go up; ascend]
연기·불길·구름 따위가 계속 위로 올라가다. ¶김이 모락모락 피어오르다.

피-우다[1] [bloom; burn]
❶꽃 따위가 피다. ¶장미는 여름에 꽃을 피운다. ❷불이나 연기 등이 일어나다. ¶마당에서 모닥불을 피우다.

피-우다[2] [smoke; perform; emit]
❶담배에 불을 붙여 빨아 연기를 입이나 코로 내보내다. ¶끊었던 담배를 다시 피우다. ❷수단·재주·계교 등을 나타내다. ¶재롱을 피우다 / 더 이상 소란 피우지 마라. ❸냄새나 먼지 따위를 퍼뜨리거나 일으키다. ¶차 한 대가 먼지를 피우며 달려갔다.

> 비슷한 듯 다른 말 ➲ 부리다[2]

피읖
[언어] 한글 자모 'ㅍ'의 이름.

피:의 被疑 | 당할 피, 의심할 의

의심(疑心)이나 혐의(嫌疑)를 받는[被] 일. ¶피의 사실을 인정하지 않다.

▸피:의-자 被疑者 | 사람 자
[법률] 범죄의 혐의(嫌疑)는 받고 있으나 [被] 아직 기소되지 않은 사람[者]. ¶피의자를 그 사고와 연관시킬 증거가 있었다. [비] 용의자(容疑者).

피:임 避妊 | 피할 피, 아이 밸 임 [prevent conception]
[의학] 인위적으로 임신(妊娠)을 피(避)함. ¶피임하는 약을 먹다.

피자 {이 pizza}
밀가루 반죽 위에 토마토, 치즈, 피망, 고기, 향료 따위를 얹어 둥글고 납작하게 구운 파이. 이탈리아 남부 나폴리 지방에서 유래한 음식이다.

피장-파장 [evenness; tie; equality]
서로 낫고 못함이 없음. 상대편의 행동에 따라 그와 같은 행동으로 맞서는 일을 일컫는 말. ¶서로 한 번씩 잘못했으니 피장파장인 셈이다. [비] 피차일반(彼此一般).

피:-제수 被除數 | 당할 피, 나눌 제, 셀 수 [number to be divided]
[수학] 나누기에서, 어떤 수를 다른 수로 나눌 때, 그 나뉨[除]을 당하는[被] 수(數). 8÷2=4에서의 '8'를 이른다. 나뉨수. [반] 제수(除數).

피:차 彼此 | 저 피, 이 차 [each other]
❶ [속뜻] 이것[此]과 저것[彼]. ❷이쪽과 저쪽의 양쪽. ¶힘들기는 피차 마찬가지이다.

피켓 {영 picket}
어떤 주장을 알리기 위하여 그 내용을 적어서 들고 다니는 자루 달린 널빤지. ¶사람들은 피켓을 들고 시위를 벌였다.

피클 {영 pickle}
오이·양배추 따위의 채소나 과일을 식초·설탕·소금·향신료를 섞어 만든 액체에 담아 절여서 만든 음식.

피-투성이 [bloody]
피가 온 군데에 묻은 모양. ¶다친 사람들은 온몸이 피투성이였다.

피튜니아 {petunia}
[식물] 6~10월에 청자색, 연한 붉은색, 흰색 따위의 여러 가지 꽃이 피는 풀. 관상용으로 재배한다.

피트 {영 feet}
길이의 단위. 1피트는 12인치, 30.48cm이다. 기호는 'ft'.

피폐 疲弊 | 지칠 피, 낡을 폐 [exhaustion]
지치고[疲] 낡아짐[弊]. ¶계속된 전쟁으로 나라가 피폐해졌다.

피하 皮下 | 가죽 피, 아래 하 [beneath the skin]
[의학] 피부(皮膚)의 아래[下] 부분. ¶피하에 염증이 생겼다.

▸피하 지방 皮下脂肪 | 기름 지, 기름 방
[의학] 포유류의 피하(皮下) 조직(組織)에 발달한 지방(脂肪). ¶피하지방은 체온을 유지하는 역할을 한다.

피:-하다 (避─, 피할 피) [avoid; escape; evade]
❶어떤 자리나 경우에 처하지 않도록 하다. ¶그녀는 교묘하게 질문을 피했다. ❷몸을 숨겨 다른 곳으로 옮기다. ¶날아오는 공을 간신히 피했다. [반] 맞서다.

*__피:해__ 被害 | 당할 피, 해칠 해 [damage]
신체, 재물, 정신상의 손해(損害)를 당함[被]. 또는 그 손해. ¶인명 피해를 보다 / 나는 너에게 어떤 피해도 준 적이 없다. [반] 가해(加害).

▸피:해-자 被害者 | 사람 자
손해(損害)를 당한[被] 사람[者]. ¶피해자에게 치료비를 물어 주다. [반] 가해자(加害者).

픽 [feebly aimlessly]
❶힘없이 가볍게 쓰러지는 모양. ¶운동장을 한 바퀴도 뛰지 못하고 픽 쓰러졌다. ❷실이나 끈이 힘없이 끊어지는 모양. ¶줄이 픽 소리를 내며 끊어져 버렸다. ❸증기

나 공기가 한 번 터져 나오는 소리. ¶풍선이 픽 하고 바람이 빠졌다.

핀 {영 pin}
쇠붙이 따위로 바늘처럼 가늘고 뾰족하게 만든 물건을 통틀어 이르는 말. ¶머리에 핀을 꽂다 / 종이를 핀으로 고정시켜 놓다.

핀셋 {프 pincette}
손으로 집기 어려운 물건을 집는 데 쓰는 쇠붙이로 만든 기구. ¶핀셋으로 가시를 뽑다.

핀잔 [rebuke; scold]
남을 쌀쌀하게 꾸짖는 일. ¶지각했다가 조장에게 핀잔을 들었다 / 떠드는 아이들을 핀잔하다.

필[1] 匹 | 필 필 [head]
마소를 세는 단위. ¶왕은 그에게 말 한 필을 내려 주었다.

필[2] 疋 | 필 필 [roll of cloth]
일정한 길이로 짠 천을 셀 때 쓰는 단위. ¶무명 두 필.

필경 畢竟 | 마칠 필, 마침내 경 [after all; at last]
❶속뜻 일을 끝내거나[畢] 또는 마침내[竟]. ❷마침내. 결국에는. ¶필경 그는 오지 않을 것이다.

필기 筆記 | 붓 필, 기록할 기 [notes]
❶속뜻 붓[筆]으로 기록(記錄)함. ❷강의나 연설 따위의 내용을 받아씀. ¶수업 시간에 필기를 잘해야 시험 볼 때에 고생하지 않는다.

▸필기-구 筆記具 | 갖출 구
필기(筆記)에 사용되는 각종 도구(道具). ¶필통에서 필기구를 꺼내다.

필드 {영 field}
운동 육상 경기장의 트랙 안쪽에 만들어진 넓은 경기장.

▸필드-하키 {영 field hockey}
운동 잔디로 만든 경기장[field]에서 11명으로 구성된 두 팀이 스틱을 가지고 공을 상대편의 골에 넣어 승부를 겨루는 구기 경기[hockey].

필라멘트 {영 filament}
물리 백열전구나 진공관의 내부에서 전류를 통하여 열전자를 방출하는 실처럼 가는 금속 선.

필로폰 {영 philopon}
약학 마약의 하나. 무색 결정 또는 흰 가루로, 냄새가 없으며 남용하면 불면·환각 따위의 중독 증상이 나타난다.

필름 {영 film}
사진기나 촬영기에 넣어 사진이 찍히는 얇고 긴 플라스틱 띠, 또는 그것을 감아 놓은 것. ¶이 필름은 36장짜리다.

필명 筆名 | 글씨 필, 이름 명 [pen name]
❶속뜻 글이나 글씨[筆]로 날린 명성(名聲). ❷작가가 작품을 발표할 때 쓰는 본명 이외의 이름. ¶루쉰이란 필명으로 이름을 날리기 시작하다.

필사[1] 必死 | 반드시 필, 죽을 사 [desperation]
❶속뜻 반드시[必] 죽음[死]. ❷죽을 힘을 다 씀. 죽음을 각오함. ¶그는 필사의 각오로 경기에 임했다.

▸필사-적 必死的 | 것 적
죽기로 결심하고[必死] 있는 것[的]. ¶필사적으로 도망치다.

필사[2] 筆寫 | 글씨 필, 베낄 사 [copy; take a copy; transcribe]
글씨[筆]를 베낌[寫]. 또는 베껴 쓴 글씨. ¶이 책 한 권을 다 필사하려면 시간이 꽤 걸릴 것이다.

▸필사-본 筆寫本 | 책 본
베껴 쓴[筆寫] 책[本]. ¶소설 『춘향전』은 수많은 필사본이 있다. ⓑ 간본(刊本).

필생 畢生 | 마칠 필, 살 생 [coexistence with life]
❶속뜻 삶[生]을 마침[畢]. ❷생명의 마지막까지 다함. ¶이것은 그의 필생의 걸작이다.

필수[1] 必修 | 반드시 필, 닦을 수

반드시[必] 배워야 하는[修] 일. ¶필수 학점.

필수²必須 | 반드시 필, 모름지기 수 [essential]
❶속뜻 반드시[必] 그리고 모름지기[須] 해야 함. ❷반드시 필요함. 꼭 있어야 하거나 해야 함. ¶이 공연을 보려면 예약은 필수다.

▸ 필수-적 必須的 | 것 적
꼭 필요로 하는[必須] 것[的]. ¶필수적인 요소 / 이 일을 완성하려면 당신의 도움이 필수적이다.

필수³必需 | 반드시 필, 쓰일 수 [must-have; necessary]
반드시[必] 구해야 함[需]. 반드시 있어야 함. ¶필수 물품.

▸ 필수-품 必需品 | 물건 품
일상생활에서 반드시[必] 써야[需] 하는 물건[品]. ¶현대인에게 컴퓨터는 필수품이다.

필순 筆順 | 붓 필, 차례 순 [stroke order]
붓[筆]으로 글씨를 쓰는 순서(順序). ¶한자는 필순에 따라 써야 예쁘다.

필승 必勝 | 반드시 필, 이길 승 [certain victory]
반드시[必] 이김[勝]. ¶선수들은 필승의 각오를 다지고 경기에 임했다.

필시 必是 | 반드시 필, 옳을 시 [certainly]
반드시[必] 옳음[是]. 어김없이. ¶그의 얼굴 표정을 보니 필시 몸이 아픈가 보다.

필연 必然 | 반드시 필, 그러할 연 [being in the natural order of events]
❶속뜻 반드시[必] 그렇게[然] 됨. ❷반드시 그렇게 되는 수밖에 다른 도리가 없음, 또는 그런 일. ¶우리의 만남은 필연이라고밖에 할 수 없다. ㊥ 우연(偶然).

필요 必要 | 반드시 필, 구할 요 [necessary; essential]
반드시[必] 요구(要求)되는 바가 있음. ¶그는 경제적 필요에 의해 직장에 다니기 시작했다 / 도움이 필요하면 전화 주세요. ㊥ 불필요(不必要).

▸ 필요-성 必要性 | 성질 성
반드시 요구되는[必要] 성질(性質). ¶가족의 필요성을 느낀다.

필자 筆者 | 쓸 필, 사람 자 [writer]
글이나 글씨를 쓴[筆] 사람[者]. ¶이 자료는 필자가 만 명을 대상으로 조사한 것이다.

필체 筆體 | 글씨 필, 모양 체 [handwriting]
글씨[筆] 모양[體]. ¶두 사람의 필체가 서로 비슷하다. ㊐ 글씨체(體), 서체(書體).

필치 筆致 | 붓 필, 이를 치 [literary style]
❶속뜻 붓[筆] 솜씨가 상당한 경지에 이름[致]. ❷글에 나타나는 맛이나 개성. ¶이 소설은 두 남녀의 순수한 사랑을 섬세한 필치로 그렸다.

필터 {영 filter}
❶담배 끝에 붙여 입에 물게 된 부분으로, 담배의 진을 거르기 위해 만듦. ¶필터가 타들어 가는 것도 모른 채 담배를 피우다. ❷사진 촬영·광학 실험 등에 쓰이는 빛을 파장에 따라 선택적으로 투과시키는 작용을 하는 유리. ㊐ 여과기(濾過器).

필통 筆筒 | 붓 필, 통 통 [pencil case]
붓[筆]이나 필기구 따위를 꽂아 두는 통(筒), 또는 그런 것을 가지고 다니는 작은 상자. ¶필통 속에는 연필 몇 자루와 지우개가 들어 있다.

필-히 (必-, 반드시 필) [surely]
무슨 일이 있어도 꼭[必]. 반드시. ¶필히 그 편지를 부치세요.

핍박 逼迫 | 닥칠 핍, 닥칠 박 [persecute; get stringent]
❶속뜻 가까이 닥침[逼=迫]. ❷바싹 죄어서 괴롭게 함. ¶평생 핍박을 당하며 살다.

핏-기 (-氣, 기운 기) [complexion; color of the skin]

사람의 피부에 드러난 피의 빛깔. ¶얼굴에서 핏기가 싹 가시다. ㊐ 혈색.

핏-덩이 [clot of blood; newborn baby]
❶피가 응고된 덩어리. ¶그는 기침을 심하게 하더니 붉은 핏덩이를 토했다. ❷갓난아이를 일컫는 말. ¶조그마한 핏덩이가 어느덧 씩씩한 청년이 되었구나.

핏-발 [bloodshot condition]
생리적인 이상으로 몸의 어느 부분이 충혈되어 생기는 결. ¶잠을 못 잤더니 눈에 핏발이 섰다.

핏-방울 [drops of blood]
피가 방울져 나온 것. ¶다친 무릎에 핏방울이 맺혔다.

핏-자국 [bloodstain]
어떤 물건이나 장소에 피가 닿아서 생긴 자리. ¶셔츠에 핏자국이 묻어 있다.

핏-줄 [vein; blood relationship]
❶ 의학 몸속에 피가 흐르는 길. ¶이마에 핏줄이 섰다. ❷혈통으로 이어진 겨레붙이의 계통. ¶우리는 핏줄을 나눈 형제다. ㊐ 혈관(血管), 친척(親戚), 혈육(血肉).

핑 [with tears; dizzy]
❶갑자기 눈에 눈물이 어리는 모양. ¶어머니의 이야기를 듣는 순간 눈물이 핑 돌았다. ❷갑자기 정신이 어찔한 모양. ¶머리가 핑 돌며 어지럽다.

핑계 [excuse; pretext]
잘못된 일에 대해 다른 일의 탓으로 둘러대는 변명. ¶그는 바쁘다는 핑계로 모임에 나오지 않았다. ㊐ 구실(口實). 속담 핑계 없는 무덤이 없다.

핑크-색 (pink色, 빛 색)
패랭이꽃[pink]과 같은 색깔[色]. ㊐ 분홍색.

ㅎ

언어 한글 자모의 열넷째 글자. '히읗'이라 이른다.

하[1] [with a hot wet breath]
입을 크게 벌리고 입김을 내어 부는 소리. 또는 그 모양. ¶아이가 창문에 입김을 하 불었다.

하[2] [Huh; Oh]
기쁨·슬픔·놀라움·안타까움·걱정 따위의 감정을 나타내는 소리. ¶하, 별일이 다 있네.

하:[3] **下** | 아래 하 [low class]
품질(品質)이나 등급(等級)을 나눌 때 아래 또는 맨 끝. ¶누나의 성적은 늘 하에서 맴돌고 있다.

하:강 下降 | 아래 하, 내릴 강 [descend; drop; fall]
높은 데서 낮은[下] 데로 내려옴[降]. ¶기온의 하강 / 비행기가 활주로를 향해 하강하고 있다. ㊉ 상승(上昇).

하:객 賀客 | 하례 하, 손 객 [congratulator]
축하(祝賀)하기 위해 온 손님[客]. ¶결혼식장은 하객들로 넘쳐났다.

하:계 夏季 | 여름 하, 철 계
[summer season]
여름[夏]에 해당되는 계절(季節). ¶하계 올림픽. ㊐ 하기(夏期). ㊉ 동계(冬季).

하고-많다 [be plenty; abundant]
많고 많다. ¶하고많은 물건 중에서 왜 하필 그걸 골랐니?

하:교 下校 | 내릴 하, 학교 교
[come home from school]
학생이 학교(學校)에서 공부를 마치고 [下] 돌아옴. ¶하교 시간 / 하교 버스 ㊉ 등교(登校).

하구 河口 | 물 하, 어귀 구
[estuary; river mouth]
강물[河]이 바다나 호수, 또는 다른 강으로 흘러 들어가는 어귀[口]. ¶낙동강 하구에는 김해평야가 발달해 있다. ㊐ 강어귀. ㊉ 하원(河源).

하:권 下卷 | 아래 하, 책 권
[last volume]
두 권이나 세 권으로 나눈 책[卷]의 끝[下] 권.

하:급 下級 | 아래 하, 등급 급
[lower class]
등급이나 계급 따위를 상·하 또는 상·중·하로 나눈 때의 아래[下]의 등급(等級). ¶하급 법원 / 하급 관리.

▸하:급-생 下級生 | 사람 생
학년이 낮은[下級] 학생(學生). ⓑ상급생(上級生).

하기-는 [in fact; in truth; indeed]
사실을 말하자면. 아닌 게 아니라. ¶그는 거절할 거야, 하기는 물어볼 필요는 있지. ⓩ하긴. ⓑ실상은.

하기-야 [indeed; definitely]
실상 이치대로 말하자면야. ¶하기야 내 잘못도 있지.

하긴 [in fact; in truth; indeed]
'하기는'의 준말.

하나 (一, 한 일)
[one; single; unity]
❶수효를 세는 맨 처음 수. 일(一). ¶하나 더하기 셋은 넷이다. ❷여럿 중의 한 예. ¶셋 중 하나를 선택하세요. ❸일치하거나 한 덩어리인 것. ¶온 국민이 하나가 되어 선수들을 응원했다. ❹오직 그것뿐. ¶그녀는 자식 하나만 믿고 살았다. 속담 하나를 듣고 열을 안다.

▸하나-같이
여럿이 모두 똑같이. 예외 없이 모두 같이. ¶자매가 하나같이 예쁘게 생겼다.

▸하나-하나
❶하나씩. ¶책 한 장 한 장을 일일이 넘기다. ❷빠짐없이 모두. ¶문제를 하나하나 풀다. ⓑ일일이.

하나-님 [God]
기독교 개신교에서 '하느님'을 이르는 말.

하:녀 下女 | 아래 하, 여자 녀
[maid servant]
하인(下人) 중 여자(女子)인 사람. ¶그는 하녀를 따라 응접실에 들어갔다.

하느-님 [God]
❶종교 우주를 창조하고 주재한다고 믿어지는 초자연적인 절대자. ¶하느님 감사합니다! ❷기독교에서 믿는 신. 개신교에서는 '하나님'이라고 부른다. ¶하느님께 빌다.

하늘 (天, 하늘 천; 旻, 하늘 민; 昊, 하늘 호)
[sky; heaven]
❶지평선이나 수평선 위로 보이는 무한대의 넓은 공간. ¶구름 한 점 없는 하늘. ❷종교 하느님이나 죽은 사람의 영혼이 살고 있다고 생각되는 곳. ¶그녀는 하늘에서 내려온 천사같이 아름다웠다. ⓑ땅. 관용 하늘 높은 줄 모르다.

▸하늘-색 (-色, 빛 색)
맑은 하늘의 빛깔과 같이 엷게 파란 색(色). ¶하늘색 구두.

▸하늘-나라
기독교 이 세상에서 올바르게 살다가 죽은 후에 갈 수 있다는, 영혼이 영원히 축복받는 나라. ⓑ천국(天國), 천당(天堂).

하늘-거리다 [waver]
얇고 가벼운 것이 자꾸 가볍게 흔들리며 움직이다. ¶코스모스가 바람에 하늘거린다. ⓑ하늘하늘하다.

하늘-하늘 [lightly]
조금 힘없이 늘어져 가볍게 자꾸 흔들리는 모양. ¶꽃잎이 바람에 하늘하늘 흔들린다.

하늬-바람 [west wind]
서쪽에서 부는 바람. 주로 농촌이나 어촌에서 이르는 말이다. ⓑ서풍(西風).

하다 (爲, 할 위) [do; act; make]
❶어떤 행동을 취하다. ¶청소를 하다. ❷장신구나 옷 따위를 갖추거나 차려입다. ¶목걸이를 하다. ❸먹을 것, 입을 것, 땔감 따위를 만들거나 장만하다. ¶밥을 하다.

하다-못해 [at least; unavoidably]
정 할 수 없다면. 제일 나쁜 경우라 하더라도. ¶하다못해 차비라도 있어야 밖에 나가지.

하:단[1] 下段 | 아래 하, 구분 단
[bottom; the lower part]
아래쪽[下] 부분[段]. ¶책장 하단 / 신문 하단에 광고가 실렸다. ⓑ상단(上段).

하:단[2] 下端 | 아래 하, 끝 단
[lower end]
아래쪽[下]의 끝[端]. ¶ 바지의 하단을 잘

라 길이를 줄였다. ㊥ 상단(上端).

하:달 下達 | 아래 하, 이를 달 [notify to an inferior]
윗사람의 뜻이나 명령 따위가 아랫사람[下]에게 이름[達]. 또는 미치도록 알림. ¶명령 하달. ㊥ 상달(上達).

하도 [ever so hard]
매우·대단히. ¶하도 바빠서 밥 먹을 시간조차 없었다.

하드 디스크 {영 hard disk}
컴퓨터에서 헤드, 디스크 따위를 넣어 밀봉한 고정 자기 디스크(disk) 장치. 기록하는 곳이 알루미늄 따위의 딱딱한[hard] 금속 재질로 이루어져 있다.

하드 보드-지 (hardboard紙, 종이 지)
두텁고 딱딱하게[hard] 판[board] 모양으로 만든 종이[紙].

하드 웨어 {영 hardware}
컴퓨터를 구성하는 딱딱한[hard] 금속 부분과 부속품으로 이루어진 기계 장치의 몸체[ware]를 통틀어 이르는 말. ㊥ 소프트웨어(software).

하등[1] 何等 | 무엇 하, 같을 등 [(not) in the slightest degree; not any]
❶ 속뜻 무슨[何] 등급(等級). ❷아무. 아무런. 조금도. ¶그는 나와 하등의 관련도 없다.

하:등[2] 下等 | 아래 하, 무리 등 [inferiority; lower class]
❶ 속뜻 아래[下] 등급(等級). 낮은 등급. ¶하등 계급. ❷같은 무리 가운데서 정도나 등급이 낮은 것. ¶하등 식물. ㊥ 고등(高等).

▶ 하:등 동:물 下等動物 | 움직일 동, 만물 물
동물 진화 정도가 낮아[下等] 몸의 구조나 기능이 간단한 동물(動物). 파충류, 양서류, 어류 따위. ¶말미잘은 하등 동물이다. ㊥ 고등 동물(高等動物).

하:락 下落 | 아래 하, 떨어질 락 [decline]
❶ 속뜻 아래[下]로 떨어짐[落]. ❷값이나 등급 따위가 떨어짐. ¶미국의 경제순위가 세계 4위로 하락했다. ㊥ 상승(上昇).

하루 [day; one day]
❶한 낮과 한 밤이 지나는 동안. 대개 자정(子正)에서 다음 날 자정까지를 이른다. ¶하루에 세 번 이를 닦는다. ❷아침부터 저녁까지. ¶참 즐거운 하루였다. ❸막연히 지칭할 때의 어느 날. ¶하루는 동생이 나를 찾아왔다.

▶ 하루-해
해가 떠서 질 때까지의 동안. ¶하루해가 몹시 길고 지루하게 느껴진다.

▶ 하루-살이
동물 여름 저녁에 떼 지어 날아다니는 곤충. 성충(成蟲)의 수명은 한 시간에서 며칠 정도이다.

▶ 하루-속히 (一速一, 빠를 속)
하루라도 빨리[速]. ¶이 병은 하루속히 치료해야 한다. ㊥ 하루바삐, 하루빨리.

▶ 하루-아침
짧은 시간. ¶그는 하루아침에 스타가 되었다 / 절대 하루아침에 이루어진 일이 아니다.

▶ 하루 이틀
❶하루나 이틀. ¶하루 이틀 푹 쉬세요. ❷짧은 기간. ¶이것은 하루 이틀 해서 될 일이 아니다.

하룻-강아지 [one day old puppy]
태어난 지 하루밖에 안 되는 어린 강아지. 속담 하룻강아지 범 무서운 줄 모른다.

하룻-밤 [one night]
하루의 밤 시간 동안. ¶하룻밤 푹 잤더니 기분이 상쾌하다.

***하:류 下流** | 아래 하, 흐를 류 [downstream; the lower classes]
❶ 속뜻 강물 따위가 흘러내리는[流] 아래쪽[下]. 또는 그 지역. ¶낙동강 하류. ❷사회적 지위나 생활수준, 교양 등이 낮은 계층. ¶하류 계급 / 하류 생활. ㊥ 상류(上流).

하:릴 없이 [unavoidably]

❶어떻게 할 도리가 없이. ¶나는 집 앞에서 언니가 오기만을 하릴없이 기다렸다. ❷뚜렷한 목적 없이. ¶그는 공원에서 하릴없이 서성거렸다.

하마 河馬 | 물 하, 말 마 [hippopotamus]
❶ 속뜻 강물[河]에 사는 말[馬]. ❷ 동물 넓죽한 입이 매우 크고 몸통이 둥근 포유동물.

하마터면 [almost]
조금만 잘못하였더라면. ¶하마터면 넘어질 뻔했다.

하멜 표류기 (Hamel漂流記, 떠다닐 표, 흐를 류, 기록할 기)
책명 네덜란드의 하멜(Hamel)이 지은 『난선 제주도 난파기』(蘭船濟州島難破記)와 그 부록인 『조선국기』(朝鮮國記). 하멜이 1653년에 제주도에 표류(漂流)하게 된 경위와 14년간의 생활이 자세히 기록(記錄)되어 있다.

하:명 下命 | 내릴 하, 명할 명 [command]
명령(命令)을 내림[下]. 윗사람의 명령. ¶상관에게 하명을 받다.

하모니 {영 harmony}
음악 화음들이 일정한 규칙에 따라 조화를 이루는 현상. ¶그들의 연주는 아름다운 하모니를 이루었다.

하모니카 {영 harmonica}
음악 입에 대고 불거나 빨아들여서 소리를 내는 악기의 하나. ¶하모니카를 불다.

하물며 [much more]
'더군다나'의 뜻을 가진 접속 부사. 앞의 사실과 비교하여 뒤의 사실에 더 강한 긍정을 나타낸다. ¶짐승도 제 새끼 귀한 줄 아는데 하물며 사람이야.

하:반 下半 | 아래 하, 반 반 [lower half]
하나를 위아래 절반으로 나눈 것의 아래[下]쪽 반(半). ⓑ 상반(上半).

하:-반기 下半期 | 아래 하, 반 반, 때 기 [second half]
일정 기간을 절반으로 나누었을 때 나중[下]의 절반(折半) 기간(期間). ¶하반기에는 경제가 회복될 것이다. ⓑ 상반기(上半期).

하:-반신 下半身 | 아래 하, 반 반, 몸 신 [lower body]
몸을 절반으로 나누어 보았을 때, 아래쪽[下]의 절반(折半) 부분[身]. ¶하반신 마비. ⓗ 하체(下體). ⓑ 상반신(上半身).

하:복 夏服 | 여름 하, 옷 복 [summer suit]
여름철[夏]에 주로 입는 옷[服]. 여름옷. ⓑ 동복(冬服).

하:부 下部 | 아래 하, 나눌 부 [lower part]
❶ 속뜻 아래[下]쪽 부분(部分). ¶낙동강 하부에는 삼각주가 형성되어 있다. ❷하급의 기관. 또는 그 사람. ¶하부 조직. ⓑ 상부(上部).

하:사[1] 下賜 | 아래 하, 줄 사 [Royal gift]
왕이나 국가 원수 등이 아랫사람[下]에게 금품을 줌[賜]. ¶국왕은 병사에게 토지를 하사했다.

하:사[2] 下士 | 아래 하, 선비 사 [staff sergeant]
❶ 속뜻 사관(士官) 아래[下]의 계급. ❷ 군사 부사관 계급의 하나. 중사의 아래, 병장의 위로 부사관 계급에서 가장 낮은 계급이다.

▶하:사-관 下士官 | 벼슬 관
군사 하사(下士), 중사, 상사, 원사 계급[官]을 통틀어 이르는 말. '부사관'(副士官)의 예전 용어.

하:산 下山 | 내릴 하, 메 산 [descend a mountain]
❶ 속뜻 산(山)에서 내려옴[下]. ¶폭우 때문에 급히 하산하였다. ❷산에서 불교 공부를 하다가 보통 세상으로 내려가는 것. ¶이제 너는 하산을 해도 되겠다. ⓑ 등산(登山), 입산(入山).

하소연 [appeal]

억울한 일, 딱한 사정 등을 간곡히 호소함. ¶하소연을 늘어놓다.

하:수¹ 下手 | 아래 하, 솜씨 수 [poor hand]
낮은[下] 재주나 솜씨[手]. ¶그는 더 이상 하수가 아니다. ⓑ 고수(高手).

하:수² 下水 | 아래 하, 물 수 [sewage]
빗물이나 집, 공장, 병원 따위에서 쓰고 아래[下]로 버리는 더러운 물[水]. ¶처리되지 않은 하수가 강을 더럽혔다.

▸**하:수-관** 下水管 | 대롱 관
하수(下水)를 흘려보내기 위하여 설치한 관(管).

▸**하:수-구** 下水溝 | 도랑 구
하수(下水)가 흘러 내려가도록 만든 도랑[溝]. ¶하수구가 막히다.

▸**하:수-도** 下水道 | 길 도
하수(下水)가 흘러가는 길[道]. 하수가 흘러 내려가도록 만든 도랑이나 시설. ⓑ 상수도(上水道).

하:숙 下宿 | 아래 하, 잠잘 숙 [board]
❶ 속뜻 아래[下]에서 잠을 잠[宿]. ❷일정한 돈을 내고 일정 기간 남의 집에 머물면서 먹고 잠. 또는 그 집. ¶학교 근처에서 하숙을 하다.

▸**하:숙-집** (下宿―)
하숙(下宿)을 업으로 하는 집. ¶하숙집을 찾다.

하:순 下旬 | 아래 하, 열흘 순 [last 10 days of a month]
한 달 중 뒤[下]쪽의 열흘[旬]. 스무하룻날부터 그믐날까지의 열흘을 이른다.

하얀-색 (―色, 빛 색) [white]
밝고 선명하게 흰 색(色). ¶하얀색 양말. ⓗ 백색, 흰색. ⓑ 검은색.

하양 [white]
하얀 빛. ¶하양에다 초록을 섞으면 연두가 된다. ⓑ 검정.

하:얗다 [white]
❶매우 희다. 아주 희다. ¶하얀 눈 / 머리가 하얗게 세다. ❷춥거나 겁이 나서 얼굴에 핏기가 없다. ¶그의 얼굴은 하얗게 질렸다. ⓑ 까맣다.

하여-간 何如間 | 어찌 하, 같을 여, 사이 간 [anyhow]
어찌하든지[何如] 간(間)에. 어쨌든. 좌우간. ¶하여간 더 이상 할 말이 없다. ⓗ 하여튼.

하여-금 [forcing]
누구를 시키어. ¶그로 하여금 전화를 걸게 하다.

하여-튼 (何如―, 어찌 하, 같을 여) [anyway]
앞에 말한 것이나 상황은 어찌 되었든[何如] 간에. ¶하여튼 불행 중 다행이다. ⓗ 아무튼, 하여간.

하역 荷役 | 짐 하, 부릴 역 [load and unload]
배의 짐[荷]을 싣고 부리는[役] 일. ¶하역한 물품의 수량을 확인하다.

하염-없다 [endless; absent minded]
❶끝이 없다. 그침이 없다. ¶하염없는 눈물 / 하염없이 기다리다. ❷아무 생각이 없이 그저 멍하다. ¶하염없는 기분 / 하염없이 창밖을 바라보다.

하:오 下午 | 아래 하, 낮 오 [afternoon]
정오(正午)를 기준으로 다음[下]의 열두 시까지. ¶그는 내일 하오 5시 비행기로 출국한다. ⓗ 오후(午後). ⓑ 상오(上午).

하:원 下院 | 아래 하, 집 원 [Lower House; House of Commons]
정치 양원제 의회에서, 국민[下]이 직접 뽑은 의원으로 구성된 의회[院]. ⓑ 상원(上院).

하:위 下位 | 아래 하, 자리 위 [lower rank]
낮은[下] 지위(地位). 낮은 순위. ¶하위 팀. ⓑ 상위(上位).

하:의 下衣 | 아래 하, 옷 의 [trousers]
몸의 아랫부분[下]에 입는 옷[衣]. ¶하의만 입고 있다. ⓑ 상의(上衣).

하이-라이트 {영 highlight}
❶ 속뜻 가장[high] 밝은[light] 부분. ❷스

포츠·연극 등에서, 가장 흥미로운 장면이 나 부분. ¶하이라이트 장면.

하이에나 {영 hyena}
동물 몸은 개와 비슷하나 어깨에 갈기털이 있는 동물. 야행성으로 성질이 사나우며, 죽은 짐승의 고기를 먹는다.

하이킹 {영 hiking}
산이나 들·바닷가 같은 곳을 걷거나 자전거를 타고 여행하는 일. ¶이번 여름방학에는 자전거 하이킹을 할 생각이다.

하이-힐 {영 high heel}
굽[heel]이 높은[high] 여자 구두. ¶하이힐을 신다.

하:인 下人 | 아래 하, 사람 인 [servant]
❶속뜻 아랫[下] 사람[人]. ❷남의 집에 매여 일을 하는 사람. ¶하인을 두다.

하자 瑕疵 | 티 하, 흠 자 [flaw]
❶속뜻 티[瑕]와 흠[疵]. ❷어떤 사물의 모자라거나 잘못된 부분. ¶이 물건은 약간의 하자가 있어 반값에 팔고 있다. ㊥ 흠, 결점(缺點).

하잘것-없다 [insignificant; trifling]
시시하여 할 만한 일이 없다. 대수롭지 않다. ¶하잘것없는 일로 다투다. ㊥ 보잘것없다.

하:절 夏節 | 여름 하, 철 절 [summer]
여름[夏] 철[節].

▶하:절-기 夏節期 | 때 기
여름철[夏節]에 속하는 시기(時期). 보통 6, 7, 8 월의 더운 기간을 이른다. ㊤ 동절기(冬節期).

하:지 夏至 | 여름 하, 이를 지
❶속뜻 가장 더운 여름[夏]에 이름[至]. ❷ 24절기의 하나. 망종(芒種)과 소서(小暑) 사이로 6월 22일경. 북반구에서는 낮이 가장 긴 날이다. ㊤ 동지(冬至).

하지만 [however]
서로 일치하지 않거나 상반되는 사실을 나타내는 두 문장을 이어 줄 때 쓰는 접속부사. ¶문제를 풀었다. 하지만 정답은 아니었다. ㊥ 그러나, 그렇지만.

하:직 下直 | 아래 하, 당직 직 [bid farewell]
❶역사 당직(直)을 마치고 궁궐 아래[下]로 나감. ❷먼 길을 떠날 때 웃어른에게 작별을 고함. ¶부모님께 하직 인사를 드리다 / 고향을 하직하다. ㊤ 상직(上直).

하:차 下車 | 아래 하, 수레 차 [get off]
기차나 자동차(自動車) 따위에서 아래[下]로 내려옴. ¶우리는 부산역에서 하차했다. ㊤ 승차(乘車).

하찮다 [insignificant; trifling]
대수롭지 않다. 중요하지 않다. ¶하찮은 일.

⁑**하천** 河川 | 물 하, 내 천 [river]
강[河]과 시내[川]. ¶공장 폐수가 하천을 더럽힌다.

하:체 下體 | 아래 하, 몸 체 [lower part of the body]
몸[體]의 아래[下]부분. ¶그는 하체가 뚱뚱하다. ㊥ 하반신(下半身). ㊤ 상체(上體).

하:층 下層 | 아래 하, 층 층 [lower layer; lower social stratum]
❶속뜻 아래[下]에 있는 층(層). ¶건물의 하층. ❷등급이 아래인 계층. ¶하층 계급 / 하층 생활. ㊥ 하급(下級). ㊤ 상층(上層).

하:치-장 荷置場 | 짐 하, 둘 치, 마당 장 [storage space]
짐[荷]을 보관하여 두는[置] 곳[場]. 짐을 부리는 곳.

하키 {영 hockey}
운동 ❶11명씩의 두 팀이 스틱을 가지고 공을 상대방의 골에 많이 넣는 것을 겨루는 경기. ❷'아이스하키'(ice hockey)의 준말.

하트 {영 heart}
심장의 꼴을 본 뜬 도형. 대개 '사랑'을 상징하곤 한다.

하:편 下篇 | 아래 하, 책 편

[last volume]
상·중·하로 나눈 책[篇]의 끝[下]의 편. ¶이 책은 상편보다 하편이 더 흥미진진하다.

하품 [yawn]
고단하거나 심심하거나 졸리거나 할 때 절로 입이 벌어지면서 나오는 깊은 호흡. ¶동생은 졸린 지 자꾸 하품을 했다.

하프 {영 harp}
[음악] 현악기의 하나. 위쪽이 굽은 세모꼴의 틀에 47개의 현을 세로로 평행하게 걸어 손으로 줄을 튕겨 연주한다.

하필 何必 | 어찌 하, 반드시 필
❶[속뜻] 어찌하여[何] 반드시[必]. ❷어째서 꼭. 다른 방도도 있는데 왜. 하고 많은 중에 어찌하여. ¶하필 소풍 가는 날 비가 올 게 뭐람!

하하[1] [Ha ha]
기뻐서 입을 크게 벌려 웃는 소리. ¶우리는 모두 하하 웃었다.

하하[2] [Ha ha]
기가 막혀 탄식하여 내는 소리. ¶하하, 이거 참 큰일이군!

하:향 下向 | 아래 하, 향할 향
[facing downward]
❶[속뜻] 위에서 아래[下]쪽으로 향(向)함. ¶하향 곡선 / 하향 조정. ❷기세 따위가 쇠퇴하여 감. [반] 상향(上向).

하:현 下弦 | 아래 하, 시위 현
[old moon]
[천문] 아래[下]로 엎어놓은 활시위[弦] 같은 모양의 달. 매달 음력 22~23일에 나타난다. [반] 상현(上弦).
▸하:현-달 (下弦-)
[천문] 하현(下弦). [반] 상현달.

하회 별신굿 (河回別神-, 물 하, 돌 회, 특별할 별, 귀신 신)
[민속] 경상북도 안동시 하회(河回) 마을에 전승되어 오는 별신(別神)굿 탈놀이. 파계승과 양반을 풍자하고 서민의 궁핍상을 보여 주는 따위의 내용을 담은 8개의 마당으로 구성된다. 중요 무형 문화재 제69호이다.

하회-탈 (河回-, 물 하, 돌 회)
[민속] 하회(河回) 별신굿 탈놀이에서 쓰던, 나무로 만든 탈. 국보 제121호이다.

학 鶴 | 학 학 [crane]
[동물] 목과 다리·부리가 길며, 온몸이 흰데 날개와 꼬리 끝이 검은 새. 천연기념물이다. [비] 두루미.

학과 學科 | 배울 학, 분과 과 [department]
❶[속뜻] 학문(學問)을 내용에 따라 나눈 분과(分科). ❷[교육] 교수 또는 연구의 편의를 위하여 구분한 학술의 분과. ¶국문학과 / 학과를 신중하게 선택하다.

⁑**학교** 學校 | 배울 학, 가르칠 교 [school]
❶[속뜻] 학생(學生)들을 모아 놓고 가르치는[校] 곳. ❷[교육] 교육이나 학습에 필요한 설비를 갖추고 학생을 모아 일정한 교육 목적 아래 교수와 학습이 진행되는 기관. ¶초등학교 / 음악학교 / 학교에 다니다.

학군 學群 | 배울 학, 무리 군
[school group]
[교육] 지역별로 나누어 놓은 중학교(中學校)나 고등학교(高等學校)의 무리[群].

⁑**학급** 學級 | 배울 학, 등급 급 [class]
[교육] 한 교실에서 공부하는 학생(學生)의 단위 집단[級]. ¶학생들을 열 학급으로 나누다 / 특수 학급 / 학급 대표.
▸학급 문고 學級文庫 | 글월 문, 곳집 고
[교육] 각 학급(學級)에서 책[文]을 모아 둔 곳[庫]. 또는 그러한 책.

학기 學期 | 배울 학, 때 기
[school term]
[교육] 한 학년(學年)의 수업 기간(期間)을 나눈 구분. ¶4학년 2학기.

⁑**학년** 學年 | 배울 학, 해 년 [grade]
❶[속뜻] 한 해[年]를 단위로 한 학습(學習) 기간의 구분. ❷[교육] 한 해의 학습을 단위로 하여 진급하는 학교의 단계. ¶성주는 초등학교 3학년이다.

학당 學堂 | 배울 학, 집 당 [school]
❶ 속뜻 글을 배우는[學] 집[堂]. ❷지난 날, 지금의 학교와 같은 교육기관을 이르던 말. ¶배재학당.

학대 虐待 | 모질 학, 대우할 대 [cruelty]
혹독하고 모질게[虐] 대우(待遇)함. 심하게 괴롭힘. ¶동물 학대 / 아동 학대.

학도 學徒 | 배울 학, 무리 도 [students]
❶ 속뜻 글을 배우는[學] 무리[徒]. ❷'학생'(學生)의 이전 말.

학동 學童 | 배울 학, 아이 동
[pupil; schoolchild; schoolboy]
❶ 속뜻 글방에서 글을 배우는[學] 아이[童]. ❷초등학생 정도의 아이. ⓑ서동(書童).

학력[1] 學力 | 배울 학, 힘 력
[attainments in scholarship]
배움[學]을 통하여 얻은 지식이나 기술 따위의 능력(能力). ¶두 학생의 학력 수준은 비슷하다.

학력[2] 學歷 | 배울 학, 지낼 력
[one's academic career]
학교(學校)를 다닌 경력(經歷). 고졸(高卒), 대졸(大卒) 따위. ¶최종 학력 / 사람을 학력으로 평가해서는 안 된다.

학문[1] 學文 | 배울 학, 글월 문
❶ 속뜻 글[文]을 배움[學]. ❷시서(詩書)·육예(六藝)를 배우는 일.

⁑**학문**[2] 學問 | 배울 학, 물을 문 [learn]
❶ 속뜻 배우고[學] 물어서[問] 익힘. ❷어떤 분야를 체계적으로 배워서 익힘. 또는 그런 지식. ¶학문을 닦다 / 학문에 힘쓰다.

학번 學番 | 배울 학, 차례 번
주로 대학교에서, 학교 행정상의 필요에 의하여 학생(學生)에게 부여한 고유 번호(番號). ¶학번 순서대로 들어갔다.

학벌 學閥 | 배울 학, 무리 벌
[academic clique]
❶ 속뜻 같은 학교(學校)의 출신자나 같은 학과의 학자로 이루어진 파벌(派閥). ❷학문을 닦아서 얻게 된 사회적 지위나 신분. 또는 출신 학교의 사회적 지위나 등급. ¶학벌이 좋다 / 학벌보다는 실력을 중시한다. ⓑ학파(學派).

학-부모 學父母 | 배울 학, 아버지 부, 어머니 모 [parents of students]
학생(學生)의 부모(父母). ⓑ학부형(學父兄).

학-부형 學父兄 | 배울 학, 아버지 부, 맏 형
[parents of students]
학생(學生)의 아버지[父]나 형[兄]. ⓑ학부모(學父母).

학비 學費 | 배울 학, 쓸 비
[educational expenses]
학업(學業)을 닦는 데에 드는 비용(費用). ¶학비를 벌다 / 학비를 대다.

학사 學士 | 배울 학, 선비 사 [bachelor]
❶ 속뜻 학술(學術)을 많이 익힌 사람[士]. ❷ 교육 4년제 대학의 학부와 사관학교의 졸업자에게 주는 학위. ¶학사 학위.

학살 虐殺 | 모질 학, 죽일 살 [massacre]
참혹하고 모질게[虐] 죽임[殺]. ¶전쟁 중에 많은 사람이 학살을 당했다.

⁑**학생** 學生 | 배울 학, 사람 생 [student]
❶ 속뜻 배우는[學] 사람[生]. ❷학교에 다니면서 공부하는 사람. ¶초등학생.
▸학생-증 學生證 | 증거 증
학생(學生)의 신분임을 밝힌 증명서(證明書). ¶학생증 발급.

학선 鶴扇 | 두루미 학, 부채 선
손잡이가 날개를 편 학(鶴)의 모양으로 생긴 부채[扇]. ¶손에 학선을 들고 춤을 추었다.

학설 學說 | 배울 학, 말씀 설 [theory]
학문(學問)상으로 주장하는 이론[說]. ¶새 학설을 정립하다.

학수-고대 鶴首苦待 | 학 학, 머리 수, 쓸 고, 기다릴 대 [wait expectantly]
❶ 속뜻 학(鶴)처럼 머리[首]를 쭉 빼고 애태우며[苦] 기다림[待]. ❷몹시 기다림. ¶

나는 그와 만나기를 학수고대하고 있다.

학술 學術 | 배울 학, 꾀 술 [art and science]
학문(學問)과 기술(技術) 또는 예술(藝術). ¶학술 강연 / 학술 용어.

▶학술-원 學術院 | 집 원
학술(學術) 연구와 발전을 위해 만들어진 기관[院].

▶학술-적 學術的 | 것 적
학술(學術)에 관한 것[的]. ¶학술적 가치가 높다.

***학습** 學習 | 배울 학, 익힐 습 [study]
배우고[學] 익힘[習]. ¶학습 태도가 좋다 / 외국어를 학습하다.

▶학습-장 學習帳 | 장부 장
학습(學習)에 도움이 되는 것을 적는 책[帳].

▶학습-지 學習紙 | 종이 지
학생이 일정한 양을 학습(學習)할 수 있도록 정기적으로 가정으로 배달되는 문제지(問題紙). ¶초등학생을 위한 전 과목 학습지.

학식 學識 | 배울 학, 알 식 [scholarship]
배워서[學] 아는[識] 지식. 또는 전문적 지식. ¶학식이 높은 사람.

학업 學業 | 배울 학, 일 업 [one's schoolwork]
배우는[學] 일[業]. ¶학업을 부지런히 하다.

학예 學藝 | 배울 학, 재주 예 [art and science]
배워서[學] 익힌 재주[藝].

▶학예-회 學藝會 | 모일 회
[교육] 학습(學習) 활동의 결과물이나 학생의 예능(藝能) 발표를 주로하는 활동[會]. ¶학예회에서 연극을 발표하다. [비] 학습 발표회(學習發表會).

학용-품 學用品 | 배울 학, 쓸 용, 물건 품 [school supplies]
학습(學習)에 쓰이는[用] 물품(物品). 필기도구, 공책 따위를 통틀어 이른다. ¶학용품을 아껴 써라.

학우 學友 | 배울 학, 벗 우 [schoolmate]
같이 배우는[學] 벗[友]. ¶학우 여러분!

학원 學院 | 배울 학, 집 원 [educational institute]
❶ [속뜻] 배우는[學] 집[院]. ❷ [교육] 학교 설립 조건을 갖추지 못한 사립 교육 기관. ¶미술 학원.

학위 學位 | 배울 학, 자리 위 [academic degree]
❶ [속뜻] 학문(學問) 연구로 얻은 지위(地位). ❷ [교육] 박사, 석사, 학사처럼 일정한 학업 과정을 마친 사람에게 주는 칭호. ¶석사 학위 / 박사 학위.

학익-진 鶴翼陣 | 학 학, 날개 익, 진칠 진
[군사] 학[鶴]의 날개[翼] 모양으로 치는 진(陣).

⁑학자 學者 | 배울 학, 사람 자 [scholar]
학문(學問)을 연구하는 사람[者]. 학문이 뛰어난 사람. ¶세계적으로 유명한 학자가 되겠다.

학장 學長 | 배울 학, 어른 장 [dean]
[교육] 단과 대학(大學)의 최고 책임자[長]. ¶문과대학 학장을 지냈다.

학점 學點 | 배울 학, 점 점 [credit; grade]
[교육] ❶대학이나 대학원에서 학과(學科)의 성적을 평가한 점수(點數) 단위. ¶A 학점을 받다. ❷학생이 학과 과정을 규정대로 마침을 계산하는 단위. ¶학점을 취득하다.

학정 虐政 | 모질 학, 정치 정 [tyranny]
모질고[虐] 포악한 정치(政治). 국민을 괴롭히는 정치. ¶농민들은 학정을 견디다 못해 민란을 일으켰다.

학질 瘧疾 | 학질 학, 병 질 [malaria]
[의학] 말라리아 원충을 가진 학질모기[瘧]에게 물려서 감염되는 전염병[疾]. 갑자기 고열이 나며 설사와 구토·발작을 일으키고 비장이 부으면서 빈혈 증상을 보인다.

학창 學窓 | 배울 학, 창문 창 [school]
❶속뜻 학교(學校) 교실의 창문(窓門). ❷ '공부하는 교실이나 학교'를 이르는 말. ¶학창 시절.

학칙 學則 | 배울 학, 법 칙
[school regulations]
학교(學校)에 관련된 규칙(規則). 교육 과정, 운영에 관한 규칙. ¶학칙을 어기다.

학회 學會 | 배울 학, 모일 회
[scientific society]
같은 학문(學問)을 연구하는 사람들로 조직된 모임[會]. ¶한국어 학회에 참석하다.

한[1] [one; about; some]
❶'하나'의 뜻. ¶수박 한 통 / 한 귀로 듣고 한 귀로 흘린다 / 한 우물을 파다. ❷'대략'의 뜻. ¶한 5분쯤 뛰었다. ❸'어떤·어느'의 뜻. ¶옛날 시골의 한 마을에 효녀가 살았다.

한:[2] 恨 | 한할 한 [grudge]
억울하고 원통한 일이 풀리지 못하고 응어리져 맺힌 마음. ¶한이 맺히다 / 그녀는 드디어 못 배운 한을 풀었다.

한:[3] 限 | 끝 한 [limit]
❶속뜻 시간, 공간, 수량, 정도 따위의 끝[限]을 나타내는 말. ¶사람의 힘에는 한이 있다. ❷조건의 뜻을 나타내는 말. ¶내 힘이 닿는 한 너를 도와줄게.

한가 閑暇 | 틈 한, 겨를 가 [leisured]
❶속뜻 틈[閑]과 겨를[暇]. ❷바쁘지 않고 여유가 있다. ¶오늘은 하루 종일 한가하다 / 한가로운 저녁 시간.

한-가운데 [center]
공간이나 시간, 상황 따위의 바로 가운데. ¶방 한가운데에 있는 탁자. ⓑ 한복판.

한-가위
[August 15th of the lunar calendar]
우리나라 명절의 하나. 음력 팔월 보름날이다. 햅쌀로 송편을 빚고, 햇과일 따위의 음식을 장만하여 차례를 지낸다. ⓑ 중추절(仲秋節), 추석(秋夕).

한갓 [simply]
다만. 겨우. ¶한갓 추측에 불과하다.

한:강 漢江 | 한양 한, 강 강 [Han River]
❶속뜻 한양(漢陽)의 남쪽을 가로질러 흐르는 강(江)이라는 뜻으로 붙여진 이름. ❷지리 한국의 중부에 있어 황해로 들어가는 강. 남한강과 북한강의 두 물줄기가 있다.

한-겨레 [Korean race]
큰 겨레라는 뜻으로, 우리 겨레를 이르는 말. ¶우리는 한겨레다.

한-겨울 [midwinter]
추위가 한창인 겨울. ¶오늘은 한겨울처럼 춥다.

한결 [still more]
전에 비하여 한층 더. 훨씬. ¶날씨가 한결 따뜻해졌다. ⓑ 한층.

한결-같다 [constant]
처음부터 끝까지 변함없이 꼭 같다. ¶한결같은 사랑 / 한결같이 믿다.

한:계 限界 | 끝 한, 지경 계 [limits]
❶속뜻 땅 따위의 끝[限]을 이은 경계(境界). ❷사물의 정해진 범위. ¶한계를 극복하다.

한:과 漢菓 | 한나라 한, 과자 과
❶속뜻 한(漢)나라 방식으로 만든 과자[菓]. ❷밀가루를 꿀이나 설탕에 반죽하여 납작하게 만들어 기름에 튀겨 물들인 것으로 흔히 잔칫상이나 제사상에 놓는다.

한-구석 [corner]
한쪽에 치우친 구석. 한쪽 구석. ¶방 한구석에 인형이 놓여 있다.

한:국 韓國 | 한국 한, 나라 국 [Korea]
지리 '대한민국'(大韓民國)의 준말. 아시아 대륙 동쪽에 있는 한반도와 그 부속 도서(島嶼)로 이루어진 공화국이다. ¶한국의 수도는 서울이다.

▶ 한:국-계 韓國系 | 이어 맬 계
한국(韓國)이나 한국인과 관계된 계통(系統). ¶한국계 미국인.

▸한ː국-말 (韓國―)
언어 한국어(韓國語).

▸한ː국-어 韓國語 | 말씀 어
언어 한국인(韓國人)이 사용하는 말[語]. ⓑ 한국말.

▸한ː국-인 韓國人 | 사람 인
한국(韓國) 국적을 가졌거나 한민족의 혈통을 지닌 사람[人]. ¶노벨 물리학상에 한국인이 후보로 올랐다.

▸한ː국-적 韓國的 | 것 적
한국(韓國) 고유의 특징이나 색채가 있는 것[的]. ¶이 식당은 한국적인 분위기가 물씬 난다.

▸한ː국-학 韓國學 | 배울 학
한국(韓國)에 관련된 각 분야를 연구하는 학문(學問). ¶한국학을 체계적으로 정리하다.

▸한ː국-화 韓國畫 | 그림 화
미술 한국(韓國) 특유의 화법으로 그린 그림[畵]. 대개 수묵화를 이르는데, 이와 대비하여 중국과 일본의 그림을 동양화라 이른다. ¶한국화를 잘 그리다.

▸한ː국-은행 韓國銀行 | 돈 은, 가게 행
경제 우리나라[韓國]의 중앙은행(中央銀行). 1950년 5월 한국은행법에 의하여 설립된 무자본 특수 법인으로, 일반 금융기관에 대한 예금·대출 업무, 발권 업무, 국고 업무, 외국환 업무 따위를 수행한다.

▸한ː국 전ː쟁 韓國戰爭 | 싸울 전, 다툴 쟁
역사 1950년 6월 25일 한국(韓國)에서 벌어진 전쟁(戰爭). 북한군이 기습적으로 침공하였으며, 1953년 7월 27일에 휴전했으며, 지금까지 지속되고 있다.

한글 [Korean alphabet; Hangeul]
우리나라의 공용(公用) 문자. 세종대왕이 우리말을 서사(書寫)하기 위하여 창제한 훈민정음을 20세기 이후 달리 이르는 것으로, 1446년 반포될 당시에는 28자모(字母)였지만, 현재는 24자모만 쓴다.

▸한글-날
세종대왕이 창제한 훈민정음의 반포를 기념하기 위하여 제정한 국경일. 한글을 보급·연구하는 일을 장려하기 위하여 정한 날로 10월 9일이다.

▸한글 맞춤법 통ː일안 (―法統一案, 법식 법, 묶을 통, 한 일, 안건 안)
언어 한글의 맞춤법(法) 체계를 통일(統一)하여 작성한 안(案). 1933년 조선어 학회가 발표한 것이다.

한기 寒氣 | 찰 한, 기운 기 [chill]
추운[寒] 기운(氣運). ¶한기를 느끼다. ⓑ 추위.

한-길 [mainroad]
사람이나 차가 많이 다니는 큰길. ¶한길에 나가서 택시를 잡다. ⓑ 대로, 큰길.

한꺼번에 [at the same time]
몰아서 한 차례에. 죄다 한 번에. 단숨에. ¶짐이 너무 많아서 한꺼번에 나를 수 없다.

한ː-껏 (限―, 끝 한) [utmost]
할 수 있는 데까지. ¶한껏 먹다 / 한껏 멋을 부리다.

한ː-나라 (漢―, 한나라 한) [Han dynasty]
역사 중국 고대 왕조인 전한(前漢)과 후한(後漢)을 통틀어 이르는 말.

한-나절 [half a day]
하루 낮의 반. ¶외갓집에 가는 데에는 한나절이 걸린다.

한-낮 [noon]
낮의 한가운데. 곧, 낮 열두 시쯤 되는 때. ¶서울의 한낮 온도는 영하 5도였다. ⓑ 백주, 정오(正午). ⓑⓐ 한밤.

한낱 [merely]
기껏해야 대단한 것 없이 다만. 단지. ¶그것은 한낱 핑계에 불과하다.

한-눈[1] [look; a glance]
❶한 번 봄. 또는 잠깐 봄. ¶한눈에 알아보다 / 한눈에 반하다. ❷한꺼번에 전부 둘러보는 일. ¶전망대에 오르니 도시가 한눈에 내려다보인다.

한ː눈[2] [looking aside]

마땅히 보아야 할 데를 안 보고 딴 데를 보는 눈. ¶한눈을 팔다.

한대 寒帶 | 찰 한, 띠 대 [frigid zones]
지리 추운[寒] 기후의 지대(地帶). 또는 추운 지대. 위도 상 남북으로 각각 66.3도에서 양 극점까지의 지대를 이른다.

▶ 한대-림 寒帶林 | 수풀 림
지리 한대(寒帶)의 삼림(森林).

한-더위 [hot season]
한창 심한 더위. 최고조에 달한 더위. ¶한더위에 건강 조심하세요.

한-데[1] [together]
함께. ¶한데 모여 살다.

한ː-데[2] [outdoors]
상하·사방을 덮거나 가리지 않은 곳. 비와 바람을 막는 것이 없는 곳. ¶한데서 잠을 자다.

한데[3] [but; however]
그러한데. ¶그 사람 알아요. 한데 이름을 잊어버렸어요.

한ː도 限度 | 끝 한, 정도 도 [limit]
한계(限界)가 되는 정도(定度). ¶내가 알고 있는 한도 내에서 알려줄게.

한 도막 형식 (-形式, 모양 형, 꼴 식)
음악 두 개의 작은악절로 된 악곡 형식(形式). 보통 여덟 마디로 이루어지며, 가장 단순한 노래의 형식으로 가곡, 동요, 민요에 많이 쓴다.

한-동안 [for a time]
꽤 오랫동안. 한참. ¶나는 그를 한동안 못 만났다.

한-두 [one or two]
하나나 둘의. ¶한두 시간.

한-둘 [one or two]
하나나 둘. ¶넓은 운동장에는 꼬마 한둘 눈에 띌 뿐 한적했다.

한들-거리다 [shake]
가볍게 이리저리 자꾸 흔들리거나 흔들다. ¶코스모스가 바람에 한들거리다.

한들-한들 [shaking]
가볍게 이리저리 자꾸 흔들리거나 흔들리게 하는 모양.

한-때 [once; at one time]
❶어느 한 시기. ¶그녀는 한때 인기 절정의 가수였다. ❷같은 때. ¶사람들이 한때에 들이닥쳤다.

한ː라-산 漢拏山 | 은한 한, 잡을 라, 메 산
❶ 속뜻 은한(銀漢), 즉 은하수(銀河水)를 손으로 잡을[拏] 수 있을 정도로 높은 산(山). ❷ 지리 제주특별자치도 중앙에 있는 산. 꼭대기에 백록담이 있으며, 높이는 1,950미터이다.

한란 寒蘭 | 찰 한, 난초 란
❶ 속뜻 추운[寒] 계절에 피는 난(蘭). ❷ 식물 난초과의 다년초. 높이 30~70cm로, 칼 모양의 잎에 초겨울에 지름 5~6cm의 홍자색의 꽃이 핀다.

한랭 寒冷 | 찰 한, 찰 랭
[cold; coldness]
춥고[寒] 차가움[冷]. 매우 추움.

▶ 한랭 전선 寒冷前線 | 앞 전, 줄 선
지리 한랭(寒冷) 기단의 전선(前線). 따뜻한 기단(氣團)을 밀어 올리듯 나간다. 반 온난 전선(溫暖前線).

한량[1] 閑良 | 한가할 한, 어질 량 [prodigal]
❶ 속뜻 한가(閑暇)롭게 잘 지내는 양민(良民). ❷돈 잘 쓰고 잘 노는 사람. ¶그 친구는 놀기 좋아하는 한량이다.

한ː량[2] 限量 | 한할 한, 분량 량
[limits; bounds]
한정(限定)된 분량(分量). ¶그들의 욕심은 한량이 없었다.

▶ 한ː량-없다 (限量-)
끝이나 한[限量]이 없다. ¶한량없는 기쁨.

한류 寒流 | 찰 한, 흐를 류
[cold current]
지리 차가운[寒] 해류(海流). 양극(兩極)의 바다에서 나와 대륙을 따라 적도 쪽으로 흐른다. 반 난류(暖流).

한-마디 [word]

짧은 말. 또는 간단한 말. ¶그는 한마디 인사도 없이 가버렸다.

한-마음 [one mind]
하나로 합친 마음. ¶한마음 한뜻이 되어 일하다.

한:말 韓末 | 나라이름 한, 끝 말
대한(大韓)제국의 마지막[末] 시기. ¶한말에는 구국(救國) 운동이 일어났다.

한-목 [all at once]
한꺼번에 몰아서 함을 나타내는 말. ¶한목에 빚을 갚다.

한-몫 [one share]
한 사람 앞에 돌아가는 분량이나 역할. ¶윤석이는 팀의 승리에 한몫을 했다.

한:문 漢文 | 한나라 한, 글월 문 [Chinese writing]
한자(漢字)로 쓰인 문장(文章).

한물 [season]
과일·채소·물고기 따위의 한창 성한 때. ¶복숭아는 지금 한물이다.

▶ 한물-가다
한창때가 지나 기세가 꺾이다. ¶추위도 이제 한물갔다.

한:미 韓美 | 한국 한, 미국 미 [Korea and America]
한국(韓國)과 미국(美國)을 아울러 이르는 말. ¶한미 연합군.

한:-민족 韓民族 | 한국 한, 백성 민, 무리 족 [Korean race]
한반도(韓半島)에서 사는 민족(民族). ㊍ 배달민족(倍達民族).

한-바탕 [round]
한 번 일이 크게 벌어진 판. ¶한바탕 소나기가 쏟아졌다.

한:-반도 韓半島 | 한국 한, 반 반, 섬 도 [Korean Peninsula]
한족(韓族)이 살고 있는 반도(半島). 우리나라 국토 전역을 포괄한다.

한-밤 [midnight]
깊은 밤. ㊥ 한낮.

한-밤중 (一中, 가운데 중) [midnight]
밤 열두 시쯤 되는 때. ¶한밤중까지 책을 읽다.

한:방 韓方 | 한국 한, 방법 방 [traditional Oriental medicine]
한의 중국에서 전해져 우리나라[韓]에서 발달한 의술[方]. ¶한방으로 치료하다.

한-번 (一番, 차례 번) [one time]
❶매우. 참. ¶그 녀석 목소리 한번 우렁차구나! ❷어떤 일을 시험 삼아 시도함. ¶옷이 맞는지 한번 입어 보세요.

한:복 韓服 | 한국 한, 옷 복
한국(韓國)의 전통 의복(衣服). ¶설날에는 한복을 입는다. ㊥ 양복(洋服).

한-복판 [center]
복판 중에서도 가장 중심이 되는 가운데. ¶그는 길 한복판에서 넘어졌다. ㊍ 한가운데.

한:사-코 (限死-, 끝 한, 죽을 사) [desperately]
죽는[死] 한(限)이 있더라도. 기어코. 고집하여 몹시 심하게. ¶그녀는 우리의 도움을 한사코 거절했다. ㊍ 굳이.

한산 閑散 | =閒散, 한가할 한, 한가로울 산 [dull]
한가롭다[閑=散]. ¶한산한 거리. ㊥ 복잡(複雜)하다, 번잡(煩雜)하다.

한:성 漢城 | 한양 한, 성곽 성
❶ 속뜻 한양(漢陽)의 도성(都城). ❷ 역사 조선 시대, 서울의 이름.

▶ 한:성-부 漢城府 | 관청 부
역사 조선 때, 서울[漢城]의 행정 일반을 맡아보던 관아[府].

한솥-밥 [same mess]
같은 솥에서 푼 밥. ¶한솥밥을 먹다.

한-순간 (一瞬間, 눈 깜작일 순, 사이 간) [for a moment]
눈을 깜빡이는[瞬], 매우 짧은 동안[間]. ¶한순간에 마을 건너편까지 달아났다.

한-숨[1] [rest]
잠깐 동안의 휴식이나 잠. ¶밤새 한숨도

못 잤다.

한-숨[2][sigh]
근심이나 서러움이 있을 때 길게 몰아서 쉬는 숨. ¶땅이 꺼져라 한숨을 쉬다.

한ː-스럽다 (恨—, 한할 한)
한(恨)이 되는 느낌이 있다. ¶나는 그저 참지 못한 것이 한스러울 뿐이다.

한-시[1](—時, 때 시)
[at one time; instant]
❶속뜻 짧은 시간(時間). 잠깐 동안. ¶아이한테서 한시도 눈을 뗄 수가 없다. ❷같은 시각. ¶그들은 한날한시에 태어났다.

한ː시[2]漢詩 | 한나라 한, 시 시 [Chinese poetry]
문학 한문(漢文)으로 지은 시(詩).

한-시름 [great anxiety]
큰 시름. 큰 걱정. ¶한시름 놓다.

한시-바삐 (—時—, 때 시)
조금이라도 빨리. ¶한시바삐 이곳을 떠나자.

한식[1]寒食 | 찰 한, 먹을 식
차가운[寒] 밥을 먹는[食] 풍습이 있는 명절. 종묘(宗廟)와 능원(陵園)에서 제향을 올리고, 민간에서는 성묘를 한다. 4월 5,6일 경이다.

한ː식[2]韓式 | 한국 한, 꼴 식
[Korean style]
한국(韓國) 고유의 양식(樣式)이나 격식(格式). ¶한식으로 지은 집을 한옥이라 한다.

한ː식[3]韓食 | 한국 한, 밥 식
[Korean style food]
한국(韓國) 고유의 음식(飮食). ¶나는 양식보다 한식을 좋아한다. ⊕한국 요리(韓國料理). ⊕양식(洋食).

한심 寒心 | 찰 한, 마음 심 [pitiful]
❶속뜻 차가운[寒] 마음[心]. ❷열정과 의욕이 없어 절망적이고 걱정스럽다. ¶한심한 사람을 보면 불쌍한 생각이 앞선다.

한-아바님 [grandfather]
'할아버님'의 옛말.

한ː약 韓藥 | 한국 한, 약 약
[herbal medicine]
한의 한방(韓方)에서 쓰는 약(藥). '한방약'의 준말. ¶한약을 달이다 / 한약 한 제를 지어 먹다. ⊕양약(洋藥).

▸한ː약-재 韓藥材 | 재료 재
한의학 한약(韓藥)의 재료(材料). ¶인삼은 한약재로도 쓰인다.

한ː양 漢陽 | 한강 한, 볕 양
❶속뜻 한강(漢江)의 북녘에 양지(陽地)바른 곳. ❷지리 '서울'의 옛 이름.

한ː-없이 (限—, 끝 한) [endlessly]
끝[限]이 없이. ¶한없이 흐르는 눈물.

한-여름 [midsummer]
여름의 한창 더운 때. ¶그는 한여름에도 이불을 덮고 잔다. ⊕한겨울.

한ː옥 韓屋 | 한국 한, 집 옥
[traditional Korean style house]
전통 한식(韓式)으로 지은 집[屋]. ⊕양옥(洋屋).

한ː우 韓牛 | 한국 한, 소 우
[Korean beef cattle]
동물 한국(韓國) 토종 소[牛]. 체질이 강하고 성질이 온순하며, 고기 맛이 좋다.

한-울
종교 천도교에서의 우주의 본체.

▸한울-님
종교 천도교에서의 하느님.

한ː의 韓醫 | 한국 한, 의원 의
[Oriental doctor; herb doctor]
❶속뜻 예로부터 우리나라[韓]에서 발달한 의술(醫術). '한방의'(韓方醫)의 준말. ❷'한의사'의 준말. ⊕양의(洋醫).

▸한ː의-과 韓醫科 | 분과 과
한의(韓醫)를 배우는 의학 분과(分科). ¶한의과 대학.

한ː-의사 韓醫師 | 한국 한, 치료할 의, 스승 사 [Oriental doctor]
한의학(韓醫學)을 전공한 의사(醫師).

한:-의원 韓醫院 | 한국 한, 치료할 의, 집 원 [Oriental medicine clinic]
한의 한방(韓方)으로 병을 치료하는[醫] 곳[院]. ¶한의원에서 침을 맞았다.

한:-의학 韓醫學 | 한국 한, 치료할 의, 배울 학 [Oriental medicine]
한의 중국에서 전래되어 우리나라[韓]에서 독자적으로 발달한 전통 의학(醫學). ¶한의학을 공부하다.

한:인 韓人 | 한국 한, 사람 인 [Korean]
외국에 나가 살고 있는 한국(韓國) 사람[人]. ¶한인 학교.

▸한:인-회 韓人會 | 모일 회
친목과 공동의 이익을 위해 외국에 살고 있는 한국(韓國) 사람[人]들끼리 만든 단체[會]. ¶한인회 정기 모임.

한:일 韓日 | 한국 한, 일본 일 [Korea and Japan]
한국(韓國)과 일본(日本). ¶한일 친선 경기.

한-입 [mouthful]
❶하나의 입. 한 사람의 입. ¶밥을 한입 가득 먹다. ❷한 번 벌린 입. ¶찬물 한 잔을 한입에 쭉 들이마셨다.

한:자 漢字 | 한나라 한, 글자 자 [Chinese character]
한자어(漢字語)의 뜻을 나타내는 데 필요한 낱낱의 글자[字]. ¶한자의 속뜻을 알면 학교 공부가 쉬워진다.

▸한:자-어 漢字語 | 말씀 어
해당 한자(漢字) 하나하나가 뜻을 나타내는 낱말[語]. ¶우리말에는 한자어가 대부분이다.

한 자리 수 (一數, 셀 수) [single digit]
일의 자리로 되어 있는, 1에서 9까지의 정수(整數).

한-잠 [deep sleep; nap]
❶깊이 든 잠. ¶한잠 푹 자다. ❷잠시 자는 잠. ¶밤새 거의 한잠도 못 잤다.

한적 閑寂 | =閒寂, 한가할 한, 고요할 적 [quiet]
한가(閑暇)하고 고요[寂]하다. ¶한적한 산골 생활을 좋아하다.

한:정 限定 | 한할 한, 정할 정 [limit]
제한적(制限的)으로 정(定)함. ¶한정판매 / 회원을 30명으로 한정하다.

한:족 漢族 | 한나라 한, 겨레 족 [the Han race]
'한민족'(漢民族)의 준말. 중국 본토에서 예로부터 살아온, 중국의 중심이 되는 종족. 중국어를 쓰며, 중국 전체 인구의 90% 이상을 차지한다.

한-줌 [handful]
한 주먹으로 쥘 만한 분량. 적은 분량. ¶한 줌의 모래.

한:중 韓中 | 한국 한, 중국 중 [Korea and China]
한국(韓國)과 중국(中國). ¶한중 수교 30주년.

한:지 韓紙 | 한국 한, 종이 지
❶속뜻 한국(韓國)의 종이[紙]. ❷닥나무 따위를 이용해 한국 전통 제조법으로 만든 종이. 창호지 따위. ¶한지 공예.

한-쪽 [one side]
어느 하나의 편이나 방향. ¶한쪽 눈만 뜨다.

한-참 [for a time]
시간이 상당히 지나는 동안. 오랜 동안. 한동안. ¶한참 기다리다.

한창 [peak]
어떤 일이 가장 활기 있고 왕성하게 일어나는 때. 또는 어떤 상태가 가장 무르익은 때. ¶내장산은 단풍이 한창이다.

한-철 [one season]
한창 성한 때. ¶지금은 딸기가 한철이다.

한-층 (一層, 층 층) [still more]
일정한 정도에서 한 단계[層] 더. ¶고명을 얹으니 한층 먹음직스럽다. ㊎한결.

한:탄 恨歎 | 원한 한, 한숨지을 탄 [sigh]
원한(怨恨)이 사무쳐 한숨을 지음[歎]. ¶신세 한탄을 하다.

한-턱 [treat]
크게 음식이나 술을 대접하는 일. ¶크게 한턱내다.

한-통속 [party]
서로 마음이 맞아 같이 모이는 한동아리. ¶그들은 모두 한통속이다.

한파 寒波 | 찰 한, 물결 파 [cold wave]
❶속뜻 한기(寒氣)가 물결[波]처럼 밀려오는 것. ❷지리 겨울철에 기온이 갑자기 내려가는 현상. ¶전국에 한파가 몰아쳤다.

한-판 [round]
한 번 벌이는 내기나 경기. ¶바둑을 한판 두다.

한-편 (一便, 쪽 편) [one side; one's friend; in addition to]
❶속뜻 같은 편(便). ¶그와 나는 한편이다. ❷어떤 일의 한 측면. ¶그의 편지를 받으니 한편 기쁘기도 하고, 한편 걱정스럽기도 했다. ❸동시에. ¶그는 회사를 다니는 한편 밤에는 편의점에서 일한다.

한-평생 (一平生, 평안할 평, 살 생) [one's whole life]
살아[平生] 있는 동안. 일평생. ¶한평생 잊을 수 없는 친구.

한-풀
기운, 끈기, 의기, 투지 따위가 눈에 띄게 줄어드는 것을 이르는 말. ¶더위도 한풀 꺾인 것 같다.

한:-하다 (限一, 한할 한) [restrict]
어떤 조건이나 범위로 제한(制限)되거나 국한되다. ¶이 미술관은 일요일에 한해 입장이 무료다.

한:학 漢學 | 한나라 한, 배울 학 [Chinese classics]
❶속뜻 한(漢)나라의 학문(學問). ❷한문을 연구하는 학문. '한문학'(漢文學)의 준말.

한:해¹旱害 | 가물 한, 해칠 해 [drought disaster]
가뭄[旱]으로 인한 재해(災害). ¶한해를 입어 벼농사를 망쳤다.

한해²寒害 | 찰 한, 해칠 해 [cold weather damage]
추위[寒]로 인한 재해(災害). ¶기온이 갑자기 낮아져서 한해가 심했다.

한해-살이 [annual plant]
식물 한 해 동안 살다가 죽는 식물. 토마토, 옥수수처럼 봄에 싹이 터서 그해 가을에 열매를 맺고 죽는다. ㊊ 일년생(一年生). ㊥ 여러해살이.

할 割 | 나눌 할 [percentage]
비율을 나타내는 단위. 전체를 열로 등분하여 그 몇을 나타내는 말. ¶그 선수는 타율이 3할대로 올랐다.

할당 割當 | 나눌 할, 맡을 당 [assign; allot]
몫을 나누어[割] 맡음[當]. ¶연설자들은 각각 15분을 할당받았다.

할딱-이다 [gasp for breathing]
가쁘게 숨을 쉬다. ¶숨을 할딱이다.

할렐루야 {히 hallelujah}
기독교 '하나님을 찬양하라'는 뜻을 나타내는 히브리말. 기독교의 찬송가에 자주 쓴다.

할망 [grandmother]
'할머니'의 방언(경북, 제주).

할매 [grandmother]
'할머니'의 방언(강원, 경남, 전남, 충남).

할머니 [grandmother; old woman]
❶아버지의 어머니. ¶할머니는 시골에서 사신다. ❷늙은 여자를 이르는 말. ¶할머니, 여기 앉으세요. ㊊ 조모(祖母). ㊥ 할아버지.

할머-님 [grandmother; old woman]
'할머니'의 높임말. ㊥ 할아버님.

할멈 [old woman]
❶나이가 많은 늙은 여자를 낮추어 이르는 말. ❷늙은 아내를 친근하게 부르거나 일컫는 말. ㊥ 할아범.

할미 [grandmother]
❶할머니가 손자·손녀에게 자기를 이르

는 말. ¶할미가 옛날이야기 해줄까? ❷'할머니·할멈'을 낮추어 이르는 말. ㊐ 할아비.

▸ 할미-꽃
식물 몸 전체에 긴 털이 촘촘히 나며, 4~5월에 자주색 꽃이 고개를 아래로 향하여 늘어져 피는 꽃. 그 모습이 '할머니' 같다 하여 붙여진 이름이다.

▸ 할미-탈
오광대놀이나 강령 탈춤 따위에서 노파 역을 하는 광대가 쓰는 탈.

할부 割賦 | 나눌 할, 거둘 부 [pay in installments]
돈을 여러 번으로 나누어[割] 거두어[賦] 들임. ¶3개월 할부로 물건을 샀다.

할아버-님 [grandfather; old man]
'할아버지'의 높임말. ㊐ 할머님.

할아버지 [grandfather; old man]
❶아버지의 아버지. ¶우리 할아버지는 교장 선생님이시다. ❷늙은 남자를 이르는 말. ¶할아버지, 천천히 드세요. ㊐ 할머니.

할아범 [aged man]
'할아버지'를 낮추어 이르는 말. ㊍ 할아비. ㊐ 할멈.

할아비 [grandfather]
❶할아버지가 손자·손녀에게 자기 자신을 이르는 말. ¶할아비가 재워 줄까? ❷'할아버지·할아범'을 낮추어 이르는 말. ㊐ 할미.

할애 割愛 | 나눌 할, 아낄 애 [share willingly]
❶ 속뜻 아끼는[愛] 물건 따위를 나누어[割] 줌. ❷소중한 시간, 돈, 공간 따위를 아깝게 여기지 않고 선뜻 내어 줌. ¶시간을 할애하다.

할인 割引 | 나눌 할, 당길 인 [discount]
❶ 속뜻 나누어[割] 당겨[引] 뺌. ❷일정한 값에서 얼마를 뺌. ¶할인 가격 / 학생 할인 / 회원은 정가의 20%를 할인해 준다.

▸ 할인-율 割引率 | 비율 률
경제 할인(割引)하는 비율(比率).

할퀴다 [scratch]
손톱이나 날카로운 물건으로 긁어 상처를 내다. ¶동생이 손톱으로 볼을 할퀴었다.

핥다 [lick]
혀가 물체의 겉면에 살짝 닿으면서 지나가게 하다. ¶강아지가 내 얼굴을 핥았다.

함: 函 | 상자 함
혼인 때, 신랑 측에서 사주단자, 청혼 문서, 선물 따위를 넣어서 신부 측에 보내는 나무 궤짝. ¶함 사세요!

함께 [together]
서로 더불어. 한꺼번에 같이. ¶가족과 함께 살다 / 기쁨과 슬픔을 함께하다.

함:대 艦隊 | 싸움배 함, 무리 대 [fleet]
군사 여러 군함(軍艦)으로 이루어진 편대(編隊). ¶스페인은 무적 함대를 이끌고 영국으로 향했다.

함:락 陷落 | 빠질 함, 떨어질 락 [surrender]
❶ 속뜻 빠져[陷] 바닥으로 떨어짐[落]. ❷성(城) 따위를 빼앗김. ¶적에게 수도가 함락됐다.

함량 含量 | 머금을 함, 분량 량 [content]
어떤 물질 속에 포함(包含)된 분량(分量). ¶수박은 수분 함량이 높다.

함:몰 陷沒 | 떨어질 함, 빠질 몰 [cave in]
❶ 속뜻 땅 아래로 떨어지거나[陷] 물에 빠짐[沒]. ❷움푹 파이거나 쏙 들어감. ¶탯줄을 자르고 함몰된 자리를 배꼽이라 부른다.

함박-꽃 [peony flower]
함박꽃나무의 꽃.

함박-눈 [large snowflakes]
함박꽃 송이처럼 굵고 탐스럽게 내리는 눈. ¶함박눈이 펑펑 내리다.

함부로 [thoughtlessly]
생각 없이 마구. 되는 대로. ¶쓰레기를 함부로 버리지 마라.

함빡 [thoroughly]
❶남을 정도로 아주 넉넉하게. 꽉 차고도

남도록 흡족하게. ¶웃음을 함빡 띠다. ❷물 따위에 푹 젖은 모양. ¶옷이 함빡 젖다.

함석 [zinc]
공업 표면에 아연을 도금한 얇은 철판. 지붕을 이거나 양동이, 대야를 만드는 데 쓴다.

함ː선 艦船 | 싸움배 함, 배 선
[warships and other ships]
군함(軍艦)과 선박(船舶).

함ː성 喊聲 | 소리칠 함, 소리 성
[great outcry]
여럿이 함께 고함지르는[喊] 소리[聲]. ¶함성을 지르다.

함ː수 函數 | 넣을 함, 셀 수
[mathematical function]
❶속뜻 안에 넣어져[函] 있는 변수(變數). ❷수학 두 변수 x와 y사이에, x의 값이 정해짐에 따라 y의 값이 정해지는 관계에서 x에 대하여 y를 이르는 말.

함양 涵養 | 받아들일 함, 기를 양 [cultivate]
❶속뜻 받아들여[涵] 기름[養]. ❷능력이나 품성을 기르고 닦음. ¶인격 함양.

함유 含有 | 머금을 함, 있을 유 [contain]
어떤 물질이 어떤 성분을 포함(包含)하고 있음[有]. ¶철분 함유 / 포도의 함유 성분.

함자 銜字 | 받들 함, 글자 자
[honored name]
❶속뜻 받들어야[銜]할 글자[字]. 또는 그런 이름. ❷남의 '이름'을 높여 이르는 말. ¶아버님 함자가 어떻게 되는고? 비 성함(姓銜), 존함(尊銜).

함ː정[1] 陷穽 | 빠질 함, 허방다리 정 [trap]
❶속뜻 짐승이 빠지도록[陷] 파 놓은 구덩이[穽]. ¶함정을 파 놓다. ❷벗어날 수 없는 곤경이나 계략. ¶함정에 빠지다 / 함정이 있는 문제.

함ː정[2] 艦艇 | 싸움배 함, 거룻배 정
[naval vessel]
군사 큰 군함(軍艦)과 작은 거룻배[艇].

함지 [large scooped wooden bowl]
나무로 네모지게 혹은 둥그스름하게 짜서 만든 그릇.
▸함지-박
통나무의 속을 파서 만든 큰 바가지 같은 그릇.

함축 含蓄 | 머금을 함, 쌓을 축
[imply; involve]
❶속뜻 속에 품고[含] 쌓아[蓄] 둠. ❷말이나 글이 많은 뜻을 담고 있음. ¶문장에 함축된 의미를 찾아보자.

함ː포 艦砲 | 싸움배 함, 대포 포
[guns of a warship]
군사 군함(軍艦)에 장비한 화포(火砲). ¶전함에 함포를 장진하다.

함흥-냉면 咸興冷麵 | 다 함, 일어날 흥, 찰 랭, 국수 면
함흥(咸興) 지역의 향토 음식인, 국물 없이 생선회를 곁들여 맵게 비벼 먹는 냉면(冷麪).

함흥-차사 咸興差使 | 다 함, 일어날 흥, 부릴 차, 부릴 사
❶속뜻 함흥(咸興) 지방으로 보낸[差] 관리[使]. ❷'심부름을 가서 오지 않거나 늦게 온 사람'을 이르는 말. 조선 태조 이성계가 왕위를 물려주고 함흥(咸興)에 있을 때에, 태종이 보낸 차사(差使)를 혹은 죽이고 혹은 잡아 가두어 돌려보내지 않았던 데서 유래. ¶그는 금방 오겠다더니 여태 함흥차사다.

합 合 | 합할 합 [sum]
여럿을 한데 모은 수. 둘 이상의 수를 합해서 얻은 수치. ¶8과 6의 합은 14이다.

합격 合格 | 맞을 합, 자격 격
[pass an exam]
❶속뜻 자격(資格)에 맞음[合]. ❷채용이나 자격시험 따위에 붙음. ¶합격을 축하합니다. 반 낙방(落榜), 불합격(不合格).
▸합격-증 合格證 | 증거 증
시험 따위에서 합격(合格)하였음을 증명(證明)하는 문서. ¶합격증을 받았다.

*__합계__ 合計 | 합할 합, 셀 계 [total]

합(合)하여 셈[計]. 또는 그 수나 양. ¶오늘 산 물건들의 합계가 얼마입니까? ⓑ 합산(合算), 총계(總計).

▸합계-란 合計欄 | 칸 란
장부에서 합계(合計)를 적는 곳[欄]. ¶합계란의 금액을 보고 놀랐다.

합금 合金 | 합할 합, 쇠 금 [alloy]
화학 여러 가지 금속(金屬)을 합(合)함. 또는 그렇게 만든 금속.

합기-도 合氣道 | 합할 합, 기운 기, 기예 도 [art of self defense]
❶속뜻 기(氣)를 모아[合] 하는 무도(武道). ❷운동 맨손이나 단도, 검, 창 따위를 써서 하는 호신술.

합당 合當 | 맞을 합, 마땅 당 [suitable]
어떤 기준이나 조건에 [合] 적당(適當)하다. ¶합당한 방법. ⓑ 적합(適合)하다. ⓑ 부당(不當)하다.

합동 合同 | 합할 합, 한가지 동 [union]
❶속뜻 여럿이 모여 하나[同]로 합(合)함. ¶합동 결혼식 / 두 학교가 합동으로 연주회를 열었다. ❷수학 두 개의 도형이 크기와 모양이 같아 서로 포갰을 때에 꼭 맞는 것.

합류 合流 | 합할 합, 흐를 류 [unite; join]
❶속뜻 한데 합(合)하여 흐름[流]. ¶이 지점은 두 강이 합류하는 곳이다. ❷일정한 목적을 위하여 행동을 같이함. ¶해외파 선수들의 합류로 팀의 전력이 크게 향상되었다 / 육군과 합류한 해군.

합리 合理 | 맞을 합, 이치 리 [reasonable]
이치(理致)에 맞음[合]. ⓑ 불합리(不合理).

▸합리-적 合理的 | 것 적
이치(理致)에 맞아[合] 정당한 것[的]. ¶가장 합리적인 해결책을 찾다.

합법 合法 | 맞을 합, 법 법 [lawful; legal]
법(法)에 맞음[合]. ⓑ 적법(適法). ⓑ 불법(不法), 비합법(非合法), 위법(違法).

▸합법-적 合法的 | 것 적
법(法)에 맞는[合] 것[的]. ¶합법적인 단체. ⓑ 불법적(不法的), 비합법적(非合法的), 위법적(違法的).

합병 合倂 | =合并, 합할 합, 어우를 병 [merge]
여러 사물이나 조직을 합(合)해 어우름[倂]. ¶세 개의 회사가 합병하여 하나가 되었다.

▸합병-증 合倂症 | 증세 증
의학 어떤 질병에 곁들여[合倂] 일어나는 다른 병증(病症). ¶할머니께서는 당뇨로 인한 합병증으로 돌아가셨습니다.

합석 合席 | 합할 합, 자리 석 [sit together]
자리[席]를 합(合)함. 한자리에 같이 앉음. ¶실례지만 합석을 해도 될까요?

합선 合線 | 합할 합, 줄 선 [short circuit]
❶속뜻 선(線)을 합(合)함. ❷전기 전기 회로의 절연이 잘 안되어서 두 점 사이가 접속되는 일. ¶전선이 합선되어 불이 났다.

합성 合成 | 합할 합, 이룰 성 [compose; synthesize]
여럿을 합(合)하여 하나로 만듦[成]. ¶합성 사진. ⓑ 분해(分解).

▸합성-어 合成語 | 말씀 어
언어 여럿의 실질 형태소가 어울려 이루어진[合成] 단어(單語). 고유어의 '집안', '돌다리' 따위가 있다. 한자어의 절대 다수가 이에 속한다.

▸합성 섬유 合成纖維 | 가늘 섬, 밧줄 유
공업 화학적으로 합성(合成)하여 만든 섬유(纖維). ⓒ 합섬.

▸합성 세:제 合成洗劑 | 씻을 세, 약제 제
공업 화학적으로 합성(合成)하여 만든 세제(洗劑).

▸합성-수지 合成樹脂 | 나무 수, 기름 지
화학 화학적으로 합성(合成)하여 만든 수지(樹脂).

합세 合勢 | 합할 합, 세력 세

[join forces]
세력(勢力)을 한데 합(合)함. ¶여럿이 합세하여 범인을 잡았다.

합숙 合宿 | 합할 합, 잠잘 숙
[stay together in a camp]
여러 사람이 한 집에 모여[合] 잠을 잠[宿]. ¶합숙 훈련.

합승 合乘 | 합할 합, 탈 승
[ride together]
여러 사람이 한데 모여[合] 탐[乘]. ¶합승을 해도 될까요?

합심 合心 | 합할 합, 마음 심 [unison]
여럿이 마음[心]을 한데 합(合)함. ¶친구들과 합심하여 축제를 준비했다.

합의[1] 合意 | 맞을 합, 뜻 의 [agreement]
서로 의견(意見)이 맞아[合] 일치함. 또는 그 의견. ¶합의 사항 / 양측은 권리와 의무를 합의했다.

합의[2] 合議 | 합할 합, 의논할 의
[consult together]
두 사람 이상이 한 자리에 모여서[合] 의논(議論)함. ¶회칙 개정은 회원들의 합의를 통해 이루어진다.

합작 合作 | 합할 합, 지을 작 [joint work]
여럿의 힘을 합(合)하여 만듦[作]. ¶이 영화는 한중 합작 작품이다.

합장 合掌 | 합할 합, 손바닥 장
[join one's hands in prayer]
❶ 속뜻 두 손바닥[掌]을 마주 합(合)침. ❷ 불교 부처에게 절할 때 공경하는 마음으로 두 손바닥을 합침.

합주 合奏 | 합할 합, 연주할 주 [concert]
음악 여러 악기를 합(合)해 연주(演奏)함. ¶기악 합주.

▸ 합주-곡 合奏曲 | 노래 곡
음악 합주(合奏)를 할 수 있도록 작곡한 악곡(樂曲). ¶합주곡을 연주하다.

합죽 合竹 | 합할 합, 대나무 죽
대나무[竹] 조각을 맞붙임[合].

▸ 합죽-선 合竹扇 | 부채 선
얇게 깎은 대[竹]를 맞붙여서[合] 살을 만든 부채[扇].

합-집합 合集合 | 합할 합, 모일 집, 합할 합
[union]
수학 두 집합 A와 B가 있을 때, 집합 A의 원소와 집합 B의 원소 전체를 합(合)친 집합(集合). 'A∪B'로 나타낸다.

합창 合唱 | 합할 합, 부를 창 [chorus]
여러 사람이 소리를 합(合)하여 노래함[唱]. ¶남녀 합창 / 우리는 교가를 합창했다. 반 독창(獨唱).

▸ 합창-곡 合唱曲 | 노래 곡
음악 합창(合唱)을 할 수 있도록 지은 악곡(樂曲).

▸ 합창-단 合唱團 | 모일 단
합창(合唱)을 하기 위한 모임[團]. ¶어린이 합창단.

합-치다 (合-, 합할 합)
[join together; mix]
❶모여 하나가 되게 하다. ¶우리가 힘을 합치면 무엇이든 할 수 있어. ❷여러 가지를 뒤섞다. ¶빨강, 노랑, 파랑을 합치면 검정이 된다. 비 합하다. 반 나누다.

합판 合板 | 합할 합, 널빤지 판
[sheet of plywood]
여러 장을 합(合)하여 만든 널빤지[板].

합-하다 (合-, 합할 합) [united]
❶ 속뜻 더하여[合] 하나로 만들다. ¶종이 네 장을 합하다. ❷하나가 되다. ¶마음을 합하면 어떤 어려움도 극복할 수 있다. 비 합치다. 반 나누다.

비슷한 듯 다른 말	➲ 더하다

핫도그 {영 hot dog}
기다란 소시지에 밀가루 반죽을 덧입혀 기름에 튀긴 음식.

핫-바지
[pair of cotton padded trousers]
솜을 두어 지은 바지.

핫-저고리 [cotton padded jacket]
솜을 둔 저고리.

항: 項 | 목 항 [clause; term]
❶법률·문장 등에서 내용을 구분하는 단위의 하나. ¶제4조 제2항. ❷ 수학 다항식(多項式)을 이루는 각 숫자나 값.

항:거 抗拒 | 버틸 항, 막을 거 [resist]
❶ 속뜻 버티어[抗] 맞섬[拒]. ❷순종하지 않고 맞서서 반항함. ¶민중의 항거 / 일제에 대한 항거.

항:공 航空 | 건널 항, 하늘 공 [airline]
❶ 속뜻 하늘[空]을 건넘[航]. ❷비행기로 하늘을 날아다님. ¶항공 노선 / 항공요금.

▸항:공-기 航空機 | 틀 기
기구나 비행기처럼 하늘을 나는[航空] 기계(機械).

▸항:공-로 航空路 | 길 로
항공기(航空機)가 다니는 길[路]. 즉 일정하게 운항하는 항공기의 지정된 공중 통로. ㊟ 공로.

***항:구**[1] 港口 | 뱃길 항, 어귀 구 [port]
뱃길[港]의 어귀[口]. 배가 드나들 수 있도록 시설이 있음. ¶홍콩은 항구 도시이다.

항구[2] 恒久 | 늘 항, 오랠 구 [permanent]
늘[恒] 변하지 않음[久]. ㊞ 영구(永久).

▸항구-적 恒久的 | 것 적
변함없이[恒] 오래가는[久] 것[的]. ¶한반도의 항구적 평화를 확립하다. ㊞ 영구적(永久的).

항:라 亢羅 | 가릴 항, 비단 라 [sheer silk]
명주[羅], 모시, 무명실 따위로 짠[亢] 피륙의 하나. 씨를 세 올이나 다섯 올씩 걸러서 구멍이 송송 뚫어지게 짠 것으로 여름 옷감으로 적당하다. ¶항라 치마저고리를 즐겨 입다.

항렬 行列 | 줄 항, 줄 렬 [degree of kin relationship]
❶ 속뜻 죽 늘어선 줄[行=列]. ❷같은 혈족의 직계에서 갈라져 나간 계통 사이의 대수 관계를 나타내는 말. 형제자매 관계는 같은 항렬로 같은 항렬자를 써서 나타낸다. ¶항렬이 낮다.

▸항렬-자 行列字 | 글자 자
항렬(行列)을 나타내기 위하여 이름자 속에 넣는 글자[字]. ¶내 이름의 항렬자는 '넓을 광'(廣)자이다. ㊞ 돌림자.

항:로 航路 | 배 항, 길 로 [route]
❶ 속뜻 배[航]가 다니는 길[路]. 뱃길. ¶그는 뉴욕으로 항로를 바꾸었다. ❷항공기가 통행하는 공로. ¶비행기가 항로를 벗어났다.

항:만 港灣 | 항구 항, 물굽이 만 [harbors]
바닷가의 굽어 들어간 곳[灣]에 만든 항구(港口). 또는 그렇게 만든 해역(海域). ¶항만시설.

항:목 項目 | 목 항, 눈 목 [item]
❶ 속뜻 사람의 목[項]과 눈[目]. ❷법률 규정 따위의 조항(條項)과 조목(條目). ¶이 법안은 8개의 항목으로 이루어져 있다.

항문 肛門 | 똥구멍 항, 문 문 [anus]
❶ 속뜻 똥구멍[肛]의 문(門). ❷ 의학 고등 포유동물의 직장(直腸) 끝에 있는 배설용의 구멍. ¶항문에 좌약을 넣다. ㊞ 똥구멍.

항복 降伏 | =降服, 굴복할 항, 엎드릴 복 [surrender]
❶ 속뜻 투항(投降)할 뜻으로 몸을 엎드림[伏]. ❷전쟁 등에서 자신이 진 것을 인정하고 상대방에게 굴복함. ¶왜군은 결국 이순신장군에게 항복했다.

****항상** 恒常 | 늘 항, 늘 상 [constantly]
늘[恒=常]. ¶나는 항상 네 편이야. ㊞ 언제나. ㊥ 가끔.

항:생 抗生 | 막을 항, 살 생
다른 생물이 사는[生] 것을 막음[抗].

▸항:생-제 抗生劑 | 약제 제
약학 항생 물질(抗生物質)로 된 약제(藥劑). 다른 미생물이나 생물 세포를 선택적으로 억제하거나 죽인다. ㊞ 마이신.

항성 恒星 | 늘 항, 별 성 [permanent star]
❶ 속뜻 항상(恒常) 그 자리에 있는 별[星].

❷ 천문 천구 위에서 서로의 상대 위치를 바꾸지 않고 별자리를 구성하는 별. 북극성, 북두칠성, 삼태성, 견우성, 직녀성 따위. ⓑ 행성(行星).

항ː소 抗訴 | 버틸 항, 하소연할 소 [appeal]
❶ 속뜻 계속 버티며[抗] 상소(上訴)함. ❷ 법률 재판에서 하급 법원의 판결에 따르지 않고 상급 법원에 다시 하는 고소. ¶항소를 기각하다.

항아리 (缸–, 항아리 항) [jar]
아래위가 좁고, 배가 부른 질그릇의 하나. ¶된장 항아리.

항ː암 抗癌 | 막을 항, 암 암 [anticancer]
암(癌)세포의 증식을 [抗] 암세포를 죽임. ¶항암 성분이 들어 있다 / 항암 치료를 받았다.

항ː의 抗議 | 겨룰 항, 따질 의 [protest]
❶ 속뜻 대항(對抗)의 뜻으로 따짐[議]. ❷ 반대의 뜻을 주장함. ¶항의전화가 왔다.

항ː일 抗日 | 겨룰 항, 일본 일 [resistance to Japan]
일본(日本) 제국주의에 항거(抗拒)함. ¶항일 운동.

항ː쟁 抗爭 | 버틸 항, 다툴 쟁 [struggle; resist]
겨루고[抗] 다툼[爭]. ¶항쟁을 벌이다.

항ː전 抗戰 | 막을 항, 싸울 전 [fight back; resist]
적에 대항(對抗)하여 싸움[戰]. ¶독립군의 항전.

항ː체 抗體 | 막을 항, 몸 체 [antibody]
❶ 속뜻 저항력(抵抗力)을 지닌 물질[體]. ❷ 의학 병균에 저항하거나 그것을 죽이는 몸속의 물질.

항ː해 航海 | 배 항, 바다 해 [voyage]
배[航]를 타고 바다[海]를 다님. ¶그는 또 다시 기나긴 항해를 떠났다.

해[1] (日 | 해 일) [sun; sunlight]
❶태양. ¶해가 뜨다 / 해가 서쪽에서 뜨다. ❷햇빛이나 햇볕. ❸해가 떠서 질 때까지의 동안. ¶해 지기 전에 들어와라.

해[2] (年 | 해 년) [year]
지구가 태양을 한 바퀴 도는 동안. ¶해가 바뀌다. ⓑ 년(年).

해ː[3] 害 | 해칠 해 [harm]
이롭지 않게 하거나 손상을 입힘. 또는 그런 것. ¶남에게 해를 끼치다. ⓑ 이(利).

해ː[4] 解 | 풀 해 [solution; root]
참이 되는 미지수의 값. ¶방정식의 해를 구하다.

****해ː결** 解決 | 풀 해, 터놓을 결 [solve; settle]
❶ 속뜻 얽힌 것을 풀고[解] 막힌 물을 터놓음[決]. ❷문제의 핵심을 밝혀서 가장 좋은 결과를 찾아냄. ¶복잡한 문제를 해결하다.

▶ 해ː결-책 解決策 | 꾀 책
어떠한 일이나 문제 따위를 해결(解決)하기 위한 방책(方策). ¶해결책을 마련하다 / 해결책을 모색하다.

해ː고 解雇 | 풀 해, 품팔 고 [dismiss]
사회 고용(雇用) 계약을 해지(解止)함. 고용한 사람을 내보냄. ¶해고를 당하다 / 사장은 그녀를 해고했다. ⓑ 임용(任用), 채용(採用).

해골 骸骨 | 뼈 해, 뼈 골 [skeleton]
❶ 속뜻 몸을 이루고 있는 뼈[骸=骨]. ❷살이 썩고 남은 뼈. 또는 그 머리뼈.

해괴 駭怪 | 놀랄 해, 이상할 괴 [strange]
놀랄[駭] 만큼 이상한[怪]. ¶해괴한 일이 벌어지다. ⓑ 괴상하다.

▶ 해괴-망측 駭怪罔測 | 없을 망, 헤아릴 측
너무나 해괴(駭怪)하여 이루 헤아릴[測] 수 없음[罔]. ¶해괴망측한 이야기.

해ː군 海軍 | 바다 해, 군사 군 [navy]
군사 바다[海]에서 전투 따위를 맡아 하는 군대(軍隊).

해금 奚琴 | 어찌 해, 거문고 금 [Korean fiddle]
❶ 속뜻 당나라 때 해족(奚族)이 사용한 거

문고[琴] 비슷한 현악기. ❷[음악] 민속 악기의 한 가지. 둥근 나무통에 긴 나무를 박고 두 가닥의 명주실을 매어 활로 비벼서 켬.

해:-내다 [achieve]
맡은 일·당한 일을 능히 처리하다. ¶그는 맡은 일은 반드시 해내고야 만다.

해:녀 海女 | 바다 해, 여자 녀
[woman diver]
바다[海]에서 해산물 채취를 업으로 하는 여자(女子). ¶우리 할머니는 해녀이다.

해-님 [sun]
해를 인격화하여 높여 이르는 말. ¶해님과 달님.

해:답 解答 | 풀 해, 답할 답 [answer]
❶[속뜻] 문제를 풀어서[解] 밝히거나 답(答)함. 또는 그 답. ¶해답은 뒷장에 있다. ❷어려운 일을 해결하는 방법. ¶해답은 늘 가까운 곳에 있다. [반] 문제(問題).

해당 該當 | 그 해, 당할 당
[applicable to]
바로 그것에[該] 관계됨[當]. 관계되는 그것. ¶해당 조건 / 해당 분야.

▶해당-란 該當欄 | 난간 란
어떤 사항에 해당(該當)하는 란(欄). ¶출생지를 해당란에 기입하시오.

해:당-화 海棠花 | 바다 해, 팥배나무 당, 꽃 화 [sweetbrier]
❶[속뜻] 바다[海]가에서 자라는 팥배[棠] 같은 나무의 꽃[花]. ❷[식물] 5~7월에 크고 향기 있는 붉은 꽃이 피는 나무. 바닷가의 모래땅이나 산기슭에 난다.

해:독¹ 害毒 | 해칠 해, 독할 독 [harm]
해(害)를 끼치는 독소(毒素). 나쁜 영향을 끼치는 요소. ¶환경에 심각한 해독을 끼친다.

해:독² 解讀 | 풀 해, 읽을 독 [decode]
알기 쉽도록 풀어서[解] 읽음[讀]. ¶고전을 해독하여 들려주다.

해:독³ 解毒 | 풀 해, 독할 독
[remove the poison; detoxify]
독기(毒氣)를 풀어서[解] 없앰. ¶해독 작용 / 뱀독을 해독하다.

▶해:독-제 解毒劑 | 약제 제
[약학] 몸 안에 들어간 독성(毒性) 물질의 작용을 없애는[解] 약[劑]. ¶이 독은 아직 해독제가 없다.

해-돋이 [sunrise]
해가 막 솟아오르는 때. 또는 그런 현상. ¶해돋이를 보다. [비] 일출(日出). [반] 해넘이.

해:동¹ 解凍 | 풀 해, 얼 동 [thaw]
얼었던 것[凍]이 녹아서 풀림[解]. ¶고기를 전자레인지에 넣고 5분간 해동하세요.

해:동² 海東 | 바다 해, 동녘 동 [Korea]
❶[속뜻] 중국에서 바다[海]의 동(東)쪽에 있는 나라. ❷예전에 '우리나라'를 달리 이르던 말.

▶해:동-중보 海東重寶 | 무거울 중, 보배 보
❶[속뜻] 우리나라[海東]의 귀중(貴重)한 보배[寶]. ❷[역사] 고려 성종(成宗) 이후에 통용되었던 주화.

▶해:동-통보 海東通寶 | 통할 통, 보배 보
❶[속뜻] 우리나라[海東]에서 통용(通用)되던 보배로운[寶] 돈. ❷[역사] 고려 숙종(肅宗)때 통용되었던 주화.

해:례 解例 | 풀 해, 본보기 례
보기[例]를 들어서 풀이함[解]. ¶해례의 글을 쓰다.

▶해:례-본 解例本 | 책 본
내용을 알기 쉽게 자세한 예(例)를 들어 풀이해놓은[解] 책[本]. ¶훈민정음 해례본.

해:-롭다 (害--, 해칠 해) [harmful]
해(害)가 있을 만하다. 해가 되는 점이 있다. ¶담배는 건강에 해롭다. [반] 이(利)롭다.

해:류 海流 | 바다 해, 흐를 류
[ocean current]
[지리] 항상 일정한 방향으로 움직이는 바닷물[海]의 흐름[流]. ¶해파리가 해류를

따라 이동한다.

해ː리 海里 | 바다 해, 거리 리 [sea mile]
해상(海上)의 거리[里]를 나타내는 단위. 위도 1도의 60분의 1로 약 1852m이다.

해-맑다 [white and clean]
매우 희고 맑다. ¶해맑은 미소.

해ː면 海面 | 바다 해, 낯 면 [surface of the sea]
바다[海]의 표면(表面). ¶해면 위로 떠오르는 해.

해ː명 解明 | 풀 해, 밝을 명 [explain]
까닭이나 내용 따위를 풀어서[解] 밝힘[明]. ¶그는 이 사건에 대해 아무런 해명도 하지 않았다.

해ː몽 解夢 | 풀 해, 꿈 몽 [interpret of dreams]
꿈[夢]의 내용을 풀어서[解] 길흉(吉凶)을 판단함. ¶어젯밤에 꾼 꿈 해몽 좀 해 주세요.

해-묵다 [get a year old]
어떤 물건이 해를 넘겨 오랫동안 남아 있다. ¶해묵은 곡식.

해ː물 海物 | 바다 해, 만물 물 [marine products]
바다[海]에서 나는 것[物]. '해산물'(海産物)의 준말.

해미 읍성 海美邑城 | 바다 해, 아름다울 미, 고을 읍, 성곽 성
고적 충청남도 서산시 해미읍(海美邑)에 있는 옛 성[城]. 조선 성종 22년(1491)에 축조되었으며, 원형 그대로 남아 있다.

해-바라기 [sunflower]
식물 여름에 노랗고 둥글넓적한 큰 꽃이 피는 풀. 씨는 기름을 짜서 쓰거나 먹는다.

해박 該博 | 맞을 해, 넓을 박 [profound]
❶ 속뜻 하는 말이 다 맞고[該] 앎이 넓음[博]. ❷배움이 넓고 아는 것이 많음. ¶해박한 지식 / 상식이 해박한 사람.

해ː발 海拔 | 바다 해, 뽑을 발 [above the sea]
해면(海面)으로부터 뽑아[拔] 낸 듯이 위로 솟은 육지나 산의 높이. ¶그 산은 해발 2,000미터이다.

해ː방 解放 | 풀 해, 놓을 방 [liberate]
몸과 마음의 속박이나 제한 따위를 풀어서[解] 자유롭게 놓아줌[放]. ¶노예 해방.

해ː변 海邊 | 바다 해, 가 변 [beach]
바다[海]의 가장자리[邊]. ¶해변을 거닐다. ⓑ 바닷가.

▸해ː변-가 (海邊-)
해변(海邊). ¶해변가를 산책하다.

해ː병 海兵 | 바다 해, 군사 병 [marine]
군사 ❶해군(海軍)의 병사(兵士). ❷해병대(海兵隊)의 병사(兵士). ¶한번 해병은 영원한 해병이다.

▸해ː병-대 海兵隊 | 무리 대
군사 해륙 양면에서 전투할 수 있도록 특별히 편성되고 훈련된 해병(海兵)의 육상 전투 부대(部隊). ¶아버지는 해병대 출신이다.

해ː부 解剖 | 가를 해, 쪼갤 부 [dissect]
❶ 속뜻 가르고[解] 쪼갬[剖]. ❷ 생물 생물체의 일부 또는 전부를 절개(切開)하여 내부를 조사하는 일. ¶개구리 해부 / 인체 해부.

해ː빙 解氷 | 풀 해, 얼음 빙 [thaw]
❶ 속뜻 얼음[氷]이 풀림[解]. ¶한강이 해빙되다. ❷'국제간의 긴장이 완화됨'을 비유하여 이르는 말. ¶동서 양대 진영의 해빙기. ⓑ 결빙(結氷).

해사-하다 [clean and fair]
얼굴이 희고 곱다. ¶해사한 얼굴.

해ː산[1] 解産 | 풀 해, 낳을 산 [give birth to a baby]
몸을 풀어[解] 아이를 낳음[産]. ¶해산의 고통 / 무사히 여아를 해산했다. ⓑ 분만(分娩).

해ː산[2] 解散 | 가를 해, 흩을 산 [break up]

❶[속뜻]이리저리 갈리어[解] 흩어짐[散]. ❷모였던 사람이 흩어짐. 또는 흩어지게 함. ¶회의가 끝나자 회원들이 해산하였다. ❸집단, 조직, 단체 따위가 해체하여 없어짐. 또는 없어지게 함. ¶강제 해산. [반] 집합(集合).

해:산[3]**海産** | 바다 해, 낳을 산 [sea products]
바다[海]에서 나오는[產] 물건. '해산물'의 준말.

▶ 해:산-물 海産物 | 만물 물
바다[海]에서 나는[產] 생물(生物). 어패류나 해초 등. ¶자갈치 해산물 시장.

해:삼 海蔘 | 바다 해, 인삼 삼 [sea cucumber]
❶[속뜻]바다[海]의 인삼(人蔘) 같은 동물. ❷[동물]온몸에 밤색과 갈색의 반문이 있는 동물. 입 둘레에 많은 촉수가 있고 배에 세로로 세 줄의 관족(管足)이 있다.

해:상 海上 | 바다 해, 위 상 [on the sea]
바다[海] 위[上]. ¶해상 경비대.

▶ 해:상-권 海上權 | 권리 권
[법률]평시나 전시를 막론하고 무력으로 바다를 지배하여 군사, 통상, 항해 따위에 관하여 해상(海上)에서 가지는 권력(權力). ¶로마는 지중해 해상권을 장악했다.

▶ 해:상-왕 海上王 | 왕 왕
바다에서[海上] 벌이는 여러 활동을 다스리는 세력을 가지는 사람[王].

해:석[1]**解析** | 풀 해, 가를 석 [analyze]
❶[속뜻]분해(分解)하고 분석(分析)함. 가름. ❷사물을 자세히 이론적으로 연구함. ❸[수학]'해석학'(解析學)의 준말.

해:석[2]**解釋** | 풀 해, 풀 석 [interpret]
❶[속뜻]이해(理解)하기 쉽도록 풀어냄[釋]. ❷문장이나 사물 따위로 표현된 내용을 이해하고 설명함. 또는 그 내용. ¶이 영어 문장을 해석해 주세요.

해:설 解說 | 풀 해, 말씀 설 [explain]
알기 쉽게 풀어서[解] 설명(說明)함. 또는 그 설명. ¶경기 해설 / 작품 해설.

▶ 해:설-자 解說者 | 사람 자
문제나 사건의 내용 따위를 알기 쉽게 풀어 설명하는[解說] 사람[者]. ¶중계 아나운서와 해설자.

해:소 解消 | 풀 해, 사라질 소 [solve]
❶[속뜻]풀어서[解] 없앰[消]. ❷좋지 않은 상태를 없애는 것. ¶스트레스 해소 / 교통 체증을 해소하다.

해:수 海水 | 바다 해, 물 수 [seawater]
바다[海]의 물[水].

▶ 해:수-면 海水面 | 낯 면
바닷물[海水]의 표면(表面). ¶해수면의 상승으로 많은 농경지가 침수되었다. [준] 해면.

▶ 해:수-욕 海水浴 | 목욕할 욕
바닷물[海水] 속에서 몸을 담그고[浴] 헤엄치거나 노는 일. ¶해수욕하러 가자!

▶ 해:수욕-장 海水浴場 | 목욕할 욕, 마당 장
해수욕(海水浴)을 할 수 있도록 환경과 시설이 되어 있는 곳[場]. ¶오늘 해수욕장이 개장했다.

해-시계 (-時計, 때 시, 셀 계) [sundial]
[천문]해의 그림자를 이용하여 시간을 재는 시계(時計). ¶앙부일영(仰釜日影)은 조선 세종 때 만든 해시계의 이름이다.

해:악 害惡 | 해칠 해, 나쁠 악 [harm]
해(害)가 되는 나쁜[惡] 영향. ¶사회에 큰 해악을 바로잡다.

⁂해:안 海岸 | 바다 해, 언덕 안 [coast]
바닷가[海]의 언덕[岸]. 바다의 기슭. ¶해안을 따라 산책하다.

▶ 해:안-선 海岸線 | 줄 선
[지리]바다와 육지의 경계가 되는 해안(海岸)을 따라 길게 연결한 선(線). ¶남해안은 해안선이 복잡하다.

해:약 解約 | 풀 해, 묶을 약 [cancel a contract]
약속(約束)을 해지(解止)하여 취소함. ¶

보험을 해약하다.

*해:양 海洋 | 바다 해, 큰바다 양 [ocean]
육지에 붙은 바다[海]와 육지에서 멀리 떨어진 넓은 바다[洋]. ¶해양 자원 / 해양 오염.

▸해:양성 기후 海洋性氣候 | 성질 성, 기운 기, 기후 후
[지리] 해양(海洋)의 영향을 크게 받는 성질(性質)을 가진 기후형(氣候型). 일교차가 적고, 날씨가 흐리고 비가 잦다. [반] 대륙성 기후(大陸性氣候).

해어-지다 [get worn out]
닳아서 떨어지다. ¶바지가 닳아 해어졌다.

해:역 海域 | 바다 해, 지경 역
[sea area]
바다[海] 위의 일정한 구역(區域). ¶거제와 통영 일대는 청정 해역으로 지정되었다.

해:열 解熱 | 풀 해, 더울 열
[bring down fever]
[의학] 몸에 오른 열(熱)을 풀어[解] 내림.

▸해:열-제 解熱劑 | 약제 제
[약학] 해열(解熱)에 쓰는 약[劑].

해:왕-성 海王星 | 바다 해, 임금 왕, 별 성
[Neptune]
❶[속뜻] 바다[海]의 왕(王)을 상징하는 별[星]. 영문명 'Neptune'은 로마 신화 중 '바다의 신'을 뜻한다. ❷[천문] 태양계의 안쪽으로부터 여덟 번째의 행성. 공전 주기 164.8년인데, 태양에서 평균 거리는 약 45억 km이다.

**해:외 海外 | 바다 해, 밖 외
[foreign countries]
바다[海]의 밖[外]. ¶해외여행. [비] 외국(外國). [반] 국내(國內).

해:이 解弛 | 풀 해, 늦출 이
[slacken up]
마음이나 규율이 풀리어[解] 느슨해짐[弛]. ¶교민 관리가 해이하다.

해:인 海印 | 바다 해, 찍을 인
[불교] 부처의 지혜로 우주의 모든 만물을 깨달아 아는 일. 법을 관조(觀照)함을 '바다[海]에 만상(萬象)이 비치어 각인(刻印)되는 것'에 비유하여 이르는 말이다.

▸해:인-사 海印寺 | 절 사
❶[속뜻] 부처의 지혜로 우주의 모든 만물을 깨달아 아는 일[海印]을 표방하는 절[寺]. ❷[불교] 경상남도 가야산에 있는 사찰. 경내에 대장경 경판을 소장하고 있다.

해:일 海溢 | 바다 해, 넘칠 일
[tidal wave]
❶[속뜻] 바닷[海]물이 넘침[溢]. ❷[지리] 지진이나 화산의 폭발, 폭풍우 따위로 인하여 갑자기 큰 물결이 일어 해안을 덮치는 일. ¶해일이 발생하다.

해:임 解任 | 풀 해, 맡길 임 [dismiss]
❶[속뜻] 임용(任用)계약을 해지(解止)함. ❷어떤 지위나 맡은 임무를 그만두게 함. ¶이사장의 해임을 요구하다.

해:장-국 [hangover soup]
술기운을 풀기 위해서 먹는 국. ¶해장국에 밥을 말아 먹었다.

해:저 海底 | 바다 해, 밑 저
[sea bottom]
바다[海]의 밑바닥[底]. ¶해저탐험 / 해저터널.

해:적 海賊 | 바다 해, 도둑 적 [pirate]
❶[속뜻] 바다[海]의 도둑[賊]. ❷배를 타고 다니면서 항해하는 배나 해안 지방을 습격하여 약탈하는 도둑. ¶이 지역은 해적들이 자주 출몰한다.

▸해:적-선 海賊船 | 배 선
해적(海賊)이 타고 다니는 배[船]. ¶해적선을 격퇴하다.

해:전 海戰 | 바다 해, 싸울 전
[sea battle]
[군사] 해상(海上)에서 하는 전투(戰鬪). ¶노량해전.

해:제 解除 | 풀 해, 덜 제 [remove]
❶[속뜻] 설치하였거나 장비한 것 따위를 풀어[解] 없앰[除]. ¶패전국의 군인들은 총

기 해제를 당하였다. ❷묶인 것이나 행동에 제약을 가하는 법령 따위를 풀어 자유롭게 함. ¶계엄을 해제하다.

해:조 海藻 | 바다 해, 말 조 [seaweeds]
식물 바다[海]에서 나는 식물[藻].

▶해:조-류 海藻類 | 무리 류
식물 바다[海]에서 나는 바닷말[藻] 종류(種類). ¶해조류는 혈액 순환에 도움이 된다.

해죽 [smiling sweetly]
만족한 태도로 귀엽게 살짝 웃는 모양. ¶해죽 웃다.

해:-지다 [get worn out]
닳아서 떨어지다. '해어지다'의 준말. ¶해진 양말.

해:직 解職 | 풀 해, 일자리 직 [dismiss]
직책(職責)에서 물러나게[解] 함. ¶해직 근로자.

해:체 解體 | 풀 해, 몸 체 [take apart]
❶속뜻 단체(團體) 따위를 풀어[解] 없앰. ¶교내 야구팀을 해체하다. ❷여러 부분을 모아 만든 물건을 작은 부분으로 다시 나누는 것. ¶라디오를 해체하다.

해:초 海草 | 바다 해, 풀 초 [seaweeds]
식물 바다[海]에서 자라는 풀[草]. ¶바닷물에 해초가 떠다닌다.

해:충 害蟲 | 해칠 해, 벌레 충 [harmful insect]
동물 사람이나 농작물에 해(害)가 되는 벌레[蟲]를 통틀어 이르는 말. ¶해충의 피해를 보다. ⊕익충(益蟲).

해:-치다 (害―, 해칠 해) [injure]
❶속뜻 해(害)를 끼치거나 손상시키다. ¶지나친 음주는 건강을 해친다. ❷남을 다치게 하거나 죽이다. ¶사람을 해쳐서는 안 된다.

해:-치우다 [finish up]
어떤 일을 빨리 시원스럽게 끝내다. ¶현규는 순식간에 밥 두 공기를 해치웠다.

해캄
식물 논·못·늪 따위 물속에 뿌리 없이 헝클어진 머리카락처럼 떠 있는 식물. 짙은 녹색으로 식용하며 세포학 따위의 실험재로 쓴다.

해커 {영 hacker}
통신망 따위를 통해서 다른 사람의 컴퓨터에 무단 침입하여 데이터와 프로그램을 없애거나 망치는 사람.

해:-코지 (害―, 해칠 해) [harass; bully]
남을 해(害)치고자 하는 일. ¶해코지를 하다.

해킹 {영 hacking}
남의 컴퓨터 시스템에 무단 침입하여 정보를 빼내거나 프로그램을 파괴하는 일.

해:탈 解脫 | 풀 해, 벗을 탈 [be delivered]
❶속뜻 굴레에서 벗어남[解=脫]. ❷불교 속세의 번뇌와 속박을 벗어나 편안한 경지에 이르는 일. ¶그는 온갖 번뇌를 끊고 해탈했다. ⊕열반(涅槃).

해:태 [omniscient mythical beast]
시비와 선악을 판단하여 안다고 하는 상상의 동물. 사자와 비슷하나 머리에 뿔이 있다고 한다.

해:파리 [jellyfish]
동물 몸은 흐물흐물하고 삿갓 모양으로 생겼으며 갓 밑에는 촉수가 많이 달린 동물.

해:풍 海風 | 바다 해, 바람 풍 [sea wind]
바다[海]에서 부는 바람[風]. 바닷바람. ⊕육풍(陸風).

해프닝 {영 happening}
갑자기 일어나는 예상할 수 없는 행위. 우발적인 일. ¶생방송 중에는 재미있는 해프닝이 종종 벌어진다.

해학 諧謔 | 농담 해, 희롱할 학 [humor]
❶속뜻 농담[諧]으로 익살을 부림[謔]. ❷익살스러우면서 풍자적인 말이나 일. ¶이 소설은 풍자와 해학이 넘친다.

해:협 海峽 | 바다 해, 골짜기 협 [strait]
❶ 속뜻 바다[海]를 끼고 있는 골짜기[峽]. ❷ 지리 육지와 육지 사이에 있는 좁고 긴 바다. ¶대한 해협.

핵 核 | 씨 핵 [nucleus]
❶사물·현상의 중심이 되는 것. ❷ 생물 세포의 중심에 있는 알갱이. 핵막(核膜)에 싸여 있으며, 세포 작용의 중추가 된다. ❸ 물리 원자의 중핵(中核)이 되는 입자.

핵-가족 核家族 | 핵심 핵, 집 가, 겨레 족 [two generation family]
❶ 속뜻 핵심적(核心的)인 구성원만 있는 가족(家族). ❷부부와 그들의 미혼 자녀로 이루어진 소가족. ¶핵가족 시대. ⓑ 대가족(大家族).

핵-무기 核武器 | 씨 핵, 굳셀 무, 그릇 기 [nuclear weapon]
군사 원자핵의 분열 반응이나 융합 반응으로 말미암아 일어나는 핵(核)에너지를 응용한 무기(武器)를 통틀어 이르는 말. 원자 폭탄, 수소 폭탄 등이 있다. ¶세계는 핵무기 사용을 자제하고 있다.

핵심 核心 | 씨 핵, 가운데 심 [core]
사물의 중심(中心)이 되는 가장 요긴한 부분[核]. ¶문제의 핵심을 파악하다 / 핵심 인물 / 핵심 내용.
▸ 핵심-적 核心的 | 것 적
핵심(核心)이 되는 것[的]. ¶핵심적인 역할을 하다.

핵-폭탄 核爆彈 | 씨 핵, 터질 폭, 탄알 탄 [nuclear bomb]
군사 핵(核)폭발을 일으키는 폭탄(爆彈). 원자탄과 수소탄이 있다.

핸드백 {영 handbag}
여성들이 손[hand]에 들거나 어깨에 메고 다니는 작은 가방[bag].

핸드볼 {영 handball}
운동 7인 또는 11인을 한 팀으로, 공[ball]을 손[hand]으로만 패스·드리블하여 상대편 골에 던져 넣어 그 득점으로 승부를 결정하는 경기.

핸드-폰 {영 hand/cell phone}
통신 몸에 지니고 다니면서[hand] 사용할 수 있는 소형 무선 전화기[phone]. ⓑ 휴대 전화(携帶電話).

핸들 {영 handle}
기계나 기구를 움직이거나 자동차·선박 등의 방향을 조종하는 손잡이. ¶핸들을 왼쪽으로 꺾다.

핸디캡 {영 handicap}
남보다 불리한 조건. ¶그는 핸디캡을 극복하고 농구 선수가 되었다.

핼쑥-하다 [look pale]
얼굴에 핏기가 없고 파리하다. 창백하다. ¶주희는 한동안 앓고 나더니 얼굴이 핼쑥했다. ⓑ 해쓱하다.

햄 {영 ham}
돼지고기를 소금에 절여 훈제한 가공 식품.

햄버거 {영 hamburger}
햄버그스테이크와 야채 따위를 둥근 빵에 끼운 음식. ¶나는 치즈 햄버거를 가장 좋아한다.

햄스터 {영 hamster}
동물 꼬리와 다리가 짧고, 귓바퀴가 둥근 쥣과의 동물. 의학 실험용으로 쓰거나 애완동물로 기르기도 한다.

햅쌀 [new rice]
그해에 새로 난 쌀. ¶추석에는 햅쌀로 송편을 빚는다. ⓑ 묵은쌀.

햇-곡식 (-穀食, 곡물 곡, 밥 식) [new crop of the year]
그해에 새로 난 곡식(穀食).

햇-과일 [new fruit of the year]
그해에 새로 난 과일.

햇-무리 [halo of the sun]
햇빛이 대기 속의 수증기에 비치어 해의 둘레에 둥그렇게 나타나는 빛깔 있는 테두리. ¶햇무리가 지면 비가 오곤 한다.

햇-병아리 [chicken; new hand]

❶깐 지 얼마 안 되는 어린 병아리. ❷풋내기. ¶대학을 갓 졸업한 햇병아리 기자.

햇-볕 [warmth of the sunlight]
해의 내리쬐는 뜨거운 기운. ¶햇볕이 쨍쨍 내리쬐다. ⓑ 햇빛.

햇-보리
그해에 처음 난 보리.

햇-빛 [sunshine]
해의 빛. ¶눈부신 햇빛.

햇-살 [sunbeams]
해의 내쏘는 광선. ¶나뭇가지 사이로 비치는 아침 햇살.

햇-수 (—數, 셀 수) [number of years]
해의 수(數). ¶이리 온 지도 벌써 햇수로 5년이 되었구나.

행 行 | 갈 행 [line]
글의 세로 또는 가로의 줄. ¶10쪽 5행부터 읽어 보자.

행군 行軍 | 다닐 행, 군사 군 [military march]
군사 행진(行進)하는 군대(軍隊). 또는 군대의 행진. ¶야간 행군.

행-글라이더 {영 hang-glider}
사람이 매달린[hang] 채 공중으로 떠올라 나는 항공기[glider]. 동력 없이 비행할 수 있으며, 알루미늄으로 된 틀에 천을 입힌 형태이다.

행동 行動 | 갈 행, 움직일 동 [act]
길을 가거나[行] 몸을 움직임[動]. 어떤 동작을 함. ¶용감한 행동을 하다 / 말과 행동이 같다. ⓑ 행위(行爲).

행랑 行廊 | 다닐 행, 곁채 랑 [servants's quarters]
❶ 속뜻 지나다니는[行] 복도 옆에 있는 곁채[廊]. ❷예전에, 대문 안에 쭉 벌여 지어 주로 하인이 거처하던 방.

▸ 행랑-채 (行廊—)
행랑(行廊)으로 쓰는, 따로 지은 집.

행렬 行列 | 갈 행, 줄 렬 [parade; procession]
여럿이 줄[列]을 지어 감[行]. 또는 그 줄. ¶가장(假裝) 행렬.

행방 行方 | 갈 행, 모 방 [one's traces]
간[行] 방향(方向). 간 곳. ¶범인의 행방을 알 수 없다.

▸ 행방-불명 行方不明 | 아닐 불, 밝을 명
간[行] 곳[方]이 분명(分明)하지 않음[不]. ¶그는 아직도 행방불명이다.

***행:복** 幸福 | 다행 행, 복 복 [happy]
❶ 속뜻 다행(多幸)스러운 복(福). ❷흐뭇하도록 만족하여 부족이나 불만이 없음. 또는 그러한 상태. ¶행복은 돈으로 살 수 없다 / 행복한 시간을 보내다. ⓑ 불행(不幸).

행사[1] 行使 | 행할 행, 부릴 사 [exercise]
부려서[使] 씀[行]. 특히, 권리나 권력·힘 따위를 실지로 사용하는 일. ¶무력을 행사해서 시위를 진압하다.

⁑**행사**[2] 行事 | 행할 행, 일 사 [event]
일[事]을 행(行)함. 또는 그 일. ¶행사를 위해서 무대를 마련하다.

▸ 행사-장 行事場 | 마당 장
행사(行事)를 진행하는 장소(場所). ¶관객들이 행사장을 가득 메웠다.

행상 行商 | 다닐 행, 장사 상 [peddle]
돌아다니며[行] 물건을 팖[商]. ¶행상을 하면서 어렵게 자식을 키우다.

행색 行色 | 다닐 행, 빛 색 [one's appearance]
❶ 속뜻 다니는[行] 모습[色]. ❷나그네의 차림새 또는 모습. ¶초라한 행색.

행선 行先 | 갈 행, 먼저 선 [journey]
❶ 속뜻 먼저[先] 감[行]. ❷가는 곳. ¶행선을 묻다.

▸ 행선-지 行先地 | 땅 지
가는[行先] 목적지[地]. ¶그는 행선지를 밝히지 않고 떠났다.

행성 行星 | 갈 행, 별 성 [planet]
천문 태양의 둘레를 공전하며 운행(運行)하는 별[星]을 통틀어 이르는 말. 태양에 가까운 것부터 수성, 금성, 지구, 화성, 목성, 토성, 천왕성, 해왕성 등의 여덟 개의 별이 있다. ㉥ 항성(恒星).

행세[1]行世 | 행할 행, 세상 세 [pretend]
❶ 속뜻 어떤 행동(行動)으로 처세(處世)함. 또는 그 태도. ❷거짓 처신하여 행동함. 또는 그 태도. ¶그는 4년 동안이나 의사 행세를 했다.

행세[2]行勢 | 행할 행, 권세 세 [exercise power]
권세(權勢)를 행함[行]. 또는 그런 태도. ¶그는 우리 마을에서 행세깨나 하는 집 아들이다.

행실 行實 | 행할 행, 실제 실 [conduct]
❶ 속뜻 행동(行動)한 사실(事實). ❷일상적인 행동. ¶행실이 바르고 모범이 되어 이 상을 수여합니다. ㉥ 품행(品行).

행:여 (幸—, 다행 행) [by chance]
어쩌다가 혹시. ¶행여 그가 돌아올까 하여 기다렸다.

행:운 幸運 | 다행 행, 운수 운 [good luck]
다행(多幸)스런 운수(運數). 좋은 운수. ¶행운의 여신 / 행운을 빕니다. ㉥ 불운(不運).

▸ 행:운-아 幸運兒 | 아이 아
좋은 운수[幸運]를 만난 사람[兒]. ㉥ 불운아(不運兒).

행위 行爲 | 행할 행, 할 위 [act]
행동(行動)을 함[爲]. 특히, 자유의사에 따라서 하는 행동을 이른다. ¶행위예술 / 불법행위. ㉥ 행동(行動).

행인 行人 | 다닐 행, 사람 인 [passerby]
길을 다니는[行] 사람[人]. ¶나는 행인에게 길을 물어 보았다.

행장 行裝 | 갈 행, 꾸밀 장 [traveler's equipment]
여행(旅行)할 때에 쓰는 물건과 차림[裝]. ¶행장을 꾸리다.

행적 行跡 | = 行蹟 / 行績, 다닐 행, 발자취 적 [achievement]
❶ 속뜻 다닌[行] 발자취[跡]. 발길. ¶행적을 감추다 / 행적이 묘연하다. ❷평생 동안 한 일이나 업적. ¶그는 음악계에 커다란 행적을 남겼다.

⁑**행정** 行政 | 행할 행, 정치 정 [administration]
❶ 속뜻 정치(政治)나 사무를 행(行)함. ¶행정 경험이 많다. ❷ 법률 국가가 공익을 실현하기 위하여 행하는 사무나 정책.

▸ 행정-부 行政府 | 관청 부
법률 삼권 분립에 따라 행정(行政)을 맡아 보는 곳[府]. ¶우리나라는 행정부와 함께 입법부(立法部), 사법부(司法府)가 있다.

▸ 행정 구역 行政區域 | 나눌 구, 지경 역
법률 행정 기관(行政機關)의 권한이 미치는 일정한 범위로 정해진 구역(區域). 특별시(特別市)·광역시(廣域市)·도·시·군·읍·면·동 등을 말한다.

▸ 행정 재판 行政裁判 | 분별할 재, 판가름할 판
법률 행정(行政) 소송에 대한 재판(裁判).

행주 [dishcloth]
그릇을 닦거나 씻을 때 쓰는 헝겊. ¶행주로 식탁을 닦다.

▸ 행주-치마
부엌일을 할 때 옷을 더럽히지 않으려고 덧입는 작은 치마. ㉥ 앞치마.

행:주 대:첩 幸州大捷 | 다행 행, 고을 주, 큰 대, 이길 첩
역사 조선 선조 26년(1593)에 전라도 순찰사 권율이 행주(幸州) 산성에서 왜적을 크게[大] 이긴[捷] 싸움. 임진왜란의 3대첩 가운데 하나이다.

행:주-산성 幸州山城 | 다행 행, 고을 주, 메 산, 성곽 성
고적 경기도 고양시 덕양구 행주(幸州) 내동에 있는 산성(山城). 임진왜란 때 권율 장군이 왜적을 크게 물리쳤던 전쟁터이며, 이를 기념하기 위한 대첩비와 충장사가 있다.

행진 行進 | 다닐 행, 나아갈 진 [march]
여럿이 줄을 지어 다니며[行] 앞으로 나아감[進]. ¶거리 행진.
▸ 행진-곡 行進曲 | 노래 곡
음악 행진(行進)할 때 쓰는 반주용 음악[曲]. ¶결혼 행진곡.

행차 行次 | 갈 행, 차례 차 [go; visit]
❶속뜻 길을 가는[行] 차례(次例). ❷웃어른이 길 가는 것을 높여 이르는 말. ¶왕의 행차를 따르다.

행태 行態 | 다닐 행, 모양 태 [behavior]
행동(行動)하는 모양[態]. ¶비도덕적인 행태 / 부당한 영업행태.

행패 行悖 | 행할 행, 어그러질 패 [misconduct]
체면에 벗어나는 난폭한 짓[悖]을 함[行]. 또는 그러한 언행. ¶행패를 부리다.

행-하다 (行―, 행할 행) [behave]
작정한 대로 해 나가다[行]. ¶선을 행하다.

향 香 | 향기 향 [incense]
❶제전(祭奠)에 피우는 향내 나는 물건. ¶향을 피우다. ❷'향기'(香氣)의 준말. ¶이 비누는 오이 향이 난다.

향가 鄕歌 | 시골 향, 노래 가 [native songs]
문학 향찰(鄕札)로 적혀 전해오는 우리나라 고유의 시가(詩歌). 신라 중엽에서 고려 초엽에 걸쳐 민간에 널리 퍼졌다. ¶삼국유사(三國遺事)에 향가가 전해진다.

향교 鄕校 | 시골 향, 학교 교
역사 왕조 때, 시골[鄕]에 두었던 문묘와 그에 딸린 관립 학교(學校).

향긋-하다 [have a faint sweet scent]
조금 향기로운 느낌이 있다. ¶향긋한 비누 냄새.

향기 香氣 | 향기 향, 기운 기 [fragrance]
향긋한[香] 기운(氣運). 꽃이나 향 따위에서 나는 기분 좋은 냄새. ¶은은한 커피 향기 / 향기로운 라일락. ⓑ 악취(惡臭).

향-나무 (香―, 향기 향) [aromatic trees]
식물 잎은 마주나며 비늘 조각 또는 바늘 모양이다. 재목은 가구를 만들거나, 향료로 쓴다.

향-내 (香―, 향기 향) [perfume]
❶속뜻 향기(香氣)로운 냄새. ¶향긋한 소나무 향내. ❷향의 냄새. ¶향불이 꺼지자 방 안에는 향내가 가득했다.

향:년 享年 | 누릴 향, 해 년 [one's age at death]
한평생 살아서 누린[享] 나이[年]. 죽은 사람의 나이를 이를 때만 쓴다. ¶그는 향년 60세로 돌아가셨다.

향:도 嚮導 | 향할 향, 이끌 도 [lead]
❶속뜻 목적지를 향(嚮)하여 이끎[導]. ❷길을 인도함. 또는 그 사람.

향:락 享樂 | 누릴 향, 즐길 락 [enjoy]
즐거움[樂]을 누림[享]. 쾌락을 누림. ¶향락 생활 / 향락에 빠지다.

향로 香爐 | 향기 향, 화로 로 [incense burner]
향(香)을 피우는 자그마한 화로(火爐). ¶향로에 향을 피우다.

향료 香料 | 향기 향, 거리 료 [aromatic essence]
향기(香氣)를 내는 데 필요한 식료품[料]. ¶이 음식에는 특별한 향료를 넣었다.

향리 鄕吏 | 시골 향, 벼슬아치 리
역사 한 고을[鄕]에서 대를 이어 내려오던 벼슬아치[吏].

향-불 (香―, 향기 향) [incense fire]
향(香)을 태우는 불. ¶제사상에 향불을 피우고 절을 했다.

***향:상** 向上 | 향할 향, 위 상 [improve]
기능이나 정도 따위가 위[上]로 향(向)하여 나아감. 좋아짐. ¶수희의 수학 실력이 크게 향상되었다. ⓑ 저하(低下).

향수[1] 香水 | 향기 향, 물 수 [perfume]
❶속뜻 향기(香氣)가 나는 물[水]. ❷향료를 알코올 따위에 풀어서 만든 액체 화장

품의 한 가지. ¶향수를 뿌리다.

향수²鄕愁 | 시골 향, 시름 수 [nostalgia]
고향(故鄕)을 그리워하는 마음이나 시름[愁]. ¶어린 시절에 대한 향수에 젖다.

▶향수-병 鄕愁病 | 병 병
고향 생각에 시름겨워[鄕愁] 들린 병(病). ¶향수병에 시달리다.

향신-료 香辛料 | 향기 향, 매울 신, 거리 료 [spices]
음식물에 향기(香氣)와 매운[辛] 맛을 나게 하는 조미료(調味料). 겨자, 깨, 고추, 마늘, 파, 후추 따위. ¶중국 음식에는 향신료가 많이 들어간다.

향악 鄕樂 | 시골 향, 음악 악 [Korean music]
음악 ❶향토(鄕土) 음악(音樂). ❷삼악(三樂)의 하나. 우리나라 고유의 음악을 당악(唐樂)에 상대하여 이르는 말.

향약 鄕約 | 시골 향, 묶을 약
역사 조선 시대, 권선징악과 상부상조를 목적으로 만든 마을[鄕]의 자치 규약(規約).

향ː연 饗宴 | 잔치할 향, 잔치 연 [feast]
융숭하게 대접하는[饗] 잔치[宴]. ¶향연을 베풀다.

향ː유 享有 | 누릴 향, 있을 유 [enjoy]
누려서[享] 가짐[有]. ¶물질적 향유 / 만인이 자유와 풍요를 향유하는 사회.

향토 鄕土 | 시골 향, 흙 토 [one's native place]
자기가 태어나서 자란 시골[鄕] 땅[土]. ¶향토를 지키다.

▶향토-지 鄕土誌 | 기록할 지
그 지방[鄕土]의 지리, 역사, 풍토, 산업, 민속, 문화 등을 기술한[誌] 책.

향-피리 (鄕-, 시골 향)
음악 고구려 이전부터 전하여 오는 고유한 피리. 당피리와 같으나 둘째 구멍이 뒤에 있다.

향ː-하다 (向-, 향할 향) [turn one's head; face on; tend toward]
❶ 속뜻 어느 곳으로 방향(方向)을 정하고 가다. ¶덕녀는 점심을 먹고 도서관으로 향했다. ❷어느 쪽으로 방향을 잡다. ¶언니는 나를 향해 손을 흔들었다. ❸마음을 기울이다. ¶그를 향한 내 사랑은 변함이 없다.

향ː후 向後 | 향할 향, 뒤 후 [hereafter]
뒤[後]를 향(向)함. 다음. 이 뒤. ¶이 컴퓨터는 향후 1년 동안 무상 수리를 받을 수 있다.

허¹ [Oh]
기쁘거나 슬플 때, 화가 나거나 걱정스럽거나 한탄스러울 때 내는 소리. ¶허, 이거 큰일 났군!

허²虛 | 빌 허 [unpreparedness]
불충분하거나 허술한 점. 또는 주의가 미치지 못하거나 틈이 생긴 구석. 관용 허를 찌르다.

허가 許可 | 허락 허, 가히 가 [permit]
허락(許諾)하여 가능(可能)하게 해줌. 말을 들어줌. ¶입학 허가 / 나의 허가 없이 이곳을 출입할 수 없다. ⓑ 허락(許諾). ⓑ 불허(不許).

▶허가-서 許可書 | 글 서
어떤 일을 정식으로 허가(許可)한다는 내용을 적은 글[書]. 또는 그 문서. ¶허가서를 받다.

허겁-지겁 [in a hurry]
조급한 마음으로 몹시 허둥거리는 모양. ¶허겁지겁 달아나다.

허공 虛空 | 빌 허, 하늘 공 [empty sky]
텅 빈[虛] 하늘[空]. ¶가만히 허공을 바라보다. ⓑ 공중(空中).

허구¹許久 | 매우 허, 오랠 구 [be a very long time]
날이나 세월 따위가 매우[許] 오래다[久]. ¶허구한 빈둥빈둥 놀기만 한다.

허구²虛構 | 헛될 허, 얽을 구 [fiction]
사실이 아닌 헛된[虛] 것을 사실처럼 얽어[構] 만듦. ¶그 이야기 속의 모든 인물은 허구이다.

허기 虛飢 | 빌 허, 주릴 기 [hunger]
굶어서[飢] 속이 비어[虛] 배가 몹시 고픔. ¶우유 한 잔으로 허기를 달래야 했다.
▶ 허기-지다 (虛飢-)
몹시 배가 고프고[虛飢] 기운이 빠지다. ¶너무 허기져 못 걷겠다. ⓑ 배부르다.

허깨비 [phantom]
마음이 허하여 일어나는 착각. 없는 것이 있는 것처럼 보이든가 하는 현상. ¶허깨비를 보다.

허다 許多 | 매우 허, 많을 다 [common]
수효가 매우[許] 많다[多]. ¶그러한 사례는 주위에 허다하게 볼 수 있다 / 살아가면서 남의 신세를 져야 하는 경우가 허다하다. ⓑ 수두룩하다.

허덕-이다 [gasp]
힘에 겨워서 괴로워하다. 애를 쓰다. ¶가난에 허덕이다.

허둥-대다 [flustered]
방향을 정하지 못하고 갈팡질팡하다. ¶우리는 모두 어쩔 줄 몰라 허둥댔다.

허둥-지둥 [all flustered]
다급하여 정신을 못 차리고 몹시 허둥거리는 모양. ¶허둥지둥 달아나다 / 그는 허둥지둥하여 온 마을을 뛰어다녔다.

허드레 [odds and ends]
그다지 중요하지 않고 허름하여 함부로 쓸 수 있는 물건. ¶허드레로 쓰는 그릇.
▶ 허드렛-물
별로 중요하지 않은 일에 쓰는 물. ¶허드렛물로 마당 청소를 했다.
▶ 허드렛-일
중요하지 않은 일. ¶그는 허드렛일도 절대 마다하지 않는다.

허들 {영 hurdle}
운동 장애물 경주에서 쓰는 장애물. 금속이나 나무로 만든다.

허락 許諾 | 본음 [허낙], 들어줄 허, 승낙할 낙 [agree]
청하는 바를 들어주어[許] 승낙(承諾)함. ¶부모님께 결혼 허락을 받다. ⓑ 승낙(承諾), 허가(許可). ⓑ 불허(不許).

허례 虛禮 | 빌 허, 예도 례
[dead forms; empty formalities]
겉으로만 꾸며 정성이 없는[虛] 예절(禮節). ¶허례를 없애다.
▶ 허례-허식 虛禮虛飾 | 빌 허, 꾸밀 식
정성과 예절 없이[虛禮] 겉으로만 번드르르하게[虛] 꾸밈[飾]. 또는 그런 예절이나 법식. ¶호화 결혼식 같은 허례허식에서 벗어나다.

허름-하다 [shabby]
좀 모자라거나 낡은 데가 있거나 값이 좀 싼 듯하다. ¶낡고 허름한 옷.

허리 (腰, 허리 요) [waist]
사람이나 동물의 갈빗대 아래에서부터 엉덩이까지의 잘록한 부분. ¶허리가 잘록하다 / 수영장의 물이 허리까지 온다.
▶ 허리-끈
허리띠.
▶ 허리-띠
허리에 둘러매는 띠. ¶허리띠를 매다.
▶ 허리-뼈 [hipbone]
의학 척추뼈 중 등뼈와 엉치뼈 사이 허리 부위에 있는 다섯 개의 뼈.
▶ 허리-춤
바지나 고의 등의 허리 부분과 피부 사이. 또는 치마의 허리와 속옷의 사이. ¶지갑을 허리춤에 끼우다.

허망 虛妄 | 빌 허, 헛될 망 [vain]
❶ 속뜻 실속 없고[虛] 헛됨[妄]. ❷거짓이 많아 미덥지 않음. ¶쓸데없이 허망한 소리를 하고 다니다. ❸어이없고 허무함. ¶한창 일할 나이에 허망하게 죽고 말았다.

허무 虛無 | 빌 허, 없을 무 [vain; futile]
❶ 속뜻 아무것도 없이[無] 텅 빔[虛]. ❷무가치하고 무의미하게 느껴져 매우 허전하고 쓸쓸함. ¶인생의 허무를 느끼다. ⓑ 공허(空虛).
▶ 허무-맹랑 虛無孟浪 | 매우 맹, 함부로 랑
터무니없이[虛無] 거짓되고 실속이 없다

[孟浪]. 전혀 실상(實相)이 없다. ¶허무맹랑한 소리 좀 그만해라!

허물[1][cast off skin]
뱀·매미 따위가 벗는 껍질. ¶뱀이 허물을 벗었다.

허물[2](罪, 허물 죄; 過, 허물 과) [fault]
잘못 저지른 실수. ¶허물없는 사람은 없다.

허물다 [destroy]
짜이거나 쌓인 물건을 뜯어서 허물어뜨리다. ¶오래된 집을 허물고 2층짜리 새 집을 지었다. [반] 쌓다, 짓다.

허물어-지다 [collapse]
쌓이거나 짜인 물건이 흩어져 무너지다. ¶허물어진 돌담.

허벅-다리 [thigh]
넓적다리의 위쪽 부분.

허벅지 [fleshy inside of the thigh]
허벅다리의 안쪽에 살이 많은 부분.

허비 虛費 | 헛될 허, 쓸 비 [waste]
헛되이[虛] 씀[費]. 또는 그 비용. ¶시간 허비 / 쓸데없는 일에 돈을 허비하다.

허사 虛事 | 헛될 허, 일 사 [vain attempt]
헛된[虛] 일[事]. ¶우리의 노력은 허사로 돌아갔다.

허상 虛像 | 헛될 허, 모양 상 [virtual image]
❶ [속뜻] 실상이 아닌 헛된[虛] 모양[像]. ❷ 실제 없는 것이 있는 것처럼 나타나 보이거나 실제와는 다른 것으로 드러나 보이는 모습. ¶그 일은 내가 마음속에서 만들어낸 허상일 뿐이다. [반] 실상(實像).

허생-전 許生傳 | 허락 허, 날 생, 전할 전
❶ [속뜻] 허생(許生)의 일생을 적은 전기(傳記). ❷ [문학] 조선 정조 때 박지원(朴趾源)이 지은 한문 소설. 허생이라는 선비가 가난에 못 이겨 하던 공부를 그만두고 장사를 하여 거금을 벌었다는 이야기로, 박지원의 실학사상이 드러난 내용이다.

허세 虛勢 | 헛될 허, 기세 세 [bluff]
실상이 없는 헛된[虛] 기세(氣勢). ¶허세를 부리다.

허수-아비 [scarecrow]
곡식을 해치는 새, 짐승 따위를 막기 위하여 막대기와 짚 따위로 만들어 논밭에 세우는 사람 모양의 물건.

허술-하다 [shabby; careless]
❶낡고 헐어서 보잘 것 없다. ¶허술한 집. ❷치밀하지 못하고 엉성하여 빈틈이 있다. ¶경비가 허술하다.

허식 虛飾 | 빌 허, 꾸밀 식 [display]
실속이 없이[虛] 겉만 꾸밈[飾]. 겉치레. ¶일체의 허식을 없애자.

허심 虛心 | 빌 허, 마음 심 [open mind]
❶ [속뜻] 비운[虛] 마음[心]. ❷마음속에 다른 생각이나 거리낌이 없음. ¶허심하게 이야기하다.

▶허심-탄회 虛心坦懷 | 평평할 탄, 생각할 회
❶ [속뜻] 마음[心]을 비우고[虛] 평평하게[坦] 생각함[懷]. ❷마음에 거리낌이 없이 솔직함. ¶허심탄회하게 이야기해 보세요.

허약 虛弱 | 빌 허, 약할 약 [weak]
❶ [속뜻] 속이 비고[虛] 약(弱)함. ❷몸이나 세력 따위가 약함. ¶허약 체질 / 동희는 몸이 허약해 보인다.

허영 虛榮 | 헛될 허, 영화 영 [vanity]
❶ [속뜻] 헛된[虛] 영화(榮華). ❷필요 이상의 겉치레. ¶그녀는 사치와 허영으로 가득 차 있다.

▶허영-심 虛榮心 | 마음 심
허영(虛榮)에 들뜬 마음[心].

허:옇다 [pure white]
어떤 정도에서 지나치게 희다. ¶그는 40대 초반인데 벌써 머리가 허옇다.

허욕 虛慾 | 헛될 허, 욕심 욕 [vain ambitions]
헛된[虛] 욕심(慾心). ¶허욕으로 패가(敗家)를 자초하다.

허용 許容 | 허락 허, 용납할 용 [allowance]
허락(許諾)하고 용납(容納)함. ¶소음의 허용 한도를 넘다.

허우대 [fine tall figure]
겉으로 드러난 체격. 주로 크거나 보기 좋은 체격을 이른다. ¶허우대가 멀끔한 신사.

허우적-거리다 [struggle]
위험한 경지에서 빠져 나오려고 손발을 내두르며 몸부림치다. ¶그는 물에서 헤어나려고 허우적거렸다.

허울 [appearance]
실속이 없는 겉모양. ¶허울은 좋지만 실속은 하나도 없다.

허위 虛僞 | 헛될 허, 거짓 위 [falsehood]
❶[속뜻] 헛된[虛] 거짓[僞]. ❷진실이 아닌 것을 진실인 것처럼 꾸민 것. ¶허위 보도. [반] 진실(眞實).

[비슷한 듯 다른 말] ➲ 거짓

허재비 [scarecrow]
'허수아비'의 방언(강원, 경상, 평안).

허전-하다 [feel lonesome]
❶주위에 아무것도 없거나 무엇을 잃은 듯 하여 공허한 느낌이 있다. ¶집에 혼자 있으니 몹시 허전하다. ❷속이 비어 무엇을 먹고 싶다. ¶아침을 못 먹고 나왔더니 속이 허전하다.

허점 虛點 | 빌 허, 점 점 [loophole]
허술한[虛] 점(點). 허술한 구석. ¶상대 팀의 허점을 노리다.

허탈 虛脫 | 빌 허, 빠질 탈 [prostrated]
속이 텅 비고[虛] 힘이 빠짐[脫]. 또는 그런 상태. ¶허탈에 빠지다 / 허탈한 기분 / 허탈한 웃음.

허탕 [wasted effort]
어떤 일을 시도하였다가 아무 소득이 없이 일을 끝냄. 또는 그렇게 끝낸 일. ¶나는 그를 만나러 갔다가 허탕을 치고 돌아왔다.

허파 (肺, 허파 폐) [lungs]
[의학] 가슴안의 양쪽에 있는, 원뿔을 반 자른 것과 비슷한 모양의 호흡을 하는 기관. [비] 폐(肺).

허풍 虛風 | 헛될 허, 바람 풍 [exaggeration]
❶[속뜻] 헛된[虛] 바람[風]. ❷지나치게 과장되고 믿음성이 적은 말이나 행동. ¶허풍이 심하다.

허허 [with a laugh]
입을 동글게 벌리고 거리낌 없이 크게 웃는 소리. 또는 그 모양. ¶민주의 농담에 모두 허허 웃었다.

허허-벌판 [vast empty plain]
끝없이 넓고 큰 벌판. ¶이 아파트 단지는 10년 전만 해도 허허벌판이었다.

허황 虛荒 | 헛될 허, 어이없을 황 [absurd]
❶[속뜻] 헛되거나[虛] 어이없음[荒]. ❷거짓되고 근거가 없다. ¶허황한 일 / 허황된 꿈.

헉
몹시 놀라거나 숨이 차서 숨을 순간적으로 멈추거나 들이마시는 소리. 또는 그 모양. ¶헉 소리를 지르며 쓰러졌다.

헉-헉
몹시 놀라거나 숨이 차서 숨을 자꾸 몰아쉬는 소리. 또는 그 모양. ¶뛰어왔더니 숨이 헉헉 막힌다.

▸ **헉헉-거리다**
몹시 놀라거나 숨이 차서 자꾸 숨을 몰아쉬다. 또는 자꾸 그런 소리를 내다. ¶미수는 헉헉거리며 계단을 올라왔다.

헌ː [old]
오래되어 성하지 않고 낡은. ¶헌 옷 / 헌 신. [반] 새.

헌ː금 獻金 | 바칠 헌, 돈 금 [donate]
돈[金]을 바침[獻]. 또는 그 돈. ¶헌금을 내다.

헌ː납 獻納 | 바칠 헌, 바칠 납 [contribute]
금품을 바침[獻=納]. ¶찬조금을 헌납하

다.

헌ː법 憲法 | 법 헌, 법 법 [constitutional law]

❶ 속뜻 최상위에 있는 법[憲=法]. ❷ 법률 국가에기초법. 국가의 조직, 구성 및 작용에 관한 근본법으로, 다른 법률이나 명령으로 변경할 수 없는 한 국가의 최고 법규.

▶ 헌ː법 재판소 憲法裁判所 | 분별할 재, 판가름할 판, 곳 소

❶ 속뜻 헌법(憲法)에 관한 사안을 재판(裁判)하는 곳[所]. ❷ 법률 법령의 위헌 여부를 일정한 소송 절차에 따라 심판하기 위하여 설치한 특별 재판소.

헌ː병 憲兵 | 법 헌, 군사 병 [military policeman]

❶ 속뜻 군 내부의 경찰 또는 법[憲]에 관한 일을 맡은 군사[兵]. ❷ 군사 군의 병과(兵科)의 한 가지. 군의 경찰 업무를 맡아본다.

▶ 헌ː병-대 憲兵隊 | 무리 대

군사 헌병(憲兵)으로 이루어진 부대(部隊). ¶그는 헌병대 출신이다.

헌ː신 獻身 | 바칠 헌, 몸 신 [sacrifice oneself]

❶ 속뜻 몸[身]을 바침[獻]. ❷어떤 일이나 남을 위하여 자기 이해관계를 돌보지 않고 힘씀. ¶그녀는 평생을 가족에게 헌신했다.

▶ 헌ː신-적 獻身的 | 것 적

자신의 몸을 돌보지 않고[獻身] 정성을 다하는 것[的]. ¶봉사 활동을 헌신적으로 해서, 선행상을 받았다.

헌ː-신짝 [worn out shoe]

오래 신어서 낡아 빠진 신짝.

헌ː장 憲章 | 법 헌, 글 장 [charter]

❶ 속뜻 헌법(憲法) 같이 중요한 글[章]. ❷어떠한 사실에 대하여 약속을 이행하기 위하여 정한 규범. ¶국민교육헌장.

헌칠-하다 [tall and handsome]

키와 몸집이 크고 늘씬하다. ¶헌칠한 키.

헌ː혈 獻血 | 바칠 헌, 피 혈 [donate blood]

수혈하는 데 쓰도록 자기 피[血]를 바침[獻]. ¶헌혈 캠페인 / 그는 정기적으로 헌혈을 한다.

헐-값 (歇—, 값쌀 헐) [dirtcheap price; low price]

그 물건이 지니는 값어치보다 썩 싼[歇] 값. ¶헐값에 팔다. ⓑ 고가(高價).

헐겁다 [loose]

낄 물건보다 낄 자리가 꼭 맞지 않고 크다. ¶살이 빠져서 옷이 헐거워졌다. ⓑ 헐렁하다.

헐ː다[1] [get a boil; wear out]

❶부스럼이나 상처(傷處)가 나서 살이 짓무르다. ¶입 안이 헐다. ❷물건 따위가 오래되거나 많이 써서 낡아지다. ¶책상이 헐어서 새로 샀다.

헐ː다[2] (毁, 헐 훼) [destroy]

집이나 쌓은 것을 무너뜨리다. ¶담을 헐고 다시 쌓다. ⓑ 쌓다, 짓다.

헐떡-거리다 [breathe hard]

숨을 자꾸 가쁘고 거칠게 쉬는 소리를 자꾸 내다. ¶숨을 헐떡거리며 말하다.

헐떡-이다 [gasp for breath]

잇달아 숨을 가쁘게 쉬다. ¶그는 헐떡이며 오르막길을 올라갔다. ⓑ 헐떡거리다, 헐떡대다.

헐ː-뜯다 [slander]

남의 흠을 잡아내어 나쁘게 말하다. ¶뒤에서 남을 헐뜯지 마라.

헐렁-하다

헐거워서 이리저리 움직이다. ¶바지가 헐렁하다.

헐레-벌떡 [panting and puffing]

숨을 거칠게 몰아쉬며 헐떡이는 모양. ¶그는 사고 소식을 듣고 헐레벌떡 달려 나갔다.

헐-리다 [destroyed]

무너뜨림을 당하다. ¶우리 집이 헐렸다.

헐ː-벗다 [poorly clothed; bared of leaves]

❶가난하여 옷을 거의 입지 못하고 있다. ¶몇 년간 계속된 흉년으로 백성들은 헐벗고 굶주렸다. ❷나무가 없어서 산이 맨바닥을 드러내고 있다. ¶헐벗은 산과 들.

헐-하다 (歇—, 값쌀 헐) [cheap]
값이 시세보다 싸다[歇]. ¶헐한 값.

험ː [flaw]
어떤 사물의 모자라거나 잘못된 부분. ¶험 잡을 데가 없다. ⓑ흠집, 티.

험ː난 險難 | 험할 험, 어려울 난 [rough and difficult]
위험(危險)하고 어렵다[難]. ¶험난한 길을 건너다.

험ː담 險談 | 험할 험, 말씀 담 [slander]
❶속뜻 험(險)한 말[談]. ❷남을 헐뜯어서 말함. 또는 그 말. ¶그는 늘 뒤에서 남의 험담을 하기 바쁘다.

험ː상 險狀 | 험할 험, 형상 상 [grimness; sinisterness]
험악(險惡)한 모양[狀]. 또는 그 상태.

▶험ː상-궂다 (險狀—)
모양이나 상태(狀態)가 거칠고 험(險)하다. ¶험상궂은 표정.

험ː준 險峻 | 험할 험, 높을 준 [steep]
산세가 험(險)하고 높고[峻] 가파르다. ¶험준한 산길. ⓑ평탄(平坦)하다.

험ː-하다 (險—, 험할 험) [rugged; rough]
땅의 생긴 형세나 일의 상태가 위태롭다[險]. ¶가파르고 험한 산.

헛-간 (—間, 틈 간) [barn]
문짝이 없는 광[間]. ¶헛간에 곡식을 쌓아 두다.

헛-갈리다 [confused]
마구 뒤섞여 분간할 수가 없다. ¶오랜만에 왔더니 길이 헛갈린다.

헛-걸음 [visit in vain]
목적을 이루지 못하고 헛수고만 하고 가거나 옴. 또는 그런 걸음. ¶미술관 문을 닫은 줄 모르고 헛걸음을 했다.

헛-것 [apparition]
❶쓸모없는 일. ¶말짱 헛것이다. ❷마음이 허하여 일어나는 착각. 없는 것이 있는 것처럼 보이든가 하는 현상. ¶헛것을 보다. ⓑ헛일, 허깨비.

헛-고생 (—苦生, 괴로울 고, 살 생) [exercise in futility]
아무런 보람도 없는 고생(苦生). ¶괜히 헛고생만 했다.

헛구역-질 (—嘔逆—, 토할 구, 거스릴 역) [try to vomit in vain]
게우는 것도 없이 욕지기[嘔逆]를 하는 일. ¶먹은 것도 없이 계속 헛구역질만 하다.

헛-기침 [ahem]
인기척을 내려고 일부러 하는 기침. ¶헛기침을 하다. ⓑ인기척.

헛-농사 (—農事, 농사 농, 일 사)
수확이 없거나 차지하는 것이 거의 없게 농사(農事)를 지음. 또는 그 농사.

헛-다리 [fail]
대상을 잘못 파악하고 일을 그르치는 일. ¶헛다리를 짚다.

헛-돌다 [run idle]
바퀴 따위가 헛되이 돌다. ¶진구렁 속에서 차바퀴는 헛돌기만 했다.

헛-되다 [vain; false]
❶아무 보람이 없다. ¶헛된 노력. ❷허황하여 믿기가 어렵다. ¶헛된 이야기 / 헛된 소문.

헛되-이 [uselessly; in vain]
아무 보람이나 실속이 없이. ¶여름 방학을 헛되이 보냈다.

헛-디디다 [miss one's step]
발을 잘못 디디다. ¶발을 헛디뎌 계단에서 굴렀다.

헛-물
꼭 될 줄로 알고 애쓴 일이 보람 없이 끝나는 것. ¶헛물을 켜다.

헛발-질

겨냥이 맞지 않아 빗나간 발길질. ¶승재는 공을 앞에 두고 헛발질을 해서 넘어지고 말았다.

헛-배
음식을 먹지 않고도 부른 배. ¶헛배가 부르다.

헛-뿌리
식물 이끼·곰팡이 따위에서 자라는 뿌리 모양의 조직.

헛-소리
[talking in sleep; talking in delirium]
❶앓는 사람이 정신을 잃고 중얼거리는 소리. ¶동생은 고열에 시달려 헛소리를 해 댔다. ❷미덥지 않은 말. ¶그게 무슨 헛소리니?

헛-소문 (-所聞, 것 소, 들을 문)
[false rumor]
근거 없이 헛되이 떠도는 소문(所聞). ¶헛소문을 퍼뜨리다.

헛-손질 [paw the air]
손의 겨냥이 빗나가 잘못 잡거나 때리는 일.

헛-수고 [waste one's labor]
아무 보람이 없는 수고. ¶괜히 헛수고만 했다.

헛-일 [useless work]
쓸모없는 일. 쓸데없이 한 노력. ¶그에게 백날 말해 봐야 헛일이다. ㊥ 허사.

헛헛-하다 [feel hungry]
배고픈 느낌이 있다. 출출해서 자꾸 먹고 싶다. ¶저녁을 먹지 않아 속이 헛헛하다.

헝:겊 [piece of cloth]
천의 조각. ¶헝겊으로 인형을 만들다. ㊥ 천, 옷감 조각.

헝클다 [tangle]
일이나 물건 같은 것을 서로 마구 흐트러뜨려 갈피를 잡을 수 없게 하다. ¶아이가 실을 헝클어 놓았다.

헝클어-지다 [entangled]
일이나 물건 같은 것이 서로 얽히어 갈피를 잡을 수 없게 되다. ¶헝클어진 머리.

헤 [wide open]
❶입을 조금 벌리고 힘없이 내는 소리. 또는 그 모양. ¶나는 입을 헤 벌리고 그를 쳐다보았다. ❷입을 조금 벌리고 속없이 빙그레 웃는 소리. 또는 그 모양. ¶그는 헤 하고 웃었다.

헤드-라이트 {영 headlight}
열차·자동차 등의 앞[head]에 단 등[light]. ¶안개가 짙어서 헤드라이트를 켰다. ㊥ 전조등(前照燈).

헤드-램프 {영 head lamp}
밴드나 모자에 붙여 머리[head]에 쓰는 등[lamp]. 광원(鑛員), 등산인 등이 일을 할 때 앞을 비추기 위하여 쓴다.

헤드폰 {영 headphone}
라디오 따위를 듣거나 방송·녹음할 때 쓰는 머리[head]에 걸어 사용하는 소형 스피커[phone]. ¶그는 늘 헤드폰을 쓰고 음악을 듣는다.

헤딩 {영 heading}
운동 축구에서, 공중으로 날아오는 공을 머리로 받는 일. ¶헤딩으로 슛을 성공시키다.

헤로인 {영 heroine}
약학 모르핀으로 만든 진정제의 하나. 사용이 금지된 마약이다.

헤르츠 {독 Hertz}
물리 진동수의 국제단위. 1초 동안의 진동 횟수이다. 독일의 물리학자 헤르츠(Hertz, H. R.)의 이름에서 유래되었다. 기호는 'Hz'.

헤르쿨레스 {영 Hercules}
문학 로마 신화에 나오는 최대의 영웅. 그리스 신화의 헤라클레스에 해당한다.

헤매다 [wander about; walk around]
목적하는 것을 찾아 이리저리 돌아다니다. ¶나는 길을 잃어 한참을 헤맸다.

헤:아리다 (量, 헤아릴 량)
[count; consider; fathom]
❶수량을 세다. ¶지갑 안에 있는 동전을 헤아리다. ❷짐작하여 미루어 생각하다.

¶남의 마음을 헤아리다. ❸어느 수에 이르다. ¶그와 같은 예는 헤아릴 수 없이 많다.

헤어-나다 [get out of a difficulty]
힘든 상태를 헤치고 벗어나다. ¶그는 한동안 딸을 잃은 충격에서 헤어나지 못했다. ⓑ벗어나다.

헤어-지다 [get scattered; break up]
❶같이 있던 사람과 서로 떨어지다. ¶나는 친구와 헤어져서 집으로 향했다. ❷관계를 끊다. ¶그녀는 남자 친구와 싸우고 헤어졌다.

♣ 헤어지다 / 흩어지다

◎ 가족들이 뿔뿔이 헤어지다 = 흩어지다.

○ 나는 친구와 싸우고 헤어졌다.
× 나는 친구와 싸우고 흩어졌다.

○ 꽃이 바람에 흩어지다.
× 꽃이 바람에 헤어지다.

헤엄 [swim]
사람이나 물고기 따위가 물속에서 나아가기 위하여 물속에서 팔다리나 지느러미를 움직여 헤치며 나아가는 일. ¶개울가에서 헤엄을 치다 / 연못 속에서 붕어들이 헤엄쳐 다닌다. ⓑ수영(水泳).

헤집다 [tear up; dig up and scatter]
무엇을 찾으려고 쌓인 물건들을 헤치다. ¶그는 쓰레기 더미를 마구 헤집으면 무언가를 찾고 있었다.

헤치다 [turn up]
❶앞에 걸리는 것을 옆으로 물리치다. ¶배가 물살을 헤치고 나아갔다. ❷가난·고난 따위를 이겨 나아가다. ¶난관을 헤쳐 나가다.

헤ː프다 [not durable; wasteful]
❶쓰는 물건이 쉽게 닳거나 빨리 없어지는 듯하다. ¶식구가 늘어 휴지가 너무 헤프다. ❷낭비하는 버릇이 있다. ¶돈을 헤프게 쓴다.

헤-헤 [he, he!]
입을 반쯤 벌리고 헤식게 웃는 모양이나 소리. ¶헤헤, 재미있겠는걸!

헥타르 {영 hectare}
미터법에 의한 넓이의 단위. 1헥타르는 1아르의 100배로 1만 ㎡이다. 기호는 'ha'.

헬-기 (-機, 틀 기)
[helicopter; chopper]
헬리콥터. 'helicopter'의 앞부분인 '헬'을 따고, '비행기'(飛行機)의 '기'(機)를 붙여 만든 말이다.

헬륨 {영 helium}
화학 수소 다음으로 가벼운 무색무취의 비활성 기체. 끓는 온도가 낮아 열기구에 넣거나 냉각 물질로 쓴다. ¶헬륨을 넣은 풍선을 하늘로 날려 보냈다.

헬리콥터 {영 helicopter}
기체 위에 대형의 회전 날개를 단 항공기의 하나. 수직 상승·하강, 전진·후퇴, 공중 정지 등을 할 수 있다.

헬멧 {영 helmet}
머리를 충격으로부터 보호하기 위하여 쓰는 모자. 쇠나 플라스틱으로 되어 있으며 주로 군인, 광부, 공사장 인부, 야구 선수 등이 쓴다. ⓑ안전모(安全帽).

헬스-장 (health場, 마당 장)
[health club]
건강[health]·미용 등을 증진하기 위한 운동·휴식 시설을 갖춘 체육관[場].

헷-갈리다
[confused; hard to distinguish]
여러 가지가 뒤섞여 갈피를 못 잡다. ¶오랜만에 왔더니 어느 길로 가야 하는지 헷갈린다. ⓑ헛갈리다.

헹-가래 [toss]
사람의 몸을 번쩍 들어 자꾸 내밀었다 들이켰다 하는 일. 또는 던져 올렸다 받았다 하는 일. 기쁘고 좋은 일이 있는 사람을 축하하거나, 잘못이 있는 사람을 벌줄 때 한다. ¶시합에서 이긴 선수들은 감독을 둘러싸고 헹가래를 쳤다.

헹구다 [wash out; rinse out]
빤 빨래나 애벌 감은 머리, 애벌 씻은 채소 따위를 다시 깨끗한 물에 넣어서 흔들어 빨거나 씻다. ¶빨래를 헹구다 / 비눗기를 깨끗이 헹궈 내다.

혀 (舌, 혀 설) [tongue]
동물의 입 안 아래쪽에 붙어 있는 기관. 운동이 자유로운 근육의 집합체로 맛을 구분하고, 발음을 고르며, 음식물을 씹고 삼키는 일을 돕는다. 관용 혀를 내두르다.

혁대 革帶 | 가죽 혁, 띠 대 [leather belt]
가죽[革]으로 만든 띠[帶]. ¶혁대를 졸라 매다. ⓑ 허리띠.

혁명 革命 | 바꿀 혁, 운명 명 [revolution]
❶ 속뜻 하늘이 내린 천명(天命)을 바꿈[革]. ❷헌법의 범위를 벗어나 국가 기초, 사회 제도, 경제 제도, 조직 따위를 근본적으로 고치는 일. ¶1789년 프랑스혁명이 일어났다. ❸이전의 관습이나 제도, 방식 따위를 단번에 깨뜨리고 질적으로 새로운 것을 급격하게 세우는 일. ¶유럽은 18세기부터 산업혁명이 일어났다.

▶ **혁명-가** 革命家 | 사람 가
혁명(革命)을 위해 활동하는 사람[家].

▶ **혁명-적** 革命的 | 것 적
❶ 속뜻 혁명(革命)을 일으키거나 혁명의 성질이 있는 것[的]. ¶혁명적인 사태가 벌어지다. ❷급격한 변화가 일어나는 것. ¶공부 방법을 혁명적으로 개선하다.

혁신 革新 | 바꿀 혁, 새 신
[reform; renovate]
제도나 방법, 조직이나 풍습 따위를 뒤바꾸거나[革] 버리고 새롭게[新] 함. ¶컴퓨터 분야는 눈부신 기술 혁신을 이루었다. ⓑ 보수(保守).

혁혁 赫赫 | 대단할 혁, 대단할 혁 [bright; brilliant]
❶ 속뜻 대단하고[赫] 대단하다[赫]. ❷공로나 업적 따위가 뚜렷하다. ¶혁혁한 공을 세우다.

현[1] 弦 | 시위 현 [chord; subtense]
수학 원이나 곡선의 호(弧)의 두 끝을 잇는 선분. 그 모양이 활의 시위[弦]같은 데서 생긴 말이다.

현:[2] 現 | 지금 현
[present; existing; actual]
지금[現]의. 또는 현재의. ¶현 정부 / 현 직장.

현[3] 絃 | 줄 현 [string; chord]
현악기에 매어 소리를 내는 줄.

현:[4] 縣 | 고을 현
역사 삼국 시대에서 조선 시대까지 있었던 지방 행정 구역의 하나.

현:감 縣監 | 고을 현, 볼 감
❶ 속뜻 고을[縣]의 감찰(監察). ❷ 역사 고려와 조선 시대, 작은 현(縣)의 우두머리.

현:격 懸隔 | 매달 현, 사이 뜰 격
[widely different; far apart]
❶ 속뜻 매달린[懸] 것 끼리 사이가 매우 큼[隔]. ❷사이가 많이 벌어져 있거나 차이가 매우 심함. ¶현격한 의견 차이.

현관 玄關 | 오묘할 현, 빗장 관
[front door; porch]
❶ 불교 깊고 오묘한[玄] 이치로 들어가는 관문(關門). 入道法門(입도법문). ❷건물의 출입구에 나있는 문간. ¶그는 친구를 맞이하러 현관으로 나갔다.

▶ **현관-문** 玄關門 | 문 문
현관(玄關)에 달린 문(門). ¶현관문에 들어서다.

현:금 現金 | 지금 현, 돈 금 [cash]
❶ 속뜻 현재(現在) 가지고 있는 돈[金]. ❷어음·수표·채권 따위가 아닌 실제로 늘 쓰는 돈. ¶현금으로 물건 값을 지불하다. ⓑ 현찰(現札).

현:기 眩氣 | 어지러울 현, 기운 기
[dizziness; giddiness]
어지러운[眩] 기운(氣運). 어지럼.

▶ **현:기-증** 眩氣症 | 증세 증
어지러운[眩氣] 증세(症勢). 어지럼증. ¶

갑자기 현기증이 나서 쓰러질 뻔했다.

＊＊현:대 現代 | 지금 현, 시대 대
[present age; modern times]
오늘날[現]의 시대(時代). ¶현대 사회 / 현대 의학.

▶현:대-식 現代式 | 법 식
현대(現代)에 걸맞은 형식(形式). 현대의 유행이나 풍조를 띤 형식. ¶현대식 건물.

▶현:대-인 現代人 | 사람 인
현대(現代)에 살고 있는 사람[人]. ¶현대인은 정보의 홍수 속에서 살고 있다.

▶현:대-적 現代的 | 것 적
현대(現代)에 어울리거나 걸맞은 것[的]. 현대의 유행이나 풍조와 관계가 있는 것. ¶현대적 감각.

▶현:대-화 現代化 | 될 화
현대(現代)에 알맞게 됨[化]. 또는 되게 함. ¶농촌에 현대화 물결이 일다.

현:란 絢爛 | 무늬 현, 빛날 란
[gorgeous; brilliant]
❶속뜻 무늬[絢]가 눈부시게 빛남[爛]. ❷눈부시게 빛나고 아름다움. ¶현란한 장식.

현명 賢明 | 어질 현, 밝을 명
[wise; sensible; intelligent]
어질고[賢] 사리에 밝음[明]. ¶현명한 결정을 내리다.

현모 賢母 | 어질 현, 어머니 모
[wise mother]
어진[賢] 어머니[母]. 현명한 어머니.

▶현모-양처 賢母良妻 | 좋을 량, 아내 처
자식에게는 어진[賢] 어머니[母]이고, 남편에게는 착한[良] 아내[妻]임. ¶남자들은 현모양처를 좋아한다.

현무 玄武 | 검을 현, 굳셀 무
[dark and strong]
❶속뜻 빛깔은 검고[玄] 굳센[武] 성질을 가진 동물. ❷민속 사신(四神)의 하나. 북쪽 방위의 수(水) 기운을 맡은 태음신(太陰神)을 상징한 짐승. 거북과 뱀이 뭉친 형상이다.

▶현무-암 玄武巖 | 바위 암
❶속뜻 검은[玄] 색이 감돌고 단단한[武] 바위[巖]. ❷지리 화산암의 한 가지. 염기성 사장석(斜長石)과 휘석(輝石)·감람석(橄欖石)이 주성분인데, 빛깔은 흑색이나 짙은 회색이며 질이 매우 단단하다.

현미 玄米 | 검을 현, 쌀 미
[uncleaned rice]
❶속뜻 정미에 비하여 검은[玄] 빛이 감도는 쌀[米]. ❷왕겨만 벗기고 쓿지 않은 쌀. ¶현미로 지은 밥은 고혈압에 좋다. ㊥백미(白米).

현:미경 顯微鏡 | 드러날 현, 작을 미, 거울 경 [microscope]
❶속뜻 아주 작은[微] 것도 잘 드러나[顯] 보이도록 하는 거울[鏡]. ❷물리 매우 작은 물체를 확대하여 보는 장치.

현:상[1] 現狀 | 지금 현, 형상 상
[present state; the actual state]
현재(現在)의 상태(狀態). 지금의 형편. ¶현상을 유지하다.

＊＊현:상[2] 現象 | 나타날 현, 모양 상
[phenomenon]
❶속뜻 나타난[現] 모양[象]. ❷지각(知覺)할 수 있는 사물의 모양이나 상태. ¶적조 현상 / 기상 현상.

현:상[3] 現像 | 나타날 현, 모양 상 [develop]
❶속뜻 사진가 따위로 찍은 형상[像]을 나타나게 함[現]. 또는 그 형상. ❷연영 사진술에서 촬영한 필름이나 인화지 따위를 약품으로 처리하여 영상이 드러나게 하는 일. ¶사진 현상.

현:상[4] 懸賞 | 매달 현, 상줄 상
[prize contest]
어떤 목적으로 조건을 붙여 상금(賞金)이나 상품을 내거는 일[懸]. ¶현상 공모 / 현상 수배.

▶현:상-금 懸賞金 | 돈 금
현상(懸賞)으로 내건 돈[金]. 또는 그 금액. ¶경찰은 범인 검거에 현상금 500만 원을 걸었다.

현ː세 現世 | 지금 현, 세상 세
[this world; the present age]
현재(現在)의 세상(世上). 이 세상.

현ː수 懸垂 | 매달 현, 드리울 수 [hanging]
매달아[懸] 아래로 곧게 드리워짐[垂].

▸ 현ː수-막 懸垂幕 | 막 막
❶ 속뜻 방이나 극장의 내부 따위에 드리운 [懸垂] 막(幕). ❷선전문이나 광고문 따위를 적어 드리운 막. ¶거리 곳곳에 현수막을 걸다. ⓑ 플래카드(placard).

현ː실 現實 | 지금 현, 실제 실 [actuality; reality]
현재(現在)의 사실(事實). 실제로 이루어짐. ¶꿈이 현실이 되다. ⓑ 비현실(非現實).

▸ 현ː실-성 現實性 | 성질 성
실제로 일어날 수 있거나 현실(現實)에 있을 수 있는 가능성(可能性). ¶현실성 있는 계획을 세우다.

▸ 현ː실-적 現實的 | 것 적
현실(現實)에 있는 것[的]. 현실성을 띤 것. ¶현실적 목표 / 현실적 문제. ⓑ 관념적(觀念的).

▸ 현ː실-화 現實化 | 될 화
❶ 속뜻 현실(現實)이 됨[化]. ❷실제의 사실이나 상태가 됨. 또는 되게 함. ¶무상 급식을 현실화하였다.

현악 絃樂 | 줄 현, 음악 악
[string music]
음악 바이올린 같이 줄[絃]을 통하여 소리를 내는 악기(樂器). ¶현악 합주.

▸ 현악-기 絃樂器 | 그릇 기
음악 현악(絃樂)을 연주하는데 쓰이는 악기(樂器). ⓑ 탄주 악기(彈奏樂器).

▸ 현악-부 絃樂部 | 나눌 부
학교나 단체의 현악기(絃樂器)를 연주하는 조직[部].

현ː역 現役 | 지금 현, 부릴 역
[active service; service on full pay]
❶ 군사 부대에 편입되어 실지의 현장(現場) 군무에 종사하는 병역(兵役). 또는 그 군인. ¶현역 군인. ❷실지로 어떤 직위에 있거나 직무를 수행하고 있는 일. 또는 그 사람. ¶현역에서 물러나다. ⓑ 예비역(豫備役).

현자 賢者 | 어질 현, 사람 자
[wise man; sage]
어진[賢] 사람[者]. ⓑ 현인(賢人).

현ː장 現場 | 지금 현, 마당 장
[spot; the scene]
❶ 속뜻 사물이 현재(現在) 있는 곳[場]. ¶물품을 현장에서 내주다. ❷사건이 일어난 곳. 또는 그 장면. ¶사고 현장을 조사하다. ⓑ 현지(現地).

▸ 현ː장 학습 現場學習 | 배울 학, 익힐 습
교육 학습에 필요한 자료가 있는 현장(現場)에 직접 찾아가서 하는 학습(學習).

⁂**현ː재** 現在 | 지금 현, 있을 재
[present time; at present]
지금[現] 있음[在]. 이제. 지금. ¶현재 시간은 오후 8시입니다.

현ː저 顯著 | 나타날 현, 뚜렷할 저
[noticeable; conspicuous]
겉으로 드러날[顯] 정도로 뚜렷하다[著]. ¶현저한 차이 / 작년에 비해 지원자 수가 현저하게 줄어들었다.

현ː존 現存 | 지금 현, 있을 존
[exist (actually); in existence]
현재(現在)에 있음[存]. 지금 살아 있음. ¶현존 인물 / 현존하는 가장 오래된 건물.

현ː-주소 現住所 | 지금 현, 살 주, 곳 소
[one's current address]
현재(現在) 살고[住] 있는 곳[所]. ¶현주소가 적힌 신분증을 보여 주세요.

*__현ː지__ 現地 | 지금 현, 땅 지
[very spot; the (actual) locale]
현재(現在) 어떤 일이 벌어지고 있는 곳[地]. ¶경기는 현지 시간으로 오전 7시에 시작된다.

현ː직 現職 | 지금 현, 일자리 직 [present office]
현재(現在) 종사하는 직업(職業)이나 직

임(職任). ¶그는 현직 경찰관이다. ㊥ 전직(前職).

현ː찰 現札 | 지금 현, 쪽지 찰
[cash; actual money]
현금(現金)으로 통용되는 화폐 쪽지[札]. ¶현찰로 계산하다.

현ː충 顯忠 | 드러낼 현, 바칠 충
[give high praise to faithfulness]
나라를 위하여 몸을 바친[忠] 사람들의 큰 뜻을 드러내어[顯] 기림.

▶현ː충-사 顯忠祠 | 사당 사
고적 이순신 장군의 충절을 추모·기념하기[顯忠] 위하여 세운 사당(祠堂). ¶현충사는 충청남도 아산시에 있다.

▶현ː충-일 顯忠日 | 날 일
목숨을 바쳐 나라를 지킨[顯忠] 이의 충성을 기념하는 날[日]. 6월 6일.

현ː판 懸板 | 매달 현, 널빤지 판 [hanging board]
글씨나 그림을 새기거나 써서 높은 곳에 매다는[懸] 널조각[板]. ¶남대문 현판에 '숭례문'(崇禮門)이라고 쓰여 있다.

현ː행 現行 | 지금 현, 행할 행
[present; existing; current]
현재(現在) 행하고[行] 있음. ¶현행 교과서.

▶현ː행-범 現行犯 | 범할 범
법률 범죄를 실행하는 중이거나 실행한 직후에 잡힌[現行] 범인(犯人). ¶그는 현장에서 현행범으로 체포되었다.

현ː혹 眩惑 | 어두울 현, 홀릴 혹
[dazzle; bewilder; blind]
❶속뜻 사리에 어두워[眩] 정신이 홀림[惑]. ❷무엇에 홀리어 정신을 못 차림. ¶돈에 현혹되지 마라.

현ː황 現況 | 지금 현, 상황 황
[present state; state of affairs]
현재(現在)의 상황(狀況). 지금의 형편. ¶피해 현황을 조사하다.

혈관 血管 | 피 혈, 대롱 관
[blood vessel; vascular tract]
의학 피[血]가 통하여 흐르는 관(管). 동맥, 정맥, 모세 혈관으로 나뉜다. ¶혈관은 우리 몸에 나뭇가지처럼 퍼져 있다. ㊐ 핏줄.

혈기 血氣 | 피 혈, 기운 기
[vitality; strength]
❶속뜻 목숨을 유지하는 피[血]와 기운(氣運). ❷힘차게 활동하게 하는 기운. ¶혈기 왕성한 젊은이.

혈색 血色 | 피 혈, 빛 색
[complexion; color]
❶속뜻 피[血]의 빛[色]. ❷살갗에 나타난 핏기. ¶혈색이 좋다.

혈서 血書 | 피 혈, 쓸 서
[writing in blood]
제 몸의 피[血]로 글씨를 쓰는[書] 일. 또는 그 글자나 글.

혈세 血稅 | 피 혈, 세금 세 [blood tax]
❶속뜻 피[血] 같은 세금(稅金). ❷매우 귀중한 세금. ¶국민의 혈세가 낭비되고 있다.

혈안 血眼 | 피 혈, 눈 안
[bloodshot eye]
❶속뜻 기를 쓰고 덤벼서 핏발[血]이 선 눈[眼]. ❷어떠한 일을 힘을 다하여 애타게 하는 것. ¶그는 돈을 버는 데에 혈안이 되어 있다.

혈압 血壓 | 피 혈, 누를 압
[blood pressure]
의학 혈액(血液)이 혈관 속을 흐를 때 생기는 압력(壓力). ¶혈압을 재다 / 할머니는 혈압이 높다.

***혈액** 血液 | 피 혈, 진 액 [blood]
의학 동물의 혈관(血管) 속을 순환하는 체액(體液). 생체 조직에 산소와 영양분을 공급하고 노폐물을 날라다 제거한다. ¶혈액검사. ㊐ 피.

▶혈액-형 血液型 | 모형 형
의학 혈액(血液)의 유형(類型). 적혈구와 혈청의 응집 반응을 기초로 분류한다. ¶내 혈액형은 A형이다.

▶혈액 순환 血液循環 | 돌아다닐 순, 고리

환

의학 심장의 활동에 따라, 혈액(血液)이 동물의 몸속을 일정한 방향으로 흘러서 도는[循環] 일. ¶적당한 운동은 혈액 순환을 활발하게 한다.

혈연 血緣 | 피 혈, 인연 연
[blood ties(relation)]
같은 핏줄[血]로 이어진 인연(因緣). 같은 핏줄의 관계. ¶혈연 관계.

혈우-병 血友病 | 피 혈, 벗 우, 병 병
[hemophilia; bleeder's disease]
❶속뜻 라틴어로 '피[血]와 벗[友]하다'는 뜻의 'hemophilia'라는 병명(病名)을 한자로 의역(意譯)한 말. ❷의학 조그만 상처에도 쉽게 피가 나고, 잘 멎지 않는 유전병. 여자에 의하여 유전되어 남자에게 나타나는 병이다.

혈육 血肉 | 피 혈, 살 육 [one's flesh and blood; one's offspring]
❶속뜻 피[血]와 살[肉]. ❷부모, 자식, 형제 따위처럼 한 혈통으로 맺어진 육친. ¶그에게는 누나가 유일한 혈육이다. ⓑ 피붙이.

혈전 血戰 | 피 혈, 싸울 전
[desperate fight; bloody battle]
❶속뜻 피[血]를 흘리며 싸움[戰]. ❷생사를 헤아리지 않고 매우 격렬하게 싸움. 또는 그 전투. ¶우리는 10여 시간에 걸친 혈전 끝에 승리를 거두었다. ⓑ 혈투(血鬪).

혈중 血中 | 피 혈, 가운데 중
[blood serum]
피[血] 가운데[中]. 피 안에. ¶혈중 알코올 농도.

혈통 血統 | 피 혈, 계통 통
[blood; lineage]
같은 핏줄[血]을 타고난 겨레붙이의 계통(繼統). 조상과의 혈연관계. ¶그는 영국 귀족의 혈통이다.

혈투 血鬪 | 피 혈, 싸울 투
[fight desperately]
❶속뜻 피[血]를 흘리며 싸움[鬪]. ❷죽음을 무릅쓰고 싸움. ¶월드컵에서 한국은 연장 혈투 끝에 독일에 승리했다. ⓑ 혈전(血戰).

혐오 嫌惡 | 싫어할 혐, 미워할 오
[dislike; hate]
싫어하고[嫌] 미워함[惡]. ¶혐오식품 / 나는 돈만 밝히는 그를 혐오한다.

혐의 嫌疑 | 의심할 혐, 의심할 의
[suspicion; charge]
범죄를 저질렀으리라는 의심[嫌=疑]. ¶그는 절도 혐의로 체포되었다.

협곡 峽谷 | 골짜기 협, 골짜기 곡 [gorge; ravine]
좁고 험한 골짜기[峽=谷].

협공 挾攻 | 낄 협, 칠 공
[attack on both sides]
사이에 끼워[挾] 놓고 양쪽에서 공격(攻擊)함. ¶협공 작전으로 스파이를 붙잡았다.

협동 協同 | 합칠 협, 함께 동
[work together; cooperate]
힘을 하나로 합쳐[協] 함께[同] 노력함. 서로 마음과 힘을 하나로 합함. ¶협동 정신.

▸ **협동-심** 協同心 | 마음 심
어떤 일에 여럿이 힘을 합쳐 함께[協同] 하고자 하는 마음[心]. ¶여러 사람과 어울려 운동을 하면 협동심이 길러진다.

▸ **협동-조합** 協同組合 | 짤 조, 합할 합
사회 농민이나 소비자 또는 중소기업 등이 경제적 편의와 상호 협력을 위하여 조직하는[協同] 단체[組合]. 농업 협동조합이나 중소기업 협동조합 등이 있다.

협력 協力 | 합칠 협, 힘 력
[cooperate; collaborate]
서로 돕는 마음으로 힘[力]을 합침[協]. ¶협력 관계 / 협력해서 일하다.

협박 脅迫 | 으를 협, 다그칠 박
[threaten; menace]
❶속뜻 으르고[脅] 다그침[迫]. ❷어떤 일

을 강제로 시키기 위하여 을러서 괴롭게 굶. ¶협박전화.

협상 協商 | 합칠 협, 헤아릴 상 [negotiate; agree]
❶ 속뜻 힘을 합쳐[協] 서로 상의(商議)함. ❷어떤 목적에 부합되는 결정을 하기 위하여 여럿이 의논함. ¶임금 협상. ⓑ 협의(協議).

협소 狹小 | 좁을 협, 작을 소 [small; limited]
좁고[狹] 작다[小]. ¶협소한 장소.

협약 脅約 | 협박할 협, 묶을 약 [agree; convention]
협박(脅迫)으로 이루어진 약속(約束)이나 조약(條約). ¶강제로 맺은 협약이니 지킬 필요가 없다.

협연 協演 | 합칠 협, 펼칠 연 [perform with]
음악 힘을 합쳐[協] 함께 연주(演奏)함. 동일한 곡을 한 독주자(獨奏者)가 다른 독주자나 악단과 함께 연주함. 또는 그러한 연주.

협의 協議 | 합칠 협, 의논할 의 [confer; consult; discuss]
여럿이 모여[協] 의논(議論)함. ¶그 문제는 지금 협의 중이다. ⓑ 협상(協商).
▶협의-회 協議會 | 모일 회
여러 사람이 모여 서로 의논하기[協議] 위하여 여는 모임[會]. ¶협의회를 개최하다.

협정 協定 | 합칠 협, 정할 정 [agree; arrange]
서로 힘을 합치기로[協] 결정(決定)함. 국가 간에 약정을 맺음. ¶한미 양국은 관세 협정을 맺었다.

협조[1] 協助 | 합칠 협, 도울 조 [cooperate; concord]
힘을 합쳐[協] 서로 도와줌[助]. ¶여러분의 협조를 부탁드립니다.

협조[2] 協調 | 합칠 협, 고를 조 [cooperate; collaborate]
❶ 속뜻 힘을 합하여[協] 서로 조화(調和)를 이룸. ❷생각이나 이해가 대립되는 쌍방이 평온하게 상호 간의 문제를 협력하여 해결하려 함.

협주 協奏 | 도울 협, 연주할 주 [concert; ensemble]
음악 독주 악기의 연주를 돕기[協] 위하여 함께 하는 연주(演奏). ¶바이올린 협주.
▶협주-곡 協奏曲 | 노래 곡
음악 피아노나 바이올린 따위 독주 악기가 중심이 되어 관현악과 합주하는[協奏] 형식의 악곡(樂曲). ¶멘델스존의 바이올린 협주곡.

협찬 協贊 | 합칠 협, 도울 찬 [support; cooperate]
힘을 합쳐[協] 서로 도움[贊]. 어떤 일 따위에 재정적으로 도움을 줌. ¶의상 협찬을 받다.

협회 協會 | 합칠 협, 모일 회 [society; association]
어떤 목적을 위하여 회원들이 힘을 합쳐[協] 설립한 모임[會]. ¶건설협회 / 보험협회.

혓-바늘 [fur on the tongue]
혓바닥에 좁쌀같이 돋아 오르는 붉은 것. ¶혓바늘이 돋아서 밥도 먹을 수 없다.

혓-바닥 [flat of the tongue]
❶혀의 입천장으로 향한 면. ¶딸기 맛 사탕을 먹었더니 혓바닥이 빨간색으로 변했다. ❷'혀'를 속되게 이르는 말. ¶혓바닥을 함부로 놀리지 마라.

형[1] 兄 | 맏 형 [elder brother; big brother]
❶형제 가운데 손윗사람. ¶우리 형은 나보다 두 살이 많다. ❷남남끼리의 사이에서 나이가 적은 남자가 나이가 많은 남자를 이르거나 부르는 말. ¶우리는 형 아우 하면서 지내는 사이이다. ⓑ 동생, 아우. 속담 형만 한 아우 없다.

형[2] 刑 | 형벌 형 [punishment; penalty]
법률 나라의 법을 어긴 사람에게 그 죄에

맞게 매긴 벌. '형벌'(刑罰)의 준말. ¶징역 3년 형에 처하다.

형[3] **型** | 모형 형 [model; style; type]
어떤 특징을 형성하는 형태. ¶2010년형의 자동차.

형광 螢光 | 반딧불 형, 빛 광 [fluorescence]
❶ 속뜻 반딧불이[螢]의 불빛[光]. 반딧불. ❷ 물리 어떤 물질이 빛이나 방사선 따위를 받았을 때 그 빛과는 다른 고유의 빛을 내는 현상. ¶형광 조명.

▶ 형광-등 螢光燈 | 등불 등
전기 진공 유리관 속에 수은과 아르곤을 넣고 안쪽 벽에 형광(螢光) 물질을 바른 방전등(放電燈). ¶형광등이 깜박거린다.

형국 形局 | 모양 형, 판 국
[situation; aspect]
❶ 속뜻 어떤 일이 벌어진 때의 형편(形便)이나 판국[局]. ¶그는 불리한 형국에 놓여 있다. ❷ 민속 관상이나 풍수지리에서 얼굴 생김이나 묏자리, 집터 따위의 겉모양과 그 생김새.

형-님 (兄—, 맏 형)
[elder brother; big brother]
'형'(兄)을 높여 이르는 말. ¶형님, 여기 앉으세요.

형량 刑量 | 형벌 형, 분량 량
형벌(刑罰)의 양(量). ¶범인에게 징역 3년의 형량이 선고되었다.

형무 刑務 | 형벌 형, 일 무
[affairs of prison]
형벌(刑罰)의 집행에 관한 사무(事務)나 업무(業務).

▶ 형무-소 刑務所 | 곳 소
[prison; jail; penitentiary]
법률 형벌(刑罰)의 집행에 관한 사무(事務)를 맡아보는 기관[所]. '교도소'(矯導所)의 이전 말. ¶그는 절도로 형무소에 보내졌다.

형벌 刑罰 | 형벌 형, 벌할 벌
[punish; penalize]
❶ 속뜻 무거운 죄에 대한 벌[刑]과 가벼운 죄에 대한 벌(罰). ❷ 법률 나라의 법을 어긴 사람에게 그 죄에 맞게 벌을 줌. 또는 그러한 처벌. ¶가혹한 형벌을 내리다.

형법 刑法 | 형벌 형, 법 법
[criminal law]
법률 범죄와 형벌(刑罰)의 내용을 규정한 법률(法律).

형부 兄夫 | 맏 형, 지아비 부
[girl's elder sister's husband]
언니[兄]의 남편[夫]. ¶내 조카는 언니와 형부를 조금씩 다 닮았다.

형사 刑事 | 형벌 형, 일 사
[criminal case; police detective]
법률 ❶형법(刑法)의 적용을 받는 사건(事件). ¶형사 책임 / 형사소송. ❷주로 사복 차림으로 범죄를 수사하고 범인을 체포하는 따위의 일을 맡은 경찰관. ¶형사들이 마침내 범인을 찾아냈다. 반 민사(民事).

형상 形象 | 모양 형, 모양 상
[shape; figure]
사물의 생긴 모양[形=象]이나 상태. ¶인간의 형상을 한 괴물.

형설 螢雪 | 반딧불 형, 눈 설
[diligent study]
❶ 속뜻 반딧불이[螢]와 눈[雪]의 빛. ❷'형설지공'(螢雪之功)의 준말.

▶ 형설지공 螢雪之功 | 어조사 지, 공로 공
❶ 속뜻 등불을 밝힐 수 없어, 반딧불[螢]과 눈[雪]빛을 밝혀 공부하여 세운 공(功). ❷어려운 여건에서도 꾸준히 학문을 닦는 것'을 이르는 말. 차윤(車胤)과 손강(孫康)의 고사에서 유래.

⁑**형성 形成** | 모양 형, 이룰 성
[form; mold]
어떤 모양[形]을 이룸[成]. 또는 어떤 모양으로 이루어짐. ¶인격 형성 / 어릴 적부터 좋은 습관을 형성해야 한다.

형세 形勢 | 모양 형, 기세 세
[situation; the state of affairs]
❶ 속뜻 살림살이의 형편(形便)이나 기세(氣勢). ❷일이 되어 가는 형편. ¶형세가

불리하다.

형수 兄嫂 | 맏 형, 부인 수
[one's sister-in-law]
형(兄)의 아내[嫂].

형식 形式 | 모양 형, 꼴 식
[form; formality]
❶ 속뜻 형태(形態)와 격식(格式). 겉모양. ¶형식을 갖추다. ❷격식이나 절차. ¶형식에 너무 얽매이지 마라. ⓑ 내용(內容).

▸형식-적 形式的 | 것 적
형식(形式)을 주로 하는 것[的]. 내용이나 실질이 따르지 않음을 강조하는 경우에 많이 쓴다. ¶형식적 절차 / 형식적인 대화.

형언 形言 | 모양 형, 말할 언
[describe; express]
형용(形容)하여 말함[言]. ¶형언할 수 없는 슬픔.

형용 形容 | 모양 형, 얼굴 용
[describe; put into words]
❶ 속뜻 모양[形]과 얼굴[容] 생김새. ❷말이나 글, 몸짓 따위로 사물이나 사람의 모양을 나타냄. ¶그곳의 경치는 형용할 수 없을 만큼 아름답다.

▸형용-사 形容詞 | 말씀 사
언어 사람이나 사물의 모양[形容]이나 상태, 성질을 나타내는 품사(品詞).

형장 刑場 | 형벌 형, 마당 장
[place of execution]
법률 사형(死刑)을 집행하는 곳[場]. ¶루이 16세는 형장의 이슬로 사라졌다.

형제 兄弟 | 맏 형, 아우 제 [brother]
형[兄]과 아우[弟]. ¶사이좋은 형제.

형체 形體 | 모양 형, 몸 체
[form; shape]
물건의 생김새[形]나 그 바탕이 되는 몸체[體]. ¶형체가 없다 / 형체를 갖추다 / 형체를 알아보다.

***형태** 形態 | 모양 형, 모양 태
[form; shape]
❶ 속뜻 사물의 생긴 모양[形=態]. ❷어떠한 구조나 전체를 이루고 있는 구성체가 일정하게 갖추고 있는 모양. ¶가정의 형태.

형-틀 (刑—, 형벌 형)
역사 죄인을 벌할[刑] 때 앉혔던 기구. ¶죄인을 형틀에 묶다.

***형편** 形便 | 모양 형, 편할 편
[course; one's family fortune]
❶ 속뜻 지형(地形)이 좋아서 편리(便利)함. ❷일이 되어 가는 상황이나 상태. ¶형편을 봐 가면서 결정하자. ❸살림살이의 정도. ¶형편이 피다 / 형편이 넉넉하다.

▸형편-없다 (形便—)
결과나 상태, 내용이나 질 따위가 매우 좋지 못하다. ¶그 음식점의 음식 맛이 정말 형편없다 / 이번 경기에서 우리는 형편없이 지고 말았다.

형평 衡平 | 저울대 형, 평평할 평
[balance; equilibrium]
❶ 속뜻 저울대[衡]같이 평평(平平)함. ❷균형이 맞음. 또는 그런 일. ¶형평에 어긋나다.

형형-색색 形形色色 | 모양 형, 모양 형, 빛 색, 빛 색 [every kind and description]
형상(形狀)과 빛깔[色] 따위가 서로 다른 여러 가지. ¶길가에는 형형색색의 꽃들이 피어 있다.

혜:성 彗星 | 꼬리별 혜, 별 성
[comet; sudden prominence]
❶ 속뜻 꼬리가 달린[彗] 것 같이 보이는 별[星]. ❷ 천문 태양을 초점으로 긴 꼬리를 타원이나 포물선 또는 쌍곡선의 궤도로 그리며 운동하는 천체.

혜:지 慧智 | 슬기로울 혜, 슬기 지 [wise; sensible; sagacious]
슬기[慧=智]. ¶혜지를 발휘하다.

혜:택 惠澤 | 은혜 혜, 은덕 택
[favor; benefit]
❶ 속뜻 고마운[惠] 은덕[澤]. ❷은혜(恩惠)와 덕택(德澤). ¶복지 혜택.

호:[1] 戶 | 집 호 [house; door; family]
집의 수를 세는 단위. ¶이 마을에는 이십

호가 산다.

호²弧 | 활 호 [arc]

[수학] 원둘레 또는 기타 곡선 위의 두 점에 의해 한정된 부분. ¶부채꼴의 호의 길이를 구하시오.

호ː³號 | 이름 호 [title; pen name]

본명이나 자(字) 이외에 쓰는 아명(雅名). ¶이황의 호는 퇴계다.

호ː⁴號 | 차례 호 [number; No.]

차례를 나타내는 데 쓰는 말. ¶숭례문은 국보 제1호이다.

호ː각 號角 | 부를 호, 뿔 각

[(signal) whistle]

불어서 소리를 내는[號] 뿔[角] 모양의 신호용 도구. ¶방범대원의 호각 소리가 들렸다. [비] 호루라기.

호ː감 好感 | 좋을 호, 느낄 감

[good feeling; goodwill]

좋은[好] 감정(感情). ¶호감을 느끼다. [반] 악감(惡感).

호강 [live in luxury]

호화롭고 편안한 삶을 누림. ¶부모님을 호강시켜 드리다.

호걸 豪傑 | 호쾌할 호, 뛰어날 걸

[hero; outstanding man]

성격이 호쾌(豪快)하고 외모가 뛰어난 사람[傑]. ¶그는 천하의 호걸이다.

호ː-경기 好景氣 | 좋을 호, 볕 경, 기운 기

[wave of prosperity; good times]

[경제] 좋은[好] 경기(景氣). 모든 기업체의 활동이 정상 이상으로 활발한 상태. ¶전자 시장은 호경기를 누리고 있다. [반] 불경기(不景氣).

호ː구¹戶口 | 집 호, 입 구

[number of houses and families]

호적(戶籍)상 집[戶]의 수효와 식구(食口)의 수. ¶전국 단위로 호구 조사를 실시한다.

호구²糊口 | 풀칠할 호, 입 구

[meager living]

❶ [속뜻] 입[口]에 풀칠함[糊]. ❷간신히 끼니만 이으며 사는 일을 비유하여 이르는 말. ¶호구를 마련하다.

▶호구지책 糊口之策 | 어조사 지, 꾀 책

겨우 먹고 살아가는[糊口] 방책(方策). ¶그는 호구지책으로 주유소에서 일을 했다.

호ː국 護國 | 지킬 호, 나라 국

[defense of one's fatherland]

외적으로부터 나라[國]를 지킴[護]. ¶호국 정신을 함양하다.

호ː기¹好機 | 좋을 호, 때 기

[good opportunity; good chance]

무슨 일을 하는 데 좋은[好] 때[機]. 또는 그런 기회. ¶호기를 잡다 / 호기를 놓치다.

호기²豪氣 | 호걸 호, 기운 기 [heroism; bravery]

❶ [속뜻] 호방(豪放)한 기운(氣運). 씩씩한 기상. ¶그는 호기가 넘치는 목소리로 대답했다. ❷괜히 우쭐대는 태도. ¶호기를 부리다.

호ː기³好奇 | 좋을 호, 기이할 기

[curiosity; inquisitiveness]

새롭고 기이(奇異)한 것을 좋아함[好].

▶호ː기-심 好奇心 | 마음 심

새롭거나 기이(奇異)한 것을 좋아하거나[好] 모르는 것을 알고 싶은 마음[心]. ¶호기심이 강하다.

⁑호남 湖南 | 호수 호, 남녘 남

❶ [속뜻] 호강(湖江, 지금의 錦江)의 남(南)쪽 지역. ❷ [지리] 전라남도와 전라북도를 두루 이르는 말. ¶호남 평야.

호돌이 (虎ㅡ, 범 호)

1988년 서울 올림픽의 마스코트. 새끼 호랑이[虎] 모양이다.

호되다 [severe; hard; harsh]

매우 심하다. ¶아버지는 나를 호되게 야단치셨다.

호두 [walnut]

호두나무 열매. 속살은 지방이 많고 맛이 고소하다. ¶호두과자.

▶호두까기 인형 (ㅡ人形, 사람 인, 모양 형)

[음악] 차이콥스키가 작곡한 발레 곡. 호프만의 동화를 각색하여 만든 열다섯 곡의 모음곡으로, 1892년에 초연된 2막 3장의 발레 음악이다.

호들갑 [flighty; rash]
말이나 하는 짓이 야단스럽고 방정맞음. 또는 그 말이나 행동. ¶사소한 일로 호들갑 떨지 마라 / 호들갑스럽게 웃다.

호-떡 (胡—, 오랑캐 호)
[Chinese stuffed pancake]
중국식[胡] 떡의 하나. 밀가루나 찹쌀가루 반죽에 설탕으로 소를 넣어 둥글넓적하게 구워 낸다. ¶호떡을 재빨리 뒤집다.

호락-호락 [easily; readily]
성격이 만만하고 다루기 쉬운 모양. 다루기 쉬운 모양. ¶호락호락 속아 넘어갈 내가 아니다 / 그는 절대 호락호락한 상대가 아니다.

호란 胡亂 | 오랑캐 호, 어지러울 란 [Manchu war]
❶[속뜻] 오랑캐[胡]가 일으킨 난리(亂離). ❷[역사] '병자호란'(丙子胡亂)의 준말.

호:랑 虎狼 | 호랑이 호, 이리 랑
[tiger and wolf]
❶[속뜻] 호랑이[虎]와 이리[狼]. ❷'욕심 많고 잔인한 사람'을 비유하여 이르는 말.

▸호:랑-이 (虎狼—)
[동물] 누런 바탕에 검은 줄무늬가 세로로 나 있으며, 성질이 사나운 동물. [속담] 호랑이에게 물려 가도 정신만 차리면 산다.

▸호:랑-나비 (虎狼—)
[동물] 어두운 갈색 바탕에 호랑이(虎狼—)처럼 검은 띠와 얼룩얼룩한 점이 있는 나비 종류.

호:령 號令 | 부를 호, 명령 령
[(word of) command; order]
❶[속뜻] 큰소리로 부르짖으며[號] 명령(命令)함. ¶호령을 내리다. ❷큰 소리로 꾸짖음.

호롱 [base of a kerosene lamp]
석유등(燈)의 석유를 담는 그릇.

▸호롱-불
호롱에 켠 불. ¶호롱불 밑에 옹기종기 모여 앉아 새끼를 꼬다.

호루라기 [whistle]
살구씨의 양쪽에 구멍을 뚫고 속을 파내어 만든 호각 모양의 부는 물건. ¶경기가 끝나자 심판은 호루라기를 불었다. [비] 호각(號角).

호류 사 (Hôryû寺, 절 사)
[불교] 일본 나라(奈良)에 있는 절[寺]. 607년에 창건된 목조 건축물로, 고구려의 승려 담징이 그린 벽화가 있다.

호르몬 {영 hormone}
[의학] 동물의 내분비샘에서 분비되는 체액과 함께 체내를 순환하여, 다른 기관이나 조직의 작용을 촉진, 억제하는 물질을 통틀어 이르는 말. ¶성장 호르몬.

호른 {독 Horn}
[음악] 활짝 핀 나팔꽃 모양을 한 금관 악기의 하나.

호리-병 (—甁, 병 병)
[gourd bottle; calabash]
호리병박 모양으로 생긴 병(甁). 술이나 약 따위를 담아 가지고 다니는 데 쓴다.

호리호리-하다 [tall and willowy; slim]
몸이 가늘어 날씬하다. ¶그는 키가 크고 호리호리하다.

호명 呼名 | 부를 호, 이름 명
[call name]
이름[名]을 부름[呼]. ¶호명하는 학생은 앞으로 나오세요.

호모 {영 homo}
남자끼리 좋아하는 것. 또는 그것을 즐기는 사람. 'homosexuality'를 줄여 속되게 이르는 말.

호미 [weeding hoe]
끝은 뾰족하고 위는 대개 넓적한 삼각형으로 되어 있는 농기구. 김을 매거나 감자나 고구마 따위를 캘 때 쓴다.

호:박¹ [pumpkin]
[식물] 둥글고 연한 노란색의 열매가 열리

는 덩굴풀. 잎과 순, 열매는 식용한다. 속담 호박이 넝쿨째로 굴러 떨어졌다.

▸호ː박-순 (一筍, 죽순 순)
호박 줄기에서 돋아나는 연한 줄기[筍]. 보통 반찬거리로 쓴다.

▸호ː박-엿
호박을 고아 만든 엿. ¶호박엿은 울릉도의 특산품이다.

▸호ː박-잎
호박의 잎사귀. ¶호박잎을 쪄서 먹다.

호ː박²琥珀 | 호박 호, 호박 박
[amber; succinite]
관업 황색이며 투명한 보석의 일종[琥=珀]. 지질 시대의 수지(樹脂) 따위가 땅속에 파묻혀서 돌처럼 굳어진 것이다.

호반 湖畔 | 호수 호, 물가 반
[lakeside; the shores of a lake]
호수(湖水)의 가[畔]. ¶춘천은 호반의 도시이다.

호-빵 (胡—, 오랑캐 호)
어른 주먹만 한 동그란 흰 빵. 빵 속에는 주로 설탕을 넣은 으깬 팥이 들어 있으며, 솥에 쪄서 만든다. ¶호빵을 호호 불어가며 먹다.

호사¹豪奢 | 호걸 호, 사치할 사
[roll in luxury]
매우 호화(豪華)롭고 사치(奢侈)스럽게 지냄. 또는 그런 상태. ¶호사를 누리며 살다 / 호사스러운 생활.

호ː사²好事 | 좋을 호, 일 사
[good thing]
좋은[好] 일[事]. 기쁜 일. ㊥ 악사(惡事).

▸호ː사-다마 好事多魔 | 많을 다, 마귀 마
좋은[好] 일[事]에는 마귀(魔鬼)같이 해를 끼치는 자가 많음[多]. ¶호사다마라고 좋은 일이 많이 생기면 더욱 조심해야한다.

호서 湖西 | 호수 호, 서녘 서
❶ 속뜻 호강(湖江, 지금의 錦江)의 서(西)쪽 지역. ❷ 지리 충청남도와 충청북도를 두루 이르는 말.

호소¹呼訴 | 부를 호, 하소연할 소
[complain of; appeal to]
억울하거나 원통한 사정을 남을 불러[呼] 하소연함[訴]. ¶아무도 그의 호소에 귀를 기울이지 않았다.

호ː소²號召 | 부를 호, 부를 소
❶ 속뜻 불러내거나[號] 불러옴[召]. ❷어떤 일에 참여하도록 마음이나 감정 따위를 불러일으킴. ¶관심을 호소하다.

호ː송 護送 | 지킬 호, 보낼 송
[escort; convoy]
❶ 속뜻 목적지까지 보호(保護)하여 보냄[送]. ❷ 법률 죄인을 감시하면서 데려감. ¶그는 경찰의 호송을 받으며 법정으로 들어왔다.

⁑**호수¹**湖水 | 호수 호, 물 수 [lake]
❶ 속뜻 우묵하게 파인 호(湖)에 고인 물[水]. ❷ 지리 땅이 우묵하게 들어가 물이 괴어 있는 곳. ¶맑고 고요한 호수.

호ː수²號數 | 차례 호, 셀 수 [number]
❶ 속뜻 차례[號]로 매겨진 번호의 수효(數爻). ❷ 미술 그림 작품의 크기를 나타낼 때 쓰는 번호.

호숫-가 (湖水—, 호수 호, 물 수)
호수(湖水)의 언저리. ¶호숫가를 따라 자전거를 타다.

호스 {영 hose}
고무·비닐 등으로 자유롭게 휘어지도록 만든 관. ¶호스로 마당에 물을 뿌리다.

호ː시 虎視 | 호랑이 호, 볼 시
[watch vigilantly for]
❶ 속뜻 호랑이[虎]처럼 날카로운 눈으로 노려봄[視]. ❷'기회를 노림'을 비유하여 이르는 말.

▸호ː시-탐탐 虎視眈眈 | 노려볼 탐, 노려볼 탐
❶ 속뜻 호랑이[虎]가 눈을 부릅뜨고[視] 먹이를 노려봄[眈眈]. ❷남의 것을 빼앗기 위하여 가만히 기회를 엿봄. 또는 그런 모양. ¶호시탐탐 기회를 엿보다.

호ː-시절 好時節 | 좋을 호, 때 시, 철 절

[nice season; favorable season]
좋은[好] 시절(時節). ¶돌이켜 보면 그 때가 호시절이었지.

호:신 護身 | 지킬 호, 몸 신
[protection oneself]
외부의 위험으로부터 자기 몸[身]을 지키는[護] 일. ¶그녀는 자신의 호신을 위하여 태권도를 배웠다.

▶호:신-술 護身術 | 꾀 술
위험으로부터 자기 몸[身]을 보호(保護)하기 위하여 익히는 기술(技術). ¶여자도 호신술을 익혀두면 좋다.

호언 豪言 | 호걸 호, 말할 언
[assure; guarantee]
의기양양하여 호기(豪氣)롭게 말함[言]. 또는 그런 말. ¶그는 자기 팀이 우승할 것이라고 호언했다.

▶호언-장담 豪言壯談 | 씩씩할 장, 말씀 담
호기(豪氣)롭게 말하고[言] 씩씩하게[壯] 말함[談]. ¶그는 모든 일을 자기가 책임지겠다고 호언장담했다.

호:연지기 浩然之氣 | 클 호, 그러할 연, 어조사 지, 기운 기
[vast flowing spirit; great morale]
❶속뜻 바르고 큰[浩] 그러한[然] 모양의 기운(氣運). ❷거침없이 넓고 큰 기개. ¶호연지기를 기르다.

호:외 號外 | 차례 호, 밖 외
[extra edition]
❶속뜻 일정한 호수(號數)를 초과함[外]. ❷특별한 일이 있을 때에 임시로 발행하는 신문이나 잡지. ¶호외를 돌리다.

호우 豪雨 | 세찰 호, 비 우
[heavy rainfall; down pour]
세차게[豪] 퍼붓는 비[雨]. ¶집중 호우로 하천이 범람하였다.

호:위 護衛 | 돌볼 호, 지킬 위
[guard; escort]
따라다니며 곁에서 돌보고[護] 지킴[衛]. ¶호위 차량이 줄을 지어 달린다.

▶호:위-무사 護衛武士 | 굳셀 무, 선비 사
곁에서 돌보고[護] 지켜[衛]주는 일을 하는 무사(武士). ¶속뜻사전은 학생들을 지켜주는 호위무사 같다.

호응 呼應 | 부를 호, 응할 응
[respond; hail each other]
❶속뜻 부름[呼]에 응답(應答)함. ❷남의 주장이나 요구를 옳게 여겨 따르는 것. ¶신제품이 큰 호응을 얻었다.

호:의[1] 好意 | 좋을 호, 뜻 의
[goodwill; good wishes]
좋게[好] 생각하여 주는 마음[意]. 남에게 보이는 친절한 마음씨. ¶호의를 베풀다 / 친구의 호의를 거절하다. ⓑ선의(善意). ⓑ악의(惡意).

호:의[2] 好衣 | 좋을 호, 옷 의
[dress well]
좋은[好] 옷[衣].

▶호:의-호:식 好衣好食 | 좋을 호, 먹을 식
좋은[好] 옷[衣]을 입고 좋은[好] 음식을 먹음[食]. 또는 그런 생활. ¶그는 평생 가난을 모르고 호의호식을 누렸다. ⓑ악의악식(惡衣惡食).

호:인 好人 | 좋을 호, 사람 인
[good-natured person]
좋은[好] 사람[人]. ¶그는 호인으로 소문이 나 있다.

호:적 戶籍 | 집 호, 문서 적
[census registration]
❶속뜻 호수(戶數)와 식구 단위로 기록한 장부[籍]. ❷한 집안의 호주를 중심으로 그 가족들의 본적지, 성명, 생년월일 등 신분에 관한 것을 적은 공문서. ¶호적에 올리다.

호:전 好轉 | 좋을 호, 구를 전
[take a favorable turn]
일의 형세가 좋은[好] 쪽으로 바뀜[轉]. ¶경기가 호전되다. ⓑ악화(惡化).

호젓-하다 [still; silent; hushed]
❶사람들이 적어 외지다. ¶호젓한 산길. ❷남과 떨어져 있어서 조용하다. ¶그녀는 자식들을 도시로 떠나보내고 호젓하게 지

냈다.

호:조 好調 | 좋을 호, 고를 조 [favorable tone]
상태가 좋고[好] 고름[調]. 또는 좋은 상태. ¶매출이 호조를 보이다.

***호족** 豪族 | 호걸 호, 무리 족 [powerful family]
어떤 지방에서 재산이 많고 세력이 큰 호걸[豪]의 일족(一族). ¶신라 말부터 호족 세력이 등장했다.

호:주[1] 戶主 | 집 호, 주인 주 [head of a family]
❶ 속뜻 한 집안[戶]의 주인(主人). ❷ 법률 한 집안의 주인으로서 가족을 거느리며 부양하는 일에 대한 권리와 의무가 있는 사람. ¶호주 상속 / 우리 집 호주는 아버지이시다.

호주[2] 濠洲 | 해자 호, 대륙 주 [Australia]
지리 오스트레일리아(Australia). 음의 일부를 옮긴 것[濠]에 섬을 뜻하는 주(洲)가 덧붙여졌다.

호-주머니 (胡-, 오랑캐 호) [pocket]
옷에 단 주머니. ¶사탕을 호주머니에 넣다.

호출 呼出 | 부를 호, 날 출 [call out]
불러[呼] 냄[出]. ¶그는 사장의 호출을 받고 나갔다.

호치키스 {영 Hotchkiss}
종이를 철하는 기계. 발명가 이름을 딴 상표명이다. ⓑ 스테이플러.

호칭 呼稱 | 부를 호, 일컬을 칭 [name; title]
불러[呼] 일컬음[稱]. 이름을 지어 부름. ¶아직은 사장님이라는 호칭이 낯설다.

호탕 豪宕 | 호걸 호, 대범할 탕 [vigorous and valiant]
호걸[豪]스럽고 대범하다[宕]. ¶호탕한 웃음 / 호탕한 성격.

호텔 {영 hotel}
서양식의 규모가 큰 여관. ¶호텔에 방을 예약하다.

호통 [yell; shout]
몹시 노하여 크게 꾸짖음. 또는 그 소리. ¶호통을 치다.

호:패 號牌 | 이름 호, 패 패 [identity tag]
역사 조선 시대, 열여섯 살 이상의 남자가 신분을 증명하기 위하여 차던 길쭉한 패. 한 면에 이름[號]과 출생 연도의 간지를 쓰고 뒷면에 관아의 낙인을 찍은 패(牌).

호:평 好評 | 좋을 호, 평할 평 [favorable comment]
좋게[好] 평가(評價)함. 좋은 평가. ¶그 영화는 관객들로부터 호평을 받았다. ⓑ 악평(惡評), 혹평(酷評).

호핑 스텝 {영 hopping step}
서양식 춤에서 깡충 뛰듯이[hopping] 발을 옮기는[step] 동작.

호호-백발 皓皓白髮 | 흴 호, 흴 호, 흰 백, 머리털 발 [hoary hair; white-haired old man]
깨끗하고[皓皓] 하얗게[白] 센 머리[髮]. 또는 그러한 늙은이. ¶호호백발 할머니.

호-호 [blowing and blowing]
❶입을 오므려 웃는 모양. 또는 그 소리. ¶지희는 호호 웃으며 말했다. ❷입을 오므리고 입김을 자꾸 불어내는 소리. 또는 그 모양. ¶찐 감자를 호호 불어 가며 먹다.
▶ 호호-거리다
호호 소리를 내며 자꾸 웃다. ¶아이들은 즐거운 듯이 박수를 치고 호호거리며 웃고 있다.

호화 豪華 | 호걸 호, 빛날 화 [splendor; gorgeousness]
호걸[豪]스럽고 화려(華麗)함. ¶호화저택.
▶ 호화-판 (豪華-)
호화(豪華)로운 판국. ¶호화판 별장.

호:황 好況 | 좋을 호, 상황 황 [prosperous condition]
경기가 좋은[好] 상황(狀況). ¶호황을 누리다. ⓑ 불황(不況).

호흡 呼吸 | 내쉴 호, 마실 흡
[breath; time]
❶ 속뜻 숨을 내쉬고[呼] 들여 마심[吸]. 또는 그 숨. ¶입으로 호흡하다. ❷두 사람 이상이 함께 일할 때의 서로의 마음. ¶호흡이 잘 맞다. ㊥ 숨, 장단. 관용 호흡을 맞추다.

비슷한 듯 다른 말 ➲ 숨

▸ 호흡-계 呼吸系 | 이어 맬 계
코·목구멍·허파와 같은 호흡(呼吸) 기관들의 계통(系統). ¶호흡계에 이상이 생겼다.

▸ 호흡-기 呼吸器 | 그릇 기
의학 생물의 호흡(呼吸) 작용을 하는 기관(器官). 고등 생물의 폐, 어류의 아가미, 곤충류의 기관 등이 있다. ¶호흡기 질환.

▸ 호흡-법 呼吸法 | 법 법
호흡(呼吸)하는 방법(方法). ¶호흡법이 건강에 큰 영향을 미친다.

▸ 호흡 기관 呼吸器官 | 그릇 기, 벼슬 관
의학 호흡(呼吸) 기능을 하는 신체 기관(器官).

혹[1] [lump; swelling]
병적으로 살가죽에 불거져 나온 군더더기 살덩이. ¶그는 목에 커다란 혹이 하나 있다.

혹[2] **或** | 혹시 혹 [sometimes; maybe]
❶만일. ¶혹 도와 드릴 일이 있으면 말씀하세요. ❷어쩌다 한 번씩. ¶혹 틈이 있으면 등산을 한다. ㊥ 혹시(或是), 간혹(間或).

혹독 酷毒 | 심할 혹, 독할 독
[severe; harsh]
❶ 속뜻 매우 심하게[酷] 독(毒)하다. ¶혹독한 훈련을 견디다. ❷마음씨나 하는 짓 따위가 모질고 독하다. ¶혹독하게 꾸짖다.

혹-부리 [person who has a wen]
얼굴에 혹이 달린 사람. ¶혹부리 영감.

혹사 酷使 | 독할 혹, 부릴 사
[work hard]
혹독(酷毒)하게 부림[使]. ¶그는 평생 혹사당하는 노동자를 도왔다.

***혹시 或是** | 혹시 혹, 옳을 시
[if; maybe]
❶ 속뜻 혹(或) 옳을지[是] 모름. 확실한 것은 아니지만. ¶혹시 모르니까 우산을 챙겨 가거라. ❷만일에. ¶혹시 한국에 오게 되면 꼭 연락주세요.

혹-은 (或–, 혹시 혹) [or else]
혹(或) 그렇지 않으면. 또는. ¶우유 혹은 오렌지 주스 주세요.

혹평 酷評 | 독할 혹, 평할 평
[criticize; severely]
혹독(酷毒)하게 평가(評價)함. 또는 그 비평. ¶그 소설은 혹평을 받고 있다. ㊥ 악평(惡評). ㊦ 호평(好評).

혹-하다 (惑–, 홀릴 혹)
[madly in love; get infatuated with]
아주 반하거나 빠져서[惑] 정신을 못 차리다. ¶장사꾼의 말에 혹해서 물건을 사다.

혹한 酷寒 | 심할 혹, 찰 한 [brutal cold]
몹시 심한[酷] 추위[寒]. ¶영하 25도의 혹한을 견디다.

혼 魂 | 넋 혼 [soul; spirit]
사람의 몸 안에서 몸과 정신을 다스린다는 비물질적인 것. ¶이 그림에는 작가의 혼이 담겨 있다. ㊥ 넋.

혼-나다 (魂–, 넋 혼)
[have bitter experience]
❶ 속뜻 매우 놀라거나 힘들어 혼(魂)이 나갈 지경에 이르다. ¶정말 창피해서 혼났어요. ❷호되게 꾸지람을 듣거나 벌을 받다. ¶거짓말을 해서 어머니에게 혼났다.

혼-내다 (魂–, 넋 혼)
[give a hard time]
호되게 꾸지람을 하거나 벌을 주다. ¶그를 따끔하게 혼내 주었다. ㊥ 혼쭐내다, 야단치다, 꾸중하다.

혼:돈 混沌 | =渾沌, 섞을 혼, 어두울 돈
[chaotic; nebulous; confused]

마구 뒤섞여[混] 있어 갈피를 잡을 수 없음[沌]. ¶가치관의 혼돈 / 그 나라는 혼돈에 빠졌다.

혼:동 混同 | 섞을 혼, 한가지 동
[mistake; confuse]
❶ 속뜻 서로 뒤섞여[混] 하나가[同] 됨. ❷ 구별하지 못하고 뒤섞어서 생각함. ¶나는 그를 다른 사람과 혼동했다. 반 구별(區別), 분별(分別).

혼:란 混亂 | 섞을 혼, 어지러울 란
[confused; disordered]
❶ 속뜻 뒤섞여서[混] 어지러움[亂]. ❷ 뒤죽박죽이 되어 질서가 없음. ¶혼란에 빠지다 / 그 소식은 우리 가족을 혼란스럽게 했다. 비 혼잡(混雜). 반 평온(平穩).

혼령 魂靈 | 넋 혼, 신령 령
[spirit (of the dead)]
죽은 사람의 넋[魂]이나 신령(神靈). 비 영혼(靈魂).

혼례 婚禮 | 혼인할 혼, 예도 례
[marriage ceremony]
❶ 속뜻 혼인(婚姻)의 의례(儀禮). ❷ '혼례식'(婚禮式)의 준말. ¶혼례를 치르다.

▶ **혼례-복** 婚禮服 | 옷 복
혼례식(婚禮式) 때에 신랑과 신부가 입는 예복(禮服). ¶신랑과 신부가 전통 혼례복을 차려입고 초례청에서 마주섰다.

▶ **혼례-식** 婚禮式 | 의식 식
결혼(結婚)의 예(禮)를 올리는 의식(儀式). ¶전통 혼례식. 비 결혼식(結婚式).

혼미 昏迷 | 어두울 혼, 헤맬 미
[stupefied; confused]
❶ 속뜻 어두워[昏] 길을 잃고 헤맴[迷]. ❷ 정신이 흐리어 갈피를 못 잡음. ¶혼미 상태 / 정신이 혼미하다.

혼비백산 魂飛魄散 | 넋 혼, 날 비, 넋 백, 흩을 산
❶ 속뜻 넋[魂]이 날아가고[飛] 넋[魄]이 흩어져버림[散]. ❷ 몹시 놀라 어찌할 바를 모르는 지경. ¶적군은 혼비백산하여 달아났다.

혼사 婚事 | 혼인할 혼, 일 사
[marital matter]
혼인(婚姻)에 관한 일[事]. ¶부모님은 언니의 혼사를 의논했다 / 혼사가 성사되다.

혼:선 混線 | 섞을 혼, 줄 선
[cross; entangle wires]
❶ 속뜻 줄[線] 따위가 뒤섞임[混]. ❷ 전신이나 전화, 무선통신 따위에서 신호나 통화가 뒤섞이며 엉클어짐. ¶전화가 혼선이 되고 있다.

혼:성[1] 混成 | 섞을 혼, 이룰 성
[mix; mingle; compound]
섞여서[混] 이루어짐[成]. 또는 섞어서 만듦. ¶혼성 부대.

혼:성[2] 混聲 | 섞을 혼, 소리 성
[mixed voices]
❶ 속뜻 뒤섞인[混] 소리[聲]. ❷ 음악 남녀의 목소리를 혼합하여 노래하는 일. ¶남녀 혼성그룹.

혼수[1] 昏睡 | 어두울 혼, 잠잘 수
[loss of consciousness]
❶ 속뜻 어두워[昏] 정신없이 잠든[睡] 상태. ❷ 의학 의식을 잃고 인사불성이 됨. ¶혼수상태에 빠지다.

혼수[2] 婚需 | 혼인할 혼, 쓰일 수
[articles essential to a marriage]
혼사(婚事)에 쓰이는[需] 여러 가지 물품. ¶혼수를 장만하다.

혼:식 混食 | 섞을 혼, 먹을 식
[eat mixed food]
❶ 속뜻 여러 가지 음식을 섞어서[混] 먹음[食]. ❷ 쌀에 잡곡을 섞어서 먹음. 또는 그 식사. ¶혼식을 장려하다.

혼:신 渾身 | 온 혼, 몸 신 [whole body]
❶ 속뜻 온[渾] 몸[身]. ❷ 온몸으로 열정을 쏟거나 정신을 집중하는 상태. ¶혼신의 힘을 쏟다 / 혼신의 노력을 다하다.

혼:연 渾然 | 온 혼, 그러할 연
[harmony; concord]
❶ 속뜻 온갖[渾] 것이 차별이 없는 그러한[然] 모양. ❷ 조금도 딴 것이 섞이지 않고

고른 모양. ❸성질이 원만한 모양.

▸혼:연-일체 渾然一體 | 한 일, 몸 체
생각, 행동, 의지 따위가 완전히[渾然] 한[一] 덩어리[體]가 됨. ¶우리는 혼연일체가 되어 위기를 극복했다.

혼인 婚姻 | 결혼할 혼, 시집갈 인 [marry]
❶[속뜻]결혼(結婚)하여 시집감[姻]. ❷남자와 여자가 부부가 되는 일. ¶혼인 신고. [비] 결혼(結婚).

▸혼인-색 婚姻色 | 빛 색
[동물]양서류, 조류, 어류 등의 동물이 번식기[婚姻]에 아름답게 변하는 피부나 털의 빛깔[色]. 주로 수컷에 나타난다.

▸혼인-식 婚姻式 | 의식 식
혼인(婚姻)을 맺는 의식(儀式). ¶길일이라 혼인식을 올리는 신랑 신부가 많다. [비] 결혼식(結婚式).

혼자 [one person; alone]
❶남과 더불어 있지 않고 홀로 있는 상태. ¶가족들과 헤어져 혼자서 지낸 지 5년이 넘는다. ❷다른 사람과 어울리거나 함께 있지 않고 동떨어져서. ¶혼자 밥을 먹다.

혼:잡 混雜 | 섞을 혼, 어수선할 잡
[confused; crowded]
여럿이 한데 뒤섞여[混] 어수선함[雜]. ¶교통혼잡 / 혼잡을 빚다.

혼잣-말 [talk to oneself]
말을 하는 상대가 없이 혼자서 하는 말. ¶그는 자주 혼잣말로 중얼거린다.

혼쭐 (魂-, 넋 혼) [soul; spirit]
'혼'(魂)을 강조하는 말. ¶또 그런 짓을 하면 혼쭐을 내줄 테다.

혼:천-설 渾天說 | 온 혼, 하늘 천, 말씀 설
[천문]고대 중국의 우주[渾天] 구조에 관한 대표적인 학설(學說). 천동설의 하나로, 기원전 4세기경에 후한(後漢)의 장형(張衡)이 체계화하였는데, 이 우주관에 기초하여 혼천의를 만들었다고 한다.

혼:천-의 渾天儀 | 온 혼, 하늘 천, 천문기계 의 [armillary sphere; astrolabe]
❶[속뜻]온[渾] 하늘[天]을 관측하던 천문기계[儀]. ❷[천문]고대 중국에서 천체의 운행과 위치를 관측하던 장치.

혼:탁 混濁 | 섞을 혼, 흐릴 탁
[muddy; turbid]
❶[속뜻]불순한 것들이 섞여[混] 흐림[濁]. ¶강물의 혼탁을 막다 / 매연으로 공기가 혼탁해졌다. ❷정치나 사회현상 따위가 어지럽고 흐림. ¶혼탁 선거 / 혼탁한 사회.

혼:합 混合 | 섞을 혼, 합할 합
[mix; mingle; blend]
뒤섞여서[混] 한데 합쳐짐[合]. 또는 뒤섞어 한데 합함. ¶혼합 비료 / 밀가루와 물을 혼합하여 반죽을 만들다.

▸혼:합-물 混合物 | 만물 물
여러 가지가 뒤섞여서 된[混合] 물건(物件).

▸혼:합 복식 混合複式 | 겹칠 복, 법 식
[운동]테니스·탁구 따위에서, 남녀 선수가 뒤섞여[混合] 짝[複]을 이루어 하는 경기 방식(方式).

혼:혈 混血 | 섞을 혼, 피 혈
[mixed blood; racial mixture]
서로 인종이 다른 혈통(血統)이 섞임[混]. [반] 순혈(純血).

▸혼:혈-아 混血兒 | 아이 아
혈통이 다른 종족 사이에서[混血] 태어난 아이[兒]. ¶그는 미국인과 한국인의 피가 섞인 혼혈아이다.

홀 {영 hall}
건물 안에서, 집회장·오락장 따위로 쓰는 넓은 공간. ¶오백 명이 넘는 사람들이 홀을 가득 메웠다.

홀가분-하다 [light; free and easy]
거추장스럽지 않고 가뿐하다. ¶홀가분한 기분 / 홀가분한 마음.

홀딱 [deeply; completely]
❶남김없이 벗거나 벗은 모양. ¶옷을 홀딱 벗다. ❷가지고 있는 것이 다 없어지는 모양. ¶돈을 홀딱 날리다. ❸적은 양을 남김없이 날쌔게 먹어 치우는 모양. ¶전화를 받는 사이에 동생이 내 우유를 홀딱

마셔 버렸다.

홀라당 [all naked]
속의 것이 죄다 드러나는 모양. ¶옷을 홀라당 벗고 바다로 뛰어들다.

홀랑 [all naked]
❶속의 것이 죄다 드러나는 모양. ¶옷을 홀랑 벗다. ❷조금 가지고 있던 돈이나 재물 따위가 다 없어지는 모양. ¶노름으로 재산을 홀랑 날리다.

▶**홀랑-홀랑**
여럿이 다 또는 잇달아 속의 것이 한꺼번에 드러나도록 완전히 벗어지거나 뒤집히는 모양. ¶옷을 홀랑홀랑 벗다.

홀로 [single; alone; by oneself]
자기 혼자서만. ¶그는 홀로 두 아이를 키웠다. ㊥ 함께.

홀로그램 {영 hologram}
물리 입체물에 레이저를 쬐어 그 입체물의 상을 기록한 사진 같은 것. 다시 레이저 빔 등을 비추면 원래의 물체를 3차원으로 묘사한다.

홀리다 [get tempted; deluded]
현혹되거나 유혹에 빠져 정신을 차리지 못하다. ¶귀신에게 홀린 기분이다.

홀-몸 [single person]
형제나 배우자가 없는 사람. ¶평생을 홀몸으로 살다.

홀-소리 [vowel]
언어 홀로서도 날 수 있는 소리. 성대의 진동을 받은 소리가 목, 입, 코를 거쳐 나오면서, 장애를 받지 않고 나는 소리. 'ㅏ', 'ㅑ', 'ㅓ', 'ㅕ', 'ㅗ', 'ㅛ', 'ㅜ', 'ㅠ', 'ㅡ', 'ㅣ' 따위. ㊐ 모음. ㊥ 닿소리.

홀-수 (-數, 셀 수) [odd number]
둘로 나누어서 나머지가 생기는 수(數). 1·3·5·7·9 따위. ㊥ 짝수.

홀-씨 [spore]
식물 식물이 무성 생식을 하기 위하여 형성하는 생식 세포. 보통 단세포로 단독 발아를 하여 새 세대 또는 새 개체가 된다. ¶민들레 홀씨.

홀-아버지 [widower]
'홀아비'를 높여 이르는 말. ¶그녀는 홀아버지 밑에서 자랐다.

홀-아비 [widower]
아내를 잃고 홀로 사는 남자. ¶그는 딸이 하나 있는 홀아비다. ㊥ 과부.

홀-어머니 [widow]
'홀어미'를 높여 이르는 말. ¶그는 홀어머니와 함께 산다.

홀-어미 [widow]
남편이 죽고 홀로 된 여자. ㊐ 과부.

홀연 忽然 | 갑자기 홀, 그러할 연 [suddenly]
갑자기[忽] 그러함[然]. 뜻밖에. ¶안개 속에서 홀연 사람의 모습이 나타났다 / 홀연히 사라지다.

홀짝-거리다 [keep sipping]
계속해서 홀짝이다. ¶주스를 홀짝거리며 마시다.

홀쭉-이
몸이 가냘프거나 볼에 살이 빠져 여윈 사람. ¶친구들이 나를 홀쭉이라고 놀렸다.

홀쭉-하다 [lanky; spindly]
길이에 비하여 몸통이 가늘고 길다. ¶아이는 몸이 하얗고 홀쭉했다.

홀치다
풀리지 않도록 단단히 동여매다. ¶실을 홀쳐 감아 매듭을 짓다.

홈 [groove]
물체에 오목하고 길게 팬 고랑의 줄. ¶홈을 파다.

홈런 {영 home run}
운동 야구에서, 타자가 본루(本壘)[home]까지 살아서 돌아올[run] 수 있도록 친 안타.

홈 쇼핑 {영 home shopping}
경제 구매자가 집[home]에서 텔레비전, 상품 안내서, 인터넷 따위를 보고 상품을 골라 전화나 인터넷을 통하여 사는 [shopping] 통신 판매 방식. ¶홈쇼핑에서 옷을 샀다.

홈-줄
나무·돌·쇠판 따위에 일정한 깊이와 너비의 자국을 길게 낸 것.

홈ː-질 [broad-stitching]
바늘땀을 아래위로 드문드문 호는 바느질의 한 가지.

홈-통 (一桶, 통 통)
[water pipe; conduit]
물이 흐르거나 타고 내리도록 만든 속이 오목하게 파인 통(桶)모양의 물건.

홈-페이지 {영 home page}
웹 사용자가 각각의 웹 사이트에 들어갈 때 처음[home] 나타나는 문서[page]. 주로 웹 서버를 구축한 기관이나 개인에 대한 소개가 실려 있다. ¶학교 홈페이지 / 홈페이지에 사진을 올리다.

홉
부피의 단위. 곡식·가루·액체 따위의 부피를 잴 때 쓴다. 한 홉은 한 되의 10분의1이다. ¶쌀 서 홉.

홍건-적 紅巾賊 | 붉을 홍, 수건 건, 도둑 적
❶ 속뜻 머리에 붉은[紅] 수건[巾]을 쓴 도적(盜賊). ❷ 역사 원(元)나라 말엽에 강회(江淮) 지역에서 일어났던 도둑의 무리.

홍길동-전 洪吉童傳 | 클 홍, 길할 길, 아이 동, 전할 전
문학 홍길동(洪吉童)의 전기(傳記) 소설. 조선 광해군 때 허균(許筠)이 지은 국문 소설이다. 계급 타파를 부르짖은 사회 소설로서, 국문 소설의 선구가 되었다.

홍-단풍 紅丹楓 | 붉을 홍, 붉을 단, 단풍나무 풍
빨간[紅]빛의 단풍(丹楓).

홍-당무 (紅一, 붉을 홍)
[red radish; carrot]
❶ 식물 붉은[紅] 당근 같은 무. ❷수줍거나 무안하여 붉어진 얼굴의 비유. ¶친구들이 놀리자 그녀의 얼굴은 금방 홍당무가 되어 버렸다.

홍두깨
[wooden roller used smoothing cloth]
옷감을 감아 다듬이질을 하는데 쓰는 굵고 둥근 몽둥이.

홍릉 洪陵 | 클 홍, 무덤 릉
❶ 속뜻 큰[洪] 무덤[陵]. ❷ 고적 경기도 남양주시 금곡동에 있는 조선 고종과 왕비인 명성황후가 합장되어 있는 무덤.

홍문-관 弘文館 | 넓을 홍, 글월 문, 집 관
❶ 속뜻 문예(文藝)에 관한 일을 널리[弘] 알리는 일을 하는 관청[館]. ❷ 역사 조선 때의 삼사(三司)의 하나. 경서와 사적의 관리, 문한(文翰)의 처리 및 왕의 자문에 응하는 일을 맡아보던 관아.

홍백 紅白 | 붉을 홍, 흰 백
[red and white]
❶ 속뜻 붉은[紅]색과 흰[白]색을 아울러 이르는 말. ❷ 운동 홍군과 백군을 아울러 이르는 말. ¶운동회에서 홍백으로 편을 갈라서 서로 겨루었다.

홍보 弘報 | 넓을 홍, 알릴 보
[publicize; promote]
일반에 널리[弘] 알림[報]. 또는 그 보도나 소식. ¶홍보 포스터 / 경제정상회의를 홍보하다.

▶**홍보-실** 弘報室 | 방 실
회사나 어떤 단체 따위의 홍보(弘報)를 맡은 부서[室]. ¶홍보실에 근무하다.

홍-보석 紅寶石 | 붉을 홍, 보배 보, 돌 석
[ruby]
광업 붉은[紅] 빛깔을 띤 단단한 보석(寶石).

***홍수** 洪水 | 클 홍, 물 수
[flood; inundation]
❶ 속뜻 큰[洪] 물[水]. ❷비가 많이 내려 강과 시내의 물이 크게 불어나 넘치는 것. ¶마을의 집들이 홍수로 물에 잠겼다.

홍시 紅柹 | 붉을 홍, 감나무 시
[mellowed persimmon]
붉고[紅] 말랑말랑하게 무르익은 감[柹]. ¶우리 할머니는 홍시를 즐겨 드신다. ⊞ 연시(軟柹).

홍어 洪魚 | 클 홍, 물고기 어

[skate; (thornback) ray]
❶속뜻 몸집이 큰[洪] 물고기[魚]. ❷동물 가오릿과의 바닷물고기. 몸길이 1.5m 가량이다. 몸은 마름모꼴로 넓적하며 몸 빛깔은 등이 갈색, 배는 희다.

홍역 紅疫 | 붉을 홍, 돌림병 역
[measles; rubeola]
의학 얼굴과 몸에 좁쌀 같은 발진이 돋아 온몸이 붉어지는[紅] 돌림병[疫]. 관용 홍역을 치르다.

홍의 紅衣 | 붉을 홍, 옷 의
[red garments]
❶속뜻 붉은[紅] 옷[衣]. ❷역사 지난날, 궁전의 별감과 묘사(廟社)와 능원(陵園)의 수복(守僕)이 입던 붉은 웃옷.
▶홍의 장군 紅衣將軍 | 장수 장, 군사 군
인명 붉은 옷[紅衣]을 입은 장군(將軍). 임진왜란 때의 의병장 '곽재우'의 별칭이다.

홍익 弘益 | 클 홍, 더할 익
[public advantage]
❶속뜻 크게[弘] 이롭게[益]함. ❷널리 이롭게 함. ¶홍익인간의 이념을 오늘에 되살리다.
▶홍익-인간 弘益人間 | 사람 인, 사이 간
인간(人間) 세계를 널리[弘] 이롭게 함[益]. 단군의 건국이념이다.

홍차 紅茶 | 붉을 홍, 차 차 [black tea]
차나무의 순을 발효시켜서 만들어 달인 붉은[紅] 물의 차(茶).

홍합 紅蛤 | 붉을 홍, 조개 합 [mussel]
❶속뜻 붉은[紅] 빛을 띤 조개[蛤]. ❷동물 껍데기는 삼각형에 가까우나 길쭉하고 둥근 모양의 바닷조개. 맛이 좋아 식용한다. ¶홍합으로 탕을 끓이다.

홑-눈 [stemma]
동물 곤충류, 거미류 따위의 절지동물에서 볼 수 있는 간단한 구조의 시각기. 어둡고 밝은 것을 구분하는 정도의 기능을 한다. ⓑ낱눈.

홑-이불 [single-layer quilt]
한 겹으로 된 이불. ¶여름에는 홑이불을 덮고 잔다.

홑-청
요나 이불 따위의 겉에 씌우는, 홑겹으로 된 껍데기.

화[1] 火 | 불 화 [resentment; anger]
언짢아서 나는 성. ¶화를 내다 / 화를 풀다. ⓑ골, 성.

화:[2] 禍 | 재앙 화 [evil; trouble(s)]
모든 재앙과 액화. ¶화를 당하다 / 화를 부르다. ⓑ변고, 재앙(災殃). ⓑ복(福).

화:가 畫家 | 그림 화, 사람 가
[painter; artist]
그림[畫] 그리는 일을 직업으로 하는 사람[家]. ¶은미의 꿈은 화가가 되는 것이다.

화강-석 花崗石 | 꽃 화, 산등성이 강, 돌 석
[granite]
지리 '화강암'(花崗巖)을 달리 이르는 말.

화강-암 花崗巖 | 꽃 화, 산등성이 강, 바위 암 [granite]
❶속뜻 꽃[花]무늬가 있고 주로 산등성이[崗]에 많이 있는 암석(巖石). ❷지리 석영과 운모, 장석 따위를 주성분으로 하는 화성암의 한 가지로, 단단하고 결이 고와 석재로 많이 쓰인다.

화:공 化工 | 될 화, 장인 공
[chemical industry]
❶속뜻 하늘의 조화(造化)로 자연히 이루어진 묘한 재주[工]. ❷공업 화학적인 반응을 응용하는 공업이나 공학과 관련되는 것. ¶화공 약품은 조심해서 다뤄야 한다.

화관 花冠 | 꽃 화, 갓 관
[woman's ceremonial coronet]
꽃[花]으로 아름답게 장식한 관(冠). ¶화관을 쓴 공주님.

화:근 禍根 | 재화 화, 뿌리 근
[root of evil; the source(s) of trouble]
재화(災禍)의 근원(根源). ¶화근을 없애다.

화:급 火急 | 불 화, 급할 급
[urgent; pressing]
걷잡을 수 없이 타는 불[火] 같이 매우

급(急)함. ¶그는 화급하게 밖으로 나갔다.

화기 和氣 | 따스할 화, 기운 기 [peace; harmony]
❶ 속뜻 따스한[和] 기운[氣]. ❷온화한 기색. 또는 화목한 분위기. ¶얼굴에 화기가 돌다.

▶ 화기애애 和氣靄靄 | 아지랑이 애, 아지랑이 애
화목(和睦)한 기운(氣運)이 아지랑이처럼[靄靄] 피어오르다. ¶우리는 화기애애한 분위기 속에서 저녁을 먹었다.

화끈 [hot; burning; flushing]
❶몸이나 쇠 등이 뜨거운 기운을 받아 갑자기 달아오르는 모양. ¶얼굴이 화끈 달아오르다. ❷성격이 시원스럽다. ¶그는 화끈하게 식사비를 냈다.

▶ 화끈-거리다
뜨거운 기운을 받아 몸이나 쇠 따위가 잇달아 달아오르다. ¶벌레 물린 곳이 화끈거린다. ㊐ 화끈대다.

화:-나다 (火一, 불 화) [get angry]
성이 나다. ¶나 정말 화났어! ㊐ 골나다, 성나다.

화:-내다 (火一, 불 화) [get angry]
성이 나서 화증을 내다. ¶그는 사소한 일에도 툭하면 화내는 버릇이 있다. ㊐ 골내다, 성내다.

화단 花壇 | 꽃 화, 단 단 [flower bed]
꽃[花]을 심기 위하여 뜰 한쪽에 흙을 한층 높게 쌓은 단(壇). ¶화단에 연산홍을 심었다. ㊐ 꽃밭.

화답 和答 | 어울릴 화, 답할 답 [respond]
서로 잘 어울리는[和] 시나 노래로 답(答)함. ¶나는 그의 노래에 화답하여 바이올린을 연주했다.

화:덕 (火一, 불 화) [stove; brazier]
숯불[火]을 피워 놓고 쓰게 만든 큰 화로. ¶화덕에 피자를 굽는다.

화들짝
별안간 호들갑스럽게 펄쩍 뛸 듯이 놀라는 모양. ¶나는 천둥소리에 화들짝 놀랐다.

화:랑[1] 畫廊 | 그림 화, 결채 랑 [picture gallery]
그림[畫] 등의 미술품을 진열하여 전람하도록 만든 방[廊]. ¶장 화백은 한국 화랑에서 개인전을 연다.

화랑[2] 花郞 | 꽃 화, 사나이 랑
❶ 속뜻 꽃[花]처럼 아름다운 사나이[郞]. ❷ 역사 신라 때의, 청소년 수양 단체. 문벌과 학식이 있고 외모가 단정한 사람으로 조직, 심신의 단련과 사회의 선도를 이념으로 하였다.

▶ 화랑-도 花郞徒 | 무리 도
역사 화랑(花郞)의 무리[徒].

***화려** 華麗 | 빛날 화, 고울 려 [fancy; colorful; gorgeous]
❶ 속뜻 빛나고[華] 아름답다[麗]. ¶화려한 옷차림. ❷어떤 일이나 생활 따위가 호화롭다. ¶화려한 결혼식.

화:력 火力 | 불 화, 힘 력 [heating power]
불[火]이 탈 때에 내는 열의 힘[力]. ¶이 가스레인지는 화력이 세다.

▶ 화:력 발전 火力發電 | 일으킬 발, 전기 전
전기 화력(火力)으로 발전기를 돌려 전력(電力)을 일으키는[發] 방식.

화:로 火爐 | 불 화, 화로 로 [(charcoal) brazier; fire pot]
숯불[火]을 담아 놓는 그릇[爐]. ¶화로에 둘러앉아 불을 쪼이다.

화:롯-불 (火爐一, 불 화, 화로 로)
화로(火爐)에 담은 불. ¶화롯불에 고구마를 구워 먹다.

화:면 畫面 | 그림 화, 낯 면 [scene; screen]
❶ 속뜻 그림[畫]의 표면(表面). ❷영사막, 브라운관 따위에 비치는 사진의 보이는 겉면. ¶화면이 너무 어두워요.

화목 和睦 | 어울릴 화, 친할 목 [peaceful; harmonious]

서로 잘 어울리고[和] 친하게[睦] 지냄. ¶무엇보다 가족의 화목이 제일이다.

화문 花紋 | 꽃 화, 무늬 문
[flower pattern]
꽃[花] 모양의 무늬[紋].
▸화문-석 花紋席 | 자리 석
꽃[花] 모양으로 무늬[紋]를 놓아 짠 돗자리[席].

화:물 貨物 | 재물 화, 만물 물
[freight; cargo]
경제 재물[貨]의 가치가 있는 물품(物品). ¶트럭에 화물을 싣다.
▸화:물-선 貨物船 | 배 선
화물(貨物)을 운반하는 선박(船舶).
▸화:물-차 貨物車 | 수레 차
화물(貨物)을 운반하는 자동차(自動車), 기차 따위를 통틀어 이르는 말. ¶이곳은 화물차의 출입이 잦다. ㊥ 짐차.

화백[1]和白 | 어울릴 화, 말할 백 [conference]
❶ 속뜻 여러 사람이 잘 어울리기[和] 위하여 함께 의논하여 말함[白]. ❷ 역사 신라 때에, 나라의 중대사를 의논하던 회의제도.

화:백[2]畵伯 | 그림 화, 맏 백
[artist; (master) painter]
화가(畵家)를 높여[伯] 일컬음. ¶김 화백이 찾아왔다.

화:병[1]火病 | 불 화, 병 병 [hypochondria]
한의 울화(鬱火)로 난 병(病). 억울한 마음을 삭이지 못하여 간의 생리 기능에 장애가 와서 머리와 옆구리가 아프고 가슴이 답답하면서 잠을 잘 자지 못하는 병이다. ¶화병이 나다 / 화병으로 몸져눕다. ㊥ 울화병(鬱火病).

화병[2]花瓶 | 꽃 화, 병 병 [flower vase]
꽃[花]을 꽂는 병(甁). ¶화병에 국화꽃을 꽂다. ㊥ 꽃병.

화:보 畵報 | 그림 화, 알릴 보
[pictorial; graphic]
여러 가지 일을 그림[畵]으로 그리거나 사진을 찍어 발행한 책자[報]. 또는 그런 인쇄물. ¶이것은 꽃을 주제로 한 화보이다.

⁑**화분**[1]花盆 | 꽃 화, 동이 분
[flowerpot; jardiniere]
꽃[花]을 심어 가꾸는 동이그릇[盆]. ¶화분에 물을 주다.

화분[2]花粉 | 꽃 화, 가루 분
[pollen; anther dust]
식물 종자식물의 수술의 꽃밥 속에 들어 있는 꽃[花]의 가루[粉]. ¶벌은 화분을 나른다.

화사 華奢 | 빛날 화, 사치할 사
[luxurious; pompous]
❶ 속뜻 화려(華麗)하고 사치(奢侈) 스럽다. ❷밝고 환하다. ¶화사한 꽃무늬 치마.

⁑**화:산** 火山 | 불 화, 메 산 [volcano]
지리 땅속의 마그마가 불[火]같이 밖으로 터져 나와 퇴적하여 이루어진 산(山). 활동의 유무에 따라 사(死)화산, 활(活)화산, 휴(休)화산으로 나뉜다.
▸화:산-섬 (火山-)
지리 섬 전체 또는 대부분이 해저 화산(火山)의 분출물이 쌓여서 이루어진 섬. ¶울릉도와 하와이는 화산섬이다.
▸화:산-재 (火山-)
지리 화산(火山)에서 폭발할 때 나온 용암이 잘게 부스러진 가루.

화살 (矢, 화살 시) [arrow; shaft; bolt]
활시위에 메워서 당겼다가 놓으면 그 반동으로 멀리 날아가도록 만든 물건. ¶화살을 쏘다.
▸화살-촉 (-鏃, 살촉 촉)
화살 끝에 박은 쇠[鏃]. ¶화살촉에 독을 묻히다.
▸화살-표 (-標, 나타낼 표)
화살 모양의 표시(標示)나 문장 부호. '→', '←' 따위가 있다.

화:상 火傷 | 불 화, 다칠 상
[(skin) burn]
뜨거운 열[火]에 다침[傷]. 또는 그렇게 입은 상처. ¶온몸에 화상을 입었다.

화색 和色 | 따스할 화, 빛 색
[peaceful countenance]
얼굴에 드러나는 온화(溫和)하고 환한 빛[色]. ¶민지는 아빠를 보자 얼굴에 화색이 돌았다.

화:석 化石 | 될 화, 돌 석 [fossil]
지리 아주 옛날의 생물의 뼈나 몸의 흔적이 돌[石]로 변해[化] 남아 있는 것.

화:-선지 畫宣紙 | 그림 화, 펼 선, 종이 지
[Chinese drawing paper]
그림[畵]을 그릴 때 주로 쓰는 선지(宣紙). '선지'는 중국에서 유명한 종이 생산지의 이름에서 유래했다는 설이 있다.

화:성¹ 火星 | 불 화, 별 성 [Mars]
❶ 속뜻 불[火]을 상징하는 별[星]. ❷ 천문 태양계에서, 지구의 바로 바깥쪽에서 타원형의 궤도로 태양을 돌고 있는 네 번째 행성. 공전 주기는 1.8년이며 두 개의 위성을 가지고 있다.

화성² 華城 | 꽃 화, 성곽 성
❶ 속뜻 꽃[華]처럼 아름답게 잘 쌓은 성(城). ❷ 고적 조선 정조 때, 경기도 수원시에 쌓은 성. 1997년 유네스코 세계 문화유산으로 지정되었다. ⓑ 수원성.

화:성-암 火成巖 | 불 화, 이룰 성, 바위 암
[igneous rocks]
❶ 속뜻 화산(火山) 활동으로 이루어진[成] 바위[巖]. ❷ 지리 땅속의 마그마가 냉각·응고되어 이루어진 암석을 통틀어 이르는 말.

화술 話術 | 말할 화, 꾀 술
[art of conversation]
말하는[話] 기술(技術). ¶그는 화술이 뛰어나다. ⓑ 말솜씨, 말재주.

화:승 火繩 | 불 화, 줄 승 [wick]
불[火]을 붙게 하는 데 쓰는 노끈[繩]. ¶눈 깜짝할 사이에 화승이 타고 화약은 큰 소리를 내며 터졌다.

▸ 화:승-총 火繩銃 | 총 총
화승(火繩)의 불로 터지게 만든 구식 총(銃). ¶화승총 몇 자루로 근대식 군대와 맞선 의병들은 역부족으로 쫓겨났다.

화:실 畵室 | 그림 화, 방 실
[artist's studio; atelier]
그림[畵] 따위의 예술품을 만드는 방[室]. ¶빈 교실을 화실로 이용하다.

화씨 華氏 | 꽃 화, 성씨 씨
[Fahrenheit; Fahr.]
물리 '화씨온도계'. 이 온도계를 고안한 독일의 파렌하이트를 '화륜해'(華倫海)로 음역하고, 줄여서 '화씨'(華氏)라고 한 데에서 유래되었다. 얼음이 녹는점을 32˚F, 물이 끓는점을 212˚F로 하여 그 사이를 등분한 온도 단위이다. 단위는 'F'. ⓑ 섭씨(攝氏).

⁑화:약 火藥 | 불 화, 약 약 [(gun)powder]
❶ 속뜻 불[火]을 일으키는 기능을 하는 솜으로 만든 약(藥). ❷다이너마이트나 면화약 등과 같이 충격이나 열 따위를 가하면 격렬한 화학 반응을 일으켜, 가스와 열을 발생시키면서 폭발하는 물질. ¶화약 냄새 / 화약을 터뜨리다.

화엄 華嚴 | 꽃 화, 엄할 엄
불교 ❶연꽃[華]같이 장엄(莊嚴)한 부처님의 깨달음과 가르침. ❷부처님의 가르침을 몸소 실천하여 수행함.

▸ 화엄-사 華嚴寺 | 절 사
❶ 속뜻 석가가 도를 이룬 후 맨 처음으로 설법을 한 가르침[華嚴]을 표방하는 절[寺]. ❷ 불교 전라남도 구례군 지리산에 있는 25교구 본사의 하나인 사찰. 신라 진흥왕 5년(544)에 창건하였으며, 선교 양종의 본산으로 유명하다.

화:염 火焰 | 불 화, 불꽃 염
[flame; blaze]
❶ 속뜻 불[火]에서 이는 불꽃[焰]. ❷타는 불에서 일어나는 붉은 빛의 기운. ¶불이 나서 거리는 화염에 휩싸였다. ⓑ 불꽃.

▸ 화:염 방:사기 火焰放射器 | 놓을 방, 쏠 사, 그릇 기
군사 화염(火焰)을 쏘아[放射] 적을 공격

하는 병기(兵器).

화-요일 火曜日 | 불 화, 빛날 요, 해 일 [Tuesday; Tues.]
칠요일 중 화(火)에 해당하는 요일(曜日). ¶이번 주 화요일은 며칠입니까?

화원 花園 | 꽃 화, 동산 원 [flower garden]
❶ 속뜻 꽃[花]을 심은 정원(庭園). ❷꽃을 파는 가게. ¶나는 화원에서 안개꽃 한 다발을 샀다.

화음 和音 | 어울릴 화, 소리 음 [chord; accord]
음악 높이가 다른 둘 이상의 음이 함께 울릴 때 어울리는[和] 소리[音]. ¶화음을 넣다.

화자 話者 | 말할 화, 사람 자 [speaker]
말하는[話] 사람[者]. 이야기하는 사람. ¶이 소설의 화자는 주인공의 딸이다. ⓑ 청자(聽者).

화:장[1] 火葬 | 불 화, 장사 지낼 장 [cremation]
시체를 불[火]에 살라 장사(葬事)하는 일. ¶그는 자신이 죽으면 화장해달라고 말했다.

화장[2] 化粧 | 될 화, 단장할 장 [makeup; toilet]
❶ 속뜻 예쁘게 되도록[化] 곱게 단장(丹粧)함. ❷화장품을 바르거나 문질러 얼굴을 곱게 꾸밈. ¶그녀는 엷게 화장을 했다.

▶화장-대 化粧臺 | 돈대 대
화장(化粧)하는 데 쓰는 높고 평평한[臺] 가구. ¶큰 거울이 달린 화장대를 새로 샀다.

▶화장-실 化粧室 | 방 실
❶ 속뜻 화장(化粧)을 하는 방[室]. ❷대소변(大小便)을 볼 수 있게 만들어 놓은 곳. ¶화장실 청소를 하다. ⓑ 변소.

▶화장-지 化粧紙 | 종이 지
❶ 속뜻 화장(化粧)에 쓰이는 종이[紙]. ❷휴지(休紙). ¶화장지를 아껴 쓰다.

▶화장-품 化粧品 | 물건 품
화장(化粧)에 쓰이는 물품(物品). ¶화장품을 바르다.

화:재 火災 | 불 화, 재앙 재 [fire; conflagration]
불[火]로 인한 재앙(災殃). ¶화재 신고는 119로 하세요.

▶화:재 보:험 火災保險 | 지킬 보, 험할 험
경제 화재(火災)로 말미암은 손해를 보충함을 목적으로 하는 보험(保險).

화:전[1] 火田 | 불 화, 밭 전
농업 농사를 짓기 위해 산이나 들에 불[火]을 질러 일군 밭[田]. ¶화전을 일구다.

▶화:전-민 火田民 | 백성 민
농업 화전(火田)을 일구어 농사를 짓는 백성[民].

화전[2] 花煎 | 꽃 화, 지질 전 [fried-flower cookies]
진달래나 국화 따위의 꽃[花]잎을 붙여 만든 지짐[煎]. ¶단옷날에는 화전을 부쳐 먹는 풍습이 있다.

▶화전-놀이 (花煎-)
민속 꽃[花]잎을 따서 전(煎)을 부쳐 먹으며 노는 여자들의 봄놀이.

화제 話題 | 말할 화, 제목 제 [topic; talk]
이야기[話]의 제목(題目). 이야기의 주제. ¶화제를 바꾸다.

화젯-거리 (話題-, 말할 화, 제목 제)
화제(話題)가 될 만 한 거리. ¶그들의 결혼은 많은 화젯거리를 낳았다.

화조 花鳥 | 꽃 화, 새 조 [flowers and birds]
❶ 속뜻 꽃[花]과 새[鳥]. ❷꽃을 찾아다니는 새. ❸꽃과 새를 그린 그림이나 조각. ¶화조를 수놓다.

화:지 畵紙 | 그림 화, 종이 지 [drawing paper]
그림[畵]을 그리는 데 쓰는 질이 좋은 종이[紙]. ¶하얀 화지에 그림을 그리기 시작했다.

화:차 火車 | 불 화, 수레 차
❶ 속뜻 전쟁 때 불[火]로 적을 공격하는 데

쓰던 수레[車]. ❷임진왜란 때 우리나라에서 사용한 전차(戰車)의 한 가지.

화창 和暢 | 따스할 화, 펼칠 창 [balmy; bright]
따스하여[和] 꽃이 활짝 필[暢] 정도로 날씨가 맑고 좋다. ¶화창한 오후 / 화창한 날씨.

화채 花菜 | 꽃 화, 나물 채
꿀이나 설탕을 탄 물에 꽃[花]잎이나 나물[菜] 따위를 뜯어 넣고 잣을 띄운 음료. ¶수박으로 화채를 만들어 먹다.

화초 花草 | 꽃 화, 풀 초
[flowering plants; flowers]
꽃[花]이 피는 식물[草]. ¶화초를 가꾸다. ㊥ 화훼(花卉).

화친 和親 | 어울릴 화, 친할 친
[make peace]
❶ 속뜻 나라끼리 화목(和睦)하고 친(親)하게 지냄. ❷서로 의좋게 지냄. 또는 그 정분. ¶화친을 꾀하다.

화톳-불 [bonfire]
한데에 장작을 모아 질러 놓은 불.

화:통 火筒 | 불 화, 대롱 통
[smokestack; funnel]
기차나 기선 따위에서 불[火]을 땔 때 연기가 나오게 한 굴뚝[筒].

화투 花鬪 | 꽃 화, 싸울 투
❶ 속뜻 꽃[花]이 그려진 딱지로 하는 놀음[鬪]. ❷ 운동 48장으로 된 놀이 딱지. 계절에 따른 솔, 매화, 벚꽃, 난초, 모란, 국화, 오동 따위 열두 가지 그림이 각각 네 장씩 모두 48장으로, 짓고땡·육백·고스톱 따위의 노는 방법이 있다. ¶할머니가 화투를 치신다.

화:판 畵板 | 그림 화, 널빤지 판 [drawing board]
그림을 그릴[畵] 때 받치는 판(板).

화:폐 貨幣 | 재물 화, 예물 폐
[money; currency]
❶ 속뜻 재물[貨]과 예물[幣]. ❷ 경제 상품 교환의 매개물, 지불의 수단, 가치 척도 등으로 쓰이는 돈. 금화, 은화, 은행권 따위가 있다. ¶화폐 수집 / 화폐를 발행하다. ㊥ 돈.

화:포 火砲 | 불 화, 대포 포
[gun; firearm]
❶ 속뜻 화약(火藥)으로 쏘는 대포(大砲). ❷ 군사 대포 따위처럼 화약의 힘으로 탄환을 내쏘는 대형 무기. ¶화포 공격.

화:폭 畵幅 | 그림 화, 너비 폭
[picture; drawing]
그림을 그리는[畵] 천이나 종이의 폭(幅). ¶겨울 풍경을 화폭에 담다.

화:-풀이 (火-, 불 화) [satisfy resentment; vent one's wrath]
자기의 화(火)를 풀기 위하여 다른 사람에게 화를 냄. ¶그는 밖에서 당한 일로 애꿎은 나에게 화풀이를 했다.

화:풍 畵風 | 그림 화, 모습 풍
[style of painting]
그림[畵]에 나타난 풍격(風格). 또는 그림을 그리는 경향. ¶그의 화풍은 많은 화가들에게 영향을 주었다.

화:-하다
입안이 얼얼하며 시원하다. ¶박하사탕을 먹었더니 입안이 화하다.

⁑**화:학** 化學 | 될 화, 배울 학 [chemistry]
❶ 속뜻 물질이 바뀌어 다른 것이 되는[化] 것을 연구하는 학문(學問). ❷ 화학 물질의 조성과 구조, 성질과 작용 및 변화, 제법과 응용 따위를 연구하는 자연과학의 한 부문. ¶화학 실험.

▶화:학-자 化學者 | 사람 자
화학(化學)을 전문으로 연구하는 사람[者].

▶화:학-적 化學的 | 것 적
화학(化學)에 관련된 것[的]. 화학을 이용하는 것. ¶물이 얼음이 되는 것은 화학적인 반응이 아니라 물리적인 반응이다.

▶화:학 반:응 化學反應 | 되돌릴 반, 응할 응
화학 두 가지 이상의 물질 사이에 화학(化

學) 변화가 일어나서 다른 물질로 변화하는 과정이나 반응(反應). ¶연료 전지는 수소와 산소에 전기 화학 반응을 일으켜 전기 에너지로 변환하는 장치이다.

▶화:학 비:료 化學肥料 | 살찔 비, 거리 료
농업 화학적(化學的) 공정을 거쳐 만든 비료(肥料). ¶농약이나 화학 비료를 많이 사용하면 토양이 산성화된다.

▶화:학 섬유 化學纖維 | 가늘 섬, 밧줄 유
공업 화학적(化學的) 공정을 거쳐 만든 섬유(纖維). ㊞ 인조 섬유(人造纖維).

화합[1] 和合 | 어울릴 화, 합할 합 [harmonize]
서로 잘 어우러져[和] 마음을 합(合)침. ¶우리 반은 화합이 잘 된다.

화합[2] 化合 | 될 화, 합할 합
[chemical combine]
❶ 속뜻 화학적(化學的)으로 완전히 결합(結合)함. 그런 물질. ❷ 화학 둘 또는 그 이상의 물질이 결합하여 본래의 성질을 잃어버리고 새로운 성질을 가진 물질이 됨. ¶수소는 산소와 화합하면 물이 된다.

▶화:합-물 化合物 | 만물 물
화학 두 가지 이상의 원자가 일정한 비율로 화학적(化學的)으로 결합(結合)하여 생성된 물질(物質).

화해 和解 | 화합할 화, 풀 해
[reconcile; make peace]
싸움하던 것을 멈추고 화합(和合)하여 안 좋은 감정을 풀어[解] 없앰. ¶우리 이제 그만 화해하자.

화:형 火刑 | 불 화, 형벌 형
[burning at the stake]
지난날, 사람을 불[火]에 태워 죽이던 형벌(刑罰). ¶역적을 화형에 처하다.

화환 花環 | 꽃 화, 고리 환
[(floral) wreath; garland (of flowers)]
꽃[花]으로 만든 고리[環] 모양의 것. ¶결혼식에 화환을 보내다.

화훼 花卉 | 꽃 화, 풀 훼
[flowering plant]
꽃[花]이 피는 풀[卉]. ¶화훼 단지 / 화훼를 재배하다. ㊞ 화초(花草).

확 [blowing hard; flaring up; rapidly]
❶힘차게 부는 모양. ¶문을 열자 음식 냄새가 확 풍겼다. ❷일이 빠르고 힘차게 진행되는 모양. ¶교실 문을 확 열다. ❸매었던 것이 갑자기 풀어지는 모양. ¶그녀의 미안하다는 말 한마디에 꽁했던 마음이 확 풀어졌다.

확고 確固 | 굳을 확, 굳을 고
[firm; definite]
확실하고[確] 굳음[固]. ¶그의 결심은 매우 확고했다.

▶확고-부동 確固不動 | 아닐 부, 움직일 동
확고(確固)하여 움직이지[動] 않음[不]. ¶확고부동한 의지 / 그의 태도는 확고부동하다.

확답 確答 | 굳을 확, 답할 답
[definite answer]
확실(確實)히 대답(對答)함. ¶확답을 주세요.

확대 擴大 | 넓힐 확, 큰 대
[extend; increase]
늘여서[擴] 크게[大] 함. ¶확대 복사 / 사진을 확대하다. ㊞ 확장(擴張). ㊥ 축소(縮小).

▶확대-도 擴大圖 | 그림 도
실물을 일정한 비율로 확대(擴大)하여 그린 그림[圖]. ¶확대도를 보면 알기 쉽다.

확률 確率 | 굳을 확, 비율 률 [probability]
수학 사건 따위가 일어날 확실성(確實性)의 정도나 비율(比率). ¶복권이 당첨될 확률은 매우 낮다.

확립 確立 | 굳을 확, 설 립
[establish; settle]
확고(確固)하게 세움[立]. ¶가치관을 확립하다.

확보 確保 | 굳을 확, 지킬 보
[secure; insure]
확실(確實)하게 보유(保有)함. ¶자금을 확보하다.

확산 擴散 | 넓힐 확, 흩을 산

[spread; disseminate]
흩어져[散] 널리 퍼짐[擴]. ¶전염병이 전국으로 확산되었다.

확성-기 擴聲器 | 넓힐 확, 소리 성, 그릇 기 [(loud)speaker; megaphone]
소리[聲]를 크게[擴] 하는 기구(器具).

확신 確信 | 굳을 확, 믿을 신 [convinced; sure]
굳게[確] 믿음[信]. ¶확신에 찬 목소리.

확실 確實 | 굳을 확, 실제 실
[certain; definite]
확고(確固)한 사실(事實)이 됨. 실제와 틀림없다. ¶그가 훔쳐갔다는 확실한 증거는 없다 / 그가 언제 올지 확실히 모르겠다.

확언 確言 | 굳을 확, 말씀 언
[state definitely; assert; assure]
확실(確實)한 말[言]. ¶그는 확언을 피했다 / 감독은 팀의 승리를 확언했다.

⁑**확인** 確認 | 굳을 확, 알 인
[confirm; make sure]
❶ 속뜻 확실(確實)하게 인정(認定)함. ❷ 틀림없는지를 알아보는 것. ¶주문 확인 / 예약 확인.

확장 擴張 | 넓힐 확, 벌릴 장
[extend; expand]
❶ 속뜻 넓게[擴] 벌림[張]. ❷범위나 세력 따위를 넓힘. ¶도로 확장 공사. ⊞ 확대(擴大). ⊕ 축소(縮小).

확정 確定 | 굳을 확, 정할 정
[decide; confirm]
확실(確實)하게 정(定)함. ¶소풍 날짜를 확정 짓다.

확증 確證 | 굳을 확, 증거 증
[confirm; prove definitely]
확실(確實)한 증거(證據). 확실히 증명함. ¶그가 범인이라는 확증을 잡았다 / 그의 이론은 실험으로 확증되었다.

확충 擴充 | 넓힐 확, 채울 충
[expand; amplify]
겉을 넓히거나[擴] 속을 채우다[充]. ¶시설을 확충하다.

확-확 [flaring up incessantly]
불길이 잇달아 세차게 타오르는 모양. ¶불길이 확확 타오르다.

환:각 幻覺 | 홀릴 환, 느낄 각
[hallucination; hallucinatory image]
❶ 속뜻 도깨비에 홀린[幻] 것처럼 느낌[覺]. ❷ 심리 실제로는 자극이나 대상이 없는데도 그것이 실재(實在)하는 듯이 감각적으로 느끼거나 느꼈다고 생각하는 감각. ¶환각상태 / 환각증세.

▸ **환:각-제** 幻覺劑 | 약제 제
약학 환각(幻覺)을 일으키는 약제(藥劑).

환:갑 還甲 | 돌아올 환, 천간 갑
[one's 60 th birthday (anniversary)]
❶ 속뜻 갑자(甲子)가 다시 돌아옴[還]. ❷ 61세를 이르는 말. ¶환갑 잔치 / 일요일은 우리 할머니의 환갑이다. ⊞ 화갑(華甲), 회갑(回甲).

⁑**환경** 環境 | 고리 환, 처지 경
[environment; surroundings]
❶ 속뜻 둥근 고리[環]같이 둘러싸여 있는 처지[境]. 자연이나 사회적 조건 따위. ¶지리적 환경 / 환경 파괴. ❷주위의 사물이나 사정. ¶가정 환경 / 주변 환경.

▸ **환경-부** 環境部 | 나눌 부
정치 국가의 환경(環境) 문제에 관한 모든 사무를 총괄하여 맡아보는 중앙 행정 부서(部署).

▸ **환경-오:염** 環境汚染 | 더러울 오, 물들일 염
사회 생물체가 살아가는 환경(環境)이 오염(汚染)된 상태. ¶공장 폐수는 환경오염을 일으킨다.

환궁 還宮 | 돌아올 환, 대궐 궁
[return to the palace]
임금이 궁(宮)으로 돌아옴[還]. ¶전쟁이 끝나자 임금이 환궁하였다.

환:기 喚起 | 부를 환, 일어날 기 [awaken; evoke]
관심이나 기억 따위를 불러[喚] 일으킴[起]. ¶주의 환기 / 여론을 환기하다.

환:기² 換氣 | 바꿀 환, 기운 기
[ventilate; change air]
탁한 공기(空氣)를 빼고 새 공기로 바꿈[換]. ¶창문을 열고 환기를 하자.

환:난 患難 | 근심 환, 어려울 난
[hardships; distress; misfortune]
근심[患]과 재난(災難). ¶환난을 겪다 / 환난을 극복하다.

환담 歡談 | 기쁠 환, 이야기 담
[have a pleasant chat]
즐겁게[歡] 주고받는 이야기[談]. ¶환담을 나누다.

환대 歡待 | 기쁠 환, 대접할 대 [entertain warmly]
기쁘게[歡] 대접(待接)함. ¶환대를 받다 / 숙모님은 나를 환대해 주셨다. ㊐ 후대(厚待). ㊏ 냉대(冷待), 홀대(忽待).

환도 還都 | 돌아올 환, 도읍 도
[return to the capital]
정부가 다시 수도(首都)로 돌아옴[還]. ¶고려 원종은 몽골과 강화를 맺고 개경으로 환도했다.

환:등 幻燈 | 헛보일 환, 등불 등
[movie projector; magic lantern]
실제로 있는 것처럼 헛보이게[幻] 비추는 등(燈). 'magic lantern'을 의역한 말.

▸환:등-기 幻燈機 | 틀 기
환등 장치(幻燈裝置)를 이용하여 그림, 필름 따위를 확대하여 스크린에 비추는 기계(機械). ㊟ 환등.

환:멸 幻滅 | 헛보일 환, 없어질 멸
[disillusion; disenchantment]
❶ 속뜻 헛보이다[幻]가 곧 사라짐[滅]. ❷ 꿈이나 기대나 환상이 깨어짐. 또는 그때 느끼는 괴롭고도 속절없는 마음. ¶정치에 환멸을 느끼는 사람들이 많다.

환불 還拂 | 돌아올 환, 지불 불 [refund]
요금 따위를 되돌려[還] 지불[拂]함. ¶요금 환불 / 물건 값 환불 / 세금 환불.

환:산 換算 | 바꿀 환, 셀 산
[convert; change]
단위를 바꾸어[換] 계산(計算)함. ¶숙박비를 달러로 환산하면 500달러이다.

▸환:산-표 換算表 | 겉 표
미리 환산(換算)해 놓은 표(表). ¶도량형 환산표.

환:상 幻想 | 홀릴 환, 생각 상
[fantasy; illusion]
❶ 속뜻 홀린[幻] 것 같은 생각[想]. ❷ 현실로는 있을 수 없는 일을 있는 것처럼 상상하는 일. '상상', '망상'을 뜻하는 영어 'fantasy'를 의역한 말이다. ¶환상이 깨지다 / 환상 속에 살다.

▸환:상-곡 幻想曲 | 노래 곡
음악 자유분방한[幻] 형식과 악상(樂想)으로 작곡한 악곡(樂曲).

환생 還生 | 돌아올 환, 날 생
[be born again; revive]
죽음에서 돌아와[還] 다시 살아남[生]. 다시 태어남. ¶그의 모습은 마치 죽은 남편이 환생한 것 같았다.

환성 歡聲 | 기쁠 환, 소리 성
[shout of joy; hurrah]
기뻐서[歡] 지르는 소리[聲]. ¶환성을 지르다 / 환성이 울려 퍼지다.

환송 歡送 | 기쁠 환, 보낼 송
[bid; farewell to]
기뻐하며[歡] 보냄[送]. ¶그는 가족의 환송을 받았다 / 친구를 환송하다. ㊏ 환영(歡迎).

환심 歡心 | 기쁠 환, 마음 심
[good graces; favor]
기뻐하는[歡] 마음[心]. ¶나는 그녀의 환심을 사려고 꽃을 선물했다.

환영 歡迎 | 기쁠 환, 맞이할 영 [welcome]
기쁘게[歡] 맞이함[迎]. ¶열렬한 환영 / 박수로 환영하다. ㊏ 환송(歡送).

환웅 桓雄 | 굳셀 환, 뛰어날 웅
❶ 속뜻 굳세고[桓] 뛰어남[雄]. ❷ 문학 단군신화에 나오는 천제(天帝)의 아들이자 단군의 아버지.

환원 還元 | 돌아올 환, 으뜸 원

[restore; return]
본디[元] 상태로 되돌아감[還]. 또는 그렇게 되게 함. ¶물을 전기분해하면 수소와 산소로 환원된다.

환:율 換率 | 바꿀 환, 비율 률
[(foreign) exchange rate]
경제 자기 나라 돈과 다른 나라 돈을 교환(交換)하는 비율(比率). ¶오늘 환율이 크게 올랐다.

환인 桓因 | 클 환, 까닭 인
❶ 속뜻 매우 큰[桓] 까닭[因]. ❷ 문학 단군 신화에 나오는 인물. 아들 환웅이 세상에 내려가고 싶어 하자 태백산에 내려 보내어 세상을 다스리게 하였다.

환:자 患者 | 병 환, 사람 자
[patient; sufferer]
병[患]을 앓는 사람[者]. ¶암환자 / 환자를 돌보다. ㊥ 병자(病者).

환:장 換腸 | 바꿀 환, 창자 장
[go crazy; lose mind]
❶ 속뜻 마음의 속내[心腸]가 확 바뀜[換]. '환심장'(換心腸)의 준말. ❷마음이 비정상적인 상태로 크게 달라짐. ¶그 사건 때문에 환장할 지경이다.

환:절 換節 | 바꿀 환, 철 절
[climatic change]
계절이 바뀌는[換] 절기(節氣).
▸ 환:절-기 換節期 | 때 기
계절이 바뀌는[換節] 시기(時期). ¶환절기에는 특히 감기에 조심해야 한다.

환:풍 換風 | 바꿀 환, 바람 풍 [ventilation]
바람[風]으로 공기를 바꿈[換]. ¶환풍을 시키려고 창문을 열었다.
▸ 환:풍-기 換風機 | 틀 기
건물 내부의 공기[風]를 바꾸어[換] 주는 장치[機]. ¶부엌에 환풍기를 설치하다.

환:-하다 [light; open; clear]
❶빛이 비치어 맑고 밝다. ¶내 방은 햇빛이 잘 들어서 무척 환하다. ❷앞이 티어 넓고 멀다. ¶길이 환하게 뚫려 있다. ❸표정이나 성격이 밝다. ¶환한 미소 / 환한 얼굴.

비슷한 듯 다른 말 ➲ 밝다

환호 歡呼 | 기쁠 환, 부를 호
[cheer; acclaim]
기뻐서[歡] 부르짖음[呼]. ¶마을 사람들은 그를 환호로 맞이했다.
▸ 환호-성 歡呼聲 | 소리 성
기뻐서[歡] 부르짖는[呼] 소리[聲]. ¶첫 골을 넣자 환호성이 터져 나왔다.

환희 歡喜 | 기쁠 환, 좋아할 희
[great joy; delight]
기뻐하고[歡] 좋아함[喜]. 기쁨. ¶환희의 눈물.

환:-히 [brightly; lightly]
❶매우 맑고 밝게. ¶둥근달이 마당을 환히 비춘다. ❷탁 트이어 막힌 데가 없이. ¶교실 창문을 여니 운동장이 환히 보인다. ❸뚜렷하고 분명하게. ¶엄마는 나의 속마음을 환히 알고 있다.

활 (弓, 활 궁) [bow]
❶화살을 메워서 쏘는 무기. ¶활을 쏘다. ❷ 음악 현악기의 현을 켜는 데에 쓰는 도구. ¶바이올린의 활.

활개 [wings of a bird; one's arms]
❶사람의 어깨에서 양쪽 팔까지 또는 궁둥이에서 양쪽 다리까지의 부분. ¶네 활개를 펴고 잠든 아기. ❷새의 양쪽 죽지로부터 날개까지의 부분. ¶양쪽으로 활개를 쭉 펴고 선 학.

활기 活氣 | 살 활, 기운 기
[vigor; spirit; energy]
활발(活潑)한 기운(氣運)이나 기개(氣槪). ¶민서의 얼굴에는 활기가 넘친다. ㊥ 생기(生氣).
▸ 활기-차다 (活氣-)
힘이 넘치고 생기가 가득하다. ¶활기찬 하루.

활달 豁達 | 뚫릴 활, 통할 달
[liberal; generous]
❶ 속뜻 뚫리고[豁] 통하다[達]. ❷도량이

넓고 크다. ¶그는 성격이 활달하고 모든 일에 적극적이다.

활동 活動 | 살 활, 움직일 동 [move; act]
❶ 속뜻 활력(活力)있게 움직임[動]. ❷어떤 일의 성과를 거두기 위하여 애씀. 또는 어떤 일을 이루려고 돌아다님. ¶체험 활동 / 봉사 활동 / 그는 초등학교 때 야구부에서 활동했다.

▶ **활동-량** 活動量 | 분량 량
활동(活動)한 양(量). 운동한 정도. ¶먹는 양보다 활동량이 적을 때에 비만이 되기 쉽다.

▶ **활동-적** 活動的 | 것 적
잘 활동(活動)하는 것[的]. 활발하게 움직이는 것. ¶활동적인 모습.

▶ **활동-사진** 活動寫眞 | 베낄 사, 참 진
연영 움직이는[活動] 사진(寫眞). 예전에 '영화(映畵)'를 이르던 말.

활력 活力 | 살 활, 힘 력 [energy; vitality; vital power]
살아[活] 움직이는 힘[力]. ¶활력이 넘치다 / 활력을 잃다 / 활력을 불어넣다.

▶ **활력-소** 活力素 | 바탕 소
활력(活力)이 되는 본바탕[素]. ¶그는 성실성과 승부욕이 남달라, 이 팀의 활력소가 되고 있다.

활로 活路 | 살 활, 길 로 [way out; means of escape]
❶ 속뜻 살아[活] 나갈 길[路]. ❷어려움을 이기고 살아 나갈 방법. ¶한국 경제의 활로가 열리다 / 활로를 찾다 / 활로를 뚫다.

활발 活潑 | 살 활, 물 솟을 발 [lively; brisk; vivacious]
활기(活氣)가 물이 솟듯[潑] 힘차다. ¶활발한 기상 / 활발한 사람. ⓑ기운차다, 씩씩하다.

활보 闊步 | 넓을 활, 걸음 보 [stride; strut]
넓고[闊] 크게 걸음[步]. 당당히 걷는 일. ¶거리를 활보하다.

활석 滑石 | 미끄러울 활, 돌 석 [talc; talcum]
❶ 속뜻 표면이 매끌매끌한[滑] 돌[石]. ❷ 광업 마그네슘으로 이루어진 규산염 광물. 흰색, 엷은 녹색, 회색 따위를 띤다. 가장 부드러운 광물의 하나로 전기 절연재, 도료, 도자기 따위로 쓰인다.

활성 活性 | 살 활, 성질 성 [vitality; activity]
화학 빛이나 기타 에너지의 작용에 따라 물질의 반응 속도가 활발(活潑)하고 빨라지는 성질(性質). 또는 촉매의 반응 촉진 능력. ¶활성 산소 / 활성 가스.

▶ **활성-화** 活性化 | 될 화
어떤 사회나 조직 등의 기능을 활발하게[活性] 함[化]. ¶관광산업을 활성화하다.

활-시위 [bowstring]
활에 걸어서 켕기는 줄. 화살을 여기에 걸어서 잡아당기었다가 놓으면 화살이 날아간다. 시위. ¶활시위를 메우다.

활-쏘기 [archery practice]
활을 쏘는 일. 또는 그 기술.

활약 活躍 | 살 활, 뛸 약 [take an active part]
활력(活力)있게 뛰어다님[躍]. 눈부시게 활동함. ¶오늘 경기에서 그가 가장 큰 활약을 했다 / 경제계에서 활약하다.

▶ **활약-상** 活躍象 | 모양 상
기운차게 열심히 활동하고[活躍] 있는 모습[象]. ¶재외 동포들의 활약상이 담긴 이야기.

활엽 闊葉 | 넓을 활, 잎 엽 [broadleaf]
식물 넓고[闊] 큰 잎사귀[葉].

▶ **활엽-수** 闊葉樹 | 나무 수
식물 잎이 넓은[闊葉] 나무[樹]. 떡갈나무나 오동나무 따위. ⓑ침엽수(針葉樹).

활용 活用 | 살 활, 쓸 용 [apply; utilize]
능력이나 기능을 잘 살려[活] 씀[用]. ¶빈 교실을 공부방으로 활용하다.

▶ **활용-도** 活用度 | 정도 도

활용(活用)하는 정도(程度). ¶컴퓨터의 활용도가 갈수록 높아진다.

활자 活字 | 살 활, 글자 자
[printing type; type]
❶속뜻 활판(活版) 인쇄에 쓰이는 글자[字]. ❷출판 네모기둥 모양의 금속 윗면에 문자나 기호를 볼록 튀어나오게 새긴 것.

▶활자-본 活字本 | 책 본
출판 활자(活字)로 인쇄한 책[本]. 반 필사본(筆寫本).

활주 滑走 | 미끄러울 활, 달릴 주
[glide; skate]
❶속뜻 미끄러지듯[滑] 내달림[走]. ¶스키장 신나게 활주했다. ❷항공기 따위가 뜨거나 앉을 때 땅이나 물위를 미끄러져 달리는 일. ¶착륙 활주 / 활주 속도.

▶활주-로 滑走路 | 길 로
비행기가 뜨거나 앉을 때 활주(滑走)하는 도로(道路). ¶비행기 한 대가 활주로에 진입했다.

활짝 [wide(ly); clear(ly)]
문 따위가 한껏 시원스럽게 열린 모양. ¶창문을 활짝 열다.

활판 活版 | 살 활, 널 판
[type printing; typography]
출판 활자(活字)로 짜 맞춘 인쇄판(印刷版).

▶활판 인쇄 活版印刷 | 찍을 인, 박을 쇄
출판 활판(活版)으로 짜서 인쇄(印刷)함.

활-화산 活火山 | 살 활, 불 화, 메 산 [active volcano]
❶속뜻 살아 있는[活] 화산(火山). ❷지리 현재 분화(噴火)가 진행되고 있는 화산.

활활 [in flames; aflame]
불길이 힘차게 타오르는 모양. ¶건물이 활활 타올랐다.

홧:-김 (火—, 불 화)
[influence of anger]
화[火]가 치미는 기운. ¶그는 홧김에 꽃병을 깨뜨렸다.

황 黃 | 누를 황 [sulfur]
화학 비금속 원소의 하나. 냄새가 없고 노란색이며, 화약이나 성냥 등의 원료로 널리 쓰인다.

황갈-색 黃褐色 | 누를 황, 털옷 갈, 빛 색
[yellowish brown]
누른빛[黃]과 갈색(褐色)이 섞인 색(色).

황계 黃鷄 | 누를 황, 닭 계 [yellow hen]
털빛이 누런[黃] 닭[鷄]. ¶황계 수탉 / 황계가 홰를 치다.

황공 惶恐 | 두려워할 황, 두려울 공
[grateful; awesome]
위엄에 눌려 몹시 두려움[惶=恐]. ¶전하, 아뢰옵기 황공하오나 소신을 고향으로 돌아가게 해주십시오. 비 황송(惶悚)하다.

황금 黃金 | 누를 황, 쇠 금
[gold; money]
누른[黃] 빛깔의 금(金). ¶황금알을 낳는 거위.

▶황금-기 黃金期 | 때 기
❶속뜻 황금(黃金) 같은 시기(時期). ❷절정에 이른 시기. 가장 좋은 시기. ¶인생의 황금기를 보내다.

▶황금-빛 (黃金—)
황금색(黃金色). ¶황금빛으로 물든 하늘.

▶황금-색 黃金色 | 빛 색
황금(黃金)의 빛깔[色]과 같은 누런색. ¶황금색 왕관. 비 황금빛.

황급 遑急 | 바쁠 황, 급할 급
[urgent; pressed and agitated]
몹시 바쁘고[遑] 급하다[急]. ¶황급한 발걸음.

황기 黃芪 | 누를 황, 삼 기
[kind of milk vetch]
❶속뜻 누른[黃] 꽃이 피는 삼[芪]. ❷식물 잎은 깃 모양의 겹잎이며 여름에 담황색 꽃이 피는 풀. 뿌리는 약재로 쓴다.

황당 荒唐 | 어이없을 황, 허풍 당
[absurd; wild; incoherent]
❶속뜻 어이없는[荒] 허풍[唐]. ❷말이나 행동이 허황하고 터무니없다. ¶소문이 너무 황당하여 어이가 없다.

▸황당무계 荒唐無稽 | 없을 무, 생각할 계
내용 따위가 황당(荒唐)하여 깊이 생각할[稽] 것이 없음[無]. ¶황당무계한 이야기.

황도 黃桃 | 누를 황, 복숭아 도 [yellow peach]
식물 속살이 노란[黃] 복숭아[桃]. ¶할머니는 황도를 좋아하신다.

황룡-사 皇龍寺 | 임금 황, 용 룡, 절 사
불교 경상북도 경주에 있던 절. 신라 진흥왕 때에 착공하여 선덕 여왕 14년(645)에 완성한 것으로, 신라 호국 신앙의 중심지였다. 고려 고종 때에 몽골군의 침입으로 소실되어 지금은 터만 남아 있다.

황무 荒蕪 | 거칠 황, 거칠 무 [wild; barren]
잡초로 뒤덮여 매우 거칠다[荒=蕪]. ¶황무한 땅.

▸황무-지 荒蕪地 | 땅 지
손을 대지 않고 버려 두어 거칠어진[荒蕪] 땅[地]. ¶황무지를 개간하다. ㊟황지. ㊥옥토(沃土).

황사 黃沙 | =黃砂, 누를 황, 모래 사 [yellow sand]
❶속뜻 누런[黃] 모래[沙]. ❷지리 중국 북부나 몽고 지방의 황토가 바람에 날려 온 하늘에 누렇게 끼는 현상. ¶봄이 되면 어김없이 황사가 찾아온다.

황산 黃酸 | 누를 황, 산소 산 [sulfuric acid]
❶속뜻 누런[黃] 산화물(酸化物). ❷화학 무기산(無機酸)의 한 가지. 무색무취의 끈끈한 액체이며 질산 다음으로 산성이 강하다.

▸황산-구리 (黃酸-)
화학 구리를 묽은 황산(黃酸)에 넣어 가열하면 생기는 푸른 결정체.

황산벌 싸움 (黃山-, 누를 황, 메 산)
역사 백제 의자왕 20년(660)에, 계백 장군이 결사대 오천을 이끌고 황산(黃山)벌, 곧 지금의 연산 벌판에서 신라 김유신의 오만 대군과 벌인 싸움. 백제 군대가 신라 군대를 네 번이나 물리쳤으나 결국은 신라가 승리하였다.

황-산화물 黃酸化物 | 누를 황, 산소 산, 될 화, 만물 물 [sulfur oxides]
화학 황(黃)과 산소(酸素)와의 화합물(化合物). 석유나 석탄 따위가 연소할 때에 생기는 이산화황, 황산 그리고 황산구리와 같은 황산염 등이 속한다.

황:-새 [white stork]
동물 백로와 비슷하나 훨씬 더 큰 새. 몸빛은 흰빛이고 날개깃, 어깨깃, 부리는 검정이다.

황색 黃色 | 누를 황, 빛 색 [yellow]
누런[黃] 빛깔[色]. ¶황색 인종.

황-소 [bull]
큰 수소. ㊥암소.

▸황소-개구리
동물 소와 비슷한 굵은 소리로 우는 개구리. 수컷의 등은 짙은 녹색에 검정 얼룩점이 있고 암컷의 등은 갈색에 검정 얼룩무늬가 있다.

황송 惶悚 | 두려워할 황, 두려워할 송 [fearful; horrible]
매우 두렵다[惶=悚]. ¶이렇게 친절하게 대해 주시니 황송할 따름입니다. ㊐황공(惶恐)하다.

황실 皇室 | 임금 황, 집 실 [Imperial Household]
황제(皇帝)의 집안[室].

황야 荒野 | 거칠 황, 들 야 [wilderness; the wilds]
풀이 멋대로 자란 거친[荒] 들판[野]. ¶광활한 황야.

황-인종 黃人種 | 누를 황, 사람 인, 갈래 종 [yellow race]
얼굴빛이 누런[黃] 인종(人種). '황색 인종'(黃色人種)의 준말.

황제 皇帝 | 임금 황, 임금 제 [emperor]
❶역사 삼황(三皇)과 오제(五帝)의 준말. ❷왕이나 제후를 거느리고 나라를 통치하는 임금.

황토 黃土 | 누를 황, 흙 토
[yellow soil; yellow ocher]
누런[黃] 흙[土].
▸황토-색 黃土色 | 빛 색
황토(黃土)의 빛깔[色]과 같이 누런빛을 띤 갈색. ¶황토색 토기 인형.

황폐 荒廢 | 거칠 황, 그만둘 폐
[waste; ruin; devastate]
❶ 속뜻 땅 따위가 거칠어져[荒] 못쓰게 됨[廢]. ❷집, 토지, 삼림 따위가 거칠고 못쓰게 됨. ¶농촌의 황폐가 극심한 지경에 이르다.

황해-안 黃海岸 | 누를 황, 바다 해, 언덕 안
우리나라의 황해(黃海)와 맞닿아 있는 육지[岸]와 그 근처의 바다. ⓑ 서해안(西海岸).

황혼 黃昏 | 누를 황, 어두울 혼
[dusk; twilight]
하늘이 누렇고[黃] 어둑어둑한[昏] 해질 무렵. ¶황혼 무렵에 산책을 나가다.

황홀 恍惚 | =慌惚, 흐릿할 황, 흐릿할 홀 [in ecstasies; enraptured]
❶ 속뜻 정신이 흐릿함[恍=惚]. ❷무엇이 너무 좋아서 정신이 멍함. ¶제주도의 경치는 보는 사람을 황홀하게 만든다.

황후 皇后 | 임금 황, 왕비 후
[empress; queen]
황제(皇帝)의 아내[后].

홰 [perch; roost]
새장·닭장 속에 새나 닭이 올라앉도록 가로지른 나무 막대.

홱 [suddenly; with a bang]
망설이지 않고 시원스레 해내는 모양. ¶고개를 홱 돌리다.

횃-대 [clothes rack; clotheshorse]
옷을 걸 수 있게 방 안에 달아매어 두는 막대.

횃-불 [torchlight; torch]
홰에 켠 불. ¶횃불을 들다.

회[1]回 | 돌 회 [time]
횟수를 세는 말. ¶회의는 연 3회 열린다.

회:[2]會 | 모일 회 [meeting; gathering]
단체적인 공동 목적을 위해 여럿이 모이는 일. 또는 그 모임. ¶회에 가입하다.

회:[3]膾 | 저민 날고기 회
[minced raw meat; sliced raw fish]
물고기·고기 등을 날로 잘게 썰어서 먹는 음식. ¶광어 회 / 회를 뜨다.

회갑 回甲 | 돌아올 회, 천간 갑
[60th birthday]
❶ 속뜻 다시 돌아와[回] 맞은 갑자(甲子). ❷자신이 태어난 해에 해당되는 간지(干支)를 60년 만에 다시 맞이함. 만 60세의 나이. ¶회갑잔치를 베풀다. ⓑ 환갑(還甲), 화갑(華甲).

회:개 悔改 | 뉘우칠 회, 고칠 개
[repent; penitent]
이전의 잘못을 뉘우치고[悔] 고침[改]. ¶회개의 눈물을 흘리다. ⓑ 참회(懺悔).

회:견 會見 | 모일 회, 볼 견
[interview; meet]
일정한 장소에 모여[會] 의견이나 견해(見解) 따위를 밝힘. 또는 그런 모임. ¶회견을 가지다 / 그는 한 달 만에 회견에 응했다.

회:계 會計 | 모일 회, 셀 계
[account; the reckoning]
나가고 들어 온 돈을 모아[會] 셈함[計]. ¶회계 장부.

회고 回顧 | 돌 회, 돌아볼 고
[look back; reflect]
❶ 속뜻 돌아[回] 봄[顧]. ❷지난 일을 돌이켜 생각함. ¶그는 사진을 보며 어린 시절을 회고했다.
▸회고-록 回顧錄 | 기록할 록
지난 일을 돌이켜 생각하여[回顧] 적은 기록(記錄).

회:관 會館 | 모일 회, 집 관
[hall; assembly hall]
모일[會] 수 있도록 마련된 건물[館]. ¶마을회관.

회교 回教 | 돌 회, 종교 교 [Islam]
종교 회족(回族)이 전래한 종교(宗教). 610년에 아라비아의 예언자 마호메트가 완성시켰다. ㊥ 이슬람교.
▸ 회교-도 回教徒 | 무리 도
종교 회교(回教)를 믿는 사람[徒].

회군 回軍 | 돌아올 회, 군사 군 [withdraw an army]
군사(軍師)를 거두어 돌아옴[回]. 또는 돌아감. ¶회군 명령 / 이성계는 위화도에서 회군했다. ㊥ 환군(還軍).

회귀 回歸 | 돌 회, 돌아갈 귀 [revolve; recur]
한 바퀴 돌아서[回] 다시 본디의 자리로 돌아감[歸]. ¶연어는 회귀하는 성질이 있다.

회:기 會期 | 모일 회, 때 기 [session; sitting]
❶ 속뜻 회의(會議) 따위가 열리는 시기(時期). ❷ 법률 국회나 지방 의회 따위의 개회부터 폐회까지의 기간. ¶10일간의 회기로 임시국회가 열렸다.

회:담 會談 | 모일 회, 말씀 담 [talk together; have a conference]
모여서[會] 의논하며 말함[談]. 또는 그런 논의. ¶남북 정상 회담 / 양측은 임금 문제를 놓고 회담했다.

회답 回答 | 돌아올 회, 답할 답 [reply; answer]
❶ 속뜻 돌아온[回] 대답(對答). ❷ 물음이나 편지 따위에 반응함. 또는 그런 반응. ¶그로부터 아무런 회답이 없다 / 문서로 회답해 주십시오. ㊥ 회신(回信).

회:동 會同 | 모일 회, 한가지 동 [meet together; assemble]
일정한 목적으로 여럿이 모여[會] 함께[同] 어울림. ¶오찬 회동을 갖다 / 당 대표들이 회동하다.

***회로** 回路 | 돌아올 회, 길 로 [return way; electrical circuit]
❶ 속뜻 돌아오는[回] 길[路]. ❷ 전기 전류가 통하는 통로. ¶전기 회로. ㊥ 귀로(歸路).

회백-색 灰白色 | 재 회, 흰 백, 빛 색 [light gray; light ash color]
잿빛[灰]을 띤 흰[白] 빛깔[色]. ¶회백색 하늘.

회:보 會報 | 모일 회, 알릴 보 [assembly reports; bulletin]
모임[會]의 일을 회원에게 알리는[報] 간행물. ¶동창회 회보를 발행하다.

회복 回復 | =恢復, 돌아올 회, 돌아올 복 [recover; restore]
이전의 상태로 다시 돌아옴[回=復]. 또는 이전의 상태로 돌이킴. ¶신용 회복 / 건강을 회복하다.
▸ 회복-기 回復期 | 때 기
나빠졌던 상태가 다시 회복(回復)되는 시기(時期). ¶환자가 회복기에 접어들다.

회:비 會費 | 모일 회, 쓸 비 [membership fee; dues of a member]
모임[會]의 유지에 드는 비용(費用). ¶회비는 한 달에 만 원이다.

***회:사** 會社 | 모일 회, 단체 사 [company; corporation]
❶ 속뜻 모임[會]과 단체[社]. ❷ 경제 상행위 또는 영리를 목적으로 상법에 따라 설립된 사단 법인. ¶무역회사 / 회사를 그만두다.
▸ 회:사-원 會社員 | 사람 원
회사(會社)에 근무하는 사람[員]. ㊜ 사원.

회상 回想 | 돌이킬 회, 생각 상 [recollect; retrospect]
지난 일을 돌이켜[回] 생각함[想]. ¶그는 눈을 감고 회상에 잠겼다 / 어린 시절을 회상하다.

회색 灰色 | 재 회, 빛 색 [ash color; gray color]
재[灰]의 빛깔[色]. ¶회색 치마. ㊥ 잿빛.

회생 回生 | 돌아올 회, 날 생 [revive]
거의 죽어가다가 다시 돌아와[回] 살아남[生]. ¶회생 불능 / 그 회사는 회생할 가능성이 없다. ㊥ 소생(蘇生).

회수 回收 | 돌 회, 거둘 수
[withdraw; collect]
도로[回] 거두어[收]들임. ¶자금 회수 / 불량품을 회수하다.

회ː식 會食 | 모일 회, 먹을 식
[dine together]
여럿이 모여[會] 함께 음식을 먹음[食]. 또는 그 모임. ¶우승 기념 회식 / 오늘 저녁 회식할 예정이다.

회신 回信 | 돌아올 회, 소식 신
[reply; answer]
❶ 속뜻 돌아온[回] 소식[信]. ❷편지, 전신, 전화 따위로 회답을 함. ¶그에게서 회신이 없다 / 회사에 출장 결과를 회신했다. ㊥ 회답(回答), 반신(返信).

회ː심 會心 | 모일 회, 마음 심
[congeniality; complacency]
❶ 속뜻 마음[心]을 한 곳에 모음[會]. ❷마음에 흐뭇하게 들어맞음. 또는 그런 상태의 마음. ¶회심의 미소.

회양-목 (-楊木, 버들 양, 나무 목)
[box(wood) tree]
식물 4~5월에 노란색 꽃이 잎겨드랑이에 피는 나무. 정원수로 가꾸기도 하고 재목은 도장·지팡이·조각재로 쓰며, 가지와 잎은 약용한다.

회오리-바람
[whirlwind; cyclone; tornado]
지리 나선 모양으로 도는 공기의 선회 운동. 지면 가까이의 대기가 불안정하여 일어난다.

회ː원 會員 | 모일 회, 사람 원
[member; membership]
어떤 모임[會]을 구성하는 사람[員]. ¶회원 모집.

▸회ː원-국 會員國 | 나라 국
국제적인 조직체의 구성원으로 되어 있는 [會員] 나라[國]. ¶유엔 회원국.

회유 懷柔 | 품을 회, 부드러울 유
[appease; pacificate]
❶ 속뜻 상대방을 마음으로 품어 주어[懷] 태도 따위가 부드러워지도록[柔]함. ❷달래어 말을 잘 듣도록 함. ¶그들은 우리를 회유하려고 갖은 술책을 다 썼다.

▸회유-책 懷柔策 | 꾀 책
사회 어루만지고 잘 달래어 시키는 말을 잘 듣도록 하는[懷柔] 정책(政策). ¶소수 민족에 대하여 회유책을 쓰다.

회ː의[1] 會意 | 모일 회, 뜻 의
❶ 속뜻 뜻[意]을 모음[會]. ❷뜻을 알아챔. ❸ 언어 육서(六書)의 하나. 어떤 뜻을 나타내기 위해서 이미 만들어진 두 개 이상의 한자를 합치는 방법. '밝다'는 뜻을 나타내기 위해서 '日'과 '月'을 합하여 '明' 자를 새로 만들어내는 것 따위이다.

회의[2] 懷疑 | 품을 회, 의심할 의
[be skeptical about; doubt]
의심(疑心)을 품음[懷]. 또는 그 의심. ¶삶에 회의를 느끼다 / 그들은 신의 존재에 대하여 회의하기 시작했다.

*__회ː의__[3] 會議 | 모일 회, 의논할 의 [confer; meet]
여럿이 모여[會] 의논(議論)함. 또는 그 모임. ¶학급 회의를 열다.

▸회ː의-록 會議錄 | 기록할 록
회의(會議)의 진행 과정이나 내용 등을 적은 기록(記錄). ¶회의록을 작성하다.

▸회ː의-실 會議室 | 방 실
회의(會議)를 하는 데에 쓰는 방[室]. ¶오늘 회의는 3층 회의실에서 열린다.

회ː장 會長 | 모일 회, 어른 장
[president of a society]
❶ 속뜻 모임[會]을 대표하는 우두머리[長]. ¶학생 회장. ❷주식회사 따위에서 이사회의 장을 맡고 있는 사람.

*__회전__ 回轉 | =迴轉, 돌 회, 구를 전
[turn; revolve]
❶ 속뜻 돌고[回] 구름[轉]. ❷어떤 것을 축으로 물체 자체가 빙빙 돌거나 축의 둘레를 돎. ¶공중 3회전 / 지구는 태양의 주위를 주기적으로 회전한다.

▶회전-수 回轉數 | 셀 수
[물리] 물체가 단위 시간 동안에 회전축의 둘레를 도는[回轉] 횟수(回數).

▶회전-축 回轉軸 | 굴대 축
❶[속뜻] 회전(回轉)하는 기계의 축(軸). ❷[수학] 도형이나 물체의 회전 운동의 중심이 되는 일정불변의 직선.

▶회전-판 回轉板 | 널빤지 판
[수학] 회전축(回轉軸)에 수직인 평면에 회전체가 만나서 생기는 판(板) 같은 도형.

회중 懷中 | 품을 회, 가운데 중 [bosom]
가슴 속[中]에 품음[懷].

▶회중-시계 懷中時計 | 때 시, 셀 계
가슴에 품고[懷中] 다니는 시계(時計).

회진 回診 | 돌 회, 살펴볼 진
[go the rounds of one's patients]
의사가 병실을 [回] 진찰(診察)함. ¶회진 시간은 오전 10시이다 / 의사가 환자를 회진하다.

회초리 [whip; rod; switch]
어린아이를 때리거나 마소를 부릴 때에 쓰는 가는 나뭇가지. ¶아이를 회초리로 때리다.

회충 蛔蟲 | 회충 회, 벌레 충 [roundworm]
[동물] 회충[蛔]과의 기생충(寄生蟲). 채소나 먼지에 섞여 사람의 몸에 들어와 기생한다.

회:칙 會則 | 모일 회, 법 칙
[rules of a society]
어떤 모임[會]의 규칙(規則). ¶회칙을 정하다.

회피 回避 | 돌 회, 피할 피
[evade; avoid]
❶[속뜻] 이리저리 돌며[回] 피(避)함. ❷책임을 지지 않고 꾀만 부림. ¶면담회피 / 책임을 회피하다.

회:합 會合 | 모일 회, 만날 합
[meet; gather]
모여서[會] 만남[合]. ¶회합 장소 / 남북은 판문점에서 회합했다. ⊕ 집회(集會).

회:화[1] 會話 | 모일 회, 말할 화 [converse; talk]
❶[속뜻] 서로 모여[會] 이야기함[話]. ❷외국어로 이야기함. 또는 그 이야기. ¶영어 회화.

회:화[2] 繪畫 | 그림 회, 그림 화
[pictures; drawings]
[미술] 여러 가지 선이나 색채로 평면 위에 형상을 그려 내는[繪=畫] 조형 미술.

획[1] [with a swerve; with a whiff]
❶빨리 돌거나 돌리는 모양 ¶몸을 획 돌리다. ❷갑자기 빠르게 스치는 모양. ¶고양이가 내 앞을 획 지나갔다.

획[2] 畫 | 그을 획
[stroke (of the brush); dash]
글씨나 그림의 붓으로 그은 줄·점의 총칭. ¶네 획으로 된 글자. [관용] 획을 긋다.

획기-적 劃期的 | 나눌 획, 시기 기, 것 적
[epoch-making; epochal]
어떤 과정이나 분야에서 시기(時期)를 뚜렷이 구분할[劃] 만큼 새로운 것[的]. ¶획기적 사건 / 획기적인 아이디어.

획득 獲得 | 잡을 획, 얻을 득
[get; acquire]
잡아서[獲] 얻음[得]. 손에 넣음. ¶금메달 획득.

획수 劃數 | 그을 획, 셀 수 [number of strokes (in a Chinese character)]
한자에 쓰인 획(劃)의 수(數). ¶획수를 알아야 옥편에서 한자를 찾을 수 있다.

획일 劃一 | 그을 획, 한 일
[consistent; uniform]
❶[속뜻] '一'자를 긋듯[劃] 가지런하다. ❷모두 한결같다.

▶획일-적 劃一的 | 것 적
모두를 똑같이 통일한[劃一] 것[的]. ¶획일적인 복장.

횟-가루 (灰—, 재 회)
[lime powder; powdered lime]
'산화칼슘'을 일상적으로 이르는 말.

횟수 回數 | 본음 [회수], 돌아올 회, 셀 수

[number of times; frequency]
돌아오는[回] 차례의 수효(數爻). ¶횟수를 거듭하다 / 횟수가 늘다 / 횟수가 많다.

횟:-집 (膾—, 회 회) [restaurant specializing in sliced raw fish]
생선회(生鮮膾)를 전문으로 파는 음식점.

횡격-막 橫膈膜 | =橫隔膜, 가로 횡, 칸막이 격, 꺼풀 막 [diaphragm]
❶속뜻 가로[橫]로 놓여 칸막이[膈] 같은 막(膜). ❷의학 포유류의 배와 가슴 사이에 있는 막. 수축·이완하여 허파의 호흡 작용을 돕는다. 가로막.

횡단 橫斷 | 가로 횡, 끊을 단 [cross; cut across]
❶속뜻 가로[橫]로 끊음[斷]. ❷어디를 건너서 가는 것. 건너지르는 것. ¶국토 횡단 / 무단으로 도로를 횡단하다. ⓑ 종단(縱斷).

▶횡단-보도 橫斷步道 | 걸음 보, 길 도
사람이 횡단(橫斷)하여 걸어 다닐[步] 수 있도록 된 길[道].

횡령 橫領 | 멋대로 횡, 차지할 령 [usurp; seize upon]
공금이나 남의 재물을 멋대로[橫] 불법으로 차지하여[領] 가짐. ¶공금 횡령 / 그는 횡령 혐의로 구속됐다.

횡설수설 橫說竪說 | 가로 횡, 말씀 설, 세로 수, 말씀 설 [talk nonsense; talk at random]
❶속뜻 가로[橫]로 말했다[說]가 세로[竪]로 말함[說]. ❷말을 두서없이 지껄임. ¶횡설수설하지 말고 요점을 말해라.

횡재 橫財 | 뜻밖에 횡, 재물 재 [unexpected fortune; windfall]
뜻밖[橫]에 얻은 재물(財物). ¶심마니는 산삼을 발견하는 횡재를 만났다 / 오늘은 횡재한 날이다.

횡포 橫暴 | 멋대로 횡, 사나울 포 [violent; oppressive]
제멋대로 전횡(專橫)하며 사납게[暴] 굶. ¶횡포를 부리다.

효: 孝 | 효도 효 [filial piety]
부모를 잘 섬기는 일. ¶부모에게 효를 다하다. ⓑ 효성(孝誠). ⓑ 불효(不孝).

⁑효:과 效果 | 보람 효, 열매 과 [effect]
보람[效]이 있는 결과(結果). ¶광고 효과 / 효과가 빠르다.

▶효:과-음 效果音 | 소리 음
연영 연극이나 영화 또는 방송극 등에서, 진행과 배경의 극적 효과(效果)를 내는 음향(音響). ¶효과음은 영화의 분위기를 고조시킨다.

▶효:과-적 效果的 | 것 적
효과(效果)가 있는 것[的]. ¶효과적인 방법.

효:녀 孝女 | 효도 효, 딸 녀 [filial daughter]
효성(孝誠)스러운 딸[女]. ¶그녀는 부모를 지극 정성으로 모시고 사는 효녀이다.

효:능 效能 | 보람 효, 능할 능 [effect; efficacy]
효험(效驗)을 나타내는 성능(性能). ¶약의 효능이 뛰어나다.

***효:도** 孝道 | 모실 효, 길 도 [filial duty]
부모를 잘 모시는[孝] 도리(道理). 효행의 도. ¶효도 관광 / 부모님께 효도하다. ⓑ 효성(孝誠). ⓑ 불효(不孝).

효:력 效力 | 효과 효, 힘 력 [force; effect]
❶속뜻 효과(效果)를 나타내는 힘[力]. ¶그 약은 변비에 아무런 효력이 없었다. ❷법률 법률이나 규칙 따위의 작용. ¶효력 정지 가처분 신청.

효:모 酵母 | 발효 효, 어머니 모 [yeast; ferment]
❶속뜻 발효(醱酵)를 일으키는 모체(母體). ❷식물 엽록소가 없는 단세포로 이루어진 원형. 또는 타원형의 하등 식물. '효모균'(酵母菌)의 준말. ¶효모로 빵을 발효시킨다.

효:부 孝婦 | 효도 효, 며느리 부 [faithful daughter-in-law]
효성(孝誠)스러운 며느리[婦].

효:성 孝誠 | 효도 효, 정성 성 [filial piety; love for one's parents]
어버이를 섬기는[孝] 정성(精誠). ¶효성이 지극해야 집안이 잘 된다. ㊐ 효(孝), 효심(孝心). 속담 효성이 지극하면 돌 위에 풀이 난다.

효:소 酵素 | 발효 효, 바탕 소 [enzyme]
❶ 속뜻 발효(醱酵)를 주도하는 바탕[素]이 되는 물질. ❷ 화학 생물체 내에서 각종 화학 반응을 촉매하는 단백질.

효시 嚆矢 | 울릴 효, 화살 시 [beginning; the first]
❶ 속뜻 소리를 내며 우는[嚆] 화살[矢]. ❷ 개전(開戰)의 신호로 우는 화살을 먼저 쏘았다하여 사물이 비롯된 '맨 처음'을 비유하여 이르는 말. ¶『홍길동전』은 국문소설의 효시이다.

효:심 孝心 | 효도 효, 마음 심 [filial heart; (feelings of) filial piety]
효성(孝誠)스러운 마음[心]. ¶심청은 효심이 지극하다. ㊐ 효, 효성(孝誠).

효:용 效用 | 효과 효, 쓸 용 [use; usefulness]
❶ 속뜻 효과(效果)가 나타나는 쓰임[用]. 효험(效驗). ❷어떤 물건의 쓸모. ¶효용이 있다 / 효용가치.

*__효:율__ 效率 | 효과 효, 비율 률 [utility factor]
❶ 속뜻 애쓴 노력의 결과로 나타나는 효력(效力)의 정도나 비율(比率). ¶학습 효율을 높이다. ❷ 물리 기계가 한 일의 양과 소요된 에너지와의 비율. ¶연료 효율 / 에너지 효율.

▸효:율-성 效率性 | 성질 성
효율적(效率的)인 기능이나 성질(性質). ¶오래된 기계는 효율성이 떨어진다.

▸효:율-적 效率的 | 것 적
들인 노력에 대해 얻은 결과 쪽이[效率] 큰 것[的]. ¶효율적인 방법 / 인원을 효율적으로 배치하다. ㊥ 비효율적.

효:자 孝子 | 효도 효, 아이 자 [dutiful son]
효성(孝誠)스러운 자식(子息). ¶그는 동네에서 소문난 효자이다.

효:행 孝行 | 효도 효, 행할 행 [filial piety]
효도(孝道)하는 행실(行實). ¶그는 효행이 극진하다.

효:험 效驗 | 효과 효, 겪을 험 [effect; efficacy]
❶ 속뜻 효과(效果)를 실지로 겪어봄[驗]. ❷실제의 효과나 보람. ¶이 약초는 위장병에 효험이 있다.

후[1] [blowing; with a puff]
입을 오므려 앞으로 내밀고 김을 많이 불어 낼 때의 소리. ¶생일 케이크의 초를 후 불어 끄다.

후:[2] 後 | 뒤 후 [afterward(s); after; later (on)]
나중. 또는 그 다음. ¶두 시간 후에 공원에서 만나자. ㊐ 뒤. ㊥ 전(前).

후각 嗅覺 | 맡을 후, 깨달을 각 [sense of smell]
의학 냄새를 맡아[嗅] 일어나는 감각(感覺). 척추동물은 코, 곤충은 촉각에 있다. ¶개의 후각은 사람보다 훨씬 예민하다.

후:계 後繼 | 뒤 후, 이을 계 [succeed to]
어떤 일이나 사람의 뒤[後]를 이음[繼].

▸후:계-자 後繼者 | 사람 자
뒤를 잇는[後繼] 사람[者]. ¶회장은 자신의 아들을 후계자로 지명했다.

후:-고구려 後高句麗 | 뒤 후, 높을 고, 글귀 구, 고울 려
역사 신라 말기, 고구려가 멸망한 뒤[後]에 궁예가 고구려(高句麗)를 계승하여 세운 나라.

후:궁 後宮 | 뒤 후, 집 궁 [royal harem]
❶ 속뜻 뒤[後]에 있는 궁궐(宮闕). ❷ 역사

제왕의 첩. ⓑ 정비(正妃).

후ː금 後金 | 뒤 후, 쇠 금

역사 금나라가 멸망한 뒤[後], 1616년에 여진족이 금(金)나라를 계승하여 세운 나라. 1636년 이름을 청(淸)으로 바꾸었다.

후ː기[1] 後記 | 뒤 후, 기록할 기 [postscript; afternote]

❶ 속뜻 뒤[後]에 기록(記錄)함. ❷ 본문 뒤에 덧붙여 기록함. 또는 그 글. ¶편집 후기를 쓰다. ⓑ 전기(前記).

후ː기[2] 後期 | 뒤 후, 때 기 [latter term]

❶ 속뜻 뒤[後]의 기간(期間). ❷ '후반기'(後半期)의 준말. ¶고려 후기. ⓑ 전기(前期).

후끈 [with a sudden flash of heat]

뜨거운 기운을 받아 몸이나 쇠 따위가 갑자기 달아오르는 모양. ¶고량주 한 잔에 얼굴이 후끈 달아올랐다 / 불에 덴 자리가 후끈후끈하다.

▸ 후끈-거리다

몹시 뜨거운 기운을 받아 몸이나 쇠 따위가 계속 달아오르다. ¶미끄럼틀이 햇볕에 달아 후끈거린다.

후ː년 後年 | 뒤 후, 해 년 [year after next]

❶ 속뜻 다음[後] 해[年]. ❷ 올해 다음다음의 해. ¶후년이면 나도 초등학교에 입학한다.

후다닥 [with a jump; hurriedly]

'후닥닥'의 다른 표기.

후닥닥 [with a jump; hurriedly]

❶ 갑자기 빠른 동작으로 몸을 움직이는 모양. ¶계단을 후닥닥 뛰어 내려가다. ❷ 급히 서두르는 모양. ¶후닥닥 청소를 마치다.

후ː대 後代 | 뒤 후, 세대 대 [future generations; posterity]

뒤[後]의 세대(世代). ⓑ 선대(先代), 전대(前代).

후ː덕 厚德 | 두터울 후, 베풀 덕 [liberality; generosity; liberal favor]

두터운[厚] 덕행(德行). ¶후덕한 그 사람. ⓑ 박덕(薄德).

후두 喉頭 | 목구멍 후, 머리 두 [larynx]

❶ 속뜻 목구멍[喉]의 첫머리[頭] 부분. ❷ 의학 인두(咽頭)와 기관(氣管) 사이의 부분. 발성과 호흡 작용 따위의 기능을 가진 다. ¶후두에 염증이 생기다.

후들-거리다 [tremble; shake]

팔다리나 몸이 자꾸 떨리다. 또는 팔다리나 몸을 자꾸 떨다. ¶무서워서 다리가 후들거렸다. ⓗ 후들대다.

후들-후들 [tremble]

팔다리나 몸이 자꾸 크게 떨리는 모양. ¶추워서 온몸이 후들후들 떨렸다.

후딱 [quickly; quick as thought]

❶ 빨리 날쌔게 행동하는 모양. ¶밥을 후딱 먹다. ❷ 시간이 매우 빠르게 지나가는 모양. ¶어느새 여름방학이 후딱 지났다.

후레-자식 (-子息, 아이 자, 불어날 식) [bastard]

배운 것 없이 제멋대로 자라서 버릇이 없는 사람[子息].

후려-갈기다 [hit; beat; thump]

채찍이나 주먹 따위로 힘껏 때리다. ¶나는 있는 힘껏 그의 등을 한 대 후려갈겼다. ⓗ 후려치다.

후려-치다 [hit; beat; thump]

채찍이나 주먹 따위로 갈기다. ¶채찍으로 말 궁둥이를 후려치다. ⓗ 후려갈기다.

후련-하다 [feel relieved; feel unburdened]

마음에 맺혔던 것이 풀려 시원스럽다. ¶실컷 울었더니 속이 후련하다.

후ː렴 後斂 | 뒤 후, 거둘 렴 [(musical) refrain; burden]

❶ 속뜻 뒤[後]에 거두어[斂] 되풀이함. ❷ 음악 노래 곡조 끝에 붙여 같은 가락으로 되풀이하여 부르는 짧은 몇 마디의 가사. ¶후렴은 모두 함께 부르자.

후루룩 [with a flutter; drinking with a slurp]

❶적은 양의 액체나 국수 따위를 야단스럽게 빨리 들이마시는 소리. 또는 그 모양. ¶뜨거운 국밥을 후루룩 들이켰다. ❷새 따위가 날개를 가볍게 치며 갑자기 날아가는 소리. 또는 그 모양. ¶새가 한 마리 후루룩 날아올랐다.

후리후리-하다 [high in stature]
키가 크고 늘씬하다. ¶덕녀는 후리후리하고 예쁘게 생겼다.

후:면 後面 | 뒤 후, 낯 면 [back side]
뒤[後]쪽의 면(面). ¶후면으로 주차하십시오. ⓑ뒷면. ⓑ전면(前面).

후:문 後門 | 뒤 후, 문 문 [back gate]
뒤[後]로 난 문(門). ¶학교 후문. ⓑ정문(正門).

후미-지다 [get deep; retired]
장소가 사람들이 많이 다니지 않을 만큼 외따로 떨어져 있다. ¶후미진 골목길. ⓑ으슥하다, 깊숙하다.

후:반 後半 | 뒤 후, 반 반 [latter half]
둘로 나눈 것의 뒷[後]부분이 되는 절반(折半). ¶선수들은 후반에 들어서면 체력이 떨어진다. ⓑ전반(前半).

▸후:반-전 後半戰 | 싸울 전
운동 전반과 후반으로 나누어 하는 경기에서 뒤[後]의 절반(折半)의 경기[戰]. ¶후반전에 드디어 첫 골이 터졌다. ⓑ전반전(前半戰).

후:방 後方 | 뒤 후, 모 방 [rear]
❶속뜻 뒤[後] 쪽[方]. 뒤쪽에 있는 곳. ¶운전할 때는 후방도 잘 살펴야 한다. ❷군사 '전쟁이 벌어지고 있지 않은 지역이나 국내'를 전쟁터에 상대하여 이르는 말. ¶우리 형은 후방에서 군 복무를 했다. ⓑ전방(前方).

후:배 後輩 | 뒤 후, 무리 배
[one's junior; younger men]
❶속뜻 뒤[後] 세대의 사람들[輩]. ❷같은 학교나 직장 등에 나중에 들어온 사람. ¶그는 나의 중학교 후배이다. ⓑ선배(先輩).

후:-백제 後百濟 | 뒤 후, 여러 백, 건질 제
역사 후삼국(後三國) 중 백제(百濟)를 계승한 나라. 신라 효공왕(孝恭王) 때 상주 사람 견훤(甄萱)이 완산주에 세운 나라로, 건국 45년 만에 고려에 패망했다.

후보 候補 | 기다릴 후, 채울 보 [candidacy]
❶속뜻 빈자리 따위에 채워지기[補]를 기다리는[候] 사람. ❷선거에서 선출되기를 바라며 스스로 나선 사람. ¶대통령 후보 / 학생회장 후보. ❸시상식·운동 경기 따위에서 어떤 지위에 오를 자격이나 가능성이 있음. ¶우승 후보. ❹정원이 미달일 때 그 자리를 채울 자격을 가진 처지. 또는 그러한 사람. ¶후보 선수.

▸후보-자 候補者 | 사람 자
후보(候補)가 되는 사람[者].

▸후보-지 候補地 | 땅 지
장차 어떤 목적에 사용될 가능성[候補]이 있는 곳[地]. ¶쓰레기 소각장 후보지 / 후보지를 선정하다.

후:불 後拂 | 뒤 후, 지불 불 [pay later]
값을 나중[後]에 지불(支拂)함. ¶나머지 금액은 공사가 완료되면 후불하기로 했다. ⓑ선불(先拂).

후비다 [dig in; scoop out; gouge]
구멍이나 틈의 속을 돌려 파내다. ¶귀를 후비다 / 코를 후비다.

비슷한 듯 다른 말	➲ 쑤시다

후:사 厚謝 | 두터울 후, 고마워할 사
[recompense handsomely; thank heartily]
후(厚)하게 사례(謝禮)함. ¶범인을 찾아주면 후사하겠습니다.

후:-삼국 後三國 | 뒤 후, 석 삼, 나라 국
역사 뒤[後]의 세[三] 나라[國]. 통일신라 말에 나타난 신라(新羅), 후백제(後百濟), 태봉(泰封)의 삼국을 이르는 말.

후:생 厚生 | 두터울 후, 날 생
[welfare of people; public welfare]
생활(生活)을 넉넉하게[厚] 함. ¶복지 후생 시설.

후:세 後世 | 뒤 후, 세상 세
[future; coming ages]
뒤[後]에 오는 세상(世上). 뒷세상. 다음에 오는 세대의 사람들. ¶후세를 위해 자연 환경을 보호해야 한다. (반) 전세(前世).

후:속 後續 | 뒤 후, 이을 속
[succeed; follow]
뒤[後]를 이음[續]. ¶후속 작품.

후:손 後孫 | 뒤 후, 손자 손
[descendants; posterity]
여러 대가 지난 뒤[後]의 자손(子孫). ¶그는 명문가의 후손이다. (비) 자손, 후예(後裔).

후:송 後送 | 뒤 후, 보낼 송
[evacuate; send back]
후방(後方)으로 보냄[送]. 또는 안전한 곳으로 보내는 것. ¶환자후송이 제일 시급하다.

후:식 後食 | 뒤 후, 밥 식 [dessert]
식사 뒤[後]에 간단한 음식[食]. 과일이나 아이스크림 따위. ¶후식으로 아이스크림을 먹었다.

후:예 後裔 | 뒤 후, 후손 예 [descendant; scion]
여러 대가 지난 뒤[後]의 자손[裔]. ¶단군의 후예. (비) 후손(後孫).

후:원1 後苑 | 뒤 후, 나라동산 원
[royal rear garden]
대궐 안의 뒤[後] 뜰에 만들어 놓은 동산[苑]. ¶왕비가 후원을 거닐고 있다.

후:원2 後園 | 뒤 후, 동산 원
[backyard; rear garden]
집 뒤[後]에 있는 정원(庭園)이나 작은 동산. ¶딸아이는 또래들과 후원에서 놀고 있다.

후:원3 後援 | 뒤 후, 도울 원
[support; back up]
뒤[後]에서 도와줌[援]. ¶후원 단체 / 독거 노인을 후원하다.

▶ 후:원-금 後援金 | 돈 금
뒤[後]에서 도와주기[援] 위하여 내는 돈[金]. ¶이 고아원은 독지가의 후원금으로 운영하고 있다.

▶ 후:원-회 後援會 | 모일 회
어떤 개인이나 단체를 후원(後援)하기 위하여 조직된 모임[會].

후유 [with a sigh; whew!]
어려운 일을 끝내고 한숨 돌릴 때 내는 소리. ¶후유, 드디어 끝났다. (준) 후.

후:유-증 後遺症 | 뒤 후, 남길 유, 증세 증
[aftereffect of an injury]
[속뜻] 치료 뒤[後]에도 남아 있는[遺] 증세(症勢). 병을 앓다가 회복한 뒤에도 남아 있는 병적 증세. ¶교통사고 후유증.

후:일 後日 | 뒤 후, 날 일
[later days; the future]
뒷[後] 날[日]. ¶여행 가는 것을 후일로 미루다 / 후일 또 만나자. (비) 훗날. (반) 전일(前日).

후:임 後任 | 뒤 후, 맡길 임
[successor; incomer]
뒤[後]이어 맡은 임무(任務)나 지위. ¶후임에게 업무를 인계하다. (반) 선임(先任), 전임(前任).

후:자 後者 | 뒤 후, 것 자
[latter; the other]
둘을 들어 말한 가운데 뒤[後]의 것[者]. ¶전자보다 후자가 낫다. (반) 전자(前者).

후줄그레-하다 [limp; wilted; droop]
'후줄근하다'의 비슷한 말. ¶후줄그레한 옷차림.

후줄근-하다 [limp; wilted; droop]
입은 옷이 축 늘어져서 지저분하다. ¶옷이 비에 젖어 후줄근하다.

후:진 後進 | 뒤 후, 나아갈 진
[back; junior; underdevelopment]
❶ [속뜻] 차량 따위가 뒤[後]쪽으로 나아감[進]. ¶차가 후진을 하다가 전봇대를 들이받았다. ❷사회나 관계(官界) 따위에 뒤늦게 나아감. 또는 그런 사람. ❸같은 분야에서 자기보다 늦게 종사하게 된 사람. ¶후진 양성에 힘쓰다. ❹문물의 발달이 뒤떨

어짐. ¶후진 국가. [비] 후배(後輩). [반] 전진(前進), 선진(先進).

▸후ː진-국 後進國 | 나라 국
산업, 경제, 문화 따위가 다른 나라보다 뒤떨어진[後進] 나라[國]. [반] 선진국(先進國).

후ː천 後天 | 뒤 후, 하늘 천
[postnatal; acquired]
❶[속뜻] 하늘[天]로부터 생명을 부여받은 뒤[後]. ❷성질, 체질, 질병 따위를 태어난 뒤의 여러 가지 경험이나 지식을 통해 지니게 되는 일. [반] 선천(先天).

▸후ː천-성 後天性 | 성질 성
태어난 뒤에[後天] 여러 가지 경험이나 지식에 의하여 지니게 된 성질(性質)이나 성품. ¶후천성 심장병. [반] 선천성.

▸후ː천-적 後天的 | 것 적
태어난 뒤에[後天] 얻게 된 것[的]. ¶성격은 후천적으로 형성된다. [반] 선천적(先天的).

▸후ː천성 면ː역 결핍증 後天性免疫缺乏症 | 성질 성, 면할 면, 돌림병 역, 빠질 결, 모자랄 핍, 증세 증
❶[속뜻] 후천적[後天性]으로 면역(免疫) 능력이 결핍(缺乏)되는 증상(症狀). ❷[의학] 에이즈(AIDS).

후추 [pepper; black pepper]
후추나무의 열매. 맵고 향기로워 조미료로 쓰인다. ¶국에 후추를 쳐서 먹다.

후텁지근-하다 [sultry; sticky; stuffy]
공기가 몹시 습기가 많고 무덥다. ¶후텁지근한 날씨.

후ː퇴 後退 | 뒤 후, 물러날 퇴
[retreat; regress]
❶[속뜻] 뒤[後]로 물러남[退]. ¶작전상 후퇴 / 적군은 후퇴했다. ❷발전하지 못하고 기운이 약해짐. ¶개혁의지의 후퇴 / 경기가 후퇴하여 실업자가 늘어났다. [반] 전진(前進).

후ː편 後篇 | 뒤 후, 책 편 [last volume]
두 편으로 나누어진 책이나 영화 따위의 뒤[後]편(篇). ¶이 소설은 전편보다 후편이 낫다. [반] 전편(前篇).

후프 {영 hoop}
[운동] 지름 2미터가량의 두 개의 쇠테를 여러 개의 철봉으로 평행하게 맞붙여 그 안에 들어가 손발을 걸고 옆으로 굴러가도록 만든 운동 기구.

후ː-하다 (厚—, 두터울 후)
[kind; kindhearted]
인심이 두텁다[厚]. ¶인심이 후하다 / 점수를 후하게 주다. [반] 박(薄)하다.

후ː항 後項 | 뒤 후, 목 항
[succeeding clause]
❶[속뜻] 뒤[後]에 적힌 조항(條項). ❷[수학] 두 개 이상의 항 가운데 뒤에 있는 항. 또는 두 개 이상의 식이나 수열을 이루는 여러 수 가운데 다른 수에 비하여 뒤에 있는 수. [반] 전항(前項).

후ː환 後患 | 뒤 후, 근심 환
[later trouble; evil consequence]
어떤 일로 말미암아 뒷[後]날에 생기는 근심[患]. ¶후환이 두렵다.

후ː회 後悔 | 뒤 후, 뉘우칠 회 [regret]
어떤 일이 벌어진 뒤[後]에야 잘못을 뉘우침[悔]. ¶최선을 다하면 후회가 없다 / 이제 와서 후회해도 소용이 없다.

후-후 [whiff; puff]
입을 앞으로 내밀어 조그맣게 오므리고 김을 계속하여 많이 뿜어내는 소리. ¶국이 뜨거우니까 후후 불어서 드세요.

훅 [with a whiff]
❶입을 오므리고 입김을 갑자기 세게 부는 소리. 또는 그 모양. ¶촛불을 훅 불어 끄다. ❷냄새나 바람, 열기 따위의 기운이 갑자기 밀려드는 모양. ¶창문을 열자 찬 바람이 훅 불어왔다.

훈ː 訓 | 가르칠 훈 [meaning]
낱낱의 한자의 뜻. '하늘 천(天)'의 '하늘'을 말한다.

훈ː계 訓戒 | 가르칠 훈, 경계할 계
[admonish; exhort]

타일러[訓] 경계(警戒)시킴. 또는 그런 말. ¶훈계를 듣다 / 선생님이 학생들을 훈계하다.

훈기 薰氣 | 향풀 훈, 기운 기
[warm air; heat]
훈훈(薰薰)한 기운(氣運). ¶냉다.

훈:련 訓練 | =訓鍊, 가르칠 훈, 익힐 련
[train; drill; practice]
무예나 기술 등을 가르치고[訓] 익힘[練]. ¶사격 훈련 / 선수들이 열심히 훈련하고 있다.

▶훈:련-병 訓練兵 | 군사 병
군사 훈련(訓練)을 받고 있는 병사(兵士).

▶훈:련-소 訓練所 | 곳 소
훈련(訓練)을 하기 위하여 마련한 곳[所]. ¶신병 훈련소.

▶훈:련-도감 訓練都監 | 도읍 도, 관청 감
역사 조선 후기, 오군영(五軍營) 가운데 수도 경비와 삼수군(三手軍)을 훈련(訓練)시키던 임시 관청[都監].

훈:몽 訓蒙 | 가르칠 훈, 어릴 몽
[instruct the children]
어린[蒙] 아이에게 글을 가르침[訓].

▶훈:몽-자회 訓蒙字會 | 글자 자, 모일 회
책명 조선 중종 때, 최세진(崔世珍)이 어린[蒙] 아이를 가르치기[訓] 편하도록 한자(漢字)를 여러 갈래로 나누어 모아 놓은[會] 학습서. 3,360자의 한자를 사물에 따라 갈라 한글로 음과 뜻을 달았다.

훈:민 訓民 | 가르칠 훈, 백성 민
[instruct the people]
백성[民]을 가르침[訓].

▶훈:민-가 訓民歌 | 노래 가
문학 조선 선조 때, 정철이 백성[民]을 가르치기[訓] 위해 지은 연시조[歌]. ⓑ 경민가(警民歌).

▶훈:민-정음 訓民正音 | 바를 정, 소리 음
❶ 속뜻 백성[民]을 가르쳐[訓] 글을 알게 하는 데 필요한 바른[正] 표음(表音) 체계. ❷ 언어 '한글'의 본래 이름. 1443년에 세종대왕이 집현전 학자들과 함께 우리나라 말을 서사(書寫)하기 위하여 만든 문자 체계로, 모음 11자, 자음 17자로 구성되어 있다. 1997년 유네스코의 세계기록유산에 등재되었다. ⓒ 정음.

훈:방 訓放 | 가르칠 훈, 놓을 방
[dismiss with a caution]
법률 훈계(訓戒)하여 방면(放免)함. ¶훈방 조치 / 연행자 중에서 학생들을 훈방하다.

훈:수 訓手 | 가르칠 훈, 솜씨 수
[help from an outsider; hint; tip]
운동 바둑이나 장기 따위에서 잘 두는 방법이나 솜씨[手]를 가르쳐[訓] 줌. ¶바둑판에서 훈수를 두다.

훈:시 訓示 | 가르칠 훈, 보일 시
[instruct; admonish]
❶ 속뜻 가르쳐[訓] 보임[示]. ❷윗사람이 아랫사람에게 교훈과 지시를 주는 것. ¶교장선생님의 훈시 / 어머니는 나에게 늦지 말라고 훈시하셨다.

훈:육 訓育 | 가르칠 훈, 기를 육 [educate]
❶ 속뜻 가르쳐[訓] 기름[育]. ❷의지나 감정을 함양하여 바람직한 인격의 형성을 목적으로 하는 교육. ¶훈육을 받다 / 자식을 훈육하다.

훈:장[1] 訓長 | 가르칠 훈, 어른 장
[village schoolmaster; teacher]
❶ 속뜻 글을 가르쳐주는[訓] 어른[長]. ❷ 시골 서당에서 글을 가르치던 사람. ¶훈장 어른.

훈장[2] 勳章 | 공 훈, 글 장
[medal; decoration]
법률 훈공(勳功)이 있는 사람에게 내리는 휘장(徽章). ¶훈장을 달다 / 그는 큰 공을 세워 훈장을 받았다.

훈제 燻製 | 연기낄 훈, 만들 제 [smoking of meat]
소금에 절인 고기를 연기[燻]에 그슬려 말리어 만듦[製]. ¶훈제 오리.

훈:화 訓話 | 가르칠 훈, 말할 화
[moral discourse]
교훈(敎訓)으로 하는 말[話]. 훈시하는 말.

¶조회 때 교장 선생님의 훈화를 들었다.

훈훈 薰薰 | 향풀 훈, 향풀 훈 [comfortably warm; warm-hearted]
❶ 속뜻 향내가 감돌아[薰+薰] 흐뭇하다. ❷날씨나 온도가 견디기 좋을 만큼 덥다. ¶훈훈한 공기 / 방 안이 훈훈하다. ❸마음을 부드럽게 녹여 주는 따스함이 있다. ¶훈훈한 미소 / 그의 선행은 주위 사람들의 마음을 훈훈하게 만들었다.

훌떡 [all quite; at a bound]
❶남김없이 벗어지거나 벗는 모양. ¶동욱이는 옷을 훌떡 벗고 계곡으로 뛰어들었다. ❷힘차게 한 번에 뛰어넘거나 뛰어내리는 모양. ¶담을 훌떡 넘다.

훌라후프 {영 Hula-Hoop}
훌라(Hula) 춤을 추듯 플라스틱으로 만든 둥근 테[Hoop]를 허리나 목으로 빙빙 돌리는 놀이. 또는 그 테. ¶훌라후프를 돌리다.

훌렁 [all naked; loosely; easily]
❶속의 것이 시원스럽게 드러나도록 완전히 벗어지거나 뒤집히는 모양. ¶강한 바람에 우산이 훌렁 뒤집혔다. ❷구멍이 넓어서 아주 헐겁게 빠지거나 들어가는 모양. ¶주먹이 훌렁 들어갈 만큼 구멍이 뻥 뚫렸다.

훌륭-하다 [nice; excellent]
아주 좋아서 나무랄 곳이 없다. ¶국희의 플루트 연주는 훌륭했다.

훌쩍 [with a jump; sipping; aimlessly]
❶거침새 없이 가볍게 날아오르거나 단번에 뛰는 모양. ¶물웅덩이를 훌쩍 건너뛰다. ❷키가 늘씬하게 큰 모양. ¶성렬이는 못 본 사이에 키가 훌쩍 컸다. ❸적은 양의 액체를 남김없이 들이마시는 모양. ¶우유를 훌쩍 마시다. ❹망설이 않고 거침없이 떠나는 모양. ¶그는 어느 날 중국으로 훌쩍 떠났다.

▶ 훌쩍-훌쩍
❶액체 따위를 남김없이 자꾸 들이마시는 소리. 또는 그 모양. ¶나는 식혜를 훌쩍훌쩍 마셨다. ❷콧물을 들이마시며 자꾸 흐느껴 우는 소리. 또는 그 모양. ¶그녀는 내 품에 안겨 훌쩍훌쩍 울기 시작했다.

▶ 훌쩍-거리다
❶액체 따위를 남김없이 자꾸 들이마시다. ¶국을 훌쩍거리며 마시다. ❷콧물을 자꾸 들이마시다. ¶동생은 콧물을 훌쩍거리면서 울고 있었다. ㊐ 훌쩍대다, 훌쩍이다.

훨훨 [with leaps and bounds]
❶날짐승 따위가 잇달아 날개를 치며 가볍게 나는 모양. ¶새 한 마리가 하늘을 훨훨 날아가고 있다. ❷가벼운 물건을 자꾸 멀리 던지거나 뿌리는 모양. ¶배추에 소금을 훨훨 뿌리다.

훑다 [thresh; remove; scan]
❶겉에 붙은 것을 훌라들여 떼어 내다. ¶벼이삭을 훑다. ❷한쪽으로부터 죽 더듬거나 살피다. ¶나는 기사를 꼼꼼히 훑었다.

훑어-보다 [look up and down]
❶한 끝에서 다른 끝까지 죽 살펴보다. ¶나는 신문의 제목만 대충 훑어보았다. ❷위아래로 자세히 눈여겨보다. ¶그는 나를 위아래로 훑어보았다.

훔쳐-보다 [steal a glance]
남모르게 보다. ¶언니의 일기장을 훔쳐보다.

훔치다[1] [wipe; mop (up)]
물기나 때 따위가 묻은 것을 닦아 말끔하게 하다. ¶행주로 식탁을 훔치다.

훔치다[2] (盜, 훔칠 도; 竊, 훔칠 절) [steal]
남의 물건을 남몰래 슬쩍 가져다가 자기 것으로 하다. ¶누가 내 지갑을 훔쳐 갔다.

훗:-날 (後-, 뒤 후)
[future; another day]
뒤[後]에 올 날. ¶훗날 다시 만날 것을 약속하다. ㊐ 뒷날, 후일(後日).

훤칠-하다 [tall and slender]
보기 좋게 키가 크다. ¶훤칠한 키.

훤:-하다 [well up; good looking]

❶빛이 비쳐 밝다. ¶달빛이 훤하다 / 가로등이 훤히 켜져 있다. ❷앞이 탁 트여 넓고 멀다. ¶훤하게 트인 벌판 / 서울 시내가 훤히 내려다보이다. ❸무슨 일의 조리나 속내가 뚜렷하다. ¶나는 이곳 지리에 훤하다.

훨씬 [much; by far]
정도 이상으로 심하게. 아주 많이. ¶사진보다 실물이 훨씬 낫다.

훨훨 [flying with great flaps of wings]
❶날짐승이 높이 떠서 느릿느릿 날개치며 시원스럽게 나는 모양. ¶나비가 훨훨 날아가고 있다. ❷불길이 세고 시원스럽게 타오르는 모양. ¶모닥불이 훨훨 타오르다.

훼:방 毁謗 | 헐 훼, 헐뜯을 방
[calumniate; interfere with]
❶ 속뜻 남을 헐어서[毁] 비방(誹謗)함. ❷남의 일을 방해함. ¶훼방을 놓다 / 누군가 그를 훼방한 게 틀림없다.

훼:손 毁損 | 헐 훼, 상할 손
[defamation (of character); damage]
❶ 속뜻 비방하는 험담을 하거나[毁] 체면이나 명예를 손상(損傷)함. ¶명예훼손 / 이번 사건으로 회사 이미지가 크게 훼손되었다. ❷헐거나 깨뜨려 못쓰게 함. ¶문화재 훼손 / 산림이 심하게 훼손되다.

휑뎅그렁-하다 [hollow; empty]
넓은 곳이 텅 비어 허전하다. ¶집 안이 텅 비어 휑뎅그렁하다. ㊥ 휑하다.

휑-하다 [empty; deserted]
❶넓은 데가 씁쓸하게 비어있다. ¶운동장이 휑하다. ❷구멍이나 문 따위가 밝고 잘 뚫려 있다. ¶방문이 휑하게 열려 있다. ❸눈이 쑥 들어가 보이고 정기가 없다. ¶휑한 눈. ㊥ 휑뎅그렁하다.

휘 [sighing; with a sigh]
❶숨을 한꺼번에 세게 내쉬는 소리. 한숨을 쉬는 소리. ¶그는 휘 하고 숨을 내쉬었다. ❷주위를 대강 둘러보다. ¶교실 안을 한번 휘 둘러보다.

휘-갈기다 [write hastily; scribble]
❶글씨를 아무렇게나 흘려 쓰다. ¶글씨를 휘갈겨 쓰다. ❷누구를 세차게 때리거나 후려치다. ¶도둑의 등을 휘갈겼다.

휘-감기다 [distracted]
휘둘러 친친 감기다. ¶진서의 다리는 붕대로 휘감겨 있었다.

휘-감다 [coil around; fasten round]
휘둘러 감다. ¶부러진 팔에 붕대를 휘감다.

휘갑-치기 [hem (up); border]
옷감·돗자리 등의 가를 얽어서 둘러 감아 꿰매는 일.

휘-날리다 [flap; fly; become famous]
❶바람에 펄펄 거세게 날리다. ¶태극기가 바람에 휘날리다. ❷마구 흩어져 펄펄 날다. ¶눈송이가 휘날리다. ❸명성·이름 등을 아주 널리 떨치다. ¶전국에 이름을 휘날리다.

휘다 [bend; bent; curve]
꼿꼿하던 것이 구부러지다. ¶나뭇가지가 휘다 / 다리가 휘다. ㊥ 곧다.

휘-덮다 [cover with]
휘몰아 덮다. ¶안개가 마을을 휘덮었다.

휘-돌다 [turn; spin; rotate]
❶어떤 물체가 어떤 공간에서 빙글빙글 마구 돌다. ¶나뭇잎이 공중에서 휘돌다가 마당에 떨어졌다. ❷어떤 방향으로 돌아가다. ¶강물은 계곡을 향해 휘돌아 흐른다.

휘-돌리다 [whirl a thing]
무엇을 빙빙 돌아가게 하다. ¶팽이를 휘돌리다.

휘-두르다 [whirl a thing around]
❶무엇을 잡고 힘 있게 흔들다. ¶몽둥이를 휘두르다. ❷사람이나 일을 제 마음대로 마구 다루다. ¶그는 걸핏하면 폭력을 휘두른다.

휘-둘러보다 [look round]
휘휘 둘러보다. ¶주변을 휘둘러보다.

휘둥그레-지다

[become wide-eyed; get surprised]
눈이 휘둥그렇게 되다. ¶주희는 놀라서 눈이 휘둥그레졌다.

휘말-리다 [rolled in; dragged]
❶물살 따위에 휩쓸리다. ¶급류에 휘말려 떠내려가다. ❷어떤 일이나 상황에 휩쓸려 들다. ¶싸움에 휘말리다.

휘모리-장단
음악 판소리나 장단의 하나. 가장 빠른 장단이다.

휘-몰아치다 [blow violently]
휘몰아서 한곳으로 불어치다. ¶온종일 비바람이 휘몰아쳤다.

휘-묻이 [layer]
농업 나무의 가지를 휘어 그 한 끝을 땅속에 묻고, 뿌리가 내린 뒤에 그 가지를 잘라 한 개체(個體)를 만드는, 식물의 인공 번식법의 한 가지.

휘발 揮發 | 흩어질 휘, 떠날 발 [volatile]
보통 온도에서 액체가 기체로 변하여 흩어져[揮] 날아감[發]. 또는 그 작용. ¶기름이 휘발하고 얼룩이 남았다.

▶휘발-유 揮發油 | 기름 유
화학 석유의 휘발(揮發) 성분을 이루는 무색 액체[油]. ㊥ 가솔린(gasoline).

휘어-잡다 [grasp; keep a person under control]
❶손에 감아서 세게 쥐다. ¶멱살을 휘어잡다. ❷손아귀에 넣고 마음대로 부리다. ¶부하 직원을 휘어잡다.

휘어-지다 [get bent; crooked]
꼿꼿하던 물체가 어떤 힘을 받아 구부러지다. ¶배나무의 가지가 열매의 무게로 휘어졌다.

휘영청 [shine brightly]
달빛 따위가 몹시 밝은 모양. ¶휘영청 밝은 달.

휘장 揮帳 | 휘두를 휘, 휘장 장
[curtain; curtain screen]
피륙을 여러 폭으로 이어서 빙 둘러치는[揮] 장막(帳幕). ¶휘장을 걷다.

휘적-휘적 [swinging one's arms]
걸을 때에 두 팔을 자꾸 몹시 휘젓는 모양. ¶민주는 자리에서 일어서더니 휘적휘적 걸어갔다.

휘-젓다 [beat up cream; upset]
❶골고루 섞이도록 휘둘러 젓다. ¶달걀을 휘젓다. ❷마구 뒤흔들어서 어지럽게 만들다. ¶온 동네를 휘젓고 다니다.

휘청 [shake; shaken]
걸을 때 다리에 힘이 없어 똑바로 걷지 못하고 흔들리는 모양. ¶돌부리에 걸려 휘청 넘어질 뻔하다 / 술에 취해 휘청거리다.

휘파람 [whistle]
입술을 오므리고 혀끝으로 입김을 불어서 소리를 내는 일. ¶휘파람을 불다.

휘하 麾下 | 지휘할 휘, 아래 하
[(troops) under one's command]
장군의 지휘[麾] 아래[下]. 또는 그 지휘 아래에 딸린 군사. ¶그는 휘하에 천 명의 병사를 거느리고 있다.

휘황-찬란 輝煌燦爛 | 빛날 휘, 빛날 황, 빛날 찬, 빛날 란
[resplendent; brilliant]
광채가 눈부시게 빛나다[輝=煌=燦=爛]. ¶휘황찬란한 밤거리. ㊥ 현란(絢爛)하다.

휘휘 [round and round (about)]
❶여러 번 휘감거나 휘감기는 모양. ¶목도리를 휘휘 목에 두르다. ❷이리저리 휘두르거나 휘젓는 모양. ¶달걀을 휘휘 휘젓다.

휙 [suddenly; with a whiff]
❶갑자기 빨리 돌리거나 돌아가는 모양. ¶고개를 휙 돌리다. ❷갑자기 빠르게 스치듯가 지나가는 소리나 모양. ¶오토바이가 휙 지나가다.

휠체어 {영 wheelchair}
다리가 자유롭지 못한 사람이 앉은 채로 이동할 수 있도록 바퀴[wheel]를 단 의자[chair]. ¶전동 휠체어.

휩싸다 [wrap in; cover with]

❶휘둘러 감아서 싸다. ¶불길이 집 전체를 휩쌌다. ❷어떠한 감정이 가득하여 마음을 뒤덮다. ¶불길한 생각이 나를 휩쌌다.

휩-싸이다 [bundled in]
❶온통 뒤덮이다. ¶거리는 완전히 어둠에 휩싸였다. ❷어떤 감정이 마음에 가득하게 되다. ¶두려움에 휩싸이다.

휩-쓸다 [sweep away; overwhelm]
❶빠짐없이 모조리 쓸어 몰아가다. ¶폭풍이 마을을 휩쓸고 지나갔다. ❷경기 등에서 상을 모두 차지하다. ¶쇼트트랙 전 종목에서 금메달을 휩쓸었다.

휩쓸-리다 [overrun]
물결이나 바람 따위에 몰리어 휩쓸어지다. ¶우리가 탄 배는 급류에 휩쓸려 떠내려갔다.

휴가 休暇 | 쉴 휴, 겨를 가 [holiday]
일정한 기간 쉬는[休] 겨를[暇]. 쉼. ¶여름 휴가.

▸휴가-철 (休暇―)
많은 사람이 휴가(休暇)를 보내는 기간. ¶휴가철이라 바닷가를 찾는 사람들이 많다.

휴게 休憩 | 쉴 휴, 쉴 게
[take a rest; take time off]
일을 하거나 길을 가다가 잠깐 쉬는[休=憩] 일.

▸휴게-소 休憩所 | 곳 소
잠시 머물러 쉴 수 있도록[休憩] 마련해 놓은 장소[所]. ¶간이 휴게소.

▸휴게-실 休憩室 | 방 실
잠깐 쉬게[休憩] 마련한 방[室]. ¶휴게실에서 잠시 낮잠을 자다.

휴경 休耕 | 쉴 휴, 밭갈 경
[keep a land idle]
농사짓던 땅을 갈지[耕] 않고 얼마 동안 묵힘[休].

▸휴경-지 休耕地 | 땅 지
농사를 짓다가 갈지[耕] 않고 얼마 동안 묵힌[休] 땅[地].

휴교 休校 | 쉴 휴, 학교 교
[close school temporarily]
학교(學校)에서 수업과 업무를 한동안 쉼[休]. 또는 그 일. ¶우리 학교는 폭우로 임시 휴교에 들어갔다.

휴대 携帶 | 들 휴, 지닐 대
[carry (along with one)]
어떤 물건을 손에 들거나[携] 몸에 지님[帶]. ¶휴대전화 / 이 제품은 휴대하기 간편하다.

▸휴대-용 携帶用 | 쓸 용
손에 들거나 몸에 지니고 다니며[携帶] 사용(使用)함. ¶휴대용 녹음기 / 휴대용 물통.

▸휴대-품 携帶品 | 물건 품
손에 들거나 몸에 지니고 다니는[携帶] 물건[品].

▸휴대-전:화 携帶電話 | 전기 전, 말할 화
통신 가지고 다니면서[携帶] 밖에서도 자유롭게 통화할 수 있게 만든 작은 전화기(電話機).

휴면 休眠 | 쉴 휴, 잠잘 면
[rest; quiescence]
❶ 속뜻 쉬거나[休] 잠을 잠[眠]. ❷활동을 하지 않음. ¶휴면 계좌. ❸ 생물 환경이나 조건이 생활에 부적당할 때 생물이 그 발육이나 활동을 일시적으로 거의 정지하는 상태로 되는 일.

⁑휴식 休息 | 멈출 휴, 쉴 식
[rest; repose]
하던 일을 멈추고[休] 잠깐 쉼[息]. ¶휴식 공간 / 나무 그늘에서 잠시 휴식하다.

▸휴식-처 休息處 | 곳 처
휴식(休息)하는 곳[處]. ¶이 공원은 도시민에게 좋은 휴식처이다.

휴양 休養 | 쉴 휴, 기를 양
[rest; repose]
편히 쉬면서[休] 마음과 몸을 보양(保養)함. ¶휴양 시설 / 그는 시골에서 휴양하는 동안 건강해졌다.

▸휴양-림 休養林 | 수풀 림
휴양(休養)할 수 있도록 꾸며 놓은 숲[林].

¶휴양림을 조성하다.

▸휴양-소 休養所 | 곳 소
휴양(休養)할 수 있도록 설비를 갖추어 놓은 곳[所]. ¶이 산자락에는 직장인들을 위한 휴양소가 설치될 예정이다.

▸휴양-지 休養地 | 땅 지
휴양(休養)하기에 알맞은 곳[地]. 또는 휴양 시설이 마련되어 있는 곳. ¶베니스는 세계적으로 유명한 휴양지이다.

휴업 休業 | 쉴 휴, 일 업
[suspend business]
영업(營業) 따위를 얼마 동안 쉼[休]. ¶임시 휴업.

휴일 休日 | 쉴 휴, 날 일 [holiday]
일을 하지 않고 쉬는[休] 날[日]. ¶오늘은 정기 휴일입니다.

***휴전 休戰** | 쉴 휴, 싸울 전
[cease firing; make a truce]
군사 하던 전쟁(戰爭)을 얼마 동안 쉼[休]. ¶남북은 1953년 7월 27일 휴전하였다.

▸휴전-선 休戰線 | 줄 선
군사 휴전(休戰) 협정으로 말미암아 결정되는 쌍방의 군사 경계선(境界線).

▸휴전 협정 休戰協定 | 합칠 협, 정할 정
정치 휴전(休戰)할 것을 내용으로 하는, 교전국 간의 서면에 의한 합의[協定].

휴정 休廷 | 쉴 휴, 법정 정
[court does not sit]
법률 법정(法廷)에서 재판 도중에 쉬는[休] 일. ¶휴정을 선언하다 / 10분간 휴정하겠습니다. ⓑ 개정(開廷).

휴지 休紙 | 쉴 휴, 종이 지
[wastepaper; scrap of paper]
❶ 속뜻 못쓰게 된[休] 종이[紙]. ¶길거리에 버려진 휴지를 줍다. ❷허드레로 쓰는 종이. ¶휴지를 뜯어 코를 풀다. ⓑ 폐지(廢紙), 화장지(化粧紙).

▸휴지-통 休紙桶 | 통 통
못쓰게 된 종이[休紙]나 쓰레기 따위를 담는 통(桶). ¶휴지는 휴지통에 버려라.

휴진 休診 | 쉴 휴, 살펴볼 진
[do not accept patients]
병원에서 진료(診療)를 쉼[休]. ¶오늘은 할머니의 담당의사가 휴진이다.

휴학 休學 | 쉴 휴, 배울 학
[take time off from school]
교육 학생이 병이나 사고 따위로 말미암아 일정한 기간 학업(學業)을 쉼[休]. ¶재현이는 군대에 가기 위해 휴학했다.

휴화산 休火山 | 쉴 휴, 불 화, 메 산
[inactive volcano]
지리 분화 활동을 쉬고 있는[休] 화산(火山).

흉 [scar; fault; defect]
❶상처·부스럼 따위가 아문 자리. 흉터. ¶그는 볼에 흉이 있다. ❷비웃음을 살만한 일이나 행동. ¶흉 없는 사람은 없다. ⓑ 흉터, 허물, 흠(欠).

흉가 凶家 | 흉할 흉, 집 가
[house of ill omen; haunted house]
사는 사람마다 흉(凶)한 일을 당하는 불길한 집[家].

흉계 凶計 | =兇計, 흉할 흉, 꾀 계
[wicked design; wiles]
흉악(凶惡)한 꾀[計]. ¶흉계를 꾸미다.

흉괘 凶卦 | =兇卦, 흉할 흉, 걸 괘
불길한[凶] 점괘(占卦). ¶흉괘가 나오다.

흉기 凶器 | =兇器, 흉할 흉, 그릇 기
[offensive weapon]
❶ 속뜻 흉(凶)한 일에 쓰이는 도구[器]. ❷사람을 다치게 하는 데 쓰는 기구. ¶흉기를 휘두르다.

흉내 [imitation; mimicry]
남이 하는 언행을 그대로 옮겨서 하는 일. ¶고양이 흉내를 내다.

▸흉내-말
언어 어떤 사물이나 현상의 소리, 또는 모양·동작 등을 흉내 내는 말.

흉년 凶年 | 흉할 흉, 해 년
[bad year; year of bad harvest]
❶ 속뜻 수확이 흉(凶)한 해[年]. ❷농작물이 예년에 비하여 잘 되지 않아 굶주리게

된 해. ¶오랜 가뭄으로 흉년이 들다. ⓑ풍년(豐年).

흉몽 凶夢 | 흉할 흉, 꿈 몽
[bad dream; dream of ill omen]
불길한[凶] 꿈[夢]. 꿈자리가 사나운 꿈. ⓑ길몽(吉夢).

흉-보다 [speak ill of; disparage]
남의 결점을 들어 말하다. ¶안 듣는 데서 몰래 흉보지 마라.

흉상 胸像 | 가슴 흉, 모양 상
[sculpture bust]
미술 인체의 머리에서 가슴[胸] 부분까지의 모양[像]. 주로 그러한 조각상이나 초상화를 말한다. ¶본관 안에 학교 설립자의 흉상이 있다.

흉악 凶惡 | =兇惡, 흉할 흉, 악할 악
[bad; wicked]
성질이 몹시 사납고[凶] 악(惡)함. 또는 그러한 사람. ¶흉악 범죄 / 범행 수법이 흉악하기 이를 데 없다.

▶ **흉악-범** 凶惡犯 | 범할 범
흉악(凶惡)한 범죄를 저지름[犯]. 또는 그런 사람. ¶흉악범을 처벌하다.

흉작 凶作 | 흉할 흉, 지을 작 [bad crop]
흉년(凶年)으로 지은[作] 농사. 농작물의 수확이 평년작을 훨씬 밑도는 일. ¶올해는 쌀이 흉작이다. ⓑ풍작(豐作).

흉조 凶兆 | 흉할 흉, 조짐 조
[bad omen; sign of evil]
불길한[凶] 조짐(兆朕). ¶아침에 그릇을 깨뜨리면 흉조로 여긴다. ⓑ길조(吉兆).

흉측 凶測 | 흉할 흉, 헤아릴 측
[terribly heinous]
헤아릴[測] 수 없이 몹시 흉악(凶惡)함. '흉악망측'(凶惡罔測)의 준말. ¶흉측한 이야기.

흉-터 [scar]
상처가 아문 자리. ¶아영이는 코에 흉터가 있다. ⓑ흉.

흉-하다 (凶--, 흉할 흉) [ugly; unsightly]
생김새나 태도가 보기에 나쁘다[凶]. ¶흉한 얼굴.

흉-허물 [defect; flaw; faults]
흉이나 허물이 될 만한 일. 관용 흉허물이 없다.

흉흉 洶洶 | 물살 세찰 흉, 물살 세찰 흉
[filled with alarm]
❶속뜻 물결이 몹시 세차게 일어나다[洶+洶]. ❷인심이 몹시 어수선하다. ¶인심이 흉흉해졌다.

흐-느끼다 [sob; weep softly]
몹시 서럽거나 감격하여 흑흑 느껴 울다. ¶그녀는 내 가슴에 얼굴을 묻고 흐느꼈다.

흐느적-거리다 [flutter; sway gently]
❶가늘고 긴 나뭇가지나 잎 또는 얇고 가벼운 물건이 계속해서 부드럽게 흔들리다. ¶나뭇잎이 바람에 흐느적거린다. ❷팔다리 따위가 힘없이 느리게 자꾸 움직이다. 또는 그렇게 하다. ¶그는 힘이 빠졌는지 팔다리를 흐느적거리며 걸었다.

흐드러-지다
[become splendid; splendid]
썩 탐스럽다. ¶꽃이 흐드러지게 피어 있다.

흐르다 (流, 흐를 류)
[flow; pass (away); overflow]
❶액체가 낮은 곳으로 내려가거나 넘쳐 떨어지다. ¶땀이 흐르다. ❷시간·세월이 지나가다. ¶그 후로 5년이 흘렀다. ❸전기가 통하거나 가스 따위가 지나가다. ¶전류가 흐르다.

흐리다[1] (濁, 흐릴 탁)
[make muddy; blemish]
❶잡것을 섞어 탁하게 하다. ¶분위기를 흐리다. ❷분명하지 않고 어렴풋하거나 모호하게 하다. ¶말끝을 흐리다. ❸집안이나 단체의 명예를 더럽히다. ¶집안의 명예를 흐리다.

흐리다[2] [cloudy; dim; muddy]
❶다른 물질이 섞여 맑지 못하다. ¶비가 와서 강물이 뿌옇게 흐려 있다. ❷하늘에 구름·안개가 끼어 날씨가 나쁘다. ¶날씨

가 흐리다. ❸등불·빛 따위가 밝지 않고 희미하다. ¶불빛이 흐리다. ⓑ 맑다, 밝다.

비슷한 듯 다른 말 ➲ 탁하다

흐리멍덩-하다 [confused; dim]
옳고 그름의 구별이나 하는 일 따위가 흐릿하여 분명하지 않다. ¶흐리멍덩한 눈빛.

흐림 [cloudy; clouded]
날씨가 구름이나 안개가 끼어서 맑거나 밝지 않은 것. ⓑ 맑음.

흐릿-하다 [rather cloudy; faint]
조금 흐린 듯하다. ¶기억이 흐릿하다 / 흐릿한 불빛 아래에서 책을 보지 마라.

흐물-흐물 [overripe; very soft]
힘이 없어 아주 뭉그러지거나 늘어지는 모양. ¶닭을 푹 삶았더니 뼈까지 흐물흐물 익었다.

흐뭇-하다 [gratifying; satisfying]
마음에 흡족하다. ¶흐뭇한 미소.

흐지-부지 [hushing up; wasting]
끝을 맺지 못하고 흐리멍덩하게 넘겨 버리는 모양. ¶이 일은 흐지부지 넘어가서는 안 된다.

흐트러-뜨리다 [scatter things; strew]
마구 흐트러지게 하다. ¶머리를 흐트러뜨리다 / 정신을 흐트러뜨리다.

흐트러-지다 [scatter about; dispersed]
어지럽게 흩어지다. ¶침대 위에 옷이 흐트러져 있었다.

흑-갈색 黑褐色 | 검을 흑, 털옷 갈, 빛 색
[dark brown]
검은[黑] 빛이 도는 짙은 갈색(褐色). ¶머리카락을 흑갈색으로 염색하다.

흑-단령 黑團領 | 검을 흑, 둥글 단, 옷깃 령
역사 벼슬아치가 입던 검은색[黑]의 단령(團領). 당상관은 무늬가 있는 검은색 비단을, 당하관은 무늬가 없는 비단을 썼다.

흑백 黑白 | 검을 흑, 흰 백
[black and white; good and bad]
❶ 속뜻 검은[黑] 빛과 흰[白] 빛. ¶흑백 영화. ❷잘잘못. 옳고 그름. ¶흑백을 가리다

흑사-병 黑死病 | 검을 흑, 죽을 사, 병 병
[pest]
❶ 속뜻 심한 경우 피부가 검게[黑] 변하여 죽게[死] 되는 전염병(病). ❷ 의학 페스트균이 일으키는 급성 전염병. 심한 오한, 고열, 두통에 이어 의식이 흐려지게 되어 죽는다. 폐에 감염이 된 페스트의 경우에는 피부가 흑자색으로 변한다.

흑색 黑色 | 검을 흑, 빛 색 [black]
검은[黑] 빛[色]. ⓑ 검은색, 검정. ⓑ 백색(白色).

▶**흑색-선전** 黑色宣傳 | 베풀 선, 전할 전
❶ 속뜻 검은빛[黑色] 종이에 글을 써서 선전(宣傳)함. ❷사실무근의 이야기를 만들어 내어 상대편을 모략하고 혼란과 무질서를 조장하는 정치적 술책.

흑-설탕 黑雪糖 | 본음 [흑설당], 검을 흑, 눈 설, 사탕 당/탕
[muscovado; unrefined sugar]
정제(精製)하지 않아 검은[黑] 빛깔이 나는 설탕[雪糖].

흑연 黑鉛 | 검을 흑, 납 연
[black lead; graphite]
❶ 속뜻 검은[黑] 빛을 띤 납[鉛] 같은 화합물. ❷ 광업 금속광택이 있고 검은빛이 나는 탄소 화합물. 연필심, 도가니, 전극, 감마제 따위로 쓰인다.

흑-염소 (黑—, 검을 흑) [black goat]
동물 털 빛깔이 검은[黑] 염소.

흑우 黑牛 | 검을 흑, 소 우 [black cow]
털빛이 검은[黑] 소[牛].

흑인 黑人 | 검을 흑, 사람 인 [black]
❶ 속뜻 털과 피부의 빛깔이 검은[黑] 사람[人]. ❷흑색 인종의 사람. ¶만델라는 최초의 흑인 대통령이다.

흑-인종 黑人種 | 검을 흑, 사람 인, 갈래 종
피부가 흑색(黑色) 또는 갈색을 띤 인종(人種)을 이르는 말. '흑색인종'(黑色人種)의 준말.

흑자 黑字 | 검을 흑, 글자 자
[figures in black ink; surplus]
❶[속뜻] 먹 따위로 쓴 검은[黑] 글자[字]. ❷ 수입이 지출보다 많아서 생기는 잉여나 이익. 장부에 쓸 때 통상 검은색 글자로 쓰는 것에서 유래하였다. ¶그 회사는 올해 100억의 흑자를 냈다. [반] 적자(赤字).

흑점 黑點 | 검을 흑, 점 점 [black spot]
❶[속뜻] 검은[黑] 점(點). ❷[천문] 태양 표면에 보이는 검은 반점. '태양흑점'(太陽黑點)의 준말.

흑판 黑板 | 검을 흑, 널빤지 판 [blackboard]
검은[黑] 칠을 하여 그 위에 분필로 글씨나 그림을 쓰게 만든 널빤지[板]. [비] 칠판(漆板).

흑-흑 [sobbing]
설움이 북받쳐 흐느껴 우는 소리. ¶그는 베개에 얼굴을 묻고 흑흑 흐느꼈다.

흔들-개비 [mobile]
[미술] 움직이는 조각이나 공예품. 여러 가지 모양의 쇳조각이나 나뭇조각 따위를 가느다란 철사, 실 따위로 매달아 균형을 이루게 한 것으로, 공기의 진동에도 평형을 유지하면서 움직인다.

흔들-거리다 [keep swaying]
이리저리 자꾸 흔들리다. 또는 흔들리게 하다. ¶바람에 촛불이 흔들거린다.

흔들다 [shake; stir up]
❶좌우 또는 앞뒤로 자꾸 움직이게 하다. ¶떠나는 친구를 향해 손을 흔들었다. ❷사람의 마음을 동요시키거나 약하게 하다. ¶그의 노래가 내 마음을 흔들어 놓았다. [속담] 나무에 오르라 하고 흔드는 격.

흔들리다 [shake; quake; waver]
위아래, 옆으로 움직이다. ¶강한 비바람에 창문이 흔들린다.

[비슷한 듯 다른 말] ➲ 움직이다

흔들-바람 [fresh breeze]
[지리] 풍력 계급5의 바람. 작은 나무가 흔들릴 정도의 바람이다. [비] 질풍(疾風).

흔들-의자 (—椅子, 기댈 의, 접미사 자)
[rocking chair; rocker]
앉아서 앞뒤로 흔들면서 쉴 수 있도록 만든 의자(椅子). ¶흔들의자에 앉아서 책을 읽다.

흔적 痕跡 | =痕迹, 흉터 흔, 발자취 적
[traces; marks]
❶[속뜻] 몸에 남은 흉터[痕]와 길에 남은 발자취[跡]. ❷어떤 현상이나 실체가 없어졌거나 지나간 뒤에 남은 자국이나 자취. ¶도둑이 담을 넘어 들어온 흔적이 있다.

흔쾌 欣快 | 기뻐할 흔, 시원할 쾌
[pleasant; delightful]
기쁘고[欣] 시원스럽게[快]. ¶그는 우리의 제안을 흔쾌하게 받아들였다 / 흔쾌히 수락하다.

흔-하다 [plenty; easily obtainable]
곳곳에 많이 있어 구하기 쉽다. ¶아이들이 놀다 싸우는 것은 흔한 일이다 / 이 꽃은 어디에서나 흔히 볼 수 있다. [반] 드물다, 진귀(珍貴)하다.

♣ 흔하다 / 많다 [비슷한 듯 다른 말]

◎ 그런 사람은 흔하지 = 많지 않다.
○ 이곳의 교통 정체는 흔한 일이다.
× 이곳의 교통 정체는 많은 일이다.
○ 나는 몸에 열이 많다.
× 나는 몸에 열이 흔하다.

흘겨-보다 [look at sideways]
흘기는 눈으로 노려보다. ¶그녀는 화가 나서 나를 흘겨보았다.

흘금-흘금 [looking sideways over and over again]
곁눈으로 슬그머니 자꾸 흘겨보는 모양. ¶흘금흘금 쳐다보다.

흘긋-흘긋 [looking sideways over and over again]
곁눈으로 슬쩍 자꾸 흘겨보는 모양. ¶동네 사람들은 새로 이사 온 사람을 흘긋흘긋 쳐다보았다.

흘기다 [look askance]
눈동자를 옆으로 굴려 못마땅하게 노려보다. ¶그녀는 나에게 무섭게 눈을 흘겼다. 속담 종로에서 뺨 맞고 한강에 가서 눈 흘긴다.

흘깃 [glaring]
눈알을 옆으로 돌려 가볍게 한 번 쳐다보는 모양. ¶시계를 흘깃 보다.
▶ 흘깃-흘깃
자꾸 흘겨보는 모양. ¶흘깃흘깃 쳐다보다.

흘끗 [casting a sidelong glance]
남의 눈을 피하여 재빨리 한 번 곁눈질하는 모양. ¶그는 남몰래 선생님의 얼굴을 흘끗 쳐다보았다.

흘러-가다 [flow; run; pass]
❶흐르면서 나아가다. ¶강물은 바다로 흘러간다. ❷시간이나 세월이 지나가다. ¶나는 흘러간 옛 노래를 즐겨 듣는다.

흘러-나오다 [flow out; effuse]
물·빛 따위가 새거나 빠져서 흐르며 나오다. ¶바위틈에서 물이 흘러나온다.

흘러-내리다 [fall; slip down]
❶액체 따위가 높은 곳에서 낮은 곳으로 흐르거나 떨어지다. ¶흘러내리는 눈물. ❷맨 것이 풀려 느슨하여져 아래로 미끄러지듯 내리다. ¶바지가 자꾸 흘러내린다. ㊥ 흐르다, 내려오다.

흘러-들다 [flow in; pour in]
액체 따위가 흘러서 들어가거나 들어오다. ¶나일 강은 지중해로 흘러들어 간다.

흘리다 [spill; lose; scribble]
❶액체나 작은 알갱이 따위를 떨어뜨리거나 새게 하다. ¶땀을 흘리다 / 탁자에 주스를 흘리다. ❷빠뜨리거나 떨어뜨려 잃다. ¶돈을 어디에 흘린 것 같다. ❸글씨를 또박또박 쓰지 않고 빨리 이어서 쓰다. ¶편지를 흘려 써서 알아 볼 수가 없다.

흘림 [writing in a cursive hand]
서체(書體)의 하나. 전서(篆書)와 예서(隸書)를 간략하게 한 것으로, 흔히 행서(行書)를 더 풀어 흘려 쓴 글씨.

흙 (土, 흙 토) [earth; soil]
지구의 표면을 덮고 있는 바위가 부스러져 생긴 무기질의 가루와 썩은 동식물에서 생긴 유기질의 물질이 섞여 이루어진 것. ¶흙을 파다 / 옷에 흙이 묻다.

흙-냄새 [smell of the soil]
흙에서 나는 냄새.

흙-더미 [heap of earth; ball of mud]
흙을 한데 모아 쌓은 더미.

흙-덩이 [clod]
흙이 엉겨 이루어진 작은 덩이.

흙-먼지 [dust; cloud of dust]
가는 흙가루가 날려 먼지처럼 일어나는 것. ¶흙먼지를 뒤집어쓰다 / 흙먼지를 일으키다.

흙-바닥 [(bare) ground]
흙으로 된 맨바닥. ㊥ 땅바닥.

흙-벽돌 (—甓—, 벽돌 벽)
[block of dried mud; adobe]
흙을 재료로 하여 만든 벽(甓)돌.

흙-비 [dust storm; sandstorm]
바람에 날려 올라갔던 모래흙이 비처럼 땅으로 떨어지는 것. 또는 그러한 현상.

흙-빛 [color of the earth]
흙의 빛깔. 흙색. ¶사고 소식을 듣고 그의 얼굴은 흙빛이 되었다.

흙-집 [clay house]
흙으로 지은 집. ¶조선시대 선비인 이지함은 흙집을 짓고 가난한 사람들과 더불어 살았다.

흙탕-물 (—湯—, 끓을 탕)
[muddy water]
흙이 풀려 몹시 흐려진 물. ¶버스가 지나가다 나에게 흙탕물을 튀겼다.

흙-투성이
[being covered all over with earth]
온몸에 진흙이 잔뜩 묻은 모양.

흠: 欠 | 하품 흠 [fault; defect]

사람의 인격이나 행동 따위에 나타나는 잘못된 점이나 흉이 되는 점. ¶그는 게으른 것이 흠이다. ㊥ 결점(缺點), 결함(缺陷).

흠모 欽慕 | 공경할 흠, 그리워할 모
[admire; adore]
기쁜 마음으로 공경하며[欽] 사모(思慕)함. ¶흠모의 눈길 / 흠모의 대상.

흠뻑 [very much; plenty; fully]
❶분량이 꽉 차고도 남도록 흡족하게. ¶셔츠가 땀에 흠뻑 젖다. ❷아주 많이 넉넉하게. ¶가을을 흠뻑 느껴봐 / 정이 흠뻑 들다. ㊥ 흠씬.

흠씬 [enough; sufficiently; greatly]
❶아주 꽉 차고도 남을 만큼 넉넉한 상태. ¶맑은 공기를 흠씬 들이마시다. ❷물에 푹 젖은 모양. ¶수건을 물에 흠씬 적시다. ❸매 따위를 심하게 맞는 모양. ¶나는 어머니에게 흠씬 두들겨 맞았다. ㊥ 흠뻑.

흠:-집 (欠—, 하품 흠) [scar]
흠(欠)이 난 자리나 흔적. ¶그릇에 흠집이 생겼다.

흠칫 [recoiling with a fright]
놀라거나 겁이 나서 어깨나 목을 움츠리는 모양. ¶나는 천둥소리에 흠칫 놀랐다.

흡반 吸盤 | 빨 흡, 쟁반 반
[sucker; sucking disk]
❶ 속뜻 공기 따위를 빨아들이는[吸] 쟁반[盤] 모양의 기관. ❷ 동물 다른 동물이나 물체에 달라붙기 위한 기관. 촌충, 낙지, 오징어의 발 따위에서 볼 수 있다. ㊥ 빨판.

흡사 恰似 | 꼭 흡, 닮을 사
[alike; closely resemble]
거의 꼭[恰] 닮음[似]. 또는 비슷한 모양. ¶그림 속의 고양이는 흡사 살아 있는 것 같다 / 두 자매는 생김새가 매우 흡사하다.

흡수[1] 吸水 | 마실 흡, 물 수
[suction (of water); water suction]
식물 물[水]을 빨아들임[吸]. 특히 식물이 외계로부터 물을 섭취하는 일을 이른다.

흡수[2] 吸收 | 마실 흡, 거들 수
[absorb; suck in]
빨아서[吸] 거두어[收]들임. ¶이 옷은 땀을 잘 흡수한다.

▸**흡수-력** 吸收力 | 힘 력
빨아서[吸] 거두어들이는[收] 힘[力]. ¶강한 흡수력 / 흡수력이 좋다.

▸**흡수-성** 吸收性 | 성질 성
빨아서[吸] 거두어들이는[收] 성질(性質). ¶흡수성이 좋은 옷감.

흡습 吸濕 | 마실 흡, 젖을 습
[moisture absorption]
습기(濕氣)를 빨아들임[吸].

▸**흡습-제** 吸濕劑 | 약제 제
공업 습기(濕氣)를 빨아들이는[吸] 약제(藥劑). 섬유(纖維)가 딱딱해지는 것을 막기 위해 사용한다.

흡연 吸煙 | 마실 흡, 담배 연 [smoke]
담배[煙] 연기를 빨아들여 마심[吸]. ¶흡연은 건강에 매우 해롭다 / 흡연은 폐암을 유발할 수 있다.

▸**흡연-자** 吸煙者 | 사람 자
담배를 피우는[吸煙] 사람[者]. ¶흡연자는 비흡연자를 배려해야 한다.

흡입 吸入 | 마실 흡, 들 입
[inhale; suck; imbibe]
기체나 액체 따위를 빨아 마셔[吸] 들임[入]. ¶산소 흡입 / 맑은 공기를 흡입하다.

흡족 洽足 | 넉넉할 흡, 넉넉할 족
[sufficient; ample]
모자람이 없이 아주 넉넉하고[洽] 풍족(豐足)함. ¶흡족한 미소.

흡착 吸着 | 마실 흡, 붙을 착
[stick to; adhere to]
어떤 물질이 빨아 마셔[吸] 달라붙음[着]. ¶안료가 옷감에 흡착되다.

▸**흡착-력** 吸着力 | 힘 력
어디에 달라붙는[吸着] 힘[力]. ¶거머리는 흡착력이 대단하다.

흡혈 吸血 | 마실 흡, 피 혈
[suck up blood]

피[血]를 빨아 마심[吸]. ¶흡혈동물.

▸흡혈-귀 吸血鬼 | 귀신 귀
사람의 피[血]를 빨아먹는다는[吸] 귀신(鬼神).

흥[1] [Hum!; Hmph!]
❶코를 세게 풀 때 나는 소리. ¶코를 흥 하고 풀다. ❷비웃거나 아니꼬울 때 내는 콧소리. ¶흥! 네가 알긴 뭘 알아?

흥:[2] 興 | 일어날 흥
[fun; mirth; pleasure]
마음이 즐겁고 좋아서 일어나는 정서. ¶흥에 겨워 덩실덩실 춤을 추다.

흥건-하다 [full of water]
물 등이 많이 괴어 있다. ¶방바닥에 물이 흥건하다.

흥:-겹다 (興─, 일어날 흥)
[full of fun; delightful]
매우 흥(興)이 나서 한껏 재미가 있다. ¶흥겨운 노래.

흥망 興亡 | 일어날 흥, 망할 망
[rise and fall; ups and downs]
일어남[興]과 망(亡)함. 부흥과 멸망. ¶로마제국의 흥망.

▸흥망-성쇠 興亡盛衰 | 성할 성, 쇠할 쇠
일어나고[興] 망(亡)함과 성(盛)하고 쇠(衰)함. ¶모든 일에는 흥망성쇠가 있기 마련이다.

흥:미 興味 | 흥겨울 흥, 맛 미
[interest; zest]
흥(興)을 느끼는 재미나 맛[味]. ¶흥미가 나다 / 바둑에 흥미를 붙이다 / 흥미로운 생각.

▸흥미진진 興味津津 | 끈끈할 진, 끈끈할 진
흥미(興味)가 넘칠[津津] 만큼 많다. ¶흥미진진한 모험소설.

흥부 興夫 | 일어날 흥, 사나이 부
❶ 속뜻 집안을 일으킨[興] 사나이[夫]. ❷ 문학 고소설 『흥부전』(興夫傳)의 주인공. 형 놀부로부터 쫓겨났으나 착하고 고운 마음씨를 지녀 뒤에 큰 부자가 되었다.

▸흥부-가 興夫歌 | 노래 가
문학 『흥부전』(興夫傳)을 판소리[歌]로 엮은 것. '흥보가'(興甫歌)라고도 한다.

▸흥부-전 興夫傳 | 전할 전
문학 흥부(興夫)의 전기(傳記)를 이야기 식으로 엮은 고소설.

흥분 興奮 | 일어날 흥, 흔들릴 분
[be excited]
자극으로 인하여 감정이 일어나거나[興] 흔들림[奮]. ¶흥분을 가라앉히다 / 그 소식에 나는 몹시 흥분했다.

▸흥분-제 興奮劑 | 약제 제
약학 뇌나 심장을 자극하여 흥분(興奮)시키는 약제(藥劑).

흥사-단 興士團 | 일어날 흥, 선비 사, 모일 단
❶ 속뜻 민족 부흥(復興)을 위한 선비[士]들의 모임[團]. ❷ 역사 1913년 안창호가 미국 샌프란시스코에서 창립한 민족 부흥 운동 단체. 신민회의 후신으로, 미국 교포의 계몽에 힘쓰다가, 8·15 광복 후 서울로 본부를 옮겼다.

흥얼-거리다 [sing to oneself]
흥에 겨워 입속으로 노래 부르다. ¶콧노래를 흥얼거리다. ㊥ 흥얼흥얼하다, 흥얼대다.

흥얼-흥얼 [hum; croon a song]
흥에 겨워 계속 입속으로 노래를 부르는 소리. 또는 그 모양. ¶흥얼흥얼 노래를 부르다.

흥인지문 興仁之門 | 일어날 흥, 어질 인, 어조사 지, 문 문
❶ 속뜻 어진[仁] 마음이 생겨[興]나는[之] 성문(城門). ❷ 고적 '동대문'(東大門)의 정식 명칭. 서울특별시 종로구 종로 6가에 있는 성문으로 보물 제1호이다.

흥정 [bargain; trade]
물건을 사고팔기 위해 품질·값 등을 의논함. ¶물건 값을 흥정하다. 관용 배부른 흥정.

흥청-거리다 [indulge in riotous fun]
흥에 겨워서 마음껏 놀다. ¶우리는 밤새

먹고 마시고 놀며 흥청거렸다. ㊥ 흥청대다.

흥청-망청 [in profusion; lavishly]
돈·물건 등을 함부로 쓰는 모양. ¶돈을 흥청망청 쓰다.

흥ː-하다 (興–, 일어날 흥)
[thrive; flourish]
번성하여 일어나다[興]. 잘 되어 가다. ¶장사가 흥하다. ㊙ 망(亡)하다, 쇠(衰)하다.

흥행 興行 | 일어날 흥, 행할 행
[performance; show]
❶ 속뜻 유행(流行)을 불러 일으킴[興]. ❷ 영리를 목적으로 연극, 영화, 서커스 따위를 요금을 받고 대중에게 보여 줌. ¶이 영화는 흥행에 성공했다 / 그 연극은 서울에서 흥행하고 있다.

흩-날리다 [send off flying; scatter]
흩어져 날리다. 또는 그렇게 하다. ¶머리카락을 흩날리며 걷다.

흩다 [scatter (about); strew; disperse]
한데 모였던 것을 헤쳐 다 각각 떨어지게 하다. ¶책을 여기저기 흩어 놓다.

흩-뜨리다 [scatter (about); disperse]
흩어지게 하다. 흐트러지게 하다. ¶윤석이는 자세를 흩뜨리지 않고 똑바로 앉아 있다.

흩-뿌리다 [scatter (about); strew]
마구 흩어지게 뿌리다. ¶씨를 흩뿌리다.

흩어-지다 [disperse; break up]
모였던 것이 여기저기 따로 떨어져 헤어지다. ¶뭉치면 살고 흩어지면 죽는다. ㊙ 모이다, 뭉치다.

비슷한 듯 다른 말	➲ 헤어지다

희곡 戲曲 | 연극 희, 노래 곡 [drama]
문학 ❶공연을 목적으로 하는 연극[戲]의 대본[曲]. ❷등장인물들의 행동이나 대화를 기본 수단으로 하여 표현하는 예술 작품. ¶세익스피어는 희곡을 집필하며 생을 보냈다.

희귀 稀貴 | 드물 희, 귀할 귀 [rare]
드물어서[稀] 매우 진귀(珍貴)하다. ¶희귀한 보물.

▸희귀-종 稀貴種 | 갈래 종
드물어서[稀] 매우 진귀(珍貴)한 물건이나 품종(品種). ¶멸종 위기에 놓인 희귀종을 보호하자는 운동이 점차 전국적으로 확대되고 있다.

희극 喜劇 | 기쁠 희, 연극 극
[comedy; farce]
❶ 속뜻 기쁜[喜] 내용을 담은 연극(演劇). ❷ 연영 웃음을 주조로 인간과 사회의 문제점을 경쾌하고 흥미 있게 다룬 연극이나 극 형식. ㊙ 비극(悲劇).

희끄무레-하다 [whitish; rather fair]
❶반반하게 생기고 빛이 조금 흰 듯하다. ¶희끄무레한 얼굴. ❷어떤 사물의 모습이나 불빛 따위가 선명하지 않고 흐릿하다. ¶멀리 설악산의 모습이 희끄무레하게 보인다.

희끗희끗-하다 [streaked with gray]
흰 빛깔이 여기저기 나타나다. ¶희끗희끗한 머리.

희다 (白, 흰 백) [white]
눈빛과 같다. ¶흰옷 / 흰 구름 / 피부가 매우 희다. ㊙ 검다.

희디-희다 [very white; snow-white]
매우 희다. ¶아기의 속살이 희디희다.

희로 喜怒 | 본음 [희노], 기쁠 희, 성낼 노
[delight and anger]
기쁨[喜]과 노여움[怒]. ¶희로가 교차되는 기분을 느꼈다.

▸희로애락 喜怒哀樂 | 본음 [희노애락], 슬플 애, 즐길 락
❶ 속뜻 기쁨[喜]과 노여움[怒]과 슬픔[哀]과 즐거움[樂]. ❷사람의 온갖 감정. ¶그의 작품에는 인간의 희로애락을 잘 표현되어 있다.

희ː롱 戲弄 | 놀릴 희, 놀릴 롱
[ridicule; joke with]
말이나 행동으로 실없이 놀림[戲=弄]. ¶

어린이를 희롱하면 안 된다.

***희망** 希望 | 바랄 희, 바랄 망
[hope; wish]
❶ 속뜻 바람[希=望]. ❷앞 일에 대하여 어떤 기대를 가지고 바람. ¶장래 희망 / 현우는 변호사가 되기를 희망하고 있다. 반 절망(絶望).

▸희망-자 希望者 | 사람 자
어떤 것을 하기를 바라는[希望] 사람[者]. ¶희망자 모집 / 취업 희망자를 소집하였다.

▸희망-차다 (希望-)
희망(希望)이 가득하다. ¶희망찬 새해.

희미 稀微 | 드물 희, 작을 미
[dim; faint]
❶ 속뜻 드물고[稀] 작다[微]. ❷분명하지 못하고 어렴풋하다. ¶희미한 불빛 / 희미한 목소리.

희박 稀薄 | 묽을 희, 엷을 박
[thin; sparse]
❶ 속뜻 묽고[稀] 엷다[薄]. ❷일의 희망이나 가망이 적다. ¶성공할 가능성이 희박하다. ❸농도나 밀도가 엷거나 얕다. ¶희박한 인구 밀도.

희-부옇다 [milky white]
희고 부옇다. ¶희부연 안개.

희비 喜悲 | 기쁠 희, 슬플 비
[joy and sorrow]
기쁨[喜]과 슬픔[悲]. ¶희비가 엇갈리다.

희-뿌옇다 [misty; heavy in the air]
매우 희고 뿌옇다. ¶희뿌연 담배 연기.

희색 喜色 | 기쁠 희, 빛 색
[glad countenance; joyful look]
기뻐하는[喜] 얼굴 빛[色]. ¶얼굴에 희색이 가득하다.

희생 犧牲 | 희생 희, 희생 생 [sacrifice]
❶ 속뜻 제사 지낼 때 제물로 바치는 산 짐승[犧=牲]. 주로 소, 양, 돼지 따위를 바친다. ❷다른 사람이나 어떤 목적을 위하여 자신의 목숨, 재산, 명예, 이익 따위를 바치거나 버림. 또는 그것을 빼앗김. ¶희생을 무릅쓰다 / 희생을 당하다.

▸희생-물 犧牲物 | 만물 물
희생(犧牲)으로 바쳐진 물건(物件).

▸희생-자 犧牲者 | 사람 자
❶ 속뜻 희생(犧牲)된 사람[者]. ❷어떤 일로 피해를 당한 사람. ¶시민들이 사고 희생자들을 추모했다.

희석 稀釋 | 묽을 희, 풀 석
[dilute; water down]
화학 원액에 물 따위를 풀어[釋] 묽게[稀] 하는 일. ¶용액의 희석 / 술을 물에 희석하다.

희-소식 喜消息 | 기쁠 희, 사라질 소, 불어날 식 [good news; glad tidings]
기쁜[喜] 소식(消息).

희열 喜悅 | 기쁠 희, 기쁠 열
[joy; gladness; delight]
기쁨[喜=悅]. 즐거움. ¶얼굴에 희열의 웃음을 지었다. 반 분노(憤怒).

희한 稀罕 | 드물 희, 드물 한
[rare; curious]
매우 드물다[稀=罕]. ¶처음 본 희한한 물건.

흰-나비 [cabbage butterfly]
동물 초봄에 나오는데 흰 빛깔의 나비. 애벌레인 배추벌레는 무·배추 등의 큰 해충이다.

흰-머리 [white hair]
하얗게 센 머리털. ¶흰머리를 뽑다. 비 백발(白髮).

흰-색 (-色, 빛 색) [white color]
흰 빛깔[色]. ¶흰색 옷 / 흰색 운동화. 비 백색(白色), 하얀색, 하양. 반 검은색.

흰-자 [white of an egg; albumen]
'흰자위'의 준말. ¶달걀흰자.

흰-자위 [white of an egg]
❶새알·달걀 등의 속에 노른자위를 싸고 있는 단백질의 부분. ❷눈알의 흰 부분. ¶흰자위에 핏발이 서다. 준 흰자. 반 노른자위, 검은자위.

히스테리 {독 Hysterie}

[의학] 뚜렷한 원인이 없이 감정이 자주 변하여 흥분을 잘하고 감정을 억제하지 못하는 상태. ¶히스테리를 부리다.

히읗
[언어] 한글 자모 'ㅎ'의 이름.

히죽 [with a grin]
만족스러운 듯이 슬쩍 한 번 웃는 모양. ¶내가 사탕 한 개를 주자 동생은 히죽 웃었다.

▸ 히죽-히죽
만족스러운 듯이 슬쩍 자꾸 웃는 모양. ¶정수는 상장을 받고는 히죽히죽 웃었다.

히터 {영 heater}
난방 장치의 하나. 주로 가스나 전기를 이용하여 공기를 덥혀 실내 온도를 높이는 장치이다. [비] 난방기(暖房機).

히트 {영 hit}
세상에 내놓거나 발표한 것이 크게 인기를 얻음. ¶히트를 치다. [비] 대성공.

▸ 히트-곡 (hit曲, 노래 곡)
흔히 대중가요에서 큰 인기를 끄는[hit] 음악[曲]. ¶그는 수많은 히트곡을 남겼다.

히히 [he, he!]
마음에 흐뭇하여 멋없이 싱겁게 자꾸 웃는 소리. 또는 그 모양. ¶선희는 인형을 선물 받고 히히 웃었다.

힌두-교 (Hindu教, 종교 교) [Hinduism]
[종교] 힌두(Hindu)족의 종교(宗教). 인도의 토착 신앙과 브라만교가 융합한 종교 체계로, 사회 제도와의 연계가 특징이다.

힌트 {영 hint}
말뜻 따위를 아는 데 실마리가 되는 것. ¶힌트 학습 / 한자를 알면 힌트가 보인다. [비] 암시(暗示).

힐끔 [catching a glimpse]
눈동자를 흘겨 뜨고 한 번 바라보는 모양. ¶나는 엄마의 눈치를 힐끔 살폈다 / 그는 힐끔힐끔 나를 쳐다보았다 / 그녀는 자꾸만 뒤쪽을 힐끔거렸다. [비] 힐끗.

힐끗 [catching a glimpse]
눈동자를 빠르게 굴려서 한 번 보는 모양. ¶그는 내 지갑에 끼워진 사진을 힐끗 쳐다보았다.

힐난 詰難 | 따질 힐, 꾸짖을 난
[blame; censure; reproach]
트집을 잡아 따지고[詰] 근거 없이 비난(非難)함. ¶그러한 힐난을 도저히 참을 수 없었다.

힐책 詰責 | 따질 힐, 꾸짖을 책
[rebuke; reprimand; reprove]
잘못된 점을 따져[詰] 꾸짖음[責]. ¶힐책을 받다 / 그것은 견딜 수 없는 힐책이었다.

힘 (力, 힘 력) [energy; power; support]
❶사람·동물이 몸에 갖추고 있으면서 스스로 움직이고 또는 다른 것을 움직일 수 있는 근육의 작용. ¶힘이 세다. ❷알거나 깨달을 수 있는 능력. ¶생각할 수 있는 힘. ❸도움이 되는 것. ¶어려울 때 힘이 되어 주는 친구.

♣ 힘 / 기운(氣運) [비슷한 듯 다른 말]

◎ 상쾌한 바람을 쐬니 힘이 = 기운이 난다.
○ 나는 혼자 힘으로 그 일을 해냈다.
× 나는 혼자 기운으로 그 일을 해냈다.
○ 따뜻한 기운이 집 안에 가득했다.
× 따뜻한 힘이 집 안에 가득했다.

힘-겨루기 [trying one's strength with]
승부 따위를 위하여 힘이나 세력을 보여 주거나 확장하려고 서로 버티는 일.

힘-겹다 [more than one can do]
힘에 부쳐 능히 당해 내기 어렵다. ¶힘겨운 싸움 / 힘겹게 계단을 오르다. [비] 벅차다, 힘들다.

힘-껏 [with all one's strength]
힘이 미치는 데까지. 있는 힘을 다하여. ¶힘껏 달리다. [비] 기운껏.

힘-내다 [put out one's strength]
꾸준히 힘을 써서 일을 행하다. ¶힘내, 친

구야!

힘-닿다 [in one's power]
힘이나 권세·위력 등이 미치다. ¶힘닿는 데까지 돕겠다.

힘-들다 [laborious; hard]
어렵거나 곤란하다. ¶너무 더워서 공부하기 힘들다. [반] 쉽다.

힘-들이다 [take pains; elaborate on]
힘이나 마음을 기울이다. ¶힘들여 짐을 옮기다.

힘-세다 [powerful; strong; mighty]
힘이 많아서 억세다. ¶그는 키가 키고 힘세다.

힘-쓰다 [endeavor; strive]
힘을 다하고 노력하다. ¶힘써 공부하다 / 나랏일에 힘쓰다.

힘-없다 [powerless; impotent]
의욕이나 기운이 없다. ¶힘없이 넘어지다 / 힘없는 목소리 / 힘없이 대답하다.

힘-입다 [owe; indebted for]
남의 신세를 지다. 남에게 부탁하여 도움을 받다. ¶주민들의 도움에 힘입어 이번 행사를 성공적으로 마쳤다.

힘-자랑 [boast of one's strength]
힘이 센 것을 자랑함. ¶그는 황소도 번쩍 들 수 있다며 힘자랑을 했다.

힘-점 (一點, 점 점) [power point]
[물리] 지레 따위로 어떤 물체를 움직일 경우 그 물체에 힘이 작용하는 점(點).

힘-주다 [devote strength; put stress]
❶어떤 일이나 말을 강조하다. ¶그는 특히 '배려'에 대해 힘주어 말했다. ❷힘을 한곳으로 몰다. ¶힘주어 손을 꽉 잡다.

힘-줄 [fiber; string]
[의학] 근육의 밑바탕이 되는 희고 질긴 살의 줄.

힘줌-말 [intensive word]
[언어] 힘을 준 말. 강조하는 말. 예를 들어 '뻗다'의 힘줌말은 '뻗치다'이다.

힘-차다
[full of strength; powerful]
힘이 있고 씩씩하다. ¶힘찬 발걸음 / 힘찬 박수. [비] 기운차다.

힝 [with a hissing sound]
코를 아주 세게 푸는 소리. ¶민수는 반대편 콧구멍을 누르고 코를 힝 하고 풀었다.

부록 목차

부록 ❶ 속담 및 관용어 350

우리글 표현력을 높이기 위해서는 속담을 많이 알아야 합니다. 그래서 4학년 국어 교과에 속담사전 찾아보기에 관한 설명이 있습니다. 이 사전에서는 표제어의 예문을 열거할 때 가급적 속담을 많이 인용하였고, 이렇게 인용된 속담을 부록 형식으로 따로 모아서 알기 쉽게 풀이해 놓았습니다. 특히 해당 속담의 비유적인 의미를 이해하기 힘든 경우, 속뜻 항목을 따로 설정하여 그 속에 담긴 뜻을 밝혀둠으로써 학습자들이 쉽게 익힐 수 있도록 하였습니다. 속담 뒤편에는 관용어에 대한 풀이도 추가해 놓았습니다. 속담과 관용어(총 350개)는 찾아보기 편리하도록 각각 가나다순으로 배열하였습니다.

1. 속 담 편

가난한 집 제사 돌아오듯. ➲가난

❶ 속뜻 가난한 집에 제삿날이 자꾸 돌아와서 그것을 치르느라 매우 어려움을 겪는다는 뜻. ❷힘든 일이 자주 닥쳐옴을 비유적으로 이르는 말.

가는 날이 장날. ➲장날

❶ 속뜻 일을 보러 가니 공교롭게 장이 서는 날이었다는 뜻. ❷어떤 일을 하려고 하는데 뜻하지 않은 일을 공교롭게 당함을 비유적으로 이르는 말.

가는 말에 채찍질. ➲채찍질

❶ 속뜻 달리고 있는 말에게 더 빨리 달리라고 자꾸 채찍질을 한다는 뜻. ❷열심히 하고 있는데도 더 빨리 하라고 독촉함을 비유적으로 이르는 말. ❸형편이나 힘이 한창 좋을 때라도 더욱 마음을 써서 힘써야 함을 비유적으로 이르는 말.

가는 말이 고와야 오는 말이 곱다. ➲곱다[2]

❶ 속뜻 저편이 공손해야 이편에서도 공손하게 대해 준다는 뜻. ❷남에게 말을 공손하게 해야 대접을 잘 받을 수 있음.

가랑잎에 불붙듯 ➲가랑잎

❶ 속뜻 바싹 마른 가랑잎에 불을 지르면 걷잡을 수 없이 잘 탄다는 뜻. ❷성미가 조급하고 도량이 좁아 걸핏하면 발끈하고 화를 잘 내는 것을 비유적으로 이르는 말.

가물에 콩 나듯. ➲가물다

❶ 속뜻 가뭄에는 심은 콩이 제대로 싹이 트지 못하여 드문드문 난다는 뜻. ❷어떤 일이나 물건이 어쩌다 하나씩 드문드문 있는 경우를 비유적으로 이르는 말.

가재는 게 편. ➲가재

모양이나 형편이 서로 비슷하고 인연이 있는 것끼리 서로 잘 어울리고, 사정을 보아주며 감싸 주기 쉬움을 비유적으로 이르는 말.

간에 기별도 안 간다. ➲기별

❶ 속뜻 간(肝)에 소식이 전해 지지 아니

한다는 뜻. ❷먹은 것이 너무 적어 먹으나 마나 함을 비유적으로 이르는 말. (※寄別: 부칠 기, 나눌 별).

간에 붙었다 쓸개에 붙었다 한다. ➲간[2]

자기에게 조금이라도 이익이 된다면, 이편에 붙었다 저편에 붙었다 함을 비유적으로 이르는 말.

갓 쓰고 자전거 타는 격. ➲갓[1]

전혀 격(格)에 어울리지 아니하게 차려입은 것을 놀림조로 이르는 말.

강 건너 불구경하듯 한다. ➲건너

자기에게 관계없는 일이라고 무관심하게 옆에서 보기만 하는 모양.

강물도 쓰면 준다. ➲줄다

❶속뜻 굉장히 많은 강물도 자꾸 쓰다보면 줄어든다는 뜻. ❷풍부하다고 하여 함부로 헤프게 쓰지 말라는 말.

같은 값이면 다홍치마. ➲다홍치마

값이 같다면 다홍치마같이 예쁘고 품질이 좋은 것을 택한다는 말.

개구리 올챙이 적 생각 못한다. ➲올챙이

성공하고 나서 지난날 어려웠을 때의 일을 생각지 아니하고, 본래부터 잘난 듯이 뽐냄을 비유적으로 이르는 말.

개도 닷새가 되면 주인을 안다. ➲알다

❶속뜻 짐승인 개도 자기를 돌봐 주는 주인을 안다는 뜻. ❷은혜를 잊은 배은망덕한 사람을 꾸짖을 때 하는 말.

개천에서 용 난다. ➲개천

가난한 집안이나 부모에게서 훌륭한 인물이 나는 경우를 이르는 말.

객주가 망하려니 짚단만 들어온다. ➲객주(客主)

❶속뜻 장사가 안 되려니까 손님은 안 들어오고 자리만 차지하는 짚단만 들어온다는 뜻. ❷일이 안되려면 해롭고 귀찮은 일만 생긴다는 말.

거미도 줄을 쳐야 벌레를 잡는다. ➲치다[4]

무슨 일이든지 필요한 준비를 해놓아야 그 결과를 얻을 수 있다는 말.

걷기도 전에 뛰려고 한다. ➲걷다[1]

쉽고 작은 일도 해낼 수 없으면서 어렵고 큰일을 하려고 나섬을 이르는 말.

고래 싸움에 새우 등 터진다. ➲새우

강한 자들끼리 싸우는 통에 아무 상관도 없는 약한 자가 중간에 끼어 피해를 입게 됨을 비유적으로 이르는 말.

고생 끝에 낙이 온다. ➲고생(苦生)

어려운 일이나 고된 일을 겪은 뒤에는 반드시 즐겁고 좋은 일이 생긴다는 말.

공든 탑이 무너지랴. ➲공들다

❶속뜻 공들여 쌓은 탑은 무너질 리 없다는 뜻. ❷힘을 다하고 정성을 다하여 한 일은 그 결과가 반드시 헛되지 아니함을 비유적으로 이르는 말.

공짜라면 양잿물이라도 먹는다. ➲양잿물

공짜라면 무엇이든지 가리지 않고 닥치는 대로 다 받는 것을 비꼬는 말.

광에서 인심 난다. ➲광

❶속뜻 광에 가득한 곡식을 보면 남을 도울 마음이 생긴다는 뜻. ❷자신이 넉넉해야 다른 사람도 도울 수 있음을 비유적으로 이르는 말.

구관이 명관이다. ➲구관(舊官)

❶속뜻 알고 보니 구관이 이름난[名] 관리(官吏)라는 뜻. (※舊官: 옛 구, 벼슬 관; 名官: 이름 명, 벼슬 관). ❷경험이 많거나 익숙한 이가 더 잘하는 법임을 비유적으로 이르는 말. ❸나중 사람을 겪어 봄으로써 먼저 사람이 좋은 줄을 알게 된다는 말.

구더기 무서워 장 못 담글까. ➲구더기
다소 걸림이 되는 것이 있다 하더라도 마땅히 할 일은 하여야 함을 비유적으로 이르는 말.

구슬이 서 말이라도 꿰어야 보배. ➲말[3]
아무리 훌륭하고 좋은 것이라도 다듬고 정리하여 쓸모 있게 만들어 놓아야 값어치가 있음을 비유적으로 이르는 말

굶어 보아야 세상을 안다. ➲굶다
굶주릴 정도로 고생을 겪어 보아야 세상을 알게 된다는 말.

굽은 나무가 선산을 지킨다. ➲선산(先山)
❶ 속뜻 자손이 가난해지면 조상의 무덤이 있는 산에 있는 나무까지 팔아 버리는데, 이 때 줄기가 굽어 쓸모없는 것은 그대로 남게 된다는 뜻. (※先山: 먼저 선, 메 산). ❷쓸모없어 보이는 것이 도리어 제구실을 하게 됨을 비유적으로 이르는 말.

귀에 걸면 귀걸이 코에 걸면 코걸이. ➲귀걸이
❶어떤 원칙이 정해져 있는 것이 아니라 둘러대기에 따라 이렇게도 되고 저렇게도 될 수 있음을 비유적으로 이르는 말. ❷어떤 사물은 보는 관점에 따라 이렇게도 될 수 있고 저렇게도 될 수 있음을 비유적으로 이르는 말.

그물에 든 고기. ➲그물
이미 잡혀 옴짝달싹 못하고 죽을 지경에 빠졌음을 비유적으로 이르는 말.

금강산도 식후경. ➲금강산(金剛山)
❶ 속뜻 금강산도 밥을 먹은 뒤에 보아야 그 경치가 아름답게 보인다는 뜻. (※食後景: 먹을 식, 뒤 후, 경치 경). ❷배가 불러야 흥이 나지 배가 고프면 아무 일에도 흥이 나지 않음을 비유적으로 이르는 말.

기둥보다 서까래가 더 굵다. ➲서까래
주(主)가 되는 것과 그에 따르는 것이 뒤바뀌어 사리에 어긋남을 비유적으로 이르는 말.

기르던 개에게 다리가 물렸다. ➲기르다
자기가 도와주고 은혜를 베풀어 준 사람한테서 도리어 해를 입음을 비유적으로 이르는 말.

길고 짧은 것은 대어 보아야 안다. ➲길다
크고 작고, 이기고 지고, 잘하고 못하는 것은 실지로 겨루어 보거나 겪어 보아야 알 수 있다는 말.

까마귀가 검기로 마음도 검겠나. ➲까마귀
❶ 속뜻 겉이 검은 까마귀라고 속도 검을 리 없다는 뜻. ❷사람을 평가할 때 겉모양만 보고 할 것이 아니라는 뜻으로 이르는 말.

꼬리가 길면 밟힌다. ➲꼬리
나쁜 일을 아무리 남모르게 한다고 해도 오래 두고 여러 번 계속하면 결국에는 들키고 만다는 것을 비유적으로 이르는 말.

꾸어다 놓은 보릿자루. ➲꾸다[2]
❶여럿이 모여 이야기하는 자리에서 아무 말도 하지 않고 옆에 가만히 있는 사람을 비유적으로 이르는 말. ❷차지하고 있는 위치에서 자기 역할을 다하지 못하는 사람을 비유적으로 이르는 말.

꿀 먹은 벙어리. ➲꿀
❶말을 잘 하지 못하여 가만히 있기만 하는 사람을 비유적으로 이르는 말. ❷남몰래 일을 저지르고도 모르는 체 시치미를 떼는 사람을 비유적으로 이

르는 말.

꿈보다 해몽이 좋다. ➲꿈

❶ 속뜻 꿈보다 그 꿈에 대한 풀이가 더 좋다는 뜻. ❷어떤 사실에 대하여 그럴듯하게 돌려 생각하여 좋게 풀이함을 비유적으로 이르는 말. (※解夢: 풀 해, 꿈 몽).

나무에 오르라 하고 흔드는 격. ➲흔들다

남을 꾀어 위험한 곳이나 불행한 처지에 빠지게 함을 비유적으로 이르는 말.

나중 난 뿔이 우뚝하다. ➲뿔

❶나중에 생긴 것이 먼저 것보다 훨씬 나음을 비유적으로 이르는 말. ❷후배가 선배보다 훌륭하게 되었음을 비유적으로 이르는 말.

낙숫물이 댓돌을 뚫는다. ➲댓돌

❶ 속뜻 작은 낙숫물이라도 계속해서 떨어지면 단단한 댓돌도 뚫을 수 있다. (※落水: 떨어질 락, 물 수). ❷작은 힘이라도 꾸준히 계속하면 큰일을 이룰 수 있음을 비유적으로 이르는 말.

날면 기는 것이 능하지 못하다. ➲능(能)하다

훌륭한 재주가 있는 사람이라도 모든 일을 다 잘할 수는 없음을 비유적으로 이르는 말.

남의 말 하기는 식은 죽 먹기. ➲식다

남의 잘못을 드러내어 말하는 것은 아주 쉬운 일임을 비유적으로 이르는 말.

남의 밥에 든 콩이 굵어 보인다. ➲굵다

물건은 남의 것이 제 것보다 더 좋아 보임을 비유적으로 이르는 말.

남의 잔치에 감 놔라 배 놔라 한다. ➲놓다

남의 일에 쓸데없이 간섭함을 비유적으로 이르는 말.

낮말은 새가 듣고 밤말은 쥐가 듣는다. ➲듣다[1]

아무리 남몰래 한 말이라도 반드시 남의 귀에 들어가게 되니, 말조심해야 한다는 말.

내리사랑은 있어도 치사랑은 없다. ➲내리사랑

윗사람이 아랫사람을 사랑하기는 하여도 아랫사람이 윗사람을 사랑하기는 좀처럼 어렵다는 말.

내 배가 부르니 종의 배고픔을 모른다. ➲부르다[2]

자기만 만족하면 남의 곤란함을 모르고 돌보아 주지 아니함을 비유적으로 이르는 말.

내 코가 석 자. ➲코[1]

내 사정이 급해서 남을 돌볼 여유가 없음을 비유적으로 이르는 말.

누울 자리 봐 가며 발 뻗어라. ➲뻗다

❶결과가 어떻게 되리라는 것을 미리 살핀 다음에 일을 시작하라는 말. ❷시간과 장소를 가려 행동하라는 말.

누워서 떡 먹기. ➲눕다

하기가 매우 쉬운 것을 비유적으로 이르는 말.

누워서 침 뱉기. ➲침[1]

남을 해치려고 하다가 도리어 자기가 해를 입게 된다는 것을 비유적으로 이르는 말.

누이 좋고 매부 좋다. ➲누이

어떤 일에 있어 서로 다 이롭고 좋음을 비유적으로 이르는 말. (※妹夫: 누이 매, 지아비 부: 누이의 남편).

눈 가리고 아웅. ➲눈[1]

❶얕은수로 남을 속이려 한다는 말. ❷실제로 보람도 없을 일을 공연히 형식적으로 하는 체하며 부질없는 짓을 함을 비유

적으로 이르는 말.

다람쥐 쳇바퀴 돌듯. ➲다람쥐
앞으로 나아가지 못하고 제자리걸음만 함을 비유적으로 이르는 말.

달걀로 바위 치기. ➲치다[2]
도저히 이길 수 없는 경우를 비유적으로 이르는 말.

닭 잡아먹고 오리발 내놓기. ➲닭
옳지 못한 일을 저질러 놓고 엉뚱한 수작으로 속여 넘기려 하는 일을 비유적으로 이르는 말.

닭 쫓던 개 지붕 쳐다보듯. ➲쫓다
❶ 속뜻 개에게 쫓기던 닭이 지붕으로 올라가자 개가 쫓아 올라가지 못하고 지붕만 쳐다본다는 뜻. ❷애써 하던 일이 실패로 돌아가거나 남보다 뒤떨어져 어찌할 도리가 없음을 비유적으로 이르는 말.

닭의 볏이 될지언정 소의 꼬리는 되지 마라. ➲볏
크고 훌륭한 자의 뒤를 쫓아다니는 것보다는 차라리 작고 보잘것없는 데서 남의 우두머리가 되는 것이 낫다는 말.

대들보 썩는 줄 모르고 기왓장 아끼는 격. ➲대들보
장차 더 크게 손해 볼 것은 모르고 당장 돈이 조금 든다고 사소한 것을 아끼려는 어리석은 행동을 비유적으로 이르는 말.

도둑에게 열쇠 준다. ➲열쇠
믿지 못할 사람에게 큰일을 맡기는 어리석음을 비유적으로 이르는 말.

도둑을 맞으려면 개도 안 짖는다. ➲짖다
운수가 나쁘면 모든 것이 제대로 되지 않음을 비유적으로 이르는 말.

도둑이 없으면 법도 쓸데없다. ➲쓸데없다
❶ 속뜻 도둑을 없애기 위해서 법이 만들어졌다는 뜻. ❷도둑질이 가장 나쁨을 비유적으로 이르는 말.

도둑이 제 발 저리다. ➲저리다
지은 죄가 있으면 자연히 마음이 조마조마하여짐을 비유적으로 이르는 말.

돌다리도 두드려 보고 건너라. ➲두드리다
아무리 단단한 돌다리라 할지라도 부서질 수 있으니, 무슨 일이든 잘 생각하고 난 뒤에 행동해야 한다는 말.

동에 번쩍 서에 번쩍. ➲동[2]
여기 저기 왔다 갔다 함을 이르는 말.

될성부른 나무는 떡잎부터 알아본다. ➲떡잎
장래에 크게 될 사람은 어릴 때부터 다르다는 말.

드는 줄은 몰라도 나는 줄은 안다. ➲들다[1]
사람이나 재물이 불어나는 것은 눈에 잘 띄지 않아도 그것이 줄어드는 것은 금방 알 수 있다는 말.

등잔 밑이 어둡다. ➲등잔(燈盞)
가까이 있는 사람이 도리어 잘 알기 어렵다는 말.

땅 짚고 헤엄치기. ➲땅
일이 매우 쉬운 것임을 비유하여 이르는 말.

떡 본 김에 제사 지낸다. ➲떡
우연히 운 좋은 기회에, 하려던 일을 해치운다는 말.

떡 줄 사람은 생각도 않는데 김칫국부터 마신다. ➲김칫국
해 줄 사람은 생각지도 않는데 미리부터 다 된 일로 알고 미리 행동하는 것을 이르는 말.

떼어 놓은 당상. ➲떼다
❶ 속뜻 맡아 놓은 당상(堂上) 벼슬자리가 바뀔 리 없다는 뜻. ❷어떤 일이 확정

되었음을 이르는 말.

똥 누러 갈 적 마음 다르고 올 적 마음 다르다. ➲똥
자기 일이 아주 급한 때는 통사정하며 매달리다가 그 일을 무사히 다 마치고 나면 모른 체한다는 말.

똥 묻은 개가 겨 묻은 개 나무란다. ➲겨
❶속뜻 나쁜 사람이 조금 덜 나쁜 사람을 흉본다는 뜻. ❷결점이 있기는 마찬가지임을 비유하여 이르는 말.

뚝배기보다 장맛이 좋다. ➲뚝배기
겉모양은 보잘것없으나 내용은 훨씬 훌륭함을 이르는 말.

뛰는 놈 위에 나는 놈 있다. ➲뛰다
❶속뜻 재주가 뛰어나다 하더라도 그보다 더 뛰어난 사람이 있다는 뜻. ❷스스로 잘났다고 뽐내는 사람을 경계하여 이르는 말.

마른 하늘에 날벼락. ➲날벼락
뜻하지 아니한 상황에서 뜻밖에 재난을 당하는 것을 이르는 말.

마파람에 게 눈 감추듯. ➲마파람
❶속뜻 남쪽에서 불어오는 마파람이 불면, 게가 금방 눈을 감춘다는 뜻. ❷음식을 매우 빨리 먹어 버리는 모습을 비유적으로 이르는 말.

말 안 하면 귀신도 모른다. ➲귀신(鬼神)
혼자 속으로 애만 태울 것이 아니라 밖으로 말을 해야 그 속사정을 남들이 알아주게 된다는 말.

말 타면 경마 잡히고 싶다. ➲말[2]
사람의 욕심이란 한이 없다는 말. (※競馬: 겨룰 경, 말 마).

말 한마디에 천냥 빚도 갚는다. ➲말[1]
말을 잘하는 것이 매우 중요함을 비유적으로 이르는 말.

말이 고마우면 비지 사러 갔다 두부 사 온다. ➲비지
상대편이 고맙게 여기도록 말을 잘하면 생각했던 것보다 훨씬 더 후한 대접을 받게 된다는 말.

망건 쓰고 세수한다. ➲망건(網巾)
❶속뜻 망건을 먼저 쓰고 세수를 한다. (※網巾: 그물 망, 수건 건; 洗手: 씻을 세, 손 수). ❷일의 순서를 바꾸어 함을 놀림조로 이르는 말.

맞은 놈은 펴고 자고 때린 놈은 오그리고 잔다. ➲오그리다
남을 괴롭힌 사람은 뒷일이 걱정되어 마음이 불안하나, 해를 입은 사람은 마음만은 편하다는 말.

모기 보고 칼 빼기. ➲빼다
❶속뜻 모기를 잡으려고 칼을 빼어든다는 뜻. ❷시시한 일로 소란을 피움을 비유적으로 이르는 말. ❸보잘것없는 작은 일에 어울리지 않게 엄청나게 큰 대책을 씀을 비유적으로 이르는 말.

모난 돌이 정 맞는다. ➲모나다
❶앞에 잘 나서는 사람은 미움을 받게 된다는 말. ❷잘난 체하는 사람은 남의 공격을 받게 된다는 말.

모로 가도 서울만 가면 된다. ➲모[1]
수단이나 방법은 어찌 되었든 간에 목적만 이루면 된다는 말.

모르면 약 아는 게 병. ➲병[2]
모르면 차라리 마음이 편하여 좋으나, 좀 알게 되면 그것 때문에 걱정거리가 생기게 된다는 말.

목구멍이 포도청. ➲포도청(捕盜廳)
먹고살기 위하여, 해서는 안 될 짓까지도 마구 함을 이르는 말. 조선시대 때 범인을 잡는 포도청에서 죄 없는 백성까지도 마구 잡아 가던 것에서 유래된 말이다. (※捕盜廳 : 잡을 포, 도둑 도, 관청 청).

목마른 놈이 우물 판다. ➲목마르다
제일 급하고 일이 필요한 사람이 그 일을 서둘러 하게 되어 있다는 말.

못 먹는 감 찔러나 본다. ➲못[4]
제 것으로 만들지 못할 바에야 남도 갖지 못하게 만들자는 뒤틀린 마음을 이르는 말.

못된 송아지 엉덩이에 뿔이 난다. ➲못되다
되지 못한 것이 엇나가는 짓만 한다는 말.

무소식이 희소식. ➲무소식(無消息)
소식이 없음은 무사히 잘 있다는 것이니, 곧 기쁜 소식이나 다름없다는 말. (※無: 없을 무; 喜: 기쁠 희).

무쇠도 갈면 바늘 된다. ➲무쇠
꾸준히 노력하면 어떤 어려운 일이라도 이룰 수 있다는 말.

물에 빠지면 지푸라기라도 잡는다. ➲지푸라기
위급한 때를 당하면 무엇이나 닥치는 대로 잡고 늘어지게 됨을 이르는 말. (※危急: 위태할 위, 급할 급).

물에 빠진 놈 건져 놓으니까 내 봇짐 내라 한다. ➲봇짐
남에게 은혜를 입고서도 그 고마움을 모르고 오히려 생트집을 잡음을 이르는 말.

미꾸라지 한 마리가 온 웅덩이를 흐려 놓는다. ➲미꾸라지
❶속뜻 미꾸라지 한 마리가 흙탕물을 일으켜서 웅덩이의 물을 온통 다 흐리게 한다는 뜻. ❷한 사람의 좋지 않은 행동이 그 집단 전체나 여러 사람에게 나쁜 영향을 미침을 비유하여 이르는 말.

믿는 도끼에 발등 찍힌다. ➲발등
잘 되리라고 믿고 있던 일이 어긋나거나, 믿던 사람이 배반하여 오히려 해를 입음을 비유적으로 이르는 말.

밑 빠진 독에 물 붓기. ➲독[1]
❶속뜻 밑 빠진 독에 아무리 물을 부어도 독이 채워질 수 없다는 뜻. ❷아무리 힘이나 밑천을 들여도 보람 없이 헛된 일이 되는 상태를 비유적으로 이르는 말.

밑져야 본전이다. ➲본전(本錢)
❶속뜻 밑져도 본전은 남아 있다는 뜻. (※本錢: 뿌리 본, 돈 전). ❷일이 잘못되어도 손해 볼 것은 없다는 말. ❸손해 볼 것이 없으니 한번 해 보아야 한다는 말.

바늘 도둑이 소 도둑 된다. ➲도둑
❶속뜻 바늘을 훔치던 사람이 계속 반복하다 보면 결국은 소까지도 훔친다는 뜻. ❷작은 나쁜 짓도 자꾸 하게 되면 큰 죄를 저지르게 됨을 비유적으로 이르는 말.

바다는 메워도 사람의 욕심은 못 채운다. ➲메우다
❶속뜻 아무리 넓고 깊은 바다라도 메울 수는 있지만, 사람의 욕심은 끝이 없어 메울 수 없다는 뜻. ❷사람의 욕심이 한이 없음을 비유적으로 이르는 말.

바람 앞의 등불. ➲등불
언제 꺼질지 모르는 바람 앞의 등불이란 뜻으로, 매우 위태로운 처지에 놓여 있음을 비유적으로 이르는 말.

발 없는 말이 천 리 간다. ➲발[1]
❶속뜻 말은 비록 발이 없지만 천 리 밖까지도 순식간에 퍼져 간다는 뜻. ❷말을 조심하고 삼가야 함을 비유적으로 이르는 말.

방귀 뀐 놈이 성낸다. ➲방귀
자기가 방귀를 뀌고 오히려 남보고 성낸다는 뜻으로, 잘못을 저지른 쪽에서 오히려 남에게 성냄을 비꼬는 말.

배보다 배꼽이 더 크다. ➲배[1]
❶기본이 되는 것보다 그것에 따르는 것이 더 많거나 큰 경우를 비유적으로 이르

는 말. ❷일이 도리와 반대가 되는 경우를 비유적으로 이르는 말.

백지장도 맞들면 낫다. ➲백지장(白紙張)
쉬운 일이라도 협력하여 하면 훨씬 쉽다는 말. (※白紙張: 흰 백, 종이 지, 날장 장).

뱁새가 황새를 따라 가면 가랑이가 찢어진다. ➲뱁새
힘에 겨운 일을 억지로 하면 도리어 해만 입는다는 말. 분수를 지켜야 한다는 뜻.

번갯불에 콩 볶아 먹겠다. ➲번갯불
❶속뜻 번개가 번쩍하는 잠깐 순간에도 그 불로 콩을 볶아서 먹음. ❷행동이 매우 민첩하거나, 급하게 행동하는 모습을 이르는 말.

벙어리 냉가슴 앓듯. ➲냉(冷)가슴
❶속뜻 벙어리가 안타까운 마음을 하소연할 길이 없어 속만 썩인다는 뜻. ❷답답한 사정이 있어도 남에게 말하지 못하고 혼자만 괴로워하며 걱정하는 경우를 비유적으로 이르는 말.

벼는 익을수록 고개를 숙인다. ➲벼
교양이 있고 수양을 쌓은 사람일수록 겸손하고 남 앞에서 자기를 내세우려 하지 않는다는 것을 비유적으로 이르는 말.

벽에도 귀가 있다. ➲벽(壁)
남들이 들을 수 있기 때문에 말을 함부로 하지 말 것을 비유적으로 이르는 말.

병 주고 약 준다. ➲약³(藥)
❶속뜻 남을 해치고 나서 약을 주며 그를 구해주는 체 한다는 뜻. ❷교활하고 음흉한 자의 행동을 비유적으로 이르는 말.

부부 싸움은 칼로 물 베기. ➲부부(夫婦)
❶속뜻 부부 싸움은 칼로 물을 베는 것과 같아서 금방 원래 상태로 돌아간다는 뜻. ❷부부는 싸움을 하여도 금방 다시 좋아하게 됨을 비유적으로 이르는 말.

부자는 망해도 삼 년 먹을 것이 있다. ➲부자¹(富者)
본래 부자이던 사람은 망했다 하더라도 얼마 동안은 살아 나갈 수 있음을 비유적으로 이르는 말.

부지런한 물방아는 얼 새도 없다. ➲물방아
❶속뜻 물방아는 쉬지 아니하고 돌기 때문에 추워도 얼지 아니한다는 뜻. ❷무슨 일이든 쉬지 아니하고 부지런히 하여야 실수가 없고 순조롭게 이루어짐을 비유적으로 이르는 말.

불난 집에 부채질한다. ➲부채질
남의 재앙을 점점 더 커지도록 만들거나 성난 사람을 더욱 성나게 함을 비유적으로 이르는 말.

비 온 뒤에 땅이 굳어진다. ➲비¹
❶속뜻 비에 젖어 질척거리던 흙이 마르고 나면 더욱 단단하게 굳어진다는 뜻. ❷어떤 시련을 겪은 뒤에 더 강해짐을 비유적으로 이르는 말.

빈 수레가 요란하다. ➲수레
실속 없는 사람이 겉으로 더 떠들어 댐을 비유적으로 이르는 말. (※擾亂: 어지러울 요, 어지러울 란).

빈대도 낯짝이 있다. ➲빈대
지나치게 낯부끄러움이 없는 사람을 나무라는 말.

빛 좋은 개살구. ➲개살구
❶속뜻 겉보기에는 고운 빛깔을 띠고 있지만 맛은 없는 게 개살구라는 뜻. ❷겉만 그럴 듯 하고 실속이 없는 경우를 비유적으로 이르는 말.

사공이 많으면 배가 산으로 간다. ➲사공(沙工)
❶속뜻 여러 사람이 저마다 제 주장대로 배를 몰려고 하면 결국에는 배가 물로 못 가고 산으로 올라간다는 뜻. (※沙工

: 모래 사, 장인 공). ❷책임자가 없이 여러 사람이 자기 주장만 내세우면 일이 제대로 되기 어려움을 비유적으로 이르는 말.

사돈 남의 말 한다. ➲사돈(査頓)
자기도 같은 잘못을 했으면서 제 잘못은 제쳐 두고 남의 잘못만 나무란다는 말.

사람 위에 사람 없고 사람 밑에 사람 없다. ➲사람
사람은 본래 태어날 때부터 권리나 의무가 평등함을 이르는 말.

사촌이 땅을 사면 배가 아프다. ➲사촌(四寸)
남이 잘되는 것을 기뻐해 주지는 않고 오히려 질투하고 시기하는 경우를 비유적으로 이르는 말.

사흘에 한 끼 입에 풀칠하기도 어렵다. ➲풀칠
늘 굶고 살 정도로 살림이 매우 가난함을 비유적으로 이르는 말.

산 넘어 산이다. ➲산[1](山)
❶속뜻 어렵게 산을 넘어 가니 또 산이 있다는 뜻. ❷고생이 끝나지 않고 계속되거나 점점 더 심하여짐을 비유적으로 이르는 말.

산 입에 거미줄 치랴. ➲살다
❶속뜻 산 사람의 입 안에 거미줄을 칠 정도로 먹을 것이 없기야 하겠는가. ❷아무리 살림이 어려운 사람이라도 그럭저럭 죽지 않고 먹고 살아가기 마련임을 비유적으로 이르는 말.

산에 가야 꿩을 잡고 바다에 가야 고기를 잡는다. ➲꿩
❶속뜻 꿩은 산에 가야 잡을 수 있고, 고기는 바다에 가야 잡을 수 있다는 뜻. ❷무슨 일이든지 가만히 앉아 있어서는 이루어지지 않고 발 벗고 나서서 힘을 들여야 이루어짐을 비유적으로 이르는 말.

삼십육계 줄행랑이 제일. ➲삼십육계(三十六計)
❶속뜻 36가지 계책 가운데 도망치는 것이 제일 효과적이라는 뜻. ❷적을 만났을 때에는 싸우거나 다른 계책을 세우기보다 우선 피하는 것이 최상 책이라는 말. (※計策: 꾀 계, 대책 책).

새끼 많이 둔 소 길마 벗을 날 없다. ➲길마
❶속뜻 새끼 많은 소는 일에서 벗어나 편히 쉴 사이가 없다는 뜻. ❷자식이 많은 부모는 자식을 먹여 키우기 위하여 쉴 새 없이 고생만 하게 됨을 비유적으로 이르는 말.

새벽달 보자고 초저녁부터 기다린다. ➲새벽달
❶속뜻 새벽에 뜰 달을 보겠다고 초저녁부터 나가서 기다리고 있다는 뜻. ❷일을 너무 일찍부터 서두름을 비유적으로 이르는 말.

서당 개 삼 년에 풍월을 읊는다. ➲서당(書堂)
❶속뜻 서당에서 삼 년 동안 살면서 매일 글 읽는 소리를 듣다 보면 개조차도 글 읽는 소리를 내게 된다는 뜻. ❷어떤 분야에 대하여 지식과 경험이 전혀 없는 사람이라도 그 부문에 오래 있으면 얼마간의 지식과 경험을 갖게 된다는 것을 비유적으로 이르는 말.

서울 가서 김 서방 찾기. ➲서울
❶속뜻 넓은 서울 장안에 가서 주소도 모르고 덮어놓고 김 서방을 찾는다는 뜻. ❷주소도 이름도 모르고 무턱대고 막연하게 사람을 찾아가는 경우를 비유적으로 이르는 말.

서쪽에서 해가 뜨다. ➲뜨다[1]
누군가 평소와는 다르게 좋은 행동을 보

일 때, 믿어지지 않는다는 뜻으로 하는 말.

서투른 무당이 장구만 나무란다. ➲장구
자기 기술이나 능력이 부족한 것은 생각하지 않고 애매한 도구나 조건만 가지고 나쁘다고 탓함을 비꼬는 말.

선무당이 사람 잡는다. ➲선무당
❶속뜻 의술에 서투른 사람이 치료해 준다고 하다가 사람을 죽이기까지 한다는 뜻. ❷능력이 없어서 제 구실을 못하면서 함부로 하다가 큰일을 저지르게 됨을 비유적으로 이르는 말.

선불 맞은 호랑이 뛰듯 한다. ➲선불[1]
선불을 맞은 호랑이가 분에 못 이겨 매우 사납게 날뛰듯이 마구 날뛰는 모양을 비유적으로 이르는 말.

설마가 사람 잡는다. ➲설마
❶속뜻 그럴 리야 없을 것이라 마음을 놓거나 요행을 바라는 데에서 탈이 난다는 뜻. (※僥倖: 바랄 요, 요행 행). ❷요행을 바라지 말고 있을 수 있는 모든 것을 미리 예방해 놓아야 한다는 말.

섶을 지고 불로 들어가려 한다. ➲섶[2]
❶속뜻 당장에 불이 붙을 섶을 지고 이글거리는 불 속으로 뛰어든다는 뜻. ❷앞뒤 가리지 못하고 미련하게 행동함을 놀림조로 이르는 말.

소 닭 보듯. ➲소[1]
서로 무심하게 보는 모양을 비유적으로 이르는 말.

소 잃고 외양간 고친다. ➲외양간
❶속뜻 소를 도둑맞은 다음에서야 빈 외양간의 허물어진 데를 고치느라 수선을 떤다는 뜻. ❷일이 이미 잘못된 뒤에는 손을 써도 소용이 없음을 비꼬는 말.

소경 문고리 잡듯. ➲소경
전혀 능력이 없는 사람이 요행으로 어떤 일을 이루거나 맞힌 경우를 비유적으로 이르는 말.

소도 언덕이 있어야 비빈다. ➲비비다
❶속뜻 언덕이 있어야 소도 가려운 곳을 비빌 수 있다는 뜻. ❷누구나 의지할 곳이 있어야 무슨 일이든 시작하거나 이룰 수가 있음을 비유적으로 이르는 말.

소문난 잔치에 먹을 것 없다. ➲잔치
떠들썩한 소문이나 큰 기대에 비하여 실속이 없거나 소문이 실제와 일치하지 아니하는 경우를 비유적으로 이르는 말.

속 빈 강정. ➲속[1]
겉만 그럴 듯 하고 실속이 없음을 비유적으로 이르는 말.

손가락에 장을 지지겠다. ➲지지다
❶속뜻 상대편이 어떤 일을 하는 것에 대하여 도저히 할 수가 없을 것이라고 장담할 때 하는 말. ❷자기가 주장하는 것이 틀림없다고 장담하는 말.

손톱 밑에 가시 드는 줄은 알아도 염통 안이 곪는 것은 모른다. ➲염통
겉에 있는 사소한 결함은 알아도, 속에 있는 큰 결함은 모른다는 말.

쇠귀에 경 읽기. ➲쇠귀
❶속뜻 소의 귀에 대고 경(經, 경전 경)을 읽어 봐야 단 한 마디도 알아듣지 못한다는 뜻. ❷아무리 가르치고 일러 주어도 알아듣지 못하거나 효과가 없는 경우를 이르는 말.

쇠뿔도 단김에 빼라. ➲쇠뿔
❶속뜻 단단히 박힌 소의 뿔을 뽑으려면 불로 달구어 놓은 김에 해치워야 한다는 뜻. ❷어떤 일이든지 하려고 생각했으면 한창 열이 올랐을 때 망설이지 말고 곧 행동으로 옮겨야 함을 비유적으로 이르는 말.

수박 겉핥기. ➲수박
속 내용은 제대로 알지 못하고 겉만 대강

알아보는 것을 이르는 말.

수염이 대 자라도 먹어야 양반이다. ➲자[2]

❶속뜻 멋있게 보이기 위하여 수염을 길게 가꾼 양반이라도 배가 고프면 체면을 차리기 어렵다는 뜻. ❷배가 불러야 체면도 차릴 수 있기 때문에 먹는 것이 중요함을 비유적으로 이르는 말.

순풍에 돛 단 듯. ➲순풍(順風)

❶속뜻 배가 나아가는 방향으로 부는 바람을 타고 돛을 단 배와 같이 나아간다는 뜻. ❷무슨 일을 하는 데 어려움이나 시련이 없이 순조롭게 잘 되어 나가는 것. (※順風: 순할 순, 바람 풍).

순풍에 돛을 달고 뱃놀이 한다. ➲뱃놀이

아주 순탄한 환경 속에서 편안하고 안일하게 지냄을 비유적으로 이르는 말.

숭어가 뛰니까 망둥이도 뛴다. ➲망둥이

남이 한다고 하니까 분별없이 덩달아 나섬을 비유하여 이르는 말. 제 분수나 처지는 생각하지 않고 잘난 사람을 덮어놓고 따르는 사람을 비꼴 때도 쓴다.

숯이 검정 나무란다. ➲숯

❶속뜻 숯이 검은 것을 나무란다는 뜻. ❷제 허물은 생각하지 않고 남의 허물을 들추어냄을 비유적으로 이르는 말.

시작이 반이다. ➲시작(始作)

무슨 일이든지 시작하기가 어렵지 일단 시작하면 일을 끝마치기는 그리 어렵지 아니함을 비유적으로 이르는 말.

시장이 반찬. ➲시장[3]

배가 고프면 반찬이 없어도 밥이 맛있음을 비유적으로 이르는 말. (※飯饌: 밥 반, 반찬 찬).

식초병보다 병마개가 더 시다. ➲병마개

본래의 것보다 그것에 딸린 것이 오히려 그 속성을 더 잘 드러내는 경우를 비유적으로 이르는 말. (※食醋瓶: 먹을 식, 초 초, 병 병).

신선놀음에 도끼 자루 썩는 줄 모른다. ➲신선[1] (神仙)

❶속뜻 어떤 나무꾼이 신선들이 바둑 두는 것을 정신없이 보다가 제정신이 들어 보니 세월이 흘러 도낏자루가 다 썩었다는 데서 유래한 말. ❷아주 재미있는 일에 정신이 팔려서 시간 가는 줄 모르는 경우를 비유적으로 이르는 말. (※神仙: 귀신 신, 신선 선).

싼 것이 비지떡. ➲싸다[3]

❶속뜻 비지떡 같이 하찮은 물건은 값이 싸기 마련이라는 뜻. ❷값이 싼 물건은 품질도 그만큼 나쁘게 마련이라는 말.

쌀은 쏟고 주워도 말은 하고 못 줍는다. ➲쏟다

한 번 입 밖에 낸 말은 어찌할 수 없으므로 말을 조심해야 함을 비유적으로 이르는 말.

쓰면 뱉고 달면 삼킨다. ➲쓰다[4]

옳고 그름이나 신의를 돌보지 않고 자기의 이익만 꾀함을 비유적으로 이르는 말.

아는 길도 물어 가랬다. ➲묻다[1]

쉬운 일일지라도 신중을 기하여 실수가 없도록 하여야 한다는 말.

아닌 밤중에 홍두깨. ➲아니다

별안간 엉뚱한 말이나 행동을 함을 비유적으로 이르는 말.

약방에 감초. ➲감초(甘草)

❶속뜻 한약방에 항상 있는 감초와 같다는 뜻. 한약을 지을 때는 감초를 넣는 경우가 많은 데서 유래되었다. ❷어떤 일에나 빠짐없이 끼어드는 사람 또는 꼭 있어야 할 물건을 비유적으로 이르는 말. (※藥房: 약 약, 방 방; 甘草: 달 감, 풀

초).

얌전한 고양이가 부뚜막에 먼저 올라간다.
➲부뚜막
겉으로는 얌전하고 아무것도 못할 것처럼 보이는 사람이 딴 짓을 하거나 자기 실속을 다 차리는 경우를 비유적으로 이르는 말.

양지가 음지 되고 음지가 양지 된다.
➲양지(陽地)
늘 좋기만 하는 것이 아니라 어려울 때도 있듯이, 세상사는 늘 돌고 돈다는 말. (※陽地: 볕 양, 땅 지; 陰地: 응달 음, 땅 지).

어물전 망신은 꼴뚜기가 시킨다.
➲어물전(魚物廛)
지지리 못난 사람일수록 같이 있는 동료를 망신시킨다는 말. (※亡身: 망할 망, 몸 신).

언 발에 오줌 누기.
➲얼다
❶속뜻 언 발을 녹이려고 오줌을 누어 봤자 효력이 별로 없다는 뜻. ❷임시변통은 효력이 오래가지 못할 뿐만 아니라 결국에는 사태가 더 나빠짐을 비유적으로 이르는 말.

엎드려 절 받기.
➲엎드리다
상대편은 마음에 없는데 자기 스스로 요구하여 대접을 받는 경우를 비유적으로 이르는 말.

열 길 물속은 알아도 한 길 사람의 속은 모른다.
➲길[3]
깊은 물속은 알 수 있어도, 사람의 속마음을 알기란 매우 힘듦을 비유적으로 이르는 말.

열 번 찍어 아니 넘어가는 나무 없다.
➲찍다[1]
❶속뜻 나무에 도끼질을 여러 번 하면 반드시 넘어간다는 뜻. ❷아무리 뜻이 굳은 사람이라도 여러 번 권하거나 꾀고 달래면 결국은 마음이 변한다는 말.

열 손가락 깨물어 안 아픈 손가락이 없다.
➲깨물다
자기 자식들은 다 귀하고 소중함을 비유적으로 이르는 말.

염불에는 맘이 없고 잿밥에만 맘이 있다.
➲염불(念佛)
❶속뜻 불경을 외는 일은 제대로 하지 않고, 불공할 때 부처 앞에 놓아둔 밥을 먹을 일에만 생각한다는 뜻. ❷맡은 일에는 정성을 들이지 아니하면서 잇속에만 마음을 두는 경우를 비유적으로 이르는 말. (※念佛: 생각 념, 부처 불).

옛말 그른 데 없다.
➲옛말
예로부터 전하여 오는 말은 잘못된 것이 없으니 잘 새겨 두어야 한다는 말.

오뉴월 감기는 개도 아니 걸린다.
➲오뉴월
여름에 감기 앓는 사람을 변변치 못한 사람이라고 놀림조로 이르는 말.

오뉴월 댑싸리 밑의 개 팔자.
➲팔자[1] (八字)
하는 일 없이 놀고먹는 편한 팔자를 비유적으로 이르는 말.

오르지 못할 나무는 쳐다보지도 마라.
➲오르다
자기의 능력 밖의 불가능한 일에 대해서는 처음부터 욕심내지 않는 것이 좋다는 말.

옷이 날개라.
➲날개
좋은 옷을 입으면 사람이 돋보인다는 말.

우는 아이 젖 준다.
➲울다[1]
무슨 일에 있어서나 자기가 요구하여야 쉽게 구할 수 있음을 이르는 말.

우물 안 개구리.
➲우물
❶넓은 세상의 형편을 알지 못하는 사람을 비유적으로 이르는 말. ❷견식이 좁아 저만 잘난 줄로 아는 사람을 비꼬는 말.

우물에 가 숭늉 찾는다. ➲숭늉
모든 일에는 질서와 차례가 있는 법인데 일의 순서도 모르고 성급하게 덤빔을 비유적으로 이르는 말.

울며 겨자 먹기. ➲겨자
❶속뜻 맵다고 울면서도 겨자를 먹는다는 뜻. ❷싫은 일을 억지로 마지못하여 함을 비유적으로 이르는 말.

웃는 낯에 침 뱉으랴. ➲낯
❶속뜻 웃는 낯으로 대하는 사람에게 침을 뱉을 수 없다는 뜻. ❷좋게 대하는 사람에게 나쁘게 대할 수 없다는 말.

원님 덕에 나팔 분다. ➲원님
❶속뜻 원님을 따르면서 원님이 받는 후한 대접을 같이 받는다는 뜻. ❷남의 덕으로 분에 넘치게 호강함을 비유적으로 이르는 말.

원수는 외나무다리에서 만난다. ➲원수[3] (怨讐)
❶꺼리고 싫어하는 대상을 피할 수 없는 곳에서 공교롭게 만나게 됨을 비유적으로 이르는 말. ❷남에게 악한 일을 하면 그 죄를 받을 때가 반드시 온다는 말. (※怨讐: 원망할 원, 원수 수).

원숭이도 나무에서 떨어진다. ➲원숭이
아무리 익숙하고 잘하는 사람이라도 간혹 실수할 때가 있음을 비유적으로 이르는 말.

윗물이 맑아야 아랫물이 맑다. ➲윗물
윗사람이 잘하면 아랫사람도 따라서 잘하게 된다는 말.

이 없으면 잇몸으로 살지. ➲이[2]
요긴한 것이 없으면 안 될 것 같지만 없으면 없는 대로 그럭저럭 살아 나갈 수 있음을 이르는 말.

입은 비뚤어져도 말은 바로 해라. ➲입
상황이 어떻든지 말은 언제나 바르게 하여야 함을 이르는 말.

입술이 없으면 이가 시리다. ➲입술
서로 밀접한 관계에 있어서 하나가 망하면 다른 하나도 망하게 되는 경우를 비유적으로 이르는 말.

자라 보고 놀란 가슴 솥뚜껑 보고 놀란다 ➲솥뚜껑
어떤 사물에 몹시 놀란 사람은 비슷한 사물만 보아도 겁을 냄을 이르는 말.

작은 고추가 맵다. ➲작다
몸집이 작은 사람이 큰 사람보다 재주가 뛰어나고 야무짐을 비유하여 이르는 말.

잘되는 밥 가마에 재를 넣는다. ➲재[1]
❶거의 다 된 일을 망쳐 버리는 주책없는 행동을 비유적으로 이르는 말. ❷남의 다 된 일을 악랄한 방법으로 방해하는 것을 비유적으로 이르는 말.

장님 문고리 잡기. ➲장님
❶재주나 지식이 없는 사람이 어떤 일을 우연히 성취함을 비유적으로 이르는 말. ❷가까이 두고도 찾지 못하고 헤맴을 이르는 말.

재수가 옴 붙었다. ➲재수(財數)
재수가 아주 없음을 이르는 말.

재주는 곰이 넘고 돈은 주인이 받는다. ➲재주
수고하여 일한 사람은 따로 있고, 그 일에 대한 보수는 다른 사람이 받는다는 말.

저 먹자니 싫고 남 주자니 아깝다. ➲아깝다
❶이러지도 못하고 저러지도 못하여서 난처해하는 경우를 비유적으로 이르는 말. ❷몹시 인색하다는 말.

정월 초하룻날 먹어 보면 이월 초하룻날 또 먹으려 한다. ➲초하룻날
한번 재미를 보면 자꾸 하려고 한다는

뜻.

제 도끼에 제 발등 찍힌다. ➲제[1]
자기가 한 일이 도리어 자기에게 해가 됨을 비유적으로 이르는 말.

종로에서 뺨 맞고 한강에 가서 눈 흘긴다. ➲흘기다
❶욕을 당한 자리에서는 아무 말도 못하고 뒤에 가서 불평함을 비유적으로 이르는 말. ❷노여움을 애매한 다른 데로 옮김을 비유적으로 이르는 말.

죄 지은 놈 옆에 있다가 벼락 맞는다. ➲벼락
나쁜 일을 한 사람과 함께 있다가 죄 없는 사람까지 벌을 받거나 누명을 쓰게 된다는 말.

주머니 털어 먼지 안 나오는 사람 없다. ➲털다
아무리 깨끗하고 선한 사람이라 하더라도 숨겨진 허점은 있다는 말.

죽어 석 잔 술이 살아 한 잔 술만 못하다. ➲잔(盞)
죽은 뒤에 아무리 정성스레 제사를 잘 지내도 살아 있을 때 조금 잘 해 드린 것만 못하다는 말.

중이 제 머리 못 깎는다. ➲중[1]
자기가 자신에 관한 일을 좋게 해결하기는 어려운 일이어서 남의 손을 빌려야만 이루기 쉬움을 비유적으로 이르는 말.

쥐구멍에도 볕 들 날 있다. ➲볕
몹시 고생을 하는 삶도 좋은 운수가 터질 날이 있다는 말.

지렁이도 밟으면 꿈틀한다. ➲꿈틀하다
아무리 눌려 지내는 미천하고 순하기만 한 사람이라도 너무 업신여기면 결국 대든다는 말.

지성이면 감천. ➲지성[1] (至誠)
❶속뜻 정성이 지극하면 하늘도 감동하게 된다는 뜻. ❷무슨 일에든 정성을 다하면 아주 어려운 일도 순조롭게 풀리어 좋은 결과를 맺는다는 말. (※至誠: 지극할 지, 정성 성; 感天: 느낄 감, 하늘 천).

집에서 새는 바가지, 들에서도 샌다. ➲새다[1]
본바탕이 좋지 아니한 사람은 어디를 가나 그 본색을 드러내고야 만다는 말.

짚신도 짝이 있다. ➲짚신
못난 사람이라도 결혼할 짝은 있는 법이라는 말.

찔러도 피 한 방울 안 나겠다. ➲찌르다
❶도무지 빈틈이 없고 야무짐을 비유적으로 이르는 말. ❷냉혹하기 짝이 없어 인정이라고는 없음을 비유적으로 이르는 말.

참새가 방앗간을 그저 지나랴. ➲방앗간
❶자기가 좋아하는 곳은 그대로 지나치지 못함을 비유적으로 이르는 말. ❷욕심 많은 사람이 이끗을 보고 가만있지 못함을 비유적으로 이르는 말.

천릿길도 한 걸음부터. ➲걸음
무슨 일이나 시작이 중요함을 이르는 말. (※千里: 일천 천, 마을 리).

천석꾼에 천 가지 걱정 만석꾼에 만 가지 걱정. ➲천석(千石)꾼
❶속뜻 추수할 것이 천 석이나 되는 부자는 걱정이 천 가지나 되고, 추수할 것이 만 석이나 되는 큰 부자는 걱정이 만 가지나 된다는 뜻. ❷재산이 많으면 그만큼 걱정도 많음을 비유적으로 이르는 말. (※千石: 일천 천, 섬 석; 萬石: 일만 만, 섬 석).

첫 술에 배 부르랴. ➲첫
어떤 일이든지 단번에 만족할 수는 없다는 말.

콩 났네 팥 났네 한다. ➲콩
콩의 싹이나 팥의 싹이나 거의 비슷한데

도 그것을 구별하느라 언쟁하는 것과 같이, 대수롭지 아니한 일을 가지고 서로 시비를 다투는 경우를 비유적으로 이르는 말.

콩 볶아 먹다가 가마솥 깨뜨린다. ➲가마솥
작은 재미를 보려고 어떤 일을 하다가 큰일을 저지름을 비유적으로 이르는 말.

콩 심은 데 콩 나고 팥 심은 데 팥 난다. ➲심다
모든 일은 원인에 따라 거기에 걸맞은 결과가 나타나는 것임을 비유적으로 이르는 말.

콩밭에 가서 두부 찾는다. ➲콩밭
몹시 성급하게 행동함을 비유적으로 이르는 말.

티끌 모아 태산. ➲티끌
아무리 작은 것이라도 모이고 모이면 나중에 큰 덩어리가 됨을 비유적으로 이르는 말. (※泰山: 클 태, 메 산).

팔은 안으로 굽는다. ➲굽다[2]
자기와 가까운 사람일수록 더 정다움을 일컫는 말.

팥으로 메주를 쑨대도 곧이듣는다. ➲메주
지나치게 남의 말을 무조건 믿는 사람을 놀림조로 이르는 말.

평안 감사도 저 싫으면 그만. ➲감사[1] (監司)
아무리 좋은 일이라도 당사자의 마음이 내키지 않으면 억지로 시킬 수 없음을 비유적으로 이르는 말. (※監司: 볼 감, 벼슬 사).

품 안의 자식. ➲품[1]
자식이 어렸을 때는 부모의 뜻을 따르지만 자라서는 제 뜻대로 행동하려 함을 비유적으로 이르는 말.

핑계 없는 무덤이 없다. ➲핑계
무슨 일에라도 반드시 둘러댈 핑계가 있음을 이르는 말.

하나를 듣고 열을 안다. ➲하나
한마디 말을 듣고도 여러 가지 사실을 미루어 알아낼 정도로 매우 총기가 있다는 말.

하늘의 별 따기. ➲따다
무엇을 얻거나 성취하기가 매우 어려운 경우를 비유적으로 이르는 말.

하늘이 무너져도 솟아날 구멍이 있다. ➲솟아나다
아무리 어려운 경우에 처하더라도 살아나갈 방도가 생긴다는 말.

하룻강아지 범 무서운 줄 모른다. ➲하룻강아지
태어난 지 하루 밖에 안 된 강아지 같이 철없이 함부로 덤비는 경우를 비유적으로 이르는 말.

한식에 죽으나 청명에 죽으나. ➲청명(淸明)
청명과 한식은 하루 사이이므로 하루 먼저 죽으나 뒤에 죽으나 같다는 말. (※淸明: 맑을 청, 밝을 명; 寒食: 찰 한, 먹을 식).

형만 한 아우 없다. ➲형[1] (兄)
모든 일에 있어 아우가 형만 못하다는 말.

호랑이 없는 골에 토끼가 왕 노릇 한다. ➲왕(王)
뛰어난 사람이 없는 곳에서 보잘것없는 사람이 잘난 체 함을 비유적으로 이르는 말.

호랑이는 죽어서 가죽을 남기고, 사람은 죽어서 이름을 남긴다. ➲가죽
❶속뜻 호랑이가 죽은 다음에 귀한 가죽을 남기듯이 사람은 죽은 다음에 생전에 쌓은 공적으로 명성을 남기게 된다는 뜻. ❷인생에서 가장 중요한 것은 생전에 보

람 있는 일을 해놓아 후세에 명성을 떨치는 것임을 비유적으로 이르는 말.

호박이 넝쿨째로 굴러 떨어졌다. ➲호박²
뜻밖에 좋은 물건을 얻거나 행운을 만났다는 말.

효성이 지극하면 돌 위에 풀이 난다. ➲효성(孝誠)
효성이 극진하면 어떤 조건에서도 자식된 도리를 다할 수 있다는 말. (※孝誠: 효도 효, 정성 성; 至極: 이를 지, 다할 극).

흘러가는 물도 떠 주면 공이다. ➲공³(功)
쉬운 일이라도 도와주면 은혜가 있다는 뜻. (※功: 공로 공).

2. 관 용 어 편

가슴을 태우다. ➲가슴
몹시 애태우다.

간담이 서늘하다. ➲서늘하다
간담이 차가워질 정도로 매우 놀라다. (※肝膽: 간 간, 쓸게 담).

거울로 삼다. ➲거울
남의 일이나 지나간 일을 보아 본받거나 경계하다.

고개를 들다. ➲고개¹
❶얼굴을 들다. ❷기운이나 형세가 성하여지거나 활발하여지다.

고삐 풀린 망아지. ➲고삐
❶거칠게 행동하는 사람을 이르는 말. ❷구속이나 통제에서 벗어나 몸이 자유로움을 이르는 말.

귀에 못이 박히다. ➲못³
같은 말을 여러 번 듣다.

그림의 떡. ➲그림
아무리 마음에 들어도 이용할 수 없거나 차지할 수 없는 경우를 이르는 말.

금이 가다. ➲금¹
서로의 사이가 벌어지거나 틀어지다.

기를 쓰다. ➲기¹ (氣)
있는 힘을 다하다.

기가 차다. ➲기¹ (氣)
하도 어이가 없어 말이 나오지 않다.

길눈이 어둡다. ➲길눈
가 본 길을 잘 찾아가지 못할 만큼 길을 잘 기억하지 못하다.

노상에 오르다. ➲노상² (路上)
어떤 일의 진행 과정에 들어서다. (※路上: 길 로, 위 상).

뇌성에 벽력. ➲뇌성(雷聲)
불행한 일이 거듭 생기다. (※雷聲: 우레 뢰, 소리 성; 霹靂: 벼락 벽, 벼락 력).

눈코 뜰 새 없다. ➲눈코
정신 못 차리게 몹시 바쁘다.

눈썹도 까딱하지 않다. ➲눈썹
아주 태연하다.

눈앞이 깜깜하다. ➲눈앞
어찌할 바를 몰라 아득하다.

눈치가 빠르다. ➲눈치
남의 마음을 남다르게 빨리 알아채다.

담을 쌓다. ➲담³
무엇과 아주 관계나 인연을 끊다.

더할 나위 없다. ➲더하다
어떤 정도가 최고에 달하여 있다.

도마 위에 오르다. ➲도마
어떤 사물이 비판의 대상이 되다.

독 안에 든 쥐. ➲쥐¹
궁지에서 벗어날 수 없는 처지를 비유적으로 이르는 말.

동이 트다. ➲동²
동쪽 하늘이 훤하게 밝아 오다.

뒤가 켕기다. ➲뒤
잘못이 있어 마음이 편하지 않다.

등골이 빠지다. ➲등골¹
견디기 어려울 정도로 몹시 힘이 들다.

뜬구름을 잡다. ➲뜬구름
막연하거나 허황된 것을 좇다.

뜸을 들이다. ➲뜸
일이나 말을 할 때에, 쉬거나 여유를 갖기 위해 서둘지 않고 한동안 가만히 있는 경우를 비유적으로 이르는 말.

말꼬리를 잡다. ➲말꼬리
남의 말 가운데서 잘못 표현된 부분의 약점을 잡다.

말문이 막히다. ➲말문
말이 입 밖으로 나오지 않게 되다.

매듭을 짓다. ➲매듭
❶노, 실, 끈 따위를 잡아매어 마디를 만들다. ❷어떤 일을 순서에 따라 마무리하다.

머리를 모으다. ➲머리
중요한 이야기를 하기 위하여 서로 모여 의논하거나, 그 생각을 하나로 종합하는 것을 이르는 말.

문턱이 높다. ➲문턱
들어가거나 상대하기가 어렵다.

밑도 끝도 없다. ➲밑
앞뒤의 연관 관계가 없이 말을 불쑥 꺼내어 갑작스럽거나 갈피를 잡을 수 없다.

밑천이 드러나다. ➲밑천
평소에 숨겨져 있던 제 바탕이나 성격이 표면에 나타나다.

바람을 맞다. ➲바람³
상대가 만나기로 한 약속을 지키지 아니하여 헛걸음하다.

박차를 가하다. ➲박차(拍車)
일이 더 빨리 진행되게 하다. (※拍車: 칠 박, 수레 차).

발 벗고 나서다. ➲나서다
적극적으로 나서서 열심히 하다.

발등에 불이 떨어지다. ➲떨어지다
일이 몹시 절박하게 닥치다.

발을 동동 구르다. ➲구르다²
매우 안타까워하거나 다급해하다.

발이 넓다. ➲넓다
사귀어 아는 사람이 많아 활동하는 범위가 넓다.

밥맛이 떨어지다. ➲밥맛
행동이나 태도가 불쾌하고 싫다.

배가 아프다. ➲배¹
남이 잘되어 심술이 나다.

배꼽을 쥐다. ➲배꼽
웃음을 참지 못하여 배를 움켜잡고 크게 웃다.

배부른 흥정. ➲흥정
되면 좋고 안 되도 크게 아쉽다거나 안타까울 것이 없는 흥정.

번개 같다. ➲번개
행동이나 상황이 몹시 빠르다.

변덕이 죽 끓듯 하다. ➲변덕
말이나 행동을 몹시 이랬다저랬다 하다.

불똥이 튀다. ➲불똥
재앙이나 화가 미치다.

비행기를 태우다. ➲비행기(飛行機)
남을 지나치게 칭찬하거나 높이 추어올려 주다. (※飛行機: 날 비, 갈 행, 틀 기).

빙산의 일각. ➲빙산(氷山)
❶ 속뜻 빙산처럼 대부분이 숨겨져 있고 아주 일부만 외부로 나타나 있다는 뜻. ❷나타나 있는 것은 극히 일부분에 지나지 아니함을 비유적으로 이르는 말. (※氷山: 얼음 빙, 메 산; 一角: 한 일, 모서리 각).

빛을 보다. ➲빛
업적이나 보람 따위가 세상에 알려지고 인정을 받다.

뼈에 사무치다. ➲뼈
원한이나 고통 따위가 뼛속에 파고들 정도로 깊고 강하다.

산통을 깨다. ➲산통² (算筒)
다 잘되어 가던 일을 이루지 못하게 뒤틀

다. (算筒: 셀 산, 대롱 통)

새빨간 거짓말. ➲새빨갛다
뻔히 드러날 만큼 터무니없는 거짓말.

샛길로 빠지다. ➲샛길
엉뚱한 곳으로 가거나 정도에서 벗어난 일을 하다.

생사람을 잡다. ➲생사람
아무 잘못이나 관계가 없는 사람을 헐뜯거나 죄인으로 몰다.

서슬이 시퍼렇다. ➲서슬
남이 맞서지 못할 만큼 말씨나 태도가 위협적이고 세차다.

선수를 치다. ➲선수[1] (先手)
남보다 먼저 착수하다.

세상 모르다. ➲세상(世上)
❶세상(世上) 형편에 어두워 자기 생활의 주변에서 일어나는 일을 전혀 모르다. ❷깊은 잠에 빠져 아무것도 의식하지 못하다.

소매를 걷어붙이다. ➲소매[1]
어떤 일에 아주 적극적인 태도를 취하다.

손발이 맞다. ➲손발
함께 일을 하는 데에 마음이나 의견, 행동 방식 따위가 서로 맞다.

손을 떼다. ➲손[1]
❶하던 일을 그만두다. ❷하던 일을 끝마치고 다시 손대지 않다.

손이 크다. ➲손[1]
❶씀씀이가 후하고 크다. ❷수단이 좋고 많다.

숨을 거두다. ➲숨
'죽다'를 완곡하게 이르는 말.

신주 모시듯. ➲신주(神主)
몹시 귀하게 여기어 조심스럽고 정성스럽게 다루거나 간직하는 모양을 비유적으로 이르는 말. (※神主: 귀신 신, 위패 주).

앓는 소리. ➲앓다
일부러 구실을 대며 걱정하는 모양을 비유적으로 이르는 말.

앞서거니 뒤서거니. ➲앞서다
같은 방향으로 나가면서 서로 앞에 서기도 하고 뒤에 서기도 하는 모양을 이르는 말.

앞을 다투다. ➲다투다
서로 먼저 하려고 경쟁하는 말.

어깨를 나란히 하다. ➲어깨
❶나란히 서거나 나란히 서서 걷다. ❷서로 비슷한 지위나 힘을 가지다.

어안이 벙벙하다. ➲어안
뜻밖에 놀랍거나 기막힌 일을 당하여 어리둥절하다.

얼굴이 두껍다. ➲얼굴
부끄러움을 모르고 염치가 없다.

연막을 치다. ➲연막(煙幕)
❶짙은 연기를 퍼뜨려 주위가 잘 보이지 아니하게 하다. ❷어떤 수단을 써서 교묘하게 진의를 숨기다. (※煙幕: 연기 연, 막 막).

애가 마르다. ➲애[2]
몹시 안타깝고 초조하여 속이 상하다.

열을 올리다. ➲열[3]
❶흥분하여 성을 내다. ❷무엇에 열중하거나 열성을 보이다. (※熱: 더울 열).

오금이 저리다. ➲오금
저지른 잘못이 들통이 나거나 그 때문에 나쁜 결과가 있지 않을까 마음을 졸이다.

오지랖이 넓다. ➲오지랖
❶쓸데없이 지나치게 아무 일에나 참견하는 면이 있다. ❷염치없이 행동하는 면이 있다.

올가미를 씌우다. ➲올가미
계략을 써서 남을 걸려들게 하다.

우레와 같은 박수. ➲박수(拍手)
우레 소리처럼 한 번에 크게 나는 박수 소리. 많은 사람이 치는 매우 큰 소리의 박수를 비유적으로 이르는 말.

이골이 나다. ➲이골
어떤 일에 완전히 길이 들어서 이주 익숙해지다. 또는 진절머리가 나도록 그 일을 오랫동안 많이 해 오다.

이를 데 없다. ➲이르다[2]
❶정도가 굉장하여 이루 다 말할 수 없다. ❷생각 따위가 아주 옳거나 마땅하여 더 말할 필요가 없다.

이승을 떠나다. ➲이승
'죽다'를 완곡하게 이르는 말.

입이 무겁다. ➲입
말이 적거나 아는 일을 함부로 옮기지 않다.

잔뼈가 굵다. ➲잔뼈
오랜 기간 일정한 곳이나 직장에서 일을 하여 그 일에 익숙하다.

저승에 가다. ➲저승
'죽다'를 완곡하게 이르는 말.

정신을 차리다. ➲정신[2] (精神)
❶잃었던 의식을 되찾다. ❷잘못이나 실패의 원인을 알아서 뉘우치며 정신을 다잡다. (※精神: 정기 정, 귀신 신).

제 눈에 안경. ➲안경(眼鏡)
보잘것없는 물건이라도 제 마음에 들면 좋게 보인다는 말. (※眼鏡: 눈 안, 거울 경).

직성이 풀리다. ➲직성(直星)
제 성미대로 되어 마음이 흡족하다. (※直星: 곧을 직, 별 성).

진이 빠지다. ➲진[1] (津)
침과 같은 진액이 몸에서 다 빠져나갈 정도로, 힘을 다 써서 기진맥진 하다. 또는 실망을 하거나 싫증이 나서 더 이상의 의욕을 상실하다. (※津: 끈끈한 물 진).

쪽박을 차다. ➲쪽박
거지가 되다.

찬바람이 일다. ➲찬바람
마음이나 분위기가 살벌하여지다.

찬밥 더운밥 가리다. ➲찬밥
어려운 형편에 있으면서 배부른 행동을 하다.

첫 삽을 뜨다. ➲첫
건설 사업이나 그 밖에 어떤 일을 처음으로 시작하다.

치를 떨다. ➲치[4]
❶매우 인색하여 내놓기를 꺼리다. ❷몹시 분하거나 지긋지긋하여 이를 떨다.

치마폭이 넓다. ➲치마폭
비꼬는 뜻으로, 남의 일에 쓸데없이 간섭하고 참견하다.

침 발라 놓다. ➲침[1]
자기 소유임을 표시하다.

침을 삼키다. ➲침[1]
❶음식 따위를 몹시 먹고 싶어 하다. ❷자기 소유로 하고자 몹시 탐내다.

침이 마르다. ➲침[1]
다른 사람이나 물건에 대하여 거듭해서 말하다.

칼자루를 잡다. ➲칼자루
상대편보다 유리한 입장에 있다.

코가 납작해지다. ➲코[1]
몹시 무안을 당하거나 기가 죽어 위신이 뚝 떨어지다.

콧대가 높다. ➲콧대
잘난 체하고 뽐내는 태도가 있다.

콧잔등이 간지럽다. ➲콧잔등
남을 놀리느라고 속이고도 그렇지 아니한 체하려니까 웃음을 참기가 어렵다.

콩가루가 되다. ➲콩가루
어떤 물건이나 집안이 완전히 부서지고 망하다.

큰 코 다치다. ➲크다
크게 봉변을 당하거나 무안을 당하다.

탈을 쓰다. ➲탈[1]
❶본색이 드러나지 않게 가장하다. ❷생

김새나 하는 짓이 누구를 꼭 닮다.

파리 날리다. ➲파리

사업 따위가 잘 안되어 한가하다.

팔자가 늘어지다. ➲팔자[1] (八字)

근심이나 걱정 따위가 없고 사는 것이 편안하다. (※八字: 여덟 팔, 글자 자).

팔자를 고치다. ➲팔자[1] (八字)

❶여자가 재혼하다. ❷가난하던 사람이 잘살게 되다.

폼을 잡다. ➲폼

❶무엇을 시작하려는 자세나 태세를 취하다. ❷으쓱거리고 뽐내는 티를 짐짓 겉으로 드러내다.

피가 거꾸로 솟다. ➲거꾸로

피가 머리로 모인다는 뜻으로, 매우 흥분한 상태를 비유적으로 이르는 말.

피가 되고 살이 되다. ➲살[1]

지식이나 영양분 따위가 완전히 소화되어 자기 것이 되다.

피도 눈물도 없다. ➲눈물

조금도 인정이 없다.

피를 보다. ➲피[1]

❶싸움으로 피를 흘리는 사태가 벌어져 사상자를 내다. ❷크게 봉변을 당하거나 손해를 보다.

피를 토하다. ➲토(吐)하다

격렬한 의분을 터뜨리다.

하늘 높은 줄 모르다. ➲하늘

❶자기의 분수를 모르다. ❷출세 가도를 치달리다.

하늘을 찌르다. ➲찌르다

❶매우 높이 솟다. ❷기세가 몹시 세차다.

혀를 내두르다. ➲혀

몹시 놀라거나 어이없어서 말을 못하다.

획을 긋다. ➲획[2] (劃)

어떤 범위나 시기를 분명하게 구분 짓다. (※劃: 그을 획).

흉허물이 없다. ➲흉허물

서로 흉이나 허물을 가리지 아니할 만큼 사이가 가깝다.

허를 찌르다. ➲허[2]

약하거나 허술한 곳을 치다.

호흡을 맞추다. ➲호흡(呼吸)

일을 할 때 서로의 행동이나 의향을 잘 알고 처리하여 나가다.

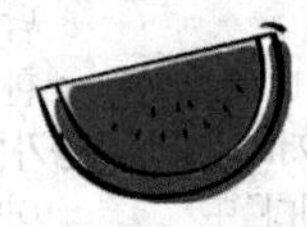

부록 ❷ 고빈도 단음절어 한자 풀이 100

교과서에 쓰이는 한자어는 대부분이 복음절 어휘이지만, '맞는 답을 찾아봅시다.'의 '답'과 같은 단음절 어휘도 상당수 있습니다. 이러한 단음절 어휘도 국어사전에 수록되어 있지만, 해당 한자에 대하여 더욱 자세히 알고 싶으면 한자 자전(字典)을 찾아보아야 합니다. 따라서 이러한 수요에 부응하기 위하여, 고빈도 단음절 한자어 상위 100개를 선정하여 자전 방식으로 풀이하여 한자 자전 기능도 할 수 있도록 하였습니다. 빈도는 ≪초등학교 교과서 한자어 및 한자 분석 연구≫(민현식 외, 국립국어연구원, 2004)를 근거로 하였으며, 음순(가나다)으로 일련번호를 부여하고, 그 순서에 의한 색인을 만들어 놓아 찾아보기 편리하도록 하였습니다.

001

角

뿔 **각**, 角-7

뿔, 모서리, 겨루다

▸ 두 직선이 이루는 각.

▸ 角度(각도), 銳角(예각).

002

사이 **간**, 門-12

사이, 틈, 동안

▸ 이웃 간에 정답게 지내다.

▸ 間食(간식), 時間(시간).

003

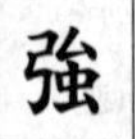

굳셀 **강**, 弓-12

굳세다

▸ 물은 불에 강하다.

▸ 強弱(강약), 莫強(막강).

004

江

강 **강**, 氵-6

강

▸ 산, 들, 강을 그려봅시다.

▸ 江邊(강변), 漢江(한강).

005

낱 **개**, 亻-10

낱, 개

▸ 바구니에 공이 두 개 있다.

▸ 個別(개별), 別個(별개).

006

關

관계할 **관**, 門-19

관계, 닫다, 관문

▸ 환경에 관하여 조사하다.

▸ 關門(관문), 聯關(연관).

007

구할 **구**, 水-7

구하다, 빌다

▸ 문제의 답을 구하시오.

▸ 求乞(구걸), 要求(요구).

008

구원할 **구**, 攴-11

돕다, 도움

▸ 물에 빠진 사람을 구하다.

▸ 救援(구원), 救出(구출).

009

책 **권**, 㔾-8

책, 두루마리, 말다

▸ 서점에서 책 한 권을 샀다.

▸ 卷數(권수), 席卷(석권).

010

귀할 **귀**, 貝-12

귀하다, 중요하다

▸ 우리는 모두 귀한 존재다.

▸ 貴族(귀족), 富貴(부귀).

011

南

남녘 **남**, 十-9

남녘, 남쪽

▸ 제비가 남쪽으로 날아간다.

▸ 南向(남향), 以南(이남).

012

年

해 **년**, 干-6

해, 365일, 나이

▸ 지난 일 년을 되돌아보자.

▸ 年間(연간), 每年(매년).

013

答

대답할 **답**, 竹-12

대답하다, 해답

▸ 물음에 답하여 봅시다.

▸ 答案(답안), 正答(정답).

014

마땅 **당**, 田 13

마땅하다, 맡다

▸ 자동차 사고를 당했다.

▸ 當然(당연), 適當(적당).

015

대할 **대**, 寸-14

대하다, 짝, 상대

▸ 물음에 대해 대답하세요.

▸ 對答(대답), 反對(반대).

016

법도 **도**, 广-9

법도, 도수

▸ 열이 39도까지 올랐다.

▸ 度量(도량), 溫度(온도).

017

길 **도**, 辶-13

길, 도리

▸ 도에 어긋나게 행동하지 말라.

▸ 道理(도리), 車道(차도).

018

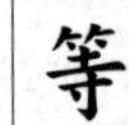

등급 **등**, 竹-12

등급, 무리, 같다

▸ 녹두, 대추 등으로 만든다.

▸ 等級(등급), 平等(평등).

019

두 **량**, 入-8
둘, 짝

▸ 양쪽에서 당기면 열린다.
▸ 兩國(양국), 兩親(양친).

020

헤아릴 **량**, 里-12
헤아리다, 길이

▸ 물의 양을 재어 보시오.
▸ 數量(수량), 少量(소량).

021

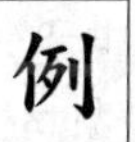

법식 **례**, 人-8
법식, 본보기

▸ 예를 들어 설명하다.
▸ 例示(예시), 比例(비례).

022

낯 **면**, 面-9
얼굴, 표면

▸ 우리나라는 삼 면이 바다이다.
▸ 面談(면담), 表面(표면).

023

이름 **명**, 口-6
이름, 사람의 수

▸ 5명이 줄을 서 있다.
▸ 名言(명언), 有名(유명).

024

문 **문**, 門-8
문, 집

▸ 문을 벌컥 열었다.
▸ 門牌(문패), 房門(방문).

025

반 **반**, 十-5
반, 조각

▸ 사과를 반으로 나누다.
▸ 半島(반도), 折半(절반).

026

나눌 **반**, 玉-10
나누다

▸ 우리 반 친구들.
▸ 班長(반장), 越班(월반).

027

방 **방**, 戶-8
방, 집

▸ 그는 방으로 들어왔다.
▸ 房門(방문), 煖房(난방).

028

곱 **배**, 亻-10
곱, 더하다, 더욱

▸ 속도가 두 배나 빨라졌다.
▸ 倍數(배수), 百倍(백배).

029

차례 **번**, 田-12
차례, 횟수

▸ 노래를 여러 번 불렀다.
▸ 番號(번호), 順番(순번).

030

罰

벌할 **벌**, 罒-14
벌, 벌주다

▸ 떠들어서 벌을 받았다.
▸ 罰金(벌금), 處罰(처벌).

031

法

법 **법**, 水-8
법, 방법

▸ 법을 지킬 의무가 있다.
▸ 法院(법원), 方法(방법).

032

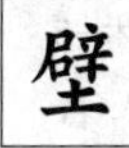

벽 **벽**, 土-16
벽, 울타리

▸ 어깨를 벽에 부딪쳤다.
▸ 壁紙(벽지), 絶壁(절벽).

033

가 **변**, 辶-19
가, 가장자리

▸ 사각형은 변이 4개 있다.
▸ 邊方(변방), 周邊(주변).

034

변할 **변**, 言-23
변하다, 변해가다

▸ 주위에 따라 색이 변한다.
▸ 變化(변화), 異變(이변).

035

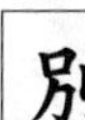

나눌 **별**, 刂-7
나누다, 다르다

▸ 모둠별로 토론해 보세요.
▸ 別名(별명), 區別(구별).

036

병 **병**, 疒-10
병, 근심, 앓다

▸ 오랫동안 병을 앓다.
▸ 病院(병원), 疾病(질병).

037

瓶 병 **병**, 瓦-13

병, 단지

▸ 병에 물을 담았다.

▸ 藥瓶(약병), 花瓶(화병).

038

本 근본 **본**, 木-5

뿌리, 근본, 책

▸ 종이로 본을 뜨다.

▸ 本來(본래), 基本(기본).

039

分 나눌 **분**, 刀-4

나누다, 구별하다

▸ 민재는 30분 늦게 왔다.

▸ 分別(분별), 區分(구분).

040

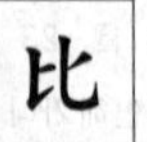

比 견줄 **비**, 比-4

견주다, 비교하다

▸ 네 것에 비해 많다.

▸ 比較(비교), 對比(대비).

041

山 메 **산**, 山-3

산

▸ 단풍으로 산이 물들었다.

▸ 山林(산림), 登山(등산).

042

傷 상처 **상**, 亻-13

상처, 다치다

▸ 상한 음식을 먹다.

▸ 傷處(상처), 負傷(부상).

043

賞 상줄 **상**, 貝-15

상을 주다, 상

▸ 착한 어린이에게 상을 주다.

▸ 賞狀(상장), 大賞(대상).

044

色 빛 **색**, 色-6

빛, 얼굴빛

▸ 여러 색으로 그림을 그리다.

▸ 色彩(색채), 顔色(안색).

045

線 줄 **선**, 糸-15

줄, 실

▸ 선을 따라 그려봅시다.

▸ 線分(선분), 直線(직선).

046

屬 무리 **속**, 尸-21

무리, 부족

▸ 사자는 포유류에 속한다.

▸ 金屬(금속), 附屬(부속).

047

數 셀 **수**, 攵-15

세다, 셈, 수량

▸ 참가한 사람의 수.

▸ 數學(수학), 陽數(양수).

048

時 때 **시**, 日-10

때, 때때로

▸ 몇 시에 일어나니?

▸ 時間(시간), 暫時(잠시).

049

詩 시 **시**, 言-13

시

▸ 시를 읽어 봅시다.

▸ 詩歌(시가), 童詩(동시).

050

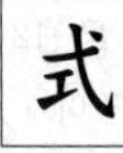

式 법 **식**, 弋-6

법, 규정, 본받다

▸ y를 구하는 식을 쓰시오.

▸ 式場(식장), 儀式(의식).

051

甚 심할 **심**, 甘-9

지나치다, 매우

▸ 농담이 너무 심하다.

▸ 激甚(격심), 極甚(극심).

052

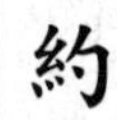

約 묶을 **약**, 糸-9

묶다, 약속하다

▸ 약 30분 정도 걸었다.

▸ 約束(약속), 要約(요약).

053

弱 약할 **약**, 弓-10

약하다

▸ 언니는 몸이 약하다.

▸ 弱者(약자), 强弱(강약).

054

藥 약 **약**, 艹-19

약, 고치다

▸ 약을 먹고 병이 나았다.

▸ 藥局(약국), 齒藥(치약).

055

남을 **여**, 食-16
남다, 여분

▸ 경기 시간이 30분 **여** 남았다.
▸ 餘暇(여가), 殘餘(잔여).

056

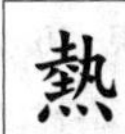

더울 **열**, 灬-15
덥다, 타다, 더위

▸ 몸에서 **열**이 난다.
▸ 熱帶(열대), 高熱(고열).

057

임금 **왕**, 王-3
임금, 제후

▸ 그는 훌륭한 **왕**이 되었다.
▸ 王國(왕국), 大王(대왕).

058

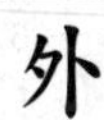

바깥 **외**, 夕-5
바깥, 표면

▸ 공부 **외**에는 관심이 없다.
▸ 外國(외국), 海外(해외).

059

쓸 **용**, 用-5
쓰다, 사용하다

▸ 어린이**용** 자전거.
▸ 用途(용도), 利用(이용).

060

둥글 **원**, 口-13
둥글다, 원

▸ 종이를 **원** 모양으로 잘랐다.
▸ 圓形(원형), 橢圓(타원).

061

원할 **원**, 頁-19
원하다, 바라다

▸ 전쟁을 **원**하는 사람은 없다.
▸ 願書(원서), 所願(소원).

062

달 **월**, 月-4
달, 세월

▸ 내 생일은 1**월**이다.
▸ 月末(월말), 歲月(세월).

063

할 **위**, 爪-12
하다, 위하다, 되다

▸ 엄마를 **위**해 밥을 했다.
▸ 爲主(위주), 行爲(행위).

064

의지할 **의**, 人-8
의지하다, 기대다

▸ 소문에 **의**하면, ...
▸ 依支(의지), 歸依(귀의).

065

인할 **인**, 口-6
인하다, 말미암다

▸ 병으로 **인**해 결석하다.
▸ 因果(인과), 原因(원인).

066

해 **일**, 日-4
해, 햇볕, 날짜

▸ 1주일은 7**일**입니다.
▸ 月日(월일).

067

베풀 **장**, 弓-11
넓히다, 크게 하다

▸ 카드는 모두 몇 **장**입니까?
▸ 主張(주장).

068

앞 **전**, 刂-9
앞, 앞서다

▸ 3년 **전**에 미국에서 왔다.
▸ 前後(전후), 午前(오전).

069

전할 **전**, 亻-13
말하다, 보내다

▸ 옛날부터 **전**해오는 이야기.
▸ 傳來(전래), 遺傳(유전).

070

점 **점**, 黑-17
점, 지시하다

▸ 느낀 **점**을 이야기하다.
▸ 點數(점수), 長點(장점).

071

바를 **정**, 止-5
바르다, 바로잡다

▸ **정** 싫으면 안 해도 된다.
▸ 正確(정확), 公正(공정).

072

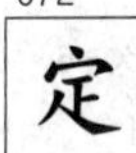

정할 **정**, 宀-8
정하다

▸ 놀이 규칙을 **정**해 봅시다.
▸ 定時(정시), 決定(결정).

073

第 차례 **제**, 竹-11

등급, 급제하다

▸ 제 1과를 공부하다.

▸ 第一(제일), 及第(급제).

074

罪 허물 **죄**, 网-13

잘못, 죄인

▸ 죄를 지어 감옥에 갔다.

▸ 罪囚(죄수), 無罪(무죄).

075

主 주인 **주**, 丶-5

임금, 주인, 주체

▸ 이곳은 농업이 주를 이룬다.

▸ 主人(주인), 爲主(위주).

076

週 돌 **주**, 辶-12

돌다, 일주, 주일

▸ 이번 주에 여행을 간다.

▸ 週末(주말), 今週(금주).

077

中 가운데 **중**, 丨-4

가운데, 중심

▸ 여름방학 중 해야 할 숙제.

▸ 中間(중간), 空中(공중).

078

次 버금 **차**, 欠-6

다음, 순서

▸ 제1차 세계 대전.

▸ 次例(차례), 漸次(점차).

079

車 수레 **차**(거), 車-7

수레, 수레바퀴

▸ 도로에 차가 달린다.

▸ 車道(차도), 汽車(기차).

080

差 어긋날 **차**, 工-10

다르다, 어긋나다

▸ 두 수의 차를 구하시오.

▸ 差別(차별), 隔差(격차).

081

窓 창문 **창**, 穴-11

창문

▸ 답답해서 창을 열었다.

▸ 窓門(창문), 同窓(동창).

082

册 책 **책**, 冂-5

책, 문서

▸ 바르게 앉아서 책을 읽다.

▸ 册床(책상), 空册(공책).

083

秒 분초 **초**, 禾-9

분초, 미세하다

▸ 1분은 60초이다.

▸ 秒速(초속), 每秒(매초).

084

錘 저울추 **추**, 金-16

저울추, 무게 단위

▸ 저울에 추를 올려놓다.

▸ 時計錘(시계추).

085

層 층계 **층**, 尸-15

층계, 겹

▸ 우리 반은 3층에 있다.

▸ 層階(층계), 高層(고층).

086

親 친할 **친**, 見-16

친하다, 가깝다

▸ 둘은 친한 친구 사이다.

▸ 親舊(친구), 兩親(양친).

087

漆 옻 **칠**, 水-14

옻, 칠하다, 검다

▸ 빨간 색으로 칠해봅시다.

▸ 漆板(칠판), 色漆(색칠).

088

宅 집 **택**(댁), 宀-6

댁, 집

▸ 할머니 댁에 다녀왔다.

▸ 宅配(택배), 住宅(주택).

089

通 통할 **통**, 辶-11

통하다, 꿰뚫다

▸ 바람이 잘 통한다.

▸ 通過(통과), 交通(교통).

090

桶 통 **통**, 木-11

통

▸ 공깃돌이 통에 들어있다.

▸ 休紙桶(휴지통).

091

편할 **편**, 人-9

편하다, 소식

▸ 누워서 편하게 자거라.

▸ 便利(편리), 不便(불편).

092

겉 **표**, 衣-8

겉, 바깥, 표

▸ 구구단을 표로 만들다.

▸ 表面(표면), 發表(발표).

093

표할 **표**, 木-15

나타내다, 적다

▸ 맞는 것에 ○표 하시오.

▸ 標示(표시), 目標(목표).

094

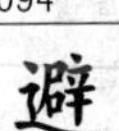

피할 **피**, 辶-17

피하다, 꺼리다

▸ 날아오는 공을 피했다.

▸ 避暑(피서), 待避(대피).

095

합할 **합**, 口-6

합하다, 만나다

▸ 5와 2의 합은 7이다.

▸ 合計(합계), 綜合(종합).

096

향할 **향**, 口-6

향하다, 방향

▸ 그는 하늘을 향해 외쳤다.

▸ 向上(향상), 方向(방향).

097

兄

형 **형**, 儿-5

형, 맏이

▸ 형은 나보다 두 살이 많다.

▸ 兄弟(형제), 親兄(친형).

098

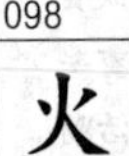

불 **화**, 火-4

불, 화

▸ 원호는 크게 화를 냈다.

▸ 火山(화산), 烽火(봉화).

099

돌아올 **회**, 口-6

돌아오다, 횟수

▸ 마지막 회를 방영하다.

▸ 回轉(회전), 旋回(선회).

100

뒤 **후**, 彳-9

뒤, 늦다

▸ 방송은 잠시 후에 시작한다.

▸ 後食(후식), 午後(오후).

부록 ❸ 고빈도 한자어 1000

"금속은 귀중한 자원이다"(4-1 국어 읽기, 34쪽)란 문장에서 보는 바와 같이 교과서에 쓰인 핵심어(키-워드)는 대부분 한자어입니다. 그래서 전 과목 성적은 한자어 어휘력에 달려 있습니다. 이 사전에서는, 초중등교육과정에서 사용되는 교재용 어휘로 자주 쓰이는 것 가운데, 상위 1000개를 빈도순으로 열거해 놓음으로써 한자어 어휘력 신장의 받침돌이 되도록 하였습니다. 본문 표제어에서 상위 500개는 별표(*) 두 개를, 하위 500개는 별표 하나를 각각 표시해 놓았습니다. 빈도는 《현대 국어 사용 빈도 조사》(조남호, 국립국어연구원, 2002)를 근거로 하였으며, 학습 효율과 편의성 등을 고려하여 2음절 어휘를 중심으로 하였습니다.

0001 지역 地域
0002 지방 地方
0003 운동 運動
0004 방법 方法
0005 이용 利用
0006 생활 生活
0007 사회 社會
0008 친구 親舊
0009 학교 學校
0010 환경 環境
0011 문화 文化
0012 시대 時代
0013 경우 境遇
0014 도시 都市
0015 공업 工業
0016 모양 模樣
0017 내용 內容
0018 필요 必要
0019 물건 物件
0020 문제 問題
0021 정도 程度
0022 자신 自身
0023 시간 時間
0024 중심 中心
0025 신체 身體
0026 조사 調査
0027 경기 競技
0028 자세 姿勢
0029 체육 體育
0030 시작 始作
0031 음식 飮食
0032 중요 重要
0033 활동 活動
0034 민족 民族
0035 자기 自己
0036 변화 變化
0037 세계 世界
0038 표현 表現
0039 조상 祖上
0040 국가 國家
0041 부분 部分
0042 영향 影響
0043 물질 物質
0044 산업 産業
0045 주민 住民
0046 자원 資源
0047 발달 發達
0048 기술 技術
0049 노력 努力
0050 대회 大會
0051 방향 方向
0052 건강 健康
0053 용액 溶液
0054 사고 事故
0055 주변 周邊
0056 속도 速度
0057 인구 人口
0058 오염 汚染
0059 역사 歷史
0060 발전 發展
0061 피해 被害
0062 무용 舞踊
0063 지금 只今
0064 결과 結果
0065 교통 交通
0066 시설 施設
0067 박물 博物
0068 공장 工場
0069 기관 機關
0070 동작 動作
0071 예절 禮節
0072 자연 自然

0073 체조 體操
0074 행동 行動
0075 개발 開發
0076 과정 過程
0077 인간 人間
0078 인류 人類
0079 종류 種類
0080 특성 特性
0081 규칙 規則
0082 유역 流域
0083 제도 制度
0084 효과 效果
0085 자료 資料
0086 주위 周圍
0087 화분 花盆
0088 식물 植物
0089 여자 女子
0090 동물 動物
0091 실습 實習
0092 남자 男子
0093 농업 農業
0094 지구 地球
0095 지도 地圖
0096 가족 家族
0097 계획 計劃
0098 각각 各各
0099 공기 空氣
0100 의견 意見
0101 물체 物體
0102 상태 狀態
0103 열심 熱心
0104 유적 遺跡
0105 유지 維持
0106 정리 整理
0107 편리 便利
0108 경제 經濟
0109 기능 機能
0110 실시 實施
0111 점차 漸次
0112 화산 火山
0113 관찰 觀察
0114 비교 比較
0115 선수 選手
0116 정신 精神
0117 지대 地帶
0118 풍부 豊富
0119 형태 形態
0120 건물 建物
0121 관광 觀光
0122 성장 成長
0123 영양 營養
0124 원인 原因
0125 장군 將軍
0126 능력 能力
0127 삼국 三國
0128 각종 各種
0129 기분 氣分
0130 다양 多樣
0131 재료 材料
0132 관계 關係
0133 문명 文明
0134 차례 次例
0135 교실 教室
0136 기후 氣候
0137 단지 團地
0138 백성 百姓
0139 부위 部位
0140 사실 事實
0141 세상 世上
0142 인사 人事
0143 결정 決定
0144 시기 時機
0145 특징 特徵
0146 피로 疲勞
0147 기본 基本
0148 이상 以上
0149 인물 人物
0150 노인 老人
0151 불교 佛教
0152 생물 生物
0153 연결 連結
0154 이유 理由
0155 이해 理解
0156 종목 種目
0157 태도 態度
0158 인격 人格
0159 전기 電氣
0160 정확 正確
0161 표정 表情
0162 행사 行事
0163 개성 個性
0164 구역 區域
0165 대기 大氣
0166 점점 漸漸
0167 증가 增加
0168 단체 團體
0169 목재 木材
0170 미술 美術
0171 사진 寫眞
0172 선택 選擇
0173 순서 順序
0174 유물 遺物
0175 이후 以後
0176 직접 直接
0177 차이 差異
0178 공부 工夫
0179 북부 北部
0180 사업 事業

0181 안전 安全
0182 약속 約束
0183 이익 利益
0184 제품 製品
0185 채소 菜蔬
0186 통일 統一
0187 교류 交流
0188 연료 燃料
0189 위치 位置
0190 전통 傳統
0191 주요 主要
0192 산소 酸素
0193 성격 性格
0194 세기 世紀
0195 정치 政治
0196 조건 條件
0197 현상 現象
0198 화약 火藥
0199 수영 水泳
0200 작품 作品
0201 전체 全體
0202 체력 體力
0203 평야 平野
0204 환자 患者
0205 개인 個人
0206 거리 距離
0207 계속 繼續
0208 관심 關心
0209 교육 教育
0210 남부 南部
0211 소음 騷音
0212 전국 全國
0213 가치 價值
0214 대왕 大王
0215 대표 代表
0216 목적 目的
0217 물론 勿論
0218 발견 發見
0219 서당 書堂
0220 세력 勢力
0221 수입 收入
0222 식사 食事
0223 약간 若干
0224 일부 一部
0225 장소 場所
0226 토기 土器
0227 학문 學問
0228 항상 恒常
0229 해안 海岸
0230 활발 活潑
0231 고대 古代
0232 균형 均衡
0233 기초 基礎
0234 농약 農藥
0235 비료 肥料
0236 실제 實際
0237 의논 議論
0238 의미 意味
0239 전쟁 戰爭
0240 준비 準備
0241 질병 疾病
0242 최선 最善
0243 폐기 廢棄
0244 고모 姑母
0245 근육 筋肉
0246 기구 機構
0247 당시 當時
0248 목표 目標
0249 무역 貿易
0250 생산 生產
0251 실내 室內
0252 일대 一帶
0253 지혜 智慧
0254 책상 冊床
0255 친척 親戚
0256 학생 學生
0257 행정 行政
0258 고통 苦痛
0259 곤봉 棍棒
0260 기원 紀元
0261 농사 農事
0262 무궁 無窮
0263 연구 研究
0264 외국 外國
0265 정책 政策
0266 지출 支出
0267 지형 地形
0268 평가 評價
0269 독특 獨特
0270 수녀 修女
0271 역할 役割
0272 원자 原子
0273 육상 陸上
0274 자세 仔細
0275 재배 栽培
0276 정부 政府
0277 주인 主人
0278 파악 把握
0279 경험 經驗
0280 기능 技能
0281 기입 記入
0282 분단 分團
0283 사용 使用
0284 산성 酸性
0285 상황 狀況
0286 시장 市場
0287 종교 宗教
0288 최근 最近

0289 특색 特色
0290 학급 學級
0291 학년 學年
0292 현대 現代
0293 현재 現在
0294 활용 活用
0295 가정 家庭
0296 도자 陶瓷
0297 방사 放射
0298 불상 佛像
0299 사촌 四寸
0300 소중 所重
0301 연필 鉛筆
0302 요소 要素
0303 중부 中部
0304 충분 充分
0305 탐구 探究
0306 품질 品質
0307 호수 湖水
0308 호흡 呼吸
0309 기계 機械
0310 방식 方式
0311 사상 思想
0312 석유 石油
0313 유목 遊牧
0314 작업 作業
0315 청소 清掃
0316 확인 確認
0317 간단 簡單
0318 강수 降水
0319 공격 攻擊
0320 기관 器官
0321 복잡 複雜
0322 부근 附近
0323 산지 山地
0324 심각 深刻
0325 안정 安定
0326 연습 練習
0327 요인 要因
0328 유연 柔軟
0329 음악 音樂
0330 적성 適性
0331 전류 電流
0332 조절 調節
0333 태양 太陽
0334 하천 河川
0335 해외 海外
0336 호남 湖南
0337 가격 價格
0338 결국 結局
0339 금액 金額
0340 기온 氣溫
0341 보호 保護
0342 선생 先生
0343 소비 消費
0344 숙제 宿題
0345 식량 食糧
0346 신문 新聞
0347 이동 移動
0348 전지 電池
0349 제사 祭祀
0350 지면 地面
0351 철도 鐵道
0352 최초 最初
0353 추구 追求
0354 추진 推進
0355 침입 侵入
0356 표면 表面
0357 표시 標示
0358 해결 解決
0359 형성 形成
0360 화학 化學
0361 구성 構成
0362 근력 筋力
0363 남녀 男女
0364 보급 普及
0365 보통 普通
0366 상처 傷處
0367 선물 膳物
0368 암석 巖石
0369 염기 鹽基
0370 온도 溫度
0371 유명 有名
0372 주장 主張
0373 중학 中學
0374 증상 症狀
0375 지진 地震
0376 지층 地層
0377 칭찬 稱讚
0378 토양 土壤
0379 휴식 休息
0380 견학 見學
0381 곡식 穀食
0382 공중 空中
0383 과학 科學
0384 구분 區分
0385 기준 基準
0386 년대 年代
0387 농부 農夫
0388 농촌 農村
0389 도로 道路
0390 도읍 都邑
0391 면적 面積
0392 묘사 描寫
0393 문자 文字
0394 범위 範圍
0395 성질 性質
0396 소재 素材

0397 영토 領土
0398 예방 豫防
0399 용기 勇氣
0400 의도 意圖
0401 인체 人體
0402 일상 日常
0403 일정 一定
0404 임진 壬辰
0405 왜란 倭亂
0406 조각 彫刻
0407 주의 注意
0408 주제 主題
0409 지도 指導
0410 촌락 村落
0411 최대 最大
0412 학자 學者
0413 건설 建設
0414 경치 景致
0415 공간 空間
0416 구조 構造
0417 군대 軍隊
0418 귀족 貴族
0419 근대 近代
0420 기호 記號
0421 농민 農民
0422 대감 大監
0423 묘목 苗木
0424 문장 文章
0425 발표 發表
0426 부족 不足
0427 서민 庶民
0428 소녀 少女
0429 심장 心臟
0430 안녕 安寧
0431 우유 牛乳
0432 원래 元來
0433 원리 原理
0434 유리 有利
0435 육지 陸地
0436 자유 自由
0437 작물 作物
0438 조화 調和
0439 지구 地區
0440 지정 指定
0441 출발 出發
0442 침략 侵略
0443 토지 土地
0444 감상 鑑賞
0445 감정 感情
0446 검사 檢查
0447 고향 故鄕
0448 공구 工具
0449 공동 共同
0450 공사 工事
0451 관련 關聯
0452 군사 軍事
0453 기법 技法
0454 남매 男妹
0455 대신 代身
0456 대체 大體
0457 유산 遺產
0458 미래 未來
0459 민속 民俗
0460 발육 發育
0461 북방 北方
0462 삼림 森林
0463 상류 上流
0464 상품 商品
0465 섬유 纖維
0466 습관 習慣
0467 열대 熱帶
0468 유의 留意
0469 은행 銀行
0470 의료 醫療
0471 의사 醫師
0472 이상 異常
0473 자극 刺戟
0474 저항 抵抗
0475 지하 地下
0476 철봉 鐵棒
0477 친족 親族
0478 통신 通信
0479 각자 各自
0480 감동 感動
0481 결산 決算
0482 경례 敬禮
0483 관동 關東
0484 관리 管理
0485 권리 權利
0486 규모 規模
0487 낭독 朗讀
0488 내륙 內陸
0489 도구 道具
0490 부모 父母
0491 분출 噴出
0492 비용 費用
0493 색채 色彩
0494 생명 生命
0495 설계 設計
0496 소식 消息
0497 식품 食品
0498 예술 藝術
0499 왜적 倭賊
0500 위험 危險
0501 작용 作用
0502 잔액 殘額
0503 재산 財產
0504 전선 電線

0505 조직 組織
0506 존재 存在
0507 처리 處理
0508 청자 青瓷
0509 체중 體重
0510 초기 初期
0511 평화 平和
0512 한자 漢字
0513 해양 海洋
0514 향교 鄉校
0515 화려 華麗
0516 화석 化石
0517 회로 回路
0518 회사 會社
0519 가로 街路
0520 가축 家畜
0521 간척 干拓
0522 고려 考慮
0523 관북 關北
0524 구별 區別
0525 근래 近來
0526 기사 記事
0527 내부 內部
0528 농경 農耕
0529 도청 道廳
0530 동력 動力
0531 백자 白瓷
0532 벽화 壁畫
0533 비단 緋緞
0534 상상 想像
0535 소년 少年
0536 수면 睡眠
0537 순간 瞬間
0538 업적 業績
0539 염산 鹽酸
0540 예산 豫算
0541 왕조 王朝
0542 유교 儒教
0543 유학 儒學
0544 인문 人文
0545 자식 子息
0546 장애 障碍
0547 제일 第一
0548 조심 操心
0549 중독 中毒
0550 중앙 中央
0551 진동 振動
0552 질서 秩序
0553 집중 集中
0554 편지 便紙
0555 합계 合計
0556 회전 回轉
0557 희망 希望
0558 고분 古墳
0559 고유 固有
0560 공급 供給
0561 과거 過去
0562 국민 國民
0563 기록 記錄
0564 기회 機會
0565 남편 男便
0566 단점 短點
0567 대답 對答
0568 문단 文段
0569 발굴 發掘
0570 배구 排球
0571 본래 本來
0572 불편 不便
0573 상대 相對
0574 서양 西洋
0575 석탄 石炭
0576 석탑 石塔
0577 소질 素質
0578 쇠퇴 衰退
0579 시련 試鍊
0580 실천 實踐
0581 예상 豫想
0582 예의 禮儀
0583 완두 豌豆
0584 요지 要地
0585 용도 用途
0586 이전 以前
0587 일기 日記
0588 일반 一般
0589 입체 立體
0590 적당 適當
0591 점검 點檢
0592 정승 政丞
0593 정식 正式
0594 지표 地表
0595 처치 處置
0596 최고 最高
0597 판단 判斷
0598 편안 便安
0599 포함 包含
0600 현지 現地
0601 형제 兄弟
0602 효도 孝道
0603 개최 開催
0604 계절 季節
0605 공주 公主
0606 관개 灌漑
0607 관모 冠帽
0608 관서 關西
0609 구체 具體
0610 국기 國旗
0611 국제 國際
0612 국토 國土

0613 기대 期待
0614 내력 來歷
0615 노동 勞動
0616 농도 濃度
0617 단백 蛋白
0618 대륙 大陸
0619 대상 對象
0620 동시 同時
0621 동화 童話
0622 매일 每日
0623 발휘 發揮
0624 보물 寶物
0625 보존 保存
0626 복도 複道
0627 부족 部族
0628 분지 盆地
0629 사과 沙果
0630 성인 成人
0631 세월 歲月
0632 소개 紹介
0633 소풍 逍風
0634 수단 手段
0635 식료 食料
0636 여가 餘暇
0637 완성 完成
0638 왜군 倭軍
0639 외적 外敵
0640 의식 意識
0641 의식 儀式
0642 잠시 暫時
0643 장면 場面
0644 적극 積極
0645 전구 電球
0646 전달 傳達
0647 전정 剪定
0648 전화 電話
0649 정비 整備
0650 정의 正義
0651 제작 製作
0652 존중 尊重
0653 중류 中流
0654 지식 知識
0655 초원 草原
0656 축구 蹴球
0657 측정 測定
0658 파괴 破壞
0659 평소 平素
0660 폐수 廢水
0661 포환 砲丸
0662 학습 學習
0663 행복 幸福
0664 향상 向上
0665 형식 形式
0666 감각 感覺
0667 강력 強力
0668 경계 境界
0669 공손 恭遜
0670 공책 空冊
0671 관리 官吏
0672 구급 救急
0673 귀중 貴重
0674 기계 器械
0675 기상 氣像
0676 기타 其他
0677 녹색 綠色
0678 단위 單位
0679 단조 單調
0680 당번 當番
0681 대비 對比
0682 대비 對備
0683 대화 對話
0684 동서 東西
0685 동적 動的
0686 만약 萬若
0687 매년 每年
0688 목축 牧畜
0689 무예 武藝
0690 무형 無形
0691 반대 反對
0692 발생 發生
0693 법칙 法則
0694 병원 病院
0695 보건 保健
0696 보관 保管
0697 복원 復元
0698 사방 四方
0699 사항 事項
0700 상인 商人
0701 상자 箱子
0702 석회 石灰
0703 선의 善意
0704 설명 說明
0705 설치 設置
0706 수도 首都
0707 수렵 狩獵
0708 수산 水產
0709 수입 輸入
0710 수준 水準
0711 수질 水質
0712 수평 水平
0713 시험 試驗
0714 신경 神經
0715 신하 臣下
0716 야구 野球
0717 어업 漁業
0718 연안 沿岸
0719 왕자 王子
0720 왜구 倭寇

0721 욕심 欲心
0722 우선 于先
0723 원반 圓盤
0724 위원 委員
0725 이모 姨母
0726 이사 移徙
0727 이성 理性
0728 이외 以外
0729 인공 人工
0730 인삼 人蔘
0731 자석 磁石
0732 자신 自信
0733 장점 長點
0734 장치 裝置
0735 적절 適切
0736 정성 精誠
0737 종합 綜合
0738 주택 住宅
0739 지방 脂肪
0740 진단 診斷
0741 채택 採擇
0742 축하 祝賀
0743 치료 治療
0744 판자 板子
0745 피부 皮膚
0746 호랑 虎狼
0747 홍수 洪水
0748 휴전 休戰
0749 각도 角度
0750 갑오 甲午
0751 개혁 改革
0752 강조 強調
0753 건전 健全
0754 건축 建築
0755 경지 耕地
0756 계단 階段
0757 고생 苦生
0758 곡선 曲線
0759 공통 共通
0760 과연 果然
0761 과제 課題
0762 관절 關節
0763 광복 光復
0764 국방 國防
0765 국보 國寶
0766 국어 國語
0767 궁궐 宮闕
0768 극복 克服
0769 나사 螺絲
0770 난류 暖流
0771 농산물 農產物
0772 농작 農作
0773 대신 大臣
0774 도덕 道德
0775 도착 到着
0776 동굴 洞窟
0777 등장 登場
0778 목공 木工
0779 목제 木製
0780 무연탄 無煙炭
0781 문예 文藝
0782 밀접 密接
0783 반복 反復
0784 반성 反省
0785 방문 訪問
0786 방위 方位
0787 방음 防音
0788 배출 排出
0789 보전 保全
0790 부력 浮力
0791 분쟁 紛爭
0792 분해 分解
0793 사건 事件
0794 사정 事情
0795 상업 商業
0796 섭취 攝取
0797 성실 誠實
0798 속담 俗談
0799 수직 垂直
0800 순환 循環
0801 시절 時節
0802 신기 新奇
0803 신호 信號
0804 실험 實驗
0805 역시 亦是
0806 연쇄 連鎖
0807 오후 午後
0808 완전 完全
0809 왕릉 王陵
0810 외부 外部
0811 요약 要約
0812 우림 雨林
0813 운반 運搬
0814 유리 琉璃
0815 의병 義兵
0816 일제 日帝
0817 일행 一行
0818 자기 磁氣
0819 자비 慈悲
0820 자아 自我
0821 자체 自體
0822 장래 將來
0823 적합 適合
0824 전력 電力
0825 전시 展示
0826 정교 精巧
0827 제도 製圖
0828 중력 重力

0829 증진 增進
0830 지구 持久
0831 지혈 止血
0832 진행 進行
0833 참가 參加
0834 처벌 處罰
0835 청동 青銅
0836 출혈 出血
0837 하류 下流
0838 항구 港口
0839 혈액 血液
0840 호족 豪族
0841 회의 會議
0842 효율 效率
0843 각국 各國
0844 간이 簡易
0845 감소 減少
0846 거대 巨大
0847 계급 階級
0848 고민 苦悶
0849 공원 公園
0850 공정 公正
0851 과거 科擧
0852 교역 交易
0853 경찰 警察
0854 국경 國境
0855 군청 郡廳
0856 궁중 宮中
0857 기차 汽車
0858 다정 多情
0859 단계 段階
0860 단지 但只
0861 동전 銅錢
0862 마찰 摩擦
0863 모형 模型
0864 목욕 沐浴
0865 무기 武器
0866 무대 舞臺
0867 무시 無視
0868 물자 物資
0869 박사 博士
0870 반사 反射
0871 방송 放送
0872 범인 犯人
0873 복합 複合
0874 부상 負傷
0875 부품 部品
0876 분명 分明
0877 불구 不拘
0878 불리 不利
0879 비중 比重
0880 산간 山間
0881 산조 散調
0882 상공 上空
0883 상징 象徵
0884 상쾌 爽快
0885 생선 生鮮
0886 생일 生日
0887 생태 生態
0888 서서 徐徐
0889 설정 設定
0890 성분 成分
0891 세포 細胞
0892 소재 所在
0893 수군 水軍
0894 수심 水深
0895 수집 蒐集
0896 악수 握手
0897 약수 藥水
0898 양반 兩班
0899 양식 樣式
0900 여유 餘裕
0901 예비 豫備
0902 외상 外傷
0903 요일 曜日
0904 유일 唯一
0905 은혜 恩惠
0906 이래 以來
0907 인정 認定
0908 입장 立場
0909 자본 資本
0910 장학 獎學
0911 재해 災害
0912 저수 貯水
0913 제한 制限
0914 제후 諸侯
0915 좌우 左右
0916 주교 主教
0917 지배 支配
0918 지점 地點
0919 지표 指標
0920 직업 職業
0921 진출 進出
0922 질소 窒素
0923 책임 責任
0924 철광 鐵鑛
0925 춘추 春秋
0926 태풍 颱風
0927 토론 討論
0928 통치 統治
0929 해상 海上
0930 향기 香氣
0931 형편 形便
0932 혹시 或是
0933 화초 花草
0934 훈련 訓鍊
0935 각기 各其
0936 간만 干滿

0937 간석지 干潟地
0938 갈등 葛藤
0939 개선 改善
0940 경사 傾斜
0941 계기 契機
0942 고전 古典
0943 곡물 穀物
0944 공산 共產
0945 공헌 貢獻
0946 과수 果樹
0947 금방 今方
0948 금속 金屬
0949 급격 急激
0950 급속 急速
0951 기업 企業
0952 기여 寄與
0953 기체 氣體
0954 낙엽 落葉
0955 남동 南東
0956 내일 來日
0957 농가 農家
0958 농토 農土
0959 담당 擔當
0960 대량 大量
0961 대립 對立
0962 대책 對策
0963 대첩 大捷
0964 축척 縮尺
0965 도야 陶冶
0966 등고 等高
0967 모범 模範
0968 몰두 沒頭
0969 무리 無理
0970 문고 文庫
0971 미소 微笑
0972 반면 反面
0973 반응 反應
0974 반칙 反則
0975 발명 發明
0976 방지 防止
0977 보답 報答
0978 봉건 封建
0979 분무 噴霧
0980 분열 分裂
0981 비석 碑石
0982 사막 沙漠
0983 사육 飼育
0984 삼월 三月
0985 생리 生理
0986 성립 成立
0987 수력 水力
0988 수분 水分
0989 수비 守備
0990 시민 市民
0991 시선 視線
0992 시청 市廳
0993 식초 食醋
0994 심신 心身
0995 연표 年表
0996 예측 豫測
0997 왕국 王國
0998 용감 勇敢
0999 우수 優秀
1000 우주 宇宙

부록 ❹ 비슷한 듯 다른 말 167

어느 나라 말이나, 뜻이 비슷한 유의어(類義語)와 뜻이 반대되는 반의어(反義語)가 있기 마련입니다. 어휘력을 효과적으로 향상시키는 방법은 어떤 단어를 사전에서 찾아보았을 때, 그런 유의어나 반의어를 꼭 확인해 보는 것입니다. 그래서 이 사전에서는 가급적 유의어와 반의어를 많이 수록해 놓았습니다. 그런데 일부 유의어 중에서는 서로 바꾸어 쓸 수 있을 정도로 뜻이 매우 비슷하면서도, 특정 언어 환경에서는 바꾸어 쓰면 안 되는 경우도 있습니다. 이러한 유의어를 '비슷한 듯 다른 말'이라 규정하여 본문 해당 표제어 아래에 예시해 놓았습니다. 학생들이 이해하기 힘든 언어학적 분석과 설명은 생략하고, 예문(◎/○표)과 비문(非文, ×표)만 열거하였습니다. 기초 작업에 있어서, 유의어 분석에 대하여는 서울대 임홍빈 교수의 《한국어사전》(랭기지플러스 2010)을, 연어 현상(collocation)에 대하여는 연세대 김하수 외 8명 교수 공저 《한국어연어사전》(커뮤니케이션북스 2009)을 각각 참고하였습니다. 다만 문장 예시는 학생들이 쉽게 이해할 수 있는 것으로 바꾸었습니다. 이러한 말들은 학생들의 작문 능력을 높이는 데 큰 도움이 되므로, 국어 쓰기(글짓기/작문) 수업에 활용하기 편리하도록 그 목록(총 167개 어휘쌍)을 가나다순으로 번갈아 열거해 놓았습니다.

번호	비슷한 듯 다른 말	찾아보기
1	가꾸다 / 꾸미다	▸ **가꾸다**
2	가득하다 / 그득하다	▸ **가득하다**
3	가리다 / 따지다	▸ **따지다**
4	가슴 / 품[1]	▸ **품[1]**
5	가운데 / 중간(中間)	▸ **가운데**
6	가운데 / 안[1]	▸ **안[1]**
7	가정(家庭)[2] / 집안	▸ **가정[2]**
8	가족(家族) /식구(食口)	▸ **가족(家族)**
9	갈라지다 / 트다[2]	▸ **트다[2]**
10	감사하다[2] / 고맙다	▸ **고맙다**
11	강하다[2] / 세다[3]	▸ **세다[3]**
12	갖추다 / 차리다	▸ **차리다**
13	갚다 / 치르다	▸ **치르다**
14	거두다 / 모으다	▸ **거두다**
15	거들다 / 돕다	▸ **돕다**
16	거스르다[2] / 어기다	▸ **거스르다[2]**
17	거의 / 대부분	▸ **대부분**
18	거짓 / 허위(虛僞)	▸ **거짓**
19	걸치다 / 입다	▸ **걸치다**
20	겪다 / 당하다	▸ **겪다**
21	견디다 / 버티다	▸ **버티다**
22	고르다[1] / 뽑다	▸ **고르다[1]**
23	고맙다 / 감사하다[3]	▸ **고맙다**
24	곧다 / 바르다[3]	▸ **곧다**
25	곳 / 장소(場所)	▸ **곳**
26	곳 / 자리	▸ **자리**
27	공부하다 / 익히다[2]	▸ **공부하다**
28	공허하다 / 비다	▸ **비다**

번호	비슷한 듯 다른 말	찾아보기
29	괴롭다 / 아프다	▸ **괴롭다**
30	구부리다 / 굽히다	▸ **굽히다**
31	굳다 / 얼다	▸ **얼다**
32	굽히다 / 구부리다	▸ **굽히다**
33	귀하다 / 드물다	▸ **드물다**
34	그득하다 / 가득하다	▸ **가득하다**
35	그치다 / 멎다	▸ **그치다**
36	금^1 / 줄^1	▸ **줄^1**
37	급하다 / 빠르다	▸ **급하다**
38	기르다 / 키우다	▸ **기르다**
39	기운(氣運) / 힘	▸ **힘**
40	깔다 / 펴다	▸ **깔다**
41	깨끗하다 / 말끔하다	▸ **깨끗하다**
42	깨다^3 / 부수다	▸ **부수다**
43	깨뜨리다 / 부수다	▸ **깨뜨리다**
44	깨물다 / 물다^1	▸ **깨물다**
45	깨물다 / 씹다	▸ **씹다**
46	껍데기 / 껍질	▸ **껍데기**
47	껍질 / 껍데기	▸ **껍데기**
48	꼬다 / 비틀다	▸ **꼬다**
49	꽂다 / 넣다	▸ **넣다**
50	꾸다^2 / 빌리다	▸ **빌리다**
51	꾸리다 / 묶다	▸ **꾸리다**
52	꾸미다 / 가꾸다	▸ **가꾸다**
53	끊다 / 자르다	▸ **끊다**
54	끝 / 마지막	▸ **끝**
55	끼다^2 / 묻다^3	▸ **묻다^3**
56	끼우다 / 넣다	▸ **끼우다**
57	끼치다^1 / 미치다^2	▸ **미치다^2**
58	나다^2 / 생기다	▸ **나다^2**
59	나중 / 다음	▸ **나중**
60	나타내다 / 드러내다	▸ **나타내다**
61	낮다 / 얕다	▸ **낮다**
62	낮추다 / 내리다	▸ **내리다**
63	내리다 / 낮추다	▸ **내리다**
64	내리다 / 떨어지다	▸ **떨어지다**
65	넓다 / 넓적하다	▸ **넓다**
66	넓적하다 / 넓다	▸ **넓다**
67	넘다 / 지나다	▸ **지나다**
68	넣다 / 꽂다	▸ **넣다**
69	넣다 / 끼우다	▸ **끼우다**
70	놓다 / 얹다	▸ **얹다**
71	느끼다 / 생각^1	▸ **느끼다**
72	느리다 / 늦다	▸ **느리다**
73	늘리다 / 불리다^2	▸ **불리다^2**
74	늦다 / 느리다	▸ **느리다**
75	다^2 / 모두	▸ **다^2**
76	다만 / 오직	▸ **다만**
77	다시 / 또	▸ **다시**
78	다음 / 나중	▸ **나중**
79	다투다 / 싸우다	▸ **싸우다**
80	단단하다 / 세다^3	▸ **단단하다**
81	달다^4 / 달콤하다	▸ **달다^4**
82	달다^1 / 차다	▸ **차다**
83	달리다^2 / 딸리다^1	▸ **달리다^2**
84	달리다^3 / 부치다^1	▸ **부치다^1**
85	달콤하다 / 달다^4	▸ **달다^4**
86	담그다 / 잠그다	▸ **담그다**
87	당하다^1 / 겪다	▸ **겪다**
88	당하다^1 / 받다^1	▸ **받다^1**
89	당하다 / 입다	▸ **입다**
90	닿다 / 스치다	▸ **닿다**
91	대가리 / 머리	▸ **머리**
92	대부분 / 거의	▸ **대부분**

번호	비슷한 듯 다른 말	찾아보기
93	더하다 / 심하다	▸ **심하다**
94	더하다 / 합하다	▸ **더하다**
95	덜다 / 빼다	▸ **덜다**
96	덮다 / 씌우다	▸ **덮다**
97	돕다 / 거들다	▸ **돕다**
98	동물(動物) / 짐승	▸ **짐승**
99	동생(同生) / 아우	▸ **아우**
100	두드리다 / 두들기다	▸ **두드리다**
101	두들기다 / 두드리다	▸ **두드리다**
102	뒤집다 / 엎다	▸ **엎다**
103	드러내다 / 나타내다	▸ **나타내다**
104	드물다 / 귀하다	▸ **드물다**
105	들끓다 / 붐비다	▸ **붐비다**
106	따다 / 뜯다	▸ **뜯다**
107	따르다^{1} / 좇다	▸ **따르다^{1}**
108	따지다 / 가리다^{1}	▸ **따지다**
109	딸리다^{1} / 달리다^{2}	▸ **달리다^{1}**
110	때리다 / 패다^{4}	▸ **때리다**
111	떨어지다 / 내리다	▸ **떨어지다**
112	떼다 / 뜯다	▸ **떼다**
113	또 / 다시	▸ **다시**
114	뜨다^{2} / 푸다	▸ **푸다**
115	뜯다 / 따다	▸ **뜯다**
116	뜯다 / 떼다	▸ **떼다**
117	마시다 / 먹다^{1}	▸ **먹다^{1}**
118	마음 / 정신^{2} (精神)	▸ **마음**
119	마음먹다 / 벼르다	▸ **벼르다**
120	마지막 / 끝	▸ **끝**
121	만들다 / 빚다	▸ **만들다**
122	만들다 / 삼다^{1}	▸ **삼다^{1}**
123	만들다 / 짓다	▸ **짓다**
124	많다 / 흔하다	▸ **흔하다**
125	말끔하다 / 깨끗하다	▸ **깨끗하다**
126	맡다^{2} / 보관하다	▸ **맡다^{2}**
127	매끄럽다 / 부드럽다	▸ **부드럽다**
128	매다^{1} / 묶다	▸ **묶다**
129	머리 / 대가리	▸ **머리**
130	먹다^{1} / 마시다	▸ **먹다^{1}**
131	멈추다 / 멎다	▸ **멎다**
132	멈추다 / 쉬다^{1}	▸ **멈추다**
133	멎다 / 멈추다	▸ **멎다**
134	멎다 / 그치다	▸ **그치다**
135	면하다 / 벗다	▸ **벗다**
136	모두 / 다^{2}	▸ **다^{2}**
137	모시다 / 섬기다	▸ **섬기다**
138	모으다 / 거두다	▸ **거두다**
139	몹시 / 아주	▸ **아주**
140	무겁다 / 묵직하다	▸ **무겁다**
141	무너지다 / 쓰러지다	▸ **무너지다**
142	무섭다 / 사납다	▸ **사납다**
143	묵직하다 / 무겁다	▸ **무겁다**
144	묶다 / 꾸리다	▸ **꾸리다**
145	묶다 / 매다^{1}	▸ **묶다**
146	문지르다 / 비비다	▸ **비비다**
147	묻다^{3} / 끼다^{2}	▸ **묻다^{3}**
148	묻히다^{2} / 바르다^{1}	▸ **바르다^{1}**
149	물다^{1} / 깨물다	▸ **깨물다**
150	미치다^{2} / 끼치다^{1}	▸ **미치다^{2}**
151	밑 / 아래	▸ **밑**
152	바람^{2} / 통^{2}	▸ **바람^{2}**
153	바르다^{3} / 곧다	▸ **곧다**
154	바르다^{1} / 묻히다^{2}	▸ **바르다^{1}**
155	바르다^{3} / 옳다^{2}	▸ **바르다^{3}**
156	받다^{1} / 당하다^{1}	▸ **받다^{1}**

번호	비슷한 듯 다른 말	찾아보기
157	밝다 / 환하다	▸ **밝다**
158	배다^{1} / 스미다	▸ **배다^{1}**
159	버티다 / 견디다	▸ **버티다**
160	번지다 / 퍼지다	▸ **번지다**
161	벗 / 친구^{2} (親舊)	▸ **친구^{2}(親舊)**
162	벗다 / 면하다	▸ **벗다**
163	베풀다 / 주다	▸ **베풀다**
164	벼르다 / 마음먹다	▸ **벼르다**
165	보관하다 / 맡다^{2}	▸ **맡다^{2}**
166	보다 / 읽다	▸ **읽다**
167	볶다 / 지지다	▸ **볶다**
168	부드럽다 / 매끄럽다	▸ **부드럽다**
169	부르다^{1} / 일컫다	▸ **일컫다**
170	부리다^{2} / 피우다^{2}	▸ **부리다^{2}**
171	부수다 / 깨다^{3}	▸ **부수다**
172	부수다 / 깨뜨리다	▸ **깨뜨리다**
173	부치다^{1} / 달리다^{3}	▸ **부치다^{1}**
174	불리다^{2} / 늘리다	▸ **불리다^{2}**
175	불리다^{2} / 키우다	▸ **키우다**
176	붐비다 / 들끓다	▸ **붐비다**
177	붓다^{2} / 쏟다	▸ **붓다^{2}**
178	비다 / 공허하다	▸ **비다**
179	비비다 / 문지르다	▸ **비비다**
180	비슷하다 / 유사하다	▸ **비슷하다**
181	비틀다 / 꼬다	▸ **꼬다**
182	빌리다 / 꾸다^{2}	▸ **빌리다**
183	빚다 / 만들다	▸ **만들다**
184	빠개다 / 쪼개다	▸ **쪼개다**
185	빠르다 / 급하다	▸ **급하다**
186	빠르다 / 이르다^{3}	▸ **이르다**
187	빠지다^{1} / 새다^{1}	▸ **새다^{1}**
188	빼다 / 뽑다	▸ **빼다**
189	빼다 / 덜다	▸ **덜다**
190	뽑다 / 고르다^{1}	▸ **고르다^{1}**
191	뽑다 / 빼다	▸ **빼다**
192	사납다 / 무섭다	▸ **사납다**
193	사람 / 인간(人間)	▸ **사람**
194	사이 / 틈	▸ **틈**
195	삼다^{1} / 만들다	▸ **삼다^{1}**
196	새기다^{1} / 파다	▸ **파다**
197	새다^{1} / 빠지다^{1}	▸ **새다^{1}**
198	생각^{1} / 느끼다	▸ **느끼다**
199	생기다 / 나다^{2}	▸ **나다^{2}**
200	서늘하다 / 시원하다	▸ **시원하다**
201	섞다 / 타다^{4}	▸ **섞다**
202	섬기다 / 모시다	▸ **섬기다**
203	세다^{3} / 강하다	▸ **세다^{3}**
204	세다^{3} / 단단하다	▸ **단단하다**
205	세우다 / 일으키다	▸ **세우다**
206	속^{1} / 안^{1}	▸ **속^{1}**
207	솟다 / 오르다	▸ **솟다**
208	숨 / 호흡(呼吸)	▸ **숨**
209	쉬다^{1} / 멈추다	▸ **멈추다**
210	스미다 / 배다^{1}	▸ **배다^{1}**
211	스치다 / 닿다	▸ **닿다**
212	시들다 / 식다	▸ **시들다**
213	시원하다 / 서늘하다	▸ **시원하다**
214	시작(始作) / 처음	▸ **처음**
215	식구(食口) /가족(家族)	▸ **가족(家族)**
216	식다 / 시들다	▸ **시들다**
217	싣다 / 올리다	▸ **싣다**
218	심하다 / 더하다	▸ **심하다**
219	싸우다 / 다투다	▸ **싸우다**
220	쌓다 / 포개다	▸ **쌓다**

번호	비슷한 듯 다른 말	찾아보기
221	쏟다 / 붓다^{2}	▸ 붓다^{2}
222	쑤시다 / 후비다	▸ 쑤시다
223	쓰러지다 / 무너지다	▸ 무너지다
224	씌우다 / 덮다	▸ 덮다
225	씨^{1} / 씨앗	▸ 씨^{1}
226	씨앗 / 씨^{1}	▸ 씨^{1}
227	씹다 / 깨물다	▸ 씹다
228	아깝다 / 아쉽다	▸ 아깝다
229	아래 / 밑	▸ 밑
230	아쉽다 / 아깝다	▸ 아깝다
231	아우 / 동생(同生)	▸ 아우
232	아주 / 몹시	▸ 아주
233	아프다 / 앓다	▸ 아프다
234	아프다 / 괴롭다	▸ 괴롭다
235	안^{1} / 가운데	▸ 안^{1}
236	안^{1} / 속^{1}	▸ 속^{1}
237	안다 / 품다	▸ 안다
238	앓다 / 아프다	▸ 아프다
239	얕다 / 낮다	▸ 낮다
240	어기다 / 거스르다^{2}	▸ 거스르다^{2}
241	어두워지다 / 저물다	▸ 저물다
242	어둡다 / 캄캄하다	▸ 어둡다
243	어리다^{2} / 젊다	▸ 젊다
244	얹다 / 놓다	▸ 얹다
245	없다 / 이다^{1}	▸ 이다^{1}
246	얼다 / 굳다	▸ 얼다
247	없애다 / 제거하다	▸ 없애다
248	엎다 / 뒤집다	▸ 엎다
249	엮다 / 짜다^{1}	▸ 짜다^{1}
250	오다^{1} / 이르다^{1}	▸ 오다^{1}
251	오르다 / 솟다	▸ 솟다
252	오직 / 다만	▸ 다만
253	올리다 / 싣다	▸ 싣다
254	옮다^{1} / 전염되다	▸ 옮다^{1}
255	옳다^{2} / 바르다^{3}	▸ 바르다^{3}
256	움직이다 / 흔들리다	▸ 움직이다
257	유사하다 / 비슷하다	▸ 비슷하다
258	이다^{1} / 얹다	▸ 이다^{1}
259	이르다^{3} / 빠르다	▸ 이르다^{3}
260	이르다^{1} / 오다^{1}	▸ 오다^{1}
261	익히다^{2} / 공부하다	▸ 공부하다
262	인간(人間) / 사람	▸ 사람
263	일으키다 / 세우다	▸ 세우다
264	일컫다 / 부르다^{1}	▸ 일컫다
265	읽다 / 보다^{1}	▸ 읽다
266	입다 / 걸치다	▸ 걸치다
267	입다 / 당하다^{1}	▸ 입다
268	자라다^{1} / 커지다	▸ 자라다^{1}
269	자르다 / 끊다	▸ 끊다
270	자리^{2} / 곳	▸ 자리^{2}
271	자리^{2} / 터^{1}	▸ 터^{1}
272	잠그다 / 담그다	▸ 담그다
273	장소(場所) / 곳	▸ 곳
274	저물다 / 어두워지다	▸ 저물다
275	전염되다 / 옮다^{1}	▸ 옮다^{1}
276	젊다 / 어리다^{2}	▸ 젊다
277	정신^{2} (精神)/ 마음	▸ 마음
278	제거하다 / 없애다	▸ 없애다
279	좇다 / 쫓다	▸ 좇다
280	좇다 / 따르다^{1}	▸ 따르다^{1}
281	주다 / 베풀다	▸ 베풀다
282	줄^{1} / 금^{1}	▸ 줄^{1}
283	중간(中間) / 가운데	▸ 가운데
284	지나다 / 넘다	▸ 지나다

번호	비슷한 듯 다른 말	찾아보기
285	지다[2] / 패하다[1]	▸ **지다[2]**
286	지지다 / 볶다	▸ **볶다**
287	짐승 / 동물(動物)	▸ **짐승**
288	집안 / 가정(家庭)[2]	▸ **가정[2]**
289	짓다 / 만들다	▸ **짓다**
290	짜다[1] / 엮다	▸ **짜다[1]**
291	쪼개다 / 빠개다	▸ **쪼개다**
292	쫓다 / 좇다	▸ **좇다**
293	차다[4] / 닳다[1]	▸ **차다[4]**
294	차다[3] / 춥다	▸ **차다[3]**
295	차리다 / 갖추다	▸ **차리다**
296	처음 / 시작(始作)	▸ **처음**
297	춥다 / 차다[3]	▸ **차다[3]**
298	치르다 / 갚다	▸ **치르다**
299	친구[2] / 벗	▸ **친구[2]**
300	캄캄하다 / 어둡다	▸ **어둡다**
301	커지다 / 자라다[1]	▸ **자라다[1]**
302	키우다 / 불리다[2]	▸ **키우다**
303	키우다 / 기르다	▸ **기르다**
304	타다[4] / 섞다	▸ **섞다**
305	탁하다 / 흐리다[2]	▸ **탁하다**
306	터[1] / 자리[2]	▸ **터[1]**
307	테두리 / 틀	▸ **틀**
308	통[2] / 바람[2]	▸ **바람[2]**
309	튀기다[1] / 튕기다	▸ **튕기다**
310	튕기다 / 튀기다[1]	▸ **튕기다**
311	트다[2] / 갈라지다	▸ **트다[2]**
312	틀 / 테두리	▸ **틀**
313	틈 / 사이	▸ **틈**
314	파다 / 새기다[1]	▸ **파다**
315	패다[4] / 때리다	▸ **때리다**
316	패하다[1] / 지다[2]	▸ **지다[2]**
317	퍼지다 / 번지다	▸ **번지다**
318	펴다 / 깔다	▸ **깔다**
319	포개다 / 쌓다	▸ **쌓다**
320	푸다 / 뜨다	▸ **푸다**
321	품[1] / 가슴	▸ **품[1]**
322	품다 / 안다	▸ **안다**
323	피우다[2] / 부리다[2]	▸ **부리다[2]**
324	합하다 / 더하다	▸ **더하다**
325	허위(虛僞) / 거짓	▸ **거짓**
326	헤어지다 / 흩어지다	▸ **헤어지다**
327	호흡(呼吸) / 숨	▸ **숨**
328	환하다 / 밝다	▸ **밝다**
329	후비다 / 쑤시다	▸ **쑤시다**
330	흐리다[2] / 탁하다	▸ **탁하다**
331	흔들리다 / 움직이다	▸ **움직이다**
332	흔하다 / 많다	▸ **흔하다**
333	흩어지다 / 헤어지다	▸ **헤어지다**
334	힘 / 기운(氣運)	▸ **힘**

부록 ⑤ 고품격 사자성어 179

1. 이 자료는 한국어문교육연구회가 선정한 사자성어(총 179개)를 8급부터 4급까지 급수별로 정리한 것이다.
2. 각 성어에 대하여 ①일련번호, ②사자성어의 독음과 한자, ③각 글자별 급수, ④속뜻 훈음, ⑤속뜻풀이, ⑥의미풀이 등 6개 항목으로 나누어 설명해놓았다.
3. 각 글자의 해당 급수는 숫자로 표시되어 있다. 6급은 '60'으로, 6급Ⅱ은 '62'으로 표시하였다(다른 급수도 동일 방식).
4. 각각의 성어에 대하여 속뜻 훈음 및 속뜻 풀이를 중심으로 소리 내어 읽어보면서 익히면 기억이 잘된다. 특히 무슨 뜻인지를 아는 것에 그치지 말고, 왜 그런 뜻이 되는지 그 이유(속뜻)를 알아보면 재미가 생김은 물론이고 창의성 계발에 필요한 사고력 증진에도 도움이 된다.
5. 어떤 성어가 이에 포함되어 있는지를 알아보기 편하도록 말미에 수록순 색인과 가나다순 색인을 실어 놓았다.

사자성어 속뜻풀이

급 사자성어 ....

01 **십중팔구** 十$_{80}$中$_{80}$八$_{80}$九$_{80}$

열 십, 가운데 중, 여덟 팔, 아홉 구

❶[속뜻] 열[十] 가운데[中] 여덟[八]이나 아홉[九] 정도. ❷거의 대부분 또는 거의 틀림없음. ⑪十常八九(십상팔구).

급 사자성어 ....

02 **동문서답** 東$_{80}$問$_{70}$西$_{80}$答$_{70}$

동녘 동, 물을 문, 서녘 서, 답할 답

❶[속뜻] 동(東)쪽이 어디냐고 묻는데[問] 서(西)쪽을 가리키며 대답(對答)함. ❷묻는 말에 대하여 아주 엉뚱하게 대답함.

003 **안심입명** 安$_{72}$心$_{70}$立$_{72}$命$_{70}$

편안할 안, 마음 심, 설 립, 목숨 명

❶[속뜻] 마음[心]을 편안(便安)하게 하고 운명(運命)에 대한 믿음을 바로 세움[立]. ❷[불교] 자신의 불성(佛性)을 깨닫고 삶과 죽음을 초월함으로써 마음의 편안함을 얻음.

004 **일일삼추** 一$_{80}$日$_{80}$三$_{80}$秋$_{70}$

한 일, 날 일, 석 삼, 가을 추

❶[속뜻] 하루[一日]가 세[三] 번 가을[秋]을 맞이하는 것, 즉 3년 같음. ❷매우 지루하거나 몹시 애태우며 기다림.

6급 II 사자성어 ·································

005 **요산요수** 樂$_{62}$山$_{80}$樂$_{62}$水$_{80}$
좋아할 요, 메 산, 좋아할 요, 물 수
❶속뜻 산(山)을 좋아하고[樂] 물[水]을 좋아함[樂]. ❷산이나 강 같은 자연을 즐기고 좋아함.

006 **백년대계** 百$_{70}$年$_{80}$大$_{80}$計$_{62}$
일백 백, 해 년, 큰 대, 꾀 계
❶속뜻 백년(百年)를 내다보는 큰[大] 계획(計劃). ❷먼 장래에 대한 장기 계획.

007 **백면서생** 白$_{80}$面$_{70}$書$_{62}$生$_{80}$
흰 백, 낯 면, 글 서, 사람 생
❶속뜻 (밖에 나가지 않아서) 하얀[白] 얼굴[面]로 글[書]만 읽는 사람[生]. ❷세상일에 경험이 없는 사람.

008 **작심삼일** 作$_{62}$心$_{70}$三$_{80}$日$_{80}$
지을 작, 마음 심, 석 삼, 날 일
❶속뜻 마음[心]으로 지은[作] 것이 삼일(三日) 밖에 못 감. ❷결심이 오래 가지 못함.

6급 사자성어 ·································

009 **구사일생** 九$_{80}$死$_{60}$一$_{80}$生$_{80}$
아홉 구, 죽을 사, 한 일, 날 생
❶속뜻 아홉[九] 번 죽을[死] 고비를 넘기고 다시 한[一] 번 살아남[生]. ❷죽을 고비를 여러 차례 넘기고 겨우 살아남.

010 **동고동락** 同$_{70}$苦$_{60}$同$_{70}$樂$_{62}$
함께 동, 쓸 고, 함께 동, 즐길 락
❶속뜻 괴로움[苦]을 함께[同]하고 즐거움[樂]도 함께[同] 함. ❷괴로움도 즐거움도 함께 함.

011 **문전성시** 門$_{80}$前$_{72}$成$_{62}$市$_{72}$
문 문, 앞 전, 이룰 성, 시장 시
❶속뜻 문(門) 앞[前]에 시장(市場)을 이룸[成]. ❷집으로 찾아오는 사람이 많음.

故事 옛날 중국에 한 어린 황제가 등극했다. 그는 사치와 향락에 빠져 나랏일을 돌보지 않았다. 한 충신이 거듭 간언하다가 황제의 미움을 사고 말았다. 그 무렵 그 충신을 미워하던 간신 하나가 황제에게 '그의 집 문 앞에 시장이 생길 정도로 사람들이 많이 드나든다'는 말을 하여 그를 모함했다. 결국 그 충신은 옥에 갇히고 말았다.

012 **백전백승** 百$_{70}$戰$_{62}$百$_{70}$勝$_{60}$
일백 백, 싸울 전, 일백 백, 이길 승
❶속뜻 백(百) 번 싸워[戰] 백(百) 번 모두 이김[勝]. ❷싸울 때마다 번번이 다 이김.

013 **불원천리** 不$_{72}$遠$_{60}$千$_{70}$里$_{70}$
아니 불, 멀 원, 일천 천, 거리 리
❶속뜻 천리(千里) 길도 멀다고[遠] 여기지 아니함[不]. ❷먼 길을 기꺼이 달려감.

014 **인명재천** 人$_{80}$命$_{70}$在$_{60}$天$_{70}$
사람 인, 목숨 명, 있을 재, 하늘 천
❶속뜻 사람[人]의 목숨[命]은 하늘[天]에 달려 있음[在]. ❷사람이 오래 살거나 일찍 죽는 것은 다 하늘의 뜻이라는 말.

015 **전광석화** 電$_{72}$光$_{62}$石$_{60}$火$_{80}$
번개 전, 빛 광, 돌 석, 불 화
❶속뜻 번갯불[電光]이나 부싯돌[石]의

불[火]이 반짝이는 것처럼 몹시 짧은 시간. ❷'매우 재빠른 동작'을 비유하여 이르는 말.

6 **팔방미인** 八$_{80}$方$_{72}$美$_{60}$人$_{80}$
여덟 팔, 모 방, 아름다울 미, 사람 인
❶ 속뜻 모든 면[八方]에서 아름다운 [美] 사람[人]. ❷여러 방면에 능통한 사람. ❸누구에게나 잘 보이도록 처세를 잘 하는 사람. ❹'깊이는 없이 여러 방면에 조금씩 손대는 사람'을 조롱하여 이르는 말.

7 **화조월석** 花$_{70}$朝$_{60}$月$_{80}$夕$_{70}$
꽃 화, 아침 조, 달 월, 저녁 석
❶ 속뜻 꽃[花]이 핀 아침[朝]과 달[月] 뜨는 저녁[夕]. ❷'경치가 좋은 시절'을 이르는 말. ㊥朝花月夕(조화월석).

급II 사자성어 ……………………………

8 **견물생심** 見$_{52}$物$_{72}$生$_{80}$心$_{70}$
볼 견, 만물 물, 날 생, 마음 심
❶ 속뜻 물건(物件)을 보면[見] 그것을 가지고 싶은 욕심(慾心)이 생김[生]. ❷어떠한 실물을 보게 되면 그것을 가지고 싶은 욕심이 생김.

9 **경천애인** 敬$_{52}$天$_{70}$愛$_{60}$人$_{80}$
공경할 경, 하늘 천, 사랑 애, 사람 인
❶ 속뜻 하늘[天]을 공경(恭敬)하고 사람[人]을 사랑함[愛]. ❷하늘이 내린 운명을 달게 받고 남들을 사랑하며 사이좋게 지냄.

0 **다재다능** 多$_{60}$才$_{62}$多$_{60}$能$_{52}$
많을 다, 재주 재, 많을 다, 능할 능
❶ 속뜻 많은[多] 재주[才]와 많은[多] 능력(能力) ❷재능이 많음.

021 **양약고구** 良$_{52}$藥$_{62}$苦$_{60}$口$_{70}$
좋을 량, 약 약, 쓸 고, 입 구
❶ 속뜻 좋은[良] 약(藥)은 입[口]에 씀 [苦]. ❷먹기는 힘들지만 몸에는 좋음.

022 **만고불변** 萬$_{80}$古$_{60}$不$_{72}$變$_{52}$
일만 만, 옛 고, 아니 불, 변할 변
❶ 속뜻 오랜 세월[萬古]이 지나도 변(變)하지 않음[不]. ❷영원히 변하지 아니함. '진리'를 형용하는 말로 많이 쓰인다. ㊥萬代不變(만대불변), 萬世不變(만세불변).

023 **무불통지** 無$_{50}$不$_{72}$通$_{60}$知$_{52}$
없을 무, 아닐 불, 통할 통, 알 지
❶ 속뜻 무엇이든지 다 통(通)하여 알지 [知] 못하는[不] 것이 없음[無]. ❷무슨 일이든지 환히 잘 앎. ㊥無不通達(무불통달).

024 **문일지십** 聞$_{62}$一$_{80}$知$_{52}$十$_{80}$
들을 문, 한 일, 알 지, 열 십
❶ 속뜻 한[一] 가지를 들으면[聞] 열 [十] 가지를 미루어 앎[知]. ❷사고력과 추리력이 매우 빼어남. 또는 매우 총명한 사람.

025 **북창삼우** 北$_{80}$窓$_{62}$三$_{80}$友$_{52}$
북녘 북, 창문 창, 석 삼, 벗 우
❶ 속뜻 서재의 북(北)쪽 창(窓)에 있는 세[三] 벗[友]. ❷'거문고, 술, 시(詩)'를 일컬음.

026 **안분지족** 安$_{72}$分$_{62}$知$_{52}$足$_{72}$
편안할 안, 나눌 분, 알 지, 넉넉할 족
❶ 속뜻 자기 분수(分數)를 편안(便安)하게 여기며 만족(滿足)할 줄 앎[知]. ❷자기 분수에 맞게 살며 만족스럽게

잘 삶.

027 **어불성설** 語$_{70}$不$_{72}$成$_{62}$說$_{52}$
말씀 어, 아니 불, 이룰 성, 말씀 설
❶속뜻 말[語]이 되지[成] 못하는[不] 말[說]. ❷말이 조금도 사리(事理)에 맞지 않음.

028 **우순풍조** 雨$_{52}$順$_{52}$風$_{62}$調$_{52}$
비 우, 따를 순, 바람 풍, 고를 조
❶속뜻 비[雨]와 바람[風]이 순조(順調)로움. ❷농사에 알맞게 기후가 순조로움. ㊐風調雨順(풍조우순).

029 **유명무실** 有$_{70}$名$_{70}$無$_{50}$實$_{52}$
있을 유, 이름 명, 없을 무, 실제 실
❶속뜻 이름[名]만 있고[有] 실속[實]이 없음[無]. ❷겉은 그럴듯하지만, 실속은 없음. ㊐虛名無實(허명무실).

030 **이심전심** 以$_{52}$心$_{70}$傳$_{52}$心$_{70}$
어조사 이, 마음 심, 전할 전, 마음 심
❶속뜻 마음[心]으로써[以] 마음[心]을 전(傳)함. ❷서로 마음이 잘 통함. ㊐心心相印(심심상인).

031 **주객일체** 主$_{70}$客$_{52}$一$_{80}$體$_{62}$
주인 주, 손 객, 한 일, 몸 체
❶속뜻 주인(主人)과 손님[客]이 서로 한[一] 덩어리[體]가 됨. ❷주체와 객체가 하나가 됨. 서로 손발이 잘 맞음.

5급 사자성어 ……………………………………

032 **격물치지** 格$_{52}$物$_{72}$致$_{50}$知$_{52}$
바로잡을 격, 만물 물, 이를 치, 알 지
❶속뜻 사물(事物)의 이치를 바로잡아[格] 높은 지식(知識)에 이름[致]. ❷주자학에서 '사물의 본질이나 이치를 끝까지 연구하여 후천적인 지식을 닦음'을 이르고, 양명학에서 '자기 생각의 잘못을 바로잡고 선천적인 양지를 닦음'을 이름.

033 **교학상장** 教$_{80}$學$_{80}$相$_{50}$長$_{80}$
가르칠 교, 배울 학, 서로 상, 자랄 장
❶속뜻 가르치고[教] 배우는[學] 일이 서로[相] 자라게[長] 함. ❷가르치고 배우는 것이 서로 도움이 됨. ❸가르치면서 배우고, 배우면서 가르친다.

034 **금시초문** 今$_{60}$始$_{72}$初$_{50}$聞$_{62}$
이제 금, 비로소 시, 처음 초, 들을 문
❶속뜻 바로 지금[今] 비로소[始] 처음[初] 들음[聞]. ❷처음 들음.

035 **낙목한천** 落$_{50}$木$_{80}$寒$_{50}$天$_{70}$
떨어질 락, 나무 목, 찰 한, 하늘 천
❶속뜻 나무[木]의 잎이 다 떨어진[落] 뒤의 추운[寒] 날씨[天]. ❷나뭇잎이 다 떨어지고 난 겨울의 춥고 쓸쓸한 풍경. 또는 그런 계절.

036 **낙화유수** 落$_{50}$花$_{70}$流$_{52}$水$_{80}$
떨어질 락, 꽃 화, 흐를 류, 물 수
❶속뜻 떨어지는[落] 꽃[花]과 흐르는[流] 물[水]. ❷가는 봄의 경치. ❸'살림이나 세력이 약해져 아주 보잘것없이 됨'을 비유하여 이르는 말.

037 **능소능대** 能$_{52}$小$_{80}$能$_{52}$大$_{80}$
능할 능, 작을 소, 능할 능, 큰 대
❶속뜻 작은[小] 일에도 능(能)하고 큰[大] 일에도 능(能)함. ❷작아질 수도 있고 커질 수도 있음. ❸모든 일에 두루 능함.

038 **마이동풍** 馬$_{50}$耳$_{50}$東$_{80}$風$_{62}$
말 마, 귀 이, 동녘 동, 바람 풍

❶ 속뜻 말[馬]의 귀[耳]에 동풍(東風)이 불어도 아랑곳하지 아니함. ❷남의 말을 귀담아듣지 아니하고 지나쳐 흘려버림. (비) 牛耳讀經(우이독경).

9 **백년하청** 百$_{70}$年$_{80}$河$_{50}$清$_{62}$
일백 백, 해 년, 물 하, 맑을 청
❶ 속뜻 백년(百年)을 기다린들 황하(黃河) 물이 맑아질까[清]. ❷'아무리 바라고 기다려도 실현될 가망이 없음'을 비유하여 이르는 말.

0 **불문가지** 不$_{72}$問$_{70}$可$_{50}$知$_{52}$
아니 불, 물을 문, 가히 가, 알 지
❶ 속뜻 묻지[問] 않아도[不] 가(可)히 알[知] 수 있음. ❷스스로 잘 알 수 있음.

1 **불문곡직** 不$_{72}$問$_{70}$曲$_{50}$直$_{52}$
아니 불, 물을 문, 굽을 곡, 곧을 직
❶ 속뜻 그름[曲]과 옳음[直]을 묻지[問] 아니함[不]. ❷옳고 그름을 따지지 아니함.

2 **유구무언** 有$_{70}$口$_{70}$無$_{50}$言$_{60}$
있을 유, 입 구, 없을 무, 말씀 언
❶ 속뜻 입[口]은 있으나[有] 할 말[言]이 없음[無]. ❷변명이나 항변할 말이 없음.

3 **전무후무** 前$_{72}$無$_{50}$後$_{72}$無$_{50}$
앞 전, 없을 무, 뒤 후, 없을 무
❶ 속뜻 이전(以前)에도 없었고[無] 이후(以後)에도 없음[無]. ❷지금까지 없었고 앞으로도 있을 수 없음. (비) 空前絶後(공전절후).

4 **조변석개** 朝$_{60}$變$_{52}$夕$_{70}$改$_{50}$
아침 조, 변할 변, 저녁 석, 고칠 개
❶ 속뜻 아침[朝]에 변(變)한 것을 저녁[夕]에 다시 고침[改]. ❷계획이나 결정 따위를 일관성이 없이 자주 고침. (비) 朝改暮變(조개모변), 朝變暮改(조변모개), 朝夕變改(조석변개).

045 **추풍낙엽** 秋$_{70}$風$_{62}$落$_{50}$葉$_{50}$
가을 추, 바람 풍, 떨어질 락, 잎 엽
❶ 속뜻 가을[秋]바람[風]에 떨어지는[落] 잎[葉]. ❷'세력이나 형세가 갑자기 기울거나 시듦'을 비유하여 이르는 말.

4급 II 사자성어 ································

046 **각자무치** 角$_{60}$者$_{60}$無$_{50}$齒$_{42}$
뿔 각, 사람 자, 없을 무, 이 치
❶ 속뜻 뿔[角]이 강한 짐승[者]은 이빨[齒]이 약함[無]. ❷한 사람이 모든 재주나 복을 다 가질 수는 없음. ❸누구나 장점과 단점이 있게 마련임.

047 **강호연파** 江$_{72}$湖$_{50}$煙$_{42}$波$_{42}$
강 강, 호수 호, 연기 연, 물결 파
❶ 속뜻 강(江)이나 호수(湖水) 위에 연기(煙氣)처럼 뽀얗게 이는 잔물결[波]. ❷대자연의 아름다운 풍경.

048 **견리사의** 見$_{52}$利$_{62}$思$_{50}$義$_{42}$
볼 견, 이로울 리, 생각할 사, 옳을 의
❶ 속뜻 눈앞의 이익(利益)을 보면[見] 의리(義理)를 먼저 생각함[思]. ❷의리를 중요하게 여김. (비) 見危授命(견위수명). (반) 見利忘義(견리망의).

049 **결초보은** 結$_{52}$草$_{70}$報$_{42}$恩$_{42}$
맺을 결, 풀 초, 갚을 보, 은혜 은
❶ 속뜻 풀[草]을 묶어[結] 은혜(恩惠)에 보답함[報]. ❷죽어 혼령이 되어서

라도 은혜를 잊지 않고 갚음. ㊊刻骨難忘(각골난망), 白骨難忘(백골난망).

[故事] 중국 춘추시대에 진(晋)나라 위무자(魏武子)의 아들 과(顆)의 이야기다. 그는 아버지가 세상을 떠나자 젊은 서모를 살려주어 다시 시집을 갈 수 있도록 하였다. 훗날 위과(魏顆)가 장수가 되어 전쟁에 나갔다. 그는 자신을 쫓던 적장이 탄 말이 어느 무덤의 풀에 걸려 넘어지는 바람에 적장을 사로잡아 큰 공을 세우게 되었다. 그날 밤 꿈에 서모 아버지의 혼령이 나타나 말하였다, 옛날의 은혜를 갚고자 풀을 엮어 놓았다고.(출처 『左傳』)

050 **경세제민** 經$_{42}$世$_{72}$濟$_{42}$民$_{80}$

다스릴 경, 세상 세, 건질 제, 백성 민

❶[속뜻] 세상(世上)을 다스리고[經] 백성[民]을 구제(救濟)함. ❷백성의 살림을 잘 보살펴 줌. ㊟經濟.

051 **공전절후** 空$_{72}$前$_{72}$絶$_{42}$後$_{72}$

빌 공, 앞 전, 끊을 절, 뒤 후

❶[속뜻] 이전(以前)에 없었고[空], 이후(以後)에도 없을 것임[絶]. ❷지금까지 없었고 앞으로 있을 수도 없음. ㊊前無後無(전무후무).

052 **구우일모** 九$_{80}$牛$_{50}$一$_{80}$毛$_{42}$

아홉 구, 소 우, 한 일, 털 모

❶[속뜻] 여러 마리 소[九牛]의 털 중에서 한[一] 가닥의 털[毛]. ❷대단히 많은 것 가운데 없어져도 아무 표시가 나지 않는 극히 적은 부분.

053 **권모술수** 權$_{32}$謀$_{32}$術$_{62}$數$_{70}$

권세 권, 꾀할 모, 꾀 술, 셀 수

❶[속뜻] 권세(權勢)를 꾀하기[謀] 위한 꾀[術]나 셈[數] ❷목적 달성을 위하여 수단과 방법을 가리지 아니하는 온갖 모략이나 술책.

054 **권불십년** 權$_{42}$不$_{72}$十$_{80}$年$_{80}$

권세 권, 아닐 불, 열 십, 해 년

❶[속뜻] 권세(權勢)는 십 년(十年)을 가지 못함[不]. ❷아무리 높은 권세라도 오래가지 못함. ㊊花無十日紅(화무십일홍), 勢不十年(세불십년).

055 **극악무도** 極$_{42}$惡$_{52}$無$_{50}$道$_{72}$

다할 극, 악할 악, 없을 무, 길 도

❶[속뜻] 더없이[極] 악(惡)하고 인간의 도리(道理)를 지키는 일이 없음[無]. ❷대단히 악하게 굴고 함부로 막 함.

056 **기사회생** 起$_{42}$死$_{60}$回$_{42}$生$_{80}$

일어날 기, 죽을 사, 돌아올 회, 살 생

❶[속뜻] 죽을[死] 뻔 하다가 일어나[起] 다시[回] 살아남[生]. ❷죽다가 살아남.

057 **난형난제** 難$_{42}$兄$_{80}$難$_{42}$弟$_{80}$

어려울 난, 맏 형, 어려울 난, 아우 제

❶[속뜻] 형(兄)이 낫다고 하기도 어렵고[難], 아우[弟]가 낫다고 하기도 어려움[難]. ❷'누가 더 낫다고 할 수 없을 정도로 둘이 서로 비슷함'을 비유하여 이르는 말. ㊊莫上莫下(막상막하), 伯仲之間(백중지간).

058 **노발대발** 怒$_{42}$發$_{62}$大$_{80}$發$_{62}$

성낼 노, 일으킬 발, 큰 대, 일으킬 발

❶[속뜻] 성[怒]을 내며[發] 크게[大] 소리 냄[發]. ❷화를 내며 크게 소리침.

059 **논공행상** 論$_{42}$功$_{62}$行$_{60}$賞$_{50}$

논할 론, 공로 공, 행할 행, 상줄 상

❶[속뜻] 공(功)을 잘 따져 보아[論] 알맞

은 상(賞) 내림[行]. ❷공로에 따라 상을 줌.

060 **다다익선** 多$_{60}$多$_{60}$益$_{42}$善$_{50}$ ○
많을 다, 많을 다, 더할 익, 좋을 선
❶속뜻 많으면[多] 많을수록[多] 더욱[益] 좋음[善]. ❷양적으로 많을수록 좋음.

061 **독불장군** 獨$_{52}$不$_{72}$將$_{42}$軍$_{80}$
홀로 독, 아닐 불, 장수 장, 군사 군
❶속뜻 혼자서는[獨] 장군(將軍)이 되지 못함[不]. ❷남과 의논하고 협조해야 함. ❸'무슨 일이든 자기 혼자서 처리하는 사람'을 비유하여 이르는 말.

062 **등하불명** 燈$_{42}$下$_{72}$不$_{72}$明$_{62}$
등불 등, 아래 하, 아닐 불, 밝을 명
❶속뜻 등잔(燈盞) 밑은[下] 밝지[明] 아니함[不]. ❷가까이 있는 것이 도리어 알기 어려움.

063 **등화가친** 燈$_{42}$火$_{80}$可$_{50}$親$_{60}$
등불 등, 불 화, 가히 가, 친할 친
❶속뜻 등잔(燈盞)의 불[火]과 가히[可] 친(親)하게 할 만함. ❷가을밤이면 날씨가 서늘하여 등불을 밝혀 글 읽기에 알맞음. '가을'을 형용하는 말로 많이 쓰인다.

064 **무소불위** 無$_{50}$所$_{70}$不$_{72}$爲$_{42}$
없을 무, 것 소, 아닐 불, 할 위
❶속뜻 못[不] 할[爲] 것[所]이 아무것도 없음[無]. ❷하지 못하는 일이 없음. (비)無所不能(무소불능).

065 **박학다식** 博$_{42}$學$_{80}$多$_{60}$識$_{52}$
넓을 박, 배울 학, 많을 다, 알 식
❶속뜻 널리[博] 배우고[學] 많이[多] 앎[識]. ❷학문이 넓고 아는 것이 많음.

066 **백전노장** 百$_{70}$戰$_{62}$老$_{70}$將$_{42}$
일백 백, 싸울 전, 늙을 로, 장수 장
❶속뜻 수없이 많은[百] 싸움[戰]을 치른 노련(老鍊)한 장수(將帥). ❷세상일을 많이 겪어서 여러 가지로 능란한 사람. (비)百戰老卒(백전노졸).

067 **백중지세** 伯$_{32}$仲$_{32}$之$_{32}$勢$_{42}$
맏 백, 버금 중, 어조사 지, 기세 세
❶속뜻 첫째[伯]와 둘째[仲]를 가리기 어려운 형세(形勢). ❷서로 실력이 비슷하여 우열을 가리기 힘든 형세. (준)伯仲勢.

068 **부귀재천** 富$_{42}$貴$_{50}$在$_{60}$天$_{70}$
넉넉할 부, 귀할 귀, 있을 재, 하늘 천
❶속뜻 부유(富裕)함과 귀(貴)함은 하늘[天]의 뜻에 달려 있음[在]. ❷사람의 힘으로는 부귀를 어찌할 수 없음.

069 **부부유별** 夫$_{70}$婦$_{42}$有$_{70}$別$_{60}$
남편 부, 아내 부, 있을 유, 나눌 별
❶속뜻 남편[夫]과 아내[婦]는 맡은 일의 구별(區別)이 있음[有]. ❷남편과 아내는 각기 해야 할 일이 다름.

070 **비일비재** 非$_{42}$一$_{80}$非$_{42}$再$_{50}$
아닐 비, 한 일, 아닐 비, 두 재
❶속뜻 같은 현상이나 일이 한[一]두[再] 번이나 한둘이 아니고[非] 많음. ❷매우 많이 있거나 흔함.

071 **빈자일등** 貧$_{42}$者$_{60}$一$_{80}$燈$_{42}$
가난할 빈, 사람 자, 한 일, 등불 등
❶속뜻 가난한[貧] 사람[者]이 부처에게 바치는 등(燈) 하나[一]. ❷부자의 등 만 개보다도 더 공덕(功德)이 있음. ❸'참마음의 소중함'을 비유하여 이르는 말.

072 **사생결단** 死$_{60}$生$_{80}$決$_{52}$斷$_{42}$
죽을 사, 살 생, 결정할 결, 끊을 단
❶[속뜻]죽느냐[死] 사느냐[生]를 결단(決斷)내려고 함. ❷죽음을 무릅쓰고 끝장을 내려고 대듦.

073 **생불여사** 生$_{80}$不$_{72}$如$_{42}$死$_{60}$
날 생, 아닐 불, 같을 여, 죽을 사
❶[속뜻]삶[生]이 죽음[死]만 같지[如] 못함[不]. ❷몹시 곤란한 지경에 빠짐.

074 **설왕설래** 說$_{52}$往$_{42}$說$_{52}$來$_{70}$
말씀 설, 갈 왕, 말씀 설, 올 래
❶[속뜻]말[說]을 주거니[往] 말[說]을 받거니[來] 함. ❷옳고 그름을 따지느라 옥신각신함. [비]言去言來(언거언래), 言往說來(언왕설래).

075 **시시비비** 是$_{42}$是$_{42}$非$_{42}$非$_{42}$
옳을 시, 옳을 시, 아닐 비, 아닐 비
❶[속뜻]옳은[是] 것은 옳다고[是] 하고 그른[非] 것은 그르다고[非] 하는 일. ❷옳고 그름을 따지며 다툼. ❸서로의 잘잘못.

076 **시종여일** 始$_{62}$終$_{50}$如$_{42}$一$_{80}$
처음 시, 끝 종, 같을 여, 한 일
❶[속뜻]처음부터[始] 끝까지[終] 한결[一]같음[如]. ❷처음부터 끝까지 변함이 없음.

077 **신상필벌** 信$_{62}$賞$_{50}$必$_{52}$罰$_{42}$
믿을 신, 상줄 상, 반드시 필, 벌줄 벌
❶[속뜻]공이 있는 자에게는 믿을만하게[信] 상(賞)을 주고, 죄가 있는 사람에게는 반드시[必] 벌(罰)을 줌. ❷상과 벌을 공정하고 엄중하게 하는 일을 이르는 말.

078 **실사구시** 實$_{52}$事$_{72}$求$_{42}$是$_{42}$
열매 실, 일 사, 구할 구, 옳을 시
❶[속뜻]실제(實際)의 일[事]에서 올바름[是]을 찾아냄[求]. ❷사실에 토대를 두어 진리를 탐구하는 일. ❸정확한 고증을 바탕으로 하는 과학적·객관적인 학문 태도.

079 **안빈낙도** 安$_{72}$貧$_{42}$樂$_{62}$道$_{72}$
편안할 안, 가난할 빈, 즐길 락, 길 도
❶[속뜻]가난함[貧]을 편안(便安)하게 여기며 사람의 도리(道理)를 즐겨[樂] 지킴. ❷가난함에도 불구하고 사람의 도리를 잘 함.

080 **안하무인** 眼$_{42}$下$_{72}$無$_{50}$人$_{80}$
눈 안, 아래 하, 없을 무, 사람 인
❶[속뜻]눈[眼] 아래[下]에 다른 사람[人]이 없는[無] 것으로 여김. ❷다른 사람을 업신여김.

081 **약육강식** 弱$_{62}$肉$_{42}$強$_{60}$食$_{72}$
약할 약, 고기 육, 굳셀 강, 먹을 식
❶[속뜻]약(弱)한 자의 살[肉]은 강(強)한 자의 먹이[食]가 됨. ❷강한 자가 약한 자를 희생시켜서 번영함. ❸약한 자가 강한 자에 의하여 멸망됨.

082 **어동육서** 魚$_{50}$東$_{80}$肉$_{42}$西$_{80}$
물고기 어, 동녘 동, 고기 육, 서녘 서
❶[속뜻]생선[魚] 반찬은 동쪽[東]에 놓고 고기[肉] 반찬은 서쪽[西]에 놓음. ❷제사상을 차릴 때, 반찬을 진설하는 위치를 일컬음.

083 **언어도단** 言$_{60}$語$_{70}$道$_{72}$斷$_{42}$
말씀 언, 말씀 어, 길 도, 끊을 단
❶[속뜻]말[言語]할 길[道]이 끊어짐[斷]. ❷어이가 없어서 말하려 해도

말할 수 없음.

34 **여출일구 如$_{42}$出$_{70}$一$_{80}$口$_{70}$**
같을 여, 날 출, 한 일, 입 구
❶속뜻 한[一] 입[口]에서 나온[出] 것 같음[如]. ❷여러 사람의 하는 말이 한 사람의 말처럼 꼭 같음. ⓑ異口同聲(이구동성).

35 **연전연승 連$_{42}$戰$_{62}$連$_{42}$勝$_{60}$**
이을 련, 싸움 전, 이을 련, 이길 승
❶속뜻 연(連)이은 싸움[戰]에 연(連)이어 이김[勝]. ❷싸울 때마다 계속하여 이김. ⓑ連戰連捷(연전연첩).

36 **온고지신 溫$_{60}$故$_{42}$知$_{52}$新$_{62}$**
익힐 온, 옛 고, 알 지, 새 신
❶속뜻 옛것[故]을 익히고[溫] 새것[新]을 앎[知]. ❷옛것을 앎으로써 새 것을 앎.

37 **우왕좌왕 右$_{72}$往$_{42}$左$_{72}$往$_{42}$**
오른 우, 갈 왕, 왼 좌, 갈 왕
❶속뜻 오른쪽[右]으로 갔다[往]가 다시 왼쪽[左]으로 갔다[往]함. ❷이리저리 왔다 갔다 하며 나아갈 바를 종잡지 못하는 모양.

38 **우이독경 牛$_{50}$耳$_{50}$讀$_{62}$經$_{42}$**
소 우, 귀 이, 읽을 독, 책 경
❶속뜻 쇠[牛]의 귀[耳]에 대고 책[經]을 읽어[讀]줌. ❷아무리 가르치고 일러주어도 알아듣지 못함. ⓑ牛耳誦經(우이송경), 馬耳東風(마이동풍).

39 **유비무환 有$_{70}$備$_{42}$無$_{50}$患$_{50}$**
있을 유, 갖출 비, 없을 무, 근심 환
❶속뜻 준비(準備)가 돼 있으면[有] 근심할[患] 것이 없음[無]. ❷사전에 준비가 돼 있으면 걱정할 일이 생기지 아니함.

090 **이열치열 以$_{52}$熱$_{50}$治$_{42}$熱$_{50}$**
써 이, 더울 열, 다스릴 치, 더울 열
❶속뜻 열(熱)로써[以] 열(熱)을 다스림[治]. ❷'힘에는 힘으로', '강한 것에는 강한 것으로 상대함'을 비유하는 말.

091 **인과응보 因$_{50}$果$_{62}$應$_{42}$報$_{42}$**
까닭 인, 열매 과, 응할 응, 갚을 보
❶속뜻 원인(原因)에 대한 결과(結果)가 마땅히[應] 갚아짐[報]. ❷불교 과거 또는 전생에 지은 일에 대한 결과로, 뒷날의 길흉화복(吉凶禍福)이 주어짐.

092 **인사유명 人$_{80}$死$_{60}$留$_{42}$名$_{72}$**
사람 인, 죽을 사, 머무를 류, 이름 명
❶속뜻 사람[人]은 죽어도[死] 이름[名]은 남음[留]. ❷삶이 헛되지 않으면 그 명성은 길이 남음. ⓑ豹死留皮(표사유피), 虎死留皮(호사유피).

093 **일거양득 一$_{80}$擧$_{50}$兩$_{42}$得$_{42}$**
한 일, 들 거, 두 량, 얻을 득
❶속뜻 한[一] 번 움직여서[擧] 두[兩] 가지를 얻음[得]. ❷한 번의 노력으로 두 가지 효과를 거둠. ⓑ一石二鳥(일석이조).

094 **일맥상통 一$_{80}$脈$_{42}$相$_{52}$通$_{60}$**
한 일, 맥 맥, 서로 상, 통할 통
❶속뜻 한[一] 가지[脈]로 서로[相] 통(通)함. ❷어떤 상태, 성질 따위가 서로 통하거나 비슷해짐.

095 **일석이조 一$_{80}$石$_{60}$二$_{80}$鳥$_{42}$**
한 일, 돌 석, 두 이, 새 조
❶속뜻 하나[一]의 돌[石]로 두[二] 마리의 새[鳥]를 잡음. ❷한 번의 노력

으로 여러 효과를 봄. (비)一擧兩得(일거양득).

096 **일언반구** 一$_{80}$言$_{60}$半$_{62}$句$_{42}$
한 일, 말씀 언, 반 반, 글귀 구
❶속뜻 한[一] 마디 말[言]과 반(半) 구절(句節)의 글. ❷아주 짧은 글이나 말.

097 **일의대수** 一$_{80}$衣$_{60}$帶$_{42}$水$_{80}$
한 일, 옷 의, 띠 대, 물 수
❶속뜻 한[一] 줄기의 띠[衣帶]와 같은 강물[水]. ❷겨우 냇물 하나를 사이에 둔 가까운 이웃. (비)指呼之間(지호지간).

098 **일취월장** 日$_{80}$就$_{40}$月$_{80}$將$_{42}$
날 일, 이룰 취, 달 월, 나아갈 장
❶속뜻 날[日]마다 뜻을 이루고[就] 달[月]마다 나아감[將]. ❷발전이 빠르고 성취가 많음. (비)日將月就(일장월취).

099 **일파만파** 一$_{80}$波$_{42}$萬$_{80}$波$_{42}$
한 일, 물결 파, 일만 만, 물결 파
❶속뜻 하나[一]의 물결[波]이 많은[萬] 물결[波]을 일으킴. ❷한 사건으로 인하여 다른 사건이 잇달아 생기거나 번짐.

100 **자업자득** 自$_{72}$業$_{62}$自$_{72}$得$_{42}$
스스로 자, 일 업, 스스로 자, 얻을 득
❶속뜻 자기(自己)가 저지른 일의 업(業)을 자신(自身)이 받음[得]. ❷자기의 잘못에 대한 벌을 자신이 받음. (비)自業自縛(자업자박).

101 **자초지종** 自$_{72}$初$_{50}$至$_{42}$終$_{40}$
부터 자, 처음 초, 이를 지, 끝 종
❶속뜻 처음[初]부터[自] 끝[終]까지 이름[至]. ❷처음부터 끝까지 모든 과정. (비)自頭至尾(자두지미).

102 **자강불식** 自$_{72}$強$_{60}$不$_{72}$息$_{42}$
스스로 자, 굳셀 강, 아니 불, 쉴 식
❶속뜻 스스로[自] 굳세게[強] 되기 위하여 쉬지[息] 않고[不] 노력함. ❷게으름을 피지 않고 스스로 열심히 노력함.

103 **조족지혈** 鳥$_{42}$足$_{72}$之$_{32}$血$_{42}$
새 조, 발 족, 어조사 지, 피 혈
❶속뜻 새[鳥] 발[足]의 피[血]. ❷'매우 적은 분량'을 비유하여 이르는 말.

104 **종두득두** 種$_{52}$豆$_{42}$得$_{42}$豆$_{42}$
심을 종, 콩 두, 얻을 득, 콩 두
❶속뜻 콩[豆]을 심으면[種] 콩[頭]을 얻음[得]. ❷원인이 같으면 결과도 같음.

105 **죽마고우** 竹$_{42}$馬$_{50}$故$_{42}$友$_{52}$
대 죽, 말 마, 옛 고, 벗 우
❶속뜻 대나무[竹]로 만든 말[馬]을 타고 함께 놀던 오랜[故] 친구[友]. ❷어릴 때부터 함께 놀며 자란 벗. (비)竹馬之友(죽마지우).

106 **중구난방** 衆$_{42}$口$_{70}$難$_{42}$防$_{42}$
무리 중, 입 구, 어려울 난, 막을 방
❶속뜻 여러 사람[衆]의 입[口]은 막기[防] 어려움[難]. ❷많은 사람들이 떠들어대는 것은 막기 어려움.

107 **지성감천** 至$_{42}$誠$_{42}$感$_{60}$天$_{70}$
이를 지, 진심 성, 느낄 감, 하늘 천
❶속뜻 지극(至極)한 정성(精誠)이 있으면 하늘[天]도 감동(感動)함. ❷지극 정성으로 일을 하면 남들이 도와줌.

108 **진퇴양난** 進$_{42}$退$_{42}$兩$_{42}$難$_{42}$
나아갈 진, 물러날 퇴, 두 량, 어려울 난
❶속뜻 앞으로 나아가기[進]와 뒤로 물

러나기[退], 둘[兩] 다 모두 어려움 [難]. ❷어찌할 수 없는 곤란한 처지에 놓임. ㊥ 進退維谷(진퇴유곡).

9 **천인공노** 天$_{70}$人$_{80}$共$_{62}$怒$_{42}$
하늘 천, 사람 인, 함께 공, 성낼 노
❶속뜻 하늘[天]과 사람[人]이 함께 [共] 성냄[怒]. ❷누구나 분노를 참을 수 없을 만큼 증오스러움. ❸도저히 용납될 수 없음. ㊥ 神人共怒(신인공노).

0 **촌철살인** 寸$_{80}$鐵$_{50}$殺$_{42}$人$_{80}$
마디 촌, 쇠 철, 죽일 살, 사람 인
❶속뜻 한 마디[寸]의 쇠[鐵]만으로 사람[人]을 죽임[殺]. ❷짧은 경구(警句)로 사람의 마음을 감동시킴.

1 **출장입상** 出$_{70}$將$_{42}$入$_{70}$相$_{52}$
날 출, 장수 장, 들 입, 재상 상
❶속뜻 전쟁에 나가서는[出] 장수(將帥)가 되고 조정에 들어와서는[入] 재상(宰相)이 됨. ❷문무(文武)를 겸비하여 장상(將相)의 벼슬을 모두 지냄.

2 **충언역이** 忠$_{42}$言$_{60}$逆$_{42}$耳$_{50}$
충성 충, 말씀 언, 거스를 역, 귀 이
❶속뜻 충성(忠誠)스러운 말[言]은 귀[耳]에 거슬림[逆]. ❷바르게 타이르는 말일수록 듣기 거북함. ㊥ 忠言逆於耳(충언역어이),良藥苦於口(양약고어구).

3 **탁상공론** 卓$_{50}$上$_{72}$空$_{72}$論$_{42}$
탁자 탁, 위 상, 빌 공, 논할 론
❶속뜻 탁자(卓子) 위[上]에서만 펼치는 헛된[空] 이론(理論). ❷실현 가능성이 없는 이론이나 주장. ㊥ 机上空論(궤상공론).

4 **풍전등화** 風$_{62}$前$_{72}$燈$_{42}$火$_{80}$
바람 풍, 앞 전, 등불 등, 불 화
❶속뜻 바람[風] 앞[前]의 등불[燈火]. ❷'매우 위험한 처지에 놓여 있음'을 비유하여 이르는 말. ❸'사물이 덧없음'을 비유하여 이르는 말. ㊥ 風前燈燭(풍전등촉).

115 **호의호식** 好$_{42}$衣$_{60}$好$_{42}$食$_{72}$
좋을 호, 옷 의, 좋을 호, 밥 식
❶속뜻 좋은[好] 옷[衣]을 입고 좋은[好] 음식(飮食)을 먹음. ❷잘 입고 잘 먹음. 또는 그런 생활. ㊦ 惡衣惡食(악의악식).

4급 사자성어 ……………………………

116 **각골통한** 刻$_{40}$骨$_{40}$痛$_{40}$恨$_{40}$
새길 각, 뼈 골, 아플 통, 한할 한
❶속뜻 뼈[骨]에 새겨지도록[刻] 아픈[痛] 원한(怨恨). ❷뼈에 사무치는 깊은 원한. ㊥ 刻骨之痛(각골지통).

117 **감불생심** 敢$_{40}$不$_{72}$生$_{80}$心$_{70}$
감히 감, 아닐 불, 날 생, 마음 심
❶속뜻 감히[敢] 마음[心]을 내지[生] 못함[不]. ❷감히 엄두도 내지 못함. ㊥ 焉敢生心(언감생심).

118 **감언이설** 甘$_{40}$言$_{60}$利$_{62}$說$_{52}$
달 감, 말씀 언, 이로울 리, 말씀 설
❶속뜻 달콤한[甘] 말[言]과 이로운[利] 말[說]. ❷남의 비위를 맞추는 달콤한 말과 이로운 조건만 들어 그럴듯하게 꾸미는 말.

119 **거안사위** 居$_{40}$安$_{72}$思$_{50}$危$_{40}$
살 거, 편안할 안, 생각 사, 두려울 위
❶속뜻 편안(便安)하게 살[居] 때 앞으로 닥칠 위험(危險)을 미리 생각함

[思]. ❷미래의 일이나 위험을 미리 대비함.

120 **경천근민** 敬$_{52}$天$_{70}$勤$_{40}$民$_{80}$
공경할 경, 하늘 천, 부지런할 근, 백성 민
❶속뜻 하늘[天]을 공경(恭敬)하고 백성[民]을 위한 일을 부지런히[勤] 힘씀. ❷하늘이 부여한 사명을 경건하게 받아들이고 백성을 위하여 부지런히 노력함.

121 **경천동지** 驚$_{40}$天$_{70}$動$_{72}$地$_{70}$
놀랄 경, 하늘 천, 움직일 동, 땅 지
❶속뜻 하늘[天]이 놀라고[驚] 땅[地]이 움직임[動]. ❷세상이 몹시 놀라거나 기적 같은 일이 발생함을 이르는 말.

122 **계란유골** 鷄$_{40}$卵$_{40}$有$_{70}$骨$_{40}$
닭 계, 알 란, 있을 유, 뼈 골
❶속뜻 청렴하기로 소문난 정승이 선물로 받은 달걀[鷄卵]에 뼈[骨]가 있었음[有]. ❷'운수가 나쁜 사람은 모처럼 좋은 기회를 만나도 역시 일이 잘 안 됨'을 비유하여 이르는 말.
故事 조선시대 청렴하기로 소문난 황희 정승은 평소에 여벌옷이 없어서 옷이 빨리 마르기를 기다릴 정도였다. 이를 잘 아는 세종대왕은 하루 날을 잡아 그날 사대문 안으로 들어오는 모든 물품을 황희 정승에게 보내라고 명했다. 그런데 그날따라 하필 비바람이 몰아쳐 사대문 안으로 들어오는 장사꾼이 아무도 없었다. 도성 문이 닫힐 무렵 어느 노인이 계란 한 꾸러미를 들고 들어왔다. 황희 정승이 그것을 받아보니 모두 곯아 있어서 먹을 수가 없었다.

123 **고립무원** 孤$_{40}$立$_{72}$無$_{50}$援$_{40}$
외로울 고, 설 립, 없을 무, 도울 원
❶속뜻 고립(孤立)되어 도움[援]을 받을 데가 없음[無]. ❷홀로 외톨이가 됨.

124 **고진감래** 苦$_{60}$盡$_{40}$甘$_{40}$來$_{70}$
쓸 고, 다할 진, 달 감, 올 래
❶속뜻 쓴[苦] 것이 다하면[盡] 단[甘] 것이 옴[來]. ❷고생 끝에 즐거운 일이 생김. ㊥興盡悲來(흥진비래).

125 **골육상잔** 骨$_{40}$肉$_{42}$相$_{52}$殘$_{40}$
뼈 골, 고기 육, 서로 상, 해칠 잔
❶속뜻 부자(父子)나 형제 등 혈연관계[骨肉]에 있는 사람끼리 서로[相] 해치며[殘] 싸우는 일. ❷같은 민족끼리 해치며 싸우는 일. ㊥骨肉相爭(골육상쟁), 骨肉相戰(골육상전).

126 **구절양장** 九$_{80}$折$_{40}$羊$_{42}$腸$_{40}$
아홉 구, 꺾일 절, 양 양, 창자 장
❶속뜻 아홉[九] 번 꼬부라진[折] 양(羊)의 창자[腸]. ❷'꼬불꼬불하며 험한 산길'을 비유하여 이르는 말.

127 **군신유의** 君$_{40}$臣$_{52}$有$_{70}$義$_{42}$
임금 군, 신하 신, 있을 유, 옳을 의
❶속뜻 임금[君]과 신하(臣下) 간에는 의리(義理)가 있어야[有] 함. ❷임금과 신하 사이의 도리는 의리에 있음. 오륜(五倫)의 하나.

128 **근주자적** 近$_{60}$朱$_{40}$者$_{60}$赤$_{50}$
가까울 근, 붉을 주, 사람 자, 붉을 적
❶속뜻 붉은[朱] 것을 가까이[近] 하는 사람[者]은 붉게[赤] 된다. ❷사람은 그가 늘 가까이하는 사람에 따라 영향을 받아 변하는 것이니 조심하라는 말.

9 **금과옥조 金$_{80}$科$_{62}$玉$_{42}$條$_{40}$**
쇠 금, 법 과, 구슬 옥, 조목 조
❶[속뜻] 금(金)이나 옥(玉) 같은 법률의 조목[科]과 조항[條]. ❷소중히 여기고 꼭 지켜야 할 법률이나 규정. 또는 절대적인 것으로 여기어 지키는 규칙이나 교훈.

0 **기상천외 奇$_{40}$想$_{42}$天$_{70}$外$_{80}$**
이상할 기, 생각할 상, 하늘 천, 밖 외
❶[속뜻] 기이(奇異)한 생각[想]이 하늘[天] 밖[外]에 이름. ❷상상할 수 없을 만큼 생각이 기발하고 엉뚱함.

1 **낙락장송 落$_{50}$落$_{50}$長$_{80}$松$_{40}$**
떨어질 락, 떨어질 락, 길 장, 소나무 송
❶[속뜻] 가지가 축축 늘어질[落落] 정도로 키가 큰[長] 소나무[松]. ❷매우 크고 우뚝하게 잘 자란 소나무.

2 **난공불락 難$_{42}$攻$_{40}$不$_{72}$落$_{50}$**
어려울 난, 칠 공, 아닐 불, 떨어질 락
❶[속뜻] 공격(攻擊)하기가 어려워[難] 좀처럼 함락(陷落)되지 아니함[不]. ❷공격하여 무너뜨리기 어려울 만큼 수비가 철저함.

3 **난신적자 亂$_{40}$臣$_{52}$賊$_{40}$子$_{72}$**
어지러울 란, 신하 신, 해칠 적, 아들 자
❶[속뜻] 나라를 어지럽히는[亂] 신하(臣下)와 어버이를 해치는[賊] 자식[子]. ❷못된 신하나 자식.

4 **대경실색 大$_{80}$驚$_{40}$失$_{60}$色$_{70}$**
큰 대, 놀랄 경, 잃을 실, 빛 색
❶[속뜻] 크게[大] 놀라[驚] 얼굴빛[色]이 제 모습을 잃음[失]. ❷얼굴이 하얗게 변할 정도로 크게 놀람.

135 **대동소이 大$_{80}$同$_{70}$小$_{80}$異$_{40}$**
큰 대, 같을 동, 작을 소, 다를 이
❶[속뜻] 대체(大體)로 같고[同] 조금[小]만 다름[異]. ❷서로 큰 차이 없이 비슷비슷함.

136 **만시지탄 晩$_{32}$時$_{72}$之$_{32}$歎$_{40}$**
늦을 만, 때 시, 어조사 지, 한숨지을 탄
❶[속뜻] 시기(時期)가 뒤늦었음[晩]을 원통해 하는 탄식(歎息). ❷적절한 때를 놓친 것에 대한 한탄. [비]後時之歎(후시지탄).

137 **명경지수 明$_{62}$鏡$_{40}$止$_{50}$水$_{80}$**
밝을 명, 거울 경, 그칠 지, 물 수
❶[속뜻] 밝은[明] 거울[鏡]이 될 만큼 고요하게 멈추어[止] 있는 물[水]. ❷맑고 고요한 심경(心境).

138 **목불식정 目$_{60}$不$_{72}$識$_{52}$丁$_{40}$**
눈 목, 아닐 불, 알 식, 고무래 정
❶[속뜻] 아주 쉬운 '고무래 정'[丁]자도 눈[目]으로 알아보지[識] 못함[不]. ❷한자를 전혀 모름. 또는 그런 무식한 사람. [비]不識一丁字(불식일정자), 目不知書(목불지서).

139 **무위도식 無$_{50}$爲$_{42}$徒$_{40}$食$_{72}$**
없을 무, 할 위, 헛될 도, 먹을 식
❶[속뜻] 하는[爲] 일이 없이[無] 헛되이[徒] 먹기[食]만 함. ❷일은 하지 않고 공밥만 먹음. [비]遊手徒食(유수도식).

140 **미사여구 美$_{60}$辭$_{40}$麗$_{42}$句$_{42}$**
아름다울 미, 말 사, 고울 려, 글귀 구
❶[속뜻] 아름답게[美] 꾸민 말[辭]과 아름다운[麗] 문구(文句). ❷내용은 없으면서 형식만 좋은 말. 또는 그런 표현.

141 **박람강기** 博$_{42}$覽$_{40}$強$_{60}$記$_{72}$
넓을 박, 볼 람, 굳셀 강, 기록할 기
❶[속뜻]책을 널리[博] 많이 보고[覽] 잘[強] 기억(記憶)함. ❷독서를 많이 하여 아는 것이 많음. [비]博學多識(박학다식).

142 **백가쟁명** 百$_{70}$家$_{72}$爭$_{50}$鳴$_{40}$
일백 백, 사람 가, 다툴 쟁, 울 명
❶[속뜻]많은[百] 사람들[家]이 다투어[爭] 울어댐[鳴]. ❷많은 학자나 문화인 등이 자기의 학설이나 주장을 자유롭게 발표, 논쟁, 토론하는 일.

143 **백절불굴** 百$_{70}$折$_{40}$不$_{72}$屈$_{40}$
일백 백, 꺾을 절, 아닐 불, 굽을 굴
❶[속뜻]백(百) 번 꺾여도[折] 굽히지[屈] 않음[不]. ❷어떠한 어려움에도 굽히지 않음. [비]百折不撓(백절불요).

144 **사필귀정** 事$_{72}$必$_{52}$歸$_{40}$正$_{72}$
일 사, 반드시 필, 돌아갈 귀, 바를 정
❶[속뜻]모든 일[事]은 반드시[必] 바른[正] 길로 돌아감[歸]. ❷일의 잘잘못이 언젠가는 밝혀져서 올바른 데로 돌아감. ❸옳은 것이 결국에는 이김.

145 **살신성인** 殺$_{42}$身$_{62}$成$_{62}$仁$_{40}$
죽일 살, 몸 신, 이룰 성, 어질 인
❶[속뜻]자신의 몸[身]을 죽여[殺] 인(仁)을 이룸[成]. ❷옳은 일을 위하여 자기 몸을 바침.

146 **선공후사** 先$_{80}$公$_{62}$後$_{72}$私$_{40}$
먼저 선, 여럿 공, 뒤 후, 사사로울 사
❶[속뜻]공(公)적인 일을 먼저[先] 하고 사사로운[私] 일은 뒤[後]로 미룸. ❷자기 일은 뒤로 미루고 공적인 일을 먼저 함.

147 **송구영신** 送$_{42}$舊$_{52}$迎$_{40}$新$_{62}$
보낼 송, 옛 구, 맞이할 영, 새 신
❶[속뜻]묵은해[舊]를 보내고[送] 새해[新]를 맞이함[迎]. ❷새로운 마음으로 새해를 맞이함. [준]送迎.

148 **신언서판** 身$_{62}$言$_{60}$書$_{62}$判$_{40}$
몸 신, 말씀 언, 쓸 서, 판가름할 판
❶[속뜻]중국 당나라 때 관리를 등용하는 시험에서 인물평가의 기준으로 삼았던 몸가짐[身]·말씨[言]·글씨[書]·판단(判斷)의 네 가지. ❷인물을 선택하는 데 적용한 네 가지 조건: 신수, 말씨, 문필, 판단력. (출처 『唐書』)

149 **악전고투** 惡$_{52}$戰$_{62}$苦$_{60}$鬪$_{40}$
나쁠 악, 싸울 전, 쓸 고, 싸울 투
❶[속뜻]매우 열악(劣惡)한 조건에서 고생스럽게[苦] 싸움[戰鬪]. ❷어려운 여건에서도 힘써 노력함.

150 **약방감초** 藥$_{62}$房$_{42}$甘$_{40}$草$_{70}$
약 약, 방 방, 달 감, 풀 초
❶[속뜻]한약방(韓藥房)에서 어떤 처방이나 다 들어가는 감초(甘草). ❷'모임마다 불쑥불쑥 잘 나타나는 사람', 또는 '흔하게 보이는 물건'을 비유하여 이르는 말.

151 **언중유골** 言$_{60}$中$_{80}$有$_{70}$骨$_{40}$
말씀 언, 가운데 중, 있을 유, 뼈 골
❶[속뜻]말[言] 가운데[中]에 뼈[骨]가 있음[有]. ❷예사로운 말 속에 별도의 뜻이 들어 있음.

152 **여필종부** 女$_{80}$必$_{50}$從$_{40}$夫$_{70}$
여자 녀, 반드시 필, 좇을 종, 지아비 부
❶[속뜻]아내[女]는 반드시[必] 남편[夫]을 따라야 함[從]. ❷아내는 남편

의 의견을 잘 따라야 함.

53 **연목구어** 緣$_{40}$木$_{80}$求$_{42}$魚$_{50}$
좇을 연, 나무 목, 구할 구, 고기 어
❶ 속뜻 나무[木]에 올라가서[緣] 물고기[魚]를 구(求)하려 함. ❷'도저히 불가능한 일을 하려 함'을 비유하여 이르는 말. (출처 『孟子』) (비) 上山求魚(상산구어).

54 **오곡백과** 五$_{80}$穀$_{40}$百$_{70}$果$_{62}$
다섯 오, 곡식 곡, 일백 백, 열매 과
❶ 속뜻 다섯[五] 가지 곡식(穀食)과 백(百)가지 과일[果]. ❷여러 종류의 곡식과 과일에 대한 총칭.

55 **옥골선풍** 玉$_{42}$骨$_{40}$仙$_{52}$風$_{62}$
옥 옥, 뼈 골, 신선 선, 모습 풍
❶ 속뜻 옥(玉) 같이 귀한 골격(骨格)과 신선(神仙) 같은 풍채(風采). ❷귀티가 나고 신선 같이 깔끔한 풍채.

56 **위기일발** 危$_{40}$機$_{40}$一$_{80}$髮$_{40}$
위태할 위, 때 기, 한 일, 터럭 발
❶ 속뜻 머리털[髮] 하나[一]에 매달려 있어 곧 떨어질 것 같은 위기(危機). ❷'당장에라도 끊어질듯 한 위태로운 순간'을 형용하는 말. (비) 危如一髮(위여일발).

57 **유유상종** 類$_{52}$類$_{52}$相$_{52}$從$_{40}$
비슷할 류, 무리 류, 서로 상, 좇을 종
❶ 속뜻 비슷한[類] 종류(種類)끼리 서로[相] 친하게 따름[從]. ❷비슷한 사람들끼리 서로 친하게 지냄.

58 **이구동성** 異$_{40}$口$_{70}$同$_{70}$聲$_{42}$
다를 이, 입 구, 같을 동, 소리 성
❶ 속뜻 각기 다른[異] 입[口]에서 같은[同] 소리[聲]를 냄. ❷여러 사람의 말이 한결같음. (비) 異口同音(이구동음).

159 **이란격석** 以$_{52}$卵$_{40}$擊$_{40}$石$_{60}$
부터 이, 알 란, 칠 격, 돌 석
❶ 속뜻 계란(鷄卵)으로[以] 돌[石]을 침[擊]. ❷'아무리 하여도 소용없는 일'을 비유하는 말.

160 **이용후생** 利$_{62}$用$_{62}$厚$_{40}$生$_{80}$
이로울 리, 쓸 용, 두터울 후, 살 생
속뜻 기구를 편리(便利)하게 잘 쓰고[用] 먹을 것과 입을 것을 넉넉하게[厚] 하여 삶[生]의 질을 개선함.

161 **이합집산** 離$_{40}$合$_{60}$集$_{62}$散$_{40}$
떨어질 리, 합할 합, 모일 집, 흩어질 산
❶ 속뜻 헤어졌다[離] 합치고[合] 모였다[集] 흩어졌다[散]함. ❷헤어졌다 모였다 함.

162 **일각천금** 一$_{80}$刻$_{40}$千$_{70}$金$_{80}$
한 일, 시각 각, 일천 천, 쇠 금
❶ 속뜻 15분[一刻]같이 짧은 시간도 천금(千金)과 같이 귀중함. ❷짧은 시간도 귀하게 여겨 헛되이 보내지 않아야 함.

163 **일벌백계** 一$_{80}$罰$_{42}$百$_{72}$戒$_{40}$
한 일, 벌할 벌, 일백 백, 주의할 계
❶ 속뜻 첫[一] 번째 죄인을 엄하게 벌(罰)함으로써 후에 백(百) 사람이 그런 죄를 경계(警戒)하여 짓지 않도록 함. ❷다른 사람들에게 경각심을 불러일으키기 위하여 본보기로 첫 번째 죄인을 엄하게 처벌함.

164 **일사불란** 一$_{80}$絲$_{42}$不$_{72}$亂$_{40}$
한 일, 실 사, 아니 불, 어지러울 란
❶ 속뜻 한[一] 줄의 실[絲]같이 흐트러지지[亂] 않음[不]. ❷'질서나 체계 따위가 조금도 흐트러진 데가 없음'을 비

유하여 이르는 말.

165 **일희일비** 一$_{80}$喜$_{40}$一$_{80}$悲$_{42}$
한 일, 기쁠 희, 한 일, 슬플 비
❶[속뜻]한[一] 번은 슬픈[悲] 일이, 한[一] 번은 기쁜[喜] 일이 생김. ❷슬픔과 기쁨이 번갈아 나타남. ❸한편으로는 슬프고 한편으로는 기쁨.

166 **자화자찬** 自$_{72}$畵$_{60}$自$_{72}$讚$_{40}$
스스로 자, 그림 화, 스스로 자, 기릴 찬
❶[속뜻]자기(自己)가 그린 그림[畵]을 스스로[自] 칭찬(稱讚)함. ❷자기가 한 일을 자기 스스로 자랑함. [준]自畵讚.

167 **장삼이사** 張$_{40}$三$_{80}$李$_{60}$四$_{80}$
성씨 장, 석 삼, 성씨 리, 넉 사
❶[속뜻]장삼(張三)이라는 사람과 이사(李四)라는 사람. ❷평범한 보통 사람을 이르는 말. ❸[불교]'사람에게 성리(性理)가 있음은 알지만, 그 모양이나 이름을 지어 말할 수 없음'을 비유하는 말. (출처 『傳燈錄』) [비]甲男乙女(갑남을녀).

168 **적재적소** 適$_{40}$材$_{52}$適$_{40}$所$_{70}$
알맞을 적, 재목 재, 알맞을 적, 곳 소
❶[속뜻]알맞은[適] 재목(材木)을 알맞은[適] 곳[所]에 씀. ❷사람이나 사물을 제 격에 맞게 잘 씀.

169 **주마간산** 走$_{42}$馬$_{50}$看$_{40}$山$_{80}$
달릴 주, 말 마, 볼 간, 메 산
❶[속뜻]달리는[走] 말[馬] 위에서 산천(山川)을 구경함[看]. ❷이것저것을 천천히 살펴볼 틈이 없이 바삐 서둘러 대강대강 보고 지나침. ❸제대로 살펴보지 못함.

170 **진충보국** 盡$_{40}$忠$_{42}$報$_{42}$國$_{80}$
다할 진, 충성 충, 갚을 보, 나라 국
❶[속뜻]충성(忠誠)을 다하여서[盡] 나라[國]의 은혜를 갚음[報]. ❷나라를 위하여 충성을 다함. [비]竭忠報國(갈충보국).

171 **천려일득** 千$_{70}$慮$_{40}$一$_{80}$得$_{42}$
일천 천, 생각할 려, 한 일, 얻을 득
❶[속뜻]천(千) 번을 생각하다보면[慮] 하나[一] 정도는 얻을[得] 수도 있음. ❷아무리 어리석은 사람일지라도 많은 생각을 하다 보면 한 가지쯤은 좋은 방법을 찾을 수 있음. [반]千慮一失(천려일실).

172 **천려일실** 千$_{70}$慮$_{40}$一$_{80}$失$_{60}$
일천 천, 생각할 려, 한 일, 잃을 실
❶[속뜻]천(千) 번을 생각하더라도[慮] 하나[一] 정도는 잃을[失] 수도 있음. ❷아무리 슬기로운 사람일지라도 많은 생각을 하다 보면 한 가지쯤은 실책이 있게 마련임. [반]千慮一得(천려일득).

173 **천생연분** 天$_{70}$生$_{80}$緣$_{40}$分$_{62}$
하늘 천, 날 생, 인연 연, 나눌 분
❶[속뜻]하늘[天]에서 생겨난[生]이 연분(緣分). ❷하늘이 맺어준 인연. [비]天生因緣(천생인연), 天定緣分(천정연분).

174 **천재일우** 千$_{70}$載$_{32}$一$_{80}$遇$_{40}$
일천 천, 실을 재, 한 일, 만날 우
❶[속뜻]천년[千載] 만에 한[一] 번 맞이함[遇]. ❷좀처럼 만나기 어려운 기회.

175 **천차만별** 千$_{70}$差$_{40}$萬$_{80}$別$_{60}$
일천 천, 어긋날 차, 일만 만, 나눌 별
❶[속뜻]천(千) 가지 차이(差異)와 만(萬) 가지 구별(區別). ❷서로 크고 많은 차이점이 있음.

76 **천편일률 千$_{70}$篇$_{40}$一$_{80}$律$_{42}$**

일천 천, 책 편, 한 일, 가락 률

❶속뜻 천(千) 편(篇)의 시가 하나[一]의 음률(音律)로 되어 있음. ❷여러 시문의 격조가 모두 비슷하여 개별적인 특성이 없음. ❸개별적인 특성이 없이 모두 엇비슷함.

77 **허장성세 虛$_{42}$張$_{40}$聲$_{42}$勢$_{42}$**

빌 허, 베풀 장, 소리 성, 기세 세

❶속뜻 헛된[虛] 말을 펼치며[張] 큰 소리[聲]만 치는 기세(氣勢). ❷실력이 없으면서 허세(虛勢)만 떨침.

178 **회자정리 會$_{62}$者$_{60}$定$_{60}$離$_{40}$**

모일 회, 사람 자, 반드시 정, 떨어질 리

❶속뜻 만난[會] 사람[者]은 언젠가는 헤어지도록[離] 운명이 정(定)해져 있음. ❷'인생의 무상함'을 비유하여 이르는 말.

179 **흥진비래 興$_{42}$盡$_{40}$悲$_{42}$來$_{70}$**

일어날 흥, 다할 진, 슬플 비, 올 래

❶속뜻 즐거운[興] 일이 다하면[盡] 슬픈[悲] 일이 닥침[來]. ❷기쁨과 슬픔이 교차함. ❸세상 일은 돌고 돎. (비) 苦盡甘來(고진감래).

사자성어 색인

수록 순

037 能小能大 [능소능대] 5급
038 馬耳東風 [마이동풍] 5급
039 百年河清 [백년하청] 5급
040 不問可知 [불문가지] 5급
041 不問曲直 [불문곡직] 5급
042 有口無言 [유구무언] 5급
043 前無後無 [전무후무] 5급
044 朝變夕改 [조변석개] 5급
045 秋風落葉 [추풍낙엽] 5급
046 角者無齒 [각자무치] 4급Ⅱ
047 江湖煙波 [강호연파] 4급Ⅱ
048 見利思義 [견리사의] 4급Ⅱ
049 結草報恩 [결초보은] 4급Ⅱ
050 經世濟民 [경세제민] 4급Ⅱ
051 空前絶後 [공전절후] 4급Ⅱ
052 九牛一毛 [구우일모] 4급Ⅱ
053 權謀術數 [권모술수] 4급Ⅱ
054 權不十年 [권불십년] 4급Ⅱ
055 極惡無道 [극악무도] 4급Ⅱ
056 起死回生 [기사회생] 4급Ⅱ
057 難兄難弟 [난형난제] 4급Ⅱ
058 怒發大發 [노발대발] 4급Ⅱ
059 論功行賞 [논공행상] 4급Ⅱ
060 多多益善 [다다익선] 4급Ⅱ
061 獨不將軍 [독불장군] 4급Ⅱ
062 燈下不明 [등하불명] 4급Ⅱ
063 燈火可親 [등화가친] 4급Ⅱ
064 無所不爲 [무소불위] 4급Ⅱ
065 博學多識 [박학다식] 4급Ⅱ
066 百戰老將 [백전노장] 4급Ⅱ
067 伯仲之勢 [백중지세] 4급Ⅱ
068 富貴在天 [부귀재천] 4급Ⅱ
069 夫婦有別 [부부유별] 4급Ⅱ
070 非一非再 [비일비재] 4급Ⅱ
071 貧者一燈 [빈자일등] 4급Ⅱ
072 死生決斷 [사생결단] 4급Ⅱ
073 生不如死 [생불여사] 4급Ⅱ
074 說往說來 [설왕설래] 4급Ⅱ
075 是是非非 [시시비비] 4급Ⅱ
076 始終如一 [시종여일] 4급Ⅱ
077 信賞必罰 [신상필벌] 4급Ⅱ
078 實事求是 [실사구시] 4급Ⅱ
079 安貧樂道 [안빈낙도] 4급Ⅱ
080 眼下無人 [안하무인] 4급Ⅱ
081 弱肉強食 [약육강식] 4급Ⅱ
082 魚東肉西 [어동육서] 4급Ⅱ
083 言語道斷 [언어도단] 4급Ⅱ
084 如出一口 [여출일구] 4급Ⅱ
085 連戰連勝 [연전연승] 4급Ⅱ
086 溫故知新 [온고지신] 4급Ⅱ
087 右往左往 [우왕좌왕] 4급Ⅱ
088 牛耳讀經 [우이독경] 4급Ⅱ
089 有備無患 [유비무환] 4급Ⅱ
090 以熱治熱 [이열치열] 4급Ⅱ
091 因果應報 [인과응보] 4급Ⅱ
092 人死留名 [인사유명] 4급Ⅱ
093 一擧兩得 [일거양득] 4급Ⅱ
094 一脈相通 [일맥상통] 4급Ⅱ
095 一石二鳥 [일석이조] 4급Ⅱ
096 一言半句 [일언반구] 4급Ⅱ
097 一衣帶水 [일의대수] 4급Ⅱ
098 日就月將 [일취월장] 4급Ⅱ
099 一波萬波 [일파만파] 4급Ⅱ
100 自業自得 [자업자득] 4급Ⅱ
101 自初至終 [자초지종] 4급Ⅱ
102 自強不息 [자강불식] 4급Ⅱ
103 鳥足之血 [조족지혈] 4급Ⅱ
104 種豆得豆 [종두득두] 4급Ⅱ

105 竹馬故友 [죽마고우] 4급Ⅱ
106 衆口難防 [중구난방] 4급Ⅱ
107 至誠感天 [지성감천] 4급Ⅱ
108 進退兩難 [진퇴양난] 4급Ⅱ
109 天人共怒 [천인공노] 4급Ⅱ
110 寸鐵殺人 [촌철살인] 4급Ⅱ
111 出將入相 [출장입상] 4급Ⅱ
112 忠言逆耳 [충언역이] 4급Ⅱ
113 卓上空論 [탁상공론] 4급Ⅱ
114 風前燈火 [풍전등화] 4급Ⅱ
115 好衣好食 [호의호식] 4급Ⅱ
116 刻骨痛恨 [각골통한] 4급
117 敢不生心 [감불생심] 4급
118 甘言利說 [감언이설] 4급
119 居安思危 [거안사위] 4급
120 敬天勤民 [경천근민] 4급
121 驚天動地 [경천동지] 4급
122 鷄卵有骨 [계란유골] 4급
123 孤立無援 [고립무원] 4급
124 苦盡甘來 [고진감래] 4급
125 骨肉相殘 [골육상잔] 4급
126 九折羊腸 [구절양장] 4급
127 君臣有義 [군신유의] 4급
128 近朱者赤 [근주자적] 4급
129 金科玉條 [금과옥조] 4급
130 奇想天外 [기상천외] 4급
131 落落長松 [낙락장송] 4급
132 難攻不落 [난공불락] 4급
133 亂臣賊子 [난신적자] 4급
134 大驚失色 [대경실색] 4급
135 大同小異 [대동소이] 4급
136 晩時之歎 [만시지탄] 4급
137 明鏡止水 [명경지수] 4급
138 目不識丁 [목불식정] 4급
139 無爲徒食 [무위도식] 4급
140 美辭麗句 [미사여구] 4급
141 博覽強記 [박람강기] 4급
142 百家爭鳴 [백가쟁명] 4급
143 百折不屈 [백절불굴] 4급
144 事必歸正 [사필귀정] 4급
145 殺身成仁 [살신성인] 4급
146 先公後私 [선공후사] 4급
147 送舊迎新 [송구영신] 4급
148 身言書判 [신언서판] 4급
149 惡戰苦鬪 [악전고투] 4급
150 藥房甘草 [약방감초] 4급
151 言中有骨 [언중유골] 4급
152 女必從夫 [여필종부] 4급
153 緣木求魚 [연목구어] 4급
154 五穀百果 [오곡백과] 4급
155 玉骨仙風 [옥골선풍] 4급
156 危機一髮 [위기일발] 4급
157 類類相從 [유유상종] 4급
158 異口同聲 [이구동성] 4급
159 以卵擊石 [이란격석] 4급
160 利用厚生 [이용후생] 4급
161 離合集散 [이합집산] 4급
162 一刻千金 [일각천금] 4급
163 一罰百戒 [일벌백계] 4급
164 一絲不亂 [일사불란] 4급
165 一喜一悲 [일희일비] 4급
166 自畵自讚 [자화자찬] 4급
167 張三李四 [장삼이사] 4급
168 適材適所 [적재적소] 4급
169 走馬看山 [주마간산] 4급
170 盡忠報國 [진충보국] 4급
171 千慮一得 [천려일득] 4급
172 千慮一失 [천려일실] 4급

번호	사자성어	음	급수
173	天生緣分	[천생연분]	4급
174	千載一遇	[천재일우]	4급
175	千差萬別	[천차만별]	4급
176	千篇一律	[천편일률]	4급
177	虛張聲勢	[허장성세]	4급
178	會者定離	[회자정리]	4급
179	興盡悲來	[흥진비래]	4급

가나다 순

음	사자성어	번호	급수
[각골통한]	刻骨痛恨	116	4급
[각자무치]	角者無齒	046	4급Ⅱ
[감불생심]	敢不生心	117	4급
[감언이설]	甘言利說	118	4급
[강호연파]	江湖煙波	047	4급Ⅱ
[거안사위]	居安思危	119	4급
[격물치지]	格物致知	032	5급
[견리사의]	見利思義	048	4급Ⅱ
[견물생심]	見物生心	018	5급Ⅱ
[결초보은]	結草報恩	049	4급Ⅱ
[경세제민]	經世濟民	050	4급Ⅱ
[경천근민]	敬天勤民	120	4급
[경천동지]	驚天動地	121	4급
[경천애인]	敬天愛人	019	5급Ⅱ
[계란유골]	鷄卵有骨	122	4급
[고립무원]	孤立無援	123	4급
[고진감래]	苦盡甘來	124	4급
[골육상잔]	骨肉相殘	125	4급
[공전절후]	空前絶後	051	4급Ⅱ
[교학상장]	教學相長	033	5급
[구사일생]	九死一生	009	6급
[구우일모]	九牛一毛	052	4급Ⅱ
[구절양장]	九折羊腸	126	4급
[군신유의]	君臣有義	127	4급
[권모술수]	權謀術數	053	4급Ⅱ
[권불십년]	權不十年	054	4급Ⅱ
[극악무도]	極惡無道	055	4급Ⅱ
[근주자적]	近朱者赤	128	4급
[금과옥조]	金科玉條	129	4급
[금시초문]	今始初聞	034	5급
[기사회생]	起死回生	056	4급Ⅱ
[기상천외]	奇想天外	130	4급
[낙락장송]	落落長松	131	4급
[낙목한천]	落木寒天	035	5급
[낙화유수]	落花流水	036	5급
[난공불락]	難攻不落	132	4급
[난신적자]	亂臣賊子	133	4급
[난형난제]	難兄難弟	057	4급Ⅱ
[노발대발]	怒發大發	058	4급Ⅱ
[논공행상]	論功行賞	059	4급Ⅱ
[능소능대]	能小能大	037	5급
[다다익선]	多多益善	060	4급Ⅱ
[다재다능]	多才多能	020	5급Ⅱ
[대경실색]	大驚失色	134	4급
[대동소이]	大同小異	135	4급
[독불장군]	獨不將軍	061	4급Ⅱ
[동고동락]	同苦同樂	010	6급
[동문서답]	東問西答	002	7급
[등하불명]	燈下不明	062	4급Ⅱ
[등화가친]	燈火可親	063	4급Ⅱ
[마이동풍]	馬耳東風	038	5급
[만고불변]	萬古不變	022	5급Ⅱ
[만시지탄]	晩時之歎	136	4급
[명경지수]	明鏡止水	137	4급
[목불식정]	目不識丁	138	4급
[무불통지]	無不通知	023	5급Ⅱ

부록 ⑥ 국어사전 활용교육 Q&A

영어사전은 영어 과목 공부를 잘하게 하고, 국어사전은 모든 과목 공부를 잘하게 한다. 달리 말하자면, 모든 과목공부에 도움을 주는 것은 바로 국어사전이다. 국어사전 활용 교육이란 매일 매 과목의 교재에 나오는 단어를 국어사전을 찾아 정리하여 익힘으로써 어휘력을 높이고 모든 과목 학력 기초를 굳건하게 다지는 것을 말한다. 《국어사전 활용교육》(LBH교육출판사)에 있는 '문답'과 '명언' 가운데 중요한 것만 아래에 옮겨본다.

[문답]

문 1 : 초등 교육의 성패가 국어사전 활용에 달려 있다니, 그 이유가 무엇입니까?

답 1 : "어린아이들은 하루에도 몇 글자씩 익혀 가는데, 어른들은 알아가는 게 얼마나 되는고!"(小兒一日猶新知幾箇字, 長者所知幾何. 소아일일유신지기개자, 장자소지기하.) 이 말은 조선 중기 때의 선비 임영(林泳, 1649~1696)이 쓴 〈일록〉(日錄)이라는 제목의 글에 나오는 구절로 그의 문집 《창계집》(滄溪集)에 실려 있습니다. 이 말에는 희망과 한탄이 동시에 담겨 있습니다. 어린이들이 매일 매일 글자나 낱말을 열심히 익혀가는 것은 희망적인데, 어른들은 일을 핑계로 공부를 게을리 하는 것이 한탄스럽다는 말입니다. 그렇습니다. 예나 지금이나 아이들은 날마다 새로운 말을 익히며 그것을 큰 즐거움으로 여기고 있습니다. 그것이 바로 성장의 상징입니다. 어른이 되어서 새로 배우는 것이 없다는 것은 곧 성장을 멈춘 것을 의미하며 종말을 뜻합니다.

한 평생 가운데 어휘량이 가장 급속히 증가하는 시기는 초등학생 때입니다. 바꾸어 말하면 매일 매일 학교 수업을 통하여 새롭게 알게 되는 단어의 수가 가장 많이 증가하는 단계입니다. 그래서 국어사전이 가장 필요한 시기가 바로 초등학교 때입니다. 사전 활용 교육이 매 과목, 매 시간 집중적으로 이루어져야 어휘력 향상이라는 성장을 지속적으로 해 나갈 수 있습니다. 담을 높이 쌓자면 벽돌이 많아야 하고, 총격전에서 적을 이기자면 총알이 많아야 합니다. 새로 알게 된 단어는 바로 벽돌이나 총알과 같아서 많을수록 좋습니다. 새로운 낱말들을 국어사전에서 찾아내어 매일매일 차곡차곡 쌓아가는 어린이가 큰 성공을 보장받을 수 있습니다. 국어사전의 단어를 자기의 것으로 만들지 않는 것은 벽돌 없이 담을 쌓으려하거나 총알 없이 전쟁터에 나가는 것만큼 무모하고 어리석은 일입니다. 그래서 초등 교육의 성패는 국어사전 활용에 달려 있다고 할 수 있습니다.

문 2 : 특히 초등학교 3학년 때 '국어사전 찾기' 수업을 하는 이유가 있습니까?

답 2 : 미국의 교육학자는 평생 공부를 두 단계로 구분하였습니다. '읽을 줄 알기 위하여 배우는 단계'(Learning to read)와 '학습을 위하여 많은 책을 읽는 단계'(Reading to learn)가 그것입니다. 두 단계의 분수령(分水嶺)이 바로 초등학교 3학년 때라고 여겼기 때문에 이 때 '국어사전 찾기' 수업을 하고 있습니다. 미국에서는 초등학교 3학년 학생들에게 사전을 무상으로 제공하는 자선단체들의 '사전 프로젝트'(Dictionary Project)가 전국적 국민운동으로 해마다 실시되어 2백만 이상의 초등학생들이 그 혜택을 누리고 있습니다. 우리나라도 그러한 운동의 싹이 일부 지역에서 돋고 있으며 머지않아 전국적으로 확산될 것으로 보입니다. 종합하면, 초등학교 3학년 이전에는 '읽을 줄 알기 위한 공부'를, 그 이후부터 평생 동안은 '국어사전 찾기'를 습관화하는 것이 대단히 중요하다는 것입니다.(참고 www.dictionaryproject.org).

문 3 : 전자사전 시대에 반드시 종이사전을 봐야 하는 이유가 있습니까?

답 3 : 여러 종류의 사전을 하나의 단말기에 탑재해 놓은 순수 전자사전도 요즘은 퇴물이 되고 말았습니다. 대신 스마트폰사전, 인터넷 포털사전이 널리 이용되고 있습니다. 그래서 요즘 전자사전이라고 함은 그런 것들을 통칭하는 말입니다. 스마트폰이나 인터넷에 있는 국어사전은 Q.I.Q.O.라는 특성이 있습니다. Q.I.(Quick In), '빨리 들어오는' 장점이 있는가 하면, Q.O.(Quick Out) '빨리 나가는' 단점이 있습니다. 쉽게 번 돈은 쉽게 나가는 것과 같은 이치이지요. 고생고생 번 돈은 쉽게 나가지 않습니다. 오래도록 주머니에 남아 있고, 나간다 하더라도 그냥 나가는 것이 아니라 새끼를 쳐서 다시 돌아오는 법이지요.

종이사전으로 단어를 공부하는 것이 바로 이와 같은 장점이 있습니다. 어렵게 찾은 단어들인 만큼 머리에, 기억 속에 오래오래 남기 마련이고 아무리 쓰더라도 없어지지 않습니다. 무슨 뜻인지를 분명하게 잘 알기 때문에 그것으로 문장도 잘 지을 수 있습니다. 이러한 어휘력을 학자들은 '생산 어휘력'(Productive Vocabulary)이라고 합니다. 그리고 종이사전으로 공부하면 여러 가지 덤을 얻을 수 있습니다. 찾아가는 길목에서 만난 단어들, 찾으려고 한 목표 단어의 이웃어휘들을 덩달아 알게 되는 덤이나 부가 효과가 짭짤하다는 미국에서의 연구 결과가 눈길을 끌고 있습니다(참고, 《국어사전 활용교육》 제 3장 〈미국의 성공 사례: Dictionary Project〉 편에 일부 소개되어 있음). 휴대폰 보급률이 높고, 인터넷 자제력이 있는 중고등학생들은 전자사전도 좋겠지만, 그렇지 못한 초등학생들에게는 종이사전이 훨씬 더 교육적입니다. 물론 초등학생들도 전자사전과 종이사전을 번갈아가며 병용하는 것은 무방할 것입니다. 급할 때는 전자사전을 쓰고, 시간이 있을 때는 차분하게 종이사전을 찾아 차곡차곡 잘 정리해 두면 좋을 것입니다.

문 4 : 초등학교 전 과목 성적이 국어사전에 달려 있다니, 말이 됩니까?

답 4 : 초등학교 학부모님들을 대상으로 특강을 한 적이 있습니다. '국어사전을 잘 만들어 주셔서 고맙습니다. 다른 과목 사전도 좀 만들어 주시면 고맙겠습니다.'라는 제의를 받은 적이 있습니다. 과목별 사전을 따로따로 만들면 좋겠다는 아이디어를 제공해 준 학부모님이 처음에는 고맙게만 여겨졌습니다. 그런데 집에 돌아와 곰곰이 생각해 보니, 그 분이 국어사전은 국어 과목에만 필요한 것으로 착각하는 것이 아닌가 싶었습니다. 그래서 몇몇 학부모를 대상으로 설문 조사를 해 보니 실제로 그런 분이 예상외로 많았습니다. 국어사전은 국어 과목에만 필요한 것으로 생각하다니!!! 수학, 사회, 과학, 심지어 영어 교재에 나오는 단어도 국어사전을 찾아 봐야 합니다. 예를 들어 'think over'는 '숙고하다'는 뜻임을 영한사전으로 알게 되었어도 '숙고'라는 단어의 뜻을 모르면 헛일입니다. 《속뜻학습 국어사전》을 찾아서 '익을 숙'(熟) '생각할 고'(考)를 쓰는 낱말로 '곰곰이[熟] 생각함[考]'이라는 뜻임을 알게 되면 국어와 더불어 영어 실력도 높아질 것입니다.

[명언]

♣ "한 권의 훌륭한 사전이 우리나라 교육 발전의 초석이 될 수 있다."
– 이돈희 (前 서울대 교수, 교육부장관, 민사고 교장)

♣ "어릴 때의 독서는 인생의 보약이다. 아이들에게 어떤 공부보다도 풍부한 독서와 사전을 통한 어휘력 습득에 힘을 기울이게 해야 한다." – 박시형 (샘앤파커스 출판사 고문)

♣ "책을 읽거나 공부할 때 사전을 동반자 삼아 함께 간다면 무엇보다 든든한 원군이 될 것이다." – 김상문 ((주) IK 회장)

♣ "책과 사전을 늘 가까이하는 습관이 큰 인재, 큰 인물을 키운다."
– 박계신 ((주) 다이아텍코리아 회장)

♣ "학생들이 단어 공부를 꾸준히 하는 습관을 기른다면 모든 과목의 성적 향상은 '따 놓은 당상'이다." – 원정환 (전 서울 숭미초등학교 교장)

♣ "이해하기 쉬운 용어라고 생각되는 경우에도 한자를 알면 그 의미가 좀 더 확실해진다."
– 유석재 (조선일보 문화부 기자)

♣ "국어사전 활용이 효과적인 학습방법의 기본이다. 공부를 잘하고 싶다면 국어사전을 제대로 활용해야 한다." – 김승호 (전남 목상고 교장 / 前 함평교육청 교육장)

♣ "국어사전은 '세상 만물, 인생 만사'를 이해하는 가장 기본적이고 객관적인 기준을 알려 준다." – 권점주 (신한생명 부회장 / 前 신한은행 부행장)

♣ "훌륭한 국어사전은 한자어를 얼마나 잘 풀이하고 있는지가 잣대가 된다."
– 박인화 (서울 목운초등학교 교장)

♣ "한자어 풀이가 독특하고 창의적인 한 국어사전이 우리나라 학생들의 장래를 밝혀줄 희망의 등불이 될 것이다." – 윤재웅 (한국사전프로젝트 대표)

♣ "영어를 잘하고 싶으면 먼저 모국어인 한국어에 대한 어휘력이 풍부해야 한다."
– 아이작 (Isaac, EBS 미국인 영어 강사)

♣ "인터넷사전이 '직선 코스'라면 종이사전은 '우회 코스'이다. … 종이사전에서 우연히 만나게 되는 단어들은 들꽃처럼 정겹다." – 김시원 (소년조선일보 편집국장)

부록 ❼ 만화 고사성어

한자어 중에는, 특별히 '4글자[四字]로 짜여있는 기성(旣成)의 말[語]'이란 뜻인 '사자성어'가 있습니다. 많이 알면 매우 유식하다는 대접을 받고, 모르면 무식한 사람으로 무시당할 수도 있습니다. 이러한 것 가운데 특히 옛날이야기, 즉 고사(故事, 옛 고, 일 사)에서 유래된 것을 '고사성어'라고 합니다. 네 글자 모두 가급적 교육용 기초한자 900자 범위 내에 속하는 쉬운 한자들로 이루어진 것 50개를 선정하여 만화 형식으로 풀이함으로써 매우 쉽고 재미있게 익힐 수 있도록 하였습니다. 찾기 쉽도록 아래와 같이 가나다순으로 실어 놓았습니다. 읽다보면 재미를 느끼게 되고, 자기도 모르는 사이에 어문 품격이 한 단계 오르게 될 것입니다.

01 결초보은(結草報恩)
02 계구우후(鷄口牛後)
03 계란유골(鷄卵有骨)
04 고육지계(苦肉之計)
05 과유불급(過猶不及)
06 구우일모(九牛一毛)
07 낙정하석(落穽下石)
08 난형난제(難兄難弟)
09 노이무공(勞而無功)
10 다다익선(多多益善)
11 대공무사(大公無私)
12 동심동덕(同心同德)
13 득의양양(得意揚揚)
14 매사마골(買死馬骨)
15 문일지십(聞一知十)
16 문전성시(門前成市)
17 미생지신(尾生之信)
18 백년하청(百年河清)
19 백면서생(白面書生)
20 백발백중(百發百中)
21 백전백승(百戰百勝)
22 보원이덕(報怨以德)
23 불식태산(不識泰山)
24 살신성인(殺身成仁)
25 삼인성호(三人成虎)
26 상궁지조(傷弓之鳥)
27 수락석출(水落石出)
28 수어지교(水魚之交)
29 시불가실(時不可失)
30 식자우환(識字憂患)
31 실사구시(實事求是)
32 양약고구(良藥苦口)
33 어부지리(漁父之利)
34 요산요수(樂山樂水)
35 월하노인(月下老人)
36 유비무환(有備無患)
37 음덕양보(陰德陽報)
38 이목지신(移木之信)
39 이심전심(以心傳心)
40 일거량득(一擧兩得)
41 일자천금(一字千金)
42 조령모개(朝令暮改)
43 조명시리(朝名市利)
44 조삼모사(朝三暮四)
45 죽마고우(竹馬故友)
46 중구난방(衆口難防)
47 청천백일(靑天白日)
48 촌철살인(寸鐵殺人)
49 타산지석(他山之石)
50 파죽지세(破竹之勢)

01 죽어 혼령이 되어도 은혜를…

옛날 진나라에 젊고 예쁜 첩을 둔 대감이 있었는데
늙어서 병이 들자 본처의 아들을 불렀다.
내가 죽거든 서모를 친정에 보내거라.
아버지-!
흑

하지만 거의 죽을 지경에 이르자
나 죽으면 서모도 내 무덤에 묻어라!!
예에?!
헥
헥
헥

아버지가 죽자 아들은 골똘히 생각했다.
정신이 맑았을 때 하신 말씀을 따르는 게 좋겠지?
흑흑흑…

아들은 서모를 살려주어 친정으로 돌려보냈다.
행복하게 사세요.
살았다!

몇 년 후 전쟁이 일어나 아들은 진나라
장수로 임명되어 싸움터에 나갔다.

적국의 장수와의 싸움에서
아들은 큰 위험에 빠지게
되었는데….

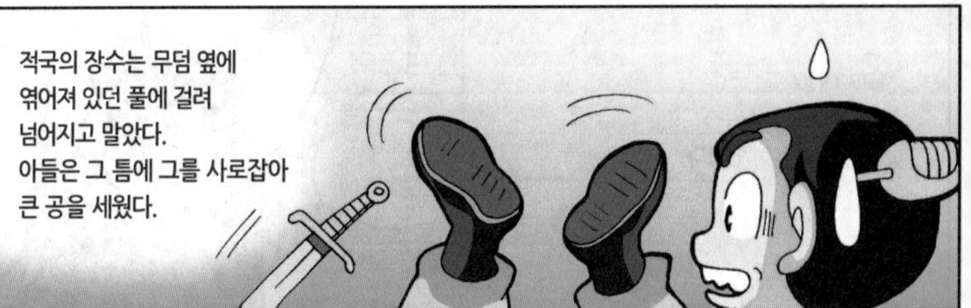

적국의 장수는 무덤 옆에
엮어져 있던 풀에 걸려
넘어지고 말았다.
아들은 그 틈에 그를 사로잡아
큰 공을 세웠다.

운이 좋은 날이야!
나는 당신이 살려준 서모의
아비 되는 사람이오.
당신의 은혜[恩]에 보답[報]하고자
내 무덤의 풀[草]을 엮어[結]

음… 역시 그랬었군.

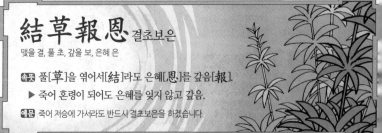

結草報恩 결초보은

맺을 결, 풀 초, 갚을 보, 은혜 은

속뜻 풀[草]을 엮어서[結]라도 은혜[恩]를 갚음[報].

▶ 죽어 혼령이 되어도 은혜를 잊지 않고 갚음.

예문 죽어 저승에 가서라도 반드시 결초보은을 하겠습니다.

02 닭의 주둥이가 될지언정…

전국시대 때
말 잘 하기로 소문난
소진이란 사람이 있었다.

내가
소진이라네.

그는 당시 최강국인 진나라에
위협을 느낀 여섯 나라를
방문하였다.

이들 나라가
연합하여
진나라에
대항해야 해.

그중 한나라 선혜왕에게 이렇게 말했다.

전하! 한나라는 군대도 강하다고 알려져
있사옵니다. 그런데도 싸우지 아니한다면
천하의 웃음거리가 될 것이옵니다.

강대국인 진나라에
빌붙어 있지 말고,
대항해 싸우게 하기 위하여
또 이렇게 말했다.

차라리 '닭[鷄]의 부리[口]가
될지언정 소[牛]의 뒤에[後]
붙어있는 꼬리는 되지 말라'는
옛말도 있지 않사옵니까?

부디
여섯 나라가
연합하여
진나라와
대항하소서!
옳은
말이로다!

자네 말대로
진나라에 대항해
싸우는 데
동참하겠네!!

이렇게 6국의 국왕을 설득 하는 데 성공한 소진은 마침내 혼자서 여섯 나라의 재상을 겸하는 대 정치가가 되었다.

鷄口牛後 계구우후

닭 계, 입 구, 소 우, 뒤 후

속뜻 닭[鷄]의 부리[口]가 될지언정 소[牛]의 뒤[後]에 붙어 있는 꼬리는 되지 않겠음.

▶ 큰 집단의 말석보다는 작은 집단의 우두머리가 나음.

예문 계구우후란 말이 있듯이, 차라리 작은 단체의 장이 되는 것이 낫겠다.

03 재수가 없는 사람은…

지금의 국무 총리에 해당되는
정승 황희는 검소하기로
유명했다.
황희

너무 검소하여 옷을 빨면
갈아입을 여벌이 없을 정도였다.
큰일이군.
어서 말라야
할 텐데….
오돌
오돌

그러한 사정을 잘 알고 있는
세종대왕께서는
내일 아침부터
저녁까지 남대문
안으로 들어오는
모든 물건을 황정승에게
갖다 주어라!
예-!
세종대왕

그러나 그 날은 하루종일 폭우가 몰아쳐서
남대문을 드나드는 장사꾼이 없었다.
뎅-
뎅-
뎅-
뎅-

그러다 문을 닫으려 할 즈음
한 영감이 달걀 한 꾸러미를 들고 들어왔다.
휴
다행이다!!

이것밖에
사들이지
못했습니다.
이거면
충분하네.

…허허
황 정승이 아 달걀을 받아 삶아
먹으려고 하니, 달걀[鷄卵]이
모두 다 곯아[骨] 있어서[有]
한 알도 먹지 못하였다고 한다.

鷄卵有骨 계란유골

닭 계, 알 란, 있을 유, 뼈 골

속뜻 계란(鷄卵)이 모두 곯아[骨] 있음[有].

▶ 재수가 없는 사람은 모처럼 좋은 기회를 만나도 역시 일이 잘 안될 때 쓴다.

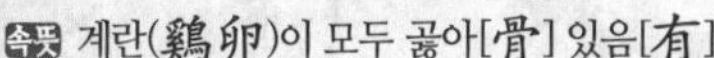

예문 계란유골이라더니, 오늘 따라 왜 이렇게 재수가 없지.

04 자신의 살을 오려내는…

위나라의 조조와 오나라의 주유가 전쟁을 앞두고 있었다.

조조의 배를 불살라야 하는데 무슨 좋은 수가 없을까?
주유

장군! 조조를 이길 수 있겠습니까?
!!!
황개

음...조조의 군사는 너무나 강하오!! 항복하는 게 좋을 것 같소!!
뭐?!

반역자를 매우 쳐랏!
조조님께 이 사실을 알려야지!
철썩

그러나 사실은 주유와 황개가 조조를 속이기 위해 벌인 연극이었다.

그 소식을 전해 들은 제갈량은

그렇지! 자신의 살[肉]을 오려내는 고통[苦]을 무릅쓰는 계책[策]을 쓰지 않고는 조조를 속일 수 없었겠지….
피식..
제갈량

얼마 후 황개는 심복 부하를 시켜 항복 편지를 조조에게 전했다.
그렇게 곤장을 맞았다는데. 의심할 여지가 없지….
첩자의 말과 일치하잖아?
크크크
조조

조조는 거짓 귀순한 황개를 대대적으로 환영했다.

어서 오시오. 얼마나 고생이 많으셨소.
황공할 따름입니다.
속았지롱

조조를 속인 황개는 몰래 배에다 불을 질렀다.
위나라 배는 모조리 불타버렸다.
그래서 큰 성공을 거두었던 것이다.
으악
불이야

苦肉之計 고육지계

괴로울 고, 고기 육, 어조사 지, 꾀할 계

속뜻 자신의 살[肉]을 오려내는 괴로움[苦]을 무릅쓰는 계책(計策).

▶ 자신의 희생까지도 무릅씀.

예문 고육지계를 썼기 때문에 적군을 이길 수 있었다.

05 지나침은 미치지 못함과…

공자에게는 자공이라는
호기심 많은 제자가 있었다.
아~ 살 거면
빨리 사요!!
생각 좀
해봅시다.

감자가
좋을까
호박이 좋을까?
이런….

공 자
스승님-!

스승님!
자장과 자하 그 두 제자
가운데 누가 더
낫습니까?

자장은 다소
지나친 점이 있고
자하는 다소 미치지
못하는 점이 있지.

그렇다면
자장이 자하보다
낫겠습니다.

그렇지 않아!
자공아!

지나친[過] 것은
미치지[及] 못함[不]과
같다[猶]네!

뭐… 그럼 역시
넘치지도 모자라지도
않는 제가 제일이라는
말씀이시로 군요.
하핫
중병이야…

요즘에는
너무 지나침을
경계하는 뜻으로
많이 쓰이지.
뭐든지
알맞은 것이
좋은 것
같아요.

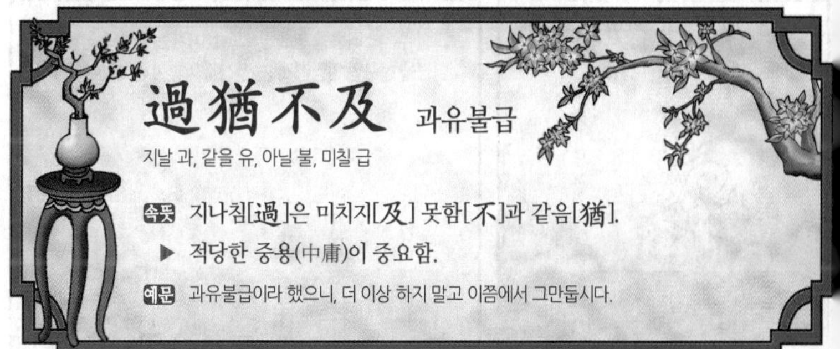

過猶不及 과유불급

지날 과, 같을 유, 아닐 불, 미칠 급

속뜻 지나침[過]은 미치지[及] 못함[不]과 같음[猶].

▶ 적당한 중용(中庸)이 중요함.

예문 과유불급이라 했으니, 더 이상 하지 말고 이쯤에서 그만둡시다.

06 아홉 마리 소 가운데서…

한나라 때 한 장수가 흉노족에게 항복하여 잘 살고 있다는 말을 전해 들은 임금은 크게 노하여 장수의 일가족을 모두 죽여버리라고 명하였다.
이때 그 장수를 변호하고 나선 이가 사마천이다.

그는 나라를 위해서
거짓으로 항복하였을
따름이옵니다.
뭣!
사마천

반역자를 변호하는
것이냐!!
저놈을
옥에 가두어라!
그리고 궁형(宮刑)에
처하라!

궁형(宮刑)이란 남성의 생식기를 없애는 가장 수치스런 형벌이었다.

으아아악

그런 수치스러움을 참으면서도 살아가는 이유와 참담한 심정을 친구인 임암에게 쓴 편지에 이렇게 써놓았다.

내가 법에 따라 사형을 받는다 해도
그것은 한낱 아홉[九] 마리의 소[牛] 중에서
터럭[毛] 하나[一] 없어지는 것 같은
하찮은 일이겠지만, 죽지 못하고 이렇게….

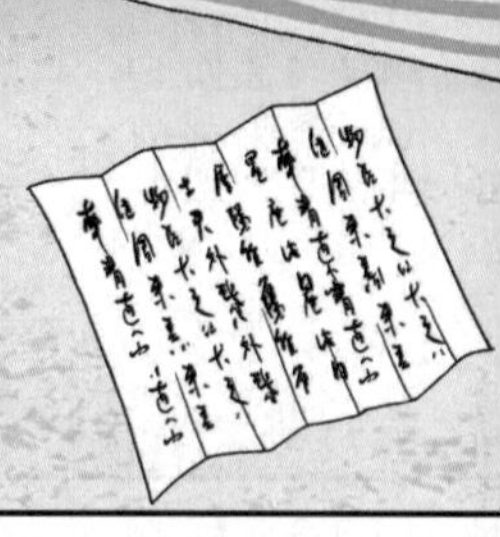

당시 사마천은 아버지의 유언에 따라 쓴 역사책 '사기'의 탈고를 눈앞에 두고 있었다. 그래서 그 책을 완성하기 전에는 죽고 싶어도 죽을 수도 없었다. 그로부터 2년 후 중국 최초의 역사책으로서 불후의 명저로 손꼽히는 『사기』 130여 권이 완성되어 오늘에 전해지고 있다.

九牛一毛 구우일모

아홉 구, 소 우, 한 일, 털 모

속뜻 아홉[九] 마리의 소[牛] 가운데 박힌 하나[一]의 털[毛].

▶ 매우 많은 것 가운데 극히 적은 수를 이르는 말.

예문 구우일모에 불과할 만큼 극히 적은 것이지만 그렇다고 무시해선 안 된다.

07 함정에 빠진 사람에게 돌을…

당나라 때 문인이었던
유종원은 정치개혁에
적극 가담한 사람이다.

하지만 그의 개혁은
많은 반대로 성공하지 못하였다.
웃기지 마라!
혼나 볼래?!
꺼져!!
개혁!
개혁!

그 바람에 귀양살이를 하다
47세에 세상을 떠났다.

친구인 한유가
그의 죽음을 슬퍼하며… .
선비는 자신이
어려움에 처했을 때
비로소 그의 지조를 알게 되노라!
그런데 함정[穽]에 빠진[落]
사람을 구해 주기는커녕,
오히려 돌[石]을 던지는[下]
사람도 있다니….

흑!흑!흑!
친구야!!!
엉엉
누가
저리 서글피
우는가?
날 애도하는
한유일세.

落穽下石 낙정하석

떨어질 락, 함정 정, 내릴 하, 돌 석

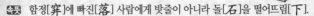

속뜻 함정[穽]에 빠진[落] 사람에게 밧줄이 아니라 돌[石]을 떨어뜨림[下].

▶ 어려운 처지에 놓인 사람을 도와주기는커녕 도리어 괴롭힘.

예문 낙정하석하는 일도 있는 야박한 세상을 한탄하다.

08 누구를 형이라 하고 누구를…

후한 말 때 진식이란 사람이 있었다. 그에게는 덕망이 높은 진기와 진심이라는 두 아들이 있었는데 그들에게는 각각 군과 충이라는 아들이 하나씩 있었다.

뭣이라?! 네 아버지가 우리 아버지보다 훌륭하시다고?!
그야 당연한 거지! 말이라고 해!
진군
진충

그러면 우리 할아버지에게 물어보자.

할아버지! 우리 두 사람의 아버지 가운데 누가 더 훌륭해요?
으르릉
당연히 우리 아버지지!

둘 다 내 아들인데…
그 참! 곤란하네!
첫째 아들인 형[兄]이 낫다고
하기도 어렵고[難],
둘째 아들인 동생[弟]이라고
하기도 어렵고[難]! 어쩐담….

오늘날에는 양 쪽의
우열을 가리기가
어려울 때에
많이 쓰입니다.

難兄難弟 난형난제

어려울 난, 맏 형, 어려울 난, 아우 제

속뜻 형[兄]이 낫다고 하기도 어렵고[難], 동생[弟]이 낫다고 하기도 어려움[難].

▶ 우열을 가리기 힘듦.

예문 난형난제가 요즘은 막상막하(莫上莫下)와 같은 뜻으로 많이 쓰인다.

09 애는 썼으나 고생한 보람이…

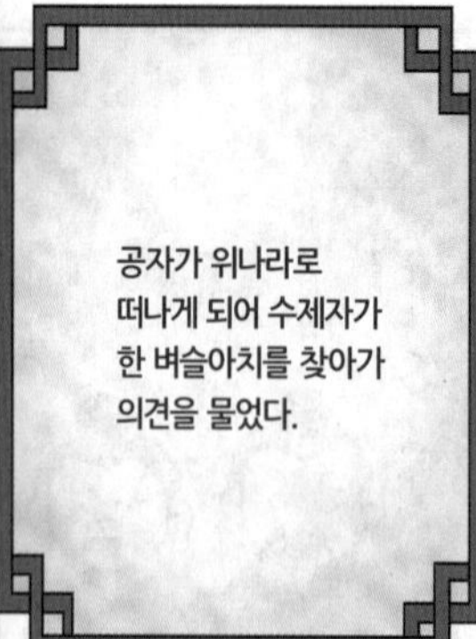

공자가 위나라로
떠나게 되어 수제자가
한 벼슬아치를 찾아가
의견을 물었다.

우리 선생님의 이번 여행길은 어떻겠습니까?
안타깝지만 당신 선생은 큰 고생을 하실 겁니다.

어째서 그렇습니까?

당신 선생은 전에도 여러 번 곤욕을 치렀지요. 송나라에서는 나무에 깔릴 뻔했고, 위나라에서는 쫓겨났습니다.

물길을 가려면 배를 타야하고 육지를 가기 위해서는 수레를 타야 합니다.

물길을 가야할 배를 육지에서 밀고 가려고 한다면 한 평생이 걸려도 얼마 가지 못하겠지요.

당신 선생이
하려고 하는 정치는
이와 같습니다.
마치 배를
육지에서 미는 것과
같지요.

갖은 애[勞]를 다
쓰더라도[而] 공[功]을
이룰 수 없을[無] 뿐 아니라
도리어 화를 당할 것입니다.
그러니 안타깝지만
당신 선생은 곤란을
당할 것입니다.

勞而無功 노이무공

일할 로, 말이을 이, 없을 무, 공로 공.

속뜻 애[勞]는 많이 썼는데[而] 공(功)은 하나도 없음[無].

▶ 애는 썼으나 고생한 보람이 없음. 수고만 하고 아무런 공이 없음.

예문 그렇게 하면 노이무공이니 다른 방법을 생각해 보자.

10 많으면 많을수록…

한나라를 세운 유방은 천하를 통일한 후에도 마음이 늘 불안했다. 일등공신인 한신이 자신을 위협할 존재로 여겼기 때문이었다.
유 방
한 신

과인은 얼마나 많은 군대를 다룰 수 있을 것 같소?
아뢰기 황송하오나 폐하께서는 10만쯤 거느릴 수 있을 것 같습니다.

그래? 그렇다면 그대는?
겨우 10만?!

저는 많으면[多] 많을[多]수록 더욱[益] 좋습니다[善].
감히 날 무시해?

많을수록 좋다는
그대가 왜 10만의
장수감밖에 안 되는
나의 부하가 되었는가?
피식

하오나 폐하!
그것은 별개 문제
이옵니다.

폐하께서는 병사의
장수가 아니오라
장수의 장수이시옵니다.
그렇지!
그렇지!

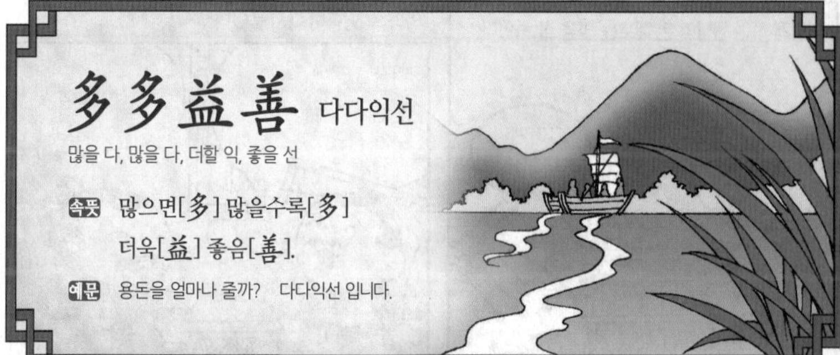

多多益善 다다익선

많을 다, 많을 다, 더할 익, 좋을 선

속뜻 많으면[多] 많을수록[多] 더욱[益] 좋음[善].

예문 용돈을 얼마나 줄까? 다다익선 입니다.

11 일 처리가 매우 공정하고…

얼마 후 평공이 다시 물었다.

기오는 그대의
아들이 아니오!
어찌 아들을
추천한단 말이요?

공께서는 적당한
사람을 물으신 것이지,
기오가 제 아들인지를
물은 것은 아닙니다.

결국 기오는 일을 매우[大] 공평[公]하고
사사로움[私]이 없게[無]
처리함으로써 많은 사람들의
칭송을 한 몸에 받았다고 한다.
기오

大公無私 대공무사

큰 대, 공평 공, 없을 무, 사사로울 사

속뜻 매우[大] 공평[公]하고 사사로움[私]이 없음[無].

▶ 일 처리가 매우 공정하고 공평함. 사리사욕을 취하지 아니함.

예문 대공무사한 공무원으로 남들의 추앙을 받았다.

12 마음을 같이 하고…

상나라의 주왕은 포악무도한 정치로
여러 제후와 백성들의 원성을 불러 일으켰다.
주나라 문왕의 아들인 희발은 군사를 일으켜
주왕을 정벌하려고 하였다.

주나라 무왕은 군대를 이끌고 맹진이라는 곳을 통해 황하를 건너
상나라의 서울인 조가로 진격해 들어갔다
황하
朝歌
孟津

희발은 병사들에게 말했다.

저 잔학한 주왕은
수많은 무리를
거느리고 있으나
인심을 잃어
백성에게
욕을 먹고 있소!

同心同德 동심동덕

한가지 동, 마음 심, 한가지 동, 덕 덕

속뜻 마음[心]을 같이[同] 하고 덕(德)을 같이[同] 함.

▶ 한마음으로 일치 단결함.

예문 모두가 동심동덕으로 노력하였기 때문에 큰 성과를 얻었다.

13 뜻한 바를 이루어 우쭐거리니…

춘추시대
제나라의 재상에게는
한 마부가 있었다.
일찍 들어
오세요.
다녀
오리다.

재상의 마부면
나도 꽤 성공한
인생이지. 암!
득의양양
!

다녀
왔소.
기다리고 있었어요.
우리 그만 헤어져요.

당신은 마치
뜻한[意] 바를 모두 다
이룬[得]양 우쭐거리며
뽐내[揚揚]고
있습니다.
재상께서도 겸손하신데
마부인 당신은 뭡니까?

그런 사람과 함께
살아서 무슨 희망이
있겠습니까!
여보~

당신 말이 맞소.
앞으론 당신에게
부끄럽지 않도록
겸손하게 살겠소.
자기야~
앞으론
안 그럴게

그런 일이
있고 난 뒤
마부는 늘 겸손한 태도를
지니게 되었습니다.
마부로 두기에
아까운 인품이야!!

재상은 훗날 그에게 큰 벼슬을 주었습니다.
당신
덕분이오.
당신이 더
훌륭합니다.

得意揚揚 득의양양

얻을 득, 뜻 의, 오를 양, 오를 양

속뜻 뜻[意]한 바를 이루어[得] 우쭐거리며 뽐냄[揚揚].

▶ 만족스런 듯 매우 기뻐함.

예문 복권에 당첨되어 득의양양해 하는 그를 사람들이 손가락질했다.

14 귀중한 것을 손에 넣기 위해…

춘추시대 어떤 왕이 천리마를 구하려고 온갖 노력을 기울이고 있었다.
아.. 천리마여….

전하! 제가 천리마를 구해 드리겠습니다.
오! 그래 주겠소?

며칠 후
전하! 천리마를 구해왔습니다.
그 래?!

아니… 죽은 말이지 않소!!

어찌된 일이오? 천리마가 오는 도중에 죽은 것이오?

아닙니다. 처음부터 죽은[死] 말[馬]의 뼈[骨]를 샀습니다[買].
뭣이??

전하! 천리마는
귀한 말이라
주인들이 쉽사리
팔려하지 않습니다.
그런데 대왕께서
죽은 천리마까지 거금을 줬다는
소문이 난다면, 앞을 다투어
살아있는 천리마를 갖고
달려 올 것입니다.

이 소문이 전해지자
과연 천리마를 가진 사람들이
하나 둘씩 나타났고
왕은 많은 천리마를 쉽게
손에 넣을 수 있었다.

買死馬骨 매사마골

살 매, 죽을 사, 말 마, 뼈 골

속뜻 죽은[死] 말[馬]의 뼈[骨]를 삼[買].

▶ 귀중한 것을 손에 넣기 위해 먼저 공을 들이는 것을 비유하여 이르는 말.

예문 매사마골의 옛 이야기를 읽고 보니 머리를 쓰는 일이 중요함을 알겠다.

15 하나를 들으면 열을…

공자에게는 수제자 자공과 안회가 있었다.
안회는 총명했고 자공은 수완이 좋았다.

자공이 자만할까 걱정이 된 공자는 어느 날

부르셨습니까? 스승님.
오, 왔느냐? 자공!

오늘은 내가 너에게 물어볼 게 있느니라.
앗 시험인가?!
네?
슬슬

자네와 안회 중 누가 더 낫다고 생각하는고?
안회

저를 어찌 안회와 비교할 수 있겠습니까? 안회는 하나[一]를 들으면[聞] 열[十]을 아는[知] 사람입니다만 저는 하나 들으면 겨우 둘을 알 뿐입니다.
긁적

공자는
자공의 겸손함에
크게 만족했다고
한다.
허허허….

'문일지십'은
이렇게 총명하고
이해력 높은 사람을
가리킬 때 쓰는 말이다.

聞一知十 문일지십
들을 문, 한 일, 알 지, 열 십
속뜻 하나[一]를 들으면[聞] 열[十]을 알다[知]
▶ 지극히 총명함.
예문 그는 문일지십할 만큼 매우 총명한 사람이다.

16 대문 앞에 시장이…

전한시대 애제란 왕은 방탕하여
나랏일을 돌보지 않았다.
충신 정숭은 왕에게 말하였다.
폐하-! 어이하여
나라는 돌보지
아니하시옵니까?!
부디 통촉하여
주시옵소서!
폐하!
정숭

그러나 정숭을 미워한 조창은

이번 기회에
저놈을 모함하여
없애버려야
겠다!

폐하! 아뢰옵기 황공하오나 정숭 집의 문[門]
앞[前]에 시장[市]이 생길[成] 정도로 사람들이
많이 몰려든다고 합니다. 아무래도 수상합니다!
소곤
소곤
뭐?!
딱 걸렸어!

정숭-! 듣자니 그대의 집에
매일 사람들이 들락거린다는데
사실이오?
예에?

폐하! 그렇지 않사옵니다!
통촉하여 주시옵소서!

듣기 싫소!
여봐라-!
어서 저놈을
감옥에
가두어라!

억울하옵니다!
폐하!
질질
씨
익

그리하여 정승은
결국 옥에서
세상을 떠나고 말았다.
오늘날에는
찾아오는 이가
매우 많음을
이릅니다.

門前成市 문전성시

대문 문, 앞 전, 이룰 성, 시장 시

속뜻 대문[門] 앞[前]에 시장[市]이 생길[成] 정도로 사람이 붐빔.

▶ 찾아오는 사람이 많음.

예문 구경 오는 사람들로 하루 종일 문전성시를 이루었다.

17 다리 밑에서 애인을 기다리다가…

춘추시대 노나라에 미생이란 사람이 있었다. 그는 어떤 일이 있더라도 약속을 어기는 법이 없는 사나이였다.

편지요-!

오! 순이 편지구나!
미생씨 오늘 오후 2시에 시냇가 다리아래에서 만나용~
chu
미생

미생은 정시에 약속 장소에 도착했다.
하필이면 다리 밑이라니 순이씨도 참…
두근 두근

어? 빗방울이 떨어지기 시작하네.

순이씨네
비가 많이 와서 미생씨 만나러 가긴 틀렸는걸.
칫
쏴-아!

어? 큰일이네…
물이 불어나고 있어!
그만 돌아갈까?
콸
콸

아니야! 여기서 돌아가
버린다면 나는 약속을 어긴
의리 없는 인간이 되는 거야.
그럴 수는
없지!
꽉
?!

결국은 미생은 약속을 지키려다 물에 빠져 죽고 말았습니다.
전국시대 말 잘하기로 소문난 소진은 연나라 소왕을 설득할 때 신의(信義)를 가장 잘 지키는 사나이의 본보기로 미생(尾生)의 이야기를 예로 들었다고 합니다.
윽…,
순이씨
나는 약속을
지켰당께요.
쏴-아!
꼬르륵

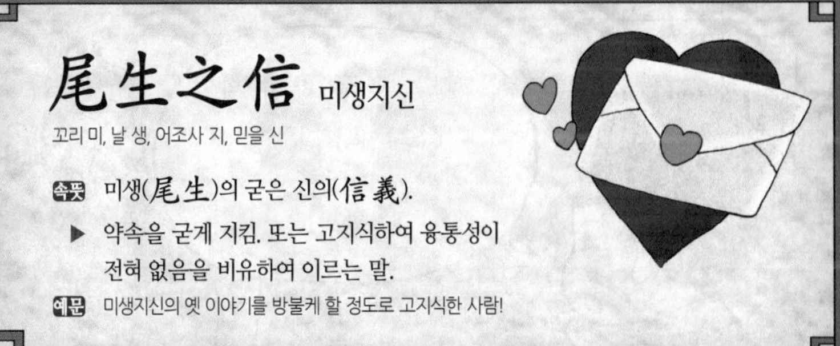

尾生之信 미생지신

꼬리 미, 날 생, 어조사 지, 믿을 신

속뜻 미생(尾生)의 굳은 신의(信義).

▶ 약속을 굳게 지킴. 또는 고지식하여 융통성이 전혀 없음을 비유하여 이르는 말.

예문 미생지신의 옛 이야기를 방불케 할 정도로 고지식한 사람!

18 백년을 기다린다 해도…

춘추시대 정나라는 초나라의 속국을 공격했다가 강대한 초나라의 보복 공격을 받을 지경에 처해 있었다.
와아아아아아아~

임금은 대신들을 불러 들여 대책을 논의하게 하였다.
초나라와 맞서 싸우면 이길 수가 없으니 항복해야 합니다.
아닙니다. 이웃에 있는 진나라의 도움을 받아야 합니다.

두 의견이 팽팽히 맞서자 대부인 자사가 말했다.
전하, "일백[百] 년[年]이 지난들 황하[河]의 물이 맑아지리오[清]"라는 말이 있습니다.

百年河淸 백년하청

일백 백, 해 년, 황하 하, 맑을 청

속뜻 백(百) 년(年)이 지난들 황하[河]의 물이 맑아[淸] 지리오.

▶ 아무리 오랜 시일이 지나도 어떤 일이 이루어지기 어려움을 비유하여 이르는 말.

예문 그렇게 되기란 백년하청입니다. 전혀 가망이 없습니다.

19 세상 물정에 어두운…

남북조시대 송나라에 심경지라는 사람이 있었다.
그는 불과 10세의 나이로 반란군과 싸워 승리하였고
40세 때엔 장군이 되었다.

어느 날 왕은 신하들을 불러
북위를 치기 위한 논의를 하고
있었다.
몰래 끼어야지!

짐이 생각하기에 지금이 북위를 공격할 절호의 기회 같은데 그대들의 뜻은 어떠한가?

난 지금까지 책만 읽었는데….
난 칼 한번 잡아 본 일이 없다오.
픽!
뭐

흠...

폐하! 밭갈이는 농부에게 맡기고 바느질은 아낙에게 맡겨야 하옵니다. 어찌 전투에 관한 일을 세상물정에 어두운 백면서생(白面書生)들과 논의하려 하시나이까?

그러나 왕은 심경지의
말을 무시하고
백면서생들의 의견을
받아들여 전쟁을
일으켰다가
크게 패하고 말았다.

白面書生 백면서생

흰 백, 낯 면, 글 서, 사람 생

속뜻 밖에 나가지 않아 하얀[白] 얼굴[面]로 오로지 글[書]만 읽은 사람[生].

▶ 세상물정에 어두운 사람을 비유하여 이르는 말.

예문 백면서생인 그에게 그 일을 맡기면 성공할 수 없습니다.

20 백 번을 쏘면 백 번 다…

초나라에 양유기라는 활을 잘 쏘는 사람이 있었다.
시끌 시끌
팟
양유기

흠…,
가소로운
것들!
픽
양유기

보아하니 활솜씨가 있는 것
같은데 백 보쯤 떨어져
쏘아봄이 어떤가?
누구시오?
대단하군!

저기 버드나무 잎
정도면 되겠네.

뚝
팅~

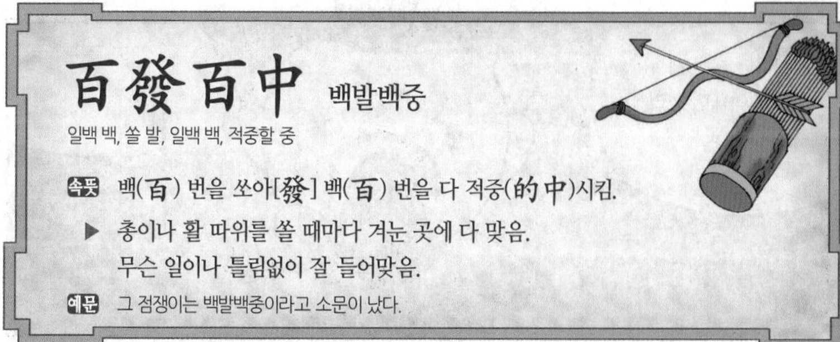

百發百中 백발백중

일백 백, 쏠 발, 일백 백, 적중할 중

속뜻 백(百) 번을 쏘아[發] 백(百) 번을 다 적중(的中)시킴.

▶ 총이나 활 따위를 쏠 때마다 겨눈 곳에 다 맞음. 무슨 일이나 틀림없이 잘 들어맞음.

예문 그 점쟁이는 백발백중이라고 소문이 났다.

21 백 번 싸우면 백 번 이기는…

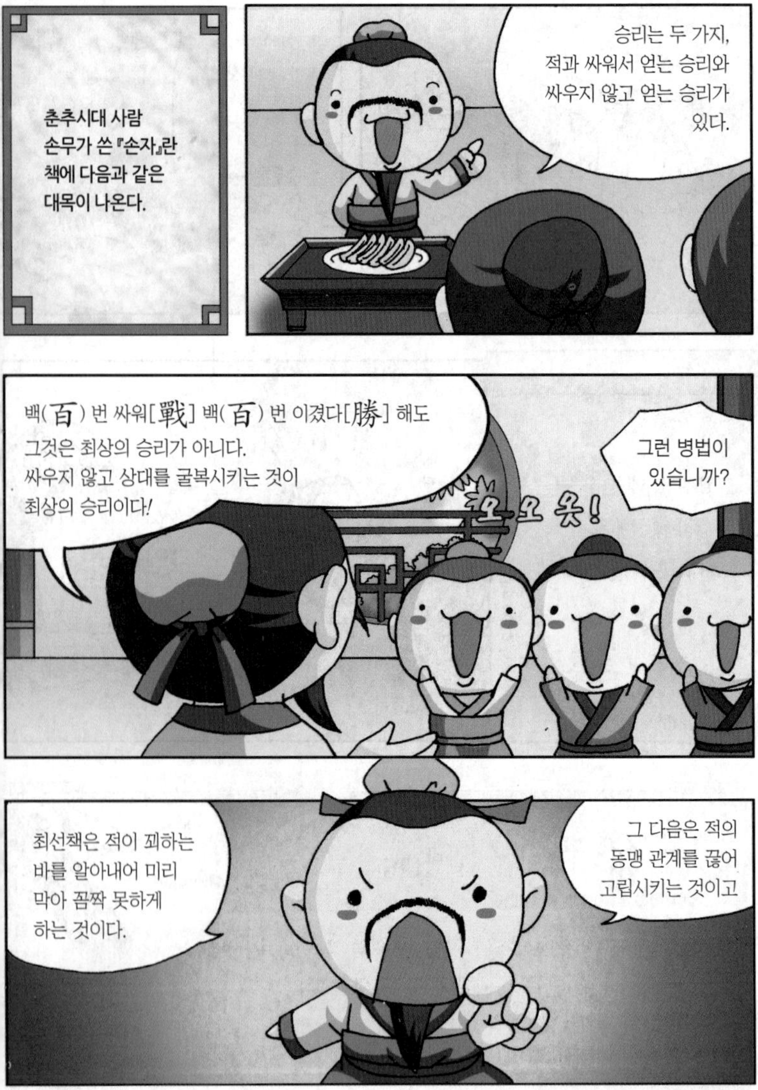

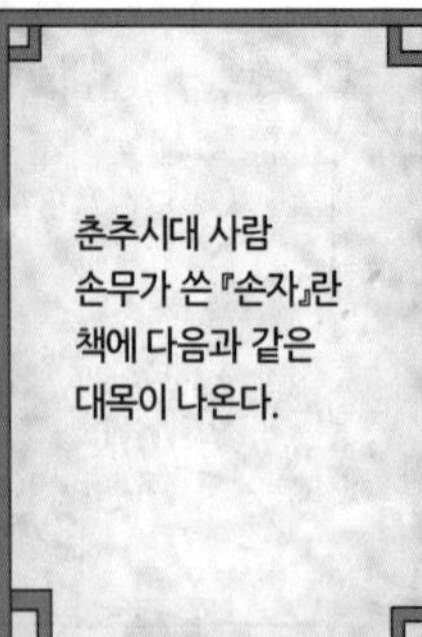

춘추시대 사람
손무가 쓴 『손자』란
책에 다음과 같은
대목이 나온다.

승리는 두 가지,
적과 싸워서 얻는 승리와
싸우지 않고 얻는 승리가
있다.

백(百) 번 싸워[戰] 백(百) 번 이겼다[勝] 해도
그것은 최상의 승리가 아니다.
싸우지 않고 상대를 굴복시키는 것이
최상의 승리이다!

그런 병법이
있습니까?

오오 옷!

최선책은 적이 꾀하는
바를 알아내어 미리
막아 꼼짝 못하게
하는 것이다.

그 다음은 적의
동맹 관계를 끊어
고립시키는 것이고

세 번째는 적과 싸우는 것이며
성을 함락시켜라!
와 아 아
최하책은 모든 수단을 다 동원하여 성을 공격하는 것이다.

싸울 때마다 이기는 것을 '백전백승'이라 한다. 그러나 아무나 할 수 있는 것은 아니다.

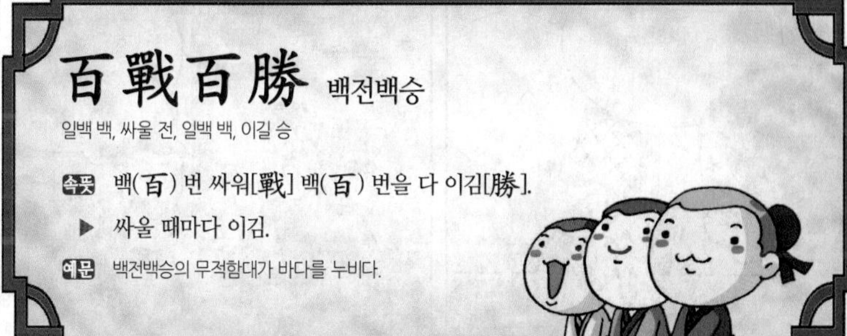

百戰百勝 백전백승

일백 백, 싸울 전, 일백 백, 이길 승

속뜻 백(百) 번 싸워[戰] 백(百) 번을 다 이김[勝].

▶ 싸울 때마다 이김.

예문 백전백승의 무적함대가 바다를 누비다.

22 원수는 덕으로 갚아야…

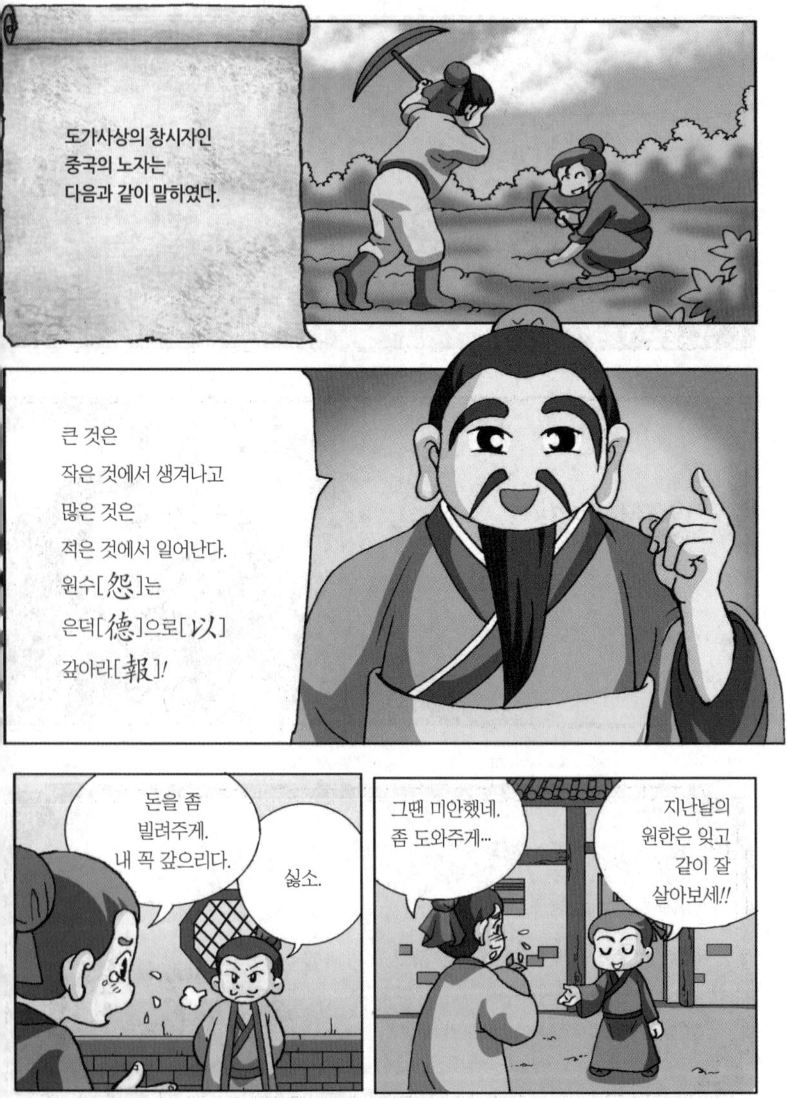

도가사상의 창시자인
중국의 노자는
다음과 같이 말하였다.

큰 것은
작은 것에서 생겨나고
많은 것은
적은 것에서 일어난다.
원수[怨]는
은덕[德]으로[以]
갚아라[報]!

돈을 좀
빌려주게.
내 꼭 갚으리다.
싫소.

그땐 미안했네.
좀 도와주게…
지난날의
원한은 잊고
같이 잘
살아보세!!

원한을 원한으로 갚는 일은 누구나 할 수 있다.
그러나 원한을 덕으로 갚는 것은 보통 사람에게는 쉽지 않은 것이다.

어려운 일도 시작은 간단한 것이니 마음먹기 따라서는 얼마든지 쉬울 수 있다는 게 노자의 생각이다.

報怨以德 보원이덕

갚을 보, 원수 원, 써 이, 은덕 덕

속뜻 원수[怨]를 은덕[德]으로[以] 갚음[報].

▶ 원한을 덕으로 갚음.

예문 보원이덕의 본보기를 보여 많은 칭찬을 받았다.

23 대단한 인재를 알아보지…

나무공예의 장인인 노반에게는 '태산'이라는 제자가 있었다.
뚝딱 뚝딱
태산
새로 들어온 놈이 내 맘에 쏙 드는군.

얼마 뒤
태산이는 틈만 나면 대나무 숲으로 갑니다. 벌써 배우려는 의욕이 떨어진 듯합니다.
자르시죠…
내가 진정 태산이를 잘못 보았단 말인가?

5년이 지나고…
너희들의 실력을 보기 위해 탁자 만드는 시험을 치르겠다.
넵~!!
긁적 긁적

다른 제자들은 탁자를 잘 만들었으나 태산만이 엉망이었다.
태산이 만든 탁자

탁자도 제대로 못 만들다니! 당장 나가거라!

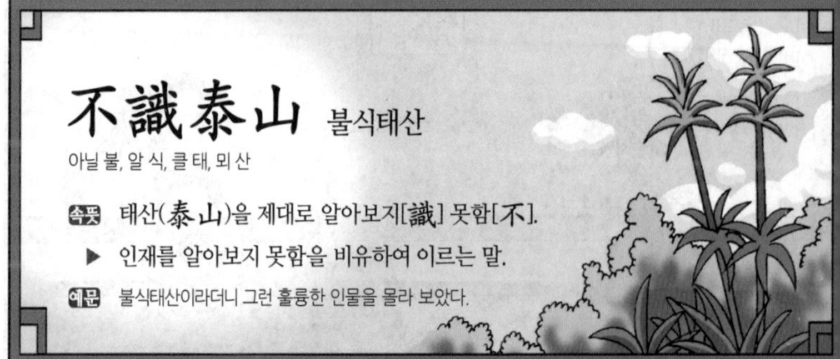

不識泰山 불식태산

아닐 불, 알 식, 클 태, 뫼 산

속뜻 태산(泰山)을 제대로 알아보지[識] 못함[不].

▶ 인재를 알아보지 못함을 비유하여 이르는 말.

예문 불식태산이라더니 그런 훌륭한 인물을 몰라 보았다.

24 스스로를 몸을 죽여서…

공자께서
제자들에게
말씀하셨다.

높은 뜻을 지닌 선비와
어진 사람은 삶을 구하기
위하여 인을 저버리지 않고
스스로 몸[身]을
죽여서[殺] 어진 일[仁]을
이룬다[成].

인을 이루려면
어찌해야 합니까?
좋은 질문이다.

장인이 일을 하려면
먼저 연장을
잘 갈아야 하듯이,
인을 이룩하려면
훌륭한 스승과
좋은 벗을 사귀어야

현대에는 살신성인이 옳은 일을 위해
자신을 희생하는 사람을 일컫는 것으로 많이 쓰인다.

殺身成仁 살신성인

죽일 살, 몸 신, 이룰 성, 어질 인

속뜻 스스로 몸[身]을 죽여[殺] 어진 일[仁]을 이룸[成].

▶ 다른 사람 또는 대의를 위해 목숨을 버림.
또는 큰 일을 위해 자기 희생을 감수함.

예문 그의 살신성인이 많은 사람들을 감동시켰다.

25 세 사람이 짜면 길거리에…

위나라 혜왕의 신임을 받던 신하 방충은 다른 나라로 떠나게 되자 왕의 사랑을 잃을까 걱정이었다.
전하! 지금 누가 저잣거리에 호랑이가 나타났다고 한다면 믿으시겠나이까?
방 총
누가 그런 말을 믿겠소!
혜 왕

하오면 두 사람이 함께 아뢴다면 그때도 믿지 않으시겠나이까?

역시 믿지 않을 것이오.

만약 세 사람이 똑같이 아뢴다면 그때도 믿지 않으시겠나이까?
그땐 믿을 것이오.

전하! 이처럼 세[三] 사람[人]이 똑같이 짜면 저잣거리에 호랑이[虎]가 나타났다는 거짓도 꾸밀 수 있습니다[成].

신이 이곳을
떠난다면 저에 대해서
모함하는 자가
한두 명이
아닐 것이옵니다.
전하! 바라옵건대
그들의 헛된 말을
귀담아 듣지
마시옵소서!

알겠으니
걱정 놓으시오!

하지만 그가 떠나자 많은 사람들이
그를 모함했고, 결국 그는 다시는
돌아 올 수 없었다고 한다.
전하가
날 버렸어…

三人成虎 삼인성호

석 삼, 사람 인, 이룰 성, 호랑이 호

속뜻 세[三] 사람[人]이 짜면 길거리에 호랑이[虎]가 나왔다는 거짓말도 꾸밀 수 있음[成].

▶ 근거 없는 말이라도 여러 사람이 똑같이 말하면 곧이듣게 됨.

예문 삼인성호라더니 여러 번 듣다보니 그 거짓말에 깜박 속아넘어갔네!

26 한 번 화살에 맞은 새는…

전국시대 위가는 초나라에 사신으로 가게 되었다.
초나라 승상과 군사문제를 협의해 주시오.
예! 폐하!

귀하의 나라에는 쓸 만한 장군이 있습니까?
물론이오.

임무군이란 사람이 총지휘관을 맡을 예정입니다.
한가요 만수지 그장없
뭐? 그 장수는 진나라와의 전투에서 패배한 사람인데….

제가 활쏘기에 비유해서 한 말씀 드리지요.
?
옛날에 활을 잘 쏘기로 유명한 사람이 있었지요.
제가 화살을 매지 않고 날아가는 새 한 마리를 떨어 뜨리겠습니다.
끼룩
끼룩
장난 하냐?!

티 잉
꽥!!
아니
이럴수가!

떨어진 놈은 예전에
제가 쏜 화살[弓]에
다친[傷] 적이 있는
기러기[鳥]라서 제가
시위만 당겼는데도
놀라 떨어진
것입니다.

그러니 예전에 진나라와의
전투에서 패배한 임무군을
총사령관에 명하는 것은
적절하지 않습니다.
끄덕 끄덕

傷弓之鳥 상궁지조

상할 상, 활 궁, 어조사 지, 새 조

속뜻 한 번 화살[弓]에 맞아 다친[傷] 적이 있는 새[鳥]는 구부러진 나무만 보아도 놀람.

▶ 한 번 혼이 난 일로 늘 의심과 두려운 마음을 품는 것을 이르는 말.

예문 상궁지조란 성어를 보면 '자라보고 놀란 가슴 솥뚜껑보고 놀란다'는 속담이 생각난다.

27 숨겨져 있던 진상이 훤히…

북송 때 신종 임금은
흐트러진 나라의 기강을
바로잡을 생각으로
왕안석을 등용하여
과감한 개혁 정책을 폈다.
왕안석
신종

이에 반대를 한 사람은
구양수와 소동파였다.
소동파는 왕안석에
대항하여 보았지만
역부족이었다.
소동파
구양수

결국 그는 억울한 누명을 쓰고 귀양을 가고 말았다.

그는 그곳에서 시름을
달랠 겸 해서 틈만 나면
주위의 경치 좋은 곳을
찾아다니고 시를 지었다.
산은 높고 달은 기울었으며
물[水]이 빠지니[落]
돌[石]이 드러나는[出] 구나!

물이 빠지면 감추어져 있던
돌이 드러나듯, 가려진
진상이 드러나 자신의
억울함을 밝혀주길 바라는
소동파의 마음이
담겨 있다.

水落石出 수락석출

물 수, 떨어질 락, 돌 석, 날 출

속뜻 물[水]이 빠지니[落] 바닥의 돌[石]이 드러남[出].

▶ 숨겨져 있던 진상이 훤히 밝혀짐.

예문 사건의 진상이 밝혀졌으니, 수락석출이란 옛말이 증명이 된 셈이다.

28 아주 친밀하여 떨어질 수 없는…

삼국지의 이야기이다.
유비는 지혜로운
제갈량을 얻은 후
전적으로
그를 신임했다.
하나하나
다 가르쳐
드리지요.
오… 배움의 기쁨!!
제갈량

하하하..
이것이 모두
당신 덕이오!!
흥!

유비 형님은 왜
우리보다 제갈량을
더 좋아하시는
거죠?
그게
불만이구나!
관우
장비

이보게 아우들!
그렇지 않네!!

나와 제갈량은 마치 물[水]과 물고기[魚]의 관계와 같은 사이[交]라네. 앞으로는 불평들 마시게.
그렇군요.
알겠수다.

이처럼 아주 친밀한 관계를 일컬어 수어지교라고 한다.

水魚之交 수어지교

물 수, 고기 어, 어조사 지, 사귈 교

속뜻 물[水]과 물고기[魚]의 관계와 같은 사귐[交].

▶ 아주 친밀하여 떨어질 수 없는 사이.
임금과 신하 또는 부부같이 친밀한 사이를 비유하여 이르는 말.

예문 수어지교라 할 수 있는 그들 사이가 부럽다.

29 적절한 때를 잃어서는…

주나라 문왕이 병세가 깊어지자 아들 희발을 불렀다.

때는 한번 가면
다시 돌아오지 않소!!

때[時]가 되었으니
잃어서는[失]
아니[不] 되오[可]!!

희발은 주왕을 물리치고 중국 땅을 다스리게 되었으니 그가 바로 주나라 무왕이다.
와 와아

時不可失 시불가실

때 시, 아닐 불, 가히 가, 잃을 실

속뜻 적절한 때[時]를 잃어서는[失] 아니[不] 됨[可].

▶ 때를 놓쳐서는 안 됨.

예문 시불가실이라 했다. 이번 기회를 꼭 살려야 한다.

30 서투른 지식 때문에 도리어…

유비가 제갈량을 얻기 전에는
서서가 유비를 잘 보필하였다.
유비
서서

총명한 서서 때문에
조조가 난처해지는
일이 많았다.
음… 서서 놈을
없애버릴 묘책이
없을까…?

그렇지!
서서의 어머니에게
편지를 쓰라고
해야겠다.
서서만 없으면
유비는 내 밥이지…

서서에게 집으로
돌아오라는 편지를
써주시오.

그러나 그의 어머니는 학식이 높고 명필인 데다가
의리가 있는 사람이었다.
어미 걱정하지 말고
유비님만 잘 섬기거라

후후…
그럴 줄 알았지!
흥!

이 필체를
본떠 가짜 편지를
만들어라!!
예!

서서야!!
돌아와서 이 어미와
함께 살자꾸나…
어머니…
서서

조조가 보낸 가짜 편지에 속아
서서는 어머니에게 돌아오고 말았다.

아니 서서야
유비님은 어쩌고
여긴 웬일이냐?
옛?!

내가 글자[字]를
안다[識]는 것부터가
걱정[憂患]을 낳게 한
근본 원인이었구나!
그때서야 그 편지가
가짜임을 안 어머니는
크게 탄식하였다.

識字憂患 식자우환

알 식, 글자 자, 근심 우, 근심 환

속뜻 글자[字]를 안다[識]는 것이
오히려 걱정[憂患]을 낳게 한 근본 원인이 됨.

▶ 학식이 있는 것이 오히려 근심을 얻게 함.

예문 식자우환이란 성어를 보면 "아는 것이 병"이란 말이 생각난다.

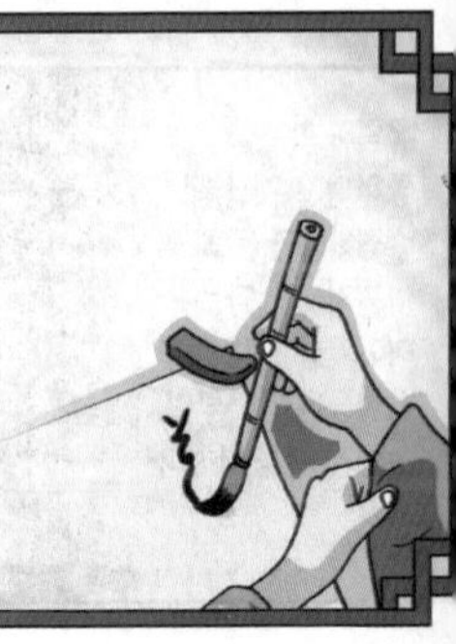

31 사실을 바탕으로 진리를…

한나라 때 경제란
임금에게는 유덕이라는
아들이 있었다.

그는 학문 탐구를 즐기고
책을 수집하여 정리하기를
좋아하였다.
그는 옛날 책이라면
아무리 비싼 값이라도
무조건 사들였다.

유덕이 학문을
좋아하고 옛날 책
수집이라면 돈을
아끼지 않는다는
이야기를 전해 들은
백성들은 앞다투어
그에게 책을 바쳤다.

이렇게 학문연구에
힘쓴 유덕을
당시 여러 학자들이
존경하여 다음과 같이
말했다고 한다.
그는 실제[實]의 사실[事]로부터
옳은[是] 결론을 얻어낸다[求].

實事求是 실사구시

실제 실, 일 사, 구할 구, 옳을 시

속뜻 실제[實]의 사실[事]로부터 옳은[是] 결론을 찾아냄[求].

▶ 사실을 바탕으로 진리를 탐구하는 일.
확실한 고증을 바탕으로 하는
과학적·객관적 학문 태도.

예문 실사구시 정신으로 학문을 탐구하다.

32 몸에 좋은 약은 입에…

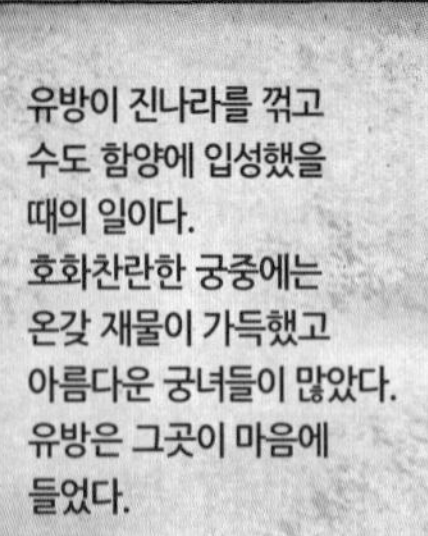
유방이 진나라를 꺾고
수도 함양에 입성했을
때의 일이다.
호화찬란한 궁중에는
온갖 재물이 가득했고
아름다운 궁녀들이 많았다.
유방은 그곳이 마음에
들었다.

헤~

과연
이곳이야말로
천국이로구나!!
이곳을
떠나지 않고
계속 머물리라!
멋지당!!

잠깐만!!
짠-!

아직 천하는
통일 되지 않았습니다.
안전한 곳을 찾아
진을 치도록
하옵소서!
장군! 잠시만
이곳에서 좀 더
쉬고 싶소!

유방오빠
더 놀아요!
오!
그래 그래~
아니
되오!!

절대 아니 됩니다!
너까지!!

원래 충성스러운 말은
귀에 거슬리나 행실에 이롭고
몸에 좋은[良] 약[藥]은
입[口]에 쓰나[苦] 병에 이롭다
하였나이다.
진나라가 망한 이유는
포악한 폭정을 했기 때문입니다.
그런데 전하께서 이러시면
그와 무엇이 다르겠습니까?

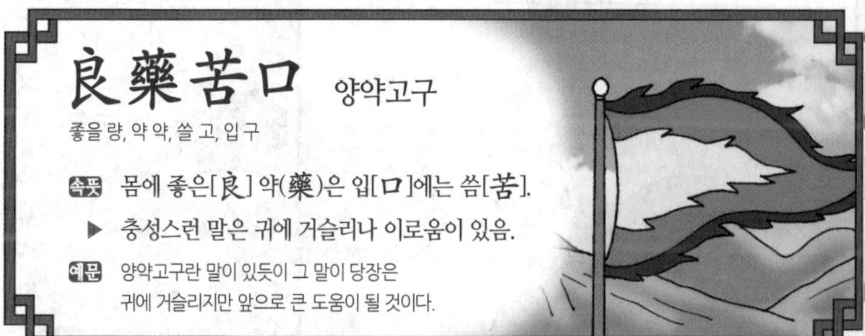

良藥苦口 양약고구

좋을 량, 약 약, 쓸 고, 입 구

속뜻 몸에 좋은[良] 약(藥)은 입[口]에는 씀[苦].

▶ 충성스런 말은 귀에 거슬리나 이로움이 있음.

예문 양약고구란 말이 있듯이 그 말이 당장은 귀에 거슬리지만 앞으로 큰 도움이 될 것이다.

33 엉뚱한 딴 사람이 이득을…

전국시대,
조나라가 연나라를
침략하려 하자
연나라 왕은 소대라는
신하를 보내
협상해 보라고 하였다.
전하, 소인이
해변에서 이런
광경을 보았습니다.
뭔가?
소대

아 항!
햇살도
따스하여라!
거기엔 무명조개가 입을 벌리고 햇빛을 쬐고 있었지요.
콕!
앗!
덥!
에잇!

빨리 입을 벌리지
않으면 너는
말라 죽을걸!
흥! 너야말로
도망가지 않으면
굶어 죽고 말걸?
어서 놔!
흥!

하하핫!
오래 살다보니
별일이 다 있네!
횡재했다!
덥석
집에 빨리 가서
끓여 먹어야지!
이런!!
그냥
도망이나
갈걸…
괜히
고집부리
다가 흑흑…

연나라가 무명조개라면
조나라는 도요새입니다.
둘이 서로 싸운다면…
인접해 있는 진나라가
그 어부[漁父] 같이
큰 이득[利]을 챙기는
결과가 될 것입니다.
과연 옳은 말이구나.
너희 연나라를
치지 않겠다.

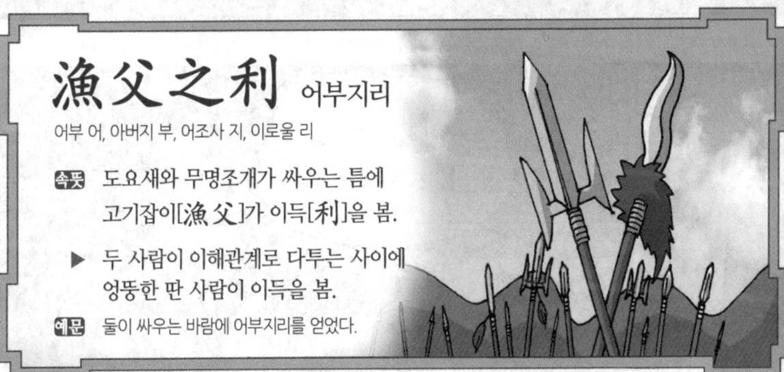

漁父之利 어부지리

어부 어, 아버지 부, 어조사 지, 이로울 리

속뜻 도요새와 무명조개가 싸우는 틈에 고기잡이[漁父]가 이득[利]을 봄.

▶ 두 사람이 이해관계로 다투는 사이에 엉뚱한 딴 사람이 이득을 봄.

예문 둘이 싸우는 바람에 어부지리를 얻었다.

34 산수 자연을 즐기고…

지혜로운 사람은
막힘이 없이
움직이고….
어진 사람은
의리를 중히 여겨
중후하다.

이처럼
지혜로운 사람과
어진 사람을 표현했던
요산요수가 오늘날에는
산수자연을 즐기고 좋아함을
비유하는 말로
사용한다.

樂山樂水 요산요수

좋아할 요, 뫼 산, 좋아할 요, 물 수

속뜻 산(山)을 좋아하고[樂] 물[水]을 좋아함[樂].

▶ 산수 자연을 즐기고 좋아함.

예문 산과 들로 놀러 갈 때면 으레 요산요수란 말이 생각난다.

35 평생의 짝을 찾아준다는…

당나라 때에 위고라는
노총각이 있었다.

그가 송성(宋城)
이라는 곳에
이르렀을 때,
밝은 달빛[月]
아래[下] 앉아
있는 흰 수염의
노인(老人)을
발견했다.

할아버지!
무엇을 하고
계신지요?
이승에서의
혼인에 대해
조사하는 중
이라네.
달빛에
글이 보이
십니까?

이것으로 남녀를 매어 놓으면
원수지간도 부부가 된다네.

자네의 배필은
송성 땅의 북쪽에
살고 있구만!
예-에?!

14년 뒤 그는 태수의 딸과 결혼하였다.
그게
정말
이요?
사실 저는 태수님의
양딸로 송성 땅의
북쪽에서 자랐습니다.

그때 만난
월하노인의 말이
맞네!
거참
희한할세!

그는 그 노인의 말이 맞는 걸 알고 크게 놀라
부인과 더 잘살았다고 한다.

月下老人 월하노인

달 월, 아래 하, 늙을 로, 사람 인

속뜻 밝은 달빛[月] 아래[下] 앉아 있던 흰 수염의 노인(老人).

▶ 부부의 인연을 맺어 준다는 전설상의 늙은이. '중매인'을 비유하여 이르는 말이다.

예문 월하노인 역할을 해준 그 중매인을 깍듯이 대접하였다.

36 미리 대비가 되어 있으면…

춘추시대 때 큰 위기에 처한 정나라는 진나라의 도움을 받았다.
이에 정나라는 감사의 표시로 많은 보물과 미녀들을 바쳤다.

그동안 많은 공을 세운 위강에게 이것을 나누어 줘야겠군!!
받은 너무 많은가?

전하의 선물입니다.
!

난 그 선물을 받을 수 없으니 가져 가시오! 그리고 전하께 이 말을 전하시오!

이 말을 전해들은
진나라 국왕은
크게 깨달은 바 있어
보물과 미녀들을
모두 정나라로
돌려보냈다고 한다.
평안할 때에도 위태로움을
생각하라고 하였습니다!
미리미리 생각하면 대비가 있게 되고
대비[備]가 되어 있으면[有]
근심거리[患]가 생기지
아니할 것입니다[無].

가자 가자 가자
그래 마음이
해이해지면
안 되지! 암~.

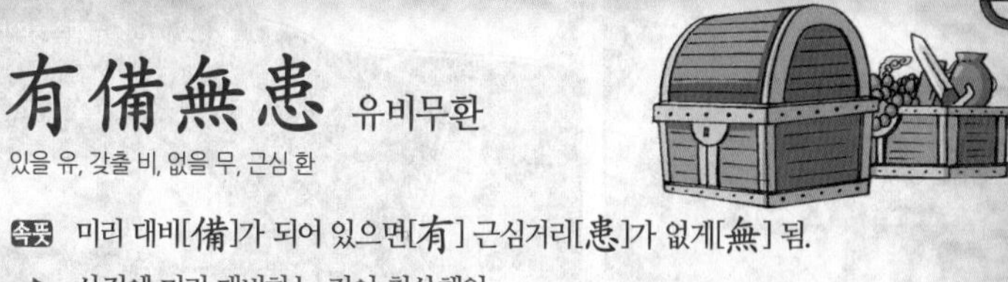

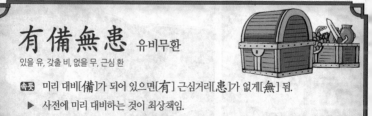

有備無患 유비무환

있을 유, 갖출 비, 없을 무, 근심 환

속뜻 미리 대비[備]가 되어 있으면[有] 근심거리[患]가 없게[無] 됨.

▶ 사전에 미리 대비하는 것이 최상책임.

예문 유비무환이라 했듯이 미리미리 대비하는 것이 상책이다.

37 남모르게 덕을 베풀면…

초나라 장왕이 어느 날
여러 신하들에게 잔치를
베풀고 있었다.
갑자기 부는 바람에
등불이 모두 꺼져버렸는데….

그 때 술에 취한 신하 한 명이 왕에게
큰 실수를 하여 바들바들 떨었다.
휙

술자리에서 실수를
한 것인데 그것 가지고
벌을 줄 수 있겠는가!
장 왕

잔치를 계속하라!
장왕은 그 신하를
벌하지 않고
그냥 술잔치를
계속하였다.
예!!

2년 후에 큰 전쟁이 벌어졌는데
한 신하가 자신의 목숨을 돌보지 않고
공을 세웠다.

그대는 어찌하여
죽음을 무릅쓰고
싸웠는가?

신은 예전에 술에 취해 실수했던 장본인입니다.
그때 왕께서 신의 실수를 덮어주신 고마움을
세상이 다 알게 보답하고 싶었던 것입니다.
남모르게[陰]
덕을 베풀면[德] 반드시
크게 드러나는[陽]
보답[報]이 주어진다.

陰德陽報 음덕양보

그늘 음, 은덕 덕, 양지 양, 보답할 보

속뜻 남모르게[陰] 은덕[德]을 베풀면
크게 드러나는[陽] 보답[報]이 주어짐.

▶ 남모르게 덕을 쌓은 사람은 후에 보답을 받게 됨.

예문 음덕양보의 결과를 바라고 한 일은 아니었다.

38 약속을 실행하여 믿음을…

진나라에 상앙이란
유명한 정치인이 있었다.
내가 바로 상앙 이로소이다!!

한번은 이런 일이 있었다.
법률을 만들었는데 백성들이 내 말을 믿어 줄지가 걱정이군.
까닥 까닥

내가 약속을 얼마나 잘 지키는 사람인지 보여 주면 되겠군.
간단한 걸…
탁

이 나무를 북문으로
옮겨 놓는 사람에게는
열 냥을 주리라.
— 상앙
웅성 웅성

애걔걔? 겨우 열 냥?
설마 정말 주겠어?
별것도 아닌 일이잖아

액수가 적으니
의심들을 하는군
그렇다면….

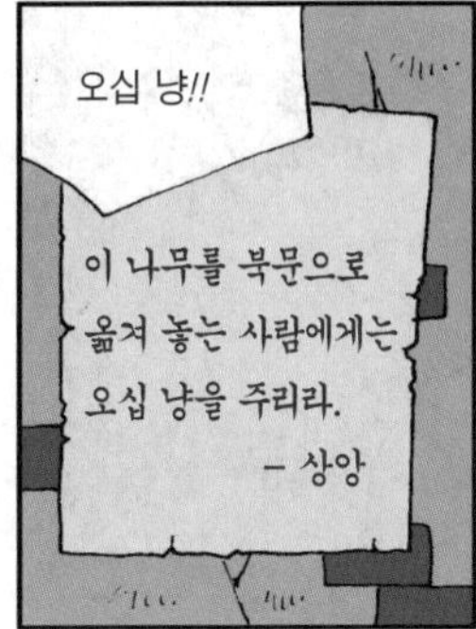

오십 냥!!
이 나무를 북문으로 옮겨 놓는 사람에게는 오십 냥을 주리라.
– 상앙

내가 한번 해볼까?
속는 셈 치고 하는 거지!
그 말을 믿냐?
픽

약속대로 오십 냥이네.
오~
와아!!
내가 옮길 걸!!

상앙은 나무[木]를 옮기는[移] 간단한 것으로 백성을 믿게[信]하였던 것이다.

移木之信 이목지신

옮길 이, 나무 목, 어조사 지, 믿을 신

속뜻 나무[木]를 옮기는[移] 간단한 것으로 백성들을 믿게 함[信].

▶ 남을 속이지 아니한 것을 밝힘. 약속을 실행하여 믿음을 얻음.

예문 이목지신의 이야기를 통하여 믿음을 얻는 일이 매우 소중함을 알 수 있다.

39 마음에서 마음으로…

어느 날 석가가 제자들을 영산으로 모이게 하였다.

빙
긋

석가는 제자들 앞에서 연꽃을 비틀어 보았다.
스윽

이보게, 자네들 저게 무슨 뜻인 줄 아나?
모르겠는걸.
글쎄…
소곤 소곤

그때 가섭은 옅은 미소를 지었다.
!

가섭! 네가 마음[心]으로[以]
마음[心]을 전해[傳]
받았구나!

내가 가진 여러 묘법을
모두 너에게 가르쳐
주리라!

오늘날에는
말하지 않아도
마음과 마음으로 뜻이
잘 통한다는 뜻으로
'이심전심'을
사용합니다.

以心傳心 이심전심

써 이, 마음 심, 전할 전, 마음 심

속뜻 마음[心]으로[以] 마음[心]을 전함[傳].

▶ 마음에서 마음으로 전해져 서로 뜻이 통함.

예문 이심전심으로 서로 마음이 통하였다.

40 한 가지 일로 두 가지…

진나라가 어느 지역으로 영토를
확장해 가야 하는지를 두고
재상 장의와 중신 사마조는
서로 다른 주장을 폈다.
사마조
장 의

장의, 그대의
생각은 어떻소?
마땅히 넓은
중원으로 나가기
위해서는 먼저
한나라를 공격해야
합니다.
혜문왕
장 의

전하, 저의 생각은
다르옵니다.
사삭

우리 진나라는 땅도 좁고
백성들은 빈곤에 빠져 있습니다.
이 두 가지 문제를 한꺼번에
해결하려면 촉나라를
정벌해야 합니다.

쳇!
이야말로 한 가지[一]를 들어[擧] 두 가지[兩] 이득[得]을 챙기는 일이 되옵니다.
끄덕
끄덕

혜문왕은 사마조의 진언에 따라
촉 땅의 오랑캐를 정벌하고
국토를 크게 넓혔다고 한다.
'일석이조(一石二鳥)',
'마당쓸고 돈도 줍고',
'도랑 치고 가재 잡고',
'꿩 먹고 알 먹고'
이상 네 가지 말도 모두
이와 같은 뜻이다.

一擧兩得 일거양득

한 일, 들 거, 둘 량, 얻을 득

속뜻 한[一] 가지를 들어[擧] 두[兩] 가지를 얻음[得].

▶ 한 가지 일을 하여 두 가지 이익을 얻음.

예문 뜻밖에 일거양득의 결과를 얻었다.

41 아주 훌륭한 글씨나…

전국시대에는 재력가들이
개인 재산을 털어 책을
저술하는 일이 유행이었다.
진나라의 재상이 된
여불위도 그중 하나였다.

그는 막대한 사재를 풀어 3000여 명의
학자를 집으로 불러 들였다.

아―아! 학자 여러분―!
지금 당장 본채 마당으로
다들 모여 주십시오!

이번에 선비들의 학문에 대한
소견을 담아놓은 책을
편찬해 볼까 합니다.

몇 년 후
드디어
책이 완성
되었습니다!
그렇소?!

하하하! 이 책들에는
정치, 경제, 사상, 문화, 역사 등
모든 것이 망라되어 있소!
이 책의 이름을
여씨춘추라
지을 것이오.
누구든지 한[一] 글자[字]라도
더하거나 뺀다면
천금(千金)을 주겠소!

오늘날에는
매우 빼어난 글씨나 문장을
비유하는 말로 많이 쓰인다.

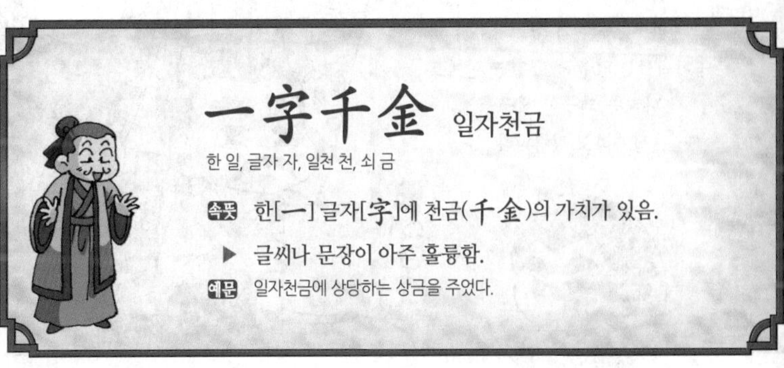
一字千金 일자천금
한 일, 글자 자, 일천 천, 쇠 금
속뜻 한[一] 글자[字]에 천금(千金)의 가치가 있음.
▶ 글씨나 문장이 아주 훌륭함.
예문 일자천금에 상당하는 상금을 주었다.

42 이랬다저랬다…

전한 시기에
조조라는 사람이
있었다.
이것만은
제발….
세금이야!

그는 백성들이 과중한 세금 때문에 고생하는 것을 안타까워했다.
안되겠군.
……
아버지
배고파요.

폐하! 홍수와 가뭄을 당하여
농가에서는 먹을 것도 없는 판에도
나라는 과중한 세금을
징수하고 있습니다.
응?

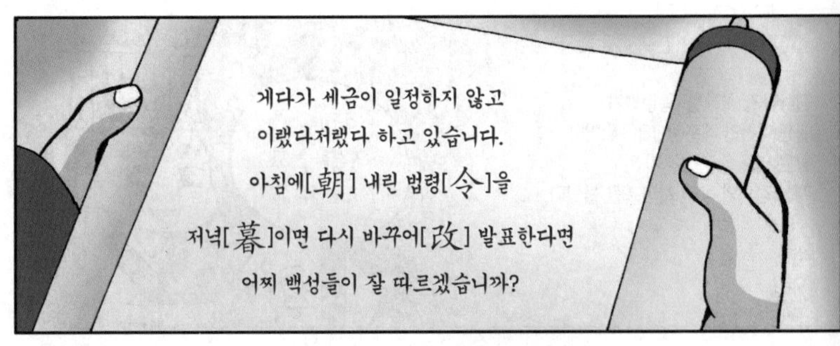
게다가 세금이 일정하지 않고
이랬다저랬다 하고 있습니다.
아침에[朝] 내린 법령[令]을
저녁[暮]이면 다시 바꾸어[改] 발표한다면
어찌 백성들이 잘 따르겠습니까?

조조는 왕의 신임을 얻기는커녕 귀족의 시기를 샀다.

폐하에 대한
불충이옵니다!!
부들
부들…

그놈을 당장
잡아다 죽여라!
조조는 결국
죽임을 당하고 말았다.

朝令暮改 조령모개

아침 조, 명령 령, 저녁 모, 고칠 개

속뜻 아침에[朝] 내린 법령[令]을 저녁[暮]에 다시 고침[改].

▶ 법령을 자꾸 고쳐서 갈피를 잡기가 어려움.
이랬다저랬다 변덕이 심할 때 즐겨 쓰는 말이다.

예문 조령모개로 자주 바뀌는 우리나라 대학 입시 제도.

43 무슨 일이든 알맞은 곳에서…

진나라가 천하를 통일하기
훨씬 이전인 혜문왕 때의 일이다
왕은 영토를 확장하기 위해
재상 장의와 중신 사마조를 불렀다.
그대들의 의견을 듣고 싶소.

어느 지역으로 영토를 확장할 것인지를 두고
둘은 서로 다른 주장을 폈다.

변방의 오랑캐를 정벌하면 국토도 넓어지고 백성들의 재물도 쌓일 것입니다. 폐하!

폐하! 중원으로 진출하셔야 합니다.
우선 한나라를 공격하여 천하의 종실인 주나라의 외곽을 위협하면 주나라는 반드시 천자의 보물을 내놓을 것이 옵니다.